SÆCULUM XII.

ALEXANDRI III

ROMANI PONTIFICIS

OPERA OMNIA,

ID EST

EPISTOLÆ ET PRIVILEGIA,

ORDINE CHRONOLOGICO DIGESTA.

ACCEDUNT

VARIORUM AD IPSUM EPISTOLÆ.

ACCURANTE J.-P. MIGNE,

BIBLIOTHECÆ CLERI UNIVERSÆ

SIVE

CURSUUM COMPLETORUM IN SINGULOS SCIENTIÆ ECCLESIASTICÆ RAMOS EDITORE.

TOMUS UNICUS.

VENIT 8 FRANCIS GALLICIS.

—

EXCUDEBATUR ET VENIT APUD J.-P. MIGNE EDITOREM
IN VIA DICTA D'AMBOISE, PROPE PORTAM LUTETIÆ PARISIORUM VULGO D'ENFER NOMINATAM
SEU PETIT-MONTROUGE.

1855

ELENCHUS

AUCTORUM ET OPERUM QUI IN HOC TOMO CC CONTINENTUR.

ALEXANDER III PONTIFEX ROMANUS
Epistolæ et privilegia.   *Col.*   69

ANNO DOMINI MCLXXXI

ALEXANDER III

PONTIFEX ROMANUS

NOTITIA HISTORICA

(Mansi, *Concil*, XXI, 865)

Alexander tertius, Rolandus nominatus, patria Senensis, legatione ad Fridericum imper. ob non vindicatam injuriam Londinensi episcopo illatam functus, ex cardinale presbytero tituli S. Marci a viginti tribus cardinalibus (quorum nomina recensentur in epistola ad Fridericum imp. quam recitat Radevicus lib. II, cap. 53 [*vide infra*]), electus est pontifex anno Domini 1159, tempore Friderici imp. Contra eum in schismate a tribus duntaxat cardinalibus electus est Octavianus quidam, natione Romanus, cardinalis presbyter, Victor tertius deinceps appellatus. Imperator, qui tunc Cremonam obsidione premebat, ab utraque parte per litteras, quæ recitantur apud Radevicum lib. II, hac de re certior factus, utrumque Papiam venire jussit, eorum dissidia componenda ibidem promittens. Cui ordinationi cum Alexander parere nollet, indignatus Fridericus, in partes Victoris factus est inclinatior. Alexander autem tali accepto responso in Franciam abiit, ubi concilio in Claromonte habito Fridericum et Victorem excommunicavit. Interim Fridericus Mediolanum tertio expugnatum diruit et solo æquavit, tria Magorum corpora Reinoldo Coloniensi archiepiscopo donavit, qui et eadem Coloniam transtulit, ut videre est in epistola ejusdem ex antiquissimo manuscripto codice Sigebergensis monasterii accepta, quam hic subjungo:

« Rainoldus Dei gratia sanctæ Coloniensis Ecclesiæ electus et Italiæ archicancellarius, dilectissimis in Christo filiis et amicis, H. majoris ecclesiæ Coloniensis præposito, Philippo decano, cunctisque prioribus, et universo clero, omnibusque in beneficiatis ministerialibus beati Petri ac sanctæ Coloniensis Ecclesiæ, universisque burgensibus almæ urbis Coloniæ, salutem et affectuosum obsequium, cum intimæ dilectionis plenitudine.

« Insinuamus dilectissimæ vestræ universitati quod ex.... ardentissimi nostri desiderii felix jam per Dei gratiam adepti sumus initium. Benigna enim domini nostri serenissimi imperatoris Friderici accepta licentia, cum gratia ac dilectionis ejus plenitudine ab ipso gaudenter dimissi, et egregiis ac tantis donis, quorum nulla in terrenis esse potest æstimatio, excellenter sumus honorati. Inter cætera enim liberalitatis suæ beneficia, quæ in nos affluentissime contulit, nunc tria nobis munera donavit pretiosissima: videlicet corpora insignia beatissimorum trium Magorum ac Regum, qui primitiæ gentium, in typum ac præsagium futurae ex gentibus Ecclesiæ, jacenti adhuc Christo in præsepi munera pretiosa obtulerunt. Quorum videlicet nobilissima corpora, omnique veneratione dignissima, Mediolani in ecclesia Beati Eustorgii confessoris atque pontificis solemniter ac gloriose fuere recondita. Insuper etiam Deo præduce ad vos perferimus corpora sanctissimorum martyrum Naboris et Felicis, ut inæstimabili et incomparabili hoc thesauro super aurum omnemque lapidem pretiosum diligendo sacratissima Ecclesia civitasque Coloniensis felicissime ditetur ac perpetualiter decoretur. Nos siquidem, quia suspecta est via per inimicos vestros ac nostros, iter nostrum per Burgundiam ac Gallias usque ad vos disposuimus, præsentemque nuntium a Vercellensi civitate II Idus Junii præmisimus, ea die versus Taurinum et versus Alpes montis Cinisii, cum prædictis sacratissimis ac venerabilibus reliquiis ecelerrime procedentes. Ideoque sincerissimam vestram dilectionem intime rogamus et commonemus in Domino, quatenus ad condignam tantorum munerum susceptionem ea qua nostis, et qua de vobis confidimus, devotione ac solemnitate præparemini; Dominum Deum quoque affectuosissime pro nobis sine intermissione deprecemur, ut una cum ipsis ad honorem ac gloriam nominis sui, et ad perpetuam omnium vestrum ac totius patriæ salutem, salvos, incolumes et illæsos nos vobis dignetur remittere. »

Eadem confirmantur ex quodam instrumento donationis per Philippum archiepiscopum Reinoldi successorem capitulo factæ, quod ex archivo metropolis ecclesiæ Coloniensis fideliter per me descriptum hic subjungo:

« In nomine sanctæ et individuæ Trinitatis Philippus.... Coloniensis archiepiscopus sanctæ Ecclesiæ filiis præsentibus et futuris in perpetuum.

« Ea quæ propter salutem animarum devotarum sancte in ecclesias conferuntur, quanto majorem a Deo exspectant remunerationem, tanto magis est dignum ut justæ confirmationis firmum robur accipiant. Ex relatu plurium intelleximus, quod noster antecessor piæ recordationis Reinoldus archiepiscopus, eleemosynas, quæ ad sancta regum corpora offeruntur, sicut et ipsos reges, majori ecclesiæ in Colonia contulerit, laudabili consideratione motus, ut ubi sanctissimi reges corporaliter quiescerent, et in majori haberentur veneratione, ibi de oblationibus eorum justa et lenigna consolatio ad canonicos perveniret. Nos factum praenominati archiep. commendamus, et habemus ratum, et qua possumus et debemus confirmamus auctoritate. Ne vero in posterum hoc quod juste factum est mutari queat, id ipsum, quod nos videbamur habere in oblationibus regum, coram multis super altare Beati Petri ecclesiae majori dedimus : fratribus ejusdem concedentes liberam potestatem ordinandi de ipsis eleemosynis ad supplementum praebendarum suarum, prout poterimus diligentius et melius. Post solemnem donationem a nobis factam, sicut justum fuit, factum nostrum banno confirmamus, ut, si quis in posterum ausu temerario in contrarium moveretur, banno se sciret obligatum esse, et subjectum maledicto excommunicationis. Jussimus etiam hanc chartam conscribi, et nostro muniri sigillo, ut ex scripti inspectione, ea quae juste sunt facta et fideliter expressa, ad posterorum notitiam transmitterentur.

« Acta sunt haec anno Dominicae Incarnationis 1189. Testes istorum sunt isti ..... major praepositus et archidiaconus. Adolphus decanus major et archidiaconus, » etc.

Franciae regem monuit imperator, ut ad concilium per se indictum venire dignaretur, secumque Alexandrum adduceret. Quod cum Alexander iterum facere recusaret, Fridericum magis ac magis ira inflammatum in se commovit. Proinde Victorem in Italiam mox subsecuturus praemittit, eoque Lucae defuncto, Guidonem Cremensem antipapam successorem substituit. Alexander omnium consensu Romam vocatus, ab omnibus summa cum laetitia recipitur.

Eodem tempore Cisalpinae Galliae populi in imperatorem arma corripiunt, qui proinde in Italiam denuo revertitur. Dumque haec agerentur, Constantinopolitanus imperator omnem opem et auxilia per legatos obtulit pontifici, si imperium annis superioribus divisum vicissim unire dignaretur. In Anglia pro immunitate Ecclesiae martyrii coronam subiit Thomas Cantuariensis episcopus. Regem Angliae de occiso martyre innocente diffamatum legati Angliae pontificem convenientes a nece sancti martyris immunem esse allegarunt. Post mutam inquisitionem ad extremum his conditionibus regem absolvit, ut is a pontifice et successoribus ejus titulum regni agnosceret. Sanctum vero Thomam, evidentissimis miraculis clarissimum, in numerum sanctorum retulit.

Cumque pontifex in dies gravius ab imperatore vexaretur et inquietaretur, Venetias se contulit ; ibique imperatorem, ad oscula pedum pontificiorum se demittentem, nullius arrogantioris dicti factique asperioris interventu, citra capitis imperatorii pedibus protriti conculcationem (quam humillimo pontifici injuriose affingunt haeretici), in gratiam, pacem et unionem Ecclesiae recepit. Eum honorem quem Constantinus Magnus ille imperator, longe potentior et sanctior, Silvestro Christi vicario exhibuit, quemque alii Francorum et Anglorum reges huic aliisve pontificibus detulerunt (nimirum ut pontifici ab officio stratoris essent), Fridericus imperator merito pontifici optimo exhibuit : adeoque non immerito pontifex eumdem exemplo antecessorum suorum acceptavit. Ut vero caput imperatoris ad pedes suos demissi obtriverit, simulque dixerit : *Super aspidem et basiliscum ambulabis*, etc., sicut ab humilitate pontificis ita ab omni fide plane est alienum. Post pacem initam, Venetiasque multis privilegiis donatas, pontifex Romam veniens, magno omnium gaudio susceptus fuit.

Cumque œcumenicum Lateranense concilium pro schismatibus exstirpandis, Saracenis impugnandis, moribusque Ecclesiae reformandis, celebrasset, obiit anno Domini 1181, cum sedi apostolicae annis viginti et uno atque diebus novemdecim praefuisset.

ALEXANDRI III PAPAE

VITA

AUCTORE CARDINALI DE ARAGONIA.

(MURATORI, *Script. Ital.*, III, 1, 448.)

Alexander III, natione Tuscus, patria Senensis, ex patre Raynutio, qui Rolandus, presbyter cardinalis titulo S. Marci, et apostolicae sedis cancellarius, sedit annis XVIII [XXI]. Qui cum esset in Ecclesia Pisana clericus magni nominis, et charus haberetur ab omnibus atque receptus, ad hanc Romanam Ecclesiam vocatus est a beato Eugenio, quem ubi, Deo auctore, cognovit idoneum, primo in diaconum sanctorum Cosmae et Damiani, deinde in titulo Sancti Marci presbyterum ordinavit ; et tandem, quia semper de bono crescebat in melius, cancellarium apostolicae sedis constituit. Erat enim vir eloquentissimus, in divinis atque humanis Scripturis sufficienter instructus, et in eorum sensibus subtilissima exercitatione probatus ; vir quoque scholasticus et eloquentia polita facundus, vir siquidem prudens, benignus, patiens, misericors, mitis, sobrius, castus, et in eleemosynarum largitione assiduus, atque aliis operibus Deo placitis semper intentus. Ideoque *fecit eum Dominus crescere in plebem suam, et dedit ei sacerdotium magnum* (*Eccli.* XLV). Igitur, sepulto Adriano papa, episcopi et cardinales tractaturi de substituendo sibi pastore, II. Nonas septembris in beati Petri ecclesia pariter convenerunt, et per trium dierum spatium ad invicem de ipsa electione, sicut moris est, pertractantes, tandem omnes, quotquot fuerunt, praeter Octavianum titulo Sanctae Caeciliae, Joannem titulo Sancti Martini, et Guidonem titulo Sancti Callixti, presbyteros cardinales, in personam jam dicti Rolandi cancellarii, auctore Domino, unanimiter concordarunt, et invocata Spiritus sancti gratia, in eum, assentiente clero et populo, in Romanum pontificem Alexandrum papam III nominarunt et elegerunt. Duo autem, quos praenominavimus, Joannes et Guido, intendentes ad Octaviani electionem, secundario eum procaciter nominarunt. Tunc episcopus Ostiensis, una cum Albanensi, Portuensi et Sabinensi episcopis, cæterisque presbyteris, et diaconis cardinalibus, per manus prioris diaconorum, juxta priscum Ecclesiæ ritum, electum suum fugientem, excusantem, invitum et omnimode reluctantem, papali manto favente Domino induerunt. Unde Octavianus, qui ad apostolicam jamdiu cathedram aspiraverat, post ubi se ipsum vidit spe concepta sic defraudari, in tantam vesaniam audaciamque prorupit, quod mantum ipsum, tanquam arreptitius, a collo ejus propriis manibus violenter abstulerit, et secum inter tumultuosos fremitus asportare tentaverit. Porro, unus ex senatoribus qui aderant, cum tantum facinus inspexisset, contremuerunt renes ejus, et audacter in sævientem insiliens, mantum ipsum de manibus ejus eripuit. Ipse vero tactus dolore cordis intrinsecus, illico ad capellanum suum, qui ad hoc instructus venerat et paratus, intorsit oculos, clamans sicut phreneticus et innuens, ut mantum, quem secum portaverat, celeriter sibi afferret. Quo sine mora delato, quia tunc secum Ad. card. erat, pileum sibi abstraxit, caput inclinavit, et per manum ejusdem capellani, et alterius clerici sui (heu proh dolor!) mantum impudenter assumpsit. Sed ex divino judicio contigit quod ea pars manti, quæ operire anteriora debuerat, videntibus cunctis atque ridentibus, posteriora tegebat; et cum ipsemet hujusmodi ludibrium vellet studiosius emendare, quia manti caputium extra se raptus non poterat invenire, inferiores fimbrias collo, sicut potuit, applicavit. In hoc igitur manifeste comparuit quod sicut tortæ mentis erat et intentionis obliquæ, ita mantum ex transverso et obliquo in testimonio suæ damnationis accepit.

Cæca itaque ipsius ambitione taliter procedente, reserantur portæ ipsius ecclesiæ, quæ a senatoribus firmatæ fuerant, et armatorum catervæ, quas pretio conduxerat, illico in auxilium ipsius schismatici cum magno strepitu evaginatis gladiis cucurrerunt. Et quoniam solatio episcoporum et cardinalium omnino carebat, armatorum turbæ ipsum undique circumdabant. Fratres vero aspicientes tam exsecrabile facinus, et a sæculis inauditum, timentes etiam, ne ab eisdem conductis armatis erectum adorare idolum cogerentur, in munitionem prædictæ ecclesiæ cum suo electo sese pariter receperunt; ibique novem diebus, ne ullo modo possent exire, fecit eos quorumdam senatorum consensu, quos pecunia oblata corruperat, die noctuque armata manu cum omni diligentia custodiri. Interea, populo Romano super tantæ immanitatis crimine jugiter acclamante, et in eosdem senatores vehementer fremente, prædictorum fratrum conventus cum suo electo de illius munitionis custodia est ereptus, sed in arctiori et tutiori loco apud Transtiberim per eosdem senatores, recepta inde pecunia, malitiose fuit translatus. Cum autem ibi fere per triduum moram fecissent, super tanta iniquitate, et manifesta proditione, commota est universa civitas. Clamabant pueri contra ipsum Ecclesiæ invasorem, dicentes: *Maledicte, fili maledicti, dismanta* (1). *Non eris papa, non eris papa. Alexandrum volumus, quem Deus elegit.* Mulieres quoque blasphemantes ipsum hæreticum, et eadem verba ingeminabant, et alia derisoria verba decantabant. Accedens autem ad eum quidam Brito, audacter dixit ei:

Quid facis, insane, patriæ mors, Octaviane?
Cur præsumpsisti tunicam dividere Christi;
Jam jam pulvis eris, modo vivis, cras morieris.

Erat autem in clero magna tristitia, in judicibus dolor, in senibus mœstitia, et in plebe admiratio nimia; unde factum est quod populus Romanus immanitatem tantæ iniquitatis ulterius sustinere non valens cum Oddone Frangepane, et aliis nobilibus Romanis venit ad locum ubi fratres tenebantur inclusi, compellens jam dictos senatores, ut ipsius munitionis portas celeriter aperirent, et eosdem fratres cum domno Alexandro absolutos, et liberos abire permitterent. Sic igitur, suffragantibus beatorum Petri et Pauli apostolorum meritis, a violentia persequentis erepti, et suæ sunt redditi libertati. Transeuntes autem per ipsam Urbem honorifice cum laudibus, campanis etiam ubique pulsantibus in jucundo eorum exercitu, comitantibus etiam eis multis Romanorum militibus, cum frequentia peditum in vigilia beati Matthæi prospere Nymphas (2) per Dei gratiam pervenerunt: ibique ipsa die Dominica congregatis in unum cunctis fratribus, Gregorio videlicet Sabinensi, Hy. Ostiensi, B. Portuensi, G. Albanensi, I. (3) Signiensi, et S. Terracinensi episcopis, cardinalibus quoque presbyteris, ac diaconibus, simulque abbatibus, prioribus, judicibus, advocatis, scriniariis, et primicerio cum schola cantorum, nobilibus quoque, et plurima parte populi Romani, domnus Alexander papa per manum Ostiensis episcopi, ad quem solum consecratio Romani pontificis pertinet, præeunte Spiritus sancti gratia, consecratus est in summum pontificem, et secundum Ecclesiæ morem papali regno solemniter coronatus.

Porro jam dictus Octavianus, dum apud sanctum Petrum fuit, et postquam inde latenter Leonianam civitatem exivit, multos episcopos pro confirmanda sua temeraria præsumptione convocavit, quorum quosdam imperialibus minis (4), quosdam violentia laicali, nonnullos vero pecunia et blanditiis allicere sibi voluit; sed nihil, Domino impediente, profecit. Memorati vero falsi fratres I. (5) de Morcone, et G. Cremensis in cæcitatis suæ tenebris obvolvit, quoniam, sicut scriptum est, *peccator, cum in profundum vitiorum venerit, contemnet* (Prov. xviii), a damnabili sua præsumptione non resipiscunt, sed illum eumdem, quem in statuam sibi erexerant, tanquam obstinata perfidia venerantur, et, Ecclesiæ unitate relicta (heu proh dolor!), ad ejus vestigia incurvantur. Ipse vero Antichristi tempora præfigurans usque adeo erectus est super se, ut in templo Dei sederet sicut umbra papalis, ostendens se, sicut verus sit papa. Sane multi abominationem hujusmodi stantem in loco sancto non sine lacrymatione corporeis oculis inspexerunt, tundentes pectora, et dicentes: *Completum est modo quod Anastasius papa ore ad os ironice huic præambulo Antichristi dixisse narratur:* « *Fili maledicti et excommunicati, numquam habebis istum papalem mantum, quem tantum desideras, et impudenter expetis, nisi in tuam confusionem, et ruinam multorum.* » Cæterum cum per spatium quatuor hebdomadarum tam per se quam per milites et consanguineos suos incessanter latigaretur pro convocandis episcopis ad se, et omnes ad se accedere abhorrerent, tandem quidam Melfiensis episcopus dictus fugitivus, et exsul, in finibus Anconæ latitans, cum episcopo Ferentino, qui domno papæ Adriano adversabatur, et Joannes episcopus Tusculanus, qui prius consenserat in Alexandrum, et postmodum retrorsum abiit, hi tres jam post secundam et tertiam commonitionem excommunicati, eumdem Octavianum ausu nefario exsecrarunt. Hoc autem tam perniciosum Ecclesiæ Dei flagitium ipse Octavianus, sicut postmodum claruit, nullatenus incipere attentavit (6), nisi a Frederico imperatore occupandi, vel arripiendi papatum favorem, et audaciam habuisset, quippe ut ad papalem cathedram, quolibet modo posset ascendere,

---

(1) A., et M. adjungunt *conpannum*.
(2) A. *triumphans*.
(3) M. *Jo.*

(4) A. *armis*.
(5) M. *Jo.*
(6) M. *attemptavisset*.

fidelitatis juramento ei non sine certis indiciis credebatur astrictus.

Interea domnus Alexander cum fratribus suis ad Terracinam descenderat, volens cognoscere quid acturi essent in facto Ecclesiæ, Otto Palatinus et Guido Blandratensis comites, quos eo tempore idem imperator ad beatæ memoriæ Adrianum papam transmiserat. Ipsi vero licet veritatem ipsius facti plene cognoscerent, et de canonica electione domini Alexandri nullatenus dubitarent, timentes tamen offendere dominum suum, quem cognoverant ipsius Octaviani valde amicum, et præsenserant animum ejus commotum adversum Romanam Ecclesiam, favorem et vires præstabant Octaviano, et simulatorie ac fraudulenter procedebant cum Alexandro. Dum autem hæc agerentur, deliberato cum fratribus suis consilio, Pontifex nuntios cum apostolicis litteris ad eumdem imperatorem in partibus Lombardiæ obsidentem Cremam humiliter destinavit, cupiens eum ad amorem Ecclesiæ in omni patientia et mansuetudine revocare, secundum beati Pauli apostoli dictum : *Noli vinci a malo, sed vince in bono malum* (Rom. XII). At ille nimio superbiæ fastu inflatus, non solum retinere litteras sprevit, sed tanquam insanus nuntios ipsos, nisi dux Welfo cum duce Saxoniæ sibi restitisset, nequiter suspendere voluit. Quamvis autem consilio et suasione principum suorum nuntios coram se venire, et litteras tandem legi permitteret, nihil tamen pontifici dignatus est respondere. Cogitans autem libertatis privilegium ab ipso domino Ecclesiæ concessum posse irritare, et juxta suæ voluntatis arbitrium papam in sede apostolica ponere, duos ex fautoribus suis, Verdensem scilicet et Pragensem episcopos, ad fratres, qui cum domno Alexandro venerant, in civitatem Anagniensem destinavit, scribens non sicut advocatus et defensor Ecclesiæ, sed sicut superior judex et dominus potestatem super eos habens. Venerunt ipsi festinanter in typo superbiæ, et intrantes palatium, steterunt coram pontifice, et cunctis fratribus, aliisque multis, tam clericis quam laicis, sed nullam exhibuerunt eidem pontifici reverentiam. Recitarunt ea quæ a domino suo imposita eis fuerant, et bullatas auro ipsi litteras reddiderunt, in quibus siquidem hoc inter cætera (7) continebatur expressum, quod ipse imperator, audita dissensione quæ in Romana Ecclesia emerserat, personas ecclesiasticas de quinque regnis convocaverat; ideoque præcipiebat eis ex parte generalis Ecclesiæ, ut in octava Epiphaniæ apud Papiam convenirent ad ejus præsentiam, audituri et recepturi quod in ea curia dictaretur. His auditis, turbati sunt fratres, et pro exsurgentibus undique gravioribus malis timor eos et nimia sollicitudo vehementer afflixit. Hinc namque maxime timebatur imminens persecutio principis tam potentis, hinc Ecclesiæ libertas infringi videbatur et penitus destrui (8). Illud propterea fratrum animos non mediocriter contristabat, quod idem imperator Octavianum in suis litteris Romanum pontificem, et Alexandrum papæ cancellarium nominabat. Super iis ergo diu a fratribus tractatum et longa inter eos disceptatione disputatum. Deliberatum est tandem, inspirante Domino, a quo bona cuncta procedunt, in fide Catholica unitatis et obedientia sui pontificis : ita omnes confirmati, et unanimiter roborati sunt, ut pro manutenenda Ecclesiæ libertate, si necessitas immineret, ultimis se periculis unusquisque sponte offerret. Tunc instantibus pro responso prædictis episcopis Alexander papa coram multitudine clericorum, populorum et laicorum eis in hunc modum scripsit :

Nos recognoscimus domnum imperatorem ex collato sibi debito dignitatis advocatum, ac specialem sacrosanctæ Romanæ Ecclesiæ defensorem : unde ipsum, si per eum non steterit, præ cæteris principibus orbis intendimus honorare, ac per omnia ei deferre, in quibus Regis regum honor nullum capiat detrimentum. Ubi vero quidquam occurrit, quod absque summi Regis offensa nequeat effectum habere, si honorandus imperator terræ videtur, ut (9) ille potius timeatur, illius potius honor conservetur, qui est Rex regum et Dominus dominantium, et qui animam et corpus perdere potest in gehennam. Miramur itaque, quod sincere illud, sicut convenit, diligentes, sinceræ non sentimus ex eo dilectionis affectum, et excellentiam ejus propensius honorare volentes, ab eo nobis, imo beato Petro et sacrosanctæ Romanæ Ecclesiæ honorem debitum conspicimus denegari. In litteris enim, quas ex parte ipsius nobis nostrisque fratribus detulistis, hoc inter cætera continebatur expressum, quod ipse audita dissensione, quæ in Ecclesia Romana emerserat, de quinque regnis personas ecclesiasticas convocaverat (et cætera, ut supra usque his auditis). In quo nimium longe a consuetudine prædecessorum suorum recessisse videtur, et dignitatis suæ terminum excessisse, dum sine conscientia Romani pontificis concilium convocavit, et nos ad præsentiam suam, sicut homo super nos potestatem habens, præcepit convenire. Sane beato Petro, et per eum sacrosanctæ Romanæ Ecclesiæ, cujus ipse per Deum magister exstitit, ac fundator, hoc privilegium legitime a Domino Jesu Christo, sanctisque Patribus traditum, et per prospera et adversa etiam cum effusione sanguinis, cum oportuit, usque ad hæc tempora conservatum, ut universarum Ecclesiarum causas, cum res exigeret, ipsius auctoritas discuteret ac finiret, ipsa vero nullius unquam judicio subjaceret. Unde quia nisi ab eo contra privilegium Ecclesiæ indultum fieri videmus, per quem deberet ab aliorum impugnatione defendi, et quia ita scriptum est matri, sicut cuilibet subjectatæ personæ, hoc absque admiratione nimia ferre non possumus, nec debemus. Ad curiam vero ejus accedere, vel sententiam curiæ suæ in hac parte suscipere canonica traditio et reverenda Patrum auctoritas non permittit. Unde cum nec in minoribus Ecclesiis advocati earum, et seculares principes vocationes, disceptationes, ac decisiones hujusmodi causarum sibi, aut curiis suis usurpent, sed suorum metropolitanorum, seu apostolicæ sedis semper notitiam, ac diffinitionem exspectent, divina videtur animadversione dignissimum, et ab omni Ecclesia tanto durius arguendum, quanto amplius ad universalis Ecclesiæ periculum redundaret, si per ignorantiam nostram, aut pusillanimitatem spiritus a cupite (quod avertat Deus!) diebus nostris iste morbus inciperet, et nos Ecclesiam pretioso sanguine Christi redemptam in servitutem redigi sineremus, pro cujus libertate tuenda patres nostri proprium sanguinem effuderunt, et nos ipsi ad eorum exemplum exigente necessitatis articulo extrema debemus pericula sustinere.

Dato itaque responso indignati sunt prædicti episcopi, qui missi fuerant, et contumaciter redeuntes ad Octaviani præsentiam, apud Siniam accesserunt. Præsentatis itaque sibi imperialibus litteris prostraverunt se ad pedes ejus, et adoraverunt eum. Id ipsum quoque fecit Otto Palatinus comes, quem cum Teutonicis imperator delegaverat ad partes Urbis. Tunc vero mediocriter elevatum est cor ipsius hæresiarchæ, vehementer extollens se (10) tanquam insanus et cæcus, nesciens quod secundum beati Cypriani martyris dictum : *Schismatici semper inter initia ferventer incrementa habere non possunt, nec augmentare possunt, quod illicite cœperint, sed statim cum propria sua æmulatione deficiunt. De hujusmodi ambitiosis Propheta loquitur, dicens : Verumtamen*

---

(7) A. *contumeliarum*.
(8) A. et M. *Exemplum queque perniciosum ad alias Ecclesias trahi nihilominus verebatur*.

(9) Deest verbum fortasse, *fas est, ut*.
(10) A. et M. *super se*.

propter dolos disposuisti eis mala; projecisti eos, dum allevarentur. Quomodo facti sunt in desolatione, subito defecerunt, et perierunt propter iniquitates suas, velut somnium exsurgentis (Psal. LXXII). Tales autem Joannes apostolus exsecratur, et percutit, dicens : *Ex nobis exierunt, sed non erant ex nobis; si enim fuissent ex nobis, mansissent nobiscum (I Joan.*II). Hinc autem hæreses factæ sunt frequenter, et fiunt, dum perversa mens non habet pacem, dum perfidia discordans non tenet unitatem. Fieri vero hæc Dominus permittit, et patitur, manente propriæ libertatis arbitrio, ut dum corda et mentes nostras unitatis discrimine examinat, probatorum fides integra manifesta luce (11) claresçat. Per Apostolum quoque præmonet Spiritus sanctus, et dicit : *Oportet hæreses esse et schismata, ut qui probati sunt, manifesti sint in vobis (I Cor.* XI). Sic probantur fideles, sic perfidi deteguntur. Sed jam redeamus ad rem.

Imperator autem Fridericus conceptam jamdiu malitiam de subjuganda sibi Ecclesia Christi ad effectum posse perducere inaniter sperans, accersito ad se in Lombardiam ipso hæretico, et congregatis, quos potuit, episcopis, atque aliis Ecclesiarum prælatis de terra dominationis suæ, generalem celebraturus curiam cum eodem Octaviano perrexit Papiam, ibique profanam intentionem, et detestandum propositum suum callida circumventione detexit, asserens domnum Alexandrum, ejusque fratres, et socios inimicos imperii, ac suos, ac conjurasse cum inimicis et adversariis suis; Octavianum vero semper sibi, et imperio fidelem, et omnino devotum fuisse, unde videbatur ei, quod electio ejus, licet a paucioribus fuerit facta Catholicis, magis tamen robur et favorem imperii obtinere deberet, quam multorum conjuratorum temerarium factum. Ideoque, ut eos qui convenerant, ad ipsius Octaviani obedientiam et subjectionem inducere posset, quosdam blanditiis et variis promissionibus seduxit, quosdam minis et terroribus invitos traxit: sic itaque in perniciem animæ suæ, et in ruinam multorum, tunicam Christi, unitatem videlicet Catholicæ fidei scindere tentans, ipse prius incurvavit se ad pedes illius, et alios, quos potuit, ad id ipsum coegit. Quo facto, per totum sibi subjectum imperium misit edictum, ut Ecclesiarum prælati ad statuam, quam erexerat, adoraturi accederent ; quod quicunque agere nollent, de terra sua non reversuri exirent. Hujus autem verbum durum et asperum insonuit per totam Italiam. Omnes, qui spiritu fervebant, elegerunt potius exsilium pati, ac persecutionem pro Deo, et manutenenda fidei unitate, quam pacifice adhærere schismaticis cum honoribus, et abundare divitiis hujus sæculi. Facta est ergo maxima in Ecclesia Dei turbatio, fugientibus Catholicis, et deserentibus Ecclesias, propinquos et patriam suam, atque in eorum locis violenter intrusis Octaviani complicibus. Cum autem beatus Alexander papa eumdem imperatorem benigne ac frequenter commonitum a sua perfidia non posset ullatenus revocare, cum episcopis et cardinalibus, in Cœna Domini apud Anagniam ipsum tanquam principalem Ecclesiæ Dei persecutorem excommunicationis vinculo solemniter innodavit, et omnes, qui ei juramento fidelitatis tenebantur astricti, secundum antiquam prædecessorum Patrum consuetudinem, ab ipso juramento absolvit, atque in Octavianum et ejus complices jamdiu prolatam excommunicationis sententiam innovavit. Et quoniam ipsi schismatici de justitia et veritate diffidentes, prælatos Ecclesiarum, et principes orbis, exquisitis mendaciorum figmentis, circumvenerant, et in partem sui erroris inducere tentaverant, utile consilium domno papæ visum est, ut aliquos de fratribus suis ad diversas mundi provincias ex latere suo destinare deberet, per quorum siquidem studium et laborem super facto electionis apostolicæ declaratio fieret, et universitas fidelium in fide unitatis Catholicæ, cognita veritate, solidaretur. Missi sunt ergo ad partes Galliarum H. titulo Sancti Nerei, et W. Sancti Petri ad Vincula, presbyteri card., atque magister O. diaconus S. Nicolai in Carcere cardinal ; ad partes autem Orientales, I. titulo Sanctorum Joannis et Pauli ; ad Hungaros vero, l. Prænestinus episcopus, et P. Sancti Eustachii, diaconi cardinales ; ad imperatorem quoque Constantinopolitanum, episcopus Tiburtinus, cum A. Sancti Theodori diacono cardinali. Divulgata itaque veritate jam dictæ electionis, et indubitanter cognita, Ludovicus Christianissimus rex Francorum, cujus regnum nunquam schismate polluisse recolitur, una cum Henrico Anglorum rege domnum Alexandrum in Patrem et animarum suarum pastorem, inspirante Domino, receperunt. Reges quoque Hispaniarum, Siciliæ, Hierosolymorum, Hungariæ atque Græcorum, imperator cum patriarchis, episcopis, principibus, et universo clero, et populo eis subjecto id ipsum eodem modo fecerunt. Recognoscente itaque toto mundo ipsum pontificem Christi vicarium, et beati Petri Catholicum successorem, solus Fredericus imperator dictus cum suis complicibus in erroris sui pertinacia et obstinantia remansit, vehementer impugnans, et acriter persequens eumdem pontificem , et illos Ecclesiarum prælatos, qui cum eo viriliter stabant.

In secundo anno sui pontificatus Alexander papa reversus est ad urbem Romam, ubi ecclesiam Sanctæ Mariæ novæ, auctore Domino, solemniter dedicavit. Quia vero diutius ibidem propter (12) magnam schismaticorum seditionem quiete non potuit remanere, precibus populi Romani seductus ad partes Campaniæ remeavit. Et quoniam imperialis persecutio adversus Ecclesiam circa Urbem in tantum excrevit, quod omne patrimonium Beati Petri, præter civitatem Urbeveti, Terracinam et Anagniam atque munitionem Castri, ab Aqua pendente usque ad Ceparanum (13) per Theutonicos, et schismaticos violenter occupatum fuerat et detentum, consilium habuit cum Ecclesiæ fidelibus, ut ad partes Galliarum cum fratribus suis per mare transitum faceret. Ordinato itaque in Urbe vicario domno Julio Prænestino episcopo, et dispositis aliis, quæ videbantur Ecclesiæ necessaria, intraturus mare cum fratribus suis Terracinam perrexit. Ibique invenit quatuor galeas regis Siciliæ optime præparatas, quas illuc ad ejus servitium destinaverat, in quibus domestica familia pontificis & fratrum suorum, cum sarcinis necessariis vix intraverat, cum validus ventus subito irruit, et mare quietum in validam tempestatem convertit, ipsasque naves inter undarum procellas et turbines conquassatas ad saxea littoris impulit, ubi absque morte hominum et aliarum rerum damno dissolutæ sunt et omnino confractæ. Propterea dispositum iter pontificis eo tempore sic disturbatum et impeditum remansit. Sed modico temporis spatio decurrente, reparatis navibus et præparatis aliis quæ ad ipsum iter necessaria videbantur, infra octavas Nativitatis Dominicæ juxta montem Circejum in faucibus Legulæ cum fratribus suis mare intravit, et in festo sanctæ Agnetis apud Januam remigante (14) Domino applicuit, ubi contra prohibitionem Friderici persecutoris Ecclesiæ ab universo clero et populo cum gloria et honore susceptus est atque tractatus. Exivit ergo a Janua in Dominica de Passione ; cum omni jucunditate navigavit, et venit ad insulam de Liguris in Sabbato Palmarum, ubi præ ni-

(11) A. et M. *veritatis luce,* etc.
(12) M. *inter.*

(13) M. *Cepanum.*
(14) A. et M. *remigrante.*

mia tempestate maris coactus est Resurrectionem Dominicam celebrare. Sequente vero quarta feria pervenit ad ecclesiam Magdalonensem, in qua majus altare auctore Domino solemniter dedicavit. Et quoniam locus ipse pro suscipiendis hospitibus nimium erat arctus, et multitudo maxima ecclesiasticorum prælatorum adventum ejusdem pontificis extra insulam nimio præstolabatur affectu, ad populosam Montis Pessulani villam ascendere dignum duxit. Albo itaque palefredo, et cæteris pontificalibus insigniis de more præparatis, Alexander papa equum præ nimia populorum frequentia vix ascendere potuit, et viam in directum tenere. Tanta enim cunctorum ad ejus vestigia concurrentium improba et importuna erat impressio, ut beatum se crederet qui vel fimbriam chlamydis ejus non sine multo conamine posset attingere.

Occurrente igitur sibi W. domino ipsius villæ cum baronibus, et decora militia, et officium stratoris per milliarium exhibente, cum processione maxima eamdem villam intravit, ibique-inter cæteros nobiles, qui accedebant (15) ad ejus vestigia, quidam Saracenorum industrius princeps cum sociis suis reverenter accessit, et deosculatis pedibus ejus, fixit genua coram eo, et inclinato capite tanquam sanctum et pium Christianorum Deum ipsum pontificem adoravit. Locutus autem eidem pontifici ex parte domini sui Mathemucorum regis, qui miserat eum ad partes illas, satis pompatice in lingua sua barbarica, sed per interpretem cuncta exposuit, quæ dicere voluit. Cui pontifex benigne ac diligenter respondit, ipsumque plurimum honoravit, et circa pedes suos inter alios honoratos consedere fecit honorifice. Videntes autem hæc universi, qui aderant in conspectu ejusdem pontificis, valde mirabantur, et dicebant ad invicem illud propheticum verbum : *Et adorabunt eum omnes reges terræ, omnes gentes servient ei* (Psal. VII). Adveniente autem Dominica die pontifex ad majorem ecclesiam missarum solemnia celebraturus accessit, et undique virorum ac mulierum immensa confluente multitudine, post sermonem ad populum, post veridicam electionis suæ narrationem, ac schismaticorum procacem perfidiam, in personas Octaviani hæresiarchæ, ac Friderici imperatoris dicti, eorumque complicum, excommunicationis sententiam solemniter innovavit. Eo tempore in tota Aquitania, et circumpositis locis valida fames in tantum excrevit, ut, præ nimia ciborum indigentia, infinita hominum multitudo morte inevitabili deperiret : unde universos Gallos vehemens timor invasit, ne ipsorum terras consimilis cruciatus invaderet.

Pontifex autem adventum suum regi Francorum significare curans, duos ex fratribus suis, B. videlicet Portuensem episcopum, et I. diaconum cardinalem Sanctæ Mariæ in Cosmedin ad ejus præsentiam delegavit, quatenus voluntate ipsius præcognita certificaretur, ad quas regiones sui regni pro ipsius consilio accedere moraturus. Quos idem rex pro beati Petri reverentia reverenter suscepit, honeste tractavit, et habito consilio ad domnum Alexandrum, quem in Patrem et pastorem animæ suæ jam receperat, eos cum læto responso, et multa jucunditate remisit. Eis itaque ad præsentiam domini sui et collegium fratrum suorum redeuntibus, et expositis iis quæ in responsis ab ipso rege acceperant, gavisi sunt omnes gaudio magno. Exivit ergo pontifex a Montepessulano in proximo mense Junii, et per Alestam, atque Miniatum, et Anicium transitum faciens, Alverniæ partes intravit, et in vigilia Assumptionis beatæ Mariæ apud Clarumontem cum omni prosperitate domino ductore pervenit. Interea Fridericus videns totum mundum post Alexandrum currere, orthodoxos reges et principes orbis ei tanquam Romano pontifici honorem, et reverentiam exhibere, tabescebat in se ipso, et propria eum accusante conscientia confundebatur et terrebatur. Verecundabatur autem ab incœpto malo desistere, quia præ cæteris antecessoribus suis fortis et potentissimus erat et fere totam Italiam sibi jam subjugaverat. Ex alia vero parte dubitabat plurimum, ac timebat de amissione imperialis coronæ, si Alexander suis temporibus prævaleret. Positus ergo in tantæ ambiguitatis lubrico apud se cogitavit, sicut homo hujus sæculi prudentissimus, sagax et callidus, qualiter posset Alexandrum et idolum suum judicio universalis Ecclesiæ pariter dejicere, atque personam tertiam in Romanum pontificem ordinare. Et quoniam uniuscujusque proprium esse solet, ut qualis ipse fuerit, tales sibi conjungere velit, ascivit comitem Henricum Trecensem de quo maxime confidebat, et revelans ei cogitatus suos, traxit ipsum ad voluntatem suam, et coadjutorem atque cooperatorem suæ deliberationis fecit. Comes autem taliter ab imperatore instructus et informatus ad propria rediit ; et accedens sicut tentator ad dominum suum regem Francorum, virum siquidem pium, et columbinæ simplicitatis, fraudulenter suggessit ei ex parte ipsius imperatoris bonum simulatum de reformanda pace Romanæ Ecclesiæ in hæc verba : *Vult imperator contemplatione divini amoris hoc bonum opus vobiscum hoc modo agere, ut vos duo majores principes orbis conveniatis in unum apud Divionem* (16) *in confinio regni vestri, et imperii sui, cum majoribus personis tam clericis, quam laicis imperii, et regni vestri, et ipse quidem adducet secum Octavianum cum sequacibus suis, et vos Alexandrum cum suis nihilominus vobiscum habeatis. Postquam vero vos duo cum utraque parte in præsentia tantorum virorum conveneritis, et electio utrorumque diligenter audita, et cognita fuerit, per congregatam illic Ecclesiam Gallicanam, Italicam, et Teutonicam, decernatur de utroque quod juste videbitur decernendum, et statuatur in Romana Ecclesia quod melius et utilius videbitur statuendum et ordinandum.* Et quoniam bonus visus est sermo iste de reformanda pace Ecclesiæ prædicto regi, sicut vero (17) Israelitæ, in quo dolus non est (Joan. 1), quoniam de ipsa discordia mala plurima per omnes Ecclesias pullulabant, in bona simplicitate sua consensit persuasionibus comitis, promittens ei, ut ex parte sua imperatori securitatem præstaret super iis, quæ sibi suggesserat. Comes igitur ex impetratis lætatus, illico rediit ad eumdem imperatorem in Lombardia existentem, et fecit ei juramentum ex parte domini sui regis, sicut dictum est superius.

Exivit ergo sermo iste malus per universas Italiæ et Galliarum provincias, dolentibus Catholicis et timentibus in facto ipso, nisi Dominus dissipasset consilium istud præmeditatum adversus antiquam Ecclesiæ libertatem. Appropinquante autem statuta die, cum universa multitudine principum suorum ac militum armatorum, Fridericus imperator accessit ad locum, et Octavianus cum schola complicum suorum secutus est eum. Rex quoque Francorum cum primatibus et episcopis atque baronibus suis ad eumdem locum nihilominus festinabat, et Alexandrum pontificem apud Silvanum (18) habuit obvium. In quo loco sese ad invicem honorantes, ut simul ad colloquium ipsum proficiscerentur, per biduum tractaverunt. Sed quoniam omnino videbatur indignum et sanctorum Patrum statutis contrarium, ut summus pontifex, et prima sedes aliquando deberet humanum subire judicium, visum est omnibus, ut de melioribus Ecclesiæ Romanæ personis cum eodem rege mitterentur illuc,

---

(15) M. *antecedebant.*
(16) A. *divisionem.*

(17) M. *viro.*
(18) A. et M. *Sylvianum.*

ea tantummodo causa, ut per eos electio domni Alexandri canonica monstraretur et justa, et factum Octaviani posterius, et nullius fuisse momenti nihilominus probaretur. Missi sunt ergo a pontifice B. Portuensis episcopus, Hu. (19) titulo Sanctæ Crucis, I. titulo Sanctæ Anastasiæ, presbyteri; I. Sanctæ Mariæ in Cosmedin, et A. titulo Sancti Theodori, diaconi cardinales, cum eodem rege ad sæpe dictum locum; et illis abeuntibus pontifex cum reliquis fratribus in partibus Aquitaniæ ad monasterium Dolense divertit. Rex autem comitatus tantis et tam principalibus personis, postquam pervenit apud Divionem, processit usque ad medium pontis Saouis, qui Teutonicos a Francigenis dirimebat, exspectans quid sibi de causa Ecclesiæ imperator vellet proponere. Tunc hæresiarcha Octavianus videns majores Ecclesiæ Romanæ personas cum Ecclesia Gallicana contra opinionem suam venisse, et adversus se constantissime stare, valde perterritus est, et de suo facto cœpit penitus desperare. Quocirca vertens se ad imperatorem dixit ei: *Ille adversarius meus dedignatus est huc venire, et tu, causam meam, quæ in conspectu tuo judicata est et in concilio Laudensi approbata, permittis iterum judicari et retractari?* Tunc imperator attendens vultum ipsius Octaviani valde turbatum, visus est moveri adversus regem Francorum, loquens ei per internuntios in hæc verba : *Ecce jam videris me decepisse, et contra juramentum conventionis manifeste venisse, cum illum papam tuum, sicut promisisti, ad hunc locum non adduxisti.* Cui rex habito consilio in hunc modum respondit: *Quamvis absentiam pontificis juste et rationabiliter valeam excusare, ne tamen honori commissi mihi regni et meæ famæ in aliquo derogetur, et ne fallaciæ notam, juste vel injuste, possim incurrere, ego absque mora ipsum pontificem cum fratribus suis ad hunc locum absque dolo et fraude vocabo et adesse faciam.* Misit itaque rex citissime, sicut promiserat, nuntios certos ad Alexandrum, ut cum fratribus suis ad eum sine mora veniret, nisi vellet eum in captione imperatoris, prout inter eos statutum fuerat, detineri. Quo audito, pontifex et fratres ejus, attendentes regem Francorum dolosis circumventionibus fuisse deceptum, valde in seipsis turbati sunt, et prospicientes gravissima undique sibi imminere pericula, timore magno timuerunt. Si enim illuc humanum subituri judicium pergerent, Ecclesiæ libertatem per violentiam periclitari cernebant. Quod si non irent, per detentionem regis certa pesonarum captivatio eis, et rerum imminere spoliatio videbatur. Sane maxima ipsius imperatoris potentia terribilis erat, et nimium formidanda. Quippe ad hoc Daniæ et Bohemiæ reges cum ducibus et principibus suis, et cum magna multitudine armatorum militum, sicut credebatur, secum adduxerat, ut de prædicto pontifice, et de Francorum rege, quod male jamdiu excogitaverat, in ipso colloquio posset juxta suum desiderium consummare. Sed pius ac misericors Dominus, qui non derelinquit sperantes in se, et prava dissipat consilia principum, non est passus eumdem pontificem et pium regem Francorum, in angustia maxima positos, tentari supra id, quod possunt, sed ex insperato fecit eis cum tentatione proventum (*I Cor. x*).

Excitavit enim spiritum gloriosi regis Anglorum, ut auxilium et subventionem domini sui Francorum regis cum maxima multitudine virilium pugnatorum adversus eumdem imperatorem animositate nimia festinaret. Immisit etiam tantum famis cruciatum in exercitu illius, ut præ nimia ciborum penuria unus panis modicus ab esurientibus emeretur pretio unius marcæ argenti. Unde, quia ipse imperator nec moram ibidem facere, nec malum, quod in corde gestabat, poterat exercere, occasio-nem recedendi de loco ipso honestiorem, quam potuit, celeriter studuit invenire. Igitur per Raynaldum cancellarium, et alios fautores suos egregio regi Francorum locutus est in hæc verba: *Mandat vobis dominus noster Fridericus imperator Romanorum, et specialis advocatus Romanæ Ecclesiæ, quod ad nullos Ecclesiarum prælatos de causa electionis Romani pontificis judicium ferre pertinet, nisi ad eos tantum, qui sub imperio Romano existunt, ideoque bonum videtur et justum, ut cum episcopis et clero vestro* (20) *ad eum tanquam amicum et socium accedere, et illorum sententiam debeatis audire.* Quibus verbis auditis, rex modicum subridens respondit eis hoc modo: *Miror prudentem virum varia mihi et fabulosa verba misisse. An ignorat quod Dominus noster Jesus Christus, cum esset in terris, beato Petro, et per eum universis successoribus ejus oves suas pascendas commiserit? Nonne audivit in Evangelio ab eodem Filio Dei eidem Principi apostolorum dictum: «Si diligis me, Petre, pasce oves meas?» (Joan. xxi.) Nunquid sunt hic Francorum reges, vel aliqui prælati Ecclesiarum excepti? An episcopi regni mei non sunt de ovibus, quas Filius Dei beato Petro commisit?* Et iis dictis vertit habenas in eorum contemptu, et statim ad arma cum baronibus et reliqua militia consurgens debiliora regni sui loca munivit, et tanquam vir prudens et fortis ad sedem suam cum gloria et honore, propitiante Domino, rediit. Fratres vero, qui a pontifice missi fuerant, ad ipsius præsentiam cum gaudio remeantes, narraverunt omnia, quæ ad honorem Dei et Ecclesiæ in colloquio ipso per industriam gloriosi et orthodoxi regis facta fuerant. Unde et collegium fratrum, et cuncti, qui aderant, gaudentes et exsultantes, gratias egerunt Domino Jesu Christo, qui cum eis misericordiam fecerat, et eos de manibus tam potentissimi hostis liberare dignatus est. Imperator autem remanens in sua erubescentia confusus, coactus est multa famis inedia exercitum remittere ad propria, et ipse ad regnum Teutonicum non sine tristitia remeavit.

In diebus illis prædictus rex Anglorum domnum Alexandrum papam apud Dolense monasterium corporali præsentia visitavit, et ad ejus vestigia humiliter procidit. Sed post oscula pedum aureis oblatis muneribus, ad oscula ejusdem pontificis est receptus. Mox in præparato sibi faldistorio sedere declinans, circa pontificis pedes in terra cum baronibus suis voluit humiliter considere. Post triduum vero lætificatus plurimum de jucunda visione ipsius pontificis, et largitis magnis muneribus sibi et fratribus suis, cum lætitia recessit ab eo. Pontifex autem, facta dedicatione majoris altaris prædicti monasterii, versus Turonem iter arripuit, et ad ipsam civitatem circa festum beati Michaelis cum omni prosperitate, Domino auxiliante, pervenit; ibique cum fratribus suis moram diutius fecit, et Nativitatem Domini solemniter celebravit. Adveniente autem Septuagesima, colloquium habiturus ad Parisiensem civitatem accessit. Sed antequam civitatem ipsam intraret, rex tanquam pius et mitis, cum baronibus et militibus suis per duas leucas ei occurrit. Quo viso, statim descendit, et ad streugam ipsius festinanter concurrens, humiliter deosculatus est pedes ipsius, et statim ad oris oscula cum devotione fuit receptus. Deinde simul alacriter procedentes intraverunt prædictam civitatem, occurrente ipsi pontifici clero cum maxima et decora processione, deduxerunt eum in gaudio et lætitione ad majorem ecclesiam. Mansit autem in ipsa civitate per totam Quadragesimam, et Paschale festum inibi celebravit. Et quoniam tempus concilii celebrandi imminebat, quod in octavis Pentecostes Turonis convocaverat, exivit de Parisiis, et transiens ver Carnotum ad Turonis civitatem celebri-

(19) M. *Hug.*

(20) M. τὸ *vestro* non legit.

ter (21) remeavit. Anno igitur Dominicæ Incarnationis 1164, indictione x, anno IV sui pontificatus, XIV Kalendas Junii, sæpedictus Alexander papa in ecclesia Sancti Mauritii Turonis concilium celebravit, in quo interfuerunt secum cardinales numero decem et septem, episcopi centum viginti quatuor, abbates quadringenti decem et quatuor, et aliorum tam clericorum, quam laicorum maxima multitudo; in quo nimirum apostolica constituta roborata sunt, et hæc nova capitula promulgata.

Capitula promulgata in concilio Turonensi.

« Majoribus Ecclesiæ beneficiis in sua integritate manentibus, indecorum nimis videtur, ut minores clericorum præbendæ recipiant sectiones. Idcirco sicut in magnis, ita quoque in minimis membris suis, ut firmam habeat Ecclesia unitatem, divisionem præbendarum, aut dignitatum permutationem fieri prohibemus. Plures clericorum, et (quod mœrentes didicimus) eorum quoque, qui præsens sæculum professione vocis et habitu reliquerunt (22), dum communes usuras, quasi manifestus damnatas exhorrent, commodata pecunia indigentibus, possessiones eorum in pignus accipiant ultra sortem. Idcirco generalis concilii decernit auctoritas, ut nullus amodo constitutus in clero, vel hoc, vel aliud usuræ genus exercere præsumat. Et si quis hactenus alicujus possessionem data pecunia sub hac spe in pignus accepit, si sortem suam, deductis expensis, de fructibus jam recepit, absolute possessionem restituat debitori. Si autem aliquod munus habet, eo recepto, possessio libere ad Dominum revertatur. Quod si post hujusmodi constituta in clero quisquam exstiterit, qui detestandis usurarum lucris insistat, ecclesiastici officii periculum patiatur, nisi forte beneficium Ecclesiæ fuerit, quod redimendum ei hoc modo de manu laica videatur. Quamvis grave nimis, et divini dignum animadversione judicii habeatur quod laici quidem, quod sacerdotum est, in ecclesiasticis rebus usurpant, majorem inde formidinem incutit ac dolorem, quod fomitem sui erroris in ipso Deo dicuntur aliquoties invenire, dum quidam fratrum et coepiscoporum nostrorum, aliorumque prælatorum Ecclesiæ decimas eis, et Ecclesiarum (23) dispensationes indulgent, et in devia eos mortis impellunt, qui prædicatione ipsorum ad vitæ viam fuerant revocandi. De quibus dicit Dominus per prophetam : *Peccata populi mei comedunt, et ad iniquitates provocant animas eorum* (Ose. IV). Unde statuimus, ut si quis alicui laico in sæculo remanenti ecclesiam, decimamve concesserit, a statu suo, tanquam arbor, quæ inutiliter terram occupat, succidatur, et donec emendet, ruinæ suæ subjaceat, dolore (24) prostratus.

« In partibus Tolosæ damnanda hæresis dudum emersit, quæ more cancri paulatim ad vicina loca diffundens, per Vasconiam, et alias provincias quamplurimos jam infecit, quæ dum in modum serpentis infra suas revolutiones absconditur, quanto serpit occultius, tanto gravius Dominicam in simplicibus demolitur. Unde contra eam episcopos, et omnes Domini sacerdotes in illis partibus commorantes vigilare præcipimus, et sub interminatione anathematis prohibere (25), ne, ubi cogniti fuerint illius hæresis sectatores, receptaculum quisquam eis in terra sua præbere, aut præsidium impertiri præsumat. Sed nec in venditione, aut in emptione aliqua cum eis communio habeatur, ut solatio saltem humanitatis amisso ab errore viæ suæ resipiscere compellantur. Quisquis autem contra hæc venire tentaverit, tanquam princeps iniquitatis eorum anathemate feriatur. Illi vero si deprehensi fuerint, per Catholicos principes custodiæ mancipati, omnium bonorum amissione multentur. Et quoniam de diversis partibus in unum latibulum crebro conveniunt, et præter consensum erroris nullam cohabitandi causam habentes, in uno domicilio commorantur, talia conventicula et investigentur attentius et si inventa fuerint, canonica severitate vetentur.

« Quoniam enormis quædam consuetudo in quibusdam locis contra sanctorum Patrum constitutiones invaluit, ut sub annuo pretio sacerdotes ad Ecclesiarum regimen statuantur, ne id fiat modis omnibus prohibemus, quia, dum sacerdotium sub hujusmodi mercede venale disponitur, ad æternæ retributionis præmium consideratio non habetur.

« Non satis utiliter in populo avaritia redarguitur, si ab iis, qui in clero constituti videntur, et præcipue qui contempto sæculo religiosorum nomen profitentur et regulam, modis omnibus non cavetur. Prohibemus igitur, ne ab iis, qui ad religionem transire voluerint, aliqua pecunia requiratur, neve prioratus, aut capellaniæ quælibet monachorum, aut clericorum annua distractione vendantur, neque ab eo cui regimen ipsarum committitur, pro earum commissione ullum pretium exigatur. Hoc autem Simoniacum esse sanctorum Patrum auctoritas manifeste declarat; unde quisquis hoc decreto (26) præsumpserit attentare, tam qui dederit quam qui acceperit, partem se cum Simone non dubitet habiturum. Pro sepultura quoque, chrismatis et olei sacri perceptione, nulla cujusdam pretii exactio intercedat, neque sub obtentu alicujus consuetudinis reatum suum aliquis tueatur, quia diuturnitas non minuit peccatum, sed auget.

« Quia in quibusdam episcopatibus decani quidam, vel archipresbyteri ad agendas vices episcoporum, seu archidiaconorum, et terminandas causas ecclesiasticas sub annuo pretio constituuntur, quod ad sacerdotum gravamen, et subversiones judiciorum non est dubium redundare, id ulterius fieri districtius prohibemus. Quod si fecerit, removeatur a clero. Episcopus quoque, qui hoc in sua diœcesi sustinuerit, et ecclesiastica judicia sua patitur dissimulatione perverti, canonica districtione plectatur.

« Non magnopere antiqui hostis invidia infirma membra Ecclesiæ præcipitare laborat, sed manum mittit ad desiderabilia ejus, et electos quoque (27) nititur supplantare, dicente Scriptura : *Escæ ejus electæ* (Habac. I). Multorum siquidem casum operari se reputat, ubi pretiosius aliquod membrum Ecclesiæ sua fuerit calliditate detractum, Inde nimirum est, quod se in angelum lucis more solito transfigurans sub obtentu languentium fratrum medendi corporibus, et ecclesiastica negotia fidelius pertractandi, regulares quosdam ad legendas leges, etiam confectiones physicas ponderandas, de claustris suis educit, unde ne sub occasione scientiæ spirituales viri mundanis rursum actionibus involvantur, et interioribus ex eo ipso deficiant, ex quo se aliis putant in exterioribus providere : De præsentis assensu statuimus, ut nullus omnino post votum religionis, post factam in aliquo religioso loco professionem, ad physicam, legesve mundanas legendas permittatur exire. Si vero exierit, et a claustrum suum infra duorum mensium non redierit, sicut excommunicatus ab omnibus evitetur; et in nulla causa, si patrocinium præstare tentaverit, audiatur. Reversus autem, in choro, capitulo, mensa et cæteris ultimus fratrum semper existat,

---

(21) A. *celeriter*.
(22) A. et M. *secundum confessionem vocis, et habitum*, etc.
(23) A. et M. *et ipsarum Ecclesiarum*, etc.

(24) A. et M. τὸ *dolore* non legunt.
(25) A. *prohibemus*.
(26) A. et M. *de cætero*.
(27) A. *clericos quosque*.

et nisi ex misericordia forsan apostolicæ sedis totius spem promotionis amittat. Ad hæc ordinationes factas ab Octaviano, et aliis schismaticis et hæreticis evacuamus, et irritas esse censemus. »

Celebrato itaque concilio, domnus Alexander papa responsum a prædictis regibus tale recepit, ut si moram in aliquo loco regnorum suorum assiduam facere vellet, eligeret villam, seu civitatem, quæ sibi magis placere deberet. Unde factum est, quod ad civitatem Senonensem moraturus accessit, quoniam ipsa metropolis valde famosa erat, ac fertilis, et advenientibus (28) opportuna. In quo loco a Kalendis Octobris usque ad Pascha secundi anni moram diutinam faciens, universalis Ecclesiæ negotiis pro sui officii debito curam et diligentiam jugiter habuit.

Eodem tempore infelicis memoriæ Octavianus hæresiarcha infirmatus est apud Lucam, ubi circa festum Paschale impœnitens et excommunicatus de hoc mundo migravit ad inferos, licet a quibusdam dictum fuerit quod sacerdotem Catholicum vocaverit, qui prohibitus a schismaticis ad eum intrare non potuerit. Cujus detestandum obitum supradictus Imarus (29) Tusculanus, unus ex principalibus (30) consociis ipsius jamdiu prævenerat, et apud Cluniacum pessimam mortem incurrerat. Tunc de quatuor falsis fratribus, qui ab Ecclesiæ unitate in animarum suarum perniciem recesserant, non remanserunt, nisi duo tantummodo fumigantia membra, Joannes videlicet de Sancto Martino, et Guido Cremensis, qui se in luctu et mœrore nimio affligebant. Et quidem non modicum trepidantes ubi non erat timor, dicebant ad invicem : Si elegerimus ad Alexandrum converti, forte non recipiet nos absque intolerabili opprobrio et confusione perpetua. Quod si reciperet nos, postmodum faceret de nobis illud idem quod fecit Innocentius papa de cardinalibus illis qui contra eum cum Petro Leonis steterunt. Quocirca desperantes ab Ecclesia recipi, vocaverunt cæteros schismaticos clericos et laicos, tam de Italia quam de Alamannia, qui ad sepeliendum Octavianum ibidem convenerant. Omnes igitur in unum pariter congregati, sicut obstinati et perfidi, prædictum Guidonem Cremensem super se levaverunt secundum idolum, et ad ejus vestigia se incurvantes, adoraverunt eum. Et statim ad imperatorem tunc in Alamannia existentem festinanter miserunt, ut abominandum eorum factum auctoritate imperiali confirmaret, et ne ab Alexandro confunderentur, auxilii sui potentia tam per imperiales litteras, quam per honoratos nuntios festinanter juvaret. Imperator vero ubi de morte Octaviani certitudinem habuit, non mediocriter mœstus et tristis effectus est, sed ne in malo proposito suo superari videretur et vinci, tantæ iniquitati, Dei timore postposito, absque dilatione immediate consensit, et exstinctum schisma, quantum potuit, resuscitare omnimode studuit. Ad majorem vero suæ damnationis cumulum, ut Catholicos fortiter deterreret, et complices suos in malitia ipsa adderet fortiores, addens peccatum peccato, juravit ore proprio super sancta Evangelia quod prædictum Guidonem ejusque successores Catholicos, et Alexandrum atque successores ipsius schismaticos semper teneret. Id ipsum quoque viros ecclesiasticos, quoscunque coercere potuit, nihilominus jurare coegit. In quo exsecrabili facto quid aliud conatus est, nisi Ecclesiam Dei dividere? Sicut enim in Symbolo continetur, omnis Catholicus Christianus non in duas, sed in unam sanctam apostolicam Ecclesiam credit, et singulis diebus Dominicis decantat, et confitetur : unde alibi scriptum est : Una est columba mea, perfecta mea, una ma-

tris suæ, electa genitricis suæ (Cant. vi). Hanc Ecclesiæ unitatem beatus Paulus apostolus docet, et sacramentum unitatis ostendit, dicens : Unum corpus, et unus spiritus : una spes vocationis nostræ, unus Dominus, una fides, unum baptisma, unus Deus (Ephes. iv).

Hanc igitur Ecclesiæ unitatem non tenens Fridericus imperator, tenere se fidem credit. Qui cathedram Petri deserit, super qua fundata est Ecclesia, quomodo se in Ecclesia esse confidit ? Sicut enim non potuit evadere quisquis extra arcam, in qua Noe fuit, sic et qui ab Ecclesia fuerit foris, evadere nullatenus poterit. Præterea illud ad memoriam duximus revocandum, quod priusquam ad colloquium regis Francorum imperator ipse accederet, post destructionem Terdonæ, et Mediolani, et Cremonæ, totam Lombardiam in tantam servitutem redegerat, ut non solum alia eorum bona violenter auferret, sed etiam, quod inter paganos absque capitali pœna non præsumitur, ministeriales ipsius, uxores, et filias eorum diriperent, et impune abuti non formidarent. Pro iis ergo, et aliis importabilibus malis Veneti cum Veronensibus, Paduanis, Vicentinis, et cum tota sibi adjacente Marchia occulte se convenerunt, et super tantis oppressionibus diutius conferentes, tandem pariter juraverunt, quod salvo imperii antiquo jure nihil amplius de cætero facerent prædicto imperatori, nisi quod ab antiquis antecessoribus suis ejus decessoribus, Carolo videlicet atque aliis orthodoxis imperatoribus constat exhibitum. Quibus unanimiter associatis, et jurisjurandi religione astrictis cœperunt loca sua paulatim munire, Teutonicorum insolentias coercere, et quos inveniebant sibi rebelles audacius impugnare. Quod postquam in auribus ejusdem imperatoris insonuit, in iram nimis exarsit, et statim collecto exercitu, cum Papiensibus, Cremonensibus cæterisque Lombardis, de quibus videbatur confidere, adversus eosdem Veronenses pugnaturus processit. Econtra Veronensis societas cum maxima multitudine armatorum extra civitatem, de sua justitia plene confidens, intrepida exivit, et tentoria sua non longe a papilionibus adversæ partis audacter collocavit. Cum autem utrinque ad prælium committendum parati existerent, imperator animos Lombardorum, qui secum venerant, propitios adversæ parti præcognoscens, non mediocriter timuit, et non sine verecundia et multa confusione de campo exivit, nec certamen cum eis inivit, sed terga vertens aufugit. Ab eo igitur tempore Italiæ civitates omnino suspectas habuit, a quibus potius timeri voluit quam amari. Unde factum est quod de consilio marchionum et comitum atque capitaneorum qui erant civitatibus odiosi, arces inexpugnabiles et alias munitiones fortissimas in manibus suis recepit, et per Teutonicos fideliores sibi detineri, et diligentius custodiri fecit. Constituit etiam Teutonicos principes, ac dominatores super Lombardos, ac custodes, ut de cætero ejus voluntati resistendi locum habere nullatenus possent. Iis itaque pro sua voluntate dispositis et ordinatis, ad colloquium regis Francorum, sicut supra diximus, secure transmisit et exinde ad partes Alamanniæ remeavit. Rebus itaque hoc modo se habentibus, cum civitates Lombardiæ, quæ inferius adnotantur, intentionem et propositum ejus imperatoris contra se omnino amarum, et pessimum certis indiciis cognovissent, nullum aliud evadendi certum consilium invenerunt, nisi ut omnes pro tuenda libertate sua, cum civitate Veronensi contra omnes firmiter starent, et seipsos alterutrum pariter adjuvantes, necessaria sibi solatia et auxilia exhiberent. Aggregatæ sunt ergo Veronensi hæ civitates, in primis Cremona videlicet ac populus Mediolanensis extra

---

(28) M. adinventionibus.
(29) A. et M. Ignarus.

(30) A. et M. principibus.

mœnia suæ dirutæ civitatis ab ipso imperatore positus, Placentia quoque, Brixia et Pergamum. Crevit igitur repente societas ipsa in immensum, et facta est firma et fortis. Aliæ vero civitates Italiæ videntes hæc, lætabantur in cordibus suis, et licet imperatori præ nimio timore ad oculum obedirent, corde et animo cum prædictis (31) civitatibus erant.

Dum autem hæc agerentur, defunctus est Romæ Julius Præneslinus episcopus, Alexandri papæ vicarius, et in loco ejus Jo. presbyter cardinalis Sanctorum Joannis et Pauli est subrogatus, ad cujus utique commonitionem populus Romanus ex maxima parte Alexandro papæ consuetam fidelitatem pecunia non modica mediante juravit, et senatum juxta voluntatem et arbitrium ejus innovando constituit. Ecclesiam quoque beati Petri, et comitatum Sabinensem, quæ tunc a schismaticis per violentiam imperatoris (32) detinebantur occupata, in manibus ejusdem vicarii nihilominus reddidit. Unde factum est quod tota fere Urbs ad honorem et servitium papæ Alexandri pacifice detinebatur ab eodem vicario. Habito itaque consilio cum Ecclesiæ fidelibus, tam clericis quam laicis, de revocando pontifice ad sedem beati Petri et Lateranense palatium, nuntios ad eum et litteras in partibus Galliarum apud Senonas existentem transmisit, orans, et petens ab eo ex parte totius cleri, et populi Romani, atque fidelium suorum, quatenus ad primam sedem suam et populum spiritualem (33) sibi commissum, dignaretur reverti. Ecclesiæ namque principatus, et regimen in ipsa Urbe non ab alio, sed ab ipso Domino, est procul dubio constitutum, ut quæ gentilitatis opere (34) cunctis gloriosior fuerat, eadem quoque divino consilio in Christianæ fidei revelatione magisterii dignitatem præ omnibus obtineret. Sed multi quidem huic divinæ dispositioni resistere, et adversus eam conati sunt calcaneum elevare; nullus tamen, Domino protegente, potuit prævalere: *Unde oportet, charissime Pater et domine, ut in hac parte non tantum nobis, sed omnibus Ecclesiis et populis Italiæ salubriter consulatis, qui de reversione vestra in eadem Urbe, et sessione in beati Petri cathedra pacem sibi sperant auctore Domino provenire, et orbi universo tranquillitatem.*

His itaque auditis et intellectis, pontifex de sua reversione ad Urbem cum episcopis, et cardinalibus spatiose loquens, licet multa imminere sibi gravia et difficilia prævideret, post consilium tamen regis Francorum, et alterius regis Anglorum, necnon et episcoporum Galliæ, prædicto vicario favorem de suo reditu dedit responsum, statimque se ad iter ipsum festinanter accinxit. Celebrato itaque Pascha exivit a Senonis, et transiens per Parisius, et Bituricas, et Anicium, post festum apostolorum ad Montem Pessulanum incolumis per Dei gratiam remeavit. Paratis ergo navigiis et aliis, quæ ad navigandum necessaria videbantur, infra octavas Assumptionis beatæ virginis Mariæ cum fratribus suis mare intravit, et immensam pelagi vastitatem non sine multo discrimine transcendens, ad civitatem Messanam prosperis velis applicuit. Quod postquam in auribus recolendæ memoriæ Guillelmi Christianissimi regis Siciliæ apud Panormum insonuit, eumdem pontificem, tanquam Patrem, et dominum suum, a quo patrimonium Siciliæ et totam aliam terram suam tenere dignoscitur, digno ipsum cum honore tractari, et magna sibi munera præsentari studuit. Ad vehendam quoque ipsius venerandam personam, galeam unam rubeam, et ad opus episcoporum et cardinalium quatuor jussit studiosissime præparari. Rheginum quoque archiepiscopum et alios magnates cum ipso pontifice destinavit, qui eum gloriose conducerent, splendide procurarent et usque ad urbem Romanam gloriose deferrent. Movit ergo de Messana beatus Alexander papa in mense Novembris, et transiens per Salernum atque Gajetam, fauces Tiberis in festo Sanctæ Cæciliæ, suffraganeis beatorum apostolorum Petri et Pauli meritis, ingressus est, et Ostiam, ubi ea nocte ductore Domino cum fratribus suis quievit, sanus et incolumis pervenit. Mane autem facto, senatores cum nobilibus et magna cleri et populi multitudo, ex Urbe sibi honorifice occurrerunt, exhibentes sibi, tanquam animarum suarum pastori, obedientiam debitam et consuetam reverentiam; et exinde cum ramis olivarum usque ad Portam Lateranensem cum omni gaudio et lætitia conduxerunt. Ibique totus Urbis clerus de more solemniter indutus, ejusdem pontificis jamdiu desideratum præstolabatur adventum. Ibi convenerant Judæi ex more legem suam deferentes in brachiis; ibi concurrerant signiferi cum bandis, stratores, scriniarii, judices cum advocatis, et non modica ejusdem populi multitudine. Quid plura? Inchoata processione decora et concrepantibus undique altisonis vocibus, cum tanta gloria et exsultatione deductus est ad patriarchium Sancti Salvatoris et Lateranense palatium, cum quanta nullus Romanorum pontificum a longis retro temporibus recolitur fuisse receptus. Acta sunt hæc anno Dominicæ Incarnationis 1165, indictione XIII, IX Kalendas Decembris, pontificatus vero ipsius papæ anno VI.

Dum autem in urbe Roma hæc agerentur, et domnus Alexander papa in Beati Petri cathedra, tanquam Christi vicarius, resideret, Guido Cremensis et ejus complices valde turbati sunt atque confusi, quoniam timor et tremor apprehendit eos. Catholici vero, licet a Friderico imperatore multas tribulationes toleraverint pro justitia, lætabantur tamen de prosperis Ecclesiæ successibus et nimia confusione schismaticorum. Lombardorum quoque societas contra Ecclesiæ adversarios et libertatis suæ impugnatores, intrepida persistebat, disponens universa, quæ ad tuitionem sui utiliora esse prospiciebat, et ut imperatoris calliditates et machinamenta, quæ in confusionem Lombardorum paraverat, destruere posset, operam et studium pro viribus impendebat. Unde factum est quod Veronenses et Paduani, tanquam viri bellicosi et libertatis propriæ amatores, ut imperatoris adventum per partes suas penitus disturbarent, et in posterum sibi, et toti patriæ salubriter providerent, munitissimum Castrum Rivuli et Appendicii (35) arcem in manu forti aggressi sunt, et viriliter expugnantes funditus destruxerunt.

Eodem tempore idem imperator exercitum congregavit, et tertia vice per Valcamonicam expirato Lombardiam ingressus, castrametatus est in territorio Brixiensi. Et, licet Lombardorum civitates valde haberet exosas et nulla ratione in ipsis confideret, quia tamen contra eum omnes simul convenerant, non erat ei tutum offensionem quamlibet eis, vel molestiam irrogare. Ideoque feritatem, quam gerebat in corde, dissimulans, blandum se omnibus, et hilarem demonstrabat, et ad ejus præsentiam, sicut ad tanti principis aspectum nobilium et civium turmæ, prout solet fieri, jugiter accedebant, et honorem sibi debitum et consuetam reverentiam exhibebant. Processit itaque versus Ferrariam, et cum omni pace venit juxta Bononiam, ubi aliquandiu pro sui exercitus lassitudine morari disposuit. Interim vero aliquos de magnatibus suis præmisit in Tusciam, ut auxilium et vires præstarent Guidoni Cremensi, quem denuo in idolum con-

---

(31) A. et M. *cæteris.*
(32) A. *imperatorum.*
(33) A. *specialem.*
(34) A. et M. *tempore.*
(35) A. *Appendii.*

tra Deum crexerat, et papæ Alexandro atque Romanis gravamina et læsiones, quas possent, inferre studerent. Ipse vero cum exercitu suo ad Anconam descendit. Et quia imperator Græcorum, data immensa pecunia, civibus ejusdem loci civitatem ipsam detinebat per violentiam occupatam, ut injuriam sibi et imperio suo illatam posset ulcisci, eam obsedit et expugnare omnimodis nitebatur. Porro ejusdem imperatoris barbaries, quam in Tusciam destinaverat, propter dissensiones et guerras, quæ inter Pisanos et Lucenses emerserant, ita universos perterruit, et imperiali dominio subjugavit, quod in urbe Romana fere nullus reperiebatur, qui resistere imperialibus jussis auderet. Tunc circumpositæ Urbi civitates et capitanei a Teutonicis invasæ sunt, et a consueta Beati Petri fidelitate atque dominio separatæ. Sic itaque totam terram ipsam multis deprædationibus et incendiis, atque aliis oppressionibus prædicti nefarii devastarunt. Ipsam quoque civitatem matrem Romam cum viribus armorum subjicere imperatori non possent, pecuniarum largitione, ut adimpleretur antiquorum Scriptura, non absque re tentaverunt corrumpere. Et quia Roma, si inveniret emptorem se venalem præberet, non defuerunt multi ex eodem populo qui, suscepta pecunia, Guidoni hæresiarchæ et imperatori contra omnes homines fidelitatem jurare præsumerent. His itaque gravibus malis undique increbrescentibus, benignus pontifex eumdem populum affectu paterno frequenter commonuit, ut cum ipso et Ecclesia unum saperent, et vicinas civitates, atque capitaneos pacifice revocarent, et sibi astringerent, atque pro defendenda Ecclesia, et civitate contra fortissimum adversarium unanimiter starent. Obtulit etiam eidem populo Ecclesiæ pecuniam expendendam in ipso facto secundum Ecclesiæ facultatem. Sed, peccatis exigentibus, nihil cum eo potuit efficere, qui se utrique parti simulabat placere et cum nulla fideliter ambulabat. Quia ergo neque pastoris vocem intelligere, neque superventuras calamitates voluit præcavere, divinam ultionem juste incurrit, cum personarum simul et rerum proprietatem perdere meruit. In diebus illis, cum adhuc Fridericus imperator obsideret Anconam, societas Lombardorum in libertatis suæ soliditate fortius roborata dignum duxit, ut Mediolanenses in civitatem suam, Domino auxiliante, reduceret, et diruta mœnia, suffragantibus beati Ambrosii meritis, studiosius repararet. Ad majorem quoque suæ operationis stabilitatem Laudam, quam ipse imperator in oppressionem aliarum civitatum noviter transtulerat in loco munitissimo, cisdem Mediolanensibus amicabili fœdere sociavit et arctioris vinculo amoris astrinxit. Præterea, episcopos et alios Ecclesiarum prælatos, schismaticis et intrusis cum opprobrio expulsis, per omnes civitates et episcopatus suos, Domino cooperante, constituit. Unde, licet imperator usque ad præcordia tristaretur, potius elegit hæc ad tempus dissimulanter tolerare, quam causam suam vacillantem in præsenti deteriorem facere.

Eodem tempore fidelis et devotus Ecclesiæ Romanæ filius Guillelmus, illustris et gloriosus rex Siciliæ, cujus animam Domino commendamus, apud Panormum in pace defunctus est. Cui itaque sicut in regno, ita in eadem fidelitate et devotione Guillelmus major ejus filius, Domino auctore, successit. Per idem quoque tempus Emmanuel magnus et excelsus Constantinopolis imperator, sciens molestias et gravamina quæ prædictus Fridericus venerando papæ Alexandro contra Deum et omnem justitiam conabatur inferre, misit ad urbem Romam Jordanum, imperii sui sebaston, filium Roberti quondam Capuani principis, ad subventionem et servitium ejusdem pontificis. Veniens autem idem sebasto humiliter se inclinavit eidem pontifici, et oblatis ad pedes ejus magnis et pretiosis muneribus, omnia, quæ acceperat in mandatis, diligenter sibi exposuit. Sed inter cætera unum principale continebatur, quod Deo et hominibus apparebat valde acceptum. Asseruit enim quod idem imperator Ecclesiam suam unire volebat, sicut melius antiquitus fuit, cum matre omnium Ecclesiarum sacrosancta Romana Ecclesia, ut sub una divinæ legis observantia et uno Ecclesiæ capite uterque clerus ac populus, Latinus videlicet atque Græcus, perpetua firmitate persisteret. Nihilominus quoque petebat ut, quia occasio justa et tempus opportunum atque acceptabile se obtulerat, Romani corona imperii a sede apostolica sibi redderetur, quoniam non ad Friderici Alamanni, sed ad suum jus asseruit pertinere. Ad quod opus perficiendum tantas auri argentique opes, et fortium virorum potentiam se largiturum firmiter spondebat, quod non solum Romam, sed et totam Italiam ad Ecclesiæ servitium, et restituendam sibi Ecclesiæ coronam habere absque dubio poterit. Quod verbum licet nimis difficile videretur, et de multa deliberatione opus haberet, utile tamen visum est, ut pontifex, habito cum fratribus suis, ac fidelioribus viris ipsius Urbis consilio, episcopum Ostiensem et cardinalem Sanctorum Joannis et Pauli pro causa ipsa tractanda de latere suo cum prædicto sebasto ad ejusdem imperatoris præsentiam destinaret.

In septimo anno pontificatus ipsius, populus Romanus inter alios vicinos Albanenses et Tusculanos habere cœpit exosos, tum quia pro instante malitia temporis Teutonicis adhærebant, tum quia se ab ipsis Romanis juxta exactionis eorum nimietatem non redimebant. Unde cum inter eos æmulationes augerentur et crescerent, populus ipse in mense Maio, cum messes albescunt, contra prohibitionem sui pastoris adversus Raynonem dominum de Tusculano in omni fortitudine sua exivit communiter armatus. Et procedens in terram ejus, non solum vineas et segetes cum arboribus hostiliter devastavit, sed etiam muros Tusculanæ civitatis nihilominus destruere laborabat. Sed quoniam idem Rayno tantæ fortitudini per seipsum resistere non valebat, nec terram suam tueri, necesse habuit ut ad auxilium imperatoris confugium faceret. Misit itaque imperator celeriter ad subventionem et præsidium ejusdem Raynonis fortium bellatorum immensam multitudinem, ut et Tusculanum populum defenderet, et Romanorum insolentiam coerceret. Postquam vero illa Teutonicorum sæva barbaries, quæ in armis semper consueverat militare, ad Tusculanum pervenit, videns populum Romanum esse multum, sed ad bellum perperam ordinatum, animum et audaciam sumpsit, ut cum eo absque mora in campo haberet conflictum. Appropinquantibus ergo partibus, post horam nonam repente clamor utrinque vehemens ad sidera tollitur, et strictis mucronibus hostes in hostes nimis atrociter irruunt. Sed in primo congressu populus Romanus irrecuperabiliter corruit et per campestria atque convallium devia ita impie contritus atque delapsus est, quod de tanto agmine tertia pars vix evasit. Ea igitur nocte factus est in tota Urbe subitaneus dolor et ululatus magnus, inaudita calamitas, insatiabilis luctus et irreparabilis jactura virorum et rerum. Quippe ab eo tempore, quo Annibal Romanos apud Cannas devicit, tantam Romanorum stragem nullus recolit exstitisse. Sed, quamvis in tam gravi mœstitia et communi dolore pontifex ipse a fletu et lacrymis se nullatenus potuerit cohibere, videns tamen civitatem virorum simul et armorum præsidio desolatam, utilius consilium celeriter habuit, de vigilanti custodia Urbis et debilium reparatione murorum, atque de auxilio ab intrinsecis conferendo.

Hostes vero pro adepta palma victoriæ nimium exsultantes, non fuerunt contenti victoria ipsa, sed adjunctis sibi Tiburtinis, Albanensibus, Campaninis et cæteris circumpositis, illico festinarunt ad

Urbem, et destruentes universas munitiones. et omnes segetes usque ad fluvium Tiberis, circumdederunt usque ad portas eamdem Urbem. Imperator vero, ubi tantam Romanorum occisionem cognovit, reliquit Anconam, et veniens ad exercitum suum non sine magno exercitu castrametatus est in Montemalo, xiv Kalendas Augusti. Altera autem die, videns congregatam sui exercitus innumeratam multitudinem, descendit in fortitudine gravi usque ad portas castelli Sancti Angeli, ibique atrocissimum dedit assultum et frequentes impetus. Sed quia summi pontificis familia, quæ alio nomine vocatur Masnada, in faciem sibi per orationem beati Petri fortiter atque viriliter restitit, nihil ea die, nisi detrimentum suorum et confusionis ignominiam reportavit. Unde in majori furore commotus ecclesiam Principis apostolorum, quæ a fidelibus Ecclesiæ in custodia tenebatur, cum balistis et sagittariis violenter aggressus est. Sed cum eam expugnare non posset, postposita reverentia Dei et ejusdem regni cœlorum clavigeri, tanquam sacrilegus et profanus ignem fecit apponi. Custodes vero ecclesiæ formidantes, ne tota ecclesiæ fabrica incendio solveretur, post combustam Sanctæ Mariæ in Turri ecclesiam, cum æneis portis et vicinis porticalibus, Beati Petri basilicam in manu et potestate sævientis principis tradiderunt. Hæc igitur, et alia imminentia mala cum beatus pontifex consideratione sollicita prævideret, post illud excidium populi, quod exigentibus peccatis acciderat, dimisso Lateranensi palatio·cum fratribus suis, et eorum familiis ad tutas domos Frangepanum descendit, et apud Sanctam Mariam novam, et Chartulariam, atque Colosseum se cum eis in tuto recepit. Ibique pro incumbente malitia imperatoris quotidianus episcoporum et cardinalium fiebat conventus, tractabantur causæ et responsa dabantur.

In diebus illis prædictus rex Siciliæ audiens quomodo sævus ille Ecclesiæ persecutor Romam teneret obsessam, timens ne in persona domini sui papæ Alexandri aliquid gravioris periculi posset accidere, misit ad eum duas veloces galeas cum pecunia multa, præcipiens earum comitibus, ut ad pontificem niterentur accedere, et assignata ei pecunia, personam ipsius ac fratrum suorum in galeis ipsis reciperent, et de potestate ipsius Friderici, et exspectatione (36) omnium schismaticorum eriperent. Contigit ex inoperato, ut galeæ per Tiberis alveum ascenderent et ad Sancti Pauli ecclesiam applicarent. Missa itaque insinuatione ad aures summi pontificis, ductore viro egregio Odone Franjapane, comites galearum cum pecunia, quam ferebant, ad vestigia ejusdem præsulis accesserunt. Tunc venerabilis pontifex super iis gratias omnipotenti Deo referens, et pecuniam ipsam de benignitate suscepit, et nuntios tam devotissimi principis secum per octo dies affectu paterno detinuit. Habito autem in causa Ecclesiæ ac civitatis consilio, galeas ipsas ad eumdem regem beati Petri devotissimum, et specialem filium cum gratiarum actione præmisit, præmittens eis duos ex fratribus, M. videlicet Sancti Georgii, et P. Sanctæ Mariæ in Aquiro diaconibus cardinalibus ad partes Sancti Germani. Ipse vero de suscepta pecunia partem dedit fidelibus Ecclesiæ Frangepanibus et filiis Petri Leonis, ut strictius obligati ad invicem sese fortius adjuvarent, et ad defendendam civitatem populum manutenerent, et robustius animarent. Pro custodia vero Urbis partem ejusdem pecuniæ ad singulas portas paterna benignitate transmisit. Cum autem cives Romani adversus Fridericum fortius solito starent, et ei quotidie graviora damna ferrent, videns quod adversus eos virtute armorum prævalere non posset, tanquam vulpes callida convertit se ad consueta perspicacioris astutiæ argumenta. Misit itaque ad episcopos et cardinales per Conradum Maguntinum archiepiscopum, qui ad eum ex permissione Alexandri papæ iverat, pacis verba in hunc modum : *Si vos apud Alexandrum effeceritis, quod salva ejus omni ordinatione cesset a papatu, ego cessare faciam Guidonem Cremensem, et tunc insimul conveniant omnes ecclesiasticæ personæ, et tertiam personam in summum pontificem libere eligant; ego autem reddam Ecclesiæ firmam pacem et ulterius de causa electionis Romani pontificis nullatenus me intromittam.* Populo quoque Romano propter hoc promittebat omnes captivos suos se reddere, et quidquid residui ex eorum spoliis appareret. Quod verbum ita populo favorabile fuit, ut omnes id faciendum esse unanimiter collaudarent. Dicebant enim quod pro redimendis ovibus suis domnus papa majora deberet facere, quam papatum relinquere. Episcopi vero et cardinales deliberato consilio una voce ipsi Friderico firmissime responderunt, dicentes : *Non est nostrum judicare summum pontificem, quem suo Deus judicio reservavit, quoniam, ut attestatur Scriptura : Non est discipulus super magistrum* (*Luc.* vi). Cum igitur populus vehementer instaret pontifici, ut petitio sua manciparetur effectui, pontifex utiliora Ecclesiæ prospiciendo secretum cum paucis fratribus verbum faciens, ab oculis eorum evanuit. Sed, propitiante Domino, in tertia die visus est prandere cum sociis ad radicem Montis Cyrchegi ad fontem, qui extunc papalis est appellatus. Procedens ultra fluvium Legulæ, et undique ad eum tam clericorum quam laicorum frequentia concurrente, per Terracinam, et Gajetam cum gaudio et lætitia transiens, ad patrimonium Sancti Beneventanum cum episcoporum multitudine Domino favente pervenit. Fratres vero, qui post eum in Urbe remanserant, secuti sunt ejus vestigia, et suo capiti tanquam membra sui corporis adhæserunt.

Fridericus autem ubi Alexandrum papam cognovit exiisse Urbe, et ejus insidias evasisse, contristatus est nimis, timens ne totum orbem contra se commoveret et ad ipsius jacturam majores sæculi principes provocaret. Sed, quoniam in cunctis actibus suis omnipotentis Dei et beati Petri mansuetudinem et patientiam, sicut homo, qui non posuit Deum adjutorem suum, sed speravit in multitudine divitiarum suarum, non cognovit, iratus est ei Dominus cum beato Petro, cujus Ecclesiam incendere, Dei timore postposito, non abhorruit. Immisit enim tantam subitaneæ mortis pestilentiam in ejus exercitum, ut infra septem dierum spatium fere universi majores ipsius principes, qui secum Ecclesiæ adversabantur, morte subitanea corruerent, et miserabiliter morerentur, de quorum numero paucos famosiores duximus no ..inandos. Fridericum Bavariæ ducem ; H. (37) comitem de Nasove, Borchardum com.tem de Alremont, H. (38) comitem de Lipia, R. cancellarium, Ecclesiæ Coloniensis intrusum, et L. fratrem ejus, comitem ; episcopum Verdensem, pertinacem schismaticum. Reliqui vero barones et milites, ac cætera pugnatorum maxima multitudo cum languerent et nullum sanitatis possent remedium invenire, spiritum miserabiliter exhalabant, quorum cadavera usquequaque inhumata jacebant. Quid plura ? tantus subitaneæ mortis timor universos invaserat, ut beatum se crederet, qui quomodocunque castra posset exire, et ad proprium confugium facere. Tunc idem Fridericus divina se manu percussum fore intelligens cum Romanis utcunque composuit, et viii Idus Augusti non sine manifesta confusione recessit. Mortalitatis tamen pestilentia ipsum nihilominus sequebatur, et cum in antea procedere

(36) A. *expugnatione*.
(37) M. *Henricum*.

(38) M. *Henricum*.

conabatur, post se mortuorum stragem cum mœstitia relinquere conabatur. Arma vero, et reliquus Teutonicorum pretiosus apparatus perierat simul cum dominis, et omnis gloria eorum fuerat ad nihilum ex judicio divino redacta. Dum autem idem Fridericus cum luctu morientium et infirmorum gemitibus pervenisset Lucam, et vellet per stratam publicam et montem Burdonis transire, prohib.tus est a Lombardis, ne ipsorum terram ingredi attentaret. Ideoque a marchione Malaspina (38*) securo impetrato ducatu apud Pontemtremulum divertit a publica strata, et exinde iter suum per convallium concava, et aspera montium dirigens, non sine multa rerum suarum direptione tanquam profugus transivit juxta Terdonam, et tandem cum paucis venit Papiam. Sed, quod erat valde mirabile in oculis omnium, neque recordatio tantorum malorum, quæ ab infantia sua crudeliter exercuerat, neque recentia flagella sibi a Deo et beato Petro illata, duritiem et feritatem cordis illius emollierant, vel ad bonum faciendum converterant. Quippe ipsius natura in malum ab adolescentia sua prona fuit, et semper in id ipsum fore proclivior creditur. Unde civitates Lombardiæ, quæ jamdudum (39) atrocitatem et sævitiam ipsius expertæ fuerant, v.dentes propositum et voluntatem ejus contra se ferventius solito exardescere, communi deliberatione firmarunt, ut de tota eum Lombardia deberent expellere, qui totam Italiam in probrosam servitutem nitebatur reducere. Ideoque congregata fortium virorum militia eumdem Fridericum de Papia exeuntem aggressi sunt, et tanquam violatorem et destructorem legum et constitutionum orthodoxorum imperatorum, nec non a Romana Ecclesia excommunicatum persequi non destiterunt, donec de cunctis Lombardiæ finibus violenter ejicerent et transalpinare compellerent.

Liberata itaque Lombardia per divinum auxilium ab ipsius tyrannide, et suæ antiquæ reddita libertati, ab omnibus Lombardis, exceptis Papiensibus et Cumanensibus, salubriter provisum atque statutum fuit, ut pro futura omnium defensione u... populosam civitatem inter Papiam et Astam construerent, quæ Lombardis in futurum secura defensio foret ac tutum præsidium, Teutonicis vero præberet maximum obstaculum. Anno igitur Dominicæ Incarnationis 1168 Kalendis Maii indictione... anno autem pontificatus domni Alexandri papæ nono, Cremona cum Mediolanensibus et Placentinis, in manu valida pariter convenerunt contra rebellionem Papiensium et marchionis Monsferrati, ad villam, quæ vocatur Rovoretum, ibique ad honorem Dei et beati Petri, et totius Lombardiæ construendæ civitatis ambitum designarunt, et locum ipsum spatioso fossato clauserunt. Convenerunt ergo illic ad habitandum cum familiis et omnibus bonis suis universi habitatores, qui morabantur in circumpositis villis, videlicet in Marengo, Gamundio foro, Bergulio, Humila et Solestia; et repente facta est civitas magna et fortis. Ut autem gloriosior ubique haberetur et famosior, placuit omnibus ut ipsa civitas, pro reverentia beati Petri et papæ Alexandri, in perpetuum nominaretur Alexandria. Est autem posita in territorio amœno et fertilissimo secus stratam publicam, munita undique tribus fluviis et abundans bonis plurimis. Et in primo quidem anno habitatores ejus inter milites et pedites bellicosos usque ad quindecim millia excrevisse asserebantur. In secundo quoque anno ejusdem civitatis consules ad præsentiam domni Alexandri pontificis venerunt Beneventum, offerentes ei, et per eum Sanctæ Romanæ Ecclesiæ ipsam civitatem in jus et proprietatem, eamquebeato Petro tributariam sponte fecerunt; insuper sibi et successoribus suis jurarunt: quod cam annis singulis consulatus et populus Alexandrinus, sicut spoponderunt, proprio innovare (39*) deberent. Quibus rite peractis consules ipsi cum gratia, et exsultatione, ac benedictione ipsius pontificis ad propria, ductore Domino, redierunt. Eodem tempore idem pontifex Vescanensem et Gajacensem episcopos de Simonia impetitos, atque convictos deposuit. Accidit etiam quod Joannes presbyter cardinalis quondam titulo Sancti Martini, qui a principio hujus schismatis cum Octaviano et Guidone Cremensi Ecclesiam non destitit persequi, cum extra Viterbium equitaret, subito corruit, et confractis cervicibus impœnitens vitam pessima morte finivit. Ipse quoque Guido Cremensis, qui in schismate Octaviano successerat, incurabili morte percussus in pede, necesse habuit claudicare, dum vixit. Romani autem cum in Teutonicos illatam sibi atrocem injuriam vindicare non possent, ad Albanenses ea occasione se converterunt, quia cum imperatore adversus eos steterant, et offendere præsumpserunt, quos tandiu hostiliter impugnarunt, donec eorum civitatem funditus destruxerunt. De Tusculanis quoque et aliis circumpositis fortioribus locis pro consimili causa idem facere nihilominus laborarunt; sed, quia eorum injustis conatibus Ecclesia non consensit, licet inviti, ab hujusmodi proposito destiterunt ad modicum tempus.

Interea Emmanuel magnus Constantinopolitanus imperator, cum videret Fridericum dictum imperatorem Ecclesiam Romanam, et Alexandrum papam vehementer cum schismaticis impugnare ac persequi, misit Beneventum de majoribus imperii sui apocrisiarium cum immensa multitudine pecuniarum, ad præsentiam ipsius pontificis loquentem in hæc verba: « Dominus imperator jamdiu desiderio desideravit honorare et exaltare Ecclesiam Romanam matrem suam et personam vestram. Nunc autem cum videat eumdem Fridericum ejus advocatum, qui ex officio suo eam deberet ab aliis tueri atque defendere, factum esse ipsius impugnatorem ac persecutorem, magis vult ei servire atque succurrere. Et ut temporibus istis illud Evangelicum adimpleatur verbum: *Et fiet unum ovile, et unus pastor (Joan.* x), Ecclesiam suam Græcam in eo statu, in quo antiquitus fu.sse dignoscitur, eidem Romanæ Ecclesiæ unire desiderat, atque subjicere, dummodo sibi velitis sua restituere jura. Unde rogat et postulat quatenus, prædictæ Ecclesiæ adversario imperii Romani corona privato, eam sibi, prout ratio et justitia exigit, restituatis. Pro cujus rei complemento quidquid videritis necessarium in sufficienti pecuniarum effusione, atque in potentia, et virtute armorum juxta vestrum beneplacitum paratus est elargiri, et solvere absque mora. « Quibus auditis, pontifex cum episcopis et cardinalibus, atque nobilioribus Romanorum, consilio diutius habito, respondit hoc modo prædicto apocrisiario: « Nos agimus gratias Domino tuo imperatori, tanquam Christianissimo principi et devotissimo beati Petri filio, ex devota et frequenti visitatione sua, et de ostensione bonæ voluntatis, quam erga sanctam Romanam Ecclesiam gerit. Eapropter et affectuosa ejus verba libenter audimus, et postulationes, in quibus secundum Deum possumus, paterna benignitate admittere volumus. Ea vero, quæ postulat, nimis alta sunt et valde perplexa, quibus pro sua difficultate obviantibus sanctorum Patrum statutis, assensum præbere sub hujusmodi conventionibus vel dare non possumus, nec debemus, qui ex officio nobis a Deo commisso pacis auctores nos esse convenit, ac custodes. » Sic igitur excussis ab omni munere ipsius pontificis manibus, cum tota pecunia, quam detulerat, jam dictus apocrisiarius rediit

---

(38*) A. *suo impetrato ducatu apud Montemtremulum.*

(39) A. et M. addunt *in se ipsis.*
(39*) A. *invocare.*

ad dominum suum, subsequentibus eum duobus ex cardinalibus, quos ad eumdem imperatorem idem pontifex destinavit.

De pessima morte Guidonis Cremensis, et consimili substitutione Joannis Strumensis (40).

Eodem tempore Guido Cremensis cum apud Beati Petri ecclesiam incubaret et in incœpto sui erroris pertinaciter moraretur, ab eodem apostolo cancri immissus morbus in renibus ei apparuit cum pulmonis anhelitu, et tandiu emisit fœtidam saniem, donec infelicem spiritum impœnitens exhalavit et pessima morte succubuit. Unde quidam metrographus metrice cecinit, dicens :

Corruit insani Guidonis et Octaviani
Impia majestas, intempestiva potestas.
Surgit Alexander ratione, fide Petrus alter :
Stat nunc in petra, post hæc statuendus in æthra.

Sublatis igitur de medio desolationis suæ duobus capitibus, residua schismaticorum turba in desperationis barathro constituta, cum nullus de Ecclesiæ corpore superstes existeret, quem sibi præficere possent, assumpserunt quemdam Joannem, quondam abbatem Strumensem (41), virum apostatam, lubricum, voracem atque gyrovagum, et non sine risu, et multorum ludibrio in cornutam tertiam bestiam erigentes in cathedra pestilentiæ, tanquam perfidi et pertinaces, ipsam abominationem adoraverunt et venerari instinctu diabolico præsumpserunt. Hic apostaticus homo cum pro suis meritis sperneretur ab omnibus bonis, et oderetur, adhæsit pravis et sceleratis, quorum præpositus et princeps diutius exstitit. Cujus fautores, et domestici familiares solummodo fuerunt apostatæ, lenones, scurræ, fugitivi ex monasteriis et pro suis sceleribus damnati, fures quoque, et raptores, qui sibi egeno et pauperi viatorum et peregrinantium spolia conferebant.

Interea imperator Fridericus videns duas, quas erexerat, statuas ex divino judicio corruisse, atque tertiam non de corpore Ecclesiæ, sed de complicum suorum collegio fuisse assumptam pariter et erectam, doluit usque ad præcordia, eo quod pars ejus ad nihilum devenisset, et Alexandri papæ causa convalescens in melius semper proficeret. Sed ne in suo malo proposito superari videretur et omnino confundi, simulavit, sicut homo callidus et valde astutus, prædictam bestiam venerari, et præcepit fautoribus suis, ut eam manutenerent et sustentarent. Post aliquantulum vero temporis ad consueta et callida se argumenta convertens, ut omnium favorem posset acquirere, bonam voluntatem et pium desiderium de reformanda Ecclesiæ atque imperii pace habere fraudulenter ostendit. Quippe in tantum se ipsum callide humiliavit, quod episcopum Bambergensem, qui corde Catholicus semper exstiterat, usque Beneventum ad præsentiam papæ Alexandri transmitteret, cui dederat potestatem, ut cum eo juxta formam capitulorum, quæ sibi commiserat, concordiam et pacem firmaret. Injunxit etiam sibi, ut hæc omnia eidem pontifici solummodo revelaret. Quod quidem, sicut postmodum claruit, hac astutia fecisse dignoscitur, ut inter Ecclesiam et Lombardos scandalum poneret, et eos ab invicem separaret. Pontifex autem, ubi adventum ipsius episcopi pro certo cognovit, et de Lombardorum causa nihil ei fuisse commissum, non dubitare potuit ; sed præsentiens versutias et artes mittentis, ideo cum episcopis et cardinalibus deliberato consilio, ad Lombardos litteras et nuntios festinanter direxit, et eorum dubia et nutantia corda firmavit, et ut ex singulis civitatibus unam discretam et idoneam personam, quæ vicem generalitatis haberet, ad ejus præsentiam destinarent, eis suadendo mandavit, cum quibus verbum pacis et concordiæ, quod idem episcopus deferebat, tractare volebat ; et quidquid exinde agendum foret cum eis disponere pariter et ordinare. Unde factum est quod quidam fideles ac sapientes viri a Lombardorum communitate sunt electi, et ad præsentiam ejusdem pontificis destinati. Accessit autem jam dictus episcopus ad partes Campaniæ, et eidem pontifici adventum suum nuntiavit, rogans et obsecrans ut, quia terram Siciliæ regis intrare prohibitus fuerat, ad Campanum beati Petri patrimonium pro colloquio secum habendo dignaretur reverti. Placuit ergo pontifici ut preces illius cum fratribus suis et Lombardorum legatis, de Benevento ascendere in Campaniam et in civitate Verulana sæpedictum episcopum exspectare. Altera autem die cum pontifex de more in pleno consistorio resideret, idem Papenbergensis (42) advenit, et ante conspectum papæ Alexandri reverenter accedens, adoravit eum, et dixit : *Dominus meus imperator Fridericus misit me ad vos, et districte injunxit mihi, ut vobiscum seorsim loquar et vobis solum ea revelem quæ mihi dicenda commisit.* Cui cum pontifex sæpe ac sæpius diceret : *Inutile penitus est ut mihi soli ea exponas, super quibus absque notitia et consensu fratrum meorum et eorumdem Lombardorum, nullum tibi dabo responsum* : vix tandem ab ipso potuit obtinere, ut ipse prius solus eum audiret et postmodum quibus vellet audita communicaret. Audivit itaque diligenter illum seorsum pontifex, sicut petiit. Episcopus vero post multa et varia, quæ pontifici revelavit, firmiter asseruit, quod in personam ejus nihil ulterius agere imperator volebat, sed omnes ipsius ordinationes, quas fecerat, ratas haberet et ab aliis teneri juberet. De papatu vero, et obedientia sibi tenenda ita implicite loquebatur, et velate, quod ex verbis ejus catholicum sensum capere minime potuit. Cum autem importune sibi ac vehementer instaret, ut super iis non in parabolis, sed in veritate apertissime loqueretur, confessus est, quod districte prohibitus verba ipsa nec exponere audebat, nec mutare. His igitur auditis, cum nihil amplius ab eo episcopo elicere posset, ad secretiorem cameram, ubi fratres cum Lombardis dimiserat, pontifex remeavit, et audita eis universaliter retulit, et habita deliberatione aliquali papa Alexander dicto episcopo sic respondit : *Prudentiam tuam, dilecte in Christo frater, valde miramur, quod hujusmodi legationem ad nos, qui calliditates et astutias mittentis non ignoramus, quasi nescius detulisti. Cum enim, sicut asseris, idem imperator factas a nobis ordinationes jam Deo gratias velit recipere, atque ab aliis ratas haberi, et in persona nostra non consentiat, qui licet indigni, canonice tamen beato Petro in sede apostolica successimus, quid aliud est agere, nisi Deum venerari et colere, et ex parte ipsum negare? Causam nostram tota Dei Ecclesia cum aliis regibus et principibus Christianis jam judicavit canonicam, et nobis usquequaque obedit. Si ergo inter oves, quas Deus beato Petro pascendas commisit, vult numerari, cur amplius differt eidem apostolorum Principi cervicem suam flectere et Catholicæ se unitati aggregare? Nos vero, si per eum non steterit, parati et prompti sumus præ cæteris mundi principibus honorare ipsum ac diligere, et suam sibi justitiam integre conservare, dummodo matrem suam sacrosanctam Romanam Ecclesiam, quæ ipsum ad imperii culmen erexit, filiali devotione diligat, et suam ei libertatem conservet.* Post hæc autem ita increpatus, et fraternaliter commonitus idem Papenbergensis a Lombardis conductus ad Fridericum est reversus.

---

(40) A. *Scrivinensis.* M. *Scriniensis* semper.
(41) A. *Sarmensem.*

(42) A. et M. *Banbergensis* semper.

De donatione civitatis Tusculanæ, qualiter Rayno eam tradidit papæ Alexandro.

Dum autem apud civitatem Verulam pontifex moraretur et Romani Tusculanos acrius solito impugnarent, Rayno eorum dominus nimio terrore perterritus, contra fidelitatem, quam eidem pontifici fecerat, Joanni maledicto, qui a Frederico Urbis præfectus factus fuerat, Tusculanam civitatem sicut stultus et insipiens in concambium dedit, et populum Tusculanum a fidelitate, qua ei tenebatur, absolvit. Data itaque ipsa civitate in manu et potestate ipsius Joannis, recepit ab eo montem Flasconis et burgum Sancti Flaviani cum pertinentiis suis, quæ ad proprium jus beati Petri tantummodo spectare noscuntur. Super his ergo Alexander papa cum videret beati Petri patrimonium ita insolenter distrahi et donari, adversus utrumque non indignari et graviter commoveri non potuit. Quippe medietas Tusculani cum monte Flasconis et burgo Sancti Flaviani jure proprietatis ad solam Romanam Ecclesiam spectant. Ex alia parte Romani utrosque habebant exosos; sed ut possent adipisci dominium, Tusculanam civitatem ipsam continuis assultibus vehementius infestabant. Unde Joannes maledictus non mediocriter territus, relicta eadem civitate, aufugit. Nihilominus quoque Rayno se omnino deceptum fore præsentiens, spretus et pulsus a militibus et populo montis Flasconis, terram ipsam reliquit, et nimio rubore confusus ad Tusculanos, quos inconsulte dimiserat, voluit remeare. Sed quia eos a dominio suo et fidelitate absolverat, et alii domino temere subjecerat, non solum recipere ipsum spreverunt, sed etiam de cunctis finibus suis propulsarunt. Cum igitur omni esset auxilio et consilio destitutus, ad matrem suam Romanam Ecclesiam, quam temere læserat, convolavit, et tanquam filius prodigus a domno Alexandro papa suisque fratribus indulgentiam et misericordiam postulavit, ponens se ipsum et quidquid juris videbatur habere in civitate Tusculana in eorum beneplacito et misericordia. Sed populus Tusculanus jam prævenerat ipsum Raynonem, et se, ac civitatem, quantum in eo erat, sub dominio beati Petri et potestate ipsius pontificis sponte tradiderat. Unde factum est quod ipse Rayno de ipsa civitate donationem per publicum instrumentum eidem papæ et successoribus suis fecit.

De interfectione beati Thomæ Cantuariensis archiepiscopi.

Per idem tempus rumor valde tristis de interfectione sancti Thomæ Cantuariensis archiepiscopi contra regem Anglorum ad aures apostolicæ sedis pervenit. Crescente autem ipsa infamia, rex non immerito timuit, ne in personam ejus Ecclesia Romana tantum flagitium graviter vindicaret, si ejus innocentiam manifestius non cognosceret. Misit ergo viros ecclesiasticos ac prudentes ad præsentiam summi pontificis, tribuens eis potestatem, ut in animam ejus jurarent, quod de ipsa interfectione, unde infamatus fuerat, rex ipse in propria persona juraret ad mandatum ejusdem pontificis stare. Venientibus autem nuntiis ipsis apud Tusculanum in quinta feria majoris hebdomadæ ante Pascha, cum pontifex de consueto more ad ecclesiam vellet accedere, apostolico se conspectui præsentarunt, et quod eis ab eodem rege impositum fuerat exponentes, juramentum, sicut diximus, facere obtulerunt. Tunc pontifex, habito fratrum suorum consilio, exivit foras in consistorio, et in communi audientia, sicut a cardinalibus distinctum fuit et computatum, ab eisdem nuntiis juramentum ipsum recepit et inducias regi concessit. Unde factum est, quod duos ex fratribus suis, A. titulo Sancti Laurentii in Lucina et T. titulo Vestinæ presbyteros cardinales ad partes Galliæ pontifex destinavit, quatenus eis præsentibus ibi reatus, seu innocentia regis claresceret, ubi tam detestabile vitium fuerat perpetratum. Rex vero ubi legatorum sedis apostolicæ præsensit adventum, relictis omnibus imminentibus sibi negotiis, quæ tunc in Hibernia exercebat, festinanter in Normanniam rediit, et apud Chan secundo ad eorum præsentiam cum episcopis et baronibus suis humiliter ac reverenter accessit, paratus eorum stare mandatis, sicut per nuntios suos ante fuerat compromissum. Cum autem nullus apparebat, qui super imposito sibi crimine ipsum impeteret, rex coram eisdem legatis, astante episcoporum ac baronum et aliorum tam clericorum quam laicorum multitudine, se hoc modo purgavit.

Juramentum innocentiæ H. regis Anglorum de morte beati Thomæ.

« Ego H. rex juro super hæc sancta Dei Evangelia, quod mortem sancti Thomæ, neque cogitavi, neque scivi, neque fieri præcepi; et quando facinus ipsum perpetratum cognovi, tantum dolui et tristis effectus sum, quantum si meum proprium filium cognovissem interfectum. Sed in hoc me non valeo excusare, quod occasione commotionis et iracundiæ meæ, quam adversus eumdem sanctum virum conceperam, interfectus non fuerit. Pro quo reatu, quia causam necis ejus dedisse videor, ducentos milites sub expensis meis ad defensionem Christianitatis absque dilatione Hierosolymam destinabo, per annum ibidem mansuros, vel tantum eis persolvam, unde totidem milites ibidem per annum valeant retinere. Signum quoque Dominicæ crucis usque ad triennium accipiam, et in propria persona illuc proficiscar, nisi remaneam de licentia Romani pontificis, illicitas etiam consuetudines, quas temporibus meis in tota terra mea introduxi, penitus casso, et ex hoc nunc observari prohibeo. Appellationes vero ad Apostolicam sedem de cætero libere fieri permittam, et in hoc neminem prohibebo. Præterea ego, et major filius meus rex, jurabimus quod a domno Alexandro papa, et ejus Catholicis successoribus recipiemus et tenebimus regnum Angliæ, et nos et nostri successores in perpetuum non reputabimus nos Angliæ reges veros, donec ipsi nos Catholicos reges tenuerint. »

Dum autem hæc in Gallia agerentur, Romani persistentes in insipientia sua, cupientes ad eos reverti pastorem et episcopum animarum suarum, cum fratribus suis episcopis et cardinalibus, non permiserunt Urbem ingredi, et in ecclesiis suis debitum exercere officium. Eis ergo verbum Dei spernentibus, quod primum ipsis evangelizandum fuerat, pontifex de Tusculano cum fratribus suis exivit et ad beati Petri Campaniæ patrimonium, quousque meliora tempora Ecclesiæ suæ provideat Dominus, moraturus accessit.

De eo, quod canonizavit Alexander papa Thomam Cantuariensem archiepiscopum.

Interea cum illustrator Anglorum beatissimus Thomas in multa coruscatione miraculorum Dei nutu circumquaque fulgeret, et non solum amici, sed etiam persecutores veniam postularent peccatorum, et salutis beneficia petituri ad ejus tumbam incessanter accederent: Romanus pontifex ad instantiam cleri et populi Gallicani eumdem martyrem canonizavit auctoritate apostolica, et inter cæteros sanctos conscribi præcepit. In die namque Purificationis beatæ Mariæ, convocatis episcopis et abbatibus Campaniæ, apud Signiam in honore ipsius missarum solemnia specialiter celebravit, et passionis ejusdem IV Kalendas Januarii memoriam perpetuo agi constituit. Unde Occidentalis Ecclesia exsultavit in gaudio magno, et gloriosi martyris nomen augebatur quotidie in ostensione virtutum, ita ut ab extraneis etiam gentibus de celebri celebrius haberetur. Per ipsius merita omnipotens Deus evidenter mortuos suscitavit; cæcis quoque visum, surdis auditum, et claudis reddidit gressum, mundavit leprosos, curavit infirmos, dæmoniacos liberavit, et alia multa mirabilia per eum nihilominus voluit mirabiliter operari, ideoque plurimi fidelium in honore ipsius ad laudem et gloriam Creatoris nostri ecclesias construxerunt, et bonis ac possessionibus suis ditarunt.

De guerra inter regem Anglorum et ejus filium post mortem beati Thomæ.

Post mortem vero ejusdem martyris biennio jam elapso et tribus mensibus, non absque divinæ ultionis judicio, sicut creditur, accidit, quod major filius prædicti regis Anglorum, quem paterno affectu ipse in regem sublimaverat, contra patrem nequiter insurrexit, et una cum matre ac fratribus ipsum expellere de toto regno temere tentavit. Unde regnum ipsum in duas partes divisum est, et barones Aquitaniæ armati alii cum filio, alii cum patre steterunt. Ad cumulum quoque tam detestandi excidii rex Francorum juniorem regem, cui filiam suam dederat in uxorem in sua protectione suscepit, et contra patrem juvare ac manutenere pro viribus laboravit. Cœperunt itaque perniciosa hinc inde mala succrescere, et filius, peccatis exigentibus, patris quærebat interitum, et pater necem filii sitiebat. Deinde maximi utrinque parati exercitus, et rex junior una cum (43) socero suo rege Francorum Normanniæ fines adversus patrem pugnaturus aggreditur. Econtra rex major Anglorum in manu forti defendere terram suam nihilominus elaborat, et vim vi repellere omnimodis nititur. Nec mora, bellatores undique ad arma prosiliunt, rapinas exercent, villas incendunt, castra expugnant, invadunt ecclesias et alia impietatis opera per totam Aquitaniam crudeliter exercere non cessant. His igitur malis quotidie increbrescentibus, domnus Alexander papa vastationibus et detrimentis utrorumque regnorum pro sui officii debito cupiens providere, misit ad partes illas e latere suo P. titulo Sancti Chrysogoni presbyterum cardinalem, cui dedit in mandatis, ut ascitis secum episcopis et aliis religiosis utriusque partis, operam et studium diligenter impenderet, qualiter reges ipsi possent ad pacem et concordiam unanimiter revocari. Unde factum est, quod in tempore congruo adveniente ipso legato, Ecclesiarum prælati et alii religiosi ac prudentes viri cum eodem legato partes suas ita ferventissime interposuerunt, quod utramque partem ad unitatis et pacis bonum, cooperante Domino, revocarunt.

De quinta reversione Friderici imperatoris in Lombardiam.

Eodem tempore in anno xv pontificatus Alexandri papæ Fridericus imperator dictus ad suggestionem Papiensium, et marchionis de Monteferrato quinta vice in Lombardiam hostiliter remeavit. Transivit enim per montem Senonem, et in multitudine gravi descendens ad planitiem in Kalendas Octobris castrametatus est juxta Secusiam. Altera autem die conceptum furorem amplius occultare non valens, in primordio detestabilium operum suorum civitatem ipsam combussit, et exinde acies suas versus Astam ad exercenda reliqua mala direxit. Habebat enim circa se multitudinem copiosam barbaricæ gentis, homines assuetos in bellicis actibus (44) viros nequissimos, rapaces et desperatos, quos de Flandria et aliis circumpositis locis elegerat; et quia neminem amentem amat nemo, Lombardi in uno spiritu et una voluntate conjuncti, quoniam ipsius reditum Friderici ex longo præcesserant, civitates suas et arces bene munierant; et ad resistendum sibi in faciem, tanquam viri bellicosi et potentes, intrepidi existebant. Miserunt itaque ad subventionem Astensium, qui secum jamdiu confœderati fuerant, viros industrios, in consilio valde providos et in armis probatos, quatenus eosdem Astenses contra impetum supervenientis hostis animosiores redderent, et, cum res exigeret, pro sua libertate manutenenda eorum exhortatione fortius dimicarent. Illi vero deterius sibi providentes in posterum, imprudenter recesserunt a confœderatione societatis Lombardorum, et prostrantes se in conspectu jam dicti Friderici, tradiderunt civitatem in manu et potestate ipsius. Asta itaque subjugata, idem Fridericus se super se extollens, ad destructionem civitatis Alexandriæ, quam noviter Lombardi construxerant ad honorem beati Petri, cum marchione Montisferrati et Papiensibus conatus est festinare. Sed quia in cunctis actibus suis Deo et Ecclesiæ adversabatur inique, dispositioni ejus omnipotens Deus mirabiliter obstitit, et suum propositum disturbavit. Tantam namque pluviarum inundationem repente de cœlo emisit, ut omnia flumina redundarent, et in paludes cuncta campestria verterentur. Videns autem Alexandriæ populus de cœlo auxilium sibi conferri, qui jam metu terribilis principis fugam præparaverat, resumpsit vires et animos, atque ad resistendum injuriosæ (45) adversariorum multitudini de beatorum Petri et Pauli apostolorum suffragio confidens, postposita trepidatione se viriliter præparavit. Sed, quamvis asperitas hiemis et imminens pluviarum ac nivium difficultas eumdem Fridericum ad Alexandriam dehortarentur accedere, nihilominus tamen in fortitudine sua processit et castra juxta ipsam civitatem in territorio aquoso utrinque firmavit. Diligenter itaque circumspiciens, quod eadem civitas præter fossata et vicinitatem fluvii Tanneris nullo murorum vel turrium gauderet præsidio, despexit eam, sperans in anteo (46) quod in primo congressu posset ipsam omnino delere. Collectis igitur cunctis viribus sui exercitus in eosdem Alexandrinos gravissimum fecit assultum. Applicuit quoque ad aggeres diversi generis machinas, et diu cum eis atrociter dimicavit. Sed auxiliante Domino prævaluit Alexandrinus populus, et, machinis hostium per violentiam captis, totam illam barbariem non sine occisione usque ad tentoria fugere compulit. Unde quia idem Fridericus visus est superari, in iracundiam majorem exarsit, et ideo contra consilium et voluntatem principum suorum in obsidione ipsa, quousque victoriam obtineret, morari disposuit. Sed quoniam hiemis asperitas imminebat et exercitus omnis patiebatur necessariorum indigentiam, equorum multitudo cœpit omnino deficere, et militum apparatus modico pretio distrahi. Nec tamen pro his vel aliis difficultatibus ab Alexandrinorum impugnatione iracundia imperialis cessavit, licet ab eis semper tristiorem vicem reciperet. Cum autem neque terroribus, neque blanditiis, neque promissionibus cives ipsos ad deditionem inclinare nullatenus posset, subterraneos meatus occulte fieri fecit, per quos civitatem ipsam ex improviso intrare speravit atque invadere. Sed resistente Domino inde perniciosam jacturam incurrere meruit, unde in futuro victoriam, et triumphum consequi credidit. Et quoniam eadem civitas jam per quatuor menses districte obsessa fuerat, et in multis patiebatur indigentiam, Lombardorum vires et suffragium communiter postulavit.

Quomodo Lombardi Alexandrinis subvenerunt.

Tunc immensa civitatum Lombardiæ societas citissime in unum convenit, et de communi omnium voluntate firmiter statuit, ut cum abundantia victualium, et aliis necessariis ad Alexandriam in manu valida sine mora festinare deberet. Mediante igitur Quadragesima, omnes civitates, et nobiles totius Liguriæ ac Marchiæ, et Æm.læ apud Placen-

---

(43) A. *cum socio rege*, etc.
(44) A. *aciebus.*

(45) A. *innumerosæ.* M. *numerosæ.*
(46) A. et M. *inaniter.*

tiam convenerunt, et rite dispositis atque ordinatis omnibus quæ ad bellicos usus videbantur spectare, cum navibus et plaustris victualibus oneratis, et armis, exierunt de ipsa civitate. Processerunt autem in multa fortitudine militum et peditum armatorum, balistarum etiam, et arcariorum, versus Alexandriam, et in Dominica de Ramis palmarum juxta Terdonam castra sua non longius a castris Frederici, quam per decem milliaria posuerunt. Ubi vero Teutonici cum Lombardis ad alterutrum se conspexerunt, timor et hebetudo mentis Fredericum invasit, attendens stare contra se armatorum terribilem multitudinem, velut castrorum aciem ordinatam. Et exinde ad consueta calliditatis argumenta se convertens, Alexandrinis in dolo placide locutus est hæc verba : *In crastino sanctus dies Veneris imminet, quem omnis Christianus devotissime colit, et ideo pro reverentia Crucifixi treugam vobis et securitatem usque ad secundam feriam ex imperiali benignitate concedo et largior.* Recepta itaque securitate, cum singuli de populo nihil male suspicantes dormirent secure in domibus suis, eorum insidiator circa primam vigiliam noctis fortiores viros armatos in civitatem per subterraneos meatus intrare præcepit, et ipse cum toto exercitu ad portas stetit armatus, exspectans quousque illi quos præmiserat, civitatem intrassent et conclamantium voces audiret, quatenus dum bellum intrinsecus augeretur, ipse de foris per portam violenter irrueret et civitatem hostiliter occuparet. Sed a Domino factum est, quod mirabile in oculis omnium fuit, quod eadem civitas a tam perversa proditione in momento liberaretur, et inventa iniquitas in perversorum caput juste retorqueretur. Nihil enim justius quam necis artifices sua lege perire. Non potest autem mentiri Veritas, quæ sic de reprobis loquitur : *Convertetur dolor ejus in caput ejus, et in verticem ipsius iniquitas ejus descendet* (Psal. VII). Et rursus : *Qui proximo suo parat foveam, ipsemet incidit in eam* (Prov. XXVI). Cum igitur vigilatores, qui custodiebant civitatem, armatorum cuneos civitatem ingressos fuisse viderent, exclamaverunt vocibus magnis, ut populus cito ad arma consurgeret et ingressos hostes expelleret. Tunc cives subito velociter convolarunt ad arma, et tanquam leones audacter irruerunt in hostes, quos cum beato Petro, quem ante se in albo equo et coruscantibus armis præire cernebant, prostraverunt in terram et in gladio compulerunt omnes, qui mortem evaserunt, exire super ipsos aggeres, ex quibus præcipitabantur inviti. Omnes præterea, qui de subterraneis meatibus nondum exierant, superiori terra cadente suffocati sunt. Apertis autem portis exivit populus in fortitudine magna et exercitum perfidi Frederici usque in diem Sabbati percussit in gladio, ita quod usque ad ipsius castra mortuorum strages usquequaque jacebant. Insuper ligneum castellum, quod in perniciem civitatis ex fortioribus et electis militibus studiose armaverat, tandiu viriliter expugnavit, quousque illud cum ipsis militibus violenter combussit.

Quomodo Fredericus imperator ab obsidione Alexandriæ confusus recessit.

Videns igitur Fredericus divinam sibi majestatem in omnibus adversari, timuit ne propter supervenientium Lombardorum exercitum incurreret violentiam, et cum rubore cogeretur ab obsidione discedere. Quocirca in proxima nocte castra fecit comburi, et in Dominicæ Resurrectionis aurora cum omnibus suis versus Papiam iter suum direxit. Sed quoniam satis videre non poterat, quin juxta expeditionem Lombardorum transitum faceret, ea astutia prope Lombardos in villa, quæ vocatur Guiguella (47-8), voluit castrametari, quia non verebatur ab eis offendi, nisi prius ab ipso fuissent hostiliter provocati. Lombardi vero nondum cognoverant ea quæ omnipotens Deus hesterna die in Alexandrinis mirabiliter fecerat. Sed ubi viderunt Fredericum erectis vexillis contra se venientem, assumpserunt arma, et coram eo parati ad pugnam viriliter steterunt in armis, exspectantes quid potius faciendum eligeret, an inciperet bellum cum ipsis, quod minime credebatur, quia valde paucíores, quam ipsi, viros bellatores habebat, an quiete castrametaretur et neminem læderet. Ipse vero eadem die, quam fecit Dominus, resedit pacifice in prædicta villa. Illucente autem secundo die quidam nobilium, qui nulli partium habebantur suspecti, prius ad Fredericum, et consequenter ad Lombardos accesserunt in hæc verba : *Quæ major insania, vel quod excellentius malum excogitari potest, aut operari, quam ut dominus servum, sive servi dominum jure suo privare omnino conentur, et per violentiam possidere? Sic ergo unaquæque pars jure suo contenta, et tam gravibus malis jam cessantibus, pax optata inter vos, cooperante Domino, reformetur.* Tunc imperator suspirans post multa quæ hinc inde allegata fuerant, sic respondit : *Ego salvo imperii jure paratus sum super hac controversia stare arbitrio bonorum virorum utriusque partis.* Et consequenter communitas Lombardorum dixit : *Salva Ecclesiæ Romanæ ac nostra libertate, pro qua decertamus, nos id idem facimus.* Et statim electi sunt a Frederico Philippus Coloniensis electus, G. de Pozasca Taurinensis capitaneus, et B. (49) de Sancto Nazario Papiensis. A Lombardis vero G. Pistis de Mediolano, G. de Gambara Brixiensis, et G. de Verona, in quos utraque pars hilariter compromisit. Post hæc Lombardi ad Fredericum reverenter accesserunt et honoraverunt eum, a quo ipsi benigne (50) recepti et honorati sunt. His itaque utrinque ita peractis, Fredericus exercitum abire permisit, et cum uxore, ac filiis, et domestica familia in civitatem Papiam descendit. Lombardi vero ad propria cum gaudio redeuntes obviaverunt secus Placentiam Cremonenses cum carrucio suo et expeditione sua. Ipsi enim semper claudicaverunt in facto communitatis civitatum respectu amicitiæ Papiensium, et ideo studiose post alios distulerunt exire, ut disturbaretur expeditio communitatis pro retardatione ipsorum. Cognito igitur, quod sine ipsis facta erat prædicta concordia, confusi sunt in erubescentia sua. Tunc populus Cremonensis in consules suos nimium exardescens, civitatis suæ contumeliam graviter vindicavit, funditus diruens palatia eorum ac domos; bona omnia diripuit, et alios in loco eorum consules ipsis depositis subrogavit. Quamvis autem Lombardorum civitates cum eodem Frederico de concordia et pace tractarent ad invicem, cognoscentes tamen versutias hominis illius, nihilominus ab eo sibi cavebant in posterum. Propterea confœderationis suæ juramenta sollicitius innovarunt, et in cunctis majorem circumspectionem semper gesserunt.

Quomodo Fredericus imperator a Romana Ecclesia per se ipsum pacem simulate quæsivit.

Fredericus vero cum apud Papiam diutius moraretur, et in cunctis actionibus suis eventus semper sinistros haberet, ut religiosos viros et populum suum sibi favorabilem redderet, pacem Romanæ Ecclesiæ, quam præ cæteris rebus affectare se publice asserebat, per se ipsum requirere studuit. Misit ergo per litteras et familiares suos ad Ostiensem et Portuensem episcopos, et cardinalem Sancti Petri ad Vincula, ut pro reformanda pace inter Ecclesiam et imperium, ad eum secure accederent, quatenus viva voce ad alterutrum opus ipsum tractare, et ad optatum finem cum honore Ecclesiæ

(47-8) M. *Guignella.*
(49) A. et M. pro *B.* legunt *R.*

(50) A. *bene.*

possent Domino cooperante perducere. Quod verbum postquam ad aures apostolicæ sedis pervenit, non immerito suspectum omnibus fuit, tum quia præteritorum exhibitio futurorum certitudinem demonstrabat, tum quia idem Fredericus non videbatur ad aliqua bona opera ullo modo inclinari. Verumtamen quia secundum beati Augustini dictum *dubia semper in meliorem partem sunt convertenda*, et quia pax non solum inquirenda, sed prosequenda esse describitur, domnus Alexander papa de communi fratrum suorum consilio prædictas personas plene instructas ad præsentiam ipsius principis honorifice destinavit. Eis igitur segregatim per diversas regiones proficiscentibus plebs universa in jucunda eorum inspectione lætabatur in Domino, et ad consignationem puerorum ipsis copiosam multitudinem infantium præsentabat. Episcopus namque Portuensis, et cardinalis Sancti Petri ad Vincula per Spoletum, et Imolam, atque Bononiam honorifice transeuntes, usque Placentiam processerunt; ibique adventum Ostiensis episcopi, qui per Pisanam et Lucanam civitates cum gloria et honore transivit, per dies aliquot exspectarunt. Interim vero ut cum rectoribus civitatum Lombardiæ super iis, quæ imposita sibi fuerant, haberent colloquium, perrexerunt Laudam. Completo itaque ipso colloquio, audierunt Placentiam Ostiensem episcopum pervenisse, ad cujus præsentiam celeriter pervenerunt. Ut autem ipsi tres apostolicæ sedis legati fuerunt insimul, nuntiaverunt Frederico adventum suum, petentes ab eo, ut quid eos vellet agere, ipsis continuo significaret. Quibus ille benigne respondens mandavit, ut, transito flumine Pado, ad eum secure accederent. Tunc legati de Placentia cum magno legatorum et militum comitatu exeuntes, processerunt ad Padi ripam, et in præparatis navibus transeuntes venerunt in civitatem Papiam, in qua honorifice fuerunt recepti et hospitati. Altera autem die imperatore cum principibus ac multo populorum concursu celebri in spublico residente, legati ad ejus præsentiam pariter accesserunt. Cum igitur ante ipsius conspectum introirent et prope illum ex opposito in suis faldistoriis consederent, continuo idem imperator, deposito quem in capite gestabat pileo, eosdem legatos, sicut relatio declaravit interpretis, sermone Teutonico salutavit, addens, quod adventus ipsorum sibi plurimum complacebat, et eorumdem præsentiam valde habebat acceptam, sed ut considerata, quæ gerebant, proponerent, hilari vultu præmonuit. Tunc episcopus Ostiensis stetit in medio et in communi audientia omnium jucunda facie ita respondit: *Salutatio tua, domine imperator, grata est nobis et valde accepta, sicut præexcellentissimi principis et excellentissimæ potestatis. Sed in hujus salutationis alloquio illud nos vehementer exasperat, quod ad præsens peccatis exigentibus versa vice, sicut optamus, respondere non possumus. Faciat itaque omnipotens Deus per ineffabilem bonitatem suæ clementiam cum sponsa sua sacrosancta Ecclesia et imperio tuo, illam concordiam et unitatis pacem, ut quod modo absque scrupulo conscientiæ non possumus, in proximo affectuose propitiante Domino valeamus implere. Nos vero propter hoc pium (51) opus, quantum in nobis fuerit, prosequendum, ad vocationem tuam specialiter venimus, non de nobis, vel de nostris meritis præsumentes, sed in illius fiducia hujus operis efficaciam ponimus, qui cum ad prædicandum mitteret discipulos suos, dixit: Ego vos elegi, et posui vos, ut fructum afferatis, et fructus vester maneat (Joan. xv)*: et incipiens ab exordio schismatis, ita universa Ecclesiæ gravamina et manifestam imperii deploravit jacturam ita, quod de utriusque partis concordia et pace intrepide peroravit, ut omnes, qui aderant, in verbis suis mirarentur, et gaudentes in cordibus suis ad invicem dicerent: *Non enim hic homo loquitur, sed Spiritus Dei Patris, qui habitat in eo*. Deinde abbrevians verbum, imperatoris duritiam in eo maxime increpando redarguit, quod ubi quatuor illæ personæ, quæ de corpore Ecclesiæ sibi adhæserant, de medio per judicium Dei erant sublatæ, et totus orbis unum Romanum pontificem in Patrem, et animarum suarum pastorem receperat, ipse solus non debebat unitati catholicæ amplius adversari, sed in unam sanctam apostolicam Ecclesiam credere et ei humiliter obedire. Post hæc episcopus Portuensis et cardinalis Sancti Petri ad Vincula circa eamdem materiam compendiosum fecerunt sermonem, et ad pacis bonum imperatoris animum inclinare nunc blandis, nunc asperis nihilominus studuerunt. Tunc imperator compunctione plurima placitum dedit responsum, et optatæ paci omnem promisit assensum, aperiens dolorem cordis sui, quo se intrinsecus vehementer uri asseruit pro eo quod Ecclesia Dei sub tantæ tribulationis discrimine fluctuabat. Et his dictis, omnes ad hospitia pariter redierunt. Sed post modicum spatium legati ejusdem Frederici curiam frequentantes, de pacis bono, qualiter inter ipsum et Romanam Ecclesiam, ejusque adjutores, Lombardos videlicet, Siciliæ regem et imperatorem Constantinopolitanum, reformari posset, modo cum eo solo, modo cum eo et ejus consiliariis, per dies plurimos contulerunt. Ut autem super iis tractatibus absque suæ personæ præsentia cum Lombardis facilior opportunitas haberetur, imperator vices suas C. (52) cancellario, P. dicto Coloniensi electo, et A. protonotario suo concessit, quatenus collatione habita de contrarietate capitulorum, quam possent, moderantiam exhiberent et ad notitiam ipsius cuncta referrent. Ipsi vero cum legatis et Lombardorum rectoribus nunc in suburbiis, nunc in urbibus, prout eis competentius videbatur, de pacis reformatione insimul frequentissime tractaverunt. Sed cum ea quæ vicissim petebantur, ad imperatoris notitiam referrentur, ipse in cunctis modum nimis excedens, et ab Ecclesia in spiritualibus postulavit, quod nulli unquam laico inveniretur concessum, et a Lombardis ultra quod Carolus, et Ludovicus, atque Otto imperatores contenti fuerunt, exegit. Cum igitur a suo proposito pravo Fredericus recedere nullatenus vellet, legati a sanctorum Patrum Regulis et Constitutionibus deviare nolentes, eo in erroris sui perfidia derelicto, ad præsentiam domni papæ, ac fratrum suorum collegium ductore Domino redierunt. Lombardi vero antiquam suæ libertatis possessionem viriliter defendentes, improbitati ejusdem Frederici fortius solito restiterunt, et Papienses cum marchionibus et Cumanis, assiduis devastationibus expugnabant.

De constitutione episcopatus Alexandriæ, et de privatione crucis et pallii Ecclesiæ Papiensis.

Eodem tempore Alexander papa Ecclesiam Alexandriæ ad postulationem Mediolanensis archiepiscopi, et comprovincialium episcoporum, atque rectorum civitatum, Lombardiæ episcopatum constituit; in qua fecit in episcopum eligi Arduinum Romanæ Ecclesiæ subdiaconum, a Mediolanensi metropolitano, tanquam suum suffraganeum consecrandum. Præterea Papiensem episcopum crucis et pallii dignitate privavit, eo quod civitas ejus Octaviano hæresiarchæ, ac Frederico imperatori excommunicato adhæsit, et post satisfactionem præstitam eamdem Fredericum in gravem Ecclesiæ jacturam, ac Lombardorum præsumpsit in Italiam revocare. Hæc namque civitas, sicut gesta pontificum Romanorum declarant, ab antiquo receptaculum fuit regum Romanam Ecclesiam et pontifices Romanos persequentium. Aistulphus enim rex Lombardorum Ravennatem exarchatum

---

(51) A. *hoc ipsum opus.*

(52) M. *Con.*

Stephano papæ II violenter abstulit, et alia gravia mala Ecclesiæ Romanæ, atque Urbi tanquam vir nequam et pessimus, Dei et beati Petri timore postposito, intulit. Propter quod recolendæ memoriæ Pipinus Francorum rex, ab eodem papa rogatus, Lombardiam secundo cum exercitu magno intravit, et ipsum Aistulphum in Papia rebellantem tamdiu obsedit, queusque ad mandatum ejus, et voluntatem jam dicti pontificis satisfecit, et omnia Ecclesiæ ablata restituit. Desiderius quoque rex, qui eidem Aistulpho in regno successit, Adrianum papam I, nihilominus Ecclesiam et Urbem impie atque crudeliter est persecutus. Unde Carolus rex ad preces ipsius papæ hanc eamdem civitatem, in qua Desiderius ipse fuit receptus, per sex menses ita districte obsedit, quod eumdem regem, et ejus uxorem per violentiam cepit, et captum ad suum Francorum regnum secum reduxit. Non est ergo mirabile, si modernis temporibus hæc perfida civitas contra Ecclesiæ unitatem schismaticos et excommunicatos recepit, et manutenere pro viribus elaborat.

De Campali bello inter Fredericum regem et Lombardos, et de optata Lombardorum victoria.

Et factum est in anno Dominicæ Incarnationis 1175, pontificatus quoque Alexandri papæ anno XVII, circa finem mensis Junii, dum Fredericus exspectaret in constituto termino exercitum quem de Alamannia excitaverat, deliberato cum Papiensibus consilio, perrexit Cumas occulte cum paucis : ibique recepto exercitu ipso, et aggregatis sibi universis Cumanis, ex improviso Mediolanensium fines invasit, quorum villas et prædia hostiliter deprædari et devastare incœpit. Statuerat enim cum ipsis Papiensibus, ut ex quo Mediolanensium terras ingrederetur, dato eis signo quod inter se nominaverant, civitas ipsa in manu valida succurrere sibi deberet, et resistentes Lombardos a facie sua violenter expellere. Sed quia

Fallitur augurio spes bona sæpe suo,
(Ovid. Her. XVII, 234.)

deceptus est in cogitatione sua, quia longe sibi deterius modo acciderit. Lombardorum namque civitates impium ejus propositum, et pravam ejus intentionem contra se jamdiu præsenserant, et ideo præparatæ ad bellum omnes unanimiter sibi occurrere festinabant. Sed Mediolanenses, ubi adventum accelerantis adversarii certissime cognoverunt, non exspectaverunt alias civitates, sed cum Placentinis et centurionibus electorum militum de Verona, Brixia, Novaria et Vercellis exierunt extra Mediolanum in primo Sabbato mensis Junii cum carrocio suo, et venerunt in magna multitudine ad quemdam congruum sibi locum inter Barranum et Brixianum hora quasi tertia, quintodecimo milliario ab Urbe. Tunc præmiserunt septingentos milites armatos versus Cumas, ut scirent qua parte adveniret potentissimus et fortissimus eorum adversarius. Quibus per tria fere milliaria proficiscentibus trecenti Alamannorum milites obviaverunt, quorum vestigia Fredericus cum toto exercitu sequebatur, accinctus ad prælium committendum. Nec mora, hostes vehementer in hostes insiliunt, et sese ad invicem, strictis mucronibus, conterunt. Sed ubi gravior multitudo principis supervenit Lombardorum milites inviti terga dederunt, et ad carrocium Mediolanensium facere confugium exoptantes, non potuerunt a facie persequentis ibidem remanere. Tunc electa Mediolanensium bellatorum militia, quæ in posteriori acie tanquam murus impenetrabilis firmiter consisteret, præmissa oratione ad Deum, et ad apostolum ejus Petrum atque beatum Ambrosium, erectis vexillis, confidenter obviavit Frederico in virtute magna. Et in primo quidem congressu vexillifer ipsius Frederici transfossus corruit in terra, et sub equorum pedibus trucidatus remansit. Ipse quoque imperator inter cæteros loricatus, ubi coruscantibus armis propriis insignitus apparuit, ab eisdem Lombardis fortiter percussus de sella cecidit, et ab omnium oculis statim evanuit. Urgentibus ergo ipsis Lombardis, tota Teutonicorum expeditio in fugam conversa per octo milliaria fugit in timore mortis, de quorum multitudine paucis evadentibus, alii gladio interfecti, alii fuerunt in Ticino submersi, residua turba per diversas civitates in captivitatem fuit divisa. Sed Cumanorum perfidus populus, qui ab Ecclesia unitate, et Lombardorum confœderatione animo irreverenti et infrunito discesserat, totus fere prostratus in campo remansit, aut gladio interemptus, aut in captivam captivitatem contumeliose deductus. Spolia vero universa post optatæ victoriæ famosum triumphum victrix Lombardorum societas libenter collegit, et in pace singuli habuerunt quod fortuna unicuique donavit. In quibus præter armorum, et equorum multitudinem copiosam, inæstimabiles divitiæ, et quæque optima terræ præter spem fuerunt inventa. De imperatoris vero persona, an evaserit, aut cum cæteris interfectus in campo remanserit, diu apud omnes dubitatio maxima fuit in tantum, quod ejus uxor in luctu et mœstitia posita etiam lugubrem vestem induit. Cum autem super hoc tota Italia plurimum vacillaret, ecce subito Papiæ apparuit atque immenso apparatu, et strenua militia desolatus. In hoc autem manifeste ostendit Dominus, quod per Isaiam locutus fuerat, dicens : *Oculi sublimis hominis humiliati sunt, et incurvata est altitudo virorum fortium (Isa.* II). Quamvis autem causa ejus ab eo tempore, quo cœpit Dei Ecclesiam persequi, semper ultore Domino in deterius haberetur, et nulla cum adversitas atque difficultas laboris a suo incepto retraheret, modo tamen ita vehementer a superno judice percussus atque contritus est, quod ad pacem Ecclesiæ, quam hactenus in duplicitate quæsierat, inclinari humilius videretur, et eam per majores personas imperii a domno Alexandro papa, et ejus fratribus suppliciter postularet. Quippe omnes ecclesiastici et sæculares principes regni, qui prædictum Fredericum in errore suo hucusque secuti fuerant, dixerunt ei, quod nisi cum Ecclesia pacem faceret, eum ulterius non sequerentur, nec sibi auxilium ferrent. Præterea societatem Lombardorum contra Teutonicos ita Dominus fortem et audacem reddiderat, ut quoties cum illa barbarie in prælio decertaret, in primo congressu victrix existeret, et eam ante faciem suam tanquam volatiles paleas dispergeret atque fugaret.

De secundo pacis tractatu inter domnum Alexandrum papam, et Fredericum imperatorem.

Misit ergo imperator Fredericus ad præsentiam domni Alexandri papæ W. (53) Magdeburgensem archiepiscopum, Christianum Maguntinum, et P. (54) Vormatiensem, electos, atque Ar. protonotarium regni, majores principes, cum plenaria potestate complendæ pacis inter Ecclesiam et imperium. Qui venientes usque Tiburtum nuntiarunt ipsi pontifici sedenti apud Anagniam sui adventus causam, et impetrato securo ducatu recepti sunt a duobus cardinalibus, et capitaneis Campaniæ, atque honorifice deducti in civitatem Anagninam. In crastinum vero, cum pontifex in consistorio, astante clericorum et nobilium multitudine, resideret, accesserunt ad majorem ecclesiam cum decora societate sua, et exinde intrarunt in conspectu pontificis. Stantes autem in medio coram ipso, et cum multa reverentia dixerunt, loquentes : *Dominus no-*

---

(53) M. *Willelmum.*

(54) M. *Petrum.*

ster imperator desiderio magno desiderans Romanæ Ecclesiæ, ac vobis pacem veram dare, misit nos cum plenitudine potestatis ad præsentiam vestram, instanter postulans ut verbum illud concordiæ ac pacis, quod in præterito anno fratres vestri secum præsentialiter tractaverunt, et usque modo peccatis exigentibus imperfectum remansit, nunc per nos et assensum vestrum, quantum in eo fuerit, auctore Domino, compleatur. Notum est enim et indubitatum quod ab initio nascentis Ecclesiæ omnipotens Deus in orbe duo esse voluit, quibus principaliter mundus hic (55) *regeretur: sacerdotalis dignitas et regalis potestas, quæ nisi ad invicem concordia fulcirentur, pax ubique nullatenus servaretur, et mundus controversiis, et bellorum strepitu abundabit. Cesset igitur jam nunc ista odiosa turbatio, et per vos duos principes orbis pax desiderata Ecclesiis universis, et populo Christiano reddatur. His igitur publice allegatis,* benignus pontifex hilari ac placido vultu respondens, ait: *De adventu vestro cum jucundis rumoribus valde gaudemus, et exinde omnipotenti Deo gratias agimus. Non est in præsenti sæculo res, quæ in auribus nostris ita dulcescat, quam si domnus imperator noster, quem inter alios principes mundi cognoscimus esse majorem, pacem nobis veram dare, sicut asseritis, velit. Sed si vult integram pacem suam nobis tribuere et Ecclesiæ Romanæ, oportet ut eam auxiliatoribus nostris, maxime regi Siciliæ ac Lombardis, et imperatori Constantinopolitano, qui nobis contra eum in necessitatibus Ecclesiæ firmiter astiterunt, pariter tribuat.* Legati vero laudantes, et approbantes verbum pontificis, dixerunt: *In mandatis accepimus a domno imperatore ut secrete vobiscum et cum fratribus vestris loquamur, quatenus ea, quæ inter nos et vos tractanda fuerint et statuenda, inimicus homo non sentiat, et in secreto serventur quousque pacis bonum, præstante Domino, compleatur. Scimus enim quod in parte vestra et nostra nonnulli sunt, qui pacem odiunt, et hanc discordiam libenter fovent.* Iis itaque auditis, universus conventus discessit, et pontifex cum fratribus suis, et eisdem legatis secretarium consilii solus intravit. Cœperunt autem de verbo pacis ad invicem diligenter tractare. Sed quoniam res ardua et multum difficilis agebatur (multi enim nobiles et potentes in schismate graviter lapsi fuerant), et de quibusdam capitulis inter Ecclesiam et imperium controversia vertebatur, ultra quindecim dies tractatus ipse duravit. In quo spatio sanctorum Patrum auctoritates, privilegia imperatorum, atque antiquæ consuetudines, atque illæ rationes ostensæ sunt, et super eis est diutius laboratum atque subtiliter disputatum. Tandem, cooperante Spiritus sancti gratia, ita factum est quod de omnibus capitulis inter Ecclesiam et imperium cum sæpedictis legatis pontifex et fratres ejus unanimiter concordarent, remanente causa Lombardorum in eo statu, in quo erat usque ad commune colloquium, quoniam in eorum absentia nec debuit, nec potuit terminari (56). Et quoniam sine imperatoris et eorum Lombardorum corporali præsentia pax ipsa, sicut prædictum est, fieri non debebat, constitutum est ut pontifex cum fratribus suis pro tanto desideratæ pacis bono laboraret in proprio corpore, et ad partes Lombardiæ absque longa dilatione festinaret. Interim autem data est firma securitas ex parte imperatoris omnibus Ecclesiæ Romanæ personis, et rebus eorum, ac terris beati Petri et Siciliæ regis, cunctisque majoribus usque ad consummationem ipsius pacis. His itaque dispositis, et concorditer ordinatis ad imperatorem legati alacres redierunt.

De eo quod Alexander papa in Lombardiam ivit propter pacem Ecclesiæ.

Porro Alexander papa, ut indubitanter ad colloquium ipsius imperatoris posset accedere, ordinato in Urbe vicario versus mare Adriaticum iter cum fratribus suis arripuit, et veniens Beneventum per Trojam et Sipontum, ac montem Gargani transivit ad civitatem Vestanam in maris littore sitam. Ibi enim devotus beati Petri filius rex Siciliæ ad ejus obsequium præparaverat septem galeas victualibus et armis, prout tempus et res postulabat, munitas. Duos quoque de magnatibus terræ suæ R., videlicet Salernitanum archiepiscopum et R. Andrensem maximum comitem, ut honorificentius cum eis incederet illuc ad ejusdem (57) pacis, et domini sui præsentiam destinavit. Ut autem imperatorem et Lombardos de suo pontifex adventu redderet certiores, sex de fratribus suis cardinalibus a Siponto usque Bononiam cum suis et aliorum fratrum equitaturis præmiserat.

De maxima cæde Christianorum a paganis facta in Oriente.

In diebus illis Emmanuel imperator Græcorum volens sibi subjugare Turcorum regnum, in multitudine gravi terram ipsorum violenter intravit, et destruens civitates et villas fere usque ad Cuneum, ubi est sedes regni, spoliando et occupando universa processit. Tunc soldanus gentis illius potentissimus rex, ascitis sibi decem millibus Arabibus peritia militandi astutioribus præ cæteris gentibus ipsius patriæ, cum ingenti multitudine militum, et sagittariorum suorum, prædicto imperatori occurrit, orans et petens ab eo ut terram suam sibi in pace dimitteret, et eam ad suum servitium retineret. Obtulit enim ei magna et pretiosa donaria, ut ejus amorem et gratiam consequi mereretur. Denique fidelitatem et hominium (58) sibi voluit fideliter exhibere, et ad ejus servitium cum militibus et sagittariis suis, quandocunque ab eo requireret, accedere. Sed imperator nimium de viribus et potentia sua confidens (fortissimum namque secum exercitum, et valde magnum terra et mari habebat) despexit eum, et dixit: « *Neque pacem mecum, neque placitum facies, nisi Cuneum in manibus et potestate mea reddideris.* His itaque auditis, soldanus, tanquam vir sapiens et astutus, simulate retrorsum abiit. Et ascendens montana super convallium fauces per quas imperator ad Cuneum transire disposuerat, insidias ei posuit, ut inopinate ipsum invaderet, et perniciose contraheret. Imperator vero credens eumdem soldanum potius ex timore quam astutia et calliditate a facie ejus recessisse, minime caute, imo improvide et temerarie intravit per illos difficiles et arctos transitus inter duos arduos montes. Et præmittens fortissimos equitatus suos cum quadrigis et principibus principum, subito inciderunt omnes in insidias hostium. Facto itaque hinc inde immenso clamore, terribilis et exitiabilis initiatur conflictus. Et quia præ nimia locorum angustia pars nostra nec fugere poterat, nec reluctari, pariter comprehensi sunt universi tanquam greges in ovile unum. Quid plura? sæve digladiati sunt a sævitia Turcorum, Arabum, et multis ac variis divitiis exspoliati, pauci tamen de tanta multitudine in captivitatem ducti. Ipse quoque imperator in posteriori acie loricatus, cum nobili milite circumdatus, tandem repertus est. Cum autem in gladio ab impia multitudine impie tunderetur, supervenit ipse soldanus, et eo agnito, cum posset illatam sibi absque offensione injuriam plene ulcisci, ex nimia liberalitate, sicut vir in lege sua mansuetus, et timens Creatorem suum, absolvit eum, et liberum abire permisit; cui et coronam et pretiosissimam crucem, quæ capta fuerant cum multis, et variis donariis restituere dignum duxit. Ad ultimum vero pacem cum ipso ad tempus composuit, et hoc modo amici ab invicem discesserunt.

---

(55) M. non legit τὸ *hic*.
(56) M. *determinari*.

(57) A. *ejusdem Patris et domini*, etc.
(58) A. et M. *homagium*.

Quomodo antipapa Viterbiensis doluit de pace Ecclesiæ.

Interea Viterbiensis ille ridiculus antipapa, de malo semper in pejus descendens, ubi pacem et concordiam inter Alexandrum papam et imperatorem sine se familiariter tractari præsensit, ubi securitatem firmam cunctis viatoribus datam indubitanter cognovit, cum participibus suis ita vehementer indoluit, ac si cor ejus per medium crepuisset. Antea vero quam de Anagnia pontifex Alexander exiret, H. Ostiensem episcopum et R. diaconum cardinalem Sancti Georgii ad imperatoris præsentiam ea occasione præmisit, ut securitatem, quam Magdeburgensis archiepiscopus cum sociis suis compromiserat, ab eodem imperatore per exhibitionem juramenti manifeste reciperent. Euntes autem per partes Tusciæ in Lombardiam intrarunt, et circa Mutinam eumdem imperatorem satis pacificum invenerunt, qui eos hilari vultu, ac reverenter suscepit, et honorificentia plurima honoravit. Præsentibus itaque multis episcopis atque principibus, coram ipsis legatis C. filium marchionis Montisferrati super sacrosancta Evangelia jurare fecit in anima sua eamdem securitatem, quam prædicti legati apud Anagniam indubitanter præstiterant. Insuper ad majorem bonæ voluntatis, quam gerebat de pace, ostensionem, omnes Alamannos principes, qui secum ibi aderant, eamdem securitatem per jusjurandum fecit nihilominus roborare.

In diebus illis Cremona respiciens retro absque gravamine turpiter dejerando a confœderatione aliarum civitatum impudenter recessit, et ad imperatorem non sine magna infamia se convertit; unde indignationem Ecclesiæ, et aliorum Lombardorum odium et inimicitiam juste incurrit. Terdona quoque non post multum temporis id ipsum reprehensibiliter fecit, et eadem infamia contumeliose se involvit. Audiens autem hæc apud Vestam summus pontifex valde miratus est, sed de aliarum civitatum stabilitate non dubitare potuit. Cæterum cum valida maris tempestas ipsum jam per triginta dies contra propositum suum ibidem detinuisset invitum, ecce subito auster diu desideratus advenit, et statim nautæ ad transfretandum eumdem pontificem alacriter invitarunt. Qui consurgens circa medium noctis instantis Quadragesimæ valde mane post missam, et receptos cineres, pelagi vastitatem lætus intravit cum undecim galeis, et duabus galeis oneratis victualium copia, et albis caballis. Erat enim delectabile ad videndum ipsum navalem et gloriosum exercitum sulcantem grossum pelagus velis prosperis et propitio vento. Sed circa meridiem superveniente borea prorsus exstinctus est auster, et illico facta est in mari turbatio maxima. Timuerunt igitur omnes, pontifex autem non fuit omnino securus, quia procellarum immensitas non modicum minabatur. Tunc decem galeæ cum ipso papa, et fratribus suis versus anteriores insulas in remigando non segniter laborarunt. Sed tandem suffragatibus beatorum Petri et Pauli meritis, eadem die circa noctem ad insulam quæ dicitur Palatiosa (59) prospere, Deo gratias, applicuerunt. Sed naves albos equos ferentes cum posteriori galea regressæ sunt ad portum Vestanum, quia reliquæ galeas subsequi contra ventum validum non potuerunt. Pontifex autem fatigatus ex jejunio et procellosi maris turbatione, in terram libenter descendit, et, apposita mensa, copiose hilariterque cœnavit. Post modicum vero spatium, cum jam quiescerent omnes, ex insperato desiderabilis auster nautis arrisit, et eos ad iter agendum non mediocriter animavit. Exsultantibus igitur cunctis in gaudio magno, universa vela in altum citissime sunt collata, et unusquisque ad exercendum commissum sibi officium in ipsa noctis obscuritate vigilanter permansit. Præcedente itaque cum magno luminari galea celeriori summi pontificis, per totam noctem omnes alacriter navigarunt, et die altera circa meridiem in insula, quæ vocatur Allexa, post celebratam ibidem missam cum magno gaudio et lætitia cœnaverunt. Et exinde cæteras Dalmatiæ insulas transcendentes, in proxima Dominica, priusquam sol illucesceret, ad civitatem Jaderam, quæ sita est in capite Hungarici regni, eumdem pontificem cum fratribus suis M. videlicet Prænestino episcopo, I. (60) titulo Sanctæ Anastasiæ, B. titulo Sanctæ Pudentianæ presbyteris, O. Sancti Adriani, et V. Sancti Eustachii diaconis cardinalibus, R. quoque Salernitano archiepiscopo, et R. illustri comite, per merita beati Petri sanum et alacrem portaverunt. Et quoniam nondum quisquam Romanorum pontificum civitatem ipsam intraverat, de novo ejusdem papæ adventu facta est in clero et populo ipsius loci communis lætitia, et ineffabilis exsultatio collaudantium et benedicentium Dominum, qui modernis temporibus per famulum suum Alexandrum, successorem beati Petri, Ecclesiam Jadertinam dignatus est visitare. Ideoque præparato sibi de Romano more albo caballo processionaliter deduxerunt eum per mediam civitatem ad beatæ Anastasiæ majorem Ecclesiam, in qua ipsa virgo et martyr honorifice tumulata quiescit, cum immensis laudibus et canticis altisone resonantibus in corum Sclavica lingua. Post quartum vero diem exivit Jadera, et per Sclavorum insulas, et maritimas Histriæ modicas civitates, felici cursu transitum faciens, ad monasterium Sancti Nicolai situm in faucibus Rivialti cum omni alacritate, Domino auxiliante, pervenit.

De tempore, quando Alexander papa Venetias prius intravit.

Anno igitur sui pontificatus XVIII, nono Kalendas Aprilis, indictione X, beatus Alexander papa cum ingenti honorificentia Venetias primum intravit, occurrente sibi duce cum patriarcha, et episcopis, ac nobilibus cum clero in varia navium copiosa multitudine. Eo autem in palatio patriarchæ super Rivo alto descendente, prædictus Magdeburgensis archiepiscopus cum electo Wormatiensi, et protonotario accesserunt ad eum, dicentes : *Dominus noster imperator cuncta, quæ inter vos et eum de pace nobis mediantibus tractata sunt et conscripta, paratus est cum gaudio adimplere. Sed in civitate Bononiensi, quam ejus principes nimis habent suspectam, vobiscum convenire nullatenus potest : unde clementiam vestram suppliciter exoramus, quatenus alium locum sibi et vobis congruum, Ravennam videlicet vel Venetias eligere satagatis.* Quibus pontifex constanter sine mora respondit : *Diu est quod, mediantibus fratribus nostris, V. Ostiense episcopo, et R. diacono, cardinalibus, cum Lombardis imperator convenit, ut ipse in Imola et nos in Bononia debeamus pariter convenire, ideoque nos absque Lombardis, et consilio fratrum nostrorum, qui circa partes Bononiæ nostrum præstolantur adventum, locum ipsum mutare non possumus, nec debemus. Si ergo nunc ei displicet, quod prius sponte concessit, sibi debet, non nobis excusatione seposita imputare. Verumtamen, ut inceptum bonum pacis ad desideratam consummationem celerius valeat, opitulante Domino, pervenire, nos usque Ferrariam sine mora venire studebimus, quatenus ibi cum fratribus nostris abscuntibus et rectoribus Lombardiæ deliberare et eligere plenarie possimus, quod pro utraque parte congruentius fuerit faciendum.* Quod verbum quia legatis bene complacuit, per litteras apostolicas universis episcopis et rectoribus civitatum Lombardiæ mandavit, ut in Dominica die Dominicæ Passionis ad ejus præsentiam in civitate ipsa, Deo favente, conveniant. Interim vero, cum turbæ multæ irruerent

(59) M. *Palacrosa.* (60) M. *Jo.*

ad eum, et de circumpositis civitatibus multitudo nobilium properaret ad ejus præsentiam ut viderent illum, et audirent tanquam angelum Dei missum, dignum duxit ut in proxima Dominica, qua cantatur *Lætare, Jerusalem*, ad ecclesiam Beati Marci solemnia missarum celebraturus accederet. Indutis ergo sacris vestibus, et de consuetudine auream deferens rosam cum episcopis et cardinalibus ad altare nimis (61) devote processit. Post evangelicam lectionem populo Dei ex diversis partibus congregato pastoraliter prædicavit, et completis missarum officiis, rosam, quam detulerat, duci Venetico in signum gratiæ sedis apostolicæ contulit. In eadem quoque septimana cum glorioso galearum exercitu, quod erat delectabile visu, exivit a Venetia, et per fauces Padi ascendens cum gloria et honore venit in suam civitatem Ferrariam.

De primo colloquio Lombardorum, et principum apud Ferrariam, præsente Alexandro papa, pro pace Ecclesiæ.

In sequenti vero die principales personæ, quæ ab utraque parte inferius adnotantur, ad ejusdem pontificis præsentiam convenerunt. Ex parte Lombardorum Aquileiensis patriarcha, Ravennensis et Mediolanensis archiepiscopi, et eorum comprovinciales episcopi, rectores civitatum, cum suis marchionibus atque comitibus, Salernitanus quoque archiepiscopus cum R. Andrensi comite. Sed ex parte imperatoris Maguntinus, Coloniensis, Treverensis, Bisuntinus, Magdeburgensis et Saltzburgensis archiepiscopi, cum aliquibus eorum suffraganeis episcopis; electo quoque Wormatiensi, et A. (62) protonotario. Quibus ad invicem congregatis, de loco, ubi papa secure posset cum imperatore præsentialiter convenire, non modica inter partes altercatio exstitit, et Lombardis petentibus Bononiam, vel Placentiam, aut Ferrariam, seu Paduam; imperatoris autem principibus Papiam, seu Ravennam, aut Venetias eligentibus, pontifex cum nuntiis regis Siciliæ Venetias in hunc modum elegit, ut si dux cum populo Veneto juramentoriam cautionem præstaret, quod antequam pax confirmata firmit. r esset, sine consensu papæ (63) imperatorem Venetias nullatenus intrare permitterent, et venientes illuc, seu redeuntes nullo modo impedirent, tunc pars ipsa utraque ad locum ipsum secure accederet. Quod ad verbum pontificis factum est. Exivit ergo a Ferraria cum episcopis et cardinalibus septimo Idus Maii, et sine mora Venetias remeavit, cujus vestigia partes utræque celeriter sunt subsecutæ. Constitutis itaque principibus ac Lombardis in conspectu pontificis, de reconciliatione pacis inter eos et alterutrum tractare cœperunt. Sed, quia de regalibus ac feudis maxima inter eos controversia vertebatur, et pax Ecclesiæ absque illorum pace, qui cum Ecclesia contra imperium firmiter steterant, fieri non debebat, tractatus ipse multis intervenientibus induciis usque ad octavam Petri et Pauli octavas processit. Ea igitur die pax Ecclesiæ in ea forma, qua de consensu partium ordinata fuerat, in scripto firmata de communi consensu principum, qui præsentes aderant, imperatoris assensu roborata est. Pax quoque Siciliæ regis a proxi is Kalendis Augusti usque ad quindecim annos eodem modo approbata est, super quibus chartæ hinc inde concorditer factæ, et a singulis partibus in bona voluntate receptæ sunt. Quibus ita peractis, ad instantiam principum imperatori licentiam dedit pontifex veniendi usque Clogiam, quatenus in loco ipso a pontifice parum distante, constitutis in ejus præsentia cardinalibus illis et principibus, qui verbum pacis et treugarum fere

jam consummaverant, causa ipsa imperiali auctoritate, auctore Domino, plenum sortiretur effectum et immutabile firmamentum. Venit ergo illuc imperator, et ad ejus præsentiam cardinales et principes pariter convenerunt, omnia, quæ de ipsius assensu fecerant, sibi concorditer ostendentes. Auditis itaque omnibus, quæ gesta fuerant, et plenarie intellectis, licet ab iis, qui oderant pacem, valde turbatus fuerit et commotus, quia tamen principes in faciem sibi viriliter restiterunt, omnia tandem, sicut in præsentia pontificis gesta fuerant et conscripta, rata habuit, et confirmari sponte promisit. Unde factum est quod in audientia eorumdem cardinalium et principum Dodoni comiti filio C. marchionis præcepit ut in anima sua coram domno papa, nuntiis regis Siciliæ, ac Lombardis publice juraret in hunc modum :

Hæc sunt prima juramenta imperatoris Frederici, quæ in anima sua fieri fecit de pace Ecclesiæ.

« Ego comes Dodo juro quod domnus imperator mandavit mihi ut in anima sua jurarem juramentum, quod nunc facturus sum, et postquam mandavit, non revocavit mandatum. Et ego ex mandato imperatoris juro in anima sua quod ex quo venerit Venetias omni quæstione et contradictione semota, faciet jurari in anima sua quod pacem Ecclesiæ, sicut disposita est per mediatores et scripta, et pacem regis Siciliæ usque ad quindecim annos, sicut scripta est, et treugam Lombardorum, sicut est per mediatores utriusque partis dispositum, et in scripto, quod est apud eosdem mediatores, continetur, bona fide servabit, et principes suos hoc ipsum jurare faciet. »

Simili modo præcepit Sigilboth (64) camerario suo in hunc modum :

« Ego Sigilboth juro quod ex quo domnus imperator venerit Venetias, prædictum juramentum pacis Ecclesiæ, et regis Siciliæ, et treugæ Lombardorum faciet præstari in anima sua, et principes similiter jurare faciet. »

His itaque hoc modo completis, pontifex ducem et populum Venetum a juramento, quo tenebatur, absolvit, et ut domnum imperatorem honorifice Venetias ducerent eis præcepit. Quod dux desideranter implere festinans in præparatis sex galeis eumdem imperatorem usque ad monasterium Sancti Nicolai, quod est situm in capite Rivi alti, cum gloria et honore fecit conduci.

De absolutione imperatoris Frederici, et de pace facta inter eum et domnum papam Alexandrum.

Altera itaque die in vigilia Sancti Jacobi summo mane pontifex misit ad ejus præsentiam Hi. (65) Ostiensem, E. Portuensem et M. Prænestinum episcopos, I. titulo Sanctæ Anastasiæ, T. titulo Sancti Vitalis, et P. titulo Sanctæ Susannæ, presbyteros cardinales, atque I. (66) diaconum cardinalem Sanctæ Mariæ in Cosmedin : qui venientes ad eum, postquam renuntiavit schisma Octaviani, Guidonis Cremensis et Joannis de Struma, post promissam quoque obedientiam venerabili papæ Alexandro, tanquam catholicus princeps, ejusque successoribus canonice intrantibus, ipsum a sententia excommunicationis pariter absolverunt, et unitati catholicæ aggregarunt. De majoribus etiam ipsius principibus juxta priscum Ecclesiæ morem id ipsum fecerunt. Et exinde imperator tanquam orthodoxus princeps devote accessit ad præsentiam ipsius pontificis, qui ante fores ecclesiæ S. Marci cum episcopis et cardinalibus residebat, et in communi unionem pacis exspectantibus, deposita chlamyde, prostravit se in terra, et deosculatis ejus, tanquam principis apostolorum, pedibus, veræ pacis osculum sibi devotissime dedit. Tunc repleti sunt omnes

(61) A. et M. pro *nimis* leg. *majus*.
(62) M. *An.*
(63) A., et M. τὸ *papæ non legitur*.

(64) A. *Sigilboch*. M. *Sigilloth*.
(65) A. *Hy*.
(66) M. *Jo*.

gaudio magno, et præ nimia lætitia vox conclamantium in *Te Deum laudamus* insonuit usque ad sidera. Statimque Augustus, apprehensa pontificis dextera cum canticis et laudibus usque ad chorum Ecclesiæ ipsum deduxit, et, inclinato capite, benedictionem ipsius reverenter suscepit. In sequenti vero die, quo celebrabatur festum S. Jacobi apostoli, ad eamdem Ecclesiam rediit, et celebraturus missarum solemnia cum festiva processione patriarcharum, archiepiscoporum, episcoporum, presbyterorum et diaconorum cardinalium et aliorum Ecclesiæ ordinum, ad sacrum altare processit. Imperatore igitur stante in choro, clerus Teutonicus missæ introitum altisonis vocibus psallere cœpit, et totum decantando officium cum omni jubilatione peregit. Post evangelium autem et sermonem factum ad plebem, imperator denuo ad vestigia ejusdem pontificis cum principibus suis devotissime procidit, et, apertis thesauris suis, aurum ei post pedum oscula obtulit. Decantata itaque missa, ejus dexteram apprehendit, et extra ecclesiam usque ad album caballum conduxit ipsum, et strevgam sibi fortiter tenuit. Cum autem frenum acciperet, et stratoris officium vellet implere, pontifex, quia iter usque ad mare nimis videbatur prolixum, pro facto habuit, quod affectuose voluit exhibere. In crastino autem circa nonam imperator cum paucis pontificem filiali affectu visitavit, et usque ad ejus cameram, ubi cum episcopis, et cardinalibus familiariter residebat, alacriter requisivit. Congratulati sunt ergo diu ad invicem, et post affectuosa colloquia, et mistos seriis temperatos, et sine detrimento dignitatis jocos, Augustus, petita et impetrata licentia, hilaris ad hospitium remeavit.

De consummatione pacis, et treugæ Lombardorum, et juramentis præstitis.

In Kalendis vero mensis Augusti, convocatis regis Siciliæ nuntiis, et universis Lombardorum rectoribus, pontifex, et imperator consistorium pariter intraverunt. Tunc imperator coram pontifice in communi auditorio præcepit comiti Henrico de Des, quatenus in anima sua juraret quod pacem Ecclesiæ atque imperii, et pacem regis Siciliæ usque ad quindecim annos, et treugam Lombardorum proximis Kalendis Augusti usque ad sex annos, sicut per mediatores utriusque partis dispositum et scriptum est, bona fide servabit. Præsentibus quoque principibus nihilominus jussit, quod eamdem pacem, et treugam pariter infrangeret, et bona fide servarent. Mox juravit ipse comes super sancta Dei Evangelia, sicut imperator ei præceperat; et conversus ad ipsum dixit : « Sic te Deus adjuvet, et hæc sancta Evangelia. »

Juraverunt sequentes principes ita :

« Ego C. (67) Maguntinensis, ego P. Coloniensis, ego V. (68) Magdeburgensis, ego B. Treverensis, archiepiscopi, ego D. Pataviensis, ego C. electus Wormatiensis, ego Ar. imperialis aulæ protonotarius, ego C. quondam Mantuanus episcopus, ego G. Cancellarius, et ego C. comes, juramus in animabus nostris super hæc sancta Dei Evangelia, quod pacem Ecclesiæ, atque imperii, et pacem regis Siciliæ usque ad quindecim annos, et treugam Lombardorum usque ad sex annos, sicut statutum et scriptum est per mediatores utriusque partis, bona fide servabimus, et absque fraude : sic nos Deus adjuvet, et hæc sancta Dei Evangelia. » Ex parte vero Siciliæ regis eodem modo juravit R. Salernitanus archiepiscopus (69), et R. Andrensis comes. Ex parte vero Lombardorum juraverunt, qui præsentes aderant, de Mediolano Gerardus Pistis, et Rogerius Marcellinus consul. De Placentia Guillielmus Leccacorus (70). De Brixia Albertus de Gambara. De Bergamo Albertus Albertonis. De Verona Cothus (71) consul. De Parma Vetulus. De Regio Arcemanus. De Bononia Pinamonte potestas eorum. De Novaria Guillielmus Gibuini. De Alexandria Ubertus de Foro. De Padua Tessulinus potestas. De Vincentia Ezulinus.

De reversione schismaticorum ad Ecclesiæ unitatem.

Absoluto autem imperatore, sequaces ejus intrusi et schismatici ad sinum matris Ecclesiæ catervatim confluentes, absolvi humiliter postulantes, refutarunt, et anathematizarunt super sancta Evangelia omnem hæresim extollentem se adversus sacrosanctam Romanam Ecclesiam, et præcipue schisma et hæresim Octaviani, et Guidonis Cremensis, atque Joannis de Struma, eorumque ordinationes irritas esse pronuntiantes, fidelitatem quoque et obedientiam domno suo papæ Alexandro, ejusque successoribus catholicis (72) promittentes, reconciliati sunt, et unitati catholicæ assignati. De quorum numero famosiores duximus nominandos : C. Maguntinum, P. Coloniensem, W. Magdeburgensem, Treverensem, Pataviensem, Wormatiensem electum, Augustensem, Basiliensem, Argentinensem, Alberstatensem, Papiensem, Placentinum, Cremonensem, Brixiensem, Novariensem, Aquensem, C. Mantuanum, Balneoregensem, Pensaurensem, Fanensem, V. a Guidone Cremensi promotum in levitam, V. quondam Cluniacensem abbatem, et intrusum Sancti Petri in Velo Aureo, atque vicinum ejus Sancti Salvatoris intrusum. Aliorum vero schismaticorum resipiscentium multitudinem nominare penitus ignoramus.

Quomodo papa promulgavit excommunicationis sententiam in violatores pacis.

Eodem tempore xviii Kalendas Septembris in ecclesia Sancti Marci apud Venetias Alexander papa cum archiepiscopis, et aliis Ecclesiarum prælatis, de Italia, et Alamannia synodum celebravit, in qua juxta cum ipse imperator resedit (73). Ibi pacem inter Ecclesiam et imperium, et pacem Siciliæ regis, atque treugas Lombardorum, sicut superius est ordinatum, communi assertione roborata fuit; et firmata. Sed ad majorem ipsius soliditatem pontifex in hunc modum excommunicationis sententiam promulgavit, ut quicumque pacem ipsam, vel treugas infringeret, nisi requisitus infra quadraginta dies, et commonitus satisfaceret, eamdem sententiam, seposita excusatione incurreret. Shismaticos vero, qui nondum resipuerant, quousque satisfacerent, anathematis sententia innodavit.

De acquisitione castri Brectanori.

In diebus illis C. comes de Brectanoro absque liberis apud Venetias defunctus est, qui pro remissione peccatorum suorum, suorumque parentum et castrum ipsum Brectanorum, quod alio nomine vocatur Susubium, et totam terram suam, licet ab antiquo juris Beati Petri fuerit, sacrosanctæ Romanæ Ecclesiæ in propriam hæreditatem donavit, et ad majorem donationis ipsius firmitatem domno Alexandro papæ, suisque successoribus publicum exinde instrumentum fieri fecit. Quamobrem pro recipiendis investituris ipsius castri, quod est caput et sedes totius comitatus, Pontifex absque mora misit illuc R. diaconum cardinalem, R. subdiaconum, et P. Sarracenum dapiferum suum, per quos cum investitura possessionem illius comitatus in potestatem et dominium sedis apostolicæ recepit, atque detinuit.

---

(67) A. O.
(68) A. B. M. vero W.
(69) A. et M. *episcopus.*
(70) M. *Guilhelmus Lectacormius.* A. *Lecacorvus.*

(71) A. et M. *Cochus.*
(72) A. et M. *canonicis.*
(73) A. *prælibatus.*

Litteræ Principum Imperii de confirmatione, et observatione pacis inter Ecclesiam et imperium.

« Domino suo, ac Patri venerando, ALEXANDRO Dei gratia sanctæ Romanæ sedis, et catholicæ Ecclesiæ summo pontifici, et universali papæ, CHRISTIANUS Maguntinus archiepiscopus, Philippus Coloniensis archiepiscopus, Wiermannus (74) Magdeburgensis, Arnoldus Treverensis archiepiscopi, Conradus Wormatiensis electus, Godefridus cancellarius, Worumnus protonotarius, F. (75) comes Hollandiæ, T. marchio de Luzis, et frater ejus DoJo, H. (76) comes de Diersa, R. comes de Durna, filialis devotionis obsequium cum debita obedientia et subjectione.

« Commoda, quæ exconsummata pace Ecclesiæ, et imperii, toti mundo proveniunt, ipsa innumerata mala, quæ inde vitantur, manifeste ostendunt. Sicut enim ab utriusque concordi providentia orbis terrarum ad salutem et tranquillitatem regitur, ita sub eorum divisione a propria debiti status rectitudine distrahebatur. Gaudeat itaque tellus jam desiderabilis roris visitatione respersa, tam gratiosæ pluviæ inundatione fecundata, per quam fidelis populi arida sitis depellitur, et omnium jurgiorum scandala, et scandalorum incendia suffocantur. Nos ergo, Pater sanctissime, de tanto concordiæ fructu lætantes, ipsam sacratissimam Ecclesiæ et imperii pacem, sicut ab utriusque partis mediatoribus est disposita, et in commune scriptum redacta, et pacem illustris regis Siciliæ usque ad quindecim annos, et treugam Lombardorum a proximis Kalendis Augusti usque ad sex annos, sicut a mediatoribus est ordinata, et nostris juramentis firmata, et in scriptum communiter redacta, quod scilicet scriptum propriis subscriptionibus ipsorum mediatorum hinc inde confirmatum est, et sigillis ipsorum corroboratum, nostri consensus studio, et vigore confirmamus, et ratam et inconcussam tenemus, et ut sic observetur, operam dabimus. Et ut hæc nostræ confirmationis pagina subsecutis temporibus firma et illibata permaneat, eam propriis subscriptionibus communiri et nostrorum sigillorum appositione (77) fecimus insigniri. »

« Ego Christianus Maguntinæ sedis archiepiscopus subscripsi.

« Ego P. Coloniensis archiepiscopus, et Italiæ archicancellarius subscripsi.

« Ego C. Wormatiensis electus subscripsi.

« Ego G. imperialis aulæ cancellarius subscripsi.

« Ego W. protonotarius subscripsi. »

Litteræ imperatoris missæ papæ super pace inter Ecclesiam et imperium.

« Reverendo in Christo Patri domno papæ Alexandro, sacrosanctæ Romanæ Ecclesiæ summo et universali pontifici, FREDERICUS Dei gratia Romanorum imperator et semper Augustus, debitam obedientiam, et filialis devotionis affectum.

« Cum imperatoria majestas a Rege regum ad hoc in terris ordinata sit, ut per ejus operam totus orbis pacis gaudeat incremento, nos, quos Deus in solio Romani imperii constituit, eam diligentius amplecti, et ferventius conservare debemus, et volumus. Inde est quod pacem Ecclesiæ et imperii secundum quod a principibus nostris, et a cardinalibus Romanæ Ecclesiæ disposita est et ordinata, et in scripto principum nostrorum sigillis eorum signata continetur, sicut per interpositam personam secundum formam, quæ in scripto continetur, jurari fecimus, sic præsenti scripto nos firmiter observare promittimus, confirmamus, et ratum in posterum permanere volumus, et sic deinceps firmiter observabimus, et faciemus quantum in nobis fuerit Deo propitio observari.

« Datum apud Venetias in palatio ducis xv Kalendas Octobris, indictione x. »

Hoc tempore in vigilia Sancti Matthæi apostoli Alexander papa XVIII annum sui pontificatus explevit.

De gestis Alexandri in anno XIX pontificatus.

Incipit XIX annus ejusdem. Pace igitur, sicut dictum est, confirmata, omnes, qui convenerant, læti ad propria redierunt. Paucis tamen transactis diebus exierunt quidam nobiles de civitate Trivisina, de societate Lombardorum, et ab imperatoris præsentiam accessere, cum quo, et diutius secrete locuti sunt in occulto, et quædam ad alterutrum juramenta fecerunt, unde universis Lombardis odiosi facti sunt, et valde suspecti. Eis itaque redeuntibus ad propria, populus Trivisinus in ipsos vehementer commotus eos perjuros detestabiles, et suæ patriæ proditores atque turpissima morte dignos clamore horribili appellavit. Quid plura? Ut periculum mortis evadere possent, illico jurarunt super sancta Evangelia, quod quidquid imperatori secrete dixerant, vel juraverant, totum revelarent rectoribus Lombardorum, et insuper filios dederunt eis obsides, ac sufficientes fidejussores, quod super iis eorumdem rectorum mandatis firmiter starent. Ipsis igitur seorsim ductis quæcunque imperatori juraverant, vel dixerant in secreto, per chartam publicam rectoribus Lombardorum revelarunt. Comperta itaque manifesta proditione tantæ malitiæ, Lombardorum societas, et prædictos nobiles acriter pro meritis suis punivit, et ex tunc adversus callidi hostis insidias sollicitius vigilavit, et se fortius communivit.

Quomodo imperator a papa in osculo pacis recessit.

Rebus itaque sic se habentibus, imperator a Venetiis recessurus, ut a summo pontifice licentiam susciperet, accessit ad eum in palatio patriarchæ sedentem. Exclusis igitur cæteris, cum solis episcopis et cardinalibus ac suis principibus, de iis, quæ ad pacis complementum restabant, cum eodem papa colloquium habuit. Tunc pontifex ab imperatore petiit, ut regalia Sancti Petri, et possessiones sanctæ Romanæ Ecclesiæ, sicut per mediatores cardinales et principes apud Anagniam constitutum fuerat et firmatum, sibi restitui faceret. Cui respondens imperator dixit: *Regalia Sancti Petri, et possessiones alias Romanæ Ecclesiæ, præter terram comitissæ Mathildis, et Brectanorum, libere et præsens (78) restituam. Sed quia ista videntur mihi ad jus imperii pertinere, vos eligite de principibus nostris tres, et nos de cardinalibus totidem eligemus ad ista tractanda, quorum judicio pars utraque irrefragabiliter stare deberet.* Quod licet pontifici grave nimis et durum fuerit, quoniam et in forma pacis de restituenda terra comitissæ Mathildis expressum fuerat ac juratum, et tunc ipse castrum Brectanorum, sicut superius est dictum, possidebat, ne tamen occasione ista pax Ecclesiæ turbaretur, voluntati ejus tandem assensum præbuit. Statimque Christianum Maguntinum archiepiscopum, et C. Wormatiensem electum, atque A. protonotarium, qui præsentes aderant, ad id faciendum elegit. Imperator quoque H. Ostiensem, et W. (79) Portuensem episcopos, et J. (80) diaconum cardinalem consequenter elegit. Pro restituendis vero prædictis regalibus, et cæteris Ecclesiæ possessionibus, illico eumdem Maguntinum pontifici assignavit, præcipiens ei sub obtentu gratiæ suæ, ut restitutionem ipsam infra tres menses cum integritate perficeret.

(74) M. *Wienandus.*
(75) M. *Fredericus.*
(76) M. *Henricus.*
(77) A. et M. *appensione.*
(78) A. et M. *ad præsens* non habent.
(79) M. *V.*
(80) M. *Jo.*

His itaque concorditer ordinatis atque dispositis, Augustus ipse coram ipso pontifice genua flexit, et deosculatis pedibus ejus, in osculo pacis ab eo, et universis cardinalibus versus Ravennam et Cesennam recessit. Post cujus discessum circa medium mensis Octobris, pontifex, quatuor impetratis a duce Venetiæ galeis, et majore fratrum suorum parte per Pentapolim secus mare præmissa, denuo pelagi vastitatem Domino auctore intravit, et eadem qua venerat via regrediens, apud Sipontum quarto Kalendas Novembris, suffragantibus beatorum apostolorum Petri et Pauli meritis, cum prosperitate pervenit. Deinde per Trojam, et Beneventum, et Sanctum Germanum, cum gloria et honore transitum faciens, ad civitatem Anagninam sibi multum devotam XIV Kalendas Januarii sanus, Deo gratias, et incolumis remeavit. Facta est itaque de pacifico ipsius et desiderato regressu, tam in urbe quam in toto orbe Romano, exsultatio maxima, et communis lætitia benedicentium et collaudantium Dominum, qui per assiduam clavigeri sui beati Petri precem, et laborem ipsius pontificis, dignatus est pacem et concordiam inter Ecclesiam et imperium mirabiliter reformare. Inde utique accidit, quod de magna schismaticorum turba quidam intrusi ad obedientiam domni Alexandri papæ sunt sponte reversi, quidam vero Catholicis ecclesiis relinquentes apud consanguineos confugium cum ignominia et confusione sua fecerunt. Archisynagogus vero eorum cognito quod imperator ad pedes Alexandri papæ osculandos accesserit, conturbata sunt viscera ejus, et pro desolationis suæ confusione tantus cum timor et tremor invasit, quod occulte a Viterbio exiens tanquam profugus ad montem Albanum sub frivola defensione Joannis domini ipsius castri confugium inaniter fecit. Audiens hæc imperator nimium dolere se ostendit, et ad excusationem suam conatum hæreticum, et ejus defensores, nisi ad obedientiam papæ Alexandri festinarent, diffidavit, et imperiali banno subjecit.

De eo quod imperator Fredericus cepit Brectanorum contra tenorem pacis factæ inter Ecclesiam et imperium.

Illud autem silentio prætereundum non duximus, quod imperator ex quo Cesennam pervenit, utens consilio malignantium, accessit juxta Brectanorum, et accersitis ad se prædictis nuntiis, R. videlicet diacono Sancti Georgi, et R. subdiacono apostolicæ sedis, et P. dapifero ejusdem pontificis, instanter postulavit ab eis possessionem illius castri cum omnibus pertinentiis suis. Quibus eis benigne respondentibus, et mansuete, quod sine licentia, et mandato domini sui Romani pontificis hoc facere non poterant, nec debebant, confestim eos diffidavit, et exercitu circumquaque collecto (81), ipsos de castro ejecit, et castrum inexpugnabile sine conflictu et pugna cepit, et sibi, ac filio suo regi ab hominibus ipsius loci jurari fecit. Nec mirum cum inter Bulgaros, et Maynardos, qui erant fortiores ipsius loci milites, jam emerserant æmulationes, et altera eorum pars imperatori favorem præstiterat. Quod factum postquam ad aures ipsius pontificis pervenit, per majores Ecclesiæ personas eumdem imperatorem paterne convenit, et ut possessionem ipsius castri sibi, et matri suæ Romanæ Ecclesiæ in pace restitueret, diligenter et instantius postulabat. Ipse vero in voluntatis suæ duritia perseverans, restitutionem facere penitus recusavit. Quæ causa licet pontifici et Ecclesiæ injuriosa, et valde fuerit gravis, ne tamen occasione hujus injuriæ recens pax, et utilissima Ecclesiæ, atque imperio, discordia solveretur, potius hoc ad tempus pati, et dissimulare disposuit, quam contrariis cidem imperatori contraria respondere quousque Dominus

cor illius molliat, et suæ Ecclesiæ jura sponte restituat.

Rescriptum privilegii regis Ungariæ, qui pro reverentia Ecclesiæ Romanæ, et domni Alexandri papæ Ecclesiæ Ungariæ libertatem donavit.

« B. (82) Dei gratia rex Ungariæ, Dalmatiæ, Croatiæ, Ramæque, L. eadem gratia Strigoniensi, C. Colocensi archiepiscopis, atque omnibus eorum suffraganeis, præpositis quoque regalibus (83), nec non omnibus universaliter ecclesiasticis personis in prædictis archiepiscopatibus constitutis, tam præsentibus quam futuris, in perpetuum.

« Justum, et rationi consentaneum omnimodis esse dignoscitur, ac sanctarum Scripturarum testimoniis comprobatur, ut qui regiæ celsitudinis culmen ab æterno Rege merentur accipere, iis quæ ad Ecclesiæ et Christianitatis profectum noscuntur in aliquo pertinere, tanto teneantur provida sollicitudine et cautela intendere, quanto pro honore a divina sibi dispositione collato debent suo Creatori uberiorem devotionem præ cæteris exhibere. Eapropter propria ratione inducti, et saluberrimis exhortationibus M. venerabilis sanctæ Romanæ Ecclesiæ diaconi cardinalis, propensius attentiusque commoniti, devotionem quoque venerandæ memoriæ regis G. Patris nostri, quam circa sacrosanctam Romanam Ecclesiam, et sanctissimum Patrem nostrum domnum Alexandrum summum pontificem studuit per omnia exhibere, modis omnibus, quibus possumus, imitari volentes, institutionem super depositione, et transmutatione episcoporum, quod in se, et in suis posteris domno papæ Alexandro, et suis successoribus noscitur concessisse, videlicet quod absque auctoritatis consilio ejus, vel successorum suorum depositionem, seu translationem episcoporum non faceret, vel fieri permitteret confirmamus, et tam in nobis quam in posteris nostris perpetuo inviolabiliter duraturam censemus. Præterea antecessorum nostrorum consuetudinem retro temporibus habitam relinquentes in nobis, et in nostris posteris immobili firmitate sanximus valituram, quod decedentibus episcopis, in rebus episcopalibus procuratores laicos de cætero non ponemus, atque poni nullatenus permittemus, sed honestos clericos, qui non ad voluptatem, sed ad necessitatem victus de ipsarum Ecclesiarum rebus moderate accipiant, ibidem instituemus, qui reliqua omnia bona fide, et sine fraude aliqua, ad reædificationem ipsarum ecclesiarum et domorum episcopalium, seu canonicorum, ad usus quoque pauperum, viduarum et orphanorum fideliter debeant observare. Nos vero, vel posteri nostri, nihil unquam de eisdem rebus in usus proprios redigemus de cætero, nisi forte (quod absit), hostes regni in manu valida fines ipsius regni intraverint, vel aliqua alia urgentissima necessitas postulaverit, et tunc quoque id sine episcoporum consilio non faciemus. Addimus etiam, et robore inconcusso tam in nobis quam in posteris nostris perpetuo observandum statuimus, quod regales præpositi, vel abbates de suis præposituris, vel abbatiis, seu dignitatibus non amodo deponentur, in hac parte consuetudini nostræ antiquæ per nos, et posteros nostros renuntiantes, nisi infausto casu contingeret eos super certo crimine canonico ordine convinci, vel crimen suum publice confiteri. Ad hæc C. archiepiscopus Colocensis, omnes episcopi, electi, regales præpositi et abbates, munificentiam et libertatem, quam pro reverentia beati Petri, et sanctissimi Patris nostri papæ Alexandri, nec non et M. venerabilis diaconi cardinalis apostolicæ sedis legati concessimus, attendentes, præviam suam consuetudinem, omnibus canonibus obviantes,

(81) A. *collocato.*
(82) M. *Bernardus.*

(83) M. et A. *regularibus.*

quam instruendis et destruendis præpositis, aliisque dignitatibus, et ecclesiasticis beneficiis subtrahendis exercebant, in manus prædicti cardinalis penitus reliquerunt. Unde communi consensu, et libera eorum omnium voluntate decernimus, et inviolabiliter præsenti privilegio valituro perpetuo stabilimus, quod nulli archiepiscoporum, episcoporum, electorum, præpositorum, abbatum deinceps licentia pateat de præpositis suos præpositos removere, vel alias ecclesiasticas personas suis dignitatibus, aut ecclesiasticis beneficiis privare, nisi forte de crimine fuerint convicti canonice, vel confessi. Hæc autem omnia de consilio gloriosæ reginæ matris nostræ, et archiepiscoporum, episcoporum omnium, electorum, præpositorum regalium atque abbatum, comitum omnium, procerum et aliorum principum stabilita ac firmiter corroborata noscantur. Actum in civitate W. anno 1169. »

De tertia reversione domni Alexandri papæ ad urbem Romanam.

Interea universus Romanæ urbis clerus, ac populus videns imperatorem Fredericum ad vestigia papæ Alexandri Domino inspirante prostratum et schismatis malum per divinam potentiam omnino exstinctum, attendens etiam de absentia ipsius pontificis tam in spiritualibus, quam in temporalibus per longa tempora gravissimam incurrisse jacturam, commune consilium de revocando ad sedem beati Petri eodem pontifice salubriter habuit. Miserunt ergo ad eum usque Anagniam de melioribus Romanorum civium septem viros cum litteris cleri, et senatus, ac populi, suppliciter exorantes, quatenus ad Urbem suam propriam, et populum sibi specialiter commissum jam dignaretur reverti, et curam ejus habere. Pontifex autem, licet humilis, et devota eorum invitatio sibi, et cunctis fratribus plurimum complaceret, ad memoriam tamen revocans præteritam ejusdem cleri ac populi de ultramontanis partibus revocationem, qualiter post modicum multas sibi, ac fratribus suis injurias atque contumelias intulerunt, non immerito dubitavit eorum blandis promissionibus credere, et ad civitatem ipsam, quæ multos disturbatores pacis habere dignoscitur, absque certa et firma securitate redire. Propterea de voluntate utriusque partis H. episcopus Ostiensis, et I. (84) titulo Sanctorum Joannis et Pauli presbyter, atque V. diaconus Sancti Angeli cardinalis cum septem bonis hominibus redierunt ad Urbem, disposituri cum senatoribus et populo formam securitatis et pacis, quæ domno papæ, suisque fratribus complacere deberet. Unde licet super hoc diu laboratum fuerit, tandem suffragantibus beatorum apostolorum Petri et Pauli meritis, totius populi Romani consilio et deliberatione statutum est, ut senatores qui fieri solent, fidelitatem et hominium domno papæ facerent, et beati Petri ecclesiam, atque regalia, quæ ab eis fuerant occupata, libere in manibus et potestate sua restituerent; pacem quoque, ac securitatem sibi, et ejus fratribus, ac rebus eorum, et cunctis ad eum venientibus et redeuntibus, nihilominus inviolabiliter observarent. Quo facto, venerunt senatores cum eisdem cardinalibus, et cum aliis bonis hominibus ad præsentiam summi pontificis, quibus ad oscula pedum et oris de more benigne susceptis, cuncta, quæ a populo constituta fuerant, publice coram ipso pontifice tactis sacrosanctis Evangeliis juraverunt. H.s igitur, Domino cooperante, rite peractis gaudio magno gavisi sunt omnes, et extunc domnus papa et fratres ejus ad reditum Urbis festinanter se accinxerunt. In proximo autem festo Gregorii papæ ante Dominicam *Lætare, Jerusalem*, post missam exivit de Tusculano, proficiscens ad Urbem non sine gloria et honore multo. Exierunt enim obviam sibi in longum clerus Romanus cum vexillis et crucibus, quod nulli Romanorum pontificum recolitur factum, senatores et magistratus populi cum concrepantibus tubis, nobiles cum militia in apparatu decoro, et pedestris populositas cum ramis olivarum, laudes pontifici consuetas vociferans. Tunc videres oculos omnium vultum ejus intuentes, tanquam vultum Jesu Christi, cujus vices in terris gerit. Præ nimia vero multitudine ipsius vestigia deosculantium albus palafredus ambulare vix poterat, et sessoris dextera in dandis benedictionibus nimium laborabat. Cum tanta igitur, et tam solemni exsultatione Romanus pontifex paulatim, prout exhibebat necessitas, proficiscens, circa horam nonam ad portam Lateranensem non mediociter fatigatus pervenit. Unde ad patriarchium Lateranensis Ecclesiæ, atque ad sacrum Sancti Salvatoris altare, tanquam verus et bonus pastor, ac beati Petri orthodoxus successor, cum inenarrabili gloria multiplicatis laudibus gloriose eductus est atque receptus. Post benedictionem vero ad populum datam conscendit palatium, ubi recedentibus ad ecclesias suas cunctis cardinalibus in lecto fatigatus ex itinere ante cibum modicum requievit. Altera autem die in consistorium exiens infinitam clericorum et laicorum multitudinem ad pedes et oscula de more suscepit, et extunc ad consuetas stationes Urbis pro sui officii debito in *Lætare, Jerusalem* ad Sanctam Crucem, et in Passione Domini ad Sanctum Petrum perrexit, atque in Pascha regnum solemniter induit.

(84) M. *Jo.*

CARDINALIUM VIGINTI TRIUM

QUI ALEXANDRO ADHÆREBANT

EPISTOLA AD FRIDERICUM IMPERATOREM.

(RADEVICUS Frising., lib. II, cap. 53, ap. MURATORI *Rer. Ital. Script.*, VI, 830.)

« FRIDERICO, Dei gratia, glorioso, illustri, magnifico et sublimi Romanorum imperatori, GREGORIUS Sabinensis, HUBALDUS Ostiensis, JULIUS Prænestinus, BERNARDUS Portuensis, WALTHERUS Albanensis episcopi; HUBERTUS tit. S. Priscæ, JOANNES tit. Sanctorum Joannis et Pauli, HENRICUS tit. SS. Nerei et Achillei, ILDEBERTUS tit. Basilicæ XII Apostolorum, JOANNES tit. S. Anastasiæ, BONADIES tit. S. Chrysogoni, ALBERTUS tit. Sancti Laurentii in Lucina, et WILHELMUS tit. S. Petri ad Vincula, presbyteri;

Oddo Sancti Gregorii ad Velum Aureum, Rom. Sanctæ Luciæ in Septa Solis, Jacinctus Sanctæ Mariæ in Cosmidin, Oddo S. Nicolai in Carcere Tullii, Arde. S. Theodorici, Bo. sanctorum Cosmæ et Damiani, C. S. Adriani, P. S. Eustachii, et Jo., diaconi cardinales, voluntate et spiritu in Domino congregati, salutem et gloriosam de inimicis victoriam.

« Quanto excellentiæ vestræ major a Deo collata est et attributa potestas, et quanto sublimiorem inter mortales dignitatis locum constat vos obtinere, tanto amplius imperialem convenit majestatem sacrosanctam Romanam Ecclesiam, specialem et unicam matrem vestram, in omnibus honorare, et ei semper, et præsertim necessitatis tempore, salubriter atque utiliter providere. Quid autem diebus istis in eadem Ecclesia Romana contigerit, et quam inauditum facinus hæc in quos filios reputabat, aliquantis diebus transactis fuerit perpetratum, dignum, imo dignissimum est nos imperiali celsitudini nostris litteris aperire. Nuper siquidem cum dominus noster bonæ memoriæ Adrianus papa, Kalend. Septemb. apud Anagniam debitum naturæ solvisset, et de terris ad cœlum, de imis migrasset, vocante Domino, ad superna, tres falsi fratres, Octavianus scilicet, et Joannes de Sancto Martino, et Guido Cremensis, qui a nobis quidem exierunt, sed non fuerunt de nobis, transfigurantes se in angelos lucis, cum sint Satanæ, » etc.

Et infra. « Ad hæc noverit sublimis gratia vestra, quod Otto palatinus comes, occasione de intrusione Octaviani suscepta, præfatum dominum nostrum, et nos omnes plurimum infestavit, et Ecclesiam Dei nisus est scindere, et multipliciter absque rationabili causa turbare. Campaniam siquidem, et Patrimonium beati Petri cum intruso et apostatico Octaviano violenter intravit, et terram ipsam studuit ei quibuscunque modis subjugare. Nos itaque et tota Ecclesia Dei nobiscum majestatem vestram suppliciter exoramus, ut tam violenta intrusione ita sicut est intellecta, et diligenter inspecta, qualiter vobis ad salutem animæ vestræ, et honorem imperii super tanto negotio sit procedendum, diligenter attendatis. Considerate et advertite qualiter circa sacrosanctam Romanam Ecclesiam, et circa unicum Sponsum ejus Dominum nostrum Jesum Christum, sine quo nec regnum potest aliquis obtinere terrenum, nec acquirere sempiternum, oporteat vos habere, et qualiter eam ab impugnatoribus et præsertim a schismaticis et hæreticis, ex imperiali officio dignitatis protegere debeatis modis omnibus ac tueri. Nos si quidem vos sicut specialem defensorem et patronum Ecclesiæ Romanæ modis omnibus honorare intendimus, atque ad augmentum gloriæ vestræ, quibus modis possumus, cum Deo aspiramus. Rogamus autem, et instantius supplicamus, ut matrem vestram sanctam Romanam Ecclesiam diligatis et honoretis, et ad pacem et tranquillitatem ipsius, quibus modis imperialem convenit excellentiam, intendatis, et tantam præfati invasoris atque schismatici iniquitatem nullatenus foveatis. »

LITTERÆ ENCYCLICÆ

A cardinalibus qui ab Alexandri III partibus steterunt, de ejusdem pontificis electione ad universam Ecclesiam directæ.

(Aug. Theinerus, *Disquisitiones criticæ*, Romæ 1836, 4°, pag. 211, ex codice Londinensi 9, B XII.)

Gregorius Dei gratia Sabinensis episcopus et in Urbe domini papæ vicarius, Hubaldus Ostiensis, Julius Prænestinensis, Berno Portuensis, Walterus Albanensis, episcopi; Hubertus tituli S. Crucis, Asti t. S. Priscæ, Joannes tt. SS. Joannis et Pauli, Henricus tt. SS. Nerei et Achillei, Ildebrandus basilicæ XII Apostolorum, Joannes t. S, Anastasiæ, Bonus S. Chrysogoni, Albinus t. S. Laurentii in Lucina, Wilhelmus t. S. Petri ad Vincula, presbyteri cardinales; Oddo S. Gregorii ad Velum Aureum, Rodulfus S. Luciæ in Septo Solis, Jacobus S. Mariæ in Cosmedin, Oddo S. Nicolai in Carcere Tulliano, Ardericus S. Theodori, Bosso SS. Cosmæ et Damiani, Cencius S. Adriani, Petrus S. Eustachii, Raymundus S. Mariæ in Via Lata, Joannes S. Mariæ in Porticu, Milo S. Mariæ in Aquino, diaconi cardinales, venerabilibus fratribus archiepiscopis, episcopis, abbatibus et universis Ecclesiæ filiis, ad quos litteræ istæ pervenerint, spiritu consilii et fortitudinis abundare.

Mœrore simul et pudore confundimur et lacrymas vix possumus continere, quod antiquus ille coluber tortuosus, qui, sicut ait Job, absorbet fluvium et non miratur (*Job* XL), quosdam de fratribus nostris ita turpiter, sicut jam audistis, absorbuit, et habens fiduciam quod Jordanis influeret in os ejus (*ibid.*), nos etiam juxta vocem Dominicam expetiit ad cribrandum. Deo autem gratias agimus, qui promissionem suam, qua usque in finem sæculi se dixit cum discipulis permansurum (*Matth.* XXVIII), in nobis nunc misericorditer adimplevit, et ita nos reddidit in unitatis ecclesiasticæ defensione constantes, ut non gladius, non angustia, non fames, non nuditas ab ea nos valeat separare (*Rom.* VIII), scientes utique quod tribulatio patientiam operatur, patientia vero opus perfectum (*Jac.* I). Sane audito credimus apud vos, et tam litteris domini nostri quam fama discurrente vulgatum, qualiter, Patre nostro Adriano viam universæ carnis ingresso, ut alia quæ præcesserant transeamus, in ecclesiam Beati Petri convenimus, et ibi diutius de pastoris substitutione tractantes, post denominationem plurium personarum in hoc tandem omnes, exceptis Octaviano, Joanne S. Martini et Guidone Cremensi, Deo inspirante convenimus, ut, omissis denominationibus aliorum, dominum nostrum eligere, electum confirmare, confirmatum consecrare in virtute S. Spiritus deberemus. Nec videbatur idoneum ut pro dissensione prædictorum virorum, qui, non quæ Jesu Christi, sed quæ sua erant, abjecto pudore ac sacerdotali modestia postposita, requirebant, apostolica sedes, unde omnibus Ecclesiis in sua necessitate consulitur, sine rectore deberet diutius remanere. Unde facta et confirmata per omnes electione, priori diaconorum, cui hoc ex officio suo incumbit, injungitur, ut una cum fratre nostro Ildebrando, basilicæ duodecim Apostolorum presbytero cardinali, accersitum dominum nostrum chlamyde pontificali operire festinet. His autem, juxta omnium voluntatem, capientibus dominum nostrum, et pontificali eum chlamyde induentibus, ipse vero sicut bonus discretusque conviva, qui ultimum in cœna locum occupat, invitantis patrisfamilias judicio provehendus, imponendo se honori subtrahere laborante, præfatus Octavianus occurrit, et conceptum sermonem tenere non volens, ex parte imperatoris inhibuit, ne fratrum petitionibus inclinaret assensum, et plures comminationes intentatas, nobis nihil tale timentibus et præsumptionem monstruosam mirantibus, de capite domini nostri et manibus prædictorum fratrum mantum arripuit, et secum asportare voluit. Quod dum nobilis quidam senatorum, qui præsens erat, aspiceret, de manibus illius excussit, et in prædictorum fratrum reddidit potestatem, quibus ad operiendum dominum nostrum una nobiscum instantibus, Octavianus mantum suum et clericum acclamavit, et illo occurrente vocanti, et mantum quod occulte portaverat extrahente, ipse extracto pileo, demisso capite, cum prædicti cardinales complices ejus in partem aliam discessissent, a clerico suo sibi fecit imponi, quod ambabus manibus ipse arripiens, et collo misero circumvolvens, capitio dependente ad terram, fimbriis autem dependentibus circa collum, dum quidam ex nobis in eum insurgeret, ut tali chlamyde vellent exuere, ipse ambabus manibus circa collum et humerum affingens, *Te Deum laudamus*, ut potuit, exclamavit. Unde concurrentibus his qui ad favorem ipsius in angulis latitabant, aperte sunt subito fores ecclesiæ, et cuncti consanguinei et amici ejus, extractis gladiis, non secus in ecclesiam irruerunt quam cum turba illa Judaica ad capiendum Dominum, Juda præcedente, concurrit, ad inscriptionem autem illius monstri aliis risum, aliis fletum habentibus, accedens Guido Cremensis chlamydem super eum aptavit. Porro nos, sicut eramus exanimes a facie tribulantium, in munitionem Sancti Petri redivimus, et ibi cum multis lacrymis in omni obsecratione ac divini attestatione judicii, dominum nostrum ad nostræ traximus petitionis assensum. Octavianus autem, assistentibus ei continuo imperialibus nuntiis, et, ut verbis eorum utamur, vivam guerram nobis et his qui nobiscum erant interminantibus, plurimis etiam senatoribus quos pecunia collata deceperat, ejus nequitiam fulcientibus, per consanguineos suos, per senatores pactione corruptos, per partem plebeculæ errore deceptam, diebus pluribus nos obsedit, et interim per litteras, quas paratas habebat, per legatos imperatoris, per Guidonem Cremensem, per fratres et amicos suos ad consecrationem suam cunctos nostræ provinciæ episcopos accersivit. Illi autem uno animo factum ejus abominantes, nec minis potuerunt ad hoc nec blanditiis emolliri, sed omnes, excepto Ferentinate, qui scholastica ei fuerat societate devinctus et dimidii castri promissione deceptus, intrepidi responderunt : *Obedire oportet Deo magis quam hominibus (Act. v).*

Tunc ipse videns omnes episcopos suam præsentiam abhorrere, ut omittamus qualiter ob detentionem nostram per duos dies senatoribus constituerit ducentas libras, qualiter, etiam convocatis amicis parato convivio, defecerint ei ad consecrationem episcopi, et de omnibus quos prius familiares habuerat, vix unum tunc ad suæ petitionis consensum potuerit inclinare, nocte profugit ab Urbe. Nos vero, conclamante populo, de custodia in qua eramus, educti, pulsantibus tintinnabulis, concurrentibus de tota Urbe viris ac mulieribus, et nobis unanimiter applaudentibus, cum copioso nobilium Romanorum, et militum peditumque conductu, de Urbe fuimus egressi, et Nympham sani per Dei gratiam devenimus. Ubi dominus noster, præsentibus vicinis episcopis, abbatibus et clericis urbis, qui ad hoc cum omni desiderio concurrebant, juxta formam ecclesiasticam solemniter Deo gratias munus consecrationis accepit. Quo facto prædictos schismaticos ad sinum Ecclesiæ redire monuimus, octo dierum eis terminum præfigentes, infra quem, si redire forte contempserint, a corpore se scirent Ecclesiæ præcidendos. Illis autem in sua contumacia persistentibus, excommunicationis eos vinculo innodavimus, subjicientes postmodum eidem sententiæ Ymerum quondam Tusculanum episcopum, qui, cum sensisset primo nobiscum, in sectam eorum alienamente concessit. Inter hæc autem, cum præfatus schismaticus, multis urbibus multisque oppidis circumvagatis, tertium episcopum ad consecrationem suam invenire non posset, duos episcopos, qui a sedibus suis expulsi, per Marchiam exsulabant, per suos nuntios convocavit, et ab eis quinto decimo die post consecrationem domini nostri maledictionem per benedictionem suscepit. Sane in his omnibus Otto Palatinus comes et alii imperatoris nuntii ei non deerant, sed quoscunque poterant proceres, milites et rusticos ad servitium ejus minis precibusque trahebant, et quia non multo post imperatoris litteras, ut modis omnibus ei assisterent, receperunt, tanto amplius de die in diem, manum suam in Romanam cœperunt Ecclesiam aggravare, quanto magis id placere domino suo certius cognoverunt. Deo vero Ecclesiam suam misericorditer protegente, sagittæ parmidonum [parricidarum] factæ sunt plagæ eorum, et licet et episcopos a sedibus suis ejecerint, licet omnibus ad nos venientibus laqueos insidiasque tetenderint, licet per diversas partes orbis mendacia exquisita transmiserint, defecerunt tamen, Deo gratias, scrutantes scrutationes, et veritatem occultare minime potuerunt, eadem veritate per suum organum asserente, quod facilius est favillas ore comprimere, quam luculenti operis secretum tenere. Unde intuens imperator, quod incassum laborem suum expenderet, sub obumbratione judicii suum cœpit animum occultare, et ut more aucupis dulci sibilo ad consensum suum aliquos posset attrahere, convocationem episcoporum de quinque regnis, et exspectationem et exsecutionem sententiæ simulavit.

Misit igitur ad dominum nostrum duos episcopos, scripsit ei una nobiscum tanquam cancellariis, cum jam pridem Octavianus sicut pontifici Romano scripsisset, et præcepit nobis ut sententiam super causa Ecclesiæ receptari, ad præsentiam ipsius accedere deberemus. Quid faceremus ad hoc? hinc captanda tanti principis gratia nos videbatur urgere, hinc violata libertas Ecclesiæ, ac metuendum exemplum omnibus Ecclesiis retrahebat. Elegimus tamen incidere in manus hominis quam Dei viventis, et responsum nostrum ita duximus temperandum, ut nec libertas Ecclesiæ læderetur, nec ipse per culpam nostram in suo remaneret errore. Dictum est etiam, et verum fuit, quod quidquid dissensionis per Octavianum emerserat, de ipsius habuerat favore progressum. Unde cum ad præsentiam ejus de fratribus nostris destinare vellemus, qui super facto ita eum instruerent, ut per ignorantiam facti in sinistram partem declinare non posset, et tunc, si forte penes eum aut Ecclesiam Dei de facto nostro ulla dubitatio remaneret, quod tamen enucleato facto impossibile videbatur, libenter Romam, juxta canonicam normam, de diversis partibus orbis personas ecclesiasticas vocaremus, ad eorum consilium, si circa factum nostrum corrigendum aliquid videretur, pro impio animo correcturi. Noluerunt, qui missi fuerant, responsum nostrum accipere, sed, sicut edocti venerant, municipia et obsides petierunt, per quæ de servanda sententia recursus fieret imperatori, et cum nos ad hoc præcipitari non possent, recedentes a nobis nulla reverentia domino nostro exhibita, præfati schismatici præsentiam adierunt, et prosternentes se ad pedes ipsius, imperiales ei litteras obtulerunt, in quibus eum Romanum pontificem nominabant, et in præcipitationem suæ sententiæ favorem suum et auxilium promittebant. Nos autem, licet tam manifeste jam præcipitasset ipse sententiam, ne tamen alicujus videremus arrogantiæ arguendi, tres de fratribus nostris per diversa maris terræque pericula Januam misimus, ut ad imperatorem, si securitatem habere possent, euntes coram eo et omnibus qui adessent, causam aperirent Ecclesiæ, atque ad viam rectam cum Dei adjutorio revocarent. Dum vero securitatem habere non possent, excutientes pulverem de pedibus suis, non invento illo pacis, ad partes alias migraverunt, et, ne prorsus abessent, qui veritatem ei et causæ meritum aperirent, et ne post tempus iniquitati ejus excusationis locus aliquis remaneret, adfuit Papiæ, et obsistere voluit præcipitiæ ejus venerabilis frater Wilhelmus Sancti Petri ad Vincula presbyter cardinalis. Ille autem in modum aspidis surdæ et obturantis aures suas (*Psal.* LVII) noluit intelligere, ut bene ageret (*Psal.* XXXV), sed, ut ait propheta, cor suum posuit ut adamantem, ne audiret legem et verba quæ misit ei Deus a Spiritu sancto (*Zach.* VII). Quocirca, congregatis in sanctuarium Dei aliquantis, ad exemplum Nabuchodonosor regis de statuæ deauratæ cœpit erectione tractare. Ubi cum episcopi de ore ipsorum schismaticorum electionis ordinem audivissent, electionem domini nostri submissa voce canonicam judicantes, et maledicta in illos plurime congerentes, unus post unum inventis occasionibus de ecclesia exire cœperunt. Quod imperator aspiciens, claudi jussit portas ecclesiæ, atque paucos, qui remanserant, nec plures, ut dicitis, Italicos quam sex aut septem, extrema discrimina eis et Ecclesiarum suarum destructiones intentans, ad inclinandum statuæ quam erexerat, cohortavit. Dominus itaque noster iniquitatem ipsius imperatoris, qui tam tyrannice sacrosanctam Romanam Ecclesiam conculcare molitus est, non videns diutius esse ferendam, de communi consilio nostro et aliorum plurium eum cum abominationis idolo, quod erexit, in Cœna Domini excommunicationis vinculo innodavit, et a corpore Christi, quod est Ecclesia, multis suis meritis exigentibus reddidit alienum. Hac de domini nostri electione, de intentione prædicti schismatici, de violentia et fraude imperatoris sub quadam brevitate tractatus transcurrimus, et, ne tædium legentibus faceremus, de pecunia, quam idem schismaticis senatoribus erogavit, qualiter postmodum a substitutis senatoribus est oblata, et conclamantibus omnibus et blasphemantibus, pecunia Simoniaca publice in capitolium deportata, et qualiter de communi voce populi muri urbis exinde reperiantur, et de multis aliis quæ idem schismaticus abominanda commisit, supersedimus enarrare, quoniam quæ velut in foro rerum venalium gesta sunt, nobis etiam reticentibus non poterunt vos latere. In his autem et ambitionem illius et malam superbiam cognoscentes, nec in detestatione illorum nec in obedientia domini nostri et veneratione tepidi existetis, nisi forte, si aliquis ad rescindendam tunicam Domini (quod non credimus), statuerit laborandum.

De cætero itaque, fratres in Christo charissimi, videntes dominum nostrum quasi turrem Libani respicientem contra Damascum, et habentes prophetam verum, qui supremum locum in convivio non usurpat, sed, Domino cum ad educendum populum de Ægypto dirigente, humilitate Mosaica respondit, dicens : *Non sum eloquens ab heri et nudiustertius, et ex quo locutus es ad servum tuum, impeditioris et tardioris linguæ factus sum* (*Exod.* IV), una nobiscum in conservatione paternarum traditionum et defensione unitatis ecclesiasticæ permanete, et cum communem causam agentibus immobiliter adhærete, nullum in humilitate nostra defectum penitus metuentes ; ubi Dominum nostrum Christum, et voluntatum arbitrum, et largitorem gratiæ et rigatorem plantationis suæ, videtis, cum ipsemet dicat : *Omnis qui credit in me, non confundetur* (*Rom.* IX) ; et alibi : *Qui confidit in homine, cito corruet ; qui sperat in Domino, sublevabitur* (*Prov.* XXIX). Profecto si dominum nostrum de hac vita (quod avertat Dominus !) vocari contigerit, nos incontinenti alium ad apostolatus erigeremus officium, non judicantes Ecclesiam immutatam, si de copia membrorum ipsius quatuor putridos dentes, *qui exierunt a nobis, sed non erant de nobis* (I *Joan.* II), superbiæ ventus excussit, Si vero alter duorum in secta illa deficeret, omnis quassatio incontinenti cessaret. Quocirca de illius ariditate certissimi, eam spem de domino nostro incunctanter habete, quam sacra Scriptura de talibus monet haberi, dicens : *Beatus homo qui confidit in Domino, et erit Dominus fiducia ejus* (*Jer.* XVII). Et erit tanquam lignum quod transplantatur secus aquas (*Psal.* I), quod ad humorem mittit radices suas, et non timebit, cum venerit æstus. De illo autem id tenete quod a Domino dicitur : *Omnis plantatio, quam non plantavit Pater meus cœlestis, eradicabitur* (*Matth.* XV).

NOTITIA DIPLOMATICA

In epistolas et privilegia Alexandri III Romani pontificis.

(Phil. JAFFÉ, *Regesta Rom. pont.*, p. 677.)

In Alexandri III bullis plerumque comparent Florentini Incarnationis anni, nonnunquam vulgares. Indictiones solent Cæsareæ inesse, quanquam Pontificiæ quoque leguntur aliquoties.
Sententia addita hæc est : VIAS TUAS, DOMINE, DEMONSTRA MIHI.
Testes subscripserunt :

Ep.					
Albanensis	Galterius	a 15 Oct.	1159	ad 6 Aug.	1177
	Henricus	a 4 Mai.	1179	ad 8 Dec.	1179
Ostiensis	Hubaldus	a 15 Oct.	1159	ad 13 Mai.	1181
Portuensis et S. Rufinæ	Bernardus	a 15 Oct.	1159	ad 22 Jun.	1176
	Guilielmus	a 31 Dec.	1176	ad 5 Oct.	1177
	Theodinus	a 4 Mai.	1179	ad 13 Mai.	1181
Prænestinus	Julius	a 26 Febr.	1161	ad 30 Sept.	1161
	Manfredus	a 29 Dec.	1176	ad 5 Oct.	1177
	Berneredus	a 4 Mai.	1179	ad 11 Jul.	1180
	Paulus	a 13 Jan.	1181	ad 22 Jul.	1181

ALEXANDRI III PAPÆ

Ep.	Sabinensis		Gregorius.	a 9 Apr. 1161	ad 20 Sept.	1162
	Moguntius archiepisc. Sabinensis episcopus		Conradus.	a 18 Mart. 1166	ad 6 Aug.	1177
	Salzburgensis ecclesiæ minister et Sabinensis episcopus		Conradus.	a 10 Aug. 1177	ad 8 Apr.	1179
	Tusculanus.		Hugo.	a 18 Mart. 1166	ad 8 Apr.	1167
			Oddo.	a 25 Dec. 1170	ad 9 Apr.	1171
			Petrus.	a 4 Mai. 1179	ad 27 Jul.	1179
Pr. card. tit.	S. Anastasiæ.		Joannes.	a 15 Oct. 1159	ad 21 Jun.	1179
» » »	basilicæ xii Apostolorum.		Ildebrandus.	a 7 Nov. 1159	ad 26 Aug.	1177
» » »	S. Cæciliæ.		Manfredus.	a 28 Sept 1173	ad 31 Dec.	1176
			Cinthius.	a 1 Oct. 1178	ad 13 Mai.	1181
» » »	S. Chrysogoni.		Bonadies.	d. 19 Febr. 1160.		
			Petrus.	d. 26 Oct. 1173	ad 25 Apr.	1179
» » »	S. Clementis.		Hugo.	a 21 Dec. 1178	ad 13 Mai.	1181
» » »	S. Crucis in Jerusalem.		Hubaldus.	a 15 Oct. 1159	ad 9 Sept.	1170
			Arduinus.	a 1 Oct. 1178	ad 22 Jul.	1181
» » »	SS. Joannis et Pauli tit. Pamachii		Joannes.	a 7 Nov. 1159	ad 27 Mart.	1181
» » »	S. Laurentii in Damaso.		Petrus.	a 11 Nov. 1166	ad 17 Jul.	1174
» » »	S. Laurenti in Lucina.		Albertus.	a 15 Oct. 1159	ad 7 Febr.	1178
» » »	S. Marcelli.		Matthæus.	a 17 Jan. 1179	ad 13 Mai.	1181
» » »	S. Marci.		Joannes.	a 8 Febr. 1168	ad 13 Mai.	1181
» » »	S. Mariæ trans Tiberim tit. Calixti		Laborans.	a 26 Febr. 1180	ad 22 Jul.	1181
» » »	SS. Nerei et Achillei.		Henricus.	a 8 Jul. 1162	ad 8 Apr.	1167
» » »	S. Petri ad Vincula.		Guillelmus.	a 22 Mai. 1162	ad 28 Nov.	1176
» » »	S. Priscæ.		Astaldus.	a 15 Oct. 1159	ad 26 Febr.	1161
» » »	S. Pudentianæ tit. Pastoris.		Boso.	a 18 Mart. 1166	ad 19 Mai.	1178
» » »	S. Sabinæ et archiepiscopus Mediolanensis.		Galdinus.	a 11 Nov. 1166	ad 5 Jan.	1167
	Remensis archiepisc. tit. S. Sabinæ card.		Willelmus.	a 8 Apr. 1179	ad 10 Apr.	1179
» » »	S. Stephani in Celio Monte.		Vivianus.	a 22 Nov. 1175	ad 17 Jul.	1181
» » »	S. Susannæ.		Petrus.	a 28 Sept. 1173	ad 22 Jul.	1181
» » »	S. Vitalis tit. Vestinæ.		Theodinus.	a 4 Mai. 1166	ad 25 Apr.	1179
Diac. card.	S. Adriani.		Cinthius.	a 9 Apr. 1161	ad 6 Sept.	1178
			Rainerius.	a 2 Nov. 1178	ad 12 Apr.	1181
» »	S. Angeli.		Hugo.	a 4 Jul. 1173	ad 30 Apr.	1178
			Joannes.	a 30 Oct. 1178	ad 22 Jul.	1181
» »	SS. Cosmæ et Damiani.		Boso.	a 15 Oct. 1159	ad 21 Jul.	1165
			Gratianus.	a 1 Oct. 1178	ad 13 Mai.	1181
» »	S. Eustachii juxta templum Agrippæ.		Petrus.	a 26 Febr. 1161	ad 27 Jul.	1165
			Hugo.	a 18 Mart. 1166	ad 8 Oct.	1177
» »	S. Georgii ad Velum Aureum.		Oddo.	a 15 Oct. 1159	ad 30 Sept.	1161
			Manfredus.	a 10 Mart. 1163	ad 4 Jul.	1173
			Rainerius.	a 14 Jan. 1173	ad 13 Mai	1181
» »	S. Mariæ in Aquiro.		Milo (Guido?).	d. 19 Febr. 1160		
			Petrus (de Bono).	a 18 Mart. 1166	ad 4 Jul.	1173
» »	S. Mariæ in Cosmydin.		Jacinthus.	a 7 Nov. 1159	ad 22 Jul.	1181
» »	S. Mariæ in Porticu.		Joannes.	a 26 Febr. 1161	ad 23 Jul.	1165
			Laborans.	a 4 Dec. 1173	ad 27 Jul.	1179
» »	S. Mariæ in Via Lata.		Raimundus.	a 22 Mai. 1162	ad 27 Jul.	1165
			Arduinus.	d. 6 Sept. 1178		
» »	S. Mariæ Novæ.		Jeronymus.	a 4 Mai. 1166	ad 8 Apr.	1167
			Matthæus.	a 24 Oct. 1178	ad 22 Jul.	1181
» » -	S. Nicolai in Carcere Tulliano.		Odo.	a 15 Oct. 1159	ad 1 Mart.	1174
			Vivianus.	a 25 Mai. 1175	ad 5 Jul.	1175
			Bernardus.	a 30 Oct. 1178	ad 27 Jul.	1179
» »	SS. Sergii et Bacchi.		Vitellus.	a 18 Mart. 1166	ad 5 Jul.	1175
			Paulus.	a 18 Oct. 1179	ad 22 Febr.	1180
» »	S. Theodori.		Ardicio.	a 15 Oct. 1159	ad 21 Mart.	1181

Datæ bullæ sunt p. m.

Hermanni S. R. E. subdiaconi et notarii	a 15 Oct. 1159	ad 5 Aug.	1165
Theodori (Theodini) S. R. E. subdiaconi et notarii	d. 5 et 16 Nov. 1162		
Hermanni diac. card. S. Angeli	d. 18 Mart. 1166.		
Hermanni tit. S. Susannæ presb. card.	a 8 Apr. 1166	ad 4 Mai.	1166
Gerardi S. R. E. notarii scriptoris.	a 11 Nov. 1166	ad 2 Mart.	1168
	et a 16 Mai. 1169	ad 11 Nov.	1169
Gratiani S. R. E. subdiaconi et notarii.	a 21 Mart. 1168	ad 28 Apr.	1169
	et a 10 Jan. 1170	ad 7 Febr.	1178
Alberti S. R. E. presb. card. et cancellarii.	a 22 Febr. 1178	ad 22 Jul.	1181
Dayferi [Dauferii] S. R. E. subdiaconi d. 24 Oct. 1179, 14 Apr. 1180, 13 Jan. 1181.			

ALEXANDRI III

PONTIFICIS ROMANI

EPISTOLÆ ET PRIVILEGIA

ORDINE CHRONOLOGICO DIGESTA.

(Anno 1159-1181.)

De libris adhibitis vide *Patrologiæ* tom. CLXXIX, initio.

ANNO 1159.

I.

Ad [Syrum] Januensem archiepiscopum ejusque suffraganeos. — De electione sua.
(Terracinæ, Sept. 26.)

[CAFFARI, Annal. Gen., ap. MURATORI Script. Ital., VI, 272.]

ALEXANDER episcopus, servus servorum Dei, venerabilibus fratribus, scilicet JANUENSI archiepiscopo ejusque suffraganeis, salutem et apostolicam benedictionem.

Æterna et incommutabilis providentia Conditoris sanctam et immaculatam Ecclesiam a suæ fundationis exordio ea ratione voluit et ordine gubernari, ut unus ei pastor et institutor existeret, cui universarum Ecclesiarum prælati absque repugnantia subjaceant, et membra tanquam suo capiti adhærentia se quadam mirabili unitate conjugerent, et ab ipso nullatenus dissiderent. Qui vero apostolis suis pro eorum fidei firmitate promisit, dicens : *Ecce ergo vobiscum sum usque ad consummationem sæculi* (*Matth.* XXVIII), ille procul dubio Ecclesiam suam, cujus ipsi apostoli magisterium assumpserunt, sua promissione fraudari nullo modo patietur, sed eam in suo statu et ordine, licet ad instar naviculæ Petri fluctuare aliquando videatur, perpetuo faciet permanere. Unde et quamvis hoc tempore tres falsi fratres, qui a nobis exierunt, sed non fuerunt de nobis, transfigurantes se in angelos lucis, cum sint Satanæ, inconsutilem Christi tunicam, quam utique ipse idem ex persona Psalmographi, a leonibus peti, et a framea eripi, et de manu canis orat ac postulat liberari, scindere et laniare laborent ; Christus tamen auctor et caput Ecclesiæ eam veluti unicam sponsam suam provida gubernatione tuetur, et navem egregii Piscatoris, licet sæpe et sæpius quatiatur a fluctibus, non permittet naufragium sustinere.

Porro cum antecessor noster bonæ memoriæ Adrianus papa Kalend. Septembris, dum esset Anagniæ, debitum naturæ solvisset, et de terris ad cœlum, de imis migrasset, vocante Domino, ad superna, eo Romam deducto, et pridie Nonas Septembris in ecclesia B. Petri, præsentibus fere omnibus fratribus satis honorifice, sicut moris est, tumulato, cœperunt fratres, et nos cum eis, secundum Ecclesiæ consuetudinem, de substituendo pontifice in eadem ecclesia studiosius cogitare ; et tribus diebus inter se de ipsa electione tractantes, tandem in personam nostram insufficientem huic oneri, et tantæ dignitatis fastigio minime congruentem, omnes fratres, quotquot fuerunt, tribus tantum exceptis, Octaviano scilicet, Joanne de Sancto Martino, et Guidone Cremense (Deo teste, quia mendacium non fingimus, sed meram, sicut est, loquimur veritatem), concorditer atque unanimiter convenerunt, et nos, assentiente clero et populo, in Romanum pontificem elegerunt.

Duo vero, videlicet Joannes et Guido Cremensis, quos prænotavimus, tertium Octavianum in tantam audaciam vesaniamque præruperunt, quod mantum, quo nos renitentes et reluctantes, quia nostram insufficientiam videbamus, juxta morem Ecclesiæ prior diaconorum induerat, tanquam arreptivum a collo nostro propriis manibus violenter excussit, et secum inter tumultuosos strepitus vel fremitus asportavit. Cæterum cum quidam de senatoribus tantum facinus inspexissent, unus ex eis spiritu divino successus mantum ipsum de manu eripuit sævientis. Ipse vero ad quemdam capellanum suum, qui ad hoc instructus venerat et paratus, illico flammeos oculos fremebundus inflexit, clamans et concrepans, ut mantum, quem secum portaverat, festinanter afferret. Quo utique sine mora delato, idem Octavianus, abstracto pileo, et capite inclinato, cunctis fratribus aut loco inde aut voluntate remotis, mantum per manus ejusdem capellani et cujusdam alterius clerici sui ambitiosius assumpsit, et ipse idem, quia non erat aliquis in hoc opere, capellano et clerico exstitit coadjutor. Verum ex divino judicio credimus contigisse quod ea pars manti, quæ tegere anteriora debuerat, multis videntibus et ridentibus, posteriora tegebat, et sicuti tortæ mentis erat, et intentionis obliquæ, ita ex transverso et obliquo mantum fuit in testimonium suæ damnationis indutum. Quo facto portæ ecclesiæ, quæ firmatæ erant, reserantur, et armatorum cunei, quos, sicut ex re apparuit, pecuniæ largitione conduxerat, cucurrerunt, et pestis illa mortifera, quia cardinales et episcopos non habebat, armatorum caterva militum vallabatur. Considerate itaque, fratres in Christo venerabiles, tam piaculare flagitium, tam exsecrabile sacrilegium diligenter attendite, et videte si est dolor sicut dolor iste, et si ab exordio nascentis Ecclesiæ tanta vesania unquam fuerit a quolibet schismatico, vel hæretico attentata.

Fratres vero tam immensum facinus et a sæculis inauditum ex insperato videntes, et formidantes, ne a conductitiis militibus truncarentur, sese in munitione ecclesiæ nobiscum pariter receperunt; ibique novem diebus continuis, ne inde exiremus, fecit nos quorumdam senatorum assensu, quos pecunia oblata corruperat, die noctuque armata manu cum omni diligentia custodiri. Sane populo incessante et jugiter acclamante, et in senatores pro tanta impietate multa immanitate fremente, fuimus de custodia illius munitionis erepti; sed in arctiori et tutiori loco trans Tiberim nos iidem senatores, recepta inde pecunia, posuerunt.

Cumque moram ibi ferme per triduum fecissemus, universo populo tantam proditionem atque malitiam de cætero nullatenus sustinente, senatores cum nobilibus et populo venientes nos et fratres nostros per Urbem magnifice et honorifice cum immensis laudibus et præconiis, campanis etiam in transitu nostro ubique pulsantibus, conduxerunt. Et sic tandem a violentia persecutionis erepti, et nostræ redditi libertati, sequenti die Dominico venerabilibus fratribus nostris G. Sabinensi, Hub. Ostiensi, S. Portuensi, G. Albanensi, I. Signino, et B. Terracinensi episcopis, cardinalibus quoque, et abbatibus, prioribus, judicibus, advocatis, scriniariis, primicerio, et scholæ cantorum, nobilibus etiam ex quadam parte, populo Urbis apud Nympham non longe ab Urbe insimul congregatis, munus consecrationis accepimus, et, sicut in Romana Ecclesia consuetudinis est, ibidem pontificali regno magnifice fuimus ac solemniter coronati.

Cæterum prædictus Octavianus, cum pro consecratione, imo exsecratione sua, dum et in Urbe esset, et postquam latenter exivit Urbem, multos episcopos convocasset, nullum præter unum fere inter tantos habere potuit pro sua temeritate et vesania confirmanda. Quosdam tamen episcopos imperialibus minis, quosdam violentia laicali, quosdam vero pecuniis et blanditiis allicere voluit, sed nihil Domino impediente profecit. Unde nec adhuc invenire potest, licet modis omnibus enitatur, qui ei manus exsecrationis imponat, et se tantæ faciat præsumptionis auctorem et impietatis. Verum memorati Joannes et Guido, cæcitatis tenebris obvoluti, quoniam scriptum est: *Peccator cum venerit in profundum vitiorum, contemnet* (Prov. XVIII), nec sic a sua præsumptione damnabili resipiscunt, sed eumdem Octavianum, quem sibi in statuam erexerunt, obstinata perfidia venerantur, et cum relicta unitate Ecclesiæ præsumunt usque adhuc tanquam idolum aut simulacrum adorare. Ipse autem Antichristi tempora præfigurans, usque adeo erectus est supra se, ut etiam in templo descenderit tanquam sit Deus ostendens se; et multi abominationem desolationis stantem in loco sancto non sine multa lacrymarum effusione corporeis oculis inspexerunt.

Sane nos infirmitatem nostram et virtutum indigentiam cognoscentes, nostrum in Deo cogitatum jactamus, sperantes et de Christi misericordia plenius confidentes quod Ecclesiam suam sanctam, pro qua ipse idem in substantia nostræ mortalitatis apparuit, et eam sibi non habentem rugam, nec maculam exhibet, optata faciet tranquillitate lætari, et procellarum omnium inundatione sedata, nihil erit, quod ei jam possit obsistere, ubi unicus Sponsus ejus voluerit nubilosa quæque et noxia propulsare. Nunc igitur quia nos de nostrorum meritorum qualitate diffidimus, et de honestate ac religione vestra plenam fiduciam obtinemus, vestris ac universalis Ecclesiæ precibus infirmitatem nostram petimus adjuvari, charitatem vestram per apostolica scripta rogantes et commonentes attentius, ut sicuti viri catholici vos pro domo Domini muros inexpugnabiles ponatis, et in devotione et fidelitate maneatis vestræ sanctæ Romanæ Ecclesiæ immobiliter persistentes, ab ejus unitate nullatenus recedatis. Quod si præfatus vir impietatis ad partes vestras aliqua damnationis suæ scripta transmiserit, ea sicut respuenda sunt respuatis, et tanquam vana atque sacrilega contemnere et abjicere studeatis.

Noverit insuper discretio vestra quod nos in die consecrationis nostræ ipsi Octaviano, et jam dictis fautoribus ejus, terminum indulsimus in octo dies ad sinum et unitatem matris Ecclesiæ redeundi; quod si adimplere distulerint, ex tunc tam eos quam omnes complices et coadjutores ipsorum auctoritate beati Petri ac nostra non differemus vinculo excommunicationis astringere, et eos a Christi corpore, quod est Ecclesia, sequestrare.

Data Terracinæ VI Kal. Octobris 1159

II.

Ad Gerardum episcopum, canonicos et legis doctores cæterosque magistros Bononiæ commorantes. — Ejusdem argumenti.

(Terracinæ, Oct. 5.)

[Mansi, *Concil.* XXI, 868.]

Æterna et incommutabilis, etc., *ut in epistola præcedenti.*

III.

Ad Eberhardum Saltzburgensem archiepiscopum. — Ejusdem argumenti.

(Terracinæ, Octobr. ?.)

[Harzheim, *Conc. Germ.*, III, 378.]

Æterna et incommutabilis, etc., *ut in epistola* 1, *usque ad :* Noverit insuper discretio vestra quod nos supradictum Octavianum apostatam et schismaticum, in octavo die a consecratione nostra (hunc enim ei terminum resipiscendi et ad unitatem matris Ecclesiæ redeundi, præfiximus), tanquam inobedientem et contumacem, et illos, qui ei manus præsumpserint, non dico consecrationis, sed exsecrationis, imponere, de communi fratrum nostrorum, et episcoporum, et cardinalium voluntate et consilio, accensis candelis, et cœtu clericorum in ecclesia congregato, vinculo anathematis, et excommunicationis astrinximus, et eos cum suo auctore diabolo condemnavimus, duos vero jam dictos fautores ejus, videlicet Ivonem de Sto Martino, et Guidonem Cremensem, et Ferentinum episcopum, qui ei præsumunt pertinaciter adhærere, aliosque complices, et principales coadjutores ejus, et omnes qui scienter eis communicaverint, eidem excommunicationi et condemnationi decrevimus subjacere.

IV.

Ecclesiæ S. Sepulcri Hierosolymitanæ protectionem suscipit possessionesque ac privilegia confirmat.

(Terracinæ, Oct. 15.)

[Eug. de Rozière, *Cartulaire du Saint-Sépulcre*, p. 68.]

In nomine Patris et Filii et Spiritus sancti, amen.

Alexander episcopus, servus servorum Dei, dilectis filiis Arnaldo, priori ecclesiæ Sancti Sepulcri, ejusque fratribus, tam præsentibus quam futuris, regularem vitam professis in perpetuum.

Effectum justa postulantibus indulgere et vigor æquitatis et ordo exigit rationis, præsertim quando petentium voluntatem et pietas adjuvat et veritas non relinquit. Eapropter, dilecti in Domino filii, vestris justis postulationibus clementer annuimus, et prædecessorum nostrorum felicis memoriæ, Honorii, Innocentii, Cælestini, Lucii et Eugenii, Romanorum pontificum, vestigiis inhærentes, præfatam ecclesiam Sancti Sepulcri, in qua divino mancipati estis obsequio, sub beati Petri et nostra protectione suscipimus, et præsentis scripti privilegio communimus, statuentes ut quæcunque possessiones et bona per authentica venerabilium fratrum nostrorum patriarcharum Hierosolymitanæ Ecclesiæ scripta rationabiliter vobis firmata sunt, sive quidquid eadem ecclesia inpræsentiarum juste et canonice possidet, aut in futurum concessione pontificum, liberalitate regum, largitione principum, oblatione fidelium seu aliis justis modis, præstante Domino, poterit adipisci, firma vobis vestrisque successoribus et illibata permaneant. In quibus hæc propriis duximus exprimenda vocabulis; medietatem videlicet cunctarum oblationum, quæ ad sepulcrum Domini offeruntur; oblationes crucis, excepto tantum die sancti Parasceve, et cum patriarcha eam secum pro aliqua necessitate detulerit; decimas Hierosolymitanæ civitatis et locorum circumadjacentium, exceptis decimis fundæ; ecclesiam Sancti Petri in Joppem cum honoris et dignitatis suæ integritate. Adjicimus etiam ut nulli omnino hominum liceat vitæ canonicæ ordinem, quem professi estis, in vestra ecclesia commutare. Præterea si ab aliquo vos senseritis prægravari, ad sedem apostolicam libere vobis liceat appellare. Statuimus quoque ut tam tu, Arnalde prior, quam successores tui, qui pro tempore fuerint, de possessionibus et bonis, quæ propriæ vestri juris sunt, communicato fratrum vestrorum consilio, ad honorem Dei et ecclesiæ vestræ profectum disponendi habeatis liberam facultatem. Decernimus ergo ut nulli omnino hominum liceat præfatam ecclesiam temere perturbare, aut ejus possessiones auferre vel ablatas retinere, minuere, aut aliquibus vexationibus fatigare; sed omnia integra conserventur eorum, pro quorum gubernatione ac sustentatione concessa sunt, usibus omnimodis profutura, salva in omnibus apostolicæ sedis auctoritate et patriarchæ Hierosolymitani canonica justitia et reverentia. Si qua igitur in futurum ecclesiastica sæcularisve persona, hanc nostræ constitutionis paginam sciens, contra eam temere venire tentaverit, si [se]cundo tertiove commonita satisfactione congrua non emendaverit, potestatis honorisque sui dignitate careat, reamque se divino judicio existere de perpetrata iniquitate cognoscat, et a sacratissimo corpore ac sanguine Dei et Domini Redemptoris nostri Jesu Christi aliena fiat, atque in extremo examine districte subjaceat ultioni; cunctis eidem loco sua jura servantibus sit pax Domini nostri Jesu Christi, quatenus et hic fructum bonæ actionis percipiant, et apud districtum Judicem præmia æternæ pacis inveniant. Amen.

Alexander papa III.

Ego Hubaldus, presbyter cardinalis tituli Sanctæ Crucis in Jerusalem.

Ego Astaldus, presbyter cardinalis tituli Sanctæ Priscæ.

Ego Joannes, presbyter cardinalis tituli Sanctæ Anastasiæ.

Ego Albertus, presbyter cardinalis tituli Sancti Laurentii in Lucina.

Ego Hubaldus, Hostiensis episcopus.

Ego Bernardus, Portuensis episcopus.

Ego Galterius, Albanensis episcopus.

Ego Oddo, diaconus cardinalis Sancti Georgii ad Velum Aureum.

Ego Odo, diaconus Sancti Nicolai in Carcere Tullii et cardinalis.

Ego Ardicio, Sancti Theodori diaconus cardinalis.

Ego Boso, diaconus cardinalis Sanctorum Cosmæ et Damiani.

Data Terracinæ, per manum Hermanni, sanctæ Romanæ Ecclesiæ subdiaconi et notarii, Idibus Octobris, indictione VIII, Incarnationis Dominicæ anno 1159, pontificatus vero domni Alexandri papæ III anno primo.

V.

Monasterio Casinensi, quod primum totius Italiæ declarat, bona ac libertates omnes confirmat, novaque concedit privilegia.

(Apud Nimpham, Nov. 7.)

[GATTULA, *Hist. Casin.*, 338, ex originali.]

ALEXANDER episcopus, servus servorum Dei, dilecto filio RAINALDO abbati venerabilis monasterii Casinensis B. Benedicti, ejusque successoribus regulariter substituendis, in perpetuum.

Licet omnium Ecclesiarum cura et sollicitudo ex injuncto nobis a Deo apostolatus officio sollicitudini nostræ immineat; illi tamen, quæ specialius ac familiarius ad Romani pontificis ordinationem spectare noscuntur, ampliari nos convenit charitatis studio imminere. Eapropter, dilecte in Domino fili Raynalde abbas, tuis justis postulationibus gratum impertientes assensum, præfatum beati Benedicti monasterium, cui Deo auctore præesse dignosceris, ad exemplar prædecessorum nostrorum felicis memoriæ Calixti et Anastasii, Romanorum pontificum, sub B. Petri, et nostra protectione suscipimus, et præsentis scripti privilegio communimus, statuentes ut quascunque possessiones, quæcunque bona eadem Ecclesia inpræsentiarum juste et canonice possidet, aut in futurum concessione pontificum, largitione regum, liberalitate principum, oblatione fidelium seu aliis justis modis, cooperante Domino, poterit adipisci, firma tibi tuisque successoribus et illibata permaneant.

In quibus hæc propriis duximus exprimenda vocabulis: imprimis monasterium Domini Salvatoris positum ad pedem Casini montis; monasterium sanctæ Dei genitricis virginis Mariæ, quod vocatur Plumbarola, monasterium S. Mariæ in Cincla, cellam S. Benedicti in Capua cum pertinentiis suis; S. Angeli ad Formas, S. Joannis puellarum, S. Rufi, S. Benedicti Pizuli, S. Angeli ad Odaliscos, S. Agathæ in Aversa, S. Ceciliæ et S. Demetrii in Neapolim, S. Benedicti ad portam Rufini, S. Nicolai in Civitatenova, S. Benedicti in Pantano, S. Benedicti in Petra-polecina, S. Georgii in Fenucleo, S. Joannis in Turlecoso, S. Petri in Rossano, S. Angeli in Capraria, S. Januarii et S. Martini prope beneventum, S. Dionysii in Ponte, et S. Anastasii, A S. Mariæ in Coneto juxta fluvium Trinium, S. Benedicti et S. Laurentii in Salerno, S. Liberatoris in Marchia cum omnibus pertinentiis suis, S. Benedicti in Marsia, S. Mariæ in Luco, S. Cosmatis in Civitella, S. Angeli in Barregio cum omnibus pertinentiis suis, S. Mariæ ancillarum Dei in civitate Cosentia, S. Mariæ in Banza, S. Petri de Lacu, S. Petri de Ovellano, S. Erasmi, S. Benedicti et S. Scholasticæ in Cajeta, S. Magni in Fundis, S. Stephani, S. Benedicti et S. Agathæ in Terracina, S. Petri et S. Pauli in Foresta, S. Mariæ in Pontecorvo, S. Angeli, S. Nicandri et S. Thomæ in Troja, S. Eustasii in Pantania, S. Benedicti in Aloriano, S. Benedicti in Pectinari, S. Mariæ in Casaleplano, S. Illuminatæ in Castello Linuaano, S. Trinitatis et S. Georgii in Termule, S. Focatis in Letina cum fauce et piscaria, S. Benedicti in Asculo, S. Eustasii in Petra abundanti, S. Eustasii in Vipera, S. Mariæ in Barretano, S. Scholasticæ in Pinne, S. Salvatoris in Tave, S. Nicolai juxta fluvium Trutinum in Aprutium cum pertinentiis suis, S. Joannis ad Scursonem, S. Benedicti in Trunto, S. Benedicti in Tisino fluvio, S. Apollinaris in Firmo quod dicitur ad Oplaniis, S. Mariæ in Arbosela, S. Martini in Saline, S. Angeli in Marano et SS. Septem Fratrum, et S. Laurentii, S. Benedicti in Ripaursa. In comitatu Aquinensi cellam Sancti Gregorii, S. Mauritii, S. Pauli, S. Constantii, S. Christophori, S. Nicolai, S. Mariæ in Albaneta, S. Nicolai in Ciconia, S. Benedicti in Chia, S. Nazarii in Comino, S. Valentini, S. Martini, S. Urbani, S. Angeli, S. Pauli, S. Felicis, S. Salvatoris, S. Angeli Vallislucis, S. Michaelis in Oliveto, S. Nicolai in Pica, S. Angeli in Cannuca, S. Mariæ in Verulis, S. Petri in Escleto, S. Luciæ et S. Petri in Curuli, S. Sylvestri, S. Martini et S. Luciæ in Erpino, S. Mariæ de Castello Zupponis, S. Martini in pede Arcis, S. Benedicti in colle de Insula, S. Mariæ in Bavuco, S. Nicolai in Turrice, S. Juliani in Frusilone, S. Cæsarii in Anagnia, S. Germani in Saza, S. Benedicti in Paschesano, S. Petri in Morinis, S. Angeli in Peschocanali, S. Patris in Formis, S. Angeli in Albe, S. Erasmi in Pomperano, S. Mariæ in Cellis, S. Pastoris in civitate Tyburtina, in Venafro, S. Benedicti, S. Nazarii, S. Martini in ipsa Furca, curtem S. Mariæ et S. Benedicti Pizoli, in Calvo Sala, S. Benedicti in Cesima, S. Benedicti in Sena, et S. Leonis, curtem quæ dicitur Lauriana, S. Benedicti in Teano cum pertinentiis suis, S. Mariæ in Calvo, S. Nazarii in Anglena, S. Adjutoris et S. Benedicti in Alifa, S. Domni in Telesia, S. Martini in Vulturno, in Ancalfi, S. Crucis et S. Nicolai, S. Crucis in Sernia, S. Marci in Carpenone, S. Valentini in Ferentino, S. Angeli in Algido, S. Marci in Ceccano, S. Agathæ in Tusculano, S. Jerusalem, S. Benedicti in Albano; in Roma monasterium S. Sebastiani in Pallidio, in Luca cellam S. Georgii, in territorio Pilanæ civitatis S. Sylvestri et S. Salvatoris in Civitella; in ducato Spoletano S. Mariæ in Calena, S. Benedicti in Trani, S. Benedicti in Caro, S. Petri imperialis in Tarento, in Calabria cellam Anastasiæ, S. Mariæ in Tropæa, S. Nicolai in Sallectano, S. Euphemiæ in Marchia; in comitatu Aretino, monasterium S. Benedicti, et S. Benedicti in Crema, in Sardiniæ insula ecclesiam S. Mariæ in Tergo, S. Eliæ in Montesancto, et S. Elisei cum omnibus earum pertinentiis, S. Mariæ in Sabucco S. Mariæ de Toralbo, S. Mariæ de Toncele, S. Petri de Trecingle, S. Nicolai et S. Mariæ in Sallo cum pertinentiis earum, S. Nicolai de Talasa, S. Michaelis in Ferrucisi, S. Georgii in Ticillo, S. Petri in Sinebrano, S. Petri in Nurchi, S. Nicolai de Nugulbi et S. Joannis, S. Eliæ de Sitini, S. Mariæ de Fluminetepido, in civitate Cosentio S. Petri in Buda, S. Martini juxta fluvium Arinini, S. Columboni, S. Nicolai in Guatanelli, S. Luciæ cum insula Viti; in Palentino S. Mariæ in Cellis, S. Joannis in Vouaze, S. Joannis in Via Romana, S. Joannis de Actangone, S. Petri in Pereto, in Capitanata medietatem castri Serræ, S. Lucæ in monte Gargani, pascua de Mateze, in Firmo S. Bartholomæi in campo. Fullonis, in Tude, S. Magni, in Quatrelli, S. Angeli in Galla, in territorio Andegavensi, S. Mauri in Glannafolio cum cellis, villis et omnibus pertinentiis suis, in Dalmatia S. Mariæ juxta civitatem Ragusam cum portu suo, S. Nicolai in Sansacu prope Spalatrum, in Hispania S. Benedicti in Tarracone, S. Benedicti in Coadgrane, juxta civitatem Logronium, item civitatem quæ dicitur S. Germani positam ad pedem Casinimontis, castellum S. Petri quod ab antiquis dictum est Castrum Casini, castellum S. Angeli, Plumbarolam, Pignatariam Pedemontis juncturam; castrum S. Ambrosii, S. Apollinaris, S. Georgii, vallem frigidam S. Andreæ, Vantram monasticum, Vantram comitalem, S. Stephani teramum, Fracte, Castrumnuovum, Mortulam cum curte quæ dicitur Casa-Fortini, Cucuruzu, Caminum, Sujum cum omnibus pertinentiis suis ex utraque parte fluminis, turrem ad mare juxta fluvium Garilianum, castrum Pontiscursi, S. Petri in Flia, Torocelum, Cervarium, S. Victoris, S. Eliæ, vallem rotundam, Saraciniscum, Cardetum, Aquamfundatam, Vitecosum, in Calabria castrum Cetrarii cum ecclesiis et omnibus pertinentiis suis, in marchia Teatina castellum Lastinianum, montem Albrici, Abacelam S. Quirici cum portu, Frisam, S. Justam. In comitatu Asculano castellum quod dicitur Octavum, et post montem Conionum Trivilianum et cavinum, in principatu castellum ripæ Ursæ, Montem-bellum, Peratramfracidam in Comino, Vicumalbum; in territorio Carseolano castellum auriculam, Piretum, Ronam in cameratam, et Fossam cæcam, in Amalphi Fundicum, in territorio Tergono castellionem de Baroncello, S. Justam, villam S. Nicolai quæ de Galliciano dicitur; in monte S. Angeli hospitale, in territorio Capuano Gualdum de Liburia, in comitatu Teanensi curtem S. Felicis cum ecclesia S. Hyppoliti.

Præterea, Patrum nostrorum vestigia subsequentes præfatum S. Benedicti monasterium cæteris per Occidentem cœnobiis præferendum asserimus, et tam te quam successores tuos in omni conventu episcoporum seu principum superiores omnibus abbatibus consedere, atque in judiciis priorem cæteris sui ordinis viris sententiam proferre sancimus. Usum etiam compagarum ac chirothecæ, dalmaticæ ac mitræ, tam tibi quam successoribus tuis, in præcipuis festis et diebus Dominicis, ad missas seu in consessu concilii habendum concedimus. Sane tam in ipso venerabili monasterio quam et cellis cujuslibet ecclesiæ episcopum vel sacerdotem, præter Romanum pontificem ditionem quamlibet aut excommunicandi, aut interdicendi aut ad synodum convocandi præsumere prohibemus ita ut nisi ab abbate priore loci fuerit invitatus, nec missarum solemnia inibi audeat celebrare. Liceatque ipsius monasterii et cellarum ejus fratribus, clericis cujuscunque ordinis, seu laicos de quocunque episcopatu ad conversionem venientes, in sanitate vel in ægritudine cum rebus suis, absque episcoporum vel cujuslibet personæ contradictione suscipere, nisi tum iidem clerici seu laici a diœcesanis episcopis pro certis fuerint excommunicati criminibus. Liceat etiam absque cujuslibet sæcularis vel ecclesiasticæ potestatis inhibitione subjectis monasteriis suis tam monachos quam sanctimoniales feminas judicare. Liceat quoque fratribus per cellas in civitatibus constitutas ad divina officia celebranda, quandocunque voluerint, signa pulsare, populum Dei tam in ipsum cœnobium quam et in cellas ejus ad Dei verbum audiendum ingredi, nullus episcopus excepto pro communi totius civitatis vel parochiæ interdicto, prohibeat. Obeunte vero te nunc ejusdem loci abbate vel tuorum quolibet successorum, nullus ibi quolibet subreptionis astutia seu violentia præponatur, nisi quem fratres communi consensu, vel fratrum pars consilii sanioris, secundum Dei timorem, et beati Benedicti Regulam elegerint, a Romano pontifice consecrandum, sicut in domini prædecessoris nostri sanctæ memoriæ Leonis papæ privilegio continetur.

Ad hæc tam præsentium quam futurorum avaritiæ ac nequitiæ obviantes, omnes omnino seditiones, quas lævas dicunt, seu direptiones in cujuscunque abbatis morte aut electione fieri auctoritate apostolica interdicimus. Chrisma vero, oleum sanctum, consecrationes altarium sive basilicarum, ordinationes clericorum, a quocunque malueritis Catholico suscipiatis episcopo, baptismum autem et infirmorum visitationes per clericos vestros in oppidis vestris seu villis agetis. Ad perpetuum etiam hospitium tibi tuisque successoribus Paliadii cellam concedimus, ut de vestra illic congregatione, quem volueritis ordinetis; quem si forte Romano pontifici in abbatem promoveri placuerit, omnino tamen tanquam vestræ congregationis monachum sub vestra decernimus dispositione persistere. Reditum quoque, qui ab officialibus nostris apud Ostiam vel portum de navibus exigi solet, navi vestræ, signa eo venerit, relaxamus. Sepulturam sane loci vestri et monasteriorum vestrorum liberam omnino esse censemus, ut eorum, qui se illic sepeliri deliberaverint, devotioni et extremæ voluntati, nisi forte excommunicati vel interdicti sint, nullus obsistat. Decernimus ergo ut nulli omnino hominum liceat idem monasterium temere perturbare aut ejus possessiones auferre, vel ablatas retinere, minuere, vel temerariis vexationibus fatigare, sed omnia integra conserventur eorum pro quorum gubernatione et sustentatione concessa sunt, usibus omnimodis profutura, salva in omnibus sedis apostolicæ auctoritate.

Si qua igitur in futurum ecclesiastica sæcularisve persona hanc nostræ constitutionis paginam, sciens, contra eam temere venire tentaverit, secundo tertiove commonita, si non satisfactione congrua emendaverit, potestatis honorisque sui dignitate careat, reamque se divino judicio existere de perpetrata iniquitate cognoscat, a sacratissimo corpore ac sanguine Dei et Domini Redemptoris nostri Jesu Christi aliena fiat, atque in extremo examine districtæ ultioni subjaceat. Cunctis autem eidem loco sua jura servantibus sit pax Domini nostri Jesu Christi, quatenus et hic fructum bonæ actionis percipiant, et apud districtum Judicem præmia æternæ pacis inveniant. Amen, amen, amen.

'SANCTUS PETRUS. † SANCTUS PAULUS,
ALEXANDER PAPA III.

VIAS TUAS, DOMINE, DEMONSTRA MIHI.

Bene valete.

Ego Alexander Catholicæ Ecclesiæ episc. subsc.
Ego Ubaldus Ostiensis episc. subsc.
Ego Bernardus Portuensis episc. et S. Rufinæ subsc.
Ego Gualterius Albanensis episc. subsc.
Ego Ubaldus presb. card. tit. S. Crucis in Jerusalem subsc.
Ego Astaldus presb. card. tit. S. Priscæ subsc.
Ego Joannes presb. card. S. Joannis et Pauli tit. Pammachi subsc.
Ego Ildebrandus presb. card. basilicæ duodecim Apostolorum subsc.
Ego Joannes presb. card. tit. S. Anastasiæ subsc.
Ego Albertus presb. card. tit. S. Laurentii in Lucina subsc.
Ego Otto diac. card. S. Georgii ad Velum Aureum subsc.
Ego Iacintus diac. card. S. Mariæ in Cosmedin. subsc.
Ego Otto diac. card. S. Nicolai in Carcere Tulliano subsc.
Ego Boso diaconus cardinalis S. Cosmæ et Damiani subsc.

Datum apud Nympham per manum Hermanni sanctæ Romanæ Ecclesiæ subdiaconi et notarii, VII Idus Novembris, Incarnationis Dominicæ 1159. indictione VIII, pontificatus vero domni Alexandri III anno I.

VI.

Ad Henricum episcopum Belvacensem. — Ut, reprobata Octaviani pravitate, firmiter perseveret in sua devotione.

(Apud Nimpham, Nov. 8.)
[MARTEN. *Ampl. collect.*, II, 663.]

ALEXANDER episcopus, servus servorum Dei, venerabili fratri HENRICO, Belvacensi episcopo, salutem et apostolicam benedictionem.

Sacrosanctæ Romanæ Ecclesiæ matri tuæ, et his qui in ea ex canonica fratrum electione, Domino disponente, ministrant, quantum ex officii tui debeas dignitate, et quam sollicite ad honorem exaltationem ipsius intendere te oporteat, nobis etiam reticentibus, discretionis tuæ prudentia non ignorat. Qualiter autem Octavianus schismaticus, simoniacus et manifestus invasor, post canonicam electionem nostram, et postquam nos invitos ac renitentes, de mandato ac voluntate fratrum Oddo prior diaconus induerat, seipsum intruserit, atque ipse idem manto se propriis manibus operuerit, ex litteris quas ad archiepiscopos et episcopos, aliosque Ecclesiæ prælatos per Franciam constitutos nos olim recolimus destinasse, ad notitiam tuam plenarie credimus pervenisse. Quia igitur Ecclesia Dei, ope et consilio religiosorum virorum, a multis retro temporibus non magis quam nunc indiguit adjuvari, fraternitatem tuam per apostolica scripta rogamus, monemus et exhortamur in Domino, ut in devotione matris tuæ sacrosanctæ Romanæ Ecclesiæ et nostra, sicut de te confidimus et speramus, immobili firmitate consistas, et Simoniaca pravitate illius apostolici atque schismatici omnimodo reprobata, a quo videlicet episcopi, abbates, atque alii viri religiosi et cunctæ fere personæ ecclesiasticæ, sicut a peste mortifera fugiunt, et ad eum nulla ratione accedunt, in petra fidei et Ecclesiæ unitate animi tui constituas firmitatem, atque omnes tibi subjectos ad hoc ipsum jugi admonitione inducere studeas, et modis omnibus exhortari, ut talentum tibi creditum non in sudario videatur otiose reconditum, sed utiliter ad honorem Dei studio perfectæ discretionis expensum. Nos enim personam tuam, sicut charissimi fratris tui, præteritæ quidem amicitiæ non immemores, sincera in Christi visceribus charitate diligere, et postulationes tuas quantum cum Deo possumus libentius exaudire.

Datum apud Nimpham, VI Id. Novembris.

VII.

Ad B[ertham] Francorum reginam. — Contra Victorem antipapam.

(Anagniæ, Nov. 15.)
[MANSI, *Concil.*, XXI, 971.]

ALEXANDER episcopus, servus servorum Dei, charissimæ in Christo filiæ B. illustri Francorum reginæ, salutem et apostolicam benedictionem.

Quanto tibi divina clementia dignitatis gradum

contulit altiorem, quanto etiam inter alias mundi personas te majori potentia et nobilitate ditavit, tanto utique sub potenti manu Dei, a quo est omne datum optimum et omne donum perfectum (*Jac.* 1), excellentiam tuam decet amplius humiliari, et unicam sponsam ejus, sacrosanctam videlicet Ecclesiam, tota mentis affectione diligere, et toto studio venerari, atque ad honorem et exaltationem illorum, qui ex canonica fratrum electione in ea, Domino disponente, ministrant, intendere, et ad eorum confusionem, qui eam opprimere et laniare conantur, oportet te sollicitius laborare. Qualiter autem Octavianus schismaticus, Simoniacus, et manifestus invasor, post canonicam electionem nostram, et postquam nos invitos et renitentes, de mandato ac voluntate fratrum, Odo prior diaconorum induerat, seipsum intruserit; atque ipse idem manto se propriis manibus operuerit, ex litteris, quas ad episcopos aliosque Ecclesiæ prælatos per diversas provincias constitutos nos olim recolimus destinasse, ad notitiam tuam plenarie credimus pervenisse. Quia igitur Ecclesia Dei multis attrita laboribus, et non modicis angustiata pressuris, ope et consilio potentum et nobilium personarum a multis retro temporibus non magis quam nunc indiguit auxiliari, excellentiam tuam per apostolica scripta rogamus, monemus et exhortamur in Domino, ut in devotione matris tuæ sacrosanctæ Romanæ Ecclesiæ, ac nostra, sicut de te confidimus et speramus, immobili firmitate consistas, et simoniaca pravitate illius schismatici atque apostatici omnimodo reprobata, a quo videlicet episcopi, abbates, atque alii viri religiosi, et cunctæ fere personæ, tam ecclesiasticæ quam sæculares, sicut a peste mortifera fugiunt, et ad eum nulla ratione accedunt, in petra fidei, et Ecclesiæ unitate animi tui constituas firmitatem, atque charissimum filium nostrum Ludovicum illustrem regem Francorum virum tuum ad hoc ipsum jugi exhortatione inducere studeas, et modis omnibus exhortari. Nos enim personam tuam, sicut charissimæ filiæ nostræ, sincera volumus in Christi visceribus charitate diligere, et postulationes tuas, quantum cum Deo possumus, libentius exaudire.

Datum Anagniæ, Idus Novembris,

VIII.

Ad Henricum episcopum Belvacensem. — De intrusione Octaviani schismatici.

(Anagniæ, Dec. 12.)

[MARTEN., *Ampl. Collect.*, II, 654.]

ALEXANDER episcopus, servus servorum Dei, venerabili fratri HENRICO Belvacensi episcopo, salutem et apostolicam benedictionem

(85) Octavianus nobilis Romanus, qui ab Innocentio II cardinalis creatus, et pluribus legationibus sub aliis summis pontificibus functus, tandem Adriano IV defuncto, triduo post octo cardinalium suffragiis electus adversus Alexandrum III, antipapa Victor IV dictus, et in conciliabulo Papiensi, agente Friderico imperatore confirmatus est.

(86) Mantum erat cappa rubea, insigne dignitatis

Qualiter (85) Octavianus schismaticus et Simoniacus, et manifestus invasor, post canonicam electionem nostram seipsum damnabili præsumptione intruserit, et ipse idem cum duobus tantum capellanis suis (86) manto se propriis manibus operuerit, tum ex publica et communi fama, tum ex litteris, quas sæpius in Galliam destinavimus, ad notitiam tuam plenarie credimus pervenisse. Ut autem res ipsa manifestius elucescat, dilectos filios nostros H. (87) tituli Sanctorum Nerei et Achillei presbyterum et O. (88) Sancti Nicolai in Carcere Tulliano diaconum cardinalem, qui totam rei seriem plenius enarrabunt, in regnum Francorum duximus delegandos. Unde quia de te speciali quadam inter alios prærogativa confidimus, et sicut de charissimo fratre nostro plenam in omnibus fiduciam obtinemus, eosdem fratres nostros charitati tuæ specialius commendamus; rogantes attentius ut eos pro reverentia beati Petri et interventu nostro benigne recipias et honores, et super negotio Ecclesiæ consilium eis et auxilium modis omnibus subministres.

Datum Agnaniæ II Idus Decembris.

IX.

Ad archiepiscopos, episcopos, abbates, priores et universos Ecclesiarum prælatos per Liguriam, Æmiliam, Histriam et ducatum Venetiæ constitutos. — De schismate.

(Anagniæ, Dec. 13.)

[RUBEI *Hist. Raven.*, 541.]

Æterna et immutabilis, etc., *ut in epist.* 1, *supra.*
Addit : Octavianum quinta decima die post sui consecrationem, octava post excommunicationem ab ipso in eum prolatam (*id est die 4 mensis Octobris*) per [Imarum] Tusculanum, ac per Melphiensem et [Ubaldum] Ferentinensem episcopos, præsentibus Joanne et Guidone, « quondam » cardinalibus, « exsecratum » (*id est consecratum*) *esse.*

X.

Ad Angliæ episcopos. — De schismate et de Octaviani excommunicatione.

(Anagniæ, Dec.)

[WILKINS, *Concil.*, I, 432.]

Æterna et incommutabilis, et, *ut in epist.* 1 *supra.*

XI.

Ad episcopum Verulanum. — De clericis qui, infra subdiaconatus ordinem constituti, uxorem accipiunt.

Quod te cum inimicis tuis, etc. De cætero quia fraternitatis tuæ quærit industria, utrum clerici qui infra subdiaconatus ordinem constituti, quia continere carnis vitio coacti non valeant, uxores acci-

papalis, quo olim prior diaconorum cardinalium electum induendo dicebat: *Ego investio te de papatu, ut præsis Urbi et orbi.*

(87) Henricum ex monacho Cisterciensi cardinalem creatum ab Eugenio III.

(88) Ottonem de Brixia ab eodem papa in sacrum collegium cooptatum.

piunt, ecclesiastico spoliari possint beneficio canonice : id tuam volumus experientiam tenere indubitata veritate, quod cum sint voluptatibus et carnalibus desideriis dediti, ac divinis et ecclesiasticis sacramentis contrectandis indigni, ecclesiasticis sunt procul dubio beneficiis privandi. Sane si ecclesiis quibus attitulati fuerant, de possessionibus aut aliis bonis suis aliqua contulisse noscuntur, cum ab earumdem ecclesiarum ministerio fuerint et beneficio sequestrati, ad ipsos recta via dominium et proprietas illico debet absque ulla contradictione redire.

XII.

Ad præpositum et canonicos Sulcan. [al. Insilensis]. — De præbenda sacerdoti cuidam collata.

[MANSI, Concil., XXII, 429.]

Significatum est nobis, quod ecclesiasticam sacerdoti [al. quod cuidam sacerdoti] præbendam unam in ecclesia vestra communi consensu et voluntate dedistis : ita quidem, quod missam de sancta Maria, nisi sit corporis infirmitate gravatus, debent quotidie celebrare, qui ecclesiam vestram non nisi communi tam præpositi quam capituli consensu, potest dimittere, nec cuiquam præbendæ illius anniversarium delegare. Quam siquidem constitutionem eatenus confirmavimus, ut prædictus sacerdos, ecclesiæ, nisi infirmitati corporis fuerit impeditus, assidue debeat officium suum impendere : quanto ferventius potest, salva honestate sua et debita devotione, missarum solemnia celebrare : nec sibi liceat hoc, illinc se ad aliam ecclesiam transferendo, aut voluptatis causa, subtrahere.

XIII.

Ad episcopum Bellovacensem [al. Beneventanum]. — De puero nondum XIV annorum a votis absolvendo.

[Ibid.]

Significatum est nobis et pro certo monstratum, quod Griboldus nondum incipiens esse quatuordecim annorum, timore magistri, qui eum litteris erudiebat, habitum religionis suscepit in ecclesia de Russinis [al. Ressone], et inde sicut puer infra annum exivit, et per sæculi vanitates jam sex annis et eo amplius vagabundus discurrit. Unde quoniam hujus rei veritas nobis non constat, fraternitati tuæ per A. S. mandamus, quatenus rem ipsam diligenter inquiras, et si inveneris, quod non fuerit a parentibus oblatus, nec inceperit esse quatuordecim annorum, quando ad religionem accessit, et eum infra quartumdecimum annum voti pœnituerit, et ab ecclesia recesserit, si in sæculo voluerit remanere, et eum ab ipso voto quod fecit auctoritate pontificali absolvas, et eum absolutum tam in ecclesia de Russinis, quam populo tuæ civitatis studeas publicare. Si autem a parentibus suis forte oblatus, seu quartumdecimum annum compleverat, cum religionem intravit, sive post quartumdecimum annum professionem a se factam ratam habuit, eum ad eamdem vel aliam religionem transire, ecclesiastica districtione compellas.

XIV.

Ad episcopum Paresberiensem. — De Rogerio canonico qui frustratoriæ dilationis causa videbatur appellasse.

[Ibid., p. 430.]

Pervenit ad nos quod cum tu Rog. filium Willelmi Ecclesiæ tuæ canonicum, ut debitam in eadem Ecclesia residentiam faceret, monuisses, ad audientiam nostram in appellationem prorupit, et appellationi suæ terminum, proximum festum beati Lucæ præfixit. Quoniam igitur indignum est, per ejus vel aliorum subterfugia, præscriptam Ecclesiam debitis obsequiis defraudari, cum ipse frustratoriæ dilationis causa appellasse videatur : fraternitati tuæ per A. S. mandamus, quatenus præfatum Rog. diligenter et studiose commoneas, ut in eadem Ecclesia debitam, omni mora postposita, faciat residentiam, vel infra proximum festum beati Lucæ appellationem suam prosecuturus, ad nos veniendi iter arripiat. Interim vero alicui honestæ personæ vices ejus in Ecclesia prætaxata exsequendas committas : et tantum ei de beneficiis illius, appellatione cessante, assignes, unde possit congrue sustentari. Quod si prælibatus Rog. alterum istorum adimplere neglexerit, tu eum extunc præbenda sua, omni appellatione et contradictione cessante, prives : et eam alicui viro discreto et honesto, nullius appellatione admissa, concedas pariter et assignes.

XV

Ad episcopum Tornacensem [al. Turonensem]. — De muliere quæ filium interemerat, ut monasterium capessat.

[Ibid.]

Veniens ad nos mulier latrix præsentium, lacrymabili nobis confessione monstravit, quod cum de quodam filium genuisset, et ille sibi turgido sæpe vultu improperasset, quod filius ejus non esset, ipsa iracundiæ calore et furore animi ducta, eumdem filium interfecit. Quo comperto, comes Flandrensis eam totam terram suam usque ad septennium abjurare coegit, nisi de nostra licentia remaneret [f. remearet]. Cumque se nostro conspectui præsentasset, et quod crucem suscepisset, Hierosolymam se profecturam monstrasset, nos videntes quod in partibus illis præsentia illius non potest esse utilis, sed damnosa, eam ab Hierosolymitano itinere revocantes, ipsam fraternitati tuæ duximus remittendam : præsentium auctoritate mandantes, quatenus prædictam mulierem labores inducere, ut in aliquod monasterium tui episcopatus transeat, et ibi peccata sua perpetua pœnitentia deploret. Si autem, depugnante carnis fragilitate, ad hoc induci noluerit, ei licentiam nubendi in Domino tribuas, quia tutius nobis videtur ut in Domino nubat, et uni soli quam multis adhæreat.

ANNO 1160.

XVI.

Ad canonicos Ecclesiæ Remensis. — Ut, reprobata Octaviani schismatici simoniaca pravitate, in fide permaneant.

(Anagniæ, Jan. 18.)

[Dom MARLOT, *Metropol. Rem.*, II, 574.]

ALEXANDER episcopus, servus servorum Dei, dilectis filiis universis canonicis Remensis Ecclesiæ, salutem et apostolicam benedictionem.

Sacrosanctæ Romanæ Ecclesiæ matris vestræ, et his qui in ea ex canonica fratrum electione, Domino disponente, ministrant, quantum ex vestri debeatis officii dignitate, et quam sollicite ad honorem et exaltationem ipsius vos intendere oporteat, nobis etiam reticentibus, discretionis vestræ prudentia non ignorat. Qualiter autem hoc tempore revelatus sit homo peccati, filius perditionis, Octavianus scilicet schismaticus, simoniacus, et manifestus invasor, qui adversatur et extollitur supra omne quod dicitur Deus, aut quod colitur, et quia jam mysterium operatur iniquitatis, qualiter etiam assumptis sibi tribus malitiæ suæ complicibus, Petri se velit constituere successorem, cum Petri fidem oppugnet et Catholicam violet unitatem, tum ex publica et communi fama, tum ex generalibus litteris, quas jamdudum per universas provincias destinamus, ad vestram arbitramur notitiam pervenisse. Unde quoniam Ecclesia Dei ope, et consilio ecclesiasticorum virorum a multis retro temporibus, non magis quam nunc indiguit adjuvari, charitatem vestram per apostolica scripta rogamus, monemus et exhortamur in Domino, ut in devotione sacrosanctæ Ecclesiæ matris vestræ ac nostræ, sicut de vobis confidimus et speramus, immobiliter persistatis et simoniaca pravitate illius apostatici atque schismatici omnimode reprobata, a quo videlicet episcopi, abbates, atque alii viri religiosi et cunctæ fere personæ ecclesiasticæ, sicut a peste mortifera fugiunt, et ad eum nulla ratione accedunt, in petra fidei et Ecclesiæ unitate animi firmitatem constituatis, atque alios omnes quoscunque poteritis, ad hoc ipsum jugi admonitione inducere studeatis et modis omnibus exhortari. Nos enim personas vestras, sicut dilectorum et specialium filiorum nostrorum, sincera volumus in Christi visceribus charitate diligere et petitiones vestras, quantum cum Deo possumus, libentius exaudire.

Datum Anagniæ xv Kalend. Febr.

XVII.

Privilegium pro monasterio Pontiniacensi.

(Anagniæ, Febr. 19.)

[MARTEN. *Thesaur. Anecdot.*, III, 1252.]

ALEXANDER episcopus, etc.; dilecto filio WICHARDO Pontiniacensi abbati ejusque fratribus, etc.

Quoties illud a nobis petitur quod religioni et honestati noscitur convenire, animo nos decet libenti concedere et petentium desideriis congruum a suffragium impertiri. Eapropter, dilecti in Domino filii, vestris justissimis postulationibus clementer annuimus, et monasterium Pontiniacense, in quo divino mancipati estis obsequio, sub beati Petri et nostra protectione suscipimus, et præsentis scripti privilegio communimus. In primis siquidem statuentes ut ordo monasticus, qui secundum Dei timorem et B. Benedicti Regulam in ipso monasterio institutus esse dignoscitur, perpetuis ibidem temporibus inviolabiliter observetur. Præterea quascunque possessiones, quæcunque bona idem monasterium inpræsentiarum juste et canonice possidet, aut in futurum concessione pontificum, largitione regum vel principum, oblatione fidelium, seu aliis justis modis, præstante Domino, poterit adipisci, firma vobis vestrisque successoribus et illibata permaneant. In quibus hæc propriis duximus exprimenda vocabulis: grangiam de Bunione cum omnibus pertinentiis suis, grangiam de Sancta Porcaria cum omnibus pertinentiis suis, quidquid habetis in terra quæ Communia dicitur, grangiam Acrimontis cum omnibus pertinentis suis, grangiam Villarissicci cum omnibus pertinentiis suis, grangiam Creciaci cum omnibus pertinentiis suis, grangiam Challiaci cum omnibus pertinentiis suis, grangiam de Burs cum omnibus pertinentiis suis, quidquid habetis in toto nemore Ottæ, domum de Saveia cum omnibus pertinentiis suis, domum de Camporeperto cum omnibus pertinentiis suis, domum de Revisiaco cum omnibus pertinentiis suis, domum de Fulgeriis cum omnibus pertinentiis suis, domum de Cableia cum omnibus pertinentiis suis, domum de Agliscolis cum omnibus pertinentiis suis, domum Antissiodori cum omnibus pertinentiis suis. Sane novalium vestrorum quæ propriis manibus aut sumptibus colitis, sive de nutrimentis vestrorum animalium decimas a vobis nullus præsumat exigere.

Prohibemus etiam ut nulli fratrum vestrorum post factam in eodem loco professionem, aliqua levitate, sine prioris vel abbatis sui licentia, fas sit de claustro discedere: discedentem vero absque communium litterarum cautione nullus audeat retinere. Decernimus ergo ut nulli omnino hominum liceat præfatum monasterium temere perturbare, aut ejus possessiones auferre, vel ablatas retinere, minuere, seu aliquibus vexationibus fatigare; sed omnia integra conserventur eorum pro quorum gubernatione et sustentatione concessa sunt usibus omnimodis profutura, salva in omnibus apostolicæ sedis auctoritate. Si qua igitur in futurum ecclesiastica sæcularisve persona hanc nostræ constitutionis paginam sciens contra eam temere venire tentaverit, secundo tertiove commonita, nisi præsumptionem suam congrua satisfactione correxerit, potestatis honorisque sui dignitate careat, reamque se divino judicio existere de perpetrata iniquitate cognoscat, et a sacratissimo corpore ac sanguine Dei et Domini Redemptoris nostri Jesu Christi aliena fiat, atque in extremo examine divinæ ultioni subjaceat. Cunctis autem eidem loco sua jura servantibus sit pax Domini nostri Jesu Christi, quatenus et hic fructum bonæ actionis percipiant, et apud districtum Judicem præmia æternæ pacis inveniant. Amen.

Locus monogrammatis.
S. Petrus, S. Paulus. Alexander papa III,
vias tuas, domine, demonstra mihi.

Ego Alexander Catholicæ Ecclesiæ episcopus ss.
Ego Bernardus Portuensis et S. Rufinæ episcopus ss.
Ego Affaldus presbyter cardinalis tituli S. Priscæ ss.
Ego Bonadieus presbyter cardinalis S. Chrysogoni ss.
Ego Albertus presbyter cardinalis S. Laurentii in Lucina ss.
Ego Oddo diaconus cardinalis S. Georgii ad Velum aureum ss.
Ego Jacintus diaconus cardinalis S. Mariæ in Cosmidim ss.
Ego Arditio S. Theodori diaconus cardinalis ss.
Ego Boso diaconus cardinalis Sanctorum Cosmæ et Damiani ss.
Ego Milo diaconus cardinalis S. Mariæ in Aquiro ss.

Datum Anagniæ per manum Hermanni sanctæ Romanæ Ecclesiæ subdiaconi et domini papæ notarii xi Kalendas Martii, indictione viii, anno Incarnationis Dominicæ 1159, pontificatus vero domini Alexandri papæ III anno I.

XVIII.
Ad barones et populum Dolensem. Commendat Hugonem Dolensem archiepiscopum.
(Anagniæ, Mart. 5.)
[Marten., *Thesaur.*, III, 903.]

Alexander episcopus, servus servorum Dei, dilectis filiis nobilibus viris baronibus et universo populo Dolensi, salutem et apostolicam benedictionem.

Decet nobilitatem vestram Ecclesias et eorum bona sincera charitate diligere, et ab iniquorum impugnationibus viriliter defensare, ut tanto majora in futuro valeatis præmia obtinere, quanto magis divinis operibus vos constiterit esse intentos. Inde est quod Dolensem Ecclesiam, quæ utique ex magna parte imminuta et desolata esse dignoscitur, devotioni vestræ attentius commendamus, rogantes plurimum, et in peccatorum vestrorum veniam injungentes, quatenus Ecclesiam ipsam et venerabilem fratrem nostrum H. Dolensem archiepiscopum, pietatis intuitu et pro reverentia beati Petri ac nostra diligatis et propensius defendatis, atque adversus eos, qui Ecclesiam ipsam et possessiones ejus auferunt, vel molestant, et qui eidem archiepiscopo rebelles et inobedientes existunt, consilium ei et auxilium efficaciter ministretis. Scire

siquidem debet discretio vestra omnes illos, qui Ecclesiarum bona diripiunt et per violentiam detinent excommunicationis vinculo esse subjectos

Datum Anagniæ, v Nonas Martii.

XIX.
Ad Arnulfum Lexoviensem episcopum. — De conciliabulo Papiensi. Fridericum imperatorem et Octavianum excommunicatos nuntiat.
(Anagniæ, April. 1.)
[Mansi, *Concil.*, XXI, 1124.]

Alexander episcopus, servus servorum Dei, venerabili fratri Arnulpho Lexoviensi episcopo, salutem et apostolicam benedictionem.

Litteras a tua nobis prudentia destinatas tanto hilariori mente suscepimus, quanto de uberiori pinguedine charitatis, et ampliori fervore devotionis eas novimus processisse. Quas et nos ipsi attente satis ac diligenter inspeximus, et ut conceptæ dilectionis integritas et probatæ fidei certitudo in tenebris non lateret, sed fieret ignorantibus manifesta, eas in fratrum nostrorum auditorio publice fecimus recitari. Ipsæ profecto et devotissimi continebant puritatem animi, nec minus luculentam profundi pectoris eloquentiam redolebant. Novimus autem, et immemores non existimus, qualiter, sicut et ipsa tua scripta plenarie continebant, divæ ac reverendæ memoriæ Innocentio papæ, antecessori nostro, schismaticus ille qui et generositate naturæ, rerum copia terrenarum, prudentia sæculari et gratia labiorum mira æstimatione reddebatur insignis, nefaria temeritate succrevit, et innocentem noxius, fortis debilem, armatus inermem, schismaticus Catholicum impugnabat. Cæterum ad quem finem res ipsa, Deo miserante, pervenerit, devoti et fideles Ecclesiæ filii, per gloriam meritorum; mali vero, per suppliciorum gravamina cognoverunt. Quid etiam de aliis similia præsumentibus antea sæpenumero contigisset, tu tam secundo quam eleganter in illis eisdem litteris expressisti. Temporibusque nostris optimus Deus voluit hæreses suscitare, *ut qui probati sunt, manifesti fiant* (I Cor. xi), et per nostram et aliorum Catholicorum studium et laborem, granis a paleis in area Domini segregatis, schismata et hæreses conterantur. Credimus siquidem, et de gratia divina confidimus, quod, in proximo sedatis fluctibus procellarum et ventorum turbine propulsato, dies nobis serenus et fulgidus arridebit, et calcatis inimicis Ecclesiæ tranquilla in portu Petri navicula residebit.

Persolvimus autem gratias omnium Conditori, laudum præconia referentes, quod magnificum illum et serenissimum orbis principem, Henricum regem Anglorum, audimus firmum et stabilem in Catholicæ unitate Ecclesiæ permanere, et quod per tuam præsertim inductionem idem in sancto proposito nobilissimum animum solidavit. Rogamus sane ut ita vigil semper circa eum et sollicitus perseveres, ne per frequentes vexationes imperatoris et nuntiorum suorum, a devotione Ecclesiæ et nostra (quod absit!) velit modo quolibet declinare. Volumus quidem te apud eumdem regem et episcopos atque adjacentes personas, quasi quemdam apostolum et nuntium veritatis in illis partibus, experiri. Circumpositos quoque et vicinos episcopos, et tam ecclesiasticas quam sæculares personas, nobiles præcipue ac potentes, ad hoc ipsum efficaci studio et omni diligentia exhorteris. Nos enim personam tuam quam sincera charitate in Domino diligamus, atque ad honorem et exaltationem tuam quam prompto animo desideremus intendere, per illum dilectionis fervorem, quem circa te et ante promotionem nostram habuimus, discretionis tuæ prudentiam non credimus ignorare.

Præterea qualiter Fridericus Romanorum imperator, avorum suorum sceleratissima vestigia subsecutus, circa sacrosanctam Ecclesiam Romanam in præsenti se habeat, et olim habuerit, et qualem circa eam animum gerat, qui utique specialis ejus patronus deberet et defensor existere, multis rerum indiciis a longis retro temporibus, ad notitiam tuam non ambigimus pervenisse. A tempore siquidem antecessoris nostri piæ recordationis Adriani papæ, et ab exordio dignitatis suæ, cœpit sanctam Romanam Ecclesiam, tanquam tyrannus, opprimere et non mediocriter infestare : archiepiscopos namque et episcopos a sede apostolica redeuntes, in ignominiam et detrimentum Ecclesiæ plerumque capi turpiter et inhoneste præcepit, eosque fecit carceris custodiæ mancipari. Nos (89) quoque in minori officio constitutos, qui cum venerabili fratre nostro B. nunc Portuensi episcopo, ad eum fuimus delegati, qualiter apud Bisuntium ipse tractaverit, et quam indigne receperit, non opus est nos in præsenti referre, quia credimus te id ipsum plenarie cognovisse. Veniente etiam prædicto antecessore nostro, patrimonium beati Petri violenter invasit, et eamdem Romanam Ecclesiam nisus est modis omnibus conculcare, ita quod a pluribus dicebatur, et quasi fama communis habebat, quoniam, eo superstite, Ottonem, qui semper fuit domesticus Ecclesiæ inimicus, ordinare Apostolicum, imo apostaticum, si opportunitatem acciperet, intendebat.

Quia vero illo vivente, omnipotens Deus non permisit eum conceptam vesaniam exercere, post mortem ejus opportunitate concepta prædictum Ottonem schismaticum, simoniacum, et manifestissimum invasorem, qui cum tribus tantum malitiæ suæ complicibus, sicut totus pene mundus agnovit, post canonicam et unanimem electionem nostram mantum arripuit, et ita se damnabili præsumptione intrusit, in tanta iniquitate modis omnibus manu tenuit, et quidquid ille fecit, solo favore, potentia, et auctoritate ipsius, et nuntiorum suorum, qui in urbe præsentes exstiterant, eum fecisse absque ambiguitate tenemus. Unde ad confirmationem ipsius, imo ut omnem videretur in Ecclesia Dei auctoritatem habere, archiepiscopos, episcopos, et alios Ecclesiarum prælatos, apud Papiam, contra sacrorum instituta canonum, prout ei placuit, convocavit. Ille autem, sicut homo qui nec in Deo, nec in justitia confidebat, in ipsius imperatoris præsentia per aliquot dies, velut pro certo accepimus, insignia pontificatus accepit, sicut etiam in nostro et fratrum nostrorum conspectu, dum Romæ olim nos teneret inclusos, suam malitiam recognoscens, facere voluit, ea quidem conditione servata, ut nos ei postmodum reddere deberemus. Cumque nos ea recipere sub hac conditione nollemus, ipse in sua pertinacia et damnabili præsumptione permansit.

Cæterum, ut prædictus imperator Ecclesiam Dei suæ videretur subjugare et supponere ditioni, et eam in supremam redigere servitutem, memorato apostatico, sicut dictum est, pontificalia insignia reddidit, et eum de papatu, quod est a sæculis inauditum, per annulum, prout dicitur, investivit. Quosdam etiam episcopos, aliis discretioribus et honestioribus occulte de illo conciliabulo fugientibus, ei reverentiam exhibere laicali violentia tyrannica oppressione coegit. Sic enim reges et principes diversarum partium sibi intendit, tum spirituali, tum materiali gladio subjugare, si in hac parte, (quod absit!) nefandissimum ejus propositum prævaleret. Ad hæc, juxta prudentiæ tuæ consilium, Rothomagensi archiepiscopo ejusque suffraganeis, et aliis per Northmanniam constitutis, exhortationis litteras destinamus. De cætero memoratum Fredericum imperatorem, pro eo quod Ottonem schismaticum recepit, et ei pertinaciter adhærere præsumit, cum eodem Ottone et cum aliis principalibus fautoribus suis, nos de communi fratrum nostrorum consilio, in Cœna Domini publice ac solemniter excommunicasse cognoscas.

Data Anagn. Kal. Aprilis (90).

XX.

Ad Saltzburgensem archiepiscopum ejusque suffraganeos. — Ut stent pro Ecclesia adversus Fridericum imperatorem et Victorem antipapam.

(Anagniæ, April. 4.)

[Mansi, *Concil.*, XXI, 1034.]

ALEXANDER episcopus, servus servorum Dei, venerabilibus fratribus Saltzburgensi archiepiscopo, ejusque suffraganeis salutem et apostolicam benedictionem.

---

(89) B., *non*.
(90) His acceptis ab Alexandro litteris, ut partes creditæ sibi legationis impleret, ad archiepiscopos episcopos Angliæ de his quæ gesta essent in conciliabulo Papiensi litteras dedit, quæ exstant inter ejus epistolas sub num. 23. Vide *Patrologiæ* t. CI.

Pro illis tribulationibus et pressuris quas mater nostra sacrosancta Romana Ecclesia patitur a filiis Satanæ, tanto majorem credimus vos dolorem ac mæstitiam concepisse, quanto constat vos inter alias personas ecclesiasticas ferventiorem et devotionem et reverentiam exhibere. Qualiter autem Fridericus Romanus imperator circa eamdem Romanam Ecclesiam in præsenti se habeat, et olim habuerit, et qualem erga eam animum gerat, qui utrique specialis ejus advocatus deberet et defensor existere, multis rerum indiciis, a longis retro temporibus, ad discretionis vestræ notitiam non ambigimus pervenisse. A tempore siquidem bonæ memoriæ antecessoris nostri Adriani papæ, et ab exordio dignitatis suæ, cœpit sanctam Ecclesiam Romanam, tanquam tyrannus opprimere, et non mediocriter infestare; archiepiscopos et episcopos a sede apostolica redeuntes in ignominiam et detrimentum Ecclesiæ plerumque capi turpiter et inhoneste præcepit, eosque fecit carceris custodiæ mancipari. Nos quoque in minori quondam officio constitutos, qui cum venerabili fratre nostro Bernardo, nunc Portuensi episcopo, ad eum fuimus delegati, qualiter apud Bisuntium ipse tractavit, et quam digne receperit, non opus est nos in præsenti referre; quia credimus vos ad ipsum plenarie cognovisse. Vivente etiam prædicto antecessore nostro Adriano, patrimonium B. Petri violenter invasit, et eamdem Romanam Ecclesiam nisus est modis omnibus conculcare. Ita quod a pluribus dicebatur, et fama quasi communis habebatur, quoniam, eo superstite, Octavianum, qui semper fuit domesticus Ecclesiæ inimicus, ordinare Apostolicum, imo apostaticum, si opportunitatem acciperet, intendebat. Quia vero, illo vivente, omnipotens Deus non permisit eum tantam malitiam exercere, post mortem ejus opportunitate suscepta prædictum Octavianum schismaticum, Simoniacum et manifestissimum invasorem (qui cum tribus tantum malitiæ suæ complicibus, sicut totus pene mundus agnovit, post canonicam et unanimem electionem nostram, mantum arripuit, et ita seipsum damnabili præsumptione intrusit) in tanta iniquitate modis omnibus manu tenuit, et quidquid ille fecit solo favore, potentia et auctoritate ipsius et nuntiorum suorum, qui in urbe præsentes exstiterant, eum fecisse absque ambiguitate tenemus.

Unde ad confirmationem ipsius, imo ut omnem videretur in Ecclesia Dei auctoritatem habere, archiepiscopos et episcopos, atque alios Ecclesiarum prælatos, apud Papiam contra sacrorum instituta canonum convocavit. Ille autem, sicut homo qui nec in Deo, nec in justitia confidebat, in ipsius imperatoris præsentia, velut pro certo accepimus, insignia pontificatus abjecit, sicut et in nostro et fratrum nostrorum aspectu, dum Romæ nos olim teneret inclusos, suam malitiam recognoscens facere voluit, ea quidem conditione servata, ut nos ei postmodum reddere deberemus. Sed cum nos ea recipere sub hac conditione nollemus, ipse in sua pertinacia et damnabili præsumptione permansit.

Cæterum ut prædictus imperator Ecclesiam Dei suæ videretur subjugare et supponere ditioni, et eam in supremam redigere servitutem, memorato apostatico, sicut nobis dictum est, pontificalia insignia reddidit, et eum de papatu, quod est a sæculis inauditum, per annulum, prout dicitur, investivit, quosdam et episcopos, aliis discretioribus et honestioribus occulte de illo conciliabulo fugientibus, ei reverentiam exhibere laicali violentia et tyrannica oppressione coegit. Sic enim reges et principes diversarum partium sibi intenderet tum spirituali, tum materiali gladio subjugare, si in hac parte (quod absit!) ejus nefandissimum propositum prævaleret. Provideat itaque vestræ discretionis prudentia, qualiter sponsa Christi per illam inconsutilem ejus tunicam figurata, quæ nec dividi poterat, nec receperat sectionem, a tanta ignominia, et inaudito opprobrio liberetur, et ne pestis illa in exemplum posteris transfundatur, diligenter efficere studeatis, et omnibus modis laborare. In devotione quoque matris vestræ ac fidelitate sacrosanctæ Romanæ Ecclesiæ, sicut viri Catholici, et in fide ferventes immobiliter persistatis, provisuri attentius, ne blanditiæ cujuslibet aut terrores, ab unitate Ecclesiæ animos vestros (quod absit!!) debeant aliquatenus dimovere.

Sane nos ipsius imperatoris immensam iniquitatem, et tantam perfidiam attendentes, communicato fratrum nostrorum episcoporum et cardinalium, et aliorum religiosorum consilio, tam ipsum Fridericum, non jam imperatoris officium, sed quæ tyranni sunt exercentem, quam prædictum Octavianum schismaticum et Ottonem comitem Palatinum, atque omnes principales fautores eorum in Cœna Domini, cœtu clericorum et multorum virorum nobilium in ecclesia congregato, accensis candelis publice excommunicavimus, et tradidimus hujusmodi Satanæ in interitum carnis, ut spiritus eorum salvi sint in die Domini. De communi fratrum nostrorum consilio atque voluntate, vos omnes specialiter et communiter universos a fidelitate, quam ei fecistis, et ab omni debito imperii, ex parte Dei omnipotentis, et beatorum apostolorum Petri et Pauli auctoritate apostolica absolvimus, ita, quod in nullo ei de cætero teneamini obedire, sed potius in remissionem vobis injungimus delictorum, ut contra eos quos ipse per tyrannidem suam sibi subjugare, opprimere et vastare voluerit, nullum ei consilium vel auxilium ministretis.

Data Anagniæ II N. Aprilis.

XXI.

Privilegium pro monasterio S. Mariæ Rievallensi.
(Anagniæ, Nov. 20.)
[*Monastic. Anglic.*, I, 731.]

ALEXANDER episcopus, servus servorum Dei, dilectis filiis ÆLREDO abbati monasterii Sanctæ Mariæ de Rievalle, ejusque fratribus, tam præsentibus quam futuris monasticam vitam professis in perpetuum.

Religiosis votis annuere, et ea operis exhibitione complere, officium nos invitat suscepti regiminis et ordo videtur exigere rationis. Eapropter, dilecti in Domino filii, vestris justis postulationibus clementer annuimus, et præfatam ecclesiam Sanctæ Mariæ de Rievalle, in qua divino mancipati estis obsequio, sub beati Petri et nostra protectione suscipimus et præsentis scripti privilegio communimus; imprimis siquidem statuentes ut ordo monasticus, qui in ecclesia vestra secundum Dei timorem, et beati Benedicti Regulam et institutionem Cisterciensis Ordinis noscitur institutus, perpetuis ibidem temporibus inviolabiliter observetur. Præterea, quascunque possessiones quæcunque bona idem monasterium inpræsentiarum juste et canonice possidet, aut in futurum concessione pontificum, liberalitate vel largitione regum et principum, oblatione fidelium, seu aliis justis modis, Deo propitio, poterit adipisci, firma vobis vestrisque successoribus et illibata permaneant; in quibus hæc propriis duximus exprimenda vocabulis : monasterium ipsum Beatæ Mariæ Rievallis, cum omnibus possessionibus et appendiciis suis secundum fines et terminos earumdem terrarum et possessionum, a Galtero Espec fundatore loci vestri ita constitutos : ex parte orientis a via dicta Speragata, quæ ducit ad Riam, usque ad viam, qua itur ad Bref, ad molendinum de Sproxtona; et a valle quæ ducit ad parvam Haiam de Tilestuna usque ad foveam, quæ est ex adverso, ubi duo rivuli; Depedace videlicet et Litlebec confluunt : et a Kautbepeche usque ad cervum lapidum, qui vocatur Bacheler, et inde usque ad viam quæ venit de Turchilsti ex parte austri et occidentis, sicut Ria fluvius usque ad Divisas de Antona fluit, et inde sunt termini usque ad Fangadala, et exinde usque ad viam quæ venit de Wideris, ex parte septentrionis a monte qui dicitur Transbobed per vallem Landesmara, et rivulum qui dicitur Willelmesbech, ubi sunt divisæ Joannis Engelram, terram de Brif, terram de Tilestuna, terram quæ dicitur Bidesdala cum omnibus appendiciis suis; in foresta de Delmestac omnia ad usus vestros necessaria in lignis, in pascuis, et in pannagiis; ex dono filii nostri Henrici, videlicet junioris regis Angliæ, terram quæ dicitur Dulberthermech cum omnibus pertinentiis suis, et cum tota pastura de Wasta de subtus Lichering; sicut ipse charta sua confirmavit, et avus ejus rex Henricus in dominio suo tenuit : ex dono episcopi Dunelmensis Cotum et cronebi cum omnibus pertinentiis suis, sicut ipse episcopus vobis concessit et charta sua confirmavit. Ex dono canonicorum Eboracensium Sanburn cum omnibus pertinentiis suis; ex dono Rogeri de Malbrai Welleburnam et Hovetunam cum omnibus pertinentiis suis, sicut ipse Rogerius vobis concessit, et carta propria confirmavit; præterea ex dono ipsius Steintunam cum omnibus pertinentiis suis; ex dono Gilberti de Gant grangiam de Dundemanebi, et duas bovatas terræ in eadem villa cum omni communi pastura ejusdem villæ. Ex dono Beltranni de Beclensen illam carrucatam terræ quam habuit in Villeburn cum omnibus pertinentiis suis. Ex dono Radulphi de Novavilla, unam carrucatam terræ in Kiccum cum omnibus pertinentiis suis; ex dono Odonis de Bolthebi, Wastinam de Disteicheith, cum terris et pascuis adjacentium villarum, Bolthebi videlicet Kabenestorp et Gfortum, sicut ipse Odo vobis concessit et carta sua confirmavit, et augmentum quod fecit vobis Adam filius ejusdem Odonis ; ex dono Roberti de Flellesei Gfortum cum omnibus pertinentiis, secundum formam cartæ ipsius. Ex dono Adam filii Petri, in Rumblesmora locum qui vocatur Faweddre cum omnibus pertinentiis suis, et in villa quæ vocatur Stainburch, sartum illud quod vocatur Dagge de Waith, et totam mineram ferri de prædicta villa et inbosco ipsius villæ materiam et ligna ad carbones et alia, quæ necessaria fuerint, et communem pasturam ipsius villæ, et cætera, secundum communem formam cartæ ipsius. Ex dono Torphini et Alani filii ejus, unam carrucatam terræ in Albestein, sicut in chirographo illorum continetur. Ex dono fratrum hospitalis Sancti Petri de Eboraco illam partem terræ quam habuerunt in Bolthebi, sicut in carta et chirographicorum continetur; ex dono Gervasii, et Benedicti filii ejus pratum quod dederunt vobis in Kocheberch; ex dono Odonis de Nes pratum quod dedit vobis in Walterholm; ex dono Hugonis del Tuith pratum quod dedit vobis in Kochesberch; ex dono Hugonis Malebestiæ pratum quod dicitur Dswaldeshenges; ex dono fratrum hospitalis de Witchi duas bovatas terræ in Dovetun secundum formam terræ illorum ; ex dono Ricardi cum in unam carrucatam et dimidiam in Stainchroff, sicut ipse Ricardus vobis ipse concessit et carta sua confirmavit.

Sane laborum vestrorum quos propriis manibus aut sumptibus colitis, sive de nutrimentis vestrorum animalium nullus omnino a vobis decimas exigere præsumat. Addentes etiam auctoritate apostolica prohibemus, ne quis fratres vestros, clericos videlicet sive laicos post factam in monasterio vestro professionem, absque licentia vestra suscipere audeat vel retinere. Sancimus etiam, ne quis archiepiscopus vel episcopus sive cujuslibet ordinis persona locum vestrum a divinis interdicat officiis, nisi abbatis vel fratrum ipsius loci evidens et manifesta culpa exstiterit. Liceat autem vobis cum commune interdictum terræ fuerit, clausis januis, et exclusis excommunicatis vel interdictis divina officia celebrare.

Paci quoque et tranquillitati vestræ paterna sollicitudine providentes, auctoritate apostolica prohibemus, ut nullus infra clausuram locorum sive grangiarum vestrarum violentiam, vel rapinam vel furtum facere, vel hominem capere audeat; et si quis hoc temerario ausu præsumpserit, tanquam sacrilegus judicetur, et excommunicationis ultione plectatur. Præterea omnes libertates seu etiam immunitates ac regias consuetudines, a charissimo filio nostro Henrico rege Anglorum vobis et Ecclesiæ vestræ indultas, et scripti sui pagina roboratas, auctoritate apostolica confirmamus, et illibata statuimus perpetuo permanere, prohibentes ne quispiam hominum, vos aut ecclesiam vestram de omni Tmanatala, de negeldis, omnibus assisis, consuetudinibus, auxiliis, placitis et de omni terreno servitio, quod alicui sæculari personæ pertinebat, audeat infestare; sed liberi et quieti ab hujusmodi exactionibus maneatis, quemadmodum prædictus filius noster rex Henricus sive avus ejus senior Henricus, scriptis suis vobis rationabiliter confirmaverunt. Præterea, dilecte in Domino fili, A. abbas, religionem in monasteriis quibus præesse dignosceris, stabilitam in Domino proficere cupientes, statuimus, ut in omnibus monasteriis quæ de monasterio, cui præsides, sunt egressa, et in his quæ de egressis ab eodem monasterio prodierunt tam de ipsis personis quam de rebus monasteriorum juxta Cisterciensium fratrum institutionem, disponendi et ordinandi liberam habeas facultatem. Præsenti quoque decreto sancimus, ut episcopi in quorum episcopatibus monasteria vestra consistunt, nec regularem et canonicam electionem abbatis vestri unquam impediant, nec de removendo ac deponendo eo, qui pro tempore fuerit, contra statuta Cisterciensis Ordinis et auctoritatem privilegiorum suorum se nullatenus intromittant. Decernimus ergo ut nulli omnino hominum liceat præfatum monasterium temere perturbare, aut ejus possessiones auferre, sive ablatas retinere, minuere seu quibuslibet aliis vexationibus fatigare, sed omnia integra conserventur eorum, pro quorum gubernatione concessa sunt, usibus omnimodis profutura, salva sedis apostolicæ auctoritate, et diœcesanorum episcoporum canonica justitia. Si qua igitur in futurum hanc nostræ constitutionis paginam sciens, contra eam venire temere tentaverit, secundo tertiove commonita, nisi præsumptionem suam congrua satisfactione correxerit, potestatis honorisque sui dignitate careat, reamque se divino judicio existere de perpetrata iniquitate cognoscat, et a sacratissimo corpore ac sanguine Dei ac Domini Redemptoris nostri Jesu Christi aliena fiat, atque in extremo examine districtæ ultioni subjaceat. Cunctis autem eidem loco jura sua servantibus sit pax Domini nostri Jesu Christi, quatenus et hic fructum bonæ actionis percipiant, atque apud districtum Judicem præmia æternæ pacis inveniant. Amen, amen, amen.

Datum Anagniæ per manum Hermanni, sanctæ Romanæ Ecclesiæ subdiaconi et notarii, XII Kalend. Decembris, indictione IX, Incarnationis Dominicæ anno 1160, pontificatus vero domni Alexandri papæ III anno II.

XXII.

Ad episcopum Belvacensem. — Commendatio de perseverantia dilectionis circa Romanam Ecclesiam et personam Alexandri papæ, et exhortatio ad idem.

(Anagniæ, Nov. 29.)

[MARTEN., Ampl. Collect., II, 664.]

ALEXANDER episcopus, servus servorum Dei, venerabili fratri HENRICO Belvacensium episcopo, salutem et apostolicam benedictionem.

Inconcussæ fidei tuæ paries supra petram Ecclesiæ stabili soliditate fundatus, nec impetu fulguris coruscantis everti, nec lentis potest imbrium infusionibus emolliri. Supra tale siquidem fundamentum, quod Christus est, ædificii tui structura consurgit, quod si turbo perflet, non quateris, si venti irruant, non moveris, quoniam ubi Christus est fundamentum, quod firmiter ædificatum est, nullo poterit impetu submoveri. Quia igitur nihil potest vel potuit te a Catholicæ Ecclesiæ unitate præcidere, nihil a devotione personæ nostræ tuum animum retardare, sed potius pro domo Dei murum inexpugnabilem præ aliis te opponens et schismaticis et hæreticis summa instantia contradicens, dilectos quoque filios nostros cardinales apostolicæ sedis legatos, quibus in partibus illis negotium Ecclesiæ commisimus exsequendum, benigne recipiens et honeste pertractans, in causa Ecclesiæ utilis admodum et necessarius exstitisti: principium, medium et finem tui propositi commendamus, et prudentiæ tuæ pro tanta constantia immensas gratiarum exsolvimus actiones, promptam utique voluntatem et intentionem habentes, te sicut dilectum et specialem Ecclesiæ filium sincera semper in Domino charitate diligere, et personam tuam quibuscunque modis cum Deo possumus honorare. Nos enim quoniam ante promotionem nostram personam tuam, sicut tu ipse nosti, charam satis habuimus et acceptam; nunc ad majora, Domino disponente promoti, te habere volumus in nostris visceribus chariorem, et quidquid pro te, salva conscientia, efficere possumus, prompto et libenti animo curabimus effectui mancipare. Tu quoque, sicut antequam essemus ad officium apostolicæ dignitatis assumpti, personam nostram specialiter dilexisti et fidelis exstitisti nobis admodum et devotus, sic et multo amplius de cætero in fidelitate et devotione beati Petri ac nostra fervescas et honori et exaltationi et commodo sacrosanctæ Romanæ Ecclesiæ, tanquam devotus filius et specialis intendas, sciturus quod devotionis tuæ sinceritas, et perseverantia fidei a nostra et fratrum nostrorum memoria nullo tempore dilabetur.

Datum Anagniæ, III Kalendas Decembris.

XXIII.

Canonicorum S. Frigdiani Lucensium privilegium confirmat, ut ex eorum numero diaconi cardinales S. Mariæ Novæ eligantur.

(Avenioni [*leg.* Anagniæ], Dec. 21.)

[Vide *Bullarium Lateranense*, p. 41.]

ANNO 1160-1161.

XXIV.

Ad Hugonem Panormitanum archiepiscopum. — Illum Agrigentinensis, Mazarensis, Melitensis episcoporum metropolitam confirmat.

(Anagniæ, April. 26.)

[Pirri *Sicilia Sacra*, I, 101.]

Alexander episcopus, servus servorum Dei, venerabili fratri Hugoni, Panormitano archiepiscopo, salutem et apostolicam benedictionem.

Quanto majorem devotionem sacrosanctæ Romanæ Ecclesiæ, et nobis ipsis te cognoscimus exhibere, tanto in tuis postulationibus te libentius exaudimus, et petitiones tuas quantum cum Deo possumus effectui mancipamus. Eapropter, venerabilis in Christo frater archiepiscope, justis postulationibus tuis grato concurrentes assensu, quidquid in privilegio quod antecessor noster bonæ memoriæ Adrianus papa super concessione trium suffraganeorum Agrigentinensis videlicet, Mazariensis et Melitensis tibi concessit, noscatur contineri, nos devotioni tuæ auctoritate apostolica confirmamus et præsentis scripti patrocinio communimus; statuentes ut nulli omnino hominum liceat hanc paginam nostræ confirmationis infringere, vel ei aliquatenus contraire. Si quis autem hoc attentare præsumpserit, indignationem omnipotentis Dei, et BB. Petri et Pauli apostolorum se noverit incursurum.

Datum Anagniæ vi Kal. Maii.

XXV.

Albanensi episcopo vicario suo.

[Mansi, *Concil.* XXII, 428.]

Ex tuarum tenore litterarum accepimus, quod N. clericus adeo deliquit, quod si delictum ejus publicum esset, ab ordine quem suscepit, degradaretur, et amplius non posset ad superiores ordines promoveri. Verum, quoniam peccatum ipsum occultum est, et privatum fore dixisti: fraternitati tuæ per A. S. mandamus, quatenus ei condignam pœnitentiam imponas, et ei suadeas, ut per te, pœnitentia peracta, ordine suscepto utatur: et eo contentus existens, ad superiores ordines amplius non accedat. Verumtamen, quia peccatum occultum est, si promoveri desiderat, ei non potes nec debes aliqua ratione prohibere.

De adolescente, qui mulierem quamdam cognovit, et filiam ejus postea matrimonio sibi copulavit, cui jam per decennium cohabitavit, tuæ prudentiæ respondemus: quod si delictum ejus, sicut nobis significasti, occultum existit, pœnitentia sibi condigna debet imponi, nec ab uxore tanti sceleris inscia est propterea separandus. Si vero id notorium esse dignoscitur: et ab uxore debet separari, et sine spe conjugii permanere.

XXVI.

Ad eumdem.

[*Ibid.*]

Ex relatione I. latoris præsentium, et ex tenore tuarum litterarum accepimus, quod cum idem I. so- rorem uxoris suæ carnaliter cognovisset, et cum ea diutius permansisset, tu eos ab invicem separasti, et jam dictum I. ad nostram audientiam destinare curasti. Super quo utique fraternitati tuæ diximus respondendum, ut cum Hierosolymam studeas destinare. Deinde cum ad propria redierit, ne ex abstinentia illorum forte deterius contingat, dissimulare poteris, quod uxori suæ cohabitet, non tamen ut eis ad hoc licentiam ad favorem aliquatenus indulgere videaris.

ANNO 1161

XXVII.

Ad Morinenses. — In gratiam Milonis II episcopi.

(Jan. 4.)

[*Gall. Christ. nov.*, X, Instrum., 405.]

Alexander episcopus, servus servorum Dei, universo clero et populo Morinensi, salutem et apostolicam benedictionem.

Dilectum filium nostrum Milonem quondam electum, nunc vero episcopum vestrum, ad sedem apostolicam venientem paterna charitate suscepimus, et honorem ei debitum impendentes, quantum cum Deo et justitia potuimus, ipsum in suis et Ecclesiæ suæ petitionibus curavimus exaudire. Adversario siquidem ipsius, qui ad subtractionem Boloniensis Ecclesiæ, et ut in ea ordinaretur episcopus propensius intendebat, et clericis ipsius electi quos ad præsentiam nostram ipse præmiserat in nostro auditorio constitutis; cum adversarius ille a causa defecisset, præfatam Boloniensem Ecclesiam in eo statu in quo usque ad hoc tempus fuerat, de communi fratrum consilio decrevimus permanere.

Datum pridie nonas Januarii anno 1161.

XXVIII.

Ad Samsonem archiepiscopum Remensem. — Pro ecclesia Morinensi.

(Anagniæ, Jan. 17.)

[D. Marlot, *Metropol. Rem.*, II, 371.]

Alexander episcopus servus servorum Dei, venerabili fratri Samsoni Remensi archiepiscopo, salutem et apostolicam benedictionem.

Dilecti filii nostri M Morinensis quondam electus, et canonici ejusdem Ecclesiæ multis laboribus fatigati ad nostram præsentiam accesserunt, asserentes se pro eo quod Bononienses Ecclesiam illi episcopatui quondam subtrahere conabantur, multas expensas, et multa gravamina tolerasse. Cum enim a canonicis præfatæ Morinensis Ecclesiæ canonice fuisset electus, et sicut ex confessione tum diversæ partis accepimus, nihil ei prorsus objiceretur, quod ipsius electionem deberet aliquatenus impedire, et tu ei juxta petitionem Ecclesiæ suæ, cum jam de mandato tuo rasus esset et tonsuratus manum velles consecrationis imponere, canonici Remensis Ecclesiæ tibi, et præfato electo proposuerunt, quod Baldus et E...... frater ejus, Bononiensis Ecclesiæ canonici in vocem appellationis jam antea prorupissent, ne ei manum imponeres, nisi prædictæ Bononiensi Ecclesiæ abrenuntiaret ex parte apostolica prohibentes.

Tu vero, sicut devotus sacrosanctæ Romanæ Ecclesiæ filius, et qui semper consuevisti eamdem Matrem tuam Romanam Ecclesiam, sicut vir religiosus et Catholicus in omnibus et per omnia honorare, cum propter factæ appellationis obstaculum consecrare minime voluisti. Cum autem adversarii ejusdem electi, qui ad substractionem Bononiensis Ecclesiæ, et ut in ea ordinaretur episcopus propensius intendebant, et clerici ipsius electi, quos ad præsentiam nostram ipse præmiserat in nostro fuissent auditorio constituti, adversario illo a causa deficiente, præfatam Bononiensem Ecclesiam in eo statu, in quo ad hæc usque tempora fuerat, de communi fratrum consilio decrevimus permanere. Videntes igitur prædictam Morinensem Ecclesiam, et ipsum electum veniendo ad nos multipliciter laborasse, et cognoscentes, nihil esse, quod ejus electioni de sacrorum canonum deberet institutionibus obviare, noluimus eos relinquere desolatos, sed ipsorum laboribus, et expensis misericorditer compatientes, honori et dignitati tuæ per omnia deferendo ad summam precum instantiam canonicorum ejusdem Ecclesiæ, qui cum electo erant, de communi fratrum nostrorum consilio, munus ei consecrationis impendimus, salva tamen in omnibus, tam tua, quam Ecclesiæ tuæ justitia. Ipsum itaque ad te et Ecclesiam suam de manibus nostris remittimus, tanquam metropolitano suo, omnem quam debet subjectionem impendat, et reverentiam exhibeat, humilitatem et honorem, sicut antecessores sui melius unquam consueverunt tuis antecessoribus exhibere.

Rogamus proinde charitatem tuam, monemus, hortamur attentius, quatenus pro reverentia B. Petri ac nostra ipsum debita benignitate suscipias, charitative tractes, et gratiam tuam circa se non ex hoc sentiat minoratam; imo interventu nostro dilectionem et familiaritatem ei exhibeas ampliorem. Nos enim personam tuam, sicut unam de majoribus columnis Ecclesiæ, et immobile domus Dei firmamentum. Quia tu, etsi alii, quando in Ecclesia Dei scandala suborta sunt, de animorum pusillanimitate nutassent, nunquam a firmitatis tuæ robore decidisti, sed semper immobilis permansisti in Ecclesiæ Catholicæ unitate, sincere in Christi visceribus charitate diligimus, et nihil prorsus efficere volumus unde persona tua quomodolibet offendatur, sed proposito potius et voluntatem habemus te, sicut venerabilem et charissimum fratrem nostrum, in benedictionibus dulcedinis prævenire, et postulationes tuas, quibuscunque modis cum Deo poterimus, intendimus exaudire.

Datum Anagniæ xvi Kal. Feb.

XXIX.

Ad Ludovicum VII, Francorum regem. — Regum Francorum, et præsertim Ludovici, pietatem et merita erga sedem apostolicam commendat.

(Anagniæ, Jan. 17.)
[Mansi, *Concil.*, XXI, 983.]

Alexander episcopus, servus servorum Dei, charissimo in Christo filio Ludovico, illustri Francorum regi, salutem et apostolicam benedictionem.

Quantum illustres et magnifici proavi et progenitores tui reges Francorum sacrosanctæ Ecclesiæ devoti semper et obedientes exstiterint, quanta ei commoda et devotionis obsequia exhibuerint, nos ex multis et magnificis utilitatibus, quæ per eos sanctæ Dei Ecclesiæ provenerunt, manifeste cognovimus : et fratres nostri, qui diutius sunt in Romana Ecclesia conversati, id ipsum plenius agnoverunt. Tu vero, progenitorum tuorum laudabilis imitator existens, ut ita paternarum virtutum sicut et regni hæredem te veraciter exhiberes : ad eorum exemplum, singularem et unicam matrem tuam sacrosanctam Romanam Ecclesiam, ex quo excellentiæ tuæ regnum a Deo commissum est gubernandum, propensius dilexisti, in pressuris et necessitatibus suis ei fideliter astitisti, et nihil unquam fuit, quod a devotione et subventione ipsius regium potuerit animum revocare. Illo siquidem Friderico, qui pro sui officii debito advocatus Ecclesiæ ac defensor deberet existere, adversus eam crudeliter sæviente, tu, sicut princeps Christianissimus, eam diligis et honoras, et ipsam sincero veneraris affectu. Quæ utique in omni tribulatione sua, tam apud prædecessores tuos, quam apud te ipsum, et optatæ portum quietis obtinuit, et refugium semper opportunum invenit. Gallicana quoque Ecclesia inter omnes alias orbis Ecclesias, quæcunque aliæ provenientibus scandalis in tribulatione mutassent [*f.* nutassent]; nunquam a Catholicæ matris Ecclesiæ unitate recessit; nunquam ab ejus subjectione et reverentia se subtraxit; sed tanquam devotissima filia, firma semper et stabilis in ejus devotione permansit. Unde ipsa mater omnium et magistra Romana Ecclesia progenitores tuos, et te ipsum inter cæteros orbis principes, Gallicanam quoque Ecclesiam, speciali et singulari prærogativa dilexit : ad honorem, incrementum, et exaltationem vestram intendit, et in omnibus in quibus secundum Deum potuit, vestræ satisfaciens voluntati, personas vestras propensius honoravit. Nullum siquidem in toto orbe terrarum principem esse credimus, quem antecessores nostri, et nos ipsi ampliori affectione diligere teneamur, et cui magis a nobis sit quam tuæ celsitudini deferendum. Firmiter namque in cordis armario retinemus, et tam ex publica fama, quam ex archiepiscoporum et episcoporum regni tui, et dilectorum filiorum nostrorum Hen[rici], W[illelmi] et Odonis cardinalium, quas pro necessitate Ecclesiæ, pro honore quoque et utilitate regni et tua ad partes illas destinavimus, transmissa relatione cognovimus, qualiter sicut tu ipse hac vice nobis propriis litteris innuisti, ad receptionem nostram, quidquid alii facerent, regium animum ab ipso principio efficaciter induxisti. Et alii sunt exemplo tuo ad illud idem vehementius provocati, et in nostra devotione succensi. Unde et ab omnium Conditore, cujus gratia tuum propositum ita laudabiliter direxisti, præmium indeficiens tua excellentia obtinebit ; et nos ipsi, quantum gratia divina permiserit, serenitati tuæ curabimus pro tanta devotione utiliter respondere. Proinde sicut de prosperitate tua, et commissi tibi regni, interna affectione gaudemus, ita et de adversitate, si quando, quod Deus avertat, accideret, doleremus plurimum, et vehementius gravaremur. Propositum siquidem, et promptam admodum voluntatem habemus, paci et quieti tuæ, et regni tuæ gubernationi commissi, libenter intendere. Super his autem, quæ nobis propriis litteris tua excellentia indicavit, sollicite apud nos deliberamus, et cum fratribus nostris tractabimus ; et quidquid ad honorem Dei, Romanæ Ecclesiæ, et tuum, viderimus pertinere, curabimus libenter efficere. De quibus utique per dilectum filium nostrum fratrem Guidonem, Majoris-Monasterii monachum, serenitati tuæ plenius auctore Deo viva voce in proximo respondere curabimus. Ad hæc venerabilem fratrem nostrum M[anassem], Aurelianensem episcopum, pro quo nos regia celsitudo satis affectuose rogavit, licet quidam sinistra de eo in nostris auribus susurraverunt, etsi certum apud nos esset, quod læsionem nobis aliquam intulisset, amore tamen et interventu tuo sincera volumus affectione diligere, et eum sicut charissimum fratrem nostrum, quantum cum Deo possumus, intendimus honorare, et in suis postulationibus libentius exaudire.

Datum Anagniæ xvi Kal. Febr.

XXX.

Ad Eberhardum Saltzburgensem archiepiscopum. — Significat prosperum statum Ecclesiæ et suum. Hortatur ut constanter sit Ecclesiæ fidelis, imperatoremque reducere conetur.

(Anagniæ, Jan. 20.)

[Mansi, *Concil.*, XXI, 1036.]

ALEXANDER episcopus, servus servorum Dei, venerabili fratri EBERHARDO, Saltzburgensi archiepiscopo, salutem et apostolicam benedictionem.

Ad hæreses et schismata resecanda viri Catholici et in fide ferventes viriliter debent assurgere, et illorum præsumptione se murum et antemurale pro justitia et libertate Ecclesiæ defendendo potenter opponere, qui sacrosanctam Ecclesiam per inconsutilem Christi tunicam, quæ nullam recipit sectionem, in Evangelio figuratam, laniare conantur. Sic enim et grana a paleis separantur, et qui probati sunt, manifesti fiunt, ut valeant dicere cum Apostolo : Neque angelus, neque archangelus, neque angustia vel fames poterit nos a charitate ullatenus separare (*Rom.* VIII). Gaudio autem gaudemus in Domino, et omnipotenti Deo gratiarum referimus actiones, quod, sicut ex plurium relatione accepimus, et lator præsentium a tua fraternitate, sicut nobis asserit, ad sedem apostolicam destinatus, sua nobis relatione monstravit, in unitate Catholicæ Ecclesiæ ac devotione B. Petri et nostra firmus et stabilis permansisti, et ad honorem matris tuæ sacrosanctæ Romanæ Ecclesiæ aspirare dispositus et minas principis, qui Ecclesiam, et nos ipsos sine causa persequitur, et ipsius libertatem nititur penitus annulare, tamque vir Catholicus et fervens in fide, non usque a deo timuisti, ut a fidelitate Romanæ Ecclesiæ ac nostra posses aliquatenus dimoveri, dicens cum beato Petro : *Magis Deo quam hominibus obedire oportet* (*Act.* V).

Pro tantæ itaque devotionis fervore et sinceræ fidei puritate, prudentiam tuam plurimum in Domino commendamus, et quas debemus et possumus, gratiarum tibi referimus actiones, propositum et voluntatem habentes personam tuam sincera in visceribus charitate diligere, et quibus modis expedire viderimus, largiente Domino, honorare ac tibi pro merito respondere.

Cæterum quoniam luce clarius est manifestum qualiter Octavianus, schismaticus, hæreticus et manifestus invasor cum tribus malitiæ suæ complicibus seipsum intruserit, et per simoniam notoriam et laicalem violentiam papatum nisus fuerit opprimere ; qualiter etiam Fridericus potius tyrannus quam imperator dicendus, in conciliabulo apud Papiam multo labore collecto, statuam Nabuchodonosoris erigere, et erectum abominationis idolum præsumpserit adorare, et qualiter viri Catholici a facie ipsius Octaviani, tanquam a conspectu draconis, aufugerint, te non duximus diutius longa verborum et litterarum serie detinendum, cum clementia faciat divina illorum dies in vanitate defecisse, et accepta iniquitate ipsos videamus fuisse deceptos. Orientalis namque Ecclesia, in consilio Nazareth, præsente illustri Jerosolymorum rege, solemniter celebrato, Francorum, Anglorum, Hispaniarum et tota Occidentalis Ecclesia, cum regibus, archiepiscopis, episcopis, et toto clero et populo suo, prædictum schismaticum ejusque principales fautores perpetuo anathemate damnarunt, nosque in patrem spiritualem et summum pontificem sicut ex communi fama et transcriptis litteris, quæ tibi per latorem præsentium destinamus, poteris evidenter cognoscere, unanimiter et magnifice receperunt, omnem nobis obedientiam et reverentiam verbo et opere humiliter offerentes. Quæ omnia nostris tibi litteris tanto libentius aperimus, quanto de unitate ac profectu Ecclesiæ lætitiam te credimus concipere ampliorem ; de ipsius adversitate tanto magis dolere, quanto in medio ejus firmior columna esse dignosceris.

Quoniam ergo de religione, honestate ac prudentia tua, sicut de illo qui schismatica vel hæretica pravitate nequaquam potuit contaminari, sed in petra Catholicæ unitatis firmiter est solidatus, plenissimam fiduciam obtinemus, per apostolica scripta fraternitatem tuam rogamus, monemus et exhortamur in Domino, quatenus, sicut bene et laudabiliter, prout accepimus, inchoasti, in devotione ac fidelitate sacrosanctæ Romanæ Ecclesiæ, ac nostra immobili constantia perseveres ad honorem, augmentum et exaltationem ipsius et nostram, pura mente et viribus totis aspirans, et nullius minæ vel terrores ab obsequio beati Petri et nostro te valeant aliquatenus retardare. Suffraganeos quoque, et vicinos episcopos aliasque personas, tam ecclesiasticas quam sæculares, ad obsequium et devotionem Ecclesiæ, et nostram frequenti admonitione ac sollicita vigilantia studeas revocare, et in ea propensius solidare, animum quoque jam dicti principis diligenter mitigare procures, et ut ad sinum matris Ecclesiæ, et viam redeat veritatis, attentius cum moneas et exhorteris. In quo tam spirituale quam corporale commodum poterit adipisci. Præterea statum Ecclesiæ tuæ ac Teutonici regni, animos quoque et voluntates hominum ejusdem regni propriis litteris tua nobis devotio non differat indicare. Super his autem et aliis, quæ nobis et Ecclesiæ cognoveris expedire, taliter te præbeas sollicitum et studiosum, quod gratiam sedis apostolicæ et nostram debeas omni tempore uberrimam obtinere.

Datæ Romæ (91) xiii Kalend. Februarii.

XXXI.

Privilegium pro ecclesia S. Cuthberti Radefordensi.
(Anagniæ, Jan. 22.)

[*Monastic. Anglic.*, II, 53.]

ALEXANDER episcopus, servus servorum Dei, dilectis filiis WILLIELMO priori ecclesiæ Sancti Cuthberti de Kadeford ejusque fratribus, tam præsentibus quam futuris regularem vitam professis, in perpetuum.

Effectum justa postulantibus indulgere, et vigor æquitatis et ordo exigit rationis ; præsertim quando petentium voluntatem et pietas adjuvat, et veritas non relinquit. Eapropter, dilecti in Domino filii, vestris justis postulationibus clementer annuimus, et præfectam Ecclesiam, in qua divino mancipati estis obsequio, sub beati Petri et nostra protectione suscipimus et præsentis scripti privilegio communimus ; imprimis siquidem statuentes ut ordo canonicus, qui secundum Dei timorem, et B. Augustini Regulam noscitur institutus, perpetuis ibidem temporibus inviolabiliter observetur. Præterea quascunque possessiones, quæcunque bona, eadem ecclesia inpræsentiarum juste et canonice possidet, aut in futurum concessione pontificum, largitione regum vel principum, oblatione fidelium, seu aliis justis modis, Deo propitio, poterit adipisci, firma vobis vestrisque successoribus, et illibata permaneant ; in quibus hæc propriis duximus exprimenda vocabulis : Ex dono Willelmi de Suvetot fundatoris ipsius ecclesiæ et hæredum ejus, locum ipsum, in quo eadem ecclesia sita est, cum terris, decimis et omnibus earum pertinentiis ; ecclesiam de Malcringham, ecclesiam de Gringeleia, ecclesiam de Normaton, ecclesiam de Visson, ecclesiam de Coleston, ecclesiam de Willeley ; quidquid habetis in ecclesiis de Bisterton, et de Claverburtel, de Beriswell, cum pertinentiis earum : præterea decimas omnes de terris ejusdem Willelmi, de Honore de Blida, de omnibus rebus, ex quibus decima dari solet, et dari debet ; in Berdemyc duas bovatas terræ ; in Coleston duas bovatas terræ cum mansura una de dominio ejusdem Willelmi ; in Burford quatuor bovatas ; in Wistron quatuor bovatas terræ cum mansura una, et totam terram ipsius Willelmi de Berteby et de Slawic, præter unam bovatam terræ : In Bayton novalia Sotumi ; in Dormaton terram Domini sæpe fati Willelmi cum prato, Howalia, Ulfac, et Bolum cum molendinis et novalia de Ehorp. In Sthirakis unam bovatam terræ cum mansura una et totam terram ex parte rivuli versus meridiem in eadem villa novalia de Apelia, et Gravam, sicut per fossatam clauditur, molendinum de Banton cum vivario, molendinum Sthirakis ; in Kampton unam piscariam, et totum situm villæ de Radeford, sicut per fossarium clauditur ; ex dono Gilberti de Wenis, terram de Brist cum molendino et dimidiam bovatam terræ in Belh ; ex dono Roberti de Stivellei sex bovatas terræ in Renchall ; ex dono Radbriton locum Stelleræ cum omnibus pertinentiis suis ; ex dono Aviciæ filiæ Wil. de Taneya tres bovatas terræ in Termodestone ; ex dono Ceciliæ uxoris Ricardi de Suwetot, quidquid habetis in territorio ecclesiæ de Dinisleja ; libertates quoque et immunitates a regibus sive principibus pia vobis devotione concessas nihilominus præsentis scripti pagina confirmamus. Sane novalium vestrorum, quæ propriis manibus aut sumptibus colitis, sive de nutrimentis vestrorum animalium, nullus a vobis decimas præsumat exigere? In parochialibus autem ecclesiis, quas tenetis, liceat vobis de fratribus vestris sacerdotes eligere, et episcopo præsentare, qui de plebis quidem cura eidem episcopo; de rebus vero temporalibus ad ipsam ecclesiam pertinentibus vobis debeat respondere. Statuimus præterea ut nulli ecclesiasticæ sæculariive personæ in præfata ecclesia liceat injustas exactiones vel indebitas exercere, vel sacerdotibus in eis ecclesiis commorantibus indebite gravamina irrogare. Sepulturam quoque ipsius loci liberam esse concedimus, ut eorum devotioni et extremæ voluntati, qui se illic sepeliri deliberaverint, nisi forte excommunicati vel interdicti sint nullus obsistat : salva tamen canonica justitia matricis ecclesiæ et parochialium ecclesiarum, de quibus mortuorum corpora assumuntur. Porro cum commune interdictum terræ fuerit, liceat vobis, clausis ja-

---

(91) In cod. ms. Vindob. pro *Romæ* legi *Anagniæ* docuit Wattenbach. JAFFÉ.

nuis, exclusis excommunicatis et interdictis, non pulsatis tintinnabulis, suppressa voce divina officia celebrare. Obeunte vero te nunc ejusdem loci priore, vel tuorum quolibet successorum, nullus ibi qualibet subreptionis astutia seu violentia præponatur, nisi quem fratres communi consensu, vel fratrum pars consilii sanioris secundum Dei timorem et beati Augustini Regulam providerint eligendum.

Decernimus ergo ut nulli omnino hominum liceat præfatam ecclesiam temere perturbare, aut ejus possessiones auferre, vel ablatas retinere, minuere, seu quibuslibet vexationibus fatigare, sed omnia integra conserventur eorum, pro quorum gubernatione et sustentatione concessa sunt, usibus omnimodis profutura, salva sedis apostolicæ auctoritate, et diœcesani episcopi canonica justitia. Si qua igitur in futurum ecclesiastica sæcularisve persona, hanc nostræ constitutionis paginam sciens, contra eam temere venire tentaverit, secundo tertiove commonita, nisi præsumptionem suam congrua satisfactione correxerit, potestatis honorisque sui dignitate careat, reamque se divino judicio existere de perpetrata iniquitate cognoscat, et a sacratissimo corpore ac sanguine Dei et Domini Redemptoris nostri Jesu Christi aliena fiat, atque in extremo examine districtæ ultioni subjaceat. Cunctis autem eidem loco sua jura servantibus, sit pax Domini Jesu Christi quatenus et hic fructum bonæ actionis percipiant, et apud districtum Judicem præmia æternæ pacis inveniant. Amen, amen, amen.

Datum Anagniæ per manum Hermanni sanctæ Romanæ Ecclesiæ subdiaconi et notarii, xi Kalend. Februarii, indictione viii, Incarnationis Dominicæ anno 1161, pontificatus vero domni Alexandri papæ III anno ii.

XXXII.

Ad Theobaldum Cantuariensem archiepiscopum et Hillarium episcopum Cicestrensem. — Ut Robertus de Valoniis monachis S. Albani silvam de Northaga restituat.

(Anagniæ, Jan. 27.)

[MATTHÆI PARIS. Opp., App., p. 83.]

ALEXANDER episcopus, servus servorum Dei, venerabilibus THEOBALDO Cantuariensi archiepiscopo et HILLARIO Cicestrensi episcopo, salutem et apostolicam benedictionem.

Dilecti filii nostri abbas et fratres monasterii Sancti Albani transmissa nobis conquestione monstrarunt, quod Robertus de Valoniis silvam de Northaga, quam iidem fratres ad suum jus asserunt pertinere, contra justitiam detinet occupatam. Idcoque fraternitati vestræ per apostolica scripta mandamus, quod prædictum Robertum infra triginta dies post harum susceptionem studeatis cum omni diligentia convenire, ut ipsam silvam prædictis fratribus absque difficultate restituat, vel plenam exinde justitiam eis in præsentia vestra. Quod si facere forte contempserit, excommunicationis in eum sententiam proferatis. Si vero alter vestrum huic negotio interesse non poterit, alter tamen id ipsum nihilominus exsequatur.

Datum Anagniæ, sexto Kalend. Febr.

XXXIII.

Ad Henricum Belvacensem episcopum. — De negotio magistri G. pro presbyteri præbenda Suessionensi.

(Anagniæ, Febr. 3.)

[MARTEN., Ampl. Collect., II, 656.]

ALEXANDER episcopus, servus servorum Dei, venerabili fratri HENRICO Belvacensium episcopo, salutem et apostolicam benedictionem.

Super illa devotionis constantia et fidei puritate quam circa sacrosanctam Romanam Ecclesiam et personam nostram multis rerum indiciis et evidenti experimento te habere didicimus, prudentiam tuam plurimum in Domino commendamus, et uberes gratiarum actiones exinde tibi referimus, propositum et voluntatem ferventem habentes, personam tuam sincere diligere charitatis affectu, tibique pro merito respondere, atque in omnibus quantum cum Deo et justitia fieri potest, libenti animo honorare. Tua ergo fraternitas, sicut bene et laudabiliter inchoavit, in fidelitate et obsequio beati Petri et nostro firma et stabilis perseveret, atque ad honorem ejusdem Romanæ Ecclesiæ et nostrum, modis quibus potest, studiose aspiret, et charissimum filium nostrum Ludovicum illustrem Francorum regem fratrem tuum ad hoc inducere et in eodem attente studeat solidare. De cætero discretionem tuam credimus non latere, qualiter prædecessor noster bonæ memoriæ Adrianus papa in Suessionensi Ecclesia magistro G. presbytero latori præsentium unam concessit præbendam, eumque de ipsa investiendo, illi auctoritate apostolica eamdem præbendam confirmare curavit: tamen quia illam nondum potuit pacifice possidere, pro eo quod prædictus rex, sicut dicitur, prava suggestione cujusdam indignationem adversum istum concepit; fraternitatem tuam per apostolica scripta rogamus, quatenus pro beati Petri et nostra reverentia et pietatis intuitu, partes tuas apud eumdem regem ita efficaciter interponas, quod gratiam ejus jam dicto sacerdoti restitui facias, et in hujus justitiis ab eodem rege illum facias manuteneri pariter et foveri.

Datum Anagniæ, iii Non. Februarii

XXXIV.

Ad clerum Angliæ. — De canonizatione sancti Eduardi regis Angliæ.

(Anagniæ, Febr. 7.)

[MANSI, Concil., XXI, 871.]

ALEXANDER episcopus, servus servorum Dei, venerabilibus archiepiscopis, episcopis, et dilectis filiis abbatibus, prioribus et aliis Ecclesiarum prælatis per Angliam constitutis, salutem et apostolicam benedictionem.

Illius devotionis constantiam et fidei firmitatem, quam circa matrem vestram sacrosanctam Romanam Ecclesiam exhibetis, diligentius attendentes, in id propositum voluntatis adducimur, ut vos sicut charissimos fratres et speciales Ecclesiæ filios sincera charitate in Domino diligamus, propensius honoremus, et postulationes vestras, quantum cum Deo possumus, libenti animo admittamus. Inde utique fuit, quod super petitione, quam de Eduardo glorioso quondam rege Anglorum canonizando, et in sanctorum catalogo ascribendo, tam charissimus in Christo filius noster Henricus illustris Anglorum rex, quam vos ipsi nobis instantius porrexistis, sollicitam cum fratribus nostris deliberationem habentes, libro Miraculorum inspecto, quæ, dum in carne mortali viveret, et postquam de præsenti sæculo est assumptus, omnipotens Dominus per suam misericordiam declaravit : vis's etiam litteris antecessoris nostri piæ memoriæ Innocentii papæ, vestris quoque testimoniis inde receptis , quamvis negotium arduum et sublime non frequenter soleat nisi in solemnibus conciliis de more concedi, de communi tamen fratrum nostrorum consilio, juxta votum et desiderium prædicti filii nostri regis ac vestrum, corpus ipsius confessoris ita glorificandum censuimus, et debitis præconiis adorandum in terris, sicut eumdem confessorem Dominus per suam gratiam glorificavit in cœlis, unde videlicet inter sanctos confessores de cætero numeretur, quod hoc ipsum apud Deum signis meruit ac virtutibus obtinere. Quia igitur decet honestatis vestræ prudentiam eum pie colere, et toto studio venerari, quem auctoritate apostolica venerandum vestra postulavit devotio et colendum, universitatem vestram per apostolica scripta monemus et exhortamur in Domino, quatenus cum ita deinceps studeatis debitis obsequiis honorare, ut ipsius intercessionibus apud districtum Judicem mereamini veniam obtinere, et gloriosum in æterna beatitudine præmium invenire.

Datum Anagniæ, septimo Idus Februarii.

XXXV.

Ad Hugonem Suessionensem episcopum. — In angustiis maximis positus subsidium aliquod vecuniæ poscit.

(Anagniæ, Febr. 17.)
[Mansi, *Concil.*, XXI, 1003.]

Alexander episcopus, servus servorum Dei, venerabili fratri Hugoni Suessionensi episcopo, salutem et apostolicam benedictionem.

Illa devotionis integritas et affectio charitatis, quam circa sacrosanctam Romanam Ecclesiam et personam nostram credimus te habere, non modicam nobis fiduciam præstat, ut in necessitatibus nostris a te consilium debeamus et auxilium postulare, et imminentia nobis negotia tibi fiducialiter aperire. Qualiter autem ille tyrannus et vehemens

(92) Fridericus I, dictus Ænobarbus, electus 5 Martii 1152, quem vocat hic tyrannum ob suscita

persecutor Ecclesiæ, Fredericus videlicet, universalem omnium matrem sacrosanctam Romanam Ecclesiam persequatur, eamque sine causa opprimat et infestet, ad discretionis tuæ notitiam non ambigimus pervenisse. Qui utique tanquam leo rapiens et rugiens, positus in insidiis, aditus viarum ita per satellites barbaricæ feritatis obstruxit, quod illi jam non valeant usque ad nos transire, a quibus Romana Ecclesia in necessitatibus suis opportuna recipere suffragia consuevit. Unde cum eadem Romana Ecclesia multis oppressionibus angustata sit his temporibus et afflicta, et magnis atque innumeris pene debitis aggravata, ad ejus onera supportanda, et ad necessitates quas patitur relevandas, tanto studiosius exsurgere te oportet, et efficacius laborare, quanto amplius eadem mater Ecclesia de tua devotione et fidei sinceritate confidit. In tanto itaque necessitatis articulo constituti, de præterita quidem subventione tibi gratias exsolventes, charitatem tuam rogamus plurimum, monemus et exhortamur attentius, ut ad mentem revocans quot et quanta gravamina et angustias Romana Ecclesia pro sua et omnium ecclesiarum libertate tuenda hoc tempore patiatur, considerans etiam quid membra capiti debeant, ad subventionem Ecclesiæ et ad solvenda debita, quibus premitur, manum adhuc liberalitatis extendas, et nobis tuæ consolationis auxilium in tanto articulo, si absque gravi detrimento ecclesiæ tuæ fieri poterit, largiaris. Beneficia siquidem et obsequia quæ in necessitate præstantur, consueverunt semper recipientibus existere gratiora. Abbates quoque et alios ecclesiarum prælatos in tuo episcopatu constitutos ad hoc idem cum omni diligentia exhorteris. In quocunque autem te nobis contigerit subvenire, illud dilecto filio nostro... latori præsentium te volumus assignare, et nobis idipsum litteris tuis significes.

Datum Anagniæ, xiii Kal. Martii.

XXXVI.

Ad Henricum episcopum Belvacensem. — Ecclesiæ per Fridericum imperatorem afflictæ orat ut subveniat.

(Anagniæ, Febr. 18.)
[Marten., *Ampl. Coll.* II, 657.]

Alexander episcopus, servus servorum Dei, venerabili fratri nostro Henrico Belvacensi episcopo, salutem et apostolicam benedictionem.

Illius devotionis integritas et affectio charitatis, quam circa sacrosanctam Romanam Ecclesiam et personam nostram credimus te habere, non modicam nobis fiduciam præstat, ut in necessitatibus nostris a te consilium debeamus et auxilium postulare, et imminentia nobis negotia tibi fiducialiter aperire. Qualiter autem ille tyrannus et vehemens persecutor Ecclesiæ, Fredericus (92) videlicet, universalem omnium matrem sacrosanctam Romanam Ecclesiam persequatur, eamque sine causa oppritum ab eo funestum in Ecclesia schisma post mortem Adriani IV papæ.

mat et infestet, ad discretionis tuæ notitiam non ambigimus pervenisse. Qui utique tanquam leo rapiens et rugiens positus in insidiis, aditus viarum ita per satellites barbaricæ feritatis obstruxit, quod illi jam non valeant usque ad nos transire, a quibus Romana Ecclesia in necessitatibus suis opportuna recipere suffragia consuevit. Unde cum eadem Romana Ecclesia multis oppressionibus angustata sit his temporibus et afflicta, magnis atque innumeris pene debitis aggravata, ad ejus omnia supportanda, et ad necessitates quas patitur relevandas, tanto studiosius exsurgere te oportet et efficacius laborare, quanto amplius eadem mater Ecclesia de tua devotione et fidei sinceritate confidit. In tanto itaque necessitatis articulo constituti, charitatem tuam rogamus plurimum, monemus et exhortamur attentius, ut ad mentem revocans, quot et quanta gravamina et angustias Romana Ecclesia pro sua et omnium ecclesiarum libertate tuenda hoc tempore patiatur, considerans et quid membra capiti debeant, ad subventionem Ecclesiæ, et ad solvenda debita quibus premitur, manum liberalitatis extendas, et nobis tuæ consolationis auxilium in tanto articulo largiaris, beneficia siquidem et obsequia quæ in necessitate parantur, consueverunt semper recipientibus existere gratiora. Abbates quoque et alios ecclesiarum prælatos in tuo episcopatu constitutos ad hoc idem cum diligentia exhorteris. In quocunque autem te nobis contigerit subvenire, illud dilecto filio nostro latori præsentium, quem propter hoc ad partes illas duximus destinandum, te volumus assignare et nobis id ipsum litteris tuis significes.

Datum Anagniæ, xii Kal. Mart.

XXXVII.

Monasterii SS. Facundi et Primitivi Sahagunensis possessiones et privilegia confirmat.

(Anagniæ, Febr. 18.)

[ESCALONA, *Hist. de Sahagun*, p. 542, teste JAFFÉ *Regesta Rom. pont.*, p. 683.]

XXXVIII.

Ad magistrum Nicolaum. — Laudat ejus erga sedem apostolicam zelum, hortaturque ut in eo perseveret.

(Anagniæ, Mart. 6.)

[MARTEN. *Ampl. Collect.* II, 658.]

ALEXANDER episcopus, servus servorum Dei, dilecto fratri magistro NICOLAO, salutem et apostolicam benedictionem.

Devotionis tuæ constantiam et fidei firmitatem, quam circa sacrosanctam Romanam Ecclesiam et personam nostram multis rerum experimentis, et ipso effectu operis te habere cognoscimus, gratam acceptamque tenemus, et eam plurimum in Domino commendamus. Novimus enim qualiter propriæ personæ minime pepercisti, et pro negotio Ecclesiæ satis multum laborasti. Unde nos propositum et voluntatem habemus personam tuam, sicut specialem Ecclesiæ filium, sincera in Domino charitate diligere, et petitiones tuas omni tempore exaudire. Quia vero bonum principium laudabili exitu consummandum est, dilectionem tuam per apostolica scripta monemus et exhortamur in Domino, quatenus sicut bene cœpisti in devotione et fidelitate Ecclesiæ ac nostra, firmiter et immobiliter perseveres, et alias tam ecclesiasticas quam sæculares personas ad hoc idem inducere studeas, et propensius solidare. Nos siquidem pro devotione tua venerabilibus fratribus nostris Hugoni Senonensi et (93) S. Remensi archiepiscopis, nobili quoque viro (94) comiti Henrico, commendatitias litteras pro te destinamus.

Data Anagniæ, 11 Non. Martii.

XXXIX.

Privilegium pro Phalempinensi monasterio

(Anagniæ.)

[BUZELINI, *Gallo-Flandria*, p. 374.]

ALEXANDER episcopus, servus servorum Dei, dilectis in Christo filiis HEMFREDI Phalempinensis cœnobii abbati, ejusque canonicis fratribus, tam præsentibus quam futuris, regularem vitam professis, in perpetuum.

. . . .

... Eapropter dilecti in Domino filii, vestris justis postulationibus clementer annuimus et præfatam ecclesiam, in qua divino mancipati estis servitio, sub B. Petri et nostra protectione suscipimus, et præsentis scripti privilegio communimus, imprimis siquidem statuentes ut ordo canonicus, qui secundum Dei timorem, et B. Augustini Regulam et fratrum Arronvasiæ institutionem in ipsa ecclesia institutus esse dignoscitur, perpetuis temporibus ibidem inviolabiliter observetur, etc. Sane novalium vestrorum quæ propriis manibus et sumptibus colitis, sive de nutrimentis vestrorum animalium nullus a vobis decimas exigere præsumat. Cum autem generale interdictum terræ fuerit, liceat vobis januis clausis, non pulsatis campanis, exclusis excommunicatis et interdictis, submissa voce divina officia celebrare. Interdicimus etiam, ne cui episcopo vel archidiacono, vel alii ecclesiasticæ aut sæculari personæ a vobis pro electione, benedictione, sive intronizatione abbatum vestrorum palefridum, aut aliquid aliud exigere, vel extorquere liceat, cum aliquid ex debito pro his exigi vel exsolvi Simoniacum comprobetur. Ad hoc præsenti scripto arctius inhibemus, ne cui episcopo vel archidiacono seu alii ecclesiasticæ personæ liceat vobis vel ecclesiæ vestræ novas et indebitas exactiones imponere, sed ecclesiam ipsam in ea libertate de cætero manere decernimus, in qua noscitur hactenus permansisse. Sepulturam quoque ejusdem cessit.

---

(93) Samsoni. Hinc colliges hanc epistolam scriptam fuisse initio pontificatus Alexandri III; nam Samson, archiepiscopus Remensis, anno 1161 de-

(94) Trecensi scilicet, cui gratus maxime fuit Nicolaus.

noci liberam esse decernimus, ut eorum devotioni vel extremæ voluntati, qui se illic sepeliri deliberaverint (nisi forte excommunicati vel interdicti sint) nullus obsistat, salva tamen justitia illarum ecclesiarum, e quibus mortuorum corpora efferuntur.

Datum Anagniæ, anno 1161 Dominicæ Incarnationis, pontificatus vero domni Alexandri papæ III, anno II.

XL.

Ad Henricum Belvacensem episcopum. — Illum laudat de suo in sedem apostolicam et in reprimendis schismaticis zelo.

(Anagniæ, April. 7.)
[Mansi, Concil., XXI, 1149.

Alexander episcopus, servus servorum Dei, venerabili fratri Henrico Belvacensi episcopo, salutem et apostolicam benedictionem.

Illa ardentis charitatis constantia et sincerissimæ devotionis affectio, quam in tempore procelloso et turbido circa sacrosanctam Romanam Ecclesiam et personam nostram fideliter ostendisti, nos admonet et inducit, ut quod a te circa Ecclesiam Dei utilissime gestum est, immensis laudum præconiis extollamus, et hoc in nobis efficit ut obsequium tam gratissimum a nostra et fratrum nostrorum memoria nullo tempore dilabatur. Dilecti siquidem filii nostri Henricus (95), Oddo (96), sanctæ Romanæ Ecclesiæ cardinales et apostolicæ sedis legati, nobis jam sæpe et sæpius retulerunt, licet hoc ipsum ex communi et publica fama, et ex ipso effectu operis manifestius agnoscamus, qualiter te pro domo Dei murum inexpugnabilem opposueris, qualiter schismaticos et hæreticos potentissime confutaveris, et animum charissimi filii nostri Ludovici, illustris regis Francorum fratris tui, et aliorum, tam sæcularium principum quam ecclesiasticorum virorum, multis persuasionibus in catholicæ Ecclesiæ firmaveris unitate. Ex eorumdem etiam cardinalium relatione cognovimus quanto tempore eos et familias ipsorum in domo propria retinueris, et expensis tuis quam late, quam liberaliter procuraveris, et quanta eos studueris charitatis affectione tractare. Nostram vero receptionem, quæ in concilio in Francia celebrato solemniter facta est, magis quam tibi nulli mortalium imputamus, cujus quidem studio, vigilantia et labore et animi hæsitantium ad veritatis sunt semitam revocati, et in devotione Ecclesiæ persistentes, in ea firmitus roborati. Unde quoniam proventum et exaltationem sanctæ Romanæ Ecclesiæ ad honorem et promotionem tuam, et commissæ tibi Ecclesiæ non est dubium pertinere, prædictum filium nostrum regem inducas modis omnibus et horteris, ut in ea quam cœpit Ecclesiæ devotione permaneat, et rebelles qui in ejus regno existunt ad obedientiam et fidelitatem Ecclesiæ ac nostram regia auctoritate compellat. Porro quia Hugo Cluniacensis dictus abbas in animæ suæ periculum ab Ecclesiæ unitate recessit, et in hæreticam et schismaticam pestilentis Octaviani corruit pravitatem, habito fratrum nostrorum concilio, eum excommunicatum denuntiamus, et negotium ipsum discretioni tuæ duximus injungendum, fraternitati tuæ per apostolica scripta mandantes, quatenus memorati filii nostri regis consilio habito et favore, cujus quidem regnum occasione ista per eumdem abbatem infestari posset et plurimum molestari, continuo acceptis his litteris Cluniacum accedas, et, omni appellatione cessante, eum apostolicæ sedis auctoritate deponas, et cum consilio catholicorum fratrum ipsius monasterii alium in loco ejus substituere non moreris, privilegio a sede apostolica Cluniacensi Ecclesiæ indulto nullum tibi super depositione ipsius abbatis impedimentum præstante. Dignum est enim ut qui se ab Ecclesiæ unitate subtraxit, expers dignitatis ecclesiasticæ pro suæ malitiæ merito habeatur. Quod si ad ejus depositionem procedere forte non poteris, et, hæretica perversitate relicta, ad sinum matris Ecclesiæ voluerit remeare, tam eum quam complices suos, si et ipsi ad obedientiam nostram duxerint redeundum, vice nostra recipias, et a sententia qua tenentur, excommunicationis absolvas, juramento quidem prius ab eis suscepto, sicut in subsequentibus continetur : *Ego H. refuto et anathematizo Octavianum hæreticum et schismaticum, et omnes principales fautores ejus, et ab hac hora in antea fidelis et obediens ero beato Petro et domino papæ Alexandro, ejusque successoribus canonice intrantibus. Sic me Deus adjuvet et hæc sancta evangelia!* Ad hoc nihilominus experientiæ tuæ mandamus, ut quibuscunque modis poteris studeas et efficias, quod Ymarum (97), schismaticum et hæreticum, Tusculanum quondam episcopum, capias, vel a monasterio prorsus ejicias. Dilectos vero filios nostros R. latorem præsentium et socios ejus, qui in fidelitate Romanæ Ecclesiæ permanserunt, ad ipsum monasterium tecum adducas, et eos in statum suum quiete facias ac pacifico permanere. Dilectum prædictum filium nostrum R. Cluniacensis Ecclesiæ monachum, charitati tuæ petimus esse interventu nostro attentius commendatum.

Datum Anagniæ, vii Idus Aprilis.

---

(95) Henricus Pisanus, monachus Cisterciensis ab Eugenio III sacro cardinalium collegio ascriptus.

(96) Is esse videtur Oddo, sive Otto diaconus cardinalis S. Georgii in Velo Aureo, qui præcipuus fuit auctor deferendi summum pontificatum Alexandro III.

(97) Ymarus, de quo hic Alexander, erat Cluniacensis ordinis monachus S. Martini a Campis, deinde prior Crispeicensis S. Arnulfi, tum Charitatis ad Ligerim, ac postmodum abbas Pictavensis Monasterii Novi. Ab Innocentio II creatus cardinalis plurimas fauste obivit legationes : in hoc vero infelix, quod Octaviano antipapæ inhæserit, ipsumque consecraverit. Unde mirum videri non debet, si Hugonem abbatem Cluniacensem a vero pontifice averterit.

XLI.

Ad Cluniacenses. — *De depositione Hugonis abbatis Cluniacensis.*

(Anagniæ, April. 7).

[Mansi, *Concil.*, XXXI, 1151.]

Alexander episcopus, servus servorum Dei, dilectis filiis universis fratribus Cluniacensis monasterii, in communione Ecclesiæ et in nostra fidelitate et obedientia existentibus, salutem et apostolicam benedictionem.

Sicut Cluniacense monasterium nobile quondam, honestissimum, ac famosum ad jus sacrosanctæ Ecclesiæ Romanæ specialiter respicit et tutelam, ita quoque ferventius ei adhærere semperque ei assistere in suis opportunitatibus consuevit ; et in illis præsertim temporibus, in quibus schismata et hæreses pervenerunt, ipsum monasterium angustiæ matris lacerationi compatiens, ab ejus unitate nulla unquam occasione discessit, nullis blanditiis et terroribus a fide catholicæ Ecclesiæ deviavit, utilius æstimans opprimi temporaliter et affligi, quam ab unitate Ecclesiæ et a materno gremio sequestrari. Nunc vero eadem Ecclesia, peccatis exigentibus, subsannatio et spectaculum omnium populorum orbi facta est fabula, quæ olim inter Gallicanas Ecclesias famosissima rutilabat : ita ut pro schismaticis fratribus ipsam Cluniacensem Ecclesiam maculantibus illud Jeremiæ vaticinium in medium proponatur : *Portæ ejus destructæ, sacerdotes ejus gementes, virgines ejus squalidæ, et ipsa oppressa amaritudine* (Thren. 1). Eisdem quoque falsis et hæreticis fratribus, qui quandoque in Ecclesiæ communione fuerunt, et nunc miserabiliter squamosis sordibus inhærentes, auctorem et caput schismatis imitantur, alius sermo aptatur, quo dicitur : *Qui vescebantur voluptuose, interierunt in viis, qui nutriebantur in croceis, amplexati sunt stercora* (Thren. iv). Ille quidem qui caput in ecclesia illa et sustentatio videbatur, aliorum cauda factus est et ruina. Nec solum caput hoc debilitatum est, sed potius (quod mœrentes dicimus) amputatum, cum tota Gallicana et universa penè totius orbis Ecclesia in nostra devotione et obedientia præsistente, et Octavianum schismaticum et hæreticum condemnante, ille qui abbas dicitur, a catholicæ unitate Ecclesiæ præcisus, ei præsumit in animæ suæ periculum pertinaciter adhærere, ut jam pro eo ejusque complicibus conqueri compellamur, et dicere : *Egressus est a filia Sion omnis decor ejus ; facti sunt principes ejus velut arietes, non invenientes pascua, abierunt absque fortitudine ante faciem subsequentis* (Thren. 1). Sicut enim ex relatione accepimus, plurimorum quidam ipsorum fratrum eidem Hugoni dicto abbati et Ymaro apostatico et schismatico, Tusculano quondam episcopo, in ordinis et animæ suæ perniciem adhærentes traditi sunt in reprobum sensum ; et qui aliquando religiosi ac catholici habebantur, usque adeo in erroris laqueum et perversitatis semitam corruerunt, quod eis non immerito illud propheticum adaptetur : *Filii Sion inclyti amicti auro primo, quomodo reputati sunt in vasa testea, opus manuum figuli ?* (Thren. iv.) Nos igitur cognoscentes tantam iniquitatem egressam a Babylone, et a senibus judicibus, qui videbantur regere populum, nec eam valentes præmittere impunitam, ne si multa remanserit, vicina loca sua commaculet fœditate, venerabili fratri nostro Henrico Belvacensi episcopo, viro utique religioso, provido et honesto dedimus in mandatis ut continuo Cluniacum accedens, ipsum Hugonem dictum abbatem, omni appellatione cessante, apostolicæ sedis auctoritate deponat, et cum consilio catholicorum fratrum ejusdem monasterii, alium loco ejus substituere non moretur, privilegio, quod Cluniacensi Ecclesiæ a Romanis pontificibus dicitur esse indultum, nullum ei super depositione ipsius abbatis impedimentum vel obstaculum irrogante. Dignum est enim ut qui se a petra fidei, et a catholicæ Ecclesiæ unitate subtraxit, expers dignitatis ecclesiasticæ pro suæ malitiæ merito habeatur. Porro nos devotionis vestræ constantiam et fidei puritatem, quam circa sacrosanctam Romanam Ecclesiam et specialiter circa personam nostram habetis, gratam admodum acceptamque tenentes, et eam sicut commendanda est, plurimum in Domino commendantes, propositum et voluntatem habemus, vos, sicut viros religiosos, catholicos et honestos, et spirituales sanctæ Romanæ Ecclesiæ filios, sincera in Christi visceribus affectione diligere propensius honorare et in vestris postulationibus exaudire. Quia vero non qui incipit, sed qui perseverat pro virtute præmium obtinebit, universitatem vestram per apostolica scripta rogamus, monemus et exhortamur in Domino, quatenus sicut bene et laudabiliter incepistis, in devotione et fidelitate Ecclesiæ ac nostra, firmi atque immobiles persistatis, et prædictum fratrem nostrum Henricum Belvacensem episcopum accedentem illuc honorifice suscipientes, quidquid ipse super negotio sibi commisso statuerit, firmiter atque inviolabiliter observetis, et tam consilium quam auxilium eidem pro viribus ministretis, prædictos schismaticos tanquam pestem mortiferam respuentes.

Datum Anagniæ, septimo Idus April.

XLII.

Ad H[illarium] Cicestrensem episcopum. — *Pro hæreditate Willielmi de Saccavilla litigant Mabilla filia et Ricardus de Anestia ex sorore nepos. Obtenta regis licentia, ad papam appellatur, qui causam delegat in Anglia terminandam.*

(Anagniæ, April. 8.)

[Rymer, *Fœdera*, I, 19.]

Alexander episcopus, servus servorum Dei, venerabili fratri Hy[llario] Cicestrensi episcopo et dilecto filio L. Westmonasteriensi abbati, salutem et apostolicam benedictionem.

Causa quæ inter Ricardum de Anesten, et Mabilla de Franceville super eo quod ipse Ricardus eamdem Mabillam de illicito matrimonio asserit esse genitam et videlicet ad bona avunculi obtinenda petitioni hæreditatis insistit, diutius agitatur, ad nostram audientiam est perlata, cum super eadem causa a præsentia fratris nostri T. Cantuariensi archiepiscopi ad sedem apostolicam fuerit appellatum.

Quia vero utraque pars venerat imperata, nec testes secum adduxerat quos ipsius negotii terminatio postulabat, ad definitionem ejusdem causæ procedere non potuimus; unde quia nos de prudentia et discretione vestra plenam fiduciam obtinemus, eamdem controversiam. . . . ". tiæ vestræ committimus audiendam et fine debito terminandam.

Per apostolica itaque vobis scripta mandamus quatenus utramque partem congruo loco et tempore ante vestram præsentiam convocetis, et allegationes super omnibus capitulis hinc inde legentes audientes et..... testium depositiones, si qui apparuerint, ab utraque parte, remoto appellationis obstaculo, suscipientes, causam ipsam, infra tres menses, post susceptionem præsentium litterarum, mediante justitia, decidatis.

Quod si alterutra pars, post allegationes et depositiones testium, hinc inde fine appellationis, ut dictum est, remedio factas, ante pronuntiationem sententiæ ad vestram audientiam appellaverit, ad sententiam nullatenus procedatis, sed in scriptis omnia redigentes, eadem scripta sigillis vestris impressa ad nostram præsentiam destinetis.

Cæterum, si post receptos testes et allegationes propositas non fuerit, ut dictum est, appellatum, definitivam super eodem negotii sententiam proferatis.

Si vero aliqua partium se a vestra vocatione, vel a causæ cognitione substraxerit, in eam quæ hoc præsumpserit, auctoritate nostra excommunicationis sententiam promulgetis.

Dat. Anagn , vi Idus Aprilis.

XLIII.

Syri archiepiscopi Januensis dignitatem ab Innocentio II constitutam confirmat, eique episcopatum Albigaunensem subjicit, et legationem transmarinam octavo quoque anno obeundam, usumque equi cum racco albo, crucis Dominicæ, pallii concedit.

(Laterani ? April. 9.)

[Ughelli, *Italia sacra*, IV, 867.]

Alexander, etc., venerabili fratri Syro Januen. archiepisc. ejusque successoribus canonice substituendis, in perpetuum.

Superna, et ineffabilis providentia majestatis sacrosanctam Romanam Ecclesiam omnium Ecclesiarum matrem instituit, et magistram, ut prælata cæteris merita respiceret singulorum, et ad similitudinem æterni et justi judicis, unicuique pro meritorum qualitatibus responderet. Unde et eadem sancta Ecclesia, eos quos fideles filios reperit, clementiori tractare gratia consuevit, et quos ferventius circa suum obsequium intuetur, multiplici prærogativa honoris est solita sublimare. Nos igitur qui in sede apostolica beato Petro apostolorum principi, licet non suffragantibus meritis, ex divina dispositione successimus, quantam devotionem, reverentiam, sedulitatem obsequii tempore isto procelloso et turbido Januensis Ecclesia, et tota civitas omni terrore postposito nobis, nostrisque nuntiis exhibuerit, et quanta nos magnificentia, et honore susceperit, diligentius attendentes, considerantes etiam quanta nobis, et successoribus nostris incrementa, et commoda per sublimem, et inclytam Januensem civitatem poterunt provenire, antecessoris nostri felicis memoriæ Innocentii papæ vestigiis inhærentes, qui personam tuam, et post te Januensem Ecclesiam gloriosa dignitatis excellentia sublimavit ad honorem exaltatum in gloria, et servitium quæ B. Petro, et S. Romanæ Ecclesiæ fidelissima, et ad quiescendum ei, sicut dictum est, promptissima perseverat, et de cætero, id te facturum promptius pollicetur, eamdem dignitatem tibi, et successoribus tuis de communi fratrum nostrorum consilio duximus confirmandam. Quod enim te, frater archiepiscope, jam dictus antecessor noster Innocentius privilegio decoravit, et in archiepiscopatum promovens insignem te gratiam reddidit ampliorem, nos ratum habemus auctoritate apostolica roborantes episcopatus in Corsica, Marianensi, Nebiensi, et tertium cujus sedem memoratus Innocentius ecclesiam S. Petri de Acci constituit, et cui unam plebem de Marana, et alia de Aleria concessit, Bobiensem quoque episcopatum, ac illum de Brumiate cum ecclesiis suis, quas circa se in castellis suis habet, quem idem antecessor noster de novo constituit tibi, tuisque successoribus, sicut et ipse antecessor noster fecisse dignoscitur, metropolico jure subjicimus. Verumtamen episcopatum Januensem, et te videlicet, et posteros tuos ab omni emancipatos subjectione in manu propria libere retinemus. Statuentes ut Januensis archiepiscopus a suffraganeis suis episcopis consecretur, pallium pontificale, ad officii plenitudinem, a sede apostolica recepturus.

Præterea illam sincerissimam devotionem tam tuam quam civitatis tuæ, et multimoda obsequiorum officia, quæ nobis hactenus fideliter et liberaliter impendistis, et jugiter etiam exhibetis, in memoria retinentes, ut Januensis clerus, et populus ad servitium et honorem Ecclesiæ tanto ferventius accendantur, quanto Ecclesiam, et civitatem Januensem a sede apostolica cognovit amplius honorari, communicato fratrum concilio legationem transmarinam tibi tuisque successoribus in perpetuum duximus concedendam. Ita quidem ut singulis octenniis cum episcopo, vel cardinali Romanæ Ecclesiæ illuc accedere debeatis, a nobis et a Catholicis successoribus nostris, eamdem auctoritatis, et potestatis plenitudinem recepturi, quam episcopus, et cardinalis habuerit, qui a nobis, et successoribus nostris illuc de corpore Ecclesiæ fuerit destinatus. Monasterium quoque quod in insula Gallinaria situm est, ad jus sanctæ Romanæ Ecclesiæ

specialiter pertinens, et ecclesias in castro, et sub-
urbio Portus Veneris a jurisdictione Lunensis episcopi eximentes tibi, et his qui post te successerint, in perpetuum apostolica auctoritate concedimus, et præsenti privilegio confirmamus.

Albigaunensem insuper episcopatum tibi, et successoribus tuis concedimus, ita quod a biennio postquam fuerit Ecclesiæ restitutus, eumdem episcopatum perpetuo habeatis. Denique ut Januensis civitas, quæ cœlestis numinis adjuta favore de inimicis crucis Christi triumphum frequenter et victoriam reportavit, et plurimas eorum urbes mira quadam et invincibili potentia subjugavit, ampliori honoretur fastigio dignitatis, equo cum nacco albo in processionibus uti, et crucem Dominicam per subjectam vobis provinciam portandi, sicut prænominatus antecessor noster Innocentius concessisse dignoscitur, tibi tuisque successoribus licentiam damus, et liberam concedimus facultatem. Pallio vero infra ecclesiam perfrueris his diebus: in Cœna Domini, Pascha, Ascensione, Pentecoste, in festivitate apostolorum Petri, et Pauli, S. Joannis Baptistæ, S. Laurentii, tribus festivitatibus B. Mariæ, et solemnitate Omnium Sanctorum, S. Syri, Nativitatis Domini, Epiphania, in die anniversarii consecrationis tuæ, in consecrationem quoque episcoporum, basilicarum, et ordinationibus clericorum. Abbatiam quoque de Tyro ad melioramentum, salva sanctæ Romanæ Ecclesiæ proprietate, ac censu, sicut et supradictus prædecessor etiam Innocentius fecisse cognoscitur, tibi, frater archiepiscope, tuisque successoribus duximus committendam.

Si qua igitur in posterum ecclesiastica sæcularisve persona hanc nostræ constitutionis et confirmationis paginam sciens, contra eam temere venire tentaverit, secundo tertiove commonita, si non satisfactione debita et congrua emendaverit, potestatis honorisque sui dignitate careat, reamque se divino judicio existere de perpetrata iniquitate cognoscat, et a sacratissimo corpore et sanguine Dei et Domini nostri Jesu Christi aliena fiat, atque in extremo examine districtæ ultioni subjaceat. Cunctis autem hæc nostra statuta servantibus sit pax Domini nostri Jesu Christi, quatenus et hic fructum bonæ actionis percipiant, et apud districtum judicem præmia æternæ pacis inveniant.

Ego Alexander catholicæ Ecclesiæ episcopus.
Ego Hubaldus presb. card.
Ego Joannes presb. card. S. Anastasiæ.
Ego Gregorius Sabinensis episc.
Ego Hubaldus Ostiensis episcop.
Ego Bernardus Portuensis episc.
Ego Gualterus Albanensis episc.
Ego Hyacinthus diac. card. S. Mariæ in Cosmedin.
Ego Arditius diac. card. S. Theodori.

(98) Diploma hoc in archivo S. Salvatoris apographum invenimus nec anno, nec Indictione signatum. Cum autem ad Guidonem priorem datum

Ego Riso diac. card. Ss. Cosmæ et Damiani.
Ego Cynthius diac. card. S. Adriani.
Ego Joannes diac. card. S. Mariæ in Porticu.
Datum Laterani per manum.... v Idus Aprilis, indict. ix, Incarn. Dom. 1161, pontificatus vero D. Alexandri papæ III anno II.

XLIV
Privilegium pro Ecclesia Gradensi.
(Laterani, Jun. 12).

[CORNELII *Hist. Eccles. Venet.*, XIV, p. 97, ex archivo S. Salvatoris Venetiarum.]

ALEXANDER episcopus, servus servorum Dei, dilectis filiis GUIDONI et universis fratribus Ecclesiæ S. Salvatoris, salutem et apostolicam benedictionem.

Quoties a fratribus nostris vel aliis Ecclesiarum prælatis super aliquo negotio definitiva sententia rationabiliter promulgatur, in sua debet stabilitate consistere, et ne futuris temporibus alicujus temeritate a sua valeat firmitate convelli, nos decet eam apostolicæ sedis præsidio roborari. Eapropter, dilecti in Domino filii, vestris justis postulationibus grato concurrentes assensu, sententiam quam venerabilis frater Henricus Gradensis patriarcha, et dilectus filius Hildebrandus Basilicæ XII apostolorum presbyter cardinalis apostolicæ sedis legatus in controversia inter vos et dominium plebanum S. Bartholomæi super quibusdam parochialibus domibus quas quisque sui juris esse dicebat, quæ diutius agitata rationabiliter protulerunt, quemadmodum in scripto illorum exinde facto noscitur rationabiliter contineri, auctoritate apostolica confirmamus, et præsentis scripti patrocinio communimus. Nulli ergo omnino hominum liceat hanc paginam nostræ confirmationis ausu temerario infringere, vel ei ausu temerario contraire. Si quis autem hoc attentare præsumpserit, indignationem omnipotentis Dei beatorumque Petri et Pauli apostolorum ejus se noverit incursurum.

Datum Laterani, II Idus Junii. (98).

XLV.
Ecclesiam Gradensem sub B. Petri protectione recipit, multisque privilegiis exornat.
(Romæ ap. S. Mariam Novam, Jun. 13.)

[CORNEL., *lib. cit.*, t. III, p. 73, ex autographo in archivo patriarchali.]

ALEXANDER episcopus, servus servorum Dei, venerabili fratri HENRICO Gradensi patriarchæ, ejusque successoribus canonice substituendis, in perpetuum.

Apostolicæ officium dignitatis et creditæ nobis dispensationis debitum utiliter exsequi comprobamur, cum collatam unicuique Ecclesiæ dignitatem provisa sollicitudine custodimus, et singulis Ecclesiis jura sua illibata studemus integra conservare. Sicut enim nulli ultra quam mereatur alisit, et ipse Guido ad Æmoniensem Ecclesiam adlectus fuerit anno 1161, ad ipsum annum erit quoque Alexandri III diploma assignandum.

quid est a sede apostolica favore gratiæ concedendum, ita nemini quod sui juris esse dignoscitur a nobis est ullatenus denegandum. Quanto itaque majori es prærogativa supernæ respectu gratiæ sublimatus, tanto sollicitius tibi attendendum, ut in corrigendis subditis, plus apud te possit ratio quam potestas, atque te boni dulcem, mali vero pium sentiant correctorem, personas diligas et subjectorum vitia persequaris, ne si aliter agere forte volueris, transeat in crudelitatem correctio, et perdas quos desideras emendare. Sicque vulnus debes abscindere, ut non possis quod sanum est ulcerare; ne si ferrum plusquam res exigit imprimatur, noceat cui prodesse festinas, sed sic alterum condiatur ex altero, quatenus et boni habeant amando quod caveant, et mali metuendo quod diligant. Quapropter, venerabilis in Christo frater Henrice patriarcha, tuis postulationibus grato concurrentes assensu, Gradensem Ecclesiam cui auctore Deo præesse dignosceris sub B. Petri et nostra protectione suscipimus et præsentis scripti privilegio communimus.

Igitur prædecessorum nostrorum felicis memoriæ Pelagii, Alexandri II, Urbani et Adriani vestigiis inhærentes, illius præcipue constitutionis tenorem servantes quam prædecessor noster Leo nonus papa sancivit, et synodali judicio et privilegii pagina confirmavit, tibi tuisque successoribus canonice substituendis patriarchalem concedimus dignitatem et magisterium Gradensis Ecclesiæ gerendum in his tantum finibus confirmamus qui per prædecessores nostros supradictos eidem noscuntur Ecclesiæ constituti. Crucem quoque ante te ferendam esse concedimus, nisi cum Romæ fueris, aut in præsentia vel comitatu Romani pontificis. Pallium etiam, plenitudinem videlicet pontificalis officii, fraternitati tuæ ex apostolicæ sedis liberalitate largimur, Quo intra ecclesiam tuam ad missarum solemnia celebranda uti memineris in eis diebus, quibus prædecessores tuos non ambigimus usos fuisse, videlicet in Nativitate Domini, Epiphania, Hypapantibus (99), tribus festivitatibus S. Mariæ, Cœna Domini, Sabbato sancto, Resurrectione Domini, Ascensione, Pentecoste, in Natalitio sancti Joannis Baptistæ et omnium apostolorum, in festivitatibus quoque S. Mariæ, S. protomartyris Stephani, S. Laurentii, S. Martini, in solemnitate Omnium Sanctorum, et principalibus ecclesiæ tuæ festivitatibus; nec non in ecclesiarum, episcoporum et cæterorum clericorum consecrationibus, et anniversario consecrationis tuæ die. Præterea ne commissa regimini et dispensationi tuæ præfata Gradensis Ecclesia, quæ de benignitate apostolicæ sedis prærogativa gaudet honoris ex brevitate patriarchatus, inferior et abjectior val at apud simpliciores haberi, et ad ampliandam dignitatem ipsius, primatum ei super Jadertinum archiepiscopatum et episcopatus ipsius apostolica auctoritate concedimus, et tam te quam successores tuos Jadertino episcopo et episcopis ejus, qui pro tempore fuerint dignitate primatus, præsidere statuimus, et consecrationis munus eidem archiepiscopo impertiri, Romano quidem pontifici traditione pallii reservata.

Statuimus etiam ut quæcunque bona, quascunque possessiones eadem Gradensis Ecclesia in præsentiarum juste et canonice possidet, aut in futurum justis modis, Deo propitio, poterit adipisci, firma tibi tuisque successoribus, et illibata permaneant. Porro ecclesias a religiosis viris ipsi Gradensi Ecclesiæ oblatas per episcopatum tuum constitutas tibi tuisque successoribus libere confirmamus, ita ut nulli episcopo liceat, absque tuo assensu, in eis consecrationes celebrare aut sacerdotibus in eisdem Domino servientibus, donec in locis ipsis fuerint, divina officia prohibere. Decernimus ergo ut nulli omnino hominum liceat supradictam ecclesiam temere perturbare, aut ejus possessiones auferre, vel ablatas retinere, minuere, seu quibuslibet vexationibus fatigare, sed illibata omnia et integra conserventur eorum pro quorum gubernatione et sustentatione concessa sunt, usibus omnimodis profutura, salva in omnibus sedis apostolicæ auctoritate.

Si qua igitur in futurum ecclesiastica sæcularisve persona hanc nostræ constitutionis paginam sciens, contra eam temere venire tentaverit, secundo tertiove communita, nisi præsumptionem suam congrua satisfactione correxerit, potestatis honorisque sui dignitate careat, reamque se divino judicio existere de perpetrata iniquitate agnoscat, et a sacratissimo corpore ac sanguine Dei et Domini nostri Jesu Christi aliena fiat, atque in extremo examine districtæ ultioni subjaceat. Cunctis autem eidem loco sua jura servantibus sit pax Domini nostri Jesu Christi, quatenus et hic fructum bonæ actionis percipiant; et apud districtum judicem præmia æternæ pacis inveniant. Amen, amen, amen.

Ego Alexander catholicæ Ecclesiæ episcopus ss.
Ego Gregorius Sabinensis episcopus ss.
Ego Bernardus Portuensis et S. Rufinæ episcopus ss.
Ego Petrus diacon. card. S. Eustachii juxta templum Agrippæ ss.

Datum Romæ apud S. Mariam Novam per manum Hermanni S. Romanæ Ecclesiæ subdiaconi et notarii, Idus Junii, ix Indictione, Incarnationis Dominicæ anno 1161 (100) pontificatus vero domni Alexandri III papæ anno secundo

---

(99) A Græcis Hypapante Domini appellatur festum Purificationis B. Mariæ virginis, ut animadvertit martyrologium Romanum, 2 febr. Ex hac et sequentibus Bullis ab Ecclesia etiam Latina usurpatam fuisse hujusmodi Græcanicam vocem plane innotescit.

(100) Ex chronicis notis hujus diplomatis addiscimus Alexandrum III die xııı Junii jam reversum fuisse Romam e civitate Verularum, ubi prius resederat, ut ex altero diplomate dato die xıv Maii ejusdem anni. Concil. Labb., tom. XIII, col. 238.

XLVI.

Ad Henricum Gradensem patriarcham et episcopos Marchiæ. — Significat se Romæ optime exceptum esse ibique pontificium munus exercere. Hortatur ut sint constantes adversus schismaticos.

(Romæ, ap. S. Mariam Novam, Jun. 14.)

[MANSI, *Concil.*, XXI, 1036.]

ALEXANDER episcopus, servus servorum Dei, venerabilibus fratribus HENRICO Gradensi patriarchæ, ejusque suffraganeis, Paduano, Veronensi, Tarvisano, Ferrariensi, Vicentino, et universis episcopis, abbatibus, aliisque Ecclesiarum prælatis per Marchiam constitutis, salutem et apostolicam benedictionem.

Licet aliquando B. Petri navicula quatiatur a fluctibus, licet hæretici et schismatici Ecclesiam Dei opprimere moliantur, exsurgit tamen divina potentia, et in electis suis mirabiliter operatur, eaque per suam gratiam tranquilla efficiuntur ac serena quæ fuerunt hactenus procellosa. Noverit siquidem discretionis vestræ prudentia nos, divina præeunte gratia, VIII Id. Junii Urbem tenuisse, et a clero ac populo Romano apud ecclesiam S. Mariæ Novæ cum psalmis, hymnis et laudibus solemniter et cum omni honorificentia fuisse receptos, ibique, ecclesiasticæ veritatis adversariis omnino confutatis, ad honorem Dei et B. Petri apostolorum principis commissum nobis officium exercemus.

Sequenti quoque die Dominico post ingressum nostrum, præsentibus fratribus nostris, et clero ac populo in Lateranensi ecclesia congregato, in omni quiete et pace ibidem missarum solemnia celebravimus. Quia igitur de vestræ devotionis constantia et fidei puritate plenam admodum fiduciam obtinemus, charitatem vestram per apostolica scripta rogamus, monemus et exhortamur in Domino, quatenus, sicut bene et laudabiliter incepistis, in fidelitate et devotione sacrosanctæ Romanæ Ecclesiæ matris vestræ firmi atque immobiles persistatis, et alios ad hoc idem modis omnibus inducatis. Confidimus siquidem et speramus in Domino quod auctor et caput schismatis, omnesque sectatores ipsius ita ad nihilum sint redacti et penitus conculcati, ut nihil sit de cætero in quo vel modicum valeant respirare.

Data Romæ apud Sanctam Mariam Novam, XVIII Kal. Junii.

XLVII.

Ad abbatem S. Victoris. — Commendat ei Alexium diaconum apud Sanctum Victorem commorantem.

(Præneste, Jun. 27.)

[MARTEN., *Ampl. Collect.*, II, 241.]

ALEXANDER episcopus, servus servorum Dei, dilectis filiis abbati et universo capitulo Ecclesiæ S. Victoris, S. et A. B.

Cum universos Christi fideles ex injuncto nobis officio diligere debeamus, illos præsertim, qui specialius ad Romanam Ecclesiam pertinent, magis charos debemus et acceptos habere, et eis propensiori studio providere. Inde est utique quod dilectum filium Alexium diaconum nostrum, qui in Ecclesia vestra habitum canonicæ professionis accepit, et qui inter vos præsentialiter conversatur, vobis attentius commendamus. Rogantes et hortantes, ut cum pro reverentia B. Petri et nostra, intuitu quoque probitatis et honestatis ipsius, diligatis et honoretis, et ipsum de charo habeatis de cætero chariorem.

Datum Prænest. v Kalend. Julii.

XLVIII.

Ad Hugonem Suessionensem episcopum.— Ut integra serventur jura cœnobii S. Martini Sparnacensis.

(Præneste, Jun. 30.)

[MANSI, *Concil.*, XXI, 980.]

ALEXANDER episcopus, servus servorum Dei, venerabili fratri HUGONI Suessionensi episcopo, salutem et apostolicam benedictionem.

Quæ a sede apostolica alicui indulgentur, inconvulsa debent servari, nec illis temeritate aliqua est obviandum. Unde quoniam quæ per privilegia Romanæ Ecclesiæ abbati et fratribus S. Martini Sparnacensis noscuntur fuisse concessa, volumus inviolabiliter observari, per apostolica tibi scripta mandamus quatenus, secundum tenorem privilegiorum quæ a sede apostolica sunt Ecclesiæ prædicti abbatis indulta in ecclesia S. Martini de Montefelici, ad jus et dispositionem ejusdem abbatis specialiter, sicut dicitur, pertinente, uni de fratribus suis curam animarum committas, provisurus attentius, ne contra tenorem eorum privilegiorum aliquid facere ulla ratione præsumas.

Datum Præneste, II Kal. Julii.

XLIX.

Clerum et populum Salonitanum collaudat quod Julium episcopum Prænestinum et Petrum S. Eustachii diaconum cardinalem, legatos apostolicos, bene tractaverint. [*Petrum*] *episcopum Narniensem a sese iis præfectum archiepiscopum pallioque donatum esse.*

(Ferentini, Jul. 2.)

[UGHELLI, *Italia sacra*, I, 1015.]

ALEXANDER episcopus, servus servorum Dei, dilectis filiis, universo clero et populo Salonitano, salutem et apostolicam benedictionem.

Illa devotionis sinceritas et puritatis constantia, quam circa matrem vestram sacrosanctam Romanam Ecclesiam et personam nostram habetis, in hoc evidenter apparet quod venerabilem fratrem nostrum J. Prænestinum episcopum, dilectum filium nostrum, P. S. Eustachii diaconum cardinalem, sicuti ipsi idem nobis insinuarunt, benigne recipere et honeste curastis pertractare. Pro tanto itaque charitatis fervore et fidei constantia gratiarum vobis actiones persolventes, et sincera in Christi visceribus charitate vos diligentes, P. abbatem S. Stephani F. O. et W. nuntios vestros debita benignitate suscepimus, et ad petitionem illorum super electione vobis, et Ecclesiæ vestræ volentes utiliter providere, venerabilem fratrem nostrum quondam Narniensem episcopum, virum siquidem litteratum, honestum, providum et discretum, in archiepiscopum vobis concessimus, et patrem spiritualem atque animarum vestrarum pastorem duximus statuendum, et ad plenitudinem pontificalis officii ostendendam, ei pallium de beati Petri corpore sumptum exhibentes, ut per ejus sollicitudinem et providentiam spiritualibus et temporalibus valeatis proficere incrementis. Illum itaque cum gratia sedis apostolicæ ac nostra, et cum sui officii plenitudine ad vos, et commissa sibi Ecclesia, ducente Domino, venientem universitati vestræ duximus attentius commendandum, per apostolica scripta vobis præcipiendo mandantes quatenus eum benigne ac reverenter recipiatis, et debitam ei obedientiam tanquam archiepiscopo vestro impendatis humiliter et honorem; decimas et alia quæ de jure parochiali ipsum contingunt, illi sine contradictione aliqua persolventes. Sane si in ejus obedientia humiliter permanseritis, et ipsius salubribus monitis acquiescere volueritis, vos et Ecclesia vestra, sicut credimus et speramus, spiritualiter et temporaliter suscipietis, auxiliante Domino, incrementum. Si quis autem vestrum adversus eum contumax inventus fuerit, vel rebellis sententiam, quam idem archiepiscopus in illum propter hoc canonice promulgaverit, nos auctore Deo ratam et firmam habebimus.

Datum Ferentini VI, Non. Julii.

L.

Ad decanum et capitulum Dolense. — *Ut Dolensis electus consecrationem ab archiepiscopo Turonensi recipiat, eique obedientiam promittat* (1).

(Præneste, Jul. 12.)

[MARTEN., *Thesaur.*, III, 903.]

Quanto tempore controversia inter vos et Turonensem Ecclesiam fuerit agitata, et quanta exinde scandala et detrimenta provenerint, a discretionis vestræ memoria non credimus excidisse. Cum vero antecessor noster beatæ recordationis Lucius papa eidem controversiæ debitum finem vellet imponere, utraque parte in sua præsentia constituta, et rationibus et instrumentis hinc inde inspectis, Dolensem Ecclesiam Turonensi Ecclesiæ metropolitico jure subjectam esse adjudicavit : ita quod ad suffraganeos vel ad usum pallii eadem Dolensis Ecclesia de cætero nullatenus aspiraret. Quam utique sententiam prædecessores nostri felicis memoriæ Eugenius et Anastasius Romani pontifices ratam et firmam habentes.... auctoritatis apostolicæ privilegiis confirmarunt. Postmodum autem inter utramque Ecclesiam, sicut dicitur, intercedente concordia, Hugo qui præfatæ Ecclesiæ Dolensi quondam noscitur præfuisse, ad apostolicam sedem accessit, et occasione litterarum Turonensis archiepiscopi ab antecessore nostro bonæ memoriæ Adriano papa pallii usum obtinuit, cum prius consecrationem a Turonensi archiepiscopo suscepisset, et subjectionem ei et obedientiam promisisset.

Quia igitur jura vestra ita vobis volumus conservare, ut dignitatis Turonensis Ecclesiæ in nullo penitus minuatur, universitati vestræ per apostolica scripta mandamus, quatenus si forte in personam unanimiter convenistis, eam venerabili fratri nostro Jod. [Jodoco] Turonensi archiepiscopo præsentetis : quæ si nondum per legatos nostros confirmata est, et idem archiepiscopus electionem canonice factam invenerit, eam pro sui officii debito confirmabit, et electo munus consecrationis impendet, ita quidem quod consecratus debitam ei obedientiam et reverentiam secundum Ecclesiæ consuetudinem exhibeat et promittat. Quod si forte electio per legatos confirmata est, et electus eorum auctoritate, quod tamen non credimus, fuerit consecratus, nihilominus ad ipsum archiepiscopum cum ab eo vocatus fuerit accedat, et obedientiam ei exhibeat, sicut est superius denotatum. Si vero infra tres menses ex quo ab archiepiscopo vocatus fuerit, ad ejus præsentiam non accesserit, et sicut dictum est, obedientiam ei non fecerit; nos ex tunc eum ab administratione temporalium rerum et ab exsecutione officii, quod post electionem suscepit, apostolicæ sedis auctoritate privamus.

Datum Prænest. IV Idus Julii 1161.

LI.

Ad Petrum Salonitanum archiepiscopum. — *Ut excommunicet V., qui ab Eugenio III dejectus Ecclesiam Chrobatensem (Tininensem) tenere perrexerit, removeatque P., qui indice P[etro] S. Eustachii diacono cardinali, Ecclesiam Tragurieusem invaserit.*

(Ferentini, Sept. 1.)

[FARLATI, *Illyricum sacrum*, III, 184.]

ALEXANDER episcopus, servus servorum Dei, venerabili fratri P[ETRO] Salonitano archiepiscopo, salutem et apostolicam benedictionem.

Pater et prædecessor noster, piæ recordationis Eugenius PP..... in V. quondam Croatensem episcopum, pro eo quod cum uno solo archiepiscopo, nullo alio præsente episcopo, contra sacros canones alium præsumpsit non dicimus consecrare, sed potius exsecrare, et in eum, qui ab eis est consecratus depositionis sententiam promulgavit. Is videlicet V. contra ejusdem prædecessoris nostri mandata divina non veretur officia celebrare. Nos vero sententiam

---

(1) « Ex fine secundi libri quaterno sexto primi voluminis Regestorum D. Alexandri papæ III. »

ipsam, sicut est rationabiliter promulgata, ratam et firmam habentes, fraternitati tuæ per apostolica scripta mandamus, quatenus prædictum V. diligenter commoneas, ut de tanta præsumptione condignam satisfactionem exhibeat, et contra tenorem ejusdem sententiæ non præsumat aliquid attentare. Si vero admonitioni tuæ parere contempserit, in ipsum excommunicationis sententiam proferas, et Ecclesiam cui incubare præsumit, interdicto supponas. De cætero, sicut ex relatione dilecti filii nostri P. S. Eustachii diaconi cardinalis, et quorumdam aliorum accepimus, quidam P. nomine necdum tonsuratus, cum adhuc esset duodenis, neque de legitimo natus conjugio, per laicorum potentiam Traguriensem episcopatum invasit, et in animæ suæ periculum eidem episcopatui contra canonicas sanctiones incubare non cessat. Unde præsentium auctoritate litterarum tibi mandamus, ut hujus negotii veritatem diligenter inquirens, si ita esse contigerit, prout superius notatum est, omni excusatione et dilatione remota, prænominatum P. exinde amovere, et sub pœna ecclesiasticæ severitatis illum a sua præsumptione cessare compellas.

Datum Ferentini, vi Non. Septembris.

LII.

Ad L. archipresbyterum et universos canonicos Ecclesiæ Pisanæ.

(Ferentini, Sept. 20.)

[UGHELLI, *Italia sacra*, III, 402.]

ALEXANDER episcopus, etc., dilectis filiis L. archipresbytero et universis canonicis Pisanæ Ecclesiæ, salutem et apostolicam benedictionem.

Super illa sollicitudine et fidei constantia quam circa honorem S. Romanæ Ecclesiæ ac nostra providentia vestra habere dignoscitur, et super eo, quia illud quod verbo secreto nobis obtulistis, evidenti operis exsecutione adimplere hilariter voluistis, industriam vestram plurimum in Domino commendamus et gratiarum exinde actionem vobis referimus, propositum et voluntatem habentes Ecclesiam et civitatem vestram pura mentis intentione diligere, et quantum cum Deo et justitia fieri potest, in omnibus honorare. Cæterum, licet ad exaltationem et augmentum matris nostræ Romanæ Ecclesiæ et nostram, adeo vos cognoscamus esse proclives et in fidelitate nostra ferventes, quod nullius unquam persuasionibus ad hoc egeatis ullatenus incitari, quasi de superabundanti discretionem vestram rogamus, monemus et in Domino Jesu, cujus causa est, obsecramus quatenus, sicut hactenus bene et laudabiliter fecistis, eodem spiritu et non minori studio pro exaltatione et libertate Ecclesiæ totis viribus laboretis. Verbum autem illud secretum consilio, juvante Deo, in melius commutato in præsentiarum duximus differendum, et vos in eo ad præsens nolumus aggravari. Ad hæc devotionem vestram rogamus attentius quatenus pecuniam vobis sub convenientibus usuris, si aliter fieri nequit, a civibus vestris mutuo invenire et acquirere studeatis, et dilecto filio nostro Bosoni Sanctorum Cosmæ et Damiani diacono cardinali illam assignetis, ut Manc. Lucano civi credita pecunia sine contradictione et dilatione aliqua integre persolvatur.

Quod enim nobis mutuo acquiretis, nos, vel successores nostri, auctore Deo, integre persolvemus.

Dat. Ferentini, xii Kal. Octob.

LIII.

Privilegium pro Ecclesia S. Mariæ Novæ.

(Terracinæ, Sept. 30.)

[GARAMPI, *Illustrazione del uno antiquo sigill.* etc.]

ALEXANDER episcopus, servus servorum Dei, dilectis filiis HUGONI priori et fratribus Ecclesiæ S. Mariæ Novæ, salutem et apostolicam benedictionem.

Injuncti nobis a Deo apostolatus officium nos admonet et hortatur singulis ecclesiis et his præsertim, quæ ad jus sacrosanctæ Romanæ Ecclesiæ specialiter pertinent, salubriter providere, et de earum profectibus utiliter cogitare. Cum autem hoc anno ecclesiam vestram, quæ ad jus beati Petri respicit, et tutelam deberemus tam vestris quam aliarum precibus consecrare, post munus ei consecrationis impensum postulari promisimus, quod eam de fratrum nostrorum consilio, qui tunc præsentes non erant, opportuno tempore dotaremus. Unde nunc, habito fratrum nostrorum consilio, ecclesiam Beati Sebastiani in Catacumba cum possessionibus et omnibus pertinentiis suis, habendam, regendam et ordinandam vobis, et prædictæ Dei Genitricis Ecclesiæ in perpetuum apostolica auctoritate concedimus. Ea quidem intentione, quia confidimus et speramus, quod per studium et laborem vestrum, tam spiritualibus quam temporalibus proficere debeat incrementis, et tam vos quam successores vestri commodum exinde et augmentum consequi valeatis. Ut autem hæc nostra concessio futuris semper temporibus inviolabiliter observetur, et ut nullus eam quolibet ausu temeritatis infringat, ipsam auctoritate sedis apostolicæ confirmamus, et præsentis scripti patrocinio communimus; statuentes ut nulli omnino hominum liceat hanc paginam nostræ concessionis et confirmationis infringere, vel ei aliquatenus contraire. Si quis autem contra eam venire tentaverit, et secundo tertiove commonitus, nisi reatum suum congrua satisfactione correxerit, potestatis honorisque sui dignitate careat, et a sacratissimo corpore ac sanguine Dei et Redemptoris nostri Jesu Christi alienus fiat. Servantibus autem sit pax Domini nostri Jesu Christi, quatenus et hic fructum bonæ actionis percipiant, et apud districtum judicem præmia æternæ pacis inveniant. Amen.

Ego Alexander catholicæ Ecclesiæ episcopus.

Ego Hubaldus Ostiensis episcopus.

Ego Julius Prænestinus episcopus.

Ego Bernardus Portuensis et Sanctæ Rufinæ episcopus.

Ego Gualterius Albanensis episcopus.

Ego Ubaldus presbyter cardinalis tit. Sanctæ Crucis in Hierusalem.

Ego Otto diaconus cardinalis S. Georgii ad Velum Aureum.

Ego Ardicio diaconus card. S. Theodori.

Datum Terracinæ per manus Hermanni sanctæ Romanæ Ecclesiæ subdiaconi et notarii, II Kalend. Octobris, indictione x, Incarnationis Dominicæ anno 1161, pontificatus vero domni Alexandri III papæ anno III.

LIV.

Ad Ludovicum VII Francorum regem. — De negotio Ecclesiæ Flaviniacensis.

(Terracinæ, Nov. 29.)

[Mansi, *Concil.*, XXI, 986.]

ALEXANDER episcopus, servus servorum Dei, charissimo in Christo filio LUDOVICO illustri Francorum regi, salutem et apostolicam benedictionem.

Litteras celsitudinis tuæ tanto benigniori animo, et majori mentis alacritate suscepimus, quoties eas transmittere te contigit, et in ipsis aliquid postulare, quanto excellentiam tuam sinceriori affectione diligimus et quanto pro multa et ampla devotione circa sacrosanctam Romanam Ecclesiam et personam nostram a tua serenitate exhibita petitiones tuas cogimur amplius exaudire. — Sancta siquidem et reverenda Romana Ecclesia per sincerissimum tuæ devotionis fervorem, in hac necessitate tantum emolumentum et exaltationem, tantumve est commodum consecuta, quod tam in te quam in omni posteritate tua, a nostra successorumque nostrorum memoria nulla possit oblivione deleri, et ab animo nostro nulla temporis diuturnitate convelli. Inde utique fuit quod litteras super negotio Flaviniacensis Ecclesiæ a tua nobis excellentia destinatas multo gaudio et animi jucunditate suscepimus, et preces tuas quæ in eisdem continebantur, quantum cum Deo potuimus, curavimus exaudire. Venerabilibus siquidem fratribus nostris H. Belvacensi et M. Parisiensi episcopis causam ipsam commisimus audiendam, et remoto appellationis obstaculo fine canonico terminandam. Eapropter serenitatem tuam rogamus, et volumus esse sollicitam, ut si aliquis quominus prolata super eadem causa sententia observetur, voluerit impedire, eum omnino prohibeas, et ne hoc præsumat, ex concessa tibi desuper potestate compellas.

Datum Terrac. III Kal. Decemb.

LV.

Ad Henricum Belvacensem episcopum. — De negotio ecclesiæ Flaviniacensis.

(Terracinæ, Dec. 23.)

[MARTEN. *Collect.*, II, 656.]

ALEXANDER episcopus, servus servorum Dei, venerabili fratri HENRICO Belvacensi episcopo, salutem et apostolicam benedictionem.

In litteris quas super negotio Flaviniacensis ecclesiæ, tibi et fratri nostro Parisiensi episcopo transmisimus, R. quondam abbatem circa principium recolimus fuisse appositum, cum ipse tamen per sententiam dilecti filii nostri W. tituli Sancti Petri ad Vincula presbyteri cardinalis, apostolicæ sedis legati, in abbatiam fuerit restitutus. Unde quoniam non ex industria, sed ex occupatione multiplicium negotiorum id accidit, easdem litteras in hoc articulo emendatas vobis transmisimus, ne illud quod in aliis fuerat negligenter appositum, et in causa præjudicium quodlibet debeat irrogare.

Data Terracinæ, x Kal. Januar.

LVI.

Ad Henricum Belvacensem et Mauritium Parisiensem episcopos. — De accusatione in civilibus et criminalibus adversus R. Flaviniacensem abbatem commissa Henrico Belvacensi et M. Parisiensi episcopo.

(Terracinæ, Dec. 23.)

[*Ibid.*, col. 655.]

ALEXANDER episcopus, servus servorum Dei, venerabilibus fratribus HENRICO Belvacensium et (2) M. Parisiensi episcopis, salutem et apostolicam benedictionem.

Pervenit ad nos quod cum R. (3) Flaviniacensis abbas abbatiam ipsam olim voluntate propria resignasset, et ei fuisset alius substitutus, ad recuperandam abbatiam iterum aspiravit. Sed cum eam pro velle suo recuperare non posset, ad examen dilecti filii nostri W. tituli Sancti Petri ad Vincula presbyteri cardinalis apostolicæ sedis legati, ipsum negotium est deductum. Qui cum utramque partem ante suam præsentiam convocasset, altera parte se per contumaciam ostentante, prædicto abbati restitutionem possessionis adjudicavit. Ita tamen ut si qui postmodum apparerent, qui eum vellent civiliter vel criminaliter convenire, paratus esset in ejus præsentia respondere. Cumque postea fuisset tam in civilibus quam in criminalibus conventus et accusatus, super quibusdam capitulis in ejus esset accusatione processum, et testes super civilibus et criminalibus auditi et examinati, ipse ad apostolicæ sedis audientiam appellavit. Quia vero altera parte in nostra præsentia constituta, ipse nec venit, nec responsalem aliquem destinavit, unde non potuimus idem negotium diffinire, causam ipsam discretioni vestræ committimus audiendam, et appellatione remota fine debito terminandam. Quocirca per apostolica scripta mandamus, quatenus utramque partem ante vestram præsentiam convocetis, et rationibus hinc inde auditis, et diligenter cognitis, eamdem causam, obstaculo, sic-

---

(2) Mauritio, qui, ut patet, tum ex hac, tum ex decima epistola, multo ante successit Petro Lombardo in sede Parisiensi quam senserunt San-Marthani, qui in sua *Gallia Christiana*, initium episcopatus ejus rejiciunt ad annum 1164, quo Henricus, ad quem et ad Mauritium diriguntur duæ illæ epistolæ, jam tertium annum egerat in sede Remensi.

(3) Flaviniacense monasterium ordinis S. Benedicti in diœcesi Æduensi, quod hactenus persta sub congregatione S. Mauri.

ut dictum est, appellationis amoto, fine debito determinetis. Quod si praedictum abbatem constiterit, sicut dicitur, etiam post memorati cardinalis prohibitionem excommunicato communicasse, canonicam justitiam de eo faciatis, et super eo quod idem abbas J. Buffrant in captionem dicitur detinere, eum compellatis in nostra praesentia plenam justitiam exhibere.

Datum Terrac., x Kal. Januar.

ANNO 1162.

LVII.

Ad Ludovicum Francorum regem. — Ecclesiam Ferrariensem commendat.

(Januae, Febr. 9.)
[Mansi, *Concil.*, XXI, 985.]

ALEXANDER episcopus, etc., charissimo in Christo filio LUDOVICO illustri Francorum regi, salutem et apostolicam benedictionem.

Decet clementiam regiae dignitatis Ecclesias et ecclesiasticas personas sincera charitate diligere, ac eas in jure suo manutenere pariter ac fovere. Inde est quod Ferrariensem Ecclesiam, quae ad jus sacrosanctae Romanae Ecclesiae specialiter pertinet, et fratres inibi ad Dei servitium commorantes, celsitudini tuae attentius commendamus, rogantes plurimum, quatenus pietatis intuitu, et pro reverentia beati Petri ac nostra, eosdem fratres et Ecclesiam ipsam diligas, manuteneas, ac defendas, et eorum jura a pravorum incursibus integra eis et illibata conserves.

Datum Januae, v Idus Febr.

LVIII.

Ad Henricum Belvacensem et Mauritium Parisiensem episcopos. — De controversia quae vertitur inter Hugonem Senonensem archiepiscopum et abbatem Ferrariensem.

ALEXANDER episcopus, servus servorum Dei, venerabilibus fratribus HENRICO Belvacensi et M. [MAURITIO] Parisiensi episcopo, salutem et apostolicam benedictionem.

Controversiam quae inter venerabilem fratrem nostrum Hugonem (4) Senonensem archiepiscopum et dilectos filios nostros D. (5) abbatem et fratres Ferrariensis Ecclesiae (6), super ecclesiis de Civerinis, de Lanais-villa, de Lisirvilla, de Prodais-fontana, de Gisem-basilica, de Coilo, de duabus partibus oblationum et de duabus partibus minutae decimae, de Curte-maudo, de ecclesiis de Conflans, de villa Mandore, de Soraterra, de Curia-Erardi, de Monte-Cressione, S. Hilarii supra fluvium Pisel, et S Lupi, de Amiliaco, et capella de Cantu-Galli, quas idem abbas et fratres ab ipso archiepiscopo sibi per violentiam conqueruntur ablatas, noscitur agitari : discretioni vestrae committimus audiendam et fine debito terminandam. Ideoque per apostolica vobis scripta mandamus, quatenus congruo loco et tempore utramque partem ante vestram praesentiam convocetis, et rationibus quae hinc inde vertuntur subtiliter investigatis et cognitis, eamdem controversiam, ita mediante justitia terminetis, quod nulla de caetero super hoc in audientia nostra querimonia iteretur.

Data Januae, v Id. Febr.

LIX.

Ad abbatem et fratres Praemonstratenses. — Gratulatur quod Deus ipsos in unitate catholica conservaverit, monet vero ut schismaticos ordinis sui ad sinum Ecclesiae revocent sub excommunicationis poena.

(Januae, Febr. 15.)
[D. BOUQUET, *Recueil*, XV, 774.]

ALEXANDER episcopus, servus servorum Dei, dilectis filiis in Christo, PHILIPPO abbati Praemonstratensi et fratribus ejus, salutem et apostolicam benedictionem.

Omnipotenti Deo, a quo universa bona procedunt, gratiarum referimus actiones, quod vos in unitate catholica conservavit et non permisit schismatica pollui pravitate. Licet enim schismaticorum praesumptio diversis vobis calliditatibus et mendaciis a devotione beati Petri et nostra niteretur retrahere, vestra tamen discretio illorum iniquitatem studuit evitare, et unitatem catholicam conservare : quod siquidem gratum admodum et acceptum tenentes, et vestrae fidei constantiam et sinceritatis affectum in Domino plurimum commendantes, gratias quas debemus vobis referimus, firmum propositum et promptam voluntatem habentes personas et ecclesiam vestram mera cordis affectione diligere, et internae dilectionis brachiis amplexari, et jura ipsius illaesa et integra conservare. Caeterum, quoniam non sufficit bene incipere, nisi quod bene inceptum est optimae consummationis finem debeat invenire, devotionem vestram per apostolica scripta rogamus, monemus et exhortamur in Domino quatenus bono principio potiora augmenta addatis, et ad honorem et exaltationem atque augmentum sanctae Romanae Ecclesiae ac vestrum totis viribus aspiretis, schismaticos vero ordinis vestri ad veritatem et sinum matris Ecclesiae et mandatum nostrum diligenti admonitione studeatis propensius revocare, et schisma Octaviani haeresiarchae sub jurejurando

---

(4) Hugo de *Touci*, frater Guillelmi Autissiodorensis episcopi, Henrico Apro archiepiscopo Senonensi anno 1144 successit. Constantiae uxori Ludovici VII, Aurelianis imposuit diadema, Aleidemque Campaniae cum eodem Ludovico marito Parisiis in templo beatae Mariae coronavit; obiit 1168, ut habet Senonense chronicon S. Petri et Sigeberti supplementum.

(5) Dodonem scilicet.
(6) Ferrariense monasterium antiquum et nobilissimum, in quo Ansegisus Senonensis archipraesul Ludovicum et Carlomannum filios Ludovici Balbi regis inunxit. Huic coenobio praefuit olim magnus ille Lupus Servatus dictus, eruditione et pietate clarissimus.

abrenuntiare. Si autem juxta commonitionem vestram ab iniquitate sua redire contempserint, illos excommunicationis sententia innodetis, et eorum consortium propensius evitetis.

Datum Januæ, Idibus Februarii.

LX.
Privilegium pro ecclesia SS. Petri et Ursi Augustensi (prov. Tarentas.)
(Januæ, Febr. 22.)
[*Hist. patriæ Monum.*, Chart., I, 822.]

ALEXANDER episcopus, servus servorum Dei, dilectis filiis GAUTERIO et universis canonicis Ecclesiæ Sanctorum Petri et Ursi, tum præsentibus quam futuris canonicam vitam professis, in perpetuum.

Religiosis votis annuere, et ea operis exhibitione complere, officium nos invitat suscepti regiminis et ordo videtur exigere rationis. Ea propter, dilecti in Domino filii, vestris justis postulationibus clementer annuimus, et præfatam ecclesiam in qua divino mancipati estis obsequio, sub beati Petri et nostra protectione suscipimus et præsentis scripti privilegio communimus; inprimis siquidem statuentes ut ordo canonicus qui secundum Dei timorem et beati Augustini Regulam in ipsa ecclesia institutus esse dignoscitur, perpetuis ibidem temporibus inviolabiliter observetur. Præterea quascunque possessiones, quæcunque bona eadem ecclesia in præsentiarum juste et canonice possidet, aut in futurum concessione pontificum, largitione regum vel principum, oblatione fidelium, seu aliis justis modis, præstante Domino, poterit adipisci, firma vobis vestrisque successoribus et illibata permaneant. In quibus hæc propriis duximus exprimenda vocabulis: ecclesiam Sancti Albani cum pertinentiis suis; ecclesiam Sancti Laurentii de Monte-Giraldi cum omnibus ad eamdem ecclesiam pertinentibus; hospitale de monasterio cum omnibus pertinentiis suis cæterisque rebus et decimis quas venerabilis frater noster Petrus Tarentasiensis archiepiscopus intuitu pietatis concessit et scripto authentico confirmavit.

Statuimus quoque ut nemini liceat in ecclesiam vel personas vestras absque rationabili causa excommunicationis sententiam aliquatenus promulgare vel interdicto supponere. Liceat etiam vobis clericos et laicos liberos et absolutos de sæculo fugientes in ecclesia vestra ad conversionem recipere, qui secundum consuetudinem vestri ordinis nulli nisi priori ejusdem ecclesiæ obedientiam debeant promittere. Decernimus ergo ut nulli omnino hominum liceat præfatam ecclesiam temere perturbare, aut ejus possessiones auferre, vel ablatas retinere, minuere, aut aliquibus vexationibus fatigare; sed omnia integra conserventur . . . . . pro quorum gubernatione et sustentatione concessa sunt, usibus omnimodis profutura, salva in omnibus apostolicæ sedis auctoritate, et diœcesani episcopi canonica justitia.

Si qua igitur in futurum ecclesiastica sæcularisve persona hanc nostræ constitutionis paginam sciens, contra eam temere venire tentaverit, secundo tertiove commonita, si non satisfactione congrua emendaverit, potestatis honorisque sui dignitate careat, reamque se divino judicio existere de perpetrata iniquitate cognoscat, et a sacratissimo corpore ac sanguine Dei et Domini Redemptoris nostri Jesu Christi aliena fiat, atque in extremo examine districtæ ultioni subjaceat. Cunctis autem eidem loco sua jura servantibus sit pax Domini nostri Jesu Christi, quatenus et hic fructum bonæ actionis percipiant, et apud districtum judicem præmia æternæ pacis inveniant. Amen, amen, amen.

Bene valete.

Ego Alexander catholicæ Ecclesiæ episcopus subscripsi.

Ego Hubaldus presbyter cardinalis tit. Sanctæ Crucis in Jerusalem subscripsi.

Ego Joannes presbyter cardinalis tit. Sanctæ Anastasiæ subscripsi.

Ego Albertus presbyter cardinalis tit. Sancti Laurentii in Lucina subscripsi.

Ego Gregorius Sabiniensis episcopus subscripsi.

Ego Hubaldus Ostiensis episcopus subscripsi.

Ego Bernardus Portuensis et Sanctæ Rufinæ episcopus subscripsi.

Ego Gualterius Albanensis episcopus subscripsi.

Ego Jacintus diaconus cardinalis Sanctæ Mariæ in Cosmedin subscripsi.

Ego Ardicio diaconus cardinalis Sancti Theodori subscripsi.

Ego Boso diaconus cardinalis Sanctorum Cosmæ et Damiani subscripsi.

Ego Cinthius diaconus cardinalis Sancti Adriani subscripsi.

Ego Joannes diaconus cardinalis Sanctæ Mariæ in Porticu, subscripsi.

Datum Januæ per manum Hermanni Sanctæ Romæ Ecclesiæ subdiaconi et notarii, vin Kalendas Martii, indictione x, Incarnationis Dominicæ anno 1161, pontificatus vero domni Alexandri papæ III, anno tertio.

(*Locus sigilli.*)

LXI.
Privilegium pro canonicis Ecclesiæ Placentinæ.
(Januæ. Febr. 27.)
[CAMPI, *Hist. di Piac.*, II, 358.]

ALEXANDER episcopus, servus servorum Dei, dilectis filiis FREDERICO præposito et universis canonicis Placentinæ Ecclesiæ, salutem et apostolicam benedictionem.

Eos quos sacrosancta Romana Ecclesia fideliores sibi et devotiores esse cognoscit, propensiori charitate diligere consuevit, et eis in suis opportunitatibus benigniori studio providere. Inde est, quod intuitu illius devotionis et fidelitatis, quam tempore hujus necessitatis circa matrem vestram Romanam Ecclesiam et nos ipsos habuistis, cum Ecclesia Sancti Joannis de Viculo, quam prædecessor noster sanctæ recordationis Innocentius papa vobis concessit, mediam unciam auri pro censu debeat Romanæ Ecclesiæ annuatim exsolvere, juxta petitionem vestram volumus atque statuimus, ut de cætero solummodo duos molachinos nobis, nostrisque successoribus annis singulis solvere teneatur.

Datum Januæ, tertio Kal. Martii.

LXII.

Ad Eberhardum Salzburgensem episcopum. — Ut imperatoris animum sibi conciliet.

(Januæ, Mart. 16.)

[Mansi, *Concil.*, XXI, 1038.]

Alexander episcopus, servus servorum Dei, venerabili fratri Eberhardo Saltzburgensis Ecclesiæ archiepiscopo, salutem et apostolicam benedictionem.

Anteacta vita et religiosa conversatio tua, illa quoque devotionis sinceritas et integritas fidei, quam in hoc tempore procelloso et turbido, circa matrem tuam sacrosanctam Romanam Ecclesiam et specialiter circa personam nostram hactenus habuisse dignosceris, plenissimam nobis parant fiduciam, quod ad honorem, incrementum, et exaltationem Ecclesiæ, modis omnibus intendere debeas, et tota sollicitudine laborare. Quanto enim majorem in Ecclesia Dei locum obtines dignitatis, et quanto supernæ providentia majestatis, sublimiorem te in ædificio suo columnam instituit, tanto te robustius munimentum ad defensionem sponsæ in hæc sæcula reservavit, ut tanquam turris David cum propugnaculis suis contra Damascum respiceres, et adversus schismaticam pravitatem, murum te inexpugnabilem stabilires, quod utique hactenus omni formidine et seductione postposita, ita laudabiliter cognoscimus te fecisse, ut vere propugnator et defensor Ecclesiæ comproberis et schismatici durum in te malleum se doleant invenisse.

Nunc autem quoniam sicut accepimus, pro facto Ecclesiæ ab imperatore vocatus, in proximo debes ad præsentiam ejus accedere, discretionem tuam per apostolica scripta rogamus, monemus et exhortamur in Domino, quatenus eumdem imperatorem horteris modis omnibus, et inducas, ut ad cor rediens, animæ suæ salubriter consulat, atque ad unitatem catholicæ Ecclesiæ revertatur. Proponas etiam ei diligenter et suadeas, ut beneficiorum Dei non exhibeat se ingratum, sed quanto eum respectus divinæ gratiæ ampliori fastigio sublimavit, tanto unicam sponsam Christi, quam ipse proprio sanguine abluit et redemit, propensiori diligat charitate, et sinceriori veneretur affectu. Aliter enim, nisi ei prius reconciliatus fuerit, salvari non potest, et si ab illa schismatica non recesserit pravitate, et ad sinum matris Ecclesiæ non redierit, etiamsi prosperari in hoc sæculo videatur, æterni pœnam supplicii evadere non poterit in futuro. Quid autem, juxta Evangelicam veritatem, ei proderit, si et universum mundum lucretur; animæ vero suæ detrimentum patiatur? (*Matth.* XVI). Etsi omnibus præsentis vitæ divitiis et deliciis abundarit, nihil ei omnino proficerent, si a Christi corpore, quod est Ecclesia, et ab ejus communione præcisus, in gehennam sulphuream, et sedes tartareas trudetur, ubi nox perpetua sine die, supplicium sine fine, dolor absque remedio et inexstinguibilis cruciatus. Quod si omnipotens Deus ei per suam ineffabilem gratiam inspiraverit, quod ad sinum matris vellet Ecclesiæ tota intentione redire, nihil temporale nobis contingere posset in sæculo, quod acceptius et gratius haberemus, et ipsum, sicut tantum et tam sublimem principem, sincera curaremus in Domino charitate diligere, et modis omnibus honorare. Nos enim ex toto verbum Prophetæ imitari volentes, qui ait; *Nec memor ero nominum eorum per labia mea* (*Psal.* XV), hoc propositum et hanc omnino gerimus voluntatem, quod si converti voluerit, et catholicæ Ecclesiæ inhærere, quidquid nobis læsionis, impugnationis et gravaminis irrogatum, ita oblivioni trademus, tanquam si nos et Ecclesiam Dei in nullo penitus offendisset.

Datum Januæ, XVII Kalend. Aprilis.

LXIII.

Ad Robertum et universum capitulum S. Albani.

(Januæ, Mart. 16.)

[Matthæi Paris. *Opp.*, App. p. 77.]

Alexander episcopus, servus servorum Dei, dilecto filio Roberto abbati et universo capitulo Sancti Albani, salutem et apostolicam benedictionem.

Cum anno præterito nuntius vester ad nostri apostolatus præsentiam accessisset, illum benigne suscepimus, et juxta petitionem vestram, privilegium quod prædecessor noster bonæ memoriæ Adrianus papa, ecclesiæ vestræ indulsit, fecimus confirmari. Postea vero venerabilis frater noster Lincolniensis episcopus, transmissa nobis insinuatione monstravit, quod eadem ecclesia ad jus et dispositionem suam specialiter pertinet, et illi debet tanquam suo episcopo respondere. Unde licet vos et ecclesiam vestram diligere velimus, et jura ecclesiæ vestræ integra conservare, tamen quia prædicto episcopo, salva conscientia, non voluimus suam justitiam denegare vel in suo jure deesse, vobis dedimus ut in idoneos judices convenirent is quatenus causa ipsa in eorum præsentia discuti, et ad nos referri deberet, et cognita veritate per nos, mediante justitia terminari. Quod quia nondum est effectui mancipatum, cum idem episcopus in auribus nostris pro justitia sua clamitare non cesset, causam ipsam venerabilibus fratribus nostris Cicestrensi et Norwicensi episcopis, duximus committendam. Quocirca per iterata vobis scripta mandamus, quatenus cum ab illis propter hoc fueritis evocati, illorum præsentiam adeatis et testes producere et instrumenta et rationes allegare, si quæstio adversus vos mota fuit, studeatis. Et privilegia bullata, tam nova quam vetera in claustro vestro illis ostendere non recusetis. Ex quo autem ipsis judicibus omnia ostensa fuerint, prædicto episcopo eorum omnia copiam faciatis, ut eis diligenter inspectis, possit agnoscere utrum cedere debeat, vel in causa ipsa procedere. Nos siquidem eisdem judicibus in mandatis dedimus, quod testium depositiones et allegationes, rationes quoque et transcripta privilegiorum utriusque partis, sub proprii impressione sigilli, ad præsentiam nostram transmittant, ut cognita veritate eidem controversiæ finem debitam imponere valeamus.

Datum Januæ, xvii Kalend. Aprilis.

LXIV.

Ad Ludovicum regem. — De suo et Ecclesiæ statu.
(Ap. Montempessulanum, April. 20.)
[MANSI, *Concil.*, XXI, 985.]

ALEXANDER episcopus, servus servorum Dei, charissimo in Christo filio LUDOVICO illustri Francorum regi, salutem et apostolicam benedictionem.

Firma spes et plena fiducia quam de tua majestatis excellentia in omnibus obtinemus, inducit nos modis omnibus, et hortatur ut statum unicæ matris tuæ sacrosanctæ Romanæ Ecclesiæ ac nostrum tanto tibi libentius exponamus, quanto celsitudinem tuam circa eam et nos ipsos sollicitam magis existere noscimus et intentam. Ut igitur status Ecclesiæ serenitati tuæ plenius valeat innotescere, aliquem vel aliquos fratrum nostrorum cardinalium qui nobiscum sunt, ad partes tuas in proximo disposuimus, auctore Domino, destinare. In præsentiarum vero sublimitatem tuam nolumus ignorare quod ad Montempessulanum ducente Domino applicantes a dilectis filiis nostris comite S. Ægidii et W. de Montepessulano honorifice ibi fuimus et devote suscepti, et tam nos quam fratres nostri ibidem per Dei gratiam sani et incolumes commeramur. Ibi etiam dilectum filium nostrum Trincavillum et nobilem mulierem Herm. de Narbona, atque plures alios illius regionis barones, ad nos venientes recepimus, et tam ab ipsis quam a cæteris circumpositis Dei fidelibus devote colimur et celebriter honoramur.

Datum apud Montempessulanum, xii Kal. Maii.

LXV.

Ad Syrum archiepiscopum, canonicos, consules, universum clerum et populum Januensem. — Illorum erga se studia grate collaudat et in posterum confirmat.

(Apud Montempessulanum, April. 23.)
[UGHELLI, *Italia sacra*, IV, 866.]

ALEXANDER, etc., venerabili fratri SYRO archi-

A episcopo et dilectis filiis canonicis, consulibus, et universo clero et populo Januensi, salutem et apostolicam benedictionem.

Quod non prius apostolicæ salutationis alloquium per nostra vobis scripta dependimus, non negligentiæ ullatenus ascribendum, sed manifestæ necessitati noveritis imputandum; nam sicut per dilectos filios nostros nobiles concives vestros, qui ad servitium nostrum de gratia vestra venerunt, novisse vos credimus, cum parte familiæ nostræ in insula Liguriæ, barca nostra remanserat, nec eam propter inconvenientiam temporis recipere aliquatenus pateretur. Nunc autem vos tanquam charissimos et speciales Ecclesiæ filios, litteris apostolis visitantes, omnimodas gratiarum actiones vestræ sinceritati referimus, quod ita vos in obsequio beati Petri, ac nostro constanter exposuistis, ut sacrosancta mater vestra Romana Ecclesia, sicut plurima jam de vobis commoda, et incrementa suscepit, ita et de cætero in vestra securius probitate confidat, ac inter cæteros catholicos veritatis filios præcipue vobis, et specialiter uniatur. Vos enim non eam labiis tantum honorantes, et verbo, imo ipsam opere, et veritate diligere, et plenis viribus magnifice satagitis exaltare. Licet ergo hanc sinceritatis constantiam, hunc vestræ devotionis fervorem, nec frangi posse, nec tepescere cogitemus, eam tamen præsentibus litteris duximus confortandam per apostolica scripta rogantes, monentes, et exhortantes in Domino, quatenus de summi Regis auxilio confidentes, nullius terroris formidine, nullius vanæ comminationis impetu desistatis quominus tanquam viri catholici, et strenui defensores Ecclesiæ in devotione ipsius vestræque libertatis tuendæ proposito persistatis; confidimus enim atque speramus quod illa superni dextera Conditoris qua semper Ecclesiam suam regit et protegit, et sub pedibus ejus universos conterit inimicos, vobiscum erit semper, et operabitur ut cunctos adversarios vestros ejus auxilio potissime superetis. Nos autem Ecclesiam et civitatem vestram tanquam propriam et specialem cameram B. Petri, ac nostram, diligere, honorare, ac modis omnibus exaltare volentes, per reges, et principes terræ, atque alios Ecclesiæ filios efficere non cessabimus, ut omne consilium, et auxilium quod nobis gratia divina concesserit, vobis semper amplissime conferatur.

Datum apud Montempessulanum, ix Kal. Maii 1159 (7).

LXVI.

Ad Henricum electum Remensem. — De transmissione pallii.
(Ap. Montempessulanum, April. 30.)
[MARTENE, *Ampl. Collect.* II, 665.]

ALEXANDER, etc., dilecto filio HENRICO Remensium electo, salutem et apostolicam benedictionem.

Quanto amplius affectum et animum tuum circa

---

(7) Sic, sed mendose. *Leg.* 1162.

sacrosanctam Romanam Ecclesiam et personam nostram, ab ipso nostræ promotionis exordio, intentum fuisse cognoscimus ac ferventem, atque ad honorem et exaltationem ipsius contigit te sollicitius et præ cæteris abundantius laborasse, tanto de honore et promotione tua exsultamus amplius et gaudemus, et si majora tibi fuissent ex divina dispensatione collata, animo nostro valde gratum existerent et acceptum. Ex tenore siquidem litterarum venerabilis fratris nostri Lingonensis episcopi, et dilectorum quoque filiorum nostrorum Hen. et Odd. sanctæ Romanæ Ecclesiæ cardinalium apostolicæ sedis legatorum, atque abbatis Clarævallensis, et ex litteris tuis de electione tua in Remensi ecclesia facta, manifeste cognovimus, et tam nos quam fratres nostri, sicut diximus, gaudio etiam gavisi sumus. Quod autem electum te et non archiepiscopum nominavimus, discretioni tuæ nec grave sit nec molestum, quia sicut ante consecrationem nullus episcopus dicitur, ita nec ante receptionem pallii jure aliquis archiepiscopus nominatur. Dilectos vero filios nostros Ans. et alios quos cum eo ad nostram præsentiam destinasti, debita benignitate suscepimus, et pallium pontificalis scilicet officii plenitudinem, per dilectum filium nostrum abbatem Grandis-Silvæ, (8) et eosdem nuntios tuos tibi libenti animo duximus transmittendum; discretionem tuam per apostolica scripta rogantes, monentes et exhortantes in Domino, ut quod tibi ex parte nostra proponent, sine omni dubitatione credas, et ad charissimum in Christo filium nostrum Ludovicum illustrem Francorum regem accedens, sicut de te confidimus, illud studeas opere prosequendo complere.

Datum apud Montempessulanum, 11 Kal. Maii.

LXVII.

Ad Hugonem Suessionen. episcopum. — Ut fidelem ipsi operam navet apud Francorum regem.

(Ap. Montempessulanum, April. 30.)

[Mansi, *Concil.*, xxi, 982.]

Alexander episcopus servus servorum Dei, venerabili fratri..... Suessionensi episcopo, salutem et apostolicam benedictionem.

Sicut meminisse possumus, dilectioni tuæ, quam erga sacrosanctam Ecclesiam devotam novimus, utpote illius qui in fidei Catholicæ unitate semper perseverare studuit, quod ad partes Franciæ pro negotiis et agendis universalis Ecclesiæ, atque utilitate ac pace regni disposuerimus pertransire, apostolicis litteris olim insinuare decrevimus: confidentes in Domino, quod prudentiæ tuæ auxilio, et aliorum qui Ecclesiam Christi diligunt, status sacrosanctæ Romanæ Ecclesiæ, ac totius regni, posset in melius reformari. Sane charissimi in Christo filii nostri Ludovici illustris Francorum regis vestigia laudabiliter prosecutus, semper Romanam Ecclesiam et personam nostram, atque in hoc beatum Petrum, in cujus cathedra, licet immeriti, residemus, præcipue hoc persecutionis tempore honorasti, spem tuam figens in eum qui dixit apostolis, et in eis primitivæ Ecclesiæ: *Ecce ego vobiscum sum usque ad consummationem sæculi* (*Matth.* xxviii): nullisque tempestatum fluctibus, nullis persuasionibus, vel blanditiis tua potuit devotio inclinari, quo minus via regia pergeres, et ambulares semitam quæ ducit ad cœlestis patriæ claritatem. Unde postquam Domino ducente ad Montempessulanum, in quo magnifice et honorifice a clero et populo recepti fuimus, venissemus, venerabilem fratrem nostrum B. Portuensem episcopum, et dilectum filium nostrum I. diaconum cardinalem, honestos utique viros atque prudentes, ad eumdem charissimum filium nostrum Ludovicum illustrem Francorum regem pro utilitate Ecclesiæ ac pace regni mittere disposueramus. Postea vero per dilectum filium nostrum O. [Odonem] Sancti Nicolai in Carcere Tulliano diaconum cardinalem ad nos redeuntem, statum terræ illius plenius agnoscentes, mutato consilio, venerabiles fratres nostros Henricum Remensem archiepiscopum, Lingonensem et Silvanectensem episcopos, ad prædictum regem duximus destinandos. Et ideo fraternitatem tuam rogamus, monemus, et exhortamur in Domino, quatenus ipsis apud memoratum regem ita cures in negotiis nostris diligenter assistere: quod beati Petri apostolorum principis et nostram, atque totius Romanæ Ecclesiæ possis ampliorem gratiam promereri. Nos enim personam tuam exaltare, in quantum cum Deo possumus, et honorare intendimus, et habere te inter dilectos beati Petri filios jugiter chariorem.

Datum apud Montempessulanum, 11 Kal. Maii.

LXVIII.

Ad Ludovicum VII Francorum regem. — De suo et Ecclesiæ statu.

(Ap. Montempessulanum, April. 30.)

[Mansi, *Concil.*, XXI, 989.

Alexander episcopus, servus servorum Dei, charissimo in Christo filio Ludovico illustri Francorum regi, salutem et apostolicam benedictionem.

Sicut meminisse possumus, excellentiæ tuæ quam erga sacrosanctam Romanam Ecclesiam devotissimam novimus, tanquam illius utique qui inter reliquos mundi principes in fidei Catholicæ unitate perseverare præcipue studuit, et sincere: quod ad terram et commissum magnificentiæ tuæ regnum pro negotiis et agendis universalis Ecclesiæ, atque pro pace regni et utilitate disposuerimus pertransire, apostolicis litteris olim insinuare studuimus. Sperantes et confidentes in Domino, quod præcipue magnificentiæ atque prudentiæ tuæ consilio et auxilio, ac aliorum qui Ecclesiam Dei diligunt, status

---

(8) Grandis-Silva insigne ordinis Cisterciensis monasterium in diœcesi Tolosana anno 1117. Sub institutis Gerardi de Salis primo fundatum, deinde paucis post annis ordini Cisterciensi et lineæ Clarævallis aggregatum, cujus tunc abbas erat Alexander postea abbas Cistercii.

matris tuæ sacrosanctæ Romanæ Ecclesiæ posset in melius reformari, et ad pacis bonum reduci, quæ sunt orta discordia perturbata. Sane prædecessorum tuorum catholicorum regum vestigia laudabiliter prosecutus, semper Romanam Ecclesiam, et personam nostram, atque in hoc beatum Petrum, in cujus cathedra licet immeriti residemus, præcipue hoc persecutionis tempore, honorasti, anchoram spei tuæ immobiliter figens in eum qui dixit apostolis, et in eis primitivæ Ecclesiæ : *Ecce ego vobiscum sum usque ad consummationem sæculi* (Matth. xxviii); nullisque tempestatum fluctibus, nullis persuasionibus vel blanditiis, tua potuit fidei sinceritas inclinari, quo minus regia via rex gloriose incederes, et ambulares semitam quæ ducit ad cœlestis patriæ claritatem. Unde postquam Domino ducente ad Montempessulanum, in quo magnifice ac honorifice a clero et populo recepti fuimus, venissemus, venerabilem fratrem nostrum B. Portuensem episcopum, et dilectum filium nostrum I. diaconum cardinalem ecclesiæ Sanctæ Mariæ in Cosmedin, ad tuam præsentiam mittere disposueramus. Postea vero ex relatione dilecti filii nostri O. Sancti Nicolai in Carcere Tulliano diaconi cardinalis ad sedem apostolicam redeuntis, de statu terræ illius plenius cognoscentis : mutato consilio venerabiles fratres nostros Henricum Remensem archiepiscopum, et Lingonensem, et Silvanectensem episcopos, ad te duximus delegandos, rogantes, monentes, et exhortantes in Domino, quatenus eos clementer et benigne recipias, et his quæ prudentiæ regiæ, una cum dilecto filio nostro..... abbate Grandis-Silvæ, ex parte nostra insinuare studuerint, fidem adhibeas, tanquam ab ore nostro discretioni tuæ fuerint intimata : et ea, sicut de tua sublimitate confidimus, utili studeas effectui mancipare. De cætero, quod nobilis vir Raimundus comes Sancti Ægidii magnifice nobis occurrit, et se ac terram suam nobis exposuit, et nos, atque in persona nostra beatum Petrum apostolorum principem, veneratione debita studuit honorare : uberes gratias sublimitati tuæ persolvimus, et tempore opportuno ipsi pro debito nostri officii, quantum cum Deo poterimus, studebimus respondere.

Datum apud Montempessulanum, 11 Kal. Maii.

LXIX.

Ad [Adelam] reginam Francorum. — Hortatur ut erga sedem apostolicam devota esse pergat, et regis devotionem foveat.

(Ap. Montempessulanum, April. 30.)
['Mansi, Concil., XXI, 985.]

ALEXANDER episcopus, servus servorum Dei, charissimæ in Christo filiæ illustri Francorum reginæ, salutem et apostolicam benedictionem.

Vivit in sacrosancta Romana Ecclesia, gloriosa tuorum progenitorum memoria, qui, quam devoti et ferventes in obsequio beati Petri semper exstiterint, beneficia prædictæ ab Ecclesia eisdem plenissime collata declarant. Unde nos ea semper præ oculis cordis sine aliqua oblivione tenentes, gratias omnipotenti Deo incessanter exsolvimus, qui talem illorum nobis reservavit [*f.* te servavit] hæredem; de cujus magnificentia sacrosancta Romana Ecclesia majora etiam beneficia præstoletur. Inde est quod sublimitatem tuam per apostolica scripta rogamus, monemus, et exhortamur in Domino, quatenus supernæ Divinitatis intuitu talem te circa Ecclesiam Dei, et nos ipsos, studeas exhibere, ut eos quibus clarissimi sanguinis posteritate succedis, laudabili etiam fidei et devotionis exemplo auctore Domino probabiliter imiteris. Studeas igitur et labores, charissimum in Christo filium nostrum Ludovicum illustrem Francorum regem virum et dominum tuum, ita in devotione beati Petri ac nostra fovere propensius, et sollicite confirmare : ut illa sinceritatis affectio, quam eum circa nos et Ecclesiam Dei gerere nullatenus dubitamus, de bono in melius parte [*ser.* per te] confortata perficiat, et se de die in diem, sicut confidimus, ad ulteriora perducat. Specialiter autem prudentiæ tuæ volumus innotescat, quod cum venerabilem fratrem nostrum B. Portuensem episcopum, et I. Sanctæ Mariæ in Cosmedin diaconum cardinalem ad prædictum regem pro negotiis Ecclesiæ destinare disposuerimus, postea statum terræ illius ex relatione dilecti filii nostri O. S. Nicolai in Carcere Tulliani diaconi cardinalis ad nos redeuntis plenius cognoscentes, et ei charum admodum esse percipientes : mutato consilio venerabiles fratres nostros Henricum Remensem archiep. Lingonensem, et Silvanectensem episcopos, dilectum etiam filium nostrum abbatem Grandis-Silvæ, ad regiæ dignitatis præsentiam duximus destinandos. Unde magnificentiam tuam modis quibus possumus sollicite commonemus, ut prædictum regem inducere studeas, et propensius exhortari, ut quod ab eis sibi fuerit ex parte nostra propositum, credat indubitanter, et benigne suscipiat ; illud, sicut de eo speramus, utili complemento perficere non postponat.

Datum apud Montempessulanum, 11 Kalend. Maii.

LXX.

Confirmatio bonorum monasterii Electensis facta Bernardo abbati, in qua fit mentio fundatoris.

(Ap. Montempessulanum, Maii 2.)
[*Gall. Christ. Nov.*, VI, 109, Instrum.]

ALEXANDER episcopus, servus servorum Dei, dilectis filiis BERNARDO ecclesiæ Beatæ Mariæ Electensis abbati, ejusque fratribus tam præsentibus quam futuris monasterium professis in perpetuum.

Piæ postulatio voluntatis effectu debet prosequente compleri, ut devotionis sinceritas laudabiliter enitescat, et utilitas postulata vires indubitanter assumat. Eapropter, dilecti in Domino filii, vestris justis postulationibus clementer annuimus, et præfatum monasterium, in quo divino mancipati estis obsequio, quod a fundatore ipsius nobilis memoriæ Bera comite sub censu beato Petro oblatum est, praedecessorum nostrorum felicis memoriae Leonis IX, Calixti, et Eugenii Romanorum pontificum vestigiis inhaerentes, sub beati Petri et nostra protectione suscipimus, et praesentis scripti privilegio communimus, statuentes ut quascunque possessiones, quaecunque bona idem monasterium in praesentiarum juste et canonice possidet, aut in futurum concessione pontificum, largitione regum vel principum, oblatione fidelium, seu aliis justis modis praebente Domino poterit adipisci, firma vobis, vestrisque successoribus, et illibata permaneant. In quibus haec propriis duximus exprimenda vocabulis : monasterium S. Pauli, quod dicitur Valliolas super ripam Aquilini cum appendiciis suis, ecclesiam S. Polycarpi super rivum grandem cum pertinentiis suis, sicut monasterio vestro domni praedecessoris nostri sanctae memoriae Paschalis papae judicio confirmata est, ecclesiam Sanctae Mariae Urbione, ecclesiam S. Petri de Escalabra cum pertinentiis suis, ecclesiam S. Romani de Librazac, ecclesiam S. Mariae de Vallelias cum pertinentiis suis, ecclesiam S. Valerii, ecclesiam S. Michaelis de Rethmol, ecclesiam de Pairano, ecclesiam de Villa, quae dicitur Terracopulata, ecclesiam de Villanova, ecclesiam S. Jacobi de Villariseverie, villam Flacianum cum ecclesia, villam Ladimanellum cum ecclesia, villam Lupianum cum ecclesia, villam Solarium, ecclesiam de Donadac, villam Cornelianellum cum ecclesia, ecclesiam S. Salvatoris juxta ripam Corneliani sitam, ecclesiam S. Juliani, ecclesiam S. Saturnini de Fan, duas partes decimae de Sanz, ecclesiam S. Nazarii de Aquiscalidis, monasterium S. Pabuli cum appendiciis suis, ecclesiam S. Martini de Cella, ecclesiam de Castroresindo, castrum Princiacum cum ecclesia, castrum Vezolam cum duabus ecclesiis, castrum Cornelianum, castrum Blancaforte. Obeunte vero te nunc ejusdem loci abbate, vel tuorum quolibet successorum, nullus ibi qualibet subreptionis astutia, seu violentia praeponatur, nisi quem fratres communi consensu, vel fratrum pars consilii sanioris secundum Dei timorem et beati Benedicti Regulam providerint eligendum ; electus vero a dioecesano consecretur episcopo, si quidem ille gratis et sine pravitate consecrationem exhibere voluerit, alioquin a catholico quem maluerit episcopo consecrationem accipiat. Hoc etiam capitulo praesente subjungimus ut, quia locus vester beati Petri et ejus oblatio sanctae Romanae Ecclesiae juris est, nulli omnino archiepiscopo vel episcopo facultas sit super eum aut super vos excommunicationis vel interdicti sententiam proferre, nec alicui archiepiscopo vel episcopo fas sit in ecclesiis ad vestrum jus pertinentibus injustas et indebitas exactiones aliquatenus exercere, sed liberi semper et quieti sub jure ac protectione sedis apostolicae persistatis. Decernimus ergo ut nulli omnino hominum liceat supradictum monasterium temere perturbare, aut ejus possessiones auferre, vel ablatas retinere, minuere, seu quibuslibet vexationibus fatigare, sed omnia integra conserventur eorum pro quorum gubernatione et sustentatione concessa sunt usibus omnimodis profutura, salva sedis apostolicae auctoritate. Ad indicium autem hujus a Romana Ecclesia perceptae libertatis libram unam argenti singulis trienniis nobis, nostrisque successoribus persolvetis. Si qua igitur in futurum ecclesiastica saecularisve persona hanc nostrae constitutionis paginam sciens contra eam temere venire tentaverit, secundo tertiove commonita, nisi reatum suum congrua satisfactione correxerit, potestatis honorisque sui dignitate careat, reamque se divino judicio existere de perpetrata iniquitate cognoscat, et a sacratissimo corpore ac sanguine Dei et Domini Redemptoris nostri Jesu Christi aliena fiat, atque in extremo examine districtae ultioni subjaceat; cunctis autem eidem loco sua jura servantibus sit pax Domini nostri Jesu Christi, quatenus et hic fructum bonae actionis percipiant, et apud districtum judicem praemia aeternae pacis inveniant. Amen, amen, amen.

Ego Alexander catholicae Ecclesiae episcopus ss.
Ego Gregorius Sabin. episcopus ss.
Ego Hubaldus Hostiensis episcopus ss.
Ego Bernardus Portuensis S. Rufinae episc. ss.
Ego Gualterius Albanensis episcopus ss.
Ego Hunaldus presbyter cardinalis titulo S. Crucis in Jerusalem ss.
Ego Albertus presbyter cardinalis titulo S. Laurentii in Lucina ss.
Ego Hyacinthus diaconus cardinalis S. Mariae in Cosmydin ss.
Ego Odo diaconus cardinalis S. Nicolai in Carcere Tulliano ss.
Ego Ardicio diaconus cardinalis S. Theodori ss.
Datum apud Montempessulanum per manum Hermanni S. R. E. subdiaconi et notarii, vi Nonas Maii, indictione x, Incarnationis Dominicae anno 1162, pontificatus vero domni Alexandri papae III anno tertio.

LXXI.

Privilegium pro monasterio Anianensi.
(Ap. Montempessulanum, Maii 5.)
[*Gall. Christ. Nov.* VI, 841, in textu.]

ALEXANDER episcopus, servus servorum Dei, dilectis filiis RAIMUNDO Willelmi abbati et fratribus Anianensis monasterii, salutem et apostolicam benedictionem.

Justis postulantium desideriis facilem nos convenit impertire consensum. Vota, quae a rationis tramite non discordant, opere sunt prosequente complenda. Eapropter, dilecti in Domino filii, vestris justis postulationibus grato concurrentes assensu, monasterium Liviniacense cum omnibus pertinentiis suis ex dono bonae memoriae Arnaldi quondam Ruthenensis episcopi eidem monasterio vestro piae devotionis intuitu oblatum, sicut in scripto exinde facto continetur, devotioni vestrae auctoritate apostolica confirmamus, et praesentis scripti patrocinio communimus. Volumus etiam ut si aliqui ejusdem Liviniacensis monasterii bona rapere præsumpserint, vel furari, aut fratres vel conversos inibi ad Dei servitium deputatos graviter offendere attentaverint, nisi commoniti resipuerint, excommunicationis sint vinculo innodati. Sepulturam quoque in prædicto Liviniacensi monasterio liberam esse decernimus, ut eorum devotioni et extremæ voluntati, qui se illic sepeliri deliberaverint, nisi excommunicati vel interdicti sint, nullus obsistat. Statuimus ergo ut nulli omnino hominum liceat hanc paginam nostræ confirmationis infringere, vel ei aliquatenus contraire. Si quis autem hoc attentare præsumpserit, indignationem omnipotentis Dei et beatorum Petri et Pauli apostolorum ejus se noverit incursurum.

Datum apud Montempessulanum tertio Nonas Maii.

LXXII
Privilegium pro monasterio S. Mariæ Silvanensis.

(Ap. Montempessulanum, Maii 9.)

[*Hist. du Languedoc*, II, Pr., p. 586.]

ALEXANDER episcopus, servus servorum Dei, dilecto filio PONTIO abbati monasterii S. Mariæ Silvanensis ejusque fratribus tam præsentibus quam futuris religiosum professis, in perpetuum.

. , . . . Eapropter, dilecti in Domino filii... præfatum monasterium in quo divino mancipati estis obsequio et prædecessoris nostri felicis memoriæ Innocentii papæ vestigiis inhærentes, sub beati Petri et nostra protectione suscipimus, etc.

Ego Alexander catholicæ Ecclesiæ episcopus sig.

Ego Gregorius Sabinensis s.

Ego Hubaldus Ostiensis episcopus s.

Ego Bernardus Portuensis et Sanctæ Rufinæ episcopus s.

Ego Gauterius Albanensis episcopus s.

Ego Hubaldus presbyter cardin. tituli S. Crucis in Jerusalem s

Ego Albertus presb. cardin. tituli Sancti Laurentii in Lucina s.

Ego Hyacinthus diaconus cardin. S. Mariæ in Cosmedin s.

Ego Oddo diaconus cardinalis S. Nicolai in Carcere Tulliano s.

Ego Ardicio diacon. cardinal. S. Theodori s.

Ego Raimundus diac. card. S. Mariæ in Via Lata s.

Ego Cinthius cardin. diac. S. Adriani s.

Ego Joannes diac. cardin. S. Mariæ in Porticu.

Datum apud Montempessulanum per manum Hermanni S. Romanæ Ecclesiæ subdiaconi et notarii, VII Idus Maii, indictione x, Incarnationis Dominicæ an. 1162, pontificatus vero domni Alexandri III anno tertio.

LXXIII
Ad Omnibonum Veronensem episcopum. — *Nuntiat se et omnes fratres suos apud Montempessulanum sanos et incolumes commorari,* etc.

(Apud Montempessulanum, Maii 17.)

[MANSI, *Concil.*, XXI, 1039.]

ALEXANDER episcopus, servus servorum Dei, venerabili fratri, O. Veronensi episcopo salutem et apostolicam benedictionem.

Devotionem, quam circa sacrosanctam Romanam Ecclesiam et nos ipsos exhibes, attendentes, eam gratam admodum acceptamque tenemus, ipsamque in Domino laudibus dignissimis commendamus. Unde statum ejusdem Ecclesiæ ac nostrum tanto libentius fraternitati tuæ aperimus, quanto tuæ puritatis affectionem circa eum sollicitam magis et intentam existere, nullatenus dubitamus. Noverit ergo tuæ discretionis prudentia, quod tam nos, quam fratres nostri apud Montempessulanum, per Dei gratiam, sani et incolumes commoramur, et ab archiepiscopis et episcopis, regibus et principibus, et universa Occidentali Ecclesia tam per se, quam per alios, et suos nuntios, honoramur propensius et devotissime veneramur. Specialiter autem fratrem nostrum Senonensem, Turonensem, Aquensem, et Narbonensem Archiepiscopos, de quibus unum, scilicet Narbonensem, inibi consecravimus, et Antisiodorensem, Macloviensem, Nivernensem, Morinensem, Magalonensem, et Toloni episcopos recensuimus, cum quibus in die Ascensionis Dominicæ, publice excommunicationis sententiam in Octavianum schismaticum, atque in omnes suos complices promulgavimus : et dilectos filios nostros, Henricum et Wilhelmum sanctæ Romanæ Ecclesiæ cardinales, Apostolicæ Sedis Legatos, cum Ebroicensi et Bajocensi episcopis, nuntiis videlicet illustris regis Francorum, et Bituricensem ac Remensem archiepiscopos exspectamus, firmam spem fiduciamque tenentes, quod summæ divinitatis clementia, pacem et tranquillitatem Ecclesiæ suæ celeriter indulgebit.

Quocirca fraternitatem tuam per apostolica scripta rogamus, monemus, et exhortamur in Domino, quatenus te ipsum et alios, quos poteris, Ecclesiæ filios ita in devotione beati Petri ac nostra studeas jugiter confortare, quod tuæ affectionis sinceritas, ex ipso rerum exitu debeat omni tempore commendari. Noveris autem ad audientiam nostram pervenisse, quod archipresbyter tuus de Minerva, et alii, quod plures de episcopatu tuo, excommunicatis illius schismatici Octaviani communicare præsumunt, et eis contra dilectos filios nostros Brixinensem, et nobilem virum T. comitem de Garba consilium, et auxilium totis viribus subministrant. Quod utique quam sit indignum, et a tramite rationis extraneum, tanto tua discretio plenius novit, quanto Ecclesiasticis et sæcularibus disciplinis eruditus magis nosceris et instructus. Unde fraternitati tuæ per præsentia scripta mandamus, quatenus tam prædictum Archipresbyterum, quam alios per tuam Dioecesim constitutos, quos hujus iniquitatis reos esse perceperis, commoneas diligentius atque compellas, ut penitus de cætero ab hac malignitate desistant. Quod si in ea obstinata mente permanere præsumpserint, tu eos concessa tibi auctoritate coerceas.

Data apud Montempessulanum, xvi Kalend. Junii.

LXXIV.
Privilegium pro monasterio S. Stephani Nivernensis.
(Ap. Montempessulanum, Maii 22.)
[BULLAR. *Cluniac.*, 69.]

ALEXANDER episcopus, servus servorum Dei, dilectis filiis BERNARDO priori Sancti Stephani Nivernensis ejusque fratribus tam præsentibus quam futuris regularem vitam professis, in perpetuum.

Religiosis desideriis dignum est facilem præbere assensum, ut fidelis devotio celerem sortiatur effectum. Eapropter, dilecti in Domino filii, vestris justis postulationibus clementer annuimus, et monasterium Sancti Stephani Nivernensis in quo divino mancipati estis servitio sub beati Petri, et nostra protectione suscipimus et præsentis scripti privilegio communimus, statuentes ut quascunque possessiones, quæcunque bona idem monasterium in præsentiarum juste et canonice possidet, aut in futurum concessione pontificum, largitione regum vel principum, oblatione fidelium, seu aliis justis modis, Deo propitio, poterit adipisci, firma vobis vestrisque successoribus et illibata permaneant, in quibus hæc propriis duximus exprimenda vocabulis : burgum ipsum Sancti Stephani cum hominibus ibi hospitatis, omnibusque redditibus et consuetudinibus ejusdem burgi, sicut Willelmus quondam Nivernensis comes instructu et assensu Hugonis, quondam Nivernensis episcopi eidem monasterio et fratribus Cluniacensibus liberum et immunem, ab omni exactione et consuetudine sua suorumque hæredum et hominum quemadmodum in scripto donationis et concessionis utriusque continetur, noscitur contulisse.

Homines quoque ejusdem burgi liberam habeant facultatem utendi omnibus opportunitatibus suis in terra comitis Nivernensis tam in aquis quam in pascuis, silvis, mercatis, nundinis, viis et semitis, sicut cæteri ejusdem comitis homines tam in civitate quam extra quemadmodum a jam dicto Willelmo comite Nivernensi statutum atque sancitum est, cursum quoque et usum per omnes silvas Nivernensis comitis, ad calefaciendum et ædificandum, et porcorum vestrorum panagium, vineas quoque et censum ut omnia quæ idem comes vobis rationabiliter contulit ultra Croam et ad S. Benignum cum hominibus, advenis qui ibi hospitati sunt, ab omni exactione et consuetudine comitis libera sicut ipse vobis ea concessit; vineas Clementis et vineas de Bussiliaco, quæ fuerunt matris ejusdem comitis, et hæreditate Raynaldi de Vallano, et allodium quod habebat idem comes in Vernaco, et terram de Forgiis cum hominibus et consuetudinibus suis; terram etiam de Morelliaco, quæ est prope castellum montis Onesii, quæ erat in Casamento, et quam idem comes habebat ut dominio apud castrum de Moncellis ab eodem comite vobis concessam; allodium quoque de Morelliaco, in quo pars burgi sita est quod adjacet castro, et capellas de Moncellis cum eis quæ ad capellas pertinent, et decimas Salomonum ejusdem comitis, apud Nivernensem ecclesiam de Luniaco cum curte et appendiciis suis; molendinum de Moisyaco cum aquæ ductu, et terra quæ est in circuitu; allodium de Meleravo, et terram quam dedit Bonifacius presbyter, juxta campum vestrum apud veterum Croam, in villa quæ vocatur Chivinias juxta Alluisiacum, medietatem decimæ; grangiam de Assertis cum omnibus pertinentiis suis ; apud campum Vertum, tres Rainatas in flumine Arronii; ecclesiam Sancti Petri quæ est in suburbio Nivernensi cum terra decima et censu quæ Olivarius in supradicto burgo habebat; cellam de Boonaco cum terris, pratis, vineis, molendinis et omnibus pertinentiis suis, villam de Suriaco, cum terris, pratis, molendinis et omnibus pertinentiis suis; ecclesiam Sanctæ Mariæ de Limone cum furno, torculari, terris, pratis, vineis et decima, aliisque pertinentiis suis; ecclesiam de Uxelo cum decima et pertinentiis suis, decimam tam vini quam annonæ de Sarmaria et ea quæ in ejusdem villæ potestate habetis ; quartam partem allodii de Lupi cum pertinentiis suis, prata de Uzzeio, ecclesiam de Chevenum cum decima et appendiciis suis. Sancimus præterea ut præfatum monasterium in eadem libertate et immunitate, in qua hactenus fuisse dignoscitur, futuris temporibus apostolicæ sedis auctoritate permaneat.

Decernimus ergo ut nulli omnino hominum liceat præfatum monasterium temere perturbare, aut ejus possessiones auferre, vel ablatas retinere, minuere, seu quibuslibet vexationibus fatigare; sed omnia integra et illibata conserventur eorum, pro quorum gubernatione et sustentatione concessa sunt, usibus omnimodis profutura, salva sedis apostolicæ auctoritate, diœcesani episcopi canonica justitia. Si qua igitur in futurum ecclesiastica sæcularisve persona hanc nostræ constitutionis paginam sciens, contra eam temere venire tentaverit, secundo tertiove commonita, nisi præsumptionem suam congrua satisfactione correxerit, potestatis honorisque sui dignitate careat, reamque se divino judicio existere de perpetrata iniquitate cognoscat, et a sacratissimo corpore ac sanguine Dei et Domini, Redemptoris nostri Jesu Christi aliena fiat, atque in extremo examine, districtæ ultioni subjaceat. Cunctis autem eidem loco sua jura servantibus, sit pax Domini nostri Jesu Christi, quatenus et hic fructum bonæ actionis percipiant, et apud districtum judicem præmia æternæ pacis inveniant. Amen.

Ego Alexander catholicæ Ecclesiæ episcopus.

Ego Hubaldus presbyter tit. S. Crucis in Hierusalem.

Ego Gregorius Sabinensis episcopus.

Ego Joannes presbyt. cardinalis tit. Sanctæ Anastasiæ.

Ego Albertus presb. card. tit. Sancti Laurentii in Lucina.

Ego Guillelmus presb. card. tit. S. Petri in Vincula.

Ego Hubaldus Ostiensis episcopus.

Ego Bernardus Portuensis episcopus.

Ego Gualterius Albanensis episcopus.

Ego Hyacinthus diaconus card. S. Mariæ in Cosmedin.

Ego Oddo diac. card. S. Nicolai in Carcere Tulliano.

Ego Ardicio diaconus card. S. Theodori.

Ego Euthyus card. S. Adriani.

Ego Joannes diaconus cardinalis S. Mariæ in Porticu.

Datum apud Montempessulanum per manum Hermanni sanctæ Romanæ Ecclesiæ subdiaconi et notarii, xi Kalendas Junii, indictione x, Incarnationis Dominicæ, anno millesimo centesimo sexagesimo secundo, pontificatus vero domni Alexandri papæ tertii anno tertio.

LXXV.
Privilegium pro monasterio Sancti Arnulphi Crispeiensi.
(Ap. Montempessulanum, Maii 22.)
[*Ibid.*, 70.]

ALEXANDER episcopus, servus servorum Dei, dilectis filiis THEOBALDO priori monasterii Sancti Arnulphi martyris Crispeii, ejusque fratribus tam præsentibus quam futuris regularem vitam professis, in perpetuum.

Religiosam vitam eligentibus apostolicum convenit adesse præsidium, ne forte cujuslibet temeritatis incursus, aut eos a proposito revocet, aut robur, quod absit! sacræ religionis restringat. Eapropter, dilecti in Domino filii, vestris justis postulationibus clementer annuentes, et prædecessorum nostrorum sanctæ recordationis Joannis, Paschalis, Innocentii atque Eugenii Romanorum pontificum vestigiis inhærentes, præfatum Beati Arnulphi martyris monasterium, in quo Domino mancipati estis obsequio, quod etiam nullius ditioni vel potestati nisi Romani pontificis et abbatis Cluniacensis, subjectum esse dignoscitur sub beati Petri et nostra protectione suscipimus, et præsentis scripti privilegio communimus; in primis siquidem statuentes ut omnia quæ a fundatoribus vestris Gualterio, scilicet Ambianensi comite, et conjuge ejus Adela vestro monasterio concessa et tradita esse noscuntur, ad exemplum eorumdem prædecessorum nostrorum, vobis vestrisque successoribus firma semper et illibata in eadem qua tradita sunt libertate permaneant; cuncta quæ etiam in præsentiarum ad ipsum locum pertinere videntur, quieta vobis et integra permanere sancimus, in quibus hæc propriis duximus exprimenda vocabulis; monasterium ipsum Beati Arnulphi cum terris, vineis, decimis, et aliis omnibus pertinentiis suis, mercatum scilicet et suburbium, castrum Crespeii cum cultura quæ eidem castro adjacet, et in qua pars castri fundata est; altare et villam Ogeri cum decimis et omnibus ad eam pertinentibus, molendinum unum sub declivio montis castri Crespeii situm in villa de Dilucio, unum super Alturnam aquam, pratum unum et vineas Chaziacum, villam in Othinensi pago sitam, cum omnibus pertinentiis suis, terris, silvis, pratis ac molendinis, duabusque ecclesiis, matricem videlicet ecclesiam ejusdem villæ quæ est fundata in honore beati Dionysii, et sibi subjacentem capellam Sancti Arnulphi cum decimis suis, et ecclesiam Sancti Martini sitam penes castellum pontis Arensis cum quibusdam terris et vineis, omnibusque pertinentiis suis, quæ quidem juxta tenorem privilegiorum vestrorum tam vobis quam successoribus vestris subjaceat, vestroque favore et consilio ordinetur. In silva Blera villam quæ dicitur Fagit cum omnibus pertinentiis suis. In Meldensi pago ecclesiam unam in villa quæ dicitur Mallos cum terris hominibus et decimis. In episcopatu Silvanectensi ecclesiam Sanctæ Agathæ cum toto jure parochiali, totius castri Crispeii et omnibus pertinentiis suis; altare de Fenico. In episcopatu Belvacensi altare et villam de Locellis cum omnibus pertinentiis suis, cellam quoque de Franceriis cum omnibus appendiciis suis, beneuram de Noitello, domos videlicet, vineas et decimas de Gercheri. In episcopatu quoque Ambianensi cellam quæ vocatur Morandi, monasterium cum grangia de avenis cum omnibus appendiciis suis quam quidem in eadem libertate semper manere sancimus in qua hactenus mansisse dignoscitur; possessiones de villa Villers prope montem Desiderii; altare villaris, altaria de Germiniaco quæ per Falconis episcopi Ambianensis chirographum possidetis cum omni jure parochiali ejusdem villæ et decimis. In episcopatu Suessionensi ecclesiam de Bonoculo cum grangia, terris, vineis, pratis ac decimis, et aliis redditibus; ecclesiam de Reptalio cum terris, decimis et aliis ejusdem villæ redditibus; allodium Guidonis militis apud Maromontem; allodium Leotaldi apud Erlvenium cum aliis quæ ibi habetis, villam vallis, villam novam, villam Galcherii militis, allodium de Frenesta.

Quæcunque præterea a quibuslibet de suo jure eidem loco collata sunt vel in futurum conferenda firma semper et illibata permaneant, tam a vobis quam aliis qui per Cluniacenses abbates eidem loco præpositi fuerint, perpetuo possidenda regenda et disponenda. Hæc quoque adjicientes adjicimus, et apostolicæ sedis auctoritate sancimus, ut quemadmodum a sanctæ recordationis prædecessore nostro Joanne papa primo statutum est atque firmatum, quandoquidem locus tibi a jam dicto bonæ memoriæ Ambianensi comite in suæ fundationis exordio oblatus ut atque ab eo tanquam novella plantatio in propriam et specialem sanctæ sedis apostolicæ filiam eadem domus est adoptata, ut nulli unquam archiepiscoporum et episcoporum liceat excommunicationis seu interdicti sententiam absque assensu et mandato Romani pontificis vel legati ab ejus latere destinati in idem cœnobium promulgare aliasque consuetudines ibi exigere, vel missas publicas contra voluntatem vestram celebrare, seu alicujus gravaminis causa manum apponere, neque enim dignum est, ut qui ad jus Romanæ Ecclesiæ quæ omnium Ecclesiarum caput et mater est, pertinere cognoscuntur, quorumlibet offensionibus graventur vel incursionibus agitentur; liceat quoque vobis in ecclesiis vestris presbyteros eligere et episcopo præsentare, quibus si idonei inventi fuerint episcopus curam animarum committat vobis quidem de temporalibus, episcopo vero de spiritualibus sine contradictione respondeant. Porro in monasterio in quo divino mancipati estis obsequio, quicunque a vobis presbyter, ut divina ibi celebret, fuerit convocatus, nulli unquam nisi vobis et Ecclesiæ vestræ respondeat. Decimas quoque novalium vestrarum, quæ propriis manibus aut sumptibus colitis, sive de nutrimentis vestrorum animalium nullus a vobis præsumat exigere, sed sine omni contradictione episcoporum et episcopalium ministrorum eos deinceps quietius possideatis, qui vestra peregrinis et pauperibus erogatis. Neque cuilibet facultas sit vos pro vivorum sive defunctorum eleemosynis ob salutem animarum vobis commendatis inquietare, sed tam vivorum quam defunctorum dona et oblationes, quæ ad vos deferentur, in vestris servorum Dei pauperumque usibus profuturas recipere liceat. Porro idem monasterium cum omnibus pertinentiis suis, sicut hactenus ex institutione et concessione sanctæ sedis apostolicæ fuisse cognoscitur, sub Cluniacensi libera ordinatione et dispositione consistat.

Decernimus ergo ut nulli omnino hominum liceat supra dictum monasterium temere perturbare aut ejus possessiones auferre, vel ablatas retinere, minuere, seu quibuslibet vexationibus fatigare, sed illibata omnia et integra conserventur eorum, pro quorum gubernatione ac sustentatione concessa sunt, usibus omnimodis profutura, salva nimirum in omnibus sedis apostolicæ auctoritate, et diœcesanorum episcoporum in prædictis capellanis justitia.

Si qua vero in futurum ecclesiastica sæcularisve persona, contra eam temere venire tentaverit, secundo tertiove commonita, nisi præsumptionem suam congrua satisfactione correxerit, potestatis honorisque sui dignitate careat, reamque se divino judicio existere de perpetrata iniquitate cognoscat, et a sacratissimo corpore ac sanguine Dei et Domini Redemptoris nostri Jesu Christi aliena fiat, atque in extremo examine districtæ ultioni subjaceat. Cunctis autem eidem loco sua jura servantibus sit pax Domini nostri Jesu Christi, quatenus et hic fructum bonæ actionis percipiant, et apud districtum judicem præmia æternæ pacis inveniant. Amen, amen.

Ego Alexander catholicæ Ecclesiæ episcopus.
Ego Gregorius Sabinensis episcopus.
Ego Hubaldus Ostiensis episcopus.
Ego Bernardus Portuensis et Sanctæ Rufinæ episcopus.
Ego Gualterius Albani episcopus.
Ego Hubaldus presbyt. card. tit. S. Crucis in Jerusalem.
Ego Joannes presbyt. card. tit. S.....
Ego Gilbertus presbyt. card. tit. Sancti Cornelii Laurentii in Lucina.
Ego Guillelmus presbyt. card. tit. S. Petri ad Vincula.
Ego Hyacinthus diaconus cardinalis Sanctæ Mariæ in Cosmedin.
Ego Odo diaconus card. S. Nicolai in Carcere Tulliano.
Ego Ardicio diac. card. S. Theodori
Ego Anthius diac. cardinalis S. Adriani.
Ego Joannes diaconus cardinalis Sanctæ Mariæ in Porticu.

Datum apud Montempessulanum per manum Hermanni sanctæ Romanæ Ecclesiæ diaconi et notarii, undecimo Kalend. Junii indictione decima, Incarnationis Dominicæ anno millesimo centesimo sexagesimo secundo, pontificatus vero domni Alexandri papæ tertii, anno tertio.

LXXVI.
Castri Scuriensis protectionem suscipit.
(Ap. Montempessulanum, Maii 29.)
[MURATORI, *Antiq. Ital.*, I, 941.]

ALEXANDER episcopus, servus servorum Dei, dilectis filiis AMBLARDO, BERNARDO, et aliis dominis Scuriensis castri, salutem et apostolicam benedictionem.

Manifestum est castrum quod Scuria dicitur, temporibus beati Sylvestri, sicut ex inspectione litterarum antecessoris nostri sanctæ recordationis Sergii papæ cognovimus, regia liberalitate per manus ejusdem beato Petro quondam fuisse collatum, et a Vediano quondam ejusdem castri domino, memorato prædecessori nostro papæ Sergio, per innovationem sub annuo censu decem solidorum Raimundensis monetæ fuisse recognitum et oblatum. Idem etiam castrum Hubertus, Raimundus, et Sicardus, domini ipsius loci, prædecessori nostro felicis memoriæ papæ Calixto, et per manum ipsius beato Petro, et sanctæ Romanæ Ecclesiæ recognoverunt et obtulerunt. Nos itaque eorumdem antecessorum nostrorum Sergii atque Calixti, et etiam Innocentii, Romanorum pontificum, qui castrum ipsum ad jus et proprietatem beati Petri pertinens, sub apostolicæ sedis protectione ac munitione receperunt, vestigiis inhærentes, præfatum castrum sub beati Petri et nostra protectione suscipimus, et præsentis scripti patrocinio communimus, statuentes ut neque comiti neque alicui personæ facultas sit castrum ipsum auferre, minuere, infestare, vel suis usibus vindicare, sed quietum vobis, sicut a jam dictis prædecessoribus nostris et nobis concessum est, et integrum sub beati Petri ju e ac defensione consistat. Sane si quis vestrum gravius aliquod (quod absit!) forte commiserit, pro ejus culpa, nisi et ipsi ejusdem iniquitatis participes fuerint, alii, et honores eorum minime a divinis interdicantur officiis. Hoc ipsum et de subjectis militibus vestris præcipimus observari. Statuimus etiam ut nulli, nisi dominis et hominibus ejusdem castri, liceat infra terminos tenimenti vestri, castrum ædificare vel munitionem facere. Si quæ vero ecclesiastica, sæcularisve persona adversus homines ejusdem castri querimoniam deposuerit; apud metropolitanum vestrum, vel legatum a latere Romani pontificis destinatum, quod justum fuerit, experiatur. Si quis igitur clericus sive laicus temere (quod absit!) adversus ista venire tentaverit, secundo tertiove commonitus, si non congrua satisfactione emendaverit, honoris et officii sui periculum patiatur, aut excommunicationis ultione plectatur. Qui vero conservator exstiterit, gratiam omnipotentis Dei, et beatorum apostolorum Petri et Pauli obtineat.

Datum apud Montempessulanum, IV Kalendas Junii.

XXVII.

Bulla pro ecclesia S. Eusebii.
(Ap. Montempessulanum, Jun. 4.)

[*Gall. Christ. Nov.*, XII, 125, Instrum.]

ALEXANDER episcopus, servus servorum Dei, dilectis filiis DODONI abbati et fratribus ecclesiæ beatorum Laurentii et Hilarii de abbatia, salutem et apostolicam benedictionem.

Justis petentium desideriis dignum est facilem præbere consensum, et vota quæ a rationis tramite non discordant, effectu sunt consequente complenda. Eapropter, dilecti in Domino filii, vestris postulationibus grato concurrentes assensu, beneficium præbendarum a fratre nostro Alano episcopo, et universo capitulo Antissiodorensis Ecclesiæ B. Eusebii ad jus Ecclesiæ vestræ spectanti rationabiliter concessum, et ab eisdem scripto proprio confirmatum, sicut in eorum authenticis litteris continetur, vobis et per vos prædictæ Ecclesiæ auctoritate apostolica confirmamus, et præsentis scripti patrocinio communimus; statuentes ut nulli omnino hominum liceat hanc paginam nostræ confirmationis infringere, vel ei aliquatenus contraire. Si quis autem hoc attentare præsumpserit, indignationem omnipotentis Dei et beatorum apostolorum Petri et Pauli se noverit incursurum.

Datum apud Montempessulanum, II Nonas Junii.

LXXVIII.

Ad Ludovicum VII Francorum regem. — De negotio Ecclesiæ Flaviniacensis.
(Ap. Montempessulanum, Jun. 4.)

[MANSI, *Concil.*, XXI, 987.]

ALEXANDER episcopus, servus servorum Dei, charissimo in Christo filio LUDOVICO illustri Francorum regi salutem et apostolicam benedictionem.

Litteras quas nobis pro venerabili fratre nostro Eduensi episcopo tua celsitudo transmisit, debita benignitate suscepimus, et juxta earum tenorem, prædicto episcopo ex officii nostri debito et tuæ sublimitatis obtentu honorem et affectionem libenter impendimus. Causa vero quæ inter eum et abbatem Flaviniacensem vertebatur, diutius sub nostro examine ventilata; cum idem episcopus contra ipsum abbatem testes de spontanea abbatiæ abrenuntiatione produxisset abbas abrenuntiationem ipsam non sponte, sed coactum se fecisse affirmans, et super hoc testes se producere posse asserens, in ipsos etiam testes episcopi aliquid se habere nihilominus allegabat. Verum quia id continue prosequi non valebat, inducias a nobis ad hoc exsequendum instantius postulavit. Unde quia eas sibi, sicut non debuimus, ita nec potuimus de jure aliquatenus denegare, nolentes aliquem in jure suo præsertim sub nostro examine, quodlibet præjudicium sustinere, hinc ad octavas sancti Michaelis, de communi fratrum nostrorum consilio, inducias ei duximus indulgendas, ut tunc ad præsentiam nostram ita redeat tam super his quam super capitulis illis, quæ sibi fuerant in præsentia dilecti filii nostri W. Sancti Petri ad Vincula presbyteri cardinalis objecta sufficienter instructus, quod plenius de causa cognoscere, eamque possumus, annuente Domino, justitia mediante finire. Interea vero ne castrum Flaviniacum ipsi Flaviniacensi Ecclesiæ, et serenitati tuæ, atque prædicto episcopo, valeat aliquatenus deperire, memoratum abbatem fecimus in præsentia nostra jurare, sicut ex scripto ipsius sacramenti, quod tibi transmittimus, poteris intueri, ut castrum ipsum in manibus tuis, vel certi nuntii sui de legati resignet, libera tamen interim sibi abbatiæ administratione tam in temporalibus quam in spiritualibus reservata. Cum enim idem castrum ad honorem et ditionem regni tui respicere videatur, multo dignius duximus ipsum per regiæ magnificentiæ gubernationem servari, quam alicui alii custodiendum committi. Inde est quod serenitatem tuam per apostolica scripta rogamus, monemus et exhortamur in Domino, quatenus prædictum castrum, libera tamen abbati administratione, prout diximus, reservata, recipere non postponas, et ipsum usque ad causæ terminum ita facias præstante Domino custodiri, quod nec episcopo, nec abbati, aliqua inde valeat injuria vel incommodum provenire. Nos enim eis dedimus in mandatis, ut infra tempus istud nulla alter alterum ratione impugnet, et qui capti fuerant, libere hinc inde permittantur abire. Extranei quoque excommunicati ab eodem castro discedant. Ut autem hæc omnia diligentius curet regia celsitudo complere, dilectum filium Stephanum subdiaconum nostrum, virum utique honestum et litteratum, quem charum admodum acceptumque tenemus, cum supradicto episcopo juxta petitionem suam ad tuam præsentiam duximus destinandum, sublimitatem tuam rogantes attentius, quatenus tam eum quam ipsum episcopum pro reverentia beati Petri ac nostra regia benignitate recipias, honeste tractes, et ea quæ sublimitati tuæ ex parte nostra suggesserint, ita indubitanter credas, quasi ab ore nostro tuæ fuerint celsitudini declarata.

Datum apud Montempessulanum ii Non. Jun.

LXXIX.

Monasterium Vizeliacense ab Ecclesiæ Cluniacensis potestate liberat.

(Ap. Montempessulanum.)

[MANSI, *Concil.*, XXI, 1160.]

ALEXANDER episcopus, servus servorum Dei, dilectis filiis WILLELMO abbati Vizel. monasterii, ejusque fratribus tam præsentibus quam futuris monasticam vitam professis in perpetuum.

Sacrosancta Romana Ecclesia, quæ unicuique respondet pro suorum qualitatibus meritorum, eos, quos fideles reperit, benigniori tractare gratia consuevit, et quos ferventiores circa suum obsequium intuetur, honoris prærogativa est solita decorare. Antecessor autem noster bonæ memoriæ Paschalis papa, sicut ex privilegio prædecessoris nostri felicis recordationis Calixti papæ cognovimus Vizel. monasterium, quod proprie ac specialiter B. Petri juris existit, Cluniacensis Ecclesiæ fervorem religionis, quæ tunc temporis inibi habebatur, attendens, cum religio in eodem Vizel. monasterio tunc ex parte maxima deperisset, commisisse dignoscitur, et prædictus Calixtus papa et idipsum auctoritatis suæ privilegio confirmasse, ita quidem ut, obeunte abbate, qui ibidem esset pro tempore institutus, alius ibi deberet communi fratrum consensu, vel patris consilii sanioris, Cluniacensium abbatum consilio subrogari. Nos vero devotionis vestræ constantiam, et fidei firmitatem, quam in hoc tempore procelloso tam vos quam bonæ memoriæ Pontius Vizel. abbas, circa Romanam Ecclesiam habuistis, diligentius attendentes, considerantes etiam quam manifeste Cluniacensis Ecclesia tempore hujus turbationis erraverit, et quomodo a pristina religione et honestate corruens, ab unitate Ecclesiæ se fecerit alienam, prædicto monasterio vestro in devotione et fide Ecclesiæ firmissime permanente, et religione per Dei gratiam ibidem plenarie restituta, ut utraque Ecclesia fructum videatur pro meritis reportare, commissionem illam, quam idem antecessor noster Paschalis papa fecerat, de communi fratrum nostrorum consilio duximus revocandam, statuentes ut idem monasterium Cluniacensi Ecclesiæ in nullo penitus subjacere debeat, nec alicui teneatur, nisi tantum Rom. Ecclesiæ respondere; et electionem ita liberam per omnia habeatis, ut Cluniacensium abbatum consilium vel consensus nullo modo requiratur; imo illum vobis in abbatem dari volumus, et præponi, quem fratres communi consensu, vel fratrum pars consilii sanioris, secundum Dei timorem, et B. Benedicti institutionem, elegerint et Romanus pontifex aut præviderit ordinandum, aut suggestione monachorum ejusdem loci consenserit ordinatum. Ut autem hæc nostra institutio futuris semper temporibus inviolabiliter observetur, eam auctoritate apostolica confirmamus, et præsentis scripti privilegio communimus, statuentes ut nulli omnino hominum liceat hanc paginam nostræ constitutionis infringere, vel ei aliquatenus contraire. Si quis autem hoc attentare præsumpserit, secundo tertiove commonitus, nisi præsumptionem suam digna satisfactione correxerit, potestatis honorisque sui dignitate careat, reumque se divino judicio existere de perpetrata iniquitate cognoscat, et a sacratissimo corpore et sanguine Dei et Domini nostri Jesu Christi alienus fiat, atque in extremo examine districtæ ultioni subjaceat. Servantibus autem sit pax Domini nostri Jesu Christi, quatenus et hic fructum bonæ actionis percipiant, et apud districtum judicem præmia æternæ pacis inveniant. Amen.

LXXX.

Ad Guillelmum Montispessulani dominum. — Personam ejus et bona sub beati Petri et sua protectione suscipit.

(Ap. Montempessulanum, Julii 1.)

[D. BOUQUET, *Recueil*, XV, 779.]

ALEXANDER episcopus, servus servorum Dei, dilecto in Christo filio, nobili viro GUILLELMO de Montepessulano, salutem et apostolicam benedictionem.

Considerantes et diligentius attendentes quantum Romanæ Ecclesiæ et nobis ipsis devotus existas, petitionibus tuis gratum impertimur assensum, et personam tuam ac bona quæ possides, aut in futurum justis modis poteris adipisci, sub apostolicæ sedis et nostra protectione suscipimus; statuentes ut nulli omnino liceat, nisi Romano pontifici, vel ei cui specialiter mandaverit, aut cardinali ab ejus latere delegato, personam tuam excommunicationis vinculo innodare; capellam quoque tuam in Montepessulano, et aliam capellam quæ est in castro de Palude, nullus similiter audeat interdicere, quominus tibi et familiæ tuæ, exclusis excommunicatis et interdictis, divina in eis officia celebrentur : de una vero quoque capella, quoniam utroque a progenitoribus tuis D. Petro oblata est, unus aureus quotannis nostro Lateranensi palatio persolvatur, ita tamen quod decimæ et primitiæ, et alia quæ ad parochiale jus pertinent, Mogalonensi Ecclesiæ conserventur.

Datum apud Montempessulanum, Kal. Julii, pontificatus nostri anno quarto (9).

LXXXI.
Privilegium pro monasterio de Curia Dei.
(Ap. Montempessulanum, Jul. 6.)
[*Gall. Christ. Nov.*, VIII, Instr., 514.]

ALEXANDER episcopus, servus servorum Dei, dilectis filiis LOTHARIO abbati monasterii de Curia Dei ejusque fratribus, tam præsentibus quam futuris, monasticam vitam professis, in perpetuum.

Religiosam vitam agentibus apostolicum convenit adesse præsidium, ne forte cujuslibet temeritatis incursus aut eos a proposito revocet, aut robur (quod absit) sacræ religionis infringat. Quapropter, dilecti in Domino filii, vestris justis postulationibus clementer annuimus, et præfatum monasterium in quo divino mancipati estis obsequio, sub beati Petri et nostra protectione suscipimus, et præsentis scripti privilegio communimus. In primis siquidem statuentes, ut ordo monasticus qui secundum Deum et beati Benedicti Regulam ex institutione Cisterciensis ordinis in eodem loco noscitur institutus, perpetuis ibidem temporibus inviolabiliter observetur. Præterea quascunque possessiones, quæcunque bona idem monasterium in præsentiarum juste et canonice possidet, aut in futurum concessione pontificum, largitione regum vel principum, oblatione fidelium, seu aliis justis modis, præstante Domino, poterit adipisci, firma vobis vestrisque successoribus et illibata permaneant, in quibus hæc propriis duximus exprimenda vocabulis: Joiacum cum omnibus pratis et plana terra, molendino et cæteris appendiciis suis, apud Campumbonum arpenta pratorum duo, inter montes et aquam, apud Carrellas terram duarum carrucarum cum pratis, ex dono dilecti filii nostri Lodoici illustrissimi Francorum regis; ex dono Alberti Pitverensis unam carrucatam terræ apud capellam de Cathiniaco, ex dono Gosseni de Leugis dimidiam carrucatam terræ apud capellam de Cathiniaco, ex dono capituli Sanctæ Crucis et Radulphi de Balgenciaco, Henrici dapiferi et Petri de Bugellet quatuor carrucatas terræ in pratis, apud Champellum tres carrucatas terræ cum nemore et pratis, apud Ingranniam arpenta pratorum quatuor, pro quibus quatuor sex pratorum arpenta apud Marollium in commutationem dedistis, ex dono Aureliani episcopi pratum Constantii. Præterea nemora a supradicto filio nostro Ludovico Francorum rege ad omnes usus vestros rationabiliter vobis concessa nihilominus confirmamus. Illa etiam Sanctæ Crucis vobis circumadjacentia nemora ad omnes usus vestros et animalium vestrorum, quemadmodum monasterio vestro rationabiliter concessa sunt, auctoritate apostolica confirmamus. Libertates igitur seu immunitates a bonæ memoriæ quondam Joanne episcopo vobis et Ecclesiæ vestræ juste concessas, et tam scripti sui quam Manasse ejusdem civitatis episcopi munimine confirmatas, quemadmodum in eorum et charissimi filii nostri Ludovici illustrissimi Francorum regis scriptis authenticis continetur, nihilominus vobis roboramus. Sane laborum vestrorum quos propriis manibus aut sumptibus colitis sive de nutrimentis animalium vestrorum nullus a vobis decimas vel primitias præsumat exigere. Decernimus ergo ut nulli omnino hominum liceat prædictum monasterium temere perturbare, aut ejus possessiones auferre vel ablatas retinere, etc.

Ego Alexander catholicæ Ecclesiæ episcopus, ego Hubaldus presbyter cardinalis tituli Sanctæ Crucis in Jerusalem, ego Henricus presbyter cardinalis tituli sanctorum Nerei et Achillæi, ego Albertus presbyter cardinalis tituli Sancti Laurentii in Lucina, ego Guillelmus presbyter cardinalis tituli Sancti Petri ad Vincula, ego Gregorius Sabinensis episcopus, ego Bernardus Portuensis sanctæ Rufinæ episcopus, ego Gualterus Albanensis episcopus, ego Hyacinthus diaconus cardinalis Sanctæ Mariæ in Cosmidin, ego Odo diaconus cardinalis tituli Sancti Nicolai in Carcere Tulliano, ego Ardicio diaconus tituli Sancti Theodori, ego Cinthius diaconus cardinalis Sancti Adriani, ego Raimundus diaconus cardinalis Sanctæ Mariæ in Via Lata, ego Joannes diaconus cardinalis Sanctæ Mariæ in Porticu.

Datum apud Montempessulanum per manum Hermanni sanctæ Romanæ Ecclesiæ subdiaconi et notarii pridie Nonas Julii, indictione decima Incarnationis Dominicæ anno 1162, pontificatus vero domni Alexandri papæ III anno tertio.

LXXXII.
Privilegium pro ecclesia S. Stephani Tolosana.
(Ap. Montempessulanum, Jul. 8.)
[*Hist. de Languedoc*, II, Pr., p. 586.]

ALEXANDER episcopus, servus servorum Dei, dilectis filiis BERNARDO Tolosanæ ecclesiæ S. Stephani præposito ejusque fratribus regulariter victuris, in perpetuum.

Sicut injusta poscentibus, etc. Quamobrem, dilecti in Christo filii, vestris justis postulationibus gratum accommodantes assensum, Tolosanam ecclesiam in qua divino vacatis servitio, ad exemplum prædecessorum nostrorum felicis memoriæ Paschalis et Innocentii Romanorum pontificum, apostolicæ sedis privilegio communimus, statuentes ut ordo canonicus et regularis, vita in eadem Ecclesia constituta ibidem perpetuis et futuris temporibus inviolabiliter observentur. Præterea quascunque possessiones quæcunque bona ipsa ecclesia

---

(9) An. 1162, quo hæc epistola est data, Kalendis Julii, nondum annus tertius pontificatus Alexandri erat completus. His litteris gratificatus est Alexander obsequia quibus a Guillelmo apud Montempessulanum exceptus fuit. Cæterum Octavianus, ut eumdem Guillelmum in partes suas pertraheret, litteras quoque ad eum dederat. (*Vide in Appendice ad Alexandrum III, infra.*)

juste et canonice in præsentiarum possidet, aut in futurum concessione pontificum, largitione regum vel principum, oblatione fidelium, seu justis aliis modis, Deo propitio, poterit adipisci, illibata et integra permaneant, salva diœcesani episcopi canonica justitia. Adjicientes etiam, donec apud vos canonicus ordo duraverit, ea omnia in perpetuum habeatis et quiete possideatis, quæ in præsentiarum pro communi victus sustentatione per donum Isarni quondam Tolosanensis episcopi juste possidere videmini, universum videlicet honorem decaniæ, sacristianiæ, et capiscoliæ, decimationem ecclesiæ et altaris, oblationem frumenti quod in eamdem ecclesiam portari et efferri solet, archidiaconatum quoque a porta Narbonensi usque ad Carcassense territorium, et alium Vetimorensem, et alium ultra Garumnam, et alium a Gærnensi villa quæ Brohai cognominatur, cultum et incultum, aquas, prata atque silvas, terram extra muros quæ Feratrax cognominatur, cunctum etiam honorem præpositurœ, capellas insuper universas castellorum totius Tolosani episcopatus, necnon ecclesiam Sancti Martini de Icio, etc., ecclesiam de Lumbers, de Pumpiaco et de Saboneres cum pertinentiis suis, ecclesiam de Laurac, de Fongaldo, de Verdfeil, de Puillaurensi, de Bavato, de Murel et de Palies ; ecclesiam quoque Sanctæ Mariæ de Galders, et Sanctæ Columbæ cum suis pertinentiis, et ecclesiam Castelli-Sarraceni. Sancimus etiam ne cui monacho, seu canonico, vel alii omnino personæ in Tolosano episcopatu capellanias liceat ordinare, nisi tantum episcopo, præposito et archidiaconibus. Præpositum autem decanum, archidiaconos, magistrum scholæ, sacristam non alium vobis præferre permittimus, nisi quem fratrum regulariter viventium consensus elegerit ; episcoporum quoque in vestra ecclesia per Dei gratiam, subrogationem, vestra volumus potissimum electione constitui.

Prohibemus etiam ne cui post factum in vestra ecclesia professionem, proprium quid habere, neve sine præpositi vel congregationis licentia de claustro exire liceat. Præterea concordiam inter vos et Hugonem Sancti Saturnini abbatem et canonicos suos super sepultura militum Tolosanæ civitatis, quam vobis de voluntate propria dimiserunt, et super reditu viginti solidorum, quos de archidiaconatu Villelongæ vobis summatim solvere debent et super quibusdam aliis rationabiliter factam, quemadmodum in authentico scripto exinde noscitur contineri, vobis et super vos ecclesiæ vestræ auctoritate apostolica confirmamus. Statuimus etiam ut nulli liceat ecclesias Tolosani episcopatus antiquitus constitutas ad episcopum specialiter pertinentes, sine voluntate et permissione Tolosani episcopi destruere, mutare vel etiam jura minuere. Si quid igitur in futurum, etc. Amen.

Sic signatum in pede :

Ego Alexander catholicæ Ecclesiæ episcopus.
Ego Gregorius Sabinensis episcopus.
Ego Ubaldus Ostiensis episcopus.
Ego Bernardus Portuensis et S. Rufinæ episcopus.
Ego Gualterius Albanensis episcopus.
Ego Ubaldus presbyter cardin. tit. Sanctæ Crucis in Hierusalem.
Ego Henricus presbyter cardinalis tit. Sancti Nerei et Aquilei.
Ego Joannes presbyter cardinalis tituli Sanctæ Anastasiæ.
Ego Hyacinthus diaconus cardinalis Sancti Nicolai in Carcere Tulliano.

Datum in Montempessulanum per manum Hermanni sanctæ Romanæ Ecclesiæ subdiaconi et notarii, octavo Idus Julii, indict. decima, anno Incarnationis Dominicæ 1162, pontificatus vero domni Alexandri papæ III anno III.

LXXXIII.

Ad Ludovicum VII Francorum regem. — De legatis quos missurus est.

(Ap. Montempessulanum, Jul. 10.)
[MANSI, *Concil.*, XXI, 988.]

ALEXANDER episcopus, servus servorum Dei, charissimo in Christo filio LUDOVICO illustri Francorum regi, salutem et apostolicam benedictionem.

Quam promptæ devotionis affectibus Dei Ecclesiam et nos ipsos specialiter amplectaris, quam sinceræ charitatis brachiis unicam Christi sponsam inter cæteros catholicos principes foveas ac defendas, beneficia plurima per te nobis collata declarant, et regiæ serenitatis fides invictissima manifestat. Non enim opus est, nec unquam poterit ab apostolicæ sedis memoria quantolibet successu temporis aboleri, quomodo te ab ipso nostræ promotionis exordio pro domo Israel murum inexpugnabilem constitueris, quomodo fluctuantem Petri naviculam fidei anchora, et prudentiæ tuæ remis, firmam in media vexeris tempestate. Inde est quod te tanquam catholicum principem, et vere Christianissimum regem, sincera in Christi visceribus affectione diligimus, honori et exaltationi tuæ libenter intendimus : et pro conservanda tuæ celsitudinis gloria omnipotentem Dominum devotis jugiter precibus exoramus. Litteras igitur, quas per dilectos filios nostros L. abbatem S. Germani, et B. familiarem clericum tuum, viros quidem industrios ac discretos et tuæ celsitudini devotissimos, regia nobis serenitas destinavit, debita benignitate recepimus : et inde tam nos, quam fratres nostri, ingenti sumus hilaritate gavisi. Unde tam ex ipsis litteris, quam prædictorum relatione, tua voluntate plenius intellecta, nos quoque voluntatem nostram per eosdem tibi duximus exponendam. Ut quod dilectus filius noster..... abbas Grandis-Silvæ, quem ad tuam excellentiam miseramus, quo casu nescimus, omiserat, per istos valeat tuæ sublimitatis auribus intimari. Paramus etiam in continenti duos de fratribus nostris, quos inter alios fratres nostros charos satis et acceptos habemus, ad præsentiam tuæ celsitudinis destinare. Per quos utique et statum Ecclesiæ, et voluntatem nostram, plenius tibi curabimus indicare, et tuam versa vice, Domino auctore, sciemus, sicut illius utique principis, de quo plenissimam ad honorem et exaltationem Ecclesiæ Dei fiduciam obtinemus : ut per te scilicet ad tranquillitatis portum veniat et salutis. Regiam itaque clementiam præsentium significatione rogamus, monemus, et exhortamur in Domino, quatenus, cum ante conspectum regiæ majestatis eos contigerit præsentari, ipsos pro reverentia beati Petri ac nostra benigne recipias, honeste tractes, et his quæ tibi ad honorem Dei, et tam Ecclesiæ quam regni tui commodum et exaltationem, ex parte nostra proponent assensum præbeas, et utilem largiaris effectum. Ita quod inde ab æterno rege indeficientis præmii remunerationem accipere, et sedis apostolicæ gratiam perpetuo debeas tibi tuisque posteris plenius in omnibus ampliare.

Datum apud Montempessulanum, vi Idus Julii.

LXXXIV.
Privilegium pro ecclesia S. Aniani Aurelianensi.
(Ap. Montempessulanum, Julii 12.)
[*Antiquités historiques de l'église de Saint-Aignan d'Orléans*. Preuves, pag. 116.]

ALEXANDER episcopus, servus servorum Dei, dilectis filiis PETRO decano ecclesiæ S. Aniani Aurelianensis, ejusque fratribus tam præsentibus quam futuris canonice substituendis, in perpetuum.

Cum omnium Ecclesiarum attentam curam et sollicitudinem ex injuncto nobis a Deo apostolatus officio gerere debeamus, de illis tamen præcipue nos esse sollicitos quæ ad jus et proprietatem sanctæ Romanæ Ecclesiæ pertinere noscuntur, et de apostolicæ sedis protectione ampliori devotione confidunt, et ne quorumlibet et hominum in bonis seu etiam dignitatibus suis temerariis usibus fatigentur, auctoritatis nostræ suffragio eas convenit pariter communiri. Ideoque, dilecti in Domino filii, vestris justis postulationibus clementer annuimus, et præfatam Sancti Aniani ecclesiam, in qua divino mancipati estis obsequio sub beati Petri et nostra protectione scripti privilegio communimus; statuentes ut qualescunque possessiones, quæcunque bona eadem ecclesia in præsentiarum juste et canonice possidet aut in futurum concessione pontificum largitione regum vel principum, oblatione fidelium seu aliis justis modis, Deo propitio, poterit adipisci, firma vobis vestrisque successoribus et illibatæ permaneant; in quibus hæc propriis duximus exprimenda vocabulis; villam videlicet de Sentiliaco cum ecclesia; villam de Rœm cum ecclesia; villam de Tiliaco cum ecclesia; villam de Caloio cum ecclesia; villam de Herbiliaco cum ecclesia et omnibus decimis et pertinentiis earum villarum; ecclesiam Sancti Aniani veteris, quæ capella vocatur, et ecclesiam Sancti Germani intra muros civitatis; quidquid habetis in villa de Centolio et ecclesiam ejusdem villæ; quidquid habetis in villa de Fonteneio et ecclesiam ejusdem villæ cum decimis et aliis redditibus ad jus vestrum pertinentibus; aquam Ligeris a muro veteris civitatis usque ad Sanctum Lupum cum molendinis, quæ in eadem aqua habetis, et piscationibus suis; quidquid habetis ultra Ligerim, et in Secalonia; quidquid habetis in Gastineio, villam de Bezziaco cum omnibus pertinentiis suis; quidquid habetis apud Oscuras; quidquid habetis in fresta quæ Bolonia dicitur, et villam de Setteis, in supradictis vero parochialibus ecclesiis scilicet de Sentilliaco, de Rœm, de Tilliaco, de Fonteneio, de Centolio, de Calaio, de Herbiliaco quas tenetis, presbyteros eligatis et episcopis præsentetis, quibus si idonei fuerint, episcopi curam animarum absque venalitate committant, ut de plebis quidem cura eis respondeant, pro rebus vero temporalibus debitam vobis obedientiam et consuetam subjectionem exhibeant; in reliquis vero duabus ecclesiis videlicet Sancti Aniani et Sancti Germani, et ad servitium altaris crucifixi ecclesiæ beati Aniani libere et absque alicujus contradictione et præsentatione, sicut hactenus, ita et deinceps liceat vobis instituere sacerdotes. Ferias præterea in duobus solemnitatibus B. Aniani ad luminaria ejusdem ecclesiæ concinnanda, tam a beatæ memoriæ Ludovico illustri Francorum rege, quam a Joanne Aurelianensi episcopo vobis et ecclesiæ vestræ indultas, et scripti sui munimine roboratas auctoritate apostolica confirmamus et illibatas statuimus perpetuo permanere. Sancimus quoque et præsenti decreto statuimus ut nulli archiepiscopo vel episcopo, seu cuilibet personæ commissam vobis ecclesiam vel vos aut clericos chori vestri excommunicare, seu a divinis officiis interdicere liceat.

Prohibemus insuper ut nulli ecclesiasticæ, vel cujuscunque ordinis personæ fas sit, indebitas exactiones ecclesiis vestris aut capellis vel sacerdotibus earum imponere. Decernimus ergo ut nulli omnino liceat præfatam ecclesiam temere perturbare, aut ejus possessiones auferre, vel ablatas retinere, minuere, aut quibuslibet vexationibus fatigare, sed omnia integra conserventur eorum, pro quorum gubernatione et sustentatione concessa sunt, usibus omnimodis profutura.

Si qua igitur in futurum ecclesiastica sæcularisve persona, hanc nostræ constitutionis paginam sciens, contra eam temere venire tentaverit, secundo tertiove commonita nisi præsumptionem suam congrua satisfactione correxerit, potestatis honorisque sui dignitate careat, eamque se divino judicio existere de perpetrata iniquitate cognoscat, et a sacratissimo corpore ac sanguine Dei et Domini Redemptoris nostri aliena fiat atque in extremo examine districtæ ultioni subjaceat. Cunctis autem eodem loco sua jura servantibus, sit pax Domini nostri Jesu Christi, quatenus et hic fructum bonæ actionis percipiant et apud districtum judicem præmia æternæ pacis inveniant. Amen.

Ego Alexander catholicæ Ecclesiæ episcopus.
Ego Gregorius Sabinensis episcopus.
Ego Bernardus Portuensis et Sanctæ Rufinæ episcopus.
Ego Hubaldus Ostiensis episcopus.
Ego Gualterius Albanensis episcopus.
Ego Hubaldus presbyt. cardinalis S. Crucis in Hierusalem.
Ego Henricus presbyter cardinalis tit. Sanctorum Nerei et Achillei.
Ego Albertus presbyter cardinalis tit. Sancti Laurentii in Lucina.
Ego Guillelmus tit. S. Petri ad Vincula presbyter cardinalis.
Ego Hyacinthus diaconus cardinalis Sanctæ Mariæ in Cosmedin.
Ego Odo sive Otho diac. card. Sancti Nicolai in Carcere Tulliano
Ego Ardicio diaconus cardin. Sancti Theodori.
Ego Cinthius diaconus card. Sancti Adriani.
Ego Raimundus diac. card. Sanctæ Mariæ in Via Lata.
Ego Joannes diacon. card. Sanctæ Mariæ in Porticu.

Datum apud Montempessulanum per manum Hermanni sanctæ Romanæ Ecclesiæ subdiaconi et notarii, quarto Id. Julii, indictione decima, Incarnationis Dominicæ anno 1162, pontificatus vero domni Alexandri papæ tertii anno tertio.

LXXXV

Ad Rogerum archiepiscopum et canonicos Eboracenses. — Ut archiepiscopus in provincia Cantuariensi crucem ante se deferre non præsumat.

(Senonis, Jan.)

[*Epistolæ S. Thomæ* ed. GILES II, 43.]

ALEXANDER episcopus, servus servorum Dei, ROGERIO Eboracensi archiepiscopo, et dilectis filiis canonicis Eboracensibus, salutem et apostolicam benedictionem.

Decet prudentiam vestram sic alterius jura relinquere intacta, quemadmodum desideratis vobis integra et illibata servari. Quocirca apostolica auctoritate prohibemus ne, tu archiepiscope, in provincia Cantuariensis Ecclesiæ crucem tuam ullatenus deferas, nec ullius appellationis obtentu id aliqua occasione attentes. Hoc enim justitiæ vestræ, si quam habetis, præjudicium posset incommodum generare. Quod si ad tempus abstinere nolueris, oportebit te et successores tuos perpetuo abstinere.

LXXXVI

Ad Hugonem Suessionensem episcopum. — Sancti Aniani decanum commendat.

(Ap. Montempessulanum, Jul. 14.)

[MANSI, *Concil.*, XXI, 981.]

ALEXANDER episcopus, servus servorum Dei, venerabili fratri HUGONI Suessionensi episcopo, salutem et apostolicam benedictionem.

(10) S. Aniani celebre apud Aurelianos canonicorum collegium, olim insignis abbatia ordinis S.

Veniens ad nos dilectus filius noster magister P. ecclesiæ Beati Aniani (10) decanus, inter cætera laudabilia quæ de tua prudentia nobis exposuit, quod ipsum pro Beati Petri et nostra reverentia diligas et honores studuit intimare. Quod tanto amplius nobis gratum esse noveris et acceptum, quanto et ipsum ampliori affectu charitatis diligimus : et ut ab his, qui sacrosanctam Romanam Ecclesiam et nos ipsos diligunt, honoretur, propensius exoptamus. Eumdem itaque filium nostrum ad commissam sibi Ecclesiam cum plenitudine gratiæ sedis apostolicæ remittentes, fraternitati tuæ duximus attentius commendandum : rogantes, quatenus ipsum ita diligas et honores, quod uberes tibi gratiarum actiones propter hoc exsolvere debeamus.

Datum apud Montempessulanum, II Id. Junii.

LXXXVII

Ad Henricum archiepiscopum Remensem. — Pro magistro P. ecclesiæ Beati Aniani decano.

(Ap. Montempessulanum, Jul. 14.)

[MARTEN., *Ampl. Collect.*, II, 717.]

ALEXANDER episcopus, servus servorum Dei, venerabili fratri HENRICO Remensium archiepiscopo, salutem et apostolicam benedictionem.

Veniens ad nos dilectus filius noster magister P. ecclesiæ Beati Aniani decanus, inter cætera laudabilia quæ de tua prudentia nobis exposuit, quod ipsum pro beati Petri et nostra reverentia diligas et honores, studuit intimare. Quod tanto amplius nobis gratum esse noveris et acceptum, quanto et ipsum ampliori affectu charitatis diligimus, et ut ab his qui sacrosanctam Romanam Ecclesiam et nos ipsos diligunt, honoretur propensius exoptamus. Eumdem itaque filium nostrum ad commissam sibi Ecclesiam, cum plenitudine gratiæ sedis apostolicæ remittentes, fraternitati tuæ duximus altius commendandum, rogantes quatenus ipsum ita diligas et honores quod uberes tibi gratiarum actiones propter hoc exsolvere debeamus.

Data apud Montempessulanum II Idus Julii.

LXXXVIII

Ad Ludovicum regem. — Conqueritur de Aurelianensi episcovo canonicos nonnullos injuste vexante.

(Ap. Montempessulanum, Jul. 14.)

[MANSI, *Concil.*, II, 990.]

ALEXANDER episcopus, servus servorum Dei, charissimo in Christo filio LUDOVICO illustri Francorum regi, salutem et apostolicam benedictionem.

Quam acerbæ et irrationabilis severitatis instantia ille frater noster Aurelianensis episcopus dilectos filios nostros Letoldum, M. capellanum, et Adam, Aurelianenses canonicos, fuerit hactenus persecutus : et nos ex multiplicata eorum querela cognoscimus, et regia excellentia sicut credimus non ignorat. Eos enim pro sua recuperanda justitia jam ex longo tempore sæpius appellando a propriis finibus exsulare coegit, et ipsos ad nos venientes, vel in Benedicti, ex qua prodiit in agro Aurelianensi Floriacensis, corpore S. Benedicti celebris.

nostra præsentia constitutos, bonis propriis injuste prorsus et irrationabiliter spoliavit. Cumque super hoc nostra sæpe scripta receperit, eis omnino spretis atque contemptis : neque illis juxta mandatum nostrum ablata reddere, nec justitiæ voluit plenitudinem exhibere. Cum nuntii sui, quos ad nos propter hoc aliquando destinavit, potius ad frustratorias dilationes postulandas intenti, quam ad justitiam venerint exhibendam instructi. Et sic præfati canonici pro sua justitia diutius exsulare compulsi, nos sunt ex longo tempore terra marique secuti. Unde, nisi tuæ sublimitatis prece placati, ejus noluissemus contumaciam sedis apostolicæ mansuetudine tolerare : potuimus eum atque debuimus juxta rigorem canonum satis graviter vindicare. Hactenus igitur ejus inobedientiam tuarum precum intuitu cum omni patientia supportantes, nuper sibi per iterata scripta mandavimus, quod vel prædictis canonicis universa ablata cum integritate restituat, vel in proximo festo S. Lucæ ad præsentiam nostram per se vel sufficientem responsalem plenarie illis super his omnibus responsurus accedat. Alioquin ex tunc nec istorum justitiam esse patiemur aliquatenus diminutam, nec illius contumaciam auctore Domino præteribimus impunitam.

Datum apud Montempessulanum, II Idus Julii.

LXXXIX.

Ad Narbonensem archiepiscopum et capitulum Arelatense. — Opem et consilium conferant Guillelmo Montispessulani domino, populo et mercatoribus quos in speciales B. Petri filios susceperat.

(Ap. Montempessulanum, Julii 15.)
[D. Bouquet, *Recueil*, XV, 782.]

ALEXANDER episcopus, servus servorum Dei, venerabilibus fratribus Narbonensi archiepiscopo (PONTIO), Arelatensis Ecclesiæ capitulo et universis utriusque suffraganeis, Vivariensi quoque (RAIMUNDO), Minatensi (ADALBERTO), Aniciensi (PETRO), et Ruthenensi (HUGONI) episcopis, salutem et apostolicam benedictionem.

Piæ postulatio voluntatis effectu debet prosequente compleri, quatenus et devotionis sinceritas laudabiliter enitescat et utilitas postulata vires indubitanter assumat. Eapropter, fratres in Christo charissimi, dilecti filii nostri nobilis viri Guillelmi de Montepessulano precibus inclinati, personam hujus et bona, homines etiam et mercatores Montispessulani sub B. Petri et nostra protectione atque defensione suscipimus, et ipsos tanquam principis apostolorum speciales filios cupimus confovere.

(11) *Pontificatus anno quarto*; clausula insolens in cæteris Alexandri litteris in forma brevi, ab amanuensibus, ut videtur, adjecta; quippe anno 1162 mense Julio nondum erat completus annus pontificatus ejus tertius.

(12) Milo II qui prius fuerat monachus beatæ Mariæ de Bosco, ut scribit Joannes Yperius, de quo etiam Robertus de Monte in appendice ad Sigebertum ad annum 1260 : *Mortuo venerabili Milone episcopo Tarvennensi, electus est Milo archidiaconus ejus-*

Quocirca per apostolica vobis scripta mandamus quatenus pro B. Petri et nostra reverentia eos manuteneatis, diligatis, opem ipsis et consilium pro vestri officii debito exhibere nullatenus denegetis, etc.

Datum apud Montempessulanum, Idibus Julii, pontificatus nostri anno quarto (11).

XC.

Ad Henricum archiepiscopum Remensem. — Pro episcopo Morinorum.

(Mimatæ, Jul. 23.)
[MARTENE, *Ampl. Collect.*, II, 712.]

ALEXANDER episcopus, servus servorum Dei, venerabili fratri HENRICO Remensium archiepiscopo, salutem et apostolicam benedictionem.

Cum universis Dei fidelibus et devotis Ecclesiæ filiis propensius debeamus assistere, et eos paternæ affectionis dulcedine confovere, specialiter tamen fratres nostros episcopos, qui circa Ecclesiam Dei et nos ipsos devoti permanent et sinceri, prompta debemus charitate diligere, et eorum commodis et oneri attenta semper sollicitudine providere. Qualiter autem venerabilis frater noster (12) Morinensis episcopus sacrosanctæ Romanæ Ecclesiæ ac nobis ipsis fidelis semper et devotus exstiterit, qualiter etiam ipse primus inter occidentales episcopos, ad præsentiam nostram accesserit, et munus consecrationis de manibus nostris acceperit, tuam discretionem credimus non ignorare. Unde ipsum fraternitati tuæ sollicite commendantes, rogamus, monemus et exhortamur in Domino, quatenus tam eum quam Ecclesiam suam diligas, manuteneas et honores, ita quod ipse preces nostras sibi sentiat profuisse et nos inde discretioni tuæ gratias debeamus uberrimas exhibere. Ad hæc tuæ fraternitati mandamus quatenus Sebrandum clericum ab eodem episcopo excommunicatum, qui causam nobis suæ excommunicationis occultans, beneficio nostrarum litterarum abusus est, tanquam excommunicatum attentius facias evitari.

Datum Mimatæ, x Kal. Aug.

XCI.

Ad Hugonem Suessionensem episcopum. — Efficiat, ut rex Francorum abstineat a colloquio quod cum Frederico imp. habere disposuit.

(Mimatæ, Jul. 24.)
[MANSI, *Concil.*, XXI, 983.]

ALEXANDER episcopus, servus servorum Dei, venerabili fratri H. Suession. episcopo, salutem et apostolicam benedictionem.

dem ecclesiæ canonicus regularis, sicut decessor ejus fuerat : quem cum Samson archiepiscopus Remensis vellet sacrare, clerici civitatis Boloniæ, qui diu sub episcopo Tarvennensi fuerant, volentes amodo suum proprium habere episcopum, sicut antiquitus habuerant, prohibuerunt archiepiscopum sub appellatione apostolica, ne eum sacraret, nisi tantummodo ad titulum Tarvennensis (lege Boloniensis) *ecclesiæ, quod prædictus electus refutans, insacratus contra illos clericos Romam perrexit, et ibi sacratus est.*

Fidei ac devotionis tuæ constantiam attendentes, et qualiter te pro unica matre tua sacrosancta Romana Ecclesia, contra schismaticam pravitatem murum inexpugnabilem opposueris, interna consideratione pensantes : te tanquam charissimum fratrem nostrum sincera in Domino charitate diligimus, et puræ affectionis brachiis amplexamur : atque ad ea tractanda, quæ in exaltationem nostram, et Ecclesiæ possint commodum redundare, sollicitudinem tuam fiducialiter invitamus. Credimus enim et sine dubitatione confidimus, quod ex illo sincera devotionis affectu, quem circa ipsam universalem Ecclesiam, et specialiter circa personam nostram concepisse dignosceris, multiplex nobis commodum, et eidem Ecclesiæ auctore Domino plurimum paries incrementum. Inde est quod tuæ fraternitatis prudentiam cum omni fiducia per apostolica scripta rogamus, monemus et exhortamur in Domino, quatenus charissimum in Christo filium nostrum Ludovicum illustrem Francorum regem cum omni studeas diligentia commonere, ut in fide ac devotione, quam semper circa Ecclesiam Dei, et præsertim in hoc tempore demonstravit, constans et firmus existat, et ad exaltationem sanctæ matris Ecclesiæ, ac nostram, tanquam princeps catholicus, et rex Christianissimus, vigilanter intendat. Specialiter autem super eo quod disposuit cum Frederico dicto imperatore se colloquium habiturum, eum diligentius admonere non differas : ut quia credimus et timemus colloquium illud tam Ecclesiæ Dei ac nobis ipsis, quam etiam eidem regi ac regno suo multipliciter fieri posse damnosum, ab eo abstineat et tale penitus propositum derelinquat.

Datum Mimatæ, ix Kal. Augusti.

XCII.

Ad Henricum Remensem archiepiscopum. — Ipsum laudat hortaturque ut cum rege se conveniat ad Clarummontem, pro negotio Ecclesiæ Catalaunensis.

(Brivatæ, Aug. 1.)

[Marten. *Ampl. Collect.*, II, 171.]

Alexander episcopus, servus servorum Dei, venerabili fratri Henrico Remensium archiepiscopo, salutem et apostolicam benedictionem.

Illius fervorem devotionis, quam omni tempore et præsertim ab exordio nostræ promotionis circa sacrosanctam Romanam Ecclesiam, et personam nostram laudabiliter exhibuisse dignosceris, eo quo debemus considerationis oculo intuentes, firmissimum propositum nostrum et promptam admodum voluntatem habemus, personam tuam, sicut charissimi fratris nostri, sincera in Domino charitate diligere, et in omnibus in quibus cum Domino possumus, libenti animo te volumus exaudire. Pro negotio autem Catalaunensis Ecclesiæ tam charissimi in Christo filii nostri Ludovici, Francorum regis, quam comitis Henrici litteras jam sæpe ac sæpius, sicut te credimus nosse, recepimus, et qualiter ipsi velint nos in negotio illo procedere, discretionem tuam non credimus ignorare. Sane nos fraternitati tuæ, quantum debemus et possumus deferentes negotium ipsum quousque cum prædicto rege loquamur, cum quo apud Clarummontem, sicut tempore nobis significavit, colloquium debemus habere, duximus differendum. Ideoque sicut per alia ita et per præsentia scripta discretioni tuæ mandamus, quatenus tu simul cum eo, vel etiam ante adventum ipsius apud eumdem locum ad præsentiam nostram accedas, et ibi nos, auctore Deo, quantum salva conscientia potuerimus, cum consilio ejusdem regis et tuo, ad honorem Dei et illius Ecclesiæ prædictum negotium terminabimus. Ad hæc quantum decet honestatem et prudentiam tuam, memorato filio nostro regi familiariter adhærere, et ita efficere, ut consilio tuo, sicut facere consuevit, plurimum acquiescat, rogamus fraternitatem tuam, monemus et exhortamur in Domino, ut ad ipsum accedas, et ita te ei consiliarium et familiarem exhibeas, quod consilium tuum in his quæ ad Dominum, ad profectum et exaltationem Ecclesiæ et regni sui pertineant, libentius admittat, et te more solito charum circa se habeat et acceptum. Præterea sicut jam per alia tibi scripta significavimus, ita et præsentibus litteris prudentiam tuam sollicitamus, ut ad disturbationem ipsius (13) colloquii, quod cum Frederico dicto imperatore, idem rex se proposuit habiturum, omnibus modis intendas, et quod nulla ratione hujusmodi propositum habeat complementum, quibuscunque modis poteris efficias et labores. Statum vero jam dicti regni, et tuum in agendis Ecclesiæ consilium quantocius tuis nobis litteris studeas intimare.

Datum Brivatæ Kal. Augusti.

XCIII.

Monasterii Populetensis protectionem suscipit possessionesque ac privilegia confirmat.

(Ap. Clarummontem, Aug. 13.)

[Finestres, *Historia del real monasterio de Poblet*, Cervera, 1753, 4°, II, 424. — Teste Jaffé, *Regesta Rom. pont.*, p. 687.]

(13) Hoc colloquium quod Vesuntione indictum fuisse vulgo tradunt scriptores, Divione vero, ut asserit Anselmus Salernitanus, habitum fuit ad *Pontem Laonæ* ad Saonam fluvium, hoc est ad Latonam, *inter Divionem et Dolam*, ut discimus ex Frederici imperatoris epistola ad archiepiscopum Lugdunensem apud Chesnium tom. IV *Hist. Franc.*, p. 502. Sed Fredericus suos Vesuntionem, Ludovicus vero Divionem advocaverant, inde ad Pontem Laonæ ambo cum suis accessuri. In hoc autem colloquio quam prudenter se gesserit, et ab eodem recesserit, vide, si lubet, Historiæ Vizeliacensis librum iv, *Spicilegii* tom. III, pag. 581, et breve Chronicum Lobiense tom. III *Anecdotorum*, ex quo discimus habitum fuisse in festo Decollationis S. Joannis Baptistæ. Idem scribit Albericus in Chronico, qui et asserit tunc Ludovicum regem Claravallensium cons.lio aversum fuisse a Frederico imperatore. Vide Henrici Remensis archiepiscopi epistolam ad Ludovicum regem fratrem suum apud Chesnium tom. IV *Hist. Franc.*, p. 576.

XCIV.

Ad Thomam archiep. Cantuariensem. — Ut cogat clericos de capitulis Lessedene Tidringiæ, etc., ut Willelmo archidiacono Colcestrensi obediant.

(Apud Clarummontem, Aug. 26.)

[*Epist. S. Thomæ* ed. GILLET, II, 37.

ALEXANDER papa domino Cantuariensi.

Pervenit ad audientiam nostram quod clerici de capitulis Lessedene, Tidringiæ et Brachestediæ, in archidiaconatu dilecti filii nostri Willelmi Colecestrensis archidiaconi constituti, ei debitam obedientiam exhibere recusant. Unde per apostolica scripta tuæ fraternitati mandamus quatenus prædictos clericos diligenter admoneas, ut eidem archidiacono debitam obedientiam humiliter et reverenter impendant. Quod si post commonitionem tuam sponte facere recusaverint, tu eos ad hoc sine appellationis obstaculo cum omni districtione repellas.

Datum apud Clarummontem XVII Kal. Septembris.

XCV.

Ad Stephanum episcopum et canonicos Claromontenses. — Confirmat concordiam factam inter ipsos et Willelmum comitem Arvernorum de castro Monteferrando.

(Ap. Clarummontem, Aug. 19.)

[D. BOUQUET, *Recueil*, XV, 784.]

ALEXANDER episcopus, servus servorum Dei, venerabili fratri STEPHANO episcopo et universis canonicis Claromontensibus, salutem et apostolicam benedictionem.

Ea quæ pro bono pacis inter discordes et altercantes rationabili providentia sunt statuta, in sua debent stabilitate consistere, et firmitatis robur in posterum obtinere. Eapropter, vestris justis postulationibus grato concurrentes assensu, concordiam quæ inter vos et nobilem virum Willelmum comitem Arvernorum facta est auctoritate apostolica confirmamus et prædecessorum nostrorum exempla sequentes, tam præsentibus quam futuris notum fieri volumus, quatenus gravis et diuturna quæ inter Clarummontem, Arverniæ civitatem et Montemferrandum exstiterat, ad firmæ pacis stabilitatem sit reducta. Willelmus Arvernorum comes regis Francorum consanguineus, Stephano episcopo et Claromontensi ecclesiæ volens satisfacere, et querelam, quam Claromontensis ecclesia erga A Montemferrandum habebat, sedare pro redemptione animæ suæ et patrum suorum dedit prædicto episcopo et Claromontensi ecclesiæ capitulo tantumdem censualis frumenti, quantum ipse in domibus Montisferrandi possidebat (14). Munierunt etiam hanc donationem toties, dictus Arvernorum comes et Archimbaldus Borbonii dominus suorum impressione sigillorum, etc.

Datum apud Clarummontem XIV Kal. Octobris.

XCVI.

Ad Ludovicum Francorum regem. — Gratias agit de constantia quam præ se tulit in colloquio cum Frederico imp. Admonet egisse se apud regem Anglorum ut regni sui vires omnes offerret regi Francorum.

(Ap. Dolum, Sept. 17.)

[MANSI, *Concil.*, XXI, 1015.]

ALEXANDER episcopus, servus servorum Dei, charissimo in Christo filio LUDOVICO illustri Francorum regi salutem et apostolicam benedictionem.

Audivimus per venerabiles fratres nostros archiepiscopos et episcopos qui tecum illi colloquio quod cum Frederico dicto imperatore constitueras, interfuerunt, quantas molestias et gravamina in colloquio illo sustinueris. Cognito etiam post discessum eorum inventa iniquitate et dolositate prædicti F. et consiliariorum ejus, qui nitebantur fidei tuæ serenitatem modis omnibus depravare, quantam mentis constantiam, et spiritum fortitudinis indueris, quod malueris et decreveris te murum ferreum, et præsidium inexpugnabile pro domo Domini opponere, et usque ad effusionem sanguinis decertare, quam ab unitate Ecclesiæ recedere, et tantæ malitiæ consentire, omnipotenti Domino, qui te per ineffabilem gratiam suam tam fortem, tam invictum pro immaculata sponsa sua, sancta videlicet Ecclesia, quam pretiosissimo sanguine suo redimi voluit et honorari, contra pravorum consilia instituit defensorem; et tibi ipsi qui, spreta omni mundana potentia, solum Deum attendisti, quantascunque possumus et debemus gratiarum exsolvimus actiones : omnipotentem Deum devota cordis meditatione et sedulis precibus exorantes, ut te et regnum tuum conservet et protegat per tempora longiora, et de inimicis tuis et Ecclesiæ victoriam tibi conferat et triumphum. Et ideo ad gloriam tui nominis ampliandam, et ad vigorem fortitudinis inserendum, charissimo in Christo filio nostro

---

(14) Hæc concordia clarius intelligitur ex alia quæ continetur litteris Ludovici regis an. 1145, ibid. p. 64. Est autem hic concordiæ modus : « Volens pacificare prænominatus W. filius videlicet comitis Roberti, controversiam illam quæ inter ecclesiam Claromontensem et Montemferrandum diu fuerat exagitata pro qua etiam ..... pater noster venerandæ memoriæ Ludovicus rex multos ubique labores sustinuit, consilio baronum suorum discretorumque virorum, Ecclesiæ Claromontensi, videlicet Aymerico episcopo et canonicis ejusdem Ecclesiæ, eorumque successoribus, decimam partem omnium reditum suorum qui in præsenti sunt vel in futuro erunt, undecunque et quomodocunque ad Montemferrandum perveniant, sine aliqua retentione ex integro et per omnia in perpetuum donavit atque concessit. Præterea de majoris pacis integritatem pro salute animæ suæ et antecessorum suorum, si ipsum sine hærede, filio scilicet filiave, mori contigerit, Montemferrandum et omnia ad ipsum pertinentia episcopo et canonicis prædictæ Ecclesiæ dedit et concessit. Interim vero dedit et concessit eisdem in supradicta villa duas domos, episcopo videlicet unam, et canonicis alteram. Præterea quoque concessit eis quod homines Clarimontis apud Montemferrandum in mercato, in nundinis et causis forensibus, eadem lege, eadem consuetudine vel conditione fruantur, qua homines de Monteferrando utuntur, etc.

Henrico illustri Anglorum regi per venerabiles fratres nostros [Rogerium] Eboracensem archiepiscopum, [Rotrodum] Ebroicensem et [Arnulfum] Lexoviensem episcopos, et alios inclytos nuntios suos, attente suggerere studuimus, et ejus animum modis omnibus inducere et exhortari, ut tibi tanquam domino suo vires et auxilium præstet, et regiæ serenitati studeat in omnibus et per omnia deservire. Ipse vero nostris exhortationibus lætatus plurimum et gavisus, et ex prudentia animi quid tibi debeat studiosius attendens, dilectum filium nostrum nobilem virum R. de Sancto Valerico, et alios strenuos et charos nuntios ad tuam excellentiam destinavit, per quos se et terram suam, et totas vires quas habet, ad honorem et fidelitatem et exaltationem regni tui exposuit. Et ut hæc de præstando vires et auxilium tuæ industriæ proponeremus, nobis mandavit; et si opus esset, pro his omnibus confidentius nos fidejussores tibi constitueremus. Nos vero devotionem et puritatem ipsius, qua circa te et nos ipsos fervere dignoscitur, diligentius attendentes et desiderantes plurimum tam per eum quam per alios magnificos viros tuam potentiam augeri et in omnibus ampliari : volentes quoque tam per nos quam per alios devotos Ecclesiæ filios tibi tanquam charissimo filio nostro vires et auxilium efficaciter ministrare, et tam temporaliter quam spiritualiter vim et opem tibi conferre, pro eo si necesse fuerit, cum tota fiducia nos fidejussores constituimus. Unde rogamus excellentissimam serenitatem tuam, et propensius exhortamur, quatenus prædictos nuntios, sicut decet tam industrium et prudentem regem, inclyta benignitate recipias, et in omnibus studeas honorare, atque prædicto regi pro tantæ affectionis et fidelitatis oblatione magnificas gratias exhibere, et inclytum animum tuum pro his erga eum prompta benevolentia mitigare. Nos enim præfatum regem, quem in proxima tertia feria ad nostram præsentiam exspectamus, sicut semper fecimus, ad honorem et fidelitatem tuam, et profectum regni tui inducere curabimus, et modis omnibus exhortari. Hæc itaque per dilectum filium P. capellanum et subdiaconum nostrum præsentium latorem tuæ celsitudini plenius duximus intimanda.

Datum apud Dolum, xv Kal. Octobris.

XCVII.

Ad Eberhardum Saltzburgensem archiepiscopum. — Gratulatur quod constanter sit fidelis Ecclesiæ; hortatur ut ad se veniat, et si sit locus, imperatorem ad saniorem mentem reducat.

(Apud Dolum, Sept. 18.)
[Mansi, *Concil.*, XXI., p. 1040.]

Alexander, etc., ven. fratri Saltzburgensi archiep. salutem et apostolicam benedictionem.

Quod charissimam fraternitatem tuam sæpius, sicut vellemus, tum infidelitate terræ, tum nuntiorum inopportunitate impedientibus, nostræ benedictionis alloquio non visitamus, gravissime dolemus, et plurimum interturbamur. Dum enim ferventem in hoc tribulationis articulo devotionis tuæ constantiam diligentius attendimus, dum fortem animi tui prudentiam, qua inimicos Dei et Ecclesiæ potenter confundis atque confundis, et amatores lucis blandis oblectationibus, et cauta dulcedine in unitate et fide Catholica confortas et regis, sedula meditatione revolvimus; dum consideramus etiam quanto robore et severitate, spreta omni mundana potentia, solam veritatem attendens, imperatori et pravitatis suæ fautoribus viriliter resistis, in tantam animi affectionem progredimur, ut in te solo tam temporaliter quam spiritualiter partem nostræ consolationis constituamus, et personam tuam, sicut inclytum et speciale membrum Ecclesiæ, tota charitate in Christi visceribus amplexemur. Quicunque enim in partibus illis sane sapiens nobis adhæret, et in Ecclesiæ unitate consistit, tuo clarissimo studio et vigilantia id sine dubio factum esse conspicimus et in manifesta veritate tenemus. Unde omnipotenti Domino, qui te per ineffabilem gratiam suam tam invictum nec vincendum, contra filios tenebrarum pro Ecclesia sua constituit defensorem, et tibi ipsi, quem sævientis maris tempestas et comminatio circumfrementium ventorum, nulla ratione a beati Petri et nostra reverentia potuerunt avellere, gratias, quantas possumus et debemus, exsolvimus, omnipotentem Deum puro corde et sedulis vocibus exorantes, ut te ad honorem suum et Ecclesiæ defendat et protegat per tempora longiora.

Rogamus autem fraternitatem tuam, monemus et exhortamur in Domino, atque in peccatorum remissionem tibi injungimus, quatenus in devotione beati Petri et nostra firmus et immobilis perseveres, et quoscunque potes, solertia tua ad idem inducas et modis omnibus exhorteris. Præterea, quoniam in adventu tuo noster animus plurimum resultaret, personam tuam in agendis Ecclesiæ necessariam habemus, discretionem tuam sollicite commonemus, quatenus nostro te conspectui repræsentes, ut de pace et conservatione Ecclesiæ tuæ discretionis consilium habeamus. Nos enim personam tuam, quam ardenti desiderio exspectamus, gaudenti animo recipiemus et curabimus multis modis honorare. Quod si forte contingeret, unde doleremus, quod ad nostram præsentiam non possis accedere, aliquem clericorum tuorum nobis transmittas, consilio cujus, in agendis Ecclesiæ vice tua commodius perfruamur. Interea, si videris tempus acceptatione dignum, ad imperatorem Fridericum accedas, et ipsum ad unitatem Ecclesiæ et devotionem nostram revocare modis omnibus elabores; et eidem, si ad nos pura mente redire voluerit, ex parte nostra liberius proponas, quod nos juxta consilium tuum, omnia, quæ contra Ecclesiam Dei et nos ipsos egit, ei remittere, et sicut potentissimum principem studebimus honorare.

Dat. apud Dol. xiv. Kal. Octobris.

XCVIII.

Privilegium pro monasterio S. Joannis Kaltenbornensis.

(Apud Dolum, Sept. 20.)
[*Thuringia sacra*, p. 508.]

ALEXANDER episcopus, servus servorum Dei, dilectis filiis BERNARDO præposito ejusque fratribus in Ecclesia S. Joannis evangelistæ de Kaldebrun canonicam vitam professis, tam præsentibus quam futuris, in perpetuam memoriam.

Sicut sacrorum canonum docet auctoritas, tribus ex causis loca sanctorum mutanda sunt, quarum utique duas bonæ memoriæ Otto quondam Albertadensis episcopus in causa Ecclesiæ de Revenigne, intervenire cognoscens, scilicet incommoditatem loci et importunitatem prædonum, ob majorem fructum divini officii communi fratrum suorum assensu et hæredum fundatorum ipsius ecclesiæ prædia præfatæ ecclesiæ collata in Kaldebrunnen transtulit et mutavit. Nos igitur, quorum præcipue interest ea quæ a fratribus nostris fiunt rationabiliter, roborare, et pia desideria opportunis adminiculis confovere, eamdem mutationem prædictis ex causis factam præsenti decreto firmamus et futuris temporibus ratam manere sancimus. Prædecessorum quoque nostrorum beatæ memoriæ Calixti, Honorii, Innocentii, Eugenii, et Anastasii Romanorum pontificum vestigiis inhærentes, canonicæ vitæ ordinem, quem in eadem ecclesia professi estis, perpetuis temporibus ibidem observari statuimus cumdemque locum cum suis omnibus pertinentiis sub beati Petri patrocinio communimus. Quæcunque præterea possessiones, quæcunque bona a nobilibus viris Heremanno atque Vigmanno, vel a quibuscunque fidelibus de suo jure eidem loco legitime collata sunt, sive in futurum largiente Deo juste et canonice conferri contigerit, firma semper vobis vestrisque successoribus et inconvulsa permaneant. Decimas etiam, quas Rembardus, Otto, Odelricus, Alberstatenses episcopi ecclesiæ vestræ concessisse noscuntur, vobis et per vos ipsi ecclesiæ favoris nostri robore confirmamus. Obeunte vero te nunc ejusdem Ecclesiæ præposito vel tuorum quolibet successorum, nullus ibi qualibet subreptionis astutia seu violentia præponatur, nisi quem fratres communi assensu vel fratrum pars consilii sanioris secundum Deum et beati Augustini Regulam providerint eligendum.

Decernimus ergo ut nulli omnino hominum liceat supradictam Ecclesiam temere perturbare, aut ejus possessiones auferre, vel oblatas retinere, seu quibuslibet vexationibus fatigare, sed illibata omnia et integra conserventur eorum, pro quorum gubernatione et sustentatione concessa sunt, usibus omnimodis profutura, salva sedis apostolicæ auctoritate, et Albertatensis episcopi canonica reverentia. Si qua igitur in futurum ecclesiastica sæcularisve persona hanc nostræ constitutionis paginam sciens, contra eam temere venire tentaverit, secundo tertiove commonita, nisi præsumptionem suam congrua satisfactione correxerit, potestatis honorisque sui dignitate careat, reamque se divino judicio existere de perpetrata iniquitate cognoscat, et a sacratissimo corpore ac sanguine Dei et Domini Redemptoris nostri Jesu Christi aliena fiat, atque in extremo examine districtæ ultioni subjaceat. Cunctis autem eidem loco sua jura servantibus sit pax Domini nostri Jesu Christi, quatenus et hic fructum bonæ actionis percipiant, et apud districtum judicem præmia æternæ pacis inveniant. Amen, amen.

Ego Alexander Catholicæ Ecclesiæ episcopus.
Ego Hubaldus presbyter card. tit. S. Cruc. in Hierus.
Ego Joannes presbyter card. tit. S. Anastasiæ.
Ego Albertus presbyter card. tit. S. Laurentii in Lucina.
Ego Guillelmus presbyter card. tit. S. Petri ad Vincula.
Ego Gregorius Sabinens. episcop.
Ego Hubaldus Astiensis episcop.
Ego Bernardus Portuensis et S. Rufinæ episcop
Ego Gualterius Albanensis episcop.
Ego Jacinthus diac. card. S. Mariæ in Cosmedin.
Ego Oddo diac. card. S. Nicolai in carcere Tulliano.
Ego Ardicio diac. card. S. Theodori.
Ego Boso diac. card. SS. Cosmæ et Damiani.

Datum apud Dol. per manus Hermanni S. Romanæ Ecclesiæ subdiac. et notarii, xii Kal, Octobris, indictione xi, Incarnationis Dominicæ anno 1162, pontificatus vero domni Alexandri papæ tertii anno quarto.

XCIX.

Parthenonis in monte qui dicitur Wlrideshusen protectionem suscipit, et disciplinam, possessiones, privilegia confirmat.

(Ap. Dolum, Sept. 20.)
[JAFFÉ, Regesta Rom. pont., 688, « ex schedis Pertzii. »]

C.

Ad Ludovicum Francorum regem. — Castrum Flaviniacum ab Odone Burgundiæ duce reddendum vel regi vel episcopo Eduensi.

(Ap. Dolum, Sept. 22.)
[MANSI, Concil., XXI, 1015.]

ALEXANDER episcopus, servus servorum Dei, charissimo in Christo filio LUDOVICO illustri Francorum regi, salutem et apostolicam benedictionem.

Litteras excellentiæ tuæ tanto jocundiori et benigniori mente suscepimus, et earum tenorem cognovimus, quanto eas de puriori constantia et ferventiori animi devotione liquidius intelleximus processisse. Nos enim illa memoriali et collaudanda regiæ serenitatis firma et plena devotione, qua sacrosancta Romana Ecclesia de die in diem grande augmentum suscipit et uberrimum, diligentius considerata, promptum animum et ferventem voluntatem habemus, te sicut regem Catholicum et principem Christianissimum toto cordis affectu diligere, honori et exaltationi tuæ, et regni tui, affectatis processibus quotidie aspirare, et tuis petitionibus salva conscientia commodum complementum libentius impertiri. Unde ad regiam postulationem tuam, nobilem virum Odonem Burgundiæ ducem attente rogavimus atque mandavimus, ut castrum Flaviniacum, quod illicite usurpavit et detinet per violentiam occupatum, tuæ cels tudini, vel [Henrico] Eduensi episcopo resignet', alioquin sententiam quam idem episcopus in eum et terram suam propter hoc canonice promulgaverit, ratam habebimus, et ipsam a venerabilibus fratribus [Godefrido] Lingonensi et [Petro] Cabilonensi episcopis mandabimus ratam haberi et irrefragabiliter observari.

Datum apud Dolum, x Kal. Octobr.

CI.

Ad Robertum Carnotensem episcopum.— Privilegium pro Ecclesia Carnotensi.

(Ap. Dolum, Sept. 24.)

[*Gall. Christ. nov.*, VIII, Instr., 337.]

ALEXANDER episcopus, servus servorum Dei, venerabili fratri ROBERTO Carnotensium episcopo, ejusque successoribus canonice substituendis in perpetuum.

Et ordo rationis expostulat, et ecclesiasticæ utilitatis consideratio nos invitat fratres et coepiscopos nostros ampliori charitate diligere, et commissas eorum gubernationi Ecclesias patrocinio sedis apostolicæ propensius communire, quatenus in suscepti exsecutione officii tanto vigilantiores possint semper existere, quanto se a pravorum incursibus securiores viderint permanere. Eapropter, venerabilis in Christo frater Roberte episcope, tuis justis postulationibus benigno concurrentes assensu, ad exemplar felicis recordationis Adriani papæ prædecessoris nostri, Carnotensem Ecclesiam, cui auctore Deo præsidere dignosceris, sub B. Petri et nostra protectione suscipimus, et præsentis scripti privilegio communimus, statuentes ut quascunque possessiones, quæcunque bona inpresentiarum justo et canonice possides, aut in futurum concessione pontificum, largitione regum vel principum, oblatione fidelium, seu aliis justis modis, Deo propitio, poteris adipisci, firma tibi tuisque successoribus et illibata permaneant. In quibus hæc propriis duximus exprimenda vocabulis, abbatiam Sancti Andreæ, teloneum, census et alias possessiones ac redditus, quos habes in civitate Carnotensi cum immunitate sua. Item Fraxinetum, Basoche, Bercherie, Chabloium, Ermenodivillam, Pontem-Goeni, Balneolum, Mondonvillam, Tertre, Goderan, Spinterum Theclin, Boscum Sancti Martini, Mungerdivillam, Busseium, Vallem-Garengis,

Caldum Sancti Stephani, Lovn, Pontem-Ebrardi, cum omnibus istarum villarum pertinentiis, casamenta etiam, et feoda, et omnia alia quæ ad jus et mensam Carnotensis ecclesiæ pertinent. Decernimus ergo ut nulli omnino hominum liceat præfatam ecclesiam temere perturbare, vel prædictam abbatiam, et reliquas possessiones a mensa episcopi quocunque modo alienare, seu in personatum concedere, auferre, vel ablatas retinere, minuere, seu quibuslibet vexationibus fatigare, sed omnia illibata et integra conserventur, eorum, pro quorum gubernatione et sustentatione concessa sunt, usibus omnimodis profutura, salva nimirum apostolicæ sedis auctoritate.

Si qua igitur in futurum ecclesiastica sæcularisve persona hanc nostræ constitutionis paginam sciens contra eam temere venire tentaverit, secundo tertiove commonita, nisi præsumptionem suam congrua satisfactione correxerit, potestatis honorisque sui dignitate careat, reamque se divino judicio existere de perpetrata iniquitate cognoscat, et a sacratissimo corpore ac sanguine Dei ac Domini Redemptoris nostri aliena fiat, atque in extremo examine districtæ ultioni subjaceat. Cunctis autem idem ecclesiæ jura sua servantibus, sit pax Domini nostri Jesu Christi, quatenus et hic fructum bonæ actionis percipiant, et apud districtum judicem præmia æternæ pacis inveniant. Amen.

Datum apud Dol. per manum Normanni sanctæ Romanæ Ecclesiæ subdiaconi et notarii, VIII Kal. Octob. indictione II, Incarnationis Dominicæ anno 1162, pontificatus vero domni Alexandri papæ III anno IV.

Huic autem litteræ subscripserunt Hubaldus presbyter cardinalis tituli Sanctæ Crucis in Jerusalem, Henricus presbyter cardinalis tituli sanctorum Nerei et Achillei, Albertus presbyter cardinalis tituli Sancti Laurentii in Lucina, Guillelmus presbyter cardinalis tituli Sancti Petri ad Vincula.

Alexander Catholicæ ecclesiæ episcopus, Hubaldus Ostiensis episcopus, Bernardus Portuensis et Sanctæ Rufinæ, Galterus Albanensis episcopus, Jacinthus diaconus cardinalis sanctæ Mariæ in Cosmedin, Odo diaconus cardinalis Sancti Nicolai in Carcere Tulliano, Ardicio diaconus cardinalis Sancti Theodorici, Boso cardinalis Sanctorum Cosmæ et Damiani, Chintius diaconus cardinalis Sancti Adriani, Joannes diaconus cardinalis S. Mariæ in Porticu.

CII.

Privilegium pro ecclesia S. Ambrosii Mediolanensis.

(Turoni, Oct. 14.)

[FRIZI, *Memorie Stor. di Monza*, II, 63.]

ALEXANDER episcopus, servus servorum Dei, venerabili fratri OBERTO Mediolanensi archiepiscopo, ejusque successoribus canonice substituendis, in perpetuum (15).

(15) Intorno a questa Bolla, indirizzata da Alessandro III ad Oberto I da Pirovano e publicata con qualche svista Dal dottor Sormani nel libro *De anathemate contra Gallos*, pag. 232 e seqq., così il C.

In eminenti sedis apostolicæ speculo, disponente Domino, constituti ex injuncto nobis a Domino apostolatus officio fratres et coepiscopos nostros honorare debemus attentius, et sincera charitate diligere, et loca eorum gubernationi commissa beati Petri patrocinio communire, ut de suscepti prosecutione officii tanto possint sollicitiores existere, quanto amplius a mundanorum fluctuum tempestatibus securi fuerint et quieti. Eapropter, venerabilis in Christo frater Oberte archiepiscope, tuis justis postulationibus grato concurrentes assensu ad exemplar felicis memoriæ papæ Adriani antecessoris nostri, beati Ambrosii Mediolanensis Ecclesiam, cui Domino auctore præesse dignosceris, sub beati Petri et nostra protectione suscipimus et præsentis scripti privilegio communimus, statuentes ut quæcunque possessiones, quæcunque bona eadem ecclesia in præsentiarum juste et canonice possidet, aut in futurum rationabilibus modis, Deo propitio, poterit adipisci, firma tibi tuisque successoribus, et illibata permaneant; in quibus hæc propriis duximus exprimenda vocabulis. In episcopatu Taurinensi abbatiam Sancti Constantii cum capellis suis. In civitate Albiganensi ecclesiam Beatæ Mariæ cum capellis suis. In Astensi episcopatu ecclesiam Beati Petri de Mazano cum capellis suis, salvo censu unius aurei nobis nostrisque successoribus annualiter persolvendo. In Albanensi episcopatu plebem Sancti Michaelis de Verduno cum capellis suis. In Bergulio monasterium Sancti Petri, ecclesiam Sancti Joannis et Sancti Stephani cum capellis suis. In Vercellensi plebem Beati Ambrosii de Fragrenedo cum capellis suis (16). In Terdonensi abbatiam Sancti Petri de Mola cum capellis suis. In Placentino abbatiam Sancti Salvatoris de Tolla cum capellis suis (17); monasterium Sancti Caloceri de Clavate cum ecclesiis suis; Ecclesiam Beati Joannis de Modoetia cum capellis suis; abbatiam Sanctæ Trinitatis de Buzizati cum capellis suis (18). Monasterium beatorum martyrum Finini et Gratiani de Arona cum ecclesiis suis; monasterium Cremellense; monasterium de Bernaga (19); monasterium Sancti Victoris de Modoetia (20). In episcopatu Aquensi monasterium Sancti Quintini de Splegno; monasterium Sanctæ Chrispinæ juxta Oronam; locum qui vocatur Sextus cum districto; Albergaria, piscaria, quæritur et aliis rationabilibus consuetudinibus, et capellis Sancti Vincentii (21), Sancti Gregorii de Busernago et Sancti Petri de Arcagniago (22) cum parochiis et possessionibus suis. Marcam Januensium cum plebibus quatuor, videlicet Reuco, Auguxa, Rapallo, Camuli et capellis earum, decimis, pensionibus, districto et aliis rationabilibus conditionibus. In civitate Januensi palatium, cum capella Beati Ambrosii, et Brolium (23). In episcopatu Terdonensi pontem Curionis (24) cum districto, Albergaria, et aliis rationabilibus conditionibus; Corianam cum capella (25); Salvanum cum districto, et Albergaria (26); Casale cum Albergaria et aliis legitimis conditionibus; Bergulium (27) cum districto et Albergaria et aliis rationabilibus conditionibus; Leucam cum comitatu; Modoetiam cum districto et aliis rationabilibus conditionibus; ripas Adue ex utraque parte a Brivio usque Cavenagum; ripas Ticini ex utraque parte a Sexto usque Faram; locum qui dicitur Palanzzo juxta locum Cumanum. Præterea monetam quam

Giulini tom. VI p. 299. Noi non abbiamo Bolle, o diplomi piu antichi di questo, che ci mostrino precisamente, quali e quante fossero le giurisdizioni, e i poderi delli arcivescovi di Milano; quantumque sappiamo, ch'egli era veramente molto ricco, e molto potente. Pero tanto piu riesce importante la pergamena, che ora esaminiamo, quanto ch'ella ci addita minutamente tutto ciò, che il nostro arcivescovo allora possedeva.

(16) La Pieve di Frassineto colle sue chiese, allora nel vercellese, e presentemente nel Monferrato, e tuttora soggeta al' arcivescovato, ed alla diocesi di Milano.

(17) Il Dott. Sormani ommette l'anno vero di questa badia.

(18) Picciola terra vicina al lago di Varese poco lungi dolla quale ervi questa badia, popolata duppoi con case all'intorno, e distinta percio da Buguzate, chiamandosi capo di lago, volgormente Codelago.

(19) Il Dott. Sormani serisse Binaga, ma realmente leggesi Bernaga, monasterio nella Pieve di Massaglia, nominato anche da Gotofredo da Bussero: *Sancti Gregorii de Bernago monasterium*.

(20) È non S. Salvatoris.

(21) *Sesto Calende*, ove l'arcivescovo di Milano possedeva molti diritti.

(22) *Arcognano* terra nella Pieve di S. Giulano, la cui vicina chiesa di S. Gregorio, Pieve di Segrate vuolsi credere la qui simultaneamente nominata: Visano parechie terre nel Milanese, scrive il Co. Giulini tom. VI, p. 502 all'anno 1162 : che anno perduto l'antico nome, ritenende quello del santo titolare della loro Chieza, e ne ad durre fra poco degli altri esempi sicurissimi.

(23) Che il nostro arcivescovo avesse in Genova un Polazzo, una chiesa dedicata a sancto Ambrogio, ed un Brolo, e ben naturale, perche nel secolo sesto, e nel settimo molti de'nostri prelati con brona parte del clero Milanese, cole ebbero la coro residenza, e cola farono sepolti ; ma ch'egli poi posse desse la Marca, ossia il Marchesato di Genova, e cosa degna di molta osservazione. Non v'è dubbio, che nel secolo undecimo Azzone, illustre progenitore della famiglia d'Este, godeva per imperiale investitura la Marca di Milano e la Marca di Genova, e che ventidue anni dopo di quello, di cui ora trattiomo, l'imperatore Federigo conferm al Marchese obizone da Este tutto ciò, che gia avea avuto dal marchese Azzone suo avo dall'imperio, e singolarmente il Marchesato di Milano, ed il marchesato di Genova. Dall'altra parte non e verisimile, che papa Alessandro volesse confermare al metropolita di Milano il marchesato di Genova, l'egli non avesse avuto sopra di esse delle buoner agioni; ma quali fossero ora non e possibile l'indovinario, perche il nostro arcivescovato a cagione degl'incendi delle disgrazie, e delle rovine, a cui soggiacque la citta, ha perduto quasi tutte le sue antiche carte, cosieche noi non avremmo, nè auche questa insigne bolla se l'archivio di Mouza non cel' avesse conservata.

(24) Ora Poncurone.

(25) Coirana, o Corana sul Pavese.

(26) Probablimente *Salvanegio*, nome proprio e del Sormani, publicato per *Salvaticum*.

(27) Dat. pré. *Bergulium*. Presso la qual terra fu poi fabbricata la citta d'Allessandria.

illustris memoriæ Lotharius, quondam Romanorum rex, beato Ambrosio et piæ recordationis Manasse antecessori tuo ejusque successoribus sicut in ipsius privilegio exinde facto continetur, pro animæ suæ noscitur concessisse tam tibi quam successoribus tuis auctoritate apostolica nihilominus confirmamus (28). Ad hæc personæ tuæ devotionem fraternam in Christo, charissime, attendentes et rationabiles atque canonicas Mediolanensis Ecclesiæ consuetudines volentes illibatas inposterum conservare, statuimus ne aliqua civitatum quæ jure metropolitico in præsentiarum eidem Mediolanensi Ecclesiæ subjectæ sunt, futuris ei temporibus subtrahatur. Vestra igitur interest in his omnibus apostolicæ sedis liberalitatem perpendere, et ejus gratiæ debitis beneficiis respondere, atque in beati Petri servitio et matris vestræ sanctæ Romanæ Ecclesiæ unitate stabiles semper immobilesque persistere.

Decernimus ergo ut nulli omnino hominum liceat præfatam Mediolanensem ecclesiam temere perturbare, aut ejus possessiones auferre, vel ablatas retinere, minuere, seu quibuslibet vexationibus fatigare, sed illibata omnia et integra conserventur, eorum pro quorum gubernatione et sustentatione concessa sunt usibus omnimodis profutura salva sedis apostolicæ auctoritate.

Si qua igitur in futurum ecclesiastica sæcularisve persona hanc nostræ constitutionis paginam sciens, contra eam temere venire tentaverit, secundo tertiove commonita, nec præsumptionem suam congrua satisfactione correxerit, potestatis honorisque sui dignitate careat reamque se divino judicio existere de perpetrata iniquitate cognoscat, et a sacratissimo corpore ac sanguine Dei et Domini Redemptoris nostri Jesu Christi aliena fiat, atque in extremo examine districtæ ultioni subjaceat.

Cunctis autem eidem Ecclesiæ sua jura servantibus sit pax Domini nostri Jesu Christi, quatenus et hic fructum bonæ actionis percipiant, et apud districtum judicem præmia æternæ pacis inveniant. Amen.

Datum Turoni per manum Hermanni subdiaconi sanctæ Romanæ Ecclesiæ et notarii, II Idus Octobris, indictione XI, Incarnationis Dominicæ anno 1162, pontificatus domni Alexandri papæ III anno IV.

(28) Accennando qui di fuga che il Sormani lesse *pretam monetam*, aggiu gneremo, che fra gli altri Diritti del nostro arcivescovo ommessi in questa bolla, sono da ammirarsi quelli, ch'egli avea su i castelli di San Giovanini in Sardegna, di Carcano, di Corbetta, di Gajati, di Angera, di Brebbia, e di Cassano sull'Adda. Non ommise per altro il pontefice le ragioni che lo stesso arcivescovo avea sulla zecca di Milano, rammentandone il donatore. Una postilla aggiunta al rovescio di questa pergamena concoratrere del secolo XIII, ci avverte che il Monzese archivio possedeva due altre Bolle consimili alla presente, ora smarrite. Dice la postilla : *Ejusdem tenoris* habemus alia duo privilegia a Cœlestino papa et ab Innocentio papa. Primum 1193, XVI Kal. Julii indict. XI; aliud 1199, V Kalend. Maii, indict. II.

CIII.

Ad Henricum Remensem archiepiscopum. — Pro O. filio nobilis viri C. Frajapanis.

(Turoni, Oct. 26.)

[Marten. *Ampl. Collect.*, II, 677.]

Alexander episcopus, servus servorum Dei, venerabili fratri Henrico Remensi archiepiscopo, salutem et apostolicam benedictionem.

Quanto in devotione et amore matris tuæ sacrosanctæ Romanæ Ecclesiæ ac nostro constantior et ferventior perseveras, tanto major inest pectori tuo fiducia, ut ad honorem et utilitatem ejusdem Ecclesiæ amicitiam omnibus quibus poteris modis, et satagas propensius et intendas. Inde est quod de tua sollicitudine maxime confidentes, quædam ad honorem et incrementum Ecclesiæ Dei, ac nostrum plurimum pertinentia dilectis filiis nostris Fusniacensi et de Eleemosyna abbatibus (29) tuæ discretioni referenda commisimus, quæ per sollicitudinem et prudentiam tuam juvari petimus, et efficaciter promoveri rogamus. Studeat igitur devotio et prudentia tua, sicut in cæteris, ita et in hoc Ecclesiæ Dei negotio taliter prompta et efficax apparere, quod etiam fraternitati tuæ gratias debeamus uberrimas exhibere. Præterea rogamus, quatenus, si dilectus filius noster nobilis vir O. filius nobilis viri C. Frajapanis, quem de regno Theutonico revocamus, ad te pervenerit, eum benigne recipias, et ita honeste pertractes, quod te pariter et nos ipsos deceat, et ipse puer devotionem, quam circa nos habes, etiam in hoc patenter agnoscat.

Datum Turonis (30) VII Kal. Novembris.

CIV.

Excommunicationem ab Udalrico episcopo Halberstadensi in præpositum Rodensem sociosque, bonorum Ecclesiæ Kattenbornensis invasores, prolatam confirmat.

(Turoni, Oct. 29.)

[Schottgen et Kreysig, *Diplomat.*, II, 698.]

Alexander episcopus, servus servorum Dei, venerabilibus fratribus archiepiscopis, episcopis, abbatibus præpositis et aliis ecclesiasticis personis, per Alemanniam constitutis ad quos litteræ istæ pervenerint, salutem et apostolicam benedictionem.

Ecclesiastica sententia, quæ in malefactores aliquos pro suis excessibus canonice promulgatur,

(29) Fresniacum insigne ordinis Cisterciensis monasterium in diœcesi Laudunensi, a Bartholomæo episcopo fundatum anno 1121 : quo etiam a Theobaldo comite Blesensi fundatum est monasterium de Eleemosyna, in diœcesi Carnotensi.

(30) Ex hac epistola et sequentibus eruimus Alexandrum, postquam mense Augusto et Septembri demoratus est Bituricis, Turonos contendisse, ibidemque hiemasse. Id confirmat bulla ejusdem pontificis data Turonis mense Octobri 1162, pro Majori Monasterio, in quo paucis aute diebus capellam infirmorum in honorem S. Benedicti consecraverat. Post hiemem vero profectus est Parisios, unde rediit Turonos concilium celebraturus. Quo absoluto, post festum S. Hieronymi Senonas venit, ibidem demoraturus anno et dimidio.

in sua debet stabilitate consistere, et eam usque ad dignam satisfactionem, firmitatis nostræ robur necesse est obtinere. Eapropter sententiam excommunicationis, quam venerabilis frater noster Udalricus Halberstadiensis episcopus in præpositum de Rhoden et principales fautores suos, pro eo, quia bona Caldenbornensis Ecclesiæ improba temeritate invasit, et ea restituere contradicit, rationabiliter promulgasse dinoscitur, ratam et firmam habentes, per apostolica vobis scripta mandamus quatenus sententiam ipsam ratam tenentes, firmiter observetis et per parochias vestras faciatis usque ad dignam satisfactionem inviolabiliter observari, nec ipsos ad divina officia recipere ullatenus præsumatis.

Datum Turoni, quarto Kalendarum Novembris.

CV.

Ad Henricum Remensem archiepiscopum. — De negotio Romani pontificis.

(Turoni, Nov. 1.)

[MARTEN. *Ampl. Coll.* III, 678.]

ALEXANDER episcopus, servus servorum Dei, venerabili fratri HENRICO Remensium archiepiscopo, salutem et apostolicam benedictionem.

Venerabilem fratrem nostrum (31) B. Portuensem episcopum, virum siquidem honestum, litteratum et religiosum, ad præsentiam charissimi in Christo filii nostri Ludovici, illustris Francorum regis, pro Ecclesiæ negotiis continuo volente Domino transmissuri, devotionem tuam super hoc duximus præmonendam, tantam de te spem fiduciamque tenentes, ut quidquid in tempore isto Ecclesiæ Dei, præsertim in partibus regni hujus, expediat, per solertiam tuam credamus efficaciter promovendum. Inde est quod fraternitatem tuam per apostolica scripta rogamus, monemus, et exhortamur in Domino, quatenus tu ipse ad præsentiam memorati regis accedas, et ad efficiendum apud eum quod sibi præfatus episcopus ex parte nostra proponet, intendas propensius et insistas, tum quoque per te, quidquid Ecclesiæ Dei ac nobis ipsis expedire cognoveris, juxta verbum quod dilecto filio nostro magistro W. latori præsentium tibi ex parte nostra injunximus, referendum, ita studeas, auctore Domino, effectu prosequente complere, quod nos inde fraternitati tuæ gratias uberrimas agere, et digne possimus in Domino, tuam in omnibus sollicitudinem commendare.

Data Turoni, Kal. Novemb.

CVI.

Ad Ludovicum Francorum regem. — [Bernardum] episcopum Portuensem, nuntium suum, commendat.

(Turoni, nov. 2.)

[MANSI, *Concil.* XXI, 1016.]

ALEXANDER episcopus, servus servorum Dei, charissimo in Christo filio LUDOVICO illustri Francorum regi salutem et apostolicam benedictionem.

Exuberans circa nos et Ecclesiam Dei regiæ devotionis et sinceritatis affectio in ea fiducia mentem nostram constituit, ut de te tanquam unico post Deum Ecclesiæ defensore, omni dubitatione postposita, confidamus. De tua magnificentia firmissime præsumentes, quod nunquam matri tuæ Romanæ Ecclesiæ aliqua velis occasione deficere, qui præcipuus inter orbis principes tanquam justitiæ rector et veritatis amator ejus cœpisti causam viriliter adjuvare. Unde in negotiis ipsius et nostris tanto fiducialius ad regiæ prudentiæ consilium, auxiliumque recurrimus, quanto expressius tuæ devotionis fideique constantiam nostræ mentis oculis quasi coram positam intuemur. Hujus igitur certitudine securitatis inducti, venerabilem fratrem nostrum B. Portuensem episcopum, virum utique industrium et discretum, pro Ecclesiæ negotiis ad regiam præsentiam duximus destinandum, eligentes potius voluntatem nostram ad te referendam illi committere, quam eam excellentiæ tuæ præsentibus litteris intimare. Quocirca sublimitatem tuam per apostolica scripta rogamus, monemus et exhortamur in Domino, quatenus prædictum fratrem nostrum, quem charum inter cæteros acceptumque tenemus, benigne recipias, ita sibi in his quæ regiæ majestati ex nostra parte proponet, efficacem præbiturus assensum, quod spes nostra, quæ de tua post Deum, sicut diximus, sublimitate dependet, utilem in his sortiatur effectum, et plenius sumat in aliis incrementum. Si enim ea quæ ab eo tuæ fuerint proposita majestati, efficaciter fuerint, Domino volente completa, tanto magis id nobis gratum erit in omnibus et acceptum, quanto ex his mater tua sacrosancta Romana Ecclesia majoris accipiet pacis et prosperitatis augmentum.

Datum Turonis, IV Nonas Novembr.

CVII.

Bulla pro monasterio Compendiensi.

(Turonis, Nov. 5.)

[*Gall. Christi Nov.* X, Instr., 125.]

ALEXANDER episcopus, servus servorum Dei, dilectis filiis ANSOLDO abbati monasterii sanctæ Mariæ quod apud Compendium. . . . etc., *ut in bulla Eugenii III* (32). In quibus hæc propriis duximus exprimenda vocabulis. Domum hospitalem apud Compendium sitam, ecclesiam sancti Clementis quæ vocatur abbatia, ecclesiam sancti Mauritii, ecclesiam sancti Germani, ecclesiam sancti Petri, et omnes capellas intra terminos Compendii sitas, ecclesiam Leprosorum ejusdem loci. In episcopatu Belvacensi altare de Veneta, altare de Cellis, altare de Longolio, altare de Canly, altare de Sacy cum vicecomitatu, altare de Marest, altare de Roy cum appenditiis suis. In Ambianensi episcopatu altare

---

(31) Bernardum ex canonico regulari creatum cardinalem ab Eugenio III, et in schismate partis Alexandri III, assertorem constantissimum.

(32) *Patrologiæ* t. CLXXX, inter epistolas Eugenii, num. 409.

de Faveroles, altare ac Prunestre, altare de Medio-villari, altare de Bustellis, altare de Dolencort, altare Defferciis cum appenditiis suis. In Suessionensi episcopatu altare de Jauzy. Constituimus quoque ut nulli archiepiscopo vel episcopo. . . .

Ego Alexander Catholicæ Ecclesiæ episcopus.

Ego Hubaldus presbyter cardinalis tituli Sanctæ Crucis in Jerusalem.

Ego Joannes presbyter cardinalis tituli Sanctæ Anastasiæ.

Ego Albertus presbyter cardinalis tituli Sancti Laurentii in Lucina.

Ego Guilermus tituli Sancti Petri ad Vincula presbyter cardinalis.

Ego Hubaldus Ostiensis episcopus.

Ego Galterius Albanensis episcopus.

Ego Jacinthus diaconus cardinalis Sanctæ Mariæ in Cosmedin.

Ego Oddo diaconus cardinalis Sancti Nicolai in Carcere Tulliano.

Ego Arditio diaconus cardinalis Sancti Theodori.

Ego Cinthius cardinalis diaconus Sancti Adriani.

Ego Joannes diaconus cardinalis Sanctæ Mariæ in Porticu.

Datum Turonis per manum Theodori sanctæ Romanæ Ecclesiæ subdiaconi et notarii, nonis Novembris, indictione x, Incarnationis Dominicæ anno millesimo centesimo sexagesimo secundo, pontificatus vero domini Alexandri papæ III anno quarto.

CVIII.

Ad Ludovicum VII Francorum regem. — Ut Compendiense monasterium protegat.

(Turoni, Nov. 6.)

[MANSI, *Concil.*, XXI, 1027.]

ALEXANDER episcopus, servus servorum Dei, charissimo in Christo filio LUDOVICO illustri Francorum regi, salutem et apostolicam benedictionem.

Quod tam fiducialiter sublimitati tuæ sacras ecclesias commendamus, ex illa noveris consideratione procedere, qua te circa ea quæ Dei sunt ferventius cognoscimus insudare. Inde est quod Compendiense monasterium, et dilectos filios nostros A. abbatem et fratres divinis obsequiis ex institutione patris et prædecessoris nostri sanctæ recordationis Eugenii papæ, assensu et voluntate tua, sicut Christianissimi regis, et religionem amantis et defendentis, facta, inibi mancipatos, clementiæ tuæ duximus commendandos : per apostolica scripta regiam majestatem rogantes, monentes, et exhortantes in Domino, quatenus eos pro reverentia B. Petri ac nostra, et suæ religionis obtentu, diligas, manuteneas, et honores, nec aliquorum injuriis eos infestari permittas : sed ita in justitiis suis foveas jugiter et defendas, quod ipsi preces nostras sibi sentiant profuisse, et tu ab omnipotenti Deo ac nobis ipsis gratias debeas multiplices exspectare.

Datum Turonis, VIII Idus Novemb.

CIX.

Parthenonis S. Mariæ in Silva Nidi-Merli protectionem suscipit et possessiones confirmat.

(Turoni, Nov. 16.) — Hujus privilegii mentio tantum exstat ap. MORICE, *Mémoires pour servir à l'Hist. de Bretagne*, I, 598.)

CX.

Ad Henricum Remensem archiepiscopum. — Pro Letoldo Aurelianensi præposito.

(Turoni, Nov. 16.)

[MARTEN., *Ampl. Collect.*, II, 679.]

ALEXANDER episcopus, servus servorum Dei, venerabili fratri HENRICO Remensium archiepiscopo, salutem et apostolicam benedictionem.

Constitutus in apostolicæ sedis præsentia dilectus filius noster Letoldus Aurelianensis præpositus, sua nobis conquestione monstravit, quod Leodienses canonici redditus præbendæ Sancti (33) Lamberti jam sibi per biennium irrationabiliter denegarunt. Unde quoniam eidem præposito in jure suo deesse nec possumus, nec debemus, fraternitati tuæ per apostolica scripta mandamus, quatenus præfatis canonicis commonendo et etiam comminando, si opus fuerit, sollicite scribas, ut si ita est, subtractos fructus ei cum integritate restituant, et eum super ejusdem præbendæ fructibus nullatenus de cætero inquietare præsumant. Quod si nec moniti, nec comminatione territi facere forte voluerint, tantum de illis redditibus, quos quidam prædictorum canonicorum in archiepiscopatu tuo colligere debent, accipias, quantum ipsi Letoldo de præbenda sua per eos constiterit injuste fuisse sublatum.

Data Turonis, XVI Kal. Decembris.

CXI.

Ad Henricum Remensem archiepiscopum. — De litteris ad Attrebatensem episcopum, ut consulat animæ suæ.

(Turoni, Nov. 28.)

[*Ibid.*]

ALEXANDER episcopus, servus servorum Dei, venerabili fratri HENRICO Remensium archiepiscopo, salutem et apostolicam benedictionem.

Dilectum filium nostrum abbatem ad nostram a te præsentiam destinatum prompta suscepimus charitate, illum et vultum pariter et animum exhibentes, quem nos exhibere decuit viro religioso a fratre nobis tam venerabili delegato. Quod igitur ex parte tua viva voce nobis exposuit, et tuarum nihilominus tenor litterarum expressit, protinus sumus in eo quod decuit efficaciter prosecuti; scri-

---

(33) Leodiensis ecclesia cathedralis S. Lambertum agnoscit patronum.

bentes scilicet filii fratri nostro (34) Atrebatensi episcopo, ut quoniam infirmitate gravatus, ad propriam administrationem noscitur insufficiens, animæ suæ consulere, et Ecclesiæ studeat commodius providere. Super eo autem quod de commonitione canonicorum ad electionem celebrandam nobis fuit ex tui parte suggestum, non tam subito duximus procedendum, minime dignum existimantes, ut illo adhuc vivente et in commissa sibi Ecclesia ministrante, de alterius debeat electione tractari. Cum autem de ipsius nobis abrenuntiatione constiterit, in eo negotio juxta tuæ discretionis consilium, auctore Domino, efficaciter procedemus. Ad hæc de honesta visitatione magnificæ devotionis tuæ, gratias tibi uberes exhibemus, fraternitatem tuam per apostolica scripta rogantes, monentes et exhortantes in Domino, quatenus sicut bene consuevisti, circa commodum et profectum Ecclesiæ Dei, ac nostrum vigilanter intendas, et rumores Teutonicos solerter inquirens, eos nobis sæpius studeas declarare.

Datum Turonis, iv Kal. Decembris.

CXII.

Ad Ludovicum Francorum regem. — Admonet de celebratione concilii. Alia quædam.

(Turoni, Dec. 8.)
[Mansi, Concil., XXI, 1017.]

Alexander episcopus, servus servorum Dei, charissimo in Christo filio Ludovico illustri Francorum regi salutem et apostolicam benedictionem.

Dilectos filios nostros Barbadorum et militem qui cum eo venit ad præsentiam nostram a tua celsitudine destinatos, debita curavimus benignitate recipere, eisque super his quæ nobis ex tua parte proposuerunt sufficienter studuimus ad singula respondere. Quare autem super his litteras serenitati tuæ non transmiserimus, prædicti magnificentiæ tuæ nuntii viva tibi voce poterunt intimare. Præterea, licet per venerabilem fratrem nostrum Mauricium Parisiensem episcopum tam de celebratione concilii, quam de nostro ad partes illas adventu tibi nos significasse credamus, dubitantes tamen ne forte ad notitiam tuam nondum plenarie ipsius episcopi relatione pervenerit, illud eisdem injunximus tuæ Serenitatis auribus referendum. Quod ergo ipsi exinde tuæ sublimitati retulerint, de proposito nostro procedere minime poteris dubitare.

Datum Turonis, vi Idus Decembris.

(34) Godescalco scilicet, qui ex abbate Montis S. Eligii factus Atrebatensis episcopus sanctissime administravit, et anno 1164, pontificatum resignasse dicitur.

(35 Matthæus comes Boloniensis, de quo vide notam in sequentem epistolam.

(36) S. Mariæ et S. Wlmari abbatiæ duæ canonicorum regularium ordinis S. Augustini in urbe Bolonia, quarum prima, destructis a Carolo V imperatore Morinis, in cathedralem ecclesiam conversa est; altera ad presbyteros Oratorii transivit. Exstat et aliud ordinis S. Benedicti monasterium

CXIII.

Ad Henricum Remensem archiepiscopum. — De remotione abbatum Sanctæ Mariæ et Sancti Wlmari et de canonicorum sæcularium intrusione.

(Turoni, Dec. 10.)
[Marten., Ampl. Collect., II, 680.]

Alexander episcopus, servus servorum Dei, venerabili fratri Henrico Remensium archiepiscopo, salutem et apostolicam benedictionem.

Dum interna consideratione pensamus quam inique, quam enormiter (35) M. filius comitis Flandrensis dilectos filios nostros Sanctæ Mariæ (36) et Sancti Wlmari abbates cum fratribus ab ecclesiis suis removit, et canonicos sæculares in eadem intrusit, gravi dolore super miseria illorum compungimur, et sæpius coarctamur. Cæterum quoniam prædictus M. et canonici, nostra sæpenumero auctoritate commoniti, ut a tanta nequitia desisterent, addentes pejora prioribus, suæ malitiæ virus minime deposuerunt, Venerabilis frater noster Morinensis episcopus in eos sententiam excommunicationis propter hoc canonice promulgavit. Quam utique sententiam nos ratam habentes, fraternitati tuæ per apostolica scripta mandamus, quatenus quia quibus non communicat Romanus pontifex, nec tuam decet fraternitatem communicare, sicut scriptum est, quibus non communicat iste Clemens, nec tu communices : præfatum M. et canonicos sicut excommunicatos, et perversos ecclesiarum invasores attentius devites, et facias per totum archiepiscopatum tuum studiosius devitari, prædictis quoque abbatibus, ut ecclesias suas recuperare valeant, consilium tuum pariter et auxilium efficaciter studeas impertiri.

Datum Turon., iv Id. Decemb.

CXIV.

Ad eumdem. — De Matthæo comite Boloniæ, qui monialem duxerat et duos abbates de ecclesiis regularibus ejecerat.

(Turoni, Dec. 18.)
[Ibid.]

Alexander episcopus, servus servorum Dei, venerabili fratri Henrico Remensium archiepiscopo, salutem et apostolicam benedictionem.

Plena et manifesta veritate nosse te credimus, qualiter (37) M., filius dilecti filii nostri nobilis viri comitis Flandrensis, in animæ suæ periculum monialem Deo dicatam, et in abbatissam benedictam, sibi nefarie penitus et illicite copulavit, qui cum de

S. Wlmari de Bosco dictum, in eadem diœcesi.

(37) Hic est Matthæus filius Theoderici comitis Flandriæ, de quo antiquus auctor de Genealogia comitum Flandriæ, tom. III, Anecdot., n. 15: *Matthæus vero decore corporis et virtute militari laudabilis, quia principatus Flandriæ in jus senioris fratris, ut nos est, cesserat, cogente patre, Mariam filiam Stephani regis Angliæ in uxorem sibi associat. Hæc a pueritia habitu religionis initiata, cum sola comitatus Boloniensis hæres superesset, a claustris educta, et assensu papæ, Matthæo ad subrogandos paternæ hæreditati legitimos hæredes, matrimonio est*

tanta iniquitate Deo, quem offenderat, satisfacere debuisset, peccato peccatum accumulans, duos abbates de Bolonia, et fratres eorum, viros regulares et Deum timentes ex ecclesiis suis violenter ejecit, et aliis quibusdam viris in eas dissolutis intrusis, prædictos regulares nequiter exsulare compellit. Unde cum tu ad partes illas accedens, iniquitatem istam diligenter corrigere debuisses, hoc sicut dicitur, incorrectum et inemendatum ex impotentia potius, velut credimus, quam ex industria dimisisti. Quia igitur nos in eo sumus loco, disponente Domino, constituti, ut et prava corrigere, et ea studeamus quæ sunt placita Domino solidare, fraternitatem tuam per apostolica scripta monemus attentius atque mandamus, quatenus prædictum comitem studeas diligentius commonere, ut illum in nequitia ista nulla ratione confoveat, sed eum, quantum in se est, quantocius super hoc corrigere non postponat : ita quod clericis illis excommunicatis ejectis, prædicti religiosi ad ecclesias suas libere redire valeant, et ibi Domino pacifice deservire, alioquin timendum sibi erit, ne in eum et totam terram suam divina ultione graviter vindicetur, et sancta Dei Ecclesia diutius hoc dissimulare non possit.

Datum Turon., xv Kal. Januar.

CXV.
Ad eumdem. — De negotio W. pro præbenda Caslatensis ecclesiæ.
(Turoni, Dec. 20.)
[MARTEN. *Ampl. Collect.* II., col. 682.]

ALEXANDER episcopus, servus servorum Dei, venerabili fratri HENRICO Remensium archiepiscopo, salutem et apostolicam benedictionem.

Latoris præsentium W. ætate pariter et laboris, quem pro præbenda Caslatensis ecclesiæ sustinuit, diuturnitate commoti, cum eidem in præbenda ipsa, pro eo quod sibi a dilectis filiis nostris Henrico et Odd. sanctæ Romanæ Ecclesiæ cardinalibus, tunc apostolicæ sedis legatis abjudicata fuisse dignoscitur, non possemus salva conscientia providere, præposito, decano et universo capitulo ejusdem Ecclesiæ dedimus in mandatis, ut eidem puero pro tantis laboribus et expensis aliquam recompensationem, de qua possit dignam consolationem recipere, studeant misericorditer providere, unde fraternitati tuæ per apostolica scripta mandamus, quatenus si forte illi hoc facere supersederint, tu nulla ratione dimittas, quin eos ad id faciendum, nostra fultus auctoritate compellas.

Datum Turonis, xiii Kal. Januarii.

CXVI.
Ad eumdem. — De episcopo Aurelianensi.
(Turoni, Dec. 20.)
[*Ibid.*]

ALEXANDER episcopus, servus servorum Dei, venerabili fratri HENRICO, Remensium archiepiscopo, salutem et apostolicam benedictionem.

Corporali quondam præsentia et vidisse te pariter et agnovisse recolimus, et etiam postea ex relatione dilecti filii nostri Henrici abbatis, qui apud te moratur, cui nos id tibi referendum injunximus, plenius te intellexisse pensamus, quomodo charissimus in Christo filius noster Ludovicus illustris Francorum rex pro illo (38) Aurelianensi episcopo instanter apud nos intercesserit, et pro eodem tam viva voce quam frequentibus etiam nuntiis preces nobis curaverit replicare. Cui siquidem nos ad exemplar patrum et prædecessorum nostrorum, qui eum semper interna charitate diligere, et desideria ejus ac preces admittere curaverunt, et propensius exaudire, in omnibus decrevimus, quæ cum Deo possumus et honestate deferre : cum fratrum nostrorum consilium habeat, ut ei etiam in aliquibus quæ nos gravare noscantur, assensum debeamus minime difficilem impertiri. Super hoc autem consilium et voluntatem tuam hactenus nos exspectasse cognoscas, ut sicut te contra eumdem Aurelianensem ferventer exarsisse, tanquam si in te specialiter peccasset, agnovimus ; ita quoque an cum eo dispensative ac merito sit in diebus istis ad tanti principis tam sollicitas preces agendum, conscientiæ tuæ judicium apertius videamus. Præsentium igitur significatione tuæ super his duximus discretionis industriam requirendam, ut quod in consilii tui verset arcano celeriter nobis fraternitatis tuæ litteris exprimatur. Videtur autem nobis ut et tu ad hoc debeas animum tuum et voluntatem inducere, cum ad deferendum in hac parte prædicto regi, cæterorum videantur studia concordare. Præterea nosse te volumus, quod si absque gravi difficultate fieri possit, præsentiam tuam transacto proximo natali festo habere desideramus.

Dat. Turonis, xiii Kal. Jan.

CXVII.
Ad Ludovicum VII Francorum regem. — Ut P. miles, qui Hierosolymam ire optabat, possessiones suas vendere possit sine consensu conjugis.
(Turoni, Dec. 23.)
[MANSI, *Concil.*, XXI, 996.]

ALEXANDER episcopus, servus servorum Dei, cha-

---

conjuncta ; de qua cum duas filias genuisset, sanctimonialem claustris restituens, duxit iterum uxorem sororem *Flandrensis comitissæ*, etc. Verum quod hic auctor asserit, Matthæum assensu papæ duxisse Mariam uxorem, ex hac epistola falsum esse convincitur.

(38) Sedebat tunc in ecclesia Aurelianensi Manasses de Garlanda, qui Heliæ sponte cedenti circa annum 1146 successerat. An ipsum tangat hæc Alexandri epistola, an vero Heliam, qui adhuc in vivis superesse poterat, cum Turonis versaretur papa, hoc est anno 1162, non satis liquet : certe propensum fuisse erga Eliam Ludovicum regem probat ejus apud pontificem intercessio, ne episcopatum dimittere cogeretur.

rissimo in Christo filio Ludovico illustri Francorum regi, salutem et apostolicam benedictionem.

Illos tuam decet magnificentiam pia protectione defendere, pariter et fovere, qui tollentes crucem, sancta et venerabilia loca, quæ Dominus corporali præsentia illustravit, visitare disponunt; et ibi contra inimicos crucis Christi Domini militare. Veniens autem ad nostri apostolatus præsentiam P. miles lator præsentium, votum suum nobis proposuit, et se velle Hierosolymam ire constanter asseruit. Verum quia uxore sua circa eum se turpiter et inhoneste habente, et se ob perpetrati sceleris culpam ab eo absentante, iste paternam hæreditatem sine ipsius conniventia nec vendere potest, nec pignori obligare, dispositum iter nullatenus valet adimplere. Sed quoniam uxor torum maritalem, sicut dicitur, per adulterium commaculavit, dummodo iste velit continenter vivere, ad eam non cogitur ulla ratione redire; serenitatem tuam per apostolica scripta rogamus, et exhortamur in Domino, quatenus, si ita est, divini amoris intuitu liberum ei facias, ut ipsi possessiones suas vendere cui voluerit licitum sit, vel pignori obligare; et his quibus vendiderit, seu pignori obligaverit, nulla patiaris super hoc injuriam vel molestiam indebite irrogari.

Datum Turonis, x Kal. Januar.

CXVIII.

Ad Henricum Remensem archiepiscopum. — De Burgensibus hæreticis et in fide depravatis.

(Turoni, Dec. 25.)

[Marten., *Ampl. Collect.*, II, 683.]

Alexander episcopus, servus servorum Dei, venerabili fratri Henrico Remensium archiepiscopo, salutem et apostolicam benedictionem.

Burgenses illos hæreticos et in doctrina fidei depravatos, contra quos proprias litteras tua fraternitas ad nostram præsentiam destinavit, dure satis, sicut dignum videbatur, recepimus, et eam illis asperitatem ostendimus, quam viris talibus a nobis congruit exhiberi. Scire autem debet tuæ discretionis prudentia, quia cautius et minus malum est, nocentes et condemnandos absolvere, quam vitam innocentium severitate ecclesiastica condemnare; et melius viros ecclesiasticos plus etiam quam deceat esse remissos, quam in corrigendis vitiis supra modum existere et apparere severos, testante utique Scriptura, quæ ait: *Noli nimium esse justus*, et alibi: *Qui multum emungit, elicit sanguinem*. Nos autem tibi, sicut charissimo filio nostro, tam in his quam in omnibus aliis, in quibuscunque secundum Deum possumus deferre volentes, et personam tuam propensius honorare, quod exinde de consilio fratrum nostrorum debemus statuere, fraternitati tuæ in proximo, auxiliante Domino, rescribemus.

Datum Turon., x Kal. Januar.

CXIX.

Stephani episcopi Meldensis jura confirmat.

(Turoni.)

[Du Plessis, *Histoire de l'Egl. de Meaux*, II, Preuv., p. 54.]

Alexander episcopus, servus servorum Dei, venerabili fratri Stephano, Meldensi episcopo, ipsiusque successoribus canonice substituendis in perpetuum.

In eminenti apostolicæ sedis speculo, disponente Domino, constituti, etc..... Proinde, charissime in Christo frater Stéphane, Meldensi Ecclesiæ, cujus a Deo cura tibi commissa est, salubriter providentes, ad exemplar sanctæ recordationis Patris et prædecessoris nostri Honorii papæ, statuimus ut omnes tam clerici quam laici in villa Resbacensi et Jotrensi commorantes, Meldensi Ecclesiæ jure parochiali subjaceant, et ea quæ de eis ad jus parochiale pertinent, tibi tuisque successoribus libera et illibata permaneant. Decernimus etiam ut abbas Resbacensis, et Jotrensis abbatissa, canonicam tibi tuisque successoribus obedientiam persolvant. Benedictio quoque eorum, sicut per tuos antecessores hactenus celebrata constitit, sic per te tuosque successores deinceps exhibeatur. Promotiones etiam monachorum ad ecclesiasticos ordines per Meldensem administrentur episcopum, si videlicet gratis eos et sine pravitate voluerit exhibere, et gratiam apostolicæ sedis habuerit. Si quis autem ausu temerario, etc.....

Datum Turonis, anno Dom. 1162.

CXX.

Ad Joannem Macloviensem episcopum. — S. Maclovii ecclesiam, sedem olim episcopalem, ipsi ab Eugenio III et Anastasio IV restitutam confirmat.

[D. Bouquet, *Recueil des historiens*. t. XV, p. 791.]

Alexander episcopus, servus servorum Dei, venerabili fratri Joanni S. Maclovii episcopo, ejusque successoribus, etc.

Sicut æquum est, etc. Felicis memoriæ Lucius papa, antecessor noster, adversus monachos Majoris Monasterii fraternitatis tuæ querela suscepta, quod ecclesiam S. Maclovii de Insula, quæ temporibus antecessorum tuorum episcopalis sedes exstiterat, illicite detinerent, illos ad apostolicæ sedis judicium evocavit, plenarie super hoc petitioni tuæ responderе paratos. Quo interim ex divinæ voluntatis arbitrio casibus humanæ fragilitatis exempto, beatæ recordationis Eugenius, qui, disponente Domino, in apostolatus ministerium ei successit, tam te quam illos in auditorio sedis apostolicæ constitutis, causam ipsam diligenter audivit, et utriusque partis rationes ex plenaria investigatione cognovit. Cumque ad probandum quod eadem ecclesia sedes fuisset episcopalis, tres legitimos testes in præsentia sua produceres, antedicti monachi duos ex ipsis non esse legitimos objecerunt, et id se dixerunt in illis partibus legitime probaturos. Unde licet a supranominato antecessore nostro papa Lucio ad hoc vocati fuissent, ut ad respondendum tibi venirent sufficienter instructi, ne tamen de illato sibi præjudicio possent rationabiliter murmurare, prænominatus antecessor noster papa Eugenius ad discretionem venerabilis fratris nostri Gaufridi Burdegalensis archiepiscopi, Gaufridi Carnotensis, et Lamberti Engolismensis episcoporum, utramque partem censuit remittendam ; et per sua scripta eis mandavit ut si tu, præsente altera parte, nisi forte se contumaciter absentaret, eamdem ecclesiam fuisse sedem episcopalem duobus sive tribus posses testibus legitime comprobare, testes ipsos, omni appellatione remota, susciperent, et te de ipsa ecclesia cum universis possessionibus quas illo tempore possidebat quo monachis data fuit, auctoritate apostolica investirent. Qui, sicut ex litteris eorum evidenter apparuit, utramque partem certo termino ante se Petragoras evocarunt. Ad diem vero locumque præfixum tam tu quam Garnerius abbas majoris monasterii convenistis. Tu autem ibi præfixum terminum postulante [præstolante] antefatus abbas nec etiam una die voluit exspectare, et nec per se, nec per nuncios suos, ullam excusationem canonicam prætendit ; sed, nullo pro se ibidem responsali dimisso, se, velut qui de causæ suæ merito diffidebat, contumaciter absentavit. Supranominati vero fratres nostri, cum in mandatis a sede apostolica recepissent ut hoc infra duos menses exsecutioni mandarent, ne præcepti viderentur apostolici transgressores, cognito per religiosos viros publicam famam esse in illis partibus, quod eadem ecclesia sedes episcopalis antiquitus exstitisset, de multis testibus quos tecum adduxeras, et qui a te antea fuerant sæpe nominato abbati et monachis ejus exhibiti, tres presbyteros diligenter examinatos, religiosorum prudentumque virorum consilio adhibito, susceperunt : qui, tactis sacrosanctis evangeliis, juraverunt se audivisse et vidisse prænominatam ecclesiam S. Maclovii, de qua contentio erat, exstitisse sedem episcopalem. Susceptis itaque testibus et juratis, iidem fratres nostri te de ecclesia S. Maclovii, cum universis possessionibus quas tunc habebat quando monachis data fuit, juxta supra dicti antecessoris nostri mandatum investiverunt. Unde idem antecessor noster, re audita et cognita, perpetuum in hac causa silentium monachis illis imposuit et investituram ipsam, et quidquid exinde ab antedictis fratribus nostris actum fuerat, auctoritate apostolica confirmavit.

Ei autem prædecessore nostro Anastasio papa in apostolatus officium subrogato, præfati monachi ad apostolicam sedem accedentes, super hoc adversus te duxerunt querimoniam innovandam, et te fecerunt ad ejusdem prædecessoris nostri Anastasii audientiam laborare. Tam vero te, quam illis in ipsius auditorio constitutis, licet perpetuum eis fuisset silentium impositum, tam tua quam eorum scripta exhiberi sibi mandavit. Quibus utique cum fratribus auditis et intellectis, scripta eorum in hac parte nihil firmitatis censuit obtinere ; ac de fratrum voluntate atque consilio ad exemplar sæpedicti Eugenii papæ, perpetuum silentium illis imponens, omnemque facultatem eis vel eorum successoribus auferens te vel successores tuos recidivo super hoc litigio fatigandi, præscriptam sententiam auctoritate apostolica confirmavit, et firmam eam et illibatam omni tempore permanere decrevit. Eamdem igitur sententiam memoratus papæ Anastasius muniens, constituit ut ordo canonicus qui per studium tuum et ex sæpedicti Eugenii papæ consilio secundum B. Augustini regulam et observantiam fratrum S. Victoris illic, auctore Domino, institutum esse dignoscitur, perpetuis ibidem temporibus inviolabiliter observetur. Episcopus autem qui pro tempore ibidem fuerit ordinandus, a fratribus ipsius ecclesiæ de sua, vel de alia regulari congregatione suæ professionis, juxta sanctiones canonicas eligatur ; nec quisquam in eodem Macloviensi episcopatu, qualibet subreptionis astutia seu violentia, nisi regularis canonicus archidiaconus statuatur. Nos quoque ad exemplar prædictorum antecessorum nostrorum, eadem quæ et ipsi suis privilegiis roborarunt, tibi tuisque successoribus auctoritate apostolica confirmamus. Præterea quascunque possessiones, etc.

ANNO 1163.

CXXI.
Privilegium pro monasterio S. Mariæ et S. Botulfi Thornegensi.
(Turoni, Jan. 9.)
[*Monastic. Anglic.*, I, 249.]

ALEXANDER episcopus servus servorum Dei dilectis filiis HEREBERTO abbati ecclesiæ S. Mariæ et Sancti Botulphi Thorney ejusque fratribus tam præsentibus quam futuris religiosam vitam professis, in perpetuum.

Justis religiosorum desideriis consentire et rationalibus eorum petitionibus clementer annuere, apostolicæ sedis, cui largiente Domino deservimus, auctoritas et fraternæ charitatis unitas nos hortatur. Quocirca, dilecti in Domino filii, vestris justis postulationibus clementer annuimus, et præfatam Ecclesiam in qua divino mancipati estis obsequio, sub beati Petri et nostra protectione suscipimus, et præsentis scripti privilegio communimus : statuentes, ut quascunque possessiones, quæcunque bona eadem Ecclesia impræsentiarum juste et canonice possidet, aut in futurum concessione pontificum, largitione regum vel principum, oblatione fidelium, seu aliis justis modis, Deo propitio poterit adipisci, firma vobis vestrisque successoribus et illibata permaneant. In quibus hæc propriis duximus exprimenda vocabulis. Insulam videlicet Thorney, in qua ipsum monasterium situm est, cum nemore, et marisco, et omnibus appendiciis suis. Ecclesiam de Wytlesey; ecclesiam de Stangrund; ecclesiam de Jakesley; ecclesiam de Wodeston; ecclesiam de Addon; ecclesiam de Newton; ecclesiam de Stibinton; ecclesiam de Twywell; ecclesiam de Bollenhorst et ecclesiam de Gibelden, cum una hida terræ et decimis ejusdem villæ et omnibus oblationibus. Ecclesiam Sancti Georgii de Fhetford; duas ecclesias de Deping; ecclesiam de Fiel; quidquid juris in ecclesia de Wenge habetis. In comitatu Cantabrigiæ, Wytleseyam, et omnes illas rationabiles consuetudines quas habebat Eliensis ecclesia in hundredis suis de Wycheforde de terra et de hominibus Thornensibus. Ecclesiam de Witlesey, exceptis propriis regalibus consuetudinibus, quæ super terram illam evenerint, quas Hervæus primus Eliensis episcopus, cum assensu capituli sui, ecclesiæ vestræ in eleemosynam rationabiliter contulit, in die dedicationis ejusdem ecclesiæ.

In comitatu Huntingdoniæ, Neuton, Wodeston, Jakesley, et mercatum ejusdem villæ cum Soka et Saka, et Fol, et Feam, et Infangenthef, et omnibus ejusdem pertinentibus consuetudinibus, medietatem stagni quod Wytlesmere dicitur, Stangrund, Farsheved, Haddon, Sibeston, duas hidas et dimidiam; et in Stibington v virgatas pertinentes ad Sibeston. et decimam unius carucæ in Sibeston. In Stibington decimam Rogerii. In villa quæ dicitur Covinton vi hidas. In prato de Stanton xxviii acras de diversis hominibus; in Coppedethorn, xiv acras ei terræ et pratum eidem terræ pertinens; in villa quæ dicitur Huntendon duas domos et terras, in quibus ipsæ domus sunt; jus quod habetis in ecclesia Omnium Sanctorum de mercato ejusdem villæ; decimam Widonis filii Goscelini in Cestreton. In Fulkeworth, duas virgatas terræ et dimidiam, et aliam terram in eadem villa viii solidos annuatim reddentem. De dono Andreæ Revelli xv acras quas dedit in eleemosynam pro se et omnibus parentibus suis vivis et mortuis.

In comitatu Hampton, Fwywell, duas hidas et molendinum; terram in Luffewyk. Item dimidiam virgatam terræ et decem acras de Inland in prædicta villa, unam hidam in rande cum redditu ejus, scilicet xii s.; dimidiam hidam in Charwalton; terram de Pippewell, de dono Willielmi de Albeni Brittonis, et in Stoke unam carucatam terræ de dominico ejusdem villæ cum tofta et prato et tota communitate in bosco et plano et pascuis. De dono Alberici de Fwywell, duas garbas decimarum sex carucarum trium villarum, scilicet Islep, Drayton, Adinton.

In comitatu de Warrewick, Salcbrigg cum appendiciis suis; unam virgatam terræ in Wolfhamcote, et molendinum de Ricton. Servitium Edici de Fleckenho cum sua terra, scilicet v jugera in campo et in villa tres croftas et dimidiam.

In comitatu Bedfordiæ; duas hidas et dimidia in Bollenhorst; in Wildene duas virgatas terræ cum hominibus qui illas tenent. In Bedeford unam domum et terram ei pertinentem. Item in Norfoleia, in villa quæ dicitur Tuameres, unam terrulam reddentem quinque solidos. Item medietatem villæ quæ dicitur Wenge et dimidium molendini ejusdem villæ. Insuper villanum unum, nomine Normannum cum terra sua, scilicet una virgata in prædicta villa. Item x solidos de redditu molendini de Feseburge, cum dimidio augmentationis quantum creverit. Piscationem de Welle, de Elme, de Fillinga, de Frillinga, item terram de Stanfort; item heremitorium de Frokenholt; terram quam habetis in Etune; terram quam habetis in Fid. Ex dono comitis de Clara, redditum centum solidorum sub jurejurando promissum. Ex dono Hugonis filii Radulfi de Wildenboef unam virgatam terræ et libertatem quam beatus Adelwoldus episcopus, fundator prædicti cænobii, favente rege Edgaro et sancto Dunstano Doroberniæ archiepiscopo, Oswaldo Eboracensi archiepiscopo, et omnibus aliis episcopis, abbatibus et baronibus totius Angliæ, eidem loco concessit, et scripto proprio confirmavit.

Sane novalium vestrorum, quæ propriis manibus aut sumptibus colitis, sive de nutrimentis vestrorum animalium nullus omnino a vobis decimas exigere præsumat. Obeunte vero te nunc ejusdem loci abbate, vel tuorum quolibet successorum, nullus ibi qualibet subreptione vel violentia præponatur, nisi quem fratres communi assensu, vel fratrum pars consilii sanioris secundum Dei timorem et beati Benedicti regulam providerint eligendum.

Decrevimus ergo, ut nulli omnino hominum liceat præfatum monasterium temere perturbare, aut ejus possessiones auferre, vel ablata retinere, minuere aut aliquibus vexationibus fatigare, sed omnia integre conserventur, eorum pro quorum gubernatione et sustentatione concessa sunt usibus omnimodis profutura; salva nimirum apostolicæ sedis auctoritate, et diœcesanorum episcoporum canonica justitia. Si quâ igitur in futurum ecclesiastica sæcularisve persona hanc nostræ constitutionis paginam sciens contra eam temere venire tentaverit, secundo tertiove commonita, nisi præsumptionem suam congrua satisfactione correxerit, potestatis honorisque sui careat dignitate, reamque se divino judicio de perpetrata iniquitate cognoscat, et a sacratissimo corpore et sanguine Dei et Domini Redemptoris nostri Jesu Christi aliena fiat, atque in extremo examine districtæ ultioni subjiciatur. Cunctis autem eidem loco jura servantibus sit pax Domini nostri Jesu Christi, quatenus hic fructum bonæ actionis percipiant, et apud districtum judicem præmia æternæ pacis inveniant. Amen.

Datum Turoni, per manum Hermanni sanctæ Romanæ Ecclesiæ subdiaconi et notarii, v Idus Januarii, indictione xi, Incarnationis Dominicæ anno 1162; pontificatus vero Alexandri papæ tertii, anno quarto.

CXXII.
Ad Ludovicum regem Francorum. — De his qui in partibus Flandriæ hæresis arguebantur.

(Turoni, Jan. 11.)

[Marten., *Ampl. Collect.*, II, 684.]

Alexander episcopus, servus servorum Dei, charissimo in Christo filio Ludovico illustri Francorum regi, salutem et apostolicam benedictionem.

Litteras super negotio illorum qui in Flandriæ partibus hæresis arguuntur, a tua nobis celsitudine destinatas, debita benignitate suscepimus, et earum tenore diligenter inspecto, id excellentiæ tuæ duximus intimandum, quod cum quidam ex illis cum pluribus litteris nostro se conspectui præsentassent, asserentes se penitus totius hæreticæ pravitatis immunes, eos ad judicium venerabilis fratris nostri Henrici Remensis archiepiscopi, cum nostris voluimus litteris destinare. Illis tamen ad eum ire nolentibus, duo ex ipsis absque litteris recesserunt, et apud nos usque modo remanserunt: nolentes aliqua ratione reverti, sed potius a nobis justo judicio judicari. Nos tamen quibus in proposito semper et voluntate consistit, consilium tuum in omnibus quæ cum Deo ac justitia possumus exsequi, nulla ratione illos voluimus audire, nec aliquatenus audiemus, donec super hoc tam tuum quam prædicti archiepiscopi, atque aliorum religiosorum virorum consilium plenius habeamus. Voluntatis enim et propositi nostri est in omnibus prout diximus consilium tuæ sublimitatis admittere, honori et exaltationi tuæ studiosa sollicitudine vigilanter intendere, teque sicut charissimum filium et præcipuum prius dominum Ecclesiæ defensorem exaudire propensius et in omnibus honorare.

Datum Turon., iii Id. Januar.

CXXIII.
Ad Henricum Remensem archiepiscopum. — De Drogone canonico Sancti Timothei.

(Turoni, Jan. 12.)

[*Ibid.*, 685.]

Alexander episcopus, servus servorum Dei, venerabili fratri Henrico Remensium archiepiscopo, salutem et apostolicam benedictionem.

Veniens ad præsentiam nostram Drogo diaconus et canonicus ecclesiæ sanctorum martyrum (39) Timothei et Apollinaris, in auditorio nostro querelam deposuit, quod Milo clericus de Largeriaco, et servientes uxoris Bald. militis cum consilio ejusdem Milonis, de equo ipsum violenter deposuerunt, et ipsi iidem servientes, et Herveus presbyter, post appellationem ad nos factam, fructum cujusdam terræ suæ de Musione, et equum cui noscitur insedisse, ausu temerario abstulerunt, qui de injuria illata satisfacere et ablata restituere contradicunt. Quia igitur tantæ præsumptionis excessum relinquere nec debemus, nec possumus incorrectum, fraternitati tuæ per apostolica scripta mandamus, quatenus si ita est, eos qui prædictum clericum de equo deposuerunt, tandiu excommunicatos denunties, quousque ablata restituant, et de tanto satisfacturi excessu, nostro se conspectui repræsentent. Alios vero qui post appellationem ad nos factam prædictos fructus auferre præsumpserunt, districte convenias, ut aut cum integritate ablata universa restituant, aut plenariam justitiam eidem exhibeant. Quod si facere forte contempserint, ad id exsequendum eos ecclesiastica censura constringas.

Datum Turonis, 11 Idus Januarii.

CXXIV.
Ad Ludovicum regem Francorum. — Ut pauperem quemdam protegat.

(Turoni, Jan. 19.)

[Mansi, *Concil.*, XXI, 1004.]

Alexander episcopus, servus servorum Dei, charissimo in Christo filio Ludovico illustri Francorum regi, salutem et apostolicam benedictionem.

Consuevit semper egregiæ clementia pietatis oppressorum et pauperum misereri, et circa eorum miseriam pro affectu animi commoveri, sciens scriptum esse: *Beatus qui intelligit super egenum et pauperem* (Psal. XL). Ea igitur consideratione inducti, et hujus pauperis M. præsentium latoris lacrymabili prece devicti, qui molestias et injurias super possessionibus suis a quibusdam hominibus tuis potentioribus se queritur sustinere, regiam excellentiam et consuetam pietatem tuam rogamus attentius, quatenus pro amore Dei et obtentu justitiæ, et nostro interventu, eum ab adversariis suis, a quibus se opprimi asserit et gravari, ita regia protectione defendas et immunem ab eorum faciis læsione, quod ab eo qui, cum dives esset, ad liberandum nos nostram subiit paupertatem, æternum inde debeas præmium exspectare.

Datum Turonis, xiv Kal. Februarii.

CXXV.
Ad abbatem de Castro-Nantonis. — Ut in ecclesia S. Salvatoris Victorinos sinat pacifice annualia possidere.

(Turoni, Jan. 22.)

[Marten., *Ampl. Collect.*, VI, 232.]

Alexander episcopus, servus servorum Dei, dilecto filio abbati de Castro-Landonis (40), S. et A. B.

Injuncti nobis officii auctoritas nos hortatur universis Dei fidelibus et præsertim viris religiosis in justitia sua diligenter intendere, et eis quæ sua sunt illibata penitus et integra conservare. Unde dilectioni tuæ per apostolica scripta mandamus, pronuncietur *Château-Landon*, estque canonicorum regularium cœnobium in diœcesi Senonensi, quod pro monachis primum a S. Severino fundatum fuerat tempore Clodovei regis.

---

(39) SS. Timothei et Apollinaris Remense collegium est XII canonicorum ab abbate S. Remigii fundatum.

(40) Vulgo dicitur Castrum-Nantonis, licet Gallice

quatenus annuatia quæ dilecti filii nostri abbas et fratres S. Victoris Parisiensis in ecclesia S. Salvatoris jam ex longo tempore canonice possedisse noscuntur, quiete eos permittas et pacifice possidere, donec cum eis super his componas. Vel si de justitia tua confidas, in præsentia electi ab utraque parte judicis, vel etiam in adjutorio nostro legitima cum eis examinatione contendas.

Datum Turonis (41), xi Kal. Februarii.

CXXVI.

Ad [Guidonem] electum Catalaunensem. — Pro causa ecclesiæ Sancti Remigii et G. de Joinvilla.
(Parisiis, Febr. 10.)
[MARTEN., Ampl. Collect., II, 685.]

ALEXANDER episcopus, servus servorum Dei, dilecto fratri G., Catalaunensi electo, salutem et apostolicam benedictionem.

Dilecti filii nostri abbas et fratres ecclesiæ Sancti Remigii Remensis sua nobis insinuatione monstrarunt, quod Gaufridus de Jonvilla, parochianus tuus, villam quæ dicitur Curcellis eis contra justitiam abstulit, et reddere contradicit. Unde quoniam eidem ecclesiæ in jure suo deesse nec possumus, nec debemus, discretioni tuæ per apostolica scripta mandamus, quatenus prædictum Gaufridum infra viginti dies, post harum susceptionem, cum omni diligentia studeas convenire, ut vel ipsam villam memoratis abbati et fratribus sine difficultate restituat, vel in præsentia tua plenam eis justitiam non differat exhibere. Si vero neutrum horum facere forte noluerit, ecclesiastica eum censura coerceas.

Data Parisius, iv Idus Februarii.

CXXVII.

Ad Henricum Remensem archiepiscopum. — Pro ecclesia Sancti Remigii super quadam terra.
(Parisiis, Febr. 11.)
[Ibid., 686.]

ALEXANDER episcopus, servus servorum Dei, venerabili fratri HENRICO Remensi archiepiscopo, salutem et apostolicam benedictionem.

Dilecti filii nostri abbas et fratres ecclesiæ beati Remigii Remensis nobis querimoniam præsentarunt, asserentes quod Witterus de Sarnai, parochianus tuus, quamdam terram eis abstulit, et reddere contradicit. Unde quoniam eidem ecclesiæ in jure suo deesse non possumus, nec debemus, discretioni tuæ per apostolica scripta mandamus, quatenus prædictum W. infra viginti dies, post harum susceptionem, cum omni diligentia studeas convenire, ut vel prædictam terram memorato abbati et fratribus sine difficultate restituat, vel in præsentia tua justitiam eis non differat exhibere. Si vero neutrum horum facere forte volueris, ecclesiastica eum censura coerceas. Nihilominus etiam discretioni tuæ mandamus, ut comitem de Grandiprato, qui xxx solidos singulis annis prædictis fratribus, sicut nobis dicitur, auferre præsu-

(41) Alexander III Turonos accessit mense Octobri anni 1162, ibique tribus et amplius mensibus

mit, moneas diligentius et studiose convenias, ut eamdem pecuniam eis restituat, et de cætero ab ipsius substractione pecuniæ desistat, vel plenitudinem eis justitiæ in præsentia tua exhibeat : alioquin de ipso districtam justitiam non differas exercere.

Data Parisius, iii Idus Febr.

CXXVIII.

Ad eumdem. — De M. Catalaunensium feneratore.
(Parisiis, Febr. 19.)
[Ibid.]

ALEXANDER episcopus, servus servorum Dei, venerabili fratri HENRICO Remensium archiepiscopo, salutem et apostolicam benedictionem.

Constitutus in nostra præsentia O. lator præsentium sua nobis conquestione monstravit quod M., Catalaunensis ad immoderatum fenus solvendum contra Novi et Veteris Testamenti prohibitionem, ipsum nequiter cogit, ut cum sortem sibi duplicatam fere reddiderit, adhuc aliquid aliud præstolatur, et ad solvendum ipsum contra justitiam fatigare præsumit. Quia igitur tantæ præsumptionis audaciam inrequisitam prætermittere non possumus nec debemus, fraternitati tuæ per apostolica scripta mandamus, quatenus eum, si ita est, appellatione remota, districte compescas, ut de cætero super hoc istum non audeat infestare.

Datum Paris., xi Kal. Mart.

CXXIX.

Ad eumdem. — Pro P. Lapillo
(Paris., Febr. 19.)
[Ibid., 687.]

ALEXANDER episcopus, servus servorum Dei, venerabili fratri HENRICO Remensium archiepiscopo, salutem et apostolicam benedictionem.

Lator præsentium P. Lapillus nomine, in apostolicæ sedis præsentia constitutus, adversus P. Catalaunensem socerum suum querelam constituit, asserens quod, dum Jerosolymis esset, idem socer ejus fructus possessionum suarum irrationabiliter abstulit, eosque contra voluntatem patris sui, cui propria bona servanda commiserat, illicite occupare præsumpsit. Hic tandem rediens cum eodem, sicut asserit, socero suo transegit ut sex libras et dimidiam Catalaunensis monetæ, et alias quasdam res ei pro perceptis fructibus compensaret. Cumque illum super pacti exsecutione requireret, et ipse pactum illud intercessisse negaret, atque propter hoc M. frater ejus, qui causam ipsam agendam susceperat, ante præsentiam tuam justitiam exhibiturus exsisteret, sicut ex eisdem litteris tuis nobis innotuit, causa subterfugiendæ sententiæ ad nostram audientiam appellavit, sed appellationem ipsam exsequi prætermisit. Quia igitur eidem P. in justitia sua deesse non possumus nec debemus, causam ipsam discretioni tuæ committimus audiendam, et remoratus est. Deinde Parisios venit, ac postmodum Turonos reversus ibidem concilium celebravit.

appellatione cessante, fine debito terminandam. Ideoque fraternitati tuæ per apostolica scripta mandamus, quatenus utramque partem ante tuam præsentiam convoces, et rationibus hinc inde auditis diligenter et cognitis, eamdem causam, justitia mediante, decidas.

Data Parisius, XI Kal. Mart.

CXXX.
Privilegium pro monasterio Fontis-Ebraldi.
(Paris., Febr. 27.)
[NIQUET, *Hist. de l'ordre de Fontevrauld*, p. 415.]

ALEXANDER episcopus, servus servorum Dei, venerabilibus universis episcopis, in quorum episcopatibus monasteria Fontis-Ebraldi constituta sunt, salutem et apostolicam benedictionem.

Decet nos admodum et oportet universorum Dei fidelium commodis diligenter intendere, et præsertim personis religiosis, in his quæ ad Deum sunt, omni compellimur sollicitudine providere. Ne igitur dilectæ in Christo filiæ nostræ, sorores Fontis-Ebraldi, diuturna exspectatione festivitatum apostolorum, consecrationis suarum virginum sacramento frustrentur, universitati vestræ per apostolica scripta mandamus, quatenus quoties alicui vestrum ejusdem ordinis abbatissæ, vel vicaria ejus, pro hujusmodi sacramento suscipiendo sorores suas præsentaverint, nullatenus apostolicæ festivitatis occasione dimittat; quin sororibus illis quæ alias dignæ fuerint, si alicujus apostoli festivitas non occurrerit, quibuslibet dominicis diebus munus consecrationis impendet.

Datum Parisiis, III Kal. Martii.

CXXXI.
Universo clero et populo in regno Teutonico scribit se schismatis oppugnandi causa Eberhardum Salzburgensem archiepiscopum legatum constituisse.
(Parisiis, Febr. 28.)
[HANSIZII, *Germania sacra*, t. II, p. 273.]

ALEXANDER episcopus, servus servorum Dei, venerabilibus fratribus episcopis et dilectis abbatibus, præpositis, aliisque ecclesiarum prælatis et universo clero ac populo in regno Teutonico constitutis, in unitate Ecclesiæ permanentibus salutem et apostolicam benedictionem.

In apostolicæ sedis specula, disponente Domino, constituti ad universum corpus Ecclesiæ ita debemus aciem nostræ considerationis extendere, ut de his, quos nos ipsi non possumus corporaliter visitare, per alios, de quibus plenam fiduciam habeamus, curam et sollicitudinem gerere comprobemur. Inde est, quod de vobis, tanquam devotis filiis, et specialibus membris Ecclesiæ, et de salute vestra, paternæ affectionis debito solliciti existentes, venerabilem fratrem nostrum Eberhardum Salzburgensem archiepiscopum, virum utique religione, scientia et honestate præclarum legatum in regno Teutonico statuentes, cum ad præsens per nos, vel per aliquos a nostro latere destinatos, vobis intendere non possimus, vices nostras in præsentiarum ei duximus committendas, ita quidem, quod ibidem, auctoritate nostra, utens legationis officio, illos, qui schismatis sunt pravitate polluti, revocandi ad unitatem Ecclesiæ et devotionem nostram plenam habeat potestatem; liceat quoque ei, tanquam apostolicæ sedis legato, vos ad suam præsentiam convocare, et emergentes causas discutere, easque sine debito terminare. Per apostolica itaque scripta universitati vestræ mandamus, quatenus ei sicut apostolicæ sedis legato, debitam reverentiam et obedientiam impendatis, atque ab eo vocati, ipsius præsentiam adeatis et ea quæ ipse ad honorem Dei et sanctæ Romanæ Ecclesiæ duxerit statuenda, suscipiatis firmiter et servetis.

Datum Parisiis, Kalendas Martii.

CXXXII.
Ad Ludovicum VII, Francorum regem. — Rosam auream ad ipsum mittit.
(Parisiis, Mart. 2.)
[MANSI *Concil.*, XXI, 1051.]

ALEXANDER episcopus, servus servorum Dei, charissimo in Christo filio LUDOVICO illustri Francorum regi, salutem et apostolicam benedictionem.

Romanorum pontificum institutione noscitur processisse, quod media Quadragesima, ea Dominica qua cantatur *Lætare Hierusalem*, consueverunt ipsi florem aureum (42), non gratia temporalis elationis, propriis manibus annua semper revolutione gestare: ea utique in facto hujusmodi designantes, quæ tam ad decorem Ecclesiæ, quam ad fidelium noscitur instructionem spectare. Unde et cum nos eorumdem antecessorum nostrorum vestigia subsequentes, similem florem eo die, in quo constitutum est, nuper in manibus gestaremus, non invenimus cui tam digne, sicut excellentiæ tuæ florem hujusmodi deberemus offerre, quem et devotione circa Ecclesiam Dei, et nos ipsos, et dignitatis honore cognoscimus præeminere. Quia vero floris hujus significantiam tuam celsitudinem credimus tanto libentius nostra velle expositione cognoscere, quanto te constat corde et opere, divinis obsequiis, et piis actibus ferventius inhærere: prudentia regiæ serenitatis agnoscat, quod flos iste Christum regem exprimit ac designat, qui de se ipso loquitur dicens: *Ego flos campi, et lilium conval-*

---

(42) Quem hic florem appellat Alexander, rosa aurea vocari solet. Ritum autem ferendæ a pontifice Rom. rosæ aureæ inter sacra mysteria, Dominica quarta Quadragesimæ, ac deinde alicui principi donandæ in monumentum benevolentiæ, consignatum quoque habes epist. Eugenii III, ad Alphonsum Hispaniæ regem, in qua id fieri ait Eugenius *in signum passionis et resurrectionis Christi*. Item in excerptis ex Vita Alexandri papæ III, apud Baronium ad annum 1177, num. XVIII, et *hist. Vezeliac.* lib. IV.

lium (Cant. 11). Aurum namque regem non immerito dicitur denotare, cum ad hoc designandum a Magis figuraliter oblatum fuerit Salvatori, ut per hoc Rex regum, et Dominus dominantium monstraretur. Rubor autem quo aurum coloratum est et suffusum, passionem significat Redemptoris, de quo utique scriptum legitur: *Qui est iste, qui venit de Edom, tinctis vestibus de Bosra? (Isa.* LXIII.) Et iterum : *Quare rubrum est indumentum tuum, et vestimenta tua sicut calcantium in torculari? (Ibid.)* Odor autem hujus floris, resurrectionis ejus gloriam præfigurat, ut sicut ipso primogenitus mortuorum ex multis fratribus, et resurgens a mortuis, jam non possit mortis vinculis detineri : qua et mortem nostram moriendo destruxit, et vitam resurgendo in immortalitatis gloriam reparavit. Sane hujusmodi anfractus et climata omnium scelerum fœditate concreta, tantus odor Dominicæ resurrectionis aspersit, ut nulla pars orbis alienam se ab odore isto sentiat, vel expertem : sed omnes se gaudeant odore hoc suavissimo spirituales nequitias in cœlestibus jam vicisse. Porro, sic ad ipsius Christi resurrectionem figuraliter denotandam sanctæ illæ mulieres ad sepulcrum aromata detulerunt, suavitate redolentium unguentorum gloriam præsignantes : quæ utique terrorem inferis, cœlis gaudium, terris intulit sanctitatem. Hæc sunt, fili in Christo charissime, quæ in flore isto noveris figurari, ut tanto acceptior apud te et gratior habeatur, quanto eum trifaria expositione significari, affectuosius diligere, et sincerius colere didicisti. Petimus autem et totis affectibus exoptamus, ut ille flos aureus, qui omnes reges et principes antecedit, imo per quem reges regnant, et prudentes describunt justitiam, terrenum tibi regnum diuturno tempore sua ineffabili pietate conservet, et æternum in illa felici retributione justorum misericorditer largiatur.

CXXXIII.

Ad cumdem. — Interdictum a Remensi archiepiscopo latum relaxari a pontifice rex petierat. Pontifex non omnino excusat, sed honestius putat ab archiepiscopo ipso relaxari.

(Parisiis, Mart. 9.)
[MANSI, *Concil.* XXI., p. 1002.]

ALEXANDER episcopus, servus servorum Dei, charissimo in Christo filio LUDOVICO illustri Francorum regi, salutem et apostolicam benedictionem.

Excellentiæ tuæ litteris debita benignitate susceptis, preces quas per eas regia celsitudo nobis porrexit, clementer admittimus, utpote qui in proposito semper et voluntate habemus, preces tuas libenter admittere, teque in illis, quantumcunque cum Deo possumus, exaudire. Illud tamen honestius super eo negotio visum esse cognoscas, ut venerabili fratri nostro H. Remensi archiepiscopo deprecatorias litteras, sicut ex rescripto earum videre poteris, mitteremus, rogantes ut interventu nostro, et tui honoris obtentu, interdictum illud relaxet, donec causa illa in curia ejus, vel etiam ..... Belvacensis episcopi, finem debitum sortiatur. Quod si ipse idem interdictum relaxare noluerit, et id non multum grave sibi fore nobis responderit, nos in eodem negotio juxta preces tuæ sollicitudinis procedemus. Aliter enim minus honestum esset, ut sententiam a tanto viro canonice promulgatam sine ejus conscientia facile solveremus. Si vero usque adeo de ipso fratre nostro [*f. deest* non] confidis, et negotium ipsum plurimum in animo tuo sedet, poteris iterum nobis tuam voluntatem rescribere, et nos desiderium tuum curabimus auctore Domino efficaciter adimplere.

Datum Paris., VII Idus Martii.

CXXXIV.

Ad Henricum Remensem archiepiscopum. — Pro civitate Belvacensi, ut absolvatur a sententia.

(Parisiis, Mart. 9.)
[MARTEN., *Ampl. Collect.*, II, 687.]

ALEXANDER episcopus, servus servorum Dei, venerabili fratri HENRICO Remensium archiepiscopo, salutem et apostolicam benedictionem.

Charissimus in Christo filius noster Ludovicus illustris Francorum rex, frater tuus, suis nobis litteris sollicite supplicavit, ut civitatem Belvacensem a sententia interdicti, quam in eam pro controversia quæ inter duas mulieres, pro domo quadam noscitur agitari, tua discretio promulgavit, præciperemus absolvi. Nos autem fraternitati tuæ potissimum deferentes, absque conscientia tua in eodem negotio non duximus procedendum. Rogamus ergo charitatem tuam, et exhortamur in Domino, ut sententiam illam interventu nostro, et prædicti filii nostri regis obtentu, remittas, donec eadem controversia in tuo vel episcopi Belvacensis judicio finem debitum sortiatur. Quod si tu eamdem sententiam relaxare nolueris, et non multum grave tuleris, si nos ad eam remittendam secundum quod ipse rex desiderat, processerimus, propriis nobis litteris id studeas intimare.

Datum Parisius, VII Idus Martii.

CXXXV.

Privilegium pro monasterio Savigniensi.
(Parisiis, Mart. 10.)
[MARTEN., *Ampl. Collect.*, I, 859.]

ALEXANDER episcopus, servus servorum Dei, dilecto filio WILLELMO Savigniensi abbati, ejusque successoribus regularem vitam professis in perpetuum.

Quoties a nobis illud petitur quod religioni et honestati noscitur convenire, animo nos decet libenti concedere, et petentium desideriis congruum suffragium impertiri. Eapropter, dilecte in Domino fili Wilhelme abbas, ad exemplar sanctæ recordationis patris et prædecessoris nostri Eugenii papæ, tuis justis postulationibus clementer annuimus, et

Savigniense monasterium cui, Deo auctore, præesse dignosceris, sub B. Petri et nostra protectione suscipimus, et præsentis scripti privilegio communimus. In primis siquidem statuentes ut ordo monasticus qui secundum Dei timorem et B. Benedicti Regulam atque institutiones Cisterciensium fratrum tam in præfato monasterio, quam in his quæ sub ipsius potestate et disciplina consistunt, institutus esse dignoscitur, futuris temporibus inviolabiliter conservetur, et ut abbatiæ quæ ad jus tui monasterii pertinere noscuntur, in tua tuorumque successorum obedientia et subjectione permaneant. Quarum nomina duximus exprimenda. Abbatiam de Furnesia, abbatiam de Bufert, abbatiam de Biluwas, abbatiam de Noth, abbatiam de Careia, abbatiam de Strafort, abbatiam de Cogherhala, abbatiam de Basingwer, abbatiam de Cumbremare, abbatiam de Behelande, abbatiam de Suineshenad, abbatiam de Cadrei, et abbatiam insulæ de Man. Has itaque abbatias cum omnibus earum pertinentiis, tibi tuisque successoribus in perpetuum confirmamus. Decernimus ergo. . . . . .

Ego Alexander catholicæ Ecclesiæ episcopus.
Ego Hubaldus Ostiensis episcopus.
Ego Bernardus Portuensis et S. Rufinæ episcopus.
Ego Gualterus Albanensis episcopus.
Ego Hyacinthus diac. card. S. M. in Cosmidin.
Ego Odo diac. card. Sancti Nicolai in Carcere Tulliano.
Ego Ardicio diac. card. Sancti Theodori.
Ego Boso diac. card. Sanctorum Cosmæ et Damiani.
Ego Cynthius diac. card. Sancti Adriani.
Ego Joannes diac. card. S. M. in Porticu.
Ego Manfredus diac. card. S. Georgii ad Velum aureum.
Ego Hubaldus presb. card. S. Crucis in Jerusalem.
Ego Hericus presbyter card. Sanctæ Anastasiæ.
Ego Albertus presb. card. S. Laur. in Lucina.
Ego Guil. S. Petri ad Vincula presb. card.

Datum Parisilis per manum Hermanni, S. Rom. Eccl. subd. et notarii, iv Idus Martii, indict. x Incarn. Dominicæ anno 1162, pontif. vero domni Alexandri papæ III anno iv.

CXXXVI.

Privilegium pro monasterio Sanctæ Mariæ Retortensi.

(Parisiis, Mart. 10.)

[Hugo, Annal. Proœm., II, Pr., p. 428.]

Alexander episcopus, servus servorum Dei, dilectis filiis Sanctio abbati monasterii Beatæ Mariæ de Retorta, ejusque fratribus tam præsentibus quam futuris, regularem vitam professis in perpetuum.

Religiosam vitam eligentibus apostolicum convenit adesse præsidium, ne forte alicujus temeritatis incursus, aut eos a proposito revocet, aut robur (quod absit !) sacræ religionis infringat. Eapropter, dilecti in Domino filii, vestris postulationibus clementer annuimus et monasterium de Retorta in quo divino mancipati estis obsequio, sub beati Petri et nostra protectione suscipimus, et præsentis scripti privilegio communimus, statuentes ut quascunque possessiones, quæcunque bona idem monasterium in præsentiarum juste et canonice possidet, aut in futurum concessione pontificum largitione regum vel principum, oblatione fidelium seu aliis justis modis, Deo præstante, poterit adipisci, firma vobis vestrisque successoribus et illibata permaneant. In quibus hæc propriis duximus exprimenda vocabulis : Quidquid habetis in ecclesia S. Joannis de Sardon, in villa Vacrin; quidquid possidetis in Valleblis; quidquid possidetis in Collar; quidquid possidetis in Pennaflel; quidquid possidetis in Trospinedo; quidquid possidetis in Zorita; quidquid possidetis in S. Cœcilia, et quidquid possidetis in S. Petro de Monte cum omnibus pertinentiis suis. Sepulturam illius loci liberam esse concedimus, ut eorum qui se illic sepeliri deliberaverint, devotioni et extremæ voluntati, nisi excommunicati vel interdicti fuerint, nullus obsistat, salva tamen justitia matricis Ecclesiæ. Decernimus ergo ut nulli omnino hominum liceat præfatum monasterium temere perturbare aut ejus possessiones auferre vel ablatas retinere, minuere, seu quibuslibet vexationibus fatigare, sed illibata omnia et integra conserventur eorum pro quorum gubernatione ac sustentatione concessa sunt, usibus omnimodis profutura, salva nimirum apostolicæ sedis auctoritate et diœcesani episcopi canonica justitia. Si qua igitur in futurum ecclesiastica sæcularisve persona hanc nostræ constitutionis paginam sciens, contra eam temere venire tentaverit, secundo tertiove commonita, nisi præsumptionem suam congrua satisfactione correxerit, potestatis honorisque sui careat dignitate, reamque divino judicio existere de perpetrata iniquitate cognoscat; et a sacratissimo corpore et sanguine Dei et Domini nostri Jesu Christi Redemptoris aliena fiat, atque in extremo examine districtæ subjaceat ultioni. Cunctis autem eidem loco sua jura servantibus sit pax Domini nostri Jesu Christi, quatenus et hic fructum bonæ actionis percipiant, et apud districtum judicem præmia æternæ pacis inveniant. Amen.

Ego Alexander catholicæ Ecclesiæ episcopus.
Ego Hubaldus Ostiensis episcopus.
Ego Bernoldus Portuensis episcopus.
Ego Gualterius Albanensis episcopus.
Ego Hubaldus presb. card. tituli Sanctæ Crucis in Jerusalem.
Ego Henricus presb. card. tit. SS. Nerei et Achillei.
Ego Joannes presb. card. S. Angeli.
Ego Albertus presb. card. tit. S. Laurentii in Lucina.
Ego Hyacinthus diac. card. B. Mariæ in Cosmedin.

Ego Oddo diac. card. S. Nicolai in carcere Tulliano.

Ego Ardicio diac. card. S. Theodori.
Ego Boso diac. card. SS. Cosmæ et Damiani.
Ego Cinthius diac. card. S. Adriani.
Ego Joannes diac. card. S. Mariæ in Porticu.
Ego Manfredus diac. card. S. Georgii ad Velum Aureum.

Datum Parisiis per manum Hermanni sanctæ Romanæ Ecclesiæ subdiaconi et notarii, vi Idus Martii, indict. xii, Incarnat. Dominicæ 1162, pontificatus vero domni Alexandri papæ III, anno iv.

CXXXVII.

Ad Henricum Remensem archiepiscopum. — Pro quadam muliere, ut dos ei restituatur.

(Parisiis, Mart. 11.)

[MARTEN., *Ampl. Collect.*, II, 688.]

ALEXANDER episcopus, servus servorum Dei, venerabili fratri HENRICO Remensium archiepiscopo, salutem et apostolicam benedictionem.

Ex insinuatione M. mulieris præsentium latricis accepimus, quod cum S. archidiaconus, Walterium de Luico interdicti sententia innodasset, pro eo quod donationem propter nuptias, quam vir suus ei fecerat, ipsi abstulerat, Ambianensis episcopus, ipsum interdictum ante satisfactionem exhibitam relaxavit. Unde quoniam ex injuncto nobis officio, universis Christi fidelibus et præsertim viduis et orphanis in sua justitia existimus debitores, fraternitati tuæ per apostolica scripta mandamus, quatenus prædictum Walterium cum omni studeas diligentia convenire, ut vel donationem ab eo injuste detentam præfatæ mulieri cum integritate restituat, vel plenam exinde justitiam ei non differat exhibere. Quod si facere forte contempserit, in eamdem interdicti sententiam præfatum Walterium sub celeritate reducas, nec eum ante dignam satisfactionem absolvi permittas.

Data Parisius, v Idus Martii.

CXXXVIII.

Ad eumaem. — De ecclesia de Rechem cuidam restituenda.

(Parisiis, Mart. 14.)

[*Ibid.*]

ALEXANDER episcopus, servus servorum Dei, venerabili fratri Henrico Remensium archiepiscopo, salutem et apostolicam benedictionem.

Lator præsentium jam secundo ad nos veniens, sua nobis conquestione monstravit, quod cum per Sim. Tornacensem (42*) quondam episcopum, de ecclesia de Rechem investitus canonice fuerit, et eam in diebus suis et Anselmi (43) successoris sui quiete pacificeque possederit; G. [Geraldus] Tornacensis episcopus, qui nunc præest, occasione quarumdam litterarum, quæ a patre et prædecessore nostro piæ recordationis papa Eugenio processerunt, in quibus videlicet continebatur ut donationes ecclesiasticarum rerum a prædicto Simone episcopo factæ in irritum ducerentur, ipsum eadem ecclesia nimis irrationabiliter spoliavit. Unde præfato G. episcopo dedimus in mandatis, ut si verum est quod asseritur, et non esset aliud quod ipsum deberet rationabiliter impedire, eam sibi, nihil illis litteris præjudicantibus, sine molestatione aliqua restitueret : quod quia ipse nondum effectui mancipavit, fraternitati tuæ per apostolica scripta mandamus, quatenus, si ita est, et aliud prout superius diximus ipsum rationabiliter non impediat, tu sibi eamdem ecclesiam, litteris et ejusdem antecessoris nostri nihil præjudicantibus, non differas restituere : sciens quod jam dictus prædecessor noster non de hujusmodi canonicis possessionibus intellexerat, sed de illis, quæ in damnum Ecclesiæ ab eodem episcopo fuerant et fraudem sacrorum canonum impetratæ. Si vero præfatus episcopus aliam contra eum causam prætendit, ipsum ad tuam præsentiam per se, vel per sufficientem responsalem venire facias, et causam ipsam audias et eam debito fine decides.

Datum Parisius, ii Idus Martii.

CXXXIX.

Henrico, Anglorum regi, omnes archiepiscopos et episcopos ad concilium missuro, gratias agit ; sed statuit ut propter hoc ei aut posteris ejus nullum detrimentum vel incommodum debeat provenire, neque, occasione ista, nova consuetudo in regnum ejus possit induci, vel ipsius regni dignitas aliquatenus minorari,

(Parisiis, Mart. 18.)

[RYMER, *Fœdera*, I, 44.]

CXL.

Ad Henricum Remensem archiepiscopum. — Pro Roberto et Gill. presbytero.

(Parisiis, Mart. 18.)

[MARTEN., *Ampl. Collect.*, II, 689.]

ALEXANDER episcopus, servus servorum Dei, venerabili fratri HENRICO Remensium archiepiscopo, salutem et apostolicam benedictionem.

Dilectus filius noster O. Sancti Nicolai in Carcere Tulliano diaconus cardinalis nobis exposuit, quod cum olim in partibus illis legationis officio fungeretur, pro controversia illa quam Gill. sacerdos cum Roberto de Curten. habere dignoscitur, eumdem sacerdotem tertio ad suam præsentiam evocavit, sed ille ipsius se conspectui noluit præsentare. Quia vero idem Robertus diebus istis ad præsentiam nostram accessit, asserens se libenter velle cum eo sub nostro examine judicio stare, fraternitati tuæ per apostolica scripta mandamus,

---

(42*) Simonem S. Quintini custodem, regii sanguinis principem, qui Tornacensem et Noviomensem rexit ecclesias ab anno 1121 ad 1148.

(43) Anselmus ex abbate Laudunensis S. Vincentii monasterii electus primus post restaurationem episcopus. Cui successor datus est Geraldus ex Villariensi abbate factus episcopus, de quo hic Alexander. De eo vide Historiam Villariensis monasterii tom. III Anecdotorum nostrorum.

quatenus præfatum sacerdotem moneas diligentius atque compellas, ut in octavis Paschæ pro eodem negotio nostro se conspectui repræsentet, alioquin nos prætermittere non poterimus quin in causa ipsa secundum justitiam procedamus.

Data Parisius, xv Kal. Aprilis.

CXLI.

Ad Gilbertum episcopum Herefordiensem. — Rogatu Henrici Anglorum regis et Thomæ Cantuar. concedit ut Ecclesiam Londinensem regendam suscipiat. ‹ Si tamen Londinensis Ecclesia hoc unanimiter postulaverit. ›

(Parisiis, Mart. 19.)

[*Gilberti Foliot Epist.*, ed. GILES, I, 192].

ALEXANDER episcopus servus servorum Dei, venerabili fratri G. Herefordiensi episcopo, salutem et apostolicam benedictionem.

Ex litteris charissimi in Christo filii nostri Henrici illustris Anglorum regis, et venerabilis fratris nostri T[homæ] Cantuariensis archiepiscopi, atque ex relatione dilecti filii nostri R. Londoniensis archidiaconi accepimus, quod idem rex desiderat plurimum et requirit, ut tu ad Londoniensem Ecclesiam transferaris, ut in eadem ecclesia curam geras et sollicitudinem pastoralem. Hac utique causa et necessitate nobis ab eodem rege proposita, quod Londoniæ civitas regalis sedes sit, et ipse rex diuturniorem ibidem consueverit et longiorem moram habere, et ibi frequentes baronum ac procerum de toto regno soleant esse conventus. Quanto autem prædicta regia civitas inter alias regni civitates magis est nobilis et famosa, tanto ecclesiam ipsam ab honestiori, et tam in divino quam in humano jure prudentiori præfatus rex regi desiderat et postulat gubernari. Nam cum ipse consilium tibi de animæ suæ salute commiserit, te cum sibi necesse est desiderat habere præsentem. Unde nos ei tanquam charissimo filio nostro per omnia et in omnibus in quibus secundum Deum possumus deservire volentes, et religionem, honestatem et litteraturam tuam diligentius attendentes, voto et proposito ipsius regis in hac parte, si tamen Londoniensis Ecclesia hoc unanimiter postulaverit, duximus annuendum, fraternitati tuæ per apostolica scripta mandantes, quatenus juxta commonitionem prædicti fratris nostri archiepiscopi, ad suscipiendam curam et regimen ipsius ecclesiæ, omni occasione et excusatione postposita, confidenter accedas, ei tam in spiritualibus quam in temporalibus utiliter auxiliante Domino provisurus. Licet namque illius te noverimus religionis et honestatis existere, ut libentius ministrares in minimis, quam famosis et magnis ecclesiis præmineres, non dubites tamen onus assumere, quod ex divinæ dispensationis arbitrio noscitur provenire. Cum enim translationes personarum de una ad aliam ecclesiam absque evidenti et manifesta causa fieri sacrorum canonum inhibeant sanctiones, nos certas necessitates et causas a principe nobis propositas, et ipsius principis votum et desiderium attendentes, translationem ipsam concedimus inspectis quidem utilitatibus, quas per studium tuum præfatæ Londoniensi Ecclesiæ confidimus ex divina gratia proventuras.

Data Parisiis, xiv Kalendas Aprilis.

CXLII.

Capitulo Londinensi significat se Henrico Anglorum regi permisisse ut [Gilbertus] episcopus Herefordensis, Ecclesiæ Londinensi præponeretur, ‹ si tamen, inquit, vos eumdem episcopum unanimiter postulaveritis. ›

(Parisiis, Mart. ?.)

[TWISDEN, *Historiæ Anglicanæ Script.*, I, 534.)

ALEXANDER episcopus, servus servorum Dei, venerabili capitulo Lundoniensi, salutem et apostolicam benedictionem.

Ex litteris charissimi filii nostri Henrici illustris Anglorum regis et venerabilis fratris nostri Thomæ Cantuariensis archiepiscopi, atque ex relatione dilecti filii nostri Radulphi ecclesiæ vestræ archidiaconi accepimus, quod idem rex desiderat plurimum et requirit, quod venerabilis frater noster Herefordensis episcopus ad vestram ecclesiam transferatur, ut in eodem ecclesia curam gerat et sollicitudinem pastoralem. Hac utique causa et necessitate nobis ab eodem rege proposita quod Lundoniensis civitas regalis sedes sit, et ipse rex diuturniorem ibidem consueverit et longiorem moram habere, et ibi frequentes baronum ac procerum de toto regno soleant esse conventus. Quanto autem prædicta regia civitas inter alias regni civitates magis est nobilis et famosa, tanto ecclesiam ipsam ab honestiori et tam in divino quam in humano jure prudentiori præfatus rex regi desiderat et postulat gubernari. Nam cum ipse memorata fratri nostro consilium de animæ suæ salute commiserat, eum cum sibi necesse est desiderat habere præsentem. Unde nos ei tanquam charissimo filio nostro per omnia et in omnibus in quibus secundum Deum possumus deferre volentes, et ejusdem fratris nostri episcopi religionem honestatem, et litteraturam diligentius attendentes, voto et proposito ipsius regis in hac parte, si tamen vos eumdem episcopum unanimiter postulaveritis, duximus annuendum.

CXLIII.

Ad Ludovicum VII Francorum regem. — In vastatores Ecclesiæ Brivatensis.

(Parisiis, Mart. 20.)

[MANSI, *Concil.* XXI, 1000.]

ALEXANDER episcopus, servus servorum Dei, charissimo in Christo filio LUDOVICO illustri Francorum regi, salutem et apostolicam benedictionem.

Ad tuæ sublimitatis notitiam accepimus pervenisse quomodo comites Alverniæ ac vicecomes de Polenniaco villam Brivatensem, quæ tua esse dignoscitur, irreverenter aggressi, ipsam Brivatensem ecclesiam, quæ ad jus B. Petri ac nostrum specialiter pertinet ac tutelam, depopulari non cessant; et domum decani nequiter obsidentes, eam machinis quoad possunt expugnant. Unde nos tantam audaciam relinquere non volentes aliquatenus incorrectam, juxta officii nostri debitum, tam eos quam præpositum et abbatem Brivatensem, qui eos induxerunt, per nostras satagimus litteras ab hujus iniquitatis ausu damnabili revocare : in proposito et voluntate habentes, ut nisi secundum nostra monita resipuerint, quantum ad officium nostrum pertinet, tam in eos, quam in terras eorum graviter vindicemus. Unde magnificentiam tuam rogamus, monemus, et exhortamur in Domino, quatenus tu ipse ad id corrigendum utiliter accingaris : et nisi resipuerint, ad vindicandum in eos studeas omnimodis et labores.

Datum Paris., XIII. Kal. Aprilis.

CXLIV.

Ad Henricum Remensem archiepiscopum. — Pro comite Namurcensi ut uxor, sua ad eum redeat.

(Parisiis, Mart. 22.)

[MARTEN. Collect., II, 690.]

ALEXANDER episcopus, servus servorum Dei, venerabili fratri HENRICO Remensium archiepiscopo, salutem et apostolicam benedictionem.

Dilectus filius noster nobilis vir comes Namurcensis suis nobis litteris intimavit, quod uxor ejus, quam longo tempore quiete et cum Ecclesiæ pace tenuerat, ab eo sine rationabili causa recessit, et de loco ad locum fugiens, ad eum penitus venire contemnit. Cumque propter hoc Cameracensis episcopus de mandato Remensis Ecclesiæ excommunicationis in eam sententiam protulisset, eadem sententia pro eo quod jugiter illa de loco ad locum transfertur, non satis firmiter observatur. Unde fraternitati tuæ per apostolica scripta mandamus, quatenus, si ita est, eamdem mulierem moneas diligentius, et inducas ut infra triginta dies ad virum suum post commonitionem tuam, omni occasione postposita, redeat; et postea, si quam rationabilem causam æstimat superesse, pro qua cum eo non debeat remanere, ad præsentiam tuam veniat, et causam suam in tuo conspectu proponat. Tu vero eamdem causam audias, et debito fine decidas. Si vero a te legitime commonita, ad virum suum redire contempserit, eam excommunicatam denunties, et usque ad condignam satisfactionem, per totam provinciam tuam sicut excommunicatam facias attentius ab omnibus evitari.

Data Parisius, XII Kal. Aprilis.

CXLV.

Privilegium pro parthenone S. Spiritus Paraclitensi.

(Parisiis, April. 6.)

[Opp. Abælardi, p. 354.]

ALEXANDER episcopus, servus servorum Dei, dilectis in Christo filiabus HELOISSÆ abbatissæ, cæterisque sororibus in oratorio sancti Spiritus, quod in pago Trecensi situm est, divino famulatui mancipatis, etc. [Ad nobis, etc., *ut in privilegio Eugenii III (quod vide Patrologiæ t. CLXXX, sub num. 258), usque ad*] loca vero de Triagnello, Leavalle, Neoforto, Sancti Flaviti, quemadmodum vobis rationabiliter concessa sunt, cum universis appendiciis A suis auctoritate vobis apostolica confirmamus, etc.

Datum Parisius, per manum Hermanni sanctæ Romanæ Ecclesiæ subdiaconi et notarii, VIII Id. Aprilis, ind. x, Incarnationis Dominicæ anno 1163, pontificatus vero domni Alexandri papæ III, anno IV.

CXLVI.

Ad Stephanum abbatem Mortuimaris. — Hujus monasterii privilegia confirmat. (Fragmentum).

(Parisiis, April. 12.)

[*Neustria pia*, p. 780.]

Quoties illud a nobis petitur, etc.

Datum Parisiis, per manum Hermanni S. R. E. subdiaconi et notarii, II Idus April., ind. x, Incarnationis Dominicæ an. 1163, pontificatus nostri anno IV.

CXLVII.

Secunda dedicatio basilicæ S. Germani a Pratis per Alexandrum papam III.

(Parisiis, April. 21.)

[*Gall. Christ. nov.*, VII, 71.]

Anno ab Incarnatione Domini 1163. Alexander papa III, Parisiensem civitatem ingressus per aliquod tempus ibidem moras fecit, dumque in eadem urbe moraretur, ego Hugo III, Dei gratia abbas S. Germani Parisiensis, accedens ad ejus præsentiam humiliter exoravi cum, quatenus ecclesiam Beati Germani novo schemate reparatam, quia necdum consecrata est, dignitate consecrationis insignire dignaretur; at idem reverentissimus papa Alexander precibus nostris gratanter annuens, undecimo Kal. Maii ad prædictam ecclesiam venit magna pontificum et cardinalium frequentia comitatus. Quorum unus fuit Mauricius Parisiensis episcopus. Quem monachi ejusdem ecclesiæ videntes, et ob ejus præsentiam nimium perturbati, dixerunt se nullatenus passuros quod consecratio ecclesiæ fieret, dum prædictus Mauricius episcopus præsens adesset. Unde dominus papa, audita et cognita monachorum perturbatione, convocavit ad se dominum Jacinthum diaconum cardinalem Sanctæ Mariæ in Cosmedin, et dominum Othonem diaconum cardinalem Sancti Nicolai de Carcere Tulliano, dominum quoque Willelmus presbyterum cardinalem S. Petri ad Vincula. Quibus accersitis præcipit ut supradictum Mauricium episcopum cirvenientes, monachorum commotionem diligenter notificarent, et ex ipsius mandato eidem præciperent quod ab ecclesia discederet, alioquin monachi consecrationem fieri omnimodis refutarent; at ille, audito domini papæ mandato, cum omni ornatu et vestimentis quæ secum detulerat, ab ecclesia recessit. Post cujus abcessum dominus Hubaldus Ostiensis, Bernardus Portuensis, Galtherius Albanensis, Johannes Signiensis, Geraudus Caturcensis, Almaricus Silvanectensis episcopi : et de Hispania Joannes Toletanus archiepiscopus, et Hispaniarum primas, Fellandus Asturicensis, Johannes Legioncasis, Stephanus

Zamorensis, Johannes Lucensis, Assuerus Caurien-sis, Petrus Migdonensis episcopi, præcipiente domino papa ecclesiam de foris in circuitu ter, et de intus similiter circum lustrantes, et aqua benedicta, sicut mos est, aspergentes, eam honorificentissime, prout decebat, dedicaverunt. Deinde dominus papa Alexander majus altare in honore sanctæ Crucis et sanctorum martyrum Stephani atque Vincentii solemniter consecravit, et in medio crucem de oleo sancto imposuit, circumstantibus ad quatuor cornua ejusdem altaris quatuor de supradictis pontificibus, quorum unusquisque crucem de oleo sancto in loco suo similiter imposuerunt. Dominus autem papa reliquias intra altare posuit, et accepto instrumento, quod vulgo truella vocatur, easdem cæmento intro sigillavit. Quo peracto, dominus Hubaudus Ostiensis episcopus, et tres episcopi pariter, altare matutinale in honore sanctissimi confessoris Germani consecraverunt. Interim Dominus papa Alexander ad pratum, quod est juxta monasterii muros, cum solemni processione procedens, ad populum sermonem fecit, et coram omnibus astantibus publice protestatus est, quod ecclesia Sancti Germani de Pratis de proprio jure beati Petri existens, nulli archiepiscopo vel episcopo, nisi summo pontifici sanctæ Romanæ Ecclesiæ subjaceat.

His interfuerunt cardinales, quorum subscripta sunt nomina.

Hubaudus presbyter cardinalis tituli sanctæ Crucis in Hierusalem.

Henricus presbyter cardinalis tituli Sanctorum Nerei et Achillei.

Joannes presbyter cardinalis tituli sanctæ Anastasiæ.

Albericus presbyter cardinalis tituli Sancti Laurentii in Lucina.

Guillelmus presbyter cardinalis tituli Sancti Petri ad vincula.

Jacinthus diaconus cardinalis Sanctæ Mariæ in Cosmedin.

Oddo diaconus cardinalis Sancti Nicolai in carcere Tulliano.

Arditio diaconus cardinalis Sancti Theodori.

Boso diaconus cardinalis sanctorum Cosmæ et Damiani.

Cinthius diaconus cardinalis S. Adriani. V. Agrippæ.

Petrus diaconus cardinalis S. Eustachii juxta templum.

Manfredus diaconus cardinalis S. Georgii ad Velum Aureum.

Ego Hugo abbas S. Germani de Pratis tertius, testificor hanc consecrationem meo instinctu sic peractam fuisse, et ideo ad certitudinem præsentium et futurorum eamdem scripto commendavi, et sigillo meo corroboravi.

Scellées d'un scel de cire sur double queue.

CXLVIII.

Privilegium pro ecclesia S. Mariæ Herivallensi.
(Parisiis, April. 22.)
[*Gal. Christ., nov.*, VII, col. 273.]

ALEXANDER episcopus servus servorum Dei, dilectis filiis RADULPHO priori ecclesiæ B. Mariæ de Herivalle, ejusque fratribus, tam præsentibus quam futuris, regularem vitam professis in perpetuum, etc.

Eapropter, dilecti in Domino filii, vestris justis postulationibus clementer annuimus, et præfatam ecclesiam in qua divino mancipati estis obsequio, sub B. Petri et nostra protectione suscipimus, et præsentis scripti privilegio communimus, statuentes, ut quaslibet possessiones, quæcunque bona eadem ecclesia impræsentiarum juste et canonice possidet, aut in futurum concessione pontificum, largitione regum vel principum, oblatione fidelium, seu aliis justis modis Deo propitio poterit adipisci, firma vobis, vestrisque successoribus et illibata permaneant, in quibus hæc propriis duximus exprimenda vocabulis; ex dono videlicet Rainaldi Clarimontis, et Matthæi comitis Bellimontis, Heri vallem et nemus, ac planum eidem loco circumadjacens, quantum vos et successores vestri suis sumptibus et animalibus excolere poterunt, ab omni sæculari exactione liberum penitus et absolutum; ex dono Odonis Apri, duos sextarios frumenti annuatim in molendino Forti, et quod in eodem molendino fratres hujus loci statim post primum molitorem, et quantum ad fratrum sufficientiam oportuerit, semper absque molitura molant; ex dono Rainaldi comitis tres sextarios frumenti, et tres mixturæ in molendino Coya; ex dono Ascelini militis unum sextarium frumenti de domo ejus de Fossis annuatim, quicumque eam possederit; ex dono Giraldi de Atrio unam minam annonæ de allodio de Compens, qualiscumque annona ibi creverit, etc.

Ego Alexander catholicæ Ecclesiæ episcopus.

Hubaldus cardinalis tit. S. Crucis in Hierusalem.

Albertus card. S. Laurentii in Lucina.

Guillelmus tituli S. Petri ad Vincula presbyter cardinalis, etc.

Datum Parisiis per manum Hermanni sanctæ Romanæ Ecclesiæ subdiaconi et notarii, x Kalendas Maii, indictione x, anno 1163, pontificatus Alexandri anno IV.

CXLIX.

Ad Henricum Remensem archiepiscopum. — De negotio episcopi Atrebatensis.
(Parisiis, April. 23.)
[MARTEN. *Collect.*, II, 1010.]

ALEXANDER, etc.

Sicut nuper fraternitati tuæ tam viva voce quam litteris exposuimus, venerabili fratri nostro [Godescalco] Atrebatensi episcopo episcopalis dignitatis sollicitudinem deponenti, tria altaria, videlicet de

Monci, de Remcort et de Mirelmont, ad necessariam vitæ sustentationem concedere et auctoritate apostolica curavimus confirmare. Unde volumus penitus et tuæ fraternitati mandamus quatenus id quantum in te est firmiter facias et inviolabiliter observari.

Datum Parisius, ix kal. Maii.

CL.

Ecclesiæ S. Genovefæ Parisiensis bona et jura confirmat.

(Parisiis, April. 24.)

[*Gall. Christ. nov.*, VII, 241.]

ALEXANDER episcopus, servus servorum Dei, dilecto filio ALBERTO abbati ecclesiæ S. Genovefæ quæ secus Parisios sita est, ejusque successoribus canonice substituendis in perpetuum.

Dominus sapientia fundavit terram, ipse super maria fundavit eam, super flumina præparavit illam; hinc est quod Ecclesiæ dispositio quam terræ nomine Propheta commemorat, nullis hostium incursibus, nulla temporum diuturnitate convellitur, firmum enim Domini fundamentum stat et sine poenitentia sunt dona et vocatio Dei. Hac fundatione, hoc dono sancta Romana et apostolica Ecclesia sic universis per orbem terrarum ecclesiis præeminet, ut potestate divina, non terrena solum sed et coelestia judicet atque disponat. Hujus nimirum potestatis locum licet immeriti vicemque tenentes, sic ecclesiastica cogimur negotia dispensare, ut Dei ubique honor et hominum salus et Ecclesiæ dignitas provideatur. Hoc itaque rationis debito provocatus, prædecessor noster sanctæ recordationis Eugenius papa prædictam S. Genovefæ ecclesiam, in qua olim clerici sæculares enormiter et minus honeste fuerant conversati, ad reformandum in ea statum honestatis et religionis Odoni prædecessori tuo regendam disponendamque commisit, et scripti sui privilegio communivit. Unde nos ad exemplar prædecessoris nostri eamdem concessionem ratam et firmam habemus, et eam præsentis scripti pagina confirmamus. In primis siquidem statuentes ut ordo canonicus, qui secundum Deum et B. Augustini Regulam per præfatum antecessorem nostrum et studium charissimi filii nostri Ludovici Francorum regis noscitur institutus, perpetuis ibidem temporibus inviolabiliter conservetur. Præterea quascunque possessiones, quæcunque bona eadem ecclesia in præsentiarum juste et canonice possidet, aut in futurum concessione pontificum, largitione regum vel principum, oblatione fidelium seu aliis justis modis Deo propitio poterit adipisci, firma tibi tuisque successoribus in perpetuum et illibata permaneant, in quibus hæc propriis duximus exprimenda vocabulis.

Burgum Sanctæ Genovefæ (44) a domo Bartholomæi usque ad pontem S. Medardi, et usque ad stratam regiam (45) juxta ecclesiam S. Stephani (46) cum omnibus justitiis et liberalibus. Villam sancti Medardi et ecclesiam cum omnibus justitiis ejusdem villæ. Rungiacum (47) cum omni justitia quæ ad ipsum pertinet. Spinolium (48) cum ecclesia et omnibus pertinentis et justitiis ejusdem villæ. Apud Dravernum (49) possessiones quas ibi habetis cum pertinentiis suis. Apud S. Germanum super Scolam (50) possessiones cum pertinentiis suis. Jauciniacum (51) cum omnibus justitiis suis et ecclesiam ejusdem villæ. Apud Magniacum (52) terras et nemora cum omnibus justitiis. Apud Ebeliacum (53) terras et capitalia. Apud Trejectum (54) capitalia tam virorum, quam mulierum. Apud Charmentrium (55) possessiones et capitalia virorum et mulierum. Item viros et mulieres quos Meldis habetis, Lysiaci (56) Mareoli (57) et in omni circum adjacente territorio. Apud Firmitatem (58) Milonis, de Turre v solidos et obolum et decimas et capitalia multorum virorum et mulierum in vicinia illa, et ecclesiam Sancti Vedasti. Marisiacum (59) cum ecclesia Sanctæ Genovefæ, nemoribus, pratis et omnibus pertinentiis ejusdem villæ. Apud Palacio-

---

(44) Burgum S. Genov. complectitur Garanellas, *Grenelles*, ubi primum terræ dumis obsitæ, ex veteri charta : « Habet ecclesia S. Genov. terras apud Garanellas, quas propriis sumptibus ac laboribus canonici faciunt excolere. » Hic locus intra parochiam S. Stephani est.

(45) Strata regia, platea est S. Jacobi.

(46) Ecclesia Sancti Stephani, parochia est Sancti Stephani de Gressibus.

(47) Rungiacum, *Rungy*, prope Parisios, vicus ab aquis notissimus.

(48) Spinolium, *Epinay*, subtus *Sennart*, in quo etiam continetur Quinciacum.

(49) Dravernum, *Draveil*, prædium diœc. Paris. datum a Dagoberto rege, intra quod *Champrosay*.

(50) S. Germanus super Scolam, *Saint-Germain-sur-Ecole*, diœcesis Senon. prope *Cely*, terra Christophoro de Thou principi senatus Parisiensis alienata propter pecuniarum subsidium.

(51) Jauciniacum, *Jossigny*, diœcesis Parisiensis.

(52) Magniacum, *Magny-le-Hongre*, diœcesis Meldensis, cujus parochiæ Sancta Genovefa titularis est.

(53) Ebeliacum, *Ebly*, diœcesis Meldensis.

(54) Trejectum, *Tri-le-Bardou*, diœc. Meldensis, cujus ecclesiæ pertinentis ad collationem abbatiæ S. Faronis S. Genovefa titularis est, ad quam nono sæculo ipsius sanctæ corpus delatum est.

(55) Charmentrium, *Charmentré*, diœcesis Meldensis, cujus parochia ad abbatiæ S. Faronis patronatum spectat.

(56) Lysiacum, *Lysi*, diœcesis Meldensis, cujus ecclesiæ curam episcopus Meldensis anno 1269 regularibus S. Genovefæ canonicis commisit.

(57) Mareolum, *Mareuil-la-Ferté*, diœcesis Meldensis, cujus ecclesiæ ad præsentationem prioris S. Celiniæ sanctus Martinus titularis erat jam sæculo ix quo illuc delatæ sunt sanctæ Genovefæ reliquiæ.

(58) Firmitas Milonis, *la Ferté-Milon*, diœcesis Suession.

(59) Marisiacum, *Marisy*, diœc. Suession. Ejus patrona sancta Genovefa, cujus corpus illuc sæculo ix deportatum est.

lum (60) et Ebarliacum (61) terras et capitalia, decimas et campipartes. Apud Atheias (62) decimas et de unaquaque domo obolum. Apud Balneolum (63) et Fontanetum, terras et nemora et prata, molendinum Beveris (64). Apud Vanvas (65) ecclesiam, terras, vineas et capitalia cum omni justitia quæ ad terras vestras pertinet. Sosyacum (66) et ecclesiam ejusdem villæ. Triarnum (67) cum nemore et terra adjacente. Capellam Galiæ (68) cum porprisio suo, stagno, molendino. Decima apud Malum-nidum (69) et v arpenni vineæ apud Marliacum (70) et stagnum quod Bartholomæus pilosus vobis in eleemosynam dedit. Nannetodorum (71) cum ecclesia ejusdem villæ, possessionibus et capitalibus multorum. Apud Autolium (72) terras, vineas et capitalia et totam justitiam terræ quam ibi habetis. Rodoniacum (73) cum ecclesia ejusdem villæ, capitalibus, justitiis et omnibus pertinentiis suis. Apud Canaverias (74) terras, vineas et capitalia. Borretum (75) et aquam ejusdem villæ cum omnibus pertinentiis suis. Apud Tertiam (76) terram et sensus, decimas et campipartes. Apud Baernum (77) terram cum decimis et campipartibus et justitiis. Apud Borrencum (78) trans aquam, terras et prata, campipartes, census et capitalia. Præbendam unam in ecclesia beatæ Mariæ Parisiensis. Parisiis intra civitatem et extra, domos, census et capitala multorum. Apud Yvriacum (79) et Vitriacum terras, vineas, census et capitalia. Apud Villam Judæorum (80) terras, decimas et campipartes. Apud castrum Miledunum in monte S. Petri decimas annonæ et vini; item v solidos quos monachi S. Pharonis annuatim vobis reddunt de ecclesia quæ est apud Trejectum. Apud Corbolium IV solidos de ecclesia sancti Exuperii. De sub Castro forti molendinum de Bucelini villa (81). Apud Curiam Petræ (82) et Joviniacum (83) terras, prata, census et nemora. Parisiis sub parvo ponte molendinum unum. Census et decimas de quadam terra apud Pontem petrinum (84). Apud Telletum (85) juxta castrum de Lauduno terras, capitalia et census. Apud Sanctum Nonnum (86) terras, decimas et campipartes. Apud Sosyacum (87) juxta Corbolium terras et census. Apud Boscum regis (88) terras et redditus.

Libertatem quoque sive auctoritatem a prædecessoribus nostris Romanis pontificibus eidem ecclesiæ indultam atque immunitatem a Francorum regibus loco ipsi concessam, et eorum scriptis firmatam, vobis auctoritate apostolica pariter confirmamus. Nec alicui Francorum regi seu principi Parisiensem urbem tenenti liceat eamdem ecclesiam cuiquam in beneficium tradere vel aliquo commutationis genere a regio patrocinio alienare, ut semper in canonicali religione per Dei gratiam persistentes ejusdem ecclesiæ canonici cum patrocinio regio etiam sedis apostolicæ tuitione congaudeant. Claustrum vestrum in ea quam hactenus habuit libertate servetur.

Prohibemus quoque ut nulli post factam in eodem loco professionem absque abbatis sui licentia liceat de claustro discedere, discedentem vero nullus audeat retinere. Constituimus etiam ut nulli archiepiscopo vel episcopo nisi tantum Romano pontifici ecclesia ipsa subjaceat. Chrisma vero, oleum sanctum, consecrationes altarium seu basilicarum, or-

(60) Palaciolum, *Palayseau*, diœcesis Parisiensis.
(61) Ebarliacum, in authentico Challiacum, *Chilly*, prope Palaciolum.
(62) Atheiæ, *Athys*, diœcesis Parisiensis.
(63) Balneolum, *Bagneux*, prope Fontanetum ad Rosas, *Fontenay-aux-Roses*, diœcesis Parisiensis.
(64) Molendinum Beveris, *Moulin sur la rivière de Bièvre*, qui fluviolus propter Fontanetum ad Rosas fluit.
(65) Vanvæ. *Vanves*, prope Parisios.
(66) Sosyacum, *Choisy-aux-Bœufs*, diœcesis Carnot. parochia quondam intra fines majoris Versaliarum saltus, modo destructa; vide Steph. Tornac. epist. CXVIII.
(67) Triarnum, *Trianon*, vicus destructus, ubi nunc regale palatium
(68) Galia, *Galy*, terra sita prope Sosiacum, vendita Ludovico XIV seu commutata pro dominio de Ver diœc. Silvanectensis, quod ideo nomen habet *Ver-de-Galy*.
(69) Malus-Nidus, *Maulny*.
(70) Marliacum, *Marly-le-Roy*, diœcesis Parisiensis.
(71) Nannetodorum, *Nanterre*.
(72) Autolium, *Auteuil*.
(73) Rodoniacum, *Rosny-sous-Vincennes*, per quem locum nono sæculo S. Genovefæ corpus relatum est Parisios.
(74) Canaveriæ, *Chenevières*, super Matronam prope Campinjacum et S. Maurum.
(75) Borretum, *Borrest*, prope Silvanectum. Vide Stephani Tornac. epist. 129.
(76) Tertia, seu potius Tertium, parochia diœcesis Silvanect. ubi vetustissima est capella S. Genovefæ, dicta de Buxo jam ante annum 1200.
(77) Baernum, *Baerne*, prope *Montespillouer*, diœc. Silvanect. Nonnisi villa esse debet, in qua capella erat, quales antiquitus erant in plerisque S. Genovefæ prædiis.
(78) Borrencum, *Borrane*, diœcesis Bellovac. prope abbatiam Regalis montis tribus Silvanecto leucis.
(79) Ivriacum et Vitriacum, *Ivry et Vitry*, prope Parisios.
(80) Villa Judæorum, *Villejuif*, prope Parisios; quod ibi possidebat abbatia, feodus S. Genovefæ appellabatur.
(81) Bucelinivilla, *Boussinville*.
(82) Curia Petræ, *Courpierre*, prope *Giffum*.
(83) Joviniacum, *Guigny*, prope *Orley*.
(84) Pons petrinus, *Pontperrin*, prope Parisios circa Villulam, a quo certum territorium nomen habebat.
(85) Telletum, *Tiloy*, prope Castrum Nantonis, *Château-Landon*, diœcesis Senonensis.
(86) S. Nonnus, *Saint-Non*, diœcesis Parisiensis.
(87) Sosiacum, *Soisy*, prope Corbolium, diœcesis Paris.
(88) Boscus regis, *Bois-le-Roy*, seu *Balleroy*, diœcesis Senon.

dinationes clericorum qui ad sacros ordines fuerint promovendi, a quocumque malueritis, suscipietis episcopo, si quidem catholicus fuerit et gratiam atque communionem apostolicæ sedis habuerit. Obeunte vero te nunc ejusdem loci abbate vel tuorum quolibet successorum, nullus ibi qualibet subreptionis astutia seu violentia præponatur, nisi quem fratres communi consensu, vel fratrum pars consilii sanioris secundum Dei timorem et B. Augustini Regulam providerint eligendum. Et quia volumus laboribus et expensis, ecclesiæ vestræ prompta benignitate succurrentes consulere, constituimus electus vester ad quemcumque catholicum episcopum voluerit, benedictionis gratiam consecuturus accedat, vel si maluerit juxta quod in aliis privilegiis vestris continetur, liberum sit ei ad Romanum pontificem, ut ab eo munus benedictionis accipiat, accedere. Decernimus ergo ut nulli omnino hominum, etc.

Ego Alexander Catholicæ Ecclesiæ episcopus.

Ego Bernardus Portuensis et S. Rufinæ episcopus.

Ego Gualterus Albanensis episcopus.

Ego Hubaldus presbyter cardinalis S. Crucis in Jerusalem.

Ego Henricus presbyter card. tit. SS. Nerei et Achillei.

Ego Johannes presbyter cardinalis tituli S. Anastasiæ.

Ego Albertus presbyter card. tit. S. Laurentii in Lucina.

Ego Guillelmus presbyter card. S. Petri ad Vincula.

Ego Hyacinthus diac. card. S. Mariæ in Cosmedin.

Ego Odo diaconus cardinalis S. Nicolai in Carcere.

Ego Arditio diaconus cardinalis Sancti Theodori.

Ego Cinthius diaconus card. S. Georgii ad Velum Aureum.

Datum Paris. per manum Hermanni sanctæ Romanæ Ecclesiæ subdiaconi et notarii, VIII Kal. Maii, Incarnationis Dominicæ anno 1165, pontificatus vero domini Alexandri papæ III anno IV.

CLI.
Privilegium pro ecclesia Gerberodensi.
(Parisiis, April. 25.)

[PILLET, *Hist. de Gerberoy*, Pr., p. 332.]

ALEXANDER episcopus, servus servorum Dei, dilectis filiis canonicis Ecclesiæ Gerboredi, tam præsentibus quam futuris (canonice) intrantibus, in perpetuum.

Quoties illud a nobis petitur quod religioni et honestate convenire dignoscitur, animo nos decet libenti concedere et petentium desideriis congruum impertiri consensum. Eapropter dilecti in Domino filii, justis postulationibus clementer annuimus, et præfatam ecclesiam in qua divino mancipati estis obsequio, sub B. Petri, et nostra protectione suscipimus, et præsentis scripti privilegio communimus; statuentes ut quascunque possessiones, quæcunque bona eadem Ecclesia in præsentiarum juste et canonice possidet, aut in futurum concessione pontificum, largitione regum, vel principum, oblatione fidelium, seu aliis justis modis, præstante Domino, poterit adipisci, firma vobis vestrisque successoribus et illibata permaneant. In quibus hæc propriis duximus exprimenda vocabulis : ecclesiam de Rotumgio cum decima magna et minuta, et omnibus ejus appendiciis; ecclesiam de Hausseio et de Curcellis, ecclesiam de Hericourt; altare de Lodosiis; medietatem decimæ de Collengnies; decimam de Tuileto; tertiam partem de sancti Dionysii curte, ecclesias de Vuambasio, de Capella, de Sullis, de Sancto Sanctone, et de Sancto Audoeno. Justitiam quam habetis in atrio apud Sonjons, et apud Acceium et apud villam quæ dicitur Uns, apud Senentes, et apud Vuardes; in villa Braii et apud Curleium; decimam quoque conductus pedagii, transitus apud Sonjons et Uns, et fossam ferrariam in Sabiniis. Ad hæc libertatem illam quam bonæ memoriæ Vuido quondam Belvacensis episcopus canonicis vobis et ecclesiæ vestræ concessit, et scripti sui pagina confirmavit, nosne a statu suo temerario alicujus incursu, processu temporis moveatur, auctoritate apostolica confirmamus.

Præsenti etiam decreto statuimus ut nullus unquam habeat in ecclesia vestra præbendam nisi is qui ei per suam præsentiam voluerit deservire. Capellanum itidem vice domini, qui pro tempore fuerit, nisi ab officio capellaniæ omnino destiterit, capellam aut præbendam ecclesiæ vestræ, simul cum capellania illa prohibemus habere. Adjicimus præterea et auctoritate apostolica interdicimus ut præbendæ vestræ non dividantur, sed in sua omni tempore integritate permaneant.

Decrevimus ergo ut nulli omnino hominum liceat supradictam ecclesiam temere perturbare, aut ejus possessiones auferre, vel ablatas retinere, minuere, seu aliquibus vexationibus fatigare, sed illibata omnia et integra conserventur eorum pro quorum gubernatione et sustentatione concessa sunt, usibus omni modis profutura. Prohibemus quoque ut nullus unquam audeat ecclesiæ vestræ aut capellanis ipsius novas vel indebitas exactiones imponere, vel personas vestras aliquibus illicitis præceptionibus et servitiis aggravare, salva apostolicæ sedis auctoritate, et diœcesani episcopi canonica justitia. Ad indicium autem perceptæ hujus ab Ecclesia Romana protectionis, unum bisantium nobis, nostrisque successoribus annis singulis persolvetis.

Si qua igitur in futurum ecclesiastica sæcularisve persona hanc nostræ constitutionis paginam sciens, contra eam temere venire tentaverit secundo tertiove commonita, si non satisfactione congrua emendaverit, potestatis honorisque sui dignitate careat, reamque se divino judicio existere de perpetrata iniquitate cognoscat, et a sacratissimo corpore et sanguine Dei et Domini Redemptoris nostri Jesu Christi aliena fiat, atque in extremo examine districtæ ultioni subjaceat. Cunctis autem eidem loco sua jura servantibus sit pax Domini nostri Jesu Christi, quatenus et hic fructum bonæ actionis percipiant, et apud districtum judicem præmia æternæ pacis inveniant. Amen.

Ego Alexander Catholicæ Ecclesiæ episcopus.

Ego Hubaldus Ostiensis episcopus.

Ego Bernardus Portuensis et Sanctæ Rufinæ episcopus.

Ego Gualterus Albanensis episcopus.

Ergo Hubaldus presbyter cardinalis tit. Sanctæ Crucis in Jerusalem.

Ego Henricus presbyter cardinalis tit. Sanctorum Nerei et Achillæi.

Ego Joannes presbyter cardinalis tit. Sanctæ Anastasiæ.

Ego Albertus presbyter cardinalis tit. Sancti Laurentii in Lucina.

Ego Guillelmus presbyter cardinalis tit. S. Petri ad Vincula.

Ego Hyacinthus diaconus cardinalis S. Mariæ in Cosmedin.

Ego Odo diaconus cardinalis S. Nicolai in carcere Tulliano.

Ego Ardicio diaconus cardinalis Sancti Theodori.

Ego Cinthius diac. cardinalis Sancti Adriani.

Ego Manfredus diac. card. Santi Georgii ad Velum Aureum.

Datum Parisiis per manum Hermanni S. Romanæ Ecclesiæ subdiaconi et notarii, VII Kalend. Maii, indictione XI, Incarnationis Dominicæ anno 1163, pontificatus vero domni Alexandri papæ tertii anno quarto.

CLII
Privilegium pro ecclesia S. Petri Duacensi.
(Carnoti, April. 29.)
[MIRÆUS, *Opp. Diplom.*, III, 51.]

ALEXANDER episcopus, servus servorum Dei, dilecto filio HUGONIS præpositi ecclesiæ S. Petri Duacensis, ejusque fratribus tam præsentibus quam futuris canonice intrantibus in perpetuum.

Sicut injusta petentibus nullus est tribuendus assensus, ita et justa postulantium non est differenda petitio. Eapropter dilecti in Domino filii, vestris justis postulationibus clementer annuimus et præfatam S. Petri ecclesiam, in qua divino mancipati estis obsequio, sub B. Petri et nostra protectione suscipimus, et præsentis scripti patrocinio communimus; statuentes ut quascunque possessiones, quæcunque bona eadem ecclesia in præsentiarum juste et canonice possidet aut in futurum concessione pontificum, largitione regum vel principum, oblatione fidelium, seu aliis justis modis, præstante Domino, poterit adipisci, firma vobis vestrisque successoribus et illibata permaneant; in quibus hæc propriis duximus exprimenda vocabulis.

Ex dono Roberti quondam Atrebatensis episcopi, altare de Marcha-Gotranni, ad usus canonicorum inibi Deo servientium; salvo in omnibus jure episcopi et ministrorum ejus. Ex dono ejusdem altare Sanctæ Rictrudis de Wasers, cum dotibus suis, ad usus eorumdem canonicorum, ita liberum et absolutum, sicut ipse vobis concessit; salvis in omnibus redditibus episcopi, et consuetudinibus archidiaconi et ministrorum ejus. Presbytero vero loci illius defuncto, sive rationabiliter inde remoto, vestram erit alium providere idoneum presbyterum, et Atrabatensi episcopo præsentare, cui professionem faciat et obedientiam promittat. Omnes decimas parochiæ vestræ et omnes oblationes quas Gerardus Cameracensis quondam episcopus ad usus canonicorum ecclesiæ vestræ concessit dum adhuc Cameracensis et Atrebatensis episcopatus conjuncti essent; ea scilicet conditione, ut ipsam ecclesiam vestram et res ejus nulla unquam regat laica persona; sed solummodo eam provideat præpositus, qui clericus sit, et in præbendis locandis curam agens, et in cæteris rebus ipsius ecclesiæ ordinandis. Liberam quoque, et ab omnibus obsoniis omnisque censuali respectu absolutam, præfatam ecclesiam manere volumus, sicut idem episcopus statuit: salva tantum sicut in aliis abbatiis, Atrebatensis episcopi justitia.

Ex dono memorati Roberti Atrebatensis quondam episcopi, altaria et ecclesias Sancti Martini de Sin, et Sancti Remigii de Marca cum dotibus et appendiciis suis ad usus canonicorum ibidem Deo servientium (remota per eumdem episcopum omni venalitate et turpis lucri exactione), ita libera jure perpetuo possidenda, sicut ea vobis rationabiliter ipse concessit, salvis in omnibus cathedraticis reddittibus episcopi, et consuetudinibus archidiaconi et ministrorum ejus. Presbytero vero de quolibet loco prædicto defuncto, sive rationabiliter inde remoto alium idoneum presbyterum Atrebatensi episcopo præsentetis, cui professionem faciat et obedientiam promittat; et sic in populo Dei curam gerendam de manu episcopi gratis accipiat.

Aliqui tamen vestrum singulis annis Atrabatensi synodo studeant interesse; nisi forte benevolentia episcopi fuerint relaxati.

Duas capellas Beatæ Mariæ in suburbio Duacensi liberas et absolutas, sicut ecclesia vestra hactenus noscitur rationabiliter possedisse.

De præbendis quoque mutandis, quæ de bonis Roberti præpositi, Simonis et Girardi, in ecclesia vestra sunt rationabiliter institutæ, quorumlibet laicorum assensus contra ipsius Ecclesiæ consuetudinem nullatenus admittatur.

Decernimus ergo ut nulli omnino hominum liceat præfatam ecclesiam temere perturbare, aut ejus possessiones auferre, vel ablatas retinere, minuere, seu quibuslibet vexationibus fatigare; sed illibata omnia et integra conserventur eorum pro quorum gubernatione et sustentatione concessa sunt, usibus omnimodis profutura, salva sedis apostolicæ auctoritate, et diœcesani episcopi canonica justitia.

Si qua igitur in futurum ecclesiastica sæcularisve persona hanc nostræ constitutionis paginam sciens, contra eam temere tentaverit, secundo tertiove commonita, nisi præsumptionem suam congrua satisfactione correxerit, potestatis honorisque sui dignitate careat, reamque se divino judicio existere de perpetrata iniquitate cognoscat, et a sacratissimo corpore ac sanguine Dei et Domini Redemptoris nostri Jesu Christi aliena fiat, atque in extremo examine districtæ ultioni subjaceat. Cunctis autem eidem loco jura sua servantibus sit pax Domini nostri Jesu Christi, quatenus et hic fructum bonæ actionis percipiant, et apud districtum judicem, præmia æternæ pacis inveniant. Amen, amen.

Ego Alexander Catholicæ Ecclesiæ episcopus.

Ego Hubaldus Ostiensis episcopus.

Ego Bernardus Portuensis et S. Ruffinæ episcopus.

Ego Gualterius Albanensis episcopus.

Ego Hubaldus presbyter cardinalis titulo Sanctæ Crucis et Jerusalem.

Ego Henricus presbyter cardinalis tit. SS. Nerei et Achillei.

Ego Joannes presbyter cardinalis tit. Sanctæ Anastasiæ.

Ego Albertus presbyter cardinalis Sancti Laurentii in Lucina.

Ego Guillelmus titulo S. Petri ad Vincula presbyter cardinalis.

Ego Hyacinthus, diaconus cardinalis S. Mariæ in Cosmedin.

Ego Ado, diaconus cardinalis S. Nicolai in Carcere Tulliano.

Ego Ardicio, diaconus cardinalis Sancti Theodori.

Ego Boso diaconus cardinalis Sanctorum Cosmæ et Damiani.

Ego Cinthius diac. card. Sancti Adriani.

Ego Joannes diaconus cardinalis S. Mariæ in Porticu.

Ego Manfredus, diaconus cardinalis S. Georgii ad Velum Aureum.

Datum Carnoti per manum Hermanni sanctæ Romanæ Ecclesiæ subdiaconi et notarii, III Kal. Mai, indictione XI; Incarnationis Dominicæ anno 1163, pontificatus vero domni Alexandri papæ III, anno IV.

CLIII.
Privilegium pro Ecclesia Legionensi.
(Turoni, Maii 16.)
[Florez, *Esp. sagrada*, XXXV, 421.]

Alexander episcopus, servus servorum Dei, venerabili fratri Joanni Legionensi episcopo, ejusque successoribus canonice instituendis in perpetuum.

Ad sedem apostolicam quasi ad caput et matrem omnium in gravioribus negotiis recurrendum ecclesiastica sanxit auctoritas. Ipsa enim maternæ charitatis visceribus novit oppressis filiis subvenire, et sic sua defendere, ut curet aliis etiam competentia jura servare. Tuas igitur et Ecclesiæ tuæ preces, venerabilis in Christo frater Joannes, Legionensis episcope, debita benignitate suscipimus, ut liberalitatis jus antiquorum jam temporum diuturnitate possessum, eidem Legionensi Ecclesiæ conservemus. Ipsa quippe cum inter cæteras Hispaniæ civitates clara, locuplesque polluerit, nulli unquam legitur subjacuisse metropoli. Hanc igitur ipsius ingenuitatem juxta petitionem tuam ratam, et integram, et ita stabilem permanere decreti præsentis assertione censemus, ut si quam forte huic libertati contrariam institutionem apud apostolicæ sedis occupationes quælibet potuit extorsisse subreptio, nullum per hanc eidem libertati præjudicium ingeratur. Libertatis enim bonum omnimoda legum provisione munitum est, ut nullis pateat occasione pessundandum. Unde nos prædecessorum nostrorum bonæ memoriæ Paschalis, et Adriani PP. vestigiis inhærentes, auctoritate apostolica statuimus, ut tu, et tui deinceps successores nulli unquam metropolitano debeatis, nisi tantum Romano pontifici subjacere, et omnes qui tibi in eadem sede successerint, per manus Romani pontificis tanquam speciales Romanæ sedis suffraganei consecrentur. Præterea quascunque possessiones, quæcunque bona eadem Ecclesia in præsentiarum juste et canonice possidet, aut in futurum concessione pontificum, largitione regum vel principum, oblatione fidelium, seu aliis justis modis, Deo propitio, poterit adipisci, firma tibi tuisque successoribus, et per vos eidem Ecclesiæ illibata permaneant. In quibus hæc propriis duximus exprimenda vocabulis.

Intra fines Galleciæ archidiaconatum qui continet tria castella, turres, dancus, cancellata, valcarcer, Navia; quidquid juris habes in ecclesiis ad monasterium Sancti Facundi pertinentibus; quidquid juris Legionensis Ecclesia habere dignoscitur in ecclesia S. Isidori, et in ecclesiis ad ipsum pertinentibus. Intra episcopatum Asturicensem, villa quæ dicitur Canzanucos cum ecclesiis suis; intra episcopatum Palentinum, villa quæ dicitur Bobada, et villa quæ dicitur Abarca cum ecclesiis suis, et ecclesias de Capella; intra episcopatum Ovetensem, villa quæ dicitur Ovelgas cum ecclesia; ecclesiam Sancti Martini de Fonte de Febro, et ecclesiam Sancti Jacobi; quidquid juris habes in ecclesia Sancti Petri de Asloncia, in ecclesia S. Michaelis de Escalada, et in ecclesia monasterii de Vega; monasterium S. Claudii in propria hæreditate Legionensis Ecclesiæ fundatum; castrum de Coronio cum omnibus pertinentiis suis; villa quæ vocatur villa Muzaref cum fodro ad eam pertinente. Ad hæc ea quæ felicis memoriæ Adelfonsus illustris Hispaniarum rex, et Berengaria uxor ejus cum filiis, et Santia germana sua pro peccatorum suorum remissione Ecclesiæ Legionensi devotionis intuitu obtulit, vel etiam recognovit, nos ad instar prædecessorum nostrorum felicis memoriæ PP. Eugenii et Adriani, tibi, tuisque successoribus, et per vos eidem Ecclesiæ auctoritate apostolica confirmamus : decimas videlicet ad Legionensem episcopatum pertinentes in omnibus villis, quæ intra ejusdem episcopatus terminos continentur, et quæ ad honorem S. Pelagii spectare noscuntur, et infantagi honore fuerunt ; præterea villas in quibus Ecclesiæ istæ fundatæ sunt, ecclesia scilicet S. Michaelis de Escalada, et S. Petri de Aslonza, et ecclesia de Vega, et exceptis monasteriis, quæ sunt in Legionensi civitate, videlicet ecclesia S. Salvatoris, quæ est extra murum, et aliis intra murum existentibus, et villa de Fresno, quæ est in valle de Uncina, et villa S. Gervasii. Census quoque, vel consuetudines quas sedes Legionensis a præfatis recipere consuevit ecclesiis, eidem sedi ab ipsis more solito persolvantur. Quæ nimirum omnia vestris usibus in posterum profutura serventur, ut ea jure debeatis in posterum possidere, et nuntios proprios ad decimas recipiendas in villis singulis habeatis.

Decernimus ergo ut nulli omnino hominum liceat præfatam ecclesiam temere perturbare, aut ejus possessiones auferre, vel ablatas retinere, minuere, aut aliquibus vexationibus fatigare ; sed omnia integra conserventur vestris, et aliorum, pro quorum gubernatione et sustentatione concessa sunt, usibus omnimodis profecta, salva in omnibus sedis Apostolicæ auctoritate. Si qua igitur in futurum ecclesiastica, sæcularisve persona hanc nostræ constitutionis paginam sciens contra eam temere venire tentaverit, secundo, tertiove commonita, si non satisfactione congrua emendaverit, potestatis, honorisque sui dignitate careat, reamque se de divino judicio existere de perpetrata iniquitate cognoscat, et a sacratissimo corpore et sanguine Dei et Domini Redemptoris nostri Jesu Christi aliena fiat, atque in extremo examine districtæ ultioni subjaceat. Cunctis autem eidem loco justa servantibus sit pax Domini nostri Jesu Christi, quatenus et hic fructum bonæ actionis percipiant, et apud districtum judicem præmia æternæ pacis inveniant. Amen, amen.

DEMONSTRA MIHI VIAS TUAS, DOMINE.
(*Locus Sigilli.*)

Ego Alexander catholicæ Ecclesiæ episcopus.
Ego Hubaldus Ostiensis episcopus.
Ego Bernardus Portuensis Sanctæ Rufinæ episcopus.
Ego Gualterius Albanensis episcopus.
Ego..., presbyter cardinalis tituli Sanctæ Crucis in Jerusalem.
Ego..., presbyter cardinalis tituli Sanctorum Nerei et Aquilei.
Ego Albertus, presbyter cardinalis tituli S. Laurentii in Lucina.
Ego Hyacintus, diac. cardinalis S. Mariæ in Cosmedin.
Ego Ardicio, diaconus cardinalis Sancti Theodori.
Ego Petrus, diaconus cardinalis Sancti Eustachii juxta Templum Agrippæ.

Datum Turonis per manum Hermanni Sanctæ Romanæ Ecclesiæ subdiaconi, et notarii XVII Kal. Junii, indictione XI, Incarnationis Dominicæ anno 1163, pontificatus vero domni Alexandri papæ III anno quarto.

CLIV.
Privilegium pro ecclesia S. Joannis Ambianensis.
(Turoni, Maii 23.)
[HUGO, *Annal. Præm.*, I, 694.]

ALEXANDER episcopus, servus servorum Dei, dilectis filiis EUSTACHIO abbati ecclesiæ S. Joannis super Seylam positæ, ejusque fratribus, tam præsentibus quam futuris, regularem vitam professis in perpetuum.

Religiosam vitam eligentibus apostolicum convenit adesse præsidium, ne forte cujuslibet temeritatis incursus aut eos a proposito revocet, aut robur (quod absit !) sacræ religionis infringat. Eapropter, dilecti in Domino filii, vestris justis postulationibus clementer annuimus, et præfatam ecclesiam in qua divino mancipati estis obsequio et prædecessoris nostri sanctæ recordationis Eugenii papæ vestigiis inhærentes, sub B. Petri et nostra protectione suscipimus, et præsentis scripti privilegio communimus. In primis siquidem statuentes ut ordo canonicus, qui secundum Deum et B. Augustini Regulam et institutionem Præmonstratensis ordinis, in eodem loco noscitur institutus, perpetuis ibidem temporibus inviolabiliter observetur. Præterea quoscunque possessiones, quæcunque bona eadem ecclesia in præsentiarum juste et canonice possidet, aut in futurum concessione pontificum, liberalitate regum, largitione principum, oblatione fidelium, seu aliis justis modis, præstante Domino, poterit adipisci, firma vobis vestrisque successoribus et illibata permaneant. In quibus hæc propriis duximus exprimenda vocabulis.

Altare de Marcel cum decima et appendiciis ejus, et terra dotali ; curtem de Marcel liberam cum pascuis ejusdem territorii ; decimam vobis canonice concessam apud Walbercurt ; altare S. Firmini, altare S. Germani, campum S. Germani cum terragio et decima, curtem de Bertricurt, in qua conversæ vestræ habitant cum cimeterio et tota decima, sicut rationabiliter vobis est concessum, quartam partem territorii Longi-prati, et dimidium Maresci, et ejusdem quartæ partis dominium, molendinum, quod vobis, contulerunt domini de Pinchonio, et curtem ejusdem molendini, usuarium Maresci. Hernencurtis, cursum Seylæ a prædicto molendino descendentis usque ad abbatiam et fratrum officinas civitatis Ambianensis pascua, domos et terras Radulphi *qui non ridet*, cum appendiciis earum, curtem de Ollaincurt, liberam cum suis agriculturis et usibus nemoris, totam decimam de Wattincurt cum suis appendiciis et terris, quas Giraldus de Petracloa, et Gualterius, et eorum participes vobis dederunt ; campum Uhuorum et campum S. Petri de Brihercurt, campum et curtile S. Petri de Gaudiaco, tertiam partem decimæ de Hornast cum terragio et decima ; decimam de Ultzabaiz, sextam partem decimæ de Argovia cum duobus campis et prato quod est ibidem inter terram et rivulum ; quinque campos terræ allodii in territorio Longi Prati cum terragio et decima ; terras et decimas quas habetis apud Nointel, et sex vini modios singulis annis vobis persolvendos, molendinum de Eurcs, molendinum de Prato ; molendinum censuale ex concessione Flaviacensis capituli ; curtem de Septemvilla, et totam decimam ejusdem territorii cum pascuis et usibus nemoris ; sextam partem totius Septemvillæ, quam contulit vobis Jugelramnus Rufus cum duodecima parte ejusdem territorii, quam concessit vobis Aquicinensis ecclesia ; curtem in Viconia sitam, quæ Vallis Domorum dicitur, ab omni exactione liberam cum suis pascuis et usibus nemoris et decima, et undecim carucatarum terræ agriculturam in eodem territorio cum tota decima, curtem quæ vallis Guidonis dicitur, liberam, cum terris quas possidetis in Viconia et in territorio de Mairia cum terris, decimis, pascuis et usibus nemoris ; campum Stephani et campum de Maharavesne ; sextam partem decimæ de S. Amando ; annuales census terrarum et domos, quas in diversis locis habetis ; septuaginta et sex jugera terræ supra Somenam cum terragio ; pascua Argoviæ libera cum octava parte maresci Argoviæ, quam concessit vobis Radulphus de Haidincurt ; curtem de Savieres liberam et ejusdem terræ agriculturam cum pascuis et usibus nemoris et tertia parte decimæ, quæ pertinet ad altare cum alia tertia parte ejusdem decimæ ; terram, quam vobis concessit Bernardus de Baratangla in territorio de Baratangla ; terram etiam quam contulit vobis Arnulphus Ferez et Ernoldus de Artois in territorio de Drihercurt ; terram quoque et nemus de Hernencurt cum terragio et decima. Sane novalium vestrorum quæ propriis manibus aut sumptibus colitis, sive de nutrimentis vestrorum animalium, nullus a vobis decimas præsumat exigere.

Decernimus ergo ut nulli omnino hominum liceat præfatam ecclesiam temere perturbare, aut possessiones ejus auferre, vel ablatas retinere, minuere, seu aliis quibuslibet vexationibus fatigare, sed omnia integra conserventur eorum pro quorum gubernatione et sustentatione concessa sunt usibus omnimodis profutura, salva sedis apostolicæ auctoritate et diœcesani episcopi canonica justitia. Si

(89) Dervensis antiquum et insigne monasterium, ordinis S. Benedicti in diœcesi Catalaunensi a

qua igitur in futurum ecclesiastica sæcularisve persona hanc nostræ constitutionis paginam sciens, contra eam temere venire tentaverit, secundo tertiove commonita, nisi reatum suum congrua satisfactione correxerit, potestatis honorisque sui dignitate careat reamque se divino judicio existere de perpetrata iniquitate cognoscat, et a sacratissimo corpore et sanguine Dei ac Domini Redemptoris nostri Jesu Christi aliena fiat, atque in extremo examine districtæ ultioni subjaceat. Cunctis autem eidem loco sua jura servantibus sit pax Domini nostri Jesu Christi, quatenus et hic fructum bonæ actionis percipiant et apud districtum judicem præmia æternæ pacis inveniant. Amen.

Ego Alexander Catholicæ Ecclesiæ episcopus.

Ego Hubaldus Ostiensis episcopus.

Ego Bernardus Portuensis et S. Rufinæ episcopus.

Ego Hubaldus presb. card. tit. S. Crucis in Jerusalem.

Ego Henricus presb. card. tit. SS. Nerei et Achillei.

Ego Joannes presb. card. tit. S. Anastasiæ.

Ego Albertus presb. card. tit. S. Laurentii in Lucina.

Ego Jacobus diac. card. S. Mariæ in Cosmedin.

Ego Joannes diac. card. S. Mariæ in Porticu.

Datum Turonibus per manum Hermanni Sanctæ Romanæ Ecclesiæ subdiaconi et notarii, VIII Kal. Junii, indictione XI, Incarnationis Dominicæ anno 1163, pontificatus vero domni Alexandri papæ III anno IV.

CLV.

Ad Henricum Remensem archiepiscopum. — *Pro causa quæ vertitur inter ecclesiam S. Remigii et Dervensem, super quadam decima.*

(Turoni, Maii 26.)

[MARTEN., *Ampl. Collect.*, II, 691.]

ALEXANDER episcopus, servus servorum Dei, venerabili fratri HENRICO Remensi archiepiscopo, salutem et apostolicam benedictionem.

Ex conquestione abbatis et fratrum Sancti Remigii nuper accepimus quod cum causa quæ est inter ipsos et abbatem Dervensem (89) super quadam decima de Franpas noscitur agitari, in præsentia tua et Samsonis, prædecessoris tui, olim fuisset diutius ventilata, et super eadem causa sæpius fuisset ad nostram audientiam appellatum ; memoratus abbas nec appellationem exsequi, nec justitiam aliquatenus voluit exhibere. Unde quoniam ex injuncto nobis apostolatus officio universis Dei fidelibus in sua justitia existimus debitores, fraternitati tuæ per apostolica scripta mandamus, quatenus infra XXX. dies, postquam fueris requisitus, utramque partem ante tuam præsentiam evoces, et rationibus hinc inde auditis et plenius cognitis eamdem causam, remota appellatione, justitia mediante, decisancto Berthario fundatum, hactenus perstat sub congregatione S. Vitoni gallice *Montier-en-Der*.

das. Ad hoc quoniam sicut ex supradictorum abbatis et fratrum querela percepimus, canonici Grandis-Prati, corpus filii comitis ejusdem loci, qui ab utero matris ecclesiae ipsorum fratrum, sicut asserunt, fuerat olim oblatus, eis per violentiam et contra justitiam surripuerunt, nihilominus tuae discretioni mandamus, quod praefatos canonicos diligenter moneas, et districte compellas, ut vel ablatum corpus memoratis fratribus sine ulla contradictione restituant, vel cum eis pacifice super hoc amicabiliterque componant, aut in praesentia tua sibi exhibeant justitiae complementum.

Data Turonis, vii Kal. Junii.

CLVI.
Privilegium pro monasterio S. Fidis Horshamensi.
(Turoni, Maii 26.)
[*Monastic. Anglic.*, I, 416.]

ALEXANDER episcopus, servus servorum Dei, dilectis filiis BERNARDO priori monasterii Sanctae Fidis de Rosham ejusque fratribus, tam praesentibus quam futuris regularem vitam professis, in perpetuum.

Religiosam vitam eligentibus apostolicum convenit adesse praesidium ne forte cujuslibet temeritatis incursus aut eos a proposito revocet, aut robur, quod absit! sacrae religionis infringat. Quocirca, dilecti in Domino filii, vestris justis postulationibus clementer annuimus, et praefatum monasterium, in quo divino mancipati estis obsequio, sub beati Petri et nostra protectione suscipimus, et praesentis scripti patrocinio communimus; statuentes ut quascunque possessiones, quaecunque bona, idem monasterium in praesentiarum juste et canonice possidet, aut in futurum concessione pontificum, largitione regum vel principum, oblatione fidelium, seu aliis justis modis, praestante Domino, poterit adipisci, firma vobis vestrisque successoribus et illibata permaneant : in quibus haec propriis duximus exprimenda vocabulis.

Villam de Northam cum hominibus, terris, nemoribus, pascuis, et pertinentiis suis, quemadmodum Robertus filius Walteri, et filii ejus, vobis dederunt; et hospitale ejusdem villae, quod habetis a fratribus hospitalis Jerusalem, cum nemore et omnibus pertinentiis suis; terram de Kudda hanc cum omnibus pertinentiis suis quam Sibilla uxor praefati Roberti vobis dedit; ecclesiam de Horsforda, et ecclesiam de Bor. In Lundoniis ecclesiam Sanctae Margaretae cum omnibus terris quas in eadem villa Robertus filius Walteri vobis in eleemosynam dedit; decimas quoque de Abretuna, de Sibetuna, de Gulwerstunia, de Colerbo, de Relmigaham, de Colostunia, de Flemewrda, de Wdetuna, de Semera, de Tikebzon, de Thersham, de Slortei, de Cranesforda, de Benges, de Stramnigaham, de Ludaham, de Dalingaho, de Stantuna, de Sarlingaham, de Sutburna, de Adelingetuna, de Ghor, de Stilibi, de Stocos, de Hoa, de Sothesham, de Wituella, et terram de Odetuna, et omnes terras et domos, quae vobis in Norwico, et Gernamuta in eleemosyna rationabiliter sunt concessa; molendinum de Baldrusella, et tredecim solidos in Kareseja, et in Buccheshala ; molendinum Dalraford i, terram quam Simon Pecchi vobis in eleemosynam dedit, terram Radulfi de Berveswerda, terram quam vobis dedit Willielmus de Chorzo in Bischele, terras quoque quas Willielmus Bardulfus vobis dedit in Srecaham, et in Spicafurda, terram quam Baldwinus filius Guidonis vobis dedit in Buchingaham, terram quam Hugo de Duillers vobis dedit in Kalaxaforda, terram de Nunterston quam Richardus filius Gaufridi vobis dedit, et salinas quas Willielmus Strabo vobis dedit in Kimnaham, redditum quem Radulfus filius Baldwini vobis dedit, et terram de Rendringlat, quam Willielmus de Bisnei vobis dedit.

Decernimus ergo ut nulli omnino hominum liceat supradictum monasterium temere perturbare, aut ejus possessiones auferre, vel ablatas retinere, minuere, seu quibuslibet vexationibus fatigare, sed omnia integra conserventur eorum pro quorum gubernatione et sustentatione concessa sunt, usibus omnimodis profutura; salva sedis apostolicae auctoritate et dioecesani episcopi canonica justitia.

Si qua igitur in futurum ecclesiastica saecularisve persona hanc nostrae constitutionis paginam sciens, contra eam temere venire tentaverit, secundo tertiove commonita, nisi praesumptionem suam congrua satisfactione correxerit, potestatis honorisque sui dignitate careat, reamque se divino judicio existere de perpetrata iniquitate cognoscat, et a sacratissimo corpore ac sanguine Dei et Domini Redemptoris nostri Jesu Christi aliena fiat, atque in extremo examine districtae ultioni subjaceat. Cunctis autem eidem loco jura sua servantibus, sit pax Domini nostri Jesu Christi quatenus et hic fructum bonae actionis percipiant et apud districtum judicem praemia aeternae pacis inveniant. Amen.

Ego Alexander catholicae Ecclesiae episcopus.
Ego Ubaldus Ostiensis episcopus.
Ego Bernardus Portuensis et Sanctae Rufinae episcopus.
Ego Gualterus Albonensis episcopus.
Ego Ubaldus presbyter cardinalis tit. Sanctae Crucis in Hierusalem.
Ego Henricus presb. card. tit. Sanctorum Nerei et Achillei.
Ego Joannes presb. card. tit. S. Anastasiae.
Ego Guillelmus presb. card tit. S. Petri ad Vincula.
Ego Hyacinthus Sanctae Mariae in Cosmedin diac. card.
Ego Otto diacon. card. Sancti Nicolai in Carcere Tulliano.
Ego Ardicio diac. card. S. Theodori.
Datum Turonibus, per manum Hermanni Sanctae

Romanæ Ecclesiæ subdiaconi et notarii, vii Kalend. Junii, indictione xi, Incarnationis Dominicæ anno 1163, pontificatus vero domni Alexandri papæ III anno IV.

CLVII
Privilegium pro monasterio S. Bertini Sithiensi.
(Turoni, Maii 26.)

[*Collection des cartulaires*, III, 333.]

ALEXANDER episcopus, servus servorum Dei, dilecto filio GOTHESCALCO, abbati Sancti Bertini, ejusque successoribus regulariter substituendis in perpetuum.

Justitiæ et rationis ordo suadet, etc., *ut in privilegio Innocentii papæ suprascripto*, f° 240 v° et seq. (90). Signatum cum circulo, in cujus circuitu scribitur : VIAS TUAS, DOMINE, DEMONSTRA MIHI, et in medio dicti circuli, SANCTUS PETRUS. SANCTUS PAULUS. ALEXANDER PAPA III, cum subscriptione quæ sequitur :

Ego Alexander, catholicæ Ecclesiæ episcopus.

Ego Hubaldus, Ostiensis episcopus, etc.

Datum Turonis, per manum Hermanni, sanctæ Romanæ Ecclesiæ subdiaconi et notarii, septimo Kal. Junii, indictione undecima, Incarnationis Dominicæ anno 1163, pontificatus vero domni Alexandri papæ tertii anno quarto.

CLVIII.
Abbatissæ et monialibus de Bourborch præcipit ne monasterii S. Bertini Sithiensis parochianos in sepulturam recipiant.
(Turoni.)

[Vide Iperii *Chron. S. Bertini* ap. MARTEN. *Thesaur.*, III, 654.]

CLIX.
Privilegium pro ecclesia S. Mariæ Sniapensi.
(Turoni, Maii 26.)

[RYMER, *Fœdera*, I, 23.]

ALEXANDER episcopus, servus servorum Dei, dilectis filiis W. priori, et fratribus ecclesiæ Sanctæ Mariæ de Sniapes, salutem et apostoliam benedictionem.

Justis petentium desideriis dignum est nos facilem præbere consensum, et vota quæ a rationis tramite non discordant, effectu sunt prosequente complenda. Eapropter, dilecti in Domino filii, vestris justis postulationibus grato concurrentes assensu, ecclesiam de Fressentum, et ecclesiam de Bedingefeld, cum pertinentiis earum, et Brastanhæ, quas in præsentiarum juste et canonice possidetis, aut in futurum justis modis, Deo propitio poteritis adipisci, vobis et per vos, Ecclesiæ vestræ auctoritate apostolica confirmamus, et præsentis scripti patrocinio communimus, statuentes ut nulli omnino hominum liceat hanc paginam nostræ confirmationis infringere, vel ei aliquatenus contraire.

Si quis autem hoc attentare præsumpserit, indignationem omnipotentis Dei, et beatorum Petri et Pauli apostolorum ejus se noverit incursurum.

Datum Turon. vii Kal. Junii.

CLX.
Dominico, monasterii S. Facundi Sahagunensis abbati, « potestatem ligandi atque solvendi in villa S. Facundi » et mitræ usum concedit.
(Turoni, Maii 31.)

[ESCALONA, *Hist. de Sahagun.*, p. 541, teste JAFFÉ, *Regesta Rom. Pont.*, p. 692.]

CLXI.
Ad Hugonem abbatem S. Germani Parisiensis. — Decernit proclamationem Mauritii Parisiensis episcopi factam in concilio Turonensi contra immunitatem abbatiæ S. Germani non esse admittendam, nec juri nec libertati illius officere.
(Turoni, Jun. 1.)

[D. BOUQUET, *Recueil*, XV, 796.]

ALEXANDER episcopus, servus servorum Dei, dilecto filio HUGONI abbati S. Germani Parisiensis, salutem et apostolicam benedictionem.

Dum venerabilis frater noster Mauritius Parisiensis episcopus et tu pariter in Turonensi concilio in nostra præsentia essetis constituti, prædictus episcopus in concilio consurgens, jus quoddam in ecclesia tua ad se proposuit rationabiliter pertinere. Nos autem attendentes quomodo eadem ecclesia sub jure et proprietate beati Petri ab antiquo retro temporibus quiete pacificeque perstiterit, noluimus ullatenus episcopi proclamationem admittere, nisi ostenderet aliquem eam de nostris prædecessoribus admisisse. Quod quia non fecit, nec cum id facere posse pensamus, per præsentia scripta decernimus, ut illa ipsius episcopi proclamatio nullam interruptionem nullumque possit juri et libertati ejusdem ecclesiæ præjudicium in posterum generare.

Datum Turonis, Kal. Junii.

CLXII.
Ad Henricum Remensem archiepiscopum. — Pro Ric. de Corberio.
(Turoni, Jun. 3.)

[MARTEN., *Collect.*, II, 692.]

ALEXANDER episcopus, servus servorum Dei, venerabili fratri HENRICO Remensium archiepiscopo, salutem et apostolicam benedictionem.

Pervenit ad audientiam nostram quod cum Ric. de Corberio, qui dum in habitu fratrum militiæ Templi superno Regi aliquanto tempore militavit, ad Cisterciensium fratrum vel aliam districtam religionem transire decreverit, et idipsum firmiter in præsentia nostra promiserit, nunc quodam modo ab hac intentione retrahitur, et pium illud propositum remorari videtur. Unde fraternitati tuæ per apostolica scripta mandamus, quatenus eumdem R. moneas diligentius, et compellas habitum prædictæ religionis assumere, ut votum suum valeat laudabiliter adimplere. Quod si hinc usque ad pro-

---

(90) Vide *Patrologiæ* tom. CLXXIX, in Innocentio II, sub num. 398.

ximum festum beati Joannis facere forte contempserit, tu eum ecclesiastica censura compellas.

Data Turonis, iii Nonas Junii.

CLXIII.
Privilegium pro monasterio S. Salvii Florentini.
(Turoni, Jun. 5.)

[Lami, *Eccles. Florent. Monum.* II, 1253.]

Alexander episcopus, servus servorum Dei, dilectis filiis Paulo abbati monasterii S. Salvii ejusque fratribus tam præsentibus quam futuris regularem vitam professis, in perpetuum.

Religiosam vitam eligentibus apostolicum convenit adesse præsidium, ne forte cujuslibet temeritatis incursus, aut eos a proposito revocet, aut robur, quod absit! sacræ religionis infringat. Ea propter, dilecti in Domino filii, vestris justis postulationibus clementer annuimus, et præfatum monasterium in quo divino mancipati estis obsequio sub beati Petri et nostra protectione suscipimus, et præsentis scripti privilegio communimus, statuentes ut quascunque possessiones, quæcunque bona idem monasterium in præsentiarum juste et canonice possidet, aut in futurum justis modis, præstante Domino, poterit adipisci, firma vobis vestrisque successoribus et illibata permaneant. Prædecessorum vero nostrorum felicis memoriæ Urbani, Gregorii, et Innocentii Romanorum pontificum vestigiis inhærentes statuimus ut nulli archiepiscopo vel episcopo, aut alicui prælato ecclesiastico vel sæculari, excepta Vallumbrosana congregatione aliquod, super ecclesia vestra dominium liceat obtinere, sicut ab iisdem prædecessoribus nostris fuisse noscitur institutum. Præterea sicut capella S. Nicolai de Casa Arsa ad vestrum jus pertinens, ab omni jugo totius dominationis episcopi et plebani hactenus immunis noscitur exstitisse, ita et de cætero eam immunem decernimus permanere.

Illud etiam jus quod in hospitali de Capraria hactenus habuistis vobis nihilominus confirmamus. Liceat quoque vobis clericos et laicos e sæculo fugientes liberos et absolutos in monasterio vestro recipere et eos sine contradictione aliqua retinere; chrisma vero oleum sanctum, consecrationes altarium, ordinationes clericorum, qui ad sacros ordines erunt promovendi a diœcesano suscipietis episcopo, siquidem Catholicus fuerit, et gratiam atque communionem apostolicæ sedis habuerit, et ea gratis et absque pravitate vobis voluerit exhibere; alioquin ad quemcunque malueritis recurratis antistitem, qui nostra fultus auctoritate vobis quod postulatur indulgeat. Sepulturam quoque ipsius loci liberam esse concedimus ut eorum devotioni et extremæ voluntati, qui se illic sepeliri deliberaverint, nisi forte excommunicati vel interdicti fuerint, nullus obsistat; salva tamen canonica justitia illarum ecclesiarum a quibus mortuorum corpora assumuntur. Sane laborum vestrorum quos propriis manibus aut sumptibus colitis, sive de nutrimentis vestrorum animalium, nullus a vobis decimas præsumat exigere.

Decernimus ergo ut nulli omnino hominum liceat supradictum monasterium temere perturbare, aut ejus possessiones auferre, vel ablatas retinere, minuere, seu quibuslibet exactionibus fatigare, sed illibata omnia et integra conserventur eorum pro quorum gubernatione et sustentatione concessa sunt usibus omnimodis profutura, salva sedis apostolicæ auctoritate. Si qua igitur in futurum ecclesiastica sæcularisve persona hanc nostræ constitutionis paginam sciens, hanc contra eam venire tentaverit, secundo tertione commonita, nisi præsumptionem suam congrua satisfactione correxerit, potestatis honorisque sui dignitate careat, reamque se divino judicio existere de perpetrata iniquitate cognoscat, et a sacratissimo corpore ac sanguine Dei, et Domini Redemptoris nostri Jesu Christi aliena fiat, atque in extremo examine districtæ ultioni subjaceat. Cunctis autem eidem loco sua jura servantibus, sit pax Domini nostri Jesu Christi, quatenus et hic fructum bonæ actionis percipiant, et apud districtum judicem præmia æternæ pacis inveniant. Amen, amen, amen.

Ego Alexander Catholicæ Ecclesiæ episcopus ss.
Ego Hubaldus Ostiensis episcopus ss.
Ego Bernardus Portuensis et S. Rufinæ episcopus ss.
Ego Gualterius Albanensis episcopus ss.
Ego Hubaldus presbyter cardinalis tit. S. Crucis in Hierusalem ss.
Ego Henricus presbyter cardinalis sanctorum Nerei et Achillei ss.
Ego Joannes presbyter cardinalis tit. S. Anastasiæ ss.
Ego Guillelmus presbyter cardinalis tit. Sancti Petri ad Vincula ss.
Ego Hyacinthus diaconus cardinalis Sanctæ Mariæ in Cosmedin ss.
Ego Oddo diaconus cardinalis Sancti Nicolai in Carcere Tulliano ss.
Ego Ardicio diaconus cardinalis S. Theodori ss.
Ego Boso diaconus cardinalis Sanctorum Cosmæ et Damiani ss.
Ego Cinthius diaconus cardinalis S. Adriani ss.
Ego Petrus diaconus cardinalis Sancti Eustachii juxta templum Agrippæ ss.
Ego Joannes diaconus cardinalis Sanctæ Mariæ in Porticu ss.
Ego Manfredus diaconus cardinalis S. Georgii ad Velum Aureum ss.

Datum Turonis per manum Hermanni Sanctæ Romanæ Ecclesiæ subdiaconi et notarii, Nonis Juniis, indictione xi, Incarnationis Dominicæ anno 1163, pontificatus vero domni Alexandri papæ III, anno quarto.

VIAS TUAS, DOMINE, DEMONSTRA MIHI.
(*Locus sigilli.*)

CLXIV.
Privilegium pro monasterio S. Mariæ Sherbornensi.

(Turoni, Jun. 5.)

[*Monastic. Anglic.*, I, 425.]

ALEXANDER episcopus, servus servorum Dei, dilecto filio CLEMENTI abbati beatæ Mariæ, de Shyrborne, ejusque fratribus tam præsentibus quam futuris regularem vitam professis, in perpetuum.

Religiosam vitam eligentibus apostolicum convenit adesse præsidium, ne forte cujuslibet temeritatis incursus aut eos a proposito revocet aut robur (quod absit!) sacræ religionis infringat. Eapropter, dilecti in Domino filii, vestris justis postulationibus clementer annuimus, et præfatum monasterium, in quo divino mancipati estis obsequio, sub beati Petri et nostra protectione suscipimus, et præsentis scripti privilegio communimus, statuentes ut quæcunque bona, quascunque possessiones idem monasterium in præsentiarum juste et canonice possidet, aut in futurum concessione pontificum, largitione regum vel principum, oblatione fidelium seu aliis justis modis, Deo propitio, poterit adipisci, firma vobis vestrisque successoribus et illibata permaneant. In quibus hæc propriis duximus exprimenda vocabulis.

Ecclesiam scilicet parochialem Sanctæ Mariæ de Shyrborne, quam idem abbas tenet in præbendam a Sarisburiensi Ecclesia, cum capellis, terris, decimis, et adjacentiis suis, terras, hospites et domos censuales in eadem villa Shyrborne; Stapelbugg cum ecclesia ejusdem villæ, capellis, terris, et omnibus adjacentiis suis; Westonam cum omnibus pertinentiis suis; Hortonam cum ecclesia ejusdem villæ, et capella de Onolton eidem ecclesiæ adjacenti, cum terris, decimis et omnibus pertinentiis suis; capellam Sanctæ Trinitatis de Watham, et domos censuales in eadem villa cum terris decimis et omnibus pertinentiis suis; ecclesiam Sanctæ Mariæ de Wymborne et domos censuales in eadem villa; partem terræ et capellam quam habetis in Monerio de Kingeston; ecclesiam Sanctæ Mariæ Magdalenæ sitam juxta castrum Shyrborne cum capellis Sancti Michaelis et Sancti Probi, et omnibus pertinentiis suis; molendinum in villa Shyrborne juxta capellam Sancti Andreæ, et vivarium proximum eidem molendino, et decimis omnium vivariorum tam de anguillis quam de cæteris piscibus, et decimam vini de vinea ejusdem villæ Shyrborne; manerium de Woborne cum capella ejusdem villæ, et terris decimis et omnibus pertinentiis suis, Comptonam, et aliam Comptonam cum capellis, decimis et omnibus pertinentiis suis; manerium de Ehorneford cum capella, terris, decimis et omnibus pertinentiis suis; manerium de Bradford cum ecclesia ejusdem villæ et capellis, terris, decimis et omnibus pertinentiis suis; Wycam et Loscumbe cum omnibus pertinentiis suis; Dalthestoke cum ecclesia ejusdem villæ, et capellis, terris, decimis et omnibus pertinentiis suis; Corundunam et Rhistherstoke cum omnibus pertinentiis suis; Corescumbam et ecclesiam ejusdem villæ cum capellis, terris, decimis et omnibus pertinentiis suis; Lym cum ecclesia ejusdem villæ, et capellis, terris, decimis et omnibus pertinentiis suis; Setonam cum ecclesia ejusdem villæ cum capellis, terris, decimis, salinis, et omnibus pertinentiis suis; Lytheleham cum ecclesia ejusdem villæ et terris, decimis et omnibus pertinentiis suis; Bromlegam et Stiwike cum omnibus pertinentiis suis, ecclesiam Sanctæ Mariæ de Cadweli cum capellis, terris, decimis et omnibus pertinentiis suis; ecclesiam Sancti Ismaelis de Pennalt cum terris, decimis et omnibus pertinentiis suis; ecclesiam Sancti Eltwyci de Penbyay cum terris, decimis et omnibus pertinentiis suis.

Obeunte vero te, nunc ejusdem loci abbate, vel tuorum quolibet successorum, nullus ibi qualibet subreptionis astutia seu violentia præponatur, nisi quem fratres communi consensu, vel fratrum pars consilii sanioris, secundum Dei timorem, et beati Benedicti Regulam providerint eligendum. Sepulturam quoque illius loci liberam esse decernimus, ut eorum devotioni et extremæ voluntati, qui se illic sepeliri deliberaverint, nisi forte excommunicati vel interdicti sint, nullus obsistat, salva tamen justitia parochialium ecclesiarum a quibus mortuorum corpora assumentur.

Decernimus ergo ut nulli omnino hominum liceat præfatum monasterium temere perturbare aut ejus possessiones auferre, vel ablatas retinere, minuere, seu quibuslibet vexationibus fatigare, sed illibata et integra omnia conserventur eorum pro quorum gubernatione ac sustentatione concessa sunt, usibus omnimodis profutura; salva sedis apostolicæ auctoritate et diœcesani episcopi canonica justitia.

Si qua ergo in futurum ecclesiastica, sæcularisve persona hanc nostræ constitutionis paginam sciens, contra eam temere venire tentaverit, secundo tertiove commonita, nisi præsumptionem suam congrua satisfactione correxerit, potestatis honorisque sui dignitate careat, reamque se divino judicio existere de perpetrata iniquitate cognoscat, et a sacratissimo corpore ac sanguine Dei et Domini Redemptoris nostri Jesu Christi aliena fiat, atque in extremo examine districtæ ultioni subjaceat. Cunctis autem eidem loco sua jura servantibus sit pax Domini nostri Jesu Christi, quatenus et hic fructum bonæ actionis percipiant, et apud districtum judicem præmia æternæ pacis inveniant. Amen.

Datum Turonibus per manum Hermanni sanctæ Romanæ Ecclesiæ subdiaconi et notarii, Non. Junii, indictione XI Incarnationis Dominicæ 1163, pontificatus domni Alexandri papæ III anno IV.

CLXV.

Ad Henricum Remensem archiepiscopum. — Exhortatio ad procurationes Romanæ curiæ faciendas.

(Turoni, Jun. 5.)
[Marten., *Coll.*, II, 692.]

Alexander episcopus, servus servorum Dei, venerabili fratri Henrico Remensium archiepiscopo, salutem et apostolicam benedictionem.

Discretionis tuæ prudentiam non credimus ignorare qualiter circumpositi tibi fratres nostri archiepiscopi et episcopi et abbates nobis et curiæ nostræ hactenus in procurationibus necessariis providerunt. Unde quoniam de te præcipuam inter cæteros spem fiduciamque tenemus, fraternitati tuæ per apostolica scripta mandamus, et commonemus attentius, quatenus suffraganeos tuos episcopos, et universos abbates per tuam provinciam constitutos, ad honestas procurationes nobis et fratribus nostris faciendas, prompta sollicitudine exhortari studeas, ut eas hinc ad primum festum beati Jacobi honeste possimus utiliterque recipere, ut devotionem tuam merito debeamus in Domino commendare.

Datum Turonis, Nonis Junii.

CLXVI.

Ad eumdem et ejus suffraganeos. — Exhortatio ad procurationes pavæ et fratribus suis faciendas.

(Turoni, Jun. 5.)
[*Ibid.*]

Alexander episcopus, servus servorum Dei, venerabilibus fratribus Henrico Remensium archiepiscopo, ejusque suffraganeis episcopis, et dilectis filiis universis abbatibus et prioribus per ejus archiepiscopatum constitutis, salutem et apostolicam benedictionem.

Quanto de sinceritate et devotione vestra majorem in omnibus fiduciam gerimus, tanto vos ad ea quæ nobis et fratribus nostris expediunt, confidentius invitamus. Quocirca universitatem vestram per apostolica scripta rogamus, atque monemus, quatenus ad honestas procurationes nobis et eisdem fratribus nostris faciendas prompta sollicitudine curetis intendere, et eas nobis hinc usque ad proximum festum beati Jacobi, studeatis utiliter destinare : ita quod nos exinde devotionem vestram debeamus digne in Domino commendare. Quod si qui vestrum, dilecti filii abbates et priores, id efficere forte neglexerint, sententiam quam præfatus archiepiscopus in vos propter hoc canonice promulgaverit, nos, auctore Domino, ratam habebimus.

Datum Turonis, Nonis Junii.

CLXVII.

Privilegium pro ecclesia Genestonensi.

(Turoni, Jun. 8.)
[Morice, *Mém. pour servir à l'hist. de Bret.*, 1, col. 649.]

Alexander episcopus, servus servorum Dei, dilectis filiis Clementi priori ecclesiæ de Genestonensia et fratribus ejus, tam præsentibus quam futuris, canonice substituendis, in perpetuam memoriam.

Piæ postulatio voluntatis affectu debet prosequente compleri quatenus et devotionis sinceritas laudabiliter enitescat et utilitas postulata vires indubitanter assumat. Eapropter, dilecti in Domino filii, vestris justis postulationibus clementer annuimus, præfatam ecclesiam in qua divino mancipati estis obsequio sub B. Petri et nostra protectione suscipimus, et præsentis scripti privilegio communimus; et in primis siquidem statuentes ut ordo canonicus qui secundum Deum et beati Augustini Regulam ibidem est et institutiones quæ a venerabili fratre nostro Bernardo Nannetensi episcopo in eadem ecclesia canonicorum Sanctæ Mariæ Magdalenæ assensu rationabiliter institutæ sunt, perpetuis temporibus conserventur. Quascunque præterea possessiones, quæcunque bona ex dono vel concessione ejusdem episcopi aliorumque fidelium in præsentiarum juste et canonice possidetis, aut in futurum concessione pontificum, largitione regum vel principum, oblatione fidelium seu aliis justis modis Deo propitio poteritis adipisci, firma vobis vestrisque successoribus et illibata permaneant. In quibus hæc propriis duximus exprimenda vocabulis : Genestum in quo ecclesia vestra sita est cum pertinentiis suis ex dono Bernardi Nannetensis episcopi, ecclesiam de Montebert cum pertinentiis suis, ecclesiam Sancti Joannis de Boisel cum pertinentiis suis ex dono Mauritii Hervei et Willelmi Normandeli, quidquid juris habetis in terra quæ dicitur Petra-Stulta ex dono Hervei Hoaut et filii sui Mauritii, medietatem domorum Laudarum de Pomeria ex dono Rainaldi Matacrei; dimidium quarterium terræ in mesura et quidquid juris ex dono ejusdem Rainaldi et Goveni de Paluel habetis in landis quæ sunt a Petra-Lata usque ad Genestosum; ex dono Pagani filii Alisciæ quidquid juris habebat in parochia de Rezaio ; ex dono Matthiæ Hervei et Simonis Judicaelis locum Sancti Luciani cum pertinentiis suis ; ex dono Rollandi clerici et filiæ suæ Landesciæ terram et vineas quas habetis in parochia de portu Sancti Petri. Sane novalium vestrorum quæ propriis manibus aut sumptibus colitis, sive de nutrimentis vestrorum animalium nullus a vobis decimas exigere præsumat. Sepulturam quoque ipsius loci liberam esse concedimus, ut eorum devotioni qui se illic sepeliri deliberaverint, nisi forte excommunicati vel interdicti sint, nullus obsistat, salva tamen canonica justitia illarum ecclesiarum a quibus mortua corpora assumuntur.

Decernimus ergo ut nulli hominum liceat supradictam ecclesiam perturbare aut ejus possessiones auferre, retinere, minuere, seu quibuslibet vexationibus fatigare, sed illibata eorum et integra conserventur eorum pro quorum gubernatione et sustentatione concessa sunt usibus omnimodis profutura, salva sedis apostolicæ auctoritate et diœcesani episcopi canonica justitia. Si qua igitur in futurum ecclesiastica sæcularisve persona hanc nostræ constitutionis paginam sciens, contra eam temere venire tentaverit, potestatis honorisque sui dignitate careat, seque ream divino judicio existere de perpetrata iniquitate cognoscat, et a sacratissimo corpore ac sanguine Dei et Domini nostri Jesu Christi aliena fiat, atque in extremo examine districtæ ultioni subjaceat. Cunctis autem eidem loco sua jura servantibus sit pax Domini nostri Jesu Christi, quatenus et hic fructum bonæ actionis percipiant, et apud districtum Judicem præmia æternæ pacis inveniant.

Sic signatum Ego Alexander catholicæ Ecclesiæ episcopus, etc.

Datum Turon. per manum Hermanni sanctæ Romanæ Ecclesiæ subdiaconi et notarii, vi Idus Junii, indict. xii, Incarnationis Dominicæ anno 1163, pontificatus vero domni Alexandri III papæ anno quarto.

CLXVIII.
De Odone sacerdote ab episcopo Parisiensi vexato.

(Turoni, Jun. 8.)

[Mansi, *Concil.*, XXI, 979.]

Alexander episcopus, servus servorum Dei, venerabili fratri [Hugoni] Suessionensi episcopo, salutem et apostolicam benedictionem.

Ex conquestione Odonis sacerdotis, latoris præsentium, accepimus quod cum venerabilis frater noster Parisiensis episcopus (*Mauritius*) eum super quodam crimine convenisset, et ipsum officio ac beneficio privasset, ad facultates suas per se ac ministeriales suos durius extendit. Unde quoniam ei sæpius ad nos clamanti volumus in suo jure adesse, fraternitati tuæ per apostolica scripta mandamus quatenus memoratum episcopum diligenter convenias, ut vel ablata universa præfato sacerdoti restituat, vel cum eo super his pacifice amabiliterque componat, aut in tua præsentia eidem exhibeat justitiæ complementum. Et ideo cum exinde fueris requisitus, utramque partem, ante tuam præsentiam convoces, et rationibus hinc inde auditis diligenter et cognitis, eamdem causam appellatione remota infra viginti dies post harum susceptionem justitia mediante decidas.

Datum Turonis, v Idus Junii.

CLXIX.
Ad Thomam Cantuariensem archiepiscopum. — De canonizatione S. Anselmi.

(Turoni, Jun. 9.)

[Warton, *Anglia sacra*, II, 177.]

Alexander episcopus, servus servorum Dei, venerabili fratri nostro Thomæ Cantuariæ archiepiscopo salutem et apostolicam benedictionem.

Constitutus olim in præsentia nostra suppliciter nos et devote rogasti ut illum sanctæ recordationis virum, Anselmum videlicet quondam Cantuariæ archiepiscopum, cujus vitam et veneranda miracula a nobis præsentare curasti in concilio Turonensi, canonizare vellemus. Nos vero pro eo quod plures illuc convenerant qui pro aliis sanctis viris illud idem instanter expetebant, [quod] rogaveras duximus differendum. Nunc autem de honestate et prudentia tua plenam in omnibus fiduciam obtinentes, negotium istud tuæ curæ tuæque discretioni committimus; per apostolica tibi scripta mandantes, quatenus fratres episcopos nostros suffraganeos tuos et abbates atque alias religiosas personas in tua provincia constitutas ante tuam præsentiam convoces, et coram eis omnibus prædicti viri sancti vita ejus perlecta et miraculorum serie publice declarata, cum consilio et assensu convenientium fratrum super illo canonizando, secundum quod in consilio eorum inveneris, nostra fultus auctoritate procedas; sciens quod nos illud quod tu super hoc cum dictis fratribus provideris statuendum, auctore Domino, ratum et firmum habebimus.

Datum Turon., quinto Idus Junii.

CLXX.
Privilegium pro monasterio Sancti Martini Canigonensi.

(Turoni, Jun. 10.)

[Aguirre, *Concil. Hisp.*, III, 375.]

Alexander episcopus, servus servorum Dei, dilectis filiis Raimundo abbati monasterii S. Martini Canigonensis ejusque fratribus tam præsentibus quam futuris, regularem vitam professis, in perpetuum.

Quoties illud a nobis petitur quod rationi et honestati convenire dignoscitur, animo nos decet libenti concedere, et petentium desideriis congruum impertiri suffragium. Eapropter, dilecti in Domino filii, vestris justis postulationibus annuimus et præfatum monasterium S. Martini Canigonensis quod utique juris et proprietatis beati Petri existit ad exemplar prædecessoris nostri felicis memoriæ Sergii papæ, sub beati Petri et nostra protectione suscipimus et præsentis scripti privilegio communimus; in primis siquidem statuentes ut ordo monasticus, qui secundum Deum et beati Benedicti Regulam in eodem monasterio noscitur institutus, futuris temporibus inviolabiter observetur.

Præterea quascunque possessiones, quæcunque bona idem monasterium in præsentiarum juste et canonice possidet, aut in futurum concessione pontificum, largitione regum vel principum, oblatione fidelium, seu aliis justis modis, Deo propitio, poterit adipisci, firma vobis vestrisque successoribus, et illibata permaneant, in quibus hæc propriis duximus exprimenda vocabulis: locum quem Guifredus comes bonæ memoriæ vobis dedit, in quo ipsum monasterium situm est, cum decimis et primitiis, et omni libertate sua; villam de Verneto, cum terminis et pertinentiis suis; villam de Ojolo cum terminis et pertinentiis suis, et quidquid Guifredus comes, vel alii Christi fideles in villa et parochia de Marchexanes præfato monasterio contulerunt; ecclesiam S. Vincentii de Elz, cum decimis, primitiis, alodiis, et oblationibus suis; prædia, possessiones et alodia in parochia Sanctæ Mariæ de Marcevol; prædia, possessiones et alodia in parochia Sanctæ Eulaliæ de Arbosols; prædia, possessiones et alodia in parochia Sanctæ Columbæ de Trilliano; prædia, possessiones et alodia in parochia S. Stephani de Saorra; prædia, possessiones et alodia in parochia S. Eulaliæ de Foliano; prædia, possessiones et alodia in parochia Sancti Martini de Ascaro; prædia, possessiones et alodia in parochia Sancti Jacobi de Anyer; prædia, possessiones et alodia in parochia de Belloloco; prædia, possessiones et alodia in parochia Sancti Cosmæ de Sagdaniano; prædia, possessiones et alodia in parochia Sancti Marcelli de Flucano; alodia quæ habetis in Celrano Aureliano et Guissano cum omnibus pertinentiis suis; prædia quæ habetis in villa de Eona et in parochia Sancti Stephani de Egued, in parochia Sanctæ Columbæ de Avidano, in parochia Sancti Saturnini de Targuesona, in parochia Sancti Vincentii de Villa-Alta, in parochia de Edorres, in parochia Sancti Gennesii de Ezerr, in parochia Sanctæ Leocadiæ de Darnacollecta, in parochia Sancti Juliani de Estanar, et in villa de Bajanda, in parochia Sancti Martini de Ix, in parochia Sancti Vincentii de Exaneda, in parochia Sancti Martini de Arao, in parochia Sancti Stephani de Euvils; ecclesiam Sanctæ Fidei de Taltorta, cum omnibus pertinentiis suis, et quidquid juris habetis in parochia Sancti Petri de Alp, in parochia Sanctæ Mariæ de Mosoll, in parochia Sancti Laurentii de Adas, et in parochia Sancti Saturnini de Faustiniano; decimas et primitias et jura quæ habetis in ecclesia Sancti Martini de Casafabra, et in ejus parochia; alodia et possessiones in parochia Sancti Stephani de Illa, et in parochia de Pontiliano ecclesiam Sancti Romani cum omnibus pertinentiis suis; prædia, possessiones et alodia in parochia Sancti Martini de Caneto, et in villa Sancti Laurentii, in villa Sancti Felicis, et in parochia de Corbera, et in parochia Sanctæ Eulaliæ de Millars; insuper quidquid juris habetis in comitatu Bisuldunensi, Ceritaniensi, Confluentensi, Rossilionensi. Chrisma vero, oleum sanctum, consecrationes altarium seu basilicarum, ordinationes monachorum vel clericorum qui ad sacros ordines fuerint promovendi, benedictionem abbatis et cætera ecclesiastica sacramenta, a diœcesano suscipietis episcopo, si quidem Catholicus fuerit et gratiam sedis apostolicæ habuerit, et ea gratis et absque pravitate aliqua vobis voluerit exhibere; alioquin liceat vobis quemcunque malueritis catholicum adire antistitem, qui nimirum nostra fultus auctoritate, quod postulatur indulgeat. Sepulturam quoque ipsius loci liberam esse concedimus, et eorum devotioni et extremæ voluntati, qui se illic sepeliri deliberaverint, nisi forte excommunicati vel interdicti fuerint, nullus obsistat, salva matricis ecclesiæ justitia, aliarumque ecclesiarum a quibus mortuorum corpora assumuntur. Obeunte vero te, nunc ejusdem loci abbate, vel tuorum quolibet successorum, nullus ibi qualibet subreptionis astutia, seu violentia præponatur, nisi quem fratres communi consensu, vel fratrum pars consilii sanioris, secundum Dei timorem et beati Benedicti Regulam, providerint eligendum. Ad hæc, sicut prædictus antecessor noster Sergius papa instituisse dignoscitur, ita et nos duximus statuendum, ut præfatum monasterium nulli nisi tantum Romano pontifici debeat esse subjectum. Ad indicium autem hujus a sede apostolica perceptæ libertatis, unum morabatinum nobis nostrisque successoribus annis singulis persolvetis.

Decernimus ergo ut nulli omnino hominum liceat præfatum monasterium temere perturbare, aut ejus possessiones auferre, vel ablatas retinere, minuere, seu quibuslibet vexationibus fatigare; sed omnia integra conserventur eorum, pro quorum gubernatione et sustentatione concessa sunt, usibus omnimodis profutura, salva in omnibus sedis apostolicæ auctoritate. Si qua igitur in futurum ecclesiastica sæcularisve persona hanc nostræ constitutionis paginam sciens, contra eam temere venire tentaverit, secundo tertiove commonita, nisi reatum suum congrua satisfactione correxerit, potestatis honorisque sui dignitate careat, reamque se divino judicio existere de perpetrata iniquitate cognoscat, et a sacratissimo corpore ac sanguine Dei et Domini Redemptoris nostri Jesu Christi aliena fiat, atque in extremo examine districtæ ultioni subjaceat. Cunctis autem eidem loco jura sua servantibus sit pax Domini nostri Jesu Christi, quatenus et hic fructum bonæ actionis percipiant, et apud districtum Judicem præmia æternæ pacis inveniant. Amen, amen.

Ego Alexander catholicæ Ecclesiæ episcopus.
Ego Hubaldus Ostiensis episcopus.
Ego Bernardus Portuensis Sanctæ Rufinæ episcopus.
Ego Gualterius Albanensis episcopus.
Ego Hubaldus presbyt. card. tit. S. Crucis in Jerusalem.
Ego Henricus presbyter card. tit. Sanctorum Nerei et Achillæi.
Ego Albertus diac. cardinalis tit. S. Laurentii in Lucina.
Ego Jacinthus diaconus cardinalis S. Mariæ in Cosmedin.
Ego Otto diaconus card. S. Nicolai in Carcere Tulliano.
Ego Boso diaconus cardinalis Sanctorum Cosmæ et Damiani.

Datum Turonis per manum Hermanni sanctæ Romanæ Ecclesiæ subdiaconi et notarii, IV Idus Junii, indictione X, Incarnationis Dominicæ anno 1163, pontificatus vero domni Alexandri papæ III anno IV.

CLXXI.

De comite Arverniæ quem absolvit, cum id regi non

ingratum putaret. Nihil enim se facturum unquam quod ipsi displicere possit.

(Turoni, Jun. 10.)

[MANSI, *Concil.*, XXI, 1014.]

ALEXANDER episcopus, servus servorum Dei, charissimo in Christo filio LUDOVICO illustri Francorum regi, salutem et apostolicam benedictionem.

Dum adhuc Parisiis præsentes essemus, firmiter nos sublimitati tuæ proposuisse recolimus, quod nihil unquam vellemus scienter efficere quod contra honorem deberet regiæ celsitudinis provenire. Unde licet nuper comitem Arverniæ in nostra præsentia positum absolverimus, eam tamen super hoc cautelam habuimus, ut bene crederemus nos nostro et tuo pariter honori consulere, et etiam Brivatensi Ecclesiæ utiliter providere. Non enim prius meruit a nobis absolvi, quam tactis sacrosanctis Evangeliis corporale præstiterit sacramentum, quod tam super restituenda filia viro suo, quam etiam super corrigenda injuria Ecclesiæ Brivatensi illata nostrum deberet suscipere firmiter et servare mandatum. Unde continuo sibi sub illius sacramenti districtione mandavimus, ut filiam suam viro, cui eam abstulerat, redderet, et universa bona Brivatensis Ecclesiæ, quæ vel ad eum vel ad homines ejus devoverant, resignaret. Accedit ad hæc, quod præfatus comes non per se principaliter prædictam Brivatensem Ecclesiam aggressum fuisse, sed in subsidium nepotis sui servisse dicebat: quem nos nec adhuc absolvimus, nec etiam deinceps, antequam plenarie satisfaciat, eum vel ejus complices absolvemus. In ea enim sicut diximus, voluntate, in eo sumus proposito solidati, ut super his, quæ gravia tibi cognoscimus, te inconsulto nullatenus procedamus. Quod si aliquando inscienter contra id aliquid faceremus, non pigebit nos congrua in melius discretione reducere quæ tanto principi noverimus displicere.

Datum Turonis, iv Idus Junii.

CLXXII.

Ad Petrum decanum et capitulum S. Aniani Aurelianensis. — Latam ab abbate S. Benedicti definitionem circa ecclesiam S. Germani, controversam inter Aurelianensem episcopum et canonicos S. Aniani, confirmat.

(Turoni, Jun. 10.)

[D. BOUQUET, *Recueil*, XV, 798.]

ALEXANDER episcopus, servus servorum Dei, dilectis filiis PETRO decano et universo capitulo ecclesiæ Beati Aniani, salutem et apostolicam benedictionem.

Causam quæ inter vos et Aurelianensem episcopum (Manassen) super exspoliatione ecclesiæ B. Germani, quam suis parochianis querebamini spoliatam, et præsentatione sacerdotis ejusdem ecclesiæ vertebatur, bonæ memoriæ A[raldo] S. Benedicti abbati nos commisisse meminimus, et qualiter in eadem causa deberet procedere apostolicis litteris studuimus designare. Verum, sicut ex ejusdem abbatis tenore litterarum percepimus, testes vestros recepit, et præfatam ecclesiam S. Germani suis parochianis, juxta litterarum nostrarum formam, studuit revestire, et ipsius etiam scripti serie plene cognovimus, quod et de libera substitutione sacerdotis in eadem ecclesia, juxta mandatum apostolicæ sedis, testes recepit; et quod super utroque negotio ab eodem factum est, et dicta testium, litteris propriis et sigillo suo studuit communire. Nos itaque quod ab eodem abbate factum est ratum habentes, apostolicis litteris confirmamus, et quod in ejus authentico scripto continetur, ratum et inconvulsum perpetuis temporibus decernimus permanere.

Datum Turonis, iv Idus Junii.

CLXXIII.

Ad Stephanum Meldensem episcopum. — Contra Josolium Resbacensem qui contra episcopi interdictum sacra procuraverat.

(Turoni, Jun. 11.)

[LAUNOII *Opera*, III, II, 408.]

ALEXANDER episcopus, servus servorum Dei, venerabili fratri STEPHANO Meldensi episcopo salutem et apostolicam benedictionem.

Constitutis in præsentia nostra te pariter et dilecto filio nostro B. Resbacensi abbate, causam, quæ inter vos super subjectione ac libertate monasterii Resbacensis, et super repræsentatione capellani ecclesiæ S. Joannis vertebatur, audivimus, asserente te quod capellanus in ipsa ecclesia instituendus tibi repræsentari deberet, ut a te curam susciperet animarum.

Præfatus vero abbas institutionem illius capellani se liberam habere respondens, negavit penitus quod ejus repræsentatio ad te ullatenus pertineret. Cumque variæ hinc inde fuissent rationes in commune prolatæ, ex ipsius plenius confessione cognovimus, quod capellanus ejusdem in ecclesia illa a prædecessore suo prædecessori tuo repræsentatus fuerit, et ab eo curam suscepisset animarum. Adjecit etiam seipsum Josolium capellanum in eadem ecclesia substituendum tibi repræsentasse. Quare cum tu habito respectu, quod super hoc cum archidiacono tuo prius deliberare velles, admittere distulisses, abbas quasi propria libertate usus, eum in eadem ecclesia sua libertate instituit, ipseque ibi post interdicti et excommunicationis sententiam in eum propter hoc a te rationabiliter promulgatam divina fecit officia celebrare. Nos igitur ita, sicut diximus, te in possessione illius repræsentationis fuisse de sua confessione tenentes, de communi omnium fratrum nostrorum consilio apostolicæ sedis auctoritate decernimus, ut prænuntiatus capellanus, pro eo quod contra interdictum tuum divina celebrare præsumpsit, neque in supradicta, neque in alia qualibet tui episcopatus ecclesia divina officia præsumat in posterum celebrare, nisi hoc de voluntate tua possit misericorditer obtinere, salvo tamen jure monasterii sui, quod tam super ipsa capellani repræsentatione, quam super aliis libertatibus suis contra te se probaverit possidere.

CLXXIV.

Ad Ludovicum Francorum regem. — Ad eum mittit Meldensem episcopum cum mandatis. Monet se Bituricas proficisci.

(Turoni, Jun. 11.)
[Mansi, *Concil.*, XXI, 1024.]

Alexander episcopus, servus servorum Dei, charissimo in Christo filio Ludovico illustri Francorum regi salutem et apostolicam benedictionem.

Quoniam non semper juxta desiderium nostrum tuæ sublimitatis habere præsentiam possumus, ut tibi viva voce quæ volumus exponamus, necessarium est ut aliquando voluntatis nostræ tenorem per aliquem fratrum nostrorum regiæ celsitudini curemus exprimere, et tuum super eo responsum per certum nuntium vel litteras exspectare. Ad præsens autem, quoniam nullum de fratribus nostris cardinalibus a nobis potuimus absque difficultate dimittere, per venerabilem fratrem Meldensem episcopum, et dilectum filium nostrum P. S. Aniani Aurelianensis decanum, quædam tibi decrevimus intimare quæ et audire diligenter te volumus, et super his per eumdem decanum regiæ serenitatis responsum pariter et consilium exoptamus. Ad hæc excellentiæ tuæ volumus innotescat quod nisi aliqua necessaria causa consilium nos mutare compellat, disposuimus in proximo Bituricas, Domino volente, transire, et ibi aliquanto tempore permanere. Unde magnificentiam tuam per apostolica scripta rogamus, monemus et exhortamur in Domino, quatenus homines illius loci diligenter admoneas ut liberum accessum universis qui illuc cum necessariis voluerint venire, concedant, et nobis et curiæ nostræ debitam reverentiam et honorem impendant.

Datum Turonis, III Idus Junii.

CLXXV.

Privilegium pro monasterio S. Mariæ Vitensi.
(Turoni, Jun. 12.)
[Hugo, *Annal. Præm.*, II, Pr., p. 695.]

Alexander episcopus, servus servorum Dei, dilectis filiis Dominico abbati ecclesiæ B. Mariæ de Vite, ejusque fratribus, tam præsentibus quam futuris, regularem vitam professis in Hispania.

Quoniam sine veræ cultu religionis, nec charitatis unitas potest subsistere, nec Deo gratum exhiberi servitium, oportet nos, quantum gratia divina donavit, in universis Ecclesiis gratam religionem Deo statuere, et institutam exacta diligentia conservare. Eapropter, dilecti in Domino filii, vestris justis postulationibus clementer annuimus, et præfatam ecclesiam in qua divino mancipati estis obsequio, S. Beati Petri et nostra protectione suscipimus, et præsentis scripti privilegio communimus, in primis siquidem statuentes ut ordo canonicus, qui in vestra ecclesia secundum Dei timorem et B. Augustini Regulam et Præmonstratensium fratrum instituta, noscitur institutus, perpetuis ibidem temporibus inviolabiliter observetur. Præterea quascunque possessiones, quæcunque bona eadem ecclesia in præsentiarum juste et canonice possidet, aut in futurum concessione pontificum, liberalitate regum vel principum, oblatione fidelium, seu aliis justis modis, Deo propitio, poterit adipisci, firma vobis vestrisque successoribus illibata et permaneant, in quibus hæc propriis duximus exprimenda vocabulis :

Ex dono videlicet Aldefonsi illustris memoriæ regis Hispaniarum et concessione venerabilis fratris nostri Joannis Oxomensis episcopi, locum in quo abbatia ipsa fundata est cum omnibus pertinentiis suis; grangiam de Cubillas cum pertinentiis suis ; grangiam quæ dicitur Aleoba, de Brazacurta, cum pertinentiis suis ; grangiam quæ dicitur Guma cum pertinentiis suis ; domos quas habetis in Bibilla cum pertinentiis suis ; domum quam habetis in Cabanas cum pertinentiis suis ; monasterium B. Mariæ de Tortoles cum pertinentiis suis, ecclesiam Sancti Juliani de Ulmo cum pertinentiis suis; ex dono Petri Joannis, domum in Maderol ; ex dono fratris Dominici, domum in Ayllon prope S. Martinum cum pertinentiis suis, grangiam in Talamonea, quæ dicitur Turris-Regis cum pertinentiis suis. Sane novalium vestrorum, quæ propriis manibus aut sumptibus colitis, sive de nutrimentis animalium vestrorum, nullus a vobis decimas exigere præsumat. Licet etiam vobis clericos sive laicos liberos et absolutos de sæculo fugientes, ad conversionem suscipere et in vestro collegio retinere. Paci siquidem et tranquillitati vestræ paterna sollicitudine providentes, auctoritate apostolica prohibemus, ut nullus infra clausuram locorum, sive grangiarum vestrarum, violentiam vel rapinam, aut furtum facere, seu hominem capere audeat ; et si quis hoc temerario ausu præsumpserit tanquam sacrilegus judicetur, ecclesiastica ultione plectatur. Sepulturam quoque illius loci liberam esse concedimus, ut eorum devotioni et extremæ voluntati, qui se illic sepeliri deliberaverint, nisi forte excommunicati vel interdicti sint, nullus obsistat; salva tamen justitia matris Ecclesiæ et parochialium ecclesiarum, a quibus mortuorum corpora assumuntur.

Decernimus ergo ut nulli hominum liceat præfatam ecclesiam temere perturbare, aut ejus possessiones auferre vel ablatas retinere, minuere, seu quibuslibet vexationibus fatigare ; sed illibata omnia et integra conserventur eorum, pro quorum gubernatione ac sustentatione concessa sunt, usibus omnimodis profutura, salva sedis apostolicæ auctoritate et diœcesani episcopi canonica justitia.

Si qua igitur in futurum ecclesiastica sæcularisve persona, hanc nostræ constitutionis paginam sciens, contra eam temere venire tentaverit, secundo tertiove commonita, nisi reatum congrua satisfactione correxerit, potestatis honorisque sui dignitate careat, reamque se divino judicio existere de perpetrata iniquitate cognoscat, et a sacratissimo **corpore et** sanguine Dei et Domini Redemptoris nostri Jesu Christi aliena fiat, atque in extremo examine districtæ ultioni subjaceat. Cunctis eidem loco jura sua servantibus sit pax Domini nostri Jesu Christi, quatenus et hic fructum bonæ actionis percipiant, et apud districtum Judicem præmia æternæ pacis inveniant. Amen, amen, amen.

Ego Alexander catholicæ Ecclesiæ episcopus.

Ego Hubaldus Ostiensis episcopus.

Ego Bernardus Portuensis et Sanctæ Rufinæ episcopus.

Ego Gualterius Albanensis episcopus

Ego Ubaldus presbyter cardin. tit. Sanctæ Crucis in Jerusalem.

Ego Henricus presbyter cardinalis tit. Sancti Petri ad Vincula.

Ego Hyacinthus diaconus card. S. Mariæ in Cosmedin.

Ego Oddo diac. card. S. Nicolai in Carcere Tulliano.

Ego Cinthius diac. card. S. Adriani.

Ego Joannes diaconus cardinalis S. Mariæ in Porticu

Datum Turonis per manum Hermanni, sanctæ Romanæ Ecclesiæ subdiaconi et notarii, secundo Idus Junii, indictione XI, Incarnationis Dominicæ anno millesimo centesimo sexagesimo tertio, pontificatus vero domini Alexandri III papæ anno quarto.

CLXXVI.

Congregationem Placentinam, a Sigefrido quondam episcopo conditam, jusque eligendi archipresbyteri fratribus datum confirmat.

(Turoni, Jun. 15.)

[CAMPI, *Storia di Piac.*, II, 359.]

ALEXANDER episcopus, servus servorum Dei, dilectis filiis archipresbytero Placentinæ congregationis, et universis capellanis fratribus ejusdem congregationis tam præsentibus quam futuris, in perpetuum.

Fidei et devotionis, quam circa sacrosanctam Romanam Ecclesiam, et nos ipsos, præsertim in schismaticæ persecutionis tempore habuisse noscimini, considerantes affectum, tanto libentius devotas universitatis vestræ preces admittimus, quanto de sinceritatis vestræ constantia nobis ibi universali Ecclesiæ majora commoda provenisse sentimus. Eapropter, dilecti in Domino filii, vestris justis postulationibus grato concurrentes assensu, institutionem congregationis vestræ a bonæ memoriæ Sigefredo Placentino quondam episcopo rationabiliter ordinatam et electionem archipresbyteri ejusdem congregationis de arbitrio fratrum utiliter institutam sicut a temporibus prædicti episcopi usque nunc observatam dignoscitur, vobis vestrisque successoribus auctoritate apostolica confirmamus, et præsentis scripti patrocinio communimus; statuentes, ut nulli omnino hominum liceat hanc paginam nostræ confirmationis infringere, aut ei ausu temerario contraire. Si quis autem hoc attentare præsumpserit, indignationem omnipotentis Dei et beatorum Petri et Pauli apostolorum ejus noverit incursurum.

Datum Turon. decimo septimo Kal. Julii.

CLXXVII.

Ad [Pontium] Narbonensem, [Artaldum] Helenensem, et [Pontium] Carcassonensem antistites. — Arguit eos quod injustis exactionibus Crassense monasterium vexent.

Turon., Jun. 17.

[MARTEN., *Thes. anecd.*, I, 463.]

ALEXANDER episcopus, servus servorum Dei, venerabilibus fratribus Narbonensi archiepiscopo, Helenensi et Carcassonensi episcopis salutem et apostolicam benedictionem.

Relatum est auribus nostris quod vos ecclesias ad jus Crassensis monasterii pertinentes, contra tenorem privilegiorum Romanæ Ecclesiæ, indebitis exactionibus fatigatis. Chrisma quoque et oleum sanctum, et cætera ecclesiastica sacramenta, sine pretii interventu, eidem monasterio concedere recusatis. Unde quoniam inhonestum est id et ab officio pontificali alienum, fraternitati vestræ per apostolica scripta mandamus, quatenus, si ita est, ecclesias supradicti monasterii Crassensis nulla ratione ulterius indebite molestetis, nec pro chrismate vel aliis sacramentis ecclesiasticis aliquid ab eodem monasterio exigere præsumatis.

Datum Turonis, XV Kalendas Julii.

CLXXVIII.

Monasterii S. Facundi et Primitivi Sahagunensis protectionem suscipit possessionesque ac privilegia confirmat.

(Apud Cormarium, Jun. 19.)

[ESCALONA, *Hist. de Sahagun.* teste JAFFÉ, *Regesta Rom. pont.*, 693.]

CLXXIX.

Ad Henricum Remensem archiepiscopum. — Pro absolutione cujusdam.

(Ap. Dolense monasterium, Jun. 24.)

[MARTEN., *Collect.*, II, 667.]

ALEXANDER episcopus, servus servorum Dei, venerabili fratri HENRICO Remensium archiepiscopo, salutem et apostolicam benedictionem.

Cum præsentium lator a bonæ memoriæ prædecessore tuo, nulla, sicut asserit, causa rationabili existente, pro excommunicato haberetur, et si bene meminimus, tunc ad nostram præsentiam venienti litteras absolutionis dedimus. Cumque dilectus filius noster O., Sancti Nicolai in Carcere Tulliano diaconus cardinalis, tunc apostolicæ sedis legatus, absolutum cum ex nostris litteris cognovisset, et jam dicto prædecessori tuo, sicut comperimus ex sua relatione, mandasset, ut ipsum auctoritate nostra absolutum nulla ratione haberet excommunicatum; tu, sicut prædictus D. nobis asseruit, eum in eamdem sententiam conaris reducere. Quoniam igitur de discretione tua plenam in omnibus fiduciam obtinemus, nec decet probitatem tuam his quæ a nobis gesta sunt aliquatenus obviare, fraternitatem tuam per apostolica scripta rogamus, monemus atque mandamus, quatenus eamdem absolutionem a nobis factam ratam habeas, et ipsum ita cures paterna semper charitate diligere, quod et in hoc non offendatur Deus, et nos devotionem tuam merito debeamus in Domino commendare.

Data apud Dolense (91) monasterium, vııı Kal. Julii.

CLXXX.

Privilegium pro monasterio Gixalensi.

(Ap. Dolense monasterium, Jun. 25.)

[FLOREZ, *Espana sagrada*, XLV, 338.]

ALEXANDER episcopus, servus servorum Dei, dilectis filiis BERENGARIO abbati Gixalen. cœnobii, ejusque fratribus, tam præsentibus quam futuris, regulariter substituendis in PP. M.

Piæ postulatio voluntatis effectu debet prosequente compleri, ut et devotionis sinceritas laudabiliter enitescat, et utilitas postulata vires indubitanter assumat. Eapropter, dilecti in Domino filii, vestris justis postulationibus annuimus, et Guixalen. cœnobium, in quo divino mancipati estis obsequio, prædecessoris nostri felicis memoriæ Urbani papæ vestigiis inhærentes, sub beati Petri et nostra protectione suscipimus, et præsentis scripti privilegio communimus: statuentes ut quascunque possessiones, quæcunque bona, idem monasterium in præsentiarum juste et canonice possidet, aut in futurum, concessione pontificum, largitione regum vel principum, oblatione fidelium, seu aliis justis modis Deo propitio poterit adipisci, firma vobis vestrisque successoribus et illibata permaneant; in quibus his propriis duximus exprimenda vocabulis.

Ecclesia Sanctæ Mariæ de Fenals. Alodium quod vocatur villa de Magno, alodium de Catiano, sive de Peruls, alodium de Locustaria cum manso quod vocatur Prat, et omnibus pertinentiis suis; alodium de Penedos et de Spanedat, alodium de Rodegario, alodium vallis Aradi cum ipsa fexa quæ fuit Richelis comitissæ, alodium quod est in parochia Sancti Martini de Romaniano; donationes quas Arnaulfus episcopus Almoricus, Gaufredus, Vitalis, et Bernardus filius præfati Gaufridi, in Ecclesiam nostram contulerunt cum vinolariis quæ tenuerunt per Sanctum Felicem: decimas et primitias vallis Aradi, et villæ Mordanici, et de rupturis novis quæ factæ sunt in alodio Sancti Felicis, a die quo capta fuit Barchinon. usque ad tempora ista, sicut ex concessione Rogarii episcopi, et canonicorum Gerunden. Ecclesiæ vobis datæ sunt domus et possessiones, Barch. et in ejus territorio, domos quas habetis in civitate Gerundæ, alodia et possessiones de Quartiano, alodia et possessiones de Lofrid, decimas et primitias in villa Olivis, et in valle Aradi,

(91) Dolense sive Burgidolense monasterium insigne ordinis S. Benedicti, in diœcesi Bituricensi,

decimas omnium piscium qui capti fuerint a Conarglum usque ad Sanctum Leoncium, alodium de Fanals, XVIII mansus cum eorum pertinentiis, alodium quod fuit Suniarii comitis, alterum alodium de Colonico, alodium quod fuit Bertrandi Arnalii, alodium de Vilar, et de versus, alodium quod est infra eamdem parochiam, alodium de villa Romani, de valle lubrica de Torredella, de Palacio Trusels de Lofrid, de Buada, de Fontanilies, de Aguils de Pedrinians de Pubal, de Val de Durqueres de Vals et de Palacio Ravani.

Obeunte vero te nunc ejusdem loci abbate, vel tuorum quolibet successorum, nullus ibi qualibet subreptionis astutia, seu violentia præponatur, nisi quem fratres communi consensu, vel fratrum pars consilii sanioris, secundum Dei timorem, et beati Benedicti Regulam providerint eligendum. Decernimus ergo ut nulli omnino hominum liceat præfatum monasterium temere perturbare, aut ejus possessiones auferre, vel ablatas retinere, minuere, seu quibuslibet vexationibus fatigare, sed illibata omnia et integra conserventur eorum, pro quorum gubernatione et sustentatione concessa sunt, usibus omnimodis profutura, et salva sedis apostolicæ auctoritate, et diœces. episcopi canonica justitia.

Si qua igitur in futurum ecclesiastica sæcularisve persona, hanc nostræ constitutionis paginam sciens, contra eam temere venire tentaverit, secundo tertiove commonita, nisi præsumptionem suam congrua satisfactione correxerit, potestatis honorisque sui careat dignitate, reamque se divino judicio de perpetrata iniquitate cognoscat, et a sacratissimo corpore et sanguine Dei ac Domini Redemptoris nostri Jesu Christi aliena fiat, atque in extremo examine districtæ subjaceat ultioni. Cunctis autem eidem loco sua jura servantibus sit pax Domini nostri Jesu Christi, quatenus et hic fructum bonæ actionis percipiant, et apud districtum Judicem præmia æternæ pacis inveniant. Amen.

Ego Alexander catholicæ Ecclesiæ episcopus SS. D.

Ego Hubaldus presbyter cardinalis tit. Sanctæ Crucis in Jerusalem.

Ego Hubaldus Ostiensis episcopus.

Ego Jacintus diaconus cardinalis S. Mariæ in Cosmedin.

Ego Bernardus Portuensis et S. Rufinæ episcopus.

Ego Albertus presb. card. tit. Sancti Laurentii in Lucina.

Ego Ardicio diaconus cardinalis S. Theodori.

Datum apud Dolens. monasterium, per manum Hermantii sanctæ Romanæ Ecclesiæ subdiaconi et notarii, VII Kal. Julii, indictione XI, Incarnationis Dominicæ anno millesimo centesimo sexagesimo tertio, pontificatus vero domini Alexandri papæ III anno quarto.

haud procul a Castri-Rodulfi oppido, quod superiori sæculo ad sæculares transiit canonicos.

CLXXXI.

Ad Henricum Remensem archiepiscopum. — Pro O. monacho.

(Ap. Dolense monasterium, Jul. 5.)
[Marten., *Collect.* II, 668.]

Alexander episcopus, servus servorum Dei, Henrico fratri suo Remensi archiepiscopo, salutem et apostolicam benedictionem.

Operibus pietatis intendere et humana fragilitate lapsis misericorditer providere, Domini Salvatoris exempla nos provocant, et officium exigit charitatis. Inde est quod pro O. latore præsentium, qui monasticam vitam in monasterio (92) vestro professus, de claustro ejusdem sui postea mobilitate discessit, discretionem vestram rogamus atque monemus, quatenus ipsum pietatis obtentu, et pro reverentia beati Petri ac nostræ in monasterium vestrum, salva tamen monasterii ordinis disciplina recipiatis, nec eum in faucibus callidi hostis extra claustrum vagari ulterius permittatis.

Datum apud Dolense monasterium, v Non. Julii.

CLXXXII.

Ad eumdem. — Pro quibusdam civibus Atrebatensibus.

(Ap. Dolense monasterium. Jul. 7.)
[*Ibid.*]

Alexander episcopus, servus servorum Dei, venerabili fratri Henrico Remensium archiepiscopo, salutem et apostolicam benedictionem.

Fervorem tuæ sincerissimæ devotionis, circa sacrosanctam Romanam Ecclesiam, et specialiter circa personam nostram, jugiter effectu operis recognoscentes, desiderium gerimus et voluntatem te sicut charissimum fratrem, nostrum et principale membrum Ecclesiæ, totius dilectionis brachiis amplecti, et honori quoque et commodis tuis ferventius anhelare. Licet autem G. J. R. et quamdam mulierem cum eis R. nomine atque alios socios eorum Atrebatenses cives, qui multo tempore nos et curiam nostram sunt secuti, justitiam super diffamatione sua instantius offerentes, a nobis repellere modis omnibus intenderemus; quia tamen nobis summopere præcavendum est, ne nocentes solvamus et innoxios condemnemus, tuæ utique volentes fraternitati deferre, factum ipsum, quousque consilio et deliberatione tua et Ecclesiæ tuæ atque fratrum nostrorum episcoporum de regno Francorum latius perfruamur, digne duximus prolongandum, eosdem cives interim ad propria remittentes: ita quidem, ut cum a nobis vocati fuerint, ad nostram præsentiam debeant accedere, et judicium nostrum et Ecclesiæ sine ulla contradictione recipere et firmiter observare. Unde fraternitatem tuam diligentius sollicitamus, ut factum ipsum per illas personas quibus ipsorum civium vita et conversatio innotuit plenius inquiras, et nobis studeas intimare,

A ut nos tam tuo quam Ecclesiæ tuæ, et aliorum fratrum nostrorum episcoporum consilio et deliberatione usi pariter et instructi, in eodem negotio utilius, auctore Domino, procedamus. Quoniam vero nolumus, nec est dignum, ut prædicti cives interius jacturam vel periculum quodlibet in personis aut in rebus suis valeant sustinere, fraternitati tuæ mandamus, quatenus cum civibus suis mandando significes, ne in personas vel bona ipsorum detrimentum præsumant aliquod vel gravamen inferre.

Datum apud Dolense monasterium, Nonis Julii.

CLXXXIII.

Monachos S. Maximini per monasteria divisos aliosque in eorum locum substitutos nuntiat.

(Ap. Dolense monasterium, Jul. 11.)
[Mansi, *Concil.*, XXI, 1026.]

Alexander episcopus, servus servorum Dei, charissimo in Christo filio Ludovico illustri Francorum regi, salutem et apostolicam benedictionem.

Apostolicæ administrationis cura omnibus sacris locis providere compellimur, et præsertim eis quibus intendere nos tuæ sublimitatis excellentia exhortatur. Hujus igitur considerationis intuitu provocati, monachos Sancti Maximini, quos vitæ turpioris conversatio et sui abbatis interemptio infamabant, per diversa monasteria divisimus, et ad petitionem tuam instituere ibidem alios Domino auctore curavimus. Quos tuæ sublimitati duximus commendandos, rogantes attentius, quatenus pro reverentia beati Petri ac nostra eos manuteneas, diligas et honores, et eos in justitia sua foveas, protegas et defendas, et A. præpositum de Mecho, et matrem ejus et sororem districte compellas, ut frumentum et alia plura quæ apud eos Henricus, ejusdem monasterii monachus, deposuit, ei restituant, aut in præsentia tua justitiæ complementum exhibeant.

Datum apud Dolense monasterium, v Idus Julii.

CLXXXIV.

Ad Ludovicum Francorum regem. — Mittit nuntios cum mandatis de iis quæ ex imperatore CP. accepit.

(Ap. Dolense monasterium, Jul. 14.)
[Mansi, *Concil.*, XXI, 1005.]

Alexander, etc., charissimo in Christo filio Ludovico, etc.

Dum in mente revolvimus et ad memoriam revocamus qualiter causa Dei et amore justitiæ, ob reverentiam quoque beati Petri apostolorum principis, causam Ecclesiæ tanquam propriam assumpsisti, et eam, sicut rex catholicus et princeps Christianissimus, in augmentum et exaltationem ipsius præ aliis orbis principibus promovisti, in hanc intentionem et animi voluntatem adducimur,

(92) An Claramvallem, in qua Henricus olim monasticam vitam professus fuerat, an aliquod suæ diœcesis monasterium?

ut in qualibet causa ejusdem Ecclesiæ, quæ alicujus momenti sit, absque serenitatis tuæ consilio et auxilio, cum id habere valemus, nullatenus procedamus; credentes, imo et certa veritate tenentes, te non secus quam nos ipsos, vel quemlibet fratrum nostrorum, solius superni Conditoris obtentu, ad honorem et incrementum Ecclesiæ sollicitum ac ferventem existere, atque ad exaltationem ipsius intento studio laborare. Inde est quod receptis nuper litteris a nuntiis charissimi filii nostri ..... illustris Constantinopolitani imperatoris, qui ad Sanctum Ægidium applicuerunt, quas utique regiæ serenitati duximus transmittendas, in quibus siquidem continetur quod ex parte ejusdem imperatoris quædam dictu accommoda et ad utilitatem respicientia, nobis tantum et Ecclesiæ tuæ deferunt proponenda : dilectos filios P. capellanum, et fratrem H. eleemosynarium nostrum, excellentiæ tuæ fideles admodum ac devotos, regiæ celsitudini destinamus, per quos quædam super eodem negotio, quæ non duximus litteris committenda, tuæ serenitati proponimus, et super quibus tuum consilium exspectamus, rogantes attentius quatenus eos regia pietate suscipiens, benigne audias, et consilium tuum super his quæ tibi proposuerint, per eosdem litteris tuis aperias. Aliquos etiam a latere tuo cum prædictis filiis nostris ad memoratos imperatoris nuntios, qui securum eis per terram tuam usque ad tuam et nostram præsentiam debeant præstare ducatum, nostro interventu transmittas.

Datum apud Dolense monasterium, Idibus Julii.

CLXXXV.

Confirmatio de pace jurata inter Clun. Ecclesiam, et comitem Forensem, et barones de terra, et remissio pœnitentiæ unius anni illis qui servaverint ipsam pacem.

(Ap. monasterium Dolense, Jul. 18.)

[*Biblioth. Cluniac.*, Append., p. 157.]

ALEXANDER episcopus, servus servorum Dei, dilectis filiis nobilibus viris, HUGONI de Belloloco et filiis ejus, comiti Forensi, vicecomiti Matisconensi Jo. GROSSO, HUGONI DE BERZ, HUGONI DE SCALCEO, et cæteris, qui Clun. Ecclesiæ pacem juratam conservaverint, salutem et apostolicam benedictionem.

Et præsentis vitæ commodum, et æternæ felicitatis vobis cumulatis augmentum, si pacem diligenter colitis, et eam præsertim cum sacris Ecclesiis tenetis inviolabiliter et servatis. Sicut enim impossibile comprobatur ut sine pace Deo aliquis placeat, ita non potest fieri quod pacis fructus in iis qui eam curaverint observare, vilescat, quin et hic eis emolumenta gratissima pariat, et præmium in futurum æternæ suavitatis acquirat. Quoniam igitur vobis utrumque inter felicia in trino [interno] affectu paternæ charitatis optamus, nobilitatem vestram per apostolica scripta rogamus, monemus et exhortamur in Domino, atque in remissionem vobis peccatorum injungimus, quatenus id quod de Clun. Ecclesiæ pace fecistis, firmum penitus et immutabile teneatis, atque ad eamdem pacem fovendam et ampliandam intendatis : propensius et summopere laboretis, ut ex eo quod pro pacis bono feceritis, æternæ quietis gaudia volente Domino consequi valeatis. Nos autem tam vobis quam successoribus aliis qui prædictæ Clun. Ecclesiæ et his quæ ad eam pertinent Ecclesiis atque personis ecclesiasticis continuam servaverint pacem, de misericordia Dei et beatorum Petri et Pauli apostolorum ejus meritis præsumentes, annum unum illius pœnitentiæ, quam corde contrito et compuncto humiliter recepistis, sicut et iis qui petunt Hierosolymam, relaxamus.

Datum apud Beroien. [*leg.* Dolense] monasterium, v Kal. Augusti.

CLXXXVI.

Ad Cluniacenses. — Pro decano et clericis Beati Mauritii Turonensis.

(Ap. Dolense monasterium, Jul. 20.)

[MARTEN., *Collect.*, II, 669.]

ALEXANDER episcopus, servus servorum Dei, dilectis filiis (93) S. abbati et fratribus Cluniacensibus, salutem et apostolicam benedictionem.

Significaverunt nobis dilecti filii nostri decanus, et canonici (94) Beati Mauritii Turonensis, quod inter vos et eos super quibusdam possessionibus apud Turnum super Maternam constitutis, quædam controversia vertitur, quam venerando fratri nostro Henrico, Remensi archiepiscopo, committi a nobis postulant audiendam, et fine debito terminandam. Nos vero paci et quieti vestræ paterna sollicitudine providentes, universitati vestræ consulimus et mandamus, quatenus ad pacifice cum eis componendum intendatis propensius, et summopere laboretis. Quod si cum ipsis componere non poteritis, proximo festo beati Lucæ, plenariam eis exhibituri ac recepturi justitiam nostro vos conspectui præsentetis, aut super his præfati archiepiscopi judicium subeatis, et quod ipse exinde judicaverit, suscipiatis sine appellationis obstaculo, et servetis. Quodcunque autem horum potius elegeritis, eisdem canonicis infra xx dies post harum susceptionem vestris litteris intimetis, ut et ipsi ad id exsequendum instruere se possint et utiliter præparare.

Data apud Dolense monasterium, XIII Kal. Aug.

CLXXXVII.

Ad Henricum archiepiscopum Remensem. — De negotio Ecclesiæ Catalaunensis.

(Ap. Dolense monasterium, Jul. 22.)

[*Ibid.*, col. 670.]

ALEXANDER episcopus, servus servorum Dei, venerabili fratri HENRICO Remensium archiepiscopo, salutem et apostolicam benedictionem.

Ex inspectione litterarum tuarum accepimus, quod tam tu quam Ecclesia tua et suffraganei Ec-

---

(93) Stephano qui in locum Hugonis depositi subrogatus fuit anno 1161.

(94) Id est cathedralis ecclesiæ, quæ S. Mauritio sacra est, eumque hactenus agnoscit patronum, licet S. Gatiani vulgo nomen præferat.

clesiæ tuæ ad profectum et exaltationem Catalaunensis Ecclesiæ intenditis pariter et studiosius aspiratis; ad quod et nos ipsi ex nostri officii debito affectuosius intendimus, et operam tempore suo dabimus opportunam. In ipso vero negotio hactenus procedere distulimus, quia voluntatem charissimi in Christo filii nostri Ludovici illustris Francorum regis, sicut plenius novimus, in hoc facto tuæ voluntati minime consonabat. Unde nos factum ipsum usque ad proximum festum beati Lucæ duximus prorogandum, ut infra illius temporis spatium voluntatem ipsius regis in hoc possimus agnoscere, et ad utilitatem et profectum jam dictæ Ecclesiæ commodius meditari. Tua siquidem intererit interim animum ejusdem regis inducere ad hoc et verbis suavibus mitigare. Confidere tamen te volumus firmiter et sperare quod, cum tempus illud advenerit, tam huic negotio quam aliis etiam quæ honori tuo expediant promptam diligentiam adhibere curabimus, et ea quantum cum justitia et ratione poterimus ad utilem effectum cum honore tuo, auctore Domino, perducemus. Rogamus de cætero fraternitatem tuam, ut quia dilectus filius noster abbas (95) Sancti Bertini nobis honorifice satis et devote servivit, et Ecclesia sua plurimum noscitur aggravata, alteram de duabus procurationibus nostris, quas illi accepimus fuisse impositas, nostro interventu remittas.

Datum apud Dolense monasterium, xi Kal. Augusti.

CLXXXVIII.

Enumeratis singillatim Ecclesiæ Burgensis prædiis, omnia confirmat, et eam esse specialem sedis apostolicæ suffraganeam decernit.

(Ap. Dolense monasterium, Jul. 23.)
[FLOREZ, *Espana sagrada*, XXVI, 475.]

ALEXANDER episcopus, servus servorum Dei, venerabili fratri PETRO Burgensi episcopo ejusque successoribus canonice promovendis.

Cum ex injuncto nobis a Deo apostolatus officio, quo cunctis Christi fidelibus auctore Domino præeminemus, singulorum paci et tranquillitati debeamus intendere, præsertim pro illorum quiete oportet nos esse sollicitos qui pastorali dignitate sunt præditi, et ad officium pontificale promoti, et qui speciali prærogativa noscuntur ad jus Romanæ Ecclesiæ pertinere: nisi enim nos eorum utilitatibus intendentes, ipsorum dignitates et jura, in quantum, Deo permittente, possumus, integra conservemus, et auctoritate apostolica eos ab iniquorum hominum incursibus defendamus, de illorum salute non vere poterunt esse solliciti qui sibi ad regendum Domino sunt disponente commissi. Eapropter, venerabilis in Christo frater Petre, Burgensis episcope, tuis justis postulationibus clementer annuimus, in qua auctore Deo præesse dignosceris, tibi tuisque successoribus auctoritate apostolica confirmamus, et præsentis scripti privilegio communimus. Præterea quascunque possessiones, quæcunque bona eadem Ecclesia in præsentiarum juste et rationabiliter possidet, aut in futurum concessione pontificum, largitione regum, vel principum, oblatione fidelium, seu aliis justis modis Deo propitio poterit adipisci, firma tibi tuisque successoribus et per vos eidem Ecclesiæ illibata permaneant.

Statuimus præterea ut ea quæ infra hos terminos continentur, videlicet a populationibus quæ sunt in Pyrenæis montibus donec perveniatur ad mare Oceanum, et totis Asturiis usque ad fluvium Deba, qui descendit a supradictis Pyrenæis montibus, et sicut discurrunt aquæ ad meridianam partem inter Mutave et Rotundum usque ad pennam perforatam, sequente ibi fluvio qui dicitur Pisorga, donec labitur in ribo Aslanz. Et alia etiam omnia quæ ad Ecclesiæ tuæ jurisdictionem pertinent, tam in Ecclesiis quam in aliis possessionibus, sicut cadem hodie juste et canonice possides, firma tibi tuisque successoribus perpetuo jure consistant. In quibus hæc propriis duximus exprimenda vocabulis.

Ecclesiam S. Petri de Berlangas, ecclesiam S. Mariæ de Castro Suriz cum omnibus earum pertinentiis, ecclesiam S. Adriani in Villa quæ dicitur Munio cum pertinentiis suis, ecclesiam S. Quirici, ecclesiam S. Michaelis juxta Agosin cum omnibus earum pertinentiis, ecclesiam S. Mariæ in Berbesica, ecclesiam S. Mariæ in Valleposita, ecclesiam S. Eulaliæ de Muciefar, ecclesiam S. Euphemiæ de Cozuolos, ecclesiam S. Mariæ de Sasamon, ecclesiam S. Mariæ de Belforath cum omnibus earum pertinentiis, ecclesiam S. Bartholomæi, ecclesiam S. Fausti, ecclesiam S. Vincentii de Buezo, ecclesiam S. Mariæ de Valde Moro, ecclesiam S. Emiliani de Lara cum omnibus earum pertinentiis, ecclesiam S. Genesi de Gama, ecclesiam S. Michaelis de Busto, ecclesiam S. Mariæ de Salas, ecclesiam S. Pelagii de Lucio, ecclesiam S. Martini de Cereso cum omnibus earum pertinentiis, ecclesiam S. Michaelis de Fronducea, ecclesiam S. Laurentii, ecclesiam S. Stephani, ecclesiam S. Jacobi, ecclesiam S. Nicolai, ecclesiam S. Romani, ecclesiam S. Ægidii, ecclesiam S. Michaelis, ecclesiam S. Petri, ecclesiam S. Mariæ de Roccaboia, ecclesiam S. Agathæ, ecclesiam S. Saturnini. Has undecim ecclesias in Burgensi civitate sitas cum omnibus earum pertinentiis, ecclesiam S. Christophori de Villa Didaco, ecclesiam S. Columbæ de Olmielos, ecclesiam S. Mariæ de Prato, ecclesiam S. crucis de Ripa Hiberii cum earum pertinentiis, ecclesiam S. Leocadiæ de Egumia, ecclesiam S. Georgii de Torranzo, ecclesiam S. Mariæ de Muslera, ecclesiam S. Mariæ de Latas cum earum pertinentiis, ecclesiam S. Martini de Davala, ecclesiam S. Torquati de Castella vetula, ecclesiam S. Martini de Porres, ecclesiam S. Michaelis de Toves, ecclesiam S. Michae-

---

(95) Is esse videtur Godefridus abbas S. Bertini, Leonii successor, qui Turonis adfuit Alexandro concilium celebranti, teste Johanne Yperio in *Chron.* cap. 44.

lis de Ponte Corvo, ecclesiam S. Joannis de Cucullata, ecclesiam S. Mariæ de Rivio Cavie, ecclesiam Sanctæ Mametis de Barbadello cum omnibus earum pertinentiis, ecclesiam S. Vincentii de Villa Gonzalua cum pertinentiis suis. Jus quod habes in monasteriis Oniensi, Caradignæ, S. Petri de Aslanz, et S. Christophori de Evea, et in aliis monasteriis Burgensis episcopatus quæ ad tuam jurisdictionem pertinent. Ex dono bonæ memoriæ Sanctii, quondam illustris Hispaniarum regis, villam quæ dicitur Quintana-donnas, villam Mericii et Basconcillos, et hæreditatem quæ est in Platano ex dono piæ recordationis regis Ildefonsi, decimam partem omnium reddituum quos Burgis habebat; hospitalem domum cum omnibus hæreditatibus suis, villam quæ dicitur Arcos; villam Isidori, villam quæ dicitur Castellanos et Rave, villam Otor, villam Adiudam, et Ripiellam; et in Rivo de Cavia aliam Ripiellam cum suo alfoz, et terminis ac pertinentiis suis, hæreditatem de villa Armentarii, et aliam hæreditatem de Villanova; et villam Orob cum suis terminis. Ex dono Sanciæ infantissæ villam quæ dicitur Cardenola, et quidquid Burgis habebat, domos, agros, vineas, hortos, molendinos, colazos. Ex dono Garsiæ, villam quæ dicitur Paramo. Ex dono Petri Carrielli medietatem unius villæ, quæ dicitur Arraial. Ad exemplar quoque prædecessoris nostri sanctæ recordationis Paschalis papæ apostolica auctoritate statuimus, ut tam tu quam successores tui, nulli metropolitano nisi Romano pontifici sint subjecti, et omnes qui tibi in eadem sede successerint, per manum Romani pontificis tanquam speciales Romanæ sedis suffraganei consecrentur.

Decernimus ergo ut nulli omnino hominum liceat præfatam Ecclesiam temere perturbare, aut ejus possessiones auferre, vel ablatas retinere, minuere, seu quibuslibet vexationibus fatigare; sed omnia integra conserventur eorum pro quorum gubernatione ac sustentatione concessa sunt usibus omnimodis profutura: salva nimirum sedis apostolicæ auctoritate. Si qua igitur in futurum ecclesiastica sæcularisve persona hanc nostræ constitutionis paginam sciens, contra eam temere venire tentaverit, secundo tertiove commonita, nisi præsumptionem suam congrua satisfactione correxerit, potestatis honorisque sui dignitate careat, reamque se divino judicio existere de perpetrata iniquitate cognoscat, et a sacratissimo corpore Dei ac sanguine Redemptoris Domini nostri Jesu Christi aliena fiat, atque in extremo examine districtæ ultioni subjaceat. Cunctis autem eidem loco sua jura servantibus, sit pax Domini nostri Jesu Christi, quatenus et hic fructum bonæ actionis percipiant, et apud districtum judicem præmia æternæ pacis inveniant. Amen, amen.

Ego Alexander catholicæ Ecclesiæ episcopus ss.
Ego Hubaldus Ostiensis eps. ss.
Ego Bernardus Portuensis et S. Rufinæ eps. ss.
Ego Huvalterius Albanensis eps. ss.

Ego Hubaldus presbyter cardinalis tt. Sanctæ Crucis in Jerusalem ss.
Ego Henricus presbyter cardinalis tt. Sanctorum Nerei et Achillei ss.
Ego Joannes presbyter cardinalis tt. Sanctæ Anastasiæ ss.
Ego Albertus presbyter cardinalis tt. S. Laurentii in Lucina ss.
Ego Guillelmus tt. S. Petri ad Vincula presbyter cardinalis ss.
Ego Oeldo diaconus cardinalis S. Nicolai in carcere Tulliano ss.
Ego Ardicio diaconus cardinalis S. Theodori ss.
Ego Boso diaconus cardinalis Sanctorum Cosmæ et Damiani ss.
Ego Cinthyus diaconus cardinalis S. Adriani ss.
Ego Petrus diaconus cardinalis S. Eustachii juxta templum Agrippæ ss.
Ego Joannes diaconus cardinalis S. Mariæ in Porticu ss.
Ego Manfredus diaconus cardinalis S. Georgii ad Velum Aureum ss.

Datum apud Dolense monasterium, per manum Hermanni S. R. E. subdiaconi et notarii, x Kal. Augusti, indictione xi, Incarnationis Dominicæ anno 1163, pontificatus vero domini Alexandri papæ III anno quarto.

CLXXXIX.
Ad archiepiscopum Toletanum. — Ne jure primatus utatur in provincia Tarraconensi.
(Ap. Dolense monasterium, Jul. 26.)
[Mansi, *Concil.*, XXI, 1060.]

Alexander episcopus, servus servorum Dei, venerabili fratri Toletanensi archiepiscopo, salutem et apostolicam benedictionem.

Fraternitatis tuæ prudentiam credimus non latere quomodo Tarraconensis Ecclesia, archiepiscopo ipsius de medio Domino vocante sublato, pastoris sit nuper solatio destituta; quæ quoniam potius est fovenda quam in aliquo ad præsens turbanda, fraternitati tuæ per apostolica scripta mandamus, quatenus in tota Tarraconensi provincia, nec in ordinandis Ecclesiis, nec in electionibus vacantium Ecclesiarum faciendis auctoritatem tuam nullatenus interponas, nec etiam ibi aliqua primatiæ jura attentes aliquatenus exercere, donec causa quæ inter Ecclesiam tuam et illam vertitur ad nostrum auditorium deferatur, et, auxiliante Domino, fine congruo terminetur.

Datum apud Dolense monasterium vii Kalend. Augusti.

CXC.
Ad canonicos Pampilonenses. — De episcopo eligendo intra spatium duorum mensium.
(Ap. Dolense monasterium, Jul. 26.)
[*Ibid.*]

Alexander episcopus, servus servorum Dei, dilectis filiis canonicis Pampilonensibus, salutem et apostolicam benedictionem.

Sacrosanctis Ecclesiis quanto ex defectu pastoris graviora solent aliquando detrimenta et pericula generari, tanto hi qui grata ex eis beneficia assidue consequuntur ad succurrendum ipsis in pastoris solatio studiosius debent satagere et totis affectibus laborare. Inde est quod per iterata scripta universitati vestræ præcipiendo mandamus, quatenus infra duos menses post harum susceptionem, in aliquam personam idoneam, honestam et litteratam pariter convenientes, eam vobis in pastorem et episcopum vestrum unanimiter eligatis, electam vero Tarraconensi Ecclesiæ, postquam fuerit ibi archiepiscopus, auxiliante Domino, substitutus, sicut moris est, humiliter præsentare curetis, ita quod eadem Ecclesia optatum se gaudeat in proximo solatium pastoris recipere, et per ipsius prudentiam tam spiritualiter quam temporaliter jucunditate suavissima respirare.

Datum ut supra.

CXCI.

Privilegium pro monasterio S. Mariæ de Eleemosyna.

(Ap. Dolense monasterium, Jul. 26.)

[BERNIER, *Hist. de Blois*, Preuv., p. 20.]

ALEXANDER episcopus, servus servorum Dei, dilectis filiis PHILIPPO abbati monasterii B. Mariæ de Eleemosyna, ejusque fratribus tam præsentibus quam futuris regularem vitam professis in perpetuam rei memoriam.

Religiosam vitam eligentibus apostolicum convenit adesse præsidium, ne forte alicujus temeritatis incursus eos aut a proposito revocet, aut robur, quod absit! sacræ religionis infringat. Eapropter, dilecti in Domino filii, vestris justis postulationibus clementer annuimus, et præfatum monasterium in quo divino mancipati estis obsequio, sub beati Petri et nostra protectione suscipimus, et præsentis scripti privilegio communimus; in primis siquidem statuentes ut ordo monasticus, qui secundum Deum et beati Benedicti Regulam atque institutionem Cisterciensium fratrum in vestro monasterio noscitur institutus, perpetuis ibidem temporibus conservetur. Præterea quascunque possessiones, quæcunque bona idem monasterium in præsentiarum juste et canonice possidet, aut in futurum concessione pontificum, largitione regum vel principum, oblatione fidelium, seu aliis justis modis, præstante Domino, poterit adipisci, firma vobis vestrisque successoribus et illibata permaneant. In quibus hæc propriis duximus exprimenda vocabulis.

Locum ipsum in quo abbatia sita est cum bosco adjacenti; grangiam putei Morelli, grangiam Eremberti, grangiam Montis-Calvi, grangiam Ottinvillæ, grangiam Villæflori, grangiam de Vivones cum terra de Roches; grangiam montis Maximini, terram Herbiliaci cum pratis, vineis, et omnium earum pertinentiis: abbatiam de Gaverleia, abbatiam de Tinterna, abbatiam de Landesio, abbatiam de Begar.

(96) Formulam hanc, quam verbotenus seu paucis mutatis in bullis pontificalibus reperire est, bre-

Sane laborum vestrorum quos propriis manibus aut sumptibus colitis, sive de nutrimentis vestrorum animalium, nullus omnino clericus, sive laicus a vobis decimas præsumat exigere. Paci quoque et tranquillitati vestræ paterna sollicitudine providentes auctoritate apostolica prohibemus, ut infra clausuras locorum seu grangiarum vestrarum, nullus violentiam vel rapinam, sive furtum committere, vel combustionem facere, seu hominem capere vel interficere audeat; et si quis hoc attentare præsumpserit, tanquam sacrilegus judicetur.

Decernimus ergo ut nulli omnino hominum liceat præfatum monasterium temere perturbare, aut ejus possessiones auferre, vel ablatas retinere, minuere, seu quibuslibet vexationibus fatigare, sed illibata omnia et integra conserventur eorum, pro quorum gubernatione et sustentatione concessa sunt, usibus omnimodis profutura, salva sedis apostolicæ auctoritate. Si qua igitur, etc. (96).

Ego Alexander catholicæ Ecclesiæ episcopus.
Ego Hubaldus Ostiensis episcopus.
Ego Bernardus Portuensis et Sanctæ Rufinæ episcopus.
Ego Gualterius Albanensis episcopus.
Ego Hubaldus presbyt. card. tituli Sanctæ Crucis in Jerusalem.
Ego Henricus presbyter card. tit. Sanctorum Nerei et Achillei.
Ego Joannes presbyt. cardin. tit. Sanctæ Anastasiæ
Ego Albertus presbyt. cardinalis tituli Sancti Laurentii in Lucina.
Ego Guillelmus tituli Sancti Petri ad Vincula, presb. cardin.
Ego Hyacinthus diaconus cardinalis S. Mariæ in Cosmedin.
Ego Oddo diaconus cardinalis S. Nicolai in Carcere Tulliano.
Ego Ardicio diaconus cardinalis Sancti Theodori.
Ego Boso diacon. cardin. Sanctorum Cosmæ et Damiani.
Ego Cinthius diaconus cardinalis Sancti Adriani.
Ego Petrus diac. card. S. Eustachii juxta templum Agrippæ.
Ego Mainfredus diaconus cardin. Sancti Georgii ad Velum Aureum.

Datum apud Dolense monasterium per manum Hermanni sanctæ Romanæ Ecclesiæ subdiaconi et notarii, septimo Kal. Augusti, indict. II, Incarnationis Dominicæ anno 1163, pontificatus vero domni Alexandri III anno quarto.

CXCII.

Ad Ludovicum Francorum regem. — *Mittit W. monachum Morimundensem cum litteris Welfonis ducis.*

(Ap. Dolense monasterium, Jul. 28.)

[MANSI, *Concil.*, XXI, 1021.]

ALEXANDER episcopus, servus servorum Dei, charitati consulentes, deinceps omittimus. EDIT. PATR.

rissimo in Christo filio Ludovico illustri Francorum regi salutem et apostolicam benedictionem.

Dilectus filius noster W., Morimundensis monachus, præsentium lator, quem olim pro Ecclesiæ negotiis in regnum Teutonicum in multo labore ac periculo destinavimus, ad nos per Dei gratiam sanus incolumisque reversus, tam nobis quam excellentiæ tuæ litteras dilecti filii nostri nobilis viri ducis Welfonis fidelissime reportavit. Unde nunc eum ad tuæ sublimitatis præsentiam cum eisdem litteris destinantes, rogamus, monemus et exhortamur in Domino, quatenus eum et litteras ipsas pro reverentia beati Petri ac nostra, et prædicti ducis obtentu, regia benignitate recipias, et in eo quod ex relatione ipsius juxta earumdem litterarum tenorem cognoveris, secundum quod videris expedire procedas.

Datum ap. Dolense monasterium, v Kal. Augusti.

CXCIII.

Ad Henricum Remensem archiepiscopum. — *Ut comitis Registetensis exactiones in ecclesiam Laudunensem compescat.*

(Bituricis, Aug. 1.)
[Marten., *Collect.*, II, 672.]

Alexander episcopus, servus servorum Dei, venerabili fratri H. Remensi S. et A. B.

Ex transmissa nobis conquestione canonicorum ecclesiæ Laudunensis accepimus, quod nobilis vir Registetensis comes super possessionibus ejusdem Ecclesiæ in terra sua constitutis, Ecclesiam ipsam non desinit exactionibus fatigare. Quoniam igitur ex injuncto nobis officio providere compellimur, ne Ecclesiæ in suis rebus a personis quibuslibet indebita prægraventur, fraternitati tuæ per apostolica scripta mandamus, quatenus præfatum comitem moneas diligentius, et si opus fuerit, districte compellas, in terris prædictæ Ecclesiæ exactiones indebitas nullatenus ponere, et eam in talibus de cætero minime molestare. Quia miles quidam præfati comitis, sicut dicitur, molendinum quoddam prædictæ Ecclesiæ destruxit, et annonas ipsius, sicut eorumdem canonicorum nobis est significatione monstratum, violenter accepit, nihilominus tuæ fraternitati mandamus quatenus, si ita est, militem illum tam per te quam per jam dictum comitem diligenter studeas commonere atque compellere ut damnum quod prænominatæ Ecclesiæ in destructione molendini intulit resarciat, et ablatam annonam omni cum integritate restituat, vel eisdem exhibeat justitiæ complementum. Quod si neutrum facere forte voluerit, eum vinculo excommunicationis astringas.

Data Bituricis, Kalendis Aug.

CXCIV.

Monasterii Floriacensis privilegia confirmat.

(Bituricis, Aug. 7.)

[Hujus privilegii mentio exstat apud Saussey, *Annal. Aurel.*, 204.]

CXCV.

Ad Ludovicum Francorum regem. — *Floriacense monasterium ipsi commendat.*

(Bituricis, Aug. 7.)
[Mansi, *Concil.*, XXI, 1006.]

Alexander episcopus, servus servorum Dei, charissimo in Christo filio Ludovico illustri Francorum regi salutem et apostolicam benedictionem.

Dilectum filium nostrum... abbatem Sancti Benedicti super Ligerim cum tuæ magnificentiæ litteris ad nos venientem qua debuimus animi benignitate recepimus, et obtentu precum tuarum, quibus quantumcunque cum Deo possumus, promptam semper volumus diligentiam adhibere, suæque religionis et honestatis intuitu ipsum affectiosius honorare curavimus, et in suis petitionibus efficaciter exaudire. Eum itaque cum plenitudine amoris et gratiæ nostræ ad propria redeuntem, regiæ serenitati propensius commendamus, per apostolica scripta monentes, rogantes, et exhortantes in Domino, quatenus amore divinæ miserationis, et pro reverentia beati Petri ac nostra, consideratione quoque religionis et probitatis ipsius, eumdem abbatem et fratres suos, et idem monasterium clementi semper benignitate respicias, diligas, manuteneas et honores, et tam eos quam jura ipsius monasterii a pravorum incursione regia protectione defendas, ita quod ab omnipotenti Domino præmium æternæ beatitudinis exinde recipias, et nos regiæ majestati copiosas debeamus gratias exhibere.

Datum Bituricis, vii Idus Augusti

CXCVI.

Ad Henricum archiepiscopum Remensem. — *De districtione ecclesiastica in Guidonem de Castellione pro Petro et Ric.*

(Bituricis, Aug. 8.)
[Marten., *Collect.*, II, 673.]

Alexander episcopus, servus servorum Dei, venerabili fratri Henrico Remensium archiepiscopo, salutem et apostolicam benedictionem.

Cum Guido de Castellione Petrum et Ric., latores præsentium, sicut ex eorum relatione accepimus, super crimine homicidii accusaret, et isti ad primum retro festum Pentecostes ad nostram audientiam appellassent, prædictus Guido nec venit, nec responsalem pro se aliquem destinavit. Cumque fraternitati tuæ per nostras litteras mandaverimus ut Guidonem illum moneres diligentius, et districte compelleres quod eos pacifice et sine molestatione aliqua manere permitteret, vel in festo beati Petri responsurus pariter et acturus nostro se conspectui præsentaret, ipse nec præfixo termino ad nos venit, nec ab istorum adhuc vexatione desistit. Ideoque fraternitati tuæ per iterata scripta mandamus, quatenus eumdem Guidonem ab eorum de cætero infestatione omni cum districtione compescas, nec per te, nec per alios patiaris aliquod eis gravamen inferri.

Datum Bituric., vi Id. Augusti.

CXCVII.

De nuntio imperatoris CP. qui secretum habet pontifici et regi simul præsentibus aperiendum.

(Bituricis, Aug. 20.)
[Mansi, *Concil.*, XXI, 1013.]

Alexander episcopus, servus servorum Dei, charissimo in Christo filio Ludovico illustri Francorum regi, salutem et apostolicam benedictionem.

Cum ex multis aliis super devotissima sinceritate a te nobis exhibita regiam excellentiam possimus et velimus multipliciter commendare : in hoc etiam quod nuper ad petitionem nostram pro præstanda securitate nuntiis charissimi filii nostri [Manuelis] illustris Constantinopolitani imperatoris proprium nuntium destinasti, celsitudinem regiæ majestatis non immerito commendamus, et copiosas exinde magnificentiæ tuæ gratiarum actiones exsolvimus. Noverit autem excellentia tua quod altero nuntiorum illorum, urgente invaletudine, apud S. Ægidium remorante, alter ad præsentiam nostram accedit. Quia vero quoddam verbum secretum nobis et tibi tantum habet proponere, sicut ex litteris nobis olim ab eisdem nuntiis destinatis, quas tibi transmisimus, agnoscere potuisti, voluntatis illius est, si tuæ placitum fuerit majestati, quod in aliquo loco præsentes simus, ut verbum illud a prædicto nuntio pariter audiamus. Sane prædictus nuntius tuus tibi plenius illius voluntatem exponet. Nos vero, licet præsentiam tuam tam pro hoc quam pro aliis negotiis libenter habere vellemus, tamen tuum erit cum familiaribus et consiliariis tuis deliberare qualiter super hoc tibi sit procedendum, et quid in hoc facto honori et excellentiæ tuæ debeat convenire et secundum quod honori tuo noveris expedire, procedes. Quidquid autem super hoc provideris faciendum, tam nobis quam præfato nuntio litteris tuis studeas celeriter indicare.

Datum Bituricis xiii Kal. Septemb.

CXCVIII.

Ad Henricum Remensem archiepiscopum.—Pro Gualterio diacono.

(Bituricis, Aug. 25.)
[Marten., *Collect.* II, 673.]

Alexander episcopus, servus servorum Dei, venerabili fratri Henrico Remensium archiepiscopo, salutem et apostolicam benedictionem.

Veniens ad apostolicam sedis clementiam Gualterius diaconus, lator præsentium, lacrymabili nobis conquestione monstravit quod canonici Ecclesiæ tuæ ipsum capellania de Maceio absque judicio et justitia spoliarunt, et eam cuidam presbytero minus canonice concesserunt. Cumque ipse ad nos Anagniam venisset, nostras super hoc ad S. (97) bonæ memoriæ prædecessorem tuum litteras reportavit, in quibus et firmiter mandasse credimus, ut vel capellaniam ipsam faceret prædicto diacono restitui, vel plenam justitiam exhiberi. Cæterum a quoniam illo de medio, Domino vocante, sublato, iste compellitur pro defectu sui juris in præsentia nostra replicare querelam, nos, ejus inopia et iteratis clamoribus provocati, ex injuncto nobis officio fraternitati tuæ per apostolica scripta mandamus, quatenus prædictos canonicos tuos diligenter commoneas, et districte compellas, ut capellaniam illam, sacerdote inde remoto, præfato diacono quiete pacificeque restituant, aut in tua præsentia eidem exhibeant, appellatione remota, justitiæ complementum.

Datum Bituricis, x Kal. Septembris.

CXCIX.

Ad Henricum archiepiscopum Remensem. — Pro quodam milite, qui peccatis exigentibus in torneamento decessit.

(Bituricis, Aug. 25.)
[*Ibid.*, col. 674.]

Alexander episcopus, servus servorum Dei, venerabili fratri Henrico, salutem et apostolicam benedictionem.

Litteras tuas debita benignitate suscepimus, in quibus pro quodam milite, qui, peccatis exigentibus, in torneamento decessit, ut sepulturam ei ecclesiasticam indulgeremus, te precibus venerabilis fratris nostri Cantuariensis archiepiscopi motum, nos attente rogasse cognovimus. Verum licet in omnibus, quantumcunque cum Deo possumus, tam tibi quam ei velimus deferre, et petitiones vestras libentius exaudire; quia tamen a regibus, principibus et baronibus terræ propter eamdem causam sæpius affectuose rogati, nullum hujusmodi precibus assensum præbuimus, ne prava illa consuetudo ex hoc incrementum posset suscipere, non grave tibi sit vel molestum, quod preces tuas in hoc prætermisimus inexauditas.

Data Bituricis decimo Kalendas Septembris.

CC.

Ad Ludovicum Francorum regem. — Significat alterum nuntiorum imperatoris CP. « illud secretum verbum communiter ipsi et regi propositum » voluisse. Se vero ut nuntius antea ad regem accederet decrevisse, « ne, inquit, ei occurrere videretis. »

(Bituricis, Aug. 28.)
[Mansi, *Concil.*, XXI, 1007.]

Alexander episcopus, servus servorum Dei, charissimo in Christo filio Ludovico illustri Francorum regi salutem et apostolicam benedictionem.

Sicut per servientem tuum et etiam per litteras nostras nuper regiæ celsitudini denotavimus, alter nuntiorum charissimi in Christo filii nostri illustris Constantinopolitani imperatoris, qui nunc ad partes istas accedit, nos et te vellet habere præsentes ut illud secretum verbum communiter nobis proponeret, sicut ex mandato ejusdem imperatoris se asserit accepisse. Unde et voluntatis ipsius erat ut te simul nobiscum apud Bituricas inveniret. Nos vero, considerantes quod honori tuæ celsitudinis expedi-

---

(97) Samsonem, qui obiit anno 1161, sepultus in monasterio Igniacensi

rét, consilium nostrum super hoc tam per nuntium tuum quam per litteras nostras regiæ magnificentiæ exposuimus, proponentes honorificentius esse quod priusquam nos conveniremus in unum, præfatus imperatoris nuntius ad præsentiam tuæ sublimitatis accederet, ne si forte ad nos hac occasione venires, ei occurrere quodammodo videreris. Ex quo vero ipse ad te venerit, si consilii tui sit ut nos simul tecum debeamus super hoc habere sermonem, in unum poterimus ubi tibi visum fuerit convenire. Nos igitur cupientes in omnibus quæ cum Deo possumus tuæ majestati deferre, volumus ut priusquam ad nos jam dictus nuntius veniat, ad præsentiam regiæ serenitatis accedat. Unde excellentiam tuam per apostolica scripta rogamus attentius quatenus eum ad tuam præsentiam venientem honeste recipias, et consueta benignitate pertractes, et verba quæ tuæ proposuerit majestati, ea qua debes deliberatione consideres et attendas. Si autem visum tibi fuerit aliquid nobis esse significandum, poteris cum tibi placuerit indicare.

Datum Bituricis, VIII Kal. Septembris.

CCI.

Ad Henricum Remensem archiepiscopum. — Pro Catalaunensis Ecclesiæ electo

(Bituricis, Aug. 28.)

[Marten, *Collect.*, II, 674.]

Alexander episcopus, servus servorum Dei, venerabili fratri Henrico Remensium archiepiscopo, salutem et apostolicam benedictionem.

Ex litteris tuæ fraternitatis accepimus, quod tu cum charissimo in Christo filio nostro Ludovico illustri Francorum rege, fratre tuo, taliter convenisti, quod si causa (98) electionis, quæ in Catalaunensi est Ecclesia celebrata in præsentia nostra, legitime cognoscatur, id eidem regi nec grave erit aliquatenus, nec molestum. Quod utique nos, licet aliunde nobis aliter suggeratur, gratum admodum acceptumque tenentes, et exaudiendi semper justas petitiones tuas firmum propositum et voluntatem habentes, id super hoc tibi duximus respondendum, quod in termino constituto cum utraque pars nostro se propter hoc conspectui præsentabit, in eadem causa ad honorem Dei et prædicti regis et tuum, quantum cum justitia poterimus, libentissime procedemus. Interim vero non est visum nobis terminum ipsum restringere, nisi hoc utriusque partis beneplacito proveniret.

Datum Bituricis, v Kal. Septemb.

CCII.

Ad Ludovicum Francorum regem. — De cœnobio S. Maximini reformando (99).

(Bituricis, Sept. 1.)

[Mansi, *Concil.*, XXI, 1019.]

Alexander episcopus, servus servorum Dei, charissimo in Christo filio Ludovico illustri Francorum regi, salutem et apostolicam benedictionem.

Ab excellentis serenitatis tuæ memoria non credimus excidisse quam devota precum instantia tua nos clementia curavit inducere ut illud prodigiosum facinus quod monachi ecclesiæ Sancti Maximini de abbate suo, instigante diabolo, perpetrarunt, ultione dignissima punire, et eidem ecclesiæ studeremus de persona idonea utiliter providere. Unde nos precibus regiæ pietatis, et ex nostri officii debito, tantum excessum, prout vidimus expedire, sollicite punientes, eos quos hujusmodi scelus tetigerat, per varia et diversa monasteria retrudi fecimus, et mandavimus firmius custodiri. Et de regia demum bonitate confisi, viros idoneos admodum et religiosos de honesta et religiosa domo assumpsimus, et eos in præfata ecclesia ad religionem ibi auctore Domino reformandam instituere curavimus. Quos siquidem ita credimus utiles et convenientes, quod ipsam ecclesiam, si regia pietas dignata fuerit ipsos fovere, et a pravorum incursu defendere, tam spiritualibus quam temporalibus incrementis ampliabunt, et ad majora, concedente Domino, promovebunt. Inde est quod regiam serenitatem rogamus, monemus et exhortamur in Domino, atque in peccatorum remissionem tibi injungimus, quatenus supernæ Providentiæ obtentu, et pro reverentia beati Petri, et pro animæ tuæ salute, supradictam ecclesiam, et fratres inibi ad Dei servitium constitutos, clementiori oculo respicias, et a molestiis et injuriis, quas illi monachi fugitivi per propinquos et fautores suos eis infligunt, ipsam ecclesiam viriliter liberare intendas. Specialiter tamen Her. de Cingiaco, et Rob. Berigerum, qui eosdem fratres variis gravaminibus et vexationibus pulsant, potenter capi facias, et ad eadem loca retrusos acrius custodiri, ita quod de cætero nihil valeant per se vel fautores suos contra eamdem ecclesiam machinari. Postulamus etiam celsitudinem tuam ut illos burgenses tuos, quibus possessiones sæpe dictæ ecclesiæ sunt pignori obligatæ, districte compellas ab exactione usurarum omnino desistere, et fructus perceptos, vel saltem percipiendos, deductis inde expensis, in sortem ulterius computare. Licet enim juxta institutiones sanctorum Patrum omnis usura et superabundantia exigi omnimodis prohibeantur, remissius tamen hi punientur qui minus hujusmodi lucris intendunt.

Datum Bituricis, Kal. Septembris.

CCIII.

Ad Hugonem Suessionensem episcopum. — Ejus devotionem commendat, et gratiam omnem pollicetur.

(Bituricis, Sept. 2.)

[*Ibid.*, col. 980.]

Alexander episcopus, servus servorum Dei, venerabilem in Christo, divine judicio, cum esset indignus, obiit ipso die quo erat in crastino consecrandus, et electus est alter Guido de Jovevilla, frater Gaufridi, filius Rogeri, qui per annos 28 præfuit.

---

(98) Hæc electio Guidonem de Dampetra, aut Guidonem de Joinvilla respicit, de quibus Albericus in *Chronico* ad annum 1163 : *Apud Catalaunum electus fuit in episcopum Guido de Dampetra, frater Anserici, Guillelmi, Andreæ et Milonis, virorum no-*

(99) Ejusdem argumenti est epist. 183, supra.

nerabili fratri H..... Suessionensi episcopo, salutem et apostolicam benedictionem.

Universos Ecclesiæ filios, et præcipue fratres nostros episcopos, quos in fide catholica et devotione sacrosanctæ Romanæ Ecclesiæ fervere cognoscimus, sincera nos in Domino convenit charitate diligere, et ipsos tanto uberius confovere, quanto et constantia fidei, et bonæ opinionis odore abundantius redolere noscuntur. Veniens autem ad nos dilectus filius noster P., ecclesiæ Beati Aniani decanus, sicut jam sæpius, ita et nunc, quod in fide catholica ferveas, et quod matri tuæ sacrosanctæ Romanæ Ecclesiæ sincera devotione adhæreas, nobis insinuare curavit. Quod quia et nos ipsa experientia operis jam olim didicisse meminimus, gratum habemus admodum et acceptum. Inde utique est quod fraternitatem tuam sincera in Domino charitate diligimus, et collatam tibi dignitatem a Domino et honores conservare cupimus, et augere. Cæterum super his quæ idem filius noster retulit, de hoc videlicet quod circa charissimum in Christo filium nostrum, Ludovicum illustrem Francorum regem, habere dignosceris, sollicitudinem pariter nos habere noveris et cautelam. Nec quisquam, volente Domino, ad hoc nos inducere poterit, quod collata tibi dignitas seu officium per nos minui debeat vel auferri; sed potius augere volentes, consilium tibi et auxilium in quibus honeste poterimus, libenti animo curabimus impertiri, ut et devotionis tuæ integritas meritum habeat, et recipiat præmium quod magnis sacerdotibus et justitiæ cultoribus promissum est.

Datum Bituricis, IV Nonas Septembris.

CCIV.

Ad Gilbertum Londinensem episcopum. — Mandat horteturHenricum, Anglorum regem, ut Ecclesiarum libertati intendat.

Biturici, Sept. 4.)
[*Epist. Gilberti Foliot* ed. GILES, II, 85.]

ALEXANDER episcopus, servus servorum Dei, venerabili fratri [G.] Londoniensi episcopo, salutem et apostolicam benedictionem.

Quanto majorem in Ecclesia Dei locum nosceris obtinere, tanto amplius multorum oculi in te defixi consistunt, quorumdam quidem ut detrahant, quorumdam vero ut tuis bonis actibus informentur. Unde et oportet prudentiam tuam ita caute et circumspecte in omnibus se habere, ut quisque in te inveniat quod debeat imitari, et ex quo proximorum vita proficere valeat ad majora. Charissimus siquidem filius noster Henricus, illustris Anglorum rex, honestatem, prudentiam et religionem tuam considerans, et attendens, a nobis multa precum instantia postulavit, ut in ea civitate quæ quasi caput regni est, et in qua ipse diuturniorem moram facere consuevit, pontificale officium gereres, et ibidem ad conferendum ei spirituale et temporale consilium permaneres. Interest igitur tua, ut cum qui talem de te spem fiduciamque concepit, ad quæque bona opera securius exhorteris, et ab his quæ animæ suæ periculum pariant, studeas deterrere.

Rogamus itaque fraternitatem tuam et commonemus in Domino, quatenus ei frequenti exhortatione proponas, ut consideret studiosius et revolvat ad quam sublimia et excelsa eum providentia divinæ miserationis erexit, quomodo regnum sibi per suam gratiam subjugavit, et qualiter eum de die in diem incrementis facit potioribus abundare. Ad cor autem et ad memoriam omnia hæc reducens, in omnibus actibus suis Deum præ oculis habeat, ab illicitis abstinens semper ad meliora se provehat, et eum sibi studeat habere placatum, sine quo nec regnum obtinere terrenum, nec acquirere poterit sempiternum. Cæterum ad hoc convenientius exsequendum, asseras ei firmiter et proponas, ut sacrosanctas Dei Ecclesias, pro quibus Dominus Jesus Christus in terris visus est et cum hominibus conversatus, in proprio corpore mortis sustinens passionem, sinceriori affectu diligat, manuteneat, atque ad earum libertatem diligentius quam consueverit studeat et intendat. Nihilominus etiam tam archiepiscopos quam alios coepiscopos tuos, ut eumdem regem simul tecum ad hoc ipsum diligenter inducant, studeas convenire. Cum enim per alia multa opera pietatis, placere possit in oculis Conditoris, id erit præcipue per quod regnum sibi feliciter poterit ampliari, et ipse incrementa non modica tam spiritualiter quam temporaliter ab omnipotente Domino exinde obtinebit. Hujusmodi autem commonitionem ita opportune et inopportune circa eum habere studeas, et ipsum ad hoc ita diligenter inducas, et eum tam in relevatione ecclesiarum quam in aliis, in quibus culpabilis invenitur, se ipsum corrigere tuis admonitionibus sentiamus. Ad hæc honestæ et religiosæ personæ, quantum in hoc tempore Ecclesiæ Dei necessariæ utilesque consistant, et quantum sit eorum vita et incolumitas opportuna, tam nos quam omnes qui ratione utuntur facile recognoscunt.

Audivimus autem et veridica multorum relatione comperimus, quod tu carnem tuam ultra quam deceat et expediat attenuas et affligis, nec carnibus vescens, nec stomachum vino reficiens ad salutem. Unde timendum est ne, dum jumento necessaria subtrahuntur, nimia debilitate succumbas, et Ecclesia Dei ex tuo, quod absit! defectu, grave sustineat detrimentum, de cujus conversatione et vita non modica suscipit incrementa. Sane scire te credimus, qualiter in Veteri Testamento turtur in sacrificio non consuevit occidi, sed caput ejus legitur ad pennulas retorqueri, significans quod vir justus non debet parcitate ciborum carnem perimere, sed ei superflua subtrahendo, luxus et vitia resecare. Mortificatio enim carnis ad modicum utilis est, pietas vero ad omnia necessaria comprobatur. Monemus igitur fraternitatem tuam et exhortamur attentius, quatenus de cætero carni tuæ nequaquam hujusmodi austeritatem indicas, sed juxta commonitionem Apostoli, *modico vino (I Tim.* v) et temperato utaris, et carnibus aliquando, cum vel medicinam acceperis, vel corporis infirmitate graveris, ita quod corpore non ultra debilitato quam deceat, servitio conditoris valeas robustius inhærere et Ecclesiæ Dei, cui admodum necessarius es, te ipsum possis incolumem conservare.

Data Biturici, 11 Nonas Septembris.

CCV.

Ad Remensem archiepiscopum.—*Pro filio Frajapanis nobilis viri.*

(Bituricis, Sept. 5.)

[MARTEN., *Collect.*, II, 675.]

ALEXANDER episcopus, servus servorum Dei, venerabili fratri HENRICO, Remensium archiepiscopo, salutem et apostolicam benedictionem.

De sinceritatis ac devotionis tuæ constantia plenam fiduciam habentes, super his quæ volumus effectui studiosius mancipari, prudentiam tuam securius sollicitamus. Noverit siquidem tua discretio, quod dilectus filius noster, filius nobilis viri Frajapanis, de regno Teutonico, ubi cum parentibus suis commoratur, ad nos venire disponit. Unde super hoc dilecto filio nostro (100) Virdunensi electo litteras nostras transmisimus, commonentes, ut eum usque ad regnum Francorum faceret secure deduci. Quem ei non nominavimus, volentes ut secretum interim haberetur. Quocirca rogamus probitatem tuam atque monemus, quatenus pro reverentia beati Petri ac nostra, litteras ipsas ad eumdem electum per aliquem discretum virum transmittas, et postea eumdem filium nostrum nobilem virum ad nos facias honorifice ac secure perduci. Interim vero id penes te secretum habeatur.

Datum Biturici., Nonis Septembris.

CCVI.

Ad Henricum archiepiscopum Remensem. — *Vocatio archiepiscopi ad colloquium papæ et regis.*

(Bituricis, Sept. 10.)

[*Ibid.*]

ALEXANDER episcopus, servus servorum Dei, venerabili fratri HENRICO, Remensium archiepiscopo, salutem et apostolicam benedictionem.

Fraternitati tuæ cognitum esse volumus, quod cum charissimo filio nostro Ludovico, illustri Francorum rege, fratre tuo, credimus in proximo colloquium habituros. Quia vero præsentiam tuam in eodem colloquio nobis novimus admodum opportunam, discretionem tuam per apostolica scripta rogamus attentius, quatenus continuo susceptis his litteris iter accipias, et ad eum locum, in quo nos ipsum colloquium habere cognoveris, festinanter accedas, ut consilium tuum, sicut desideramus,

---

(100) Is erat Richardus de Crissa ex toparchis de Grandi-Prato ortus, et ex archidiacono Laudunensi electus Virdunensis, mortuus vero in expeditione Hierosolymitana 1171.

(1) Monasterium insigne ordinis S. Benedicti in

habere possimus. Non autem locum in quo præsentes esse debeamus certum habemus, si apud S. Laurentium vel apud (1) Sanctum Benedictum super Ligerim credimus nos, auxiliante Domino, convenire.

Datum Bituric. iv Id. Septemb.

CCVII.

Ad Henricum Remensem archiepiscopum. — *Pro ecclesia S. Joannis de Condas.*

(Bituricis, Sept. 12.)

[*Ibid.*]

ALEXANDER episcopus, servus servorum Dei, venerabili fratri HENRICO, Remensi archiepiscopo, salutem et apostolicam benedictionem.

Relatum nobis est quod Rainerius de Calvomonte monachos S. Joannis de Condas rebus suis spoliare præsumit, et easdem res contra justitiam nititur occupare. Unde cum universis Dei fidelibus pro sua justitia reclamantibus ex officii nostri debito paterna debeamus benignitate intendere, fraternitati tuæ per apostolica scripta mandamus, quatenus, si ita est, memoratum Rainerium omni cum districtione compellas, ut prædictis fratribus ablata restituat, et eosdem super jure suo inquietare ulterius non præsumat; alioquin supradictum Rainerium, quousque ab hujusmodi præsumptione desistat, ecclesiasticæ severitatis digna ultione percellas.

Datum Bituricis, 11 Id. Septembris.

CCVIII.

Ad Henricum archiepiscopum Remensem. — *Pro fratribus ecclesiæ Sancti Remigii.*

(Bituricis, Sept. 13.)

[*Ibid.*]

ALEXANDER episcopus, servus servorum Dei, venerabili fratri HENRICO, Remensi archiepiscopo, salutem et apostolicam benedictionem.

Causam quæ inter dilectos filios nostros fratres Sancti Remigii et G. de Joinvilla, super controversia quæ inter eos vertitur, noscitur agitari, discretioni tuæ committimus audiendam et fine debito terminandam. Ideoque per apostolica tibi scripta mandamus, quatenus utramque partem ante tuam præsentiam convoces, et rationibus hinc inde auditis diligenter et cognitis, causam ipsam, justitia mediante, decidas.

Data Bituricis, Idus Septembris.

CCIX.

Ad Henricum Remensem archiepiscopum. — *Pro ecclesia Sancti Remigii.*

(Bituricis, Sept. 13.)

[*Ibid.*]

ALEXANDER episcopus, servus servorum Dei, venerabili fratri HENRICO, Remensi archiepiscopo, salutem et apostolicam benedictionem.

dioecesi Aurelianensi, vulgo Floriacense appellatum, in quo sacræ S. Patris Benedicti reliquiæ asservantur, hactenus floret sub congregatione S. Mauri.

Ex transmissa nobis conquestione abbatis et fratrum Sancti Remigii accepimus quod advocatus de Germiniaco redditus ejusdem villæ, quos fratres prædicti monasterii ab ecclesia Sancti (2) Remacli sub annuo censu rationabiliter possident, eis auferre præsumit, et contra justitiam occupare. Quia igitur jura ecclesiarum paterna debemus sollicitudine integra et illibata servare, fraternitati tuæ per apostolica scripta mandamus, quatenus, si ita est, prædictum advocatum diligenter admoneas, et districte compellas, ut ablata eis restituat, et prædictam ecclesiam super jure suo vexare ulterius non præsumat, quod si memoratus advocatus de justitia sua confidit, in præsentia tua expediatur, alioquin eumdem G. ex officii tui debito ad id exsequendum ecclesiastica censura constringas.

Data Bituricis Id. Septembris.

CCX

Privilegium pro monasterio S. Mariæ Montis-Rami.

(Senonis, Oct. 1.)

[YEPES *Cronica general de la orden de San-Benito*, VII, App., p. 24.]

ALEXANDER episcopus, servus servorum Dei, dilectis filiis SANCTIO abbati S. Mariæ Montis-Rami ejusque successoribus tam præsentibus quam futuris, regularem vitam professis, in perpetuum.

Religiosis votis annuere et ea operis exhibitione complere officium nos invitat suscepti regiminis, et ordo videtur exigere rationis. Eapropter, dilectissimi in Domino filii, vestris justis postulationibus clementer annuimus, et præfatum beatæ Dei genitricis semperque virginis Mariæ monasterium in quo divino mancipati estis obsequio, sub beati Petri et nostra protectione suscipimus, et præsentis scripti privilegio communimus; in primis siquidem statuentes ut ordo monasticus qui secundum Deum et B. Benedicti Regulam et Institutionem Cisterciensium fratrum in eodem loco noscitur institutus, perpetuis ibidem temporibus inviolabiliter conservetur; statuentes, ut quascunque possessiones, quæcunque bona in præsentiarum juste et canonice possidetis, aut in futurum concessione pontificum, liberalitate regum, largitione principum, oblatione fidelium, seu aliis justis modis, vobis vestrisque successoribus firma et illibata permaneant. In quibus hæc propriis duximus exprimenda vocabulis.

Locum ipsum de Monte-Ramorum in quo abbatia sita est cum omnibus pertinentiis suis; grangiam Sancti Cypriani de Penna cum omnibus pertinentiis suis; grangiam Sancti Adriani cum omnibus pertinentiis suis; grangiam Sancti Michaelis cum omnibus pertinentiis suis; grangiam de Sancta Martha cum omnibus pertinentiis suis; grangiam de Pineyra cum omnibus pertinentiis suis; grangiam de Salcedo cum omnibus pertinentiis suis; grangiam de Pratis humanis, grangiam Sancti Joannis Veteris cum omnibus pertinentiis suis; grangiam de Pratu-Cœlis cum omnibus pertinentiis suis; grangiam de Pelagiones cum omnibus pertinentiis suis; grangiam de Cerdera cum omnibus pertinentiis suis; grangiam de Lanza cum omnibus pertinentiis suis; grangiam de Baronala cum omnibus pertinentiis suis; grangiam de Lancta Columba cum omnibus pertinentiis suis; grangiam de Sancto Joanne de Cota, quæ sita est in terra de Lemos, cum omnibus pertinentiis suis; grangiam de Coba de Ruaço cum omnibus pertinentiis suis. Sane laborum vestrorum quos propriis manibus aut sumptibus colitis sive de nutrimentis vestrorum animalium nullus a vobis decimas aut primitias præsumat exigere. Adjicientes etiam auctoritate apostolica interdicimus ut nullum fratrum nostrorum clericorum, videlicet, vel laicorum post factam in eodem loco professionem, sine abbatis sui licentia fas sit de claustro discedere, discedentem vero absque communium litterarum cautione nullus suscipere, vel retinere audeat, paci autem vestræ et tranquillitati paterna sollicitudine providentes, auctoritate apostolica prohibemus, ut infra claustrum locorum sive grangiarum vestrarum nullus violentiam aut rapinam, sive furtum facere, vel hominem capere aut interficere audeat.

Decernimus ergo ut nulli omnino hominum, etc.

Ego Ubaldus, presbyter cardinalis titulo Sanctæ Crucis in Hierusalem, confirmo.

Ego Henricus, presbyter cardinalis titulo Sanctorum Nerei et Achillis, confirmo.

Ego Albertus, presbyter cardinalis titulo Sancti Laurentii in Lucina, confirmo.

Ego Guillermus, presbyter cardinalis titulo Sancti Petri ad Vincula.

Ego Bernardus, Portuensis et Sanctæ Rufinæ episcopus, confirmo.

Ego Gualterius, Albanus episcopus, confirmo.

Ego Jacinthus, diaconus cardinalis Sanctæ Mariæ in Cosmedin, confirmo.

Ego Oddo, diaconus cardinalis Sancti Nicolai in Carcere Tulliano, confirmo.

Ego Ardicio, diaconus cardinalis S. Theodori, confirmo.

Ego Rosso, diaconus cardinalis SS. Cosmæ et Damiani, confirmo.

Ego Manfredus, cardinalis Sancti Georgii ad Velum Aureum, confirmo.

Ego Alexander, Catholicæ Ecclesiæ episcopus, confirmo.

Datum Senonis per manum Hermanni sanctæ Romanæ Ecclesiæ subdiaconi et notarii, II Nonas Octobris, indictione undecima, Incarnationis Dominicæ anno 1163, pontificatus vero domni Alexandri papæ III anno quinto.

---

(2) Id est a monasterio Stabulensi, uti credimus quod patronum ac fundatorem agnoscit S. Remaclum.

CCXI.

Ad Ludovicum Francorum regem. — *Ut regi Siciliæ suadeat se adversus hostes suos præmunire et Tropciensem episcopum ipsi commendet.*

(Senonis, Oct. 12.)
[Mansi, *Concil.*, XXI, 1022.]

Alexander episcopus, servus servorum Dei, charissimo in Christo filio Ludovico, illustri Francorum regi, salutem et apostolicam benedictionem.

Quoniam regnum Siciliæ ad jus et proprietatem beati Petri specialiter spectat, et nos convenit de statu et conservatione ipsius sollicitos et studiosos existere, regiæ serenitatis industriam postulamus, quatenus consilium et viduitatem tuam charissimo in Christo filio nostro Willelmo, illustri Siciliæ regi, litteris tuis prudenter aperias; eum attentius admonens et exhortans ut quia inimici ejus se præparant, et totam intentionem suam ad hoc dirigunt quod possint terram illius intrare et ipsum crebris vexationibus fatigare, taliter se et terram suam præmuniat, et sibi studeat præcavere, quod machinationes atque insidiæ inimicorum non valeant eum lædere, vel in aliquo jacturam seu detrimentum inferre. De cætero venerabilem fratrem nostrum... Tropeiensem episcopum, qui ad episcopatum suum in terra ejusdem regis existentem desiderat remeare, regiæ serenitati attentius commendamus, per apostolica scripta rogantes, quatenus eum pro reverentia beati Petri et nostra benigne recipias, et ipsum litteris deprecatoriis ita affectuose præfato regi commendes, quod ex commendatione tua idem episcopus charior habeatur et magis acceptus, et nos exinde celsitudini tuæ gratias exsolvere debeamus.

Datum Senonis, IV Idus Octobris.

CCXII.

Ad Ludovicum Francorum regem. Gratias agit quod de honore et reverentia ab imp. CP. nuntiis Ecclesiæ Romanæ exhibita lætitiam non modicam rex conceperit.

(Senonis, Oct. 16.)
[Mansi, *Concil.*, XXI, 1010.]

Alexander episcopus, servus servorum Dei, charissimo in Christo filio Ludovico, illustri Francorum regi, salutem et apostolicam benedictionem.

Illa devotissima excellentiæ tuæ sinceritas, et sincerissima devotio, in omnibus quæ ad honorem sacrosanctæ Romanæ Ecclesiæ pertinent, tantum semper fervorem internæ affectionis ostendit, ut verus ejus filius, verus protector, et quodammodo ejus bajulus existere videaris; ita quod nullus in orbe princeps existat, cui adeo sicut celsitudini tuæ profectus et exaltatio ejusdem Ecclesiæ his temporibus ascribatur. Unde nos omnipotenti Domino, cujus intuitu et amore ad hæc facienda regium animum induxisti, gratiarum non cessamus actiones exsolvere, et ejus clementiam assiduis intercessionibus exorare, ut qui te ita dignum solatium, et necessarium valde refugium unicæ sponsæ suæ in hæc tempora reservavit, ipse te sibi longo tempore conservet incolumem, et ita regnare tibi concedat in terris, ut post terrenum hoc, indeficiens regnum consequaris in cœlis.

Accepimus siquidem, et veraciter intelleximus tam ex tuarum litterarum tenore, quam ex relatione dilecti filii nostri B. nuntii tui, quod audito a nuntiis charissimi filii nostri illustris Constantinopolitani imperatoris, de honore et reverentia ab eodem imperatore nobis et sanctæ Romanæ Ecclesiæ exhibenda, tam tu quam barones tui, qui consilio interfuerant, intuitu habitæ circa nos devotionis, lætitiam non modicam concepistis, judicantes eos de cætero super aliis quæ attulerant negotiis audiendos, nec alias judicastis eorum verba a consueta clementia tuæ mansuetudinis audienda. Super quo regiæ serenitati uberrimas gratiarum actiones sicut dignum est exsolventes, et excellentiam tuam in hoc, sicut et in omnibus aliis quæ ad honorem Ecclesiæ pertinent, plurimum in Domino commendantes, rogamus assidue ut ille misericors et miserator Dominus tibi in æterna justorum remuneratione retribuat, cujus obtentu et gratia tam benignum et tam clementem animum circa nos et Ecclesiam assumpsisti. De cætero nosse volumus excellentiam tuam quod nos prædictis nuntiis juxta consilium fratrum nostrorum formato responso, et eis proposito, quidquid ipsis a nobis responsum fuerit, tibi sicut serenissimo principi, et ei de quo non aliam quam de nobis ipsis, vel fratribus fiduciam obtinemus, litteris nostris curabimus plenius intimare.

Datum Senonis, XVII Kal. Novembris.

CCXIII.

Ad eumdem. — *Ut Gaufridum militem de Molinons, captum a burgensibus Senonensibus, dimitti jubeat*

(Senonis, Oct. 16.)
[*Ibid.*, col. 1011.]

Alexander episcopus, servus servorum Dei, charissimo in Christo filio Ludovico, illustri Francorum regi, salutem et apostolicam benedictionem.

Quorumdam nobis est relatione suggestum quod cum Iterius miles de Malonido Senonis pervenisset, et inimicum suum, quem ibi casu repperit, nudato gladio fuisset aggressus, burgenses ejusdem civitatis ei subito restiterunt. Et cum ille fugisset, quemdam socium ejus, Gaufridum videlicet militem de Molinons, qui, sicut accepimus, nihil in hoc deliquerat, remoratum pauliper in eadem civitate ceperunt, eumque detinent et pro te dimittere non præsumunt. Miles autem qui a prædicto Iterio ita fuerat hostiliter impetitus, asserit omnimodis et affirmat quod nullatenus eum iste qui captus habetur offenderat, et hunc prædictum socium suum eum non præsciverat, sicut asserit, et se jurare promittit aliquatenus offensurum. Unde, quoniam indignum esse videtur ut hic cui etiam ab eo qui injuriam pertulit, etiam a præposito tuo, innocentiæ testimonium perhibetur, pœna non merita puniatur, rogamus serenitatem tuam et exhortamur in Domino quatenus eumdem G. secundum consuetam regiæ clementiæ pietatem, quæ sicut nocentes potenter deprimere, ita etiam innoxios indemnes consuevit illæsosque servare, liberum facias absolutumque dimitti, nisi aliquid commisisse probabitur quod regiæ fuerit contrarium majestati.

Datum Senonis, xvi Kal. Novembris.

CCXIV.

Ad Thomam Cantuariensem archiepiscopum. — Contra regis inchoatam persecutionem illum confirmat, et simul admonet ne quid contrarium libertati ecclesiasticæ regi indulgeat.

(Senonis, Oct. 26.)

[*Epist. S. Thomæ Cantuar.* ed. Giles, II, 4.]

ALEXANDER papa THOMÆ, Cantuariensi archiepiscopo.

Litteras, quas nobis tua fraternitas destinavit, et ea quæ nuntius tuus nobis viva voce proposuit, attenta diligentia audivimus, et graves anxietates et amaritudines, quibus animus tuus assidue affligitur, plenius attendimus. Unde his auditis et cognitis spiritus noster commotus est et valde turbatus, quibus cordi est libenter in tuis prosperitatibus delectari, et tibi in adversis tanquam fratri charissimo plurimum condolere. Tu ergo, sicut vir constans et prudens, recolens sæpe quod dicitur: *Ibant apostoli gaudentes a conspectu consilii*, etc. (*Act.* v) hujusmodi angustias in patientia toleres, et non plus quam oportet tuus spiritus anxietur, sed dignam in te ipso consolationem recipias, ut et nos tecum pariter in eo consolemur, qui te ad corroborationem catholicæ et Christianæ veritatis hoc necessitatis articulo reservavit, et cujus beneplacitum est eorum, quæ minus licite commisisti, maculas abstergere et per varias afflictiones punire, ne ea videantur in districto examine punienda reservari. De cætero non tibi grave sit, nec sicut ex litteris, quas clerico tuo misisti, accepimus, ulla ratione meticulosum, quod es ad sedem apostolicam appellatus. Quia gratum nobis est et acceptum, et volumus, ut si illi, qui te appellaverunt, forte venerint, tu per te ipsum, si tibi visum fuerit, appellationem ipsam omni dubietate et dilatione postposita prosequaris, nec unquam auctoritate Romanæ Ecclesiæ aliquis possit constantiæ tuæ timorem incutere seu dubietatem, quia nos jura et dignitates ecclesiæ tibi commissæ, quantum salva justitia et ratione poterimus, studiosius tibi curabimus, auctore Deo, conservare, sicut illi quem in facto Ecclesiæ constantem reperimus, et fortissimum propugnatorem. Ad hæc fraternitati tuæ præcipiendo mandamus, quatenus te in Cantuariensem ecclesiam recipias, et paucis quidem retentis admodum necessariis, ad minus quam poteris, per terram illam discurras. Illud autem specialiter suggerimus tuæ providentiæ, ut nullius timoris vel adversitatis obtentu, quæ tibi possit accidere, juri et dignitati ecclesiæ tuæ abrenuntiare cogaris.

Datum Senonis, vii Kalendas Novembris.

CCXV.

Ad Gilbertum Londinensem episcopum. — Ut Henrici regis animum in pacis et concordiæ statum reducat.

(Senonis, Nov. 9.)

[*Epist. Gilberti Foliot*, ed. GILES, II, 92.]

ALEXANDER papa GILBERTO, episcopo Londoniensi.

Quoniam de honestate, discretione ac devotione tua plenam admodum fiduciam obtinemus, indubitanter tibi ea, quæ cognoscimus opportuna, suggerimus, et nostrum super his animum aperimus. Scimus autem, et in veritate comperimus, quod charissimus in Christo filius noster Henricus, illustris Anglorum rex, consideratione tuæ prudentiæ atque honestatis inductus, ideo te petiit ad sedem de sede transferri, ut convenientius tuo possit consilio et potiri pariter et muniri; et suas in id semper actiones dirigere, quæ merito possint in superni Conditoris oculis complacere. Ea igitur quæ paci et tranquillitati Ecclesiæ, ac saluti, honori, ac exaltationi ejusdem regis et totius sibi regni commissi; atque ipsius specialiter Ecclesiæ Anglicæ commodum convenire cognoscimus, eo sibi commodius posse per te suaderi confidimus, quo minus eum tuis consiliis acquiescere dubitamus. Unde quoniam inter eum, sicut accepimus, et Anglicam ipsam Ecclesiam scintilla cujusdam indignationis emicuit, monemus attentius fraternitatem tuam, atque mandamus, quatenus ad eam exstinguendam jugiter elabores: et ipsius regis animum in pacis et concordiæ statum reducas omnimode et restaures, suggerens ei specialiter et proponens, ut considerans quomodo in omnibus principibus et potentibus sæculi unum est inexpugnabile munimentum, suorum videlicet amor, non plus timeri appetat quam amari: ne si forte compulsi fuerint subditi ejus cum sine dilectione timere, inde sibi suisque hæredibus gravissimum, quod absit! inposterum generari valeat odium: unde provenire debuerat totius regni ejus perpetuum et stabile firmamentum. Cum enim unus solus perfectus sit timor, mista scilicet cum pavore dilectio, ipse durat semper et proficit, alius autem decidit, et auctorem sui solum immunitumque relinquit. Studeat ergo tuæ probitatis industria ita hæc omnia prædicto filio nostro regi suggerere, et illam in eo indignationis scintillam penitus abolere, quod suorum devotio jugiter circa eum possit excrescere; et ipse cum honore Dei et sanctæ matris Ecclesiæ, necnon et sua suorumque hæredum salute in pace semper valeat et tranquillitate regnare. Vale.

Datum Senone, v Id. Novembris.

CCXVI.

Ad magistrum hospitalis domus Hierosolymitanæ. --

Petrum priorem hospitalis domus S. Joannis Constantinopoleos commendat.

(Senonis, Nov. 9.)

[Duchesne, *Hist. Franc. Script.*, IV, 626.]

Alexander episcopus, servus servorum Dei, dilecto filio magistro hospitalis domus quæ Hierosolymis sita est, salutem et apostolicam benedictionem.

Ea quæ ad honorem tuum et commissæ tibi domus commodum pertinere cognoscimus, libenter tibi suggerimus et paterna sollicitudine suademus. Pervenit autem ad audientiam nostram quod cum dilectus filius noster Petrus, dictus Alamannus, prior hospitalis domus Sancti Joannis Constantinopoleos, ibidem in servitio Dei, ad honorem quoque et commodum charissimi in Christo filii nostri Constantinopolitani imperatoris non modico fuerit tempore commoratus, tu eum contra voluntatem et beneplacitum ejusdem imperatoris ab ipso prioratu retrahere, et ad tuam velis præsentiam revocare. Unde quoniam tam Romana Ecclesia, quam etiam principes sæculares viros religiosos de domibus diversis assumere, et eos in suo sunt soliti obsequio retinere, unde etiam ipsis locis eorum multa consueverunt commoda provenire, rogamus prudentiam tuam, et exhortamur in Domino, quatenus pro reverentia beati Petri ac nostra, et futuræ utilitatis obtentu, maxime cum super hoc præfati imperatoris preces susceperis, eumdem priorem ad obsequium ejus in præfato prioratu dimittas, nec eum ad te redire compellas.

Datum Senonis, v, Idus Novembris.

CCXVII.

Ad W. priorem et capitulum Cantuariense. — Illos laudat quod Thomæ archiepiscopi tribulationibus compatiantur.

(Senonis, Dec. 16.)

[*Epist. Gilberti Foliot*, ed. Giles, II, 69.]

Alexander episcopus, servus servorum Dei, dilectis filiis W. priori et fratribus Ecclesiæ Cantuariensis, salutem et apostolicam benedictionem.

Venerabilis frater noster Thomas, archiepiscopus vester, diligenter nobis proposuit, et ex relatione dilecti filii nostri Odonis confratris vestri, et communi fama referente ad ipsum accepimus, quod vos sicut viri religiosi et Deo devoti, eidem fratri nostro in negotiis Ecclesiæ ferventer assistitis, et ejus tribulationibus et angustiis compatientes, consilium sibi et auxilium libentius ministratis, et Ecclesiæ onera secum prompto animo sustinetis. Quod utique gratum acceptumque tenentes, religionis ac ferventis fidelitatis vestræ constantiam dignis in Domino laudibus commendamus, et devotioni vestræ multiplices exinde gratiarum referimus actiones, universitatem vestram per apostolica scripta rogantes, monentes et exhortantes in Domino, quatenus, sicut bene et laudabiliter inchoastis, ita de cætero fideliter ac constanter agentes, in incepto proposito perseverare curetis, et tam laudabili principio optimæ consummationis finem adjungere studeatis. Confidimus enim et de immensa Domini bonitate speramus, quod ille, in cujus manu corda regum sunt, charissimi in Christo filii Henrici, illustris Anglorum regis, animum circa prædictum archiepiscopum mitigabit, ita quod ex quo idem rex servitium ipsius et affectionem, quam circa eum multipliciter gerit et justitiam, quæ est in causa, ad mentem studiosius revocabit, gratiam suam et amoris plenitudinem eidem restituet, et Ecclesia vestra jura et dignitates ac libertates suas integre obtinebit. Vos quoque ab omnipotente Domino dignum exinde præmium et apostolicæ sedis gratiam semper habebitis pleniorem. Nos etiam ob fidem et devotionem quam ei servatis jura et dignitates ejusdem Ecclesiæ vestræ, quantum cum Deo et justitia poterimus, prompti erimus omni tempore efficacius promovere.

Datum Senone, xvii Kal. Januarii.

ANNO 1163-1164.

CCXVIII.

Ad abbatem S. Remigii Remensis. — De causa T. clerici.

(Senonis, Oct. 5.)

[Marten., *Collect.*, II, 693.]

Alexander episcopus, servus servorum Dei, dilecto filio abbati Sancti Remigii, salutem et apostolicam benedictionem.

Veniens ad nos T. pauper clericus, lator præsentium, nobis conquestus est quod cum avus suus War. Rem. et A. filio ejus ecclesiæ Sancti Timothei canonico terram quamdam pro xi sol. pignori obligasset, et prædictus T., qui avo in hæreditatem successerat, mutuatam pecuniam præfato War. et filio ejus reddere voluisset, obligatam terram soluta pecunia recepturus, illi nec pecuniam recipere, nec terram restituere voluerunt, cum, sicut memoratus T. asserit, sortem jam et multo amplius de ipsius terræ fructibus percepissent. Unde cum nos olim venerabili fratri nostro Remensi archiepiscopo id commiserimus exsequendum, ipse, negotiorum multiplicate detentus, huic negotio non potuit diligentiam adhibere. Quoniam igitur prædicto clerico ex injuncto nobis officio in jure suo tenemur adesse et ejus consulere paupertati, discretioni tuæ per apostolica scripta mandamus, quatenus rem ipsam diligenter inquiras, et si deductis impensis constiterit eos sortem et eo amplius de perceptis terræ fructibus recepisse, ipsos ad restitutionem ejusdem terræ districte compellas; sed si absque aliquo additamento id fieri non poterit, ne istius paupertas ultra modum gravetur, aliquo modico recepto, eosdem viros præscriptam terram restituere ecclesiastica censura coerceas.

Data Senonis, iii Nonas Octobris.

CCXIX.
Ad Hugonem Suessionensem episcopum. — Ut Silvanectensi episcopo de vineis ipsi ademptis justitia fiat.

(Senonis, Oct. 8.)
[Mansi, Concil., XXI, 1004.]

Alexander episcopus, servus servorum Dei, venerabili fratri H. Suessionensi episcopo, salutem et apostolicam benedictionem

Venerabilis frater noster Silvanectensis episcopus suis [Almaricus] nobis litteris intimavit quod Gil. et Hauguidis uxor ejus, parochiani tui, quasdam terras et vineas ipsius episcopi per violentiam detinere præsumunt, et eas cum fructibus inde perceptis eidem episcopo reddere contradicunt. Cumque præfatus episcopus sæpius eos propter hoc submonuisset, ut in curia sua sibi justitiæ plenitudinem exhiberent, ipsi tamen id facere noluerunt. Unde quoniam eidem episcopo in jure suo nulla ratione deesse possumus vel debemus, fraternitati tuæ per apostolica scripta mandamus, quatenus, si cognoveris memoratum G. et Hauguidem uxorem ejus debere in curia sua præfato episcopo super hoc respondere, ipsos ad plenam justitiam in præsentia ejusdem episcopi super hoc exhibendam moneas instanter et districte compellas. Alioquin eos in præsentia venerabilis B. Belvacensis episcopi sufficienter super hoc sæpe dicto episcopo respondere coerceas, et appellatione remota justitiæ plenitudinem exhibere; si vero id facere forte contempserint, eos ecclesiastica censura percellas.

Datum Senonis, viii, Idus Octobris.

CCXX.
Ad Ludovicum Francorum regem. — Ut fratribus S. Mariæ de Porta Leonis ablata restitui faciat.

(Senonis, Oct. 18.)
[Mansi, Concil., XXI, 1026.]

Alexander episcopus, servus servorum Dei, charissimo in Christo filio Ludovico, illustri Francorum regi, salutem et apostolicam benedictionem.

Conquesti nobis sunt dilecti filii nostri prior et fratres Sanctæ Mariæ de Porta Sancti Leonis, quod dilectus filius noster nobilis vir Petrus, frater tuus, quemdam eorum hominem cepit, cui equum et octo boves abstulit, et hominem ipsum dimittere, vel ablata sibi reddere contradicit. Unde quoniam nostra interest curam et sollicitudinem gerere, ne sanctæ Dei Ecclesiæ potentum virorum impetu aliquod debeant incommodum sustinere: sublimitatem tuam per apostolica scripta rogamus, et exhortamur in Domino, quatenus amore justitiæ, et pro reverentia beati Petri ac nostra, et hominem illum dimitti, et ablata ei facias cum integritate restitui.

Datum Senonis, xv Kal. Novembris.

CCXXI.
Ad eumdem. — Pro Ecclesia Brivatensi
(Senonis, Oct. 23.)
[Ibid.]

Alexander episcopus, servus servorum Dei, A charissimo in Christo filio Ludovico, illustri Francorum regi, salutem et apostolicam benedictionem.

Dilectus filius noster..... abbas Sanctæ Genovefæ, qui sicut novus pastor et diligens procurator, circa ecclesiæ suæ commoda satagit omnimodis et intendit, transmissa nobis insinuatione monstravit, quod dilectus filius noster G. nobilis vir, buticularius tuus, sub obtentu cujusdam consuetudinis, quam in omnibus se asserit abbatiis regalibus obtinere, quædam ab eo exigit, quæ prædictus abbas ab ecclesia illa deberi nullatenus recognoscit. Unde quoniam celsitudinis tuæ serenitas consuevit ecclesiarum libertates illæsas et integras conservare, clementiam tuam per apostolica scripta rogamus, monemus et exhortamur in Domino, quatenus, si ita est, eamdem ecclesiam nova et indebita exactione gravari non sinas, et prædictum buticularium tuum ab hac intentione revoces omnimodis et reducas.

Datum Senonis, xiv Kal. Jan.

CCXXII.
Ad Henricum, archiepiscopum Remensem. — De domini Henrici Remensis archiepiscopi invalitudine, et quod ei Deus sanitatem restituat.

(Senonis, Nov. 5.)
[Marten., Coll., II, 694.]

Alexander episcopus, servus servorum Dei, venerabili fratri Henrico, Remensi archiepiscopo, salutem et apostolicam benedictionem.

Auditu audivimus, quod nos audisse dolemus, et non sine grandi animi perturbatione accepimus, te scilicet proprii corporis invaletudine laborare, nec ea incolumitate ad præsens gaudere quam vellemus, et quam tibi modis omnibus exoptamus. Novimus enim et plena veritate tenemus, quomodo tu tanquam verus Israelita pro exaltatione ac defensione sacrosanctæ Ecclesiæ fortiter et constanter pugnasti, et te ipsum contra Damascum fortitudinis turrim opponens, causam ejusdem Ecclesiæ fideliter agere atque tractare sicut propriam studuisti. Unde nos et fratres nostri hæc omnia nostræ memoriæ tenaciter infigentes, tibi super infirmitate qua te superni Conditoris dextera visitavit, tanquam fratri charissimo, et strenuissimo Ecclesiæ propugnatori, interna mentis affectione compatimur, et plurimum in Domino condolemus. Quapropter circa incolumitatem tuam anxii admodum et solliciti existentes, tuam nobis charissimam fraternitatem apostolicæ benedictionis alloquio, et nostris litteris duximus visitandam; rogantes prudentiam tuam atque monentes, quatenus statum et continentiam tuam propriis litteris et per latorem præsentium nobis studeas plenius intimare. Nos enim, si tibi beneplacitum fuerit et acceptum, aliquas majores personas de fratribus nostris ad te visitandum mittemus, et per nos ipsos in propria persona, si profuturum tibi et utile crederemus, non dubitaremus laborem subire. Ut autem optatam tibi misericors Dominus sanitatem restituat, et medelam conferat salutarem, ipsum attentis intercessionibus exoramus.

Data Senonis, Nonis Novembris.

CCXXIII.

Ad Ludovicum Francorum regem.—Priorem S. Medardi, sibi a rege commendatum, vicissim regi commendat

(Senonis, Nov. 6.)
[MANSI, *Concil.*, XXI, 1010.]

ALEXANDER episcopus, servus servorum Dei, charissimo in Christo filio LUDOVICO, illustri Francorum regi, salutem et apostolicam benedictionem.

Cum ad officium nostrum specialiter pertinere noscatur, personas religiosas, et præsertim magistros ecclesiarum, prompta charitate diligere, et eis in omnibus utiliter providere, gaudio gaudemus, et gratum admodum acceptumque tenemus, quod ita ad hoc tuam quoque mentem cœlestis ignis fervor accendit, ut nos ipsos ad id tuis studeas precibus prudenter inducere, et nostram aliquando sollicitudinem prævenire. Preces itaque, quas per dilectum filium nostrum R. priorem Sancti Medardi regia celsitudo nobis porrexit, benigne suscepimus, voluntatem et propositum assumentes, eum, pro quo rogasti ferventiori charitate, tam ex officii nostri debito, quam tuarum precum obtentu, diligere, et ei quantum cum Deo poterimus utiliter providere. Rogamus autem serenitatem tuam, quatenus, sicut cum nobis commendare curasti, ita et tu eum habeas commendatum, sibique, si opus fuerit, tutamen et præsidium conferas opportunum.

Datum Senonis, VIII Idus Novembris.

CCXXIV.

Ad eumdem. — Ut nundinas constituat apud Ferrariam in anniversario die consecrationis abbatis.

(Senonis, Nov. 6.)
[*Ibid.*, col. 1012.]

ALEXANDER episcopus, servus servorum Dei, charissimo in Christo filio LUDOVICO, illustri Francorum regi, salutem et apostolicam benedictionem.

Quanto gloriam et exaltationem tui magnifici nominis ampliari semper et dilatari optamus, tanto ea unde gratiam omnipotentis Domini consequi valeas, et salutem animæ promereri, regiæ serenitati duximus libentius suggerenda. Unde susceptis precibus dilectorum filiorum nostrorum abbatis et fratrum Ferrariensis monasterii, cui, a tua magnificentia affectuosius rogati, munus consecrationis dependimus, pro eodem monasterio regiam serenitatem rogamus attentius, quatenus pro reverentia beati Petri ac nostra, si ad honestatem ipsorum fratrum et ad meliorationem ipsius monasterii hoc videris pertinere, in anniversario die consecrationis ejus nundinas ibi constituas. Quibus constitu-

A tis, principibus, baronibus et cæteris de regno tuo, auctoritate regia prohibeas, ut his qui ad nundinas ipsas gratia promerendæ remissionis , quam ibi annuatim constituimus, vel intuitu negotiandi accesserint, si quis injuriam, seu violentiam, vel damnum aliquod inferre præsumat, digna pœna eum censeas puniendum.

Datum Senonis, VIII Idus Novembris.

CCXXV.

Ad eumdem. — Ne prioris Cerel. iter in Angliam diutius differatur.

(Senonis, Nov. 9.)
[*Ibid.*, col. 996.]

ALEXANDER episcopus, servus servorum Dei, charissimo in Christo filio LUDOVICO, illustri Francorum regi, salutem et apostolicam benedictionem.

Cum dilectum nostrum priorem hospitalis domus quæ apud Cerel. sita est, ad nostram nuper præsentiam vocaverimus, eum in Angliam pro quibusdam Ecclesiæ negotiis transmissuri, preces a tua sublimitate directas accepimus, ut ei ad hoc inducias præberemus. Quia vero grave nobis cognoscimus et damnosum, si hoc iter ejus diutius differatur, rogamus attentius serenitatem tuam quatenus eidem priori ad aggrediendum quod sibi injunximus iter licentiam largiaris.

Datum Senonis, V Idus Novembris.

CCXXVI.

Ad eumdem. — Ut controversiam Adami et Gregorii fratrum dijudicari ab æquo judice jubeat.

(Senonis, Nov. 10.)
[*Ibid.*, col. 1005.]

ALEXANDER episcopus, servus servorum Dei, charissimo in Christo filio LUDOVICO, illustri Francorum regi, salutem et apostolicam benedictionem

Decet regiam excellentiam his diligenti cura intendere, per quæ in regno tuo sub regiæ defensionis munimine existentes suam valeant justitiam firmiter obtinere. Quocirca serenitatem tuam rogamus attentius, quatenus causam, quæ inter Adam et Gregorium fratrem suum super quadam domo vertitur, quæ ad tuum dominium, sicut dicitur, spectat, diligenter audias, vel alii, qui neutri parti debeat esse suspectus, juxta tuæ dignationis arbitrium causam ipsam audiendam, et sine debito terminandam committas.

Datum Senonis, IV Idus Novembris.

CCXXVII.

Ad abbatem S. Remigii et de Eleemosyna, et decanum Remensem. — Pro ecclesia Sancti Mauricii Turonensis et Cluniacensi.

(Senonis, Dec. 5.)
[MARTEN., *Collect.*, II, 695.]

ALEXANDER episcopus, servus servorum Dei, dilectis fratribus Sancti Remigii, et de (3) Eleemosyna abbatibus, et decano Remensi, salutem et apostolicam benedictionem.

Quoniam ex litigiosis contentionibus inter viros

---

(3) Eleemosyna*, ordinis Cisterciensis in diœcesi Carnotensi monasterium, vulgo *le Petit Cîteaux*.

ecclesiasticos habitis, sacrosanctis ecclesiis pericula consueverunt saepe et incommoda provenire: idcirco ad eas dirimendas vigilantem curam nos convenit et sollicitam diligentiam adhibere. Proinde est, quod nos causam, quae inter dilectos filios nostros canonicos ecclesiae Sancti Mauricii Turonensis, et abbatem ac fratres Cluniacenses, super quibusdam praediis apud villam, quae dicitur (4) Turon., super Marnam positis, quocunque titulo in monachos ab hominibus canonicorum translatis, diutius est agitata, et nondum debitum finem sortita, discretioni tuae, de qua plenam fiduciam gerimus, committimus audiendam, et remoto appellationis obstaculo, fine congruo decidendam. Quocirca sollicitudini vestrae per apostolica scripta mandamus, quatenus hinc usque ad proximum festum Ascensionis Domini Remos in unum convenientes, utramque partem ante vestram praesentiam convocetis, et rationibus hinc inde auditis sufficienter et cognitis, eamdem causam, cessante appellationis remedio, concordia, si fieri poterit, vel mediante justitia, terminetis. Quod si quempiam vestrum, fili abbas de Eleemosyna et decane, aliquo casu abesse contigerit, tu fili abbas S. Remigii, negotio intersis, et ipsum cum altero eorum nihilominus prosequaris. Si qua vero partium se vestro judicio in statuto termino subtraxerit, vos pro causa ipsa non minus secundum quod dictum est procedatis.

Data Senonis, Nonis Decemb.

CCXXVIII.

Ad Ludovicum Francorum regem. — Significat priorem Castrifortis sociosque ob infamiam abbati Burguliensi illatam a [Joseio] archiep. Turon. et [Gaufrido] episcopo Andegavensi et abbate Majoris Monasterii excommunicatos esse.

(Senonis, Dec. 6.)
[Mansi, *Concil.*, XXI, 997.]

Alexander episcopus, servus servorum Dei, charissimo in Christo filio Ludovico, illustri Francorum regi, salutem et apostolicam benedictionem.

Quia de regiae sublimitatis industria existimatio semper talis procedit, ut supernae contemplationis amore circa conservationem Ecclesiarum sedulam operam et curam proberis impendere, piam sollicitudinem tuam commendamus in Domino, qui te volumus et desideramus semper circa pia opera exercitari, et sicut regem Christianissimum in omnibus tuis bonis actibus prosperari. Inde est, quod ad tuae magnitudinis notitiam volumus pervenire, nos ex tenore litterarum venerabilium fratrum nostrorum Turonensis archiepiscopi, et Andegavensis episcopi, et dilecti filii nostri abbatis Majoris Monasterii evidentius accepisse, quia prior Castrifortis, et alii socii ejus in accusatione dilecti filii nostri Burguliensis abbatis, viri quidem religiosi et Deum timentis, penitus defecerunt, et omnino sunt men-

(4) Exstat prioratus, seu decanatus S. Petri de Turibus in dioecesi Remensi ordinis Cluniacensis.

daces reperti, et propterea excommunicationis vinculo innodati. Caeterum, quoniam praedictus prior bona Ecclesiae ipsius loci dissipare praesumit, et illicita invasione auferre, celsitudinem tuam per apostolica scripta rogamus, monemus, et exhortamur in Domino: quatenus pietatis intuitu, et pro reverentia beati Petri ac nostra, res et jura Burguliensis Ecclesiae protegas, manuteneas, et conserves, et praefatum priorem nulla ratione foveas, sed ipsum tanquam excommunicatum attentius evites. Dominum quoque Castrifortis, qui res ecclesiae Sancti Christophori sua violentia dicitur invasisse, ad ablata omnia eidem ecclesiae restituenda, et ne deinceps talia contra praefatam ecclesiam attentare praesumat, vel saepedictum priorem fovere, commissa tibi desuper potestate compellas.

Datum Senonis, viii Idus Decembris.

CCXXIX.

Ad Henricum Remensem archiepiscopum. — Pro causa quae vertitur inter S. Cluniacensem abbatem et canonicos beati Mauricii.

(Senonis, Dec. 6.)
[Marten., *Collect.*, II, 696.]

Alexander episcopus, servus servorum Dei, venerabili fratri Henrico, Remensi archiepiscopo, salutem et apostolicam benedictionem.

Causam quae inter dilectos filios nostros (5) S. Cluniacensem abbatem et canonicos beati Mauricii Turonensis, super rebus et possessionibus de Turn. super Materna noscitur agitari, discretioni tuae committimus audiendam et fine debito terminandam, per apostolica scripta tuae fraternitati mandantes, quatenus nisi eadem causa sententia est vel compositione sopita, vel nisi jam dictus abbas nostrum super hoc judicium praeelegerit, utramque partem ante tuam praesentiam evoces, et rationibus hinc inde auditis diligenter et cognitis, causam ipsam sine appellationis obstaculo, justitia mediante, decidas.

Data Senonis, vii Id. Decembris.

CCXXX.

Ad Henricum Remensem archiepiscopum. — Pro B. clerico.

(Senonis, Dec. 15.)
[*Ibid.*]

Alexander episcopus, servus servorum Dei, venerabili fratri Henrico, Remensi archiepiscopo, salutem et apostolicam benedictionem.

Constitutus in praesentia nostra B. clericus coram nobis, hujusmodi querelam instituit, quod ei frater suus portionem quae ipsum jure patrimonii contingit, indebite praesumat auferre, et gravem super hoc injuriam irrogare. Ideoque fraternitati tuae per apostolica scripta mandamus, quatenus ejusdem clerici fratrem super hoc ad rationem ponas, et ut partem suam integram sibi, et absolutam dimittat,

(5) Stephanum qui anno 1161 Hugoni III, abbati Cluniacensi subrogatus est, uti jam observavimus.

cum, si ita est, moneas instantius et omni cum districtione compellas. Præterea de Ascelino de Firmitate qui quamdam domum ejus per violentiam dicitur detinere, et alia eidem gravamina irrogare, nihilominus super his in tua præsentia plenitudinem sibi facias justitiæ exhiberi.

Data Senonis, xviii Kal. Januar.

CCXXXI

Ad Ludovicum Francorum regem. — Ut ecclesiam S. Genovefæ Parisiensem a G., buticularii sui, injuriis defendat.

(Senonis, Dec. 25.)
[Mansi, *Concil.*, XXI, 1023.]

Alexander episcopus, servus servorum Dei, charissimo in Christo filio Ludovico, illustri Francorum regi, salutem et apostolicam benedictionem.

Dilectus filius noster... abbas Sanctæ Genovefæ, qui sicut novus pastor et diligens procurator circa ecclesiæ suæ commoda satagit omnimodis et intendit, transmissa nobis insinuatione monstravit quod dilectus filius noster G., nobilis vir, buticularius tuus, sub obtentu cujusdam consuetudinis, quam in omnibus se asserit abbatiis regalibus obtinere, quædam ab eo exigit quæ prædictus abbas ab ecclesia illa deberi nullatenus recognoscit. Unde quoniam celsitudini tuæ serenitas consuevit ecclesiarum libertates illæsas et integras conservare, clementiam tuam per apostolica scripta rogamus; monemus et exhortamur in Domino, quatenus, si ita est, eamdem ecclesiam nova et indebita exactione gravari non sinas, et prædictum buticularium tuum ab hac intentione revoces omnimodis et reducas.

Datum Senonis, xiv Kal. Jan

CCXXXII.

Compositionem de præbendis duabus factam inter Hugonem episcopum Suessionensem et ejus capitulum confirmat.

(Senonis, Dec. 25.)
[*Ibid.*, col. 979.]

Alexander episcopus, servus servorum Dei, venerabili fratri Hugoni, Suessionensi episcopo, salutem et apostolicam benedictionem.

Cum inter te et capitulum tuum gravis esset hac occasione controversia suborta, quod te illas duas præbendas, quas Gerbertus quondam ipsius ecclesiæ cantor tenebat, capitulum non pateretur libere ordinare, asserens unam earum ad cantoriæ officium pertinere. De consensu et beneplacito utriusque partis talis inter vos compositio intercessit, quod una earum præbendarum libere per te ordinata, alteram dilecto filio nostro R. cantori ejusdem ecclesiæ propter officium cantoriæ concessisti in vita sua tenendam, ea quidem conditione inserta, quod postquam idem R. cantor esse desierit, tu vel successores tui præbendam ipsam facultatem habeatis, tanquam unam de cæteris præbendis, cui volueritis assignare. Quapropter compositionem ipsam ratam habentes, eam, sicut in authentico scripto exinde facto continetur, auctoritate apostolica confirmamus, et præsentis scripti patrocinio communimus. Statuentes, ut nulli omnino hominum liceat hanc paginam nostræ confirmationis infringere, vel ei aliquatenus contraire. Si quis autem hoc attentare præsumpserit, indignationem omnipotentis Dei, et beatorum Petri et Pauli apostolorum ejus se noverit incursurum.

Datum Senonis xii Kal. Januar.

CCXXXIII.

Ad abbatem S. Remigii et S. Nicasii. — Pro causa Oddonis clerici et matris ejus, et Hugonis Fabri.

(Senonis, Dec. 25.)
[Marten., *Collect.*, II, 697.]

Alexander episcopus, servus servorum Dei, dilectis filiis Sancti Remigii et Sancti Nicasii abbatibus, salutem et apostolicam benedictionem.

Causam quæ inter Oddonem clericum et matrem ejus, et Hugonem Fabrum super vinea quadam noscitur agitari, ad audientiam nostram per appellationem alterius partis adductam, pro eo quod neutra pars ad causam ipsam veniat sufficienter instructam, vestro duximus examini committendam, per apostolica scripta vobis mandantes, quatenus prædicto clerico et matre ejus atque Hugone ante vestram præsentiam pariter evocatis, rationem eorum et depositiones hinc inde juratorum testium, cessante appellatione, recipiatis, et nisi post hoc appellandum duxerint, ad diffinitivam quoque sententiam procedatis. Si vero a sententia fuerit appellatum, rationes et depositiones testium in appellationis termino vestris nobis litteris intimetis.

Data Senonis, viii Kal. Januarii.

ANNO 1164.

CCXXXIV.

Ad Thomam Cantuariensem archiepiscopum. — Concessionem Rogero archiepiscopo Eboracensi factam crucem per totam Angliam ante se deferendi ad examen revocat.

(Senonis, Jan. 21.)
[*Epist. S. Thomæ*, ed. Giles, II, 8.]

Alexander papa Thomæ, Cantuariensi archiepiscopo.

Querimonias adversus venerabilem fratrem nostrum Eboracensem archiepiscopum olim a tua fraternitate suscipientes, quod per parochiam tuam contra dignitatem ecclesiæ tuæ et antiquam consuetudinem crucem deferret, eidem ad petitionem tuam scripsimus, ei mandantes, ut licet in litteris concessionis nostræ, quas ei antea indulseramus, facultatem ipsi dederimus crucem per totam Angliam deferendi, non tamen eam per parochiam tuam deferre præsumeret, donec causa ipsa judiciario ordine terminaretur. Cum tamen in eisdem litteris concessionis nostræ hoc, scilicet, *Per totam Angliam*, nulla ratione fuisset appositum, sed ita simpliciter in prædictis concessionis nostræ litteris dictum est · *Liberam tibi concedimus facultatem* crucem ante te deferendi, sicut prædecessores nostri, Romani pontifices, tuis antecessoribus concesserunt, et ipsi ex antiqua consuetudine usi fuisse noscuntur. Unde ex oblivione potius quam ex industria contigit, quod verbum illud, scilicet, *Per totam Angliam*, postremæ litteræ continebant. Non enim tenorem priorum litterarum concessionis nostræ memoriter tenebamus. Ne igitur occasione illius verbi aliquod præjudicium ecclesiæ tuæ processu temporis generetur, præsentium auctoritate statuimus litteras illas posteriores contra te et ecclesiam tuam, cum a nostro favore indultæ sint, nullas vires inposterum obtinere.

Datum Senone, xii Kalendas Februarii.

CCXXXV.

Ad Rogerum Eboracensem archiepiscopum. — Ut concessione crucem ante se per totam Angliam deferendi non utatur donec de hac controversia dirimatur.

(Senonis, Jan.?)

[*Epist. S. Thomæ*, ed. Giles, II, 43.]

Alexander papa Rogero, Eboracensi archiepiscopo.

Pro illa animi tui sinceritate et devotione fidei, quam circa sacrosanctam Romanam Ecclesiam, et specialiter circa personam nostram habuisse dignosceris, eum semper animum et voluntatem habuimus tibi tanquam charissimo fratri nostro deferre, et honori ac promotioni tuæ propensiori studio aspirare. Inde utique fuit, quod ad instantiam precum tuarum, inspectis quibusdam rescriptis antecessorum nostrorum, tibi nos recolimus concessisse, ut crucem per totam Angliam ante te deferendi liberam potestatem haberes. Cæterum quoniam adhuc super hoc controversia agitatur, et ipsa lis nondum debitum finem accepit, cum possit ex hoc non modicum ad præsens scandalum provenire, si concessam tibi isto tempore licentiam exerceres, volumus atque mandamus, ut sicut nec ante concessionem nostram in ipso effectu dignitate hujusmodi utebaris, ita ea nimirum non utaris, quousque de causa ipsa plenius cognoscatur, et controversia, quæ super hoc vertitur, debitum recipiat complementum.

CCXXXVI.

Ad Rogerum archiepiscopum et canonicos Eboracenses. — Ut archiepiscopus in provincia Cantuariensi crucem ante se deferre non præsumat.

(Senonis, Jan.?)

[*Ibid.*, p. 44.]

Alexander episcopus, servus servorum Dei, Rogero, Eboracensi archiepiscopo, et dilectis filiis canonicis Eboracensibus, salutem et apostolicam benedictionem.

Decet prudentiam vestram sic alterius jura relinquere intacta, quemadmodum desideratis vobis integra et illibata servari. Quocirca apostolica auctoritate prohibemus, ne tu, archiepiscope, in provincia Cantuariensis Ecclesiæ crucem tuam ullatenus deferas, nec ullius appellationis obtentu id aliqua occasione attentes. Hoc enim justitiæ vestræ si quam habetis, præjudicium posset incommodum generare. Quod si ad tempus abstinere nolueris, oportebit te et successores tuos perpetuo abstinere.

CCXXXVII.

Privilegia prioratus Sanctæ Mariæ de Campo in pago Ruscinonensi confirmat.

(Senonis, Jan. 22.)

[Aguirre, *Concil. Hisp.*, III, 374.]

Alexander episcopus, servus servorum Dei, dilecto filio Pontio, priori ecclesiæ Sanctæ Mariæ de Campo, ejusque fratribus tam præsentibus quam futuris canonice substituendis, in perpetuum.

Effectum justa postulantibus indulgere juris ratio exigit et vigor postulat æquitatis, maxime cum petentium voluntates et pietas adjuvat et veritas. .... Quocirca, dilecti in Domino filii, vestris justis postulationibus clementer annuimus, et præfatam ecclesiam in qua divino mancipati estis obsequio, sub beati Petri et nostra protectione suscipimus et præsentis scripti privilegio communimus; in primis siquidem statuentes, ut ordo canonicus, qui secundum Deum et beati Augustini Regulam in eadem ecclesia noscitur institutus, perpetuis ibidem temporibus inviolabiliter conservetur; præterea. quascunque possessiones, quæcunque bona eadem ecclesia impræsentiarum juste et canonice possidet aut in futurum concessione pontificum, largitione regum vel principum, oblatione fidelium seu aliis justis modis Deo propitio poterit adipisci, firma vobis vestrisque successoribus et illibata permaneant; in quibus hæc propriis duximus exprimenda vocabulis.

Ecclesiam de Paciano, cum allodiis et pertinentiis suis; ecclesiam Sancti Martini de Laurone, ecclesiam Sanctæ Mariæ de Villare Millariis, sicut præfatus episcopus vobis eas concessit; ecclesiam Sanctæ Mariæ de Villare cum decimis, primitiis, allodiis et oblationibus suis, sicut bonæ memoriæ Petrus, Bernardi Elenensis episcopus, vobis juste concessit, excepto synodali censu, quem Elenensi ecclesiæ reservavit; quidquid etiam, Ermengaudus et Petrus Bernardi bonæ memoriæ, quondam Elenenses episcopi, pietatis intuitu, eidem ecclesiæ vestræ rationabiliter contulerunt. Sane novalium vestrorum quæ propriis manibus aut sumptibus colitis, sive de nutrimentis vestrorum animalium nullus a vobis decimas exigere præsumat. Adjicimus etiam ut nulli fratrum vestrorum liceat post factam in eodem loco professionem absque prioris sui licentia de claustro discedere; discedentem vero absque communium litterarum cautione nullus audeat retinere. Prohibemus autem ut parochianos Ecclesiæ vestræ, salva canonica justitia ecclesiæ vestræ in sepultura recipere nemo præsumat. Obeunte vero te nunc ejusdem loci priore, vel tuorum quolibet successorum, nullus ibi qualibet subreptionis astutia seu violentia præponatur nisi quem fratres communi consensu aut fratrum pars consilii sanioris de vestro vel aliorum collegio, secundum Deum et beati Augustini Regulam providerint eligendum. Sepulturam quoque ipsius loci liberam esse decernimus, ut eorum qui se illic sepeliri deliberaverint, devotioni et extremæ voluntati, nisi excommunicati vel interdicti sint, nullus obsistat; salva canonica justitia earum ecclesiarum a quibus mortuorum corpora assumuntur. Decernimus ergo ut nulli omnino hominum liceat præfatam ecclesiam temere perturbare, aut ejus possessiones auferre, vel ablatas retinere, minuere, vel quibuslibet vexationibus fatigare, sed illibata omnia et integra conserventur eorum, pro quorum gubernatione et sustentatione concessa sunt usibus omnimodis profutura, salva sedis apostolicæ auctoritate, et diœcesani episcopi canonica justitia. Ad indicium autem hujusmodi a sede apostolica perceptæ protectionis duos solidos nobis nostrisque successoribus singulis annis persolvetis.

Si qua igitur in futurum ecclesiastica sæcularisve persona, etc.

Ego Alexander, catholicæ Ecclesiæ episcopus.
Ego Ualdus, presbyter cardinalis tit. Sanctæ Crucis in Hierusalem.
Ego Hubaldus, Ostiensis episcopus.
Ego Hyacinthus, diaconus cardin. S. Mariæ in Cosmedin.
Ego Joannes, presb. cardin. tit. S. Anastasiæ.
Ego Gualterius, Albanensis episcopus.
Ego Albertus, presb. cardin. tituli Sancti Laurentii in Lucina.
Ego Guillelmus, tit. S. Petri ad Vincula presb. card.
Ego Otto, diaconus cardinalis S. Ncolai in Carcere Tulliano.
Ego Boso, diaconus cardinalis Sanctorum Cosmæ et Damiani.
Ego Cintius, diac. cord. Sancti Adriani

Datum Senonis per manum Hermanni, Sanctæ Romanæ Ecclesiæ subdiaconi et notarii, xi Kalend. Februarii, indictione xi, Incarnationis Dominicæ anno 1163, pontificatus vero domni Alexandri papæ III anno iv.

CCXXXVIII

Ad Thomam, Cantuariensem archiepiscopum. — De munere legationis apostolicæ, Cantuariensi concedi solito, Eboracensi ad instantiam regis concesso.

(Senonis, Febr. 27.)
[*Epist. S. Thomæ*, ed. GILES, II, 1.]

ALEXANDER papa THOMÆ, Cantuariensi archiepiscopo.

Etsi pro animi tui prudentia et fidei sinceritate personam tuam uberiori dulcedine charitatis et flagrantiori desiderio velimus semper diligere, et honori ac exaltationi tuæ, sicut charissimi fratris nostri, ardentiori animo aspirare, nos tamen et te ipsum, qui magna columna es ecclesiæ tuæ, cautius convenit temporum qualitatem attendere, et provida dispensationis moderatione motum principis delinire. Novit siquidem industria tua, cui divina dispensatio magnæ providentiæ ac gratiæ donum indulsit, quam ferventem dispositionem circa regni sui gubernationem charissimus in Christo filius noster Henricus, illustris rex Anglorum, dependat et eamdem velit dispositionem, ut firmior habeatur et habeat majorem favorem, auctoritate Romanæ Ecclesiæ roborari. Unde cum olim per venerabilem fratrem Lexoviensem episcopum et dilectum filium nostrum Pictaviensem archidiaconum, a nobis et fratribus nostris instantius postulasset legationem totius Angliæ Eboracensi archiepiscopo indulgeri, et tam tibi quam universis episcopis mandari rogasset, ut antiquas regni sui consuetudines et dignitates conservaretis, nobis ejus petitiones præter suum arbitrium moderantibus, statim post reditum nuntiorum suorum, vix audito quod a nobis reportaverant, dilectos filios nostros Gaufredum archidiaconum tuum et magistrum Joannem ad nostram præsentiam destinavit, et per eos quod prius petierat, et majora a nobis instantissime postulavit. Et ut suo desiderio faciliorem animum præberemus, fraternitatis tuæ et prædicti archiepiscopi ad nos litteras impetravit. Quod enim de antiquis consuetudinibus et dignitatibus conservandis prius mandari rogaverat, nuper, sicut tu et alii observare promiseratis, ea cum multa instantia petiit auctoritate apostolicæ sedis sibi et suis posteris confirmari. Sed nos petitionem istam nequaquam admisimus. Verumtamen ne ad nimiam amaritudinem et vehementiorem animi turbationem eum circa nos et te ipsum provocaremus, ne etiam id consideratione tui putaretur quomodolibet impediri, nos tibi et nobis, ne forte in majorem calorem iracundiæ adversus te exardesceret, consultius providere volentes, et pensantes tempora periculosa, legationis litteras præfato archiepiscopo concedendas eidem regi concessimus.

Quoniam vero votis principum condescendendum est, et suæ obtemperandum voluntati, prudentiam tuam monemus, consulimus, et omnimodis exhortamur, quatenus sicut vir prudens et discretus, necessitatem temporis metiens, et quæ inde tibi et ecclesiæ tuæ possent provenire pericula, fideli meditatione attendens, prænominato regi in omnibus et per omnia, salva honestate ecclesiastici ordinis, deferre satagas, et ejus tibi gratiam et amorem incessanter recuperare intendas; ne secus faciendo, cum contra nos et vos ipsos conturbes, et hi, qui non eodem spiritu ambulant, tibi et nobis valeant propter hoc insultare. Nos enim, data nobis opportunitate, de honore et augmento tuo cum eodem rege diligenter et sollicite conferemus, et circa conservanda jura et dignitates ecclesiæ tuæ necessariam diligentiam adhibebimus, et cautelam, quam convenit adhibere.

Datum Senonis, III Kalendas Martii.

CCXXXIX

Ad eumdem et episcopos Angliæ. — *Ut nihil libertati ecclesiasticæ contrarium Henrico regi indulgeant.*

(Senonis, Febr.)
[*Epist. S. Thomæ*. ed. Giles, II, 1, p. 9.]

ALEXANDER papa episcopus, servus servorum Dei, venerabilibus fratribus THOMÆ, Cantuariensi archiepiscopo, et universis episcopis per Angliam constitutis, salutem et apostolicam benedictionem.

Ad hoc pontificalis officii onus suscepisse noscimini, ut commissas vobis ecclesias sic ad honorem Dei et subditorum profectum atque salutem regatis, quod earumdem ecclesiarum libertas per vos nullatenus minuatur, sed in suo statu per studium vestrum et operam conservetur. Inde siquidem est, quod fraternitati vestræ per apostolica scripta præcipiendo mandamus, et in virtute obedientiæ injungimus, quatenus si illustris Anglorum rex quidquam a vobis aliquo tempore requisierit, quod contra ecclesiasticam libertatem existat, hoc ei facere nullatenus attentetis, nec vos illi in aliquo et maxime contra Romanam Ecclesiam obligetis, aut novæ promissionis seu juramenti formam inducere præsumatis, præter id quod episcopi suis legibus facere consueverunt. Si autem jam dicto regi super hujusmodi vos in aliquo astrictos cognoscitis, quod promisistis nullatenus observetis, sed hoc potius revocare curetis, et de promissione illicita studeatis Deo et Ecclesiæ reconciliari.

CCXL

Ad eumdem. — *Ne ex legatione Rogero Eboracensi concessa molestiam trahat.*

(Senonis, Febr.)
[*Ibid.*, p. 3.]

Non ob gratiam concessæ legationis tuus animus deficiat, nec deducatur in suspiria desperationis. Quoniam nos antequam ad hoc deduceremur, vel ullum tribueremus consensum, prædicti nuntii nobis ex parte ipsius regis firmiter in verbo veritatis promiserunt, et super hoc, si vellemus recipere, etiam juramentum obtulerunt, quod nunquam sine conscientia et voluntate vestra eædem litteræ archiepiscopo Eboracensi redderentur. Sane indubitanter credere te volumus, et sine omni scrupulo dubitationis tenere, quod nunquam in animum nostrum descendit, nec unquam Domino volente descendet, ut te aut ecclesiam tuam alicui personæ in ecclesiasticis velimus subesse, nec nisi tantum Romano pontifici obedire. Et ideo monemus prudentiam tuam atque mandamus, quatenus, ex quo perpendere poteris eumdem regem litteras reddidisse, quod eum non credimus sine conscientia vestra facturum, statim nobis per fidelem nuntium et litteras tuas id nobis significes, ut personam tuam,

A ecclesiam quoque, pariter ac civitatem tibi commissam ab omni jure legationis auctoritate apostolica decernamus prorsus exemptam.

CCXLI

Ad Henricum Remensem archiepiscopum et Henricum cardinalem. — *De negotio domini papæ.*

(Senonis, Mart. 21.)
[MARTEN., *Collect.*, II, 705.]

ALEXANDER episcopus, servus servorum Dei, venerabili fratri HENRICO, Remensium archiepiscopo, et dilecto filio HENRICO, tituli Sanctorum Nerei et Achilei presbytero cardinali, salutem et apostolicam benedictionem.

De dispositione vestra et incolumitate tua, dilecte (6) fili cardinalis, quem audivimus ægrotare, solliciti admodum existentes, cursorem istum vobis dirigimus, rogantes attentius atque monentes, quatenus consilio charissimi in Christo filii nostri illustris Francorum regis, donec ista colloquia separentur, vos nullatenus subtrahatis. Scimus enim et certa veritate tenemus, quod quoties de his quæ ad Ecclesiam spectant tractatur, præsentia vestra dirigitur et in melius promovetur. Si autem alterum vestrum non interesse contigerit, rogamus fraternitatem tuam, frater archiepiscope, ut tu nulla ratione discedas, et quidquid ibi tractatum fuerit, quod ad factum Ecclesiæ pertineat, nobis per eumdem cardinalem, quantum licet honestati tuæ, significare minime differas, nihilominus etiam quid velit super eo quod de fratre nostro tecum contulimus, per cursorem istum nobis rescribas.

Data Senonis, XII Kal. Aprilis.

CCXLII

Ad Eberhardum archiep. Salzburg. — *Ut Gerhoho præposito Reichersperg. silentium super quibusdam de fide disputationibus persuadeat et imponat.*

(Senonis, Mart. 22.)
[PEZ, *Thesaur. Anecdot.*, VI, 1, 398.]

ALEXANDER episcopus, servus servorum Dei, venerabili fratri E. Salzburgensi archiepiscopo, salutem et apostolicam benedictionem

Cum dilectus filius noster magister G., præpositus de Richersperge, suas nobis litteras destinasset, in quibus capitula quædam continebantur quæ, eo et aliis decertantibus, in quæstionis scrupulum devenerunt, nil certi super eisdem capitulis duximus respondendum, quia nisi eum et alios coram positos audiremus, non fuit visum nobis super eis tam facile proferre sententiam, et cujusvis partis tantum rationibus allegatis aliam inauditam et indefensam præcipiti judicio condemnare. Verum quoniam nullas utilitates cognoscimus ex hujusmodi disceptationibus provenire, et potius possent inducere simplices in errorem, quam aliquid emolumenti conferre, qui utique pascendi sunt velut asinæ juxta boves,

---

(6) Hic obiter observa pontificem episcopos appellare fratres, cardinales vero filios duntaxat, atque episcoporum nomen præponere nomini cardinalium, quia dignitas episcopalis cardinalitiæ præstat.

praeposito praedicto consuluimus, et modis omnibus persuasimus, ut super hujusmodi disputationibus quae de fide sunt, tam ipse quam altera pars de caetero nulla ratione procedant, sed profanas novitates verborum modis omnibus evitantes secundum simplicem veritatem, a beato Athanasio ab Ecclesia generali receptam, et juxta aliorum assertiones Patrum in doctrina catholicae fidei ambulent, et his contenti terminis, quos posuerunt patres nostri, nihil ultra citraque progredi praesumant. Quocirca fraternitati tuae per apostolica scripta mandamus, quatenus praedictum praepositum et caeteros ab hujusmodi ulterius disputationibus, praesertim in publicis conventibus, abstinere instanter ex tua et nostra parte moneas, et omni cum districtione compellas.

Data Senonibus, undecimo Kalendas Aprilis.

CCXLIII.

Ad *Gerhohum praepositum Reicherspergensem.* — *Silentium super iisdem de fide disputationibus illi imponit.*

(Senonis, Mart. 22.)

[Pez, *Thesaur. Anecdot.*, VI, 1., col. 399.]

Alexander episcopus, servus servorum Dei, dilecto filio magistro G., praeposito de Richersperge, salutem et apostolicam benedictionem.

Sincerae mentis integritatem et integram devotionem, quam te et fratres tuos circa sacrosanctam Romanam Ecclesiam, et specialiter circa personam nostram credimus laudabiliter exhibere, diligentius attendentes, fervens propositum et promptam gerimus voluntatem honori et incremento vestro libenter intendere, et gratum nobis est quoties nuntiorum opportunitate suscepta possumus vos apostolicis litteris visitare. Inde utique fuit quod et alia vice nostra vobis scripta transmisimus. Et nunc etiam per latorem praesentium alia nihilominus destinamus, ex quorum tenore scire te et ipsos volumus, et in veritate cognoscere, quod vos sicut speciales et devotos Ecclesiae filios sincera in Domino charitate diligimus, et in quantum cum Deo et honestate possumus, personas vestras intendimus et cupimus honorare.

Quanto autem majori circa vos vinculo charitatis astringimur, et ad honorem et profectum vestrum propensius aspiramus, tanto libentius ea tibi suggerimus quae ad salutem animae, et ad honestatem corporis cognoscimus pertinere. Sane super illis capitulis quae te et aliis decertantibus, in quaestionis scrupulum devenerunt, quae utique nobis tuis litteris innuisti, nil certi duximus respondendum, *et caetera, ut supra in litteris scriptis ad archiepiscopum.* Nos enim venerabili fratri nostro Salzburgensi archiepiscopo dedimus in mandatis, ut te et illos ab hujusmodi ulterius disputationibus, praesertim in publicis conventibus, abstinere moneat multipliciter et compescat, ne hujusmodi verborum novitate corda rudium et simplicium seducantur, et in erroris (quod absit!) semitam incidere compellantur.

Data Senonibus, undecimo Kalendas Aprilis.

CCXLIV.

Ad *Thomam Cantuar. archiep.* — *Maerentem consolatur atque absolvit a juramento.*

(Senonis, April. 1.)

[Mansi, *Concil.* XXI, 1193.]

Ad aures nostras fraternitas tua noverit fuisse perlatum, et quorumdam nobis relatione suggestum quod occasione cujusdam excessus a missarum proposueris celebratione cessare, et a consecratione sanguinis et corporis Domini abstinere. Quod utique quam grave sit, praecipue in tanta persona, et quantum possit exinde scandalum provenire, sollicita meditatione consideres, et hoc ipsum vigilantia tuae discretionis attendat. Debet autem diligentia tua prudenter advertere (quod plurimum interest) quando ex deliberatione et propria voluntate, et quando ex ignorantia vel necessitate aliqua committuntur. Aliter enim in his quae spontanea voluntate, et aliter quae ignorantia, sicut dictum est, vel necessitate cogente fiunt, noscitur procedendum. Et aliter illa, aliter ista tractanda sunt, et viris discretis et prudentibus metienda, velut sacrae Scripturae testimoniis edocemur. Intentio tua operi tuo nomen imponit. Nam, sicut et alibi legitur, usque adeo voluntarium est peccatum, ut, nisi fuerit voluntarium, non sit peccatum. Et omnipotens Dominus non factum agentis attendit, sed considerat potius intentionem et dijudicat voluntatem. Si igitur aliquid te recolis commisisse, de quo propria te debeat conscientia remordere, quidquid sit, sacerdoti qui discretus et providus habeatur, tibi consulimus per poenitentiam confiteri. Quo facto, et misericors Dominus, qui multo amplius ad cor respicit quam actus, tibi consuetae pietatis suae miseratione dimittet. Et nos de beatorum Petri et Pauli apostolorum ejus meritis confidentes, te ab eo quod est commissum absolvimus; et idipsum fraternitati tuae auctoritate apostolica relaxamus, consulentes utique ac mandantes, ut postea a missarum celebrationibus propter hoc non debeatis abstinere.

Datum Senonis, Kal. Aprilis.

CCXLV.

Stephano, Meldensi episcopo, monasterium Rasbacense subjicit.

(Senonis, April. 2.)

[Launoii Opp. III, ii, 408.]

Alexander episcopus, servus servorum Dei, venerabili fratri Stephano, Meldensi episcopo, salutem et apostolicam benedictionem.

Controversiae inter viros ecclesiasticos agitatae quoties in nostra praesentia finem canonicum sortiuntur, necesse est eas in scriptis redigi et apostolicae auctoritatis pagina communiri, ut ea quae favore apostolico decisa sunt, et scripto proprio confirmata, tanto humanae memoriae tenacius infigantur, quanto majori diligentia litterarum nostrarum patrocinio fulciuntur. Cum autem inter te et dilectos filios nostros B. . . . abbatem et fratres Rasbacenses causa super jure parochiali, quod tibi tam in villa et in monasterio vindicabas, diutius verteretur, te et eis pro eodem negotio in nostra præsentia constitutis subjectionem abbatis et jus episcopale in ipsa villa, et in monasterio exigebas, inconcussam possessionem te longo tempore asserens habuisse et hæc omnia ita esse multis instrumentis et plurium approbatione testium astruebas. Altera autem pars libertatem sibi e contrario vindicabat, et hoc ipsum multis conabatur rationibus et scriptorum ac testium productionibus affirmare. Nos vero cum utraque pars hinc inde ad finem rei dubiæ faciendam in medium produxisset, facta diligenti collatione monimentorum et testium agnoscentes ea, quæ tibi in villa in præfato monasterio vindicabas, sine interruptione legitima possedisse, de communi fratrum nostrorum consilio obedientiam, et subjectionem abbatis et jus, episcopale tam in monasterio quam in villa tibi et per te Ecclesiæ tuæ adjudicavimus. Volentes autem paci et quieti ejusdem monasterii ex injuncto nobis officio utiliter providere auctoritate apostolica inhibemus ut occasione ista nulla nova et indebita gravamina, a te vel successoribus tuis jam dicto monasterio aut villæ debeant irrogari. Ut igitur hæc nostra diffinitio futuris semper temporibus inviolabiliter observetur, eam auctoritate sedis apostolicæ confirmamus, et præsentis scripti patrocinio communimus; statuentes ut nulli omnino hominum liceat, hanc paginam nostræ diffinitionis infringere vel ei aliquatenus contraire. Si quis autem hoc attentare præsumpserit, indignationem omnipotentis Dei et beatorum Petri et Pauli apostolorum ejus se noverit incursurum.

Datum Sen. IV Non. April...

CCXLVI.

Ad Henricum, archiepiscopum Remensem. — De gratiarum actione pro Ar. Sancti Theodori diac. cardinalis, et de rumoribus Italiæ per magistrum Od.

(Senonis, April. 15.)
[Marten., *Collect.*, II, 708.]

Alexander episcopus, servus servorum Dei, venerabili fratri Henrico, Remensi archiepiscopo, salutem et apostolicam benedictionem.

Amorem et honorificentiam, quam tua devotio per te ac clericos tuos erga dilectum filium nostrum (7) Ar. S. Theodori diaconum cardinalem in receptione ipsius, et postea exhibere curavit, gratam omnimodis et acceptam habemus, et liberalitatem tuam cum digna gratiarum actione super hoc magnificis in Domino laudibus commendamus, cum omni attentione ac diligentia rogantes, ut, sicut bene cœpisti, eumdem filium nostrum diligas, et prout decet honestatem tuam, et ejus convenit dignitati, eum ita honeste tractes ; quod nos et fra-

tres nostri omni tempore tibi debeamus dignas gratias referre, et circa honorem et exaltationem tuam et ecclesiæ tibi commissæ ferventiores semper reperiamur, et omnimodis promptiores. Honor siquidem et reverentia quæ illi dependitur, non aliter nobis et fratribus nostris grata et accepta existit, quam si propriæ personæ nostræ specialiter fuerit erogata. Verumtamen eam diligentiam et cautelam circa honorem ejus tua prudentia et sollicitudo impendat, ut labiis detrahentium omnis materia eximatur ei et nobis in eo in aliquo derogandi. Sane per dilectum filium nostrum magistrum Od. quædam de statu Italiæ tuæ discretioni tanto libentius curavimus intimare, quanto circa cognoscendos Ecclesiæ prosperitatis eventus sollicitiorem te noscimus permanere, firmam spem fiduciamque tenentes, quod Ecclesia Dei, quæ in tuo et aliorum Christi fidelium subsidio respiravit, inimicis suis humiliatis, optatæ in proximo pacis tranquillitate gaudebit, et quietis et exsultationis gaudio, divina faciente clementia, respirabit. Tu vero, sicut bene cœpisti, ad ejus honorem et exaltationem intendas, et sollicita semper studeas diligentia laborare.

Datum Senonis, XVII Kal. Maii.

CCXLVII.

Privilegium pro monasterio S. Mariæ Stratensi.

(Senonis, April. 17.)
[*Gall. Christ. nov.* XI, Instr. 135.]

Alexander episcopus, servus servorum Dei, Gervasio, abbati monasterii S. Mariæ de Strata, ejusque fratribus, tam præsentibus quam futuris, religiosam vitam professis, in perpetuum.

Cum omnibus ecclesiasticis personis debitores ex injuncto nobis officio existamus, illis tamen propensioris charitatis studio nos convenit imminere, quos in veræ religionis habitu omnipotenti Domino militare cognoscimus. Eapropter, dilecti in Domino filii, vestris petitionibus clementer annuimus, et præfatam sanctæ Mariæ ecclesiam in qua divino mancipati estis obsequio, sub beati Petri et nostra protectione suscipimus, statuentes ut quascunque possessiones, quæcunque bona inpræsentiarum juste et canonice possidetis, aut in futurum concessione pontificum, largitione regum vel principum, oblatione fidelium, seu aliis justis modis Deo propitio poteritis adipisci, firma vobis vestrisque successoribus et illibata permaneant ; in quibus hæc propriis duximus exprimenda vocabulis.

Terram de Stratis, terram de Bellovillari, terram de tramite Ver, Grandepratum, alias terras et prata quæ ex utraque parte fluminis Arvæ habetis, unum piscatorem in eodem flumine per dominum castri de Musi, grangiam de Faiel, cum omnibus appendiciis suis, grangiam de Meravilla cum omnibus appendiciis suis, grangiam de Champeillum cum percem Mediolanenses inter et Laudenses componeret.

---

(7) Ardicionem Rivoltellam Mediolanensem, qui anno 1155 cardinalis creatus ab Adriano papa IV, ab eo in Longobardiam legatus missus fuit, ut pa-

tinentiis suis, et terra de Bescochin, et quæcunque possidetis in nemore Crotensi, grangiam de Chalet. Prohibemus autem ut nulli fratrum vestrorum, post factam in eodem loco professionem aliqua levitate sine prioris vel abbatis sui licentia, fas sit de claustro discedere; discedentem vero absque communium litterarum cautione nullus audeat retinere. Paci quoque et tranquillitati vestræ paterna sollicitudine providentes, auctoritate apostolica prohibemus, ut infra clausuras locorum seu grangias vestras, nullus violentiam, vel rapinam sive furtum committere, vel combustionem facere, seu hominem capere vel interficere audeat. Sane laborum vestrorum quos propriis manibus aut sumptibus colitis, sive de nutrimentis animalium vestrorum nullus a vobis decimas exigere præsumat. Decernimus ergo, etc.

Ego Alexander, catholicæ Ecclesiæ episcopus.

Ego Hubaldus, presbyter cardinalis titulo Sanctæ Crucis in Jerusalem,

Ego Joannes, presbyter cardinalis titulo Sanctæ Anastasiæ.

Ego Albertus, presbyter cardinalis tit. Sancti Laurentii in Luc.

Ego Guil. titulo Sancti Petri ad Vincula presbyter cardinalis.

Ego Bernardus, Portuensis et S. Rufinæ episcopus.

Ego Gualterius, Albanensis episcopus.

Ego Jacinthus, diaconus cardinalis S. Mariæ in Cosmedin.

Ego Oddo diaconus cardinalis Sancti Nicolai in Carcere.

Datum Senonis per manum... sanctæ Romanæ Ecclesiæ subdiac. et notarii, xv Kalend. Maii, indictione XII, Incarnat. Dominicæ anno 1164, pontificatus vero D. Alexandri papæ III, anno quinto.

CCXLVIII.
Privilegium pro ordine Carthusiensi.
(Senonis, April. 17.)
[*Nova Coll. Stat. ord. Carthus.*, App., p. 6.]

ALEXANDER episcopus, servus servorum Dei, dilectis filiis BASILIO, Carthusiensi priori, et universis prioribus et fratribus de ordine Carthusiensi, salutem et apostolicam benedictionem.

Ex rescripto litterarum circumpositorum episcoporum nuper accepimus, quia illi ea quæ a vobis ad honorem Dei et observantiam ordinis vestri communiter statuta esse noscuntur, rata et firma consistere decreverunt et sui scripti munimine roboraverunt; unde nos vestris precibus inclinati, omnes institutiones vestras, quæ ad observantiam religionis ordinis vestri de communi assensu capituli rationabiliter factæ sunt, ratas et firmas habentes, eas vobis auctoritate apostolica confirmamus, et præsentis scripti patrocinio communimus.

Datum Senonis, xv Kal. Maii.

CCXLIX.
Ad Henricum, archiepiscopum Remensem. — Pro quodam Gil. ut mutuata pecunia ei reddatur.
(Senonis, Maii 19.)
[MARTEN., *Coll.*, II. 709.]

ALEXANDER episcopus, servus servorum Dei, venerabili fratri HENRICO Remensi archiepiscopo, salutem et apostolicam benedictionem.

Veniens ad nos Gil. lator præsentium, nobis asseruit, quod cum ab Ub. priore monasterii Sancti (8) Vasli quamdam pecuniam, quam ab alio receptam ei mutuavit, instanter repeteret, et eodem priore in solutione cessante, causa inter eos coram decano ecclesiæ tuæ tractaretur, iste ad nostram audientiam appellavit, et, eo veniente, nec per se neque per responsalem suum pars altera venit. Quia igitur prædicto G. in justitia sua deesse non possumus, nec debemus, fraternitati tuæ per apostolica scripta mandamus, quatenus præfatum priorem instanter moneas et districte compellas, vel mutuatam sibi pecuniam isti sine molestia reddere, vel sub tuæ discretionis examine plenam exinde sibi justitiam exhibere.

Data Senonis, XIV Kalendas Junii.

CCL-CCLI.
Privilegium pro monasterio S. Petri Carnotensi.
(Senonis, Jun. 3.)
[*Collection des Cartul.*, II, 651.]

ALEXANDER episcopus, servus,.... Statuimus ut in parochialibus ecclesiis quas tenetis, liceat vobis sacerdotes eligere, et electos episcopo repræsentare; quibus, si idonei inventi fuerint, episcopus animarum curam committat; et de plebis quidem cura iidem sacerdotes episcopo, de temporalibus vero vobis debeant respondere. Præterea, cum commune interdictum terræ fuerit, liceat vobis, clausis januis, non pulsatis tintinnabulis, exclusis excommunicatis et interdictis, suppressa voce divina officia celebrare........

Datum Senonum, tertio Nonas Junii.

CCLII.
Ad Henricum, Remensem archiepiscopum.— Pro ecclesia Sancti Remigii.
(Senonis, Jun. 4.)
[MARTEN., *Collect.* II, 709.]

ALEXANDER episcopus, servus servorum Dei, venerabili fratri HENRICO Remensi archiepiscopo, salutem et apostolicam benedictionem.

Causam quæ inter dilectos filios nostros Sancti Remigii et Dervensem abbates super quibusdam decimis vertitur, discretioni tuæ audiendam commisimus, et fine debito terminandam. Verum quoniam Dervensis abbas ecclesiam suam asserit a

---

(8) Id est S. Basoli, Gallice *Saint-Basle*, ordinis S. Benedicti in diœcesi Remensi, tertio aut quarto ab urbe lapide.

civitate tua per duas diætas distare, et multum illuc veniendo gravari, præsertim cum altera pars in sua domo existat, monemus fraternitatem tuam atque mandamus, quatenus congruum locum et utrique parti communem eis assignes, ad quem utraque parte ante tuam præsentiam convocata, et rationibus hinc inde auditis diligenter et cognitis, eamdem causam secundum aliarum litterarum tenorem debito fine decidas.

Data Senonis, ii Nonas Junii.

CCLIII.
Monasterii Vallis-Richeriæ protectionem suscipit, bonaque ac privilegia confirmat.

(Senonis, Jun. 5.)

[*Neustria pia*, 826, ex ms. codice Nigro ecclesiæ cathedr. Bajoc., fol. 17.]

ALEXANDER episcopus, servus servorum Dei, dilectis filiis ROBERTO, abbati de Valle Richerii, ejusque fratribus, tam præsentibus quam futuris, regularem vitam professis, etc.

Religiosis votis annuere, et ea operis exhibitione complere, officium nos invitat suscepti regiminis, et ordo videtur exigere rationis. Eapropter dilecti in Domino filii vestris justis postulationibus clementer annuimus, et præfatum monasterium in quo divino mancipati estis obsequio, sub B. Petri, et nostra protectione suscipimus, et præsentis scripti privilegio communimus. In primis siquidem statuentes ut ordo monasticus, qui secundum Dei timorem, et B. Benedicti Regulam atque Cisterciensium fratrum institutiones, in isto monasterio, institutus esse dignoscitur, perpetuis Idibus temporibus inviolabiliter observetur. Præterea, quascunque possessiones, quæcunque bona idem monasterium impræsentiarum juste et canonice possidet, aut in futurum, concessione pontificum, largitione regum vel principum, oblatione fidelium, seu aliis justis modis, præstante Domino, poterit adipisci, firma vobis vestrisque successoribus illibata permaneant. In quibus hæc propriis duximus exprimenda vocabulis.

Ex dono Simonis de Bosvilla, et Gaufridi filii ejus, locum Vallis-Richerii, in quo ipsa abbatia sita est, et partem silvæ quæ dicitur Braffai; ex dono ejusdem terram, quæ vadit per vicum Rogerii, filii Gisleberti, usque ad terram de Bruerio Rogerii, et inde usque ad terram Richardi de Altariis, et usque ad Gratapantiam; et in altera parte, totam terram Floodi; et apud Bosvillam, xxxiv acras terræ; ex dono Richardi de Altariis, terram, sicut sulco determinata est, usque ad maram salitiosam; ex dono Rogerii Carbonel, terram a Spina Aldeni, usque Gratapantiam, et a novo fosseto usque ad vallem Orieldis; ex dono Roberti de Baisio, terram a semita abbatiæ, usque ad S. Audoenum; ex dono Richardi de Folmuçone, totam terram a fonte, sicut fosseium vadit usque ad S. Audoenum, et usque ad chiminum; ex dono Roberti, filii Milonis, xx acras terræ, a semita domus Burinint, usque ad magnum vicum, et totam terram Ingulphi terrarii, et terram Richerii de Monsterol, a terra Gerneti usque ad terram Roberti de Monsterol; ex dono Aluredi de Castello, terram, sicut vadit per fosseium Eve, a vado prati Calvel sursum, usque ad boscum, et usque ad campum Ervei; ex dono Guillelmi Silvani, planum et boscum totum, a chimino, qui dividit terram ejus, et terram Simonis de Bosvilla, et usque ad terram de Rocha; ex dono Simonis de Bosvilla, feodum Radulfi Gerneti, totum, quod de eo tenebat apud vallem Richerii, quod concessit idem Radulfus, assensu Roberti de Monteforti; ex dono Aitardi presbyteri, et Drœlini nepotis ejus, totam terram, quam tenebant de Adam Carbonel, tam planum quam boscum, quod concesserunt Radulfus Libaneis, et Robertus filius ejus, et Richardus filius Turgis, et hoc idem laudaverunt, et fide firmaverunt Robertus et Adam Carbonel; ex dono Hugonis de Rocha, xv acras terræ juxta Gratapantiam; ex dono Walchelini de Corcella, terram de Bruya; ex dono Roberti, filii Herneisy, habitationem in foresta de Cingleis, et ab illa habitatione usque ad campos, totum nemus, quod ante est, retro autem tres acras nemoris in longum et in latum; quidquid inter est, inter viam, quæ ducit ad monasterium, et viam Fagipendentis; et quæcunque necessaria, scilicet ad pecudum pascua, ad focum, et clausuram, et ædificationem; et terram suam totam, quæ est extra nemus avellorum usque ad rogum de Pinis, et terram suam propriam Balchetot, vicinam, scilicet xxx acras terræ; ex dono Radulfi de Boenc, sex acras terræ; ex dono Roberti Bacon et fratris ejus Gervasii, iv acras terræ, concedente filio ejus Roberto; ex dono Gisleberti de Brielcort, grangiam de Favarchis, et totam planam terram, quæ est inter boscum et terram Radulfi de Hamel; et boscum a prædicta terra, sicut vadit via de Seifredevilla usque versus crossum de Malagarda; et ab exitu prædicti bosci totam planam et boscum per grandem Quercum usque ad exitum Bœliæ, versus domum Radulfi le Colet; et inde totam terram, quæ est inter terram prædicti Radulfi, et terram Osbeleni de Bosco usque ad forestam; et inde totum dominium suum usque ad terram vavassorum suorum de Sarnaio; et in Valle-Tolcæ, unam acram prati; et in foresta sua, per totum annum, excepto mense Aprili, pasturam animalium absque capris, quam donationem concessit Walchelinus de Ferrariis; ex dono Radulfi, filii Galterii Rosfel, plantum et boscum, sicut via dividit, quæ supra domum suam vadit, usque ad campum suum arabilem; ex dono Radulfi de Hamel iv acras terræ; ex dono Willelmi Silvani grangiam Vallis viridis, cum omnibus ad eam pertinentibus.

Sane laborum vestrorum, quos propriis manibus aut sumptibus colitis, sive de nutrimentis vestrorum animalium, decimas a vobis nullus præsumat exigere. Adjicientes, etiam auctoritate apostolica, interdicimus ne quis fratres vestros clericos, sive laicos, post factam in vestro monasterio professionem, absque vestra licentia, suscipere audeat vel retinere. Paci quoque et tranquillitati vestræ, paterna sollicitudine providentes, auctoritate apostolica prohibemus ut, infra clausuram locorum, sive grangiarum vestrarum, nullus violentiam, vel rapinam, sive furtum facere, vel hominem capere audeat.

Decernimus ergo ut nulli hominum liceat præfatum monasterium temere perturbare, aut ejus possessiones auferre, vel ablatas retinere, minuere, aut aliquibus vexationibus fatigare; sed omnia integra conserventur, eorum, pro quorum gubernatione et sustentatione concessa sunt usibus omnimodis profutura, salva in omnibus apostolicæ sedis auctoritate. Si qua igitur, etc.

Ego Alexander, catholicæ Ecclesiæ episcopus.
Ego Hubaldus, Ostiensis episcopus.
Ego Bernardus, Portuensis et S. Rufinæ episcopus.
Ego Galterius, Albanensis episcopus.
Ego Hubaldus, presbyter card. titul. S. Crucis in Hierusalem.
Ego Henricus, presbyter card. titul. SS. Nerei et Achillei.
Ego Joannes, presbyter card. titul. S. Anastasiæ.
Ego Albertus, presbyter card. titul. S. Laurentii in Lucina.
Ego Guillelmus, presbyter card. titul. S. Petri ad Vincula.
Ego Jacintus, diaconus card. S. Mariæ in Cosmedin.
Ego Odo, diaconus card. S. Nicolai in Carcere Tulliano.
Ego Boso, diaconus card. SS. Cosmæ et Damiani.
Ego Cinthius, diaconus card. S. Adriani.
Ego Petrus, diaconus card. S. Eustachii juxta templum Agrippæ.
Ego Manfredus, diaconus card. S. Georgii ad Velum Aureum.

Datum Senonis per manum Hermanni, Romanæ Ecclesiæ subdiaconi et notarii, Nonis Junii, indictione XII, Incarnationis Dominicæ ann. 1164, pontificatus vero domini Alexandri papæ III ann. v.

CCLIV.

Ad Henricum Remensem archiepiscopum. — Pro R. cancellario.

(Senonis, Jul. 6.)

[MARTEN., *Collect.*, II, 710.]

ALEXANDER episcopus, servus servorum Dei, venerabili fratri HENRICO Remensium archiepiscopo, salutem et apostolicam benedictionem.

Attendentes illum animi tui fervorem, et sincerissimæ puritatis affectum, quem a nostræ promotionis exordio intima tui pectoris circa Ecclesiam

(9) Rainaldus, ex præposito Hildesheimensi factus archiepiscopus Coloniensis, Friderico impera-

Dei et nos ipsos gestarunt, quidquid unquam deberemus homini credere, tuæ devotioni cum omni fiducia et securitate libentius intimamus. Noveris autem quod ille auctor et caput turbationis Ecclesiæ, R. (9) videlicet quondam F. dicti imperatoris cancellarius, cum aliunde suus omnimodo disturbetur ingressus, per Flandriam in Teutoniam terram ire disponit. Quoniam igitur de tuæ virtutis constantia plenam in omnibus fiduciam obtinemus, providentiam tuam omnibus modis rogamus atque monemus, quatenus per te, amicos et fideles tuos prædictum R. disturbare satagas, et omnimodis impedire, et ipsum si potes capere, nulla ratione postponas. Nihil enim posses unquam ad præsens efficere quod nobis et Ecclesiæ amplius gratum et acceptum existeret, vel unde tibi majoris honoris laudem et gloriam comparares.

Data Senonis, II Nonas Julii.

CCLV.

Ad eumdem. — Pro absolutione Guillelmi monachi.

(Senonis, Jul. 13.)

[*Ibid.*]

ALEXANDER episcopus, servus servorum Dei, venerabili fratri HENRICO Remensium archiepiscopo, salutem et apostolicam benedictionem.

Dum W., parochianus tuus, in nostra esset præsentia constitutus, nobis asseruit quod cum infirmitate graviter laboraret, abbas et fratres Sancti Remigii absque uxoris suæ licentia monasticum induere habitum, et viginti libras, quas apud se habebat, sibi tradere suaserunt. Cumque convaluisset, et quid egerat apud se diligentius pertractaret, quasi ad animum rediens, monasticum quem induerat habitum exuit, et se facturum professionem monasticam penitus contradixit, et pecuniam quam eis tradiderat requisivit; præfati vero monachi ipsum in vinculis positum duris cruciatibus afflixerunt, et biduo ei cibaria penitus subtrahentes, ad juramentum eum cogere voluerunt, quod prætaxatam pecuniam nullatenus ab eis requireret, nec propter hoc contra eos aliquid attentaret. Quia vero prædictus W. in jure suo nulla possumus ratione deesse, per apostolica tibi scripta mandamus quatenus rem ipsam diligenter inquiras, et si prædictos monachos non habita licentia uxoris præfatum Guillelmum monasticum habitum induisse constiterit, tu ipsum ab impetitione memorati abbatis et suorum fratrum, nostra fultus auctoritate, absolvas.

Data Senonis, III Idus Julii.

CCLVI.

Ad eumdem. — Pro causa Milesendis et R. de (10) Curti.

(Senonis, Jul. 18.)

[*Ibid.*]

ALEXANDER episcopus, servus servorum Dei, ve-tori fidus in Italia comes.

(10) In epistolæ contextu dicitur *de Coci*.

nerabili fratri HENRICO Remensi archiepiscopo, salutem et apostolicam benedictionem.

Causam quæ inter Millesendem mulierem et Radulfum de Coci, super dote ipsius mulieris noscitur agitari, tuæ discretioni olim, cum essemus Turonis, commisimus terminandam. Verum quoniam præfata mulier sæpius ad tuam præsentiam fatigata nondum suum jus potuit obtinere, fraternitati tuæ per iterata scripta mandamus quatenus, infra triginta dies post harum susceptionem, utramque partem in loco ad quem possint secure accedere, ante tuam præsentiam convoces, et eamdem causam, juxta aliarum litterarum tenorem, debito fine decidas : ita quod ulterius non cogatur mulier propter hoc laborare.

Data Senonis, xv Kal. Augusti.

CCLVII.

Hugoni episcopo Suessionensi Rain archidiaconum Saresberiensem, Parisius operam studiis daturum, commendat.

(Senonis, Jul. 26)
[MANSI, *Concil.*, XXI, 981.]

ALEXANDER episcopus, servus servorum Dei, venerabili Fratri HUGONI Suessionensi episcopo, salutem et apostolicam benedictionem.

Dilectus filius noster Rain. Salesberiensis archidiaconus Parisius se moram habiturum disposuit, et ibi studio litterarum ad præsens vacare. Quia vero pro sua probitate nobis charus est plurimum et acceptus, eum fraternitati tuæ, de qua plenam fiduciam obtinemus, propensius commendamus, rogantes attentius quatenus pro reverentia beati Petri ac nostra, consideratione quoque suæ devotionis, ipsum oculo clementiori respicias, diligas et honores, sibique opportunum consilium, si quando opus habuerit, conferas et favorem ; ita quod nostras preces sibi sentiat profuturas, et nos quoque tuæ sollicitudini gratias uberes exsolvamus.

Datum Senonis, VII Kalend. Augusti

CCLVIII.

Ad Ludovicum Francorum regem. — De cancellario Friderici imp. cujus mandato operarii in Galliæ confinio jam operari cœperant.

(Senonis, Jul. 30.)
[*Ibid.*, col. 1017.]

ALEXANDER episcopus, servus servorum Dei, charissimo in Christo filio LUDOVICO illustri Francorum regi, salutem et apostolicam benedictionem,

Dum multitudinem beneficiorum quæ sacrosanctæ Romanæ Ecclesiæ a nobis ipsis regia serenitas semper, et in hoc præcipue turbationis tempore, placida mente exhibuit, attenta meditatione pensamus; dum consideramus etiam quam liberaliter et quam devote te pariter et regnum tuum ad obsequium beati Petri et beneplacitum nostrum exposuisti : si honorem, incrementum et exaltationem tuam, et ipsius regni non totis affectibus diligeremus, et tibi tanquam Christianissimo regi et catholico principi non studeremus in omnibus,

A quantum cum Deo et justitia possumus, ferventi animositate deferre : et Deum, cujus intuitu causam Ecclesiæ suscepisti magnanimiter defendendam, graviter timeremus offendere, et a nostri quoque officii debito videremur penitus declinare. Litteris itaque celsitudinis tuæ quanta decuit hilaritate animi et mentis jucunditate susceptis, et illius devotionis fervore, quem circa profectum Ecclesiæ ac nostrum intima tui pectoris gerunt, plenius nobis ex ipsarum litterarum serie declarato : regiæ super hoc sublimitati devotiores compellimur gratias agere, et tuis commodis et incrementis ferventius aspirare. Præsertim cum litteras nostras, sicut nuntii nostri et clericorum tuorum relatione didicimus, devotione promptissima recepisses. Unde præsentium significatione tua celsitudo cognoscat quod nos a quodam abbate, qui de partibus Burgundiæ venit, satis evidentem certitudinem obtinuimus, quod cum ab R. quondam cancellario F. dicti imperatoris complures operarii jam fuissent conducti, et de ipsius mandato in confinio regni tui, sicut dicitur, operari cœpissent, dilectus filius noster nobilis vir ..... comes Forensis animositatem et fortitudinem induens, eosdem operarios audacter de loco ejecit, et eis et aliis qui hæc attentarent acriter comminatus, eorum mentibus non minimum terrorem incussit. Verum quoniam prædictus cancellarius nequaquam a sua malitia desistens, pecuniam multam reliquit, ut quod prave intendit, ad effectum perducat : tua interest, habito consilio baronum et prudentum virorum regni tui, factum ipsum, ne ultra procedat, prorsus destruere, et iniquorum malignitatem penitus impedire. Nos enim prompti admodum et parati super hoc consilium et auxilium impendere, Lugdunensi electo dedimus firmiter in mandatis, ut huic rei nulla ratione assentiat, sed eam quantum poterit satagat disturbare.

Datum Senonis, III Kal. Augusti.

CCLIX.

Ad Ludovicum Francorum regem. — Ut de causa quam Cenomanensis episcopus auctoritate apostolica judicavit, aliter rex non statuat.

(Senonis, Aug. 1.)
[MANSI, *Concil.*, XXI, 1028.]

ALEXANDER episcopus, servus servorum Dei, charissimo in Christo filio LUDOVICO illustri Francorum regi, salutem et apostolicam benedictionem.

Franbus, ecclesiæ Sancti Martini Turonensis canonicus, et Nicolaus Burgensis, ad nostram præsentiam venientes, varias adversus se querelas posuerunt. Conquerebatur etenim jamdictus Burgensis quod idem F. multas injurias sibi et gravamina intulisset, et compositionem, quæ de mandato piæ recordationis Patris et prædecessoris nostri Eugenii papæ olim facta fuerat, et corporali sacramento præstito firmata, ausu temerario violasset. Cum autem nos querelam ejusdem N. super damnis datis, venerabili fratri nostro [Willelmo] Cenomanensi episcopo, viro religioso, provido et discreto, et ejusdem Ecclesiæ canonico, commiserimus fine debito terminandam, ipse tanquam diligens inquisitor justitiæ, cognitis rationibus utriusque, sententiam pronuntiavit, licet nondum sit exsecutioni mandata. Verum, quoniam regiæ sublimitatis clementia utique tertiam diem post Kalend. Augusti assignavit, qua se debeant tuo conspectui præsentare, nos serenitati tuæ in omnibus, in quibus cum Deo et justitia possumus, cupienti animo volentes semper deferre, eos ad tuam præsentiam destinamus, rogantes attentius quatenus pro eo quod prædictus N. auctoritate apostolicæ sedis suum voluit negotium diffiniri, non ægre ferat serenitas tua, non habeat ulla ratione molestum, nec factum episcopi in irritum aliquando contendat, neque iste hac occasione sui sentiat juris defectum. Cum enim aliis causam ipsam nolentes committere, eam præfato commiserimus finiendam, pro eo quod vir litteratus est, et honorem illius Ecclesiæ non tanquam extraneus, sed sicut proprius canonicus ejus, toto desiderio diligit : in contemptum ejus plurimum redundaret, si id quod auctoritate nostra fretus rationabiliter diffinivit, tua excellentia in irritum revocaret. De cætero, si super injuriis illatis pacifice et amicabiliter inter eos composueris, nobis gratum facies et acceptum.

Datum Senonis, Kal. Augusti.

CCLX.

Upsaliam urbem Scarensis, Lincopiensis, Strengesensis et Arusensis episcopatuum metropolim constituit, etc.

(Senonis, Aug.)

LILJEGREN, *Diplomatarium Suecanum*, 1, 70.]

ALEXANDER episcopus, servus servorum Dei, venerabili fratri STEPHANO ejusque successoribus canonice substituendis, in perpetuam memoriam.

Licet omnes discipuli eamdem ligandi atque solvendi acceperint a Domino potestatem, licet unus verus et singularis magister Christus omnibus injunxisset prædicare Evangelium omni creaturæ, quædam tamen inter eos habita est discretio dignitatis, et Dominicarum ovium curam quæ omnibus æqualiter imminebat, beatus Petrus quadam speciali prærogativa suscepit, dicente ad eum Domino: *Petre, amas me? pasce oves meas.* Qui etiam inter omnes apostolos principatus nomen obtinuit, et de fratrum confirmatione singulare a Domino præceptum accepit, ut in hoc peculiariter posteritati daretur intelligi quod, quamvis multos ad regimen Ecclesiæ contingeret ordinari, unus tamen solummodo supremæ dignitatis locum fastigiumque teneret; et in omnibus potestate judicandi et gubernandi honore præsideret unde et secundum hanc formam in Ecclesia distinctio servata est dignitatum, et sicut in humano corpore pro varietate officiorum diversa ordinata sunt membra, ita in structura Ecclesiæ ad diversa ministeria exhibenda diversæ personæ in diversis sunt ordinibus constitutæ, aliis enim ad singularum Ecclesiarum, aliis autem ad singularum urbium dispositionem ac regimen ordinatis, constituti sunt in singulis provinciis alii, quorum prima inter fratres sententia habeatur, et ad quorum examen subjectarum personarum quæstiones et negotia referantur. Super omnes autem Romanus pontifex tanquam Noe in arca primum locum noscitur obtinere ; qui ex collato sibi semper in apostolorum Principe privilegio de universorum causis judicat ac disponit, et per universum orbem Ecclesiæ filios in Christianæ fidei firmitate non desinit confirmare, talem se curans jugiter exhibere, qui vocem Dominicam mereatur audire, qua dicitur : *Et tu aliquando conversus confirma fratres tuos (Luc.* XXII, 32) ; hoc nimirum considerationis intuitu provocati, et tibi, frater in Christo charissime, cum ad nostram præsentiam accessisses juxta quod a prædecessoribus nostris ab anteactis temporibus dispositum fuerat ac statutum, sed nondum executione operis adimpletum, precibus et interventu charissimi filii nostri Caroli illustris regis Suevorum et Gothorum episcoporum quoque et Ulfy ducis regni illius, pallium pontificalis scilicet officii plenitudinem duximus indulgendum. Et ne de cætero provinciæ Sueciæ metropolitani possit cura deesse, commissam gubernationi tuæ Upsaliam urbem ejusdem provinciæ perpetuam metropolim ordinavimus, et Scarensem, Lincopensem, Strengenensem et Arusiensem episcopatus ei tanquam suæ metropoli perpetuis temporibus constituimus subjacere, et eorumdem locorum episcopos, tam præsentes quam futuros, sicut metropolitanis suis tam tibi quam tuis successoribus obedire. Statuimus autem ut sicut tu de concessione et mandato nostro consecrationis munus a venerabili fratre nostro Lundensi archiepiscopo suscepisti, ita et successores tui, ab eo et a successoribus ejus consecrationem debeant absque ulla contradictione recipere et tanquam proprio primati obedientiam et reverentiam exhibere.

Porro concesso tibi pallio pontificalis scilicet officii plenitudine infra ecclesiam tuam ad sacra tantum missarum solemnia per universam provinciam tuam his solummodo diebus uti fraternitas tua debebit qui inferius leguntur inscripti : Nativitate Domini, Epiphania, Cœna Domini, Resurrectione, Ascensione, Pentecostes, in solemnitatibus beatæ Dei genitricis semper virginis Mariæ, natalitio beatorum apostolorum Petri et Pauli ; in Inventione, Exaltatione Sanctæ Crucis, natalitio sancti Joannis Baptistæ ; in festo beati Joannis evangelistæ, commemoratione Omnium Sanctorum, in consecrationibus ecclesiarum vel episcoporum, benedictionibus abbatum, ordinationibus presbyterorum, in die dedicationis Ecclesiæ tuæ ac festo sancti Laurentii, et anniversario tuæ consecrationis die.

Decernimus ergo ut nulli omnino hominum liceat Upsaliam Ecclesiam temere perturbare, aut ejus possessiones auferre vel ablatas retinere, minuere, seu quibuslibet vexationibus fatigare, sed omnia integra et illibata conserventur, eorum, pro quorum gubernatione et sustentatione concessa sunt, usibus omnimodis profutura, salva sedis apostolicæ auctoritate, et Lundensis episcopi debita justitia et reverentia.

CCLXI.
Bulla de ordinatione metropolis Upsaliæ.
(Senonis, Aug. 5.)
[*Ibid.*, p. 72.]

ALEXANDER episcopus, servus servorum Dei, venerabilibus fratribus universis episcopis, per regnum Sueciæ constitutis, salutem et apostolicam benedictionem.

Venerabilem fratrem nostrum Stephanum, olim Upsalensis Ecclesiæ electum, nunc vero archiepiscopum vestrum, ad sedem apostolicam venientem, debita benignitate suscepimus, et omnem illam ei gratiam exhibuimus et honorem quem sibi a nobis decuit exhiberi, atque petitionibus suis grato concurrentes assensu, juxta quod ab antecessoribus nostris ab anteactis temporibus dispositum fuerat et statutum, sed nondum exsecutione operis adimpletum, precibus et interventu charissimi in Christo filii nostri Caroli illustris regis Suevorum et Gothorum, vestris quoque et Ulfy ducis regni illius, pallium pontificalis scilicet officii plenitudinem ei duximus indulgendum et ne de cætero provinciæ Sueciæ metropolitani possit cura deesse, commissam gubernationi suæ Upsalensem urbem ejusdem provinciæ perpetuam metropolim ordinavimus, et episcopatus vestros ei tanquam suæ metropoli, perpetuis temporibus constituimus subjacere, ipsum itaque cum plenitudine gratiæ nostræ ac benedictione apostolicæ sedis ad propria remittentes, charitati vestræ attentius commendamus, per præsentia scripta rogantes, monentes atque mandantes quatenus eum tanquam archiepiscopum vestrum benigne recipiatis et honeste tractetis, et eidem in his quæ Dei sunt, sicut metropolitano vestro, omnimodam reverentiam impendatis; et sibi curetis humiliter per omnia obedire, ut de virtute obedientiæ possitis commendabiles apparere. Porro cum ex pastorali sollicitudine nobis a Deo commissa circa traditiones ecclesiasticas vigilantem curam nos convenit et attentam diligentiam adhibere, vobis auctoritate apostolica prohibemus ne unquam ordinationes illicitas faciatis, nunquam ex consuetudine per parochias vestras, gratia epularum, vel voluptatum, sed salutaris doctrinæ intuitu solummodo discurratis, ecclesias quoque nullius pretii munere, quibuslibet concedatis, ut his omnibus et aliis quæ pastoralem vigilantiam decent, diligentius observatis, coram oculis Domini et in conspectu hominum, possitis tanquam vasa nitida permanere.

Datum Senonis, Nonis Augusti.

CCLXII.
Ad abbatem Henricum et fratres S. Mariæ Vitescoliensis.
(Senonis, Aug. 2.)
[LANGEBECK, *Rerum Danic. Script.*, V, 241.]

ALEXANDER episcopus, servus servorum Dei, dilectis filiis HENRICO abbati et fratribus monasterii Sanctæ Mariæ de Vitescola, salutem et apostolicam benedictionem.

Litteris devotionis tuæ, dilecte fili abbas debita benignitate receptis, ex earum tenore comperimus, quod Eskillus Arusiensis episcopus, cum ecclesiæ vestræ locum (scilicet in Sabroe) minus aptum religioni concessisset, postea pro prædicto loco locum aptiorem, scilicet in *Smabeng* [f. *Sminge*], vobis donavit. Unde te, fili abbas, nostrum super hoc consilium exposcente, pro eo quod episcopus ille aliquando errori consensit, qui tamen factum suum in districto examine positus reprobavit, nos cum venerabili fratre nostro Eskillo Londoni archiepiscopo (*Eskillus tunc erat apud papam*) et aliis fratribus nostris satis super hac re deliberavimus, quæ eidem archiepiscopo placuit et assensum tribuit pariter et favorem. Nos igitur paci et tranquillitati vestræ paterna sollicitudine providere volentes vobis et per vos ecclesiæ vestræ locum ipsum auctoritate apostolica confirmamus, et præsentis scripti patrocinio communimus. Statuentes ut nulli omnino hominum liceat hanc paginam nostræ confirmationis infringere, vel ei aliquatenus contraire. Si quis autem id attentare præsumpserit, indignationem omnipotentis Dei et beatorum Petri et Pauli apostolorum ejus se noverit incursurum.

CCLXIII.
De monachis Trenorciensibus per diversa monasteria dividendis, et quinque vel quatuor ibi relinquendis; ut interim debita solvantur.
(Senonis, Aug. 6).
[MANSI, *Concil.*, XXI, 1020.]

ALEXANDER episcopus, servus servorum Dei, charissimo in Christo filio LUDOVICO illustri Francorum regi, salutem et apostolicam benedictionem.

Cum dilectus filius noster..... Trenorciensis abbas pro alleviatione Ecclesiæ suæ, quæ multis oneribus coarctatur, ad regiæ sublimitatis clementiam postulaturus consilium accessisset, inde tandem præsentiam nostram adiit, asserens te cum apostolicæ sedis favore super facto ipso velle procedere, et nostri beneplaciti consilio acquiescere. In quo siquidem, et in omnibus aliis, inclytam regiæ devotionis virtutem diligentius attendentes, et eam devotissimis in Domino laudibus commendantes, sicut sæpe jam fecimus, super augmento et conservatione præscriptæ Ecclesiæ cum fratribus nostris studiose ac solicite deliberare curavimus: et ad ejus onera et debita relevanda nulla via certior nobis apparuit, quam ut fratres per diversa monasteria dividantur, et quinque vel quatuor ibidem relictis, in debitorum solutionem redditus cedant.

Unde regiam pietatem rogamus, monemus et exhortamur in Domino, atque in peccatorum veniam tibi injungimus, quatenus superni Conditoris intuitu, et pro remedio animæ tuæ, fratres prænominatæ Ecclesiæ per regni tui monasteria facias recipi, et ad tempus eis necessaria provideri. Et quoniam ita nobis visum est, et abbas consensit, ut duo de fratribus et duo burgenses discreti et fideles viri ad hoc assumantur, juramento astricti quod fideliter et sine fraude debeant redditus ipsos colligere, et in debitorum solutionem expendere, nihilominus sollicitamus excellentiam tuam, ut Ecclesiam ipsam, et burgum, et omnia bona sua, sub regia custodia et protectione suscipias, et nuntios tuos propter hoc specialiter ad locum ipsum transmittas. Nos enim, quantum ad officium nostrum spectat, et præfatam Ecclesiam et res ad eam pertinentes, simul cum burgo ejus, sub nostra tuitione suscipiemus, et nostrum cum tuis nuntiis, si opus fuerit, illuc destinare studebimus : coram quibus hæc, quæ supra dicta sunt, debeant commodius ordinari. Ne autem præsentes redditus possint ad manus plurium devenire, suggerimus magnificentiæ tuæ, ut hæc sub maturitate executioni mandare intendat, ita quod a Deo exinde præmium possis in æterna retributione justorum recipere et gloriam sempiternam feliciter adipisci, et monasterium a debitorum onere sic valeat, juvante Domino, liberari.

Datum Senonis, VIII Idus Augusti.

CCLXIV.

Ad Hugonem Suessionensem episcopum. — Ut hospitali quodam Compendiense monasterium fruatur.

(Senonis, Aug. 11.)

[*Ibid.*, col. 981.]

ALEXANDER episcopus, servus servorum Dei, venerabili fratri HUGONI Suessionensi episcopo, salutem et apostolicam benedictionem.

Quoniam de hospitali quodam, unde charissimum in Christo filium nostrum Ludovicum illustrem Francorum regem rogavimus, rei veritas nobis non liquet, cum de incerta re certum dare consilium non possimus : ejusdem regis magnificentiam per scripta nostra rogavimus, quatenus, si hospitale præscriptum ad jus Compendiensis monasterii constiterit pertinere, prædictis abbati ac fratribus ejusdem monasterii pro reverentia B. Petri ac nostra ipsum libere habere permittat. Si vero ad prædictum regem spectare dignoscitur, dummodo in hoc regia dignitas minime offendatur, et alteri non debeat exinde injuria irrogari : illud nihilominus memoratis abbati ac fratribus, pietatis intuitu, et nostrarum precum interventu, concedat. Inde est quod fraternitatem tuam per apostolica scripta rogamus plurimum, et attentius commonemus, quatenus nostræ interventionis obtentu, et prædictorum fratrum religionis intuitu, apud memoratum filium nostrum regem partes tuas sollicite interponas, ut preces nostræ effectum utilem consequantur et nos devotionem tuam debeamus exinde non immerito commendare, et uberrimas gratiarum actiones referre.

Datum Senonis, III Idus Augusti.

CCLXV.

Ad Ludovicum Francorum regem. — De Nicolao quodam qui pontifici conquestus erat de canonicis Turonensibus.

(Senonis, Aug. 13.)

[MANSI, *Concil.*, XXI, 1011.]

ALEXANDER episcopus, servus servorum Dei, charissimo in Christo filio LUDOVICO illustri Francorum regi, salutem et apostolicam benedictionem.

Quod Nicolaus Turonensis, homo regiæ majestatis, pro eo quod F. ecclesiæ Beati Martini Turonensis canonicus contra compositionem, quæ de mandato piæ recordationis Patris et prædecessoris nostri Eugenii papæ inter eos facta fuerat, et præstito corporali sacramento firmata, violentiam sibi enormem intulerat, ad sedem apostolicam tanquam ad singulare præsidium accessit : non eo intuitu hoc fecit quod crederet magnificentiam regiæ sublimitatis offendere, sed ut de pace sibi temere violata, apud Romanam Ecclesiam, cujus auctoritate facta fuerat, et religione juramenti munita, plenam justitiam obtineret. Sic enim sacrorum canonum sanxit auctoritas, et imperatores qui antecessores tui fuerunt, et reges Francorum, in suis institutionibus hoc ipsum sanxerunt, quod hi quibus a clericis injuria irrogatur, eos apud ecclesiasticos judices debeant solummodo convenire. Id ipsum præsertim super his quorum injuria infra sacros ordines peragitur, de consuetudine regni tui usque ad hæc tempora accepimus observatum. Inde utique fuit quod prædictus Nicolaus, non credens excellentiam tuæ celsitudinis minuere, nec juri vel consuetudini regni tui in aliquo obviare, pro violatione pacis favore apostolicæ sedis firmatæ, nobis suam querimoniam præsentavit. Nos vero non attendentes hoc ad diminutionem honoris et exaltationis tuæ ulla ratione accedere, nec credentes dignitati et magnificentiæ tuæ in aliquo derogare, qui volumus semper honorem et gloriam exaltationis tuæ augere multipliciter, et ardenti desiderio conservare, causam ipsam venerabili fratri nostro [Willelmo] Cenomanensi episcopo, viro religioso, provido et discreto, et illius ecclesiæ canonico, commisimus terminandam. Qui utique quantum ratio dictabat, in eadem causa processit, et cam fine debito terminavit. Et ideo, sicut per alia scripta, ita præsentibus litteris serenissimam clementiam tuam attente rogamus, quatenus solita pietate, quæ pauperes et minus potentes in eorum consuevit justitiis misericorditer confovere, prædictum N. respicias, et eum non patiaris gravamen indebitum sustinere.

Datum Senonis, Idib. Augusti.

CCLXVI.
Ad eumdem. — De monasterio Trenorciensi. — Vide supra epistolam 263.
(Senonis, Aug. 18.)
[Mansi, *Concil.*, XXI, 1024.]

Alexander, etc., charissimo in Christo filio Ludovico, etc.

Affectum et compassionem quam circa incrementum et relevationem debitorum Trenorciensis Ecclesiæ tua inclyta magnificentia gerit, ex litteris regiæ serenitatis nobis transmissis comperimus, et quod triginta fratribus ipsius loci te promisisti necessaria liberaliter provisurum, gratum admodum et acceptum habemus, et regiæ majestati exinde uberes gratiarum referimus actiones. Placuisset autem nobis si nuntium prudentia tua transmisisset qui pariter esset cum nuntio nostro ad præfatum monasterium accessurus. Verumtamen nos secundum quod regia excellentia nobis significavit, in facto ipso diligenter procedere, Domino adjuvante, curabimus et attentam providentiam adhibere.

Datum Senonis, iv Kal. Septembris

CCLXVII.
Ad S. Germani et S. Victoris abbates, priorem et subpriorem S. Victoris, atque Odonem quondam abbatem S. Genovefæ. — Ut inquirant de pœnis inflictis Guillelmo canonico S. Genovefæ.
(Senonis, Aug. 18.)
[*Ibid.*, col. 1030.]

Alexander episcopus, servus servorum Dei, dilectis filiis Sancti Germani et Sancti Victoris abbatibus, priori quoque ac subpriori S. Victoris, et Odoni (11) quondam S. Genovefæ abbati, S. et A. B.

Significatum nobis est quod cum Guillelmus S. Genovefæ canonicus ad præsentiam nostram absque abbatis et capituli sui licentia accessisset, eumdem ad prædictum abbatem, ut in capitulo de hujusmodi transgressione humiliter satisfaceret, a nobis transmissum, ita vehementer et inhoneste tractavit, quod ipsum universis vestibus exuens et acriter verberans, septem diebus in terra cum canibus cibum sumere fecit. Quoniam vero de viro tam honesto ac religioso aliquid sinistrum non debemus facile credere, nos de vestra honestate plenius confidentes, hoc discretioni vestræ committimus exsequendum, mandantes ut rem ipsam diligentissime inquiratis, et hujus rei veritatem vestris litteris nobis fideliter intimetis.

Datum Senonis (12), xv Kal. Septembris.

CCLXVIII.
Ad Ludovicum Francorum regem. — Qua victus ratione uti debeat quavis sexta feria.
(Senonis, Aug. 20.)
[*Ibid.*, col. 939.]

Alexander episcopus, servus servorum Dei, charissimo in Christo filio Ludovico illustri Francorum regi, salutem et apostolicam benedictionem.

Desiderium et affectum tuum, quem circa obsequium superni Conditoris, ob tuorum peccatorum veniam obtinendam regia magnificentia habere dignoscitur, gratum admodum et acceptum habemus, et eum dignissimis in Domino laudibus commendamus. Accepimus autem ex litteris tuis, regiæ celsitudini per alia scripta non fuisse expressum utrum in Quarantenis sexta feria illam relaxationem quam in sexta feria aliorum temporum tibi fecimus, debeas observare. Unde nos eamdem relaxationem taliter duximus distinguendam, scilicet ut in Quadragesima, quæ dicitur beati Martini, usque ad Adventum Domini, in sexta feria uno ferculo piscium, et vino temperate sumpto utaris. In Adventu vero et in majori Quadragesima consuetam abstinentiam semper sexta feria observabis. Si autem debilitas corporis non poterit absque gravi detrimento illam abstinentiam sustinere, volumus, et per apostolica scripta magnificentiæ tuæ præcipimus, ut in his, sicut in aliis temporibus, sexta feria uno ferculo piscium, et vino modice sumpto utaris. Consulimus etiam serenitati tuæ, et suademus, ut secundum consilium dilecti filii nostri..., capellani tui, eleemosynas tuas temporibus ipsis debeas augere. Noverit autem regia sublimitas Quadragesimam ab octavis Omnium Sanctorum, et non antea, inchoari

Datum Senonis, xiii Kal. Septembris,

CCLXIX.
Fratribus S. Mariæ de Vallecrosa locum qui dicitur Fons-Calidus asserit.
(Senonis, Aug. 21.)
[Hugo, *Annal. Præm.*, I, Pr., p. 565.]

Alexander episcopus, servus servorum Dei, dilectis filiis et fratribus Sanctæ Mariæ de Vallecrosa salutem et apostolicam benedictionem.

Justis petentium desideriis dignum est nos facilem præbere assensum, et ut a recto tramite non discordet effectu sunt prosequenda complenda. Eapropter, dilecti in Domino filii, Petri Benedicti postulationibus grato concurrentes assensu locum qui dicitur Fons-Calidus, ubi ecclesia Sanctæ Mariæ fundata fuit, cum juribus et omnibus suis pertinentiis a venerabili fratre nostro Narbonensi archiepiscopo vobis concessum, sicut in scripto authentico de ipso facto conspicitur, vobis et ecclesiæ vestræ auctoritate apostolica confirmamus et præsentis scripti patrocinio munimus. Statuentes quod nulli hominum liceat omnino hanc paginam nostræ confirmationis infringere, vel ei aliquatenus contraire. Si quis autem hoc attentare præsumpserit, indignationem omnipotentis Dei et Beatorum Petri et Pauli apostolorum ejus se noverit incursurum.

Datum Senonis, xii Kal. Septembris.

---

(11) Ex hoc loco patet Odonem primum S. Genovefæ abbatem, longe ante mortem curam pastoralem dimisisse, et ad S. Victorem unde assumptus fuerat, rediisse, ubi et diem extremum clausit.

(12) Alexander papa, celebrato Turonis concilio, circa festum S. Hieronymi 1163, Senonas accessit, ubi sesquiannum commoratus est. Hinc colliges hanc epistolam sequenti anno 1164 scriptam fuisse.

CCLXX.

Ad Henricum Remensem archiepiscopum. — Pro causa quæ vertitur inter abbatem Sancti Remigii et abbatem Dervensem.

(Senonis Aug. 29.)
[MARTEN., *Collect.*, II. 711.]

ALEXANDER episcopus, servus servorum Dei, venerabili fratri HENRICO Remensium archiepiscopo, salutem et apostolicam benedictionem.

Constitutus in præsentia nostra dilectus filius noster abbas Dervensis nobis suggessit, quod cum a bonæ memoriæ S. (13) prædecessore tuo pro quadam causa, quæ inter eum et dilectum filium nostrum abbatem Sancti Remigii, super quadam decima diutius noscitur agitari, in jus sæpius revocaretur, eodem abbate ad propriam mensam sedente, tantis laboribus et expensis sæpenumero fatigabatur, quod propter hujusmodi gravamina quæ multoties sustinebat, fere coactus est liti omnimodis abrenuntiare. Postea etiam cum eamdem causam olim tuæ prudentiæ commisissemus fine debito terminandam, consimili gravamine se et ecclesiam suam affligi nihilominus (14) proponebat. Unde a nobis cum omni instantia postulavit, ut nostris tibi litteris significaremus, quod locum utrique parti idoneum assignares, ubi tam ipse quam adversa pars labores et expensas æqualiter sustinerent. Verum nos causam illam non ex fraude abbatis Sancti Remigii, sed potius ex dilationibus Dervensis abbatis tanto tempore dilatam fuisse plenius intelligentes, fraternitati tuæ per apostolica scripta mandamus, quatenus utramque partem ante tuam præsentiam convoces, et rationibus hinc inde auditis diligenter et cognitis, eamdem causam, remoto appellationis obstaculo, infra triginta dies post harum susceptionem vel saltem infra quadraginta, fine legitimo studeas terminare, si vero præscriptæ causæ interesse non poteris, eam alicui suffraganeo tuo, qui neutri parti merito suspectus haberi debeat, committas audiendam, et secundum tenorem illum quem tibi præfiximus terminandam.

Data Senonis, IV Kal. Septembris.

CCLXXI.

Ad Guillelmum comitem Nivernensem et Idam matrem ejus. — Ut a vexatione Vizeliacensis cœnobii abstineant.

(Senonis, Sept. 7.)
[MANSI, *Concil.*, XXI, 1042.]

ALEXANDER episcopus, servus servorum Dei, dilecto filio nobili viro GUILLELMO comiti Niverni, et IDÆ matri ejus, salutem et apostolicam benedictionem.

Quanto monasterium Vizeliacense ad jus B. Petri, et dispositionem nostram noscitur specialius pertinere, tanto ejus incrementis et commodis studio frequentiori intendimus, et ad pacem ipsius, et bonorum conservationem magis solliciti permanemus. Inde quidem est quod de pace et utilitate ejusdem monasterii studiosi omnimodis existentes, dilectum filium nostrum subdiaconum Petrum ad nobilitatem vestram transmittimus, magnitudinem vestram per apostolica scripta rogantes, monentes et exhortantes in Domino, quatenus ad pacem et utilitatem præscriptæ ecclesiæ, et rerum suarum conservationem et defensionem pro reverentia B. Petri ac nostra modis omnibus intendatis, et jam dictum subdiaconem nostrum in hoc audire et etiam exaudire curetis; et circumadjacentes nobiles et potentes barones vestros a præscripti monasterii molestiis et injuriis penitus compescatis. Ita quoque nostris in hac parte precibus et admonitionibus acquiescatis, ut nos preces ac petitiones vestras debeamus efficacius exaudire, et eis effectum utilem indulgere et ad honorem vestrum omni tempore ferventius aspirare.

Datum Senonis VII Idus Septembris.

CCLXXII.

Ludovico Francorum regi significat se ejus litteras accepisse mandataque exsecuturum.

(Senonis, Sept. 24.)
[DUCHESNE, *Script. rer. Franc.*, IV, 628]

ALEXANDER, etc. LUDOVICO, etc.

Litteras excellentiæ tuæ quanta decuit animi benignitate suscepimus, et quod nobis eisdem litteris innuisti, gratum admodum et acceptum habemus, et hoc juxta postulationem tuam effectui mancipare curabimus.

Datum Senonis, VIII Kal. Octobris.

CCLXXIII.

Petentibus Garcia magistro et fratribus Calatravensibus Calatravam tuendam suscipit fratrumque leges, bona, privilegia confirmat.

(Senonis, Sept. 25.)
[MANRIQUE, *Annal. Cisterc.*, II, 400.]

ALEXANDER episcopus, servus servorum Dei, dilectis filiis GARCIÆ magistro, et fratribus de Calatrava, tam præsentibus quam futuris, secundum ordinem Cisterciensium fratrum viventibus, in perpetuum.

Justis petentium desideriis facilem nos convenit impertiri consensum, et vota quæ a rationis tramite non discordant, effectu sunt prosequente complenda. Eapropter, dilecti in Domino filii, vestris justis postulationibus grato concurrentes assensu, præfatum locum de Calatrava, in quo ad serviendum Deo divino estis obsequio mancipati, sub B. Petri et nostra protectione suscipimus, et præsentis scripti patrocinio communimus. Institutionem vero quam dilecti filii nostri, abbas et fratres Cistercienses in eodem loco fecisse noscuntur, videlicet ut ordinem eorum firmiter servaretis, et militaribus armis accincti contra Saracenos ad ipsius loci defensionem viriliter pugnaretis, nos ratam habentes, devotioni vestræ, auctoritate apostolica,

---

(13) Samsone.

(14) Consule epistolas 209 et 255.

confirmamus, statuentes ut quascunque possessiones, quæcunque bona idem locus impræsentiarum juste et canonice possidet, aut in futurum concessione pontificum, largitione regum, vel principum, oblatione fidelium, seu justis aliis modis, præstante Domino, poterit adipisci, firma vobis vestrisque successoribus et illibata permaneant.

Præterea, ea quæ de victu et vestitu vestro prædicti abbas et fratres Cistercienses, et universum capitulum ejusdem ordinis a vobis tenenda sanxerunt, vobis auctoritate apostolica confirmamus. Ita siquidem statutum est quod lineis in femoralibus tantum vobis uti licebit, tunicas ad equitandum idoneas habebitis, pelliceas quoque agninas, sed breves, mautella agninis forrata, et cappas, et scapulare pro habitu religionis. Vestiti et cincti dormietis, et in refectorio, et in dormitorio, et in coquina juge silentium tenebitis : summopere autem cavebitis ne in qualicunque veste aut superfluitatis argui, aut curiositatis notari possitis. Sint ergo pannii vestri in colore et crassitudine prædictorum fratrum similes : tribus vero in hebdomada diebus, id est feria tertia, quinta, et Dominica, cum præcipuis diebus festis, carnibus vesci licebit ; uno tantum ferculo, et unius generis, quantum ad carnes pertinet, contenti eritis, et ad mensam ubique silentium tenebitis. Insuper statutum est ut nulli Cisterciensis ordinis liceat quemcunque fratrum vestrorum recipere absque assensu vestro; sed, et vos erga fratres eorum eadem lege tenebimini.

Cum autem ad aliquam abbatiam ordinis Cisterciensis veneritis, quoniam consuetudinem illorum minus novistis, non in conventu, sed in hospitiis honeste et charitative, et quanto familiarius fieri poterit, recipiemini. In jejuniis eamdem observantiam tenebitis, sicut conversi illorum ; capellanos in domo vestra professos, sicut suos prædicti fratres in domo ordinis recipiant. Sane laborum vestrorum, quos propriis manibus, aut sumptibus colitis, sive de nutrimentis animalium vestrorum, nullus a vobis decimas, aut primitias exigere præsumat. Prohibemus autem ut nulli fratrum vestrorum, post factam in eodem loco professionem, absque totius congregationis assensu liceat de loco illo discedere; discedentem vero, absque communi litterarum cautione, nullus audeat retinere.

Decernimus ergo ut nulli omnino hominum liceat jam dictum locum temere perturbare, aut ejus possessiones auferre, vel ablatas retinere, minuere, seu quibuslibet vexationibus fatigare, sed illibata omnia et integra conserventur, eorum, pro quorum gubernatione ac sustentatione concessa sunt, usibus omnimodis profutura, salva sedis apostolicæ auctoritate. Si qua igitur in futurum ecclesiastica sæcularisve persona, hanc constitutionis nostræ paginam sciens, contra eam temere venire tentaverit, secundo tertiove commonita, nisi præsumptionem suam congrua satisfactione correxerit, potestatis honorisque sui dignitate careat,

reamque se in divino judicio existere de perpetrata iniquitate cognoscat, et a sacratissimo corpore et sanguine Dei et Domini nostri Jesu Christi aliena fiat, atque in extremo examine districtæ ultioni subjaceat. Cunctis autem eidem loco sua jura servantibus sit pax Domini nostri Jesu Christi, quatenus et hic fructum bonæ actionis percipiant, et apud districtum Judicem præmia æternæ pacis inveniant. Amen, amen.

Dat. Senonis, per manum Hermani sanctæ Romanæ Ecclesiæ subdiaconi et notarii, vii. Kalend. Octobris, indictione xiii, Incarnationis Dominicæ anno 1164, pontificatus vero domini Alexandri papæ tertii anno vi.

CCLXXIV.
Monasterium S. Mariæ Hortense tuendum suscipit ejusque possessiones et privilegia confirmat.

(Senonis, Sept. 25.)
[*Ibid.*, p. 402.]

ALEXANDER episcopus, servus servorum Dei, dilectis filiis BLASIO abbati monasterii B. Mariæ de Horta, ejusque fratribus, tam præsentibus quam futuris, regularem vitam professis, in perpetuum.

Religiosam vitam eligentibus apostolicum convenit adesse præsidium, ne cujuslibet temeritatis incursus aut eos a proposito revocet, aut robur, quod absit! sacræ religionis infringat. Eapropter, dilecti in Domino filii, vestris justis postulationibus clementer annuimus, et præfatum monasterium B. Dei Genitricis semperque virginis Mariæ, in quo divino estis obsequio mancipati, sub B. Petri et nostra protectione suscipimus, et præsentis scripti privilegio communimus. In primis siquidem statuentes ut ordo monasticus, qui secundum Dominum et B. Benedicti Regulam, et institutionem Cisterciensium fratrum in eodem monasterio institutus esse dignoscitur, perpetuis ibidem temporibus inviolabiliter observetur.

Præterea quascunque possessiones, quæcunque bona idem monasterium inpræsentiarum juste et canonice possidet, aut in futurum concessione pontificum, liberalitate regum vel principum, oblatione fidelium, seu aliis justis modis, operante Domino, poterit adipisci, firma vobis vestrisque successoribus et illibata permaneant. In quibus hæc propriis duximus exprimenda vocabulis : locum ipsum de Horta, in quo prædictum monasterium situm est, cum omnibus appendiciis suis : grangiam quæ dicitur Cantavos; grangiam quæ dicitur Bonicias, cum appendiciis earum ; grangiam Alcardeæ cum appendiciis suis; grangiam quæ dicitur Benviveræ, cum appendiciis suis : grangiam quæ dicitur Arandela, cum appendiciis suis; grangiam quæ dicitur Gladeæ, cum appendiciis suis, etc. *Pergit ad decimarum exemptionem, et communia alia indulta, eidem cœnobio specialiter firmanda.*

Datum Senonis, per manum Hermani S. R. E. subdiaconi et notarii, vii Kalendas Octobris, indictione xiii, Incarnationis Dominicæ anno 1164, A pontificatus vero domini Alexandri iii anno vi.

CCLXXV.
Ad Ludovicum regem Francorum. — De quibusdam quæ tum Ecclesiæ, tum regni utilitas mutari exposcit in Gallia.

(Senonis, Oct. 3.)
[Mansi, *Concil.*, XXI, 1012.]

Alexander episcopus, servus servorum Dei, charissimo in Christo filio Ludovico illustri Francorum regi, salutem et apostolicam benedictionem.

Quædam gravia et admodum difficilia Ecclesiæ Dei ac nobis, et tibi etiam et regno, nisi meliori fuerint mutata consilio, et quæ, si provide attendantur, et studiosius caveantur, et in melius immutentur, utilia plurimum et accepta tam Ecclesiæ quam nobis, et ad honorem tuum et regni pertinentia, per dilectum filium P. subdiaconum nostrum excellentiæ tuæ duximus intimanda; per apostolica scripta rogantes regiam serenitatem, atque monentes quatenus eis per ipsum auditis plenius et cognitis, ea meliori studeas consilio commutare, et salubriter præcavere, ita quod ad honorem Dei et Ecclesiæ, et utilitatem regni et tuam debeant redundare.

Datum Senonis, v Non. Octobris.

CCLXXVI.
Ad Ludovicum Francorum regem. — De electione Ecclesiæ Carnotensis.

(Senonis, Oct. 8.)
[*Ibid.*, col. 1001.]

Alexander episcopus, servus servorum Dei, charissimo in Christo filio Ludovico illustri Francorum regi, salutem et apostolicam benedictionem.

Dilecti filii nostri, tam decanus quam subdecanus et archidiaconus, cum magna parte canonicorum Carnotensis Ecclesiæ, in nostra pariter præsentia constituti, nobis plenarie exposuerunt quam incaute et inconsulte in facto electionis ipsius Ecclesiæ processerunt. Unde nos et adversitatibus ejusdem Ecclesiæ compatientes, et opinioni eorum, quæ hac occasione plurimum est denigrata, integritatem suam recuperare optantes, ipsos ad pacis et concordiæ bonum cum omni diligentia sumus hortati; eosque monuimus ut unanimiter in unum conveniant, et Ecclesiæ suæ salubriter studeant providere, et ad hoc utiliter consummandum usque ad proximas Octavas Epiphaniæ (13 *Januar.* 1165) eis terminum duximus indulgendum. Quapropter regiæ serenitatis industriam per apostolica scripta rogamus, monemus et exhortamur attentius, quatenus memoratos canonicos viva voce ac litteris super hoc ipso sollicite et studiosius exhorteris; et ad id efficiendum regium eis favorem et auxilium efficaciter subministres: ut præfata Ecclesia te sibi patrocinante optata consolatione fruatur, et vitali valeat provisione gaudere.

(15) Vide epistolam superiorem et epist. 264.

Datum Senonis, viii Idus Octob.

CCLXXVII.
Ad eumdem. — De hospitali Compendiensi.

(Senonis, Oct. 9.)
[*Ibid.*]

Alexander episcopus, servus servorum Dei, charissimo in Christo filio Ludovico illustri Francorum regi salutem et apostolicam benedictionem.

Cognita olim tuæ celsitudinis voluntate, quod de hospitali illo apud Compendium constituto, unde serenitatem tuam nos sæpius rogasse meminimus, per viros religiosos veritatem diligentius investigari volebas, utrum ad Compendiense monasterium pertineret: id venerabilibus fratribus nostris [Balduino] Noviomensi, etc. [Amalrico] Silvanectensi episcopis, de quorum honestate et prudentia nullatenus dubitamus, nec excellentiam tuam credimus in aliquo dubitare, commisimus inquirendum. Qui utique ad locum ipsum pariter accedentes, sicut ex litteris illorum, quas regiæ sublimitati transmittimus, potes evidenter agnoscere, veritatem inquirere studuerunt; et sicut eædem litteræ continent, invenerunt. Inde siquidem est quod magnificentiam tuam per apostolica scripta rogamus, monemus, et exhortamur in Domino, quatenus, earumdem litterarum tenore diligenter inspecto, sicut expedire cognoveris, et tuæ fuerit beneplacitum voluntati, ita de memorato hospitali efficias et disponas, ut de terreno regno ad cœleste transmigrans, ab illo bonorum omnium remuneratore æternæ felicitatis præmium valeas obtinere, et nos ipsi serenitati tuæ gratias debeamus propter hoc uberrimas exhibere.

Datum Senonis, ii Idus Octob.

CCLXXVIII.
Ad eumdem. — Hospitale Compendiense ejusdem urbis abbatiæ attribuit.

(Senonis, Oct. 20.)
[*Ibid.*]

Alexander episcopus, servus servorum Dei, charissimo in Christo filio Ludovico illustri Francorum regi, salutem et apostolicam benedictionem.

Illam sincerissimam regiæ serenitatis affectionem quam circa Ecclesias Dei multimodis habere dignosceris, magnificis in Domino laudibus commendamus: votivis cordis affectibus exoptantes ut ipsa immaculata Dei Sponsa viro suo Christo te valeat in æterna beatitudine præsentare, quam in terris innumeris devotionis indiciis, sicut rex catholicus et Christianissimus princeps, nosceris ferventius honorasse. Ex litteris autem excellentiæ tuæ nuper accepimus, quod negotium illius hospitalis Compendiensis, unde sæpius regiæ celsitudini scripsimus (15), nostro arbitrio reliquisti, et quod exinde statueremus magnitudinem tuam ratum et firmum habere, litteris asseverasti. Unde quoniam præscriptum hospitale receptioni pauperum perpetuo deputatum, sicut ex scripto venerabilium fratrum nostrorum Balduini Noviomensis, et [Amalrici] Silvanectensis episcoporum, quibus hoc inquirendum commisimus, nobis innotuit, sæpius Compendiensis Ecclesiæ canonicos procuratores habebat : nos attendentes quod monasteria et alia religiosa loca hospitales domos ad receptiones pauperum habere solebant, et de regia clementia, quæ, sicut diximus, Ecclesiam Dei diligere et ampliare consuevit, et dispositionem ipsius nostro reliquit arbitrio, plurimum confidentes, ipsum hospitale Compendiensi monasterio apostolici scripti munimine duximus confirmandum. Ita quidem quod usibus pauperum deputatum, ad dispositionem et curam dilectorum filiorum nostrorum .... abbatis et fratrum ejusdem loci debeat in perpetuum sine omni inquietudine pertinere. Quocirca serenitatem tuam per apostolica scripta rogamus, monemus, et exhortamur in Domino, quatenus pietatis intuitu, et pro reverentia B. Petri ac nostra, memorato monasterio idem hospitale tuæ pariter sublimitatis scripto confirmes : nec ipsis exinde valeat aliqua inposterum quæstio suboriri. Si vero quilibet eosdem super hoc molestare vel perturbare præsumpserit, tu eos a præsumptione hujusmodi potestate regia non differas coercere, ut æternæ felicitatis præmium propter hoc consequi merearis, et nos ipsi magnificentiæ tuæ copiosas exinde gratias referamus.

Datum Senonis, XIII Kal. Novemb.

CCLXXIX.

Ecclesiæ S. Mariæ Liskensis protectionem suscipit possessionesque confirmat.

(Senonis, Oct. 25.)

[HUGO, *Annal. Præm.*, II, Pr., p. 50.]

ALEXANDER episcopus, servus servorum Dei, dilecto filio ROBERTO abbati ecclesiæ Sanctæ Mariæ de Liskes, ejusque fratribus, Præmonstratensis Ordinis Morinensis diœcesis, salutem et apostolicam benedictionem.

Justis religiosorum desideriis consentire ac rationabiliter eorum petitionibus clementer annuere, apostolicæ sedis, cui largiente Domino, deservimus, auctoritas et fraterna charitas nos hortatur. Eapropter, dilecti in Domino filii, vestris justis postulationibus gratum impertientes assensum, præfatam ecclesiam in qua divino mancipati estis obsequio, ad exemplar prædecessoris nostri felicis memoriæ Adriani papæ, sub beati Petri et nostra protectione suscipimus, et præsentis scripti privilegio communimus, imprimis siquidem statuentes ut ordo canonicus, qui secundum Deum et Regulam beati Augustini atque consuetudinem Præmonstratensis Ecclesiæ in eodem loco dignoscitur institutus, perpetuis ibidem temporibus inviolabiliter observetur. Præterea quascunque possessiones, quæcunque bona impræsentiarum juste et canonice possidetis, aut in futurum concessione pontificum, largitione regum vel principum, oblatione fidelium seu aliis justis modis, præstante Domino, poteritis adipisci, firma vobis vestrisque successoribus et illibata permaneant. In quibus hæc duximus propriis exprimenda vocabulis : altare prædictæ villæ de Liskes, et omnem decimam ejusdem parochiæ, silvas terras, prata in eadem villa adjacentia ex dono Eustachii de Malbesbere, etc.

Datum per manum Hermanni sanctæ Romanæ Ecclesiæ subdiaconi et notarii VIII Kalend. Novembris, Incarnationis Dominicæ anno 1164, pontificatus vero domni Alexandri papæ III anno VI.

CCLXXX.

Privilegium pro monasterio S. Joannis Reomaensis.

(Senonis, Oct. 30.)

[*Historia monast. S. Joannis Reomaensis*, p. 208.]

ALEXANDER episcopus, servus servorum Dei, dilectis filiis PETRO abbati monasterii S. Joannis Reomaensis ejusque fratribus, tam præsentibus quam futuris, regularem vitam professis, in perpetuum.

Desiderium quod ad religionis propositum et animarum salutem pertinere monstratur, auctore Deo sine aliqua est dilatione complendum. Quapropter, dilecti in Domino filii, vestris justis postulationibus clementer annuimus et præfatum B. Joannis monasterium in quo divino mancipati estis obsequio gloriosorum virorum Clodovei, Caroli, et aliorum regum Francorum præceptis munitum, et fratrum nostrorum Sigoaldi, Brunonis, Joceranni, Guillelmi, et aliorum Lingonensium quondam episcoporum scriptis roboratum, ad exemplar Patrum et prædecessorum nostrorum sanctæ recordationis Innocentii et Eugenii Romanorum pontificum, cum possessionibus et bonis suis sub B. Petri et nostra protectione suscipimus et præsentis scripti privilegio communimus, statuentes ut quascunque possessiones, quæcunque bona idem monasterium impræsentiarum juste et canonice possidet aut in futurum concessione pontificum, largitione regum, vel principum, oblatione fidelium, seu aliis modis justis, præstante Domino, poterit adipisci firma vobis vestrisque successoribus, et illibata permaneant. In quibus hæc propriis duximus exprimenda vocabulis.

Ecclesiam videlicet de villa, quæ dicitur Corpus sancti, ecclesiam Ateiensem, ecclesiam Sancti Georgii de Simiriaco, ecclesiam de Berriaco, ecclesiam de Vineis, ecclesiam de Tultriaco, ecclesiam de Asiaco, ecclesiam de Nuidis, ecclesiam de Asinariis, ecclesiam de Cortenniaco, capellam montis Barri; ecclesiam de Bunciaco, ecclesiam de Juliaco, capellam Sancti Medardi, ecclesiam de Scolis, ecclesiam Camedonensem, ecclesiam Estivei, ecclesiam de Estet, ecclesiam de Spissia cum appendiciis suis, ecclesiam de Belaum cum capella de Reu, ecclesiam de Barro cum capella de Torceio, ecclesiam de Pisi cum appendiciis suis, ecclesiam de Marmeians, ecclesiam de Satigny, ecclesiam de Villamorina cum appendiciis suis, ecclesiam monasterii Sancti Joannis, ecclesiam de Corumblis,

Quidquid juris habetis in villis Sancti Remigii videlicet Betfontis, Visarnei, Teliaci. Quidquid etiam frater noster Gotefridus Lingonensis episcopus vobis juste concessit, et scripto suo firmavit. In Æduensi episcopatu ecclesiam de Joviaco, ecclesiam de Simeriaco, ecclesiam de Sancto Germano de Mondoum, ecclesiam de Tisiaco, ecclesiam Sanctæ Magnentiæ, capellam de Rouredo, ecclesiam de Cadriaco, cum capella ejusdem villæ, ecclesiam Sancti Medardi, ecclesiam B. Mariæ in villa Jonis. In episcopatu Matisconensi, in Saturniaco ecclesiam Sancti Andreæ, cum capella Sancti Leodegarii, ecclesiam S. Martini de Cercis, cum capellis ad eam pertinentibus ; capellam de Bufariis cum appendiciis suis. In episcopatu Nivernensi monasterium Sancti Petri de Glamio. In Tullensi episcopatu ecclesiam Sancti Stephani. Concordiam præterea inter vos et sorores ecclesiæ S. Mariæ de Rubeo monte in parochia Asiaca, a fratre nostro Gotefrido Lingonensi episcopo utriusque partis assensu rationabili providentia factam, nostro munimine roboramus.

Decernimus ergo ut nulli omnino hominum liceat præfatum monasterium temere perturbare aut ejus possessiones auferre, vel ablatas retinere, minuere, seu quibuslibet vexationibus fatigare, sed omnia integra conserventur, eorum, pro quorum gubernatione ac sustentatione concessa sunt, usibus omnimodis profutura, salva sedis apostolicæ auctoritate et diœcesanorum episcoporum canonica justitia. Si qua igitur, etc.

Ego Alexander catholicæ Ecclesiæ episcopus.
Ego Hubaldus Ostiensis episcopus.
Ego Bernardus Portuensis et Sanctæ Rufinæ episcopus.
Ego Gualterius Albanensis episcopus.
Ego Hubaldus presb. card. tituli Sanctæ Crucis in Jerusalem.
Ego Henricus presbyter card. tit. Sanctorum Nerei et Achillei.
Ego Joannes presb. cardin. tit. Sanctæ Anastasiæ.
Ego Albertus presb. cardin. tit. Sancti Laurentii in Lucina.
Ego Guillelmus tituli Sancti Petri ad Vincula, presb. cardin.
Ego Hyacinthus diaconus cardinalis S. Mariæ in Cosmedin.
Ego Odo diaconus cardinalis S. Nicolai in Carcere Tulliano.
Ego Boso diacon. cardin. Sanctorum Cosmæ et Damiani.
Ego Cinthius diaconus cardinalis Sancti Adriani.
Ego Mainfredus diaconus cardin. Sancti Georgii in Velabro.

Datum Senonis per manum Hermanni sanctæ Romanæ Ecclesiæ subdiaconi et notarii, III Kalend. Novemb., indict. XIII, Incarnationis Dominicæ anno 1164, pontificatus vero domni Alexandri III papæ anno VI.

CCLXXXI.

Ad Ludovicum Francorum regem. — Monasterium S. Maximini ipsi commendat.

(Senonis, Nov. 26.)

[Mansi, *Concil.*, XXI, 1000.]

Alexander episcopus, servus servorum Dei, charissimo in Christo filio Ludovico illustri Francorum regi, salutem et apostolicam benedictionem.

Laudabilis propositum pietatis, quod circa sanctam Dei Ecclesiam tam in capite quam in membris regia serenitas exhibet, attendentes, monasterium Beati Maximini, et abbatem ac fratres divinis ibidem obsequiis mancipatos, sollicite olim tuæ commendavimus majestati, rogantes ut idem monasterium consueta pietate diligeres, et ab iniquorum incursu regiæ magnificentiæ munimine defensares. Quod utique bene hactenus, juxta beneplacitum Dei, preces ac monita nostra, te adimplesse scientes, gratum id admodum acceptumque tenemus, et celsitudini tuæ gratias exinde uberrimas exhibemus, firmam spem fiduciamque tenentes quod tibi exinde et honor augebitur terrenæ gloriæ, ac potestatis in terris, et ab æterno remuneratore justorum immarcescibilis palma conferetur in cœlis. Verum quia, sicut accepimus, et auribus nostris insonuit, quidam Aurelianensis civis, Theobaldus scilicet Morini, præfatum monasterium pecuniæ indebite repetitione fatigat, O. de Bestisi, et M. vidua monasterium ipsum nimis repentina debitorum exactione molestant, sublimitatem tuam iterato rogamus, et exhortamur in Domino, quatenus ejusdem monasterii paupertates atque miserias solita benignitate respicias, et secundum quod de justitia fuerit, prædictum indebitæ pecuniæ petitorem regia compellas auctoritate desistere ; et eos qui subitæ repetitioni debitorum insistunt, quantum cum bona voluntate fieri poterit, opportunitatem facias idonei temporis exspectare, ut inde et a Deo præmium et a nobis debeas actiones recipere gratiarum.

Datum Senonis VI Kal. Decembris.

CCLXXXII.

Theobaldo priori et fratribus ecclesiæ S. Martini de Campis adducit ecclesiam S. Martini de Passo, canonicis S. Martini Turonensibus abjudicatam.

(Senonis, Dec. 13.)

[Dom Marrier, *Hist. S. Martini de Campis*, p. 355.]

Alexander episcopus, servus servorum Dei, dilectis filiis Theobaldo priori et fratribus ecclesiæ S. Martini de Campis, salutem et apostolicam benedictionem.

Cum inter vos et dilectos filios nostros ecclesiæ B. Martini Turonensis canonicos super ecclesia S. Martini de Passo, controversia olim mota fuisset, et in nostra præsentia diutius ventilata, nos tandem rationibus et allegationibus et testium etiam depositionibus utrinque auditis, præscriptæ ecclesiæ possessionem eisdem canonicis adjudicavimus, quæstione tamen proprietatis reservata, ita quod ecclesia illa minime ad sæcularitatem rediret, sed ut religio ibidem secundum nostrum consilium et dispositionem deberet institui, et perpetuis temporibus observari. Postea vero vos super jure proprietatis de meritis causæ vestræ et de justitia, sicut credidimus, confidentes, prædictos canonicos in jus coram nobis traxistis, ut cum eis de proprietate memoratæ ecclesiæ contenderetis. Vos itaque cum illis coram nobis pro eadem causa statutis terminis sæpius convocati, multas hinc inde rationes et allegationes in nostra præsentia proposuistis, et memoratam vobis ecclesiam restitui postulastis. Unde nos rationibus et allegationibus utriusque partis auditis et cognitis, attendentes utramque, tam Cluniacensis (ad quam vestra spectat ecclesia) quam ecclesiam B. Martini Turonensis ad jus et proprietatem Romanæ Ecclesiæ specialiter pertinere; considerantes etiam quod cum sententiam pro supradictis canonicis de possessione protulimus, hoc a nobis in sententia reservatum fuisse, quod secundum dispositionem et consilium nostrum, in ecclesia de Passo religio deberet institui, et ibidem in postremum perpetuo observari : de communi fratrum nostrorum consilio, non pro arbitrio vel sententia ; sed apostolica auctoritate qua fungimur, causa adhuc dubia existente, eamdem vobis ecclesiam restituimus, et omnium tam mobilium quam immobilium ad ipsam ecclesiam pertinentium vobis restitutionem plenariam fieri dijudicavimus ; statuentes ut Cluniacensium fratrum religio ibidem perpetuis temporibus observetur, ita tamen quod prænominatis canonicis tres marcas boni argenti ad pondus Trecense in mense Martio singulis annis Turonis persolvetis, vel ipsi fructus unius præbendæ ejusdem ecclesiæ (si hoc forte maluerint) annuatim percipiant.

Ut autem hæc nostra institutio futuris temporibus inviolabiliter observetur, eam auctoritate apostolica confirmamus, et præsenti scripti patrocinio communimus statuentes ut nulli omnino hominum liceat hanc paginam nostræ institutionis et confirmationis infringere, vel ei aliquatenus contraire. Si quis autem hæc attentare præsumpserit, secundo tertiove commonitus, si non reatum suum congrua satisfactione correxerit, potestatis honorisque sui dignitate careat; servantibus autem hæc, sit pax Domini nostri Jesu Christi, quatenus et hic fructum bonæ actionis percipiant, et apud districtum Judicem præmia æternæ pacis inveniant. Amen, amen, amen.

Ego Alexander catholicæ Ecclesiæ episcopus.

Ego Hubaldus Ostiensis episcopus.

Ego Bernardus Portuensis et S. Rufinæ episcopus.

Ego Gualterius Albanensis episcopus.

Ego Hubaldus presb. card. S. Crucis in Jerusalem.

Ego Henricus presbyter cardinalis tit. SS. Nerei et Achillæi.

Ego Joannes presbyter card. tit. S. Anastasiæ.

Ego Albertus presbyter card. tit. S. Laurentii in Lucina.

Ego Jacintus diac. card. S. Mariæ in Cosmedin.

Ego Odo diac. card. S. Nicolai in Carcere Tulliano.

Ego Boso diac. card. SS. Cosmæ et Damiani.

Ego Cinthius diac. card. S. Adriani.

Ego Petrus diac. card. S. Eustachii juxta templum Agrippæ.

Ego Manfredus diac. card. S. Georgii ad Velum Aureum.

Datum Senonis, per manum Hermanni sanctæ Romanæ Ecclesiæ subdiaconi et notarii, Idib. Decembr., Indictione XIII, Incarnationis Dominicæ anno 1164, pontificatus vero domni Alexandri papæ tertii anno VI.

CCLXXXIII.

Ludovico Francorum regi F. fratrem, nuntium suum, commendat.

(Senonis, Dec. 31.)

[DUCHESNE, *Hist. Franc. Script.*, IV, 615.]

ALEXANDER..... LUDOVICO.....

Dilectum filium fratrem F., familiarem nostrum, ad regiam celsitudinem destinamus, per quem excellentiæ tuæ quædam viva voce proponimus quæ non duximus litterarum fidei commendare. Inde est quod serenitatem tuam per apostolica scripta rogamus, monemus et exhortamur in Domino, quatenus quæ tibi ex parte nostra proponet, diligenter audias, et ea quantumcunque cum honore tuo ac regni tuæ gubernationi commissi fieri poterit, effectui studeas mancipare, et quid inde facere disposueris, nobis per eumdem, sicut magnificentiæ tuæ visum fuerit, significes.

Datum Senonis, II Kal. Januar.

CIRCA ANNUM 1164.

CCLXXXIV.

Ludovico Francorum regi monasterium Compendiense commendat, cui domum hospitalem asseri cupit.

(Sept. 10.)

[MANSI, *Concil.*, XXI, 1015.]

ALEXANDER episcopus, servus servorum Dei, charissimo in Christo filio LUDOVICO illustri Francorum regi, salutem et apostolicam benedictionem.

Ille affectus quem circa regiam magnificentiam affluentiori gerimus charitate, inducit nos propensius et hortatur ea tuæ serenitati suggerere quæ ad honorem Dei et salutem animæ tuæ, et etiam conservationi regni, noscimus potissimum pertinere. Cum enim opus pietatis sit, et æternæ felicitatis gloria dignum, sanctas Dei Ecclesias et religiosas personas diligere, et piæ protectionis munimine confovere, illas Ecclesias tuæ celsitudini convenit propensiori cura et diligentia respicere, et eorum jura clementiori bonitate tueri, quæ ab ipsa fundatione sui a tua magnificentia et gloriosorum patrum tuorum, non modica beneficia percepere. Inde est quod Compendiense monasterium, et abbatem ac fratres divinis ibidem obsequiis mancipatos, tanto attentius tuæ magnitudini commendamus, quanto idem monasterium ad jus B. Petri specialius respicit et tutelam, et regiæ tuitioni ampliori noscitur provisione commissum : per apostolica scripta rogantes monentes, et exhortantes in Domino, atque in peccatorum remissionem tibi injungentes, quatenus obtentu divinæ miserationis, et ob veniam delictorum tuorum, prædictum monasterium, et ibidem Deo servientes, diligas, maneteneas et honores, atque jura sua contra pravorum insidias protectione solita tuearis. Specialiter tamen tuam clementiam rogamus ut hospitalem domum quæ ad jus ipsius monasterii pertinet, a dilectis filiis nostris..... abbate et fratribus ejusdem loci non permittas ulla ratione turbari, vel aliquatenus impediri, quominus illius hospitalis, quæ ipsi ecclesiæ, sicut tua discretio novit, utilis est admodum et necessaria, liberam administrationem possint habere. Ita quod præmium æternæ retributionis inde recipias, et ipsi fratres, inclytæ sublimitatis tuæ favore temporaliter freti, ferventius possint religioni assumptæ insistere, et ipsum monasterium tam spiritualibus quam temporalibus incrementis, Domino auxiliante, augere.

Datum IV Idus Septembris.

CCLXXXV.

Ad Cononem S. Vitoni abbatem. — Laudat eum de zelo pro sede apostolica, hortaturque ut devotus ei semper adhæreat.

(Parisiis, April. 9.
[MARTEN., Thesaur., I, 455.]

ALEXANDER episcopus, servus servorum Dei, dilecto filio abbati ecclesiæ S. Vitoni Virdunensis, salutem et apostolicam benedictionem.

Ex tenore litterarum tuarum comperimus quod tu, tanquam vir catholicus et Ecclesiæ laudabilis defensator, devotionem nobis et constantiam viriliter observasti, et illi quondam schismatico Virdunensi episcopo magnanimiter resistens, nunquam in errorem et malitiam Octaviani schismatici voluisti ullatenus declinare. Quod siquidem tanto gratius gerimus et magis acceptum, quanto in medio pravæ nationis positus, virtutis tuæ constantiam in unitate Ecclesiæ validius roborasti, et nihil unquam nobis potuisses offerre quod Deo magis placeret, et in animo nostro charius aut pretiosius haberemus. Unde prudentiam tuam, sicut dignum est, in Domino commendantes, et ex hoc dignis laudibus extollentes, rogamus dilectionem tuam, monemus et exhortamur in Domino, quatenus sicut bene et laudabiliter incœpisti in devotione beati Petri et nostra usque in finem firmiter perseveres, et Ecclesiam Virdunensem ad hoc idem reducere studeas propensius et hortari. Nos enim intuitu devotionis et honestatis quam circa nos geris, te specialem filium nostrum diligere volumus, multiplicater et honorare, et in tuis petitionibus libenti animo exaudire.

Datum Parisiis, v Idus Aprilis.

CCLXXXVI.

Ad Martinum abbatem et monachos Vedastinos. — Confirmat compositionem factam inter eos et Strumensem abbatissam.

(Parisiis, April. 13.)
[MARTEN., Ampl. Collect., I, 888.]

ALEXANDER episcopus dilectis filiis MARTINO abbati et fratribus S. Vedasti, salutem et apostolicam benedictionem.

Justis petentium desideriis facilem nos convenit impertiri consensum, et vota quæ a rationis tramite non discordant, effectu sunt prosequente complenda. Eapropter, dilecti in Domino filii, justis postulationibus grato concurrentes assensu, compositionem quæ inter vos et [Mariam] abbatissam Sanctæ Mariæ de Strumis (16), venerabili fratre nostro Waltero Albanensi episcopo, et dilectis filiis nostris O[done] et B[osone] sanctæ Romanæ Ecclesiæ diaconis cardinalibus de mandato nostro mediantibus, rationabiliter facta est, auctoritate apostolica duximus confirmandam. Cum enim tam vos quam altera pars ad nostram præsentiam venissetis ipsam controversiam prædicto episcopo et cardinalibus commisimus audiendam : utraque itaque parte in ipsorum præsentia constituta, vos adversus abbatissam causabamini, quod possessiones quasdam ad monasterium vestrum pertinentes recepisset, et contra jus privilegiorum vestrorum easdem possessiones detineret. Abbatissa vero econtra dicebat, quod ita a longissimo retro tempore fecerat, et possessiones ita receperat, et absque læsione monasterii vestri detinuerat, et detinere volebat, nam censum solvere, et relevationes facere in mutationibus abbatissarum parata erat. Cum autem hæc et alia in hunc modum tam vos quam alia pars in illorum præsentia allegaretis, mediantibus Ecclesiæ cardinalibus, intervenientibus etiam C. et F. Atrebatensis Ecclesiæ archidiaconis, de communi consensu ad hanc concordiam devenistis, quod abbatissa omnes illas possessiones pertinentes ad territorium vestrum, quas hodie, id est tempore hujus transactionis, possidet, sive etiam quorumcunque donatione tunc receperat, retenta possessione, a donatoribus, quoad vixerint, teneat deinceps abbatissa quiete et pacifice, et absque omni calumnia; ita tamen quod censum constitutum singulis annis persolvat. Et quando præsens abbatissa vel aliqua de sibi succedentibus ab hac luce migraverit, relevationem secundum consuetudinem diœcesis Atrebatensis, duabus circiter leucis ab

---

(16) Strumensis abbatia ordinis S. Benedicti, Atrebato distans.

dinem aliorum hominum faciat. Pro ista tali concessione facta sibi a vobis, constituit abbatissa nomine ecclesiæ suæ se solutoram singulis annis marcham argenti, dimidiam in Nativitate Domini, et dimidiam in festo S. Joannis Baptistæ. Ab hac vero hora et deinceps præfata abbatissa possessiones ad jus Ecclesiæ vestræ pertinentes, si voluerit recipiat, et per biennium teneat, infra quod tempus ita faciat, ut finito biennio, nec per se, nec per alium ulterius illas possideat, sed ad alium transferat, nisi hoc de communi licentia vestri capituli obtineat. Hanc vero concordiam memorati episcopus et cardinales in scriptis redegerunt, et sigillis propriis munierunt. Nos quoque eamdem concordiam ratam ac firmam habentes, eam auctoritate sedis apostolicæ roboramus, et præsentis scripti patrocinio communimus, statuentes ut nulli omnino hominum, etc.

Datum Parisiis, Idus Aprilis.

CCLXXXVII.
Præceptum de rebus canonicorum Parisiensium ordinandis.
(Parisiis, April. 16.)
[*Cartulaire de Notre-Dame de Paris*, I, 226.]

ALEXANDER episcopus, servus servorum Dei, dilectis filiis, C[LEMENTI] decano et universo capitulo Parisiensi, salutem et apostolicam benedictionem.

Ex litteris quas piæ recordationis Pater et prædecessor noster Eugenius, papa bonæ memoriæ, T[heobaldus] quondam episcopo vestro indulsit, agnovimus quod, si in dandis majoriis et aliis beneficiis, quæ ad communem capituli vestri pertinent dispositionem, possetis minime convenire, sibi liceret eadem, cum assensu sanioris partis capituli, ordinare. Quas utique litteras nos venerabili fratri nostro M[auritio] nunc episcopo vestro, ejusdem prædecessoris nostri vestigiis inhærentes, postmodum innovavimus. Verum quoniam deinceps ex utriusque partis confessione, quod hoc contra antiquam consuetudinem ecclesiæ vestræ existit, et eos auctoritate litterarum illarum non usos fuisse agnovimus, auctoritate apostolica duximus statuendum ut supradicti prædecessoris nostri litteræ sive nostræ, nullum vobis inposterum valeant præjudicium generare, quominus majorias vestras vel alia beneficia quæ ad vestram solummodo spectant dispositionem, secundum antiquam ecclesiæ vestræ consuetudinem, possitis libere ordinare.

Datum Parisiis, xvi Kal. Maii.

ANNO 1164-1165.

CCLXXXVIII.
Ad Henricum Remensem archiepiscopum. — Pro Roberto Milite.
(Senonis, Jan. 1.)
[MARTEN., *Ampl. Collect.*, II, 697.]

ALEXANDER episcopus, servus servorum Dei, venerabili fratri HENRICO Remensium archiepiscopo, salutem et apostolicam benedictionem.

Cum causa, quæ inter Robertum militem et O. burgensem super quodam prato vertitur, in præsentia dilecti filii nostri decani de Roscio tractaretur, idem Robertus ad venerabilem fratrem nostrum Laudunensem episcopum, O. vero ad nostram audientiam appellavit, diem vigesimum post instantem festivitatem Domini præfigens, quem jam dictus Robertus restringens ad quintam diem post Natale Domini ad sedem apostolicam nihilominus in appellationem prorupit. Postmodum vero præfato Roberto in eodem termino coram nobis præsente, alter nec venit, nec ad nos responsalem pro se aliquem destinare curavit. Unde nos de tuæ discretionis prudentia plenius confidentes, eamdem causam experientiæ tuæ duximus committendam, et appellatione cessante, fine debito terminandam. Quocirca fraternitati tuæ per apostolica scripta mandamus, quatenus utramque partem ante tuam præsentiam convoces, et rationibus hinc inde auditis et cognitis, eamdem causam, remoto appellationis obstaculo, fine legitimo studeas terminare.

Data Senonis, Kal. Januarii.

CCLXXXIX.
Ad Henricum Remensem archiepiscopum. — Pro A. Atrebatensi episcopo.
(Senonis, Jan. 6.)
[*Ibid.*, col. 698.]

ALEXANDER episcopus, servus servorum Dei, venerabili fratri HENRICO, salutem et apostolicam benedictionem.

Cum venerabilis frater noster (17) A. Atrebatensis episcopus, prout a nobis fuerat vocatus, ad nostram præsentiam accessisset, dilectus filius noster Henricus tituli Sanctorum Nerei et Achillei presbyter cardinalis, qui voluntatem tuam cognoverat, cum super his quæ fuerant fraternitati de ipso suggesta, vehementer coram nobis et duriter arguit, proponens ei qualiter ipsum dilexeris, et de nullo promoveris ad majora; et nos etiam super hoc ipso paterne, leniter atque austere eumdem episcopum redarguere curavimus, atque monere, ut tibi tanquam Patri et domino suo devote satisfaciat, et tuis mandatis fideliter acquiescat. Ipse vero correctionem nostram et ipsius cardinalis humiliter satis et patienter accipiens, se ab his coram nobis multimodis excusavit, asserens quod promptus sit multimodis et paratus, si in quolibet offendit, ad tuum mandatum et beneplacitum emendare. Quoniam vero tua plantatio est, et eum de minimo magnum et sublimem in oculis hominum constituisti, ne ex indignatione tua clero et populo suo vilis debeat vel abjectus haberi, quod tibi quidem magis quam alicui derogaret, fraternitatem tuam per apostolica scripta rogamus, monemus atque consulimus, quatenus his quæ tibi de illo sinistre sug-

(17) Andreas ex abbate Vallium Sernaii factus episcopus 1164.

geruntur, non facile credas, sed ipsum ad præsens æquanimiter tolerans, eum pro reverentia beati Petri ac nostra et ex officii tui debito in consideratione illius devotionis, quam circa te gerit, omni rancore et indignatione deposita, in gratiam et amorem tuum plene reducas, et si forte in te per ignorantiam deliquit, ipsum inter te et eum, secundum quod dignum fuerit, caute ac provide corrigas. Quod si correctionem tuam in humilitatis et mansuetudinis spiritu recipere forte contempserit, sed in sua pertinacia duxerit persistendum, nos et tu ipse habebimus illum acrius et asperius reprehendere, et ejus duritiam et contumaciam resecare.

Data Senonis, viii Idus Januarii.

CCXC.

Ad Henricum Remensem archiepiscopum. — De causa abbatissæ de Bertolcors et monialium de Sancto Igniaco.

(Senonis, Jan. 7.)

[*Ibid.*, col. 699.]

ALEXANDER episcopus, servus servorum Dei, venerabili fratri HENRICO Remensium archiepiscopo, salutem et apostolicam benedictionem.

Cum causam quæ inter abbatissam de (18) Bertolocors et moniales de Sancto Igniaco vertitur, venerabilibus fratribus nostris Laudunensi et Noviomensi episcopis commiserimus concordia vel judicio terminandam, ipsi hactenus in causa ipsa procedere distulerunt. Nunc autem eisdem iterato mandavimus, ut hinc ad proximum festum B. Vincentii eamdem causam compositione non differant vel judicio terminare, aut si circa hoc intendere non poterunt, id tuæ fraternitati studeant intimare. Quia igitur nostri officii est inter discordes pacem componere, et unicuique suam justitiam conservare, ne deinceps causa ipsa hujusmodi dilationibus prolongetur, eam discretioni tuæ, de qua plenam in omnibus fiduciam obtinemus, committimus audiendam, per apostolica tibi scripta mandantes, quatenus nisi usque ad initium proximæ Quadragesimæ præfati episcopi hoc effecerint, utraque parte et episcopis ipsis, si tibi visum fuerit, ante tuam præsentiam convocatis, rationes hinc inde subtiliter et diligenter inquiras, quibus plenarie intellectis et cognitis, inter utramque partem pacifice studeas concorditer componere, vel in eodem negotio cum tanta deliberatione satagas, et circumspecta ratione procedere, quod utraque pars justitiam suam sub tuo examine se gaudeat consequi, et nos providentiam tuam possimus sincerius in Domino commendare.

Data Senonis vii Id. Januar.

CCXCI.

Ad monachos Vedastinos. — Ut in electione abbatis ex gremio non extraneam eligant personam.

(Senonis, Jan. 13.)

[MARTEN., *Collect.*, I, 872.]

ALEXANDER episcopus, servus servorum Dei, dilecto filio M. (19) abbati et fratribus ecclesiæ S. Vedasti, salutem et apostolicam benedictionem.

Congruam officii nostri exsequimur actionem, si sacrosanctis ecclesiis, quarum cura et sollicitudo nos respicit, propter diligentiam dependimus, et eis a nocituris inposterum præcavemus. Quia vero in substitutione pastoris multa est consideratio et providentia adhibenda, volumus atque mandamus, ut, vacante ecclesia vestra pastore, donec inter vos aliqua persona exstiterit, quæ honestate ac scientia præemineat, et ad regimen et gubernationem ipsius monasterii noscatur idonea, eam in pastorem et abbatem vestrum pari voto assumere studeatis, nec extraneam eligatis, dummodo communiter in ipsam concordetis. Porro vobis auctoritate apostolica indulgemus ut feuda et possessiones et decimas ecclesiæ vestræ, ne ipsi ecclesiæ culpa possint detinentium deperire, liberam habeatis recipiendi in pignore potestatem. Sane quoniam Romana Ecclesia jura quæ in aliis ecclesiis habebat incuria prælatorum sæpe amittere consuevit, tam tibi, fili abbas, quam successoribus tuis, præsentium auctoritate præcipimus, et modis omnibus inhibemus, ne alicui archiepiscopo vel episcopo, absque conscientia et licentia Romani pontificis, ullam subjectionem vel obedientiam promittere attentetis.

Datum Senonis, Idus Januarii.

CCXCII.

Ad Magistrum F. et magistrum R. Remensem canonicum. — Pro Theobaudo Bigoto.

(Senonis, Jan. 13.)

[MARTEN., *Collect.*, I, 699.]

ALEXANDER episcopus, servus servorum Dei, dilecto fratri magistro F. et magistro R. Remensi canonico, salutem et apostolicam benedictionem.

Super causam, quæ inter Theobaudum Bigotum et Thomam adversarium ejus pro quadam terra diutius agitata, quam si bene meminimus, olim vestro examini delegavimus terminandam, minime sicut nobis dicitur processistis; ideoque discretioni vestræ per apostolica scripta mandamus quatenus, omni frustratoria dilatione postposita, ita in causa ipsa juxta rigorem canonum procedatis, quod neuter eorum valeat pro defectu justitiæ adversum nos rationabiliter querelari.

Data Senonis, Idus Januarii.

---

(18) Vulgo Bertoldi-Curtis, Gallice *Berteaucourt*. Virginum est monasterium, quinque leucis ab Ambianis distans, fundatum circa annum 1092.

(17) Martino, qui circa annum 1155 abbas creatus, pluribus annis Vedastinum monasterium administravit.

CCXCIII.

Ad Henricum archiepiscopum Remensem. — Pro ecclesia Sancti Remigii

(Senonis, Jan. 13.)

[MARTEN., *Collect.*, I, 700.]

ALEXANDER episcopus, servus servorum Dei, venerabili fratri HENRICO Remensium archiepiscopo, salutem et apostolicam benedictionem.

Affectus nobis pietatis suggerit, et ordo exigit charitatis, ecclesiis quas, imminente persecutione, inopia deprimit, vel quarum lapsus proveniens facultates imminuit, paterna provisione consulere, et eas auxilii nostri humeris sublevare. Audientes igitur quod ecclesia beati Remigii ob præsentium malorum ingruentiam, multo debitorum onere prægravetur, quoniam sicut scriptum est : *Frater qui adjuvatur a fratre quasi civitas fortis* (Prov. XVIII), et Apostolus invicem nos alterius onera portare commonet (*Galat.* VI.) : dilectioni vestræ per apostolica scripta mandamus, quatenus homines præfatæ ecclesiæ, qui terras vestras inhabitant, ad congrua et opportuna auxilia fratribus ejusdem ecclesiæ conferenda nullatenus disturbetis, sed eos ad hoc commonere propensius et hortari curetis, et vos ipsi fraternitatis amore, et pro reverentia beati Petri ac nostra, sicut in simili necessitate vobis fieri velletis, ita ipsum abbatem ad extenuanda jam dicta debita efficaciter adjuvetis, quod et in futuro æternum præmium, et in temporalibus a Deo debeatis exinde recipere incrementum.

Data Senonis, Idus Januarii.

CCXCIV.

Ad P. Narbonensem, Nemausensem, Uticensem, Mimatensem et Magalonensem antistites. — Laudat eorum sollicitudinem de tollendis pedagiis seu portoriis ; Bernardum autem comitem Melgoriensem, parere detrectantem, interdicti sententia mulctat.

(Senonis, Jan. 17.)

[D. BOUQUET, *Recueil*, XV, 813.]

ALEXANDER episcopus, servus servorum Dei, venerabilibus fratribus [PONTIO] Narbonensi, [ADELBERTO] Nemausensi, [RAIMUNDO] Uticensi, [ALDEBERTO] Mimatensi, [JOANNI] Magalonensi episcopis, salutem et apostolicam benedictionem.

Susceptis litteris quorumdam ex vobis, gratum admodum tenuimus quod vos, sicut earum tenor exposuit, super pedagiorum enormitate tollenda studiosi et vigilantes estis inde utique fuit, quod nobili viro Bernardo comiti Melgoriensi, qui se super his juxta monita vestra corrigere contradicit scripta nostra (sine ulla tamen salutatione) direximus, monentes eum attentius atque mandantes, quatenus tam super novis pedagiis amovendis, quam super veteri juramento tollendo, vestris mandatis et monitis acquiescat; alioquin sententiam quam tu in eum, frater archiepiscope, protulisti, ratam habemus, eamque usque ad dignam satisfactionem, firmiter observari mandamus, adjicientes et vestræ fraternitati mandantes, quatenus in villa Alesti et in omni terra ejus interdicta suis (f. sit) sepultura continue et in aliis omnibus locis, quandiu in ipsis præsens fuerit, divina prohibeatis officia celebrari.

Datum apud Senonas, XVI Kal. Februarii.

CCXCV.

Ad Henricum Remensem archiepiscopum. — Pro Orientali Ecclesia.

(Senonis, Jan. 20.)

[MARTEN., *Collect.* II, 700.]

ALEXANDER episcopus, servus servorum Dei, venerabili fratri HENRICO Remensium archiepiscopo, salutem et apostolicam benedictionem.

Qualiter Deus Orientalem Ecclesiam afflixerit, et eam manu hostium contriverit, ex relatione hominum exinde venientium tua discretio plenius, sicut credimus, novit. Quoniam vero inter cætera loca illarum partium, locus qui dicitur Belmas crebrioribus ictibus Saracenorum alliditur, et eorum impugnationibus expositus plurimum Dei fidelium indiget auxiliis adjuvari, latores præsentium pro eleemosynis acquirendis ad partes istas transmisit. Unde quoniam pietatis opus est, et Deo valde acceptum, his qui paganorum varias oppressiones sustinent, consilium pariter et auxilium ministrare, eos charitati tuæ propensius commendamus, rogantes attentius atque monentes, quatenus divinæ miserationis obtentu, et pro reverentia beati Petri ac nostra, ipsos oculo clementiori respicias, et eis ad eleemosynas per tuam provinciam colligendas opem tribuas et favorem, ut ex hoc dignum valeas præmium recipere, et supernæ felicitatis beatitudinem obtinere.

Data Senonis, XIII Kal. Februarii.

CCXCVI.

Ad Ludovicum Francorum regem. — De causa episcopi Cameracensis, cui inducias adhuc indulget.

(Senonis, Jan. 27.)

[MANSI, *Concil.*, XXI, 1006.]

ALEXANDER episcopus, servus servorum Dei, charissimo in Christo filio LUDOVICO, illustri Francorum regi, salutem et apostolicam benedictionem.

Veniens ad nos dilectus filius noster abbas sancti Vincentii Silvanectensis, cum celsitudinis tuæ litteris apud nos diligenter instit ut illi Cameracensi episcopo, quem contra honorem Ecclesiæ et salutem ipsius, et utinam non vestram, diutius exspectavimus, adhuc inducias præberemus. Ipse vero, sicut credimus, et utinam rei veritas aliter se haberet, non de necessitate aliqua, sed ut errorem suum sub clementiæ tuæ, et venerabilis fratris nostri Henrici Remensis archiepiscopi protectione valeat obumbrare, hujusmodi per vos occasiones prætendit! Nos autem non pecuniam, sed animam suam quærentes, et tuæ serenitatis obtentu, et consideratione jam dicti fratris nostri, precibus ac petitionibus, nisi contra Deum manifeste veniremus, annuere volentes, eumdem episcopum usque ad secundam Dominicam proximæ Quadragesimæ adhuc duximus exspectandum, ita quidem quod nisi illum, aut nuntium, vel litteras ejus de reversione ipsius et certa promissione in præscripto termino receperimus, eumdem ex tunc omni dilatione remota, publice excommunicabimus, et a corpore Christi, quod est Ecclesia, sequestrabimus. Quocirca magnificentiam tuam præsentium significatione rogamus, ne tua sublimitas aliquibus precibus nos amplius super facto isto conveniat. Rogamus etiam excellentiam tuam, ut sicut per dilectum filium nostrum abbatem Sancti Germani te rogavimus, ita efficias. Credimus enim quod hoc ad honorem tuum denuo spectabit.

Datum Senonis, vi Kal. Febr.

CCXCVII.

Ludovico Francorum regi pollicetur se [Petro] archiepiscopo Bituricensi non defore.

(Senonis. Febr. 4.)

[Mansi, Concil., XXI, 1009.]

Alexander episcopus, servus servorum Dei, charissimo in Christo filio Ludovico illustri Francorum regi, salutem et apostolicam benedictionem.

Litteras sublimitatis tuæ debita benignitate suscepimus, sicut Christianissimi regis, et illius principis quem tota in Domino charitate diligimus, et cujus honori et commodis in omnibus quæ cum Deo possumus aspiramus. Unde licet de superabundanti fuerit, quod pro venerabili fratre nostro P. Bituricensi archiepiscopo preces nobis sollicitas porrexisti, cum nos eum solo suæ honestatis ac probitatis intuitu, affectione sincerissima diligamus, et commodis ejus et commissæ sibi Ecclesiæ libenter providere velimus, ipsas tamen tuæ celsitudinis preces clementer admisimus, voluntatem et propositum assumentes circa eumdem archiepiscopum tam interventu tuo quam suæ, sicut diximus, probitatis obtentu, utilem in omnibus providentiam gerere, et justitiam suam tam in causa quam modo habet, quam in aliis omnibus integram sibi auctore Domino conservare. Dilectum quoque filium nostrum magistrum R. Beati Germani decanum, quem tua nobis serenitas commendavit, benigne recepimus, atque a nobis interventu tuo efficaciter obtinuit quod rationabiliter postulavit.

Datum Senonis, ii Non. Februarii.

CCXCVIII.

Ad Henricum archiepiscopum Remensem. — Pro ecclesia Sancti Remigii.

(Senonis, Febr. 12.)

[Marten., Collect., II, 701.]

Alexander episcopus, servus servorum Dei, venerabili fratri Henrico Remensi archiepiscopo, salutem et apostolicam benedictionem.

Cum causa quæ inter abbatem Sancti Remigii et rusticos de Nongento vertitur, in præsentia decani ejusdem loci, et quorumdam aliorum, super quibusdam querimoniis tractaretur, abbas sancti Remigii ad nostram audientiam appellavit: cumque responsalis memorati abbatis propter hoc in præsentia nostra existeret, ipsi nec venerunt, nec pro se responsalem aliquem destinarunt. Unde causam ipsam discretioni tuæ committimus audiendam, et fine debito terminandam, ideoque per apostolica tibi scripta mandamus, quatenus utramque partem ante tuam præsentiam convoces, et rationibus hinc inde auditis diligenter et cognitis, causam ipsam, justitia mediante, decidas.

Data Senonis, xi Idus Februarii.

CCXCIX.

Ad abbatem Sancti Remigii et de Castro Theoderici et L. decanum Remensem. — Pro causa quæ vertitur inter abbatem Orbacensem et Igniacensem.

(Senonis, Febr. 13.)

[Ibid.]

Alexander episcopus, servus servorum Dei, dilectis filiis Sancti Remigii et de Castro Sancti Theoderici abbatibus et L. decano Remensi, salutem et apostolicam benedictionem.

De vestra prudentia et honestate plurimum confidentes, causam quæ inter abbatem Orbacensem (20) et Hugonem de Igni (21) super quadam terra vertitur, experientiæ vestræ committimus audiendam, et amicabili compositione vel judicio terminandam. Quapropter sollicitudini vestræ per apostolica scripta mandamus, quatenus cum exinde fueritis requisiti, in unum pariter convenientes, utramque partem ante vestram præsentiam convocetis, et ad compositionem inter eos faciendam operam et diligentiam impendatis. Alioquin rationibus hinc inde auditis et cognitis, eamdem causam ordine judiciario absque appellationis remedio decidatis.

Datum Senonis, Idus Februarii.

CCC.

Ad abbatem S. Remigii Remensis. — Pro causa quæ vertitur inter abbatem S. Remigii et Odd.

(Senonis, Febr. 14.)

[Ibid., col. 702.]

Alexander episcopus, servus servorum Dei, dilecto filio abbati Sancti Remigii, salutem et apostolicam benedictionem.

Causam quæ inter te et Odd. presbyterum super quadam domo, quam pater et mater sua, sicut asserit, sibi ex testamento reliquit, vertitur, dilectis filiis nostris Sancti Memmii et Omnium-Sanctorum (22) abbatibus commisimus audiendam, et fine debito terminandam. Ideoque discretioni tuæ

---

(20) Orbacense monasterium ordinis S. Benedicti, a S. Regulo Remensi archiepiscopo in diœcesi Suessionensi fundatum.

(21) Igniacense monasterium ordinis Cisterciensis de linea Claravallis quinto ab urbe Remensi miliari dissitum.

(22) S. Memmii et Omnium Sanctorum duo monasteria ordinis canonicorum regularium S. Augustini in urbe Catalaunensi.

per apostolica scripta mandamus, quatenus cum ab eis propter hoc fueris evocatus, per te vel responsalem tuum, eorum præsentiam adeas, et quæ ipsi exinde judicaverint, suscipias firmiter et observes.

Data Senonis, xvii Kal. Martii.

CCCI.

Decano, thesaurario Remensi mandat ut [Guidonem] electum Catalaunensem Henrico archiepiscopo commendent.

(Senonis, Febr. 14.)
[D. Bouquet, *Recueil*, XV, 815.]

Alexander episcopus, servus servorum Dei, dilectis filiis decano, thesaurario, archidiacono et universo capitulo Remensi.

Quorumdam est nobis relatione suggestum, quod dilectus filius noster dictus Catalaunensium electus, factum electionis suæ nimis recogitans fuisse præproperum, et in eadem electione minus ordinate processum, disposuit humiliter et intendit voluntati et beneplacito venerabilis fratris nostri Henrici archiepiscopi vestri, quem cum ipsa pariter Remensi Ecclesia plurimum sibi videt hac occasione turbatum, omnimodis acquiescere et omnia penitus in ejus manibus resignare. Unde universitatem vestram per apostolica scripta rogamus, monemus et exhortamur in Domino, quatenus eumdem archiepiscopum hortari propensius et inducere studeatis ut eumdem dictum electum, cum ita se in præsentia ejus humiliaverit placita benignitate respiciat, et taliter in eadem Ecclesia Catalaunensi provideat quod et ipsa possit in administratione illius optata consolationis remedium consequi et idem archiepiscopus debeat ex hoc commendabilis inveniri.

Data Senonis, xvii Kalendas Martii.

CCCII.

Ad Henricum Remensem archiepiscopum. — Pro abbate Sancti Remigii.

(Senonis, Febr. 15.)
[Marten., *Ampl. Collect.* II, 702.]

Alexander episcopus, servus servorum Dei, venerabili fratri Henrico, salutem et apostolicam benedictionem.

Causam quæ inter dilectos filios nostros P. abbatem Sancti Remigii, et nobilem virum R. vicecomitem Laudunensem super villam de Germiniaco noscitur agitari, discretioni tuæ committimus audiendam, et fine debito terminandam ; et quoniam pactionem quæ per dilectum filium nostrum O. Sancti Nicolai in Carcere Tulliano diaconum cardinalem, tunc apostolicæ sedis legatum, super hoc intercessit, prædictus vicecomes nullatenus, sicut dicitur, observavit, volumus firmiter et mandamus, quatenus, si ita est, eadem pactione nihil impediente, causam ipsam audias, et justitia mediante decidas. Mandamus etiam sollicitudini tuæ quatenus partem prædicti vicecomitis nullatenus patiaris contra eumdem abbatem ex conditione superius A posita malignari, dummodo tibi pro certo constet rem ita, sicut dicitur, processisse.

Data Senonis, xv Kal. Martii.

CCCIII.

Ludovicum Francorum regem orat hortetur [Willelmum] Siciliæ regem ut, quem exsilio affecerit, Florium de Camebotta in gratiam recipiat. Eumdem Florium imperatori CP. commendari cupit.

(Senonis, Febr. 16.)
[Mansi, *Concil.*, XXI, 1025.]

Alexander episcopus, servus servorum Dei, charissimo in Christo filio Ludovico illustri Francorum regi, salutem et apostolicam benedictionem.

Ad nostri officii sollicitudinem spectat, oppressis et necessitatem patientibus opem conferre, et apud eos pro ipsis intervenire, in quibus pietatis opera et misericordiæ viscera cognoscimus abundare. Ad regiæ autem serenitatis notitiam pervenire optamus quod dilectus filius noster nobilis vir Florius de Camebotta, qui unus de majoribus Calabriæ baronibus habebatur, charissimi in Christo filii nostri W. illustris regis Siciliæ iram et indignationem incurrit, et de tota terra ipsius, sicut dicitur, coactus est exsulare. Hac siquidem occasione suscepta, quod cum nobis per religiosam et honestam personam sæpe fuisset suggestum, quod quidam de terra sua eidem regi præpararent insidias, et adversus eum molirentur proditionis peccatum committere, nos venerabili fratri nostro...... Capuano archiepiscopo, quem magis inter alios regi devotum et fidelem cognoscebamus, secundo scripta nostra direximus, ut præfatum regem super hoc præmuniret et redderet cautiorem. Cumque id sibi per jam dictum F. nepotem suum significasset, ille non credens quod ex parte nostra hoc diceret, sed ut homines suos faceret ipsi suspectos : eum de terra coegit recedere, et ad partes Hierosolymitanas transire. Verum quia novimus celsitudinem tuam circa opera misericordiæ intentam existere, et oppressos in suis tribulationibus pietate solita et clementia confovere : pro supradicto F. excellentiæ tuæ preces affectuosas porrigimus, rogantes, monentes, et exhortantes attentius, quatenus, cum nullus rex vel princeps sit cui prædictum regem majorem quam tibi reverentiam et devotionem exhibere credamus, pietatis intuitu, et pro reverentia B. Petri ac nostra, eidem regi litteras tuæ magnificentiæ dirigas, in quibus cum studeas multa attentione rogare, quod ei tuæ interventionis et amoris obtentu, iram et indignationem remittat, et eum in gratiam suam reducens, sibi terram restituat, et ibi tam eum quam uxorem et filios patiatur libere permanere. Nihilominus etiam illustri Constantinopolitano imp. preces porrigas, et roges attente, quod sæpedictum F. circa se habeat, et donec in terra sua possit esse secure, ipsi pro tuo amore benefacere ac subvenire intendat. Ideo autem rogamus, ut imperatori etiam litteras pro eo deprecatorias dirigas; quod si forte, quod non crediimus, preces nostras et tuas præfatus rex non exaudierit, iste ad eumdem imperatorem possit habere recursum, et tuis precibus optata apud eum beneficia invenire.

Datum Senonis, xiv Kal. Martias.

CCCIV

Ad Henricum Remensem archiepiscopum. — Ut G. comes de Roceio cogatur reddere pecuniam, quam abstulit a nuntio Lugdunensis archiepiscopi.

(Senonis, Febr. 27.)

[Marten, Collect., II, 703.]

Alexander episcopus, servus servorum Dei, venerabili fratri Henrico Remensium archiepiscopo, salutem et apostolicam benedictionem.

Ex tenore litterarum, quas tua nobis fraternitas destinavit, accepimus, quomodo G. comitem de Roceio juxta quod a nobis in mandatis receperas, convenisti, ut pecuniam quam nuntio venerabilis fratris nostri Lugdunensis archiepiscopi abstulerat, ei ex integro resignaret. Ille vero tibi respondit, quod infra quindecim dies præsentiam nostram adiret, et nobis suæ intentionis propositum revelaret. Unde tu, hoc audito, apostolicæ volens reverentiæ deferre, in negotio ipso ultra procedere noluisti. Quia igitur nolumus ut ille appellationis beneficio abutatur, quominus in eum, nisi legitime monitus resipuerit, canonicam justitiam exerceas, discretioni tuæ præsentium significatione præcipimus, ut prædictum G. iterum convenias atque commoneas, quod eidem archiepiscopo, quantum nuntius ejus poterit juramento probare se amisisse, tantum, omni occasione cessante, sine aliqua diminutione restituat. Quod si infra quindecim dies post harum susceptionem ablata non reddiderit, nec sufficientia pignora in tuis manibus pro sublata pecunia reddenda præstiterit, ipsum omni appellatione et excusatione remota excommunices, et in tota terra ejus omnia divina, præter baptisma parvulorum et pœnitentias morientium, inhibeas officia celebrari.

Datum Senonis tertio Kalendas Martii

CCCV.

Ad Mauritium Parisiensem episcopum. — De annuo unciæ auri censu Ecclesiæ Latiniacensi remisso.

(Senonis, Mart. 1.)

[Cartulaire de Notre-Dame de Paris, I, 32.]

Alexander episcopus, servus servorum Dei, venerabili fratri Mauritio Parisiensi episcopo, salutem et apostolicam benedictionem.

In quodam scripto librorum nostrorum reperto quod Lateranensi palatio [Latiniacensis] Ecclesia (23), singulis annis unciam auri persolvere tenebatur, ab abbate et fratribus ejusdem loci eumdem censum exegimus. Qui nobis inde responderunt quod in memoria eorum non fuerat, nec aliqua super his scripta habebant, quod census ille ab ecclesia sua Ecclesiæ Romaræ consueverit ex conditione persolvi. Quoniam igitur Ecclesia Romana nunquam exigere consuevit, sed potius rogari, ut alias ecclesias sibi faceret censuales, jam dictos abbatem et fratres et ecclesiam illorum ab hujusmodi absolvimus exactione, et ut neque nobis aut nostris successoribus, nisi forte de propria voluntate et beneplacito suo procederet, hunc censum ab ecclesia illorum exigere liceat, præsentium auctoritate censemus. Si vero præscripti monasterii abbas aut fratres prætaxatum censum aliquo tempore Ecclesiæ Romanæ persolverunt, nolumus quod justitiæ tuæ vel ecclesiæ tibi commissæ aliquod præjudicium debeat generare.

Datum [Senonis,] Kal. Martii.

CCCVI.

Ad Ludovicum Francorum regem. — Ut paci inter quosdam conciliandæ studeat.

(Senonis, Mart. 3.)

[Mansi, Concil. XXI, 1021.]

Alexander episcopus, servus servorum Dei, charissimo in Christo filio Ludovico illustri Francorum regi, salutem et apostolicam benedictionem.

Quoniam regiæ pietatis clementiam his cognoscimus quæ Deo beneplacita sunt, et profectum pariunt animarum, tota mentis affectionis intendere, idcirco magnificentiam tuam ad ea quæ ad concordiæ et pacis bonum pertineant, cum omni fiducia decrevimus invitare. Dilectus siquidem filius noster Simon canonicus Senonensis nobis viva voce proposuit quod A. et O. de Bri, cum P. de Glazi gravem guerram et discordiam habeant, et nisi regia sublimitas inter eos mediatrix exstiterit, ad pacis reconciliationem suum non possunt animum mitigare. Unde quoniam tanto tuta æstimatur subditorum conditio, quanto amplius sub æquitate regnantis, desiderabilis pax et tranquillitas custoditur : celsitudinem tuam per apostolica scripta rogamus, monemus, et exhortamur in Domino, quatenus pietatis intuitu, et pro reverentia beati Petri ac nostra, ad pacem et concordiam inter supradictos viros reformandam sollicite ac diligenter labores, et ad hoc partes tuas efficaciter interponas.

Datum Senonis, v Nonas Martias

CCCVII.

Privilegium pro abbatia Fontebraldensi.

(Senonis, Mart. 11.)

[Niquet, Hist. de l'ordre de Fontevrault, 416.]

Alexander episcopus, servus servorum Dei, venerabilibus archiepiscopis, episcopis in quorum parochiis obedientiæ Fontis-Ebraldi consistunt, salutem et apostolicam benedictionem, etc.

..... Inde est quod universitati vestræ per apostolica scripta, mandamus, quatenus virginibus castitatem Deo voventibus, quæ ad sacrum ordinem monasterii Fontis-Ebraldi transierint, benedictionis munus in omnibus solemnitatibus beatæ Virginis, et in diebus Dominicis, nec non omnium aposto-

---

(23) Verba uncinis inclusa supplevimus ex magno Chartul. f° 191, v°, et ex parvo, f° 11.

orum festivitatibus, si hoc poposcerint non negetis; sed potius, seposita nimia convenientis temporis observantia, satagatis eas, ex officii vestri debito, more solito, Domino consecrare.

Datum Senonis, v Idus Martii.

CCCVIII.

Ad Galterum episcopum, et Robertum archidiaconum Lingonensem. — De ecclesia de Sarrinia.

(Senonis, Mart. 14.)

[DUCHESNE, *Hist. Franc. Script.*, IV, 614.]

Alexander episcopus, servus servorum Dei, venerabili fratri GALTERO episcopo, et dilecto filio ROBERTO archidiacono Lingonensi, salutem et apostolicam benedictionem.

Admonet nos pastoralis sollicitudo propensius, et hortatur, illas ecclesiasticas personas diligere, et earum commodis et incrementis studiosius aspirare, quas in devotione Ecclesiæ ac nostra cognoscimus ferventius permanere. Quocirca rogamus discretionem vestram, monemus atque mandamus, quatenus dilecto filio nostro Petro, venerabilis fratris nostri Hugonis Suessionensis episcopi consanguineo, ecclesiam de Sarrinia, quam ei, sicut litteræ vestræ testificantur, canonice concessistis, defendere viriliter et conservare curetis: et eum per idoneum et honestum procuratorem suum eamdem ecclesiam quiete faciatis et libere possidere; nec a clerico vel laico inquietudinem sibi super hoc aliquam permittatis injuste inferri: imo potius juxta testimonium litterarum vestrarum ei præscriptam ecclesiam defendatis, ut ipse devotus debeat exinde vobis et obnoxius existere, et nos possimus prudentiam vestram super hoc commendare.

Datum Senonis, II Idus Martii.

CCCIX.

Ad Henricum Remensem archiepiscopum. — Pro ecclesia Sancti Memmii.

(Senonis, Mart. 15.)

[MARTEN., *Ampl. Collect.*, II, 704.]

Alexander episcopus, servus servorum Dei, venerabili fratri HENRICO Remensium archiepiscopo, salutem et apostolicam benedictionem.

Ex transmissa nobis conquestione abbatis et fratrum S. Memmii (24) accepimus, quod Henricus miles Deprigi, homines eorum capere, et ipsos bonis omnibus spoliare, et spoliatos in vinculis detinere, et ad redemptionem cogere temerario ausu præsumit. Quia vero prædicto abbati et fratribus in jure suo conservando deesse nec possumus, nec debemus, et tantus excessus incorrectus relinquendus non est nec inultus, fraternitati tuæ per apostolica scripta mandamus, quatenus si ita est, præscriptum militem diligenter commoneas et districte compellas, ut ablata universa restituat, et si quos habet in captione vel fidejussoria cautione pro solvenda pecunia obligatos, liberos et absolutos abire permittat,

(24) S. Memmius primus Catalaunensis episcopus, cujus nomine Catalauni exstat antiquum monaste-

alioquin vinculo anathematis eumdem militem studeas innodare.

Data Senonis Idus Martii.

CCCX.

Ad Ludovicum Francorum regem. — Ut R. sacerdoti possessiones suæ restituantur ab injusto possessore.

(Senonis, Mart. 17.)

[MANSI, *Concil.*, XXI, 997.]

Alexander episcopus, servus servorum Dei, charissimo in Christo filio LUDOVICO illustri Francorum regi, salutem et apostolicam benedictionem.

Exposcit tuæ celsitudinis pia devotio his semper intendere quæ ad commodum indigentium clericorum non est dubium pertinere. Pervenit autem usque ad nos quod Joannes Baril. R. sacerdoti domum quamdam et vineas, quas jure hæreditario possidebat, ausu temerario abstulit, et eas sibi reddere contradicit. Unde magnificentiam tuam rogamus, et tanquam in Christo charissimum Ecclesiæ filium attentius exhortamur, quatenus, si ita est, ita facias tuæ discretionis sublimitas præfato sacerdoti in præsentia tua, vel alterius de quo plenarie possis confidere, justitiæ plenitudinem exhiberi, ut idem sacerdos jus suum se gaudeat fuisse plenarie consecutum.

Datum Senonis, xvi Kal. Aprilis.

CCCXI.

Ad Henricum Remensem archiepiscopum. — Pro fratribus Cisterciensibus.

(Senonis, Mart. 25.)

[MARTEN., *Ampl. Collect.*, II, 705.]

Alexander episcopus, servus servorum Dei, venerabili fratri HENRICO Remensium archiepiscopo, salutem et apostolicam benedictionem.

Cum ad universos religiosæ professionis viros aciem debeamus nostræ considerationis extendere, dilectos filios nostros Cisterciensium ordinis fratres tanto nos convenit uberiori charitate diligere, et eorum commodis et incrementis propensioris studio sollicitudinis aspirare, quanto inter cæteros religiosos causam Ecclesiæ prudentius defenderunt, et catholicam foverunt magnanimiter unitatem, et divinis etiam obsequiis noscuntur ferventius inhærere. Inde est quod eosdem fratres et eorum domos charitati vestræ attentius commendamus, rogantes, monentes et exhortantes in Domino, quatenus amore superni Conditoris, et pro reverentia beati Petri ac nostra, intuitu quoque religionis ipsorum, eos diligere ac manutenere curetis, et in suis justitiis laudabiliter confovere, institutiones etiam et observantias ipsorum et ea quæ a Romanis pontificibus sibi noscuntur indulta sollicita diligentia conservetis, et per parochias vestras ea non patiamini ullatenus violari; ut ex hoc æternæ mercedis cumulus vobis accrescat, et nos exinde copiosiorium ordinis canonicorum regularium S. Augustini, res debeamus sollicitudini vestræ omni tempore gratias exhibere. Nihil enim unquam possetis ad præsens efficere, quod nobis magis gratum existeret vel acceptum.

Data Senonis, VIII Kal. Aprilis.

CCCXII.
Ludovico Francorum regi Erm. de Narbona commendat.

(Senonis, April. 5.)
[Mansi, *Concil.*, XXI, 1027.]

Alexander episcopus, servus servorum Dei, charissimo in Christo filio Ludovico illustri Francorum regi, salutem et apostolicam benedictionem.

Ad regiæ sublimitatis notitiam credidimus pervenisse quomodo nos, cum in partibus illis essemus, dilecta in Christo filia nostra nobilis mulier Er. de Narbona multimodis honorare et servire curavit, et devotionem quam circa nos et Ecclesiam laudabiliter gerit, multiplici rerum effectu studuit comprobare. Unde tam nos quam fratres nostri eam sicut charissimam et specialem Ecclesiæ filiam sincera volumus charitate diligere, et in his quæ cum Deo et justitia possumus suis petitionibus nostrum animum inclinare. Eam itaque, quam tibi devotissimam, et omnino fidelem credimus, regiæ serenitati attentius commendamus, per apostolica scripta rogantes plurimum quatenus, pro reverentia beati Petri ac nostra, et intuitu fidelitatis et probitatis ipsius, eam sicut propriam fidelem tuam diligas, manuteneas et honores, et rationabiles preces suas solita benignitate admittas, ita quod nos exinde celsitudini tuæ uberrimas gratias referamus, et ipsa de devota devotior, et de fideli fidelior tibi valeat omni tempore permanere.

Datum Senonis, III Nonas Aprilis.

ANNO 1165.
CCCXIII.
Abbati S. Bertini Sithiensi concedit « ut pro causa ecclesiarum in diversis diœcesibus constitutarum non teneatur ad synodos episcoporum illorum locorum etiam vocatus accedere. »

(Senonis.)
[Iperii, *Chron. S. Bertini*, ap. Marten. *Thesaur. Anecdot.*, III, 656.]

CCCXIV.
Ad Ludovicum Francorum regem. — Regis congressum et consilium optat.

(Senonis, Jan. 13.)
[Mansi, *Concil.*, XXI, 998.]

Alexander episcopus, servus servorum Dei, charissimo in Christo filio Ludovico illustri Francorum regi, salutem et apostolicam benedictionem.

Rediens ad nos dilectus filius P. subdiaconus noster diligenti nobis narratione proposuit quomodo sublimitatis tuæ clementia eum honorifice et decenter suscepit, et omnem illi honorem et gratiam, quam magnificum et Christianum principem decuit, ob Dei et nostri reverentiam exhibere curavit : qualiter etiam ea quæ regiæ magnificentiæ ex parte nostra proposuit, cum omni mansuetudine et diligentia tuæ sincerissimæ benignitatis affectio exaudivit. Dilectum autem filium nostrum nobilem virum Hugonem, baronem tuum, per quem nobis excellentia tua respondit, debita benignitate suscepimus, et ejus verbis promptam diligentiam adhibentes, consilium tuum gratum omnimodis et acceptum habemus. Verumtamen in hoc circa nos et Ecclesiam Dei admirandæ tuæ devotionis sinceritas evidenter comparuit, qui ob reverentiam Dei et honorem B. Petri, ac nostrum, uni de clericis nostris tantam gratiam exhibuisti. Inde siquidem est quod nos tam super his quam super aliis, nobis et nostris multipliciter a celsitudine tua collatis, omnimodas sinceritati tuæ gratiarum referimus actiones : magnificentiæ tuæ præsentium significatione notum fieri cupientes, quod quam citius cum opportunitate fieri posset, præsentiam tuam vellemus et consilium, super his quæ nobis significasti, libenter habere.

Datum Senonis, Idibus Januarii.

CCCXV.
Privilegium pro monasterio Fusniacensi.

(Senonis, Jan. 22.)
[*Historia Fusniacensis cœnobii*, p. 26.]

Alexander episcopus, servus servorum Dei, dilectis filiis Roberto abbati monasterii de Fusniaco, ejusque fratribus, tam præsentibus quam futuris, regularem vitam professis, in perpetuum.

Religiosis desideriis dignum est facilem præbere assensum, ut fidelis devotio celerem sortiatur effectum. Quocirca, dilecti in Domino filii, vestris justis petitionibus clementer annuimus et præfatum locum in quo divino mancipati estis obsequio, sub beati Petri et nostra protectione suscipimus, et præsentis scripti privilegio communimus; statuentes, ut quascunque possessiones, quæcunque bona in præsentiarum juste et canonice possidetis, aut in futurum concessione pontificum, largitione regum vel principum, seu oblatione fidelium vel aliis justis modis, Deo propitio poteritis adipisci, firma vobis vestrisque succedentibus et illibata permaneant, in quibus hæc propriis nominibus duximus exprimenda :

Locum ipsum de Fusniaco, partem silvæ Aurigniaci, secundum terminos definitos quam jure proprietario quiete possidetis : de reliqua vero parte usum tantum habetis ; decimas terræ Aurigniaci ; locum qui vocatur Aubenton cum omnibus ad ipsum locum pertinentibus ; mediam partem terræ quæ vocatur Flignies ; terram quæ vocatur Ladouzies, cum grossa decima, et omnibus ad eam pertinentibus præter homines ; fundum qui dicitur Vilers, et secundum qui dicitur Watigny ; tertium quoque qui dicitur Agnis ; terram de Foucouzy, et quartam partem de Tibiis ; territorium Villercelli, cum decima et aliis quibusdam adjacentibus terris ; locum qui dicitur Evercania ; pascua in tota terra Roberti de Monte-Acuto ; fundum qui dicitur Arenzot; vineas de Culpetra; donationem Vionagii per totam terram Thomæ de Marla, Roberti de Monte Acuto, Burchardi de Guisia, Roberti Mutelli, Gualteri de Solemnia, Radulphi comitis Viromandensis, Balduini comitis Hannoniensis, Hugonis comitis de Roseto, Nicolai Cameracensis episcopi per totum episcopatum suum, et Nicolai de Avesnis. Sane laborum vestrorum quos propriis manibus aut sumptibus colitis, sive de nutrimentis vestrorum animalium, decimas a vobis nullus præsumat exigere. Adjicientes etiam auctoritate apostolica interdicimus ne quis fratres vestros clericos sive laicos, post factam in vestro monasterio professionem, absque vestra licentia suscipere audeat vel retinere.

Paci quoque et tranquillitati vestræ paterna sollicitudine providentes, auctoritate apostolica prohibemus ut infra clausuram locorum, sive grangiarum vestrarum, nullus violentiam vel rapinam, sive furtum facere, vel hominem capere audeat. Statuimus præterea ut nulli unquam facultas sit vos ad judicia sæcularia provocare, etc.

Datum Senonis, per manum Hermanni sanctæ Romanæ Ecclesiæ subdiaconi et notarii, 11 Kalend. Febr. indict. XIII, Incarnationis Dominicæ anno 1165, pontificatus vero domni Alexandri papæ III anno quinto (25).

CCCXVI.

Bulla qua confirmat omnes possessiones Sancti Petri jam a prædecessoribus suis confirmatas (26), præterenque, in episcopatu Carnotensi duo mansilia, Sorentiacum scilicet et Niglebold; in episcopatu Sagiensi, ecclesiam Sancti Aniani, et, in episcopatu Constantiensi, ecclesiam de Hamo, ecclesiamque de Goetberti Villa

(Senonis, Jan. 26.)

[*Collect. des Cartul.*, II, 650.]

Datum Senonis, per manum Hermanni, sanctæ Romanæ Ecclesiæ subdiaconi et notarii, VII Kal. Febr., indict. XIII, Incarnationis Dominicæ anno 1164, pontificatus vero Alexandri papæ III anno VI.

CCCXVII.

Ad Ludovicum Francorum regem. — Mittit ad eum imperatoris CP. litteras.

(Senonis, Jan. 26.)

[Mansi, *Concil.*, XXI, 1022.]

ALEXANDER episcopus, servus servorum Dei, charissimo in Christo filio LUDOVICO illustri Francorum regi, salutem et apostolicam benedictionem.

A memoria nostra non excidit qualiter olim, ad suggestionem nostram et fratrum nostrorum, charissimo in Christo filio nostro illustri Constantinopolitano imperatori tuæ sublimitatis litteras destinasti, quas utique ille, sicut ex litteris quas venerabili fratri nostro Henrico Beneventano archiepiscopo destinavit, agnovimus, debita benignitate suscepit, et per nuntium ejusdem archiepiscopi, quoniam difficile sibi proprium nuntium ita subito destinare, litteras suas tuæ serenitati transmittit. Nos autem litteras ipsas per eumdem archiepiscopi nuntium, latorem præsentium, tuæ celsitudini destinamus.

Datum Senonis, VIII Kal. Febr.

CCCXVIII.

Monasterii Cisterciensis protectionem suscipit et privilegia confirmat.

(Senonis, Febr. 2.)

[HENRIQUEZ, *Privilegia ord. Cisterc.*, pag. 55.]

ALEXANDER episcopus, servus servorum Dei, dilectis GILLIBERTO abbati Cisterciensis monasterii, ejusque fratribus, tam præsentibus quam futuris, regularem vitam professis, in perpetuum.

Religiosam vitam eligentibus apostolicum convenit adesse præsidium, ne forte alicujus temeritatis incursus eos aut a proposito revocet, aut robur, (quod absit!) sacræ religionis infringat. Eapropter, dilecti in Domino filii, vestris justis postulationibus clementer annuimus, et præfatum monasterium, in quo divino mancipati estis obsequio, sub beati Petri et nostra protectione suscipimus, et præsentis scripti privilegio communimus, statuentes, ut quascunque possessiones, quæcunque bona idem monasterium in præsentiarum juste et legitime possidet, aut in futurum concessione pontificum, largitione regum vel principum, oblatione fidelium, seu aliis justis modis, Deo propitio, poterit adipisci, firma vobis vestrisque successoribus et illibata permaneant; in quibus hæc propriis duximus exprimenda vocabulis: Locum ipsum de Cistercio cum terris, pratis, pascuis, aquis, silvis, et omnibus pertinentiis suis; abbatiam de Firmitate, abbatiam de Pontigniaco, abbatiam de Claravalle, abbatiam de Morimundo, abbatiam de Pruliaco, abbatiam de Curia Dei, abbatiam de Bonavalle, abbatiam de Eleemosyna, abbatiam de Oratorio, abbatiam de Buxeria, abbatiam de Miratorio, abbatiam de Sancto Andrea, abbatiam de Valentiis, abbatiam de Personia, abbatiam de Erivado, abbatiam de Obazina, ex dono Othonis ducis Burgundiæ in foresta ejus plenaria usuaria in omnibus, præter exartationem : et in tota terra sua, libera usuaria, ubicunque terram habet; grangiam de Saleis cum adjacentibus terris, pratis, aquis, silvis, pascuis, decima et in omnibus pertinentiis suis, ex dono abbatis et capituli Sancti Benigni Divionis, et Aimonis domini de Tilecastio, Guidonis de Claromonte et aliorum hæredum. (*Deinde prosequitur et° enumerat alias Cistercii grangias et possessiones particulares, quas illo tempore habebat, et cum XIII cardinalibus signat.*)

Datum Senonis, per manum Hermanni, sanctæ Romanæ Ecclesiæ subdiaconi et notarii, IV Nonas Februarii, indictione XII, Incarnationis Dominicæ

---

(25) Notæ chronologicæ sunt corruptæ; indictio nim XIII cum anno 1165 concordat.

(26) Vide Paschalis et Honorii privilegia.

millesimo centesimo sexagesimo quarto, pontificatus vero domni Alexandri papæ tertii anno sexto.

CCCXIX.
Bulla pro S. Cruce Burdegalensi.
(Senonis, Febr. 4.)
[*Gall. Christ. nov.*, II Instr., 313.]

ALEXANDER episcopus, servus servorum Dei, dilectis filiis BERTRANDO abbati monasterii Sanctæ Crucis Burdegalensi, ejusque fratribus, tam præsentibus quam futuris, regularem vitam professis, in perpetuum.

Piæ postulatio voluntatis debet effectu prosequente compleri; et ut devotionis sinceritas laudabiliter enitescat, et utilitas postulata vires indubitanter assumat. Eapropter, dilecti in Domino filii, vestris justis postulationibus clementer annuimus, et præfatum monasterium Sanctæ Crucis, in quo divino mancipati estis obsequio, sub beati Petri et nostra protectione suscipimus, et præsentis scripti privilegio communimus. In primis siquidem statuentes ut ordo monasticus, qui secundum Deum et beati Benedicti Regulam in eodem monasterio institutus esse dignoscitur, perpetuis ibidem temporibus inviolabiliter observetur. Quascunque præterea possessiones, quæcunque bona idem monasterium in præsentiarum juste et canonice possidet, aut in futurum concessione pontificum, largitione regum vel principum, oblatione fidelium, seu aliis justis modis, præstante Domino, poterit adipisci, firma vobis, vestrisque successoribus et illibata permaneant, in quibus hæc propriis duximus exprimenda vocabulis:

Ecclesiam S. Macharii sicut eam de communi fratrum nostrorum consilio monasterio vestro adjudicavimus: quidquid Guillelmus bonus quondam Burdegalensis comes, fundator ejusdem monasterii, rationabiliter eidem monasterio concessit: ecclesiam S. Michaelis extra urbem Burdegalensem supra Garumnam fluvium sitam cum oblationibus et libertatibus suis: ecclesiam S. Martini de Sadiraco cum omnibus pertinentiis suis: ecclesiam S. Mariæ de Machao, cum decima et adjacenti insula: ecclesiam S. Hilarii de Ortulano, cum decima et pertinentiis suis: ecclesiam S. Georgii de Insula, cum decima et pertinentiis suis: ecclesiam S. Stephani de Wlturna, cum decima et pertinentiis suis: ecclesiam S. Martini de Cambas, cum suis pertinentiis: ecclesiam S. Petri de Lupiag, cum parte decimæ et pertinentiis suis: ecclesiam S. Severini de Marca, cum pertinentiis suis: ecclesiam S. Martini de Blancafort cum pertinentiis suis: ecclesiam S. Albini de Blanhac: ecclesiam S. Cirici de Catirenaco, cum pertinentiis suis. In Agennensi episcopatu ecclesiam S. Mariæ de Alemannis, cum decima et pertinentiis suis: ecclesiam S. Joannis de Auriolo, cum parte decimæ et pertinentiis suis: ecclesiam S. Mauritii, cum decima et pertinentiis suis (27).

Præterea definitivam sententiam super querela illa quæ inter vestrum et Beati Severi monasterium de ecclesia S. Mariæ de Solaco præteritis temporibus vertebatur per Amatum quondam Olorensem, et Hugonem olim Diensem episcopos, tum sedis apostolicæ legatos, in Burdegalensi concilio, promulgatum, et ab antecessoribus nostris Urbano et Paschali Romanis pontificibus, cum ad eorum esset relata præsentiam, de fratrum suorum episcoporum et cardinalium consilio confirmatam, sicut in authenticis eorum scriptis exinde factis noscitur contineri, nos auctoritate apostolica confirmamus. Sepulturam quoque ipsius loci liberam esse concedimus, ut eorum devotioni et extremæ voluntati qui se illic sepeliri deliberaverint, nisi forte excommunicati, vel interdicti sint, nullus obsistat, salva tamen justitia parochialium ecclesiarum, de quibus mortuorum corpora assumuntur. In parochialibus autem ecclesiis, quas tenetis, liceat vobis sacerdotes eligere, et electos episcopo repræsentare; quibus si idonei inventi fuerint, episcopus animarum curam committat, et de plebis quidem cura iidem sacerdotes episcopo; de temporalibus vero vobis debeant respondere. Obeunte vero te, nunc ejusdem loci abbate, vel tuorum quolibet successorum, nullus ibi, qualibet subreptionis astutia, seu violentia præponatur, nisi quem fratres communi consilio, vel fratrum pars sanioris consilii secundum Deum et beati Benedicti Regulam providerint eligendum. Decernimus ergo, etc. Ad indicium hujus a Sede apostolica perceptæ protectionis, marbotinum unum nobis nostrisque successoribus vos, vel successores vestri annis singulis persolvetis. Si qua igitur in futurum ecclesiastica sæcularisque persona, etc.

Ego Alexander catholicæ Ecclesiæ episcopus, s.
Ego Ubaldus Ostiensis episc. s.
Ego Bernardus Portuensis et S. Rufinæ episc. s.
Ego Galterius Albanensis episc. s.
Ego Hyacinthus diaconus cardinalis S. Mariæ in Cosmedin, s.
Ego Censius diaconus cardinalis S. Adriani, s.
Ego Petrus diaconus cardinalis S. Eustachii juxta templum Agrippæ, s.
Ego Manfredus, diaconus cardinalis Sancti Georgii ad Velum Aureum, s.
Ego Hubaldus presbyter cardinalis tit. S. Crucis in Jerusalem, s.
Ego Henricus presbyter cardinalis tit. SS. Nerei et Achillei, s.

(27) Addit breve Cœlesti papæ III, anno 1193 datum: « In Burdegalensi episcopatu ecclesiam Sanctæ Crucis de Monte: ecclesiam S. Mauritii de Aubiag, cum pertinentiis suis: ecclesiam S. Joannis de Gasnag, cum parte decimæ et pertinentiis suis: locum de Balag cum pertinentiis suis: oratorium S. Remigii cum suis pertinentiis. »

Ego Joannes presbyter cardinalis tit. S. Anastasiæ, s.

Datum per manum Hermanni, S. R. E. subdiaconi et notarii, Senonas, iiNon. Febr., Indict. xiii, Incarn. Dominicæ anno 1164, pontificatus Domini Alexandri papæ III anno vi.

CCCXX.

Monasterii Dunensis, olim juxta maris littora, nunc Brugis, protectionem suscipit possessionesque ac privilegia confirmat.

(Senonis, Febr. 7.)

[MIRÆUS, Opp. diplom. II, 1315.]

ALEXANDER episcopus, servus servorum Dei, dilectis filiis HIDESBALDO abbati monasterii de Dunis, ejusque fratribus, tam præsentibus quam futuris, regularem vitam professis, in perpetuum.

Religiosis votis annuere, et ea operis exhibitione complere, officium nos invitat suscepti regiminis et ordo videtur exigere rationis. Eapropter, dilecti in Domino filii, vestris justis petitionibus clementer annuimus, et præfatum monasterium in quo divino mancipati estis servitio, sub beati Petri et nostra protectione suscipimus, et præsentis scripti privilegio communimus; imprimis siquidem statuentes ut ordo monasticus, qui secundum Dei timorem et beati Benedicti Regulam atque Cisterciensium fratrum institutionem in ipso monasterio institutus esse dignoscitur, perpetuis ibidem temporibus inviolabiliter observetur. Præterea quascunque possessiones, quæcunque bona idem monasterium in præsentiarum juste et canonice possidet, aut in futurum concessione pontificum, largitione regum, vel principum, oblatione fidelium, seu aliis justis modis, præstante Domino, poterit adipisci, firma vobis vestrisque successoribus et illibata permancant; in quibus hæc propriis duximus exprimenda vocabulis:

Ex dono Theodorici comitis Flandrensis tantum de terra Dunarum quantum propriis aratris ad usus vestros excolere vultis, et quantum ad pascua animalium vestrorum opus habetis, una cum illa terra quam inhabitatis. In parochia de Ramescapella terram novam a fossato comitis usque in Iseram et a terra Broburgensis ecclesiæ usque in Venepam, quidquid undique accrevit, quidquid terrarum infra hunc terminum habetur: videlicet terram Waldagti, præpositi Bertulphi, Gisleberti castellani, et hominum ejus; parum terræ ultra Venepam ex dono comitis Flandrensis Theodorici, et Philippi filii ejus; terram quæ fuit Erembaldi Crumminck et fratrum ejus citra et ultra fossatum; terram Lambertini, Remelini Condescura; de feodis militum, quidquid vobis rationabiliter concedunt, de Cerquariis comitis; terram quæ fuit filiorum Livild circiter septuaginta mensuras; et filiorum Guitoga 22; et juxta has triginta circiter mensuras de terra quæ fuit Bruttekini, et fratris ejus, filiorum Bave et sociorum. De terra quæ fuit Condescure quadraginta et octo, duodecim hæreditarias per concambium in terragium; in parochia de Vulpam terram quæ fuit Alnoth et sororum ejus atque Sutdigh; terram quæ fuit Slaccapt, Bilmantii et filiorum suorum, Walterii nepotis eorum, Aluisii, Walterii Prim; de allodiis Walterii Cath, Remfridi, Erckenbaldi et aliorum, quidquid ibi rationabiliter habetis. In parochia Furnensi terram quæ vocatur S. Mariæ, quæ fuit Ideslofi, Renigeri, Renibaldi Fler, et aliorum multorum in eadem parochia. In parochiis Sintenes et Erembaldi capellæ, terram quæ fuit Walterii Snœkaert, Elbodonis de Dyc, Eustachii, Renigoti, et Balduini, fratrum suorum Erembaldi Bandekini, de allodiis eorumque terram quam comes a prædicto Erembaldo et a Waltero de Formisellis recepit et nobis in hæreditatem donavit; terram quæ fuit Balduini Taschaert et aliorum ibi confinium; insulam Bomne totam cum decima; terram in Westfory, quas Castellana Badaloga de Discamuda in eleemosynam vobis dedit.

Præterea aliquas et rationabiles consuetudines a dilecto filio nostro Henrico illustri rege Anglorum, a Theodorico comite et Philippo filio ejus atque comite Gisnensi vobis inductæ, sicut in authenticis scriptis eorum exinde factis continetur, nihilominus vobis confirmamus.

Sane agrorum vestrorum quos propriis manibus aut sumptibus colitis sive de nutrimentis vestrorum animalium decimas a vobis nullus præsumat exigere.

Si qua vero libera et absoluta persona pro redemptione animæ suæ, vestro monasterio se conferre voluerit, suscipiendi eam facultatem liberam habeatis. Adjicientes etiam auctoritate apostolica interdicimus, ne quis fratres vestros clericos sive laicos, post factam in vestro monasterio professionem, absque vestra licentia suscipere audeat vel retinere. Paci quoque et tranquillitati vestræ paterna sollicitudine providentes auctoritate apostolica prohibemus, ut infra clausuras locorum sive grangiarum vestrarum nullus violentiam vel rapinam, sive furtum facere vel hominem capere audeat.

Decernimus ergo ut nulli omnino hominum liceat præfatum monasterium temere perturbare, aut ejus possessiones auferre, vel ablatas retinere, minuere, aut aliquibus vexationibus fatigare, sed omnia integra conserventur, eorum, pro quorum gubernatione ac sustentatione concessa sunt, usibus omnimodis profutura, salva sedis apostolicæ auctoritate.

Si qua igitur, etc.

Datum Senonis, per manum Hermanni, sanctæ Romanæ Ecclesiæ subdiaconi et notarii, vii Idus Februarii, indictione xiii, Incarnationis Dominicæ anno 1165, pontificatus vero domni Alexandri papæ III anno sexto.

CCCXXI.

Privilegium pro monasterio Rupensi.

(Senonis, Febr. 8.)

[*Gall. Christ. nov.*, XII, Instr., 152.]

ALEXANDER episcopus, servus servorum Dei, dilectis filiis JOANNI abbati S. Mariæ de Rupibus, ejusque fratribus, tam præsentibus quam futuris, regularem vitam profitentibus, in PP. M.

Apostolici moderaminis clementiæ convenit religiosos diligere, et eorum loca suæ protectionis munimine defensare. Quocirca, dilecti in Domino filii, vestris justis postulationibus clementer annuimus, et præfatum monasterium S. Mariæ in quo divino mancipati estis obsequio, ad exemplar patris et prædecessoris nostri sanctæ recordationis Eugenii papæ, sub. B. Petri et nostra protectione suscipimus, et præsentis scripti privilegio communimus; statuentes, ut quascunque possessiones, quæcunque bona idem monasterium impræsentiarum juste et canonice possidet, aut in futurum concessione pontificum, largitione regum, vel principum, oblatione fidelium, seu aliis justis modis, præstante Domino, poterit adipisci, firma vobis vestrisque successoribus, et illibata permaneant; in quibus hæc propriis duximus exprimenda vocabulis: Locum in quo ipsum monasterium situm est, cum appendiciis suis, grangiam de Villegest, grangiam de S. Lupo, grangiam de Aligny, grangiam de Veteribus, campis et Vaux, grangiam de Blancfort, grangiam de nemore S. Gundulphi, grangiam de Villanova; terram de Landis et de Fundelino, quidquid habetis apud Liriacum, terram de Chanejo, grangiam de villari Gundulphi, grangiam de Crientiis, cum omnibus nemoribus et pascuis pertinentibus ad supradictas grangias. Sane laborum vestrorum quos propriis manibus aut sumptibus colitis, sive de nutrimentis vestrorum animalium, decimas a vobis nullus præsumat exigere.

Decernimus ergo ut nulli omnino hominum liceat præfatum monasterium temere perturbare, aut ejus possessiones auferre, vel ablatas retinere, aut imminuere, seu quibuslibet vexationibus fatigare; sed omnia integra conserventur eorum, pro quorum gubernatione.... concessa sunt usibus omnimodis profutura, salva sedis apostolicæ auctoritate. Si qua igitur in futurum, etc.

Ego Alexander catholicæ Ecclesiæ episcopus.
Ego Hubaldus Hostiensis episcopus.
Ego Bernardus Portuensis et S. Rufinæ episc.
Ego Galterius Albanensis episcopus.
Ego Hubaldus presbyter cardinalis tituli S. Crucis in Hierusalem.
Ego Henricus presbyter cardinalis tituli Sanctorum Nerei et Achillei.
Ego Joannes presbyter cardinalis tituli S. Anastasiæ.
Ego Guillelmus tituli S. Petri ad Vincula presbyter cardinalis.
Ego Jacinthus diaconus cardinalis S. Mariæ in Cosmidin.
Ego Oddo diaconus cardinalis Sancti Nicolai in Carcere Tulliano.
Ego Cinthius diaconus cardinalis S. Adriani.
Ego Manfredus diaconus cardinalis S. Georgii ad Velum Aureum.

Datum Senonis, per manum Hermanni, S. Romanæ Ecclesiæ subdiaconi et notarii, sexto Idus Februarii, Incarnat. Dominicæ anno MCLX... pontificatus vero domini Alexandri papæ III, VI, indict. XIII.

CCCXXII.

Confirmatio concordiæ inter Stephanum quondam episcopum Parisiensem et Theobaldum archidiaconum factæ.

(Senonis, Mart. 4.)

[*Cartulaire de Notre Dame de Paris*, I, 27.]

Authenticum cardinalium super hac concordia.

Hæc est concordia quam nos Matthæus, etc. *Vide Patrologiæ tom. CLXXIII, col. 1263, in Matthæo cardinali.*

Confirmatio Eugenii III.

Vide Patrologiæ tom. CLXXX, ad an. 1147, Junii 5.

Confirmatio Alexandri III.

Ad hæc auctoritate apostolica prohibemus, ne archidiaconi presbyteros, in suis archidiaconatibus constitutos, nimia frequentia hospitiorum ullatenus gravent, salva in omnibus sedis apostolicæ auctoritate.

Datum Senonis, per manum Hermanni, sanctæ Romanæ Ecclesiæ subdiaconi et notarii, Kalendas Martii, indictione XIII, Incarnationis Dominicæ anno 1164, pontificatus vero domini Alexandri papæ III anno VI.

CCCXXIII.

Monasterii S. Martini Augustodunensis protectionem suscipit possessionesque ac privilegia confirmat.

(Senonis, Mart. 20.)

[BULLIOT, *Essai hist. sur Saint-Martin d'Autun*, II, 40.]

ALEXANDER episcopus, servus servorum Dei, dilectissimis filiis GUILLELMO abbati S. Martini Eduensis ejusque fratribus, tam præsentibus quam futuris, regularem vitam professis, in perpetuum.

Ad hoc universalis Ecclesiæ cura nobis ab omnipotente Domino commissa est, ut Ecclesiarum omnium ex apostolicæ sedis auctoritate ac benevolentia curam gerere debeamus, ut non pravorum hominum agitentur molestiis affectione paterna providere curemus. Et propterea, dilecti in Domino filii, vestris justis postulationibus clementer annuimus, et præfatum monasterium, in quo divino estis obsequio nuncupati, ad exemplar prædecessorum nostrorum doctoris egregii Gregorii et Innocentii Romanorum pontificum, jam dictam ecclesiam S. Martini quæ in suburbio Augustodunensi a reverendæ memoriæ Siagrio episcopo et Brunechilde regina constructa est, sub beati Petri protectione suscipimus et nostra, et præsentis scripti privilegio communimus ; statuentes, quascunque possessiones et bona quæcunque idem monasterium in præsenti juste et canonice possidet aut in futurum concessione pontificum, liberalitate regum vel principum, oblatione fidelium seu aliis justis modis, præstante Domino, poterit adipisci, firma vobis vestrisque successoribus firmissima et illibata permaneant. In quibus hæc propriis duximus exprimenda vocabulis.

In Eduensi episcopatu ecclesiam de Thosiaco (*Thoizy-le-Désert*), ecclesiam de Castellione (*Châtillon*), ecclesiam de Meletaco (*Maletat*), ecclesiam de Festo (*Le Feste*), ecclesiam Sancti Panthaleonis (*Saint-Panthaléon*), ecclesiam S. Andreæ (*Saint-André*), ecclesiam SS. Geminorum (*Les Gémeaux polyandre de Saint-Pierre-l'Etrier*), ecclesiam de Marmaignia (*Marmagne*), medietatem ecclesiæ de Carbonaco (*Charbonnat*), ecclesiam de Tilio (*Thil sur-Aroux*), ecclesiam de Alto Ponte (*Haut-Pont*), ecclesiam de Alta Villa (*Haute-Ville*); in prioratu S. Martini de Anziaco (*Anzi*), ecclesiam S. Mariæ, ecclesiam de Avrilliaco (*Avrilly*), ecclesiam de Buchellis (*Busseul*), ecclesiam de Durbia, (*Urbize*), ecclesiam de Canoto (*Chenay*), ecclesiam de Lacu (*Le Lac*), ecclesiam de Valeta (*La Valette*), ecclesiam de Uzellis (*Uxelles*), ecclesiam de Vindeciaco (*Vindecy*), ecclesiam de Moncellis (*Monceau-l'Etoile*), ecclesiam de Braigniaco (*Bragny*), ecclesiam de Classiaco (*Clessy*), ecclesiam de Chariaco (*Chassy*), ecclesiam de Covello (........), ecclesiam de Monasterio (*Moûtier*), ecclesiam de Chinaco (.....), ecclesiam de Stomaro (*Etormet*), ecclesiam de Tavernaco (*Tavernay*), ecclesiam de Sommantio (*Sommant*), ecclesiam de Cella (*La Celle*), ecclesiam de S. Projecto (*Saint-Prix*), ecclesiam de Verreria (*Verrère*) ; in Avalonensi prioratu ecclesiam de Sancto Martino, ecclesiam de Tarot, ecclesiam de Magneio (*Magny*), ecclesiam de Girollis (*Girolles*), ecclesiam de Anna (*Anneot*), ecclesiam de Surmiseliis (*Sermizelles*); in Nivernensi episcopatu, ecclesiam de S. Petrusio (*Sainte-Péreuse*), ecclesiam de Janua (*James*), ecclesiam de Colmaniaco (*Comagny*); universas ecclesias de Molendinis (*Moulins-Engilbert*), ecclesiam de Orna (*Aulnay*), ecclesiam de S. Mauricio (*Saint-Maurice-les-Saint-Saulge*), ecclesiam de S. Salvio (*Saint-Saulge*), ecclesiam de Narlado (*Narloux*), ecclesiam de Sanisiaco (*Sanisy*), ecclesiam de Cisiliaco (*Cisely*), ecclesiam de S. Petro Monasterii (*Saint-Pierre-le-Moûtier*), ecclesiam de S. Babilla (*Sainte-Babille*), ecclesiam de S. Humberto (*Saint-Humbert*), ecclesiam de Langerano (*Langeron*), ecclesiam de Castello super Alericum (*Château-sur-Allier*), ecclesiam de S. Augustino (*Saint-Augustin*), ecclesiam de Livriaco (*Livry*), ecclesiam de Pressiaco (*Précy*), ecclesiam de Coriaco (*Cougny*), ecclesiam de Azyaco (*Azy*), ecclesiam de Traines (*Trenay*), ecclesiam de Mornaco (*Mornay*), ecclesiam de Mare (*Saint-Martin*

de-*la-Mer*), ecclesiam de Toriaco (*Toury*); in Lugdunensi episcopatu ecclesiam de Milleyco (......), in Bituricensi archiepiscopatu ecclesiam de Columbariis (*Colombier*), in Cabilonensi episcopatu ecclesiam de Canabis (*Chenoves*), in Bisuntinensi archiepiscopatu ecclesiam S. Hilarii (*Saint-Illiers*), in Lingonensi episcopatu ecclesiam S. Juliani de Curio (*Le Cry*).

Obeunte vero te, nunc ejusdem loci abbate, vel tuorum quorumlibet..... successorum, nullus ibi qualibet subreptionis astutia seu violentia præponatur, nisi quem fratres communi consensu, vel fratrum pars..... consilii, secundum Dei timorem et beati Benedicti Regulam providerint eligendum. Et quoniam multæ occasiones deceptione religiosarum personarum a pravis hominibus..... eumdem abbatem nullomodo privandum deponendumque censemus, nisi..... communis exigente, unde necesse est ut si qua contra eum hujusmodi querela surrexerit, non solum Augustodunensis civitatis episcopus causam examinet, sed, adhibitis sibi vicinis episcopis et aliis religiosis et discretis viris, subtili et diligenti investigatione perquirat. Quatenus cunctis concorditer judicantibus canonice discretis, censura aut reum possit ferre aut innocentem possit absolvere.

Decernimus ergo ut nulli omnino hominum liceat præfatum monasterium temere perturbare, vel ejus possessiones auferre, vel ablatas retinere, minuere, seu aliquibus vexationibus seu oppressionibus fatigare, sed omnia integra conserventur eorum, pro quorum gubernatione et sustentatione concessa sunt, usibus omnimodis profutura, salva sedis apostolicæ auctoritate, et diœcesani episcopi canonica justitia. Si qua igitur, etc.

Ego Hubaldus presbyter cardinalis titulo Sanctæ Crucis in Hierusalem.

Ego Henricus presbyter cardinalis titulo SS. Nerei et Achillei.

Ego Joannes presbyter cardinalis titulo S. Anastasiæ.

Ego Alexander catholicæ Ecclesiæ episcopus.

Ego Hubaldus Ostiensis episcopus.

Ego Jacinthus diaconus cardinalis Sanctæ Mariæ in Cosmedin.

Ego Galterius Albanensis episcopus.

Datum Senonis, per manum Hermanni, S. Romanæ Ecclesiæ sub..... et notarii, XIII Kal. Aprilis, Incarnationis Dominicæ anno 1164, pontificatus vero domni Alexandri papæ III, anno sexto.

CCCXXIV.

Ad abbatem Cisterciensem. — De negotio Ecclesiæ Clarevallensis et de abbate ejusdem.

(Senonis, Mart. 27.)

[MARTEN., *Coll.*, II, 706.]

ALEXANDER episcopus, servus servorum Dei, dilecto filio [GILBERTO] Cisterciensi abbati, salutem et apostolicam benedictionem.

Dilectionis tuæ prudentia non ignorat quam famosum, quam celebre Clarevallense monasterium habeatur, et in quanta religione quantave hactenus honestate floruerit, non solum ad vicinorum, sed ad longe etiam positorum notitiam jam pervenit. Unde nos de jactura et detrimento ipsius tanto majorem in animo nostro mœstitiam concipimus ac dolorem, quanto amplius totum ordinem et ipsum monasterium quadam spirituali prærogativa diligimus, et ejus defectum in damnum et detrimentum totius ordinis cognoscimus redundare. Multorum autem veridica relatione didicimus, quod occasione abbatis eidem monasterio præsidentis, qui non eam gratiam et reverentiam in oculis regum et principum promeruit, quam antecessores ejus promeruisse noscuntur, ipsi monasterio non modicum derogatur, et totus ordo non minimum exinde incommodum sustinet et jacturam. Nos itaque prædicto monasterio et honestati, et famæ ejus, ex officii nostri debito providere volentes, et personæ ejusdem abbatis, quem sincera in Domino charitate diligimus, paterna cupientes affectione consulere, venerabiles fratres nostros, [Henricum] Remensem archiepiscopum et [Alanum] Antissiodorensem episcopum, pro negotio isto illuc duximus destinandos. Quia vero ad te præcipue spectat correctio ordinis et observantia honestatis, discretioni tuæ per præsentia scripta mandamus, et mandando præcipimus, quatenus eumdem abbatem paterne et commonitorie cum omni diligentia et cura studeas convenire, ut sibi ipsi consulens et monasterio tam famoso salubriter providens, abbatiam voluntate propria in tuis manibus abrenuntiet. Ad quod siquidem, juxta consuetudinem ordinis ipsius, eum de facili credimus inducendum. Abbates enim ejusdem ordinis, cum de abrenuntiatione conveniuntur, ne ambitiose et cupida quodammodo voluntate præesse forsitan videantur, consueverunt facile super his acquiescere, et onus, quod eis imminet, libenti animo resignare. Quod si forte commonitioni tuæ noluerit acquiescere, tum cum consilio prædicti

(28) Is est Gaufridus ille celeberrimus S. Bernardi notarius ac Vitæ scriptor, ex abbate Igniaci factus post Fastredum quartus Clarævallis abbas, de quo apposite ad hunc locum breve *Chronicon Clarevallense* apud Chifletium ad annum 1165 : « Eodem anno abbas Clarævallis domnus Gaufridus videns contra se, sive juste, sive injuste quorumdam odia concitata, abbatiam dimisit. » Et infra ad annum 1176 : « Abbas Altæcumbæ domnus Henricus in abbatem Clarevallensem promotus, quatuor circiter præfuit annis. Iste quam cito filius suus abbas domnus Geraldus de Fossa-Nova factus fuit ante eum abbas Clarævallis, domnum Gaufridum quondam Clarevallensem abbatem, tunc contemplationi vacantem, in Fossa-Nova præfecit. Et idem quando de Altacumba ad Claramvallem assumptus est, eumdem abbatem Gaufridum ad Altamcumbam loco sui promovere curavit. » Causam depositionis Gaufridi non aliam fuisse quam Clarevallenses ipsos scribit Henriquez in *Annalibus Cisterc.* ann. 1168, c. 5, præcipuumque hujus procellæ auctorem Frotmundum, Remos ad archiepiscopum accersendum profectum, ibidem defunctum et in ecclesia Sancti Remigii sepultum. Cæterum Gaufridum non sponte

archiepiscopi et episcopi, omni appellatione et contradictione cessante, sine dilatione ipsum ab abbatiæ administratione removeas (28), et prius ea fratribus ejusdem monasterii indicare studeas et hortari, ut in aliam personam religiosam idoneam et honestam, pari voluntate conveniant, et eam sibi eligant in abbatem, per quam et status ipsius monasterii in suo robore conservetur, et omnibus tollatur occasio tantæ et tam religiosæ domui detrahendi.

Datum Senonis, vi Kal. Aprilis.

CCCXXV.
Ad Henricum Remensem archiepiscopum. — De verbo sive negotio commisso archiepiscopo et episcopo Antissiodorensi in Claravalle agendo, et qualiter Senonis sint revocati.

(Senonis, April. 1.)
[Marten., *Ampl. Collect.*, II, 1011.]

Alexander episcopus, servus servorum Dei, venerabili fratri Henrico Remensi archiepiscopo, salutem et apostolicam benedictionem.

Quod super (29) verbo pro quo ad Clarevallense monasterium accessisti, tu et venerabilis frater noster Antissiodorensis (30) episcopus, quibus verbum ipsum commissum fuerat exsequendum, illo cui mandavimus non accedente, non potuistis juxta nostrum et tuum desiderium procedere, nobis grave ac molestum fore cognoscas. Unde nos cautiori diligentia volentes scandalum ipsius monasterii evitare, fraternitati tuæ consulimus, atque monemus, quatenus ne major turbatio propter hoc generetur, huic rei ad præsens supersedeas, et eam nunc quadam simulatione dimittens, ad nostram præsentiam revertaris. Timemus enim ne homo ille sua loquacitate verbum ipsum disseminet, et illud ad fratrum notitiam referat, propter quod si taliter procederetur, tam nobis quam et tibi gravis materia detractionis exsurgeret. Nos vero ex quo ad præsentiam nostram redieris, una tecum et cum prædicto episcopo et dilectis filiis nostris Hen. tituli SS. Nerei et Achillei presbytero cardinali et G. (31) quoncessisse, sed ab Alexandro Cistercii abbate depositum, ad capitulum generale appellasse, deinde ad summum pontificem accedentem, restitutionem obtinuisse, et denuo iterum depositum fuisse, tradit vetus auctor apud eumdem Henriquez. Quæ quomodo stare possint cum his quæ habent monumenta Clarævallis, Gaufridum oblatum sibi episcopatum recusasse, et ab Alexandro abbate Cistercii ægrotante sui vice ad Fredericum imperatorem, ad tractanda Ecclesiæ negotia missum fuisse, ut habet Joannes Sarisberiensis, epist. 234?

(29) Obscure hic insinuat negotium depositionis abbatis Clarevallensis, de qua in præcedenti epistola ad abbatem Cisterciensem.

(30) Alanus, qui ex Ripatorii abbate assumptus est ad sedem Ecclesiæ Antissiodorensis, quam cum pie ac strenue per aliquot annos administrasset, sponte dimisit, et ad matrem Claramvallem se recepit, ubi et obiit circa annum 1178.

(31) Godefrido, qui ex priore Clarævallis et abbate Fontaneti factus episcopus Lingonensis, cum per annos plurimos optime præfuisset, anno 1163, abdicato episcopatu, rediit in monasterium.

dam Lingonensi episcopo super facto ipso cautius deliberabimus, et secundum quod videbimus expedire paci et quieti ipsius monasterii cum consilio vestro salubriter consulemus.

Datum Senonis, Kalendas Aprilis.

CCCXXVI.
Bulla pro monasterio S. Sereni Cantumerulæ.
(Parisiis, April., 14.)
[*Gall. Christ. nov.*, XII, Instr.; 271.]

Alexander episcopus, servus servorum Dei, dilectis filiis Gregorio abbati ecclesiæ S. Sereni de Cantumerula, ejusque fratribus, tam præsentibus quam futuris, canonicam vitam professis.

Effectum justa postulantibus indulgere, et vigor æquitatis et ordo exigit rationis, præsertim quando petentium voluntatem et pietas adjuvat, et veritas non relinquit. Eapropter, dilecti in Domino filii, vestris justis postulationibus clementer annuimus, et præfatam ecclesiam in qua divino mancipati estis obsequio ad exemplar prædecessoris nostri felicis memoriæ Adriani papæ sub beati Petri et nostra protectione suscipimus, et præsentis scripti privilegio communimus. Imprimis si quidem statuentes ut ordo canonicus, qui secundum Deum et beati Augustini Regulam in eadem ecclesia institutus esse dignoscitur, perpetuis ibidem temporibus inviolabiliter observetur. Præterea quascunque possessiones, quæcunque bona eadem Ecclesia in præsentiarum juste et canonice possidet, aut in futurum concessione pontificum, largitione regum vel principum, oblatione fidelium, seu aliis justis modis præstante Domino poterit adipisci, firma vobis vestrisque successoribus et illibata permaneant, in quibus hæc propriis duximus exprimenda vocabulis:

Totam parochiam castri de Cantumerula, atrium cum sepulturis, exceptis his qui manent in mercatu Rainaldi de Poyeio; medietatem decimæ annonæ et vini ejusdem castri, et totam minutam decimam et quartam partem minagii, et medietatem stallagii, et quidquid habetis in potestate ipsius castri, tam in hominibus quam in vineis et terris et villis subscriptis, scilicet tertiam partem decimationis annonæ Sclavollæ, quidquid habetis apud Panniacum et S. Ferreolum, quidquid habetis in decima villæ Gruis, et duas partes minutæ decimæ; duas quoque partes oblationis secundo die post Natale Domini, et totum atrium; quidquid habetis apud montes Figuli et apud Stinellas, et ad montem Genoldi et ad Folleteriam, apud Carmeiam quoque quidquid decimæ habetis; quidquid habetis Faiel, apud Cubitos, apud Nuseium et Voseium, apud S. Quintinum et S. Saturninum et S. Sepulcrum, curtem de Chasnella et de monte Scopato cum pertinentiis suis; tertiam partem decimæ de Conflant, et totam decimam agriculturæ vestræ in eadem parochia : quidquid etiam in territorio ejusdem villæ habetis, tam in hominibus quam in terris et pratis et aqua; totum territorium de Festo cum tota decimam quam dedit vobis Ilen. Trecensis episcopus;

ecclesiam de Marcilleio cum decima grossa et minuta et atrio; ecclesiam de Ponstengio cum curte sicut eas bonæ memoriæ Hatto quondam Trecensis episcopus rationabili vobis dispositione concessit, et scripti sui pagina confirmavit : duas partes totius decimationis ejusdem villæ, et totam decimam de Nusiamento et de Vallibus et de Bannoneriis. Ad hæc libertatem a duobus dominis ejusdem castri comite videlicet et Oddone de Averli, et quatuor militibus qui vulgo pares vocantur, pia vobis devotione concessam, ut quidquid de eis tenetur in capite libere sine assensu et requisitione ipsorum, dono vel pretio aut quolibet alio legitimo titulo, acquirere valeatis, auctoritate vobis apostolica confirmamus. Sane novalium vestrorum quæ propriis manibus aut sumptibus colitis, sive de nutrimentis animalium vestrorum decimas a vobis nullus præsumat exigere.

Decernimus ergo ut nulli omnino hominum liceat præfatam ecclesiam temere perturbare, aut ejus possessiones auferre, vel ablatas retinere, minuere, seu quibuslibet vexationibus fatigare, sed omnia integra conserventur, eorum, pro quorum gubernatione et sustentatione concessa sunt, usibus omnimodis profutura, salva sedis apostolicæ auctoritate et diœcesani canonica justitia. Si qua igitur in futurum, etc.

Datum Paris. per manum Hermanni, sanctæ Romanæ Ecclesiæ subdiaconi et notarii, XVIII Kalendas Maii, indictione XIII, Incarnationis Dominicæ anno 1165, pontificatus vero domini Alexandri papæ III anno sexto.

CCCXXVII.
Exemptionem et bona temporalia monasterii S. Walarici confirmat.
(Parisiis, April. 17.)
[*Gall. Christ. nov.*, X, Instrum., 317.]

Alexander episcopus, servus servorum Dei, dilectis filiis Asselino abbati monasterii Sancti Walarici quod in comitatu Vitimacensi situm est, ejusque fratribus, tam præsentibus quam futuris, regulariter substituendis, in perpetuum

Quoties illud a nobis petitur quod religioni et honestati debeat convenire, animo nos decet libenti concedere, et petentium desideriis congruum suffragium impertire. Eapropter, dilecti in Domino filii, vestris justis postulationibus clementer annuimus, et præfatum monasterium in quo divino mancipati estis obsequio, quod specialiter ad jus Romanæ Ecclesiæ noscitur pertinere, ad exemplar prædecessorum nostrorum felicis memoriæ Benedicti et Paschalis Romanorum pontificum, sub beati Petri et nostra protectione suscipimus, et præsentis scripti privilegio communimus; statuentes, ut quascunque possessiones, quæcunque bona idem monasterium in præsentiarum juste et canonice possidet, vel in futurum concessione pontificum, largitione regum vel principum, oblatione fidelium, seu aliis justis modis, præstante Domino, poterit adipisci, firma vobis vestrisque successoribus et illibata permaneant. Nulli etiam sacerdotum in eodem monasterio potestatem exercere liceat, aut ejus bona quibuslibet occasionibus infestare, missas quoque publicas in eodem monasterio celebrari, vel stationes fieri præter abbatis vel fratrum voluntatem omnimodis prohibemus, ne in servorum Dei recessibus popularibus occasio præbeatur ulla conventibus. Chrisma vero, oleum sanctum, consecrationes altarium sive basilicarum, benedictionem abbatis, ordinationes monachorum qui ad sacros ordines sunt promovendi, a diœcesano suscipietis episcopo; siquidem gratiam et communionem apostolicæ sedis habuerit, et ea gratis et absque pravitate vobis voluerit exhibere; alioquin ad quemcunque volueritis recurratis antistitem, qui nostra fultus auctoritate quod postulatur indulgeat. Sane adjacens parochia cum ecclesia beati Martini et presbytero ejus in ea quam hactenus possedit libertate permaneat.

Decrevimus ergo ut nulli omnino hominum liceat præfatum monasterium temere perturbare, aut ejus possessiones auferre, vel ablatas retinere, minuere, seu quibuslibet vexationibus fatigare, sed omnia integra conserventur eorum, pro quorum gubernatione et sustentatione concessa sunt, usibus omnimodis profutura, salva in omnibus sedis apostolicæ auctoritate. Si qua igitur, etc.

Ego Alexander catholicæ Ecclesiæ episcopus.
Ego Hubaldus Ostiensis episcopus.
Ego Bernardus Portuensis et Sanctæ Rufinæ episcopus.
Ego Gualterius Albanensis episcopus.
Ego Henricus presbyter cardinalis Sanctorum Nerei et Achillei.
Ego Guillelmus Sancti Petri ad Vincula cardinalis.
Ego Hyacinthus diaconus cardinalis Sanctæ Mariæ in Cosmidin.
Ego Odo diaconus cardinalis Sancti Nicolai in Carcere Tulliano.
Ego Cinthius diaconus cardinalis Sancti Adriani.
Ego Manfredus diaconus cardinalis Sancti Georgii ad Velum Aureum.

Datum Parisiis, per manum Hermanni, sanctæ Ecclesiæ Romanæ subdiaconi et notarii, decimo quinto Kalend. Maii, indict. decima tertia, Incarnationis Dominicæ anno millesimo centesimo sexagesimo quinto, pontificatus vero domni Alexandri papæ tertii anno sexto.

CCCXXVIII.
Ecclesiæ Parisiensis bona et privilegia confirmat.
(Parisiis, April. 20.)

[*Cartulaire de Notre-Dame de Paris*, I, 227.]

.... Datum Parisius, per manum Hermanni, sanctæ Romanæ Ecclesiæ subdiaconi et notarii, XII Kal. Maii, indict. XIII, Incarnationis Dominicæ anno

(32) S. Glodesindis celebre et antiquum virginum monasterium ordinis S. Benedicti, in urbe Metensi.

1165, pontificatus vero domni Alexandri papæ III anno VI.

CCCXXIX.
Ad Henricum Remensem archiepiscopum. — Pro ecclesia Beatæ Glodesindis Metensi.
(Stampis, April. 21.)

[Marten., *Ampl. Collect.*, II, 691.]

Alexander episcopus, servus servorum Dei, venerabili fratri Henrico Remensium archiepiscopo, salutem et apostolicam benedictionem.

Ex conquestione dilectarum filiarum nostrarum Agnetis abbatissæ et sororum monasterii Beatæ Glodesindis (32), accepimus quod monachi Sancti Theobaldi (33) de Vitreio ecclesiam de Narceio et ecclesiam de Baravilla, quas asserunt sibi rationabiliter pertinere, ita siquidem quod in ipsis ecclesiis nullus nisi per eas debeat sacerdos institui, sibi contra justitiam abstulerunt, et eas non verentur minus licite detinere. Unde nos causam ipsam venerabili fratri nostro Catalaunensi episcopo commisimus audiendam, et fine debito terminandam. Si vero ipse id efficere forte noluerit, tu causam audias, et eam canonico fine decidas.

Data Stampis, XI Kalendas Martii [*leg.* Maii].

CCCXXX.
Ad Ludovicum Francorum regem. — Ut archidiaconatus Carnotensis clerico cuidam suo concedatur.
(Ap. S. Benedictum super Ligerim, April. 25.)

[Mansi, *Concil.*, XXI, 1025.]

Alexander episcopus, servus servorum Dei, charissimo in Christo filio Ludovico illustri Francorum regi, salutem et apostolicam benedictionem.

Cum, in proxima secunda feria (*die* 19 *mensis April.*) quæ præteriit, simul Parisiis loqueremur, verbum serenitati tuæ nos meminimus proposuisse quod cuidam clerico nostro, viro honesto et litterato, et omnibus bonis suis pro fidelitate nostra et devotione Ecclesiæ spoliato, quemdam archidiaconatum Carnotensem concederemus. Unde et tu nobis, si bene meminimus, respondisti quod consilium super hoc haberes. Sed nec nos a te postea super hoc responsum quæsivimus, nec tu deinceps aliquid nobis exinde respondisti. Eapropter præsentia scripta celsitudini regiæ destinamus, serenitatem tuam, sicut viva voce nos fecisse meminimus, ita etiam horum significatione rogantes attentius, et monentes, quatenus, sicut de tuæ sincerissimæ devotionis circa nos et Ecclesiam Dei puritate confidimus, nobis per latorem præsentium ita efficaciter studeas respondere, quod nos magnificentiæ regiæ uberrimas exinde gratias exsolvamus, et ipse idem sublimitati tuæ propter hoc fidelis omni tempore et devotus existere teneatur.

Datum apud S. Benedictum super Ligerim, VII Kal. Maii.

(33) S. Theobaldi de Vitreio monasterium est cella seu prioratus ordinis Cluniacensis.

CCCXXXI.
Ad monachos S. Petri Carnotensis.
(Bituricis, April. 28.)
[*Cartulaire de l'abbaye de Saint-Père de Chartres*, .. II, p. 650.]

ALEXANDER episcopus, servus.....

..... Nos..... statuimus ut in ecclesiis in quibus est quatuor vel quinque monachorum conventus, capellanis eorum nullatenus liceat in majori altari, contra antiquam et rationabilem consuetudinem, missarum solemnia populo celebrare; sed chorum et magnum altare ad divina officia peragenda solis monachis reserventur.

Datum Bituricis, iv Kal. Maii.

CCCXXXII.
Theubaldo, nobili viro, ecclesiam Bonævallensem et Walterum novum abbatem commendat
(Bituricis, April. 29.)
[MANSI, *Concil.*, XXI, 990.]

ALEXANDER episcopus, servus servorum Dei, dilecto filio nobili viro THEUBALDO, salutem et apostolicam benedictionem.

Religiosa loca et honestas personas tanto nobilitatem tuam convenit arctiori charitate diligere, quanto eas noveris ferventiori studio religiosæ conversationis servitio Conditoris insistere, et ad ipsius gratiam promerendam ex bonis operibus insudare. Pro ecclesia itaque Bonævallis, et dilecto filio nostro Waltero, quem fratres ejusdem loci, alio renuntiante oneri prædictæ ecclesiæ, in abbatem suum unanimiter et concorditer elegerunt, et pro eisdem fratribus, nobilitatem tuam rogamus attentius, quatenus pro reverentia beati Petri ac nostra ecclesiam ipsam et prænominatum abbatem et fratres diligas, manuteneas, et a pravorum impetu eosdem protegas viriliter et defendas; ita quod ab omnipotenti Domino merearis exinde præmium æternæ retributionis percipere, et gratiam apostolicæ sedis omni tempore obtinere.

Datum Bituricis, iii Kal. Maii.

CCCXXXIII.
Abbatem S. Remigii Remensem hortatur ut priori S. Mauritii possessionem quamdam restituat.
(Bituricis. Maii 7.)
[MARTEN., *Ampl. Collect.*, II, 666.]

ALEXANDER episcopus, servus servorum Dei, dilecto filio (54) abbati Sancti Remigii, salutem et apostolicam benedictionem.

Dilectus filius noster prior Sancti Mauritii Remensis sua nobis narratione proposuit, quod cum maritus J. mulieris in ecclesia sua habitum religionis susciperet, cujusdam vineæ et campi sui medietatem eidem ecclesiæ secum donavit, quorum aliam medietatem prædicta mulier, memorato marito ejus de hac luce subtracto, ipsi ecclesiæ religiosum habitum ibidem assumens, concessit; cumque partem utramque longo tempore quiete ac pacifice eadem ecclesia possedisset, præfata mulier, ad suggestionem cujusdam nepotis sui monachi tui, partem vineæ et campi, quam ecclesiæ Beati Mauritii concesserat, ecclesiæ tibi commissæ donavit, licet ipsa se cum eadem parte ecclesiæ prænominatæ contulerit, et ex tunc ab illa usque in præsentem diem victum susceperit et vestitum. Tu vero ex secunda donatione quam ecclesiæ tuæ fecisse proponitur occasione suscepta, prædictam ecclesiam Beati Mauritii prælibata parte campi et vineæ spoliasti. Unde quoniam hoc religioni et honestati tuæ plurimum derogare videtur, discretionem tuam per apostolica scripta monemus, quatenus prælibatam campi et vineæ partem priori supradicto cum integritate restituas, et eam sibi et ecclesiæ suæ in pace de cætero et quiete dimittas, aut eidem in præsentia venerabilis fratris nostri Remensis archiepiscopi, cum ab eo propter hoc fueris evocatus, sufficientem super hoc justitiam non differas exhibere.

Data Bituricis, Non. Maii.

CCCXXXIV.
Privilegium pro monasterio Rigniacensis
(Bituricis, Maii. 12.)
[*Gall. Christ. nov.*, XII., Instr., 129.]

ALEXANDER episcopus, servus servorum Dei, dilectis filiis ACELINO abbati Regniacensis monasterii ejusque fratribus, tam præsentibus quam futuris, regularem vitam professis, in perpetuum.

Religiosis desideriis dignum est facilem præbere consensum, ut fidelis devotio celerem sortiatur effectum. Eapropter, dilecti in Domino filii, vestris justis postulationibus clementer annuimus, et præfatum monasterium in quo divino mancipati estis obsequio sub B. Petri et nostra protectione suscipimus, et præsentis scripti privilegio communimus. In primis si quidem statuentes ut ordo monasticus qui secundum Dei timorem et B. Benedicti Regulam atque Cisterciensium fratrum institutionem in ipso monasterio institutus esse dignoscitur, perpetuis ibidem temporibus inviolabiliter observetur. Præterea quascunque possessiones, quæcunque bona idem monasterium in præsentiarum juste et canonice possidet, aut in futurum concessione pontificum, largitione regum vel principum, oblatione fidelium, seu aliis justis modis præstante Domino poterit adipisci, firma vobis vestrisque successoribus et illibata permaneant. In quibus hæc propriis duximus exprimenda vocabulis.

Locum in quo ipsa abbatia sita est cum grangia quæ in eodem territorio est et aliis grangiis, Fontismo videlicet, Ulduno, Essarz, Carboneriis, Lescheriis, Calcz, Bellovidere, domum de Campo leniæ, cellarium de vallibus cum omnibus appendiciis suis, domum de Vaureta; quidquid ex dono

---

(54) Præerat tunc Remensi S. Remigii monasterio Petrus abbas ex Trecensi S. Petri de Cella monasterio assumptus, pietate ac eruditione insignis, factus postea episcopus Carnotensis.

Willelmi Nivernensis comitis rationabiliter possidetis, terram scilicet cultam et incultam sicut divisa est, totam aquam a fonte Roboris usque ad aquam Milonis de Noeriis cum vinea de Ecclesiolis. Ex dono Hugonis de Castro-censurii totam terram ejusdem territorii sicut divisa est. Ex dono Rainaldi Caprarii quidquid habebat in Bruhalt terram cultam et incultam, et quidquid habebat in molendino de Regniaco. Ex dono Ascelini de Castro-censurii, uxoris suæ Antissiodoræ et filiorum ejus, totam terram suam quæ est in valle Porliaci, totam terram de Essarz tam planam quam nemorosam, et omnes aisantias in tota terra sua quæ est inter Coram et Sedanam fluvios, tam planam quam nemorosam, sine damno pastionum, pratorum et segetum, ita quod ulterius secundum quod statutum est ab ipsis, vel hæredibus suis, seu ab aliquo hominum, domus vel habitatio in præscripta terra non fiat, exceptis quæ ibi modo sunt; pratum de Robore cum terra culta ei adjacente; terram vallis Roboris, totam aquam suam quam habebant communem cum monachis Veziliacensibus a fonte Roboris usque ad domum suam de Basceio. Ex dono Joscelini de Arsy terram suam de Regniaco. Ex dono Hilduerii de Saci partem allodii sui de Saci subtus villam quæ dicitur S. Quintini. Ex dono Anserici de Avalone et Guidonis de Nuceriis, quidquid habebant sine ulla retentione in terra de Fontismo quæ dicitur S. Petri. Ex dono Landrici de Prais et filiorum ejus totam terram suam de Ulduno cum omnibus appendiciis suis tam planis quam nemorosis sine ulla retentione. Ex dono Norgaudi quidquid habebat in terra Hulduni. Ex dono Stephani de Poliaco quidquid habebat in terra Ulduni. Ex dono Belardiæ uxoris Gauterii de Turre et filiorum ejus, totam terram quam habebant in silva de Crinal, tam planam quam nemorosam, pratum inter duos boscos. Ex dono Hugonis de Praiz et fratrum suorum, omnia prata quæ iidem fratres habebant ad villam de Praiz sicut divisa sunt. Ex dono Gaufredi de Dunziaco et filiorum ejus Hervei, Gaufridi et Guidonis de Vergeio et fratrum suorum et Hugonis de Monte S. Joannis, terram grangiæ de Lescheriis cum omnibus appendiciis suis tam in nemoribus quam in terris planis, cultis et incultis, et omnes aisantias in tota castellania Castri-censurii tam in nemoribus quam in terris, sine damno pastionum, pratorum et segetum. Ex dono canonicorum Castri-censurii et Widonis de Asneriis et cæterorum hæredum, terram de Bergeriis et alias terras quas ab ipsis habetis tam in nemoribus quam in terris planis, cultis et incultis. Ex dono Hugonis de Porta et fratrum ejus, silvam quæ dicitur de Caulibus. Ex dono eorumdem et Gaufridi de Vilari et Joannis Roberti, prata quæ habetis super fluviolum de Anseny; quidquid juris habetis in terris quas dedit vobis Rainadus Adens. Ex dono Anserici de Monte-regali, Willelmi Fortis et Theobaudi de Scutinei, terram in qua sita est grangia et domus de Carboneriis. Ex dono ejusdem Anserici et Ivonis de Avalone, terram juxta grangiam de Carboneriis. Ex dono ejusdem Anserici, pratum quod est inter vadum et grossum boscum, et omnes aisantias in terra sua; prata de Cochento, de Radice et de Vaurella. Ex dono Theobaldi de Cutinei et Willelmi Fortis, omnes usus et aisantias in bosco de Vaurella ad pascua, focum et ædificia construenda. Ex dono Niardi de Montegeleni et filiorum ejus et filiorum Arcardi, terram a rivo de Montegeleni usque ad fontem de Cavannis, et usque ad rivum de Grassant, partum de Stanno. Ex dono Framundi de Rusi et comitissæ uxoris ejus, et Thibergæ de Maniaco, totam terram quam habebant in territorio de Cavannis; terram quam habetis a Caina de Monte-regali et Galeranno nepote ejus, et Gautero filio Nivardi quæ dicitur foresta Guinnemanni. Ex dono Landrici de Draci, domum in civitate Autissiodorensi et terra subtus eamdem domum juxta murum civitatis; prata quæ habetis a canonicis Sancti Lazari de Avalone; terram de grangia de Morvient quæ dicitur Calz, cum omnibus appendiciis suis, in terris cultis et incultis sicut eas acquisivistis. Ex dono Odonis ducis Burgundiæ, filii ejus Artaudi de Casteluz et uxoris ejus Rachel, omnes aisantias cunctis nemoribus suis quæ sunt inter Coram et Cosam, ad pasturam pecorum et porcorum sine omni pretio et pasnagio. Ex dono Wilelmi de Turre quidquid juris habebat in terra quam Niardus de Monte-regali vobis concessit; grangiam de Bellovidere cum omnibus appendiciis suis; terram de Annai, prata de Vaureta, terram quam habetis a Richardo de Lenset, Iterio Jocerii et fratre ipsius. Ex dono Gibaudi de S. Verano, Rainaudi fratris ejus et filiorum suorum gixtum quod habetis in terra de Thori quantum pertinet ad grangiam de Bellovidere, et quidquid de feodo ipsorum in terra de Thori habetis, sicut prædictæ possessiones divisæ sunt.

Præterea antiquas et rationabiles consuetudines ac immunitates quæ a dilecto nostro Ludovico illustri Francorum rege et comite Henrico vobis indultæ sunt, sicut in authenticis eorum scriptis exinde factis continetur, nihilominus vobis confirmamus. Sane laborum vestrorum quos propriis manibus aut sumptibus colitis, sicut de nutrimentis vestrorum animalium decimas a vobis nullus præsumat exigere. Si qua vero libera et absoluta persona pro redemptione animæ suæ vestro monasterio conferre se voluerit, suscipiendi eam facultatem liberam habeatis. Adjicientes etiam auctoritate apostolica, interdicimus ne quis fratres vestros clericos sive laicos post factam in vestro monasterio professionem, absque vestra licentia suscipere audeat vel retinere. Paci quoque et tranquillitati vestræ paterna sollicitudine providentes, auctoritate apostolica prohibemus ut infra clausuram locorum sive grangiarum vestrarum nullus violentiam vel rapinam, sive furtum facere, vel hominem capere audeat. Decernimus ergo ut nulli omnino hominum liceat præfatum monasterium temere perturbare, aut ejus possessiones auferre, vel ablatas retinere, minuere, aut aliquibus vexationibus fatigare; sed omnia integra conserventur, eorum, pro quorum gubernatione et sustentatione concessa sunt, usibus omnimodis profutura, salva sedis apostolicæ auctoritate.

Si qua igitur in futurum ecclesiastica sæcularisve persona, etc.

Ego Alexander catholicæ ecclesiæ episcopus.

Ego Hubaldus Hostiensis episcopus.

Ego Bernardus Portuensis et S. Rufinæ episcopus.

Ego Gualterus Albanensis episcopus.

Ego Hubaldus presbyter cardinalis tituli S. Crucis in Jerusalem.

Ego Henricus presbyter cardinalis tituli Sanctorum Nerei et Achillei

Ego Joannes presbyter cardinalis tituli S. Anastasiæ.

...... presbyter cardinalis. S. Petri ad Vincula.

Ego Jacinthus diaconus cardinalis S. Mariæ in Cosmedyn.

Ego Oddo diaconus cardinalis S. Nicolai in Carcere Tulliano

Ego Boso diaconus cardinalis SS. Cosmæ et Damiani

Ego Cynthius diaconus cardinalis S. Adriani.

Ego Manfredus diaconus cardinalis Sancti Georgii ad Velum Aureum.

Datum Bituricis, per manum Hermanni, S. Romanæ Ecclesiæ subdiaconi et notarii, IV Idus Maii, indictione XIII, Incarnationis Dominicæ 1164, pontificatus vero domni Alexandri papæ III anno VI.

CCCXXXV.

Privilegium pro monasterio Bonimontis diœcesis Genevensis.

(Bituricis, Maii 12.)

[*Historiæ patriæ Monum.*, Chart., I, 851 de l'original. Archives cantonales de Lausanne; layette de Bonmont, n. 4; copie authentique aux archives baroniales de la maison de Gingins à La Sarra (F. D. G.)]

ALEXANDER episcopus, servus servorum Dei, dilectis filiis JOANNI abbati Bonimontis (55) ejusque fratribus, tam præsentibus quam futuris, regularem vitam professis, in perpetuum.

Religiosis votis annuere et ea operis exhibitione complere officium nos invitat suscepti regiminis, et ordo videtur exigere rationis. Eapropter, dilecti in Domino filii, vestris justis postulationibus clementer annuimus et monasterium in quo divino mancipati estis obsequio, sub beati Petri et nostra protectione suscipimus, et præsentis scripti privilegio communimus. In primis siquidem statuentes ut ordo monasticus, qui sæcundum Dei timorem et beati Benedicti Regulam atque Cisterciensium fratrum in vestro monasterio institutus esse dignoscitur, perpetuis ibidem temporibus inviolabiliter observetur. Præterea quascunque possessiones, quæcunque bona idem monasterium in præsentiarum juste et canonice possidet, aut in futurum concessione pontificum, largitione regum, oblatione fidelium, seu aliis justis modis, procurante Domino, poterit adipisci, firma vobis vestrisque successoribus et illibata permaneant; in quibus hæc propriis duximus exprimenda vocabulis :

Totum territorium de Pellens et montana usque ad Vallem Saccone ex dono Walcherii de Divona (56), quidquid habebat in prædicto territorio, in Guillione, in Luncuernet (57); ex dono monachorum Sancti Eugendi quidquid habebant in eodem territorio; ex dono Stephani de Gingins, (58) terram de Saviniaco, grangiam de Bugeio (59); ex dono Humberti episcopi Gebennensis (40) et canonicorum Sanctæ Mariæ Lausannensis Ecclesiæ, grangiam de Chasarario (41); ex dono monachorum Sancti Victoris Gebennensis quidquid habebant in villa de Charaio; ex dono Walcherii et filiorum ejus quidquid habebant in prædicta villa, vineas, grangiam de Divona; ex dono Petronillæ de Albona (42) grangiam de Clareins (43) et vineas; ex dono Humberti de Pringins (44) et Petri filii ejus et Humberti de Albona, ecclesiam de Vizo (45) et illam de Perr...... et grangiam........; ex dono Guigonis de Bignins (46) et Amedei, Anselmi et Petri grangiam de Frachavallo, duas partes decimarum de Altaribus (47) quas in eodem loco habetis; vineas de

---

(35) *Abbatia Bonimontis*. C'est à tort que certains auteurs, tels que Sainte-Marthe, Besson et Guichenon ont attribué à un comte de Genevois la fondation du monastère de Bonmont (canton de Vaud en Suisse); la bulle ci-dessus n'en fait aucune mention, non plus qu'aucun des documents postérieurs. Walcherius *de Divone*, Stephanus son frère que l'on croit issus d'un puiné des comtes de Genevois, (*voy.* Guichenon *Biblioth. Sebus.*, cent. I, n. 82) et Helvide leur mère furent les vrais fondateurs, comme on le prouve par l'acte de confirmation de leurs donations fait en faveur de Moyse 1er abbé par Ardutius évêque de Genève daté du VII des Ides de Juin 1134 1136. (*Voy.* BUCHAT *Docum. à la Bib. de Berne.*) Dans la bulle ci-dessus le même Stephanus est nommé Stephanus de Gingins, lequel fut l'ancêtre direct de la maison de Gingins qui subsiste aujourd'hui.

(56) *Divone* au pays de Gex.

(57) *Lunchvernel, Longverney* au pays de Gex.

(58) *Gingins*, district de Nyon, canton de Vaud.

(59) *Saviniaco*, lisez *Avenaco, Aveney* ; *Grang. de Bugeio, Bugis*, deux villages du cercle de Gingins.

(40) *Humbertus de Grammont, episcopus Genevensis* qui siégea de 1120 à 1134 (51 octobre).

(41) *Chasareio, Chézeray* district de Nyon, canton de Vaud.

(42) *Albona, Aubone* au canton de Vaud.

(43) *Clareins, Clarens* district de Nyon, canton de Vaud.

(44) *Pringins, Prangins* district de Nyon, canton de Vaud.

(45) *Vizo*, peut-être *Vich* cercle de Begnins, canton de Vaud

(46) *Bignins, Begnins*.

(47) *Altaribus, La Rippe* district de Nyon, canton de Vaud.

Balens ex dono Guimardi de Lu..... ne, Humberti Brutini comitis Genevensis (48) et Ottonis de Sancto Symphoriano ; totum allodium Petri de Scaneins et Wuillelmi fratris ejus in vineis, agris et silvis apud Scaneins et in Bellomonte. Sane laborum vestrorum quos propriis manibus aut sumptibus colitis, sive de nutrimentis vestrorum animalium decimas a vobis nullus præsumat exigere. Si qua vero libera et absoluta persona pro redemptione animæ suæ vestro monasterio se conferre voluerit, suscipiendi eamdem facultatem liberam habeatis. Adjicientes etiam, auctoritate apostolica interdicimus ne quis fratres clericos sive laicos post factam in vestro monasterio professionem absque vestra licentia suscipere audeat vel retinere ; paci quoque et tranquillitati vestræ paterna sollicitudine providentes, auctoritate apostolica prohibemus ut, infra clausuram locorum sive grangiarum vestrarum nullus violentiam vel rapinam, sive furtum facere vel hominem capere audeat.

Decernimus ergo ut nulli omnino hominum liceat præfatum monasterium temere perturbare, aut ejus possessiones auferre, vel ablatas retinere, minuere, vel aliquibus vexationibus fatigare, sed omnia integra conserventur eorum pro quorum gubernatione et sustentatione concessa sunt, usibus omnimodis profutura, salva sedis apostolicæ auctoritate.

Si qua igitur in futurum ecclesiastica sæcularisve persona, etc.

Ego Alexander, Catholicæ Ecclesiæ episcopus.

Ego Hubaldus, presbyter cardinalis tit. Sanctæ Crucis in Jérusalem.

Ego Henricus, presbyter....

Ego Joannes, presbyt. card. ecclesiæ Sanctæ Anastasiæ.

Ego Guillelmus, presbyter cardinalis ecclesiæ S. Petri ad Vincula.

Ego Hubaldus, Ostiensis episcopus.

Ego Bernardus, Parmensis et Sanctæ Rufinæ episcopus.

Ego Gualterius, Albanensis episcopus.

Ego Jacintus, diacon. cardinalis S. Mariæ in Cosmedin.

Ego Otto, diaconus cardinalis S. Nicolai.

Ego Boso, diacon. cardinalis Sancti Cosmæ.

Ego Cinthius, diaconus cardinalis Sancti Adriani.

Ego Manfredus, diaconus cardinalis Sancti Georgii ad Velum Aureum.

Datum Bituric. per manum Hermanni, sanctæ Romanæ Ecclesiæ subdiaconi et notarii, IV Idus Maii, indictione XIII (49), Incarnationis Dominicæ anno 1164,

pontificatus vero domni Alexandri pontificis III anno VI.

CCCXXXVI.

Ecclesiæ S. Marci Venetæ possessiones confirmat.
(Bituricis, Maii 13.)

[CORNELIUS, *Ecclesiæ Venetæ*, X, II, 319.]

ALEXANDER episcopus, servus servorum Dei, dilecto filio LEONARDO procuratori operis ecclesiæ Beati Marci Venetiarum, sibique in eodem opere succedentibus in perpetuum.

Piæ postulationis effectu debet prosequente compleri, ut et devotionis sinceritas laudabiliter enitescat, et utilitas postulata vires indubitanter assumat. Eapropter, dilecte in Domino, postulationibus dilecti in Christo filii nostri Vitalis ducis, et civium Venetorum benignum præbentes assensum, ecclesiam Beati Marci in Tyrensi civitate cum domibus suis, pistrino, furno, platea, et cum integra ruga, campis, terris, et omnibus ad eamdem ecclesiam et ad opus Sancti Marci pertinentibus, ecclesiam quoque Sancti Marci Achonensis cum pistrino et domibus suis, platea et ruga, quæ unum caput tenet in mansione quæ fuit Petri Ziani, aliud vero firmat in monasterio Sancti Dimitrii, quam videlicet rugam bonæ memoriæ Balduinus I Jerosolymorum rex Beato Marco et duci Venetiæ suisque successoribus in acquisitione Sydoniensis civitatis rationabiliter contulit ; omnes etiam terras, quas in Jerosolymitana, Tripolitana, Antiochena, et Cayphas civitatibus dux et commune Venetiæ a rege Jerosolymorum sibi concessas prædicto operi Beati Marci legitime contulerunt, cum omnibus pertinentiis et redditibus suis eidem operi auctoritate apostolica confirmamus et præsentis scripti privilegio communimus, quemadmodum et rationabiliter sunt collatæ, et sicut eas impræsentiarum quiete et pacifice noscitur possidere, statuentes ut tam prænominatæ possessiones, sicut superius dictum est, quam alia bona quæ impræsentiarum, ad utilitatem ejusdem operis rationabiliter possident, aut in futurum concessione pontificum, largitione regum vel principum, oblatione fidelium seu aliis justis modis, præstante Domino, poterit adipisci, firma tibi tuisque successoribus, ad utilitatem ipsius operis et illibata permaneant.

Decernimus ergo ut nulli omnino hominum liceat ecclesias temere perturbare, aut earum vel alias possessiones eidem operi deputatas auferre, vel ablatas retinere, minuere, seu quibuslibet vexationibus fatigare, sed omnia illibata et integra conserventur supradictæ ecclesiæ operi pro cujus utilitate concessa sunt usibus omnimodis profutura, salva sedis apostolicæ auctoritate, et diœcesani epi-

---

(48) *Humberti Brutini comitis Genevensis.* Il est évident qu'il ne s'agit pas ici d'un Humbert, comte de Genève, le premier comte de ce nom n'ayant régné qu'au XIIIe siècle ; il paraît par le passage qui le concerne dans cette bulle, qu'il était un parent de ses condonateurs Gaimard de L.... et Otto de *Saint-Sym-*

phorien. L'épithète de *Brutini* paraît une corruption d'un ancien mot germanique *Brüt,* qui, au propre, signifie *nurus,* belle-fille, et par extension beau-fils, ou peut-être *Bâtard* (*nothus*).

(49) Il faudrait ici *indict.* XII, au lieu de XIII, avec l'an 1164.

scopi canonica justitia. Si qua igitur in futurum ecclesiastica sæcularisve persona hanc nostræ constitutionis paginam sciens, contra eam temere venire tentaverit, secundo tertiove commonita, nisi præsumptionem suam congrua satisfactione correxerit, potestatis honorisque sui dignitate careat, reamque se divino judicio existere de perpetrata iniquitate cognoscat, et a sacratissimo corpore et sanguine Dei et Domini Redemptoris nostri Jesu Christi aliena fiat, atque in extremo examine districtæ ultioni subjaceat. Cunctis autem prædictæ ecclesiæ operi Beati Marci sua jura servantibus sit pax Domini nostri Jesu Christi, quatenus et hic fructum bonæ actionis percipiant et apud districtum judicem præmia æternæ pacis inveniant. Amen.

Ego Alexander, Catholicæ Ecclesiæ episcopus.

Ego Ubaldus, Ostiensis episcopus.

Ego Bernardus, Portuensis et Sanctæ Rufinæ episcopus.

Ego Gualterius, Albanensis episcopus.

Ego Ubaldus, presb. card. tit. Sanctæ Crucis in Jerusalem.

Ego Henricus, presb. card. tit. Sanctorum Nerei et Achillei.

Ego Guillelmus, presb. card. tit. Sancti Petri ad Vincula.

Ego Jacobus, diac. card. tit. S. Mariæ in Cosmedin.

Ego Otto, diac. card. tit. Sancti Nicolai in Carcere.

Ego Boso, diac. card. tit. Sanctorum Cosmæ et Damiani.

Ego Cynthius, diac. card. tit. S. Adriani.

Ego Petrus, diac. card. tit. Sancti Eustachii juxta templum Agrippæ.

Ego Manfredus, diac. card. tit. Sancti Georgii ad Velum Aureum.

Datum Biturc. per manum Hermanni, sanctæ Romanæ Ecclesiæ subdiaconi et notarii, tertio Idus Maii, indictione decima tertia, Incarnationis Dominicæ anno millesimo centesimo sexagesimo quinto, pontificatus vero domni Alexandri papæ III anno sexto.

CCCXXXVII.

Templarios in Lugdunensi et Cabilonensi episcopatibus morantes hortatur ut cum fratribus Trenorciensibus de decimis quibusdam monasterio subtractis transigant..

(Bituricis, Maii 15.)

[JUENIN, *Nouv. Hist. de Tournus*, Pr. p. 167.]

ALEXANDER episcopus, servus servorum Dei, dilectis filiis Templariis in Lugdunensi et Cabilonensi episcopatibus morantibus, salutem et apostolicam benedictionem.

Ex parte fratrum Trenorchiensis Ecclesiæ nobis est insinuatum, quod vos de quibusdam terris quas colitis decimas recusatis exsolvere, de quibus ecclesia eorum decimas ex antiquo tempore percipere consuevit. Unde licet hoc in privilegiis Romanæ Ecclesiæ vobis indultum sit, ut de laboribus vestris nulli decimas solvere teneamini, quia tamen ipsi queruntur se in hoc plurimum aggravari, rogamus prudentiam vestram, consulimus atque monemus, quatenus sicut viri pacifici pro bono pacis, aliquid memoratis fratribus constituatis ut ipsi de subtractis decimis aliquam consolationem percipiant, et nos debeamus honestatem vestram non immerito commendare.

Datum Biturc., Idibus Maii.

CCCXXXVIII.

Bulla pro cœnobio S. Satyri.

(Bituricis, Maii 17,)

[*Gall. Christ. nov.*, II, Instr., 54.]

ALEXANDER episcopus, servus servorum Dei, dilectis filiis, JOANNI abbati ecclesiæ Sancti Satyri quæ juxta Sacrum-Cæsaris sita est, cum fratribus tam præsentibus quam futuris regularem vitam professis in P. P. M.

Desiderium quod ad religionis propositum et animarum salutem pertinere monstratur animo nos decet libenti concedere, et petentium desideriis congruum suffragium impertiri. Eapropter, dilecti in Domino filii, vestris justis postulationibus clementer annuimus, et præfatam ecclesiam Sancti Satyri in qua divino mancipati estis obsequio, ad exemplar patris et prædecessoris nostri sanctæ recordationis Eugenii papæ sub beati Petri et nostra protectione suscipimus et præsentis scripti privilegio communimus. In primis siquidem statuentes ut ordo canonicus qui secundum domini et beati Augustini Regulam in eadem ecclesia institutus esse dignoscitur, perpetuis ibidem temporibus inviolabiliter observetur. Præterea quascunque possessiones, quæcunque bona eadem ecclesia impræsentiarum juste et canonice possidet, aut in futurum concessione pontificum, largitione regum vel principum, oblatione fidelium, seu aliis justis modis, procurante Domino, poterit adipisci, firma vobis vestrisque successoribus et illibata permaneant, in quibus hæc propriis duximus exprimenda vocabulis :

In Castro-Cæsaris sacro, ecclesiam videlicet Sancti Petri, ecclesiam Sancti Dionysii, ecclesiam Sancti Iterii, capellam Sancti Hilarii quæ est in Turre Comitis, et omnia quæ in ipso Castro sive in censu, sive in Ierdis, et in cæteris consuetudinibus seu in decimis parochiæ possidetis redditumque jure consuetudinario in Ligeris fluvio possidetis : ecclesiam de Talverinaco, et quidquid in ipsa parochia tam in censu, quam in decimis possidetis : mansionem de Frateio et quidquid inibi possidetis : ecclesiam de Sancto Baudelio, et quidquid in ipsa parochia in decimis, in censu, in consuetudinibus, in pratis et in terra arabili possidetis : ecclesiam de Dergicis, et quidquid in ipsa parochia possidetis : ecclesiam de Herriaco, et quidquid in ipsa parochia in censu, in decimis, in terra arabili et in nemore possidetis : ecclesiam de Vinomo et quidquid in ipsa parochia, in decimis et in censu possidetis : ecclesiam de Jocis, et quidquid in ipsa parochia possidetis : ecclesiam de Lugniaco, et quidquid in ipsa parochia possidetis : ecclesiam de Grellia, et quidquid in ipsa parochia in decimis et in censu possidetis : ecclesiam de Jalonnia, et quidquid in ipsa parochia in decimis, in censu, in terra arabili, in pratis et in nemore possidetis : terram et prata de Bordis, et quidquid inibi possidetis : terram arabilem, censum et consuetudines apud Elanolium, homines, censum, prata, nemus, et terram arabilem apud villam Donati, terram et prata apud Genevreiam : censum et terram apud Claumos : censum vinearum et consuetudines quas ibi habetis : jus quod habetis in redditu ecclesiæ de Saucio : ecclesiam de Jars, et quidquid in ipsa parochia in decimis, in censu possidetis : alodium de Cocciaco cum omni possessione ejus, sive in terris, sive in pratis, nemoribus et omnibus consuetudinibus Salnaium de alodio de villa Genonis : capellam Sanctæ Mariæ, quæ est in Concortallo Castro Bernardi fulminis : ecclesiam de Blanca Forte et alodium de Monte-Morlonis, decimas, et quidquid in ipsa parochia possidetis : ecclesiam de Barloco, et quidquid in ipsa parochia possidetis : ecclesiam de Petrafitta, et quidquid in ipsa parochia possidetis : ecclesiam de Sariaco in Boschis, et quidquid in ipsa parochia possidetis : alodium de curia Joannis cum omni possessione sua, sive in terris, sive in pratis, sive in nemore, sive in rusticis, et in omnibus consuetudinibus : alodium de Mavei : ecclesiam de Bella-Villa cum tota decima ejus, ipsam villam cum omni possessione ejus, sive in terris, sive in pratis, sive in nemoribus et rusticis; sive in proprio, sive in casamento, et in omnibus consuetudinibus possidetis : ecclesiam de Saviniaco, et quidquid in ipsa parochia sive in decimis sive in hominibus, sive in pratis, sive in nemoribus, sive in proprio, sive in casamento, et in omnibus consuetudinibus possidetis : ecclesiam de Acigniaco, et quidquid in ipsa parochia possidetis : ecclesiam de Sancta Gemina, et quidquid in ipsa parochia habetis, sive in decimis, sive in terra : alodium de Cappis cum omnibus pertinentiis suis : alodium de Lichiaco cum omni possessione ejus, sive in terris, sive in pratis, sive in nemore et omnibus consuetudinibus : ecclesiam Sancti Dionysii de firmitate Humbaudii cum omnibus appenditiis suis : capellam de Loco Dei cum omnibus possessiunculis suis : in pago Antissiodorensi curiam quæ Meva dicitur et capellam Sancti Martini quæ in eadem sita est, et quidquid ad ipsam pertinet, sive in terris, sive in aquis, sive in viis, sive in pratis, sive in nemoribus, sive in censu, sive in consuetudinibus : ecclesiam Sancti Joannis evangelistæ Bituricensis cum omnibus pertinentiis suis, videlicet cum terra Raimundi de Faia quæ dicitur de Faita et de Puzols, cum nemore quoque, et terra plana, et pratis quæ magister Hermannus subdiaconus noster et notarius eidem ecclesiæ Sancti Joannis acquisivit, et quidquid ad ipsum Raimundum hæreditario jure pertinet, tam ex parte patris, quam ex parte matris : terram etiam quæ dicitur Ferragalli, et quidquid ad ipsius Ferragalli possessionem pertinet : capellam de Montellis cum terra, pratis, molendinis et usu nemorum, et omnibus ad se pertinentibus : ecclesiam Sancti Amatoris Antissiodorensis cum omnibus pertinentiis suis, videlicet cum ecclesia de Brueria, et omnibus ad eam pertinentibus : ecclesiam de Lansec cum terris et pratis ad eam pertinentibus : ecclesiam de Chavanna cum vineis, pratis et decimis ad eam pertinentibus : ecclesiam de Villa Feriol cum pertinentiis suis, : capellam Sanctæ Mariæ de Cellis ; concordiam vero de ripa Ligeris a Rainaldo de Monte-Falconis ex parte mere vobis in pace dimissa et aquæ teloneo Decommum vestro similiter dimisso et excluso nulli ecclesiæ vestræ ulterius concedenda, quemadmodum inter vos et ipsum per venerabilem fratrem nostrum Petrum, Bituricensem archiepiscopum, rationabiliter facta est et scripto firmata, auctoritate apostolica confirmamus. Nemus quod est juxta Ligerim fluvium, quod Vaurella dicitur, cum pratis, lacubus, censu et consuetudinibus, et quidquid inibi habetis : præbendam in ecclesia Sancti Stephani Bituricensis, sicut a catholicis archiepiscopis et capitulo ejusdem ecclesiæ vobis commissa est : remissionem processionis quam in Inventione sancti Stephani Bituricensis facere solebatis, sicut a bonæ memoriæ Alberico, quondam Bituriciensi archiepiscopo, facta est, et tam ab eo quam a venerabili fratre nostro Petro, nunc Bituricensi archiepiscopo, et capitulo ejusdem ecclesiæ scripto authentico est firmata. Insuper etiam burgum ipsum in quo eadem ecclesia Sancti Satyri sita est cum immunitate quam usque ad hæc tempora noscitur habuisse, et cum adjacenti sibi territorio juxta terminos antiquitus constitutos, id est a Dogio Gerardi defuncti per viam quæ ducit citra Ulmum-Ricardi sursum tendens per vineas paululum supra Crucem usque ad fontanellas inter duas domos, et inde circumiens supra domos Fontenaici usque ad Crucem Uldrioi progreditur via Candida usque ad vallem Joannis de Charnis, et exinde dirigitur inter duo nemora, et per ponticulum de Vineis usque in Ligerim descendit, ab omni jure vel exactione regum et principum, liberum infra quod territorium, ex una parte oppidulum quod Fontiniacum dicitur ; ex altera vero capella Sancti Teobaudi cum ædificiis ibidem constitutis, villam quæ dicitur Catonis. Nemus quod Foliolium dicitur, quod juxta nemus comitis Theobaldi quod Carnis dicitur situm est, in quo nemore comitis talem habetis consuetudinem, ligna scilicet ad vestros proprios usus, medietatem pasnagii et propriorum porcorum portionem.

Præterea decimas ad jus ecclesiarum vestrarum pertinentes, quæ contra SS. Patrum decreta a laicis detinentur, de manibus eorum redimendi, et quibuscunque rationabilibus modis poteritis acquirendi licentiam vobis concedimus. Concordiam vero quæ inter vos et sanctimoniales S. Laurentii de Bituricensi super decimis de manu laicorum communiter acquisitis vel acquirendis rationabiliter facta est, et scripto hinc inde firmata ratam permanere censemus. Nulli quoque fratrum post factam in præfata ecclesia possessionem absque abbatis totiusque congregationis permissione liceat e claustro discedere. Discedentem vero absque communium litterarum cautione nullus audeat retinere. Liceat autem abbati qui pro tempore fuerit, in eum qui vobis ignorantibus aut invitis discesserit, si secundo tertiove commonitus redire contempserit, canonicam perferre sententiam. Obeunte vero te, nunc ejusdem loci abbate, vel tuorum quolibet successorum, nullus ibi qualibet subreptionis astutia seu violentia præponatur, nisi quem fratres communi consensu vel firma pars consilii sanioris secundum Dei timorem et beati Augustini Regulam, de suo, seu de alio, si expedierit, ejusdem ordinis collegio providerint eligendum.

Decernimus ergo ut nulli omnino hominum liceat eamdem ecclesiam temere perturbare, aut ejus possessiones auferre, vel ablatas retinere, minuere, seu quibuslibet vexationibus fatigare, sed omnia integra conserventur eorum pro quorum gubernatione et sustentatione concessa sunt, usibus omnimodis profutura. Salva sedis Apostolicæ auctoritate, atque archiepiscopi et ecclesiæ Bituricensis canonica justitia.

Si qua igitur in futurum ecclesiastica, sæcularisve persona, etc.

Ego Alexander, Catholicæ Ecclesiæ episc.
Ego Hubaldus, Ostiensis episcopus.
Ego Bernardus, Portuensis et S. Rufinæ episc.
Ego Gualterius, Albanensis episc.
Ego Hubaldus, presbyter et cardinalis tit. S. Crucis in Jerusalem.
Ego Henricus, presbyter et cardinalis tit. SS. Nerei et Achill.
Ego Guil., presbyter card. titulo S. Petri ad Vincula.
Ego Jacintus, diac. card. S. Mariæ in Cosmedin.
Ego Oddo, diac. card. S. Nicolai in Carcere Tulliano.
Ego Boso, diac. card. SS. Cosmæ et Damiani.
Ego Cinthius, diac. card. S. Adriani.
Ego Petrus, diac. card. S. Eustachii juxta templum Agrippæ.
Ego Manfridus, diac. card. S. Georgii ad Velum Aureum.

Datum Bituricis per manum Hermanni, S. Rom.

---

(50) Hoc est circa depositionem abbatis Gaufridi, de qua supra epist. 246 et 249.
(51) Henricus hic cardinalis, uti et Henricus archiepiscopus, ad quem dirigitur hæc epistola, atque

Eccl. subdiaconi et notarii, xvi Kalendas Junii, indictione xiii, Incarnationis Dominicæ anno 1164, pontificatus vero Alexandri pontif. III anno vi.

CCCXXXIX.

Abbatem et fratres Pontiniacenses, Thomam archiepiscopum Cantuariensem honeste tractantes laudat, eumdemque iis commendat.

[Manrique, Annal. Cisterc., IV, 560.]

Alexander episcopus, servus servorum Dei, abbati et fratribus Pontigniacensis monasterii, salutem et apostolicam benedictionem.

Fidei et devotionis vestræ fervorem, quem circa nos et Ecclesiam Romanam multipliciter geritis, in eo quod venerabilem fratrem nostrum Cantuariensem archiepiscopum tam benigne, tam humane et honeste tractatis, nec ad alicujus minas aut blanditias in hoc respicere voluistis, exhibitione operis abunde demonstrastis. Quod utique gratum nobis omnimodis et acceptum, tanquam si personæ nostræ fuisset exhibitum, reputantes, quantas possumus charitati vestræ super hoc gratiarum referimus actiones, et affectionem vestram innumeris exinde laudibus in Domino commendamus. Verum quoniam boni operis finis magis quam principium solet attendi, discretionem vestram per apostolica scripta rogamus, monemus et hortamur in Domino, quatenus jam dicto archiepiscopo, sicut hactenus laudabiliter fecisse noscimini, fraternæ liberalitatis subsidia ita honeste, ita honorifice ministretis, ut fraternam in vobis charitatem ferventiorem semper inveniat, neque eam un;uam minus aut terroribus tepuisse cognoscat.

CCCXL.

Ad Henricum, Remensem archiepiscopum. — De negotio Ecclesiæ Clarevallensis.

(Ap. Clarummontem, Maii 25.)
[Marten., Ampl. Collect., II, 715.]

Alexander episcopus, servus servorum Dei, venerabili fratri Henrico, Remensium archiepiscopo, salutem et apostolicam benedictionem.

Super Clarevallensis (50) ecclesiæ negotio, unde nobis tuas litteras nuper transmisisti, de consilio venerabilis fratris nostri Antissiodorensis episcopi, et dilecti filii nostri (51) Henrici tituli Sanctorum Nerei et Achillei presbyteri cardinalis, sicut nobis et ipsis visum fuerat expedire, processimus. Si quid autem residuum fuerit, tum sinceritatis tuæ respectu, tum ejusdem ecclesiæ consideratione, secundum quod expedire noverimus, libenti animo studebimus adimplere; de hoc vero quod nobis pro supradicto cardinali scripsisti, petitioni tuæ acquiescere non potuimus, cum ipse sicut vir discretus et prudens et nobis devotissimus pro magnis Ecclesiæ negotiis, quæ instant, necessarius nobis admodum et opportunus existat, nec ejus absen-

---

Alanus episcopus Antissiodorensis fuerant monachi Cistercienses et duo saltem illi pontifices ex Claravalle assumpti, quæ causa forte exstitit ut hoc illis negotium committeretur.

tiam possimus ullatenus sustinere. Ad hæc de visitatione tua copiosas tibi gratiarum referimus actiones.

Data apud Clarummontem, VIII Kal. Junii.

CCCXLI.

Ad fratres ecclesiæ S. Petri Carnotensis.

(Ap. Clarummontem, Maii 26.)

[*Collection des Cartulaires*, II, 649.]

ALEXANDER episcopus, servus servorum Dei, dilectis filiis FULCHERIO abbati et fratribus ecclesiæ S. Petri Carnotensis, salutem et apostolicam benedictionem.

..... Constituimus ne quis episcopus quempiam de monachis vestris, absque evidente et manifesta causa, excommunicet vel ab officio divino suspendat.

Datum apud Clarummontem, VII Kal. Junii.

CCCXLII.

Ad Henricum archiepiscopum Remensem. — Pro Everen presbytero.

(Ap. Clarummontem, Jun. 4.)

[MARTEN., *Ampl. Collect.*, II, 714.]

ALEXANDER episcopus, servus servorum Dei, venerabili fratri HENRICO, Remensium archiepiscopo, salutem et apostolicam benedictionem.

Veniens ad apostolicæ sedis clementiam Everen, pauper presbyter, sua nobis narratione proposuit quod Walterus Præmonstratensis canonicus et præpositus de Gasnan, redditus ecclesiæ suæ contra justitiam occupavit, et eos ausu temerario detinere præsumit; cumque super eadem causa cum prænominato sacerdote idem præpositus compositionem fecerit, ab ea compositione resiliens, unam capam, quam sibi præfatus sacerdos pignori obligaverat, injuste reddere contradicit. Pratum quoque et quamdam terram sæpedicti sacerdotis invadere, ipsamque, prout nobis dicitur, præsumit irrationabiliter detinere. Unde quoniam universis Dei fidelibus et præsertim divino cultui mancipatis in sua existimus justitia defensores, fraternitati tuæ per apostolica scripta mandamus, quatenus, si res ita se habet, prænominatum præpositum diligenter commoneas, et districte compellas, ut et prædictam compositionem si rationabiliter facta fuit, diligenter observet, et omnia ablata post factam compositionem restituat, et ab infestatione ejusdem sacerdotis de cætero conquiescat.

Data apud Clarummontem, II Non. Junii.

CCCXLIII.

Ludovicum Francorum regem rogat ut comitem Nivernensem et ejus matrem a vexando monasterio Vizeliacensi deterreat.

(Ap. Clarummontem, Jun. 5.)

[MANSI, *Concil.*, XXI, 1044.]

ALEXANDER episcopus, servus servorum Dei, charissimo in Christo filio LUDOVICO, illustri Francorum regi, salutem et apostolicam benedictionem.

Ad regiæ serenitatis notitiam credimus pervenisse quomodo nobilis vir comes Nivernensis et mater sua in Vizeliacense monasterium manus suas amplius solito aggravarunt, et Dei ac beatæ Mariæ Magdalenæ, cujus corpus in eodem monasterio requiescit, timore et reverentia omnino postposita, equitaturas, boves, asinos et pecora, tam monasterii quam exteriorum obedientiarum, per servientes suos rapere et exinde abducere minime formidarunt. Abbati quoque ejusdem loci jam dictus comes minas et insidias circumponit, ita quod de monasterio sine proprii corporis periculo et timore exire non audeat; publicam etiam et antiquam stratam non solum infringit, sed viatores per quosdam castrum suum transire compellit, et occasione ista quosdam Burgenses a nundinis redeuntes cepit. Unde quoniam monasterium illud ad jus et proprietatem Romanæ Ecclesiæ, et regiæ celsitudinis protectionem spectare dignoscitur, serenitatem tuam per apostolica scripta rogamus, monemus et exhortamur in Domino, quatenus, divini amoris obtentu et pro reverentia beati Petri ac nostra, memoratum comitem et matrem suam instanter commoneas, et diligentius studeas convenire, et etiam, si necesse fuerit, potestate regia coercere, ut prænominato abbati et fratribus ablata omnia sine dilatione restituant, de damnis et injuriis congruam satisfactionem exhibeant, et ab eorum molestatione ac gravamine indebito ulterius omnino quiescant. Ita quod ab omnipotente Domino indeficiens propter hoc præmium feliciter valeas adipisci, et nos clementiæ tuæ uberrimas exinde gratias exsolvere teneamur. Nos enim præfatum comitem et matrem suam per nostras litteras monuimus, ut errata corrigere studeant, et a talibus de cætero penitus conquiescant.

Datum apud Clarummontem Nonas Junii.

CCCXLIV.

Hugoni, archiepiscopo Senonensi, mandat hortetur comitem Nivernensem ejusque matrem ut damna monasterio Vizeliacensi illata resarciant; quod nisi fecerint intra dies 20, excommunicatione eos affici jubet.

(A. Clarummontem, Jun.)

[*Ibid.*, col. 1043.]

ALEXANDER episcopus, servus servorum Dei, venerabili fratri HUGONI, Senonensium archiepiscopo, salutem et apostolicam benedictionem.

Ad tuæ fraternitatis notitiam pervenisse credimus, quomodo vir nobilis comes Nivernensis et mater sua in Vizeliacense monasterium manus suas amplius solito aggravarunt, et Dei ac B. Mariæ Magdalenæ, cujus corpus in eodem monasterio requiescit, timore et reverentia omnino postposita, equitaturas, boves, asinos et pecora, tam monasterii quam exteriorum obedientiarum, per servientes suos rapere et exinde abducere minime formidarunt. Abbati quoque ejus loci jam dictus comes minas et insidias circumponit, ita quod de monasterio sine proprii corporis periculo et timore exire non audeat. Unde quoniam monasterium illud ad jus et proprietatem B. Petri ac nostram noscitur specialiter pertinere, et non modicum membrum Ecclesiæ Romanæ existit, fraternitati tuæ per apostolica scripta mandamus, quatenus sicut gratiam B. Petri ac nostram charam habes, memoratum comitem et matrem suam sub velocitate, cum omni diligentia studeas convenire, et attentius exhortari, quod prænominato abbati et fratribus ablata omnia cessante dilatione restituant, de damnis et injuriis illatis congruam satisfactionem exhibeant, et ab eorum molestatione ac gravamine indebito ulterius omnino quiescant. Alioquin, infra xx dies post commonitionem tuam, per totam terram eorum omnia divina officia, præter baptisma parvulorum, pœnitentias morientium penitus interdicas, et, si nec sic resipuerint, in personas illorum excommunicationis sententiam non differas promulgare. Venerabilibus fratribus nostris, Eduensi, Lingonensi, Antissiodorensi et Nivernensi episcopis per scripta tua significans, et firmiter eisdem ex parte nostra injungens, ut sententiam a te in supra dicti comitis vel matris suæ terram aut personas eorum prolatam usque ad dignam satisfactionem inviolabiliter studeant observare. Nos enim ipsis per scripta nostra mandamus, ut, ex quo super hoc litteras tuas receperint, id fideliter studeant adimplere.

CCCXLV.

Henrico Eduensi, Galterio Lingonensi, Alano Antissiodorensi et Bernardo Nivernensi episcopis præcipit ut excommunicationis sententiam quam archiepiscopus Senonensis protulerit in comitem Nivernensem et matrem ejus observent.

(Ap. Clarummontem, Jun. 5.)

[*Ibid.*, 1044.]

ALEXANDER episcopus, servus servorum Dei, venerabilibus fratribus HENRICO Eduensi, GALTERIO Lingonensi, ALBANO Antissiodorensi, et BERNARDO Nivernensi episcopis, salutem et apostolicam benedictionem.

Ad vestræ fraternitatis notitiam, etc., *ut supra usque ad hæc verba*: Ecclesiæ Romanæ existit. Venerabili fratri nostro Senonensi archiepiscopo, dedimus in mandatis ut memoratum comitem et matrem suam sub velocitate, cum omni diligentia studeat convenire, et attentius exhortari, quod prænominato abbati et fratribus ablata omnia cessante dilatione restituant, de damnis et injuriis illatis congruam satisfactionem exhibeant, et ab eorum molestatione et gravamine indebito ulterius omnino quiescant; alioquin per totam terram eorum omnia divina officia, præter baptisma parvulorum et pœnitentias morientium, penitus interdicat; si nec sic resipuerint, in personas illorum excommunicationis sententiam non differat promulgare, vobis per sua scripta significans, et firmiter ex parte nostra injungens, ut sententiam ab eodem in supradicti comitis vel matris suæ terram aut personas eorum prolatam, usque ad dignam satisfactionem inviolabiliter observare curetis. Ideoque fraternitati vestræ per apostolica scripta mandamus, quatenus, cum ejus super hoc litteras receperitis, quod ab eo exinde statutum fuerit, sicut gratiam beati Petri ac nostram charam habetis firmiter teneatis, et per vestras parochias faciatis inviolabiliter observari; alioquin nos in nostri trangressorem mandati id, auctore Domino, durius corrigemus.

Datum apud Clarummontem Nonas Junii.

CCCXLVI.

Guillelmum abbatem et fratres Vizeliacenses de superioribus epistolis certiores facit.

(Ap. Clarummontem, Jun. 5.)

[*Ibid.*, col. 1045.]

ALEXANDER episcopus, servus servorum Dei, dilectis filiis GUILLELMO abbati et fratribus Vizeliacensibus, salutem et apostolicam benedictionem.

Susceptis litteris vestris, ac diligenter perspectis tribulationibus et angustiis vestris, quas earum continentia exprimebat, paternæ mentis affectu interius condoluimus, sicut qui monasterium vestrum proprium patrimonium beati Petri esse cognoscimus, et vos, sicut speciales et devotos Ecclesiæ filios, certiori in Domino charitate diligimus, et vestris profectibus prompto animo aspiramus. Inde siquidem fuit quod charissimo in Christo filio nostro Ludovico, illustri Francorum regi, venerabilibus quoque fratribus nostris Hugoni Senonensium archiepiscopo, Eduensi, Lingonensi, Antissiodorensi et Nivernensi episcopis, nobili etiam viro comiti Nivernensi et comitissæ matri ejus, pro negotio vestro scripta nostra dirigimus, sicut ex eorum transcriptis vobis evidentius innotescet; vos autem ad hæc corrigenda studium et operam adhibeatis, et per claustri ac religionis observantiam jugiter orationi vacantes, clametis in cœlum, ut omnipotens Dominus his malis cito finem imponat, et vobis pacem et optatam tranquillitatem concedat.

Datum apud Clarummontem Nonas Junii.

CCCXLVII.

Ad Henricum Remensem archiepiscopum. — Pro quadam muliere Hersende nomine.

(Ap. Clarummontem, Jun. 5.)

[MARTEN., *Ampl. Coll.*, II, 714.]

ALEXANDER episcopus, servus servorum Dei, venerabili fratri HENRICO, Remensium archiepiscopo, salutem et apostolicam benedictionem.

Ex transmissa conquestione nobilis mulieris Hersendis ad audientiam nostram pervenit quod cum venerabilis frater noster Catalaunensis episcopus Eust. Germundum et Theobaldum pro multis injuriis et damnis quæ eidem mulieri intulerunt, de mandato nostro excommunicasset, eos postea, nulla satisfactione exhibita, absolvere non dubitavit. Unde quoniam ad hoc ecclesiasticus gladius in malefactores exeritur, ut eorum malitia digna castigatione reprimatur, fraternitati tuæ per apostolica scripta mandamus quatenus, si ita est, præfatos viros commoneas, et omni cum districtione compellas, ut prænominatæ mulieri ablata universa restituant, et damna data resarcire non differant. Quod si commonitioni tuæ parere contempserint, eos in eamdem excommunicationis sententiam, postposita occasione et appellatione remota, reducas. Sane quia orphani et pupilli sub Ecclesiæ tutela et defensione consistunt, nihilominus tibi, præsentium auctoritate, injungimus ut debitores suos et filiorum suorum, quos ex priori marito habuit, diligenter commonere et districte compellere studeas, quo omnia quæ illi et filiis suis debere se recognoscunt, eis cum integritate persolvant. De his vero quæ diffitentur, vel satisfaciant, vel in tua præsentia plenitudinem illis justitiæ, cessante appellatione, exhibeant : ita tamen quod puerorum debita illis personis assignentur, quibus eorum cura commissa dignoscitur, et quæ ad eorum commodum ea debeant integre ac fideliter conservare. Debitoribus autem ita præcaveas, ne ex quo pecuniam solverint, a quo ;uam valeant super hoc conveniri.

Data apud Clarummontem, Non. Junii.

CCCXLVIII.

Ad Henricum Remensem archiepiscopum.— Pro C. nepote domini papæ.

(Ap. Clarummontem, Jun. 7.)

[*Ibid.*, col. 715.]

ALEXANDER episcopus, servus servorum Dei, venerabili fratri HENRICO, Remensium archiepiscopo, salutem et apostolicam benedictionem.

Dilectus filius noster magister Fulco, ecclesiæ tuæ canonicus, nobis ex parte tua proposuit quod centum quinquaginta libras nobis pro quodam fratre tuo exsolveres, quas nos dilecto filio nostro Eustachio, magistro fratrum militiæ Templi, mandavimus assignari. Verum quoniam easdem CL et VIII latoribus præsentium pro mutua pecunia, quam illis pro necessitatibus Ecclesiæ Romanæ accepimus, tenemur exsolvere, fraternitati tuæ per apostolica scripta mandamus quatenus, si ipsas prædicto magistro nondum assignasti, præfatas C et L et octo libras, quas dilecto filio C. nepoti nostro liberalitas tua promisit, facias assignari, et quid inde feceris nobis per litteras tuas significes.

Data apud Clarummontem, VII Idus Junii.

CCCXLIX.

Ad Gilbertum Londinensem episcopum. — De Cantuariensi Ecclesia.

(Apud Clarummontem, Jun. 8.)

[*Epist. S. Thomæ.* ed. Giles, II, 96.]

ALEXANDER episcopus, servus servorum Dei, venerabili fratri GILBERTO, Londoniensi episcopo, salutem et apostolicam benedictionem.

A memoria tua non credimus excidisse, qualiter charissimus in Christo filius noster Henricus, illustris rex Anglorum, multa olim a nobis precum instantia requisivit, ut ab Herefordiensi Ecclesia, cui præsidebas, de te in Londoniensem Ecclesiam translationem fieri concederemus. Utque nostrum suæ petitioni super hoc impartiremur assensum, necessitatem communem pariter et utilitatem proponebat, asserens quod civitas illa quasi regni sedes sui existeret, et quia cunctæ religionis et discretionis virtute te crederet præeminere, consilio tuo super his, quæ saluti animæ suæ expedirent, et ad regni augmentum pariter et conservationem spectarent, spiritualiter et temporaliter uti volebat, et ideo magis proximum te desiderabat et familiarem habere. Unde nos attendentes, quam utiliter prudentia et religio tua saluti ejusdem regis et regni posset consulere, et quanta ex eo valeat Ecclesiæ Dei utilitas et commoditas provenire, libenter suis precibus acquievimus, et te concessimus in Londoniensi Ecclesia promoveri. Et ideo quanto benignius ac facilius ejus beneplacitum et voluntatem complevimus, et tuæ pariter exaltationi intendimus et honori, tanto probitas tua circa incrementum et conservationem Ecclesiæ amplius deberet eniti, et attentius circa hoc ac efficacius laborare, ut fructum, quem nobis idem rex proposuit, et nos speramus, exhibitione operis et ipsa rerum experientia cognoscamus, et Ecclesiæ Anglorum in diebus ejus in pace bona Domino Deo deserviat. Quomodo autem prædictus rex a devotione Ecclesiæ, ab eo quod solebat, animum et mentem averterit, et eam in multis, sicut in appellationibus et visitationibus nostris, communicando etiam schismaticis, et nominatim excommunicatis, et confederando se eis, et in eo etiam quod venerabilem fratrem nostrum Thomam Cantuariensem archiepiscopum de regno suo exire coegit, quasi persequi et impugnare videatur, te non credimus ignorare. Quapropter sollicitudinem tuam rogamus, monemus atque mandamus, quatenus adjuncto tibi venerabili fratre nostro Roberto, Herefordensi episcopo, eumdem regem sollicite commoneas, et studiosa exhortatione inducas, ut, hujusmodi proposito prorsus relicto, in eo quod excessit, sicut dignum est, satisfaciat, a pravis actibus omnino desistat, Creatorem suum puro corde diligat, matrem suam sanctam Romanam Ecclesiam solita veneratione respiciat, nec eam visitare volentes inhibeat, appellationes ad eam factas nullo modo impediat, et prædictum fratrem nostrum archiepiscopum ad sedem suam benignius revocans et reducens, in beati Petri et nostra reverentia firmus immobilisque consistat, et ad opera misericordiæ ac pietatis intendat; ecclesiasticas personas, tam regni quam terræ suæ, nec per se gravet, sicut facere dicitur, nec a quoquam gravari permittat, sed eas diligat, manu teneat, et regia protectione conservet, ut ille, per quem reges regnant, temporale ei regnum conservet in terris, et sempiternum largiatur in cœlis. Licet autem nos eum pro multa devotione, et multis obsequiis nobis tempore necessitatis impensis, sicut excellentissimum principem et inclytum regem, affluentiori charitate diligamus, et ad ejus honorem, exaltationem pariter et augmentum, quantumvis ipse aliter opinari videatur, ferventiori studio aspiremus, ei tamen propones, quod nisi maturius ista correxerit, timendum sibi erit, ne et Deus ei pro his omnibus graviter irascatur, et in eum atque suos debeat durius vindicare, et nos ipsi id non poterimus diutius in patientia sustinere. Nec ista pro nobis, quantum pro ejus salute et utilitate proponimus, qui magnifica devotionis et liberalitatis obsequia, quæ nobis, sicut diximus, tanquam rex Christianissimus exhibuit sæpe, ad memoriam reducentes, ejus gloriam et magnificentiam diligimus, et salutem suam, et regni, atque suorum, totis affectibus exoptamus. Ad hæc de tuæ religionis et honestatis prudentia plenius confidentes, Ecclesiæ negotia experientiæ tuæ fiducialius committimus exsequenda. Inde siquidem est, quod fraternitati tuæ præsentium auctoritate mandamus, ut denarium beati Petri præsentis anni per totam Angliam fideliter recolligi facias, et cum ad nos, quam citius poteris, transmittere non postponas. Rogamus etiam discretionem tuam, ut quousque præscriptum denarium recolligas, de pecunia tua, vel aliunde mutuo acquisita, nobis interim studeas utiliter providere, et illam infra proximas Kalendas Augusti nobis transmittas, eamdem postea de memorato denario recepturus. Quod ita gratum nobis et acceptum existet, quasi ipsam nobis dono concederes.

Datum apud Clarummontem, VI Idus Julii [*leg.* Junii].

CCCL.

Ad Henricum Anglorum regem. — De immunitate ecclesiastica non violanda, et clericis ad tribunal sæculare non trahendis.

Apud Clarummontem? Jun.)

[*Epist. S. Thomæ*, el. GILES, II, 115.]

ALEXANDER episcopus, servus servorum Dei, charissimo in Christo filio HENRICO, illustri Anglorum regi, salutem et apostolicam benedictionem.

Etsi circa nos, et matrem tuam, Ecclesiam sacrosanctam, filialis in te devotio aliquatenus videatur tepuisse, paternum tamen affectum circa te, vel regnum tuæ gubernationi commissum nullo tempore deseruimus. Tua ergo serenitas, quod amici verbera potiora quam inimici oscula existant, diligenter advertens, consideret studiosius et attendat, quod sicut clerici a viris sæcularibus vita et habitu distinguuntur, ita et judicia clericorum a laicorum judiciis diversa penitus comprobantur. Quare si ea ordine quo non decet pervertas, et quæ Jesu Christi sunt tuæ potestati usurpans, novas leges ad ecclesiarum oppressionem, et Christi pauperum, pro tuo beneplacito condas, consuetudines etiam, quas avitas vocas, inducas, tu ipse procul dubio in extremo examine, quod effugere non poteris, modo consimili judicaberis, et eadem mensura, qua mensus fueris, remetietur tibi. Verum ne commonitiones nostræ excellentiæ tuæ auribus tædiosæ vel asperæ aliquatenus videantur, scriptum recollige: *Quod filium, quem diligit, pater corripit* (Prov. III). Pro certo cognoscens, quia quanto personam tuam ardentiori charitate in Domino diligimus, et sincerissimæ tuæ devotionis insignia, nobis et Ecclesiæ Dei multipliciter et magnifice olim exhibita, ad memoriam sæpius et studiosius revocamus, tanto hæc cogitationi tuæ, spiritualem tibi et æternam salutem votivis cordis affectibus exoptantes, libentius intimamus. Si enim te in aliquo judicium futurum deterret, aut præmiorum in æterna requie corona delectat, veram, quæ Deus est, justitiam colere, vel suum unicuique tribuere, negotia ecclesiastica, et præsertim criminalia, quæ de læsione fidei vel juramenti emergunt, causas quoque super rebus et possessionibus ecclesiarum personis ecclesiasticis tractanda relinquere, regnum et sacerdotium non confundere, non adeo serenitatem tuam deceret, quam etiam expediret. Si autem universa, quæ in usus tuos per hujusmodi angarias de bonis ecclesiasticis convertuntur, in refectionem pauperum, vel aliis operibus pietatis expenderes, obsequium non magis Deo gratum efficeres, quam si altari quolibet discooperto aliud cooperires, aut si Petrum crucifigeres, ut Paulum a mortis periculo liberares. Recolere siquidem debes, et præ oculis ad hujus rei exemplum habere, qualiter rex Saul, quia devicto Amalech prædam contra divinum præceptum reservare volebat, cum se ad excusationem sui hæc ad sacrificandum reservasse proponeret, a Domino fuit reprobatus, et alius, eo vivo, in honorem et dignitatem regiam subrogatus. Quem utique peccata populi regem effecerant, sed eum a gubernatione regni propria commissa destituerunt. Quomodo etiam rex Ozias, dum thurificare voluit, et sacerdotis sibi officium usurpare, digna Dei ultione fuerit lepra percussus, tuæ saluti congruit ad animum revocare. Si vero successus tuos viribus et potestati tuæ, et non Deo ascribas, intentionem quoque et animum tuum ab ecclesiasticorum virorum et ecclesiarum oppressione non retrahas, ille procul dubio, qui aliis te præfecit, et magnum in orbe principem ad fidelium suorum gubernationem, non ad depressionem constituit, talenta tibi commissa gravi cum usura a te requiret, et sicut de Roboam filio Salomonis legitur, qui pro delicto patris est a regno ejectus, commissum paternum in hæredes transfundet. Tu ergo pravis cujuslibet suggestionibus non acquiescas, nec his qui semper mala susurrant, aurem inclines, sed quæ tuam salutem expediant, diligentius audias, et ita ad honorem Dei, et Ecclesiæ suæ tranquillitatem et pacem, ad quod solummodo es regni gubernationem adeptus, idem regere, et secundum quod Dominus tibi administraverit, studeas utiliter gubernare, ut ille, per quem reges regnant, et cui servire regnare est, tibi et hæredibus tuis regnum temporale conservet, et post illud tribuat sine fine mansurum.

CCCLI.
Ad Thomam Cantuariensem archiepiscopum. — *Eum angustiis pressum consolatur.*

(Apud Clarummontem? Jun.)

[*Ibid.*, p. 6.]

ALEXANDER papa THOMÆ Cantuariensi archiepiscopo.

Quoniam dies mali sunt, et multa sunt pro qualitate temporis toleranda, discretionem tuam rogamus, monemus, consulimus et suademus, ut in omnibus tuis et Ecclesiæ negotiis agendis te cautum, providum et circumspectum exhibeas, et nihil propere vel præcipitanter, sed mature et graviter faciens, ad gratiam et benevolentiam illustris regis Anglorum recuperandam, quantum salva libertate Ecclesiæ, et honestate officii tui fieri poterit, enitaris modis omnibus et labores. Et usque ad proximum pascha eumdem regem sustineas, ita quod nihil in eum vel terram ipsius usque ad præscriptum studeas exercere. Tunc enim Dominus dabit tempora meliora, et tam tu quam nos tutius poterimus in facto ipso procedere.

CCCLII.
Ad eumdem. — *Sententiam ab episcopis et baronibus Angliæ contra ipsum latam se irritam fecisse mandat.*

(Ap. Clarummontem? Jun.)

[*Ibid.*, p. 7.]

ALEXANDER papa THOMÆ Cantuariensi archiepiscopo.

Quod minor majorem judicare non possit, et cum præsertim cui jure noscitur prælationis subesse, et obedientiæ vinculo tenetur astrictus, tam divinæ quam humanæ leges demonstrant. Et præcipue sanctorum Patrum statutis id manifestius declaratur. Hæc siquidem nos, quorum interest errata corrigere, et ea quæ incorrecta perniciosum posteris exemplum relinquerent, sollicita considerat one pensantes, attendentes etiam, quod ex delicto personæ non debet Ecclesia jacturam aliquam vel incommodum sustinere, sententiam ab episcopis et baronibus Angliæ, quoniam ad primam regis citationem tui copiam non fecisti, adversum te præsumptuose prolatam, in qua tibi jam dicti episcopi et barones omnia mobilia tua tam contra juris formam, quam contra ecclesiasticam consuetudinem abjudicarunt, præsertim cum nulla mobilia præterquam de bonis ecclesiæ tuæ habueris, irritam penitus esse censemus, et eam apostolica auctoritate cassamus, statuentes ut nullas inposterum vires obtineat, aut tibi vel successoribus tuis, seu ecclesiæ tuæ gubernationi commissæ, aliquod inposterum valeat præjudicium vel læsionem afferre.

CCCLIII.
Ad abbatem monasterii ***. — *Pro querela quæ vertitur inter E. et A. sacerdotem.*

(Ap. Clarummontem, Jun. 9.)

[MARTEN., *Ampl. Coll.*, II, 715.]

ALEXANDER episcopus, servus servorum Dei, venerabili fratri (52) HENRICO, Remensium archiepiscopo, salutem et apostolicam benedictionem.

Ex litteris tuis, fili abbas, quas nobis præsentium lator detulit, nuper accepimus, quod cum inter E. et A. sacerdotem super quadam domo, quam idem sacerdos pignori obligatam tenebat, in tua præsentia controversia tractaretur, prædictus sacerdos nullum gravamen prætendens, ad nostram audientiam appellavit. Unde cum memorati E. responsalis coram nobis in appellationis termino præsens existeret, supradictus sacerdos nec venit, nec ad nos aliquem pro se responsalem transmisit, quocirca nos de vestra prudentia plenius confidentes, licet præter solitum fuerit. Quoniam præscripta domus de feudo ecclesiæ tuæ, fili abbas, existere perhibetur, et præfatus sacerdos appellationem, sicut diximus, non est ullatenus prosecutus, eamdem causam ad vestrum examen duximus terminandam, discretioni vestræ per apostolicæ scripta mandantes, quatenus cum exinde fueritis requisiti, utramque partem ante vestram præsentiam convocetis et rationibus hinc inde auditis et cognitis, eamdem causam, cessante appellationis remedio, fine debito terminetis.

Data apud Clarummontem, v Idus Junii.

CCCLIV.
Bulla pro monasterio Mauziacensi quod sub tutela S. Sedis suscipitur.

(Ap. Clarummontem, Jun. 15.)

[*Gall. Christ. Nov.*, Instr., 111.]

ALEXANDER episcopus, servus servorum Dei, dilecto filio PETRO, abbati monasterii Mauziacensis, cunctisque fratribus tam præsentibus quam futuris regularem vitam professis, J. N.....

Effectum justa postulantibus indulgere, et vigor æquitatis et ordo exigit rationis, præsertim quando petentium voluntatem et pietas adjuvat et veritas non relinquit. Eapropter, dilecti in Domino filii, vestris justis postulationibus clementer annuimus, et præfatum monasterium in quo divino mancipati estis obsequio, ad exemplar prædecessoris nostri sanctæ recordationis Adriani papæ, sub beati Petri et nostra protectione suscipimus, et præsentis scripti privilegio communimus, statuentes ut quascunque possessiones, quæcunque bona idem monasterium impræsentiarum juste et canonice possidet, aut in futurum concessione pontificum, largitione regum vel principum, oblatione fidelium, seu aliis justis modis præstante Domino poterit adipisci, firma vobis vestrisque successoribus et illibata permaneant. In quibus hæc propriis duximus exprimenda vocabulis :

Ecclesiam de Gatteria : ecclesiam de Sancto Hilario cum capella : ecclesiam de Giaco : ecclesiam de Marencalmis : ecclesiam de Bortis, ecclesiam de Oenc cum parochia de Faravel : ecclesiam de Rubiaco Royac, cum appenditiis suis ; ecclesia videlicet de Castello et capella Pontis-Gibaldi : ec-

---

(52) Hic irrepsit error amanuensis oscitantia, nam hæc epistola dirigitur ad aliquem abbatem.

clesiam de Sancto Urso : ecclesiam de montibus cum capella de Castro : ecclesiam Sancti Hippolyti : ecclesiam de Wulvico cum capella Sanctæ Mariæ : ecclesiam de Martiaco : ecclesiam de Monestrolo : ecclesiam de Ceresio : ecclesiam de Sana-cultura : ecclesiam de Cella : ecclesiam de Aluchiis : ecclesiam Sancti Andreæ de Pathas : ecclesiam Sancti Boniti de Calmis : ecclesiam de Rocca-forti cum capella de Castro : ecclesiam Sancti Boniti Montis-Pancherii cum capellis de Castro : ecclesiam de Bodonia : ecclesiam Sancti Germani cum capella de Castro : ecclesiam Sancti Remigii : ecclesiam de Sulec : ecclesiam de Crusec : ecclesiam de Laurigiis : ecclesiam de Cos : ecclesiam Sancti Desiderii : ecclesiam de Dreituraias cum ecclesia Sancti Prejecti et capella de Palicia : capellam de Botiaco : ecclesiam Sancti Ambrosii : ecclesiam Montis-petrosi : ecclesiam Sancti Dionysii : ecclesiam de Sancto Leontio prope monasterium vestrum : ecclesiam Sancti Laurentii : ecclesiam Sancti Pauli : ecclesiam Sancti Calmutii, et ecclesiam Sancti Martini cum pertinentiis earum, Primiliacum, Tauriniacum, Mabiliacum, Salziniam, Plunberiam, Amanziacum et Mirabellum cum valle adjacenti. Terras de feudiis domini de Cresto et domini de Rochafort in Lubartes ; quidquid habetis in feudis domini de Camaleria, et domini de Ponte. Terras de feudiis domini de Caslucio et domini de Turnelio, domini de Tuirriaco, domini de Monte-Gasconis, domini de Enaziaco, et domini de Cabaziaco. Terras quas habetis in feudis domini de Monte-Pancerio, et domini de Scola, et domini de castello Sancti Germani. Statuimus etiam ut nulli fas sit novas et indebitas consuetudines vel exactiones eidem monasterio vel ecclesiis ejus imponere. Sepulturam quoque ipsius loci liberam esse concedimus, ut eorum devotioni et extremæ voluntati, qui se illic sepeliri deliberaverint, nisi forte excommunicati vel interdicti sint, nullus obsistat, salva tamen justitia matricis ecclesiæ. Obeunte vero te ejusdem loci abbate, vel tuorum quolibet successorum, nullus ibi qualibet subreptionis astutia seu violentia præponatur, nisi quem fratres communi consensu, vel fratrum pars sanioris consilii, secundum Deum et beati Benedicti Regulam providerint eligendum.

Decernimus ergo ut nulli omnino hominum liceat præfatum monasterium temere perturbare, aut ejus possessiones auferre, vel ablatas retinere, minuere, seu ab abbatiæ dignitate destituere, sive quibuslibet vexationibus fatigare, sed omnia integra conserventur eorum pro quorum gubernatione et sustentatione concessa sunt usibus omnimodis profutura, salva sedis apostolicæ auctoritate, et diœcesani episcopi canonica justitia. Si qua igitur in futurum ecclesiastica sæcularisve, etc.

Ego Alexander, Catholicæ Eccl. episc.
Ego Hubaldus, Ostiensis episcopus.
Ego Bernardus, Portuensis et Sanctæ Rufinæ episc.
Ego Walterius, Albanensis episc.
Ego Beraldus, presbyter card. Stit. anctæ Crucis in Jerusalem.
Ego Joannes, presbyter card. tit. Sanctæ Anastasiæ.
Ego Guillelmus, presbyter card. tit. Sancti Petri ad Vincula.
Ego Jacintus, diac. card. Sanctæ Mariæ in Cosmedin.
Ego Otto, diac. card. Sancti Nicolai in Carcere-Tulliano.
Ego Boso, diac. card. Sanctorum Cosmæ et Damiani.
Ego Cinthyus, diac. card. Sancti Adriani.
Ego Petrus, diac. card. Sancti Eustachii juxta templum Agrippæ.
Ego Manfredus, diaconus card. Sancti Georgii ad Velum Aureum.

Datum apud Clarummontem per manum Hermanni, sanctæ Romanæ Ecclesiæ subdiac. et notarii, XVII Kal. Jul., indictione XIII, Incarnationis Dominicæ anno 1165, pontificatus vero domini Alexandri papæ III anno sexto.

CCCLV.

Bulla qua S. Illidii monasterium ejusque possessiones omnes sub tutela Romanæ Ecclesiæ suscipiuntur.

(Ap. Clarummontem, Jun. 15.)
[*Ibid.*, 102.]

ALEXANDER, etc., ARNALDO, abbati monasterii B. Illidii, ejusque fratribus.....

... Quoties illud a nobis petitur quod religioni et honestati convenire dignoscitur, animo nos decet libenti concedere, et petentium desideriis congruum suffragium impertiri. Eapropter, dilecti in Domino filii, vestris justis postulationibus clementer annuimus, et præfatum monasterium..... sub B. Petri et nostra protectione suscipimus, et præsentis scripti privilegio communimus. Imprimis siquidem statuentes ut monasticus ordo, qui secundum Deum, et B. Benedicti Regulam in eodem monasterio institutus esse dignoscitur, perpetuis ibidem temporibus inviolabiliter observetur. Præterea quascunque possessiones, quæcunque bona idem monasterium in præsenti juste et canonice possidet, aut in futurum concessione pontificum, largitione regum vel principum, oblatione fidelium, seu aliis justis modis, propitiante Domino, poteris adipisci, firma vobis vestrisque successoribus et illibata permaneant; in quibus hæc propriis duximus exprimenda vocabulis :

Ecclesiam de Turiaco cum suis pertinentiis : quidquid habetis in villa de Grisolo : ecclesiam de Vicherio, cum capellis ejusdem castelli, et cæteris suis pertinentiis ; ecclesiam de Chasannolas : ecclesiam de Belvezer ; ecclesiam S. Petri de Chalmez : ecclesiam S. Felicis : ecclesiam S. Illidii de Valencha : ecclesiam de Neyraco : ecclesiam de Blanzaco : ecclesiam S. Boniti : ecclesiam de Nebesac : ecclesiam de Agerla : ecclesiam de Schevina : ecclesiam de Basvilla, cum pertinentiis eorumdem : ecclesiam S. Petri vetuli : ecclesiam S. Cassii cum pertinentiis suis (55).

Ex dono Fulconis de Jaliniaco terras et redditus de Ponte Latgeno, usque ad Bellummontem, et dominium in villa Sancti Ellidii. Sepulturam quoque ipsius loci liberam esse concedimus, ut eorum devotioni et extremæ voluntati, qui se illic sepeliri deliberaverint (nisi forte excommunicati, vel interdicti sunt) nullus obsistat; salva tamen justitia parochialium ecclesiarum, a quibus mortuorum corpora assumuntur.

Obeunte vero te nunc ejusdem loci abbate, vel tuorum quolibet successorum, nullus ibi qualibet subreptionis astutia seu violentia præponatur, nisi quem fratres communi consensu, vel fratrum pars sanioris consilii secundum Deum, et B. Benedicti Regulam providerint eligendum.

Decernimus ergo ut nulli omnino hominum liceat præfatum monasterium temere perturbare, aut suas possessiones auferre, vel ablatas retinere, minuere, seu quibuslibet vexationibus fatigare; sed omnia integra conserventur, eorum, pro quorum gubernatione et sustentatione concessa sunt, usibus omnimodis profutura, salva sedis apost. auctoritate, et diœcesani episcopi canonica justitia. Si qua ergo in futurum ecclesiastica sæcularisve persona, etc.

Ego Alexander, Catholicæ Eccl. epis.
Ego Hubaldus, tit. S. Crucis in Jerusalem, SS. *Suscribunt alii undecim cardinales.*

Datum apud Clarummontem per manum Hermanni S. R. E. subdiaconi et notarii, xvii Kal. Jul., indict. xiii, an. Incarnat. Dom. 1165, pontificatus domini Alexandri papæ III anno vi.

CCCLVI.

Ad Ludovicum Francorum regem. — B. Aniani cantorem merito fuisse officio ac beneficio suo ab avostolica sede privatum.

(Ap. Clarummontem, Jun. 25.)
[Mansi, *Concil.*, XXI, 1024.]

Alexander episcopus, servus servorum Dei, charissimo in Christo filio Ludovico, illustri Francorum regi, salutem et apostolicam benedictionem.

Pervenit ad audientiam nostram magnificentiæ tuæ fuisse suggestum quod, nulla ratione freti, sed de propria voluntate ac motu animi, dilectum filium nostrum R., quondam ecclesiæ Beati Aniani cantorem, officio ac beneficio cantorio privavimus. Unde regia volumus magnitudo indubitata veritate cognoscat, quod de rigore justitiæ, et de consilio omnium fratrum nostrorum qui præsentes erant, et non de aliquo impetu animi, eumdem R. ab honore illo deposuimus. Circa quem pietatis et misericordiæ mansuetudine moti, sibi præbendam et præposituram in eadem Beati Aniani ecclesia dimisimus, et famæ integritatem sibi conservavimus. Quapropter regiam serenitatem rogamus quatenus pro honore illo ei restituendo nos tuis precibus nulla ratione sollicites, nec aliorum super hoc preces exaudias.

Datum apud Clarummontem, vii Kal. Julii.

CCCLVII.

Ad Ludovicum Francorum regem. — Commendat ipsi archidiaconum Bituricensem; de rebus Germanicis bene sperare jubet

(Ap. Anicium, Jun. 30.)
[Mansi, *Concil.*, XXI, 1007.]

Alexander episcopus, servus servorum Dei, charissimo in Christo filio Ludovico, illustri Francorum regi, salutem et apostolicam benedictionem.

Dilectum filium nostrum C. archidiaconum Bituricensem, clericum tuum, quem nobiscum, de regia serenitate confisi, hucusque retinuimus, ad te duximus remittendum, et ipsum excellentiæ tuæ attentius commendantes, magnificentiam tuam per apostolica scripta rogamus atque monemus, quatenus pro reverentia B. Petri ac nostra, et illius devotionis ac fidelitatis obtentu, quam circa regiam celsitudinem multipliciter gerit, diligere, ac manu tenere intendas, et in sua justitia de consueta clementia confovere. Ad hoc, quoniam te sicut charissimum et specialem Ecclesiæ filium, et Catholicum principem, ac regem Christianissimum, de statu Ecclesiæ et nostro sollicitum et studiosum existere minime dubitamus, et de novis illis quæ de Alemannia nuper venerunt, mœstitiam aliquam concepisse : magnitudinem tuam rogamus, atque monemus, quatenus a Domino confortatus, speres plenius et confidas, quod ea quæ ille persecutor Ecclesiæ, qui cum ipsa simulatam semper pacem quæsivit, adversus illam et in detrimentum ejus provenire credit, in sui ipsius verecundiam et erubescentiam procul dubio redundabunt. Sicut enim pro certo accepimus, et dilectus filius noster Maguntinus electus serenitati tuæ poterit plenius intimare, de tota terra sua nonnisi tres absolutum juramentum præstare potuit coercere. Alii siquidem multi sine ipsius licentia discesserunt, et illi qui cum conditione jurarunt, jam sunt a conditione apposita absoluti. Cætera prænominatus archidiaconus sublimitati tuæ viva voce latius explicabit.

Datum apud Anicium, ii Kal. Julii.

---

(55) In censu possessionum Illidiani monasterii hac in bulla exhibito, nulla est mentio donorum a Geraldo sacerdote an. circiter 980 collatorum, de quo hæc leguntur in veteri instrumento authentico : « Vinea una quæ est in villa quæ vocatur ad Noals campus ad Sedoc : arziolium unum, ad fontem Salvamane, trilia ad Medium-planetum, in cultura de villa Pomerios vineam unam quæ vocatur ad illos Plaus. »

CCCLVIII.

Ad Henricum Remensem archiepiscopum. — Pro Radulfo presbytero, ut ecclesia sua ei reddatur.

(Ap. Alestam, Jul. 5.)

[MARTEN., *Ampl. Collect.*, II, 716.]

ALEXANDER episcopus, servus servorum Dei, venerabili fratri HENRICO, Remensium archiepiscopo, salutem et apostolicam benedictionem.

Cum olim Senonis præsentes essemus, importunitate Radulfi presbyteri, præsentium latoris, commoti, venerabili fratri nostro Catalaunensi episcopo nos mandasse meminimus ut nisi in Ecclesia sua commissa assiduus esset, ei jam dictam Ecclesiam auferret, et alium in ea presbyterum ordinaret. Ipse vero, nulla, sicut ait, alia causa considerata, ei Ecclesiam abstulit, et in ipsa sacerdotem instituens, quod grave est, cum excommunicationis sententia innodavit, universis de decanatu Virtuensi sub intimatione anathematis prohibens, ne quilibet eum in terra nativitatis suæ ultra unam noctem recipiant, sed ipsum tanquam excommunicatum evitent. Quia vero ejus tædio affecti, hoc ad terrorem eidem incutiendum præfato episcopo mandavimus, nec venit nobis in mentem ut si assiduitatem in Ecclesia vellet habere, ex nostri mandati occasione taliter spoliaretur, fraternitati tuæ per apostolica scripta mandamus, quatenus præfatum episcopum ex nostra et tua parte convenire studeas, et sollicite commonere, ut prænominato sacerdoti ecclesiam suam cum omni integritate, nulla postposita dilatione, restituat, et si nullo crimine notorio tenetur, quo possit legitime convinci, eum publice absolutum esse denuntiet, et ab omnibus ejusdem parochiæ faciat pro absoluto haberi. Si autem id ad mandatum nostrum et commonitionem tuam facere forte noluerit, tu rei veritatem diligenter inquiras, et si absque alia manifesta et rationabili causa prædictum sacerdotem excommunicatum fuisse cognoveris, ipsum absolvas, et ecclesiam sibi facias sine mora restitui. Præterea, volumus atque mandamus ut sibi a decano Virtuensi et a Warina de Alneto nullam indebitam molestiam vel gravamen permittas inferri.

Data apud Alestam, III Nonas Julii.

CCCLIX.

Ad Clerembaldum Sancti Augustini electum et monachum. — Ut, omni appellatione cessante, Ecclesiæ Cantuar. professionem faciat.

(Apud Montempessulanum, Jul. 10.)

[*Epist. S. Thomæ* ed. GILES, II, 109.]

ALEXANDER papa CLEREMBALDO, Sancti Augustini electo, et monacho.

Antecessorum nostrorum piæ recordationis Anastasii et Adriani, Romanorum pontificum, vestigia prosequentes, sicut tibi, dilecte fili electe, per apostolica scripta nos mandasse recolimus, ita discretioni tuæ iterato mandamus, ut omni appellatione cessante, venerabili fratri nostro Thomæ Cantuariensi archiepiscopo et ecclesiæ suæ professionem facias, sicut antecessores tuos constat fecisse. Ita quidem quod postea, si tu vel successores tui volueritis aliquo tempore adversus Ecclesiam Cantuariensem quæstionem de jure movere, nullum, ex hoc vobis, et ecclesiæ vestræ præjudicium inposterum generetur, nec occasione hujus professionis personæ sive ecclesiæ novum aut indebitum gravamen aliquod inferatur.

Datum apud Montempessulanum, VI Idus Julii.

CCCLX.

Ad principes, comites, barones et universos Dei fideles. — De subsidiis in Oriente contra Saracenos mittendis.

(Ap. Montempessulanum, Jul. 14.)

[RYMER, *Fœdera*, I, 21.]

ALEXANDER episcopus, servus servorum Dei, dilectis filiis, principibus, comitibus, baronibus et universis Dei fidelibus, ad quos litteræ istæ pervenerint, salutem et apostolicam benedictionem.

Quantum prædecessores nostri Romani pontifices pro liberatione Orientalis Ecclesiæ laboraverint, antiquorum relatione didicimus, et in gestis eorum scriptum reperimus.

Prædecessor etenim noster, felicis memoriæ Urbanus papa, tanquam tuba cœlestis intonuit et ad ipsius liberationem sanctæ Romanæ Ecclesiæ filios de diversis mundi partibus sollicitare curavit; ad ipsius siquidem vocem innumerabiles Christi fideles, charitatis ardore succensi, convenerunt, et maximo congregato exercitu, non sine magna proprii sanguinis effusione, divino eos auxilio comitante, civitatem illam in qua Salvator noster pro nobis pati voluit, et gloriosum ipsius sepulcrum passionis suæ nobis memoriale dimisit, et plures alias, quas prolixitatem vitantes, memorare supersedimus, a paganorum spurcitia liberarunt.

Quæ per gratiam Dei et patrum nostrorum studium, qui per intervalla temporum ea defendere et Christianum nomen in partibus illis dilatare pro viribus studuerunt, usque ad nostra tempora a Christianis detentæ sunt et aliæ urbes infidelium ab ipsis viriliter expugnatæ; præteritis autem temporibus, ipsius populi peccatis exigentibus, quod sine magno dolore et gemitu proferre non possumus, Edessa civitas, quæ nostra lingua *Roas* vocatur, quæ etiam, ut fertur, cum quondam in Oriente tota terra a paganis detineretur, ipsa sola sub Christianorum potestate Domino serviebat, ab inimicis crucis Christi capta est, et multa castella Christianorum ab ipsis occupata; ipsius quoque civitatis archiepiscopus cum clericis suis et multi alii Christiani ibidem interfecti sunt, et sanctorum reliquiæ in infidelium conculcatione datæ sunt et dispersæ.

Pro qua utique recuperanda Pater et prædecessor noster sanctæ recordationis Eugenius papa exhortaterias per diversas partes orbis litteras destinavit, ad cujus exhortationem cum ad partes illas innumera populi multitudo accessisset, nescimus quo occulto Dei judicio, nihil penitus profecerunt; sed eadem civitas in eorumdem inimicorum Christi ditione et potestate remansit.

Nunc vero temporibus nostris usque adeo feritas paganorum invaluit, quod usque ad portas ipsius Antiochenæ civitatis iidem Saraceni crudeliter debacchentur; et usque adeo quod princeps ejusdem civitatis, multis nobilibus viris et strenuis captis et interfectis, in eorum inciderit potestatem, et in ipsorum adhuc teneatur potestate captivus : timetur quoque et a pluribus formidatur, ne eadem Antiochena civitas et ipsa etiam civitas Jerosolymitana, in qua sacratissimum Domini et Salvatoris nostri Jesu Christi sepulcrum existit, quod et vos devotione fidelissima sæpenumero visitatis, in eorum manus deveniant, et locus ille sanctus, et a Christi fidelibus devotissime venerandus, ex eorum spurcitia maculetur.

Quia igitur melius est, venienti morbo vigilanter occurrere, quam ex quo corpus invaserit medicinam quærere et remedium invenire, universitatem vestram per apostolica scripta rogamus, monemus atque præcipimus, et in peccatorum vobis remissionem injungimus, ut qui Domini sunt, et maxime potentiores et nobiles viriliter accingantur, et infidelium multitudini quæ se tempus victoriæ super nos adeptam lætatur, sic occurrere, et Ecclesiam Orientalem, tanta patrum nostrorum ut prædiximus sanguinis effusione ab eorum tyrannide liberatam, ita defendere; et multa captivorum millia confratrum nostrorum de ipsorum manibus eripere, studeatis ut Christiani nominis dignitas nostro tempore augeatur, et vestra fortitudo, quæ per universum mundum laudatur, integra et illibata servetur.

Sit nobis etiam in exemplum bonus ille Matathias, qui pro paternis legibus conservandis, seipsum cum filiis et parentibus suis morti exponere, et quidquid in mundo possidebat, relinquere, nullatenus dubitavit; atque tandem divino cooperante auxilio, per multos tamen dolores de inimicis, tam ipse, quam sua progenies, viriliter triumphavit.

Nos autem, vestrorum quieti et ejusdem Ecclesiæ destitutioni paterna sollicitudine providentes, illis qui tam sanctum tamque necessarium opus, et laborem devotionis intuitu suscipere et perficere decreverint, illam peccatorum remissionem quam præfati prædecessores nostri Urbanus et Eugenius Romani pontifices instituerunt, auctoritate nobis a Deo concessa, concedimus et confirmamus, et possessiones sub sanctæ Ecclesiæ, nostra etiam et archiepiscoporum, episcoporum et aliorum prælatorum Ecclesiæ Dei protectione manere decernimus.

Auctoritate etiam apostolica prohibemus ut de omnibus quæ illi qui crucem acceperint quiete possederint nulla deinceps quæstio moveatur, donec de ipsius reditu vel obitu certissime cognoscatur.

Præterea quoniam illi qui Domino militant nequaquam in vestibus pretiosis nec cultu formæ, nec canibus, nec accipitribus, nec aliis quæ portendant lasciviam, debent intendere; prudentiam vestram in Domino commonemus ut, qui tam sanctum opus incipere decreverint, nullatenus in vestibus variis aut grisiis, sive in armis aureis vel argenteis intendant, sed in talibus armis, equis ac cæteris quibus vehementius infideles expugnent, totis viribus studium ac diligentiam suam adhibeant.

Quicunque vero ære premuntur alieno et tam sanctum opus puro corde incœperint, de præterito usuras non solvant; sed si ipsi vel alii per ejus occasionem usurarum astricti sunt sacramento vel fide, apostolica eos auctoritate absolvimus.

Liceat etiam eis terras sive cæteras possessiones suas postquam commoniti propinqui sive domini ad quorum feudum pertinent, pecuniam commodare, aut voluerint, aut noluerint, ecclesiis vel personis ecclesiasticis, vel aliis quoque fidelibus, libere et sine ulla reclamatione impignorare.

Peccatorum remissionem et absolutionem juxta eorumdem prædecessorum nostrorum institutionem omnipotentis Dei et beati Petri apostolorum principis, auctoritate nobis a Deo concessa, talem concedimus, ut qui tam sanctum iter devote incœperit, et perfecerit, sive ibidem mortuus fuerit, de omnibus peccatis suis quibus corde contrito et humiliato confessionem susceperit absolutionem obtineat, et sempiternæ retributionis fructum ab omnium bonorum remuneratore obtineat.

Datum apud Montemepssulanum, 11 Idus Julii.

CCCLXI.
Bulla Petro abbati Bonifontis directa.
(Ap. Montempessulanum, Jul. 21.)
[*Gall. Christ. nov.*, I, Instr., 180.]

ALEXANDER episcopus, servus servorum Dei, dilectis filiis PETRO, abbati monasterii Bonifontis, ejusque fratribus tam præsentibus quam futuris, regularem vitam professis in præfato monasterio.

Religiosis votis annuere, et ea operis exhibitione complere, officium nos invitat suscepti regiminis, et ordo videtur exigere rationis. Eapropter, dilecti in Domino filii, vestris justis postulationibus clementer annuimus, et præfatum monasterium in quo divino mancipati estis obsequio, sub beati Petri firma protectione suscipimus, et præsentis scripti privilegio communimus, in primis siquidem statuentes ut ordo monasticus qui secundum Dei timorem et beati Benedicti Regulam atque Cisterciensium fratrum institutionem in vestro monasterio institutus esse dignoscitur, perpetuis ibidem temporibus inviolabiliter observetur. Præterea quascunque possessiones, quæcunque bona idem monasterium impræsentiarum juste et canonice possidet, aut in futurum concessione pontificum, largitione regum vel principum, oblatione fidelium, seu aliis justis modis, præstante Domino, poterit adipisci, firma vobis vestrisque successoribus et illibata permaneant, in quibus hæc propriis duximus exponenda vocabulis:

Locum ipsum in quo abbatia sita est a quercu Genitheo usque ad rivulum de Manirera, ab Agunta de Silveyra usque ad cacumen montis Sancti Canii, ut recta linea vadit ad Exarlobin, totum locum de Exarlobin, abbatiam de Bolbona, cum grangiis et omnibus pertinentiis suis; abbatiam de Charitate, quæ Foleus dicitur, cum grangiis et omnibus pertinentiis suis; abbatiam de Campania cum grangiis et omnibus pertinentiis suis; terram de Bofartigua; totam terram de Cugurra, de Silva, de Silveyra, de Medas, de Grah, de Morters, de Osan, de sancta Maria, de Seih; ecclesiam de Seih, cum omnibus pertinentiis suis; locum de Labbatut, totam terram de Marera; locum de Sol; Aldemari de Castaus, totam terram de Gotald Cuguravel, totam terram de Ruera; domum Arnaldi Bonag de Casanova, de Ardinag, de Rochan, de Villanova; terram de Luha; terram Rogeri de Senadors, de Cassanha-Bella; grangiam de Nodas, cum pertinentiis suis; terram de Sedni; grangiam de Canet, de Carbona, de Riulan, de Laisla, de Querelag, de Borgal, de Rua, de Sancto Laurentio, cum omnibus pertinentiis suis; grangiam de Bonemayso, de Minag; totam terram alterius Minag, cum omnibus pertinentiis suis, totam terram de Quint, cum omnibus pertinentiis suis, domum comitis Convenarum de Salvetat S. Egidii; grangiam de Las, cum omnibus pertinentiis, totam terram de Spinaira, casale de Sagara, cum omnibus pertinentiis suis; Boscus cum omnibus pertinentiis suis; hospitale de Boseus, cum omnibus pertinentiis suis; Pentengens, cum omnibus pertinentiis suis; grangiam Sanctæ Fidei, cum omnibus pertinentiis suis; Estivam de Semestra, cum omnibus appenditiis, de Rivo majori, cum omnibus appenditiis suis; donum de pascuis comitis Convenarum Enardi, de punctis Galardæ uxoris ipsius, Bernardi de Turre, Bernardi de Montald, Ramundi Guillelmi de Beura, et fratrum ejus, sive laborum vestrorum, quos propriis manibus vel sumptibus vestris, sive de nutrimentis vestrorum animalium ultimas aut primitias a vobis nullus præsumat exigere; adjicientes etiam auctoritate apostolica interdicimus, ut quis fratrum vestrorum clericus sive laicus, post factam in vestro monasterio professionem, absque vestra licentia suscipere audeat, vel retinere; paci quoque et tranquillitati vestræ paterna sollicitudine providentes, auctoritate apostolica prohibemus ut infra clausuram locorum, sive grangiarum vestrarum, nullus violentiam vel rapinam, sive furtum facere, vel honorem capere audeat.

Decernimus ergo ut nulli omnino hominum liceat præfatum monasterium temere perturbare, aut ejus possessiones auferre vel ablatas retinere, minuere aut aliquibus vexationibus fatigare, sed omnia integra conserventur eorum pro quorum gubernatione et sustentatione concessa sunt usibus omnimodis profutura, salva in omnibus apostolicæ sedis auctoritate. Si qua igitur in futurum ecclesiastica sæcularisve persona, etc.

Ego Alexander, Catholicæ Ecclesiæ episcopus.

Ego Hubaldus, presbyter cardinalis tituli Sanctæ Crucis in Hierusalem.

Ego Joannes, presbyter cardinalis tituli Sanctæ Anastasiæ.

Ego Eguillinus, tituli Sancti Petri ad Vincula presbyter cardinalis.

Ego Arnaldus, Ostiensis episcopus.

Ego Bernardus, Portuensis et Sanctæ Rufinæ episcopus.

Ego Galterius, Albanensis episcopus.

Ego Hiacynthus, diaconus cardinalis Sanctæ Mariæ in Cosmedin.

Ego Otho, diaconus cardinalis Sancti Nicolai in Carcere Tulliano.

Ego Arditio, diaconus cardinalis Sancti Theodori.

Ego Boso, diaconus cardinalis Sanctorum Cosmæ et Damiani.

Ego Cynthius, diaconus cardinalis Sancti Adriani.

Ego Raimundus, diaconus cardinalis Sanctæ Mariæ in Via Lata.

Datum apud Montempessulanum per manum Hermanni sanctæ Romanæ Ecclesiæ subdiaconi et notarii, XII Kal. Augusti, indictione XIII, Incarnat. Dominicæ anno 1164, pontificatus vero domini Alexandr' papæ III anno IV. *Cum sigillo dicti domini pontificis.*

CCCLXII.

Monasterium S. Danielis Venetiarum sub protectione B. Petri recipit, sua bona ei confirmat, atque alia privilegia impertitur.

(Ap. Montempessulanum, Jul. 27.)

[CORNELIUS, *Ecclesiæ Venetæ*, IV, 189.]

ALEXANDER episcopus, servus servorum Dei, dilectis filiis ARNOLDO, priori monasterii S. Danielis de Venetia, ejusque f. atribus regulariter substituendis in perpetuum.

Piæ postulatio voluntatis debet effectu prosequente compleri, et ut devotionis sinceritas laudabiliter enitescat, et utilitas postulata vires indubitanter assumat. Eapropter, dilecti in Domino filii, vestris justis postulationibus clementer annuimus, et præfatum monasterium quod specialiter ad jus Fructuoriensis monasterii spectat, in quo divino mancipati estis obsequio sub beati Petri et nostra protectione suscipimus et præsentis scripti privilegio communimus, statuentes ut quascunque possessiones, quæcunque bona idem monasterium in præsentiarum juste et canonice possidet, aut in futurum concessione pontificum, largitione regum vel principum, oblatione fidelium, seu aliis justis modis, Domino præstante, poterit adipisci, firma vobis vestrisque successoribus et illibata permaneant. In quibus hæc propriis duximus exprimenda vocabulis : Ecclesiam S. Blasii de Canale cum omnibus suis pertinentiis, tam in decimis quam in aliis ; capellam Sanctæ Agathæ cum omnibus suis possessionibus Rimanorum (quas) possidetis ; quidquid in Tervisino et Paduano episcopatibus habetis; quidquid in Paralacto vel in fundo Danorii in episcopatu Ferrariæ habet s. Nulli quoque liceat post factam in monasterio vestro professionem, absque prioris sui licentia de claustro discedere ; discedentem vero absque communium litterarum cautione nullus audeat retinere.

Decernimus ergo, ut nulli omnino hominum liceat præfatum monasterium temere perturbare aut ejus possessiones auferre vel ablatas retinere, minuere, seu quibuslibet vexationibus fatigare, sed omnia integra conserventur eorum pro quorum gubernatione et sustentatione concessa sunt, usibus omnimodis profutura, salva sedis apostolicæ auctoritate et diœcesani episcopi canonica justitia. Si qua igitur in futurum ecclesiastica sæcularisve persona, etc.

Ego Alexander, Catholicæ Ecclesiæ episcopus.

Ego Hubaldus, Ostiensis episcopus.

Ego Bernardus, Portuensis et S. Rufinæ episcopus.

Ego Hubaldus, presb. card. tit. S. Crucis in Jerusalem.

Ego Joannes, presb. card. tit. S. Anastasiæ.

Ego Guillelmus, presb. card. tit. S. Petri ad vincula.

Ego Jacintus, diac. card. S. Mariæ in Cosmedin.

Ego Ardicio, diac. card. S. Theodori.

Ego Oddo diac., card. S. Nicolai in Carcere Tulliano.

Ego Cinthius, diac. card. Sancti Adriani.

Ego Petrus, diac. card. S. Eustachii juxta templum Agrippæ.

Ego Manfredus, diac. card. S. Mariæ in Via Lata.

Ego Raymundus, diac. card. S. Georgii ad Velum Aureum.

Datum apud Montempessulanum per manum Hermanni, S. Romanæ Ecclesiæ subdiaconi et notarii, vi Kal. Augusti, indictione xiii, Incarnationis Dominicæ anno 1165, pontificatus vero domni Alexandri papæ III anno vi.

CCCLXIII.

Rutenensi et Cadurcensi episcopis mandat ut de [Willelmi] episcopi canonicorumque Albiensium et monachorum Aureliacensium controversia decidant.

(Ap. Montempessulanum, Aug. 1.)
[BALUZ., *Miscell.* ed. Luc., III, 20.]

ALEXANDER episcopus, servus servorum Dei, venerabilibus fratribus Rutenensi et Caturcensi episcopis salutem et apostolicam benedictionem.

Causam quæ, inter venerabilem fratrem nostrum episcopum et canonicos Albienses et monachos Aureliacenses super ecclesia Viancii et super quibusdam aliis ecclesiis, necnon super aliis quibusdam querelis quas adversus se habent agitari dignoscitur, discretioni vestræ, de qua plene confidimus, audiendam committimus, et remoto appellationis obstaculo fine congruo terminandam. Quocirca fraternitati vestræ per apostolica scripta mandamus quatenus, cum exinde fueritis requisiti, utramque partem ante vestram præsentiam convocetis, et rationibus hinc inde auditis plenius et cognitis, eamdem causam mediante justitia, sine appellationis remedio, decidatis.

Datum apud Montempessulanum, Kal. Augusti.

CCCLXIV.

Monachos Aureliacenses de superiore epistola certiores facit.

(Ap. Montempessulanum, Aug. 1.)
[*Ibid.*]

ALEXANDER episcopus, servus servorum Dei, dilectis filiis monachis Aureliacensibus, salutem et apostolicam benedictionem.

Causam quæ inter vos et venerabilem fratrem nostrum episcopum et canonicos Albienses super ecclesia Viancii et super aliis quibusdam ecclesiis, necnon et super aliis quibusdam querelis quas adversus vos habent agitari dignoscitur, venerabilibus fratribus nostris Ruthenensi et Caturcensi episcopis commisimus audiendam et appellatione remota fine congruo terminandam. Quocirca per apostolica vobis scripta mandamus quatenus cum ab eis propter hoc fueritis evocati, eorum præsentiam adeatis, et quidquid inter vos exinde judicaverint, sine appellatione suscipiatis firmiter et servetis.

Datum apud Montempessulanum, Kal. Augusti.

CCCLXV.

Ad Gislebertum Cisterciensem et reliquos ejusdem ordinis. — Eorum instituta confirmat et privilegiis ornat.

(Ap. Montempessulanum, Aug. 5.)
[MANSI, *Concil.*, XXI, 939.]

ALEXANDER episcopus, servus servorum Dei, dilectis filiis GISLEBERTO Cisterciensi, et cæteris abbatibus et monachis, tam præsentibus quam futuris, regularem vitam et instituta Cisterciensis ordinis professis in perpetuum.

Sacrosancta Romana Ecclesia, sicut in beato Petro apostolorum principe a Domino promissionem obtinuit, quod universalis Ecclesiæ fundamentum existeret, et præceptum accepit, ut Christianæ fidei professores in fide, et religione omnique sanctimonia confirmaret, ita pro universarum Ecclesiarum profectibus sollicitam se semper exhibuit, et de instituendo, conservando et provehendo in omnibus Ecclesiis cultu sacræ religionis fuit omni tempore studiosa, ita ut ab ea sicut a fonte ad universos Ecclesiæ filios sit religio derivata : et quod ab aliis qui Spiritus primitias acceperunt, religiose ac salubriter institutum est, per eamdem immutabilem acceperit firmitatem. Inde est, dilecti in Domino filii, quod sacræ religionis vestræ opinione, tanquam agri pleni cui benedixit Dominus, provocati, religiosis precibus vestris auctoritate apostolica confirmamus. In quibus sub certis capitulis, quæ inferius annexa sunt, decrevimus exprimenda :

Primum quidem, ut in omnibus monasteriis vestris, sicut in Cisterciensi Ecclesia, beati Benedicti Regula perpetuis temporibus observetur, et in lectionem ejus nullus de ordine vestro præter simplicem et communem intelligentiam quemlibet alium sensum inducat; sed uniformiter, et sicut quæque diffinita noscuntur, intelligantur ab omnibus, et inviolabiliter observentur, et eædem penitus observantiæ, idem cantus, et iidem libri qui ad ecclesiasticum officium pertinent, per omnes Ecclesias vestri ordinis teneantur, nec aliqua omnino Ecclesia vel persona ordinis vestri adversus communia ipsius ordinis instituta privilegium aliquod postulare audeat, vel obtentum quomodolibet retinere.

Deinde ut nulla Ecclesiarum vestrarum ei quam genuit aliquam terrenæ commoditatis seu rerum temporalium exactionem imponat, nil quod eam gravet, nil quod ejus substantiam minuat, erga eam agere disponat ne dum abundare de alterius paupertate cupit, avaritiæ malum, quod, secundum Apostolum idolorum servitus comprobatur (*Gal.* v), evitare non possit. Curam tamen animarum abbas matris Ecclesiæ in ea gratia charitatis sibi retineat, ut si quando a sancto proposito et observantia sanctæ regulæ declinare (quod absit) tentaverit, per ejus sollicitudinem ad rectitudinem vitæ redire possit.

Item, ut omnes abbates ordinis vestri singulis annis ad generale capitulum Cisterciense, postposita omni occasione, conveniant; illis solis exceptis, quos a labore viæ infirmitas corporis retardaverit. Qui tamen idoneum nuntium delegare debebunt, per quem necessitas remorationis eorum capitulo valeat nuntiari. Et illis item exceptis, qui in remotioribus partibus habitantes, sine grandi et evidenti difficultate singulis annis se nequiverint capitulo præsentare : qui nimirum eo tempore veniant, quod in ipso eis capitulo fuerit institutum. Quod si aliqua controversia inter aliquos abbates ordinis vestri emerserit, vel de aliquo eorum tam gravis culpa fuerit prolata, ut suspensionem vel etiam depositionem mereatur, quidquid exinde a capitulo fuerit secundum vestrum ordinem diffinitum, sine retractatione aliqua observetur. Si vero pro diversitate sententiarum in discordiam causa devenerit, illud irrefragabiliter teneatur, quod abbas Cisterciensis, qui pro tempore fuerit cum his qui sanioris consilii et magis idonei apparuerint, judicabit.

Hoc obsecro, ut nemo eorum, ad quos specialiter causa respexerit, diffinitioni debeat interesse. Si quis autem abbas pro inutilitate vel pusillanimitate sua se viderit ab abbatiæ suæ ordine relaxandum, ab abbate domus illius, unde sua processit, humiliter postulet relaxari. Qui tamen petitioni ejus non leviter acquiescet, nec quidquam sua auctoritate efficiet, sed congregatis aliquantis abbatibus ordinis vestri, cum eorum consilio peraget, quod inde pariter viderint adimplendum.

Si quis autem abbatum ordinis contemptor, vel ordinis prævaricator, aut commissorum sibi fratrum vitiis consentiens apparuit, abbas matris Ecclesiæ per seipsum vel priorem suum, vel quomodo melius noverit expedire, eum ut corrigatur admoneat usque quater. Quod si culpam suam corrigere, vel a susceptæ provisionis officio cedere forte noluerit, aliquanti abbates ordinis vestri in nomine Domini aggregentur, et communicato consilio, si viderint opportunum, eum a regimine submoveant abbatiæ; ac postmodum alter qui dignus sit, consilio et voluntate patris abbatis a monachis domus illius cum abbatibus, si qui ad eam pertinent, eligatur. Si autem is qui deponitur, vel monachi ejus, datæ in eum sententiæ contumaciter decreverint reluctandum, abbas matris Ecclesiæ cæterique abbates plenam habeant potestatem censura eos districtionis ecclesiasticæ coercendi. De quibus sane si quis, reversus ad cor et de sua contumacia resipiscens, matris suæ misericordiam humiliter postulaverit, sicut filius pœnitens recipiatur.

Quandiu autem aliqua Ecclesiarum vestrarum abbate proprio fuerit destituta, pater abbas, de cujus domo domus illa exivit, omnem curam habeat ordinationis domus illius, donec in ea abbas alius eligatur. Electus autem nulli archiepiscoporum vel episcoporum emancipatus vel quasi absolutus tradatur. Sed nec post factam archiepiscopo vel episcopo suo professionem, occasione ejus ordinis sui constitutiones transgrediatur, vel in aliquo prævaricator ejus existat.

Præterea, si forte abbates ordinis vestri matrem vestram Cisterciensem Ecclesiam a sacræ religionis observantia exorbitare perspexerint, ipsius loci abbatem per quatuor primos abbates, de Firmitate, de Pontiniaco de Claravalle, et de Murimundo, ut corrigatur, et subditos suos corrigere laboret admoneant, et omnia quæ de aliis abbatibus supra diximus circa eum adimpleant, excepto quod si sponte cedere noluerit, nec deponere eum, nec si contumax apparuerit excommunicationis sententia poterunt innodare, donec vel in generali capitulo, vel, si illud visum fuerit sine grandi periculo exspectari non posse, convocatis abbatibus qui de Cistercio exierunt et aliquibus etiam aliorum, virum inutilem ab officio abbatis amoveant, et tam ipsi quam abbates et monachi Cistercienses alium idoneum abbatem ei studeant subrogare. In illum porro qui depositus fuerit, et monachos ejus, si recalcitrare præsumpserint, sententiam severitatis ecclesiasticæ non dubitent promulgare. De quibus post hæc si aliquis culpam suæ contumaciæ recognoscens, ad aliquam quatuor prædictarum Ecclesiarum se salutis causa contulerit, sicut domesticus recipiatur, quoadusque, prout conveniens fuerit, suæ restituatur Ecclesiæ. Interim autem annuus abbatum conventus non apud Cistercium, sed ubi a quatuor praenominatis abbatibus praevisum fuerit celebretur.

Quoniam autem Cisterciensis Ecclesia mater est omnium vestrum, et alium Patrem abbatem super se non habet, sicut ad cautelam et ordinis custodiam statuistis, per eosdem abbates annua ibidem fiat visitatio, et ad suggestionem eorum secundum ordinem vestrum corrigatur, si quid invenerit corrigendum. Sed et quoties sine abbate proprio domus Cisterciensis exstiterit, ad ipsos quatuor ejus cura respiciat, et tam ab eis quam ab aliis abbatibus ad Cistercium pertinentibus, qui per dies ad minus xv fuerint convocati, et a monachis Cistercii persona idonea eligatur.

Liceat autem unicuique matri Ecclesiae ordinis vestri, tam de monachis quam de ipsis abbatibus Ecclesiarum, quae ab ipsa processisse noscuntur, sibi quemcunque voluerint, si tamen dignus exstiterit, assumere in abbatem. Personam autem de alio ordine nulla Ecclesiarum vestrarum sibi eligat in pastorem, sicut nec vestri ordinis aliquis in abbatem alicui alterius ordinis monasterio ordinetur.

Haec igitur de multis institutionibus ordinis vestri excerpsimus, et propriis curavimus capitulis designare, adjicientes ut nullus episcoporum abbatis vel grangiis vestris aliqua religiosorum seu saecularium habitatione, unde vobis inquietatio possit provenire, superaedificari permittat, sed eos, qui superaedificare tentaverint, ne id faciant, ab episcopis quorum dioecesani sunt, sub anathematis interminatione prohibeant. Nemo etiam professos vestros monachos vel conversos sine licentia abbatum suorum recipiat, aut susceptos audeat retinere. Quia vero singula, quae ad religionis profectum et animarum salutem regulariter ordinastis, praesenti abbreviationi nequiverunt annecti, nos cum his quae praescripta sunt, omnia quae continentur in charta vestra, quae appellatur charitatis, et quaecunque inter vos religionis intuitu regulariter statuistis, auctoritate apostolica roboramus, et vobis vestrisque successoribus, et omnibus qui ordinem vestrum professi fuerint, inviolabiliter perpetuis temporibus decernimus observanda. De caetero, quia propositum firmum habetis, habitationi vestrae loca extra conversationem saecularium eligendi, grangias vestras, sicut ecclesias, a pravorum incursu ac violentia liberas ac quietas fore statuimus, et ut nullus ibi hominem capere, spoliare, verberare, aut rapinam exercere praesumat, in virtute sancti Spiritus inhibemus, sancientes etiam ut propter communia interdicta terrarum nulla ecclesiarum vestrarum a divinis compellatur officiis abstinere. Interdicimus iterum ne aliqua omnino persona fratres ordinis vestri audeat ad saecularia judicia provocare. Sed quisquis sibi adversus eos aliquid crediderit de jure competere, sub ecclesiastici judicis examine experiendi habeat facultatem, salva in omnibus sedis apostolicae auctoritate.

Decernimus ergo ut nulli omnino hominum liceat hanc paginam nostrae confirmationis infringere, vel praescriptas institutiones vestras ausu temerario violare. Si quis autem hoc attentare praesumpserit, secundo tertiove commonitus, si non satisfactione congrua emendaverit, potestatis honorisque sui dignitate careat, reumque se divino judicio existere de perpetrata iniquitate cognoscat, et a sacratissimo corpore et sanguine Dei ac Domini nostri Redemptoris Jesu Christi alienus fiat, atque in extremo examine districtae subjaceat ultioni. Servantibus autem haec sit pax Domini nostri Jesu Christi, quatenus et hic fructum bonae actionis percipiant, et apud districtum judicem praemia aeternae pacis inveniant. Amen.

CCCLXVI.

Pontio archiepiscopo Narbonensi et [Guillelmo] episcopo Biterrensi mandat ne Fontem calidum auferri ecclesiae Vallis-crosae patiantur.

(Ap. Montempessulanum, Aug. 6.)
[Hugo, Annal. Praem., 1, Pr., 566.]

ALEXANDER episcopus, servus servorum Dei, venerabilibus fratribus PONTIO Narbonensi archiepiscopo et Biterrensi episcopo, salutem et apostolicam benedictionem.

Conquestiones dilecti nostri prioris Valliscrosae nuper accepimus, quod Bernardus et Guillelmus de Capulis, Berengarius quoque de Niciano et Bernardus de Durafort laici, instinctu quorumdam clericorum D. B. et Stephani de Corneliano, Arnaldi quoque et Pontii Maureliani conversi, quemdam honorem et locum qui dicitur Fons-Calidus auferre et ecclesiae suae praesumunt..... Unde fit ut universis Dei fidelibus et praesertim viris religiosis cum nos in nostra justitia existamus debitores, fraternitati vestrae per praesentes mandamus quatenus jam dictos homines commonere diligentius et convenire curetis, ut praescriptum honorem et locum commemorato priori et ecclesiae suae cito resignent, aut sibi in vestra praesentia sufficientem exinde indemnitatem, appellatione remota, facere proponant. Quod si alterum istorum effectui mancipare neglexerint, illos et principales fautores eorum, usque ad condignam satisfactionem excommunicationis sententia feriatis.

Datum apud Montempessulanum, VIII Idus Augusti.

CCCLXVII.

Ad Ludovicum Francorum regem. — Ut Thomae exsulanti episcopatum aut abbatiam det, si vacaverint.

(Apud Montempessulanum, Aug. 6.)
[Epist. S. Thomae, ed. GILES, II, 113.]

ALEXANDER episcopus, servus servorum Dei, charissimo in Christo filio LUDOVICO, illustri Francorum regi, salutem et apostolicam benedictionem.

Qualiter venerabilis in Christo frater noster Thomas, Cantuariensis archiepiscopus, pro tuenda Ecclesiae libertate et devotione nostra, a sede propria decreverit potius exsulare quam in detrimentum nostrum et jacturam Ecclesiæ ullatenus consentire; ad quas etiam necessitates ipsum cum aliis prudentibus et discretis viris, qui eum etiam in adversitate tam laudabiliter quam fideliter imitantur, si (quod Deus avertat) diu persecutio duraverit, oporteat devenire, tua satis excellentia recognoscit. Unde, licet regiam magnitudinem ad opera pietatis ita noverimus semper esse intentam, ut etiam cessantibus nostris precibus, his qui pro Deo et justitia et unitate catholica persecutionem sustinent, sola pietate monitus auxilium conferas et solamen, quod etiam in ipso fratre nostro jam maxime experti sumus, tamen regiam magnitudinem sollicitis in Domino precibus exoramus, monemus et exhortamur attentius, quatenus obtentu divinæ pietatis, et pro reverentia beati Petri ac nostra, considerato etiam quod, reddita nobis et sibi a Deo pace, plurimum obsequii et honoris per eum tuæ poterit excellentiæ provenire, si quem episcopatum aut abbatiam in regno tuo interim vacare contigerit, sibi ad sustentationem sui et suorum, donec pax de cœlo nobis desiderata donetur, regia liberalitas faciat assignari. Ex hoc enim et Deum te credimus indubitanter habere debere propitium, et nos ipsos in hoc tibi satis reddes obnoxios.

Datum apud Montem Pessulanum, VIII Idus Augusti.

CCCLXVIII.

Ad Joannem episcopum et canonicos Magalonenses. — Restitui faciant priori S. Mariæ altare et oblationes ecclesiæ S. Salvatoris, olim ab Adriano IV concessas Guillelmo domino et populo Montispessulani ad ecclesiam relevandam.

(Ap. Montempessulanum, Aug. 8.)

[D. Bouquet, *Recueil*, XV, 342.]

Alexander episcopus, servus servorum Dei, venerabili fratri Joanni episcopo et dilectis filiis canonicis Magalonensibus, salutem et apostolicam benedictionem.

Sicut ex litteris bonæ memoriæ Adriani, prædecessoris nostri, nobis innotuit, dilectis filiis nostris, nobili viro Guillelmo et populo Montis Pessulani oblationes altaris S. Salvatoris ad ecclesiam relevandam per quinque annos tali conditione tenendas idem prædecessor noster concessit, ut eo tempore peracto, altare ipsum et oblationes ad manus dilecti filii nostri prioris ecclesiæ S. Mariæ, sine alicujus contradictione redirent. Quia vero, præscripto termino jam diu peracto, memorati viri altare illud et oblationes adhuc detinere dicuntur, discretioni vestræ per apostolica scripta mandamus quatenus, juxta memorati prædecessoris nostri statutum, tam altare prædictum quam oblationes in manus et potestatem præfati prioris, nisi ea forte de assensu et voluntate ipsius valeant retinere, omni occasione et excusatione cessante, restituere faciatis.

(54) Insolens et erronea hæc pontificatus clausula.

Datum apud Montempessulanum, VI Idus Augusti, pontificatus nostri anno quarto (54).

CCCLXIX.

Ad Ludovicum Francorum regem. — Willelmum, electum Carnotensem episcopum regi commendat: hortatur ut sit constans in defendenda Ecclesiæ causa adversus Fridericum imperatorem.

(Ap. Montempessulanum, Aug. 19.)

[Mansi, *Concil.*, XXI, 1018.]

Alexander episcopus, servus servorum Dei, charissimo in Christo filio Ludovico, illustri Francorum regi, salutem et apostolicam benedictionem.

Dilectum filium nostrum W. Carnotensem electum ad nostram præsentiam venientem, tum magnificentiæ tuæ obtentu, tum totius sanguinis sui respectu, et suæ honestatis ac probitatis intuitu, paterna benignitate suscepimus: et ipsum, dum apud nos fuit, prout decuit, honeste ac benigne tractantes, in suis petitionibus prompto animo curavimus exaudire. Eum itaque cum amoris nostri et gratiæ plenitudine ad propria remittentes, licet de superabundanti quodammodo videatur, regiæ excellentiæ propensius commendantes: serenitatem tuam per apostolica scripta rogamus, monemus et exhortamur attentius, quatenus ipsum pro reverentia beati Petri ac nostra, et suæ nobilitatis ac devotionis intuitu, diligere, manutenere propensius, et honorare intendas, et in justitia sua et commissæ sibi Ecclesiæ confovere: ut ipse idem circa regiam magnificentiam devotior omni tempore et fidelior debeat apparere, et nos quoque excellentiæ tuæ teneamur propter hoc gratiarum actiones uberrimas exhibere. Rogamus ad hæc celsitudinem tuam, et in Domino commonemus, quatenus causam Ecclesiæ, quam velut propriam suscepisti tuendam, manutenere satagas, et viriliter defensare, et ad exaltationem et incrementum Ecclesiæ, sicut hactenus magnanimiter fecisse dignosceris; studium et operam constanter impendas, et ad hoc, sicut rex Christianissimus et magnificus princeps, modis omnibus elabores. Nec te F. dicti imperatoris mandata ulla ratione commoveant, vel qualibet occasione perturbent. Confidas enim in Domino, et in potentia virtutis ejus, quod Ecclesiæ suæ in proximo pacem et tranquillitatem restituet, et tam tu, quam cæteri Ecclesiæ fideles, immensæ jucunditatis lætitia perfruemini.

Datum apud Montempessulanum, XIV Kalend. Septemb.

CCCLXX.

Guinardi comitis Ruscinonensis patrimonium confirmat.

(Ap. Montempessulanum, Aug. 19.)

[Mansi, *Concil.*, XXI, 1061.]

Alexander episcopus, servus servorum Dei, dilecto filio nobili viro G. comiti de Rossilione, salutem et apostolicam benedictionem.

Nobiles et illustres personæ quanto se beato Petro et nobis majori devotione subjiciunt, tanto eas Romana Ecclesia arctiori consuevit charitate diligere et in justitiis et honoribus suis propensius confovere. Eapropter tuæ devotionis obtentu, et dilecti filii nobilis viri Trencavel avunculi tui precibus inclinati, terram quæ te hæreditario jure contingit, nulla tibi quæstione ab adultera vel ejus filio facta, tibi auctoritate apostolica confirmamus et præsentis scripti patrocinio communimus, statuentes ut nulli unquam viro vel feminæ liceat tibi paternam hæreditatem contra justitiam auferre vel illicite perturbare. Si quis autem hoc temere attentare præsumpserit, indignationem omnipotentis Dei et beatorum Petri et Pauli apostolorum ejus se noverit incursurum.

Datum apud Montempessulanum, xiv Kal. Septembris.

CCCLXXI.

Pontio Narbonensi et Hug. Tarraconensi episcopis et [Artaldo] Elenensi et Gerundensi episcopis mandat ne Guinardi comitis Ruscinonensis patrimonium invadi a nothis ejus fratribus patiantur.

(Ap. Montempessulanum, Aug. 19.)

[*Ibid.*, col. 1062.]

ALEXANDER episcopus, servus servorum Dei, venerabilibus fratribus PONTIO Narbonensi et HUG. Tarraconensi, archiepiscopis, Helenensi quoque et Gerundensi episcopis, salutem et apostolicam benedictionem.

Suggestum nobis est et certa quasi relatione monstratum quod pater nobilis viri G. comitis de Rossilione, legitima uxore dimissa, sibi aliam per adulterium copulavit. Unde tam ipse quam ejus adultera anathematis meruerunt vinculis innodari; et, sicut credimus, antecessor noster, bonæ memoriæ Eugenius papa, prohibuit ne filii qui ex adultera susciperentur, in paternam succederent hæreditatem. Cæterum quoniam secundum legum statuta filius est quem legitimæ nuptiæ demonstrant, nec filius sed spurius dicitur qui de adulterio nascitur, fraternitati vestræ per apostolica scripta mandamus quatenus ne illi jure successionis vel adultera aliquid de suprascripta hæreditate ratione donationis propter nuptias sibi vindicent, districtius prohibeatis, et hoc fieri nullatenus permittatis; et si quis eidem G. super hoc injuriam vel molestiam inferre præsumpserit, cum ad vos inde querela pervenerit, debitam de eo et plenam justitiam faciatis.

Datum apud Montempessulanum, xix Kal. Septembris.

CCCLXXII.

Ad Gilbertum Londoniensem episcopum. — Mandat illi ut pergat Henricum Angliæ regem monere ad devotionem Romanæ Ecclesiæ exhibendam ejusque jura tuendum, et Thomam Cantuariensem in favorem et gratiam recipiendum.

(In Gradu Mercurii, Aug. 22.)

[*Epist. S. Thomæ*, ed. GILES, II, 99.]

ALEXANDER episcopus, servus servorum Dei, venerabili fratri GILBERTO, Londoniensi episcopo, salutem et apostolicam benedictionem.

Quod circa ea, quæ tuæ injunximus fraternitati, efficax studium et diligentiam impendisti, et charissimum in Christo filium nostrum, illustrem Anglorum regem, super incremento et exaltatione Ecclesiæ ac nostra fideliter sollicitare ac commonere curasti, gratum omnimodis et acceptum habemus, et tibi exinde gratias uberrimas exsolventes, sollicitudinis tuæ prudentiam magnificis super hoc in Domino laudibus commendamus. Quoniam vero eumdem regem, tanquam filium charissimum et inclytum principem, arctiori charitate diligimus, idcirco per te, ac per venerabiles fratres nostros Rothomagensem archiepiscopum, et Herefordensem episcopum, nec non per charissimam in Christo filiam nostram, illustrem quondam Romanorum imperatricem, matrem ejus, sæpe ac sæpius ipsum sollicitandum duximus, et ad Ecclesiæ devotionem multimodis exhortationibus provocandum. Gaudemus autem et exsultamus in Domino super ea devotione ejusdem regis, quam tuis nobis litteris significasti. Cæterum, quoniam eum volumus devotum Ecclesiæ Dei esse et nobis, sicut ab ipso principio consuevit existere, rogamus fraternitatem tuam, monemus atque mandamus, quatenus ipsum diligenter, ac sæpe et sæpius, per te et alios commoneas, horteris modis omnibus, prout decuerit et inducas, ut ad ecclesiæ ejusdem honorem pariter et exaltationem solito modo intendat, et causam ipsius strenue foveat, manu teneat atque defendat, Ecclesias vero et ecclesiasticas personas diligat et honoret, et eorum jura conservet; venerabilem quoque fratrem nostrum Cantuariensem archiepiscopum in amorem et gratiam suam reducat. Nos enim, si eam, quam incepit, beato Petro in nobis reverentiam exhibuerit et honorem, eum ferventi affectione diligemus, et ad honorem et exaltationem ipsius, et conservationem regni sibi commissi omnibus, prout docuerit, intendemus. Malimus enim ipsum in patientia et mansuetudine vincere, quam eum aliquo modo gravare quandiu id poterimus sustinere. De cætero probitatem tuam rogamus, ut ex quo denarium beati Petri integre recollegeris, ad quod te volumus studium et diligentiam impendere, sicut per alia tibi scripta significavimus, ipsum dilecto filio nostro abbati S. Bertini per fidelem nuntium sub omni festinatione destinare studeas : et hoc, quam citius poteris, nobis significes.

Datum in Gradu Mercurii, xi Kalendas Septembris.

CCCLXXIII.

Ad Henricum Remensem archiepiscopum. — De ao mino papa, quomodo evasit manus insidiantium per mare, qui res suas, et eum et socios capere disponebant.

(Ap. Magalonem, Sept. 10.)

[MARTEN., *Ampl. Collect.*, II, 718.]

ALEXANDER episcopus, servus servorum Dei, ve-

nerabili fratri Henrico, Remensium archiepiscopo, salutem et apostolicam benedictionem.

Attendentes devotionis tuæ fervorem, et fidei sinceritatem, quam erga Romanam Ecclesiam, et personam nostram ab initio schismatis studiose exhibuisti, de statu Ecclesiæ et personæ nostræ, super quibus prudentiam tuam sollicitari nullatenus hæsitamus, discretioni tuæ dignum duximus significare. Inde siquidem est, quod ea quæ nobis accidere, priusquam iter versus Urbem arripuimus (55), ne forte sinistra relatione insinuata, animum tuum concutere valeant vel turbare, dilectioni tuæ ex ordine intimare curavimus. Noveris itaque nos circa octavas Assumptionis beatæ Mariæ omnem apparatum redeundi ad Urbem fecisse. Et cum jam venerabilem fratrem nostrum Albanensem episcopum et dilectos filios nostros Jac. Odo et W. Jan. cardinales, prout expediens erat, ante nos in quadam navi præmisissemus, opportuno tempore ad navem hospitalem, in qua transire disposueramus, cum reliquis fratribus nostris in duabus galeis accessimus, et omnes fere cardinales cum familiis et rebus suis ac nostris in eadem navi de mandato nostro se recepissent, et nos ipsi prius eo pariter vellemus conscendere, subito galearum Pisanorum multitudo de prope apparuit, quorum incursus formidantes, cum (56) Maguntino electo et duobus fratribus nostris Jo. Neapolit. et P., cardinalibus et duobus tantum servientibus, qui forte in eisdem galeis nobiscum remanserant, Magalonem, unde veneramus, sani et incolumes, reversi sumus. Præfata vero navis cum fratribus ac rebus nostris sine damno et absque ullo gravamine, sicut ab eisdem Pisanis prius ea accepimus, prospere ad locum properavit destinatum: quam in brevi, auctore Domino, prosequi parati sumus. Iidem quoque Pisani galearum comites cum multimoda protestatione in præsentia nostra postmodum asseverarunt, quod nullam offendendi personam nostram voluntatem vel propositum invadendi res nostras habuerunt. Confortare itaque in Domino, et ex hoc nullum damnum vel læsionem aliquam nisi moram nostram brevissimam nobis vel Ecclesiæ timeas proventuram, et hoc ipsum prout gestum est, omnibus coepiscopis tuis et convicinis personis ac principibus, quibus noveris expedire studeat discretio tua diligenti sollicitudine significare.

Data apud Magalonem, iv Idus Septemb.

CCCLXXIV.
Rogerio archiepiscopo Rhegiensi et successoribus ejus

pallii usum, jam a Gregorio VII et Eugenio III concessum, jusque consecrationis episcoporum sibi suffraganeorum, tam Græcorum quam Latinorum, confirmat. Privilegia Ecclesiæ Rhegiensi ab imperatoribus et regibus concessa affirmat, et Ecclesias Hieracensem, Sumanam, Tropeiensem, Neocastrensem, Bovensem, Oppidensem et Crotoniensem Rheginæ Ecclesiæ in posterum suffraganeas, ac subditas fore sedi apostolicæ decernit. — « *Datum Caietæ, an.* 1165, xiii *Kal. Decembris* (57). »

(Ughelli, *Italia sacra,* IX, 235.)

CCCLXXV.
Ad Henricum Remensem archiepiscopum. — *De receptione domini papæ in Urbe et de quadam muliere C.*

(Laterani, Nov. 24.)

[Marten., *Ampl. Collect.*, II, 719.]

Alexander episcopus, servus servorum Dei, venerabili fratri Henrico, Remensium archiepiscopo, salutem et apostolicam benedictionem.

A nostra vel successorum nostrorum memoria nullo tempore elabetur quomodo tu in devotione beati Petri ac nostra firmiter, semper et constanter persistere, et nobis non modicum honoris et reverentiæ, et larga obsequia curaveris exhibere. Unde nos id præ oculis nostris semper habentes, firmum propositum et promptam gerimus voluntatem, te sicut charissimum fratrem nostrum, et immobilem Ecclesiæ columnam, arctiori in Domino charitate diligere, et ad honorem et profectum tuum et commissæ tibi ecclesiæ ferventiori desiderio aspirare. Quia vero te prosperitatibus Ecclesiæ ac nostris congaudere plurimum et congratulari cognoscimus, præsentium significatione cognoscas, quod nos diversa maris pericula et graves hostium et iniquorum incursus divina potentia et apostolorum meritis evadentes, ad portum tandem salutis pervenimus, et a senatoribus populoque Romano devotissime invitati, ix Kal. Decembris (58) Urbem intravimus, cum omni pace et tranquillitate suscepti, et illam nobis et fratribus nostris reverentiam, honorem et devotionem prædicti senatores, nobiles civitatis, clerus et Romanus populus exhibuerunt, qua nulla major prædecessorum nostrorum, sicut omnium ora testantur, exhibita fuisse probatur. Unde credimus et de misericordia Christi speramus, quod Ecclesia Dei plena pace et optata prosperitate gaudebit. Rogamus autem prudentiam tuam atque monemus, quatenus in assumptæ devotionis fervore magnanimiter confortatus, alios exemplo tuo in beati Petri et nostra reverentia studeas solidare, et propensius roborare. De cætero veniens ad nos

---

(55) De reditu Alexandri papæ ad Urbem, deque insidiis ipsi in itinere paratis ita Nicolaus Trivetus in *Chronico* ad annum 1165 : « Alexander papa relinquens Senonem, ubi jam duobus fuerat annis, ad Montem-Pessulanum contendit, indeque navali expeditione perrexit ad terram regis Siciliæ Willelmi, cui nec in mari per piratas imperatoris insidiæ defuerunt. »

(56) Conrado, Ottonis palatini comitis de Witelsbach fratre, Friderici imperatoris affini, quem Al-

bericus tanquam virum honestum et magnanimum laudat, Alexandro papæ semper adhæsit, qui cardinalem eum creavit.

(57) Hujus privilegii meminit Ecclesiæ Rhegiensis Dyptica. Autographum cum cæteris monumentis et ipsa ecclesia ab impiissimis Turcis crematum fuit.

(58) Alexandri iii Urbem reditus contigit anno 1165, uti videre est apud Baronium et alios auctores

G. lator praesentium pro C. sorore sua gravem coram nobis querelam deposuit, quod ei haereditatem suam, quae Bremontellis vocatur, G. de Bald. et quidam alii parochiani tui contra justitiam abstulerunt, ipsamque illicite detinere praesumunt. Unde, cum eos in praeterito festo beati Joannis ad nostram propter hoc praesentiam appellasset, illi non venerunt, nec pro se responsalem aliquem destinaverunt. Nos vero eidem mulieri in justitia sua non volumus, sicut non debemus, deesse, et de tua discretione nihilominus confidentes, causam ipsam experientiae tuae committimus audiendam, et fine debito terminandam. Quocirca fraternitati tuae per apostolica scripta mandamus, quatenus cum exinde fueris requisitus, utramque partem ante tuam praesentiam convoces, et rationibus hinc inde diligenter auditis et cognitis, eamdem causam, si super ea fuerit appellatum, remota appellatione, justitia mediante, decidas.

Data Laterani, VIII Kal. Decembris.

CCCLXXVI.

Ad clericos in episcopatu Bangoriensi constitutos. — Ut episcopum eligant quem Thomas Cantuar. confirmet.

(Laterani, Dec. 10.)
[*Epist. S. Thomae*, ed. GILES, II, 91.]

ALEXANDER episcopus, servus servorum Dei, dilectis filiis universis clericis in episcopatu Bangorensium constitutis, salutem et apostolicam benedictionem.

Si quanta detrimenta et incommoda ecclesiis ex destitutione pastoris soleant provenire, consideratione sollicita pensaretis, ecclesia vestra tanto tempore praelato nullatenus caruisset, quanto ipsam audivimus destitutam fuisse. Unde, quoniam nostrum est de universis ecclesiis curam et sollicitudinem gerere et earum destitutioni paternae considerationis oculo providere; universitati vestrae per apostolica scripta praecipiendo mandamus et in virtute obedientiae vobis injungimus, quatenus juxta mandatum et consilium venerabilis fratris nostri Cantuariensis archiepiscopi aliquam personam idoneam et honestam vobis in pastorem et episcopum infra duos menses post harum susceptionem pari voto eligere studeatis; sub cujus regimine ecclesia vestra tam spiritualibus quam temporalibus cooperante Domino proficiat incrementis. Electum vero jam dicto archiepiscopo praesentetis, ut ipse si expedire cognoverit, electionem ejus confirmet, et eamdem congruo tempore studeat promovere. Alioquin eum quem memoratus archiepiscopus vobis assignaverit, omni occasione et appellatione cessante, in magistrum et episcopum recipiatis et ei reverentiam et obedientiam debitam studeatis humiliter exhibere. Praeterea quoniam in archidiaconatu memoratae ecclesiae vestrae filium patri quasi haereditario jure successisse audivimus, et eumdem archidiaconatum sine praenominati archiepiscopi auctoritate vel conscientia obtinere, nos quod taliter exinde factum est irritum esse decernimus et hoc auctoritate apostolica omnino cassamus.

Datum Laterani, IV Id. Decembris.

CCCLXXVII.

Ad priorem et fratres Cantuarienses. — Ut Thomae exsulantis inopiae subveniant.

[*Epist. S. Thomae*, ed. GILES, II, 38.]

ALEXANDER papa priori et fratribus Cantuariae.

Super religione vestra satis non possumus admirari, quod cum venerabilis frater noster archiepiscopus vester, pro vestra et totius Anglicanae Ecclesiae libertate laboret, et exsilium ac multa alia, quae tantum virum non decerent, sustineat, ipsum sicut patrem et magistrum vestrum digna consolatione respicere, et ejus necessitatibus noluistis hactenus subvenire. Unde quoniam ecclesiae vestrae jura et dignitates abjicere, et circa ea quodammodo videmini negligentes existere, qui jam dictum archiepiscopum, se pro his multis et diversis periculis exponentem, noluistis hucusque vel in modico adjuvare, universitati vestrae per apostolica scripta praecipiendo mandamus, et in virtute obedientiae firmiter vobis injungimus, quatenus eidem, infra duos menses post harum susceptionem, subventionem ita congruam exhibere curetis, quod quam et vos ipsos dedecere non debeat, sed ut idem filialem in vobis dilectionem, et fidem vestram per hoc valeat experiri, et ad ecclesiae vestrae libertates, et jura multimodis amplianda teneatur omni tempore ferventius aspirare. Nos quoque religionem vestram debeamus super hoc dignis laudibus in Domino commendare, et praescriptae ecclesiae vestrae dignitates suas, cum vos inde sollicitos viderimus, propensiori studio conservare.

CCCLXXVIII.

Ad Thomam Cantuariensem archiepiscopum. — Sententiam ab illo contra perversos quosdam latam confirmat.

[*Ibid.*, p. 11.]

ALEXANDER papa THOMAE, Cantuariensi archiepiscopo.

Quod juxta officii tui debitum circa libertatem Ecclesiae et jura ecclesiastica defensanda sollicitus et intentus existis, sollicitudinis et constantiae tuae prudentiam digna laude prosequimur, et eam in hac parte multimodis commendamus. Unde sententiam ecclesiasticam, quam in Ricardum de Ivelcestria, et Joannem de Oxenefordia, et in omnes alios Ecclesiae Dei perversores rationabiliter promulgasti, nulla ratione immutare curabimus, sed eam potius ratam et firmam auctore Domino habere decernimus.

CCCLXXIX.

Ad Henricum Trecensem episcopum. — Magistrum Herbertum, qui Thomae Cantuariensi archiepiscopo exsulanti comes adhaesit, commendat.

[*Ibid.*, p. 105.]

Trecensi episcopo.

Commissae tibi ecclesiae in nullo potes commodius providere, quam si in ea personas tales instituas, quæ scientia litterarum et morum honestate præfulgeant, et quarum virtutes eidem ecclesiæ magis videantur conferre, quam sibi de collato beneficio accrevisse. Tunc enim domus Domini procul dubio decoratur, cum in ordinatione illius, ab eo qui præest, ita secundum scientiam zelus Dei accenditur, quod non caro et sanguis aut generis nobilitas, sed potius merita personarum pensantur. Quantum autem dilectus filius noster magister Herbertus, pro litteris et honestate sua celebris habeatur et qualiter universis beneficiis quæ habebat, quia venerabili fratri nostro Cantuariensi archiepiscopo domino suo pro libertate commissæ sibi ecclesiæ exsulanti adhæsit, propter indignationem principis fuerit spoliatus, tuam non credimus cognitionem latere, cum id potueris jampridem sæpius audivisse. Eum itaque quem charum acceptumque tenemus, et cujus provisioni animo volumus libenti intendere, sinceritati tuæ, de qua certam spem et fiduciam plenam habemus quod nostris precibus non velit aliquatenus refragari, studiosius commendantes, fraternitatem tuam per apostolica scripta rogamus attentius et monemus, quod eidem præposituram quam dilectus filius noster Willelmus Carnotensis electus in ecclesia tua tenebat, pro reverentia beati Petri ac nostra et obtentu litteraturæ et probitatis suæ nec non et jam dicti archiepiscopi domini sui intuitu, concedas liberaliter et assignes, et apud præfatum electum partes tuas, ut tibi in hoc assensum et favorem suum indulgeat, efficaciter interponas. Ita quod memoratus Herbertum ad tuum et ecclesiæ tibi commissæ commodum pariter profectum teneatur omni tempore ferventer intendere; et nos id gratum omnimodis acceptumque tenentes, liberalitati tuæ multiplices debeamus propter hoc gratias exhibere et petitiones tuas libentius et efficacius promovere.

ANNO 1165?

CCCLXXX.

Ad Robertum Herefordensem episcopum — Illum reprehendit quod Thomæ archiep. in Ecclesiæ libertate tuenda minus quam debuerit astiterit.

[*Epist. S. Thomæ*, ed. GILES, II, 92.]

ALEXANDER papa ROBERTO Herefordensi episcopo.

Miramur plurimum, quod cum ante promotionem tuam virum religiosum et Deo devotum audierimus te exstitisse, postquam pontificalis es dignitatis culmen adeptus, videris in hoc aliquatenus tepuisse. Quod evidentius in eo comparet quod venerabili fratri nostro Cantuariensi archiepiscopo, metropolitano tuo, in Ecclesiæ libertate tuenda minus quam debueras astitisse probaris, et humanum timorem timori Dei, quod tuam religionem non decuit, diceris præposuisse. Quoniam autem in hoc aliter quam credebamus audivimus contigisse, præsertim cum spe nostra in promotione tua quodammodo frustrari videamur, fraternitati tuæ per apostolica scripta præcipiendo mandamus, et in virtute obedientiæ injungimus, quatenus jam dicto metropolitano tuo debitam obedientiam et reverentiam condignam impendas, et eidem in negotiis ecclesiæ viriliter et constanter assistens, mandata atque præcepta illius devote et fideliter exsequaris. Ad hæc tibi præcipimus, ut hoc, quousque memoratus frater noster cum charissimo in Christo filio nostro, illustri Anglorum rege, pacem habeat, quod in proximo, Domino auctore, continget, teneas omnino secretum.

CCCLXXXI

Ad Gilbertum Londinensem episcopum et cæteros episcopos. — Illos reprehendit quod in multis tepidi et negligentes exstiterint.

[*Epist. Gilberti Foliot*, II, 93.]

ALEXANDER papa GILBERTO, Londoniensi episcopo, salutem et apostolicam benedictionem.

Quoniam te virum magnæ scientiæ, honestatis etiam multæ, et abstinentiæ non modicæ esse cognoscimus, licet tu et coepiscopi tui in multis remissi et tepidi et negligentes etiam exstiteritis, quia inter eos tam litteratura quam religionis virtute magnus haberis, te præ aliis duximus admonendum, et te per apostolica scripta rogamus atque monemus, ut charissimum in Christo filium nostrum, illustrem Anglorum regem, cui non modica es familiaritate conjunctus, opportunitate suscepta, sollicite et instanter commoneas, ut ecclesiastica et sæcularia negotia, sicut hucusque fecisse dignoscitur, non confundat, nec ea pro voluntate sua tractare aut intermiscere attentet, sed ecclesiastica viris ecclesiasticis tractanda relinquat, et sæcularia solummodo suæ vindicet jurisdictioni. Venerabilem quoque fratrem nostrum Cantuariensem archiepiscopum in amorem et gratiam suam recipiat, et eum cum aliis expulsis ad sedem propriam, et ecclesiam ei commissam reducat. Possessiones etiam ecclesiarum, a se et suis occupatas, cum fructibus inde perceptis, his ad quos spectant restituat, et ipsos in pace easdem possidere permittat. Quæ illi, cum eum pacatum et bonæ voluntatis agnoveris, poteris, secundum quod expedire cognoveris, intimare. Tu vero Ecclesiæ Cantuariensi obedientiam, quam te ei debere cognoscis, ita observes, et eidem exhibeas, ut quæ Dei sunt Deo, quæ Cæsaris Cæsari impendere videaris. Et nos, nisi aliud de persona tua noverimus, te sicut charissimum fratrem nostrum, et virum religiosum, litteratum pariter et honestum, semper arctiori volumus in Domino charitate diligere, nec in aliquo personam tuam gravabimus, aut ab alio patiemur gravari.

CCCLXXXII

Ad Henricum Remensem archiepiscopum. — Pro causa quæ vertitur inter Ecclesiam Erapousmanil et Ecclesiam Roiensem.

(Laterani, Dec. 12.)

[MARTEN., *Ampl. Collect.*, II, 721.]

ALEXANDER episcopus, servus servorum Dei, venerabili fratri HENRICO Remensium archiepiscopo, salutem et apostolicam benedictionem.

Cum in regno Francorum adhuc præsentes essemus, et inter venerabilem fratrem nostrum Noviomensem episcopum et bonæ memoriæ T. quondam Ambianensem super Ecclesia de Erapousmanil controversia mota fuisset, et jam dicta Ecclesia præfato Noviomensi a nobis judicata fuisset, clerici (59) Roicnses decimas illius Ecclesiæ ad se pertinere instantius proponebant. Unde nos causam ipsam discretioni tuæ secundum tenorem scripturarum nostrarum, quas Noviomensibus de sententia data indulsimus, appellatione remota, commisimus decidendam. Cumque, causa cognita, sententiam exinde pro Noviomensi contra Roiensem Ecclesiam protulisses, et canonici eidem parere contemnerent, eosdem propter hoc interdicti sententiæ, sicut dicitur, subjecisti. Quam utique, quoniam eam nulla satisfactione exhibita relaxatam esse audivimus, nullatenus observarunt. Quoniam autem in hoc auctoritati tuæ non modicum derogari videtur, fraternitati tuæ per apostolica scripta mandamus, quatenus memoratos canonicos diligenter admoneas, ut infra triginta dies post harum susceptionem prælibato, Noviomensi ablata universa secundum mandatum tuum restituant, et illata damna resarciant. Alioquin nisi ea quæ prædiximus infra præfixum terminum fuerint plenius exsecuti, eosdem a nobis ad præscriptam interdicti sententiam reductos esse denunties, quam a te usque ad dignam satisfactionem firmiter præcipimus observari, et ut ipsam per totam provinciam inviolabiliter facias ab universis teneri.

Data Laterani, II Id. Decembris.

ANNO 1166.

CCCLXXXIII.

Ad Henricum Remensem archiepiscopum. — Rogat ut centum marcas argenti ei acquirat, et ejus necessitatibus subveniat ex ecclesiis sui episcopatus.

(Laterani, Jan. 18.)

[*Ibid.*]

ALEXANDER episcopus, servus servorum Dei, venerabili fratri HENRICO, Remensium archiepiscopo, salutem et apostolicam benedictionem.

Integram fidem et sincerissimam devotionis tuæ puritatem, quam ab ipso nostræ promotionis exordio circa honorem et augmentum sacrosanctæ Romanæ Ecclesiæ ac nostrum constanter et fideliter exhibuisti, studiosius attendentes; considerantes etiam quomodo ipsius Ecclesiæ causam, non ut alienam, sed tanquam propriam reputans, eam viriliter defendere ac manutenere curasti, fraternitati tuæ uberrimas exinde gratiarum actiones exsolvimus, et in necessitatibus nostris confidenter a tua liberalitate consilium et auxilium postulamus. Scire autem volumus prudentiam tuam, quod quæcunque nobis in eleemosynam collata sunt, usurarum ingluvies devorat, et nobis rerum necessariarum commoditatem et affluentiam tollit. In eo enim loco positi sumus, et cum illo populo habitamus, qui tempore omnimodæ pacis, nedum turbationis, ad Romanorum pontificum consuevit manus respicere, et eis gravamen non modicum et onus inferre. Unde quoniam ad ipsius Ecclesiæ onera et necessitatem alleviandam, tuo et aliorum auxilio plurimum indigemus, fraternitatem tuam per apostolica scripta rogamus atque monemus, quatenus ponderis et laboris nostri necessitatem respiciens, ab eo cujus nomine, cum in regno Francorum essemus, nobis centum quinquaginta libras, fratribus vero nostris aliam summam obtulisti, centum nobis marcas argenti, si ulla poterit fieri ratione, cum honestate tamen nostra acquiras. Nihilominus etiam te, de quo inter alios pontificalis dignitatis viros plene confidimus, rogandum duximus et attentius commonendum, ut de ecclesiis tui proprii episcopatus nobis honestam subventionem studeas invenire. Cum enim in discessu nostro alias ecclesias de regno Francorum commonuerimus super subventione nobis et Ecclesiæ facienda, tunc indignum existimavimus personam tantæ nobilitatis et dignitatis super his sollicitare, nec modo nisi multa necessitas immineat, te exinde aliquatenus sollicitaremus. Romana enim Ecclesia tam hoc quam alia tuæ devotionis et acceptæ subventionis obsequia, semper habebit præ oculis, et ad honorem et exaltationem tuam et ecclesiæ tuæ omni tempore efficaciter et ferventer intendet. Volumus autem, ut dilectis filiis nostris, magistro et fratribus militiæ Templi Parisiensis, quæ tuæ placuerit liberalitati, assignes. Quidquid vero mihi facere disposueris, quantocius nobis litteris tuis significes. Tanta namque sunt onera debitorum et creditorum instantia, ut nisi Ecclesiæ Dei a tua fuerit modo liberalitate subventum, vix aut nunquam nobis statum Urbis in ea pace, in qua nunc est, poterimus conservare.

Data Laterani, XV Kal. Februar.

CCCLXXXIV.

Ad omnes episcopos Angliæ. — Ut super his quæ ad Ecclesiam Cantuariensem spectant, Thomæ archiepiscopo adhæreant.

(Laterani, Jan. 28.)

[*Epist. S. Thomæ*, ed. GILES, II, 76.]

ALEXANDER papa omnibus episcopis Angliæ.

Tanquam ex injuncto nobis officio, de universorum jure in sua integritate servando curam tene-

---

(59) Roya est urbs in Picardia in tractu Sanguitersa, in qua est insigne canonicorum collegium reliquiis S. Florentii decoratum.

mur et sollicitudinem gerere ad illorum justitias, qui in partem sollicitudinis nobis commissæ a Domino sunt vocati. Quanto in gradu sublimiori existunt, tanto frequentius retorquere debemus super his majorem diligentiam et curam propensiorem habere. Hac siquidem consideratione inducti fraternitati vestræ per apostolica scripta præcipiendo mandamus, et in vi obedientiæ injungimus, quatenus super iis, quæ ad Ecclesiæ Cantuariensis jura, dignitates etiam, aut libertates spectare noscuntur, vos sine conscientia et assensu venerabilis fratris vestri Thomæ, ejusdem ecclesiæ archiepiscopi, intromittere nullatenus præsumatis, nec occasione appellationis, quam contra eum ad nos fecistis, id aliquatenus attentetis. Quod si aliquis vestrum contra hoc præceptum nostrum quolibet ausu venire præsumpserit, ita in eo excessum istum studebimus, Domino auctore, graviter vindicare, quod pœna docente agnoscat quam periculosum fuerit apostolicis contraire præceptis.

Datum Laterani, v Kal. Febr.

CCCLXXXV.
Ad Thomam Cantuariensem archiepiscopum. — Mandat hortetur clericos Ecclesiæ Bangorensis ut episcopum eligant; quod nisi fecerint, ipse infra tres menses faciat.

(Laterani, Jan. 29.)

[*Ibid.*, p. 36.]

ALEXANDER episcopus, servus servorum Dei, THOMÆ, Cantuariensi archiepiscopo, salutem et apostolicam benedictionem.

Si quanta detrimenta et incommoda ecclesiis ex destitutione pastoris soleant provenire, Bangorensis ecclesiæ clerici sollicita consideratione pensarent, ecclesia illorum tanto tempore prælato nullatenus caruisset, quanto ipsam audivimus pastore viduatam fuisse. Unde quoniam nostra interest de universis ecclesiis curam et sollicitudinem gerere et eorum destitutioni paternæ considerationis oculo providere, fraternitati tuæ per apostolica scripta præcipiendo mandamus, quatenus memoratos clericos diligenter convenias et instantius studeas commonere, ut in aliquam personam idoneam et honestam cum consilio tuo pari modo conveniant, et eam sibi in pastorem et episcopum infra duos menses postquam litteras nostras susceperint, eligere non postponant. Quod si ad mandatum nostrum et commonitionem tuam non fecerint, tu iis aliquem, qui pontificali officio idoneus reputetur, infra tres menses post harum susceptionem provideas; quem in patrem et pastorem recipiant, et cui reverentiam et obedientiam debitam sine omni contradictione, tanquam prælato suo, impendant.

Datum Laterani, IV Kal. Februarii.

CCCLXXXVI.
Ad Henricum Remensem archiepiscopum. — Thomam exsulantem commendat.

(Laterani, Jan. 30.)

[*Ibid.*, p. 52.]

ALEXANDER episcopus, servus servorum Dei, venerabili patri HENRICO, Remensium archiepiscopo salutem et apostolicam benedictionem.

Inter cæteras divinæ operationis actiones, illud Deo et nobis gratissimum reputamus, quod venerabilem Patrem nostrum Cantuariensem archiepiscopum in angustiis et anxietatibus suis sereno cultu respicere, et ei gratiæ pariter et consolationis tuæ favorem ex consueta curasti clementia exhibere. Quia vero nunc ope et consilio maxime opus habet, magnificentiam tuam per apostolica scripta rogamus, monemus et exhortamur in Domino, quatenus pietatis intuitu, et pro reverentia B. Petri et nostra et consideratione religionis et dignitatis suæ, ipsum et suos gratia, honore pariter et dilectione prævenias, sibique in adversitatibus suis consolationis et favoris tui solatium exhibeas; ita quod inde ab omnipotenti Deo æternam possis retributionem recipere, et nos quod eidem impenderis, nobis specialiter impensum putantes, fraternitati tuæ utcunque teneamur propter hoc gratias exhibere.

Datum Laterani, III Kal. Febr.

CCCLXXXVII.
Ad Bangorensem clerum et populum. — Ut episcopum eligant.

(Laterani, Febr. 9.

[*Ibid.*, p. 90.]

ALEXANDER episcopus, servus servorum Dei, dilectis filiis, canonicis et universo clero et populo Bangorensis Ecclesiæ, salutem et apostolicam benedictionem.

Quia ex defectu pastoris gravia consueverunt animarum pericula provenire, et ex hoc sacris Dei ecclesiis plurima incommoda et detrimenta contingere, universitatem vestram sicut per alia scripta monuimus, ita nunc per iterata scripta monemus atque mandamus quatenus si nondum convenistis, in aliquam personam, honestam, idoneam et litteratam pariter conveniatis, et eam in episcopum vestrum communiter eligatis; electum quoque venerabili fratri nostro Cantuariensi archiepiscopo consecrandum repræsentare curetis. Nos enim, si de persona idonea canonicam jam electionem fecistis, eam ratam habemus, et quidquid inde prædictus archiepiscopus statuerit, ratum curabimus et firmum habere.

Datum Laterani, v Idus Februarii.

CCCLXXXVIII.
Ad Henricum Remensium archiepiscopum. — Pro capellanis Laudunensibus.

(Laterani, Febr. 22.)

[MARTEN. *Ampl. Collect.*, II, 725.]

ALEXANDER episcopus, servus servorum Dei, venerabili fratri HENRICO, Remensium archiepiscopo, salutem et apostolicam benedictionem.

Decet fraternitatem tuam his qui protectionem et defensionem tuam habere desiderant se benignam et propitiam ostendere, tuique favoris et tuitionis patrocinium exhibere. Hujus itaque considerationis intuitu provocati, capellanos Laudunenses sollicitudini tuæ propensius commendamus, mandantes atque præcipientes, quatenus eos cum bonis suis sub tua protectione suscipiens, ipsos juxta officii tui debitum in justitiis suis diligenter manuteneas et defendas, et si episcopus (60), quia sæpe de eo nobis conquesti sunt, illos indebite vellet et injuste tractare, et contra scriptum nostrum et antecessoris sui quodlibet eis gravamen inferre, tu id nulla ratione sustineas; sed potius eum studeas ab hoc revocare; ita quod ipsi se a tua sollicitudine protegi gaudeant, et inde tibi toto vitæ suæ tempore fideliores existant.

Data Laterani, VIII Kal. Martii.

CCCLXXXIX.

Monasterium S. Joannis Piscariense tuendum suscipit et ejus bona juraque confirmat.

(Laterani, Mart. 18.)

[MURATORI, *Rer. Ital. Script.*, II, II, 901.]

ALEXANDER episcopus, servus servorum Dei, dilectis filiis LEONATI, abbati monasterii S. Clem. de insula Piscariæ, quæ Casa Aurea vocatur, ejusque fratribus, tam præsentibus quam futuris, regulari vita professis in perpetuum.

Religiosis votis annuere, et ea operis exhibitione complere officium nos invitat suscepti regiminis, et ordo videtur exigere rationis. Eapropter, dilecti in Domino filii, vestris justis postulationibus clementer annuimus, et præfatum monasterium, ubi corpus B. Clementis papæ et mart. requiescit, et in quod divino estis mancipati obsequio, ad exemplar prædecessorum nostrorum Romanorum pontificum, fel. mem. Leonis, Calixti et Adriani, sub B. Petri et nostra protectione suscipimus et præsentis scripti privilegio communimus; imprimis siquidem ut ordo monasticus, qui secundum Dominum, et B. Benedicti Regulam in eodem monasterio institutus esse dignoscitur, perpetuis ibidem temporibus inviolabiliter observetur. Præterea possessiones quascunque, quæcunque bona idem monasterium in præsentiarum juste et canonice possidet, aut in futurum concessione pontificum, liberalitate regum vel principum, oblatione fidelium, seu aliis justis modis, præstante Domino poterit adipisci, firma vobis vestrisque successoribus et illibata permaneant. In quibus hæc propriis duximus exprimenda vocabulis: in comitatu Pendensi castellum Insulæ cum tota ipsa insula, Castillionem, Ubicolam, Pesculiam, Roccham de Sutri, Corvariam, Petraminiquam, Betorites, Mandeforum, Casale Planum, Coledunum cum pertinentiis suis, castrum quod vocatur Casale S. Desiderii in civitate S. Angeli; castellum S. Mori cum portu et suis pertinentiis; in comitatu Theatino castrum Bolonianum cum pertinentiis suis; in comitatu Aprutino castrum Guardiæ, castellum Vetulum, Monaciscum cum pertinentiis suis; in comitatu Valvensi casale quod dicitur S. Trinitatis cum pertinentiis suis; in Marchia castrum Lori cum pertinentiis suis; ecclesiam S. Mariæ in Plesiano, ecclesiam S. Mariæ ad Fasinariam, ecclesiam S. Quirici de monte Silvano cum pertinentiis suis; in supradicto comitatu Theatino ecclesiam S. Mariæ de Pesilo, ecclesiam S. Angeli de Casule, ecclesiam S. Cesidii, monasterium S. Trinitatis de Lapidaria cum pertinentiis suis; in Caramanico ecclesiam S. Crucis, et S. Nicolai cum pertinentiis suis, ecclesiam S. Martini ad Grictam, ecclesiam S. Joannis Iscamari, ecclesiam S. Sylvestri apud Manupellum cum pertinentiis suis; cellam S. Clementis in Lisina cum pertinentiis suis; monasterium S. Mauride Emiterno cum pertinentiis suis, montem de Ursa, montem de Tarini, montem Soti cum rupibus et silvis eorum. Concedimus etiam vobis vestrisque successoribus decimationem terrarum ecclesiæ vestræ, et partem oblationum quæ pro mortuis offeruntur. Interdicimus insuper ut nullus episcopus ibi synodum celebret, chrisma, oleum sanctum, consecrationes altarium seu basilicarum, ordinationes altarium, ordinationes monachorum seu clericorum qui ad sacros ordines fuerint promovendi, a quocunque malueritis suscipiatis episcopo. Obeunte vero te, nunc ejusdem loci abbate, vel tuorum quolibet successorum, nullus ibi qualibet subreptionis astutia seu violentia præponatur, nisi quem...... : de communi consensu vel fratrum pars consilii sanioris secundum Dominum, et B. Benedicti Regulam providerint eligendi. Decernimus ergo ut nulli omnino hominum liceat præfatum monasterium temere perturbare, aut ejus possessiones auferre, vel ablatas obtinere, minuere, aut aliquibus vexationibus fatigare; sed omnia integra conserventur eorum pro quorum gubernatione, sustentatione concessa sunt usibus omnimodis profutura, salva in omnibus apostolicæ sedis auctoritate. Si qua igitur in futurum ecclesiastica sæcularisque persona, etc.

Ego Alexander, Cathol. Ecclesiæ episc.

Ego Bernardus, Port. et S. Rufinæ episc.

Ego Gualterius, Albanus episc.

Ego Ugo Tusculanus episc.

Ego Corradus, Maguntinæ sedis archiepisc. et Sabinen. episc.

Ego Ubaldus, presb. card. tit. S. Crucis in Jerusalem.

Ego Joannes, presb. card. SS. Joannis et Pauli tit. Pammatii.

Ego Henricus, presb. card. SS. Nerei et Achillei.

Ego Guillelmus, presb. card. tit. S. Petri ad Vincula.

Ego Bosa, presb. card. S. Pudentianæ tit. Pastoris.

Ego Hyacinthus, diac. card. S. Mariæ in Cosmodin.

Ego Oddo, diac. card. S. Nicolai in Carcere Tulliano.

---

(60) Is erat Galterius de Mauritania, vir doctus, ex decano Laudunensi creatus episcopus et Romæ anno 1155 inauguratus.

Ego Arditio, diac. card. S. Theodori.

Ego Manfredus, diac. card. S. Georgii ad Velum Aureum.

Ego Ugo, diac. card. S. Eustachii juxta templum Agrippæ.

Ego Vitellius, diac. card. SS. Sergii et Bacchi.

Ego Theodinus, diac. card. S. Mariæ in Portico.

Ego Petrus, diac. card. S. Mariæ in Aquiro.

Datum Laterani per manum Ermanni, diac. card. S. Angeli, decimo quinto Kal. Aprilis, indict. decima quinta, Incarnat. Dominicæ anno millesimo centesimo sexagesimo sexto, pontif. vero D. Alexandri papæ tertii anno sexto.

CCCXC.

Ad Rogerum Eboracensem et universos Angliæ episcopos. — *Ne quisquam eorum « novo regi coronando, si forte casus emerserit, absque Thomæ Cantuariensis archiepiscopi conniventia, manum apponere præsumat. »*

(Laterani, April. 5.)

[*Epist. S. Thomæ*, ed. GILES, II, 45.]

ALEXANDER episcopus, servus servorum Dei, archiep'scopo Eboracensi et universis Angliæ ep'scopis salutem et apostolicam benedictionem.

Illius dignitatis et majoritatis Ecclesiam Cantuariensem ab antiquo fuisse audivimus, ut reges Angliæ ab ejusdem Ecclesiæ archiepiscopis inungi semper consueverint et in promotionis suæ principio coronari. Proinde, siquidem est quod nos, tum ex officii nostri debito tum consideratione venerabilis fratris nostri Thomæ ejusdem sedis archiepiscopi, viri siquidem religiosi, honesti et discreti, Ecclesiæ jam dictæ jura et dignitates antiquas illibatas et integras conservare volentes, universitati vestræ auctoritate apostolica penitus inhibemus ne quisquam vestrum novo regi coronando, si forte hic casus emerserit, absque memorati archiepiscopi vel successorum suorum et Ecclesiæ Cantuariensis conniventia contra antiquam ejus consuetudinem et dignitatem manum apponere qualibet occasione præsumat, aut id aliquatenus audeat attentare.

Datum Laterani, Non. Aprilis

CCCXCI.

Ad Thomam Cantuar. archiep. — *Illi totius Angliæ legationem, excepto episcopatu Eboracensi, concedit.*

(Laterani, April. 24.)

[*Epist. S. Thomæ*, ed. GILES, II, 10.]

ALEXANDER papa THOMÆ Cantuariensi archiepiscopo.

Sacrosancta Romana Ecclesia digniores personas, et eas maxime, quas honestate, prudentia, litteratura, et eminentia virtutum præfulgere cognoscit, ampliori consuevit charitate amplecti, et gratia et honore prævenire. Attendentes itaque devotionis et fidei constantiam, qua pro Ecclesia Dei, sicut columna immobilis, perstitisti, honestatis, litteraturæ ac discretionis prudentiam, qua præeminere dignosceris, nihilominus considerantes, dignum duximus personam tuam, tantarum virtutum insigniis decoratam, quodam speciali privilegio, et singulari prærogativa diligere et honorare, tuæque utilitati solita benignitate prospicere, et attentiori sollicitudine providere. Inde est, quod nos tibi legationem totius Angliæ, excepto episcopatu Eboracensi, benigno favore concedimus, ut ibi vice nostra corrigas quæ inveneris corrigenda, et ad honorem Dei, et sacrosanctæ Romanæ Ecclesiæ, et salutem animarum statuas, ædifices et plantes, quæ statuenda fuerint et plantanda. Quapropter monemus fraternitatem tuam atque mandamus, quatenus cuncta cum prudentia et discretione, secundum quod Deus tibi administraverit, agas, vitia exstirpes, et virtutes in vinea Domini studeas complantare.

Datum Anagniæ, vii Idus Octobris (61).

CCCXCII.

Ad episcopos, abbates et alios Ecclesiarum prælatos per totam Angliam extra episcopatum Eboracensem constitutos. — *Ut Thomæ Cantuar., apostolicæ sedis legato constituto, obediant.*

(Laterani, April. 24.)

[*Ibid.*, p. 80.]

ALEXANDER episcopus, servus servorum Dei, venerabilibus fratribus episcopis et dilectis filiis abbatibus, et aliis ecclesiarum prælatis, per totam Angliam extra episcopatum Eboracensem constitutis, salutem et apostolicam benedictionem.

Ex injuncto nobis a Deo pontificatus officio præter eam, quæ diversis ecclesiarum prælatis in sibi subditos est concessa potestas, quamdam specialem de omnibus nos oportet curam et sollicitudinem gerere, quæ ad nostram solummodo provisionem, vel ad ejus, cui vices nostras in his commisimus exsequendas, noscitur pertinere. Proinde siquidem est, quoniam, etsi de universis Dei ecclesiis curam et studium habeamus, quæ ad nostrum tamen spectant officium, ubique præsentialiter exsequi non valemus, venerabilis fratris nostri Cantuariensis archiepiscopi prudentiam et discretionem, et circa nos et Ecclesiam Dei suæ sincerissimæ devotionis affectum sollicita consideratione pensantes, quanto personam suam inter cæteras, quæ in partem commissæ nobis sollicitudinis a Domino sunt vocatæ, chariorem, et in omnibus magis expertam habemus, tanto eum præ aliis ecclesiæ filiis speciali dignitatis prærogativa duximus honorandum. Et ideo discretionis et honestatis suæ constantiam attendentes, ipsum legatum apostolicæ sedis per totam Angliam, excepto episcopatu Eboracensi, de communi consilio fratrum nostrorum statuimus, et ejus prudentiæ nostras ibidem vices commisimus exsequendas, ita videlicet quod ibi vice nostra et corrigenda corrigere, et quæ statuenda fuerint, auctore Domino, esse : *Datum Laterani, viii Kal. Maii*, docet ea quæ sequitur epistola. JAFFÉ.

---

(61) Pro *datum Anagniæ vii Id. Oct.*, quæ verba sunt librarii, ut videtur, vitio apposita, legendum

salubriter debeat stabilire. Quocirca universitati vestræ per apostolica scripta præcipiendo mandamus, quatenus eidem tanquam apostolicæ sedis legato humiliter in omnibus obediatis, et ad ejus vocationem sine contradictione aliqua venientes, ei in his, quæ ad nostrum spectant officium, plenius respondeatis. Ea quoque, quæ ad honorem Dei et fidelium ejus salutem statuerit, suscipientes firmiter et servantes, digna ipsum reverentia et congruis semper studeatis honoribus prævenire, ut per prudentiam et curam ipsius, et obedientiam ac humilitatem vestram ecclesiæ vobis commissæ tam spiritualiter quam temporaliter de bono in melius Domino cooperante provehantur, et vos per hoc ad interminabile gaudium possitis feliciter pervenire.

Datum Laterani, viii Kalendas Maii.

CCCXCIII.

Ad Thomam Cantuariensem archiepiscopum. — Ut in invasores possessionum Ecclesiæ Cantuariensis, si opportunitatem viderit, ecclesiasticam justitiam non differat exercere.

(Laterani? April.)
[*Ibid.*, p. 12.]

Quoniam ad omnem cubitum manus pulvillum supponere non debemus, et aliquos in malitia sua fovere, sed annuntiare impio iniquitatem suam, et ipsum ab ea rigore severitatis ecclesiasticæ revocare, fraternitati tuæ per apostolica scripta præcipiendo mandamus, quatenus si hi, qui in possessionibus et bonis ecclesiæ tuæ, tibi aut tuis etiam, violentiam vel injuriam intulerunt, legitime commoniti vobis ablata restituere, et satisfactionem congruam exhibere noluerint, tu in eos, si opportunitatem videris, ecclesiasticam justitiam non differas exercere. Et nos, quod inde rationabiliter feceris, auctore Deo ratum et firmum habebimus. Verum de persona regis speciale tibi mandatum non damus, nec tamen in aliquo jus tibi pontificale, quod in ordinatione et consecratione tua suscepisti, adimimus, sed et ipsum volumus, auctore Domino, illæsum et integrum tibi conservare.

CCCXCIV.

Ad omnes episcopos Cantuariensis provinciæ. — Illos de superiori epistola certiores facit.

(Laterani? April.)
[*Ibid.*, p. 41.]

ALEXANDER papa omnibus episcopis Cantuariensis provinciæ.

Quoniam ad omnem cubitum pulvillum supponere non debemus, et aliquos in malitia sua fovere, sed annuntiare impio iniquitatem suam et ipsum ab ea rigore severitatis ecclesiasticæ revocare, venerabili fratri nostro Thomæ, Cantuariensi archiepiscopo, per scripta nostra dedimus in mandatis, ut si hi, qui sibi in possessionibus et bonis Ecclesiæ suæ, aut suis etiam, violentiam vel injuriam intulerunt, legitime commoniti eisdem ablata restituere, et satisfactionem congruam exhibere noluerint, in eos, si opportunitatem viderit, ecclesiasticam justitiam non differat exercere. Quocirca universitati vestræ per apostolica scripta præcipiendo mandamus, quatenus justitiam, quam prædictus archiepiscopus vester super hoc rationabiliter duxerit promulgandam, ratam et firmam penitus habeatis, et eam per parochias vestras faciatis ab omnibus inviolabiliter observari. Verum de persona regis speciale ei mandatum non damus, nec tamen in aliquo jus ei pontificale, quod in ordinatione et consecratione sua suscepit, adimimus, sed et ipsum volumus, auctore Domino, illæsum et integrum ei conservare. Nos enim quod exinde canonice fecerit, auctore Domino, ratum et firmum habebimus.

CCCXCV.

Ad Cisterciensem et Pontiniacensem abbates et fratres. — Ne Thomam Cantuar. « a Pontiniacensi monasterio removeri » patiantur.

(Laterani? April.)

[*Ibid.*, p. 110.]

ALEXANDER papa Cisterciensi et Pontiniacensi abbatibus et universis fratribus ordinis Cisterciensis.

Licet vos eam circa nos et Ecclesiam Dei fidem et devotionem, quæ viros religiosos et Deo devotos decet, multipliciter gerere nullatenus ignoremus, super eo non possumus non mirari, quod vestrum quidam venerabilem fratrem nostrum Cantuariensem archiepiscopum, virum religiosum pariter et honestum, et Deo ac nobis, necnon et Ecclesiæ universæ charum omnimodis et acceptum, a Pontiniacensi monasterio removeri, sicut audivimus, voluerunt, et eidem ad minas et terrores quorumdam totius vestri ordinis solatium denegari. Unde quoniam vera charitas foras mittit timorem, nec viri religiosi est humanum timorem divino aliquatenus anteferre, universitati vestræ per apostolica scripta præcipiendo mandamus, ne tale quid de cætero attentetis, ne qui oppressorum, et pro ecclesiæ libertate exsulantium refugium esse debetis, aliis exemplum in hoc perniciosum præstetis, sed memoratum archiepiscopum pro reverentia beati Petri et nostra, et suæ religionis ac honestatis obtentu, et quia causam adeo favorabilem agit, diligere, manutenere propensius, et fovere curetis, et eum in domibus vestris, cum ad vos venerit, benigne et honorifice recipiatis et mansuete tractetis, ut in vobis fructum veræ charitatis inveniat, et ad totius ordinis incrementum pariter et profectum teneatur omni tempore ferventius aspirare: nos quoque qui honorem eidem et obsequium impensum nobis ipsis exhibitum reputamus, liberalitatem vestram debeamus propter hoc in Domino commendare, et sinceritati vestræ uberrimas gratiarum actiones referre.

CCCXCVI.

Ad Henricum Remensem archiepiscovum. — Pro Roberto sacerdote.

(Laterani, Maii 1.)

[MARTEN., *Ampl. Collect.*, II, 754.]

ALEXANDER episcopus, servus servorum Dei, venerabili fratri HENRICO, Remensium archiepiscopo, salutem et apostolicam benedictionem.

Sicut tua prudentia novit, sacerdotale officium negligitur, et in derisu quasi et contemptum habetur, si quis illo ministerio præditus pro necessariis vitæ quærendis cogitur tanquam vagabundus discurrere, et gravi egestate et inopia laborare; et ideo rogamus providentiam tuam atque monemus, quatenus venerabilem fratrem nostrum (62) G. Tornacensem episcopum commoneas studiosius, et omnibus modis inducas, ut dilecto filio nostro Roberto sacerdoti, qui ecclesiastico beneficio est destitutus, in aliqua ecclesiarum suarum, quæ primum vacaverit, sicut nobis viva voce promisit, ita decenter provideat, quod nos exinde sollicitudinem ejus debeamus non immerito commendare, et iste non cogatur diutius, quod omnino absurdum esset, ecclesiastico beneficio carere.

Data Laterani Kal. Maii.

CCCXCVII.

Ad Gilbertum Londinensem et omnes episcopos provinciæ Cantiæ. — Ut invasores beneficiorum clericorum Thomæ Cantuariensis archiepiscopi ad eorum integram restitutionem sub anathematis interminatione districtius compellant.

(Laterani, 5 Maii.)

[*Epist. S. Thomæ*, ed. Giles, II, 93.]

ALEXANDER papa Londoniensi episcopo, et omnibus episcopis Cantiæ provinciæ.

Universis oppressis et per injuriam gravatis ex officii nostri debito subvenire tenemur. Et præsertim ecclesiasticis viris, qui pro ecclesiæ suæ libertate tuenda exsilium sustinere coguntur, ne in aliquo juris sui detrimentum incurrant, debemus commode providere. Qualiter autem venerabilis fratris nostri Thomæ, Cantuariensis archiepiscopi, clerici pro domini sui fidelitate principis indignationem incurrerint, et bonis suis fuerint hac occasione privati, tanto certius vestra novit discretio, quanto hoc ex parte propriis oculis potuistis plenius inspexisse. Unde, quoniam indignum est, ut propter vim sibi illatam aliquam beneficiorum suorum sustineant læsionem, fraternitati vestræ per apostolica scripta præcipiendo mandamus, et mandando præcipimus, quatenus universos, qui jam clericorum dictorum beneficia in absentia sua de mandato regio perceperint, ad eorum integram restitutionem sub anathematis interminatione, omni appellatione cessante, districtius compellatis; nec in his exsequendis remissi aut tepidi aliquatenus appareatis.

(62) Galterium tertium post restaurationem episcopum Tornacensem.

(63) Lege Donanienses. Est autem Denanium

Datum Laterani, v Nonas Maii.

CCCXCVIII.

Ad Thomam Cantuariensem archiepiscopum. — Prolatam ab eo in Jocelinum episcopum Saresberiensem interdicti sententiam confirmat.

(Laterani? Mense Maio.)

[*Ibid.*, p. 13.]

ALEXANDER papa THOMÆ, Cantuariensi archiepiscopo.

Ex litteris tuis jampridem, et certa multorum relatione cognovimus, quod tu in Jocelinum Saresberiensem episcopum, quoniam tibi inobediens fuit, interdicti sententiam protulisti. Ipse vero, licet super hoc ad nostram audientiam appellasset, et Dominicam, qua cantatur: *Ego sum Pastor bonus* (*Joan.* XI), proxime tunc venturam, appellationi suæ terminum præfixisset, eadem instante nec venit, nec ad nos aliquem pro se responsalem transmisit. Quocirca nos eum in contumacia et rebellione sua contra te fovere nolentes, sententiam, quam in eum propter hoc tuleris, auctore Domino, ratam et firmam habebimus, et totam causam ejus tuæ discretionis arbitrio duximus relinquendam, quod inde canonice feceris, ratum, cessante appellationis obstaculo, habituri.

CCCXCIX.

Ad eumdem. — Mandat se rescidisse concessionem a Jocelino episcopo Saresberiensi factam Joanni de Oxeneford.

(Laterani? Mense Maio.)

[*Ibid.*]

Ex rescripto litterarum, quas Saresberiensi episcopo destinasti, cognovimus quod concessionem decanatus, quem idem episcopus Joanni de Oxeneford enormiter fecit, duplici ratione cassasti; tum quia idem Joannes schismatis se laqueo involvit, tum etiam quod id contra prohibitionem et mandatum nostrum fuisset factum. Prohibueramus enim, ne absque consensu canonicorum, tecum et pro te exsulantium, decanus in præscripta ecclesia aliqua ratione constitueretur. Unde nos auctoritate, qua fungimur, prænominatam concessionem omnino cassamus et irritam esse decernimus.

CD.

Ad archiepiscopum Remensem. — Pro electione abbatissæ Dodoniensis.

(Laterani, Maii 14.)

[MARTEN., *Ampl. Collect.*, II, 735.]

ALEXANDER episcopus, servus servorum Dei, venerabili fratri HENRICO, Remensium archiepiscopo, salutem et apostolicam benedictionem.

Ex litteris fraternitatis tuæ ad nos directis accepimus quod, cum sorores (63) Dodonienses inter se divisæ, duas personas in abbatissam nominassent, longe major pars in unam quam in aliam convenit. Nos vero tam ex litteris quam ex relatione diversorum audivimus, quod cassata electione utriusque illa nobile virginum monasterium ordinis S. Benedicti in diœcesi Atrebatensi, haud procul ab Insulis.

rum quæ nominatæ fuerant, sorores electionis suæ auctoritatem arbitrio Atrebatensis episcopi contulerunt. Unde, quia id nobis liquido non constabat, nos ratione cogente in eo scilicet quod certificatum nobis fuerat, quod sorores ab utraque electione recesserint, causam ipsam venerabilibus fratribus nostris Tornacensi et Morinensi episcopis commisimus audiendam, et sub certa forma fine congruo terminandam. Quapropter fraternitatem tuam monemus atque mandamus, quatenus quod præfati episcopi super his statuerint, ratum habeas et firmum facias observari.

Data Laterani, 11 Idus Marii

CDI.

Thomam archiepiscopum Cantuariensem hortatur ut cum Jocelino Saresberiensi mitius agat.

(Laterani, Maii 16.)

(*Epist. S. Thomæ*, ed. GILES, II, 12.]

Alexander, etc. ven. fratri THOMÆ, etc.

Perlatum est ad audientiam nostram quod Saresberiensis episcopus enormiter satis excessit et in Deum et Ecclesiam graviter et immoderate deliquit. Unde quia credimus cum non sponte, sed coacte et timore et metu, qui in quemlibet virum constantem cadere posset, aliquid contra decus ejusdem Ecclesiæ commisisse; cum scriptum sit : *Affectus tuus operi tuo nomen imponit* ; voluntas et propositum distinguunt maleficia. Si ita est, mitius cum eo absque dubio videtur agendum. Si autem ex deliberatione et spontanea voluntate ipsum in Deum et Ecclesiam deliquisse constiterit, secundum qualitatem delicti debet puniri. Verumtamen, quidquid discretio tua in eum propter hoc canonice duxerit statuendum, nos auctore Domino ratum et firmum habebimus.

Datum Laterani, xvii Kal. Jun.

CDII.

Ad Rotrodum Rothomagensem archiepiscopum et ejus suffraganeos. — De malis ab Henrico Anglorum rege Ecclesiæ illatis.

(Laterani, Maii 16.)

[*Ibid.*, p. 53.]

ALEXANDER papa ROTRODO, Rothomagensi archiepiscopo, et suffraganeis ejus.

Quanta mala, et quot incommoda per charissimum in Christo filium nostrum Henricum, illustrem Anglorum regem, Romanæ Ecclesiæ et nobis acciderint, postquam ex parte ab ejus devotione se abstentavit, ex eo manifeste percipitur, quod illi viro scelerato, perfido, et crudeli, et hujus schismatis erroris magistro Reginaldo, quondam cancellario, communicans per suos, quos ad Fredericum dictum imperatorem transmisit, occasionem et materiam præstitit, quod idem Fredericus inductus est ad illud detestandum et profanum juramentum, imo perjurium faciendum. Nos autem hæc omnia post terga rejicientes, et magnifica et larga devotionis beneficia, quæ a principio hujus turbationis nobis et Ecclesiæ exhibuit, ante oculos semper habentes, ipsum per litteras nostras, et demum per probos et honestos viros paterna sæpe benignitate monuimus, et animum ejus nisi sumus apostolica mansuetudine delenire, exspectantes quod excessum suum recognosceret, et animi impetum regia clementia temperaret. Quia igitur, etsi non fuerit in schisma lapsus, tamen ecclesias et ecclesiasticas sui regni personas plus debito gravat, et eorum jura confundit atque perturbat, et omnia ad se trahere et sibi vindicare contendit, fraternitati vestræ per apostolica scripta præcipiendo mandamus, quatenus sibi hæc omnia fideliter proponentes, eum per omnipotentem Dominum, et ex parte beati Petri et nostra commoneatis, et exhortari curetis, quod matrem suam Romanam Ecclesiam consueta reverentia ac devotione cognoscat, et ecclesias et regni sui ecclesiasticas personas diligat et honoret : et venerabilem fratrem nostrum Thomam Cantuariensem archiepiscopum, qui ei fidelis est et devotus, ad ecclesiam suam revocare studeat, et honorifice, sicut decet, tractare. Jura quoque et bona ipsius et aliorum regia protectione manuteneat et conservet. Si autem a suæ intentionis proposito declinare noluerit, indubitanter timere poterit, ne Deus propter hoc in ipsum et posteros ejus graviter vindicet. Neque nos id poterimus dissimulare, nec diutius impunitum relinquere. Quoniam *pater filium, quem diligit, corripit et castigat* (Hebr. XII).

Datum Laterani, xvii Kal. Junii.

In eumdem modum Burdigalensi et suffraganeis ejus.

CDIII.

Ad Henricum Remensem archiepiscopum. — De quodam subdiacono Laudunensi, qui uxorem duxerat, et de lite Laudunensis episcopi adversus capellanos Lauduni.

(Laterani, Mart. 31.)

[MANSI, *Concil.*, XXI, 1075.]

Suggestum est nobis quod R. Belm. Laudunensis Ecclesiæ canonicus, cum sit in subdiaconatus ordine constitutus, quamdam sibi conatus est matrimonio copulare, et eidem, sicut vir uxori, publice cohabitare præsumit. Unde quoniam antiquis sanctorum Patrum sanctionibus et in concilio quod in (64) Lateranensi ecclesia ultimo fuerat celebratum, cautum habebatur quod hujusmodi matrimonia minime contrahantur, et si contracta fuerint, penitus irritentur, venerabili fratri nostro G. [Galtero II], Laudunensi episcopo, dedimus in mandatis quatenus, si res ita se habet, memoratum R. et eam quam sibi nisus est matrimonio copulare, non differat omnimodis separare, nec eos ulterius cohabitare aliqua ratione permittat. Quod si sibi in his acquiescere noluerint, ipsos vinculo excommunica-

---

(64) Sub Innoc. II, can. 6.

tionis astringat. De cætero ad aures nostras, quod gravius esse dignoscitur, noveris pervenisse, quod idem episcopus capellanos Laudunenses coegerit, nostris et prædecessoris sui scriptis authenticis quæ habebant omnimodis abrenuntiare, et eos in manu sua libere resignare, nec non et juramento firmare, quod nunquam super his de cætero querelam moverent. Unde quoniam hoc in nostrum prorsus contemptum et Ecclesiæ Romanæ injuriam noscitur penitus redundare, eidem per scripta nostra præcipiendo mandavimus, et in virtute obedientiæ injunximus, quatenus memorata scripta, si ea recepit, capellanis supradictis, omni occasione et excusatione cessante, restituat, eosdem a juramento absolvat, et de tanto satisfacturus excessu, omni occasione et excusatione cessante, per se ipsum vel per sufficientem responsalem apostolico se conspectui repræsentet. Et ideo per apostolica scripta tuæ discretioni mandamus, quatenus, si hæc quæ prædicta sunt effectui mancipare noluerit, tu eum ad hæc exsequenda districte compellas ; et si hæc ita esse inveneris, ipsum occasione, et excusatione et appellatione remota, ab officio pontificali suspendas, et facias ab omnibus pro suspenso teneri, donec præscriptis capellanis scripta sua restituat, et de tam gravi satisfacturus excessu per se vel per dignum et sufficientem responsalem ad apostolicam sedem accedat. Ad hæc prænominatos capellanos a juramento absolvas, et præfatum R. ab ea quam sibi nisus est matrimonio copulare disjungas. Præterea tibi injungimus ut si idem episcopus vel alii, latori præsentium, quoniam ad nos accessit, indignationem aut aliquod detrimentum propter hoc infligere voluerint, tu ipsum, quantum in te est, protegas, manu teneas et defendas, et nullam sibi injuriam vel gravamen inferri permittas.

Data Laterani, II Kal. Junii.

CDIV.
Ad eumdem. — De causa quæ vertitur inter G. et Hersendem.
(Laterani, Jun. 24.)
[Marten., Ampl. Collect., II, 738.]

Alexander episcopus, servus servorum Dei, venerabili fratri Henrico, Remensi archiepiscopo, salutem et apostolicam benedictionem.

Ex relatione G. præsentium latoris accepimus quod, cum inter eum et Hersendem mulierem in præsentia tua super quadam pecunia, quam idem G. Hugoni, quondam ipsius mulieris viro, dicitur debuisse, de mandato nostro controversia tractaretur, licet iste, sicut asserit, per testes sufficientes probare paratus fuisset, quod præfato Hugoni antequam decederet pecuniam illam cum integritate solvisset, tu eum et fidejussores suos post appellationem ad nos factam, quoniam in litteris appellatio inhibita fuerat, excommunicationis sententiæ subjecisti. Verumtamen etsi a te ad nos appellasset, tibi tanquam charissimo fratri nostro libenter deferre volentes, eumdem ad tuæ discretionis examen duximus remittendum ; fraternitati tuæ per apostolica scripta mandantes, quatenus eum a curia tua quam in parte suspectam habet minime judicari permittas, sed tu ipsum, venerabili fratre nostro Noviomensi episcopo tibi ascito, judices ; ita quod si coram te per testes idoneos et sufficientes legitime poterit demonstrare, se prætaxatæ pecuniæ sortem supradicto Hugoni, antequam decederet, exsolvisse, eumdem a prænominatæ mulieris impetitione, appellatione remota, prorsus absolvas, nec ei ulterius istum vel quemlibet alium in usuris condemnes, et litteras nostras, in quibus appellatio prohibetur, irritas esse decernas. De cætero tuam discretionem rogamus, ut hunc et fidejussores suos pro reverentia beati Petri ac nostra, a sententia qua eos innodasti sine omni banno absolvas.

Data Laterani, VIII Kal. Julii.

CDV.
Ad Thomam Cantuariensem archiepiscopum et ejus suffraganeos. — H. et W. comites de Vals. excommunicatos nuntiat.
(Laterani, Jul. 7.)
[Epist. S. Thomæ ed. Giles, II, 35.]

Alexander episcopus, servus servorum Dei, venerabilibus fratribus Thomæ, Cantuariensi archiepiscopo et omnibus episcopis ejus suffraganeis, salutem et apostolicam benedictionem.

Quoniam nobiles viri, comes H. et W. de Vals. bona et possessiones dilectorum filiorum nostrorum fratrum ecclesiæ Pantuu ausu temerario occuparunt, nec ea ad nostram et aliorum commonitionem eisdem aliquatenus restituere voluerunt, sed postea manus suas ad invasionem illorum gravius extenderunt, nos auctoritate apostolica ipsos excommunicatos publice nuntiamus et a corpore Christi, quod est Ecclesia, sequestratos. Quocirca fraternitati vestræ per apostolica scripta præcipiendo mandamus et in virtute obedientiæ injungimus, quatenus memoratos viros a nobis anathematis vinculo innodatos accensis candelis publice nuntietis, et per vestras parochias sicut excommunicatos faciatis ab omnibus evitari, donec memoratis fratribus ablata universa cum integritate restituant et de illatis injuriis condignam sibi exhibeant satisfactionem. Nos enim concessionem, quam prior ille fratribus inconsultis suis et penitus ignorantibus de possessionibus ecclesiæ fecisse dicitur, et memorato comiti sub cujusdam commutationis nomine dimisisse, cum ex institutione sanctorum Patrum inanis et vacua prorsus existat, auctoritate apostolica penitus irritamus, et eamdem nullas imposterum vires decernimus obtinere.

Datum Laterani, Nonis Julii.

CDVI.
Ad Henricum Remensem archiepiscopum. — Pro quodam homine de pignore molendini.
(Laterani, Jul. 20.)
[Marten. Ampl. Collect. II, 739.]

Alexander episcopus, servus servorum Dei, ve-

nerabili fratri Henrico, Remensi archiepiscopo, salutem et apostolicam benedictionem.

Lator præsentium M. Jerosolymis rediens, sua nobis insinuatione monstravit, quod cum abbas et fratres Sancti Petri de Monte (65), socero suo ix libras mutuo dedissent, et ab eo sextarios frumenti singulis annis sibi solvendos de quodam molendino, quod ipsi et abbati erat commune, in pignore accepissent, prædictus abbas ultra sortem valens viginti libras Catalaunensis monetæ etiam recepit. Unde quoniam crimen usurarum non solum in monache, sed et in quolibet laico detestabile reputatur, fraternitati tuæ per apostolica scripta mandamus, quatenus præfatum abbatem et fratres ipsius commoneas, et districte compellas, ut quidquid ultra sortem de suscepto pignore deductis expensis habuisse noscuntur, memorato M. nisi alia rationabilis causa impediat, cessante appellatione, resignent.

Data Laterani, xiii Kalendas Augusti.

CDVII.

Ad Cenomanensem episcopum. — *Pro negotio Philippi, nepotis Henrici Remensium archiepiscopi.*

(Laterani, Aug., 1.)

[*Ibid.*]

Alexander episcopus, servus servorum Dei, venerabili fratri Cenomanensi episcopo (66), salutem et apostolicam benedictionem.

Venerabilis frater noster Henricus Remensium archiepiscopus, transmissa nobis conquestione, monstravit quod Arn. clericus quinquaginta libras de redditibus Philippi (67) nepotis sui absque causa rationabili detinet, et eas sibi reddere penitus contradicit, cumque ab eo jam dictam pecuniam memoratus frater noster sæpius repeteret, et ille nec eam reddere, nec exinde secum justitiæ stare vellet, idem archiepiscopus eum ad nostram præsentiam appellavit. Ille vero, termino appellationis præfixo nec venit, nec ad nos pro se responsalem aliquem destinavit. Quia vero præfato archiepiscopo in jure suo nullo modo deesse possumus, nec debemus, causam ipsam discretioni tuæ committimus audiendam, et appellatione remota, fine debito terminandam. Quocirca fraternitati tuæ per apostolica scripta mandamus, quatenus cum exinde fueris requisitus, utramque partem ante tuam præsentiam convoces, et rationibus hinc inde auditis diligenter et cognitis, eamdem causam remoto, sicut dictum est, appellationis remedio, justitia mediante, decidas.

Data Laterani, Kal. Augusti.

CDVIII.

Ad Philippum Flandriæ comitem. — *Ejus cum Elizabetha, filia comitis Peronæ, matrimonium confirmat.*

(Laterani, Aug., 25.)

[*Epist. S. Thomæ*, ed. Giles, II, 146.]

Dilecto in Christo filio nobili viro comiti Philippo, salutem et apostolicam benedictionem.

Quod superna gratia super progenitores et proavos tuos te sublimavit, plerique successibus tuis invideant, et sicut nos ipsi ex parte perpendimus inter te et nobilem mulierem Elizabetham, uxorem tuam, quondam filiam comitis Peronæ, facere divortium laborant, et matrimonium vestrum potius livore invidiæ quam amore justitiæ impedire pariter et disturbare conantur. Unde quoniam sola invidia miseria caret, nos paci et quieti vestræ consultius providere volentes et attendentes quod hujusmodi potius ex voluntate quam ex zelo rectitudinis id moliuntur, idem matrimonium auctoritate apostolica confirmamus.

Datum Laterani, viii Kal. Septembris.

CDIX.

Ad Henricum, Remensem archiepiscopum. — *Pro Balduino monacho, ut recipiatur.*

(Laterani, Oct. 19.)

[Marten., *Ampl. Collect.*, II, 740.]

Alexander episcopus, servus servorum Dei, venerabili fratri Henrico, Remensi archiepiscopo, salutem et apostolicam benedictionem.

Lator præsentium Balduinus ad nostram præsentiam accedens, sua nobis relatione monstravit, quod cum in quodam monasterio Teutonici regni habitum monasticum suscepisset, ibi propter schismaticorum perfidiam remanere non audet. Et ideo nunc cogitur exsilium sustinere. Quia igitur omnibus et præcipue qui pro unitate catholica exsulant, ex officio nobis commisso opem tenemur et subsidium impendere, et eorum necessitatibus paterna sollicitudine providere; fraternitatem tuam rogamus, monemus et exhortamur in Domino, quatenus abbatem et fratres monasterii Sancti (68) Remigii commoneas et horteris, ut eumdem Balduinum benigne recipiant, et ei quousque ad ecclesiam suam redire possit, et ibi libere permanere in necessariis, prout decet, provideant, ita quod ipse exsilii sui dignam apud eos consolationem recipiat, et ibi Deo deserviat, et nos copiosam exinde teneamur vobis gratias exhibere.

Data Laterani, xiv Kal. Novembris.

CDX.

Ad eumdem. — *Pro L. priore Sancti Remigii Remensis.*

(Laterani, Nov. 9.)

[*Ibid.*]

Alexander episcopus, servus servorum Dei, ve-

---

(65) S. Petri de Monte celebre monasterium ordinis S. Benedicti in urbe Catalaunensi, a Rogero episcopo restauratum anno 1043 hactenus perstat sub congregatione S. Vitoni.

(66) Is tum erat episcopus Guillelmus de Passavant, nobili genere natus, cujus acta fusius habes in Mabilonii tom. III *Analectorum*.

(67) Qui post Ludovicum patrem regnavit, propter præclara ejus facinora dictus Augustus.

(68) S. Remigii insigne monasterium ordinis S. Benedicti in urbe Remensi corpore S. Remigii tanquam pretioso thesauro ditatum.

nerabili fratri Henrico, Remensium archiepiscopo, salutem et apostolicam benedictionem.

Quos honestate morum et religionis virtute decoratos esse cognoscimus, eos sincera volumus charitate amplecti, et in benignitatis et mansuetudinis nostræ gratia confovere. Quapropter probitatis et honestatis prudentiam dilecti filii nostri L. prioris Sancti Remigii, studiosius attendentes, et quomodo abbatiam, ad quam fuit electus, ob devotionem nostram et Ecclesiæ refutaverit, nihilominus considerantes, ipsum charitati tuæ propensius commendamus, rogantes attentius atque monentes, quatenus pro reverentia beati Petri ac nostra eum gratia et dilectione prævenias, et de honore ac profectu ipsius ita efficaciter et sollicite cogites, quod nos exinde sollicitudinem tuam propensius commendare possimus, et ipse tibi sincerissima debeat devotione astringi.

Data Laterani, v Idus Novembris.

CDXI.

Privilegium pro monasterio Pontiniacensi.

(Laterani, Nov. 11.)

[Marten., *Thesaur. Anecdot.*, III, 1235.]

Alexander episcopus, servus servorum Dei, dilecto filio Garino, Pontiniacensi abbati, ejusque fratribus, tam præsentibus quam futuris, regularem vitam professis in perpetuum.

Regularem vitam eligentibus apostolicum convenit adesse præsidium, ne cujuslibet temeritatis incursus eos a proposito revocet, aut robur (quod absit) sacræ religionis infringat. Eapropter, dilecti in Domino filii, vestris justis postulationibus clementer annuimus, et præfatum monasterium, in quo divino estis mancipati obsequio, ad exemplar prædecessoris nostri sanctæ recordationis Eugenii papæ, sub beati Petri et nostra protectione suscipimus, et præsentis scripti privilegio communimus. In primis siquidem statuentes ut ordo monasticus, qui secundum Deum et B. Benedicti Regulam et institutionem Cisterciensium fratrum in eodem monasterio institutus esse dignoscitur, perpetuis ibidem temporibus inviolabiliter observetur. Præterea quascunque possessiones, quæcunque bona idem monasterium inpræsentiarum juste et canonice possidet, aut in futurum concessione pontificum, largitione regum et principum, oblatione fidelium, seu aliis justis modis præstante Domino poterit adipisci, firma vobis vestrisque successoribus et illibata permaneant. In quibus hæc propriis duximus exprimenda vocabulis: terram Runcinaci, nemus planum, aquam et alias terras, prata et silvas, et quidquid juris habetis in territorio Pontiniacensi, grangiam de Bunnoiz cum pertinentiis suis, vineas de Fulceriis cum terris et nemoribus, et quidquid juris habetis apud S. Porcariam in terris, nemoribus, aquis et pratis. Quidquid juris habetis in allodio de Revisi, et in nemore de Contest, vineas, terras et prata de Sableia, insulam quæ est juxta molendinum de Novis, terras de Bretonaria cum nemore, terras et nemora de Burs veteri, quæ habetis pro quinque solidis de censu a monachis Molismi, usuariam quam dedit vobis Atto, episcopus Trecensis, in suis nemoribus de Hotta, Usuariam de nemore Sancti Lupi, usuariam nemorum et terrarum venatorum de castro Witois, quidquid juris habetis apud Seveias, usuariam quam dedit vobis Henricus archiepiscopus in nemoribus suis de Otta, grangiam de Creceio, cum terris, pratis, nemoribus et aquis, cambium quod fecistis cum abbatia Sancti Germani de terra quam habetis cum eo apud Creceium et Dulceium, cambium quod fecistis cum canonicis Senonensibus in territorio Creccii, insulas Salonis, vineas, terras, et prata quæ habetis apud S. Florentinum, terras et silvas quas dedit vobis Milo Collumgelatum, terram Sancti Martini de Caldeia, terras Calliaci, terras de Valle-Joardis et de maneriis, terras, prata et nemora de Campo-Troveto, silvas Sancti Petri ad omnes usus, præter dandum et vendendum, terram Villarissicci cum omnibus pertinentiis suis et usibus nemorum et pascuarum, terram et nemus quæ erant in controversia cum monachis Sancti Germani, quæ postea censu trium solidorum pacificata possidetis, terram Loronii cum nemore et plano, terram Carielli, cum nemore et plano, silvam Cannielli, terram de Nusi cum nemore et plano, prata insularum quæ consistunt super Ichaonam fluvium, et alia prata, vineas quas habetis apud Antissiodorum, quidquid juris habetis in silva quæ dicitur Otta, sive in proprietatibus, sive in usuariis.

Prohibemus etiam ut nulli fratrum vestrorum post factam in monasterio vestro professionem, absque licentia abbatis liceat de claustro discedere, discedentem vero absque communium litterarum cautione nullus audeat retinere. Paci quoque et tranquillitati vestræ paterna consideratione providere volentes, auctoritate apostolica prohibemus, ut infra clausuras locorum seu grangiarum vestrarum nullus molestiam, vel rapinam, sive furtum committere, ignem apponere, seu hominem capere, vel interficere audeat. Sane laborum vestrorum quos propriis manibus aut sumptibus colitis, sive de nutrimentis vestrorum animalium nullus a vobis decimas exigere præsumat. Decernimus ergo ut nulli omnino hominum liceat præfatum monasterium temere perturbare, aut ejus possessiones auferre, vel ablatas retinere, minuere, seu quibuslibet vexationibus fatigare; sed omnia integra conserventur eorum pro quorum gubernatione ac sustentatione concessa sunt usibus omnimodis profutura, salva sedis apostolicæ auctoritate. Si qua igitur in futurum ecclesiastica sæcularisve persona hanc nostræ constitutionis paginam sciens contra eam temere venire tentaverit, secundo tertiove commonita, si non reatum suum congrua satisfactione correxerit, potestatis honorisque sui dignitate careat, reamque divino judicio existere de perpetrata iniquitate cognoscat, et a sacratissimo corpore ac sanguine Dei ac Redemptoris Domini nostri Jesu Christi aliena fiat, atque in extremo examine districtæ ultioni subjaceat. Cunctis autem eidem loco sua jura servantibus sit pax Domini nostri Jesu Christi, quatenus et hic fructum bonæ actionis percipiant, et apud districtum Judicem præmia æternæ pacis inveniant. Amen, amen, amen.

S. Petrus, S. Paulus. Alexander papa III.

VIAS TUAS, DOMINE, DEMONSTRA MIHI.

Ego Alexander catholicæ Ecclesiæ episcopus.

Ego Gauslinus Albanensis episcopus.

Ego Wli. presbyter cardinalis tituli S. Crucis in Jerusalem.

Ego Joannes Sanctorum Joannis et Pauli presbyter cardinalis tituli Pammachi.

Ego Guil. presbyter cardinalis tituli S. Petri ad Vincula.

Ego Boso presbyter cardinalis S. Pudentianæ tit. Pastoris.

Ego Petrus presbyter cardinalis S. Laurentii in Damaso.

Ego Theodinus presbyter cardinalis S. Vitalis tit. Vestinæ.

Ego Galdinus S. Sabinæ presbyter cardinalis et archiepiscopus Mediolanensis.

Ego Jacynthus diaconus cardinalis S. Mariæ in Cosmedin.

Ego Oddo diaconus cardinalis S. Nicolai in Carcere Tulliano.

Ego Cinthus diaconus cardinalis S. Adriani.

Ego Hugo diaconus cardinalis S. Eustachii juxta templum Agrippæ.

Ego Vitellus diaconus cardinalis Sanctorum Sergii et Bacchi.

Ego Petrus diaconus cardinalis Sanctæ Mariæ in Aquirio.

Ego Hieronymus diaconus cardinalis S. Mariæ Novæ.

Datum Lateranis per manum Gerardi, S. Romanæ Ecclesiæ scriptoris III, Idus Novembris.... pontificatus vero domini Alexandri papæ III anno VIII.

CDXII.

Ad episcopos Angliæ. — In causa Thomæ Cantuar. Legatos ex latere duos in Angliam misisse significat cum plenitudine potestatis.

(Laterani, Dec. 1.)

[*Epist. S. Thomæ* ed. GILES, II, 77.]

ALEXANDER episcopus, servus servorum Dei, venerabilibus fratribus episcopis per Angliam constitutis salutem et apostolicam benedictionem.

Ad aures nostras vestra noscat prudentia pervenisse, quomodo vos propter gravamina, quæ venerabilis frater noster archiepiscopus Cantuariensis charissimo in Christo filio nostro Henrico illustri Anglorum regi, vobis quoque et regno suæ gubernationi commisso intulerat, ad nostram audientiam appellastis, et proximam Ascensionem Dominicam appellationi terminum præfixistis. Nos vero jam dicti regis, cui, sicut Christianissimo principi, in omnibus, quantum cum Deo et justitia possumus, deferre tenemur, et cujus devotionem in urgenti sumus necessitate experti, et quem inter alios principes orbis præcipua in Domino charitate diligimus, et quadam speciali prærogativa dilectionis amplectimur, precibus inclinati, et utriusque partis laboribus, et expensis parcere cupientes, personas de latere nostro ad ejusdem regis terram duximus destinandas, cum plenitudine potestatis causam istam, et alias, quas expedire cognoverint, audiendi, et prout sibi Dominus administraverit, canonice terminandi. Quocirca fraternitati vestræ per apostolica scripta mandamus, quatenus cum a prædictis personis propter hoc fueritis evocati, ad illorum præsentiam accedatis, et quod inter vos exinde judicaverint, suscipiatis firmiter, et servetis. Interim autem, si aliquam de personis illis, quas memoratus archiepiscopus excommunicationis sententia innodavit, metu mortis laborare contigerit, eumdem ab aliquo vestrum qui propinquior fuerit, accepto juramento, quod nostro super hoc, si convaluerit, debeat parere mandato, vel ab alio religioso, et discreto viro secundum præscripti tenorem absolvi concedimus, ita tamen quod coram memoratis personis, cum præsentes fuerint, se jurasse cognoscat.

Datum Laterani, Kalendis Decembris.

CDXIII.

Ad Henricum Anglorum regem. — Ut auctoritas archiepiscopi Cantuariensis suspendatur quousque a rege pacem consecutus sit.

(Laterani, Dec. 20.)

[*Ibid.*, p. 136.]

Magnificentiæ tuæ nuntios videlicet dilectos filios nostros, Joannem Cumin, et magistrum Rad. de Tamworth nobis et Ecclesiæ Dei devotos, et regiæ sublimitati per omnia, sicut credimus, fidelissimos, et litteras quas nobis excellentia tua transmisit, tanto benigniori mente suscepimus, et tanto eos majori gratia prævenimus et honore, quanto plenius novimus ipsos a magnifico principe et rege Christianissimo fuisse transmissos. Cui utique omnem, quam cum Deo possumus gloriam cupimus et honorem, et ad cujus incrementum modis omnibus, quibus honeste poterimus, nos et fratres nostri ac tota Ecclesia, quanto devotissimæ sinceritatis tuæ affectum in majori sumus necessitate experti, tanto ardentius intendimus aspirare. Non enim tuæ devotionis insignia, nobis tempore tam opportuno exhibita, a nostra inposterum memoria ulla ratione poterunt divelli, vel in conspectu ecclesiæ aliqua desuetudine inumbrari. Petitiones quoque tuas, quas nobis per nuntios jam dictos misisti, in quibus cum Deo et honestate nostra potuimus, sicut idem magnificentiæ tuæ via voce plenius enarrabunt, curavimus exsecutioni mandare. Personas siquidem de latere nostro, juxta quod rogasti, licet nobis gravissimum ac difficillimum hoc tempore maxime aliquos a nobis emittere videatur; cum fratrum nostrorum, et eorum præsertim quos tu desideras, præsentia et consilio opus habeamus; illius tamen recolendæ ac magnificæ devotionis tuæ, quam prædiximus, non immemores existentes, ad sublimitatis tuæ præsentiam duximus destinandas cum plenitudine potestatis, ecclesiasticas causas, quæ inter te et venerabilem fratrem nostrum Thomam Cantuariensem archiepiscopum hinc inde vertuntur, et illam quæ inter eumdem archiepiscopum et episcopos regni tui super appellatione ad nos facta movetur, necnon et alias causas terræ tuæ, quas noveritis expedire, cognoscendi, judicandi quoque, et prout sibi Dominus administraverit canonice terminandi.

Eidem quoque archiepiscopo, ne te aut tuos, seu regnum tuæ gubernationi commissum, donec causæ illæ debitum sortiantur effectum, in aliquo gravare vel turbare, aut inquietare attentet, omnimodis inhibuimus. Verum si idem archiepiscopus in te aut regnum tuæ gubernationi commissum, vel personas regni interim aliquam sententiam tulerit, nos eam irritam esse et non teneri censemus. Ad indicium autem hujus rei, et argumentum nostræ voluntatis, litteras præsentes, si articulus ingruerit necessitatis, ostendas. Alioquin serenitatem tuam rogamus et attentius commonemus, ut litteras ipsas aut earum tenorem a nullo sciri permittas, sed eas habeas omnino secretas. Illos vero familiares et consiliarios tuos, quos jam dictus archiepiscopus sententiæ excommunicationis subjecit, personæ de latere nostro transmissæ, Domino auctore, absolvent. Si autem aliquis illorum interim metu mortis laboraverit, præstito secundum consuetudinem Ecclesiæ juramento, quod nostro si convaluerit debeat super hoc parere mandato, ipsum ab aliquo episcopo vel alio religioso et discreto viro absolvi concedimus. Porro fratribus nostris, quos illuc mittimus, infra instantem Domini nativitatem eundi præceptum dedimus: qui, auctore Domino, in mense Januario iter, sicut credimus, aggrediemur.

Datum Laterani XIII Kal. Januarii

CDXIV.

Ad Thomam Cantuariensem archiepiscopum. — Illum ad patientiam exhortatur.

(Laterani? Mense Dec.

[*Ibid.*, I, p. 8.]

ALEXANDER papa, THOMÆ Cantuariensi archiepiscopo.

Receptis litteris et nuntiis charissimi in Christo filii nostri Henrici, illustris regis Anglorum, eum per litteras et nuntium nostrum iterum commonere proposuimus et sollicitis exhortationibus ejus animum mitigare, ut te sibi reconciliet et in gratiam et amorem suum reducat. Confidimus enim et speramus in Domino, quod monitis et exhortationibus nostris consentiet, et tibi ecclesiam tuam libere ac quiete restituet. Quapropter prudentiam tuam rogamus, monemus atque consulimus, quatenus quousque hujus rei finem et exitum videamus, eum patienter sustineas, nec contra ipsum, nec contra quoslibet regni sui aliquid interim statuas, quod ei grave aut molestum existat. Sane si nobis per nuntios nostros, si quos forte miserimus, acquiescere noluerit, nos tibi et ecclesiæ tuæ jus et honorem, ac dignitatem vestram, quantum divina gratia permiserit, curabimus conservari. Postremo nec tibi deerit auctoritas, si aliter revocari non poterit, tuum libere officium exercendi. Volumus autem, ut hoc habeas penes te secretum.

CDXV.

Waldemarum Danorum regem. — De mutatione claustri de Weng et de revocatione Eskilli archiepiscopi.

[Langebeck, *Scrip. Rer. Danic.*, v, 258.]

ALEXANDER episcopus, servus servorum Dei, charissimo in Christo filio WALDEMARO illustri Danorum regi, salutem et apostolicam benedictionem.

Cum audimus te circa ea quæ Deo placitura sunt et regiam deceant dignitatem et ad salutem animæ tuæ, virtutis quoque ac religionis incrementum pertineant, sollicitum et intentum existere, gaudio gaudemus, et tuæ sublimitatis industriam affectuosis super hoc in Domino laudibus commendamus. Ex tenore siquidem litterarum tuarum et quorumdam episcoporum in tuo regno consistentium accepimus, quomodo tu, divinæ pietatis amore inductus, considerans monasterium de Weng, quod antecessores tui pro animæ tuæ remedio fundarunt, et longis et magnis possessionibus ampliarunt, tam spiritualiter quam temporaliter fuisse attritum et plurimum diminutum, ad ejus reformationem cum eorumdem episcoporum consilio intendisti, et abbati, cui fuerat prius concessum, de magistro discipulo facto, fratribus ordinis Cisterciensis, ad religionis et honestatis observantiam in eo restaurandam idem monasterium contulisti. Quod utique si ita est, quia ex inspiratione divinæ gratiæ et mutatione dexteræ Excelsi processisse speramus, gratum acceptumque tenentes, quod inde a tua serenitate cum concilio eorumdem episcoporum salubri provisione noscitur statutum, ratum et firmum habemus, celsitudinem tuam rogantes, monentes et exhortantes in Domino, æque in peccatorum veniam injungentes, quatenus ad incrementum et relevationem monasterii præfati ferventer ac devote intendas, et religiosos viros, quos illuc de assensu tuo et favore dilectus filius noster Sueno Arusiensis electus induxit, diligere et manutenere studeas, et eorum bona consueta clementia et pietate servare.

Præterea nihilominus regiam excellentiam rogamus atque monemus, quatenus in devotione beati Petri ac nostra, sicut bene cœpisti, ex quo et ad unitatem Ecclesiæ reversus, firmus et immobilis perseveres, et episcopos et universum clerum et populum de regno tuo ad hoc ipsum moneas diligentius et horteris, venerabilem quoque nostrum fratrem Eskillum Lundensem archiepiscopum apostolicæ sedis legatum, virum religiosum atque discretum, et sicut credimus, Deo et hominibus valde acceptum, tibi quoque et regno tuo fidelissimum, ad ecclesiam suam devote et honorifice revoces (69), et ei honorem et gratiam quam decet, tanquam spirituali Patri impendas, et jura et bona Ecclesiæ suæ regia protectione defendas atque conserves. Confidimus enim atque speramus in Domino, quod per ejus industriam honor et gloria magnitudinis tuæ augebitur, et tam tibi quam hæredi tuo et regno plurima incrementa et commoda, Domino auxiliante, succedent (70).

CDXVI.

Ad episcopos Daniæ. — Ejusdem argumenti.

[*Ibid.*]

ALEXANDER episcopus, servus servorum Dei, venerabilibus ABSALONI Roskeldensi et TUCONI Burgalenensi episcopis, dilectis quoque filiis RADULPHO Ripensi et SUENONI Arusiensi electis, salutem et apostolicam benedictionem.

Ex litteris vestris et charissimi in Christo filii nostri Waldemari, illustris regis Danorum nuper accepimus, quomodo ipse sicut vir Catholicus supernæ contemplationis amore succensus et divina gratia inspiratus, attendens, monasterium de Weng quod antecessores ejus pro animæ suæ remedio fundarunt, et largis et amplis beneficiis et possessionibus dilatarunt, valde fuisse attritum, et tam spiritualiter quam temporaliter diminutum, ad ejus reformationem simul cum consilio vestro utiliter et ferventer intendit, et abbate ejusdem loci de magistro discipulo facto, fratribus Cisterciensis ordinis, ad religionis et honestatis observantiam in eo restaurandam, idem monasterium concessit. Quod quia, si ita est, ex mutatione dexteræ Excelsi processisse confidimus, gratum et acceptum tenemus, et quod exinde a vobis cum assensu et favore prædicti regis salubri noscitur provisione statutum, ratum et firmum habemus, prudentiam vestram rogantes atque monentes, quatenus eidem regi suggerere et attentius suadere curetis, ut incrementum et augmentum ipsius monasterii regia pietate intendat et in devotione beati Petri ac nostra firmus immobilisque consistens, venerabilem fratrem nostrum Eskillum Lundensem archiepiscopum, apostolicæ sedis legatum, virum religiosum et Deo acceptum reverenter ac devote ad ecclesiam propriam revocet, et ei honorem et gratiam, quam decet impendat. Credimus enim eum et speramus in Domino, quod ad honorem, exaltationem et fidelitatem ejusdem puro animo et affectione intendet, et toti regno utilis et fructuosus existet. Nihilominus et vobis mandamus ut qui ad onus pontificale vocati sunt, sed nondum culmen honoris adepti, ad eumdem archiepiscopum, si tam cito non redierit, humiliter et devote accedant, et ordines ac consecrationis munus de manu ejus percipiant. Periculosum enim existit, ecclesias Dei diutius solatio pastoris vacare (71).

CDXVII

Ad Gilbertum Londinensem episcopum. — Ut denarium B. Petri « qui sibi de Anglia debeatur, » transmittere non omittat.

[*Epist. S. Thomæ*, ed. GILES, II, 100.]

ALEXANDER papa GILBERTO Londoniensi episcopo.

Sæpe nobis a pluribus ea de te proponuntur, quæ religio tua nullo modo desiderat, vel habitus exterior demonstrat. Quæ utique si veritate subsistunt, animum nostrum vehementer conturbant, et spem et opinionem, quam de tua religione habebamus, omnino subducunt. Non enim gratia, vel amore, vel metu alicujus debes officium tuum negligere, et ecclesiasticam postponere libertatem, sed pro justitia te decet sicut immobilem columnam ecclesiæ viriliter et constanter opponere, et Dei timorem omnibus anteferre. Tanto namque te convenit charitatis fervore accendi, ut contra vitia et oppressiones ecclesiarum non solum clamare debeas, sed etiam vocem tuam quasi tubam incessanter exaltare, illud propheticum semper habens præ oculis: *Nisi annuntiaveris iniquo iniquitatem suam, sanguinem ejus de manu tua requiram (Ezech. III).* Quapropter si ea in te fore cognoscis, quæ nobis sunt relata, ipsa studeas maturius emendare, et talem te de cætero exhibere, quod nulli ad nos sinistri referantur rumores, et justitia ecclesiastica non possit occasione tua quomodolibet deperire. Quoniam si talia ulterius de te pro certo audierimus, ea nulla ratione dissimulabimus, sed in te, licet inviti, amaritudinis nostræ incendium gravius exstinguemus.

Ad hæc causam, quæ inter filium nostrum Ricardum, latorem præsentium, et Willelmum nepotem ejus super ecclesia de Hardentona et aliis vertitur, venerabilibus fratribus nostris Cicestrensi et Wigornensi episcopis sub certa forma commisimus cessante appellationis obstaculo terminandam, ideoque fraternitati tuæ per apostolica scripta præci-

---

(69) Bartholin. Annal. ins. ad ann. 1166 : Sine dubio Eskillus qui anno 1164, Senonis erat, reverti non audebat, quod Alexandro papæ tam firmiter adhæserat, cum rex Victori faveret : imo propter iram regis quem variis modis offenderat, et hinc a facie ejus fugerat primo in Gothiam, postea ad sedem Romanam. Nam ex hoc ipso diplomate patet regem tunc Alexandrum pro vero papa agnovisse.

(70) Juxta Bartholinum in Annalibus datum est hoc diploma anno 1166.

(71) Hoc diploma refertur a Bartholino ad annum 1166.

piendo mandamus, et in virtute obedientiæ injungimus, quatenus quidquid prædicti episcopi inter eos de querelis ipsorum, et de illis qui eumdem Ricardum mutilaverunt, atque de capella de Drinford, quæ in enorme damnum veteris ecclesiæ de Hardentona dicitur ædificata, communi assensu statuerint, vel alter eorum, si alius interesse non poterit, ratum et firmum habeas, et illud facias omni appellatione et contradictione remota firmiter observari.

Ah hæc discretioni tuæ præsentium significatione mandamus, ut denarium beati Petri, qui nobis de Anglia debetur, ad abbatem S. Bertini sub certo pondere et numero transmittas. Illud autem nolumus discretionem tuam latere, venerabilem Bartholomeum, fratrem nostrum, Exoniensem episcopum nobis transmissa relatione significasse, quod denarium ipsum non imminuit, sed tibi primus aut inter primos denarium eumdem integre de episcopatu suo persolvit. Unde miramur, quod cum non habuimus. Et idcirco volumus, ut quod defuit de præterito suppleant, et pro præsenti fideliter et integre recolligant.

ANNO 1166-1167.

CDXVIII.
Ad Joannem Magalonensem episcopum.
(Laterani, Jan. 26.)
[GARIEL, *Series præsulum Magalon.*, I, 205.]

ALEXANDER episcopus, servus servorum Dei, venerabili fratri episcopo Magalonensi, salutem et apostolicam benedictionem.

Cum, sicut exposita nobis tua petitio continebat, quod complures canonici Magalonensis ecclesiæ ordinis S. Augustini dantes in lubricum pedes suos, non solum infra, verum etiam extra Magalonensem diœcesim, a te non obtenta licentia nec petita, damnabiliter evagantes velint respicere ad superbiam effrenato calcaneo, licet eos pluries monueris spiritu lenitatis, nobis suppliciter supplicasti, ut compescendi hujusmodi audaciam tibi licentiam præberemus. Quocirca fraternitati tuæ per apostolica scripta mandamus, quatenus circa præfatos canonicos super his libere officii tui debitum exsequaris, non obstantibus privilegiis et indulgentiis aliquibus, ex quibus eis suffragium defensionis perveniret, contra regularem et canonicam disciplinam.

Datum Laterani, VII Kal. Februarii, pontificatus nostri anno secundo.

CDXIX.
Ad Joannem Magalonensem episcopum.
(Laterani, Jan. 26.)
[*Ibid.*]

ALEXANDER episcopus, servus servorum Dei, venerabili fratri nostro JOANNI episcopo Magalonensi, salutem et apostolicam benedictionem.

(72) Has vide infra, post Regesta Alexandri.

Tua nobis fraternitas intimavit quod, licet canonici Magalonensis ecclesiæ ordinis Sancti Augustini, in qua jurisdictionem ordinariam obtinere dignosceris, multa committant quæ limam correctionis exposcunt, prætextu tamen indulti apostolici, quod se habere proponunt, ut videlicet Magalonensis episcopus absque consensu capituli ejusdem ecclesiæ in eos aliquam censuram ecclesiasticam exercere non possit, remanent excessus hujusmodi in suarum animarum periculum incorrecti, super quo eorum subveniri saluti, indulto non obstante præmisso per apostolicæ sedis providentiam postulasti. Nos igitur qui salutem quærimus singulorum, volentes super hoc remedium adhibere, et nolentes correctionis et reformationis bonum occasione indulti hujusmodi in præfata ecclesia impedire, fraternitati tuæ per apostolica scripta mandamus, quatenus si correctio excessuum canonicorum ipsorum ad dictum capitulum pertinet, de consuetudine hactenus observata, capitulum ipsum moneas ut excessus ipsos infra triennium a te præfigendum eisdem, corrigat diligenter, et alioquin ex tunc, Deum habens præ oculis, ipsos, ut animarum cura requirit, indulto et consuetudine non obstantibus supradictis corrigere non postponas, contradictores per censuram ecclesiasticam compescendo.

Datum Laterani, VII Kal. Martii, pontificatus nostri anno secundo.

CDXX.
Bertrandum archiepiscopum Burdigalensem, apostolicæ sedis legatum, laudat quod sententiam a Bertrando abbate S. Crucis, in S. Macharii monachos promulgatam comprobaverit.

(Laterani, Jan. 31.)
[*Gall. Christ. nov.*, II, 817, in textu.]

ALEXANDER episcopus, servus servorum Dei, venerabili fratri BERTRANDO Burdigalensi archiepiscopo, apostolicæ sedis legato, salutem et apostolicam benedictionem.

Sicut ex tuarum litterarum (72) continentia nuper accepimus, tu mandati nostri tenorem efficaciter prosecutus, sententiam quam dilectus filius noster Bertrandus abbas S. Crucis in monachos Sancti Macharii ob inobedientiam et rebellionem suam promulgavit, ratam et firmam habuisti, et eam auctoritate nostra et tua pariter confirmasti : super quo utique sollicitudinem tuam, sicut dignum est, commendamus, et ut sententiam ipsam ratam habeas, et per parochiam tuam inviolabiliter usque ad dignam satisfactionem facias observari, et præsentium significatione injungimus : nos enim juxta sollicitationem tuam ita honestati nostræ providebimus, quod si dicti monachi ad nos venerint, nihil, auctore Domino, reportabunt quod debeat decere.

Datum Laterani, II Kal. Februarii.

CDXXI.

Ad abbatem et fratres Sancti Remigii. — Ut Willelmum fugitivum monachum recipiant.

(Laterani, Febr. 10.)

[Marten., *Ampl. Collect.*, II, 723.]

Alexander episcopus, servus servorum Dei, dilectis filiis abbati et fratribus Sancti Remigii Remensis, salutem et apostolicam benedictionem.

Pro Will. latore præsentium nos tibi, fili abbas, jam secundo scripta nostra direximus, ut eum, salva tui ordinis disciplina, reciperes, et misericordiæ januam aperires. Quia vero nondum est, sicut nobis insinuavit, receptus, nos timentes animæ suæ naufragium provenire, si diutius sine disciplina existens, ad sæculi delectationes fuerit coactus redire, religionem vestram monemus atque mandamus, quatenus prædictum Will. servata secundum institutionem vestri ordinis disciplina, postposita mora et occasione, et recipiatis et benigne tractetis, aut sibi sua ex integro restituatis, et ut in alio monasterio recipiatur, operam et studium efficaciter adhibere curetis, et ita monita et mandata nostra super hoc attentis auribus audiatis, et effectui mancipetis, quod vobis exinde non cogamur amplius scribere, nec ipse compelletur ulterius ad nos laborare.

Data Laterani, iv Idus Februarii.

CDXXII.

Ad Joannem Magalonensem episcopum. — De canonicis Ecclesiæ Magalonensis.

(Laterani, Febr. 15.)

[Gariel, *Series præsulum Magalon.*, I, p. 203.]

Alexander episcopus, servus servorum Dei, venerabili fratri episcopo Magalonensi, salutem et apostolicam benedictionem.

Ex insinuatione tua nobis innotuit quod canonici Magalonensis ecclesiæ ordinis S. Augustini, personatus, prioratus et administrationes habentes confisi quod ab eis contra voluntatem suam non consueverunt hactenus amoveri, nec etiam integram administrationis suæ reddere rationem, quod videtur a regulari honestate et utilitate ecclesiastica discrepare, dicuntur interdum committere quæ oculos divinæ majestatis offendunt, eorumdem personatuum et administrationum proventus illicitis quandoque usibus consumentes, in grave Magalonensis Ecclesiæ præjudicium, laicorum scandalum et suarum periculum animarum. Quare a nobis humiliter postulasti ut indemnitati ejusdem ecclesiæ, ac animarum saluti paterna sollicitudine providentes, statuere curaremus, ut prædicti canonici, personatus, prioratus et administrationes prædictas quas obtinent, in quibus non sunt per electionem capituli, corumdemque personatuum et prioratuum canonicam instituti, saltem semel in anno in præsentia tua et capituli ejusdem ecclesiæ exhibere teneantur, et super his villicationis suæ reddere rationem, ad quam per te discretione qua convenit compellantur. Ita quod si archidiaconi, archipresbyteri, vel sacrista, quos in eadem ecclesia tu solus de more instituis hactenus observato, vel priores quibus prioratus qui ad capitulum ejusdem ecclesiæ pertinent, a te et præposito de consuetudine committuntur, tempore rationis redditæ reperti fuerint ob culpam vel negligentiam aliquam ex commissis sibi officiis vel administrationibus removendi. Tales hujusmodi ad quos officia vel administrationes ex jure tu solus assumis, finis et redditis rationibus libere valeas amovere, vel de loco ad locum, sicut videris expedire, transferre. Et *post pauca.* Quocirca fraternitati tuæ per apostolica scripta mandamus quatenus de consilio præpositi et aliquorum ex ipsius Ecclesiæ canonicis, quos videris expedire, statuas super his nostra auctoritate quod regulare videris et honestum, et cum salute animarum et utilitate ecclesiastica convenire, contradictores per censuram ecclesiasticam appellatione postposita compescendo.

Datum Laterani, xv Kalend. Martii, pontificatus nostri anno secundo (73).

CDXXIII.

Ad Stephanum Meldensem episcopum. — Quod si conventus aliquis non concordat in electione abbatis, ad episcopum pertineat abbatem confirmare in quem major et sanior pars consenserit.

(Laterani, Febr. 18.)

[Petit, *Theodori Pœnitentiale*, II, 611.]

Alexander episcopus, servus servorum Dei, venerabili fratri Stephano Meldensi episcopo, salutem et apostolicam benedictionem.

Pro dissensione fratrum, monasteria tui episcopatus contingit sæpius, sicut asseris, diutius pastore carere. Contrahantur studia plurimum ad diversa, ut in idem valeant convenire, unumque scilicet hoc remedium adhiberi desideras, ne per defectum pastoris religiosa loca (quod avertat Deus!) gravius elabantur. Nos tuum desiderium favore debito prosequentes præsentibus litteris tibi indulgemus, ut, si quando monasterium aliquod tuæ jurisdictionis vacare contigerit, nec ad commonitionem tuam fratres vel sorores ejusdem loci infra congruum tempus, quod eis duxeris præfigendum, in personam potuerint idoneam concordare, fas tibi sit personam illam in abbatem vel abbatissam, dummodo sit idonea, auctoritate apostolica confirmare, in quam majorem et saniorem partem capituli noveris convenire.

Datum Laterani, xii Kalend. Martii.

CDXXIV.

Ad Henricum Remensem archiepiscopum. — Pro Roberto presbytero.

(Laterani, Febr. 20.)

[Marten., *Ampl. Collect.*, II, 724.]

Alexander episcopus, servus servorum Dei, venerabili fratri Henrico, Remensium archiepiscopo, salutem et apostolicam benedictionem.

---

(73) Verba *pontificatus nostri anno secundo* aliena manus addidit.

Significavit nobis Robertus presbyter quod canonici Roienses duas ecclesias sibi sub annuo censu dederunt, sub quarum quædam capella leprosorum erat posita potestate, quam nos per concessionem prædictorum canonicorum propria, sicut dicitur, libertate donavimus. Unde quoniam damnum xxx librarum se asserit propter hoc incurrisse, nec est justum aut consentaneum rationi, ut ex quo beneficium est diminutum, canonicis integrum teneatur censum persolvere, fraternitati tuæ per apostolica scripta mandamus, quatenus utramque partem ante tuam præsentiam convoces, et rationibus hinc inde etiam auditis, sufficienter et cognitis, causam ipsam infra quadraginta dies post harum susceptionem, mediante justitia, studeas remoto appellationis obstaculo, terminare; ita quidem ut secundum quod beneficium est diminutum diminui facias censum.

Data Laterani, x Kal. Martii.

CDXXV.

Ad eumdem. — Pro Roberto presbytero.

ALEXANDER episcopus, servus servorum Dei, venerabili fratri HENRICO Remensium archiepiscopo, salutem et apostolicam benedictionem.

Lator præsentium Robertus sacerdos, in multo periculo et labore ad nostram præsentiam accedens, supplici nobis insinuatione monstravit quod, cum a canonicis Roiensibus quamdam decimam ad censum octoginta modiorum annonæ per annum obtinuisset, prius ea superveniente aeris tempestate nonnisi quadraginta et unum modium de præscripta decima est consecutus, et quia ad integram ipsius solutionem fuit coactus, damnum octoginta et octo librarum incurrit. Unde quoniam indignum et inhumanum videtur, ut, cum non perceperit integrum fructum, totum debeat pondus sentire, causam ipsam experientiæ tuæ duximus committendam, fraternitati tuæ per apostolica scripta mandantes, quatenus cum exinde fueris requisitus, utramque partem ante tuam præsentiam convoces, et rationibus hinc inde auditis sufficienter et cognitis, causam ipsam infra quadraginta dies, post harum susceptionem, mediante justitia, studeas remoto appellationis obstaculo definire.

Data Laterani, x Kal. Martii.

CDXXVI.

Ad abbatem et fratres Cluniacenses super electione abbatis tit. S. Benedicti Padilironensis ex necessitate, et absque eorum consilio et auctoritate facta, quod non trahatur in exemplum.

(Laterani, Mart 1.)
[*Bullar. Cluniac.*, 72.]

ALEXANDER episcopus, servus servorum Dei, dilectis filiis sancto abbati et fratribus Cluniacensibus, salutem et apostolicam benedictionem.

Venerabilis frater noster Gradensis patriarcha, et dilectus filius noster Iliad. basilicæ Duodecim Apostolorum presbyter cardinalis, apostolicæ sedis legatus, Brixiensis quoque et Castellanensis episcopi transmissis nobis litteris intimaverunt, quod bonæ memoriæ Geru quondam monasterii Sancti Benedicti super Padum abbate de hac luce, prout placuit Redemptori, subtracto; cum eorum essent corda suspensa qualiter ad successoris illius electionem commodius possent intendere, catholicos ejusdem congregationis monachos post habitam diligentem deliberationem ad se convocaverunt, et eos, ut in aliquam personam communiter convenirent, commovere studiosius et hortari curarunt : quibus tantam in electione facienda pacem et unanimitatis concordiam divina gratia ministravit, quod omnes pari voto et communi consensu dilectum filium nostrum Raim. priorem suum, qui multa religionis noscitur et discretionis virtute fulgere, in abbatem suum elegerunt. Cujus electionem prædictus cardinalis metuens ne propter itineris difficultatem et schismaticorum sævientium feritatem retardari posset, vel quomodolibet impediri, de eorumdem episcoporum, et aliorum prudentium virorum consilio confirmavit; quam videlicet nos eligentium causa et necessitate comperta, postea auctoritate apostolica curavimus confirmare. Cum autem vos pariter, et ecclesiam vestram, ex officii nostri debito et consideratione vestræ devotionis sincere velimus diligere, et jura et dignitates vestras attenta semper sollicitudine conservare ; præsenti pagina duximus statuendum, ut quod a nobis et ab eodem cardinali factum est vobis vel ecclesiæ vestræ nullum inposterum valeat præjudicium generare, neque fratres Sancti Benedicti quodlibet inde possint exemplum vel occasionem malignandi habere. Quocirca universitatis vestræ prudentiam rogamus atque monemus, quatenus necessitatem et malitiam temporis attendentes, hoc in omni patientia et humilitate sustineatis, et quod ipsius abbatis obitus vobis non fuit prius (sicut moris est) denuntiatus, graviter nullatenus vel moleste feratis, sed electionem ipsam approbetis. Nos enim eisdem monachis dedimus in mandatis, ut antequam electus in abbatem benedicatur, aliquem de fratribus suis, cum nostris et eorumdem litteris Cluniacum transmittant per quem vobis significent qua necessitate inducti abbatis sui obitum, secundum præscriptæ sententiæ tenorem, non significaverunt, et in electionis exsecutione auctoritatem et assensum vestrum non exspectarunt, vos ex nostra et sua parte rogantes, ut necessitatem attendentes hoc in patientia et æquanimitate sustineatis; nihilominus etiam vobis proponant, quod hoc nullatenus in exemplum assument, nec a sententiæ tenore unquam recedent, sed ipsam sententiam perpetuo observabunt.

Datum Laterani, Kalendis Martii.

CDXXVII.

Ad abbatem S. Remigii Remensis. — Pro dejecto presbytero.
(Laterani, Mart. 5.)
[MARTEN., *Ampl. Collect.*, II, 725.]

ALEXANDER episcopus, servus servorum Dei, di-

lecto filio abbati Sancti Remigii, salutem et apostolicam benedictionem.

Ex transmissa conquestione dejecti presbyteri ad aures nostras pervenit, quod abbas Sancti Joannis de Vineis (74) ei ecclesiam suam absque ordine judiciario, et contra justitiam abstulit, et ipsam sibi reddere modis omnibus contradicit. Unde quoniam eidem sacerdoti in jure suo deesse nec possumus, nec debemus, fraternitati tuæ per apostolica scripta mandamus quatenus prædictum abbatem ex parte nostra diligenter commoneas, et districte, si fuerit necesse, compellas, ut memorato presbytero ecclesiam suam cum integritate restituat, vel coram te sufficientem exinde justitiam exhibeat. Quod si causam ipsam maluerit potius intrare, quam ecclesiam reddere, tu partibus congruo loco et tempore ante tuam præsentiam convocatis, causam ipsam diligentissime audias, et eam cessante appellationis obstaculo, justitia mediante, decidas.

Data Laterani, v Non. Martii.

CDXXVIII.

Ad Henricum Remensem archiepiscopum ejusque suffraganeos. — Ut Drogonem schismaticum excommunicent.

(Laterani, Mart. 6.)
[*Ibid.*]

ALEXANDER episcopus, servus servorum Dei, venerabilibus fratribus HENRICO Remorum archiepiscopo et suffraganeis ejus, salutem et apostolicam benedictionem.

Quam graviter et quam enormiter Drogo (75) ille schismaticus, Lugdunensis Ecclesiæ violentus et improbus occupator, in Ecclesiam Dei deliquerit, et eam studuerit totis viribus jugiter molestare, vestram credimus cognitionem tenere, nec id aliquatenus ignoratis. Quapropter nos jam dictum Drogonem et principales ejus fautores pro excommunicatis, et a corpore Christi, quod est Ecclesia, sequestratis habentes, fraternitati tuæ per apostolica scripta præcipiendo mandamus quatenus in unum pariter convenientes, eosdem accensis candelis et clero ac populo congregato, et pulsatis campanis publice excommunicetis, et per vestras parochias singulis diebus Dominicis et aliis præcipuis festivitatibus eamdem faciatis excommunicationis sententiam innovari, venerabilem quoque fratrem nostrum G. (76) archiepiscopum Lugdunensem juvare propensius studeatis, et ei consilium et auxilium quibuscunque modis poteritis, efficaciter tribuatis. Parochianos etiam vestros ad hoc ipsum inducere laboretis, et eisdem, ut ad illius juvamen intendant, in peccatorum veniam injungatis, ita quod in vobis fraternæ charitatis consolationem inveniat, et nos quidquid ei feceritis nobis ipsis specialiter, impensum putantes, sinceritati vestræ immensas debemus exinde gratias exhibere.

Data Laterani, ii Nonas Martii.

CDXXIX.

Ad eumdem. — De absolutione quorumdam excommunicatorum.

(Laterani, Mart. 10.)
[*Ibid.*, col. 727.]

ALEXANDER episcopus, servus servorum Dei, venerabili fratri HENRICO Remensium archiepiscopo, salutem et apostolicam benedictionem.

Suggestum nobis est quod frater noster Catalaunensis episcopus, Evan. Hengenbertum, Hugonem, Nicolaum, Radulfum, Rogerum, Segardum, Adam, Gaufridum et Oggerum Torelli parochianos suos et eorum familias non citatos nec ad rationem positos, excommunicationis subjecit. Unde quoniam proniores ad benedicendum quam ad maledicendum esse debemus, fraternitati tuæ per apostolica scripta mandamus, quatenus rem ipsam diligenter inquiras, et si tibi constiterit præfatum episcopum, memoratos viros, eo modo quo superius diximus, excommunicasse, eos et familias eorum nisi forte notorium fuerit ipsos ita graviter deliquisse, quod ipso genere delicti excommunicationis sententiam incurrissent, auctoritate nostra et tua, si episcopus facere absque pecuniæ exactione noluerit, omni appellatione cessante, absolvas, recepto prius ab eis juramento, quod in præsentia venerabilis fratris nostri Suessionensium episcopi cum prædicto Catalaunensi aliquid contra ipsos habuerit justitiæ debeant stare.

Data Laterani, vi Idus Martii.

CDXXX.

Ad Henricum Remensem archiepiscopum. — Pro Hugone clerico.

(Laterani, Mart. 13.)
[*Ibid.*]

ALEXANDER episcopus, servus servorum Dei, venerabili fratri HENRICO Remensium archiepiscopo, salutem et apostolicam benedictionem.

Ex relatione Hugonis clerici præsentium latoris olim accepto, quod pater suus et mater partem cujusdam molendini, quæ ad eos spectabat, Hescelino clerico de Guisern. pro vi marcis pignori obligarunt, quam et pater suus decedens et mater ejus nihilominus sibi reliquit, et unde jam dictum Hescelinum sortem suam et amplius percepisse dicebat, venerabili fratri nostro M. (77) Morinensi episcopo dedimus in mandatis, ut si præfatum clericum sortem suam de præscripta molendini parte deductis expensis recepisse constaret, ipsum dili-

---

(74) S. Joannis de Vineis, insigne ordinis S. Augustini monasterium apud Suessiones, fundatum ab Hugone Castri Theodorici toparcha, ab ambientibus olim vineis ita appellatum.

(75) Drogo ex archidiacono Lugdunensi electus est archiepiscopus, reclamantibus et opponentibus se ejus electioni sex canonicis, uti videri est in epist. capituli Lugdunensis ad Ludovicum regem apud Chesnium, tom. IV *Hist. Franc.*

(76) Guichardum ex abbate Pontiniaci electum, et a summo pontifice apud Montem-Pessulanum 1165 ordinatum.

(77) Miloni.

gentius admoneret, et omni cum districtione compelleret, quod eamdem partem memorato Hugoni sine omni exactione pecuniæ, cessante appellationis remedio, resignaret, et in pace sibi ac quiete dimitteret possidendam. Quod si facere forte contemneret, ipsum omni officio et beneficio ecclesiastico celerius spoliaret. Si vero vel Hescelinus sortem suam nondum ex integro percepisset, computato in sortem quod jam recepit, et quod deesset recepto, eamdem prætaxatam partem prædicto Hugoni nihilominus, remoto appellationis obstaculo, faceret assignari. Quia vero, sicut prælibati Hugonis iterata querela demonstrat, supradictus episcopus noster adhuc mandatum non est aliquatenus prosecutus, et indignum est quemlibet laicum nedum clericum hujusmodi lucris studium vel operam adhibere, fraternitati tuæ per apostolica scripta mandamus, quatenus, si memoratum episcopum non his processisse cognoveris, tu prædicta omnia, sicut eidem mandavimus, infra quadraginta dies post harum susceptionem, omni excusatione et appellatione sublata, sufficienter exsequi nulla ratione postponas; ita quidem quod si præscriptus Hescelinus clericus legitime citatus venire, aut quod etiam statueris observare contempserit, vel se a tuo examine per judicium sæculare forte tentaverit sequestrare, tu jam dictum Hugonem in prælibatæ partis possessionem appellatione remota inducas, et eam sibi tam nostra quam tua pariter auctoritate ab adversæ partis molestiis viriliter et constanter defendas.

Data Laterani, III Idus Martii.

CDXXXI.

Ad Henricum Remensem archiepiscopum. — Pro Joanne clerico, ut præbenda investiatur.

(Laterani, Mart. 14.

[*Ibid.*, col. 728.]

ALEXANDER episcopus, servus servorum Dei, venerabili fratri HENRICO Remensium archiepiscopo, salutem et apostolicam benedictionem.

Quoniam frater noster G. Laudunensis episcopus Joanni nepoti dilecti filii nostri cantoris Duacensis, coram venerabili fratre nostro Ostiensi episcopo et dilectis filiis nostris O. S. Nicolai in Carcere Tulliano et Manfrido Sancti Georgii ad Velum aureum diaconis cardinalibus præbendam unam concessit, et tam nos quam tu et idem Laudunensis, si bene recolimus, concessionem illam nostris litteris confirmavimus, nec tamen jam dictum Joannem præfatus Laudunensis de præscripta præbenda voluit hactenus investire, fraternitati tuæ per apostolica scripta mandamus, quatenus eumdem Laudunensem diligenter admoneas, et, si fuerit necesse, compellas, quod memoratum Joannem, sicut ei per scripta nostra præcepimus, de prætaxata præbenda non differat investire, et locum sibi tam in capitulo quam in choro assignet.

Data Laterani, II Idus Martii.

CDXXXII.

Ad eumdem. — Pro cantore Duacensi, ut restituatur.
(Laterani, Mart. 14.)
[*Ibid.*, col. 729.]

ALEXANDER episcopus, servus servorum Dei, venerabili fratri HENRICO Remensium archiepiscopo, salutem et apostolicam benedictionem.

Cum discretio tua scriptum esse cognoscat, *cui tributum, tributum; cui honorem, honorem* (Rom. XIII), miramur quod, sicut nobis dicitur, in Attrebatensi Ecclesia contra regni illius consuetudinem hujusmodi præceptum fecisti, ut in choro ejusdem ecclesiæ quilibet ex ordine locum teneat, secundum quod ibidem prius aut posterius fuerat canonicus institutus, nullo respectu habito ad scientiam, dignitatem, vel ætatem alicujus personæ, quæ in his essent maxime attendenda. Quoniam autem dilectus filius noster cantor Duacensis, quem nos pro devotione, honestate et probitate sua, sicut virum providum et discretum, charum admodum acceptumque tenemus, locum suum occasione ista mutatum esse proponit, et personam suam in hoc graviter læsam fuisse, fraternitatem tuam per apostolica scripta rogamus, monemus atque mandamus, quatenus prædicto cantori locum suum, quem in præscripta ecclesia noscitur hactenus habuisse, pro devotione quam circa nos et Ecclesiam gerit, et obtentu dilectionis quam nos circa personam ejus habemus, facias, dilatione cessante, restitui, et de cætero in pace dimitti, ut ipse idem tibi debeat omni tempore devotior permanere, et nobis id gratum omnimodis facias et acceptum. Si autem præceptum istud tam de illo quam de aliis revocaveris, nobis plurimum placere cognoscas. Verum quidquid de aliis feceris, volumus ut prænominato cantori locus, quem huc usque habuisse dignoscitur, restituatur. Malumus enim in hoc tuæ fraternitati deferre; ita ut quod per te exinde factum est, auctoritate tua in statum pristinum revocaretur, quam nostra in hac parte, quod de jure possemus, auctoritate uti.

Data Laterani, II Idus Martii.

CDXXXIII.

Ad decanum et capitulum Catalaunense. — Ne exigant pecuniam pro scholis.
(Laterani, Mart. 16.)
[MARTEN. *ibid.*, col. 750.]

ALEXANDER episcopus, servus servorum Dei, dilectis filiis decano et canonicis Catalaunensis Ecclesiæ, salutem et apostolicam benedictionem.

Pervenit ad nos quod, cum aliqui clerici in episcopatu vestro alios velint docere, et eos litterali scientia erudire, vos ipsos, nisi pecuniam vobis velint conferre, ne id possint efficere, modis omnibus impeditis, et sub excommunicationis interminatione, ne hoc faciant, prohibetis. Quod quia rationi et honestati contrarium prorsus existit, universitati vestræ per apostolica scripta præcipiendo mandamus quatenus clericos omnes, qui in episcopatu vestro, et præsertim extra muros civitatis aliis legere voluerint, et eos scholasticis instruere disciplinis, id libere et sine omni contradictione efficere permittatis, nec super hoc molestare de cætero præsumatis, vel occasione ista aliquam sibi læsionem inferre. Quod si ulterius de vobis ad nos hujusmodi fuerit querela perlata, pro certo sciatis, quod nos id impunitum nullatenus relinquemus.

Data Laterani, xvii Kalendas Aprilis.

CDXXXIV.

Ad Henricum Remensem archiepiscopum. — De admonitione prælatorum ecclesiasticorum, ut sibi subveniant. Commendatio de perseverantia dilectionis circa Romanam Ecclesiam et exhortatio ad idem.

(Laterani, Mart. 17.)
[*Ibid.*]

ALEXANDER episcopus, servus servorum Dei, venerabili fratri HENRICO Remensium archiepiscopo, salutem et apostolicam benedictionem.

A memoria nostra non excidit, nec aliquo tempore in posterum elabetur quam sincere et quam devote nobis a principio nostræ promotionis astiteris, et quam diligentiam circa profectum et augmentum Ecclesiæ prompto semper animo studueris adhibere, et quod in eodem adhuc proposito et voluntate persistas, et in nostris et ipsius Ecclesiæ negotiis omnem quam convenit curam et studium habeas, nullatenus ignoramus, nec aliquam inde dubitationem habemus. Hanc siquidem spem et fiduciam obtinentes, sinceritatem tuam super agendis nostris confidenter requirimus, et ea cognitioni tuæ sine alicujus hæsitationis scrupulo intimamus. Noscat autem tua discretio quod nos in Urbe magnifice satis per gratiam Dei hucusque existimus, et in præsenti, licet adversum nos multa inimici Ecclesiæ jugiter machinentur, honorifice, cooperante Domino, permanemus. Verum quoniam multis et gravissimis quotidie urgemur expensis, et immoderatis oneribus aggravamur, ad te et alios Ecclesiæ filios in tantæ necessitatis articulo recurrere cogimur, et vestrum auxilium instantius postulare, ut vestris freti subsidiis, inimicis Ecclesiæ viriliter possimus resistere, et eamdem Ecclesiam pristinæ libertate donare quod nulla ratione opportunius effici posse videmus, quam si Urbem in fidelitate beati Petri ac nostra servare, et contra voluntatem inimicorum ibidem poterimus permanere. Quapropter fraternitatem vestram per apostolica scripta rogamus, monemus et exhortamur in Domino, quatenus pro animæ tuæ remedio, et ut tuæ devotissimæ sinceritatis indicium in Ecclesiæ oculis possit in futurum clarere, nobis celerius studeas et efficacius subvenire, et matri tuæ manum auxilii filiali porrigas devotione, ut nos tibi reddas in perpetuum obligatos, et eadem mater tua sancta videlicet Ecclesia per te ab oneribus et gravaminibus suis se sentiat non modicum allevari, et tu a Deo multiplex inde præmium valeas obtinere, et coram hominibus laudem et gloriam reportare.

Nos enim dilectum filium nostrum fratrem Rostram ad te et alios Ecclesiarum prælatos propter hoc duximus destinandum, cui juxta beneplacitum tuum inde respondeas, et quid sibi feceris, nobis per litteras tuas, et per eumdem significes.

Data Laterani, xvi Kal. Aprilis.

CDXXXV.

Ad eumdem. — Pro Galterio clerico.

(Laterani, April. 18.)
[*Ibid.*, col. 731.]

ALEXANDER episcopus, servus servorum Dei, venerabili fratri HENRICO Remensium archiepiscopo, salutem et apostolicam benedictionem.

Veniens ad apostolicæ sedis clementiam Galterius diaconus, nobis diligenter proposuit, quod ei canonici ecclesiæ Sanctæ Crucis medietatem unius præbendæ in eadem ecclesia concesserunt, donec integram præbendam jam dicto G. libere possent assignare. Sed nunc, ut ex ejus relatione audivimus, sibi de præbenda, quæ vacat, præbendam suam integrare omnino recusant, quia vero injustum est ut beneficium, quod ad sustentationem unius constitutum est, in plures partes dividatur, fraternitati tuæ per apostolica scripta mandamus, quatenus, si ita est, supradictos canonicos diligenter commoneas, et districte compellas, ut eidem G. præbendam suam non differant integrare.

Data Laterani, xiv Kal. Maii.

CDXXXVI.

Ad eumdem. — Pro quodam G. ut hæreditas ei reddatur.

(Laterani, April. 19.)
[*Ibid.*, col. 732.]

ALEXANDER episcopus, servus servorum Dei, venerabili fratri HENRICO Remensi archiepiscopo, salutem et apostolicam benedictionem.

Significavit nobis G. præsentium lator, quod miles Badar. Nicolaus et Adam raptam hæreditatem suam maternam pignori detinent occupatam. Unde sibi sortem suam, si eam illi resignare noluerint, se asserit soluturum. Quocirca fraternitati tuæ per apostolica scripta mandamus, quatenus creditores prædictos moneas attentius, et diligentius studeas convenire ut memorato G. hæreditatem prædictam, sorte sua recepta, cum integritate restituant, vel ipsi sub tuo examine plenam inde justitiam facere non postponant. Quod si neutrum istorum adimplere voluerint, tu eos ad alterum exsequendum ecclesiastica censura constringas.

Data Laterani, xiii Kal. Maii.

CDXXXVII.

Ad eumdem. — De negotio episcopi Gratianopolitani.

(Laterani, April. 29.)
[*Ibid.*]

ALEXANDER episcopus, servus servorum Dei, venerabili fratri HENRICO Remensium archiepiscopo, salutem et apostolicam benedictionem.

Quorumdam nobis relatione innotuit, quod nobilis vir comes Tolosanus precibus et promissionibus

Frederici Ecclesiæ Dei persecutoris inductus, disposuit quod omnes personas ecclesiasticas in terra sibi subjecta morantes, de regno etiam charissimi in Christo filii nostri Ludovici illustris Francorum regis, aut idolum adorare compelleret, aut proprias sedes relinquere, et exsilium cogeret sustinere. Unde quoniam hoc contra honorem Dei Ecclesiæ et prædicti regis et totius regni suæ gubernationi commissi prorsus existit, et in salutis suæ periculum pro certo noscitur omnimodis redundare, fraternitatem tuam per apostolica scripta rogamus, monemus et exhortamur in Domino, quatenus pro Ecclesiæ Dei reverentia, cujus causam propriam suscepisti, in omnibus defendendam, et intuitu beati Petri ac nostro, prædictum regem commonere studeas, et omnibus modis inducas, ut præfatum comitem per litteras et nuntium suum, priusquam tanti sacrilegii scelus attentet, studeat prævenire, et eum ab hujus præsumptionis audacia penitus revocare intendat, et ut venerabilem fratrem nostrum Gratianopolitanum episcopum (78), quem expulit, ad propria quam citius revocet, ipsum attente commoneas, et omnibus modis inducas; ita quod ab omnipotenti Domino æternæ propter hoc retributionis munus acquirat, et Ecclesia Dei id debeat omni tempore memoriter retinere, et nos ipsi eidem regi debeamus exinde gratias uberrimas exhibere, et fraternitatem tuam super hoc valeamus multis modis in Domino commendare.

Data Laterani, III Kal. Maii.

CDXXXVIII.
Ad eumdem. — *De ordinatione et consecratione episcopi Tornacensis.*
(Laterani, April. 30.)
[*Ibid.*, col. 733.]

ALEXANDER episcopus, servus servorum Dei, venerabili fratri HENRICO Remensium archiepiscopo, salutem et apostolicam benedictionem.

Cum sincerissimæ devotionis tuæ fervorem a nostræ promotionis principio certis et manifestis indiciis cognoverimus, ita quod fratres nostros ex parte nostra in regnum Francorum venientes ea cum affectione receperis, quod cum eis nostrum et Ecclesiæ negotium tanquam proprium semper et ubique gessisti, super discretione tua satis non possumus admirari, si ea quæ de Tornacensis Ecclesiæ negotio sunt nobis relata, veritati subsistunt. Audivimus enim quod post appellationem et specialem prohibitionem ex parte nostra factam, personam illius, quam clerici ejusdem Ecclesiæ sibi assumpsisse dicuntur, in episcopum consecrasti; præsertim cum nos ipsius negotii cognitionem ea intentione distulerimus, ut charissimo in Christo filio nostro Ludovico illustri Francorum regi, et tibi sicut fratri nostro charissimo deferremus, et utriusque partis expensis et laboribus parceremus, et ut prædicti clerici Noviomenses instrumenta sua, quibus innitebantur, nobis possent ostendere, quæ præ manibus non habebant (79). Quare super hoc amplius commovemur, cum in eo quod tibi detulimus, tu nobis, si verum est quod asseritur, minime deferre curasti. Eapropter fraternitatem tuam per apostolica scripta monemus atque mandamus quatenus, si res ita si habet, prout nostris est auribus intimatum, quod factum fuerit, et quantum nos in hoc læsi fuerimus, quomodo etiam id sacris canonibus et ecclesiasticæ consuetudini omnimodis obviet, diligenter attendas, et personam, quæ in episcopum tam enormiter assumpta dicitur, ab officio pontificali facias omnino cessare, donec ipse et quod [*f.* et qui] eum elegerunt ad nos mandato nostro super hoc parituri accedant. Tu vero, si ita non est, id nobis quam cito rescribas, ut sic omnem rancorem et turbationem a nostro possis animo removere. Quod si res ita se habet, tu hoc celerius corrigas, et qualiter correxeris, vel si id emendatum non fuerit, nobis sub omni festinatione per litteras et nuntium tuum significes, ut nos tantæ præsumptionis excessum, sicut expedire noverimus, corrigere valeamus. Maluimus enim hoc, si verum est, per te quam per nos ipsos punire.

Data Laterani, II Kalendas Maii.

CDXXXIX.
Ad eumdem. — *De causa Braguensis Ecclesiæ.*
Laterani, Maii 14.)
[*Ibid.*, col. 735.]

ALEXANDER episcopus, servus servorum Dei, venerabili fratri HENRICO Remensium archiepiscopo, salutem et apostolicam benedictionem.

Causam quæ inter dilectos filios nostros canonicos Sancti Petri Braguensis et priorem monasterii (80) de Noviei super ecclesia sua, quam idem prior in jus suum transferre conatur, noscitur agitari; venerabili fratri nostro Laudunensi episcopo commisimus audiendam et fine debito terminandam. Quocirca fraternitati tuæ per apostolica scripta mandamus, quatenus cum exinde fueris requisitus, utramque partem ad jam dicti episcopi præsentiam accedere, et ejus judicium suscipere, firmiter et observare omni districtione compellas.

Data Laterani, II Idus Maii.

CDXL.
Canonicis Pisanis mandat ut B. quondam canonicum, excommunicatum schismatis defensorem, impedire ne novus eligeretur episcopus, et elaborasse ut iterum Tornacensis Noviomensi, uti antea uniretur episcopatus.

---

(78) Joanne, qui ex monacho Carthusiensi ad infulas ecclesiæ Gratianopolitanæ assumptus fuerat.
(79) Ex hoc loco conjicere licet Noviomenses canonicos ægre tulisse separationem episcopatus Tornacensis a Noviomensi, ac post Anselmi ac Geraldi ipsius successoris forte Galterii, voluisse

(80) Cella insignis a Silva-Majori dependens, prope Registetum, in diœcesi Remensi.

vitent, sed tamen recipiant si ad virtutem redierit.

(Laterani, Maii 15.)
[UGHELLI, *Italia sacra*, III, 403.]

ALEXANDER episcopus, servus servorum Dei, dilectis filiis canonicis Pisanis in unitate Ecclesiæ consistentibus, salutem et apostolicam benedictionem.

Iniqua et detestanda opera, et manifesta conversatio indicat qualiter B. quondam canonicus vester ad vomitum tanquam canis reversus, nos et Ecclesiam secundum facultatem et modicas vires suas, persequi et modis omnibus molestare satagerit, et partem schismatis defendere non cessaverit et fovere. Quapropter per apostolica vobis scripta mandamus quatenus cum eo nullam participationem habeatis, ipsumque tanquam schismaticum, et membrum putridum, et a corpore Christi, quod est Ecclesia, sequestratum modis omnibus evitetis, et alios concanonicos fratres vestros universosque viros catholicos civitatis vestræ idipsum facere commoneatis, et auctoritate nostra mandetis. Sed ne illum, vel aliquem ad sinum Ecclesiæ redire volentem videamur abjicere, vel in desperationis laqueum præcipitare, si errorem suum corrigere voluerit, et nos publice abjurato schismate in patrem suum et Romanum pontificem profiteri, et quod nostro debeat stare mandato jurare, ex quo id fecerit, eum poteritis in fratrem vestrum postposita ambiguitate recipere, et cum ipso participationem habere; si quis vero vestrum cum eo participare, vel in tanta malitia sibi præsumpserit consensum, vel favorem præbere, timendum sibi erit, ne illius damnationis particeps fiat, et secum eadem pœna plectatur.

Datum Laterani, Id. Maii.

CDXLI.

Ad Henricum archiepiscopum Remensem. — Pro quodam Job., ut ablata ei restituantur.

(Laterani, Maii 26.)
[MARTEN. *Ampl. Collect.*, II, 736.]

ALEXANDER episcopus, servus servorum Dei, venerabili fratri HENRICO Remensi archiepiscopo, salutem et apostolicam benedictionem.

Ex conquestione Job. præsentium latoris accepimus, quod Anch. de Waiseiaco et Guiterus de Amboni-villa eidem duas vaccas per violentiam abstulerunt. Manasses quoque et Teob. cum sociis suis ecclesiam Sancti Mauritii diabolico ausu fregerunt, et res præfati Jo. quas ibidem habebat, exinde asportarunt. Unde quoniam nostra interest, unicuique in jure suo adesse, fraternitati tuæ per apostolica scripta mandamus, quatenus malefactores prædictos diligenter admoneas, et si opus fuerit sub anathematis districtione compellas, ut præfato J. ablata universa sine diminutione restituant, vel ipsi coram te plenam exinde justitiam sine frustratoria dilatione exhibeant.

Data Laterani, VII Kal. Junii.

CDXLII.

Ad eumdem. — Pro quodam burgensi G. Remensi.

(Laterani, Maii 28.)
[*Ibid.*]

ALEXANDER episcopus, servus servorum Dei, venerabili fratri HENRICO Remensium archiepiscopo, salutem et apostolicam benedictionem.

Ex transmissa nobis narratione G. civis tui accepimus, quod cum inter eum et Simonem Deauratum, super quadam pecunia controversia moveretur, et ad nostram esset audientiam per appellationem delata, in curia nostra amicabiliter convenerunt, et hujusmodi inter se compositionem fecerunt, quod idem Simoni jam dicto G. duodecim libras exsolveret. Postea vero cum domum venissent et præfatus G. ab eo pecuniam sibi pactam exigeret, ipsam solvere penitus recusavit. Unde idem G. memoratum Simonem ad nostram audientiam appellavit, octavas Paschæ quæ nuper prætierunt terminum appellationi præfigens. Cumque jam dicti G. responsalis coram nobis existeret, et post diem appellationis diutius exspectasset, adversa pars nec venit, nec ad nos aliquem pro se responsalem transmisit. Quocirca fraternitati tuæ per apostolica scripta mandamus quatenus, cum exinde fueris requisitus, utramque partem ante tuam præsentiam convoces, et si legitime tibi constiterit, inter eos amicabilem compositionem aut sententiam intervenisse, utramque partem eamdem firmiter observare, cessante appellatione, omni cum districtione compellas. Si autem eos minime composuisse, aut inter ipsos sententiam datam esse agnoveris, causam audias, et eam, mediante justitia, remota appellatione, decidas.

Data Laterani, V Kalendas Junii.

CDXLIII.

Electo Caiacensi. — Mandat ut de Petro Mancovela presbytero judicium faciat.

[Ex Registri libro VIII.—Mansi, *Concil.*, XXII, 432.]

CDXLIV.

Episcopo Norwicensi significat se R. clericum itineris Hierosolymitani voto solvisse.

[*Ibid.* — Ex Registri libro VIII.]

ANNO 1167.

CDXLV.

Ad Thomam Cantuariensem archiepiscopum. — De legatione in Anglia missa.

(Laterani, Jan. ?)
[MANSI, *Concil.*, XXI, 882.]

Quod personam tuam litteris nostris non sæpius visitamus, inde provenire cognoscas, quod per nuntios tuos ea quæ non duximus scriptis committere, cognitioni tuæ viva voce curavimus frequentius intimare. Nunc autem ad tuæ discretionis notitiam volumus pervenire quod nos pacem tuam votivis cordis affectibus exoptantes, dilectos filios nostros, Willelmum tituli S. Petri ad Vincula presbyterum, Oddonem S. Nicolai in Carcere Tulliano diaconum, cardinales, ad charissimum in Christo filium nostrum illustrem Anglorum regem, ut legatione in terra sua cismarina fungantur, transmisimus: et specialiter, ut inter te et eumdem regem concordiam et pacem reforment, et cooperante Domino amicabilem faciant compositionem. Unde quoniam nos pacem tuam et Ecclesiæ omnimode unam reputamus, nec magis, nisi quia ipsam majorem ecclesiæ universali collaturam credimus utilitatem, optamus, fraternitatem tuam per apostolica scripta rogamus, monemus, consulimus, et mandamus quatenus, quam periculosus præsentis temporis status existat, et quantum Ecclesia tibi commissa præsentia et consilio tuo indigeat, consideres diligentius et attendas, ad pacem et concordiam inter te et memoratum regem fundandam, quantumcunque salva tua et Ecclesiæ honestate fieri possit, animum et voluntatem tuam inclines.

Et si tibi in his non omnia secundum beneplacitum tuum succedant, ad præsens dissimules, quæ corrigenda fuerint, ad statum pristinum, processu temporis, auctore Domino, reducturus. Nec pro verbo, quod nos in Christo charissimo filio nostro illustri Francorum regi secundum petitionem tuam significavimus, te a pace et concordiæ bono quoquo modo retardes, aut ab his animum et voluntatem tuam avertas, dummodo in conventione tuam et Ecclesiæ, sicut diximus, honestatem valeas conservare. Quoniam multa poteris in posterum paulatim habita discretione avellere, quæ si modo exprimeres, viderentur aliquid magni continere. Verum in jam dictos cardinales potes omnino confidere, nec de memorato Willelmo oportet te quomodolibet dubitare, quoniam nos ei, ut ad pacem tuam viribus totis intenderet, firmiter et distincte injunximus: et ipse tantum nobis promisit, quod nos inde nullatenus dubitamus.

De cætero fraternitatem tuam rogamus, atque monemus, ut dilectum filium nobilem virum comitem Flandrensem ex parte nostra diligenter convenias, et instantius exhorteris, ut nostra et ecclesiæ necessitate inspecta, nobis in aliquo liberaliter studeat subvenire. Non enim credimus quod acceptiorem Deo eleemosynam possit facere, quam si nobis ad præsens ad tuendam ecclesiæ libertatem dignæ subventionis solatium satagat exhibere.

CDXLVI.
Ad Henricum regem Angliæ. — Ejusdem argumenti.

[*Ibid.*, col. 883.]

Magnificentiæ tuæ petitionibus gratanter admissis, et voluntati tuæ in omnibus, quantum cum Deo et justitia possumus, satisfacere cupientes, et tibi, et honori tuo deferre, dilectos filios nostros, Willelmum tituli S. Petri ad Vincula presbyterum, et Oddonem S. Nicolai in Carcere Tulliano diaconum, cardinales, viros siquidem litteratos,

(81) Verba uncis inclusa Alexandro auctori non debentur, sed ab alieno quodam, qui epistolam in

discretos pariter et honestos, et magnum in Ecclesia Dei locum habentes, et tibi et regno tuo devotos, quos nos inter alios fratres nostros charos admodum acceptosque tenemus, cum plenitudine potestatis, causas, quas tibi in aliis litteris expressimus, et alias quas expedire viderint, cognoscendi, in terram tuam cismarinam excellentiæ tuæ legatos duximus destinandos: quibus vices nostras in omnibus ita plene commisimus exsequendas, sicut illis, vel aliis apostolicæ sedis legatis, ecclesia Romana committere consuevit. Eapropter serenitatem tuam per apostolica scripta rogamus, monemus, et exhortamur in Domino, quatenus ipsos, sicut tantos viros et apostolicæ sedis legatos, honorifice et benigne recipias, et mansuete, prout congruit regio honori, pertractes, ut antiquam devotionem tuam in filiis suis sancta Romana Ecclesia recognoscat, et excellentiæ tuæ ac toti terræ tuæ gubernationi commissæ, incrementum inde non modicum valeat, cooperante Domino, provenire. Ea vero, quæ sublimitati tuæ ex parte nostra proponent, ita graviter admittas, et prompto animo acquiescas, quod Dominus in his et ecclesia sua dignis præveniatur honoribus, et tu ipse, ac universa terra tuæ gubernationi commissa, fructum inde multiplicem, et a Deo præmium, et coram hominibus laudem et gloriam, suscipere valeas.

[Hoc vero transcriptum nulli mortalium reveles, nisi soli magistro Gunterio, quia fidem meam super hoc magistro Galtero ita stricte, ut voluit, dedi (81).]

CDXLVII.
Ad Ludovicum VII regem Francorum. — De legatione per Franciam Thomæ archiepiscopo Cantuariensi commissa.

[*Ibid.*]

Inter cætera magnificentiæ tuæ et devotionis insignia, illud specialiter animum nostrum vehementer accendit: quod venerabilem fratrem nostrum Thomam archiepiscopum Cantuariensem, virum siquidem religiosum, discretum pariter et honestum, et nobis et universæ ecclesiæ Dei charum omnimodis et acceptum, et tot et tantis honoribus prævenisti, et ei tam ampla et tam magnifica humanitatis beneficia regia munificentia dignatus es largius erogare. Super quo utique serenitati tuæ quantas et quas possumus gratias exhibemus, et clementiam tuam exinde immensis in Domino laudibus commendamus, id sicut Deo, cui hæc potius in persona illius fecisti, gravissimum, ita nobis acceptum putantes, tanquam si hoc personæ nostræ specialiter impendisses. Et quoniam ejusdem archiepiscopi pacem totis cordis affectibus exoptamus, dilectos filios nostros Willelmum tituli S. Petri ad Vincula, et Oddonem S. Nicolai in Carcere Tulliano diaconum, cardinales, ad charissimum in Christo filium nostrum Henricum illustrem Anglorum regem duximus destinandos, ut inter eum

Thomæ Cantuariensis usum occulte descripsit, addita sunt. JAFFÉ.

dem regem et præfatum archiepiscopum, ad utriusque honorem pariter, et perfectam concordiam et pacem, Domino cooperante, reforment; et in ipsius regis terra transmarina causas emergentes audiant et cognoscant, et ibidem apostolicæ sedis legatione fungantur.

Eapropter magnificentiam tuam per apostolica scripta rogando monemus, et exhortamur in Domino, quatenus pro Ecclesiæ Dei reverentia, et honore B. Petri, et nostro, apud jam dictum regem et archiepiscopum partes tuas efficaciter interponas, et studiosius elabores, quod ad honorem Dei et Ecclesiæ, et sui etiam commodum et augmentum, amicabiliter inter se et pacifice conveniant: et ad hoc animos et voluntates suas, salva ipsius archiepiscopi et Ecclesiæ honestate, omnimodis inclinent. Quod si per studium jam dictorum cardinalium, et laborem et operam tuam, pax inter eos et concordia poterit reformari, Ecclesia, quæ tuo pest specialiter adjutorio fulta, non modicum inde suscipiet incrementum: et tu ab omnipotente Deo in illa felici retributione justorum speciale propter hoc præmium obtinebis. Si autem (quod Deus avertat!) convenire non possint, dummodo regiæ voluntati sederet et beneplacito tuo, nobis per omnem modum complaceret, et gratum valde existeret et acceptum, quod, si absque gravi scandale personarum regni tui fieri posset, nos prænominatum archiepiscopum specialis honoris prærogativa inter cæteros donaremus, et sibi vices nostras committeremus in illis partibus exsequendas. Unde serenitatem tuam quanta possumus prece rogamus, ut si pacem, salva honestate sua, et Ecclesiæ, quod omnimodis optaremus, habere non possit, nobis super his voluntatem tuam sub omni celeritate studeas intimare. Et hoc interim habeas omnino secretum.

CDXLVIII.

Ecclesiam S. Salvatoris Venetam tuendam suscipit.
(Laterani, Jan. 5.)

[CORNELII *Ecclesiæ Venetæ,* XIV, 97.]

ALEXANDER episcopus, servus servorum Dei, dilectis filiis VIVIANO priori ecclesiæ S. Salvatoris in Rivoalto sitæ ejusque fratribus, tam præsentibus quam futuris, canonicam vitam professis in perpetuum.

Ad hoc universalis Ecclesiæ cura nobis a provisore bonorum omnium Deo commissa est, ut religiosas diligamus personas et beneplacentem Deo religionem modis omnibus propagare studeamus. Nec enim Deo gratus aliquando famulatus impenditur, nisi ex charitatis radice procedens in puritate religionis fuerit conservatus. Eapropter, dilecti in Domino filii, vestris justis postulationibus clementer annuimus et præfatam B. Salvatoris ecclesiam in qua divino mancipati estis obsequio, ad exemplar prædecessorum nostrorum felicis memoriæ Innocentii, Eugenii, et Anastasii Romanorum pontificum, sub B. Petri et nostra protectione suscipimus et præsentis scripti privilegio communimus. Quia vero canonicum ordinem observare et secundum B. Augustini Regulam vivere devovistis, votis vestris libenter annuimus, et ipsum ordinem in eadem ecclesia perpetuis temporibus inviolabiliter permanere apostolica auctoritate sancimus, statuentes ut quascunque possessiones, quæcunque bona eadem ecclesia in præsentiarum juste et canonice possidet, aut in futurum concessione pontificum, largitione regum vel principum, oblatione fidelium, seu aliis justis modis, præstante Domino, poterit adipisci, firma vobis vestrisque successoribus et illibata permaneant. Partem quoque decimarum de parochianis vestris, quæ secundum sacros canones et sanctorum Patrum constitutiones vestram contingit ecclesiam vobis nihilominus confirmamus. Addentes etiam interdicimus ne quis prior in ipsa ecclesia qualibet subreptionis astutia, seu violentia præponatur, nisi quem fratres ipsius loci communiter, vel pars sanioris consilii canonice providerint eligendum. Sepulturam quoque ipsius loci liberam esse concedimus, ut eorum devotioni et extremæ voluntati qui se illic sepeliri deliberaverint, nisi forte excommunicati, vel interdicti sint, nullus obsistat, salva tamen justitia matricis ecclesiæ. Clericos vero vel laicos liberos et absolutos, e sæculo fugientes liceat vobis sine alicujus contradictione, ad conversionem suscipere. Prohibemus autem, ut nulli fratrem, post factam in loco ipso professionem, absque prioris sui licentia fas sit temere de claustro discedere; discedentem vero sine communium litterarum cautione nullus audeat retinere.

Præterea sententiam, quam venerabilis frater noster Henricus Gradensis patriarcha et dilectus filius noster Ildebrandus basilicæ Duodecim Apostolorum presbyter cardinalis apostolicæ sedis legatus controversia inter vos et dominicum Plebanum Sancti Bartholomæi de quibusdam parochialibus domibus, scilicet super domibus justorum Maurocenorum Gradonicorum; Græcorum Leonardi Fradelli et Dominici Aurei quas quisque sui juris esse dicebat quondam diutius agitata, rationabiliter protulerunt, sicut in authentico scripto illorum exinde facto noscitur contineri, auctoritate apostolica confirmamus; statuentes ut nullus sine vestro consensu parochianis vestris in infirmitate positis pœnitentiam dare, aut eos inuugere, vel ad sepulturam recipere, nisi salva justitia ecclesiæ vestræ in parte testamenti audeat.

Decernimus ergo, etc.

Ego Alexander catholicæ Ecclesiæ episcopus.

Ego Walterius Albanensis episcopus.

Ego Ubaldus presbyt. card. tit. S. Crucis in Jerusalem.

Ego Joannes presb. card. SS. Joannis et Pauli tit. Pammachii.

Ego Guillelmus presb. card. tit. S. Petri ad Vincula.

Ego Boso presb. card. S. Pudentianæ tit. Pastoris.

Ego Petrus presb. card. S. Laurentii in Damaso.

Ego Theodinus presb. card. S. Vitalis tit. Vestinæ.

Ego Galdinus presb. card. tit. S. Sabinæ et archiepiscopus Mediolanensis.

Ego Jacinthus diac. card. S. Mariæ in Cosmedin.

Ego Cinthius diac. card. S. Adriani.

Datum Laterani per manum Gerardi, sanctæ Romanæ Ecclesiæ notarii, Nonis Januarii, indictione xv, Incarnationis Dominicæ anno 1166, pontificatus vero domni Alexandri papæ III anno octavo.

CDXLIX.

Possessiones monasterii Sancti Savini Tarbiensis confirmat.

(Laterani, Mart. 17.)

[*Gall. Christ.*, I, Instrum. 193.]

ALEXANDER episcopus, servus servorum Dei, dilectis filiis DEUSDET electo Sancti Savini, ejusque fratribus tam præsentibus quam futuris, regularem vitam professis in perpetuum.

Quoties illud a nobis petitur, etc., in quibus hæc propriis duximus exprimenda vocabulis. Castrum ipsum in quo idem monasterium situm est; ecclesiam Sancti Joannis cum villa de Bencus cum pertinentiis suis; ecclesiam Sancti Martini de Arsissans cum omnibus quæ infra ejusdem terminos idem monasterium habet; ecclesiam Sancti Martini de Cauteres cum balneis, et quidquid in valle ipsa, vel in Æstivis habetis; capellam Sancti Andreæ de Solon, villam de Nestalas cum terminis suis, et capella Sancti Petri ejusdem villæ; capellam Sancti Bartholomæi d'Adast; capellam Sancti Martini de Balaignas; ecclesiam Sanctæ Mariæ de Castel; ecclesiam Sancti Saturnini de Orout, et quidquid infra terminos ipsius villæ habetis; capellam Sancti Cæciliæ de Uzol; ecclesiam Sancti Saturnini d'Ugos; quidquid habetis in ecclesia Sanctæ Mariæ de Cera; quidquid habetis in villa de Arreins, in prædiis, decimis et rusticis; quidquid habetis in villa d'Aucun, et in villa de Guaillaguos, et in villa de Areisans, et in villa de Bun, in prædiis, decimis et rusticis; quidquid habetis in villa d'Arras, et infra terminos ejusdem villæ; quidquid habetis in Villa-longa, et in ecclesia ejusdem villæ, in prædiis, decimis et rusticis; ecclesiam Sancti Vincentii de Beaviens, cum pertinentiis suis; villam de Souin, cum pertinentiis suis; boveriam de Puisseda, cum pertinentiis suis; boveriam de Sois, cum pertinentiis suis; quidquid habetis in villa de Lurp, in prædiis et decimis; quidquid habetis in villa de Curel, et infra terminos ejus, in valle de Baretge; cellam Sanctæ Mariæ, cum pertinentiis suis; quidquid habetis in ecclesia Sanctæ Mariæ de Villars; boverias de Thiezam et Balaignam, cum pertinentiis suis; quidquid habetis in ecclesia de Geu; domos quas habetis in Syracusana civitate, cum solo sibi pertinenti; hortum, cum vineis extra eamdem civitatem; campos quos habetis in territorio de Curtida, et quidquid præscriptum monasterium a quadraginta annis huc usque justo titulo, quiete et inconcusse possedit; et impræsentiarum noscitur pacifice possidere, vobis nihilominus auctoritate apostolica confirmamus. Decernimus ergo, etc.

Ego Alexander Ecclesiæ catholicæ episcopus signavi.

Ego Bernardus Portuensis S. Rufinæ episcopus.

Ego Balterius Albanensis episcopus.

Ego Uraldus presbyter cardinalis tituli S. Crucis in Jerusalem.

Ego Bozo presbyter cardinalis S. Pudentianæ tituli Pastoris.

Ego Petrus presbyter cardinalis tituli S. Laurentii in Damazo.

Ego Teodhitus presbyter cardinalis tituli Vestinæ.

Ego Hyacintbus diaconus cardinalis S. Mariæ in Cosmedin.

Ego Odo diaconus cardinalis S. Nicolai in Carcere Tuliano.

Ego Mansfredus diaconus cardinalis ad Velum Aureum.

Ego Hugo diaconus cardinalis S. Eustachii juxta templum Agrippæ.

Ego Petrus de Bonozo S. Mariæ in Aquiro diaconus cardinalis S. Mariæ Novæ.

Datum Laterani per manum Gerardi, S. R. E. notarii, xvi Kal. Aprilis, indictione xv, Incarnationis Dominicæ anno 1167, pontificatus vero domni Alexandri papæ III anno viii, *cum sigillo dicti summi pontificis*.

CDL.

Ad Thomam Cantuariensem archiepiscopum. — De Hugone comite absolvendo si ablata restituerit.

(Laterani, April. 22.)

[*Epist. S. Thomæ* ed. GILES, II, 25.]

ALEXANDER episcopus, servus servorum Dei, venerabili fratri THOMÆ Cantuariensi archiepiscopo, salutem et apostolicam benedictionem.

Ad tuæ discretionis notitiam volumus pervenire, nos venerabilibus fratribus nostris Wintoniensi et Vigornensi episcopis in mandatis dedisse, ut a nobili viro comite Hugone, sufficiente cautione recepta, quod eorum super his, pro quibus excommunicatus est, parebit mandato, eumdem ab ea sententia, qua tenetur, omni contradictione et appellatione cessante absolvant, et eumdem postea universa, quæ canonicis de Pantaneia abstulit, aut episcopis per eum ablata tenentur, sibi infra quadraginta dies sequentes cum integritate restituere per cautionem acceptam compellant; si vero comes ad mandatum illud restitutionem infra terminum sibi præfixum non fecerit, ipsi eumdem occasione et appellatione sublata in priorem excommunicationis sententiam reducant. Quod si episcopi prælibati adimplere neglexerint, tu memoratum comitem infra triginta dies post præscriptos quadraginta in sententiam pristinam reducere non postponas. Si autem Hugo ad satisfactionem venire voluerit, tu eum satisfactione exhibita facias per alium vel per te ipsum absolvi. Verum si idem Hugo infra annum post latam in eum sententiam non resipuerit, totam terram ejus extunc interdicto subjicias.

Datum Laterani, x Kalendas Maii.

CDL bis.
Ecclesiæ Mutinensis immunitates et privilegia confirmat.

(Laterani, Maii 4.)

[TIRABOSCHI, *Memorie Modenesi*, II, 93.]

ALEXANDER episcopus, servus servorum Dei, venerabili fratri.... Mutinensi episcopo ejusque successoribus canonice substituendis in perpetuum.

Sicut injusta poscentibus nullus est tribuendus effectus, sic legitima desiderantium non est differenda petitio. Tuis ergo, frater in Christo charissime, precibus annuentes, ad perpetuum sanctæ, cui, Deo auctore, præsides, Mutinensis Ecclesiæ pacem ac stabilitatem præsentis decreti auctoritate sancimus, ut universi Mutinensis episcopatus fines quieti deinceps omnino et integri tam tibi quam tuis successoribus conserventur. Qui nimirum fines his distinctionibus distenduntur, videlicet a terminis illis qui Lucanum et Pistoriensem episcopatus a Mutinensi dividunt usque ad flumen illud quod appellatur Burana, et usque ad terminum illum qui Mutia vocatur, atque inde usque ad illum terminum qui Bononiensem episcopatum a vestro episcopatu disjungit ; ex altera vero parte usque ad terminos, qui episcopatum Mutinensem a Regino discernunt. Ecclesiarum vero, quæ infra hos terminos continentur, consecrationes, clericorum promotiones, decimas et oblationes secundum sanctorum canonum constitutiones, tibi tuisque successoribus, sicut hactenus noscimini libere ac pacifice habuisse, concedimus et confirmamus ; præcipue in plebe Sanctæ Mariæ de Bodruntio quæ est in curte Sicci et in capellis ejus ; in omnibus ecclesiis quæ sunt in castro et in curte Solariæ et in plebe Roncaliæ ; in omnibus ecclesiis de Ponte-Ducis, in ecclesia de Camurana ; in ecclesiis de Curte Curtiole, in ecclesia de Sclopano, in ecclesia Sancti Petri in Siculo, et in ecclesiis quæ sunt in castro veteri, et in curte ipsius ; in omnibus ecclesiis quæ sunt in castro et in curte Panciani de Leonensi abbatia ; et in omnibus ecclesiis quæ sunt in plebe Rubiani : quæcunque præterea bona, quascunque possessiones vel in præsenti legitime possidetis, vel in futurum, largiente Deo, juste atque canonice poteritis adipisci, firma tibi tuisque successoribus et illibata permaneant.

Decernimus ergo ut nulli omnino episcoporum facultas sit infra prædictos fines sine tuo vel successorum tuorum consensu ecclesiam consecrare, chrisma conficere aut clericos ordinare præter ecclesias et clericos de castro et burgo Nonantulæ, sicut antiquitus est observatum. Nulli etiam hominum liceat ecclesiam vestram temere perturbare, aut ejus possessiones auferre, vel ablatas retinere, minuere, vel temerariis vexationibus fatigare, sed omnia integra conserventur tam tuis quam clericorum et pauperum usibus profutura. Sane de presbyteris qui per parochias ad monasteria pertinentes in ecclesiis constituuntur, prædecessorum nostrorum sanctæ memoriæ Urbani II et Calixti II Romanorum pontificum sententiam confirmamus, statuentes ne abbates in parochialibus ecclesiis, quas tenent, absque episcoporum consilio presbyteros collocent, sed episcopi parochiæ curam cum abbatum consensu sacerdoti committant, ut ejusmodi sacerdotes de plebis quidem cura episcopo rationem reddant ; abbati vero pro rebus temporalibus ad monasterium pertinentibus debitam subjectionem exhibeant, et sic sua cuique jura serventur. Si qua igitur in futurum, etc.

Ego Alexander catholicæ Ecclesiæ episcopus subscripsi.

Ego Bernardus Portuensis Ecclesiæ episcopus.

Ego Gualterius Albanensis episcopus.

Ego C. Moguntinus archiepisc. et Sabinensis episc.

Ego Hubaldus presb. card. tit. S. Crucis in Jerusalem.

Ego Joannes presb. cardin. tit. Sanctorum Joannis et Pauli.

Ego Henricus presb. card. tit. SS. Nerei et Achillæi.

Ego Guillelmus presby. card. S. Petri ad Vincula.

Ego Boso presb. card. tit. S. Pudentianæ tit. Pastoris.

Ego Theodinus presb. card. S. Vitalis tit. Vestinæ.

Ego Jacynthus diac. card. S. Mariæ in Cosmedin.

Ego Oddo diac. card. S. Nicolai in Carcere Tulliano.

Ego Ardicio diac. card. S. Theodori.

Ego Cinthius diac. card. S. Adriani.

Ego Manfredus diac. card. Sancti Georgii ad Velum Aureum.

Ego Hugo diac. card. S. Eustachii juxta templum Agrippæ.

Ego Vitellus diac. card. SS. Sergii et Bacchi.

Ego Petrus diacon. cardin. S. Mariæ in Aquiro.

Ego Jer. diac. card. S. Mariæ Novæ.

Datum Laterani per manum Hermanni, tit. S. Susannæ presbyt. cardinalis, iv Nonas Maii, indictione xiii, Incarnationis Dominicæ 1167, pontificatus vero domni Alexandri III papæ anno vii (82).

CDLI.
Ad Willelmum et Ottonem cardinales legatos. —

---

(82) Signa chronologica non concordant. Leg. *indict.* xv, pontificatus anno viii.

Significat nihil jurium ademptum esse Thomæ Cantuariensi archiepiscopo.

(Laterani, Maii 7.)

[*Epist. Gilberti Foliot* ed. Giles, II, 55.]

Post discessum vestrum graves ad nos fuerunt rumores perlati, dilectum scilicet filium nostrum Joannem Saresberiensem decanum publice proposuisse, quod cum episcopos, et alias personas ecclesiasticas, et sæculares de regno Anglorum a jurisdictione et potestate venerabilis fratris nostri Thomæ Cantuariensis archiepiscopi exemerimus, juxta beneplacitum et voluntatem regis Anglorum, ad ejus dispositionem pariter et condemnationem intenderemus, et vos pro hac re specialiter mittere deberemus. Aliud quoque nobis insinuatum est, quod Joannes Cumin omnia rescripta litterarum nostrarum, quas a nobis obtinuit, Guidoni Cremensi monstravit, et sibi secreta nostra detexit. Unde idem archiepiscopus erubescentia et dolore confunditur, et charissimus in Christo filius noster Ludovicus illustris rex Franciæ, et principes ejus non parum sunt de hujusmodi rumoribus conturbati et vehementer commoti. Licet autem a pluribus nobis proponatur, et quodammodo credibile videatur, quod prædictus Joannes pro honore et exaltatione prædicti archiepiscopi et ecclesiæ suæ, et pro libertate Ecclesiæ tantum, et ita fideliter laboraverit, quod studio et sollicitudine sua, postquam ad propria rediit, viros ecclesiasticos, qui regia captione detinebantur, ab ergastulo carceris fecerit liberari. Et etiam idem Joannes per litteras suas nobis significavit regem publice coram multis dixisse se velle clericis suæ terræ illam libertatem, quam a tempore Henrici avi sui habuerat, servare. Quia tamen hujusmodi fama usque adeo crevit, quod in partibus illis opinionem nostram sinistra facit æstimatione corrodi, discretionem vestram monemus atque mandamus, quatenus continuo per litteras nostras prædictum archiepiscopum consolari curetis, et omni ab animo ejus amaritudinem et suspicionem tollentes, cum prædicto regi in primis reconciliari, et plenam inter eos pacem componere omnimodis intendatis, et quanta poteritis ad hoc sollicitudine et diligentia elaboretis : ita quod sibi et ecclesiæ suæ antiqua jura et libertates integre et illibate servetis ; nec in terra ipsius aliquid, quod magnum sit faciatis, et in regnum ejus, si vos intrare vellet, nulla ratione intretis, nisi archiepiscopus sibi primitus integre reconcilietur, quia super hoc nobis et vobis detraheretur plurimum, et communis vox omnium honestatem nostram sinistris detractionibus laceraret. De Joanne vero Cumin, si ita esse inveneritis, districtam justitiam faciatis, ita quod alii debeant a similibus deterreri. Volumus autem ut in omnibus actibus et operationibus vestris circumscripte, et mature, ac provide vos habeatis, ita quod adversus nos nulla possit detractionis materia subrogari, et devotio utriusque regni per studium et conversationem vestram circa nos et ecclesiam debeat incessanter augeri, et vobis exinde perpetua valeat laus et gloria comparari.

Datum Laterani, Nonas Maii.

CDLII.

Raimundo episcopo Brixiano et ejus successoribus asserit jus ad dextram archiepiscopi Mediolanensis in synodis sedendi.

(Romæ, ap. S. Mariam Novam, Maii 31.)

[Ughelli, *Italia sacra*, IV, 544.]

Alexander episcopus, servus servorum Dei, ven. fratri Raymundo Brixiæ episcopo, salutem et apostolicam benedictionem.

Ex transmissa nobis relatione tua, et ab ore bonæ memoriæ Oberti quondam Mediolanensis archiepiscopi jampridem accepimus quod, cum Mediolanensis Ecclesiæ suffraganei fuerint convocati, tu a dextris archiepiscopi sedem debeas propinquiorem habere, licet inter se et Vercellensem super hoc quæstio mota fuisset, unde tibi jampridem nostræ confirmationis litteras meminimus indulsisse. Verum quoniam litteras illas postea deperiisse audivimus, devotioni tuæ, et per te successoribus tuis præscriptam sedem auctoritate apostolica confirmamus, et præsentis scripti patrocinio communimus, statuentes ut nulli omnino hominum liceat hanc paginam nostræ confirmationis infringere, vel ei aliquatenus contravenire. Si quis autem id attentare præsumpserit, indignationem omnipotentis Dei, et beatorum Petri et Pauli apostolorum ejus se noverit incursurum.

Datum Romæ apud S. Mariam Novam prid. Kal. Jun.

CDLIII.

Ad Henricum Remensem archiepiscopum. — Pro causa abbatis Sancti Remigii et Si. mulieris.

(Romæ, ap. S. Mariam Novam, Jun. 1.)

[Marten., *Ampl. Collect.*, II, 741.]

Alexander episcopus, servus servorum Dei, venerabili fratri Henrico Remensi archiepiscopo, salutem et apostolicam benedictionem.

Causam quæ inter dilectum filium nostrum abbatem Sancti Remigii et Si. mulierem super quodam molendino et alveo ejusdem molendini noscitur agitari, experientiæ tuæ committimus audiendam et fine debito terminandam. Quocirca fraternitati tuæ per apostolica scripta mandamus quatenus, cum exinde fueris requisitus, utramque partem ante tuam præsentiam convoces, et rationibus hinc inde auditis et cognitis, eamdem causam, justitia mediante, decidas.

Data Romæ apud Sanctam Mariam Novam, Kal. Junii.

CDLIV.

Ad Goldinum archiepiscopum Mediolanensem. — Ut tollat privilegia quædam a Robaldo quondam archiepiscopo canonicis Modoetiensibus in injuriam parthenonis Cremellensis concessa.

(Romæ, ap. S. Mariam Novam, Jun. 13.)

[Giulini, *Memorie di Milano*, tom. VI, p. 555, Prob.]

Suggestum est nobis et quasi pro certo monstratum, quod bonæ memoriæ Robaldus antecessor tuus quondam Mediolanensis archiepiscopus consuetudines et libertates ecclesiæ tibi commissæ adhuc ignorans, archipresbytero et canonicis de Modoetia hujusmodi concessionem fecit, quod cum abbatissa monasterii de Cremella ibidem eligitur, per jam dictum archipresbyterum intronizetur, et moniales per eumdem obedientiam sibi promittant, et laici debeant fidelitatem jurare. Unde, quia occasione ista præscripto monasterio desolationem omnimodam audivimus imminere, et archipresbyterum, et canonicos ad ejus destructionem eniti, prælibatam concessionem, si res ita se habet, in irritum revocamus et nullas in posterum vires habere decernimus, fraternitati tuæ præsentium auctoritate mandantes ut ipsum auctoritate nostra cassatam denunties, et nullam firmitatem in posterum obtinere.

Datum Romæ apud Sanctam Mariam Novam, Id. Junii.

CDLV.

Ad Rogerum archiepiscopum Eboracensem. — Mandat ut ab Henrico Anglorum rege requisitus, coronam Henrico, primogenito filio ejus, imponat.

(Romæ ap. S. Mariam Novam, Maii 31.)
[*Epist. S. Thomæ* ed. GILES, II, 45; *Boehmeri Corp. jur. can.*, II, app., 309.]

Quanto per charissimum filium nostrum Henricum illustrem Anglorum regem, ampliora incrementa et commoda in hujus necessitatis articulo Ecclesiæ Dei provenisse noscuntur, et quanto nos cum pro suæ devotionis constantia majori affectione diligimus, et chariorem in nostris visceribus retinemus; tanto ad ea quæ ad honorem, incrementum et exaltationem ipsius et suorum cognoscimus pertinere, libentius et promptius aspiramus. Inde est quod ad ejus petitionem dilectum filium nostrum Henricum primogenitum filium suum, communicato fratrum nostrorum consilio, ex auctoritate beati Petri ac nostra concedimus in Anglia coronandum.

Quoniam igitur hoc ad officium tuum pertinet, fraternitati tuæ per apostolica scripta mandamus, quatenus, cum ab eodem filio nostro rege propter hoc fueris requisitus, coronam memorato filio suo ex auctoritate apostolicæ sedis imponas. Et nos, quod a te exinde factum fuerit, ratum ac firmum decernimus permanere. Tu vero debitam ei subjectionem et reverentiam, salvo in omnibus patris sui mandato, exhibeas et alios similiter commoneas exhibere (85).

CDLVI.

Ad Henricum Remensem archiepiscopum. — Pro quodam muliere Hersendi.

(Romæ, ap. S. Mariam Novam, Jun. 27.)
[MARTEN., *Ampl. Collect.*, II, 744.]

Super negligentia et tepiditate Catalaunensis

---

(85) Ap. Boehm. add.: *Datum R. can. apud S. Mariam Novam, xv Kal. Julii.*

episcopi non possumus non mirari quod, cum dilecti filii nostri C. (84) et M. sanctæ Romanæ Ecclesiæ diaconi cardinales, sibi olim auctoritate nostra mandassent, ut Ersendi mulieri, ab O. Rufo centum faceret solidos, quos eidem mulieri de mandato nostro adjudicarunt persolvi, nec eorum nec nostrum mandatum implevit, nec prædictum O. sicut ei fuerat injunctum, excommunicavit. Ideoque fraternitati tuæ per apostolica scripta mandamus, quatenus si prædictus episcopus mandatum nostrum non fuerit exsecutus, præfatum O. centum solidos, secundum quod a cardinalibus judicatum est, prænominatæ mulieri cum integritate persolvere omni cum districtione compellas. Quod si mandato tuo inobediens esse præsumpserit, eum quousque id plenius exsequatur auctoritate nostra, nullius appellatione obstante, excommunicatum esse denunties, et ab omnibus facias attentius evitari. Præterea quoniam de Pag. sacerdote et Guillelmo burgensi præfata mulier multipliciter conqueritur, quod sibi multa damna et injurias irrationabiliter intulissent, ipsos eidem mulieri de his secundum quod ratio exigit satisfacere, vel in tua præsentia plenitudinem justitiæ exhibere nihilominus, si opus fuerit, ecclesiastica censura compellas.

Data Romæ, apud Sanctam Mariam Novam, v Kalendas Julii.

CDLVII.

Ad eumdem. — De suspicione furtivarum litterarum habita in Milonem.

(Romæ, ap. S. Mariam Novam, Jun. 28.)
[*Ibid.*]

ALEXANDER episcopus, servus servorum Dei, venerabili fratri HENRICO Remensi archiepiscopo, salutem et apostolicam benedictionem.

Ex narratione Milonis clerici præsentium latoris accepimus, quod Eustachius et Theob. litteras, quas olim pro negotio Hersendis mulieris et filiorum suorum contra eos fraternitati tuæ transmisimus, falsas esse dixerunt, et in cancellaria nostra non fuisse compositas pertinaciter asseverarunt. Nos vero ex rescripto ipsarum et ex confessione illius qui eas composuit, modum et stylum scribendi Romanæ Ecclesiæ cognoscentes, ipsas veras esse et omni suspicione falsitatis carere tuæ sollicitudini denuntiamus, et prædictum Milonem, qui a nobis easdem litteras impetravit, nulla volumus propter hoc nota vel improperii macula denigrari. Verumtamen nolumus quod earum tenori, in ea parte præcipue ubi agitur de debitoribus, innitaris. Nihilominus etiam diligentiæ tuæ præsentium auctoritate injungimus ut præfatos viros, Eustachium et Theob., si eos culpis suis exigentibus excommunicasti, nisi eidem mulieri, de his pro quibus excommunicati sunt, plenarie, prout est equitas rationis et ordo justitiæ postulat, satisfecerint,

---

(84) Cinthius tituli S. Adriani, et Matfredus tituli S. Georgii in Velabro

nulla ratione absolvas, sed sententiam ipsam usque ad dignam satisfactionem facias inviolabiliter observari. Fratri quoque nostro Catalaunensium episcopo ex nostra et tua parte districte prohibeas, ne praedicto Miloni, quia curiam nostram frequentat, ullam molestiam vel gravamen irrogare praesumat, et si ipse occasione ista illum molestare praesumeret, eum tuearis propensius et defendas.

Datum Romae, apud Sanctam Mariam Novam, iv Kalendas Julii.

CDLVIII.

Ad eumdem. — Commendatio et exhortatio ut sibi subveniat, et ut regem ad idem convertat, et de negotio magistri G. presbyteri pro praebenda Suessionis.

(Romae, ap. S. Mariam Novam, Jul. 1.)
[*Ibid.*, col. 743.]

ALEXANDER episcopus, servus servorum Dei, venerabili fratri HENRICO Remensi archiepiscopo, salutem et apostolicam benedictionem.

Dum illam sincerissimam devotionem et fidei puritatem, quam circa personam nostram, et circa promovenda negotia Ecclesiae, ab hujus turbationis exordio tam prudenter quam magnanimiter exhibuisti, ad memoriam nostram studiose reducimus, desiderium et voluntatem assumimus in exhibenda dilectione tibi tanquam fratri charissimo aequam vicem rependere, et ad honorem et incrementum tuum et Ecclesiae, cui, Deo auctore, praeesse dignosceris, prompto animo et intenta sollicitudine aspirare. Sane quia te nostris et Ecclesiae necessitatibus congaudere cognoscimus, et de adversitatibus non modicum conturbari; fraternitas tua praesentium significatione cognoscat, Urbem ex inscitia et inertia populi, et ex divino sicut credimus judicio, adversa sorte fuisse ab inimicis in parte depressam, in quo nimirum Ecclesiae status non potuit non gravari, et adversitatis incommodum sustinere. Verumtamen multo minus quam fama feratur damnum sustinuit, sicut ex relatione dilectorum filiorum nostrorum J. et P. clericorum fratris nostri Turonensis archiepiscopi, et dilecti filii Carnotensis electi (85), tua discretio ejus rei certitudinem plene cognoscet. Verum quoniam nos et Romana Ecclesia te semper diligentissimum invenimus coadjutorem, providentiam tuam rogamus, monemus et exhortamur attentius, quatenus, sicut bene coepisti, pro incremento et exaltatione Ecclesiae constanter et animose labores et ejus honorem incessanter studeas promovere, ut ex hoc ab omnipotenti Domino praemium merearis perenne recipere, et tam ipsa quam nos, qui in ea licet immeriti, auctore Domino, ministramus ad incrementum honoris et exaltationis tuae Ecclesiae tibi commissae omni tempore debeamus votivis cordis affectibus anhelare.

(85) Is esse videtur Willelmus ad Albas-manus dictus, ex comitum palatinorum Campaniae prosapia genitus Theobaldo et Mathilde Carinthiaca, anno 1164, Roberto episcopo Carnotensi subroga-

Datum Romae, apud Sanctam Mariam Novam Kal. Julii.

CDLIX.

Ad Willelmum et Ottonem apostolicae sedis legatos. — Ut pro bono Ecclesiae reges Francorum et Angliae concordentur et in Anglia, de statu regni et Ecclesiae sine scitu Thomae Cantuariensis nihil agant.

(Beneventi, Aug. 22.)
[*Epist. Gilberti Foliot*, II, 57.]

ALEXANDER episcopus, servus servorum Dei, WILLELMO Sancti Petri ad Vincula presbytero, et OTTONI Sancti Nicolai in Carcere Tulliano diacono cardinali, et apostolicae sedis legatis, salutem et apostolicam benedictionem.

Quanta universae Dei Ecclesiae et praesertim Romanae, et orientali detrimenta et incommoda ex discordia et dissensione quae inter charissimos in Christo filios nostros illustres Francorum et Anglorum reges per humani generis contigit inimicum, poterunt evenire, nostram decet discretionem advertere et tanto diligentius ad ea exstinguenda intendere, quanto exinde majora, quod Deus avertat, pericula formidamus. Quocirca discretionem vestram per apostolica scripta monemus, mandamus atque praecipimus, quatenus ad pacem inter eos et concordiam reformandam modis omnibus per vos, et per alios religiosos et discretos viros utriusque regni intendere studeatis, et ad hoc tota diligentia, et totis viribus laboretis, vobis omnimodis praecaventes, ne ad petitionem, vel favorem unius aliquid statuatis, unde alter scandalizari debeat, aut quoquo modo turbari. Ad haec vobis districtius prohibemus, ne uterque vestrum, vel alter regnum Anglorum intrare, vel de negotiis ejusdem regni tractare, et praesertim de consecrationibus episcoporum aliquid unquam efficere vel ordinare praesumat, nisi prius venerabilis frater noster Thomas Cantuariensis archiepiscopus jam dicto Anglorum regi ex integro reconciliatur. Quod per studium et per operam vestram cooperante Domino ad effectum posse produci confidimus, et omnino speramus. Sicut enim ex litteris multorum discretorum virorum accepimus, nihil est, unde praefatus Francorum rex, et tota terra ipsius amplius commota fuerit, vel turbata, quam ex his, quae Joannes Saresberiensis decanus a nobis rediens in partibus illis dicitur disseminasse.

Datum Beneventi, xi Kalend. Septembris.

CDLX.

Ad eosdem. — Ut eos qui propter invasionem rerum Ecclesiae per Cantuariensem archiepiscopum excommunicati fuerant, ad satisfactionem debitam praestandam compellant; quod si renuerint, eos iterum excommunicent.

(Beneventi, Aug. 2.)
[*Ibid.*, p. 56.]

ALEXANDER episcopus, servus servorum Dei,

tus, et anno 1168, nondum consecratus translatus ad sedem Senonensem, et post Henricum ad Remensem

dilectis filiis WILLELMO tit. Sancti Petri ad Vincula presbytero et OTTONI Sancti Nicolai in Carcere Tulliano, cardinalibus et apostolicæ sedis legatis, salutem et apostolicam benedictionem.

Suggestum est nobis, quod quidam eorum, quos venerabilis frater noster Thomas Cantuariensis archiepiscopus excommunicationi subjecerat, ecclesiæ suæ nec non et clericorum ejus bona et possessiones detinere, et eisdem incubare præsumunt. Unde, quoniam indignum est, ut bonis et possessionibus illis detentis, a vinculo debeant, quo tenentur, absolvi, discretioni vestræ per apostolica scripta mandamus, quatenus si jam, sicut audimus, per aliquem sunt absoluti, ipsis ex parte nostra in virtute juramenti firmiter injungatis, quod præscriptas possessiones et bona personis et ecclesiis, de quarum jure existunt, incontinenti relinquant ; nec eas tenere, aut se de his de cætero intromittere qualibet occasione præsumant. Quod si ad vestrum præceptum non fecerint, vos eos, omni dilatione et appellatione cessante, in priorem excommunicationis sententiam usque ad satisfactionem plenariam reducatis. Si vero a vobis fuerint absoluti, id nihilominus, sicut prædiximus, efficiatis.

CDLXI.

Ad Albertum apostolicæ sedis legatum. — Archiepiscopatum Spalatinum ei oblatum accipi vetat.

(Beneventi, Aug. 31.)

[FARLATI, *Illyr. sacrum*, III, 188.]

ALEXANDER episcopus, servus servorum Dei, dilecto filio ALBERTO tituli S. Laurentii in Lucina presbytero cardinali apostolicæ sedis legato, salutem et apostolicam benedictionem.

Litteras devotionis tuæ paterna benignitate recipimus, et intellecta earum continentia pro liberando filio Bon. de Siponto, venerabili fratri nostro Lampridio archiepiscopo, et nobilioribus de Jadra, juxta quod nos rogasti, litteras satis diligentes et efficaces transmisimus. De cætero super eo quod nobis significasti quod clerus et populus Spalatensis te in pastorem suum voluerunt assumere, tibi voluntatem nostram et animum aperimus, quod si etiam tu velles, et major pars fratrum nostrorum instaret, nulla ratione consentiremus, nec unquam possemus induci, quod a nobis absenteris, a quibus ita pure et sincere diligeris, et tam charus acceptusque haberis. Quapropter hujusmodi ab animo tuo sollicitudinem et suspicionem omnino propulsa, injunctæ tibi legationi prudenter et studiose intendas, ut Ecclesia Romana de diligentia et studio tuo lætum incrementum recipiat et tu quoque de labore et vigilantia tua fructum dignum valeas reportare.

Datum Beneventi, II Kal. Septembris.

CDLXII.

Henrico abbati Biburgensi præcipit ut abbatiam S. Petri Salzburgensem, a Conrado archiepiscopo monachisque oblatam, suscipiat.

(Beneventi, Nov. 24.)

[*Novum chronic. mon. S. Petri Salisburg.*, p. 241.]

CDLXIII.

Monachis Biburgensibus præcipit ut Henricum abbatem monasterio S. Petri Salzburgensi concedant.

(Beneventi, Nov. 24.)

[*Ibid.*]

CDLXIV.

Privilegium pro Ecclesia Ragusina.

(Beneventi, Dec. 29.)

[FARLATI, *Illyricum sacrum*, VI, 80.]

ALEXANDER episcopus, servus servorum Dei, venerabili fratri TRIBUNO Ragusino archiepiscopo ejusque successoribus canonice substituendis, salutem et apostolicam benedictionem.

In eminenti apostolicæ sedis specula constituti, fratres nostros episcopos fraterna debemus charitate diligere, et eorum quieti ac tranquillitati auxiliante Domino, providere. Eapropter, venerabilis in Christo frater Tribune Ragusinæ archiepiscope, tuis justis postulationibus clementer annuimus, et ecclesiam Ragusinam, cui, auctore Deo, præesse dignosceris, ad exemplar prædecessorum nostrorum felicis memoriæ Innocentii, Anastasii, Adriani Romanorum pontificum sub beati Petri et nostra protectione suscipimus, et præsentis scripti privilegio communimus, in primis siquidem statuentes ut quæcunque possessiones, quæcunque bona hæc ecclesia in præsentiarum juste et canonice possidet aut in futurum concessione pontificum, largitione regum vel principum, oblatione fidelium, seu aliis justis modis, præstante Deo, in futurum poterit adipisci, firma et illibata in perpetuum permaneant; in quibus hæc propriis duximus exprimenda vocabulis : omnes parochias ad jus tibi commissæ Ecclesiæ pertinentes, scilicet, Zachulmiæ regnum, regnum Serviliæ, ac regnum Tribuniæ, civitatem quoque Cathorinensem, seu Rosæ, Guduanensem, Avarorum, Licionatensem, Scodrinensem, Drivastinensem et Polatensem cum abbatiis, ecclesiis, et parochiis suis, etc. Decernimus ergo ut nulli omnino hominum liceat præfatam ecclesiam temere perturbare, aut ejus possessiones auferre, vel ablatas retinere, etc., salva sedis apostolicæ auctoritate. Si qua igitur, etc.

Ego Alexander catholicæ Ecclesiæ episcopus.

Ego Bernardus, etc.

Datum Beneventi per manum Girardi, sanctæ Romanæ Ecclesiæ notarii, IV Kal. Januarii, indictione prima, Incarnationis Dominicæ anno 1167, pontificatus vero domni Alexandri papæ III anno nono.

CDLXV.

Pullatensem, Suaciensem, Drivastensem episcopos jubet Tribuno archiepiscopo Ragusino obtemperare.

(Beneventi, Dec. 29.)

[*Ibid.*, p. 81.]

ALEXANDER episcopus, servus servorum Dei, venerabilibus fratribus Politanensi, Suaciensi et Drivastensi, et dilectis filiis universis clericis Suaciensium, Scutarinensium et Polinensium ecclesiarum, salutem et apostolicam benedictionem. Si quanta sit virtus obedientiæ, humili mente et sincera devotione considerare velletis, et quantum bonum de illius observantia procedat, ad cor reduceretis, prælatis vestris in omni deberetis humilitate substerni, et eorum salubribus monitis, atque præceptis toto cordis affectu, curaretis parere. Obedientia enim sola virtus est, quæ transcendit meritum; unde dicitur : *Melius est obedire quam sacrificare*, quoniam quasi peccatum..... est repugnare et quasi scelus idololatriæ nolle acquiescere (*I Reg.* xv). Per inobedientiam enim primus homo corruit (*Gen.* III); propter obedientiam Filius Dei nomen quod est super omne nomen meruit obtinere (*Philipp.* II). Hæc ideo, dilecti in Domino filii, vobis proposuimus, quoniam sicut accepimus, bonæ memoriæ Adrianus papa antecessor noster, vobis per sua scripta sua mandavit, ut venerabili fratri nostro Tribuno Ragusino archiepiscopo, tanquam Patri et rectori animarum vestrarum debitam obedientiam et reverentiam impenderetis. Vos autem, prout nobis suggestum est, ad hoc efficiendum, unde magis miramur, atque gravamur, cum filii obedientiæ esse deberetis, aures vestras obturastis, nec bonæ memoriæ Anastasii, et Adriani Romanorum pontificum, qui super hoc satis paterne vos instruxerunt, mandatum atque admonitionem attendere voluistis, unde quoniam de inobedientia non solum..... simplex clericus gravi esset animadversione plectendus, et ad periculum animarum vestrarum, nisi citius cor.... dubio pertinere per apostolica vobis scripta præcipiendo mandamus, et in virtute obedientiæ sicut antecessores vestri antecessoribus ejus fecisse noscuntur, plenam studeatis obedientiam..... metropolitano vestro sicut boni et devoti filii humiliter persistatis; quod si forte neglexeritis.... legatus noster quem ad partes illas dirigimus propter hoc in vos canonice promul..... permanere. Quod si nec sic resipueritis, timendum vobis erit sententiam..... discessum legati memoratus archiepiscopus propter inobedientiam, et rebellionem vestram.... curabimus firmam habere.

CDLXVI.

Clericis Dulchiniensis et Antibarensis episcopatuum præcipit ne episcopis a Tribuno archiep. Ragusino excommunicatis obtemperent.

(Beneventi, Dec. 29.)

[*Ibid.*]

ALEXANDER episcopus, servus servorum Dei, dilectis filiis universis clericis per Dulchinensem, et Antibarensem episcopatus constitutis, salutem et apostolicam benedictionem.

Sicut ex insinuatione venerabilis fratris nostri T. Ragusini archiepiscopi, nuper nobis innotuit Dulchinensis et Antibarensis episcopi.... contra eum et Ecclesiam suam cornua elationis et superbiæ aculeum erexerunt, per inobedientiæ vitium adeo graviter deliquerunt, quod auctoritate Romanæ Ecclesiæ et sua ipsos excommunicationi subjecit. Sed ipsi in sua obstinatione indurati delicti sui reatum recognoscere noluerunt, nec ad satisfactionem redire curarunt. Unde merito de ipsis potest dici : *Computruerunt jumenta in stercore suo* (*Joel* 1); jam enim videntur infixi in limo profundi et puteus abyssi os suum super eos clausisse videtur. Sane scire debent quod obedientiæ virtus omne sacrificiorum genus incomparabiliter antecedit, et per ipsam primum hominem qui corruerat miserabiliter per superbiam, omnipotens Deus mirabiliter cœlesti gloriæ reparavit. Unde nos per apostolica eis scripta mandavimus, et in virtute obedientiæ præcepimus quatenus a prædicto archiepiscopo absolvi, cum omni humilitate et patientia postulent, et sibi, et Ecclesiæ suæ jure metropolitico suppliciter et devote obedientiam debitam, et reverentiam impendant. Quod si.... superbiæ et inobedientiæ dati in reprobum sensum deponere noluerint, nos, legato quem, Deo favente, ad partes illas dirigimus, firmiter mandavimus, ut sententiam archiepiscopi inconcusse faciat, et inviolabiliter observari, et alio modo, si nec sic resipuerint, in ipsos studeat vindicare. Vobis autem nihilominus præcipiendo mandamus, ut prædictis episcopis donec in excommunicatione perstiterint, filialem devotionem aut subjectionem aliquam nullomodo exhibeatis, nec eos revereamini, quousque archiepiscopo tanquam metropolitano suo studeant in his, quæ Dei sunt, humiliter obedire.

CDLXVII.

Ad Henricum Anglorum regem. — *Significat litteras ejus a Clarambaldo, Reginaldo, Simone de Carcere, Henrico de Northamtune redditas sibi esse.*

[*Epist. S. Thomæ* ed. GILES, II, 128.]

ALEXANDER papa HENRICO regi Angliæ.

Excellentiæ tuæ nuntios, dilectos filios nostros, Clarembaldum electum S. Augustini, Reginaldum archidiaconum Saresberiensem, Simonem de Carcere, Henricum de Northamtune, et regiæ sublimitatis litteras per eosdem nobis transmissas, ea qua decuit benignitate admisimus, et illius ferventissimæ charitatis ardorem, quem circa nos et Ecclesiam Dei a nostro promotionis exordio magnificentia tua tam constanter et ferventer exhibuit, ad animum sollicite revocantes, his quæ jam dicti nuntii nobis ex parte celsitudinis tuæ discrete satis, et cum omni diligentia intimarunt, licet nimis ardua et difficilia essent, aurem benevolam curavimus adhibere, et illius siquidem honoris et reverentiæ, quam regia serenitas nobis instante necessitatis tempore, sicut excellentiæ tuæ nos sæpe nuntiasse meminimus, tota, prout major pars Christianitatis cognovit, devotione impendit, non immemores existentes, ad petitionum tuarum, in quibus cum Deo possumus, promotionem vehementer accendimur, nec aliquid nobis unquam honoris vel gratiæ satis esse videbitur, quod celsitudini tuæ indulgere possimus. Verumtamen attendentes quod tu, cui omnipotens Dominus inter filios hominum tot divitiis abundare, tanta prudentia et discretione pollere concessit, contra eum, cui servire regnare est, pugnare non velis, nec ejus resistere voluntati, præsertim cum strenuitati tuæ toties contulerit de hoste triumphum, de immensa bonitate illius confidimus omnimodis et speramus, quod animum et voluntatem tuam circa ecclesiam et ejus negotia mitiorem efficiet, et ad id cor tuum, quod beneplaciti sui fuerit, inclinabit, licet memorati nuntii constanter assererent te tanta turbatione esse commotum, quod venerabilem fratrem nostrum Cantuariensem archiepiscopum nullo modo in gratiam reciperes, nec circa eum poterat tuus animus mitigari. Nos autem, qui paternæ circa personam tuam affectionis non possumus oblivisci, sed te sicut Catholicum principem et regem Christianissimum in omnibus, quantum honestas permittit, honorare et exaudire optamus, credentes firmiter et sperantes, quod discreta providentia tua in his, quæ Dei sunt, et ad Ecclesiæ negotia spectant, gloriosius esse suam vinci, quam vincere voluntatem, nequaquam ignoret, præfato archiepiscopo sub spe et fiducia quasi certi, quod ille, in cujus manu corda regum consistunt, animum tuum mitigare dignabitur, dedimus in mandatis, et omnimodis inhibuimus, ne in te aut in terram tuam, vel in personas regni tui, interdicti seu excommunicationis sententiam, donec ipsum in gratiam tuam recipias, et tibi reconcilietur, proferre ulla ratione attentet, aut in aliquo gravare præsumat. Et quoniam litteras illas, quas magnificentiæ tuæ anno præterito per nuntios tuos ultimo destinavimus, viribus de cætero constat carere, si prædictus archiepiscopus interim te, aut terram tuam, vel personas regni tui, in aliquo gravare præsumpserit, præsentes litteras poteris in argumentum nostræ voluntatis ostendere, et te et tuos a suis gravaminibus immunes demonstrare. Quod autem in scriptis nostris vel legatis varietatem invenisti, nullatenus mireris, cum et beatus Paulus propositum suum sæpius mutasse legatur, licet nos in hac parte nostrum mutasse propositum minime recolamus : cum et nobis, etsi non ex parte tua, pro certo fuerit intimatum, et quasi certa spes et fiducia facta, quod prænominatus archiepiscopus illis mediantibus tibi deberet reconciliari. Quod etiam ex quibusdam scriptis, quæ nobis ostensa fuerunt, visi sumus plenius concepisse. Unde contigit quod eosdem legatos hac de causa juxta verbum nuntiorum tuorum ad regiam sublimitatem transmisimus, quibus cum fiducia ista coram quibusdam fratribus nostris, dum adhuc coram nobis præsentes essent, injunximus, ut in cognitione causarum inter te et archiepiscopum ordine judiciario nulla ratione præcederent, præsertim cum de reconciliatione, sicut diximus, quasi certi essemus. Et ideo prudentia tua, si taliter scripsimus et mandavimus, in nullam debet admirationem deduci, nec alicui mutabilitati, quod ob honorem tuum et sub spe tali fecimus, imputare, præsertim cum homines simus, et in multis decipi aut circumveniri possimus.

CDLXVIII.

Hugonem archiepiscopum Senonensem reprehendit quod « absque conscientia et mandato suo [Alani] episcopi Antissiodorensis abrenuntiationem receperit. » Concedit tamen ut [Willelmum] in ejus locum electum consecret.

[Mansi, *Concil.*, XXI, 1083.]

Quanta importunitate, et precum instantia venerabilis frater noster hactenus Altisiodoren. episcopus a pontificali sollicitudine sæpe a nobis petiit exonerari, et quomodo nos nulla ratione potuimus induci, ut ejus petitioni, et voluntati assentiremus, ad fraternitatis tuæ notitiam credimus pervenisse. Unde licet ipse sicut homo religiosus, ex humilitate pariter, et ex debilitate mentis et corporis, commissæ sibi forte administrationi spontanea voluntate abrenuntiavit, quia tamen, nisi ejus abrenuntiatio a Romano pontifice primitus approbetur, nec ab administratione illius fuerit absolutus, nec ipse a regimine credito sibi fuerit exoneratus, tibi nullo modo licuit absque conscientia : et mandato nostro, ejus abrenuntiationem recipere, nec capitulum Altisiodoren. de electione tractare potuit, aut ad nominationem alicujus procedere. Quapropter, si velimus rigorem canonum, et sanctorum Patrum auctoritates, et statuta servare ; et te possumus dure secundum meritum facti redarguere, et illos de tantæ præsumptionis audacia graviter et districte punire; et quia in hoc nec secundum ordinem rectum, nec secundum formam canonum processum est, electio eorum ratione facti, nullas debet vires habere. Cæterum quoniam tibi omne factum, et causam Ecclesiæ tuam propriam reputasti, in multis debitores existimus, et honori, et exaltationi tuæ, in quibus cum Deo et justitia possumus, et cupimus, et tenemur deferre. Ideo non ponentes leges in posterum, sed similia fieri prohibentes de cætero, ex dispensationis apostolicæ moderatione, et non ratione facti providentiæ tuæ præcipimus, ut dilectum filium nostrum W. fratrem tuum quem inter alios fratres nostros respectu dilectionis probitatis tuæ charissimum reputamus, et propter providentiam, et discretionem ejus præscriptam ecclesiam, spiritualia et temporalia incrementa consecuturum, incunctanter assumas, et ipsum tempore opportuno in presbyterum ordines, et demum in episcopum studeas, auxiliante gratia Spiritus sancti consecrare.

CDLXIX.

Ad Henricum Remensem archiepiscopum. — Ut cesset a vexatione canonicorum Remensium.

[D. Marlot, *Metropol. Rem.*, II, 395.]

Alexander episcopus, servus servorum Dei, Henrico archiepiscopo, salutem et apostolicam benedictionem.

Quanto majori dignitate et nobilitate sanguinis præemines, tanto te decet subditis tuis magis mitem et benevolum exhibere, et ad hoc inter cætera studia tua studio totius attentionis intendere, ut subditos tuos mansuete videaris et benigne tractare. Accepimus autem ex parte dilectorum filiorum nostrorum canonicorum Ecclesiæ tuæ, quod tu eos dure nimis, et graviter tractas, ultra modum in ipsos manum tuam gravasti, et ad eorum gravamen charissimum in Christo filium nostrum illustrem Francorum regem fratrem tuum, quod te prorsus dedecuit, provocasti, in hoc minus, quam decuerit, libertati ecclesiasticæ providens, nec considerans, vel attendens quantum eidem Ecclesiæ in posterum poterit esse damnosum, quod per eumdem regem, præter gravamen tuum, præfatam Ecclesiam gravari fecisti. Si enim supradictus rex, qui ita Catholicus et Christianissimus est, et ecclesiasticæ libertatis amator, in bona ipsius Ecclesiæ manum extendit, hæredes ejus, qui non ita erunt forte amatores ecclesiasticæ libertatis, eamdem et alias Ecclesias regni sacti hujus exemplo committere poterunt graviora: quod si forte (quod absit!) contingeret, tibi in salutis perpetuæ detrimentum non immerito proveniret. Quoniam igitur cum universis subditis tuis, et præsertim cum clericis cathedralis Ecclesiæ, te decet pacem, et concordiam habere et obtentu potentiæ et nobilitatis tuæ ab eorum gravaminibus propensius abstinere, cum in omni certamine, ille qui plus potest, etiam si injuriam sustineat, facere videatur. Fraternitatem tuam monemus, mandamus atque præcipimus quatenus ad teipsum redeas, quid providentiam tuam et nobilitatem deceat diligenter attendas, et supradictos canonicos paterna charitate diligas, et honores, et apud eumdem regem efficere satagas, ut eis gratiam suam et ablata omnia clementer restituat : ita te circa ipsos et universos subditos tuos benignum et munificum exhibeas, quod plus videaris diligi quam timeri; non enim sine derogatione famæ tuæ prædicta Ecclesia et canonici gravamen tuum vel injuriam sustinebunt, seu inter te et ipsos discordia vel scandalum perdurabit.

CDLXX.

Ad Ludovicum Francorum regem. — Ut canonicis Ecclesiæ Remensis et gratiam suam et ereptas possessiones reddat.

[*Ibid.*]

ALEXANDER episcopus, servus servorum Dei, illustri Francorum regi LUDOVICO, salutem et apostolicam benedictionem.

Inter alia pietatis opera quibus magnitudo regiæ serenitatis invigilat, hoc est quod ad cumulum sempiternæ mercedis, et æternæ laudis gloriam copiosius tibi proveniet, quod ecclesiasticam libertatem sicut Christianissimus rex, et catholicus princeps præ cæteris regibus, et principibus orbis auges propensius, et conservas, et pro ecclesiastico stata servando sollicitus, et studiosus existis. Unde decet regiam prudentiam tuam pium et commendabile opus indefessa cura et sollicitudine votivis cordis affectibus imitari, nec ab eo aliquorum suggestionibus aliquo tempore retrahi, quod tibi et sempiternam salutem procul dubio præparat, et ubique terrarum famæ tui gloriosi nominis tribuit incrementum.

Accepimus autem quod occasione sumpta ex discordia, quæ inter venerabilem fratrem nostrum archiepiscopum, et devotos filios nostros canonicos Remenses nascitur esse suborta, ab eisdem canonicis quædam contra solitum exegisti, quæ quoniam tibi negarunt, tu adversus eos indignatus eis, et Ecclesiæ suæ possessiones quasdam pro voluntate propria subtraxisti. Quoniam igitur personam tuam ita ferventi charitate diligimus, quod nihil aliquando vellemus committere unde merito posset per Deum, vel homines regiæ magnitudini derogari; excellentiam tuam rogamus, monemus et exhortamur in Domino, atque in remissionem peccatorum injungimus, quatenus divinæ retributionis intuitu et pro reverentia B. Petri et nostra, nec non tuæ salutis obtentu, eisdem canonicis gratiam et amorem tuum clementer restituas, ablata omnia reddas, ad reformationem pacis inter eumdem archiepiscopum et canonicos diligenter intendas, prædictam Ecclesiam in sua libertate conserves, ut sicut in regno tuo eadem Ecclesia celebris, et solemnis habetur, pace gaudeat et tranquillitate. Indignum est siquidem et penitus indecorum, ut cum præfatus archiepiscopus et canonici idem sapere debeant et sentire, inter eos scandalum diutius perdurare videatur.

ANNO 1168.

CDLXXI.

Abbatibus et cæteris Latinis, tam clericis quam laicis, commendat Tribunum archiep. Ragusinum.

(Beneventi, Jan. 3.)

[FARLATI, *Illyricum sacrum*, VI, 81.]

ALEXANDER episcopus, servus servorum Dei, filiis abbatibus et cæteris Latinis, tam clericis quam laicis apud Durachiam commorantibus, salutem et apostolicam benedictionem.

Ne cura Dominicæ ovis his qui in diversis mundi partibus sunt constituti, posset deesse, Romanus pontifex alios in partem commissæ sibi administrationis vocavit, ut sollicitudinem et curam quam præsens non potest omnibus simul impendere, per ipsos studeat diligentius ministrare. Unde quia vos non possumus corporali præsentia visitare, nec fratres nostri cardinales, qui ad illustrem Constantinopolitanum imperatorem per..... destinantur, ibi possunt apud vos diuturniorem moram habere, per venerabilem fratrem nostrum T. Ragusinum archiepiscopum virum honestum, providum pariter et discretum vos tanquam dilectos filios duximus visitandos, ut vice nostra, ea quæ invenerit inter vos evellenda, evellat, et plantet quæ noverit complantanda. Ideoque universitatis vestræ prudentiam per apostolica scripta monemus atque mandamus quatenus prædictum archiepiscopum ad vos venientem benigne recipiatis, et monitis et mandatis ipsius in his quæ ad animarum vestrarum spectant salutem, humiliter annuere et obedire curetis; nec excommunicatis suis, præsertim Antivarensi et Dulchinensi episcopis, donec in excommunicatione perstiterint, communicare præsumatis, ita quod nos devotionem vestram commendare possimus, et ipse in vobis bonam valeat sementem plantare.

Datum Beneventi, tertio Nonas Januarii.

CDLXXII.

Privilegium pro Ecclesia Hierosolymitana.

(Beneventi, Febr. 8.)

[Eug. de ROZIÈRE, *Cartulaire du Saint-Sépulcre*, 319.]

ALEXANDER episcopus, servus servorum Dei, venerabili fratri AMALRICO, Jerosolymitano patriarchæ, ejusque successoribus canonice institutis in perpetuum.

Beneficia, quæ in terra Jerosolymitana universo mundo divina pietas contulit, quanto cunctisque gentibus proficuerint ad salutem, tanto ad laudem Dei et venerationem Jerosolymitanæ ecclesiæ totum mundum invitant. Ibi quidem factus est panis, qui de cœlo descendit, qui esurientium animas degustatus impinguat, in cujus fortitudine quadraginta diebus ambulavit Elias, et in cujus vegetatione ad montem Dei Oreb nos credimus perventuros. Ibi ortus est Lucifer, qui nescit occasum; inde per universum mundum jubar æternæ claritatis effulsit; inde Christianæ fidei primordia manaverunt. Unde conveniens est et ordo exigit rationis ut loco illi totus mundus applaudat, et tanto Jerosolymitanam Ecclesiam præ locis aliis veneretur, quanto ampliora se inde conspicit beneficia percepisse. Hoc si quidem, quamvis universis hominibus agendum immineat, nobis tamen, qui licet non suffragantibus meritis universarum ecclesiarum curam, Deo prout ipsi placuit disponente, suscepimus, tanto vigilantius incumbit agendum, quanto perceptio confirmationis fraternæ ad successionem beati Petri, apostolorum principis, specialius dignoscitur pervenire. Accedit ad hoc quod ecclesia illa indivisa charitate apostolicæ sedi semper adhæsit, nunquam est distracta per hæreses, nunquam veræ lucis jubar amisit, et, quanto durius circumsævientium procellarum fuit fluctibus conquassata, tanto majorem sedulo virtutis et constantiæ suæ per universum mundum dedit odorem. Quocirca, venerabilis in Christo frater Amalrice patriarcha, personam tuam et pro tua honestate et pro commissæ tibi ecclesiæ reverentia plene charitatis brachiis amplectantes, concessa nobis desuper apostolorum principis auctoritate, ad instar prædecessorum nostrorum felicis memoriæ, Paschalis, Innocentii, Lucii, Anastasii et Adriani, Romanorum pontificum, statuimus ut civitates omnes atque provincias, quas divina gratia temporibus utriusque Balduini et Fulconis, Jerosolymitanorum regum, Christianitati restituit, et quoscunque honores vel dignitates, quascunque possessiones, quæcunque bona eadem ecclesia impræsentiarum metropolico aut primatus vel proprietario jure, sive quolibet alio justo titulo possidet, aut in futurum concessione pontificum, largitione regum vel principum, oblatione fidelium seu aliis justis modis, præstante Domino, poterit adipisci, firma tibi tuisque successoribus et illibata permaneant. In quibus hæc propriis duximus exprimenda vocabulis: decimas ecclesiæ et alias possessiones Jericho, Daronis et Neapolis atque locorum diœcesis, in quibus episcopi fuerunt et modo non sunt, sive aliorum locorum, quæ inpræsentiarum juste dignosceris possidere. Ad hæc patriarchalem dignitatem et reverentiam in ecclesiis patriarchatui Jerosolymitano subditis, jura quoque ejusdem ecclesiæ tibi tuisque successoribus competentia, et bonas et antiquas consuetudines, quas ecclesia ipsa temporibus antecessorum tuorum habuisse vel ab aliis recepisse dignoscitur, tam in solemnitatibus ecclesiarum quam impœnitentiis, sepulturis, baptisterio et benedictione sponsarum necnon purificationibus mulierum, tibi et ecclesiæ tuæ auctoritate apostolica confirmamus. Quæcunque præterea per industriam atque potentiam bonæ memoriæ Balduini, quondam Jerosolymorum regis, et charissimi in Christo filii Amalrici, illustris regis Jerosolymorum, rationabilibus modis ecclesiæ Jerosolymitanæ concessa vel restituta sunt, vel futuris temporibus eidem ecclesiæ restitui aut concedi contigerit, nihilominus tibi tuisque successoribus inconcussa et integra conserventur. Decernimus ergo ut nulli hominum omnino liceat supradictam ecclesiam temere perturbare, aut ejus possessiones auferre, vel ablatas retinere, minuere, seu quibuslibet vexationibus fatigare; sed illibata omnia et integra conserventur eorum, pro quorum gubernatione et sustentatione concessa sunt, usibus omnimodis profutura, salva in omnibus apostolicæ sedis auctoritate. Si qua igitur in futurum ecclesiastica sæcularisve persona, hanc nostræ constitutionis paginam sciens, contra eam temere venire tentaverit, secundo tertiove commonita nisi præsumptionem suam congrua satisfactione correxerit, potestatis honorisque sui dignitate careat, reamque se divino judicio existere de perpetrata iniquitate cognoscat, et a sacratissimo corpore ac sanguine Dei aliena fiat, atque in extremo examine districtæ ultioni subjaceat; cunctis autem eidem loco sua jura servantibus sit pax Domini nostri Jesu Christi, quatenus et hic fructum bonæ actionis percipiant, et apud districtum judicem præmia æternæ pacis inveniant. Amen.

Ego Alexander, catholicæ Ecclesiæ episcopus.

Ego Hubaldus, Hostiensis episcopus.

Ego Bernardus, Portuensis et Sanctæ Rufinæ episcopus.

Ego Hubaldus, presbyter cardinalis tituli Sanctæ Crucis in Jerusalem.

Ego Joannes, presbyter cardinalis tituli Sanctæ Anastasiæ.

Ego Bosa, presbyter cardinalis Sanctæ Prudentianæ tituli Pastoris.

Ego Albertus, presbyter cardinalis tituli Sancti Laurentii in Lucina.

Ego Joannes, presbyter cardinalis tituli Sancti Marci.

Ego Theodinus, presbyter cardinalis Sancti Vitalis tituli Vestinæ.

Ego Hyacinthus, diaconus cardinalis Sanctæ Mariæ in Cosmidin.

Ego Arditio, diaconus cardinalis Sancti Theodori.

Ego Cinthius, diaconus cardinalis Sancti Adriani.

Ego Hugo, diaconus cardinalis Sancti Eustachii juxta templum Agrippæ.

Ego Petrus, diaconus cardinalis Sanctæ Mariæ in Aquiro.

Data [apud] Beneventum, per manum Gerardi, sanctæ Romanæ Ecclesiæ notarii, vi Idus Februarii, indictione I, Incarnationis Dominicæ anno 1167, pontificatus vero domini Alexandri papæ III anno nono.

CDLXXIII.

P[etro] priori et fratribus S. Sepulcri Hierosolymitani scribit, A[malricum] patriarcham a sese per litteras admonitum esse, ut « de rebus vel obedientiis eorum, nisi ab iis fuerit requisitus, se intromittere nulla ratione præsumeret, » atque « ut, cum aliquem in concanonicum voluissent recipere, iis in hoc favorem indulgeat, nec aliquem consortio eorum imponeret, » neu in ecclesia eorum « iis invitis, diversis (personis) præbendas pro beneplacito suo assignaret. »

(Beneventi, Febr. 15.)

[Ibid., p. 283.]

ALEXANDER episcopus, servus servorum Dei, dilectis filiis PETRO priori et fratribus Sancti Sepulcri salutem et apostolicam benedictionem.

Sicut ex relatione dilectorum filiorum nostrorum P... et G..., confratrum nostrorum, accepimus, venerabilis frater noster Amalricus, Jerosolymitanus patriarcha, vos liberam rerum vestrarum administrationem, a suis prædecessoribus vobis indultam et nostris et antecessorum nostrorum privilegiis confirmatam, juxta voluntatem vestram habere non patitur, sed de dandis et auferendis obedientiis vestris, non vocatus, se intromittit. Unde, quoniam ita sibi jura sua idem patriarcha vindicare debet, ut aliorum justitias non miringat, nec sibi quod ad eum non spectat usurpet, eidem per apostolica scripta præcipiendo mandamus quatenus de rebus vel obedientiis vestris contra prædecessorum suorum concessiones, nostris et antecessorum nostrorum privilegiis confirmatas, nisi cum a vobis exinde fuerit requisitus, se intromittere de cætero nulla ratione præsumat, sed vos eamdem, quemadmodum vobis indultum fuisse dignoscitur, sine contradictione et impedimento aliquo vos permittat habere. Ad hæc firmiter prædicto patriarchæ nostrarum litterarum auctoritate injunximus ut, cum aliquem in concanonicum volueritis, qui idoneus et honestus existat, recipere, vobis in hoc favorem et assensum suum indulgeat, nec aliquem consortio vestro, sicut hactenus dicitur consuevisse, imponat, nisi qui honestate probata præfulgeat, et talis fuerit, quem vos vel alius merito non debeant reprobare, et id cum consilio et assensu vestro efficiat; quod si aliter fecerit, nos ecclesiæ vestræ ita curabimus, auctore Domino, providere, quod talia de cætero, etsi vellet, non poterit attentare. Præterea nobis intimatum fuisse noscatis quod in ecclesia præscripta, vobis invitis, diversis personis præbendas pro beneplacito suo assignat, et de rebus ac bonis vestris eisdem facit necessaria provideri, præsertim cum bona et possessiones vestræ ab his, quæ eumdem patriarcham contingunt, diversa penitus et divisa existant. Quia vero non decet eum de bonis vestræ munificum esse et de suis parcum existere, ne talia de cætero sine consilio et voluntate vestra efficiat, personæ suæ auctoritate apostolica districtius inhibuimus.

Data Beneventi, xv Kalendas Martii.

CDLXXIV.

P[etro] priori et fratribus S. Sepulcri Hierosolymitani significat, se A[malrico] patriarchæ præscripsisse, « ut ab iis nonnisi tertiam partem ceræ, quæ ad ecclesiam eorum deferretur, requireret, » ut « si aliquam civitatum intravisset, et in eundo et redeundo ab expeditione ibidem moram fecisset, universas oblationes, quæ ad eamdem post secundum diem offerrentur, eos permitteret habere, » neu vetaret aut « corpora defunctorum ante altaria eorum deferri, » aut « cruces in die Parasceve coram eisdem teneri. » Hospitalarios quoque admonitos nuntiat, ne « cum aliquam adversum eos querelam habuerint, decimas iis subtrahere attentent. »

(Beneventi, Febr. 15.)

[Ibid., p. 284.]

ALEXANDER episcopus, servus servorum Dei, dilectis filiis PETRO priori et fratribus Sancti Sepulcri salutem et apostolicam benedictionem.

Dilectos filios nostros P... et G..., confratres nostros, quod ad nostram præsentiam pro vestris negotiis transmisistis, paterna benignitate suscepimus, et his, quæ nobis ex parte vestra discrete satis et sollicite proposuerunt, aurem benevolam accommodavimus, et ea, quantum honestas permisit, curavimus promovere, sicut ex præfati G... viva voce plenius cognoscetis, et vobis per litteras nostras diversis personis directas manifestius innotescet.

Specialiter autem venerabili fratri nostro Amalrico, Jerosolymitano patriarchæ, dedimus in mandatis ut a vobis non nisi tertiam partem ceræ, quæ ad ecclesiam vestram defertur, contra tenorem privilegiorum vestrorum requirat, sed ea solummodo parte, quæ sibi in privilegiis competit, contentus existat, nec vos aut eum, qui ceram administrat, ad ampliora sibi vel aliis solvenda compellat. De oblationibus autem, quæ ad Dominicam Crucem proveniunt, eidem mandavimus quod, si aliquam civitatum intraverit, et in eundo vel redeundo ab expeditione ibidem moram fecerit, universas oblationes, quæ ad eamdem post secundum diem ex devotione fidelium offerentur, vos permittat sine diminutione habere, nec eas vobis de cætero subtrahere nulla ratione attentet. De corporibus quoque defunctorum, quæ, sicut audivimus, memoratus patriarcha prohibet ante altaria vestra deferri, et de crucibus, quas in die Parasceve coram eisdem non permittit teneri, subjunximus ut id contra ecclesiæ vestræ consuetudinem efficere de cætero non præsumat. Quod si litteras nostras exinde sibi directas occultare voluerit, et nostra in hac parte mandata surdis auribus pertransire, præsentes litteras ad tuitionem vestram præ manibus ostendatis, nec ei teneamini contra scripta nostra exinde ulterius respondere. De cætero Hospitalariis firmiter et districte præcipimus quod, cum aliquam adversum vos querelam habuerint, decimas vobis subtrahere non attentent; sed de universis possessionibus suis, in episcopatu Jerosolymitano positis, quas propriis manibus aut sumptibus suis non colunt, sed excolendas aliis tradiderunt, integras decimationes vobis, omni contradictione et appellatione cessante, persolvant; de laboribus autem suis, qui propriis manibus aut sumptibus excoluntur, decimas secundum conventionem inter vos factam vobis sine aliqua diminutione reddant, sibi omnimodis præcaventes ne alicujus querelæ, quæ inter vos mota fuerit, occasione eas vobis subtrahere vel negare præsumant; sed si aliquid adversus vos habuerint, justitiam suam ordine judiciario a vobis requirant.

Data Beneventi, xv Kalendas Martii.

CDLXXV

P[etrum] priorem et fratres S. Sepulcri Hierosolymitani certiores facit, se litteras ad Hospitalarios dedisse, ne decimas iis denegent, ne « in civitate Joppen ecclesiam absque consensu patriarchæ et eorum de novo ædificare præsumant, » neu « cum Joppen supposita fuerit interdicto, in ecclesia sua, quæ in corpore civitatis consistat, campanas pulsare, excommunicatos vel nominatim interdictos ad divina officia recipiant. »

(Beneventi, Febr. 15.)

[Ibid., p. 286.]

ALEXANDER episcopus, servus servorum Dei, dilectis filiis PETRO priori et fratribus Sancti Sepulcri salutem et apostolicam benedictionem.

Dilectos filios nostros P... et G..., confratres vestros, quos ad nostram præsentiam pro vestris negotiis transmisistis, paterna benignitate suscepimus, et his, quæ nobis ex parte vestra discrete satis et sollicite proposuerunt, aurem benevolam accommodavimus, et ea, quantum honestas permisit, curavimus promovere, sicut ex præfati P... viva voce plenius cognoscetis, et vobis per litteras nostras diversis personis directas manifestius innotescet. Specialiter autem Hospitalariis firmiter et districte præcipimus quod, cum aliquam adversum vos querelam habuerint, decimas vobis subtrahere non attentent, sed de universis possessionibus suis, in episcopatu Jerosolymitano positis, quas propriis manibus aut sumptibus suis non colunt sed excolendas aliis tradiderunt, integras decimationes vobis, omni contradictione et appellatione cessante, persolvant; de laboribus autem suis, qui propriis manibus aut sumptibus excoluntur, decimas secundum conventionem inter vos factam sine diminutione aliqua reddant, sibi omnimodis præcaventes ne alicujus querelæ, quæ inter vos mota fuerit, occasione eas vobis subtrahere vel negare præsumant; sed, si aliquid adversus vos habuerint, justitiam suam ordine judiciario requirant. Nihilominus etiam eisdem Hospitalariis inhibuimus ut in civitate Joppen ecclesiam absque consensu patriarchæ et vestro de novo ædificare non præsumant, præsertim cum constet eos in eadem civitate aliam habere ecclesiam. Adjicimus præterea ne, cum prædicta civitas Joppen pro aliquibus malefactorum excessibus supposita fuerit interdicto, idem Hospitalarii in ecclesia sua, quæ in corpore civitatis consistit, campanas pulsare, excommunicatos vel nominatim interdictos ad divina officia recipere non attentant, sed, exclusis excommunicatis et interdictis, divina ministeria tantum familiæ suæ suppressa voce ministrant. Quod si ab eisdem de cætero fuerit attentatum, et ad nos exinde iterata querela pervenerit, ita graviter curabimus vindicare, quod facultatem talia perpetrandi, si voluerint, ulterius non habebunt. Quod si litteras nostras exinde sibi directas occultare voluerint, et nostra in hac parte mandata surdis auribus pertransire, præsentes litteras ad tuitionem vestram præ manibus ostendatis.

Data Beneventi, xv Kalendas Martii.

CDLXXVI.

Patriarchæ Hierosolymitano interdicit « ne abbates, abbatissas, vel alias personas ecclesiasticas sine assensu et consilio prioris et canonicorum S. Sepulcri instituere vel destituere præsumat. »

[MANSI, Concil., XXII, 453.]

CDLXXVII.

Privilegium pro ecclesia S. Sepulcri Hierosol.
(Beneventi, Mart. 21.)

[ROZIÈRE, Cartulaire du Saint-Sépulcre, 278.]

ALEXANDER episcopus, servus servorum Dei, dilectis filiis PETRO, priori ecclesiæ Sancti Sepulcri, ejusque fratribus, tam præsentibus quam futuris, regularem vitam professis in perpetuum.

Quoties illud a nobis petitur, quod religioni et honestati noscitur convenire, animo nos decet libenti concedere et petentium desideriis congruum suffragium impertiri. Eapropter, dilecti in Domino filii, vestris justis postulationibus clementer annuimus, et præfatam ecclesiam, in qua divino mancipati estis obsequio, ad exempla prædecessorum nostrorum piæ memoriæ, Honorii, Innocentii, Cælestini, Lucii et Eugenii, Romanorum pontificum, sub beati Petri et nostra protectione suscipimus, et præsentis scripti privilegio communimus; in primis si quidem statuentes ut ordo canonicus, qui secundum Dei timorem et beati Augustini Regulam in ipsa ecclesia institutus esse dignoscitur, perpetuis ibidem temporibus inviolabiliter observetur; statuentes ut quascunque possessiones, quæcunque bona eadem ecclesia inpræsentiarum juste et canonice possidet, aut in futurum concessione pontificum, largitione regum vel principum, oblatione fidelium seu aliis justis modis, præstante Domino, poterit adipisci, firma vobis vestrisque successoribus et illibata permaneant. In quibus hæc propriis duximus exprimenda vocabulis:

Medietatem videlicet cunctarum oblationum, quæ ad Sepulcrum Domini offeruntur; oblationes crucis, excepto tantum die sancti Parasceve, et cum patriarcha eam secum pro aliqua necessitate detulerit; decimas civitatis Jerusalem et totius episcopatus ex dono Arnulfi, quondam Jerosolymitani patriarchæ; in Neapolim terram, quam Almaricus, illustris Jerosolymorum rex, in novo burgo vobis donavit, et ecclesiam quam ibi ædificastis, ex concessione venerabilis fratris nostri Almarici patriarchæ; domos etiam et alias terras, quas in eadem civitate habetis; decimas casalis, quod vocatur Derina, et viridarium quod est inter murum Tyri et antemurale, ex dono bonæ memoriæ Petri, quondam Tyrensis archiepiscopi; casalia quæ vos emistis ab Hugone de Ybelyno, videlicet Bethel, Hudemamel, Dersabe, Huodabes, Dermursur, cum pertinentiis suis; casalia quoque empta a Joanne Gothmanni, scilicet Betatap, Derasen, cum omni integritate sua, guastinis scilicet et appendiciis suis; casale insuper nomine Geladia, quod prædictus rex, tunc comes Ascalonitanus, pro expensa et emissione, quam vos fecistis ad capiendam Ascalonam, vobis concessit; duo præterea casalia, Capharuth et Vetus Bethoron, et guastinam Derfies ab abbate et monachis Sancti Sabbe comparata; terram quoque, quam Vivianus, dominus Cayphæ, intus et exterius ecclesiæ Sancti Sepulcri dedit, et domum quam ibi ædificastis, et terram, quam Rogerius et Joannes, duo fratres, eidem ecclesiæ dederunt. Vobis pariter confirmamus ecclesiam et decimas supradictæ terræ ac animalium, quam venerabilis frater noster Ernesius, Cæsariensis archiepiscopus, vobis concessit et suo privilegio confirmavit; ecclesiam Sancti Sepulcri in Accon cum pertinentiis suis; ex dono Lamberti casale, quod dicitur Mimas, cum duabus carrucatis terræ plenariis; duas carrucatas terræ, quas vobis dedit Giraldus de Cunin.....; jardinum, quod fuit Mainardi de Portu, quod filius ejus Raimundus, factus frater Sancti Sepulcri, ecclesiæ dedit; duo præterea casalia, Gebul et Hecar, cum omnibus adjacentiis suis, et piscariam per octo dies in mari Tyberiadis, et angariam per unum diem, et navem assidue juxta modum, quo Willelmus de Buris prædictæ ecclesiæ concessit, et Galterius, ejusdem civitatis princeps, proprio privilegio roboravit; in Calcalia domum et terras, quas Fed...., frater Sancti Sepulcri, vobis dedit, et Bartholomæus, villæ dominus, donum ratum habuit, adjungens vobis unam carrucatam terræ. Omnes præterea domos, quas in civitate Jerusalem habetis, sicut memoratus rex vobis scripto proprio confirmavit; domum etiam, quam Tyrensis archiepiscopus vobis vendidit, auctoritate apostolica confirmamus. Nihilominus quoque vobis auctoritate apostolica confirmamus stationes Templi Domini, Montis Oliveti, Montis Sion et Vallis Josaphat in festivitatibus earum, sicut ecclesia Dominicæ Resurrectionis semper consuevit habere easdem, ita quidem quod, absente patriarcha, liceat priori, qui pro tempore fuerit, missam in eis solemniter celebrare et processionem cum canonicis ordinare. Adjicimus etiam quod licitum sit vobis malefactores vestros et specialiter vobis decimas auferentes, qui de vestra parochia fuerint, infra Jerusalem vel extra, nisi legitime commoniti satisfecerint, interdicti et excommunicationis sententia in patriarchæ vestri absentia condemnare. Statuimus quoque ut non liceat patriarchæ sive priori res ecclesiæ, nisi de communi aut sanioris partis canonicorum consilio, distrahere aut quomodolibet alienare seu possessiones impignorare; ea vero, quæ ab ecclesia vestra in damnum et detrimentum ipsius jam alienata noscuntur, licitum sit vobis rationabiliter revocare. Sancimus etiam ut non sit fas patriarchæ sive priori aliquem de vobis sine consilio et assensu capituli vel sanioris partis ejus ad aliquam obedientiam cismarinam dirigere seu ab officio suo suspendere aut a consortio canonicorum removere, nisi ob manifestam culpam suam, quæ publica fuerit, aut unde confessus sive convictus existat. Præterea confratribus vestris, nisi excommunicati aut nominatim fuerint interdicti, corpus Domini et ecclesiastica sepultura non negetur. Ad hæc supradictis adjungimus ut patriarcha nihil de rebus ecclesiæ vestræ, quod sibi de jure non competit, a concanonicis vel confratribus vestris per obedientiam exigere audeat. Sane novalium vestrorum, quæ propriis manibus aut sumptibus colitis, sive de nutrimentis vestrorum animalium decimas a vobis nullus præsumat exigere. Obeunte vero ejusdem loci patriarcha, nullus ibi qualibet subreptionis astutia sive violentia præponatur, nisi quem fratres ipsius loci communi assensu vel fratrum pars consilii sanioris secundum Dei timorem et sanctorum Patrum statuta canonice providerint eligendum. Decernimus ergo, etc., salva sedis apostolicæ auctoritate et Jerosolymitani patriarchæ canonica justitia et reverentia. Si qua igitur, etc.

Ego Alexander, catholicæ Ecclesiæ episcopus, subscripsi.

Ego Hubaldus, Ostiensis episcopus, subscripsi.

Ego Bernardus, Portuensis et Sanctæ Rufinæ episcopus, subscripsi.

Ego Hubaldus, presbyter cardinalis tituli Sanctæ Crucis in Jerusalem, subscripsi.

Ego Joannes, presbyter cardinalis Sanctorum Joannis et Pauli tituli Pammachii, subscripsi.

Ego Albertus, presbyter cardinalis tituli Sancti Laurentii in Lucina, subscripsi.

Ego Boso, presbyter cardinalis Sanctæ Pudentianæ tituli Pastoris, subscripsi.

Ego Joannes, presbyter cardinalis tituli Sancti Marci, subscripsi.

Ego Theodinus, presbyter cardinalis Sancti Vitalis tituli Vestinæ, subscripsi.

Ego Hyacinthus, diaconus cardinalis Sanctæ Mariæ in Cosmiden, subscripsi.

Ego Arditio, diaconus cardinalis Sancti Theodori, subscripsi.

Ego Cinthius, diaconus cardinalis Sancti Adriani, subscripsi.

Ego Hugo, diaconus cardinalis Sancti Eustachii juxta templum Agrippæ, subscripsi.

Ego Petrus, diaconus cardinalis Sanctæ Mariæ in Acquiro, subscripsi.

Data Beneventi, per manum Girardi, sanctæ Romanæ Ecclesiæ notarii, vi Nonas Martii, indictione prima, Incarnationis Dominicæ anno 1167, pontificatus vero domni Alexandri papæ III anno nono.

CDLXXVIII.

Monasterio S. Walarici asserit jus parochiale castri S. Walarici, episcopo Ambianensi abjudicatum.

(Beneventi, Mart. 21.)

[Opp. Guiberti Novigentini, ed. Lucæ d'Achery, pag. 571.]

ALEXANDER .... ASSELINO abbati et fratribus S. Walarici ....

Dignum est et rationi conveniens ut cum ad sedem apostolicam quæstiones aliquæ deferuntur, debitum ibidem sortiantur, et illic finem contentiones et litigia sumant, ubi mater Ecclesia primatus obtinet dignitatem. Cum autem jampridem inter vos et Ambianensem Ecclesiam, super jure parochiali in castro Sancti Wallerici, et de impositione abbatis in sedem electionis tempore, quæstio mota fuisset, causam illam bonæ memoriæ Balduino quondam Noviomensi episcopo commisimus cognoscendam, ita quidem quod rationes et allegationes hinc inde et juratorum testium depositiones deberet suscipere, et eas a nobis cum utraque parte, si bene recolimus, in certo termino destinare; quæ cum ab eo cognita et ad nos delata fuissent, venerabili fratri Remensi archiepiscopo, nostra super hoc scripta curavimus destinare. Unde cum utriusque iterum partis acta tam in rationibus quam allegationibus, quam in juratorum testium depositionibus, ad nos ab eo sub sigillo suo delata fuissent, et dilecti filii nostri Arnulphus et Fulbertus confratres, et responsales vestri, necnon et magister Gislebertus, qui pro venerabili fratre nostro Ambianensi episcopo venerat, in nostra essent præsentia constituti, easdem rationes et allegationes coram nobis et fratribus nostris sæpe et sæpius recitari fecimus, et diligentius examinari. Cum autem juratorum testium depositiones studiosius inspexissemus, licet ex parte Ambianensis ecclesiæ duo deposuissent quod R. quondam abbas vester per quemdam archidiaconum Ambianensem, in cathedra positus fuit, plura tamen pro vobis testimonia comparuerunt, qui jam dictum R. et cæteros abbates vestros per alium in cathedra positos fuisse plenius comprobant. De jure vero parochiali in castro præscripto, cum diligentius tractaremus, nec duos testes concordes pro Ambianensi ecclesia invenire possemus, cum plures quod divortia et alia parochialia, per abbates vestros a quadraginta retro annis facta fuerant, jurati etiam deposuissent. Vos tam super positione abbatis in cathedram, quam de cura animarum, et omni alio jure parochiali in prædicto castro, a memorati episcopi et ecclesiæ suæ impetitione absolvimus, et eisdem perpetuum super hoc silentium auctoritate apostolica imposuimus. Ut autem hæc nostræ definitionis sententia futuris semper temporibus inviolabiliter observetur, eam auctoritate apostolica duximus roborandam, et præsentis scripti patrocinio muniendam; statuentes ut nulli omnino hominum liceat hanc paginam nostræ definitionis et confirmationis infringere, vel ei aliquatenus contraire. Si quis autem hoc attentare præsumpserit, indignationem omnipotentis Dei et beatorum Petri et Pauli apostolorum ejus, se noverit incursurum.

Ego Alexander catholicæ Ecclesiæ episcopus.

Ego Hubaldus Ostiensis episcopus.

Ego Bernardus Portuens. et S. Rufinæ episcopus.

Ego Hubaldus presbyter cardinalis tit. S. Anastasiæ.

Ego Theodinus presbyter cardinalis S. Vitalis tit. Vestinæ.

Ego Hugo diacon. card. S. Eustachii juxta templum Agrippæ.

Datum Beneventi per manum Gratiani, sanctæ Romanæ Ecclesiæ subdiaconi et notarii, XII Kal. Aprilis, indict. I, Incarnat. Dominicæ anno 1168, pontificatus vero domni Alexandri papæ III anno IX.

CDLXXIX.

Parthenonis S. Victorini Beneventani patrocinium suscipit et bona, libertatem, privilegia confirmat.

(Beneventi, April. 26.)

[UGHELLI, *Italia sacra*, VIII, 119.]

ALEXANDER episcopus, servus servorum Dei, dilectis in Christo filiabus FUSCÆ abbatissæ monasterii S. Victorini, quod in Beneventana civitate situm est, ejusque sororibus, tam præsentibus quam futuris, monasticam vitam professis in perpetuum.

Quoties illud a nobis petitur quod religioni et honestati noscitur convenire, animo nos decet libenti concedere, et petentium desideriis congruum suffragium impertiri. Eapropter, dilectæ in Domino filiæ, vestris justis postulationibus clementer annuimus, et præfatum monasterium in quo divino mancipatæ estis obsequio sub B. Petri et nostra protectione suscipimus, et præsentis scripti privilegio communimus, in primis siquidem statuentes ut ordo monasticus, qui secundum Dei timorem et B. Benedicti Regulam in eodem monasterio institutus esse dignoscitur, perpetuis ibidem temporibus inviolabiliter observetur; præterea quascunque possessiones, quæcunque bona idem monasterium impræsentiarum juste, et canonice possidet, aut in futurum concessione pontificum, largitione regum vel principum, oblatione fidelium, seu aliis justis modis, præstante Domino, poterit adipisci, firma vobis, et iis ..... vos successerint, et illibata permaneant. In quibus hæc propriis duximus exprimenda vocabulis:

Infra Beneventanam civitatem domos, cum casalibus, et cum omnibus suis pertinentiis, ecclesiam, S. Crucis ad portam Summam cum omnibus suis pertinentiis, ecclesiam S. Severiani cum pertinentiis suis, ecclesiam S. Salvatoris de Prata cum pertinentiis suis, ecclesiam S. Salvatoris de Alifa cum ecclesiis suis, videlicet ecclesiam S. Secundini, ecclesiam S. Martini, ecclesiam S. Mariæ de Arena cavata, ecclesiam S. Vitaliani, ecclesiam S. Petri de Mercato Veteri, ecclesiam S. Christophori, ecclesiam S. Viti, ecclesiam S. Angeli de Rapa Canina cum pertinentiis earum, salvo tamen jure monasterii S. Vincentii de Monte quod habet in prædicto monasterio S. Salvatoris de Alifa, hortum prope Sanctum Erasmum, hortum juxta Aquamlongam, vineam de Casalico, vineam de Guardia cum pertinentiis earum, hæreditatem de Mathocca, vineas et terras de loco Cupuli, cum pertinentiis suis, vineam de Faldula, cum pertinentiis suis, vineas et terras de Montore, cum pertinentiis suis. Apud Tinam terras et silvas. Sane si mercatores et peregrini, se cum rebus suis monasterio vestro intuitu devotionis reddere voluerint, eos recipiendi liberam facultatem habeatis. Obeunte vero te nunc ejusdem loci abbatissa, vel earum qualibet, quæ tibi successerint, nulla ibi qualibet subreptionis astutia seu violentia præponatur, nisi quam sorores communi consensu, vel sororum pars consilii sanioris secundum Dei timorem, et B. Benedicti Regulam elegerint a Romano pontifice benedicendam. Et quia monasterium vestrum specialiter juris, et proprietatis beati Petri existit, et ad provisionem, et dispositionem Romanæ Ecclesiæ nullo mediante noscitur pertinere, conditionem quam abbati, et fratribus prædicti monasterii S. Vincentii in Ecclesia vestra concessistis, quod scilicet post decennium tuum, filia abbatissa, et earum quæ post te succedent per licentiam, et consensum abbatis S. Vincentii abbatissam deberetis eligere, omnino irritum ducimus, et apostolica auctoritate cassum: Nemini enim licuit inconsulto Romano pontifice prædicto vestro monasterio novam conditionem imponere, aut statum suum in deterius immutare. Decernimus ergo, etc. Salva sedis apostolicæ auctoritate, et diœcesani episcopi in præscriptis Ecclesiis canonica justitia. Si qua igitur, etc.

Ego Alexander catholicæ Ecclesiæ episcopus.

Ego Hubaldus Ostiensis episcopus.

Ego Bernardus Portuensis, et Sanctæ Rufinæ episcopus.

Ego Hubaldus presbyter cardinalis tituli S. Crucis in Jerusalem.

Ego Joannes presbyter cardinalis S. Joannis et Pauli tit. Pammachii.

Ego Joannes presbyter cardinalis tituli S. Anastasiæ.

Ego Boso presbyter cardinalis S. Pudentianæ tit. Pastoris.

Ego Joannes presbyter cardinalis tituli Sancti Marci.

Ego Theodinus presbyter cardinalis Sancti Vitalis tit. Vestinæ.

Ego Hyacintus diaconus cardinalis tituli Sanctæ Mariæ in Cosmedin.

Ego And. diaconus cardinalis S. Theodori.

Ego Cynthius diaconus cardinalis S. Adriani.

Ego Hugo diaconus cardinalis S. Eustachii juxta templum Agrippæ.

Ego Petrus diaconus cardinalis Sanctæ Mariæ in Aquiro.

Datum Beneventi, per manum Gratiani S. R. E. subdiac. et notarii, VI Kal. Maii, indict. I, Incarn. Dominicæ 1168, pontificatus vero D. Alexandri papæ III, anno IX.

CDLXXX.

Ad Henricum regem Anglorum. — De Thoma archiepiscopo Cantuariensi in gratiam recipiendo illum hortatur.

(Beneventi.)

[*Epist. S. Thomæ*, ed. GILES, II, 126.]

ALEXANDER papa HENRICO regi Angliæ.

A regiæ sublimitatis memoria non credimus excidisse, quantum tibi super negotio venerabilis fratris Thomæ Cantuariensis archiepiscopi, utinam non contra justitiam, detulerimus. Et quomodo nos ei os sæpe clauserimus, ne in te, aut in regnum tuum, vel personas tui regni aliquam posset sententiam ferre, aut vos in modico aggravare, celsitudini tuæ incognitum non existit. Nunc autem sub ea spe et fiducia, quod omnipotens Dominus animum tuum circa jam dictum archiepiscopum mitigare debeat, et immensa sua clementia serenare, licet contra rigorem ecclesiasticum et justitiam etiam sustinuerimus, serenitatem tuam per apostolica scripta rogamus, monemus, et exhortamur in Domino, et tibi in remissionem omnium peccatorum tuorum injungimus, ut animum et voluntatem tuam vinci a Domino patiaris, nec contra Deum et salutem tuam pugnare velis, et suam adversus te indignationem, quod absit! merito commovere. Si autem præfati archiepiscopi personam, aut nostram etiam, qui licet immeriti in majori sumus officio constituti, diligentius considerare volueris, et ad tuam nobilitatem et magnificentiam comparare, non tibi guerram aut indignationem istam ad laudem et gloriam, sed ad dedecus potius poteris reputare, cum nullam ei reverentiam vel honorem propter nobilitatem vel magnitudinem suam, sed solummodo propter Deum exhibeas, et in eo ipsum Deum procul dubio venereris, eodem dicente : *Qui vos audit, me audit; et qui vos spernit, me spernit* (*Luc.* x). Quare si tuam in hac parte vinci duritiam et propositum patiaris, ad augmentum tibi et exaltationem proveniet, et Deus, cui te humiliaveris, personam tuam sine dubitatione aliqua exaltabit; et tam spiritualiter quam temporaliter patientiam et humilitatem tuam remunerare curabit, sicut tibi per venerabilem fratrem nostrum Bellicensem episcopum, et dilectum filium priorem Carthusiensem, latores præsentium, viros siquidem religiosos et Deum timentes, hæc et alia viva voce plenius significamus, volentes animi tui indignationem et motum blandis et lenibus a suo proposito revocare.

CDLXXXI.

Ad Thomam Cantuariensem archiepiscopum. — De Jocelino archiepiscopo Saresberiensi.

(Beneventi, Maii 11.)

[*Ibid.*, p. 16.]

ALEXANDER episcopus, servus servorum Dei, venerabili fratri THOMÆ, Cantuariensi archiepiscopo, salutem et apostolicam benedictionem.

Qualiter jam pridem venerabilem fratrem nostrum Jocelinum Saresberiensem episcopum dileximus, et quanta ipse devotione ac familiaritate etiam ante nostræ promotionis initia nobis astrictus adhæserit, et nos bene recolimus, et tuam credimus prudentiam non latere. Inter cætera siquidem nostræ ad eum specialis gratiæ et amoris indicia illud satis potes memoriter tenuisse, quomodo cum indignationem et iram regiam incurrisset, tuam pro eo fraternitatem sollicite satis et affectuose rogavimus, ut ad ipsius reconciliationem partes tuas efficaciter interponeres, et omne studium et operam, quam posses, diligenter impenderes. Quod quidem adeo diligenter et laudabiliter effecisti, quod per Dei gratiam et interventum nostrum, ac sollicitudinem et studium tuum pacem et gratiam regis obtinuit. Memores itaque et nostræ ad eum dilectionis et suæ ad nos devotionis et familiaritatis antiquæ, ipsum tibi duximus attentius commendandum, sinceritatem tuam, de qua omnino confidimus, per præsentia scripta rogantes propensius, monentes atque mandantes, quatenus ejus imbecillitati ac senectuti compatiens, et non tam ipsius ætati quam nostræ in eo deferens voluntati, simul etiam considerans, quod, sicut credimus et certis deprehendimus conjecturis, non suo spiritu ducitur, sed quadam ob metum principis contra animum suum necessitate premitur et urgetur, cum in patientiæ ac lenitatis spiritu benigne supportes, et usque ad discessum nuntiorum nostrorum, quos ad eumdem regem pro tua reconciliatione transmisimus, ipsum in nullo penitus graves, quemadmodum etiam de ipsius regis et aliorum ejusdem regni personis te interim volumus observare. Exinde vero si tibi et ecclesiæ tuæ, sicut desideramus pariter et speramus, pax fuerit auctore Domino restituta, eumdem episcopum pro reverentia beati Petri ac nostra, et sua suorumque devotione ac fidelitate, ex hoc in perpetuum plenius obtinenda, omni, si quem contra eum concepisti, rancore deposito diligas, manu teneas, et honores, et nec per te ipsum, nec per jam dictum regem, cujus iram frequenter expertus veretur plurimum ac formidat, ullam sibi molestiam irroges vel gravamen. Ipse ad pacem et reconciliationem tuam, tam per se quam per amicos, et consanguineos suos efficaciter laborare, et omnem ad hoc sollicitudinem et operam quam poterit, adhibere curabit, ut eo ipso gratiam nostram et benevolentiam tuam plenius mereatur et uberius assequatur. Cæterum si tibi, quod Deus avertat, sæpe dictus rex in sua duxerit obstinatione indurato animo persistendum, neque hac saltem vice in reconciliatione tua, et tuorum atque ecclesiæ tuæ pace, voluntati divinæ, admonitioni nostræ et honori suo deferre voluerit; extunc si in regnum et regni personas, tuæ jurisdictioni, aut metropolis aut legationis jure subditos ultionis debitæ severitatem duxeris exercendam, et tuas et ecclesiæ tuæ injurias, pontificali gravitate ac maturitate servata, prout expedire noveris, vindicandas; quia præfatum episcopum speciali, ut diximus, ab antiquo amoris præregativa diligimus, si cum eo ob reverentiam beati Petri ac nostram, in quantum cum Deo et honestate poteris, mitius egeris, gratum nobis facies omnimodo et acceptum. Pro decanatus vero Saresberiensis ecclesiæ concessione, quem ab ipso invito et renitente Joanni de Oxeneford ad vehementem regis instantiam concessum, imo magis extortum pro certo comperimus, tuam non debet indignationem vel malevolentiam incurrisse, cum et vis major absque dubio intervenerit, et nos etiam eidem Joanni decanatum ipsum, cum eum in nostris manibus refutasset, auctoritate nostra dederimus.

Datum Beneventi, v Idus Maii.

CDLXXXII.

Ad Thomam Cantuariensem archiepiscopum. — Suspensionem suæ commissionis apostolicæ revocat.

(Beneventi, Maii 19.)

[*Ibid.*, p. 24.]

ALEXANDER papa THOMÆ Cantuariensi archiepiscopo.

Ad discretionis tuæ notitiam credimus jam pervenisse, qualiter Henricus illustris rex Anglorum nobis nuntios direxerit, et quam dura et aspera, et quæ vestrum animum plurimum affligebant, per eos a nobis petierit, terribiles minas prætendens, nisi voluntati ejus condescenderemus. Nos vero, quia nondum Ecclesiæ persecutio cessavit, nec temporis serenitas adhuc vobis, sicut expediret, arrisit, impetum et ictum animi sui, etsi non exaudierimus petitiones suas, mitigare curavimus, et temperare, illo nempe timore perculsi, ne ad impediendam et disturbandam pacem ecclesiæ se, prout olim fecit, illi tyranno et flagitioso inimico ecclesiæ aliquo fœdere societatis adjungeret, vel materiam haberet ab ecclesia et nostra devotione recedendi. Inde est quod nos temporis malitiam attendentes, de communi fratrum nostrorum consilio, fraternitati tuæ sub certa quasi spe et fiducia, quod te in gratiam suam recipiat, et Cantuariensem Ecclesiam in tua libera dispositione dimittat, per apostolica scripta mandavimus, ut nec in ipsum, nec in personas regni, aut in regnum interdicti seu excommunicationis, vel suspensionis sententiam debeas promulgare, nisi alias nostras litteras receperes, in quibus, si idem rex nollet tibi gratiam suam reddere, facultatem habeas in eum et suos officium tuum exercendi. Quapropter quia tibi tanquam fratri charissimo, et ecclesiæ tuæ proprium honorem et libertatem cupimus omnibus modis conservare, nisi, quod speramus, et ei proposuimus, usque ad initium proximæ quadragesimæ effectui mancipaverit, sed in sua fuerit obstinatione induratus, tibi extunc auctoritatem tuam restituimus, ut tam in personas quam etiam in regnum, et in ipsum regem, si tibi et ecclesiæ tuæ congruere et expedire cognoveris, facultatem liberam habeas debitum officii tui, cessante omni appellationis obstaculo, exercendi, gravitate ac maturitate pontificali adhibita, quam convenit adhiberi.

Datum Beneventi, xiv Kal. Junii.

CDLXXXIII.

Ad universos episcopos Angliæ. — Contra investituras a laicis usurpatas.

(Beneventi, Maii 19.)

[*Ibid.*, p. 78.]

ALEXANDER papa universis episcopis Angliæ.

Ad audientiam nostram communi fama referente, et multorum etiam relatione pervenit, quod post instantem turbationem, quæ inter charissimum in Christo filium nostrum Henricum illustrem Anglorum regem, et venerabilem fratrem nostrum Thomam Cantuariensem archiepiscopum, exigentibus peccatis, emersit, quædam prava consuetudo in illis partibus inolevit, scilicet quod laici ecclesias et ecclesiastica beneficia solcant passim in regno Anglorum quibus vellent conferre, et auctoritate sua clericos investire. Unde quoniam id sanctorum Patrum institutionibus adeo cognoscitur contraire, ut danti et accipienti de manu laica sit anathema, et hoc in ecclesiasticæ libertatis perniciem non est dubium graviter redundare, nos universas donationes a laicis de ecclesiis quibuslibet hoc turbationis tempore quibuscunque factas auctoritate beati Petri ac nostra omnino cassamus, et irritas esse decernimus. Quapropter universitati vestræ per apostolica scripta præcipiendo mandamus, et in virtute obedientiæ injungimus, quatenus universos illos, qui ecclesias, præbendas, vel alia ecclesiastica beneficia ubicunque per Angliam de manu laica, et maxime hujus turbationis tempore susceperint, diligentius moneatis, et instantius exhortari curetis, quod ecclesias ipsas, præbendas, vel beneficia cum fructibus inde perceptis in manus vestras omni contradictione et appellatione cessante resignent, et eis ad quorum ordinationem jure ecclesiastico spectant, disponendas relinquant.

Quod si ad commonitionem nostram infra quadraginta dies post harum susceptionem non fecerint, vos eos auctoritate nostra, sublato appellationis remedio, cujuslibet timore, gratia et prohibitione postposita, excommunicationis sententia feriatis, et ab omnibus faciatis per parochias vestras sicut excommunicatos vitari, donec ecclesias præscriptas et alia beneficia ecclesiastica libere resignaverint illis, ad quorum donationem et ordinationem spectant, et in pace dimiserint, et de fructibus inde perceptis dignam ecclesiæ exhibuerint satisfactionem. Si autem in his exsequendis negligentes fueritis aut remissi, nos omnes illos, qui ecclesias vel cætera beneficia ecclesiastica præter assensum episcoporum, ad quos eorum donatio spectat, de manu laica, prout superius dictum est, suscepisse noscuntur, nisi præceptis nostris infra terminum præscriptum paruerint, excommunicationis sententiæ auctoritate, qua fungimur, decernimus subjacere: et eos sicut a nobis excommunicatos, præcipimus ab omnibus evitari.

Datum Beneventi, xiv Kalendas Junii.

CDLXXXIV.

Ad Joannem Cumin. — Ut quem invaserat archidiaconatum Bathoniensem Rogero episcopo Wigorniensi restituat.

(Beneventi, mense Maio?)

[*Ibid.*, p. 147.]

ALEXANDER papa Joanni CUMIN.

Mirabile gerimus, et grave plurimum ac omnino molestum habemus, quod tu, sicut jampridem nobis innotuit, Bathoniensem archidiaconatum laicali auctoritate tibi vindicare præsumpsisti, et eum venerabili fratri nostro Wigornensi episcopo, in magistro Baldwino, cui ipsum, Roberto quondam Bathoniensi episcopo adhuc vivente, scripti nostri munimine confirmavimus, non timuisti auferre. Unde quoniam excessum hujusmodi, sicut non debemus, sub silentio nolumus præterire, dilectioni tuæ per apostolica scripta mandamus, et in virtute obedientiæ injungimus, quatenus memorato episcopo præscriptum archidiaconatum cum universis inde perceptis, omni appellatione et contradictione cessante, resignes, et ipsum eumdem in pace permittas et quiete habere, et ei super hoc nullam molestiam, vel per te vel per alium inferas, aut ejus possessionem impedire præsumas. Si autem nostrum in hac parte præceptum infra viginti dies post harum susceptionem adimplere neglexeris, noveris nos præfato episcopo in mandatis dedisse, ut te sublato appellationis remedio denuntiet excommunicatum. Quod si ipse hoc forte nollet efficere, venerabili fratri nostro Cantuariensi archiepiscopo mandavimus, ut personam tuam nullius appellatione admissa excommunicationis sententiæ denuntiet esse subjectam, et ab omnibus faciat usque ad condignam satisfactionem sicut excommunicatam vitari. Nos etiam te ab omnibus episcopis Angliæ pro excommunicato præcipiemus haberi.

CDLXXXV.

Ad Thomam Cantuariensem archiepiscopum. — Ut Girardum Puellam ab ea qua tenetur sententia absolvat.

(Beneventi, Maii 20.)

[*Ibid.*, p. 14.]

ALEXANDER papa THOMÆ Cantuariensi archiepiscopo.

Significatum est nobis, et ex parte tua monstratum, quod Girardus Puella, suum recognoscens excessum, ad obedientiam et mandatum nostrum velit redire, et schismaticæ pravitati omnimodis renuntiare. Unde quoniam ejus semper debemus imitatores existere, qui ovem centesimam relictis nonaginta novem in deserto propriis humeris reportavit, fraternitati tuæ per apostolica scripta mandamus, quatenus si jam dictus Girardus ad nostram et Ecclesiæ devotionem voluerit, sicut nobis est significatum, redire, ipsum exhibito secundum formam, quam tibi præscribimus juramento, recipias, et eumdem ab ea, qua tenetur, sententia vice nostra absolvas. Ita tamen quod beneficium sibi a schismaticis collatum nullo modo debeat retinere, nisi forte ecclesia, in qua illud habet, postquam ad nostram fuerit, et Ecclesiæ Romanæ devotionem conversus, hoc sibi conferre voluerit.

Data Beneventi, XIII Kalendas Junii.

CDLXXXVI.

Ad Ludovicum regem Francorum. Pro Girardo Puella.

(Beneventi, Maii 20.)

[*Ibid.*, p. 138.]

ALEXANDER papa LUDOVICO regi Franciæ.

Significatum est nobis, quod Girardus Puella, suum recognoscens excessum, schismaticæ pravitatis errori velit omnimodis abrenuntiare, et ad mandatum nostrum, et venerabilis fratris nostri Thomæ Cantuariensis archiepiscopi Domino suo redire. Unde quoniam ad nostrum spectat officium cum delinquentibus misericorditer agere, et judicio misericordiam anteferre, serenitatem tuam per apostolica scripta rogamus attentius et monemus, quatenus si memoratus Girardus ad nostram, et ecclesiæ, et archiepiscopi sui obedientiam reverti voluerit, et excessum suum digna pœnitentia recognoscere, ipsum in terram tuam sine alicujus indignationis rancore cum gratia tua venire permittas, et in regno tuo, sicut consueverat, permanere.

Datum Beneventi, XIII Kalendas Junii.

CDLXXXVII.

Ad Henricum regem Anglorum. — Dolet illum cum Thoma archiepiscopo Cantuariensi in gratiam nondum rediisse.

(Beneventi, Maii 22.)

[*Ibid.*, p. 130.]

ALEXANDER papa charissimo in Christo filio HENRICO regi Angliæ.

Quam paterne et quam benigne regiam sæpius excellentiam convenerimus, et per litteras ac nuntios frequenter exhortati fuerimus, ut venerabilem fratrem nostrum Thomam Cantuariensem archiepiscopum reconciliare tibi deberes, et sibi ac suis ecclesias cum cæteris ablatis restituere, sublimitatis tuæ prudentia non ignorat, cum id fere toti Christianitati publicum ac manifestum existat. Unde quoniam in hoc hucusque minime proficere potuimus, nec animi tui motum blandis et lenibus emollire, tristes et dolentes efficimur. Et nos spe et fiducia nostra frustrari dolemus, præsertim cum te, sicut filium charissimum, sincerius diligamus in Domino, cui in hoc grave periculum imminere videmus. Et quoniam scriptum est: *Clama, ne cesses, quasi tuba exalta vocem tuam, et annuntia populo meo scelera corum* (*Isa.* LVIII); et alibi: *Nisi annuntiaveris impio im-*

pietatem suam, sanguinem ipsius de manu tua requiram (*Ezech.* III); et alias per Salomonem : piger homo de stercore boum lapidari jubetur, duritiam tuam, sicut hactenus, contra justitiam et salutem nostram non duximus ulterius supportandam. Nec præfato archiepiscopo os de cætero aliqua ratione claudemus, quin officii sui debitum prosequatur libere, et suam et ecclesiæ sibi commissæ injuriam ecclesiasticæ severitatis gladio ulciscatur. Quæ autem in litteris tam de his quam de aliis minus contineri noscuntur, dilecti filii nostri, prior de Monte Dei, et frater Bernardus de Corilo, viri siquidem plus Domini quam hominis faciem reverentes, serenitati tuæ latius viva voce proponent, quorum admonitioni ille, cui servire regnare est, et in cujus manu corda regum consistunt, animum tuum et voluntatem inclinet, ut flecti potius velis, quam contra Deum et salutem tuam in tantæ obstinationis proposito diutius permanere. Quod si nos in illis nec sic audire volueris, ea quæ tibi ex parte nostra proposuerint, procul dubio ventura poteris formidare.

Datum Beneventi, XI Kalendas Junii

CDLXXXVIII.

Ad Simonem priorem de Monte Dei et Bernardum de Corilo. — Pro Thoma Cantuariensi archiepiscopo.

Beneventi, Maii 25.)

[*Ibid.*, p. 113.]

ALEXANDER papa SIMONI priori de Monte Dei, et Bernardo DE CORILO.

Ad vestræ dilectionis notitiam volumus pervenire, quod nos charissimum in Christo filium nostrum Henricum illustrem Anglorum regem, per nuntios et litteras benigne ac paterne sæpe et sæpe commonuimus, ut venerabilem fratrem nostrum, Thomam Cantuariensem archiepiscopum in gratiam et amorem suum reciperet, et ipsum ad sedem suam et commissam sibi ecclesiam revocaret. Quem utique sub spe et fiducia, quod animum et voluntatem suam circa jam dictum archiepiscopum mitigare deberet, hactenus sustinuimus. Verum quoniam apud eum in his huc usque proficere minime potuimus, unde tristes sumus et dolentes effecti, eumdem adhuc per vos, quos magis Deum quam faciem hominis et credimus et novimus revereri, sicut filium, cujus correctionem toto cordis affectu optamus, paterne duximus admonendum.

Inde siquidem est, quod dilectioni vestræ per apostolica scripta præcipiendo mandamus, et in virtute obedientiæ injungimus, quatenus in unum convenientes, ad præfatum regem infra duos menses post harum susceptionem, si citra mare fuerit, omni excusatione et contradictione cessante, insimul accedatis, et eumdem commonere diligentius et instantius exhortari curetis, et ipsi etiam ex parte Dei et nostra, in omnium delictorum suorum veniam injungatis, quod memoratum sibi archiepiscopum reconciliet, et omni indignatione et rancore semoto eumdem in gratiam et amorem suum recipiat, et illum ad commissam sibi ecclesiam non differat revocare, considerans diligentius et attendens, quam periculosum sit et tam animæ quam corpori perniciosum, contra Deum et ecclesiam suam pugnare, sicut in universalis Ecclesiæ inimicis poterit evidenter agnoscere, si qualiter eos omnipotens Dominus justo suo judicio humiliaverit, et vires ipsorum, in quibus maxime confidebant, hoc anno enervare curaverit, ad animum voluerit sollicite revocare. Non enim sibi ad ignominiam vel infamiam debet aliquam reputare, si suam in hac parte vinci voluntatem et animum patiatur, et se Deo ac Creatori suo humiliet, qui eum, si hoc fecerit, procul dubio exaltabit. Hæc siquidem sibi et alia, quæ magis expedire noveritis, studiosius et sæpius sine dubitatione aliqua proponentes, litteras nostras commonitorias eidem tradatis, et commonitionem vestram in spiritu fortitudinis et lenitatis adjungere studeatis.

Quod si vos nec sic audire voluerit, sed in sua potius duritia et obstinatione duxerit persistendum, eidem litteras nostras comminatorias porrigatis, et ex parte nostra constanter addentes, quod nos prænominato archiepiscopo os de cætero nulla ratione claudemus, nec ipsi, nisi idem rex ante initium proximæ quadragesimæ, quæ jam quasi instare videtur, ea quæ superius diximus, adimplere voluerit, ulterius inhibitionem aliquam faciemus, quin suas et ecclesiæ sibi commissæ, nec non et suorum injurias ecclesiasticæ severitatis gladio pro sui officii debito gravius ulciscatur. Non enim credere debet aut in mente habere, quin dormiens Dominus aliquando excitetur : et quod beati Petri gladium ita rubigo consumpserit, quin educi valeat, et vindictam debitam exercere. Volumus autem, ut hæc, sicut prædiximus, diligentius exsequamini, nisi venerabilis frater noster Bellicensis episcopus, et dilectus filius prior Carthusiensis, ea prout illis mandavimus exsequantur.

Datum Beneventi, VIII Kal. Junii.

CDLXXXIX.

Ad Rogerum Wigorniensem episcopum. — Ut ad Ecclesiam suam redeat. De nuntiis ad Henricum regem missis.

(Beneventi, mense Maio ?)

[*Ibid.*, p. 107.]

Omnino nobis placeret, et tuæ saluti omnimodis expediret, ut ad commissam tibi ecclesiam remeares, si ibidem officium tuum libere poteris exercere. Verum si te ibidem ad pravas illas consuetudines, quas Deus, et Ecclesia, et nos omnino damnavimus, observandas, vel ad aliud te cogendum inconveniens formidas, nulla ratione consulimus, ut pedem in compedem ponas, aut te in carcerem aliquo modo intrudas. Nos autem, sicut novisti, regem in patientia, sicut decuit, et in humilitate vincere cupientes, ei hactenus multum detulimus, de misericordia Christi sperantes, quod ille, in cujus manu corda sunt regum, voluntatem et animum ejus mitigare deberet, et ad suum placitum inclinare. Unde quoniam nobis in his hucusque aliter, quam credebamus, evenit, nos eum hac vice per nuntios nostros duximus sollicitandum, sicut ex aliis litteris, quas tibi transmisimus, cognitioni tuae plenius innotescet. Quod si nos hac vice audire noluerit, pro certo cognoscas, quod nos eum de caetero non sustinebimus, nec venerabili fratri nostro clausimus vel claudemus, aut ei aliquo modo potestatem suam adimemus, quominus officium suum libere valeat exercere. Scire namque te volumus, et certa cognitione tenere, quod nos ei in ecclesiae suae libertate et justitia manutenenda, quandiu vitalis spiritus in corpore nostro mansionem habuerit, nulla ratione deerimus. Sed ei potius in his consilium et auxilium, in quibus honeste poterimus, efficaciter ministrabimus. Et si ipse negligens aut remissus existeret, nos auctoritatem beati Petri et nostram procul dubio apponeremus. Quare constanter et viriliter agas, et non modicum in Domino conforteris, certo certius habens, quod ex quo misericors et miserator Dominus universalis Ecclesiae negotium in tantum solita clementia jam respexit, quod schismaticus jam fere nullus remansit, in ipsius ecclesiae membris diu non poterunt scandala permanere.

CDXC.

Ad Thomam Cantuariensem archiepiscopum. — Cum Henrico rege paterne et benigne agendum.

(Beneventi ?)
[*Ibid.*, p. 25.]

ALEXANDER papa, THOMAE Cantuariensi archiepiscopo.

Ex litteris tuis te vehementer commotum et turbatum esse accepimus, eo quod tibi, sicut deceret et velles, non assistamus, et quod illustris rex Anglorum tibi occasione litterarum, quas ei transmisimus, incessanter insultet, et a tua se glorietur jurisdictione subtractum. Verum si tenorem litterarum a principio usque ad finem legi fecisset, nihil profecto in eis reperiret, unde nobis aut tibi posset merito insultare. Quoniam igitur Ecclesia Romana in consuetudine habet, potius in observanda maturitate incommodum plerumque perferre quam in quibuslibet negotiis praecipitanter procedere, quod eumdem regem tam longa exspectatione sustinuimus, ipsum nuntiis et litteris a proposito suo paterne et benigne revocare volentes, et ejus impatientiam et duritiam mansuetudinis dulcedine emollire, non turbetur nec moveatur fraternitas tua, quia fervor charitatis et dilectionis, quam circa personam tuam habuimus, in nullo tepuit vel exstat remissus, sed de die in diem magis ac magis accrescit. Semper enim in proposito habemus honorem, et dignitatem, et jura tua, et ecclesiae, cui Deo auctore praesides, diligenti sollicitudine manutenere et conservare, et quod tibi concessimus, nullatenus mutavimus, nec Deo praestante mutabimus, et in die tibi concessa potestatem tuam libere sine appellationis remedio exercere tibi plenam concedimus facultatem. Volumus autem ab illis religiosis, per quos praefatum regem litteris nostris monuimus, responsum recipere.

CDXCI.

Ad Ludovicum regem Francorum. — Ejusdem argumenti.

(Beneventi ?)
[*Ibid.*, p. 141.]

ALEXANDER papa, LUDOVICO regi Francorum.

Regiae serenitatis clementiam motam admodum et turbatam esse accepimus, eo quod venerabili fratri nostro Thomae Cantuariensi archiepiscopo juxta votum et desiderium suum, et prout necessitas exigit, non assistamus, et quod illustris rex Anglorum illi, occasione litterarum, quas illi transmisimus, incessanter insultans, ab ejus glorietur se jurisdictione subtractum. Verum si tenor ipsarum litterarum a principio usque ad finem diligenter in audientia proborum recitaretur, nihil profecto in eis quis posset deprehendere, quod insultandi materiam vel occasionem praestaret. Caeterum si petitioni praedicti regis quandoque annuimus, et ejus visi sumus voluntati favere, more periti medici fecimus, qui aegro, de cujus salute desperat, contraria, quaecunque appetit, tribuit, tentans ipsum, qualitercunque potest, ad sanitatem revocare. Aegro vero, quem se posse curare confidit, et quem affectuosius diligit, omnia nociva instantissime postulanti ministrare recusat. Quapropter cum consuetudinis sit Romanae Ecclesiae potius in servanda maturitate plerumque damnum et jacturam incurrere, quam in praecipitatione peccare, tua non miretur, nec moveatur serenitas, quod praedictum regem tam longa exspectatione sustinuimus, volentes eum in benignitatis et mansuetudinis dulcedine a suo revocare proposito, et ejus duritiam emollire. Non enim fervor charitatis et dilectionis, quam circa eumdem archiepiscopum habuimus, in aliquo tepuit vel exstat remissus, sed de die in diem magis ac magis accrescit. Et semper in proposito et voluntate habemus ei honorem et dignitatem, et jura sua et ecclesiae sibi commissae manutenere propensius, et diligenti sollicitudine pro nostri officii debito conservare. Nec etiam quod sibi concessimus, in quoquam mutavimus, nec auctore Domino mutabimus, quin imo in die sibi concessa ei liberam potestatem concedimus officium suum absque appellationis remedio et contradictionis obstaculo exercendi. Volumus tamen ut ab illis religiosis, per quos praefatum regem nostris litteris commonere curavimus, responsum recipiamus.

CDXCII.
Privilegium pro monasterio S. Sylvestri de Nonantula.
(Beneventi, Jun. 9.)

[TIRABOSCHI, *Storia di Nonantola*, II, p. 284.]

ALEXANDER episcopus, servus servorum Dei, dilectis filiis ALBERTO abbati monasterii S. Sylvestri de Nonantula, ejusque fratribus, tam præsentibus quam futuris, regularem vitam professis, in perpetuum, salutem et apostolicam benedictionem.

Apostolicæ sedis auctoritate debitoque compellimur pro universarum Ecclesiarum statu satagere et earum quieti quæ specialius eidem sedi adhærent, auxiliante Domino salubriter providere (86). Eapropter, dilecti in Domino filii, vestris justis postulationibus benignitate debita duximus annuendum, et præfatum Nonantulanum B. Sylvestri monasterium, cui, auctore Deo, divino estis obsequio mancipati, quod utique ab Astulpho Longobardorum rege ejusdem loci fundatore beato Petro oblatum est, prædecessorum nostrorum felicis memoriæ Leonis, Alexandri, Paschalis, Calixti, Innocentii, Eugenii et Anastasii Romanorum pontificum vestigiis inhærentes, sub B. Petri et nostra protectione suscipimus et apostolicæ sedis privilegio communimus, in primis siquidem statuentes ut ordo monasticus qui secundum Deum et B. Benedicti Regulam in eodem monasterio institutus esse dignoscitur perpetuis ibidem temporibus inviolabiliter observetur. Præterea quascunque possessiones, quæcunque bona idem monasterium impræsentiarum juste et canonice possidet, aut in futurum concessione pontificum, largitione regum vel principum, oblatione fidelium, seu aliis justis modis, præstante Domino, poterit adipisci, firma vobis vestrisque successoribus et illibata permaneant; in quibus hæc propriis duximus exprimenda vocabulis:

Ipsum videlicet castellanum Nonantulanum; castellum vetus et ecclesiam cum capellis suis, Gallianum, Catilianum, Fananum et ecclesiam cum capellis suis; Lisanum, Silopanum, et ecclesiam cum capellis suis; Samonum Campilium, Maranum, montem Oliveti, pratum Albini, monasterium S. Luciæ cum ecclesiis et pertinentiis suis, ecclesiam SS. Trinitatis de Somogia, Manzulium, Tavialum, Rastellinum, Sanctam Mariam in Grumulo, Spinam Lamberti, Solariam, Roncaliam et ecclesiam cum capellis suis, Camuranam et ecclesiam cum capellis suis, Curtiolam et ecclesiam cum capellis suis, Siccum, castellum Pellavi, Trecentulam et ecclesiam cum capellis suis, Bondenum, Nogariam, castellum, cellulam et Marchaliam cum pertinentiis corum. Præterea castrum cellulæ, curtem Ragusæ et castellum Tedaldi cum omnibus allodiis quæ in comitatu Ferrariensi Bonifacius marchio acquisita possedit, vestro in perpetuum monasterio confirmamus, quæ comitissa Mathildis de oblatione quam sancto Petro et Romanæ Ecclesiæ dederat, vobis olim dedisse cognoscitur sub censu, scilicet unius aurei annuo. In Papiensi civitate ecclesiam Sancti Quilici, in Placentina ecclesiam S. Sylvestri, ecclesiam S. Crucis et ecclesiam S. Benedicti in Parmensi; ecclesiam S. Sylvestri in suburbio Vincentiæ, cellam S. Sylvestri et cellam S. Mariæ in Fabrica; in Libertino ecclesiam S. Sylvestri; in monte Silice ecclesiam S. Danielis, cum omnibus ad eam pertinentibus; in suburbio Paduæ ecclesiam S. Leonardi, a bonæ memoriæ Belino Paduano episcopo canonice vobis concessam; in Tervisina civitate ecclesiam S. Mariæ et S. Fuscæ cum libertate et capellis et omnibus ad eam pertinentibus.

Sane nec Mutinensi omnino nec alicui cuicunque episcoporum vel principum, seu alicui ecclesiasticæ sæcularive personæ liceat supradicto monasterio aut ejus cellis vel ecclesiis, aut isve possessionibus gravamen inferre, exactiones imponere, placitum atque colloquium præter abbatis ac fratrum voluntatem indicare vel tenere. Sepulturam quoque ipsius monasterii liberam esse concedimus, ut eorum devotioni ac extremæ voluntati, qui se illic sepeliri deliberaverint, nisi forte excommunicati vel interdicti sint, nullus obsistat, salva justitia illarum ecclesiarum a quibus mortuorum corpora assumuntur.

Obeunte vero te nunc ejusdem loci abbate, vel tuorum quolibet successorum, nullus ibi qualibet subreptionis astutia vel violentia præponatur, nisi quem fratres communi consensu, vel fratrum pars consilii sanioris, secundum Dei timorem et B. Benedicti Regulam providerint eligendum, qui nimirum ad apostolicæ sedis præsulem consecrandus accedat. Chrisma vero, oleum sanctum, consecrationes altarium seu basilicarum, ordinationes monachorum, qui ad sacros ordines fuerint promovendi, sive clericorum ejusdem monasterii cellis vel ecclesiis pertinentium, a quo malueritis catholico suscipiatis episcopo, siquidem gratiam et communionem sedis apostolicæ habuerit, et si ea gratis ac sine pravitate exhibere voluerit. Non enim episcoporum cuiquam permittimus invito abbate in monasterio vestro missas publicas celebrare, vel earum decimas vindicare, nec de ipso monasterio vel ejus rebus rescriptum subripere, aut quolibet modo impetrare cuique personæ facultas sit. Quod si forte præsumptum fuerit, irritum penitus habeatur. Nec episcopis facultas sit monasterii vestri clericos sine tui consensus deliberatione interdictionis aut excommunicationis sententia coercere. Porro illa dignitatis insignia quibus prædecessores tui inter missarum solemnia uti noscuntur, nos personæ tuæ ex apostolicæ sedis benignitate concedimus, ut videlicet in diebus solemnibus ad missarum officia celebranda, dalmatica, mitra, chirothe-

---

(86) Hoc privilegium postea confirmavit Cœlestinus III papa. Vide *Patrologiæ* tom. CCVI in Cœlestino III.

cis, et sandaliis induaris. Ad hæc adjicientes decernimus ut nulli omnino hominum fas sit præfatum monasterium temere perturbare, aut ejus possessiones auferre, vel ablatas retinere, aut injuste datas suis usibus vindicare, minuere, seu temerariis vexationibus fatigare; sed omnia integra conserventur eorum pro quorum gubernatione et sustentatione concessa sunt, usibus omnimodis profutura, ut in omnibus semper apostolicæ sedis cujus est proprium munimine ac protectione congaudeat, salva ejusdem sanctæ sedis apostolicæ auctoritate. Si qua igitur in futurum ecclesiastica, sæcularisve persona, hanc nostræ constitutionis paginam sciens, etc.

Sig. Alex. PP. III.

Ego Alexander catholicæ Ecclesiæ episcopus.

Ego Hubaldus Ostiensis episcopus.

Ego Bernardus Portuensis et S. Rufinæ episcopus.

Ego Joannes presbyt. card. tit. SS. Joannis et Pauli tit. Pammachii.

Ego Joannes presb. card. tit. S. Anastasiæ.

Ego Theodinus presbyt. card. S. Vitalis tit. Vestinæ.

Ego Hyacinthus diac. card. S. Mariæ in Cosmedin.

Ego Ardicio diac. card. S. Theodori.

Ego Cinthius diac. card. S. Adriani.

Ego Manfredus diac. card. S. Georgii ad Velum Aureum.

Ego Hugo diac. card. S. Eustachii juxta templum Agrippæ.

Ego Petrus diac. card. S. Mariæ in Aquiro.

Datum Beneventi per manum Gratiani, S. Romanæ Ecclesiæ subdiaconi et notarii, v Idus Junii, indictione I, Incarnationis Dominicæ anno 1168, pontificatus vero domni Alexandri papæ III anno VIII.

CDXCIII.
Monasterii Nonantulani libertatem confirmat.
(Beneventi, Jun. 9.)
[*Ibid.*]

ALEXANDER episcopus, servus servorum Dei, dilectis filiis ALBERTO abbati et fratribus monasterii S. Sylvestri de Nonantula, salutem et apostolicam benedictionem.

Ea quæ auctoritate apostolicæ sedis fine congruo terminantur, nullius debet præsumptio infringere, quominus proprium robur obtineant firmitatis. Cum igitur olim inter Nonantulanos et Mutinenses multæ simultates et guerræ fuerunt, tandem pro bono pacis inter utriusque loci habitatores hujusmodi conventio est stabilita, ut videlicet Mutinensis episcopus ecclesiam Castri veteris cum capellis suis, ecclesiam Sclopani cum capellis suis, ecclesiam Fanani cum capellis suis, ecclesiam Camuranæ cum capellis suis, ecclesiam Trecentulæ cum capellis suis, et ecclesiam Cortiolæ cum capellis suis rogatu abbatis Nonantulani consecrare deberet, et carum clericos promovere. Post hæc vero pace a Mutinensibus non servata, Ribaldus Mutinensis episcopus, inconsulto et invito abbate, unam de supradictis ecclesiis per violentiam consecravit, pro quo facto bonæ memoriæ Ildebrandus quondam abbas prædicti monasterii ad concilium veniens, quod felicis recordationis prædecessor noster Innocentius papa in Lateranensi basilica celebravit, adversus eumdem episcopum in antecessoris nostri præsentia querimoniam deposuit. Qui nimirum ante ipsos et fratres suos constitutus, cum super objectis se defendere non valeret, hujusmodi sententiam subiit. Cum enim pactum illud contra multorum Romanorum pontificum privilegia monasterio Nonantulano indulta factum esse constabat, prædictus antecessor noster id ipsum viribus carere decrevit, et prorsus in irritum duxit, eidem Mutinensi episcopo præcipiens, ne quid simile ulterius tractare præsumeret, quin potius vestrum monasterium semper et ubique concessa sibi quiete permitteret perfrui libertate. Nos igitur ejusdem antecessoris nostri vestigia subsequentes præscriptam sententiam auctoritate apostolica confirmamus et præsentis scripti patrocinio communimus, statuentes ut nulli omnino hominum liceat vos et successores vestros super his ullatenus infestare, vel hanc nostræ confirmationis paginam infringere, vel mutare, aut aliquam exinde vobis contrarietatem inferre. Si quis autem usu temerario id attentare præsumpserit, nisi reatum suum congrue emendaverit, indignationem omnipotentis Dei et beatorum Petri et Pauli apostolorum ejus incurrat, et excommunicationi subjaceat. Cunctis autem, etc.

Bene valete.

(*Sig. Alexand. III.*)

Ego Alexander catholicæ Ecclesiæ episcopus

Ego Hubaldus Ostiensis episcopus.

Ego Bernardus Portuensis et S. Rufinæ episcopus.

Ego Hubaldus presb. card. tit. S. Crucis in Jerusalem.

Ego Joannes presb. card. SS. Joannis et Pauli tit. Pammachii.

Ego Joannes presb. card. tit. S. Anastasiæ.

Ego Boso presb. card. S. Pudentianæ tit. Pastoris.

Ego Theodinus presb. card. S. Vitalis tit. Vestinæ.

Ego Jacintus diac. card. S. Mariæ in Cosmedin.

Ego Ardicio diac. card. S. Theodori.

Ego Cinthius diac. card. S. Adriani.

Ego Manfredus diac. card. S. Georgii ad Velum Aureum.

Ego Hugo diac. card. S. Eustachii juxta templum Agrippæ.

Ego Petrus diac. card. S. Mariæ in Aquiro.

Datum Beneventi per manum Gratiani, S. Romanæ Ecclesiæ subdiaconi et notarii, v Idus Junii, indict.............. 1168, pontificatus vero domni Alexandri papæ III anno VIII.

CDXCIV.
Ad monachos Sancti Prosperi Regiensis. — *Ut Guidonem abbatem dilapidati monasterii reum ab officio removeant.*

(Beneventi, Jun. 12.)
[MURATORI, *Antiq. Ital.*, VI, 225.]

ALEXANDER episcopus, servus servorum Dei, venerabilibus..... Regini episcopatus, dilectis filiis Gand. Grat. Jo. Hard. et cæteris monachis catholicis Sancti Prosperi.

[Ad noti] tiam nostram pervenit, et ex litteris vestris, filii monachi, id ipsum accepimus, quod Guido abbas..... bona monasterii dilapidavit : quod ibi necessaria nullatenus habeatis, sed ad jacturam fere omnem et indigentiam, per ejus injuriam et insolentiam, idem monasterium dicitur devenisse. Cujus perv..... in tantum modum excessit, ut tectum monasterii, quod plumbeum erat, eruisse dicatur, et in gulæ voracitate illius pretium dissipasse. Accedit ad hoc, quod prius damnatæ memoriæ Octaviano heresiarchæ, et demum Guidoni Cremando illud nefandissimum præstitit juramentum. Qui non solus peccare voluit, sed alios in præcipitium trahere non formidavit. Unde, quoniam tam graves et tam enormes excessus nolumus sub silentio præterire, discretioni vestræ per apostolica scripta mandamus, quatenus si res ita se habet, prout est nostris auribus intimatum, memoratum abbatem a præscripto monasterio, omni occasione, et appellatione postposita, removeatis, et in aliam personam idoneam et honestam convenire curetis, et eam vobis in Patrem et pastorem concorditer eligatis.

Datum Beneventi, II Idus Junii.

CDXCV.
Privilegium pro Joanne Catanensi episcopo.

(Beneventi, Jul. 26.)
[PIRRI, *Sicilia sacra*, I, 530.]

ALEXANDER episcopus, servus servorum Dei, venerabili fratri JOANNI Catanensi episcopo et abbati ejusque successoribus canonice instituendis in posterum.

Sicut beatissimi Patris et doctoris elegantissimi Gregorii primi veridicis scriptis edocemur, constat Catanensem, ubi B. Agatha orta et passa est civitatem episcopalis dignitatis antiquitus gloria floruisse. Capta autem a Saracenorum populis Siciliæ insula, ibi et per alias universæ provinciæ civitates episcopalis gloria periit et Christianæ fidei dignitas interiit. Post vero fere annos quadringentos (*vix* 500) divina populum suum respiciente clementia per strenuissimum comitem Rogerium Christianorum juri eadem est insula restituta. Porro idem egregius comes Rogerius Romanæ Ecclesiæ devotissimus filius ubique urbium antiquæ dignitatis anhelans pro tempore gloriam reformare, Beatæ Agathæ matrem ecclesiam Cataniæ sitam monasterium fore disposuit, quatenus illic fratres Dei pro servitiis insistentes pro illius salute, pro uxoris defunctæ et militum animabus, qui eamdem terram Christianorum ditioni suo sanguine recuperaverant, Omnipotentis misericordiam implorarent. Quapropter piæ recordationis Urbanus papa tanti viri devotionem attendens, electum quem idem comes ei transmiserat, benedixit in abbatem ut postmodum prærogativa floreret et quicunque ibidem a monachis electus fuerit in abbatem idem populo præesse debeat in antistitem. Nos igitur ejusdem antecessoris nostri vestigia subsecuti, te frater episcope Joannes, de nostris, licet indignis, tanquam de B. Petri manibus consecratum et eamdem ecclesiam sub B. Petri et nostra protectione suscipimus, et præsentis scripti privilegio munimus, statuentes ut quemadmodum ab eodem antecessore nostro institutum est, ibidem utraque dignitas, abbatis videlicet et episcopi, in una et eadem persona conservetur, et electi a monachis ejusdem loci a Romano pontifice benedicantur et consecrentur, et nulli nisi Romano pontifici sit ipsa ecclesia subjecta. Præterea quascunque possessiones, quæcunque bona eadem ecclesia ex donatione prædicti comitis et hæredum ejus impræsentiarum juste et canonice possidet, aut in futurum concessione pontificum, largitione regum vel principum, oblatione fidelium, seu aliis justis modis, præstante Domino, poterit adipisci, firma vobis vestrisque successoribus et illibata permaneant, in quibus hæc propriis duximus exprimenda vocabulis.

Civitatem Catanensem cum omnibus pertinentiis et tenimentis suis, castrum Sanctæ Anastasiæ cum possessionibus et pertinentiis suis, villam Mascalarum cum omnibus pertinentiis suis, ecclesias Adernionis cum pertinentiis suis, ecclesias Judith [*potius* Jacium] cum pertinentiis suis, ecclesias Centurbæ cum pertinentiis suis, ecclesias castri Joannis cum pertinentiis, et ecclesias omnium illarum terrarum quæ pertinent ad ipsum castellum, usque ad flumen Salsum, quod currit inter castrum Joannis et Aggrigentinam civitatem, et usque ad fines Traginensis civitatis, et ex aliis partibus ubique sicut dividitur a pertinentiis aliorum castrorum et civitatum. Libertates quoque a memorato comite ecclesiæ tuæ juste concessas, tibique tuisque successoribus nihilominus auctoritate apostolica confirmamus. Pallium quoque fraternitati tuæ nihilominus ex apostolicæ sedi liberalitate duximus concedendum, quo sollicitudo tua his diebus solemnibus qui inferius subnotantur in missarum celebratione utetur, scilicet Nativitatis Domini, S. Stephani, Epiphaniæ, Ypapanton, Cœnæ Domini et Resurrectionis, Ascensionis, Pentecostes, tribus solemnitatibus B. Mariæ, Nativitatis S. Joannis Baptistæ, festivitatibus apostolorum Petri et Pauli, commemoratione Omnium Sanctorum, festivitate beatæ Agathæ, et S. Leonis, et S. Eupuli martyris. In consecratione ecclesiarum, presbyterorum, diaconorum, et anniversario consecrationis tuæ die. **Tota ergo** mente fraternitas tua se exhibere festinet in prosperis humilem, et in adversis, si quando eveniunt cum justitia et etiam amicum bonis, adversis contrarium, misericordiæ operibus juxta virtutem substantiæ insistens, et tamen insistere supra virtutem etiam cupiens. Hæc est, frater charissime, pallii accepti dignitas, quam si sollicite servaveris quod foris concepisse ostendis, intus habebis.

Decernimus ergo ut nulli omnino hominum liceat præfatam ecclesiam temere perturbare aut ejus possessiones auferre, vel ablatas retinere, minuere, seu quibuslibet molestiis fatigare, sed omnia integra conserventur eorum, pro quorum gubernatione et sustentatione concessa sunt, usibus omnimodis profutura, salva sedis apostolicæ auctoritate. Si qua igitur in futurum, etc.

Ego Alexander catholicæ Ecclesiæ episcopus.
Ego Ubaldus Ostiensis episcopus.
Ego Bernardus Portuensis et Sanctæ Rufinæ episcopus.
Ego Conradus Moguntinus archiepiscopus et Sabinensis episcopus.
Ego Ubaldus presb. card. Sanctæ Crucis in Jerusalem.
Ego Joannes presb. card. tit. S. Anastasiæ.
Ego Boso presb. card. S. Pudentianæ tit. Pastoris.
Ego Theodinus presb. card. S. Vitalis tit. Vestinæ.
Ego Jacinthus diacon. card. S. Mariæ in Cosmedin.
Ego Arditio diac. card. S. Theodori.
Ego Chanchiris diac. card. S. Adriani.
Ego Manfredus diac. card. S. Georgii ad Velum Aureum.
Ego Ugo diac. card. S. Eustachii juxta templum Agrippæ.
Ego Vitellius diac. card. SS. Sergii et Bacchi.

Datum Beneventi, per manum Gratiani sanctæ Romanæ Ecclesiæ subdiaconi et notarii, vii Kal. Augusti, ind. prima, Incarn. Domini anno 1168, pontificatus vero domni Alexandri papæ III anno ix.

CDXCVI.

Ad Suessionensem, Ambianensem et Laudunensem episcopos. — Pro Constantia comitissa S. Ægidii, contra comitem Boloniæ de dotalitio suo.

(Beneventi, Aug. 27.)

[MARTEN., *Ampl. Collect.*, II, 753.]

ALEXANDER episcopus, servus servorum Dei, venerabilibus fratribus Suessionensi (87), Ambianensi (88), et Laudunensi (89) episcopis, salutem et apostolicam benedictionem.

Dilecta in Christo filia nostra nobilis mulier C. comitissa S. Ægidii, soror charissimi in Christo filii nostri L. illustris Francorum regis, transmissa

(87) Hugoni de Chamfleuri.
(88) Roberto.
(89) Galterio.
(90) Regis Angliæ scilicet, cujus filius Eustachius Constantiam filiam Ludovici Grossi anno 1159 duxit

nobis relatione monstravit, quod Eustachius quondam filius regis Stephani (90) eam in legitimam uxorem accepit, et sibi comitatum Boloniensem in dotalitium concessit, et etiam scripto authentico, prout moris est, confirmavit. Unde quoniam Matthæus frater nobilis comitis Philippi et M. quondam abbatissa prædictum comitatum detinere dicuntur irrationabiliter occupatum, et sæpius requisiti reddere contradicunt; fraternitati vestræ per apostolica scripta mandamus, quatenus præfatum Matthæum et monacham ex parte nostra diligenter commoneatis, ut prænominatæ comitissæ præscriptum comitatum restituant, et libere sine molestatione dimittant, vel in præsentia vestra ei plenam super hoc justitiam, omni dilatione et appellatione remota, exhibeant. Si autem juxta commonitionem vestram neutrum forte efficere voluerint, licet pro alio sint excommunicati, specialiter pro hac re ipsos auctoritate nostra excommunicatos denuntietis in toto comitatu, et omnia divina præter baptisma parvulorum et pœnitentias morientium prohibeatis officia celebrari, et sententiam ipsam usque ad plenam satisfactionem inviolabiliter observari faciatis. Quod si huic negotio omnes interesse non poteritis, duo nihilominus ipsum prout dictum est, infra tres menses post harum susceptionem diligentius prosequantur.

Data Beneventi, vi Kalendas Septembris.

CDXCVII.

Ad Henricum Remensem archiepiscopum. — Se excusat quod ejus de episcopo Atrebatensi precibus non satisfecerit (91). Hortatur ut suffraganeos benigne tractet. Significat se de sorore ejus Constantia, comitis Tolosani uxore ad Suessionensem, Ambianensem, Laudunensem episcopos scripserit. Paganum magistrum commendat.

(Beneventi, Aug. 27.)

[MARTEN., *ibid.*, col. 753.]

ALEXANDER episcopus, servus servorum Dei, venerabili fratri HENRICO Remensium archiepiscopo, salutem et apostolicam benedictionem.

Cum significasses nobis quod nec litteras, nec nuntios tuos benigniori oculo respiceremus, nec preces tuas super negotio Atrebatensis episcopi vellemus admittere, satis mirati sumus qua de causa turbatio ista in animo tuo provenerit, et quibus argumentis gratiam et dilectionem nostram circa te refriguisse conjicere potuistis. Non enim ita immemores sumus magnificæ devotionis et utilissimi obsequii, quod nobis et Ecclesiæ in necessitatis articulo prompto animo impendisti, ut non te sicut charissimum fratrem nostrum et firmissimam columnam Ecclesiæ sincerissimo diligamus charitatis affectu, et tam nuntios quam litteras tuas libenti semper animo videamus, et gratanter pro te velimus efficere quidquid cum Deo et justitia et in matrimonium, ut scribit Matthæus Paris.

(91) Vide Henrici epistolam ad Alexandrum in causa Drogonis cancellarii, inter variorum ad ipsum epistolas, infra. EDIT. PATR.

honestate nostra possumus, et pro aliquo fratrum nostrorum essemus facturi. Nec recolimus nos unquam tuis precibus obviasse, quas salva forma justitiæ et honestate nostra potuimus exaudire; imo plerumque præter officii nostri debitum tuæ curavimus fraternitati deferre, et satisfacere voluntati. Quapropter hæc in animum tuum non descendant, sed omnem hujusmodi sollicitudinem et anxietatem deponas, et si quando petitionibus tuis non ad votum annuimus, non voluntati nostræ, sed potius meritis negotiorum ascribas. Desiderium namque, sicut diximus, et voluntatem habemus, ea quæ cordi sunt tibi gratanti animo exsequi, et votis tuis in quibus expedit benignum semper et promptum favorem præbere. Tu vero sicut vir discretus et prudens, in omnibus agendis tuis caute et provide ambules, suffraganeos Ecclesiæ tuæ benigne et mansuete pertractes, et de ecclesiis beati Petri principis, quæ in tua provincia constitutæ sunt, non tanquam de tuis disponas, sed eas in sua libertate relinquas, de cætero super negotio dilectæ in Christo filiæ nostræ nobilis mulieris C. (92) sororis tuæ uxoris comitis Tolosani, venerabilibus fratribus nostris Suessionensi, Ambianensi et Laudunensi episcopis consideratione fraternitatis tuæ efficaciter scripsimus, prout novimus expedire. Verum quia, sicut accepimus, in instrumento dotalitii sui testes conscripti sunt, ipsos auctoritate nostra et tua moneas et inducas, ut amore justitiæ testimonium perhibeant veritati. Sicut enim periculosum est falsum proferre, ita quoque bonum est veritati testimonium perhibere. Ad hæc dilectum filium nostrum magistrum Paganum tibi devotum admodum et fidelem providentiæ tuæ propensius commendamus, rogantes ut ei benefacias, et habeas multipliciter commendatum, quem scis pro suo negotio tanto tempore apud nos moram fecisse. Negotium enim pro quo eum misisti, cito satis et compendiose expedivimus.

Data Beneventi, sexto Kalendas Septembris.

CDXCVIII.

Monasterii SS. Felicis et Fortunati Vicentini bona et privilegia confirmat.

(Beneventi, Sept. 12.)

[UGHELLI, *Italia sacra*, V, 1042.]

ALEXANDER episcopus, servus servorum Dei, dilectis filiis ARNULPHO abbati monasterii SS. Felicis et Fortunati Vicentini, ejusque fratribus, tam præsentibus quam futuris, regularem vitam professis in perpetuum.

Religiosam vitam eligentibus, *etc.*, *usque* infringat. Eapropter, *etc.*, *usque* privilegia communimus. Statuentes, ut quascunque possessiones, *etc.*, *usque* exprimenda vocabulis: Quidquid habetis per longitudinem a fluvio Retronis, et Ursega, usque ad pontem altum. Quidquid etiam habetis per latitudinem a fluvio Retronis, usque ad alium pontem, per quem positum super eumdem fluvium transitur ad Monticellum: In Seledo unam curtem, quæ nominatur Vuarzonus; in Sarecto casale unum; in Turre unum casale; in Magrado unum casale; in Arserio aliud casale; in Cuculo petiam unam de vinea, et tres campos; in Muzone casale unum; in Rauna aliud casale; in Culpano curtem unam cum suis pertinentiis; in Cartusiano censitos S. Viti pertinentes de casale Penculi; inter Seledum et S. Vitum medietatem unius curtis; in loco, qui dicitur Sanctus Titulus in Luvizano curtem unam cum capella S. Viti. In Malado casalia novem. In Marostica curtes duas, unam in loco Provio cum capella S. Apollinaris, aliam vero in Burgullano cum capella et Gazo. In Angarano casalia duo, et montes duos, unum, qui dicitur mons Olivarum, alter qui nominatur mons castanearum; in Solania curtem unam cum capella S. Viti; in Tivido casalia duo; in Facino casalia tria; in Pechio casale unum; in Barbutia casale unum; in Fulviano unum casale; in Bubeneto unum casale; in Secusino casale unum; in Braido S. Viti curtes quatuor cum plebe, et capellis, et pertinentiis suis et decimis; in Cortolonga curtem unam cum capella. Juxta flumen novum curtem unam cum capella S. Viti; in Bragantia unum casale; in Juvene curtem unam; in Bucone aliam curtem; in Fontana Frigida unum casale; in Paderno aliud casale; in Carbonaria duo casalia; in Titulo unum casale; in Causele quatuor casalia; in Ara unum casale; in Cona terram aratoriam; in Calzade petiam unam de vinea; in Zulano unum casale; in Arzignano aliud casale; in monte Cleda terram aratoriam. Duas petias vineæ in Monticello, et terram aratoriam; in Albetone massaritiam unam; in Vivarollo curtem unam cum capella S. Petri. Extra Benacum lacum, in loco qui dicitur Randena, braidam S. Georgii; et in Lainedo vineas, et oliveta; Alpes quoque quatuor, duas super Marosticam, quæ vocantur Lastaria, et Bugnaria, Longera, insuper et montes de Zovenano, et Novogino; in Uvisega molendinum unum; in Altico alium molendinum; dimidiam partem curtis S. Apollinaris, cum capella, et vantium S. Georgii, cum ecclesia, massaritias duas in Bercia, et duas in Liseria; in Barbarano curtem unam, et casales duos; in Basico curtem unam. Oblationes præterea ad idem monasterium venientes, et cætera jura, et libertates, seu donationes, quas bonæ memoriæ Rodulfus, Lambertus, Hieronymus, Astulfus, Litherius, Turingius, Ecclinus, Henricus, Lothovicus quondam Vicentini episcopi monasterio vestro tam in decimis, quam conditionibus, operibus, escaticis, pascuis, pratis, silvis, rupinis, montibus, planis, aquis, aquarum decursibus, molendinis, piscationibus, venationibus ad prædicta loca pertinentibus, rationabiliter concesserunt, et vos in quadraginta annis retro absque legitima interruptione possedistis, vobis, ac per

---

(92) Constantiæ filiæ Ludovici VI regis Francorum, de qua consule sequentem epistolam.

vos eidem monasterio scripti nostri munimine confirmamus. Salvo quidem eo, quod ipsi episcopi sibi pro his omnibus in prædicto monasterio reservarunt, videlicet, ut in Nativitate, et in Pascha Domini, et singulis festivitatibus supradictorum martyrum Felicis, ac Fortunati unam candelam, unum panem, et ampullam plenam vino abbas, vel monachi ejusdem loci episcopo, qui pro tempore fuerit, debeat, omni alia contradictione remota, annuatim deferre. Prohibemus etiam, ut nulli fratrum vestrorum post factam in eodem loco professionem aliqua levitate sine abbatis sui licentia fas sit de monasterio discedere. Discedentem vero absque communium litterarum cautione nullus audeat retinere. Statuimus præterea ut neque comiti, neque principi, nec alicui sæculari, vel ecclesiasticæ personæ liceat indebitas, et injustas exactiones in præfato monasterio exercere. Sane novalium vestrorum, quæ propriis manibus, aut sumptibus colitis, sive de nutrimentis animalium nullus a vobis decimas exigere præsumat. Obeunte vero te, etc. Sepulturam quoque, etc. Decernimus ergo, etc. . . . salva sedis apostolicæ auctoritate, et diœcesani episcopi canonica justitia. Si qua igitur, etc. Cunctis autem, etc. Amen, amen, amen.

Ego Alexander catholicæ Ecclesiæ episcopus.

Ego Hubaldus presb. card. tit. Sanctæ Crucis in Jerusalem.

Ego Boso presb. card. S. Pudentianæ tit. Pastoris.

Ego Petrus presb. card. tit. S. Laurentii in Damaso.

Ego Theodinus presb. card. S. Vitalis tit. Vestinæ.

Ego Jacinthus S. Mariæ in Cosmedin. diac. card.

Ego Ardicio diac. card. S. Theodori.

Ego Manfredus diac. card. S. Georgii ad Velum Aureum.

Ego Hugo diac. card. S. Eustachii juxta templum Agrippæ.

Ego Petrus diac. card. S. Mariæ in Aquiro.

Datum Beneventi per manum Gratiani, S. R. E. subdiaconi et notarii, II Idus Septembris, indict. I, Incarnationis Dominicæ anno 1168, pontificatus vero D. Alexandri papæ III anno x.

CDXCIX.

Privilegium pro monasterio S. Reparatæ Marradino.

(Beneventi, Nov. 9.)

[UGHELLI, *Italia sacra*, II, 499.]

ALEXANDER episcopus, servus servorum Dei, dilectis filiis HOMODEO abbati monasterii S. Reparatæ de Marrata, ejusque fratribus, tam præsentibus quam futuris, regularem vitam professis in perpetuum.

Quoties illud a nobis petitur quod religioni, etc. Eapropter, dilecti in Domino filii . . . . . præfatum monasterium S. Reparatæ, in quo divino estis obsequio mancipati, ad exemplar prædecessoris nostri S. recordationis Honorii papæ II, sub B. Petri et

nostra protectione suscipimus, et præsentis scripti privilegio communimus, statuentes ut quascunque possessiones, quæcunque bona idem monasterium impræsentiarum juste et canonice possidet, aut in futurum concessione pontificum, liberalitate regum vel principum, oblatione fidelium, seu aliis justis modis, præstante Domino, poterit adipisci, firma vobis, vestrisque successoribus, et illibata permaneant, in quibus hæc propriis duximus exprimenda vocabulis, ecclesiam S. Mariæ in Crispino, ecclesiam S. Laurentii, ecclesiam S. Cassiani in Petrosolo, ecclesiam S. Euphemiæ, ecclesiam S. Martini, ecclesiam S. Petri in Vizzano, et ecclesiam S. Andreæ ejusdem loci, et Camortinicellam, decimationes ab episcopis Faventinis, monasterio vestro rationabiliter concessas vobis, et per vos eidem monasterio, auctoritate apostolica nihilominus confirmamus. Sepulturam quoque ipsius loci liberam esse concedimus, ut eorum devotioni, et extremæ voluntati qui se illic sepeliri deliberaverint, nisi excommunicati, vel interdicti sint, nullus obsistat, salva justitia matricis Ecclesiæ. Decernimus ergo, etc., salva sedis apostolicæ auctoritate, et diœcesani episcopi canonica justitia. Si quis ergo, etc. Amen.

Ego Alexander catholicæ Ecclesiæ episcopus.

Ego Ubaldus presb. card. tit. S. Cruc. in Jerusalem.

Ego Joannes presbyter card. tit. S. Anastasiæ.

Ego Boso presb. card. S. Pudentianæ tit. Pastoris.

Ego Petrus presb. card. tit. S. Laurentii in Damaso.

Ego Theodinus presb. card. S. Vitalis tit. Vestinæ.

Ego Arditio diac. card. S. Theodori.

Ego Manfredus diac. card. S. Georgii ad Velum Aureum.

Ego Ugo diac. card. S. Eustachii juxta templum Agrippæ.

Datum Beneventi per manum Gratiani, S. R. E. subdiaconi et notarii, v Id. Novemb., indict. I, Incarn. Domin. an. 1168, pontificatus vero D. Alexand. papæ III an. x.

D.

Ecclesiam SS. Hippolyti et Cassiani et S. Joannis Baptistæ Foscianensem tuendam suscipit ejusque possessiones et privilegia confirmat.

(Beneventi, Dec. 23.)

[MURATORI, *Antiq. Ital.*, VI, 423.]

ALEXANDER episcopus, servus servorum Dei, dilecto filio JACOBO plebano Sanctorum Hippolyti et Cassiani, Sancti Joannis Baptistæ de Fosciano, ejusque successoribus canonice in perpetuum substituendis.

Pia postulatio voluntatis effectu debet prosequendo compleri, ut fidelis devotio laudabiliter enitescat, et utilitas postulata vires indubitanter assumat. Eapropter, dilecte in Domino, tuis justis postulationibus libenter annuimus, et præfatam Ecclesiam, cui auctore Deo præesse dignosceris, sub beati Petri et nostra protectione suscepimus, et præsentis scripti privilegio communimus, statuentes ut quascunque possessiones, quæcunque bona, quæ eadem Ecclesia impræsentiarum juste et canonice possidet, aut in futurum pontificum largitione, regum vel principum oblatione, vel aliorum Dei fidelium, seu aliis justis modis, præstante Domino, poterit adipisci, firma tibi tuisque successoribus et illibata permaneant, in quibus hæc propriis duximus exprimenda vocabulis: Terras omnes, et homines, quos habet prænominata ecclesia in villa de Basilica, et in castro de Fosciano, et in eorum confiniis; et quidquid de jure in villa de Fabrio, et de Marcione, et in Monte de Silico, et in curte de Socrajo possidet. Ecclesiam Sancti Georgii juxta memoratam ecclesiam de Campo Fosciancnse; Sanctæ Mariæ capellam de Fosciana; ecclesiam Sancti Petri, ecclesiam sancti Michaelis de Castilione; ecclesiam Sancti Quirici de Fabrio; ecclesiam Sancti Martini de Montepigulo; ecclesiam Sancti Jacobi de Verucola; ecclesiam Sancti Bartholomæi de Cloja; hospitale Sancti Peregrini de Alpibus; et hospitale Sanctæ Mariæ de Alpe; ecclesiam Sancti Michaelis de Saxorubeo; ecclesiam Sancti Sixti de Villa; ecclesiam Sanctæ Mariæ de Maniano; ecclesiam Sancti Laurentii de Corfino; ecclesiam Sancti Martini de Sericagnana; ecclesiam Sancti Laurentii, ecclesiam Sancti Pantaleonis de Bacciano; ecclesiam Sanctæ Felicitæ de Pontequosi; ecclesiam Sancti Reguli, et ecclesiam Sancti Laurentii, et ecclesiam Sancti Jacobi de Monteserico; ecclesiam Sancti Andreæ, et ecclesiam Sanctæ Mariæ de Milano; ecclesiam Sancti Martini de Palcroso; ecclesiam Sancti Michaelis de Perporo; ecclesiam Sancti Petri de Fiattono; ecclesiam Sancti Jacobi de Montealtissimo; ecclesiam Sancti Frediani de Saxo; ecclesiam Sancti Petri de Castronovo; ecclesiam Sanctæ Mariæ de Campocastellano; ecclesiam Sancti Nicolai, et ecclesiam Sancti Justi de Calabaroti; ecclesiam Sancti Pantaleonis de Monte; ecclesiam Sancti Prosperi de Antisorano; ecclesiam Sancti Donati de Rontano; ecclesiam Sancti Michaelis de Colle; ecclesiam Sancti Bartholomæi de Graniano; ecclesiam Sanctorum Philippi et Jacobi de Filicaja; ecclesiam Sanctæ Mariæ de Rotano et Sancti Nicolai de Silicano. Ad hæc statuimus, et auctoritate apostolica prohibemus, ut nec episcopo, qui pro tempore fuerit, nec canonicis Lucanis liceat, tibi et plebi tuæ, onera et gravamina importabilia imponere, aut novas vel indebitas exactiones super vos aliquatenus exercere. Decernimus ergo, etc.... salva sedis apostolicæ auctoritate, et episcopi diocesani canonica justitia. Si qua igitur in futurum, etc.

Ego Alexander catholicæ sedis episcopus.

Ego Bernardus Portuensis Sanctæ Ruffinæ episcopus.

Ego Conradus Magontinus archiepisc.

Ego Ubaldus presb. card. tit. Sanctæ Crucis.

Ego Joannes presb. card. tit. Sancti Anastasii.

Ego Albertus presb. card. tit. Sancti Laurentii in Lucina.

Ego Petrus presb. card. tit. Sancti Laurentii in Damaso.

Ego Joannes presb. card. tit. Sancti Marci.

Ego Theodorus presb. card. Sancti Vitalis.

Ego Andræas diac. card. Sancti Theodori.

Ego Ugo diac. card. Sancti Eustachii juxta templum Agrippæ.

Datum Beneventi per manus Gratiani, sanctæ Romanæ Ecclesiæ subdiaconi et notarii, x Kalendas Januarii, indictione prima, Incarnationis Dominicæ anno 1168, pontificatus vero domni Alexandri papæ tertii anno decimo.

DI.

Ecclesiam S. Petri Bononiensem tuendam suscipit et ejus bona ac jura confirmat.

(Beneventi, Dec. 30.)

[SAVIOLI, *Annal. Bolognesi*, II, II, 7.]

ALEXANDER episcopus, servus servorum Dei, dilectis filiis BONIFACIO archidiacono et ALBERTO archipresbytero Ecclesiæ Sancti Petri Bononiæ eorumque fratribus tam præsentibus quam futuris canonice substituendis, in perpetuum.

Effectum justa postulantibus indulgemus et vigor æquitatis et ordo exigit rationis, præsertim quando petentium voluntatem pietas adjuvat et veritas non relinquit. Eapropter, dilecti in Domino filii, vestris justis postulationibus clementer annuimus, et præfatam ecclesiam Sancti Petri in qua divino estis obsequio mancipati sub B. Petri et nostra protectione suscipimus, et præsentis scripti privilegio communimus, statuentes ut quascunque possessiones, quæcunque bona eadem ecclesia impræsentiarum juste et canonice possidet, aut in futurum concessione pontificum, liberalitate regum vel principum, oblatione fidelium, seu aliis justis modis, præstante Domino, poterit adipisci, firma vobis vestrisque successoribus et illibata permaneant. In quibus hæc propriis duximus exprimenda vocabulis: ecclesiam Sancti Joannis Baptistæ, ecclesiam Sanctæ Mariæ de Montovalo, ecclesiam Sancti Ægidii juxta Savinam, ecclesiam Sancti Petri in Castagnolo, Sanctæ Mariæ de Vineis, et ecclesiam Sancti Michaelis de Argelata et plebem Medicinæ. Ecclesiam Sanctæ Mariæ de Vineis et ecclesiam Sancti Michaelis quæ sunt in Medicina cum omnibus prædictarum ecclesiarum pertinentiis; terram etiam cum domibus et sine domibus quæ est circa ecclesiam Sancti Petri vestri episcopatus, scilicet a meridie vespere Septentrionis positis; terras quæ sunt juris ecclesiæ vestræ in Septentrione positas infra murum civitatis in loco qui Hospitale vocatur, et extra murum usque ad viam Sancti Thomæ apostoli, et a platea quæ pergit ad eamdem ecclesiam usque ad rivum qui dicitur

Avesa. Omne dominicatum quod habetis et tenetis; tres quoque partes decimationum totius vestræ plebis, scilicet Sancti Petri episcopatus cum omnibus pertinentiis vivorum et mortuorum et quidquid in suprascripta vestra episcopali ecclesia offertur seu in altari aut in pavimento ponitur. Decimationem totius plebis de Buida.

Præterea quemadmodum bonæ memoriæ G. Bononiensis episcopi ab onere expensarum quas solebatis facere in eundo Ravennam ad synodum et redeundo vos auctoritate apostolica absolvimus, et in posterum tam vos quam successores vestros absolutos manere censemus. Decernimus ergo, etc....., salva sedis apostolicæ auctoritate et Bononiensis episcopi canonica justitia. Si qua ergo in futurum, etc....

Ego Alexander catholicæ Ecclesiæ episcopus.

Ego Hubaldus presbyt. cardin. tit. S. Crucis in Jerusalem.

Ego Joannes presbyt. card. tit. S. Anastasiæ.

Ego Albertus presbyt. card. tit. S. Laurentii in Lucina.

Ego Boso presbyt. cardin. tit. S. Pudentianæ tit. Pastoris.

Ego Petrus presbyt. cardin. S. Laurentii in tit. Damaso.

Ego Joannes presb. card. tit. S. Marci.

Ego Theodinus presbyt. cardin. tit. S. Vitalis Vestinæ.

Ego Bernardus Portuensis et S. Rufinæ episc.

Ego Ar.... diaconus cardinalis S. Theodori.

Ego Hugo diac. card. S. Eustachii juxta templum Agrippæ.

Datum Beneventi, per manum Gratiani, sanctæ Romanæ Ecclesiæ subdiaconi et notarii, tertio Kal. Januarii, indictione 1, Incarnationis Dominicæ anno 1168, pontificatus vero domini Alexandri III papæ, anno decimo.

ANNO 1168?

DII.

Ad Thomam Cantuariensem archiepiscopum. — Regem humilitate vinci consulit.

[*Epistolæ S. Thomæ*, ed. GILES, II, 19.]

ALEXANDER papa, THOMÆ Cantuariensi archiepiscopo.

Etsi adversitatum et laborum angustiæ tibi acrius incumbere et invalescere videantur, plurima tamen sanctorum Patrum tibi exempla proponas, qui, sicut tu, multas zelo justitiæ calamitates et angustias passi immarcescibilem coronam et cœleste regnum meruerunt feliciter adipisci. Quapropter rogamus prudentiam tuam atque monemus, quatenus semper illud præ oculis habens : *Beati scilicet, qui persecutionem patiuntur propter justitiam* (Matth. v), tuum nullis adversis animum frangas, nec ulla turbatione deponas, sed eum for- titudinis et constantiæ virtute confirmes. Ubi vero justitiam et libertatem Ecclesiæ deperire cognoveris, cum rege Anglorum in depressionem et diminutionem ecclesiasticæ dignitatis pacem reformare nullo modo labores. Verumtamen, quantum salvo honore officii tui et libertate Ecclesiæ fieri poterit, te ipsum ei humilies, et ad gratiam et amorem suum recuperandum modis omnibus enitaris, neque plus justo de eo timeas, nec majores quam oporteat, securitates requiras. Quia, sicut credimus, ex quo se tibi reconciliaverit, minime te offenderet, nec a quoquam pateretur offendi. Nos enim, sicut tibi viva voce ac litteris proposuimus, te tanquam charissimum sincera charitate diligere volumus, et ad conservationem honoris, libertatis et dignitatis tuæ augmentum, quantum gratia divina concesserit, aspirare.

ANNO 1165-1169.

DIII.

Ad regem Scotiæ. — Thomam exsulantem illi commendat.

[*Ibid.* p. 143.]

ALEXANDER papa regi Scotiæ.

Cum illius sincerissimæ devotionis affectum, quem recolendæ memoriæ Malcolinus quondam Scotorum rex, frater tuus, circa nos et Ecclesiam Dei, quod vixit, constanter exhibuit, et tuam devotissimam sinceritatem, qua te circa personam nostram ex litteris tuis fervere cognovimus, ad animum diligentius revocamus, magnificentiæ tuæ preces affectuosas pro his, qui nobis chari et accepti existunt, confidenter porrigimus, et eos excellentiæ regiæ sine hæsitatione aliqua propensius commendamus. Qualiter autem venerabilis frater noster Cantuariensis archiepiscopus pro ecclesiæ suæ libertate exsilium non dubitaverit sustinere, et sicut vir religiosus, discretus pariter et honestus, et nobis ac universæ Dei Ecclesiæ charus admodum et acceptus, temporalium jacturam subire maluerit, quam jussis principum obedire, tuam non credimus sublimitatem latere. Unde quoniam præfatus frater tuus, et alii progenitores tui ipsum, et prædecessores ejus, et ecclesiam ei commissam, filiali semper devotione, sicut nobis dicitur, consueverunt amplecti, serenitatem tuam per apostolica scripta rogando monemus et exhortamur in Domino, quatenus memoratum archiepiscopum, divini amoris obtentu et pro reverentia beati Petri et nostra, sui ipsius respectu diligere studeas et fovere, et eum et ecclesiam ei commissam dignis semper honoribus satagas prævenire, et ei consilium et auxilium regia clementia dignetur efficaciter impartiri; ut nos magnificentiæ tuæ multiplices exinde gratias exsolvere teneamur, et prænominatus archiepiscopus ad honorem et exaltationem tuam, et totius regni tuæ gubernationi commissi, debeat omni tempore ferventius anhelare, et vobis magis obnoxius permanere.

DIV.

Ad Philippum Flandriæ comitem. — Ejusdem argumenti.

[*Ibid.*, p. 145.]

Alexander papa, comiti Flandriæ Philippo.

Quanto sincerissimæ devotionis tuæ fervorem circa nos et Ecclesiam Dei magis probatum in omnibus et expertum habemus, tanto pro his, qui nobis et eidem ecclesiæ chari et accepti existunt, industriæ tuæ cum majori fiducia preces affectuosas porrigimus, et ad eorum dilectionem tuam prudentiam propensius invitamus. Eapropter venerabilem fratrem nostrum Cantuariensem archiepiscopum, virum utique religiosum, discretum, providum et honestum, et nobis ac universæ Dei Ecclesiæ charum omnimodis et acceptum, magnitudini tuæ, quantum possumus, commendantes, nobilitatem tuam per apostolica scripta rogamus, mandamus et exhortamur attentius, quatenus eumdem et suos, divinæ miserationis obtentu, et pro reverentia beati Petri ac nostra, necnon sui ipsius intuitu, per quem tibi multa potuerunt incrementa et commoda provenire, diligere, honorare, manutenere propensius, et multimodis studeas confovere, et ad ejus, quantum poteris, pacem opportunitate suscepta intendas; ut ipse idem ad honorem et augmentum tuum debeat omni tempore totis viribus anhelare, et nos sinceritati tuæ uberrimas teneamur exinde gratiarum actiones referre, et preces ac petitiones tuas libentius et efficacius promovere. Quidquid enim eidem honoris et commodi liberalitas tua interventu nostro contulerit, nobis ipsis putabimus specialiter erogatum.

DV.

Ad comitem Henricum. — Ejusdem argumenti.

[*Ibid.* p. 144.]

Alexander papa, nobili viro comiti Henrico.

Inter cæteras divinæ operationis actiones illud Deo et nobis gratissimum reputamus, quod venerabilem fratrem nostrum Cantuariensem archiepiscopum in angustiis et anxietatibus ejus sereno vultu respicere, et ei gratiæ pariter et consolationis tuæ favorem ex consueta curasti clementia exhibere. Quia vero nunc ope et consilio maxime opus habet, magnificentiam tuam per apostolica scripta rogamus, monemus et exhortamur in Domino, et in remissionem tibi peccatorum injungimus, quatenus pietatis intuitu, et pro reverentia beati Petri et nostra, et consideratione religionis et dignitatis suæ, ipsum et suos gratia, honore, pariter et dilectione prævenias, eisque in ipsorum adversitatibus consolationis et favoris tui solatium exhibeas, ita quod inde ab omnipotenti Deo æternam possis retributionem recipere, et nos, quod eidem impenderis, nobis specialiter impensum putantes, magnitudini tuæ uberrimas teneamur propter hoc gratias exhibere.

DVI.

Ad abbatem de Claro-Marisco. — Thomæ archiepiscopi Cantuariensis sororem et ejus liberos commendat.

[*Ibid.*, p. 112.]

Alexander papa, abbati et fratribus de Claro-Marisco.

Super beneficiis, quæ liberalitas vestra sorori venerabilis fratris nostri Cantuariensis archiepiscopi, et liberis ejus, et his qui cum eis sunt, multipliciter erogavit, charitati vestræ immensas referimus gratiarum actiones, et religionem vestram super hoc digne, sicut convenit in Domino, laudibus commendamus, desiderium siquidem et voluntatem habemus commodis et incrementis vestris, quantum cum Deo possumus, libenter intendere, et preces ac petitiones vestras, quantum honestas permiserit, efficaciter promovere. Memoratus quoque archiepiscopus vobis, opportunitate suscepta, pro tot et tantis vestræ liberalitatis obsequiis secundum merita respondere curabit, et monasterio vestro magis obnoxius omni tempore permanebit. Nos etiam postulationibus vestris libentius intendemus, et eas efficacius curabimus exaudire.

DVII.

Ad Stephanum Meldensem et abbatem Sancti Crispini. — Mandat hortentur Henricam regem ut Ecclesiæ Cantuariensis reditus, honores et possessiones postposita mora restituat et restitui faciat.

[*Ibid.*, p. 102.]

Alexander papa, episcopo Meldensi, et abbati Sancti Crispini Suessionensis.

Devotionis ac sinceritatis inspectio, qua circa nos et Ecclesiam Dei prudentia vestra fervescit, nos admonet multipliciter et invitat vos super negotio ecclesiæ confidenter sollicitare, et vobis, etiam quæ ardua sunt et difficilia, sine dubitatione committere exsequenda. Sane discretioni vestræ non exstat incognitum, quantis molestiis, adversitatibus, gravaminibus et persecutionibus atque pressuris venerabilis frater noster Thomas Cantuariensis archiepiscopus a rege suo, zelo justitiæ pro libertate Ecclesiæ sibi commissæ, fuerit prægravatus, et longo exsilio maceratus, et tam possessionibus quam reditibus ecclesiæ suæ privatus. Siquidem tanquam fratri charissimo, et præcipuo ecclesiæ membro, interna super his mentis affectione compatimur, et ei, in quibus possumus, libenter nostræ consolationis solatium impartimur. Inde est quod prudentiæ vestræ per apostolica scripta mandamus et mandando præcipimus, quatenus prædictum regem ex parte nostra commovere et inducere omnibus modis laboretis, ut sicut animæ suæ salutem diligit, prædicto archiepiscopo, ecclesiæ suæ reditus, et honores, et possessiones ablatas postposita mora restituat, et restitui faciat, et libere ac quiete dimitti, ita quod ex hoc non possit animæ suæ periculum incurrere, aut divinam formidare vindictam. Eidem quoque regi super hoc blanda et

DVIII.

Ad Cisterciensem et Pontiniacensem abbatem et universos Cisterciensis ordinis fratres. — Pro fratre R.

[*Ibid.* p. 111.]

ALEXANDER papa, Cisterciensi et Pontiniacensi abbatibus et universis Cisterciensis ordinis fratribus.

Ad audientiam nostram, unde satis mirari compellimur, pervenisse noscatis, quod vos dilecto filio nostro R. fratri vestro, quoniam venerabilis frater noster Cantuariensis archiepiscopus ipsum in Angliam pro negotiis Ecclesiæ destinavit, pœnam infligere proposuistis, ad hoc humana grat'a potius, quam amore Dei et justitiæ inclinati. Quoniam autem hoc in nostram et Ecclesiæ Dei injuriam redundaret, nec nos id, sicut non debemus, in patientia sustinere possemus, universitati vestræ per apostolica scripta præcipiendo mandamus, quatenus memorato R. nullam occasione ista pœnam infligere; vel ei rancorem aliquem vel indignationem ostendere præsumatis, sed ipsum benigne inter vos et fraterne tractetis.

DIX.

Ad Thomam Cantuariensem archiepiscopum. — Henrici episcopi Wintoniensis, ab Henrico rege vexati, abdicationem irritam esse.

[*Ibid.*, p. 10.]

ALEXANDER papa, Thomæ Cantuariensi archiepiscopo.

Curam et sollicitudinem, quam circa commissam tibi administrationem prudenter et magnanimiter geris, digna laude prosequimur; et tolerantiæ tuæ propositum multipliciter in Domino commendamus. Quod autem significasti nobis venerabilem fratrem nostrum Wintoniensem episcopum occasione injuriarum et persecutionum, quas ei rex graviter et importabiliter inferebat, episcopatui suo abrenuntiasse, hoc grave satis et molestum ferimus : et abrenuntiationem ipsam, nisi prius, quomodo facta sit, per ejus litteras vel nuntios cognoscamus, nec possumus ratam, aut non ratam habere.

ANNO 1167-1169.

DX.

Abbati monachisque Vallis Laureæ præcipit ne archiepiscopo Tarraconensi neve episcopo Barcinonensi obediant, donec finium controversia disceptetur.

(Beneventi, Sept. 10.)

[MANSI, *Concil.*, XXI, 1064.]

Quoniam super jure parochiali loci in quo monasterium vestrum incœpistis inter ven. fratres nostros Tarraconensem archiep. et Barcinonensem episcopum quæstio est exorta, per apostolica vobis scripta mandamus quatenus neutri illorum jure parochiali obedientiam vel reverentiam exhibeatis, donec determinatum fuerit ad quem illorum præscriptus locus debeat de jure spectare.

Datum Beneventi, IV Idus Septembris.

DXI.

Pro causa quæ vertitur inter Ric. abbatem et Sancti Petri.

(Benevent, Oct. 5.)

[MARTEN., *Ampl. Collect.*, II, 760.]

ALEXANDER episcopus, etc.

Causam quæ inter Ricc. latorem præsentium et abbatem Sancti Petri de Montibus, Morandum quoque, et filium ejus Girardum, super qua'lam domo noscitur agitari, experientiæ vestræ committimus audiendam, et fine debito terminandam. Quocirca discretioni vestræ per apostolica scripta mandamus, quatenus cum exinde fueritis requisiti, utramque partem ante vestram præsentiam convocetis, et rationibus hinc inde auditis diligenter et cognitis, eamdem causam, sicut dictum est, remoto appellationis obstaculo, mediante justitia, decidatis.

Data Beneventi, tertio Nonas Octobris.

DXII.

Ad Henricum Anglorum regem. — Minatur illi censuram ecclesiasticam nisi a sacrilegiis abstineat.

(Beneventi, Oct. 9.)

[*Epist. S. Thomæ*, ed. GILES, II, 124.]

ALEXANDER episcopus, servus servorum Dei, charissimo in Christo filio HENRICO, illustri Anglorum regi, salutem et apostolicam benedictionem.

Quanto personam tuam ob multa et magna principalis devotionis et regalis munificentiæ merita pleniori diligimus charitatis affectu, et paternæ sinceritatis brachiis arctius amplexamur, tanto ea, quæ ad salutem animæ, et honoris et gloriæ tuæ augmentum pro certo pertinere cognoscimus, sublimitati tuæ sæpius et attentius proponentes, te ad ea exsequenda diligenter inducere, et cum omni sollicitudine ac studio benignius exhortari curamus. Quod si cœlitus datum esset, ut tuæ desiderabilis præsentiæ, sicut vellemus, copia frueremur, tibi eadem, quæ scriptis eloquimur, multo libentius viva voce jugiter suadere, et quasi quædam remedia inculcare assidue studeremus. Accepimus autem, quod præter alia, de quibus regiam volumus industriam emendari, in Lincolniensi, Bathoniensi, Herefordensi episcopatibus, quos vacantes et pastorum solatio destitutos in manibus tuis tenes, nec non in Bangoriensi et Lanelviensi liberam electionem, sicut deceret, fieri fastu quodam et majoris potentiæ terrore prohibeas, et quasi alter Cæsar omnia solus esse contendens, non solum quæ sunt Cæsaris, prout convenit, obtinere, sed et quæ Dei sunt, illicite atque in animæ tuæ periculum usurpare non metuis. Quod quam sit indignum, et tam supra quam contra regiæ justitiæ dignitatem, et tua te prudentia, si diligenter velis attendere, naturali ratione prævia sufficientius edocebit, et nonnulla id ipsum exempla eorum, qui idem attentare frustra conati sunt, nihilominus approbabunt.

Et quoniam nobis, licet indignis, generalis Ecclesiæ a Domino, qui pro ea etiam sanguinem proprium fudit, cura commissa est et tutela, prætermittere non possumus ullatenus nec debemus, quin pro ea partes nostras apud te cæterosque ecclesiæ filios interponere modis omnibus studeamus, et dignitates ac jura ipsius ad instar sanctissimi Nabuthæ usque ad mortem, si necesse fuerit, ab omnibus defendamus. Ideoque serenitatem tuam monemus, rogamus et obsecramus in Domino, atque in peccatorum tibi remissionem injungimus, quatenus sicut in divinarum et humanarum rerum scientia circumspectus excellis, ita te prudentem in omnibus exhibeas ac modestum, Deum ante omnia Creatorem tuum melius solito verearis, ecclesias et ecclesiasticas personas honores, et ita tibi quæ tua sunt discrete vindices ac defendas, ut ad ea quæ divini juris esse noscuntur, manus extendere de cætero non præsumas. Specialiter autem in prænominatis ecclesiis clericos, ut electionem tam liberam quam canonicam faciant, regia celsitudo commoneat, et eis ad hoc opem necessariam et favorem salva penitus ecclesiastica libertate concedat. Nec velis eis, qui electionem facturi sunt, personam, de qua electionem facere debeant, nominare. Hoc enim esset non eos, sed te ipsum potius electionem illorum ministerio celebrare, et in electione ipsa libertatem omnino illis eligendi subtrahere. Et quidem si ea, quæ monentes in spiritu mansuetudinis et cum omni humilitate prædiximus, effectui, sicut debes, mancipare curaveris, et tuæ procul dubio gloriæ ac saluti consules, et Deo ac nobis gratum facies omnimodis et acceptum. Alioquin quantumcunque te sicut charissimum filium nostrum, et Christianissimum principem diligere, ac tuæ magnitudini deferre velimus, manus beati Petri ac nostras a tuo non poterimus gravamine continere. Et plus Deum quam hominem, sicut dignum est, metuentes, ecclesiæ jura pariter et honorem concessa nobis divinitus potestate integre curabimus atque inviolabiliter conservare.

Datum Beneventi, vii Idus Octobris.

DXIII.

Ad Henricum Remensem archiepiscopum. — Pro B. clerico, et ut ejus præbenda ei restituatur.

(Beneventi, Nov. 2.)

[Marten., *Ampl. Collect.*, II, 760.]

Alexander episcopus, servus servorum Dei, venerabili fratri Henrico Remensium archiepiscopo, salutem et apostolicam benedictionem.

Veniens ad nos B. clericus præsentium lator, lacrymabili nobis conquestione proposuit, quod cum præbendam ecclesiæ Sancti Germani de Montibus canonice adeptus fuisset, eamdem per violentiam laicalem amisit, quam B. clericus taliter occupatam detinere præsumit. Unde quoniam nostra interest, et ad tuum nihilominus spectat officium ecclesiasticas personas, et earum bona manutenere propensius et fovere, et eis jura sua integra et illæsa servare, fraternitati tuæ per apostolica scripta mandamus, quatenus rei veritatem diligenter inquiras, et si ita esse inveneris, prout superius est narratum, præscriptam præbendam memorato B. facias omni occasione et appellatione cessante restitui et in pace dimitti. Quod si prælibatus B. tibi in his consentire noluerit, tu eum sublato appellationis remedio, officio et beneficio ecclesiastico prives, et si nec acquieverit, præscriptam ecclesiam Sancti Germani, nullius appellatione admissa, subjicias interdicto.

Data Beneventi, iv Non. Novemb.

DXIV.

Rogero abbati et fratribus monasterii de Ibreio asserit decimas de Doching, ab Henrico episcopo Wintoniensi et Gilberto Londinensi iis adjudicatas.

(Beneventi, Nov. 8.)

[*Epistolæ Gilberti Foliot*, ed. Giles, II, 107.]

Alexander episcopus, servus servorum Dei, dilectis filiis Rogero abbati et fratribus monasterii de Ibreio, salutem et apostolicam benedictionem.

Venerabiles fratres nostri, Henricus Wintoniensis et Gilbertus Londoniensis episcopi transmissis nobis litteris intimarunt quod, cum eis causam, quæ inter vos et Herlewinum clericum super decimis de Doching, quas sibi idem Herlewinus concessas fuisse dicebat, diutius vertebatur, commisissemus, appellatione remota, fine debito terminandam, ipsi auditis rationibus hinc inde, et plenius intellectis, quoniam præfatus Herlewinus in probatione defecit, præscriptas vobis et ecclesiæ vestræ decimas adjudicarunt, et tam vos quam eamdem ecclesiam ab impetitione ipsius super his perpetuo absolverunt; sicut ex litteris sententiæ suæ, quas nos ipsi inspeximus, manifeste comparet. Unde cum tam tu, fili abbas, quam idem Herlewinus in nostra essetis propter hoc præsentia constituti, et Herlewinus prælibati episcopi Londoniensis tantum litteras nobis offerens se, sicut eædem continebant, appellasse proponeret, et sententiam, quoniam non infra terminum mandati nostri lata fuit, rescindi instantius postularet, nos attendentes quod ea memoratis episcopis fuit, appellatione remota, ipso consentiente et petente commissa, considerantes etiam, quod sicut idem episcopi suis nobis litteris intimarunt, de assensu illius terminum produxerunt, sententiam præscriptam duximus ratam habendam, et vos a prædicti Herlewini de communi fratrum nostrorum consilio impetitione absolvimus. Et ei perpetuum super hoc silentium imponentes prætaxatas vobis decimas, et per vos ecclesiæ prælibatæ auctoritate apostolica confirmamus, et præsentis scripti patrocinio communimus, statuentes ut nulli omnino hominum liceat hanc

DXV.

Ad Henricum Remensem archiepiscopum. — Ut Giderum de Sarnaio possessiones ecclesiæ Montisfalconis invadentem in suo contineat officio.

(Beneventi, Nov. 9.)

[MARTEN., *Ampl. Collect.*, II, 764.]

ALEXANDER episcopus, servus servorum Dei, venerabili fratri HENRICO Remensium archiepiscopo, salutem et apostolicam benedictionem.

Et injuncti nobis a Deo apostolatus officium, et fides dilecti filii nostri R. (93) Virdunensis electi, quam erga Ecclesiam Dei persecutionis adinstantis tempore conservavit, ei plurimum nos efficit debitores, et de coercendis ab ejus et suorum infestatione pravis hominibus sollicitius nos admonet cogitare. Pervenit autem ad nos quod Giderus de Sarnai possessiones ecclesiæ Montis-falconis invadere (94) ac devastare præsumit, et homines ejus diversis afflicit detrimentis. Unde quia jam dicti filii nostri propria reputare debemus, per præsentia scripta fraternitati tuæ mandamus quatenus jam dicto viro pontificalem auctoritatem opponas, et ita eum ab hac præsumptione compescas, ita eidem electo et hominibus de illatis injuriis et dispendiis satisfactionem debitam exhibere compellas, ut et ipse fraternum in te solatium se gaudeat invenisse, et qui viderint de zelo justitiæ te debeant commendare. Sane si quid inter partes in quæstionem forte devenerit, quod examinatione opus habeat et judicio, per auctoritatem tuam cognosci volumus et finiri.

Datum Beneventi, v Idus Novembris.

DXVI.

Ad eumdem. — Pro Huldredo sacerdote super ecclesia de Ponit.

(Beneventi, Nov. 11.)

[*Ibid.*]

ALEXANDER episcopus, servus servorum Dei, venerabili fratri HENRICO Remensi archiepiscopo, salutem et apostolicam benedictionem.

Significavit nobis dilectus filius noster R. Catalaunensis Ecclesiæ archidiaconus, quod cum causa quæ inter Ulredum latorem præsentium et Joannem presbyteros super ecclesia Sanctæ Mariæ vertitur, secundum commissionem nostram, in tua præsentia tractaretur, et idem Ulredus testes suos, Ernulfum scilicet et Henricum presbyteros, produceret, qui super causa ipsa coram te veritatem, quam inde noverant, faterentur, adversa pars minus idoneos esse proposuit, et ipsos velut reos criminis ad nostram audientiam appellavit. Cumque utraque pars coram eodem archidiacono convenisset, et prædictus Joannes recognosceret quod ad solam iracundiam eisdem testibus crimina objecisset, quia brevitate termini insistente prosequi appellationem non poterant, idem archidiaconus inter eos hinc inde fide interposita, hoc modo de utriusque voluntate composuit. Quod si præfatus Joannes in tua præsentia recognosceret, quod eorum archidiacono confessus fuerat, appellationi supersederent. Quia vero die statuta memoratus Joannes adversa parte præsente suam tibi præsentiam exhibere contempsit, altera pars cum eisdem testibus secundum appellationem nostro se conspectui præsentavit, sed præfatus Joannes nec venit, nec pro se responsalem transmisit. Cæterum quia non fuit super principali negotio appellatum, eamdem causam examini tuo duximus remittendam, fraternitati tuæ præsentium auctoritate mandantes quatenus, utraque parte coram te convocata, causam diligentius audias, et si tibi constiterit præfatum Joannem fidem quam dederat violasse, et eidem perjurio condignam pœnitentiam imponas, et, prædictis testibus remota appellatione receptis, eamdem causam infra quindecim dies post harum susceptionem, sublato appellationis obstaculo, occasione remota, studeas terminare.

Data Beneventi, tertio Idus Novembris.

DXVII.

Ad eumdem. — Ut Mainerium presbyterum ablatam Henrico parœciam reddere cogat.

(Beneventi, Nov. 12.)

[*Ibid.*, col. 762.]

ALEXANDER episcopus, servus servorum Dei, etc., salutem et apostolicam benedictionem.

Lator præsentium Henricus non sine multo labore ad præsentiam nostram accedens, supplici nobis relatione proposuit, quod cum in ecclesia Sancti Remigii de Notoncurt, et in ecclesia Sanctæ Mariæ de Calvomonte perpetuus vicarius institutus fuisset, et de manu episcopi sui curam suscepisset animarum, et postmodum de licentia ejusdem episcopi Jerosolymam peteret, Mainerius presbyter, capellano illius ejecto, violenter parochiam suam occupavit, et occupatam detinere præsumit. Unde quoniam pati nolumus, nec debemus, ut viris ecclesiasticis hujusmodi oppressiones et violentiæ inferantur, discretioni vestræ per apostolica scripta mandamus, quatenus hujus veritatem diligenter et sollicite investigetis, et si legitime vobis constiterit memoratum presbyterum violentia et præsumptione præfati M. præscripta fuisse parochia spoliatum, ipsum, omni occasione et appellatione remota, districte cogatis eidem presbytero prænominatam parochiam sine molestia et in pace dimittere, et damna integra resarcire, ei talem pœnam infligen-

---

(93) Richardi de Crissa gentilis toparcharum de Grandi-prato, qui ex archidiacono Laudunensi electus, circa annum 1162 in expeditione Jerosolymitana fato functus est.

(94) In diœcesi Virdunensi, in qua est collegium canonicorum.

tes, quod cæteri metuant sanctuarium Dei occupatione illicita usurpare.

Data Beneventi, secundo Idus Novembris.

DXVIII.
Ad eumdem. — Pro sacerdote P.
(Beneventi, Nov. 17.)
[*Ibid.*, col. 765.]

ALEXANDER episcopus, servus servorum Dei, venerabili fratri HENRICO Remensium archiepiscopo, salutem et apostolicam benedictionem.

Ex conquestione P. sacerdotis auribus nostris innotuit quod Catalaunensis episcopus ecclesia sua injuste et post appellationem ad nos factam, cum quod non licuit, spoliavit. Unde quia universis gravatis appellationis debet remedium subvenire, ei per scripta nostra mandavimus, quatenus præfato presbytero, si eum post appellationem aut alias injuste præscripta ecclesia spoliavit, ipsam occasione remota restituat, et in pace ac quiete dimittat. Quod si facere forte distulerit, tu eum commoneas et horteris, ut eidem presbytero prælibatam ecclesiam quam sibi, post appellationem ad nos factam, aut injuste abstulit, absque ulla contradictione restituat, et in pace faciat possidere. Si vero monitis tuis obtemperare contempserit, tu eum ad id efficiendum omni cum districtione, appellatione remota, compellas.

Data Beneventi, decimo quinto Kalendas Decembris.

DXIX.
Ad eumdem. — Pro leprosis Cameracensibus.
(Beneventi, Nov. 18.)
[*Ibid.*]

ALEXANDER episcopus, servus servorum Dei, venerabili fratri HENRICO Remensium archiepiscopo, salutem et apostolicam benedictionem.

Etsi omnes teneamur ex suscepto administrationis regimine et pastoralis cura sollicitudinis defensare, infirmis fratribus tanto promptius debet præsidium apostolicæ sedis adesse, quanto eos omnipotens Dominus suo justo judicio graviori ægritudine visitavit. Quia vero dilecti filii nostri infirmi Cameracenses, nobis conquesti sunt, quod Sancti Andreæ de Castello, et Sancti Sepulcri Cameracensis abbates, et canonici Sancti Gaugerici, et nobilis Manasses de Ruminiaco, de novalibus et de nutrimentis animalium suorum decimas auferre præsumunt, eisdem præcepimus et in virtute obedientiæ injunximus ut decimas, quas de his sibi ausu temerario præsumpserunt auferre, ipsis, infra quadraginta dies post litterarum nostrarum susceptionem, cum integritate restituant, vel secum exinde amicabiliter pacificeque conveniant, nec ipsos super his amodo molestare præsumant. Inde est quod fraternitati tuæ per apostolica scripta mandamus quatenus, si præfati abbates et canonici præceptis nostris in hac parte noluerint acquiescere, ipsis ecclesiarum ingressum, appellatione remota, prohibeas, et usque ad satisfactionem congruam prædictos abbates ab administratione denunties apostolica auctoritate suspensos, et eos alias, si opus fuerit, ad exsecutionem præcepti nostri districte compellens, eorum parochianis, ne ad eorum ecclesias ad officia divina conveniant, sub anathematis interminatione prohibeas, et præfatum Manassen, si a te commonitus eis exinde non satisfecerit, publice excommunicatum denunties, et memoratos infirmos divini amoris intuitu, et pro reverentia beati Petri ac nostra, in jure suo pro tui officii debito manuteneas et defendas : ita quod exinde et præmia mercaris æterna recipere, et a nobis uberes gratias debeas exspectare.

Data Beneventi, decimo quarto Kalendas Decembris.

DXX.
S. Andreæ de Castello et S. Sepulcri abbatibus et canonicis S. Gaugerici de superiori epistola significat.
(Beneventi, Nov. 18.)
[*Ibid.*]

ALEXANDER episcopus, etc.

..... Dilectis filiis Sancti Andreæ de Castello, et Sancti Sepulcri abbatibus et canonicis Sancti Gaugerici.

Conquesti sunt nobis dilecti filii nostri infirmi Cameracenses quod vos eisdem infirmis de novalibus et de nutrimentis suorum animalium, unde valde miramur et adversus vos graviter commovemur, decimas exigere et extorquere nullatenus dubitatis, cum eis sicut cæteris infirmis a Romana Ecclesia sit indultum ut nemini de his quas præ diximus decimas exsolvere teneantur. Unde quia non vos decet, nec nos possumus aliquatenus sustinere, ut quos superni dexteræ Conditoris in tantum afflixit, quod incurabili morbo laborant, aliquibus debeatis molestiis et anxietatibus fatigare, præsertim in his quæ ad contemptum nostrum pertinent, et auctoritati Romanæ Ecclesiæ plurimum derogare noscuntur, discretioni vestræ per apostolica scripta mandamus, et in virtute obedientiæ præcipimus quatenus decimas, quas prædictis leprosis de novalibus vel nutrimentis animalium suorum præsumptione illicita subtraxistis, omni occasione et excusatione cessante, reddatis, aut cum eis exinde amicabiliter et pacifice convenire curetis, et eos amodo super his molestare nullatenus præsumatis. Quod si forte, juxta præceptum nostrum, infra quadraginta dies post harum susceptionem contempseritis adimplere, vos ex tunc ab ecclesiarum ingressu auctoritate apostolica prohibemus, et vos, filii abbates, ab administrationis officio denuntiamus usque ad dignam satisfactionem fore suspensos, et in ecclesiis vestris præcipimus divina officia cessare, necnon et venerabili fratri nostro Henrico Remensi archiepiscopo et canonicis Cameracensibus dedimus in mandatis, ut vos ad hoc cum omni districtione compellant, ut et parochianis vestris, ne ad officia in ecclesiis ipsis conveniant, sub interminatione anathematis non differant prohibere.

Data Beneventi, decimo quarto Kalendas Decembris.

DXXI.

Ad Henricum Remensem archiep. — Pro ecclesia Sancti Martini Laudunensi.

(Beneventi, Nov. 19.)

[*Ibid.*]

ALEXANDER episcopus, servus servorum Dei, venerabili fratri HENRICO Remensi archiepiscopo, salutem et apostolicam benedictionem.

In causis religiosorum virorum tanto amplius de tuo est officio præsumendum, quanto ad eorum solatium et ex professione religionis et ex auctoritate pontificatus arctius teneris astrictus. Ex parte vero filiorum nostrorum abbatis et fratrum ecclesiæ Sancti Martini Laudunensis adversus Ægidium presbyterum de Monte-Hunoldi, Hu. militem de Warch. Gui. de Chamelzi et P. filium Anselmi de Monte-acuto, querelas super injuriis quibusdam accepimus, quas venerabilibus fratribus nostris B. (95) Belvacensi et Noviomensi episcopis et dilecto filio Ursicampi (96) abbati, appellatione remota, commisimus terminandas. Per præsentia itaque scripta fraternitati tuæ mandamus quatenus eos ad vocationem illorum accedere, ipsorumque judicio parere taliter compellas, ut jam dicti fratres pro defectu justitiæ laborare diutius non cogantur, et tua fraternitas de cohibitione pravorum hominum commendabilis videatur. Nos enim eisdem judicibus mandavimus, ut si unus eorum his interesse nequiverit, duo nihilominus quod injunctum est exsequantur.

Data Beneventi decimo tertio Kalendas Decembris.

DXXII.

Ad eumdem. — Pro R. clerico, ut dominus Remensis ei benefaciat.

(Beneventi, Nov. 19.)

[*Ibid.*, col. 766.]

ALEXANDER episcopus, servus servorum Dei, H. Remensium archiepiscopo, salutem et apostolicam benedictionem.

Veniens ad nos R. clericus præsentium lator diligenti nobis narratione proposuit, quod tu eum in diaconum ordinasti, nec tamen eum ad aliquam ecclesiam intitulasti. Unde quoniam, sicut asserit, nimia paupertate laborat, nec tuam discretionem credimus ignorare, quod ordinatio sine certo titulo facta inanis existat, fraternitatem tuam per apostolica scripta monemus, atque mandamus quatenus præfato R. in aliqua ecclesia ubi necessaria vitæ possit competenter percipere, pro reverentia B. Petri ac nostra, et ex tui officii debito studeas providere, ut ipse in ordine possit omnipotenti Domino fideliter deservire, et nos sollicitudinem tuam teneamur exinde plurimum commendare.

(95) Bartholomæo, qui Henrico ad sedem Remensem translato successit.

Data Beneventi, XIII Kalendas Decembris.

DXXIII.

Parthenoni Fontebraldensi asserit donum quinquaginta librarum reditus super castrum Divionense, ab Eudone duce Burgundiæ concessum

(Beneventi, Dec. 1.)

[Vide *Gall. Christ. nov.* t. II, 1319.]

DXXIV.

Ad omnes archiepiscopos, episcopos, abbates, priores et cæteros prælatos Hispaniæ. — Pro monasterio Rivipullensi.

(Beneventi, Dec. 6.)

[MANSI, *Concil.*, XXI, 1064.]

ALEXANDER episcopus, servus servorum Dei, venerabilibus fratribus universis archiepiscopis, episcopis, et dilectis filiis abbatibus, prioribus, et aliis ecclesiarum prælatis ad quos litteræ istæ pervenerint, salutem et apostolicam benedictionem.

Discretionis vestræ prudentiam non credimus ignorare, qualiter recolendæ memoriæ Innocentius papa prædecessor noster in concilio Lateranensi generali decreto sancivit, ut quicunque in clericum, monachum, vel conversum cujuscunque religionis violentas manus injiceret, excommunicationis sententiæ subjaceret, ita quidem quod non nisi a Romano pontifice vel de mandato ipsius absolutionis posset beneficium promereri. Hac siquidem consideratione inducti, et ex officii nostri debito nihilominus inclinati, universitati vestræ per apostolica scripta mandamus atque præcipimus quatenus, si quis parochianorum vestrorum in aliquem monachum Rivipullensem clericum sive conversum ejusdem loci violentas manus injecerit, vos eum omni contradictione et appellatione remota excommunicatum publice nuntietis, et sicut excommunicatum præcipiatis eum ab omnibus evitari, donec injuriam passo congrue satisfecerit et ad sedem apostolicam cum vestris litteris veniat satisfacturus. Quod autem de illis qui in monachum, clericum, vel conversum Rivipullensem manus injecerit superius diximus, sic intelligi volumus, ut omnes qui eos, personas eorum capiendo, vulnerando, aut res quas secum habent auferendo dehonestaverint, sicut excommunicati ab omnibus evitentur donec ablata restituant, injuriam passo congrue satisfaciant, et ad sedem apostolicam satisfacturi accedant. Ad hoc, Rivipullensis monasterii fratres studiosa nobis narratione monstrarunt quod ipsi in montanis et locis aridis habitantes, victualia in monasterio jam dicto nonnisi aliunde non sine gravi labore illuc per multa terrarum spatia deferant. Unde frequenter contingit, quod si bestiæ illorum cibaria deferentes ab aliquibus malefactoribus capiantur, ipsi tam famis quam sitis inedia crucientur. Quocirca nos eorum indemnitati volentes utiliter providere, fra-

(96) Ursicampi monasterium ordinis Cisterciensis in diœcesi Noviomensi de linea Clarævallis.

ternitati vestræ per apostolica scripta mandamus atque præcipimus quatenus universis parochianis vestris, ex parte Dei et nostra, sub interminatione anathematis districtius inhibeatis quod bestias tragini præscripti monasterii cum hominibus aut servitutibus suis nulla ratione invadant, nec aliquam eis injuriam vel molestiam audeant irrogare. Prohibeatis etiam et publice interdicatis, ut nullus aliquem ad forum ipsius venientem aut ejus bona sive quemlibet infra ejusdem monasterii ambitum consistentem capere aut inquietare attentet, vel aliquam sibi violentiam vel injuriam inferat. Si quis autem contra prohibitionem nostram in hoc venire præsumpserit, indignationem omnipotentis Dei et beatorum Petri et Pauli ac nostram se noverit incursurum.

Datum Beneventi, viii Idus Decemb.

DXXV.

Ad Henricum Remensem archiepiscopum. — Pro Amelio super fundo quodam.

(Beneventi, Dec. 6.)

[Marten., Ampl. Collect., II, 766.]

Alexander episcopus, servus servorum Dei, venerabili fratri Henrico Remensium archiepiscopo, salutem et apostolicam benedictionem.

Per alia scripta discretioni tuæ jam pridem nos mandasse meminimus, ut nobilem virum B. comitem de Henou, qui Amelio de Albiniaco feudum quoddam dicebatur per violentiam abstulisse, moneres diligentius et districte compelleres, ut feudum illud eidem cum fructibus jam perceptis celerius restitueret quiete ac pacifice possidendum, vel ei sub examine tuo plenam inde justitiam exhiberet. Unde quoniam præfatus Amelius jus suum se nondum consequi potuisse proponit, fraternitati tuæ per iterata scripta mandamus, quatenus memoratum comitem diligenti exhortatione commoneas, et ecclesiastica districtione compellere non omittas, ut prælibato Amelio prætaxatum feudum sine dilatione restituat, et in pace dimittat, vel ei coram te infra quadraginta dies post harum susceptionem sufficientem inde justitiam, appellatione remota, non differat exhibere. Monemus autem prudentiam tuam atque mandamus, ut in his exsequendis ita diligens et studiosus existas, quod nos sollicitudinem tuam teneamur exinde non immerito commendare, et sæpe dictus Amelius multo labore afflictus, per te suam justitiam consequatur.

Data Beneventi, octavo Idus Decembris.

DXXVI.

Ad eumdem. — Item pro Amelio super quibusdam possessionibus.

(Beneventi, Dec. 6.)

[*Ibid.* col. 767.]

Alexander episcopus, servus servorum Dei, venerabili fratri Henrico Remensium archiepiscopo, salutem et apostolicam benedictionem.

Controversiam quæ inter Amelium et Joannem de Machelcurt super quibusdam possessionibus diutius noscitur agitari, experientiæ tuæ jam pridem nos meminimus commisisse. Unde quoniam inter se postea, sicut audivimus, et venerabilis frater noster A. (99*) Atrebatensis episcopus suis nobis litteris intimavit, amicabiliter convenerunt, sed præfatus Joannes transactioni factæ prorsus stare contemnit, fraternitati tuæ per apostolica scripta iterato mandamus, quatenus eumdem Joannem diligenter et studiose commoneas, ut conventionem inter eum et præfatum Amelium factam, sicut interposita fide promisit, celerius exsequatur, et prout inter eos fuit statutum, non differat adimplere. Quod si ad commonitionem tuam adimplere neglexerit, tu eum, omni contradictione et appellatione remota, in sententiam priorem reducas, et eam usque ad dignam satisfactionem facias ab omnibus per tuam provinciam firmiter observari.

Data Beneventi, viii Idus Decembris.

DXXVII.

Ad eumdem et episcopum Laudunensem. — Ut Rainaldum de Roseto compellant restituere Ægidio de Cimai dotalitium uxoris suæ.

(Beneventi, Dec. 8.)

[*Ibid.*, col. 767.]

Alexander episcopus, servus servorum Dei, venerabilibus fratribus Henrico Remensium archiepiscopo, et Laudunensi episcopo, salutem et apostolicam benedictionem.

Rediens Jerosolymis vir Ægidius de Cimai, proposita nobis querela monstravit, quod nobilis vir Rainaldus de Roseto, parochianus vester dotalitium uxoris suæ sibi violenter auferre, et ipsum aliis indebitis molestiis et gravaminibus fatigare præsumit. Unde quia non decet memoratum Rainaldum cuilibet inferre, quod sibi nollet ab aliis irrogari, nec nos pati possumus vel debemus, ut aliquis sua justitia defraudetur, qui ex injuncto summi apostolatus officio jus suum tenemur singulis conservare, fraternitati vestræ per apostolica scripta mandamus, quatenus memoratum Rainaldum curetis et instanter inducere, ut supradicto Ægidio dotalitium uxoris suæ et cætera ablata sine molestia et diminutione restituat, damna data resarciat, et ab ejus deinceps molestatione desistat, vel ei super his omnibus infra duos menses post harum susceptionem, occasione et appellatione remota, coram vobis justitiæ non differat plenitudinem exhibere. Si autem præfatus Rainaldus monitis et exhortationibus vestris acquiescere forte noluerit, eum ad horum alterum quæ prædiximus exsequendum, ecclesiastica sententia districtius appellatione postposita compellatis.

Data Beneventi, vi Idus Decembris.

DXXVIII.

Ad eumdem. — Pro Rolando et Ebruino

(Beneventi, Dec. 10.)

[*Ibid.*, col. 768.]

Alexander episcopus, servus servorum Dei, ve-

(96*) Andreas, qui Godescalco cedenti anno 1164 successit, obiitque 1171.

nerabili fratri Henrico Remensium archiepiscopo, salutem et apostolicam benedictionem.

Latore praesentium, Rolando nomine, conquerente accepimus quod, cum Ebruinus ad nostram audientiam appellasset, pro eo quod sibi domum et vineam quam ad se ratione uxoris asserit pertinere, et monile quod illius uxori in die nuptiarum accommodaverat, reddere renuebat, praedictus Ebruinus ad nostram praesentiam accessit, et, tacita rei veritate, quod ille sibi deberet sedecim libras, nobis sua insinuatione monstravit, et ad Catalaunensem episcopum super commissione illius negotii nostras litteras reportavit. Cumque causa in ejusdem episcopi praesentia tractaretur, et adversa pars testes, sicut ait, conductitios et mendaces vellet producere, iste ad nostram audientiam appellavit. Episcopus vero, appellatione neglecta, vinculo excommunicationis astrinxit. Unde quoniam hujus rei veritas non constat, fraternitati tuae per apostolica scripta mandamus quatenus si causa fuit episcopo, appellatione remota, commissa, sententiam excommunicationis in istum latam teneri facias et servari. Si autem in manu tua sufficientem cautionem praestiterit, quod super eo pro quo fuit excommunicatus in praesentia tua debeat justitiae stare, et sententiae tuae appellatione remota parere, ipsum ab excommunicatione absolvas, et postmodum eo et adversario ante tuam praesentiam evocatis, tam super debito illo, quam super aliis de quibus inter eos quaestio vertitur, causam audias, et eam remoto appellationis obstaculo, justitia mediante, decidas. Porro si in causa quam dicto episcopo comisimus appellationis remedium constiterit reservatum, et tibi quoque fuerit compertum, episcopum memoratum Rolandum post appellationem excommunicasse, sententiam ipsam denunties non tenere, et eum facias pro non excommunicato haberi. Deinde vero tam hujus quam alterius querelam diligenter audias, et eam absque appellationis remedio servata juris aequitate decidas.

Data Beneventi, quarto Idus Decembris.

DXXIX.

Ad Joannem Magalonensem episcopum. — Varia privilegia concedit.
(Beneventi, Dec. 11.)
[Gariel, *Series episc. Magalon.*, I, 217.]

Alexander episcopus, servus servorum Dei, venerabili fratri Magalonensi episcopo, salutem et apostolicam benedictionem.

Volentes tibi jus et dignitatem tuam integre conservare, auctoritate apostolica statuimus ut si aliquis adversus praepositum, vel capitulum seu quemlibet canonicum ecclesiae tuae civilem causam habuerit, ad discretionis tuae examen referatur, coram te tanquam episcopo suo et ordinario judice tractetur et definiatur, si vero de criminali quaestio mota fuerit coram te et capitulo ventiletur et debitum sortiatur effectum tibi quoque liceat canonicorum tuorum excessus in capitulo secundum beati Augustini Regulam corrigere, et emendare. Decernimus praeterea ut praepositus ecclesiae tuae semel et bis in anno de injuncta sibi administratione in capitulo, in tua et fratrum praesentia rationem reddere compellatur, et nulla ei subsit facultas de rebus immobilibus sine tuo et sanioris partis capituli consensu quidquam in detrimentum ecclesiae alienare, et si quid ex his rebus alienavit, aut in posterum alienabit, tu et capitulum tuum id legitime revocandi facultatem liberam habeatis.

Datum Beneventi, Id. Decembris, pontific. nostri anno viii (97).

DXXX.

Ad eumdem. — Aliud privilegium addit
(Beneventi, Dec. 14.)
[*Ibid.*, I, 216.]

Alexander episcopus, servus servorum Dei, venerabili fratri Joanni episcopo Magalonensi, salutem et apostolicam benedictionem.

Ad conservanda jura fratrum et coepiscoporum nostrorum tanto sollicitiores esse debemus, quanto nobis ratione officii et dignitatis noscuntur esse proximi. Quare cum omnium tam tuae paci inclinati, auctoritate apostolica statuimus ut ecclesia cum hospitali, auctoritate tua noviter in silva Galteri constructa, ita pure et absolute in tua dispositione consistat, quod nemini liceat eamdem ecclesiam cum hospitali a jurisdictione tua subtrahere, aut jus tuum diminuere, vel in alterius ordinationem transferre, salva nimirum sedis apostolicae auctoritate.

Datum Beneventi, xix Kalend Januarii, pontificatus nostri anno viii (98).

DXXXI.

Ad Henricum Remensem archiepiscopum. — Ut ei commendatum sit monasterium Sancti Dionysii.
(Beneventi, Dec. 16.)
[Marten., *Ampl. Collect.*, II, 769.]

Alexander episcopus, servus servorum Dei, venerabili fratri Henrico Remensium archiepiscopo, salutem et apostolicam benedictionem.

Pontificalis officii debitum et ordo exigit rationis, pro illarum ecclesiarum statu diligenti cura satagere, quae ad jus et proprietatem sacrosanctae Romanae Ecclesiae et nostram noscuntur dispositionem specialius pertinere. Quia igitur monasterium Sancti Dionysii ad apostolicae sedis et nostram provisionem specialiter respicit et tutelam, pro eodem monasterio fraternitatem tuam rogamus attentius et monemus, ut abbatem et fratres inibi divinis obsequiis mancipatos, supernae contemplationis intuitu, et, pro reverentia beati Petri et nostra, diligere et manutenere pariter et fovere studeas; et cum

(97) Verba, *pontificatus nostri anno* viii, aliena manus addidit.

(98) Vide notam sup.

ad te pro necessitatibus ipsius monasterii recurrerint, eis tuæ defensionis et patrocinii solatium gratanter et benigne exhibeas, ita quod nobis exinde gratior compareas et apostolicæ sedis gratiam merearis propter hoc omni tempore uberiorem habere.

Data Beneventi, decimo septimo Kalend. Januar.

DXXXII.

Ad eumdem. — Pro Joanne sacerdote super ecclesia de Poegni.

(Beneventi. Dec. 19.)

[*Ibid.*]

Alexander episcopus, servus servorum Dei, venerabili fratri Henrico Remensi archiepiscopo, salutem et apostolicam benedictionem.

Suggerente olim nobis Uldredo presbytero, et graviter conquerente quod ecclesia Sanctæ Mariæ quam se asserebat rationabiliter habuisse, injuste fuisset et illicite spoliatus, causam ipsam experientiæ tuæ commisimus terminandam. Cum ipse et Joannes presbyter præsentium lator in tua præsentia constituti inter se ad invicem multa proponerent, et idem Uldredus duos testes super causa ipsa produceret, præfatus Joannes eosdem testes tanquam minus idoneos ad nostram audientiam appellavit. Utraque autem parte appellationem prosequente, jam dictus Uldredus eumdem Joannem præveniens, ad te nostras litteras, si bene meminimus, impetravit, in quibus continebatur, quod si ipse præfatum Joannem, sicut nobis proponebat, de perjurio posset convincere, eidem Joanni pœnitentiam dignam imponeres, et prædictos testes appellatione remota susciperes, et eam fine debito terminares. Verum cum Joannes prædictum Uldredum appellationem prosecuturus non multum longe a nobis in recessu suo obviam habuisset, nunquam, sicut asseruit, ille vel personæ, cum quibus veniebat, ipsum potuerunt inducere, ut ad præsentiam nostram rediret. Veniens itaque prædictus Joannes litteras dilectorum nostrorum B. decani et capituli Catalaunensis nobis repræsentavit, in quibus expresse continebatur, quod Joannes presbyter ad repræsentationem eorum, sicut moris est, præscriptam ecclesiam Sanctæ Mariæ a bonæ memoriæ B. (99) quondam Catalaunensi episcopo, nullo reclamante, suscepit, in qua plus quam per tredecim annos quiete et pacifice ministravit. Asserebant insuper se prædictum Uldredum nec recepisse, nec eidem episcopo repræsentasse, sed nostras litteras ad te falsa suggestione ab eodem impetratas. Super hoc autem dilectus filius noster G. Catalaunensis archidiaconus memorato Joanni nihilominus per suas litteras testimonium perhibuit, ad quem post episcopum ejusdem Ecclesiæ concessio dicitur pertinere. Quia igitur indignum esset admodum, et a ratione prorsus extraneum, ut illorum testimonium canonico respectu assertioni præjudicium quodlibet generaret, fraternitati tuæ per iterata

(99) Bosone episcopo, qui anno 1161 vivere desiit.

scripta mandamus quatenus, si prælibatum capitulum legitime asseverare voluerit quod per suas litteras nobis suggesserit, tu, omni mora et appellatione remota, prædicto Uldredo super causa ipsa silentium imponas, et ab ejus impetitione prænominatum Joannem prorsus absolvas, litteris quas ipse a nobis super causa ipsa obtinuit, eidem Joanni nullum præjudicium parantibus vel jacturam. Et quia supradictus Uldredus ejus adversarius est, ipsum non permittas in criminalibus Joannem presbyterum impetere, nisi forte adversus eum exceptionem ponendo sibi crimen objiceret.

Data Beneventi, decimo quarto Kalendas Januarii.

DXXXIII.

Ad Gerardum Spalatensem archiepiscopum. — Ut cuidam bona ablata restitui jubeat.

(Beneventi, Dec. 23.)

[Farlati, *Illyricum sacrum*, III, 190.]

Alexander episcopus, servus servorum Dei, venerabili fratri G[erardo] Spalatensi archiepiscopo, apostolicæ sedis legato, salutem et apostolicam benedictionem.

E transmissa dilecti filii nostri relatione nobilis viri Bonumir de Siponto auribus nostris innotuit quod homines de Sevenico Goffrido filio ejus violenter et furtim res suas auferre non dubitarunt. Unde quoniam eidem B. tum ex officii nostri debito, tum etiam consideratione devotionis, quam circa nos specialiter gerit, in suo jure adesse debemus ; fraternitati tuæ per apostolica scripta mandamus, quatenus prædictæ civitatis homines, qui hoc facinus commiserunt, instanter moneas, et districte compellas, ut ea quæ furtim vel per violentiam filio præfati B. abstulerunt, eidem postposita cunctatione remittant. Quod si infra congruum terminum a te sibi præfixum facere forte renuerint, eos usque ad dignam satisfactionem excommunicationis vinculo non differas innodare.

Datum Beneventi, x Kal. Januarii.

DXXXIV.

Ad Henricum Remensium archiepiscopum. — Ut ablatam fratribus hospitalis Jerosolymitani eleemosynam a duce Lovaniensi faciat restitui.

(Beneventi, Dec. 23.)

[Marten., *Ampl. Collect.*, II, 771.]

Alexander episcopus, servus servorum Dei, venerabili fratri Henrico Remensium archiepiscopo, salutem et apostolicam benedictionem.

Querelam fratrum hospitalis Jerosolymitani nobis intimatam audivimus, quod nobilis vir dux de Louvain, eis eleemosynam quamdam in villa quæ Benten dicitur, auferre præsumpsit, et reddere hactenus recusavit. Quia vero viros nobiles et potentes ab aliorum et maxime Christi pauperum oppressione ecclesiasticæ severitatis gladio durius coercere debemus, fraternitati tuæ per apostolica scripta mandamus quatenus jam dictum ducem per te, vel litteras, aut nuntios tuos studiosius exhorteris et instanter commoneas, ut prædictis fratribus eleemosynam præscriptam, omni occasione et excusatione cessante, restituat et in pace dimittat, vel eis coram te plenam inde justitiam per se vel sufficientem responsalem, appellatione remota, non differat exhibere. Quod si ad commonitionem tuam adimplere neglexerit, terram quam in tua provincia habere dignoscitur, interdicto subjicias, et personam illius, si nec sic resipuerit, vinculo excommunicationis astringas, et ab omnibus per tuam provinciam, sicut excommunicatum præcipias evitari.

Data Beneventi, x Kalendas Januarii.

DXXXV.

Ad universos ecclesiasticos in terra ducis Welfonis constitutos.

(Beneventi, Dec. 26.)

[*Monumenta Boica*, VI, 488.]

ALEXANDER episcopus, servus servorum Dei, dilectis filiis universis ecclesiasticis in terra dilecti filii nostri nobilis viri ducis Welfonis, quæ in Augustensi episcopatu sita est, constitutis, salutem et apostolicam benedictionem.

Et communi fama referente accepimus, et ex transmissa relatione prædicti ducis id ipsum plene intelleximus, quod ab Augustensi dicto episcopo multas angustias, et tribulationes atque molestias amore catholicæ fidei sustinuistis et jugiter sustinetis. Unde fervorem devotionis et fidei vestræ diligenti meditatione pensantes et vobis tanquam dilectis filiis volentes digne pro meritis respondere, vobis ad preces et interventum prædicti ducis de consueta clementia sedis apostolicæ indulgemus, ut quandiu in unitate catholica perstiteritis et prædictus Augustensis Augustensem Ecclesiam tenuerit, ordinationes et consecrationes ecclesiarum, et cætera ecclesiastica sacramenta a quocunque volueritis catholico episcopo nullius contradictione vel appellatione obstante suscipiatis. Vestra igitur intererit pro indulta vobis gratia sacrosanctæ Romanæ Ecclesiæ amodo devotiores existere et circa devotionem et obsequium ejus peremptiores et ferventiores voces exhibere.

Datum Beneventi, VII Kal. Januarii.

ANNO 1168-1169.

DXXXVI.

Ad Henricum Remensem archiepiscopum. — Pro Amelio de Albiniaco.

(Beneventi, Febr. 28.)

[MARTEN., *Ampl. Collect.*, II, 786.]

ALEXANDER episcopus, servus servorum Dei, venerabili fratri HENRICO Remensium archiepiscopo, salutem et apostolicam benedictionem.

Ex relatione Amelii de Albiniaco ad aures nostras pervenit, quod cum inter eum et Joannem de Malecicurt, super quibusdam possessionibus in præsentia tua de mandato nostro controversia verteretur, tu auditis hinc inde rationibus diligenter et cognitis, pro supradicto Amelio contra Joannem sententiam protulisti, et ipsi Amelio possessiones præscriptas restitui adjudicasti. Præfatum vero Joannem quoniam sententiæ parere neglexit, excommunicationis vinculo innodasti. Unde quoniam rei judicatæ standum esse juris decrevit auctoritas, fraternitati tuæ per apostolica scripta mandamus, quatenus, si res ita se habet, nec sententia illa fuit per appellationem suspensa, memoratum Joannem donec supradicto Amelio congrue satisfaciat, nulla ratione absolvas, vel ab alio permittas absolvi, sed si nec sic resipuerit, terram ejus subjicias interdicto.

Data Beneventi secundo Kalendas Martii.

DXXXVII.

Ad eumdem. — Pro Petro olim Judæo.

(Beneventi, Mart. 7.)

[*Ibid.*]

ALEXANDER episcopus, servus servorum Dei, venerabili fratri HENRICO Remensi archiepiscopo, salutem et apostolicam benedictionem.

Veniens ad nos Petrus, olim Judæus, nunc autem Christianus, supplici nobis relatione monstravit, quod abbatissa Beati Petri Remensis, quæ ipsum de sacro fonte suscepit, assensu totius capituli unam sibi refectorii sui præbendam assignavit, cumque eam diu in pace percepisset, tu ipsam ei abstulisti. Unde quia illi, qui postposito Judaismo ad legem nostram convertuntur, humane ac benigne sunt pertractandi, propterea quod facile desperant, fraternitatem tuam monemus atque mandamus, quatenus prædicto Petro præscriptam præbendam restitui facias et in pace dimitti, aut si propter justam causam ei beneficium, sicut credimus, subtraxisti, in alio æquivalente ita illi provideas, ne propter inopinam et subtractionem humani subsidii cogatur legem nostram dimittere, et ad suam, tanquam canis ad vomitum, remeare.

Data Beneventi Non. Martii.

DXXXVIII.

Ad Geraldum Tolosanum episcopum, etc. — Tolosam ab interdicto liberat, exoratus a rege Ludovico VII.

(Beneventi, Mart. 12.)

[D. BOUQUET, *Recueil*, XV, 860.]

ALEXANDER episcopus, servus servorum Dei, venerabili fratri GERALDO episcopo, et dilectis filiis, consulibus et universo clero et populo Tolosano, salutem et apostolicam benedictionem.

Dum fidei et devotionis vestræ integritatem, quam erga sacrosanctam Romanam Ecclesiam, et erga personam nostram firmiter geritis studiose attendimus, et gratiam pariter et dilectionis plenitudinem quam vobis et civitatis vestræ charissimus in Christo filius noster Ludovicus, illustris rex Francorum, specialiter exhibet, diligenter consideramus; vos sicut devotos Ecclesiæ filios, intuitu prædicti regis et consideratione sinceritatis vestræ, singulari privilegio amoris et gratia volumus decorare, et arctiori nobis astringere affectione. Unde nos hac consideratione inducti, interdicti sententiam quam omni civitate vestra pro forisfacto comitis Tolosani poni fecimus, ad preces prædicti regis benigno animo relaxamus, et ut in absentia ejusdem comitis, in ecclesiis civitatis vestræ et suburbiorum ejus divina libere celebrentur, vobis nihilominus indulgemus, monentes atque mandantes propter hoc et alia gratiæ nostræ insignia nobis curetis devotiores existere, et in obsequio B. Petri et nostro ferventius ac firmius de cætero permanere.

Datum Beneventi, iv Idus Martii.

DXXXIX.
Ad Henricum Remensem archiepiscopum. — Pro Hugone serviente.
(Beneventi, Mart. 12.)
[Marten., Ampl. Collect., II, 788.]

Alexander episcopus, servus servorum Dei, venerabili fratri Henrico Remensium archiepiscopo, salutem et apostolicam benedictionem.

Significatum est nobis, quod cum inter militem quemdam et Hugonem servientem coram venerabili fratre nostro Laudunensi episcopo controversia quædam tractari deberet, et idem Hugo militi satisfacere nollet, aut coram episcopo justitiæ stare, sententiam excommunicationis incurrit. Demum vero cum crucem Dominicam suscepisset, Jerosolymam profecturus, ad nostram, sicut audivimus, præsentiam venit, et præstito juramento quod nostro super his, pro quibus excommunicatus fuit, staret mandato, absolutionem promeruit, de qua cum, sicut dicit, nostras litteras impetrasset, eas per quemdam nuntium suum ad partes illas remisit, quas idem nuntius, dum præfatus Hugo in Jerosolymitano itinere moraretur, in veniendo dicitur amisisse. Unde quoniam nobis horum veritas ignota prorsus existit, cum hominessimus nec omnium memoriam possumus habere, fraternitati tuæ per apostolica scripta mandamus, quatenus rei seriem diligenter inquiras, et si memoratus Hugo per aliquos qui cum eo coram nobis fuerunt, se per nos absolutum fuisse possit legitime comprobare, ipsum pro absoluto habeas, et ab aliis facias pro absoluto teneri; dummodo coram te super causa præscripta juris velit æquitati parere. Deinde vero causam audias, et eam, appellatione remota, justitia mediante, decidas. Si autem tibi de absolutione sua plenam fidem facere nequeat, recepto ab eo juramento, quod sub examine tuo super his de quibus excommunicatus fuit justitiæ stabit, eumdem a sententia qua tenetur sine banno absolvas, et deinde causam inter eum et militem ortam sine appellationis remedio studeas terminare.

Data Beneventi, quarto Idus Martii.

DXL.
Ad eumdem. — Pro Drogone Hamensi canonico.
(Beneventi, Mart. 14.)
[Ibid., col. 791.]

Alexander episcopus, servus servorum Dei, venerabili fratri Henrico Remensium archiepiscopo, salutem et apostolicam benedictionem.

Devotionis et sinceritatis tuæ litteras, quas nobis pro dilecto filio nostro Drogone Hamensi canonico transmisisti, benigna mentis affectione suscepimus, et eas curavimus diligenter audire. Verum super negotio illo, de quo nos rogasti, nihil aliud tuæ prudentiæ respondemus, nisi quod bonæ memoriæ B. quondam Noviomensi episcopo nos exinde jam primum meminimus respondisse, si nuntii ejus litteras nostras ad eum voluerint deferre. Licet enim regulares viros ad prælationes ecclesiasticas assumptos fuisse persæpe viderimus, nunquam tamen legimus vel aliquando audivimus, quod de regulari canonico quisquam fuerit sæcularis effectus. Quare si precibus tuis in hac parte non acquievimus, quoniam salva Ecclesiæ honestate id non potuimus efficere, grave non debes vel molestum habere, aut inde quoque minus turbari, cum scriptum sit quod nemo mittens manum ad aratrum, et aspiciens retro, regno Dei aptus existit (*Luc.* ix), et uxor Lot quæ respexit, in salem ut condiat legitur conversa fuisse (*Gen.* xix). Tu vero præfatum Drogonem diligentius exhorteris, et omnino inducas, ut ad claustrum suum celerius revertatur, et ibidem secundum professionem suam humiliter studeat Domino deservire. Non enim nobis minus grave, quam tibi existit, quod preces tuas sicut vellemus, salva conscientia nostra, in hac parte non possumus exaudire.

Data Beneventi, secundo Idus Martii.

DXLI.
Ad eumdem. — Pro G. sacerdote.
(Beneventi, Mart. 14.)
[Ibid.]

Alexander episcopus, servus servorum Dei, venerabili fratri Henrico Remensi archiepiscopo, salutem et apostolicam benedictionem.

Conquestus est nobis G. sacerdos præsentium lator, quod W. de Carten. sibi septuaginta quinque solidos tenetur exsolvere, quos sibi reddere contradicit. Unde cum inter eos super hoc et de damnis quibusdam, quæ sibi jam dictus G. per præfatum W. illata fuisse proponit, controversia verteretur, idem G. ad nostram audientiam appellavit. Quocirca fraternitati tuæ per apostolica scripta mandamus, quatenus memoratum W. moneas diligentius et districte compellas; quod præfato G. pecuniam prætaxatam sine dilatione aliqua cum integritate persolvat, de damnis illatis plenarie satisfaciat, vel eidem sub examine tuo plenam inde justitiam, appellatione remota, non differat exhibere.

Data Beneventi, secundo Idus Martii.

DXLII.

Ad eumdem. — *Pro Joanne canonico Laudunensi.*

(Beneventi, Mart. 15.)

[*Ibid.*, col. 792.]

ALEXANDER episcopus, servus servorum Dei, venerabili fratri HENRICO Remensi archiepiscopo, salutem et apostolicam benedictionem.

Nihil est quod episcopali magis congruat honestati, quam jus et æquitatem diligere, et per injuriam gravatis in sua justitia subvenire. Hac siquidem consideratione inducti, et de prudentia tua omnino confisi, discretionem tuam per apostolica scripta rogamus atque monemus, quatenus Joannem clericum, et ecclesiæ Laudunensis canonicum, ab adversariis contra justitiam exhæredari, vel res ejus ab eis per violentiam occupari, nulla ratione permittas, sed eum interventu nostro, et amore justitiæ, in jure suo manuteneas, et illud sibi tua protectione conserves.

Data Beneventi, Id. Martii.

DXLIII.

Ad eumdem. — *Pro Ha. sacerdote.*

(Beneventi, Mart. 17.)

[*Ibid.*]

ALEXANDER episcopus, servus servorum Dei, venerabili fratri HENRICO Remensium archiepiscopo, salutem et apostolicam benedictionem.

Veniens ad nos Ha. sacerdos præsentium lator, in sua nobis confessione ostendit quod, cum jam pridem lapsu carnis peccasset, S. prædecessor tuus ipsum officio et beneficio suo privavit. Tu vero misericordia motus officium sibi sacerdotale, sicut asserit, reddidisti, sed de beneficio nullam eidem indulgentiam hactenus facere voluisti, licet aliud beneficium non habeat unde vitæ sustentationem valeat percipere. Unde quoniam de beneficio potius quam de officio misericorditer secum esset agendum, præsertim cum multi beneficium possint de jure percipere, nec tamen officii sacerdotalis administrationem habere; fraternitatem tuam per apostolica scripta rogamus atque monemus, quatenus memorato Ha. in aliquo beneficio, præterquam in ecclesia illa quam prius habebat, divini amoris intuitu, et pro reverentia beati Petri ac nostra, necnon et ex tui officii debito studeas providere, unde necessaria vitæ possit competenter percipere, et in ordine suo Domino fideliter deservire, nos quoque sollicitudinem tuam teneamus exinde plurimum commendare. et hoc gratum acceptumque tenere.

Data Beneventi, decimo sexto Kalendas Aprilis.

DXLIV.

Morinensi episcopo et abbati Sancti Quintini de Monte mandat ut audiant causam inter Humolariensem, et de Ribemonte abbates, et abbatissam de Monasteriolo et militem de Brenoth.

(Beneventi, Mart. 17.)

[*Ibid.*, 793.]

ALEXANDER, Morinensi (100) episcopo et abbati S. Quintini (1) de Monte.

Cum inter dilectos filios nostros R. S. Nicolai (2) de Ribemonte et P. Humolariensem (3) abbates, et de Monasteriolo (4) abbatissam, et G. militem de Brenoth, de nemore quodam causa diutius ventilata fuisset, ad nostram tandem fuit audientiam per appellationem delata; postremo autem tam priore S. Nicolai, quam responsalibus adversæ partis in nostra præsentia constitutis, cum quisque assereret præscriptum nemus ad suum jus pertinere, et idem prior causam ipsam, mediante dilecto filio nostro Odone S. Nicolai in Carcere Tulliano diacono cardinali, compositione interveniente, decisam fuisse constanter asseveraret; altera pars compositionem non fuisse factam de assensu prædictarum ecclesiarum et militis proposuit. Adjecit insuper quod ab eadem compositione fuerit resilitum, et postea prædictus abbas S. Nicolai præscriptum nemus tenuit ad censum, licet prior, qui pro eo venerat id omnino diffiteretur. Unde quia nec super his quæ hinc inde allegabantur, nec de meritis causæ nos poterant ad plenum certificare, nos decisioni ipsius negotii supersedentes, ipsum experientiæ vestræ committimus audiendum, et appellatione remota fine congruo terminandum. Quocirca discretioni vestræ per apostolica scripta mandamus, quatenus in unum pariter convenientes, et partes ante præsentiam vestram convocantes, inter eos pacifice et amicabiliter componere studeatis. Quod si hoc fieri non poterit, rationibus hinc inde auditis diligenter et cognitis, eamdem causam, appellatione cessante, justitia terminetis. Si vero compositionem quæ mediante prædicto cardinali facta dicitur, aut arbitrium ab eodem cardinali post compromissionem in eum factam prolatum abbas forte S. Nicolai prætenderit, nolumus quod justitiæ alterius partis, nisi rationabiliter constiterit, quod de communi compromissione partium prolatum, aliquod debeat præjudicium generare. Si autem compositio de beneplacito et voluntate eorumdem trium capitulorum, et ejusdem militis facta fuit, seu arbitrium de communi compromissione partium prolatum, aut etiam compositio postea a partibus exstitit

---

(100) Morinum seu Tervana haud ignobilis civitas episcopalis ad Legiam fluvium, sub metropoli Remensi, cujus sedes, eversa a Carolo V civitate, Bolomiam translata est.

(1) S. Quintini de Monte prope Peronam monasterium ordinis S. Benedicti sub congregatione S. Mauri.

(2) S. Nicolai de Ribomonte seu Ribodimonte, monasterium ordinis S. Benedicti in diœcesi Laudunensi.

(3) Humolariense primum virginum, deinde monachorum ordinis S. Benedicti monasterium in diœcesi Noviomensi, haud procul ab Augusta Viromanduorum.

(4) Monasteriolum, virginum cœnobium ordinis Cisterciensis ad radicem montis Lauduni.

rata, volumus ut compositio seu arbitrium debeat stare. Si vero huic rei ambo interesse non poteritis, a'ter vestrum non minus negotium ipsum, ut prædictum est, exsequatur.

Data Beneventi, xvi Kalendas Aprilis.

DXLV.

Ad Henricum Remensem archiepiscopum. — Pro abbate Sancti Martini Laudunensi.

(Beneventi, Mart. 20.)

[*Ibid.*, col. 795.]

Alexander episcopus, servus servorum Dei, venerabili fratri Henrico Remensium archiepiscopo, salutem et apostolicam benedictionem.

Ex parte dilectorum filiorum nostrorum abbatis et fratrum Sancti Martini (5) directa nuper ad nos relatione pervenit, quod E. sacerdos de Monte Bunoldi et Hu. de Warch, decimas ab eis contra justitiam exigunt, et G. de Chamelsi pro pasturis quibusdam eos graviter et injuste fatigat, pro quibus utique controversiis, nos illos ad præsentiam venerabilium fratrum nostrorum Ambianensis et Noviomensis episcoporum volumus convenire, ut sub eorum judicio negotia ista finem debitum sortiantur. Per apostolica itaque scripta fraternitati tuæ mandamus, quatenus eosdem viros ad vocationem illorum accedere, ac judicium illorum suscipere omni cum districtione compellas, et taliter in illorum malitia cohibenda pontificatus officii auctoritatem exerceas, ut jam dicti fratres per instantiam tuam de justitiæ suæ possint conservatione gaudere, et tua fraternitas de pace religiosis fratribus procurata, commendationem debeat invenire.

Data Beneventi, decimo tertio Kalendas Aprilis.

DXLVI.

Ad eumdem. — Pro Willelmo Suessionensi decano.

(Beneventi, Mart. 22.)

[*Ibid.*]

Alexander episcopus, servus servorum Dei, venerabili fratri Henrico Remorum archiepiscopo, salutem et apostolicam benedictionem.

Dilectus filius noster Willelmus Suessionensis decanus nobis studiose proposuit, et idipsum quædam litteræ bonæ memoriæ Adriani papæ prædecessoris nostri cognitioni nostræ plenius infuderunt, quod cum frater noster Hugo episcopus Suessionensis ecclesiæ ad eamdem vocatus et electus fuisset, jam dictus antecessor noster præfati decanatus redditus tenues esse considerans, præbendam quam electus habuerat, memorato decano concessit, et eum exinde investivit, ita quidem quod ad officium decanatus præbenda illa in posterum spectare deberet. Mandavit itaque tam electo prædicto quam Suessionensis Ecclesiæ capitulo, ut concessionem illam ratam habentes, nec contra illam venire, nec eam ullo tempore præsumerent perturbare. Unde

(5) S. Martini ecclesia olim in suburbio Laudunensi, nunc infra urbis mœnia primum clericorum, deinde regularium, tandem anno 1124 agente præ-

quoniam prælibatus episcopus id, sicut audivimus, nullatenus adimplevit, sed præbendam contra hoc non dubitavit transferre, eidem per scripta nostra præcepimus, ut præfato decano præbendam illam quam ad manus suas tenet, quæ fuit Theobaldi de Veteri foro, omni contradictione et appellatione cessante, assignet, et ipsum eamdem permittat in pace tenere, ita quidem quod ad decanatus officium debeat de cætero juxta prædicti antecessoris nostri statutum spectare. Quod si episcopus nostrum in hac parte præceptum exsequi forte contempserit, tu id, omni dilatione et appellatione remota diligentius exsequi non omittas.

Data Beneventi, undecimo Kalendas Aprilis.

DXLVII.

[Hugonem] Suessionensem episcopum de superiori epistola certiorem facit.

[*Ibid.*, 796.]

Alexander episcopus, servus servorum Dei, Suessionensi episcopo, salutem et apostolicam benedictionem.

Ex relatione dilecti filii nostri Willelmi ecclesiæ tuæ decani, et ex tenore quarumdam litterarum bonæ memoriæ Adriani papæ prædecessoris nostri accepimus quod, cum tu ad ecclesiam jam dictam electus et vocatus fuisses, præbendam, quam in catenebas, eidem decano concessit, et eum exinde investivit, adjiciens quod præbenda illa ex tunc ad decanatus officium pertineret. Quoniam igitur præfatum decanum præbenda præscripta juxta prædecessoris nostri et benefactoris tui statutum atque mandatum habere, sicut audivimus, nullatenus permisisti, sed eam in alium pro tuo beneplacito non dubitasti conferre, quod cum non deceret te contra Romanæ Ecclesiæ statuta ita recenter venisse, a qua tantum beneficium in continenti receperis, fraternitati tuæ per apostolica scripta præcipiendo mandamus, quatenus memorato decano præbendam illam, quam ad manus tuas tenere dignosceris, et quam T. de Veteri foro tenebat, sine dilatione, omni occasione et appellatione cessante, assignes, et in pace possidere permittas, ita quod eadem præbenda, juxta quod prænominatus antecessor instituit, ad decanatus officium debeat de cætero pertinere. Si autem distuleris hæc adimplere, noveris nos venerabili fratri nostro Henrico Remorum archiepiscopo in mandatis dedisse, ut ea quæ prædiximus, omni dilatione et appellatione remota, plenius exsequatur.

DXLVIII.

Ad Henricum Remensem archiepiscopum. — Pro Alberto sacerdote.

(Beneventi, Mart. 22.)

[*Ibid.*, 797.]

Alexander episcopus, servus servorum Dei, vesertim Bartholomæo episcopo ad Præmonstratenses transiit.

nerabili fratri HENRICO Remensium archiepiscopo, salutem et apostolicam benedictionem.

Lator praesentium Albertus sacerdos, non sine labore ad nos rediens, supplici nobis conquestione monstravit, quod presbyter de Basauchis et Castellana et filius ejus Nicolaus, matrem illius redditus suos quaerentem, et ad te propter hoc recurrentem, ausu temerario incarceraverunt, et ipsam diutius detinuerunt : ita quod occasione illa redditus suos amisit. Unde quoniam nulla ratione pati volumus vel debemus, ut hi qui sacrosanctam Romanam Ecclesiam visitant, rerum suarum dispendium sustineant vel jacturam, fraternitati tuae per apostolica scripta mandamus quatenus tam presbyterum, quam castellanam et filium suum instanter moneas et districte compellas, ut praedicto presbytero de injuriis irrogatis satisfaciant, et illata damna resarciant, vel sub tuae discretionis examine plenam exinde sibi justitiam, appellatione remota, exhibeant. Si autem commonitioni tuae parere noluerint, eos ecclesiastica animadversione percellas. Illos vero qui praedicti sacerdotis redditus perceperunt, eosdem ipsi reddere, vel coram justitiam exhibere, omni appellatione cessante, constringas.

Data Beneventi, undecimo Kalendas Aprilis.

DXLIX.

Alberto sacerdoti confirmat ecclesiam S. Remigii de Augeio et capellam de Cersolio.

(Beneventi, Mart. 22.)

[*Ibid.*, col. 798.]

ALEXANDER episcopus, servus servorum Dei, ALBERTO sacerdoti, salutem et apostolicam benedictionem.

Justis petentium desideriis facilem nos convenit impertiri consensum, et vota quae a rationis tramite non discordant, effectu sunt prosequente complenda. Eapropter, dilecte in Domino fili, tuis justis postulationibus grato concurrentes assensu, ecclesiam S. Remigii de Augeio cum capella de Cersolio ad eam pertinente et aliis pertinentiis suis tibi canonice concessam, devotioni tuae auctoritate apostolica confirmamus, et praesentis scripti patrocinio communimus, ut nulli omnino hominum liceat hanc paginam nostrae confirmationis infringere, vel ei aliquatenus contraire. Si quis autem hoc attentare praesumpserit, indignationem omnipotentis Dei, et beatorum Petri et Pauli apostolorum ejus se noverit incursurum.

Data Beneventi, xi Kalendas Aprilis.

DL.

Ad Henricum Remensem archiepiscopum. — Pro B. presbytero.

(Beneventi, Mart. 23.)

[*Ibid.*, col. 799.]

ALEXANDER episcopus, servus servorum Dei, venerabili fratri HENRICO Remensium archiepiscopo, salutem et apostolicam benedictionem.

Conquestus est nobis B. presbyter, quod eum abbati et conventui Branensi (6) viginti libras Proviniensium in suis necessitatibus mutuasset, et multoties ab eis requisisset, ipsi eas sibi reddere nolunt. Unde quoniam injustum est, et obvium honestati, pecuniam accommodatam non reddere; fraternitati tuae per apostolica scripta mandamus, quatenus praefatum abbatem et fratres infra triginta dies post harum susceptionem commoneas et districte compellas, ut praenominato presbytero praetaxatam pecuniam cum integritate persolvant. Si autem potius causam intrare decreverint, quam pecuniam ei reddere, tu partibus ante tuam praesentiam convocatis, diligenter causam audias, et eam remoto appellationis obstaculo, justitia mediante decidas.

Data Beneventi, decimo Kalendas Aprilis.

DLI.

Ad eumdem. — Pro ecclesia Sancti Joannis Suessionensi.

(Beneventi, Mart. 23.)

[*Ibid.*]

ALEXANDER episcopus, servus servorum Dei, HENRICO Remensium archiepiscopo, salutem et apostolicam benedictionem.

Ad audientiam nostram pervenit quod G. et servientes ejus ecclesiae Sancti Joannis de Vineis nemus quoddam praesumunt auferre, et eam super hoc molestare non cessant. Quia vero ecclesiarum jura integra debemus, quantum in nobis est, tueri et illaesa servare, fraternitati tuae per apostolica scripta mandamus quatenus memoratum G. et servientes ejus ab ecclesiae praescriptae molestatione, cessante appellatione, prorsus cessare compellas : ita quod si aliter tibi non acquieverint, tu ipsos usque ad condignam satisfactionem vinculo excommunicationis astringas, nisi a sua molestia velint omnino desistere, vel cum ecclesia supradicta de his quae in quaestione vertuntur coram te ordine judiciario experiri.

Data Beneventi, decimo Kalendas Aprilis.

DLII.

Ad eumdem. — Pro Her., ut ei ablata restituantur.

(Beneventi, Mart. 28.)

[*Ibid.*, col. 800.]

ALEXANDER episcopus, servus servorum Dei, venerabili fratri HENRICO Remensium archiepiscopo, salutem et apostolicam benedictionem.

Lator praesentium, Her. nomine; graviter de canonicis de Monte conqueritur, quod ei unam domum, unam vineam, unum hortum, et unam oscham, quam haereditario jure asserit ad se pertinere, contra justitiam abstulerunt. Quia igitur non decet viros ecclesiasticos alterius jura illicite

---

(6) Brana celebre ordinis Praemonstratensis monasterium in dioecesi Suessionensi, quod a canonicis saecularibus ad regulares istius ordinis transiit anno 1130, in quo cernitur toparcharum Branensium sepultura.

occupare, qui aliis virtutis et honestatis exemplum debent præbere, fraternitati tuæ per apostolica scripta mandamus, quatenus prædictos canonicos indesinenter commoneas et districte compellas, ut præfato Her. præscriptam domum, vineam, hortum, et oscham, postposita mora et occasione, restituant, ac libere et quiete dimittant. Quod si forte cum eo super hoc voluerint experiri, partes ante tuam præsentiam convoces, et rationibus hinc inde auditis et cognitis, diligenter causam ipsam absque appellationis remedio mediante studeas justitia terminare.

Data Beneventi, v Kalendas Aprilis.

DLIII

Ad eumdem. — *Pro decano et canonicis Ecclesiæ Suessionensis.*

(Beneventi, Mart. 31.)

[*Ibid.*]

ALEXANDER episcopus, servus servorum Dei, venerabili fratri HENRICO Remensium archiepiscopo, salutem et apostolicam benedictionem.

Cum universis in sua justitia cura debeamus propensiori adesse, illis tamen specialiter nos oportet intendere, qui sedem apostolicam pro suis et aliorum negotiis visitare noscuntur. Qualiter autem dilecti filii nostri decanus et canonici Suessionenses pro causa quæ inter eos et fratrem nostrum episcopum (7) suum vertitur, apostolicam sedem adierint, et quosdam etiam capellanos ejusdem episcopatus secum adduxerint, tuæ discretionis prudentiam non credimus ignorare. Inde siquidem est, quod eisdem jura sua integra volentes et illæsa servare, fraternitati tuæ per apostolica scripta mandamus, quatenus si præfatus episcopus aliquem de suspectis vel de testibus etiam aut aliis fautoribus suis, quoniam ad præsentiam nostram venerunt, vel quia cum memorato decano et fratribus ejus in causa sua steterunt, vel in aliquo gravare voluerit, tu eum ab hujusmodi præsumptione, omni occasione vel appellatione remota, prorsus cessare compellas, etsi quidquam in eos hac occasione statuerit, tu id, sublato appellationis remedio, non differas in irritum revocare, memoratos vero decanum et canonicos, nec non et universos qui sibi in negotio suo assistunt, ita protegas et defendas, ut a supradicto episcopo non possint indebite aggravari, aut aliquod juris sui incommodum sustinere.

Data Beneventi, secundo Kalendas Aprilis.

DLIV

Ad eumdem. — *Pro præcentore R. Suessionensi.*

(Beneventi, Mart. 31.)

[*Ibid.*, col. 801.]

ALEXANDER episcopus, servus servorum Dei, venerabili fratri HENRICO Remensium archiepiscopo, salutem et apostolicam benedictionem.

Cum dilectus filius noster R. Suessionensis ecclesiæ præcentor coram nobis existeret, ex relatione ejus accepimus quod, duo prædecessores illius altare de Bosserre, toto vitæ suæ tempore, dum præcentores essent, possederunt, quod venerabilis frater noster Suessionensis episcopus, cum præcentoria vacaret, cuidam dicitur contulisse, in quo juri et dignitati suæ jam dictus præcentor non modicum asserit derogatum fuisse. Quoniam igitur indignum est, ut ipse, quem prædecessoribus suis meritis non credimus inferiorem, beneficiis, quæ iidem pro commisso sibi officio tenuerunt, debeat sine rationabili causa privari. Episcopo jam dicto per scripta nostra præcepimus, quatenus, si proximos antecessores ejus hoc per quadraginta retro annos pacifice tenuisse, et ipsum eodem contra voluntatem suam privatum fuisse constiterit, eumdem in illius possessionem omni occasione et appellatione cessante inducat, et in pace possidere permittat, nec ipsum super hoc ulterius molestare præsumat; si autem nostrum in hac parte præceptum infra viginti dies post litterarum nostrarum susceptionem non fuerit exsecutum, tuæ discretioni præsentium auctoritate injungimus, ut prænominato cantori præscriptum altare, omni occasione et appellatione cessante, si ita esse inveneris, infra alios viginti dies reddas, et pacifice facias possidere : ita quod episcopus de cætero nullam adversus eum super hoc possit querelam habere.

Data Beneventi, secundo Kalendas Aprilis.

DLV

Ad eumdem. — *Pro Radulfo de Cuphies, contra Josbertum de Monte, et contra Petrum de Nantolio.*

(Beneventi, Mart. 31.)

[*Ibid.*, col. 802.]

ALEXANDER episcopus, servus servorum Dei, venerabili fratri HENRICO Remensium archiepiscopo, salutem et apostolicam benedictionem.

Conquestionem Radulfi de Cuphies accepimus transmissam, quod Josbertus de Monte, quamdam domum quæ fuit patris sui, injuste possideat, et Petrus de Nantolio quamdam terram ejus pignori detinet obligatam, de qua sortem suam et multo amplius dicitur percepisse. Quia vero unicuique ita sua debemus jura servare, ut aliis suam justitiam nullatenus denegemus, fraternitati tuæ per apostolica scripta mandamus, quatenus præfatum J. studiosius exhorteris, et omni cum districtione compellas, quod memorato R. præscriptam domum, omni contradictione postposita, reddat, vel eidem super hoc justitiæ complementum in tua præsentia facere non omittat. Supradictum vero P. si de terra quam in pignore tenet, sortem suam et tantumdem deductis impensis perceperit, prænominato R. sine alicujus pecuniæ exactione eam restituere moneas attentius, et appellatione remota, ecclesiastica districtione compellas.

Data Beneventi, II Kalendas Aprilis.

---

(7) Is erat Hugo de Champfleuri Ludovici VII cancellarius, ex canonico Parisiensi factus episcopus.

DLVI.
Ad abbatissam et sorores Burburgenses. — Qualiter imponit silentium Manasse presbytero super capellania earum.

(Beneventi, Mart. 31.)
[*Ibid.*]

Alexander episcopus, servus servorum Dei, dilectis in Christo filiabus abbatissæ et sororibus monasterii Bruburc (8), salutem et apostolicam benedictionem.

Cum dilectus filius noster magister Matthæus responsalis vester et Manasses presbyter, pro causa, quæ inter vos et eumdem M. super capellania vestra diutius noscitur agitari, in nostra essent præsentia constituti : nos litteris judicum, quibus causam illam commisimus diligenter auditis, et rationibus hinc inde pleniter intellectis, jam dicto M. perpetuum inde silentium auctoritate apostolica imposuimus, et vos ab ejus super hoc impetitione omnino absolvimus, ita quidem quod ei propter appellationem vel aliam causam super capellania præscripta respondere de cætero nullatenus teneamini.

Data Beneventi, II Kalendas Aprilis.

DLVII.
Ad Henricum Remensem archiepiscopum. — Ut Præmonstratenses compellat ad reddendam A. de Vilers terram suam.

(Beneventi, Mart. 31.)
[*Ibid.*, col. 805.]

Alexander episcopus, servus servorum Dei, venerabili fratri Henrico Remensi archiepiscopo, salutem et apostolicam benedictionem.

Ex transmissa nobis conquestione nobilis viri A. de Vilers, nostris est auribus intimatum, quod dilecti filii nostri abbas et fratres Præmonstratenses, quamdam terram, quam ad feudum suum spectare proponit, sine illius consensu intrarunt, et eam injuste detinent occupatam. Unde quoniam sicut religiosis viris sua tenemur jura servare, sic et aliis Christianis in sua justitia non debemus deesse : ideoque fraternitati tuæ per apostolica scripta mandamus, quatenus memoratos abbatem et fratres diligenter admoneas, et, si opus fuerit, districte compellas, ut præfato A. terram præscriptam sine dilatione restituant, et in pace dimittant, vel eidem sub examine tuo justitiam inde sufficientem exhibeant.

Data Beneventi, II Kalendas Aprilis.

DLVIII
Ad eumdem. — Pro canonico Laudunensi.

(Beneventi, April. 3.)
[*Ibid.*]

Alexander episcopus, servus servorum Dei, venerabili fratri Henrico Remensium archiepiscopo, salutem et apostolicam benedictionem.

(8) Broburgum seu Borburgum insigne nobilium virginum Benedictinarum monasterium in diœcesi olim Morinensi, nunc vero Sancti Audomari, a

Æquum et rationabile judicatur, ut his qui pro ecclesia sua dispendium sustinent et laborem, dignæ recompensationis præmium et fructum recipiant optatæ consolationis. Dilectus siquidem filius noster P. Laudunensis canonicus, diligenti nobis relatione proposuit, quod rogatu quorumdam canonicorum suorum, pro negotio ecclesiæ suæ in propriis expensis ad nostram præsentiam laboravit. Unde quoniam non est idoneum, nec consentaneum rationi, ut laborem et dispendium nulla habita recompensatione debeat sustinere, fraternitati tuæ per apostolica scripta mandamus, quatenus præfatos canonicos moneas et districte compellas, ut prædicto P. expensas necessarias quas de mandato eorum ad nos veniendo fecit, appellatione et contradictione cessante, restaurent.

Data Beneventi, tertio Nonas Aprilis.

DLIX.
Statuit ut qui in Ecclesia Carnotensi canonicandi fuerint et mansionarii non exstiterint, XL solidos tantum de singulis annis percipiant.

(Beneventi, April. 4.)
[Petit, *Theodori Pœnitentiale*, II, 429.]

Alexander episcopus, servus servorum Dei, dilectis filiis..... decano et canonicis Carnotensibus, salutem et apostolicam benedictionem.

Sicut scriptum est, quod qui Evangelium annuntiat, de Evangelio vivat, et qui altario deservit, de altario participet (*I Cor.* IX), sic etiam ex eisdem potest manifeste perpendi, quod qui altario non deservit ejus non debet beneficiis participare. Inde siquidem est quod nos ecclesiam vestram quæ inter minores regni Francorum computari non solet, debitis obsequiis defraudari nolentes, auctoritate apostolica duximus statuendum ut qui in eadem ecclesia vestra de cætero canonicandi fuerint, et ibidem mansionarii non exstiterint, XL solid. tantum de singulis annis percipiant, nec a vobis vel ab ecclesia præscripta magis exigere, vel recipere possint, dummodo in ipsius ecclesiæ obsequiis, sicut et mansionarii faciunt, et assidue voluerint permanere.

Datum Beneventi, pridie Non. Aprilis.

DLX.
Canonicis Spalatinis permittit ut canonicus quidam, ecclesia propria privatus quod propter capitis dolorem in ecclesia semel non legisset, in pristinum restituatur.

(Beneventi, April. 5.)
[Farlati, *Illyricum sacrum*, III, 191.]

DLXI.
Ad Henricum Remensem archiepiscopum. — Pro clericis ecclesiæ Braguensis.

(Beneventi, April. 5.)
[Marten., *Ampl. Collect.*, II, 806.]

Alexander episcopus, servus servorum Dei, ve-

Clementia Flandriæ comitissa circa annum 1039 fundatum.

nerabili fratri Henrico Remensi archiepiscopo, salutem et apostolicam benedictionem.

Notum sit fraternitati tuæ nobis a canonicis Braguensibus nuper insinuatum fuisse quod Gauses Mauceriensis et monachi de Novicis redditus de March, quos ecclesiam suam centum annis pacifice possedisse proponunt, irreverenter subtrahere non formidant. Unde quoniam nostra interest unicuique jura sua integra et illibata servare : fraternitati tuæ per apostolica scripta mandamus, quatenus prædictum Gauses et monachos instanter moneas et districte compellas, ut, prænominatis canonicis præscriptos redditus libere et quiete dimittant, damna illata resarciant, vel, sub tuæ discretionis examine plenam exinde justitiam, appellatione remota, non differant exhibere.

Data Beneventi, Nonas Aprilis.

DLXII.
Ad abbatem S. Remigii Remensis. — Pro Walando clerico.
(Beneventi, April. 7.)
[*Ibid.*, 807.]

Alexander episcopus, servus servorum Dei, dilecto fratri abbati Sancti Remigii Remensis, salutem et apostolicam benedictionem.

Invitat nos et hortatur cura suscepti regiminis, clericis qui in gremium sacrosanctæ Romanæ Ecclesiæ assumpti noscuntur propensiori cura intendere, et eis nostræ provisionis solatium commodius providere. Unde quia dilectus filius Valandus clericus noster inseparabili nobis et firmissima devotione adhæsit, et tanta est litteratura et morum honestate ornatus, quod ipsum merito diligere et sincera debeamus charitate amplecti, eum charitati tuæ propensius commendamus, rogantes plurimum atque monentes, quatenus pro reverentia beati Petri ac nostra, intuitu sui ipsius, qui tibi et ecclesiæ tuæ, si vixerit, plurima poterit commoda et incrementa conferre, prædicto Walando in scholis Parisius liberaliter et honeste provideas, et beneficium ipsum per duo convenientia tempora anni ei facias commode assignari, ut ex hoc liberalitati tuæ gratias uberiores debeamus exsolvere, et libentius et efficacius petitiones tuas exaudire. Quidquid enim a nostro interventu feceris, nobis specialiter factum fuisse putabimus. Volumus autem ut idipsum nobis tuis litteris studeas intimare.

Data Beneventi vii, Idus Aprilis.

DLXIII.
Ad Henricum Remensium archiepiscopum. — Pro abbatissa Bruburgensi.
(Beneventi, April. 11.)
[*Ibid.*]

Alexander episcopus, servus servorum Dei, venerabili fratri Henrico Remensium archiepiscopo, salutem et apostolicam benedictionem.

Venit ad apostolicæ sedis clementiam M. sacerdos, et contra abbatissam Bruburgensis Ecclesiæ querimoniam in auditorio nostro proposuit, quod cum a capellania illius Ecclesiæ in qua per eam fuerat institutus, sine causa canonica removisset. Nos autem qui in monasteriis puellarum maturos et longævos novimus presbyteros ordinandos, qui nullam sui suspicionem ex ætate vel moribus facere videbantur, minoris ætatis obtentu eum in sua querimonia non duximus audiendum. Cæterum quia loco suo alium quemdam juniorem se asseruit institutum, fraternitati tuæ per apostolica scripta mandamus quatenus veritatem rei diligentius investiges, et, si hoc verum esse noveris, et illum ab officio et beneficio capellaniæ removeas et abbatissam canonica disciplina corripias, quod juvenes capellanos affectat habere, et ita levitatem illius emendes, ut ipsa quod minus caute gestum fuerat, non in deterius, sed in melius emendare procuret, et abbatissæ aliæ quæ audierint, in capellanis instituendis majorem debeant cautelam habere.

Data Beneventi, tertio Idus Aprilis

DLXIV.
Ad eumdem. — Ut decanum S. Laurentii de Roseto ad residendum compellat
(Beneventi, April. 12.)
[*Ibid.*, col. 808.]

Alexander episcopus, servus servorum Dei, venerabili fratri Henrico Remensi archiepiscopo, salutem et apostolicam benedictionem.

Significatum est nobis quod, cum decanus S. Laurentii de Roseto assiduam ibi deberet facere mansionem, et ipsius ecclesiæ servitiis jugiter interesse, alibi morari præsumit, et Ecclesiæ sibi commissæ obsequium omnino postponit. Quoniam igitur non decet eum qui majorem in ea personatum gerit, se ab illius servitio taliter absentare, fraternitati tuæ per apostolica scripta mandamus quatenus præfatum decanum moneas diligentius et omni cum districtione compellas, ut assiduam in ecclesia præscripta secundum ipsius consuetudinem faciat mansionem, vel decanatum præscriptum omnino dimittat.

Data Beneventi, iii Idus Aprilis

DLXV.
Ad Petrum abbatem et monachos Vallis-Laureæ.
(Beneventi, April. 12.)
[Mansi, *Concil:*, XXI, 1063.]

Alexander episcopus, servus servorum Dei, dilectis filiis Petro abbati et fratribus Vallis-Laureæ, salutem et apostolicam benedictionem.

Ex litteris dilecti filii nostri Cisterciensis abbatis et nuntii vestri relatione didicimus quod, cum angustia et importunitas loci vestri ad locum alium vos compellerent migrare, venerabilis frater noster Barcinonensis episcopus in fine sui episcopatus fundum quemdam vobis amore divinitatis indulsit; ubi tabernacula vestra figere deberetis. Hoc cum facere cœpissetis, venerabilis frater noster Tarraconensis archiepiscopus auctoritatem suam opposuit, eumdem locum ad suam asserens diœcesim pertinere. Unde nos, quia contradictio ejus a vestro proposito vos retinet, et in loco vestro incommoditates plurimas sustinere compellit, utrique illorum per scripta nostra mandamus quatenus usque ad festum Assumptionis huic quæstioni concordia vel judicio finem imponant, ut vos sub ejus obstaculo non debeatis ulterius concessi beneficii utilitate defraudari. Si ergo negotium istud usque in illum terminum non fuerit terminatum, ex tunc inhabitandi locum sine præjudicio partium auctoritate nostra licentiam habeatis.

Datum Beneventi, 11 Idus Aprilis.

DLXVI.

Ad Henricum Remensem archiepiscopum. — Pro Galtero clerico.

(Beneventi, April. 12.)

[MARTEN., *Ampl. Collect.*, II, 808.]

ALEXANDER episcopus, servus servorum Dei, venerabili fratri HENRICO Remensium archiepiscopo, salutem et apostolicam benedictionem.

Ex tenore quarumdam litterarum tuarum accepimus quod, cum inter abbatem S. Petri Catalaunensis et Walterum clericum latorem præsentium, super quibusdam possessionibus et eleemosyna quadam coram te de commissione nostra controversia tractaretur, eidem finem debitum nullatenus imposuisti, sed ipsam potius ad nostrum remisisti examen. Quoniam igitur qua occasione id feceris ignoramus, fraternitati tuæ per iterata scripta mandamus quatenus, cum exinde fueris requisitus, utramque partem ante tuam præsentiam convoces, et, rationibus hinc inde diligenter auditis et cognitis, eamdem causam, sublato appellationis remedio, justitia mediante, decidas. Si autem causæ illi infra triginta dies post harum susceptionem litterarum debitum finem imponere forte nolueris, id venerabili fratri Ambianensi episcopo quam cito significes, ut ille secundum quod ei mandamus, causam ipsam valeat terminare.

Data Beneventi, secundo Idus Aprilis.

DLXVII.

Ad eumdem. — Pro G. clerico et pro Hu. burgensi et pro M. uxore sua.

(Beneventi, April. 23.)

[*Ibid.*, col. 809.]

ALEXANDER episcopus, servus servorum Dei, HENRICO Remensi archiepiscopo, salutem et apostolicam benedictionem.

Querelam G. clerici, lator præsentium, in audientia nostra deposuit, quod Hu. burgensis et M. uxor sua eidem G. quamdam domum, ad eum hæreditario jure spectantem auferre præsumunt. Quoniam igitur omnibus in suo jure, et maxime pauperibus debemus adesse, fraternitati tuæ per apostolica scripta mandamus, quatenus prædictos Hu. et uxorem suam diligenter admoneas et districte compellas, ut memorato G. præfatam domum sine dilatione restituant, vel eidem plenam super hoc justitiam infra quadraginta dies post harum susceptionem sub examine tuo non differant exhibere.

Data Beneventi, nono Kalendas Maii.

DLXVIII.

Ad eumdem. — De causa G. Sicliniensis canonici et Galterii.

(Beneventi, April. 29.)

[*Ibid.*]

ALEXANDER episcopus, servus servorum Dei, venerabili fratri HENRICO Remensi archiepiscopo, salutem et apostolicam benedictionem.

Causam quæ inter G. Sicliniensis (9) ecclesiæ canonicum et magistrum Galterium super quadam præbenda noscitur agitari, discretioni tuæ committimus audiendam, et fine debito terminandam. Quocirca fraternitati tuæ per apostolica scripta mandamus quatenus, cum exinde fueris requisitus, utramque partem ante tuam præsentiam convoces, et, rationibus hinc inde auditis diligenter et cognitis, eamdem causam justitia mediante decidas. Nihilominus etiam tuæ dilectioni mandamus, ut causam quæ inter dilectum filium nostrum Gunterum et canonicos Siclinienses super sexaginta solidos vertitur, audias, et ipsam debito fine decidas.

Data Beneventi, tertio Kalendas Maii

DLXIX

Ambianensi et Meldensi episcopis mandat ut causam quæ de cancellaria Noviomensi vertebatur inter Henricum filium Roberti comitis et Bald. examinent et terminent.

(Beneventi, April. 30.)

[*Ibid.*, col. 810.]

ALEXANDER episcopus, servus servorum Dei, venerabilibus fratribus Ambianensi et Meldensi episcopis, salutem et apostolicam benedictionem.

Ex parte Henricii filii dilecti filii nostri nobilis viri comitis Roberti (10) fratris charissimi in Christo filii nostri Ludovici illustris Francorum regis, transmissa nobis est relatione monstratum, quod eidem Hen. cancellaria Noviomensis ecclesiæ a venerabili fratre nostro Noviomensi episcopo concessa fuisset, quam postea idem episcopus Bal. canonico ejusdem Ecclesiæ dicitur concessisse. Unde cum B. assereraret quod eadem cancellaria canonice sibi concessa fuisset, et filius comitis sibi eamdem a nobis peteret confirmari, nos neutri eorum duximus annuendum. Quapropter de prudentia et honestate vestra plenius confidentes, causam ipsam experientiæ vestræ committimus audiendam, et fine debito terminandam. Quocirca fraternitati vestræ per apostolica scripta mandamus quatenus, cum exinde fueritis requisiti, in unum pariter convenientes, tam procuratorem Henrici, quam Bald. ante vestram præsentiam convocetis,

---

(9) Siclinium Belgii oppidum in Melanthisio, ubi corpus S. Piatonis quiescit.

(10) A quo illustris Drocensium familia originem duxit.

et, rationibus hinc inde auditis diligenter et cognitis, causam ipsam fine debito decidatis.

Data Beneventi, 11 Kalendas Maii.

DLXX.

Ad Henricum Remensem archiepiscopum. — Pro Garino de Blanciis cujus uxor interfecta est.

(Beneventi, Maii 11.)

[*Ibid.*]

ALEXANDER episcopus, servus servorum Dei, venerabili fratri HENRICO Remensi archiepiscopo, salutem et apostolicam benedictionem.

Horrendum et immensum flagitium, quod quidam maligno spiritu tacti in civitate tua commiserunt, ad fraternitatis tuæ notitiam credimus jam pervenisse. Cum enim Garinus Blancus in Apuliam causa negotiandi venisset, quidam domum ejus de nocte intrantes, uxorem et filium ejus occiderunt, et res ipsius et uxoris clam rapientes, domum ausu diabolico incendio concremarunt. Unde quoniam tam immane et crudele facinus districtius est puniendum, fraternitati tuæ per apostolica scripta mandamus quatenus, si eos explorare poteris qui præscriptum facinus commiserunt, ipsos auctoritate tua moneas et districte compellas, ut prædicto Garino ablata omnia reddant, damna data resarciant, et de tanto excessu ita Deo plenarie satisfaciant, quod hujus delicti veniam mereantur obtinere, et cæteri ne audientes metum habeant similia perpetrare. Generaliter autem sub excommunicatione præcipias, ut quicunque de rebus suis de domo illius extraxerunt, aut de rebus uxoris titulo commendationis vel debiti habuerunt, eas sibi absque contradictione aliqua reddant. Eos vero qui maleficos illos noverint, ipsos sub districtione anathematis constringas, tibi et ecclesiæ manifestare, nisi sacerdos fuerit cui hoc peccatum sit in pœnitentia revelatum.

Data Beneventi v Idus Maii.

DLXXI.

Ad capitulum S. Trinitatis Cantuariensis. — Ut quem Thomas archiepiscopus iis præfecerit, priorem accipiant.

(Beneventi, Maii 16.)

[*Epist. S. Thomæ*, ed. GILES, II, 37.]

ALEXANDER episcopus, servus servorum Dei, dilectis filiis toti capitulo sanctæ Trinitatis Cantuariensis, salutem et apostolicam benedictionem.

Quoniam ecclesia vestra ad ordinationem et dispositionem venerabilis fratris nostri Thomæ archiepiscopi vestri principaliter noscitur pertinere, ita quod priorem nisi quem vobis assignaverit archiepiscopus non solebatis habere : universitati vestræ per apostolica scripta præcipiendo mandamus et in virtute obedientiæ injungimus quatenus illum quem vobis jam dictus archiepiscopus in priorem secundum antiquam ecclesiæ vestræ con-

(11) Odoni. Est autem Ursicampus monasterium insigne ordinis Cisterciensis in diœcesi Novio-

suetudinem assignare voluerit : omni occasione et appellatione postposita recipiatis nec alium ibidem eligere vel ad alicujus suggestionem seu assignationem suscipere præsumatis.

Datum Beneventi, xvii Kal. Junii.

DLXXII.

Ad Henricum archiepiscopum Remensem. — Ut Arienses canonicos cogat reddere caput sancti Jacobi.

(Beneventi, Maii 26.)

[MARTEN., *Ampl. Collect.*, II, 811.]

ALEXANDER episcopus, HENRICO Remensi archiepiscopo, etc.

Perlatum est ad audientiam nostram, quod nobilis vir Philippus comes Flandrensis caput B. Jacobi ab ecclesia S. Vedasti per violentiam asportaverit, et illud in Ariensi ecclesia dicitur posuisse. Unde quoniam jam dictam ecclesiam Sancti Vedasti, quæ nullum episcopum præter Romanum pontificem habet, reliquiis ut aliis bonis suis nolumus sine rationabili causa privari, per apostolica scripta fraternitati tuæ mandamus quatenus præpositum et canonicos præfatæ Ariensis ecclesiæ instanter moneas et districte compellas, ut præscriptum caput cum aliis reliquiis prætaxatæ ecclesiæ Sancti Vedasti, omni occasione et appellatione cessante, restituant. Quod si juxta commonitionem tuam præfatum caput cum reliquiis reddere forte noluerint, prælibatam Ariensem ecclesiam, dilatione et appellatione remota, subjicias interdicto, et in alia ad quamcunque prætaxatæ reliquiæ delatæ fuerint, quandiu præsentes exstiterint, divina prohibeas officia celebrari.

Data Beneventi, septimo Kalendas Junii.

DLXXIII.

O. abbati Ursicampi et F. decano Remensi mandat ne Alermum Belvacensem separent ab uxore, nisi frater ejus B. a sua separetur conjuge.

[*Ibid.*, col. 812.]

ALEXANDER episcopus, servus servorum Dei, dilectis filiis O. (11) abbati Ursicampi, et F. decano Remensi, salutem et apostolicam benedictionem.

Ad audientiam nostram noveritis esse perlatum quod quidam, B. nomine, in civitate Belvacensi legitimum dicitur matrimonium contraxisse, et circa decennium cum uxore sua in omni tranquillitate mansisse. Cum autem Alermus prænominati B. frater uxoris fratris sui consobrinam sibi matrimonio copulasset, quidam, sicut nobis proponitur, adolescentes, ad quos hæreditas sponsæ illius proximo loco spectare videtur, patribus et majoribus suis reticentibus, junioris fratris Alermi matrimonium impedire nituntur, de matrimonio tamen fratris primogeniti, quod per omnia junioris matrimonio simillimum est, modis omnibus reticentes. Quia vero suboriri videtur satis manifesta suspicio, quod adolescentes, reticentibus majoribus, junioris fra-

mensi, de linea Clarævallis anno 1129 fundatum.

tris tantummodo matrimonium impetant, et dissociare nitantur, præsertim cum si charitatis zelo ducerentur, dissolutioni matrimonii fratris primogeniti, si, prout dicitur, simili modo innixum est, primo debuissent inniti, discretioni vestræ per apostolica scripta mandamus quatenus rei veritatem diligentius investigetis, et, nisi aliæ tales personæ apparuerint quæ ipsum matrimonium velint et legitime possint impetere, prædictos adolescentes, cum non amore justitiæ, sed ardore potius avaritiæ et odii livore, reticentibus majoribus, videantur movere quæstionem, ad accusationem ejusdem matrimonii nullatenus recipiatis ; sed matrimonium ipsum in suo statu faciatis manere, nisi forte communis fama loci habeat, quod inter eos aliqua sit parentela. Cæterum si aliæ graves personæ et maturæ apparuerint, quibus fides sit adhibenda, vos causam audiatis, et eam remoto appellationis obstaculo fine canonico terminetis, easdem personas monentes propensius et hortantes, ut, sicut ratio videtur exigere, primum fratris primogeniti, deinde junioris matrimonium impetant et accusent. Verum si communis fama loci non habeat quod aliqua inter eos parentela existat, nec aliæ personæ quales diximus apparuerint, quæ idem matrimonium legitime impetere velint vel possint, Alermum et uxorem ejus sine quæstione aliqua insimul manere nostra auctoritate faciatis. Præterea si tanta sunt uxores fratrum et ipsi fratres inter se consanguinitate conjuncti, quod nihil penitus sit in uno matrimonio, quod non sit in altero, nullos audiatis ; nisi utrumque matrimonium voluerint impetere, cum hoc non amore justitiæ, sed odio, non bono zelo facere videntur, quoniam tolerabilius est esse conjunctos contra hominum statuta, quam quod Deus conjunxit separare.

Data Beneventi, iii Kalendas Junii.

DLXXIV.

Ad Chajalisium comitem Pharensem. Chajalisio comiti cæterisque Phariensis insulæ nobilibus sub excommunicationis pœna imperat ut Martinum episcopum debito honore prosequantur.

(Beneventi, Jun. 1.)

[FARLATI, *Illyricum sacrum*, IV, 242.]

ALEXANDER episcopus, servus servorum Dei, dilectis in Christo filiis CHAJALISIO comiti strenuissimo, et universis nobilibus Pharensinæ insulæ, salutem et apostolicam benedictionem.

Insinuatum nobis esse noveritis quod erga fratrem nostrum Martinum, episcopum et pastorem vestrum, diabolo instigante, non congruam habeatis indignationem ; dicitis enim eum quem in juventute honorifice habuistis, nunc senectute gravante vobis esse incongruum et inhonorum, volentes vestro arbitrio meliorem eligere, cum Dominus illum Ecclesiæ vestræ diu constituit esse pastorem. Sed quia non licet, per apostolica scripta vobis mandamus, ut tam vos quam et cæterarum insularum rectores eum usque ad obitum suum, magis quam aliquando, reverenter habeatis. De cætero si quisquam hujus amentiæ causa eum fraudare in decimis visus est aut primitiis, et pœnitentia ductus non emendaverit, atque debitam illi non exhibuerit reverentiam, prout nostra facultas est, apostolica auctoritate excommunicationis vinculo innodamus.

Data Beneventi, Kal. Junii.

DLXXV.

Ad Henricum Remens. archiep. — Ut L. cruce signato fiat satisfactio de quodam homine suo occiso.

(Beneventi, Jun. 2.)

[MARTEN., *Ampl. Collect.*, II, 813.]

ALEXANDER episcopus, servus servorum Dei, venerabili fratri HENRICO Remensi archiepiscopo, salutem et apostolicam benedictionem.

Ex relatione nobilis viri Lod. de Buren nostris est auribus intimatum quod Angult. de Aiteio, postquam idem L. Dominicam crucem Jerosolymam profecturus suscepit, quemdam hominem suum diabolico furore succensus, sicut asserit, interfecit. Et quoniam tam gravis et detestabilis excessus non debet inrequisitus dimitti, fraternitati tuæ per apostolica scripta mandamus quatenus prædictum Aug. districte compellas, ut super tanto excessu vel eidem L. digne satisfaciat, vel justitiæ complementum exhibeat ; si vero aliqua de rebus memorati L. prædictus A. noscitur abstulisse, ut ea sibi restituat, vel justitiam sufficientem exhibeat, ipsum auctoritate nostra omni cum districtione compellas.

Data Beneventi, iv Nonas Junii.

DLXXVI.

Ad eumdem. — Pro Aprili de Manso.

(Beneventi, Jun. 3.)

[*Ibid.*]

ALEXANDER episcopus, servus servorum Dei, venerabili fratri HENRICO Remensi archiepiscopo, salutem et apostolicam benedictionem.

Ex relatione nobilis viri Aprilis de Manso nobis innotuit, quod Henricus de Magnoprato, postquam idem A. Dominicam crucem Jerosolymam profecturus suscepit, villanos suos et multas res sibi pertinentes injuste dicitur abstulisse, et ipsos per violentiam detinere præsumit. Et licet universorum jura ex injuncto nobis a Deo summi pontificatus officio integra cogamur et illæsa servare, illorum tamen nos oportet propensius jura tueri, qui relictis bonis suis, ubi steterunt pedes Domini, cum multo labore illuc eundo desiderant adorare. Ideoque fraternitati tuæ per apostolica scripta mandamus quatenus prædictum Henricum diligenter commoneas et instanter studeas exhortari, ut ea quæ memorato A., postquam fuit crucis insignitus signaculo, abstulit, omni occasione et excusatione cessante, restituat et in pace dimittat. Quod si infra quadraginta dies post harum susceptionem et tuam commonitionem hoc exsequi recusaverit, totam terram suam interdicto supponere non omittas. Quod si nec sic resipuerit, personam ejus excommunicationis sententia non differas innodare.

Data Beneventi, III Non. Junii.

DLXXVII.
Ad eumdem. — Pro Gaufrido clerico Ambianensi.
(Beneventi, Jun. 3.)
[*Ibid.*, col. 814.]

ALEXANDER episcopus, servus servorum Dei, venerabili fratri HENRICO Remensi archiepiscopo, salutem et apostolicam benedictionem.

Constitutus in praesentia nostra Gaufridus pauper clericus, supplici nobis relatione monstravit quod, cum pater suus medietatem cujusdam domus, quam infra claustrum Ambianensis ecclesiae possidebat, jure haereditario pignori obligasset, nec haberet in facultatibus unde eam recolligere posset, eidem proposuit Gaufrido, quod si medietatem redimeret, eam sibi donaret. Qui utique paternae voluntati acquiescens, quamdam terram vendidit, et praescriptae domus medietatem propria pecunia redemit. Postmodum autem idem pater suus, cogente necessitate, a Gaufrido canonico pecuniam mutuo suscepit, pro qua persolvenda illi praedictae domus medietatem, eodem Gaufrido absente et nesciente, pignori obligavit, alteram vero partem ejusdem domus, quae matri suae in dotem fuerat data, cuidam clerico, Engelario nomine, in pignore dedit. Unde quoniam se injuste in hoc gravatum proponit, experientiae tuae causam ipsam committimus audiendam, et fine debito terminandam. Quocirca fraternitati tuae per apostolica scripta mandamus, cum exinde fueris requisitus, utramque partem ante tuam praesentiam convoces, et eamdem causam justitia mediante decidas, cautius providens ne praedicti clerici per potentiam seu per divitias suas pauperis clerici et viduae mulieris valeant justitiam conculcare.

Data Beneventi, tertio Nonas Junii.

DLXXVIII.
Ad eumdem. — Pro Berengario clerico
(Beneventi, Jun. 4.)
[*Ibid.*, col. 815.]

ALEXANDER episcopus, servus servorum Dei, venerabili fratri HENRICO Remensium archiepiscopo, salutem et apostolicam benedictionem.

Ex parte canonicorum Sancti Symphoriani Remensis nostris est auribus intimatum, quod cum ecclesiam Wistri Berengario bonae opinionis clerico, sicut accepimus, concessissent, (12-13) abbas ejusdem ecclesiae donum capituli injuste nititur praepedire. Ideoque fraternitati tuae per apostolica scripta mandamus, quatenus hujus rei veritatem inquiras, et si tibi constiterit quod donum praescriptae ecclesiae ad capitulum et non ad abbatem de jure pertineat, et ipsa ecclesia memorato Berengario canonice concessa fuerit, ipsum eamdem libere facias obtinere, et abbatem ab ejus infestatione, omni appellatione remota, cessare compellas.

Data Beneventi, secundo Nonas Junii.

DLXXIX.
Canonicis Pisanis significat V. et M. presbyteros qui « Malincasam » (id est Benincasam) reliquissent, excommunicatione solutos, sed Villano communionem non esse redditam.
(Beneventi, Jun. 12.)
[UGHELLI, *Italia sacra*, III, 403.]

ALEXANDER episcopus, servus servorum Dei, dilectis filiis canonicis Pisanis salutem, et apostolicam benedictionem.

Ex litteris dilectorum filiorum nostrorum abbatis Sancti Michaelis, et Hen...., monachi Camaldulen. accepimus, quod cum V. et M. presbyteri minis et persuasionibus iniquis compulsi Malincasae intruso reverentiam et obedientiam impendissent, postea poenitentia ducti, et reatum suum humiliter recognoscentes in praesentia ejusdem abbatis spontanea et libera voluntate jurarunt, quod nostris obedirent mandatis. Unde nos eos ad nostram praesentiam laborantes a sententia fecimus, qua tenebantur absolvi, et sibi poenitentiam condignam imponi. Ipsos itaque ad vos absolutos remittimus discretioni vestrae per apostolica scripta mandantes, quatenus si absque interpositione fidei et juramenti Malincasae reverentiam et obedientiam prout asserunt, impenderunt, ipsos usque ad proximum festum Natalis Domini a missarum celebratione abstinere faciatis, alioquin per annum abstineant. Verum si facultates Ecclesiarum suarum non sustinent, ut per alios sacerdotes eis valeant deservire, vos poenitentiae illis impositae, prout vobis visum fuerit superaddentes ipsis officium suum restituatis, et quia eis hoc ipsum fuit ad poenam usque ad nos laborare praedictum abbatem ex parte nostra, et vestra diligenter commoneatis, ut ipsos in plenitudinem beneficii sui recipiat, et benigne et mansuete pertractet. De caetero ad discretionis vestrae notitiam volumus pervenire quod Villanus presbyter Sancti Jacobi cum ad nos venisset, jurare noluit nostro stare mandato: unde in ea veste, in qua venit, ad propria remeavit. Idcirco prudentiae vestrae per apostolica scripta mandamus, quatenus eumdem V. tanquam contumacem, superbum, et rebellem publice excommunicatum denuntietis donec cum litteris vestris ad nostram praesentiam satisfacturus accedat.

Data Beneventi, II Id. Jun.

DLXXX.
Henrico Remensi archiepiscopo scribit de Hugonis militis uxore, auctoribus falsis dimissa, viro reddenda.
(Beneventi, Jun. 16.)
[MARTEN., *Ampl. Collect.*, II, 815.]

ALEXANDER episcopus, servus servorum Dei, ve-

(12-13) Hoc ex loco colliges Remense canonicorum collegium S. Symphoriani olim fuisse abbatiam, aut regularem, aut saecularem.

nerabili fratri Henrico Remensi archiepiscopo, salutem et apostolicam benedictionem.

Ex tenore quarumdam litterarum venerabilis fratris nostri Catalaunensis episcopi, jam pridem accepimus quod Hugo miles præsentium lator, quosdam falsos testes conduxerat, et per eorum testimonium inter se et uxorem suam fecerat divortium celebrari ; quod postea præfato episcopo tam ipse quam testes prædicti sua confessione monstrarunt, et ab ipso de perjurio misericordiam postularunt. Unde nos sibi, si bene recolimus, per scripta nostra mandavimus, ut si per testes idoneos, de quibus verisimile esset quod pejerare non vellent, legitime sibi constaret supradictos testes pretio conductos fuisse, vel alium inter eos gradum cognationis existere quam ipsi dixerunt, præfato Hugoni uxorem suam restitueret, et ipsos faceret insimul permanere, si neuter eorum adhuc alii se matrimonio copulaverat : demum vero tam illi, quam testibus de commisso pœnitentiam condignam imponeret. Unde quoniam sicut hujus cum multo labore et discrimine ad nostram præsentiam venientis iterata querela demonstrat, nihil inde hactenus efficere voluit, ei per scripta nostra mandavimus ut secundum aliarum nostrarum tenorem, in negotio isto, omni dilatione et appellatione remota, procedat. Quod si facere forte noluerit, tu id juxta tenorem litterarum nostrarum, quos exinde transmisimus, omni occasione et appellatione cessante, celerius exsequaris.

Data Beneventi, decimo sexto Kalendas Julii.

DLXXXI.
Roberto Catalaunensi archidiacono et abbati S. Memmii mandat audiant causam inter Herbertum Medonarium et Milonem clericum.

(Beneventi, Jun. 8.)
[*Ibid.*, col. 816.]

Alexander episcopus, servus servorum Dei, dilecto filio Roberto Catalaunensis Ecclesiæ archidiacono, et abbati S. Memmii (14), salutem et apostolicam benedictionem.

Significatum est nobis quod Milo clericus Herbertum custodem ecclesiæ S. Mariæ instantius impetit, quod eidem ecclesiæ valens C. libras subripuerit, et eumdem civem Catalaunensem, quod M. excommunicato scienter communicavit, accusat. Unde quoniam de vestræ discretionis et honestatis prudentia fiduciam non modicam obtinemus, causam illam ab examine venerabilis fratris nostri Remorum archiepiscopi ad nos per appellationem delatam experientiæ vestræ committimus audiendam : ideoque discretioni vestræ per apostolica scripta mandamus quatenus, cum exinde fueritis requisiti, utramque partem ante vestram audientiam convocetis, et rationibus hinc inde diligenter auditis et cognitis, eamdem causam, sublato, ut dictum est, appellationis remedio, justitia mediante decidatis.

Data Beneventi, xiv Kalendas Julii.

DLXXXII.
Ad Henricum Remensem archiep. — Pro ecclesia Silvæ Majoris.

(Beneventi, Jun. 22.)
[*Ibid.*, col. 818.]

Alexander episcopus, servus servorum Dei, venerabili fratri Henrico Remensium archiepiscopo, salutem et apostolicam benedictionem.

Dilecti filii nostri abbas et fratres Silvæ Majoris, transmissis nobis litteris, intimarunt quod bonæ memoriæ S. prædecessor tuus sibi ecclesiam Braguensem, de consensu et de petitione nobilis viri comitis Registetensis, jam pridem concessit : ita quidem quod decedentibus canonicis monachi sui ordinis ibidem per priorem de Novcio deberent institui. Nunc autem, sicut audivimus, G. de Maceriis ejusdem ecclesiæ præposituram cum præbenda quadam monachis diu possessam, Joanni filio suo a comite fecit, pretio interveniente, concedi, et ipsam taliter occupatam detinere præsumit. Quidam alii etiam, O. scilicet, M. et G. præbendas, quas monachi diu tenuerant, sibi per violentiam usurparunt, et domos eorumdem monachorum, post appellationem ad nos factam, confringi, et res illorum asportari fecerunt. Unde quoniam indignum est ut ea quæ memorato abbati et fratribus taliter collata fuerunt revocari debeant, et ad manus sæcularium iterum devenire, venerabili fratri Suessionensi episcopo, et dilecto filio nostro abbati Sancti Remigii per scripta nostra mandavimus, quatenus partibus ante suam præsentiam evocatis, rei veritatem diligenter inquirant, et si prædictos viros ecclesiæ præscriptæ beneficia taliter accepisse et occupasse constiterit, ipsos diligentius moneant, ut eadem beneficia præfato abbati et fratribus cum fructibus etiam perceptis sine aliqua dilatione restituant, et in pace possidere permittant. Deinde vero si quid juris in his habere confidunt, cum abbate et fratribus coram præfatis judicibus ordine judiciario expediantur. Quod si ad commonitionem prædictorum judicum infra quadraginta dies non fecerint, ipsos omni contradictione et appellatione cessante, vinculo excommunicationis non differant innodare, et, si nec sic resipuerint, eosdem perpetuæ depositionis sententia denuntient condemnatos. Illos etiam qui domos monachorum fregisse, et res illorum post appellationem ad nos factam asportasse dicuntur, ad ablatorum restitutionem et damnorum etiam restaurationem sub districtione anathematis, appellatione cessante, constringant. Si autem supradicti viri ad memoratorum judicum præsentiam ire, et quod etiam statuerint suscipere et servare contempserint, tu, ipsos, omni occasione et appellatione postposita, sententia excommunicationis percellas, et ab omnibus per totam provinciam tuam sicut excommunicatos nuntiare evitandos. Fratres etiam prætaxati monasterii, qui in partibus illis meran-

---

(14) S. Memmii monasterium canonicorum regularium ordinis S. Augustini

tur, pro reverentia beati Petri ac nostra, et suæ religionis intuitu, diligere et fovere intendas, et ipsis in negotiis suis et præsertim in Braguensis ecclesiæ beneficiis, dignitatibus, et aliis justitiis conservandis auxilium et defensionem tuam impendas, nec eos super his ab aliquo, quantum in te est, indebite molestari aut inquietari permittas, sed universos qui ejusdem ecclesiæ præbendas seu dignitates sine prænominati abbatis et fratrum consensu sibi auctoritate propria, vel laicali dono, contra concessionem illis factam usurpare præsumpserint, usque ad plenam satisfactionem officiis et beneficiis ecclesiasticis spoliatos, vinculo excommunicationis astringere non postponas.

Data Beneventi, decimo Kalendas Julii.

DLXXXIII.
Ad Dominicum et Heimardum. — Confirmat conventionem inter eos et Theodericum factam.

(Beneventi, Jul. 10.)
[*Ibid.*, col. 745.]

ALEXANDER episcopus, servus servorum Dei, dilectis filiis DOMINICO et HEIMARDO, salutem et apostolicam benedictionem.

Cum inter vos et Theodericum ac filium ejus super viginti libras, quas ipsi vos sibi asserebant debere, in nostra præsentia quæstio mota fuisset; nos qui ad pacem et concordiam inter discordantes reformandam tenemur intendere, quæstionem ipsam venerabili fratri nostro Rod. Ferentinat. episcopo commisimus audiendam et fine debito terminandam. Ipse vero, auditis rationibus hinc inde diligenter et cognitis, de assensu utriusque partis talem inter vos conventionem constituit, videlicet quod vos tactis sacrosanctis Evangeliis juravistis, in festivitate beati Andreæ vos singulis annis sibi viginti solidos reddituros, donec eis quod debebatis totum ex integro solveretis. Adjecit etiam quod si aliquem vestrum ante prædicti debiti solutionem contingeret ex hoc mundo transire, hæredes vestri debitum pari modo tenerentur exsolvere. Unde etiam fidejussores et pignora vos ipsis promisistis daturos. Juravistis præterea quod de cætero nullam molestiam vel damnum aliquod eis inferetis, sopitis quæstionibus quæ super hoc negotio hinc in aliquo possent tempore suboriri. Prædicti autem Theodericus et Heimardus hanc conventionem se vobis observaturos nihilominus juraverunt. Quam utique conventionem non ratam et firmam habentes, eam auctoritate apostolica confirmamus et præsentis scripti patrocinio communimus. Nulli ergo omnino hominum liceat hanc paginam nostræ confirmationis infringere, vel ei aliquatenus contraire. Si quis autem hoc attentare præsumpserit, indignationem omnipotentis Dei, et beatorum Petri et Pauli apostolorum ejus se noverit incursurum.

Data Beneventi, sexto Idus Julii.

(15) Balduinus Boloniensis, qui ex abbate Castellionis factus est episcopus Noviomensis anno 1140, teste Alberico in *Chronico*, seditque ad annum 1157.

DLXXXIV.
Ad Henricum Remensem archiepiscopum. — Pro canonicis Hamensis Ecclesiæ

(Beneventi, Jul. 14.)
[*Ibid.*, col. 746.]

ALEXANDER episcopus, servus servorum Dei, venerabili fratri HENRICO Remensi archiepiscopo, salutem et apostolicam benedictionem.

Quia confidimus plurimum et speramus, quod ex fervore devotionis et fidei puritate, quam circa nos certis argumentis gerere conspiceris, monita et mandata nostra libenter velis suscipere et observare; idcirco discretioni tuæ negotia ecclesiastica committimus exsequenda. Unde quod aliquando aliter præter spem et opinionem nostram evenire audimus, grave admodum et molestum nobis existit, et inde tanto amplius turbamur, quanto te sinceriori diligimus charitatis affectu. Accepimus enim, quod juxta mandati nostri tenorem canonicos Præmonstratenses ad observandam sententiam, quam piæ memoriæ B. (15) quondam Noviomensis episcopus super controversia quæ inter eos et canonicos Hamensis Ecclesiæ (16) vertebatur super molendinis de Hamel et de Pevilla ratione cognita protulit, minime compulisti, imo te æquanimiter ferente, sententiæ latæ parere contemnunt. Verum quoniam nos valde timere oportet, ne si circa exsecutionem justitiæ et injunctum nobis apostolatus officium pigri aut remissi exstiterimus, in districto examine ante tribunal superni judicis graviter puniamur, si per eos de provincia tua, qui coram nobis se injurias pati queruntur, de suis malefactoribus justitiam non poterimus exhibere, ad alios inviti et dolentes recurremus, qui in his vices nostras debeant studiose supplere. Tibi enim et honori tuo hilari animo et læto corde in quibus decet deferimus, sed ei nos magis deferre convenit, qui nos et universos habet pro suo beneplacito judicare. Quapropter fraternitati tuæ per iterata scripta præcipiendo mandamus, quatenus quod tibi et officio tuo expediat diligenter, sicut vir discretus et magnus, considerans et attendens, prædictos Præmonstratenses ex parte nostra et tua commoneas et districte compellas, ut præscriptæ sententiæ infra triginta dies post harum susceptionem occasione postposita pareant, et universas expensas, si quas post latam sententiam occasione illa fecerunt, Hamensibus canonicis integre restituentes, amplius contra prælibatam sententiam nulla ratione venire præsumant. Quod si mandato nostro et tuo in hac parte parere contempserint, ita eorum contumaciam et rebellionem corrigas et castiges, quod certo experimento quam periculosum sit contraire sententiæ canonice latæ addiscant, et inviti postmodum faciant quod spontanea deberent facere voluntate.

Data Beneventi, 11 Idus Julii.

(16) Hamum seu Hametum est abbatia canonicorum regularium ordinis S. Augustini, qui, anno 1108, canonicis sæcularibus successerunt.

DLXXXV.

Ad eumdem.—Ut reliquias S. Jacobi a comite Flandriæ violenter ablatas restitui faciat monasterio S. Vedast.

(Beneventi, Jul. 15.)

[*Ibid.*, col. 747.]

ALEXANDER episcopus, servus servorum Dei, venerabili fratri HENRICO Remensi archiepiscopo, salutem et apostolicam benedictionem.

Significatum nobis est quod dilectus filius noster nobilis vir Philippus comes Flandrensis reliquias sancti Jacobi, quas dilectus filius noster abbas Sancti Vedasti, ad monasterium suum processionaliter referebat apud Atrebatum, eidem abbati violenter abstulit, et ad quamdam villam suam fecit deferri. Unde quoniam non fuit opus justitiæ vel mercedis, præscriptum monasterium eisdem reliquiis violenter exspoliare; fraternitati tuæ per apostolica scripta mandamus, quatenus eumdem comitem ex parte nostra et tua commoneas et inducas, ut prælibato monasterio reliquias ablatas sine difficultate restituat, nec eas amplius detinere contendat. Quod nisi eas restituerit, et tibi constiterit quod ipsas memorato abbati violenter abstulerit, in ecclesia ubi reconditæ sunt, donec monasterio Sancti Vedasti plene restituantur, appellatione remota, divinum officium interdicas.

Data Beneventi, Id. Julii.

DLXXXVI.

Ad decanum et capitulum Parisiense.—Ut investiant Philippum episcopi Meldensis nepotem.

(Beneventi, Jul. 20.)

[MANSI, *Concil.*, XXI, 1051.]

ALEXANDER episcopus, servus servorum Dei, dilectis filiis decano et capitulo Parisiensi, salutem et apostolicam benedictionem.

Quantum venerabili fratri nostro Meldensi in precibus et petitionibus suis tencamur deferre, fervor devotionis, et integritas fidei, quam circa nos et Ecclesiam, sicut verus justitiæ cultor, et præcipuum membrum ipsius Ecclesiæ gerit, certis indiciis demonstrat. Quapropter nos labores graves, et multa discrimina viarum, quæ jam dictus episcopus in veniendo ad nos pro incremento et exaltatione ecclesiæ noscitur pertulisse, diligentius attendentes, nihil ei ad præsens, quod pro aliquo fratrum nostrorum faceremus, duximus denegare. Inde siquidem est, quod nos precibus charissimi in Christo filii nostri illustris Francorum regis, reginæ quoque, et aliarum magnarum personarum inducti, nec non et præfati episcopi laboribus, sicut duximus, et sincerissimæ devotionis intuitu inclinati : pro dilecto filio nostro Philippo ejusdem episcopi nepote, concanonico vestro, universitatem vestram per apostolica scripta monemus, mandamus atque præcipimus, quatenus, remoto appellationis obstaculo, investiatis, et eam sibi opportunitate suscepto concedere et assignare curetis. Ita quod nos exinde affectioni vestræ debeamus gratias uberes agere, et episcopus præfatus ad honorem et incrementum (17) debeat propter hoc ferventius anhelare.

Datum Beneventi, XIII Kal. Augusti.

DLXXXVII.

Ad Henricum archiepiscopum Remensem. — Pro Milone de Thebio contra adversarios suos, quia rei judicatæ standum juris decernit auctoritas.

(Beneventi, Jul. 30.)

[MARTEN., *Ampl. Collect.*, II, 751.]

ALEXANDER episcopus, servus servorum Dei, venerabili fratri HENRICO Remensium archiepiscopo, salutem et apostolicam benedictionem.

Ex transmissa nobis Milonis de Thebio conquestione nuper accepimus, quod cum filio suo quamdam ejus matrina domum una cum grangia in eleemosynam contulisset, et jam prædictus M. illa cum eodem filio quiete diutius possedisset, quidam eos in causam traxerunt, et conati sunt præscriptam eleemosynam in irritum revocare. Cumque super hoc judicio disceptarent, memoratus M. et filius suus se eleemosynam illam per sententiam obtinuisse proponunt. Unde quoniam adversarii sui adhuc eos super hoc, sicut audivimus, molestare non cessant, cum rei judicatæ standum esse juris auctoritas decernat, fraternitati tuæ per apostolica scripta mandamus, quatenus præfatos M. et filium suum præscriptam eleemosynam, sicut eidem filio ipsius rationabiliter fuit concessa, et postmodum adjudicata, facias in pace tenere, nec ipsos a quibusdam super hoc permittas indebite molestari, aut in quæstionem deduci. Si autem eorum adversarii ad commonitionem tuam cessare noluerint, tu eos a præsumptione sua ecclesiastica censura compescas.

Data Beneventi, III Kalendas Augusti.

DLXXXVIII.

P[etro] priori et universo ecclesiæ Dominici Sepulcri Hierosolymitani conventui scribit, A[malricum] patriarcham atque A[malricum] regem non debere impediri, quominus ecclesiæ Joppensi « dignitatem cathedralem et cætera, quæ paganorum jamdudum violentia et occupatione perdiderat, opportunitate nunc habita, reddant. » Attamen admonitum a sese patriarcham esse, ut « dignam honestamque iis recompensationem inveniat. »

(Beneventi, Aug. 5.)

[Eug. de ROZIÈRE, *Cartulaire du Saint-Sépulcre*, 291.]

ALEXANDER episcopus, servus servorum Dei, dilectis filiis PETRO priori et universo Ecclesiæ Dominici Sepulcri conventui, salutem et apostolicam benedictionem.

Litteras devotionis vestræ benigne recepimus, et, licet non omnino petitionibus vestris deferre potuerimus, vobis tamen et ecclesiæ vestræ quatenus licuit providere et utilitati vestræ consulere paterno affectu ac debita charitate curavimus. Et quidem

---

(17) Deest *ecclesiæ*, aut aliquid simile.

bono et æquo procul dubio congruit, necnon et sanctorum Patrum ac prædecessorum nostrorum consonat institutis ecclesias hostilis feritatis incursu destructas aut metu desertas et propriis quantumlibet honoribus, libertate aut possessionibus viduatas, reddita postmodum pace et prosperitate pristina reparata, quasi quodam postliminii jure ad omnia cum prioris status integritate restitui, et universa eis jura, possessiones ac libertates antiquas sine impedimento ac diminutione aliqua resignari. Unde si, quod est in omnibus generaliter observandum, in Ecclesia Joppensi, quam vobis taliter subtrahi a venerabili fratre nostro Amalrico, Jerosolymitano patriarcha, et charissimo in Christo filio Amalrico, illustri Jerosolymorum rege, querimini, vellemus infringere, et ne illi dignitas cathedralis et cætera, quæ paganorum jamdudum violentia et occupatione perdiderat, opportunitate nunc habita, redderentur ad vestræ postulationis instantiam prohibere, tam divinæ quam humanæ legis obliti, apostolicis, quæ tueri debemus, videremur penitus contraire decretis, et prædecessorum nostrorum mandatis, quæ pro redintegratione cathedralium ecclesiarum fecisse noscuntur, apertissime obviare. Quod quia nec nos facere decet, nec vos convenit postulare, volentes vobis, in quantum, salva honestate nostra et ecclesiæ, possumus, ex debito nostri officii subvenire, prædicto fratri nostro patriarchæ per scripta nostra mandavimus quatenus, si proposito duxerit insistendum, et ita res postulat, atque opportunitas exigit, ut prædicta videlicet Joppensis ecclesia pristinæ dignitati et antiquæ debeat restitui libertati, cam circa ecclesiam vestram dispensatione utatur, et adeo dignam honestamque vobis in aliis recompensationem cum consilio prædicti regis, et religiosarum personarum ac sapientum ejusdem terræ, prout in hujusmodi fieri consuevit, inveniat, ut, grata consolatione percepta, nec præfata ecclesia vestra damnum videatur enorme aut jacturam intolerabilem sustinere, nec idem patriarcha ita de alterius erectione aut restitutione laudetur, ut de alterius dejectione aut ruina rationabiliter blasphemetur. Nostras quoque aures exinde non debeat querela pulsare.

Data Beneventi, Nonis Augusti.

DLXXXIX.
Ad Henricum Remensem archiepisc.— Pro Fulcone de villa Aleran.
(Beneventi, Aug. 11.)
[MARTEN., *Ampl. Collect.*, II, 752.]

ALEXANDER episcopus, servus servorum Dei, venerabili fratri HENRICO Remensium archiepiscopo, salutem et apostolicam benedictionem.

Causam quæ inter Fulconem de villa Aleran et Milonem super quadam terra, quam idem Fulco sibi vindicat, et eam a jam dicto Milone per quindecim annos contra rationem detentam fuisse proponit, noscitur agitari, experientiæ tuæ committimus audiendam, et fine debito terminandam. Quocirca discretioni tuæ per apostolica scripta mandamus, quatenus, cum exinde fueris requisitus, utramque partem ante tuam præsentiam convoces, et rationibus hinc inde diligenter auditis et cognitis, eamdem causam ita, justitia mediante, decidas, quod neutra partium possit pro juris sui defectu merito querelari.

Data Beneventi, tertio Idus Augusti.

DXC.
Ad eumdem.— Pro fratribus hospitalibus Jerosolymitanis super villa de Bechehem.
(Beneventi, Aug. 15.)
[*Ibid.*]

ALEXANDER episcopus, servus servorum Dei, venerabili fratri HENRICO Remensium archiepiscopo, salutem et apostolicam benedictionem.

Ex transmissa nobis conquestione fratrum Hospitalis Jerosolymitani, quod cum eis villa de Bechehem jampridem sub testimonio nobilis viri ducis de Lovain tradita et concessa fuisset, et ab Henrico quondam Leodiensi episcopo (18), dum adhuc esset Catholicus, confirmata, jam dictus dux illam memoratis fratribus, postquam eam multo tempore in pace possederant, per violentiam abstulit et ipsam cuidam militi vendere non dubitavit. Unde quoniam ad nostrum spectat officium, viros religiosos contra malefactorum injurias defensare, et eis jura sua illæsa et integra conservare; fraternitati tuæ per apostolica scripta mandamus, quatenus præfatum ducem diligenter et studiose commoneas, ut supradictis fratribus præscriptam villam, si res ita se habet, omni occasione et appellatione cessante, restituat, et in pace possidere permittat. Quod si ad commonitionem tuam efficere forte contempserit, personam ejus cum prætaxatæ villæ detentore, sublato appellationis remedio, sententia excommunicationis percellas, et in tota terra ejus quæ in provincia tua consistit, omnia divina præter baptisma parvulorum et pœnitentias morientium prohibeas officia celebrari.

Data Beneventi, decimo octavo Kalendas Septembris.

DXCI.
Canonicos Pisanos propter schismatis oppugnationem collaudat.
(Beneventi, Aug. 27.)
[UGHELLI, *Italia sacra*, III, 402.]

ALEXANDER episcopus, servus servorum Dei, dilectis filiis canonicis Pisanis, salutem et apostolicam benedictionem.

Litteras devotionis vestræ solita benignitate rece-

---

(18) Ipse est Henricus de Limbourg, hujus nominis secundus Leodiensium episcopus ab archiepiscopo Coloniensi, præsente Innocentio II et Lothario imperatore, consecratus, post Victori IV antipapæ adhæsit; quo mortuo delatum sibi a Friderico imperatore papatum recusavit; sed nihilominus Joannem Strumensem, jubente imperatore, consecravit, ut testatur Albericus ad annum 1164.

pimus, et quod catholicam unitatem diligenter, propensiusque foventes, schismaticæ pravitatis errorem viriliter impugnatis, et ad revocationem schismaticorum toto studio et diligentia intenditis, fidei et fortitudinis vestræ constantiam digne, prout convenit, commendamus, et vobis adepta opportunitate cupimus pro meritis respondere. Rogamus autem universitatem vestram, atque monemus, quatenus, sicut bene cœpistis, ad expulsionem Malincasæ, et ad revocationem venerabilis fratris archiepiscopi vestri modis omnibus laboretis, et totis nisibus intendatis. De cætero illos nimirum lapsos in schismate judicamus, qui juramento, vel fide præstita, oratione, cibo, vel osculo, si hoc voluntarie fecerint, vel licet primum inviti fecissent, in consuetudinem tamen postea deduxerint, schismaticis communicasse noscuntur, quamvis eos, qui juramentum, aut fidem præstiterint, gravius aliis puniendos fore censeamus. Præterea cognitio ex litteris vestris, quod præfatus archiepiscopus capellanum de Visignano, qui nefarium illud juramentum præstiterat, absolutum remiserit et ut A. priorem Sancti Jacobi, et R. capellanum sanctiss. Salvatoris, qui cum prædicto R. ad exsecrationem ejus juraverunt patienter toleraretis mandaverit, satis doluimus, ac moleste tulimus, ipsique mandavimus, ut nisi in præsentia vestra, vel sua cum vestra tamen conscientia, schisma abjuraverint secundum formam, quam vobis præscripsimus, et aliud juramentum præstiterint, quod nostro, vel saltem suo debeant stare mandato, ipsos in priorem sententiam reducere non postponat, ac vobis in his, et in aliis studeat, sicut decet, deferre, et congrue universalitatem vestram honoribus prævenire.

Datum Beneventi, vi Kal. Sept.

DXCII.

Ugoni archiepiscopo Januensi monasterium Gallinariæ insulæ asserit.

(Beneventi, Aug. 28.)

[UGHELLI, IV, 871.]

ALEXANDER, etc., venerabili fratri UGONI Januensi archiep., salutem et apostolicam benedictionem.

Nulli amplius quam Romano pontifici convenit memorem esse accepti obsequii, et cuique secundum merita respondere. Tunc enim quisque in devotione constantior redditur, et in obsequio promptior invenitur, cum bene acta sua laudari conspicit, et digna remuneratione foveri cognoscit. Attendentes itaque fidei, et devotionis constantiam, quam bonæ memoriæ Syrus antecessor tuus, tu quoque ac clerus, et populus civitatis tuæ nobis et fratribus nostris ardenti desiderio imminente necessitatis articulo impenderitis et jugiter exhibitis, vobis cupimus pro meritis digna rependere, et tam Ecclesiam, quam civitatem tuam quadam speciali gratia et prærogativa dilectionis in nostro et beati Petri obsequio confovere, vobis majora in posterum, largiente Domino, provisuri. Inde est quod nos de communi fratrum nostrorum consilio tibi, et successoribus tuis, et per te ecclesiæ tuæ monasterium de insula Gallinaria, quod nulli fuit hactenus nisi Romano pontifici subditum, ad regendum, et disponendum et gubernandum concedimus, et deinceps ipsum in vestra tanquam proprii episcopi dispositione, et ordinatione firmiter et in perpetuum manere sancimus, et vestræ supponimus ditioni, statuentes ut ibi, et correctionem habeatis, et jus pontificale libere et sine ullius contradictione exercere possitis. Decernimus ergo, ut nulli omnino hominum liceat hanc nostræ concessionis paginam temerario ausu infringere, vel ei aliquatenus contraire. Si quis autem hoc attentare præsumpserit, indignationem omnipotentis Dei et beatorum Petri et Pauli apostolorum ejus se noverit incursurum.

Datum Beneventi, v Kalend. Septembris.

DXCIII.

Ad Henricum Remensem archiepiscopum. — Ut infirmis de Dampetra cœmeterium concedatur.

(Beneventi, Aug. 29.)

[MARTEN., Ampl. Collect., II, 755.]

ALEXANDER episcopus, servus servorum Dei, venerabili fratri HENRICO Remensium archiepiscopo, salutem et apostolicam benedictionem.

Dilecti filii nostri infirmi fratres castri de Dampere transmissa nobis narratione monstrarunt, quod cœmeterium non habebant ubi fratres suos valeant sepelire; sed cum aliquis eorum decedit, per dimidiam fere leugam corpus ejus ad sepulturam deferre coguntur: unde nos venerabili fratri nostro Catalaunensi episcopo dedimus in mandatis, ut eosdem cœmeterium ad opus suum et redditorum (19) suorum habere permittat, et ipsum cum exinde requisitus fuerit, benedicere non postponat. Quod si idem episcopus juxta mandatum nostrum adimplere neglexerit, tu prædicta omnia per te vel per alium, quantocius poteris, plenius exsequaris.

Data Beneventi, iv Kalendas Septembris.

DXCIV.

Interdicti sententiam, a Leonate abbate Piscariensi in clericos de terra Sansonesca promulgatam, et ab I. episcopo Signiensi confirmatam, ratam facit.

(Beneventi, Sept. 4.)

[MURATORI, Rer. Ital. Script., II, II, 1013.]

DXCV.

Ad Henricum Remensem archiepiscopum. — Pro pagano milite.

(Beneventi, Sept. 6.)

[MARTEN., Ampl. Collect., II, 756.]

ALEXANDER episcopus, servus servorum Dei, venerabili fratri HENRICO Remensium archiepiscopo, salutem et apostolicam benedictionem.

---

(19) Redditi dicebantur ii qui se infirmorum servitio, non factis tamen solemnibus votis, consecrabant.

Veniens ad nos dilectus filius noster T. monachus Cellensis (20) nobis ex parte sua monstravit, quod paganum militem tuum excommunicationis sententiæ subjecisti, quoniam coram te confessus fuit, quod in quemdam clericum manus violentas injecerat, unde nobis instantius supplicavit, quod eum per aliquem episcopum de partibus illis faceremus absolvi. Quocirca fraternitati tuæ per apostolica scripta mandamus, quatenus memoratum paganum, recepto ab illo secundum Ecclesiæ consuetudinem juramento, a sententia qua tenetur absolvas, et demum sibi pœnitentiam secundum qualitatem delicti imponas. Postea ei in virtute juramenti injungas, quod nunquam de cætero in clericum, monachum, templarium, hospitalarium, aut alicujus religionis conversum violentas manus injiciat, nisi id pro se defendendo aut de mandato prælati sui efficeret, vel eum cum uxore sua, filia vel sorore turpiter inveniret.

Data Beneventi, octavo Idus Septembris.

DXCVI

Ad eumdem. — *Pro ecclesia S. Remigii super quibusdam censibus.*

(Beneventi, Sept. 6.)

[*Ibid.*]

ALEXANDER episcopus, servus servorum Dei, venerabili fratri HENRICO Remensium archiepiscopo, salutem et apostolicam benedictionem.

Conquestionem abbatis et fratrum Sancti Remigii Remensis, nobis transmissam accepimus, quod Rad. de Curteio, annuum censum sexaginta solidorum, quem eis debet exsolvere, jam pluribus annis detinuit, et H. comes Grandis prati eis triginta solidorum censum auferre præsumit. Nobiles quoque viri Suessionensis et de Herou comites, R. de Roseto et G. de Castellione ecclesiæ suæ damna gravia et multas injurias irrogarunt. Unde quoniam ad nostrum spectat officium loca religiosa pia protectione fovere, et eis jura sua propensius conservare, fraternitati tuæ per apostolica scripta mandamus, quatenus memoratos viros moneas diligentius et instantius exhorteris, ut supradicto abbati et fratribus et ecclesiæ suæ subtractum censum et cætera ablata sine diminutione restituant, de damnis et injuriis illatis congrue satisfaciant, vel eis coram te super his omnibus justitiam sufficientem exhibeant; ita quod prænominati abbas et fratres nullam juris sui sustineant læsionem, nec tibi possit propter hoc in aliquo merito derogari. Si autem prælibati malefactores commonitioni tuæ in his acquiescere forte contempserint, in eos et terram ipsorum sententiam ecclesiasticam, appellatione remota, promulges, et eam usque ad dignam satisfactionem facias ab omnibus per tuam provinciam observari.

Data Beneventi, octavo Idus Septembris.

(20) Cella, monasterium ordinis S. Benedicti prope Trecas, a S. Frotberto fundatum, dictum etiam In-

DXCVII

Ad eumdem. — *Pro ecclesia Sancti Remigii contra Stephanum et quosdam alios, qui terras ecclesiæ violenter detinent.*

(Beneventi, Sept. 6.)

[*Ibid.*, col. 757.]

ALEXANDER episcopus, servus servorum Dei, venerabili fratri HENRICO Remensium archiepiscopo, salutem et apostolicam benedictionem.

Dilecti filii nostri P. abbas et fratres Sancti Remigii Remensis, transmissa nobis conquestione, demonstrarunt quod Stephanus et quidam alii homines sui, qui in villa Sancti Remigii, quæ dicitur Insula, jampridem habitare consueverunt, sed ad novam habitationem extra insulam transtulerunt, et terras ecclesiæ quas prius habebant per violentiam præsumunt excolere, et eas dimittere contradicunt. Unde quoniam jam dictos abbatem et fratres eo charitatis fervore diligimus, ut ipsis in justitia sua sicut nec debemus nulla velimus ratione deesse, fraternitati tuæ per apostolica scripta mandamus, quatenus memoratos homines ad priorem habitationem redire, et ibidem ecclesiæ Sancti Remigii de terris suis debitam justitiam exhibere, aut terras illas eidem ecclesiæ liberas omnino dimittere, moneas studiosius, et appellatione remota, sub anathematis districtione compellas. Fratres quoque Hospitalis Jerosolymitani qui supradicto abbati et fratribus mulierem quamdam injuste subtraxisse dicuntur, attente commoneas, ut eamdem sibi sine dilatione restituant, et in pace dimittant, aut illis coram te justitiæ super hoc faciant complementum. Quod si neutrum istorum ad commonitionem tuam adimplere voluerint, tu jam dictos abbatem et fratres in illius, de quo controversia vertitur, possessionem, cessante appellatione, inducas. Et quoniam de redditibus et possessionibus, quas idem abbas et fratres in Alemannia consueverunt habere per schismaticos qui eos sibi subtraxerunt, damna gravia sustinuisse dicuntur, tuæ discretioni præsentium auctoritate mandamus atque præcipimus, quatenus ipsis possessiones et beneficia quæ schismatici de regno Alemanniæ in provincia tua noscuntur habere, omni contradictione et appellatione cessante, assignes, et in pace facias possidere, donec sua recuperaverint, et ablatorum perceperint recompensationem. Illud autem memoriter teneas, quod non omnes de regno Alemanniæ schismatica sunt pravitate respersi, sed quidam eorum nobis devoti existunt.

Data Beneventi, octavo Idus Septembris.

DXCVIII

Ad.... — *Pro priore vallis Sancti Petri.*

(Beneventi, Sept. 6.)

[*Ibid.*, col. 758.]

ALEXANDER episcopus, servus servorum Dei, etc. salutem et apostolicam benedictionem.

sula Germanica, quod etiamnum perstat sub congregatione S. Vitoni.

Quoties inter viros religiosos aliqua occasio contentionis oboritur, tanto citius debet amputari de medio, quanto ad servandum propositum suum majori pace indigent et quiete, dilectorum vero filiorum nostrorum En. prioris et fratrum de Valle Sancti Petri (21) querelam accepimus, asserentium se a fratribus de Tenalliis (22) in terris et pascuis suis inquietationem non modicam sustinere. Quocirca de discretione vestra plurimum confidentes, et volentes jam dictos fratres hinc inde sine contentionis amaritudine semitam professionis suæ tenere, controversiam ipsam discretioni vestræ duximus committendam, per præsentia vobis scripta mandantes, quatenus in locum unum convenientes, utramque partem ante vestram præsentiam convocetis, et rationibus utriusque partis auditis diligenter et cognitis, ita controversiam ipsam concordia vel judicio terminetis, ut nec ipsi diutinis inter se conquestionibus fatigentur, nec alii qui viderint ex contentione ipsorum materiam accipiant derogandi.

Data Beneventi octavo Idus Septemb.

DXCIX.

Canonicis Pisanis mandat ut proposita excommunicatione interdicant ne quis ab intruso ac schismatico monasterii Sextensis abbate beneficia accipiat.

(Beneventi, Sept. 14.)

[UGHELLI, *Italia sacra*, III, 405.]

ALEXANDER episcopus, servus servorum Dei, dilectis filiis canonicis Pisanis, salutem et apostolicam benedictionem.

Qualiter inturgescente schismaticorum perfidia monasterium de Sexto, quod religione plurimum solebat pollere, attritum sit, et spiritualiter et temporaliter diminutum, vestram non oportet prudentiam edocere, qui ejus quotidie miseriam et desolationem videtis. Unde quia decet vos summopere ad ejus relevationem eniti universitati vestræ per apostolica scripta præcipiendo mandamus, quatenus ex parte nostra in Ecclesiis vestris generaliter sub interminatione anathematis prohibeatis, ut nullus ex diœcesi vestra ab intruso præscripti monasterii aliquid de rebus ipsius in feudum, vel alio modo recipere audeat, nec eidem intruso in malitia sua patrocinium, vel favorem ministret. Quicumque autem hoc attentaverit ipsum auctoritate nostra publice excommunicatum denuntietis, et usque ad plenam satisfactionem tanquam excommunicatum propensius faciatis vitari. Eis vero, qui dilecto filio vestro. A. abbati præfati monasterii consilium et auxilium tribuerint, gratiam Dei, et benedictionem nostram promittatis, et hoc in remissionem peccatorum suorum firmiter injungatis.

Dat. Beneventi, XVIII Kal. Octob.

---

(21) Vallis S. Petri monasterium ordinis Carthusiensis in diœcesi Laudunensi.

(22) Tenalliæ seu Thenoliæ vel Thenolium, mo-

DC.

Ad Henricum Remensem archiepiscopum. — Pro querela Marbelini et Belot. matris ejus.

(Beneventi, Sept. 17.)

[MARTEN., *Ampl. Collect.*, II, 759.]

ALEXANDER episcopus, servus servorum Dei, venerabili fratri HENRICO Remensium archiepiscopo, salutem et apostolicam benedictionem.

Venientes ad apostolicæ sedis clementiam Marbelinus et Belot. mater ejus, supplici nobis insinuatione monstrarunt, quod cum quamdam domum suam pater jam dicti A. quidam militi pignori obligasset, D. avunculus ejus præscriptam domum redemit a milite, nec voluit pecuniam, pro qua fuerat domus obligata, recipere, sed ipsam domum alii pro centum solidis vendere non dubitavit. Quamdam etiam terram eorum injuste detinens, fructus qui exinde proveniunt, percipere non veretur. Præter hæc annulum quemdam et quindecim ulnas fustan. quas pater memorati A. ei accommodavit, illis reddere contradicit. Unde cum super his omnibus in præsentia dilecti filii nostri Jeannis archidiaconi Ecclesiæ tuæ causa eorum discuteretur, isti ad nostram audientiam appellarunt, sed ille nec venit, nec aliquem pro se responsalem transmisit. Verum quoniam absente altera parte eidem causæ non potuimus finem imponere, eam fraternitati tuæ, de qua plene confidimus, committimus audiendam et mediante justitia terminandam, per apostolica scripta mandantes, quatenus cum exinde fueris requisitus, utramque partem ante tuam præsentiam convoces, et rationibus hinc inde plenius auditis et cognitis, eamdem causam remoto appellationis obstaculo, legitimo fine decidas. Quod si prædictus D. legitime citatus, ad præsentiam tuam venire, aut judicium tuum subire noluerit, ipsum nulla appellatione obstante ecclesiastica censura percellas, ut si non voluntarius, saltem invitus justitiæ stare cogatur.

Data Beneventi, XV Kal. Octobris.

DCI.

Episcopo Furconiensi et canonicis Pennensibus, Valvensibus, Teatinis præcipit ut sententiam excommunicationis vel interdicti in clericos quosdam a Leonate abbate Piscariensi latam observent observarique faciant a Riccardo, Leonatis fratre.

(Beneventi, Sept. 23.)

[MURATORI, *Rer. Ital. Script.*, II, II, 1013.]

DCII.

Parochianos S. Salvatoris Venetiarum laudat, quod decimas solverint, eosque monet, ut in eadem solutione perseverent.

(Beneventi, Sept. 24.)

[CORNELII *Ecclesiæ Venetæ*, XIV, 100.]

ALEXANDER episcopus, servus servorum Dei, dilectis filiis universis parochianis et vicinis ecclesiæ

---

nasterium est ordinis Præmonstratensis, juxta Vervinum oppidum Teraschiæ, a Bartholomæo episcopo Laudunensi anno 1129 fundatum.

S. Salvatoris, salutem et apostolicam benedictionem.

Dilecti filii nostri prior et fratres ecclesiæ jamdictæ transmissa nobis significatione monstrarunt quod vos ejus decimas bonorum vestrorum pia devotione persolvitis, et Dominicam in hoc institutionem fideliter adimpletis. Super quo utique vestræ devotionis affectum multipliciter in Domino commendamus, universitatem vestram per apostolica scripta rogantes, monentes, mandantes quatenus prædicto priori et fratribus suis, nec non in ecclesia in qua divinis sunt obsequiis mancipati, decimas de bonis vobis a Deo collatis, quemadmodum eis Ecclesiæ Romanæ privilegiis et diœcesani episcopi scriptis indultæ noscuntur, sine diminutione aliqua persolvatis; a memorato priore et ejus successoribus solita securitate accepta, quod semper decimas illi episcopo, vel alii cuilibet non cogemini de cætero respondere.

Datum Beneventi, viii Kal. Octobris.

ANNO 1169.

DCIII.

Privilegia monasterii S. Salvatoris, et sententiam pro ipso a delegatis apostolicis latam confirmat.

(Beneventi, Jan. 4.)
[*Ibid.*]

ALEXANDER episcopus, servus servorum Dei, dilectis filiis VIVIANO priori ecclesiæ S. Salvatoris in Rivoalto sitæ, ejusque fratribus tam præsentibus quam futuris, canonicam vitam professis, ad perpetuam rei memoriam.

Ad hoc universalis Ecclesiæ cura nobis a provisore omnium bonorum Deo commissa est, ut religiosas diligamus personas, et beneplacentem Deo religionem modis omnibus propagare studeamus. Nec enim Deo gratus aliquando famulatus impenditur, nisi ex charitatis radice procedens a puritate religionis fuerit conservatus. Eapropter, dilecti in Domino filii, vestris justis postulationibus clementer annuimus et præfatam S. Salvatoris Ecclesiam in qua divino mancipati estis obsequio, ad exemplar prædecessorum nostrorum felicis memoriæ Innocentii, Eugenii et Anastasii Romanorum pontificum sub B. Petri et nostra protectione suscipimus et præsentis scripti privilegio communimus. Quia vero canonicum ordinem observare et secundum B. Augustini Regulam vivere devovistis, votis vestris libenter annuimus et ipsum ordinem in eadem ecclesia perpetuis temporibus inviolabiliter permanere apostolica auctoritate sancimus, statuentes ut quascunque possessiones, quæcunque bona eadem ecclesia impræsentiarum juste et canonice possidet, aut in futurum concessione pontificum, largitione regum vel principum, oblatione fidelium, seu aliis justis modis, præstante Domino, poterit adipisci, firma vobis vestrisque successoribus et illibata permaneant.

Partem quoque decimarum de parochianis vestris quæ secundum sacros canones et sanctorum Patrum constitutiones vestram contingit ecclesiam vobis nihilominus confirmamus. Addentes etiam interdicimus ne quis prior in ipsa ecclesia qualibet subreptionis astutia seu violentia præponatur, nisi quem fratres ipsius loci communiter, vel pars sanioris consilii canonice providerint eligendum. Sepulturam quoque ipsius loci liberam esse concedimus ut eorum devotioni et extremæ voluntati qui se illic sepeliri deliberaverint, nisi excommunicati vel interdicti sint, nullus obsistat, salva tamen justitia matricis ecclesiæ. Clericos vero seu laicos liberos et absolutos e sæculo fugientes liceat vobis sine alicujus contradictione suscipere. Prohibemus autem ut nulli fratrum post factam in loco ipso professionem, absque prioris sui licentia fas sit temere de claustro discedere; discedentem vero, sine communium litterarum cautione nullus audeat retinere. Præterea sententiam quam venerabilis frater noster Henricus Gradensis patriarcha et dilectus filius noster Ildebrandus, basilicæ Duodecim Apostolorum presbyter cardinalis, apostolicæ sedis legatus, super controversia inter vos et Dominicum plebanum S. Bartholomæi, de quibusdam parochialibus domibus, scilicet super domibus justorum Maurocenorum Gradonicorum Græcorum Leonardi Fradelli et Dominici Aurei, quas quisque sui juris esse dicebat quondam diutius agitata rationabiliter protulerunt, sicut in authentico scripto illorum exinde facto noscitur contineri, auctoritate apostolica confirmamus, statuentes ut nullus sine vestro consensu parochianis vestris in infirmitate positis pœnitentias dare, aut eos inungere, vel ad sepulturam recipere audeat nisi salva justitia ecclesiæ vestræ sacris canonibus instituta. Decernimus ergo, etc., salva sedis apostolicæ auctoritate et diœcesani episcopi canonica justitia. Si qua igitur in futurum, etc.

Ego Alexander catholicæ Ecclesiæ episcopus.

Ego Bernardus Portuensis et S. Rufinæ episcopus.

Ego Conradus Moguntinus archiep. et Sabinensis episc.

Ego Ubaldus presbyt. card. tit. S. Crucis in Jerusalem.

Ego Joannes presb. card. tit. S. Anastasiæ.

Ego Albertus presb. card. tit. S. Laurentii in Lucina.

Ego Boso presb. card. S. Pudentianæ tit. Pastoris.

Ego Petrus presb. card. tit. S. Laurentii in Damaso.

Ego Joannes presb. card. tit. S. Marci.

Ego Theodinus presb. card. S. Vitalis tit. Vestinæ.

Ego Ardicio diac. card. S. Theodori.

Ego Ugo diac. card. S. Eustachii juxta templum Agrippæ.

Datum Beneventi per manum Gratiani, sanctæ Romanæ Ecclesiæ subdiaconi et notarii, II Nonas Januarii, indictione I, Incarnationis Dominicæ anno 1168, pontificatus domni Alexandri III papæ anno decimo.

DCIV.

Cavense monasterium sub B. Petri et apostolicæ sedis protectione suscipit, prædecessorumque pontificum privilegia confirmat.

(Beneventi, Jan. 30.)

[Margarini, *Bullar. Casin.*, II, p. 18.]

Alexander episcopus, servus servorum Dei, dilecto filio Morino abbati Cavensis monasterii, quod secus Salernum situm est, ejusque fratribus, tam præsentibus quam futuris, regularem vitam professis, in perpetuum.

Commissæ nobis nos apostolicæ sedis hortatur auctoritas, ut locis et personis ipsius auxilium devotione debita implorantibus, tuitionis præsidium impendere debeamus. Quia sicut injusta poscentibus, nullus est tribuendus effectus, sic legitima et justa desiderantibus, nulla est differenda petitio ; præsertim eorum qui cum honestate vitæ et laudabili morum compositione gaudent omnipotenti Domino deservire. Eapropter, dilecti in Domino filii, vestris justis postulationibus clementer annuimus et prædecessorum nostrorum felicis memoriæ Gregorii VII, Urbani, Paschalis, Calixti, Innocentii et Eugenii Romanorum pontificum vestigiis inhærentes, Cavense cœnobium in quo estis divino mancipati obsequio, sub beati Petri et nostra protectione suscipimus et præsentis scripti privilegio communimus, atque ab omni tam ecclesiasticæ quam sæcularis personæ jugo, ita omnino liberum manere decernimus, ut soli sanctæ et apostolicæ Romanæ Ecclesiæ videatur esse subjectum. Statuimus quoque ut illa monasteria, ecclesiæ, sive cellæ quæ cœnobio vestro commissæ sunt firmæ vobis vestrisque successoribus, et illibatæ permaneant. Quæ siquidem his nominibus adnotantur :

Sancti Laurentii in Paliperna, quemadmodum ipsum prædictus antecessor noster Eugenius papa ad reformandam religionem, quæ ibi perierat, et per vos et successores vestros perpetuis temporibus gubernandum vobis concessit, et decreti sui corroboratione sancivit vobis et eidem monasterio auctoritate apostolica confirmamus ; ecclesiam Sanctæ Mariæ intra casale vestrum, ecclesiam S. Heliæ, ecclesiam Sancti Fortunati. Quas quidem ecclesias sive parochiales sint, sive populum non habentes, cum suis juribus et pertinentiis, vobis et eidem cœnobio auctoritate apostolica confirmamus ; ipsas et si quas alias poteritis in futurum canonice adipisci, in favorem religionis vestræ, ut quietius et tranquillius omnium Creatori pro salubri statu universalis Ecclesiæ serviatis, ab omni jure episcopali eximimus de gratia speciali et plenitudine potestatis. Ita quod in nullo episcopali jure seu contentiosa jurisdictione, monachi seu clerici sæculares in vestris ecclesiis commorantes respondere diœcesanis episcopis teneantur. Confirmamus etiam vobis et jam dicto monasterio privilegia donationum ipsarum ecclesiarum, sive a laicis, sive a viris ecclesiasticis factæ sint. Quarum ecclesiarum instrumenta nostro conspectui ut authentica et legitima præsentasti, apostolico judicio approbanda. Quibus diligenter visis et intellectis approbavimus, ratificavimus et ex certa scientia confirmavimus. Quibus etiam si quid forte incuria, seu negligentia minus firmitatis insertum est, vires plenissimæ notionis, ex hac nostra suscipiant auctoritate. Nihilominus etiam confirmamus vobis et prælibato monasterio privilegia centenariæ præscriptionis, quod felicis memoriæ Urbanus papa prædecessor noster supradictus eidem monasterio indulsit de benignitate apostolica. Decernentes eos, qui possessiones et libertates ejusdem cœnobii et vassalorum suorum jura, seu redditus detinent occupatos exinde fore penitus amovendos, ipsique nullum omnino jus per detentionem, vel possessionem hujusmodi, posse acquirere vel habere, ac nullum vobis per hoc vel juri ipsius cœnobii super his præjudicium factum esse, vel posse in aliquo generari, nisi legitime constiterit detentores ipsos præscriptione centenaria fore munitos. Quod si ausu temerario terras, seu actiones, seu arbitrio aliquo interveniente, per vos vel successores vestros, seu per quemvis alium, contra tenorem hujus nostri decreti, absque licentia sedis apostolicæ faciente de immunitate hujusmodi mentionem, fuerit attentatum ; ex nunc illud decernimus viribus omnino carere, sed præfatum monasterium cum omnibus suis membris habitis, et habendis pleno jure sedi apostolicæ sit subjectum ; salvo censu trium solidorum aureorum annuatim sanctæ Romanæ Ecclesiæ debito, veluti in ipsius memorati Urbani privilegio plenius continetur. De abundantiori quoque gratia sedis apostolicæ concedimus vobis et successoribus vestris ut si aliquam de vestris ecclesiis, possessionibus, vel redditibus alicui viro ecclesiastico, suæ in beneficium aut annuum censum canonice concesseritis, quod licitum vobis, vestrisque successoribus bona ejusdem monasterii post obitum ejusdem personæ ecclesiasticæ vel cum beneficium ipsum vacaverit a quocunque eidem viro ecclesiastico concessum exstiterit, beneficium ipsum seu redditus ad utilitatem ejusdem monasterii convertere et in ipsius proprietatis dominio retinere, non obstantibus super hoc aliquo jure communi a nobis vel a nostris successoribus edito vel edendo, seu litteris a sede apostolica aut a nostris legatis cardinalibus super hoc impetrandis ; nisi de hujusmodi privilegio expressam fecerit mentionem.

Præterea quæcunque bona concessione pontificum, liberalitate principum, vel oblatione fidelium vestrum hodie cœnobium legitime possidet, sive in futurum canonice possidebit vobis vestrisque successoribus, et eidem monasterio auctoritate apostoritate apostolica nihilominus confirmamus. Chrisma, oleum sanctum, consecrationes altarium, sive basilicarum, ordinationes clericorum, tam in cœnobio ipso quam in adjacentibus villulis, ac in ecclesiis civitatis et diœcesis Salernitanæ a quocunque volueritis catholico accipiatis episcopo. In aliis vero monasteriis et obedientiis vestris, hæc a diœcesano episcopo, siquidem gratiam et communionem apostolicæ sedis habuerit, gratis et absque pravitate voluerit impertiri. Alioquin liceat vobis quemcunque malueritis adire antistitem, qui nostra fretus auctoritate, quod postulatur indulgeat. Ad hæc adjicimus ut nulli episcoporum facultas sit, sine Romani pontificis licentia, loca vestra vel monachos, seu sæculares clericos, qui in ipsis locis commorantur interdictioni, vel excommunicationi subjicere. Obeunte vero te nunc ejusdem loci abbate, vel tuorum quolibet successorum, nullus ibi qualibet subreptionis astutia seu violentia præponatur, nisi quem fratres, omnium consensu, vel fratrum pars consilii sanioris, secundum Deum et beati Benedicti Regulam elegerint, Electus vero ad Romanum pontificem ordinandus accedat. Si quis autem adversus prædictum monasterium justam se putat habere querelam et apud ejusdem cœnobii abbatem vel monachum litem suam decidere, aut definire noluerit, statuimus ut ante legatos nostros vel nos querimonia deferatur, quatenus æquitate judicii, sine personarum acceptione sua unicuique justitia, Deo auctore, servetur.

Decernimus, ergo, etc.

Data Beneventi per manus Gratiani, sanctæ Romanæ Ecclesiæ subdiaconi et notarii, tertio Kalend. Februar., indictione secunda. Incarnationis Dominicæ anno millesimo centesimo sexagesimo octavo, pontificatus vero domni Alexandri papæ III anno decimo.

Ego Alexander catholicæ Ecclesiæ episc.
Ego Ubaldus Ostiensis episc.
Ego Bernardus Portuensis et Sanctæ Rufinæ episc.
Ego Ubaldus presb. card. tit. S. Crucis in Jerusalem.
Ego Joannes presb. card. tit. S. Anastasiæ.
Ego Albertus presb. card. tit. S. Laurentii in Lucina.
Ego Petrus presb. card. tit. S. Laurentii in Damaso.
Ego Joannes presb. card. tit. S. Marci.
Ego Theodinus presb. card. S. Vitalis tit. Vestinæ.
Ego Hugo diac. card. S. Eustachii juxta templum Agrippæ.

DCV.

Monasterii S. Nicasii Remensis bona et privilegia confirmat.

(Beneventi, Febr. 8.)

[D. Marlot, *Metropol. Rem.*, II, 597.]

Alexander episcopus, servus servorum Dei A dilectis filiis Guidoni abbati monast. S. Nicasii, ejusque fratribus, tam præsentibus quam futuris, regularem vitam professis in perpetuum.

Religiosam vitam eligentibus apostolicum convenit adesse præsidium, etc. In quibus hæc propriis duximus exprimenda vocabulis : Villam Sancti Hilarii, sicut Ecclesia vestra quiete et sine calumnia a centum quatuor annis noscitur possedisse cum manso indominicato, terris adjacentibus, pascuis et omnibus exitibus villæ, cum banno et justitia, et sedibus molendinorum, tam in villa quam extra villam, et cursu aquæ, et toto piscatorio ab.... sione montis Sancti Remigii usque ad lapideam metam Sancti Hilarii versus Sanctum Martinum ; quæ omnia ab omni humana calumnia, atque exactione liberrima Gervasius quondam Remensis archiepiscopus a quibusdam militibus comparaverat, et ecclesiæ Sancti Nicasii perpetuo jure possidenda sub auctoritate privilegii Philippi quondam regis Francorum contradidit ; casam ecclesiæ de monte Sancti Remigii, decimam de Burigniamonte per manus archiepiscopi a Petro milite de Arpi redemptæ [f. redemptam], donum terræ vel nemoris, quod Petrus de Courtenay dedit sancto Nicasio pro matre sua Helvide ad censum xii denariorum ad Pascha solvendum. Totam silvam a cultura monachorum de Ham, usque ad Perus, quam Petrus de Montecornuto dedit ecclesiæ de Ham in die dedicationis ejus. Totam villam de Ham cum ecclesia et molendino cum banno et justitia, servis et ancillis, pratis, terris, silvis, et liberis exitibus ejusdem villæ; totam decimam de Arceis, totam ecclesiam de Clerum, et capellaniam de Montecornuto; ecclesiam de Lunis; capellam de Sulmone ; ecclesiam de Curte Monasterii cum decimis de Nocumento; ecclesiam de Villzeto cum tota decima, et uno manso terræ arabilis.

In burgo Sancti Nicasii portagium, roagium, modiagium, sextellagium et theonicum cum banno, et justitia, et furno bannato, et novalia, quæ propriis manibus, aut sumptibus coluntur. Si quis, etc.

Ego Alexander catholicæ Ecclesiæ episcopus.
Ego Hubaldus presbyter cardinalis.
Ego Ardilio diaconus cardinalis.
Ego Hugo diaconus cardinalis, etc.
Ego Conradus Moguntiæ archiepiscopus et Sabinensis episcopus.

Datum Beneventi per manum Gratiani, S. R. E. subdiaconi et notarii, vi Id. Feb., indic. ii, an. Incar. 1168, pontificatus vero dom. Alexandri papæ III, anno decimo.

DCVI.

Petro abbati S. Remigii et decano Remensi mandat ut inter I. S. Mariæ Virtuensis abbatem variosque homines controversias discepient.

(Beneventi, Febr. 9.)

[Mansi, *Concil.*, XXI, 958.]

Dilecti filii nostri I. Sanctæ Mariæ Virtuensis

abbatis, de quibusdam gravaminibus ecclesiæ suæ illatis, nuper querelas accepimus, quas tanto citius fine debito volumus terminari, quanto et ecclesia majori paupertate laborat, et abbas Ecclesiæ negotia minus potest pro imbecillitate virium sustinere, Questus est enim quod Man. presbyter ecclesiam de Alvesiolo, a bonæ memoriæ B. Catalaunensi quondam episcopo Ecclesiæ Virtuensi concessam, violenter ei præsumpsit auferre; et de restitutione conventus ad appellationis diffugium se dicitur contulisse : sed nec per se, nec per alium præsentiam suam exhibere curavit. Ab Eur. etiam de Coloneio decimas laborum suorum, et censum annuum domus suæ, et a R. de Coloneio et fratribus ejus terras ad jus ejusdem Ecclesiæ pertinentes conqueritur injuste teneri. G. præterea de Bergeriis in molendino apud Clamangiam duodecim annonæ sextarios eidem præsumit auferre, et sæpe commonitus reddere contradicit. Unde quia plurimum de vestra discretione confidimus, et præfatus abbas non parum indiget Ecclesiæ præsidio confoveri, per præsentia vobis scripta mandamus, quatenus supradictos viros et partem ejusdem abbatis ante vestram præsentiam convocetis, et querelis Ecclesiæ ac rationibus partium inquisitis diligenter et cognitis, ita eis finem debitum imponatis, ut prænominatus abbas laborare diutius pro defectu justitiæ non cogatur, Si autem illi aut copiam sui facere, aut judicio vestro stare contempserint, censura eos ecclesiastica compellatis, episcopo eorum ex parte nostra denuntiantes, ut latam in eos sententiam, usque ad condignam satisfactionem, faciat observari. Porro quia supranominatus M. presbyter appellationem suam, ut dicitur, prosequi non curavit, causam illam, si hoc ita constiterit, appellatione remota terminari mandamus.

Datum Beneventi, v Idus Febr.

DCVII.
Possessiones et jura Vallumbrosani monasterii confirmat.

(Beneventi, Febr. 14.)

[LAMI, *Ecclesiæ Florentinæ Monumenta*, I, 545.]

ALEXANDER episcopus, servus servorum Dei, dilectis filiis JACOBO Vallumbrosano abbati, ejusque fratribus, tam præsentibus quam futuris, regularem vitam professis in perpetuum.

Desiderium quod ad religionis propositum et animarum salutem pertinere dignoscitur, auctore Domino, sine aliqua est dilatione complendum. Quia igitur propositum vestrum, divina præeunte ac subsequente clementia, religionis vestræ simplicitas bonæ opinionis odorem et prope et longe positis aspiravit, nos vero provectui, annuente Domino, provectus adjungere cupientes, ad exemplar prædecessorum nostrorum felicis memoriæ Paschalis et Adriani, Romanorum pontificum, cœnobium vestrum pro beatæ Mariæ semper virginis reverentia, cui dicatum est, sub Romanæ Ecclesiæ proprietate et tutela atque protectione apostolicæ sedis suscipimus, et apostolicæ illud auctoritatis privilegio munientes, ab omnium personarum jugo liberum permanere decernimus, imprimis siquidem statuentes ut ordo monasticus, qui ibidem secundum Deum et B. Benedicti Regulam noscitur institutus, perpetuis temporibus inviolabiliter observetur. Præterea quascunque possessiones, quæcunque bona, jam dictum cœnobium impræsentiarum juste et canonice possidet, aut in futurum concessione pontificum, largitione regum vel principum, oblatione fidelium, seu aliis justis modis, rationabiliter, præstante Domino, poterit adipisci, quieta vobis et integra conserventur; in quibus hæc propriis duximus exprimenda vocabulis :

Monasterium S. Salvii, monasterium S. Trinitatis de Florentia, monasterium Strumense, monasterium de Osella, et S. Jacobi de Castello, monasterium de Passiniano, et S. Michaelis de Lenis, et de Alphiano, de Cultubono, de Monte-Pisis; monasterium de monte Scalario et de Nerano, monasterium de Ficiclo, monasterium de Cappiano, monasterium Sancti Pauli Pisani, monasterium Sancti Venerii in Sardinia, monasterium Sancti Angeli de Pistorio, monasterium de Pacciano, monasterium de Monteplano, monasterium de Fonte Thaonis, monasterium de Musceto, monasterium de Monte armato, monasterium S. Ceciliæ, monasterium S. Reparatæ, monasterium de Trecento, monasterium de Crispino, monasterium de Razzolo, monasterium de rivo Cæsaris, monasterium de Cuneo, monasterium de Turri, monasterium de Caprilia, monasterium Placentinum, monasterium Papiense, monasterium de Capranna, monasterium S. Prosperi, monasterium de Novaria, monasterium de Vercelli, monasterium de Janua, monasterium de Terdona, monasterium de Taurino, monasterium Brixiense, monasterium Veronense, monasterium S. Vigilii, monasterium Bergomense, monasterium Mediolanense, monasterium S. Carpophori, monasterium Astense, et monasterium S. Angeli Juniperiti.

Chrisma vero, oleum sanctum, consecrationes altarium, seu basilicarum, et ordinationes clericorum, liceat vobis a quocunque volueritis catholico episcopo et Romanæ Ecclesiæ gratiam atque communionem obtinente, recipere, qui nostra fultus auctoritate, quæ postulantur, indulgeat. Sancimus insuper, ut nulli episcoporum fas sit in vos excommunicationis, vel interdicti sententiam promulgare, ut qui in speciales estis filios apostolicæ sedis assumpti nullius alterius judicium temere subeatis. Nulli quoque liceat aliquod vestræ religionis monasterium à loci sui stabilitate revellere, ac removere, sine abbatis et congregationis communi consensu.

Constituimus autem ut omnium præfatorum monasteriorum caput quod in Valle umbrosa situm est monasterium habeatur. Sane cum terminus pastori vestro divina dispositione contigerit, qui ejus loco substituendus fuerit, quia et aliis omnibus præesse debebit, omnium qui cæteris præsunt monasteriis consensu et judicio eligatur. Quod si forte ex ipsis abbatibus quilibet, Domino disponente, ad hoc generale regimen electus fuerit, ad vestrum principale cœnobium principaliter transeat, et in ejus mox judicio sicut in diebus venerandæ memoriæ Joannis primi abbatis vestri factum constat, cætera omnia unita vobis monasteria disponantur.

Decernimus ergo, etc., salva apostolicæ sedis auctoritate. Si qua igitur in futurum ecclesiastica, etc.

Ego Alexander catholicæ Ecclesiæ episc. subscripsi.

Ego Ubaldus Ostiensis episc.

Ego Bernardus Portuensis et Sanctæ Rufinæ episc.

Ego Conradus Moguntinus archiep. et Sabinensis episc.

Ego Ubaldus presb. card. SS. Joannis et Pauli tit. Pammachii.

Ego Joannes presb. card. tit. S. Anastasiæ.

Ego Albertus presb. card. tit. Sancti Laurentii in Lucina.

Ego Boso presb. card. S. Pudentianæ tit. Pastoris.

Ego Petrus presb. card. S. Laurentii in Damaso.

Ego Joannes presb. card. tit. Sancti Marci.

Ego Theodinus presb. card. S. Vitalis tit. Vestinæ.

Ego Ardicio diac. card. S. Theodori.

Ego Ugo diac. card. S. Eustachii juxta templum Agrippæ.

Datum Beneventi per manum Gratiani, sanctæ Romanæ Ecclesiæ subdiaconi et notarii, decimo sexto Kalendas Martii, indictione secunda, Incarnationis Dominicæ anno 1168, pontificatus vero domni Alexandri papæ III, anno x.

DCVIII.

Ad Henricum Anglorum regem. — Significat se Gratianum et Vivianum ad illum ablegasse petituros ne jura Ecclesiæ violet et cum Thoma reconcilietur.

(Beneventi, Febr. 28.)

[*Epistolæ S. Thomæ*, ed. GILES, II, 122.]

ALEXANDER papa, HENRICO regi Angliæ.

Magnificentiæ tuæ litteras, quas nobis per dilectos filios nostros, primo Reginaldum Saresberiensem, et deinde Randulphum Landavensem archidiaconos, viros providos et discretos, et in commisso sibi negotio studiosos atque sollicitos, transmisisti, paterna benignitate suscepimus, et earum continentiam diligenter curavimus et studiose audire. Cum autem excellentiæ tuæ petitiones nobis tam ex serie litterarum, quam ex nuntiorum tuorum viva voce plenius innotuissent, et nos cum fratribus nostris exinde diutius deliberassemus, non fuit a nobis visum, quod aliquam earum, juxta quod rogasti, cum honestate nostra et ecclesiæ possemus effectui mancipare. Verumtamen ut sublimitati tuæ in omnibus, quantum cum honore Dei et Ecclesiæ fieri poterit, deferamus, et ne nos potius ex voluntate, quam de necessitate credas aliqua ratione fecisse, dilectos filios nostros, Gratianum subdiaconum et notarium nostrum, et magistrum Vivianum, viros siquidem providos et discretos, et nobis ac totæ Ecclesiæ charos pariter et acceptos, ad regiæ celsitudinis præsentiam destinavimus, per quos magnificentiæ tuæ voluntatem et exaltationem tuam spectabunt, et quæ serenitati tuæ merito placere debebunt, plenius significamus.

Quod autem, sicut ex magnificentiæ tuæ litteris intelleximus, in tantum voluntatem tuam et animum tuum circa negotium venerabilis fratris nostri Thomæ Cantuariensis archiepiscopi inclinasti, quod cum ob reverentiam ecclesiæ et nostram permitteres ad propria remeare, et ecclesiam in pace tenere, dummodo quod tibi debet, impendere velit, gratum omnimodis acceptumque tenemus, et divinæ clementiæ, quæ hoc cordi tuo procul dubio inspiravit, quantas possumus laudes et gratias exhibemus, serenitatem tuam attente rogantes, et tibi in delictorum tuorum veniam injungentes, quod Deo potius quam homini in præscripto negotio deferas, et ad hoc solummodo divinæ pietatis respectu animum tuum inclines. Super eo vero, quod magnificentiæ tuæ de nobis et nostræ voluntatis mutatione significatum fuisse dicebas, non oportet discretam prudentiam tuam omni spiritui credere, cum multi detractores et corrosores existant, quorum dictis quibuslibet non est fides adhibenda aliquatenus. Nos autem voluntatem et desiderium habemus personam tuam, sicut charissimi in Christo filii nostri, toto cordis affectu diligere, nec eam in aliquo, nisi forte, quod Deus avertat! nos ad hoc tu ipse compelleres, volumus aggravare.

Datum Beneventi, 11 Kalendas Martii.

DCIX.

Ad Thomam archiepiscopum Cantuariensem. — Ejusdem argumenti.

(Beneventi, Mart. 10.)

[*Ibid.*, p. 20.]

ALEXANDER episcopus, servus servorum Dei, dilecto fratri THOMÆ Cantuariensi archiepiscopo, salutem et apostolicam benedictionem.

Illustris regis Anglorum nuntios et litteras accepimus. Et cum a nobis per eosdem nuntios quædam magna et difficilia postulasset, et super iis obtinendis apud nos nuntii ejus vehementer et fortiter institissent, animum nostrum ad voluntatem suam nequaquam flectere potuerunt. Sed ne possent habere ullam materiam et occasionem de nostra duritia conquerendi, quod sibi nollemus in aliquo deferre, sequentes vestigia et exempla prædecessorum nostrorum, quos sanctos esse non dubitamus, prædictum regem cum omni benignitate, modestia et mansuetudine, a suo revocare proposito, et ejus mitigare animum, et emollire disposuimus duritiam. Inde utique fuit quod nos, sicut de consilio et deliberatione fratrum nostrorum processit, dilectos filios nostros Gratianum subdiaconum, et notarium nostrum, virum honestum et litteratum, quem ob memoriam sanctæ recordationis Patris et prædecessoris nostri Eugenii papæ, et intuitu sincerissimæ fidei et obsequii sui charum omnimodis acceptumque tenemus, et magistrum Vivianum, quem ob antiquam familiaritatem, prudentiam, et litteraturam ejus, sincero cordis affectu diligimus, ad præfati regis præsentiam duximus destinandos. Per quos, et per litteras nostras, ipsum cum omni studio et sollicitudine districtius quam possumus commonemus, ut tibi pacem et gratiam suam restituens, te ad ecclesiam tuam honorifice revocet, et tam tibi quam eidem Ecclesiæ, antiqua jura, et libertates, et honores integre et illibate conservet, et te et tua cum omni pace et tranquillitate esse permittat.

Quapropter rogamus fraternitatem tuam atque monemus, quatenus malitiam et angustiam temporis diligenter considerans, et attendens, quomodo majores nostri tempora redemerunt propter dierum malitiam, ad recuperandam gratiam et amorem supradicti regis, omnibus modis quantum salvo ordine et officio tuo fieri potest, elabores, et ejus satagas animum mitigare, illam patientiam, mansuetudinem, et benignitatem ostendens, quod a nullo merito possit dici per te remansisse, quominus gratiam et bonam voluntatem illius plenius debeas adipisci. Rogamus præterea prudentiam tuam, monemus, consulimus et volumus ut usque ad discessum nuntiorum nostrorum nec in regem, nec in personas regni, aut regnum, aliquam sententiam proferas: et si forte (quod non credimus) jam protulisti, ipsam usque ad tempus illud suspendas. Hoc autem ideo dicimus, ut illi omnem conquerendi occasionem et materiam tollamus, et ejus duritiam tali modo vincamus. Si enim secus (quod absit!) contigerit, nos tibi auctoritatem tuam subtrahere nullatenus volumus, sed potius conservare, et auxilium et consilium nostrum diligenter conferre. Cætera vero in ore nuntiorum nostrorum posuimus, quorum dictis fidem incunctanter adhibeas, et eorum consiliis et exhortationibus acquiescas.

Datum Beneventi, vi Id. Martii.

DCX.
Ad Henricum Remensem archiep. — Pro Dominico et Haimardo sociis.
(Beneventi, Mart. 11.)
[MARTEN., *Ampl. Collect.*, II, 787.]

ALEXANDER episcopus, servus servorum Dei, venerabili fratri HENRICO Remensium archiepiscopo, salutem et apostolicam benedictionem.

Cum inter Dominicum et Hemardum seclos, et inter Theodoricum et Haidericum filium ejus super pecunia viginti librarum, quas iidem T. et Ha. sibi a jam dictis Dominico et Hemardo deberi dicebant, in nostra præsentia jam pridem controversia verteretur, nos causam illam venerabili fratri nostro R. Ferentinati episcopo commisimus cognoscendam. Ipse autem, auditis rationibus hinc inde diligenter et cognitis, amicabilem inter eos statuit compositionem, sicut ex litteris nostris exinde factis tibi evidentius innotescet. Unde quoniam præfatus T. et filius ejus contra transactionis tenorem scripto nostro firmatam venire, sicut audivimus, non formidant; fraternitati tuæ per apostolica scripta mandamus quatenus eosdem moneas diligentius, et sub anathematis districtione compellas, ut compositionem illam, quemadmodum utriusque partis est, fideli interpositione firmata, et prout in litteris nostris exinde factis noscitur contineri, firmam et inconcussam observent, nec contra eam de cætero venire præsumant. Volumus autem et mandamus ut in his exsequendis te ita diligentem exhibeas, quod supradicti Dominicus et Hemardus ad nostram propter hoc præsentiam de cætero non cogantur venire.

Data Beneventi, quinto Idus Martii.

DCX bis.
Privilegium pro ecclesia B. Nicolai de Nugarol.
(Beneventi, Mart. 23.)
[*Chronique de l'Eglise d'Auch*, Preuves, IIIe partie, pag. 63.]

ALEXANDER episcopus, servus servorum Dei, dilectis filiis OMIONI archipresbytero ecclesiæ Beati Nicolai Nugarulensis, ejusque fratribus, tam præsentibus quam futuris, regulariter ordinandis in perpetuum.

Quoties illud a nobis petitur quod religioni et honestati convenire dignoscitur, animo nos decet libenti concedere et petentium desideriis congruum suffragium impertiri. Eapropter, dilecti in Domino filii, vestris justis postulationibus clementer annuimus et præfatam B. Nicolai ecclesiam Nugarulensem, in qua divino estis obsequio mancipati, sub B. Petri et nostra protectione suscipimus, et præsentis scripti privilegio communimus, imprimis siquidem statuentes ut ordo canonicus qui secundum Deum et B. Augustini Regulam institutus esse dignoscitur perpetuis ibidem temporibus inviolabiliter observetur; præterea quascunque possessiones, quæcunque bona eadem ecclesia impræsentiarum juste et canonice possidet, aut in futurum concessione pontificum, largitione regum vel principum, oblatione fidelium, seu aliis justis modis, præstante Domino, poterit adipisci, firma vobis vestrisque successoribus et illibata permaneant; in quibus hæc propriis duximus exprimenda vocabulis:

Quidquid juris dicta ecclesia vestra in novo burgo habere dignoscitur, et libertatem ipsius ecclesiæ, quod sicut fuit a prima fundatione sua ab omni exactione et servitio-sæcularis potestatis, sub Auscitanæ ecclesiæ, solummodo jurisdictione prorsus et immunis existat, vobis auctoritate apostolica confirmamus, sicut bonæ memoriæ Bernardus comes cum uxore sua Naupasia, imo et filiis suis Geraldo et Ottone præscriptam Nugarolensem ecclesiam ecclesiæ Auscitanæ concesserunt, nihil juris vel servitii sibi, vel posteris suis in ea, vel ejus pertinentiis reservantes; sed devotionem suam, necnon et libertatem jam dictaret cum additionibus suis, se firmiter servaturos supra sacrosancta evangelia juraverunt; totum burgum de Ferra, villam sancti Leonardi, cum domibus et oblationibus suis, atque parochianorum suorum cœmeterio, grangiam Fajeto, cum viridariis, hortis, et possessionibus suis; quartas omnium ecclesiarum rationabiliter vobis concessas, sicut eadem ecclesia vestra a tempore bonæ memoriæ Austindi quondam Auscitani archiepiscopi percipere consuevit, quodve nunc pacifice possidetis. Nec non et quidquid jure in tuo archidiaconatu habetis, vobis et per vos ecclesiis vestræ duximus confirmandum; quæcunque infra villam Nugarolensem vel extra tam in censibus annuis, quam in aliis justitiis, in vineis, hortis, viridariis, culturis et molendinis habetis, ut libera et quieta ab omni sæcularis potestatis exactione permaneant, quemadmodum in scriptis vestris authentico continetur, et vos rationabiliter possidere noscimini, auctoritate apostolica communimus.

Sepulturam quoque illius loci liberam esse concedimus, ut eorum devotioni et extremæ voluntati, qui se illic sepeliri deliberaverint, nisi excommunicati vel interdicti sint, nullus obsistat, salva justitia illarum ecclesiarum a quibus mortuorum corpora assumuntur.

Decernimus ergo, etc., salva sedis apostolicæ auctoritate, et diœcesani episcopi canonica justitia. Si qua igitur, etc.

VIAS TUAS DEMONSTRA MIHI.
SANCTUS PETRUS, SANCTUS PAULUS, ALEXANDER PAPA III.

Ego Alexander catholicæ Ecclesiæ episc.
Ego Hubaldus Ostiensis episc.
Ego Bernardus Portuensis episc.
Ego Hubaldus presb. card. tit. Sanctæ Crucis in Jerusalem.
Ego Joannes presb. card. tit. Sanctorum Joannis et Pauli.
Ego Joannes presb. card. tit. Sanctæ Anastasiæ.
Ego Albertus presb. card. Sanctæ Pudentianæ tit. Pastoris.
Ego Boso presb. card. tit. Sancti Laurentii in Lucina.
Ego Petrus presb. card. tit. S. Laurentii in Damaso.
Ego Joannes tit. Sancti Marcelli presb. card.
Ego Theodinus presb. card. tit. Sancti Vitalis in Vestinis.
Ego Jacobus diac. card. Sanctæ Mariæ in Cosmedin.
Ego Ardicio diac. card. Sancti Theodori.
Ego Emptius diac. card. Sancti Adriani.
Ego Hugo diac. card. Sancti Eustachii juxta templum Agrippæ.
Ego Vitellius diac. card. Sanctorum Sergii et Bacchi.
Ego Petrus diac. card. Sanctæ Mariæ in Aquiro.

Datum Beneventi per manum Gratiani, sanctæ Romanæ Ecclesiæ subdiaconi et notarii, x Kalend. Aprilis, indictione II, Incarnationis Dominicæ anno 1168, pontificatus vero domni Alexandri papæ III anno IX.

DCXI.
Episcopatus Mutinensis fines Ecclesiæque bona confirmat.
(Beneventi, Mart. 26.)

[TIRABOSCHI, *Memorie Modenesi.*, tom. II, p. 94.]

ALEXANDER episcop., etc. (*Reliqua ut in bulla anni 1167, supra, num. 450 bis, exceptis subscriptionibus sequentibus :*)

Hubaldus Ostiensis episcopus.
Joannes presb. card. tit. Sancti Anastasiæ.
Albertus presb. card. tit. Sancti Laurentii in Lucina.
Petrus presb. card. tit. Sancti Marci.

Datum Beneventi per manum Gratiani, sanctæ Romanæ Ecclesiæ subdiaconi et notarii, VII Kal. Aprilis, indictione II, Incarnationis Dominicæ anno 1169, pontificatus vero domni Alexandri papæ III. anno X.

DCXII.
Privilegium pro ecclesia S. Joannis Modoetiensi.
(Beneventi, Mart. 31.)

[GIULINI, *Memorie storis. di Milano*, VI. p. 536.]

ALEXANDER episcopus, servus servorum Dei, dilecto in Christo filio OBERTO Modoetiensi archipresbytero, ejusque fratribus, tam præsentibus quam futuris, canonice substituendis in perpetuum.

Piæ postulatio voluntatis effectu debet prosequente compleri, ut ad devotionis sinceritas laudabiliter enitescat, et utilitas postulata vires indubitanter assumat. Eapropter, dilecti in Domino filii, vestris postulationibus clementer annuimus, et ecclesiam Beati Joannis de Modoetia in qua divino mancipati estis obsequio, ad exemplum prædecessorum nostrorum bonæ memoriæ Sixti, Innocentii, Cœlestini et Anastasii, Romanorum pontificum, sub beati Petri et nostra protectione suscipimus et præsentis scripti patrocinio communimus, statuentes ut quascunque possessiones, quæcunque bona eadem ecclesia impræsentiarum juste et canonice possidet, aut in futurum concessione pontificum, largitione regum vel principum, oblatione fidelium, seu aliis justis modis, Deo propitio, poterit adipisci, firma vobis vestrisque successoribus et illibata permaneant. In quibus hæc propriis duximus exprimenda vocabulis :

Ipsam videlicet ecclesiam S. Joannis Baptistæ cum omnibus capellis suis, videlicet : ecclesiæ Sancti Michaelis, Sancti Salvatoris, Sancti Petri, Sancti Victoris, Sancti Laurentii cum hospitali, Sancti Alexandri de Blandino, Sancti Martini,

Sancti Blasii, Sanctæ Agathæ, Sancti Mauritii cum hospitali, Sancti Ambrosii, Sancti Donati, Sancti Fidelis, et sanctæ Anastasiæ; in Octavo ecclesia Sancti Christophori, ecclesia Sanctæ Mariæ de Sirtori; in Sexto ecclesiæ Sancti Alexandri, Sancti Salvatoris, Sancti Michaelis, Sancti Eusebii, Sanctæ Mariæ de Teneblago, et Sanctæ Mariæ de Sundri; plebs Sancti Juliani de Colonia cum omnibus capellis suis, videlicet in Albairate ecclesia Sancti Martini, Sancti Mauritii; in vico Modroni ecclesia Sancti Remigii; in Colonia ecclesia Sancti Gregorii et Sancti Nazarii; in Coliate ecclesia Sancti Carpofori et Sancti Alexandri cum hospitali; in Concorezio ecclesia Sancti Eugenii; in Vellate ecclesia Sanctæ Mariæ, et Sancti Fidelis; in Cremella ecclesia Sancti Sisini et monasterium Sancti Petri. Confirmationem quoque electionis Cremellensis abbatissæ sicut a bonæ memoriæ quondam Robaldo Mediolanensi archiepiscopo rationabiliter vobis concessa est, et scripto suo firmata; jura etiam et rationabiles consuetudines quas in eadem Sancti Petri ecclesia de Cremella habetis vobis pariter confirmamus; ecclesiam etiam Sancti Gregorii in Ormana; in Blotiano ecclesiam Sancti Joannis, Sancti Georgii de Coltiaco, Sancti Joannis de Varena, Sanctæ Mariæ de Sorra, Sancti Petri de Sirone, Sancti Joannis de Castro mortis. Decimam quoque totius territorii de Modoetia, decimam totius territorii de Sexto, decimatione de Tenebiaco excepta; decimam quæ provenit ex bonis de plebe Coloniæ, videlicet ex loco Coloniæ, ex loco vico Modroni, et de loco Albairate. Principales etiam possessiones, videlicet curiam Cremellæ, curiam Bluciaci, curiam Valenæ, curiam Castri-Martis, curiam Lavedi, curiam Calpurni, curiam de Vellate, curiam de Leucate, vobis et per vos, ecclesiæ vestræ, nihilominus confirmamus.

Sane illa feudorum beneficia qui reverendæ memoriæ Jordanus quondam Mediolanensis Ecclesiæ archiepiscopus vestræ ecclesiæ in prænarratis ecclesiis ad communem fratrum sustentationem discrete concessit, vobis vestrisque successoribus auctoritate apostolica roboramus, prohibentes ut nulli omnino liceat ea deinceps a communi fratrum utilitate, auferre, subtrahere, vel modis quibuslibet immutare. Ad vestram præterea et ecclesiæ vestræ quietem, institutiones et consuetudines confirmamus, quæ in ecclesia vestra, vel in capellis ad eam pertinentibus rationabili deliberatione, quiete hactenus habere noscuntur.

Prohibemus autem ut nullus infra parochiam vestram absque vestro consensu, ecclesiam vel capellam ædificare præsumat. Decernimus ergo, etc., salva apostolicæ sedis auctoritate et Mediolanensis archiepiscopi canonica justitia. Si qua igitur in futurum, etc.

Bene valete.

VIAS TUAS, DOMINE, DEMONSTRA MIHI.

Ego Alexander catholicæ Ecclesiæ episc.

Ego Hubaldus Ostiensis episc.

Ego Bernardus Portuensis et Sanctæ Rufinæ episc.

Ego Hubaldus presb. card. tit......

Ego Theodinus presb. card. S. Vitalis tit. Vestinæ.

Ego Joannes presb. card. tit. SS. Joannis et Pauli tit......

Ego Jacinthus diac. card. Sanctæ Mariæ in Comedin.

Ego Ugo diac. card. Sancti Eustachii juxta templum Agrippæ.

Ego Vitellus diac. card. SS. Georgii et Bacchi.

Ego Petrus diac. card. S. Mariæ in Aquiro.

Datum Beneventi per manum Gratiani, sanctæ Romanæ Ecclesiæ subdiaconi et notarii, II Kal. Aprilis, indictione II, Incarnationis Dominicæ anno 1169, pontificatus vero domni Alexandri papæ III anno x.

DCXIII.
Bulla confirmatoria privilegiorum et jurium Ferrariensis Ecclesiæ.

(Beneventi, April. 17.)

[MURATORI, *Antiq. Ital.*, VI, 409.]

ALEXANDER episcopus, servus servorum Dei, venerabili fratri AMATO Ferrariensi episcopo, ejusque successoribus canonice substituendis in perpetuum.

Fratres et coepiscopos nostros ex debito commissi nobis officii sincera charitate honorare tenemur, et eis jura et dignitates suas diligenti studio et sollicitudine conservare. Inde est quod nos tuæ sinceritatem fidei, et devotionis fervorem, qua beato Petro et nobis firmitate immobili adhæsisti, studiosis meditationibus attendentes, libenter honori tuo deferimus, et petitionibus tuis gratuitum et benignum adhibemus consensum. Antiquas igitur et rationabiles consuetudines, quas antecessores tui in canonica majori et in Ecclesiis tui episcopatus habuerunt, tibi, et successoribus tuis auctoritate apostolica confirmamus, statuentes ut nulli liceat aliquem in ecclesia majori in canonicum, vel in aliquam prælationem sine consensu et licentia tua seu tuorum successorum recipere, nec cuiquam fas sit in cæteris ecclesiis capellanum absque consensu tuo constituere, vel amovere, sicut a quadraginta annis retro usque ad initium hujus perturbationis est observatum. Capellanus vero qui auctoritate tua fuerit constitutus, de manu tua curam animarum recipiat, et debitam tibi et consuetam reverentiam impendat. Correctionem quoque canonicorum Ecclesiæ tuæ libere habeas, et eorumdem ordinationem, sicut prædecessores tui habuisse noscuntur, tibi concedimus et indulgemus. Præterea hospitale, quod est situm supra Ruptam Petri Scorti, hospitale Omnium Sanctorum, et hospitale de Caudalonga, tibi et successoribus tuis nihilominus auctoritate apostolica communimus: Decernentes ergo ut nulli omnino hominum liceat hunc privilegium nostrum ausu temerario infringere, aut ei aliquatenus contraire. Si qua igitur in futurum ecclesiastica sæcularisve persona, sciens hanc nostram constitutionis paginam, contra eam temere venire tentaverit, secundo, tertiove commonita, nisi præsumptionem suam digna satisfactione correxerit, potestatis honorisque sui dignitate careat, reamque se divino judicio existere de perpetrata iniquitate cognoscat, et a sacratissimo corpore et sanguine Dei et Domini Redemptoris nostri Jesu Christi aliena fiat, atque in extremo examine districtæ ultioni subjaceat. Cunctis autem vobis justa servantibus sit pax Domini nostri Jesu Christi, quatenus et hic fructum bonæ actionis percipiant, et apud districtum judicem præmia æternæ pacis inveniant. Amen, amen, amen.

Ego Alexander catholicæ Ecclesiæ episcopus subscripsi.

Ego Hubaldus presb. card. tit. Sanctæ Crucis in Jerusalem.

Ego Albertus presb. card. tit. Sancti Laurentii in Lucina.

Ego Petrus presb. card. tit. Sancti Laurentii in Damaso.

Ego Joannes presb. card. tit. Sancti Marcelli.

Ego Theodorus presb. card......

Datum Beneventi per manus, Gratiani sanctæ Romanæ Ecclesiæ subdiaconi et notarii, xv Kalendas Maii, indictione secunda, Incarnationis Dominicæ anno 1169, pontificatus vero domni Alexandri papæ tertii anno.......

DCXIV.

Ad episcopos Angliæ. — *Illorum negligentiam reprehendit.*

(Beneventi, April. 25.)

[*Epistolæ Gilberti Foliot*, ed. GILES, II, 79.]

Super discretione vestra satis compellimur admirari quod cum viri prudentes et providi sitis, in officii vestri exsecutione ita negligentes existitis, quod vix ejus reminisci videmini, sicut in operibus vestris plenius comprobatur. Illud etiam specialiter nos in vehementem admirationem adducit quod de obedientia quam Ecclesiæ Cantuariensi debetis, aut parum aut nihil curatis, sed ita ejus immemores comparetis, quasi quid Deo, quid hominibus exhiberi debeat, penitus ignoretis. Quæ utique ita nuda et pastore desolata existit, ut illud propheticum sibi merito valeat adaptari : *Quomodo sedet sola civitas plena populo, facta est quasi vidua domina gentium* (Thren. 1). Verumtamen quidquid hactenus hujusmodi negligentia ne dicamus inobedientia deliqueritis, nos paternæ circa vos dilectionis nequaquam obliti, benignitate potius quam severitate utendum duximus, et vobis sicut venerabilibus fratribus nostris, longe ultra quam merueritis, deferendum. Inde siquidem est, quod nos charissimi in Christo filii nostri, Henrici illustris Anglorum regis, obtentu et nuntiorum suorum instantia et prece inducti, et expensis ac laboribus vestris parcere cupientes, appellationem quam adversus venerabilem fratrem nostrum Thomam Cantuariensem archiepiscopum, ne jam dictum regem aut vos, vel regnum Angliæ in aliquo gravaret, jam pridem fecistis, vobis auctoritate apostolica relaxamus, ita quod eam per vos vel per responsales vestros exsequi nullatenus teneamini.

Datum Beneventi, vii Kal. Maii.

DCXV.

Privilegium pro monasterio Cormeliensi.

(Beneventi, April. 27.)

[*Neustria pia*, 599.]

ALEXANDER episcopus, servus servorum Dei, dilectis filiis, ROBERTO abbati monasterii Cormeliensis, ejusque fratribus, tam præsentibus quam futuris, regularem vitam professis, salutem et apostolicam benedictionem.

In perpetuum religiosam vitam eligentibus apostolicum convenit adesse præsidium, ne cujuslibet temeritatis incursus, eos, aut a proposito revocet, aut robur, (quod absit !) sacræ religionis adfringat. Eapropter, dilecti in Domino filii, vestris justis postulationibus gratum impertimur assensum ; et præfatum monasterium, in quo divino mancipati estis obsequio, sub B. Petri ac nostra protectione suscipimus, et præsentis scripti privilegio communimus. In primis siquidem statuentes, ut ordo monasticus, qui secundum Deum et B. Benedicti Regulam, in eodem monasterio noscitur institutus, perpetuis ibidem temporibus inviolabiliter observetur. Præterea, quascunque possessiones, quæcunque bona, idem monasterium impræsentiarum juste et canonice possidet, aut in futurum, concessione pontificum, largitione regum, vel principum, oblatione fidelium, seu aliis justis modis, præstante Domino, poterit adipisci, firma vobis, vestrisque successoribus et illibata permaneant. In quibus, hæc propriis duximus exprimenda vocabulis :

Ecclesiam S. Petri, ecclesiam S. Crucis, ecclesiam S. Sylvestri cum omnibus pertinentiis suis; burgum Cormeliensem, cum teloneo, furno, aquis, molendinis, pratis, nemoribus, quinque nundinis, et quinque feudis militum, et toto territorio juxta ipsum monasterium ; ecclesiam S. Mariæ de Ferfol, cum capella S. Christophori, et cum hominibus, decimis, et oblationibus. Dimidiam decimam ecclesiæ S. Germani de Folmuchamp, cum decima molendini ipsius villæ. Medietatem decimarum ecclesiarum S. Albini ; Pescarium, cum una acra terræ, et in molendino ipsius villæ, septem quartarios frumenti ; triginta acras terræ apud Capellam Baynel ; unum hominem apud Buzevillam ; terram de Wibrayo, cum duobus molendinis apud Falesiam, Nogium siccum, cum ecclesia, bosco et molendino; apud Romelli, unam carrucatam terræ ; apud Villambonam, duas partes piscariæ de Aureafossa in Sequana, cum tenimento, quod pertinet monasterio Cormeliensi ; molendinum villæ, quæ dicitur Vitre ; Martineium, cum medietate molendini de Archis, et medietate molendini de Martincio, cum appendiciis suis. Osbermenil cum ecclesia ; apud Guglevillam, sexdecim solidos; ecclesiam de Crepini cum omnibus decimis, et decem et octo acris terræ; ecclesiam de Grisros; unum modium bladi in molendinis de Altariis. Quintantiam omnium rerum, quæ monasterio Cormeliensi, undecunque venerint, apud burgum de Ponte Aldemari, sive quas in usus suos monachi ejusdem monasterii emerint. Pratum, in Corhulene, et in Chevilli; vineam de Rolant; vineam de Clauso H.lduini, cum medietate unius domus, et medietate omnium fructuum, ad eamdem domum pertinentium, cum tribus modiis vini; apud Gavelli, dimidium modium vini.

In Anglia, manerium de Noent, cum omnibus pertinentiis suis, scilicet quinque hidis terræ et ecclesiam, cum omnibus decimis, oblationibus, pratis, molendinis et nemoribus; de Larclesdune et de Toteswide, Contonam, Lindam, Eclam, et Meleswicam, cum molendinis et pratis. Gisgesleiam, cum omnibus sartis, quæ pertinent ad Nuent Staulinus, et Bolesdunam cum capella; ecclesiam de Tedintonus; et capellam de Lauteleia, ecclesiam de Dimoc, cum omnibus pertinentiis suis et decimis; decimam de toto dominio et unam virgatam terræ, et in eadem villa: ecclesiam de Belrefort, cum capellis, decimis, et cæteris pertinentiis suis: decimam de toto dominio, et in augmentis et Essartis; dimidiam hidam terræ; ecclesiam de Estana cum capellis et omnibus pertinentiis suis, et unam virgatam terræ, et totam decimam de dominio. In Tocnitona, totam decimam de dominio in omnibus rebus, et unam virgatam terræ in Anglevilla, ecclesiam de...... in Corona totam decimam de dominio, et unam virgatam terræ; in Caldebroc, ora, et Kalestau, totam decimam de dominio; totam villam de Eigestonam, cum omnibus pertinentiis suis, scilicet, cum duabus hidis terræ; et capellam ipsius villæ. In Westesteigestan, decimam de toto dominio, et unam virgatam terræ; ecclesiam de Murdim, cum omnibus pertinentiis suis, et totam decimam de dominio, et unam virgatam terræ; ecclesiam de Cigestem, cum capellis et omnibus pertinentiis suis, et totam decimam de dominio, et unam virgatam terræ; in Pisina, totam decimam de dominio, et unam virgatam terræ; ecclesiam de Succeleia, cum capellis et omnibus pertinentiis suis, et totam decimam de dominio, et unam virgatam terræ; ecclesiam de Merleia, cum capellis et omnibus pertinentiis suis, et tres virgatas terræ, et totam decimam de dominio apud Wigrectum suum, in sallinis; apud Golewei, totam decimam de dominio, et unam virgatam terræ; apud Sideham decimam de dominio, et dimidiam hidam terræ; apud Kameham, totam decimam de dominio, et unam virgatam terræ; apud Torristonam, totam decimam de dominio, dimidiam hidam terræ, et unum pratum; ecclesiam Lediart, cum omnibus pertinentiis suis, totam decimam de dominio, et unum pratum; ecclesiam de Canoel, cum omnibus pertinentiis suis; totam decimam de dominio, duas virgatas terræ;

decimas reddituum villæ de Munemita, de Troi, et de Cunicarnam et de Nonavilla; medietatem decimæ de dominio, et de terra Richardi, filii comitis Guilleberti, inter Uscham, et Uvaia, dimidiam decimam de dominio suo, in bosco et plano, in piscariis, et melle, in placitis, et pavagiis, et quartam partem decimæ de Strigulus; et ad prædictum manerium de Nuent, unum Blessagham; et Carbonam in nemus suum, ad Blessagham sustinendam: et terram suam ad Ollas, et boscum suum de Edulfeshella, ad essartandum, si non est in foresta regis. Ecclesiam de Strigulus, cum omnibus pertinentiis; in villa de Hereford, duodecim libras ad Scacarium regis; in Susdhantona, novem libras, et quinque solidos; in eadem villa, monachos de Cormeliis, et homines eorum, et domum, quam ibi habetis, ab omnibus consuetudinibus libera; de decima Subreleia, et Merleia, septuaginta quinque solidos; apud Gocestram et Dimac, quadraginta solidos.

Porro, in ecclesiis quas tenetis, presbyteros eligatis, et episcopis præsentetis: quibus si idonei fuerint, episcopi curam animarum committant; ut de plebis quidem cura eis respondeant, vobis autem, pro rebus temporalibus, debitam subjectionem exhibeant. Sepulturam quoque ipsius loci liberam esse decernimus, ut eorum, qui se illic sepeliri deliberaverint, devotioni, et extremæ voluntati, nisi forte excommunicati, vel interdicti sint, nullus obsistat, salva tamen justitia illarum ecclesiarum, a quibus mortuorum corpora assumuntur. Sane novalium vestrorum, quæ propriis manibus, aut sumptibus colitis, sive de nutrimentis animalium vestrorum, nullus a vobis decimas præsumat exigere. Cum autem generale interdictum fuerit, liceat vobis januis clausis et pulsatis tintinnabulis, exclusis excommunicatis et interdictis, supressa voce, divina celebrare. Obeunte vero te, nunc ejusdem loci abbate, vel tuorum quolibet successorum, nullus ibi, qualibet subreptionis astutia, seu violentia, præponatur, nisi quem fratres communi consensu, vel fratrum pars consilii sanioris, secundum Deum et B. Benedicti regulam, providerint eligendum. Decernimus ergo ut nulli omnino hominum liceat præfatum monasterium temere perturbare, aut ejus possessiones auferre, vel ablatas retinere, minuere, seu quibuslibet vexationibus fatigare; sed omnia integra conserventur eorum, pro quorum gubernatione et sustentatione concessa sunt, usibus omnimodis profutura, salva apostolicæ sedis auctoritate, et diœcesani episcopi canonica justitia. Si qua igitur in futuro, ecclesiastica, sæcularisve persona, hanc paginam nostræ assertionis sciens, contra eam temere venire tentaverit, secundo, tertiove commonita, nisi reatum suum congrua satisfactione correxerit, potestatis honorisque sui dignitate careat, reamque se divino judicio existere, de perpetrata iniquitate, cognoscat: et a sacratissimo corpore et sanguine Dei, ac Domini Redemptoris nostri

Jesu Christi, aliena fiat, atque in extremo examine, districtæ ultioni subjaceat. Cunctis autem eidem loco sua jura servantibus sit pax Domini nostri Jesu Christi, quatenus et hic fructum bonæ actionis percipiant, et apud districtum judicem præmia æternæ pacis inveniant. Amen.

Ego Alexander, catholicæ Ecclesiæ episcopus subsignavi.

Ego Ubaldus Ostiensis episcopus.

Ego Bernardus Portuensis et Sanctæ Rufinæ episcopus.

Ego Hubaldus presbyt. card. ecclesiæ S. Crucis in Jerusalem.

Ego Joannes presbyt. card. SS. Joannis et Pauli ecclesiæ Pammachii.

Ego Albertus presb. card. ecclesiæ S. Laurentii in Lucina.

Ego Boso presb. card. S. Pudentis et Pastoris.

Ego Petrus presb. card. ecclesiæ S. Laurentii in Damaso.

Ego Joannes presb. card. ecclesiæ S. Marci.

Ego Theobaldus presb. card. S. Vitalis et Justinæ ecclesiæ Vestinæ.

Ego Jacinthus diac. card. S. Mariæ in Cosmedin.

Ego Aymardus diac. card. S. Theodori.

Ego Cinthius diac. card. S. Adriani.

Ego Hugo diac. card. S. Eustachii, juxta templum Agrippæ.

Ego Vitellus diaconus card. SS. Sergii et Bacchi.

Ego Petrus diaconus card. S. Mariæ in Aquiro.

Datum Beneventi per manum Gratiani, S. R. E. subdiaconi et notarii, v Kalend. Maii, indictione II, Incarnationis Dominicæ 1168, pontificatus vero domni Alexandri papæ III anno x

DCXVI
Privilegium pro Ecclesia Syracusana.
(Beneventi, April. 28.)
[PIRRI, *Sicilia sacra*, I, 622.]

ALEXANDER episcopus, servus servorum Dei, venerabili fratri RICHARDO Syracusano episcopo, ejusque successoribus canonice substituendis in perpetuum.

Ex injuncto nobis a Deo summi apostolatus officio, singulis ecclesiis et ecclesiasticis personis paterna nobis convenit provisione consulere, ut quemadmodum patres vocamur ex nomine, ita nihilominus in opere comprobemur. Eapropter, venerabilis in Christo frater, tuis justis petitionibus clementer annuimus, et Syracusanam Ecclesiam cui, auctore Deo, præsides, quæ soli Ecclesiæ Romanæ, et nulli alii jure metropolitico noscitur subjacere, cujus episcopus non nisi a Romano pontifice consecrationis munus recipere debet, sub B. Petri ac nostra protectione suscipimus et præsentis scripti privilegio communimus; ad hæc prudentiam et honestatem tuam, nec non et devotionem quam erga B. Petrum et nos ipsos multipliciter exhibes, attendentes, per hujus nostri privilegii paginam, pallium tibi et successoribus tuis in perpetuum apostolica auctoritate concedimus, cujus usum fraternitas tua infra ecclesiam ad sacra missarum solemnia se noverit obtinere, iis videlicet diebus: Nativitate Domini, Epiphania, Cœna Domini, Resurrectione, Ascensione, Pentecoste, in solemnitatibus B. Dei Genitricis semperque virginis Mariæ, in Natalitio BB. apostolorum Petri et Pauli, in Nativitate B. Joannis Baptistæ, in festo B. Joannis evangelistæ, in commemoratione Omnium Sanctorum, in Inventione et Exaltatione S. Crucis, in festo S. Trinitatis, in consecrationibus ecclesiarum, benedictionibus abbatum, et ordinationibus clericorum, in præcipuis festivitatibus et dedicatione ecclesiæ tuæ, necnon et anniversario consecrationis tuæ die. Studeat ergo tua discretio, plenitudine tantæ dignitatis suscepta, ita strenue cuncta peragere, quatenus morum tuorum ornamenta eidem valeant convenire; sit vita tua subditis exemplum, ut per eam agnoscant quid appetere debeant, et quid cogantur evitare. Esto discretione præcipuus, cogitatione mundus, actione purus, discretus in silentio, utilis in verbo; cura tibi sit magis hominibus prodesse quam præesse, non in te potestatem, sed æqualitatem oportet pensare conditionis; stude, ne vita doctrinam destruat, ne rursum vitæ doctrina contradicat; super omnia studium tibi sit apostolicæ sedis decreta firmiter observare, eique tanquam matri et dominæ tuæ humiliter obedire. Quæ omnia facile, Christo adjuvante, poteris adimplere, si virtutum omnium charitatem et humilitatem magistram habueris, et quod foris habere ostendet, intus habebis.

Præterea, quascunque possessiones, quæcunque bona præfata ecclesia impræsentiarum juste et canonice possidet, aut in futurum concessione pontificum, largitione regum vel principum, oblatione fidelium, seu aliis justis modis, præstante Domino, poterit adipisci, firma tibi tuisque successoribus et illibata permaneant; in quibus hæc propriis duximus exprimenda vocabulis:

Ecclesias Syracusanæ civitatis et quæ sunt in territorio ejusdem cum omnibus pertinentiis suis, ecclesias Lentini, et quæ sunt in territorio ejusdem cum omnibus pertinentiis suis; ecclesiam Sancti Nicolai de Tribus Fontibus, et ecclesiam Pelagoniæ et ecclesias Calataelfar cum omnibus pertinentiis earum; ecclesias Maneæ, et quæ sunt in territorio ejusdem cum omnibus pertinentiis suis; ecclesias Bizini, et quæ sunt in territorio ejusdem cum pertinentiis suis; ecclesias Bucheriæ cum pertinentiis suis; ecclesias Calatogeronis et quæ sunt in territorio ejusdem cum pertinentiis suis; ecclesias Buscemæ cum pertinentiis suis; ecclesias Sicli et quæ sunt in territorio ejusdem cum pertinentiis suis; ecclesias Buteriæ et quæ sunt in territorio ejusdem cum pertinentiis suis; ecclesias Mazarini et quæ sunt in territorio ejusdem cum villagis et pertinentiis suis; ecclesias Comicini cum pertinentiis suis; ecclesias Ragusiæ et quæ sunt in territorio ejusdem cum pertinentiis suis; ecclesias Placeoli cum pertinentiis suis; ecclesias Batte cum pertinentiis suis; ecclesias montis Fahalmi et quæ sunt in territorio ejusdem cum pertinentiis suis; ecclesias Mohac et quæ sunt in territorio ejusdem cum pertinentiis suis; ecclesias quæ sunt in tenimento Spaccafurni cum pertinentiis suis; ecclesias Nataæ cum pertinentiis suis; nihilominus etiam tibi tuisque successoribus præsenti privilegio duximus confirmandum casale Bugubel, quod est juxta Syracusanam civitatem, cum villanis, et omnibus pertinentiis suis, quemadmodum ipsum charissimus in Christo filius noster Willelmus illustris Siciliæ rex, tibi et per te ecclesiæ Syracusanæ pia largitione contulit, et scripto proprio firmavit; casale quoque Trimiliæ, casale Chifilim, casale Sanctæ Mariæ Magdalenæ, casale Rualsenem, casale Raalchindin, casale Sancti Michaelis, casale Millarini juxta Lentinum, casale Judeccæ, quod est in confinio Buteriæ, casale Sancti Vincentii, quod est juxta Sophianam cum tenimentis suis et duobus molendinis, quod Manfredus filius comitis Simonis, memoratæ ecclesiæ concessit, et scripto firmavit; casale Rendæ et casale Rendetgrelin in pertinentiis Ragusiæ posita, sicut nobiles viri Gaufridus bonæ memoriæ comitis Rogerii filius et comes Sylvester filius ejusdem Gaufridi ea Syracusanæ ecclesiæ piæ devotionis intuitu contulerunt et scripto proprio roboraverunt; necnon et omnes decimas, tam in portubus maris quam in aliis quibuscunque locis, quas Syracusana Ecclesia noscitur possidere tam tibi quam tuis successoribus in perpetuum auctoritate apostolica confirmamus.

Prohibemus insuper ut nemini liceat ecclesiam vel oratorium infra terminos parochiæ tuæ, absque tua vel successorum tuorum licentia et permissione de novo construere, et cum constructum fuerit prælatum in eo instituere, nisi a te vel ab aliquo successorum tuorum investituram recipiat, et obedientiam sicut episcopo diœcesano exhibeat, salvis tamen in omnibus Ecclesiæ Romanæ privilegiis. Adjicimus etiam ut nulli fas sit Ecclesiæ Syracusanæ parochianos ad sepulturam recipere, nisi salva justitia illarum ecclesiarum de quibus corpora mortuorum sumuntur. Ad hæc autem auctoritate apostolica instituimus ut monachi vel alii quilibet parochiales ecclesias infra diœcesim tuam habentes sacerdotes in eis absque licentia et assensu tuo, sive successorum tuorum instituere nullatenus audeant, nisi a te curam animarum receperint quod tibi de spiritualibus, illis vero ad quos Ecclesia spectat de temporalibus debeant respondere. Verumtamen si Ecclesiæ Romanæ privilegiis præmuniti fuerint, eamdem suam volumus integritatem nihilominus obtinere. Decernimus ergo, etc., salva sedis apostolicæ auctoritate. Si qua igitur, etc.

Ego Alexander catholicæ Ecclesiæ episc.
Ego Ubaldus Ostiensis episc.
Ego Bernardus Portuensis et S. Rufinæ episc
Ego Ubaldus presbyt. cardin. tit. S. Crucis in Jerusalem.
Ego Jo. presbyt. cardin. SS. Joannis et Pauli tit. Damasi.
Ego Albertus presbyt. cardin. S. Laurentii in Lucina.
Ego Boso presbyt. cardin. S. Pudentianæ tit. Pastoris.
Ego Petrus presbyt. card. tit. S. Laurentii in Damaso.
Ego Jo. presb. card. tit. S. Marci.
Ego Theodinus presbyt. cardin. S. Vitalis tit. Faust.
Ego Jacin. diaconus cardinalis S. Mariæ in Cosmedin.
Ego Arder. diac. card. S. Theodori.
Ego Cinthius diac. card. S. Adriani.
Ego Ugo diac. card. SS. Sergii et Bacchi.
Ego Petrus diac. card. S. Mariæ in Aquiro.

Datum Beneventi per manum Gratiani, præfatæ Romanæ Ecclesiæ subdiaconi et notarii, IV Kal. Maii, indict. II, Incarnat. Dominicæ anno 1168, pontificatus vero domni Alexandri papæ III anno X.

DCXVII.
Ad Henricum Anglorum regem. — Ut Thomam Cantuariensem in gratiam recipiat.
(Beneventi, Maii 10.)
[*Epist. S. Thomæ*, ed. GILES, II,119.]

ALEXANDER episcopus, servus servorum Dei, charissimo in Christo filio HENRICO, illustri regi Anglorum, salutem et apostolicam benedictionem.

Et naturali ratione et juris forma dictante providentiam tuam credimus edoctam fuisse, quod quanto quis ab aliquo majora suscepisse dignoscitur, tanto ei obnoxior et magis obligatus tenetur. Novit autem excellentia tua, quod ex quo misericors et omnipotens Dominus in tantum personam tuam inter filios hominum voluit sublimare, ut te regem et principem tam potentem, tam magnificum constitueret, tot divitiis, tanta gloria præ cæteris ampliaret, decet industriam tuam ad ea semper totis viribus eniti, quæ tanti benefactoris beneplacita cognoveris voluntati; ut immensam et superabundantem illius clementiam recta videaris consideratione perpendere, et tam magnis pro possibilitate tua velle beneficiis respondere. Ut enim beatus Gregorius dicit: *Evangelica veritas sollicite considerare nos admonet, ne nos qui plus cæteris in hoc mundo accepisse cernimur, ab auctore mundi gravius inde judicemur. Cum enim augentur dona, rationes etiam crescunt donorum. Tanto ergo esse humilior atque ad serviendum promptior quisque debet ex munere, quanto se obligatiorem esse conspicit in reddenda ratione.* Quod utique tam ecclesiarum prælatos, quam potestates etiam sæculares ad animum sollicita convenit meditatione reducere, et ne de talento sibi commisso in extremo examine gravius judicentur, de ratiocinio studiosius cogitare. Inde siquidem est, quod nos, qui personam tuam eo charitatis fervore diligimus, et inter alios reges Christianos ita charam acceptamque tenemus, ut quidquid pro aliquo mortalium faceremus, magnificentiæ tuæ nequaquam denegare velimus, celsitudinem tuam de crediti denarii ratione duximus attentius admonendam, ut tu, sicut vir scientia et industria multa præfulgens, ita cogites de æternis, quod decursis temporalibus ei corregnes in cœlis, qui se tantum et tam magnificum constituit dispensatorem in terris. Meminimus autem nos serenitatem tuam super negotio venerabilis fratris nostri Thomæ Cantuariensis archiepiscopi per nuntios et litteras sæpe et sæpius sollicitasse, ut voluntatem et animum tuum in hac parte a Deo, qui vinci non potest, cui servire regnare est, vinci potius quam vincere sustineres, quod multo gloriosius esse, et saluti tuæ amplius noscitur expedire. Unde quoniam in his non multum hactenus, nescimus quo Dei judicio, proficere potuimus, super hoc non minus pro te, quam pro matre tua, ecclesia scilicet sacrosancta, quæ in hoc quotidie gravius scandalizatur, tristes admodum et dolentes efficimur, cum a plerisque magnatibus et tota fere ecclesia super tepiditate et negligentia nostri officii sæpius increpemur, et non modicam inde notam per plurimos, qui nobis de abusione patientiæ nostræ insultant, contraxisse noscamur. Nunc autem quoniam ex litteris postremo per nuntios tuos nobis transmissis animum tuum in his, divina inspirante clementia, novimus leniorem, et ad id quod regis Christianissimi et pii principis est, non modicum inclinatum, gaudio gaudemus in Domino, et ei a quo bona cuncta procedunt, qui hoc cordi tuo procul dubio inspiravit, nec non et clementiæ tuæ immensas exinde gratiarum referimus actiones, de misericordia Christi omnino sperantes, quod qui tantum bonum incepit, optatum ei finem solita pietate adjunget. Eapropter serenitatem tuam per apostolica scripta rogamus, monemus et exhortamur in Domino, nec non et in remissionem tibi peccatorum ex parte Dei omnipotentis, et beati Petri apostolorum principis, et nostra injungimus, ut memoratum archiepiscopum pro Deo et Ecclesia sua, et honore tuo, nec non et totius regni tui, in gratiam et amorem tuum, omni indignatione et rancore deposito, clementer recipias, et Deum in hac parte vincere, ac tuam voluntatem vinci sustineas. Ut idem Deus et Dominus noster Jesus Christus, qui se in illo a te susceptum fuisse procul dubio reputabit, eodem dicente : *Qui vos spernit, me spernit, et qui vos recipit, me recipit* (*Luc.* x), regnum terrenum per tempora longiora tranquillum tibi conservet, et dies diuturniores cum desiderata jucunditate concedat, decursis vero temporalibus in illa felici retributione justorum pro tantæ patientiæ, et pietatis, ac humilitatis exemplo specialem tibi coronam largiri dignetur; et te suum efficiens cohæredem, in hæredes et posteros tuos tantæ clementiæ præmium de sua immensa benignitate transfundat.

Verumtamen ut illam spem et fiduciam, quam ex prædictis litteris tuis percepimus, plenius in opere comprobemus, dilectos filios nostros, Gratianum subdiaconum nostrum, virum honestum et litteratum, quem ob memoriam sanctæ recordationis patris et prædecessoris nostri Eugenii papæ, et intuitu sincerissimæ fidei et obsequii sui, charum omnimodis acceptumque tenemus, et magistrum Vivianum, quem ob antiquam familiaritatem, prudentiam, et litteraturam ejus, sincero cordis affectu diligimus, ad regiæ sublimitatis præsentiam duximus destinandos, per quos excellentiæ tuæ voluntatem nostram viva voce latius intimamus, magnificentiam tuam rogantes attentius, et monentes, quatenus eosdem pro Ecclesiæ Dei reverentia et honore beati Petri et nostre, benigne, sicut decet, recipias et honeste pertractes. His vero, quæ ex parte nostra regiæ serenitati viva voce proponent, tam super his quam super aliis, quæ nobis per dilectum filium nostrum Reginaldum Saresberiensem archidiaconum significasti, fidem indubitanter adhibeas, et eorum exhortationem ad honorem Dei et Ecclesiæ, nec non ad perpetuam laudem et gloriam nominis tui et hæredum tuorum commodum pariter et profectum, omnibus modis intendas.

Datum Beneventi, vi Idus Maii.

DCXVIII.
Privilegium pro ecclesia S. Mariæ de Reno.
(Beneventi, Maii 16.)
[TROMBELLI, *Memorie storiche S. Mariæ di Reno*, p. 571.]

ALEXANDER episcopus, servus servorum Dei, dilectis filiis GUIDONI priori Sanctæ Mariæ de Reno ejusque fratribus, tam præsentibus quam futuris, regularem vitam professis, in perpetuum.

Effectum justa postulantibus indulgere et rigor æquitatis et ordo exigit rationis, præsertim quando petentium voluntatem et pietas adjuvat et veritas non relinquit. Quapropter, dilecti in Domino filii, vestris justis postulationibus clementer annuimus et prædecessorum nostrorum felicis memoriæ Innocentii, Lucii, Eugenii et Anastasii Romanorum pontificum vestigiis inhærentes, præfatam ecclesiam beatæ Dei genitricis semperque virginis Mariæ in qua divino estis obsequio mancipati, sub beati Petri et nostra protectione suscipimus, et præsentis scripti privilegio communimus; in primis siquidem statuentes ut ordo canonicus qui secundum Deum et beati Augustini Regulam in eadem ecclesia institutus esse dignoscitur, perpetuis ibidem temporibus inviolabiliter observetur. Præterea quascunque possessiones, quæcunque bona eadem ecclesia impræsentiarum juste et canonice possidet, aut in futurum concessione pontificum, largitione regum vel principum, oblatione fidelium, seu aliis justis modis, præstante Domino, poterit adipisci, firma vobis vestrisque successoribus, et illibata permaneant; in quibus hæc propriis duximus exprimenda vocabulis:

Ecclesiam Sancti Salvatoris in civitate Bononiæ; in Turricella ecclesiam Sancti Andreæ; ecclesiam Sancti Domnini juxta Bagnum; ecclesiam Sanctæ Mariæ in Raticosa cum pertinentiis suis; ecclesiam Sancti Jacobi quæ dicitur Casa-Dei cum pertinentiis suis; pontem qui juxta ecclesiam vestram super Renum situs est cum suis possessionibus.

Prohibemus quoque ut nullus fratrum post factam in eodem loco professionem absque prioris vel congregationis spontanea permissione ex eodem claustro discedat; discedentem vero absque communium litterarum cautione nullus omnino suscipiat; sed si aliquis ipsorum fratrum extra claustrum ausus fuerit sine prædicta licentia permanere, si secundo tertiove communitus resipiscere forte contempserit, liceat priori ejusdem loci excommunicationis in ipsum tanquam in professum suum sententiam promulgare. Clericos vero sive laicos liberos sæculariter viventes ad conversionem suscipiendi absque alicujus contradictione liberam facultatem habeatis. Sane laborum vestrorum quos propriis manibus aut sumptibus colitis, sive de nutrimentis vestrorum animalium, nullus omnino a vobis decimas exigere præsumat. Oleum quoque sanctum, ordinationes clericorum qui ad sacros ordines fuerint promovendi, a diœcesano suscipietis episcopo, siquidem catholicus fuerit, et gratiam atque communionem apostolicæ sedis habuerit, et ea gratis et absque pravitate aliqua voluerit exhibere. Alioquin liceat vobis quemcunque volueritis adire antistitem qui nimirum nostra fultus auctoritate quod postulatur indulgeat. Sepulturam quoque ipsius loci liberam esse concedimus, ut eorum devotioni et extremæ voluntati, qui se illic sepeliri deliberaverint, nisi excommunicati vel interdicti sint nullus obsistat, salva tamen justitia matricis ecclesiæ.

Ad hæc etiam adjicientes statuimus ut nulli archiepiscopo, episcopo, aut alicui omnino personæ, fas sit in prædicta ecclesia B. Mariæ exactionem facere, seu priori et fratribus gravamina irrogare. Obeunte vero te nunc ejusdem loci priore vel tuorum quolibet successorum, nullus ibi qualibet subreptionis astutia seu violentia præponatur, nisi quem fratres communi consensu vel fratrum pars consilii sanioris, secundum Dei timorem et beati Augustini Regulam providerint eligendum. Decernimus ergo, etc., salva sedis apostolicæ auctoritate et diœcesani episcopi canonica justitia. Si qua igitur, etc.

Ego Alexander catholicæ Ecclesiæ episcopus.
Ego Hubaldus Ostiensis episcop.
Ego Bernardus Portuensis et S. Rufinæ episc.
Ego Hubaldus presb. card. tit. S. Crucis in Jerusalem.
Ego Joannes presb. card. Sanctorum Joannis et Pauli tit. Sancti Pammachii.
Ego Boso presbyt. cardin. S. Pudentianæ tit. Pastoris.
Ego Jacinthus diaconus cardin. S. Mariæ in Cosmedin.
Ego Arditio diac. card. S. Theodori.
Ego Cinthius diac. card. S. Adriani.
Ego Hugo diac. card. S. Eustachii juxta templum Agrippæ.
Ego Vitellus diac. card. Sanctorum Sergii et Bacchi.

Datum Beneventi per manum Gerardi, sanctæ Romanæ Ecclesiæ notarii, XVIII Kalend. Junii, indictione II, Incarnationis Dominicæ anno 1169, pontificatus vero domni Alexandri papæ III anno decimo.

DCXIX.

Ad Thomam archiepiscopum Cantuariensem. — Illum reprehendit quod ante reditum nuntiorum sedis apostolicæ quosdam in Anglia « sententia gravaverit. » Hortatur ut sententiam suspendat.

(Beneventi, Jun. 19.)

[*Epist. S. Thomæ*, ed. GILES, II, 22.]

ALEXANDER episcopus, servus servorum Dei, venerabili fratri THOMÆ, Cantuariensi archiepiscopo, totius Angliæ primati, et apostolicæ sedis legato, salutem et apostolicam benedictionem.

Cum nuntios tuos ad præsentiam nostram misisses, et charissimus in Christo filius noster Henricus, illustris rex Anglorum, proprios nuntios ad sedem apostolicam delegasset, mirabile gerimus, quod non exspectato reditu nuntiorum tuorum, nec cognito consilio nostro, quaslibet personas regni aliqua sententia gravasti. Verum licet te multam providentiam et circumspectam habere discretionem non dubitemus, quia tamen sæpius contingere solet, quod quis melius in aliena quam in propria causa videt, nos sententiam tuam auctoritate propria revocari volentes, fraternitatem tuam monemus, consulimus, volumus et hortamur, ut ad evincendam duritiam regis, et ejus animum mitigandum, sententiam ipsam suspendas, quousque ex responsione nuntiorum nostrorum cognoscas, an idem rex te sibi reconciliare velit, et ad ecclesiam tuam, sicut decet, et nobis spes facta est, revocare. Decet enim nos, et te ipsum, ut ad emolliendam austeritatem ipsius et duobus vel tribus mensibus exspectemus, et ita duritiam ejus in benignitate et mansuetudine toleremus, quod nulla ei remanere possit occasio, qua debeat pacis et concordiæ bonum inter te et ipsum quomodolibet præpediri. Sane si consilio et hortatui nostro non duxeris acquiescendum, et res non processerit juxta desiderium et æstimationem tuam, sed in contrarium, quod avertat Dominus, cesserit, tibi et non nobis imputare debebis. Verumtamen si ad exhortationem nostram et suggestionem nuntiorum nostrorum sententiam suspenderis, et rex in sua duritia et severitate perstiterit, antequam iidem nuntii a te recedant, si tui consilii fuerit et voluntatis, sententiam ipsam indubitanter poteris revocare : quod si feceris, nobis minime displicebit. Imo tibi, secundum quod decuerit, a nobis consilium et auxilium tribuetur.

Datum Beneventi, xiii Kalendas Julii.

DCXX.

Suffraganeis Ecclesiæ Panormitanæ episcopis, rogatu Willelmi Siciliæ regis, permittit ut W[alterium] electum archiepiscopum consecrent, idque coram Joanne tit. S. Stephani presbytero cardinali pallium deferente.

(Beneventi, Jun. 22.)

[Pirri, *Sicilia sacra*, I, 104.]

Alexander episcopus, servus servorum Dei, venerabilibus fratribus episcopis suffraganeis Panormitanæ Ecclesiæ, salutem et apostolicam benedictionem.

Venerabilis frater noster R. archiepiscopus et dilecti filii nostri W. cantor Rhegin. et Dechilles regius camerarius pro honore et exaltatione dilecti fil.i nostri W[alterii] Panormitani electi sicut viri providi et discreti, solliciti plurimum existentes apud nos ex parte regiæ magnitudinis, et ejusdem electi diligenter et efficaciter institerunt, ut eum a vobis faceremus consecrari. Verum licet in memoria nostra non existat, aliquis prædecessorum præfati electi unquam fuerit, nisi a Romano pontifice consecratus, considerantes tamen varias causas, ex quibus intelleximus quod charissimus in Christo filius noster W. (Guillelmus) illustris Siciliæ rex summopere habeat necesse aliorum, nedum jam dicti electi præsentiam habere, volentes etiam ipsi regi et reginæ sicut charissimis filiis, et eidem quoque electo, in quibus cum Deo et justitia possumus deferre, de communi fratrum nostrorum consilio eumdem a vobis in præsentia dilecti filii nostri J. tit. Sanctæ Anastasiæ presbyt. card. per quem pallium sibi transmittimus et qui pro negotio apud nos institit, et satis sollicite laboravit, concedimus consecrari ; ita tamen quod hoc non debeat in posterum in exemplum assumi, aut justitiæ Ecclesiæ Romanæ quomodolibet præjudicare ; sed semper Panormitani electi ad Romanum pontificem accedant consecrationis munus et plenitudinem officii percepturi. Ideoque fraternitati vestræ per apostolica scripta mandamus, quatenus cum ab eodem card. existente requisiti fueritis, supradicto electo in præsentia ejus consecrationis munus invocata Sancti Spiritus gratia impendatis, et illi post pallii susceptionem tanquam archiepiscopo vestro in omnibus obedientiam et reverentiam exhibeatis, et promittatis, sicut prædecessoribus promisisse noscimini.

Dat. Beneventi, x Kal. Julii.

(23) Robertus qui circa annum 1163 ordinatus est episcopus.

DCXXI.

Ad Henricum archiepiscopum Remensem. — Pro Nicolao, de præbenda Ambianensi.

(Beneventi, Jul. 2.)

[Marten., *Ampl. Collect.*, II, 744.]

Alexander episcopus, etc., Henrico Remensi archiepiscopo.

Cum bonæ memoriæ R. (23) quondam Ambianensi episcopo sæpe scripta nostra direxerimus, ut dilecto filio nostro Nicolao præbendam, quam felicis memoriæ T. (24) antecessor suus ei ad interventum nostrum concessit, et tam tu quam ipse scriptis propriis confirmastis concederet et assignaret, jam dictus episcopus mandatis nostris suas aures obturans, cum præterea duæ præbendæ vacassent, illi nullam earum concedere voluit, sed aliis eas minus providenter concessit. In quo utique quantum excesserit et honori et dignitati Romanæ Ecclesiæ et etiam tuæ detraxerit, tua discretio nequaquam ignorat. Verum quoniam eodem episcopo morte prævento, nostram ei non potuimus super hoc exprimere voluntatem, nec motum quem etiam conceptum aperire, fraternitati tuæ per apostolica scripta mandamus, quatenus prædictum Nicolaum infra viginti dies post harum susceptionem in canonicum Ambianensis Ecclesiæ recipi, et ipsi stallum in choro, prout moris est, facias assignari, et si qua præbenda priusquam ibi episcopus substituatur vacaverit, eam sibi nihilominus nullius contradictione vel appellatione obstante concedas pariter et assignes, et interim ut ejusdem Ecclesiæ canonicus esse recognoscatur, canonicos de communi annuatim aliquod beneficium competens et congruum eidem præcipias assignari. Si autem ante substitutionem episcopi nulla præbenda vacaverit, etiam episcopum substitutum maturius exsequi quæ tibi mandavimus auctoritate nostra et tua compellas, et tam ei quam canonicis districte prohibeas, ne antequam Nicolaus præbendam habeat, aliquem in canonicum recipere vel in stallo ponere ulla ratione præsumant, et si attentaverint, tu id fieri nullo modo sustineas, nec contemptum nostrum et tuum impunitum relinquas.

Data Beneventi, sexto Non. Julii.

DCXXII.

Abbatibus ordinis Cisterc. privilegia quædam concedit.

(Beneventi, Jul. 4.)

[Manrique, *Annal. Cisterc.*, II, 478.]

Alexander episcopus, servus servorum Dei, dilectis filiis Alexandro Cisterciensi abbati, et universis ejusdem ordinis coabbatibus, tam præsentibus quam futuris, canonice instituendis in perpetuum.

Attendentes quomodo vos a sæcularis vitæ latitudine conversos, omnipotens et clemens Deus, ad

(24) Theodericus antea abbas S. Eligii Noviomensis.

angustæ portæ deduxit introitum, et vos tanquam a carne adipem separavit, gaudio gaudemus, et interna mentis lætitia, et exsultatione jucunditatis replemur, monentes pariter, et exhortantes, ut sollicita intentione nitamini in vasis vestris oleum deferre, quatenus cum media nocte clamor factus fuerit, accensis lampadibus vestris, sponsi mereamini thalamum introire (*Matth.* xxv); et justitiæ beatitudinem recipere, quæ vobis est servata in cœlis. Quapropter quia vos elegit Dominus in hæreditatem sibi, et a longe de alto respexit paci, et tranquillitati vestræ, quantum nobis gratia divina concedit, prospicere cupientes, apostolica vobis auctoritate concedimus, et indulgemus:

Ut abbates vestri ordinis, qui aliquo crimine fama publica respersi, aut publice convicti, a Patribus abbatibus secundum formam ordinis commoniti suæ prælationi sponte cedere noluerint, ad sedem apostolicam appellandi facultatem non habeant, aut suum reatum per personas aliquas defendendi. Sancimus præterea, ut si episcopi tertio cum humilitate, et devotione, sicut convenit, requisiti, substitutos abbates benedicere forte renuerint, eisdem abbatibus liceat novitios proprios benedicere, et alia, quæ ad illud officium pertinent, exercere, donec episcopi ipsi duritiam suam recogitent, et abbates benedicendos benedicere non recusent. Sane si episcopi aliquid ab abbatibus præter obedientiam debitam, contra libertatem ordinis, a prædecessoribus nostris, et nobis indultam, expetierint, liberum sit eisdem abbatibus auctoritate apostolica denegare, quod petitur, ne occasione ista ordo ipse, qui hactenus liber exstitit, perpetuæ servitutis laqueo vinciatur. Quod si episcopi aliquam propter hoc in personas, vel Ecclesias vestras sententiam promulgaverint, eamdem sententiam tanquam contra apostolicæ sedis indulta prolatam, irritam fore sancimus.

Decernimus ergo ut nulli omnino hominum liceat hanc paginam nostræ constitutionis infringere, vel ei aliquatenus contraire. Si qua igitur in futurum ecclesiastica, sæcularisve persona hanc nostræ constitutionis paginam sciens, contra eam temere venire tentaverit; secundo, tertiove commonita, nisi præsumptionem suam digna satisfactione correxerit, potestatis, honorisque sui dignitate careat; reamque se divino judicio existere de perpetrata iniquitate cognoscat, et a sacratissimo corpore, et sanguine Dei, et Domini nostri Redemptoris Jesu Christi aliena fiat, atque in extremo examine districtæ ultioni subjaceat. Cunctis autem hanc nostram constitutionem servantibus sit pax Domini nostri Jesu Christi, quatenus et hic fructum bonæ actionis percipiant, et apud districtum judicem præmia æternæ pacis inveniant. Amen, amen, amen.

Ego Alexander catholicæ Ecclesiæ episcopus signavi.

Ego Hubaldus Ostiensis episc.

Ego Benardus Portuensis et Sanctæ Rufinæ episc., etc.

Datum Beneventi per manum Gerardi, S. R. E. notarii, iv Nonas Julii, indictione ii, anno Dominicæ Incarnationis 1169, pontificatus vero domni Alexandri papæ anno x.

DCXXIII.

Archiepiscopos, episcopos, abbates in Cisterciensi capitulo congregatos hortatur ut Patrum ordinis Cisterc. vestigia persequantur. Abbatem Claravallensem a sese retentum excusat.

(Beneventi, Jul. 19.)
[Manrique, *ibid.*, p. 500.]

Alexander episcopus, servus servorum Dei, venerabilibus fratribus, archiepiscopis, episcopis, et dilectis filiis universis abbatibus in Cisterciensi capitulo congregatis, salutem et apostolicam benedictionem.

Inter innumeras mundani turbinis tempestates, quas contra Ecclesiam Dei, et nos ipsos ferventis persecutionis procella commovit, magnum nobis est præstitum, Deo providente, remedium, cum universitatis vestræ ferventissima charitas, nec pericula timuit, nec adminicula denegavit, ex his videlicet retributionis cumulum, ex illis, auctore Domino, patientiæ consecutura triumphos. Meminimus plane, et cum omnium gratiarum actione recolimus, quam inviolabili firmitate fluctuantem Petri naviculam fidei vestræ anchora servavit in turbine, qualiter etiam frequens orationum instantia, quasi iterum dormientem in eadem navicula Salvatorem, ingruente suscitavit tempestate, ita ut sæpenumero, magnitudine stupefacti miraculi, et ipsum glorificemus, quo mari et fluctibus imperante, optata cœpit arridere tranquillitas, et vos penitus venerabiles habemus, quorum nobis suffragantibus meritis cœlestis creditur placata majestas.

Accedit ad hæc omnia, dilectorum filiorum nostrorum Cisterciensis et Claravallensis abbatum sollicitudo laudabilis, et devota, qui non humano instinctu, sed superni consilii spiritu provocati, pro pace universalis Ecclesiæ labores maximos et pericula subierunt. Quod tanto nobis, et fratribus nostris gratum est amplius, et acceptum; quanto eorum studium, et laborem universæ Dei Ecclesiæ magis confidimus profuturum. Maximeque speramus, quod pia eorum instantia, vestris orationibus incessanter adjuta, ad ordinis honorem, et commodum, et optatæ pacis profectura sit incrementum. Debitores ergo vobis, pro tam multiplici charitatis vestræ munere, constituti; vos, et sacrum ordinem, quem servatis, omni, qua possumus, affectione diligimus, et ejusdem ordinis profectibus et augmentis, amplissimo studio promptæ sollicitudinis aspiramus, quandoquidem inutiliter videremur superni agricolæ vicissitudinem gerere, si plantationem, quam plantavit dextera ejus, opportunis cessaremus imbribus irrigare.

Eapropter universitatem vestram per apostolica scripta rogamus, monemus, et exhortamur in Domino : quatenus recolentes, qualiter hæc plantatio sancta, hæc vitis fructifera, hæc denique vinea Domini Sabaoth, sub primis ordinis patribus pullulavit, et palmites suos longe, lateque producens, ad mortifera circumquaque venena pellenda, flores protulit, et odores effudit, pervigili custodia studeatis eorum in omnibus inhærere vestigiis, per quos, cooperante Domino, in deserto mundi hujus, flos hujuscemodi plantatus est honestatis : hi, quoniam monastica frugalitatis continentissimi professores, optimum ponentes in paupertate principium, totius sufficientiæ assecuti sunt complementum, Ecclesiæ chari, episcopis, et prælatis accepti, atque in conspectu regum et principum fama et merito gloriosi. De cætero nos, et totum Ecclesiæ sanctæ negotium vestris devotis orationibus commendamus, orantes et ipsi, ut omnipotens Pater, in cujus estis nomine congregati, ordinationes, et opera vestra in beneplacito suo disponat; et vos pariter, ac subditos fratres ad spiritualia jugiter incrementa promoveat. Adhuc, quia prædictum Clarævallensem abbatem, pro inevitabili necessitate promovendæ pacis, ab adventu capituli duximus retinendum ; eum a vobis petimus haberi excusatum, sicut et de ipso Cisterciensi, in patientia vos sustinere rogamus, si forte contigerit, ut eum pro tanta necessitate, celebrato capitulo, revocemus.

Datum Benevento, xiv Kalend. Augusti.

DCXXIV.

Clero, judicibus, universo populo Beneventano præcipit, ne uti consuetudine pergant, qua « mercatores, viatores et peregrini hospitio apud aliquem in ipsa civitate recepti, si contingat eos ibi aliqua infirmitate gravari, nec domum egredi, nec testamentum de rebus suis facere, nec sepulturam ubi voluerint si decesserint eligere permittantur, sed res eorum partim curiæ apostolicæ, partim ecclesiæ, partim hospitibus dispergantur. ».

(Beneventi, Jul. 24.)
[BORGIA, *Memorie storiche di Benevento*, III, 157.]

ALEXANDER episcopus, servus servorum Dei, dilectis filiis, clero, judicibus et universo populo Beneventano, tam præsentibus quam futuris, in perpetuum.

Sicut in vanum agricola de terræ ubertate confidit, cum ante jactum semen spinis et tribulis non expurgat, ita quidem et pastor Ecclesiæ inaniter præmium officii pastoralis exspectat, si ad resecanda de agro Domini vitiorum plantaria non intendit ; cum præceptum acceperit per prophetam a Domino, ut evellat et destruat, et disperdat, et dissipet, et ædificet, et plantet. Et quidem istud universis Ecclesiæ prælatis incumbit, a nobis autem et successoribus nostris eo fortius creditur exigendum quo et ampliorem ex voluntate Domini potestatem in beato Petro percipimus et evidentiore præcepto quasi primo loco de salute sequentium convenimur. Consuetudo autem, imo usurpatio quædam in civitate vestra dicitur exstitisse quæ divinis et humanis legibus inimica dignoscitur, et tam facientes, quam consentientes in discrimen divinæ ultionis adducit, mercatores siquidem, viatores et peregrini hospitio apud aliquem in ipsa civitate recepti si contingat eos ibi aliqua infirmitate gravari, nec domum egredi, nec testamentum de rebus suis facere, nec sepulturam ubi voluerint, si decesserint eligere permittuntur, cum extremam obeuntium voluntatem in sepultura et dispositione rerum suarum, et leges et canones præcipiant observari. Sed res eorum partim curiæ nostræ, partim ecclesiæ, partim hospitibus disperguntur. Ex eo plurimi suspicantur aliquando contingere, ut ita male quandocunque infirmi a suis procurentur hospitibus, quod eorum mors per illorum cupiditatem et voto videatur, et manibus accersita. Unde beatæ memoriæ prædecessor noster papa Eugenius officii sui zelo succensus, ne Romanus pontifex diceretur admittere, quod argui per eum in aliis et emendari deberet usurpationem tam pessimam quæ diuturnitate temporis pro consuetudine inoleverat a Beneventana civitate removit, et eam viribus carere decrevit. Quia vero eodem antecessore nostro viam universæ carnis ingresso denuo consuetudo pestifera ex hominum cupiditate revixit, et radix amaritudinis in idipsum ex majore dissimulatione ac negligentia germinavit. Nos de communi fratrum nostrorum consilio et assensu, consuetudinem istam non jure aliquo sed cupiditate tantum, et diuturnitate subnixam mansura in perpetuum inhibitione damnamus, et omni decernimus effectu carere, tam sepulturam quam dispositionem rerum suarum in libera ponentes abeuntium voluntate, et tam a cura nostra quam a civitate tota omnem notam tantæ avaritiæ amoventes ; habeant ergo de cætero prædicti homines in civitate Beneventana, et tenimentis ejus et recedendi quandocunque voluerint, et locum mutandi, et eligendi sepulturam, aut testandi de rebus suis, si remanere ibi statuerint legitimam potestatem, et in nullo prædicta usurpatio illis obsistat, quominus de personis et rebus suis possint, quod decreverint ordinare. Sane si quisquam eorum intestatus obierit, res ejus sub conscientia rectoris nostri, archiepiscopi et idoneorum testium apud aliquam prædictæ civitatis ecclesiam deponantur, ut si forte infra annum aliquis apparuerit, qui de jure debeat ei succedere, cum integritate illi reddantur, alioquin pristina in eis consuetudo servetur. Si quis autem adversum hanc nostram constitutionem venire tentaverit, si clericus fuerit, ecclesiastici beneficii suspensione multetur, laicus vero cum restitutione ablatorum banno duarum librarum argenti curiæ nostræ obnoxius habeatur ; atque ut duplici contritione tanta conteratur iniquitas, si qua ecclesiastica sæcularisve persona contra hujus nostræ constitutionis paginam temere venire tentaverit, secundo tertiove commonita, nisi præsumptionem suam digna satisfactione correxerit, potestatis honorisque sui dignitate careat, reamque se, etc.

Ego Alexander catholicæ Ecclesiæ episc.
Ego Hubaldus Ostiensis episc.
Ego Bernardus Portuensis et Sanctæ Rufinæ episc.
Ego Hubaldus presb. card. tit. Sanctæ Crucis in Jerusalem.
Ego Joannes presb. card. SS. Joannis et Pauli tit. Pammachii.
Ego Albertus presb. card. tit. S. Laurentii in Lucina.
Ego Boso presb. card. S. Pudentianæ tit. Pastoris.
Ego Jacinthus diac. card. S. Mariæ in Cosmedin.
Ego Arditio diac. card. S. Theodori.
Ego Cinthius diac. card. S. Adriani.
Ego Hugo diac. card. Sancti Eustachii juxta templum Agrippæ.
Ego Petrus Sanctæ Mariæ in Aquiro diac. card.

Datum Beneventi per manum Gerardi, sanctæ Romanæ Ecclesiæ notarii, VIII Kal. Augusti, indictione secunda, Incarnationis Dominicæ anno 1169, pontificatus vero domni Alexandri papæ III anno decimo.

DCXXV.
Ecclesiam Astensem tuendam suscipit, canonicorumque possessiones et jura confirmat.

(Beneventi, Jul. 25.)

[UGHELLI, *Italia sacra*, IV, 368.]

ALEXANDER episcopus, servus servorum Dei, dilectis filiis NICOLAO archidiacono, et GARDULPHO præposito Astensis ecclesiæ, eorumque fratribus, tam præsentibus quam canonice substituendis in perpetuum.

Officii nostri nos admonet, et invitat auctoritas, pro Ecclesiarum statu satagere, et earum quieti et tranquillitati salubriter, auxiliante Domino, providere. Eapropter, dilecti Domino filii, vestris justis postulationibus clementer annuimus, et prædecessoris nostri felicis memoriæ Adriani papæ vestigiis inhærentes præfatam ecclesiam, in qua divino mancipati estis obsequio, sub B. Petri et nostra protectione suscipimus et præsentis scripti privilegio communimus, statuentes ut quascunque possessiones, quæcunque bona, eadem ecclesia impræsentiarum juste et canonice possidet, aut in futurum concessione pontificum, largitione regum, vel principum, oblatione fidelium, seu aliis justis modis, præstante Domino, poterit adipisci, firma vobis vestrisve successoribus, et illibata permaneant. In quibus hæc propriis duximus exprimenda vocabulis:

Curtem, quæ dicitur Quartum cum castro, villa, et toto dominicatu, pratis, herbis, silvis, nemoribus, pascuis, et aquaticis, et ripariis usque in Tanagrum: et toto districtu ipsius villæ; ecclesiam S. Petri sitam in eodem loco, cum decimis et pertinentiis suis; curtem suam, quæ dicitur Ercule cum ecclesiis, et decimis ad ipsam pertinentibus, et toto districtu hominum; plebem Pizentianæ, cum castro, villa, et capitulo totius plebatus, servis, et ancillis, et capella S. Michaelis, et decimis prædictæ ecclesiæ pertin. et toto districtu hominum, turre, et castro Coningo cum domo murata, et sexta parte de communibus; tres mansos in eodem loco, cum ecclesia parochiali, et capella ipsius castri, et decimis ad ipsam pertinentibus; ecclesiam de Podanengo, cum decimis, et pertinentiis suis; quatuor mansos in eodem loco cum servis, et ancillis: curtem unam quæ dicitur Mons Tegletus, cum servis et ancillis; ecclesiam S. Dalmatii cum pertinentiis suis; ecclesiam S. Andreæ de Fontana stantia; tres mansos, in Abarana, cum capella S. Georgii ad plebem Pizentianæ pertinente; ecclesiam S. Genesii de Gobione, cum manso uno, et decimis, et aliis pertinentiis suis; decimam S. Martini de compergulis; ecclesiam de Malesco, cum decimis, et pertinentiis suis; ecclesiam de Corebama, cum decimis et pertinentiis suis; ecclesiam de Cortanseris, cum decimis allodiorum, et vallis Azonis, et aliis pertinentiis suis; ecclesiam de Sexanto, cum decimis et pertinentiis suis; ecclesiam de Solio, cum decimis et pertinentiis suis; ecclesiam parochialem de Valliculis, cum totius villæ decimatione excepta decimatione antiquarum possessionum dominorum; ecclesiam de Castiglione, cum decimis et pertinentiis suis; ecclesiam de Cellis, cum illo quod fuit Hugonis, et quidquid habetis in eadem villa, seu territorio ejus ex parte Oberei exstirpantis vineas; decimas quoque totius civitatis, et villarum ei adjacentium; vallis Tertiæ, montis Bonini, Arpegiani, vallis Latronis, exceptis iis quæ aliis ecclesiis sunt concessa; tres mansos in Viniaco, cum pascuis, herbis, cultis et incultis, aquaticis, ripaticis et toto districtu ipsorum hominum; tres mansos in villa cum ecclesiis et pertinentiis suis; duas partes majores castri de Corseone, quæ quondam fuere Bonefacii de Cortanenseris, et medietatem alteram ipsius partis, quæ fuit Carbonis, cum capella, et toto districtu hominum; quatuor mansos in eodem loco, cum parte, quæ fuit Gualfredi de Galandria: et quidquid habetis in Anteriso, in Stoderda, in Lorello, et in Magleolo, cum aquaticis, et ripaticis et toto districtu hominum in Vallefenaria, in Vallepeto, in Suberico, et in Curaldia, et Montoso, et omnia quæ juste habetis, in cultis, et in incultis, in herbis, pratis, silvis, nemoribus, in terra, vinea Vallebella, orista majore, Chrispizen, et in Ecclopleno, et omnia quæ habetis ultra Tanarum in monte Prevello, in Lauretto, Saxo Canulro, Calocio, Aglano, Mecedo, Corticellis, Spalvariæ, et in Rocheta de Flexo; quidquid habetis in testamento Ung ri, et uxoris ejus Genevæ in valle Cimina, monte Morino, Paderno, et Predalia, et ecclesiam S. Adriani cum pertinentiis suis

Præterea omnes rationabiles et antiquas consuetudines Ecclesiæ vestræ, et quæ in obsequiis defunctorum, et missarum celebrationibus, atque divisionibus oblationum, tam infra civitatem quam extra per totum episcopatum, hactenus habuisse noscimini; processiones quoque certis temporibus institutas, cum suis receptibus, vobis, vestrisque successoribus confirmamus. Decernimus ergo, etc., salva apostolicæ sedis auctoritate et episcopi vestri canonica justitia. Si qua igitur in futurum, etc.

Ego Alexander catholicæ ecclesiæ episcopus.

Ego Ubaldus Ostiensis episc

Ego Bernardus Portuen. et S. Rufinæ episc.

Ego Albertus presb. card. tit. S. Laurentii in Lucina

Ego Bozo presb. cardin. S. Pudentianæ tit. Pastoris.

Ego Ubaldus presb. card. titul. S. Crucis in Hierusalem.

Ego Joannes S. Joannis et Pauli presb. card. tit. S. Pammachii.

Ego Jacintus diac. card. S. Mariæ in Cosmedin.

Ego Arditio diac. card. S. Theodori.

Ego Cynthius diac. card. S. Adriani.

Ego Hugo diac. card. S. Eustachii.

Ego Petrus diac. card. S. Mariæ in Aquiro.

Datum Beneventi per manum S. R. E. notarii, VIII Kal. August. indict. II, incarnationis Dominicæ anno 1169, pontificatus vero Alexandri papæ III anno X.

DCXXVI.

Ad proceres, milites et universos Christi fideles.—Pro Ecclesia Jerosolymarum et pro defensione terræ illius.

(Beneventi, Jul. 29.)

[Marten., *Ampl. Collect.*, II, 747.]

Alexander episcopus, servus servorum Dei, dilectis filiis proceribus, militibus et universis Christi fidelibus ad quos litteræ istæ pervenerint, salutem et apostolicam benedictionem.

Inter omnia quæ in cursu rerum labentium ad exercitium charitatis sapientia divina disposuit, non facile quidquam nobis occurrit, in quo et gloriosius ad virtutem, et fructuosius ad mercedem possit charitas exerceri, quam si necessitas orientalis Ecclesiæ et fidelium Christianorum sublevetur auxilio, et taliter a paganorum muniatur incursu, ut et cultus ibi divini nominis non deficiat, et fraternitatis virtus laudabiliter enitescat. Cum enim in solo supernæ bonitatis nutu consistat et labores auferre fidelium et barbarorum reprimere feritatem, dissimulat interdum clamorem exaudire gementium, et fratres in fratrum oculis permittit affligi ut videat si aliquis sit intelligens aut requirens Deum (*Psal.* xiii), et si forma divinæ pietatis in alicujus animo inveniatur impressa. Si enim Creator hominum et angelorum inclinavit cœlos suos et descendit (*Psal.* xvii), et pro salute inutilis servi crucis subire patibulum non despexit, restat nunc *ut et qui vixit jam non sibi vivat, sed ei qui pro nobis mortuus est et resurrexit* (*II Cor.* v), qui *tradidit semetipsum pro nobis, et hostiam Deo in odorem suavitatis* (*Ephes.* v). Sæpe ac multum laboratum est a fidelibus Christianis pro illius terræ defensione, et multa effusione sanguinis per divinæ gratiæ favorem obtentum, ut cultus ibi Christianæ fidei potuerit conservari. Imo et cum olim in potestatem Saracenorum ex peccato populi devenisset, exsurgentes sursum viri virtutis, denuo terram ad fidem Christi, exstinctis aut fugatis gentibus, revocarunt, et erecto ibi fidei vexillo, sepulcrum Domini populorum accessu celebre reddiderunt. Nunc autem quia et populi numero diminuta, et frequentibus attrita laboribus, et variis bellorum eventibus confecta videtur, ut si non ei charitas fraterna subvenerit, extrema sibi timeat pericula imminere, consuetudine de occidentali plaga suffragium rursum exposcit, et vos, admonentibus nobis, tanquam Deo exhortante per nos, per venerabiles fratres nostros Tyrensem archiepiscopum, Paneadensem episcopum, et dilectos filios G. præceptorem Hospitalis, et nobilem virum A. de Landast, deferendo sibi suffragio suppliciter interpellat, tantum sibi fructum sperans de præsenti ope futurum, quantum per quemcunque laborem hominum non credit se ulterius recepturum. Sed et extrema sibi pericula prospicit imminere, si fraternæ charitatis auxilium aut subtractum ei fuerit aut dilatum. In januis quidem esse videtur, unde aut inimici sui tantum robur accipient, quod ejus incursum sustinere non poterit, aut Christianorum virtus taliter roborabitur, quod securus quisque sub arbore sua quiescet, et vestra posteritas ab illorum subventione poterit quieta manere. Tanti ergo hujus periculi timore deterriti, tantæ inde utilitatis intuitu provocati, universitatem vestram monemus et exhortamur in Domino, atque in remissionem vobis injungimus peccatorum, quatenus pro illius amore qui nascendo, moriendo et resurgendo, universorum salutem in terra illa voluit operari, ad subventionem ejus viriliter accingamini, et qui expediti sunt in personis, alii vero in facultatibus suis, remoto tarditatis obstaculo, pro salute fratrum nostrorum ita vos exponere satagatis, ut quod ad gloriam Christiani nominis multo sanguine patrum vestrorum noscitur acquisitum, per laborem et industriam vestram conservari valeat et muniri.

Nos autem sollicitudinem vestram favore apostolico prosequentes, illis qui pro divinitatis amore laborem hujus profectionis assumere, et quantum in se fuerit implere studuerint, de indultæ nobis a Domino auctoritatis officio, illam remissionem impositæ pœnitentiæ per sacerdotale ministerium facimus, quam felicis memoriæ Urbanus et Eugenius patres et antecessores nostri temporibus suis statuisse noscuntur, ut videlicet qui ad defensionem terræ idoneus, et ad hoc obsequium expeditus, suscepta pœnitentia biennio ibi ad defensionem terræ permanserit, et sudorem certaminis ad præceptum regis et majorum terræ pro amore Christi portaverit, remissionem injunctæ pœnitentiæ se lætetur adeptum, et cum contritione cordis et satisfactione oris profectionem istam satisfactionis loco ad suorum hanc indulgentiam peccatorum, nisi forte rapinæ vel furti, vel perceptæ usuræ reos esse constiterit, in quibus, si facultas adfuerit, non purgatur peccatum, nisi restituatur ablatum. Si vero facultas reddendi defuerit, prædicta satisfactio ad istorum quoque remissionem sufficiat peccatorum. Qui vero per annum in hoc labore permanserit, exoneratum se de medietate satisfactionis impositæ auctoritate apostolica recognoscat. Ad hoc ne pium desiderium alicujus perturbatio pravorum exterreat, nos familias, possessiones eorum sub beati Petri protectione suscepimus, et in defensione nostra et prælatorum Ecclesiæ statuimus permanere, auctoritate apostolica decernentes, ut de omnibus quæ illi qui crucem acceperunt, quiete possederint, nulla post susceptam crucem quæstio moveatur, donec ipsi redierint, vel de eorum obitu certissime cognoscatur. Quicunque vero ære alieno premuntur, et tam sanctum iter puro corde inceperint, de præterito usuras non solvant. Liceat autem eis terras seu cæteras possessiones suas, postquam commoniti propinqui sive domini ad quorum feodum pertinet, pecuniam ipsis mutuare aut noluerint, aut non potuerint, ecclesiis vel personis ecclesiasticis aut aliis fidelibus libere et sine ulla reclamatione impignorare. Præterea omnibus sepulcrum Dominicum pro instanti necessitate visitare volentibus, tam in itinere morte præoccupatis, quam usque illuc pervenientibus, laborem itineris ad pœnitentiam, obedientiam et remissionem omnium peccatorum injungimus, ut post hujus certaminis ergastula vitam æternam consequi mereantur.

Data Beneventi, quarto Kalendas Augusti.

DCXXVII.

Ad Henricum Remensem archiepiscopum.— Item pro orientali Ecclesia.

(Beneventi, Jul. 29.)

[*Ibid.*, col. 750.]

ALEXANDER episcopus, servus servorum Dei, venerabili fratri HENRICO Remensium archiepiscopo, salutem et apostolicam benedictionem.

Cum gemitus de quacunque tribulatione clamantium ad aures debeant Ecclesiæ pervenire, dolores orientalis Ecclesiæ tanto attentius audire nos convenit, tantoque illi attentius condolere, quanto ampliorem et majorem compassionem de divinæ consolationis uberibus ad nos legimus emanasse. Quia etenim locum illum et in veteri et in novo populo divinitus videmus electum, unde quasi de corde per universum corpus vena vitæ decurreret, non abs re de universis partibus ad auxilium illius terræ concurritur, sed quia universitas hominum cibum vitæ videtur et salutis potum hausisse. Sane nunc, sicut dicitur, in tantæ constituta est necessitatis articulo, ut ipsa imminentes angustias tacere non possit, et nos cum universa occidentali Ecclesia de subventione illius attentius oporteat cogitare. Præsto quidem esse videtur unde vel inimici crucis Christi tantum robur accipient, quod orientalis Ecclesia eorum impetum non poterit sustinere, aut nostri per divinum favorem et auxilium fratrum suorum ita proficient, quod ab eorum impetu securi quiescent, et occidentali Ecclesiæ de subventione illorum omnis anxietas et sollicitudo tolletur. Nunc igitur quia venerabiles fratres nostri F. Tyrensis archiepiscopus, et episcopus Belmensis, præceptor Hospitalis, et nobilis vir A. de Landast, pro exponenda illius terræ necessitate, occidentalis Ecclesiæ præsidio postulando mittuntur ; fraternitatem tuam scriptis apostolicis exhortamur, et commissa nobis a Deo auctoritate injungimus, ut vice nostra prædictis fratribus diligenter assistas, et apud charissimum in Christo filium nostrum Ludovicum illustrem Francorum regem suggestione tua efficias, ut personis regni ecclesiasticis et mundanis convocatis in unum, de illius terræ subventione disponat, ea quidem discretione adhibita, ut qui ad hoc idonei visi fuerint in personis, alii vero in facultatibus suis, erga fratres suos charitatis debitum exsequantur, et ante ad subsidium præstandum accelerent, quam contra eos Turcorum manus ex alienis opibus invalescat. Tu ipse quoque personas provinciæ tuæ in unum studeas convocare, atque cum eis quod ad honorem Dei et salutem illius terræ pertineat, deliberes ac disponas. Porro nos auctoritatem nostram in facto isto experientiæ tuæ aliorumque archiepiscoporum regni committimus, ut vos ad tuitionem et securitatem proficiscentium, et pœnitentium indulgentiam juxta tenorem litterarum, quas propter hoc dirigimus, procedatis et recipiatis familias et facultates eorum sub protectione Ecclesiæ, qui laborem hujus itineris pro amore Dei et subventione terræ duxerint assumendum. Sed et si quid ad eorum tuitionem adjiciendum fore videris, quod Ecclesiæ præstare conveniat, vice nostra peragite, ac pariter sacerdotalem zelum ad exsecutionem pii operis exercete, ut ministerium vestrum honorificetur in omnibus, et orientalis Ecclesia consuetum de regno vestro suffragium, Deo inspirante, reportet.

Data Beneventi, quarto Kalendas Augusti.

DCXXVIII.

Parthenonem SS. Fabiani et Damiani tuendum suscipit et ejus possessiones ac jura confirmat, petentibus Galdino archiepiscopo Mediolanensi, et Alberto episcopo Laudensi.

(Beneventi, Jul. 31.)

[UGHELLI, *Italia sacra*, IV, 672.]

ALEXANDER episcopus, servus servorum Dei, dilectæ in Christo filiæ TAIDI abbatissæ monasterii S.

Fabiani de Farinate, ac Sancti Damiani de Donaria, ejusque sororibus, tam præsentibus quam futuris, regulariter substituendis in perpetuum.

Ad hoc universalium ecclesiarum cura nobis a provisore omnium bonorum Deo concessa est, quatenus religiosas personas diligamus, et beneplacentes Deo famulatui studeamus modis omnibus propagare : nec enim Deo gratus famulatus aliquando impenditur, nisi ex charitatis radice procedens a puritate religionis fuerit conservatus. Idcirco dilecta in Christo filia Thais abbatiss. petitioni tuæ per venerabiles fratres nostros G. archiepiscopum Mediolanensem apostolicæ sedis legatum, et Albertum Laudensem episcopum clementer annuimus, et beator. Fabiani et Damiani ecclesias, quibus Deo auctore præsides, ad exemplar prædecessorum nostrorum sanctæ memoriæ Paschalis, Calixti et Innocentii Romanorum pontificum sub apostolicæ sedis tutela excipimus, et eas ab omnium mortalium deinceps gravamine liberas permanere decernimus, quarum unam ecclesiam videlicet Beati Fabiani de Farinate Bergomenses comites Lantelmus, Guillelmus, Arditius, Rogerius, Albicus, Arduinus, Osbertus, qui videlicet eam in fundo suo construxerunt sub annuo censu duodecim denariorum Mediolanensis monetæ beato Petro, et ejus Romanæ Ecclesiæ obtulerunt. Aliam vero Ecclesiam Beati Damiani de Donaria sub consimili censu firmantes. Per præsentis igitur privilegii paginam apostolica auctoritate statuimus, ut quæcunque bona, quascunque possessiones eidem Ecclesiæ, aut ex prædictorum comitum, aut ex quorumlibet fidelium largitione possident, sive in futurum, largiente Deo, juste atque canonice poterunt adipisci, firma vobis, et his quæ post vos successerint, illibata permanere, nec diœcesano episcopo facultas sit ecclesias ipsas et personas in ejus domibus servientes gravare, aut aliquid in illis potestate judiciaria exercere præter locorum consecrationes, sanctimonialium benedictiones, et clericorum, qui in eis constituti fuerint, ordinationes, si tamen episcopus catholicus fuerit et gratiam atque communionem apostolicæ sedis habuerit, et si gratis, ac sine aliqua pravitate voluerit sacramenta eadem ministrare, alioquin a quovis malueritis catholico ea suscipietis episcopo.

Nulli ergo omnino hominum liceat præfatas ecclesias perturbare, aut earum possessiones auferre, vel ablatas retinere, minuere, vel temerariis vexationibus fatigare, sed omnia integra conserventur sanctimonialium in prælibatis ecclesiis Deo servientium profutura salva sedis apostolicæ auctoritate. Obeunte vero te nunc eorumdem locorum abbatissa, vel earum qualibet, quæ tibi successerit, nulla ibi qualibet subreptionis astutia, seu violentia præponatur, nisi quam sorores communi consensu, vel sororum pars consilii sanioris secundum Dei timorem, et beati Benedicti Regulam elegerint, a Romano pontifice, vel cui ipse commiserit, consecrandam. Sepulturam quoque eorumdem locorum liberam esse censemus, ut eorum devotioni, et extremæ voluntati, qui se in præfatis locis sepelire deliberaverint, nisi forte excommunicati, vel interdicti sint nullus obsistat, salva tamen justitia illarum ecclesiarum, a quibus mortuorum corpora assumuntur. Porro novalium vestrorum quæ propriis manibus, aut sumptibus colitis, sive de nutrimentis vestrorum animalium decimas ab aliquibus exigi omnino prohibemus communi vita viventibus. sicut beatus Gregorius ait jam de faciendis portionibus, vel exhibenda hospitalitate nihil nobis loquendum est, cum omne quod superest in causis piis, ac religiosis erogandum est. Si qua igitur in futurum, etc.

Ego Alexander catholicæ Ecclesiæ episcopus.
Ego Hubaldus Ostiensis episc.
Ego Bernardus Portuensis episc.
Ego Ubaldus presb. card. tit. S. Crucis in Jerusalem.
Ego Albertus presb. card. tit. S. Laurentii in Lucina.
Ego Bozo presb. card. S. Pudentianæ tit. Pastoris.
Ego Petrus presb. card. S. Laurentii in Damaso.
Ego Jacintus diac. card. S. Mariæ in Cosmedin.
Ego Arditio diac. card. S. Theodori.
Ego Cinthius diac. card. S. Adriani.
Ego Hugo diac. card. S. Eustachii juxta templum Agrippæ.
Ego Petrus diac. card. S. Mariæ in Aquiro.

Datum Beneventi per manum Gerardi, sanctæ Romanæ Ecclesiæ notarii II, Kal. Augusti, indict. II, Incarnationis Dominicæ anno 1169, pontificatus vero domni Alexandri papæ III anno decimo.

DCXXIX.

Donationem factam a Gerardo episcopo Patavino abbatissæ et monasterio S. Zachariæ Venetiarum, de decimis bonorum in Monte Silice, confirmat.

(Beneventi, Aug. 16.)

[Cornelii, *Ecclesiæ Venetæ*, XI. 379.]

Alexander episcopus, servus servorum Dei, dilectæ in Christo filiæ G. abbatissæ et sororibus monasterii S. Zachariæ de Venetia, salutem et apostolicam benedictionem.

Justis petentium desideriis facilem nos convenit impertiri consensum ut vota quæ a rationis tramite non discordant, effectu sint prosequente complenda. Eapropter, dilectæ in Domino filiæ, vestris justis postulationibus grato concurrentes assensu, decimam, quam habetis in Monte-Cilice a vener. fratre nostro Girardo Paduano episcopo rationabiliter vobis concessam et scripti sui munimine roboratam, vobis et monasterio vestro auctoritate apostolica confirmamus, et præsentis scripti patrocinio communimus. Decernimus ergo, ut nulli omnino hominum liceat hanc paginam nostræ confirmationis.

infringere vel ei aliquatenus contraire. Si quis autem hoc attentare, præsumpserit, indignationem omnipotentis Dei et beatorum Petri et Pauli apostolorum ejus se noverit incursurum.

Datum Beneventi, xvii Kalend. Septembris.

DCXXX.
Privilegium pro Ecclesia Bononiensi.
(Beneventi.)

[SAVIOLI, *Annal. Bologn.*, li, ii, 22.]

ALEXANDER episcopus, servus servorum Dei, venerabili fratri JOANNI Bonon. episcopo ejusque successoribus canonice substituendis in perpetuum.

Sacrosancta Romana Ecclesia Bonon. Ecclesiam speciali semper prærogativa dilexit et eam inter alias studuit propensius honorare. Inde est quod nos, qui licet minus sufficientes in ejusdem sumus Ecclesiæ specula collocati præfatam Bonon. Ecclesiam consueta benignitate diligamus et tuis justis postulationibus, venerabilis frater Joannes episcope, gratum cupimus impertiri assensum. Quocirca, frater episcope, personam tuam et commissam tibi Ecclesiam plenis charitatis brachiis amplectentes, cunciaque tam in civitate quam in comitatu Bonon., tam majora quam minora, ut massam primarii et alias massas et fundos in eodem comitatu præter hæc quod te patrimonio nobilis mulieris comitissæ Mathildis in eodem comitatu habemus si quid est et excepto banno quod in civitate Bononiæ ex parte Romani pontificis, prout hactenus et deinceps judicetur, sicut piæ recordationis Anastasius papa prædecessor noster bonæ memoriæ Gerardo quondam Bonon. episcopo antecessori tuo receptis ab eo centum libris assortiat. Quas pro utilitatibus Ecclesiæ Romanæ expendit in emphiteusim sibi suisque successoribus de communi fratrum suorum consilio concessisse atque locasse dignoscitur. Nos tibi tuisque successoribus et per vos Bonon. ecclesiæ titulo locationis in emphiteusim perpetuam concedimus atque locamus et locationem ipsam præsentis scripti pagina communimus. Pro ipsa vero locatione tu tuique successores nobis nostrisque successoribus duas libras puri argenti annis singulis in mense Junio debetis exsolvere. Porro quemadmodum nunc institutum est præsenti paginæ duximus adnectendum ut tibi vel alicui tuorum successorum nullatenus liceat hanc locationem alicui ecclesiæ vel personæ vendere, vel alienare, nisi nobis nostrisque successoribus. Nos vero et nostri successores præfatam locationem ab omni homine tibi tuisque successoribus defendere cogimus. Quod si aliqua partium quod suum erit quemadmodum supra scriptum est adimplere neglexerit, centum libras auri puri alteri sub nomine pene exsolvet et eodem locatio indissolubiliter permanebit. Nulli ergo hominum fas sit hanc nostræ locationis paginam temerario ausu infringere, seu ipsi modis quibuslibet contraire. Si quis autem hoc attentare præsumpserit indignationem omnipotentis Dei et beatorum Petri et Pauli apostolorum ejus se noverit incursurum.

Ego Alexander catholicæ Ecclesiæ episcopus.
Ego Ubaldus presb. card. tit. S. Crucis.
Ego Joannes presb. card. Sanctorum Joannis et Pauli tit. Pammachii.
Ego Hildebrandus presb. card. basilicæ XII Apostolorum.
Ego Albertus presb. card. tit. S. Laurentii in Lucina.
Ego Guillelmus presb. card. tit. S. Petri ad Vincula.
Ego Joannes presb. card. S. Pudentianæ tit. Pastoris.
Ego Petrus presb. card. tit. S. Laurentii in Damaso.
Ego Joannes presb. card. S. Marci.
Ego Theodinus presb. card. S. Vitalis tit. Vestinæ.
Ego Bernardus Portuensis et S. Ruffinæ episc.
Ego Hyacinthus diac. card. S. Mariæ in Cosmedin.
Ego Arditio diac. card. S. Theodori.
Ego Cinthius diac. card. S. Adriani.
Ego Manfredus diac. card. S. Georgii ad Velum Aureum.
Ego Hugo diac. card. S. Eustachii juxta templum Agrippæ.
Ego Petrus card. S. Mariæ.

Datum Verulan. per manum Gratiani, sanctæ Romanæ Ecclesiæ subdiaconi et notarii, xiv Kal. Maii, indict. iii, Incarnat. Dominicæ anno 1169, pontificatus domni Alexandri papæ III anno tertio.

DCXXXI.
Gualæ episcopo Bergomati ecclesiam S. Mariæ de Turre in Suere, et ecclesiam Sancti Juliani de Sovisio super Abduam concedit.
(Beneventi, Nov. 4.)

[LUPI, *Cod. diplom. Bergom.*, II, 1257.]

ALEXANDER episcopus, servus servorum Dei, venerabili fratri GUALÆ Pergamensi episcopo, ejusque successoribus canonice substituendis in perpetuum.

Cum ad nostram præsentiam devotionis intuitu accessisses, ut nos scilicet et matrem tuam sacrosanctam Ecclesiam Romanam visitares, nobis et fratribus nostris diligenter exposuisti quod commissus tibi episcopatus nimis arctus existeret. Quare a nobis instantius expostulasti quod de ecclesiis illis quæ in episcopatu jam dicto ad Romanam solummodo Ecclesiam spectant tibi concedere deberemus unde necessitatem tuam posses in aliquo relevare. Quocirca nos illius sinceriisimæ devotionis affectum quem circa jam dictam Romanam Ecclesiam multipliciter exhibuisse cognosceris diligentius attendentes, considerantes etiam quantum pro nostris et ejusdem Ecclesiæ negotiis promovendis laborem subieris et quem etiam fructum omnipotens et misericors Dominus labori tuo contulerit, ecclesiam Sanctæ Mariæ in Turre quæ est super villam de Suere et ecclesiam Sancti Ju-

liani de Sovisio quæ supra Aduam consistit, tibi et prædictæ ecclesiæ tuæ, necnon et successoribus tuis de communi consilio fratrum nostrorum ad regendas et disponendas apostolica auctoritate.....
..... et te exinde per annulum aureum investivimus ita quidem quod tu et successores tui censum inde nobis nostrisque successoribus scilicet pro unaquaque duodecim denarios veteris Mediolanensis monetæ annis singulis persolvetis. Clerici vero earumdem ecclesiarum tibi et successoribus tuis tanquam nobis ipsis et velut ipso episcopo reverentiam et obedientiam exhibebunt et jure parochiali plenius respondebunt.

Decernimus ergo ut nulli omnino hominum liceat præfatam concessionem temere perturbare, etc.

Ego Alexander catholicæ Ecclesiæ episc.
Ego Hubaldus Ostiensis episc.
Ego Ubaldus presb. card. tit. S. Crucis in Jerusalem.
Ego Albertus presbyter. card. tit. Sancti Laurentii in Lucina.
Ego Guillel. presb. card. tituli Sancti Petri ad Vincula.
Ego Bozo presb. card. Sanctæ Pudentianæ tituli Pastoris.
Ego Petrus presb. card. tit. Sancti Laurentii in Damaso.
Ego Hyacinthus diacon. cardin. Sanctæ Mariæ in Cosmedin.
Ego Ardicio diac. card. S. Theodori.
Ego Cinthius diac. card. Sancti Adriani.
Ego Manfredus diac. card. S. Georgii ad Velum Aureum.
Ego Hugo diac. card. Sancti Eustachii juxta templum Agrippæ.
Ego Petrus diaconus cardinalis Sanctæ Mariæ in Aquiro.

Datum Beneventi, per manum Gerardi sanctæ Romanæ Ecclesiæ notarii, II Non. Novembris, indictione III, Incarnationis Dominicæ anno 1169, pontificatus vero domni Alexandri papæ III anno undecimo.

DCXXXII.

Absaloni Roschildensi episcopo magisterium et prælationem insulæ Rugiæ, a Waldemaro rege devictæ et conversæ, in perpetuum in spiritualibus indulget.

(Beneventi, Nov. 4.)

[HASSELBACH, *Cod. Pomeran. diplom.*, I, 64.]

ALEXANDER episcopus, servus servorum Dei, venerabili fratri ABSALONI Roschildensi episcopo, salutem et apostolicam benedictionem.

Cum Christianæ fidei religio divina cooperante gratia propagatur, et perfidæ gentis contunditur et frangitur refrenaturque malitia, tanto inde gaudium et lætitiam concipimus in animo nostro majorem, quanto amplius ex hoc divini cultus numinis augetur, et universalis Ecclesiæ de die in diem suscipit incrementum. Ex litteris siquidem charissimi in Christo filii nostri Waldemari illustris Danorum regis et plurium aliorum manifeste comperimus quod quædam insula, Ro nomine, dicta juxta regnum suum posita, tantæ idololatriæ ac superstitioni a primitivis catholicæ fidei fuisset temporibus dedita ut circumjacentem regionem sibi efficeret censualem, et eidem regno et universis Christianis circumpositis damna multa et crebra pericula incessanter inferret. Quod idem rex cœlesti flamine inspiratus, et armis Christi munitus, scuto fidei armatus, considerans, divino munere protectus, eam brachio forti et extento, duritiam hominum illius insulæ expugnavit, et exprobratiorem immanitatem illorum ad fidem et legem Christi tam potenter ac valide magnanimiter revocavit, et suæ quoque subjecit dominationi. Sane quoniam potentes ac populus terræ angustam insulam habent, ita quod non possunt proprium episcopum et pastorem habere, rex eorum precibus et supplicatione devictus, necessitate inspecta, nos satis suppliciter et affectuose rogavit, ut tibi curam et administrationem illius insulæ committeremus, quantum ad spiritualia. Nos igitur petitionibus ejusdem regis in quibus cum Deo et justitia possumus animo benigniori fovere volentes, et te sicut venerabilem fratrem et firmam columnam Ecclesiæ gratiæ et honore prævenire optantes, interventu quoque venerabilium fratrum nostrorum E. Lundensis archiepiscopi apostolicæ sedis legati et episcoporum et principum regni et instantia venerabilis fratris nostri Upsalensis archiepiscopi et dilectorum filiorum nostrorum Brianensis abbatis, Joannis magistri nuntii ejusdem regis et magistri Galteri clerici tui nihilominus inclinati, tibi et successoribus tuis magisterium et prælationem ejusdem insulæ in spiritualibus indulgemus in perpetuum absque præjudicio justitiæ aliarum ecclesiarum si quam in ipsa habent. Eis ergo quoniam sunt rudes in fide et adhuc legis nostræ ignari, verbum salutis annunties et viam veritatis demonstres, necnon salubribus conditionibus et doctrina Christiana informes.

Datum Beneventi, II Non. Novembris.

DCXXXIII.

Canutum Danorum ducem sanctorum catalogo infert.

(Beneventi, Nov. 8.)

[THORKELIN, *Diplom. Arna-Magn.*, I, 27.]

ALEXANDER episcopus, servus servorum Dei, venerabilibus fratribus Lundensi archiepiscopo apostolicæ sedis legato, episcopis et dilectis filiis abbatibus, prioribus et aliarum ecclesiarum prælatis per Daniam constitutis, salutem et apostolicam benedictionem.

Ex litteris charissimi in Christo filii nostri W. illustris Danorum regis, necnon ex scriptis vestris atque ex diligenti narratione venerabilis fratris nostri Upsalensis archiepiscopi et illorum qui secum venerunt, accepimus, qualiter recolendæ memoriæ Kanutus quondam Danorum dux jam dicti regis pater adhuc vivens, honestæ et laudabilis vitæ et vir conversationis exstiterit, et quomodo etiam post mortem suam juxta sepulcrum ipsius fons quidam emicuerit, cæcus lumen ceperit, et multas alias miraculorum virtutes circa eum omnipotens et misericors Dominus dignatus fuerit operari sicut præfatus archiepiscopus et ejus socii parati erant, si vellemus recipere, sub jurisjurandi religione confirmare. Inde siquidem est, qui nos prædicti regis et nostra super eo canonizando petitione suscepta, et de misericordia Dei atque beatorum Petri et Pauli apostolorum ejus meritis præsumentes, ipsum de communi fratrum nostrorum consilio sanctorum catalogo duximus ascribendum, auctoritate apostolica statuentes, ut diem natalis sui septimo Kalendas Julii celebretis, nos enim juxta votum et desiderium vestrum ipsius sancti corpus ita glorificandum censuimus et debitis in terra præconiis honorandum. Sicut omnipotens et misericors Dominus eum per suam gratiam glorificavit in cœlis, ut videlicet inter sanctos de cætero numeretur, qui hoc ipsum, prout ex testimonio nostro, supradicti quoque archiepiscopi et sociorum ejus, necnon et multorum aliorum nobis innotuit, signis et virtutibus meruit obtinere. Quia igitur nostræ sinceritatis prudentiam decet eum pia colere devotione et toto studio venerari, quem auctoritate apostolica vestra postulat universitas honorandum, devotionem vestram per apostolica scripta rogamus, monemus et exhortamur in Domino, quatenus eum ita de cætero congruis studeatis honoribus prævenire et obsequio debito venerari, ut apud bonorum omnium retributorem multiplicem possitis per hoc mercedem recipere, et ejus meritis atque intercessionibus apud Altissimum multimodis adjuvari.

Datum Beneventi, sexto Idus Novembr., anno Domini 1170.

DCXXXIV.

Ad universos Upsalensis Ecclesiæ parochianos. — Ut [Stephano] archiepiscopo obediant.

(Beneventi, Nov. 8.)

[LILJEGREN, *Diplomatarium Suecanum*, I, 89.]

ALEXANDER episcopus, servus servorum Dei, dilectis filiis universis Upsalensis Ecclesiæ parochianis, salutem et apostolicam benedictionem.

Suggestum est nobis et quorumdam relatione monstratum quod quidam vestrum diabolica suasione commoti adversus ecclesiarum prælatos insurgere consueverint, et diversa eis crimina objicientes, ipsos super his laicorum judicio stare, soliti sunt coercere; unde cum res mira omnibus videretur, si ovis pastorem suum jugulare deberet, aut in eum sententiam damnationis proferre, universitati vestræ per apostolica scripta mandamus atque præcipimus quatenus talia de cætero in animarum vestrarum periculum nullatenus attentetis, sed venerabili fratri nostro S. archiepiscopo vestro, quem nos ob salutem et profectum vestrum ad partes illas direximus, sicut Patri et pastori vestro debitam in omnibus obedientiam et reverentiam humiliter exhibeatis, nec eum aut alium quemlibet Ecclesiæ prælatum coram laicis accusare, seu ad sæculare judicium trahere præsumatis. Jam dicti siquidem archiepiscopi persona nullius examini præterquam Romani pontificis.... noscitur subjacere. Quare quod alicui regi seu principi licitum nequaquam existit, vobis non debetis contra salutem vestram aliquatenus usurpare, cum exinde omnipotentis Dei indignationem possetis non immerito plurimum formidare.

Datum Beneventi, vi Idus Novembris.

DCXXXV.

Privilegium pro ecclesia S. Vincentii Bergomate.

(Beneventi, Nov. 11.)

[UGHELLI, *Italia sacra*, IV, 466.]

ALEXANDER episcopus, servus servorum Dei, dilectis filiis ADELARDO archidiac., ejusque fratribus, tam præsentibus quam futuris, in matrici Pergamensi ecclesia Sancti Vincentii canonice viventibus, salutem et apostolicam benedictionem.

Quoties illud a nobis petitur quod religioni et honestati convenire dignoscitur, animo nos decet libenti concedere, et petentium desideriis congruum suffragium impertiri. Eapropter, dilecti in Domino filii, vestris rationabilibus postulationibus clementer annuimus, et B. Vincentii martyris ecclesiam, in qua divino estis obsequio mancipati, ad exemplar prædecessorum nostrorum felicis memoriæ Innocentii, Lucii et Adriani Romanorum pontificum, una cum vestræ congregationis collegio, et cum omnibus ad eamdem ecclesiam pertinentibus sub apostolicæ sedis tutelam protectionemque suscipimus, et præsentis scripti pagina communimus. Statuimus enim ut quascunque possessiones, quæcunque bona in ecclesiis, villis, oppidis, decimis, oblationibus, et nundinarum redditibus, seu aliis rebus eadem ecclesia impræsentiarum juste et rationabiliter possidet, aut in futurum concessione pontificum, liberalitate regum vel principum, oblatione fidelium, seu aliis justis modis, rationabiliter, auxiliante Domino poterit adipisci, firma vobis vestrisque sucessoribus in perpetuum, et illibata permaneant. In quibus hæc propriis duximus exprimenda vocabulis:

Ecclesiam S. Mariæ, quæ est in Castello de Calcinate, ecclesiam S. Martini quæ est in ejusdem loci villa, ecclesiam S. Michaelis de Carpeneto ecclesiam S. Mariæ de Gorlo, ecclesiam S. Georgii de Spalanico, ecclesiam S. Christinæ de Albegno, ecclesiam S. Cassiani, quæ est in civitate Pergami. Decernimus ergo ut quandiu in canonicæ disciplinæ observantia permanseritis, nulli omnino hominum liceat eamdem ecclesiam temere perturbare, aut ejus possessiones auferre, vel ablatas retinere, minuere, vel importunis angariis, seu temerariis vexationibus fatigare ; sed omnia integra conserventur eorum, pro quorum gubernatione et sustentatione concessa sunt, usibus omnimodis profutura. Interdicimus etiam, ut nec episcopo, nec archiepiscopo liceat, nec etiam alicui personæ facultas sit vestræ communitatis bona in proprios usus deflectere, sive in beneficiis aliis dare, vel quibuscunque aliis modis a præbenda fratrum, vel communi utilitate alienare. Locationes vero, seu commutationes, aut investitiones prædiorum, absque communi fratrum, vel sanioris partis consilio nullatenus perpetrentur, nec hujusmodi jus ab episcopo, vel personis quibuslibet invadatur. Salva tamen sedis apostolicæ auctoritate, et Pergamensium catholicorum episcoporum canonica justitia.

Si quis igitur in posterum archiepiscopus, episcopus, imperator, rex, princeps, dux, marchio, comes, aut vicecomes, seu quælibet ecclesiastica sæcularisve persona, hanc nostræ constitutionis paginam sciens, contra eam temere venire tentaverit, secundo tertiove commonita, nisi reatum suum congrua satisfactione correxerit, potestatis honorisque sui dignitate careat, reamque se divino judicio existere de perpetrata iniquitate cognoscat, et a sacratissimo corpore ac sanguine Dei et Domini Redemptoris nostri Jesu Christi aliena fiat, atque in extremo examine districtæ ultioni subjaceat. Cunctis autem eidem ecclesiæ sua jura servantibus sit pax Domini nostri Jesu Christi, quatenus et hic fructum bonæ actionis percipiant, et apud districtum judicem præmia æternæ pacis inveniant. Amen, amen, amen.

Ego Alexander catholicæ Ecclesiæ episcopus subscripsi.

Ego Hubaldus Ostiensis episc.

Ego Hubaldus presb. card. tit. S. Crucis in Jerusalem.

Ego Albertus presb. card. tit. S. Laurentii in Lucina.

Ego Willelmus presb. card. tit. S. Petri ad Vincula.

Ego Boso presb. card. S. Pudentianæ tit. Pastoris.

Ego Petrus presb. card. tit. S. Laurentii in Damaso.

Ego Jacintus diac. card. S. Mariæ in Cosmedin.

Ego Arditio diac. card. S. Theodori.

Ego Cinthius diac. card. S. Adriani.

Ego Manfredus diac. card. S. Georgii ad Velum Aureum.

Ego Hugo diac. card. S. Eustachii juxta templum Agrippæ.

Ego Petrus diac. card. S. Mariæ in Aquiro.

Datum Beneventi per manum Gerardi S. Romanæ Ecclesiæ notarii, iii Id. Novemb., indict. iii, Incar. Dom. anno 1167, pontificatus vero domni Alexandri papæ III anno xi.

DCXXXVI.

Ad Waldemarum Danorum regem. — Abbatem fratresque Calvenses commendat.

[LANGEBEK, *Scriptores Rerum Danicarum* V, p. 243.]

ALEXANDER episcopus, servus servorum Dei, charissimo in Christo filio WALDEMARO, illustri Danorum regi, salutem et apostolicam benedictionem.

Quod divina gratia inspirante, in devotione beati Petri et nostra consistis, et religiosos viros honore pariter et gratia satagis prævenire, et eis opem et favorem intuitu pietatis impendis, plurimum gaudemus, et ut in hoc tibi perseverantiæ virtutem concedat, altissimum et omnipotentem Dominum devota supplicatione oramus. Specialiter autem serenitati tuæ gratias digniores exsolvimus, quod religiosos viros et præsertim abbatem et fratres monasterii de Calve clementiori oculo respicis, eosque diligere, et illis gratæ consolationis subsidium conferre pia miseratione dignaris. Ex qua re sementem boni operis quam in eis seminasti, te cum multiplicato fructu recollecturum fore confidimus, et tibi exinde felicis retributionis præmium provenire non dubitamus. Unde quia decens est et tuæ celsitudini noscitur admodum convenire, ut, quanto pius et misericors Dominus te amplius sublimavit in terris et in altiori gradu collocavit honoris, tanto attentius operibus debeas attendere pietatis, et ea, quæ tibi beneplacita sunt et perfecta ardenti desiderio satagas adimplere, regiam excellentiam rogamus, monemus et exhortamur in Domino, quatenus in devotione beati Petri et nostra, sicut bene cœpisti, firmiter perseveres, et honori pariter et exaltationi unice matris tuæ, sacrosanctæ Romanæ Ecclesiæ devoto corde et pura mente intendas. Præterea translationem monasterii quam de loco ad alium locum prædictus abbas et fratres auctoritate venerabilis fratris nostri Eskilli Lundensis archiepiscopi et episcoporum terræ, et assensu tuo fecisse noscuntur, necnon et concambium, quod tecum fecerunt, ratum et firmum habemus, magnitudinem tuam rogantes, quatenus te memoratis fratribus propitium et benignum exhibeas, et eorum protector, auxiliator et defensor existas.

DCXXXVII.

Ad Briennum de Calve abbatem.

(LANGEBEK, *ibid.*, p. 244.)

ALEXANDER episcopus, servus servorum Dei, dilectis filiis BRIENNO abbati et fratribus de Calve, salutem et apostolicam benedictionem.

Propositi et desiderii nostri est, paci et quieti religiosorum paterna sollicitudine et diligenti cura intendere et eorum votis et petitionibus benignum favorem et gratuitum effectum præbere. Perlatum est siquidem ad notitiam nostram, quod auctoritate fratris nostri Eskilli Lundensis archiepiscopi et episcoporum terræ, nec non et assensu charissimi in Christo filii nostri Waldemari illustris Danorum regis monasterium vestrum de Weng, ubi erat prius, cum possessionibus suis, ad locum qui Calve nominatur, transtulistis, sola villa de Weng in manu regis relicta, pro terra quam ab eodem rege in concambium accepistis. Unde [quia] translationes et commutationes, quæ pro utilitate ecclesiarum fiunt, approbare et ratas habere debemus, nos translationem ejusdem monasterii vestri, prout dignum est, approbantes, eam ratam et firmam monere sancimus et concambium quod cum prædicto rege in ipsa translatione monasterii vestri fecistis, vobis et ecclesiæ vestræ auctoritate apostolica confirmamus, et præsentis scripti patrocinio communimus, statuentes ut nulli omnino hominum liceat hanc paginam nostræ confirmationis infringere, vel ei aliquatenus contraire. Si quis autem hoc attentare præsumpserit, indignationem omnipotentis Dei, et beatorum apostolorum ejus Petri et Pauli se noverit incursurum.

CIRCA ANNUM 1169.

DCXXXVIII.
Ad Bonifacium magistrum militiæ Templi de Lombardia.

(TIRABOSCHI, *Memor. Moden.*, III, Preuv., p. 54.)

ALEXANDER episcopus, servus servorum Dei, dilectis filiis BONIFACIO magistro et fratribus militiæ Templi de Lombardia, salutem et apostolicam benedictionem.

Cum inter vos et dilectos filios nostros Guillelmum abbatem et fratres Fraxinorienses super ecclesia Sancti Stephani in suburbio civitatis Regii sita hospitali. . . . suis possessionibus controversia fuisset diutius agitata, eadem controversia amicabili fuit transactione sopita. Quam utique transactionem. . . . . et firmam habentes vobis præscriptam ecclesiam cum hospitali et aliis pertinentiis suis salvo censu. . . . . decem solidorum lu. . . . . . . abbati et monasterio suo et. . . . . librarum oleis quas prædicti. . . . . ne diœcesani episcopi. . . . . nulli hominum liceat hanc paginam . . . .

ANNO 1162-1170.

DCXXXIX.
Thomæ archiepiscopo Cantuariensi mandat cogat monachos de Boxelee ut ecclesiæ S. Mariæ decimas persolvant.

(*Gilberti Foliot Epist.*, ed. GILES, II, 66.)

ALEXANDER papa III, THOMÆ Cantuariensi archiepiscopo.

Commissæ nobis a Deo dispensationis officium admonet multipliciter et hortatur, ut universis Christi ecclesiis debeamus utiliter providere, atque integra jura sua nos oporteat illibata servare. Pervenit quidem ad nos, quod monachi de Boxelee ecclesiæ Sanctæ Mariæ, in cujus parochia commorantur, decimas ex integro non persolvunt, et eas secundum canones reddere contradicunt. Quapropter, frater noster, tibi per apostolica scripta mandamus et præcipimus, quod prædictos monachos ut ipsas decimas etiam de illis cultis in quibus olim domus constructæ fuerant, præfatæ ecclesiæ cum omni integritate persolvant, quas priusquam in eadem ecclesia morarentur solebant persolvere, sine appellationis obstaculo, nostra auctoritate, omni cum districtione compellas. Sicut enim olim de pascuis solvebantur decimæ, ita nunc de eisdem ad frugum fertilitatem translatis decimas volumus absque diminutione persolvi.

DCXL.
Ad Thomam archiepiscopum Cantuariensem. — De appellationibus ad sedem apostolicam.

[*Gilberti Foliot Epist.*, ed. GILES, II, 62.]

Relatum est auribus nostris quod, si quando episcopi suffraganei tui vel archidiaconi provinciæ tuæ super aliquo certo negotio ad audientiam nostram appellantur, episcopatus et archidiaconatus suos nostræ et Romanæ Ecclesiæ protectioni subjiciunt, et cum appellantur ad annum, interim te de suis vel suorum excessibus subditorum cognoscere non permittunt, scilicet omnem tuam justitiam evacuant et suspendunt. Volentes itaque pastorali sollicitudine providere, ne appellationis obtentu detur audacia gravia committendi, auctoritate apostolica tibi duximus indulgendum, quod si præfati episcopi et archidiaconi appellaverint ad audientiam nostram, et episcopatus et archidiaconatus suos sub apostolica protectione posuerint, pro eorum appellatione nullatenus prætermittas, quin de casibus et excessibus subditorum suorum de suis propriis excessibus, si qui manifesti sunt et notorii, his duntaxat exceptis super quibus appellatum est, cognoscere possis, et super his statuere quod secundum justitiam videris statuendum.

DCXLI.
Ad R. filium Henrici.
(*Fragmentum.*)

[*Epist. S. Thomæ*, ed. GILES, II, 146.]

Dilecto filio R. filio Henrici.

Justis petentium desideriis, *etc.*, *usque* assensu. Terram de insula Thanedos quam venerabilis frater noster Thomas Cantuariensis archiepiscopus tibi restituit, sicut ipsam cum pertinentiis suis tibi et hæredibus tuis tenendam concessit, devotioni tuæ, etc.

DCXLII.
Ad Philippum abbatem Præmonstratensem, etc. — Pro pace Præmonstratensis ecclesiæ.

(MARTEN., *Ampl. Collect.*, II, 816.)

ALEXANDER episcopus, servus servorum Dei,

Philippo (24*) Præmonstratensi, et cæteris abbatibus Præmonstratum in Dei nomine congregatis.

Pervenit ad nos quod occasione quorumdam, quæ inter vos noviter statuistis, non paucorum conversorum vestrorum animi sunt turbati, usque adeo ut plures eorum facilius convertantur ad sæculum, quam ad recipienda statuta illa valeant inclinari. Unde quoniam pensandum est majoribus, et cavendum ne gregem Dominicum auctoritate dispergant, quem lenitate convenit et charitate servare, universitati vestræ consulimus et monemus, quatenus turbationem ordinis, quanto potestis studio, evitantes, universas novitates, de quibus inter vos aliqua scissura possit emergere, in tempus aliud differatis. Continete vos intra terminos patrum vestrorum, et videte ne, dum vos ad nova et dubia desideratis extendere, quæ certa tenetis et sensistis utilia, cum plurimo dispendio amittatis. Non negamus et vobis et omnibus qui divinæ se subjiciunt servituti, ad majora semper esse nitendum, et eos cum B. Apostolo posteriorum oblitos in anteriora se debere indesinenter extendere (*Philipp.* III). Sed et omnia tempus habent. Est tempus loquendi et tempus tacendi; est tempus mittendi lapides et tempus colligendi; est tempus seminandi et tempus metendi (*Eccle.* III). Et de facili autem omnis labor amittitur, si non temporis opportunitas observatur. Sane quantum in religiosis conventibus malum discordiæ sit vitandum, malumus vos alieno exemplo quam experimento proprio edoceri. Videtis enim quia, sicut parvæ res crevere concordia, ita maximæ per discordiam sunt dilapsæ. Melius est autem venturis malis ante tempus occurrere, quam postquam venerint pro quærendis remediis laborare, Salomone dicente: *Sapiens videns malum declinat; parvuli transeuntes sustinuere dispendia* (*Prov.* XXVII). Vitate igitur ex nostro consilio usque ad pacem Ecclesiæ, donec plenius coabbates vestri ex omni parte conveniant, omnes quæ scissuram possent facere novitates, et parvulos vestros, quos tanquam gallina pullos suos sub alis charitatis custodire ac fovere debetis, paterna pietate servate. Cum autem pacem Ecclesiæ suæ reddiderit, et plenius undique abbates vestri convenerint, utilius et firmius tunc poteritis quod salubre fuerit stabilire. Nam si quid roboris constitutionibus vestris ex vobis forte defuerit, ex apostolicæ sedis auctoritate poterit ministrari. Interim vero tenete quod cœpistis, et ita veteribus ac firmatis ab apostolica sede statutis insistere, et sub majoris austeritatis obtentu pax ordinis non possit amplius perturbari.

ANNO 1164-1170.

DCXLIII.

Ad Thomam Cantuariensem archiepiscopum. — *De professione Gilberti Herefordensis, postmodum Londinensis episcopi.*

[*Epistolæ S. Thomæ*, ed. GILES, II, 19.]

ALEXANDER episcopus, servus servorum Dei, venerabili fratri THOMÆ Cantuariensi archiepiscopo, salutem et apostolicam benedictionem.

Cum in celebratione Turonensis concilii in nostra esses præsentia constitutus, voluisse te obtinere meminimus, ut venerabilis frater Gilbertus quondam Herefordensis, nunc vero Londoniensis episcopus, professionem, quam prædecessori tuo nomine Herefordensis Ecclesiæ fecerat, tibi etiam pro Londoniensi Ecclesia, sicut antecessores ejus tuis fecerunt antecessoribus, exhiberet. Nos vero considerantes professionem ab eo Cantuariensi Ecclesiæ nomine Herefordensis exhibitam posse satis, et debere sufficere, præsertim cum si alteram facere cogeretur, videretur idem episcopus violatæ professionis argui, et cum non sit consuetudo Romanæ Ecclesiæ, ut aliquis occasione translationis suæ professionem bis facere compellatur, respondisse tibi nos et consuluisse meminimus, ut prima illa, quam Herefordensi in ecclesia prædecessori tuo ac ejusdem successoribus fecerat, contentus existeres, nec eum supra alia professione gravares. Quoniam igitur monitis et consilio nostro humiliter in hac parte obtemperare curasti, præsentium litterarum inscriptione decernimus, ut ex hoc nullum præjudicium tibi vel ecclesiæ tuæ debeat imposterum provenire, quo minus illi, qui prædicto episcopo in ecclesia Londoniensi successerint, tam tibi quam successoribus tuis professionem teneantur consuetam et debitam exhibere.

ANNO 1166-1170.

DCXLIV.

Ad universos suffraganeos Cantuariensis Ecclesiæ. — *Thomam Cantuariensem non solum metropolitico, sed etiam legationis jure illis præesse.*

[*Ibid.*, p. 62.]

Cum non ignoretis venerabilem fratrem nostrum Thomam Cantuariensem archiepiscopum vobis non solum metropolitico, sed etiam legationis-jure præesse, mirabile satis est, quod quidam vestrum, sicut audivimus, asseverare præsumunt quod idem archiepiscopus nullam causam de episcopatibus vestris sive metropoleos sive legationis jure audire debeat, nisi per appellationem perferatur ad ipsum. Sane licet forte metropolitico jure non debeat causam de episcopatibus suis, nisi ad eum per appellationem deferatur, audire, legationis tamen obtentu universas causas, quæ de ipsis episcopatibus per appellationem vel per querimoniam aliquorum perveniunt ad audientiam suam, audire potest et debet, sicut qui in provincia sua vices nostras gerere comprobatur. Mandamus itaque vobis atque

---

(24*) Philippus ex abbate Bellæ-vallis factus abbas Præmonstratensis, vivere desiit anno 1170.

præcipimus, quatenus causas, quæ de vestris episcopatibus ad eumdem archiepiscopum perferuntur, ejus judicio relinquatis, nec quemlibet clericum vel laicum vestræ jurisdictionis detrahere vel impedire tentetis, quominus causas suas ad præfatum archiepiscopum si voluerit, possit transferre.

ANNO 1168-1170.

DCXLV.

Judicibus Velitrensibus præcipit ut cum aliqua causa super testamentis Ecclesiæ relictis ad eorum fuerit examen deducta, eam non secundum leges, sed secundum decretorum statuta tractent, et tribus aut duobus legitimis testibus sint contenti.

(Beneventi, Jan. 1.)
[BORGIA, *Ist. di Velletri*, p. 240.]

DCXLVI.

Ad Henricum Remensem archiepiscopum. — Pro Gosleno et O. militibus.

(Beneventi, Jan. 2.)
[MARTEN., *Ampl. Collect.*, II, 771.]

ALEXANDER episcopus, servus servorum Dei, HENRICO Remensi archiepiscopo, salutem et apostolicam benedictionem.

Ex conquestione Gosleni et O. militum ad audientiam nostram noveris pervenisse, quod cum olim Herl. Remensis canonicus a Ric. consanguineo suo quosdam redditus pro triginta libris sub pignore recepisset, eo pacto quod postquam ex eisdem redditibus sortem suam præter expensas reciperet, præscripti redditus deberent ad jus et proprietatem ejusdem R. sine contradictione redire, eodem R. mortuo, præfati G. et O. qui in bonis ejus propinquitate sanguinis successerunt, prætaxatos redditus habere non possent, licet idem canonicus sortem suam deductis expensis dicitur in integrum recepisse. Asserit enim Herl. quod præfatus R. uxori suæ Adæ nomine præscriptos redditus in donationem propter nuptias contulerat, et sic non solum ipse, sed etiam A. et P. vicedominus super hisdem militibus graviter adversantur. Quia igitur nemini possumus vel debemus in sua justitia deesse, fraternitati tuæ per apostolica scripta mandamus, quatenus cum exinde fueris requisitus, utraque parte coram te convocata, causam ipsam diligenter audias, et eam infra quadraginta dies post harum susceptionem, contradictione et appellatione cessante, justitia mediante, decidas. Si qua vero partium legitime citata judicio tuo parere contempserit, eam usque ad dignam satisfactionem, remota appellatione, ecclesiastica censura percellas.

Data Beneventi, quarto Nonas Januarii.

DCXLVII.

Monasterio Longipontis dona ab episcopis et capitulo Silvanectensi collata confirmat.

(Beneventi, Jan. 2.)
[*Gallia Christ.*, X, Instrum., 452.]

ALEXANDER episcopus, servus servorum Dei, Hu- com abbati et fratribus monasterii Longipontis, salutem et apostolicam benedictionem.

Venerabilis noster Henricus Silvanectensis episcopus, necnon et Ecclesiæ suæ canonici; transmissis litteris nobis intimarunt, quod totam eleemosynam quam vobis bonæ memoriæ Petrus, Theobaldus et Amalricus quondam Silvanectenses episcopi, assensu capituli sui et maxime omnes terras, prata, vineas quas in territorio Suessionensi, in loco qui Pratella vocatur, tam diebus eorumdem quam modernis temporibus acquisivistis, liberaliter concesserunt, et ea una cum vinagio terrarum et vinearum quas ibi possident, sub pensione annua confirmarunt. Præterea prædictus episcopus et canonici ejus vobis in præscripto territorio quidquid emptione vel eleemosyna acquirere poteritis, contulerunt, et sub certa forma scripti sui munimine roborarunt; quam siquidem concessionem, sicut in memorati episcopi et Ecclesiæ suæ scripto authentico exinde facto noscitur contineri, vobis et per vos monasterio vestro auctoritate apostolica confirmamus, et præsentis scripti patrocinio communimus; statuentes ut nulli hominum liceat hanc paginam nostræ confirmationis infringere, vel ei aliquatenus contraire. Si quis autem hoc attentare præsumpserit, indignationem omnipotentis Dei et beatorum Petri et Pauli apostolorum ejus se noverit incursurum.

Datum Beneventi, IV Nonas Januarii.

DCXLVIII.

Monasterio Beccensi asserit privilegia a Willelmo quondam archiepiscopo Rothomagensi concessa.

(Beneventi, Jan. 7.)
[LANFRANCI *Opp.*, ed. GILES, I, 332.]

ALEXANDER episcopus, servus servorum Dei, dilectis filiis ROGERIO abbati, et fratribus Beccensis monasterii, salutem et apostolicam benedictionem.

Ex rescripto quarumdam litterarum bonæ memoriæ Willelmi, quondam Rothomagensis archiepiscopi, nobis innotuit quod ipse vobis et monasterio vestro, nec non et illius loci parochiæ multas libertates concessit, et ecclesiam ipsam cum parochia sua ab omni episcopali exactione absolvit, sicut in ejus scripto exinde facto noscitur plenius contineri; cujus siquidem concessionem nos, sicut rationabiliter facta est, et in authenticum scriptum redacta, ratam habentes auctoritate apostolica confirmamus, et præsentis scripti patrocinio communimus, statuentes ut nulli omnino hominum liceat hanc paginam nostræ confirmationis infringere, vel ei aliquatenus contraire. Si quis autem hoc attentare præsumpserit, indignationem omnipotentis Dei, et beatorum Petri et Pauli apostolorum ejus se noverit incursurum.

Datum Beneventi, septimo Idus Januarii.

DCXLIX.

Ad Henricum Remensem archiepiscopum. — Contra leprosos Cameracenses.

(Beneventi, Jan. 8.)
MARTEN., *Ampl. Collect.*, II, 772.]

ALEXANDER episcopus, servus servorum Dei, ve-

nerabili fratri Henrico Remensium archiepiscopo, salutem et apostolicam benedictionem.

Recepta conquestione leprosorum Cameracensium, quod Sancti Andreæ de Castello (25) et Sancti Sepulcri (26) abbates et canonici Sancti Gaugerici, et nobilis vir Manasses de Ruriniaco de novalibus suis et de nutrimentis animalium suorum ab eis decimas extorquerent; fraternitati tuæ ad instantiam ipsorum mandavimus, ut si præfati abbates et canonici præceptis nostris in hac parte acquiescere nollent, videlicet quod decimas, quas de his prædictis infirmis ausu temerario præsumpserunt auferre, ipsis infra quadraginta dies post litterarum nostrarum susceptionem cum integritate non restituerent, vel secum exinde pacifice et amicabiliter convenirent, nec eos super his ulterius molestarent, eos ab ecclesiarum ingressu districtius coerceres, et abbates ab ecclesiarum administratione denuntiares apostolica auctoritate suspensos. Nunc autem ex transmissa relatione dictorum abbatum ad aures nostras pervenit quod prænominati infirmi decimas, quas a triginta annis usque ad hunc annum sine interruptione solverunt, et sanctæ recordationis pater et prædecessor noster Eugenius papa et alii prædecessores nostri confirmaverunt, ipsis subtrahere conantur; et quod grave est, post appellationem ad nos factam, ipsos per violentiam laicorum spoliare non dubitarunt, et cum nuntiis eorum nuntius istorum in via obviasset, et eis ut ad nos secum redirent ex parte nostra injunxisset, ipsi et noluerunt aliquatenus consentire. Unde licet prædictos infirmos manutenere et fovere velimus, quia tamen aliorum jura nec debemus nec volumus imminuere, fraternitati tuæ per apostolica scripta mandamus quatenus hujus rei veritatem diligenter inquiras, et, si tibi constiterit quod memorati abbates et canonici præscriptas decimas a triginta annis usque ad hunc annum sine quæstione possedissent et antecessores nostri eas illis confirmassent, infirmos ab eorum infestatione desistere et decimas ipsas eis persolvere, omni contradictione et appellatione cessante, compellas; et si forte litteras nostras coram te contra hoc produxerint, et eis voluerint inniti, tu litteris ipsis nullatenus deferas. Verumtamen de terris illis quas iidem infirmi a tribus annis noviter ad culturam reduxerunt, et de nutrimentis animalium suorum nulli decimas reddere compellantur. Quidquid autem de decimis ipsis post appellationem ad nos factam per violentiam acceperunt, restituere constringantur. Sane prædicto Manasse de his in nullo responderi cogantur. Nolumus tamen quod occasione ista aliorum terras contra voluntatem suam præsumant aliquatenus exstirpare.

Data Beneventi, sexto Idus Januarii.

(25) S. Andreæ de Castello monasterium ordinis S. Benedicti in diœcesi Cameracensi.
(26) S. Sepulcri alterum ordinis S. Benedicti monasterium in urbe Cameracensi. Confer hanc epistolam cum epistola 155 et 156.

DCL.
Ad eumdem. — *Pro ecclesia Præmonstratensi.*
(Beneventi, Jan. 9.)
[*Ibid.*, col. 775.]

ALEXANDER episcopus, servus servorum Dei, venerabili fratri Henrico Remensium archiepiscopo, salutem et apostolicam benedictionem.

Significatum est nobis quod Joannes de Burgundione pro damnis et detrimentis quæ Præmonstratensi ecclesiæ temere intulit, excommunicationis vinculo sit innodatus. Unde quoniam ecclesiastica sententia, quæ in malefactores aliquos pro suis excessibus promulgatur, rata debet et inconcussa existere, et eam usque ad dignam satisfactionem firmitatis robur necesse est obtinere, fraternitati tuæ per apostolica scripta mandamus quatenus, si ita est, eamdem sententiam usque ad dignam satisfactionem facias inviolabiliter observari.

Data Beneventi quinto Idus Januarii.

DCLI.
Ad.... — *Pro ecclesia Beati Remigii Remensis.*
(Beneventi, Jan. 12.)
[*Ibid.*, col. 774.]

ALEXANDER episcopus, etc.

Significavit nobis dilectus filius noster abbas S. Remigii quod quidam homines Catalaunenses ei domum quamdam et triginta libras Catalaunensis monetæ auferre præsumunt, de qua illi justitiam exhibere contemnunt. Unde quoniam justitiam quam universis debemus, viris et locis religiosis tenemur propensius conservare, fraternitati vestræ per apostolica scripta mandamus quatenus memoratos homines parochianos vestros monere diligentius et districte compellere studeatis, ut præfato abbati præscriptam domum atque pecuniam sine dilatione reddant, et in pace dimittant, vel eidem sub examine vestro plenam inde justitiam, appellatione remota, non differant exhibere. Quod si uterque vestrum in his interesse non poterit, alter non minus, prout dictum est, in causæ cognitione procedat.

Data Beneventi, secundo Id. Januar.

DCLII.
Ad Henricum Remensem archiepiscopum. — *Pro Huldewino vicedomino Remensi.*
(Beneventi, Jan. 16.)
[*Ibid.*]

ALEXANDER episcopus, servus servorum Dei, venerabili fratri Henrico Remensi archiepiscopo, salutem et apostolicam benedictionem.

Dilectus filius noster Holduinus ecclesiæ tuæ vicedominus, nobis diligenti narratione ostendit, te ipsum beneficium, quod in ecclesia Sancti Sixti per bonæ memoriæ S. quondam thesaurarium consuevit habere, sicut multi ante illum alii habuerunt, ei pro tuo beneplacito subtraxisse, licet paratus esset super hoc, sicut asserit, justitiæ stare. Unde quoniam in nullo te scienter offendisse proponit, quare illum præscripto beneficio spoliasse deberes, nec in aliquo coram nobis tibi detraxit, vel verbum unum, in quantum nos comprehendere potuimus, protulit inhonestum, fraternitatem tuam per apostolica scripta rogamus, monemus et exhortamur attentius quatenus quid te deceat potius, quam alicujus suggestionem, vel animi motum considerans, memorato vicedomino præscriptum beneficium pro reverentia beati Petri ac nostra, et illius devotionis quam circa te gerit obtentu, omni rancore deposito, sine aliqua difficultate restituas, et in pace, sicut hoc consuevit habere, dimittas, ita quod ipse tibi fidelior omni tempore et magis teneatur existere, et nostras sinceritati tuæ preces potius quam mandatum se gaudeat detulisse, nos quoque id gratum omnino et acceptum pariter debeamus habere et affectioni tuæ gratias inde multiplices exhibere.

Data Beneventi, decimo septimo Kalendas Februarii.

DCLIII.

Henricum archiep. Remensem de quibusdam rebus leniter reprehendit.
(Beneventi, Jan. 18.)
[*Ibid.*, col. 775.]

ALEXANDER, HENRICO Remensi archiepiscopo, etc.

Antiquæ devotionis et sinceritatis, quam ad nos et Romanam Ecclesiam habuisti, non immemores existentes, personam tuam, licet te postea in multis aliter quam deceret, habueris, arctiori in Domino charitate diligimus, et fructum, quem ex devotione tua jam pridem suscepimus, ad animum sæpius revocamus. Si autem aliqua de te, quæ contra nos et Romanam Ecclesiam fuerint, aliquoties referantur, tanto ea gravius ferimus, et magis moleste, quanto illa minus per te aliquo tempore fieri credebamus. Inde siquidem est, quod nos paternæ circa personam tuam affectionis nequaquam obliti, quædam discretioni tuæ per dilectum filium nostrum abbatem Sancti Vincentii (27) Silvanectensis, quem tibi fidelem per omnia novimus et devotum, viva voce duximus intimanda, quæ litterarum noluimus fidei commendare, fraternitati tuæ per præsentia scripta mandantes quatenus eadem ab ipso diligentius audias, et illorum correctioni ita festinanter intendas, ut moderni nihil in te, quod mordere valeant, vel quod reprehensione dignum existat, inveniant, nec ad posteros pravum per te devolvatur exemplum, a quo bonorum operum fructus processuri creduntur. Quantumcunque tanta dignitate et sanguinis generositate præfulgeas, tibi contra officii nostri debitum parcere de cætero non poterimus, sicut devotioni tuæ præsentialiter, si fieri posset, potius quam litteris intimaremus. Verum ex quo tecum ore ad os conferre non possumus, te per supradictum abbatem familiarem tuum maluimus super his quæ corrigenda fuerint admonere, quam ea scriptis committere, vel tibi per alium significare. Quod utique tuam decet prudentiam diligenter advertere, et ipsius abbatis verbo, quod ab ore nostro suscepit, ita fidem et credulitatem adhibere, quod certis operum indiciis comprobemus, te commonitionem nostram memoriæ fideliter commendasse, et correctionem paternam humiliter suscepisse, ita quod illi, qui facta tua viderint, inveniant potius quod commendent, quam quid merito reprehendatur.

Data Beneventi, decimo quinto Kalendas Februarii.

DCLIV.

Ad Henricum Remensem archiep. et episcopum Laudunensem. — Pro ecclesia de Noveio, ut terra ei violenter ablata restituatur.
(Beneventi, Jan. 18.)
[*Ibid.*, col. 776.]

ALEXANDER episcopus, servus servorum Dei, venerabilibus fratribus Remensi archiepiscopo HENRICO et Laudunensi episcopo, salutem et apostolicam benedictionem.

Conquesti sunt nobis dilecti filii nostri prior et fratres ecclesiæ de Noveio, quod G. de Castello in Porcien et R. de Rause parochiani vestri quamdam terram multo tempore violenter possessam demum eidem ecclesiæ reddiderunt. Nunc vero ad vomitum redeuntes, manus in eam iterum extenderunt. Quoniam præfatus R. partem quam detinere consuevit, resumpsit et G. hoc quod inde habuit ex parte dimisit, et partem detinere contendit. Insuper jam dictus G. homines præfatæ ecclesiæ cepit, et ad redemptionem coegit. Homines quoque R. quinque equos memorati prioris et fratrum ausu diabolico rapuerunt, et eos in ejusdem R. terram ducentes, ibidem vendidisse dicuntur. Quoniam igitur ad nostrum spectat officium viris religiosis propensius sua jura servare, et eos præ cæteris confovere, fraternitati tuæ per apostolica scripta mandamus, quatenus supradictos G. et R. diligentius ac sollicitius moneatis, ut præ nominatis priori et fratribus terram sine dilatione aliqua cum integritate restituant, et in pace dimittant, vel ipsis coram vobis plenam inde ac sufficientem justitiam, appellatione remota, exhibeant. Quod si ad commonitionem vestram adimplere nolueritis, vos eos, omni excusatione et appellatione remota, excommunicationis sententia præcellatis, et si nec sic resipuerint, in terris eorum omnia divina, præter baptisma parvulorum et pœnitentias morientium, officia celebrari prohibeatis. De aliis vero tam ab illis quam hominibus suis prælibato priori et fratribus suis ablatis eis ita plenam et districtam justicanæ, ab Anna regina uxore Henrici I, anno 1159, fundatum.

(27) S. Vincentii Silvanectensis monasterium celebre ordinis S. Augustini congregationis Galli-

tiam, ublato appellationis remedio, faciatis, quod ipsi jura sua per vos recuperare valeant, et nos sollicitudinem vestram teneamus exinde dignius commendare. Ad hæc præsentium auctoritate injungimus vobis, ut militibus et aliis parochianis vestris sub interminatione anathematis districtius inhibeatis, quod propter nobilem virum comitem Registelensem sæpe dicti prioris et fratrum suorum terras vel homines non offendant, nec eos deprædari vel inquietari non attentent. Si autem id contra prohibitionem vestram effecerint, uterque vestrum parochianos suos ad justitiam super hoc faciendam ecclesiastica censura constringat. Cæterum G. de Taisi, qui contra priorem de Noveio ad nos jam anno et amplius elapso dicitur appellasse, in præsentia tua juris æquitati super his, de quibus appellavit, parere, appellatione remota, districte coerceas, nisi rationabilem causam possit prætendere, cur appellationem suam non fuerit prosecutus. Quod si canonicam inde excusationem habuerit, tu eum appellationem suam congruo tempore prosequi, vel coram te justitiæ stare appellatione sublata constringas.

Data Beneventi, decimo quinto Kalendas Februarii.

DCLV.

Ad eumdem. — Pro ecclesia de Noveio super ecclesia Braguensi.

(Beneventi, Jan. 18.)

[*Ibid*., col. 778.]

ALEXANDER episcopus, servus servorum Dei, venerabili fratri HENRICO Remensium archiepiscopo, salutem et apostolicam benedictionem.

Causam quæ inter dilectos filios nostros priorem et fratres de Noveio et clericos Braguenses diutius noscitur agitari, venerabili fratri H. (28) Suessionensi episcopo et dilecto filio P. (29) abbati Sancti Remigii Remensis nos jam pridem, appellatione remota, meminimus commisisse. Qui utique partibus ante suam præsentiam convocatis, cum de causa plenius cognovissent, pro jam dicto priore et fratribus sententiam protulerunt, et eis ecclesiam adjudicaverunt. Quorum in hoc sententiæ præfati clerici contradicentes, excommunicationis sententia meruerunt astringi, et maxime Goze et J. filius ejus, quoniam præposituram Braguensem cum præbenda contra datam sententiam detinuerunt. Unde quoniam rei judicatæ standum esse juris decernit auctoritas, fraternitati tuæ per apostolica scripta mandamus quatenus præscriptam sententiam, sicut a memoratis episcopo et abbate lata fuit, facias omni contradictione et appellatione remota firmiter observari et exsecutioni mandari. Illos vero qui contra eam præsumpserunt venire, et propterea excommunicationis sententiam incurrerunt, quam etiam et tu ipse diceris promulgasse,

(28) Hugoni.
(29) Petro.
(30) Trium-Fontium haud ignobile monasterium

et appellatione sublata, per totam provinciam tuam sicut excommunicatos attentius evitari,... donec prænominato priori et fratribus ablata omnia cum integritate restituant, de damnis et injuriis illatis congruam satisfactionem exhibeant, et eos secundum datam sententiam in pace dimittant. Verumtamen si dilecti filii nostri Fr. decanus et canonici Ecclesiæ adversus eumdem priorem et fratres aliquo tempore agere forte voluerint, nolumus ut præfatorum virorum sententia illis debeat in aliquo præjudicare, nisi forte nobis constiterit præliberatos priorem et fratres tale scriptum cum subscriptionibus penes se habere, quale nobis ostenderunt rescriptum. Si autem illi clerici Braguenses, scilicet Jo. et R., quos nos vice nostra absolvi fecimus, tam de ablatis quam de damnis et injuriis illatis priori et fratribus condigne non satisfecerint, nec sententiam observari voluerint, tu eos in idem quo innodati fuerint anathematis vinculum, dilatione et appellatione cessante, reducas, et sicut excommunicatos ab omnibus usque ad condignam satisfactionem facias vitari.

Data Beneventi, xv Kal. Februar.

DCLVI.

Ad . . . — Pro abbate et fratribus Trium-Fontium.

(Beneventi, Jan. 18.)

[*Ibid*., col. 779.]

ALEXANDER episcopus, etc.

Dilecti filii nostri abbas et fratres Trium-Fontium (30) multiplici nobis conquestione monstrarunt quod cum S. vicedominus Catalaunensis per quamdam grangiam suam transiret, fratres qui inibi erant, ut servientem suum, cujus equus fessus non poterat ultra procedere, ad hospitium reciperent, instanter rogavit. Eo siquidem a fratribus recepto, et jam dicto vicedomino ultra progresso, interim raptores in eamdem grangiam irruerunt, et, operariis illius grangiæ spoliatis, prædicto servienti chlamidem suam abstulerunt, hac utique occasione Albertus tunc ejusdem vicedomini præpositus, prædictis fratribus unum abstulit equum, et cum propter hoc ad examen Catalaunensis episcopi deductus fuisset, et respondit se nec equum abstulisse, nec loco equi caldariam accepisse. Verum quoniam quod prius Albertus negaverat, postea in præsentia ejusdem episcopi dicitur recognovisse, de prudentia et honestate vestra plurimum confidentes, hujus rei cognitionem vobis committimus exsequendam, per apostolica itaque scripta discretioni vestræ mandamus, quatenus, utraque parte ante vos convocata, si legitime vobis constiterit aut comprobari potuerit, quod prædictus Albertus quod prius negaverat, postea in judicio cognovisset, eum nostra freti auctoritate commoneatis et districtius compellatis, ut equum et caldariam memorato abbati et fratribus, appellatione et occasione cessante, resti-

ordinis Cisterciensis de linea Clarævallis, in diœcesi Catalaunensi fundatum.

tuat. Quod si non fecerit, eum excommunicationis vinculo innodare non differatis, et ad venerabilem fratrem nostrum Catalaunensem episcopum denuntiatio vestra procedat, quod sententiam ipsam firmiter et inconcusse observet et per suum episcopatum faciat observari.

Data Beneventi, decimo quinto Kalend. Februarii.

DCLVII.
Ad abbatem et monachos Vedastinos. — Ne obedientiam alii quam Romano episcopo promittant.
(Beneventi, Jan. 19.)
[MARTEN., *Ampl. Collect.*, I, 880.]

ALEXANDER episcopus, dilectis filiis abbati et fratribus S. Vedasti, salutem et apostolicam benedictionem.

A memoria nostra non excidit, qualiter frater noster A. (31) Attrebatensis episcopus, cum in nostra esset olim præsentia constitutus, quibusdam de fratribus vestris præsentibus super obedientia sibi ab ecclesia vestra præstanda quæstionem movit, sed nos privilegiis Ecclesiæ vestræ diligenter ac studiose inspectis, ex eorum tenore perpendere nullatenus potuimus, quod tu fili abbas, alicui præterquam Romanæ Ecclesiæ obedientiam debeas exhibere. Unde quoniam præfatus episcopus quæstionem suam non est postea persecutus, et indignum est quod cum alii abbates extra diœcesim Attrebatensem morantes, quorum ecclesiæ ad Romanum specialiter non spectant pontificem, episcopo Attrebatensi pro ecclesiis quas in parochia illius habent, obedientiam nullam promittant, tu fili abbas, ei alicujus obedientiæ promissione tenearis, per apostolica tibi scripta præcipiendo mandamus et districte inhibemus, ut nulli archiepiscopo vel episcopo, præterquam Romano pontifici obedientiam vel subjectionem aliquam ulla ratione promittas, vel exhibere attentes. Vobis autem, filii monachi, firmiter et districte auctoritate præsentium injungimus ut abbatem vestrum, qui pro tempore fuerit, nulli unquam archiepiscopo vel episcopo præterquam Romano pontifici obedientiam vel subjectionem aliquam promittere sustineatis, præsertim cum ecclesia vestra ad Romanam solummodo spectet Ecclesiam, et nulli alii jure parochiali subsistat.

Datum Beneventi, xiv Kalendas Februarii.

DCLVIII.
Ad. . . — *Pro causa abbatissæ d'Avenai.*
(Beneventi, Jan. 21.)
[MARTEN., *Ampl. Collect.*, II, 780.]

ALEXANDER episcopus, etc.

Causam quæ inter abbatem Trium-Fontium et abbatissam d'Avenai (31*) super quadam domo agitari dignoscitur, experientiæ vestræ, de qua plene

---

(31) Andreas ex abbate Vallium-Sornarii [ordinatus epicopus Attrebatensis obiit an 1771.]

(31*) Aveniacum, Gallice, *Avenai* insigne virginum monasterium ordinis S. Benedicti quinto ab urbe Remensi milliari dissitum.

(32) Hic obrepsit amanuensium error, nam in

---

confidimus, committimus audiendam, et sublato appellationis remedio fine congruo terminandam. Ideoque discretioni vestræ per apostolica scripta mandamus quatenus, cum exinde requisiti fueritis, in unum pariter convenientes, utramque partem ante vestram præsentiam convocetis, et, rationibus hinc inde plenius auditis et cognitis, eamdem causam, prout dictum est, remoto appellationis obstaculo, mediante justitia, terminetis.

Data Beneventi, duodecimo Kalend. Februar.

DCLIX.
Ad episcopum Caturcensem. — De sublevando a debitis Moisacensi cœnobio.
(Beneventi, Jan. 21.)
[MARTEN., *Thesaur. Anecdot.*, I, 456.]

ALEXANDER episcopus, servus servorum Dei, venerabili fratri Caturcensi episcopo salutem et apostolicam benedictionem.

Quantum sit onere debitorum monasterium Moisiacense gravatum, et qualiter inopiæ et egestati subjaceat, tua discretio non debet aliquatenus ignorare; quia vero ad onera et necessitates monasterii alleviandas toto studio debemus intendere, et ejus gravamina, in quantum possumus, alleviare, discretioni tuæ per apostolica scripta mandamus quatenus burgenses Moisiacenses monere studeas, et attentius exhortari, ut terras, reditus, et honores præfati monasterii, quos nomine pignoris detinent, si de fructibus perceptis sortem suam in duplum receperunt, eidem occasione postposita resignent, et deinceps sine communi consensu abbatis et capituli, et sanioris partis, thesaurum, vel possessiones, aut honores, aut reditus monasterii, in pignus recipere nulla ratione attentent. Terras vero et reditus quos occupaverunt, eisdem fratribus restituere non morentur, vel in præsentia tua plenam exinde justitiam exhibere. Si autem monitis tuis acquiescere forte noluerint, tu eos, ad hoc efficiendum, auctoritate nostra compellas, et etiam ecclesiastica censura percellas, et terram interdicto supponas.

Datum Beneventi, xii Kal. Februarii.

DCLX.
Ad Henricum Remensem archiep. — Pro Joanne sacerdote, ut in ecclesia sua ministret.
(Beneventi, Jan. 26.)
[MARTEN., *Ampl. Collect.*, II, 780.]

ALEXANDER episcopus, servus servorum Dei, venerabili fratri HENRICO Remensium archiepiscopo, salutem et apostolicam benedictionem.

Ex tenore quarumdam litterarum tuarum, et ex confessione Joannis sacerdotis latoris præsentium accepimus quod, cum ad quamdam ecclesiam præsentatus fuisset, illum ad eamdem recipere noluisti, eo quod ab O. (32) quondam Metensi episcopo,

---

serie episcoporum Metensium nullus reperitur, cujus nomen a littera O. incipiat. Sedebat autem tunc Stephanus, qui Ecclesiam Metensem, ab anno 1120 ad 1163, rexit. Hunc Meursius episcopus Madaurensis in *Historia episcoporum Metensium*, Wasseburgus in *Hist. Vird.* asserunt, adhæsisse quidem

qui licet prius catholicus fuerit, in schismatis est postea lapsus errorem, dicitur ordinatus fuisse. Unde quoniam de tempore suæ ordinationis certitudinem non habemus, dilecto filio nostro Metensi (33) electo per scripta nostra mandavimus, ut quo tempore, scilicet an dum præfatus episcopus catholicus fuit, an ex quo in schisma lapsus, excommunicationis meruit vinculo innodari, sive post absolutionem illius, memoratus Joannes per eum sacerdotii gradum susceperit, veritatem diligenter et studiose inquirat, et quidquid inde poterit invenire, tibi suis litteris celeriter studeat intimare. Quocirca fraternitati tuæ per apostolica scripta mandamus, quatenus per litteras ejusdem electi hujus rei veritate plenius comperta, si tibi certum fuerit, quod ab episcopo prædicto dum catholicus esset, vel post absolutionem memoratus Joannes ordinatus fuisset, cum misericordia ad prælibatam ecclesiam in officio sacerdotali recipias, alioquin ipsum in ordine ab eo suscepto nullo modo ministrare permittas.

Data Beneventi, septimo Kalendas Februarii.

DCLXI.
Ad Gerardum Salonitanum archiepiscopum.
(Beneventi, Jan. 31.)
[FARLATUS, *Illyricum sacrum*, III, 191.]

ALEXANDER episcopus, servus servorum Dei, venerabili fratri G[ERARDO] Salonitano archiepiscopo apostolicæ sedis legato, salutem et apost.

Super eo quod a nobis tua fraternitas requisivit, quid videlicet faciendum sit de bigamis, inquisitioni tuæ litteris præsentibus respondemus, quod et ordinatores potestate et officio ordinandi et ordinati, si ad sacros ordines promoti fuerint, eisdem debent ordinibus omnino privari, quia in bigamis contra Apostolum dispensari non licet (*I Tim.* III), ut ad sacros ordines debeant promoveri, vel in eisdem, si promoti fuerint, possint aliquatenus permanere. In ordinatore autem potest dispensatio adhiberi, ut ordinandi potestate et officio non privetur. De Simoniace vero ordinatis juxta postulationem tuam certum tibi non possumus dare responsum, nisi plenius noscerimus qualiter fuerint ordinati ; cum quidam, licet secundum quamdam speciem utpote ignorantibus ipsis ordinatis, Simoniace ordinentur, in suis tamen possint ordinibus permanere, quia Simoniaci non sunt. Verum super eo quod in quarto et quinto gradu consanguinitatis, quidem in provincia tua dicuntur esse conjuncti, propter duritiam populi talia matrimonia, licet sint contra sacrorum canonum institutionem contracta, sub silentio et dissimulatione prætereas, et ne similia de cætero sacramenta contrahantur, universis generaliter studeas in communi synodo sub interminatione anathematis prohibere, decernens quod talia matrimonia, si post prohibitionem tuam contracta fuerint, irrita debeant esse; et tu deinceps si in præscripto gradu consanguinitatis contracta inveneris, cassare nequaquam omittas. Uxores autem juxta divinæ vocis præceptum et commonitionem Apostoli dimittere nullus præsumat, nisi sola fornicationis causa; et si quis uxorem ob aliam causam dimiserit, eum ad ipsam celerius recipiendam auctoritate nostra et tua arctius studeas districtione ecclesiastica coercere, et si eam ob causam fornicationis dimiserit, vel ei reconcilietur, aut ipsum, ea vivente, continentiam servari compellas.

Datum Beneventi, II Kalend. Februarii.

DCLXII.
Abbati Flaviacensi præcipit ut obedientiam Bartholomæo episcopo Belvacensi exhibeat.
(Beneventi, Febr. 2.)
MARTEN., *Ampl. Collect.*, II, 781.]

ALEXANDER episcopus, servus servorum Dei, dilecto filio (34) Flaviacensi abbati, salutem et apostolicam benedictionem.

Ad audientiam nostram, venerabili fratre nostro B. Belvacensi episcopo conquerente, pervenit quod, cum Ecclesia tibi commissa infra terminos suæ parochiæ sit constituta, eidem episcopo debitam obedientiam et subjectionem exhibere contemnis, nullam aliam rationem prætendens, nisi quod venerabilis frater noster Remensis archiepiscopus te ab ejus jurisdictione subtraxit : quod quia vix de tanto viro credere possumus, cum eidem archiepiscopo non licuerit, id sine Romani pontificis auctoritate fecisse. Nos autem eidem episcopo sicut venerabili fratri nostro sua jura integra volentes et illibata servare, discretioni tuæ per apostolica scripta præcipiendo mandamus quatenus, si ecclesia tua infra parochiam Belvacensis Ecclesiæ est constituta, nec auctoritate Romani pontificis ab ejus jurisdictione subtracta, præfato episcopo debitam obedientiam et reverentiam sine contradictione aliqua exhibeas, nisi forte alias adversus eam ecclesiam tuam possessione longi temporis præscripsisset.

Data Beneventi, IV Nonas Februarii.

DCLXIII.
Ad. . . — Pro P. adolescente.
(Beneventi, Febr. 5.)
[*Ibid.*]

ALEXANDER episcopus, etc.

Decet nos operibus pietatis intendere, et his qui beneficii nostri subsidium postulant et necessitatis inopia laborant, opem et auxilium conferre, et manu sollicitudinis subvenire. Hac itaque consideratione inducti, pro P. adolescente bonæ indolis charitatem vestram attente rogamus atque monemus,

---

Friderico imperatori, sed non animo schismatico. Verum ex hac epistola falsi redarguuntur. Siquidem Stephanus propter schisma fuit excommunicatus et postea resipiscens ad hoc vinculo solutus.

(33) Theodericus Barrensis ex primicerio electus anno 1164, sed non consecratus fuit.

(34) Flaiacense seu Flaviacense monaer vulgo appellatum, quatuor horis a Bellovaco distans.

quatenus, divini amoris intuitu et pro reverentia beati Petri ac nostra, victum et vestitum, quousque Dominus ei melius in aliquo loco providerit, misericorditer et charitative tribuatis, ita quod exinde ab omnipotenti Domino præmium possitis perenne percipere, et a nobis uberes gratias exspectare.

Data Beneventi, Non. Februarii.

DCLXIV.
Abbatiæ S. Dionusii Parisiensi confirmat ecclesiam Sancti Medardi de Trembliaco.
(Beneventi, Febr. 8.)
[DOUBLET, *Hist. de Saint-Denys*, p. 508.]

ALEXANDER episcopus, servus servorum Dei, dilectis filiis abbati et fratribus ecclesiæ Sancti Dionysii, salutem et apostolicam benedictionem.

Justis petentium desideriis dignum est nos facilem præbere consensum, et vota quæ a rationis tramite non discordant, effectu sunt prosequente complenda. Eapropter, dilecti in Domino filii, vestris justis postulationibus grato concurrentes assensu, ecclesiam S. Medardi de Trembliaco cum capella Villæ-pictæ, et decimis ejusdem villæ sicut monasterium vestrum, eam impræsentiarum juste et legitime possidet, vobis et per vos eidem monasterio auctoritate apostolica confirmamus et præsentis scripti patrocinio communimus, statuentes ut nulli omnino hominum liceat hanc nostræ confirmationis paginam infringere, aut ei ausu temerario contraire. Si quis autem hoc attentare præsumpserit, indignationem omnipotentis Dei et beatorum Petri et Pauli apostolorum ejus se noverit incursurum.

Datum Laterani, secundo Kalend. Aprilis.

DCLXV.
Ad..... — Pro abbate Sanctæ Mariæ Virtuensis.
(Beneventi, Febr. 9.)
[MARTEN., *Ampl. Collect.*, II, 782.]

ALEXANDER episcopus, etc.

Dilecti filii nostri J. Sanctæ Mariæ Virtuensis (35) abbatis de quibusdam gravaminibus ecclesiæ suæ illatis querelas nuper accepimus, quas tanto et ejus fine debito volumus terminari, quanto et ecclesia majori paupertate laborat, et abbas ecclesiæ negotia minus potest pro imbecillitate virium sustinere. Questus est enim quod Man. presbyter ecclesiam de Alvesiolo a bonæ memoriæ B. (36) Catalaunensi quondam episcopo ecclesiæ Virtuensi concessam violenter ei præsumpsit auferre, et de restitutione conventus ad appellationis diffugium se dicitur contulisse, sed nec per se, nec per alium præsentiam suam nobis exhibere curavit. Ab Eut. etiam de Colonio decimas laborum suorum et annuum censum domus suæ et a R. de Colonio et fratribus ejus terras ad jus ejusdem ecclesiæ pertinentes conqueritur injuste teneri. G. præterea de Bergeriis in molendino apud Clamangiam duodecim an-

nonæ sextarios eidem præsumit auferre, et sæpe commonitus reddere contradicit. Unde quia plurimum de vestra discretione confidimus, et præfatus abbas non parum indiget ecclesiæ præsidio consoveri, per præsentia vobis scripta mandamus, quatenus supradictos viros, et partem ejusdem abbatis ante præsentiam vestram convocetis, et querela ecclesiæ ac rationibus partium inquisitis diligenter et cognitis, ita eis finem debitum imponatis, ut prænominatus abbas laborare diutius pro defectu justitiæ non cogatur. Si autem illi, aut copiam sui facere, aut judicio vestro stare contempserint, censura eos ecclesiastica compellatis, episcopo eorum ex parte nostra denuntiantes, ut latam in eos sententiam usque ad dignam satisfactionem faciat observari. Porro quia supra nominatus M. presbyter appellationem suam, ut dicitur, prosequi non curavit, causam illam, si hoc ita constiterit, appellatione remota, terminari mandamus.

Data Beneventi, quinto Idus Februarii.

DCLXVI.
Ad Henricum Remensem archiepiscopum. — Pro censu Romanæ Ecclesiæ.
(Beneventi, Febr. 11.)
[*Ibid.*]

ALEXANDER episcopus, servus servorum Dei, venerabili fratri HENRICO Remensi archiepiscopo, salutem et apostolicam benedictionem.

Quoniam ecclesiæ multæ in provincia tua sitæ beato Petro et nobis censuales existunt, de quibus debitum censum longo tempore jam elapso nos vel antecessores non meminimus recepisse, fraternitati tuæ per apostolica scripta mandamus quatenus præscriptas ecclesias, cum a dicto filio nostro fratre Rostaim fueris requisitus, per litteras et nuntium tuum sollicites, et ipsas debitum nobis censum jam dicto R. assignare compellas, ecclesiarum autem nomina inferius duximus adnotanda. Ecclesia Sancti Nicolai de Insula de Lours decem solidos illius monetæ, et aliæ multæ quarum nomina non habemus expressa, de quibus tuæ discretioni injungimus, ut easdem debitum nobis censum præfato R. secundum diminutionem exsolvere moneas diligentius et compellas.

Data Beneventi, tertio Idus Februarii.

DCLXVII.
Ad Henricum Remensem archiep. et Hugonem episcopum Suessionensem. — Pro pace Ludovici regis Franciæ et Henrici regis Angliæ.
(Beneventi, Febr. 11.)
[*Ibid.*]

ALEXANDER episcopus, servus servorum Dei, venerabilibus fratribus HENRICO Remensi archiepiscopo, et HUGONI Suessionensi episcopo, salutem et apostolicam benedictionem.

Quoniam dilecti filii nostri W. tituli Sancti Benedicti.

(35) B. Mariæ abbatia Virtuensis est canonicorum regularium ordinis S. Augustini, præter quam ibidem exstat et alia S. Salvatoris ordinis S. Be-

(36) Bosone.

tri ad Vincula presbyter et O. Sancti Nicolai in Carcere Tulliano diaconus cardinalis in partibus ultramontanis diutinam moram fecerunt, spem et fiduciam non modicam habuimus, quod charissimi in Christo filii nostri Ludovicus et Henricus illustres Francorum et Anglorum reges per studium et diligentiam eorum ac vestram, nec non et per alios religiosos viros reconciliari deberent, et inter se pacem et concordiam firmam habere. Unde quoniam spe et desiderio nostro sumus in hac parte, unde dolemus, frustrati, et quanta toti Christianitati et Orientali Ecclesiæ, maxime pro illorum discordia, jugiter detrimenta proveniant, vestra industria nequaquam ignorat, cum id universorum pateat cognitioni. Ideoque fraternitatem tuam per apostolica scripta rogamus, monemus et exhortamur in Domino, quatenus ad pacem inter illos et concordiam reformandam per vos et alios religiosos viros, quos ad hoc idoneos cognoveritis, totis viribus intendatis, et semel ac sæpius modis omnibus laboretis, ut per hoc utriusque regni populo, qui in hac turbatione crudeliter satis tractatur, possitis, cooperante Domino, utili provisione consulere, et in conspectu Dei dignum inde præmium, et coram hominibus laudem et gloriam non modicam reportare; nos quoque sollicitudinem et diligentiam vestram teneamur propter hoc multimodis in Domino commendare. Licet autem in hoc semel et iterum repulsam passi fueritis, non tamen vos propterea aliquatenus desistere volumus, sed id frequentius iterare

Data Beneventi, tertio Idus Februarii.

DCLXVIII.

Ad Henricum Remensem archiep. — Pro comite Suessionensi super mensuras vini.

(Beneventi, Febr. 11.)

[*Ibid.*]

ALEXANDER episcopus, servus servorum Dei, venerabili fratri HENRICO Remensi archiepiscopo, salutem et apostolicam benedictionem.

Noverit industria tua nos dilectis filiis nostris decano et canonicis Suessionensibus in mandatis dedisse, ut cum dilecto filio nostro nobili viro comite Suessionensi de querela, quam secum super mensuris vini Suessionensis civitatis habuerunt, amicabiliter pacificeque conveniant, vel coram te exinde ordine judiciario expediantur. Quocirca fraternitati tuæ per apostolica scripta mandamus quatenus prædictos decanum et canonicos diligenter admoneas et districte compellas, quod, cum præfato comite de causa quæ inter eos vertitur amicabilem faciant compositionem, aut secum exinde in præsentia tua infra quadraginta dies post harum susceptionem ordine judiciario expediantur; tu vero causam diligentius audias, et eam justitia mediante decidas.

Data Beneventi tertio Idus Februarii.

DCLXIX.

Ad Girardum Spalatensem archiepiscopum.

(Beneventi, Febr. 12.)

[FARLATI, *Illyric. sacr.*, III, 189.]

ALEXANDER episcopus, servus servorum Dei, venerabili fratri GIRARDO Spalatensi archiepiscopo, apostolicæ sedis legato, salutem et apostoli cambenedictionem.

Intellectis anxietatibus et sollicitudinibus tuis, quibus vehementer urgeris super conservandis justitiis ecclesiæ tuæ, satis inde tuam sumus prudentiam admirati, eo quod nimis repente super episcopatu et aliis cœperis quæstiones movere, cum deceat episcopum usque ad annum ita omnia videre, tanquam non videat, et in simplicitate dissimulare quæ alias essent durius requirenda. Quapropter monemus prudentiam tuam, consulimus, et hortamur, ut impræsentiarum his supersedeas, statum terræ, et qualitates et mores hominum plenius cognoscere studeas, et paulatim rationes Ecclesiæ tuæ diligenter inquiras, et cum fueris super his informatus, si quid quæstionis vel dubietatis emerserit, nobis confidenter significes, securus et certus quod nos fraternitati tuæ in quibus salva conscientia poterimus libenti animo deferre, et in justitiis tuis tanquam venerabili fratri nostro adesse curabimus, et favorem et auxilium conferemus. De cætero S. latorem præsentium ad te redeuntem sinceritati tuæ sollicite commendamus rogantes atque monentes quatenus cum..... opportunum habueris, quod, Domino volente, in proximo erit, prædicto S. ita provideas et benefacias, quod tibi possit devotior et magis fidelis existere, et preces nostras sibi sentiat apud te profuisse.

Datum Beneventi, II Idus Februarii.

DCLXX.

Ad Henricum Remensem archiep. — Pro Roberto clerico.

(Beneventi, Febr. 18.)

[MARTEN., *Ampl. Collect.*, II, 784.]

ALEXANDER episcopus, servus servorum Dei, venerabili fratri HENRICO Remensi archiepiscopo, salutem et apostolicam benedictionem.

Ex diligenti narratione Roberti clerici præsentium latoris accepimus, quod cum Hu. quondam ecclesiæ tuæ archidiaconus, matrem suam sicut ancillam haberet, eamdem pro animæ suæ remedio manumisit, et eam sicut liberam sub dominio Noviciensis monasterii cum hæredibus suis perpetuo permanere concessit. Unde quoniam ejusdem loci prior eam, ut audivimus, in servitutem conatur redigere, et tanquam ancillam in potestatem laicam alienare, fraternitati tuæ per apostolica scripta mandamus, quatenus rei veritatem diligenter inquiras, etsi Roberti præfati matrem taliter manumissam fuisse constiterit, ipsam in servitutem redigi nullo modo permittas, sed ipsam, omni contradictione et appellatione sublata, ita liberam cum hæredibus suis facias permanere, sicut a praenominato Hu. noscitur institutum fuisse.

Data Beneventi, duodecimo Kalendas Martii.

DCLXXI.
Ad archiepiscopum Spalatensem.

(Beneventi, Febr. 18.)

[FARLATUS *ubi supra*, t. IV, p. 11.]

ALEXANDER episcopus, servus servorum Dei, venerabili fratri G[ERARDO] Spalatensi archiepiscopo, apostolicae sedis legato, salutem et apostolicam benedictionem.

In registro Patris et praedecessoris nostri Eugenii papae annotatum invenimus Demetrium, quondam Dalmatiae Croatiaeque ducem, monasterium D. Gregorii, quod Urana vocatur, tempore B. Gregorii VII praedecessoris nostri Romanae Ecclesiae obtulisse, cum omnibus mobilibus suis et immobilibus. Unde quoniam inter fratrem nostrum L. Scardonensem episcopum et dilectos filios militiae Templi super monasterio praescripto controversia est suborta, praesertim cum idem episcopus hoc ad se jure parochiali spectare proponat, fraternitati tuae per apostolica scripta mandamus quatenus jam dictum monasterium, quemadmodum beato Petro et Ecclesiae Romanae fuit a praefato duce oblatum liberum facias permanere, et memoratos fratres a praelibato episcopo super hoc de caetero molestari nequaquam permittas. Transcriptum autem illius, quod in suprascripto registro invenimus, tibi praesentibus litteris inclusum transmittimus.

Datum Beneventi, XII Kalendas Martii, anno videlicet 1169.

DCLXXII.
Ad Thomam Cantuariensem archiepiscopum. — Ut Owen principem Galliae, qui suas « de consobrina quam sicut uxorem tenere dicatur, » litteras non acceperit, et archidiaconum Bangor, qui scripta sua contempserit, ecclesiastica severitate puniat.

(Beneventi, Febr. 24.)

[*Epist. S. Thomae*, ed. GILES, II, 36.]

ALEXANDER, papa THOMAE archiepiscopo Cantuariensi.

Ad aures nostras pervenisse cognoscas quod Owen princeps Walliae litteras, quas ei de consobrina sua, quam sicut uxorem tenere dicitur, destinavimus, recipere noluit nec eamdem consobrinam suam secundum commonitionem nostram dimisit. Archidiaconus etiam Bangor scripta nostra contempsit, nec iis voluit aliquatenus obedire. Unde quoniam ad tuum spectat officium illorum in hac parte praesumptionem ecclesiastica severitate punire, maxime cum eorum facta magis tibi quam nobis nota et manifesta existant, quid inde duxeris statuendum arbitrio tuae discretionis relinquimus. Nos enim sententiam, quam in eos pro excessibus suis canonice dederis, ratam et firmam habebimus, et eam usque ad dignam satisfactionem mandamus irrefragabiliter observari.

Datum Beneventi, VI Kal. Martii.

DCLXXIII.
Ad Henricum Remensem archiep. — Pro Richardo presbytero.

(Beneventi, Febr. 2.)

[MARTEN., *Ampl. Collect.*, II, 785.]

ALEXANDER episcopus, servus servorum Dei, venerabili fratri HENRICO Remensi archiepiscopo, salutem et apostolicam benedictionem.

Ex litteris venerabilis fratris nostri Hu. Suessionensis episcopi et religiosarum personarum accepimus, quod ad repraesentationem prioris Sancti Remigii de Brana, consentiente abbate Sancti Evodii (37) Richardum presbyterum in ecclesia de Algeco et Cersolio idem episcopus instituit, et ei curam animarum commisit. Quod cum Albertum presbyterum innotuisset, qui jam dictae capellae, propter multa quae a parochianis illius ecclesiae sibi imposita fuerant, in praesentia tua dicitur abrenuntiasse, ad praesentiam nostram accedens, super eadem ecclesia nostrae confirmationis litteras impetravit. Quod audiens Richardus apud episcopum contra eum gravem deposuit querelam; quem cum episcopus jam dicto Richardo ante suam vocasset praesentiam responsurum, ipse, episcopi vocatione contempta, ad tuam audientiam appellavit. Cumque uterque in tuo esset examine constitutus, et ille coram te nostras litteras in medio produxisset, tu litteris deferens huic causae supersedisti. Unde quoniam litterae, quas contra justitiam et per subreptionem impetravit, nullam debent firmitatem habere, fraternitati tuae per apostolica scripta praecipiendo mandamus quatenus, si legitime tibi constiterit quod praedictus A. in capelle praescripta non fuisset episcopo praesentatus, vel in praesentia tua ipsi capellae abrenuntiasset, et praenominatus Richardus eamdem postmodum capellam canonice obtinuisset, nisi postea commiserit propter quod eam debeat de jure amittere, ipsam ei, omni occasione et appellatione cessante, in pace facias et quiete dimitti; ita quod litterae nostrae ipsi nullum debeant inferre praejudicium, nec alteri favorem parare. Si qua vero de rebus ipsius ecclesiae saepedictus A. per violentiam occupavit, ea memorato Richardo praecipias reddi; beneficia quoque quae de eadem ecclesia post ejusdem Richardi appellationem memoratus A. percepit, eidem Richardo dilatione et appellatione cessante restitui facias, et de damnis et injuriis illatis satisfactionem congruam exhiberi, praesertim si appellationem a praedicto Richardo, ad nos factam idem A. non est prosecutus.

Data Beneventi quinto Kalendas Martii.

DCLXXIV.
In Ecclesiae Pratensis paraecia invito praeposito aedificari ecclesias et oratoria vetat.

(Beneventi, Febr. 25.)

[UGHELLI, *Italia sacra*, III, 332.]

ALEXANDER episcopus, servus servorum Dei, di-

---

(37) S. Evodii abbatia Branensis ordinis Praemonstratensis in dioecesi Suessionensi.

lectis filiis UBERTO præposito, et canonicis Pratensibus, salutem et apostolicam benedictionem.

Hortatur nos et admonet injunctæ nobis administrationis auctoritas humiles et devotos filios diligere, et eorum justis postulationibus benigno favore annuere, et acceptum impertiri consensum. Devotioni itaque, quam erga B. Petrum et circa nos ipsos laudabiliter geritis, studiosius attendentes, vobis apostolica auctoritate indulgemus ut infra parochiam ecclesiæ vestræ nemini liceat absque vestro et successorum vestrorum assensu oratorium, vel ecclesiam ædificare salvis privilegiis Romanæ Ecclesiæ. Decernimus ergo, ut nulli omnino hominum, etc.

Datum Beneventi, v Kal. Martii.

ANNO 1170.

DCLXXV.
Privilegium pro monasterio S. Petri Mutinensi.
(Beneventi, Jan. 10.)

[TIRABOSCHI, *Mem. hist. Moden.*, III, Preuv., p. 51.]

ALEXANDER episcopus, servus servorum Dei, dilectis filiis GEMINIANO abbati monasterii Sancti Petri, quod secus Mutinam situm est ejusque fratribus, tam præsentibus quam futuris, regularem vitam professis in perpetuum.

Piæ postulatio voluntatis effectu debet prosequente compleri, ut et devotionis sinceritas laudabiliter enitescat, et utilitas postulata vires indubitanter assumat. Eapropter, dilecti in Domino filii, vestris justis postulationibus clementer annuimus, et ad exemplar patris et prædecessoris nostri sanctæ memoriæ Eugenii papæ, præfatum monasterium Sancti Petri in quo estis obsequio mancipati, sub beati Petri et nostra protectione suscipimus, et præsentis scripti privilegio communimus; imprimis siquidem statuentes ut ordo monasticus, qui secundum Deum et beati Benedicti Regulam in eodem monasterio institutus esse dignoscitur perpetuis ibidem temporibus inviolabiliter observetur. Præterea quascunque possessiones, quæcunque bona idem monasterium impræsentiarum juste et canonice possidet, aut in futurum concessione pontificum, largitione regum vel principum, oblatione fidelium, seu aliis justis modis, præstante Domino, poterit adipisci, firma vobis vestrisque successoribus et illibata permaneant; in quibus hæc propriis duximus exprimenda vocabulis :

Terram ipsam videlicet in qua idem monasterium situm est, quæ talibus circumdatur finibus; a septentrione strata Salicitana usque fossam militariam, et ultra fossam ipsam terram quæ protenditur usque Cenosam et fossatum novum decurrens in jam dictam militariam; ab occidente vero est rivus qui de prædicto fossato exiens decurrit usque fossam Mutinellam, et inde usque ad jam dictam stratam Salicitanam, et octo jugera terræ juxta fossam militariam, a mane et subto ipso monasterio habente, a meridie et sero Sancti Geminiani, et molendinum unum supra ipsam civitatem Gajolinum dictum supra ipsum, et subtus terram cum casis et vineis cum finibus istis, a mane canale, a meridie usque curticellam Sancti Madri, a sero formigine dicta, de subtus terra hospitii quam tenuit Lanfrancus Galdemanus et cæteras possessiones quas habet prætaxatum cœnobium in circuitu Mutinensi, et infra et quædam molendina quæ habet seu alia quæ ad utilitatem præfatorum fratrum fieri poterant; et quidquid juris habet in aquis in circuitu Mutinensi decurrentibus et nominatim in rivo qui dicitur Motinella currentem inter terram beati Petri et terram Petri Sancti Donati, et infra civitatem ecclesiam Sancti Joannis Baptistæ; et decimas ac sepulturas quas infra civitatem et extra ex antiquo habetis; ecclesiam Sancti Nicolai cum hospitali quæ est sita prope civitatem, ecclesiam Sanctæ Mariæ de Massa, ecclesiam Sanctæ Mariæ de Mugnano, ecclesiam Sancti Anastasii de Saviniano, ecclesiam S. Mariæ de Ambiliano, ecclesiam Sancti Geminiani de Curre, ecclesiam Sanctæ Mariæ juxta castellum vetus, ecclesiam Sanctæ Mariæ de Silva, ecclesiam Sancti Michaelis de Palude, castellum de Adiano cum ecclesiis Sancti Michaelis et Sanctæ Mariæ, curticellam quæ dicitur de Abrica cum omni integritate, ecclesiam de Aliano, arcem quæ vocatur Cornitulum cum ecclesia Sancti Martini, Sancti Michaelis de Sorbitulo, monasterium Sancti Michaelis de Candiana (38); terram quam habetis in Crespelano et in curte Pragatali, quæcunque præterea habetis in episcopatibus Regino, Ferrariensi, Veronensi, et Paduano.

Clericos vero, sive laicos liberos et absolutos sæculariter viventes ad conversionem suscipiendi absque alicujus contradictione facultatem liberam habeatis. Sane novalium vestrorum quæ propriis manibus aut sumptibus colitis, sive de nutrimentis vestrorum animalium nullus omnino a vobis decimas exigere præsumat. Obeunte vero te nunc ejusdem loci abbate, vel tuorum quolibet successorum; nullus ibi quolibet subreptionis astutia seu violentia præponatur, nisi quem fratres communi consensu aut fratrum pars consilii sanioris secundum Deum et beati Benedicti Regulam providerent eligendum.

Decernimus ergo ut nulli omnino hominum liceat præfatum monasterium temere perturbare, aut ejus possessiones auferre, etc., salva sedis apostu-

---

(38) Non trovo, quando e per qual modo il monastero di Candiana nel Padovano devenisse suggetto a quello di S. Pietro di Modena. Certo esso lo era sin dall'anno 1113 almeno, in cui Pouzio abate di Modena dà a Pietro abate di Candiana l'investitura della metà di quella chiesa e de' suoi beni ec., il qual atto conservasi presso il sig. ab. Giuseppe Gennari studiosissimo raccoglitore delle antichità Padovane, insieme con un'altra simile investitura accordata l'anno 1156 da Placido abate di Modena a Giorgio abate de Candiana.

licæ auctoritate et diœcesani episcopi canonica 'u-
stitia. Si qua igitur in futurum, etc.

Ego Alexander catholicæ Ecclesiæ episc.

Ego Hubaldus Ostiensis episc.

Ego Bernardus Portuensis et Sanctæ Rufinæ episc.

Ego Hubaldus presb. card. tit. S. Crucis in Jerusalem.

Ego Ildebrandus basilicæ duodecim Apostolorum presb. card.

Ego Albertus presb. card. tit. Sancti Laurentii in Lucina.

Ego Guillelmus presb. card. tit. Sancti Petri ad Vincula.

Ego Boso presb. card. Sanctæ Pudentianæ tit. Pastoris.

Ego Joannes presb. card. tit. Sancti Marci.

Ego Theodinus presb. card. Sancti Vitalis tit. Vestinæ.

Ego Jacinthus diac. card. tit. S. Mariæ in Cosmedin.

Ego Ardicio Sancti Theodori diac. card.

Ego Manfredus diac. card. Sancti Georgii ad Velum Aureum.

Ego Hugo diac. card. Sancti Eustachii juxta templum Agrippæ.

Ego Petrus diac. card. Sanctæ Mariæ in Aquiro.

Datum Beneventi per manum Gratiani, sanctæ Romanæ Ecclesiæ subdiaconi notarii, IV Idus Januarii, indictione III, Incarnationis Dominicæ anno 1169, pontificatus vero domni Alexandri papæ III, anno undecimo.

DCLXXVI

Ad Rotrodum archiepiscopum Rothomagensem et Bernardum episcopum Nivernensem. — Ut ad Henricum regem accedant eumque hortentur ut Thomam Cantuariensem non modo, sicut per legatos promiserit, in integrum restituat, sed etiam « in osculo pacis recipiat. » Si rex ablatas possessiones Thomæ intra dies XL non reddiderit, terram ejus cismarinam interdicti sententiæ subjiciant. Excommunicent eos qui Petrum archidiaconum Paviensem injuriis affecerint.

(Beneventi, Jan. 19.)

[*Epistolæ S. Thomæ*, ed. GILES, II, 55.]

ALEXANDER papa, ROTRODO Rothomagensi, et BERNARDO Nivernensi episcopo.

Charissimus in Christo filius noster Henricus illustris Anglorum rex, nobis per litteras et nuntios significavit, quod ipse venerabili fratri nostro Thomæ archiepiscopo Cantuariensi concesserat, ut pro amore Dei et nostro necnon et Ecclesiæ Romanæ, ecclesiam suam secure veniret, et eam atque omnes possessiones suas, sicut habuit antequam exiret, dum in gratia sua esset, in pace teneret atque haberet : et sui similiter qui exierant cum eo. Verum jam dicti nuntii nobis inter cætera proposuerunt, quod præfatus rex graviter provocatus firmaverat se memoratum archiepiscopum in osculo nullatenus recepturum, cui tamen primogenitus filius suus pro amore Dei et nostro vice sua osculum exhiberet. Magister quoque Vivianus ad præsentiam nostram reversus nobis diligentius intimavit, quod jam dicto archiepiscopo, sicut in colloquio apud montem Martyrum habito intellexerat, gratiam et amorem suum concederet, et ipsum possessiones suas, sicut prædecessor ejus eas unquam melius habuerat, faceret obtinere, nec non et mille marcas ei pro apparatu suo ad præsens conferret.

Inde siquidem est, quod nos de prudentia, discretione quoque vestra et honestate plenam in omnibus spem fiduciamque tenentes, et quod nobis et Ecclesiæ Romanæ sincerissima estis devotione astricti, nihilominus attendentes, vos ad prænominatum regem et archiepiscopum pro hujus pacis exsecutione duximus transmittendos. Quocirca fraternitati vestræ per apostolica scripta mandamus atque præcipimus, necnon et in virtute obedientiæ injungimus, quatenus in unum convenientes ad eumdem regem infra mensem post harum susceptionem litterarum iter arripiatis, et eum ex parte Dei et nostra diligentius ac sollicitius moneatis et multimodis inclinare curetis, quod sæpedicto archiepiscopo pacem et securitatem suam concedat, et eum ob divinæ majestatis reverentiam et pro honore beati Petri ac nostro, necnon et pro salute sua in osculo pacis recipiat, et ipsi ac suis universas possessiones eorum, sicut unquam eas melius habuerit, quemadmodum per plerosque nuntios nostros, et maxime per dilectum filium nostrum Willelmum tituli S. Petri ad Vincula presbyterum cardinalem, atque præscriptum Vivianum ipsum facturum promissise accepimus, clementer restituat, et illum ad ecclesiam suam faciat secure redire, et ibidem in pace manere. Archiepiscopum etiam ad illam pacem suscipiendam ex parte nostra studiosius exhortemini, et eum ut erga regem quantum salva libertate Ecclesiæ et absque periculo suo ac suorum potest, se humiliet, instantius moneatis.

Verumtamen si rex ad solutionem mille marcarum, de quibus supra fecimus mentionem, inclinari non possit, nolumus ut pax propter hoc aliquatenus impediatur, si alia rex velit complere. Quod si ea quæ nobis promisit, et maxime de integra possessionum ablatarum restitutione, et illa etiam quæ sibi de osculo significavimus, nisi forte archiepiscopus osculo filii velit esse contentus, infra quadraginta dies post commonitionem nostram noluerit adimplere, vos totam terram ejus cismarinam auctoritate beati Petri et nostra, omni contradictione et appellatione remota, interdicti sententiæ subjiciatis, et in ea omnia divina, præter baptisma parvulorum, et pœnitentias morientium prohibeatis officia celebrari, nisi forte vobis omnino constaret, quod sæpe fatus rex Henricus hæc in brevi post quadraginta dies elapsos adimpleret, aut archiepiscopus osculum filii pro sua velit suscipere.

Si autem pax fuerit cooperante Domino consummata, vos eumdem regem non statim pace facta, sed post aliquantulum intervallum secundum discretionem vestram interpositum, ex parte Dei et commonitione vestra adire curetis, et ei in delictorum suorum veniam injungatis, quod consuetudines pravas, et illas maxime quas ipse de novo adjecit, et quæ contra salutem suam et libertatem Ecclesiæ fuerint, deleat penitus et condemnet : et episcopos atque alias personas regni ab earum observatione absolvat, ac fructus perceptorum redituum archiepiscopo et suis restituat. Quod si vestra in hac parte commonitioni non acquieverit, vos quæ de consuetudinibus illis fuerint abolenda nobis una cum ipso archiepiscopo, necnon et quod rex de perceptorum fructuum restitutione facere velit, vestris litteris quanto celerius poteritis, plenius intimare curetis. Verum si certam spem de pace et reconciliatione facienda conceperitis, vos universos excommunicatos, qui absolvendi fuerint, absolvatis, ita quidem quod nisi pax fuerit subsecuta, ipsos in priorem excommunicationem nullius contradictione vel appellatione obstante continuo reducatis.

Præterea si rex ad osculum præstandum nullatenus poterit induci, vos archiepiscopum inducere laboretis, quod si absque periculo personæ suæ et suorum fieri posse cognoverit et in consilio suo invenire potuerit, osculo filii contentus existat. Quod si uterque vestrum his exsequendis interesse non poterit vel noluerit, quod tamen non credimus, alter non minus ea quæ prædicta sunt, non differat adimplere. Ad hæc vobis præcipimus ut sæpedictum regem super eo, quod dilectum filium nostrum Petrum archidiaconum Papiensem, ad eum a dilecto filio nostro Gratiano subdiacono et notario, et magistro Viviano transmissum, quidam sui ad nutum illius, ut dicitur, et de mandato ejus ceperunt, et quibusdam rebus ejus privatum inhoneste tractaverunt, durius increpetis, et eos quos in eumdem Petrum et illius socios clericos violentas manus injecisse constiterit, appellatione remota excommunicatos publice nuntietis, et ab omnibus præcipiatis sicut excommunicatos vitari, donec ablata restituant, injuriam passis congrue satisfaciant, et ad nos cum vestris litteris satisfacturi accedant. Illud quoque regi diligentius intimetis; quod jam dictus Gratianus non aliud quam fecit, salvo mandato nostro, facere potuisset. Quod si attentasset, nos id procul dubio irritaremus. Si quis autem quod ipse vel ejus socius aliud secundum mandatum nostrum potuisset fecisse, regi proposuisset, ei verum nequaquam suggessit.

Datum Beneventi, xiv Kalendas Februarii.

DCLXXVII.

Ad Rotrodum Rothomagensem archiepiscopum. — Ut legationem ad Henricum Anglorum regem strenue administret.

(Beneventi, Jan. ?)
[*Ibid.*, p. 54.]

ALEXANDER papa, ROTRODO Rothomagensi archiepiscopo.

Quoniam de persona tua præ cæteris coepiscopis tuis et aliis personis ecclesiasticis, quæ in terra illustris Anglorum regis consistunt, specialem fiduciam obtinemus, et te nobis et Ecclesiæ Romanæ sincerissima novimus devotione astrictam, tibi negotium venerabilis fratris nostri Thomæ Cantuariensis archiepiscopi de pace et reconciliatione sua commisimus exsequendum. Inde siquidem est, quod fraternitati tuæ per apostolica scripta præcipiendo mandamus, necnon et in virtute obedientiæ injungimus, quatenus in præscripto negotio ita te constantem et diligentem omni timore et dubitatione remota exhibeas, quod præfatus rex pontificalem in te maturitatem et constantiam inveniat, et te Deum et officii tui debitum magis quam hominem revereri cognoscat; nos quoque spe illa, quam de tua persona jam pridem concepimus, et sæpius experti sumus, nequaquam frustremur, nec te ad præscripti negotii exsecutionem præ cæteris personis, quæ in terra memorati regis esse noscuntur, specialiter elegisse debeamus merito pœnitere, sed tam potius super hoc sollicitudinem et diligentiam teneamur multipliciter commendare.

DCLXXVIII.

Ad Bernardum Nivernensem episcopum. — De legatione sui et archiepiscopo Rothomagensi litteris apostolicis commissa (epist. 676).

(Beneventi, Jan. ?)
[*Ibid.*, p. 105.]

ALEXANDER papa, BERNARDO Nivernensi episcopo.

Quoniam de prudentia, et honestate, et constantia tua fiduciam plenam concepimus, et certum super his in multis experimentum habuimus, te in exsecutione pacis venerabilis fratris nostri Thomæ Cantuariensis archiepiscopi Rothomagensi archiepiscopo duximus adjungendum. Illum autem, quod de terra illustris Anglorum regis dignoscitur, exsecutorem una tecum constituimus, ne idem rex aliquam adversum nos querelandi occasionem videretur habere, eo quod negotium illud personis extraneis, et extra terram suam manentibus commisissemus. Et quoniam, sicut diximus, te virum pontificalis maturitatis et constantiæ esse cognoscimus, et honestate ac litteratura inter cæteros coepiscopos tuos pollere, fraternitati tuæ per apostolica scripta præcipiendo mandamus, et in virtute obedientiæ injungimus, quatenus si præfatus Rothomagensis in his, quæ vobis injungimus una tecum procedere nollet, sive non posset, tu in præscripto, omni timore et dubitatione semota, secundum tenorem litterarum nostrarum incunctanter procedas, et te in hoc ita sollicitum et diligentem exhibeas, quod a Deo dignum exinde præmium merearis recipere, et coram hominibus laudem et gloriam non modicam propterea valeas reportare; nos quoque sollicitudinem tuam teneamur multipliciter commendare, et devotionem ac constantiam tuam, quam in aliis expertam habemus, possimus in hac parte, sicut desideramus, plenius comprobare.

DCLXXIX.

Ad Henricum Anglorum regem. — Pro Thoma Cantuariensi Rotrodum et Bernardum legatos suos commendat.

(Beneventi, Jan.?)
[*Ibid.*, p. 131.]

ALEXANDER papa, HENRICO regi Angliæ.

Dilecti filii nostri, Joannes Saresberiensis decanus, Ægidius Rothomagensis, Joannes Sagiensis, archidiaconi, nuntii tui, ad nostram præsentiam accedentes nobis regiæ celsitudinis litteras detulerunt, ex quarum tenore cognovimus, quod eis super his, quæ nobis ex parte tua dicerent, tanquam tibi ipsi credere deberemus. Qui utique una cum archidiacono Saresberiensi Reginaldo coram nobis et fratribus nostris præsentes quædam instanter et sollicite proposuerunt, quibus sicut nec debuimus, non duximus aliquatenus acquiescendum. Tandem vero cum his, quæ nobis in principio fuerant intimata, aures, sicut non decebat, nullatenus inclinaremus, nobis diligentius proposuerunt, quod tu, sicut in commentario vidimus, venerabili fratri nostro Thomæ Cantuariensi archiepiscopo concesseras, ut pro amore Dei et nostro, nec non et Ecclesiæ Romanæ, ad ecclesiam suam secure veniret, et eam atque possessiones suas omnes, sicut habuit antequam exiret, dum in gratia tua esset, in pace teneret atque haberet, et sui similiter qui pro eo exierunt. Quod siquidem gratum plurimum, et omnino acceptum habemus, de misericordia Christi sperantes, quod ille qui incepit hoc, meliori fine concludet, et te ad illius quod deest consummationem inducet. Quare hoc ejus, a quo bona cuncta procedunt, immensæ et superabundanti clementiæ ascribimus, et munificentiæ tuæ super hoc multiplices exsolvimus gratiarum actiones. Cum autem prædictos nuntios de forma securitatis, et maxime super osculo præstando non modicum sollicitaremus, et responsum nobis dederunt, quod graviter provocatus firmaveras te præfatum archiepiscopum in osculo pacis nullatenus recepturum, cui tamen primogenitus filius tuus pro amore Dei et nostro vice tua osculum exhiberet. Unde quoniam alter nuntiorum nostrorum, magister Vivianus scilicet, ad præsentiam nostram reversus nobis diligentius intimavit, quod prælibato archiepiscopo, sicut in colloquio apud montem Martyrum habito intellexerat, gratiam et amorem tuum concedens, et ipsum possessiones suas, sicut prædecessor ejus, eas unquam melius habuerat, faceres obtinere, nec non et mille marcas ei pro apparatu suo ad præsens conferres, nos de regiæ celsitudinis clementia omnino confisi, de osculo præstando tibi preces et exhortationes nostras apud excellentiam tuam, prænominatis nuntiis tuis plus justo etiam renitentibus, duximus interponendas. Et quoniam regiæ congruit dignitati et honori, atque saluti tuæ noscitur plurimum expedire, ut quod cordi tuo super his est divinitus inspiratum, ad optatum et Deo gratum perducas effectum, ita quod ab eo propter hoc mercedem plenam et perfectam recipere merearis, serenitatem tuam per apostolica scripta rogamus, monemus et exhortamur in Domino, nec non a juramenti firmatione, si quando calore iracundiæ ductus fecisti, auctoritate beati Petri et nostra penitus absolventes, in remissionem peccatorum tibi injungimus, quatenus prænominatum archiepiscopum ob divinæ reverentiam majestatis, et obtentu beati Petri et nostro, nec non et pro salute et honore tuo, in osculo pacis recipias, et ei pacem et securitatem tuam, nec non et universas possessiones suas, sicut eas ullo tempore melius habuit, clementer restituas, et ita nos in hac parte imo Deum in nobis exaudias, qui tibi propter hoc perenne præmium largiatur in cœlis, et in terris laudem et gloriam conferens copiosam, te atque tuos hæredes suos faciat cohæredes. Si qua vero alia inter vos per charissimum filium nostrum in Christo Ludovicum illustrem Francorum regem, et per venerabiles fratres nostros Rothomagensem archiepiscopum et Suessionensem episcopum, vel per alios majora tractantur, aut si aliqua magis accepta prænominato archiepiscopo postmodum promisisti, ea in remissionem delictorum tuorum adimpleas, et plenius ac diligentius exsequaris. Nos enim jam dictum Rothomagensem archiepiscopum, et venerabilem fratrem nostrum Bernardum Nivernensem episcopum, ad præsentiam tuam pro supradictæ pacis exsecutione transmittimus, per quos tibi voluntatem nostram, et quæ regiæ saluti et honori plurimum expedire cognoscimus, significamus, sublimitatem tuam rogantes attentius et monentes, ut si quid addendum fuerit vel mutandum, hoc ad commonitionem illorum pro amore Dei et nostro ita corrigas et emendes, et ea quæ tibi ex parte nostra proponent, tali modo exaudias, et aurem benevolam adhibens ita efficaciter digneris implere, quod omnipotens Dominus et misericors veram tibi et hæredibus tuis pacem concedat, et honor inde regius multimodis adaugeatur, ac tu indeficiens propter hoc a Deo præmium, et in conspectu hominum laudem et gloriam non modicam debeas reportare. Prædicti siquidem archiepiscopus et episcopus, certa spe de pace et reconciliatione concepta, illos, qui fuerint absolvendi, excommunicatos absolvent, ita quidem quod si pax Domino faciente sequatur, nullum honoris, ordinis, aut officii sui periculum, sive aliquam infamiæ notam pro eo quod excommunicati fuerant, debeant sustinere. Archiepiscopum enim ad pacem suscipiendam inducent ex parte nostra, et si in aliquo justum metum prætenderit, te ad eum tollendum sollicitius admonere, et multimodis ex parte Dei et nostra ad ea, quæ tibi per nos significamus, implenda inclinare debebunt. Verum si pax, quod Deus avertat, subsecuta non fuerit, et illi qui se appellasse proponunt, appellationem suam duxerint prosequendam, nos eorum rationes super hoc diligentius audiemus, et causa cognita secundum quod Deus nobis administraverit, judicabimus. Qui utique in proximis octavis Beati Michaelis, sive in proximo festo Sancti Lucæ appellationem suam prosequantur, ita tamen quod prorogatio ista non debeat alterutrius partis justitiæ in aliquo præjudicare.

DCLXXX.

Ad Gilbertum Londinensem episcopum. — Significat se archiepiscopo Rothomagensi et episcopo Exoniensi [an Nivernensi ?] ut eum ab excommunicationis sententia contra ipsum per Thomam Cantuariensem lata absolverent mandasse.

(Beneventi, Febr. 12.)

[*Ibid.*, p. 93.]

Quod tibi ad præsens apostolicæ benedictionis alloquium nullatenus impertimur, non duritiæ nostræ sed meritis causæ tuæ est potius ascribendum. Cum enim metropolitanum tuum sententiam in te audiverimus protulisse, indignum omnino esset et ab honestate nostri officii penitus alienum ut te vestris deberemus litteris salutare. Quod utique grave plurimum et omnino molestum habemus, quoniam te sicut venerabilem fratrem nostrum, et virum quem religione non modica, litteratura quoque et honestate novimus præminere, arctioris in Domino charitatis brachiis amplectimur et tibi in omnibus quantum cum Deo et justitia possumus, prompto animo deferre velimus, et affectioni tuæ honorem et gratiam libentius exhibere. Ut autem nostram circa personam tuam voluntatem certis operum indiciis experiaris, et nos tibi benedictionem non de voluntate sed de necessitate potius subtraxisse cognoscas, venerabilibus fratribus nostris Rothomagensi archiepiscopo et Exoniensi episcopo dedimus in mandatis ut, a te recepto juramento quod nostro super his pro quibus in te sententia est prolata debeas parere mandato, nostra vice absolvant, si de appellatione quam diceris fecisse diffisus, potius volueris absolvi, quod tibi magis credimus expedire, quam tuam prosequi appellationem. Si autem appellationem duxeritis prosequendam, nos personam tuam libenter videbimus, et rationibus tuis diligenter auditis, et cognitis super hoc secundum quod nobis Dominus administraverit, judicabimus. Quod si a jam dicto archiepiscopo et episcopo absolvi volueris, ipsi te auctoritate nostra absolvent, ita quidem ut pro eo quod excommunicatus fueras nullum ordinis aut officii seu dignitatis periculum neque aliquam infamiæ notam debeas sustinere. Verum si uterque illorum his exsequendis interesse non poterit, alter, sicut dictum est, ea nihilominus exsequatur et venerabili fratri nostro Thomæ archiepiscopo Cantuariensi ex parte nostra præcipiet, necnon et in virtute obedientiæ injunget quod absolutionem tuam occultam habeat et omnino secretam, donec absque periculo tuo valeat propalari. Et cum dilectus filius noster magister David ecclesiæ tuæ canonicus, vir utique litteratus, providus et discretus, et tibi etiam fidelissimus apud nos pro negotio tuo tam secreto quam publice coram nobis et fratribus nostris sollicite institerit, et ejus exsecutioni omnem quam potuit et etiam ultra quam debuit diligentiam et studium adhibere curavit, discretionem tuam per apostolica scripta rogamus attentius et monemus, quatenus eumdem pro reverentia beati Petri et nostra et obtentu sui ipsius quod tibi adeo fidelis et devotus exstitit, habeas propensius commendatum, nec adversus eum pravis aliquorum suggestionibus credas, vel de ipsius in aliquo fidelitate diffidas, sed ejus obsequium ita remuneres, quod ipse tibi et tuis debeat omni tempore fidelis et devotus existere, et nos id gratum acceptumque tenentes, affectioni tuæ multiplices inde gratias teneamur referre.

Datum Beneventi, 11 Idus Februarii.

DCLXXXI.

Ad Rotrodum archiepiscopum Rothomagensem et Bernardum episcopum Nivernensem. — Ut Gilbertum episcopum Londinensem absolvant.

(Beneventi, Febr. ?)

[*Ibid.*, p. 62.]

ALEXANDER papa, ROTRODO Rothomagensi archiepiscopo et BERNARDO Nivernensi episcopo.

Noverit discretio vestra nos Gilberto Londoniensi episcopo per nostras litteras significasse, ut si a sententia, quam venerabilis frater noster Thomas Cantuariensis archiepiscopus in eum protulit, absolvi voluerit, ad præsentiam vestram vel alterius, si uterque adesse non potest, accedat, et a vobis præstito juramento, quod nostro debeat parere mandato, absolutionem recipiat. Inde siquidem est, quod vos ei, sicut viro religioso, litterato, provido et discreto, in omnibus, quantum cum Dei et justitia possumus, cupientes deferre, et dilecti filii nostri magistri David Londoniensis Ecclesiæ canonici postulatione inducti, fraternitati vestræ per apostolica scripta mandamus, quatenus si memoratus episcopus ad vos pro absolutionis receptione accesserit, vos ipsum accepto ab eo juramento, quod nostro de præscripta sententia parebit mandato, sublato appellationis remedio absolvatis, ita quidem quod nullum propter hoc dignitatis, ordinis, aut officii periculum debeat sustinere, aut aliquam infamiæ notam incurrere. Absolutione autem facta id prænominato archiepiscopo per litteras vestras significetis, et ei ex parte nostra firmiter præcipiatis, et in virtute obedientiæ injungatis, quod absolutionem ejus occultam habeat et omnino secretam, donec absque ipsius episcopi periculo valeat propalari. Quod si uterque vestrum his exsequendis interesse non poterit, alter non minus ea, prout diximus, exsequatur. Valete.

DCLXXXII.

Ad episcopos Cantiæ. — Ut interdicti sententiam, si Rotrodus et Bernardus legati « in totam terram

Henrici regis quæ citra mare consistit, protulerint, observandam curent.

(Beneventi, Febr. 18.)
[*Ibid.*, p. 42.]

ALEXANDER papa, omnibus episcopis Cantiæ.

Noverit industria vestra quod nos venerabiles fratres nostros Rothomagensem archiepiscopum, et Nivernensem episcopum ad regem Anglorum pro pace et reconciliatione venerabilis fratris nostri Thomæ Cantuariensis archiepiscopi destinavimus, eis dantes in mandatis et firmiter præcipientes, quod nisi idem rex ad pacem et concordiam, secundum quod nobis per litteras et nuntios suos promisit, ad commonitionem illorum inclinari potuerit, totam terram ejus, quæ citra mare consistit, omni contradictione et appellatione remota subjiciant interdicto, et in ea omnia divina, præter baptisma parvulorum et pœnitentias morientium, prohibeant officia celebrari. Inde siquidem est, quod universitati vestræ per apostolica scripta præcipimus, mandamus, et sub pœna ordinis et officii, in virtute obedientiæ vobis injungimus, ut supradictorum archiepiscopi, vel episcopi, vel alterius eorum, si uterque adesse non potuerit vel noluerit, in hac parte sententiam, si quam ab eis contigerit inde proferri, nullius timore, gratia vel prohibitione obstante, per parochias omni excusatione et appellatione remota firmiter observetis, et ab omnibus faciatis, quantum in vobis est, irrefragabiliter observari.

Datum Beneventi, XII Kalendas Martii.

DCLXXXIII.

Ad Rogerum Eboracensem archiepiscopum, apostolicæ sedis legatum, Hugonem episcopum Dunelmensem, etc. — Ejusdem argumenti.

(Beneventi, Febr. 18.)
[*Ibid.*, p. 47.]

ALEXANDER episcopus, servus servorum Dei, venerabilibus fratribus ROGERIO Eboracensi archiepiscopo, et apostolicæ sedis legato, et HUGONI Dunelmensi episcopo, et dilectis filiis ecclesiarum prælatis per Eboracensem archiepiscopatum constitutis.

Noverit industria vestra quod nos venerabiles fratres nostros Rotrodum Rothomagensem archiepiscopum, et Bernardum Nivernensem episcopum ad illustrem Anglorum regem pro pace et reconciliatione venerabilis fratris nostri Thomæ Cantuariensis archiepiscopi destinavimus, eis dantes in mandatis et firmiter præcipientes, quod nisi idem rex ad pacem et concordiam, secundum quod nobis per litteras et nuntios suos promisit, ad commonitionem eorum inclinari potuerit, totam terram ejus quæ in regno Francorum consistit, omni contradictione et appellatione remota subjiciant interdicto, et in ea omnia divina, præter baptisma parvulorum et pœnitentias morientium, prohibeant celebrari. Inde siquidem est quod universitati vestræ per apostolica scripta præcipiendo mandamus, et sub pœna ordinis et officii in virtute obedientiæ vobis injungimus, quod sententiam quam prænominatus archiepiscopus Cantuariensis in provinciam suam propter hoc tulerit, nullius timore, gratia, vel prohibitione obstante per vestras parochias, omni excusatione et appellatione remota, firmiter observetis, et ab omnibus faciatis, quantum in vobis est, irrefragabiliter observari.

Datum Beneventi, XII Kalendas Martii.

In eadem forma scribit universis archiepiscopis, episcopis et aliis ecclesiarum prælatis per cismarinam terram illustris Anglorum regis constitutis : « *Noverit industria vestra,* etc. »

DCLXXXIV.

Ad Joscium archiepiscopum Turonensem et ejus suffraganeos. — Ejusdem argumenti.

(Beneventi, Febr.?)
[*Ibid.*, p. 73.]

ALEXANDER papa, Turonensi episcopo et suffraganeis ejus, necnon et dilectis filiis aliarum ecclesiarum Turonensis Ecclesiæ constitutis.

Noverit industria vestra quod nos venerabiles fratres nostros Rothomagensem archiepiscopum et Nivernensem episcopum ad illustrem Anglorum regem pro pace et reconciliatione venerabilis fratris nostri Thomæ Cantuariensis archiepiscopi destinavimus, iis dantes in mandatis et firmiter præcipientes, quod nisi idem rex ad pacem et concordiam, secundum quod nobis per litteras et nuntios promisit suos inclinari potuerit, aut arte aliqua sive ingenio per se vel per suos effecerit quominus ad eum juxta præceptum nostrum accedere et ipsi ea quæ sibi super his sunt a nobis injuncta cum omni libertate et securitate proponere possint, totam terram ejus quæ in regno Francorum consistit, omni contradictione et appellatione remota, subjiciant interdicto et in ea omnia divina præter baptisma parvulorum et pœnitentias morientium prohibeant officia celebrari. Inde siquidem est quod universitati vestræ per apostolica scripta præcipiendo mandamus et in virtute obedientiæ sub pœna ordinis et officii vobis injungimus quatenus sententiam quam prænominati archiepiscopus et episcopus, vel alter eorum in præfati regis terram juxta præceptum nostrum tulerint, nullius timore gratia vel prohibitione obstante, omni excusatione et appellatione sublata, per vestras parochias firmiter observetis et ab omnibus faciatis quantum in vobis est, irrefragabiliter observari.

DCLXXXV-VIII.

In eumdem modum Bituricensi archiepiscopo et suffraganeis ejus, necnon et aliis ecclesiarum prælatis.

In eumdem modum Burdigalensi archiepiscopo apostolicæ sedis legato et suffraganeis ejus.

In eumdem modum Auxitano archiepiscopo et suffraganeis ejus.

In eumdem modum universis episcopis et cæteris,

ecclesiarum prælatis per Rothomagensem provinciam constitutis.

DCLXXXIX.

Ad Rotrodum Rothomagensem archiepiscopum et Bernardum episcopum Nivernensem. — Significat delatum sibi esse Henricum regem in Angliam transiisse. Mandat ut intra dies xx ad eum festinent et mandata prioribus litteris data persequantur.

(Beneventi, Febr. ?)

[*Ibid.*, p. 59.]

ALEXANDER papa, Rothomagensi et Nivernensi episcopis.

Quoniam de vestræ devotionis ac sinceritatis fervore, discretione quoque, maturitate et prudentia vestra plenam in omnibus spem fiduciamque tenemus, vos ad exsecutionem pacis venerabilis fratris nostri Thomæ Cantuariensis archiepiscopi, præ cæteris regni Francorum personis elegimus, et ad charissimum in Christo filium nostrum Henricum illustrem Anglorum regem, sicut per alias vobis litteras significavimus, propter hoc duximus transmittendos. Unde quoniam eumdem regem postmodum in Angliam audivimus transfretasse, ne forte prædicti archiepiscopi negotium propter hoc possit quomodolibet impediri sive protendi, fraternitati vestræ per iterata scripta mandamus, et in virtute obedientiæ injungimus, quatenus sicut gratiam beati Petri ac nostram charam habetis, et nos et Ecclesiam Romanam de honestate ac constantia vestra volueritis aliqua de cætero ratione confidere, in unum pariter convenientes ad memoratum regem eundi infra viginti dies post harum susceptionem litterarum, omni excusatione postposita, nisi id jam forte feceritis, iter arripiatis et ad eum festinare curetis. Cum autem ejus præsentiam habueritis, vos ipsi ea, quæ in aliis litteris nostris vobis expressimus, sicut viros pontificalis constantiæ decet, omni dubitatione et timore remoto instantissime proponatis, et eumdem ad illorum exsecutionem ex parte nostra studeatis modis omnibus invitare. Quod si rex ea quæ nobis promisit, et maxime de integra possessionum ablatarum restitutione, et plena pace archiepiscopo ac suis reddenda, necnon et super osculo eidem præstando, nisi forte osculo filii velit esse contentus, infra quadraginta dies post commonitionem vestram adimplere noluerit, aut certe arte aliqua, sive ingenio per se vel per suos effecerit, quominus ad eum juxta præceptum nostrum possitis accedere, et ipsi ea quæ a vobis super his vestræ sollicitudini sunt injuncta, cum omni libertate et securitate proponere, vos in totam terram ejus cismarinam auctoritate beati Petri et nostra, omni contradictione et appellatione remota, interdicti sententiam proferatis, et in ea omnia divina præter baptisma parvulorum et pœnitentias morientium prohibeatis officia celebrari, quemadmodum in aliis litteris, quas vobis inde direximus, constat expressum fuisse. Litteras quoque nostras, quas super observatione interdicti archiepiscopis et episcopis terræ suæ, quæ citra mare consistit, transmittimus, eisdem omni excusatione postposita destinetis; et ipsis ex parte nostra firmiter injungatis, quod interdictum nostrum nullius timore, prohibitione, vel appellatione obstante, per suas parochias irrefragabiliter servent, nec contra hoc aliquo modo venire præsumant. Quod si aliquis archiepiscopus, vel episcopus, aut alia quælibet persona interdictum vestrum observare contempserit, vos eum ab officii sui exsecutione sublato appellationis remedio suspendatis. Et si nec sic resipuerit, in eum excommunicationis sententiam promulgetis. Sæpedicto vero regi præter ea quæ præscripta sunt, viva voce vel litteris vestris constantissime proponatis : quod si nec sic resipuerit, personæ suæ, sicut nec Frederico dicto imperatori fecimus, nequaquam parcemus, sed in eum potius excommunicationis sententiam absque dubio proferemus. Volumus autem et sub obtentu gratiæ Dei et nostræ districte vobis injungimus, ut in his quæ prædiximus exsequendis omnem quam convenit et oportet diligentiam et studium adhibeatis. Et si uterque vestrum adesse non poterit vel noluerit, quod tamen non credimus, nec conveniens nec tolerabile esset, alter non minus ea quæ prædicta sunt, omni dubitatione et timore sublato adimpleat

DCXC.

Ad eosdem. — Præscribit quibus a Thoma Cantuariensi excommunicatis communionem reddant, quibus denegent.

(Beneventi, Febr. ?)

[*Ibid.*, p. 61.]

Quoniam in aliis litteris, quas vobis super negotio venerabilis fratris nostri Thomæ Cantuariensis archiepiscopi destinavimus, de excommunicatis suis expressum discretioni vestræ mandatum nos dedisse recolimus, ut eos certa spe pacis concepta deberetis absolvere, fraternitati vestræ per iterata scripta mandamus atque præcipimus, quatenus si eos per vos absolvi contigerit, ipsos secundum Ecclesiæ Romanæ formam et consuetudinem absolvatis. Illis autem qui præfati archiepiscopi, aut commissæ sibi ecclesiæ possessiones, sive clericorum suorum beneficia detinuerunt, et fructus etiam perceperunt, vel adhuc detinent sive percipiunt, et maxime Gaufredo archidiacono Cantuariensi, si ipsum ecclesiam de Otteford per manum laicam, sicut audivimus, cepisse et tenere constiterit, nulla ratione absolutionis beneficium indulgeatis, nisi prius cautionem sufficientem exhibeant, quod memorato archiepiscopo beneficia, quæ detinent, sine dilatione restituant, et fructus inde perceptos absque diminutione persolvant. Quod si post cautionem exhibitam et absolutionem acceptam adimplere noluerit, vos illos in priorem excommunicationis sententiam, omni excusatione et appellatione postposita, reducatis, et ab omnibus faciatis auctoritate nostra sicut excommunicatos usque ad condignam satisfactionem vitari.

DCXCI.

Ad Thomam Cantuariensem archiepiscopum. — Ut Rotrodi archiepiscopi Rothomagensis et Willelmi archiepiscopi Senonensis, apostolicæ sedis legati, et Bernardi Nivernensis episcopi consilio utatur.

(Beneventi, Febr. ?)

[*Ibid.*, p. 27.]

ALEXANDER papa, THOMÆ Cantuariensi archiepiscopo.

Per venerabilem fratrem nostrum Senonensem archiepiscopum, apostolicæ sedis legatum, et per alias litteras nostras discretioni tuæ nos significasse meminimus, quod illustris Anglorum rex nobis de pace tua nuntios et transcripta transmisit. Et nos venerabilibus fratribus nostris Rothomagensi archiepiscopo, et Nivernensi episcopo de illius pacis exsecutione litteras nostras destinavimus, sicut jam dictus Senonensis prudentiæ tuæ viva voce plenius potuerit enarrare. Unde quoniam dilecti filii nostri Alexander et Joannes nuntii tui pro quibusdam negotiis tuis post præfati archiepiscopi discessum moram facere voluerunt, nos tibi per eumdem archiepiscopum voluntatem et consilium nostrum secretius et celerius duximus intimandum, fraternitatem tuam per apostolica scripta rogantes attentius et monentes, ut prædictorum Senonensis et Rothomagensis archiepiscoporum, et Nivernensis episcopi consilio et admonitioni, sicut per alias tibi litteras significavimus, acquiescas.

DCXCII.

Privilegium pro ecclesia Sanctæ Mariæ Vibergensi.

(Beneventi , Febr. 21.)

[THORKELIN, *Diplomat. Arna-Magn.*, I, 24.]

ALEXANDER episcopus, servus servorum Dei, dilectis filiis SUENONI præposito ecclesiæ Sanctæ Mariæ Wibergensis, ejusque fratribus, tam præsentibus quam futuris, in perpetuum.

Piæ postulatio voluntatis effectu debet prosequente compleri, ut et devotionis sinceritas laudabiliter enitescat et utilitas postulata vires indubitanter assumat. Eapropter, dilecti in Domino filii, vestris justis postulationibus clementer annuimus, et prædecessorum nostrorum piæ recordationis Innocentii papæ vestigiis inhærentes, præfatam ecclesiam Sanctæ Mariæ in qua divino obsequio mancipati estis sub beati Petri et nostra protectione recipimus et præsentis scripti privilegio communimus; imprimis siquidem statuentes, ut quascunque possessiones, quæcunque bona eadem ecclesia impræsentiarum juste et canonice possidet, aut in futurum concessione pontificum, largitione regum vel principum, oblatione fidelium seu aliis justis modis, præstante Domino, poterit adipisci, firma vobis vestrisque successoribus et illibata permaneant. In quibus hæc propriis duximus exprimenda vocabulis :

Ecclesiam Beatæ Margaretæ virginis quam venerabilis frater noster Nicolaus episcopus vester, sicut ex litteris ejus accepimus, vobis resignavit; nec non et ecclesiam Beati Martini quæ in insula Phur, ita quod utraque illarum de cætero in ordinatione ac dispositione vestra consistat, devotioni vestræ auctoritate apostolica confirmamus.

De victu etiam quadragesimali, quem episcopus in ecclesia vestra aliquando habuit, unde contentiones et religio vestra non modicum turbari consuevit, statuimus, ut sicut jam dictus episcopus, cum vobis per privilegium suum æqua consideratione resignasse dignoscitur, et imposterum remisisse, ita de cætero conservetur nec ei vel successore suo victum a vobis contra hoc aliquo tempore exigere liceat. Prohibemus insuper ne episcopus de oblationibus quæ ad corpora sanctorum in vestra offeruntur ecclesia, nihil ultra quartam partem, quam consuevit habere, recipiat : Ad hæc vobis significatione præsentium indulgemus, ut prædia vel possessiones ecclesiæ vestræ, sive infra civitatem vestram sive extra consistant, nullus injuste contra dispositionem vestram invadere vel retinere præsumat. In electione vero episcopi vestri primam vocem, cum sitis Ecclesiæ cathedralis canonici, habeatis, quemadmodum noscitur vobis de canonum jure competere, et de antiqua consuetudine ad hæc tempora observata, nec aliunde quis in vestrum episcopum eligatur, quandiu secundum statuta canonum in ecclesia vestra quæ cathedralis est reperitur idoneus, qui de canonico et concordi assensu sine omni pravitate possit assumi. Consuetudines autem claustrales, quæ in eodem loco vestro laudabiliter hactenus conservatæ noscuntur, nemo perversus in deterius audeat commutare, sed semper inconvulse in suo robore perseverent.

Ad hæc adjicientes statuimus ut nulli omnino principum absque præpositi et fratrum consensu aliquem de claustro liceat admovere sive novalium. Sepulturam quoque ipsius loci liberam esse concedimus, ut eorum devotioni et extremæ voluntati qui se illic sepeliri deliberaverint, nisi forte excommunicati, vel interdicti sint, nullus obsistat, salva tamen justitia illarum ecclesiarum a quibus mortuorum corpora assumuntur. Obeunte vero te nunc ejusdem loci præposito, vel tuorum quolibet successorum, nullus ibi qualibet subreptionis astutia seu violentia præponatur, nisi quem fratres communi consensu vel fratrum pars consilii sanioris secundum Deum et beati Augustini Regulam providerint eligendum.

Decernimus ergo, etc., salva sedis apostolicæ auctoritate et episcopi vestri canonica justitia. Si quæ igitur in futurum, etc.

Ego Alexander catholicæ Ecclesiæ episc.
Ego Hubaldus Ostiensis episc

Ego Bernardus Portuensis et S. Rufinæ episc.

Ego Hubaldus presb. card. tit. S. Crucis in Jerusalem.

Ego Joannes presb. card. Sanctorum Joannis et Pauli tit. Pammachii.

Ego Hdebrandus basilicæ XII Apostolorum presb. card.

Ego Joannes presb. card. tit. S. Anastasiæ.

Ego Albertus presb. card. tit. S. Laurentii in Lucina.

Ego Guillelmus presb. card. S. Petri ad Vincula.

Ego Petrus presb. card. tit. S. Laurentii in Damasco.

Ego Boso presb. card. S. Gudencianæ tit. Pastoris.

Ego Joannes presb. card. tit. S. Marci.

Ego Theodinus presb. card. tit. S. Vitalis tit. Vestinæ.

Ego Jacintus diac. card. S. Mariæ in Cosmedin.

Ego Cinthius diac. card. S. Adriani.

Ego Manfredus diac. card. S. Georgii ad Velum Aureum.

Ego Hugo diac. card. S. Eustachii juxta templum Agrippæ.

Ego Petrus diac. card. S. Mariæ in Agro.

Datum Beneventi per manum Gratiani, S. Romanæ Ecclesiæ subdiaconi et notarii, IX Kal. Martii, indictione III, Incarnationis Dominicæ anno 1169, pontificatus vero domni Alexandri papæ III anno undecimo.

DCXCIII.

Ad Waldemarum Danorum regem. — Pro fratribus Calvensibus.

(Beneventi, Febr.?)

[LANGEBEK, *Script. Dan.*, V, 246.]

ALEXANDER episcopus, servus servorum Dei, charissimo in Christo filio WALDEMARO illustri Danorum regi, salutem et apostolicam benedictionem.

Noverit excellentia tua, nos venerabilibus fratribus nostris Suenoni Arusiensi et Nicolao Wibergensi episcopis, in mandatis dedisse, quod nobilem mulierem Margaretam diligenter et studiose commoneant, ut dilectis filiis nostris Brienno abbati et fratribus monasterii Sanctæ Mariæ de Calve, terram de Culsne, quam eis per violentiam dicitur abstulisse, nec non et ornamenta sua in ecclesia de Weng, quæ, sicut audivimus, armata manu rapere et asportare præsumpsit, absque dilatione restituat, et in pace dimittat, aut sub jam dictorum episcoporum examine memorato abbati et fratribus sufficientem inde justitiam appellatione remota non differat exhibere. Unde cum ille, *per quem reges regnant* (*Prov.* VIII,), celsitudini tuæ gladium *ad vindictam ma-*

lefactorum, laudem vero bonorum concessit (*I Petr.* II), serenitatem tuam per apostolica scripta rogamus, monemus et exhortamur in Domino, quatenus si præfata mulier, divino timore postposito, noluerit ad ea quæ prædicta sunt, censura ecclesiastica coerceri, regia sublimitas eam ad ablatorum restitutionem vel ad justitiam, secundum mandatum nostrum, coram supradictis episcopis faciendam, commissa ei a Domino potestate compellat, ut prælibati abbas et fratres jus suum per te valeant recuperare, et nos magnificentiam tuam teneamus exinde multimodis in Domino commendare. Si autem suprascripta possessio forte ad alium fuerit aliquo tempore devoluta, qui sæpe dicto abbati et fratribus justitiam suam denegare præsumpserit, excellentia tua detentorem a tanta præsumptione compescat, et ipsum monasterio suam justitiam reddere regia potestate constringat (39).

DCXCIV.

Ad Thomam Cantuariensem archiepiscopum. — Quæ ab Henrico rege ante filii ejus coronationem exigenda.

(Beneventi, Febr. 24.)

[*Epist. S. Thomæ*, ed. GILES, II, 26.]

ALEXANDER papa, THOMÆ Cantuariensi archiepiscopo, et omnibus episcopis Angliæ.

Ex commissi nobis officii debito sollicitudini nostræ incumbit ecclesiis Dei et jura sua servare, et ne ab aliquibus opprimi valeant aut deleri, studium tenemur et diligentiam adhibere. Hac siquidem ratione inducti, et Ecclesiæ Cantuariensi suam volentes dignitatem et justitiam conservare, fraternitati vestræ per apostolica scripta mandamus, nec non et in virtute obedientiæ injungimus, quatenus si Henricus, illustris Anglorum rex, filium suum coronari voluerit, et in regem inungi, tu, frater Cantuariensis, ad cujus officium de antiqua ecclesiæ tuæ dignitate spectare audivimus, ei manum nequaquam imponas, nec ab alio quolibet imponi permittas, nisi prius illud juramentum exhibeat, quod alii reges ejus prædecessores Ecclesiæ Dei, et specialiter Cantuariensi, impendere consueverunt: et nisi universos ab observatione consuetudinum suarum, et a sacramentis illis, quæ ultimo ab hominibus Angliæ extorta fuerunt, prorsus absolvat. Vobis autem, fratres episcopi, auctoritate apostolica districtius inhibemus, ne illius coronationi, nisi juramentum præstiterit, præsumatis aliquatenus interesse. Sed vos potius absentetis, et inde nullius contradictione vel prohibitione obstante celerius recedatis.

DCXCV.

Ad Rogerum Eboracensem, Hugonem Dunelmensem

---

(39) Briennus abbas erat Romæ mense Novembris anno 1169, et forte ad ver anni 1170, una cum Stephano archiepiscopo Upsalensi : unde conclu-dere liceat hoc diploma datum esse initio anni 1170.

et omnes episcopos Angliæ. — Ut filium regis coronare, cum id Cantuariensi debeatur, non præsumant.

(Ap. Cerumar [*al.* ap. Cisrinarium], Febr. 26.)

[RYMER, *Fœdera*, I, 25.]

ALEXANDER papa ROGERO Eboracensi, HUGONI Dunelmensi et omnibus episcopis Angliæ.

Quoniam ad audientiam nostram multorum jam pridem relatione pervenit, quod coronatio regum Angliæ et inunctio ad Cantuariensem archiepiscopum de antiqua ecclesiæ suæ consuetudine et dignitate pertineat, fraternitati vestræ præsentibus litteris auctoritate apostolica districtius inhibemus, ut si illustris rex Anglorum filium suum, dum venerabilis frater noster Thomas Cantuariensis archiepiscopus in exsilio fuerit, coronari voluerit, et in regem inungi, nullus vestrum ei manum imponere præsumat, aut se exinde aliquatenus intromittere audeat. Quod si quis vestrum attentare præsumpserit, id in periculum officii et ordinis sui noverit procul dubio graviter redundare. In his vero appellationis remedium quibuslibet volumus denegari, et omnem malignandi occasionem excludi.

Datum apud Cerumar, IV Kalendas Martii.

DCXCVI.

Ad Rogerum archiepiscopum Eboracensem et omnes episcopos Angliæ. — Ecclesiæ Cantuariensis jura lædere non præsumant.

[*Epistolæ S. Thomæ*, ed. GILES, II, 46.]

ALEXANDER papa, ROGERIO Eboracensi archiepiscopo, et omnibus episcopis Angliæ.

Quantæ auctoritatis et dignitatis prærogativa Cantuariensis Ecclesia ab antiquo fuerit decorata, et quomodo nos ei velimus dignitates et jura sua, juxta officii nostri debitum conservare, fraternitas vestra certis potest indiciis cognoscere. Quapropter vobis per apostolica scripta mandamus, et mandando præcipimus, quatenus contra auctoritatem et dignitatem ipsius ecclesiæ nihil unquam facere quomodolibet attentetis, aut contra ipsam venire ausu temerario præsumatis. Quod si feceritis, grave nobis existet, neque poterimus id æquo animo tolerare.

DCXCVII.

Ad...... — Pro Haiderico, cujus nepos sagitta percussus fuerat.

(Ap. S. Germanum, Mart. 5.)

[MARTEN., *Ampl. Collect.*, II, 821.]

ALEXANDER episcopus, etc.

Ex latore præsentium ad audientiam apostolicæ sedis pervenit, quod, cum filius ejus, qui decennis erat, cum aliis pueris sagittaret, quidam nepos ejusdem Haiderici sagitta percussus interiit. Quod idem filius ejus, cum inter alios luderet, fortuito casu dicitur peregisse, licet id habeatur incertum. Quia vero, sicut ipse nobis idem proposuit, a prædicto Haiderico secundum consuetudinem illius terræ centum solidos instantius requirebas, ipse ad nostram audientiam appellavit. Unde quoniam in pueris relinqui solet inultum, quod in viris provectioris ætatis humanæ leges decernunt severius corrigendum, dilectioni tuæ per apostolica scripta mandamus quatenus vel ab impetitione ipsius desistas, aut coram Noviomensi episcopo, cum ab eo fueris evocatus, te repræsentes, quod idem episcopus exinde statuerit, appellatione remota, suscepturus firmiter et servaturus.

Data apud S. Germanum, tertio Nonas Maii [*leg.* Martii].

DCXCVIII.

Ad Henricum Remensem archiep. — Pro Balduino presbytero.

(Ap. S. Germanum, Mart. 7.)

[*Ibid.*, col. 820.]

ALEXANDER episcopus, servus servorum Dei, venerabili fratri HENRICO Remensi archiepiscopo, salutem et apostolicam benedictionem.

Querelam Balduini sacerdotis ecclesiæ Sancti Martini ad nostram præsentiam venientis accepimus, quod Harduinus parochianus tuus, et filius ejus violentas in ipsum manus ausu nefario injicientes, eum per capillos trahere et verberibus afficere præsumpserunt. B. quoque frater prædicti Harduini et filii sui ad tantum facinus perpetrandum, eis, sicut idem sacerdos asserit, auxilium præbuerunt, et hujus iniquitatis fuerunt socii pariter et consortes. Quia igitur ad pravorum maleficia punienda, pontificalis auctoritas non debet esse negligens vel remissa, nos, qui licet immeriti sedi apostolicæ præsidemus, tam gravis temeritatis excessum, sicut non debemus, descerere nolentes aliquatenus impunitam, fraternitati tuæ per apostolica scripta mandamus quatenus, rei veritate diligentius inquisita, universos quos tibi constiterit in supradictum presbyterum violentas manus injecisse, appellatione remota, publice excommunicatos denunties, et ab omnibus facias sicut excommunicatos cautius evitari, donec passo injuriam congrue satisfaciant, et cum litteris tuis nostro se conspectui repræsentent.

Data apud Sanctum Germanum Nonis Martii.

DCXCIX.

Ad eumdem. — Ut A. latori præsentium occupatam ab aliis ecclesiam suam restitui faciat.

(Ap. S. Germanum, Mart. 7.)

[*Ibid.*]

ALEXANDER episcopus, servus servorum Dei, venerabili fratri HENRICO Remensi archiepiscopo, salutem et apostolicam benedictionem.

Ex conquestione A. præsentium latoris accepimus, quod cum T. quondam abbas Dervensis, ei ecclesiam quamdam rationabiliter jam pridem dedisset, G. et Hu. sacerdotes ipsam sibi præsumpserunt auferre, quam adhuc detinent taliter occupatam. Unde quia unicuique in sua justitia nos cognoscimus debitores, fraternitati tuæ per apostolica scripta mandamus quatenus præfatos G. et Hu. moneas attentius, et districtius studeas coercere, quod memorato A. præscriptam ecclesiam sine delatione restituant, et in pace permittant tenere, vel ei coram te, quod super hoc juris forma dictaverit, appellatione remota, non differant exhibere.

Data apud S. Germanum, Non. Martii.

DCC.

B. decano et capitulo S. Martini Turonensis præscribit ut « omnia quæ Willelmus Senonensis archiepiscopus, ac sedis apostolicæ legatus, et Stephanus Meldensis episcopus de capituli redditibus et præposituris statuerint, firmiter observent, » ac eis injungit « ut processio Purificationis B. Mariæ candelis redditis ut soleant, perpetuo deinceps celebretur. »

(Ap. S. Germanum, Mart. 10.)

[*Recueil sur Saint-Martin de Tours*, Pièces justific., p. 21.]

DCCI.

Quibusdam mandat judicent inter Gerardum et Ar., de hæreditate litigantes.

(Verulis Mart. 18.)

[Marten.,*Ampl. Collect.*, II, 822.]

Querelam Girardi latoris præsentium, non sine multo labore ad apostolicæ sedis clementiam venientis, accepimus quod, cum sibi et Ar. quidam consanguineus eorum, Manger nomine, sine prole decedens, terram suam in eleemosynam contulisset, prædictus Ar. ei multam molestiam exinde cœpit et gravamen inferre. Unde uterque illum ad nostram audientiam appellavit; prædicto autem Girardo, sicut diximus, ad nostram præsentiam veniente, quia pars adversa nec venit, nec ipsa responsalem misit, ejusdem causæ debitum non potuimus finem imponere. Sed eam experientiæ vestræ audiendam committimus et mediante justitia terminandam. Quapropter discretioni vestræ per apostolica scripta mandamus, quatenus eam quæ inter eos vertitur, utraque parte ante præsentiam vestram convocata, studiosius audiatis, et eam, sublato appellationis remedio, servata juris ordine, terminetis.

Data Verulis, xv Kal. Aprilis.

DCCII.

Ad eumdem. — *Ut a suffraganeorum et maxime Bartholomæi Belvacensis episcopi vexatione temperet.*

(Verulis, Mart. 18.)

[*Ibid.*, col. 825.]

Alexander episcopus, servus servorum Dei, venerabili fratri Henrico Remensi archiepiscopo, salutem et apostolicam benedictionem.

Sicut tibi a majoribus tuis commissæ tibi Ecclesiæ jura integre desideras et illibata servari, sic decet industriam tuam subjectis tibi ecclesiis et personis suas justitias intemeratas relinquere et illæsas servare. Meminimus autem per alias litteras discretioni tuæ jam pridem mandasse ut in episcopatibus suffraganeorum tuorum et maxime venerabilis fratris nostri B. Belvacensis episcopi nihil tibi contra formam canonum et præter antiquam et rationabilem consuetudinem vindicares. Unde quoniam indignum est ut subditos tuos debeas injuste gravare, vel eorum jura minus rationabiliter occupare, fraternitati tuæ per iterata scripta mandamus atque præcipimus quatenus suffraganeis tuis, et præsertim memorato Belvacensi episcopo, nullum contra sanctorum Patrum statuta vel præter antecessorum tuorum antiquam et rationabilem consuetudinem gravamen infligas, neque de clericis aut ecclesiis episcopatuum suorum quidquam, eis inconsultis, nisi causa fortasse ad te fuerit per appellationem delata, statuere vel judicare attentes, nec ab eis quidquam quod tibi de jure non debent requiras. Prohibemus etiam ut præfati Belvacensis personam absque coepiscoporum suorum judicio nullatenus graves; sed si quid adversus eum habueris, hoc secundum sacrorum canonum formam comprovincialium episcoporum judicio terminetur.

Data Verulis, xv Kalendas Aprilis.

DCCIII.

Ad Henricum Remorum archiep. — *Pro fratre Galteri sacerdotis, et pro ipso Galtero ut eis benefaciat.*

(Verulis, Mart. 19.)

[*Ibid.*, col., 822.]

Alexander episcopus, servus servorum Dei, venerabili fratri Henrico Remensium archiepiscopo, salutem et apostolicam benedictionem.

Ex transmissa nobis relatione Galteri sacerdotis accepimus quod, cum in hujus turbationis principio in episcopatu Tullensi(40), unde oriundus erat propter schismaticorum malitiam manere non posset, ad partes Remenses cum matre, fratre quoque, et sorore sua divertit, ubi est hactenus satis laudabiliter conversatus. Unde quoniam, sicut dicitur, frater ejus, etsi litteratus et probus existat, adhuc non est in clericum designatus, fraternitatem tuam per apostolica scripta rogamus, monemus et exhortamur in Domino, quatenus præfati G. fratrem, divini amoris intuitu et pro reverentia beati Petri ac nostra, in clericum ordines, et ei alicubi ita competenter providas, ut necessaria vitæ possit recipere, et omnipotenti Domino fideliter deservire, nos quoque charitatem tuam teneamur exinde multimodis in Domino commendare, et hoc gratum acceptumque tenere. Rogamus ad hæc sinceritatem tuam atque monemus, ut sæpedictum G. interventu nostro taliter habeas commendatum, quod nostras sibi preces apud te sentiat efficaces, et nos affectioni tuæ uberes inde gratias teneamur referre.

Data Verulis, xvii [*leg*. xiv] Kalendas Aprilis.

(40) In Lotharingia sub metropoli Trevirensi.

DCCIV.

Ad Henricum Remensem archiep. — Ut Arwinum ab abbate S. Remigii excommunicatione absolutum, nisi Rolando ablata intra dies 15 restituerit, iterum excommunicet.

(Verulis, Mart. 20.)
[*Ibid.*, col. 823.]

Alexander episcopus, servus servorum Dei, venerabili fratri Henrico Remensium archiepiscopo, salutem et apostolicam benedictionem.

Conquerente nobis Rolando præsentium latore, didicimus quod, cum olim causam quæ inter ipsum et Arwinum super quibusdam rebus sibi ablatis verteretur, prudentiæ tuæ discretionis judicio commisimus terminandam, tu prædictum Arwinum excommunicationis sententiæ subjecisti, quoniam eidem R. res ablatas reddere vel super his secum contemnebat justitiæ stare. Nunc autem, sicut idem R. sibi asserit significatum fuisse, dilectus filius noster abbas S. Remigii præfatum Ar. nulla satisfactione præstita, quod sibi non licuit, a laqueo excommunicationis absolvit. Quoniam igitur sententia in malefactores quoslibet pro suis excessibus promulgata, usque ad dignam satisfactionem robur debet firmitatis habere, fraternitati tuæ per apostolica scripta mandamus, quatenus, si idem abbas, quod non credimus, prædictum Ar. a sententia qua tenebatur, absolvit, ipsum moneas et diligenter inducas, ut supradicto R. infra xv dies post harum susceptionem ablata restituat, vel in præsentia tua secundum aliarum litterarum tenorem juris pareat æquitati. Quod si non fecerit, in eamdem sententiam ipsum, contradictione et appellatione cessante, reducas. Si vero absolutus non est, præscriptam sententiam non relaxes, donec horum alterum quæ prædiximus, plenius exsequi compellatur.

Data Verulis, xiii Kal. Aprilis.

DCCV.

Ad episcopos in Marchia constitutos. — Pro rebus monasterii Sancti Clementis.

(Verulis, Mart. 25.)
[*Chron. Casaur.* ap. Muratori, *Rer. Ital. Script.*, II, ii, 912.]

Alexander episcopus, servus servorum Dei, viro venerabili fratri Firmano episcopo; similiter Esculano episcopo; similiter Camerinensi episcopo; similiter G. subdiacono nostro, Auximanensi procuratori; similiter dilecto filio priori Fontis Avellanæ, salutem et apostolicam benedictionem.

Quanto dilecti filii nostri Leonas abbas, et fratres monasterii S. Clementis de Piscaria arctiori nobis et Ecclesiæ Romanæ sunt devotione astricti, tanto eis in jure suo cura propensiori tenemur adesse, et hoc sibi propensius conservare. Unde siquidem est quod nos illorum justitiæ providere volentes, per apostolica tibi scripta mandamus atque præcipimus, quatenus possessiones quæ in parochia tua ad præscriptum monasterium pertinere noscuntur, quas tu aut aliqui parochianorum tuorum occupatas tenent, præfato abbati et fratribus, omni occasione et excusatione cessante, restituas, vel ita eis plenam inde justitiam facias, quod ad nos pro juris sui defectu querelam de cætero non cogantur perferre. Quod si earum detentores tuæ in hac parte commonitioni acquiescere forte noluerint, tu ipsos sententia excommunicationis percellas, et sicut excommunicatos usque ad dignam satisfactionem facias ab omnibus evitari.

Datum Verul., octavo Kal. Aprilis.

DCCVI.

Ad capitulum Suessionense. — Ut P. clerico Ludovici regis restituant subtractam per biennium præbendam.

(Verulis, Mart. 26.)
[*Ibid.*, col. 824.]

Alexander episcopus, servus servorum Dei, P. decano et toti capitulo Suessionensi, salutem et apostolicam benedictionem.

Quanta sit in Christo charissimi filii nostri Ludovici illustris regis Francorum benignitas, et circa viros ecclesiasticos laudabilis et pia devotio, vestra utique, sicut credimus, discretio non ignorat, et ideo tam vos quam universi qui Domino Jesu Christo in officio clericali deserviunt, ipsius benignitati deberent respondere, ut ipsius erga viros ecclesiasticos et ecclesias augmentaretur benignitas, et susciperet incrementum. Pervenit utique ad nos, et ex parte jam dicti serenissimi filii nostri regis est suggestum, quod dilecto filio nostro P. latori præsentium, clerico suo præbendæ suæ redditus jam per biennium subtraxeritis, et requisiti quod subtractum est noluistis ullatenus restaurare. Quia igitur pati non possumus nec debemus, quod prædictus filius noster ea quæ ad præbendam suam pertinere noscuntur amittat, per præsentia vobis scripta præcipiendo mandamus, et mandando præcipimus, quatenus quidquid ei de præbenda sua, tam in præsenti quam in anno præterito subtraxistis, infra dimidium mensis post harum susceptionem, omni occasione et excusatione remota, restituatis in integrum, et de cætero nihil ei subtrahere præsumatis.

Datum Verulis vii Kal. Aprilis.

DCCVII.

Ad præpositum, decanum, archidiaconum et universum capitulum Antissiodorense. — Pro magistro P.

(Verulis, Mart. ?)
[D. Bouquet, *Recueil*, XV, 882.]

Invitat nos officii nostri debitum, et hortatur, ut illis personis diligentius intendamus quas in devotione fervere cognoscimus et in servitio Ecclesiæ promptiores. Inde est quod de sinceritate vestra certam spem fiduciamque tenentes, pro dilecto filio nostro magistro P., concanonico vestro, quem pro eo quod nobis gratus et devotus existit, charum et acceptum habemus, devotioni vestræ preces affectuosas porrigimus, per apostolica scripta rogantes plenius, quod pro reverentia beati Petri ac tiam auferre non dubitavit. Unde quoniam a viris nostra, et intuitu charissimi in Christo filii nostri religiosis hujusmodi non debent oppressiones vel Ludovici illustris Francorum regis, cujus servitio injuriæ committi, discretioni vestræ per apostolica insistit, ei beneficium præbendæ suæ, quam in Ec- scripta mandamus, quatenus, cum exinde requisiti clesia vestra possidet, usque ad triennium, vel sal- fueritis, in unum convenientes utramque partem tem usque biennium, concedatis; ita quod ipse de ante vestram præsentiam convocetis, et rationibus devoto devotior vobis possit existere, et nos exinde hinc inde plenius auditis et cognitis, causam ipsam, debeamus devotioni vestræ gratias uberrimas ex- sublato appellationis remedio, mediante justitia hibere. terminetis.

Data Verulis, quarto Kal. Aprilis.

DCCVIII.

Ad Henricum Remensem archiep. — Pro Ecclesia Compendiensi.

(Verulis, Mart. 29.)
[*Ibid.*, col. 825.]

ALEXANDER episcopus, servus servorum Dei, venerabili fratri HENRICO Remensium archiepiscopo, salutem et apostolicam benedictionem.

Conquesti sunt nobis dilecti nostri abbas et fratres Compendienses, quod servientes monasterii sui et burgenses de Compendio eisdem jura debita subtrahunt, et cum eis super his justitiæ stare contemnunt. Abbas quoque Sancti Memmii Catalaunensis quamdam decimam, abbas Cari loci (41) et abbas Thenoliensis possessiones quasdam ad eos pertinentes, præsumunt invadere, et eas ipsis conantur auferre. Unde quoniam jura Compendiensis monasterii, quod nullum alium præter nos episcopum habet, specialiter conservare tenemur, fraternitati tuæ per apostolica scripta mandamus, quatenus memoratos servientes atque burgenses, præscripto monasterio jura sua sine dilatione aliqua et diminutione persolvere; abbates vero decimam et occupatas possessiones eidem monasterio celerius reddere, aut præfato abbati et fratribus Compendiensibus sub examine tuo plenam inde justitiam facere, ex parte nostra et tua diligenter commoneas, et appellatione remota districte compellas. Ad hoc tuæ discretioni præsentium auctoritate injungimus, ut dominum de Tornella, qui quarumdam villarum Compendiensis monasterii, Compendiensis patronus et advocatus existens easdem ultra modum gravare, et ad destructionem conatur redigere, ad plenam abbati et fratribus super hoc justitiam faciendam moneas attentius et sub anathematis districtione coerceas.

Data Verulis, quarto Kal. Aprilis.

DCCIX.

Ad... — Pro Nicolao cive Catalaunensi.

(Verulis, Mart. 29.)
[*Ibid.*, col. 826.]

Suggestum est nobis, et, conquerente Nicolao Catalaunensi cive, accepimus quod magister domus S. Jacobi ei terram quam hæreditario jure longo tempore nullo reclamante possederat, per violen-

Data Verulis, quarto Kal. Aprilis.

DCCX.

Remensi et Rothomagensi archiepiscopis eorumque suffraganeis mandat ut ecclesiam S. Petri de Silincurt ab adversariorum injuriis tueantur.

(Verulis, Mart. 29.)
[*Ibid.*]

ALEXANDER episcopus, servus servorum Dei, venerabilibus fratribus [HENRICO] Remensi et [ROTRODO] Rothomagensi archiepiscopis, et eorum suffraganeis, salutem et apostolicam benedictionem.

Ad hoc cura universalis Ecclesiæ nobis est Domino providente commissa, et pastoralis regiminis sollicitudo injuncta, ut evellere, destruere et eradicare curemus quæ evellenda cognoscimus et destruenda. Sane quia crescente malitia hominum super terram, pax et tranquillitas Ecclesiarum turbatur, et religiosorum quies et otium impeditur, ad exstirpanda vitia et illorum nequitiam reprimendam summopere debemus eniti, et pontificali constantia et virtute accingi, ut per instantiam nostræ sollicitudinis hi qui otio contemplationis sunt dediti nullas pravorum molestias vel persecutiones sustineant, et bonæ operationi intendere valeant et virtuti. Pervenit siquidem ad audientiam nostram, quod ecclesia S. Petri de Silincurt (42) multis vexatur injuriis et oppressionibus infestatur, et cum apud Ecclesiarum ministros de malefactoribus suis querelam proponit, et damna sibi illata postulat resarciri, malefactores ipsi pro evitanda justitia, et causa subterfugii ad vocem appellationis prorumpunt, nec tamen appellationem aliquatenus prosequuntur. Unde quoniam his nullatenus debet appellationis remedium subvenire, qui in dolo et fraude appellare noscuntur, fraternitati vestræ per apostolica scripta præcipiendo mandamus, quatenus cum religiosi viri fratres ejusdem ecclesiæ coram aliquo vestrum super injuriis aut damnis sibi illatis, vel rebus subtractis, malefactores suos convenerint, eos ad plenam et sufficientem justitiam exhibendam singuli vestrum commoneant et compellant, et si in vocem appellationis prorumpunt, nec infra determinatum tempus prosequendæ appellationis ad apostolicam sedem venerint, aut idoneos responsales transmiserint, ipsos, remota appellatione, excommunicationis vinculo astringatis,

---

(41) Legendum videtur *Caroli-loci*. Est autem Caroli-locus monasterium insigne ordinis Cisterciensis in diœcesi Silvanectensi, a Compendio itinere unius diei dissitum. Est tamen Carus-locus aliud monasterium ordinis Cisterciensis in comitatu Burgundiæ diœcesis Bisuntinæ.

(42) Selincurtis abbatia insignis ordinis Præmonstratensis in diœcesi Ambianensi, vulgo appellata S. *Lacryma*, ob Salvatoris lacrymam, ut aiunt, in ea asservatam.

et sententiam ipsam usque ad dignam satisfactionem faciatis inviolabiliter observari.

Præterea quoniam nobis est intimatum quod vicedominus de Pinciniaco, Bern. de S. Walerico, et Gualterius Tyrellus cum hominibus suis eidem ecclesiæ damna gravia intulerunt, et animalia et alias res non paucas abstulerunt, de quibus nondum satisfacere voluerunt, nihilominus vobis præsentium auctoritate præcipimus ut, si res ita se habet, eos moneatis et districte cogatis quod prædictæ ecclesiæ ablata omnia reddant, data damna resarciant, de injuriis illatis plenarie satisfaciant, et de cætero ab ejus molestatione penitus conquiescant. Quod si facere forte contempserint, eos remoto obstaculo excommunicationis vinculo innodetis, et usque ad plenam satisfactionem faciatis pro excommunicatis teneri, et si nec sic resipuerint, in terris eorum divina, præter baptisma parvulorum et pœnitentias morientium, prohibeatis officia celebrari. Illos autem quos prælibatæ ecclesiæ conversum occidisse, et domos et grangias combussisse constiterit, publice accensis candelis excommunicatos denuntietis, et præcipiatis ab omnibus devitari, donec de tanta iniquitate satisfactionem et emendationem congruam exhibeant, et occisores cum litteris vestris ad apostolicam sedem satisfacturi accedant.

Data Verulis, IV Kal. Aprilis.

DCCXI.
Privilegium pro ecclesia S. Mammetis Lingonensi.
(Verulis, Mart. 30.)

(*Gall. Christ. nov.*, IV, Instrum. 184.)

ALEXANDER episcopus, servus servorum Dei, dilectis filiis MANASSE decano et universo capitulo Sancti Mammetis Lingonensi, tam præsentibus quam futuris canonicis instituendis, in perpetuum.

Officii nostri nos admonet et invitat auctoritas pro Ecclesiarum statu satagere, et earum quieti ac tranquillitati salubriter, auxiliante Domino, providere. Eapropter, dilecti in Domino filii, justis vestris postulationibus clementer annuimus, et præfatam ecclesiam in qua divino mancipati estis obsequio, sub B. Petri et nostra protectione suscipimus, et præsentis scripti patrocinio communimus, statuentes ut quascunque possessiones quæcunque bona eadem ecclesia inpræsentiarum juste et canonice possidet, aut iterum concessione pontificum, largitione regum et principum, oblatione fidelium, seu aliis justis modis, præstante Domino, poterit adipisci, firma vobis vestrisque successoribus et illibata permaneant, in quibus hæc propria duximus exprimenda vocabulis :

Altare magnum in eadem ecclesia necnon et omnia altaria infra eamdem ecclesiam libere, cum beneficiis quæ ibidem collata fuerunt et collationibus; capellam similiter B. M. inter duas turres, parochiam quoque Sanctæ Crucis cum appendiciis suis, scilicet capellam de Bourona, et capellam Sanctæ Trinitatis in porticu Lingonensis ecclesiæ cum electione et ordinatione presbyterorum in ecclesiis præfatis ab omni exactione liberis et absolutis; ecclesiam de Barium cum appendiciis suis, ecclesiam de Perceio cum appendiciis suis, ecclesiam de Curto-Campo cum decimis et appendiciis suis, ecclesiam de Mosteriolo cum decimis et appendiciis suis. In ecclesia S. Martini [*al.* Maurelii] super Viennam fluvium duos bisantios, in ecclesia de Villa in Divionensi pago duos bisantios, in ecclesia de Bure duos bisantios, in ecclesia de Villania duos bisantios, ecclesiam de Dampetra super Salum fluvium, ecclesiam de Polesot cum decimis et appendiciis suis, ecclesiam de Laniaco cum decimis et appendiciis suis, ecclesiam de Vivaco cum decimis et appendiciis suis, ecclesiam de Anceio Franco, ecclesias de Taliccio, et de Blaceio, ecclesiam de Merone [*al.* Nerone] cum paratis, ecclesiam de Nancile [*al.* Nuile] in pago Divionensi, ecclesiam de Ageio et de Gypseio, ecclesias de Barbire et de Coion, quidquid habetis in ecclesia de Rumille, ecclesiam S. Hilarii cum appendiciis, ecclesiam de Buxeria, ecclesiam de Provencheriis, ecclesiam Sancti Calixti, eleemosynam Alberici canonici Lingonensis apud villam Calinas [*al.* Chalmi], et ecclesiam ejusdem villæ cum decimis et appendiciis suis, ecclesiam de Audeliaco cum appendiciis suis, ecclesiam de Marcilliaco et de Planiaeo, ecclesiam de Monte-Landonensi cum appendiciis suis, ecclesiam de Chalandre, ecclesiam de Annulle, et omnes alias ecclesias quas legitime possidetis.

Refectiones quoque quas episcopus capitulo Lingonensi annuatim præstare debet, scilicet in Natale Domini, in Cœna Domini, in Pascha, in die consecrationis suæ annuatim, in festo sancti Mammetis, et unam aliam ab ecclesia Sancti Martini Lingonensis in ipso die festi, electionem omnium ecclesiarum et presbyterorum vestrorum sicut hactenus habuistis, vobis auctoritate apostolica confirmamus. Antiquas præterea et rationabiles consuetudines de justitiis et observationibus tenendis et faciendis in ecclesia vestra et in aliis ecclesiis civitatis Lingonensis vobis nihilominus confirmamus. Consuetudines seu redditus quos *Cruces* appellant de toto episcopatu Lingonensi, exceptis illis qui ab episcopis Lingonensibus concessi sunt ecclesiis aut monasteriis ejusdem episcopatus, et scripto eorum corroborati noscuntur, vobis duximus confirmandas.

Decernimus ergo ut nulli omnino hominum liceat præfatam ecclesiam temere perturbare, aut ejus possessiones auferre, vel ablatas retinere, minuere seu quibuslibet vexationibus fatigare; sed illibata omnia ac integra conserventur eorum pro quorum gubernatione et sustentatione concessa sunt usibus omnimodis profutura, salva sedis apostolicæ auctoritate, et Lingonensis episcopi canonica justitia. Si qua igitur in futurum ecclesiastica sæcularisve persona, etc.

Datum Verulis, per manum Gratiani sanctæ Romanæ Ecclesiæ subdiaconi et notarii, III Kalend.

Aprilis, indictione tertia, Incarnationis Dominicæ anno 1170, pontificatus vero domini Alexandri papæ III anno undecimo.

DCCXII.
Privilegium pro canonicis Pisanis.
(Verulis, April.)
[UGHELLI, *Italia sacra*, III, 405.]

ALEXANDER episcopus, servus servorum Dei, dilectis filiis canonicis Pisanis, salutem et apostolicam benedictionem.

Qualiter monasterium Sextense, quod ad jus beati Petri, et dispositionem nostram specialiter spectat per intrusum illum, qui possessiones et bona ejusdem monasterii sicut ille ad quem nihil de ovibus pertinebat distrahendo, et dilapidando consumptum sit, et a suo statu valde dilapsum, non est, sicut credimus, prudentiæ vestræ discretioni incognitum, sed ex vicinitate loci vobis esse debet liquide manifestum. Verum cum de universis Dei Ecclesiis pro nostri officii debito teneamur sollicitudinem gerere, illis propensiori studio debemus adesse, quæ ad curam nostram nullo mediante respiciunt, et tutelam, et ne jura sua imminui possint, vel ab aliquibus illicite detineri, apostolicæ sedis nos convenit suffragium adhiberi. Unde quod nos venditiones, vel infeudationes, sive alienationes, aut obligationes, quas idem intrusus de thesauro, vel possessionibus, seu de aliis rebus præscripti monasterii fecit, apostolica auctoritate cassamus, et viribus prorsus carere decernimus, sicut de rigore juris carere noscuntur. Discretioni vestræ per apostolica scripta mandantes atque præcipientes, quatenus detentores earumdem possessionum, et rerum parochianos vestros monere curetis studiosius, et inducere, ut eas omni contradictione, et appellatione remota infra quadraginta dies post harum susceptionem, prædicto monasterio liberas et absolutas dimittant, nec ipsas ulterius in suæ salutis periculum detinere præsumant. Quod si ad commonitionem vestram adimplere, contempserint, in eos auctoritate apostolica freti sublato appellationis remedio excommunicationis sententiam publice proferatis, qua ipsos teneatis usque ad satisfactionem congruam innodatos.

Dat. Verul., xvii Kal. Aprilis (43).

DCCXIII.
Ad Henricum Remensem archiep. — Ut Joannem canonicum Laudunensem et He. mulierem de hæreditate litigantes [Theobaldum] episcopum Ambianensem in jus adire compellat.
(Verulis, April. 2.)
[MARTEN., *Ampl. Collect.*, II, 827.]

Causam quæ Joannem inter Laudunensem canonicum et He. mulierem novercam suam super hæreditate et cæteris rebus patris ejusdem Joannis, diutius noscitur agitari, venerabili fratri nostro Ambianensi episcopo commisimus audiendam, et remoto appellationis obstaculo fine debito terminandam. Ideoque fraternitati tuæ per apostolica scripta mandamus quatenus cum exinde fueris requisitus, utramque partem ad præsentiam præfati episcopi compellas accedere, et quod ipse inter eos exinde judicaverit, appellatione remota, firmiter et inconcusse facias observari et exsecutioni mandari.

Data Verulis, quinto Nonas Aprilis.

DCCXIV.
Ad eumdem. — Pro Stephano Remensi canonico.
(Verulis, April. 2.)
[*Ibid.*, col. 828.]

Quanto rarius tibi preces porrigimus, et te minus in hujusmodi oneramus, tanto decet industriam tuam postulationes nostras, et præsertim honestas, libentius exaudire et efficacius promovere, ut affectionem illam quam te jampridem circa nos et ecclesiam Romanam multipliciter habere comperimus, adhuc etiam exhibitione operis comprobemus. Novit autem industria tua quod dilectus filius noster Stephanus, Ecclesiæ tuæ canonicus, vir sanguine nobilis, discretus etiam et probus existat, quare nos obtentu sui ipsius, nec non et respectu consanguineorum suorum, charum acceptumque tenemus, et ejus profectibus, quantum cum Deo possumus, libentius volumus aspirare : inde siquidem est, quod nos de tuæ sinceritatis et de tuæ devotionis affectu plenius confidentes, et dilectæ in Christo filiæ nostræ mulieris B. relictæ bonæ memoriæ R. (44) quondam Siciliæ regis precibus sollicitis inclinati, fraternitatem tuam per apostolica scripta rogamus attentius atque monemus, quatenus jam dicto Stephano aliquem honorem in Ecclesia tua, si quis vacat, vel primum quem in ea vacare contigerit, pro reverentia beati Petri et nostra, et obtentu nobilitatis ac probitatis suæ concedas liberaliter et assignes, ut nos devotioni tuæ multiplices gratias teneamur exsolvere, et preces ac petitiones tuas cum opportunitas se obtulerit libentius et efficacius promovere; memoratus quoque Stephanus tibi debeat omni tempore fidelior et magis devotus existere, et ad obsequium tuum ferventior apparere.

Data Verulis, v Non. Aprilis

DCCXV.
Ad eumdem. — Pro eodem.
(Verulis, April. 2.)
[*Ibid.*]

Jampridem dilectus filius noster Stephanus Remensis canonicus ad præsentiam nostram accedens, a nobis, sicut bene meminimus, impetravit ut causam quæ inter ipsum et dilectum filium nostrum P. abbatem Sancti Remigii super quibusdam consuetudinibus suorum hominum vertitur, pro quibus ab eodem Stephano ad nostram fuit audientiam appellatum, venerabilibus fratribus nostris Ambianensi et Belvacensi episcopis commisimus, sublato

---

(43) Verba xvii *Kal. April.* mendum continent. JAFFÉ.
(44) Rogerii.

appellationis remedio, terminandam. Verum postmodum, sicut memoriæ nostræ occurrit, aliæ fuerunt a nobis litteræ impetratæ, quoniam nequaquam memoriter tenebamus quod præscripta causa jam dictis judicibus commissa fuisset. Unde fraternitati tuæ per apostolica scripta mandamus, quatenus si in supradictos homines occasione posteriorum litterarum, interdicti vel excommunicationis est sententia promulgata, eam dilatione et appellatione remota relaxes, dummodo idem Stephanus cautionem præstet, quod coram prædictis judicibus velit justitiæ stare.

Data Verulis, quinto Nonas Aprilis.

DCCXVI.
Joanni episcopo Bononiensi ejusque successoribus bona ab Anastasio IV Gerardo episcopo pro libris centum per emphyteusim data asserit, ea lege ut episcopi duas argenti puri libras quotannis sedi Romanæ persolvant.

(Verulis, April. 18.)

[Savioli, Annal. Bologn., II, 11, 27.]

DCCXVII.
Ad Henricum Remensem archiep. et ejus suffraganeos. — In gratiam Ecclesiæ Viconiensis.

(Verulis, April. 22.)

[Marten., Ampl. Collect., II, 829.]

Audierunt plures vestrum, ut credimus, quantis gravaminibus, quantis debitorum oneribus (45) Viconiensis Ecclesia sit afflicta, et nos quidem tum pro injuncti nobis cura regiminis, tum pro devotione dilecti filii nostri S. abbatis ipsius loci, quem in visceribus nostris charum habemus, omnimodis vellemus, ut eadem ecclesia de tantis relevari posset angustiis, et ad statum pristinum, auxiliante Domino, reparari. Ne itaque sub oculis vestris contingat dici de illa: *Omnes amici ejus spreverunt illam, non est qui consoletur eam inter angustias* (Thren. 1, 2), fraternitati vestræ per apostolica scripta mandamus, quatenus ubi vobis per jam dictum abbatem vel fratres et nuntios ejus necessitates ipsius Ecclesiæ innotuerint, ad sublevationem earum sacerdotalem diligentiam apponatis, et in malefactores ejus, cum requisiti fueritis, ita zelum pontificalis exeratis officii, ita in cohibitione eorum quod ad ecclesiasticam censuram attinet compleatis, ut et ipsa ecclesia pro defectu justitiæ laborare non debeat, et vos de supportandis religiosorum necessitatibus et pravorum malitia reprimenda, et commendationem a nobis et cumulum mercedis a Deo recipere valeatis.

Data Verulis, x Kal. Maii.

DCCXVIII.
Ad capitulum Suessionense. — Pro Petro canonico.

(Verulis, April. 24.)

(*Ibid.* col. 830.)

Alexander episcopus, servus servorum Dei, Po-

(45) Confer hanc epistolam cum epistola 719.
(46) Viconium insigne ordinis Præmonstratensis monasterium in diœcesi Atrebatensi, de cujus initiis historiam habes *Spicilegii* tom. XII.
(47) Stephano de Ursina-valle dicto, qui quartus

A decano et toti capitulo Suessionensi, salutem et apostolicam benedictionem.

Cum tu, fili decane, et dilectus filius noster Petrus canonicus vester in nostra essetis præsentia constituti, tu et Nevelo confrater tuus, qui tecum erat, jam dictum Petrum a capitulo excommunicatum, et de Ecclesia vestra ejectum fuisse dixistis, eo quod cum fidem vobis dedisset, se illas consuetudines juraturum, quas eum volebatis jurare, id postmodum adimplere contempsit. Petrus vero econtra respondit quod fidem ea dederat conditione, si cum sana conscientia posset juramentum præstare, adjecit et quod, quia ea quæ debebatis jurare sibi videbantur injusta, salva conscientia sua, juramentum non poterat exhibere. Unde quoniam per eum non stetit, quod in Ecclesia vestra assiduus non permansit, præbendam suam cum fructibus etiam perceptis sibi restitui instantius postulabat. Quapropter cum se fidem pure dedisse negaret, et quia nullus contra conscientiam suam debet ad juramentum compelli, eum a sententia qua dicebatur innodatum fuisse absolvimus, et ad vos remittimus absolutum, per apostolica vobis scripta præcipiendo mandantes, et mandando præcipientes, quatenus eidem præbendam suam cum fructibus etiam perceptis infra quindecim dies post harum susceptionem omni excusatione et appellatione postposita restituatis, et ipsum sicut fratrem vestrum honorifice et benigne tractetis. Si autem nostro in hac parte, quod tamen nullatenus credimus, præsumpseritis contraire præcepto, noveritis nos venerabili fratri nostro Henrico Remensi archiepiscopo in mandatis dedisse, ut præfato Petro præbendam suam et subtractos fructus, nullius contradictione et appellatione obstante, absque diminutione restituat, et integre faciat obtinere.

Data Verulis, viii Kal. Maii.

DCCXIX.
Ad Henricum Remensem archiep. et comitem Flandrensem. — Pro Ecclesia Viconiensi ut ab usuris relevetur.

(Verulis, April. 24.)

[*Ibid.*, col. 831.)

Alexander episcopus, servus servorum Dei, Henrico Remensi archiepiscopo et comiti Flandrensi, salutem et apostolicam benedictionem.

Gravamina Viconiensis Ecclesiæ (46), nec ipsorum magnitudo, nec loci vicinitas vos patitur ignorare. Quia vero sicut dilecto filio nostro S. (47) ejusdem loci abbate suggerente didicimus, miserationis affectu compassi estis, gratum et acceptum habemus, et ut ad relevationem ipsius compassio vestra proveniat exoptamus. Tantis enim oneribus debitorum Ecclesiam illam accepimus oneratam, ut monasterio præfuit, et illud exoneravit debitis, quæ occasione gravaminum Balduini comitis Hannoniensis et incendii *Harcies* contraxerat, ut discimus ex Chronico ms. Viconiensi.

nisi exhortatione apostolica accedente, auctoritas ei et potestas vestra subvenerit, cito timeatur in solitudinem redigenda; ita ut ubi religiosorum hactenus habitabat multitudo virorum, desertum, quod absit! fiat, aut habitatio laicorum. Et nos siquidem huic malo tanto fortius desideramus occurrere, quanto et de supportandis religiosorum necessitatibus sollicitiores esse debemus, et jam dictus abbas, quem his oneribus obedientia sola subjecit, devotior nobis et Ecclesiæ Dei noscitur ac fidelior exstitisse. Quia igitur non facile videtur occurrere unde a tantis possit gravaminibus relevari, nisi a solutione usurarum fuerit absoluta, per præsentia vobis scripta mandamus, quatenus pro amore Dei, pro reverentia B. Petri et nostra, ad sublevandas necessitates ejusdem Ecclesiæ, officii et potestatis vestræ dexteram extendatis, et feneratorum exactiones ita faciatis ab ejus exactione quiescere, ut præter sortem ab ea nihil valeant extorquere. In hoc enim non solum onus Ecclesiæ sublevabitis, sed et animæ ipsorum feneratorum a gehennæ incendiis poterunt liberari. Quod si invitos ad hoc oportuerit eos trahi, id ipsum quandoque illis erit fructuosum, dum compuncti aliquando et conversi ad cor, gratum habere incipient beneficium, quod invitis fuerat quandoque collatum. Exerce igitur in illos, venerabilis frater archiepiscope, arguendo, increpando, obsecrando et excommunicando, si pertinaces fuerint, pontificalis auctoritatem officii, et tu, fili comes, ita eos concessa tibi desuper potestate coerce, ut et ipsa Ecclesia in statum pristinum, donante Domino, relevetur, et vos de collato eis suffragio et commendationem a nobis et ab omnipotente Deo sempiternæ mercedis cumulum obtinere possitis.

Datum Verulis, VIII Kalendas Martii [*leg*. Maii].

DCCXX.

Ad Nonantulanos. — Quod episcopo Mutinensi privilegium in eorum injuriam tributum non sit.

(Verulis, April. 26.)

[TIRABOSCHI, *Storia di Nonantola*, II, p. 103.]

ALEXANDER episcopus, servus servorum Dei, dilectis filiis A. abbati, et fratribus, et universo clero, et populo Nonantulano, salutem et apostolicam benedictionem.

Comperto ex relatione Alb. B. et M., nuntiorum vestrorum, quod frater noster Mutinensis episcopus se jactaverit a nobis privilegium impetrasse, propter quod monasterii vestri dignitas vel libertas diminueretur, mirati sumus pariter et turbati, nec unquam credere potuimus, quod episcopus hoc attentasset. Cum enim monasterium vestrum ad jus et proprietatem B. Petri et provisionem pariter et tutelam nostram nullo mediante pertineat, nunquam in mente nostra descendit, nec Domino volente descendet, quod jura et libertates ipsius monasterii quomodolibet diminuere debeamus. Quin potius scire vos volumus, quod cum idem episcopus vehementer instaret ut antiquum privilegium cujusdam antecessoris nostri innovaremus, illud, quia in eo libertati monasterii vestri derogabatur, noluimus aliquatenus renovare. Sic absque innovatione privilegii a nobis recessit (48). Monemus itaque universitatem vestram atque mandamus, quatenus prædictum monasterium in antiquo statu et proprio robore conservetis, et jura ipsius manutenere propensius et fovere curetis ita, quod ex hoc in conspectu Dei et oculis hominum laudem et gloriam invenire possitis.

Dat. Verul., VI Kal. Maii.

DCCXXI.

Sententiam ab Odone legato apostolico de S. Benedicti ecclesia latam inter monachos Nonantulanos et Offredum episcopum Cremonensem confirmat.

(Verulis, April. 26.)

[*Ibid*., p. 293.]

ALEXANDER episcopus, servus servorum Dei, dilectis filiis Alberto abbati et fratribus monasterii Nonantulani, salutem et apostolicam benedictionem.

Ea quæ ab apostolicæ sedis legatis ordine judiciario sunt terminata et congruo fine decisa, perpetua debent firmitate muniri, et apostolicæ tuitionis munimine roborari. Inde est quod nos vestris justis postulationibus grato concurrentes assensu, definitionis sententiam, quam dilectus filius noster Oddo S. Nicolai in Carcere Tulliano diaconus cardinalis, apostolicæ sedis legatus inter vos et venerabilem fratrem nostrum Offredum Cremonensem episcopum super ecclesia Sancti Benedicti de Cremona, ordine judiciario pronuntiavit, sicut in ejus authentico scripto exinde facto continetur, ratam et firmam habemus, et eam auctoritate apostolica confirmamus et præsentis scripti patrocinio communimus, statuentes ut nulli omnino hominum liceat hanc paginam nostræ confirmationis infringere vel ei aliquatenus contraire. Si quis autem hoc attentare præsumpserit, indignationem omnipotentis Dei, et beatorum Petri et Pauli apostolorum ejus se noverit incursurum.

Datum Verul., VI Kal. Maii.

---

(48) Quì si parla di un vescovo di Modena, che erasi transferito a Roma, e che in quella occasione avea cercato di ottener dal pontefice una bolla contraria a' privilegi della badia di Nonantola. Par dunque che qui si indichi il vescovo Ardizzone, il qual di fatto, come nella serie de' vescovi si è veduto, intervenne al general concilio Lateranense tenuto sul principio di Mazo dell' anno 1179. Ma il breve che qui publichiamo è diretto all' abbate A., cioè ad Alberto; e abbiam veduto che fin dal febbrajo dell' anno stesso a lui era succeduto l'ab. Bonifacio. Si può credere nondimeno che non essendo questi per anco passato a Roma a ricevere la benedizion del pontefice, se ne ignorasse l'elezione; o che l'estensore del breve avezzo già da più anni a nominare l'ab. Alberto, nominasselo per errore in vece di Bonifacio.

DCCXXII.

Ad Henricum Remensem archiep. — Pro Petro canonico Suessionensi.

(Verulis, April. 26.)

[Marten., *Ampl. Collect.*, II, 852.]

Ad tuæ discretionis notitiam volumus pervenire, nos dilectis filiis nostris decano et capitulo Suessionensi firmiter in mandatis dedisse, ut dilecto filio nostro Petro canonico suo præbendam ipsius cum fructibus etiam perceptis infra quindecim dies post susceptionem litterarum nostrarum, omni excusatione et appellatione cessante, restituant, et integre faciant obtinere. Unde quoniam nostrum in hac parte præceptum debito nolumus in hac parte fraudari, præsertim cum nos pro jam dicto Petro charissimi in Christo filii nostri Ludovici illustrissimi Francorum regis, cujus clericus est, preces sollicitas recepimus, et illius etiam justitia non modicum fuerimus provocati, fraternitati tuæ per apostolica scripta mandamus, quatenus si ecclesiæ præscriptæ capitulum id infra terminum sibi præfixum adimplere contempserit, tu prænominato Petro præbendam suam cum fructibus etiam perceptis, nullius contradictione vel appellatione obstante, sine aliqua dilatione reddas, et facias absque diminutione habere, nisi id forte juratæ Suessionensis Ecclesiæ consuetudini noveris obviare. Si autem id contra juramentum canonicorum suorum esse constiterit, tu præscriptum capitulum dignam alias prænominato Petro de amissis fructibus recompensationem parare, dilatione et appellatione remota, districte compellas.

Data Verulis, sexto Kal. Maii.

DCCXXIII.

Canonicis Pisanis quod G. notarium suum, Ecclesiæ Pisanæ canonicum elegerint gratias agit. Eorum cum S. Savini monachis controversiam archiepiscopi arbitrio commissam esse.

(Verulis, April. 27.)

[Ughelli, *Italia sacra*, III, 404.]

Alexander episcopus, servus servorum Dei, dilectis filiis V. archipresb. et can. Pisanis, salutem et apostolicam benedictionem.

Devotionis vestræ litteris consueta benignitate et animi alacritate receptis, quod dilectum filium G. notarium nostrum, sicut ex relatione dilectorum filiorum nostrorum Gualandi subdiaconi nostri, et P. canonicorum vestrorum jampridem acceperamus, et postmodum ex eisdem litteris vestris cognovimus, in fratrem et canonicum Ecclesiæ vestræ ad preces et interventum nostrum, placido animo elegistis, gratissimum gerimus, et valde acceptum, et exinde affectioni vestræ uberrimas gratiarum referimus actiones in proposito, et voluntate habentes petitiones vestras libentius et efficacius propter hoc exaudire, et circa commodum, et profectum vestrum pro hac re specialiter de cætero existere promptiores. Quapropter rogamus universitatem vestram atque monemus, quatenus, quod de ipso ad instantiam precum nostrarum fecistis, firmum et inconcussum tenentes eum, cum ad vos venerit, tanquam fratrem, et canonicum vestrum læto vultu recipiatis, et fraterne ac honeste tractetis. De cætero causam, quæ inter vos, et abbatem, et monachos Sancti Savini super cadavere comitis Tancredi vertitur, quia iidem monachi factum ipsum longe aliter quam vos proponebant venerabili fratri nostro archiepiscopo vestro sub certa forma commisimus terminandam ei, mandantes ut, nisi apud idem monasterium prædictus comes elegerit sepulturam, si alias ad sepulturam Ecclesiæ vestræ pertinebat interdictum nostrum maxime si post appellationem hoc fuit attentatum, faciat inviolabiliter observari quousque vobis cadaver prædicti comitis restituatur, et de injuria illata congrue fuerit satisfactum.

Datum Verul., v Kal. Maii.

DCCXXIV.

Universo capitulo abbatum Præmonstratensis ordinis interdicit ne pro abbate initiando palafredum dari archidiaconis sinant.

(Verulis, April. 29.)

[Le Paige, *Biblioth. Præm.*, 630.]

Inhonestis et pravis consuetudinibus exstirpandis pastorali debemus provisione intendere, et ne in ecclesiis Dei valeant pullulare, curam vigilem et promptam sollicitudinem adhibere. Sane quoniam in benedictione abbatum et susceptione pastoralis curæ ab archidiaconibus, pro eo quod abbates locant in stallo, palafredus exigitur quod non de aliqua rationabili causa, sed ex sola cupiditatis radice procedit, et in Simoniacam pravitatem erumpit, universitati vestræ per apostolica scripta mandamus atque præcipimus ut, si in aliquo vestrum ab archidiacono episcopatus sui palafredus fuerit tali modo exactus, eum sibi nulla ratione dare præsumat, ne uterque dans videlicet, et recipiens, propter Simoniæ vitium divina ultione plectatur.

Datum Verulis, tertio Kal. Maii.

DCCXXV.

Ad Po. decanum et capitulum Suessionense. — Pro Petro canonico.

(Verulis, Maii 1.)

[Marten., *Ampl. Collect.*, II, 852.]

Alexander episcopus, servus servorum Dei, Po. decano et toti capitulo Suessionensi, salutem et apostolicam benedictionem.

Injunctum nobis apostolatus officium et susceptæ administrationis auctoritas nos hortatur propensius et admonet, ut viros ecclesiasticos sereno vultu respicere, et ne jura eorum indebitis agitentur molestiis, attenta sollicitudine providere. Inde est quod universitati vestræ per apostolica scripta mandamus atque præcipimus, quatenus dilectum filium nostrum P. canonicum vestrum fructus præbendæ suæ integre faciatis sine molestia possidere, et quandiu fuerit in servitio ecclesiæ vel episcopi vestri, aut in scholis, sine judicio et legitima citatione, cum fructibus ejusdem præbendæ privare nullatenus præsumatis.

Datum Verulis, Kal. Maii.

DCCXXVI.
Ad Henricum Remensem archiep. — Pro Balduino cancellario Noviomensi.

(Verulis, Maii 1.)
[*Ibid.*, col. 833.]

Non excidit a memoria nostra quam diligenter et affectuose olim per scripta nostra prudentiam tuam monuerimus, ut dilectum filium nostrum Balduinum super cancellaria Noviomensis Ecclesiæ nullis indebitis vexationibus fatigares, quominus exinde suam justitiam obtineret. Quia igitur te decet officii tui debitum diligenter attendere, quo singulis in suo jure adesse teneris potius quam obesse, fraternitati tuæ per iterata scripta rogamus, atque monemus, atque mandamus, quatenus considerans diligenter et attendens qualiter non solum hi qui pontificalis gerunt officium dignitatis, sed et universi rationem debeant voluntati præferre, memorato B. pro reverentia B. Petri et nostra super jam dicta cancellaria, nullam molestiam inferas vel gravamen, sed tam sibi quam universis, prout tuum officium exigit, communem te exhibeas justitiæ defensorem.

Datum Verulis, Kal. Maii.

DCCXXVII.
Ad eumdem. — Ut quosdam excommunicatos ab episcopo Catalaunensi absolvat.

(Verulis, Maii 3.)
[*Ibid.*]

Pervenit ad nos quod, cum jampridem P. Berengaudus Guidonem perniciose satis et graviter vulnerasset, consanguinei prædicti G. adversus eumdem pro gravi animi commotione turbati, domum ejus calore iracundiæ concitati fregerunt. Unde frater noster Catalaunensis episcopus violatores domus sententiæ anathematis subjecit, quos sine pecunia absolvere omnino recusat, licet ipsi parati sint domum quam fregerant resarcire. Quia igitur propter hoc, si verum est, non ita in eos graviter animadvertere debuit, fraternitati tuæ per apostolica scripta mandamus atque præcipimus, quatenus memoratos viros, si res ita se habet, sine banno cum ei cui damnum intulerunt satisfecerint, contradictione et appellatione remota, prorsus absolvas et eos per provinciam tuam denunties penitus absolutos.

Datum Verulis, v Nonas Maii.

DCCXXVIII.
Privilegium pro monasterio Casæ-Marii.

(Verulis, Maii 9.)
[Ughelli, *Italia sacra*, I, 1392]

Alexander episcopus, servus servorum Dei, dilectis filiis Gregorio abbati monasterii SS. Joannis, et Pauli quod dicitur Casæ Marii, ejusque fratribus, tam præsentibus quam futuris, regularem vitam professis, in perpetuum.

Piæ postulatio voluntatis effectu debet prosequente compleri, ut devotionis sinceritas laudabiliter enitescat, et utilitas postulata vires indubitanter assumat. Quapropter, dilecti in Domino filii, vestris justis postulationibus clementer annuimus, et præfatum monasterium, in quo divino mancipati estis obsequio, ad exemplar fel. memoriæ prædecessorum nostrorum Calixti, Anastasii et Adriani Romanorum pontificum sub B. Petri et nostra protectione suscipimus, et præsentis scripti privilegio communimus. In primis siquidem statuimus ut ordo monasticus, qui secundum Deum, et B. Benedicti Regulam, et Cisterciensium fratrum institutionem in eodem loco noscitur institutus, perpetuis ibidem temporibus inviolabiliter observetur. Præterea quascunque possessiones, quæcunque bona idem monasterium inpræsentiarum juste et canonice possidet, aut in futurum concessione pontificum, largitione regum vel principum, oblatione fidelium, seu aliis justis modis, præstante Domino, poterit adipisci, firma vobis vestrisque successoribus et illibata permaneant. In quibus hæc propriis duximus exprimenda vocabulis:

Ecclesiam videlicet Sancti Archangeli, ecclesiam S. Hippolyti, et quidquid habetis in ecclesia S. Viti, quæ sunt in territorio Verulanæ civitatis, ecclesiam S. Angeli in monte de Corneto, ecclesiam S. Salvatoris, et ecclesiam S. Mariæ de Regimenio in territorio montis S. Joannis, ecclesiam S. Nicolai in Castro Babuci, ecclesiam S. Joannis et ecclesiam S. Sylvestri, cum amphitheatro quod vulgo Appretiatum dicitur; in territorio Frusinonensi, ecclesiam S. Crucis, in territorio Anagnino ecclesiam S. Vincentii juxta castrum Morrei in valle Orbetana, et ecclesiam S. Manni juxta castrum Castuli in territorio Marsicano, cum omnibus supradictarum ecclesiarum permanentiis, molendina ad Arinulam, et illa quæ habetis in territorio Castrensi; rusticos etiam et hæreditates quas in civitate Verulana, et Castro Babuci, ac montis S. Joannis quiete hactenus possedisse videmus. Pascua et usum silvarum in toto territorio Castrensi, et Montis Nigri, pascua et usum silvarum, et totam castellaturam ipsius Montis Nigri, et ultramuros adjacentem centum passus, sicut inde descendit ab utraque parte in rivum, et circuitu versus aquilonem ipsum præcipitium Montis, et terram in territorio supradicti Montis, quantum duo aratra sufficiunt laborare; ecclesiam S. Benedicti, cum omnibus pertinentiis suis, et ecclesiam S. Angeli de Meruleto cum capellis et pertinentiis suis, quæ omnia felicis memoriæ Pater et prædecessor noster Eugenius papa vobis in ecclesiæ vestræ dedicatione concessit, et Anastasius et Adrian. Rom. pontifices suo privilegio roborarunt, vobis vestrisque successoribus nihilominus confirmamus. Concambium quoque quod cum Verulano episcopo et canonicis S. Erasmi, atque quondam Gregorio custode castelli, quod Castrum nominatur, rationabiliter fecistis, futuris temporibus inviolabiliter observari præcipimus.

Statuimus præterea ut monasterium vestrum, quod ad jus et proprietatem B. Petri pertinere dignoscitur, nulli ecclesiasticæ vel sæculari personæ, præterquam Romano pontifici debeat subjacere. Ad hæc advertentes statuimus ut nulli archiepiscopo vel episcopo liceat præfatum monasterium interdicere, aut in vos absque auctoritate Romani pontificis interdicti vel excommunicationis sententiam promulgare. Nihilominus etiam apostolica auctoritate prohibemus, ut nullus quamlibet ecclesiam ad idem monasterium pertinentem, quæ populum non habet, interdicto subjicere audeat; quominus si quis fratrum vestrorum ibidem ex devotione cantare voluerit, exclusis excommunicatis et interdictis, cantandi liberam habeat facultatem. Præterea per decreti hujus paginam duximus statuendum ut fratres vestri in quocunque loco positi fuerint, ab omni sæcularis servitii actione, et ab omni gravamine mundanæ oppressionis sint liberi et immunes. Sane laborum vestrorum, quos propriis manibus aut sumptibus colitis, seu de nutrimentis animalium vestrorum nullus a vobis decimas exigere præsumat. Paci quoque et tranquillitati vestræ paterna provisione providere volentes, auctoritate apostolica inhibemus, ne quis terminos ab eodem antecessore nostro circa monasterii vestri ambitum institutos, et 500 passibus ab eo distantes transgredi audeat, nec infra furtum aut rapinam facere, hominem capere, vel aliquam violentiam exercere. Si autem fecerit, et secundo tertiove commonitus, satisfactionem congruam exhibere contempserit, tanquam sacrilegus judicetur, et districtionis ecclesiasticæ animadversione plectatur. Chrisma vero, oleum sanctum, consecrationes altarium seu basilicarum, ordinationes monachorum qui ad sacros ordines fuerint promovendi, a diœcesano suscipietis episcopo, siquidem Catholicus fuerit, et ea gratis et absque pravitate aliqua vobis voluerit exhibere. Alioquin liceat vobis Catholicum, quem malueritis, adire antistitem, qui nimirum nostra fultus auctoritate, quod postulatur, indulgeat. Neque illi episcopo, aut episcoporum ministro facultas sit in capellis ad prædictum monasterium pertinentibus, præter competentem ei quartam decimarum, et oblationum partem injuste sibi aliquid vindicare. Obeunte vero te nunc ejusdem loci abbate, vel tuorum quolibet successorum, nullus ibi qualibet subreptionis astutia seu violentia præponatur, nisi quem fratres communi consensu, vel fratrum pars consilii sanior de suo vel de alieno Cisterciensis ordinis, si oportuerit, collegio, secundum Deum et B. Benedicti Regulam elegerint, a Romano pontifice consecrandum.

Decernimus ergo ut nulli omnino hominum, etc. Amen.

Ego Alexander catholicæ Ecclesiæ episcopus.

Ego Bernardus, Portuensis et S. Rufinæ episcopus.

Ego Ubaldus, presbyter cardinalis tit. S. Crucis in Jerusalem.

Ego Joannes, presb. card. SS. Joannis et Pauli tit. Pammachii.

Ego Aldobrandus, basilicæ XII Apost. presbyter card.

Ego Joannes, presbyter cardinalis tituli S. Anastasiæ.

Ego Albertus, presbyter card. tit. S. Laurentii in Lucina.

Ego Guillelmus, presbyter card. tit. S. Petri ad Vincula.

Ego Boso, presbyter cardinalis S. Pudentianæ tit. Pastoris.

Ego Joannes, presbyter cardinalis tituli Sancti Marci.

Ego Theodinus, presbyter cardinalis S. Vitalis tit. Vestinæ.

Ego Hyacinthus, diaconus cardinalis S. Mariæ in Cosmedin.

Ego Ardicio, diaconus cardinalis Sancti Theodori.

Ego Cynthius, diaconus cardinalis Sancti Adriani.

Ego Manfredus, diac. card. S. Georgii ad Velum Aureum.

Ego Hugo, diac. card. S. Eustachii juxta templum Agrippæ.

Ego Petrus, diaconus cardinalis Sanctæ Mariæ in Aquiro.

Datum Verulis per manum Gratiani S. R. E. subdiaconi et notarii, VII Id. Maii, indict. III, Incarn. Dom. anno 1170, pontificatus vero D. Alexandri papæ III anno XI.

DCCXXIX.

Ad F. decanum et capitulum Remense. — *Contra Jo. cancellarium et Ægidium decanum de villa Dominica, pro Roberto presbytero de Saceio*
(Verulis, Maii 12.)
[Marten., Ampl. Collect., II, 854.]

Querelam Roberti presbyteri ad audientiam nostram noveritis esse perlatam, quod cum Jo. procurator archidiaconi Remensis, et Ægidius decanus Villæ Dominicæ sibi objicerent, quod scienter participatione cujusdam excommunicati maculam anathematis contraxisset, et hoc se dicerent per testes legitimos probaturos, tandem die probationi statuta, id sicut promiserant non probarunt; sed jam dictus J. eidem ut se septima manu purgaret indixit, adjiciens ut tres sacerdotes quos sibi nominaverat et reliquos in purgatione juxta suam voluntatem haberet. Cum autem præfatus presbyter multoties paratus fuisset se cum suis testibus purgaturus, et prænominati J. et decanus causam inique proferrent, presbyter tam persona quam bonis suis sub protectione apostolicæ sedis positis, ad nostram audientiam appellavit, sed nuntio ipsius coram nobis præsente, altera pars nec venit, nec aliquem pro se responsalem transmisit. Quia igitur indignum est et iniquum innocentem sanguinem condemnare, discretioni vestræ per apostolica scripta mandamus, quatenus si supradicti J. et decanus objecta probare potuerint, vos ab eodem presbytero juramento recepto, quod super hoc vestre debeat stare mandato, eum absque exactione alicujus pecuniæ absolvatis, et ei congruam pœnitentiam imponatis. Si vero absque exactione pecuniæ ipsum non duxeritis absolvendum, eum auctoritate apostolica decernimus absolutum. Cæterum si in probatione defecerint, ab eodem presbytero purgatione propriæ manus duntaxat recepta, eum super his ab impetitione ipsorum auctoritate apostolica penitus absolvatis. Pro tali enim culpa non est adeo gravis indicenda purgatio.

Data Verulis, iv Idus Maii.

DCCXXX.

Robertum priorem et capitulum S. Victoris Parisiensis hortatur ut Ervisio abbati obediant.

(Verulis, Maii 13.)

[MARTEN., *Ampl. Collect.*, t. VI, col. 264.]

ALEXANDER episcopus, servus servorum Dei, dilectis filiis ROBERTO priori et capitulo S. Victoris Parisiensis S. et A. B.

Sæpius dilectum filium nostrum Ervisium abbatem vestrum, et nunc etiam per scripta nostra monuimus atque mandamus ut negotia Ecclesiæ vestræ (49) tam intrinseca quam extrinseca cum consilio majoris et sanioris partis capituli dirigat et pertractet, et ad profectum vestrum secundum institutionem ordinis vestri prompta sollicitudine et cura intendat. Quoniam igitur eumdem abbatem juxta commonitionem et mandatum nostrum libenter facturum credimus et speramus, discretioni vestræ per apostolica scripta mandamus atque præcipimus, quatenus eidem abbati debitam obedientiam et reverentiam impendentes, in ordinandis et disponendis negotiis ecclesiæ vestræ provide et efficaciter assistatis, et juxta institutionem ordinis vestri taliter et ad religionis cultum et ad temporalium etiam incrementum vos exhibeatis ultroneos, quod eadem ecclesia studio et sollicitudine vestra, cooperante Domino, in spiritualibus amplietur, et temporalibus etiam proficiat incrementis. Si quid autem in ecclesia vestra corrigendum fuerit, quod in concilio majoris et sanioris partis capituli non possit corrigi, volumus et mandamus, ut ad mandatum eorum quibus statum ejusdem ecclesiæ dirigendum commisimus, commodius corrigatur.

Datum Venetiis, iii Idus Maii.

DCCXXXI.

Pacem ab Hugone episcopo Ruthenensi, et ejus fratre, Hugone comite Ruthenensi constitutam comprobat.

(Verulis, Maii 14.)

[MANSI, *Concil.* XXI, 1045.]

ALEXANDER episcopus, servus servorum Dei, venerabili fratri HUGONI Ruthenensi episcopo, salutem et apostolicam benedictionem.

Quoties ea quæ ad pacem pertinent postulantur a sede apostolica confirmari, tanto super his benigniorem assensum nos convenit adhibere, quanto ex bono pacis plura commoda et gratiora singulis proveniunt incrementa. Ex quodam siquidem rescripto a tua nobis fraternitate transmisso, ad audientiam nostram pervenit, quod tu habito concilio abbatum, præpositorum, et archidiaconorum tuorum, et baronum terræ, cum nobili viro Hugone fratre tuo comite Ruthenæ, hujusmodi pacem et concordiam statuisti : « Quod omnes res mobiles et immobiles, omnes homines tam clerici quam laici in omni tempore sint sub ea pace securi. Nec ulli liceat præter armatos milites, et clientes, quælibet arma ferre, nisi milites enses solummodo, et clientes singulos baculos ferant, qui pacis, sicut cæteri, debent securitate gaudere. Et præter eos qui hanc pacem, sicut statuta est, noluerint firmare, et inviolabiliter observare, sicut de his qui publice perjurant, vel fidem mentiuntur pro manifesto debito, seu pro cognita fidejussione, de rebus eorum pignorandis licentia non denegetur, vobis tamen exceptis. » Ad ejusmodi vero pacis et securitatis sustentationem et defensionem, statutum est ut abbates, archidiaconi, archipresbyteri, monachi, canonici, priores, omnes clerici, qui proprias ecclesias regunt, milites quoque et mercatores, atque burgenses, qui facultatibus abundaverint; et omnes etiam homines tam clerici quam laici, qui habuerint par boum, seu aliorum animalium, cum quibus arare possint, sive amplius habuerint, vel qui habuerint sommarium, equum scilicet vel equam, mulum vel mulam, quæ ad portanda onera locent, duodecim denarios Ruthenenses, sive alios tantumdem valentes donent. Cum vero habuerint ovile ovium, dent pro eo sex denarios ejusdem monetæ, vel alios æquivalentes. Totidem autem dabunt qui habent unum bovem tantum, vel aliud animal cum quo valeant arare, sive asinum quem possint locare. Clientes vero, et artifices, scilicet fabri, sartores, pellicarii, et omnes operarii, aut sex, vel octo, seu duodecim denarios secundum suorum capellanorum arbitrium dabunt. Verum si pater cum filiis, seu fratres, sive consanguinei fuerint, qui nondum sunt invicem separati, nec sunt res eorum divisæ, unus pro omnibus dabit, alioqui solvat unusquisque pro se. Commune autem istud per singulas parochias debet reddi, cum scripto unius parochianorum, quem capellanus, cum consilio sui archipresbyteri et voluntate suorum parochianorum, elegerit. Et in die statuta ab ipso parochiano, et cum eodem scripto, ad Ruthenensem ecclesiam deferatur. Quisquis autem res suas amiserit, postquam commune, sicut prædictum est, solverit, in integrum restituatur : si tamen certam

(49) Hinc apparet Ervisium dignitati abbatiali cedentem, non omni fuisse regimine exutum, sed aliqua ei administranda reservata.

personam quæ res sibi ablatas habeat, vel locum ubi sunt, poterit demonstrare; sin autem, minime. Si vero inimicos, villas, vel oppida deprædari vel diruere forte contigerit, res quidem mobiles emendabuntur de communi, sed damna rerum immobilium non restituentur, nisi quantum a malefactoribus poterit recuperari. Clerici vero qui proprias ecclesias non habent, nisi par boum habuerint, non coguntur dare, si nolint : sed non dato communi, si forte res suas perdiderint, eis nequaquam emendabuntur. » Additum est in prædicta pace « ut capellani ecclesiarum, et omnes laici, a quatuordecim annis et supra, pacem et commune firmare debeant et observare. Qui vero in hoc obedire contempserint, debent ab ecclesiæ liminibus coerceri, et ab omni pace fieri alieni. Ecclesiæ quoque parochiarum, in quibus violatores pacis habitaverint, a divinis vacent officiis, donec ipsi ad emendationem venire cogantur. » Quam siquidem pacis institutionem, quemadmodum a vobis facta est, rescripto authentico roborata, firmam et ratam habemus, et eam auctoritate apostolica confirmamus, et præsentium scripto communimus : statuentes ut nulli omnino hominum liceat hanc paginam nostræ confirmationis infringere, vel ei aliquatenus contraire. Si quis autem hoc attentare præsumpserit, indignationem omnipotentis Dei, et beatorum Petri et Pauli, se noverit incursurum.

Datum Verulis, secundo Idus Maii [pontificatus nostri anno secundo (50)].

DCCXXXII.

Ad Galterum Tornacensem episcopum. — De quadraginta canonicis in Tornacensi Ecclesia instituendis.

(Verulis, Maii 14.)

[*Gall. Christ. nov.*, III, Instr. 48.]

ALEXANDER episcopus, servus servorum Dei, venerabili fratri Tornacensi episcopo S. et A. B.

Significatum est nobis et ex parte tua monstratum quod commissa tibi Ecclesia paucos clericos ejus obsequio habeat deputatos, cum tamen magna possessionum copia gaudere dicatur. Quoniam igitur indignum est tam celebrem Ecclesiam copiam clericorum sibi deservientium non habere, fraternitati tuæ significatione præsentium auctoritate apostolica indulgemus, ut cum consilio discretorum et religiosorum virorum diœcesis vestræ, de xxx præbendis quadraginta instituere possis, dummodo Ecclesiæ præscriptæ possessiones ad hoc ita sufficientes existant, quod ecclesiæ tuæ canonici alias præbendas quærere non cogantur, sed de ipsius ecclesiæ beneficio honestam possint sustentationem habere.

Data Verulis, II Idus Martii [*leg.* Maii].

DCCXXXIII.

Ad Henricum Remensem archiep. — Pro P. sacerdote, ut domino Remensi benigne recipiatur.

(Verulis, Maii 21.)

[MARTEN., *Ampl. Collect.*, II, 835.]

Dilectioni tuæ notificamus quod filius noster P. in præsentia nostra assistens, nobis intimavit quod in archiepiscopatu Remensi natus fuit, et ibi in subdiaconum ordinatus est, postea vero, sicut asserit, devotione bona Jerosolymam petens, ibi diaconatus ordinem adeptus est, reversusque ad natale solum, in ipso diaconatus ordine diu Deo deservivit, postea in sacerdotem promotus est. Nunc autem de novo de diaconatus ordine vocatus in causam, videns sui gravamen, ad remedium apostolicæ sedis, convolavit. Quoniam vero nostrum est misereri pauperum ad nos confugientium, inquirentes diligenter de diaconatus sui ordine rei veritatem, ex testimoniis quorumdam percepimus, prædictum P. in diaconum Sidonis ordinatum fuisse, et quoniam Romana Ecclesia cui ordinante Christo deservimus, consilii et auxilii tutamentum debet esse humiliter petentibus, fraternitatem tuam per apostolica scripta rogamus, monemus atque mandamus, intuitu divini amoris et timoris, memoratum P. benigne recipias, cum de sui ordine diaconatus apud nos satis firmiter constet, et in sacerdotali officio in pace Deo servire dimittas, et pro reverentia beati Petri ac nostra aliquod ecclesiasticum beneficium, unde honeste possit vivere, ei assignare non differas.

Data Verulis, XII Kal. Junii.

DCCXXXIV.

Ad eumdem. — Ut disceptet controversiam inter U. et fratres ejus Nicolaum atque monachos Aquicinctinenses, et controversiam inter fratres S. Foillani ac canonicos S. Vincentii.

(Verulis, Maii 21.)

[*Ibid.*, col. 835.]

Veniens ad apostolicæ sedis clementiam U. lator præsentium, proposita nobis assertione monstravit quod, cum ipse et frater ejus Nic. de abbate et monachis (51) Auncinis in curia Cameracensis Ecclesiæ querimoniam deposuissent, quod vos irrationabiliter exhæredarent, et causa ipsa super hoc fuisset discussa, prædictus Nicolaus ad nostram audientiam appellavit, sed abbas et monachi non venerunt, nec aliquem pro se responsalem miserunt. Quia igitur universis Dei fidelibus in justitia sua debitores existimus, fraternitati tuæ causam ipsam committimus audiendam, et appellatione cessante fine debito terminandam, per apostolica tibi scripta mandantes, quatenus cum exinde fueris requisitus, utramque partem ante tuam præsentiam convoces, et rationibus hinc inde plenius auditis et cognitis, eamdem causam, sublato appellationis remedio, justitia mediante, decidas ; ita quod neutra partium

---

(50) Verba uncis inclusa aliena manus addidit.
(51) Auncinos monachos conjicio esse Aquicinctinos in diœcesi Atrebatensi a verbo Gallico *Anchin*.

merito conqueri possit pro juris defectu. Causam quoque quæ inter prædictos fratres et abbatem Sancti Foillani (52) et canonicos S. Vincentii, super quadam parte hæreditatis ipsorum agitari dignoscitur, experientiæ tuæ committimus audiendam, tibi significatione præsentium injungentes, ut eamdem causam audias, et eam appellatione remota servata juris æquitate, decidas.

Data Verulis, x Kal. Junii.

DCCXXXV.

Ad eumdem. — Pro ecclesia Caricampi, ut vicedominus de Pincheri cesset ab inquietatione ejus.

(Verulis, Maii 23.)
[*Ibid.*, col. 857.]

Ex transmissa conquestione abbatis et fratrum Caricampi (53) ad audientiam apostolicæ sedis pervenit, quod vicedominus Pinginniacensis eis et domui eorum plurima gravamina in rebus et possessionibus suis irrogare non dubitat, quos pro suæ religionis et honestatis fragrantia ab aliorum oppressionibus, quantum possit, attenta deberet sollicitudine defensare. Quia igitur nostrum est religiosas personas et earum loca præcipua in Christo charitate diligere, et ad earum defensionem attentam sollicitudinem et diligentiam adhibere; fraternitati tuæ per apostolica scripta mandamus, quatenus memoratum vicedominum studiose convenias, et ecclesiastica districtione compellas, quod si qua damna eisdem fratribus intulit, ea cum digna satisfactione restauret, et ab eorum gravamine et molestatione penitus conquiescat, aut exinde sibi in præsentia tua, sublato appellationis remedio, justitiæ faciat complementum; ita quod jam dicti fratres tuæ protectionis munimine esse possint ab ejus molestatione securi, et sua se gaudeant pacifice possidere.

Data Verulis, x Kal. Junii.

DCCXXXVI.

Ad eumdem. — Pro ecclesia Caricampi.

(Verulis, Maii 23.)
[*Ibid.*, col. 858.]

Licet universi Dei fidelibus pro nostri officii debito suam teneamur justitiam conservare, viris tamen religiosis et ferventer divino officio mancipatis tanto promptiori studio debemus adesse, quanto minus convenit eis ex susceptæ religionis proposito litigare. Conquerentibus autem nobis dilectis filiis abbate et fratribus Caricampi, ad nostram noveritis audientiam pervenisse, quod nobilis vir B. de S. Gualarico eis VIII marcas argenti restituere contradicit, quas cellerarius eorum sibi, sicut dicit, accommodavit. Accedit ad hæc quod, cum idem Bernardus pro quodam milite eisdem fratribus super sexaginta libras se fidejussorem

(52) S. Foillani ordinis Præmonstratensis monasterium est in Hannonia diœcesis Cameracensis.
(53) Caricampi insigne monasterium est ordinis Cisterciensis de linea Pontiniaci fundatum in diœcesi Ambianensi, haud procul ab Hesdino, circa

constituisset, easdem libras, sicut tenetur, sibi restitui nullatenus facit, et alia quam plura gravamina eis et eorum monasterio non desinit irrogare. Unde quia ipsa pontificalis auctoritas, quæ tibi est ab ipso omnium provisore collata, et etiam religionis (54) habitus quem prætendis, ad conservanda jura prædictorum fratrum te monere debent propensius et inducere, fraternitati tuæ per apostolica scripta mandamus, quatenus memoratum B. diligenter moneas et horteris, ut illas VIII marcas, quæ sibi a prædicto cellerario accommodatæ fuerint, eisdem fratribus sine molestia et difficultate restituat; et LX libras, pro quibus se eis fidejussorem constituit, ipsis exsolvat vel exsolvi faciat, et ab eorum molestatione omnino desistat, aut exinde sibi sub examine tuo plenam et sufficientem justitiam, appellatione remota, non differat exhibere. Quod si ad commonitionem tuam adimplere noluerit, in eum, sublato appellationis remedio, excommunicationis sententiam proferas; et si nec sic resipuerit, terram ejus subjicias interdicto.

Data Verulis, x Kal. Junii.

DCCXXXVII.

Ad eumdem. — Pro Her., ut ab interdicto absolvatur.

(Verulis, Maii 25.)
[*Ibid.*, col. 859.]

Veniens ad apostolicam sedem Her., præsentium lator, supplici nobis relatione proposuit quod, cum jampridem cum noverca sua, et patre ejusdem novercæ, super quibusdam possessionibus causam haberet, ipse et soror ejus ad nostram audientiam appellarunt, unde quia infra congruum tempus non sunt appellationem interpositam prosecuti, J. vice archidiaconus tuus eos fecit vinculo anathematis innodari. Cæterum idem Her. in nostra præsentia constitutus constanter asseruit, quod tum propter suam puerilem ætatem, tum propter instantem necessitatem appellationem prosequi minime potuerunt. Nos itaque eorum necessitatibus paterno condescendentes affectu, præfatum Her. a sententia fecimus excommunicationis absolvi, fraternitati tuæ præsentium auctoritate mandantes, quatenus sororem ejus ab eadem sententia absque alicujus banni exactione prorsus absolvas, ab eis sufficienti cautione accepta, quod super præscripta causa coram venerabili fratre nostro [Theobaldo] Ambianensi episcopo et dilecto filio nostro F. decano Remensi, cum memorata noverca sua et patre ejus debeant justitiæ stare. Deinde vero cum exinde fuerit requisitus, utramque partem ad præsentiam eorumdem judicum compellas accedere, et eorum judicium super præscripta causa, appellatione cessante, firmiter observare.

Data Verulis, VIII Kal. Junii.

1140, ab Hugone comite S. Pauli.
(54) Quippe Henricus fuerat monachus ordinis Cisterciensis in Claravalle professus, et monachi olim ad episcopatum dignitatem sublimati vestem monachalem non deponebant in episcopatu.

DCCXXXVIII.

Ad F. decanum et capitulum Remense. — Pro Viviano presbytero contra episcopum Catalaunensem, ne quod bona fide fecit, in damnum vel infamiam ei vertatur.

(Verulis, Maii 25.)

[*Ibid.*, col. 859.]

Veniens ad præsentiam nostram Vivianus pauper presbyter, præsentium lator, supplici nobis narratione proposuit quod, cum quidam res cujusdam ecclesiæ furatus fuisset, eas sibi per secretam confessionem commisit, suppliciter postulans ut proxima sequenti die res ipsas capellano ejusdem ecclesiæ reddere non differret. Deinde vero fur fraudulenter eumdem capellanum adiit, suggerens ei obtentu quinque solidorum, quos ab ipso debebat propter hoc recipere, prænominatum presbyterum res illas habere. Statuto itaque die, cum idem presbyter prædictas res secum, eas capellano redditurus, asserret, eumdem capellanum cum fure in via obvium habuit, quem secreto trahens in partem, ei res suas privatim reddidit, asserens eas per confessionem manifestatas fuisse. Capellanus vero id falsum esse constantius asseverans, eumdem presbyterum vocavit, et eum tanquam furem cœpit impetere et graviter inquietare. Unde venerabilis frater noster G. Catalaunensis episcopus, sibi Ecclesiam quam per quadraginta annos possederat abstulit, et in eum sententiam excommunicationis promulgavit, alia tamen occasione, quod videlicet bis per nuntium suum propter hoc citatus, ad suam præsentiam venire neglexisset. Quia igitur quod ipse bona fide fecerat, non est in suum damnum vel infamiam retorquendum, nec facile credere possumus quod vir tanti officii et ætatis furtum illud vel sacrilegium commisisset, eum a sententia excommunicationis absolvi fecimus, discretioni vestræ per apostolica scripta præcipiendo mandantes, quatenus, partibus ante præsentiam vestram convocatis, causam ipsam diligenter audiatis, et eam, contradictione et appellatione remota, fine debito terminetis, provisuri attentius, ne justitia pauperis hujus sub examine vestro valeat deperire. Si vero innocens inventus fuerit, ei auctoritate nostra ecclesiam cum fructibus inde perceptis, et officium suum, appellatione cessante, faciatis restitui et in pace dimitti.

Data Verulis, viii Kal. Junii.

DCCXXXIX.

Ad eosdem. — Contra Thomam et Joannem, pro Theobaldo clerico.

(Verulis, Maii 27.)

[*Ibid.*, col. 840.]

Veniens ad apostolicæ sedis clementiam Theobaldus clericus, lator præsentium, lacrymabili nobis conquestione monstravit, quod magister J. vicarius archidiaconi et Thomas presbyter in eum et fratrem suum violentas manus ausu diabolico injecerunt, et eum post factam ad nos appellationem carceri mancipaverunt, in quo per XL dies detenti fuerunt, nec exinde exire potuerunt, donec se centum et duodecim solidis redimere sunt coacti. Deinde vero per quemdam præpositum fidem compulsi sunt præstare, quod appellationem suam nullatenus prosequerentur. Unde quoniam id gravissime in Ecclesiæ Romanæ redundat injuriam, nec hoc sicut non debemus, possumus in patientia sustinere, per apostolica vobis scripta præcipiendo mandamus, et in virtute obedientiæ injungimus, quatenus cujuslibet timore, gratia et amore postposito, rei veritatem diligentius inquiratis, et si ita constiterit, memoratos T. et J. ab omni officio et beneficio ecclesiastico, sublato appellationis remedio, suspendatis, et tam eos quam illos qui præfatum T. et fratrem ejus de appellatione non prosequenda fidem coegerunt præstare, excommunicatos publice denuntietis, et ab omnibus sicut excommunicatos facias cautius evitari, donec jam dicto T. et fratri suo ablata omnia cum integritate restituant, de damnis et injuriis illatis satisfaciant, et ad nos cum vestris litteris veniant satisfacturi. Si vero T. et ejus frater clericos vel sacerdotes in testimonium assertionis suæ producere non potuerint, laicos tres aut duos, si producti fuerint, recipiatis, et tam in his quam in aliis, quæ prædiximus, juxta formam præcepti nostri, etsi appellatum fuerit, non minus procedatis.

Data Verulis, vi Kal. Junii.

DCCXL.

Ad monasterii Piscariensis ecclesiam qui die translationis corporis S. Clementis papæ accesserint, iis peccata condonat.

(Verulis, Maii 28.)

[*Chron. Casaur.*, ap. MURATORI, *Rer. Ital. Script.*, II, II, 907.]

ALEXANDER episcopus, servus servorum Dei, dilectis filiis LEONATI abbati, et conventui Sancti Clementis de Piscaria, salutem et apostolicam benedictionem.

Licet omnes qui pia et religiosa loca intuitu devotionis frequentant, et ibidem omnipotentem Dominum devotis orationibus et votivis cordis affectibus sibi reddunt placatum, suorum mereantur percipere veniam delictorum, in solemnibus tamen et præcipuis festivitatibus tanto celebrius eadem loca debent ab universis Dei fidelibus frequentari, et majore devotione et reverentia venerari, quanto devotius tunc ecclesiastici viri obsequiis divinis insistunt, et pro excessibus populorum specialius omnipotens Dominus et ferventius exoratur. Quoniam igitur pium et justum est, et a sanctis Patribus institutum, ut ad ecclesias Dei universi fideles in præcipuis et solemnibus diebus compuncta mente et ardenti desiderio concurrere debeant, et in voto laudis et placationis suorum peccatorum indulgentiam implorare; nos vestris piis desideriis et justis postulationibus inclinati, universis qui ad ecclesiam vestram in die translationis corporis S. Clementis papæ et martyris, quod, sicut in antiquis scriptis habetur, in eadem ecclesia requiescit, devota mente concurrerint, et ibidem vobiscum in ejusdem gloriosi martyris veneratione vota laudis et placationis exsolverint, id ex parte omnipotentis Dei et auctoritate apostolorum Petri et Pauli ac nostra in suorum remissionem injungimus peccatorum.

Datum Verul. quarto Kal. Maji.

DCCXLI.

Ad episcopum quemdam. — Ut Herbertus civis Catalaunensis ab excommunicatione lata post factam appellationem solvatur.

(Verulis, Maii 29.)

[MARTEN., *Ampl. Collect.*, II, 843.]

Ex transmissa conquestione Herberti Catalaunensis civis ad audientiam nostram pervenit, quod Rollandus capellanus ejus in eum post factam ad nos appellationem, excommunicationis sententiam promulgavit. Quia igitur quidquid contra appellationem ab aliquibus attentatur, nullius debet robur stabilitatis habere, fraternitati tuæ per apostolica scripta mandamus atque præcipimus, quatenus reipsa diligentius inquisita, si tibi constiterit eumdem Her. post appellationem excommunicatum fuisse, eum, contradictione et appellatione remota, absolutum denunties et facias pro absoluto haberi. Deinde vero causam quæ inter eumdem capellanum et prædictum Her. vertitur, studiosius audias, et eam, appellatione remota, debito fine decidas.

Data Verulis, IV Kal. Junii.

DCCXLII.

Ad Willelmum episcopum Senonensem, apostolicæ sedis legatum. — Purgat calumniam illam, qua dicebatur suo mandato Londoniensem episcopum absolutum esse.

MANSI, *Concil.*, XXI, 900.)

ALEXANDER episcopus, servus servorum Dei, dilecto filio WILLELMO episcopo Senonensi, apostolicæ sedis legato, salutem et apostolicam benedictionem.

Litteras quas nobis super negotio venerabilis fratris nostri Cantuariensis archiepiscopi devotio tua transmisit, gratanter admisimus, et eas diligenter curavimus ac studiose audire. Verum quoniam Londoniensis episcopus ad nos nequaquam accessit, nihil de causa sua statuimus. Sed si ad nos venisset, nos jam dicto archiepiscopo, Cantuariensi videlicet, quantum salva conscientia nostra fieri posset, suam justitiam studeremus conservare. Qualiter autem in causa ista processimus, ei jam ex parte, nec non et charissimo in Christo filio nostro Ludovico illustri Francorum regi, sicut tibi viva voce injunximus, satis credimus innotuisse. Nos enim nihil inde post discessum tuum mutavimus, nec in posterum duximus immutandum, licet præfatus Anglorum rex nos exinde per consules Lombardiæ, qui una cum nuntio coram nobis præsentes erant, nec non et per nuntios charissimi in Christo filii nostri Manuelis illustris Constantinopolitani imperatoris, instantissime sollicitaret, ut ei tempus deberemus aliquantulum prolongare. Et quoniam ipsius archiepiscopi causam, nostram et Ecclesiæ reputamus, fraternitati tuæ per apostolica scripta mandamus, quatenus venerabiles fratres nostros Rothomagensem archiepiscopum et Nivernensem episcopum super diligentia ac festinanti exsecutione præcepti nostri studiose commoneas, et viva voce vel litteris, si utrumque non poteris præsentem habere, instantius exhorteris. Quod si adhuc in negotio illo nullatenus processerunt, tu ipsos ex parte nostra durius increpes, et gravius redarguere non omittas. Si autem eos in prælibati regis terram sententiam interdicti juxta præceptum nostrum proferre contigerit, tu eam per ejusdem regis terram, quam in tua provincia habere dignoscitur, omni excusatione et appellatione remota, firmam et inconcussam observes, et ab omnibus facias, quantum in te est, irrefragabiliter observari.

DCCXLIII.

Bituricensi, Remensi, Turonensi, Rothomagensi archiepiscopis mandat ut pravam doctrinam, quod Christus scilicet, secundum quod sit homo non sit aliquid, penitus abrogare curent.

(Verulis, Jun. 2.)

[MARTEN., *Ampl. Collect.*, II, 843.]

ALEXANDER episcopus, servus servorum Dei, venerabilibus fratribus Bituricensi (55), Remensi (56), Turonensi (57), Rothomagensi (58) archiepiscopis et eorum suffraganeis, S. et A. B.

Eis qui, disponente Domino, pontificali sunt præditi dignitate, studendum imminet et summopere vigilandum, ne in Ecclesia Dei prava doctrina valeat convalescere, quæ contra fidem catholicam videatur venire, quia negligentiæ prælatorum Ecclesiæ posset attribui, si non curarent evellere quæ sunt ab universis fidelibus penitus resecanda. Inde est quod ad vestri officii debitum exercendum, charitatem vestram attentius exhortantes, fraternitati vestræ per apostolica scripta mandamus atque præcipimus, quatenus vos singuli in provincia vestra, ascitis vobis prudentibus et religiosis viris (59), pravam doctrinam, quam adhuc quidam tenent et prædicant, quod Christus videlicet secundum quod est homo non est aliquid, penitus abrogare curetis, et Christum sicut perfectum Deum, sic et perfectum ac verum hominem ex anima et corpore secundum

---

(55) Petro de Castra, qui per triginta circiter annos sedem Bituricensem occupavit, defunctus anno 1171.

(56) Henrico, ad quem omnes fere hujus codicis epistolæ.

(57) Joscio, ex episcopo Briocensi translato ad Ecclesiam Turonensem, 1157, qui obiit 1175.

(58) Rotrodo, qui et ipse ex Ebroicensi ad Rothomagensem sedem translatus 1164; vita functus est 1183.

(59) Adversus pravam hanc doctrinam scripsit opusculum Jacobus Cornubiensis a nobis editum tom. V *Anecdotor.* (*Patr.* t. CXCIX), quod quidem dicavit Alexandro III, qui hanc perversam doctrinam jam damnaverat in concilio Turonensi 1163.

quod homo consistentem tenendum et prædicandum præcipiatis, universis, sub interminatione anathematis, prohibentes ne doctrinam illam de cætero tenere seu docere præsumant, sed ipsam penitus detestentur.

Data Verulis, IV Nonas Junii.

DCCXLIV.

Willelmo, archiepiscopo Senonensi, datum jampridem Parisiis præceptum renovat, ut, suffraganeis Parisios convocatis, Petri, quondam episcopi Parisiensis, sententiam : « quod Christus secundum quod est homo, non est aliquid » tollendam curet, ac docere magistros jubeat : esse « Christum, sicut perfectum Deum, sic et perfectum hominem, ac verum hominem ex anima et corpore consistentem. »

(Verulis, Jun.?)
[MANSI, *Concil.*, XXI, 119.]

ALEXANDER episcopus, servus servorum Dei, WILLELMO Senonensi archiepiscopo, salutem.

Cum in nostra olim esses præsentia constitutus, tibi viva voce injunximus ut, suffraganeis tuis Parisiis tibi ascitis, abrogationem pravæ doctrinæ Petri quondam Parisiensis episcopi, qua dicitur quod Christus, secundum quod est homo, non est aliquid, omnino intenderes, et efficacem operam adhiberes. Inde siquidem est quod fraternitati tuæ per apostolica scripta mandamus, quatenus, quod tibi, cum præsens esses, præcepimus, suffraganeos tuos Parisios convoces, et una cum illis et aliis viris religiosis et prudentibus, præscriptam doctrinam studeas penitus abrogare; et a magistris et scholaribus ibidem in theologia studentibus, Christum, sicut perfectum Deum, sic et perfectum hominem, ac verum hominem ex anima et corpore consistentem, præcipias edoceri : universis firmiter et distincte injungens, quod doctrinam illam de cætero nequaquam docere præsumant, sed ipsam penitus detestentur.

DCCXLV.

Bulla pro hospitali Sancti Blasii Modoetiensi.
(Verulis, Jun. 5.)
[GIULINI, *Mem. di Milano*, VI, 542.]

ALEXANDER episcopus, servus servorum Dei, dilecto filio ARDICO magistro hospitalis quod est apud Sanctum Blasium juncta Modoetiam, ejusque fratribus tam præsentibus quam futuris canonice substituendis, in perpetuum.

Ad hoc in apostolicæ sedis regimen. . . . . petitionibus debeamus. Eapropter, dilecte in Domino fili Ardice, devotionem tuam laudabilem attendentes, ad exemplar prædecessoris nostri felicis memoriæ Innocentii papæ præfatum hospitale cum omnibus suis appendiciis, assensu et consilio Arnaldi et Joannis aliorumque vicinorum ipsius loci, sub censu sex denariorum Mediolanensis monetæ veteris, nobis nostrisque successoribus annuatim persolvendæ a prædecessore tuo Adam beato Petro oblatum, sub Romanæ Ecclesiæ ac nostra protectione. . . . . communimus, statuentes ut quascunque possessiones, quæcunque bona idem hospitale, inpræsentiarum juste et canonice possidet, aut in futurum concessione pontificum, largitione regum, liberalitate principum, oblatione fidelium seu aliis justis modis, præstante Deo, potuerit adipisci, firma tibi tuisque successoribus et illibata permaneant. Decernimus ergo, etc., salva sedis apostolicæ auctoritate. Si qua igitur in futurum, etc

VIAS TUAS, DOMINE, DEMONSTRA MIHI.
In monogrammate : Bene valete.

Ego Alexander catholicæ Ecclesiæ episcopus.
Ego Bernardus Portuensis et S. Rufinæ episcopus.
Ego Hubaldus presb. card. tit. S. Crucis in Jerusalem.
Ego Joannes presb. card. SS. Joannis et Pauli tit. Pamachii.
Ego Albertus presb. card. tit. S. Laurentii in Lucina.
Ego Jac. diaconus cardinalis S. Mariæ in Cosmedin.
Ego Hugo diac. card. S. Eustachii juxta templum Agrippæ.

Dat. Verulis per manum Gratiani Sanctæ Romanæ Ecclesiæ, subdiaconi et notarii, Nonis Junii, indictione III, Incarnationis Dominicæ anno 1170, pontificatus vero domni Alexandri papæ III anno XI.

DCCXLVI.

Ad decanum et capitulum Ecclesiæ Carnotensis. — Ut Philippo filio comitis Roberti suam restituant præbendam.

(Verulis, Jun. 15.)
[MARTEN., *Ampl. Collect.*, II, 844.]

Quantum Philippus filius dilecti filii nostri nobilis viri comitis Roberti respectu patris, et charissimi in Christo filii nostri Ludovici illustris Francorum regis, et venerabilis fratris nostri Remensis archiepiscopi, nobilis sit et potens, et quanta per eum Ecclesiæ Carnotensi commoda et incrementa processu temporis valeant provenire, discretionis vestræ prudentiam decet diligenter attendere, et ejus consideratione tantorum virorum prærogativam facere quam aliis non facitis. Et quia nos ipsi respectu prædictorum virorum illi plurimum debitores existimus, et pro ejus commodo et'incremento vigiles et solliciti esse debemus, et alios ad hoc idem sollicitis exhortationibus invitare, dilectionem vestram rogamus attentius, solliciteque commonemus, quatenus pro reverentia beati Petri et nostra, et intuitu memoratorum virorum, prædicto Philippo redditus præbendæ suæ non tanquam forinseco, sed tanquam intrinseco cum integritate reddatis, et ei prærogativam in hoc faciatis, quam alias cuilibet non essetis facturi, ut exinde prænominati viri circa commodum et profectum ecclesiæ vestræ, valeant promptiores et magis ferventes existere, et nos quoque sinceritati vestræ uberrimas teneamur gratiarum actiones referre.

Data Verulis, XVII Kal. Julii.

DCCXLVII.

Ad Henricum Remensem archiep. — Quod pro Philippo nepote suo scripserit archiepiscopo Senonensi et capitulo Carnotensi.

(Verulis, Jun. 15.)
[*Ibid.*, col. 845.]

Probata fides et constans devotio, quam ab hujus turbationis initio erga sacrosanctam Romanam Ecclesiam et personam nostram inseparabili virtute exhibuisti, nos hortatur omnimodis et inducit, ut te sicut fratrem charissimum et immobilem columnam Ecclesiæ mera velimus charitate diligere, et honori pariter et exaltationi tuæ toto cordis desiderio aspirare, et petitionibus tuis gratuitum effectum, quantum cum Deo possumus et justitia, indulgere. Inhumanitatis enim vitio merito possemus redargui, si exhibitæ nobis tuæ sinceritatis et constantiæ fervorem ullo tempore traderemus oblivioni. Inde est quod, licet grave nobis videatur, contra institutionem Carnotensis Ecclesiæ, quæ rationabilis est, et quam confirmaveramus, rogare, intuitu tamen dilectionis tuæ, quod alias non essemus facturi, pro dilecto filio nostro Philippo nepote tuo, venerabili fratri nostro Senonensi archiepiscopo apostolicæ sedis legato, et Carnotensi capitulo satis affectuose scripsimus, prompti omnimodis et parati tam in hoc quam in aliis tuæ fraternitati deferre, et petitiones tuas libenti animo exaudire. Monemus autem prudentiam tuam et hortamur attentius, quatenus ecclesias et ecclesiastica negotia per maturas, et discretas, atque honestas personas procures, et, postpositis sæcularibus curis, cultui virtutum et honestatis intendas, ut, si magnus es sanguine, virtutibus major et moribus comproberis.

Data Verulis, xvii Kal. Julii.

DCCXLVIII.

Ad eumdem. — De decem auri marcis sibi donatis et ‹ Eust. magistro militiæ Templi Parisius assignatis › gratias agit. Fratres militiæ Templi commendat.

(Verulis, Jun. 16.)
[*Ibid.*]

Quod nobis in x marcis auri tua liberalitas subvenire curavit, et eas dilecto filio nostro Eust. magistro militiæ Templi Parisius assignari fecisti, largitati tuæ uberes gratias agimus. Ad hæc de gratia et humanitate quam dilectis filiis nostris fratribus militiæ Templi tua fraternitas exhibet, tibi gratiarum exsolvimus actiones : rogantes atque monentes, quatenus pietatis intuitu et pro reverentia B. Petri et nostra, et consideratione religionis suæ, jam dilectos fratres diligas manuteneas et honores, et eis consuetam gratiam et benignitatem impendas, ipsorumque jura contra pravorum incursus protegas et conserves ; ita quod ex hoc a nobis possis commendationem recipere, A et ab omnipotente Domino, præmium indeficiens exspectare.

Data Verulis, xvi Kalendas Julii.

DCCXLIX.

Petente Gerardo archiepiscopo Spalatino, confirmat legem, ne archiepiscoporum ad imperatorem CP. et ad Hungariæ regem itinera clericis Spalatinis sumptum afferant.

(Verulis, Jun. 20.)
[Farlati, *Illyricum sacrum*, III, 192.]

Alexander episcopus, servus servorum Dei, dilectis filiis universis clericis Spalatensibus, salutem et apostolicam benedictionem.

Quoties apostolicæ sedis super aliqua re confirmatio postulatur, ad concedendum debemus faciles inveniri, et rationabilibus votis gratuitum impertiri suffragium. Constitutus siquidem in præsentia nostra venerabilis frater noster G. archiepiscopus vester proposita nobis assertione monstravit, quod cum inter vos et laicos super ecclesiis, quas tenetis, gravis esset quæstio exorta, et laici dicerent quod archiepiscopo nostro, quando ad imperatorem CP. vel regem Hungariæ esset iturus, adjutorium facere deberetis ; prædictus archiepiscopus, eruditis et cognitis rationibus vestris, eamdem controversiam fine congruo definivit, et vos ab hujusmodi exactione absolvens ad exemplar bonæ memoriæ Gaudii quondam archiepiscopi vobis libertatem quam habebatis auctoritate pontificali corroboravit. Quam utique libertatem vestris justis postulationibus, grato concurrentes assensu devotioni vestræ auctoritate apostolica confirmamus et præsentis scripti patrocinio communimus, statuentes ut nulli omnino hominum liceat hanc paginam nostræ confirmationis infringere, vel ei aliquatenus contraire. Si quis autem hoc attentare præsumpserit, indignationem omnipotentis Dei et beatorum Petri et Pauli apostolorum ejus se noverit incursurum.

Datum Verul., xii Kal. Jul.

DCCL.

Bulla pro monasterio S. Stephani de Vallibus, in Santonia.

(Verulis, Jun. 25.)
[*Gall. Christ. Nov.*, II, Instr., 476.]

Alexander episcopus, servus servorum Dei, dilectis filiis Petro Willelmi abbati monasterii S. Stephani de Vallibus, ejusque fratribus, tam præsentibus quam futuris, regularem vitam professis, in perpetuum, etc.

Quapropter, dilecti in Domino filii, vestris justis postulationibus libenter annuimus, et præfatum monasterium in quo divino mancipati estis obsequio, sub B. Petri et nostra protectione suscipimus, et præsentis scripti privilegio communimus, statuentes ut quascunque possessiones, quæcunque bona idem monasterium in præsenti juste et canonice possidet, aut in futurum concessione pontificum, largitione regum vel principum, oblatione fidelium, seu aliis justis modis, propitiante Domino, poterit adipisci, firma vobis vestrisque successoribus illibata permaneant, quibus hæc propriis duximus exprimenda vocabulis :

Villam de Vallibus et dominium ejusdem villæ liberum et absolutum cum cœmeterio ejusdem loci, cum decimis, justitiis, et universis pertinentiis suis; jus quod habetis in villa de Arcis, ecclesiam S. Saturnini, ecclesiam S. Palladii, ecclesiam S. Augustini, ecclesiam S. Sulpitii, ecclesiam S. Eparchii, ecclesiam S. Martini de Arcis, ecclesiam de Banella, ecclesiam S. Petri de Graia, ecclesiam S. Martini de Bots, ecclesiam S. Germani de Langoira; sepulturam quoque ipsius loci liberam esse concedimus, ut eorum devotioni et extremæ voluntati qui se illic sepeliri deliberaverunt, nisi excommunicati, vel interdicti sint, nullus obsistat, salva tamen justitia illarum ecclesiarum a quibus mortuorum corpora assumuntur. Sane novalium vestrorum, quæ propriis manibus aut sumptibus colitis, sive de nutrimentis vestrorum animalium, nullus a vobis decimam præsumat exigere; cum autem commune interdictum fuerit, liceat vobis, clausis januis, exclusis excommunicatis et interdictis, non pulsatis campanis, suppressa voce divina officia celebrare. Obeunte vero te nunc ejusdem loci abbate, vel tuorum quolibet successorum, nullus ibi qualibet subreptionis astutia, seu violentia præponatur, nisi quem fratres communi assensu, vel fratrum pars consilii sanioris de sua, vel de Malliacensi Ecclesia secundum Dei timorem, et B. Benedicti regulam præviderint eligendum. In parochialibus vero ecclesiis quas tenetis, liceat vobis presbyteros eligere, episcopo præsentare ; quibus, si idonei fuerint, episcopus curam animarum, committet, ut de plebis quidem cura episcopo, vobis autem de temporalibus debeant respondere; terras quoque, prata et omnia alia quæ Arnaldus quondam de Mauritania, et successores ejus ecclesiæ vestræ pia largitione dederunt, necnon prata, terras et terragia quæ dedit Arnaldus Gamno et præpositi ipsius, Ramnulfus videlicet Gunbaldus, eidem ecclesiæ obtinenda jure perpetuo confirmamus. Decernimus ergo ut nulli omnino hominum liceat, etc.

Ego Alexander catholicæ Ecclesiæ episcopus.

Ego Bernardus Portuensis ecclesiæ episcopus.

Ego Hubaldus presbyter cardinalis tituli S. Crucis in Jerusalem.

Ego Joannes presbyter cardinalis SS. Joannis et Pauli tituli Pammachii.

Ego Guillelmus presbyter cardinalis tit. S. Petri ad Vincula.

Ego Jacynthus diacon. card. S. Mariæ in Cosmedin.

Ego Hugo diac. card. S. juxta templum Agrippæ.

Datum Verul. per manum Gratiani sanctæ Rom. Eccl., subdiaconi et notarii, VII Kalend., Julii, indict. III, Incarnat. Dominicæ an. 1170, pontificatus vero domini papæ anno XI.

DCCLI.

Ad Henricum archiep. Remensem. — Ne bona fratrum militiæ Templi violari patiatur.

(Verulis, Jun.-Jul.)

[MARTEN., Ampl. Collec. II, 846.]

Fratres militiæ Templi pro sua religione et honestate, et quia pro defensione Christianitatis contra Saracenos viriliter et potenter decertant, a prælatis Ecclesiarum uberiori charitate sunt diligendi, et in justitiis suis propensius confovendi. Verum quoniam eorumdem fratrum transmissa relatione accepimus, quod quidam sunt in provincia tua qui bona eorum diripiunt, nec ecclesiastico gladio corripiuntur, fraternitati tuæ per apostolica scripta mandamus, quatenus cum prædictorum fratrum de malefactoribus suis querelam receperis, eosdem malefactores per te et per episcopos tuos moneas et districte compellas, ut memoratis fratribus de damnis et injuriis illatis, rebusque subtractis secundum quod ratio dictaverit, condigne satisfaciant. Quod si ad commonitionem tuam et episcoporum tuorum facere noluerint, eos vinculo excommunicationis astringas, et ad quæcunque loca tuæ provinciæ devenerint, ipsos ibidem facias tanquam excommunicatos vitari.

Data Verulis, II Julii.

DCCLII.

Ad eumdem. — Ut Radulfum de Cociaco ob confractam militum Templi capellam excommunicatum denuntiet.

(Verulis, Jul. 17.)

[Ibid.]

Referentibus nobis fratribus militiæ Templi, accepimus quod Rad. de Cociaco, capella eorum confracta, hominem inde violenter extraxit; unde quoniam tantæ præsumptionis et sacrilegii excessum non possumus nec debemus impunitum relinquere, fraternitati tuæ per apostolica scripta mandamus, quatenus, si res ita se habet, prædictum R. publice accensis candelis excommunicatum denunties, et ab omnibus facias tanquam excommunicatum vitari, donec fratribus de illata injuria plenarie satisfaciat, et ecclesiæ per dignam satisfactionem studeas reconciliari.

Data Verulis, XVI Kal. Augusti.

DCCLIII.

Ad eumdem. — In gratiam cujusdam militis qui extumulatus fuerat.

(Verulis, Jul. 21.)

[Ibid., col. 847.]

Significaverunt nobis fratres militiæ Templi quod, cum quemdam militem in suo cœmeterio sepelissent, qui humiliter ante obitum suum pœnitentiam, corpus et sanguinem Christi recepit, postea timore tuo inducti, eum de cœmeterio extraxerunt, licet asserant falsum esse et nulla ratione posse probari eum excommunicatum fuisse. Verum si non fuit excommunicatus, nec malitiam cum filio suo exercuit, nec ei consensit, pro qua eum asseris excommunicationis laqueum incurrisse, apud Deum et

Ecclesiam absolutus est, nec ei debes sepulturam ecclesiasticam denegare. Ideoque fraternitati tuæ per apostolica scripta mandamus quatenus si prædictus miles excessum illum pro quo filius non fuit excommunicatus, cum eo non commisit, nec ei consensit, nec alias excommunicatus erat, ipsum facias in cœmeterio ubi fuerat sepultus, occasione postposita, iterum sepeliri.

DCCLIV.

Ad eumdem. — Ut Guido canonicus S. Joannis Suessionensis, apostata pœnitens, ab abbate suo recipiatur.

(Verulis, Jul. 25.)
[*Ibid.*]

Officii nostri nos hortatur auctoritas, et debitum charitatis exposcit, ut pauperibus subveniamus, et devios et errantes ad viam veritatis revocemus. Iste præsentium lator Guido sub regula S. Augustini in ecclesia B. Joannis Suessionensis canonicus diu exstitit, sed diaboli stimulante malitia, habitum suum deseruit. Ante nostram vero præsentiam veniens, et emendationem cum lacrymis promittens, litteras interventionis ad abbatem suum, ut eum reciperet, a nobis impetravit. Quas, sicut audivimus, abbas omnino contempsit. Culpam etiam suam nobis confessus est, et quod sine abbatis sui licentia ordinem sacerdotii susceperat. Unde eum liberum et absolutum remisimus. Quare discretioni tuæ per apostolica scripta præcipiendo mandamus, quatenus prædictum abbatem, ut fratrem suum recipiat diligenter admoneas. Hoc autem si forte facere contempserit, nostra fretus auctoritate, ovem quæ deviavit ne pereat, ad ovile suum reducere infra xxx dies post litterarum nostrarum susceptionem, omni excusatione et appellatione cessante, non differas.

Datum Verulis, viii Kal. Augusti.

DCCLV.

Petro abbati S. Remigii et Fulconi decano Remensi controversiam N. clerici laicorumque quorumdam dirimendam delegat.

(Verulis, Jul. 30.)
(Mansi, *Concil.*, XXI, 925.)

Alexander episcopus, servus servorum Dei, dilectis filiis abbati Sancti Remigii, et Fulconi decano Remensi, salutem et apostolicam benedictionem.

Ex litteris quas præpositus et capitulum Sancti Symphoriani (60) nobis miserunt, ad audientiam nostram noveritis esse perlatum quod, cum controversia inter N. clericum, et H. et E. et eorum coadjutores, super quadam domo censuali ejusdem ecclesiæ, quam prædictus clericus in eleemosynam sibi datam asserebat, et prædicti viri dicebant sibi jure hæreditario pertinere, fuisset exorta : iidem viri ad venerabilem fratrem nostrum Henricum Remensem archiepiscopum, et prædictus N. ad nostram audientiam appellavit. Quia igitur absentibus partibus, eidem causæ debitum non potuimus finem imponere, eam discretioni vestræ duximus committendam. Inde est quod prudentiæ vestræ per apostolica scripta mandamus, quatenus, cum exinde fueritis requisiti, partes ante vestram præsentiam convocetis, et rationibus hinc inde auditis diligenter et cognitis, causam ipsam appellatione remota fine debito terminetis.

Datum Verulis, iii Kal. Aug.

DCCLVI.

Ad Henricum Remensem archiep. — Ut exactiones Thomæ burgensis S. Remigii compescat.

(Verulis, Jul. 30.)
[Marten., *Ampl. Collect.*, II, 848.]

Perlatum est ad audientiam apostolicæ sedis quod Thomas malus burgensis S. Remigii jam pridem a matre Milonis x libras exegit, quas viro suo, viventi se asserebat mutuo concessisse. Post spatium vero dimidii anni idem T. a prædicta muliere xii libras pro debito quondam juris sui instantius requisivit, super quibus tam ipsam quam eumdem filium suum sæpius graviter infestabat. Pro siquidem infestatione prorsus indebita, cum se dicerent pecuniam ipsam nequaquam sibi debere, prædictus M. ad nostram audientiam appellavit. Thomas vero, appellatione contempta, ipsum temere cepit, et carceri mancipavit, tandiu eum in captione detinens, donec ab ipso lx solidos extorsit. Quia igitur tantæ præsumptionis audaciam relinquere nolumus incorrectam, fraternitati tuæ per apostolica scripta mandamus, quatenus universa quæ tibi constiterit prædicto M. post appellationem ablata fuisse, eidem, dilatione et appellatione cessante, condigna satisfactione restitui facias et in pace dimitti, et Thomæ de tanto excessu pœnam convenientem infligas. Deinde vero causam quæ inter eos super prædicta pecunia vertitur studiosius audias, et eam appellatione remota, debito fine decidas.

Datum Verulis, iii Kal. Aug.

DCCLVII.

Ad eumdem. — Causam ei dirimendam committit inter abbatissam S. Petri et abbatem S. Remigii pendentem.

(Verulis, Jul. 30.)
[*Ibid.*]

Significavit nobis abbatissa S. Petri Remensis quod, cum quidam homo S. Remigii quamdam feminam ecclesiæ S. Petri in uxorem duxisset, abbas S. Remigii hominem illum convenit, et ei propter hoc res suas voluit violenter auferre. Ipse vero pro tanto gravamine ad nostram audientiam appellavit. Inde est quod nos causam ipsam tuæ experientiæ committentes, fraternitati tuæ per

---

(60) Clarum etiam nunc Remis canonicorum collegium. Flodoardus lib. ii, cap. 4 de basilicis quibus Lando archiepiscopus diversa legavit : *Item ad basilicam S. Symphoriani, quæ vocatur ad apostolos.* Jac. Sirm.

apostolica scripta mandamus, quatenus utraque et illibata permaneant; in quibus hæc propriis parte coram te convocata, causam audias et duximus exprimenda vocabulis:
debito fine decidas, ea gravitate servata, quod utraque ecclesia se gaudeat consecutam, et legitimum matrimonium ipsorum non possit dissolvi.

Data Verulis, III Kal. Augusti.

DCCLVIII.

Ad eumdem. — Pro Hubaldo burgensi de castro S. Remigii super violatione pacis.

(Verulis, Jul. 30.)

[*Ibid.*]

Pervenit ad nos quod J. procurator archidiaconi tui ab Hubaldo burgensi de castro S. Remigii, pro effusione sanguinis et pace quam eum violasse dicebat, legem effusi sanguinis et violatæ pacis exegit. Verum idem Hu. quæ sibi objiciebantur coram eodem J. omnino negavit. Joannes vero econtra rem esse notam asseruit, nec aliqua posse ratione negari, cum sacerdos quidam se diceret a vulnerato in confessione pœnitentiæ didicisse, quod præfatus Hu. vulnera sibi inflixisset. Hubaldus autem, sentiens se ab eodem J. gravari, ad nostram audientiam appellavit. Nos itaque de tua prudentia et honestate plurimum confidentes, causam ipsam tuo examini delegamus, fraternitati tuæ præsentium auctoritate mandantes, quatenus partibus coram te convocatis, causam ipsam diligentius audias, et eam, appellatione remota, debito fine decidas, ita quod sub examine tuo prædictus Hu. nullum sui juris sentiat detrimentum.

Data Verulis, III Kal. Augusti.

DCCLIX.

Privilegium pro ecclesia S. Andreæ Muscianensi.
(Verulis.)

[LAMI, *Eccles. Florent. Monum.*, II, 1311.]

ALEXANDER episcopus, servus servorum Dei, dilectis filiis ANGELO priori ecclesiæ S. Andreæ de Musciano ejusque fratribus, tam præsentibus quam futuris, regularem vitam professis, in perpetuum.

Officii nostri nos hortatur auctoritas pro ecclesiarum statu satagere, et earum quieti et utilitati, auxiliante Domino, salubriter providere. Dignum namque et honestati conveniens esse cognoscitur, ut qui ad ecclesiarum regimen assumpti sumus eas et a pravorum hominum nequitia tueamur, et eas B. Petri et sedis apostolicæ patrocinio muniamus. Quapropter, dilecte in Domino fili Angele, præfatæ ecclesiæ prior, tuis rationabilibus postulationibus annuentes, ecclesiam Sancti Andreæ de Musciano, cui, Deo auctore, præesse dignosceris, sub B. Petri tutela et apostolicæ sedis protectione suscipimus et nostri scripti pagina roboramus. Statuimus ergo ut quascunque possessiones, quæcunque bona, præfata ecclesia inpræsentiarum juste et canonice possidet, aut in futurum concessione pontificum, largitione regum vel principum, oblatione fidelium, seu aliis justis modis, Domino præstante, poterit adipisci, firma tibi tuisque successoribus

Prædium in quo ecclesia vestra fundata est cum pertinentiis suis, et quidquid habetis in Poio et campo Silvano, et in campo de Navilo; et quidquid habetis in Villa obscura, et in costa de Musinuli, et in Fontanella, et in Diffranico, et in Rio Pascoli, et in Castagnito, et in Villanova, et in qua . . . . et in S. Paulo et in Piscina; et quidquid habetis in vallese et in tota villa de Tornioni, et in Lama de Cannito, et quidquid habetis in locis illis qui vocantur Godesoli, et in colle Montilli et in Poio de Novole; et quidquid a vobis detinent Gallefii et homines de Carcarelli cum consortibus suis, et quidquid a vobis detinent homines illi qui vocantur generatim de Lebiano, et quidquid habetis in Plano de Septimo. Nominative quidquid juste et rationabiliter possidetis in ecclesia Sancti Petri de Soliciano et in pertinentiis suis, et vineam quam ibi habetis, et quidquid habetis in Lisceto et in Caselle et in Rospaldi, et ad Stratam et in Muricia et in Carcarelli, et quæcunque alia in præfatis seu in aliis locis rationabiliter possidetis. Ad hæc decimationes proprietatum patronorum vestrorum, quas possident, vel alii per eos, vel in antea acquisierint, infra totum territorium plebis S. Juliani sitæ Septimi, et plebis S. Martini sitæ Brozi, et plebis S. Vincentii sitæ Pezæ, et in tota valle de Greve et in Villanova, et in tota capella Sancti Pauli, et in Casignano, exceptis Mosiis de Cucillatico, quarum decimas in Florentina canonica persolvere debent. Omnes etiam decimas illarum proprietatum quæ olim fuerunt Bentii, filii Petronis de Radda, quæ sunt positæ in loco Godosole, et in S. Paulo et in Casignano, et per alia loca et vocabula in tota jam dictæ ecclesiæ parochia; et insuper omnes decimas novalium de silvis suprascriptorum patronorum, ubicunque laborantur, vel laborabuntur, et omnium aliarum Silvarum quæcunque laborantur vel laborabuntur, infra totum ipsius ecclesiæ territorium, sicut a quadraginta annis retro inconcusse habuistis, vobis auctoritate apostolica confirmamus. Simili modo omnes primitias populi præfatæ ecclesiæ, et testamenta quæ vobis a Dei fidelibus rationabiliter conferuntur, vobis nihilominus duximus confirmanda; sepulturam quoque patronorum vestrorum, et aliorum qui apud vos sepeliri deliberaverint liberam esse concedimus, et eorum devotioni et extremæ voluntati, nisi excommunicati vel interdicti sint, nullus obsistat, salva justitia illarum ecclesiarum a quibus mortuorum corpora assumuntur. Obeunte vero te, nunc ejusdem loci priore, vel tuorum quolibet successorum nullus ibi qualibet subreptionis astutia seu violentia præponatur, nisi quem fratres communi consensu, vel fratrum pars consilii sanioris secundum Deum et B. Augustini regulam providerint eligendum. Ordinationem quoque et dispositionem ipsius ecclesiæ vestræ et repræsentationem clericorum vestrorum ab episcopo Florentino ordinandorum, quandiu in eadem ecclesia ordo canonicus observabitur, vobis per præsentis scripti paginam confirmamus. Decernimus ergo, etc.

Datum Verulis per manum Gratiani sanctæ Romanæ Ecclesiæ, subdiaconi et notarii, indict. III, Incarnationis Dominicæ anno 1170, pontificatus vero domni Alexandri papæ tertii anno XI.

DCCLX.

Henricum Remensem archiep. et P. abbatem S. Luciani constituit judices inter Adelelmum et ejus uxorem.

(Verulis, Sept. 2.)

[MARTEN., *Ampl. Collect.*, II, 850.]

ALEXANDER episcopus, servus servorum Dei, venerabili fratri HENRICO Remensi archiepiscopo, et dilecto filio P. abbati S. Luciani (31), salutem et apostolicam benedictionem.

Causam quæ super matrimonium Adelelmi et uxoris suæ noscitur agitari, discretioni vestræ duximus committendam et determinandam. Eapropter prudentiæ vestræ, de qua plene confidimus, per apostolica scripta mandamus quatenus, cum exinde fueritis requisiti, præfatum A. et uxorem suam ante vestram præsentiam convocetis, et quoniam sicut nobis proponitur A. et uxor sua, post appellationem ad nos factam, excommunicationis sententia innodati fuisse dignoscuntur, ipsos auctoritate nostra ab anathematis nodo absolvatis. Et quia, ut religiosarum personarum scriptis et attestatione didicimus, matrimonium A. impetentes, odii livore et cupiditatis ardore potius quam amore justitiæ permoti esse deprehenduntur, cum vivente B. ejusdem A. fratre, super matrimonio suo per omnia A. simillimo, quæstio nulla mota fuerit: ex parte nostra infra XX dies a litteris receptis matrimonium A. in statu suo permanere faciatis, diligentius advertentes quod tutius est aliquos contra hominum statuta conjunctos insimul permanere, quam quos Deus conjunxit, occasione qualibet separare. Si autem uterque vestrum interesse non possit, alter non minus in causæ cognitione procedat.

Data Verulis, IV Nonas Octobris.

DCCLXI.

Privilegium pro ecclesia S. Sepulcri Hierosolymitana.

(Verulis, Sept. 9.)

[ROZIÈRE, *Cartulaire du Saint-Sépulcre*, 296.]

ALEXANDER episcopus, servus servorum Dei, dilectis filiis Petro, priori Sancti Sepulcri, ejusque fratribus, tam præsentibus quam futuris, regularem vitam professis, in perpetuum.

Quoties a nobis illud petitur, quod religioni et honestati noscitur convenire, animo nos decet libenti concedere et petentium desideriis congruum suffragium impertiri. Eapropter, dilecti in Domino filii, vestris justis postulationibus annuimus, et præfatam ecclesiam, in qua divino mancipati estis obsequio, ad exemplar prædecessorum nostrorum piæ memoriæ, Honorii, Innocentii, Cœlestini, Lucii et Eugenii, Romanorum pontificum, sub beati Petri et nostra protectione suscipimus, et præsentis scripti privilegio communimus; in primis siquidem statuentes ut ordo canonicus, qui secundum Deum et beati Augustini regulam in ipsa ecclesia institutus esse dignoscitur, perpetuis ibidem temporibus inviolabiliter observetur; præterea quascunque possessiones, quæcunque bona eadem ecclesia impræsentiarum juste et canonice possidet, aut in futurum concessione pontificum, largitione regum vel principum, oblatione fidelium seu aliis justis modis, præstante Domino, poterit adipisci, firma vobis vestrisque successoribus et illibata permaneant. In quibus hæc propriis duximus exprimenda vocabulis:

Medietatem omnium oblationum, quæ ad Sepulcrum Domini pertinebunt vel deferentur; sed de cera duas ecclesia partes, unam pro luminaribus ecclesiæ, alteram vero ad servitium canonicorum semper habebit, tertia vero tantum venerabilis fratris nostri Amalrici, patriarchæ vestri, et successorum ejus usibus cedet; vivificæ nihilominus crucis, quæ quidem custodiæ vestræ deputatur, oblationes omnes, excepta sola die Parasceve, aut cum eumdem patriarcham vel successores suos necessitas compulerit eam in expeditionem portare; nec non et magnum altare, quod est in choro vestro, cum oblationibus omnibus eidem provenientibus; carcerem quoque et altare cum omnibus quæ ibidem offerentur; altare Sancti Petri et Sancti Stephani et inventionem cum altaribus et oblationibus cunctis; altare, quod est ad caput Sancti Sepulcri, parochiale cum oblationibus suis; cathedram, quæ est pone magnum altare, et omnia, quæ ibidem vel in quocunque præscriptorum altarium missam patriarcha celebraverit, ad manum suam sive pedem offerentur; omnes etiam oblationes compassi, quod in medio chori vestri est; plateam, quæ est inter portam ecclesiæ et columnas, et aliam plateam inter easdem columnas et Hospitale Sancti Joannis; sicut in longum et latum protenditur; domos insuper, stationes, terras et quidquid in quarterio ecclesiæ et patriarchæ habetis, et de cætero juste acquirere poteritis, et omnes alias domos, stationes et terras, quæ infra Jerusalem vel extra possidetis; item omnes furnos Jerusalem, exceptis duobus, unum Hospitalis et unum de Latina, et specialiter illum, quem vobis patriarcha reddidit testimonio Petri, Tyrensis archiepiscopi, quem a vobis commodatum tenuerat; præterea ecclesiam et cœmeterium extra portam David juxta viam, qua itur Bethlehem; dimidiam etiam partem illius possessionis, quam primus rex Balduinus pro excambio epi-

---

(31) S. Luciani monasterium haud ignobile est ordinis S. Benedicti, apud Bellovacum, quod hactenus perstat sub congregatione S. Mauri.

scopatus Bethlehemetici præfatæ Dominici Sepulcri ecclesiæ dedit; omnes decimas civitatis Jerusalem et totius episcopatus, exceptis decimis funde, a bonæ memoriæ Arnulfo, quondam Jerosolymitano patriarcha, rationabiliter vobis concessas, sicut eas inpræsentiarum pacifice possidetis, et alias etiam decimas, quas in eadem civitate et episcopatu legitime poteritis in posterum adipisci, vobis et eidem ecclesiæ vestræ auctoritate apostolica confirmamus.

In Neapoliterram, quam Amalricus, illustris Jerosolymorum rex, in novo burgo vobis donavit, et ecclesiam, quam ibidem cum cœmeterio ex concessione venerabilis fratris nostri Amalrici, Jerosolymitani patriarchæ, ædificare cœpistis, et quidquid juris habetis apud Neapolim et in confinibus ejus; viginti et unum casalia, quæ dux Godefridus cum pertinentiis suis ecclesiæ vestræ dedit; villas etiam, quas ædificastis, Magnam Machomariam videlicet et Parvam et Bethsuri, et alias omnes, quas ædificaturi estis, ubi Latini habitabunt, cum ecclesiis et omni integritate justitiæ et juris parochialis; item Thecue cum omnibus pertinentiis suis, et ecclesiam Quarantenæ cum omnibus pertinentiis suis; Gelaciam, et terram, quam emistis a Joanne Gomanno, et omnia casalia cum pertinentiis eorum, quæ emistis ab Hugone de Hybelino; ecclesiam Sancti Petri in Joppen cum honoris et dignitatis suæ integritate, quemadmodum eam quiete nunc possidetis, et decimam, quam recipitis in toto comitatu illo a rege et a religiosis hominibus et ab omnibus Christianis; quidquid juris habetis apud Ascalonam et in confinio ejus; quidquid juris habetis sub potestate et dominio domini de Assur apud Cæsaream et in toto archiepiscopatu ejus, castrum Feniculi, domum juxta Cayfas, Jebul, Lecara; cuncta etiam, quæ in toto archiepiscopatu Nazaræno et in Acconensi episcopatu atque in toto Tyrensi archiepiscopatu, et omnia nihilominus, quæ in universo patriarchatu et regno Jerosolymitano rationabiliter possidetis vel possessuri estis; item quidquid juris apud Montem Peregrinum et in toto episcopatu Tripolitano habetis, et in Antiochia et in toto patriarchatu et principatu ejus habetis, vel in futurum, Deo donante, legitime acquirere poteritis; præterea omnes possessiones, quas citra mare habetis in regno regis Siciliæ, videlicet in ipsa Sicilia, in Calabria, in tota Apulia : primum ecclesiam Sancti Sepulcri et Sancti Laurentii apud Brundusium cum omnibus pertinentiis suis, apud Barolum ecclesiam Sancti Sepulcri cum omnibus pertinentiis suis, ecclesiam Troie cum omnibus pertinentiis suis, apud Beneventum ecclesiam Sancti Theodori cum omnibus pertinentiis suis; quidquid juris Romæ et in omnibus finibus ejus, in Tuscia et in tota Italia habetis, vel habituri estis; omnia insuper, quæ in toto Franciæ regno et universis eidem subjacentibus jure provinciis, nec non in cunctis regnis et comitatibus Hispaniarum, seu ubique locorum in partibus ultramontanis supradicta Dominici Sepulcri ecclesia legitime possidere dignoscitur, vel in futurum, largiente Domino, acquirere poterit; omnes nihilominus antiquas et rationabiles ecclesiæ vestræ consuetudines vobis vestrisque successoribus perpetualiter confirmamus. Sane de his et aliis possessionibus et bonis vestris liberam disponendi, communi tamen consilio, ad honorem Dei et ecclesiæ vestræ profectum habeatis facultatem. Decedente vero vel transfretante patriarcha Jerosolymitano, prior et canonici, qui pro tempore in eadem ecclesia fuerint, domum, ut justum est, et familiam patriarchæ, et omnia, quæ ad jus ejus spectant, intus et extra fideliter custodient et regent, donec alter secundum Dominum substitutus fuerit, aut donec ipse redierit, si transfretaverit.

Porro medietatem possessionum, quæ inter vos communes sunt, ut in Anglia, in Dacia, in Alemannia, Polonia, Rutenia, Avagia, Hungaria, Constantinopoli et in omnibus finibus ejus, in quibus medietatem expensarum facere debetis, vobis confirmamus. Decernimus ergo ut nulli omnino hominum liceat præfatam ecclesiam temere perturbare, aut ejus possessiones auferre, vel ablatas retinere, minuere, seu quibuslibet vexationibus fatigare; sed illibata omnia et integra conserventur eorum, pro quorum gubernatione et sustentatione concessa sunt, usibus omnimodis profutura, salva sedis apostolicæ auctoritate et Jerosolymitani patriarchæ canonica justitia et reverentia. Si qua igitur in futurum, etc.

Ego Alexander, catholicæ Ecclesiæ episcopus.

Ego Hubaldus, Ostiensis episcopus.

Ego Bernardus, Portuensis et Sanctæ Rufinæ episcopus.

Ego Hubaldus, presbyter cardinalis tituli Sanctæ Crucis in Jerusalem.

Ego Joannes, presbyter cardinalis Sancti Joannis et Pauli tituli Pamachii.

Ego Albertus, presbyter cardinalis tituli Sancti Laurentii in Lucina.

Ego Guillelmus, presbyter cardinalis tituli Sancti Petri ad Vincula.

Ego Boso, presbyter cardinalis Sanctæ Potentianæ tituli Pastoris.

Ego Petrus, presbyter cardinalis tituli Sancti Laurentii in Damaso.

Ego Joannes, presbyter cardinalis tituli Sancti Marci.

Ego Theodinus, presbyter cardinalis Sancti Vitalis tituli Vestinæ.

Ego Hyacinthus, diaconus cardinalis Sancti Theodori.

Ego Cinthyus, diaconus cardinalis Sancti Adriani.

Ego Hugo, diaconus cardinalis Sancti Eustachii juxta templum Agrippæ.

Ego Petrus diaconus cardinalis Sanctæ Mariæ in Aquiro.

Datum Verulis, per manum Gratiani, sanctæ Romanæ Ecclesiæ subdiaconi et notarii, v Idus Septembris, indictione III, Incarnationis Dominicæ anno 1170, pontificatus vero domini Alexandri papæ III anno undecimo

DCCLXII.

Ad Thomam Cantuariensem archiepiscopum. — Si remissius in causa Thomæ egisse videtur, ex eo processit quod patientia utendum credidit. Rogerum Eboracensem ab episcopali suspendit dignitate; Jocelinum Saresberiensem et Gilbertum Londinensem, qui coronando novo regi interfuerint, anathematizat.

(Verulis, Sept. 10.)

[*Epistolæ S. Thomæ*, ed. GILES, II, 32.]

ALEXANDER episcopus, servus servorum Dei, venerabili fratri THOMÆ Cantuariensi archiepiscopo, salutem et apostolicam benedictionem.

Inter multiplices curas, quæ pro malitia temporis se animo nostro ingerunt, fatigatio tua, quam pro tuenda libertate ecclesiastica suscepisti, non modicum nos perturbat, dum et tibi propensius desideramus adesse, et votum nostrum perstrepentium hinc inde causarum obstaculo retardatur. Ubi enim multa irruunt formidanda, non facile potest animus expedire, in quam potius partem debeat inclinare, præsertim si non datur intelligi, unde plus captare compendii, plus incommodi valeat et periculi evitare. Nam si aliquoties ipsi nautæ ita redduntur ambigui diversitate ventorum, ut inter se nullo modo conveniant, utrum ad locum propositum proficisci debeant, an ad portum, quem reliquerant, revehantur; nec admiratione dignum nec reprehensione videtur, si in hoc mari magno et spatioso, ubi reptilia sine numero cursum nostrum impediunt, et ubi non tam corporum et corporalium mercium, quam animarum et spiritalium virtutum pericula formidantur, ei qui navem regit Ecclesiæ, de facili non occurrit, ad quam potius partem assensum inclinet, cum diversa consilia de diversitate veniant voluntatum, et aliter videatur illi, qui causam promovet singularem, aliter autem ei, qui providere debet et consulere in commune. Unde, frater charissime, si nos in causa tua et Ecclesiæ Anglicanæ remissius egisse videmur, nec ad petitiones tuas pro tua voluntate respondimus, non ex eo processit, quod causam ipsam nobis tecum et cum Anglicana Ecclesia non credamus esse communem, aut quod tibi deesse ulla ratione velimus, sed quia patientia utendum esse credidimus, ut in bono malum superare possemus. Timuimus etiam ne, si major scissura fieret in Ecclesia, nostræ posset duritiæ deputari.

Nunc autem quia turbatores pacis et libertatis ecclesiasticæ depressores, ad corrigenda mala præterita nulla videntur compunctione moveri, imo trahentes peccata sicut restem longam, tam in gravamen tuum quam in depressionem Cantuariensis Ecclesiæ magis et magis exæstuant et omnem fere vobis spem videntur pœnitentiæ præcidisse, nos in fratrem nostrum Rogerium Eboracensem archiepiscopum, et reliquos episcopos, qui juramentum de conservandis iniquis consuetudinibus præstiterunt, et tantæ sunt malitiæ incentores, sententiam canonicam jaculamur, et ab episcopali eos suspendimus dignitate. Saresberiensem autem et Londoniensem episcopos, qui majoris videbantur gratiæ debitores et pro gratia dicuntur ingratitudinem rependisse, si coronando novo regi contra Cantuariensis Ecclesiæ dignitatem præsentiam suam et ministerium præbuerunt, in sententiam anathematis, de qua soluti fuerant, revocamus. Sane Roffensem episcopum, vicarium tuum, qui pro tua et ecclesiæ tuæ justitia constantius debuerat decertare, nec non et Gaufredum Ridel Cantuariensem archidiaconum, qui, sicut dicitur, in matrem suam gravius debacchatur, et excommunicationis a te latam in ipsum sententiam spernit, quam nos ratam habemus, et auctoritate apostolica confirmamus, vicarium quoque ejus Robertum, et G...... episcopum S. Asaph, mandati nostri contemptorem, et David ecclesiæ ejusdem archidiaconum, auctoritati et potestati tuæ relinquimus, ut tu, si durius aliquid in eos fuerit statuendum, de potestate tibi tradita remoto appellationis obstaculo exsequaris. Nos vero quod de pœna illorum a te canonice factum fuerit, auctore Domino, ratum et firmum habebimus. Et hæc quidem ad præsens videntur posse sufficere. Si autem tantam male agentium viderimus pertinaciam, ut nec sub hac pœna moveantur ad pœnitentiam, assumemus adhuc contra eos, auctore Domino, fidei armaturam, et pontificalem zelum pro domo Domini, quantum expedire videbimus, exeremus. De cætero, quia Salomone docente instruimur, ut in omni re opportunitatem temporis attendamus, et inimicos Ecclesiæ, qui etiam regno Francorum sunt in insidiis, Matisconensem civitatem audivimus invasisse, nostræ voluntatis esse noveris et consilii, ut super his charissimi in Christo filii nostri illustris Francorum regis consilium exquiras, et ad mittendas litteras nostras de ipsius voluntate procedas, ne si forte, quod Deus avertat! aliqua in regno suo fuerit suborta turbatio, gravior tua et Ecclesiæ causa ex regni turbatione reddatur, aut si pax tibi et Ecclesiæ reddita fuerit, eam pro facto isto duceres perturbandam.

Datum Verulis, IV Idus Septembris.

DCCLXIII.

Ad episcopos plerosque Angliæ. — Illos, quod contra jura Cantuariensia coronando regis filio interfuerint, ab omni suspendit dignitate; præterea Londinensem et Saresberiensem anathematizat.

(Ferentini, Sept. 16.)

[*Ibid.*, p. 82.]

ALEXANDER papa Londoniensi, Saresberiensi, Exoniensi, Cestrensi, Roffensi, de S. Asaph, et Landavensi episcopis.

Oportuerat vos, quando primum charissimus filius noster Henricus rex vester sub regiæ dignitatis et fidelitatis obtentu ea vobis constituta proposuit, et scripto petiit et juramento firmari, quæ liquido satis et libertatem Ecclesiæ et sacerdotalis officii judicium deprimebant, erigere oculos vestros ad cœlum, et ascendere pro domo Domini ex adverso, ut non posset in oculis vestris, tacentibus vobis, ecclesiastica dignitas naufragari. Et quidem, si ullus vos pro pastorali cura zelus rectitudinis tenuisset, cognovissetis vos super gentes constitutos et regna, ut in majoribus et minoribus evellere plantaria vitiorum, et germen delectabile Domino inserere debeatis. Nunc autem quia plus in vobis terreni principis reverentia, quam timor Domini et episcopalis honor valuit dignitatis, pro vili lentis edulio, quod mœrentes dicimus, contempsistis primogenita cum Esau, et implevistis in vobis, quod in populo Judæorum Jeremias lamentatur dicens: *Sederunt in terra, conticuerunt senes, consperserunt cinere capita sua virgines filiæ Juda* (Thren. II). Sane si terroribus et minis exterriti ad recipiendas et juramento firmandas iniquas illas consuetudines processistis, nunquid non decuerat vos post tanti temporis spatium sacerdotalem resumere firmitatem, et contra tantas enormitates cum præteritæ transgressionis pœnitudine sacerdotaliter reclamare? Cæterum vos detestabili facto pertinaciam adjungentes, et in illarum usurpationum observantia permanetis, et ita in depressionem ecclesiæ præfati regis votum sequi videmini, ut quasi proscriptæ jam de regno vestro ex magna parte leges ecclesiasticæ videantur. Et nos quidem usque modo exspectavimus, ut cor principis, aut per officium vestrum, aut per inspirationem suam et exspectationem nostram divina gratia visitaret, et supernæ gloriæ magis quam suæ faceret amatorem. Nam et hoc plerumque suggestum fuerat, et optabile admodum pro qualitate temporis videbatur, ut asperitas ejus patientia potius et mansuetudine leniretur. Nobis autem præteritorum correctionem et pœnitentiam expectantibus, nihil ipse de pristina severitate mutavit, sed in consuetudinibus illis iniquis immobiliter perseverat. Quanto autem jam sane tempore venerabilis frater noster Thomas Cantuariensis archiepiscopus vester, quia usurpationibus illis, licet prius carnis infirmitate eis visus fuerit consentire, voluit obviare, a commissa sibi ecclesia cum clericis suis et affinibus exsulavit. Nobis etiam tacentibus recognoscitis, et utinam eo compateremini charitatis affectu, quo in tali ei causa compati oporteret. Vos autem non solum ei fraternum subtraxistis auxilium, sed super dolorem vulnerum ipsius addidistis. Cum enim jam dictus rex filium suum nuper coronari voluerit, et hoc de antiquo jure ad Cantuariensem asseratur archiepiscopum pertinere, vos jam dicti fratris nostri auctoritate et reverentia, quam sibi et ecclesiæ suæ debetis, postposita, ad coronationem illius favorem vestrum et ministerium præbuistis, nulla de servanda Ecclesiæ libertate præstita vel etiam exacta, sicut dicitur, cautione. Quinimo sustinuistis potius,

ut juramentum ab illo de servandis regni consuetudinibus præstaretur... Profecto pro reconciliatione illorum nos per litteras et personas ex latere nostro, et per plures alios viros, qui digni fuerant exaudiri, sæpenumero laboravimus, et quidquid datum fuerit nobis spei, præter inanem pompam verborum nihil hactenus potuimus reportare. Nec tamen hoc ideo dicimus quin, dum adhuc essemus in Francia, in multis eumdem regem liberalem erga nos senserimus ac devotum. Sed ob hoc non debemus omittere quin tantis nos transgressionibus et pro gloria Dei, et pro salute ipsius et nostra, zelo rectitudinis nos opponamus.

Nunc igitur quia sæcularium hominum culpæ nullos magis, quam desides prælatos, negligentesque respiciunt, qui multam sæpe nutriunt pestilentiam, dum necessariam adhibere negligunt medicinam, et post exspectationem diutinam nullo dolore contra vos ipsos, et nullo fervore contra illas iniquas usurpationes exsurgitis, nos de commissa nobis a Deo potestate, de auctoritate apostolicæ sedis, cui licet immeriti, Deo disponente, servimus, ab omni episcopali vos suspendimus dignitate. Illos autem vestrum, Londoniensem videlicet et Saresberiensem episcopos, qui pro impetrata apud nos gratia, juxta spem nostram ad reconciliationem magis laborare debuerant, et a jam dicti archiepiscopi gravamine abstinere, si præfatæ coronationi favoris sui ministerium præbuerunt, in sententiam anathematis revocamus, et sicut excommunicatos præcipimus evitari. De Roffensi vero episcopo et Gaufredo Ridel Cantuariensi archidiacono, qui cum amplius Cantuariensi Ecclesiæ debitores exstant, in minori reverentia et honore jam dictum archiepiscopum habere dicuntur, et alter eorum, Roffensis videlicet episcopus, illi coronationi interfuit, alter vero in se excommunicationis a præfato archiepiscopo latam sententiam spernit, illud a vobis remota appellatione observari præcipimus, quod ab eo canonice fuerit constitutum. Nos enim eos, quanto gravius videntur offendere, tanto durius decernimus addicendos. Ad hæc, quidquid adversus Robertum vicarium Cantuariensis archidiaconi, contemptorem sententiæ suæ, idem archiepiscopus statuit vel in futurum rationabiliter statuerit, firmiter et inviolabiliter, nulla ei suffragante appellatione custodiri præcipiendo mandamus. Clericos autem Hugonis comitis, Nicolaum, Thomam, Willelmum, et cæteros qui excommunicati a prædicto archiepiscopo divina scienter celebrare præsumpserunt, si ita est, anathematis vinculo innodari, eorumque communionem, sicut excommunicatorum præcipimus evitari.

Datum Ferentini, xvi Kalendas Octobris.

DCCLXIV.

Ad Rogerum archiepiscopum Eboracensem et Hugonem episcopum Duneimensem. — Ejusdem argumenti.

(Ferentini, Sept. 16.)
[*Ibid.*, p. 48.]

ALEXANDER papæ ROGERIO Eboracensi archiepiscopo et Dunelmensi episcopo.

Licet commendabiles et grati nobis in plurimis existatis, et sinceræ vos amplectamur brachiis charitatis, propter hoc tamen non debemus omittere, quin ea quæ perpetrata et incorrecta generant mortem, et requiramus in vobis, et zelo rectitudinis corrigamus, dicente Domino per prophetam : *Si loquente me ad impium morte morieris, non annuntiaveris ei neque locutus fueris, ipse siquidem in peccato suo morietur, sanguinem autem ejus de manu tua requiram* (*Ezech.* III). Depressio siquidem Ecclesiæ Anglicanæ et diminutio libertatis ipsius, quæ per regem vestrum sive proprio motu, sive potius aliis suggerentibus, facta dignoscitur, plurimum jampridem animum nostrum afflixit, et non modicum sollicitudinis et doloris ingessit. Cum enim oportuerit eum de corrigendis iis, quæ ab antecessoribus suis male commissa fuerant, cogitare, ipse potius prævaricationibus prævaricationes adjiciens, tam iniqua statuta sub regiæ dignitatis obtentu et posuit et firmavit, sub quibus et libertas perit Ecclesiæ, et apostolicorum virorum statuta, quantum in eo est, suo robore vacuantur. Nec credidit debere sufficere, si ab eo divinæ leges in regno Angliæ silentium et vacationes susciperent, nisi peccatum transmitteret ad hæredes, et longo tempore faceret sine ephod, et sine superhumerali regnum suum sedere.

Inde fuit quod iniquas illas usurpationes absque ulla exceptione vestro et aliorum fratrum et coepiscoporum vestrorum juramento fecit firmari, et plectendum judicavit ut hostem, quicunque vellet ab iniquis illis consuetudinibus dissentire. Indicat hoc venerabilis Thomæ Cantuariensis archiepiscopi exsilium, demonstrat et hoc clericorum et consanguineorum ejus, illorum etiam qui adhuc pendentes ab uberibus matris vagiebant in cunis, miseranda proscriptio, et metus mortis incutitur, si ad hæc cujusquam animus erigatur, ut contra statuta illa divinis legibus velit obedire. Nos ipsi, quorum judicio prævaricationes illæ corrigendæ fuerant aut plectendæ, ad confirmationem illarum sub occasione temporis impacati multa instantia fuimus provocati, et laboratum est apud nos actione non modica, ut usurpationibus illis, cum nondum nobis expressæ fuissent, auctoritatis apostolicæ conferremus firmitatem. Et hoc equidem a principio. Processu vero temporis exsulante pro debito pastoralis officii jam dicto archiepiscopo, et consuetum Romanæ Ecclesiæ subsidium ab officio nostro sæpius requirente, misimus ad jam dictum regem de melioribus et majoribus fratribus nostris, misimus et alias ecclesiasticas personas, et putavimus quod duritia ejus in nostra humilitate et mansuetudine frangeretur, et fieret quod Salomon dicit : *Patientia lenietur princeps, et lingua mollis frangit iram* (*Prov.* xv). Ipse vero rex sufferentiam nostram multiplici legatorum suorum arte deludens, usque adeo contra monita nostra videtur animum obdurasse, ut nec contra prænominatium archiepiscopum deferveat, nec de perversis statutis illis quidquam minui patiatur : imo et ipsam Cantuariensem Ecclesiam plurimo detrimento possessionum suarum afficiat, et in ipso eam ecclesiastico ministerio antiqua spoliet dignitate. Nuper enim cum filium suum coronari voluerit, contempto eodem archiepiscopo, ad cujus hoc officium de antiquo jure noscitur pertinere, per manum tuam, frater archiepiscope, et in aliena provincia, diadema regni ei fecit imponi.

In coronatione autem illius nulla ex more de conservanda Ecclesia libertate cautio est præstita, vel, sicut aiunt, exacta, sed juramento potius dicitur confirmatum, ut regni consuetudines, quas avitas dicunt, sub quibus dignitas periclitatur Ecclesiæ, illibatas omni tempore debeat conservare. In quo, etsi multum prænominati regis vehementia nos conturbat, amplius tamen de vestra et aliorum coepiscoporum vestrorum possumus infirmitate moveri ; qui quod dolentes dicimus : *Facti sunt arietes non habentes cornua; abiistis absque fortitudine ante faciem subsequentis* (*Thren.* I). Et si licere forte tibi, frater archiepiscope, in propria provincia potuisset, quomodo tamen in aliena provincia, et illius præcipue, qui exsulare pro justitia, et fere solus, exire voluit, et dare gloriam Deo tibi licuerit, nec de ratione possumus nec de sanctorum Patrum constitutionibus invenire. Quod si ad excusationem tantæ prævaricationis quisquam objiciat, in aliis quoque regnis gravia plurima et enormia perpetrari, in veritate possumus respondere quod nullum adhuc regnum in tantum divinæ legis contemptum invenimus corruisse, ut scriptis et juramentis episcoporum tam manifestas enormitates fecerit communiri. Nisi quisquam illud impudenter allegat, quod schismatici postmodum, et a fidelium communione præcisi inaudita et damnabili superbia commiserunt.

Unde quia juxta verbum prophetæ, factum est in vobis perversum quid ultra omnes alias provincias in usurpationibus suis, et post tam iniquas consuetudines juramento firmatas non adjecistis resumere scutum fidei, ut staretis pro domo Domini in die prælii, sed posuistis corpus vestrum in terra, ut per vos fieret via transeunti, ne, si diutius tacuerimus, una vobiscum in die judicii damnationis sententia involvamur, auctoritate sacrosanctæ Romanæ, cui, Deo auctore, ministramus, Ecclesiæ, ab omni officio episcopalis vos suspendimus dignitatis, sperantes quod sub disciplina saltem et paterno verbere constituti, redire tandem ad cor, et de tuenda debeatis Ecclesiæ libertate satagere.

Si vero nec sic episcopalis officii zelum resumpseritis, nos adhuc auctore Domino, quod nobis imminet, faciemus. Vos videte ne illud vobis dicatur, quod cuidam dictum est per prophetam : *Quia tu scientiam repulisti, repellam te ne sacerdotio fungaris mihi* (*Ose.* IV). Nos enim quia locum Petri illius, Deo, prout ipsi placuit, disponente, conspicimur obtinere, qui a prædicatione verbi Dei nec verberibus, nec vinculis potuit coerceri, non debemus sub ambigua exspectatione pacis creditam nobis divini verbi pecuniam reponere in sudario, et alligatam eam tandiu servare, donec paulatim lucrandi hora decurrat, et creditor veniens nos conveniat de reddenda ratione.

Datum Ferentini, XVI Kal. Octobris.

DCCLXV.

Ad Rotrodum Rothomagensem archiepiscopum. — Ut superiores epistolas suas ad archiepiscopum Eboracensem et episcopos Angliæ perferendas curet, atque num Henricus Bajocensis et Frogerius Sagiensis episcopi coronationi interfuerint diligentius inquirat.

(Ferentini, Sept. ?)
[Ibid., p. 64.]

ALEXANDER papa ROTRODO Rothomagensi archiepiscopo.

Cum hi, qui superiorem obtinent dignitatem, ita virtutis et fidei robore deberent muniri, ut pro justitia et pro ecclesiastica libertate tuenda seipsos inexpugnabilem murum opponant, dolemus admodum, quod plus in episcopis Angliæ terreni principis reverentia, quam pontificalis honor valuit dignitatis. Ipsi non solum consuetudines, quas rex eis proposuit ecclesiasticæ rationi contrarias, juraverunt, sed etiam filio ejus, in depressionem dignitatis et justitiæ venerabilis fratris nostri Thomæ Cantuariensis archiepiscopi et Ecclesiæ suæ, coronam imposuerunt. Quia vero tam grave et enormem excessum nec possumus nec debemus relinquere impunitum, fraternitati tuæ per apostolica scripta præcipiendo mandamus, et in virtute obedientiæ præcipimus, quatenus litteras, quas Eboracensi archiepiscopo et episcopis Angliæ dirigimus, per nuntium tuum, postposita occasione, transmittas et facias assignari. Præterea, utrum Bajocensis et Sagiensis episcopi coronationi quam diximus, interfuerint, diligenter inquiras. Et si eos interfuisse repereris, nobis, ut in eos vindicemus, significes. Sane prædictum Sagiensem qui, ministerio Dei neglecto, tanquam curialis factus est, sicut dicitur, rusticorum spoliator, et scelerum ultor, si ita est, vel ministerio regio, aut episcopatui abrenuntiare compellas. Si enim curiales prohibentur ad sacros ordines promoveri, multo minus, qui sunt in sacris ordinibus constituti inter curiales debent assumi.

DCCLXVI.

Ad Thomam Cantuariensem archiepiscopum et Gilbertum Londinensem episcopum. — Ut magistro W. de Lega tradant archidiaconatum Deyberiæ.

(Ferentini, Oct. 1.)
[*Epistolæ Gilberti Foliot*, II, 67.]

ALEXANDER episcopus, servus servorum Dei, venerabilibus fratribus T. Cantuariensi archiepiscopo et G. Londoniensi episcopo, salutem et apostolicam benedictionem.

In beati Petri apostolorum principis cathedra ex divinæ dispensationis arbitrio residentes, sic omnia in Dei Ecclesia dispensare debemus, ut nullus, quantum in nobis est, pro defectu justitiæ cogatur diutius laborare, sed quisque sui juris per nostram obtineat sollicitudinem complementum. Veniens autem ad nostri apostolatus præsentiam dilectus filius noster magister W. de Lega, lator præsentium, sua nobis relatione exposuit, quod bonæ memoriæ Walterus, olim Coventrensis episcopus, per librum et aureum annulum de archidiaconatu Deyberiæ cum suis libertatibus, eum canonice investivit atque concessit. Unde, quoniam quæ a fratribus nostris episcopis rationabiliter ordinantur, volumus firmitate immobili permanere, fraternitati vestræ per apostolica scripta mandamus, quatenus, si hujus assertio veritate subsistit, dilatione remota eumdem archidiaconatum cum pertinentiis suis prædicto magistro exhibeatis et assignetis. Quod si unus vestrum, imminente necessitate, huic negotio exsequendo non potuerit interesse, alter in causa ipsa nihilominus procedat.

Data Ferentini, Kal. Octobris.

DCCLXVII

Ad Thomam Cantuariensem archiepiscopum et alios episcopos Angliæ. — Ut officia divina in terris excommunicatorum non celebrentur.

(Anagniæ, Oct. 8.)
[*Epist. S. Thomæ* ed. GILES, II, 31.]

ALEXANDER papa THOMÆ Cantuariensi archiepiscopo et aliis episcopis Angliæ.

Quoniam enormitatibus et sceleribus iniquorum pontificali auctoritate, prout oporteret, non occurritur, insolentia et protervitas malorum quotidie augmentatur, timor Dei contemnitur, ecclesiis et ecclesiasticis personis debita reverentia et devotio denegatur. Quia vero tantis malis sacerdotali ministerio nos oportet occurrere, et ne succrescere valeant, attentam providentiam et sollicitudinem adhibere, fraternitati vestræ per apostolica scripta præcipiendo mandamus, et mandando præcipimus, quatenus omnes presbyteros, diaconos et subdiaconos, qui contra speciale interdictum nostrum vel episcoporum suorum scienter divina celebrarunt, aut de cætero in terris excommunicatorum, ipsis excommunicatis præsentibus, divina celebraverint, vel aliquos celebrare coegerint, omni officio et beneficio ecclesiastico auctoritate nostra privatos denuntietis, donec ad nos veniant, et mandatum nostrum recipiant. Quod si super hoc mandati nostri contemptores fuerint, ipsos excommunicetis. Etsi excommunicati cantaverint, eos quos poteritis comprehendatis, et retrudatis in monasteriis, ut ibi pœnitentiam perpetuam agant, et aliis pœna illorum formido existat.

Datum Agnaniæ, VIII Idus Octobris.

DCCLXVIII.

Ad Ludovicum regem Francorum. — Ut excommunicatis non communicet.

(Anagniæ, Oct. ?)

[*Ibid.*, p. 142.]

ALEXANDER papa LUDOVICO regi Francorum.

Saluti regum et principum principaliter expedire dignoscitur, ut quanto majori potentia, dignitate et munere divinæ gratiæ sunt decorati, tanto ea, quæ ad opera pietatis et justitiæ pertinent, studiosius et devotius exsequi, et ecclesias et ecclesiasticas personas, in quibus Deus maxime honoratur, reverentia pariter et honore debeant prævenire, et sanctorum Patrum statuta devotiori mente et puriori corde servare. Quantum vero iniquum sit et detestabile, et quomodo ab Ecclesia et sanctis Patribus prohibitum excommunicatis scienter communicare, et suæ pravitatis malitiam confovere, regiæ discretioni non credimus esse incognitum; præsertim cum se damnationis eorum participes faciant, qui eis, quos propria culpa et flagitia maculant, scienter favorem ministrant. Excommunicatio enim ad modum lepræ, quæ totum corpus corrumpit, totum hominem contaminat et deturpat. Leprosi namque, sicut in Testamento Veteri legitur, extra castra abjiciebantur. Ad quorum similitudinem excommunicati a consortio et communione Dei fidelium debent omnino arceri. Ne autem tantæ corruptionis sorde in modico regia contaminetur serenitas, aut occasione tua ecclesiasticæ censuræ imminuatur auctoritas, discretionis tuæ prudentiam rogamus, monemus, consulimus et exhortamur, et in remissionem tibi peccatorum injungimus, quatenus eos, quos tibi a prælatis ecclesiarum constiterit excommunicatos, et ab Ecclesiæ communione alienatos, nulla ratione, præsertim in cibo et potu, vel oratione, seu osculo, amore personæ, vel obtentu alicujus legationis, quam ad te gerat, scienter communices, aut gratiæ vel familiaritatis favorem ministres. Et sententias archiepiscoporum et episcoporum, et aliorum ecclesiarum prælatorum firmiter et devote observes, ita quod exinde ab omnipotenti Domino præmium merearis perenne recipere, et turpitudo et iniquitas malorum tuæ sinceritatis non valeant maculare virtutem.

DCCLXIX.

Ad Willelmum Senonensem J. Rotrodum Rothomagensem archiepiscopos. — Ut efficiant sub pœna censurarum compleri pacem quam rex Angliæ verbis promisit.

(Anagniæ, Oct. 9.)

[*Ibid.*, p. 72.]

ALEXANDER papa Senonensi et Rothomagensi archiepiscopis.

Molestias et angustias et anxietates, onera et gravamina, quæ venerabilis frater noster Thomas Cantuariensis archiepiscopus pro honore et libertate Ecclesiæ invicta fortitudine sustinuit, et æquo animo toleravit, quoties ad memoriam nostram reducimus, toties super ejus admirandæ virtutis et patientiæ constantia noster animus hilarescit: et circa eum de die in diem magis ac magis nostræ dilectionis affectus excrescit. Inde est, quod nos ei, tanquam fratri charissimo, et præcipuo membro Ecclesiæ super variis molestiis et pressuris dignæ consolationis remedium providere volentes; et charissimi in Christo filii nostri Henrici illustris Anglorum regis, qui quanto eidem archiepiscopo majores persecutiones et molestias intulit, et amplius Christum gravavit, tanto magis deliquit, nec potest tantum expiare delictum, nisi restituatur ablatum, consultius prospicere cupientes saluti, fraternitati vestræ per apostolica scripta præcipiendo mandamus, et in virtute obedientiæ præcipimus, quatenus infra viginti dies post harum susceptionem eumdem regem ex parte nostra diligenter conveniatis, commonere propensius et exhortari curetis, ut pacem quam cum eodem archiepiscopo verbotenus fecit, exsecutione operis compleat. Nihilominus etiam eidem regi suggeratis, ut postmodum omnia ablata restituat, damna data resarciat, pravas et exsecrabiles consuetudines omnino præcidat. Si autem infra triginta dies post commonitionem vestram, pacem, quam statuit et promisit, consummare noluerit, in tota terra ejus cismarina omnia divina, præter baptisma parvulorum et pœnitentias morientium, remoto appellationis obstaculo, prohibeatis officia celebrari: et sententiam ipsam usque ad condignam satisfactionem faciatis inviolabiliter observari. Quod si alteruter vestrum, aliqua necessitate obstante, hujus rei exsecutioni non potuerit aut noluerit interesse, quod tamen nollemus, nec expediret, alter non minus id, quod dictum est, exsequatur.

Datum Anagniæ, VII Idus Octobris.

DCCLXX.

Ad Thomam Cantuariensem. — De excommunicatis, qui, absoluti ab archiep. Rothom. et episcopo Nivern., ablatas Ecclesiæ Cantuariensis possessiones non restituerint, iterum excommunicandis.

(Anagniæ. Oct. 9.)

[*Ibid.*, p. 28.]

ALEXANDER papa THOMÆ Cantuariensi archiepiscopo.

Si enormitates et scelera iniquorum impunita

relinquerentur, virtus bonorum facile posset succumbere, et vitia viderentur virtutibus ordine postposito prævalere. Cæterum ab ipso Conditore mundi statutum est et ordinatum, ut virtutes præemineant, et locum semper obtineant et ordinem superiorem. Sane venerabilibus fratribus nostris, Rothomagensi archiepiscopo et Nivernensi episcopo, per scripta nostra præcepimus ut, postquam de pace inter te, frater archiepiscope, et charissimum in Christo filium nostrum illustrem Anglorum regem reformanda certi existerent, eos qui a te fuerant excommunicati secundum formam sibi præfixam absolverent. Verum quoniam dubitamus utrum illi, quos excommunicatio tua involverat, secundum mandati nostri formam satisfecissent, ne illi de malitia sua valeant gloriari, et inaniter sibi applaudere, fraternitati vestræ per apostolica scripta mandamus, et in virtute obedientiæ injungimus quatenus, nisi illi, qui excommunicati fuerunt, per memoratum archiepiscopum et episcopum, vel per aliquem de mandato ipsorum absolutionis beneficium secundum formam nostram promeruerunt, et ecclesias et possessiones Cantuariensis Ecclesiæ et omnium suorum, et omnes fructus inde perceptos infra viginti dies post commonitionem tuam et tuorum resignaverint, eos infra quindecim dies postquam litteræ nostræ de hac causa ad prædictum archiepiscopum et episcopum pervenerint, in eamdem sententiam reductos, omni occasione et appellatione remota, tanquam excommunicatos vitetis, et ab omnibus per parochias vestras faciatis sicut publice excommunicatos vitari, donec ab ipsis supradicta omnia compleantur. Si vero clerici aliqui ex illis præsumpserint celebrare divina vel divinorum interesse celebrationi, vel aliquem sacerdotem ad celebrandum coegerint, ipsos omni officio et beneficio privatos denuntietis, et per totam terram regis faciatis privatos denuntiari. Si vero laici fuerint, excepto rege et filio suo, qui talia præsumpserint, eis duram comminationem faciatis, et eis formidinem incutiatis et terrorem quod, nisi destiterint, graviori pœna plectentur, et quousque satisfaciant a ferendo testimonio repellantur.

Datum Anagniæ, vii Idus Octobris.

DCCLXXI.
Ad Rotrodum Rothomagensem archiepiscopum et Bernardum episcopum Nivernensem. — Ejusdem argumenti.

(Anagniæ, Oct. 9.)

[*Ibid.*, p. 63.]

ALEXANDER papa ROTRODO Rothomagensi archiepiscopo et BERNARDO Narbonensi episcopo.

Audito et intellecto, quod charissimus in Christo filius noster, Henricus illustris rex Angliæ, divina gratia inspiratus, et instantia commonitionum et exhortationum nostrarum devictus, venerabili fratri nostro Thomæ Cantuariensi archiepiscopo apostolicæ sedis legato, gratiam et pacem suam restituerit, lætati sumus plurimum et gavisi. Et exinde universali Ecclesiæ magnum bonum et incrementum credimus, auxiliante Deo, proventurum. Verumtamen quoniam quidam, tam clerici quam laici, in regno ejus constituti, plus faventes terreno principi quam Regi æterno, pro eo quod tam ecclesias quam alia jura Cantuariensis Ecclesiæ illicite et enormiter occuparunt, ab eodem archiepiscopo excommunicationis fuere vinculo innodati, quos a vestra fraternitate, si spes certa esset de pace complenda, sub certa forma mandavimus absolvi, fraternitati vestræ per apostolica scripta mandamus et in virtute obedientiæ præcipimus, quatenus nisi illi qui excommunicati fuerunt et a vobis vel de mandato vestro secundum formam nostram absoluti sunt, et ecclesias et possessiones Cantuariensis Ecclesiæ, et omnium suorum, et omnes fructus inde perceptos infra viginti dies post commonitionem ipsius Cantuariensis et suorum, si pacem habuerint vel non habuerint, resignaverint, eos in eamdem sententiam, in qua prius fuerunt, infra quindecim dies postquam exinde requisiti fueritis, fulti nostra auctoritate, omni occasione postposita, revocetis, donec ab ipsis omnia supradicta compleantur. Si vero aliqui clerici ex ipsis præsumpserint celebrare divina, vel divinorum interesse celebrationi, vel aliquem sacerdotem ad celebrandum coegerint, ipsos omni officio et beneficio privatos denuntietis, et per totam terram regis faciatisiprivatos denuntiari. Si vero laici fuerint, excepto rege et filio suo, qui talia præsumpserint, eis duram comminationem faciatis, et formidinem incutiatis et terrorem, quod nisi destiterint, graviori pœna plectantur, et quousque satisfaciant a ferendo testimonio repellantur.

Datum Anagniæ, vii Idus Octobris.

DCCLXXII.
Ad Thomam Cantuariensem archiepiscopum. — De coronatione filii Henrici Anglorum regis.

(Anagniæ, Octobr.)

[*Ibid.*, p. 30.]

ALEXANDER papa THOMÆ Cantuariensi archiepiscopo.

Virtutis et fidei constantiam, et fortitudinis animum, quem pro libertate Ecclesiæ tuæ conservanda induisse dignosceris, studiosius attendentes, tibi tanquam fratri charissimo super his, quæ ad conservationem et augmentum Ecclesiæ tuæ spectare noscuntur, libenti animo consilium et auxilium impendimus, et contra eos qui jura et dignitatem ejusdem Ecclesiæ imminuere, vel perturbare nituntur, apostolicæ tuitionis præsidium diligenti studio volumus ministrare. Audivimus autem, et certa relatione comperimus, quod Eboracensis archiepiscopus contra prohibitionem et interdictum nostrum Henrico filio illustris Angelorum regis in provincia tua coronam imposuit. Quia vero ex hoc juri et dignitati Ecclesiæ tuæ immoderate asseris et enormiter derogatum, nos in hac parte tam tibi quam eidem Ecclesiæ providere volentes, auctoritate apostolica statuimus ut factum prædicti archiepiscopi vobis nulla ratione præjudicium possit in posterum generare, quominus coronationis et inunctionis regum Angliæ possessionem taliter habeatis, sicut antecessores tui et eadem Ecclesia a quadraginta annis retro habuisse noscuntur.

Datum Anagniæ, xx (62) Kal. Octobris.

DCCLXXIII.

Ad Thomam Cantuariensem archiepiscopum. — De censura in regem ferenda nisi plenam pacem cum restitutione possessionum præstet.

(Signiæ, Oct. 13.)
[*Ibid.*, p. 26.]

ALEXANDER papa THOMÆ Cantuariensi archiepiscopo.

Anxietate cordis et amaritudine premimur, cum angustias, onera et gravamina, quæ zelo justitiæ, et pro libertate Ecclesiæ manutenenda, æquo animo et invicta fortitudine tolerasti, ad memoriam nostram reducimus, et sedula meditatione cogitamus. Verumtamen quod in te virtutis perfectionem adimpleres, non potuisti frangi adversis, nec a tuæ constantiæ proposito moveri : tuam super hoc commendamus admirandam virtutem, et tibi super tanta patientia plurimum in Domino congaudemus. Cæterum quoniam charissimum in Christo filium nostrum Henricum, illustrem Anglorum regem, diutius in patientia et benignitate exspectavimus; et blandis et dulcibus verbis, et interdum duris et asperis, ut ad seipsum rediret, sæpe monuimus, si pacem, quam tecum fecit, exsecutione operis non adimpleverit, et tibi ac tuis, et Ecclesiæ tuæ possessiones et honores ablatos non restituerit, tibi plenam auctoritatem concedimus, ut in personas et loca, quæ ad tuam legationem pertinent, excepta persona regis, uxoris quoque, et filiorum, ecclesiasticam justitiam secundum officii tui debitum nullius obstante appellationis obstaculo exerceas; providentia tamen et circumspectione adhibita, quam modestia sacerdotalis requirit.

Datum Signiæ, III Idus Octobris.

DCCLXXIV.

Ad omnes prælatos per terram regis Anglorum cismarinam. — Ut quam Willelmus archiepiscopus Senensis et Rotrodus archiepiscopus Rothomagensis in terram regis cismarinam protulerint sententiam observent.

(Signiæ, Oct. 13.)
[*Ibid.*, p. 81.]

ALEXANDER papa omnibus prælatis per terram regis Anglorum cismarinam constitutis.

Cura pastoralis officii, quam providente Domino, licet immeriti, gerimus, nos admonet propensius, et hortatur ad universos aciem nostræ considerationis extendere, et de universorum salute sollicitudinem gerere propensiorem. Inde est quod universitati vestræ per apostolica scripta præcipiendo mandamus, et in virtute obedientiæ sub pœna ordinis et officii injungimus, quatenus, si rex Angliæ, se-

(62) Sic, sed mendose.

cundum quod nobis per litteras et nuntios sæpius promisit, venerabili fratri nostro Thomæ Cantuariensi archiepiscopo, apostolicæ sedis legato, et suis plenam pacem et securitatem, quam mediantibus venerabilibus fratribus nostris Rothomagensi archiepiscopo et Nivernensi episcopo, in multorum postea præsentia obtulit, non adimpleverit, et ei archiepiscopatum suum cum plenaria restitutione ablatorum, possessionum et honorum, non restituerit, sententiam, quam venerabilis frater noster Willelmus Senonensis archiepiscopus, apostolicæ sedis legatus, et prædictus Rothomagensis, vel alter eorum, in terram ejus cismarinam propter hoc promulgaverit, per parochias vestras, omni appellatione et occasione remota firmiter et inconcusse observetis, et ab aliis faciatis inviolabiliter observari.

Datum Signiæ, III Idus Octobris.

DCCLXXV.

Privilegium pro ecclesia S. Mariæ Eugubina.

(Tusculani, Oct. 30.)
[UGHELLI, *Italia sacra*, I, 638.]

ALEXANDER episcopus, servus servorum Dei, dilectis filiis BENEDICTO præposito Ecclesiæ sedis episcopalis B. Mariani Eugubinæ civitatis, ejusdem fratribus, tam præsentibus quam futuris, canonice institutis in perpetuum.

Quoties illud a nobis petitur quod religioni et honestati convenire dignoscitur, animo nos decet libenti concedere, et petentium desideriis congruum suffragium impertiri. Eapropter, dilecti in Domino filii, vestris justis postulationibus clementer annuentes, et ad exemplar prædecessorum nostrorum felicis memoriæ Innocentii et Cœlestini Romanorum pontificum, præfatam ecclesiam B. Mariani in qua divino estis obsequio mancipati, sub B. Petri et nostra protectione suscipimus, et præsentis scripti privilegio communimus, statuentes ut quascunque possessiones, etc., in quibus hæc propriis duximus exprimenda vocabulis.

Plebem vid. S. Joannis de civitate Eugub., plebem S. Mariæ de sorvita, plebem de Lisiano, plebem S. Mariæ de Algnana, pleb. S. Mariæ de Giodiano, cum pleb., S. Donati et S. Viriani, pleb. S. Gervasii, pleb. S. Paterniani de Modiano, curtem de lavari, cum omnibus aliis ecclesiis, ad bona prædictæ ecclesiæ pertinentibus, capellam videlicet S. Bartholomæi, capellam S. Crucis, capellam S. Verecundi, capellam S. Angeli, capellam S. Georgii, capellam S. Savini, capellam S. Angeli, capellam S. Christophori, capellam S. Salvatoris, capellam S. Mariæ de Modiano, capellam S. Bartholomæi de Castro Venali, capellam S. Mariæ, et capellam S. Georgii de Cortina, capellam S. Mariæ de Scarafajo, capellam S. Margaritæ cum omnibus pertinentiis, capellam S. Mariæ Francolinorum de civitate Perusina, et capellam castri Montis auri, capellam Podii filiorum Armanni, et partem quam habetis in castro Castellionis, et in ecclesia ejusdem castri, partem castri Carestelli et in ecclesia ejusdem castri, ecclesiam Podii Glodiani, et tertiam partem ejusdem Podii, castrum montis Juliani cum curte sua, castrum montis Analdi cum curte sua, castrum Goligatæ cum curte sua, castrum vallis S. Marculæ, cum ecclesia, et curte sua, castrum Agnaniæ, castrum Agelli, cum ecclesia, quæ siquidem vobis confirmamus, prout ea inpræsentiarum pacifice possidetis. Prohibemus quoque ut infra antiquos terminos majoris sive baptismalis ecclesiæ absque vestra permissione nullus ecclesiam ædificare præsumat, nec intra majoris, et baptismalis ecclesiæ illis concessa nullus vobis auferre audeat, nec homines infra eosdem terminos habitantes ad sepulturam ad alia loca transire compellat; clericos, sive laicos liberos, qui de sæculari habitu converti et in vestra ecclesia religiose vivere voluerint, recipiendi facultatem liberam vobis concedimus. Sepulturam quoque ipsius loci liberam esse decernimus, ut eorum devotioni et extremæ voluntati qui illic sepeliri deliberarint, nisi forte excommunicati vel interdicti sint, nullus obsistat, salva justitia illarum ecclesiarum, a quibus mortuorum corpora assumuntur. Præterea præsenti decreto sancimus, ut episcopo Perusino non liceat ecclesiæ vestræ, quam Perusii habetis, novas et indebitas exactiones imponere, vel eamdem ecclesiam absque justa et manifesta causa interdictioni subjicere.

DCCLXXVI.

Ad Gilbertum Londinensem et Jocelinum Saresberiensem.— Significat illos a munerum administratione remotos et anathematizatos donec Thomæ Cantuariensi satisfecerint.

(Tusculani, Nov. 24.)

[Epist. S. Thomæ, ed. GILES, II, 102.]

Quamvis curæ pastoralis officii, etc., *usque ibi :* Noveritis itaque tandiu vos ab episcopali officio, commissa nobis a Deo auctoritate, suspensos, et etiam si pax completa non fuerit, in sententiam anathematis revocatos, quia pro impetrata apud gratia juxta spem nostram ad reconciliationem magis laborare debueratis, et a jam dicti archiepiscopi gravamine abstinere, donec ad sedem apostolicam de tanto satisfacturi excessu accedatis, nisi per præfatum archiepiscopum steterit. Si vero ita eidem archiepiscopo et Cantuariensi ecclesiæ, etc.

In eumdem modum Eboracensi archiepiscopo, præterquam de relaxatione suspensionis, quam sibi reservat dominus papa.

DCCLXXVII.

Ad [Ricardum] Cestriensem, [Walterum] Roffensem, [Godefridum] S. Asaph, [Nicolaum] Landaviensem .d [Hugonem] Dunelmensem episcopos. — Ejusdem argumenti.

(Tusculani, Nov. 24.)

[*Ibid.*, p. 85.

Quamvis curæ pastoralis officium et in suavitate olei, et in austeritate vini nos oporteat exercere, et his qui subesse videntur, nunc mollia, nunc dura proponere, in voluntate tamen nostra esset ac desiderio, ut in omnibus, et præsertim in fratribus et coepiscopis nostris ita totius se subtraheret austeritatis occasio, ut semper eos et confortare in bono, et exhortari ad melius blandis solummodo et dulcibus deberemus. Quia vero refrigescente charitate multorum, et abundante malitia eo infelicium temporum horum processit iniquitas, ut hi etiam qui ad ducatum constituti sunt, et regimen aliorum, vix aliquoties in omni severitate a suis voluntatibus revocentur, contra eos interdum virgam cogimur extendere disciplinæ, quos ad correctionem aliorum adjutores habere deberemus. Quid sane causæ venerabilem fratrem nostrum Thomam Cantuariensem archiepiscopum, sedis apostolicæ legatum a sede sua exsulare compulerit, non oportet litteris præsentibus adnotare, quoniam et vos præsentialiter aspexistis, et per totam fere occidentalem Ecclesiam fama celebris divulgavit. Et pro ipso quidem ad Creatorem nostrum in commune resonare debet gratiarum actio, et vox laudis qui, ut credimus, vexatus in paucis, in multis bene disponetur, quoniam Deus tentavit illum, et invenit illum dignum se. De vobis autem non sine admiratione ferimus quod, spiritu compassionis amisso, a tribulatione ipsius ita miserationis oculum avertistis, ut dicere potuerit, quod vir ille justus et timoratus Job inter flagella positus querebatur, dicens : *Fratres mei prætertierunt me, sicut torrens, qui raptim fluit in convallibus* (Job VI). Poterat vobis satis divini judicii terrorem incutere, quod non ascendistis ex adverso, nec posuistis vos murum, ut staretis, pro domo Domini in die prælii : quod *facti estis sicut arietes non habentes cornua ante faciem subsequentis* (Thren. I). Vos insuper in eum, qui unus de tanta multitudine zelatus est legem Domini, convertistis prælium, et sicut ait propheta : *Desuper tunicam abstulistis et pallium* (Mich. II). Cum enim bonæ memoriæ Theobaldus, prædecessor ejusdem archiepiscopi, charissimo filio nostro Henrico Anglorum regi coronam, sicut dicitur, imposuerit, cum etiam antecessor ipsius regis ab eodem coronam acceperit, ac per hoc Cantuariensis Ecclesia quasi possessionem hujus dignitatis haberet, vos nunc novi regis coronationi eo irrequisito, in provincia ejus, ministerium sive assensum vestrum præbere, nobis auctoritate apostolica et litteris inhibentibus, præsumpsistis. Et qui relevare ipsius exsilium qualibuscunque solatiis debuistis, aggravastis potius causam ejus, et super dolorem vulnerum ipsius, quod mœrentes dicimus, addidistis. In quo facto, si contra personas vestras, non quantum culpa exigit, moveamur, pertransire tamen hoc sub silentio non debemus, ne forte, quod Deus avertat! et nos et vos sententia divinæ severitatis addicat, si vobis, ut ait propheta, parietem erigentibus nos cum luto absque paleis liniamus, et similibus aditum pandamus excessibus; si ea quæ in oculis etiam omnium perperam acta sunt, neglexerimus vindicare. Noveritis itaque vos tandiu ab episcopali officio, commissa nobis a Deo auctoritate, suspensos, donec ad sedem apostolicam de tanto excessu satisfacturi accedatis, nisi per præfatum archiepiscopum steteritis. Si vero ita eidem archiepiscopo et Cantuariensi Ecclesiæ satisfacere curaveritis, ut pœnam istam ipse videat relaxandam, vicem nostram per eum volumus adimpleri.

Datum Tusculani, viii Kalendas Decembris.

DCCLXXVIII.

Ad Henricum regem Anglorum. — Ei gratulatur quod Thomæ archiep. Cantuar. gratiam et amorem suum restituerit. Monet ut ablata reddat, etc.

[*Epistolæ S. Thomæ*, ed. GILES, II, 135.]

ALEXANDER papa HENRICO regi Angliæ.

Cognito ex litteris venerabilis fratris nostri Thomæ Cantuariensis archiepiscopi, quod ei omni turbatione et rancore deposito gratiam et amorem tuum restituisses, tanto lætitiam et gaudium concepimus, quanto id Deo gratius et magis acceptum existere, et tibi amplius honorificum et tuæ consideramus fructuosum saluti. Tanta enim eumdem archiepiscopum religione, prudentia, honestate ac fidei virtute præeminere cognoscimus, quod ipsum tibi et regno tuo fidelem et devotum existere, honori et incremento tuo pro viribus et posse, et animo se intendere et pro augmento gloriæ et exaltationis tuæ fideliter et sollicite vigilare non dubitamus. Cæterum quoniam non remittitur peccatum, nisi restituatur ablatum, et licet idem archiepiscopus, pro patientia et dilectione, quam erga te habet, hoc forte subticeat, nos tamen qui salutem tuam summopere cupimus, id minime reticere debemus, nec tuam decet magnificentiam, quem Dominus ita magnum et potentem constituit, jura et bona Cantuariensis Ecclesiæ detinere, regiæ serenitatis clementiam rogando monemus, et exhortamur attentius, quatenus exemplo Zacchæi, de quo legitur in Evangelio: *Domine, ecce dimidium bonorum meorum do pauperibus, et si quid defraudavi, reddo quadruplum* (*Luc.* xix), prædicto archiepiscopo et Ecclesiæ suæ ablata restituere, damna et detrimenta, quæ illis intulisti, in brevi studeas emendare, ut in eo, quod deliquisti, Deum sic possis placare, et nos tibi tantam offensam digne indulgere possimus, et idem archiepiscopus ad obsequium et devotionem tuam, ad augmentum honoris tui et hæredum tuorum debeat promptissimus inveniri. Volentibus autem inter te et ipsum pacem reformari, benigno favore acquiescas, quos vero hujus dissensionis noveris hactenus fuisse incentores, de cætero non exaudias, nihilominus et filium tuum super articulo juramenti, quod prætermisit de servando jure et libertate Cantuariensis Ecclesiæ, secundum quod reges et principes Angliæ fecisse noscuntur, eidem archiepiscopo et ecclesiæ suæ condigne satisfacere moneas et horteris, et quod prætermissum est, facias adimplere. Ordinationes quoque ecclesiarum, et alia quæ ad viros ecclesiasticos pertinent, prædicto archiepiscopo et aliis viris ecclesiasticis, tam tu, quam filius tuus, libere et pacifice relinquatis, ut sic agendo hostiam laudis Domino digne immolare possitis, et vobis regnum comparare æternum.

DCCLXXIX.

Ad clerum et populum regis Angliæ. — Ne concordiam pacemque inter Henricum regem et Thomam confectam perturbent.

[*Ibid.*, p. 74.]

ALEXANDER papa clero et populo regis Angliæ citra mare et ultra mare.

Quam gratum Deo et acceptum existat inter discordantes pacem et concordiam reformare, et quam grave et detestabile sit bonum pacis turbare, et jurgia et lites inter aliquos suscitare, universitatis vestræ prudentia non ignorat. Sane quia de concordia et pace, quæ inter regem Anglorum et venerabilem fratrem nostrum Thomam Cantuariensem archiepiscopum divina cooperante gratia est reformata, non solum Ecclesia, sed etiam regnum ipsum magnum bonum et incrementum, Deo propitiante, recipiet, universitati vestræ monendo mandamus, et vobis sub interminatione excommunicationis præcipimus, ut præscriptam pacem nullus vestrum impedire aut perturbare attentet, sed potius ad incrementum et observationem ipsius pacis modis omnibus intendatis.

DCCLXXX.

Stephano episcopo Meldensi concedit ut, si capitulum inter se discordet, ipse possit cognoscere de causa.

(PETIT, *Theodori Pœnitentiale*, II.)

Pontificalis exigit cura regiminis ut fratres dissidentes, quantum potes, cum justitia satagas ad concordiam revocare. Inde est, quod præsentibus tibi litteris indulgemus, ut, si de rebus quæ ad capitulum tuum pertinent inter canonicos tuos discordia, quod absit! emerserit, et infra terminum competentem, quam illis præfixeris nequiverint convenire, liberum tibi sit de causa cognoscere, vel committere alii negotium terminandum.....

ANNO 1171.

DCCLXXXI.

[*Lando*] *electo, archipresbytero et canonicis Ecclesiæ Lucensis præcipit ne fratres S. Frigdiani injuriis afficiant.*

(Tusculani, Jan. 5.,

[BALUZ., *Miscell.*, IV, 596.]

Dilecti filii nostri prior et canonici S. Frigdiani ad nos gravem contra vos querimoniam transmisere, asserentes quod vos ipsos eis inhumanos et duros nimium atque intractabiles exhibetis, et, quod gravius est et nostrum vehementi amaritudine animum pungit, corpus beati Frigdiani in ecclesia vestra quiescere publice prædicastis, et civibus vestris non estis veriti sub interminatione anathematis prohibere ne ecclesiam illorum auderent in præcipuis solemnitatibus de cætero, sicut soliti fuerant, frequentare; hac occasione suscepta, sicut ab eis accepimus, quia festum beati Abrahæ in die dedicationis ecclesiæ vestræ præsenti anno celebrarunt. Verum licet prædicti canonici in hac parte minus fraterne et amicabiliter erga vos videantur egisse, vos tamen in tantum sanctæ et venerandæ memoriæ Patri et prædecessori nostro Eugenio PP., qui præsentibus vobis et bonæ memoriæ G. quondam episcopo vestro et universa pene civitate corpus beati Frigdiani propriis manibus contrectavit, et in altari quod ipsemet dedicavit fecit recondi, detraxisse dicimini, quod nisi consueta apostolicæ sedis clementia motum animi temperaret, in vos ita dure vindicassemus quod, pœna docente, sciretis, quoad periculosum sit auctoritati Romanæ Ecclesiæ et vobis ipsis, qui huic rei tunc consensistis, detrahere, vel ejus facta quomodolibet depravare. Quia vero nulla ratione pati volumus et debemus ut ecclesia Beati Frigdiani, quam, sicut prædecessores nostri fecere, specialiter, et tanto arctius diligere cupimus et fovere, quanto pro Ecclesia Dei et devotione nostra persecutiones sustinuit et pericula graviora, sua dignitate vel consueta veneratione populi Lucani verbo vel facto vestro aliquatenus defraudetur; quam etiam debetis gratia religionis et honestatis qua præeminet, non opprimere, sed potius multipliciter confovere; universitati vestræ per apostolica scripta præcipiendo mandamus, et mandando præcipimus, quatenus corpus beati Frigdiani non ex levitate aliqua vel ratione qualibet in ecclesia vestra jacere de cætero proponatis, nec ejus festum solemnius more solito celebretis, neque clericis vel laicis ne illorum ecclesiam in præcipuis solemnitatibus more solito visitent, audeatis aliquatenus prohibere; sed interdictum nostrum penitus relaxantes in his et aliis ita eis jura et honores suos servetis, quod adversum vos justam non habeant ulterius materiam querelandi. Quod nisi præcepto nostro parueritis, et talia de cætero attentaveritis, ea in irritum revocabimus, et inobedientiam et transgressionem vestram, auctore Domino, castigare curabimus, et districta animadversione punire. Nos enim eisdem priori et canonicis dedimus in mandatis ut in die dedicationis ecclesiæ vestræ festum beati Abrahæ nullatenus celebrent, sed alio die magis congruo constituant celebrandum.

Data Tusculani, vi Idus Januarii.

DCCLXXXII.

Privilegium pro Ecclesia S. Mariæ Secoviensi.
(Tusculani, Febr. 10.)
[Pusch et Froehlich, *Diplomat. Styr.*, I, 157.]

Alexander episcopus, servus servorum Dei, dilectis filiis Wernhero præposito Ecclesiæ S. Mariæ Secoviensis, ejusque fratribus, tam præsentibus quam futuris, regularem vitam professis, in perpetuum.

Quoties illud a nobis petitur quod rationi consentaneum est, etc. Eapropter, dilecti in Domino filii, vestris justis postulationibus annuimus et præfatam ecclesiam Secoviensem, in qua, Deo adjuvante, præesse dignosceris, ad exemplar sanctæ recordationis patris et prædecessoris nostri Innocentii papæ, sub beati Petri et nostra protectione suscipimus, et præsentis scripti privilegio communimus, inprimis siquidem statuentes ut ordo canonicus secundum B. Augustini Regulam perpetuis ibi temporibus inviolabiliter conservetur. Præterea quascunque possessiones, quæcunque bona inpræsentiarum juste possidetis, etc., in quibus hæc propriis duximus exprimenda vocabulis:

Locum ipsum in quo memorata ecclesia Sanctæ Mariæ Secoviensis sita est cum omnibus pertinentiis suis, quemadmodum locus ipse a bonæ memoriæ Chunrado Salisburgensi archiepiscopo vobis concessus est, pro mutatione loci, qui dicitur Feustrize. Ex dono nobilis viri Alrami, et uxoris ejus Richinzæ, Feustrice Altedorff, V....., Plesche, cum omni familia. In Bavaria, Waltenstein cum prædiis suis et familia, videlicet Shelz, Willendorff, Geroldstorff cum vineis et omnibus aliis pertinentiis suis; curtim quæ dicitur Chambe et Erla. In Marchia Chunberg, Arberdorff, Hainrichsdorff, et Lever Pozendorff cum omnibus ad eam pertinentibus. Ex dono Udalrici cognati memorati Alrami ipsius loci fundatoris, Henneberch cum omnibus prædiis ad eam pertinentibus et alpibus Lichtst [*f.* Liechtsteig] Predegai. In Carinthia prædium apud S. Stephanum, curiam et duodecim mansos; prædium apud Juon [*f.* Jaun] et montem ubi foditur argentum et plumbum cum omni jure. Apud Glan sex mansos: Ex dono prælibati archiepiscopi parochiam Cumbenz cum omni jure suo, decimationem apud Henrichsdorff, Erbendorff, Chunberg, Jeringen. Ex dono nobilis viri Otokari marchionis silvas et alpes ipsi cœnobio adjacentes. Undrim, Setall, Gotestall, Forwiz, Teufental. Ex dono nobilis mulieris Gisilæ, alpem quæ dicitur Zecue (*f.* Zeirice), electionem et præsentationem clericorum in ecclesia de Schonberch. Ex dono Burchardi de Murce et Judith uxoris ejus curtem et duos mansos apud Talheim. (*Hucusque bona quibus subjungit facultatem suscipiendi conversos, et deficiente diœcesano episcopo recipiendi ordines ab alio antistite, admittendi sepulturas, eligendi præpositos*).

Datum Tusculani per manum Gratiani, S. Romanæ Ecclesiæ subdiaconi et notarii, quarto Idus Februarii, indict. quarta, anno Incarnationis Dominicæ millesimo centesimo septuagesimo, pontificatus vero D. Alexandri papæ III anno duodecimo.

DCCLXXXIII.

Universa monasterii Admontensis prædia et privilegia, quæ singillatim recenset, salva esse jubet.
(Tusculani, Febr. 10.)
[Pez. *Thes. Anecdot.*, III, III, 666.]

Alexander episcopus, servus servorum Dei,

dilectis filiis Liutoldo abbati monasterii S. Blasii quod Admontis dicitur, ejusque fratribus, tam praesentibus quam futuris, regularem vitam professis, in perpetuum.

Officii nostri nos admonet et invitat auctoritas, pro Ecclesiarum statu satagere, et earum quieti ac tranquillitati salubriter, auxiliante Domino, providere. Dignum namque et honestati conveniens esse dignoscitur ut qui ad earum regimen, Domino disponente, assumpti sumus, eas et a pravorum hominum nequitiis tueamur, et beati Petri atque apostolicæ sedis patrocinio muniamus. Eapropter, dilecti in Domino filii, vestris justis postulationibus clementer annuimus, et præfatum monasterium, in quo divino mancipati estis obsequio, prædecessorum nostrorum bonæ memoriæ Paschalis, Innocentii, Lucii, Romanorum pontificum, vestigiis inhærentes sub beati Petri et nostra protectione suscipimus, et præsentis scripti privilegio communimus, statuentes ut quæcunque possessiones, quæcunque bona idem monasterium inpræsentiarum juste et canonice possidet, aut in futurum, concessione pontificum, largitione regum, vel principum, oblatione fidelium, seu aliis justis modis, præstante Domino, poterit adipisci, firma vobis vetrisque successoribus illibata permaneant, in quibus hæc propriis duximus exprimenda vocabulis:

Ex dono bonæ memoriæ Gebehardi Salisburgensis archiepiscopi fundatoris ejusdem cœnobii, in valle Admontensi fundum Ecclesiæ S. Blasii, et quæcunque Hemma comitissa ibi habuit. Patellam salis in vicina monasterii apud Halle, et maximam partem adjacentis nemoris. Ex dono Tiemonis archiepiscopi successoris ejus curtem ex altera parte alvei, qui dicitur Admont, et ecclesiam S. Amandi episcopi, et reliquum nemoris. Parochiam et præconium ultra flumen Anesis cum ecclesia S. Amandi. Patellam apud Halle cum augia, quæ adjacet prædicto flumini. Ex dono Chunradi senioris archiepiscopi Salzburgensis patellas et salinas apud Halle et forestum omne ad Wenge pertinens cum novalibus et decimis. Curtes Rudindorf, Arnieck, Rute, Chrumpowe, et quæ dederunt prædicti episcopi in variis usibus alpium et montium, ubi sal coquitur et ferrum foditur, cum agris, pratis, silvis, aquis, aquarumque decursibus a rivulo Zedelze usque Frodnize et a Luzahe usque Staiphe. Ex dono Eberhardi archiepiscopi Salzburgensis Ecclesiam S. Galli in silva nova cum decimis et novalibus et omni jure suo et salinis ibidem. Ex dono Chunradi primi ecclesiam S. Mariæ Magdalenæ et domum hospitalem Friesach cum decimis, prædiis, et omnibus justitiis suis. Ex dono quorumdam nobilium, Raineri videlicet et Petrissæ et aliorum consanguineorum Liutoldi abbatis Admontensis, allodia Tovernick et Chirchaim cum omnibus pertinentiis suis. Medietatem ecclesiæ S. Jacobi cum prædio Cholmenzi. Ex dono Gebhardi archiepiscopi decimas apud Tivene, Flatsach, Chrapfeld, Michfendorf cum omnibus pertinentiis eorum. Ex dono Chunradi secundi archiepiscopi curtem decimalem ad Wertse cum prædio Rapotendorf, Guttenprunnen, et aliis possessionibus Mathildis matronæ. Ecclesiam S. Michaelis cum prædio Zezen. Ecclesiam S. Joannis cum prædio Zozzen cum decimis et omni jure suo.

Ex dono marchionis Otaker alpem Scoberen ad idem prædium pertinentem. Quidquid apud Grazlup et Pals habetis. Ex dono Gebhardi archiepiscopi decimas Chatse, Welze, Lungowe cum appendiciis suis. Ex dono ejusdem archiepiscopi ecclesiam de Tiufenbach et Aichdorf, Preitenfurt cum omnibus pertinentiis eorum. Apud Wenge ecclesiam S. Agathæ cum omnibus pertinentiis suis. Ecclesiam Sancti Andreæ et curtem Trieben cum omnibus pertinentiis suis. Ecclesiam Dietmarsdorf, et curtem cum adjacentibus prædiis, videlicet Griez duas, Perndorf, Strechowe, Puhel cum omnibus pertinentiis suis. Ex dono Alberti archiepiscopi Salzburgensis parochiam Palte cum omni jure suo. Ex dono Chunradi primi archiepiscopi ecclesiam S. Mariæ cum prædio, quod vocatur Jæringen inferius. Ex dono Gebhardi archiepiscopi Jæringen superius cum omnibus appendiciis eorum. Prædium Nazowe cum multis aliis adjacentibus prædiis. Ex dono Chunradi et Eberhardi archiepiscoporum Ecclesiam S. Nicolai et prædium Gotfridi Mokkernowe cum novalibus et decimis. Ecclesiam S. Martini cum prædio Strazganch, quod fuit Guntheri marchionis et Chunradi comitis de Pilstain cum omnibus pertinentiis suis. Prædium Radlach, quod fuit comitis Pernhardi. Quidquid habetis Lusniz, Chamere, Mutarn.

Ex dono nobilium Treboche, Tunewiz quinque curtes ad pontem S. Stephani: in eadem parochia ex dono Eberhardi archiepiscopi decimas. Quidquid apud S. Benedictum et Puchowe, Lobenich et Chrowat prædiorum et decimarum habetis. Ex dono Chunradi primi decimas ad Murz. Ex dono nobilium prædia Muterndorf. Ex dono Eberhardi archiepiscopi duos mansos in villa Teschanschirchen cum decimatione tota inter Pincha et Lavenze. Ex dono nobilium quæcunque apud Wurvelach, Potsach, Gomvarn, Phaphenstain et Aichowe possidetis. Ex dono Gebehardi archiepiscopi Ruste, Arnsdorf, Welmnich cum appendiciis eorum. Apud Wachowe quidquid comes de Wolfrathusen; apud Brunnen quidquid Fridericus advocatus vobis dederunt. Quæcunque dono nobilium apud Chremse, Ense et Ulsburch possidetis. Apud Treswiz et Liuzen prædia cum decimationibus suis. Ecclesiam S. Joannis et prædium Hagenberg, et Winzenbach et Gundachringen.

Ex dono archiepiscoporum apud Sundrmæringen, Prukkarn, Aiche, Eberhartingen quæcunque habetis. Allodium magnum apud Hoveheim, quod a nobilibus de Abensberg emistis. Ex dono nobilium prædium apud Ilus superius et inferius cum Ecclesia S. Paterniani cum omnibus pertinentiis suis. in Enswalde, Schratengastei et Tricenwald. Ecclesiam S. Martini cum novalibus decimis usque Horgenbrucken. Ex dono Gebhardi archiepiscopi prædium Mittrehoven, Wenge, Elinowe. Ex dono Chunradi primi archiepiscopi prædium apud Chuchil, curtem apud Salzburch, Hirsehalm cum appendiciis eorum. In villa Beirhalle quæcunque a comite Pertholdo et Ottone palatino dono vel concambio acquisistis. Ex dono nobilium quidquid apud Pergen, in Brichaim, Haselbach habetis. Ecclesiam S. Martini cum prædio magno Elsindorf : quod fuit Udalrici, et alteram Ecclesiam cum prædio Pernhardi, et omnia, quæ ibidem emistis.

Nec episcopo, nec abbati ipsi, nec personæ alicui facultas sit bona ejusdem cœnobii in feudum sive beneficium sine consensu meliorum et discretorum fratrum aliquibus dare nec modis aliis alienare. Sane sepulturam ipsius loci liberam esse censemus, ut, qui se illic sepeliri deliberaverint, nisi excommunicati sint vel interdicti, extremæ voluntati eorum nullus obsistat salva justitia matricis ecclesiæ. Laicos sive clericos liberos et absolutos ad conversionem suscipere nullius episcopi vel præpositi vos inhibeat contradictio. Prohibemus quoque ut nulli fratrum post factam professionem absque abbatis totiusque congregationis permissione liceat ex eodem claustro discedere, discedentem vero absque communium litterarum cautione nullus audeat retinere. Sane novalium vestrorum, quæ propriis manibus aut sumptibus colitis, sive de nutrimentis vestrorum animalium nullus a vobis decimas præsumat exigere. Obeunte vero te, nunc ejusdem loci abbate vel tuorum quolibet successorum nullus ibi qualibet subreptionis astutia seu violentia præponatur, nisi quem fratres communi consensu, vel pars consilii sanioris secundum timorem Dei, et beati Benedicti regulam præviderint eligendum.

Decernimus ergo ut nulli omnino hominum liceat præfatum monasterium temere perturbare, etc., salva sedis apostolicæ auctoritate et Salzburgensis archiepiscopi canonica reverentia, cui tamen omnino non liceat ei vexationem aliquam, vel consuetudinem quæ regularium quieti noceat, irrogare. Si qua igitur in futurum, etc.

Ego Alexander Catholicæ Ecclesiæ episcopus.
Ego Bernhardus Portuens. S. Ruffinæ episcopus.
Ego Chunradus Maguntinensis sedis archiepiscopus, et Sabinensis cardinalis.
Ego Oddo Tusculanus episcopus.
Ego Jacyntus diacon. cardinalis S. Mariæ.
Ego Cinthius diacon. cardinalis. S. Adriani.
Ego Manfredus diacon. card. S. Georgii ad Velum Aureum.
Ego Hugo diacon. cardinalis S. Eustachii juxta templum Agrippæ.

Ego Joannes presbyter cardinalis SS. Joannis et Pauli tit. Pammachii.
Ego Hildebrandus basilicæ XII Apostolorum presbyter cardinalis.
Ego Albertus presbyter cardinalis tit. S. Laurentii in Lucina.
Ego Gwillihelmus presbyter card. tit. S. Petri ad Vincula.
Ego Boso presbyter cardinalis Sanctæ Pudentianæ tit. Pastoris.
Ego Petrus presbyter cardinalis tit. S. Laurentii in Damaso.

Datum Tusculani per manum Gratiani, S. R. Ecclesiæ subdiaconi et notarii, IV Idib. Febr., Indict. IV, Incarn. Dominicæ anno 1170, pontificatus vero domini Alexandri PP. III anno XII.

DCCLXXXIV.
Privilegium pro ecclesia S. Petri Tarvisina.
(Tusculani, Febr. 11.)
[UGHELLI, *Italia sacra*, V, 525.]

ALEXANDER episcopus, servus servorum Dei, dilectis filiis DRUDO præposito ecclesiæ S. Petri Tarvisii, ejusque fratribus, tam præsentibus quam futuris, canonice substituendis.

Effectum justa postulantibus indulgere et vigor æquitatis, et ordo exigit rationis, præsertim quando præsentium voluntatem et pietas adjuvat, et pietas non relinquit. Quapropter, dilecti in Domino filii, vestris justis postulationibus clementer annuentes, ad exemplar papæ ac prædecessoris nostri S. recordationis Eugenii PP. præfatam ecclesiam S. Petri, in qua divino estis obsequio mancipati, sub beati Petri et nostra protectione suscipimus, et præsentis scripti privilegio communimus. Communem vero vitam, quam in eadem ecclesia observare promisistis, sedis apostolicæ auctoritate confirmamus, et ne cuiquam vestrum post factam promissionem nisi obtentu religionis retro abire prohibemus, et si quis hoc attentare præsumpserit, ejusdem ecclesiæ beneficio privetur, nec aliquis, nisi qui hanc communem vitam se observaturum promiserit, in eadem ecclesia de cætero canonicus instituatur. Præterea quascunque possessiones, quæcunque bona eadem Ecclesia impræsentiarum juste ac canocice possidet, aut in futurum concessione pontificum, largitione regum vel principum, oblatione fidelium, vel aliis justis modis, præstante Domino, poterit adipisci, firma vobis vestrisque successoribus et illibata permaneant, in quibus hæc propriis duximus exprimenda vocabulis.

(*Eorum possessiones enumerat.*)

Datum Tusculani, per manum Gratiani S. R. E. subdiaconi card. notarii, tertio Idus Febr., Incarnat. Dom. anno 1170, pontif. vero D. Alexandri PP. III anno XII.

DCCXXXV.

Exstat pro Blasiliensibus monialibus (diœc. S. Flori), bulla Alexandri papæ III, in qua meminit privilegiorum ipsis concessorum a summis pontificibus Sergio et Calixto; enumeratque præcipuas monasterii possessiones, villam ubi situm est monasterium, cum omnibus pertinentiis suis, ecclesias S. Saturnini et S. Stephani cum omnibus ad eas pertinentibus, insuper decimam suorum novalium. Datum apud Tusculum per manus Gratiani S. R. E. subdiaconi et notarii xv Kal. Martii, an. Incarn. Dom. 1170, pontific. dom. Alexandri papæ III, ann. xi.

[Gall. christ. Nov. II, Instr., 158.]

DCCLXXXVI.

Ad Petrum abbatem S. Remigii, et Fulconem decanum Remensem. — Ut causam abbatum duorum decidat.

(Tusculani, Febr. 25.)

[Mansi, Concil., XXI, 923.]

Causam quæ inter abbatem S. Urbani (62*) et abbatem Dervensem, super ecclesia Sancti Desiderii, et quibusdam aliis noscitur agitari, vobis, de quorum prudentia et honestate confidimus, committimus audiendam, et fine debito terminandam. Ideoque experientiæ vestræ per apostolica scripta mandamus, quatenus, cum exinde requisiti fueritis, in unum pariter convenientes, utramque partem ante vestram præsentiam convocetis : et rationibus hinc inde diligenter auditis et cognitis, eamdem causam, sublato appellationis remedio, mediante justitia decidatis.

Datum Tusculani, v Kal. Martii.

DCCLXXXVII.

Cephaloedensem Ecclesiam in sedem episcopalem erigit, et ejus bona ac jura confirmat.

(Tusculani, April. 9.)

[Pirri, Sicilia sacra, II, p. 801.]

Alexander episcopus, servus servorum Dei, venerabili fratri Bosoni Cephaludensi episcopo, ejusque successoribus canonice substituendis, in perpetuum.

Quoniam sicut rerum gestarum memoria, et reverenda SS. Patrum institutio evidenter declarant, semper sedi apostolicæ licuit non solum sedes episcopales de novo in locis idoneis instituere, verum etiam conjunctas disjungere, et disjunctas unire. nos, qui ex injuncto nobis a Deo summi pontificatus officio pro universarum statu Ecclesiarum debemus, quantum Deus dederit sollicite cogitare, Cephaludensem Ecclesiam, ad cujus regimen, disponente Domino, nuper vocatus fuisti,

A et in episcopum consecratus, pontificalem sedem duximus statuendam. Ita quidem quod cathedralis ibidem sedes perpetuis temporibus inviolabiliter observetur. Statuimus etiam ut quascunque possessiones, quæcunque bona eadem Ecclesia inpræsentiarum juste et canonice possidet, aut in futurum concessione pontificum, largitione regum vel principum, oblatione fidelium, seu aliis justis modis, præstante Domino, poterit adipisci, firma tibi tuisque successoribus et illibata permaneant. In quibus hæc propriis duximus exprimenda vocabulis :

Civitatem ipsam Cephaludensem, sicut a regibus Siciliæ cum omnibus pertinentiis suis prædictæ ecclesiæ Cephaludensi concessa est, et sui privilegii nomine roborata ; casale de Arsa cum omnibus pertinentiis suis, casale de Polla cum omnibus pertinentiis suis, ecclesiam Sanctæ Luciæ de Syracusa cum casalibus et omnibus pertinentiis suis, ecclesiam Sanctæ Mariæ de Camerata cum omnibus possessionibus et pertinentiis suis. Nihilominus etiam diœcesim cum decimis et omni jure episcopali, quemadmodum a Messanensi Ecclesia commissæ tibi Ecclesiæ concessa est, eidemque Ecclesiæ auctoritate apostolica confirmamus, prænominatam videlicet Cephaludensem civitatem cum omnibus pertinentiis suis, Mistrectum cum suis, Thusum cum suis, Pollinam cum suis, Gratteram cum suis, Roccam Asini cum suis, Collisanum cum suis, Politium cum suis, Colatabuturum cum suis, Sclefanam cum suis, Ascusam cum suis, et ut flumen Tortæ incipit et ad mare descendit, et a mari usque ad Cephaludum. Statuimus præterea, et per hujus scripti paginam stabilimus, ut ecclesiæ, quæ in tua sunt diœcesi constitutæ occasione temporalis obsequii, in quo aliis respondere noscuntur, tibi in spiritualibus obedientiam non audeant denegare. Præterea justas donationes ab illustris recordationis Rogerio et Willelmo quondam Siciliæ regibus præscriptæ ecclesiæ factas, ratas et firmas habemus, et eas auctoritate apostolica roboramus. Ad hæc, immunitates et libertates rationabiles a prænominatis illustribus Siciliæ regibus, et successoribus tuis concessas, nostro privilegio confirmamus. Statuimus insuper ut nulli archiepiscopo, episcopo, te et domum tibi commissam indebitis et inconsuetis exactionibus, seu gravaminibus liceat fatigare. Adjicimus etiam, et auctoritate apostolica interdicimus, ne cui ecclesiæ tuæ canonicos sive conversos liceat absque consensu tuo, vel successorum tuorum ad conversionem suscipere, nisi forte ad arctiorem voluerint religionem transire.

Decernimus ergo, etc., salva sedis apostolicæ auctoritate et Messanensis archiepiscopi canonica justitia et reverentia. Si qua igitur, etc.

(62*) Ejusdem est ordinis cœnobium, cujus Derveuse, atque in eadem Catalaunorum diœcesi : sed in oppido Jouisvilæ, sive, ut vocari postea cœpit, Joinvillæ. Ecclesia vero S. Desiderii ea est quæ non ignobili ejus tractus oppido nomen imposuit, ac juris est monasterii Dervensis. Jac. Sirm.

Ego Alexander catholicæ Ecclesiæ episcopus.

Ego Bernardus Portuensis et S. Rufinæ episcopus.

Ego Odo Tusculanensis episcopus.

Ego Jo. presbyt. card. SS. Joannis et Pauli tit. Pammachii.

Ego Ildebrandus basilicæ XII apostolorum presb.

Ego Jo. presb. card. tit. S. Anastasiæ.

Ego Albertus presb. card. tit. S. Laurentii in Lucina.

Ego Guillelmus presb. card. tit. S. Petri ad Vincula.

Ego Boso presb. card. tit. S. Pudentianæ tit. Pastoris.

Ego Petrus presb. card. tit. S. Laurentii in Damaso.

Ego Jacintus diaconus cardinalis S. Mariæ in Cosmedin.

Ego Ardicio diacon. card. S. Georgii ad Velum Aureum.

Ego Hugo diacon. cardinalis S. Eustachii iuxta templum Agrippæ.

Datum Tusculani per manum Gratiani, sanctæ Romanæ Ecclesiæ subdiaconi et notarii, v Idus Aprilis, indict. IV, Incarnationis Dominicæ anno 1171, pontificatus vero domni Alexandri III papæ anno XII.

DCCLXXXVIII.

Ad Stephanum Bituricensem archiepiscopum et Bernardum Nivernensem episcopum. — Ut ipsi Londoniensem et Saresberiensem episcopos a Thoma excommunicatos absolvant.

(Tusculani, April. 24.)

[*Epistolæ Gilberti Foliot*, II, 59.]

ALEXANDER episcopus, servus servorum Dei, venerabilibus fratribus Bituricensi archiepiscopo et Nivernensi episcopo salutem et apostolicam benedictionem.

Fraternitati vestræ non credimus esse incognitum, qualiter sanctæ recordationis Thomas, quondam Cantuariensis archiepiscopus, de mandato nostro in Londoniensem et Salesberiensem episcopum excommunicationis sententiam promulgavit, quam utique nos ratam habentes et firmam, eam auctoritate apostolica curavimus confirmare. Quia vero prædicti episcopi, senio et debilitate corporis confecti, et alter morbo laborans, ad præsentiam nostram venire non possunt, vobis, de quorum prudentia et honestate confidimus, absolutionem eorum, pro qua nuntii regis Henrici Angliæ et eorumdem episcoporum apud nos vehementius institerunt, duximus committendam. Ideoque fraternitati vestræ per apostolica scripta mandamus, quatenus infra mensem post quam iidem nuntii ad propria redierint, si de adventu legatorum nostrorum, quos ad partes illas pro cognoscenda atroci-

(63) Clausula hæc est sine dubio mendosa. JAFFÉ.

tate illius facinoris et sceleris, quod perpetratum est, et reconciliatione regis disposuimus transmittere quod transalpinaverint vobis non innotuerint, eos publice, recepto juramento secundum morem Ecclesiæ quod nostro debeant astare mandato, ab excommunicationis vinculo absolvatis, sententia suspensionis ob eam causam, qua fuerant ultimo in excommunicationem deducti, in suo robore permanente. Si autem vobis constiterit quod Salesberiensis episcopus morbo laborans ad vos venire non possit, illuc in propria persona, quod nobis placeret, accedatis, aut si accedere non poteritis, personas idoneas, de quibus nos et vos confidere valeamus, transmittatis, quæ illum recepto juramento publice in conspectu Ecclesiæ quod nostro debeat parere mandato, absolvant. Si autem huic rei, frater archiepiscope, interesse non poteris, tu, frater episcope, ipse cum Pontiniacensi abbate, quæ dicta sunt, diligentius exsequaris.

Datæ Tusculani, VIII Kal. Maii.

DCCLXXXIX.

Ad Jocelinum Saresberiensem episcopum. — Concedit ad se veniendi labore supersedeat.

(Tusculani, April. ?)

[*Epistolæ S. Thomæ*, ed. GILES, II, 104.]

ALEXANDER episcopus, servus servorum Dei, venerabili fratri JOCELINO Saresberiensi episcopo salutem et benedictionem apostolicam.

Licet in proposito nostro et consilio fratrum nostrorum fuerit ut te non deberemus absolvere, nisi apostolico te conspectui præsentares, quia dilectus filius vester Rob. Ebroicensis ecclesiæ decanus senium et infirmitatem tuam nobis sæpe et sæpius retulit, etiam prout dilectus filius noster Reginaldus archidiaconus tuus hoc idem sollicite ac diligenter vobis exposuit; nos vero ad instantiam ejusdem decani et ad preces charissimi in Christo filii vestri Willelmi illustris Siciliæ regis et Mathildæ reginæ matris suæ, qui pro te nos instanter rogaverunt, et consideratione quoque et amore charissimi in Christo filii nostri Anglorum regis Henrici, impossibilitati tuæ benignius condescendimus et tanti laborem itineris et periculum tibi duximus misericorditer remittendum. Inde est quod tibi præsentium auctoritate injungimus ut quinque personas vel quatuor ad minus religiosas et honestas ac fide dignas de episcopatu tuo ad præsentiam nostram dirigas, quæ te juxta tenorem mandati vestri super his quæ tibi objecta sunt de sanctæ recordationis Thoma quondam Cantuariensi archiepiscopo, et unde suspensus et excommunicatus fuisti, excusare debeant et purgare.

Datum Beneventi, III Kal. Aprilis (63.)

DCCXC.

Ad Joscium archiepiscopum Turonensem et ejus suffraganeos. — Confirmat sententiam interdicti latam in cismarinam terram regis Angliæ propter vim illatam S. Thomæ Cantuariensi archiepiscopo.

(Tusculani, Maii 14.)

[MARTEN., *Thesaur. Anecdot.*, I, 569.]

ALEXANDER episcopus, servus servorum Dei, venerabilibus fratribus Jo. Turonensi archiepiscopo et universis suffraganeis ejus et ecclesiasticis personis in sua provincia constitutis, salutem et apostolicam benedictionem.

In apostolicæ sedis specula licet immeriti constituti, universorum excessus per nos aut per eos qui sunt in partem sollicitudinis nobis commissæ assumpti, provida debemus circumspectione corrigere, et singulorum erratibus pontificali moderantia obviare : ne, nobis dissimulantibus, vitia videantur virtutibus prævalere. A memoria siquidem nostra non excidit, qualiter pro pace sanctæ recordationis Thomæ Cantuariæ archiepiscopi, cujus anima Deo, sicut credimus, pretioso martyrio dedicata in cœlis cum sanctis habitat, juxta officii nostri debitum solliciti et vigiles existentes, venerabilibus fratribus nostris Willelmo Senonensi apostolicæ sedis legato et Ro[trodo] Rothomagensi archiepiscopis mandaverimus ut, si rex Anglorum ei ecclesiam suam in omni pace et libertate non dimitteret, et ablata non restitueret, nec pacem quam secum fecerat firmiter conservaret, terram ejus Cismarinam interdicto subjicerent : et si uterque aliquo casu interesse non posset, vel nollet, alter nihilominus mandatum nostrum studiosius adimpleret. Quia vero prænominato Ro. Rothomagensi nolente mandatum nostrum exsequi, id per jam dictum Senonensem est adimpletum, nos de communi fratrum nostrorum consilio, sententiam quam idem archiepiscopus de mandato et auctoritate nostra in totam terram Cismarinam prædicti regis Angliæ protulisse dignoscitur, ratam et firmam habentes, et eam auctoritate apostolica confirmantes, universitati vestræ per apostolica scripta præcipiendo mandamus, et in virtute obedientiæ sub periculo ordinis et officii vestri præcipimus, quatenus eamdem sententiam in terra quæ est in ditione memorati regis, usque ad dignam satisfactionem firmiter et inviolabiliter observetis, et ab aliis faciatis inviolabiliter observari : nec aliquis vestrum eam relaxare, vel contra ipsam sine mandato Romani pontificis vel legati ab eo destinati divina officia celebrare præsumat.

Data Tuscul., 11 Idus Maii.

DCCXCI.

Bulla pro Mainardo abbate Aquistrensi (diœc. Burdigal.).

(Tusculani, Maii 15.)

[*Gall. Chr. Nov.*, II, Instr., 310.]

ALEXANDER episcopus, servus servorum Dei, dilectis filiis MAINARDO abbati monasterii S. Mariæ

(64) Deest aliquid in autographo.

de Aquistris, ejusque fratribus, tampræsentibus quam futuris, regularem vitam professis, in perpetuum.

Religiosis desideriis dignum est nos facilem præbere consensum, ut fidelis devotio celerem sortiatur effectum. Quocirca, dilecti in Domino filii, vestris justis postulationibus clementer annuimus, et præfatum monasterium in quo divino mancipati estis obsequio, sub B. Petri et nostra protectione suscipimus, et præsentis scripti privilegio communimus. Inprimis siquidem statuentes ut ordo monasticus qui secundum Domini et B. Benedicti regulam in eodem loco noscitur institutus, perpetuis ibidem temporibus inviolabiliter observetur. Præterea quascunque possessiones, quæcunque bona eadem ecclesia inpræsentiarum juste et canonice possidet, aut in futurum concessione pontificum, largitione regum vel principum, oblatione fidelium, seu aliis justis modis, præstante Domino, poterit adipisci, firma vobis vestrisque successoribus et illibata permaneant; in quibus hæc propriis duximus exprimenda vocabulis :

In pago Burdegalensi ecclesiam S. Petri de la Landa, S. Genesii de Lugon, ecclesias de Fronsiaco, S. Petri et S. Martini, ecclesiam Sancti Petri de Gorcia, ecclesiam S. Joannis de Coutras, ecclesiam S. Petri de Porchiers, ecclesiam S. Stephani de Camedel, capellam S. Mariæ de Insula, cap. S. Mariæ de Fronsiaco, cap. S. Jacobi de Malmico, cap. S. Mariæ Ægyptiacæ de Bayas, cap. S. Jacobi de Rotellans, cap. S. Vincentii de Picturis, cap. S. Nicolai de Fecie, cap. S. Mariæ Magdalenæ de las Artigas. In pago Xantonensi ecclesiam S. Mariæ de Barda, ecclesiam S. Martini de Cruc, ecclesiam S. Martini de Aria, ecclesiam S. Viviani de Cleirac, ecclesias sanctorum Saturnini et Nazarii de Sercou, capellam S. Jacobi de Triac, cap. S. Ægidii de Casis solis, cap. S. Leodegarii de la Clota, cap. S. Pauli de Monte Ebrioso, cap. S. Mariæ de Bedenac, cap. S. Valeriæ de Frainel. Sane novalium vestrorum quæ propriis manibus, aut alienis colitis, sine detrimentis vestrarum animarum, nullus a vobis decimas præsumat exigere. Cum autem commune interdictum in (64) fuerit, liceat vobis, clausis januis, exclusis excommunicatis et interdictis, non pulsatis campanis, suppressa voce officia celebrare. Sepulturam quoque ipsius loci liberam esse concedimus, ut eorum devotioni et extremæ voluntati qui se illic sepeliri deliberaverint, nisi forte excommunicati vel interdicti sint, nullus obsistat, salva tamen justitia illarum ecclesiarum a quibus mortuorum corpora assumuntur. In parochialibus vestris ecclesiis quas tenetis, liceat vobis sacerdotes eligere, et electos episcopo repræsentare, quibus, si idonei fuerint, episcopus animarum curam committat, ut de plebis quidem cura illi, vobis autem de temporalibus debeant respondere. Præterea processionem quam habet ecclesia vestra in ultimo die mensis Augusti, ab archiepiscopis et episcopis Burdegalensis provinciæ ab antiquis temporibus rationabiliter concessam, nihilominus confirmamus; prohibentes ne his qui ad eamdem processionem ex devotione accesserint, eundo vel redeundo aliquis molestiam vel injuriam inferre præsumat.

Decernimus ergo ut nulli hominum liceat, etc. Amen.

Ego Alexander catholicæ Ecclesiæ episcopus.
Ego Hubaldus Ostiensis episcopus.
Ego Hildebrandus presbyter cardinalis basilicæ XII Apostolorum.
Joannes card. S. Anastasiæ.
Guillelmus cardin. S. Petri ad Vincula.
Boso cardin. S. Potentianæ.
Hyacinthus cardin. S. Mariæ in Cosmedin.
Manfredus cardinalis S. Georgi ad Velum Aureum.

Datum Tusculani, per manum Granerii, sanctæ Romanæ Ecclesiæ subdiaconi et notarii, Idib. Maii, indict. IV, Incarnat. Dominicæ anno 1171, pontificatus Alexandri papæ III.

DCCXCII.

Ad Henricum Remensem archiep. — Ut sibi significet quod fuerit actum in colloquio habito inter Fredericum imperatorem et Ludovicum fratrem suum.

(Tusculani, Jun. 1.)

[Marten., Ampl. Collect., II, 936.]

Cum recolimus et in mente nostra studiosa meditatione pensamus, quantum in principio schismatis et nostræ promotionis exordio fervens fuerit tuæ charitatis devotio, quando nobis debito officio vel honore non tantum tenebaris astrictus, ex magna parte, ut non ægre feras, a tua videris devotione ferventissima tepuisse. Licet autem de charissimo in Christo filio nostro Ludovico illustri Francorum rege fratre tuo in nullo unquam dubitare possimus, sicut qui devotionem ejus circa nos et Ecclesiam inter cæteros reges et principes orbis unicam et specialem esse cognovimus, et ad commodum universalis Ecclesiæ sollicitam omnimodis et ferventem, tuæ tamen fraternitati plurimum expedisset, ut de colloquio quod nuper cum F. dicto imperatore habuisse dignoscitur, per te aliquid certitudinis significatum fuisset. Verum quia non dubitamus tuæ discretionis prudentiam ad pacem Ecclesiæ universalis ferventer intendere, et indubitata veritate tenemus quod præfatus rex nihil tibi occultare debeat, quod sit alicui committendum, fraternitatem tuam rogamus, monemus atque mandamus, quatenus secundum ea quæ venerabilis frater noster Trecensis episcopus et dilectus filius noster Pontiniacensis abbas (65), aut alter eorum ex parte nostra tibi significaverint, ad honorem et provectum Ecclesiæ promovendum, sicut de tua devotione confidimus, apud eumdem regem diligens studium et operam adhibeas efficacem, et quidquid exinde inveneris, per fidelem et discretam personam quanto citius poteris, sollicitudini nostræ studeas intimare, quoniam non sunt omnia litteris committenda.

Data Tusculi, Kal. Junii.

DCCXCIII.

Ad suffraganeos Ecclesiæ Tarraconensis. — Dolet de cæde Hugonis archiepiscopi Tarraconensis, illosque monet et hortatur ut quamprimum alium eligant.

(Tusculani, Jun. 19.)

[Mansi, Concil., XXI, 1068.]

Alexander episcopus, servus servorum Dei, venerabilibus fratribus episcopis suffraganeis Tarraconensis Ecclesiæ, salutem et apostolicam benedictionem.

Audita morte bonæ memoriæ Hugonis quondam archiepiscopi vestri, vehementi sumus commotione turbati, et exinde tam vobis quam Ecclesiæ Tarraconensi paterna mentis affectione compatimur, sicut qui providentiam et regimen ejus Ecclesiæ Dei fructuosum novimus et utilem exstitisse. Quod autem clarissimus in Christo filius noster illustris Aragonensis rex iniquos et sceleratos illos qui præfatum archiepiscopum neci dederunt de regno suo ejecerit, gratum nobis est et acceptum, et exinde regiam providentiam, prout commendanda est, in Domino commendamus. Unde quia mater illorum sceleratorum filiis suis favorem dicitur et consilium in tanto facinore præstitisse et fuisse tam atrox et immane flagitium machinata, si res ita se habet, eam ad districtam religionem transire cogatis; aut si vobis in hoc forte acquiescere noluerit, apud eumdem regem certetis, quatenus et cum viro, filiis et nepotibus, si quos habet, de regni sui finibus expellatur. Cæterum quia de pastoris absentia et amarum, pericula et damna rerum temporalium non est dubium Ecclesiis provenire, fraternitati vestræ per apostolica scripta mandamus, quatenus de constitutione archiepiscopi vestri diligenter et studiose cum capitulo supradictæ Ecclesiæ tractetis, et ad eamdem ecclesiam convenientes una cum eodem capitulo in personam idoneam honestam et litteratam et tanto officio congruam unanimiter et concorditer convenire, curetis, et eam vobis in magistrum eligere, et ipsam in competenti termino apostolico conspectui præsentetis, ut de electione ipsa plenius certiorari possimus. Sceleratos autem illos publice accensis candelis excommunicatos denuntietis, et in locis provinciæ vestræ ad quæ devenerint, quandiu ibi præsentes fuerint, divina prohibeatis officia celebrari.

Datum Tusculani, XIII Kal. Julii.

DCCXCIV.

Ad Herbertum [de Boseham] post domini sui sancti Thomæ martyrium exsulantem. — Consolatoria.

(Tusculani, Jun. 24.)

[Opp. Herberti de Boseham, ed. Giles, II, 303.]

Alexander episcopus, servus servorum Dei, di-

---

(65) Guarinus, qui postea factus est archiepiscopus Bituricensis.

lecto filio magistro HERBERTO, salutem et apostolicam benedictionem.

Devotionis tuæ litteras paterna benignitate recepimus, et intellectis anxietatibus, et angustiis molestiis, et pressuris, quas æquo animo toleras, tibi tanquam devoto et speciali Ecclesiæ filio sincera mentis affectione compatimur et libenter in quibus possumus gratæ consolationis solatium impertimur. Sane quod sanctæ recordationis Thomæ quondam Cantuariensi archiepiscopo ita constanti animo adhæsisti, ut eum in exsilio suæ persecutionis nolueris dimittere, et nunc tenaciter verbo et opere memoriam ejus observes, gratum gerimus et acceptum, et devotionis tuæ constantiam in hac parte prout convenit dignis in Domino laudibus commendamus, firmum gerentes propositum et voluntatem te sicut honestum et litteratum virum arctiori charitate diligere; et de incremento et utilitate tua vigili studio et sollicitudine cogitare. Unde pro statu tuo vigiles admodum et solliciti existentes, dilectis filiis nostris Alberto titulo Sancti Laurentii in Lucina et Theodwino titulo Sancti Vitalis, presbyteris cardinalibus apostolicæ sedis legatis, firmiter dedimus in mandatis, ut tibi et aliis clericis ac laicis præfati archiepiscopi gratiam et pacem regis Anglorum acquirant, et vos in terra faciant reduci et ibidem secure manere. Si autem forte secundum desiderium nostrum non potuerint apud præfatum proficere regem et tibi ejus pacem et gratiam invenire, tua intererit nobis significare qualiter tuæ possimus provisioni commodius intendere et in quo tibi honeste valeamus et utiliter providere. Nos enim necessitatibus tuis libenti animo intendere cupimus, et tibi tanquam speciali et devoto Ecclesiæ filio efficaciter in eo quod nos decuerit et expedire viderimus, auctore Domino, curabimus providere. Tu ergo confortare in Domino et in eo spem tuam et fiduciam ponas, qui non derelinquit sperantes in se, sed et post nubilum faciat tranquillum et cum tentatione proventum.

Datum Tusculani, VIII Kal. Julii.

DCCXCV.

Ad archidiaconum, decanum et cæteros clericos de Notynghamsyre. — Ut ecclesiæ S. Mariæ Southellensis jura conservent.

(Tusculani, Jul. 28.)

[*Monastic. Anglic.*, III, append., p. 10.]

Cum suscepti regiminis et charitatis officio commovemur pro ecclesiarum statu satagere et singulis Dei ecclesiis dignitates et jura sua attenta sollicitudine conservare; inde est quod nos ecclesiæ de Southwelle in jure et dignitate sua providere volentes, universitati vestræ per apostolica scripta præcipiendo mandamus, quatenus eidem ecclesiæ debitum et consuetum honorem et reverentiam impendatis quam antecessores nostri et nos ipsi ei hactenus exhibuisse noscimini et ejusdem ecclesiæ jura et antiquas libertates, consuetudines in christianitate ab Eboracensi ecclesia ante Pascha, ad prædictam ecclesiam per vos, filii, decano deferendo, et inde per alias ecclesias ad monasteria illius archidiaconatus more solito distribuendo, et ad annuam synodum statuto tempore, et ad processionem in Pentecosten solemniter de more conveniendo, et in aliis illæsas et integras conservetis. Tibi vero, archidiacone, auctoritate apostolica prohibemus ne tu vel officiales vel clerici tui ecclesias vel clericos ejusdem archidiaconatus sub prætextu visitationis aut frequentiæ capitulorum conventus indebite gravare tentatis, ne magna et sumptuosa convivia vobis faciatis de paupertate clericorum per tuas ecclesias præparari, nec ab eisdem clericis indebitum pro redimendis hominibus, contra sanctorum Patrum statuta ac antecessorum nostrorum consuetudinem efigatis, sed secundum loci facultatem, ubi ratio postulaverit, ita receptionem vestram moderari curetis, quod visitatio vestra magis eis grata esse debeat, quam damnosa. Clericis quoque prædictis discretos et honestos decanos providere studeatis, qui eos videantur conversatione et moribus informare, et qui non tam commodum temporale, quam morum correctionem et profectum exigant animarum. Provideatis autem attentius ut ita præceptum nostrum in hac parte exsequi videamini, quod nulla exinde adversum vos ad nos debeat perferri querela, quia si nobis in hoc inobedientes fueritis, inobedientiam vestram auctore divino debito animadversionis curabimus verbere castigare.

Datum Tusculani, Idus Julii.

DCCXCVI.

Ecclesiæ Suthwellensi diversas immunitates ac privilegia concedit, bona ac possessiones confirmat.

(Tusculani, Jul. 28.)

[*Monastic. Angl.*, III, 10.]

ALEXANDER episcopus, servus servorum Dei, dilectis filiis canonicis Ecclesiæ Sanctæ Mariæ de Southwell, tam præsentibus quam futuris canonice substituendis, in perpetuam memoriam.

Ad hoc sumus ad universarum Ecclesiarum regimen, licet insufficientibus meritis, superna providentia deputati, ut singularum commodis ac profectibus propensiori studio debeamus intendere et pro ipsarum statu impigra sollicitudine vigilare, ne a superno Patre familias negligentiæ merito possimus redargui, si circa Ecclesiam regimen minus, quod absit! fuerimus diligentes. Eapropter, dilecti in Domino filii, vestris justis postulationibus clementer annuimus, et præfatam ecclesiam Sanctæ Mariæ, in qua divino estis obsequio mancipati, sub beati Petri et nostra protectione suscipimus, et præsentis scripti privilegio communimus. Statuentes ut quæcunque possessiones, quæcunque bona eadem ecclesia inpræsentiarum juste et canonice possidet, aut in futurum concessione pontificum, largitione regum vel principum, oblatione fidelium, seu aliis justis modis, præstante Domino, poterit adipisci, firma vobis vestrisque successoribus et illibata permaneant. Præterea antiquas libertatum consuetudines, illas videlicet quas Eboracensis Ecclesia ab antiquo habuisse et ad huc habere dignoscitur, sicut eas vobis et ecclesiæ vestræ archiepiscopali, capitulum Eborum et illustres Anglorum reges pia et rationabili providentia indulserunt, et suis scriptis authenticis confirmarunt, auctoritate duximus apostolica confirmandas, sub interminatione anathematis ... infringere, aut contra eas in aliquo, temeraria præsumptione venire.

Ad hæc adjicientes statuimus ut, si aliquis parochianorum vestrorum, vobis in terris vel in domibus, aut rebus aliis ad vestram ecclesiam pertinentibus, violentiam seu injuriam irrogare præsumpserit, liceat vobis in eum, absque alicujus contradictione, excommunicationis sententiam promulgare.

Cæterum, si quis parochianorum vestrorum, vel etiam parochianorum Eborum Ecclesiæ infra cœmeterium ecclesiæ vestræ in aliquem violentas manus injecerit, aut ipsum inde, vel a domibus vestris violenter extraxerit, seu contra pacem Ecclesiæ, in eisdem indultum censuræ ecclesiasticæ coercere; prohibemus insuper ut qui a vobis, sicut dictum est, pro suis excessivis et injuriis, ecclesiæ vestræ et vobis illatis, vinculo fuerint interdicti vel anathematis innodati, nulli facultas vel licentia pateat eis absolutionis beneficium exhibere, nisi prius super his, unde a vobis interdicti vel excummunicati sunt, congrue vobis et ecclesiæ vestræ fuerit satisfactum.

Nihilominus etiam præsentis scripti decreto sancimus ut ecclesiæ præbendarum et communionis ab omni jure et consuetudine episcopali liberæ sint penitus et immunes, et in eisdem ecclesiis vobis liceat vicarios idoneos absque aliqua contradictione instituere, sicut Eboracenses archiepiscopi et capitulum id vobis et prædecessoribus vestris permisisse noscuntur, et inpræsentiarum in Ecclesia Eboracensi et vestra pacifice observantur. Præterea quemadmodum ab eisdem archiepiscopis vobis concessum est et longa consuetudine observatum, statuimus ut tam clerici quam laici comitatus de Notinghamshire in Pentecosten ad ecclesiam vestram cum solemni processione accedant et annis singulis ibidem, juxta antiquam et rationabilem ipsius ecclesiæ consuetudinem synodus celebretur, ut illuc chrisma per decanos illius comitatus ab Eboracensi ecclesia deferatur, per alias inde ecclesias distribuendum.

Illud etiam, sicut antiqua et rationabili consuetudine noscitur observatum et inconcussum de cætero manere censemus, quod videlicet cum aliquis canonicorum vestrorum decesserit, vel habitum et vitam mutaverit, redditus qui ad ipsum codem anno spectarent pro anima ejus, aut etiam solutione debitorum suorum, cum consilio capituli distribuatur.

Decernimus ergo, etc.

Data Tusculani per manum Gratiani, sanctæ Romanæ Ecclesiæ subdiaconi et notarii, quinto Kal. Augusti, indictione quarta, Incarnationis Dominicæ anno 1171, pontificatus vero domni Alexandri papæ III anno XII.

DCCXCVII.
Privilegium pro monasterio S. Mariæ Morimundensi.
(Tusculani, Jul. 28.)
[UGHELLI, *Italia sacra*, IV, 146.]

ALEXANDER episcopus, servus servorum Dei, dilectis filiis JACOBO abbati monasterii ecclesiæ S. Mariæ Morimundi, quod juxta Ticinum situm est, ejusque fratribus, tam præsentibus quam futuris, regularem vitam profitentibus, in perpetuum.

Religiosam vitam eligentibus apostolicum convenit adesse præsidium, etc. Eapropter, dilecti in Domino filii, vestris justis postulationibus clementer annuimus, et præfatum monasterium, in quo divino mancipati estis obsequio sub Beati Petri et nostra protectione suscipimus, et præsentis scripti privilegio communimus. In primis siquidem statuentes, ut ordo monasticus, qui secundum Deum et B. Benedicti Regulam atque instituta Cisterciensium fratrum in eodem loco noscitur institutus, perpetuis ibidem temporibus inviolabiliter observetur. Præterea quascunque possessiones, quæcunque bona, etc., in quibus hæc propriis duximus exprimenda vocabulis: eumdem locum, qui Morimundus dicitur, olim dictus Campus Fulcherii, cum aquis, et aquæductibus, et omnibus pertinentiis suis: grangiam ubi prius abbatia fuit nomine Morimundum. Grangiam de Fara Basiliana: Grangiam de Fara vetula: grangiam de Castelletto cum universis ratis, aquis, et aquarum decursibus, pascuis, silvis, et universis immunitatibus, et pertinentiis suis citra Ticinum, et ultra in piscationem in Ticino: commutationem quoque canonice factam super territorio prædictæ grangiæ de Fara Basiliana inter vos, et plebem S. Stephani de Roxiace, sicut in authentico scripto facto exinde continetur, et conventionem, quæ inter vos, et præpositum plebis de Casolata super decimis, et territorio Farœ vetulæ juxta facta est, et scripto authentico roborata vobis auctoritate apostolica confirmamus; sane laborum vestrorum, quos propriis manibus, aut sumptibus colitis, sive de nutrimentis vestrorum animalium nullus a vobis decimas præsumat exigere. Paci quoque, et tranquillitati vestræ paterna provisione providere volentes, auctoritate apostolica prohibemus, ut infra clausuram locorum, seu grangiarum vestrarum nullus violentiam facere, vel rapinam, seu furtum committere, aut ignem apponere, vel homines capere, seu interficere audeat: liceat etiam vobis clericos vel laicos e sæculo fugientes liberos, et absolutos in monasterio vestro recipere, et eos sine contradictione aliqua retinere. Prohibemus insuper ut nulli fratrum vestrorum post factam in eodem loco professionem aliqua levitate sine prioris, vel abbatis permissu fas sit de claustro discedere. Discedentem vero absque communium litterarum cautione, nullus audeat retinere.

Decernimus ergo, etc.

Ego Alexander catholicæ Ecclesiæ episcopus.
Ego Bernardus Portuensis S. Ruffinæ episcopus.
Ego Joannes presb. card. SS. Joannis, et Pauli, et Pammachii.
Ego Guillelmus presb. card. tit. S. Petri ad Vincula.
Ego Boso presb. card. S. Pudentianæ tit. Pastoris.
Ego Petrus presb. card. tit. S. Laurentii in Damaso.
Ego Joannes, presb. tit. Sancti Marci.
Ego Ardico tit. S. Theodori diaconis card.
Ego Hugo diac. card. S. Eustachii juxta templum Agrippæ.
Ego Petrus diac. card. S. Mariæ Magrugio.

Datum Tusculani, per manum Gratiani S. R. E. subdiaconi et notarii, v Kal. Augusti, indictione, IV Incarnationis Dominicæ an. 1171, pontificatus vero domini Alexandri PP. III an. XII.

DCCXCVII bis.

Privilegium Roberto Ecclesiæ Catanensis episcopo concessum, Tusculani, XIII Kal. Septembris (Aug. 20), indict. IV, anno Incarnationis Dominicæ 1171, pontificatus anno XII.

(Hæc tantum Pirri, *Sicilia sacra*, I, 531.)

DCCXCVIII.

Ad [Rothrodum] archiepiscopum Rothomagensem et [Theobaldum] episcopum Ambianensem. —Ut Rogerum Eboracensem, si se ab imputatis juramento purgaverit, in integrum restituant.

(Tusculani, Oct. 23.)

[*Epistolæ S. Thomæ*, ed. Giles, II, 65.]

Alexander papa venerabili fratri Rothomagensi archiepiscopo et Ambianensi episcopo.

Et ipsa loci vicinitas et fama vulgata per orbem vos ignorare non patitur, quomodo frater noster Rogerius Eboracensis archiepiscopus, apostolicæ sedis legatus, ab officio fuerit, quibusdam causis intervenientibus, pontificali suspensus. Ex qua re, sicut a pluribus dictum est et prædicatum, contigit quod illud immanissimum scelus et nefandum flagitium sanctæ recordationis Thomæ quondam Cantuariensi archiepiscopo fuerit perpetratum. Nam cum illustri Anglorum regi nuntiatum fuisset, quod præfatus Cantuariensis ei, et regno suo, et episcopis tantam injuriam irrogasset, rex in tantum turbatus est et indignatus, quod quidam de circumstantibus ejus commotionem percipientes, ei volentes placere, instinctu diabolico præfatum Cantuariensem armata manu aggressi sunt, et ipsum, prout nostis, atrociter in propria ecclesia occiderunt, in qua profecto deberent esse securi homicidæ. Quod utique tanto majori animos audientium horribilitate perfundit, et eis, qui tantæ atrocitatis occasio fuisse dicuntur, majorem generat infamiam, quanto scelus crudelius et facinus gravius reputatur. Verum cum prædicti regis nuntii nulla ratione sua a nobis possent instantia obtinere, ut ejusdem archiepiscopi, vel aliorum episcoporum, qui pro causa simili fuerant excommunicati vel interdicti purgationem in partibus illis committeremus, per nuntios proprios regis, et per suas et aliorum magnorum virorum litteras ad nos missas idem archiepiscopus nobis significavit, quod ob fervorem devotionis et fidei, quam ab hujus turbationis initio circa nos et ecclesiam gessit, Fredericus dictus imperator et persecutor Ecclesiæ, sibi noluit, quod ad nos posset venire, securitatem præstare, licet voluntarius esset, et paratus venire, et se coram nobis purgare, nisi viarum obstacula eum retardassent. Unde quoniam ipsius archiepiscopi fidem et devotionem circa nos, et Ecclesiam, puram et sinceram, et immutabilem comperimus, nos suæ devotionis intuitu provocati, et consideratione præfati regis Anglorum, cui, quantum cum Deo et justitia possumus, volumus placido vultu deferre, nihilominus inclinati, eidem iter veniendi ad nos clementer et benigne, de communi fratrum nostrorum consilio, remisimus, et vobis de quorum prudentia et honestate confidimus, negotium ejus duximus committendum. Ideoque fraternitati vestræ per apostolica scripta mandamus, quatenus in confinio terræ regis Francorum et regis Angliæ, in Marchia videlicet, in unum pariter quam citius poteritis convenientes, præfatum archiepiscopum convocetis et accitis vobiscum viris religiosis et discretis, si idem archiepiscopus cum duabus majoribus et melioribus personis ecclesiæ suæ, quæ sint bonæ famæ et integræ opinionis, vel si fieri non poterit cum duabus aliis de canonicis suis, qui vita, et conversatione, et fide non habeantur inferiores personis, magistro scilicet Vacario, et magistro Angero, aut duobus aliis, qui eis meritis æquiparentur, aut si eos præsentes habere non potuerit, cum duobus prioribus vel abbatibus probatæ vitæ ac conversationis, de quibus verisimile sit, quod non debeant pejerare, coram positis sacrosanctis Evangeliis, juret quod pravas illas consuetudines, nec juramento præstito, nec fide data, seu scripto firmaverit, neque se promiserit servaturum; neque scripto, verbo vel facto, scienter regem provocaverit, propter quod prænominatus archiepiscopus occisus vel fuerit vel in corpore pœnam pertulerit; neque litteras vestras, quibus ne filio regis coronam imponeret, præcipiebatur, receperit; neque eas sibi cognoverit præsentari, aut scienter fecerit quominus præsentatæ fuissent, ipsi vestra freti auctoritate officii sui plenitudini incunctanter restituatis. Sane, si his exsequendis aliquo evidenti et necessario impedimento interesse ambo non potestis, alter vestrum cum religiosis, et discretis, et magnæ auctoritatis viris provinciæ illius, qui absens fuerit, ea secundum quod dictum est, maturius exsequatur.

Datum Tusculani, x Kalendas Novembris.

DCCXCIX.

Ad eosdem. — *Nolle se, ut alias Eboracensis archiepiscopus, licet aliter a se debere fieri postulaverit, innocentiam demonstret, quam ut ei, si hoc fecerit, in cismarinis partibus liceat officium suum exercere.*

(Tusculani, Oct. ?)
[Ibid., p. 67.]

ALEXANDER episcopus, servus servorum Dei, venerabilibus fratribus suis, ROTRODO Rothomagensi archiepiscopo et episcopo Ambianensi, salutem et apostolicam benedictionem.

Quia nonnunquam evenit facilitatem veniæ, sicut scriptum est, delinquendi incentivum præbere, ne vel perniciosum exemplo sit, vel nobis ad injustitiam debeat imputari, nolumus, ut alias venerabilis frater noster Eboracensis archiepiscopus, licet multa instantia aliter a nobis debere fieri postulaverit, innocentiam demonstret, quam ut ei, si hoc fecerit in cismarinis partibus liceat officium suum exercere. Alioquin veremur, ne jam natum ulcus in saniem computrescat. Vobis igitur per apostolica scripta mandamus ut, præsentis purgationis veritate studiosius inquisita, sic coram vobis manifestum fiat examen, ut mandato nostro fraternitati vestræ super hoc nuper directo nihil penitus derogetur. Quoties enim talium tantarumque rerum veritas est asserenda, si non diligentior cautela vel inquisitio causæ succurrat, periclitantur præmia cognoscentis et opinionis facile poterit incurrere detrimenta.

DCCC.

Ad Henricum Anglorum regem. — *Commendat D. magistrum, ortu Anglum.*

(SAVIOLI, Annal.)
[Bologn., I, II, 268.]

Inter cæteros magnificentiæ tuæ nuntios qui ad nostram præsentiam accesserunt, dilectus filius noster magister D., scholasticis disciplinis et studiis quibus Bononiæ vacabat relictis, nostro se conspectui præsentavit et ad promovenda negotia tua sicut vir litteratus providus et discretus studium et operam quantam potuit adhibere curavit, et se excellentiæ tuæ fidelem in omnibus et devotum existere certis judiciis comprobavit. Nos autem qui viris ecclesiasticis et illis maxime qui inter cæteros litteratura, honestate et discretione præfulgent et nostri officii debito subvenire debemus, et eorum commodis cura propensiori intendere, jam dicti D. scientiam, egestatem et prudentiam ad animum sollicite revocantes, ipsum munificentiæ tuæ duximus studiosius commendandum. Licet enim nos pro eo tua clementia sollicitare deberet, quia tamen personam, ejus statum quoque et facultatem ipsius plenius novimus tuam pro eo sublimitatem nostris precibus prævenimus. Unde quoniam in regno tuo de quo exstitit oriundus natalis soli dulcedine captus potius quam in extera regione desiderat permanere, nos illi in codem regno curavimus providere. Credentes A siquidem et sperantes quod munificentiæ tuæ non debeat displicere, si ejus necessitati pro communi nobis ministerii auctoritate prospeximus, eidem primam præbendam quam in ecclesia Lincolniensi vacare contigerit, pia discretione concessimus, præsertim cum eum non solum canonicatu, sed et episcopatu dignum esse credamus et ad hæc, quantum nos comprehendere potuimus, idoneum judicemus. Cum enim ecclesia jam dicta proprio sit hoc tempore destituta pastore juxta nostri officii auctoritatem, vices episcopi in ea de regia devotione ac sinceritate confisi supplevimus, et memoratum D. de prima præbenda quæ ibidem vacabit canonicum instituimus, ne forte aliquo casu interveniente nostræ provisionis impediretur effectus et idem desiderato gratiæ tuæ munere frustraretur. Ad regiæ siquidem magnificentiæ cumulum non est dubium pertinere viros litteratura et honestate conspicuos, et eos maxime qui de regno tuo oriundi existunt in beneficiis et aliis gratiæ muneribus retinere, ne paupertatis occasione se ad exterorum regna cogantur transferre. Inde siquidem est quod serenitatem tuam per apostolica scripta rogamus, monemus et exhortamur in Domino ut quod a nobis super hoc factum est, quantum ad tuam celsitudinem spectat, ratum velis et firmum haberi, et ita exsecutioni mandari ut idem ab aliquo malitiose turbari nequaquam sustineas, nec occasione donationis vel promissionis in alium a quolibet factæ id aliquatenus impediri permittas. Sed ita nostras in hac parte preces exaudias sicut tuas a nobis, cum opportunitas se obtulerit, et quantum cum Deo poterimus, volueris exaudiri. In hoc enim, sicut credimus, dignam a Deo mercedem recipies et coram hominibus laudem multiplicem non immerito reportabis.

DCCCI.

Ad eumdem. — *R. archidiaconum Saresberiensem et Ricardum Bar et magistrum D. commendat, qui non modo ante alterius legationis adventum, rerum etiam cum novi legati nuntium, superiore lætiorem, attulissent, summo studio regis commodo servierint.*

(Ibid., 269.)

DCCCII.

Donationes injussu monachorum S. Augustini Cantuariensium sigillo monasterii obsignatas rescindit, ac decernit ut sigillum eorum conservetur, ita quod nulla persona nisi de communi consensu et voluntate fratrum, vel sanioris partis conventus, chartam aliquam continentem contractus donationis vel obligationis possessionum monasterii prædicto sigillo consignare audeat.

(Hist. Angl. Script. decem, II, 1817.)

DCCCIII.

Ad A. præpositum Reicherspergensem. — *Gratulatur ei quod inter hæreticorum persecutiones ipsi constanter adhæserit.*

(JAFFÉ, Regesta Rom. Pont., 758, ex codice Reicherspergensi sæculi XII.)

Dilecto filio A. Reicherspergensi præposito, salutem et apostolicam benedictionem.

Dilectionis tuæ litteris alacri animo et læta mente receptis, quod spei tuæ anchoram ita in B. Petri et nostra reverentia solidasti, quod in medio nationis pravæ positus, fidem rectam atque catholicam in te sustinere non fuisti passus jacturam, et quod fidei tuæ murus, crebris ictibus multisque tunsionibus et crepitante tuba minarum concussus, non potuit frangi, neque ventum validum venientem neque procellas sævientis pelagi timuisti, ei qui tibi, quæ gravia sunt, animum tolerandi concessit, et tanquam pectori tuo gratiam sua dignatione infudit, ut inter hujus sæculi turbines intrepidus stares, devotas gratias agimus, et admirandæ virtutis tuæ constantiam digna gratiarum prosequimur actione. Unde et tanto majorem voluntatem et desiderium gerimus, te et Ecclesiam tuam sincera charitate diligere et vestris commodis et profectibus aspirare, quanto pro fide Catholica constantius et firmius nosceris laborasse. Tu vero in devotione B. Petri et nostra ita de in diem magis ac magis proficias et convalescas, quod Deo in sacrificio tuo caudam cum capite videaris offerre. Ad hæc a communione illorum schismaticorum, qui nominatim sunt excommunicati, vel a capite schismatis ordines susceperunt, in salutatione, oratione, potu et cibo abstineas. Principibus vero, quoniam nullum ex nomine de his, qui supersunt, præter F, caput hujus malitiæ et O., excommunicavimus; indubitanter poteris communicare. Sane incendiariis (de quibus, sicut credimus, decreta ut excommunicentur præcipiunt, etsi Ecclesia faciat ipsos, tanquam excommunicatos ad terrorem, absolvi), si quando necessitate cogente communicaveris, apud Deum non poteris exinde damnationis judicium formidare.

ANNO 1170-1172.

DCCCIV.

Ad Henricum Remensem archiep. — Ut Walterio sacerdoti et ejus fratri, qui propter schismaticos e Tullensi diœcesi ad Remensem se transtulerant, provideatur de aliquo beneficio.

(Tusculani, Oct. 20.)

[Marten., Ampl. Collect., II, 851.]

Non excidit a memoria nostra, nec te credimus esse oblitum, qualiter olim pro Waltero sacerdote et fratre suo, qui, relicto propter perfidiam schismaticorum episcopatu Tullensi, unde fuerant oriundi, sicut accepimus, ad Remenses partes se contulerunt, fraternitatem tuam sollicite rogaverimus, et ipsos tibi duxerimus sollicite commendandos. Nunc vero quia pro eodem sacerdote venerabilem fratrem nostrum Suessionensem episcopum, per scripta nostra rogavimus, ut ei ecclesiam, quam canonici S. Gervasii Suessionensis ad preces charissimi in Christo filii nostri Ludovici illustris Francorum regis liberaliter promisisse dicuntur, vel aliam æquivalentem concedat liberaliter, et assignet, fraternitati tuæ per apostolica scripta mandamus, quatenus eumdem episcopum instanter moneas et inducas, ut preces nostras in hac parte celeriter studeat et utiliter effectui mancipare. Tu quoque præfatum sacerdotem et fratrem suum interventu nostro habeas de cætero commendatos, quod eorum necessitatibus paterna affectione compati videaris, et nos exinde charitati tuæ multiplices debeamus gratiarum actiones referre. Fratrem etiam prædicti sacerdotis, si ipsum idoneum esse cognoscis, juxta tenorem aliarum litterarum nostrarum non differas ordinare.

Data Tusculi, xiii Kal. Novembris.

DCCCV.

Ad eumdem. — Adversus Joannem presbyterum, qui vexabat fratres de Mari.

(Tusculani, Oct. 20.)

[Ibid., col. 852.]

Querelam abbatis et fratrum de Mari (66) nos noveris recepisse, quod cum ab Hugone quondam archidiacono Remensi altare quoddam de voluntate et assensu bonæ memoriæ S. (67) prædecessoris tui eis fuisset concessum, Joannes presbyter ipsius ecclesiæ, in qua idem altare consistit, eos exinde molestare præsumit, nec ipsos præscriptum altare permittit pacifice possidere, sicut idem archidiaconus ipsum noscitur possedisse. Adjecerunt insuper idem abbas et fratres, quod prædictus presbyter duas partes oblationum, quæ ad eosdem fratres pertinere dicuntur, eis solvere omnino recusat. Inde est quod fraternitati tuæ per apostolica scripta mandamus, quatenus præfatum sacerdotem ab indebito gravamine et molestatione prædictorum fratrum, tam super eodem altari, quam super aliis collata tibi auctoritate compescas. Si vero idem presbyter contra petitionem eorumdem fratrum se credit fore munitum, et causam cum eis intrare decreverit, tu rationibus utriusque partis diligenter auditis et cognitis, causam ipsam per te ipsum, non per alios, debito fine decidas. Cæterum quia supradicti fratres de terra quæ ad se pertinet, carrucam eorum per eumdem presbyterum fuisse conqueruntur ejectam, et per ipsum eamdem terram violenter asserunt occupatam, nihilominus eamdem causam per te cognosci volumus, et fine debito terminari.

Data Tusculi, xiii Kal. Novembris.

DCCCVI.

Ad eumaem. — Ut fratribus de Mari vineam quamdam reddi jubeat.

(Tusculani, Oct. 20.)

[Ibid.]

Ex parte dilectorum filiorum nostrorum abbatis

---

(66) Monasterium de Mari, quod olim diœcesis Remensis fuisse videtur, hodie non comparet.

(67) Samsonis.

et fratrum de Mari nostris est auribus intimatum, quod quidam Remensis civis, qui in monasterio suo habitum religionis assumpserat, vineam quamdam eis dimisit, quam ab ipso quidam concivis suus H. nomine a xx annis retro pignori tenuerat obligatam. Mortuo vero præfato H., filius ejus præscriptam vineam, licet pater ejus inde sortem suam et amplius præter expensas, sicut dicitur, recepisset, insuper nihilominus contra Deum et salutem suam detinuit, et sæpius requisitus vineam ipsam prætaxato monasterio dimittere omnino contempsit. Ipso autem de præsenti luce morte repentina subtracto, Oddo sororius ejus eamdem vineam quasi propriam, sicut dicitur, occupavit, et eam violenter occupare præsumit. Quia igitur indignum est omnimodis et iniquum, ut idem monasterium suo debeat fraudari, maxime cum idem abbas et fratres, sicut asserunt, pro prædicta vinea recolligenda sortem supradicto H. reddiderint, fraternitati tuæ per apostolica scripta mandamus, quatenus præfatam vineam cum fructibus inde perceptis eidem monasterio infra XL dies post harum susceptionem restitui facias, et in pace dimitti, aut exinde sibi coram te, contradictione et appellatione cessante, plenam et sufficientem justitiam exhiberi. Testimonium autem fratrum ipsorum, per quos jam dictus abbas probare intendit, se prædicto H. sortem suam de prædicta vinea reddidisse, recipere non recuses.

Data Tusculi, XIII Kal. Novembris.

DCCCVII

Ad episcopos per regnum Francorum constitutos. — Pro scholis regendis.

(Tusculani, Oct. 20.)

[*Ibid.*]

Quanto Gallicana Ecclesia majorum personarum scientia et honestate præfulget, et cautius nititur evitare quæ confundere videantur ecclesiasticam honestatem; tanto vehementiori dignum admiratione videtur, quod illi, qui nomen magisterii scholarum, et dignitatem in ecclesiis vestris assumunt, sine certo pretio ecclesiasticis viris docendi alios licentiam non impendunt. Cum autem hujusmodi prava et enormis consuetudo de cupiditatis radice processerit, et decorem admodum ecclesiasticæ honestatis confundat, providendum vobis est et summopere satagendum, ut consuetudo ipsa de vestris ecclesiis penitus exstirpetur, cum vobis præcipue et specialiter ascribatur, si quid in eisdem Ecclesiis laude dignum inveniatur, vel reprehensione laudandum : nos quoque, qui licet immeriti, dispensante clementia Conditoris, suprema fungimur potestate, tantæ cupiditatis et rapacitatis vitium nolentes inemendatum relinqui, fraternitati vestræ per apostolica scripta mandamus, quatenus sub anathematis interminatione prohibere curetis, ne qui dignitate illa, si dignitas dici potest, fungentes, pro præstanda licentia docendi alios ab aliquo quidquam omodo exigere audeant vel extorquere;

sed eis districte præcipiatis, ut quicunque viri idonei et litterati voluerint studia regere litterarum, eos sine molestia et exactione qualibet scholas regere patiantur, ne scientia de cætero pretio videatur exponi, quæ singulis debet gratis impendi. Si vero vestræ prohibitionis vel præcepti exstiterint transgressores, eos auctoritate nostra et vestra præscriptis officiis et dignitatibus spolietis. Porro si hoc juxta mandatum nostrum corrigere neglexeritis, negligentiam vestram gravem habebimus et molestam, et ad ea corrigenda manum extendere compellemur : ita quod si voluerint in hujus rapacitatis proposito persistere, non valebunt.

Data Tusculi, XIII Kal. Novembris.

DCCCVIII

Ad Petrum abbatem S. Remigii, et B. archidiaconum Remensem. — Litem judicandam committit.

(Tusculani, Oct. 23.)

[MANSI, *Concil.*, XXI, 947.]

Causam quæ inter Warinum de Wimericurt et sororem uxoris suæ super quodam redditu cujus partem præfata mulier ad se jure hæreditario asserit pertinere, præsentia venerabilis fratris nostri Remensis archiepiscopi diutius est agitata, et ad nos per appellationem delata, experientiæ vestræ committimus audiendam, et appellatione remota fine congruo terminandam. Ideoque discretioni vestræ per apostolica scripta mandamus, quatenus, cum exinde requisiti fueritis, utramque partem ante vestram præsentiam convocetis, et rationibus hinc inde diligenter auditis et cognitis, eamdem causam, sublato appellationis remedio, concordia, vel mediante justitia decidatis.

Datum Tuscul., X Kal. Novemb.

DCCCIX

Ad Henricum Remensem archiep. et Theobaldum episcopum Ambianensem. — Commendat eis R. mulierem quæ varia a multis gravamina patiebatur.

(Tusculani, Oct. 27.)

[MARTEN., *Ampl. Collect.*, II, 854.]

Ex conquestione R. mulieris accepimus, quod Gerardus dives canonicus de S. Furseio, ei domum suam apud Peronam, et quædam alia abstulit, et damna plurima irrogavit. Drogo vero de Chameis et Petrus de Glosa bocca illi de eadem domo non modica detrimenta intulerunt, et adhuc inferre præsumunt. Quoniam igitur ex injuncto nobis apostolatus officio omnibus in justitia sua debitores existimus, fraternitati vestræ per apostolica scripta mandamus, quatenus præfatum G. ut præscriptam domum cum omnibus ablatis et integritate damnorum eidem mulieri restituat, Drogonem vero et P. ut damna illata resarciant, et de cætero ab ejus molestia et inquietatione desistant, vel in præsentia vestra exinde sibi justitiam, appellatione remota, exhibeant, commonere diligentius et districte compellere studeatis. Si autem monitis vestris obtemperare contempserint, in eos canonicam justitiam exerceatis.

Data Tuscul., VI Kal. Novembris.

DCCCX.

Ad eosdem. — Pro eadem, quæ a ministerialibus Philippi comitis Flandriæ bonorum jacturam patiebatur.

(Tusculani, Oct. 27.)
[*Ibid.*, col. 855.

Quia nobis R. latrix præsentium conquesta est de ministerialibus dilecti filii nobilis viri Ph. comitis Flandrensis, quod ei bona sua per violentiam abstulissent, eumdem comitem rogavimus atque monuimus, ut prædictæ mulieri ablata omnia faciat reddi, vel plenam exinde justitiam exhiberi. Si autem prædictus comes de ministerialibus suis eidem mulieri justitiam non fecerit, eosdem ministeriales moneatis et districte compellatis, ut memoratæ mulieri ablata universa restituant, vel in præsentia vestra plenam inde justitiam, appellatione remota, non differant exhibere. Si autem neutrum horum adimplere voluerint, eos excommunicationis vinculo perstringatis.

Data Tuscul., vi Kal. Novembris

DCCCXI.

Ad Henricum Remensem archiep. — Pro excessibus corrigendis in Tornacensi episcopatu.

(Tusculani, Oct. 29.)
[*Ibid.*]

Cum in Ecclesia Dei audimus aliquid pullulare quod de cupiditatis radice prodeat, et in Simoniacam pravitatem prorumpat, ad id celeriter succidendum sollicite nos decet intendere, ne in Ecclesia quidquam valeat inveniri, quod oculos divinæ Majestatis offendat, vel ecclesiasticæ obviet honestati. Audivimus enim fama referente, et audientes non potuimus non moveri, quod in episcopatu Tornacensi usque adeo regnat effrena cupiditas, ut abbates et monachi, canonici et aliæ personæ ecclesiasticæ, ad quarum præsentationem ipsius episcopatus ecclesiæ spectant, in presbyteros, qui sunt in ipsis ecclesiis ordinati, indebitas exactiones contra rigorem canonum et instituta sanctorum Patrum exercere præsumunt, et nisi ecclesias ipsas ad firmam vel ad censum recipiant, et prædictis personis pro sua serviant voluntate, ipsis a præscriptis ecclesiis violenter expulsis, alios qui majora offerant, ibi instituant sacerdotes, et in eisdem ecclesiis ordinandis personarum honestate neglecta, pecuniæ, quod inviti dicimus, exigunt quantitatem. Quoniam igitur ad officium nostrum spectat tantæ abominationis vitium radicitus exstirpare, venerabili fratri nostro T. Ambianensi episcopo dedimus in mandatis, ut super his rei veritatem diligenter inquirat; et si ecclesiam Tornacensem in capite vel in membris tantæ pravitatis vitio invenerit involutam, tibi ex parte nostra significet, ut hujusmodi excessus pastorali sollicitudine corrigas et emendes. Inde est quod fraternitati tuæ per apostolica scripta mandamus, quatenus cum super his corrigendis ejusdem episcopi scripta receperis, tantæ iniquitatis

a radicem et rapacitatis vitium ita ad vivum reseces et evellas, quod nec etiam vestigium tanti mali valeat inveniri, nec usquam rumor tam Simoniacæ pravitatis debeat ultra de jam dictis personis perferri. Si vero in his corrigendis esses negligens vel remissus, nos ad ea corrigenda manum nostram extendere cogeremur.

Data Tuscul., iv Kal. Novembris.

DCCCXII.

Ad eumdem. — Ut episcopum Ambianensem obedientiam ab abbate S. Richarii exigentem commvescat.

(Tusculani, Oct. 31.)
[*Ibid.*, col. 856.]

Quia te novimus sollicitum et ferventem pro jure et honore Romanæ Ecclesiæ conservando, fraternitatem tuam confidenter super his sollicitamus, quæ ad incrementum et profectum ejusdem Ecclesiæ cognoscimus pertinere. De cætero cum ecclesia B. Richerii ad jus et proprietatem B. Petri et dispositionem pariter et tutelam nostram specialiter spectare dicatur, et nos ei, si bene recolis, cum pastore vacaret, per tuam sollicitudinem abbatem providerimus, nunc eo defuncto, venerabilis frater noster Ambianensis episcopus auctoritate sua ibidem abbatem instituit, et eum sibi obedientiam præstare coegit. Quia vero nulla ratione pati possumus vel debemus, ut jura Romanæ Ecclesiæ quomodo libet diminuantur, et in eodem episcopo, si scienter hoc fecit, tantæ præsumptionis excessus gravis foret animadversione plectendus, fraternitati tuæ per apostolica scripta mandamus, quatenus hujus rei veritate plene comperta, si ita inveneris, episcopum moneas studiosius et inducas, ut ab obedientia sua abbatem absolvere non postponat; quod nisi fecerit, eum ab obedientia ejus auctoritate nostra absolvas, et cognito per monachos, si quis exinde census B. Petro debetur, eum nobis cum integritate præcipias reddi. Quidquid autem exinde feceris, nobis studeas tuis litteris quantocius intimare, et ita circa hoc efficiendum sollicitus et vigil existas, quod nos curam et diligentiam tuam in hac parte non immerito collaudare possimus.

Data Tuscul., ii Kal. Novembris.

DCCCXIII.

Ad eumdem. — Pro causa inter Rogerum et Guiardum socerum suum.

(Tusculani, Nov. 4.)
[*Ibid.*, col. 857.]

Accepimus ex transmissa conquestione Rogeri hominis fratrum Hierosolymitani Hospitalis quod cum super causa quæ inter ipsum et Guiardum socerum suum vertebatur, ad nostram jam dudum fuisset audientiam appellatum, idem G. diem appellationis præveniens, causam ipsam dilectis filiis nostris R. archidiacono Cataläunensi et abbati

Omnium Sanctorum de (68) Insula impetravit committi. Cum autem utraque pars in eorum esset præsentia constituta, præfatus R. ab eis, quoniam super capitulis quæ non continebantur in litteris commissionis nostræ respondere compellebatur, ad nostram audientiam appellavit se, sed illi appellatione contempta, contra eum testes recipere, et ipsum excommunicationi subjicere præsumpserunt. Quoniam igitur non licuit præfatis judicibus metam et formam nostrarum litterarum excedere, fraternitati tuæ per apostolica scripta mandamus, quatenus rei veritate studiosius inquisita, si ita esse inveneris, sententiam ipsam, dilatione et appellatione remota, publice non tenere denunties, et deinde causam, quæ inter ipsos vertitur, studiosius audias, et eam, sublato appellationis remedio, debito fine decidas. Si vero res aliter se habet, sententiam ipsam mandamus et volumus observari, nisi manifestam nequitiam contineret. Et quia præfatus R. nobis conquestus est, quod idem G. socer suus ei uxorem per violentiam detinet, discretioni tuæ mandamus ut, si res ita se habet, eumdem G. ad restituendam præfato R. uxorem suam sub districtione anathematis compellas, nisi idem G. justum timorem ponat, quem si posueris, eidem mulieri sufficientem facias securitatem præstari.

Data Tuscul., II Nonas Novembris.

DCCCXIV.

Ad eumdem. — Ut P. presbyterum de Curtismunt in multis culpabilem amoveat ab Ecclesia sua.

(Tusculani, Nov. 7.)
[*Ibid.*, col. 858.]

Parochiani de villa Curtismunt adversus P. presbyterum suum gravem ad nos querimoniam transmiserunt, quod cum fuerit filius sacerdotis et in sacerdotio genitus, litteras a nobis per subreptionem obtinuit, et parochiam quam obtinuit pater, earum fuit occasione adeptus. Accedit ad hæc quod, cum sedens in mensa multoties requisitus fuisset, ut ad quamdam parochianam suam quæ ad mortem laborabat pro pœnitentia danda accederet, ad eam ire noluit, et sic ob culpam et negligentiam suam jam dicta mulier absque confessione et Dominici corporis perceptione decessit. Opponitur etiam ei quod in Nativitate Domini post factas omnes oblationes ab unoquoque parochiano suo, duos panes contra antiquam et rationabilem consuetudinem ex districtione requirat, et publice concubinarius existat. Quia vero hæc, si vera sunt, non debent clausis oculis prætermitti, fraternitati tuæ per apostolica scripta præcipiendo mandamus, quatenus, rei veritate subtiliter inquisita, si ob desidiam pigritiamque suam prædicta mulier sine pœnitentia et perceptione Dominici corporis obiit, aut in sacerdotio genitus ecclesiam in qua pater ministravit, possidet, et eam per litteras nostras, tacita veritate, obtinuit, vel publice concubinarius existit, eum a prædicta ecclesia, occasione et appellatione remota, non differas amovere.

Data Tusculi, VII Idus Novembris.

DCCCXV.

Ad Petrum abbatem S. Remigii, et Fulconem decanum Remensem. — De scholaribus Remensibus, a presbytero injuste excommunicatis, et alias injurias passis.

(Tusculani, Nov. 8.)
[MANSI, *Concil.*, XXI, 956.]

Audivimus ex transmissa conquestione quorumdam scholarium qui in burgo S. Remigii consistunt, quod cum I. presbyter de Burgo S. Remigii in die Dominico coram clericis et laicis, postposita modestia clericali, choreas duceret, scholaribus ipsis eumdem presbyterum exinde increpantibus et deridentibus, idem presbyter quorumdam favore cum furore et impetu ostium et fenestras scholarum ausu temerario fregit, et in quosdam ex ipsis scholaribus violentas manus injecit; et his injuriis non contentus, absque conscientia venerabilis fratris nostri Henrici Remensis archiepiscopi et officialium suorum, in ipsos non citatos nec confessos, proxime sequenti die excommunicationis sententiam promulgavit, quam idem archiepiscopus fecit, prout debuit, relaxari. In quo utique iidem scholares libertatem suam plurimum fuisse læsam proponunt, cum eam se asserant libertatem habere, ut nullus in eos violentas manus injicere, aut ecclesiasticam sententiam audeat promulgare, donec coram magistro suo velint justitiæ stare. Hinc siquidem, et aliis injuriis prædicti scholares provocati, eumdem presbyterum, sicut asserunt, ad nostram præsentiam appellarunt: sed per se vel per alium nostro se conspectui minime præsentavit. Quoniam igitur idem presbyter, in hoc, si verum est, multipliciter excessisse videtur, nos excessus ejus nolentes, sicut non debemus, incorrectos relinqui, discretioni vestræ per apostolica scripta præcipiendo mandamus, quatenus, partibus ante vestram præsentiam convocatis, super his rei veritatem studiosius inquiratis; et si inveneritis prædictum presbyterum choreas in conspectu clericorum et laicorum duxisse, et pro tali causa tantam præfatis scholaribus injuriam intulisse, aut ipsos ita incaute anathemati subjecisse, ipsum, auctoritate nostra, sublato appellationis remedio, de tanta levitate, præsumptione, et audacia dure et aspere puniatis; et si vobis constiterit eum vel complices suos, in aliquos prædictorum scholarium, qui essent clerici, violentas manus injecisse, ipsos, auctoritate apostolica freti, omni contradictione et appellatione postposita, publice excommunicatos denuntietis, et faciatis sicut excommunicatos cautius evitari : donec passis injuriam congrue satisfaciant; et cum vestrarum testimonio litterarum

---

(68) Omnium Sanctorum in Insula abbatia est canonicorum regularium ordinis S. Augustini in urbe Catalaunensi.

apostolico se conspectui repræsentent; et prohibeatis omnibus, ne præfatos scholares contra libertatem eorum in aliquo molestare audeant vel gravare, quandiu coram magistro suo parati sunt justitiæ stare.

Datum Tuscul., vi Idus Novemb.

DCCCXVI.

Ad eosdem. — Ut damna Aquicinensi monasterio illata reparentur, et ut abbatissa S. Michaelis excommunicatis sepulturam non præbeat; si præbuit, extumulet.

(Tusculani, Nov. 9.)
[*Ibid.*, col. 950.]

Dilectus filius noster A. Aquicinensis ecclesiæ abbas (69), transmissis nobis litteris intimavit, quod monachi de Gardo inter oppressiones et injurias, quas illi et ecclesiæ suæ irreverenter dicuntur inferre, eis quamdam decimam terræ Viconiensis ad ipsos rationabiliter pertinentis, injuste auferre præsumunt. Abbatissa vero et moniales S. Michaelis Vurlensis quamdam ecclesiam suam, S. Martini videlicet, parochianis suis spoliant, et jura ipsius illicite sibi usurpantes, parochianos præfati abbatis pro suis excessibus excommunicatos et ab ecclesiæ liminibus sequestratos, ad divina officia recipiunt, et defunctis exhibent sepulturam. Unde quoniam viris religiosis perniciosum existit ea committere, quæ pericula pariunt animarum : discretioni vestræ per apostolica scripta præcipiendo mandamus, quatenus infra viginti dies post harum susceptionem, prænominatas personas moneatis, et districte compellatis, ut prædicto abbati et ecclesiæ suæ jura sua integra et illibata dimittant, et ablata sine molestia et difficultate restituant, vel in præsentia vestra suæ justitiæ plenitudinem appellatione remota exhibeant. Ad hæc quoniam ecclesiastica sacramenta eis penitus sunt deneganda, qui a communione fidelium suis peccatis sunt exigentibus sequestrati : nihilominus præsentium auctoritate injungimus, ut præfatæ abbatissæ et monialibus S. Michaelis, sub pœna ordinis et officii sui prohibeatis, ne quoslibet excommunicatos ad divina officia vel sepulturam recipere audeant, et si quos excommunicationis vinculo innodatos sepelierunt, eos, appellatione et occasione remota, detumulare, et de cœmeterio ejicere non postponant.

Datum Tuscul., v Idus Novemb.

DCCCXVII.

Ad eosdem. — Causam judicandam iis committit.

(Tusculani, Nov. 16.)
[*Ibid.*, col. 955.]

Ex litteris quas nobis venerabilis frater noster Henricus Remensis archiepiscopus destinavit, evidenter accepimus quod Balduinus de Aigne Hierosolymam profecturus, cuidam sorori suæ viduæ, Agneti nomine, quæ in domo suo manebat, tres modios frumenti, et unum avenæ, de decima sua annuatim percipiendos concessit. Mortuo vero eodem B. in peregrinatione, Girardus de Landas, qui ejus Balduini filiam duxerat in uxorem, præfatæ Agneti jam dictos modios frumenti et avenæ violenter auferre non dubitavit. Unde cum idem Gerardus ad curiam ipsius archiepiscopi appellatus, et mulier pariter, in ejusdem archiepiscopi essent præsentia constituti : mulier testes legitimos et idoneos produxit, et adjudicatis sibi prælibatis quatuor modiis, de quibus controversia vertebatur, ab eodem archiepiscopo in eorumdem fuit possessionem inducta. Præterea sicut ex eisdem litteris intelleximus, prænominata Agnes aliam adversus eumdem Girardum quæstionem proposuit : videlicet, quod prætaxatus Balduinus quemdam habebat filium de non legitimo matrimonio susceptum : cui cum hæreditatem suam non posset conferre, quamdam terram de pecunia sua comparavit, quam eidem filio suo donavit. Qui cum patre suo iter arripiens, eam sæpedictæ Agneti, si forte non rediret, habendam, et perpetuo possidendam concessit : quam postmodum memoratus Girardus illi impudenter auferre præsumpsit. Conquesta est insuper eadem mulier, quod super terra nepotis sui sibi dimissa, indebita sibi violentia fuit illata. Super quibus cum idem Girardus summonitus, et mulier, ad diem præfixam in præsentia archiepiscopi convenissent, et eadem mulier suos vellet testes producere : Girardus ad nostram audientiam appellavit. Quia vero muliere ad nostram præsentiam veniente, altera pars nec venit, nec pro se responsalem transmisit : vobis de quorum prudentia et honestate confidimus, causam ipsam committimus audiendam, et fine debito terminandam. Inde est quod discretioni vestræ per apostolica scripta mandamus, quatenus utramque partem ante vestram præsentiam convocetis, et rationibus hinc inde plenius auditis et cognitis, super capitulis, de quibus vobis constiterit ad nos appellatum fuisse, controversias et quæstiones, sublato appellationis remedio, ita studeatis mediante justitia terminare, quod neutra partium pro juris sui defectu debeat merito querelari, nec prælibata cogatur ulterius ad nos exinde laborare.

Datum Tusculani, xvi Kal. Decembris.

DCCCXVIII.

Ad abbatem S. Remigii Remensis et priorem S. Martini de Campis. — Causam abbatum duorum judicandam committit.

(Tusculani, Nov. 23.)
[*Ibid.*, col. 950.]

Ex transmissa conquestione G. abbatis de Gardo (70) ad aures nostras pervenit quod abbas et canonici et ager Viconiensis. Jac. Sirm.

---

(69) Alexander. Auctarium Sigeberti a Miræo editum. *Anno 1170 obiit Balduinus IV comes Haginoensis, et ab Alexandro abbate Aquicinensi in ecclesia S. Waldetrudis sepelitur. Monasterium est ordinis S. Benedicti in diœcesi Atrebatensi, in qua*

(70) Ordinis Cisterciensis in diœcesi Ambianensi, ad quam etiam pertinet abbatia Sericurtis, ordinis Præmonstratensis. Ip.

ecclesiæ S. Petri de Sereulicurt monasterium suum quadam terra injuste propter mutationem ministrantium spoliarunt, et ipsam illicite detinent occupatam. Quia vero inter viros religiosos non debet dissensionis scrupulus remanere, aut materia jurgiorum, quos quieti convenit supernæ contemplationis vacare, vobis de quorum prudentia et honestate confidimus, causam ipsam committimus audiendam et fine debito terminandam. Ideoque discretioni vestræ per apostolica scripta mandamus, quatenus, cum exinde requisiti fueritis, in unum pariter convenientes, utramque partem ante vestram præsentiam convocetis, et rationibus hinc inde plenius auditis et cognitis, eam causam infra duos menses, sublato appellationis remedio, concordia, vel mediante justitia decidatis. Ita quidem, quod si vobis constiterit prædictum abbatem a præscriptæ terræ fuisse possessione contra rationem ejectum, ei prius possessionem ipsam appellatione remota faciatis restitui. Si vero huic rei vos ambo interesse non poteritis, alter non minus in eadem causa procedat.

Datum Tusculani, ix Kal. Decembris.

DCCCXIX.

Ad Henricum Remensem archiep. — Ut Reinerium et Galterium fratres excommunicatione ob illatas sacerdoti manus violentas absolvat.

(Tusculani, Nov. 24.)

[MARTEN., *Ampl. Collect.*, II, 858.]

Ex transmissa relatione Reinerii et Galterii fratris ejus, ad aures nostras pervenit quod inter quemdam fratrem suum et sacerdotem contentione suborta, in eumdem presbyterum calore iracundiæ succensi violentas manus injecerunt, et eo non læso, capitulo Cameracensi et prædicto sacerdoti satisfecerunt. Unde quoniam propter discrimen et periculum viæ, ad nostram venire præsentiam dubitant, absolutionis beneficium promerituri, nos eis volentes morem gerere, et tuæ deferre fraternitati, eorum absolutionem experientiæ tuæ duximus committendam: ideoque discretioni tuæ mandamus, quatenus ab eis secundum morem Ecclesiæ juramento recepto, ipsos auctoritate nostra absolvas, et illis postmodum in virtute juramenti præcipias, quod de cætero in clericum vel monachum seu conversum, Templarios vel Hospitalarios, nisi se defendendo, aut de mandato episcopi, vel alterius prælati sui, aut nisi cum uxore, vel sorore, sive cum filia invenirentur, violentas manus nullatenus injiciant. Nihilominus etiam eos sacerdoti de illata injuria, si nondum satisfecerunt, condigne satisfacere compellas, et ea quæ in via expenderent ad nos veniendo, leprosis Cameracensibus facias exhiberi.

Data Tusculani, viii Kal. Decembris.

DCCCXX.

Ad eumdem. — Ut G. pauperem clericum a vexationibus Richardi canonici protegat.

(Tusculani, Nov. 24.)

[*Ibid.*, col. 859.]

Conquerente nobis G. paupere clerico, accepimus quod, cum cuidam canonico Ric. nomine diu servierit, et ei plusquam decem libras Valencenenses tam de suo proprio quam de alieno crediderit, expleto tempore servitii sui, non solum ipsi ea quæ sibi crediderat reddere denegavit, verum etiam quinque modios frumenti et eo amplius, quos de proprio suo emerat, indebite et fraudulenter calumniari præsumpsit. Postmodum vero cum prædictum canonicum super his in causam traxisset, justitia coactus, præfatum debitum recognovit, et cum apud eum de solvendo debito instaret, ipse appellatione ad nostram audientiam facta, nec venit, nec aliquem pro se responsalem transmisit. Quia igitur cuilibet et præsertim viris ecclesiasticis in sua justitia debitores existimus, nec decet ut prænominatus G. pro servitio suo, unde emolumentum percipere deberet, tantam de rebus propriis debeat sustinere jacturam, fraternitati tuæ per apostolica scripta mandamus, quatenus præscriptum canonicum moneas et districte compellas, ut eidem G. debitum suum cum integritate restituat, damna data resarciat, vel in præsentia tua plenam exinde justitiam appellatione remota exhibeat. Si autem quantitatem debiti vel computi tam de frumento quam de pecunia inter eos, sicut dicitur, facti denegare præsumpserit, eum, quoniam de pecunia agitur, calumniæ juramentum præstare compellas.

Data Tuscul., viii Kal. Decembris.

DCCCXXI.

Ad fratres Nonantulanos. — Loveleti locum ab episcopo Mutinensi occupatum illis adjudicat.

(Tusculani, Nov. 25.)

[TIRABOSCHI, *Storia di Nonantola*, II, 276.]

ALEXANDER episcopus, servus servorum Dei, dilectis filiis abbati et fratribus Nonantulanis, salutem et apostolicam benedictionem.

Ea quæ auctoritate Romanæ Ecclesiæ concordia vel judicio terminantur in sua debent firmitate consistere, et ne aliquorum præsumptione temeraria valeant immutari apostolicæ confirmationis patrocinio munienda sunt. Cum autem inter vos et venerabilem fratrem nostrum Mutinensem episcopum super possessione Loveleti coram dilecto filio nostro Ildebrando, basilicæ XII Apostolorum presbytero cardinali apostolicæ sedis legato, jam pridem controversia verteretur, idem episcopus ad nostram audientiam appellavit. Nos vero causam ipsam dilecto filio nostro O. (71) Sancti Nicolai in Carcere Tulliano diacono cardinali apostolicæ sedis legato terminandam commisimus, qui, auditis rationibus et allegationibus utriusque partis, et testibus etiam

---

(71) Il card. Oddone da Brescia sollevato a quella dignità da Eugenio III, l'anno 1150.

receptis, utrique parti terminum præfixit, quo se deberent cum ipsis attestationibus et allegationibus apostolico conspectui præsentare. Cæterum cum nuntio vestro veniente præfatus episcopus per se vel per alios ad præsentiam non venisset, nos allegationes ipsas et depositiones testium dilecto filio nostro Manfredo (72), Sancti Georgii ad Velum Aureum diacono cardinali apostolicæ sedis legato, sub bulla nostra transmisimus, eique dedimus in mandatis, ut causam ipsam appellatione postposita terminaret. Licet autem idem episcopus, sicut ex litteris ejusdem Manfredi cardinalis accepimus, peremptorie citatus per se vel per sufficientem responsalem suum ipsius noluisset adire præsentiam, quia tamen ei legitima probatione multorum testium innotuerat ecclesiam vestram quadraginta annis et ultra possessionem prædicti loci pacifice tenuisse, et eumdem episcopum eam a sex annis proxime præteritis auctoritate propria occupasse, idem Manfredus cardinalis, habito consilio prudentum virorum, restitutionem possessionis Loveleti liberam vobis adjudicavit, ita quidem ut vos de cætero commodo possessoris fungamini, et episcopus, si de proprietate litigare voluerit, onere petitoris. Quam utique sententiam sicut ab eodem M. cardinali lata est, et scripto authentico roborata, ratam et firmam habemus, et eam auctoritate apostolica confirmantes præsentis scripti patrocinio communimus. Statuentes ut nulli omnino hominum liceat hanc paginam nostræ confirmationis infringere, aut ei aliquatenus contraire. Si quis autem hoc attentare præsumpserit, indignationem omnipotentis Dei et beatorum Petri et Pauli apostolorum ejus se noverit incursurum.

Datum Tusculani, vi Kal. Decembris.

DCCCXXII.

Ad Henricum Remensem archiep. — Pro G. diacono super ecclesia de Undescota.

(Tusculani, Nov. 27.)

[MARTEN., *Ampl. Collect.*, II, 860.]

Significavit nobis venerabilis frater noster Morinensis episcopus, quod cum olim preces sibi sollicitas porrexissemus, ut G. diacono latori præsentium in ecclesia de Undescota provideret, ipse B. presbytero ejusdem ecclesiæ convocato, de ordinatione sua cœpit diligenter inquirere, et tandem ex ipsius confessione didicit in judicio, quod ab illo schismatico et superimposito Albestactensi, Gerone videlicet, fuisset in presbyterum ordinatus, sed ut ipse dicebat antequam in schisma laberetur, et ecclesiam illam se asseruit canonice adeptum fuisse. Cum autem prædictus diaconus apud prædictum episcopum ferventer instaret ut ei juxta tenorem litterarum nostrarum in præscripta ecclesia provideret, ipse B. eumdem diaconum ad nostram audientiam appellavit, et proximum festum Purificationis B.

Mariæ terminum suæ appellationi præfixit, ut sic eamdem posset ecclesiam detinere, et vitare periculum quod sibi sciebat proxime imminere. Quoniam igitur non est dubium quin præfatus Gero superimpositus Albestactensis fuisset ac schismaticus et excommunicatus, fraternitati tuæ per apostolica scripta mandamus, quatenus, super his præfatum episcopum, et alios qui veritatem noverunt, causam studeas diligenter inquirere, et si tibi constiterit præfatum B. in judicio coram eodem episcopo recognovisse, quod a prædicto G. fuerat in presbyterum ordinatus, eum ab ordine, quem ab ipso recepit, perpetuo auctoritate nostra, appellatione remota, deponas, ipsumque ab ecclesia jam dicta removeas, præfatum episcopum monens et inducens, ut memorato diacono in eadem ecclesia juxta tenorem precum nostrarum non differat providere.

Data Tuscul., v Kal. Decembris.

DCCCXXIII.

Ad eumdem. — Pro fratribus Maurimontensis Ecclesiæ.

(Tusculani, Nov. 27.)

[*Ibid.*, 86.]

Ex parte dilectorum filiorum nostrorum abbatis et fratrum Maurimontensis (75) Ecclesiæ nobis graviter conquerentium audivimus, quod sacerdos S. Manehildis domum ipsorum manu armata violenter invadens, familiam verberibus affecit, et P. monachum latorem præsentium diabolico ausu vulneravit, et ipsius sanguinem atrociter effudit. Quia vero hæc, si vera sunt, non sunt opera Christiani, et tanto severius punienda sunt, quanto hujusmodi a sacerdote minus attentari deberent, fraternitati tuæ per apostolica scripta mandamus, quatenus si ita est, prædictum sacerdotem, et coadjutores, et fautores ipsius, quorum consilio et auxilio id tibi factum esse constiterit, appellatione remota, vinculo non differas excommunicationis innodare, et tandiu facias sicut excommunicatos vitari, donec injuriam passis congrue satisfaciant, ablata restituant, damna data resarciant, et tam presbyter ab officio et beneficio suspensus, quam cæteri qui violentas manus in monachum injecisse noscuntur, cum tuarum testimonio litterarum apostolico se conspectui repræsentent.

Data Tuscul., v Kal. Decembris.

DCCCXXIV.

Ad eumdem. — Ut compescat quosdam qui decimas novalium exigebant ab infirmis Cameracensibus.

(Tusculani, Nov. 29.)

[*Ibid.*]

Iteratam querelam infirmorum Cameracensium fratrum nobis transmissam accepimus, quod S. Andreæ de Castello et S. Sepulcri abbates et canonici S. Gaugerici, et Phil. miles de Ruminiaco

---

(72) Manfredo da Siena nominato cardinale da Alexandro III l'anno 1163.

(73) Maurimontense monasterium, ordinis S. Benedicti, in diœcesi Catalaunensi, hactenus perstat sub congregatione S. Vitoni.

ab eis de novalibus suis et nutrimentis animalium suorum contra scriptum quod eis indulsimus, decimas exigere et per violentiam extorquere præsumunt : ita quidem quod ab exactione decimarum ipsarum, mandatis vel præceptis nostris super hoc toties iteratis non possunt aliquatenus coerceri. Cum autem causam ipsam jam pridem experientiæ tuæ commissam prosequi velles, quædam litteræ, quæ a nobis videbantur manasse, coram te, sicut accepimus lectæ fuerunt. Quæ litteræ pro fratribus ipsis transmissis videbantur manifestius contraire. Inde est quod fraternitati tuæ per apostolica scripta mandamus, quatenus præfatum militem ab exactione decimarum illarum, omni dilatione, contradictione et appellatione postposita, nostra et tua auctoritate compescas, et si quas forte per violentiam occupavit, ipsum infra XI, dies post harum susceptionem ad earum restitutionem ecclesiastica censura compellas. Nihilominus etiam volumus et mandamus, ut tam prædictos abbates quam canonicos sollicite monere studeas, et collata tibi auctoritate compellere, ut, si quas decimas memoratis fratribus de nutrimentis animalium suorum vel de novalibus quæ propriis manibus aut sumptibus excolunt, temere abstulisse noscuntur, ipsis infra præscriptum terminum, appellatione cessante, integrum restituere non postponant, et de his desinant ulterius exigere ab ipsis decimas vel auferre. Verum si qua ipsi habent novalia, quæ ab aliis reducta fuissent ad cultum, exinde præfatis abbatibus et canonicis decimæ solebant exsolvi, nolumus eosdem abbates vel canonicos decimis eorum privari, quominus ex his decimas ipsi percipiant, quemadmodum ab aliis qui ante illos eadem novalia tenuerant percipere consueverunt.

Data Tusculi, III. Kal. Decembris.

DCCCXXV.

Ad [Henricum] Silvanectensem episcopum, et [Petrum] abbatem Sancti Remigii. — Ut fratres Corbeienses restituant decimam ablatam fratribus S. Mariæ de Brana; item ut restituatur eidem monasterio decima vendita quondam ab abbate.

(Tusculani, Nov. 30.)
[Mansi, *Conc.*, XXI, 944.]

Dilecti filii nostri abbas et fratres ecclesiæ S. Mariæ de Brana, transmissa nobis relatione monstrarunt, quod eis dilecti filii nostri abbas et fratres Corbeienses (74) quamdam non dubitarunt decimam contra jus æquitatis auferre. Unde quoniam, sicut nobis ex voluntate divinæ Providentiæ Ecclesiarum omnium sollicitudo incumbit, sic quoque unicuique in suo jure providere tenemur, et quæ inordinate aut enormiter fiunt consideratione injuncti nobis officii, compellimur ad statum rectitudinis revocare, discretioni vestræ per apostolica scripta

---

(74) Nobile inprimis est monasterium ad Somonam fluvium in Ambianensium diœcesi. Antiquam Corbeiam vocant, ut distinguatur a Saxonica, quæ multo recentior originem duxit a Gallica. Sirm.

mandamus, quatenus Corbeiensem abbatem et fratres ejus moneatis, et districte compellatis, ut eidem abbati et fratribus præscriptam decimam postposita occasione restituant, et in pace dimittant, vel sub vestræ discretionis examine plenam exinde sibi justitiam exhibeant. Si autem causam potius intrare decreverint, quam decimam restituere : vos in unum convenientes, utramque partem ante vestram præsentiam convocetis, et rationibus hinc inde plenius auditis et cognitis, eamdem causam, sublato appellationis remedio, concordia vel mediante justitia decidatis.

Præterea, sicut ex transmissa insinuatione ejusdem abbatis et fratrum, auribus nostris innotuit, Rodulfus quondam abbas prædictæ ecclesiæ, monachis S. Leodegarii (75) quamdam decimam vendidit, propter quod eadem ecclesia grave et enorme patitur detrimentum. Quia vero contractus ille parvus et Simoniacus fuit, et principales personæ, vendentis scilicet et ementis, si superstarent, perpetua deberent depositione damnari : nihilominus vobis injungimus, ut eosdem monachos monere, et districte compellere studeatis, quod recepto pretio illis decimam ipsam appellatione remota restituant, et in pace dimittant : quia non est conveniens, aut consentaneum rationi, ut una ecclesia locupletari debeat de aliena jactura. Ilis vero qui tam perniciosum et detestabilem contractum fecerunt, talem, si supersunt, pœnam infligatis, quod alii qui hoc audierint, metum habeant similia præsumendi.

Datum Tuscul., II Kal. Dec.

DCCCXXVI.

Ad eosdem.— Ne monachi Sancti Remigii de Brana fratribus Sanctæ Mariæ de Brana (76) sint molesti.

(Tusculani, Nov. 30.)
[*Ibid.*]

Ad audientiam apostolicæ sedis noveritis fuisse perlatum monachos Sancti Remigii de Brana religiosis viris abbati et fratribus Sanctæ Mariæ de Brana districtius inhibere, ne familiam comitis et comitissæ de Brana ad aliqua audeant recipere sacramenta. Unde quoniam indecens est eis et inhonestum aliquos indebitis fatigare molestiis, qui in religionis habitu elegerunt Domino deservire, discretioni vestræ per apostolica scripta mandamus, quatenus prædictos monachos moneatis, et auctoritate nostra compellatis, ut nulla ratione contra antiquam comitis vel comitissæ familiam, vel milites castri, aut supervenientes, sive uxores eorum, aut liberos, vel familias suas, ad ecclesiam illorum accedere, et ibidem ecclesiastica suscipere sacramenta prohibeant, aut in præsentia vestra quod justitia dictaverit exsequi non postponant. Nos enim eis dedimus in mandatis, ut coram vobis alterum prædictorum exsequatur.

Datum Tuscul., II Kal. Dec.

---

(75) Ordinis S. Augustini apud Suessiones. Id.
(76) Oppidum est ad Vidulæ amnem in pago Suessionico. Ibi ergo cœnobia quæ commemorat, et honor comitatus. Id.

DCCCXXVII.

Ad abbatem et fratres Corbeienses. — *Ut monasterio de Brana decimam ablatam restituant.*

(Tusculani, Nov. 30.)
[*Ibid.*, col. 946.]

Dilecti filii nostri abbas et fratres ecclesiæ Sanctæ Mariæ de Brana, transmissa nobis relatione monstrarunt, quod vos eis quamdam non dubitatis contra juris æquitatem auferre decimam. Unde quoniam sicut nobis ex voluntate divinæ Providentiæ Ecclesiarum omnium sollicitudo incumbit, sic quoque unicuique in jure suo providere tenemur, et quæ inordinate aut enormiter fiunt, consideratione injuncti nobis officii compellimur ad statum rectitudinis revocare : nos venerabili fratri nostro Silvanectensi episcopo, et dilecto filio abbati S. Remigii Remensis hujus rei causam committimus audiendam, et appellatione remota, mediante justitia terminandam. Ideoque per apostolica vobis scripta mandamus, quatenus jam dictis abbati et fratribus præscriptam decimam restituatis, et in pace dimittatis : vel in præsentia prædictorum judicum plenam exinde justitiam, sublato appellationis remedio, exhibeatis, eorum super hoc judicium suscepturi et inviolabiliter observaturi.

Datum Tuscul., 11 Kal. Decemb.

DCCCXXVIII

Ad Ambianen. et Tornacen. episcopos, et abbatem S. Remigii. — *Ut judicent de controversiis abbatis de Brana, et militis cujusdam.*

(Tusculani, Nov. 30.)
[*Ibid.*, col. 945.]

Ex transmissa conquestione dilectorum filiorum nostrorum abbatis et fratrum ecclesiæ de Brana, auribus nostris innotuit quod Joannes miles de Hostel eis quatuor modios frumenti, et novem avenæ, et quinque sextarios ad mensuram Suessionis, violenter abstulit, et in curia eorum duodecim modios vini, et in vinea sua duos, accipere ausu temeritatis præsumpsit. Præterea quia illos vineam suam tempore suo vindemiare prohibuit, ipsis damnum intulit sex modiorum vini, et eos sextarium frumenti et dimidium quem monachi S. Nicolai de Nemore singulis annis eis solvebant, tribus annis amittere fecit, et in nemore suo damnum ad æstimationem LX librarum illis inferens, terram in qua duos modios uno sextario minus seminare solebant, et terram etiam Roberti filii Widelæ, et VII sextarios vinagiorum, quæ idem Robertus assensu Berneri domini terræ eis sub annuo censu unius modii frumenti dederat, illicite auferre non dubitavit. Insuper quoque terram quamdam, quam longo tempore possederant, et sumptibus quadraginta librarum exstirpaverant, per violentiam occupavit : et illis multas alias molestias, injurias, gravamina, et persecutiones, et damna irrogare non formidavit.

Unde quoniam ex parte prædicti Joannis nobis fuit jam pridem relatum, quod, cum ipse et præfatus abbas super quibusdam possessionibus, pratis videlicet, A terris et vineis, in certas pariter compromisissent personas, et personæ illæ arbitratæ inter illos fuissent ; abbas in parte earum recepit arbitrium, et in parte refutavit : nos utrique volentes in suo jure adesse, tibi, frater Tornacensis, mandavimus, ut prædictum abbatem moneres ad arbitrium illud inconcusse tenendum. Quia vero nobis est nunc intimatum, quod non abbas, sed miles ab arbitrio resilivit, discretioni vestræ per apostolica scripta præcipiendo mandamus, quatenus in unum pariter convenientes, utramque partem ante vestram præsentiam convocetis, ipsos monentes propensius, et mandantes, ut arbitrium super possessionibus illis super quibus in arbitros spontanee compromiserunt, firmiter et inconcusse observent. Si autem arbitrio stare noluerint, et fidejussores eos non potuerint de jure compellere ad ipsum servandum, vos tam super iis, de quibus arbitratum est inter eos, quam super aliis, de quibus inter ipsos hinc inde quæstio vertitur, causam studiosius audire, et eam amicabili compositione, vel mediante justitia, sine personarum acceptione terminare curetis. Ita quidem quod quæcunque memoratus Joannes eidem abbati et fratribus per violentiam abstulit, super quibus non fuit arbitratum, ipsum ea reddere appellatione postposita compellatis. Si autem præfatus Joannes a vobis citatus, ad præsentiam vestram accedere, vel judicio vestro parere contempserit : eum appellatione et occasione remota excommunicationis vinculo innodetis, et in terra in qua habitat, omnia divina, præter baptisma parvulorum, et pœnitentias morientium, prohibeatis officia celebrari. Si qua tamen partium duxerit appellandum, vos rationes, et allegationes, quæ hinc inde producentur in medium, diligenter et sollicite audientes, testes quos utraque pars produxerit, appellatione remota, recipiatis, et eorumdem juratorum depositiones fideliter conscribere, et nobis sub sigillo vestro clausas mittere studeatis : terminum utrique parti congruum præfigentes quo debeant se cum ipsis attestationibus apostolico conspectui præsentare. Cæterum si vos tres huic negotio non potueritis simul interesse, tu frater Tornacensis, cum altero vestrum, hæc quæ dicta sunt maturius exsequamini.

Datum Tuscul., 11 Kal. Decemb.

DCCCXXIX.

Ad Henricum Remensem archiep. — *Pro monasterio S. Medardi super causa usurarum.*

(Tusculani, Dec. 2.)
[Marten., *Ampl. Collect.*, II, 862.]

Significantibus nobis dilectis filiis nostris abbate et fratribus S. Medardi, ad nostram noveris audientiam pervenisse, quod cum Godoinus quidam eis quamdam summam pecuniæ credidisset, et ab eis ducentas marcas argenti ultra sortem usurarum nomine recepisset, tandem peccatis exigentibus intestatus decessit. Quoniam igitur indignum est penitus, et iniquum, ut ultra, si res ita se habet, monasterium ipsum super usuris vel sorte gravetur;

fraternitati tuæ per apostolica scripta mandamus, quatenus, rei veritate studiosius inquisita, si ita tibi constiterit, prædictum monasterium super exactione sortis vel usurarum non sustineas amodo molestari, cum potius hæredes prædicti G. quod est a prædictis fratribus ultra sortem extortum, eis cum integritate debeant restituere. Si vero hæredes ipsius G. præscriptum monasterium super pecunia prætaxata molestare præsumpserint, eos a præsumptione sua, sublato appellationis remedio, ecclesiastica districtione compescas.

Data Tuscul., iv Nonas Decembris.

DCCCXXX.

Ad eumdem. — Pro monasterio Maurimontis super annona.

(Tusculani, Dec. 2.)

[*Ibid.*, col. 865.]

Ex parte abbatis et fratrum Maurimontensis monasterii ad nostram est audientiam querela perlata, quod Milo cognomine Arrivatus, eidem monasterio xl. sextarios annonæ irrationabiliter auferre non veretur. Super quo ad rationem positus, cum fidem dedisset, quod præfato monasterio prædictam annonam restitueret, ipse nihilominus postposita fidei religione, eamdem annonam impudenter non cessat detinere. Unde nos volentes prædictis fratribus debitam justitiam exhiberi, fraternitati tuæ per apostolica scripta mandamus, quatenus, si ita est, prælibatum M. moneas, et appellatione remota districte compellas, ut præscriptos xl sextarios annonæ memoratis fratribus infra xx dies post harum susceptionem, sine diminutione restituat et in pace dimittat, ejus in hac parte excessum ita corrigens, quod se plurimum deliquisse cognoscat, et alii exemplo illius a tam periculoso excessu sibi debeant cautius præcavere.

Data Tuscul., iv Nonas Decembris.

DCCCXXXI.

Ad universos fideles per regnum Franciæ constitutos. — Ut Ecclesiæ Nazarenæ subveniant.

(Tusculani, Dec. 8.)

[*Ibid.*]

Civitatum, castellorum et aliorum locorum terræ Orientalis desolationes, tribulationes et angustias, pariter et dolores licet ex relatione commeantium vestra potuerit universitas didicisse, vobis tamen non sine mœrore necessarium duximus significare, et ad compassionem tantorum malorum vestram sollicitare studiosius charitatem. Divino siquidem et occulto judicio faciente, ex terræ motu plures civitates et oppida, quædam ex toto, quædam ex parte diruta et funditus evulsa, in ruina quorum ingens hominum multitudo est suffocata. Unde quidam inimici contrarii Christi audaciam assumentes, nonnulla loca Christianorum invasione tyrannica occuparunt. Inter quæ magnum et populosum casale Ecclesiæ Nazarenæ peccatis exigentibus capientes, clericos et cæteros habitatores in captivitatem duxerunt. Inde est quod canonici præscriptæ Ecclesiæ tum ex hoc, tum ex aliis malis et angustiis supervenientibus ad tantam devenere inopiam et paupertatem, quod nisi a Dei fidelibus adjuventur, in Ecclesia sua non poterunt diutius ad summi Conditoris obsequium permanere. Cæterum quoniam evangelica Scriptura testatur : *Alter alterius onera portate, et sic adimplebitis legem Christi* (Gal. vi, 2), et quicunque ad jubar incircumscripti luminis et ad illam æternitatis gloriam pervenire desiderant, quam nec oculus vidit, nec auris audivit, nec in cor hominis ascendit (I Cor. ii, 19), et ubi fures non fodiunt nec furantur (Matth. iv, 20), necesse est ut illam sementem boni operis studeant seminare in terra, quam cum multiplicato fructu recolligere possint in cœlis, universitatem vestram rogamus, monemus et exhortamur in Domino, et in remissionem peccatorum vobis injungimus, quatenus fratres et nuntios prædictorum canonicorum qui ad vos mittuntur onera et necessitates suas exposituri, tam devote quam humiliter recipiatis, et eis charitatis solatia et subventionis auxilium porrigatis, ut ab omnipotente Domino, qui nullum bonum prætermittit inremuneratum æternæ retributionis præmia recipiatis, et ad supernæ beatitudinis gaudia mereamini Deo propitio pervenire.

Datum Tusculi, vi Idus Decembris.

DCCCXXXII.

Ad Henricum Remensem archiep. — Causam ei committit examinandam et terminandam.

(Tusculani, Dec. 9.)

[*Ibid.*, 865.]

Insinuante nobis Theobaldo, latore præsentium, accepimus quod fidejussores sui de Appia, postquam pro eo fidejusserunt in xv libris, illi dixerunt quod, si vellet et concederet, illum cui libras illas debebat, exinde acquietarent ; quod quia facere renuerunt, et eum super lx et xi solidis et vi denariis impetierunt, ad nostram audientiam appellavit. Verum quia hujus rei veritas nobis constat, fraternitati tuæ per apostolica scripta mandamus, quatenus si prænominatus T. legitimis testibus probare poterit quod prædicti fidejussores tantum de rebus suis habuerunt quantum est illud in quo pro eo fidejusserunt, eos moneas et compellas ut vel exinde ipsum absolvant, aut in tua præsentia ei plenam justitiam exhibeant ; quod si facere noluerint, ipsos ecclesiastica censura, appellatione remota, percellas. Super lx vero et xi solidis et vi denariis, quos ab eo petierunt, causam audias, et eam, sublato appellationis remedio, mediante justitia, decidas.

Data Tusculi v Idus Decembris

DCCCXXXIII.

Ad eumdem. — Ut Corbeiense monasterium sub sua suscipiat protectione.

(Tusculani, Dec. 9.)

[*Ibid.*, col. 869.]

Comperto nobis ex transmissa relatione dilectorum filiorum nostrorum abbatis et fratrum Corbeiensis Ecclesiæ (77), quod eos gratia et affectione præveneris, et ipsis benefacere studueris, plurimum sumus inde lætificati et ad amorem et dilectionem tuam magis accensi, tanto id gratius et acceptius reputantes, quanto monasterium ipsum specialius diligimus et sollicitiori provisione sicut rem (78) propriam et specialem protegere, fovere et conservare tenemur. Inde est quod nos sinceritati tuæ de præteritis gratias uberes exsolventes, pro eodem monasterio fraternitatem tuam rogamus, sollicitique monemus, quatenus ipsum divini amoris intuitu et pro reverentia B. Petri ac nostra diligas, manuteneas, et in justitiis suis protegas atque conserves, nec jura et libertates ejus aliquo modo imminuas, aut a quoquam, quantum in te est, imminui patiaris, sed de parochianis tuis cum exinde querelam receperis, ita plenam justitiam facias exhiberi, quod in hac parte studium tuæ sollicitudinis multipliciter commendare possimus, et exinde tibi uberes gratiarum actiones referre.

Data Tusculi, v Idus Decembris.

DCCCXXXIV.
Ad eumdem. — Ut Guidonem archiepiscopum Catalaunensem a vexatione M. viduæ compescat.

(Tusculani, Dec. 10.)
[*Ibid.*]

Nullus esset litium finis si ea quæ judicio vel compositione sunt terminata, in recidivæ contemplationis [*f.* contentionis] scrupulum devenirent. Relatum est siquidem auribus nostris quod, cum causa quæ inter M. viduam et fratrem nostrum G. Catalaunensem episcopum vertebatur, fine fuisset congruo terminata, nunc eam per quemdam burgensem suum prædictus facit episcopus suscitari, et sic præfatam mulierem sumptuosis litigiis fatigari. Unde quoniam iniquum est et rationi contrarium, quæ legitime decisa noscuntur, occasione qualibet revocare, fraternitati tuæ per apostolica scripta mandamus, quatenus præfatum episcopum ex parte tua et nostra commoneas, et districte compellas, ut prædictam mulierem super causa sua, si compositione vel judicio terminata est per se seu per submissam personam, indebite molestare nulla ratione præsumat, et si temere tentaverit, ejus temeritatem animadversione condigna compescas.

Datum Tusculi, iv Idus Decembris.

DCCCXXXV.
Ad Petrum abbatem Sancti Remigii. — Ne homines monasterii sui prohibeat uxores ducere de alterius dominio.

(Tusculani, Dec. 11.)
[Mansi, *Concil.*, XXI, 926.]

Perlatum est ad audientiam nostram quod Robertum et Martinum homines monasterii tui trahis in causam, quia de alterius dominio uxores duxerunt. Quia vero hujusmodi occasio frivola et vana videatur, nec decet te indebitum alicui gravamen imponere: discretioni tuæ per apostolica scripta mandamus, quatenus præfatos homines pro causa quam diximus nullis agites molestiis, vel indebite gravare præsumas. Verumtamen si super hoc agere secum volueris, in curia tua ordine judiciario experiaris.

Datum Tuscul., iii Idus Decembris.

DCCCXXXVI.
Ad Henricum Remensem archiepiscopum. — Committit ei terminandam causam inter Lambertum et Bartholomæum presbyteros.

(Tusculani, Dec. 11.)
[Marten., *Ampl. Coll.*, I, 870.]

Cum Lambertus et Bartholomæus pro causa quæ inter eos super ecclesia de Octava vertitur, apostolico se conspectui præsentassent; Lambertus coram nobis asseruit præscriptam ecclesiam sibi canonice fuisse concessam, et Willelmum archipresbyterum eam Bartholomæo, cum idem L. iret Parisius gratia studendi, usque ad suum reditum commisisse. E contra vero Bartholomæus proposuit se jam dictam ecclesiam invenisse vacantem, et eam canonice fuisse adeptum, et duobus annis et amplius pacifice possedisse. Et quoniam neutra pars super his quæ allegabant nobis fidem facere poterat, nos de tua honestate et discretione plurimum confidentes, causam ipsam experientiæ tuæ committimus audiendam, et fine debito terminandam. Ideoque fraternitati tuæ per apostolica scripta mandamus, quatenus cum exinde fueris requisitus, utramque partem ante tuam præsentiam convoces, et rationibus hinc inde plenius auditis et cognitis, eamdem causam remoto appellationis obstaculo, justitia mediante, decidas, illam providentiam et diligentiam adhibiturus, quod neutra partium merito conqueri valeat pro juris defectu.

Data Tuscul., iii Idus Decembris.

DCCCXXXVII.
Ad decanum et capitulum Ecclesiæ Parisiensis. — De residentia canonicorum forinsecorum.

(Tusculani, Dec. 12.)
[Mansi, *Concil.*, XXI, 1067.]

Ea quæ ad incrementum Ecclesiarum et venustatis spectant decorem, juxta officii nostri debitum studiosius prosequi volumus, et iis promptam curam et diligentiam adhibere optamus, quæ ad vestrum et Ecclesiæ vestræ cognoscimus pertinere profectum. Ex litteris autem quas nobis devotio vestra transmisit, evidenter accepimus quod, quia quidam vestrum alienis insistentes negotiis, raro Ecclesiæ vestræ sui præsentiam exhibeant, et cæteri eamdem licentiam absentandi se velint habere, communi consilio illos canonicorum vestrorum forinsecos ordinastis qui per medietatem anni in Ecclesiæ vestræ servitio assidui non fuerint, ita tacorum fundatum.

---

(77) Corbeia antiquum et insigne monasterium ordinis S. Benedicti, quatuor horis ab Ambianis d.stans, a S. Bathilde uxore Clodovei II regis Fran-

(78) Corbeiense siquidem monasterium nullum agnoscit alium episcopum præter papam.

men quod circa quatuor marcas argenti de præbenda sua annuatim recipiant, eis exceptis qui in servitio nostro vel regis Francorum permanserint, et hoc sub anathematis interpositione firmastis. Unde nos paci, quieti et utilitati vestræ, sicut diximus, paterna mediatione providere volentes, præscriptam institutionem, sicut a majori et saniori parte capituli facta est, ratam et firmam habemus, et ne quorumlibet valeat præsumptione mutari, eam auctoritate apostolica confirmamus et præsentis scripti patrocinio communimus, statuentes ut nulli omnino hominum liceat hanc paginam nostræ confirmationis infringere vel ei aliquatenus contraire. Si quis autem hoc attentare præsumpserit, indignitatem omnipotentis Dei et beatorum Petri et Pauli apostolorum ejus se noverit incursurum.

Datum Tusculani, II Idus Decemb.

DCCCXXXVIII.

Ad Petrum abbatem S. Remigii et Fulconem decanum Remensem. — Ut abbas qui alterius abbatis hominem cum rebus suis susceperat, restituere compellatur.

(Tusculani, Dec. 18.)

[*Ibid.*, col. 927.]

Dilectus filius noster Humulariensis (79) abbas transmissis nobis litteris intimavit, quod abbas Hamensis quemdam hominem suum cum rebus suis ad habitum regularem suscepit, in quo prædictus abbas Humulariensis justitiæ suæ queritur non modicum derogatum. Quia igitur ex commisso nobis officio unicuique in jure suo adesse debemus, discretioni vestræ per apostolica scripta præcipiendo mandamus, quatenus prædictum abbatem auctoritate nostra moneatis, et districte compellatis, ut prædicto abbati prænominatum hominem cum rebus suis restituat, vel secum amicabiliter pacificeque componat; aut in præsentia vestra sufficientem exinde justitiam, appellatione remota, exhibeat.

Datum Tuscul., xv Kal. Januarii.

DCCCXXXIX.

Ad Henricum Remensem archiep. — Ut usuras quas Bernardus leprosus a Gerardo de Joëcort exigebat impediat.

(Tusculani, Dec. 18.)

[MARTEN., *Ampl. Collect.*, II, 870.]

Ex transmissa conquestione Gerardi de Joëcort, nobis est insinuatum quod cum ab Oda sorore cujusdam leprosi, Bernardi nomine, centum solidos ad usuram mutuo accepisset, et eidem de usuris excrescentibus usque ad c solidos persolvisset, non eo minus idem leprosus defuncta sorore prædictos c solidos sibi ab ipso G. instanter poscit exsolvi. Unde quia, sicut tua novit discretio, usura inter gravissima crimina reputatur, et cum eam in animarum periculum non sit dubium redun-

(79) Qui nunc de numbleriis, in diœcesi Noviomensi : in qua et Hamense S. Mariæ cœnobium or-

dare, Deo et fidelibus abominanda existit, fraternitati tuæ per apostolica scripta mandamus, quatenus tam præfatum leprosum quam Gerardum in præsentia tua constituas, et si tibi ex demonstratione ejusdem G. legitime constiterit, prædictum leprosum vel sororem suam ab ipso G. centum solidos pro usuris accepisse; prænominatum Bernardum ab impetitione sua qua prælibatum G. impetit tam de sorte quam de usuris desistere, et ipsum in pace et quiete dimittere, auctoritate nostra districte compellas.

Datum Tusculi, xv Kal. Januarii.

DCCCXL.

Ad eumdem. — Ut Albertum excommunicatum absolvat eique ecclesiam de Angeio et Cersolio conservet.

Tusculani, Dec. 18.)

[*Ibid.*, col. 871.]

Ad apostolicæ sedis clementiam veniens Albertus, lator præsentium, supplici nobis conquestione monstravit quod, vacante Suessionensi Ecclesia, dilectus filius noster N., archidiaconus ejusdem Ecclesiæ, ipsi ecclesiam de Angeio et Cersolio secundum antiquam et rationabilem consuetudinem ecclesiæ suæ concessit, quam ipse longo tempore quiete pacificeque possedit. Tandem autem cum ad curiam nostram venisset, et super eadem ecclesia confirmationis nostræ litteras impetrasset, venerabilis frater noster Hu. Suessionensis episcopus, eo absente, cuidam familiari suo Ric. nomine ecclesiam ipsam concessit, quam idem R. comitissa Branensi et parochianis interdicentibus intrare minime potuit. Longo vero tempore post cum prædictus R. eum super hoc in causam ante præfatum episcopum traxisset, et cum iste ad tuam audientiam appellasset, tu, visa confirmatione nostra, et legitimis testibus, quos ipse produxerat, et certitudine habita pro N. archidiacono quod ecclesiam illam canonice adeptus fuisset, eum in pace dimisisti; sane cum Ric. ad nostram audientiam appellasset, et eo veniente, iste nec venisset, nec aliquem pro se responsalem misisset, tibi in hunc modum scripsimus, quod si constaret istum de manu episcopi ecclesiam non suscepisse, illum ea privares. Sicque factum est quod ei præscriptam ecclesiam abjudicasti, et ipsum nisi eam dimitteret, tam in episcopatu quam in eadem ecclesia excommunicatum denuntiasti. Verum quoniam non scripsimus homini illitterato, sed perito atque discreto, et archidiaconi, sicut diximus, vacante majori Ecclesia, archidiaconatuum suorum libere possunt ecclesias ordinare, et satis videtur de manu episcopi beneficium recipere, quod de manu illius recipit qui vicem ejus gerit, fraternitati tuæ per apostolica scripta præcipiendo mandamus, quatenus, si res ita se habet, ipsum a nobis denunties absolutum, et ei ecclesiam suam

dinis S. Augustini. Jac. SIRM.

facias in pace dimitti. Verum si res aliter se habet, quod inde venerabiles fratres nostri Belvacensis et Ambianensis episcopus statuerint, appellatione remota, suscipi facias et firmiter observari. Nos enim cum tibi sicut fratri charissimo libenter deferre velimus, ad examen tuum causam ipsam remittere non potuimus, pro eo quod a te fuit ad nostram audientiam appellatum.

Datum Tusculi, xv Kal. Januarii.

DCCCXLI.

Ad eumdem. — Adversus Petrum electum Cameracensem et Drogonem cancellarium Noviomensem.

(Tusculani, Dec. 18.)
[*Ibid.*, col. 872.]

Cum gravia sint et multa animadversione plectenda ea quæ de P. (80) Cameracensi dicto electo et Drogone nobis significasti, etsi propter Maricolensem Ecclesiam (81) doleamus, lætamur tamen quod Deus in hac parte in præsenti tuos punit excessus, et te male egisse ex operibus illorum manifeste cognoscis. Quanta vero in episcopalibus sedibus ordinandis gravitas, circumspectio et puritas sit exhibenda, quomodo etiam aliquando in his excesseris, qualiter etiam pro Drogone, ut cancellariam Noviomensis ecclesiæ ei confirmaremus, nobis institeris, diligenter debes ad memoriam reducere, et quomodo quod tibi de prædicto Cameracensi contigit, qui propter ætatem non erat ad episcopalem dignitatem vocandus, cum etiam secundum leges sæculi, si persona esset sæcularis, in propria causa procuratorem haberet patris, sollicita te convenit meditatione pensare, et de satisfactione Creatori tuo propter hoc exhibenda studiosum existere, et hujus delicti veniam corde et animo postulare, et ita prudenter et caute providere, quod Ecclesia graviora non possit incurrere detrimenta. Ideoque fraternitati tuæ per apostolica scripta mandamus atque præcipimus, quatenus prædictum D. ad Ecclesiam suam redire, et ibi peccata et facinora sua digna pœnitentia deplorare, ut non ad obedientiam exire vel transire debeat, districte compellas : et si infra mensem post commonitionem tuam ad (82) claustrum unde exivit reverti et ibi assidue manere noluerit, ipsum publice accensis candelis excommunices, et a suo abbate facias excommunicari. Præfatum vero Cameracensem dictum electum a molestatione Maricolensis Ecclesiæ et rerum suarum desistere, et ei ablata restituere, et quæ inique contra ipsam agit emendare, omni cum districtione coerceas, et si nec resipuerit, debitam pro qualitate temporis personæ animadversionem adhibeas.

Datum Tusculi, xv Kal. Januarii.

(80) Petro de Alsatia, filio Theoderici Flandriæ comitis et Sibyllæ filiæ Fulconis Jerosolymitani regis, qui non consecratus episcopatum dimisit anno 1170, ducta uxore filia comitis Nivernensis, ex qua prolem non suscepit.

DCCCXLII.

Ad Philippum Flandriæ comitem. — Ut hortetur electum Cameracensem fratrem suum ad obediendum archiepiscopo suo, nec Maricolensem vexet ecclesiam.

(Tusculani, Dec. ?)
[*Ibid.*, col. 873.]

ALEXANDER episcopus, servus servorum Dei, nobili viro PHILIPPO comiti Flandrorum, salutem et apostolicam benedictionem.

Relatum est nobis, et certa assertione monstratum, quod Cameracensis dictus electus, de tua potentia et nobilitate confidens, archiepiscopo suo jam incœpit contumax et rebellis existere, monita et mandata ejus despicere, et in sacras Dei Ecclesias et ecclesiasticas personas non dubitat debacchari. Quia vero nemo, quantumcunque sit potens et fortis, de viribus et fortitudine sua debet præsumere, aut contra Deum suæ potentiæ manum extendere, magnitudinem tuam rogamus attentius atque mandamus quatenus prædictum fratrem tuum super excessibus suis dure redarguens, corrigens et castigans, in his quæ contra Deum sunt, ei nullam audaciam vel favorem tribuas, sed potius omnem spem et auxilium tuum subtrahas, ipsum quoque moneas, horteris propensius et inducas, ut ea quæ contra Maricolensem Ecclesiam nequiter egisse asseritur, ad mandatum archiepiscopi sui studeat emendare, et ita se illi humilem devotum et obedientem exhibeat, et ecclesiasticis documentis informet, ut in eo sanguinis nobilitatem morum nobilitas valeat decorare. Quod si secus fecerit, pro certo cognoscas quod nec fortitudo, nec nobilitas ejus poterit audaciam vel præsumptionem tueri, manus enim Domini valida est et nullum consilium, sapientia vel fortitudo contra Deum.

DCCCXLIII.

Ad abbatem Hamensem. — Ut Drogonem canonicum suum gyrovagum in monasterium suum revocet.

(Tusculani, Dec. 18.)
[*Ibid.*, col. 874.]

Cum scriptum sit : *Melius est nomen bonum quam divitiæ multæ* (*Prov.* XXII, 1), summopere debemus eniti et studere modis omnibus quomodo fama opinionis vestræ et honestatis conservetur illæsa, et de jure non valeat inhonestatis vitio denigrari, aut sinistra interpretatione corrodi. Quia vero actus et opera quæ Drogo canonicus vester exercet, illum et ordinem vestrum deturpant, et famam et honestatem vestram, quam super omnia conservare debetis, denigrant, discretioni vestræ per apostolica scripta præcipiendo mandamus, quatenus præfatum D., occasione et dilatione cessante, revocetis ad claustrum, et eum non permittatis ad obedientias transire aut ibi moram facere. Si autem

(81) Maricolæ monasterium ordinis S. Benedicti ad Helpram fluvium in diœcesi Cameracensi.
(82) Hamense ordinis S. Augustini in diœcesi Noviomensi.

commonitioni vestræ parere contempserit, ipsum publice accensis candelis excommunicetis, et faciatis ab omnibus tanquam excommunicatum vitari. Turpe est enim lucrum quod acquiritur cum honestatis jactura, et divitias veras accumulat qui bonum sibi nomen et famam conservat. Quod si eum ad mandatum nostrum citius non revocaveritis, et ejus præsumptionem et insolentiam non compescueritis, pro certo sciatis quod eum a venerabili fratre nostro H. Remensi archiepiscopo excommunicari præcepimus, et in nos et in Ecclesiam vestram gravius forte quam creditis et durius auctore Deo vindicare cogemur.

Data Túsculi, xv Kal. Januarii.

DCCCXLIV.

Ad Henricum Remensem archiep. — Ut Odonem macellarium debitas Richerio XVII libras solvere compellat.

(Tusculani, Dec. 21.)
[*Ibid.*]

Ex transmissa relatione Richerii ad aures nostras pervenit, quod Oddo macellarius ei decem et septem libras solvere debet, quas sibi reddere contradicit. Unde quoniam omnibus ex injuncto nobis officio debitores existimus, fraternitati tuæ per apostolica scripta mandamus, quatenus eumdem O. moneas et districte compellas, ut ei prætaxatam pecuniam reddat, vel pignus pro eodem assignet, aut in præsentia tua plenam exinde justitiam, appellatione remota, exhibeat.

Datum Tusculi, xii Kal. Januarii.

DCCCXLV.

Ad Petrum abbatem S. Remigii et Fulconem Remensis Ecclesiæ canonicum. — Ut de usurarii causa cognoscant.

(Mansi, *Concil.*, XXI, 922.)

Ad audientiam nostram pervenit quod Jo. Suessionensis terram pupillorum, quorum Th. civis Remensis gerit tutelam, pignori detinet obligatam : unde sortem suam et tantumdem dicitur percepisse. Quoniam igitur usurarum crimen, et quodlibet superabundantiæ genus, universis Christianæ professionis viris est omnimodis abhorrendum, discretioni vestræ per apostolica scripta mandamus, quatenus si præfatus Jo. sortem suam de præscripta terra, et tantumdem ultra præter expensas recepisse constiterit, ipsum eamdem terram memoratis pupillis et tutori eorum, omni occasione et appellatione cessante, restituere et in pace dimittere, auctoritate nostra districte cogatis. Quod si ipsum sortem suam aut amplius exinde non suscepisse noveritis, eumdem, sorte sua recepta pupillis terram, dilatione et appellatione postposita, reddere constringatis : et hoc infra XL dies post harum susceptionem diligentius exsequamini.

DCCCXLVI

Ad Petrum abbatem S. Remigii. — Ut de pupillorum quorumdam causa cognoscat.

(*Ibid.*)

Recepta conquestione T. civis Remensis, quod God. quondam Suessionensis, pupillis, quos idem T. habet in custodia, domum, quæ ipsis hæreditario dicitur jure competere, detineret : discretioni tuæ nos mandasse recolimus, ut eumdem G. ad restituendam prædictis pupillis domum detentam, vel coram venerabile fratre nostro Noviomensi episcopo justitiam exhibendam, moneres, et districtius coerceres. Sed eodem G. prout dicitur, antequam ad te litteræ nostræ pervenissent, sublato de medio, cum uxorem ejus commonuisses, ut alterum horum exsequeretur: respondit non ad se causam filiorum pertinere, et quod filii propter minorem agere non possent ætatem. Unde quoniam ex dilatione et expectatione ista, multa possunt prædictis pupillis juris sui detrimenta et incommoda provenire, et nostra interest utriusque pupillis secundum commissum nobis officium providere : discretioni tuæ per apostolica scripta præcipiendo mandamus, quatenus prædictam mulierem infra XL dies post harum susceptionem moneas, et districte compellas, ut tutori prædictorum pupillorum pro pueris suis, quorum habet tutelam, in præsentia tua super jam dicta domo respondeat, vel procuratorem, qui pro eis debeat respondere, constituat : aut ipsis eamdem domum libere et quiete dimittat. Tu vero, si experiri volueris; utraque parte ante te convocata causam audias, et eam justitia mediante, appellatione remota, decidas.

ANNO 1171-1172.

DCCCXLVII.

Ad Henricum Remensem archiep. — Ut Willardum presbyterum de multis diffamatum, si res constet, ab officio sacerdotali suspendat.

(Tusculani, Jan. 20.)
[Marten., *Ampl. Collect.*, II, 878.]

Significavit nobis venerabilis frater noster T., Ambianensis episcopus, quod cum quidam suus presbyter, Willardus nomine, de quadam muliere conjugata, cum qua compaternitatem habere dicitur, a parochianis diffamatus, et publica esset nota respersus, quod videlicet de ipsa duas filias genuisset, et postquam eam abjuravit, iterum de ea filiam recepisset; idem episcopus presbyterum supradictum pro tanta infamia traxit in causam, et ei de tanto excessu purgationem indixit, quam presbyter ipse se obtulit præstiturum. Cum autem semel et secundo eidem presbytero ad petitionem suam canonicæ induciæ datæ fuissent, et die tandem purgationis prædictus presbyter coram episcopo et multis aliis publica confessione dixisset, se de tanta infamia non posse purgare, idem episcopus, habito consilio plurium discretorum virorum, præfatum presbyterum ab officio et beneficio pro causa ipsa suspendit. Sed multis diebus post presbyter ipse ad nostram audientiam appellavit. Tandem vero ad præsentiam nostram accedens, suggerendo nobis quod post appellationem suspensus fuisset, ad te nostras litteras impetravit, ut ei, si res ita se haberet, officium et beneficium suum restitueres, antequam cogeretur purgationem suam præstare. Licet autem antequam litteras nostras audires, prædictus episcopus eumdem presbyterum de falsa suggestione ad nostram, sicut asserit, præsentiam appellasset; nihilominus tamen eidem presbytero suum officium et beneficium reddidisti. Super quo utique, si assertio æque veritati innititur, non possumus non mirari, cum in litteris nostris soleat, *si ita est*, semper apponi: et si in litteris illis fuit forte, quod non credimus, eadem conditio prætermissa, nihilominus ea subintelligi debet et semper inquiri si relatio veritati subsistat. Inde est quod fraternitati tuæ per apostolica scripta mandamus, quatenus utraque parte coram te convocata, veritatem exinde diligenter inquiras, et si tibi constiterit quod memoratus episcopus in his vera nobis suggesserit, supradictum presbyterum, dilatione et appellatione cessante, in eamdem sententiam suspensionis reducas, aut si coram episcopo et multis aliis confessus fuit se super infamia illa non posse purgare, nec rationabilem causam posuit, quare non posset purgationem præstare, nisi quod sibi hujus iniquitatis conscius erat, eum perpetuo ab officio sacerdotali dispenses.

Data Tuscul., XIII Kal. Februarii

DCCCXLVIII.

Ad eumdem — Quamdam ei causam terminandam committit.

(Tusculani, Jan. 21.)

[*Ibid.*, col. 879.]

Significante nobis dilecto filio nostro R. Catalaunensi archidiacono, accepimus quod cum causa quæ inter V. laicum præsentium et J. presbyterum super ecclesia S. Mariæ vertitur, in tua præsentia tractaretur, et jam dictus V. testes suos, Herm. scilicet et Henricum presbyteros, produceret, qui super causa ipsa veritatem quam inde noverunt profiterentur, adversa pars eos minus idoneos esse proponens, ipsos tanquam reos criminis ad nostram audientiam appellavit. Cæterum cum utraque pars coram prædicto archidiacono convenisset, et prædictus J. recognosceret, quod eisdem testibus ob solam iracundiam crimina objecisset, tandem eis propter brevitatem termini appellationem prosequi non valentibus, inter ipsos fide hinc inde interposita, de utriusque voluntate idem archidiaconus tali modo composuit, quod si præfatus J. in tua præsentia recognosceret, quod coram eodem archidiacono confessus fuerat, appellationi supersederent. Die vero statuta memoratus J. suam tibi præsentiam exhibere contempsit, et ideo prædictus V. cum testibus suis nostro se conspectui præsentavit, sed ille tunc non venit, nec pro se responsalem transmisit. Cumque super principali negotio appellatum fuisset, examini tuo eamdem causam duximus remittendam, mandantes ut, utraque parte coram te constituta, si tibi constaret præfatum J. fidem, quam dederat violasse, ei de violatione fidei condignam pœnitentiam imponens, et prædictis testibus, appellatione remota, receptis, infra XV dies post litterarum nostrarum susceptionem, sublato appellationis remedio, eamdem causam terminares. Sane cum idem V. a nostra præsentia recessisset, et secundum præscriptam formam litteras nostras ad te reportasset, adversarius ad præsentiam nostram accessit, et cum, prout credimus, non essemus memores, quod idem V. scripta nostra detulisset, litteras super eadem causa a prioribus diversas obtinuit. Quo reverso, utraque pars coram te convenit, sed tu secundum priores litteras in causa noluisti procedere, asserens semper extremæ voluntati esse cedendum, et litteras posteriores prioribus debere præjudicare. Quia vero idem V. per mensem in curia nostra adversarium exspectavit, et plurimum videtur vexatus, et juramenta priora posterioribus præjudicant, et in contractibus venditionum et emptionum idipsum contingit, fraternitati tuæ per præsentia scripta præcipiendo mandamus, quatenus litteris posterioribus, præsertim cum tacita veritate fuerint impetratæ, nullas vires habentibus, secundum tenorem priorum litterarum, ita videlicet quod testes examinatos, et qui idonei fuerint recipias, omni occasione et appellatione remota, infra XV dies post harum susceptionem, in causa ipsa procedas, provisurus attentius, ne Joanni, in quo famæ et honestati tuæ plurimum detrahitur, eamdem causam committas, sed tu ipse eam maturitate et diligentia adhibita terminare debeas.

Data Tusculi, XII Kal. Februarii.

DCCCXLIX.

Henrico Remensi archiepiscopo, [Guidoni] Catalaunensi episcopo, et [Arnulfo] Virdunensi electo mandat compescant castellanum Vitriaci a vexatione Caladiæ.

(Tusculani, Jan. 23.)

[*Ibid.*, col. 881.]

ALEXANDER episcopus, servus servorum Dei, venerabilibus fratribus HENRICO Remensi archiepiscopo, Catalaunensi episcopo, et dilecto filio Virdunensi electo, S. et A. B.

Religiosos viros a pravarum incursibus nos convenit attentiori cura defendere, et in suis justitiis prompta sollicitudine confovere, ut liberius possint divinis obsequiis vacare, cum eorum paci fuerit sollicita consideratione provisum. Dilecti autem filii nostri abbas et fratres de Caladia (83), transmissa nobis conquestione monstrarunt, quod castellanus Vitriaci eis carrucas suas per violentiam abstulit, et tam ipse, quam quidam alii parochiani vestri eorum bona diripere et praedas ipsis auferre nulla ratione formidant. Quia igitur vestro officio congruit, insolentiam laicorum a gravaminibus virorum religiosorum compescere, discretioni vestræ per apostolica scripta mandamus, quatenus memoratum castellanum monere curetis et districte compellere, ut jam dictis fratribus de illatis damnis et injuriis irrogatis congrue satisfaciat, et tam ipsi quam cæteris parochianis vestris sub anathematis interminatione districtius prohibere curetis, ne bona ipsorum fratrum violenter diripiant, aut eis praedam auferre praesumant, nec praedas de bonis eorum factas scienter recipiant, aut comparare attentent. Si vero de aliquibus eorum ex parte praedictorum fratrum querimoniam receperitis, ita de ipsis districtam justitiam faciatis, quod iidem fratres suffragio vestræ protectionis adjuti, sua se gaudeant pacifice possidere, et nos studium et diligentiam vestram debeamus in hac parte non immerito commendare.

Data Tuscul., x Kal. Februarii.

DCCCL.

Ad Henricum Remensem archiep. — Pro monachis de Noveio adversus canonicos Braquenses.

(Tusculani, Jan. 27.)

[*Ibid.*, col. 882.]

Cum dilecti filii nostri prior et fratres de Noveio monachi Silvæ-majoris (84) nobis conquestionem fecissent, quod clerici Braguensis ecclesiæ, quam bonæ memoriæ Samson praedecessor tuus cum assensu comitis Regitestensis praedictis monachis contulit, ita videlicet, ut decedentibus clericis saecularibus, monachi loco eorum substituerentur, eos praeposita et quibusdam praebendis, domibus et aliis bonis contra justitiam spoliassent: nos causam ipsam venerabili fratri nostro Suessionensi episcopo et dilecto filio abbati S. Remigii Remensis sub certa forma commisimus terminandam, mandantes ut si clerici eorum judicio nollent parere, ipsos, nullius obstante appellatione, excommunicationis vinculo innodarent. Sed, sicut ex litteris ipsorum judicum accepimus, ipsi causam diffinientes, clericos, quia noluerunt judicio suo parere, vinculo anathematis perstrinxerunt. Unde cum postea quidam eorum venisset ad praesentiam nostram, ipsos fecimus absolvi, mandantes ut sententia praedictorum judicum rata et inconcussa maneret. Cæterum quoniam relatum est nobis quod occasione litterarum, quas eis pro absolutione sua concessimus, praefatos monachos infestare praesumunt, et contra sententiam punienda temeritate venire attentant, fraternitati tuæ per apostolica scripta praecipiendo mandamus, quatenus praescriptam sententiam firmiter faciatis et inviolabiliter, remoto appellationis obstaculo, observari, et si clerici eosdem monachos contra praescriptae sententiae tenorem infestare praesumpserint, eorum praesumptionem debita animadversione percellas. Si qua vero scripta iidem clerici a nobis, quod non credimus, contraria reportarunt, ea litteris istis nulla ratione praejudicent, nec monachis sit licitum clericos illos qui, antequam ecclesia praescripta illis fuisset concessa, ibi habuere praebendas, eisdem aliquatenus spoliare.

Data Tusculi, vi Kal. Februarii.

DCCCLI.

C[onradum], archiepiscopum Moguntinum, apostolicae sedis legatum, monet, ne inter monasterium S. Zenonis Veronense et cives Ferrarienses de castro Ostiliensi dijudicatam ab Oberto ab Orto controversiam redintegret. Opus enim sibi esse, « inter civitates Lombardiae et eorum cives, hoc tempore praecipue, pacem et concordiam ponere et ad eorum unitatem intendere. »

(Tusculani, Jan. 28.)

[Ughelli, *Italia sacra*, V, 794.]

Alexander episcopus, servus servorum Dei, venerabili fratri C. Magunt. archiep., apostolicae sedis legato, salutem et apostolicam benedictionem.

Dilecti filii nostri G..... Potestas Veronen. et ejusdem civitatis communitas transmissis nobis litteris intimarunt quod, cum super controversia quae inter monasterium Sancti Zenonis et cives Ferrarienses de Hostilia diutius est agitata per arbitrum quemdam Ubertum de Orto, quem utraque pars elegit in arbitrum, et ejus super hoc stare mandato juravit, definitiva sententia lata fuisset, et praedicto monasterio praescripta Hostilia adjudicata, controversiam ipsam niteris suscitare, et abbati praescripti monasterii item Ferrarienses super hoc respondere mandasti. Quia vero non decet quaestionem sopitam, et eam maxime ex qua tot homicidia, et mala perpetrata noscuntur retractare, et sententiam rescindere; de qua observanda dicitur fuisse ab utraque parte juratum, praesertim cum nullus esset litium finis, si causae, quae decisae sunt, in recidivae contentionis scrupulum devenirent, et oportet nos inter civitates Lombardiae, et eorum cives hoc tempore praecipue pacem et concordiam ponere, et ad eorum unitatem vigili studio et meditatione intendere: fraternitatem tuam monemus, atque man-

---

(83) Abbatia ordinis Cisterciensis in diœcesi Virdunensi, quam, si Wasseburgio fides sit, inhabitaverunt olim trecenti monachi, nunc vero paucissimi.

(84) Silva Major, insigne olim monasterium ordinis S. Benedicti a S. Gerardo monacho Corbeiensi in diœcesi Burdigalensi fundatum, hactenus perstat sub congregatione S. Mauri.

damus, quatenus diligenter considerans et attendens quanta tempora nunc gravia et periculosa existant.... præfato abbati super prædicta Hostilia nullam moveat quæstionem, nec enim exinde aliquatenus instinctu quolibet contendas molestiis vel gravaminibus fatigare. Si enim controversia illa suscitaretur, multa mala pericula et homicidia plurima provenirent, et statum pacis et unitatis Lombardiæ non modicum perturbarent, ad quem conservandum te volumus toto studio et labore eniti.

Datum Tusculani, v Kal. Februar.

DCCCLII.

Ad Henricum Remensem archiep. — Pro Templariis Hierosolymitanis.

(Tusculani, Jan. 31.)

[MARTEN., *Ampl. Collect.*, II, 883.]

Insinuatum est nobis quod G. et R. Gozo fratribus militiæ Templi terras, vineas, et non modica de rebus suis mobilibus per violentiam præsumpserunt auferre. Verum quoniam officio nostro convenit prædictos fratres ab injuriis malignantium defendere, et apostolico patrocinio confovere, fraternitati tuæ per apostolica scripta mandamus, quatenus prædictos viros monere studeas, et districte compellere, ut eisdem fratribus terras, et vineas, et alia ablata non morentur cum integritate restituere, vel sub tuæ discretionis examine plenam exinde justitiam exhibere. Quod si facere forte contempserint, per te anathematis vinculo innodentur.

Data Tuscul., II Kal. Februarii.

DCCCLIII.

Ad Guillelmum Senonensem archiepisc. A. S. L., et S. S[tephanum] Meldensem episc., et abbatem Vallis-Secretæ. — Ut in S. Victoris cœnobio collapsam disciplinam restituant.

(Tusculani, Febr. 1.)

(MANSI, *Concil.*, XXI, 993.)

ALEXANDER episcopus, servus servorum Dei, venerabilibus fratribus W. Senonensi archiepiscopo, apostolicæ sedis legato, et S. Meldensi episcopo, et dilecto filio abbati Vallis-Secretæ, salutem et apostolicam benedictionem.

Crebra jamdudum suggestio super statu Ecclesiæ S. Victoris nostrum pulsavit auditum, et timemus nos in extremo examine severius judicandos si ad inquirenda et corrigenda quæ suggeruntur tardi fuerimus, aut remissi, dicente Scriptura : *Maledictus qui prohibet gladium suum ab omni sanguine* (Jer. XLVIII). Olim sane ad doctrinam salutis, quæ de loco illo fluebat, et bonæ conversationis odorem, quo eadem fragrabat Ecclesia, in multis Ecclesiis, et prava in directa, et aspera convertebantur in vias planas, et erat vere puteus aquarum viventium, de quo arentia corda multorum, ad exstinguendum mundanorum desideriorum æstum, potum vitæ haurirent. Nunc autem, ut dicitur, dormitante paulatim custodia provisoris, et refrigescente in capite religionis amore, ad partem quoque membrorum quidam se lethalis torpor effudit, et factum est ibi quod de quodam dicitur per prophetam : *Comederunt alieni robur ejus, et ipse nescivit. Sed et cani effusi sunt in eo, et ipse ignoravit* (Ose. VII). Nec hoc tamen dicimus, quod non credamus ibi et sapientes et gloriosos viros plurimum inveniri, qui multis esse possunt odor vitæ in vitam. Sed non est facile cum multa quoque vi remigum dirigi navem ad portum, si rector qui clavum tenet, imperitus fuerit aut remissus. Idcirco, ne forte contingat illi quod de se ipso lamentabatur Propheta, dicens : *Amici mei et proximi mei adversum me appropinquaverunt, et qui juxta me erant a longe steterunt* (Psal. VII), quia in propria persona eamdem ecclesiam visitare non possumus, ei visitationis officium decrevimus dependendum, per apostolica vobis scripta mandantes, quatenus illuc accedentes, de statu ejus et de actibus abbatis et fratrum maturitate ac diligentia qua convenit inquiratis, et quidquid ibi cognoveritis corrigendum, vice nostra taliter corrigatis, ut et religio ibi per studium vestrum ex gratia divina refloreat, et nos de dissolutione tantæ domus non teneamur in die judicii reddere rationem. Si videritis autem quod nisi per amotionem unius aut plurium personarum status ecclesiæ reformari non possit, nec in hoc parcat gladius vester, sed plenam a nobis auctoritatem accipite, appellatione remota, quæ evellenda fuerint evellendi, et quæ plantanda fuerint, Domino auctore, plantandi. Nos enim ita per vos apud Deum volumus excusabiles inveniri, ut non sit quod a nobis de spirituali ejusdem Ecclesiæ detrimento in extremo examine requiratur. Si autem hic exsequendis vos tres non poteritis interesse, duo vestrum non minus hæc quæ dicta sunt maturius exsequantur.

Datum Tuscul., Kal. Febr.

DCCCLIV.

Abbatem et canonicos S. Victoris Parisiensis de superioribus litteris certiores facit.

(Tusculani, Febr. 1.)

[*Ibid.*, 994.]

ALEXANDER episcopus, servus servorum Dei, dilectis filiis abbati et canonicis Sancti Victoris Paris., salutem et apostolicam benedictionem.

Jamdudum ad nos de statu vestro pervenit quod requiri districtius et corrigi oportebat. Nos autem, quia Ecclesia vestra longo tempore per Dei gratiam religione floruit et scientia, ita ut in odore unguentorum vestrorum multi concurrerint, et in lumine vestro viderint lumen, exspectavimus hactenus, si tandem per vosmetipsos rediretis ad vos, et de medio vestri dissentionis et scandali materiam tolleretis. Cæterum quia in exspectatione nostra non tam correctionem aliquam subsequi quam infirmitatem vestram aggravari conspicimus, dignum duximus ad ecclesiam vestram personas aliquas destinare, venerabiles scilicet fratres nostros W. Senonensem archiepiscopum, apostolicæ sedis legatum, et S. Meldensem episcopum, et dilectum filium N. abbatem Vallis Secretæ, qui quomodo se habeat status vester inquirant, et quæ corrigenda cognoverint, appellatione remota, corrigant et emendent. Quocirca per apostolica vobis scripta præcipiendo mandamus, quatenus, expositis eis cum ad vos venerint quæ necessitas et emendatio vestra poscit exponi, quæ inter vos ipsi, vel duo eorum, aut de reformanda ordinis disciplina, aut de personis, si res exegerit, amovendis, statuendum esse cognoverint, suscipiatis humiliter et firmiter observetis.

Datum Tuscul., Kal. Febr.

DCCCLV.

Ludovico Francorum regi de corrigenda disciplina monasterii S. Victoris Parisiensis, quid mandaverit nuntiat.

(Tusculani, Febr. 1.)

[Marten., *Ampl. Collect.*, VI, 249.]

Alexander episcopus, servus servorum Dei, dilecto filio Ludovico Christianissimo Francorum regi, S. et A. B.

Considerantibus nobis eximia gloriæ tuæ præconia, nihil facile videtur occurrere quod te tanta commendatione dignum, et tam securum de sempiterna retributione possit efficere, quam quod sincera devotione religionem diligere comprobaris, et ad eam in regno tuo plantandam juxta quod regiæ convenit officio dignitatis, libenter intendis. Utinam qui sunt in ordine sacerdotum ad institutionem et conservationem religionis eo animo et cura procederent, quo favor regius ad defensionis auxilium sequeretur! Credimus enim quod ita per regnum tuum totius Ecclesiæ status se haberet, quod et nomen Domini honoraretur in omnibus, et turba fidelium populorum in via vitæ duces plurimos invenirent. Nunc autem dormitantibus sacerdotibus, quos aliorum custodiæ oportet intendere, tepescit in multis locis sacra religio, et, ut cujusdam verbis utamur, pro molli viola et purpureo narcisso,

Infelix lolium et steriles dominantur avenæ.

(Virg., *Georg.* I, 153.)

Hoc sane in Ecclesia S. Victoris non modicum dolemus accidere, quæ, cum olim in religione floreret, ita nunc, quod tristes dicimus, in suæ professionis asseritur observantia tepuisse, ut quæ multis manum in via salutis currentibus porrigebat, nunc auxilio alieno indigeat, et non inveniat qui sublevet eam. Nec tamen ex eo perhibetur accidere, quod non sint ibi plures qui et notitiam religionis habeant et amorem; sed quibusdam cum suo capite membris languentibus, in eadem Ecclesia fervor religionis noscitur tepuisse. Nos autem cum jam dudum ad nos super eorum tepiditate relatio pervenerit plurimorum, distulimus hactenus aurem apponere, et necessariam adhibere tam gravi valetudini medicinam : exspectantes quod aliquando reducerent oculos ad seipsos, et de reformanda religione studiosius cogitarent. Capite vero suæ ad emendationem suorum et subditorum pertinent negligentius exsequente, nos jam tandem exsecutioni eorum quæ dicta sunt oportet intendere ; et si verus sit rumor, qui toties aures nostras aspersit, quia in propria persona non possumus, per alios invenire cogimur : ita quidem ut, si vera competerent quæ dicuntur, per eosdem, dilatione seposita, medicina, quam viderint necessariam, apponatur. Venerabilibus ergo fratribus nostris Willelmo Senonensi archiepiscopo, Stephano Meldensi episcopo et N. abbati Vallis-Secretæ vices nostras in hoc negotio præsidimus committendas, qui quanto pleniorem et faciliorem hujus rei poterunt habere notitiam, tanto cum minori gravamine salutis remedia providebunt. Quia vero magnificentiæ tuæ ad cumulum mercedis accedit, si per illorum instantiam, favore regio imminente, prædictæ status Ecclesiæ dirigatur, celsitudinem tuam monemus et exhortamur in Domino, quatenus ad exsecutionem hujus negotii favorem tuum impendas, et nulla patiaris contradictionem apponi, quominus ibi quæ prædicti viri statuenda viderint, statuantur : ne si forte diutius medicina tardaverit, et dissimulantibus nobis languor cœperit aggravari, sensus etiam doloris intereat, et cum multa difficultate post modum vix redeat ad salutem.

Datum Tusculi, Kalendis Februarii.

DCCCLVI.

Ad Henricum Remensem archiep. — Commendat ei milites Templi.

(Tusculani, Febr. 2.)

[Marten., *Ampl. Collect.*, II, 883.]

Milites Templi quod Jerosolymis situm est, quam specialiter sint omnipotentis Dei servitio mancipati, et cœlesti militiæ dediti, reverendus eorum habitus indicat, et signum crucis Dominicæ quod in suo corpore assidue bajulant, evidenter declarat. Ipsi enim in hoc constituti sunt, ut pro fratribus animas ponere non formident. Unde quia dignum est ut tam præclaris athletis Christi modis omnibus, quibus secundum Deum poterimus, providere curemus, fraternitatem tuam rogamus, monemus atque mandamus, quatenus divini amoris intuitu, et pro reverentia beati Petri et nostra, necnon et pro animæ tuæ salute, ipsos diligas, manuteneas et honores, et eis jura sua integra et illibata conservans, tuæ protectionis patrocinium et favorem ministres, et de malefactoribus suis eis plenam justitiam non differas exhibere. Specialiter autem tuæ fraternitati mandamus ut Guitterium parochianum tuum moneas instanter et districte compellas ut prædictis fratribus prædam, quam olim de villa Onisvisner dicitur abstulisse, si ita est, sine dilatione restituat, et de violentia illata congrue satisfacere non postponat. Si autem commonitioni tuæ obtemperare contempserit, eum vinculo excommunicationis astringas.

Data Tuscul., IV Nonas Februarii.

DCCCLVII.

Ad Petrum abbatem S. Remigii, et B. archidiaconum Remensem.—Admoneant Suessionensem episcopum, ut subdiaconum sibi praesentatum investire de ecclesia S. Medardi ne amplius recuset; alioquin ipsi investiant.

(Tusculani, Febr. 5.)

[Mansi, Concil., XXI, 948.]

Constitutus in praesentia nostra O. subdiaconus, praesentium lator, supplici nobis relatione proposuit, quod, cum dilectus filius noster abbas S. Petri Catalaunensis eum ordinandum in ecclesia S. Medardi, quae ad suam dicitur ecclesiam pertinere, de assensu capituli sui venerabili fratri nostro Suessionensi episcopo praesentasset, ut eum de praedicta ecclesia investiret, et animarum sibi curam committeret, memoratus episcopus ea facere recusavit ; verum, quia indecens est et penitus obvium rationi, ut praenominato subdiacono, nisi pro manifesta et rationabili causa, plebis cura denegetur : discretioni vestrae per apostolica scripta praecipiendo mandamus, quatenus infra XL dies post harum susceptionem, praedictum episcopum monere, ac propensius inducere studeatis, ut praedictum subdiaconum de praescripta ecclesia investiat, et animarum sibi curam committat; aut quare id facere non debeat, coram vobis rationabilem causam ostendat. Quod si monitis vestris obtemperare contempserit, vos nostra freti auctoritate saepe dictum subdiaconum , omni dilatione et appellatione cessante, de praedicta ecclesia investiatis, et animarum sibi curam committatis : ita quidem quod memorato episcopo de plebis cura, praedicto vero abbati de temporalibus debeat respondere.

Datum Tusculani, III Non. Februarii.

DCCCLVIII.

Ad presbyteros et clericos parochiarum ad monasterium S. Petri de Montibus pertinentium.—Ne parochianos suos in ecclesiis suis sepeliant, sed in monasterio S. Petri de Montibus sepeliantur.

(Tusculani, Febr. 5.)

[Ibid., col. 957.]

Alexander papa III presbyteris et aliis clericis parochialium ecclesiarum ad monasterium S. Petri de Montibus pertinentium.

Pervenit ad nos quod cum habitatores parochiarum vestrarum ex antiqua consuetudine apud monasterium S. Petri de Montibus consueverunt sepeliri, vos contra consuetudinem illam corpora defunctorum in vestris ecclesiis sepelitis. Quoniam igitur non decet vos praescripto monasterio quidquid juris subtrahere , cui jura sua sicut devoti filii integra conservare debetis : per apostolica vobis scripta praecipiendo mandamus, quatenus, si ita est, in ecclesiis vestris neminem de habitatoribus ipsis ad sepulturam recipere praesumatis, nisi apud vos elegerint sepeliri : nec quemquam de caetero laicum infra muros ecclesiarum vestrarum sepelire tentetis, quia id indignum esset, et ab institutione ecclesiastica penitus alienum.

Datum Tuscul., Non. Febr.

DCCCLIX.

Ad Henricum Remensem archiep. — Ut Arald. presbytero suam faciat ecclesiam restitui.

(Tusculani, Febr. 8.)

[Marten. , Ampl. Collect., II , 884.]

Insinuavit nobis Araldus presbyter, lator praesentium, quod cum prior et capitulum Sarmeliensis ecclesiae Dominico diacono ecclesiam S. Remigii de Masdeio, quae ad jurisdictionem eorum spectare dignoscitur, vivente presbytero ejusdem ecclesiae, concessissent, memoratus diaconus eam in manibus praedicti prioris multis praesentibus refutavit. Transacto vero aliquanto tempore , presbyter ille, qui erat in eadem ecclesia, ipsam priori et capitulo resignavit : quam praefatus prior de assensu capituli praedicto Araldo concessit, et eum venerabili fratri nostro Catalaunensi episcopo praesentavit, a quo curam animarum recipiens, praescriptam ecclesiam postea per septem annos pacifice possedit. Post haec autem , ut idem presbyter asseverat, praenominatus diaconus ad nostram praesentiam accedens, nostras ad te litteras impetravit , in quibus continebatur quod, si legitimis testibus probare posset, sibi praedictam ecclesiam prius canonice concessam fuisse, ipsam ei restituere non differres. Quam quidem ecclesiam presbytero reclamante, et ad nostram praesentiam diaconum appellante, illi restituisti : verum quoniam ex nostri officii debito singulis et praesertim viris ecclesiasticis justitiam suam integram conservare tenemur, et quae aliquo errore facta esse noscuntur, ad rectitudinis tramitem revocare ; fraternitati tuae per apostolica scripta praecipiendo mandamus , quatenus infra XL dies post harum susceptionem, utramque partem ante tuam praesentiam convoces, et rei veritate diligenter inquisita et cognita, si constiterit tibi quod praedictus diaconus praescriptam ecclesiam in manibus praefati prioris refutaverit, et eam postea praedictus A. canonice fuerit adeptus, et libere possederit, ipsam, amoto diacono, praenominato presbytero, omni dilatione et appellatione cessante, restituas, quam eum facias pacifice possidere.

Data Tuscul., VI Idus Februarii.

DCCCLX.

Ad eumdem. — Commendat ei fratres Virtuensis monasterii.

(Tusculani, Febr. 9.)

[Ibid., 885.]

Paci et quieti religiosorum virorum pastorali sollicitudine nos oportet diligenter intendere , et ne indebitis molestiis agitentur, attentiori studio providere; intelleximus autem ex insinuatione dilectorum filiorum nostrorum abbatis et fratrum monasterii Virtuensis, quod Laudatus

Catalaunensis civis eos pro quadam pecunia, quam ab eis injuste requirit, jugiter inquietat, licet prædicti abbas et fratres firmiter asseverent ei se nihil debere persolvere. Unde quoniam ex injuncto nobis officio viros ecclesiasticos ab universorum injuriis et molestiis defensare tenemur, fraternitati tuæ per apostolica scripta præcipiendo mandamus, quatenus memoratum virum moneas, et districte compellas, ut nihil indebite a prædictis fratribus exigere, nec eos de cætero inquietare vel eorum bona injuste molestare præsumat. Si autem de ratione confidit, et adversus eos super jam dicta pecunia agere voluerit, coram te ordine judiciario experiatur, et tu causam audias et eam debito fine decidas.

Data Tuscul., v Idus Februarii.

DCCCLXI.

Ad Petrum abbatem S. Remigii et Fulconem decanum Remensem. — Judicandam causam committit.

(Tusculani, Febr. 12.)

[Mansi, Concil., XXI, 926.]

Dilectus filius noster abbas S. Theodori transmissa nobis conquestione monstravit quod Helisendis mulier, et vir suus, eum super quadam terra multipliciter inquietant, et indebitis molestiis agitare præsumunt. Cumque super hoc causam intrassent, demum ad nostram audientiam appellarunt. Quia vero ex injuncto nobis officio universis Dei fidelibus debitores existimus, et cuique in jure suo adesse debemus, discretioni vestræ per apostolica scripta mandamus, quatenus prædictam mulierem et virum ejus commoneatis, et districte compellatis, ut ab infestatione præfati abbatis super præscripta terra omnino desistant, et eam in pace sibi ac quiete dimittant; vel si de jure confidunt, in præsentia vestra ordine judiciario experiantur. Si autem causam intrare decreverint, partibus ante vestram præsentiam convocatis, et rationibus hinc inde auditis et cognitis, eamdem causam, remoto appellationis obstaculo, mediante justitia, decidatis.

Datum Tuscul., ii Idus Febr.

DCCCLXII.

Ad Henricum Remensem archiep. — Commendat ei F. Ostrevandensem archidiaconum.

(Tusculani, Febr. 13.)

[Marten., Ampl. Collect., II, 885.]

Eos quos honestate credimus et scientia præeminere, tanto diligentius tuæ commendamus sollicitudini, quanto ad tuam fraternitatem specialius spectat viros honestos et litteratos diligere, et eis honorem et gratiam exhibere, attendentes itaque prudentiam et honestatem dilecti filii nostri F. Ostrevandensis archidiaconi, ipsum tanquam virum probum honestum et discretum sincero cordis affectu diligimus, et eum fraternitati tuæ sollicite duximus commendandum. Quapropter charitatem tuam rogamus atque monemus, quatenus pro reverentia B. Petri et nostra, et intuitu probitatis et honestatis suæ ipsum diligas, manuteneas, et honores, et in petitionibus suis efficaciter et clementer exaudias et eum in honore et beneficiis suis nullatenus graves, nec a quoquam gravari permittas : ita quod se gaudeat dilectioni tuæ nostris precibus commendatum, et nos quoque sinceritati tuæ gratias teneamur copiosas referre.

Data Tuscul., Idus Februarii.

DCCCLXIII.

Ad eumdem. — Pro Stephano clerico adversus canonicos Catalaunenses.

(Tusculani, Febr. 20.)

[Ibid., col. 886.]

Cum olim conquestione Stephani pauperis clerici latoris præsentium causam, quæ inter ipsum et canonicos Catalaunensis Ecclesiæ super terris ad dotem altaris de Cortoismunt pertinentibus, quas iidem canonici detinebant, vertebatur, dilectis filiis nostris archidiacono et decano Ecclesiæ tuæ commiserimus, appellatione postposita, terminandam, ipsi, sicut ex litteris eorum accepimus, terras ipsas ad dotem ejusdem altaris pertinere, et prædicto clerico restituendas esse per sententiam judicarunt ; sed jam dicti canonici sententiam exsecutioni mandare, aut jam dicto clerico ad commonitionem eorum fructus inde perceptos restituere noluerunt. Nos itaque sententiam ipsam ratam et firmam habentes, fraternitati tuæ per apostolica scripta mandamus, quatenus memoratos canonicos et nostra et tua auctoritate compellas, ut præscriptas terras supradicto clerico, quemadmodum sibi a prædictis judicibus adjudicatæ fuerunt, in pace et quiete, appellatione cessante dimittant, et fructus, si quos inde a tempore latæ sententiæ perceperunt, ei sine dilatione et diminutione qualibet restituere non postponant.

Data Tuscul., x Kal. Martii.

DCCCLXIV.

Ad Guidonem abbatem Sancti Nicasii, et M. Radulfum canonicum Remensem. — Ut nonnullos qui damna monasterio S. Remigii intulerant, reparare cogat.

(Tusculani, Febr. 21.)

[Mansi, Concil., XXI, 942.]

Alexander papa III Guidoni abbati S. Nicasii, et M. Radulfo canonico Remensi.

Suggestum est auribus nostris quod Galcherus de Castellione villam de Belloi, quæ ad monasterium B. Remigii pertinet, diabolico furore accensus destruxit, et duas alias villas ejusdem monasterii ita spoliavit, quod spolia inde abducta xl librarum pretio æstimantur. Milo vero Malus-Vicinus, cum eidem monasterio plura damna et injurias intulisse dicatur, nec vult inibi satisfacere, neque quod ratio exigit exhibere. Simon autem de burgo prædicto monasterio apud Wandrecicurt damna plurima et injurias inferre non cessat. Præterea Burdinus de Besanes terram, quæ prænominato monasterio fuit in eleemosynam data, duobus hominibus, quibus eam abbas ejusdem loci hæreditario jure concesserat, auferre laborat. Sane presbyter de Alem. in villa præscripti monasterii quamdam domum in damnum ejusdem ecclesiæ ædificare præsumit. Ad hæc cum quidam homo Sancti Remigii se cum quadam parte hæreditatis suæ, divini amoris et charitatis ardore succensus, hospitali S. Mariæ Remensis ad serviendum hospitibus pro animæ suæ remedio reddidisset, parentes ejus a longe venientes, quamvis magnam partem bonorum suorum eis dederit, prælibatum monasterium et Ecclesiam Remensem super jam dicta eleemosyna inquietare nituntur. Unde quoniam nostra interest jura ecclesiarum defendere, et eis contra malefactores suos apostolicæ protectionis patrocinium ministrare, discretioni vestræ per apostolica scripta mandamus, quatenus ex parte nostra prædictas personas commoneatis, et districtius compellatis, ut prædicto monasterio de damnis et injuriis allatis congrue satisfaciant, et ablata restituant, et de cætero ab ejus et rerum suarum molestatione penitus conquiescant, vel sub vestræ discretionis examine plenam exinde sibi justitiam exhibeant.

Præterea abbas sæpe dicti monasterii, de thesaurario Laudunensi, quod apud Creonam justitiam suam imminuat, et penitus subtrahat; et de Willermo marescalco nobilis viri comitis Henrici, quod cuidam homini suo x libras abstulerit, et multa ei mala fecerit; et de abbate Tenaliis, qui cum dicatur multa illi damna inferre, ei exinde coram venerabili fratre nostro Remensi archiepiscopo noluit, prout mandavimus, respondere, gravem ad nos querimoniam transmisit. Ideoque vobis præsentium auctoritate injungimus, ut prædictos viros ad resarcienda illata damna præfato abbati, et ad restituenda ablata, et ad satisfactionem de illatis injuriis exhibendam, vel ad complementum justitiæ faciendum, auctoritate nostra monere, et districte compellere studeatis : et in supradictis omnibus cum ea maturitate et providentia procedatis, quod exinde diligentia et sollicitudo vestra valeat non immerito commendari, et nos discretioni vestræ confidentius negotia ecclesiastica committere valeamus.

Datum Tusculani, ix Kal. Martii.

DCCCLXV.

Ad eumdem. — Causam inter S. Urbani et Dervensem abbates terminandam committit.

(Tusculani, Febr. 21.)

[*Ibid.*]

Causam quæ inter dilectos filios nostros abbatem S. Urbani (85) et abbatem Dervensem super quadam capella vertitur, dilectis filiis nostris P. abbati S. Remigii et F. decano Remensi commisimus audiendam, et fine debito terminandam. Verum quoniam abbas Dervensis super falsa suggestione, licet eadem causa fuerit, appellatione remota, commissa, ad nostram, sicut accepimus, audientiam appellavit, et illi appellationi ad nos factæ voluerit deferre, tibi de cujus prudentia et honestate confidimus, causam ipsam committimus audiendam et fine congruo terminandam. Ideoque fraternitati tuæ per apostolica scripta mandamus, quatenus cum exinde fueris requisitus, utramque partem ante tuam præsentiam convoces, et, rationibus hinc inde plenius auditis et cognitis, eamdem causam concordia vel justitia mediante, remota appellatione, decidas.

Data Tuscul., ix Kal. Martii.

DCCCLXVI.

Ad Petrum abbatem et fratres Sancti Remigii.— Frescengiarum remissionem, eorum monasterio factam ab archiepiscopo Remensi, ratam habet.

(Tusculani, Febr. 22.)

[*Ibid.*, col. 943.]

Rationabiles et honestas petitiones grato animo debemus admittere, et vota quæ a rationis tramite non discordant prosequente effectu complere. Relatum est siquidem auribus nostris quod, cum singulis annis duas procurationes, unam in depositione sancti Remigii, et alteram in translatione ipsius, Remensis archiepiscopo debeatis persolvere, et singulis quibusque certis numeris et mensuris distinctis, de frescengiarum pretio nulla æstimatio facta fuisset : venerabilis frater noster Henricus Remensis archiepiscopus molestiam et inquietationem, quam inde habebatis, pia consideratione respiciens, vobis et monasterio vestro frescengias omnino remisit : ita sane quod in depositione beati Remigii quinquaginta solidos, Remensis monetæ, et totidem in translatione ipsius Remensibus archiepiscopis annuatim solvere teneamini. Quam utique remissionem, quemadmodum a prædicto archiepiscopo facta est, et sigilli sui munimine roborata, ut firmam et ratam habeatis, eam auctoritate apostolica confirmamus, et præsentis scripti patrocinio communimus : statuentes ut nulli omnino hominum liceat hanc paginam nostræ confirmationis infringere, vel ei aliquatenus contraire. Si quis autem hoc attentare præsumpserit, indignationem Omnipotentis et beatorum Petri et Pauli apostolorum ejus se noverit incursurum.

Datum Tuscul., viii Kal. Martii.

DCCCLXVII.

Ad eumdem. — Causam inter canonicos Catalaunenses S. Nicolai et abbatem Dervensem committit terminandam.

(Tusculani, Febr. 22.)

[*Ibid.*]

Perlatum est ad audientiam nostram quod, cum causa quæ inter dilectos filios nostros canonicos

---

(85) S. Urbani abbatia ordinis S. Benedicti, in diœcesi Catalaunensi, sub congregatione S. Vitoni, uti et Dervensis.

S. Nicolai Catalaunensis et abbatem Dervensem super ecclesia Campi-Auberti vertitur, in præsentia fratris nostri Catalaunensis episcopi tractaretur, ad nostram fuit audientiam appellatum. Quia igitur neutra partium ad agendum venit instructa, tibi, de cujus prudentia et honestate confidimus, eamdem causam committimus audiendam, et appellatione remota fine debito terminandam. Ideoque fraternitati tuæ per apostolica scripta mandamus, quatenus cum exinde fueris requisitus, utramque partem ante tuam præsentiam convoces, et, rationibus hinc inde plenius auditis et cognitis, eamdem causam infra duos menses, remoto appellationis obstaculo, mediante justitia decidas.

Data Tuscul., VIII Kal. Martii

DCCCLXVIII.

Bituricensi et Ambianensi præsulibus causam matrimonii S. et R. de Guisia committit.

(Tusculani, Febr. 22.)

[*Ibid.*]

ALEXANDER episcopus, servus servorum Dei, venerabilibus fratribus Bituricensi et Ambianensi (86) episcopis, salutem et apostolicam benedictionem.

Quoniam certo experimento didicimus vos esse cultores et amatores justitiæ, et ea modis omnibus abhorrere quæ de radice iniquitatis noscuntur procedere, vobis, quorum fidem et sinceritatem sumus experti, causam matrimonii quæ inter nobilem mulierem S. et R. de Guisia virum ejus vertitur, jampridem commisimus audiendam et sine debito terminandam. Quia vero eadem causa, sicut ex litteris vestris accepimus, nondum est fine congruo terminata, fraternitati vestræ per iterata scripta mandamus, quatenus in unum pariter convenientes, utramque partem congruo loco et tempore ante vestram præsentiam convocetis, et, rationibus hinc inde plenius auditis et cognitis, eamdem causam pontificali maturitate ac gravitate adhibita, et cujuslibet gratia et favore postposito, ita pure et sincere secundum aliarum nostrarum litterarum tenorem, servata canonum æquitate, remoto appellationis obstaculo, decidatis, quod judicium vestrum tam apud Deum quam apud homines debeat non immerito comprobari. Si quæ vero litteræ a nobis ex parte viri, istis aut prioribus litteris nostris contrariæ fuerint impetratæ, eis fidem nullatenus adhibeatis, sed eas tanquam subreptitias reputetis. Cæterum si prædictus vir mulieri quod ipsam recipere debeat, et maritali affectione tractare, juxta mandatum vestrum, plenam securitatem præstare noluerit, eum appellatione remota, excommunicationis sententia percellatis, et per totum episcopatum Landunensem auctoritate nostra freti, faciatis sicut excommunicatum vitari, et apud nobilem virum Philippum comitem Flandrensem partes vestras efficaciter interponatis, ut eidem mulieri terram quam ex parte sua vir ejus accepit, sine molestia faciat reddi, et in pace dimitti, donec prædictus vir suum plenius cognoscat excessum, et Ecclesiæ humiliter adimpleat et devote mandatum. Volumus autem ut infra XI dies post harum susceptionem quæ supradicta sunt maturius exsequamini.

Data Tuscul., VIII Kal. Martii.

DCCCLXIX.

Ad Galdinum arch. Mediolanensem. — *Pro Oberto subdiacono.*

(Tusculani, Febr. 26.)

[FRISI, *Memorie storiche di Monza,* t. II, p. 67.]

ALEXANDER episcopus, servus servorum Dei, venerabili fratri G. Mediolanensi archiepiscopo, apostolicæ sedis legato, salutem et apostolicam benedictionem.

Dilectus filius Obertus subdiaconus noster, Modoetiensis Ecclesiæ archipresbyter, transmissa nobis relatione monstravit quod proceres et vavassores de Sexto ecclesiæ suæ decimas recusant exsolvere et divinæ propter hoc Majestatis oculos contra se non dubitant provocare. Nam cum decimæ a Deo sint non ab homine institutæ, offensam Dei incurrunt qui eas subtrahere locis quibus sunt deputatæ præsumunt. Ideoque fraternitati tuæ per apostolica scripta præcipiendo mandamus, quatenus prædictos proceres et vavassores moneas instanter et districte compellas ut præfato presbytero et ecclesiæ suæ debitas decimas de animalibus et aliis suis rebus de quibus consuetum est decimum dari, sine diminutione deinceps et difficultate persolvant, nec eas ulterius in animæ suæ perniciem detinere præsumant. Si qui autem monitis tuis contumaciter parere contempserint, eos ecclesiastica censura percellas.

Datum Tusculani, IV Kalend. Martii.

DCCCLXX.

Ad Henricum Remensem archiep. — *Nullas adversus eum dedisse litteras abbati de Cheminone.*

(Tusculani, Febr. 27.)

[*Ibid.*]

Relatum est nobis quod abbas de Chimeignon (87), se jactitat ac gloriatur a nobis litteras impetrasse, ut quoscunque de tuo vellet archiepiscopatu impetere, eos ante venerabilem fratrem nostrum Willelmum Senonensem archiepiscopum, apostolicæ sedis legatum, posset, remoto appellationis obstaculo, convenire. Quod utique falsum esse cognoscas, et qua fronte id jactitet vehementer miramur: cum nec ei nec aliis nos credamus similes litteras indulsisse, nisi per errorem forte hoc contigisset. Unde volumus et mandamus ut, si tibi litteras tales

---

(86) Theobaldo.
(87) Chemino, abbatia ordinis Cisterciensis in diœcesi Catalaunensi.

ostenderit, eas ab illo extorqueas, et ipsas nobis transmittas, ut, si per errorem factæ sunt, corrigere possimus, aut pœnam infligere, si fuerit infligenda.

Data Tuscul., III Kal. Martii.

DCCCLXXI.

Ad eumdem. — In gratiam Leonis abbatis S. Gisleni electi, quem schismatici ejecerant.

(Tusculani, Febr. 27.)
[*Ibid.*, col. 889.]

Perlatum est ad audientiam nostram quod, cum Leo canonice fuisset in abbatem Sancti Gisleni (88) electus, postea quia noluit illud nefandum et detestabile juramentum præstare, a schismaticis fuit ejectus, et alius in loco suo per Cameracensem dictum electum (89) intrusus. Unde quoniam ex eo quod fidei catholicæ et unitatis virtutem servavii, gloriam meruit et laudem acquirere, et dignæ retributionis præmium exspectare, fraternitati tuæ per apostolica scripta mandamus, quatenus, rei veritate comperta, si tibi constiterit, quod de persona prædicti L. canonice fuisset facta electio, et pro alia causa non fuerit amotus, nisi quia schismaticæ pravitati noluit consentire, nec illo detestabili juramento fœdari, ipsius electionem, si alias idoneus est, nullius obstante appellatione, confirmes, et ipsum administrationem prædictæ Ecclesiæ, intruso amoto, libere facias sine molestatione, habere, et si quis eum super hoc ausu temerario infestare præsumpserit, in eum ecclesiasticæ animadversionis non differas exercere censuram.

Data Tuscul., III Kal. Martii.

DCCCLXXII.

Ad eumdem. — Ut matrimonium inter filiam regis Ludovici et filium Frederici imperatoris impediat.

(Tusculani, Febr. 28.)
[*Ibid.*]

Suggestum est nobis quod charissimus in Christo filius noster Ludovicus illustris Francorum rex fuerit requisitus, ut filio F., persecutoris Ecclesiæ, suam desponsaret filiam in uxorem. Quia vero id regno periculosum et Ecclesiæ posset esse damnosum, fraternitatem tuam monemus atque mandamus, quatenus ne matrimonium illud fiat, prædicto regi modis omnibus studeas dissuadere, et rem penitus impedire. Si enim regi placuerit, eam filiæ imperatoris Constantinopolitani poterit tradere in uxorem, quia nos opportune, Deo adjuvante, laborabimus quod res celeri complacatur effectu. Sane apud imperatorem regnum et consanguinei puellæ ærarium indeficiens semper invenient.

Data Tuscul., II Kal. Martii.

---

(88) S. Gisleni monasterium ordinis S. Benedicti in Hannonia altero a Montibus lapide distans in diœcesi Cameracensi.
(89) Petrum de Alsatia scilicet, de quo supra.

DCCCLXXIII.

Episcopo (90) Tornacensi præcipit ut Danieli presbytero ablata restituat.

(Tusculani, Mart. 1.)
[*Ibid.*, col. 890.]

Ex insinuatione Danielis presbyteri S. Joannis in Gandavo accepimus quod, cum ei et quibusdam aliis singulis annis exactionem pecuniæ irrationabilem faceres, et in consuetudinem duceres, illis te suppliciter et devote rogantibus ut te a tali exactione temperares, tu vehementer commotus atque turbatus, prædictum D. quia verbum proposuit, ab officio suspendisti, alios terrore minarum ad hoc inducens quod quidquid statueres de rebus eorum pro tuo nutu acciperes, et quod grave est, abbati S. Petri Gandensis (91) firmiter præcepisti ut illo prorsus expulso, alium loco suo presbyterum substitueret. Quæ utique si veritate subsistunt, quam gravia sint et dura animadversione plectenda, nisi personam tuam multo charitatis fervore diligeremus certis experimentis sentires, et evidentibus indiciis comprobares. Dignitas vero et officium quod, providente Domino, geris, debet te circa subditos tuos modestum et temperatum efficere et propitium reddere ac benignum, et illud deberes semper attendere, quod in epistola B. Petri legitur : *Non sicut dominantes in clero, sed forma facti gregis;* ideoque fraternitati tuæ per apostolica scripta mandamus, et sub periculo ordinis et officii tui districte præcipimus quatenus, si ita est, præfato sacerdoti beneficium et officium suum cum integritate in pace et quiete restituens, ab hujusmodi exactionibus, quæ tuæ administrationis dignitati noscuntur penitus obviare, desistas. Hoc enim de radice cupiditatis et avaritiæ provenit, unde Simoniacæ pravitates erumpunt et enormitates plurimæ committuntur, et exempla perniciosa procul dubio generantur. Consulens ergo tuæ honestati, ita excessus et præsumptiones tuas in hac parte corrigas atque emendes, quod nullam a præfato sacerdote vel aliis de te querelam super hujusmodi de cætero audire debeamus. Scias enim et pro certo cognoscas quod, si ad nos super his querela fuerit ulterius perlata, quantumcunque personam tuam diligamus, ita duriter in te animadvertimus quod cæteri hoc audientes similia timebunt ullatenus attentare.

Data Tusculi, Kal. Martii.

DCCCLXXIV

Ad Meldensem et Ambianensem episcopos. — Eis causam matrimonii inter comitem Robertum et filiam Hugonis de Brois examinandam committit.

(Tusculani, Mart. 4.)
[*Ibid.*, col. 891.]

ALEXANDER episcopus, servus servorum Dei, ve-

---

(90) Galtero, qui vivere desiit 1171.
(91) Vulgo Blandiniensis, insignis abbatiæ ordinis S. Benedicti.

nerabilibus fratribus nostris Meldensi (92) et Ambianensi (93) episcopis, salutem et apostolicam benedictionem.

Suggestum est nobis quod, cum dilectus filius noster nobilis vir comes Robertus disposuerit filiam suam Hugoni de Brois, tradere in uxorem et matrimonio copulare, nobilis vir comes Henricus inter eos eam lineam affinitatis esse proposuit, quod non possent cum Deo et ratione conjungi: cumque super hoc, ab examine venerabilis fratris nostri Trecensis episcopi (94) ad nostram audientiam fuisset appellatum, comite Roberto nuntium suum mittente, altera pars nec venit, nec aliquem pro se responsalem transmisit. Nos igitur de prudentia et honestate vestra plenius confidentes, experientiæ vestræ causam ipsam duximus committendam. Ideoque fraternitati vestræ per apostolica scripta mandamus, quatenus, si quæ personæ apparuerint quæ matrimonium ipsum legitime velint et possint impetere, rationes et allegationes, quæ hinc inde in medium producentur, diligenter audiatis, et testes, si qui idonei fuerint, quibus fides sit adhibenda, appellatione remota, recipiatis, et eorumdem juratorum attestationes studiosius conscribentes, eas sub vestris sigillis clausas nobis mittatis, terminum utrique parti congruum præfigentes, quo debeant cum ipsis attestationibus apostolico se conspectui præsentare. Verumtamen si super eadem causa non fuerit appellatum, nolumus quod in ejus exsecutione aliquatenus procedatis.

Data Tuscul., iv Nonas Martii.

DCCCLXXV.

Ad Henricum Remensem archiep. — Ut episcopum Belvacensem, quem jusserat ei omnem debitam exhibere obedientiam, satisfacientem sibi humaniter excipiat.

(Tusculani, Mart. 4.)
[*Ibid.*, col. 892.]

Dilectos filios nostros S. magistrum et D. fratrem militiæ Templi, nuntios tuos, ad nos cum tuæ fraternitatis litteris venientes, debita benignitate recepimus, et accepto ex eorum fideli et prudenti assertione quod frater noster episcopus Belvacensis in quibusdam inobediens tibi existens, in duabus synodis quas celebrasti, non ita reverenter et humiliter, sicut decuit, respondisset, et quod antequam fraternitatem tuam requisisset, significaverit nobis se a te fuisse gravatum, et nec, cum tu cum propter hoc appellasses, et in propria persona iter arripuisset ad nostram præsentiam veniendi, prosequi appellationem curasset, licet clerici sui eum excusarent, quod hoc non contemptu vel contumacia aliqua, sed pro infirmitate solummodo dimisisset, adversus eum commoti sumus atque turbati, et ipsum prout expedire cogno-

vimus et salva honestate nos decuit, per litteras nostras super hoc redarguere curavimus, utpote qui tuæ sincerissimæ devotionis et fidei quam circa sacrosanctam Romanam Ecclesiam, et specialiter circa personam nostram a tempore nostræ promotionis insuperabili constantia, exhibuisti, memores existentes, ferventissimum desiderium et voluntatem habemus, te sicut fratrem charissimum, et magnum membrum, ac firmissimam columnam Ecclesiæ, sincerissimo cordis affectu diligere, et honori et exaltationi tuæ, quantum cum Deo et justitia possumus, prompta voluntate deferre. Verumtamen quia decet te, tum nobilitate sanguinis qua præemines, tum etiam obtentu dignitatis qua polles, erga subditos et maxime suffraganeos tuos spiritum benignitatis et mansuetudinis gerere, et benignum ac misericordem existere, nos de clementia et mansuetudine tua plurimum præsumentes, et tibi tanquam fratri charissimo prompto desiderio cupientes deferre, prædicto episcopo dedimus in mandatis, ut a te misericordiam et veniam suppliciter postulans, tibi tanquam patri et domino super his quæ manifesta sunt, et unde ad nos est appellatum, cum omni humilitate et reverentia satisfaciat, et se humilem, devotum et obedientem exponat. Ideoque fraternitatem tuam rogamus, consulimus et monemus, quatenus ex quo episcopus se in conspectu tuo humiliaverit, a te misericordiam et veniam expetierit, ei satisfactione congrua, quam te deceat exigere, et ipsum exhibere, recepta, rancorem et indignationem remittas, et clementer gratiam tuam restituas et amorem, et circa eum animum benignum exhibeas et placatum, et ita ipsum in mansuetudine et benignitate pertractes, quod exinde mansuetudinis tuæ clementia valeat potissimum commendari, et nos quoque una cum eo lætari possimus, quod eum ad tuam misericordiam et benignitatem remisimus, et exinde affectioni tuæ uberes teneamur gratiarum actiones referre.

Data Tuscul., iv Nonas Martii.

DCCCLXXVI.

Henrico Remensi archiepiscopo, et P. abbati S. Remigii mandat ut Richardo clerico suam in ecclesia S. Pharaildis præbendam restitui faciant.

(Tusculani, Mart. 4.)
[*Ibid.*]

ALEXANDER episcopus, servus servorum Dei, venerabili fratri HENRICO Remorum archiepiscopo, et PETRO abbati S. Remigii, S. et A. B.

Ex transmissa conquestione Richardi pauperis clerici ad aures nostras pervenit quod G. clericus Gandavensis ei præbendam in ecclesia Sanctæ Pharaildis sibi concessam illicite auferre præsumpsit. Unde quoniam viris ecclesiasticis, et his maxime qui paupertate laborant, in sua justitia debitores

---

(92) Stephano de Capella, anno 1164 facto episcopo.
(93) Theobaldo.
(94) Henrici de Carinthia, ex monacho Morimundi episcopi creati, qui jacet in monasterio de Buleucuria.

existimus, discretioni vestræ per apostolica scripta mandamus, quatenus prædictum clericum instanter moneatis et districtius compellatis, ut eidem R. præscriptam præbendam sine molestia et difficultate restituat, et in pace et quiete dimittat, vel in præsentia vestra plenam exinde, appellatione remota, non differat exhibere justitiam

Data Tusculi, iv Nonas Martii.

DCCCLXXVII.

Ad Henricum Remensem archiep. — Confirmat electionem Roberti episcopi Atrebatensis, conceditque ei spatium ad recipiendos sacros ordines.

(Tusculani, Mart. 4.)
[*Ibid.*]

Sicut ex litteris decani et canonicorum Atrebatensis Ecclesiæ nobis innotuit, cum Ecclesia ipsa pastore vacaret, ipsi in dilectum filium nostrum R. (95) præpositum S. Audomari unanimiter convenerunt, et eum sibi elegerunt episcopum et magistrum. Licet autem ad te sicut ad metropolitanum suum pertineat electionem eorum confirmare, quia tamen idem præpositus infra ordinos est, et dispensatio talis electionis ad Romanum pontificem et non ad alium spectat, a nobis instanter et suppliciter postularunt ut eorum electionem dispensative auctoritate apostolica firmaremus. Nos itaque eorum precibus annuentes, et attendentes prudentiam et discretionem ipsius præpositi, et per eum præfatæ Ecclesiæ credentes grata commoda proventura, in hoc de communi fratrum nostrorum consilio dispensandum duximus, et electionem ipsam, salva dignitate et justitia tua et ecclesiæ tibi commissæ, auctoritate apostolica confirmandam. Ad hæc attendentes quomodo prædicto electo apud nobilem virum Philippum Flandrensem comitem tot immineant negotia, quod ab his facile non possit ac celeriter expediri, ad instantiam precum ipsius comitis et duximus indulgendum, ut a proximo festo Pentecostes usque ad annum revolutum, ad recipiendos ordines contra voluntatem suam non debeat cogi : ita quod eisdem negotiis expeditis, devotiori animo ordines et consecrationem possit recipere, et liberius officio pontificali vacare. Unde volumus et mandamus, quatenus eumdem electum de recipiendis ordinibus infra terminum ipsum non graves, quoniam sacri canones multo majus temporis interstitium his indulgent, qui sunt ab ordine ad ordinem promovendi.

Data Tusculi, iv Nonas Martii.

DCCCLXXVIII.

Ad Henricum Remensem archiep. et Gualterum Tornacensem episcopum.—Ut pravam consuetudinem tollant in parochia Dudasselensi.

(Tusculani, Mart. 5.)
[*Ibid.*, col. 894.]

ALEXANDER episcopus, servus servorum Dei, venerabilibus fratribus HENRICO Remensi archiepiscopo, et G. Tornacensi episcopo, salutem et apostolicam benedictionem.

Relatum est auribus nostris ex transmissa conquestione parochianorum Dudasselensis Ecclesiæ, quod, cum alicui eorum a circatoribus decimarum objectum fuerit, quod integras decimas non exsolverit, et post tertiam Dominicam non exhibuerit quod de decimis dicitur esse subtractum ; tandem proxime sequenti feria post tertiam Dominicam eum oportebit juramento firmare, quod integre decimas persolvisset, nisi forte supplere voluerit quod de decimis dicitur subtraxisse. Si vero in præstando sacramento manu, vultu, vel oculis, seu aliqua parte trepidavit, ita quod trepidatio possit notari ; vel si unus vel plures digiti manus defuerint, qui non sint positi super reliquias sine trepidatione qualibet, cogitur de prava et iniqua consuetudine duos solidos et decimam in duplum solvere, quam dicitur subtraxisse. Quæ utique consuetudo prava est penitus et detestabilis, et tam divino quam humano juri contraria, nec nisi de superabundantis cupiditatis radice noscitur processisse, cum magis sint commendandi, qui cum tremore, quam illi qui ad sacras reliquias irreverenter, ut non dicamus impudenter, accedunt. Quoniam igitur pravæ consuetudines sunt penitus exstirpandæ, nec debent locum inter clericos vel laicos invenire, fraternitati tuæ per apostolica scripta mandamus, quatenus, si res ita se habet, tam horrendam et detestabilem consuetudinem auctoritate nostra et vestra evellatis et penitus exstirpetis, et ex eo quod in præstando juramento trepidaverunt, qui juramentum facere compelluntur, aut quod totam manum super reliquias non posuerunt, ipsos non sustineatis de cætero aliqua pœna mulctari. Si qui vero fuerint, qui propter hoc pœnam aliquam irrogaverint, ipsos a tanta præsumptione, sublato appellationis remedio, censura ecclesiastica compescatis, prohibentes attentius decimas a laicis exigi, vel eas ipsis exsolvi, aut eis de subtractione decimarum excusationem vel juramentum quodlibet exhiberi.

Data Tusculi, iii Nonas Martii.

DCCCLXXIX.

Henrico Remensi archiepiscopo, et G. Laudunensi episcopo causam de quibusdam oblationibus inter Brugenses canonicos et R. presbyterum Dudasselensem committit terminandam.

(Tusculani, Mart. 6.)
[*Ibid.*, col. 895.]

ALEXANDER episcopus, servus servorum Dei, venerabilibus fratribus HENRICO Remensi archiepiscopo, et G. (96) Laudunensi episcopo, salutem et apostolicam benedictionem.

Cum dilectus filius noster L. pro canonicis Brugensibus, et R. presbyter Dudasselensis Ecclesiæ in nostra essent præsentia constituti, super quibus-

---

(95) Robertem, qui fuit etiam præpositus Ariensis, S. Donatiani Brugensis et S. Amati Duacensis, et etiam episcopus Cameracensis, ac misere periit occisus 1172, teste Alberico in Chronico.

(96) Galterio de Mauritania ex decano facto episcopo.

dam oblationibus coram nobis inter se coeperunt quæstionem movere; ad easdem sibi oblationes vindicandas, idem presbyter privilegium quoddam sub nomine præpositi Brugensis et prædictorum canonicorum nobis repræsentavit, quod, a nobis confirmari attentius postulabat, adjiciens quod cum ipse et ecclesia sua præscriptis oblationibus sine judicio spoliati sint, idem presbyter ad nostram audientiam appellavit. Præfatus vero L., qui verbum pro supradictis canonicis faciebat, asseruit pactionem quæ super eisdem oblationibus facta fuerat, de jure stare non posse, nec debere præscriptum privilegium confirmari, quoniam pravus contractus fuerat, cum pro recompensatione oblationum, quæ spirituales sunt, temporalia fuerint erogata. Nos itaque volentes eidem causæ finem imponere, cum neuter super his quæ dicebat fidem nobis facere posset, eamdem causam experientiæ vestræ committimus, fraternitati vestræ per apostolica scripta mandantes, quatenus, utraque parte ante vestram præsentiam convocata, rei veritatem studiosius inquiratis, et si inveneritis præfatum presbyterum et ecclesiam secum præscriptis oblationibus absque judicio vel post appellationem spoliatos, eis oblationes ipsas, sublato appellationis remedio, faciatis restitui, et deinde si prædicti canonici exinde agere voluerint, causam audiatis et appellatione remota fine debito terminetis.

Data Tuscul., xi Nonas Martii.

DCCCLXXX

Remensi archiepiscopo causam committit terminandam inter virum et feminam

(Tusculani, Mart. 6.)
[*Ibid.*]

Significavit nobis dilectus filius noster W., decanus S. Salvatoris, quod cum parochianus quidam ecclesiæ S. Mariæ Brugensis, ad quamdam mulierem consuetudinem habuisset, tandem mulier eum reclamavit in virum, et vir mulierem ipsam suam esse uxorem negavit, sed recognovit se eam aliquanto tempore carnaliter habuisse. Cum autem in præsentia sua eadem controversia tractaretur, in prima et secunda vocatione mulier in matrimonii probatione defecit, et deinde datis induciis, præfata mulier matrem suam et servum fratris sui et propriam ancillam sororis suæ ad matrimonium probandum produxit. Eodem vero decano super causa ipsa sententiam ferre volente, præfata mulier venerabilem fratrem nostrum Tornacensem episcopum appellavit, diem præfigens quo ad ecclesiam accederet. Vir vero ad audientiam nostram in voce appellationis prorupit. Unde quia propter absentiam partium non potuimus in causa procedere, eam experientiæ tuæ committimus, fraternitati tuæ præsentium auctoritate mandantes, quatenus cum exinde fueris requisitus, utramque partem ante tuam præsentiam convoces, et rationibus hinc inde plenius

(97) Alexandri papæ monitis haud dubium paruit Hugo Suessionensis episcopus, cancellariam dimittendo; nam, uti observat Mabillonius in libro ii *De*

auditis et cognitis, causam ipsam infra xi dies post harum susceptionem, sublato appellationis remedio, canonico fine decidas.

Data Tusculi, xi Nonas Martii.

DCCCLXXXI

Ad eumdem. — *Ut ablata P. et T. presbytero a Rainaldo comite et Henrico de Grandi-prato, faciat restitui.*

(Tusculani, Mart. 7.)
[*Ibid.*, col. 897.]

Querelam P. presbyteri ad nos venientis accepimus, quod Rain. comes ei decem et septem solidos contradicit exsolvere, quos sibi data fidejussoria cautione exhibere tenetur. Adjecit insuper quod Henricus de Magno-prato ei per servientem suum jumentum quoddam fecit violenter auferri, et eumdem presbyterum, in eum violentas manus injiciendo, turpiter et inhoneste tractari. Nihilominus etiam nobis proposuit, quod idem H. T. presbytero nepoti suo xxv solidos contra justitiam abstulit, quos reddere sibi contemnit. Quia igitur sustinere non possumus vel debemus, ut laici debeant clericorum jura violenter invadere, vel in ipsos ausu temerario deservire, fraternitati tuæ per apostolica scripta mandamus, quatenus ablata omnia memoratis presbyteris infra xl dies post harum susceptionem facias cum integritate restitui, aut exinde sibi coram te, appellatione remota, plenam et sufficientem justitiam exhiberi, ita quidem quod si jam dicti milites aliter tibi non acquieverint, eos ecclesiastica censura percellas. Si vero tibi constiterit servientem præfati Henrici ad supradictum presbyterum de mandato ejusdem Henrici violentas manus ausu nefario injecisse, quid exinde facere debeas tua discretio plenius recognoscit.

Data Tuscul., Non. Martii.

DCCCLXXXII

Ad eumdem. — *Ut episcopum Suessionensem hortetur ut, solo episcopatu contentus, dimittat cancellariam.*

(Tusculani, Mart. 7.)
[*Ibid.*]

Iis quæ pertinent ad incrementa virtutum et animarum salutem, promptam nos convenit curam et diligentiam adhibere, et Ecclesiarum commodis et profectibus ferventi desiderio et sollicitudine aspirare. Sane non est prudentiæ tuæ incognitum, sed certum et manifestum, quantum oporteat episcopum super cura gregis sibi commissi circumspectionem et sollicitudinem gerere, et ne luporum morsibus exponatur, oculo attentioris sollicitudinis vigilare. Cæterum quoniam venerabilis frater noster Suessionensis episcopus cancellariæ officium et pontificalis administrationis sollicitudinem non potest simul et congrue exercere, cum utrumque officium totam non divisam desideret habere personam, ei mandavimus ut, relicta cancellaria (97), curæ et ad-

re dipl., cap. 12, vacabat cancellaria annis 1171 et 1173; obiit autem Hugo 1175.

ministrationi injunctæ sibi sollicitudinis diligenter et studiose intendat, et super custodia Ecclesiæ et populi sibi commissi vigil et intentus existat, ut inde coram Patrefamilias, plenam valeat reddere rationem. Ideoque fraternitati tuæ per apostolica scripta mandamus, quatenus eumdem episcopum super hoc eodem commoneas, et si cum assensu et pace charissimi in Christo filii nostri L. illustris Francorum regis fieri potest, districte compellas.

Data Tuscul., Nonis Martii.

DCCCLXXXIII.

Ad eumdem. — *De causa inter Jac. presbyterum et abbatem S. Salvatoris Virtuensis.*

(Tusculani, Mart. 10.)

[*Ibid.*, col. 898.]

Constitutus in præsentia nostra Jac. presbyter, supplici nobis conquestione monstravit quod, cum abbas S. Salvatoris de Virtute eum ad ecclesiam S. Stephani villæ Senioris venerabili fratri nostro Catalaunensi præsentasset episcopo, et ipsum episcopus de ecclesia investisset; postmodum abbas, quia idem presbyter ad nutum suum nolebat censum augere, cœpit negare quod illi dedisset ecclesiam, aut ipsum ad eam præsentasset. Cumque super hoc tam ipse quam W. clericus, cui abbas præscriptam concessisse ecclesiam asserebat, coram præfato episcopo convenisset, licet episcopus fateretur se prædicto W. curam illius ecclesiæ non commisisse; timens tamen præfatus presbyter adversarii potentia prægravari, ad nostram audientiam appellavit. Cumque propter hoc se nostro conspectui præsentasset, nec ipse et responsalis abbatis ad agendum venissent instructi, nos minime potuimus in causa procedere, aut ei debitum finem imponere. Quapropter de tua prudentia et honestate plenius confidentes, eamdem causam experientiæ tuæ committimus audiendam, et fine debito terminandam. Ideoque fraternitati tuæ per apostolica scripta mandamus, quatenus tam abbatem, quam presbyterum et clericum ante tuam præsentiam convoces, et rationibus hinc inde plenius auditis et cognitis, si legitime tibi constiterit, quod prænominato presbytero præscripta ecclesia per repræsentationem abbatis et concessionem episcopi collata fuerit, nec postea commiserit, propter quod ea debuerit merito spoliari, ipsam ei, appellatione et occasione remota, facias pacifice ac quiete dimitti: alioquin causam audias, et quod justum fuerit, sublato appellationis remedio, judices.

Data Tuscul, vi Idus Martii.

DCCCLXXXIV.

Ad Henricum Remensem archiep., et G. Laudunensem episcopum. — *De causa inter Brugenses canonicos et R. presbyterum.*

(Tusculani, Mart. 11.)

[*Ibid.*, col. 899.]

ALEXANDER episcopus, servus servorum Dei, venerabilibus fratribus HENRICO Remensi archiepiscopo, et G[ALTERO] Laudunensi episcopo, salutem et apostolicam benedictionem.

Licet in litteris quas de quibusdam oblationibus, unde inter canonicos Ecclesiæ S. Donatiani Brugensis et R. Dudassellensis ecclesiæ presbyterum vertitur controversia, vestræ discretioni direximus, positum fuerit, quod dilectus filius noster L. pro canonicis verbum fecisset: meminimus nos tamen et fratres nostri nihilominus recolunt, quod idem L. se prædicti præpositi tantum fuisse asseruit responsalem. Unde quod ipse in aliis litteris canonicorum fuisse dicitur, ex nimia negotiorum frequentia incorrectum remansit. Supradictus vero presbyter se dicebat contra eumdem præpositum nullam causam habere, sed duntaxat contra canonicos. Volumus igitur et mandamus ut, eo quod in aliis litteris præfatus L. responsalis canonicorum fuisse perhibetur, non obstante, super eadem causa rei veritatem, juxta tenorem aliarum litterarum nostrarum studiosius inquiratis, et si inveneritis memoratum presbyterum et ecclesiam suam fuisse præscriptis oblationibus sine judicio vel post appellationem spoliatos, eis oblationes ipsas, dilatione et appellatione cessante, faciatis restitui, et deinde si prædictus præpositus vel canonici adversus eumdem presbyterum vel ecclesiam suam exinde noluerint agere, vos causam audiatis, et eam, appellatione remota, fine canonico terminetis.

Data Tuscul., v Idus Martii.

DCCCLXXXV.

Ad Henricum Remensem archiep. — *Ut Rogerum Tokellum et Guidonem, qui in clericos violentas manus injecerant, excommunicatos denuntiet.*

(Tusculani, Mart. 15.)

[*Ibid.*, col. 900.]

Ex parte Catalaunensis capituli adversus Rogerum Tokellum et Guidonem filium senescalli et alios complices suos querelam accepimus, quod in thesaurarium ecclesiæ suæ et clericos ejus violentas manus ausu temerario injicientes, eos turpiter et inhoneste tractaverunt. Unde quoniam tantæ præsumptionis excessus gravi est animadversione plectendus, fraternitati tuæ per apostolica scripta præcipiendo mandamus, quatenus hujus rei veritatem diligenter inquiras, et si ita esse inveneris, prædictos viros publice accensis candelis, appellatione remota, excommunicatos denunties, et eos attentius facias evitari, donec eidem thesaurario et clericis ejus de illata injuria condigne satisfaciant, et cum litteris tuis de tanto satisfacturi excessu, apostolico se conspectui repræsentent.

Data Tuscul, iii Idus Martii.

DCCCLXXXVI.

Ad episcopum Catalaunensem. — *Ut filium sacerdotis per ignorantiam ordinatum presbyterum sua faciat ecclesia gaudere.*

(Tusculani, Mart. 13.)

[*Ibid.*, col. 900.]

Quoniam scriptum est in libro Psalmorum: *Universæ viæ Domini misericordia et veritas* (Psal. XXIV, 10); et alibi: *Misericordia et veritas præibunt ante faciem tuam* (Psal. LXXXVIII, 15), P. latorem præsentium, quem ignorans filium esse sacerdotis in presbyterum ordinasti, ad misericordiam tuam jampridem duximus remittendum ut, si alias idoneum et honestum eum esse cognosceres, ad ecclesiam reciperes ad quam fuerat præsentatus. Unde quod ei ad suggestionem nostram præscriptam ecclesiam assignasti, gratum gerimus et acceptum; fraternitatem tuam monentes, atque mandantes quatenus eum in præscripta ecclesia manuteneas, et eam ibi occasione illa molestari vel perturbari nulla ratione permittas : ita tamen quod dispensatio, quam circa istum adhibere volumus, aliis non debeat legem præfigere, nec tu inde sumas exemplum, ut de cætero filios sacerdotum in sacerdotio genitos ad ordines promoveas, nisi in claustro canonicorum regularium vel monachorum fuerint dignæ conversationis judicio comprobati.

Data Tuscul. III Idus Martii.

DCCCLXXXVII.

Ad Henricum Remensem archiep. — Episcopum Silvanectensem, qui diviserat præbendam, a potestate conferendi præbendas privat.

(Tusculani, Mart. 13.)

[*Ibid.*, col. 901.]

Constituto in præsentia nostra Henrico, archidiacono Silvanectensi, dilecti filii nostri S. et magister S. et D. fratres militiæ Templi nuntii tui, in audientia nostra et fratrum nostrorum adversus fratrem nostrum Silvanectensem episcopum (98), ex parte tua querimoniam gravem deposuerunt, quod cum G. clerico tuo primam præbendam quæ in ecclesia sua vacaret ad preces suas concessisset, eam quæ vacavit inter ipsum et prædictum archidiaconum contra decretum nostrum, quod in concilio Turonensi edidimus (99), dividere non formidavit, et cum eum per litteras et viva voce, ut quod fecerat corrigeret monuisses, ipsum quia noluit, tuæ commonitioni parere, ad nostram audientiam appellasti. Archidiaconus vero servata modestia et humilitate in sui prolatione sermonis, quod nuntii tui proposuerant, noluit diffiteri, sed episcopum fuisse immemorem decreti nostri, quando præbendam dimidiavit, constanter proposuit, et quod non pro contemptu tuo, sed infirmitate præpediente, appellationem exsequi omisisset, prudenti relatione adjecit. Nos vero volentes honori et dignitati tuæ, in quibus cum Deo et justitia possumus deferre, et ne alii audaciam delinquendi assumant, et occasionem violandi decretum nostrum attentiori studio providere, episcopum suspendimus ab auctoritate donandi præbendas, usque ad misericordiam nostram vel catholici successoris nostri, et archidiaconum dimidia præbenda, quam contra decretum nostrum suscepit, deliberato fratrum nostrorum consilio privavimus, auctoritate nostra in archidiaconatu et canonicatu remanentem, ita quod dimidia illa præbenda perpetuo careat; sed ei dimidia quam habet ab episcopo suo postquam per misericordiam apostolicæ sedis ei donandi præbendas auctoritas erit restituta, vel a successore suo integretur, vel alia integra assignetur. Verum licet prædictus G. clericus tuus eadem ratione sua debuisset dimidia præbenda privari, pro honore tamen tuo, et pro consideratione fraternitatis tuæ, et quia ipse absens erat, eam sibi dispensative dimisimus; ita quod integra præbenda in eadem ecclesia cum vacaverit, relicta dimidia ei debeat assignari. De cætero prædictum episcopum charitati tuæ sollicite commendamus, rogantes atque monentes, quatenus eidem episcopo gratiam tuam clementer restituens et amorem, eum, sicut facturam tuam diligas, manuteneas, et honores, et benigne ac mansuete pertractes. Nos enim ei dedimus in mandatis, quod tibi tanquam patri et domino suo debitam obedientiam et reverentiam exhibeat; ad quod eum promptum et voluntarium esse non dubitamus.

Data Tuscul., III Idus Martii.

DCCCLXXXVIII.

Ad eumdem. — De absolutione magistri Gerardi ab excommunicatione.

(Tusculani, Mart. 14.)

[*Ibid.*, col. 902.]

Constitutis in præsentia nostra dilectis filiis nostris fratre Simone et magistro Stephano, nuntiis tuis, et magistro Gerardo latore præsentium, iidem nuntii tui eumdem G. dixerunt excommunicatum fuisse, et debere sicut excommunicatum vitari : prædictus vero G. asseruit quod, cum mulier quædam, quæ super XVIII libris ab alia impetebatur, decesserit, dilectus filius noster Bos. archidiaconus Ecclesiæ tuæ, qui vices tuas in causis gerebat, adversus eum occasione suscepta; quia causa ipsa tibi committebatur, et idem G. pro prædicta muliere ad litteras commissionis impetrandas apud nos steterat, ipsum convenit, ut tanquam fidejussor super causa ipsa in sua præsentia responderet. Ipse vero se fidejussorem non recognoscens, et quomodo in litteris ipsis de fidejussione nihil continetur considerans, coram eodem archidiacono noluit exinde respondere, imo ad nostram audientiam appellavit. Verum quod idem archidiaconus eum excommunicasset, se dicebat penitus ignorare, nisi quod prædicti nuntii cum asservabant excommunicatum fuisse. Licet autem non teneret sententia, si in eum post appellationem lata fuisset, quia tamen utrum ante vel post appellationem excommunicatus fuisset nobis erat incognitum, eum fecimus a sententia illa absolvi, eumque remittimus absolutum; fraterni-

---

(98) Henricum, ex abbate S. Quintini Bellovacensis factum episcopum.

(99) Sic enim in concilio Turonensi, cap. 1 : *Majoribus ecclesiæ beneficiis in sua integritate manentibus, indecorum nimis videtur, ut minores clericorum præbendæ recipiant sectiones. Idcirco ut in magnis, ita et in minimis suis membris, firmam habeant Ecclesiæ unitatem. Divisionem præbendarum aut dignitatum per mutationem fieri prohibemus.*

tatem tuam monentes attentius et mandantes, quatenus eum pro absoluto habeas, et ab omnibus facias pro absoluto haberi, nec occasione illius excommunicationis ab eo quidquam exigas, vel ab aliis exigi patiaris, nec aliquam sibi propter hoc pœnam infligas aut permittas infligi.

Data Tusculi, 11 Idus Martii.

DCCCLXXXIX.

Ad eumdem. — *Scribit in gratiam D. diaconi, cui fratres S. Eugenii ecclesiam de Masdeio dederant.*

(Tusculani, Mart. 16.)
[*Ibid.*, col. 903.]

Veniens ad apostolicæ sedis clementiam D. diaconus, lator præsentium, lacrymabili nobis conquestione monstravit quod, cum ei abbas et fratres S. Eugendi(100) ecclesiam de Masdeio canonice concessissent, frater noster Catalaunensis episcopus eum ad præsentationem illorum recipere noluit, sed alium ipsis invitis in eadem ecclesia intrusit; unde idem diaconus compulsus est ad sedem apostolicam appellare. Quia vero hujus rei veritas nobis non constat, fraternitati tuæ per apostolica scripta mandamus, quatenus rem ipsam diligenter inquiras, et si ita esse inveneris, et episcopus rationabilem causam ostendere non potuerit, quare ipsum ad eamdem ecclesiam recipere nolit, præfato D. præscriptam ecclesiam, occasione et appellatione cessante, facias assignari : ita quod iste non cogatur pro defectu justitiæ amplius laborare. Si autem de ratione ista a sua portione fuerit amovendus, illo amoto, qui contra voluntatem abbatis et fratrum fuit immissus, alium idoneum ibidem ad repræsentationem illorum non differas ordinare.

Data Tusculi, xvii Kal. Aprilis.

DCCCXC.

Ad abbates S. Remigii et S. Dionysii Remensis. — *Causam judicandam iis committit.*

(Tusculani, Mart. 17.)
[Mansi, *Concil.*, XXI, 957.]

Causam quæ inter G. Remensem et A. mulierem super quadam domo coram dilecto filio nostro B. archidiacono Remensi diutius est agitata, et, sicut dicitur, ad nos per appellationem delata experientiæ vestræ committimus audiendam, et, appellatione remota, fine congruo terminandam. Ideoque discretioni vestræ per apostolica scripta mandamus, quatenus, cum exinde requisiti fueritis, utramque partem ante vestram præsentiam convocetis et si cognoveritis causam ipsam ad nos per appellationem fuisse delatam, rationibus hinc inde auditis, et cognitis, eamdem causam, sublato appellationis remedio, concordia vel judicio terminetis.

Datum Tuscul., xvi Kal. Aprilis.

(100) S. Eugendi, abbatia nobilis et antiquissima in diœcesi Bisuntina, a S. Romano fundata, Condatum primum appellata, dein a tertio suo abbate S. Eugenio dicta, hodie innotescit sub nomine

DCCCXCI.

Ad Henricum Remensem archiep. — *Ut episcopum Catalaunensem, qui pro absolutione excommunicatæ mulieris pecuniam exegerat, ab officio suo suspendat.*

(Tusculani, Mart. 17.)
[Marten., *Ampl. Collect.*, II, 904.]

Relatum est auribus nostris quod, cum frater noster G. (1) Catalaunensis episcopus parochianos suos, Evannum scilicet et alios quosdam et eorum familias pro suis excessibus excommunicationis sententia percussisset, mandato nostro recepto, et satisfactione, sicut credimus, congrua præstita, cæteros præter uxorem prænominati E. a sententia qua tenebantur absolvit. Uxorem vero ejusdem E. contempsit absolvere, quoniam novem libras, quas pro ejus absolutione idem episcopus exigebat, ei noluerat exhibere, licet eadem mulier super eo unde excommunicata fuerat parata fuisset juris æquitati parere. Cum autem præfatus episcopus in proposito suo persisteret, jam dictæ mulieri in morte sua, pœnitentia fuit, viaticum, nec non et cœmeterium denegatum. Quia igitur, si vera sunt hæc quæ de jam dicto episcopo ad nostram audientiam perferuntur, multa debent et gravi animadversione puniri, fraternitati tuæ per apostolica scripta mandamus, quatenus super hoc rei veritatem diligenter inquiras, et si tibi constiterit jam dictum episcopum eidem mulieri, ipsa absolutionem petente, cupiditate pecuniæ absolutionis beneficium denegasse, et eam propter illius avaritiam sine pœnitentia decessisse, et episcopum usque ad mandatum nostrum ab officii pontificalis executione suspendas, et corpus prædictæ mulieris ecclesiasticæ tradi facias sepulturæ, quoniam in illum pœna redundare debet et culpa, qui in mortis articulo ei absolutionem petenti absolutionis beneficium denegavit.

Data Tusculi, xvi Kal. Aprilis.

DCCCXCII.

Ad eumdem. — *Ut duos ecclesiæ suæ canonicos, qui violentas manus in diaconum injecerant, denuntiet excommunicatos.*

(Tusculani, Mart. 17.)
[*Ibid.*]

Quoties a viris ecclesiasticis committuntur ea quæ a laicis gravi debeant animadversione requiri, tanto in ipsis celerius commissæ iniquitatis excessum debemus corrigere, quanto eorum exemplo ad bonum vel malum cæteri facilius provocantur. Innotuit autem auribus nostris ex conquestione M. diaconi, latoris præsentium, quod Joannes Brieter et Erlewinus avunculus ejus, Ecclesiæ tuæ canonici, ipsum infra capitulum coram dilectis filiis nostris decano et canonicis ejusdem Ecclesiæ contumeliis et conviciis affecerunt, et violentas in ipsum manus injiciendo, non sunt veriti turpiter

S. Claudii, cujus corpus hactenus incorruptum servat.

(1) Guido de Joinvilla.

et inhoneste tractare. Quia igitur non solum in clericis, sed in quibuslibet et aliis tantus et tam gravis excessus multa debet severitate puniri, fraternitati tuæ per apostolica scripta mandamus, qualiter per eos qui interfuerunt, super hoc veritatem diligenter inquiras, et si ita esse inveneris, supradictos canonicos, appellatione remota, excommunicatos denunties, et donec eidem diacono de injuriis irrogatis, congrue satisfaciant, et cum litteris tuis apostolico se conspectui repræsentent, eos facias sicut excommunicatos attentius evitari.

Data Tusculi, xvi Kal. Aprilis.

DCCCXCIII.

Ad eumdem. — Ut canonici Laudunenses de illatis injuriis faciant satis monialibus Sancti Petri Remensis.

(Tusculani, Mart. 17.)
[*Ibid.*, col. 905.]

Ex parte abbatissæ et sororum S. Petri Remensis ad audientiam nostram est querela perlata quod, cum inter ipsas et dilectos filios nostros canonicos Laudunensis Ecclesiæ super quadam silva et terra de communi dividenda, judicio diviso jampridem facta fuisset, iidem canonici jam dictis sororibus infra divisionem illam damna gravia et injurias intulerunt. Licet autem sorores illæ ad sui juris tuitionem obstaculum appellationis interposuissent, nihilominus tamen iidem canonici, appellatione contempta, ipsis damna et injurias intulerunt; quibus damnis et injuriis provocatæ, ad apostolicam sedem suam coactæ sunt destinare querelam. Quia igitur non est sub silentio relinquendum, quod a quibuslibet, nedum a viris ecclesiasticis, contra juris ordinem in contemptum nostrum et Ecclesiæ attentatur, fraternitati tuæ per apostolica scripta mandamus, quatenus rem ipsam diligenter inquiras, et si ita esse inveneris, præfatos canonicos moneas, et collata tibi auctoritate compellas, ut supradictis sororibus illata damna infra xi dies post harum susceptionem, appellatione remota, cum integritate resarciant, et de injuriis irrogatis satisfactionem exhibeant competentem. De contemptu vero appellationis, eam ipsis, sublato appellationis remedio, pœnam infligas, quod, fama referente, ad audientiam nostram debeat pervenire.

Data Tusculi xvi Kal. Aprilis.

DCCCXCIV.

Ad eumdem. — Causam Elisendis viduæ ipsi committit.

(Tusculani, Mart. 17.)
[*Ibid.*]

Relatum est auribus nostris quod, cum Elisendis vidua Joannem Aculensem et sororem ejus super debito xii librarum, quas sibi solvere tenebantur, ipsa et filii sui in præsentia tuæ discretionis impeterent, ipsi volentes justitiam effugere, ad nostram justitiam appellarunt; sed spatio duorum annorum elapso, appellationem per se vel per alios non sunt aliquatenus prosecuti. Quia igitur indignum esset et contrarium penitus rationi, ut justitia jam dictæ viduæ vel filiorum suorum sub occasione derisoriæ appellationis debeat deperire, nos eamdem causam tuo examini remittentes, per apostolica tibi scripta mandamus, quatenus, si tibi constiterit eumdem J. et sororem ejus appellationem per se vel per alium non fuisse tanto tempore elapso prosecutos, eos moneas et omni cum districtione compellas, ut præscriptam pecuniam memoratæ viduæ et filiis suis infra xi dies post harum susceptionem sine molestia et diminutione persolvant, aut exinde sibi coram te, appellatione remota, exhibeant justitiæ complementum.

Data Tusculi, xvi Kal. Aprilis.

DCCCXCV.

Ad eumdem. — Ut homines S. Remigii a vexationibus canonicorum Suessionensium defendat.

(Tusculani, Mart. 21.)
[*Ibid.*]

Ad apostolicæ sedis audientiam ex parte ecclesiæ S. Remigii querela pervenit quod canonici Suessionenses et Nicolaus de Bazochis homines S. Remigii ad redemptionem compellant, eosque multis vexationibus et injustis exactionibus iniquietare præsumant. Eapropter quoniam indignum est ut ab eis præfata ecclesia indebitam hominum suorum jacturam sustineat, fraternitati tuæ per apostolica scripta mandamus, quatenus jam dictos viros diligentius commonere et districte compellere studeas, ut a prænominatæ hominum ecclesiæ redemptione, et ab ipsorum molestiis et exactionibus curent omnimodis abstinere. Si autem super hoc aliquid juris se habere confidunt, in præsentia tua poterunt experiri.

Data Tusculi, xii Kal. Aprilis.

DCCCXCVI.

Ad Turonensem archiepiscopum et Eduensem episcopum. — Ut latam ab archiepiscopo Remensi sententiam excommunicationis in comitem Henricum examinent.

(Tusculani, Mart. 22.)
[*Ibid.*, col. 907.]

ALEXANDER episcopus, servus servorum Dei, venerabilibus fratribus Turonensi (2) archiepiscopo et Eduensi episcopo (3), salutem et apostolicam benedictionem.

Cum dilecti filii nostri magistri Stephanus et Milo Catalaunenses, nuntii venerabilis fratris nostri H. Remorum archiepiscopi, cum litteris ejus ad nostram præsentiam accessissent, sollicitis apud

---

(2) Joscio, qui ab anno 1157 ad 1175 rexit Ecclesiam Turonensem.

(3) Henrico Odonis II Burgundiæ ducis fratri.

nos precibus institerunt ut excommunicationis sententiam quam in nobilem virum Henricum comitem pro suis excessibus promulgavit, apostolicæ sedis munimine firmaremus. Dilecti vero filii nostri Joannes Salvalupus et magister Melior, qui pro ipso comite super eodem negotio venerant, sententiam ipsam non esse tenendam coram nobis constantius asserebant, quoniam post appellationem ad sedem apostolicam factam, ipsam aiebant fuisse prolatam. Verum jam dicti nuntii archiepiscopi sententiam, sicut altera pars constanter asseverabat, post objectum appellationis obstaculum in eumdem comitem latam fuisse recognoverunt; sed addentes dixerunt quod idem comes, fines appellationis transgrediens, per præpositos et malitiam suam terras Ecclesiæ Remensis post appellationem invasit, et ecclesiam quamdam jurisdictionis archiepiscopi, hominum ibidem existentium aliis interfectis, aliis vero in captionem ductis, pro sua fecit voluntate comburi, nec homines quos in sua captione tenebat ad preces et commonitionem prædicti archiepiscopi absolvere voluit, donec ipsos sese redimere injuste coegit. Contra quod siquidem nuntii jam dicti comitis responderunt quod, si præpositi et militia sua post appellationem talia commiserunt, non de ipsius conscientia vel mandato processit, et quod de captivis requisitus fuisset, omnino inficiabantur, adjicientes quod homines ipsius comitis terram archiepiscopi non invaserunt, sed cum præpositi et militia ejusdem archiepiscopi terram comitis invaderent, ei sui homines occurrerunt, et ipsos fortuna prosperante in fugam verterunt, de quibus alios occiderunt, alios vero in captionem duxerunt.

Licet autem hinc inde coram nobis varia super eodem negotio dicerentur, super his tamen neutra partium nobis fidem facere potuit, et cum duo ex his solummodo ex utriusque partis confessione nobis constarent, quod videlicet ad nos appellatum fuisset, et post appellationem prænominatum comitem archiepiscopus excommunicationi subjecerit, sententiam ipsam juxta preces et petitionem ipsius non potuimus nec debuimus confirmare vel ratam habere, quamvis ei sicut venerabili fratri nostro, et tam dignitatis officio quam sanguinis generositate præclaro, in omnibus quæ cum Deo possumus, prompta voluntate condescendere velimus, nisi prius super his quæ nuntii ejus nobis proposuerant, certitudinem possemus habere. Ne igitur alterutri partium pro juris defectu relinquere videamur materiam conquerendi, horum cognitionem experientiæ vestræ, de qua plenam et indubitatam fiduciam gerimus, duximus committendam; apostolica vobis auctoritate mandantes ut insimul convenientes, super his omnibus infra xi dies post harum susceptionem, rei veritatem diligentius inquiratis; et si vobis constiterit tam dictos præpositos et militiam de mandato vel conscientia supradicti comitis, post appellationem et ante excommunicationem terram præfati archiepiscopi non repellentes, sed inferentes injuriam aggressos fuisse, aut etiam ipsum ab eodem archiepiscopo requisitum, homines ei quos tenebat in vinculis reddere noluisse, vel exinde sibi justitiam exhibere, sententiam in eum latam, nisi interim inter se, quod magis cupimus, amicabiliter convenerint, remoto appellationis obstaculo auctoritate nostra ratam habeatis et confirmetis, et eam præcipiatis inviolabiliter observari. Cæterum incendiarios illos quæ in præscripta ecclesia ignem apponere præsumpserunt, usque ad dignam satisfactionem excommunicatos denuntietis, et ab omnibus faciatis cautius evitari. Alioquin sententia tenere non debet, quia sententia post appellationem lata, sicut vestra novit fraternitas, nullius potest vel debet esse momenti, nisi cognitum fuerit vel probatum quod postea commiserit quare debet anathematis vinculo detineri. Nihilominus etiam præsentium vobis auctoritate mandamus, vel super ædificatione castrorum, si inde mandatum charissimi in Christo filii nostri L. illustris Francorum regis receperitis, partes nostras efficaciter interponatis, et causam compositione, si poteritis, vel etiam judicio studeatis terminare; quod autem de excommunicatione mandavimus, hoc idem de interdicto terræ præcipimus observari.

Data Tusculi, xi Kal. Aprilis.

DCCCXCVII.

Ad *Henricum Remensem archiep.* — *Ut episcopum Belvacensem aliosque suffraganeos suos non gravet, ac dissidia sua cum Henrico comite componat.*

(Tusculani, Mart. 22.)
[*Ibid.*, col. 909.]

Illum sinceritatis et devotionis ardorem et integritatis constantiam quam a nostræ promotionis exordio circa unicam et singularem matrem tuam sacrosanctam Romanam Ecclesiam, et specialiter circa personam nostram magnanimiter exhibuisti, semper in pectore nostro gerentes, et admirandæ fidei tuæ virtutem nihilominus sollicita meditatione pensantes, firmum propositum et ferventem admodum gerimus voluntatem, personam tuam sicut fratris charissimi et immobilis columnæ Ecclesiæ affluenti charitate diligere, et honori et exaltationi tuæ ardenti desiderio aspirare. Cum enim te pro domo Domini et fide catholica murum inexpugnabilem et turrim fortitudinis opposueris, et negotium, et causam Ecclesiæ pro viribus laboraveris promovere, merito confidere potes et plenam obtinere certitudinem, quod personam tuam de puritate animi diligamus, et pro tuo velimus honore esse solliciti omnimodis et studiosi. Unde si quando tuæ fraternitati aliqua scribimus quæ forte tibi gravia videantur, non ex minori affectione hoc facimus, sed quanto ferventius diligimus, tanto ea quæ ad conservationem tuæ honestatis et famæ, et incrementa spectant virtutum, tibi libentius suademus, et te ab his proponendo interdum aspera et dura revocare semper intendimus, quæ tuæ opinionis famam aliqua possint detractionis nebula obfuscare. Nam cum pater quem diligit corrigat et castiget, et meliora sint verbera amici quam blanda oscula inimici, minime posses de nobis plenam habere fiduciam, si tibi non sollicite consideremus quæ tuo honori expediunt et saluti, et ad famæ tuæ integritatem reservandam potissimum spectare noscuntur, præsertim cum scriptum sit : *Qui famam suam negligit, crudelis.* Quapropter cum nobis et tibi forma sit præfixa secundum quam subditos adhibita providentia et moderatione debeamus tractare, non debet moveri fraternitas tua, nec ulla ratione turbari, si monitis et mandatis nostris tibi suggerimus, quod suffraganeos tuos, et maxime Belvacensem episcopum, ultra metam a SS. Patribus præfixam non graves, sed potius in mansuetudine et benignitate pertractes, et circa te habeas personas ita maturas, honestas atque discretas, quod earum conversatione opinio tua redoleat, et honestatis tuæ virtus laudabilius enitescat, et quarum consilio in tractandis negotiis ecclesiasticis confidenter luniti possis, et eis in absentia tua incunctanter committere quæ emergunt negotia exsequenda.

Sane si clerici Belvacensis episcopi gloriati sunt, quod non credimus, nos in eo juri et dignitati tuæ derogasse, non debuisti fidem facile adhibere, cum adeo nostræ circa te ferveat affectio charitatis, quod scienter pro aliquo juri et dignitati tuæ detrahere in nullo velimus. Verum eidem indulsimus quod non potuimus de jure sibi denegare, videlicet quod tibi non licet ecclesias et jura ipsius contra formam canonum et SS. Patrum statuta disponere vel ordinare, aut ejus gravare personam; alias enim nullatenus credere debes quod pro Belvacensi episcopo juri vel dignitati tuæ a nobis detractum fuisset. Porro nos tanta circa te puritate animi et sinceritate cordis affluimus, quod de plenitudine dilectionis et gratiæ apostolicæ sedis et nostræ ita securus et certus potes existere, et ita confidenter de nobis præsumere, sicut aliqua persona melius unquam possit confidere vel sperare, nec animum aut aures accommodes, si quis unquam in contrarium præsumpserit susurrare. Cæterum nolumus quod pro gratia quam in conspectu nostro et totius Ecclesiæ tuis exigentibus meritis invenisti, prædictum Belvacensem vel quoslibet alios graves, unde in te pontificalis maturitas vel modestia sacerdotalis debeat sustinere defectum. De cætero prudentiam tuam rogamus, monemus, consulimus et exhortamur, quatenus juxta consilium et exhortationem charissimi in Christo filii nostri illustris Francorum regis, fratris tui, et aliorum amicorum tuorum cum nobili viro comite Henrico de discordia quæ inter te et eum de Castello vertitur pacifice amicabiliterque componas, considerans, sicut vir providus et discretus, quanta ex eadem discordia tibi et Ecclesiæ tuæ et eidem comiti damna possint et incommoda provenire. Si autem componere secum super hoc non potueris, regis super hoc vel alius judicium subeas, cui causam ipsam idem rex duxerit committendam. Datum Tusculi, xi Kal. Aprilis.

DCCCXCVIII.
Ad eumdem. - *Respondet ad diversa de quibus eum consuluerat.*
(Tusculani, Mart. 22.)
[*Ibid.*, col. 911.]

Cum sacrosancta Romana Ecclesia caput et magistra omnium Ecclesiarum sit, disponente Deo, constituta, et ad eam consultationes et quæstiones de diversis mundi partibus merito referantur, quod eam super variis juris quæstionibus consulueris, gratulamur, et prudentiam tuam non immerito commendamus. Inde est quod fraternitati tuæ scriptis præsentibus dignum duximus respondere. Si frustratoriæ dilationis causa vel etiam necessario ante sententiam vel postea fuerat appellatum, hujusmodi appellantibus annus indulgeri solet, aut si urgens et evidens necessitas comparuerit, indulgetur biennium, nisi forte judex a quo appellatum fuerit, secundum locorum et provinciarum distantiam et quantitatem temporis, recisius tempus fuerit moderatus, infra quod si is, qui appellavit, causam appellationis non fuerit prosecutus, tenebit sententia, si post sententiam appellaverit, et a causa sua cecidisse videtur, nec amplius super eodem negotio audietur appellans. Si vero absque omni gravamine et ante litis ingressum fuerit appellatum, hujusmodi audietur appellans, quoniam sacri canones passim appellare permittunt. Si tamen ante sententiam appellavit, cogetur illius stare judicio a quo noscitur appellasse. Si autem in agro vel alias ante causæ ingressum fuerit appellatum, non solent dici hujusmodi appellationes, sed in jus vocationes. Præterea si raptor sit, vel alias violentus detentor alienæ rei qui appellat, hujusmodi appellatio facta in judicio apud ecclesiasticas personas solet audiri, nisi forte manifestus raptor, vel fornicator existat, sicut ille quem absentem et non requisitum Apostolus excommunicavit. Ad hæc si in una causa aliquis appellaverit, et pendente appellatione aliquod crimen committat, vel prius commisisse dicatur, vel modo etiam accusetur, vel conveniatur de alia re de qua non sit appellatum, nec illa contingat judicem a quo in alio quoque negotio appellavit, potest, si voluerit, tanquam suspectum vitare. Alioquin debebit stare judicio ipsius a quo appellatum est, maxime si judex suus ordinarius existit.

Item, si duobus coram judice litigantibus, alter ad nostram, alter ad sui judicis audientiam super eodem negotio appellaverit, et ille, qui ad suum judicem appellavit, ad diem appellationis veniens, ad eum se appellasse proponat, eo tacito quod adversarius ad audientiam Romani pontificis appellasset; si legitime citatus neque venerit, nec aliquem miserit responsalem, aut etiam alias parere contemnit, et in eum excommunicationis sententiam tulerit, tenebit utique excommunicationis sententia pro contumacia, nisi cognoverit judex eum ad audientiam Romani pontificis appellasse.

Denique, quod in fine quæstionum tuarum quæris, si a civili judice ante judicium vel post ad nostram audientiam fuerit appellatum, an hujusmodi appellatio teneat: tenet quidem in his qui nostræ sunt temporali jurisdictioni subjecti; in aliis vero si de consuetudine Ecclesiæ teneat, secundum juris rigorem tenere non credimus.

Datum Tusculi, xi Kal. Aprilis

DCCCXCIX.

Illustri regi Francorum. — *Ut componat dissidium inter archiepiscopum Remensem et Henricum comitem.*

(Tusculani, Mart. 22.)
[*Ibid.*, col. 912.]

Constitutis in præsentia nuntiis venerabilis fratris nostri Henrici Remensis archiepiscopi, fratris tui, et nobilis viri comitis Henrici, et coram nobis inter se litigantibus, ex eorum assertione comperimus inter eumdem archiepiscopum et comitem contentionem non levem, sed gravem nimis exortam, quæ nobis tanto magis gravis est et molesta, quanto universos de regno tuo et præsertim nobiles et potentes potiori vellemus pace gaudere, sicut qui pacem tuam et ejusdem regni, prout bene meruisti, non alienam, sed nostram et Ecclesiæ specialem et propriam reputamus. Nos autem contentiones eorum pro nostri officii debito sedare volentes, utriusque petitionibus, quantum de ratione fieri potuit, condescendimus, et tam de appellatione quam de excommunicatione quæ ad nos specialiter pertinebant causam venerabilibus fratribus nostris Turonensi archiepiscopo et Eduensi episcopo, viris utique prudentibus et discretis, cognoscendam commisimus et fine debito terminandam. Cæterum quoniam supradictus comes quædam castra per eumdem archiepiscopum in damnum etiam non modicum et detrimentum suum conqueritur de novo esse constructa, unde tanta et tam gravis radix dissensionis videtur habere fomentum, nos super eadem dissensione non modica commotione turbati, et de ipsorum pace prout debemus solliciti, regiam magnitudinem rogamus, consulimus et monemus, quatenus ad reformandam inter eos pacem atque concordiam partes tuas efficaciter inter eos interponas, et de medio ipsorum omnem studeas tollere materiam jurgiorum, et causam ipsam judicio vel amicabili compositione, quod magis opta-

(4) In codice nullam præfert hæc epistola inscriptionem, verum eam archiepiscopo Senonensi scriptam fuisse conjicimus, quod pro Philippo nepote

mus, decidas, quia melius est et salubrius nascenti morbo occurrere quam postquam induruerit quærere medicinam. Si vero super ædificatione prædictorum castrorum te forte, quod non credimus, nolueris intromittere, causam ipsam personis discretis committas, quæ super hoc studium adhibeant et laborem, et causam ipsam, si fieri poterit, compositione amicabili aut etiam judicio satagant terminare. Multum enim tibi et regno tuo expedit ut inter adeo magnas et potentes personas pax et concordia celerius reformetur.

Data Tusculi, xi Kal. Aprilis.

CM.

Ad Bartholomæum Belvacensem episcopum. — *Quod litteras non concesserit ipsi exemptionis a jurisdictione archiepiscopi Remensis, et ut debitam ei obedientiam exhibeat.*

(Tusculani, Mart. 22.)
[*Ibid.*, col. 913.]

Clerici et nuntii venerabilis fratris nostri Remensis archiepiscopi proposita nobis assertione monstrarunt quod clerici tui cum insultatione in via asseverabant se a nobis litteras impetrasse quibus jurisdictione et reverentia ipsius archiepiscopi exemptus fuisses. Unde vehementer miramur plurimumque movemur qua præsumptione id attentaverunt, cum omnino a vero alienum existat. Ideoque fraternitati tuæ per apostolica scripta mandamus, quatenus prædicto archiepiscopo debitam obedientiam et honorem impendas, et ei plenam devotionem et reverentiam exhibeas, et clericos tuos de tanta præsumptione veniam postulare, aut si inculpabiles sunt, seipsos excusare compellas. Nos enim eumdem archiepiscopum rogavimus atque monuimus ut te vel quoslibet pro gratia nostra, quam habet, non gravet, ita quod in eo pontificalis maturitas vel sacerdotalis modestia non videatur sustinere defectum.

Data Tusculi, xi Kal. Aprilis.

CMI.

Ad Willelmum Senonensem archiep. — *Ut nepoti archiepiscopi Remensis archidiaconatum concedat in sua ecclesia* (1).

(Tusculani, Mart. 22.)
[*Ibid.*, col. 914.]

Venerabilis frater noster Remensis archiepiscopus, transmissa nobis relatione, monstravit quod de mera et spontanea liberalitate nepoti ejus archidiaconatum Ecclesiæ tuæ, cum vacaret, concessisti. Cæterum quantus sit in Ecclesia Dei prædictus archiepiscopus, et quanta reverentia et devotione eum debeas prævenire, et quomodo nos ei qui se pro defensione Ecclesiæ contra inimicos murum et antemurale opposuit, debitores existamus, et suæ voluntati teneamur deferre, prudentiam tuam decet diligenter attendere, et ad complendam voluntatem

Henrici archiepiscopi Remensis constat aliunde eidem Senonensi antistiti litteras direxisse Alexandrum.

illius promptam diligentiam et efficaciam exhibere. Inde est quod fraternitatem tuam rogamus, monemus et hortamur, quatenus pro reverentia B. Petri et nostra, et intuitu prædicti archiepiscopi, nepoti suo secundum quod nosceris promisisse archidiaconatum, qui in Ecclesia tua vacaverit, liberaliter concedas et assignes, ita quod propter hoc idem archiepiscopus te pariter et Ecclesiam tuam sincerius diligere debeat, et honori et profectui tuo propensiori cura intendere, et nos exinde sinceritati tuæ gratias debeamus exsolvere pleniores.

Data Tusculi, xi Kal. Aprilis.

CMIII.

Ad Petrum abbatem S. Remigii, et Fulconem decanum Remensem. — Ut cognoscant de causa quorumdam, qui ab episcopo Ambianensi, judice constituto a pontifice, appellaverant.

(Tusculani, Mart. 24.)
[MANSI, *Concil.*, XXI, 925.]

Cum olim ex parte Warini et filii sui Remensium civium, causa, quæ inter ipsos, et Oldewinum et Joannem Remenses burgenses (5), super domo quadam vertitur, ad nos delata fuisset : eamdem causam, si bene meminerimus, venerabili fratri nostro Ambianensi episcopo commisimus terminandam. Nunc autem, sicut ex transmissa conquestione prædicti Oldewini et Joannis ad aures nostras pervenit, cum ipsi juxta mandatum nostrum ad eumdem episcopum accessissent : ab eo ad audientiam nostram appellarunt, judicem ipsum sicut suspectum vitantes, quoniam prædictus Warinus et filius ejus familiaritatem cum eodem episcopo habere dicuntur, et alter eorum de mensa sua esse perhibetur. Quia igitur prædictis burgensibus per responsalem suum ad nos venientibus, altera pars nec venit, nec aliquem pro se responsalem transmisit: nos attendentes, qualiter judex non debeat in causa constitui, qui merito alterutri partium possit esse suspectus, causam ipsam experientiæ vestræ committimus : mandantes quatenus, utraque parte ante vestram præsentiam convocata, causam diligentius audiatis, et eam, si vobis constiterit appellatum fuisse, contradictione et appellatione remota, fine debito terminetis.

Datum Tuscul., ix Kal. Aprilis.

CMIII.

Ad eosdem.—Causam duarum mulierum judicandam committit.

(Tusculani, Mart. 25.)
[MANSI, *Concil.*, XXI, 949.]

Ex transmissa conquestione pauperum domus de Vitriaco ad audientiam pervenit quod, cum R. mulier, M. mulierem pro quadam domo quam iidem pauperes ad se asserunt rationabiliter pertinere, coram archidiacono Catalaunensi traxisset in causam, et archidiaconus pro eadem R. exinde diffinitionis sententiam tulisset, præfata M. ad venerabilis fratris nostri Henrici Remensis archiepiscopi, R. vero ad nostram audientiam appellavit. Quia vero responsali prædictæ R. veniente, altera pars nec venit, nec aliquem pro se responsalem transmisit, experientiæ vestræ causam ipsam committimus audiendam, et fine debito terminandam. Ideoque discretioni vestræ per apostolica scripta mandamus, quatenus cum exinde requisiti fueritis, in unum pariter convenientes, utramque partem ante vestram præsentiam convocetis ; et, rationibus hinc inde auditis et plenius cognitis, eamdem causam, sublato appellationis remedio, mediante justitia, terminetis.

Datum Tusculani, viii Kal. April.

CMIV.

Episcopum Atrebatensem arguit quod R. clerico necdum præbendam in ecclesia sua concesserit.

(Tusculani, Mart. 25.)
[MARTEN., *Ampl. collect.*, II, 914.]

ALEXANDER episcopus, servus servorum Dei, Atrebatensi episcopo (6), salutem et apostolicam benedictionem.

Non excidit a memoria nostra, nec te credimus immemorem esse, qualiter pro R. nepote Roberti Bug. latore præsentium semel et iterum tibi scripsimus ; sed ita ad admittendas preces nostras te durum exhibuisti, quod litteris nostris, sicut ejusdem iterata querela demonstrat, acquiescere noluisti; quod quam grave nimis gerimus et molestum et exinde non possumus non moveri, cum videaris aures tuas nostris precibus obturare, quas reverenter deberes et humiliter exaudire. Novimus sane prædecessorem tuum G. ad preces nostras primum præbendam, quæ in Ecclesia Atrebatensi vacaret, eidem clerico liberaliter contulisse, et decem solidos per singulos menses, donec in episcopatu fuit, nostro intuitu assignasse. Cum autem eidem episcopo successeris, et plures quoque præbendæ in eadem Ecclesia vacassent, nullam habere potuit, et sic sua spe et intentione frustratus, cogitur ad nos non sine labore recurrere, et nostrum suffragium postulare. Quia igitur indignum est et penitus indecorum ut tu debeas exscindere quod ad preces nostras constat factum fuisse, fraternitatem tuam monemus atque præcipimus, quatenus præfato clerico præbendam, si qua nunc vacat, vel quam primo in Ecclesia tua vacare contigerit, omni occasione et excusatione cessante, concedas liberaliter et assignes, ne de inobedientia possis redargui, vel nos debeamus adversum gravius commoveri, aut cur præceptum nostrum non adimpleas, manifestam rationabilem causam coram venerabili fratre nostro domino Morinensi episcopo infra XL dies post harum susceptionem ostendas; si vero neutrum

---

(5) Utrique erant Remenses. Sed burgenses a civibus distingui, quia *cives* eos vocat, quibus intra urbis mœnia domicilium erat ; *burgenses*, quibus in burgo seu castro S. Remigii. Jac. SIRM.

(6) Andreæ, qui Godescalco cedenti anno 1164 successit, obiitque 1171.

horum efficere forte nolueris, eidem episcopo dedimus in mandatis ut id celerius nobis per sua scripta significet, quatenus te secundum tua merita puniamus.

Data Tusculi, viii Kal. Aprilis.

CMV.

Ad Petrum abbatem Sancti Remigii. — Ut qui terram hominis Hierosolymam profecti invaserat, eam restituere compellatur.

(Tusculani, Mart. 30.)

[MANSI, Concil., XXI, 925.]

Relatum est nobis quod postquam O. Sancti Theodorici Remensis civis Dominicam crucem suscepit Hierosolymam profecturus, Gerardus de Roscio quamdam terram ejus violenter invasit, et eam adhuc detinet occupatam. Nos autem uxoris prædicti O. lacrymabili postulatione devicti, et officii nostri debito, quo universos, qui in Dei servitio commorantur, et eorum bona fraterno studio defensare tenemur, propensius inclinati, discretioni tuæ per apostolica scripta præcipiendo mandamus, quatenus, si res ita se habet, memoratum Gerardum studiose moneas, et auctoritate nostra sub excommunicatione compellas, quod prætaxatam terram uxori præfati O., omni contradictione et appellatione remota, cum fructibus inde perceptis restituat et in pace dimittat. Deinde vero, si prænominatus Gerardus quidquam juris in eadem terra credit sibi competere, cum supradicto O., postquam de partibus Hierosolymitanis redierit, coram te ordine judiciario experiatur.

Datum Tusculani, iii Kal Aprilis.

CMVI.

Ad Henricum Remensem archiep. — Pro abbate S. Joannis de Vineis adversus R. presbyterum qui ecclesiam de Bonnis invaserat.

(Tuscul., April. 3.)

[MARTEN., Ampl. Collect., II, 915.]

Ex parte abbatis et fratrum S. Joannis de Vineis querelam accepimus quod, cum ecclesia de Bonnis ad ipsos pertineat, R. presbyter in ipsa sine conscientia et repræsentatione abbatis, et contra tenorem privilegiorum Romanæ Ecclesiæ, missarum solemnia et alia divina officia celebrare præsumit. Quia igitur jura et dignitates præscriptæ Ecclesiæ conservare volumus imminutas, fraternitati tuæ per apostolica scripta mandamus, quatenus rei veritatem super hoc infra xx dies post harum susceptionem diligenter inquiras, et si ita esse inveneris, memoratum presbyterum ab eadem ecclesia de Bonnis, dilatione et appellatione remota, nostra et tua auctoritate non differas amovere.

Data Tusculi, iii Nonas April.

CMVII.

Ad eumdem. — Adversus Aalidem feneratricem.

(Tusculani, April. 3.)

[Ibid., col. 916.]

Ex transmissa conquestione nobilis mulieris Helvidis de Sonunt viduæ, auribus nostris insonuit quod cum pecuniam ad usuram a quadam feneratrice Aaliz nomine mutuo accepisset, et ei ultra sortem xix libras usurarum nomine persolvisset, contra eam apud Ecclesiam pro repetendis usuris querelam deposuit. Cumque jam dicta feneratrix ad judicium convocata fuisset, illa de jure diffidens, et subterfugere quærens, ad audientiam nostram appellavit. Quia vero ad terminum sibi præfixum nec venit, nec responsalem super hoc transmisit, cum omnibus et maxime viduis et orphanis ex pastoralis sollicitudinis debito in suo debeamus jure adesse, tibi per apostolica scripta mandamus, quatenus usque ad xx dies post litterarum nostrarum susceptionem utramque partem ante præsentiam tuam convoces, et si ita esse tibi constiterit, præscriptam feneratricem cum ea componere, vel sublato appellationis remedio, quidquid pro usuris inventa fuerit excessisse, aut majorem partem prædictæ viduæ restituere ecclesiastica censura compellas.

Data Tusculi, iii Nonas Aprilis.

CMVIII.

Ad Petrum abbatem S Remigii, et Fulconem decanum Remensem. — Ut causæ abbatis Dervensis et clericorum S. Nicolai Catalaunensis sint judices.

(Tusculani, April. 4.)

[MANSI, Concil., XXI, 947.]

Significaverunt nobis dilecti filii nostri abbas et fratres Dervenses quod, cum causam quæ inter eos et clericos S. Nicolai Catalaunensis, super ecclesia Campi Alberti vertitur, venerabili fratri nostro Remensi archiepiscopo commiserimus terminandam: idem archiepiscopus causam ipsam magistro R. Remensi canonico delegavit. Cum autem in præsentia ipsius canonici utraque pars constituta fuisset, prædicti clerici testes minus idoneos produxerunt super decimis Campi Alberti, quas sibi vindicare nitebantur. Prædictus vero abbas alios testes idoneos coram eodem canonico ad præhominatos testes reprobandos produxit, quos, sicut asserit, idem canonicus recipere noluit; sed causam ipsam intendebat protrahere, et utramque partem sumptuosis contentionibus fatigare. Unde idem abbas se credens in hac parte gravari, ad nostram audientiam appellavit, et appellationi suæ proxime præteritas octavas Purificationis B. Mariæ terminum præfixit. Quoniam igitur propter absentiam partium non potuimus de causa cognoscere, eam experientiæ vestræ committimus, discretioni vestræ mandantes, quatenus utraque parte ante vestram præsentiam convocata, eamdem causam studiosius audiatis, et eam infra xi dies post harum susceptionem, sublato appellationis remedio, fine debito terminetis. Si vero eadem causa alii est forte commissa, vos duo, vel unus vestrum cum eo, vel eis quibus commissa est, conveniatis: et litteris istis, sive aliis, si quæ super eadem causa sunt impetratæ, diligenter inspectis, neutris litteris præjudicantibus veritati, causam ipsam concordia vel judicio, appellatione postposita, terminetis.

Datum Tuscul., ii Nonas Aprilis.

CMIX.

Ad Henricum Remensem archiep. — Commendat ipsi D. et G. qui propter schismaticos Tullensem diœcesim reliquerant.

(Tusculani, April. 6.)

[MARTEN., *Ampl. Collect.*, II, 916.]

Preces quæ charitatis effectum prætendunt, promptiori animo debes admittere, et nos in ipsis tanto libentius exaudire, quanto magis tuam devotionem et charitatem desideramus commendari. Pro dilectis siquidem filiis nostris D. et G. qui episcopatum olim Tullensem, unde oriundi exstiterunt, omnemque substantiam suam pro devotione Ecclesiæ Romanæ, cum schismatis error ibidem invalesceret, sicut dicitur, reliquerunt, tuæ fraternitati nos meminimus preces sollicitas porrexisse: tu vero, sicut audivimus, preces nostras in hac parte volens admittere, venerabili fratri nostro Suessionensi episcopo mandasti ut quamdam ecclesiam alteri eorum concederet, sed quia in lite et contentione erat, eam sibi non potuit conferre. Unde cum ad nostri officii debitum specialiter pertineat circa necessitates indigentium curam et sollicitudinem adhibere, et eis præcipue qui pro catholicæ unitate Ecclesiæ inopiam sustinent et labores, paterna provisione adesse, fraternitatem tuam per iterata scripta rogamus, monemus atque mandamus, quatenus divinæ miserationis intuitu et pro reverentia beati Petri et nostra ad eorumdem clericorum provisionem diligenter et charitative intendens, utrique ipsorum in episcopatu Remensi vel provincia tua, per te et fratres nostros episcopos suffraganeos tuos ita commode et decenter provideas, ut nos in hac devotionis tuæ sinceritatem erga nos et Ecclesiam Romanam possimus hac vice plenius experiri, et exinde tibi majoris dilectionis et gratiæ debeamus plenitudinem exhibere, et ipsi exsilii sui dignam et gratam apud te consolationem se gaudeant invenisse.

Data Tusculi, VIII Idus April.

CMX.

Ad eumdem. — De electo Cameracensi qui abbatem de Mareolis equo præcipitari jusserat.

(Tusculani, April. 7.)

[*Ibid.*, col. 917.]

Insinuatum est nobis quod ille qui dicitur Cameracensis electus abbatem de (7) Mareolis de equo suo præcipitari præcepit, et turpiter et inhumane tractari. Unde quoniam turpe nimis et triste videtur ut viri religiosi ab his injurias et dedecora patiantur, a quibus deberent defendi, fraternitati tuæ per apostolica scripta præcipiendo mandamus, quatenus, si res ita se habet, prædictum Cameracensem, etsi propter hoc meruerit laqueo excommunicationis involvi, ab ingressu ecclesiarum coerceas, et eos qui præfatum abbatem de equo ejecerunt, donec illi de illata injuria congrue satisfaciant, et de tanto excessu satisfacturi cum tuarum

---

(7) Mareolæ seu Mareolum abbatia est canonicorum regularium ordinis S. Augustini, quos canoni-

A testimonio litterarum apostolico se conspectui præsentent, publice accensis candelis excommunicatos denunties, et ab omnibus facias cautius evitari.

Data Tusculi, VII Idus April.

CMXI.

Leges quasdam Ecclesiæ Carnotensis, a Willelmo, ap. sedis legato scriptas confirmat.

(Tusculani, April. 8.)

[PETIT, *Theodori Pœnitentiale*, II, 429.]

Alexander episcopus, servus servorum Dei, dilectis filiis... decano et capitulo Carnotensis Ecclesiæ, salutem et apostolicam benedictionem.

Pontificalis auctoritatis providentia exigit et pastoralis sollicitudo requirit ut cunctorum invigilemus profectibus, et ad ea studio totius sollicitudinis aspiremus quæ ad Ecclesiarum pertinent incrementum; quia laudabilis est et commendanda providentia prælatorum, cum Ecclesiis salubri regimine provident, et earum statum dirigere satagunt et conservare illæsum. Intelleximus autem quod venerabilis frater noster Willelmus Senonensis archiepiscopus apostolicæ sedis legatus, cognoscens dolum et fraudem, quæ in tractandis et disponendis redditibus ecclesiæ vestræ ab infidelibus ministris fiebat, consilio et conniventia capituli vestri statuit et ordinavit ut duo, tres, quatuor vel plures numero juxta competentem præbendalium proventuum æstimationem sibi ad invicem adjungantur, qui partes sorti suæ deputatas servata honestate procurent, et de tuendis, fovendis atque juvandis qui in sua sunt ditione terrarum colonis curam fidelissimam gerant; et ne circa injunctam sibi sollicitudinem minus solliciti aut negligentes existant, omnes justitias quæ sæculares appellantur et quæ solent ad præpositos pertinere sive terrarum seu rusticorum in canonicorum jura transfudit; ita ut pro nullo penitus forisfacto liceat præposito quempiam ex rusticis summovere vel justitiare. Si autem aliquis eorum tam temerarius exstiterit, ut eidem redditus suo tempore quo debentur non solvat, illum præpositus justitiabit, et emendationem foris facti sibi solvi vindicabit. Sane si quis rusticorum cuilibet extraneo injuriosus fuerit, clamor ad canonicos deferatur. Præsentatio autem presbyterorum in ecclesiis quæ vocaverint, canonicorum pariter et præpositi erit, et si præpositus noluerit, aut dissimulaverit interesse, canonici quod suum est nihilominus exsequentur. Presbyter vero qui fuerit præsentatus fidelitatem præstabit utrisque. Sane prædictus archiepiscopus volens constitutionem ipsam ratam et firmam manere, omnia quæ præscripta sunt in præpositura quam detinebat, observari decrevit, et de cæteris præposituris censivis quoque atque precariis idipsum similiter censuit observandum, cum illos qui eas detinent contigerit ex hac vita discedere, vel forte illas quoquo modo dimittere. Præcis sæcularibus substituit Alvisus episcopus Atrebatensis.

terea ab eodem statutum est et ordinatum ut qui ante hanc institutionem canonici facti anno ad minus dimidio mansionarii in vestra civitate non fuerint, centum solidos minus quam mansionarii annuatim consequantur. Eos autem qui erunt canonici nihil de præbenda quadraginta solidos, si mansionarii non fuerint, esse percepturos constituit; his quos exceptis exceptis. Additum est etiam, quod hæc partitio præbendarum quinquennalem terminum debeat obtinere, et hi quibus data est et collata potestas cum subjectis modeste agere, non eis calumniam imponere, nec ipsos opprimere angariis debeant, aut immoderate gravare. Quam siquidem constitutionem, prout superius datum est, ratam et firmam habemus et auctoritate apostolica confirmamus. Ad hæc libertatem claustri vestri, sicut in privilegiis regum Franciæ continetur et antiquam et rationabilem consuetudinem ecclesiæ vestræ, scilicet quod homines et hospites ipsius ecclesiæ in tota civitate et episcopatu vestro de omnibus mercationibus ad suum et familiæ suæ usum pertinentibus nullam vendentes vel ementes consuetudinem seu theloneum reddant, nihilominus auctoritatis apostolicæ robore confirmandam : statuentes ut nulli omnino hominum liceat hanc paginam nostræ confirmationis infringere, aut ei aliquatenus contraire. Si quis autem hoc attentare præsumpserit, indignationem omnipotentis Dei, et beatorum Petri et Pauli apostolorum ejus, se noverit incursurum.

Datum Tusculi, VII Id. Aprilis.

CMXII.

Ad Henricum Remensem archiep. — In gratiam G. pauperis presbyteri, qui in ægritudine sui non compos, monastico habitu indutus fuerat.

(Tusculani, April 8.)
[MARTEN., Ampl. Collect., II, 918.]

Veniens ad nos G. pauper presbyter, præsentium lator, diligenti nobis relatione proposuit quod, cum ipse adeo gravi ægritudine laboraret, ut sui compos non esset, monachi S. Petri Catalaunensis ipsum et omnia sua secum ad eorum monasterium portaverunt, et eum insuper monastico habitu induerunt, cumque ad se rediisset, et quod de se factum fuerat obstupesceret, continuo reclamavit, habitum ipsum data opportunitate abjecit. Licet autem jam dicti monachi ipsum, sicut asserit, dimisissent, ecclesiam tamen quam per bonæ memoriæ A. (8) quondam Suessionensem episcopum ad eorum repræsentationem habuerat, et reliqua sibi ablata ei restituere contradicunt. Quia igitur hujus rei veritas nobis non liquet, fraternitati tuæ per apostolica scripta mandamus, quatenus infra xx dies post harum susceptionem, rem ipsam sollicite ac diligenter inquiras, et si tibi constiterit præfatum presbyterum sui compotem non fuisse, cum jam dicti monachi cum monastico habitu vestierunt, nec postquam ad se rediit ratum habuisse quod de ipso factum fuerat, tam ecclesiam quam cætera ablata, dilatione et appellatione remota, sibi cum integritate restitui facias et in pace dimitti. Si vero compos sui erat cum monasticis fuit indumentis indutus, aut si forte tunc temporis compos sui non erat, et postquam ad se rediit, id ratum habuit, cum nostra et tua auctoritate compellas in eodem monasterio habitum abjectum resumere, et eosdem monachos ipsum recipere, et fraterna charitate tractare, quia non tantum lac et lanam quantum salutem ovis inquirere debent.

Data Tusculi, VI Idus Aprilis.

CMXIII.

Ad eumdem. — Ut B. presbytero vicariam de Suast, restituere faciat

(Tusculani, April. 9.)
[*Ibid.*]

Apostolica sedes tanquam pia et benigna mater omnibus injuste gravatis pio consuevit favore adesse, et contra adversantes protectionis clypeum exhibere. Relatum est auribus nostris quod, cum B. presbyter vicariam ecclesiæ de Suast canonice et perpetuo fuisset adeptus, Aicardus presbyter potentia et fortitudine sua ipsum ab eadem vicaria ejecit, et eam detinet contra justitiam occupatam. Unde quoniam hujusmodi oppressiones et violentiæ in quolibet laico, nedum clerico, detestabiles sunt et penitus exsecrandæ, fraternitati tuæ per apostolica scripta mandamus, quatenus si præscriptæ ecclesiæ vicaria præfato B. concessa fuit, ut ibi perpetuus vicarius esset, prædictum A. moneas instanter et districte compellas, ut eidem B. vicariam prælibatæ ecclesiæ cum universis ablatis, postposita mora et occasione, restituat, et in pace et quiete dimittat, aut in præsentia tua plenam exinde justitiam, appellationis remedio sublato, exhibeat. Quod si facere forte contempserit, eum officio et beneficio non differas spoliare.

Data Tusculi, v Idus Aprilis.

CMXIV

Ad eumaem. — Ut Robertum de Bove compellat ea restituere, quæ A. canonico S. Petri Laudunensis abstulerat.

(Tusculani, April. 10.)
[*Ibid.*, col. 919.]

Ex conquestione dilecti filii nostri A. canonici S. Petri Laudunensis, ad audientiam nostram pervenit quod cum Robertus de Bove in Laudunensi provincia tyrannidis suæ sententiam exerceret, inter cæteras rapinæ suæ violentias vaccas illius et oves violenter abduxit, quas in suæ salutis periculum non dubitat retinere, minus caute considerans quod scriptum est : *Raptores et maleficos condemnavit Deus.* Quia igitur ex suscepto summi pontificatus officio præcavere tenemur ne raptores de impunitate valeant gloriari, fraternitati tuæ per apostolica

---

(8) Ansculfum de Petra-fonte, qui ab anno 1152 ad 1159 præfuit Ecclesiæ Suessionensi.

scripta mandamus, quatenus præfatum R. moneas, et omni cum districtione compellas, ut infra XL dies post harum susceptionem jam dicto canonico prædictarum vaccarum et ovium æstimationem restituat, aut sub tuæ discretionis examine ei plenam exinde justitiam, sublato appellationis obstaculo, non differat exhibere. Si vero id facere forte noluerit, tu ipsum gladio excommunicationis percellas, et terram ejus usque ad dignam satisfactionem interdicto supponas.

Data Tusculi, IV Idus Aprilis.

CMXV.

Ad eumdem. — Ut vexationes Hugonis de Junceriaco in terram S. Medardi compescat.

(Tusculani, April. 10.)
[*Ibid.*, col. 920.]

Dilecti filii nostri abbas et fratres S. Medardi Suessionensis transmissa nobis conquestione monstrarunt quod Hugo de Juncheri (9) terram eorum deprædatur, et violenter invadit, et eos super hoc indebitis vexationibus fatigare non cessat. Quia igitur bona et possessiones ejusdem monasterii tanto propensiori cura defensare tenemur, quanto ad jus et proprietatem B. Petri et nostram specialius pertinere dignoscitur, fraternitati tuæ per apostolica scripta mandamus, quatenus, si ita est, prædictum malefactorem studiose moneas, et omni cum districtione compellas, ut memoratis fratribus præscriptam terram restituat, damna data resarciat, et ab ipsorum molestatione de cætero penitus conquiescat. Si vero tuis in hac parte mandatis parere contempserit, infra XX dies post commonitionem tuam omni occasione et appellatione cessante, eum excommunicationi et terram ejus interdicto supponas.

Data Tusculi, IV Idus Aprilis.

CMXVI.

Ad eumdem. — Ut causam inter abbatem S. Medardi et abbatem S. Joannis de Vineis ratione decimarum de Espiers terminet.

(Tusculani, April. 11.)
[*Ibid.*]

Quoniam abbas et fratres S. Joannis de Vineis et presbyter de Espiers nobis conquesti sunt quod dilectus filius noster J. (10) abbas S. Medardi Suessionensis eis tractum decimæ communis, et decimam de novalibus, quæ coloni parochiæ de Espiers excolunt, contra justitiam aufert, nos utrique parti suam volentes justitiam conservare, causam ipsam, experientiæ tuæ committimus audiendam et fine debito terminandam. Ideoque fraternitati tuæ per apostolica scripta mandamus, quatenus cum exinde fueris requisitus, utramque partem ante tuam præsentiam convoces, et rationibus hinc inde plenius auditis et cognitis, causam infra XXX dies post harum susceptionem, contradictione et appellatione cessante, debito fine decidas, provisurus attentius ne causam ipsam alii committas, sed eam per te ipsum ascitis tibi viris prudentibus et discretis, audias, et cum omni diligentia et gravitate studeas terminare.

Data Tusculi, III Idus Aprilis.

CMXVII.

Ad Petrum abbatem S. Remigii et Fulconem decanum Remensem. — De pecunia ecclesiis et pauperibus testamento relicta.

(Tusculani, April. 14.)
[Mansi, *Concil.* XXI, 948.]

Ex parte decani Ambianensis, et S. quondam nepotis I. quondam canonici Ambianensis, auribus nostris innotuit quod pecuniam, quam prior de Abbatis Villa (11) mutuo accepit, idem canonicus per manum jam dicti decani et nepotis sui ecclesiis et pauperibus, pro animæ suæ remedio, distribuendam reliquit. Quo defuncto, cum a prænominato priore decanus, et S. pecuniam prætaxatam requirerent eam noluit reddere: sed diffugia quærens, ad audientiam nostram appellavit, qui nec venit, nec aliquem pro se responsalem transmisit. Quia vero periculosum esset cuilibet, nedum viro religioso, pecuniam alterius, et illam maxime quæ pro anima defunctorum ecclesiis vel pauperibus præcipitur erogari, per violentiam detinere, discretioni vestræ per apostolica scripta præcipiendo mandamus, quatenus prædictum priorem moneatis, et auctoritate nostra districte compellatis, ut præscriptam pecuniam, centum videlicet sexaginta libras, aut parum minus, præfato decano et S. ecclesiis, et pauperibus, secundum quod prædictus canonicus disposuit, erogandas integre restituat: vel sub vestræ discretionis examine infra duos menses plenam sibi justitiam, appellatione remota, exhibeat. Si autem legitime monitus neutrum horum efficere voluerit, in eum canonicam non differatis exercere censuram.

Datum Tusculani, XVIII Kal. Maii.

CMXVIII.

Ad Henricum Remensem archiep. — Ut compescat Gilonem militem a vexatione quam inferebat fratribus S. Joannis de Vineis.

(Tusculani, April. 17.)
[Marten., *Ampl. Collect.*, II, 921.]

Ex parte dilectorum filiorum nostrorum abbatis et fratrum S. Joannis de Vineis, adversus Gilonem militem, gravem querelam recepimus, quod ipse super quadam decima, quam tempore prædecessorum suorum apud Vernolium in pace possidisse

---

(9) Junceriacum oppidum est altero a Sedano milliari distans, ubi S. Medardi monasterium pinguissimam possederat olim cellam.

(10) Ingramnus monachus Corbeiensis, deinde abbas Marchianensis, tum Suessionensis S. Medardi anno 1148 factus, abdicavit anno 1177, ex Chronico S. Medardi *Spicil.* tom. II.

(11) Villa Abbatis initio dicta est, quæ possessio erat abbatis S. Richarii, titulo prioratus, in agro Pontivo, Ambianensis diœcesis ad Somonam. Nunc priscum etiam nomen retinet, postquam ad justæ amplitudinis oppidum excrevit. Jac. Sirm.

dicuntur, eos et ecclesiam suam molestare præsumit, licet ab eisdem fratribus quatuor libras, sicut asserunt, pro bono pacis receperit, ut hac molestatione eos deinceps non vexaret. Quia igitur nequaquam sustinere volumus vel debemus ut iidem fratres de collatis sibi beneficiis cujuslibet invasionis temeritate molestiam perferant vel gravamen, fraternitati tuæ per apostolica scripta mandamus, quatenus tam diligenter quam celeriter investiges; et, si ita esse inveneris, infra xxx dies post harum susceptionem, prædictum militem studiose moneas, et omni cum districtione compellas, ut præfatos fratres eamdem decimam in pace ac quiete possidere permittat. Si vero id ad commonitionem tuam adimplere noluerit, eum, excusatione et appellatione remota, vinculo excommunicationis astringas, et per provinciam tuam tanquam excommunicatum facias cautius evitari, et eamdem sententiam donec prædictæ Ecclesiæ congrue super hoc satisfecerit, nulla ratione relaxes.

Data Tusculi, xv Kal. Maii.

CMXIX.

Ad eumdem. — *Ut Adam de Corbeia Joanni clerico suam reddat pecuniam.*

(Tusculani, April. 17.)

[*Ibid.*, col. 922.]

Conquestus est nobis Joannes clericus, præsentium lator, quod Adam de Corbeia tres marcas argenti, quas sibi commodaverat, reddere ei contradicit. Quia igitur periculosum est, et ab ordine juris extraneum, ut aliquis debeat aliena jura per violentiam detinere, fraternitati tuæ per apostolica scripta mandamus, quatenus memoratum A. moneas et sub excommunicationis districtione compellas, præscriptam pecuniam præfato Joanni infra xxx dies post harum susceptionem in integrum restituere, aut exinde sibi coram te, sublato appellationis remedio, plenam et sufficientem justitiam exhibere.

Data Tusculi, xv Kal. Maii

CMXX.

Ad eumdem. — *Pro Maria Catalaunensi cive*

(Tusculani, April. 17.)

[*Ibid.*]

Ex transmissa conquestione Mariæ, Catalaunensis civis, ad aures nostras pervenit quod cum causa quæ inter eam et fratrem nostrum Catalaunensem episcopum et Radulfum burgensem super hæreditate sua vertebatur, sub examine apostolicæ sedis fuisset, et decisa sententia, jam per quinquennium et ultra exsecutioni mandata, nunc idem R. eamdem querelam suscitare præsumit, et mulierem super hoc non veretur multiplici vexatione turbare. Unde quoniam ea quæ decisa sunt et judicio sedis apostolicæ terminata, non debent in recidivæ contentionis scrupulum devenire, fraternitati tuæ per apostolica scripta mandamus, quatenus, si res ita se habet, prædictum burgensem præscriptam sententiam, occasione et appellatione cessante, firmiter observare, et a molestatione prædictæ mulieris de cætero super hoc desistere, et ei damnum xx librarum in integrum resarcire, vel coram te exinde justitiæ plenitudinem exhibere omni cum districtione compellas.

Data Tusculi, xv Kal. Maii.

CMXXI.

Ad eumdem. — *De causa inter canonicos Laudunenses S. Petri et canonicos cathedralis ecclesiæ.*

(Tusculani, April. 17.)

[*Ibid.*, col. 923.]

Ex transmissa conquestione canonicorum Sancti Petri Laudunensis querelam accepimus, quod dilecti filii nostri canonici Laudunensis Ecclesiæ allodium de Vallibus, quod ad suam jurisdictionem asserunt pertinere, violenter detinere contendunt. Quia igitur indignum est et penitus indecorum, ut ecclesiasticæ personæ consimilis professionis viros injustis vexationibus debeant molestare, quos potius ab aliorum incursibus, quantum in eis est, defensare tenentur, fraternitati tuæ per apostolica scripta mandamus ut prædictos canonicos Laudunenses moneas et districte compellas, quod infra xx dies post harum susceptionem, præscriptum allodium prædictis canonicis S. Petri restituant, et in pace et quiete dimittant, aut ipsis exinde coram te justitiæ faciant complementum.

Data Tusculi, xv Kal. Maii.

CMXXII.

Ad eumdem. — *Ut clericis S. Trinitatis liceat habere cœmeterium.*

(Tusculani, April, 20.)

[*Ibid.*]

Ex parte clericorum S. Trinitatis querelam iteratam recepimus, quod provisor hospitalis S. Stephani cœmeterium eorum, quod pro parochianis suis et pauperibus prædicti hospitalis extra muros civitatis infra fines parochiæ suæ communiter institutum fuit, ausu temerario clausit, et eos parochianos suos non patitur sepelire. Unde quoniam ex hoc prædicti clerici gravem se queruntur jacturam et dispendium sustinere, et indignum est ut jure suo priventur, fraternitati tuæ per apostolica scripta mandamus, quatenus prædictum provisorem moneas instanter et districte compellas, ut præfatos canonicos idem cœmeterium suum libere habere, et ibi parochianos suos sepelire sine omni contradictione et appellatione permittat, aut sub tuæ discretionis examine exinde quod justum et æquum fuerit, sublato appellationis remedio, diligentius et plenius exsequatur. Altare vero quod infra parochiam eorum sine suo et episcopi proprii assensu dicitur erexisse, si ita est, nisi auctoritate scripti authentici Romanæ Ecclesiæ super hoc fuerit præmunitus, exinde facias remoto appellationis obstaculo amoveri, nisi forte inter eos pacifice poteris amicabiliterque componere.

Data Tusculi, xii Kal. Maii.

CMXXIII.

Ad canonicos Ecclesiæ Laudunensis. — Quod ea sola quæ in ipsorum Ecclesia erant emendanda, eorum decano commiserit corrigenda.

(Tusculani, April. 20.)
[*Ibid.*, col. 524.]

Licet olim per litteras nostras tam vobis quam dilecto filio nostro decano Ecclesiæ vestræ mandaverimus, ut ad correctionem eorum quæ in Ecclesia vestra corrigenda erant, unanimiter intenderetis, et eidem decano nihilominus mandaverimus, ut si hæc prætermitteretis, ipse cum consilio episcopi et assensu capituli aut sanioris partis ipsius, appellatione remota, corrigeret; non fuit tamen intentionis nostræ, ut in alia causa, nisi illa quæ tunc in vestra Ecclesia vertebatur, appellatione remota, canonicos corrigere posset. Inde utique fuit quod nos præfato decano dedimus in mandatis ut Stephanum concanonicum vestrum, congrua satisfactione exhibita, a sententia illa quam in eum post appellationem protulit, prorsus absolvat. Prohibuimus insuper ne aliquem vestrum absque manifesta et rationabili causa, et tunc nonnisi consilio et assensu capituli, aut sanioris partis ipsius, sicut in litteris nostris continetur, ab officio vel beneficio suspendere præsumat, sed cum ea gravitate et moderantia habito, sicut diximus, fratrum suorum consilio, in officio sibi commisso procedere videatur, quod discretioni suæ non possit merito detrahi, nec facta sua possint de jure dissolvi. Ut autem mandatum nostrum quod eidem decano fecimus, plenius scire possitis, præsentes vobis litteras in testimonium duximus dirigendas.

Data Tusculi, xii Kal. Maii.

CMXXIV.

Ad Petrum abbatem S. Remigii et B. archidiaconum Remensem. — Ut debita clerico pecunia restituatur.

(Tusculani, April. 26.)
[Mansi, *Concil.*, XXI, 949.]

Querelam I. clerici, præsentium latoris accepimus, quod I. de Hospitio circiter vi libras sibi contradicit exsolvere, quas in præsentia multorum ei se debere publice recognovit, et alia plura incommoda sibi non dubitat irrogare. Unde, quia universis ex officii nostri debito in suo tenemur adesse, discretioni vestræ per apostolica scripta præcipiendo mandamus, quatenus prædictum I. de Hospitio monere curetis, et auctoritate nostra districte compellere, ut jam dicto clerico præscriptam pecuniam sine molestia et diminutione restituat, et de illatis injuriis congrue satisfaciat, aut exinde sibi sub examine vestro, sublato appellationis remedio, justitiæ non differat plenitudinem exhibere, et vos causam audiatis, et appellatione cessante, fine debito terminetis.

Datum Tuscul., vi Kal. Maii.

CMXXV.

Ad Henricum Remensem archiepiscop. — In gratiam B. canonici regularis, cui ad vitam concessa fuerunt duo altaria de Troisli.

(Tusculani, April. 29.)
[Marten., *Ampl. Collect.*, II, 925.]

Veniens ad præsentiam nostram dilectus filius B. canonicus S. Joannis de Vineis, diligenti nobis relatione proposuit quod, cum ipse in obsequio bonæ memoriæ A., quondam Suessionensis episcopi, diutius fideliter perstitisset, idem episcopus ei duo altaria de Troisli, S. Petri videlicet et S. Martini, cum decimis eorum, donec idem B. viveret, concessit habenda. Scriptum autem concessionis ipsius episcopi sigillo munitum ad majorem certitudinem nobis repræsentavit, ut ejus dictis in hac parte fidem facilius adhibere possemus. Post decursum vero aliquanti temporis, prædictus episcopus eadem altaria canonicis Suessionensibus jure proprietario contulit, ita quidem quod supradictus B. in vita sua prædictis canonicis v solidos exinde solveret annuatim. Tandem vero eodem episcopo mortuo, Herbertus Suessionensis canonicus favore et potentia P. archidiaconi Suessionensis Ecclesiæ, B. super altaribus ipsis graviter cœpit impetere, ita quidem quod eum ad præsentiam prædecessoris nostri piæ recordationis Adriani papæ non sine magnis laboribus et expensis venire coegit. Cumque supradictus archidiaconus, qui causam ejusdem Herberti agebat, et idem Ber. coram venerabili fratre Ostiensi episcopo ad invicem litigarent, coram eo sicut ex scripto quodam et viva voce ejusdem episcopi novimus, inter ipsos compositio hujusmodi intercessit, quod jam dictus Her. duas partes illorum altarium integre possideret, et prædictus B. partem reliquam sine aliqua contradictione perciperet: ita quidem quod quicunque illorum præmoreretur, alter qui adviveret, reditus eorumdem altarium integros obtineret. Nunc autem, sicut supradictus B. nobis proposuit, cum idem Her. de præsenti vita migrasset, canonici Suessionensis Ecclesiæ, præscripta compositione non observata, universos reditus eorumdem altarium per violentiam occuparunt, et eos auctoritate propria detinere nituntur. Quia igitur nobis providendum est ne prædictus B. sui juris sustineat detrimentum, fraternitati tuæ per apostolica scripta præcipiendo mandamus, quatenus illam tertiam partem, quæ jam dicto B. tunc sicut et modo canonico regulari per compositionem concessa fuit, omni dilatione et appellatione remota, cum fructibus a tempore occupationis canonicorum inde perceptis, facias sine molestia et diminutione restitui et in pace dimitti. Deinde vero super aliis duabus partibus rei veritatem diligenter inquirens, memoratos canonicos attente moneas, et omni cum districtione compellas, ut infra xxx dies post harum susceptionem præscriptas duas partes cum fructibus quos a tempore occupationis suæ exinde percepisse noscuntur, prædicto B. restituant, in pace possidere permittant, vel in praesentia tua super his plenam et sufficientem justitiam, omni occasione et appellatione remota, non differant exhibere. Praeterea fratres Praemonstratensis monasterii infra praescriptum terminum studiose moneas et districte compellas, eidem B. duos modios frumenti et unum avenae, quos a x annis et supra illi absque calumnia et contradictione censualiter reddiderunt, sine difficultate qualibet appellatione remota restituere, aut coram te plenam justitiam exhibere. Sacerdotes quoque de Troisli praefato canonico solitum censum et praecipue xxii solidos, quos de oblationibus et minutis decimis anni praeteriti ad se, sicut asserit, pertinentibus percepisse dicuntur, infra eumdem terminum, sublato appellationis obstaculo, reddere, aut in praesentia tua justitiae stare ecclesiastica districtione compellas.

Data Tusculi, iii Kal Maii.

CMXXVI.

Ad Petrum abbatem S. Remigii, et Fulconem decanum Remensem. — Ut causam audiant, quae est inter abbatem Omnium Sanctorum, et canonicos S. Trinitatis (12).

(Tusculani, Maii 1.)
[Mansi, Concil., XXI, 924.]

Causam quae inter abbatem ecclesiae Omnium Sanctorum de insula Catalaunensi, et canonicos sanctae Trinitatis, super quodam coemeterio vertitur, experientiae vestrae audiendam committimus, et fine debito terminandam. Ideoque discretioni vestrae per apostolica scripta praecipiendo mandamus, quatenus, cum exinde fueritis requisiti, utramque partem ante vestram praesentiam convocetis, et rationibus hinc inde plenius auditis et cognitis, eamdem causam infra xl dies post harum susceptionem fine debito terminetis. Nihilominus etiam causam quae inter ipsos eosdem super quibusdam terris vicedomini noscitur agitari, studiosius audiatis, et eam mediante justitia decidere studeatis.

Datum Tuscul., Kal. Maii.

CMXXVII.

Ad Henricum Remensem archiep.—Ut G. sacerdoti ecclesia S. Mauritii restituatur.

(Tusculani, Maii 1.)
[Marten., Ampl. collect., II, 927.]

Ex parte G. sacerdotis Atrebatensis ad nos querela perlata est, quod canonici Atrebatensis Ecclesiae eum de ecclesia S. Mauritii, ubi per xv annos quiete se asserit ministrasse, per violentiam ejecerunt. Quia igitur a viris ecclesiasticis alienum prorsus existit quemlibet violenter a sua possessione dejicere, fraternitati tuae per apostolica scriptа mandamus, quatenus memoratos canonicos studiose commoneas, et omni cum districtione compellas, praescriptam ecclesiam praedicto presbytero cum omnibus inde ablatis sine molestia restituere, aut exinde sibi coram te, sublato appellationis remedio, infra xl dies post harum susceptionem justitiae plenitudinem exhibere.

Data Tusculi, Kal. Maii.

CMXXVIII.

Ad Bartholomaeum Belvacens. episcopum, et Petrum abbatem S. Remigii. — Ut monasterium de Flaiaco (13) reforment.

(Tusculani, Maii 4.)
[Mansi, Concil., XXI, 921.]

Alexander episcopus, servus servorum Dei, venerabili fratri Bartholomaeo Belvacensi episcopo, et dilecto filio Petro abbati S. Remigii Remensis, salutem et apostolicam benedictionem.

Perlatum est ad audientiam nostram quod monasterium de Flaiaco, occasione abbatis qui ibidem canonice dicitur non fuisse electus, ita sit in spiritualibus et temporalibus diminutum, quod ubi forma religionis esse consuevit, sicut dicitur, et exemplum, ibi nulla fere honestatis, vel religionis videantur vestigia remansisse. Asseritur enim quod postquam idem abbas per aliquot monachos claustrales et idiotas, personis insciis et ignaris, quae extrinseca gerebant negotia, minus canonice ipsius monasterii fuit administrationem adeptus, non in conservanda religione, vel in ampliandis bonis Ecclesiae, sed in distrahendis his quae a praedecessoribus suis ibidem reperit conservata, studium et sollicitudinem non erubuit adhibere. Quoniam igitur providendum nobis est, et sollicite vigilandum, ne praescriptum monasterium in deterius illabatur, si ei non fuerit celeri provisione consultum, discretioni vestrae per apostolica scripta praecipiendo mandamus, quatenus infra xxx dies post harum susceptionem, ad locum ipsum pariter accedentes, vel abbatem et monachos ante vos in alio loco congruo convocantes, de statu monasterii diligentius inquiratis, et qualiter in spiritualibus et temporalibus valeat reformari, ipsis modum et formam praefigatis. Si vero verisimile sit quod per abbatem commode restaurari non possit, eum ab administratione, appellatione postposita, removentes, aliam personam idoneam et religiosam, si in monasterio ipso inventa fuerit, aut de alio religioso loco, eidem monasterio, cum consilio religiosorum virorum, in abbatem provideatis, per cujus studium et diligentiam spes sit idem monasterium posse in spiritualibus et temporalibus reformari : si praefati monachi ad commonitionem vestram in personam qualem diximus non poterunt convenire.

Datum Tusculani, iv Non. Maii.

---

(12) Horum collegium in ipsa est civitate Catalaunensi, in qua et Insulae Omnium Sanctorum monasterium esse monuimus, ad Petri Cellensis epist. 14, lib. viii. Jac. Sirm.

(13) S. Geremari de Flaviaco. Sic enim hodie nominant, partim a loco, partim a primo ejus conditore. *Monasterium Flaviacum* appellat Nicolaus I in epistola ad Odonem episcopum Bellovacorum, in quorum finibus situm est. Hujus porro loci monachus fuit Radulfus Flaviacensis, qui scripsit in Leviticum. Id.

CMXXIX.

Ad Petrum abbatem S. Remigii et Fulconem decanum Remensem. — Causam judicandam committit.

(Tusculani, Maii 4.)
[*Ibid.*, col. 954.]

Ex parte cujusdam mulieris, filiastræ nobilis viri R. militis de Vilario, nostris est auribus intimatum quod cum ipsa quosdam reditus, qui terragia dicuntur, G. avunculo suo canonico Ambianensis ecclesiæ, pro xxx libris jampridem pignori obligasset, idem canonicus reditus suos illi restituere contradicit, licet ultra sortem suam pleraque deductis expensis recepisse dicatur. Quoniam igitur in laicis, nedum in clericis, detestabile et horrendum existit usurarum crimen, utpote utriusque Testamenti pagina condemnatum, discretioni vestræ per apostolica scripta mandamus, quatenus utraque parte ante vestram præsentiam convocata, exinde rei veritatem diligenter inquiratis, et si ita vobis constiterit, memoratum canonicum moneatis, et nostra auctoritate districte compellatis, ut præscriptos reditus supradictæ mulieri, dilatione et appellatione cessante, sine qualibet exactione restituat, et in pace dimittat. Querelas vero alias, si quæ hinc inde vertuntur, studiosius audiatis, et eas concordia, vel mediante judicio, decidatis.

Datum Tusculani, iv Non. Maii.

CMXXX.

Ad eosdem. — Causam judicandam committit.

(Tusculani, Maii 4.)
[*Ibid.*, col. 955.]

Causam quæ inter R. de Vilers, et Amilium militem de Becloi super dote uxoris prædicti R. diutius est agitata, et ad nos, sicut dicitur, per appellationem delata, experientiæ vestræ, de qua plene confidimus, committimus audiendam, et fine debito terminandam. Ideoque discretioni vestræ per apostolica scripta mandamus, quatenus postquam exinde requisiti fueritis, utramque partem ante vestram præsentiam convocetis, et rationibus hinc inde plenius auditis et cognitis, eamdem causam, si vobis constiterit eam ad nos per appellationem delatam fuisse, ablato appellationis remedio, concordia, vel mediante justitia decidatis. Nihilominus etiam præsentium vobis auctoritate mandamus ut alias querelas de quibus vobis adversus se proposuerint audiatis, et eas concordia vel judicio terminetis. Si autem huic causæ ambo non potueritis interesse, alter vestrum eidem causæ, prout dictum est, finem imponere non postponat.

Datum Tusculani, v Non. Maii.

---

(14) Theobaldus, Willelmo de Campania cardinali et archiepiscopo Senonensi affinitate conjunctus, ex archidiacono episcopus electus circa annum 1170.

CMXXXI.

Ad Henricum Remensem archiep. — Causam Hilardi presbyteri, quem a censuris episcopi Ambianensis absolverat, committit examinandam.

(Tusculani, Maii 4.)
[Marten., *Ampl. Collect.*, II, 927.]

Constitutus in præsentia nostra Hilardus, lator præsentium, supplici nobis relatione proposuit quod frater noster T. (14) Ambianensis episcopus, quia in præsentia ejus confessus fuit quod in vigilia S. (15) Fusciani licet, sicut asserit, in partibus suis non sit instituta, carnem comederit, ei divinum officium interdixit, nec ab eo misericordiam potuit impetrare. Accedit ad hoc quod cum illi crimen adulterii opposuerit, et dederit inducias sese purgandi, sociis et vicinis suis presbyteris, ne secum starent in purgatione, timor obstitit episcopalis; sed episcopus, appellatione contempta, ei nihilominus officium et beneficium interdixit, et ipsum ab Ecclesia violenter ejecit, et cum vinculo excommunicationis innodavit. Unde fraternitati tuæ per apostolica scripta in virtute obedientiæ præcipiendo mandamus, quatenus si in præsentia tua per legitimos testes se purgare potuerit, omni appellatione et contradictione remota, ei officium pariter et beneficium assignes, et auctoritate nostra quieta possidere facias. Sed quoniam inermes armatis opponere non debemus, primo præcipimus ei omnia ablata in integrum restitui, et demum post canonicas inducias de objectis purgari. Nos autem eumdem absolutum ad vos remittimus.

Data Tusculi, iv Nonas Maii.

CMXXXII.

Ad eumdem. — Ut Wibaudo clerico sua restituatur ecclesia.

(Tusculani, Maii 9.)
(*Ibid.*, 928.)

Conquestus in præsentia nostra Wibaudus clericus sua nobis relatione monstravit quod Savem et Hugo Vitulus, Atrebatenses canonici, ei ecclesiam S. Mauricii, quam sub annuo censu concesserant, contra justitiam abstulerunt, licet de solutione census ab eodem clerico, sicut asserit, fidejussoriam receperint cautionem. Quoniam igitur non decuit eosdem canonicos præfato ecclesiam præscriptam sine causæ cognitione subtrahere, fraternitati tuæ per apostolica scripta mandamus, quatenus memoratos canonicos studiose commoneas, et collata tibi auctoritate districte compellas, ut prædictam ecclesiam memorato Wibaudo, sicut eam sibi concesserunt, infra xl dies post harum susceptionem sine mora et difficultate restituant, aut exinde sibi coram te, sublato appellationis remedio, quod juris forma dictaverit facere non postponant.

Data Tusculi, vii Idus Maii.

---

(15) S. Fuscianus, sub Rictiovaro martyr, inter præcipuos Ambianensium patronos recensetur, exstatque haud procul civitate Ambianis monasterium sub nomine S. Fusciani, ordinis S. Benedicti.

CMXXXIII.

Ad canonicos Præmonstratenses. — Improbat electionem quam fecerant contra formam ordinis, et ut alium eligant abbatem jubet.

(Tusculani, Maii 10.)
[*Ibid.*, 929.]

Credibile fuerat, dilecti in Deo filii, quod vocato bonæ memoriæ Phil. (16) quondam abbate vestro, sopitis contentionibus, semotis diversis partium studiis, adhibito consilio seniorum, talis inter vos fieret pastoralis electio, per quam non ignis dissensionis, qui jampridem in domo vestra subortus fuerat, excandesceret, sed concordia posset et fraterna unio provenire. Si essetis vere sapientes et disciplinati, perficeretis in mansuetudine opera vestra, et ostenderetis ex bona conversatione religionis amorem, et pacis desiderium vos habere. Nunc autem cum sit inter vos zelus atque contentio, nonne, sicut ait Apostolus, carnales estis, et secundum hominem ambulatis? Sane cum scriptum sit, *nihil per contentionem aut inanem gloriam*, vos ad id quod deliberatione majori ac maturiore consilio in Ecclesia Dei fieri semper oportet, in impetu spiritus et calore animi processistis, et neglecto vestri ordinis instituto, non exspectato illorum abbatum consilio et assensu, qui pro facienda electione ad vos ex more convenerant, et cum aliquantis vestrum ex voluntate communi de electione tractabant, abbatem Belli-loci (17) voluistis vobis assumere in pastorem, hominem utique de quo pridem audivimus, et super quo non est necesse ut ad instruendos nos ullatenus laboretis. Accepimus enim ecclesiam vestram et scandalis fatigatam interius et exterius mole debitorum gravatam. Oportet autem eam super humeros diutius regularibus disciplinis attritos in statum pristinum relevari. Inde siquidem fuit quod non tam quid vobis placeat, quam quid vobis et toti ordini expediat attendentes, de communi fratrum nostrorum consilio constituimus, ut abbas ille ad locum suum, dilatione postposita, revertatur, et vos ejus obedientia absoluti, juxta institutionem ordinis vestri ad electionem aliam procedatis. Per apostolica ergo scripta universitati vestræ mandamus, quatenus, ascito dilecto filio nostro G. (18) abbate S. Martini, necnon et aliis qui alia vice cum eo et aliquantis fratrum vestrorum eligendi abbatis sollicitudinem assumpserunt, ad electionem faciendam de illorum consilio et conniventia procedatis: scientes quod si aliter quidquam agere tentaveritis, frivolum erit et vacuum, et nullas vires poterit obtinere. Nos siquidem in concedendo vobis abbate, animarum compendium, non patrocinium attendimus personarum, et illud solum volumus ratum esse, quod regularibus institutis et profectui ordinis visum fuerit convenire. Cum autem jam dictus abbas schisma dudum foverit et extulerit, licet ad obedientiam nostram et ecclesiæ redierit unitatem, licet gratiam nostram et reddiderimus ei, et paterne velimus, si non eidem se ipse subtraxerit, conservare: multum tamen et nobis et toto vestro ordini posset derogari, si super illam Ecclesiam, quæ caput est ordinis, magisterium ipsum hoc tempore pateremur habere. Sed et id communiter debetis attendere, quod nec in vestro, nec in Cisterciensi ordine consuetudo aut institutio dicitur hactenus exstitisse, ut pro superiori loco litigia fierent, et litigia quærerentur, cum non solum pro culpa, sed etiam pro suspicione sola cedere nulli maluerint, quam sub obtentu aut obtinendi regiminis aut innocentiæ demonstrandæ locum quæsierint disceptandi.

Data Tusculi, vi Idus Maii

CMXXXIV.

Ad Petrum abbatem Sancti Remigii. — Ut præbendam Uberto cuidam tribuat.

(Tusculani, Maii 12.)
[Mansi, *Concil.*, XXI, 924.]

Viris litteratis atque devotis tanto propensiori studio providere tenemur, et suis commoditatibus diligentius intendere, quanto ex eorum provisione sacris Dei Ecclesiis fecundior potest fructus et utilitas provenire. Inde est quod nos litteraturam dilecti filii nostri magistri Uberti, et devotionem quam circa te gerit, studiosius attendentes, ipsum charitati tuæ sollicite commendamus, rogantes, et rogando mandantes, quatenus pro reverentia B. Petri ac nostra, et intuitu devotionis et litteraturæ suæ, præbendam in ecclesia S. Timothei, si qua nunc vacat, vel quæ primo vacaverit, ei concedas liberaliter, et assignes: ita quod ex hoc sinceritati tuæ uberes debeamus gratias agere, et prudentiam et devotionem tuam multipliciter propter hoc in Domino commendare.

Dat. Tusc., iv Id. Maii.

CMXXXV.

Ad Silvanectensem episcopum et abbatem S. Medardi. — Ut damna monasterio Sancti Remigii data reparentur.

(Tusculani, Maii 12.)
[*Ibid.*]

Alexander episcopus, servus servorum Dei, venerabili fratri Silvanectensi episcopo, et dilecto filio abbati S. Medardi, salutem et apostolicam benedictionem.

Ex parte dilecti filii nostri abbatis S. Remigii Remensis auribus nostris innotuit quod, cum quædam ancilla et quædam possessiones judicio Remensis Ecclesiæ suo fuissent monasterio restitutæ,

---

(16) Philippo, qui obiit anno 1170.
(17) Is erat Joannes, frater comitis Briennensis, cujus tamen electio prævaluit, utpote cujus nomen reperiatur in abbatum Præmonstratensium catalogo immediate post Philippum.
(18) Garino, secundo abbate celeberrimi monasterii S. Martini Laudunensis, ordinis Præmonstratensis.

quarumdam litterarum nostrarum occasione, sicut asserit, exinde postea quamplurima damna sustinuit. Quia igitur ea quæ judicio rationabiliter terminata noscuntur, in recidivam contentionem revocari non debent: discretioni vestræ per apostolica scripta mandamus, quatenus rei veritatem diligenter et sollicite investigetis: et si vobis constiterit jam dictum monasterium de præscriptis possessionibus et ancilla rationabiliter restitutum fuisse, restitutionem ipsam ratam et firmam permanere, et damna eidem monasterio super his irrogata, omni occasione et appellatione remota, nostra freti auctoritate restitui faciatis.

Datum Tuscul., IV Idus Maii.

CMXXXVI.

Ad Henricum Remensem archiep.—Adversus moniales Malbodienses in suam abbatissam rebelles.

(Tusculani, Maii 12.)

[MARTEN., *Ampl. Collect.*, II, 931.]

Culpæ maculam contrahunt, et gravi merentur ultione percelli, qui prælatis suis non solum obedire postponunt, sed etiam in illos a quibus pro suis excessibus corriguntur, ausu temeritatis insurgere, et eos a propriis sedibus ejicere non formidant. Ex transmissa nobis relatione dilectæ filiæ nostræ C. Malbodiensis abbatissæ nostris est auribus intimatum quod moniales (19) ejus, quas pro suis excessibus secundum B. Benedicti Regulam corrigebat, diabolico furore succensæ, eam de nullo crimine convictam laicali manu, post appellationem ad nos factam, turpiter ejicere non erubuerunt. Verum quia contumaces et rebelles ex injuncto nobis officio correctionis et castigationis freno cohibere tenemur, et de tanto excessu prius vindictæ quam culpæ fama ad nos pervenire debuisset, fraternitati tuæ per apostolica scripta mandamus, quatenus rei veritatem diligenter et sollicite investigare procures; et si ita esse inveneris, præfatam abbatissam, occasione et appellatione cessante, in suo monasterio in plenitudinem administrationis et regiminis restituere non postponas, et in eas personas, quarum violentia a suo monasterio est ejecta, taliter vindicare studeas, ut cæteris metum incutias, et ipsæ similia de cætero attentare formident. Postmodum autem si adversum eam agere voluerint, causam audias, et eam, appellatione remota, justitia mediante, decidas.

Data Tusculi, IV Idus Maii.

---

(19) Hac ex epistola patet moniales ordinis S. Benedicti in ecclesia Malbodiensi adhuc fuisse tempore Alexandri III, quarum locum hodie occupant canonicæ sæculares. Sed qua auctoritate?
(20) S. Basoli monasterium, tribus aut quatuor horis a civitate Remensi distans, in quo Artaldus archiepiscopus anno 961, clericis ejectis, substituit monachos ordinis S. Benedicti, hactenus perstat sub congregatione S. Mauri.

CMXXXVII.

Ad Petrum abbatem S. Remigii, et Fulconem decanum Remensem.—Ut cognoscant de causa Willelmi cujusdam, qui se usuris oppressum querebatur.

(Tusculani, Maii 17.)

[MANSI, *Concil.*, XXI, 929.]

Ex insinuatione Willelmi, latoris præsentium, accepimus quod cum a quodam cive Remensi pro sexaginta et novem solidis segetem quæ sexaginta etiam solidos valebat emisset: ille non vult, sortem accipere, sed usuras immoderatas exinde nititur extorquere. Quia vero sicut accepimus, super hoc ad nostram audientiam est appellatum: vobis de quorum prudentia et honestate confidimus, causam ipsam committimus audiendam: discretioni vestræ auctoritate præsentium mandantes, ut prædictum civem instanter moneatis, et districte compellatis, ut pretium constitutum recipiens, eumdem Willelmum super usurarum exactione nulla ratione vexare præsumat. Si autem rem aliam justam et rationabilem causam prætenderit, eum audiatis, et appellatione cessante, fine debito decidatis.

Datum Tuscul., XVI Kal. Junii.

CMXXXVIII.

Ad Henricum Remensem archiep. — Arguit eum quod suos vexet.

(Tusculani, Maii 17.)

[*Ibid.*, 931.]

Quanto personam tuam brachiis purioris charitatis amplectimur, tanto vehementius movemur atque turbamur in his quæ adversum te a pluribus proponuntur. Ut autem illam gravem querelam quam ex parte monasterii S. Basoli (20) adversum te nuper recepimus, præsentialiter omittamus, quasi communis querela omnium episcoporum suffraganeorum tuorum hæc est, quod tu eos tanquam simplices clericos gravas, et eorum Ecclesias et clericos tanquam tuos proprios pro tua voluntate pertractas; cum tuam discretionem deceret ita te jam dictis episcopis exhibere benevolum et benignum, quod et ipsos fraterna videreris charitate diligere, et illud habere fixum in pectore, quod B. Petrus in Epistola sua dicit: *Non quasi dominantes, sed formam vitæ gregi prætendentes.* Quoniam igitur te sicut charissimum fratrem diligimus, prudentiam tuam paterna affectione monemus, et tibi auctoritate qua præeminemus injungimus, quatenus ab his de cætero diligenter abstineas, et prædictos episcopos tanquam fratres et coepiscopos tuos diligas propensius et honores, et eis jura et dignitates suas integras et illæsas conservans, Ecclesias vel clericos eorum in causas non convoces, nisi ad audientiam tuam fuerint per appellationem delatæ. Si vero de tarditate sunt aliquando redarguendi, eos benigne redarguas, et ad exhibendam subditis suis justitiam ipsos sollicites, et eis in verbo studeas et operis exhibitione deferre.

Data Tusculi, xvi Kal. Junii.

CMXXXIX.

Ad eumdem. — Pro Jordane Laudunensi cive.

(Tusculani, Maii 17.)

[*Ibid.*, col. 932.]

Ad audientiam nostram pervenit quod cum Jordanis Laudunensis civis ab examine tuo ad audientiam nostram appellasset, et nuntius quem ad exsequendam pro se appellationem miserat, in via decessisset, magister Joannes, tunc vicarius tuus, eum, tanquam appellationem non prosecutus fuisset, excommunicationis vinculo innodavit. Verum quoniam idem J. quantum in eo fuit appellationem est prosecutus, venerabili fratri nostro Ambianensi episcopo dedimus in mandatis, ut si res ita se haberet prædictus J. penitus absolveretur. Cumque in præsentia dilecti filii nostri R. canonici ecclesiæ tuæ, idem Jordanis idoneis testibus rem ita esse probasset, eum prædictus R. de mandato præfati episcopi ab excommunicatione absolvit, et venerabili fratri nostro Laudunensi episcopo, ut ipsum et familiam ejus pro solutis haberet, ex parte nostra mandavit. Unde quoniam rei veritas nobis exstat incognita, fraternitati tuæ per apostolica scripta mandamus, quatenus rem ipsam diligenter et sollicite inquiras, et si ita esse inveneris, præfatum J. et familiam suam a prædicto episcopo facias pro absolutis haberi, districte prohibens, et tu ipse cavens, ne pro maleficio domini et patrisfamilias ejus familia excommunicetur, nisi forte ejus malitiæ consentiret, quia in sacris canonibus expressum habetur quod pro forisfacto dominorum eorum familiæ excommunicari non debeant, neque communionem ipsorum vitare cogantur. Præterea homines de Martegni, videlicet Wer. et Willelmum, et R. et G. moneas instanter, et districte compellas, ut memorato J. vii libras et dimidiam, quas ei dicuntur abstulisse illicite, reddant, et in præsentia tua plenam exinde justitiam, appellatione remota, exhibeant.

Data Tusculi, xvi Kal. Junii.

CMXL.

Ad abbates S. Remigii, et S. Nicasii. — Causam judicandam committit.

(Tusculani, Maii 20.)

[Mansi, *Concil.*, XXI, 958.]

Ex transmissa relatione E. mulieris accepimus quod, cum G. ab ea quinquaginta quinque solidos Remensis monetæ instanter exigeret, illa proponente quod marito suo, dum esset in patria, idem G. jam dictam pecuniam condonasset, super hoc ad audientiam venerabilis fratris nostri Remensis archiepiscopi causa fuit deducta: a cujus examine mulier ad nostram audientiam appellavit. Quia vero muliere nuntium suum destinante, altera pars nec venit, nec aliquem pro se responsalem transmisit, experientiæ vestræ, de qua plene confidimus, causam ipsam committimus audiendam, et fine debito terminandam. Ideoque discretioni vestræ per apostolica scripta mandamus, quatenus cum exinde fueritis requisiti, viris discretis et honestis vobis ascitis, utramque partem ante vestram præsentiam convocetis, et rationibus hinc inde plenius auditis et cognitis, eamdem causam, appellatione remota, mediante justitia, decidatis. Si autem adversarii G. legitime citati, ad præsentiam vestram venire, vel judicio vestro parere contempserint, eos auctoritate nostra ecclesiastica censura compellatis.

Datum Tusculani, xiii Kal. Junii.

CMXLI.

Ad Henricum Remensem archiep. — Ut Robertum clericum, qui homicidio nolens interfuerat, pœnitens ad sacros ordines promovere possit.

(Tusculani, Maii 23.)

[Marten., *Ampl. Collect.*, II, 933.]

Ex transmissa relatione Roberti clerici auribus nostris intimatum est quod nolens et coactus homicidio interfuit, et post dignos fructus pœnitentiæ egit. Unde quoniam prævaricatoribus, si suos excessus corrigere et emendare voluerint, pœnitentiæ medicina non est deneganda, nec misericordiæ viscera sunt aliquatenus claudenda, discretioni tuæ per apostolica scripta mandando præcipimus, quatenus eum auctoritate nostra absolutum animadversa ejus litteratura tempore opportuno ad sacros ordines promovere non postponas, et si ei in aliquo beneficio ab aliquo fuerit provisum, auctoritate apostolica indulgemus, ut sine impedimento et calumnia illud recipere possit, et libere de cætero Ecclesiæ deservire. Si autem præfatam indulgentiam aliquis infringere vel attentare præsumpserit, eum ecclesiastica censura percellas.

Data Tusculi, x Kal. Junii.

CMXLII.

Ad eumdem. — Causam inter Odierium civem Laudunensem et Mauricium clericum committit terminandam.

(Tusculani, Maii 26.)

[*Ibid.*, col. 936.]

Causam quæ inter Odierium burgensem Laudunensem et Mauricium clericum super cxiii solidis, quos idem Hodierius ab eodem clerico pro fidejussione Reinerii, cui in bonis suis successit, requirit, noscitur agitari, experientiæ tuæ committimus audiendam, et, appellatione cessante, fine debito terminandam. Ideoque fraternitati tuæ per apostolica scripta mandamus, quatenus cum exinde fueris requisitus, utramque partem ante tuam præsentiam convoces, et rationibus hinc inde plenius auditis et cognitis, eamdem causam infra xl dies post harum susceptionem, sublato appellationis remedio, justitia mediante decidas.

Data Tusculi, vii Kal. Junii.

CMXLIII.

Ad Clarevallensem et S. Remigii abbates. — Ut Dervense monasterium reforment.

(Tusculani, Maii 28.)
[MANSI, *Concil.*, XXI, 952.]

Cum dilectum filium nostrum Dervensem abbatem super dilapidatione bonorum monasterii sui, et dissolutionem, quam per eumdem abbatem audiveramus jampridem factam fuisse, ad rationem posuissemus : ipse se super his coram nobis, et fratribus nostris prudenter et laudabiliter excusavit, asserens quod, cum multitudo Brebentionum (21) partem quamdam terræ monasterii sui hostiliter invasisset, et ad reliquam occupandam intenderet, coactus est debita plura contrahere, ut terram ipsius monasterii posset ab illius iniquæ gentis manibus liberare. Adjecit insuper, quod reditus ejusdem monasterii quibusdam personis assignavit, ut ex his eadem debita persolvantur, et quod nec in his culpa sua gravatum sit idem monasterium, nec in aliis dissolutum. Cæterum, quoniam hæc nobis non constant, horum cognitionem et correctionem experientiæ vestræ, de qua plene confidimus, duximus committendam, discretioni vestræ præsentium auctoritate mandantes, quatenus ad monasterium ipsum pariter accedentes, rei veritatem diligenter et sollicite inquiratis, et quæ in abbate, vel monachis inveneritis corrigenda, auctoritate nostra, sublato appellationis remedio, adhibita gravitate et modestia corrigatis. Quod si noveritis monasterio expedire, ut aliqui ex monachis ipsius loci amoveantur, eos inde auctoritate nostra, appellatione cessante, amovere minime differatis, et alios de religiosis illic instituatis : ita super his diligentes et providi existentes, quod studio et diligentia vestra in meliorem statum jam dictum monasterium auctore Domino reformetur, et sollicitudo ac vigilantia vestra præconio multæ digna commendationis existat. Reditus vero ipsius monasterii personis quibus pro solutione debitorum sunt assignati, si solutioni debitorum convenienter non intendunt, nec eosdem reditus bene dispensant, auctoritate apostolica auferatis, et eos personis aliis cum consilio abbatis et fratrum monasterii, magis qui providi sint et discreti, assignare curetis : per quorum studium et providentiam celerius et convenientius eadem persolvantur. Si qui autem ex ipsis abbas et monachi, vobis in his contumaces fuerint, vel rebelles, quominus mandatum nostrum in hac parte adimplere possitis, in eos auctoritate nostra, sublato appellationis remedio, canonicam sententiam proferatis : quia nos sententiam, quam in ipsos canonice protuleritis, auctore Domino ratam et firmam habebimus.

Datum Tusculani, v Kal. Junii.

---

(21) Qui vel sua sponte, vel alienis auspiciis conducti, per hæc tempora incursantes omnia populabantur, nec ecclesiis, nec monasteriis parcentes, ut est in concilio Lateranensi Alexandri papæ, cap. 27. JAC. SIRM.

CMXLIV.

Ad Henricum Remensem archiep. — Ut Viviano presbytero suam ecclesiam restitui faciat.

(Tusculani, Jun. 4.)
[MARTEN., *Ampl. Collect.*, II, 957.]

Veniens ad apostolicæ sedis clementiam Vivianus presbyter, præsentium lator, lacrymabili nobis conquestione monstravit quod, cum ecclesiam S. Memmii de Cosantia, quiete et libere possedisset, frater noster G. Catalaunensis episcopus ipsum eadem ecclesia sine judicio et justitia spoliavit. Unde quoniam ea quæ contra juris ordinem fiunt, ad formam æquitatis removere debemus, fraternitati tuæ per apostolica scripta mandamus, quatenus rei veritate diligentius inquisita et cognita, si tibi constiterit præfatum presbyterum præscripta ecclesia absque judicio et justitia spoliatum fuisse, eumdem episcopum moneas, et si fuerit necesse compellas ut, infra xxx dies post harum susceptionem ei prædictam ecclesiam cum fructibus inde perceptis, occasione et appellatione remota, restituat, et libere et quiete dimittat. Quod si forte facere noluerit, tu nostra et tua fretus auctoritate id efficere non postponas.

Data Tusculi, II Nonas Junii.

CMXLV.

Ad eumdem. — Pro infirmis de Sparnaco.

(Tusculani, Jun. 7.)
[*Ibid.*]

Humanum est et pietati consentaneum eorum necessitatibus, qui lepræ sunt morbo percussi, paterna provisione intendere, et eis quadam manu sollicitudinis subvenire. Audivimus autem quod infirmi de Sparnaco (22) sæpe pro defectu capellani gravia incurrunt pericula, et sine viatici participatione decedunt. Unde quoniam pro eo quod in tua parochia consistunt, eis tuæ provisionis solatium debes impertiri, ubi eo indigere noscuntur, fraternitatem tuam monemus atque mandamus, quatenus prædictis infirmis infra xx dies post harum susceptionem, ad opus suum tantum et eorum qui secum morantur, capellanum concedas, et cœmeterium benedicas, ita quod de cœtero spiritualium non possint penuriam sustinere.

Data Tusculi, VII Idus Junii.

CMXLVI.

Ad eumdem. — Ut Lamberto presbytero, si nihil canonicum obstet, ecclesiam suam faciat restitui.

(Tusculani, Jun. 9.)
[*Ibid.*, col. 938.]

Constitutus in præsentia nostra Lambertus presbyter lacrymabili nobis conquestione monstravit quod venerabilis frater noster Catalaunensis episcopus ecclesiam S. Memmii de Cosantia, quam bonæ

---

(22) Sparnacum, oppidum ad Matronam fluvium, in diœcesi Remensi, quinque horis distans a civitate.

memoriæ prædecessor ejus sibi canonice concessit, et ipse per quinquennium pacifice et quiete possedit, violenter et absque ordine judiciario abstulit. Verum quia indecens est, et a sacris canonibus penitus alienum, ut aliquis absque rationabili et manifesta causa ecclesia sibi rationabiliter concessa privetur, fraternitati tuæ per apostolica scripta præcipiendo mandamus, qua:enus infra XL dies post ipsarum susceptionem rei veritatem diligenter inquiras, et nisi tibi constiterit, quod pater præfati presbyteri sacerdos fuerit, et in sacerdotio eum, sicut dicitur, genuerit, si alia injusta et absque rationabili causa fuit ab ecclesia sua remotus, eam sibi, occasione et appellatione cessante restitui facias et in pace dimittas. Postea vero si præfatus episcopus, vel alius adversus eum super jam dicta ecclesia agere voluerit, causam audias et debito fine decidas.

Data Tuscul., V Idus Junii.

CMXLVII.

Ad præpositum et decanum Remensem.—Ut decimæ restituantur clerico, cui eas pater suus, olim emptas, eleemosinæ nomine dederat.

(Tusculani, Jun. 11.)
[MANSI, *Concil.*, XXI, 951.]

Ex transmissa conquestione Stephani clerici de Roi accepimus quod, cum pater suus quasdam decimas, quas jure hæreditario possidebat, volens peccati maculam evitare, sibi in eleemosynam dedisset, Radulfus traditor eas ausu temerario sibi vindicare præsumpsit. Cumque memoratus clericus præfatum R. in præsentia venerabilis fratris nostri archiepiscopi vestri convenisset, ut coram eo justitiam obtineret, compulsus est ad nostram audientiam appellare. Verum licet pater suus eas de jure sibi dare non potuisset, quia tamen tutius ut idem clericus ipsas habeat, quam ad laicum devolvantur: discretioni vestræ per apostolica scripta præcipiendo mandamus, quatenus, si ita est, infra XL dies post harum susceptionem, memoratum R. moneatis et districte compellatis, ut perceptas decimas prænominato clerico sine diminutione restituat, et de percipiendis nullam sibi molestiam inferat, vel gravamen : ita tamen, quod post decessum prædicti clerici præscriptæ decimæ, ad quam de jure pertinere noscuntur, restitui debeant, pacificeque dimitti. Quod si monitis nostris parere contempserit, ipsum usque ad earumdem restitutionem excommunicationis vinculo, omni appellatione remota astringat's.

Datum Tuscul., III Idus Junii.

CMXLVIII.

Ad Henricum Remorum archiep.—Commendat illi canonicos Turonenses Sancti Mauritii.

(Tusculani, Jun. 11.)
[MARTEN., *Ampl. Collect.*, II, 939.]

Si pontificalis officium dignitatis, quod de largitate superni muneris geritis, recta velitis consideratione pensare, noveritis ex ipso officio vobis congruere ut ecclesiarum jura debeatis a parochianis vestris defendere propensius et tueri, sicut qui ad defensionem ecclesiarum in partem estis sollicitudinis advocati. Inde est quod fraternitati tuæ per apostolica scripta mandamus quatenus quoties a capitulo B. Mauritii (25) Turonensis de parochianis vestris querimoniam receperitis, ita de ipsis plenam et sufficientem justitiam faciatis, quod nec ipsi in vobis inveniant quemlibet juris defectum, nec parochianorum vestrorum temeritas vel præsumptio remaneat impunita. Multum enim vobis expedit ut parochianorum vestrorum excessus ab universarum Ecclesiarum seu clericorum gravaminibus vel molestiis debeatis arctius coercere. Si vero aliqui ex parochianis vestris in his contumaces vobis vel rebelles exstiterint, in eos, dilatione et appellatione remota, excommunicationis sententiam proferatis.

Data Tuscul., III Idus Junii.

CMXLIX.

Ad eumdem.—Monet ut Septem-salices restituat fratribus Sancti Basoli, atque ab eorum vexatione cesset.

(Tusculani, Jun. 16.)
[*Ibid.*]

Et generositas sanguinis et dignitas pontificalis officii, qua, disponente Domino, præemines, ab his te debent propensiori cura retrahere, in quibus honestati tuæ possit merito detrahi, aut generositati tuæ aliquatenus derogari : quia quanto majori dignitate et sanguinis claritate præfulges, tanto in te propensius reprehenditur, si quid attentas, quod sit reprehensione vel animadversione qualibet dignum. Ex parte siquidem abbatis et fratrum S. Basoli auribus nostris innotuit quod tu villam quamdam Septem-salices nomine, quam prædecessores nobilis viri comitis Henrici eorum monasterio in perpetuam eleemosynam contulerunt, et progenitores tui illustres Francorum reges authenticis scriptis, et Romani pontifices suis privilegiis confirmarunt, eidem monasterio per violentiam abstulisti, et duobus monachis qui ad obsequium ecclesiæ ipsius loci deputati fuerant, in motu propriæ voluntatis ejectis, in eadem villa castrum de calce et lapidibus ad restaurationem prædictæ ecclesiæ adunatis, prædictis fratribus contradicentibus, construxisse, et in eorum nemore occasione constructionis ejusdem castri eis damnum trecentarum librarum fecisti, quod te prorsus dedecuit irrogari. Ubi autem idem castrum constructum est, castellanus et complices sui ita præscriptum monasterium in suis bonis et possessionibus oppresserunt, quod propriis monachorum horreis violenta manu confractis, annonam inde, fenum, stramen et paleam asportaverunt, et terram ipsius monasterii deprædantes, homines etiam carceri manciparunt. Accidit ad hæc quod tu prædictum abbatem centum

---

(25) Id est cathedralis ecclesiæ, quæ S. Mauritium habet patronum.

tibi libras solvere coegisti, ita quidem quod ei in civitate tua existenti in virtute obedientiæ præcepisti, ne ante solutionem prædictæ pecuniæ civitatem ipsam exiret, et ab hominibus cujusdam villæ eorum, Verzei nomine, sexaginta libras post eorum captionem et carcerem immisericorditer extorsisti, et, quod deterius est, et in quolibet viro, nedum archiepiscopo, modis omnibus reprehensibile, eosdem homines ad indebitam consuetudinem compulisti, ut videlicet quisque ipsorum singulas mensuras avenæ tibi annuatim exsolvat, et de alia villa eorumdem fratrum XL libras extorquere minime dubitasti. Quia igitur reprehensione et animadversione dignum omnimodis reputatur, si eum jam dicti fratres hostem sentiunt, quem deberent habere patronum, nos quantumcunque tibi deferre velimus, nolentes nec debentes aures nostras tam gravibus clamoribus obturare, hæc per te non per alium, volumus ad præsens corrigere, et utiliter emendare : quoniam personam tuam eo charitatis fervore diligimus, quod, cum ea alii potuissemus committere corrigenda, malumus tibi sicut venerabili fratri nostro in hoc et aliis in quibus cum Deo possumus prompta voluntate deferre. Monemus itaque fraternitatem tuam, mandamus atque præcipimus, quatenus, si res ita se habet, hæc quæ prædiximus sub omni celeritate, sicut tuam prudentiam decet, per teipsum corrigas et emendes, vel ita cum eisdem fratribus exinde amicabiliter pacificeque convenias, quod super hoc non possis reprehensionis notam incurrere, nec ad nos debeat iterata querela proferri. Si vero hæc tandiu emendare distuleris, donec exinde ad audientiam nostram iterum querimonia perferatur, eisdem fratribus in jure suo, auctore Domino, propensius assistemus.

Data Tuscul., XVI Kal. Julii.

CML.

Ad eumdem. — *Commendat B. et R. clericos quos a sententia excommunicationis absolverat.*

(Tusculani, Jun. 16.)

[*Ibid.*, 941.]

B. et R. clericos, latores præsentium, quos a sententia fecimus excommunicationis absolvi qua tenebantur astricti, pro eo quod in Dei amicum diaconum Laudunensem violentas manus injecerant, devotioni tuæ attentius commendamus, fraternitatem tuam per apostolica scripta rogantes, monentes atque mandantes, quatenus eos divini amoris intuitu, et pro reverentia beati Petri et nostra, et quia ad nostrum spectat officium universos et præsertim viros ecclesiasticos a malignantium inquietationibus propensius defensare, manuteneas et defendas, et illos prædicto diacono, et cæteris quorum odium occasione ejusdem diaconi incurrerunt, studeas reconciliare, et eosdem clericos ad prædicti diaconi satisfactionem, et ipsum ad satisfaciendum eisdem clericis, si videris expedire, compellas, universis de Laudunensi episcopatu sub interminatione anathematis prohibens, ne memoratis clericis occasione illa, quia manus in prædictum diaconum injecerunt, in personis vel rebus, eis aliquam molestiam inferant vel gravamen. Si quis autem eosdem clericos post inhibitionem tuam prædicta occasione inquietare, præsumpserit, eum, appellatione remota, ecclesiastica censura percellas.

Data Tusculi, XVI Cal. Julii.

CMLI.

Ad eumdem. — *Facultatem absolvendi ab excommunicatione Arnulfum de Landast ei concedit.*

(Tusculani, Jun. 18.)

[*Ibid.*]

Cum tibi sicut venerabili fratri nostro prompto animo deferre velimus, et preces charissimi in Christo filii nostri L. illustris Francorum regis et tuas libenter admittere, ejusdem regis et tuis precibus inclinati, tibi auctoritate apostolica indulgemus, ut Arnulfum de Landast, qui pro violenta manuum injectione in presbyterum, sententiam excommunicationis incurrit, recepto ab eo juramento, secundum Ecclesiæ consuetudinem vice nostra liceat tibi absolvere, et ei secundum qualitatem et quantitatem excessus pœnitentiam injungere competentem. Cum autem absolutus fuerit, ei in virtute juramenti præcipias ne ulterius violentas manus in clericum, monachum, Templarium, vel Hospitalarium, aut alicujus religionis conversum mittat, nisi se defendendo, aut id de mandato prælati sui fecerit.

Data Tuscul., XIV Kal. Julii.

CMLII.

Ad Guillelmum Antissiodorensem et Matthæum Trecensem episcopos. — *Terminandam eis committit controversiam de Seguini electione in abbatem S. Potentiani Castri-Censorii, cui electioni se opponebat Stephanus Eduensis episcopus.*

(Tusculani, Junii 25.)

[Dom Bouquet, *Recueil*, XV, 921.]

ALEXANDER episcopus, servus servorum Dei, venerabilibus fratribus W[ILLELMO] Antissiodorensi et M[ATTHÆO] Trecensi episcopis, salutem et apostolicam benedictionem.

Cum dilecti filii nostri Amelinus canonicus S. Potentiani de Castro-Censorii (*Château-Censoir*), et Werricus, Avalonensis canonicus, nuntii venerabilis fratris nostri Eduensis episcopi, in nostra fuissent præsentia constituti, præfatus Amelinus coram nobis constanti relatione proposuit quod, eodem episcopo a præscripta ecclesia ad officium pontificalis dignitatis vocato, canonici ipsius ecclesiæ eidem episcopo significaverunt quod, sicut a prædecessoribus suis episcopis quondam Eduensibus libertas celebrandi electionem, quæ de communi jure debetur omnibus ecclesiis conventualibus, eis indulta fuerat, electionem in eadem ecclesia facere vellent, ne de pastoris absentia eadem ecclesia grave damnum posset, et non modicum incommodum sustinere. Memoratus vero episcopus eisdem canonicis suum in hoc noluit præstare consensum, asserens quod eidem ecclesiæ nondum renuntiaverat, et quod ipsi in eum pariter convenissent, et ipsum abbatem decrevissent habere. Cum autem quidam ex jam dictis canonicis voluntatem ejusdem episcopi cernerent ad electionis celebrationem non esse proclivem, sed potius eumdem viderent velle curam ejusdem ecclesiæ retinere, eamdem ecclesiam et seipsos in protectione nostra et Romanæ Ecclesiæ posuerunt et ad nostram insuper audientiam appellaverunt. Asserit insuper præfatus A[melinus] quod cum stationarii canonici vellent de electione tractare, forinseci rogaverunt ut electioni diem alium assignarent, quatenus a supradicto episcopo faciendi electionem licentiam impetrarent: promittentes quod, sive ab eodem episcopo licentiam obtinerent, vel non, in eodem termino eorum electioni non contradicerent. Cum autem licentiam ipsam a jam dicto episcopo non potuerunt obtinere, in termino constituto omnes stationarii præter unum, recepta, sicut diximus, permissione forinsecorum, dilectum filium nostrum Seguinum (24) concanonicum suum in abbatem sibi concorditer elegerunt. Prædictus vero nuntius memorati episcopi constanter asseruit electionem ipsam nullius esse debere momenti, quoniam postquam prædicti canonici in præfatum episcopum communiter convenerant, quidam ex ipsis quos idem episcopus excommunicaverat, aliis ad nostram audientiam appellantibus, præfatum Seguinum eligere præsumpserunt : adjiciens quod ad preces canonicorum excommunicationi subjecerat universos qui sine assensu sæpe fati episcopi in eadem ecclesia abbatem eligere tentarent, et pro molendinis etiam et aliis possessionibus quas eidem episcopo abstulerant. Amelinus autem ad objecta respondens, asseveravit quod nunquam in jam dictum episcopum eo modo convenerant, ut illius ecclesiæ specialem curam haberet, sed ut eamdem ecclesiam protegeret, tanquam eorum episcopus, et ab aliorum injuriis defensaret. Et adjecit excommunicationis sententiam non tenere, quoniam in ipsos post appellationem ad nos factam fuerat promulgata, asserens quod, postquam electionem fecerant, molendina et possessiones alias sæpe fato episcopo abstulerunt, et quod excommunicatio ante appellationem facta ad eorum notitiam minime pervenisset, constanter adjecit.

Nos itaque, in hac parte transgressionem ejusdem episcopi attendentes, et considerantes quomodo idem episcopus potentia potius quam de jure eamdem electionem fieri prohibuerat, cum ei non liceret propter hoc in eosdem canonicos sententiam ferre, aut a communi et privato jure eos aliquatenus prohibere (quoniam electionis libertas, quæ de communi jure debetur conventualibus ecclesiis, eis prædecessore ejusdem episcopi privato jure indulta fuerat), excommunicationem vel appellationem illam decer- nimus nullius esse momenti, non ut præfigamus exemplum in aliis, sed ut ambitionem et transgressionem ejusdem episcopi reprimamus. Inde est quod fraternitati vestræ per apostolica scripta mandamus, quatenus in unum convenientes utramque partem ante vestram præsentiam convocetis, et rationibus hinc inde plenius auditis et cognitis, eamdem causam, sublato appellationis remedio, infra XL dies post harum susceptionem fine canonico terminetis, ita quidem quod, si vobis constiterit omnes stationarios qui tunc erant præter unum, recepta permissione forinsecorum quod eorum electioni non contradicerent, sæpefatum Seguinum sibi elegisse, appellatione vel excommunicatione ex parte episcopi propter hoc facta non obstante, electionem ipsam, dilatione et appellatione postposita, auctoritate apostolica confirmetis. Nec id etiam obstet quod canonici in episcopum post promotionem suam convenisse dicuntur, et licet id pars altera prorsus inficietur, quia si in ipsum etiam convenissent, id sacris canonibus contrarium esset, quibus cautum est ut unaquæque ecclesia proprio debeat gaudere pastore.

Si qua vero partium ante vel post susceptionem litterarum nostrarum in vocem appellationis proruperit, vos in eadem causa nihilominus prout dictum est, appellatione postposita, procedatis. Si vero uterque his exsequendis non poterit interesse, alter vestrum, adjunctis sibi viris prudentibus et discretis, appellatione remota, prout dictum est in eadem causa procedat.

Data Tusculi, IX Kal. Julii.

CMLIII.

Stephano episcopo Eduensi præcipit « quatenus canonicis S. Potentiani de Castro-Censorii auctoritatem suam nequaquam opponat, quominus electionem eorum canonice factam ratam habeat. »

[*Ibid.*, p. 923.]

CMLIV.

Ad Henricum Remensem archiep. — Pro abbatissa S. Petri Remensis.

(Tusculani, Jun. 25.)

[Marten., *Ampl. Collect.*, II, 942.]

Ex transmissa relatione dilectæ filiæ nostræ abbatissæ S. Petri Remensis, auribus nostris innotuit quod, cum controversiam quæ inter eam et abbatem de Calade super reditibus cujusdam curtis quam idem abbas habet in terra S. Petri, vertebatur, venerabilibus fratribus nostris Belvacensi et Ambianensi episcopis commisissemus fine debito terminandam, et illi, auditis et cognitis rationibus utriusque partis, abbatissam in possessionem misissent, et ei ab eodem abbate damna resarciri debere adjudicassent, abbas schismatica pravitate pollutus, adjudicata non reddidit, et eosdem reditus adhuc injuste detinere præsumpsit. Cumque fratri nostro

---

(24) Seguinus nepos erat Hugonis de Moncellis, abbatis S. Germani Paris., cujus et favore in abbatia ad quam electus fuerat confirmatus fuit.

Catalaunensi episcopo ex parte nostra mandasset ut sicut in parochia sua prædicta curtis exstitit, ita quoque abbatissam faceret quod judicatum est possidere, id efficere penitus supersedit. Unde quia prædictæ abbatissæ nolumus ad justitiam suam consequendam aliqua ratione obesse, quod præfatus abbas schismatica est contagione respersus, fraternitati tuæ per apostolica scripta mandamus, quatenus, si res ita se habet, de reditibus jam dicti abbatis, quos habet in provincia tua, memoratæ abbatissæ damna sibi adjudicata facias, omni occasione et appellatione postposita, resarciri, et reditus quos prædicti episcopi adjudicasse noscuntur, nostra et tua auctoritate in pace et quiete dimitti.

Data Tuscul., vii Kal. Julii.

CMLV.

Ad eumdem. — Pro ecclesia Sancti Joannis de Vineis de Cervenniaco.

(Tusculani, Jun. 26.)

[*Ibid.*]

Conquesti sunt nobis dilecti filii nostri abbas et fratres S. Joannis de Vineis quod quidam milites Suessionensis episcopatus, decimam de Cervenai sigillo bonæ memoriæ G., quondam Suessionensis episcopi, eidem ecclesiæ confirmatam, et postmodum prædecessorum nostrorum et scripti nostri munimine roboratam, eis auctoritate propria subtraxerunt, et eos super hoc molestare non cessant. Quoniam igitur hoc, si verum est, in nostram injuriam et in præfatæ damnum ecclesiæ redundare non est ambiguum, fraternitati tuæ per apostolica scripta mandamus, quatenus, partibus infra xx dies post harum susceptionem ante tuam præsentiam convocatis, si rem ita esse inveneris, præfatos milites moneas studiosius et inducas, ut præfatis fratribus præscriptam decimam cum omnibus inde perceptis atque oblatis sine molestia et difficultate restituant, et in pace ac quiete dimittant. Quod si tuæ in hac parte commonitioni acquiescere forte noluerint, eos nostra et tua auctoritate, occasione et appellatione cessante, vinculo excommunicationis astringas; et si nec sic resipuerint, terras eorum, appellatione remota, subjicias interdicto.

Data Tuscul., vi Kalendas Julii.

CMLVI.

Ad eumdem. — De exactionibus quas abbas Compendiensis exigebat a quibusdam villis, et de bonis abbatis ab eo distractis.

(Tusculani, Jul. 8.)

[*Ibid.*, col. 943]

Homines trium villarum Compendiensis Ecclesiæ, Prunastr., Fabarol. et Mesvilers videlicet, adversus dilectum filium nostrum abbatem ipsius Ecclesiæ ad nos quærimoniam transmiserunt, asserentes quod cum nobilis vir Petrus de Tornella, advocatus villarum ipsarum, ab eis tallias et exactiones indebitas

(25) Quippe Ecclesiam Compendiensem pro canonicis fundaverat Carolus Calvus, quibus monachos

extorqueret, nobis tibi mandantibus ut eumdem virum ab his ecclesiastica districtione compesceres, tandem vix ipse coram venerabili fratre nostro T. Ambianensi episcopo præstito juramento, firmavit, quod a prædictis hominibus tallias vel exactiones nullatenus extorqueret, et idem abbas sub excommunicatione prohibuit ne quis ipsos ulterius eisdem talliis et exactionibus fatigaret. Nunc autem idem abbas discrimen excommunicationis non formidans incurrere, adhibitis sibi favore et potentia prædicti P. a præfatis hominibus adeo gravem talliam extorquere præsumpsit, quod quamplures ex ipsis jam dictas villas coacti sunt deserere, et ad alium locum transire. Quoniam igitur graviter nimis excedit, qui subditos suos præsertim contra religionem juramenti et excommunicationis sententiam violenta damnatione opprimit, et indebita exactione fatigat, fraternitati tuæ per apostolica scripta mandamus, quatenus prædictum abbatem et P. necnon et R. filium ejusdem P. ante tuam præsentiam convoces, et inquisita veritate diligenter et cognita, eos moneas, et apostolica fultus auctoritate compellas ut prædictas villas in ea libertate et immunitate, omni contradictione et appellatione cessante, dimittant, in qua tempore (25) canonicorum fuisse noscuntur, sicut in scripto authentico quod idem abbas et P. dicuntur habere, noscitur contineri. Ut autem melius et commodius viris præscriptæ Ecclesiæ et indemnitati prædictorum hominum consulere possis, eumdem abbatem et P. auctoritate apostolica compellas coram te jam dicta scripta ostendere, et secundum eorum tenorem utrosque facias esse suo jure contentos. Ad hæc quoniam idem abbas multa dicitur de bonis Ecclesiæ ipsius illicite distraxisse, et sine causa multa debita contraxisse, volumus et mandamus, ut eum super his convenias, et ad rationem ponas, et veritate plenius cognita, quidquid exinde tibi constiterit, nobis tuis litteris absque admistione falsitatis plenius et expressius studeas intimare ut eum, si noxium et culpabilem invenerimus, animadversione debita puniamus.

Data Tuscul. viii Idus Julii.

CMLVII.

Ad eumdem. — De damnis illatis G. canonico Catalaunensi a Wermundo milite.

(Tusculani, Jul. 11.)

[*Ibid.*, col. 944.]

Conquerente nobis G. Catalaunensi canonico accepimus quod Wermundus miles, nepos archidiaconi, ipsum et homines villæ de Alneto, irrationabiliter deprædatus, eis damna gravia irrogavit. Cumque prædictus miles propter hoc sententia fuisset excommunicationis astrictus, memoratus archidiaconus eumdem militem ab eadem fecit absolvi sententia, obligans se præfatis viris, quod eis damna

jussu Eugenii papæ III substituit Sugerius abbas S. Dionysii et regni administer.

data pro ipso absque diminutione resarciret, atque super hoc se illis principalem debitorem constituit. Postea vero praedictus miles crucem suscepit, et ut Dominicum sepulchrum visitaret iter arripuit, et idem archidiaconus partem ablatorum restituit, et partem reddere contradicit. Quia ergo ex commissae nobis dignitatis officio singulis suo jure debitores existimus, et minus potentes a potentium oppressionibus apostolicae tuitionis clypeo defensare tenemur, fraternitati tuae per apostolica scripta mandamus, quatenus si assertio praedicti canonici innititur veritati, praedictum archidiaconum moneas, et, si opus fuerit, ecclesiastica districtione compellas, ut praenominatis canonico et hominibus, sicut se illis obligavit, et principalem debitorem constituit, appellatione remota, damna data resarciat, ablata sine diminutione restituat, vel exinde cum eis pacifice et amicabiliter componat.

Data Tusculi, v Idus Julii.

CMLVIII.

Ad eumdem.— Pro Seberto Remensi cive super quadam domo.

(Tusculani, Jul. 14.)

[*Ibid.*, col. 946.]

Querelam Seberti Remensis civis nobis transmissam accepimus, quod, cum ipse a Galvino et uxore sua quamdam domum emisset, et illi data fide firmiter sibi promisissent quod exinde nullo tempore ei molestiam vel gravamen inferrent, nunc, fidei religione contempta, praefatum S. super jam dicta domo inquietare praesumunt. Verum quia periculosum est admodum et detestabile fidem praestitam violare, et ad nostrum spectat officium unicuique in suo jure adesse, fraternitati tuae per apostolica scripta mandamus, quatenus praefatum G. et uxorem suam moneas et districte compellas ut jam dicto S. super praefata domo nullam de caetero molestiam vel gravamen inferre praesumant, et de violata fide taliter eos punire studeas, quod poena docente cognoscant, quam sit iniquum scienter fidem praestitam violare.

Data Tusculi II Idus Julii.

CMLIX.

Ad eumdem. — Pro Joanne Multone.

(Tusculani, Jul. 14.)

[*Ibid.*]

Cum dilectus filius noster Joannes Multo, quoad potuit, pro honore tuo, dum in curia nostra praesens exstitit, sollicitus admodum et studiosus fuerit, et ipsum quantum comprehendere possumus, tibi multa devotione non dubitemus esse astrictum, confidenter eum affectioni tuae duximus commendandum, indubitata veritate tenentes, quod etiam absque precibus nostris ipsum consideratione devotionis et probitatis suae protegere debeas, et in suis justitiis confovere. Inde est quod fraternitatem tuam rogamus attentius et monemus, quatenus ipsum divino intuitu, et pro reverentia beati Petri et nostra, et consideratione devotionis et probitatis suae propensius diligas, et in jure manuteneas et defendas, nec ipsum in aliquo sustineas indebite molestari; sed taliter eum in justitiis suis habeas nostro intuitu et respectu sui servitii commendatum, quod ipse sub ala protectionis tuae ab incursibus malignantium possit esse securus, et in devotione tua ferventior semper existere, et nos exinde affectioni tuae gratias debeamus exsolvere copiosas.

Data Tusculi, xi Idus Julii.

CMLX.

Ad Henricum Remorum archiepiscopum.— Ut cuique idoneo liceat scholas regere.

(Tusculani, Jul. 15.)

[MANSI, *Concil.*, XXI, 952.]

Dilectus filius noster abbas S. Petri de Montibus, transmissa nobis relatione monstravit quod magister scholarum Catalaunensis Ecclesiae in terra jam dicti abbatis sibi scholarum magisterium vindicat et nullum per abbatem ibi regere scholas permittit. Unde quoniam, cum donum Dei sit scientia litterarum, liberum debet esse cuique talentum gratis cui voluerit erogare (26), fraternitati tuae per apostolica scripta mandamus, quatenus tam abbati, quam magistro scholarum praecipias, ne aliquem probum et litteratum virum regere scholas in civitate, vel suburbiis, ubi voluerit, aliqua ratione prohibeant, vel interdicere qualibet occasione praesumant. Non enim debet venale exponi, quod munere gratiae coelestis acquiritur: sed gratis debet omnibus exhiberi, ut impleatur quod scriptum est: *Gratis accepistis, gratis date* (*Matth.* x). Verum licet idem magister scholarum, illud sibi forte in civitate ipsa obtentu pravae consuetudinis vindicet: hoc in terra abbatis non potest aliquatenus vindicare.

Datum Tusculani, Idibus Julii.

CMLXI.

Ad eumdem.—Ut T. clericum a gravaminibus episcopi Catalaunensis protegat, et A. de Possessa excommunicationi subjiciat.

(Tusculani, Jul. 16.)

[MARTEN, *Ampl. Collect.*, II, 947.]

Ex conquestione T. pauperis clerici, praesentium latoris, accepimus quod cum frater noster G. Catalaunensis episcopus eum super ecclesia sua de Acciti-curia indebita vellet molestatione gravare, idem clericus ejus gravamen praesentiens, se, ecclesiam et bona sua in protectione nostra et Ecclesiae posuit, et insuper sedem apostolicam appellavit. Inde est quod fraternitati tuae per apostolica scripta manda-

---

(26) Quod de magistris hoc loco censet Alexander III, id ipsum de scholaribus statuit Alexander IV pro Dominicanorum scholis in haec verba scribens episcopo Parisiensi: *Insuper statuimus ut scholares omnes, tam religiosi de praelatorum suorum licentia Parisiis gratia studii quandolibet commorantes, quam etiam saeculares, ubicunque voluerint, lectionibus vel praedicationibus audiendis, sive quaestionibus disputandis, libere valeant interesse.* Jac. SIRM.

mus quatenus, re veritate studiosius inquisita, si tibi constiterit, quod idem episcopus eum velit super jam dicta ecclesia indebite molestare, ipsum ab illius molestatione, nostra et tua auctoritate, appellatione remota, compescas; sed si quid in eo viderit corrigendum, paterne corrigat et emendet. Ad hæc quoniam ad audientiam nostram pervenit, quod nobilis vir A. de Possessa ecclesiam et domos ejusdem clerici, post appellationem ad nos factam et totam villam ejusdem loci combussit, discretioni tuæ nihilominus præsentium auctoritate mandamus ut, si res ita se habet, eumdem virum, dilatione et appellatione remota, excommunicatum denunties, donec eidem clerico et ecclesiæ suæ illata damna resarciat, et de injuriis irrogatis Deo et Ecclesiæ satisfactionem exhibeat competentem. Si vero per excommunicationem ad satisfactionem quam diximus cogi non poterit, terram ejus non differas subjici interdicto.

Data Tusculi, xvii Kal. Augusti.

CMLXII.

Ad eumdem.— Ut Drogoni canonico permittat habitare cum electo Cameracensi.

(Tusculani, Jul. 25.)

[*Ibid.*, col. 948.]

Auditis gravibus et difficilibus querelis, quæ adversus Drogonem (27) nobis proponebantur, nos ei volentes malignandi aditum intercludere, tibi, si bene meminimus, dedimus in mandatis, ut ipsum ecclesiastica, si opus esset, censura compelleres ad claustrum suum quantocius remeare. Verum quoniam preces dilecti filii nostri P. (28) nobilis viri Flandrensis comitis et aliorum plurium affectuosas pro eodem Drogone recepimus, et ipsum ab his quæ de eo nobis prius suggesta erant excusantium, et abbas et fratres sui eum nobis attentius commendarunt, nos eorum precibus inclinati, fraternitati tuæ per iterata scripta mandamus, quatenus mandato quod contra ipsum per alia scripta direximus penitus supersedeas, et eum circa dilectum filium nostrum Cameracensem electum manere permittas, nec occasione litterarum nostrarum in eumdem D. sententiam feras, sed fraternitati tuæ modis omnibus prohibemus, ne tenorem earumdem litterarum, quas contra eum tibi direximus, aliquatenus exsequaris. Nos enim tam eumdem D. quam alios religiosos viros circa præfatum electum, cum assensu tamen prælatorum suorum esse permittimus.

Data Tuscul., viii Kal. Augusti.

CMLXIII.

Ad eumdem.— Committit ei causam inter Odonem de S. Dionysio et Paganum Anglicum atque uxorem terminandam.

(Tusculani, Jul. 26.)

[*Ibid.*]

Causam quæ inter Odonem de S. Dionysio (29) et Paganum Anglicum et uxorem ejus quondam filiam Genovefæ de S. Germano, super quadam fenestra quæ est super Pontem magnum primum, in præsentia venerabilis fratris nostri M. (30) Parisiensis episcopi, postmodum vero coram venerabili W. (31) Senonensi archiepiscopo, apostolicæ sedis legato, diutius est agitata, et ad nos per appellationem delata, experientiæ tuæ, de qua plene confidimus, committimus audiendam, et fine debito terminandam. Ideoque fraternitati tuæ per apostolica scripta præcipiendo mandamus, quatenus cum exinde requisitus fueris, utramque partem ante tuam præsentiam convoces, et rationibus hinc inde diligenter auditis et cognitis, eamdem causam, si tibi constiterit, eam per appellationem ad nos delatam fuisse, sublato appellationis remedio, concordia vel justitia mediante, decidas.

Data Tusculi, vii Kal. Augusti.

CMLXIV.

Ad eumdem.— Commendat canonicos Compendienses.

(Tusculani, Jul. 26.)

[*Ibid.*, col. 949.]

Illos speciali prærogativa dilectionis et gratiæ confovere nos convenit, et ab injuriis malignantium studio propensiori defendere, qui ad curam et provisionem nostram atque tutelam noscuntur principaliter pertinere. Attendentes itaque quomodo canonici Compendienses præter Romanum pontificem nullum habeant episcopum vel magistrum, considerantes etiam qualiter nobis immineat de ipsis curam et sollicitudinem gerere, et eos pravorum impugnatione conservare illæsos, ipsos defensioni tuæ tanto studiosius duximus commendandos, quanto ratione ordinis et dignitatis nobis magis appropias, et fervore devotionis et sinceritate fidei amplius nosceris et probaris astrictus. Ideoque fraternitatem tuam monemus atque mandamus, quatenus eosdem canonicos, sicut speciales Ecclesiæ Romanæ filios, in justitiis suis vice nostra manuteneas, protegas et defendas, salvo jure abbatis et fratrum Compendiensium, ita quidem, quod si quid controversiæ inter eos et abbatem Compendiensem emerserit, ad controversiam sopiendam et pacem in'er eos reformandam diligenti studio et sollicitudine elabores, ita quod ipsi de tuo possint auxilio lætari, et nos

---

(27) Canonicum regularem Hamensis monasterii in diœcesi Noviomensi, adversus quem exstat supra epistola 540.
(28) Philippi, filii Theoderici comitis.
(29) Odo ille videtur esse Odo abbas S. Dionysii, qui Sugerio successit, obiit 1169.

(30) Mauricii, qui Petro Lombardo successit anno 1160.
(31) Willelmo cardinali, qui ex Senonensi Ecclesia post mortem nostri Henrici translatus est ad sedem Remensem.

exinde affectioni tuæ gratias multimodas exsolvere debeamus.

Data Tusculi, vii Kal. Augustii.

CMLXV.

Ad eumdem. — Persuadeat regi ut filium suum coronari faciat.

(Tusculani, Aug. 3.)
[*Ibid.*, col. 950.]

Dum attendimus et sollicite ad memoriam revocamus qualiter charissimus in Christo filius noster L. illustris rex Francorum et progenitores ejus et regnum sibi commissum B. Petro devoti exstiterint, et inseparabili fide semper et dilectione adhæserint, et Ecclesiam Romanam in omnibus necessitatibus et angustiis suis tempore nostro maxime brachio fortitudinis adjuvare et benignius confovere curaverint, tantæ devotionis et fidei non possumus esse immemores, sed de statu ejusdem regis et filii, quem Dominus sibi sua pietate et miseratione donavit, vigiles semper et solliciti volumus inveniri, et ad ea toto cordis desiderio et affectu intendere, quæ ad pacem regni et gloriam et exaltationem ipsius regis debeant pertinere: ita quod eidem regi et regno verbo et opere tanto ardentius videamur velle pro meritis digna rependere, quanto circa nos ipsos sinceriorem fidem et devotionem noscuntur gerere puriorem. Sane quia prudentis hominis est et sapientis, temporum et rerum varietates provida circumspectione attendere, et quæ contingere possunt adversa eminus prævidere, fraternitatem tuam, quam specialiter præ aliis ex officio dignitatis et ratione sanguinis pro statu regis et regni convenit esse sollicitam, per apostolica scripta monemus, consulimus, atque mandamus, quatenus eumdem regem moneas diligentius et horteris, et cum omni instantia inducas, ut sibi et filio suo providens, eum habito tuo et aliarum magnarum personarum regni saniori consilio, cum auxilio cœlestis gratiæ faciat coronari et inungi in regem (32) et universum regnum juramento sibi fidelitatis astringi. Ex hoc enim regi et toti regno gloriam et exaltationem et maximum incrementum speramus auctore Domino proventurum, et laudabili studio peragenda sunt quæ prodesse ac proficere possunt, et nulla ratione obesse noscuntur. Nam illustris imperator Constantinopolitanus, providere cupiens ne imperium suum aliqua posset mutatione turbari, filium, cum vix sit triennis, jam fecit coronari, et ei totum imperium juramento fidelitatis astringi, et hoc idem alias sublimes personas fecisse vidimus.

Data Tusculani, iii Nonas Augusti.

CMLXVI.

Ad eumdem. — De satisfactione facienda canonico S. Joannis de Burgo Laudunensi pro illatis injuriis.

(Tusculani, Aug. 5.)
[*Ibid.*, col. 951.]

Ex litteris venerabilis fratris nostri Laudunensis episcopi nobis transmissis, enormitatem illius facinoris et excessus, quem B. clericus et R. socius ejus in Dei amicum canonicum S. Joannis de Burgo commiserunt, plenius intelligentes, licet eos absolvi fecerimus, tamen prædicto clerico, qui adhuc erat in nostra præsentia constitutus, dedimus in mandatis ut ipse et socius suus passo injuriam congrue satisfaciant, et quæ idem canonicus probare poterit sibi ablata fuisse ab eis, vel eorum æstimationem sine diminutione restituant. Præcepimus etiam eidem clerico, ut ab ingressu Laudunensis episcopatus, nisi a præfato episcopo vel canonico impetrata licentia, per triennium abstineat, vel nisi ut memorato canonico satisfaciat, accesserit, si ipse voluerit satisfactionem eorum recipere. Si autem prædictus canonicus in satisfactione modum, qui eum decet, vellet excedere, tu ei, prout tibi melius visum fuerit, satisfieri facias. Laico vero per istum dedimus in mandatis ut post satisfactionem suscipiat crucem, et sepulcrum Domini visitans, ibidem in servitio pauperum Jerosolymitani hospitalis per unum annum existat. Quia vero decet nos qui misericordiam prædicamus, eam circa delinquentes benignius exercere, fraternitati tuæ per apostolica scripta mandamus, quatenus eos pro absolutis habens, memoratum canonicum attentius moneas et inducere satagas, ut ipsi a prædictis viris de illatis injuriis congruam satisfactionem, et de his quæ probare poterit sibi ab eisdem fuisse ablata, emendationem recipiens, illis pro ejus amore, qui pro persecutoribus oravit, et delinquentibus ex corde dimitti præcepit, hanc noxam condonet, et gratiam et amorem suum restituat, et eis nullam per se vel per alios hac occasione molestiam inferat et gravamen.

Data Tuscul., Nonis Augusti.

CMLXVII.

Ad .... — Causam judicandam committit

(Tusculani, Aug. 8.)
[Mansi, *Concil.*, XXI, 954.]

Ex transmissa conquestione Euronii meminimus nos causam quæ inter eumdem Euronium et Rolandum vertitur experientiæ tuæ commisisse. Sed quia, sicut accepimus, nondum in eadem causa juxta tenorem mandati nostri processisti, prædictus R. falsa suggestione ab apostolica sede litteras obtinuit; magister Joannes vero prædictum Euronium

---

(32) Philippus, Ludovici Junioris primogenitus, anno 1165 natus, non fuit coronatus nisi post aliquos a scripta hac epistola annos, scilicet, 1179, quo anno, inquit Chronicon S. Dionysii, *consecratus est rex Philippus puer filius Ludovici regis Kal.*

Novembris a Guillelmo Remensi archiepiscopo, et a Guillelmo abbate S. Dionysii, qui post consecrationem ejus suscepit ab eo coronam, et camisiam et cætera regalia indumenta secum, tunicam, calcaria et sceutrum.

vinculo excommunicationis innodavit. Quoniam igitur sententia non potest, sicut non debet, tenere, discretioni tuæ per apostolica scripta præcipiendo mandamus, quatenus præfatum Euronium nostra fretus auctoritate absolutum publice denunties, et præfatum R. de cætero non audias, neque appellationem ejus ad præsentiam nostram ullo modo recipias, et rei veritate a venerab. fratre nostro Catalaunensi episcopo diligenter inquisita, R. et Susannam uxorem ejus instanter commoneas, et districte compellas, ut infra viginti dies post harum susceptionem, omni contradictione et appellatione remota, supradicto Euronio res et expensas suas restituant. Si autem monitis tuis obtemperare contempserint, eos vinculo excommunicationis astringas. Postea si idem R. adversus Euronium agere voluerit, coram venerabili fratre nostro Catalaunensi episcopo ordine judiciario experiatur, et ipse causam audiat, et debito fine decidat.

Datum Tusculani, vi Idus Augusti.

CMLXVIII.

Ad Petrum abbatem Sancti Remigii. — Ut prohibeat ne orphanus super hæreditate sua turbetur: et causæ sit judex.

(Tusculani, Aug. 9.)
[*Ibid.*, col. 950.]

Ex parte Guidonis orphani gravem querelam recepimus, quod cum G. pater suus in extremis laborans, ipsi domum, agros, vineas, et quidquid in mobilibus possideat, jure hæreditatis reliquerit possidendum, et in præsentia venerabilis fratris nostri Remensis archiepiscopi id ipsum recognoverit, nunc N. et nepotes ejus prædictum orphanum in causa trahere, et super hoc indebite molestare præsumunt. Quia igitur ex suscepti cura regiminis, orphanorum patroni tenemur et defensores existere: discretioni tuæ per apostolica scripta præcipiendo mandamus, quatenus, si tibi constiterit in causa ipsa ad nos appellatum fuisse, et prædictum N. et nepotes ejus moneas, et auctoritate nostra districte compellas, ut prædictum orphanum super jam dicta hæreditate molestare desistant, et eam sicut a patre suo concessam, et in præsentia prædicti archiepiscopi constat fuisse recognitam, in pace et quiete ipsum possidere permittant : aut si quid juris in ea se habere confidant, coram te, sublato appellationis obstaculo, ordine judiciario experiantur.

Datum Tuscul., v Idus Augusti.

CMLXIX.

Ad abbatem et capitulum S. Remigii. — Ut M. clerici de aliquo beneficio ecclesiastico provideant.

(Tusculani, Aug. 9.)
[*Ibid.*, col. 951]

Pastoralis cura et sollicitudo, quam licet immeriti, disponente Domino, gerimus, nos admonet propensius et hortatur, pro viris ecclesiasticis, et præsertim pro his qui nullum habent ecclesiasticum beneficium, et sunt bonæ opinionis et famæ sollicitos semper et studiosos existere et ecclesiarum prælatos ut eis in competentibus beneficiis provideant, propensius invitare. Hac itaque ratione inducti, et de vestra nihilominus devotione confisi, pro dilecto filio nostro M. clerico, latore præsentium qui asserit se omnino ecclesiæ vestræ devotum, cujus mores et conversationem dilecti filii nostri fratres militiæ Templi, circa quos est conversatus, plurimum commendant, charitati vestræ preces affectuosas porrigimus : devotionem vestram per apostolica scripta rogantes attentius, monentes, atque mandantes, quatenus eidem clerico, divini amoris intuitu, et pro reverentia B. Petri ac nostra, in aliquo beneficio ecclesiastico sibi competenti, unde vitæ necessaria in vestra semper devotione possit honeste percipere, liberaliter provideatis : ut liberalitas et devotio vestra exinde commendabilis debeat apparere : nos quoque vobis, propter hoc uberes gratiarum actiones exsolventes, preces et petitiones vestras, cum se opportunitas obtulerit, libentius et efficacius admittamus.

Datum Tusculani, v Idus Augusti.

CMLXX.

Ad Henricum Remensem archiepiscopum. — Ut presbyterum in ecclesiam, a qua ejectus fuerat, restituat ; et eos qui ignominiose ipsum ejecerant excommunicatos denuntiet.

(Tusculani, Aug. 22.)
[*Ibid.*, col. 950.]

Constitutus in præsentia nostra R. presbyter lacrymabili nobis conquestione monstravit quod R. et Willelmus canonici ecclesiæ S. Donatiani Brugensis, quia inter ipsum et præfatæ ecclesiæ decanum et canonicos, de oblationibus ecclesiæ ejusdem presbyteri erat suborta controversia, in eum violentas manus injecerunt, et post appellationem ad nos factam, ipsum a sua ecclesia ejicientes, alium in eam intruder non formidarunt : et Galterus prædictæ ecclesiæ S. Donatiani cantor (35), et Gillenus canonicus, in Dominica die, coram omni populo, vestes ejus in plena processione lacerantes, illum de choro turpiter ejicere præsumpserunt. Quia vero tantæ præsumptionis excessum non possumus nec debemus impunitum relinquere, ne laici sumant inde materiam in clericos insurgendi : fraternitati tuæ per apostolica scripta mandamus, quatenus infra quadraginta dies rei veritatem diligenter inquiras, et si ita tibi esse constiterit, præfatos viros, qui in tantam audaciam proruperunt, publice accensis candelis excommunicatos denunties, et

---

(35) Archiepiscopi Remensis cujus eo delatæ reliquiæ. Flodoardus lib. I, cap. 5 : *Hinc Donatianus exstitit episcopus, cujus etiam pignora maritimas in partes episcopi Noviomagensis vel Tornacensis perlata, vario signorum memorantur splendore decorata.*

Brugæ quippe Flandrorum, quæ suum quoque nunc habent episcopum, ad diœcesim tum pertinebant Tornacensem, quæ adnexa erat Noviomensi. JAC. SIRM.

sicut excommunicatos ab omnibus cautius facias evitari, donec injuriam passo congrue satisfaciant et de tanto excessu satisfacturi, cum litteris tuis ei veritatem continentibus, apostolico se conspectui repræsentent. Illum autem, qui in prædictam ecclesiam post appellationem ad nos factam dicitur esse intrusus, exinde cessante appellatione amoveas, et ipsam jam dicto presbytero cum fructibus inde perceptis restituere non postponas. Postea vero si quis adversus prænominatum presbyterum super jam dicta ecclesia agere voluerit, coram te ordine judiciario experiatur, et tu causam audias, et fine debito decidas.

Datum Tuscul., xi Kal. Septemb.

CMLXXI.

Ad Petrum abbatem S. Remigii, et Fulconem decanum Remensem. — Litem judicandam committit.

(Tusculani, Aug. 27.)
[*Ibid.*, col. 953.]

Constitutus in præsentia nostra Constancius subdiaconus, lator præsentium, sua nobis conquestione monstravit quod G. de Poegni quamdam domum suam sitam in villa de Poegni violenter sibi abstulit, et injuste detinet occupatam. Unde cum uterque esset propter hoc in præsentia dilecti nostri R. canonici Remensis constitutus : prædictus subdiaconus timens se prægravari, ad nostram audientiam appellavit. Verum quoniam eo conveniente altera pars nec venit, nec aliquem pro se responsalem transmisit : causam ipsam experientiæ vestræ, de qua plene confidimus, committimus audiendam, et fine debito terminandam. Ideoque discretioni vestræ per apostolica scripta præcipiendo mandamus, quatenus, cum exinde requisiti fueritis, utramque partem ante vestram præsentiam convocetis, et rationibus hinc inde diligenter auditis et cognitis, eamdem causam infra xl dies post harum susceptionem, sublato appellationis remedio, concordia vel justitia terminetis.

Datum Tuscul., vi. Kal. Septemb.

CMLXXII.

Ad fratres Corbeienses (diœces. Ambian.)

(Tusculani, Aug. 29.)
[*Gall. Christ.*, X, Instr. 318.]

Alexander episcopus, servus servorum Dei, dilectis filiis universo capitulo Corbeiensi, salutem et apostolicam benedictionem.

Cum bonæ memoriæ Joannes quondam abbas vester ad nos cum dilectis filiis nostris H. et H. confratribus vestris, venisset, nos eumdem abbatem intuitu devotionis suæ et considerationis specialitatis quod monasterium vestrum nullo mediante nobis adhæret, debita benignitate recepimus, et sicut devotum et specialem filium benigne curavimus et paterne tractare. Inspecto autem privilegio Romanæ Ecclesiæ quod memoratus abbas nobis de immuni-

tate et libertate vestri monasterii præsentavit, et audito ex ipsius diligenti relatione quod idem monasterium non sit infra fines Remensis episcopatus, sed in Ambianensi episcopatu constitutum, et in duabus villis, Folliaco videlicet et Nova-Villa Corbeiæ contiguis, Ambianensis episcopus duas solas ecclesias, unam in ingressu et alteram in egressu habeat, et cum aliæ tres parochiales ecclesiæ Corbeiensis villæ proprie ac specialiter ad idem monasterium spectent, Remensis archiepiscopus vel alius non consueverit ibidem, sicut dicitur esse publicum et notorium, aliquid juris habere, venerabili fratri nostro Remensi archiepiscopo dedimus in mandatis ut in appellationibus vel in aliis violenter possessionem vobis non impediat vel perturbet, sed si de jure confidit, recepturus et exhibiturus justitiam, per procuratores suos a proximo festo beati Lucæ usque ad annum revolutum apostolico se poterit conspectui præsentare. Inde est quod discretioni vestræ per apostolica scripta præcipiendo mandamus, quatenus si idem archiepiscopus propter hoc ad præsentiam nostram duxerit suos procuratores mittendos, vos cum instrumentis et rationibus vestris occasione postposita veniatis, vel ad sedem apostolicam sufficientes responsales mittatis, quia nos quantum Dominus nobis dederit, jura et libertatem monasterii vestri integram curabimus et illibatam servare.

Datum Tuscul., iv Kal. Septemb.

CMLXXIII.

Ad Guillelmum Stranensem episcopum (34). — *Ejus ecclesiam in sua protectione recipit, possessiones confirmat.*

(Tusculani, Sept. 7.)
[Mansi, *Concil.*, XXI, 940.]

Fratres et coepiscopos nostros, et eos præcipue qui in medio pravæ nationis sunt positi, et in remotis mundi partibus constituti, arctiori nos convenit charitate diligere ; et ut in commisso sibi amplius talento proficere valeant, et ad cultum justitiæ et domus Dei decorem fortius accingi, eis apostolicæ sedis gratiam et favorem nos convenit impertiri. Attendentes igitur devotionis tuæ constantiam, et fidei puritatem, qua beato Petro et nobis immobili firmitate adhærere conspiceris : te sicut venerabilem fratrem nostrum diligere et honorare, et tuis rationabilibus votis et desideriis debita cupimus benignitate favere. Inde est quod Ecclesiam tuam sub B. Petri ac nostra protectione recipientes, ea quæ in præsentiarum pacifice ac legitime possedit, et specialiter Neeric, sicut a rege, et metropolitano tuo, et a venerabili fratre nostro Eskilo Londensi archiepiscopo apostolicæ sedis legato, tibi confirmata est, et scripti sui munimine roborata, tibi, et per te eidem ecclesiæ, auctoritate apostolica confirmamus, et præsentis scripti patrocinio communimus : sta-

---

(34) In Suecia, sub episcopo Upsalensi, quem metropolitani ejus nomine significat. In Notitia episcopatuum, *Straginiensis* appellatur.

tuentes, ut nulli omnino hominum liceat hanc paginam nostræ confirmationis infringere, vel ei aliquatenus contraire. Si quis autem hoc attentare præsumpserit, indignationem omnipotentis Dei et beatorum Petri et Pauli apostolorum ejus se noverit incursurum.

Datum Tuscul., vii Idus Septembris.

CMLXXIV.

Ad Colonem Lincopiensem episcopum (35). — *Approbat ejus electionem in locum alterius, qui sponte abdicans, monasterium petierat.*

(Tusculani, Sept. 8.)
[*Ibid.* col. 939.]

Ex dispensatione commissæ nobis sollicitudinis, et ex debito charitatis, viros pontificali officio præditos, et morum honestate ornatos, sincera tenemur charitate diligere, et eorum vota quæ a rationis tramite non discordant, effectu prosequente complere, ut tanto fortius ornamenta virtutum appetere, et honestis insistere moribus studeant, quanto se ab apostolica sede majore honore cognoverint et gratia præveniri. Relatum siquidem est auribus nostris, quod dilecto filio Stenar, quondam Lingacopensi episcopo claustralem quietem episcopali honori præponente, et pontificalem dignitatem in manu venerabilis fratris nostri Eskili Londensis archiepiscopi, apostolicæ sedis legati, et regalia coram rege et primatibus regni libere et spontanee resignante, clerus et populus ejusdem loci, de assensu prædictorum archiepiscopi et regis, atque ducis terræ, te in patrem et episcopum suum unaniniter et concorditer elegerunt. Verum licet ei non licuerit absque auctoritate Rom. pontificis episcopali dignitati abrenuntiare: volentes tamen necessitati Ecclesiæ tuæ paterna provisione prospicere, et honestati tantorum virorum deferre, id æquanimiter supportamus, et electionem et consecrationem tuam ratam et firmam habentes, eam auctoritate apostolica confirmamus, et tibi in subditis tuis corrigendi vitia et superflua resecandi plenam concedimus facultatem. Tu vero subjectorum culpas tanta redargutionis instantia insequaris: quod, et qui culpabiles sunt, suos excessus corrigant celeriter et emendent; et alii hoc videntes, ad committenda similia non aspirent: hac tamen consideratione præhabita, ut dure et aspere, leniter et mansuete, secundum naturas et qualitates personarum, vitia corrigas subditorum. Decernimus ergo ut nulli omnino hominum hanc paginam nostræ confirmationis infringere liceat, vel ei aliquatenus contraire. Si quis autem hoc attentare præsumpserit, indignationem omnipotentis Dei et beatorum Petri et Pauli apostolorum ejus se noverit incursurum.

Datum Tusculani, vi Idus Septembris.

CMLXXV.

Ad Upsalensem archiepisc. et suffraganeos. — *De matribus quæ prolis suæ procurant interitum: de incestis, et alia fœda libidine; de iis qui cum sicca fæce vini et micis panis vino intinctis, missam faciunt; de matrimoniis sine sacerdotali benedictione factis.*

(Tusculani, Sept. 9.)
[*Ibid.*, col. 937.]

Vice beati Petri apostolorum principis, largiente Deo et Domino nostro, qui ait: *Speculatorem te dedi domui Israel* (Ezech. iii), super gentes et regna, licet immeriti, in apostolicæ sedis specula constituti, pontificalis officii debito pro universis compellimur sollicitudinem gerere, et antiquo hosti, qui tanquam sævissimus leo circuit quærens quem devoret, pastorali providentia obviare, ne gregem Dominicum invadat, et diversis eum vitiorum morsibus laceret. Inde est quod vehementi cor nostrum doloris pulsatur stimulo, audito quod in partibus vestris in tantum libido crudelis et turpis excreverit, ut quædam mulieres prolis suæ procurent interitum, earumque corruptores tam horrendo et detestabili facinori non solum consentire, verum etiam persuadere præsumant: alii incestuosa conjunctione, plerique cum jumentis abominanda se pollutione commaculent. Quæ quantum sint gravia, et Creatori nostro penitus inimica, ipsa sceleris atrocitas satis demonstrat, quam nec audientium aures sine ingenti possunt horrore percipere. Si enim qui jactato in terram semine prolem nolebat ex uxore suscipere, percussus a Domino Testamenti Veteris serie dignoscitur, qua pœna feriendus esse monstratur qui natum proprium non abhorret occidere, et mavult interire quam vivere? Cujus utique criminis pœna; illud etiam persuadentes vel consentientes involvi beatus Augustinus ostendit dicens: *Se periculose decipiunt, qui existimant eos tantum homicidas existere, qui manibus hominem occidunt, et non potius eos, per quorum consilium, et fraudem, et exhortationem homines exstinguuntur. Nam Judæi Dominum nequaquam propriis manibus interfecerunt, sicut scriptum est: «Nobis non licet interficere quemquam,» sed tamen illis mors Domini imputatur, quia ipsi eum lingua interfecerunt, dicentes: «Crucifige, crucifige eum.»* Incestum vero quantum sacri abhorreant canones, concilium Ilerdense demonstrat: *Cum his*, inquit, *qui incestuose pollutione commaculant, quandiu in ipso detestando et illicito carnis contubernio perseverant, nec sumere cibum ulli Christianorum, sicut Apostolus jussit, licebit.* Porro scelus cum jumentis coeuntium quanta sit animadversione plectendum, legislator Moyses declarat, cum etiam ipsa interfici animalia jubeat quæ tali contaminata flagitio indignam refricant acti memoriam.

Quia igitur abominabilem horum excessuum præsumptionem severa satis districtione congruit inse-

---

(35) Upsalensis suffraganeum. Nota est civitas Sueciæ, in qua synodum celebrasse legitur Nicolaus Anglicus cardinalis, Eugenii III legatus, anno 1148. Jac. Sirm.

qui, prædictos propriæ prolis necatores, et tam ipsum facinus persuadentes quam consentientes, seu quoslibet parricidas, aut cum matre, filia, consobrina, vel nepte agentes, quam cum jumentis coeuntes, arctiori pœnitentiæ jugo curetis compescere; et nisi senio confecti, vel corporis fuerint debilitate seu egestate oppressi, eos ad sedem apostolicam compellatis venire, et beatorum apostolorum Petri et Pauli limina visitare, ut in sudore vultus sui, et viarum labore, superni Judicis iram evadere, et ipsius misericordiam valeant invenire.

Ad hæc qui dormiendo, non voluntate sed casu filios suos oppressisse inveniuntur, triennio, si iidem filii fuerint baptizati; si vero absque sacro baptismate decesserint, quinquennio pœnitentiæ disciplinis subjaceant. Sacerdotes, quos ab his studiosius præcavere convenit, officii sui perpetua exsecutione priventur. Verum si qui parentum absentes fuerint quando eorum filii suffocantur, aut si id sub aliena custodia contigerit, extra culpam erunt: si tamen eos non furiosæ, sed congruenti custodiæ ipsos se crediderint tradidisse.

Præterea non sine cordis amaritudine quosdam sacerdotes contra apostolicas institutiones, cum sicca fæce vini, vel cum micis panis vino intinctis, missam celebrare audivimus: et fideles laicos non Christiano more, absque sacerdotali benedictione et missa, matrimonium contrahere. Unde sæpe illicita contingit fieri conjugia, et inter legitimas personas divortium intervenire. Sane cum omne crimen atque omne peccatum oblatis Deo sacrificiis deleatur, quid de cætero pro delictorum expiatione Domino dabitur, quando in ipsa sacrificii oblatione erratur? Cum enim Magister veritatis, discipulis suis sacramentum commendaret nostræ salutis, non siccam fæcem vini, non micas panis vino intinctas accepit, sed panem et calicem, et benedicens dedit discipulis suis. Quia igitur secus agere, evangelicæ et apostolicæ doctrinæ contrarium, et consuetudini ecclesiasticæ penitus est adversum: apostolica prohibemus auctoritate, ut cum sicca fæce vini, vel cum micis panis vino intinctis, vel alio modo quam Dominus instituit, nullus de cætero sacrificare attentet, sed secundum formam sacrosanctæ Ecclesiæ Romanæ, quam vos in omnibus imitari oportet, solum panem, et vinum aqua mistum in sacrificio corporis et sanguinis Christi offeratis.

Cæterum clandestina et absque sacerdotali benedictione non debere contrahi conjugia, aut nisi inter legitimas personas, quæ infra septimum gradum nulla consanguinitatis linea conjungantur: nec contracta, nisi canonice et consensu episcopi dis-

(36) Sueonum. *Guthermus* dicitur Saxoni Grammatico, lib. xiv, ubi de baptismo agit Kanuti filii Waldemari Daniæ regis. *Quod religiosæ*, inquit, *exsecutionis officium, Sueonum ducis Guthermi, qui neptem Waldemari eorumdem regi Karolo desponsam adducendi causa legationem attulerat, præsentia venustabat.* Jac. Sirm.

(37) Finni, boreales Suecicæ populi, qui Finniam seu

A solvi, multorum sanctorum Patrum declarat auctoritas. Vos itaque muniti sanctorum Patrum sanctionibus et ecclesiasticis institutis, hæc quæ dicta sunt, diligenter servate, et ab aliis præcipite inviolabiliter observari, dispensationis moderamine utentes, ut qui in quinto vel quarto gradu conjuncti sunt, eos non separetis, sed ne amplius taliter conjungantur pontificali auctoritate et districtione prohibeatis.

Datum Tuscul., v Idus Septembris.

CMLXXVI.

Ad Upsalensem archiepiscopum et suffraganeos ejus, et Guthermum ducem. — Ut Finnos, qui se Christianos fore fraudulenter promittebant, deinceps non juvent adversus hostes.

(Tusculani, Sept. 9.)

[*Ibid.*, col. 940.]

Alexander papa III Upsalensi archiepisco et suffraganeis ejus, et Guthermo duci (36).

Gravis admodum et difficilis est ad apostolicam sedem querela perlata, quod Phinni (37) semper imminente sibi exercitu inimicorum, fidem servare Christianam promittunt, et prædicatores et eruditores Christianæ legis desideranter requirunt: et recedente exercitu fidem abnegant, prædicatores contemnunt, et graviter persequuntur. Unde quoniam in hoc Deo illudere, et Christianam religionem deridere videntur, et illis se duplo filios gehennæ constituentibus, salus et vita eorum tota in terrenis, neglectis cœlestibus, conspicitur consistere; nec est dignum ut eis in adversitate Christianum nomen defensionem conferat, quod in prosperitate despicere et horrere probantur: universitatem vestram monemus, atque mandamus, quatenus a fallaciis et fraudibus eorum ita prudenter et discrete de cætero caveatis, quod, si ingruerit necessitas, ad auxilium et defensionem vestram non possint recurrere, nisi munitiones, si quas habent, vobis tenendas assignent, aut alias adeo sufficientem cautionem exhibeant et securitatem, quod amodo nullatenus pedes retrahere, aut vestram prudentiam valeant circumvenire: sed Christianæ fidei documenta cogantur tenere firmiter et servare, ne amplius de eorum numero videantur, de quibus dictum est: *Confitebitur tibi, cum benefeceris ei.*

Datum Tuscul., v Idus Septembris.

CMLXXVII.

Ad Trundensem archiepiscopum, et A. Stavengarensem episcopum. — Ut Nicolaum monachum Fulconi Estonum apostolo socium mittant.

(Tusculani, Sept. 9.)

[*Ibid.* col. 941.]

Alexander papa III Trundensi archiepiscopo (38), et A. quondam Staveng. episcopo.

Finningiam incolunt. Id.

(38) In Norvegia. Norvegiæ metropolim alii *Trondemum* nominant: Saxo lib. x, extremo: *Corpus ejus, Magni regis, Norvegiam relatum, Trondemi in regiorum monumentorum arca sepulturam possedit.* Ejusdem etiam metropolis suffraganeus est episcopus Stavengarensis. Jac. Sirm.

Lex divina et humana desiderat, et debitum charitatis exposcit, ut bono et utilitati communi debeamus intendere, et ad revocationem et conversionem infidelium operam omnimodam et sollicitudinem adhibere. Inde est, quod prudentiam vestram rogamus attentius et monemus ut venerabili fratri nostro Fulconi Estonum episcopo, qui ad convertendam gentem illam divina gratia inspiratus, ministerium prædicationis et laborem proponit assumere, Nicolaum monachum, qui de gente illa, sicut accepimus, est oriundus, virum religiosum, atque discretum, in socium concedatis : ut tantum bonum possit perficere, et gentem illam ad agnitionem veri luminis, et ad culturam et doctrinam Christianæ fidei, verbo prædicationis, auxiliante Domino revocare, et vobis exinde valeat æternæ mercedis cumulus provenire.

Datum Tuscul., v Idus Sept.

CMLXXVIII.

Ad episcop. Ambianensem, et abbatem Sancti Remigii. — Ut cognoscant de causa presbyteri cui Tornacensis episcopus ecclesiam suam ademerat.

(Tusculani, Sept. 9.)

[*Ibid.*, col. 927.]

Cum olim Daniel presbyter (39) ad præsentiam nostram accedens de fratre nostro Tornacensi episcopo gravem apud nos querelam deposuisset, asserens quod cum idem episcopus, quia sibi solvere noluerat quod ab eo fuerat postulatum, officio et ecclesia sua spoliasset, et eam Waltero presbytero concessisset, eidem episcopo super hoc litteras nostras direximus, secundum quod officio nostro et rationi congruere videbatur. Tandem autem episcopus proprios nuntios et scripta nobis direxit, significans quod prædicto Danieli præscripta ecclesia non fuerit concessa, sed ad probationem usque ad annum commendata : ita quidem, ut si non esset idoneus, et ejus conversationis et vitæ cujus esse deberet, exinde amoveretur, ut ecclesia illa libere posset honestæ personæ concedi. Postremo vero cum idem Daniel, quod tabernam frequentaret, et quod ibi multoties ita pernoctasset, quod omissa dormitione sequenti die missam celebrasset, apud episcopum accusatus fuisset, et in purgatione quam sibi indixerat, defecisset, ipsum ab officio suspendit, et ecclesiam in qua ministrabat, ad repræsentationem abbatis ad quem pertinet, Waltero sacerdoti concessit. Quo facto, postea ad venerabilis fratris nostri Remensis archiepiscopi, et deinde ad nostram audientiam appellavit. Daniel vero hæc omnia inficians, constanter asseruit quod a prædecessore suo, ad repræsentationem præfati abbatis, præscriptam ecclesiam habuerit, et hac sola de causa eum episcopus officio et beneficio spoliasset, quia illi noluit quod postulaverat exhibere, et ei

(39) Presbyter S. Joannis in Gandavo : quod oppidum cum monasterio S. Petri, de quo epistola sequenti, eo tempore diœcesis erat Tornacensis : nunc proprium habet antistitem. Jac. SIRM.

pro se et aliis compresbyteris audacter prohibuit ne tam frequenter adversus eos extorsiones exerceret. Adjecit insuper, quod cum ipsum propter hoc appellasset, crimina suprascripta postea sibi objecit, quæ primitus non fuerant objecta : et cum esset paratus se inde purgare, et minis et terroribus suos purgatores subtraxit : nec tamen super criminibus illis ulla potuit ratione convinci. Cumque Daniel et Walterus se nostro conspectui præsentassent, et varia et diversa coram nobis adversus se allegarent : quia testium et rationum sufficientiam non habebant, in causa illorum non potuimus procedere, nec eam sine congruo terminare. Quapropter de vestræ honestatis et discretionis prudentia confidentes, eamdem causam prudentiæ vestræ committimus audiendam, et fine debito terminandam. Ideoque apostolica vobis scripta præcipiendo mandamus, quatenus, cum exinde requisiti fueritis, congruo loco et tempore pariter in unum convenientes, utramque partem ante vestram præsentiam convocetis, et rationibus hinc inde plenius auditis et cognitis, causam ipsam, remoto appellationis obstaculo, mediante justitia, terminetis : ita quidem, quod si legitime vobis constiterit, quod sæpe dicto Danieli præscripta ecclesia non fuerit perpetuo concessa, sed ad tempus commendata, aut de violentia, et quod ita in taberna pernoctaverit, quod altera die, nulla præcedente dormitione missam cantasset, rationabiliter convictus, aut in judicio, apud episcopum videlicet, vel archiepiscopum suum accusatus, vel ad rationem positus, sine coactione, coram pluribus fuerit confessus, ei, nullius appellatione obstante, super eadem ecclesia perpetuum silentium imponatis, et ipsum a Walteri impetitione desistere compellatis. Cæterum si Danieli ecclesia illa fuit canonice tradita, et postea de aliquo crimine non fuit convictus aut confessus, propter quod ea de jure debuerit spoliari ; vel si post appellationem, sicut aliquando allegavit, ecclesia illa fuit spoliatus, ipsam ei faciatis restitui, et pacifice ac quiete dimitti. Postmodum vero si Walterus, vel alius, adversus eum agere voluerit, causam audiatis, et eam appellatione remota fine debito terminetis.

Datum Tuscul., v. Idus Septembris.

CMLXXIX.

Ad Upsalensem archiepisc. et suffraganeos. — Ut Simoniam et multa in ecclesiasticam disciplinam peccata emendari curent.

(Tusculani, Sept. 10.)

[*Ibid.*, col. 931.]

ALEXANDER papa Upsalensi archiepiscopo (40), et universis suffraganeis ejus, tam in Suecia quam in Gothia constitutis.

Constituti a Domino, licet insufficientibus meritis,

(40) *Upseltensem* alii vocant, et Upsalam civitatem, regni Sueciæ Gothiæque metropolim. Ad hunc vero ejusque suffraganeos scriptæ item epistolæ 973 et 975.

super gentes et regna, ex injunctæ nobis administrationis officio debitoque compellimur aciem nostræ considerationis ad universum commissi gregis corpus extendere, atque omnium fidelium corda institutionis apostolicæ ac doctrinæ salutaris imbre perfundere : ut sicut in omnem terram exivit sonus apostolorum, et in fines orbis terræ verba eorum, ita quoque nos, qui eorum cathedræ præsidemus, qui eis non in vitæ merito, non in operum sanctitate, sed in pastorali cura et dignitate successimus, verbum salutis, evangelium Christianæ atque catholicæ veritatis annuntiemus his qui longe, et his qui prope, nomen apostolicum non inane, neque nudum et in sola voce gerentes, sed in exsecutione officii et veritate operis, in quantum nobis Deus dederit, adimplentes.

Audivimus enim, et audientes non potuimus non dolere, quod apud vos, tam in Suecia videlicet quam in Gothia, ex nimia et perversa non libertate, sed abusione potius et insolentia laicorum, consuetudo pessima et detestabilis inolevit, ex qua etiam multa illicita provenerunt, et mala non solum enormia, verum etiam intolerabilia pullularunt. Ipsi enim, vobis inconsultis, sicut dicitur, aut contempitis, concedunt et conferunt ecclesias, quibus volunt, omnia Simoniace, sive per pecuniam, sive per privatam gratiam, vel odium agentes. Ex hoc autem multa dicuntur tam in ipso actu quam exemplo nociva et perniciosa contingere. Quilibet enim et undecunque sacerdos adveniens, licet ordinationis suæ nullum habeat testimonium, solo mandato seu nutu etiam laicorum, divina in salutis eorum suæque periculum celebrare præsumit. Unde nonnunquam evenit, ut monachi fugitivi, vel homicidæ, seu quibuslibet irretiti et notati sceleribus, aut in gradum sacerdotii non promoti, sacerdotio fungi nefaria nimis et damnabili præsumptione non metuant. Quilibet vero, vel omnino carens ecclesia, vel pauperem habens, et ambiens ditiorem, potentioribus de parochia, data vel promissa pecunia, alium non erubescit tam impudenter quam illicite supplantare.

Accedit ad hæc quod clerici sive ipsi adversus laicos, sive laici adversus eos, litigantes experiri voluerint laicorum judicia subire, et secundum ipsorum instituta sive leges agere vel defendere se coguntur. Nec solum inferioris ordinis clerici talibus injuriis fatigantur; verum etiam vos ipsi, si justitiæ rigorem zelo Dei succensi aliquando exercetis, aliquam contra vos causam inobedientis, gregis invidia machinante, vel ad igniti ferri examen, vel ad aliquod æque prohibitum et exsecrabile judicium provocamini : nulla canonibus, qui id prohibent, seu pontificali dignitati exhibita reverentia vel honore. Ad augmentum vero summamque malorum, clerici passim in eodem regno impune cæduntur, quandoque etiam occiduntur. Et quidem gravia sunt ista, nec professionis opera Christianæ, sed inimici potius zizania reputanda.

Ad quæ radicitus evellenda, et de medio vestrum penitus exstirpanda, tanto acrius vos decet et oportet insurgere, quanto magis desides prælatos negligentesque respiciunt vitia subditorum : et eorum culpæ crimen adscribitur, quod ab his quibus præsident, et pro quibus etiam reddituri sunt in extremo examine rationem, tam frequenter quam licenter et impune committitur : maxime cum per prophetam dicatur : *Clama, ne cesses, annuntia populo meo scelera eorum* (Isa. LVIII); et alibi : *Nisi annuntiaveris iniquo iniquitatem suam, sanguinem ejus de manu tua requiram* (Ezech. III); et in sacris canonibus, quos prudentiam vestram ignorare non expedit, scriptum legatur : « Negligere, cum possis, perturbare perversos, nihil est aliud quam fovere ; nec caret scrupulo societatis occultæ, qui manifesto facinori desinit obviare. » Ex eo autem, quod peccata ex nimia et longæva licentia in consuetudinem jam venerunt, cum sit, juxta quemdam philosophum, infelicitas consummata, et vix videatur locus esse remedio, ubi quæ fuerunt vitia, mores fiunt ; et juxta Evangelium, qui mortuus fuerat in peccato, jam feteat, multo majori opus est ad suscitandum cum Domino mortuum, non sine lacrymis et compassione, conamine, ne desperentur, sicut quatriduanus in monumento, quibus potest invocato Dei nomine cum ipsius adjutorio subveniri.

Ut ergo etiam in eis glorificetur Deus, et sapientia honorificetur a filiis suis, charitatem Moysi pro populo Dominum obsecrantis, zelum Phinees vindicantis, contritionem David orantis, misericordiam Jesu Christi super Jerusalem flentis et pro Lazaro lacrymantis, assumite : et habentes secundum Apostolum scutum fidei, loricam justitiæ et galeam spem salutis, accingimini armatura Dei, et pugnate cum antiquo serpente, eum de obsessis per inhabitantia peccata corporibus expellentes, et diripientes universa in quibus habet fiduciam, eos quos domum sibi facere nititur, cum gratiæ cœlestis auxilio, a vitiorum sordibus emundantes, ut domus Dei, templum videlicet Domini sanctum quod estis vos, dici ac fieri mereantur. Nec vos ullus terror ab officii pastoralis exsecutione retardet, recolentes, et non tantum verbo, sed opere profitentes, quod summus et primus pastor docuisse legitur et fecisse : *Bonus*, inquit, *pastor animam suam ponit pro ovibus suis* (Joan. x).

Et quoniam per errorem, et tam divini quam humani juris ignorantiam, apud vos inolevisse videntur mala, quæ diximus, et a laicis tanquam licita impune hactenus usurpata, sanctorum Patrum statutis tanquam armis utentes, ipsis inniti debebitis atque ea et vos cum eis his quæ illicite committuntur opponere, ut ex eorum scientia et auctoritate disperant, quæ per abusionem nimiam et ignorantiam succreverunt. Sane laicos, ecclesias, vel ecclesiastica beneficia dignitatesque concedere, seu de ipsis ulla ratione disponere, sanctorum Patrum ad instar sacrilegii prohibent instituta. Clericos tamen, qui ab eis vel per eos, dato pretio, sive gratis, ecclesiam, vel investituram ecclesiæ seu ecclesiasticæ dignitatis acceperint, præter ordinis sui periculum, excommunicationis etiam pœna condemnant.

Nam in synodo Symmachi papæ (41) statutum legitur : *Non placuit laicum statuendi in ecclesia aliquam habere facultatem, cui subsequendi manet necessitas, non auctoritas imperandi.* Item : *laicis, quamvis religiosis, nulla de ecclesiasticis dignitatibus aliquid disponendi legitur attributa facultas.* Item Callixtus papa : *Si quis principum,* inquit, *vel aliorum dispositionem, seu donationem, sive possessionem ecclesiasticarum rerum sibi vindicaverit, ut sacrilegus judicetur.* Item Paschalis : *Nullus laicorum ecclesiarum bona occupet vel disponat : qui vero secus egerit, juxta B. Alexandri capitulum, ab Ecclesiæ liminibus arceatur.* Item Alexander : *Per laicos nullo modo quilibet clericus aut presbyter retineat ecclesiam, neque pretio, neque gratis.* Item Paschalis : *Si quis clericus, abbas, vel monachus, per laicos ecclesiam obtinuerit : secundum apostolorum SS. canones, et capitulum Antiocheni concilii, excommunicationi subjaceat.* Item : *Constitutiones sacrorum canonum sequentes, statuimus, ut quicunque clericorum ab hac hora investituram ecclesiæ vel ecclesiasticæ dignitatis, de manu laici acceperit, et qui ei manum imposuerit, gradus sui periculo subjaceat et communione privetur.* Et in hanc sententiam alia multa canonum instituta et sanctorum Patrum decreta conveniunt.

Cæterum ecclesias vel ecclesiastica beneficia, pretii, seu cujuscunque muneris interventu conferre, Simoniacum est, et Simoniacam sapit procul dubio pravitatem. Porro Simonis crimen, quam sit detestabile, quam horrendum, ipsa vos ejus infamis immanitas ignorare non sinit. Ex quo profecto tam dantem quam accipientem damnatio Simonis, quam sacra Actuum apostolorum lectio protestatur, involvit : ad cujus condemnationem cum plurima, præter apostolorum sanctionem, sanctorum Patrum rescripta manaverint, pauca credimus ex pluribus suffectura.

Inter quæ primum sit illud B. Gregorii : *Presbyter,* inquit, *si ecclesiam per pecuniam obtinuerit, non solum ecclesia privetur, sed honore sacerdotii spolietur : quia altare, decimas, et Spiritum sanctum emere vel vendere, Simoniacam hæresim esse nullus fidelium ignorat.* Idem alibi : *Audivimus, dilectissimi, quod nos audire oportuit, sed audivisse profecto non libuit : quosdam scilicet sacrorum ordinum esse professores, qui sub munerum datione vel acceptione Dei ecclesias, vel earum sibi sacrificia usurpant : quod quidem scelus vos non jamdudum acriter correxisse miramur. Juste enim uterque corripiendus est, et a sanctæ liminibus Ecclesiæ submovendus, et qui pro ecclesiæ ambitu munera largitur, et qui, ut ecclesiam det, quidquam præsumit accipere. Iste quippe donum Dei emere, hic autem vendere præsumit. Sacrilegio quoque hoc facinus haud dispar dixerim, cum id quod sponte et sacro deliberationis arbitrio gratis fieri debuit, sub pecuniæ pactione causatur. Quare, fratres charissimi, quæ taliter facta sunt curiose refellite, infecta prohibete, vestrisque jussionibus resistentes, digno anathematis vinculo percutere non dubitate.* Item : *Si quis dator vel acceptor Dei ecclesias, vel ecclesiastica beneficia, quæ quidam præbendas vocant sub pecuniæ interventu, sive dando emerit, sive accipiendo vendiderit, a Simonis non excluditur perditione.*

Non solum autem pecunia, sed et quælibet obsequii aut muneris species, in hujusmodi criminaliter intercedit. Unde idem beatus Gregorius : *Bene,* inquit, *cum virum justum pro præbenda describeret, ait* : « *Beatus qui excutit manus suas ab omni munere.* » *Non dixit solum a munere, sed ab omni munere. Quia aliud est munus ab obsequio, aliud a manu, aliud a lingua. Munus ab obsequio, est servitus indebite impensa; munus a manu, pecunia est; munus a lingua, favor. Qui ergo sacros ordines tribuit, tunc ab omni munere manus excutit, quando in divinis rebus, non solum pecuniam nullam, sed nec etiam humanam gratiam requirit.* Quod autem sacerdos, aut quilibet clericus, aliunde adveniens, vel ignotus, sine testimonio et litteris saltem episcopi sui, in aliena diœcesi recipi aut ministrare non debeat, in Chalcedonensi legitur concilio definitum per hæc verba : *Extraneo clerico, vel lectori, extra suam civitatem, sine litteris commendatitiis proprii episcopi, nusquam penitus liceat ministrare.* Item in concilio Carthaginensi : *Clericum alienum, nisi concedente ejus episcopo, nemo audeat retinere, vel promovere in ecclesia sibi credita.* Item, beatus Augustinus in sermone quodam ad populum : *Hortamur,* inquit, *Christianitatem vestram, ut juxta sanctorum canonum instituta, in ecclesiis a vobis fundatis, aliunde veniens presbyter non suscipiatur, nisi a vestro fuerit episcopo consecratus, aut ab eo per commendatitias litteras suscipiatur.*

Ad hoc, ne clerici ad sæcularia judicia pertrahantur, et Rom. imperatorum leges prohibent, quæ tanquam canones, ubi canonibus non obviant, sunt observandæ ; et sanctorum Patrum ac prædecessorum nostrorum auctoritas interdicit. Scribit enim beatæ memoriæ Gelasius papa dicens : *Nemo unquam episcopum, aut reliquos clericos, apud judicem sæcularem accusare præsumat.* Item Alexander omnibus orthodoxis : *Relatum est ad hujus sanctæ et apostolicæ sedis apicem, cui summarum dispositiones causarum et omnium negotia Ecclesiarum ab ipso Domino tradita sunt, quasi ad caput, dicente :* « *Tu es Petrus, et super hanc petram ædificabo Ecclesiam* (Matth. XVI), » *quod quidam æmuli, ejusque sanctæ Ecclesiæ insidiatores, sacerdotes Dei apud*

---

(41) Synod. Rom. 502.

publicos judices accusare præsumant, cum magis apostolus Christianorum causas ad ecclesias deferre, et ibidem terminari præcipiat. Taliter prævaricantes prævaricaverunt in Deum suum, et non obediunt præceptis ejus.

Ferventis vero aquæ, vel candentis ferri judicium, sive duellum, quod monomachia dicitur, catholica Ecclesia contra quemlibet etiam, nedum contra episcopum, non admittit. Unde Stephanus papa V : *Ferri candentis*, inquit, *vel aquæ ferventis examinatione confessionem extorqueri a quolibet, sacri non censent canones : et quod sanctorum Patrum documento sancitum non est, superstitiosa adinventione non est præsumendum.* Item Nicolaus papa : *Monomachiam in legem non assumimus, quam præceptam non fuisse reperimus; quam licet inisse quosdam legamus, sicut sanctum David et Goliam sacra prodit historia, nusquam tamen ut pro lege teneatur, divina sanxit auctoritas, cum hoc et ejusmodi sectantes Deum solummodo tentare videantur.*

Præterea illud adjiciendo mandamus, quatenus populum regimini et gubernationi vestræ commissum decimas ecclesiis fideliter et devote persolvere, sicut ab ipso Domino noscitur institutum, diligenter ac sollicite moneatis; et, si necesse fuerit, sub districtione anathematis compellatis : juxta illud Malachiæ prophetæ in persona Domini loquentis : *Inferte*, inquit, *omnem decimationem in horreum meum, ut sit cibus in domo mea* (*Malach.* IV).

Unde in concilio Maguntiensi : *Decimas Deo et sacerdotibus Dei dandas, Abraham factis, Jacob promissis insinuat; et omnes sancti sacerdotes commemorant.* Item ex concilio Rothomagensi : *Omnes decimæ terræ, sive de frugibus, sive de pomis arborum, Domini sunt, et illi sanctificantur. Sed quia multi inveniuntur decimas dare nolentes, statuimus ut secundum Domini nostri præceptum admoneantur semel, secundo et tertio. Qui si non emendaverint, anathemate usque ad satisfactionem et emendationem congruam ferianlur.* Nec tamen ideo ea quæ ecclesiis, imo Deo ipsi, vel parentes eorum contulisse noscuntur, revocare, vel ecclesiasticarum personarum dispositioni subtrahere volentes, erunt aliquatenus audiendi : quæ si etiam homini contulissent, repetere non valerent. Unde Ambrosius in libro *De pœnitentia* : *Sunt qui opes suas tumultuario mentis impulsu, non judicio perpetuo, ubi Ecclesiæ contulerint, postea revocandas putant. Quibus nec prima merces grata est, nec secunda : quia nec prima judicium habuit, et secunda habuit sacrilegium.* Item ex concilio Agathensi : *Clerici vel sæculares, qui obligationes parentum, aut datas, aut testamento relictas, retinere perstiterint, aut id quod ipsi donaverint ecclesiis, vel monasteriis, crediderint auferendum : sicut sancta synodus statuit, velut necatores pauperum, quousque reddant, ab ecclesiis excludantur.*

Illos vero qui in clericos violentas manus, nisi forte se defendentes, injiciunt, pœnam excommunicationis incurrere sacrosancta Romana jampridem statuit, et inviolabiliter tenet Ecclesia : nec a quoquam omnino, nisi a Romano pontifice, vel de mandato ejus, absolvi patitur, aut permittit.

Vos itaque ipsius, quæ omnium Ecclesiarum caput est et magistra, vestigiis inhærentes, ejus ac nostræ in supradictis omnibus acquiescite sanctioni : et secundum ea quæ a sanctis Patribus et prædecessoribus nostris instituta præteriximus, observate, atque ab omnibus per episcopatus vestros, quantum in vobis est, faciatis firmiter et inviolabiliter observari. Contemptores equidem, ecclesiastica præcipimus, usque ad condignam pœnitentiam, ultione percelli. Obedientibus autem sit pax Domini nostri Jesu Christi, quatenus et hic fructum bonæ actionis percipiant, et in futuro præmia æternæ pacis inveniant.

Datum Tuscul., IV Idus Septembris.

CMLXXX.

Ad reges et principes boreales. — Ut adversus Estones, Christiani nominis inimicos, fortiter pugnent.

(Tusculani, Sept. 11.)

[*Ibid.*, col. 936.]

ALEXANDER papa III, regibus et principibus, et aliis Christi fidelibus, per regna Danorum, Norvegensium, Guetomorum, et Gothorum constitutis.

Non parum animus noster affligitur, et amaritudine non modica et dolore torquetur : cum feritatem Estonum, et aliorum paganorum illarum partium adversus Dei fideles, et Christianæ fidei cultores, gravius insurgere, et immanius debacchari audimus, et Christiani nominis impugnare virtutem. Verumtamen laudamus et benedicimus Dominum, quod vos in fide catholica, et in devotione sacrosanctæ Romanæ Ecclesiæ, quæ omnium Ecclesiarum caput est, et magistra a Domino constituta super omnes alias Ecclesias cœlesti privilegio obtinet principatum, immobili firmitate persistitis, et Christianæ religionis vinculum et unitatem servatis. Unde quoniam expedit officio nostro, ea quæ ad corroborationem fidei et animarum vestrarum noscuntur pertinere salutem, vobis sollicita exhortatione suggerere, et studiosius suadere : universitatem vestram monemus et exhortamur in Domino, quatenus divino cultui intendere; misericordiam, et justitiam et judicium diligere; a rapinis et iniquis operibus abstinere : devota Deo et accepta obsequia impendere; prædictæ sacrosanctæ Romanæ Ecclesiæ, tanquam matri et magistræ vestræ, debitum honorem et reverentiam exhibere; episcopis, sacerdotibus et aliis prælatis vestris humiliter obedire, et eis decimas, primitias, et oblationes et alias justitias suas reddere, et ipsos tanquam patres et pastores animarum vestrarum honorare, modis omnibus studeatis; et jura eorum defendere, manu tenere propensius, et conservare curetis : et armis cœlestibus præmuniti, et apostolicis exhortationibus confirmati, ad defendendum Christianæ fidei veritatem, spiritu fortitudinis accingamini : taliter in brachio forti ad propagandam Christiani nominis religionem intendentes, ut victoriam de inimicis possitis consequi, et coronam justitiæ, quæ vobis reposita est, patrante Domino, adipisci. Nos enim eis qui adversus sæpe dictos paganos potenter et magnanimiter decertaverint, de peccatis suis de quibus confessi fuerint et pœnitentiam acceperint, remissionem unius anni, confisi de misericordia Dei, et meritis apostolorum Petri et Pauli, concedimus, sicut his qui sepulcrum Dominicum visitant, concedere consuevimus. Illis autem, qui in conflictu illo decesserint, omnium suorum, si pœnitentiam acceperint, remissionem indulgemus peccatorum.

Datum Tuscul., III Idus Septembris.

CMLXXXI.
Bulla pro cœnobio Corbeiensi (diœc. Ambian.)
(Tusculani, Sept. 11.)
[*Gall. Christ.*, X, Instr. 318.]

ALEXANDER episcopus, servus servorum Dei, dilectis filiis abbati et fratribus Corbeiensibus, salutem et apostolicam benedictionem.

Illis ecclesiis et personis quæ ad jurisdictionem beati Petri et nostram nullo mediante pertinere noscuntur, specialem tenemur provisionem impendere, et apostolicæ sedis auctoritate debitoque compellimur pro earum statu servando propensiorem curam et sollicitudinem gerere promptiorem : audivimus autem, et non modicum sumus turbati, quod cum monasterium vestrum ita proprium et speciale beati Petri esse noscitur, quod nullum præter Romanum pontificem prælatum habeat vel magistrum, venerabilis frater noster Henricus Remensis archiepiscopus appellationes quæ fiunt a burgensibus vestris contra rationem recipit, et causas eorum vobis invitis discutere vel tractare præsumit. Si enim appellationes parochianorum Turonensis vel Senonensis archiepiscopi non admittere, multo minus quæ sunt a parochianis vestris debet admittere, qui tanto studiosius Romanæ Ecclesiæ jura servare tenetur atque tueri, quanto ei amplius ex commissa sibi dignitate, astrictius et nobis arctiori noscitur devotione conjunctus. Inde est quod nos eum monuimus, mandavimus atque præcepimus ut de burgensibus prædicti monasterii vestri de cætero nulla ratione judicare, nec in eis aliquam sibi jurisdictionem vindicare præsumat; et si quis eorum duxerit ad eum appellandum, ejus appellationem nullo modo admittat, sed in his et in aliis jura prælibati monasterii ita integra et illibata relinquat, quod exinde a nobis valeat commendationem recipere, et præscriptum monasterium per eum vel per suos nullum debeat sustinere gravamen : si quando autem, quod Deus avertat! contra id venire tentaverit, ad tuitionem et conservationem juris et libertatis vestræ vobis præsentes litteras de consueta apostolicæ sedis clementia indulgemus.

Datum Tuscul., III Idus Sept.

CMLXXXII.
Ad Ambianensem episcopum et abbatem S. Remigii. — Ut cognoscant de causa Tornacensis episcopi, exactionum accusati.
(Tusculani, Sept. 16.)
[MANSI, *Concil.*, XXI, 929.]

ALEXANDER papa [THEOBALDO] Ambianensi episcopo, et abbati S. Remigii.

Cum ex insinuatione Danielis presbyteri Sancti Joannis in Gandavo nostris fuisset auribus intimatum, quod fratre nostro Tornacensi episcopo ab eo et quibusdam aliis intolerabilem exactionem pecuniæ annis singulis extorquente, et in consuetudinem deducente, illi eum suppliciter et devote rogassent, ut a tali exactione se temperaret ; ipse vehementer commotus atque turbatus, prædictum Danielem, pro eo quod verbum proposuit, ab officio suspendit, et alios ad hoc terrore minarum induxit, quod quidquid statueret de rebus eorum, pro suo nutu acciperent : et, quod grave est, abbati S. Petri Gandavensis præcepit ut, jam dicto Daniele prorsus expulso, alium loco suo presbyterum ordinaret. Verum prædictus episcopus transmissis nobis litteris intimavit quod, cum Danieli præscripta fuisset ecclesia ad tempus commendata, et vinolentiæ deditus frequenter in taberna pernoctasset, ita quod nulla dormitatione præcedente missam non timuisset ausu temerario celebrare, et hoc in purgatione deficiens confessus fuisset, eum ab officio suspendit : et ei ecclesiam, quam non habebat perpetuam, sed commendatam, nihilominus abstulit. Et quoniam eodem Daniele omnia hæc inficiante, communis est, et quasi generalis querela omnium quod memoratus episcopus presbyteros et clericos suos plusquam mercenarios tractat, et ab eis annuatim graves et importabiles exactiones extorquet, discretioni vestræ per apostolica scripta mandamus, quatenus hæc omnia diligenter et sollicite inquiratis, et quidquid exinde inveneritis sine admistione falsitatis, nobis meram et puram veritatem vestris litteris significetis : ut nos habita rei certitudine confidentius et securius corrigere valeamus quæ noverimus corrigenda.

Datum Tusculani, XVI Kal. Octobris.

CMLXXXIII.
Ad universos Dei fideles per Daciam constitutos. — Ut Fulconis Estonum episcopi (42) inopiam opibus suis sublevent.
(Tusculani, Sept. 17.)
[*Ibid.*, col. 936.]

Omnes qui pie volunt in Christo vivere, et ad jubar incircumscripti luminis, et ad illam cœlestem patriam, quam nec oculus vidit, nec auris audivit, nec in cor hominis ascendit (*I Cor.* II), ubi nec fures

---

(42) De Fulcone dictum sæpius in notis ad epistolas Petri Cellensis: Estones populi regno Sueciæ attributi. Auctor enim est Saxo Grammaticus lib. I.

Frontonem Danorum regem Erico Sueciæ regis Estiam et Finniam annuo stipendiorum jure concessisse. JAC. SIRM.

fodiunt, nec furantur, nec tinea demolitur (*Matth.* vi), pervenire desiderant, diem oportet extremum, misericordiae operibus praevenire, et aeternorum intuitu seminare in terris, quae cum multiplicato fructu, largiente Domino, recolligere possint in coelis. Scriptum est enim : *Qui parce seminat, parce et metet; et qui seminat in benedictionibus, de benedictione metet vitam aeternam* (*I Cor.* x.) Credimus sane universitati vestrae innotuisse qualiter venerabilis frater noster Fulco Estonum episcopus inopia et paupertate prematur, et ad convertendam gentem illam sui episcopatus, quae Christianae fidei ignara est, totis viribus elaboret, et quantam potest sollicitudinem ac diligentiam adhibere procuret. Quia vero particeps mercedis efficitur, qui ei, ad tam pium et sanctum opus perficiendum, consilium et subsidium subministrat, devotionem vestram monemus et exhortamur in Domino, et in remissionem peccatorum vestrorum injungimus, quatenus de bonis a Deo vobis collatis praedicti episcopi inopiam sublevantes, ei manum auxilii porrigatis, et charitatis solatia, divini amoris intuitu ministretis : ut per haec et alia bona, quae, Deo inspirante, feceritis, apud Altissimum peccatorum vestrorum veniam consequi, et ad aeternae felicitatis gaudia mereamini, propitiante Domino, pervenire.

Datum Tuscul., xv Kal. Octobris.

CMLXXXIV.

Ad clericos et laicos Lingacopensis episcopatus. — Ut episcopo suo pareant.

(Tusculani, Sept. 17.)

[*Ibid.*, col. 941.]

Alexander papa III universis tam clericis quam laicis Lingacopensis [Lincopiensis] episcopatus.

Decet universitatem vestram, quae ad perfectionem virtutum et salutem pertinent animarum, toto studio cogitare; et ea voluntario effectu perficere, per quae gratiam possitis Altissimi acquirere, et ad aeternae felicitatis gloriam cum auxilio divini numinis pervenire. Caeterum, quoniam sine obedientiae virtute nemo Deo perfecte potest placere, aut acceptum servitium reddere, per apostolica vobis scripta praecipiendo mandamus, et mandando praecipimus, quatenus venerabili fratri nostro C. episcopo vestro, sicut bonae memoriae Giloni praedecessori suo fecisse noscimini, omnimodam obedientiam et reverentiam impendatis : et in his quae Dei sunt, et ad vestrarum animarum spectant salutem, monitis et mandatis ejus humiliter parere curetis, et ei de justitiis suis integre, et plenarie respondeatis : ita quod apud Deum pro humilitate et obedientia

vestra peccatorum vestrorum veniam et gloriam valeatis promereri aeternam. Si qui autem vestrum, ei contumaces vel rebelles exstiterint, sententiam quam idem episcopus propter hoc in eos rationabiliter tulerit, auctore Domino, ratam et firmam habebimus.

Datum Tuscul., xv Kal. Oct.

CMLXXXV.

Ad Henricum Remensem archiep. — Pro Hodeardi vidua et filiis ejus adversus tres abbates.

(Tusculani, Sept. 29.)

[Marten., *Ampl. Collect.*, II, 952.]

Ex transmissa nobis conquestione Hodeardis de Maderiis et filiorum suorum accepimus, quod cum Balduinus quondam vir ejusdem mulieris abbati et fratribus S. Pauli Virdunensis (43) octoginta libras et xlvi solidos Catalaunensis monetae, absque usurarum exactione, mutuo concessisset, iidem fratres eis pecuniam ipsam reddere contradicunt. Adjecerunt insuper filii ejusdem mulieris, quod et fratres ecclesiae Regis-Vallis (44) eis lxiii libras, quas ipsis debent, recusent exsolvere, licet pecuniam ipsam per certos terminos ipsis se pepigerint solutoros, et abbas et fratres Triumfontium (45) c libras et ultra quas apud eum deposuerunt, eis reddere contradicunt. Quoniam igitur singulis in sua justitia tenemur adesse, fraternitati tuae per apostolica scripta mandamus, quatenus abbates et fratres ipsarum ecclesiarum moneas, et auctoritate nostra districte compellas, ut praescriptam pecuniam praefatae mulieri et filiis suis cum integritate restituant, aut ipsi exinde coram te justitiae non differant plenitudinem exhibere.

Data Tuscul., iii Kal. Octobris.

CMLXXXVI.

Ad eumdem. — Similis argumenti.

(Tusculani, Sept. 29.)

[*Ibid.*]

Ex parte Hodeardis de Maderiis mulieris et filiorum suorum ad aures nostras est querela perlata, quod, cum abbati et fratribus S. Benedicti de Vepria (46) cxxxiii libras et v solidos, et abbati et fratribus de Villario (47) lxx libras, et abbati et fratribus S. Leonis Tullensis (48) lv libras Catalaunensis monetae, xv solidis, iv denariis et uno obolo minus sine usuris mutuo concessisset, ab ipsis pecuniam ipsam rehabere non potest. Unde quia nemini possumus vel debemus in suo jure deesse, fraternitati tuae per apostolica scripta mandamus, quatenus memoratos abbates moneas, et auctoritate nostra districte compellas, ut praescriptam pecuniam praefatae mulieri et filiis suis cum integritate

---

(43) S. Pauli abbatia, olim ordinis S. Benedicti, quae saeculo xii transiit ad Praemonstratenses.

(44) Regis vallis, abbatia ordinis Praemonstratensis a Rainardo comite Barrensi fundata in dioecesi Tullensi.

(45) Trium fontium, ordinis Cisterciensis monasterium, prima filia Claraevallis in dioecesi Catalaunensi.

(46) S. Benedicti in Vepria, ordinis Cisterciensis in dioecesi Virdunensi.

(47) Villarium, duabus horis distans a Mediomatrico, abbatia ordinis Cisterciensis.

(48) S. Leonis papae IX nomine dicata abbatia in urbe Tullensi, ordinis canonicorum regularium S. Augustini.

restituant, aut ipsis exinde coram te justitiæ non differant plenitudinem exhibere.

Data Tuscul., III Kal. Octobris.

CMLXXXVII.

Ad eumdem.— Similis argumenti.

[Tusculani., Sept. 29.)
[*Ibid.* col. 955.]

Ex parte Hodeardis de Maderiis mulieris et filiorum suorum ad aures nostras est querela perlata, quod, cum ipsa abbati et fratribus de Insula (49) XXVI libras, et abbati et fratribus de Prisneio (50) XIII libras Catalaunensis monetæ sine usuris mutuo concessisset et ab ipsis pecuniam illam rehabere non poterat; unde, quia nemini debemus vel possumus in suo jure deesse, fraternitati tuæ per apostolica scripta mandamus, quatenus memoratos abbates et fratres moneas et auctoritate nostra districte compellas, ut præscriptam pecuniam præfatæ mulieri et filiis suis cum integritate restituant, aut ipsis exinde coram te, appellatione remota, justitiæ non differant plenitudinem exhibere.

Data Tuscul., III Kal. Octobris.

CMLXXXVIII.

Marsicano, Pennensi, Valvensi episcopis et clericis Teatinis ac Furconiensibus mandat, ut excommunicationem quam Leonas abbas Piscariensis in Berardum Gentilem ejusque fratres et in Rogerium filium Riccardi ejusque fratres edixerit, observent, utque schismaticos monasterii Farfensis clericos, qui in terra Sansonesca contra Leonatis interdictum sacra procuraverint, excommunicatos declarent.

(Tusculani, Oct. 4.)
[MURATORI, *Rer. Ital. sacra,* II, II, 909.]

ALEXANDER episcopus, servus servorum Dei, venerabilibus fratribus Marsicano, Pinnensi, et Valvensi episcopis, et dilectis filiis, Teatinensis, et Furconensis Ecclesiarum clericis, salutem et apostolicam benedictionem.

Varias et multiplices querelas ex parte dilecti filii nostri Leonatis abbatis S. Clementis de Piscaria, adversus nobiles viros Berardum Gentilem, et fratres ejus, Rogerium filium Riccardi, et fratres ejus ad audientiam nostram noveris pervenisse, quod ipsi ei et monasterio suo de terra Sansonesca debitum et consuetum censum subtrahunt, ecclesias ejusdem terræ, et earum possessiones inter se dividere, et inde presbyteros instituere, et destinare non formidant. Accedit ad hæc quod, cum idem abbas in eamdem terram interdicti, et in quemdam Simoniacum, qui ecclesiam quamdam a præfatis viris certe dicitur pretio comparasse, excommunicationis sententiam protulisset, iidem viri jam dictum excommunicatum fovere non desinunt, et contra interdictum abbatis in præfata terra per clericos Farfensis monasterii, qui sunt schismatici,

divina faciunt celebrari. Inde est quod fraternitati vestræ per apostolica scripta præcipiendo mandamus, quatenus clericos qui scienter in præscripta terra contra interdictum abbatis cantaverint, omni dilatione et contradictione postposita, excommunicatos denuntietis et faciatis sicut excommunicatos vitari; et cum præfatus abbas in supradictos viros pro tantis excessibus juxta mandatum nostrum excommunicationis sententiam tulerit, eam, omni occasione et appellatione remota, observetis firmiter et faciatis inviolabiliter observari, nec eis præsentibus divina in Ecclesiis vestris permittatis officia celebrari, et clericos episcopatuum vestrorum ad terram illam pro celebrandis ibi officiis prohibeatis transire.

Datum Tusculani, IV Nonas Octobris.

CMLXXXIX.

Leonati, abbati Piscariensi, significat se Berardum Gentilem ejusque fratres et Rogerium filium Ricardi ejusque fratres cohortatum esse, ut damna ei illata intra dies 15 sarcirent; quod nisi fecerint, eos excommunicet.

(Tusculani, Oct. 4.)
[*Ibid.*, col. 908.]

ALEXANDER episcopus, servus servorum Dei, dilecto filio LEONATI abbati S. Clementis de Piscaria, salutem et apostolicam benedictionem.

Nuntium et litteras tuas debita mentis alacritate recepimus, et comperta sollicitudine quam de statu nostro et Ecclesiæ tanquam devotus et specialis filius habere dignosceris, affectioni tuæ præsentibus litteris significamus quod nos et fratres nostri per Dei gratiam sani et incolumes sumus, et circa commodum et profectum universalis Ecclesiæ, sicut Dominus nobis ministrare dignatur, pastorali sollicitudine vigilamus. De cætero auditis ex ore nuntiorum tuorum gravaminibus et molestiis quas nobiles viri Berardus Gentilis, et fratres ejus, Rogerius filius Ricardi, et fratres ejus... tibi et monasterio tuo congrue satisfacere non postponant, sicut ex scripto quod eis dirigimus tibi plenius innotescit. Mandamus itaque discretioni tuæ, quatenus, si jam dicti viri monitis et mandatis nostris infra quindecim dies post susceptionem litterarum nostrarum noluerint acquiescere, ipsos auctoritate nostra excommunicatos denunties, et facias sicut excommunicatos attentius evitari; nisi forte eos videris amplius sustinendos. Nos enim vicinis episcopis dedimus in mandatis ut sententiam tuam observent firmiter, et faciant inviolabiliter observari; et clericos qui contra interdictum tuum in terra Sansonesca scienter cantaverint excommunicent, et faciant sicut excommunicatos vitari. Voluntatem siquidem et fervens desiderium gerimus personam tuam sincera in Domino et speciali charitate diligere, et jura monasterii tui tanquam nostri specialis et proprii attenta sollicitudine conservare. De

---

(49) Insula Barrensis dicta, abbatia olim canonicorum regularium ordinis S. Augustini congregationis Aroasiensis, a quo sæculo XII transiit ad Cistercienses in linea Morimundi.

(50) Prisneium monasterium quodnam fuerit omnino me latet, maximeque dubito an adhuc subsistat.

visitatione autem tua affectioni tuæ gratiarum referimus actiones.

Datum Tusculani iv Nonas Octobris.

CMXC.

Ad Nonantulanos. — De eorum ære alieno levando et disciplina in monasterio emendanda.

(Tusculani, Dec. 15.)

[TIRABOSCHI, *Storia di Nonantola*, II, 274.]

Alexander episcopus, servus servorum Dei, dilectis filiis abbati et fratribus monasterii Nonantulani, proceribus et aliis vassalis atque hominibus ejusdem monasterii, salutem et apostolicam benedictionem.

Attendentes onera et pressuras, quibus jam dictum monasterium vehementer affligitur, considerantes etiam quomodo in spiritualibus sit et temporalibus diminutum atque attritum, quod olim multa religione et honestate florere solebat, et magnis abundare divitiis, ejus contritioni et egestati pro nostri officii debito quadam speciali affectione compatimur, et ad ejus revelationem arctiori studio et sollicitudine provocamur. Inde est quod nos dilecto filio nostro I[ldebrando] basilicæ XII Apostolorum presbytero cardinali (51) apostolicæ sedis legato dedimus in mandatis ut ad locum ipsum accedens illos vestrum, de quibus magis expedire viderit ibidem simul faciat convenire, et cum eis deliberatione et consilio habito ita provideat et disponat, quod universa ipsius monasterii debita valeant solvi; et monasterium in religionis ordinem reformari. Ideoque universitati vestræ per apostolica scripta præcipiendo mandamus quatenus ad vocationem illius quos..... accedatis, et universi ei ad reformationem ejusdem monasterii et ad revelationem debitorum consilium robur et auxilium ministretis, et ejus mandatis atque statutis in hac parte humiliter et sine contradictione parere curetis, provisuri vos, filii abbas et monachi, ne de cætero per incuriam et incautelam vestram idem monasterium ad tantam valeat devenire jacturam.

Datum Tusculani, xviii Kal. Januari.

CMXCI.

Ubaldo episcopo Ostiensi, et archipresbytero et canonicis Velitrensibus concedit ut testamenta « quæ parochiani eorum coram presbytero suo et tribus vel duobus aliis idoneis personis in extrema voluntate fecerint, firma permaneant. »

(Vide *Decr. Greg.*, l. iii, tit. 26, c. 10.)

ANNO 1172.

CMXCII.

Ecclesiæ Cæsaraugustanæ protectionem suscipit, bonaque ac privilegia confirmat.

(Tusculani, Jan. 22.)

[ARRUEGO *Cathedr. de Çaragoça*, 674]

Alexander episcopus, servus servorum Dei, venerabili fratri Petro Cæsaraugustano episcopo, ejusque successoribus canonice substituendis, in perpetuum.

In apostolicæ sedis specula, disponente Domino, constituti, fratres nostros episcopos tam vicinos quam longe positos, fraterna debemus charitate diligere, et eorum quieti ac tranquillitati salubriter, auxiliante Domino, providere. Hujus itaque rei consideratione, venerabilis in Christo frater episcope, provocati, præfatam Cæsaraugustanam Ecclesiam, cui Deo auctore, præesse dignosceris, prædecessorum nostrorum sanctæ recordationis Eugenii et Adriani Romanorum pontificum vestigiis inhærentes, sub beati Petri et nostra protectione suscipimus, et præsentis scripti privilegio communimus; statuentes, ut quascunque possessiones, quæcunque bona eadem ecclesia impræsentiarum juste et canonice possidet, aut in futurum concessione pontificum, largitione regum vel principum, seu aliis justis modis, præstante Domino, poterit adipisci, firma tibi tuisque successoribus, et illibata permaneant. In quibus hæc propriis duximus exprimenda vocabulis:

Ecclesiam Sanctæ Mariæ, quæ est infra muros civitatis, quidquid juris habes in ecclesia sanctarum Mossarum, ecclesias de Torocha, tam infra villarum, quam infra terminos suos cum omnibus earum pertinentiis, ecclesias de Monreial cum pertinentiis suis; Arodenes ecclesias de Sancta Maria de Benaein, et de Pennagolosa, de Torol, et de Alambra, cum omnibus earum pertinentiis; ecclesias de Castellot, ecclesias de Alcanica, et de Moditerrania cum omnibus pertinentiis suis; ecclesias de Cosp, de Nonasp, et de Michinentia, et de Scatron, Sastago, Vilella, Pina, Alfaxarin, ecclesias de Rosera, Salz, Gorreia, et de Espanes, cum omnibus suis pertinentiis, ecclesias de Luna, de Exea, de Baio, et de Escoron cum pertinentiis suis; ecclesias de Noveles, de Rozazol, de Cortes, de Mestit, de Frescano, de Mogalon, de Alberit, de Borota, de Ajaccione, de Crocle, quæ in rivo Burge continentur, cum omnibus pertinentiis suis; ecclesias de Riela, de Cappanis, de Epila, de Rota, de Orrea, de Alagon, de Gallus, de Petrola cum omnibus pertinentiis suis; ecclesias de Codo, de Ferrera, de Bardones, de Monfort, de Osa, de Martin, de Monte Albano, de Belgit, et de sancto Petro cum omnibus pertinentiis suis, castrum de Cotanda, et castrum de Albalat cum omnibus terminis suis, et ecclesias ibidem constructas. Sancimus etiam ut ex parte Sarracenorum universi fines ipsius episcopatus, sicut antiquitus legitime fuisse noscuntur, tibi tuisque successoribus quieti deinceps et integri conserventur. Sane transactionem illam inter te et Lupum quon-

---

(51) Questi è il card. Ildebrando, che credesi della famiglia Bolognese de'Grassi, creato cardinale del titolo di S. Eustachio da Eugenio III, e poscia secondo il Ciaconio e l'Oldoino trasferito al titolo SS. Dodici Apostoli l'anno 1161. Egli finì di vivere agli 8 di Novembre del 1178. (V. Trombelli mem. di S. Maria di Reno p. 223.) Egli è quel medesimo, a cui fue data a reggere la chiesa di Modena, allor quando Eugenio III le tolse la dignità della sede vescovile.

dam Pampilonensem episcopum in præsentia dilecti filii nostri Hiacynthi diaconi cardinalis, tunc temporis apostolicæ sedis legati, apud Colagurram canonice factam, tibi tuisque successoribus in perpetuum confirmamus, ex qua transactione ad te pervenisse noscuntur ecclesiæ de Luna, ecclesia de Exea, ecclesia de Toust, et ecclesiæ desuper Cæsaraugustanam, ecclesia del Baio, et ecclesia de Escoron cum omnibus suis pertinentiis. Confirmamus insuper tam tibi quam tuis successoribus in perpetuum terminos Cæsaraugustani episcopatus, secundum divisionem a rege Wamba factam in concilio Toletano, et quæcunque infra eosdem terminos ad jus ecclesiæ tuæ pertinere noscuntur. Item donationes, et concessiones a rege Ildephonso, et a rege Ramiro fratre suo, atque ab illustri Ildephonso rege Hispaniæ Ecclesiæ Cæsaraugustanæ rationabiliter factas, tibi tuisque successoribus auctoritate apostolica perpetuo confirmamus; libertates quoque et immunitates a prædicto rege Ildephonso et a nobili viro Raimundo Barchinonensi comite eidem Ecclesiæ pia devotione concessas, et scripto suo firmatas, per præsentis scripti paginam confirmamus, et eamdem Ecclesiam ab omni jugo sæculari et dominatione liberam esse censemus. Ad hæc quæcunque bona, quascunque possessiones charissimus in Christo filius noster Ildephonsus illustris Aragonum rex quondam filius R. comitis Barchinonen., tibi et Ecclesiæ tuæ pia largitione noscitur contulisse, libertates etiam clericorum et decimas Sarracenorum tui episcopatus ab eodem rege tibi et Ecclesiæ tuæ concessas, sicut in authenticis scriptis ipsius regis exinde factis continetur, tibi auctoritate apostolica confirmamus. Præterea paci et tranquillitati tuæ, et Ecclesiæ tibi commissæ paterna sollicitudine providere volentes, concordiamque inter te et abbatem de Pina super ecclesiis de Luna et de Taust per manum bonæ memoriæ Bernardi, quondam Tarraconensis archiepiscopi, venerabilium fratrum nostrorum Will. nunc Tarraconen. archiepiscopi, tunc vero Barchinonen. episcopi, et Will. Illerde. episcopi, et recolendæ memoriæ R. quondam comitis Barchinonen. præsentibus quibusdam varonibus, et aliis personis regni Aragonum de convenientia et beneplacito utriusque partis rationabiliter factam, et scripti nostri munimine duximus roborandam, et præsenti privilegio confirmandam, quemadmodum in authentico scripto exinde facto noscitur contineri.

Decernimus ergo, etc., salva sedis apostolicæ auctoritate. Si qua igitur in futurum, etc.

Ego Alexander catholicæ Ecclesiæ episcopus.
Ego Hubaldus Ostiensis episcopus.
Ego Joannes presbyter cardinalis Sanctorum Joannis et Pauli tit. Pamachii.
Ego Joannes presbyter cardinalis Sanctæ Anastasiæ.
Ego Buil presb. card. tit. Sancti Petri, etc.

Datum Tusculani, per manus Gratiani sanctæ Romanæ Ecclesiæ subdiaconi et notarii, xi Kal. Februarii, indictione quinta, Incarnationis Dominicæ anno 1171, pontificatus vero domni Alexandri papæ III anno tertio decimo.

CMXCIII.

Ad Hildephonsum regem Aragoniæ. — Gratias illi agit quod Robertum e regno expulerit; hortatur, ut totam ejus progeniem excludat ab eodem regno, eorumque bona fisco addicat.

(Tusculani, Jan. 26.)
[Mansi, *Concil.*, XXI, 1076.]

Alexander episcopus, servus servorum Dei, charissimo in Christo filio Ildefonso illustri Aragonum regi, salutem et apostolicam benedictionem.

Suggesto nobis quod armis justitiæ præcinctus in Robertum et Berengarium, matrem quoque et hæredes ipsorum, atrocitatem facinoris et sævissimum scelus quod in morte piæ memoriæ Tarraconensis archiepiscopi fuerat, instigante diabolo, perpetratum atrociter vindicasti, et eos a regno tuo regio edicto proscribi fecisti, gratum gerimus et acceptum, et inde regiæ magnitudinis providentiam magnificentius in Domino laudibus commendamus. Et quia tam fuit eorum detestabile facinus quod perpetua inde meruerunt damnatione puniri et toto vitæ suæ tempore ad expiationem tanti delicti in fletu deberent et pœnitentia esse, regiæ serenitatis industriam monemus, hortamur attentius, et mandamus ut prædictos maleficos et eorum matrem a toto regno et terra tua cum sua progenie in perpetuum excludens, eos nullius unquam suggestione deinceps in terra tua recipias, et Ecclesiæ Tarraconensi medietatem possessionum quæ sunt Tarraconæ vel in territorio ejus secundum tenorem conventionis quæ inter eam et Raimundum bonæ memoriæ quondam patrem tuum facta est libere et sine molestatione restituas et in pace habere permittas, ita quod eadem Ecclesia, quæ de morte archiepiscopi sui tantum deplorat damnum illatum, in ea se parte sentiat alleviari, et tu non videaris contra patris tui pactum venire aut eamdem Ecclesiam jure suo defraudare : quod tibi esset admodum periculosum. Si autem præfatos proditores in terra tua aliqui tuæ ditionis receperint, eis bona sua penitus auferas, et timorem incutiens personarum, pœnam aliam addas. Cæterum si surdis auribus, quod non credimus, monita nostra pertransieris, regnum tuum præcipimus interdici. Et si nec sic fuerit nostris monitis paritum, personæ quoque tuæ nequaquam parcemus.

Datum Tusculani, vii Kal. Februarii.

CMXCIV.

Privilegium pro Ecclesia Tarentasiensi.
(Tusculani, Febr. 15.)
[*Gall. Christ.*, XII, Instr., 385.]

Alexander episcopus, servus servorum Dei, venerabili fratri Petro Tarentasiensi archiepiscopo ejusque successoribus canonice substituendis, in perpetuum.

In apostolicæ sedis specula, disponente Domino, constituti fratres nostros episcopos tam vicinos quam longe positos fraterna debemus charitate diligere, et eorum quieti ac tranquillitati salubriter, auxiliante Domino, providere. Hujus itaque rei consideratione, venerabilis in Christo frater archiepiscope, tuis justis postulationibus clementer annuimus et præfatam Ecclesiam cui, Deo auctore, præsides sub beati Petri et nostra protectione suscipimus, et præsentis scripti privilegio communimus, statuentes ut quascunque possessiones, quæcunque bona eadem Ecclesia impræsentiarum juste et canonice possidet, aut in futurum concessione pontificum, largitione regum vel principum, oblatione fidelium, seu aliis justis modis, præstante Domino, poterit adipisci, firma tibi, tuisque successoribus et illibata permaneant. In quibus hæc propriis duximus exprimenda vocabulis:

Augustensem et Sedunensem episcopatus, Musterium cum omnibus pertinentiis suis, castrum Sancti Jacobi et ecclesiam ejusdem loci cum decimis et omnibus pertinentiis suis, ecclesiam de Campagniola cum decimis et omnibus pertinentiis suis, villam de Allodiis et ecclesiam ejus cum decimis et omnibus pertinentiis suis, villam S. Joannis et ecclesiam ejus cum decimis et omnibus pertinentiis suis, villam de Flacheria cum omnibus decimis et pertinentiis suis, villam de Comba cum decimis et pertinentiis suis, villam S. Martini de Desertis cum decimis et omnibus pertinentiis suis, ecclesiam de Monte Pontio cum decimis et omnibus pertinentiis suis, ecclesiam S. Mauritii cum omnibus decimis et pertinentiis suis, ecclesiam de Ayma cum decimis et pertinentiis suis, ecclesiam de Viletta cum decimis et omnibus pertinentiis suis, vallem S. Desiderii et ecclesias ejusdem vallis cum decimis et omnibus pertinentiis suis, partem quam habet in castro de Conflens et ecclesiis ejusdem castri cum omnibus pertinentiis suis, ecclesiam de Venthone cum omnibus pertinentiis suis, quatuor ecclesias de Luciaco cum decimis et pertinentiis suis, ecclesiam de Sæsarchiis cum decimis et omnibus pertinentiis suis, ecclesiam de Clariaco cum omnibus ecclesiis ad ipsam pertinentibus decimis et pertinentiis earum.

Statuimus insuper ut præscripta Ecclesia nulli unquam archiepiscopo vel Ecclesiæ primatiæ jure subesse debeat, sed soli sacrosanctæ Romanæ Ecclesiæ sit, nullo mediante, subjecta sicut hactenus fuisse dignoscitur. Justitias quoque, forum et bonos usus quos in terra Tarentasiensis Ecclesiæ tu et prædecessores tui hactenus rationabiliter habuistis, tibi et successoribus tuis auctoritate apostolica confirmamus. Nihilominus etiam feuda et casamenta quæ rationabiliter vel ad manus tuas tenes, aut alii tenent nomine tuo, et præscriptæ Ecclesiæ, tibi et successoribus tuis duximus confirmanda sub interminatione anathematis; prohibentes ne quis eorum

qui feuda tuo vel Ecclesiæ tuæ nomine tenent, bonos usus feudorum vobis subtrahere, aut eadem feuda, vel usus celare seu temeritate qualibet ab eadem Ecclesia alienare præsumat.

Decernimus ergo ut nulli omnino hominum liceat præfatam Ecclesiam temere perturbare, aut ejus possessiones auferre vel ablatas retinere, minuere, seu quibuslibet vexationibus fatigare, sed illibata omnia et integra conserventur, eorum pro quorum gubernatione et sustentatione concessa sunt usibus et commodis profutura, salva sedis apostolicæ auctoritate. Si qua igitur in futurum, etc.

Ego Alexander catholicæ Ecclesiæ episcopus.

Ego Hubaldus Ostiensis episcopus.

Ego Bernardus Portuensis et S. Rufinæ episcopus.

Ego Joannes presbyter cardinalis titulo S. Joannis et Pauli.

Ego Joannes presbyter cardinalis titulo S. Anastasiæ.

Ego Willelmus titulo S. Petri ad Vincula presbyter cardinalis.

Ego Boso presbyter cardinalis S. Pudentianæ titulo Pastoris.

Ego Petrus presbyter cardinalis titulo S. Laurentii in Damaso.

Ego Ardico diac. cardinalis titulo S. Theodori.

Ego Cinthius diaconus cardinalis S. Adriani.

Ego Hugo diaconus cardinalis S. Eustachii juxta templum Agrippæ.

Ego Petrus de Bono diaconus cardinalis S. Mariæ in Ayugo.

Datum Tusculani, per manum Gratiani sacræ Romanæ Ecclesiæ subdiaconi et notarii, decimo quinto Kalendas Martii, indictione v, Incarnationis Dominicæ anno millesimo centesimo septuagesimo primo, pontificatus domini Alexandri papæ III anno decimo tertio.

CMXCV.

Ad [Rotrodum] archiepiscopum Rothomagensem et [Theobaldum] episcopum Ambianensem.— ut Gilberto Londoniensi episcopo, si cum sexta manu juraverit quod nec scripto, nec verbo vel facto regem scienter ad necem S. Thomæ provocaverit, officii plenitudinem restituant.

(Tusculani, Febr. 27.)

[*Epistolæ S. Thomæ*, ed. Giles, II, 68.]

Alexander episcopus, servus servorum Dei, venerabilibus fratribus Rothomagensi archiepiscopo et Ambianensi episcopo, salutem et apostolicam benedictionem.

Fraternitati vestræ non credimus esse incognitum, cum fama referente sit in magna parte orbis vulgatum, qualiter fratres nostri Gilbertus Londoniensis et alii episcopi Angliæ, quibusdam causis intervenientibus, quondam fuerint ab officio suo auctoritate nostra suspensi, et alii excommunicationis vinculo innodati. Cum per recolendæ et sanctæ memoriæ Thomam quondam Cantuariensem archiepiscopum litteræ nostræ super suspensione et excommunicatione illorum in regno Angliæ publicatæ fuissent, et hoc regi esset Angliæ nuntiatum, tantam ex hoc adversus eumdem archiepiscopum indignationem, amaritudinem et turbationem concepit, et ita eam vultu et gestu ostendit, quod quidam de circumstantibus, [putantes] se ei dignum et acceptum obsequium impendere et sibi ob id ejus gratiam comparare plenius et favorem, in præfatum Cantuariensem cum armis iniquitatis et impietatis irruentes, eum in ecclesia sua ante altare atrociter et crudeliter occiderunt, non cogitantes quam flagitiosum sit in christum Dei manum mittere, et sponsam Christi ejus sanguine cruentare. His autem, qui tantæ atrocitatis et flagitii occasio fuisse dicuntur, horribilitas facinoris tanto majorem generavit infamiam et eorum magis denigravit honestatem, quanto scelus crudelius et facinus detestabilius reputatur. Cæterum cum prædictus rex nuntios suos apud nos multa instantia laborasset ut eorum purgationem, quos de hac re infamia resperserat, in partibus illis committeremus recipiendam, huic rei noluimus aliquatenus consentire, quia si qui apparent qui eos vellent impetere, in præsentia nostra causam disposueramus discutere, aut non apparentibus impetitoribus illos decreveramus super hoc ad rationem ponere, et eis purgationem indicere, quam cognosceremus ad tantam abolendam infamiam expedire. Sane cum nulli apparuissent qui vellent eos impetere et prædictus Londoniensis, obstante sibi debilitate corporis, ad tantum laborem suscipiendum non esset sufficiens, et in via plurima discrimina et pericula imminerent, dilectos filios nostros R. archidiaconum suum, et magistrum Ricardum, et magistrum Hugonem, clericos ejus, ad præsentiam nostram transmisit, ut pro se coram nobis purgationem præstarent. Nos autem cum fratribus nostris, utrum apud nos illius purgatio esset recipienda, studiosius deliberantes, tandem decrevimus vobis purgationem ipsam suscipiendam committere, quia vobis et eidem episcopo magis honestum et expediens esse cognovimus, ut in loco ubi amplius infamia crebrescit, ejus purgatio reciperetur et suam episcopus innocentiam demonstraret. Quapropter de vestra religione et prudentia et honestate plenius confidentes, fraternitati vestræ per apostolica scripta mandamus, quatenus in confinio regis Francorum et regis Angliæ, in Marchia videlicet, citius post litterarum nostrarum inspectionem quam poteritis, in unum pariter convenientes prædictum episcopum convocetis ante vos, et ascitis viris religiosis et discretis, si idem episcopus cum sexta manu religiosorum abbatum et priorum monachorum et canonicorum regularium probatæ vitæ et conversationis, aut monachorum quos secum habet et canonicorum Ecclesiæ suæ, qui sint integræ famæ et opinionis, et de quibus verisimile sit quod non velint pejerare, coram positis sacrosanctis Evangeliis juraverit, quod

nec scripto nec verbo vel facto regem scienter provocaverit, propter quod prænominatus Cantuariensis occisus fuerit, vel etiam in corpore pœnam protulerit, ei, nostra freti auctoritate, officii sui plenitudinem, absque opinionis et famæ suæ diminutione incunctanter restituatis. Sane si his exsequendis aliquo evidenti et necessario impedimento interesse ambo non poteritis, alter vestrum cum religiosis et discretis et magnæ auctoritatis viris provinciæ illius, qui absens fuerit negotium ipsum maturius exsequatur.

Datum Tusculani, III Kalen. Martii.

CMXCVI.
Ad Galdinum Mediolanensem archiepiscopum. — De eligendo primicerio.
(Tusculani, Mart. 25.)

[SAXIUS, *Series archiep. Mediol.*, II, 574.]

ALEXANDER episcopus, servus servorum Dei, venerabili fratri GALDINO Mediolanensi archiepiscopo, apostolicæ sedis legato, salutem et apostolicam benedictionem.

Ex litteris tuis et decumanorum Ecclesiæ tuæ, qui adversum te de electione primicerii causam habere noscuntur, et ex scripto quod nobis dilecti filii nostri Manfredus Sancti Georgii ad Velum Aureum diaconus cardinalis, apostolicæ sedis legatus, et consules Mediolani direxerunt, manifeste nobis innotuit, quod cum inter te et eosdem decumanos super causa primiceriatus diutius apud nos et alios disceptatum sit et tractatum, tandem rationes et allegationes hinc inde ad nos transmittentes a nobis sollicitis precibus postulastis, ut eidem causæ, quæ diu sub delegatis judicibus et arbitris est tractata, debitum finem imponere studeremus, et omnem de medio tollere materiem jurgiorum. Receptis siquidem allegationibus et rationibus vestris, super his cum fratribus nostris diutinam et circumspectam deliberationem habuimus, quoniam allegationes ipsæ satis prolixæ erant atque diffusæ. Si vero integra causa ad examen nostrum delata fuisset, aliter forte in ea deliberavissemus; sed quia in eadem causa a delegatis judicibus fuerat sententia lata, nec per appellationem suspensa, imo ab utraque parte recepta, eam in hoc quod manifestum est et apertum non duximus irritandam. Sane cum iidem judices sententiam protulissent, ut liceret presbyteris et clericis decumanorum eligere octo de collegio suo ad hanc causam quos putaverint magis idoneos, et pacis et concordiæ amatores, qui sint cum archiepiscopo, exhibentes ei honorem et reverentiam tanquam patri et domino, ipso eis tanquam filiis morem gerente et electionem primicerii unanimiter, et concorditer, et sincere faciant, et ipse cum eis, et ipsi cum eo. Ipsi secundum tenorem sententiæ octo electores de collegio elegerunt, qui multoties tamen super electione primicerii facienda tractarunt. Tandem vero octo electores voluntatem tuam reverenter inquirentes, et secundum tenorem prædictæ sententiæ tecum volentes electionem facere, cum te viderent, sicut aiunt, non tantummodo sacerdotum, sed quorumdam familiari directione studentem, absque assensu tuo, sicut ex ipsis allegationibus datur intelligi, magistrum Gibuinum præpositum Sancti Georgii nominarunt, arbitrantes, sicut credimus, quod tu cum eis tanquam filiis, prout in sententia statutum est, morem gerere deberes, et ipsi octo sint numero, tu vero unus, si ab eis discordares, nihilominus eorum electio robur firmitatis haberet. Verum post nominationem eorum factam, magistrum Nicolaum præpositum Sancti Nazarii, continuo in primicerium, imo sicut tuæ allegationes continebant, tres nominasti, credens sicut arbitramur ex eo verbo quod positum est in sententia, id tibi licere, quoniam ipsi tibi sicut patri et domino in electione primicerii honorem debent et reverentiam exhibere. Inspectis itaque rationibus, quæ super his allegatæ fuerant, exinde cum fratribus nostris studiose satis et diutius deliberavimus, et post diutinam deliberationem, utramque electionem, non ratione personarum vel meritorum suorum, sed pro vitio ipsarum electionum apostolica auctoritate cassavimus, quia neutram earum, secundum tenorem præscriptæ sententiæ, vel secundum jus commune comperimus factam fuisse. Cum enim in sententia statutum fuerit, quod tu cum præfatis electoribus, et ipsi tecum unanimiter, concorditer, et sincere electionem primicerii faceretis, constat neutram electionum ipsarum secundum tenorem ipsum factam, quia non concorditer nec ipsi tuo, et ex eorum assensu, sicut credimus, et ex ipsis allegationibus apparet, non requisito, electionem fecistis. Secundum vero jus commune, neutra debet electio stare, quia licet ex parte decumanorum octo sint numero electores, unam tamen personam in eadem electione solummodo gerere videntur; cum enim inter te et collegium tanquam inter duas personas quæstio verteretur, placuit judicibus delegatis utrique electionem adjudicare, statuentibus ut de toto collegio octo electores ad electionem tecum celebrandam eligerentur, cum grave et difficile videretur, omnes in electionem insimul convenire. Qui utique, sicut statuerunt de octo, ita etiam potuissent statuisse de uno, vel de pluribus et paucioribus; et cum illi octo sicut diximus unam tantum gerant personam et tu alteram, nec tu sine ipsis, nec ipsi sine te electionem facere potuistis. Qualiter autem de cætero debeat electio fieri, et quæ electio sit rata habenda, omissa disceptatione illarum duarum quæstionum, utrum videlicet arbitris interpretari licuerit, et an juste interpretati sint, volentes præsenti scripto decernere, de communi fratrum nostrorum consilio judicamus, quod cum illi octo, sicut prædictum est, unam personam gerere videantur, et tibi et ipsis sit adjudicata electio, si ipsi sine te, vel tu sine eis electionem feceritis, utraque electio nullius debet esse momenti, tanquam si, duobus in eadem causa judicibus delegatis, unus eorum unam ferat sententiam, et alter alteram, neutra sententia tenet. Si vero tu, et idem octo electores communiter et concorditer electionem feceritis, electio ipsa sine quæstione rata debet haberi, nisi esset pro personæ vitio reprobanda. Cæterum si in personam non poteritis communiter convenire, et duo saltem vel plures ex illis octo electoribus tecum in electione convenirent, electionem ipsam ratam esse censemus; quia cum ipsi vicem in hoc unius personæ gerere videantur, et tu alteram geras personam, postquam duo ex his tecum, qui digniorem geris personam in electione convenirent, non immerito electio ipsa rata debet haberi; tanquam si conventus duarum ecclesiarum, habentes parem numerum personarum, ad quas spectat electionem facere, in electione non poterunt concorditer convenire, et duæ personæ vel una etiam de uno conventu, cum altero in electione convenerint, ipsa electio tenet, præsertim si dignior conventus electionem fecerit. Sicut autem ex prædictis allegationibus intelleximus, arbitri statuerunt ut quando collegium convocari debet pro electione primicerii facienda, petita licentia ab archiepiscopo convocetur; et si archiepiscopus licentiam dare noluerit, nihilominus sacerdotibus liceat collegium pro electione primicerii facienda convocare; et e converso si sacerdotes collegium pro hac causa convocare noluerint, tunc archiepiscopus sincere et paterne collegium convocet, et illos octo, qui secum electionem facere debent, eligi faciat. Quod quidem, sicut ab eisdem arbitris est statutum, non duximus immutandum, sed id ratum et firmum habentes, auctoritate apostolica confirmamus, et perpetuæ firmitatis robur habere sancimus. Ut autem hæc nostræ definitionis sententia perpetuis temporibus inviolabiliter observetur, eam auctoritate apostolica confirmamus, et præsentis scripti patrocinio communimus, statuentes ut nulli omnino hominum liceat hanc paginam nostræ definitionis et confirmationis infringere, vel ei aliquatenus contraire. Si quis autem hoc attentare præsumpserit, indignationem omnipotentis Dei, et beatorum Petri et Pauli apostolorum ejus se noverit incursurum.

Datum Tusculani, vııı Kalendas Aprilis.

CMXCVII.

Ad canonicos S. Victoris. — Cessionem Errisii abbatis et Guarini promotionem confirmat.

(Tusculani, April. 11.)

[Marten., *Ampl. Collect.*, VI, 254.]

Alexander episcopus, servus servorum Dei, dilectis filiis canonicis ecclesiæ S. Victoris Parisiensis S. et A. B.

Quanto Ecclesia vestra majori hactenus religione floruit, et ampliori refulsit gloria meritorum, tanto audita reformatione ipsius lætati sumus et gavisi, et de ipsius commodo et profectu exhilarati. Audivimus sane quod venerabilibus fratribus nostris Bituricensi et Senonensi archiepiscopis cooperantibus, et ad hoc juxta mandati nostri tenorem toto studio laborantibus, Ecclesia vestra in statum et gradum sit pristinum reformata; et Ervisio quondam abbate spontanee in praesentia dilectorum filiorum nostrorum Alexandri tituli S. Laurentii in Lucina, et Theodorici tituli S. Vitalis presbyterorum cardinalium, apostolicae sedis legatorum, ad ministrationi cedente, cujus culpa status ejus fuerat in parte non modica deformatus, personam idoneam, honestam et litteratam in abbatem vestrum communiter elegistis, et providere vobis curastis unanimiter in pastorem. Nos vero quibus convenit rationabilibus votis ac statutis gratuitum praestare favorem, et incrementa desiderare, recentem electionem vestram, et abrenuntiationem illius, de communi nostrorum fratrum consilio ratam et firmam habemus et confirmamus: universitatem vestram monentes atque mandantes, quatenus abbati vestro quem elegistis, debitam reverentiam et obedientiam impendatis, et ita vos sibi devotos et humiles exhibere curetis, quod per obedientiam vestram et providentiam illius ordo religionis et honestatis in ecclesia vestra refloreat, et plenius valeat, auxiliante Domino, conservari.

Datum Tuscul., tertio Idus Aprilis.

CMXCVIII

Ad Guarinum abbatem S. Victoris. — Gratulatur ei de sua electione, hortaturque ut pastoris vices diligenter obeat.

(Tusculani, April. 11.)
[*Ibid.*, col. 235.]

ALEXANDER episcopus, servus servorum Dei, dilecto filio GUARINO abbati Sancti Victoris Parisiensis, S. et A. B.

Intellecto et cognito quod cum Ervisio quondam abbate Ecclesiae, cui praeesse dignosceris, libera et spontanea voluntate, administratione cedente, fratres ipsius Ecclesiae te sibi elegissent communi voto et desiderio in abbatem, tanto inde magis laetamur atque gaudemus, quanto de ipsius Ecclesiae tribulatione dolebamus amplius, et pro ejus statu majori anxietate et sollicitudine urgebamur. Unde quia decet te sollicite attendere, quantae religionis et honestatis Ecclesia, ad quam es, Domino providente, vocatus, hactenus exstiterit, et quomodo ibi rigor regularis disciplinae viguerit, discretionem tuam monemus atque mandamus, quatenus injunctae tibi administrationi providenter et constanter intendas, et ita commissum tibi officium ad honorem Dei et aedificationem tuam et eorum qui tibi commendati sunt, cum auxilio coelestis gratiae efficaciter et diligenter exerceas, quod ibi per prudentiam tuam et sollicitudinem tuam religionis ordo semper refloreat, et de die in diem magis ac magis suscipiat incrementum. Nos enim te et eamdem Ecclesiam diligere volumus et fovere, et vobis cum fuerit opportunum apostolicae defensionis patrocinium ministrare.

Datum Tusculani, III Idus Aprilis.

CMXCIX

Monasterium Sanctae Mariae de Monte-Lato sub protectione sedis apostolicae recipit, ejusque privilegia ac jura confirmat.

(Tusculani, Jun. 24.)
[AGUIRRE, *Concil. Hisp.*, III, 387.]

ALEXANDER episcopus, servus servorum Dei, dilectis filiis VIBIANO abbati ecclesiae Sanctae Mariae de Monte Laeto, ejusque fratribus tam praesentibus quam futuris, regularem vitam professis, in perpetuum.

Immaculata Dei genitrix virgo Maria, quae merita sanctorum sua virtute transcendit, angelis purior et eminentior cunctis, tanto devotius et specialius debet ab universis fidelibus jugiter honorari, quanto amplius ab ipso immortalitatis auctore super omnes angelos meruit feliciter sublimari. Nos vero qui ejus intercessionis auxilio desideramus apud Altissimum adjuvari, ecclesias illas, quae in honore ipsius singularis Virginis aedificatae sunt, quadam speciali volumus praerogativa fovere, et ne indebitis agitentur molestiis, apostolicae tuitionis praesidio communire. Eapropter, dilecti in Domino filii, vestris justis postulationibus annuentes, praefatam ecclesiam, in qua divino mancipati estis obsequio, sub B. Petri ac nostra protectione suscipimus, et praesentis scripti privilegio communimus; statuentes ut quascunque possessiones, quaecunque bona idem monasterium inpraesentiarum juste et canonice possidet, aut in futurum concessione pontificum, largitione regum vel principum, oblatione fidelium, seu aliis justis modis, praestante Domino, poterit adipisci, firma vobis vestrisque successoribus et illibata permaneant. In quibus haec propriis duximus exprimenda vocabulis:

Yegui cum omnibus pertinentiis suis, Hugar cum universis pertinentiis, Surbac cum universis pertinentiis, et San cum omnibus pertinentiis; Yrugium cum omnibus pertinentiis, Ollonium cum omnibus pertinentiis, Urriateiriaga cum omnibus pertinentiis, Villariam cum omnibus pertinentiis, monasteriolum S. Clementis cum omnibus pertinentiis, ecclesiam Sancti Justi cum omnibus pertinentiis; Yart cum omnibus pertinentiis, honorem de Arcubus cum omnibus pertinentiis, Turres cum omnibus pertinentiis, Turellas cum omnibus pertinentiis, Mendavia cum omnibus pertinentiis, Sotogarria cum omnibus pertinentiis, Althesam cum ecclesia Sancti Salvatoris, Legardam cum omnibus pertinentiis suis, ecclesiam Sanctae Eulaliae cum omnibus pertinentiis, Monarisgustiam cum omnibus pertinentiis suis, Oivartum cum omnibus pertinentiis, Tafallam cum omnibus pertinentiis, Olith cum omnibus pertinentiis; Harroniz cum omnibus pertinentiis, ecclesiam Sancti Aemiliani cum omnibus pertinentiis, Luquing cum omnibus pertinentiis, Loyen cum omnibus pertinentiis, Subice cum omnibus pertinentiis, Cirria cum omnibus pertinentiis, Rotas de Ponte-Regina, Arbescaa cum omnibus pertinentiis, Supjelcaa cum omnibus pertinentiis, Hisquidiam cum omnibus pertinentiis, ecclesiam Sancti Martini de Estella. Sanctum Martinum de Arria, Sanctum Emeterium, Sanctum Jacobum de Aloru, ecclesiam de Melche, villam de Sabaal, Sanctum Joannem de Sada.

Sepulturam quoque ipsius loci liberam esse concedimus, ut extremæ voluntati, qui se illic sepeliri deliberaverit, nisi forte excommunicatus vel interdictus fuerit, nullus obsistat, salva tamen justitia illarum ecclesiarum, a quibus mortuorum corpora assumuntur. Cum autem generale interdictum terræ fuerit, liceat vobis, clausis januis, exclusis excommunicatis et interdictis, non pulsatis campanis, suppressa voce divina officia celebrare. Sane novalium vestrorum, quæ propriis manibus ac sumptibus colitis, sive de nutrimentis vestrorum animalium, nullus a vobis decimas præsumat exigere. Obeunte vero te, nunc ejusdem loci abbate, vel tuorum quolibet successorum, nullus ibi qualibet subreptionis astutia, seu violentia præponatur, nisi quem fratres communi consensu, vel fratrum pars consilii sanioris, secundum Dei timorem et beati Benedicti Regulam, providerint eligendum.

Decernimus ergo ut nulli omnino hominum liceat præfatum monasterium temere perturbare, aut ejus possessiones auferre, vel ablatas retinere, minuere seu quibuslibet vexationibus fatigare, sed illibata omnia et integra conserventur eorum, pro quorum gubernatione et sustentatione concessa sunt, usibus omnimodis profutura, salva sedis apostolicæ auctoritate et diœcesani episcopi canonica justitia. Si qua igitur in futurum, etc.

Ego Alexander catholicæ Ecclesiæ episcopus.

Ego Theobaldus Ostiensis episcopus.

Ego Joannes presbyter cardinalis Sanctorum Joannis et Pauli et Januariæ.

Ego Boso presbyter cardinalis S. Pudentianæ tit. Pastoris.

Ego Bernardus Portuensis et Sanctæ Rufinæ episcopus.

Ego Guillelmus presbyter cardinalis S. Petri ad Vincula.

Ego Petrus presb. card. tit. S. Laurentii in Damaso.

Ego Ardicio diaconus card. Sancti Theodori.

Ego Hugo diac. card. juxta templum Agrippæ.

Ego Petrus de Bosi diac. card. S. Mariæ in Aquiro.

Ego Cinthius diac. card. Sancti Adriani.

Ego Vitellus diac. card. Sanctorum Sergii et Bacchi.

Datum Tusculani per manum Gratiani, sanctæ Romanæ Ecclesiæ subdiaconi et notarii, viii Kalendas Julii, indictione v, Incarnationis Dominicæ anno 1172, pontificatus vero domni Alexandri papæ III anno XIII.

M

Monasterii Sanctæ Mariæ Tremitensis omnia jura ac bona confirmat.

(Tusculani, Jul. 25.)

MURATORI, *Antiq. Ital.*, V, 441.]

ALEXANDER, episcopus, servus servorum Dei, dilectis filiis ANASTASIO abbati monasterii Sanctæ Mariæ Tremitensis, ejusque fratribus tam præsentibus quam futuris regularem vitam professis, in perpetuum.

Apostolicæ sedis auctoritate debitoque compellimur pro universarum Ecclesiarum statu satagere, earum maxime quæ eidem sedi specialius adhærent, ac tanquam jure proprio subjectæ sunt, quieti auxiliante Domino providere. Eapropter, dilecti in Domino filii, vere justis postulationibus clementer annuimus, et præfatum monasterium, in quo Domini estis mancipati obsequio, ad exemplum prædecessorum nostrorum felicis memoriæ Innocentii et Paschalis Romanorum pontificum, sub beati Petri et nostra protectione suscepimus, et præsentis scripti privilegio communimus ; in primis siquidem statuentes ut ordo monasticus, qui secundum beati Benedicti Regulam in eodem monasterio constitutus esse dignoscitur, perpetuis ibidem temporibus inviolabiliter observetur. Præterea quascunque possessiones, quæcunque bona idem monasterium in præsentiarum juste ac canonice possidet, aut in futurum concessione pontificum, largitione regum, vel principum, oblatione fidelium, sive aliis justis modis, præstante Domino, poterit adipisci, firma vobis vestrisque successoribus, et illibata permaneant. In quibus hæc propriis duximus exprimenda vocabulis :

In comitatu Theatino ecclesiam Sanctæ Mariæ in Frisa cum pertinentiis suis, castellum de Rivo Maris, cum ecclesia Sancti Petri, et suis pertinentiis, Castellum de Aquaviva cum ecclesiis et suis pertinentiis, castellum Senellæ cum suis pertinentiis, castellum de Turricella, castellum Planati, tertia pars de Castello Linari, castellum, qui vocatur Sparpaglia cum pertinentiis suis. In comitatu Tremulano ecclesiam Sancti Pauli cum podio, et ecclesiam Sancti Nicolai, et aliam ecclesiam Sancti Nicolai, cum pertinentiis earum, ecclesiam Sancti Joannis de Montenigro cum pertinentiis suis, ecclesiam Sancti Silvestri de Terramala, ecclesiam Sancti Leotherii cum suis pertinentiis, castellum Guillionisii, et in ejus territorio ecclesiam Sancti Nicolai, ecclesiam Sanctæ Luciæ, et ecclesiam Sancti Viti de Vallesurda, et aliam ecclesiam Sancti Viti de Biferno, cum omnibus pertinentiis suis, castellum de Vetrana, ecclesiam Sanctæ Mariæ in Arcora, castellum de Campo abbatissæ, et ecclesiam Sancti Quirici, cum omnibus eorum pertinentiis. In principatu Beneventano ecclesiam Sanctæ Luciæ, Sancti Martini, Sancti Nicolai, Sancti Joannis, Sanctæ Mariæ in Corneto, et Sancti Nicolai de Sapione, cum omnibus earum pertinentiis ; castellum de Tora, castellum de Petraficta, cum omnibus eorum pertinentiis, ecclesiam Sancti Andreæ cum suis pertinentiis, ecclesiam Sancti Petri in Puliano, civitatem de Mari, castellum de Vena de Causa, cum omnibus eorum pertinentiis. In territorio Ripæaltæ, ecclesiam Sancti Joannis, Sancti Angeli, Sancti Pauli, et Sancti Laurentii, cum omnibus earum pertinentiis. In territorio Lisinæ, ecclesiam Sanctæ Crucis, Sanctæ Mariæ, et Sancti Antonii, et Sancti Andreæ, cum suis pertinentiis. In territorio Civitatis, ecclesiam Sanctæ Felicitatis, et Sancti Simeonis cum omnibus pertinentiis. Et in territorio Castelli Serræ, ecclesiam Sancti Joannis cum pertinentiis suis. In territorio Tragonariæ, ecclesiam Sancti Angeli cum omnibus pertinentiis suis. In territorio Deniæ, ecclesiam Sanctæ Mariæ de Mari cum pertinentiis suis, ecclesiam Sancti Angeli de Rocca, ecclesiam Sancti Nicolai de Lauris, et aliam ecclesiam Sancti Nicolai de Gregorio cum omnibus pertinentiis suis. In territorio montis Sancti Angeli de Gargano ecclesiam Sanctæ Mariæ de Calana cum omnibus pertinentiis suis. In territorio Tranensi ecclesiam Sancti Blasii cum omnibus pertinentiis suis, Sanctæ Mariæ de Calenella. In civitate Bestiæ ecclesiam Sancti Joannis foris ipsam civitatem, ecclesiam Sancti Jacobi Sancti Laurentii, Sanctæ Teclæ, cum omnibus possessionibus earum. In civitate Trojana ecclesiam sancti Vincentii cum omnibus pertinentiis suis.

Chrisma vero, oleum sanctum, consecrationes ecclesiarum, seu altarium, ordinationes monachorum, seu clericorum, qui ad sacros ordines fuerint promovendi, a quo volueritis, suscipiatis episcopo, si quidem catholicus fuerit, et gratiam atque communionem apostolicæ sedis habuerit, et ea gratis et absque ulla pravitate vobis voluerit exhibere. Obeunte vero te, nunc ejusdem loci abbate, vel tuorum quolibet successorum, nullus ibi qualibet subreptionis astutia seu violentia præponatur, nisi quem fratres communi consensu, vel fratrum pars consilii sanioris secundum Deum et beati Benedicti Regulam, præviderit eligendum. Electus autem ad Romanum pontificem consecrandus accedat. Sciens autem locum ipsum apostolicæ nostræ sedi ita esse specialem ac proprium, ut nullus archiepiscopus, abbas, dux, marchio, comes, vicecomes, castaldus, vel alia quælibet magna, parvaque persona præter eum sibi in eodem loco usurpet quodlibet dominium vel aliquam molestiam eidem monasterio.

Decernimus ergo ut nulli omnino hominum liceat præfatum monasterium temere perturbare, aut ejus possessiones auferre, vel ablatas retinere, minuere, seu quibuslibet vexationibus perturbare, sed illibata omnia integra conserventur eorum, per quorum gubernationem ac substentationem concessa sunt, usibus omnimodis profutura, salva sedis apostolicæ auctoritate. Si qua igitur in futurum ecclesiastica, sæcularisve persona hanc nostræ constitutionis paginam sciens, contra ea temere venire tentaverit, etc.

Ego Alexander catholicæ Ecclesiæ episcopus subscripsi.

Ego Hubaldus Ostiensis episcopus subscripsi.

Ego Bernardus Portuensis et Sanctæ Rufinæ episcopus subscripsi.

Ego Joannes presbyter cardinalis Sanctorum Joannis et Pauli tituli Pamachii subscripsi.

Ego Gulielmus presbyter cardinalis tituli Sancti Petri ad Vincula subscripsi.

Ego Boso presbyter cardinalis Sanctæ Pudentianæ tituli Pastoris subscripsi.

Ego Petrus presbyter cardinalis tituli Sancti Laurentii in Damaso subscripsi.

Ego Ardicio diaconus cardinalis Sancti Theodori subscripsi.

Ego Cintius diaconus cardinalis Sancti Adriani subscripsi.

Ego Ugo diaconus cardinalis Sancti Eustasii juxta templum Agrippæ, subscripsi.

Ego Vitellius diaconus cardinalis Sanctorum Sergii et Bacchi subscripsi.

Ego Petrus de Bono diaconus cardinalis sanctæ Mariæ in Aquirio subscripsi.

Datum Tusculani, per manus Gratiani sanctæ Romanæ Ecclesiæ subdiaconi et notarii, VIII Kal. Augusti, indictione V, Incarnationis Dominicæ an. 1171, pontificatus vero domini Alexandri papæ III anno tertio decimo.]

MI.

Compositionem factam inter Dominicum abbatem Cassin. et Joannem episc. Fundanum confirmat.

(Tusculani, Sept. 12.)

[GATTULA, *Hist. Casin.*, 262.]

ALEXANDER episcopus, servus servorum Dei, dilectis filiis D. abbati et fratribus Casinensibus salutem et apostolicam benedictionem.

Ea quæ judicio vel transactione rationabiliter inter aliquos statuuntur, ne malignitate cujuslibet a sua valeant firmitate divelli vel præsumptione temeraria immutari, rata debent et inconvulsa persistere, et apostolico convenit munimine roborari. Eapropter, dilecti in Domino filii, vestris justis postulationibus benignius annuentes, transactionem quam venerabilis frater R. Aquinas episcopus, et dilecti filii G. Fossænovæ, A. Sancti Laurentii de Aversa, et G. Casemarii abbates, inter vos et venerabilem fratrem nostrum Fundanum episcopum super ecclesiis Sancti Magni, Sancti Honufrii in campo de Melle, et S. Heliæ in Ambrifo, et Sancti Martini in Terelle, rationabiliter fecisse noscuntur... concedentes eidem episcopo ecclesiam S. Martini in Ynula, et quamdam terram quæ dicitur limata, quemadmodum in authentico scripto exinde facto continetur, auctoritate apostolica confirmamus, et ut perpetuis temporibus inviolabiliter observetur, præsenti scripto communimus. Statuentes ut nulli omnino hominum liceat hanc paginam nostræ confirmationis infringere, vel ei aliquatenus contraire. Si quis autem hoc attentare præsumpserit, Indignationem omnipotentis Dei et beatorum Petri et Pauli apostolorum ejus se noverit incursurum.

Datum Tusculani, II Id. Sept.

MIII.

Ad Henricum II Anglorum regem. — Monet ut gentem Hibernorum plurimis spurcitiis atque abominationibus contaminatam, ad cultum Christianæ fidei per potentiam suam revocet et conservet.

(Tusculani, Sept. 20.)

[Rymer, *Fœdera*, etc., 1, 45.]

Alexander episcopus, servus servorum Dei, charissimo in Christo filio Henrico illustri Anglorum regi, salutem et apostolicam benedictionem.

Celebri fama et veridica relatione plurimum non sine multa mentis alacritate comperimus quomodo, sicut pius rex et magnificus princeps, de gente illa Hybernica quæ, divino timore postposito tanquam effrenis passim per abrupta deviat vitiorum, et Christianæ fidei religionem abjicit et virtutis, et se interimit mutua cæde, et de regno illo quod Romani principes, orbis triumphatores, suis temporibus inaccessum, sicut accepimus, reliquerint, faciente Domino, cujus intuitu, sicut indubitanter credimus, adversus ipsam gentem incultam et indisciplinatam, potentiam tuæ serenitatis extenderes, mirabiliter ac magnifice triumphasti.

Nam ut alias enormitates et vitia, quibus eadem gens, omissa religione Christianæ fidei, satis irreverenter deservit, præsentialiter omittamus; sicut venerabiles fratres nostri Christianus Lesmoriensis episcopus, apostolicæ sedis legatus, archiepiscopi et episcopi terræ suis nobis litteris intimarunt, et dilectus filius noster R. Londaven. archidiaconus, vir prudens et discretus, et regiæ magnitudini vinculo præcipue devotionis astrictus, qui hæc oculata fide perspexit, viva vobis voce tam sollicite quam prudenter exposuit, prædicta gens sic forte plenius ad notitiam regiæ serenitatis pervenit: novercas suas publice introducunt, et ex eis non erubescunt filios procreare; frater uxore fratris, eo vivente, abutitur; unus duabus se sororibus concubinis immiscet, et plerique illorum, matre relicta, filias introducunt; et omnes passim in Quadragesima vescuntur carnibus, nec solvunt decimas, nec sacras Dei ecclesias et personas ecclesiasticas, prout debent, aliquatenus reverentur.

Unde quia, sicut eisdem archiepiscopis et episcopis significantibus, et præfato archidiacono plenius et expressius nobis referente, comperimus, coadunato tuo magnifico navali et terrestri exercitu ad subjugandam tuo dominio gentem illam, et ad exstirpandam tantæ abominationis spurcitiam,

A divina inspirante clementia, tuum animum erexisti, gratum, sicut debemus, gerimus, et acceptum; et exinde ei a quo omne bonum procedit, et qui pios fidelium suorum actus et voluntates in suo beneplacito salutis disponit, devotas gratiarum reformimus actiones. Omnipotentem Deum votivis precibus exorantes ut sicut per potentiam tuæ magnitudinis, ea quæ tam illicita inscripta terra fiunt, incipiunt jam desistere, et pro vitiis virtutum germina pullulare; ita etiam, cooperante Domino, per te prædicta gens ad tuæ sempiternæ gloriæ coronam immarcessibilem et suæ salutis profectum, abjecta spurcitia peccatorum, omnimodam Christianæ religionis suscipiat disciplinam.

Rogamus itaque regiam excellentiam, monemus et exhortamur in Domino, atque in remissionem tibi peccatorum injungimus quatenus in eo quod laudabiliter incœpisti, tuum propensius animum robores et confortes et gentem illam ad cultum Christianæ fidei per potentiam tuam revoces et conserves: ut sicut pro tuorum venia peccatorum, adversus eam tantum laborem, ut credimus, assumpsisti, ita etiam de suæ salutis profectu coronam merearis suscipere sempiternam.

Et quia, sicut tuæ magnitudinis excellentia, Romana Ecclesia aliud jus habet in insula quam in terra magna et continua, nos eam de tuæ devotionis fervore spem fiduciamque tenentes, quod jura ipsius Ecclesiæ non solum conservare velis, sed etiam ampliare, et ubi nullum jus habet, id debes sibi conferre, magnificentiam tuam rogamus et sollicite commonemus, ut in præscripta terra jura beati Petri nobis studeas sollicite conservare, et si etiam ibi non habet, tua magnitudo eidem Ecclesiæ eadem jura constituat, et assignet, ita quod exinde regiæ celsitudini gratias debeamus exsolvere copiosas, et tu primitias tuæ gloriæ et triumphi Deo videaris offerre.

Dat. Tuscul., xii Kal. Octobris.

MIIII.

Ad reges et principes Hiberniæ. — Monet eos quatenus fidelitatem quam Henrico II regi Angliæ sub juramenti religione fecerunt, ei cum debita subjectione firmam et inconcussam servare curent.

(Tusculani, Sept. 20.)

[*Ibid.*]

Alexander episcopus, servus servorum Dei, dilectis filiis nobilibus viris, regibus et principibus Hiberniæ, salutem et apostolicam benedictionem.

Ubi communi fama et certa relatione plurimum nobis innotuit, quod vos charissimum in Christo filium nostrum H[enricum] regem Angliæ illustrem, in vestrum regem et dominum suscepistis, et ei fidelitatem jurastis, tanto ampliorem lætitiam in corde concepimus, quanto per ejusdem regis potentiam in terra vestra, cooperante Domino, major pax erit atque tranquillitas, et gens Hybernica, quæ per enormitatem et spurcitiam vitiorum adeo videbatur longius recessisse, divino cultu propensius informabitur, et melior Christianæ fidei suscipiet disciplinam.

Unde super eo quod tam potenti et magnifico regi, et tam devoto Ecclesiæ filio, vos voluntate libera subdidistis, providentiam vestram digna laudis commendatione prosequimur, cum exinde vobis, Ecclesiæ, et toti populo illius terræ, utilitas speretur non immodica proventura; monemus itaque nobilitatem vestram attentius, et mandamus quatenus fidelitatem quam tanto regi sub juramenti religione fecistis, ei cum debita subjectione firmam et inconcussam servare curetis; et ita vos sibi in humilitate et mansuetudine exhibeatis obnoxios et devotos, quod ejus semper gratiam possitis uberiorem percipere, et nos inde prudentiam vestram digne debeamus commendare.

Dat. Tusculani, xii Kalend. Octobris.

MIV.

Ad Christianum Lesmorensem episcopum, apostolicæ sedis legatum, et ad archiepiscopos Hiberniæ. — De assistendo Anglorum rege catholico et principe Christianissimo.

(Tusculani, Sept. 20.)
[*Ibid.*]

ALEXANDER episcopus, servus servorum Dei, venerabilibus fratribus CHRISTIANO Lesmoren. episcopo, apostolicæ sedis legato, et GEL[ALIO] Ardmachen., DONATO Casilien., LAWR. Duflinen. et CATHOLIC. Tuanen. archiepiscopis, et eorum suffraganeis, salutem et apostolicam benedictionem.

Quantis vitiorum enormitatibus gens Hybernica sit infecta, et quomodo, Dei timore et Christianæ fidei religione postposita, ea sequatur quæ pericula pariunt animarum ex vestrarum serie litterarum nobis innotuit, et aliorum etiam veridica relatione nihilominus ad notitiam apostolicæ sedis plerumque pervenit.

Inde est utique quod nos ex vestris litteris intelligentes, quod per potentiam charissimi in Christo filii nostri H[ENRICI] illustris Anglorum regis qui, divina inspiratione compunctus, coadunatis viribus suis, gentem illam barbaram, incultam et divinæ legis ignaram, suo dominio subjugavit ea quæ in terra vestra tam illicite committuntur, cooperante Domino, incipiunt jam desistere, gaudio gavisi sumus; et ei qui jam dicto regi tantam victoriam contulit et triumphum, immensas gratiarum actiones exsolvimus, prece supplici postulantes ut per vigilantiam et sollicitudinem ipsius regis, vestro cooperante studio, gens illa indisciplinata et indomita ad cultum divinæ legis et religionem Christianæ fidei; per omnia et in omnibus incitetur, et vos ac cæteri ecclesiastici viri, honore et tranquillitate debita gaudeatis.

Quoniam igitur decet vos ad ea persequenda, quæ tam pio sunt inchoata principio, sollicitam adhibere diligentiam et favorem, fraternitati vestræ per apostolica scripta mandamus atque præcipimus, quatenus memorato regi, sicut viro magnifico et devotissimo Ecclesiæ filio, ad manutenendam et conservandam terram illam, et ad exstirpandam inde tantæ abominationis spurcitiam, quantum, salvo vestro ordine et officio, poteritis, diligenter et viriliter assistatis.

Et si quis regum, principum, vel aliorum hominum ipsius terræ, contra juramenti debitum et fidelitatem prædicto regi exhibitam, ausu temerario venire tentaverit; si ad commonitionem vestram, celeriter, sicut debet, non resipuerit, eum auctoritate apostolica freti, omni occasione et excusatione postposita, censura ecclesiastica percellatis. Ita mandatum nostrum fideliter et efficaciter exsecuturi, ut sicut præfatus rex tanquam catholicus et Christianissimus princeps, nos tam in decimis quam in aliis ecclesiasticis justitiis vobis restituendis, et in omnibus quæ ad ecclesiasticam pertinent libertatem, pie et benigne dicitur exaudisse, ita etiam vos sibi ea quæ ad regiam respiciunt dignitatem conservetis firmiter, et quantum in vobis est, faciatis ab aliis conservari.

Datum Tusculani, xii Kal. Octob.

MV.

Ecclesiæ Paduanæ protectionem suscipit, bonaque ac possessiones confirmat.

(Tusculani, Octob. 10.)
[ORSATO, *Histor. di Padova*, 333.]

ALEXANDER episcopus, servus servorum Dei, dilectis filiis WILFREDO archipresbytero et canonicis Paduanæ Ecclesiæ, tam præsentibus quam futuris, canonice substituendis, in perpetuum.

Ideo nobis est quanquam immeritis omnium ecclesiarum cura, et sollicitudo commissa ut pro eorum statu vigili debeamus cura satagere, et apostolicæ circumspectionis sollicitudinem adhibere, quia cum ex susceptæ administrationis ministerio teneamur paci Ecclesiarum diligenter intendere, vobis et Ecclesiæ vestræ nulla ratione patrocinium debet apostolicæ protectionis deesse. Eapropter, dilecti in Domino filii, vestris postulationibus clementer annuimus, et præfatam Ecclesiam, in qua divino mancipati estis obsequio, sub beati Petri et nostra protectione suscipimus, et præsentis scripti privilegio communimus. Statuentes ut quascunque possessiones, quæcunque bona vestris utilitatibus et necessitatibus deputata, juste et canonice possidet, aut in futurum concessione pontificum, largitione regum vel principum, oblatione fidelium, seu aliis justis modis, præstante Domino, poterit adipisci, firma vobis vestrisque successoribus et illibata permaneant. E quibus vero ea, quæ bonæ memoriæ quondam Paduani episcopi ad usus canonicorum præscriptæ Ecclesiæ pia liberalitate et rationabili deputarunt vobis, et successoribus vestris, auctoritate apostolica duximus confirmanda, et propriis vocabulis adnotanda:

Capellam Sanctæ Luciæ de Padua, et omnes decimas ipsius civitatis, et specialiter molendinorum in confinio Paduæ positorum cum omnibus villis et vicis sibi adjacentibus, et quidquid juris habetis in decima de Limina, et decimas de vico Aggeris, et decimam Bussilagi quod pertinet ad commune de vico Altiheri, de Turre, de Milianiga, et Cacintaga, de Noenta, de vico Bergani, et medietatem decimarum Scandolati, de Fovea Liutara, de Casale, de Leone, de Albinasico, de Roncone, de Mandria, de Spasiano, de Volta, de Burzigana, de Tencharola, de Sermedaula, ex utroque latere Stortæ et de Bibano, decimas quoque de plebe Pernumiæ cum villis et titulis suis; et decimas de Cartura, de Arzere, de Gazo et Gurgo, et decimas de omnibus amplis, quæ tempore bonæ memoriæ Bellini quondam episcopi vestri roncata sunt, vel deinceps in prænominatis locis roncabuntur. Excepta tamen decima de dominicatu monasterii Sancti Petri, quæ habet in Volta, juxta concessionem quam canonici olim in præfatum monasterium fecerunt; et excepta decima de quadam parte silvæ de Brenta, quam Choatiam vocant, eidem monasterio una cum proprietate ipsius terræ a prænominato episcopo Bellino oblata, sive concessa sunt; item capellam Sancti Salvatoris de Camino, et capellam Sancti Petri de Strata, et capellam Sancti Martini de Savonaria, decimas de Amplis, quæ ecclesia vestra roncavit, aut roncare faciet in silva, quæ dicitur Purpura, sive aliis nominibus nuncupatur. Cui ab uno latere Brenta defluit, ab alio latere fossa de Stalvetere; et capellam Sancti Nicolai et Sancti Basilii de Roncalia, et capellam Sancti Fidentii de Roncaliutari et capellam Sancti Fidentii de Pulveraria cum omnibus decimis ipsius loci qui appellatur Pulveraria, et capellam Sancti Michaelis de puteo Vitalianorum, cum omnibus terris quas vos ibi tenetis cum decimis suis; et capellam Sanctæ Mariæ de Spaxiano, et capellam Sancti Bartholomæi de Tencarolia; et capellam Sanctorum Fabiani et Sebastiani de Bruzigona, et capellam Sancti Fidentii de Sermedaula, et capellam Sancti Bartholomæi de Fossato. Præterea omnes terras de Padua et de Roncalia cum decimis et quartis quas Ildebertus et Gauslinus Paduani episcopi, et cæteri antecessores eorum ecclesiæ vestræ contulerunt, et terras de Lignario cum tribus decimalibus, et universas oblationes, seu concessiones præfatæ Ecclesiæ rationabiliter factas vobis et per vos ecclesiæ vestræ nihilominus confirmamus.

Decernimus ergo, ut nulli omnino hominum liceat præfatam ecclesiam temere perturbare, aut ejus possessiones auferre, vel ablatas retinere, minuere, seu quibuslibet vexationibus fatigare, sed illibata omnia et integra conserventur eorum, pro quorum gubernatione et sustentatione concessa sunt, usibus omnimodis profutura, salva sedis apostolicæ et episcopi vestri debita reverentia.

Si qua igitur, etc.

Ego Alexander catholicæ Ecclesiæ episcopus.
Ego Gualterius Albanensis episcopus.
Ego Bernardus Portuensis et Sanctæ Rufinæ episcopus.
Ego Joannes presb. card. SS. Joannis et Pauli tit. Pammachii.
Ego Roto presb. card. S. Pudentianæ tit. Pastoris.
Ego Pegus presb. card. S. Laurentii in Damaso.
Ego Adicio diac. card. S. Theodori.
Ego Cinthius diac. card. S. Adriani.
Ego Hugo diac. card. custos juxta templum Agrippæ.

Datum Tusculani, per manum Gratiani sanctæ Romanæ Ecclesiæ subdiaconi et notarii, vi Idus Octobris, indict. vi, Incarnationis Dominicæ anno 1172, pontificatus vero domni Alexandri papæ III anno XIV.

MVI.

Ad Hugonem III Burgundiæ ducem. — Donatum sibi et Ecclesiæ Romanæ fundum apud Divionem, ad ædificandam ecclesiam quæ soli Romano pontifici debeat respondere, acceptat.

(Tusculani, Nov. 8.)
[D. BOUQUET, *Recueil*, XV, 927.]

ALEXANDER episcopus servus servorum Dei, dilecto filio nobili viro HUGONI duci Burgundiæ, salutem et apostolicam benedictionem.

Petitionibus nobilium et potentium virorum, quæ rationi et honestati noscuntur inniti animo nos convenit placido condescendere, et eas libenter efficaciter exaudire, ut ad Ecclesiarum commodum et profectum ferventius accendantur, cum in eorum justis petitionibus ab apostolica sede facile se noverint exaudiri. Inde est quod devotionis fervore et instantia tuæ petitionis inducti, fundum quem apud Divionem, pro ecclesia et officiis ejus ædificandis B. Petro et nobis liberaliter obtulisti (52) in jus et proprietatem Ecclesiæ Romanæ recepimus, et ibidem ecclesiam construendi, quæ soli Romano pontifici debeat respondere, tibi facultatem et licentiam indulgemus, auctoritate apostolica prohibentes ne cui episcopo vel aliæ ecclesiasticæ personæ liceat

---

(52) Dum ab Hierosolymitano dux Hugo rediret itinere, prout ipse enarrat in litteris an. 1172 pro fundanda et dotanda Divionensi capella. « Ego, inquit, Hugo dux Burgundiæ notum volo esse præsentibus et futuris, quoniam Jerosolymam proficiscens, præ nimia maris turbatione et imminentis periculi acerbitate, tam ego quam omnes qui in navigio erant, graviter perterriti fuimus. Eapropter votum faciens, Deo promisi me constructurum in mea curte, apud Divionem, ecclesiam in honorem Sanctæ Dei genitricis Mariæ et Beati Joannis evangelistæ. Unde factum est ut in reditu meo Romam veniens, quod voveram per manum bonæ memoriæ Alexandri summi pontificis, Deo obtuli, et auctoritate apostolica quemadmodum in authentico scripto quod ab eo impetravi continetur, confirmari feci, » etc.

quidquam juris sibi in eadem ecclesia vel clericis eidem ecclesiæ servientibus, vindicare.

Datum Tusculi, vi Idus Novembris.

MVII.
Monasterium de Cona tuendum suscipit, ejusque bona ac possessiones enumerat et confirmat.
(Tusculani, Nov. 16.)
[D. Marrier, *Hist. S. Martini de Campis*, lib. iv, 304.]

Alexander episcopus, servus servorum Dei, dilectis filiis priori monasterii de Cona, ejusque fratribus tam præsentibus quam futuris, regularem vitam professis, in perpetuum.

Piæ postulatio voluntatis effectu debet prosequente compleri, ut et devotionis sinceritas laudabiliter enitescat, et utilitas postulata vires indubitanter assumat. Eapropter, dilecti in Domino filii, vestris justis postulationibus clementer annuimus, et præfatum monasterium, in quo divino mancipati estis obsequio, sub B. Petri et nostra protectione suscipimus, et præsentis scripti privilegio communimus; in primis siquidem statuentes ut ordo monasticus, qui secundum Deum et B. Benedicti Regulam in eodem loco institutus esse dignoscitur, perpetuis ibidem temporibus inviolabiliter observetur. Præterea quascunque possessiones, quæcunque bona idem monasterium impræsentiarum juste et canonice possidet, aut in futurum concessione pontificum, largitione regum vel principum, oblatione fidelium, seu aliis justis modis, præstante Domino poterit adipisci, firma vobis vestrisque successoribus et illibata permaneant. In quibus hæc propriis duximus exprimenda vocabulis.

Ecclesiam Sancti Petri de Cona cum omnibus pertinentiis suis, et quidquid in eadem habetis; quidquid habetis in territorio de Foissy, quidquid habetis in monte Arlais, ecclesiam Sancti Martini de Dormella cum omnibus pertinentiis suis, et molendinum de Monte Moret, quod est in parochia ejusdem ecclesiæ. Quidquid habetis in ecclesia S. Martini de Miri, quidquid habetis in ecclesia de Savius; quidquid habetis in ecclesia de S. Valeriano; quidquid habetis in ecclesia S. Lupi de Villa Thierry; quidquid habetis in ecclesia S. Martini de Truisi, et in eadem villa; quidquid habetis in Varennis et in Valentiis, et in Lavile, aquam scilicet quæ superfluit monasterio cum passagio, et prata de Miller's quæ data sunt monasterio vestro a bonæ memoriæ Ata comitissa Blesensi, et quartam partem salagii de Masteriolo et censum de Moncellis; quidquid habetis in molendino stasmi de Sancto Valeriano, terram de Chasneto; quidquid habetis in villa Emanti, terram quam habetis ad montem Machoi, et quidquid habetis apud Palai, et nemus Arlais, quidquid habetis in nemore S. Mauritii, et in nemore S. Petri quod est vice comitis, et terram quam habetis in parochia de Blena, prata, molendinum, alnetum et nemus, et quartam partem territorii de V. Hafrod, et allodium de Saveniaco.

Sepulturam quoque ipsius loci liberam esse decernimus, ut eorum devotioni, et extremæ voluntati, qui se illic sepeliri deliberaverint, nisi forte excommunicati vel interdicti sint, nullus obsistat; salva tamen justitia illarum ecclesiarum a quibus mortuorum corpora assumuntur. In parochialibus autem ecclesiis quas tenetis, liceat vobis sacerdotes eligere et episcopo præsentare, quibus, si idonei fuerint, episcopus animarum curam committet, ut de plebis quidem cura episcopo, vobis autem de temporalibus debeat respondere. Sane novalium vestrorum, quæ propriis manibus aut sumptibus colitis, sive de nutrimentis vestrorum animalium, nullus a vobis decimas præsumat exigere. Cum autem commune interdictum terræ fuerit, liceat vobis clausis januis, exclusis excommunicatis et interdictis, non pulsatis campanis, suppressa voce divina officia celebrare. Obeunte vero te, nunc ejusdem loci priore, vel tuorum quolibet successorum, nullus ibi qualibet subreptionis astutia seu violentia præponatur, nisi quem fratres communi consensu, vel fratrum pars consilii sanioris, secundum Dei timorem et beati Benedicti Regulam providerint eligendum.

Decernimus ergo ut nulli omnino hominum liceat præfatum monasterium temere perturbare, aut ejus possessiones auferre, vel ablatas retinere, minuere, seu quibuslibet vexationibus fatigare, sed illibata omnia et integra conserventur eorum, pro quorum gubernatione ac sustentatione concessa sunt, usibus omnimodis profutura, salva sedis apostolicæ auctoritate, et diœcesani episcopi canonica justitia. Si qua igitur in futurum ecclesiastica, etc.

Datum Tusculan., per manum Gratiani sanctæ Romanæ Ecclesiæ subdiaconi et notarii, xvi Kalend. Decemb. indictione vi, Incarnationis Dominicæ anno 1172, pontificatus vero domni Alexandri papæ III anno xiv.

MVIII.
Privilegium pro parthenone S. Mariæ Sinningthwaitensi.
(Tusculani, Dec. 18.)
[*Monastic. Anglic.*, I, 828.]

Alexander episcopus, servus servorum Dei, dilectis in Christo filiabus Christianæ priorissæ monasterii Sanctæ Mariæ de Sinningthwaite, ejusdem sororibus tam præsentibus quam futuris, regularem vitam professis, in perpetuum.

Quoties illud a nobis petitur quod religioni et honestati convenire dignoscitur animo nos decet libenti concedere et petentium desideriis congruum suffragium impertiri. Eapropter, dilectæ in Christo filiæ, vestris justis postulationibus clementer annuimus et præfatum monasterium beatæ Dei genitricis semper virginis Mariæ in quo divino estis obsequio mancipatæ sub beati Petri et nostra protectione suscipimus, et præsentis scripti privilegio communimus; in primis siquidem statuentes ut ordo monasticus qui secundum Dei et beati Benedicti

Regulam et institutionem Cisterciensium fratrum in eodem monasterio institutus esse dignoscitur, perpetuis ibidem temporibus inviolabiliter observetur. Præterea quascunque possessiones, quæcunque bona idem monasterium inpræsentiarum juste et canonice possidet, aut in futurum concessione pontificum, largitione regum vel principum, oblatione fidelium seu aliis justis modis, præstante Domino, poterit adipisci, firma vobis vestrisque succedentibus, et illibata permaneant. In quibus hæc propriis duximus exprimenda vocabulis :

Locum ipsum in quo præfatum monasterium situm est cum omnibus pertinentiis suis; ex dono Galfridi filii Bertranni Haget; duas carucatas terræ ex dono Simonis Ward et Mathildæ uxoris tuæ et Willielmi filii ejus; locum qui dicitur Essholt cum suis pertinentiis in bosco, et plano, et in terra arata, et aqua, libera et absoluta ab omni exactione, sicut in eorum authentico scripto exinde facto continetur. Paci quoque et tranquillitati vestræ paterna sollicitudine providere volentes, auctoritate apostolica prohibemus ut infra clausuras seu grangiarum vestrarum nullus violentiam vel rapinam seu furtum committere, ignem apponere, seu hominem capere vel interficere audeat. Liceat quoque vobis clericos vel laicos e sæculo fugientes liberos et absolutos ad conversionem vestram recipere et in vestro monasterio absque contradictione alicujus retinere. Prohibemus insuper, etc.

Datum Tusculani, per manum Gratiani Romanæ Ecclesiæ subdiaconi notarii, decimo quinto die Kalend. Januar., indictione sexta, Incarnationis Dominicæ anno 1172 pontificatus vero domni Alexandri papæ III anno XIII.

MIX.

Conventui S. Augustini Cantuariensi « ecclesias de Menstre et Fauresham ad reparationem ecclesiæ igne consumptæ confirmat ; » conceditque « ut liceat iis in parochialibus ecclesiis clericos eligere ac diœcesano episcopo præsentare. »

[*Chronic. W. Thorn*, ap. TWYSDEN, *Rer. Angl. script.*, II, 1815.]

ANNO 1170-1173.
MX.

Theobaldo et clericis ecclesiæ S. Anast. [al. *S. Luciæ*] *Veronensis, significat sententiam ab Ildebrando basilicæ XII Apostolorum et a Raimundo episcopo Brixiensi, « secundum Veronensis civitatis consuetudinem, » contra eum prolatam, a sese irritam factam esse.*

[*Decret. Greg.*, l. II, tit. 27, c. 8.]

ANNO 1171-1173.

MXI.

Ad Henricum Remensem archiep. — *Ut Agatha restituatur R. de Adversa, marito suo.*

(Tusculani, Jan. 4.)

[MARTEN., *Ampl. Collect.*, II, 875.]

Veniens ad apostolicæ sedis clementiam Agatha mulier, latris præsentium, supplici nobis conquestione monstravit quod cum R. de Adversa legitime fuisset in conspectu Ecclesiæ desponsata, et xviii annis secum mansisset, et tres ex eo liberos procreasset, R. de Sablois, dominus terræ, ipsum et propinquos suos fecit jurare quod eam dimitteret et a se separaret, sicque factum est, quod absque justa causa ipsam dimisit, et eam tribus annis vitæ solatio destituit, et inopia et angustia multa laborare coegit. Quia igitur non potest nec debet vir uxorem absque justa causa dimittere, fraternitati tuæ per apostolica scripta præcipiendo mandamus, quatenus, si ita est, prædictum R. moneas instanter et auctoritate nostra compellas ut præfatam A. sicut sororem suam benigne recipiat, et maritali affectione pertractet, et pecuniam quam pro necessitatibus suis mutuo accepit, cum integritate persolvat. Sane si de viro dubitaverit, ei plenam facias ab eodem viro securitatem præstari, ita quod exinde eam non oporteat amplius dubitare. Si autem monitis tuis parere contempserit, eum et prædictum R., et alios principales ejus in malitia ista fautores, remoto appellationis obstaculo, auctoritate nostra vinculo excommunicationis astringas, terras eorum interdicas, et eidem mulieri dotalitium suum, omni occasione et appellatione cessante, facias restitui. Verumtamen si, postquam eam receperit, aliquæ personæ apparuerint quæ matrimonium inter eos contractum velint et legitime possint impetere, causam audias et pontificali maturitate adhibita, canonico fine decidas. Cæterum si tanto tempore simul fuerunt, nisi certa indicia et suspiciones appareant, quod inter eos tanta sit parentela quod secundum Deum et justitiam non possint nec debeant insimul remanere, ad accusationem hujus matrimonii facile non sunt aliqui admittendi. Volumus autem ut infra XI dies post harum susceptionem, mandatum nostrum, secundum quod superius dictum est, studiosius exsequaris, et de his qui eorum sponsalitiis interfuerunt, et contestati contra matrimonium nihil proposuerunt, nullos ad testimonium admittas, sciens quia tutius est minus licite conjunctos simul dimittere quam legitime conjunctos separare.

Data Tuscul., II Nonas Januarii.

MXII.

Ad eumdem. — *Pro abbate Maricolensi adversus C. militem de Taisneria.*

(Tusculani, Jan. 6.)

[*Ibid.*, col. 876.]

Ex transmissa conquestione abbatis et fratrum Ecclesiæ de Maricolis nobis innotuit quod G. miles de Taisneria et filii ejus decimationes domorum suarum, quæ ad prædictam Ecclesiam pertinere noscuntur, violenter detinere, atque terragium unius carrucatæ terræ quæ est in silva Becloiz, eidem Ecclesiæ irrationabiliter auferre præsumunt; et, quod gravius est, altare præscriptæ ecclesiæ, abbate et fratribus contradicentibus custodiunt, et ejus oblationes in periculum animæ suæ percipere non verentur. Significarunt etiam nobis idem abbas et fratres quod cum B. miles de Romeriis medietatem reddituum ejusdem villæ ab ipsis in feodum habeat, aliam medietatem se debere recolligere atque custodire fatetur, et ita eosdem abbatem et fratres domum in præscripta villa ædificare prohibet, nec eorum custodem ibidem esse permittit, et de propriis rebus ejusdem Ecclesiæ LX libras Hainonenses detinere præsumit. Quia vero ex commissæ nobis dignitatis officio, universis Ecclesiis jura sua conservare tenemur, et eas a malignantium incursibus, clypeo apostolicæ tuitionis propensius defensare, fraternitati tuæ per apostolica scripta mandamus, quatenus memoratum C. et filios ejus moneas et districte compellas, ut retentas decimas vel earum æstimationem et præfatum terragium prædictis abbati et fratribus restituant, et de præscripto terragio et recipiendis decimis nullam eis de cætero molestiam inferant vel gravamen, vel in præsentia tua infra XL dies post harum susceptionem, sublato appellationis remedio, exhibeant justitiæ complementum. Custodiam quoque altaris et ablatas oblationes præfatis abbati et fratribus restituant, et exinde se de cætero nullatenus intromittant. Prædictum vero B. militem de Romeriis monere attentius et compellere non postponas, ut medietatem reddituum præscriptæ villæ prænominatos fratres recolligere, atque in præscripta villa domum ædificare, et ibidem eorum custodem esse nulla ratione prohibeat, et prætaxatam pecuniam LX librarum eisdem abbati et fratribus absque diminutione restituat, vel in præsentia tua infra præscriptum terminum, remoto appellationis obstaculo, justitiæ plenitudinem non differas exhibere. Quod si ille et alii quos diximus monitis tuis parere contempserint, eos usque ad ablatorum restitutionem, et dignam satisfactionem, appellatione remota vinculo excommunicationis astringas.

Data Tusculi, VIII Idus Januarii.

MXIII.

Ad eumdem. — Pro eodem, adversus Lambertum de Nigella et Oilardum de Landrecies.

(Tusculani, Jan. 6.)

[*Ibid.*, col. 677.]

Querelam abbatis et fratrum Ecclesiæ de Maricolis accepimus, quod Lambertus de Nigella et Oilardus de Landrecies decimam de Fustor, ad prædictam Ecclesiam pertinentem, violenter auferre præsumunt, dicentes eamdem se decimam a præscripta Ecclesia in feodo habere, cum id abbas et fratres, prout dicitur, penitus ignorent, et quidam convicini eorum de propriis horreis præscriptæ Ecclesiæ frumentum et avenam violenter auferre non timeant, asserentes quod ea pro feodo debent accipere. Quia vero hujusmodi malefactores gladio ecclesiastico adnimadversionis pro sua præsumptione acriter sunt puniendi, fraternitati tuæ per apostolica scripta mandamus, quatenus prædictos viros et eorum convicinos, quos prænominati abbas et fratres tibi nominaverint, moneas et districte compellas, ut eis ablatam decimam, frumentum et avenam, vel eorum æstimationem absque diminutione restituant, et de cætero eisdem fratribus nullatenus auferre præsumant, vel in præsentia tua infra XL dies post harum susceptionem, appellatione remota, exhibeant justitiæ complementum. Quod si ad commonitionem tuam neutrum horum adimplere voluerint, eos donec alterum exsequantur, appellatione remota, vinculo excommunicationis astringas.

Data Tuscul., VIII Idus Januarii.

MXIV.

Ad B[artholomæum] archiepiscopum Exoniensem. — Quibus pœnitentiis afficiendi sint illi qui animo occidendi Thomam, quondam archiepiscopum Cantuariensem, aut feriendi, aut capiendi, citra vel circa manuum injectionem se fateantur venisse; illi qui asserant animum regis inflammasse ad odium, unde forte fuerit homicidium subsecutum; ii qui se dicant illius sancti viri et suorum post mortem ejus occupasse spolia; illi qui sola excommunicatorum participatione se reos esse cognoscant; clerici quos constet armatos interfuisse tanto facinori; illi clerici qui consilium illud dederint ut vir sanctus caperetur.

[*Epistolæ Gilberti Foliot*, ed. GILES, II, 80.]

ALEXANDER tertius episcopus, servus servorum Dei, venerabili fratri B. Exoniensi episcopo, salutem et apostolicam benedictionem.

Sicut dignum est et omni consentaneum rationi, graves et difficiles quæstiones ad examen apostolicæ sedis deferri, ita etiam nobis ex ministerio susceptæ sollicitudinis imminet easdem quæstiones, prout nobis Deus dederit, solvere, et singulis a nobis consilium postulantibus respondere; ut providentia Romanæ Ecclesiæ, quæ ubique terrarum obtinet disponente Domino principatum, quæstiones solvantur, et removeatur in his ambiguitas de cordibus singulorum. Licet autem super quæstionibus, quas nobis discretio tua solvendas direxit, te non dubitemus providum et circumspectum existere, cogimur tamen ex servitutis ministerio juxta discretionem et providentiam nostram tibi exinde respondere. Sane cum vir litteratus sis et sapiens et discretus, in his plurimum exercitatus plenius nosti, quia in excessibus singulorum non solum qualitas delicti et quantitas, sed ætas, scientia, et sexus atque conditio sunt attendenda, quia non solum secundum qualitatem et quantitatem facinoris, sed secundum ea quæ prædiximus, et secundum locum et tempus quo delictum committitur, unicuique debet pœnitentia indici, cum, sicut tu ipse non ignoras, idem excessus magis in uno quam in alio sit puniendus. Illi autem qui animo occidendi illum sanctum et reverendum virum Cantuariensem quondam archiepiscopum, aut feriendi, aut capiendi, si de illa captione mors ejus subsecuta fuisset, citra vel circa manuum injectionem se fatentur venisse, pari pœna vel fere pari puniendi, et illi etiam qui non ut ferirent, sed ut percussoribus opem ferrent, si forte violentia quam quidam moliri debebant, impedirentur, paulo minori pœna mulctari, quia cum scriptum sit, qui potuit hominem liberare a morte et non liberavit, ipsum occidit, constat ipsos ab homicidii reatu immunes non esse, qui occisoribus opem contra alios præstare venerunt, nec caret scrupulo societatis occultæ, qui cum possit manifeste desinit facinori obviare.

Illi vero qui se asserunt animum regis inflammasse ad odium, unde forte fuit homicidium subsecutum, satis dure et aspere, sed non ita severe sunt puniendi, nisi forte regem ipsum ad illud homicidium suis suggestionibus provocassent. Illi quoque non fuerunt a culpa liberi nec a pœna debent esse immunes, qui licet fuerint illius iniquæ machinationis ignari, tamen si eos sicarios esse sciebant, in sarcinis eorum custodiendis ministerium præbuerunt. Eos vero qui se dicunt illius sancti viri et suorum post mortem ejus occupasse spolia, si nil aliud in tanto facinore commiserunt, a pœna mortis ejus arbitramur esse immunes, sed quæ occupaverunt, eis quorum fuerunt tenentur in integrum restituere, si habent in facultatibus unde ea reddere possint, et ipsis ex hoc pœnitentia moderata tamen est indicenda. Quia licet quidam ex his ea quæ occuparunt se fatentur pauperibus erogasse, non tamen alienas res, cum ipsas potuissent eis quorum fuerint restituere, debuerunt pauperibus erogare. Illi vero qui sola excommunicatorum participatione se reos esse cognoscunt, considerata temporis quantitate, quo in eadem nequitia perdurarunt, et inquisito etiam si eis timore vel affectione communicaverint scienter vel ignoranter, secundum hoc pœnitentia est indicenda.

Clericos autem, quos constat armatos interfuisse tanto facinori, et illos etiam clericos, qui consilium illud dederunt, ut idem vir sanctus caperetur, perpetuo non solum ab altaris ministerio deponendos esse censemus, sed ita etiam, quod in ecclesiis nullo [modo] unquam ipsi lectiones legant, vel responsaria in choro separatim cantent, sed in psalmis apud Deum de commisso veniam satagant implorare. Insuper autem clerici ipsi in districto claustro monachorum vel canonicorum regularium, si fieri potest, sunt recludendi; ita quidem quod usque ad septennium vel quinquennium debeant ab ecclesiarum introitu coerceri. Super eo vero, quod a nobis consilium postulasti, utrum scholares si se invicem percusserint, in plena vel in minori ætate, clerici aut religiosi viri in claustris, secundum canonem istum, quo statutum est ut illi qui in clericos violentas manus injiciunt, mittantur ad apostolicam sedem absolvendi, debeant ad eamdem sedem pro sua absolutione venire, inquisitioni tuæ taliter respondemus, quod si clerici infra puberes annos sese ad invicem, aut unus alterum percusserit, non sunt ad apostolicam sedem mittendi, quia ætas eos excusat, nec etiam clerici, si sint plenæ ætatis et non de odio vel invidia vel indignatione, sed le- vitate jocosa se ad invicem percutere contingat.

Nec magister, si scholarem clericum intuitu disciplinæ vel correctionis percusserit, quia non potest in ipsis manuum injectio violenta notari. Cæterum si ex odio iidem scholares vel sæculares clerici sese percusserint, pro sua absolutione debent ad apostolicam sedem venire. Monachi vero et canonici regulares, quocunque modo sese in claustro percusserint, non sunt ad eamdem mittendi, sed secundum providentiam et discretionem sui abbatis, disciplinæ subdantur. Et si discretio abbatis non sufficit ad eorum correctionem, est diœcesani episcopi providentia adhibenda. Si vero aliquis alicujus potestatis ostiarius, sub prætextu officii sui malignatus clericum læserit, ab episcopo suo potest absolvi, nisi forte eumdem clericum graviter vulneraverit. Officialis pro injectione manuum in clericum non potest sine mandato Romani pontificis, absolutionis beneficium promereri, quia nulli laico tanta super clericum datur auctoritas, nisi forte turbam arcendo irruentem, non ex deliberatione sed fortuito casu clericum lædat. Si clericum vero vim sibi inferentem vi repellat vel lædat, non debet propter hoc ad apostolicam sedem transmitti, si incontinenti vim vi repellat, cum vim vi repellere leges et omnia jura permittant. Nec ille compellendus est ad eamdem sedem venire, qui in clericum cum uxore, matre, sorore, vel filia sua propria turpiter inventum, manus injecerit violentas. Cæterum si eum in stupro vel adulterio, quando ea cum qua stuprum vel adulterium committitur, ipsum ita proxima consanguinitatis linea non contingit, ceperit, aut alias in eum violentas manus injecerit, non est a sententia illius excommunicationis immunis.

ANNO 1173.

MXV

Ad eumdem. — Adversus decanum S. Quintini et sibi subditos, qui pro benedictione nuptiarum pecunias exigebant.

(Signiæ, Febr. 2.)
[*Ibid.*, col. 953.]

Meminimus nos scripsisse E. decano S. Quintini, quod gratis, sicut decet, et sine omni exactione, in desponsatione mulierum officia celebrare divina, et presbyteros facere hoc ipsum compelleret, qui sub eo sunt constituti. Qui, sicut accepimus, præceptum nostrum contemnere non dubitavit, et R. presbyterum, latorem præsentium, qui super hoc illum redarguebat, cum tribus presbyteris fautoribus suis ad audientiam nostram appellavit, ut sub hoc prætextu suam exercere posset liberius pravitatem. Quod ad nos veniente, præfatus decanus et jam dicti sacerdotes nec venerunt, nec aliquem pro se responsalem miserunt. Quoniam vero officio nostro noscitur imminere, tam in benedictione nuptiarum et in sepulturis, quam etiam in quibuslibet sacramentis ecclesiasticis Simoniacam pravitatem radicitus amputare, fraternitati tuæ per apostolica scripta mandamus, quatenus prælibatum decanum in benedictione nuptiarum et in sepulturis mortuorum, seu in quibuslibet etiam aliis sacramentis ecclesiasticis nihil exigere apostolica fretus auctoritate compellas. Si autem tibi constiterit, quod post appellationem prædictam, exactionem facere præsumpserit, ipsum ab officio et beneficio ecclesiastico suspensum cum litteris tuis rei veritatem continentibus ad nos transmittere, omni appellatione cessante, minime postponas, de tantæ pravitatis excessu pœnam quam meruit portaturum. Prædictos vero sacerdotes, qui in vocem appellationis prorumpentes, ipsam appellationem prosequi contempserunt, ita graviter corrigas et castiges, ut ulterius ab hujusmodi præsumptione quiescant, et cæteri eorum exemplo valeant deterreri. Nihilominus quoque præsentium tibi auctoritate mandamus, ut prædictum decanum præfato presbytero omnes sumptus, quos ejus occasione fecit in via, restituere cum omni integritate, contradictione et appellatione cessante, compellas.

Data Signiæ, iv Nonas Febr.

MXVI.

Ad eumdem. — *Adversus G. decanum de Unacort, de Simonia insimulatum.*

(Signiæ, Febr. 2.)

[*Ibid.*, col. 954.]

Simoniacam pravitatem tanto propensiori cura nos convenit per falcem apostolicæ provisionis evellere, quanto amplius prælati ecclesiarum hujusmodi peste possunt corrumpi, et honestas ecclesiastica denigrari. Insinuatum est siquidem auribus nostris, quod G. decanus de Unacort, temporale lucrum potius quam animarum salutem requirens, ad vitium cupiditatis in tantum frena laxavit, ut in desponsationibus mulierum, omni timore divino postposito, in ecclesia de Joi non permittit celebrari divina, nisi sibi pro pretio vini duo aut tres solidi Cameracensis monetæ assignentur : et si forte aliqua desponsatur, de qua prædictum pretium non recepit, tam sponsum quam sponsam vinculo excommunicationis facit astringi. Quoniam vero id indecens est, et a sacris canonibus penitus alienum, et ferro resecanda sunt vulnera, quæ medicamenti fomenta non sentiunt, fraternitati tuæ per apostolica scripta præcipiendo mandamus, quatenus si ita esse constiterit, præfatum sacerdotem ab officio suspensum, cum litteris tuis rei veritatem continentibus, apostolico facias conspectui præsentari, de tanto pravitatis excessu pœnam quam meruit portaturum.

Data Signiæ, iv Nonas Februarii.

MXVII.

Ad eumdem. — *Pro monasterio S. Salvatoris Virtuensis.*

(Signiæ, Febr. 18.)

[*Ibid.*, col. 955.]

Ex parte dilectorum filiorum nostrorum abbatis et fratrum ecclesiæ S. Salvatoris Virtuensis querelam accepimus, quod G. presbyter et P. et R. milites, et R. de Cismai, et quidam alii prælibatam ecclesiam multis molestiis et gravaminibus vexare præsumunt, et ad bona ipsius ecclesiæ diripienda violentas manus extendere non formidant. Quoniam igitur nostra interest, ne loca religiosa pravorum incursibus exponantur, pastorali sollicitudine provideri; fraternitati tuæ per apostolica scripta mandamus, quatenus, si ita est, infra xi dies post harum susceptionem prædictos viros instanter moneas et districtius cogas, ut quæ prædictis abbati et fratribus injuste et sine ratione abstulisse noscuntur, omni contradictione cessante, restituere non postponant, et eos ulterius in pace et quiete dimittant. Alioquin ipsos ad hoc efficiendum ecclesiastica censura compellas.

Data Signiæ, xii Kal. Martii.

MXVIII.

Privilegium pro monasterio S. Salvatoris et S. Rotrudis Andrensi.

(Signiæ, Febr. 25.)

[D'Achery, *Spicil.* ed. in-fol., II, 812.]

Alexander episcopus, servus servorum Dei, dilectis filiis Petro abbati monasterii Sancti Salvatoris et Sancti Rotrudis quod in Tervanensi parochia situm est, ejusque fratribus tam præsentibus quam futuris, regularem vitam professis, in perpetuum.

Quoties illud a nobis petitur, etc. In primis siquidem statuentes ut ordo monasticus qui secundum Deum et beati Benedicti regulam in eodem monasterio institutus esse dignoscitur, perpetuis ibidem temporibus inviolabiliter observetur. Præterea quascunque possessiones, quæcunque bona idem monasterium inpræsentiarum juste et canonice possidet, aut in futurum concessione pontificum, largitione regum vel principum, oblatione fidelium, seu aliis justis modis, præstante Domino, poterit adipisci, firma vobis vestrisque successoribus et illibata permaneant. In quibus hæc propriis duximus exprimenda vocabulis:

Locum ipsum in quo præfatum monasterium situm est, cum domibus, terris et aliis pertinentiis suis. Sane novalium vestrorum, quæ propriis manibus aut sumptibus colitis, sive de nutrimentis vestrorum animalium, nullus omnino a vobis decimas exigere præsumat. Liceat quoque vobis clericos vel laicos e sæculo fugientes liberos et absolutos ad conversionem vestram recipere, et in vestro monasterio absque contradictione aliqua retinere. Prohibemus insuper ut nulli fratrum vestrorum post factam in loco vestro professionem fas sit de eodem loco absque licentia abbatis vel magistri sui discedere, discedentem vero absque communium litterarum vestrarum cautione, nisi ad arctiorem religionem voluerit transmigrare, nullus audeat retinere.

Sepulturam quoque ipsius loci liberam esse concedimus, ut eorum devotioni et extremæ voluntati qui se illic sepeliri deliberaverint, nisi forte excommunicati vel interdicti sint, nullus obsistat, salva tamen justitia illarum ecclesiarum a quibus mortuorum corpora assumuntur. Præterea cum generale interdictum terræ fuerit, liceat vobis clausis januis, non pulsatis tintinnabulis, exclusis interdictis et excommunicatis, suppressa voce divina officia celebrare.

Obeunte vero te, nunc ejusdem loci abbate, vel tuorum quolibet successorum, nullus ibi qualibet subreptionis astutia vel violentia præponatur, nisi quem fratres communi consensu, vel fratrum pars consilii sanioris secundum Deum et beati Benedicti Regulam providerint eligendum. Decernimus ergo ut nulli omnino hominum liceat præfatum monasterium temere perturbare, etc., salva sedis apostolicæ auctoritate, et diœcesani episcopi canonica justitia. Si qua igitur in posterum ecclesiastica sæcularisve persona hanc nostræ constitutionis paginam sciens, contra eam temere venire tentaverit, etc.

Datum Signiæ, per manum Gratiani sanctæ Romanæ Ecclesiæ subdiaconi et notarii, v Kal. Martii, ind. vi, Incarnationis Dominicæ anno 1172, pontificatus vero domini Alexandri papæ III anno quarto decimo.

MXIX.

Ad Henricum Remensem archiep. — Adversus abbatem Aquicinctensem, qui presbyterum ecclesia spoliaverat.

(Signiæ, Mart. 4.)

[MARTEN., Ampl. Collect., II, 955.]

Conquerente nobis Hugone presbytero latore præsentium intelleximus, quod dilectus filius noster Aquicinctensis abbas eum ecclesia quadam, quam de ipsius abbatis concessione tenuerat, absque judicio et causa rationabili, spoliavit. Unde quia non debent ecclesiastici viri a possessionibus ecclesiarum suarum irrationabiliter ejici, aut super his indebite molestari, fraternitati tuæ per apostolica scripta mandamus, quatenus utraque parte coram te convocata, rei veritatem diligenter inquiras, et si assertio memorati presbyteri innititur veritati, ecclesiam ipsam cum omnibus inde ablatis et perceptis ei facias, appellatione cessante, restitui, et presbyterum Jesse, qui post-appellationem ad nos actam dicitur ipsam ecclesiam recepisse, si ita est, graviter punias, quod timeat amodo appellationibus contraire. Deinde vero si præfatus abbas aut idem presbyter adversus prædictum Hugonem super jam dicta ecclesia agere forte voluerint, tu causam audias et appellatione remota, debito fine decidas.

Data Signiæ, iv Nonas Martii.

MXX.

Ad eumdem. — De causa inter canonicos Sancti Martini et B. Mariæ Laudunensis.

(Signiæ, Mart. 8.)

[Ibid., col. 956.]

Causam quæ inter dilectos filios S. Martini canonicos, et clericos S. Mariæ Laudunensis super duabus partibus decimæ de Monte Cavillo noscitur agitari, experientiæ tuæ, de qua plene confidimus, committimus audiendam, et appellatione remota, concordia vel judicio terminandam. Ideoque fraternitati tuæ per apostolica scripta mandamus, quatenus cum exinde fueris requisitus, utramque partem ante tuam præsentiam convoces, et rationibus hinc inde plenius auditis et cognitis, causam ipsam infra XL dies post harum susceptionem, sublato appellationis remedio, concordia vel justitia mediante, decidas.

Data Signiæ, viii Idus Martii.

MXXI.

Alberto et Theodwino, apostolicæ sedis legatis, de Thoma quondam archiep. Cantuar. in capite jejunii sanctorum ordinibus ascripto significat.

(Signiæ, Mart. 10.)

[Epist. Gilberti Foliot, ed. GILES, II, 58.]

ALEXANDER episcopus, servus servorum Dei, dilectis filiis, ALBERTO tituli Sancti Laurentii in Lucina et THEODWINO Sancti Vitalis, presbyteris cardinalibus apostolicæ sedis legatis, salutem et apostolicam benedictionem.

Quamvis nonnulla de mirabilibus illius sancti viri Thomæ, quondam Cantuariorum archiepiscopi, a plerisque, quibus fidem adhibere consuevimus et debemus, ad audientiam nostram perlata fuissent, exspectavimus tamen testimonium vestrum, ut in eo canonizando liberius possemus procedere, cum super mirabilibus illius sancti viri per vos nos contigerit fieri certiores. Habito itaque testimonio litterarum vestrarum, in capite jejunii, multitudine clericorum in Ecclesia consistente, illum sanctum solemniter canonizavimus, eumque glorioso martyrum collegio decrevimus conscribendum. Quoniam igitur super hoc non solum Ecclesiæ Anglicanæ, sed et ipsis regibus ipsa scripta dirigimus, vestræ discretioni mandamus ut eadem scripta per vos ipsos si fieri potest eisdem regibus assignetis et scripta, quæ monachis Cantuariensibus et Ecclesiæ Anglicanæ dirigimus, assignari faciatis.

Data Signiæ, vi Id. Martii.

MXXII.

Ad eosdem. — De reconciliatione Cantuariensis ecclesiæ.

(Signiæ, Mart. ?)

[Epistolæ Gilberti Foliot, II, 58.]

Mandamus vobis, quatenus ecclesiam Cantuariensem faciatis reconciliari, ita tamen ut sacramentum pristinæ dedicationis non debeat iterari, sed, sicut solet fieri in ecclesia beati Petri, tantum aqua benedicta aspergatur. Bene valete.

MXXIII.

Ad capitulum Cantuariense. — De canonizatione beati Thomæ archipræsulis.

(Signiæ, Mart. 12.)

[Epistolæ S. Thomæ ed. GILES, II, 59.]

ALEXANDER episcopus, servus servorum Dei, di-

lectis filiis priori et monachis Cantuariensis Ecclesiæ, salutem et apostolicam benedictionem.

Gaudendum est universitati fidelium de mirabilibus illius sancti et reverendi viri Thomæ archiepiscopi vestri. Sed vos exinde tanto ampliori gaudio debetis et exsultatione repleri, quanto ipsius miracula oculata fide sæpius intuemini, et ejus sacratissimo corpore ecclesia vestra specialius meruit illustrari. Nos autem, considerata gloria meritorum ejus, quibus in vita sua magnanimiter claruit, et de miraculis ejus non solum communi et celebri fama, sed etiam dilectorum filiorum Alberti titulo Sancti Laurentii in Lucina, et Theodwini, titulo Sancti Vitalis, presbyterorum cardinalium, et sedis apostolicæ legatorum, et aliarum plurium personarum testimonio certitudinem plenam habentes, præfatum archiepiscopum in capite jejunii, multitudine clericorum ac laicorum præsente in ecclesia, deliberato cum fratribus nostris consilio, solemniter canonizavimus, eumque decrevimus sanctorum martyrum collegio annumerandum. Vobis itaque et universitati fidelium de Anglia apostolica auctoritate mandamus, ut natalem ejus diem in quo vitam suam gloriosa passione finivit, annis singulis cum veneratione debita celebretis. Quoniam igitur dignum est, et vobis plurimum expedit, ut sanctum corpus ejus, cum ea qua decet reverentia et honore condatur, discretioni vestræ per apostolica scripta mandamus, quatenus corpus ejus devote et reverenter, facta solemni processione, aliquo præcipuo die, congregato clero et populo, in altari honorifice recondatis, aut ipsum in aliqua decenti capsa ponentes, prout convenit, elevetis in altum, et patrocinium ejus pro salute fidelium et pace universalis Ecclesiæ satagatis apud Dominum vestris piis orationibus impetrare.

Datum Signiæ, iv Idus Martii. Valete.

MXXIV.

Ad clerum et populum Angliæ. — Ejusdem argumenti.

(Signiæ, Mart. 12.)

[*Ibid.*, p. 75.]

ALEXANDER papa clero et populo totius Angliæ de canonizatione sancti Thomæ.

Redolet Anglia fragrantia et virtute signorum quæ per merita illius sancti et venerandi viri Thomæ, quondam Cantuariensis archiepiscopi, omnipotens Deus operatur, et universa lætatur ubique fidelium Christiana religio, pro eo, quod ille, qui est mirabilis et gloriosus in sanctis, sanctum suum post mortem clarificavit, cujus vita laudabilis multa fulsit gloria meritorum, et tandem martyrio consummata est certaminis gloriosi. Quamvis autem de sanctitate ipsius dubitare non possit, qui ejus et laudabilem conversationem attendit, et gloriosam considerat passionem, voluit tamen Redemptor ac Salvator noster ejus sanctitatis insignia magnificis irradiare miraculis, ut qui pro Christo insuperabilis virtutis constantia necessitates et pericula pertulit, sui laboris et certaminis in æterna beatitudine cognoscatur ab omnibus percepisse triumphum. Nos vero, auditis innumeris et magnis miraculis, quæ jugiter per sancti illius viri merita fieri universitas narrat fidelium, et super his non sine magno gaudio per dilectos fratres nostros Albertum tituli Sancti Laurentii in Lucina, et Theodwinum tituli Sancti Vitalis presbyteros cardinales atque apostolicæ sedis legatos, qui eadem miracula tanto perspicacius didicerunt, quanto amplius sunt loco vicini, præcipue certiores effecti, et plurimi aliarum personarum testimonio fidem, sicut debuimus, adhibentes, prædictum archiepiscopum solemniter in ecclesia magno ibidem clericorum et laicorum collegio præsenti, in capite jejunii, deliberato fratrum nostrorum consilio canonizavimus, ipsumque decrevimus sanctorum catalogo ascribendum. Universitatem itaque vestram monemus, et auctoritate, qua fungimur, districte præcipimus, ut natalem prædicti gloriosi martyris diem passionis suæ solemniter annis singulis celebretis, et apud ipsum votivis orationibus satagatis veniam peccatorum promereri; ut qui pro Christo in vita exsilium, et in morte virtutis constantia passionis martyrium pertulit, fidelium jugi supplicatione pulsatus, pro vobis apud Dominum intercedat.

Datum Signiæ, iv Idus Martii.

MXXV.

Ad archiepiscopos, episcopos et alios Ecclesiarum prælatos per Angliam constitutos. — Ejusdem argumenti.

(Signiæ, Mart. 13.)

[*Radulfi de Diceto, Imag. Hist.* ap. TWYSDEN, *Hist. Angl.*, I, 569.]

Redolet Anglia, etc, *ut in epistola superiori.*

Datum Signiæ, iii Idus Martii.

MXXVI.

Ecclesiam S. Stephani Divionensis tuendam suscipit ejusque possessiones ac jura confirmat.

(Signia, Mart. 14.)

[*Hist. de Saint-Etienne de Dijon*, Pr., 112.]

ALEXANDER episcopus, servus servorum Dei, dilectis filiis HER. abbati S. Stephani Divionensis, ejusque fratribus tam præsentibus quam futuris, regularem vitam professis, in perpetuum.

Apostolici moderaminis clementiæ convenit religiosos viros diligere, et eorum loca pia protectione munire : dignum namque et honestati conveniens esse dignoscitur, ut qui ad ecclesiarum regimen, Domino disponente, assumpti sumus, eas et a pravorum hominum nequitia tueamur et apostolicæ sedis patrocinio muniamus. Eapropter, dilecti in Domino filii, vestris justis postulationibus clementer annuimus et præfatam ecclesiam, in qua divino mancipati estis obsequio, sub B. Petri et nostra protectione suscipimus et præsentis scripti privilegio communimus; in primis siquidem statuentes ut ordo canonicus, qui secundum Deum et B. Augustini regulam in eodem loco noscitur institutus, perpetuis ibidem temporibus inviolabiliter obser-

vetur. Præterea quascunque possessiones, quæcunque bona eadem ecclesia inpræsentiarum juste
et canonice possidet, aut in futurum concessione
pontificum, largitione regum vel principum, o-
blatione fidelium, seu aliis justis modis, præstante
Domino, poterit adipisci, firma vobis vestrisque
successoribus, et illibata permaneant. In quibus
hæc propriis duximus exprimenda vocabulis :

Locum ipsum, in quo prænominata ecclesia in
honore beati protomartyris Stephani dedicata est
cum cœmeterio infra murum castri ; ecclesiam
Sancti Medardi cum capella S. Vincentii et cœmeterio, et decimis ; ecclesiam Sancti Jacobi de
Tremoleto cum capella Sanctæ Mariæ de Foro ; ecclesiam Sancti Martini de Fixius cum capella S.
Symphoriani de Breschon et cœmeteriis. Adjicientes insuper ut præfatæ ecclesiæ regulares canonici
libere et absque contradictione in parochialibus
ecclesiis, ubi tres aut quatuor manserint, instituan-
tur, quorum unus curam suscipiat animarum. Sane
novalium vestrorum quæ propriis manibus aut
sumptibus colitis, sive de nutrimentis animalium
vestrorum nullus a vobis decimas præsumat exigere.

Decernimus ergo, etc., salva sedis apostolicæ
auctoritate et diœcesani episcopi canonica justitia.

Si qua igitur in futurum, etc.

Ego Alexander catholicæ Ecclesiæ episcopus.

Ego Hubaldus Ostiensis episcopus.

Ego Gualterius Albanensis episcopus.

Ego Joannes presb. card. SS. Joannis et Pauli tit. Pammachii.

Ego Guillelmus presb. card. S. Petri ad Vincula.

Ego Boso presb. card. S. Pudentianæ tit. Pastoris.

Ego Petrus presb. card. tit. S. Laurentii in Damaso.

Ego Joannes presb. card. tit. S. Marii.

Ego Ardicio presb. card. S. Theodori.

Ego Cinthius diac. card. S. Adriani.

Ego Hugo diac. card. S. Just. juxta templum Agrippæ.

Ego Vitellius diac. card, SS. Sergii et Bacchi.

Ego Petrus diac. card. S. Mariæ in Aquiro.

Ego Hugo diac. card. S. Angeli.

Datum Signiæ. per manum Gratiani sanctæ Romanæ Ecclesiæ subdiaconi et notarii, II Idus Martii, indict. VI, Incarnationis Dominicæ anno 1172, pontificatus vero domni Alexandri papæ III anno XIV.

MXXVII.

Ad Henricum Remensem archiep. — Pro abbate S. Medardi adversus Elisabeth viduam de usura notatam.

(Signiæ, Mart. 20.)

[MARTEN., *Ampl. Collect.*, II, 956.]

Conquerentibus nobis dilectis filiis nostris abbate et fratribus S. Medardi, ad audientiam nostram pervenit quod Elisabeth, relicta Codini, et Thomas, gener ejus, et alii successores prædicti C. ab eorum ecclesia per potentiam sæcularem XI marcas argenti pro usuris extorquere nituntur, licet prædicta E. et vir ejus ab eadem ecclesia quingentas marcas argenti ultra sortem in suæ salutis periculum usurarum nomine recepisse dicantur. Quoniam igitur sustinere non possumus nec debemus, ut præscripta ecclesia a supradictis feneratoribus cum suæ detrimento salutis super usurarum exactione gravetur, cum deberent potius restituere, quæ ab eadem ecclesia perperam receperunt, fraternitati tuæ per apostolica scripta mandamus, quatenus partibus infra XX dies post harum susceptionem ante tuam præsentiam convocatis, super his rei veritatem studiose et diligenter inquiras; et si prædicti fratres probare poterunt, quod iidem feneratores sortem suam cum integritate receperint, ipsos moneas et inducas, ut ab eisdem fratribus nihil amodo pro sorte vel usuris præsumant exigere, sed super hoc ab eorum molestatione, sublato appellationis remedio, omnino desistant. Si vero commonitioni tuæ noluerint acquiescere, ipsos publice, sublato appellationis remedio, excommunices, et usque ad dignam satisfactionem facias per provinciam tuam cautius evitari. Ipsos quoque nihilominus moneas et inducas, ut si quid supradictus C. vel uxor ejus ultra sortem receperunt a jam dicta ecclesia, memoratis fratribus sine difficultate restituant, aut cum eis pacifice non differant et amicabiliter convenire.

Data Signiæ, XIII Kal. April s.

MXXVIII.

Ad eumdem. — De censu annuo ceræ, quem a presbyteris decanatus Virtuensis exigebat.

(Signiæ, Mart. 21.)

[*Ibid.*, col. 957.]

Significaverunt nobis presbyteri de decanatu Virtuensi, quod cum olim precibus et admonitione G. (53) quondam Catalaunensis episcopi parochianos suos diligentibus monitis et exhortationibus induxissent, ut ad luminaria ecclesiæ S. Stephani quadraginta libras ceræ conferrent, et postea ad interventum Bosonis episcopi decem libras auxissent, thesaurarius quod ex donatione collatum fuit, conatur convertere in debitum, et quæstum facere de opere pietatis, compellens eos ab unoquoque parochiano suo tam paupere quam divite obolum unum exigere, et sibi pro cera assignare. Verum decanus

---

(53) Guidonis de Montcacuto qui electus fuit 1143, aut qui eum præcessit, Ganfridi.

et capitulum Catalaunensis ecclesiæ transmissis nobis litteris intimarunt quod præscriptus census non ex liberalitate, sed ex debito debeat exhiberi. Quia vero rei veritas nobis non constat, per apostolica scripta fraternitati vestræ mandamus, quatenus, cum exinde requisiti fueritis, in unum pariter convenientes, utramque partem ante vestram præsentiam convocetis, et rationibus hinc inde plenius auditis et cognitis, causam, concordia vel justitia mediante, sublato appellationis remedio, decidatis ; ita quod neutra partium conqueri valeat pro juris defectu.

Data Signiæ, xii Kal. Aprilis.

MXXIX.

Ad eumdem. — Ut P. presbyterum nisi emendaverit ab excommunicatione non absolvat.

(Signiæ, Mart. 25.)

[*Ibid.*, col. 959.]

Si bene meminimus, causam quæ inter A. presbyterum S. Mauricii et P. super quadam domo agitatur, venerabilibus fratribus nostris Ambianensi et Silvanectensi episcopis commisimus audiendam, et fine debito terminandam. Qui utique, sicut accepimus, utraque parte ante se convocata, rationibus hinc inde auditis et cognitis, præfato P. eamdem domum secundum ordinem juris adjudicarunt; prælibatum autem presbyterum eo quod domum ipsam sibi reddere contradicit, anathematis vinculo innodarunt. Qui etiam ad nostram accedens præsentiam, sicut non debuit, ita non est a nobis absolutus. Cumque ad propria remeasset, sicut insinuatum est auribus nostris, tanquam contumax et inobediens officia divina celebrare præsumpsit. Quoniam igitur officio nostro congruit, hujusmodi præsumptionem debita ultione punire, fraternitati tuæ per apostolica scripta mandamus, quatenus, si ita est, præfatum presbyterum sententiam excommunicationis in se latam firmiter et inviolabiliter facias observare, donec de tanto excessu digne satisfaciat, et firmam præstet cautionem, ut sententiæ prædictorum episcoporum acquiescat.

Data Signiæ, viii Kal. Aprilis.

MXXX.

Privilegium pro monasterio S. Sabini Placentino.

Anagniæ, Mart. 28.)

[Ughelli, *Italia sacra*, II, 218.]

Alexander episcopus, servus servorum Dei, dilectis filiis Savino abbati monasterii S. Savini, quod secus Placentiam situm est, ejusque fratribus, tam præsentibus quam futuris, regulariter substituendis, in perpetuum.

Officii nostri nos admonet, etc. Eapropter, etc. Præterea quascunque possessiones, etc., in quibus hæc propriis duximus exprimenda vocabulis :

In civitate Placentina ecclesiam S. Mariæ; ecclesiam S. Victoriæ, et unum hospitale cum omnibus pertinentiis suis, ecclesiam S. Bartholomæi, ecclesiam S. Trinitatis, ecclesiam S. Ambrosii cum hospitali, ecclesiam S. Salvatoris, cum quodam hospitali, et suis omnibus pertinentiis, curiam Rubiani cum duabus ecclesiis, decimis et omnibus ad se pertinentibus. Quidquid etiam intra castrum Arcuatum, et extra possideritis, vobis præsenti scripto firmamus. Castrum Besentioni cum duabus ecclesiis, et omnibus ad se pertinentibus. In curte Albiani duas ecclesias cum omnibus pertinentiis. In Pontepuro ecclesiam S. Martini cum suis pertinentiis. Curiam Paterne cum duabus ecclesiis. Curiam de Turre cum una ecclesia, et suis pertinentiis. Curiam Conii cum ecclesia, et aliis, quæ ibi juste possidetis. In Marcia Januensi, in valle scilicet Segestina, monasterium S. Victoriæ cum tribus capellis. Quidquid insuper in ecclesiis, decimis, rationalibus, discretione in monte Arxitio bonæ recordationis Sigifredus Placentinus episcopus vestro monasterio noscitur contulisse. In Visilano ecclesiam S. Georgii, et quæcunque alia ibi habetis : curiam Regiani cum ecclesia S. Savini, et omnibus ad eam pertinentibus, curiam Fabiani, cum ecclesia S. Stephani, curiam SS. Naboris et Felicis cum ecclesia S. Savini, in Tavernaco ecclesiam S. Mariæ, in curia Fontanæ Petrosæ, ecclesiam S. Savini, et ecclesiam S. Gregorii cum aliis omnibus quæ juste ibi possidetis. In Supraribo ecclesiam S. Mariæ cum decimis, hospitale de Tretia cum ecclesia S. Nicolai, Curiam Moze cum ecclesia S. Savini, et omnibus ad ipsam pertinentibus. Decimas quoque vineæ, et Brolii episcopi, et alterius vineæ, quæ est extra portam S. Antonii, et piscationes, quas habetis in Pado, a portu portario usque ad ora rivi frigidi ; castrum Calenzani cum omnibus, quæ ibidem habetis, capellam S. Savini de Lechi cum cæteris, quæ ibidem habetis.

Sane novalium vestrorum, etc. Ad hæc præsenti decreto sancimus ut in nocte Natalis Domini more solito, et in Sabbato sancto in introitu missæ, et ad Vesperas liceat vobis secundum antiquam consuetudinem campanas pulsare. Præsenti quoque decreto prohibemus ne liceat episcopo Placentino vobis, vel monasterio, aut ecclesiis vestris novas et indebitas exactiones imponere, vel indebita gravamina irrogare. Prohibemus insuper ne cui liceat infra fines parochiæ vestræ sine assensu diœcesani episcopi, et vestro, ecclesiam vel oratorium de novo construere, salvis privilegiis et authenticis scriptis Romanæ Ecclesiæ. Decernimus ergo ut nulli omnino hominum liceat, etc., salva, etc. Si qua igitur, etc. Amen.

Ego Alexander, catholicæ Ecclesiæ episcopus.

Ego Hubaldus, Ostiensis episcopus,

Ego Gualterius Albanensis, episcopus.

Ego Joannes, S. R. E. presb. card. tit. S. Anastasii.

Ego Guillelmus, presb. card. tit. S. Petri ad Vinc.

Ego Bozo, presb. card. S. Pudentianæ, tit. Pastoris.

Ego Petrus, presb. card. tit. S. Laurentii in Damaso.

Ego Joannes presb. card. tit. S. . . . .
Ego Oddo diac. card. S. Nicolai in Carc. Tulliano.
Ego Cinthius diac. card. S. Adriani.
Ego Manfredus diac. card. S. Georgii ad Velum Aureum.
Ego Hugo diac. card. S. Eustachii juxta templum Agrippæ.
Ego Vitellus diac. card. SS. Sergii et bacchi.
Ego Petrus diaconus card. S. Mariæ in Aquiro.
Datum Anagniæ, per manum Gratiani S. R. E. suddiaconi et notarii, v Kal. Aprilis, indict. vi, Incarnat. Dom. anno 1172, pontificatus vero D. Alexandri papæ III, anno xiv.

MXXXI.

Ecclesiam S. Eustorgii Mediolanensis tuendam suscipit, bonaque ejus confirmat.
(Anagniæ, Mart. 28.)

[Giulini, *Memorie storiche di Milano*, VI, 544.]

ALEXANDER episcopus, servus servorum Dei, dilectis filiis PHILIPPO præposito ecclesiæ Sancti Eustorgii, ejusque fratribus, tam præsentibus quam futuris, canonice substituendis, in perpetuum.

Quoties illud a nobis petitur quod religionis et honestati noscitur convenire, animo nos decet libenti concedere, et petentium desideriis congruum suffragium impertiri. Eapropter, dilecti in Domino filii, vestris justis postulationibus clementer annuimus, et præfatam ecclesiam, in qua divino mancipati estis obsequio, sub beati Petri et nostra protectione suscipimus, et præsentis scripti patrocinio communimus. Statuentes ut quascunque possessiones, quæcunque bona eadem ecclesia inpræsentiarum juste et canonice possidet, aut in futurum concessione pontificum, largitione regum vel principum, oblatione fidelium, seu aliis justis modis, præstante Domino, poterit adipisci, firma vobis vestrisque successoribus, et illibata permaneant. In quibus hæc propriis duximus exprimenda vocabulis:

Hospitale quod constructum est ad honorem Dei et pauperum sustentationem in suburbio portæ Ticinensis, ordinationem et institutionem, regimen, dominium et investituram hospitalis et superstantiæ, quemadmodum a venerabili fratre nostro Galdino Mediolanensi archiepiscopo apostolicæ sedis legato, hæc omnia vobis concessa sunt, et scripti sui munimine roborata, vobis confirmamus; ecclesiam Sancti Petri, ecclesiam Sancti Stephani cum decimationibus et aliis pertinentiis suis.

Decernimus ergo ut nulli omnino hominum liceat præfatam ecclesiam temere perturbare, aut ejus possessiones auferre, vel ablatas retinere, minuere, seu quibuslibet vexationibus fatigare, sed illibata omnia et integra conserventur eorum, pro quorum gubernatione ac sustentatione concessa sunt, usibus omnimodis profutura, salva sedis apostolicæ auctoritate et diœcesani episcopi canonica justitia.

Si qua igitur in futurum, etc.

In circulo:

VIAS TUAS, DOMINE, DEMONSTRA MIHI.

In monogrammate. Bene valete.

Ego Alexander, catholicæ Ecclesiæ episcopus.
Ego Hubaldus, Ostiensis episcopus.
Ego Gualterius, Albanensis episcopus.
Ego Joannes, sanctæ Romanæ Ecclesiæ presb. card. S. Anastasiæ.
Ego Guillelmus, presb. card. tit. S. Petri ad Vincula.
Ego Boso, presb. cardinalis S. Pudentianæ tit. Pastoris.
Ego Petrus, presb. card. tit. S. Laurentii in Damaso.
Ego Joannes, presb. card. tit. S. Marci.
Ego Oddo, diac. card. S. Nicolai in Carcere Tulliano.
Ego Cinthius, diac. card. S. Adriani.
Ego Manfredus, diac. card. S. Georgii ad Velum Aureum.
Ego Hugo, diac. card. S. Eustachii juxta templum Agrippæ.
Ego Vitellus, diac. card. SS. Sergii et Bacchi.
Ego Petrus, diac. card. S. Mariæ in Aquiro.
Datum Anagniæ, per manum Gratiani, S. Romanæ Ecclesiæ subdiaconi et notarii, v Kal. Aprilis, indict. vi, Incarnationis Dominicæ 1172, pontificatus vero domni Alexandri papæ III anno xiv.

MXXXII.

Bulla pro canonicis Lausannensis Ecclesiæ.
(Anagniæ, Mart. 31.)

[*Mémoires de la Société d'histoire de la Suisse Romande*; Lausanne 1838, in-8°; t. VII, p. 20; manuscrit Gilliéron, t. I, p. 83, tiré de Ruchat.]

ALEXANDER episcopus, servus servorum Dei, dilectis filiis canonicis Lausannensis Ecclesiæ, eorumque successoribus canonice substituendis, in perpetuum.

Quoties illud a nobis petitur quod religioni et honestati convenire dignoscitur, animo nos decet libenter concedere, et petentium desideriis congruum suffragium impertiri. Eapropter, dilecti in Domino filii, vestris postulationibus clementer annuimus et præfatam Lausannensem Ecclesiam in qua divino estis obsequio mancipati, sub beati Petri et nostra protectione suscipimus et præsentis scripti privilegio communimus, statuentes ut quascunque possessiones, quæcunque bona inpræsentiarum juste et canonice possidetis, aut in futurum concessione pontificum, largitione regum vel principum, oblatione fidelium, seu aliis justis modis, præstante Domino, poteritis adipisci firma vobis vestrisque successoribus et illibata permaneant, in quibus hæc propriis duximus exprimenda vocabulis: Ecclesiam S. Mariæ et altare S. Crucis cum omnibus oblationibus totius anni, eccles. de

Crans; eccl. S. Rothasii; eccl. de Telochino; eccl. de Juolene, cum omnibus appendiciis suis; eccles. de Cavornaco cum appendiciis suis; eccl. de Crisi; E. de Grangia; E. de Rota; E. de Albaco; E. de Bullo; E. de Viviaco; E. de Orba cum app. suis; E. de Morsiaco; E. de Danusiaco cum app. suis.

Decernimus ergo ut nulli omnino hominum liceat vos vel præfatam Ecclesiam temere perturbare, aut possessiones vestras auferre, vel ablatas retinere, minuere, seu quibuslibet vexationibus fatigare, sed omnia integra conserventur eorum pro quorum gubernatione et sustentatione concessa sunt, usibus omnimodis profutura, salva sedis apostolicæ auctoritate et episcopi vestri canonica reverentia. Si qua igitur in futurum ecclesiastica sæcularisve persona, hanc nostræ constitutionis paginam sciens, contra eam temere venire tentaverit, secundo tertiove commonita, nisi reatum suum congrua satisfactione correxerit, potestatis honorisque sui dignitate careat, reamque se divino judicio existere de perpetrata iniquitate cognoscat, et a sacratissimo corpore et sanguine Dei ac Domini nostri Redemptoris Jesu Christi aliena fiat, atque in extremo examine districtæ ultioni subjaceat. Cunctis autem eidem loco sua jura servantibus sit pax Domini Jesu Christi quatenus et hic fructum bonæ actionis percipiant, et apud districtum Judicem præmia æternæ pacis inveniant. Amen, amen, amen.

(Sigillum.) (Monogr.)

Ego Alexander, catholicæ Ecclesiæ episcopus.
Ego Joannes, presb. card. titulo S. Anastasiæ.
Ego Guill., presb. card. tit. S. Petri ad Vincula.
Ego Boso, presb. card. S. Pudentianæ tit. Pastoris.
Ego Petrus, presb. card. tit. S. Laurentii in Damaso.
Ego Hubaldus, Ostiensis episcopus.
Ego Gualterius, Alban. episcopus.
Ego Oddo, diac. card. S. Nicolai in Carcere Tulliano, etc., etc.

Datum Anagniæ, per manum Gratiani sanctæ Romanæ Ecclesiæ subdiaconi et notarii, 11 Kal. April., ind. vi, Incarnat. Dom. anno 1173, pontificatus vero domni Alexandri papæ III anno xiv.

MXXXIII.

Willelmo archiepiscopo Senonensi et ejus suffraganeis significat, Thomam quondam archiepiscopum Cantuariensem, « in Capite Jejunii, » in numerum sanctorum relatum esse. Diem quo interfectus sit singulis annis celebrari jubet.

(Anagniæ, April. 2.)
[Sirmundi Opp., III, 886.]

Redolet Anglia, etc., *ut in epist.* 1024, *supra*.

Datum Tusculani [*leg.* Anagniæ], iv Non. April.

MXXXIV.

Ad Walterum Aversanum episcopum. — Ut S. Thomæ solemnitatem annuatim cum magna veneratione celebret.

(Anagniæ, April. ?)
[*Epistolæ S. Thomæ*, ed. Giles, II, 88.]

Alexander papa Aversano episcopo.

Quia vice beati Petri apostolorum principis supremum in Ecclesia Dei, licet immeriti, locum obtinemus, ex injuncto nobis apostolatus officio gloriosissimum martyrem Thomam, quondam Cantuariensem archiepiscopum, qui pro justitia Dei et Ecclesiæ libertate decertavit usque ad mortem, et veluti supra firmam petram fundatus, a verbis impiorum non timuit, tanto studiosius in terris venerari debemus, quanto certius, meritis ipsius exigentibus, eum constat inter exsulantium sanctorum choros æterna felicitate lætari. Audistis siquidem, et maxima pars orbis divina gratia revelante cognoscit, qualiter omnipotens Deus, qui mirabilis et gloriosus est in sanctis suis, cum potentia virtutis suæ a die, qua per martyrii palmam cœlos, sicut indubitanter credimus, victor introivit, magnifice in terris glorificavit, et sub nomine ipsius multa quotidie miraculorum signa non cessat operari. Unde et nos deliberato consilio cum fratribus nostris, post multam sollicitationem archiepiscoporum, episcoporum et præsertim commonitione dilectorum filiorum nostrorum, Alberti tituli Sancti Laurentii in Lucina, et Theodwini tituli Sancti Vitalis, presbyterorum cardinalium, apostolicæ sedis legatorum, qui exinde veritatem plenius investiaverant, et visu et auditu cognoverant, ipsum canonizavimus, et in catalogo Sanctorum connumerantes, diem passionis suæ proximo post festum Sanctorum Innocentium, ad honorem Dei singulis annis solemniter celebrandam, et inter sanctorum martyrum festivitates connumerandam esse constituimus: et eam per prædictos cardinales, nec non et per archiepiscopos et episcopos, tam in Anglia quam in Gallia, nec non et in aliis regionibus constitutos præcipimus devotissime celebrari. Quia igitur quod a sacrosancta Romana Ecclesia, quæ ab ipso Domino caput est et magistra omnium Ecclesiarum constituta, tam sancta constat et provida deliberatione ordinatum, ab universis Christi fidelibus cum magna est veneratione observandum, fraternitati tuæ per apostolica scripta mandamus, quatenus solemnitatem prænominati martyris annuatim cum magna veneratione celebres, et a parochianis tuis præcipias generaliter celebrari, et studiose commones, ut ad ipsius sancti venerationem ita ferventer intendant, quod meritis ejus intervenientibus Redemptoris sui gratiam sibi valeant indeficienter comparare. Ad hæc præsentium tibi auctoritate injungimus, ut fratribus tuis comprovincialibus episcopis ex parte nostra significes, te istud a nobis mandatum suscepisse, et eos ad celebrandam illius pretiosi martyris festivitatem invites attentius et horteris, ita quod ipsi ad hoc per studium et sollicitudinem tuam vehementius accendantur, et eam faciant a suis parochianis annuatim cum magna devotione observari. Per cujus merita nos illi societ cœlestis gratia. Amen.

MXXXV.

Monasterii de Bello loco protectionem suscipit, ejusque bona ac privilegia confirmat.

(Anagniæ, April. 8.)

[*Gallia Christ. vet.*, IV, 152.]

ALEXANDER episcopus, servus servorum Dei, dilectis filiis GIRALDO abbati monasterii de Belloloco, ejusque fratribus, tam præsentibus quam futuris, regularem vitam professis, in perpetuum.

Religiosam vitam eligentibus apostolicum convenit adesse præsidium, ne forte cujuslibet temeritatis incursus, aut eos a proposito revocet, aut robur, quod absit! sacræ religionis infringat. Quapropter, dilecti in Domino filii, vestris justis postulationibus benignius annuentes, præscriptum monasterium quod illustris memoriæ Fulco quondam Andegavensis comes, beato Petro de felicis recordationis prædecessore nostro Sergio papa jure perpetuo a fundatione obtulit, sub B. Petri et nostra protectione suscipimus, et præsentis scripti privilegio munimus. Statuentes ut quascunque possessiones, quæcunque bona idem monasterium in præsenti juste et canonice possidet, aut in futurum concessione pontificum, largitione regum vel principum oblatione fidelium, seu aliis justis modis, præstante Domino, poterit adipisci, firma vobis vestrisque successoribus et illibata permaneant. In quibus hæc propriis duximus exprimenda vocabulis :

Ecclesiam S. Petri ac S. Ursi de Lochis cum decimis, terris, pratis, vineis et aliis appendiciis suis ; ecclesiam Sanctæ Mariæ de Vineo monte, S. Medardi de Dedra, S. Mariæ de Crusillis, S. Jacobi de Mose ; S. Petri de Belesma, Sanctæ Mariæ Magdalenæ, S. Petri de Dolis, S. Leubacii de Senapariis, S. Laurentii de Langiaco, S. Martini de Fontanis ; medietatem doni ecclesiarum Salone et Chereeii, S. Stephani de Canaiis cum feudo quod habet in Bosogerio, S. Loti de Mostello, S. Petri de Mimia, S. Martini de Perol ; v solidos census de abbatia monachorum de ..... ecclesiam S. Petri de Veschero, domum de Rochanescia, Plessiacum alodium, Trionem, Tressortem, terram Archebaudi, terram de Chavancio, et insulam et domum de Sorpilleriis, domum Villepagani. Præterea antiquas et rationabiles consuetudines et libertates monasterio vestro a fundatoribus ipsius loci concessas, sicut in authentico scripto prædicti comitis continentur, vobis auctoritate apostolica confirmamus.

Ego Joannes, presbyter cardinalis tituli Sanctæ Anastasiæ.

Ego Guillelmus, presb. card. tit. Sancti Petri ad Vincula.

Ego Boso, presbyt. card. S. Pudentianæ.

Ego Pegus presb. card. tit. S. Laurentii in Damaso.

Ego Joannes, presbyter cardinalis tit. S. Marci.

Ego Alexander catholicæ Ecclesiæ episcopus.

Ego Hubaldus Ostiensis episcopus.

Ego Galterus Albanensis episcopus.

Ego Luchrius diaconus cardinalis S. Adriani.

Ego Manfredus diac. card. S. Georgii ad Velum Aureum.

Ego Hugo diaconus cardinalis juxta templum Agrippæ.

Ego Willelmus diaconus Sanctorum Sergii et Bacchi.

Petrus diaconus cardinalis S. Mariæ.

Datum Anagniæ, vi Idus Aprilis, anno Incarnationis Dominicæ 1173, pontificatus vero domni Alexandri anno XIV.

MXXXVI.

Monachis Sancti Petri Mutinensis omnia illorum jura ac bona confirmat.

(Anagniæ, Jun. 8.)

[MURATORI, *Antiq. Ital.*, V, 349.]

ALEXANDER episcopus, servus servorum Dei, dilectis filiis GEMINIANO abbati Sancti Petri Mutinensis, ejusque fratribus, tam præsentibus quam futuris, regularem vitam professis, in perpetuum.

Religiosam vitam eligentibus apostolicum convenit adesse præsidium, ne forte cujuslibet temeritatis incursus aut eos a proposito revocet, aut robur, quod absit! sacræ religionis infringat. Eapropter, dilecti in Domino filii, vestris justis postulationibus clementer annuimus, et præfatam ecclesiam, in qua divino mancipati estis obsequio, sub beati Petri et nostra protectione suscipimus, etc. Præterea diffinitionis sententiam, quæ super causa quæ inter vos et venerabilem fratrem nostrum G. Paduanum episcopum de monasterio Candian. diutius est agitata a venerabilibus fratribus nostris Papiense et Placentino episcopis, et dilecto filio B. electo Sancti Sepulcri, lata esse dignoscitur, sicut in authentico scripto exinde facto continetur, vobis et monasterio auctoritate apostolica confirmamus, et eam firmam et ratam in perpetuum manere sancimus. Ad hæc correctionem, ordinationem et dispositionem ipsius monasterii, et omnium ad ipsum pertinentium, secundum quod vobis per sententiam concessa sunt, tibi, fili abbas, et successoribus tuis, et per vos eidem monasterio duximus integra auctoritate apostolica confirmanda. Statuimus quoque ut infra parochias monasterii et ecclesiarum vestiarum nullus ecclesiam vel oratorium sine assensu episcopi et vestro ædificare præsumat. Sane novalium vestrorum, quæ propriis manibus aut sumptibus colitis, sive de nutrimentis vestrorum animalium, nullus a vobis decimas præsumat exigere. Prohibemus insuper ut nullus laicus a vobis decimas exigere audeat, vel quomodolibet extorquere. Decernimus ergo ut nulli omnino hominum liceat præfatam ecclesiam temere perturbare, aut ejus possessiones auferre, vel ablatas retinere, minuere, seu quibuslibet vexationibus fatigare, sed illibata omnia et integra conserventur eorum, pro quorum gubernatione et sustentatione concessa sunt, usibus omnimodis profutura, salva sedis apostolicæ auctoritate et diœcesani episcopi canonica justitia. Si qua igitur, etc.

VIAS TUAS, DOMINE, DEMONSTRA MIHI.

Ego Alexander, catholicæ Ecclesiæ episcopus.
Ego Bernardus, Portuensis et Sanctæ Rufinæ episcopus.
Ego Gualterius, Albanensis episcopus.
Ego Guillelmus, presbyter cardinalis Sancti Petri ad Vincula.
Ego Boso, presbyter cardinalis Sanctæ Pudentianæ titulo Pastoris.
Ego Petrus, presbyter cardinalis titulo Sancti Laurentii in Damaso.
Ego Joannes, presbyter cardinalis titulo Sancti Marci.
Ego Oddo, diaconus cardinalis Sancti Nicolai in Carcere Tulliano.
Ego Cinthius, diaconus cardinalis Sancti Adriani.
Ego Manfredus, diaconus cardinalis Sancti Georgii ad Velum Aureum.
Ego Hugo, diaconus cardinalis Sancti Eustachii juxta templum Agrippæ.
Ego Vitellus, diaconus cardinalis Sanctorum Sergii et Bachi.
Ego Petrus, diaconus cardinalis Sanctæ Mariæ in Aquiro.

Datum Anagniæ, per manum Gratiani, sanctæ Romanæ Ecclesiæ subdiaconi et notarii, XII Kal. Julii, indictione VI, Incarnationis Dominicæ anno 1172, pontificatus vero domni Alexandri papæ tertii anno XIX.

Signum Bullæ plumbeæ pendentis deperditæ.

MXXXVII.

Ecclesiæ S. Donatiani Brugensis bona privilegiaque confirmat.

(Anagniæ, Jul. 4.)

[Miræi Opp. diplom., III, 55.]

Alexander episcopus, servus servorum Dei, dilectis filiis Roberto præposito, Aketto decano et canonicis Ecclesiæ B. Donatiani Brugis, eorumque successoribus canonice instituendis, in perpetuam memoriam.

Effectum justa postulantibus indulgere, et vigor æquitatis et ordo exigit rationis, præsertim quando petentium voluntates, et pietas adjuvat, et veritas non relinquit.

Quocirca, dilecti in Domino filii, vestris justis postulationibus clementer annuimus, et præfatam ecclesiam in qua divino mancipati estis obsequio, sub B. Petri et nostra protectione suscipimus, et præsentis scripti privilegio communimus.

Statuentes ut quascunque possessiones, quæcunque bona eadem Ecclesia inpræsentiarum juste et canonice possidet, aut in futurum concessione pon-

tificum, largitione regum vel principum, oblatione fidelium, seu aliis justis modis, præstante Domino, poterit adipisci, firma vobis vestrisque successoribus et illibata permaneant. Ad hæc liberam præpositi vestri electionem, sicuti huc usque habuisse noscimini, vobis et ecclesiæ vestræ duximus in perpetuum confirmandam.

Præterea precibus et instantia dilecti filii nostri nobilis viri Philippi Flandrensis comitis, benignius inclinati, præsenti decreto statuimus ut, sicut a primis temporibus statutum est, quicunque communi electione decani et capituli ecclesiæ vestræ constitutus fuerit præpositus idem a comite Flandrensi cancellarius ordinetur.

Rationabiles etiam consuetudines ecclesiæ vestræ, et assiduam devotissimamque divini servitii curam, necnon etiam communitatem refectorii ac dormitorii consideratione pia ac provida constitutam auctoritate apostolica confirmamus, et sicut huc usque servata est, ita deinceps præcipimus inviolabiliter observari.

Sepulturam quoque Flandrensium comitum et notariorum atque officialium suorum, sicut eam hactenus habuistis, necnon etiam aliorum, qui apud vos sepeliri elegerint, nisi excommunicati sint vel interdicti, liberam esse concedimus, ut eorum devotioni et extremæ voluntati nullus obsistat, salva tamen justitia illarum ecclesiarum a quibus mortuorum corpora asumuntur.

Cum autem generale interdictum terræ fuerit, liceat vobis, clausis januis, exclusis excommunicatis et interdictis, non pulsatis campanis, suppressa voce divina officia celebrare.

Decernimus ergo ut nulli omnino hominum liceat præfatam ecclesiam temere pertubare, aut ejus possessiones auferre, vel ablatas retinere, minuere, seu quibuslibet vexationibus fatigare, sed illibata omnia et integra conserventur eorum, pro quorum gubernatione et sustentatione concessa sunt, usibus omnimodis profutura, salva sedis apostolicæ auctoritate et diœcesani episcopi reverentia. Si qua igitur in futurum, etc.

Datum Anagniæ per manum Gratiani, sanctæ Romanæ Ecclesiæ subdiaconi et notarii, IV Nonas Julii, indictione sexta, Incarnationis Dominicæ anno 1173, pontificatus vero domni Alexandri papæ III anno decimo quarto.

MXXXVIII.

Willelmo archiepiscopo Senonensi, sedis apostolicæ legato, Turonensi et Burdigalensi archiepiscopis, ac Arten. (Guarino ?) electo Bituricensi mandat ut adigant sub pœna excommunicationis parochianos suos ad exsolvenda jura et decimas ecclesiæ B. Martini.

(Agnaniæ, Aug. 23.)

[*Défense de S. Martin de Tours*, 3.]

Alexander episcopus, servus servorum Dei, venerabilibus fratribus W[illelmo] Senonensi apostolicæ sedis legato, Turonensi et Burdegalensi archiepiscopis, Cenomanensi, Pictaviensi, Andegavensi,

Agennensi, Trecensi et Lingonensi, et dilectis filiis Arten. electo et canonicis Bituricensis Ecclesiæ, salutem et apostolicam benedictionem.

In conservandis Ecclesiarum justitiis, et earum maxime quæ specialiter B. Petri et nostri juris existunt, sollicitos vos decet et diligentes vos existere, ne per tepiditatem et negligentiam vestram ecclesiarum jura depereant, quæ debetis attenta sollicitudine conservare. Unde [cum] ecclesia Beati Martini Turonensis nullum episcopum præter Romanum pontificem habeat, pro ipsius justitiis conservandis tanto vos convenit sollicitiores existere, quanto specialius jura Romanæ Ecclesiæ debetis defendere et fovere, et in his sollicitudo vestra potest amplius commendabilis apparere. Inde est quod fraternitati vestræ per apostolica scripta præcipiendo mandamus, quatenus parochianos vestros qui præscriptæ ecclesiæ Beati Martini decimas vel alia jura debent exsolvere, studiose monere curetis, eisque sub interminatione excommunicationis injungere, et eidem ecclesiæ decimas et alia jura sicut debent, omni contradictione et appellatione cessante, cum integritate persolvant. Si qui autem eorum ipsi ecclesiæ decimas debitas et alia jura post commonitionem vestram subtrahere forte præsumpserint, eos in synodis vestris, sublato appellationis remedio, excommunicatos denuntietis, et usque ad dignam satisfactionem faciatis sicut excommunicatos vitari.

Datum Anagniæ, III Nonas Augusti.

MXXXIX.

Privilegium pro ecclesia S. Martini Turonensi.

(Anagniæ, Aug. 7.)

[*Ibid.*, p. 18.]

Cum omnibus ecclesiis et ecclesiasticis personis debitores ex apostolicæ sedis auctoritate et benevolentia existamus, illis tamen personis, propensiori studio providere nos convenit, quæ sanctæ Romanæ Ecclesiæ noscuntur specialiter subjacere. Proinde, dilecti in Domino filii, vestris justis postulationibus accommodantes assensum, ecclesiam Beati Martini Turonensis, in qua divino vacatis officio, quæ utique ad jus et proprietatem Romanæ Ecclesiæ nullo mediante specialiter noscitur pertinere, sub beati Petri et nostra protectione suscipimus, et præsentis scripti privilegio communimus, etc.

Data Anagniæ, VII Idus Augusti, indict. VI, anno Christi 1173; pontificatus vero domini Alexandri papæ III anno XIV.

MXL.

Privilegium pro Ecclesia Carnotensi.

(Anagniæ, Sept. 9.)

[*Gall. Christ.*, VIII, Instr. 339.]

ALEXANDER episcopus, servus servorum Dei, dilectis filiis GAUFREDO decano et canonicis Carnotensis Ecclesiæ, tam præsentibus quam futuris, canonice substituendis, in perpetuum.

Ideo sumus, quanquam immeriti, ad universalis Ecclesiæ regimen superna providentia deputati, etc., statuentes ut quascunque possessiones, quæcunque bona eadem ecclesia inpræsentiarum juste et canonice possidet, aut in futurum concessione pontificum, largitione regum et principum, oblatione fidelium, seu aliis justis modis, præstante Domino, poterit adipisci, firma vobis vestrisque successoribus et illibata permaneant, in quibus hæc propriis duximus exprimenda vocabulis :

Gualdum S. Stephani, et ecclesiam, et omnes decimas ejusdem Gualdi; villam quæ dicitur Disconfectura, cum ecclesia ibidem constituta; ecclesiam de Fontanella; ecclesiam de Boseri; ecclesiam de Poli cum capellis et omnibus ad eas pertinentibus, et decimis Carnoti; ecclesiam Sancti Saturnini cum omnibus pertinentiis suis; ecclesiam Sancti Leodegarii de Alberiis, sicut a Willelmo Senonensi archiepiscopo, apostolicæ sedis legato curam et administrationem Carnotensis Ecclesiæ gerente libera et absoluta ab omni jurisdictione archidiaconi capitulo in perpetuum donata est et concessa, Milone archidiacono in cujus erat archidiaconatu, conniventiam et assensum præbente; præposituram de Alvers; præposituram de Unigradu, præposituram de Masengi; præposituram de Normannia cum hominibus, villis, territoriis, ecclesiis, capellis, decimis, et terragiis, et aliis consuetudinibus et libertatibus, et omnibus ad easdem præposituras pertinentibus. Ad hæc præsenti decreto sancimus, et auctoritate apostolica arctius prohibemus ne quis in civitate vestra vel suburbiis sibi contiguis absque auctoritate et assensu episcopi vestri et vestro ecclesiam, capellam, oratorium vel cœmeterium construere audeat, salva apostolicæ sedis auctoritate. Insuper etiam nihilominus districte præsenti pagina prohibemus ne alicui liceat parochianos Carnotensis Ecclesiæ excommunicatos, vel nominatim interdictos præ vobis ad divina officia, aut ad sepulturam recipere, vel eis absque satisfactione congrua absolutionis beneficium indulgere. Libertate, quoque seu immunitates, sive a Romanis pontificibus, sive ab episcopis vestris, vel etiam a regibus et principibus vobis et Ecclesiæ vestræ indultas, et antiquas et rationabiles consuetudines ipsius Ecclesiæ confirmamus, et eas decernimus obtinere perpetuam firmitatem.

Decernimus ergo, etc., salva sedis apostolicæ auctoritate.

Ego Alexander catholicæ Ecclesiæ episcopus.

[*Sequuntur plurimi cardinales.*]

Datum Anagniæ, per manum Gratiani, sanctæ Romanæ Ecclesiæ subdiaconi et notarii, V Idus Septembris, indictione VI, Incarnat. Domini anno 1173, pontificatus vero domini Alexandri papæ III anno XIV.

—

MXLI.
Privilegium pro ecclesia B. Thomæ Teatina.
(Anagniæ, Sept. 28.)
[UGHELLI, *Italia sacra*, VI, 707.]

ALEXANDER episcopus, servus servorum Dei, venerabili fratri Andreæ Teatino episcopo, ejusque successoribus canonice substituendis, in perpetuum.

In eminenti sedis apostolicæ specula disponente Domino constituti, etc. Eapropter, venerabilis in Christo frater episcope, tuis justis postulationibus clementer annuimus, et prædecessorum nostrorum sanct. mem. Nicolai II, Paschalis II et Eugenii III Romanorum pontificum vestigiis inhærentes, B. Thomæ Teatinam Ecclesiam, cui Deo auctore præesse dignosceris, sub B. Petri et nostra protectione suscipimus, et præsentis scripti privilegio communimus; statuentes ut quascunque possessiones, quæcunque bona eadem Ecclesia in præsentiarum juste et canonice possidet, etc. in quibus hæc propriis duximus exprimenda nominibus.

Parochiam Teatinæ Ecclesiæ, sicut antiquis, et justis limitibus terminatur, scilicet a Staffilo inter montes, et ipso monte de Ursa, et quomodo pergit in Coza, et ponit terminum in aqua subtus usque ad aquam Sonulani, et quomodo pergit in montem de Reste et vadit per Crinis montem, et qualiter pergit usque mons Selani, et quomodo pergit in ipso flumine, qui dicitur Trinium usque ad littora maris, et per littora maris usque in Piscariam, et redit in priorem finem, videlicet in prædicto Staffilo. Præterea ipsam Teatinam civitatem, castellum Trevellianum, Villam magnam, montem Filardi, castellum Orni, castellum Scurcula, castellum S. Pauli, castellum, quod dicitur Furca, castellum Genestrulæ et castellum S. Cosidii cum eorum pertinentiis; ultra Piscariam vero, castellum montis Silvani, ecclesiam Sanctæ Mariæ in Rigoli, castellum Sculculæ, castellum Lastiniani, ecclesiam S. Mariæ de Populo, ecclesiam S. Justæ cum pertinentiis suis, in Aterno plebem S. Leguntjani, et Domitiani, ecclesiam S. Thomæ, ecclesiam S. Salvatoris, ecclesiam S. Jerusalem, et ecclesiam S. Nicolai cum omnibus earum pertinentiis; decimam pontis et portus Aterni in Buclanico, ecclesiam S. Salvatoris et S. Angeli cum decimis comitis, plebem S. Silvestri, decimas comitis, in castello S. Angeli trium finium, et decimas castellorum, quæ in Teatino episcopatu sub dominio comitis Roberti de Rotello fuerunt, et quod Teatina ecclesia in castello Septi tenet, ecclesiam S. Mariæ in Bari, ecclesiam S. Blasii; in Lanciano monasterium S. Martini de Pallitia, ecclesiam S. Lentii in Atissa cum omnibus pertinentiis suis, monasterium S. Joannis in Arclano, monasterium S. Angeli in Cirnaclano cum omnibus pertinentiis suis; in monte Odensi ecclesiam S. Nicolai, et medietatem ecclesiæ S. Mariæ, ecclesiam S. Salvatoris, et ecclesiam S. Petri cum pertinentiis suis, monasterium S. Mauri cum beneficio suo, monasterium S. Salvi, ecclesiam S. Nicolai de Heremitano; in Ortana ecclesiam S. Mariæ, et S. Georgii cum earum pertinentiis, monasterium S. Mariæ in Basilica : in civitate Luparelli plebem S. Petri cum pertinentiis suis, monasterium Sanctæ Mariæ in Palatio, ecclesiam Sancti Jacobi de Turcella cum pertinentiis earum, monasterium S. Pancratii, monasterium Sanctæ Mariæ de Letto cum Casale, aliisque ad ipsam pertinentibus, monasterium S. Martini in Valle, ecclesiam S. Justini in Casule, in castro Bissi plebem Sanctæ Mariæ cum pertinentiis suis, plebem S. Martini filiorum Tresidii, ecclesiam S. Mariæ de Casa Candidellæ, ecclesiam S. Petri in castro Lori, ecclesiam S. Mariæ in Biano, ecclesiam Sancti Basilii, monasterium S. Petri in Campis, ecclesiam S. Nicolai de Sunnio viculo, ecclesiam Sanctæ Mariæ de Latro; in Abbatejo plebem S. Martini cum pertinentiis suis, ecclesiam Sancti Francisci de plebe, plebem de Juliano, plebem S. Cæciliæ, plebem de Pizzocortano, ecclesiam S. Luciæ de Argelli, ecclesiam Sancti Lini, plebem de Ovele, plebem Sanctæ Mariæ de Caramanico, plebem S. Joannis de Abbatejo, ecclesiam S. Cosidii, et ecclesiam S. Pontii de S. Valentino in castello de Jocco, ecclesiam S. Mariæ in Percle, ecclesiam S. Eustasii, ecclesiam Sancti Martini de Fara : inter montes ecclesiam S. Joannis de Pedara, ecclesiam S. Joannis de Cantalupo, ecclesiam S. Salvatoris de Limari, ecclesiam S. Mariæ de Sparpalia, ecclesiam S. Nicolai de Ilice, ecclesiam S. Salvatoris de Valle surda, ecclesiam S. Mariæ de Valle Caruncli, ecclesiam Sanctæ Trinitatis de Faragine, ecclesiam S. Joannis in Valdo cum omnibus pertinentiis earum, ecclesiam Sancti Petri de Troja, ecclesiam Sanctæ Mariæ de Tasso.

Decernimus ergo ut nulli omnino hominum liceat præfatam Ecclesiam temere perturbare, aut ejus possessiones auferre, vel ablatas retinere, minuere, aut aliquibus vexationibus fatigare, sed omnia integra conserventur eorum, pro quorum gubernatione ac sustentatione concessa sunt usibus omnimodis profutura, salvo jure beati Petri proprietatis et apostolicæ sedis auctoritate. Si qua igitur in futurum, etc.

Ego Alexander, catholicæ Ecclesiæ episcopus.

Ego Hubaldus, Ostien. episc.

Ego Bernardus, Portuensis S. Rufinæ episcopus.

Ego Guillelmus, presb. card. tit. S. Petri ad Vincula.

Ego Boso, presb. card. S. Pudentianæ tit. Pastoris.

Ego Petrus, presb. card. tit. S. Laurentii in Damaso.

Ego Joannes, presb. cardinalis t. S. Marci.

Ego Manfredus, presbyter card. tit. S. Cæciliæ.

Ego Petrus, presbyter cardinalis tit. S. Susannæ.

Ego Oddo, diac. card. S. Nicolai in Carcere Tulliano.

Ego Cinthius, diac. card. S. Adriani.

Ego Hugo, diac. card. S. Eustachii juxta Templum Agrippæ.

Ego Vitellius, diac. card. SS. Sergii et Bacchi.

Ego Hugo, diacon. card. S. Angeli.

Dat. Anagniæ, per manum Gratiani, S. R. E. suddiaconi et notarii, iv Kalend. Octobr., indict. vii, Incarnat. Domin. anno 1173, pontif. vero domini Alexandri papæ III an. quarto decimo.

MXLII.

Oddoni magistro militiæ Templi Hierosolymitani, et ejus successoribus ac fratribus varia privilegia concedit.

(Anagniæ, Oct. 26.)

[RYMER, *Fœdera*, etc., I, 27.]

ALEXANDER episcopus, servus servorum Dei, dilectis filiis ODDONI, magistro religiosæ militiæ Templi quod Jerosolymis situm est, ejusque successoribus et fratribus, tam præsentibus quam futuris, regularem vitam professis, in perpetuum.

Omne datum optimum et omne donum perfectum desursum est, descendens a Patre luminum, apud quem non est transmutatio, nec vicissitudinis obumbratio (*Jac.* i). Proinde, dilecti in Domino filii, de vobis et pro vobis omnipotentem Dominum collaudamus, quoniam in universo mundo vestra religio et veneranda institutio nuntiatur.

Cum enim natura essetis filii iræ, et sæculi voluptatibus dediti, nunc per aspirantem gratiam Evangelii non surdi auditores effecti, relictis pompis sæcularibus, et rebus propriis, dimissa etiam spatiosa via quæ ducit ad mortem, arduum iter quod ducit ad vitam humiliter elegistis, atque ad comprobandum quod in Dei militiæ specialiter computemini, signum vivificæ crucis in vestro pectore assidue circumfertis.

Accedit ad hoc quod tanquam viri Israelitæ, atque instructissimi divini prælii bellatores, veræ charitatis flamma succensi, dictum Evangelium operibus adimpletis; quo dicitur: *Majorem hac dilectionem nemo habet, quam ut animam suam ponat quis pro amicis suis* (*Joan.* xv).

Unde etiam juxta summi Pastoris vocem animas vestras pro fratribus ponere, eosque ab incursibus paganorum defensare minime formidatis; et cum nomine censeamini milites Templi, constituti estis a Domino catholicæ Ecclesiæ defensores, et inimicorum Christi impugnatores.

Licet autem vestrum studium, et laudanda devotio in tam sacro opere, toto corpore et tota mente desudet, nihilominus tamen universitatem vestram exhortamur in Domino, atque in peccatorum remissionem, auctoritate Dei et B. Petri apostolorum principis tam vobis quam servitoribus vestris injungimus, ut pro tuenda catholica Ecclesia, et ea quæ est sub paganorum tyrannide, de ipsorum spurcitia eruenda, expugnando inimicos crucis, invocato Christi nomine, intrepide laboretis. Ea etiam quæ de eorum spoliis ceperitis, fidenter in usus vestros convertatis; et ne de his contra velle vestrum portionem alicui dare cogamini, prohibemus. Statuentes ut domus seu templum, in quo estis ad Dei laudem et gloriam, atque defensionem suorum fidelium et liberandam Dei Ecclesiam congregati, cum omnibus possessionibus et bonis suis, quæ inpræsentiarum legitime habere cognoscitur, aut in futurum concessione pontificum, liberalitate regum vel principum, seu aliis justis modis, præstante Domino, poterit adipisci, perpetuis futuris temporibus sub apostolicæ sedis tutela et protectione consistat.

Præsenti quoque decreto sancimus ut vita religiosa, quæ in domo vestra est, divina inspirante gratia, instituta, ibidem inviolabiliter observetur, et fratres inibi, omnipotenti Domino servientes, caste et sine proprio vivant, et professioneni suam dictis et moribus comprobantes, magistro suo, aut quibus ipse præceperit, in omnibus et per omnia subjecti et obedientes existant.

Præterea quemadmodum domus ipsa hujus sacræ institutionis vestræ et ordinis fons et origo esse promeruit, ita nihilominus omnium locorum ad eam pertinentium caput et magistra in perpetuum habeatur.

Ad hæc adjicientes, præcepimus ut, obeunte te, dilecte in Domino fili Oddo, vel tuorum quolibet successorum, nullus ejusdem domus fratribus præponatur, nisi militaris et religiosa persona, quæ vestræ conversationis habitum sit professa, nec ab aliis, nisi ab omnibus fratribus insimul vel a saniori parte, qui proponendus fuerit, eligatur.

Porro consuetudines ad vestræ religionis et officii observantiam a magistro et fratribus communiter institutas, nulli ecclesiasticæ, sæcularive personæ infringere vel minuere sit licitum; easdem quoque consuetudines a vobis aliquanto tempore observatas et scripto firmatas, non nisi ab eo qui magister est, consentiente tamen saniori parte capituli, liceat immutari.

Prohibemus siquidem et omnimodis interdicimus ut fidelitates, hominia, sive juramenta, vel reliquas securitates, quæ a sæcularibus frequentantur, nulla ecclesiastica sæcularisve persona a magistro et fratribus ejusdem domus exigere audeat.

Illud autem scitote quoniam sicut vestra sacra institutio et religiosa militia divina est providentia stabilita, ita nihilominus, nullius vitæ religiosioris obtentu, ad locum alium vos convenit transvolare; Deus enim qui est incommutabilis et æternus mutabilia corda non approbat, sed potius sacrum propositum semel incœptum perduci vult usque in finem debitæ actionis.

Quot et quanti sub militari cingulo et chlamide terreni imperii Domino placuerunt, sibique memoriale perpetuum reliquerunt! Quot et quanti in armis bellicis constituti pro testamento Dei et paternarum legum defensione suis temporibus fortiter dimicarunt, atque manus suas in sanguine infidelium Domino consecrantes, post bellicos sudores æternæ vitæ bravium sunt adepti ! Videte itaque vocationem vestram, tam milites quam servientes, atque juxta Apostolum, unusquisque vestrum, in qua vocatione vocatus est, in ea permaneat (*Ephes.* IV).

Ideoque fratres vestros semel devotos atque in sacro collegio vestro receptos, post factam in vestra militia professionem, et habitum religionis assumptum revertendi ad sæculum nullam habere præcipimus facultatem; nec alicui eorum fas sit post professionem factam, semel assumptam Crucem Dominicam, et habitum vestræ religionis abjicere, vel ad alium locum, seu etiam monasterium majoris sive minoris religionis obtentu, invitis sive inconsultis fratribus, aut eo qui magister exstiterit, liceat transmigrare, nullique ecclesiasticæ sæcularive personæ ipsos suscipiendi aut retinendi licentia pateat.

Et quoniam qui sunt Ecclesiæ defensores, de bonis Ecclesiæ debent vivere ac sustentari, de rebus mobilibus, vel se moventibus, seu de quibuslibet quæ ad vestram venerabilem domum pertinent, a vobis decimas exigi, contra voluntatem vestram omnimodis prohibemus.

Ut autem ad plenitudinem salutis et curam animarum vestrarum nihil vobis desit, et ecclesiastica sacramenta et divina officia vestro sacro collegio commodius exhibeantur, simili modo sancimus ut liceat vobis honestos clericos et sacerdotes, secundum Deum, quantum ad vestram conscientiam ordinatos undecunque ad vos venientes suscipere; et tam in principali domo vestra, quam etiam in obedientiis et locis sibi subditis, vobiscum habere, dummodo, si e vicino sunt, eos a propriis episcopis expetatis, iidemque nulli alii professioni vel ordini teneantur obnoxii; quod si episcopi eosdem forte vobis concedere noluerint, nihilominus tamen eos suscipiendi et retinendi auctoritate sanctæ Romanæ Ecclesiæ licentiam habeatis.

Si vero aliqui horum post factam professionem, turbatores religionis vestræ aut domus, vel etiam inutiles apparuerint, liceat vobis eos cum saniori parte capituli amovere, eisque transeundi ad alium ordinem, ubi secundum Deum vivere voluerint, licentiam dare, et loco ipsorum alios idoneos substituere, qui etiam unius anni spatio in vestra societate probentur; quo peracto, si mores eorum hoc exegerint et ad vestrum servitium ut les inventi fuerint, tunc demum professionem faciant regulariter vivendi, et magistro suo obediendi, ita tamen ut eumdem victum et vestitum vobiscum habeant, necnon lectisternia, excepto eo quod clausa vestimenta portabunt.

Sed nec ipsis liceat de capitulo, vel cura domus vestræ se intromittere, nisi quantum a vobis fuerint requisiti; præterea nulli personæ, extra vestrum capitulum, sint subjecti; tibique, dilecte in Domino fili Oddo, tuisque successoribus, tanquam magistro et prælato suo, in omnibus et per omnia obedientiam deferant.

Præcipimus insuper..... ordinationes earumdem clericorum, qui ad sacros gradus fuerint promovendi, a quocunque malueritis catholico suscipiatis episcopo, siquidem gratiam et communionem apostolicæ sedis habuerit, qui, nimirum nostra fultus auctoritate, quod postulatur indulgeat.

Eosdem autem pro pecunia prædicare, aut lucro, vosque pro ejusmodi causa eos ad prædicandum mittere prohibemus, nisi forte magister Templi, qui pro tempore fuerit, certis ex causis id faciendum providerit.

Quicunque sane ex his in vestro collegio suscipientur, stabilitatem loci, conversionem morum, seque militaturos Domino diebus vitæ suæ, sub obedientia magistri Templi, posito scripto super altari, in quo contineantur ista, promittant, salvo quoque episcopis jure episcopali, tam in decimis quam oblationibus et sepulturis.

Nihilominus vobis concedimus facultatem, in locis sacro Templo collatis, ubi familia vestra habitat, oratoria construere, in quibus utique ipsa familia divina officia audiat; ibique, si quis ex vobis vel ex eadem familia mortuus fuerit, tumuletur; indecens enim est et animarum periculo proximum, religiosos fratres, occasione adeundæ ecclesiæ se virorum turbis et mulierum frequentiæ immiscere.

Cæterum decimas quas consilio et consensu episcoporum de manu clericorum vel laicorum studio vestro extrahere poteritis, illas etiam [quas,] consentientibus episcopis et eorum clericis, acquiretis, vobis auctoritate apostolica confirmamus.

Decernimus insuper auctoritate apostolica, ut ad quemcunque locum vos venire contigerit, ab honestis atque catholicis sacerdotibus pœnitentiam, unctiones, seu alia quælibet sacramenta ecclesiastica, vobis suscipere liceat, ne forte ad perceptionem spiritualium bonorum vobis quidpiam deesse valeat.

Quia vero in Christo omnes unus sumus et non est personarum differentia apud Deum, tam remissionis peccatorum quam alterius beneficentiæ atque apostolicæ benedictionis quæ vobis indulta est etiam familiam vestram, et servientes vestros, volumus esse participes.

Cum autem fratres vestri, qui ad suscipiendas collectas destinati fuerint, in civitatem, castellum vel vicum advenerint, si forte locus ille interdictus sit, in jucundo eorum adventu pro Templi honore, et eorumdem militum reverentia, semel in anno aperiantur ecclesiæ, et exclusis excommunicatis divina officia celebrantur.

Nulli ergo omnino hominum liceat prædictum locum temere perturbare, aut ejus possessiones auferre, vel ablatas retinere, minuere, aut aliquibus vexationibus fatigare, sed omnia integra conserventur vestris et aliorum Dei fidelium usibus omnimodis profutura. Si quis igitur hujus nostræ

constitutionis paginam sciens contra eam temere appellationis remedio, justitiæ faciat complementum.
venire tentaverit, secundo tertiove commonitus, nisi reatum suum congrua satisfactione correxerit, potestatis honorisque sui dignitate careat, reumque se divino judicio existere de perpetrata iniquitate cognoscat, et a sacratissimo corpore ac sanguine Dei et Domini nostri Redemptoris Jesu Christi alienus fiat, atque in extremo examine districtæ ultioni subjaceat; conservantes autem hæc omnipotentis D i et beatorum Petri et Pauli apostolorum ejus, benedictionem et gratiam consequatur. Amen, amen, amen.

Ego Alexander, catholicæ Ecclesiæ episcopus.

Ego Hubaldus, Ostiensis episcopus.

Ego Bernardus, Portuensis et Sanctæ Rufinæ episcopus.

Ego Vic. Sancti Petri, ad vincula presbyter cardinalis.

Ego Boso, presbyter cardin. S. Pudentianæ tituli Pastoris.

Ego Petrus, tit. S. Laurentii in Damaso.

Ego Joannes, presbyter cardinalis S. Marci.

Ego Manfredus, presb. card. tit. S. Ceciliæ.

Ego Petrus, presb. card. tit. S. Chrysogoni.

Ego Oddo, diac. card. S. Nicolai in Carcere Tulliano.

Ego Cinthius, diac. card. S. Adriani.

Ego Hugo, diac. card. S. Eustachii juxta templum Agrippæ.

Ego Vitellus, diac. card. SS. Sergii et Bacchi.

Ego Hugo, diac. card. S. Angeli.

Datum Anagniæ, per manum Gratiani, sanctæ Romanæ Ecclesiæ subdiaconi et notarii, VII Kalend. Novemb., indictione VI, Incarnationis Dominicæ anno 1173, pontificatus vero domni Alexander papæ III anno quinto decimo.

MXLIII.

Ad Henricum Remensem archiep. — Pro abbate Maricolensi adversus Willelmum, castellanum de S. Audomaro.

(Anagniæ, Nov. 18.)

[Marten., Ampl. Collect., II, 993.]

Ex transmissa conquestione abbatis monasterii de Maricolis nobis innotuit quod nobilis vir Willelmus, castellanus de S. Audomaro, quasdam decimas et terragia ad præscriptum monasterium pertinentia violenter auferre præsumit. Quia igitur ad nostrum spectat officium, jura præscripti monasterii conservare pariter et tueri, fraternitati tuæ per apostolica scripta mandamus, quatenus eumdem W. sollicite moneas, et, si necesse fuerit, appellatione remota, ecclesiastica districtione compellas, ut ablatas decimas et terragia vel eorum æstimationem absque diminutione præscripto monasterio restituat, et de percipiendis nullam ei de cætero molestiam inferat vel gravamen, aut in præsentia tua infra XL dies post harum suscept'onem, sublato appellationis remedio, justitiæ faciat complementum.

Data Anagniæ, XIV Kal. Dec.

MXLIV.

Ecclesiæ de Castello protectionem suscipit ejusque bona ac possessiones confirmat.

(Anagniæ, Nov. 20.)

(Hugo, Ann. ord. Præm., I, 381.)

Alexander episcopus, servus servorum Dei, dilectis filiis Radulpho, abbati ecclesiæ de Castello, ejusque fratribus, tam præsentibus quam futuris, regularem vitam professis, in perpetuum.

Religiosam vitam eligentibus, etc. Quapropter, dilecti in Domino filii, vestris justis postulationibus clementer annuimus et præfatam ecclesiam, in qua divino mancipati estis obsequio, sub beati Petri et nostra protectione suscipimus et præsentis scripti privilegio communimus. Inprimis siquidem statuentes ut ordo canonicus, qui secundum Deum et B. Augustini regulam, et institutionem fratrum Præmonstratentium in eadem ecclesia institutus esse dignoscitur, perpetuis ibidem temporibus inviolabiliter observetur. Præterea quascunque possessiones, quæcunque bona eadem ecclesia inpræsentiarum juste et canonice possidet, aut in futurum concessione pontificum, largitione regum vel principum, oblatione fidelium seu aliis justis modis, præstante Domino, poterit adipisci, firma vobis vestrisque successoribus et illibata permaneant. In quibus hæc propriis duximus exprimenda vocabulis :

(*Eorum possessiones enumerat.*)

Sane novalium vestrorum quæ propriis manibus aut sumptibus colitis, sive de nutrimentis vestrorum animalium nullus a vobis decimas exigere præsumat. Cum autem generale interdictum terræ fuerit, liceat vobis, clausis januis, exclusis excommunicatis et interdictis, non pulsatis campanis, suppressa voce divina officia celebrare. Sepulturam quoque ipsius loci liberam esse decernimus et eorum devotioni et extremæ voluntati, qui se illic sepeliri deliberaverint, nisi forte excommunicati vel interdicti sint, nullus obsistat, salva tamen justitia illarum ecclesiarum a quibus mortuorum corpora assumuntur. In parochialibus autem ecclesiis, liceat vobis quatuor aut tres de canonicis vestris ponere, quorum unus episcopo præsentetur, ut ab ipso animarum curam suscipiat, et ei de spiritualibus, vobis vero de temporalibus debeat respondere. Liceat quoque vobis clericos vel laicos liberos e sæculo fugientes, ad conversionem vestram recipere, et eos absque alicujus contradictione in vestra ecclesia retinere. Prohibemus insuper ut nulli fratrum vestrorum post factam in eodem loco professionem, aliqua levitate, sine prioris vel abbatis licentia fas sit de claustro discedere, discedentem vero absque communium litterarum cautione nullus audeat retinere. Statuimus præterea ut nulli ecclesiasticæ sæcularive personæ liceat indebitis et inconsuetis exactionibus ecclesias vestras et clericos ibidem commorantes gravare vel indebite fatigare. Illud autem modis omnibus prohibemus, ne pro electione vel benedictione abbatis vestri quidquam aliquis exigere, vel extorquere præsumat, quia libera et gratuita debet esse abbatis electio et benedictio. Obeunte vero te nunc ejusdem loci abbate, vel tuorum quolibet successorum, nullus cujuslibet subreptionis astutia seu violentia præponatur, nisi quem fratres communi consensu, vel fratrum pars consilii sanioris secundum Dei timorem et B. Augustini regulam providerint eligendum.

Decernimus ergo, etc.

Ego Alexander, catholicæ Ecclesiæ episcopus.
Ego Hubaldus, Ostiensis episcopus.
Ego Bernardus, Portuensis episcopus.
Ego Walterius, Albanensis episcopus.
Ego Joannes, presbyter cardinalis Ecclesiæ S. Anastasiæ.
Ego Willelmus, presbyter cardinalis S. Petri ad Vincula.
Ego Boso, cardinalis S. Pudentianæ Ecclesiæ presbyter.
Ego Oddo, diaconus cardinalis S. Nicolai in Carcere Tulliano.
Ego Cinthius, cardinalis diaconus S. Adriani.
Ego Hugo, diaconus cardinalis.
Ego Witellius, diaconus cardinalis SS. Sergii et Bacchi.
Ego Wanfredus, presbyter cardinalis S. Cæciliæ.
Ego Petrus, presbyter cardinalis S. Chrysogoni.

Datum Anagniæ, per manum Gratiani, sanctæ Romanæ Ecclesiæ...... XIII Kal. Decembris, indict. VI, Incarnationis Dominicæ anno 1175, pontificatus vero domni Alexandri papæ III anno XV.

MXLV.

Ad Henricum Remensem archiep. — Pro magistro Radulfo.

(Anagniæ, Nov. 30.)

[Marten., *Ampl. Collect.*, II, 994.]

Significante nobis magistro Radulfo accepimus, quod cum causa inter ipsum et Joannem de Novis ædibus super xxx lib. Remensis monetæ in curia tua agitata diutius fuisset, et eidem R. prætaxata pecuniæ restitutio adjudicata, prænominatus Joannes a curia tua contumaciter recedens, juris æquitati parere contempsit. Unde in eum tanquam in contumacem excommunicationis sententiam promulgasti. Nos igitur sententiam ipsam, sicut rationabiliter lata est, ratam et firmam habentes, eam usque ad dignam satisfactionem præcipimus inviolabiliter observari.

Data Anagniæ, II Kal. Decembris.

MXLVI.

Abbatiæ S. Joannis canonicorum regularium ordinis S. Augustini Valentianensis possessiones et privilegia confirmat.

(Anagniæ, Dec. 4.)

[Miræi, *Opp. dipl.*, II, 829.]

Alexander episcopus, servus servorum Dei, dilectis filiis Gilleberto abbati ecclesiæ S. Joannis Baptistæ de Valencenis, ejusque fratribus, tam præsentibus quam futuris, regularem vitam professis, in perpetuum.

Desiderium quod ad religionis propositum et animarum salutem pertinere monstratur, animo nos decet libenti concedere, et petentium desideriis congruum impertiri suffragium. Eapropter, dilecti in Domino filii, vestris justis postulationibus clementer annuimus, et præfatam ecclesiam, in qua divino mancipati estis obsequio, sub B. Petri et Pauli protectione suscipimus, et præsentis scripti privilegio communimus. In primis siquidem statuentes ut ordo canonicus qui secundum Deum et B. Augustini regulam atque institutionem Arroensium, id est Arroasiæ abbatiæ, fratrum in eadem ecclesia institutus esse dignoscitur perpetuis ibidem temporibus inviolabiliter observetur. Præterea quascunque possessiones, quæcunque bona eadem ecclesia inpræsentiarum juste et canonice possidet, aut in futurum concessione pontificum, largitione regum vel principum, oblatione fidelium, seu justis aliis modis, præstante Domino, poterit adipisci, firma vobis vestrisque successoribus et illibata permaneant. In quibus hæc propriis duximus exprimenda vocabulis:

Locum ipsum in quo præfata ecclesia sita est, cum omnibus pertinentiis suis; ecclesiam Sancti Petri in foro, ecclesiam de Alneto et de Saltem cum possessionibus suis, et omnibus decimis earumdem villarum; altare de Struem cum quinque hortulis in eadem villa, altaria de Elpines et de Presel, altare de Sepmeries, scholas totius castri de Valencenis, quas ab antiquo ecclesia vestra possedit; mansiones canonicorum quæ sunt circa ecclesiam cum camba una; mansionem Gervasii de Provino ante fores ecclesiæ; domum quæ fuit magistri Adam, domum Gonteri de Putero, cum domo Fredesendis et aliis domibus quæ ad illas pertinent cum furno, censuales domos quas habetis in Valencenis; terram de Mortrui, molendinum quod dicitur Fossart; hortum ad olera fratrum intra septa castri, etc., comitem et familiam ejus, ministeriale ipsius quoque, et omnes de pane vestro viventes, castellanos et pares cum familiis suis, ministerialibus quoque, clericos scholares et canonicorum familias. Sane novalium vestrorum quæ propriis manibus aut sumptibus colitis, sive de nutrimentis vestrorum animalium, nullus a vobis decimas præsumat exigere. Cum autem commune interdictum terræ fuerit, liceat vobis, clausis januis, exclusis excommunicatis et interdictis, non pulsatis campanis, suppressa voce divina officia celebrare. Sepulturam quoque illius loci liberam esse decernimus ut eorum devotioni et extremæ voluntati, qui se illic sepeliri deliberaverint, nisi forte excommunicati vel interdicti sint, nullus obsistat; salva tamen justitia matricis ecclesiæ.

In parochialibus autem ecclesias quas tenetis, liceat vobis quatuor, aut tres ad minus de canonicis vestris ponere, quorum unus episcopo præsentetur, ut ab ipso animarum curam suscipiat, et ei de spiritualibus, vobis autem de temporalibus debeat respondere, etc.

Datum Anagniæ, per manum Gratiani S. Romanæ Ecclesiæ subdiaconi et notarii, 11 Non. Dec., ind. vii, Inc. Dom. anno 1193, pontificatus vero D. Alexandri papæ III anno xv.

MXLVII.

Ad Henricum Remensem archiep. et suffraganeos ejus. — De necessitatibus Ecclesiæ Orientalis, et ut paci intendant inter Ludovicum Franciæ et Henricum Angliæ reges.

(Anagniæ, Dec. 23.)

[Marten., *Ampl. Collect.*, II, 994.]

Non sine gravi dolore et mœstitia cordis audimus terram illam sanctam, in qua steterunt pedes Domini, extremis periculis subjici, et contra eam nefariam paganorum gentem exsecrabilis robore virtutis armari, cum tanta sit illius gentis multitudo atque potentia, quod nisi ille apud quem non est differentia in multis vincere vel in paucis, eidem terræ subvenerit, timendum est nobis et universitati fidelium, ne sanctuarium Dei paganorum, quod absit! direptionibus exponatur, et ibidem periclitetur fides Christiani nominis, ad quam tuendam et conservandam Ecclesiarum prælati vigiles debent existere, et parochianos suos ferventius animare, ut sicut potentia regum et principum et aliorum fidelium Christi non sine multa effusione sanguinis erepta est terra illa de manibus impiorum, ita etiam eorum viribus et labore ab ipsorum impetu illæsa possit, cooperante Domino, conservari, prout est hactenus per Dei misericordiam conservata. Sane ut ista gens nefaria valeat exsequi quod in corde nequiter conceperunt, facti sunt unanimes et concordes, qui antehac videbantur ab invicem dissentire, et usque adeo furor eorum et iniquitas crevit, quod ab una parte Ægyptii et Turci, et ab altera Persæ et Medi in confusionem fidelium et interitum convenerunt, et hoc anno per duorum mensium spatium devastationi ejusdem terræ cum campestri exercitu intrepidi institerunt, qui olim fortitudinem fidelium illuc de ultramontanis partibus venientium in propriis finibus formidare solebant. Illud est siquidem quod eidem nefariæ genti inter cætera præstat ad hoc præsumendum, audaciam, vigorem, quia ubique fere inter Christianos reges et principes guerra mota est et contentio, et sic peccatis nostris exigentibus factum est ut se inte- rimant mutua clade bellorum, qui olim consueverant nationes paganas et exteras debellare.

Licet autem bella quæ inter alios principes Christianos geruntur, inimicos crucis Christi in his quæ conceperunt audaces faciant, illa tamen guerra quæ inter charissimos in Christo filios nostros L. Francorum, et Henricum Anglorum illustres reges hostiliter exercetur, eos fortes reddit amplius et audaces, cum videant eos mutuis bellis et contentionibus detineri, quorum viribus se fugatos sæpe recolunt et contritos. Quoniam igitur eisdem regibus et Christianitati plurimum expedit ut ipsi inter se pacem habeant, cum de ipsorum guerra uterque gravia damna noscatur et pericula sustinere, et Orientalis Ecclesia duris paganorum afflictionibus fatigetur: nos attendentes quomodo nobis ex ministerio susceptæ servitutis immineat paci et concordiæ intendere singulorum, et præscriptæ terræ imminentibus sibi periculis pastorali sollicitudine providere; considerantes etiam qualiter vestra et universorum ecclesiasticorum virorum intersit super his nobiscum pariter diligentem operam adhibere; prudentiam vestram ad hæc tanto confidentius invitamus, quanto vos scimus in his magis esse sollicitos, quæ ad honorem Dei ac commune Christianitatis pertineant incrementum. Inde est quod fraternitatem vestram monemus attentius et mandamus, quatenus reformationi pacis inter utrumque regem diligentius intendentes, eumdem regem Francorum fratrem tuum, frater archiepiscope, sollicite moneatis, et inducere laboretis, ut ad habendam pacem cum præfato rege Anglorum animum suum, quantum salvo honore suo fieri poterit, clementer inclinet, et orientali terræ per potentiam regni sui celeri virtute succurrat. Homines quoque qui sunt de provincia vestra propensius animetis, ut secundum exhortationem venerabilis fratris nostri Liddensis episcopi, et dilecti filii subprioris Dominici Sepulchri, religiosorum et honestorum virorum, qui propter hoc ad ultramontanas partes legatione funguntur, defensioni ejusdem terræ fideliter et diligenter intendant, et clero et populo ipsius terræ celeriter succurrere non postponant, ita quod tam vos, quam ipsi propter hoc immarcescibilem coronam possitis, largiente Domino, promereri, et eadem terra fidelium adjuta præsidio infidelium violentiis non succumbat.

Data Anagniæ, x Kal. Januarii.

ANNO 1160-1174.

MXLVIII.

Willelmo episcopo Norvicensi respondet « Vicarios si personatum sibi falso assumentes contra personas se erexerint, in eodem episcopatu ad officii sui exsecutionem non esse admittendos. »

(Vide *Decr. Greg*, l. v, tit. 31, c. 6.)

MXLIX.

Ad W[illelmum] Norwicensem episcopum. — De frustratoriis appellationibus, etc.

[*Epist. Gilberti Foliot.*, ed GILES, II, 95.]

ALEXANDER episcopus, servus servorum Dei, venerabili fratri Norwicensi episcopo, salutem.

Ex tenore litterarum tuarum et quorumdam relatione accepimus, quod multi subditorum tuorum non suam justitiam attendentes, sed protervitati potius insistentes, te litibus et verbis contentiosis ac tædiosis afficiunt, et maxime sacerdotum filii, et ecclesiarum vicarii, qui, defunctis patribus vel dominis suis, in ecclesiis et possessionibus earum, spreta sacramentorum aut fidei religione, frustratoriis appellationibus se tuentur, et sic locis quibus aliorum nomine serviebant, auctoritate sua incubare præsumunt, antequam in vacantibus ecclesiis personæ possint idoneæ subrogari. Demum vero cum in causam trahuntur, in facinus consimile lapsos, et cum eis aut aliis talibus conjuratos, in testimonium suæ pravitatis adducunt, et sic falsum quod intendunt, verisimiliter monstrare conantur. Quidam etiam nostris apicibus impetratis eos falsare non metuunt, et sic scriptis ad voluntatem suam conversis, delegatos a nobis judices frequentius circumvenire attentant. Unde, quoniam decet nos moribus hujusmodi medelam congruam adhibere, et supradictos cavillatores a tam præsumptuosis litigiis sicut convenit sævius coercere, sollicitudini tuæ super his significatione præsentium respondemus, ut personas ecclesiarum in tua diœcesi consistentium, ita tuis et dominorum fundi authenticis scriptis præmunias, ut, cum aliquam illarum decedere forte contigerit, decedentis filius vel vicarius, seu alius quilibet personatum ecclesiæ vacantis viro idoneo conferendi tibi viam præripere aliqua calliditate non possit. Quod si aliquis talium frustratoriæ dilationis causa ad nostram audientiam appellaverit, et appellationi suæ terminum prolixum præfixerit, tu ei diem infra quem sedem apostolicam possit convenienter adire assignes, et si ad illum venire contempserit, tu ipsum extunc judicio tuo super his quæ in quæstione vertuntur, sine contradictione aliqua stare omni excusatione et appellatione cessante, districte compellas. Si autem quisquam appellationi suæ terminum congruentem præfigat, nec tamen eam ad diem præfixum fuerit prosecutus, ipsum nihilominus extunc sententiæ tuæ sicut de alio diximus, appellatione remota, parere constringas. Verum si coram te vel alio quolibet hujusmodi negotia ventilentur, nolumus ut aliqui morbo simili laborantes, ac certum sit aut legitime possint convinci super his, si ab alterutra parte adducti fuerint, in testimonium recipiantur. Ad hæc, de sacerdote illo qui litteras nostras quas nobis misisti falsavit, discretioni tuæ præsentium auctoritate præcipimus, ut, si inveniri poterit, omni officio sacerdotali et beneficio ecclesiastico perpetuo privatum, in aliquod monasterium districtæ religionis detrudas, ut ibi tanti facinoris pœnas luens, se talia commisisse defleat, et alii per hoc a consimilibus valeant de cætero deterreri. Quod si aliquos de consimilibus ulterius deprehendere poteris, ipsos arctissimæ custodiæ, sublato appellationis remedio, tradas, donec apostolicum susceperis inde mandatum.

ANNO 1163-1174.

ML.

Ad Rogerum Wigorniensem episcopum. — De iis qui se ecclesiasticæ professionis esse fingentes, matrimonia contrahunt; de sacerdotibus fornicariis.

[*Epist. Gilberti Foliot*, ed. GILES, II, 97.]

Inter cætera sollicitudinis tuæ curæ commissa, prudentiæ tuæ convenit studiose ac diligenter attendere, ut tales ecclesiæ tuæ gubernationi commissis ministros ordines et præponas, qui et domui Domini sciant decenter disponere, et populo Dei præesse possint utiliter et prodesse. Pervenit autem ad audientiam nostram quod quidam in tua diœcesi commorantur, qui se ecclesiasticæ professionis esse fingentes, cum tamen ecclesiastica beneficia habeant, matrimonia contrahunt, et adepta beneficia nihilominus obtinere contendunt. Alii autem, licet filii sacerdotum existant, patribus suis in ecclesiis quasi hæreditario jure succedunt, et in his postmodum instituti, ad sacros ordines minus licite promoventur. Quod quia indignum est, et sacrorum canonum institutionibus noscitur penitus obviare, fraternitati tuæ per apostolica scripta præcipiendo mandamus, quatenus illos qui infra subdiaconatum matrimonia contraxerunt, a suis uxoribus separari nulla ratione permittas, nisi de communi assensu illæ ad religionem transire voluerint, et ipsi in Dei servitio jugiter commorari. Si autem cum uxoribus vixerint, ecclesiastica beneficia, quæ ad illos tantum qui assidue in servitio Dei persistunt, spectare noscuntur, non debent ullatenus obtinere. Ipsi vero, qui in subdiaconatu vel supra ad matrimonia convolarunt, mulieres possunt et debent invitas et renitentes relinquere, nec hujusmodi conjunctio matrimonium, sed contubernium est potius nuncupandum. Præsentium etiam tibi auctoritate jubemus ut filios sacerdotum in paternis ecclesiis ministrare, vel eas occasione qualibet obtinere nullatenus patiaris, sed ipsos ab ecclesiis, in quibus patres eorum ministrasse noscuntur, cessante omni appellationis obstaculo, studeas penitus amovere. De sacerdotibus vero publice fornicariis discretioni tuæ nihilominus præcipiendo mandamus, ut eos diligenter convenias et attentius commoneas, quod fornicarias suas dimittant, et a se prorsus expellant. Quod si ad commonitionem tuam facere contempserint, et in sua immunditia duxerint persistendum, tu eos, absque appellationis remedio, ab omni officio et beneficio ecclesiastico non differas spoliare.

ANNO 1173-1174.

MLI.

Ad Henricum Remensem archiep. — Respondet petenti utrum hominium ab episcopo Leodiensi schismatico recipere possit.

(Anagniæ, Mart. 27.)

[MARTEN., *Ampl. Collect.*, II, 959.]

Cum jura et dignitates Ecclesiæ tibi commissas integras et illibatas conservare velimus, et in spiritualibus et temporalibus tibi tanquam charissimo fratri, quem inter alios abundantiori charitate diligimus, consilium et auxilium impertiri, et in quantum cum Deo et justitia possumus, animo libenti deferre, grave nobis videtur et indecens tibi dare consilium, per quod Ecclesiæ tuæ dignitas ratione aliqua minuatur, vel tua fraternitas ea efficiat, per quæ oculos divinæ Majestatis offendas. Postulasti siquidem a nobis consilium per dilectum filium nostrum M. clericum et nuntium tuum, utrum a Leodiensi intruso (54), qui est schismatis contagione pollutus, hominium recipere debeas, quod hucusque idcirco recipere distulisti, ne forte contra id quod a sanctis Patribus prohibetur, te sibi communicare oporteret, et ita de participatione sua notam contraheres, et exinde graviter Deum offenderes. Asseruit autem idem M. quod per hujusmodi dilationem jura et dignitatem Ecclesiæ tuæ deperire times, quod nullatenus volumus, et Creatorem tuum alias offendere vereris, quod super omnia prudentiam tuam et omnes Christi fideles summopere cavere oportet. Super quo fraternitati tuæ taliter duximus de consilio respondendum, ut eidem intruso, nisi a schismatica pravitate ad Ecclesiæ unitatem et devotionem B. Petri et nostram redierit, si salvo jure et dignitate Remensis Ecclesiæ abstinere poteris, in nullo communices, et hominium ab eo donec in schismate perseveraverit, si absque gravi detrimento ejusdem Ecclesiæ id potes omittere, non recipias, ne omnipotentem Deum in hac parte offendas, et alii a te exemplum sumant participando schismatica contagione pollutis. Verum si cognoveris quod Ecclesia tua gravem jacturam sustineat, si hominium ejusdem recipere distuleris, id arbitrio relinquimus. Monemus tamen honestatem tuam et exhortamur attentius, ut ita temporalibus utaris, quod æterna et spiritualia non omittas.

Data Anagniæ, VI Kal. Aprilis.

MLII.

Ad eumdem. — Adversus [Guidonem] episcopum Catalaunensem, qui non deferebat appellationibus ab eo ad archiepiscopum Remensem factis.

(Anagniæ, Mart. 27.)

[*Ibid.*, col. 960.]

Ex parte tuæ fraternitatis ad nostram noveris audientiam pervenisse, quod si quando a Catalaunensi episcopo appellationes ad tuam audientiam fiunt, Catalaunensis appellationibus ipsis non defert, in quo te plurimum gravari conquereris. Verum quia gravamur plurimum et movemur, si memoratus episcopus vel aliquis suffraganeorum tuorum tibi tanquam prælato suo non defert et obedire contemnit, eidem Catalaunensi præcipiendo mandavimus, ut in appellationibus et cæteris tibi sicut metropolitano suo, et cui tenetur in spiritualibus respondere, humiliter deferat. Alioquin timere poterit, ne sui inferiores ei obedire ac deferre contemnant, et ad ultimum si in hujusmodi contumacia perseverare præsumpserit, injuriam et contemptum tuum sicut personæ nostræ, auctore Domino, in eo graviter vindicare curabimus.

MLIII.

Ad eumdem. — Ne abbati Dervensi, donec imperata fecerit, communionem reddat.

(Anagniæ, Mart. 28.)

[*Ibid.*, col. 961.]

Dilecti filii nostri canonici S. Nicolai Catalaunensis, transmissa nobis insinuatione, monstrarunt quod dilectum filium nostrum Dervensem abbatem vinculo excommunicationis astrinxeris, quoniam mandato tuo, quod sub juramento se observaturum promiserat, super diffinitione sententiæ, quam super causa quæ inter ipsum et præfatos canonicos vertebatur, promulgaveras, parere contempsit. Quoniam igitur hujusmodi excessum, nec volumus, nec debemus clausis oculis pertransire; fraternitati tuæ per apostolica scripta mandamus, quatenus, si ita est, præfatum abbatem tandiu teneas sententia excommunicationis astrictum, donec mandatum tuum, sicut juravit, suscipiat firmiter et observet.

Data Anagniæ, V Kal. Aprilis.

MLIV.

Ad eumdem. — Pro Cussiacensi monasterio, adversus canonicos S. Petri Laudunensis.

(Anagniæ, April. 2.)

[*Ibid.*]

Dilecti filii nostri abbas et fratres Cussiacensis (55) Ecclesiæ, transmissa nobis conquestione, monstrarunt quod canonici S. Petri Laudunensis ab eis decimas contra privilegium prædecessoris nostri piæ recordationis Innocentii papæ injuste exigere non formidant. Quoniam vero nostra interest jura religiosorum pastorali sollicitudine conservare, fraternitati tuæ per apostolica scripta mandamus, quatenus præfatos canonicos studiose commoneas et inducas, ut a prædictis abbate et fratribus præscriptas decimas exigere non præsumant. Sed si de jure confidant, in præsentia tua cum eis ordine judiciario experiantur, et tu causam diligentius

---

(54) Is esse videtur Radulfus, Bertholdi ducis Thuringiæ, Conradi et Alberti frater qui, propter avaritiam expulsus de sede Moguntina favore Henrici comitis Namurcensis et aliorum cognatorum episcopus Leodiensis electus est anno 1167.

(55) Cussiacum monasterium ordinis Præmonstratensis in diœcesi Laudunensi.

MLV.

Ad eumdem. — *De ecclesia de Arsi Henrico subdiacono adjudicanda.*

(Anagniæ, April. 8.)
[*Ibid.*, col. 962.]

Cum olim nobis insinuatum fuisset quod Radulfus presbyter dilecto filio nostro Henrico subdiacono aditum inhibens ecclesiæ de Arsi, quam a dilecto filio nostro abbate S. Petri de Montibus sibi asserebat, persona ejusdem ecclesiæ viam universæ carnis ingressa, canonice concessam fuisse, eumdem Henricum ad nostram audientiam appellasset, proponens quod prior ejusdem loci ipsum in eadem ecclesia instituisset, et illi administrationem ejus ad repræsentationem archidiaconi et ipsius prioris Suessionensis episcopus commisisset, nos causam ipsam dilectis filiis nostris præposito, decano et capitulo Remensis Ecclesiæ commisimus audiendam, et fine debito terminandam. Qui siquidem, prout nobis suis litteris intimarunt, utraque parte ante se convocata, et rationibus hinc inde plenius auditis et cognitis, prædictum R. a prælibata removeri ecclesia, et memoratum Henricum in ejus præceperunt possessionem induci, et cum Suessionensi episcopo per suas litteras significassent, ut eidem Henrico curam committeret animarum, episcopus appellationem quam idem R. ad nos fecerat, et quomodo ad repræsentationem prioris ei commiserat curam animarum, prætendens memoratum Henricum ad prælibatam ecclesiam recipere recusavit. Tandem autem cum præfati Henricus et Radulfus ad nostram præsentiam venissent, idem Henricus [*f.* Radulfus], prout Domino placuit, sublatus est de medio, et debitum naturæ persolvit: unde nos attendentes labores et anxietates ejusdem Henr., et considerantes quomodo sibi auctoritate prælibata ecclesia fuisset adjudicata, sententiam memoratorum præpositi, decani et capituli ratam et firmam habemus, et memorato Hen. prælibatam Ecclesiam auctoritate apostolica confirmare curavimus, et scripti nostri robore communire. Quia igitur decet sæpedictum episcopum statutis apostolicæ sedis reverenter et devote deferre, et in nullo ejus auctoritati quomodolibet obviare, eidem episcopo præcepimus, ut prædicto Hen. curam et administrationem præfatæ ecclesiæ infra xx dies post litterarum nostrarum susceptionem committat, et nullam exinde patiatur ei molestiam vel gravamen inferri. Ideoque fraternitati tuæ per apostolica scripta præcipiendo mandamus, quatenus, si prædictus episcopus præceptum nostrum infra præscriptum terminum non adimpleverit, tu ipsum, nullius contradictione vel appellatione obstante, sine difficultate vel dilatione qualibet exsequaris.

Data Anagniæ, vi Idus Aprilis.

MLVI.

Aa eumdem. — *Ut infirmis de Osdayn oratorium et cœmeterium concedat.*

(Anagniæ, April. 9.)
[*Ibid.*, col. 963.]

Dolor et miseria infirmorum fratrum de Osdayn, ad compatiendum eis universos debet inducere, ut sic facilius et commodius eorum necessitatibus et profectibus possint intendere, cum ipsorum incurabilem ægritudinem fraterna curaverint meditatione pensare. Unde cum quidam eorum debiles sint admodum et horrendi, ut sanis non possint, nec audeant se aliquatenus immiscere, decet prudentiam tuam ipsis oratorium et cœmeterium providere, ubi valeant divinis officiis interesse, et habere cum decesserint sepulturam. Inde est quod fraternitatem tuam per apostolica scripta rogamus attentius et mandamus, quatenus præfatos infirmos capellanum habere et oratorium cum cœmeterio construere, sine qualibet contradictione permittas, ita tamen ut capellanus eorum parochianos aliarum ecclesiarum ad quotidiana officia, vel in præcipuis solemnitatibus non admittat, nec ad sepulturam recipiat, nec decimas vel oblationes ab eisdem aliquatenus exigat, sed ipsis infirmis et familiæ suæ duntaxat, prout animarum saluti noveris expedire, sollicitius consulat, et ferventer intendat. Præterea volumus et mandamus, quatenus de novalibus quæ iidem infirmi propriis manibus aut sumptibus excolunt, sive de nutrimentis animalium suorum, decimas ab eis nullatenus exigas, nec ab aliquo exigi aliqua ratione permittas.

Data Anagniæ, v Idus Aprilis.

MLVII.

Monasterii S. Remigii Remensis jura de vi.æ *S. Remigii ecclesia S. Martini confirmat.*

(Anagniæ, April. 10.)
[MABILLON, *Annal. Bened.*, VI, 645.]

ALEXANDER episcopus, servus servorum Dei, dilectis filiis abbati et fratribus Sancti Remigii, salutem et apostolicam benedictionem.

Ea quæ judicio sunt vel compositione amicabili terminata, rata debent et firma consistere, et ne recidivum contentionis possit incurrere, ipsa nos convenit auctoritatis nostræ munimine roborare. Accepimus autem et ex authentico scripto venerabilis fratris nostri G. Avinionensis episcopi cognovimus, quod, cum inter vos et monachos Monti-Majoris, in Avinionensi episcopatu morantes, super jure parochiali cujusdam villæ quæstio verteretur, tandem ab eodem G. cui sanctæ recordationis Pater et prædecessor noster Eugenius papa causam ipsam commiserat, hoc modo fuit de assensu partium terminata: ut videlicet totum jus parochiale memoratæ villæ Sancti Remigii ecclesiæ Sancti Martini, quæ sub jurisdictione Remensi est, in pace et quiete remaneat, et perpetuo in integrum conservetur. Si tamen mulieres a partu surgentes ad capellam incnachorum Montis-Majoris pro devotione gloriosæ semperque virginis Mariæ convenerint, juxta tenorem privilegii piæ recordationis Callisti papæ, sua ibi persolvere vota debeant, ita tamen, ut tantum earum et obstetricum suarum oblationes prædicti monachi percipiant; campanam quoque plusquam semel et tantum quod sufficiat ad excitandam familiam suam, interdixit pulsare. Adjecit etiam prædictus G. ad sopiendas utriusque partis in perpetuum controversias, ut monachi Montis-Majoris in capella sua aliquem vel aliquam nisi de familia propria, et mulieres supra memoratas, secundum quod diffinitum est, ad aliquod divinum officium nec ordinent, nec admittant. Quam utique compositionem, sicut in authentico scripto sæpe dicti episcopi continetur, et huc usque noscitur observata, auctoritate apostolica confirmamus, et præsentis scripti patrocinio communimus. Nulli ergo hominum, etc.

Datum Anagniæ, iv Id. Aprilis.

MLVIII.

Ad Henricum Remensem archiep. — Ut causam abbatis et fratrum de Humbleriis jam terminatam faciat observari.

(Anagniæ, April. 15.)

[MARTEN., *Ampl. Collect.*, II, 964.]

Significarunt nobis dilecti filii nostri abbas et fratres de Humbleriis quod, cum causa quæ inter eos et abbatem de Ribodimonte, et abbatissam de Monasteriolo, et G. militem de Bresnoto vertebatur, sub examine Laudunensis et Noviomensis episcoporum, quibus causam ipsam terminandam commiseramus, finem debitum suscepisset : postmodum quidam monachus de Ribodimonte pro negotiis thesaurarii Laudunensis ad præsentiam nostram accedens, eamdem causam, tacito quod fuerit terminata, postulavit episcopo Tornacensi committi, licet ab episcopis illis, multis reclamantibus vel appellantibus, fuisset sententia lata. Quoniam igitur qui tenemur litibus et contentionibus finem imponere, litem sopitam nolumus suscitare, fraternitati tuæ per apostolica scripta mandamus, quatenus a præfatis episcopis et ab aliis qui veritatem noverunt rem ipsam diligenter inquiras; et, si tibi constiterit præscriptam causam per eosdem episcopos terminatam fuisse, nec eorum sententiam per appellationem suspensam, sententiam ipsam ratam habeas, eamque facias inviolabiliter observari, nec obtentu commissionis nostræ, in eadem causa procedere præfatum Tornacensem episcopum patiaris.

Data Anagniæ. Idus Aprilis.

MLIX.

Ad eumdem. — De præbenda in ecclesia S. Petri Duacensis danda Walchero clerico.

(Anagniæ, April. 14.)

[*Ibid.*]

Veniens ad nos dilectus filius noster Walcherus clericus, præsentium lator, diligenti nobis assertione proposuit, quod Hu. præpositus et canonici S. Petri Duacensis eum jam pridem unanimiter et concorditer in suum fratrem et canonicum receperunt, sibique præbendam, quæ in ipsa ecclesia primo vacaret liberaliter concederent, concessionem suam scripto authentico roborarunt. Cum autem præscripta præbenda vacasset, eamque jam dictus præpositus sibi contradiceret assignare, prædictus clericus ad nostram audientiam appellavit, et appellationem interpositam est in multo labore et discrimine sui corporis prosecutus. Volentes itaque eidem clerico in hac parte sollicite providere, jam dicto præposito et canonicis dedimus in mandatis, ut sicut eum in suum canonicum receperunt, et concesserunt sibi præbendam ipsam quæ nunc vacat, infra xv dies post litterarum nostrarum susceptionem, omni occasione et appellatione cessante, incunctanter assignent; et si præbendam ipsam alii post appellationem ad nos factam, quod non credimus, contulerunt; ipsam infra eumdem terminum, appellatione postposita, revocent, eamque præfato clerico, appellatione remota, non differant assignare. Inde est quod fraternitati tuæ per apostolica scripta mandamus, quatenus si idem præpositus et canonici mandatum nostrum non fuerint exsecuti, tu super hoc rei veritatem non differas districte ac diligenter inquirere; et si tibi constiterit quod idem præpositus et canonici præfatum clericum in suum canonicum recepissent, sibique præbendam, cum primo vacaret, concessissent, et scripto authentico roborassent; eos ad exsequendum super hoc mandatum nostrum infra alios quindecim dies, sublato appellationis remedio, nostra et tua auctoritate districte compellas.

Data Anagniæ, xviii Kal. Maii.

MLX.

Ad eumdem. — Ut leprosi de Sparnaco sint immunes a decimis novalium, etc.

(Anagniæ, April. 14.)

[*Ibid.*, col. 965.]

Querelam leprosorum de Sparnaco recepimus, asserentium quod, cum ipsi de domo sua protectionis a nobis litteras impetrassent, et ab exactione decimarum de novalibus suis, quæ propriis sumptibus excolunt, et de nutrimentis animalium suorum eos clementia sedis apostolicæ fecisset immunes, canonici de Sparnaco adversus ipsos inde commoti sunt et turbati : usque adeo scilicet, quod cum magister leprosorum cum quibusdam fratribus et servientibus suis pro colligendo feno in propriis pratis existeret, octo de prædictis canonicis insurgentes in eos, magistrum et fratres, qui cum eo erant, graviter verberaverunt, et servientes eorum multis afficientes vulneribus, fenum illud fecerunt de pratis per violentiam asportari. Quoniam igitur graviter nimis offendimur, si ea quæ sunt a nobis statuta, temeritate quorumlibet rescindantur, et negligentiæ possemus redargui, si tantum excessum dimitteremus inultum, fraternitati tuæ, per apostolica scripta mandamus, quatenus a prædictis infirmis decimas de novalibus suis quæ propriis sumptibus excolunt, sive de nutrimentis animalium suorum exigi vel extorqueri nullatenus patiaris, et super his quæ prædiximus, veritate rei studiosius inquisita, si ita tibi constiterit, eos qui tantum facinus commiserunt, sublato appellationis remedio, publice excommunicatos denunties, et facias sicut excommunicatos vitari, donec passis injuriam congrue satisfaciant, fenum ablatum restituant, et hi qui in præfatum magistrum et fratres suos, si clerici sunt, violentas manus injecerunt cum litteris tuis rei veritatem continentibus, apostolico se conspectui repræsentent.

Data Anagniæ, xviii Kalendas Maii.

MLXI.

Commendat ei Milonem nuntium apostolicum.

(Anagniæ, April. 17.)

[*Ibid.*, col. 966.]

Tantam sollicitudinem habuit in negotiis tuis dilectus filius noster Milo quem ad nos destinasti, et ita ferventer apud nos institit pro ipsis negotiis promovendis, quod ipsum manifeste novimus tibi fidelem existere plurimum et devotum. Ipsum itaque consideratione suæ devotionis et obsequii tibi sollicite commendantes, fraternitatem tuam rogamus attentius et monemus, quatenus eumdem M. pro reverentia B. Petri ac nostra, et intuitu servitii sui, quod jam secundo ad nos veniendo tibi noscitur impendisse, propensius diligas et honores, sibique ita commode et utiliter benefacias, quod ipse facilius et libentius pro te periculis personam suam debeat exponere, et nos exinde tibi copiosas gratias agere teneamur, et providentiam tuam digne in Domino commendare possimus.

Data Anagniæ, xv Kal. Maii.

MLXII.

Ad eumdem. — Ut An. de Loesi, qui R. subdiaconum in vinculis conjecerat, excommunicet.

(Anagniæ, April. 17.)

[*Ibid.*]

Gravem querelam R. subdiaconus in audientia nostra deposuit, quod An. de Loesi, eum diabolo instigante carceri mancipavit, et ab eo pecuniam impudenter extorsit. Quia igitur tantæ iniquitatis audaciam non possumus nec debemus impunitam relinquere, ad quam durius vindicandam apostolica compellimur auctoritate succingi, fraternitati tuæ per apostolica scripta præcipiendo mandamus, quatenus hujus rei veritate diligenter et subtiliter inquisita, si ita esse inveneris, præfatum An. et principales ejusdem sceleris complices, appellatione remota, excommunicatos denunties, et ab omnibus facias sicut excommunicatos vitari, donec memoratus A. prædicto subdiacono de tam gravi injuria condigne satisfaciat, universa quæ ab eo extorsit, vel auferri fecit, sine diminutione restituat, et ad sedem apostolicam de tanto excessu satisfacturus, cum tuarum testimonio litterarum accedat.

Data Anagniæ, xv Kal. Maii.

MLXIII.

Ad eumdem. — Ut A. presbytero parochia de Nisi restituatur.

(Anagniæ, April. 18.)

[*Ibid.*, col. 967.]

Querelam A. presbyteri, latoris præsentium, recepimus quod cum, parochiam de Nisi canonice fuisset adeptus, et eam diu pacifice possedisset, G. presbyter ipsam irrationabiliter auferre præsumpsit, et injuste detinet occupatam. Quia igitur indecens est et obvium rationi, ut memoratus presbyter præscripta parochia sine manifesta et rationabili causa privetur, fraternitati tuæ per apostolica scripta mandamus, quatenus partibus ante tuam præsentiam convocatis, prædictum G. moneas et districte compellas, ut præfato A. prædictam parochiam cum redditibus inde perceptis restituat, et in pace dimittat, vel in præsentia tua, sublato appellationis remedio, exhibeat justitiæ complementum.

Data Anagniæ, xiv Kal. Maii.

MLXIV.

Ad eumdem. — Pro Evrardo presbytero.

(Anagniæ, April. 19.)

[*Ibid.*, col. 968.]

Querelam Evrardi presbyteri in scriptis nobis transmissam accepimus, quod Matthæus civis Catalaunensis ei plateam quamdam contra justitiam abstulit, quam per potentiam suam detinet occupatam. Quoniam igitur prædicto presbytero cum pauper sit, sicut dicitur, et adversus divitem causam habeat, propensiori studio in suo jure tenemur adesse, fraternitati tuæ per apostolica scripta mandamus, quatenus memoratum M. moneas, et appellatione remota, sub excommunicationis pœna compellas, ut præscriptam plateam præfato presbytero sine difficultate restituat et in pace dimittat, aut exinde sibi sub examine tuo, appellatione remota, non differat justitiæ plenitudinem exhibere.

Data Anagniæ, xiii Kal. Maii.

MLXV.

Ad eumdem. — Scribit se nullum Philippo Flandriæ comiti privilegium dedisse contra jura Ecclesiæ Remensis.

(Anagniæ, April. 19.)

[*Ibid.*]

Cum devotionis et fidei tuæ argumenta et indicia certissima teneamus, et eam circa honorem et exaltationem matris tuæ sacrosanctæ Romanæ Ecclesiæ utiliter simus semper experti, honestati nostræ non modicum videremur detrahere, et totius humanitatis oblivisci, nisi personam tuam sicut carissimi fratris nostri, et præcipui membri Ecclesiæ, sincerissime diligeremus, et tibi studeremus honorem et dignitatem tuam plenissime conservare. Ne autem ulla exinde in animo tuo dubitatio vel scrupulus ambiguitatis remaneat, scire te volumus quod nobili viro Ph. comiti Flandrensi nullam immunitatem contra jus et dignitatem tuam indulsimus, nec eum a potestate tua exemimus, quominus in eum illam jurisdictionem et auctoritatem habere valeas, quam antecessores tui habuisse noscuntur, et canones sacri permittunt.

Data Anagniæ, xiii Kal. Maii.

MLXVI.

Ad eumdem. — Causam inter Humolariensem abbatem et F. de Nigella committit examinandam.

(Anagniæ, April. 20.)

[*Ibid.*, col. 970.]

Jam pridem, si bene meminimus, venerabili fratri nostro B. Belvacensi episcopo causam inter abbatem et fratres Humolarienses et T. de Nigella super modio salis commisimus audiendam, et fine debito terminandam. Qui utique, sicut ex insinuatione prædictorum fratrum accepimus, prænominatum T. in possessionem induxit: unde memorati fratres se plurimum gravatos esse affirmant, tum quia judicem ipsum tanquam adversarium suspectum habuerunt; tum quia tenorem litterarum, quæ super hoc a nobis emanarunt, non fuerunt permissi, eodem episcopo prohibente, videre. Cæterum quia iidem fratres se justitiam adversus prædictum T. habere confidunt, et nos eis denegare non possumus nec debemus, quod universis ex officio nobis commisso exhibere tenemur, fraternitati tuæ per apostolica scripta mandamus, quatenus si prædicti fratres de proprietate agere voluerint, tu convocatis partibus causam, si ab eo non fuit terminata, nec alii commissa, diligentius audias, et eam, appellatione remota, ita justitia mediante decidas, quod tua debeat exinde discretio non immerito commendari.

Data Anagniæ, xii Kal. Maii.

MLXVII.

Ad eumdem. — Pro mercatoribus quibusdam Flandriæ adversus abbatem Dervensem.

(Anagniæ, April. 21.)

[*Ibid.*]

Constituti in præsentia nostra Ric. et Arn., mercatores Flandrenses, sua nobis relatione monstrarunt quod ipsi jam pridem abbati monasterii Dervensis xxx marcas argenti mutuaverunt, quas postmodum, licet exinde mandatum nostrum receperit, ab ipso non potuerunt aliquatenus rehabere. Ideoque fraternitati tuæ per apostolica scripta mandamus, quatenus cum litteras præsentes receperis, prædictum abbatem moneas, et auctoritate nostra districte compellas ut prædictam pecuniam memoratis mercatoribus sine dilatione restituat, et de hoc quod supererogare tenetur; cum eis ita conveniat, quod iidem mercatores non cogantur propter hoc ad nos aliquam querimoniam reportare.

Data Anagniæ, xi Kal. Maii.

MLXVIII.

Ad eumdem. — Adversus canonicos Compendienses qui monachis molesti erant.

(Anagniæ, April. 28.)

[*Ibid.*, col. 971.]

Significantibus nobis dilectis filiis nostris abbate et fratribus Compendiensibus, ad nostram noveris audientiam pervenisse quod, cum ipsi portiones quasdam in grangia de Hortiis, de Borcherra, per x annos in pace tenuerint, nunc canonici ipsius ecclesiæ eos exinde indebite molestare non cessant, nec volunt grangiam ipsam in eo statu dimittere, in quo fuisse dignoscitur, cum monachi ad ipsam grangiam recepti fuerunt. Quoniam igitur sustinere nolumus, nec debemus, ut prædictus abbas et monachi super hoc vel aliis indebita molestatione graventur, fraternitati tuæ apostolica scripta præcipiendo mandamus, quatenus eumdem abbatem et monachos super partibus illis non patiaris a præfatis canonicis molestari, sed eosdem monachos partes ipsas, sicut eis a canonicis rationabiliter concessæ fuerunt, in pace facias appellatione postposita possidere. Si vero eumdem abbatem et monachos exinde contra tenorem mandati nostri molestaverint, ipsos a præsumptione sua auctoritate nostra, omni contradictione et appellatione cessante, ecclesiastica districtione compescas. Nihilominus etiam tuæ discretioni mandamus ut libertates et jura præscripti monasterii et privilegia quæ ab apostolica sede habere dignoscitur, sicut de te confidimus, et tuam prudentiam decet; integra et illæsa conserves, et si quando ab abbate et fratribus ejusdem loci de his qui sunt in provincia tua querelam receperis, ita malefactores eorum ab iniquitate sua studeas coercere, quod exinde tuæ sollicitudinis studium non immerito commendetur, et monasterium ipsum a malignorum incursibus sub tua conservetur defensione securum.

Data Anagniæ, iv Kal. Maii.

MLXIX.

Ad eumdem. — Gratias illi agit quod sua protectione foveat fratres Compendienses, quos illi commendat.

(Anagniæ, April. 28.)

[*Ibid.*, col. 972.]

Dilecti filii nostri abbas et fratres Compendienses cum multa gratiarum actione per nuntium suum nobis sollicite retulerunt quomodo monasterium eorum propensius diligis, et jura ipsius loci attente protegis et conservas, et præfato abbati et fratribus abundanter tuam gratiam exhibes et favorem. Super quo utique prudentiam tuam sollicite in Domino commendantes, et exinde affectioni tuæ uberes gratias exsolventes, fraternitatem tuam rogamus attentius et monemus, quatenus præscriptum monasterium, et abbatem, et fratres inibi Domino servientes, sicut bene cœpisti, propensius diligas, et eorum jura integra et illæsa conserves, et ita monasterium ipsum ab indebitis gravaminibus tuearis, quod prædictus abbas et fratres sub patrocinio defensionis tuæ jura sua se gaudeant pacifice possidere, et nos exinde affectioni tuæ uberiores debeamus gratias exhibere. De cætero quia canonici, qui adhuc ibi sunt, antiquum et commune sigillum in sua, sicut accepimus, detineant potestate, prædictus abbas et fratres se timere proponunt, ne de ipso sigillo aliqua faciant scripta bullari, quæ in detrimentum prædicti monasterii convertantur, fraternitati tuæ præsentium auctoritate injungimus, ut præfatis canonicis sub excommunicationis interminatione prohibeas, ne scriptum quod obsit jam dicto monasterio de præscripto sigillo bullare præsumant. Si quod autem scriptum iidem canonici absque assensu et voluntate prædicti abbatis et fratrum super bonis et possessionibus præscripti monasterii sigillo bullaverint scriptum ipsum auctoritate nostra, appellatione remota, irritum denunties penitus et inane.

Data Anagniæ, IV Kal. Maii.

MLXX.

Ad eumdem. — *Ut compositionem factam inter Compendienses et Tenolienses fratres illibatam observari curet.*

(Anagniæ, April. 28.)

[*Ibid.*]

Ex transmissa nobis insinuatione abbatis et fratrum Compendiensium auribus nostris innotuit quod, cum abbas et fratres Tenolienses (56) quædam nemora ad jus Compendiensis monasterii pertinentia, eis inconsultis et nolentibus, exstirpassent et redegissent ad cultum, tandem in curia tua coram dilectis filiis nostris S. Remigii et S. Crispini abbatibus, et aliis honestis viris, inter eos de assensu partium amicabilis facta est compositio. Quoniam igitur ea quæ sunt amicabili compositione sopita, non debent qualibet præsumptione rescindi, fraternitati tuæ per apostolica scripta præcipiendo mandamus, quatenus præscriptam compositionem, sicut de assensu partium facta est, hinc inde, sublato appellationis remedio, facias inviolabiliter observari, nec alterutram partium contra compositionem ipsam temere venire permittas. Si qua vero partium contra eamdem compositionem venire præsumpserit, et commonita non destiterit, eam a præsumptione sua, appellatione remota, ecclesiastica districtione compescas.

Data Anagniæ, IV Kal. Maii.

MLXXI.

Ad eumdem. — *De causa inter canonicos Sancti Laurentii Belvacensis et episcopum Belvacensem.*

(Anagniæ, April. 30.)

[*Ibid.*]

Ex transmissa conquestione canonicorum ecclesiæ S. Laurentii Belvacensis ad aures nostras pervenit quod venerabilis frater noster [Bartholomæus] Belvacensis episcopus plusquam septem pistores qui solebant molendinum ipsorum frequentare, eis injuste subtraxit, et alibi molere pro voluntate potius quam ratione compellit. Ecclesiam quoque Franci Castelli, quam per donationem prædicti canonici ad se asserunt pertinere, ipsis nihilominus auferre præsumpsit. Unde quoniam viris ecclesiasticis apostolicæ sedis auctoritate compellimur sua jura servare, fraternitati tuæ per apostolica scripta mandamus, quatenus præfatum episcopum moneas propensius et horteris, ut præscriptos pistores in molendino prædictorum canonicorum libere molere, prout consueverunt, permittat, et eisdem canonicis præscriptam ecclesiam quiete pacificeque restituat, vel in præsentia tua plenam sibi exinde justitiam non differat exhibere. Ad hæc quoniam antecessor prædicti episcopi annualia defunctorum canonicorum prædictæ ecclesiæ vicariis dicitur abstulisse, nihilominus tibi præsentium auctoritate injungimus, ut eidem episcopo firmiter injungas, quod vel vicariis annualia ipsa restituat, vel sub tuæ discretionis examine justitiæ super hoc plenitudinem non differat exhibere.

Data Anagniæ, II Kal. Maii.

MLXXII.

Ad eumdem.—*Causam H. mulieris de Suune committit terminandam.*

(Anagniæ, Maii 1.)

[*Ibid.*, col. 974.]

Ex transmissa conquestione H. mulieris de Suune, ad aures nostras pervenit quod, cum magister G. Laudunensis ei pro A. quondam domina de Rochenies pro XVIII libris fidejussisset, illa decessit, et præfata H. pecuniam suam nondum potuit rehabere. Quia vero indignum et injustum videtur, ut prædicta H. debita debeat pecunia defraudari, fraternitati tuæ per apostolica scripta præcipiendo mandamus, quatenus præfatum G. moneas et compellas, ut prænominatæ Hu. prætaxatam pecuniam sine diminutione persolvat, vel in præsentia tua plenam exinde sibi justitiam non differat exhibere. Tu vero, si potius causam intrare decreveris, eam studiosius audias, et appellatione remota, concordia vel justitia mediante, decidas.

Data Anagniæ, Kal. Maii.

MLXXIII.

Ad eumdem.—*Pro monachis Silvæ Majoris adversus Wiscardum et Radulfum de Codiciaco.*

(Anagniæ, Maii 4.)

[*Ibid.*]

Significavit nobis dilectus filius noster abbas Majoris Silvæ (57), quod Wiscardus et Radulfus de cellam haud procul a Codiciaco, seu, ut hic loquitur Alexander, Coceio (*Coucy*), quam infestabant Wiscardus et Radulfus.

---

(56) *f.* Tenoliensis abbatia, Gallice *Tenaille*, ordinis Præmonstratensis in diœcesi Laudunensi.

(57) Majoris Silvæ abbatia ordinis S. Benedicti in diœcesi Burdigalensi, quæ olim pinguem possidebat

Coceio, et quidam alii monachos de Silva super nemoribus et aliis eorum possessionibus multipliciter inquietant, magnasque eis injurias et gravamina inferre non cessant. Quia igitur ex commisso nobis officio ecclesiarum nos convenit indemnitatibus providere, fraternitati tuæ per apostolica scripta præcipiendo mandamus, quatenus prædictos viros et alios quos prædictus abbas vobis nominaverit, moneas instanter, et cum omni diligentia inducas, et si necesse fuerit, per excommunicationem, appellatione remota, compellas, ut prædictum abbatem et monachos super jam dictis nemoribus, et aliis possessionibus suis nullatenus inquietent, sed ejus universa ablata cum integritate restituant, et ab eorum gravaminibus penitus conquiescant, vel si aliquid contra eos proponere voluerint, in præsentia tua ordine judiciario experiantur, et tu causam studiosius audias, et appellatione cessante, canonico fine decidas. Porro si de aliis parochianis tuis prædictus abbas vel monachi tibi querimoniam deposuerint, tu eis de ipsis ita plenam justitiam facias, quod sollicitudinem tuam et zelum in te justitiæ possumus merito commendare.

Data Anagniæ, IV Nonas Maii.

MLXXIV.

Rotrodum, archiepiscopum Rothomagensem, « de variis bellorum eventibus, de scandalo regum et terræ dolentem », animo forti esse jubet. Mandat, ut « ad reformationem pacis inter reges diligenter intendat, et excessus episcoporum, decanorum, archidiaconorum, tam clericorum quam laicorum solita pontificali severitate corrigat. » Alia præcepta addit. Interdicit, ne « pallium suum alii metropolitano commodet, si contingat ipsum sine pallio ad ecclesiam Rothomagensem in aliqua præcipua solemnitate venire; cum pallium, inquit, tuam personam non transeat, sed quisquam cum eo debeat sepeliri. »

(Anagniæ, Maii 11.)
[MANSI, *Concil*., XXI, 1071.]

Etsi periculosa sint tempora, et partes tuas varii bellorum eventus affligant, propter hoc tamen non te decet immoderate dolere, aut animum tuum usque in amaritudinem dejicere, ut videaris virtutis et fortitudinis oblivisci. Sed quanto major tibi et terræ adversitas imminet et turbatio, tanto fortius debes circa tribulationes ipsas insurgere, et majoris robur fortitudinis, et virtutis induere, quia prudentis viri constantia in adversitate probatur. Quamvis autem de scandalo regum et terræ doleas, sicut merito potes dolere, non tamen tibi expedit te tanto dolore affici, vel mœrore confundi, quod pusillanimitati tuæ possit ascribi: quia potens est Dominus facere post tempestatem tranquillum et dare post tribulationem quietem. Super eo vero te multipliciter commendamus, quod tantam circa nos et Romanam Ecclesiam devotionem exhibes, ut non possis esse negligens vel remissus in his quæ spectant ad commodum et profectum ejusdem Ecclesiæ, sed omnimodis honori et exaltationi ipsius Ecclesiæ, sicut vir nobilis, prudens et sapiens, ferventer intendis. Inde est ut quanto plus tuam personam diligimus, tanto in his quæ ad tuum spectant officium, magis te sollicitum reddimus, fraternitatem tuam monentes et districte præcipientes, quatenus, omisso illo dolore nimio, et amaritudine cordis, qua te pro turbatione terræ audimus affligi, officium commissæ tibi sollicitudinis prudenter gerere satagas; et si quando se opportunitas exhibet, reformationem pacis inter reges diligenter intendas, et excessus episcoporum, decanorum, archidiaconorum, abbatum et aliorum, tam clericorum quam laicorum, qui tuæ gubernationi sunt commissi, studiosius solito pontificali severitate corrigas et emendes: nec ita pietatem matris sequaris, quod videaris postponere severitatem magistri. Commendamus siquidem mansuetudinem et patientiam tuam, sicut se nobis merito commendabilem reddit. Sed non te debes ita mansuetum et benignum tuis subditis exhibere, quod tua patientia et benignitate possint abuti, aut de nimia mansuetudine tua sumant audaciam illicita committendi, quia tum licentius illicita committuntur, cum de sua impunitate se delinquentes conspiciunt esse securi. Canonicos autem tuæ majoris Ecclesiæ, et eos præcipue qui in ea alicujus dignitatis officium gerunt, sicque notabiles inveniuntur, cum ea qua convenit diligentia, a suis excessibus, collata tibi auctoritate compescas, et eos ad virtutem et honestatem propensius incites et informes, ut sicut in tua provincia dignitate præeminent, ita morum polleant honestate, et aliis bene vivendi formam præbeant et exemplum. Illos vero qui ad audientiam tuæ metropolitanæ sedis appellant, cum se in protectionem tuam per remedium appellationis recipiunt, non repellas; sed potius omnes ad te venientes patienter et æquanimiter audias, et injuste gravatis, pro tui officii debito, patrocinium exhibeas et favorem, et eos in justitia sua pastorali sollicitudine foveas, et sic te omnibus patrem exhibeas, ut non tantum esse pater videaris, sed archiepiscopus et magister.

De cætero fraternitati tuæ præcipimus, quatenus si aliquis laicus de provincia tua, voluntate propria, vel de mandato sæcularis potestatis in clericum nondum ab Ecclesia damnatum violentas manus injecerit, aut ipsum in vincula dejecerit, vel in carcere eum detinuerit, eum gratia et amore postpositis, contradictione quoque et appellatione remota, publice accensis candelis excommunicatum denunties, vel denuntiare facias, et sicut excommunicatum vitari. Si vero clericus aliquis pro suis culpis a ministerialibus prælatorum Ecclesiæ captus fuerit, non patiaris eum custodiæ publicæ mancipari, aut in carcerem laicorum retrudi, sed potius in domo tua, vel alterius ecclesiasticæ personæ, ejus custodiæ locum facias congruum provideri, ubi secundum qualitatem et quantitatem delicti debeat custodiri. Ea vero quæ ad jus Ecclesiæ tuæ spectare noscuntur, omni favore et timore postposito, strenue satagas et legitime revocare, ita quod exinde sollicitudo et providentia tua debeat non immerito commendari, et ecclesia tibi commissa de taciturnitate tua nullum valeat præjudicium sustinere.

Illud autem arctius tibi duximus injungendum, ut occasione præscriptæ contentionis quæ inter reges versatur, aut alia de causa, curas non præsumas pastorale deserere, quia juxta verbum Domini, non pastor, sed mercenarius existere comprobatur, qui, adveniente lupo, commissi sibi gregis custodiam deserit, ipsumque morsibus lupinis exponit. Si quis autem episcopus tuæ jurisdictionis ad aliam ecclesiam propria auctoritate transierit, aut bona ecclesiæ, vel alicujus monasterii, laicali auctoritate præsumpserit usibus propriis applicare, eum auctoritate nostra et tua a suo proposito districtione ecclesiastica revoces, et ad restitutionem alienatorum cogere non postponas, aut priorem ecclesiam ab ejus obedientia prorsus absolvas. Super his autem, sicut vir et prudens et sapiens, sollicitus et studiosus existas, et ita prudenter in omnibus tuum geras officium quod clero et populo tibi credito præesse valeas et prodesse, et Ecclesia cui præes de cura et regimine tuo in spiritualibus et temporalibus, cooperante Domino, grata suscipiat incrementa. Præterea de tuæ sinceræ dilectionis fervore procedit quod nos tibi licentiam et auctoritatem concedimus illos a suæ temeritatis audacia compescendi, qui dignitati Romanæ Ecclesiæ contraire præsumunt : indeque quod nos in omnibus, quæ cum Deo possumus, volentes tibi sicut charissimo fratri nostro deferre, auctoritate apostolica indulgemus ut, si quando aliquis suffraganeorum tuorum contra appellationem ad nostram vel tuam audientiam factam venire præsumpserit, liceat tibi excessum suum nostra et tua auctoritate pastorali sollicitudine coercere.

Adhuc quia quæsitum est a nobis ex parte tua utrum liceat tibi pallium tuum alii metropolitano commodare, si contingat ipsum sine pallio suo ad Ecclesiam tibi commissam in aliqua præcipua solemnitate venire, et in eadem ecclesia missarum solemnia celebrare : licet exinde non recolamus nos expressum canonem vidisse, super hoc inquisitioni tuæ taliter respondemus, quod non videtur esse conveniens ut pallium tuum alii commodes, cum pallium tuum personam non transeat, sed quisquam cum eo debeat, sicut tua novit discretio, sepeliri. Suffraganeis autem alicujus metropolitani post confirmationem electionis suæ, ad mandatum ipsius metropolitani, etiamsi pallium non receperit, licitum est electum aliquem consecrare, qui ad ejus jurisdictionem pertineat : et metropolitano ægritudine laborante, vel alias præpedito, post susceptionem pallii, et etiam ante, si ejus est electio confirmata, suffraganei sui ad mandatum ipsius possunt electo munus consecrationis conferre.

Datum Anagniæ, v Idus Maii.

MLXXV.

Ad Henricum archiep. et omnes episcopos et abbates per archiepiscopatum Remensem constitutos. — Commendat illis fratres S. Remigii Remensis.

(Anagniæ, Maii 15.)
[MARTEN., *Ampl. Collect.*, II, 975.]

ALEXANDER episcopus, servus servorum Dei, venerabilibus fratribus Remensi archiepiscopo, episcopis et dilectis filiis abbatibus et aliis Ecclesiarum prælatis per archiepiscopatum Remensem constitutis, salutem et apostolicam benedictionem.

Cum oporteat nos ratione injunctæ nobis sollicitudinis pro conservando statu singulorum esse sollicitos, eorum conservationi et tuitioni specialiter debemus intendere, et ipsorum jura integra et illibata servare, qui religioni sunt dediti, et divinis obsequiis arctius mancipati. Hac itaque ratione inducti, universitati vestræ per apostolica scripta præcipiendo mandamus, quatenus ubicunque malefactores dilectorum filiorum nostrorum abbatis et fratrum S. Remigii Remensis, aut illi qui capitalicia quæ illis debent injuste retinere præsumunt, infra parochias vestras inventi fuerint, nisi moniti ab illis vestrum quorum parochiani fuerint, resipiscere voluerint, vel justitiam exhibere, eos excommunicationis vinculo astringatis, eorumque terras interdicto subjiciatis, et sententiam ipsam usque ad dignam satisfactionem inviolabiliter observetis, et faciatis per provincias vestras firmiter observari.

Data Anagniæ, Idus Maii.

MLXXVI.

Ad Henricum Remensem archiep. — Pro Alagrino cive Anagniensi.

(Anagniæ, Maii 18.)
[*Ibid.*, col. 976.]

Cum paganus et Rainaldus burgenses civitatis tuæ apud nos diutinam moram fecissent, tandem a quodam Anagnino cive fideli nostro, Alagrino nomine, sub fidejussione Galteri presbyteri infirmorum de Sparnaco, sexdecim libras Provinensis monetæ mutuo receperunt, et tam prædicti burgenses, quam idem presbyter de solutione præscriptæ pecuniæ, sicut ipsi idem coram dilecto filio nostro V. SS. Sergii et Bacchi diacono cardinali recognoverunt, præstiterunt juratoriam cautionem, addentes in juramento, quod a curia nostra non recederent, donec præscripta pecunia esset memorato creditori soluta. Quoniam igitur violato juramento, et pecunia non soluta, ad propria redierunt, fraternitati tuæ per apostolica scripta præcipiendo mandamus, quatenus memoratos burgenses et presbyterum ecclesiastica et etiam temporali districtione, si opus fuerit, appellatione remota, compellas, ut prædicto creditori et nuntio suo, qui ad te cum istis litteris venerit, præscriptam pecuniam et necessarias expensas itineris, infra xv dies post harum susceptionem, cum integritate persolvant, et apostolica auctoritate decernas, ut litteræ quas a nobis impetrarunt, usque ad solutionem crediti et restaurationem expensarum itineris, nullum debeant habere vigorem.

Data Anagniæ, xv Kal. Junii.

MLXXVII.

Ad eumdem. — *Ut Rainoldo terram suam reddi faciat.*

(Anagniæ, Maii 19.
[*Ibid.*]

Ex transmissa quæstione Rainoldi ad audientiam nostram pervenit quod, cum ei Adam de Villari quamdam terram in feodum et hominium jam pridem donasset, et ipse eam longo tempore quiete et pacifice possedisset, prædictus A. eumdem præscripta terra absque ordine judiciario spoliavit, et ea quemdam fratrem suum investire præsumpsit. Unde quia universis Dei fidelibus in sua justitia debitores existimus, fraternitati tuæ per apostolica scripta mandamus, quatenus super his rei veritatem diligenter inquiras; et si ita esse inveneris, præscriptum A. et fratrem suum auctoritate nostra moneas, ut memorato R. terram ipsam cum fructibus restituant inde perceptis, de damnis et injuriis illatis eidem satisfaciant. Restitutione autem facta, si prædicti fratris de jure confidunt, cum ipso in præsentia tua ordine judiciario experiantur. Tu vero causam audias, et eam, justitia mediante vel amicabili compositione, studeas terminare. Quod si prædicti viri monitis tuis parere contempserint, tu eos excommunicationi, omni occasione et appellatione cessante, auctoritate nostra fretus subjicere non postponas.

Data Anagniæ, xiv Kal. Junii.

MLXXVIII.

Ad eumdem. — *Contra canonicos Compendienses, qui capellanum in ecclesia S. Clementis invito abbate instituerant.*

(Anagniæ, Maii 20.)
[*Ibid.*, col. 977.]

Pervenit ad nos ex transmissa conquestione abbatis et fratrum Compendiensis monasterii quod, cum ecclesia S. Clementis ad idem monasterium spectet, mortuo ipsius ecclesiæ capellano, canonici ejusdem ecclesiæ ibidem capellanum contra voluntatem prædicti abbatis et fratrum intrudere præsumpserunt, qui contra prohibitionem eorum ex parte nostra factam, et post appellationem in ipsa ecclesia non est veritus divina officia celebrare, cum ad ipsum abbatem spectare dicatur in eadem ecclesia institutio capellani. Quoniam igitur tam gravis et enormis præsumptio non debet incorrecta relinqui, fraternitati tuæ per apostolica scripta præcipiendo mandamus, quatenus utraque parte coram te convocata, super hoc rei veritatem diligenter inquiras, et si tibi constiterit quod institutio capellani in præscripta ecclesia ad prædictum abbatem pertineat, et præfatus capellanus contra voluntatem suam ibi fuerit institutus, ipsum inde sublato appellationis remedio, apostolica fretus auctoritate, removeas, et tam cum quam prædictos canonicos de hujus temeritatis excessu digne punias et castiges, et eidem abbati instituendi ibi capellanum plenam indulgeas facultatem. Canonicos autem præscriptæ ecclesiæ ad restituenda memorato abbati authentica instrumenta ipsius ecclesiæ, quæ occultasse noscuntur, sublato appellationis remedio, ecclesiastica districtione compellas, eis sub anathematis interminatione præcipiens, ut thesaurum vel ornamenta ecclesiæ distrahere aut ab eadem ecclesia alienare nequaquam præsumant; sed ea potius sub conscientia abbatis studeant fideliter conservare, et eidem abbati obedientiam, sicut debent, reverenter impendant. In his autem, prout decet prudentiam tuam, ita pure ac studiose procedas, quod exinde studium tuæ sollicitudinis non immerito commendare possimus.

Data Anagniæ, xiii Kal. Junii.

MLXXIX.

Ad eumdem. — *Ut ecclesiam S. Medardi de Barleus W. presbytero curet tradi.*

(Anagniæ, Maii 21.)
[*Ibid.*, col. 978.]

Cum W. presbyter, præsentium lator, et responsalis Roberti presbyteri pro ecclesia S. Medardi de Barleus, in nostra essent præsentia constituti, nos rationibus hinc inde diligenter auditis et cognitis, eamdem ecclesiam prædicto W. adjudicavimus, dilectis filiis nostris decano et thesaurario Noviomensis ecclesiæ præcipiendo, mandantes ut eidem W. præscriptam ecclesiam, amoto inde presbytero R. auctoritate nostra, omni contradictione et appellatione cessante, non differant assignare, et fructus interim inde perceptos, si qui sunt apud sequestrum positi, sublato appellationis remedio, ei faciant nihilominus exhiberi. Inde est quod fraternitati tuæ per apostolica scripta mandamus, quatenus, quod idem decanus et thesaurarius juxta mandatum nostrum inde fecerint, omni occasione et appellatione postposita, facias inviolabiliter observari.

Data Anagniæ, xii Kal. Junii.

MLXXX.

Ad eumdem. — *Pro G. paupere clerico adversus R. de Thori, canonicum Belvacensem.*

(Anagniæ, Maii 26.)
[*Ibid.*]

Ex transmissa conquestione G. pauperis clerici nobis innotuit, quod Ro. de Thori, canonicus Belvacensis domum avunculi sui, quæ ad ipsum debet jure successionis devolvi, contra justitiam detinet occupatam. Quoniam igitur nos divitibus et pauperibus in sua recognoscimus justitia debitores, fraternitati tuæ per apostolica scripta mandamus, quatenus memoratum R. moneas, et sub excommunicationis districtione compellas, ut præscriptam domum præfato clerico sine molestia et difficultate restituat, et in pace dimittat, aut exinde sibi sub examine tuo, sublato appellationis remedio, justitiæ non differat plenitudinem exhibere. Si vero causam intrare maluerit, tu eam studiosius audias, et sine personarum acceptione, appellatione remota, sicut diximus, debito fine decidas.

Data Anagniæ, vii Kal. Junii.

MLXXXI.

Ad eumdem. — Pro leprosis de Turribus super Matronam adversus ejusdem loci monachos et presbyterum Evirvinum.

(Anagniæ, Jun. 1.)

[*Ibid.*, col. 979.]

Recepimus querelam leprosorum de Turribus super Marnam, quod monachi (58) ejusdem villæ, et presbyter Evirvinus in quosdam eorum, post appellationem ad nos factam, excommunicationis sententiam protulerunt, et tres de fratribus eorum, qui post illam sententiam decesserunt, fecerunt extra cœmeterium sepeliri. Quoniam igitur gravamina prædictorum leprosorum non possumus, nec debemus surdis auribus pertransire, cum ita sunt justo Dei judicio flagellati, quod non immerito, præter commune debitum, ipsis adesse compellimur; fraternitati tuæ per apostolica scripta mandamus, quatenus partibus coram te convocatis, super his rei veritatem diligenter inquiras, et si ita tibi constiterit, præscriptam sententiam, appellatione posposita, denunties non tenere, et corpora prædictorum facias infra cœmeterium sepeliri, et prædictos monachos et presbyterum tandiu facias sicut excommunicatos vitari, quandiu præfati leprosi et fratres eorum occasione præscriptæ sententiæ vitati fuisse noscuntur.

Data Anagniæ, Kal. Junii.

MLXXXII.

Fratribus Carthusiensibus significat se monasterium Gyriense, ab Henrico episcopo Gurcensi conditum, tuendum suscepisse.

(Anagniæ, Jun. 2.)

[Pusch et Frœlich, *Diplom. ducatus Styriæ*, II, 135.]

His quæ ad cultum religionis pertinere videntur studio totius sollicitudinis nos decet intendere, et quæ ad decorem Domini spectare noscuntur, diligenter et sollicite confovere. Ex scripto siquidem venerabilis fratris nostri Henrici Gurcensis episcopi nobis innotuit, quod ipse divinæ inspirationis gratia tactus, cum consilio et assensu præpositi et canonicorum ecclesiæ suæ, et ministerialium ejusdem ecclesiæ, in prædio quodam Gyrio nomine, in Marchia sito, quod ad jus prædictæ ecclesiæ pertinet, de congregatione vestra ad honorem Dei collegium statuit, et fratribus illic commorantibus tantum in redditibus et possessionibus assignavit, quantum ad necessaria vitæ eorum honeste sufficere possit. Attendentes itaque religionem vestram Deo gratam et acceptam existere, ad preces prædicti episcopi præscriptum locum cum terminis et possessionibus cultis et incultis eidem loco ab episcopo, sicut diximus, assignatis, sub beati Petri et nostra protectione suscipimus, et quod inde præfatus episcopus fecit, firmum et stabile perpetuo manere

(58) Ordinis Cluniacensis.

sancimus; statuentes ut nulli omnino hominum liceat hanc paginam nostræ protectionis et confirmationis infringere, vel ei aliquatenus contrarie. Si quis autem hoc attentare præsumpserit, indignationem omnipotentis Dei et beatorum Petri et Pauli apostolorum ejus se noverit incursurum.

Datum Anagniæ, iv Nonas Junii.

MLXXXIII.

Ad Henricum Remensem archiep. — Ut fratribus Hospitalis Hierosolymitani illata damna resarciri curet.

(Anagniæ, Jun. 3.)

[Marten., *Ampl. Collect.*, II, 979.]

Ex parte dilectorum filiorum nostrorum fratrum Jerosolymitani Hospitalis, qui in Catalaunensi episcopatu morantur, ad nostram noveris audientiam pervenisse quod, cum Jacobus de Porta Marnæ, quamdam domum suam eisdem pro animæ suæ suorumque parentum remedio in eleemosynam dedisset, quidam de partibus illis diabolico furore commoti, fratres ipsos de præscripta domo ejicere præsumpserunt, et clausuram circa locum, qui ad prædictam domum pertinet, destruxerunt. Adjecerunt etiam quod Lambertus Blundus, et Clarembaldus, et quidam alii domum prædictorum fratrum quæ dicitur Fraisnoi, juxta Cameracum sitam, armata manu invaserunt, et exinde xl oves extraxerunt, de quibus nihil adhuc eisdem fratribus reddiderunt. Quia vero memoratis fratribus, quos obtentu suæ religionis sinceræ charitatis brachiis amplexamur, jura sua conservare tenemur, qui universis ex commisso nobis officio in sua justitia nos debitores esse cognoscimus; fraternitati tuæ per apostolica scripta mandamus, quatenus prædictos viros, et cæteros malefactores, quos iidem fratres tibi nominabunt, moneas attentius et inducas, ut eisdem fratribus ablata universa restituant, damna data resarciant, et de illatis injuriis satisfactionem exhibeant competentem, et ab eorumdem injuriis et gravaminibus penitus conquiescant, aut in præsentia tua sublato appellationis remedio exhibeant justitiæ complementum. Quod si ad commonitionem tuam nihil horum fecerint, eos, appellatione et occasione cessante, sententia excommunicationis astringas, quam sine satisfactione congrua non relaxes.

Data Anagniæ, iii Nonas Junii.

MLXXXIV.

Ad eumdem. — Ut G. diacono aliquod beneficium largiatur.

(Anagniæ, Jun. 4.)

[*Ibid.*, col. 980.]

Licet de universorum provisione debeamus esse solliciti, illos tamen benigniori oculo nos convenit respicere, et eis utiliter providere, qui, cum ad sacros ordines sint promoti, nullum in Ecclesia Dei locum aut beneficium obtinent, ne, si turpiter egere cœperint, cum ipsis honestas ordinis vilescere videatur. Inde est quod G. latorem præsentium, qui a bonæ memoriæ S. prædecessore tuo quondam fuit ordinatus in diaconum, et nullum ecclesiasticum habet beneficium, fraternitati tuæ duximus attentius commendandum, rogantes atque mandantes, quatenus divini amoris intuitu, et pro reverentia B. Petri et nostra, necnon ex officii tui debito, ei aliquo beneficio, unde possit necessaria vitæ percipere, studeas liberaliter providere, ut ex hoc ab omnipotenti Deo debeas indeficiens præmium recipere, et idem G. apud te gratum sustentationis suæ subsidium se gaudeat invenisse.

MLXXXV.
Ad eumdem. — Ut J. presbytero ecclesiam Villæ-Senioris restituat.

(Anagniæ, Jun. 4.)

[*Ibid.*, col. 981.]

Rediens ad nos J. pauper presbyter, præsentium lator, qualiter in causa sua super ecclesia Villæ Senioris processum fuisset, ad memoriam nostram reduxit, asserens quod, cum repræsentatio capellani ad ipsam ecclesiam ad abbatem S. Salvatoris (59) pertineat, per priorem suum venerabili fratri nostro Catalaunensi episcopo repræsentatus fuit, et ab eodem episcopo curam animarum recepit. Cum autem Willelmus clericus jam dictum presbyterum favore memorati abbatis super eadem ecclesia molestaret, idem presbyter ad nos veniens, ad te nostras litteras impetravit, in quibus tibi mandatum dedimus, ut, si tibi constaret ipsum a præfato episcopo ad repræsentationem præfati prioris de præscripta ecclesia investitum fuisse, ecclesiam ipsam eum in pace faceres possidere. Postmodum vero a te jam dictus episcopus requisitus asseruit quod, prædicto priore eumdem presbyterum præsentante, habita prius licentia abbatis sui, asserentis se ratum habere, quod idem prior exinde faceret, ipsum ad ecclesiam jam dictam recepit, et ei curam animarum commisit. Unde tum propter assertionem ejusdem episcopi, tum propter depositiones testium, qui super hoc tibi repræsentati fuerunt, eidem presbytero præscriptam ecclesiam pacifice dimisisti. Post multum vero temporis idem Willelmus ad præsentiam nostram accedens, ad te litteras nostras obtinuit, quarum occasione prædictus presbyter iterum fuit tractus in causam, et cum memoratus abbas et prior diffiterentur se prædictum presbyterum præsentasse, tu eum propter eorum assertionem præscripta ecclesia spoliasti, et eumdem G. exinde investisti. Quoniam igitur non est major fides adhibenda abbati et priori quam episcopo, fraternitati tuæ per apostolica scripta mandamus, quatenus si pro sola assertione memorati abbatis et prioris, testibus super hoc non receptis, nec juratis, prædictum presbyterum eadem ecclesia spoliasti, ecclesiam ipsam ei, appellatione cessante, restituas, et si prænominatus G. plures præbendas et ecclesias habet, eumdem presbyterum ab ejus impetitione prorsus absolvas, et eum facias præscriptam ecclesiam pacifice possidere.

Data ii Nonas Junii.

MLXXXVI.
Ad Willelmum archiepiscopum Tarraconensem et suffraganeos ejus.— Ut moneant regem Aragonum, ne Robertum, qui in necem Hugonis archiep. Tarracon. conspiraverat, in regno suo habitare permittat.

(Anagniæ, Jun. 7.)

[Mansi, *Concil.*, XXI, 1069.]

Alexander episcopus, servus servorum Dei, venerabilibus fratribus Willelmo Tarraconensi archiepiscopo apostolicæ sedis legato et suffraganeis ejus, salutem et apostolicam benedictionem.

Officio nostro congruit scelera et enormitates sceleratorum corrigere et delinquentium culpas debita animadversione punire, ne aliis de impunitate facinoris relinquatur audacia delinquendi. Sane quam graviter et enormiter deliquerint qui necem bonæ memoriæ Hugonis quondam Tarraconensis archiepiscopi machinati sunt fraternitatis vestræ prudentiam non debet latere. Accepimus autem quod Robertus in mortem prædicti archiepiscopi instigante diabolo conspiravit, et in eum quod conceperat virus iniquitatis effudit. Quoniam igitur tam iniquum et crudele facinus non possumus nec debemus impunitum relinquere, fraternitati vestræ per apostolica scripta præcipiendo mandamus et mandando præcipimus, quatenus charissimum in Christo filium illustrem Aragonensium regem ex parte nostra et vestra moneatis et inducere modis omnibus laboretis ut prædictum Robertum in regno suo nulla ratione recipiat, nec ibi velit aliqua ratione retinere, nec ei exhibeat aliquam gratiam vel favorem. Si autem monitis vestris acquiescere forte noluerit, in regno ejus omni occasione et appellatione remota divina, præter baptisma parvulorum et pœnitentias morientium, prohibeatis officia celebrari, et in ipsum regem omni timore et favore postposito excommunicationis sententiam promulgetis, et sententiam ipsam usque ad dignam satisfactionem faciatis irrefragabiliter observari.

Datum Anagniæ, vii Idus Junii.

MLXXXVII.
Ad Ildephonsum regem Aragoniæ.— De eadem re.

(Anagniæ, Jun. 9.)

[*Ibid.*]

Alexander episcopus, servus servorum Dei, dilecto filio Ildefonso illustri regi Aragonum, salutem et apostolicam benedictionem.

Cum scriptum sit : *Honor regis judicium diligit* (Psal. xcviii, 4), honori tuo plurimum expedit et saluti justitiam diligere et eam unicuique secundum dignitatem a Deo tibi collatam servare, quia felix

---

(59) S. Salvatoris extra civitatem Virtuensem monasterium est ordinis S. Benedicti in diœcesi Catalaunensi.

est gloria regnantis cum tuta est conditio subditorum. Sane quam graviter et enormiter deliquerint qui necem bonæ memoriæ Hugonis quondam Tarraconensis archiepiscopi machinati sunt, regiæ celsitudinis prudentiam non debet latere. Accepimus autem quod Robertus in mortem prædicti archiepiscopi instigante diabolo conspiravit, et in eum quod conceperat virus iniquitatis effudit. Unde quia tam immane facinus gravissima debet ultione puniri, ne aliis præstetur audacia delinquendi si ejus excessus remanserit impunitus, regiam celsitudinem monemus attentius et mandamus, quatenus prædictum Robertum in regno tuo nulla ratione recipias nec ibi velis aliquatenus retineri, ut sic saltem suum corrigat et emendet excessum. Si autem monitis nostris non duxeris acquiescendum, venerabili fratri nostro Tarraconensi archiepiscopo apostolicæ sedis legato et suffraganeis ejus dedimus in mandatis ut regnum tuum interdicant et in te etiam auctoritate nostra sententiam excommunicationis promulgent.

Datum Anagniæ, v Idus Junii.

MLXXXVIII.

Ad Fulconem decanum et canonicos Ecclesiæ Remensis. — Hortatur eos ad resumendam quam dimiserant vitam communem.

(Anagniæ, Jun. 11.)

[Marten., *Thesaur. Anecdot.*, I, 458.]

Quanto plures in vos Ecclesiæ suos intendunt oculos et doctrina et exemplo vestro viam salutis sperant discere ac tenere, tanto amplius vos in mandatis Dei exerceri oportet, consequentibus in vobis ipsis ostendere qua virtute atque cautela per viam vitæ debent ambulare. Sane his retroactis temporibus, sicut celebris se relatio multorum habebat, et ab antecessoribus vestris laudabiliter servabatur, qui id studii videbantur habere, ubi sicut adjacentibus ecclesiis dignitatis ordine præeminebant, ita etiam eas et honestatis forma et virtute operis anteirent; et sicut erant in vertice per officium, ita nihilominus primi essent per virtutis exemplum : lucebat inter eos forma honestatis in habitu, et de communi refectorio juxta traditionem canonicam quotidianam refectionem cum gratiarum actione sumebant. Proveniebant ex hoc subsidia non parva pauperibus, et in minori substantia major erat providentia egenorum. Hoc autem ideo quia pluris res communis quam propria pendebatur, et non tam de fastu sæculi et divitiis quam de compositione morum, quam de rectitudine vitæ fiebat æmulatio inter eos. Nunc autem quod sine animi dolore non dicimus, paulatim moribus ex abundantia depravatis et communi utilitate per studia privata consumpta, recessistis singuli ad cœnacula vestra, et communem mensam, et susceptionem hospitum, et provisionem pauperum omisistis, in quo plurimum formidamus, ne cum discessione corporum discessio secuta sit vel præcesserit animorum, et sicut non probavistis, in loco uno refectionem accipere : ita etiam nec in una voluntatum concordia incedatis, et contingat vobis, quod dicit Dominus per prophetam : *Olivam fructiferam speciosam vocavi nomen tuum, ad vocem loquelæ grandis exarsit ignis in ea, et combusta sunt fruteta ejus* (Jerem. xi). Illud et timemus dici posse quod legitur : *Quomodo obscuratum est aurum, mutatus est color optimus. Lapides sanctuarii dispersi sunt in capite omnium platearum* (Thren. iv). Unde ne propter hoc nos ipsis vobiscum in die judicii, si tacuerimus, addicamur, universitatem vestram exhortatione nostra duximus excitandam, per apostolica scripta monentes et sub divini judicii comminatione mandantes atque præcipientes, quatenus ad antiquitatem vestram resumpto spiritu redeatis, et quod in communione mensæ, provisione pauperum, compositione vestium, sedulitate officii, atque aliis honestis operibus, inter vos noscitur vanitate subrepente dilapsum, ad honestatis formam et statum pristinum reducatis. Cogitetis quod labenti Ecclesiæ in Apocalypsi præcipitur : *Memor esto unde excideris, et prima opera fac : alioquin veniam tibi cito, et movebo candelabrum tuum de loco suo* (Apoc. xxv). Cogitate itaque quot sint illi quorum cura vos respicit, et qui sive in bonum, sive in malum, vestra opera æmulantur : et videte ne quibus debetis esse odor vitæ in vitam, eisdem potius odor mortis in mortem, quod avertat Dominus, existatis. Non differatis de die in diem nec trahamini multitudine delinquentium, sed reflorete in gratiam et talem fructum afferte, qui non cum carne intereat, sed cum Spiritu Dei vivat et maneat in æternum.

Datum Anagniæ, iii Idus Junii.

MLXXXIX.

Ad Henricum Remensem archiep. — Ut canonicos suos ad vitam communem revocet ac solitas faciant eleemosynas.

(Anagniæ, Jun. ?)

[*Ibid.*]

Si, juxta verbum sacræ Scripturæ, cui plus commissum est, plus exigetur ab eo, multum a te, fili charissime, in die messionis extremæ, non ambigis exigendum, cum multam in cursu temporis ad profectum Ecclesiæ collatam tibi videas potestatem. Licet autem ex auctoritate officii multis habeas providere, sollicitius tamen his qui tibi specialiter commissi sunt, debes semper intendere, atque ad reddendam de ipsis in die judicii rationem, in timore ac tremore te quotidie præparare. Quantum sane commissa gubernationi tuæ Remensis Ecclesia honestate vitæ olim et morum compositione floruerit, crebra filiorum tuorum relatio te non patitur ignorare. Cum autem multum proficere sub tua gubernatione debuerit, cum et potestas qua præeminere dignosceris, et exercitium disciplinæ sub quo diutius laboraveras, monuerit hoc sperandum ; nunc sive pro multis occupationibus tuis, sive pro ipsorum duritia subditorum, non ita cernitur evenisse. Cum enim multum in temporalibus studio et auctoritate tua profeceril, spiritaliter tamen quamplurimum a statu suo, unde dolemus, dicitur inclinata : ita ut in augmento temporalium jactura morum non modica sit secuta. Cum enim olim canonici tui communem mensam habuerint, et non solum sibi ad honestatem, sed et pauperibus ad sustentationem liberaliter providerent; cum etiam honeste satis in habitu et vitæ ordine se haberent, et timorate in sacris officiis ad ecclesiam convenirent, nunc ad studia privata conversi, et communis mensæ consuetudinem, sicut dicitur, omiserunt; et subventione pauperum intermissa, approbatam gravitatem in moribus non observant, sed declinaverunt ex magna parte in animas suas; et ita juniores impatientes facti sunt disciplinæ : ita seniores habenas magisterii remiserunt, ut quæ olim inter Ecclesias Gallicanas et subjectis et aliis ecclesiis erat forma vivendi, quæ longe lateque honestatis suæ spargebat odorem, defecisse nunc ab antiquo præconio... et nunc in se, nunc in aliis optatum... afferre... quod in ecclesia plures personæ... graves, sed quod ita facilitas in... animarum... multitudine... lectionis verbum vix aliquem in eis locum... quod non parum ex eo timemus accidere, quod fraternitas tua exterioribus occupata, administrationem istorum, non ea forte instantia qua oportet intendit. Quocirca ne in istis omnino exstinguatur ignis altaris, si non fuerit qui per singulos dies ligna subjiciat, et a tua fraternitate in die judicii requiratur, quod in filiis tuis minus fuerit virtutis inventum; charitatem tuam per apostolica scripta monemus, atque præcipimus quatenus circa profectum spiritualem filiorum tuorum magis invigiles, et quod in communionem mensæ, et subventionem pauperum, aliisque pietatis operibus, aut negligentia subrepente, aut invalescente malitia, videtur abolitum ad pristinum statum et honestatis formam studeas revocare, ut secundum nomen tuum, ita sit et laus tua; et quanto majorem habes in Ecclesia potestatem, tanto in opere perfectius appareas et virtute. Et quia juxta verbum Salomonis dicentis : *Da partem septem, da partem et octo* (Eccle. XI), ad usum vitæ præsentis plurima jam parasti, quæ ad statum vitæ perennis amplius valere debeant, in extremo inveniaris tempore præparasse, bonaque susceptæ administrationis reddita ratione ab eo qui exacturus est, rationem merearis audire : *Date ei de fructu manuum suarum, et laudent eum in portis opera ejus.*

MXC.

Ad eumdem. — *Pro monasterio S. Medardi adversus canonicos S. Gervasii.*

(Anagniæ, Jun. 16.)

[MARTEN., *Ampl. Collect.*, II, 982.]

Dilecti filii nostri abbas et fratres ecclesiæ S. Medardi transmissa nobis conquestione monstrarunt, quod dilecti filii nostri canonici ecclesiæ S. Gervasii (60) decimas eorum, quas ab antiquo præfata ecclesia noscitur possedisse, injuste et per violentiam illis auferre præsumunt. Quoniam igitur officio nostro incumbit, omnium ecclesiarum jura, et earum præcipue, quæ ad provisionem sedis apostolicæ noscuntur specialiter pertinere, sollicitius conservare, fraternitati tuæ per apostolica scripta mandamus, quatenus, si ita est, præfatos canonicos instanter moneas, et districtius cogas, ut prælibatis abbati et fratribus præscriptas decimas restituere non postponant, et postmodum, si in ipsis decimis se aliquid juris habere confidant, in præsentia vestra ordine judiciario experiantur, et tu causam audias, et remota appellatione, debito fine decidas.

Data Anagniæ, xvi Kal. Julii.

MXCI.

Ad eumdem. — *Adversus comitem Regitestensem, qui fratres de Jungeriaco infestabat.*

(Anagniæ, Jun. 16.)

[*Ibid.*]

Pervenit ad audientiam nostram ex parte dilectorum filiorum nostrorum abbatis et fratrum S. Medardi Suessionensis quod nobilis vir comes Regitestensis et nepotes ejus in homines eorum de Jungeri indebitas exactiones exercent, et eos jugiter molestare præsumunt, quos etiam capere atque ad redemptionem cogere non verentur. Quia vero ex nostri officii debito viris ecclesiasticis jura sua conservare tenemur, et eos ab injuriis malignantium propensius defensare, fraternitati tuæ per apostolica scripta mandamus, quatenus prædictum comitem et filios ejus moneas et inducas, ut præfatis hominibus ablata universa restituant, et eos de cætero nullatenus molestare præsumant, vel in præsentia tua infra viginti dies post harum susceptionem, appellatione remota, exhibeant justitiæ complementum. Quod si monitis tuis parere contempserint, eos usque ad ablatorum restitutionem et dignam satisfactionem, appellatione cessante, vinculo excommunicationis astringas.

Data Anagniæ, xvi Kal. Junii.

MXCII.

Ad eumdem. — *Ut obligatam pignori terram Phy. de Petrafonte reddi faciat.*

(Anagniæ, Jun. 17.)

[*Ibid.*, col. 983.]

Ex part Phy. de Petrafonte ad aures nostras est querela perlata quod, licet Petrus miles Compendiensis de fructibus cujusdam terræ, quam Phy. ei pignori obligaverat, sortem suam ultra, deductis expensis, receperit, nihilominus tamen terram ipsam detinet occupatam. Quoniam igitur eradicanda sunt vitia, quæ periculum pariunt ani-

---

(60) Id est ecclesiæ cathedralis Suessionensis, quæ SS. martyribus Gervasio et Protasio sacra est.

marum, fraternitati tuæ per apostolica scripta mandamus, quatenus utraque parte coram te convocata, super hoc rei veritatem diligenter inquiras, et si tibi constiterit prædictum Petrum de fructibus præscriptæ terræ sortem suam recepisse, ipsum moneas et appellatione remota, sub excommunicationis districtione compellas, ut eamdem terram præfato Phy. sine dilatione qualibet et exactione restituat, et in pace et quiete dimittat.

Data Anagniæ, xv Kal. Junii.

MXCIII.

Ad eumdem. — Ut Ernaldum, qui violentas in B. canonicum Laudunensem manus intulerat, excommunicatum denuntiet.

(Anagniæ, Jun. 17.)

[*Ibid.*]

Ex relatione dilecti filii B. canonici Laudunensis, ad aures nostras pervenit, quod Ernaldus diabolico furore succensus, violentas in eum manus injecit, et cum propter hoc suo stare mandato jurasset, id efficere postea recusavit. Unde quia tantæ præsumptionis excessum non possumus, nec debemus impunitum relinquere, fraternitati tuæ per apostolica scripta mandamus, quatenus, si res ita se habet, prædictum E. publice, accensis candelis, appellatione remota, excommunicatum denunties, et ab omnibus facias cautius evitari, donec memorato B. de illatis injuriis congrue satisfaciat, et cum litteris tuis apostolico se conspectui repræsentet.

Data Anagniæ, xv Kal. Julii.

MXCIV.

Ad eumdem. — Pro Joanne clerico et Radulfo ejus fratre adversus Lambertum fratrem ipsius.

(Anagniæ, Jun. 18.)
[*Ibid.*, col. 984.]

Venientes ad nos Joannes clericus et Radulfus frater ejus, latores præsentium, adversus Lambertum fratrem suum in audientia nostra deposuere querelam, asserentes quod idem L. eos super quadam domo infra claustrum Catalaunensis ecclesiæ posita, et rebus mobilibus super quadam summa pecuniæ irrationabiliter molestare præsumit. Adjecerunt insuper quod idem L. portionem hæreditatis quæ ipsos paterno et materno jure contingit, et quamdam vineam ad eos pertinentem per violentiam detinet occupatam. Quoniam igitur, qui ex susceptæ servitutis ministerio tenemur omnibus in suo jure diligenter adesse, ecclesiasticis viris specialius cogimur in suis justitiis providere; fraternitati tuæ per apostolica scripta mandamus, quatenus præfatum L. studiose moneas, et ecclesiastica censura compellas, ablata omnia cum fructibus inde perceptis, memoratis fratribus suis sine molestia restituere, aut ipsis exinde coram te, sublato appellationis remedio, sufficientem et plenam justitiam exhibere. Nihilominus etiam eumdem L. monere cures, et ecclesiastica districtione compelle, ut a molestiis prædictorum fratrum suorum super jam dicta domo et rebus mobilibus, et super summa pecuniæ omnino desistat, aut si de jure confidit, coram te cum eis ordine judiciario, appellatione remota, experiatur.

Data Anagniæ, xiv Kal. Julii.

MXCV.

Ad eumdem. — Pro Joanne clerico et Rad. ejus fratre quos injuste excommunicaverat episcopus Catalaunensis

(Anagniæ, Jun. 20.
[*Ibid.*, col. 985.]

Conquerentibus nobis Joanne clerico et Rad. fratre suo, ad nostram noveris audientiam pervenisse, quod licet a præsentia venerabilis fratris nostri Catalaunensis episcopi ad nostram audientiam appellassent, idem tamen episcopus appellationi non deferens, eos auctoritate nostra excommunicatos denuntiavit, et præcepit pro excommunicatis haberi, cum ipse nostras litteras non haberet, quibus eadem auctoritas sibi fuisset indulta. Licet autem, si res ita se habet, eadem sententia non potuisset eos astringere, ipsos tamen quia res erat nobis incognita, ab ipsa sententia absolvi fecimus, tuæ fraternitati mandantes, quatenus eos, appellatione remota, absolutos denunties, et facias pro absolutis haberi, et si tibi constiterit, præfatum episcopum in hoc contra appellationem venisse, ipsum auctoritate nostra et tua, omni contradictione et appellatione remota, compellas, eis expensas necessarias, quas ad nos veniendo, morando vel redeundo fecerunt, in integrum restituere, et veritatem inde nobis significes, ut præsumptionem ejus alias, auctore Domino, punire possimus.

Data Anagniæ, xii Kal. Julii.

MXCVI.

Ad eumdem. — De contentione inter Lessienses et Malbodienses super villæ Anor ecclesia.

(Anagniæ, Jun. 23.)

[*Ibid.*]

Relatum est auribus nostris quod, cum olim quædam ecclesia et villa Anor nomine in confinio prædiorum Lissiensis (61) et Malbodiensis monasteriorum fuerit de novo constructa, de præscripta ecclesia quæstio mota est inter eadem monasteria, cui videlicet monasteriorum ipsorum deberet esse subjecta. Cum autem quæstio coram diœcesano episcopo tractata fuisset, et ab eo hoc modo decisa, ut in cujus prædio post divisionem terminorum eadem ecclesia inveniretur, ei perpetuo subjaceret; post divisionem terminorum, inventa est

---

(61) Lissiensis sive Letiensis ecclesia est insignis abbatia ordinis S. Benedicti in diœcesi Camera-censi, cui præfuit Ludovicus Blosius, scriptis et piis moribus præclarus.

in allodio Malbodiensis monasterii, sed abbas Lisiensis ecclesiam ipsam, sicut judicatum fuerat dimittere noluit, imo eam contra justitiam detinere contendit. Quoniam igitur non decet viros religiosos inferre cuilibet quod nollent ab alio sustinere, fraternitati tuæ per apostolica scripta mandamus quatenus, utraque parte coram te convocata, super his rei veritatem diligenter inquiras, et, si ita tibi constiterit, præfatum abbatem moneas et ecclesiastica districtione compellas, ut præscriptam ecclesiam Malbodiensi monasterio, contradictione et appellatione cessante, restituat, et in pace dimittat, non obstantibus litteris confirmationis nostræ, si quas prædictus abbas de ipsa ecclesia noscitur impetrasse, nisi sententia præfati episcopi fuisset per appellationem suspensa. Si vero per appellationem suspensa fuit, nec infra biennium pars quæ appellavit appellationem interpositam est persecuta, nihilominus sententiam ipsam, appellatione cessante, facias exsecutioni mandari.

Data Anagniæ, ix Kal. Julii.

MXCVII.

Ad eumdem.— Pro G. canonico Laudunensi.

(Anagniæ, Jun. 25.)

[*Ibid.*, col. 986.]

Relatum est auribus nostris quod, cum in Ecclesia Laudunensi certæ portiones ejusdem Ecclesiæ canonicis assignarentur, unde præbendas suas perciperent tandem capitulum ejusdem ecclesiæ tribus ex canonicis in villa quæ dicitur Tavaux, de majori et minori decima et de reditu molendini præbendas concessit et assignavit, retinens sibi collectas, census domorum, capitalia, furnum et quoddam nemus ejusdem villæ propinquum, quæ alicui canonicorum per quinquennium consueverunt sub certa pensione conferri, ita quidem, ut qui ea de assensu capituli possideret, in his plenariam sicut capitulum potestatem haberet, et liceret ei nemus vendere superficietenus, unde partem solveret debitæ pensionis. Cum autem hoc anno G. canonico præscriptæ ecclesiæ quæ supra diximus juxta consuetudinem præscriptæ ecclesiæ assignata fuissent, pars quædam nemoris supradicti exstirpata fuerat, et in arabilem terram reducta, de qua siquidem terra præfati tres canonici ultra portiones sibi assignatas decimam et terragium exigere non verentur. Inde est quod fraternitati tuæ per apostolica scripta mandamus, quatenus illos tres canonicos ab exactione præscriptæ decimæ et terragii ultra portiones sibi assignatas, quantocius revoces, et si quid memorato G. inde subtraxerunt, id sibi restitui facias, aut si de jure confidunt, causam audias, et appellatione remota, concordia vel justitia mediante, decidas.

Data Anagniæ, vii Kal. Julii.

MXCVIII.

Ad eumdem.— Pro fratribus S. Nicasii adversus monachos Elantii.

(Anagniæ, Jul. 8.)

[*Ibid.*, col. 987.]

Dilecti filii nostri abbas et fratres S. Nicasii (62), transmissis nobis litteris, intimarunt quod, cum fratres de Eslans (63) quamdam curtem eorum, quæ Singlis dicitur, ab eis sub annua pensione duorum modiorum frumenti, ipsis in festo S. Remigii ad Remensem mensuram persolvendorum, cum ædificiis et aliis appendiciis suis recepissent, et pactio exinde facta mutuis chirographis cum assensu utriusque capituli, et tuo etiam fuisset privilegio roborata, prædicti fratres præscriptam pensionem septem annis continuis quiete et pacifice persolventes, eam a quatuor annis retro solvere destiterunt. Unde quoniam non decet viros ecclesiasticos alicui propriæ voluntatis arbitrio subtrahere quod se cognoscunt illi debere, fraternitati tuæ per apostolica scripta mandamus, quatenus prædictos fratres moneas, et districte compellas, ut subtractam pensionem memorato abbati et fratribus integre, et sine aliqua molestia et difficultate restituant, et de cætero præscriptam pactionem firmiter et inconcusse observent, vel in præsentia tua plenam exinde sibi justitiam, contradictione et appellatione remota, exhibeant. Verum si potius causam intrare decreverint, partibus ante tuam præsentiam convocatis, eam studiosius audias, et concordia vel mediante justitia, appellatione remota, decidas.

Data Anagniæ, viii Idus Julii.

MXCIX.

Ad eumdem.— De causa inter vicedominum de Pinconio et abbatem Aquicinctensem.

(Anagniæ, Jul. 11.)

[*Ibid.*, col. 988.]

Ex parte vicedomini de Pinconio ad aures nostras pervenit quod, cum ipse abbatem Aquicinctensem super quibusdam possessionibus, quas illicite sibi detinere dicitur, coram venerabili fratre nostro Ambianensi episcopo traxisset in causam, idem abbas ad nostram audientiam appellavit, sed altera parte per suum nuntium veniente, ipse nec venit nec per se responsalem transmisit. Confidentes itaque de prudentia et honestate tua, causam ipsam tuæ sollicitæ discretioni committimus, præsentium tibi auctoritate mandantes, quatenus utraque parte coram te convocata, præscriptam causam diligentius audias, et eam, sublato appellationis remedio, concordia vel justitia mediante, decidas. Si vero prædictus abbas citatus ad præsentiam tuam accedere vel judicio tuo parere contempserit, tu prædictum vicedominum in possessionem eorum de quibus controversia vertitur, appellatione cessante,

---

(62) S. Nicasii haud ignobile cœnobium ordinis S. Benedicti in civitate Remensi, a Gervasio archiepiscopo fundatum.

(63) Elantium monasterium ordinis Cisterciensis in diœcesi Remensi, in quo S. Rogerus abbas clarus miraculis habetur.

inducere non postponas, ut sic prædictus abbas affectus tædio justitiæ stare cogatur.

Data Anagniæ, v Idus Julii.

MC.

Ad eumdem.— Ut infirmis de Mellento curet benedici cœmeterium.

(Anagniæ, Jul. 18.)

[*Ibid.*

Significaverunt nobis infirmi fratres de Mellento, quod cœmeterium non habent, ubi corpora sua possint tradere sepulturæ, rogantes nos humiliter et devote, ut pro eorum cœmeterio benedicendo devotioni tuæ preces porrigeremus. Quia vero decet nos eorumdem tribulationibus et angustiis compati, ne humano auxilio destituantur, qui continuis doloribus affliguntur, fraternitatem tuam per apostolica scripta rogamus attentius et mandamus quatenus divini amoris intuitu, et pro reverentia B. Petri et nostra, cœmeterium ad opus prædictorum infirmorum et familiæ suæ tantum, a quolibet de suffraganeis tuis facias benedici, ita quod iidem fratres propter hoc non cogantur per se vel per suum nuntium ad nostram præsentiam laborare.

Data Anagniæ, xv Kal. Aug.

MCI.

Domum infirmorum fratrum juxta Remensem civitatem commemorantium tuendam suscipit, et nundinas quas Henricus arhciepiscopus juxta eam domum annuatim celebrari concessit, confirmat.

(Anagniæ, Jul. 21.)

[D. MARLOT, *Metropol. Rem.*, II, 400.]

ALEXANDER episcopus, servus servorum Dei, dilectis fidelibus infirmis fratribus juxta Remensem civitatem commorantibus, salutem et apostolicam benedictionem.

Dignum est et consonum rationi ut qui circa omnes injunctæ nobis dispensationis ministerium exercere tenemur, necessitatibus vestris non debeamus deesse, quorum calamitatibus et continuis doloribus paterna mentis affectione compatimur, et subsidium quod cum Deo et justitia possumus, libenti animo impertiamur. Eapropter, dilecti filii, vestris justis postulationibus inclinati, et pietatis officio moti, domum vestram cum omnibus quæ inpræsentiarum rationabiliter possidet, aut in futurum poterit adipisci, sub B. Petri et nostra protectione suscipimus. Præterea nundinas quas venerabilis frater noster Henricus Remensis archiepiscopus ad utilitatem domus vestræ juxta eam domum annuatim celebrari concessit, et scripto suo confirmavit, scilicet a die Paschæ usque ad vesperas sequentis Dominicæ, vobis et per vos domui vestræ apostolica auctoritate confirmamus. Prohibemus autem ut nullus audeat alicui venienti ad casdem nundinas, aut revertenti ab eis, in persona vel rebus suis molestiam vel injuriam irrogare. Sane novalium vestrorum, et horum quæ propriis manibus aut sumptibus colitis de hortis vestris, ac fructibus arborum, et de nutrimentis animalium vestrorum nullus a vobis decimas præsumat exigere. Decernimus ergo ut nulli omnino hominum liceat hanc paginam nostræ protectionis infringere : si quis hoc attentare præsumpserit, indignationem omnipotentis Dei et BB. Petri et Pauli apostolorum ejus se noverit incursurum.

Datum Anagniæ, xii Kal. Aug.

MCII.

Ad Henricum Remensem archiep. — Ut studeat componere pacem inter Ludovicum Francorum et Henricum Anglorum reges.

(Anagniæ, Jul. 21.)
[MARTEN., *Ampl. Collect.*, II, 989.]

Cum de discordia et decertatione quæ inter charissimum in Christo filium nostrum L. illustrem Francorum et Henricum Anglorum reges, et filios ejusdem regis Anglorum instinctu diabolicæ fraudis emersit, toti Christianitati et præsertim Orientali terræ gravissima videamus pericula imminere, et nisi fuerit celeriter Domino faciente sopita, timeamus, quod avertat Dominus ! graviora, nos ad reformationem pacis inter eosdem reges pro nostri officii debito volumus diligenter intendere, et ad hoc idem eos sollicitis monitis et exhortationibus invitare. Nosti siquidem, et omnia regna mundi noverunt, quomodo illa Orientalis terra viribus et laboribus fidelium Christi, qui de Francorum et Anglorum regnis illuc accesserunt, fuerit a paganorum spurcitia liberata, et hactenus ab eorum incursibus per Dei gratiam conservata, et nisi prædicta dissensio celeriter sopiatur, timemus admodum, sicut possumus de ratione timere, ne contra fideles Christi infidelium audacia crescat, et juxta pravum suæ iniquitatis propositum, in ignominiam Christiani nominis illam terram sanctam, illam utique ad quam tuendam et conservandam succingi debet omnium Christianorum devotio, præsumant invadere, cum undique ab inimicis Christi obsessa sit, et anno præterito bis ab eis decursa fuerit, et sicut audisse te credimus combusta, et in locis pluribus devastata. Nos itaque, non solum ista, sed alia plura pericula, juxta officii nostri debitum prævidentes, et cogitantes quomodo occasione prædictæ discordiæ, religionis ordo in eorum regnis et alibi perit, et vigor ecclesiasticæ disciplinæ, et ecclesiarum status dissolutus est et turbatus, venerabilibus fratribus nostris Tarentasiensi (64) archiepiscopo, Claromontensi (65) episcopo, et dilectis filiis Cister-

---

(64) Is erat magnus ille S. Petrus, ex abbate Stamedii creatus archiepiscopus Tarentasiensis, qui sua prudentia etiam Alexandro papæ reconciliavit Fridericum imperatorem, ut constat ex epistolis quæ ad calcem vitæ ejus vidimus in ms. Hardenhousano, exstantque apud Bollandum.

(65) Pontio, qui ante episcopatum erat abbas Clarævallis, nec parum laboravit in reconciliando Friderico imperatore legitimo pontifici, ut videre es in epistola Frederici, quam ipsi edidimus in *Anecdotorum* tom. I.

ciensi abbati (66), et priori Carthusiensi et fratri G. magistro domus militiæ Templi de partibus Cismarinis dedimus in mandatis, ut ipsi omnes, vel aliqui eorum, te et venerabili fratre nostro W. Senonensi archiepiscopo apostolicæ sedis legato sibi adhibitis, præscriptam discordiam ad bonum pacis cum auxilio cœlestis gratiæ reducere satagant, et inter supradictos reges firmam pacem et concordiam stabilire. Quoniam igitur te sicut virum providum et honestum novimus pacem diligere, et ad eam te credimus velle summopere laborare, ne maxime catholicæ unitatis vinculum rescindatur, ad quam conservandam te scimus esse sollicitum et omnibus circumspectum, fraternitatem tuam per apostolica scripta monemus attentius et mandamus, quatenus cum personis religiosis omnibus, vel aliquibus, quas prædiximus, ad reformationem pacis sollicite ac prudenter intendas, et apud præfatum regem Francorum et barones ejus partes tuas divino intuitu, et tuæ salutis obtentu, ita efficaciter interponas, quod per studium et sollicitudinem tuam et eorum quos prædiximus, prædicta discordia ad bonum pacis, cooperante Domino, reducatur, et tu exinde apud Altissimum sempiternæ mercedis fructum valeas adipisci, et apud homines copiosæ laudis gloriam obtinere. Nihil utique posses efficere, in quo tibi major honor proveniret et gloria, et copiosior fructus mercedis æternæ, quam si ad reformandum pacem inter eosdem reges sollicitudinem adhibueris et operam efficacem. Rescriptum autem litterarum, quas super hoc eidem regi Francorum dirigimus, tibi et præfato Senonensi inspiciendum mittimus, ut si videritis expedire, eas ipsi regi faciatis præsentari, alioquin eas retineatis.

Data Anagniæ, v Kalendas Septemb.

MCIII.

Ad eumdem. — Quamdam causam ei committit terminandam.

(Anagniæ, Aug. 3.)

[*Ibid.*, col. 990.]

Ex transmissa conquestione F. Remensis civis nobis innotuit, quod S. burgensis S. Remigii eum super quadam domo, quam sibi quatuor libris et duodecim solidis vendidit, graviter molestare non cessat, licet in venditione sibi fide data promiserit, quod nullam eidem F. per se vel per alios super præscripta domo molestiam vel gravamen inferret, et ei hac occasione damna plurima et gravamina irrogavit. Quia vero periculosum est cuilibet ac saluti contrarium fidem præstitam violare, fraternitati tuæ per apostolica scripta mandamus, quatenus partibus ante tuam præsentiam convocatis, rei veritatem diligenter inquiras, et, si tibi ita esse constiterit, prædictum S. sollicite moneas, et, si necesse fuerit, appellatione remota ecclesiastica districtione compellas, ut memorato F. super præscripta domo nullam molestiam de cætero inferat, vel gravamen; sed ipsum eam sicut fide data promisit, pacifice possidere permittat, ac de damnis datis occasione præscriptæ domus restaurationem sibi faciat competentem, aut exinde secum pacifice amicabiliterque conveniat, vel in præsentia tua, sublato appellationis remedio, exhibeat justitiæ complementum.

Data Anagniæ, xi Kal. Sept.

MCIV.

Ad eumdem.— Ut totis viribus studeat impedire matrimonium inter filium regis Franciæ et filiam Frederici imperatoris.

(Anagniæ, Sept. 6.)

[*Ibid.*, col. 991.]

Cum de contrahendo matrimonio inter filium charissimi in Christo filii nostri L. illustris Francorum regis, et filiam illius F. dicti imperatoris, verbum jam diu sopitum, sicut audivimus, suscitetur, quia ex hoc nobis et Ecclesiæ, nec non etiam Francorum regno scandala timemus et pericula proventura, prudentiam tuam omnimodis sollicitam reddimus et attentam, quasi pro certo tenentes, quod id sine consilio tuo et venerabilis fratris nostri W. Senonensis archiepiscopi apostolicæ sedis legati non poterit consummari. Unde quia de te speciali prærogativa confidimus, et memoratum regem novimus prompto animo tuis consiliis et monitis acquiescere, fraternitatem tuam per apostolica scripta monemus attentius et mandamus, quatenus studiose considerans et attendens, quomodo in hoc tua res agatur, ita labores efficere, ut vel jam dictum negotium revocetur, aut si revocari non poterit, taliter provideatur, quod Ecclesia Dei nullum exinde incommodum sustineat vel jacturam, et tua sollicitudo et vigilantia possit non immerito commendari. Illud autem te præfato regi volumus efficaciter suadere, ut contra inimicos suos de cœlo quærat auxilium, non ab homine : quia divinum auxilium omnino fructuosum et efficax, sed humanum multoties inefficax invenitur, et ita super his sollicitus et studiosus existas, quod sermo tuus in operis efficacia comprobetur, et Ecclesia Dei in hoc sicut in aliis de studio et sollicitudine tua levamen sentiat et augmentum.

Data Anagniæ, viii Idus Septembris.

MCV.

Ad eumdem. — Ut G. episcopus Catalaunensis Horricum admittat ad ecclesiam S. Juliani de Helissia.

(Anagniæ, Sept. 10.)

[*Ibid.*, col. 992.]

Decet nos provisioni Ecclesiarum diligenter intendere, et alios Ecclesiarum prælatos ad hoc idem sollicitis monitis et exhortationibus invitare. Relatum est siquidem auribus nostris quod, cum dilectus filius noster abbas Maurimontensis intuitu Dei et amore inductus, Horricum clericum fratri nostro

---

(66) Alexandro, qui anno 1174 una cum Petro Tarentasiensi, Henricum regem cum filiis reconciliavit.

marum, fraternitati tuae per apostolica scripta mandamus, quatenus utraque parte coram te convocata, super hoc rei veritatem diligenter inquiras, et si tibi constiterit praedictum Petrum de fructibus praescriptae terrae sortem suam recepisse, ipsum moneas et appellatione remota, sub excommunicationis districtione compellas, ut eamdem terram praefato Phy. sine dilatione qualibet et exactione restituat, et in pace et quiete dimittat.

Data Anagniae, xv Kal. Junii.

MXCIII.

Ad eumdem. — *Ut Ernaldum, qui violentas in B. canonicum Laudunensem manus intulerat, excommunicatum denuntiet.*

(Anagniae, Jun. 17.)

[*Ibid.*]

Ex relatione dilecti filii B. canonici Laudunensis, ad aures nostras pervenit, quod Ernaldus diabolico furore succensus, violentas in eum manus injecit, et cum propter hoc suo stare mandato jurasset, id efficere postea recusavit. Unde quia tantae praesumptionis excessum non possumus, nec debemus impunitum relinquere, fraternitati tuae per apostolica scripta mandamus, quatenus, si res ita se habet, praedictum E. publice, accensis candelis, appellatione remota, excommunicatum denunties, et ab omnibus facias cautius evitari, donec memorato B. de illatis injuriis congrue satisfaciat, et cum litteris tuis apostolico se conspectui repraesentet.

Data Anagniae, xv Kal. Julii.

MXCIV.

Ad eumdem. — *Pro Joanne clerico et Radulfo ejus fratre adversus Lambertum fratrem ipsius.*

(Anagniae, Jun. 18.)
[*Ibid.*, col. 984.]

Venientes ad nos Joannes clericus et Radulfus frater ejus, latores praesentium, adversus Lambertum fratrem suum in audientia nostra deposuere querelam, asserentes quod idem L. eos super quadam domo infra claustrum Catalaunensis ecclesiae posita, et rebus mobilibus super quadam summa pecuniae irrationabiliter molestare praesumit. Adjecerunt insuper quod idem L. portionem haereditatis quae ipsos paterno et materno jure contingit, et quamdam vineam ad eos pertinentem per violentiam detinet occupatam. Quoniam igitur, qui ex susceptae servitutis ministerio tenemur omnibus in suo jure diligenter adesse, ecclesiasticis viris specialius cogimur in suis justitiis providere; fraternitati tuae per apostolica scripta mandamus, quatenus praefatum L. studiose moneas, et ecclesiastica censura compellas, ablata omnia cum fructibus inde perceptis, memoratis fratribus suis sine molestia restituere, aut ipsis exinde coram te, sublato appellationis remedio, sufficientem et plenam justitiam exhibere. Nihilominus etiam eumdem L. monere cures, et ecclesiastica districtione compelle, ut a molestiis praedictorum fratrum suorum super jam dicta domo et rebus mobilibus, et super summa pecuniae omnino desistat, aut si de jure confidit, coram te cum eis ordine judiciario, appellatione remota, experiatur.

Data Anagniae, xiv Kal. Julii.

MXCV.

Ad eumdem. — *Pro Joanne clerico et Rad. ejus fratre quos injuste excommunicaverat episcopus Catalaunensis*

(Anagniae, Jun. 20.
[*Ibid.*, col. 985.]

Conquerentibus nobis Joanne clerico et Rad. fratre suo, ad nostram noveris audientiam pervenisse, quod licet a praesentia venerabilis fratris nostri Catalaunensis episcopi ad nostram audientiam appellassent, idem tamen episcopus appellationi non deferens, eos auctoritate nostra excommunicatos denuntiavit, et praecepit pro excommunicatis haberi, cum ipse nostras litteras non haberet, quibus eadem auctoritas sibi fuisset indulta. Licet autem, si res ita se habet, eadem sententia non potuisset eos astringere, ipsos tamen quia res erat nobis incognita, ab ipsa sententia absolvi fecimus, tuae fraternitati mandantes, quatenus eos, appellatione remota, absolutos denunties, et facias pro absolutis haberi, et si tibi constiterit, praefatum episcopum in hoc contra appellationem venisse, ipsum auctoritate nostra et tua, omni contradictione et appellatione remota, compellas, eis expensas necessarias, quas ad nos veniendo, morando vel redeundo fecerunt, in integrum restituere, et veritatem inde nobis significes, ut praesumptionem ejus alias, auctore Domino, punire possimus.

Data Anagniae, xii Kal. Julii.

MXCVI.

Ad eumdem. — *De contentione inter Lessienses et Malbodienses super villae Anor ecclesia.*

(Anagniae, Jun. 23.)

[*Ibid.*]

Relatum est auribus nostris quod, cum olim quaedam ecclesia et villa Anor nomine in confinio praediorum Lissiensis (61) et Malbodiensis monasteriorum fuerit de novo constructa, de praescripta ecclesia quaestio mota est inter eadem monasteria, cui videlicet monasteriorum ipsorum deberet esse subjecta. Cum autem quaestio coram dioecesano episcopo tractata fuisset, et ab eo hoc modo decisa, ut in cujus praedio post divisionem terminorum eadem ecclesia inveniretur, ei perpetuo subjaceret; post divisionem terminorum, inventa est

---

(61) Lissiensis sive Letiensis ecclesia est insignis abbatia ordinis S. Benedicti in dioecesi Cameracensi, cui praefuit Ludovicus Blosius, scriptis et piis moribus praeclarus.

in allodio Malbodiensis monasterii, sed abbas Lissiensis ecclesiam ipsam, sicut judicatum fuerat dimittere noluit, imo eam contra justitiam detinere contendit. Quoniam igitur non decet viros religiosos inferre cuilibet quod nollent ab alio sustinere, fraternitati tuæ per apostolica scripta mandamus quatenus, utraque parte coram te convocata, super his rei veritatem diligenter inquiras, et, si ita tibi constiterit, præfatum abbatem moneas et ecclesiastica districtione compellas, ut præscriptam ecclesiam Malbodiensi monasterio, contradictione et appellatione cessante, restituat, et in pace dimittat, non obstantibus litteris confirmationis nostræ, si quas prædictus abbas de ipsa ecclesia noscitur impetrasse, nisi sententia præfati episcopi fuisset per appellationem suspensa. Si vero per appellationem suspensa fuit, nec infra biennium pars quæ appellavit appellationem interpositam est persecuta, nihilominus sententiam ipsam, appellatione cessante, facias exsecutioni mandari.

Data Anagniæ, ix Kal. Julii.

MXCVII.

Ad eumdem.— Pro G. canonico Laudunensi.

(Anagniæ, Jun. 25.)
[*Ibid.*, col. 986.]

Relatum est auribus nostris quod, cum in Ecclesia Laudunensi certæ portiones ejusdem Ecclesiæ canonicis assignarentur, unde præbendas suas perciperent tandem capitulum ejusdem ecclesiæ tribus ex canonicis in villa quæ dicitur Tavaux, de majori et minori decima et de reditu molendini præbendas concessit et assignavit, retinens sibi collectas, census domorum, capitalia, furnum et quoddam nemus ejusdem villæ propinquum, quæ alicui canonicorum per quinquennium consueverunt sub certa pensione conferri, ita quidem, ut qui ea de assensu capituli possideret, in his plenariam sicut capitulum potestatem haberet, et liceret ei nemus vendere superficietenus, unde partem solveret debitæ pensionis. Cum autem hoc anno G. canonico præscriptæ ecclesiæ quæ supra diximus juxta consuetudinem præscriptæ ecclesiæ assignata fuissent, pars quædam nemoris supradicti exstirpata fuerat, et in arabilem terram reducta, de qua siquidem terra præfati tres canonici ultra portiones sibi assignatas decimam et terragium exigere non verentur. Inde est quod fraternitati tuæ per apostolica scripta mandamus, quatenus illos tres canonicos ab exactione præscriptæ decimæ et terragii ultra portiones sibi assignatas, quantocius revoces, et si quid memorato G. inde subtraxerunt, id sibi restitui facias, aut si de jure confidant, causam audias, et appellatione remota, concordia vel justitia mediante, decidas.

Data Anagniæ, vii Kal. Julii.

MXCVIII.

Ad eumdem.— Pro fratribus S. Nicasii adversus monachos Elantii.

(Anagniæ, Jul. 8.)
[*Ibid.*, col. 987.]

Dilecti filii nostri abbas et fratres S. Nicasii (62), transmissis nobis litteris, intimarunt quod, cum fratres de Eslans (63) quamdam curtem eorum, quæ Singlis dicitur, ab eis sub annua pensione duorum modiorum frumenti, ipsis in festo S. Remigii ad Remensem mensuram persolvendorum, cum ædiciis et aliis appendiciis suis recepissent, et pactio exinde facta mutuis chirographis cum assensu utriusque capituli, et tuo etiam fuisset privilegio roborata, prædicti fratres præscriptam pensionem septem annis continuis quiete et pacifice persolventes, eam a quatuor annis retro solvere destiterunt. Unde quoniam non decet viros ecclesiasticos alicui propriæ voluntatis arbitrio subtrahere quod se cognoscunt illi debere, fraternitati tuæ per apostolica scripta mandamus, quatenus prædictos fratres moneas, et districte compellas, ut subtractam pensionem memorato abbati et fratribus integre, et sine aliqua molestia et difficultate restituant, et de cætero præscriptam pactionem firmiter et inconcusse observent, vel in præsentia tua plenam exinde sibi justitiam, contradictione et appellatione remota, exhibeant. Verum si potius causam intrare decreverint, partibus ante tuam præsentiam convocatis, eam studiosius audias, et concordia vel mediante justitia, appellatione remota, decidas.

Data Anagniæ, viii Idus Julii.

MXCIX.

Ad eumdem.— De causa inter vicedominum de Pinconio et abbatem Aquicinctensem.

(Anagniæ, Jul. 11.)
[*Ibid.*, col. 988.]

Ex parte vicedomini de Pinconio ad aures nostras pervenit quod, cum ipse abbatem Aquicinctensem super quibusdam possessionibus, quas illicite sibi detinere dicitur, coram venerabili fratre nostro Ambianensi episcopo traxisset in causam, idem abbas ad nostram audientiam appellavit, sed altera parte per suum nuntium veniente, ipse nec venit nec per se responsalem transmisit. Confidentes itaque de prudentia et honestate tua, causam ipsam tuæ sollicitæ discretioni committimus, præsentium tibi auctoritate mandantes, quatenus utraque parte coram te convocata, præscriptam causam diligentius audias, et eam, sublato appellationis remedio, concordia vel justitia mediante, decidas. Si vero prædictus abbas citatus ad præsentiam tuam accedere vel judicio tuo parere contempserit, tu prædictum vicedominum in possessionem eorum de quibus controversia vertitur, appellatione cessante,

---

(62) S. Nicasii haud ignobile cœnobium ordinis S. Benedicti in civitate Remensi, a Gervasio archiepiscopo fundatum.

(63) Elantium monasterium ordinis Cisterciensis in diœcesi Remensi, in quo S. Rogerus abbas clarus miraculis habetur.

inducere non postponas, ut sic prædictus abbas affectus tædio justitiæ stare cogatur.

Data Anagniæ, v Idus Julii.

MC.

Ad eumdem. — Ut infirmis de Mellento curet benedici cœmeterium.

(Anagniæ, Jul. 18.)
[*Ibid.*]

Significaverunt nobis infirmi fratres de Mellento, quod cœmeterium non habent, ubi corpora sua possint tradere sepulturæ, rogantes nos humiliter et devote, ut pro eorum cœmeterio benedicendo devotioni tuæ preces porrigeremus. Quia vero decet nos eorumdem tribulationibus et angustiis compati, ne humano auxilio destituantur, qui continuis doloribus affliguntur, fraternitatem tuam per apostolica scripta rogamus attentius et mandamus quatenus divini amoris intuitu, et pro reverentia B. Petri et nostra, cœmeterium ad opus prædictorum infirmorum et familiæ suæ tantum, a quolibet de suffraganeis tuis facias benedici, ita quod iidem fratres propter hoc non cogantur per se vel per suum nuntium ad nostram præsentiam laborare.

Data Anagniæ, xv Kal. Aug.

MCI.

Domum infirmorum fratrum juxta Remensem civitatem commemorantium tuendam suscipit, et nundinas quas Henricus archiepiscopus juxta eam domum annuatim celebrari concessit, confirmat.

(Anagniæ, Jul. 21.)
[D. MARLOT, *Metropol. Rem.*, II, 400.]

ALEXANDER episcopus, servus servorum Dei, dilectis fidelibus infirmis fratribus juxta Remensem civitatem commorantibus, salutem et apostolicam benedictionem.

Dignum est et consonum rationi ut qui circa omnes injunctæ nobis dispensationis ministerium exercere tenemur, necessitatibus vestris non debeamus deesse, quorum calamitatibus et continuis doloribus paterna mentis affectione compatimur, et subsidium quod cum Deo et justitia possumus, libenti animo impertiamur. Eapropter, dilecti filii, vestris justis postulationibus inclinati, et pietatis officio moti, domum vestram cum omnibus quæ inpræsentiarum rationabiliter possidet, aut in futurum poterit adipisci, sub B. Petri et nostra protectione suscipimus. Præterea nundinas quas venerabilis frater noster Henricus Remensis archiepiscopus ad utilitatem domus vestræ juxta eam domum annuatim celebrari concessit, et scripto suo confirmavit, scilicet a die Paschæ usque ad vesperas sequentis Dominicæ, vobis et per vos domui vestræ apostolica auctoritate confirmamus. Prohibemus autem ut nullus audeat alicui venienti ad casdem nundinas, aut revertenti ab eis, in persona vel rebus suis molestiam vel injuriam irrogare. Sane novalium vestrorum, et horum quæ propriis manibus aut sumptibus colitis de hortis vestris, ac fructibus arborum, et de nutrimentis animalium vestrorum nullus a vobis decimas præsumat exigere. Decernimus ergo ut nulli omnino hominum liceat hanc paginam nostræ protectionis infringere : si quis hoc attentare præsumpserit, indignationem omnipotentis Dei et BB. Petri et Pauli apostolorum ejus se noverit incursurum.

Datum Anagniæ, xii Kal. Aug.

MCII.

Ad Henricum Remensem archiep. — Ut studeat componere pacem inter Ludovicum Francorum et Henricum Anglorum reges.

(Anagniæ, Jul. 21.)
[MARTEN., *Ampl. Collect.*, II, 989.]

Cum de discordia et decertatione quæ inter charissimum in Christo filium nostrum L. illustrem Francorum et Henricum Anglorum reges, et filios ejusdem regis Anglorum instinctu diabolicæ fraudis emersit, toti Christianitati et præsertim Orientali terræ gravissima videamus pericula imminere, et nisi fuerit celeriter Domino faciente sopita, timeamus, quod avertat Dominus! graviora, nos ad reformationem pacis inter eosdem reges pro nostri officii debito volumus diligenter intendere, et ad hoc idem eos sollicitis monitis et exhortationibus invitare. Nosti siquidem, et omnia regna mundi noverunt, quomodo illa Orientalis terra viribus et laboribus fidelium Christi, qui de Francorum et Anglorum regnis illuc accesserunt, fuerit a paganorum spurcitia liberata, et hactenus ab eorum incursibus per Dei gratiam conservata, et nisi prædicta dissensio celeriter sopiatur, timemus admodum, sicut possumus de ratione timere, ne contra fideles Christi infidelium audacia crescat, et juxta pravum suæ iniquitatis propositum, in ignominiam Christiani nominis illam terram sanctam, illam utique ad quam tuendam et conservandam succingi debet omnium Christianorum devotio, præsumant invadere, cum undique ab inimicis Christi obsessa sit, et anno præterito bis ab eis decursa fuerit, et sicut audisse te credimus combusta, et in locis pluribus devastata. Nos itaque, non solum ista, sed alia plura pericula, juxta officii nostri debitum prævidentes, et cogitantes quomodo occasione prædictæ discordiæ, religionis ordo in eorum regnis et alibi perit, et vigor ecclesiasticæ disciplinæ, et ecclesiarum status dissolutus est et turbatus, venerabilibus fratribus nostris Tarentasiensi (64) archiepiscopo, Claromontensi (65) episcopo, et dilectis filiis Cister-

---

(64) Is erat magnus ille S. Petrus, ex abbate Stamedii creatus archiepiscopus Tarentasiensis, qui sua prudentia etiam Alexandro papæ reconciliavit Fridericum imperatorem, ut constat ex epistolis quæ ad calcem vitæ ejus vidimus in ms. Hardenhousano, exstantque apud Bollandum.

(65) Pontio, qui ante episcopatum erat abbas Claræ-vallis, nec parum laboravit in reconciliando Friderico imperatore legitimo pontifici, ut videre est in epistola Frederici, quam ipsi edidimus in *Anecdotorum* tom. I.

ciensi abbati (66), et priori Carthusiensi et fratri G. magistro domus militiæ Templi de partibus Cismarinis dedimus in mandatis, ut ipsi omnes, vel aliqui eorum, te et venerabili fratre nostro W. Senonensi archiepiscopo apostolicæ sedis legato sibi adhibitis, præscriptam discordiam ad bonum pacis cum auxilio cœlestis gratiæ reducere satagant, et inter supradictos reges firmam pacem et concordiam stabilire. Quoniam igitur te sicut virum providum et honestum novimus pacem diligere, et ad eam te credimus velle summopere laborare, ne maxime catholicæ unitatis vinculum rescindatur, ad quam conservandam te scimus esse sollicitum et omnibus circumspectum, fraternitatem tuam per apostolica scripta monemus attentius et mandamus, quatenus cum personis religiosis omnibus, vel aliquibus, quas prædiximus, ad reformationem pacis sollicite ac prudenter intendas, et apud præfatum regem Francorum et barones ejus partes tuas divino intuitu, et tuæ salutis obtentu, ita efficaciter interponas, quod per studium et sollicitudinem tuam et eorum quos prædiximus, prædicta discordia ad bonum pacis, cooperante Domino, reducatur, et tu exinde apud Altissimum sempiternæ mercedis fructum valeas adipisci, et apud homines copiosæ laudis gloriam obtinere. Nihil utique posses efficere, in quo tibi major honor proveniret et gloria, et copiosior fructus mercedis æternæ, quam si ad reformandum pacem inter eosdem reges sollicitudinem adhibueris et operam efficacem. Rescriptum autem litterarum, quas super hoc eidem regi Francorum dirigimus, tibi et præfato Senonensi inspiciendum mittimus, ut si videritis expedire, eas ipsi regi faciatis præsentari, alioquin eas retineatis.

Data Anagniæ, v Kalendas Septemb.

MCIII.

Ad eumdem. — *Quamdam causam ei committit terminandam.*

(Anagniæ, Aug. 3.)
[*Ibid.*, col. 990.]

Ex transmissa conquestione F. Remensis civis nobis innotuit, quod S. burgensis S. Remigii eum super quadam domo, quam sibi quatuor libris et duodecim solidis vendidit, graviter molestare non cessat, licet in venditione sibi fide data promiserit, quod nullam eidem F. per se vel per alios super præscripta domo molestiam vel gravamen inferret, et ei hac occasione damna plurima et gravamina irrogavit. Quia vero periculosum est cuilibet ac saluti contrarium fidem præstitam violare, fraternitati tuæ per apostolica scripta mandamus, quatenus partibus ante tuam præsentiam convocatis, rei veritatem diligenter inquiras, et, si tibi ita esse constiterit, prædictum S. sollicite moneas, et, si necesse fuerit, appellatione remota ecclesiastica districtione compellas, ut memorato F. super præscripta domo nullam molestiam de cætero inferat, vel gravamen; sed ipsum eam sicut fide data promisit, pacifice possidere permittat, ac de damnis datis occasione præscriptæ domus restaurationem sibi faciat competentem, aut exinde secum pacifice amicabiliterque conveniat, vel in præsentia tua, sublato appellationis remedio, exhibeat justitiæ complementum.

Data Anagniæ, xi Kal. Sept.

MCIV.

Ad eumdem. — *Ut totis viribus studeat impedire matrimonium inter filium regis Franciæ et filiam Frederici imperatoris.*

(Anagniæ, Sept. 6.)
[*Ibid.*, col. 991.]

Cum de contrahendo matrimonio inter filium charissimi in Christo filii nostri L. illustris Francorum regis, et filiam illius F. dicti imperatoris, verbum jam diu sopitum, sicut audivimus, suscitetur, quia ex hoc nobis et Ecclesiæ, nec non etiam Francorum regno scandala timemus et pericula proventura, prudentiam tuam omnimodis sollicitam reddimus et attentam, quasi pro certo tenentes, quod id sine consilio tuo et venerabilis fratris nostri W. Senonensis archiepiscopi apostolicæ sedis legati non poterit consummari. Unde quia de te speciali prærogativa confidimus, et memoratum regem novimus prompto animo tuis consiliis et monitis acquiescere, fraternitatem tuam per apostolica scripta monemus attentius et mandamus, quatenus studiose considerans et attendens, quomodo in hoc tua res agatur, ita labores efficere, ut vel jam dictum negotium revocetur, aut si revocari non poterit, taliter provideatur, quod Ecclesia Dei nullum exinde incommodum sustineat vel jacturam, et tua sollicitudo et vigilantia possit non immerito commendari. Illud autem te præfato regi volumus efficaciter suadere, ut contra inimicos suos de cœlo quærat auxilium, non ab homine : quia divinum auxilium omnino fructuosum et efficax, sed humanum multoties inefficax invenitur, et ita super his sollicitus et studiosus existas, quod sermo tuus in operis efficacia comprobetur, et Ecclesia Dei in hoc sicut in aliis de studio et sollicitudine tua levamen sentiat et augmentum.

Data Anagniæ, viii Idus Septembris.

MCV.

Ad eumdem. — *Ut G. episcopus Catalaunensis Horricum admittat ad ecclesiam S. Juliani de Helissia.*

(Anagniæ, Sept. 10.)
[*Ibid.*, col. 992.]

Decet nos provisioni Ecclesiarum diligenter intendere, et alios Ecclesiarum prælatos ad hoc idem sollicitis monitis et exhortationibus invitare. Relatum est siquidem auribus nostris quod, cum dilectus filius noster abbas Maurimontensis intuitu Dei et amore inductus, Horricum clericum fratri nostro

---

(66) Alexandro, qui anno 1174 una cum Petro Tarentasiensi, Henricum regem cum filiis reconciliavit.

G. Catalaunensi episcopo ad ecclesiam S. Juliani de Helissia praesentasset, episcopus ipsum recipere recusavit, non aliam causam praetendens, nisi quia idem Horricus non erat in sacerdotis officio constitutus. Unde quoniam non est conveniens ut provisio clericorum pro tali causa impediatur, qui ecclesiastico sunt beneficio destituti, praesertim cum postquam ecclesias adepti fuerint, ad sacerdotii gradum velint et valeant provehi, fraternitati tuae per apostolica scripta mandamus, quatenus praefato episcopo per litteras tuas ex parte nostra et tua injungas, ut praefatum Horricum, nisi manifesta et rationabilis causa praepediat, ad praelibatam ecclesiam, occasione et appellatione remota, restituat, et ei curam animarum committat, si modo eidem ecclesiae in persona propria deserviturus velit et possit infra congruum tempus in presbyterum promoveri.

Data Anagniae, IV Id. Sept.

MCVI.

Ad eumdem. — Pro H. thesaurario Antissiodorensi.
(Anagniae, Oct. 26.)

[*Ibid.*]

Dilectus filius noster H. Antissiodorensis ecclesiae thesaurarius, praesentium lator, ad nos accedens, sua nobis assertione proposuit quod, cum quidam de servis patris sui a terra ipsius aliena loca inhabitanda confugissent, idem pater suus ei servos illos concessit habendos, unde a nobis suppliciter postulavit ut, ad justitiam suam de illis obtinendam, ei apostolicae sedis deberemus suffragium exhibere. Quia igitur, quantum in nobis est, nullatenus sustinere debemus, ut idem thesaurarius suo jure fraudetur, fraternitati tuae per apostolica scripta mandamus quatenus, si praedictos servos alicubi infra tuam dioecesim morari cognoveris, ipsos moneas et appellatione remota districte compellas, ut ad praelibatum thesaurarium accedentes, ei tanquam Domino suo debitum servitium exhibeant, aut sub examine tuo justitiae faciant complementum, et tu causam audias, et eam justitia mediante decidas. Verum si praedicti servi legitime citati ad praesentiam tuam accedere, vel judicio tuo parere noluerint, tu eos et illos pariter qui ipsos contra mandatum tuum fovere praesumpserint, excommunicationi subjicias, et per totam dioecesim tuam facias sicut excommunicatos cautius evitari.

Data Anagniae, VII Kal. Nov.

MCVII.

Ad presbyteros et clericos per Angliam et cismarinam terram regis Anglorum constitutos. — Ut rex Anglorum filiis suis ipsorum uxores restituat.

(Mansi, *Concil.*, XXI, 1032.)

Alexander episcopus, servus servorum Dei, venerabilibus fratribus archiepiscopis, episcopis, et dilectis filiis suis abbatibus, et aliis ecclesiarum praelatis, et universo clero per Angliam et Cismarinam terram illustris regis Anglorum constitutis salutem et apostolicam benedictionem.

Non est vobis, sicut arbitramur, incognitum, qualiter Henricus illustris Anglorum rex pro discordia quae inter ipsum et filios suos peccatis exigentibus est suborta, uxores eorum, filias videlicet charissimi in Christo filii Ludovici illustris regis Francorum detineat : pro quibus sibi restituendis idem rex Francorum et filii praedicti regis Anglorum generi sui, preces nobis sollicitas porrexerunt. Nos itaque studiosius attendentes justum et honestum existere ut viri suas uxores repetere debeant; et precibus ejusdem regis Francorum et generorum suorum, non solum in his quae ex officii debito tenemur efficere, sed etiam in omnibus quae a justitia non discordant, volentes prompto animo acquiescere, praefatum regem Angliae studiose satis et attente monuimus, eique dedimus in mandatis, ut ad commonitionem venerabilium fratrum nostrorum Tarentasiensis archiepiscopi, Claremontensis episcopi, et dilecti filii Carthusiensis prioris, vel loco ejus, prioris de Monte Dei, si ipse adesse non poterit, vel duorum ex his, si tres non potuerint interesse, filiis suis uxores infra XL dies post litterarum nostrarum susceptionem restituere non postponat. Si vero eas infra praescriptum terminum viris suis non restituerit, apostolica auctoritate praecipimus ut tota provincia infra quam detinentur, et ad quam transferentur, quandiu ibi fuerint, donec viris suis restituantur, ab omnibus divinis officiis, praeter baptisma parvulorum et poenitentiam morientium, cesset. Inde est quod universitati vestrae per apostolica scripta praecipiendo mandamus, et mandando praecipimus, quatenus eumdem regem Anglorum ad eas restituendas sollicitis monitis et exhortationibus inducatis, proponentes ei quod non minus sibi expedit eas restituere quam viris suis ipsas recipere. Et si juxta commonitionem et mandatum nostrum filiis suis uxores eorum infra terminum constitutum non restituerit, et tunc in quacunque provinciarum vestrarum detinentur, vel ad quas transferentur, donec ibi fuerint, nulla divina officia, praeter baptisma parvulorum et poenitentias morientium celebretis, vel permittatis ab aliis celebrari, omni super his contradictione et appellatione cessante. Scituri pro certo quia, si qui contra interdictum nostrum, quod non credimus, venire tentaverint, suae temeritatis et transgressionis poenam debitam auctore Domino reportabunt.

ANNO 1174.

MCVIII.

Ad Gerardum abbatem et universum conventum Clarevallensem. — Bernardum abbatem in numerum sanctorum relatum nuntiat

(Anagniae, Jan. 18. — Exstat haec bulla inter appendices ad Opera S. Bernardi. Vide *Patr.*, t. CLXXXV, col. 624.)

MCIX.
Ad universos ordinis Cisterciensis abbates. — Ejusdem argumenti.
(Anagniæ, Jan. 18. —Vide *ibid.*, col. 623.)

MCX.
Ad archiepiscopos, episcopos, abbates aliosque Ecclesiarum prælatos in regno Francorum constitutos. — Similis argumenti.
(Anagniæ, Jan. 18. — Vide *ibid.*, col. 622.)

MCXI.
Ad Ludovicum Francorum regem. — Ejusdem argumenti.
(Anagniæ, Jan. 18. — Vide *ibid.*, col. 623.)

MCXII.
Ad Henricum Remensem archiep. — Pro Cluniacensi monasterio.
(Anagniæ, Jan. 21.)
[Marten., *Ampl. Collect.*, II, 999.]

Quanto Cluniacense monasterium ad jurisdictionem B. Petri et provisionem atque tutelam nostram specialius pertinere probatur, tanto jura ipsius manutenere propensius et conservare tenemur, et a malignantium incursibus defensare : quia congruam officii nostri actionem prosequimur, cum ea sollicite agimus, quæ sollicitudini nostræ imminere noscuntur. Inde est quod universitati vestræ per apostolica scripta præcipiendo mandamus, et mandando præcipimus, quatenus eos clericos sive laicos, qui prioratus, ecclesias et alias possessiones, quæ ad Cluniacense monasterium pertinent, locatas vel commendatas habent sine assensu capituli Cluniacensis vel majoris et sanioris partis, instantissime commoneatis, inducere modis omnibus laboretis, ut eas Cluniacensi monasterio, si de possessionibus locatis, deductis expensis, perceperunt, quod pro earum locatione dederunt, occasione et contradictione cessante, restituant, et in pace deinceps et quiete dimittant. Quod si monitis nostris obtemperare contempserint, eos nullius appellatione vel refragatione obstante, apostolica auctoritate excommunicatos denuntietis, et sententiam ipsam usque ad dignam satisfactionem faciatis inviolabiliter observari.
Data Anagniæ, xii Kal. Februarii.

MCXIII.
Ad eumdem. — Ut scholæ Regitestenses monachis S. Remigii conserventur.
(Anagniæ, Jan. 28.)
[*Ibid.*]

Significavit nobis abbas S. Remigii quod nobilis vir comes Regitestensis scholam ejusdem castri, quam pater suus post decessum Gal. qui eam tenebat, monachis suis in eodem castro manentibus pia liberalitate reliquit, ausu temeritatis auferre præsumit. Unde quia universis Dei fidelibus, et præcipue viris religiosis in suo jure adesse debemus, fraternitati tuæ per apostolica scripta mandamus, quatenus, si ita est, prædictum virum instanter moneas, et si necesse fuerit appellatione remota, a sub anathematis districtione compellas, ut memoratis monachis præscriptam scholam restituant, et eis super hoc nullam inferant ulterius molestiam vel gravamen. Præterea nobilem virum Anselmum de Possessa moneas diligentius et inducas, ut hominibus prædicti abbatis manentibus in villa quæ dicitur Aisencella novas vel indebitas consuetudines imponere nulla ratione præsumat. Quod si ausu nefario præsumpserit, ejus præsumptionem animadversione debita punias et castiges.
Data Anagniæ, v Kal. Februarii.

MCXIV.
Ad eumdem. — Pro abbate S. Remigii adversus homines sibi subditos.
(Anagniæ, Jan. 29.)
[*Ibid.*, col. 1000.]

Significatum est nobis ex parte dilecti filii nostri abbatis S. Remigii, quod, cum [in civitate Catalaunensi ditissimos homines habeat, in contumacia sunt et superbiam tantam elati, quod ei servire contemnunt, sicut antecessoribus suis ipsi et antecessores eorum servire consueverunt. Unde quoniam iniquum est, et nullatenus in patientia tolerandum, ut prædictus abbas debitis servitiis defraudetur, fraternitati tuæ per apostolica scripta mandamus, quatenus prædictos viros moneas, et sub anathematis districtione, appellatione remota, compellas, ut præfato abbati servitia, quæ ipsi et antecessores eorum sibi et suis antecessoribus soliti sunt exhibere, sine molestia et contradictione reverenter et devote exhibeant. Si autem rationabilem causam ostenderint, quare illi servire non debeant, eam diligentius audias, et exinde statuas, quod ratio dictaverit æquitatis.
Data Anagniæ, iv Kal. Februarii.

MCXV.
Ad eumdem. — Adversus plures qui monasterium S. Remigii vexabant.
(Anagniæ, Jan. 29.)
[*Ibid.*, col. 1001.]

Insinuatum est auribus nostris quod Gaufridus de Jacnvilla et filius ejus villam monasterii S. Remigii, quæ Corcellis dicitur, injuste opprimunt, et abbati ejusdem monasterii injurias et damna plurima inferre præsumunt. Willelmus vero de Meallen, Josbertus de Calvomonte et filius ejus, et G. de Noelli, prædictum monasterium damnificare non verentur. Radulfus autem de Cuz·io eidem monasterio consuetudines detestabiles et pravas imponit, et lx solidos, quos pro castello de Cuzeio in festo S. Remigii tenetur annuatim persolvere, singulis annis differt reddere, non sine damno monasterii ultra terminum constitutum. Quoniam igitur in eo loco in officio sumus, quanquam immeriti, providente Domino, constituti, ut jura universorum et maxime religiosorum virorum diligenti debeamus sollicitudine conservare, fraternitati tuæ per apostolica scripta mandamus, quatenus præfatum G. et filium ejus,

W. et Josbertum filium ipsius, et G. de Nuelli instanter moneas et inducas, ut jura prælibati monasterii nulla ratione diminuant vel perturbent, aut indebitis fatigent molestiis, sed data damna resarciant, ablata universa restituant, et de injuriis illatis congrue satisfaciant, aut sub tuæ discretionis examine plenam exinde sibi justitiam, appellatione remota, exhibeant. Radulfum vero de Cuzeio, ut monasterio detestabiles vel pravas consuetudines non imponat, et debitum censum tempore statuto sine diminutione persolvat, diligenter monere et inducere studeas. Si autem ipse et alii quos prædiximus, monitis acquiescere forte contempserint, eos, nullius appellatione obstante, vinculo excommunicationis astringas, et sententiam ipsam usque ad dignam satisfactionem facias inviolabiliter observari.

Ad hæc ex parte prædicti abbatis nostri est auribus intimatum quod Gal. Bertot monasterio suo magnas possessiones abstulit, pro quibus auctoritate sanctæ memoriæ Patris et prædecessoris nostri Eugenii papæ excommunicationis fuit vinculo innodatus. Unde quoniam ecclesiastica sententia, quæ in malefactores pro suis excessibus de auctoritate Romani pontificis promulgatur, rata debet et firmiter consistere, et eam usque ad dignam satisfactionem firmitatis robur necesse est obtinere, nihilominus sollicitudini tuæ præsentium significatione injungimus ut, si ita est, prædictum G. publice in ecclesia tua excommunicatum denunties, et usque ad dignam satisfactionem facias cautius evitari, et dilecto filio nostro Cameracensi electo, ut hoc idem in sua ecclesia faciat, auctoritate nostra et tua firmiter et districte injungas. Præterea, sicut nobis est intimatum, comes Gisebaldus de Ruceio monasterio prælibato xx solidos, quos ei debet annuatim pro censu a quindecim annis retro subtraxit, et damnum sexaginta libr. et eo amplius irrogavit, et hominibus ejusdem monasterii frequentibus rapinis et exactionibus gravamina importabilia inferre præsumit, cum ad restituendum quod de censu statuto subtraxit, et ad eumdem censum in integrum deinceps persolvendum et ad restaurandum damnum sexaginta libr. et ad alia restituenda quæ per rapinas et exactiones noscitur extorsisse, vel ad justitiam super his exhibendam cum omni instantia moneas, et studiose inducas. Quem, si neutrum efficere forte voluerit, anathematis gladio ferias, donec suum corrigat digna satisfactione reatum.

Data Anagniæ, iv Kal. Februarii.

MCXVI.

Ecclesiam S. Mariæ Montisdesiderii, ordinis Cluniacensis, tuendam suscipit, ejusque bona omnia ac jura confirmat.

(Anagniæ, Febr. 1.)

[*Bullar. Cluniac.*, p. 73.]

ALEXANDER episcopus, servus servorum Dei, dilectis filiis BERENGARIO priori ecclesiæ Sanctæ Mariæ Montisdesiderii, ejusque fratribus, tam præsentibus quam futuris, regularem vitam professis, in perpetuum.

Suscepti regiminis administratione compellimur, etc. Eapropter, dilecti in Domino filii, vestris justis postulationibus clementer annuimus, et ecclesiam vestram, in quo divino mancipati estis obsequio, sub beati Petri et nostra protectione suscipimus, et præsentis scripti privilegio communimus. In primis siquidem statuentes ut ordo monasticus, qui in ecclesia vestra secundum Deum et beati Benedicti Regulam, et institutionem Cluniacensium fratrum institutus esse dignoscitur, perpetuis ibidem temporibus inviolabiliter observetur. Præterea quascunque possessiones, etc., in quibus hæc propriis duximus exprimenda vocabulis:

In primis locum ipsum in quo præscripta ecclesia sita est cum omnibus pertinentiis suis; ecclesiam videlicet Beatæ Mariæ cum tredecim præbendis, quas solebant habere canonici sæculares, illamque quam olim habuerunt magistri scholarum in castro Montisdesiderii, qui scholas regebant, vel pro ipsa præbenda triginta solidos Provinienses, regimen scholarum, unctionis oleum, ecclesiam Sancti Petri cum atrio, et decima et censu decem et septem solidorum, quos singulis annis presbyteri illius ecclesiæ solvere debent; de oblationibus vero altaris sancti Petri jam a multis annis statutum est ut quinque partes earum, quæ scilicet ad missas pro vivis offeruntur monachis, sexta vero pars presbyteris cederet; de his autem quæ ad missas pro defunctis veniunt media pars monachorum, altera presbyterorum esset; quod etiam ne ab aliquo mutaretur, Xarinus bonæ memoriæ Ambianensis episcopus sub anathemate interdixit; et ecclesiam quoque Sancti Sepulcri cum altari, et atrio et decima, ecclesiam de Farelli cum curte, altari et atrio et decima tota, ecclesiam de Villa cum capella du Maisnil, cum altaribus et atriis et decimis, ecclesiam quoque de Nova Villa cum altari et atrio et tota decima, ecclesiam quoque de Fretcio cum altari et atrio et decima, ecclesiam de Dommalich cum altari et atrio et tota decima, ecclesiam de Esteltay cum altari et atrio et tota decima, ecclesiam quoque de Domna Petra cum altari et atrio et tota decima, ecclesiam quoque de Brach cum altari et atrio, totaque decima, ecclesiam de Souviller, cum capella d'Aubviller quæ subjecta est ei cum altaribus, atriis et decimis, ecclesiam quoque de Contorio cum altari et atrio, et tota decima, medietatem ecclesiarum de Annethi et de Fenerii, et altarium et minutarum decimarum, ecclesiam de Cais cum altari et atrio, et duabus partibus totius majoris decimæ; item villam de Curcellis cum appendiciis suis; apud Montisdesiderium molendinum de ponte, et singulis hebdomadis tres denarios Viromandensis monetæ ad teloneum, panis apud Contorium, medietatem molendini de Prato; apud Forsenviller totum allodium in terris et nemoribus, quod dedit Elizabeth Rabies, item decimam de Spatenis per manum venerabilis fratris nostri Odonis Belvacensis episcopi, petitione Rodulphi Viromandorum comitis, necnon Yvonis Suessionensis comitis, a vobis susceptam; item in episcopatu Ambianensi majorem decimam de Septemfortis, terragium de Plenivilla, et quinque modios frumenti ad molendinum novum de eleemosyna Roberti de Tournella et reditus segetis de Corbeiis. Apud Centorium molendini superioris medietatem, et aquæ et mares ad jus ipsius pertinentes; apud Leplessis Rodulphi Vitali tres partes terragii de Goy. Apud Montisdesiderium medietatem molendini cognomento Engelrani. Sepulturam quoque ipsius loci liberam esse decernimus, ut eorum devotioni et extremæ voluntati, qui se illic sepeliri deliberaverint, nisi forte excommunicati vel interdicti sint, nullus obsistat; salva tamen justitia illarum ecclesiarum a quibus corpora mortuorum assumuntur. Cum autem generale interdictum terræ fuerit, liceat vobis, clausis januis, exclusis excommunicatis et interdictis, non pulsatis campanis, suppressa voce divina officia celebrare. Sane novalium vestrorum quæ propriis manibus aut sumptibus colitis sive de nutrimentis animalium vestrorum nullus a vobis decimas exigere præsumat.

Decernimus ergo, etc., salva sedis apostolicæ auctoritate. Si qua igitur in futurum, etc.

Datum Anagniæ, per manum Gratiani sanctæ Romanæ Ecclesiæ subdiaconi et notarii, v Nonas Februarii, indictione vii, Incarnationis Dominicæ anno 1173, pontificatus vero domni Alexandri papæ III anno xv.

MCXVII.
Monasterii S. Mariæ Lischensis bona omnia confirmat.

(Anagniæ, Febr. 12.)

[Hugo, *Ann. ord. Præm.*, II, 31.]

Alexander episcopus, servus servorum Dei, dilecto filio Roberto abbati ecclesiæ Sanctæ Mariæ de Liskes, ejusque fratribus Præmonstratensis ordinis, Morinensis diœcesis, salutem et apostolicam benedictionem.

Justis religiosorum desideriis consentire ac rationabiliter eorum petitionibus clementer annuere, apostolicæ sedis, cui largiente Domino deservimus, auctoritas et fraterna charitas nos hortatur. Eapropter, dilecti in Domino filii, vestris justis postulationibus gratum impertientes assensum, præfatam ecclesiam, in qua divino mancipati estis obsequio, ad exemplar prædecessoris nostri felicis memoriæ Adriani papæ, sub beati Petri et nostra protectione suscipimus et præsentis scripti privilegio communimus. In primis siquidem statuentes ut ordo canonicus, qui secundum Deum et Regulam beati Augustini, atque consuetudinem Præmonstratensis Ecclesiæ in eodem loco dignoscitur institutus, perpetuis ibidem temporibus inviolabiliter observetur. Præterea quascunque possessiones, quæcunque bona in præsentiarum juste et canonice possidet, aut in futurum concessione pontificum, largitione regum vel principum, oblatione fidelium, seu aliis justis modis, præstante Domino, poterit adipisci, firma vobis vestrisque successoribus, et illibata permaneant. In quibus hæc propriis duximus exprimenda vocabulis:

Locum ipsum in quo memorata ecclesia sita est, cum omnibus pertinentiis suis, ex dono Drogonis quondam Morinensis episcopi, altare de Liskes cum tertia parte decimæ ejusdem parochiæ, et cum aliis partibus quas ibidem juste habetis ex dono Roberti de Hamis et Balduini filii ejus, terras in eadem parochia, terras ex dono Eustachii de Liskes tam in dicta parochia quam in villa de Lostinguec, etc.

Datum Anagniæ, per manum Gratiani sanctæ Romanæ Ecclesiæ subdiaconi et notarii, n Idus Februarii, indictione n, Incarnationis Dominicæ anno 1173, pontificatus vero domni Alexandri papæ III anno xv.

MCXVIII.
Ad Henricum Remensem archiep. — Ut C. comitissæ Tolosanæ, si eam honorifice recipiat comes, persuadeat, ut ad virum quem reliquerat redeat.

(Anagniæ, Febr. 14.)

[Marten., *Ampl. Collect.*, II, 1003.]

Referente nobis dilecta in Christo filia nostra nobili muliere C. comitissa Tolosana, sorore tua, quod ipsa disposuerat caste vivere, pro eo quod nobilis vir Tolosanus comes vir suus ei fidem non servet, sed aliis mulieribus se conjungat illicite, eamdem comitissam satis attente monuimus, ut ad virum suum rediret. Verum quia ipsa nostris in hac parte monitis noluit acquiescere, donec præfatus comes viam hujus pravitatis ac dissolutionis reliquat, eidem comiti apostolicæ exhortationis scripta direximus, ut, hujusmodi via penitus prætermissa, prædictam comitissam uxorem suam per magnos et honorabiles nuntios, missis ei et tibi litteris suis, ad se honorifice, prout convenit, revocet, data plenaria cautione, quod eamdem comitissam, prout decet tantam et tam nobilem dominam, decenter debeat et honeste tractare. Venerabilibus quoque fratribus nostris [Pontio] Narbonensi archiepiscopo et [Adelberto] Nemausensi episcopo, et dilecto filio R. S. Mariæ in Via Lata diacono cardinali dedimus in mandatis, ut cumdem comitem ad hoc faciendum movere studeant et diligenter inducere, et quidquid inde illi invenerint, nobis et tibi per litteras significare nullatenus prætermittant. Rogamus itaque fraternitatem tuam, monemus et exhortamur attentius, quatenus si præfatus comes jam dictam comitissam honorifice, sicut diximus, ad se duxerit revocandam, tu eam fraterna exhortatione commoneas, et diligenter inducas, ut ad præfatum comitem redeat: quia non est conveniens vel honestum, ut uxor debeat sine viro suo manere, dummodo ab eodem viro ita honorifice teneatur, quod justam causam ab ipso non habeat recedendi.

Data Anagniæ, xvi Kal. Martii.

MCXIX.

Ad eumdem. — Declarat F. ejus parochianum illi nunquam detraxisse in curia.

(Anagniæ, Febr. 22.)

[*Ibid.*, col. 1004.]

Lator præsentium F., parochianus tuus, lacrymis nobis proposuit adversus eum te graviter esse commotum, pro eo quod tibi fuerit falsa relatione suggestum, ipsum tibi in nostra curia detraxisse. Unde cum omnino sit impium et iniquum innocentem nocentibus adjici, aut innoxium sanguinem condemnari, nos providere volentes, ne quamlibet pœnam reportet, unde alicujus criminis maculam non contraxit, fraternitatem tuam monemus et mandamus, quatenus si quam indignationem vel animi rancorem adversus eumdem F., quod non credimus, concepisti, cum præsertim non sit dignus Cæsaris ira, ipsum sibi divino intuitu et pro reverentia beati Petri et nostra pia benignitate remittas, eique restituas gratiam et amorem, et eum non impedias, nec impediri permittas, quominus jus suum tam de medietate domus, quam de aliis super quibus ipse conqueritur sub examine delegatorum judicum valeat adipisci. Nunquam sane occurrit memoriæ nostræ quod tibi detraxerit, vel in aliquo contra tuam fuerit locutus dignitatem.

Data Anagniæ, viii Kal. Martii.

MCXX.

Bulla de ecclesia S. Petri Antissiodorensi recens abbatiæ nomine insignita.

(Anagniæ Febr. 25.)

[*Gall. Christ.*, XII, Instr. 134.]

ALEXANDER episcopus, servus servorum Dei, dilectis filiis O. abbati et fratribus S. Petri Antissiodorensis, salutem et apostolicam benedictionem.

Ea quæ ad honorem et profectum Ecclesiarum rationabili providentia statuuntur approbare, et ut debitam obtineant firmitatem auctoritate apostolica roborare nos decet. Audivimus autem quod venerabilis frater noster Willelmus Antissiodorensis episcopus, ad preces vestras et venerabilis fratris nostri Senonensis archiepiscopi, apostolicæ sedis legati, ecclesiam vestram de decanatu in abbatiam mutavit, et ut in ea abbas de cætero et non decanus ordinetur firmiter instituit observandum, quam quidem institutionem sicut rationabiliter facta est, nos ratam et firmam habentes eam præsentis scripti munimine roboramus, statuentes ut ordo canonicus qui in eadem Ecclesia secundum Deum et B. Augustini Regulam noscitur institutus, perpetuis ibidem temporibus inviolabiliter observetur. Nihilominus ecclesiam de Venosa cum capellania de Rouvre sicut etiam in præsentiarum rationabiliter possidetis vobis et per vos ecclesiæ vestræ auctoritate apostolica confirmamus. Decernimus ergo ut nulli omnino hominum liceat hanc paginam nostræ constitutionis, etc.

Datum Anagniæ, v Kalendas Martii, indictione vii.

MCXXI.

Ad Henricum Remensem archiep. — Ut satisfiat monasterio Gorziensi de illatis injuriis a G. de Aspero-monte.

(Anagniæ, Febr. 28.)

[MARTEN., *Ampl. Collect.*, II, 1004.]

Dilecti filii abbas et fratres monasterii Gorziensis (67) transmissa nobis conquestione monstrarunt quod nobilis vir G. de Aspero-monte ecclesias et villas ipsorum multipliciter inquietare, et homines eorumdem ad redemptionem cogere non formidat, et præter hæc præfatum monasterium in c marcis argenti damnificavit. Quoniam igitur ex injuncto nobis apostolatus officio tenemur omnium jura, et maxime religiosorum, qui in medio schismaticorum constituti, ab unitate sacrosanctæ Romanæ Ecclesiæ non recedunt, pastorali sollicitudine defensare, fraternitati tuæ per apostolica scripta mandamus, quatenus, si ita est, præfatum G. sollicite moneas et diligenter inducas ut prælibatis abbati et fratribus universa ablata cum omni integritate restituat, damna data resarciat, et de illatis injuriis satisfactionem exhibeat competentem, et eos deinceps in pace et quiete dimittat. Quod si forte commonitioni tuæ parere noluerit, tu terram ejus apostolica fretus auctoritate interdicto supponas : ita quod in ea nulla divina officia, præter baptisma parvulorum et pœnitentias morientium, celebrari permittas, et si nec sic resipuerit, personam ejus et eorum qui sunt principales fautores malitiæ suæ vinculo excommunicationis astringas, quousque ipsos ad dignam satisfactionem teneaminodatos.

Data Anagniæ, ii Kal. Martii.

MCXXII.

Privilegium pro Ecclesia Capuana.

(Anagniæ, Mart. 1.)

[UGHELLI, *Italia sacra*, VI, 527]

ALEXANDER episcopus, servus servorum Dei, venerabili fratri ALFANO Capuano archiepiscopo, ejusque successoribus canonice substituendis, in perpetuum.

Cum ex injuncto nobis a Deo apostolatus officio, etc. Hujus itaque rei consideratione, venerabilis in Christo frater archiepiscope, tuis justis postulationibus clementer annuimus, et præfatam Ecclesiam, cui Domino auctore præesse demonstraris, sub B. Petri et nostra protectione suscipimus, et præsentis scripti privilegio communimus, statuentes ut quascunque possessiones, quæcunque bona

---

(67) Gorziense monasterium insigne ordinis S. Benedicti, in diœcesi Metensi, a Chrodegango episcopo fundatum est.

adem Ecclesia in præsentiarum juste et canonice possidet, etc., In quibus hæc propriis duximus exprimenda vocabulis:

Episcopatum Aquinatem, episcopatum Venafranum et Isernien., episcopatum Theanen., Suessan., Calinensem, episcopatum Calven., episcopatum Cajacen., episcopatum Casertanum. In Capua abbatiam S. Mariæ Majoris, ecclesiam Domini Salvatoris, ecclesiam S. Joannis ad Curtim, ecclesiam S. Michaelis, ecclesiam S. Mariæ de Area, ecclesiam Sanctorum Apostolorum, ecclesiam S. Jacobi in Castello. In diœcesi Ecclesiæ Theanen., ecclesiam S. Erasmi, ecclesiam S. Mariæ, ecclesiam S. Helenæ, et ecclesiam S. Nicolai, quæ sunt in territorio Scarpati. In loco Baulani ecclesiam S. Heliæ, et ecclesiam S. Martini. In Fontana de Correglis ecclesiam S. Mariæ. In diœcesi Ecclesiæ Suessanæ ecclesiam S. Luciæ de loco Sorbelli. In diœcesi Ecclesiæ Calinen. In Rocca Montis Draconis ecclesiam S. Rufini, et ecclesiam S. Pancratii. In diœcesi Ecclesiæ Calven. ecclesiam S. Andreæ ad Cementa, ecclesiam S. Germani ad Palera, ecclesiam S. Tammari de monte, ecclesiam S. Pauli de Formello, ecclesiam S. Petri de Borlerano, ecclesiam S. Symmachi, et ecclesiam S. Erasmi de Mostardino, ecclesiam Omnium Sanctorum de loco Sanguinarii: Ad Sclavos ecclesiam S. Michaelis, ecclesiam S. Petri, ecclesiam S. Mariæ, ecclesiam S. Nazarii, ecclesiam S. Angeli de Janó, ecclesiam S. Mariæ. In loco Camillani ecclesiam S. Angeli, ecclesiam S. Mariæ et ecclesiam S. Nicolai. In diœcesi Ecclesiæ Cajacen. ecclesiam S. Angeli de Melanito, et ecclesiam S. Petri a li Bagnatori. In diœcesi Ecclesiæ Casertan. ecclesiam S. Viti de Hercole, ecclesiam S. Nazarii in Campo Puzan. ecclesiam S. Petri ad Goffolli, ecclesiam S. Secundini, et ecclesiam S. Felicis. In territorio Murrone ecclesiam S. Mariæ, ecclesiam S. Felicis, ecclesiam S. Petri, et ecclesiam S. Stephani. Juxta ipsam diœcesim ecclesiam S. Eufemiæ, ecclesiam S. Joannis ad Gajanum, ecclesiam S. Mariæ ad Lupinum, ecclesiam S. Felicis, ecclesiam S. Prisci. In loco Casapuli ecclesiam S. Nicolai, ecclesiam S. Arpii, ecclesiam S. Petri de Sarzano. In loco Marzanisi ecclesiam S. Angeli, et ecclesiam S. Martini. In loco Campurcipi ecclesiam S. Cæsarii, ecclesiam S. Procapii, ecclesiam S. Veneræ. In loco Airolæ ecclesiam S. Julianæ, ecclesiam S. Nicolai ad Ronulas. In territorio Castelli Mare ecclesiam S. Adjutoris, ecclesiam S. Marcelli, et ecclesiam S. Blasii, ecclesiam S. Stephani, et aliam ecclesiam S. Blasii, ecclesiam S. Joannis, ecclesiam S. Nicolai, ecclesiam S. Severinæ, ecclesiam S. Crucis. In loco Cancelli ecclesiam S. Angeli, et ecclesiam Omnium Sanctorum, ecclesiam S. Joannis, et ecclesiam S. Apollinaris de Patrazzano, ecclesiam S. Georgii, ecclesiam S. Joannis de Turre, ecclesiam S. Viti, ecclesiam S. Petri, ecclesiam S. Nicolai, ecclesiam S. Martini, ecclesiam S. Castrensis, ecclesiam S. Martini de Rosella, ecclesiam S. Flaviani, ecclesiam S. Barbaræ, ecclesiam S. Julianæ, ecclesiam S. Andreæ. In loco Arnonæ ecclesiam S. Mariæ, et ecclesiam S. Blasii, et ecclesiam S. Paulini, ecclesiam S. Erasmi de Cazoli. In loco Grazzanisi ecclesiam S. Joannis, ecclesiam S. Mariæ, et ecclesiam S. Maximilianæ, et ecclesiam S. Nicolai. Decernimus ergo, etc.

Ego Alexander catholicæ Ecclesiæ episc.
Ego Ubaldus Ostien. episc.
Ego Bernardus Portuen. et S. Ruffinæ episc.
Ego Gualterius Albanen. episc.
Ego Joannes presb. card. tit. S. Anastasiæ.
Ego Guglielmus presb. cardin. tit. S. Petri ad Vincula.
Ego Boso presb. card. S. Pudent. tit. Pastoris.
Ego Petrus presb. card. tit. S. Laurentii in Damaso.
Ego Joannes presb. card. tit. S. Marci.
Ego Manfredus presb. card. tit. S. Cæciliæ.
Ego Petrus presb. card. tit. S. Susannæ.
Ego Petrus presbyter cardinalis tit. Sancti Chrysogoni.
Ego Odo diaconus card. S. Nicolai in Carcere Tuliano.
Ego Cynthius diaconus card. S. Adriani.
Ego Ugo diac. card. S. Eustachii juxta templum Agrippæ.
Ego Vitellius diac. card. SS. Sergii, et Bacchi.
Ego Ugo diac. card. S. Angeli.
Ego Laborans diac. card. S. Mariæ in Porticu.

Datum Anagniæ, per manum Gratiani S. R. E. subdiaconi et notarii, Kal. Martii, Indictione septima, Incarnationis Dominicæ anno 1173, pontificatus vero domini Alexandri papæ III, anno quinto decimo.

MCXXIII.

Ad Henricum Remensem archiep. — Commendat ei fratres Maurimontensis monasterii.

(Anagniæ, Mart. 1.)

[Marten., *Ampl. Collect.*, II, 1005.]

Cum ecclesia Maurimontensis, sicut nosti, pravis sit hominibus circumventa, tanto ad ejus tuitionem promptior esse debet pastoralis sollicitudinis providentia, quanto facilius malignorum posset violentiis et rapinis succumbere, nisi ab eorum incursibus, rigore ecclesiasticæ disciplinæ defenderetur. Inde est quod nos et paci et quieti ejusdem ecclesiæ paterna sollicitudine volentes intendere, ipsam tuæ protectioni committimus, et fraternitatem monentes attentius, mandamus, quatenus si quando de malefactoribus suis abbatis et fratrum ejusdem ecclesiæ querimoniam receperis, ita prudenter ipsis assistas, et taliter eosdem malefactores a suæ præsumptionis audacia studeas coercere, quod iidem fratres per studium tuæ sollicitudinis debita tranquillitate fruantur, cum malefactores eorum de sua non potuerunt impunitate lætari.

Data Anagniæ, Kal. Martii.

MCXXIV.

Ad eumdem. — *Pro abbate Maurimontensi adversus vexationes plurium nobilium.*

(Anagniæ, Mart. 6.)
[*Ibid.*, col. 1006.]

Conquerentibus nobis dilectis filiis nostris abbate et fratribus Maurimontensis Ecclesiæ, ad nostram noveris audientiam pervenisse quod nobiles viri comes de Magnoprato, Engobrandus de Altri et filius ejus, Petrus de Liri, Thomas de Suen, Dudo Ferrandus, Guerricus nepos ejus, et Albertus advocatus de Warno, eidem ecclesiæ damna gravia per violentiam intulerunt, ipsamque in suæ salutis periculum affligere non desistunt. Quoniam igitur ascribi posset negligentiæ prælatorum, si ad reprobandum improborum audaciam, qui in sacras Dei Ecclesias debacchantur, tepidus esset vigor ecclesiasticæ disciplinæ, fraternitati tuæ per apostolica scripta præcipiendo mandamus, quatenus, si res ita se habet, memoratos viros studiosa exhortatione commoneas, ut damna data præscriptæ ecclesiæ infra xxx dies post harum susceptionem, appellatione cessante, cum integritate resarciant, et a similibus de cætero conquiescant. Si vero commonitioni tuæ noluerint acquiescere, in terris eorum, sublato appellationis remedio, divina prohibeas officia celebrari, et si nec sic resipuerint, personas eorum vinculo excommunicationis astringas, Et si præfatus Albertus excommunicatus est pro alia causa, sicut nobis proponitur, ipsum etiam propter hoc excommunicatum denunties, et tam ipsum, quam reliquos alios per provinciam tuam facias usque ad dignam satisfactionem sicut excommunicatos vitari.

Data Anagniæ, ii Nonas Martii.

MCXXV.

Ad eumdem. — *Adversus plures qui S. Remigii monasterium vexabant.*

(Anagniæ, Mart. 8.)
[*Ibid.*]

Dilectus filius noster abbas Sancti Remigii Remensis transmissa nobis conquestione monstravit quod Hugo de Risnel ei villam de Domno-Remigio, Milo vero de S. Margareta, et Anselmus de curia de Hilbercunt, præpositi quoque de Buscio, de Juniaco, de Marolio, de Castellione, de Vitriaco, et quidam alii ministeriales nobilis viri comitis Henrici quosdam redditus ad thesaurum monasterii S. Remigii pertinentes, et alios redditus violenter subtrahere præsumpserunt, et homines suos injuste vexare præsumunt. Garinus præterea de Boob quamdam summam pecuniæ prædicto abbati in eleemosynam legatam, per interpositionem appellationis, ne sibi solvatur impedire præsumit, et Adam de Capis quamdam terram per violentiam subtrahere non formidat. Quia igitur rata prædicti abbatis et monasterii sibi commissi pro nostri officii debito defendere ac conservare tenemur, fraternitati tuæ per apostolica scripta mandamus, quatenus præ- dictos viros, si de tua provincia sunt, studiose commoneas, ut de his quæ dicta sunt præfato abbati congrue satisfaciant, et de cætero ab ejus molestia et inquietatione desistant, vel sub tuæ discretionis examine plenam exinde justitiam exhibeant. Quod si facere forte noluerint, eos usque ad dignam satisfactionem vinculo excommunicationis astringas. Ad hæc jus illud quod habere se asserit in rebus Nicolai Catalaunensis quondam hominis sui, qui sine hærede decessit, ei integre conservari facias, vel sub tuæ discretionis examine plenam exinde justitiam appellatione postposita exhiberi.

Data Anagniæ, viii Idus Martii.

MCXXVI.

Ad eumdem. — *Hortatur ad mansuetudinem erga A. civem Laudunensem.*

(Anagniæ, Mart. 10.)
[*Ibid.*, col. 1007.]

Pontificalis officii dignitas, quam divina disponente gratia obtinere dignosceris, te debet ad hoc inducere ut erga subditos tuos mitis et mansuetus appareas, et si quando tibi de aliquo illorum aliqua suggesta fuerint quæ te possint ad indignationem movere, non decet discretionem tuam adversus ipsum subito et [in]discrete moveri; sed si talis sit offensa, quæ salva conscientia possit sine pœna remitti, delinquenti debes misericorditer indulgere, aut si correctionem exigat, cum tanta humanitate corrigere, quod in severitate non videaris excedere, nec in mansuetudinem pontificalem postponere gravitatem. Ex insinuatione siquidem O. civis Laudunensis accepimus quod, cum tu ex prava suggestione quorumdam eum de persona tua maledixisse proponeres, et ipse in præsentia tua per decem legitimos viros se constanter offerret suam innocentiam purgaturum, tu ejus purgationem recipere noluisti; timens itaque idem O. a te gravari, ad nostram audientiam appellavit. Quia igitur non conveniens est ut illum minus rationabiliter graves, qui suam apud te quærit innocentiam excusare, fraternitatem tuam per apostolica scripta monemus et hortamur attentius, quatenus prænominato O. tuam indignationem misericorditer sine purgatione remittas, aut ejus purgatione recepta, ei tuam gratiam et amorem restituere non postponas: ita quod tuæ debeat ex hoc discretionis modestia commendari.

Data Anagniæ, vi Idus Martii.

MCXXVII.

Ad eumdem. — *De presbytero concedendo leprosis de Sparnaco.*

(Anagniæ, Mart. 16.)
[*Ibid.*, col. 1008.]

Audita olim conquestione leprosorum de Sparnaco quod, cum presbyterum non haberent, plures eorum sine confessione et viatico morerentur, tibi, si bene meminimus, scripta nostra direximus, ut tanto eorum periculo provideres. Nunc autem quia, sicut iidem leprosi nobis significaverunt, presbyter quidam, Galterus nomine, bonæ opinionis et vitæ, se eorum domui reddidit, fraternitatem tuam iterato monemus attentius, et mandamus, quatenus presbyterum ipsum in capella quam ibi habent instituas, sibique curam animarum de prædictis infirmis et eorum familia committere non postponas, et capellam ipsam pro se tantum et familia sua, cum exinde fueris requisitus, appellatione remota, non differas dedicare, et præfatum presbyterum ab indebita molestatione canonicorum de Sparnaco prudenter et sollicite tuearis : ita quod exinde charitas et affectio tua possit non immerito commendari, et prædicti leprosi sub defensione et patrocinio tuo possint esse a malignantium inquietatione securi.

Data Anagniæ, xviii Kal. Aprilis.

MCXXVIII.

Ad Henricum Remens. archiep., et [Desiderium] Morinensem episcopum. — Ne exigantur decimæ a Cisterciensibus de terris quas propriis laboribus colunt.

(Anagniæ, Mart. 21.)
[*Ibid.*, col. 1009.]

ALEXANDER episcopus, servus servorum Dei, venerabilibus fratribus nostris HENRICO Remensi archiepiscopo et Morinensi episcopo, S. et A. B.

Non ignorat, sicut credimus, vestræ discretionis prudentia, quomodo a Patribus et prædecessoribus nostris Romanis pontificibus universis fratribus Cisterciensis ordinis indultum sit, et a nobis etiam innovatum, ut de laboribus suis, quos propriis manibus aut sumptibus excolunt, sive de nutrimentis animalium suorum nulli decimas solvere teneantur. Verum, sicut accepimus, canonici Morinensis ecclesiæ, et præpositus de Losio et canonici sui, et abbas de Monte S. Eligii (68) et sui canonici, et abbas et monachi ecclesiæ S. Joannis Morinensis (69), et abbas et monachi de Ham (70), et præpositus et canonici de Cassellis, et quidam alii in partibus vestris constituti, statutis apostolicæ sedis in hac parte contemptis, a religiosis de Claromarisco (71), non solum de aliis, sed etiam de quibusdam novalibus et nutrimentis animalium suorum decimas exigere non verentur, quod nemini quantumcunque religioso liceret. Quoniam igitur A neminem pati possumus vel debemus statutis sedis apostolicæ contraire, fraternitati vestræ per apostolica scripta præcipiendo mandamus, quatenus præfatos viros ab exactione decimarum de laboribus seu de nutrimentis animalium jam dictorum fratrum, contradictione et appellatione cessante, apostolica freti auctoritate, districtione ecclesiastica compescatis, et cætera quæ prædictis fratribus sunt privilegiis apostolicæ sedis indulta per episcopatus vestros faciatis inviolabiliter observari.

Data Anagniæ, xii Kal. Aprilis.

MCXXIX.

Ad Henricum archiep. Remensem. — Pro fratribus S. Martini Laudunensi.

(Anagniæ, Mart. 23.)
[*Ibid.*, col. 1010.]

Querelam abbatis et fratrum S. Martini Laudunensis accepimus, quod, cum Guarinus de Cherchi quasdam eorum vineas exstirpasset, tandem tractus in causam, ad nostram audientiam appellavit. Cæterum quia altera parte veniente, nec venit prædictus G., nec pro se responsalem transmisit, causam ipsam experientiæ tuæ committimus, præsentium tibi auctoritate mandantes, quatenus eumdem G. moneas, et sub excommunicationis districtione compellas, ut præfatis fratribus illata damna resarciat, aut ipsis exinde coram te sublato appellationis remedio justitiæ faciat complementum.

Data Anagniæ, x Kal. Aprilis.

MCXXX.

Ad Guigonem comitem Forensem. — Transactionem et jurium permutationem inter ipsum et Ecclesiam Lugdunensem factam recitat, et auctoritate sua confirmat.

(Anagniæ, April. 1.)
[D. BOUQUET, *Recueil*, XV, 942.]

ALEXANDER episcopus, servus servorum Dei, dilecto filio GUIGONI Forensi comiti, salutem et apostolicam benedictionem.

Cum Ecclesia Lugdunensis per te sæpius sit afflicta (72), tandem inter te et filium tuum Guigonem, nec non venerabilem fratrem nostrum Guichardum, Lugdunensem archiepiscopum, apostolicæ sedis legatum, et dilectos filios nostros Lugdunenses canonicos vero Eraclius, dictæ urbis archiepiscopus, cæterarumque dignitatum venerabiles personæ, eremum Portarum adierunt. » Id vero quo tempore factum sit, discimus ex charta Saviniacensis monasterii, quæ sic incipit : « Millesimo centesimo sexagesimo primo anno Incarnationis Domini, regnante in Italia Fredelindo victoriosissimo imperatore, in Francia vero Ludovico rege, Eracleo Lugdunensem archiepiscopatum regente, ipsoque cum clericis a comite Forensi discordante » etc. MENESTRIER, *Hist. de Lyon*, p. 35; qui et Guigonis chartam subjicit, ex qua liquet pacem inter eos factam in confinibus Ansæ et Villæfrancæ, « ad colloquium inter archiepiscopum Lugdunensem et me de guerra nostra habitum, » non quidem anno 1158 feria quarta xv Kal. Augusti, ut ibi legitur, sed anno 1162, quo dies 18 Julii in feriam quartam incidebat.

---

(68) Mons S. Eligii haud ignobile est monasterium canonicorum regularium duabus horis ab Atrebato distans.

(69) S. Joannis Morinensis, seu in Monte dictum, monasterium ordinis S. Benedicti in suburbio Morinorum olim situm, Ypras nunc translatum.

(70) Hamense monasterium ordinis S. Benedicti in diœcesi S. Audomari.

(71) Clarus-Mariscus, insigne monasterium ordinis Cisterciensis, duabus horis distans a S. Audomaro.

(72) Eo tempore, inquit auctor Vitæ B. Anthelmi Bellicensis ep scopi, « comes Forensis Lugdunensem urbem dolo captam vastavit, cunctaque depopulans malignitatis suæ rabiem erga Ecclesiam potissimum demonstravit. Nam cum clerici, Deo propitio, ejus manus tanquam fugitivi et exsules evasissent, eorum domos ira succensus subvertit. Dominus

n'cos, pro bono pacis quædam transactio facta est et vestro juramento firmata, quæ ut perpetuis temporibus inviolabiliter observetur, de verbo ad verbum duximus adnotandum.

« In nomine Domini Jesu Christi, ad perpetuæ pacis stabilitatem inter dominum Guichardum Lugdunensem archiepiscopum et ecclesiam Lugdunensem, atque Guigonem comitem Forensem, permutatio talis et communi consensu facta est:

« Dominus archiepiscopus et ecclesia concesserunt comiti quidquid ipsi vel alius nomine eorum trans Ligerim possidebant, scilicet obedientiam de Nerveiaco (73) et de Saltrenen (74), usque Amionem (75), et usque ad Ulphiacum (76), et ultra, si quid juris præfatæ obedientiæ habebant, et quidquid possidebant ab Ulphiaco usque Cerveriam (77) et a Cerveria usque Tyernum, retentis sibi redditibus de Sancto Joanne de Lavastris (78), domino tamen comiti concesso dominio castri Rochafortis, quod dominus de Tyerno nomine ecclesiæ possidet. Concesserunt etiam ei quidquid juris in castro S. Romani de Podio habebant, et inde usque ad Podium et Arverniam. Ab Amyone autem et aliis prædictis terminis aquilonem versus, quidquid juris archiepiscopus et tam ecclesia quam comes habebant, sibi retinuerunt, ita tamen quod in ministerio de Rodonnesio ultra Ligerim et circa Ligerim, quantum dominatio dominorum Rodonensium extenditur, non poterit ecclesia munitionem facere vel acquirere, vel si fecerit vel acquisierit, comitis erit, quam ab ecclesia possidebit. Terras planas poterit acquirere ecclesia pro canonia vel pro eleemosyna, ita quod fiat sine interventu pecuniæ, et in obedientiis suis decimas, gardas, vicarias et omnia alia ad obedientiam pertinentia.

» Citra Ligerim vero concesserunt comiti a Balbigniaco (79) et Poilliaco (80) usque ad vetulam Canevam (81), quæ infra terminos comitis est, quidquid juris habebant in mandamento Donziaci usque ad mandamentum Kamoseti (82), et a mandamento Curnilionis (83) usque ad mandamentum S. Symphoriani, ita quod Maringe et Mais remanerent infra terminos comitis, et quidquid juris archiepiscopus vel ecclesia habent, a mandamento S. Symphoriani citra Ligerim versus terram comitis, et ultra Ligerim ab Amyone et Ulfeio, et a Cerveria usque Tyernum, et a Tyerno usque ad Podium, comiti concesserunt. Sanctum quoque Eugendum (84), et quidquid archiepiscopus apud Caprerias (85) habebat, comiti concessit Castelluttum (86) et Fontanesium (87) sunt infra terminos comitis, excepta obedientia Grandis-montis, quam Ecclesia sibi retinet. Sacramentum quoque de S. Projecto (88), quod comes ecclesiæ debebat, et quod ibidem Gaudemarus de Jaresio nomine ecclesiæ possidebat, comiti remisit, ita tamen quod castrum ab ecclesia teneat. Castrum Fergirolarum (89) et quod Guichardus de Jaresio pro illo debebat, illud quoque quod Briannus de castro de Grangens ab ecclesia habebat, comiti concessit, salvo jure tam ecclesiæ quam comitis apud Sorberium (90), Sanctus Joannes de Bonofonte, et S. Genesius (91), Vilarium (92) et S. Victor ecclesiæ libere remanserunt.

» Notandum vero quod in his omnibus tam archiepiscopus quam ecclesia sibi retinuerunt ecclesias, regali jure vel alio comiti concesso: paratas et census ecclesiarum cum oblationibus et sepulturis, et quidquid juris ad capellaneas dignoscitur pertinere, similiter sibi retinuerunt, possessionibus autem et earum redditibus universis, tam in decimis quam in aliis, comiti concessis, exceptis his quæ ad capellaneas pertinent.

Pro his vero omnibus quæ archiepiscopus et ecclesia comiti concesserunt, invicem permutationis causa comes Guigo et filius ejus Guigo, præstito sacramento, ecclesiæ jure perpetuo concesserunt ea quæ infra sunt adnotata. Quidquid videlicet juris ipse comes Lugduni habebat, vel alius ejus nomine possidebat, et in appendiciis. — Trans Rhodanum quoque quidquid ipse vel alius ejus nomine possidebat a Vienna usque ad Antonem (93) et usque Burgundium (94), nisi jure hæreditario et linea consanguinitatis, aliis exclusis, ad ipsum successio fuerit devoluta. Ultra Ararim quoque castrum Perogiarum (95) quod Guichardus de Antone ab eo in feudo possidebat, et medietatem Montanesii (96), quam Petrus de Monte-Loelli ab ipso habebat; Giriacum (97) etiam quod Hugo Discalciatus ab eo in feudo tenebat et fidelitates eorum concessit. — Citra Ararim vero castrum Castellionis (98), et quidquid tam in castro quam in mandamento habebat, pro quo Dominus castri homagium et fidelitatem ligiam debet; castrum Liconii (99) usque ad Vetulam Canevam, et homagium et fidelitatem ligiam

(73) Nervieu.
(74) Souternon.
(75) Amions.
(76) Urphé.
(77) Cervières.
(78) Saint-Jean de la Vestre.
(79) Balbigni.
(80) Poilly.
(81) Ville-Nève.
(82) Chamosset.
(83) Cornillon.
(84) Saint-Iléand.
(85) Chevrières.
(86) Châtelus.

(87) Fontanez.
(88) S. Priest.
(89) Fougeroles.
(90) Sorbières.
(91) S. Genis.
(92) Villars.
(93) Anton.
(94) Bourgoin.
(95) Peroges.
(96) Montaney.
(97) Giry.
(98) Châtillon.
(99) Chateau-d'Oin.

quæ pro eo debetur; Camosetum (100) quoque et mandamentum, et homagium et fidelitatem ligiam ejus; Iseronem (1) cum mandamento et fidelitatem ligiam dominorum. — Sanctus Symphorianus et mandamentum remanent infra terminos ecclesiæ. — Greziacum (2) et Argentoriam (3) usque ad mandamentum de Mais, feudum quoque domini de Riveria, et homagium et fidelitatem ligiam ecclesiæ concessit. — Castrum Riviriæ (4) et mandamentum et quidquid continetur usque ad mandamentum Castellusii infra terminos ecclesiæ habetur. — Ab Alepino versus terram comitis nullam debet ecclesia facere munitionem. — Similiter Changium (5) cum mandamento suo, et duo castella Sancti Annemundi (6) cum mandamentis suis, infra terminos ecclesiæ sunt, salva strata comitis a cruce Montisvioli (7) usque ad Forisium. — Berardus de Pisaits et casamentum ejus remansit ecclesiæ, unde homagium et fidelitatem debet. — Quidquid continetur a mandato Rochetalliæ (8) usque ad Malam-Vallem (9), est infra terminos ecclesiæ; specialiter quidquid Aymarus de Fernay apud Cavaniacum (10) a comite in feudo habebat, ecclesiæ concessit et fidelitatem ejus. — Infra quoque terminos istos dedit idem comes ecclesiæ castrum Montaigniaci (11) et quod in mandamento habebat, et homagium et fidelitatem ligiam; et quod habebat apud Felinas (12) et quidquid juris ipse vel alius ejus nomine possidebat infra dictos terminos.

« Sciendum vero est quod infra terminos ecclesiæ, qui prætaxati sunt, comes nihil habere vel acquirere potest, vel munitionem facere, et si per violentiam vel injuriam ecclesiæ fecerit, propria ecclesiæ erit, nec aliquem hominum infra terminos ipsos commorantem contra ecclesiam manutenere vel juvare debet. Similiter archiepiscopus vel ecclesia infra terminos comitis nullam munitionem facere vel acquirere poterit, et si quis acquisiverit vel ædificaverit, propria comitis erit, ita tamen quod eam ecclesiæ nomine possidebit, nec aliquem infra terminos comitis commorantem ecclesia vel archiepiscopus contra eum manutenere vel juvare debet, nisi gladio spirituali; terras planas infra terminos comitis nomine eleemosynæ vel occasione canoniæ absque interventu pecuniæ datas ecclesiæ, ecclesia acquirere poterit. In omnibus autem supradictis archiepiscopus jura sibi archiepiscopalia reservavit: sed quicunque castrum S. Præjecti vel Rochæ-tailliatæ (13), vel Roche castrum, vel Fergirolarum (14), vel Grangendi (15) habuerit, homagium et fidelitatem ligiam comiti debet. Quod autem comes dedit Brianno in castro S. Annemundi (16) et in plana et mandamento, habebit idem Briannus ab ecclesia, et inde homagium et fidelitatem ecclesiæ debet.

« Si quis vero pro rebus in hac permutatione contentis quæstionem vel guerram alterutri parti moverit, mutuum sibi auxilium propriis expensis et sine damni restitutione, bona fide, pro posse suo præstare debent, et modis omnibus cavere debent ne pro his omnibus in permutatione contentis comes excommunicetur, vel terra sua interdicto subjiciatur.

« Illud quoque sciendum est quod dominus archiepiscopus hanc permutationem comiti et hæredibus suis firmiter se observaturum promisit. Canonici quoque præstito sacramento firmaverunt se nullum in canonicum ulterius recepturos, donec hoc ipsum sacramentum firmaverit, nec futuris archiepiscopis obedientiam vel fidelitatem facient donec idem se firmiter observaturos promiserint.

« Præterea sciendum est, quod comes hominium et fidelitatem ligiam archiepiscopo debet. Et hoc est feudum pro quo hominio et fidelitate ei tenetur: castrum Fergirolarum, medietas de Grangent, castrum S. Præjecti, et S. Eugendus, Cambeotium, Poncinum, Villa Dei, Nerviacum cum appendiciis. Cum autem comes vel hæredes ejus fidelitatem archiepiscopo facient, supradictam conventionem sub sacramento fidelitatis se firmiter observaturos promittere debent. Decimas de feudo ecclesiæ locis et personis religiosis pro anima sua commendare poterit. Si autem alio nomine alienaverit, tantummodo de terra sua in feudo ab ecclesia recipere debet. Casamentum ecclesiæ a comitatu separari non potest. Capellaniæ autem ab obedientiariis minui non possunt. Inter S. Annemundum et Turrim, et S. Annemundum et S. Præjectum, neuter munitionem facere potest.

« Illud quoque notum fieri volumus, quod, præter supradicta, pro hac permutatione mille et centum marcas argenti ecclesia comiti dedit.

« Hæc autem facta sunt anno ab Incarnatione Domini 1193, præsidente papa Alexandro III, imperante Frederico Romano imperatore, regnante Ludovico piissimo rege Francorum. »

Quam utique transactionem, sicut de communi assensu partium facta est, ratam habemus et firmam, eamque auctoritate apostolica confirmantes, præsentis scripti patrocinio communimus. Statuentes ut nulli omnino hominum liceat hanc paginam nostræ confirmationis infringere, vel etiam aliquatenus contraire. Si quis autem hoc attentare præ-

---

(100) Chamosset.
(1) Iseron.
(2) Gressieu.
(3) Argentières.
(4) Riverie.
(5) Changy.
(6) Saint-Chaumond.
(7) Mont-Viole.
(8) Rochetaillé.
(9) Maleval.
(10) Chavagnieu.
(11) Montagny.
(12) Félines.
(13) Rochetaillée.
(14) Fougeroles.
(15) Grangens.
(16) Saint-Chaumond.

sumpserit, indignationem Omnipotentis et beatorum Petri et Pauli apostolorum ejus se noverit incursurum.

Datum Anagniæ, Kal. Aprilis.

MCXXXI.

Monasterii S. Mariæ Novigentini protectionem suscipit bonaque enumerat ac confirmat.

(Anagniæ, April. 4.)

[Du Plessis, *Hist. de Coucy*, 143.]

Alexander episcopus, servus servorum Dei, dilectis filiis Joanni abbati monasterii S. Mariæ de Nongento, ejusque fratribus tam præsentibus, quam futuris, regularem vitam professis, in perpetuum.

. . . . Præfatum monasterium sub B. Petri et nostra protectione suscipimus, et præsentis scripti privilegio communimus. In primis siquidem statuentes ut ordo monasticus, qui secundum Deum et B. Benedicti Regulam in eodem monasterio institutus esse dignoscitur, perpetuis ibidem temporibus inviolabiliter conservetur. Præterea quascunque possessiones, quæcunque bona idem monasterium in præsentiarum juste et canonice possidet aut in futurum concessione pontificum, largitione regum vel principum, oblatione fidelium, seu aliis istiusmodi, præstante Domino poterit adipisci, firma vobis, vestrisque successoribus et illibata permaneant. In quibus hæc propriis duximus exprimenda vocabulis:

Ecclesiam de Cociaco, cum præbendis et omnibus ad ipsam pertinentibus; altare de, etc.: . . . . Ex dono uxoris Gaufridi de Condrino quatuor modios frumenti, etc. . . . . . Ex dono Radulphi de Cociaco centum solidos bonæ monetæ et viginti solidos provenientes ecclesiæ S. Remigii de Coci ad vinagia accipiendos pro anima uxoris suæ, etc.

Decernimus ergo, etc.

Datum Anagniæ, per manum Gratiani S. Romanæ Ecclesiæ subdiaconi et notarii, pridie Nonas Aprilis, indictione vii, Incarnationis Dominicæ anno 1174, pontificatus vero domni Alexandri papæ III anno xv.

MCXXXII.

Ad Lupum regem Valentiæ.

(Twisden, *Script. Angl.*, 1, 580.)

Alexander pontifex magnæ et almæ Romæ, glorioso Valentiæ regi Lupo, cœlestis Creatoris notitiam et bene placitum ei servitium exhibere.

Cum omnes unum Deum patrem habeamus in cœlis, ipsum solum totis visceribus colere, tota debes virtute diligere, qui tantam tibi super Saracenorum gentes et regna contulit potestatem. Cum autem omnes liberos natura creasset, nullus conditione naturæ fuit subditus servituti.

MCXXXIII.

Ad Ricardum Cantuariensem archiepiscopum. — Illi et ejus successoribus primatum Angliæ asserit.

(*Ibid.*)

Alexander papa, Ricardo Cantuariensi archiepiscopo.

Cantuariensis archiepiscopus positus est super candelabrum ut luceat coram hominibus, et ad solatium cleri de clero assumptus est ad ecclesiasticæ libertatis speciale subsidium, ad omnium regimen, ad munimen, ad tutamen Anglorum, cum in unam eamdemque personam intra paucos dies tria concurrerint archiepiscopus, primas, Apostolicæ sedis legatus.

Intuitu charitatis et ea consideratione quia te quanquam immeriti in episcopum propriis manibus consecravimus, et tibi plenitudinem contulimus potestatis, de fratrum nostrorum consilio tuis justis petitionibus benignitate debita duximus annuendum, atque prædecessorum nostrorum piæ memoriæ Paschalis et Eugenii Romanorum pontificum vestigiis inhærentes, tam tibi quam tuis legitimis successoribus Cantuariensis ecclesiæ primatum ita plenum concedimus, sicut a Lanfranco et Anselmo aliisque ipsorum prædecessoribus quondam Cantuariensibus archiepiscopis fuisse possessum constat.

MCXXXIV.

Joanni electo Cicestriensi significat se Ricardo archiepiscopo Cantuariensi, apostolicæ sedis legato, mandasse « ut pro eo quod canonici filius dicatur, in promotione ejus procedere non postponat. »

(Vide *Decr. Greg.*, l. i, tit. 20, c. 2.)

MCXXXV.

Ad omnes fideles per Franciam constitutos.—Petrum S. Chrysogoni cardinalem commendat.

(Anagniæ, April. 17.)

[Mansi, *Concil.*, XXI, 967.]

Alexander episcopus, servus servorum Dei, venerabilibus fratribus, archiepiscopis, episcopis, et dilectis filiis abbatibus et aliis ecclesiarum prælatis, et universis tam clericis quam laicis per regnum Francorum constitutis, salutem et apostolicam benedictionem.

Cum simus evidenter experti prudentiam, litteraturam et honestatem dilecti filii nostri P. tit. S. Chrysogoni, presbyteri cardinalis, ipsumque sicut virum litteratum, providum et discretum, sincere in Domino diligamus, tanto confidentius sibi committimus quæ sunt per viros honestos et providos exsequenda, quanto de fervore suæ devotionis et de prudentia sua pleniorem fiduciam obtinemus. Inde est quod nos eumdem cardinalem pro quibusdam magis et arduis negotiis specialiter et præcipue ad partes vestras duximus destinandum, cui auctoritatem et facultatem indulsimus corrigendi quæ corrigenda ibi invenerit et causas quæ ad ejus audientiam perlatæ fuerint, dicendi. Monemus itaque universitatem vestram attentius, et præcipimus, quatenus eumdem cardinalem, sicut virum litteratum, providum, et honestum, et a nostro latere destinatum, qui nobis charus est plurimum et acceptus, eum honore debito curetis recipere, et correctionem suam, et ea quæ provida circumspectione statuerit, suscipiatis firmiter et servetis. Ita quod ipse in nobis fervorem consuetæ devotionis inveniat, et nos prudentiam ac sinceritatem dignis in Domino laudibus commendemus.

Datum Anagniæ, xv Kal. Maii.

MCXXXVI.

Ad Henricum Remensem archiep. — Ut hortetur regem ut arbitrum pacis se constituat Ecclesiam inter et Imperium, studeatque etiam reges Galliæ et Angliæ inducere ad concordiam.

(Anagniæ, April. 19.)
[MARTEN., *Ampl. Collect*, II, 969.]

Cum in omnibus laudabiliter et efficaciter experti simus fervorem tuæ gratissimæ devotionis, certa nobis spes est et indubitata fiducia, quod absque sollicitatione nostra, libenter velis efficere quæ ad pacem Ecclesiæ pertineant et profectum. Verum quia nobis imminet prudentiam tuam super his sollicitam reddere, quæ nobis expediant et Ecclesiæ, fraternitatem tuam per apostolica scripta rogamus, monemus atque mandamus, quatenus charissimum in Christo filium nostrum L. illustrem Francorum regem fratrem tuum, studiosa et frequenti exhortatione commoneas, ut reformationi pacis inter Ecclesiam et Imperium juxta commonitionem dilecti filii nostri P. tituli S. Chrysogoni presbyteri cardinalis (17), quem ad eumdem regem dirigimus, si quo modo omnipotens Dominus honestam viam pacis sibi aperuerit, ferventer intendat, et in verbo pacis juxta consilium ejusdem cardinalis procedat. Ad habendam quoque pacem cum Henrico illustri Anglorum rege, quantum, salvo honore suo, poterit, animum suum clementer inclinet, quia timendum est, ne si inter eosdem reges diutius hujusmodi guerra duraverit, occasione hujus contentionis, utriusque regno dispendia rerum et pericula proveniant personarum, et orientalis terra exponatur, quod avertat Dominus, direptioni paganorum. In his autem et in aliis quæ idem cardinalis ex nostra tibi parte proponet, indubitatam sibi fidem adhibeas, eumque sicut virum litteratum, discretum et providum, et charum nobis plurimum et acceptum, honeste recipias et pertractes, et ita circa eum tuam exhibeas gratiam et amorem, quod exinde affectioni tuæ uberrimas teneamur gratias exhibere.

Data Anagniæ, xiii Kal. Maii.

MCXXXVII.

Ad suffraganeos Ecclesiæ Cantuariensis. —De appellationibus.

(Anagniæ, Maii, 14.)
[*Epistolæ S. Thomæ*, ed. GILES, II, 40.]

ALEXANDER episcopus, servus servorum Dei, venerabilibus fratribus suffraganeis Cantuariensis Ecclesiæ, salutem et apostolicam benedictionem.

Significavit nobis venerabilis frater noster Cantuariensis archiepiscopus, sedis apostolicæ legatus, quod si quando vos appellatis ad præsentiam nostram, vel archidiaconi vestri, super aliquo a certo negotio a præsentia ejus, archiepiscopatus et archidiaconatus sub protectione apostolica ponitis et appellatis ad annum ; et interim neque de præteritis commissis, neque de novis excessibus vestris, sive de subjectorum vestrorum delictis permittitis ipsum cognoscere, et omnem justitiam ejus suspenditis, et prorsus evacuatis. Quoniam igitur providendum nobis est, ne appellationis obtentu aut manifesta delicta remaneant incorrecta, aut subditi vestri de suorum excessuum impunitate lætentur, fraternitati vestræ per apostolica scripta præcipiendo mandamus, quatenus si vos episcopatus, aut archidiaconi vestri archidiaconatus suos apostolicæ protectioni subjiciunt, et ad audientiam nostram appellant, propter hoc memoratum archiepiscopum nullatenus impedire tentetis, quominus de causis vel excessibus subditorum vestrorum cognoscere valeat, et juxta meritorum qualitatem ipsos debita animadversione punire, aut etiam excessus vestros, si qui manifesti sunt et notorii, his duntaxat exceptis super quibus est appellatio interposita, possit digne corrigere, et quod injuste factum est, ad rectitudinis tramitem revocare.

Datum Anagniæ, ii Idus Maii.

MCXXXVIII.

Monasterii Sancti Andreæ protectionem suscipit, bonaque ac privilegia confirmat.

(Anagniæ, Maii 15.)
[HUGO, *Annal. ord. Præm.*, I, 147.]

ALEXANDER episcopus, servus servorum Dei, dilectis filiis GUALTERIO priori Ecclesiæ Præmonstratensis ordinis, ejusque fratribus, tam præsentibus quam futuris, regularem vitam professis, in perpetuum.

Quoties illud a nobis petitur quod religioni et honestati convenire dignoscitur, animo nos decet libenti concedere, etc., in primis siquidem statuentes ut ordo canonicus, qui secundum Deum et beati Augustini Regulam atque institutionem Præmonstratensium fratrum, in eodem loco institutus esse dignoscitur, perpetuis ibidem temporibus inviolabiliter observetur. Præterea quascunque possessiones, etc., in quibus hæc propriis duximus exprimenda vocabulis :

Locum ipsum in quo præfata ecclesia sita est, cum omnibus pertinentiis suis, campum Aureæ Vallis, Alajot, medietatem decimæ et dominii de Sancto Vincentio, Bizantum et grangiam Montis Leonis, terram de Tarnat, terram de Assonat apud Plaudiacum clausum, Valleriæ apud sanctum Germanum, molendinum sancti Andreæ.... matrimonii de Claromonte, de Camalerica, de Bellomonte, de Montferrando, de Gorzat, de Sancto Avito, de Pompinat, de Sancto Vincentio, de Romagnat, de Albiriat, de Sayra, de Sancto Maximino, de Gergoia, de Noanon Dorcinet, de Sancto Leodegario.

---

(17) Petri, qui ab Alexandro III creatus cardinalis, ab eodem anno 1173 missus est in Gallias, ut componeret pacem inter reges Ludovicum Francorum et Henricum Anglorum, teste Ciaconio.

Paci quoque ac tranquillitati vestræ paterna diligentia providere volentes auctoritate apostolica prohibemus ut infra clausuram locorum seu grangiarum vestrarum nullus violentiam facere, rapinam seu furtum committere, aut ignem opponere, vel homines capere, seu interficere audeat. Præterea cum commune interdictum terræ fuerit, liceat vobis clausis januis, exclusis excommunicatis et interdictis, non pulsatis campanis, suppressa voce divina officia celebrare. Sepulturam quoque ipsius loci liberam esse concedimus, ut eorum devotioni et extremæ voluntati, qui se illic sepeliri deliberaverint, nisi forte excommunicati vel interdicti sint, nullus obsistat, salva tamen justitia matricis ecclesiæ. Ad hæc vobis liceat clericos vel laicos liberos et absolutos, et a sæculo fugientes ad conversationem vestram recipere, et eos absque ullius contradictione in vestra ecclesia retinere. Prohibemus insuper ut nulli fratrum vestrorum, post factam in eodem loco professionem, sine licentia abbatis sui, fas sit de claustro discedere; discedentem vero absque communium litterarum cautione nullus audeat retinere.

Sane novalium vestrorum, quæ propriis manibus aut sumptibus colitis, sive de nutrimentis animalium vestrorum, nullus a vobis decimas præsumat exigere. Obeunte vero te nunc ejusdem loci priore, vel tuorum quolibet successorum, nullus ibidem qualibet subreptionis astutia seu violentia præponatur nisi quem fratres communi consensu, vel pars consilii sanioris secundum Dei timorem et B. Augustini Regulam providerint eligendum.

Datum Anagniæ, per manum Gratiani Sanctæ Romanæ Ecclesiæ subdiaconi et notarii, Idibus Maii, indictione anno 1174, pontificatus vero domni Alexandri papæ tertii an. xv.

MCXXXIX.
Ecclesiam Sanctæ Mariæ Luffeldensem tuendam suscipit bonaque ac privilegia confirmat.
(Anagniæ, Jun. 10.)
[*Monasticon Anglic.*, I, 521.]

ALEXANDER episcopus, servus servorum Dei, dilectis filiis RADULFO priori Sanctæ Mariæ de Luffelde, ejusque fratribus, tam præsentibus quam futuris, regularem vitam professis, in perpetuum.

Religiosam vitam eligentibus apostolicum convenit adesse præsidium, etc. Eapropter, dilecti in Domino filii, vestris justis postulationibus clementer annuimus et præfatam ecclesiam, in qua divino mancipati estis obsequio, sub beati Petri et nostra protectione suscipimus, et præsentis scripti patrocinio communimus, statuentes ut quascunque possessiones, etc., in quibus hæc propriis duximus exprimenda vocabulis:

Locum ipsum in quo præfata ecclesia sita est, cum omnibus pertinentiis suis, ecclesiam Sanctæ Mariæ de Lodeford cum omnibus pertinentiis suis, locum S. Mariæ, capellam Sancti Thomæ martyris, locum Sanctæ Mariæ de Stlechamstude cum omnibus pertinentiis suis, locum de Eradetnel cum omnibus pertinentiis suis, villam quæ dicitur Obersawe cum omnibus pertinentiis suis, terram quam habetis in Langeport, terram quam habetis in Waveduns, terram quam habetis in Saldene, duas partes decimarum de dominio ejusdem villæ, terram quam habetis in Lechamstude, terram quam habetis in Westburt, terram quam habetis in Bedford cum quodam manso ante portam archidiaconi, terram quam habetis in Selveston, decimam panis de domo Hamonis filii Manfelini, decimam panis de domo Willielmi de Brun, decimam panis de domo Willielmi de Lillingstan, domum quam habetis in Storhampton.

Præterea cum commune interdictum terræ fuerit, liceat vobis clausis januis, exclusis excommunicatis et interdictis, non pulsatis campanis, suppressa voce divina officia celebrare. Sane novalium vestrorum, quæ propriis manibus aut sumptibus colitis sive de nutrimentis vestrorum animalium, nullus a vobis decimas exigere præsumat. Liceat quoque vobis laicos vel clericos liberos et absolutos e sæculo fugientes ad conversationem vestram recipere, et eos absque ullius contradictione prohibemus ne ulli fratrum vestrorum, post factam in eodem loco professionem sine licentia prioris sui aliqua levitate fas sit de claustro discedere; discedentem vero absque communium litterarum cautione nullus audeat retinere. Nulli etiam liceat vobis, vel ecclesiis vestris novas et indebitas exactiones imponere; antiquas vero et rationabiles consuetudines, libertates et immunitates ecclesiæ vestræ, vobis et eidem ecclesiæ vestræ auctoritate apostolica confirmamus. Sepulturam quoque ipsius loci liberam esse sancimus, ut eorum devotioni et extremæ voluntati, qui se illic sepeliri deliberaverint, nisi forte excommunicati vel interdicti sint, nullus obsistat, salvo nimirum jure illarum ecclesiarum a quibus mortuorum corpora assumuntur. Obeunte vero te, nunc ejusdem loci priore, vel tuorum quolibet successorum nullus ibi qualibet subreptionis astutia seu violentia præponatur nisi quem fratres communi consensu, vel fratrum pars consilii sanioris, secundum Dei timorem et beati Benedicti Regulam providerint eligendum.

Decernimus ergo, etc., salva sedis apostolicæ auctoritate, et diœcesani episcopi canonica justitia. Si qua igitur, etc.

Datum Anagniæ, per manum Gratiani sanctæ Romanæ Ecclesiæ subdiaconi et notarii, IV Idus Junii, indictione VII, Incarnationis Dominicæ anno 1174, pontificatus vero domni Alexandri papæ III anno xv.

MCXL.
Ecclesiæ de Stokes protectionem suscipit bonaque ac privilegia confirmat.
(Anagniæ, Jun. 50.)
[*Ibid.*, p. 1010.]

ALEXANDER epis opus, servus servorum Dei, dilectis filiis priori Nicolao ecclesiæ de Stokes, ejusque fratribus, tam præsentibus quam futuris, regularem vitam professis, in perpetuum.

Religiosis desideriis dignum est nos facilem præbere consensum, ut fidelis devotio celerem sortiatur effectum. Eapropter, dilecti in Domino filii, etc., *ut supra*. In primis siquidem statuentes ut ordo monasticus, qui secundum Deum, et B. Benedicti Regulam in eodem loco noscitur institutus, perpetuis ibidem temporibus inviolabiliter observetur. Præterea quascunque possessiones, quæcunque bona, etc. In quibus hæc propriis duximus exprimenda vocabulis:

Locum ipsum in quo præfatum monasterium situm est, cum omnibus pertinentiis suis, ecclesiam de Hunedena, ecclesiam de Baisse, ecclesiam de Clara, ecclesiam de Bradelea parva, ecclesiam de Trillame, ecclesiam de Bures, ecclesiam de Caveham, ecclesiam de Cremplisham, ecclesiam Sancti Clementis de Norwico, ecclesiam de Frisentuna, constitutas in episcopatu Norwicensi; in episcopatu Lundoniensi, ecclesiam de Bertedeld, ecclesiam de Tartede, ecclesiam de Essa, ecclesiam de Belham, ecclesiam de Stamburnia; in episcopatu Wintoniensi ecclesiam de Wakinges; in episcopatu Roffensi ecclesiam de Peccham; decimas quas habetis in Sancford, decimas quas habetis in Berdefeld, decimas quas habetis in Pitelinge-kege, decimas quas habetis in Stinchingefeld, decimas quas habetis in Toppesfeld, decimas quas habetis in Wicham, decimas quas habetis in Badeleja, decimas quas habetis in Nertstert, decimas quas habetis in Deseninge, decimas quas habetis in Baisse, decimas quas habetis in Stanesfeld, decimas quas habetis in Clara, decimas quas habetis in Hunedena, decimas quas habetis in Namstede, decimas quas habetis in Bomestede, decimas quas habetis in Nowerelle, decimas quas habetis in Bucheshale, decimas quas habetis in Slinestede, decimas quas habetis in Deleford, decimas quas habetis in Chippelec, decimas quas habetis in Culinges, decimas quas habetis in Poselingeworde, decimas quas habetis in Belilee, decimas quas habetis in Seham, decimas quas habetis in Corneres, decimas in Belcham Petri, decimas in Belcham Rspertes, decimas in Delham, decimas in Bestingetorp, decimas in Kedeswele, decimas in Chodham, decimas in Steinglingeherste, decimas in Beneelee, decimas in Nalstede, decimas in Atveredesfeld, decimas in Denordestune, decimas in Nanchesdune, decimas in Cavenedis, et in Sturemare, et in Barve, et in Tillebere, et in Chediatune, et in Nalesford, et in Naveringeland, et in Witervele, decimas Villielmi de Bisnai, terram Rogerii carpentarii in Stokes, qui fuit escambiata pro terra vestra de Clara, terram de Sterneham quam dedit vobis Galfredus filius Alinandi, terram de Neni, quam dedit vobis Adam filius Guarini, molendinum de Waldnigefeld, quod dedit vobis Helinandus dapifer comitis Claræ, terram in Trillawe, quam Robertus pincerna dedit vobis, terram de Bridebroc, terram de Naverelle terram de Polee, terram de Bradelece, terram de Belcham, terram de Esse, et centum solidatas terræ, quas habetis ex dono Rogerii comitis Claræ, cum ageret in extremis.

Sepulturam quoque ipsius loci liberam esse decernimus, ut eorum devotioni et extremæ voluntati, qui se illic sepeliri deliberaverint, nisi excommunicati vel interdicti sint, nullus obsistat, salva tamen justitia illarum ecclesiarum a quibus mortuorum corpora assumuntur. Cum autem commune interdictum terræ fuerit, liceat vobis clausis januis, exclusis excommunicatis et interdictis, non pulsatis campanis, supressa voce divina officia celebrare. Liceat quoque vobis clericos vel laicos liberos et absolutos, sæculo fugientes ad conversationem vestram recipere, et eos absque ullius contradictione in vestro monasterio retinere. Prohibemus insuper ut nulli fratrum vestrorum, post factam in eodem loco professionem, liceat de claustro sine prioris sui licentia discedere; discedentem vero absque communium litterarum cautione nullus audeat retinere, nisi ad arctiorem vitam voluerit transmigrare. In parochialibus autem ecclesiis, quas tenetis, liceat vobis sacerdotes eligere et episcopis præsentare, quibus, si idonei fuerint episcopus animarum curam committat, ut de plebis quidem cura episcopo, vobis autem de temporalibus debeant respondere. Prohibemus etiam ne alieni licitum sit, novas et indebitas consuetudines in ecclesias vestras inducere. Sane novalium vestrarum quæ propriis manibus aut sumptibus colitis, sive de nutrimentis animalium vestrorum nullus a vobis decimas præsumat exigere.

Decernimus ergo, etc., salva nimirum apostolicæ auctoritate et diœcesani episcopi canonica justitia.

Datum Anagniæ, per manum Gratiani sanctæ Romanæ Ecclesiæ subdiaconi et notarii, 11 Kal. Julii, indict. VII, Incarnationis Dominicæ anno 1174, pontificatus vero domni Alexandri papæ II, anno XV.

MCXLI.
Privilegium pro abbatia S. Martini de Chora.
(Anagniæ, Jul. 17.)
[Mabillon, *Annal. Bened.* VI, 722.]

Alexander episcopus, servus servorum Dei, dilectis filiis Basilio abbati ecclesiæ Sanctæ Mariæ, et Sancti Martini Chorensis, ejusque fratribus, tam præsentibus quam futuris, regularem vitam professis, in perpetuum.

Religiosam vitam eligentibus apostolicum convenit adesse præsidium, etc. Eapropter, dilecti in Domino filii, vestris justis postulationibus clementer annuimus, etc., statuentes ut quascunque possessiones, etc., in quibus hæc propriis duximus exprimenda vocabulis.

Locum ipsum, in quo præfatum monasterium situm est cum omnibus pertinentiis suis, et ipsam villam, quæ dicitur Chora, et furnos, et molendina, et totam justitiam villæ cum hominibus suis, et nemora, scilicet Fraite-chaloët, et partem suam de Rogeo, et aquam de rivo... Cholistri usque ad rivum de Prisciaco : ecclesiam de Domeziaco cum omnibus pertinentiis suis, ecclesiam de Bazochiis cum omnibus pertinentiis suis, ecclesiam de Montezabo cum omnibus pertinentiis suis, ecclesiam de Novemfontibus, ecclesiam de Montevigneo cum omnibus pertinentiis suis, ecclesiam de Sancta-Christiana cum omnibus pertinentiis suis, ecclesiam de Petrapertusa cum omnibus pertinentiis suis, capellam de Curte ad celebrandum divinum officium, ecclesiam de Vassiaco cum appendiciis suis, et unum..... censualem in qualibet domo totius parochiæ, capellæ de Chora, et ecclesiæ Sancti Andreæ ecclesiæ de Castelud, ecclesiæ de Epure, ecclesiæ de Montezabo, ecclesiæ de Sassiaco, ecclesiæ de Venus, ecclesiæ Sanctæ Mariæ de Maer, ecclesiæ de Dornachiaco, ecclesiæ de Briva, ecclesiæ de Cersi, ecclesiæ de Petrapertusa, ecclesiæ de Domitiaco, ecclesiæ de Bazochiis, ecclesiæ de Montevineo, et usum quem habet ecclesia de Chora in nemoribus domini de Petrapertusa, in Faiis, in Herbert, in Batert, in Brolio, in Chancio de Veles, et in suis Battitiis, in Sauvezea, et partem suam in bosco de Cumbis, et sedem grangiæ in eodem loco liberam ab omni servitio castri quod dicitur Petrapertusa, et custodem grangiæ similiter, et liberam donationem, venditionem, invadiationem cujuslibet possessionis in toto casamento prædicti castri, quicunque eam faciat de jure suo ecclesiæ prædictæ, et mediam cosdumam uniuscujusque domus de Uziaco, et de villa urbana, si fuerit in casamento Pontii de Petrapertusa, et terram, et tertias et census, et cosdumas, et homines, et decimam culturæ monachorum de Minoda, secundum quod pertinet ad prædictam abbatiam, et terram, et tertias, et census, et cosdumas, et decimas, et homines, et nemora de Oziaco, et de Ciriaco, et de Ochis, et de Urbiniaco, et de Ateis, et de Mullet, et de Empuriaco cum omnibus justitiis, et cosdumis quas prædicta abbatia habet in eis, et terram, et tertias et cosdumas, et decimas, et census, et prata, et vineas, et homines de Domitiaco, et de Basochiis, et de Flaiaco, et de Cistriaco, et de Dormitiaco, et de Monteadversiaco, et de Carentiaco, et de Chalauro, et de Seobreo, et de Petrapertusa cum omnibus justitiis et cosdumis, quas prædicta abbatia habet in in eis. Prioratum quoque de Curte cum tota justitia villæ, cum decimis culturæ monachorum, et terras, et tertias, et census, et cosdumas, et homines, et partem nemoris de Arvial. Terram, et tertias, et census, et cosdumas, et prata de Sancta Columba, et de Massiaco, et de Boisum, et de Antiaco, et de Montoliblo cum omnibus justitiis et cosdumis quæ pertinent ad prædictum prioratum. Prioratum etiam de Vasiaco cum omnibus terris, pratis, et cum tertiis, censibus, decimis culturæ monachorum, et cum placito generali, cum nemore de Sarreia, et cum omnibus justitiis et cosdumis quas prædictus prioratus habet in jam dicta villa, terras, et tertias, et census, et omnia jura quæ prædictus prioratus habet in villa de Berriaco.

Cum autem commune interdictum terræ fuerit, liceat vobis, clausis januis, exclusis excommunicatis et interdictis, non pulsatis campanis suppressa voce divina officia celebrare. Obeunte vero te nunc ejusdem loci abbate, vel tuorum quolibet successorum, nullus ibi qualibet subreptionis astutia, seu violentia præponatur, nisi quem fratres communi consensu, vel fratrum pars consilii sanioris secundum Dei timorem, et beati Benedicti Regulam providerint eligendum.

Decernimus ergo, etc.

Datum Anagniæ, per manum Gratiani S. Romanæ Ecclesiæ subdiaconi et notarii, xvi Kal. Aug., ind. xvi, Incarnat. Domin. an. 1173, pontific. vero D. Alexandri papæ III an. xv.

MCXLII.

Privilegium pro ecclesia S. Martini Turonensi.
(*Fragmentum.*)

(Anagniæ, Aug. 3.)

[Launoii Opp., III, 11, 67.]

Alexander episcopus, servus servorum Dei, etc.

Cum ecclesia beati Martini Turonensis nullum, præter Romanum pontificem, episcopum habeat, mandatur archiepiscopis et episcopis, etc.

Datum Anagniæ, iii Nonas Augusti pontificatus nostri anno xv.

MCXLIII.

Chunrado, archiepiscopo Moguntino, apostolicæ sedis legato, scribit, episcopum Gurcensem una cum Richero, quem Ratisbonæ episcopum Brixinensem illicite consecrasset, [archi]episcopatum Salzburgensem, Adalberto abrogatum, ad (Henricum) præpositum Berchtesgadensem detulisse. Quod facinus irritum denuntiet. Mandat ut utrumque episcopum et præpositum, clerum populumque Salzburgensem ad Adalberti obedientiam revocet.

(Anagniæ, Sept. 8.)

Chron. Reichersp. ap. Ludewig, *Scr. Rer. Germ.,* II, 310.]

Alexander episcopus, servus servorum Dei, dilecto filio Chunrado Moguntino archiepiscopo et apostolicæ sedis legato, salutem et apostolicam benedictionem.

Quanto fidem et devotionem tuam circa nos et Romanam Ecclesiam esse novimus puriorem, et prudentiam et sollicitudinem tuam in omnibus magis experti sumus, tanto securius tibi committimus exsequenda quæ virum providum et constantem requirunt, et cum multa circumspectione exsecutioni debent mandari. Sane locorum vicinitas, nobilitas, et prudentia tua non te sinunt aliquatenus ignorare factum illud enorme, quod nuper contra venerabilem fratrem nostrum Adalbertum Salzburgensem archiepiscopum, non sine multa cordis amaritudine intelleximus attentatum fuisse a viris illis de quorum fide non videbamur in aliquo dubitare

Audivimus siquidem, quod cum venerabilis frater noster, Gurcensis episcopus, Ratisponæ electo Brixinensi munus consecrationis, contra interdictum præfati archiepiscopi, quod sibi non licuit, impendisset, idem Brixinensis cum prædicto Gurcensi contra eumdem archiepiscopum convenire præsumpsit, et proxime post consecrationem suam sequenti die in ipsum archiepiscopum depositionis sententiam promulgavit, et in ecclesiam Salzburgensem ad electionem Berthesgadensem præpositum, virum utique qui quondam religiosus habitus est et catholicus, ausu temerario intrusit, et clerum ab obedientia et laicos a fidelitate ipsius archiepiscopi absolvere non dubitavit. Miramur itaque nec mirari sufficimus, de prædicto Gurcensi et Brixinensi, quorum alter, Gurcensis videlicet, ab initio promotionis suæ et ante, ut credimus, ferventem circa nos et Romanam Ecclesiam scriptis et nuntiis devotionem ostendit, et de altero, scilicet Brixinensi, qui dum simul scholasticis disciplinis, præcipua quadam familiaritate nobis tenebatur adstrictus, et multæ religionis et honestatis esse probatur, et se catholicum profitetur, quomodo in tam novum, enorme et inauditum facinus proruperunt, cum non potuerunt, nec dubitaverunt in quemlibet episcopum, ne dum in præfatum archiepiscopum, cui debent obedientiam et reverentiam, sine mandato Romani pontificis sententiam promulgare, maxime quia idem archiepiscopus, sicut nosti, utpote canonice electus, a nobis confirmatus est, et de manu tua pallium in plenitudinem officii pontificalis accepit. Licet autem prædicti Gurcensis et Brixinensis asserant præfatum episcopum sub obedientia et devotione nostra, in præscripta Ecclesia positum esse, non videmus tamen, nec videri potest ab aliquo, quomodo possit, vel debeat esse, ut qui de mandato et auctoritate nostra in ipsa Ecclesia archiepiscopus fuerit institutus, nobis ignorantibus amoveatur ab eadem Ecclesia et alius favore terreni principis sibi superbiatur. Quomodo igitur, cum eadem Ecclesia nullo unquam tempore labe fuerit schismaticæ pravitatis infecta, providendum nobis est et omnibus eamdem diligentibus, ut de novo alicujus spurcitia contagionis non respergatur, prudentiam tuam, de qua omnimodam spem et fiduciam gerimus, ad ejus enormitatis correctionem sollicitandam duximus et propensius commonendam. Inde est quod tam enorme facinus cassantes, fraternitati tuæ per apostolica scripta mandamus et præcipimus, quod factum ipsum publice denunties irritum et inane, et omni gratia et favore humano postposito, memoratum Gurcensem et Brixinensem, et præpositum Salzburgensem, qui hoc attentaverunt, a tam stulto proposito satagas quantocius revocare, indicto eis termino, nec nimis longo, nec nimis arcto, intra quod tempus idem intrusus ad Ecclesiam suam Deo militaturus de cæteris redeat, et ad obedientiam et devotionem memorati archiepiscopi revertatur et eidem intruso inter cætera proponas, ne ambitionem dignitatis et honoris religioni et honestati velit præferre, sed in simplicitate cordis sui Deo famuletur, et tam clero quam populo ad suam Ecclesiam pertinenti nostra auctoritate præcipias, ut præfato archiepiscopo, sicut magistro et prælato omnimodam exhibeant obedientiam et honorem. Qualiter autem in facto profeceris, per tuas nobis litteras plene studeas intimare.

Datum Anagniæ, vi Idus Septembris.

MCXLIV.

Ad Sibotonem præpositum et chorum Salzburgensis Ecclesiæ. — Ut ad Adalberti obedientiam revertantur.

(Anagniæ, Sept. 8.)

[*Ibid.*, p. 514.]

ALEXANDER episcopus, servus servorum Dei, Sibotoni præposito et clero Salzburgensis Ecclesiæ, salutem et apostolicam benedictionem.

Audivimus non sine multo cordis dolore et amaritudine quomodo a te, præposite, enorme factum in venerabilem fratrem nostrum archiepiscopum vestrum fuerit attentatum, cui sicut magistro et prælato vestro tenemini obedientiam et reverentiam exhibere. Illa siquidem præclara fama laudis et nominis, qua eadem Ecclesia de conservatione catholicæ unitatis ubique sibi ad Deum et homines comparavit, vos a tam inhonesto proposito debuit potissimum revocare. Sane decuit vos sollicite ac diligenter attendere, et meditatione sedula cogitare in quo statu vir sanctæ recordationis Eberhardus quondam archiepiscopus vester et bonæ memoriæ Chunradus successor ejus, nec non prædecessores eorum eamdem rexerunt Ecclesiam, ut ab eorum via non possetis quomodolibet declinare, sed ipsorum vestigiis studeatis omnimodis inhærere. Non videmus utique, nec potest videri ab aliquo, quod electio, confirmatio vel palliatio prædicti archiepiscopi, præsertim sine auctoritate Romani pontificis, cassari debuerit, et alius superponi, cum idem archiepiscopus, sicut nostis, a nobis fuerit confirmatus et pallium, id est plenitudinem officii pontificalis receperit, et de exhibenda sibi obedientia ad vos et ad alios suæ jurisdictionis nostrum emanaverit sæpe mandatum. Super quo siquidem tanto miramur amplius et movemur quanto nos Ecclesiam vestram pro fenore devotionis vestræ ampliori charitate diligimus, et majori mœstitia afficimur et dolore, si quid fiat aliquando, quod ad diminutionem vestræ laudis et nominis, vel ad derogationis honestatem videatur quomodolibet redundare. Licet autem in facto ipso devotionem nostram sicut audivimus, et obedientiam prætendatis, non videmus tamen, nec videri potest ab aliquo, quomodo salva obedientia nostra et honestate hoc potuerit fieri. Quoniam igitur factum ipsum, cum omnino sit divinæ et humanæ legi contrarium, non debemus, nec possumus sustinere; nos id sicut cassandum, est et ipso jure cassatum, apostolica auctoritate cassantes, universitati vestræ mandamus et in virtute obedientiæ præcipimus, quatenus ad vos ipsas quantocius redeuntes, quid famæ vestræ expediat et saluti sollicite cogitetis, et ab hujusmodi inhonesto proposito sine dilatione qualibet redeuntes, ad obedientiam et devotionem memorati archiepiscopi revertamini, eique sicut magistro et prælato vestro devoti sitis atque subjecti; et tales in hoc et in aliis vos exhibere curetis, quod opera vestra aliis præbeant exempla virtutum. Si vero secus, quod nos non arbitramur, feceritis, quanto ferventius vos et Ecclesiam vestram diligimus, tanto acrius a tam illicito facto curabimus, auctore Domino revocare. Quia non videremur vos sincere diligere, si famæ et honestati vestræ paterno non consuleremus affectu.

Data Anagniæ, vi Id. Septemb.

MCXLV.

Ad Albertum Salzburgensem archiepiscopum. — Illum de superioribus epistolis certiorem facit.

(Anagniæ, Sept. 8.)

[*Ibid.*, p. 509.]

ALEXANDER episcopus, servus servorum Dei, dilecto filio ADALBERTO Salzburgensi archiepiscopo, salutem et apostolicam benedictionem.

Audito et intellecto illo enormi facto, quod est adversum te non sine offensa Dei et derogatione nostra nequiter attentatum, mirati sumus admodum et commoti, utpote qui personam tuam pro fervore devotionis tuæ sincera in Domino charitate diligimus, et pacem et quietem tuam desideramus, sicut nostram specialem et propriam turbationem, quæ tibi et Ecclesiæ tuæ imminet, non reputamus aliquatenus alienam. Inde itaque fuit, quod nos factum ipsum, utpote divinæ et humanæ legi contrarium, apostolica auctoritate cassantes, viris illis, qui tantæ fuerunt præsumptionis auctores scripta, nostra direximus, eosque a tam iniquo proposito pastorali sollicitudine revocantes, super hoc venerabili fratri nostro Chunrado Moguntino archiepiscopo apostolicæ sedis legato scripsimus, sicut ex rescriptis litterarum nostrarum tibi plenius innotescet. Tu itaque in Domino conforteris, et viriliter agas, in eo ponens spem, qui te poterit a pressuris et angustiis liberare, et post tantam turbationem, pacem tibi dabit per suam gratiam et quietem. Ut autem omnipotentem Dominum magis propitium habere valeas et placatum, ei tota devotione studeas subesse, et his ferventer intendere, quæ tibi placita sunt et accepta, et ad recuperandum patrimonium Ecclesiæ, et ad conservandam Ecclesiam ipsam in fide et unitate catholica, ut vir prudens, providus et discretus, toto studio attendas. Nos igitur firmum propositum et promptam tibi gerimus voluntatem, personam tuam sicut charissimi fratris abundantiore charitate diligere, et in persecutionibus et in angustiis tuis, omne quod cum Deo possumus, consilium et auxilium exhibere.

Data Anagniæ, vi Id. Sept.

MCXLVI.

Ad decanum et capitulum Parisiense. — Confirmat Ecclesiæ Parisiensis possessiones Item de præbenda S. Genovefæ in Ecclesia Parisiensi.

(Ferentini, Oct. 28.)

[MAN-i, *Concil.* XXI, 1053]

ALEXANDER episcopus, servus servorum Dei, dilectis filiis B. decano et capitulo Parisiensis Ecclesiæ, salutem et apostolicam benedictionem.

Quanto fervorem devotionis vestræ laudabilius sumus et efficacius in multis experti, tanto libentius jura et libertates Ecclesiæ vestræ conservare volumus et tueri, et vestris justis postulationibus benignius condescendere, ut de sinceritate devotionis, quam erga nos et Romanam Ecclesiam geritis, gratiam nostram uberius sentiatis. Eapropter, dilecti in Domino filii, officii nostri debito provocati, et petitionibus vestris clementer inducti, libertates et antiquas et rationabiles consuetudines Ecclesiæ vestræ, a tempore sanctæ recordationis patris et prædecessoris nostri Eugenii papæ, usque ad nostra tempora observatas, ratas habemus et firmas, easque auctoritate apostolica confirmantes, perpetuam in posterum decernimus habere firmitatem. Ad hæc cum quædam monasteria et ecclesiæ præbendas habeant in Ecclesia vestra, et dilecto filio nostro magistro Mainerio præbenda Sanctæ Genovefæ concessa sit, veriti ne paulatim subrependo in detrimentum prædictorum monasteriorum et ecclesiarum, et in gravamen vestrum hujusmodi consuetudo inolescat in Ecclesia vestra, postulastis a nobis ut super hoc juri vestro et indemnitati eorumdem monasteriorum et ecclesiarum, pastorali deberemus sollicitudine præcavere. Inde est quod præsenti scripto arctius inhibemus ne de aliqua præbendarum, quas præscripta monasteria vel ecclesiæ habent in Ecclesia vestra, quamlibet personam canonicare cogamini. Nulli ergo omnino hominum liceat hanc paginam nostræ confirmationis et constitutionis infringere, vel etiam aliquatenus contraire. Si quis autem hoc attentare præsumpserit, indignationem omnipotentis Dei et beatorum Petri et Pauli apostolorum ejus se noverit incursurum.

Datum Ferentini, v Kal. Novembris.

MCXLVII.

Ad Petrum cardinalem S. Chrysogoni, apostolicæ sedis legatum. — De mercede pro scholarum regimine.

(Ferentini, Oct. 29.)

[*Ibid.*, col. 971.]

ALEXANDER episcopus, servus servorum Dei, dilecto filio Petro tituli Sancti Chrysogoni presbytero cardinali, apostolicæ sedis legato, salutem et apostolicam benedictionem.

Licet mandaverimus ut ii qui volunt docere nihil pro scholis regendis ab aliquo exigant, juxta illud : *Veni et audi :* volentes tamen honestati et litteraturæ magistri Petri, cancellarii Parisiensis, quantum salva honestate possumus, prompta benignitate deferre, quem speciali prærogativa diligimus et volumus honorare, discretioni tuæ mandamus, quatenus, habito consilio cum venerabilibus fratribus nostris Willelmo Senonensi archiepiscopo, apostolicæ sedis legato, et H. Remensi archiepiscopo, et aliis dignis et honestis personis, super regimine scholarum Parisiensium, quod tibi visum fuerit, ita quod personam jam dicti Petri non excedat quod exinde feceris, circumspecta diligentia provideas atque disponas : eam cautelam et maturitatem adhibiturus, quod non videaris modum excedere, et illi qui scholas rexerint non debeant immoderate gravari.

Datum Ferentini, iv Kal. Novembris.

MCXLVIII.

Ad decanum et capitulum Parisiense. — De stipendio canonicorum.

(Ferentini, Nov. 11.)

[*Ibid.*, col. 1059.]

ALEXANDER episcopus, servus servorum Dei, dilectis filiis decano et capitulo Parisiensis Ecclesiæ, salutem et apostolicam benedictionem.

Justitia postulat et ratio persuadet ut his uberius debeamus gratiam impendere, et suis justis postulationibus benignius nostrum impertiri favorem, qui circa nos et Romanam Ecclesiam multa noscuntur devotione fervere, et nostram exsequuntur facilius voluntatem. Inde est quod cum vos ad preces nostras dilecto filio nostro Roberto de Beelei vicario B. Petri Fossatensis super illas octo libras, quas in Ecclesia vestra præter stationes et minutos redditus solebat annuatim percipere, sex libras annis singulis liberaliter addideritis ; nos providere volentes ne vobis in damnum vel præjudicium convertatur quod ob reverentiam nostram prompta devotione fecistis, apostolica auctoritate statuimus ut occasione additionis quam fecistis memorato Roberto aut dilecto filio nostro magistro Macario, cui præbenda Sanctæ Genovefæ concessa est, non possitis a præscriptis ecclesiis quomodolibet molestari, quominus post eorumdem Roberti et Mainerii decessum, in eumdem statum eædem præbendæ redeant in quo ante additionem factam fuisse noscuntur. Nulli ergo omnino hominum liceat hanc paginam nostræ constitutionis infringere, vel ei aliquatenus contraire. Si quis autem hoc attentare præsumpserit, indignationem omnipotentis Dei et beatorum Petri et Pauli apostolorum ejus se noverit incursurum.

Datum Ferentini, v Idus Novemb.

MCXLIX.

Canonicorum Pistoriensium disciplinam regularem, possessiones, privilegia confirmat.

(Ferentini, Nov. 19.)

[ZACHARIA, *Anecdota medii ævi* 232.]

ALEXANDER episcopus, servus servorum Dei, dilectis filiis HEUDINO præposito et cæteris Pistoriensis canonicæ fratribus, tam præsentibus quam futuris, in regularis vitæ observantia permansuris, in perpetuum.

Quoties illud a nobis petitur quod religioni et honestati convenire dignoscitur, etc., *ut in bulla Eugenii III pro iisdem data an.* 1151, *Dec.* 11 (*Patr. t.* CLXXX, *col.* 1480, *exceptis his quæ sequuntur variis lectionibus*.... Lucii et Sanctæ recordationis Patris et prædecessoris nostri Eugenii.... Coercendum tibi, fili præposite, vel successoribus tuis. Capellam S. Vitalis et ecclesiam de Vico Fario in porta Lucense.... Gerardus filius Baronci.... Ad supernæ beatitudinis gloriam.

Subscriptiones vero hæ sunt :

Ego Alexander, catholicæ Ecclesiæ episcopus.

Ego Hubaldo, Ostiensis episcopus.

Ego Bernardus, Portuensis, S. Rufinæ episcopus.

Ego Gualterius, Albanensis episcopus.

Ego Joannes, presbyter card. SS. Joannis et Pauli T.T. Pamachii.

Ego Guill. presbyter card. T.T. S. Petri ad Vincula.

Ego Ardicio, diac. card. S. Theodori.

Ego Cinthyus, diac. card. S. Adriani.

Ego Laborans, diac. card. S. Mariæ in Porticu.

Datum Ferentini, per manum Gratiani S. R. E. subdiaconi et notarii, xiii Kal. Decembris, indic. viii. Incarnationis Dominicæ anno 1174, pontificatus vero domini Alexandri papæ III anno sexto decimo.

MCL.

Monasterii Sanctæ Mariæ de Monte-Regali protectionem suscipit, possessionesque ac privilegia omnia confirmat.

(Ferentini, Dec. 30.)

[MARGARINI, *Bullar. Casin.*, II, 185.]

ALEXANDER episcopus, servus servorum Dei, charissimo in Christo filio GUILIELMO illustri Siciliæ regi, et hæredibus ejus, in perpetuum, salutem et apostolicam benedictionem.

Ex debito suscepti regiminis, qualitates attendere cogimur, et merita singulorum, ut circa omnes sic exsequamur dispensationis creditæ ministerium, quod devoti Ecclesiæ filii, pro modo personarum, et merito, ab apostolica sede cui, licet indigni, disponente Domino, præsidemus, gratum suæ reportent petitionis effectum. Hac siquidem ratione tanto libentius et benignius regiæ volumus serenitati deferre ; et tuæ conscendere voluntati, in his maxime quæ Redemptori nostro grata sint et accepta, et tuæ saluti et nomini fructuosa, quanto personam tuam, sicut charissimi filii et christianissimi regis, abundantiori charitate diligimus, et de tuæ gratissimæ devotionis fervore, nobis et Ecclesiæ Dei gratiora commoda pervenisse recolimus, et jugiter credimus, auctore Domino perventura, ut circa Deum et sacras ejus ecclesias majorem semper devotionem et reverentiam habens, et ferventius cultui justitiæ et operibus pietatis intendas, cum de prærogativa nostræ dilectionis et gratiæ fueris efficaciter consecutus, quod pio et ferventi desiderio concupisti is. Unde, cum monasterium in honorem beatæ Mariæ Dei genitricis et virginis, sicut non solum ex litteris tuæ celsitudinis, sed etiam aliorum certa relatione, non sine multo gaudio, et cordis lætitia audivimus, super Sanctam Ruriaciam, divinæ gratiæ inspiratione, regalibus construere cœperis opibus et largissimis, et amplissimis possessionibus disposueris, Domino cooperante, ditare, ut locus ille celebris habeatur et ibi ad serviendum Deo, conventus institui debeat monachorum. Nos pium votum et propositum tuum in hac parte præconio dignissimæ laudis extollimus, et petitionibus tuis ad exsequendum pium opus, quod, Domino inspirante, cœpisti tam benignum quam jucundum impertimur effectum.

Eapropter, charissime in Christo fili, pro unica et spirituali affectione, quam ad te, sicut ad Christianissimum regem habemus, de consilio fratrum nostrorum, apostolica auctoritate statuimus ut monasterium ipsum nullo archiepiscopo vel episcopo, aut alii personæ ecclesiasticæ, nisi tantum Romano pontifici, aliquo tempore sit subjectum, sed potius ab omni debito et subjectione aliarum ecclesiasticarum personarum liberum et absolutum semper existat. Insuper etiam præsenti scripto sancimus, ut omnia præscripto monasterio extra regnum tuum oblata, vel offerenda, commutata vel commutanda, perpetuæ in abbatis et conventus ejusdem monasterii potestate permaneant. Ea vero, quæ infra regnum tuum, eidem monasterio collata sunt, vel conferentur, commutata sunt, vel commutabuntur, cum voluntate tua ac hæredum tuorum illibata persistant. Liceat etiam abbati et conventui præfati monasterii per ordinationem clericorum, vel monachorum, qui in monasterio, vel pertinentiis ejus fuerint ordinandi, quemcunque voluerint catholicum advocare antistitem, et ab eo ordinationes eorum, chrisma, oleum sanctum, consecrationes altarium seu basilicarum recipere; qui gratis et sine contradictione qualibet, nostra auctoritate, quod postulatur indulgeat. In omnibus vero parochialibus ecclesiis ejusdem monasterii per clericos suos fontem benedici concedimus, et sacrum celebrari baptisma.

Prohibemus insuper, et auctoritate apostolica arctius interdicimus ne quis archiepiscopus, vel episcopus populum Christianum, ecclesias jam dicti monasterii, aut monasterium ipsum ingredi, et in eis de rebus suis (ut pia religione fieri solet) aliquid offerre, audeat prohibere. Si vero aliqua ecclesia vel tenimenta præscripto monasterio oblata fuerint, de quibus decimæ vel aliud jus alicui episcopo, vel alii ecclesiasticæ debeatur, et episcopus ipse, vel ipsa persona decimas et jus aliud, quod in alia ecclesia vel tenimentis habere noscuntur, eidem monasterio jure pontificali concesserint, oblationem et concessionem illam perpetuis temporibus inviolabiliter manere concedimus. Ad hæc adjicientes statuimus ut nullus archiepiscopus vel episcopus, aut alia quælibet persona ecclesiastica de tenimentis et possessionibus eidem monasterio, vel cellis ejus, cum episcopali jure concessis, aut de terris quas fratres ipsius monasterii in monasterio vel cellis ejus propriis sumptibus excoluerint, decimam vel quartam exigere audeat.

Prohibemus ne quis, homines in tenimentis ipsis habitantes, excommunicationi, vel interdicto subjacere, aut clericos monasterii, vel tenimentorum eorum ad synodum vocare præsumat. Abbati quoque ipsius monasterii, congregandi synodum tam monachorum quam clericorum aliorum, qui in tenimentis monasterii habitaverint, plenam facultatem et indulgentiam elargimur. Illud autem modis omnibus inhibemus ne aliqua persona in administratione præponatur abbati, nisi idem abbas de talibus convictus fuerit criminibus, quæ sint de censura sacrorum canonum punienda. Quemlibet vero monachum pro aliis monasteriis ordinandis, invito abbate, removeri ab ipso monasterio prohibemus. Ut autem fervor devotionis et desiderii tui amplius accendatur, abbati ejusdem monasterii qui ibi canonice fuerit constitutus, et successoribus ejus, usum mitræ, chirothecarum, sandaliorum, tunicæ et dalmaticæ, et virgam pastoralem, et quotidianum usum annuli nihilominus indulgemus. Et ut, post missam et alia divina officia, more episcopi benedictionem ad populum faciant, eis plenam concedimus facultatem.

Liceat quoque abbati et fratribus, tam præscripti monasterii quam cellarum ejus, clericos cujuscunque ordinis, seu laicos a sæculo fugientes, liberos et absolutos, in sanitate vel ægritudine, cum rebus et possessionibus suis ad conversionem morum venientes, sine cujuslibet episcopi, vel alterius personæ ecclesiasticæ contradictione recipere, et sine alicujus molestia retinere. Fas etiam sit de auctoritate nostra, fratribus per cellas prætaxati monasterii in civitatibus vel aliis locis constitutis, quandocunque ad officia divina voluerint, signa pulsare. Nullus autem archiepiscopus vel episcopus populum Domini, præscriptum monasterium vel cellas ejus ingredi ad audiendum verbum Domini, nisi pro communi totius civitatis, vel parochiæ interdicto, prohibere præsumat. Sepulturam sane tam ipsius monasterii quam omnium ecclesiarum et cellarum suarum liberam esse censemus, ut eorum devotioni et extremæ voluntati, qui se illic sepeliri deliberaverint, nisi excommunicati vel interdicti sint, nullus obs'stat. Neque alicui archiepiscopo vel episcopo liceat quemlibet in monasterio ipso vel cellis ejus sepeliri deliberantem, excommunicare, vel interdicere, et pœnitentiam, seu viaticum denegare, nisi ob manifestam rationem. Nihilominus auctoritate apostolica duximus indulgendum ut omnis qui in præscripti monasterii abbatem canonice electus fuerit, a quocunque archiepiscopo vel episcopo matuerit, benedicatur. Si vero abbas de aliquo fuerit accusatus, vel impeditus, cum assensu tuo et hæredum tuorum a personis ecclesiasticis, et discretis ac idoneis ejusdem regni causa ejus tractetur, discutiatur et terminetur.

Præterea auctoritate apostolica sancimus, ut nullus archiepiscopus, aut episcopus, vel alia persona, infra claustrum monasterii sine licentia et voluntate abbatis vel conventus intrare audeat, aut in eodem monasterio, vel ecclesiis suis, sine ipsius abbatis et conventus, et prælatorum earumdem ecclesiarum licentia, divina officia celebrare. Nihilominus etiam abbati prætaxati monasterii indulgemus, ut liceat ei monasterium et ecclesias suas canonice ordinare. Insuper autem fas sit eidem abbati omnes clericos et laicos suos cujuscunque ordinis, vel sexus ad confessionem recipere. Et de quibuscunque criminibus et causis ad ecclesiasticum judicem pertinentibus judicare. Liberum quoque sit prædicto abbati et fratribus suis in quibuscunque locis tenimentorum suorum ad usum suum et hominum ipsorum oratoria construere. Decernimus ergo ut nulli omnino hominum liceat idem monasterium temere perturbare, aut ejus possessiones auferre, minuere, seu quibuslibet vexationibus fatigare, aut hanc paginam nostræ constitutionis infringere, aut ei aliquatenus contraire. Si quis autem hoc attentare præsumpserit, indignationem omnipotentis Dei, et beatorum Petri et Pauli apostolorum ejus se noverit incursurum.

Ego Alexander catholicæ Ecclesiæ episcopus SS.
Ego Balthasar Ostiensis episcopus SS.
Ego Bernardus Portuensis et Sanctæ Rufinæ episcopus SS.
Ego Gualterius Albanensis episcopus SS.
Ego Joannes presbyter cardinalis Sanctorum Joannis et Pauli, tituli Pamachii SS.
Ego Joannes, presbyter cardinalis tituli Sanctæ Anastasiæ SS.
Ego Guillelmus presbyter cardinalis tituli Sancti Petri ad Vincula SS.
Ego Boso presbyter cardinalis tituli Sanctæ Susannæ SS.
Ego Ardicio diaconus cardinalis tituli Sancti Theodori SS.
Ego Vitellus diaconus cardinalis Sanctorum Sergii et Bacchi SS.

Datum Ferentini per manum Gratiani sanctæ Romanæ Ecclesiæ subdiaconi et notarii, tertio Kalendas Januarii indictione octava, Incarnationis Dominicæ anno 1174, pontificatus vero Domni Alexandri papæ tertii anno XVI.

Signum Alexandri III papæ:
[VIAS TUAS, DOMINE, DEMONSTRA MIHI.]

MCLI.

Marsilio abbati et fratribus Caræ Insulæ qui a duobus locis minus congruis ad locum aptissimum qui Om vocatur monasterium transtulerant, eadem duo loca asserit.

(LANGEBECK, Script. rer. Dan., V, 248.)

ALEXANDER episcopus, servus servorum Dei, dilectis filiis MARSILIO abbati et fratribus Caræ Insulæ, salutem et apostolicam benedictionem.

Ad audientiam nostram pervenit quod multa necessitate et rationabili causa compulsi, a duobus locis ordini vestro minus congruis, consilio et assensu proprii episcopi et favore regis terræ, ad congruum et aptissimum locum qui Om vocatur, vestrum monasterium transtulistis. Unde a nobis suppliciter et humiliter postulastis ut illa duo loca vobis et monasterio vestro confirmaremus. Quia igitur decet nos, pensata religione et honestate vestra, rationabilibus votis et desideriis vestris gratuito favore annuere, et de commodis et profectibus vestris attentius in Domino cogitare, vobis et monasterio vestro præscripta duo loca, sicut ea rationabiliter possidetis, auctoritate apostolica confirmamus, et præsentis scripti patrocinio communimus. Statuentes ut nulli omnino hominum liceat hanc paginam nostræ confirmationis infringere, vel ei aliquatenus contraire. Si quis autem hoc attentare præsumpserit, indignationem omnipotentis Dei, et beatorum Petri et Pauli apostolorum ejus, se noverit incursurum.

ANNO 1161-1175.

MCLII.

Ad abbates et fratres Cisterc. in Anglia constitutos.— Interdicit ne jura patronatus in ecclesiis aut ecclesias requirant.

(Ferentini.)

[*Epist. Gilberti Foliot*, ed. GILES, II, 106.]

ALEXANDER papa tertius, dilectis filiis abbatibus et fratribus monasteriorum Cisterciensis ordinis, qui sunt in Anglia constituti, salutem et apostolicam benedictionem.

Relatum est auribus nostris quod vos jus repræsentandi clericos ad ecclesias, contra antiquam consuetudinem et institutionem ordinis vestri, emptionis titulo et modis aliis satagitis adipisci, ut sub tali prætextu vobis liceat habere ecclesias, et per vos et per alios detinere. Quoniam igitur non decet vos occasione qualibet vel obtentu ab antiquis institutionibus patrum vestrorum recedere, aut quidquam efficere de quo possitis cupiditatis vitio reprehendi, discretioni vestræ per apostolica scripta præcipiendo mandamus, quatenus jura patronatus in ecclesiis aut ecclesias acquirere desistatis; quia non expedit vobis nec nos volumus sustinere, ut sub tali prætextu vobis vel ordini vestro derogetur. Sane usque adeo vos et ordinem vestrum diligimus, ut vos in his quæ religioni et honestati vestræ contraria sunt, nullatenus confovere velimus, qui de vo-

MCLIII.
Pro priorissa de Broburg super decem libris.
(Jan. 22.)
[Marten., *Ampl. Collect.*, II, 821.]

Ex parte Helwidis priorissæ de Broborg, querelam accepimus quod cum mater ejus decedens decem libras in testamento sibi quondam legaverit, et amitæ suæ ad opus ejusdem priorissæ commiserit custodiendas, hæredes ejusdem amitæ suæ prætaxatam' pecuniam sibi solvere contradicunt, sed eam potius contra justitiam detinere præsumunt. Cæterum quia ex summi apostolatus officio, quod licet immeriti, dispositione supernæ providentiæ gerimus, unicuique jus suum exhibere tenemur, discretioni vestræ per apostolica scripta mandamus quatenus hæredes prædictæ amitæ suæ moneatis, et ecclesiastica censura districtius coercere curetis, ut memoratæ priorissæ præscriptam pecuniam absque aliqua contradictione et diminutione restituant, vel coram vobis infra quadraginta dies post harum susceptionem eidem, quod justum est, exinde appellatione remota non differant exhibere: ita quod ipsa contra susceptæ religionis habitum diutius propter hoc non cogatur contentionibus fatigari, cum per vos jus suum poterit obtinere.

Data xi Kal. Febr.

MCLIV.
Ad Belvacensem episcopum.— Pro A. decano Castri Radulfi.
(*Ibid.*, col. 798.)

Alexander episcopus, servus servorum Dei, venerabili fratri [Bartholomæo] Belvacensi episcopo, salutem et apostolicam benedictionem.

Significavit nobis dilectus filius noster A. decanus Castri Radulfi, quod cum ipse super quibusdam causis coram venerabili fratre nostro H. Remensi archiepiscopo, ad quem primo a fratre nostro Catalaunensi episcopo fuerat appellatum, graviter impeteretur, exinde ad nostram audientiam appellavit. Unde quia, responsali præfati decani coram nobis præsente, adversarii ejus nec venerunt, nec pro se responsales miserunt, prædictas causas experientiæ tuæ committimus debito fine, absque appellationis remedio, terminandas. Ideoque fraternitati tuæ præsentium auctoritate mandamus, quatenus cum inde requisitus fueris, partibus ante tuam præsentiam convocatis, easdem, causas diligentius audias, et has appellatione remota, justitia mediante, decidas.

MCLV.
Ad G. Catalaunensem episcopum. — Pro Milone clerico, ut ei beneficiat.
(Marten., *Ampl. Collect.*, II, 842.)

Commissum tibi officium, et debitum charitatis exposcit, ecclesiasticis viris, et his præsertim qui in Ecclesia nullum adhuc beneficium potuerunt habere, utili provisione consulere, et eis in beneficiis congruis providere. Inde siquidem est quod nos Milonem clericum litteratum, sicut audivimus, et honestum, qui de parochia tua oriundus existit, discretioni tuæ propensius commendantes, fraternitati tuæ per apostolica scripta rogamus, mandamus atque monemus, quatenus jam dicto Miloni, pro reverentia B. Petri ac nostra et obtentu probitatis suæ, necnon et ex officii debito, in aliqua ecclesiarum ita decenter et honeste provideas, quod necessaria vitæ possit competenter habere, et in ordine suo omnipotenti Domino fideliter deservire, nos quoque sollicitudinem tuam teneamur exinde non immerito commendare.

MCLVI.
Ad Henricum Remensem archiepiscopum. — De absolutione cujusdam civis Ma. Catalaunensis.
(*Ibid.*, col. 703.)

Si bene meminimus, causam cujusdam mulieris E. nomine tibi commisimus, ut de his adversus quos queritur ei justitiam exhiberes. Unde mota questione adversus Ma. Catalaunensem civem, cum eum velles cogere prædictæ mulieri in tua præsentia respondere, timens gravari, ad nostram audientiam appellavit. Tu vero, sicut nobis asseruit, in judicio nihilominus processisti, et, quod gravius est, post appellationem factam, eum denuntiasti excommunicatum. Quia vero non bene recolimus utrum causa ipsa, appellatione remota, an appellationis obstaculo reservato, tibi fuit delegata, volumus et mandamus, et, si reservato appellationis remedio prædictæ mulieris causam pertractandam recepisti, quia non decuit prudentiam tuam, interposita appellatione, ipsum excommunicare, vel in judicio procedere, tu illum absolutum habeas, et exinde causa in præsentia venerabilis fratris nostri Laudunensis episcopi, cui hoc commisimus, debitæ justitiæ recipiat complementum. Ad ejusdem quoque episcopi judicium tam virum quam mulierem ire compellas, et litteras quas super eadem causa tibi destinavimus ei ostendas, ut ex ipsis veritatem rei plenius intelligat. Si vero prædictæ mulieris causam, appellatione remota, suscepisti terminandam, tu nihilominus sæpe dictum Ma. tanquam absolutum recipias, et libera ei præstita facultate dicendi in testes, et allegandi quod voluerit ex parte sua, ita controversiam illam, appellatione cessante, studeas fine canonico terminare, ut neutra partium pro defectu justitiæ conqueri ulterius compellatur. Rogamus et ut in eundo et redeundo, apud te immorando nullam ei injuriam patiaris inferri.

Data iii Id. Mergolii [*f.* Martii].

MCLVII.
Ad eumdem. — Ut compellat S. Ursmari et Antonienses canonicos dimittere omnes fornicarias. Eos vero qui infra ordinem subdiaconatus sunt et habent conjuges, adhærere conjugibus. Illos autem qui in eo sunt et supra adhærere ecclesiis et dimittere uxores.
(*Ibid.*, col. 794.)

Pervenit ad nos quod S. Ursmari et Antonienses

canonici, qui prælationi Lobiensis Ecclesiæ subesse noscuntur, enormiter et dissolute viventes, fornicarias in propriis domiciliis tenere præsumunt, et quidam eorum, sicut audivimus, matrimonia contraxerunt. Unde quoniam hoc SS. Patrum institutionibus noscitur omnimodis obviare, ut hi qui aliis exemplum boni præbere deberent, male vivendo pravis operibus ad illicita provocent ; discretioni tuæ per apostolica scripta præcipiendo mandamus, quatenus universos, qui fornicarias tenere noscuntur, aut beneficiis ecclesiasticis cedere, aut eas prorsus dimittere districtius compellas. Eos vero qui infra ordinem subdiaconatus existunt et conjuges habent, uxoribus adhærere, et ecclesiasticis beneficiis penitus carere facias. Si autem ad subdiaconatum vel majorem ordinem sunt promoti, et aliquam sibi contubernio ausi sunt copulare tu ipsos ab hujusmodi copula prorsus discedere, et in ecclesiis suis omnipotenti Domino fideliter deservire, omni cum districtione cogas. De cætero Lambertum clericum S. Ursmari canonicum, qui dilectum filium nostrum (18) J. Lobiensis Ecclesiæ abbatem injuste fatigans ad nostram appellavit audientiam...

MCLVIII.

Ad eumdem. — Pro Matthæo cive Catalaunensi.
(*Ibid., col.* 817.)

Præsentibus litteris fraternitati tuæ notum fieri cupimus quod nos charissimus in Christo filius noster Ludovicus illustris rex Francorum frater tuus, pro M. Catalaunensi cive satis affectuose rogavit ut cum interventu amoris et precum suarum a vinculo excommunicationis eum absolveremus, quo ipsum nulla alia de causa, sicut dicitur, innodasti, nisi pro eo quod ad audientiam nostram appellavit. Unde quantum nos et teipsum deceat prædicto regi deferre et ejus petitioni, ubi cum Deo et justitia possumus, annuere, discretio tua non debet aliquatenus ignorare. Ipse enim sicut rex Christianissimus magnam B. Petro in nobis devotionem et reverentiam exhibet, et ad honorem et exaltationem Ecclesiæ ac nostram frequenter [*al.* ferventer] intendit. De cujus devotione plurima eidem Ecclesiæ incrementa non est dubium provenisse et jugiter provenire. Quapropter dignum est ut nos ei æqua vicissitudine rependamus, et ad preces suas nos facere non pigeat, quidquid essemus unquam pro aliquo facturi. Ideoque prudentiam tuam monemus, atque mandamus quatenus, intuitu prædicti regis et mandati nostri obtentu, memoratum M. quem ad te idcirco remittimus, quia ejus negotium sollicitudini tuæ commisimus, appellatione remota diffiniendum, a sententia qua tenetur, postposita occasione, absolvas, et nihil ab eo pro absolutione aliquo modo requiras. Sufficientem tamen cautionem ipsum præstare facias, quod super causa quæ inter eum et Herdensem mulierem vertitur, sententiæ tuæ latæ sive ferendæ stare debeat. Si vero in proferendo judicio aliquid quod sit minus perfectum et inconveniens intercessit, volumus et mandamus, ut illud studeas ordine judiciario plenius emendare.

MCLIX.

Ad eumdem. — Ut audiat causam inter M. et A. et terminet, si consuetudo terræ habet. Sin autem remittat ad sæcularem judicem.
(*Ibid., col.* 844.)

Causam quæ inter Martinum et Adam super quadam vinea, quam idem M. repetit ratione consobrinæ uxoris suæ, agitari dignoscitur, experientiæ tuæ committimus audiendam et fine debito terminandam. Ideoque fraternitati tuæ per apostolica scripta mandamus, quatenus cum exinde fueris requisitus, utramque partem ante tuam præsentiam convoces, et rationibus hinc inde plenius auditis et cognitis, eamdem causam, si consuetudo terræ habet, quod possit sub ecclesiastico judice terminari, remoto appellationis obstaculo, justitia mediante decidas. Alioquin ad judicem sæcularem, ad quem spectat, remittas.

MCLX.

Ad eumdem. — Pro abbate et fratribus de Sarnaio.
(*Ibid., col.* 850.)

Ex transmissa conquestione religiosorum virorum abbatis et fratrum de Sarnaio (19) auribus nostris innotuit quod Rossa mulier et Phy. de Castris eis quamdam vineam per violentiam abstulerunt, quam ipsis reddere contradicunt. Quoniam igitur ad officium nostrum specialiter pertinet universorum jura defendere, et præsertim religiosorum virorum, qui sunt arctius divinis obsequiis mancipati, fraternitati tuæ per apostolica scripta mandamus, quatenus memoratam mulierem et filium ejus moneas studiosius et compellas ut præscriptam vineam præfatis fratribus sine molestia et difficultate restituant, et in pace dimittant, aut ipsis exinde sub examine tuo infra XL dies post harum susceptionem, remoto appellationis obstaculo, justitiæ faciant complementum. Si vero neutrum horum fecerint, ipsos usque ad alterius exsecutionem, omni appellatione remota, ecclesiastica censura compellas.

MCLXI.

Ad eumdem.—Ut apud Valencenas facultas detur hospitali pauperum construendi ecclesiam et ne viri ecclesiastici a sæcularibus judicentur.
(*Ibid., col.* 868.)

Perlatum ad audientiam nostram quod hospitale quoddam apud Valencenas ad subsidium et receptionem pauperum Christi jampridem fuit constructum, ubi infirmis et indigentibus plura jugiter exhibentur beneficia charitatis. Verum cum non sit ibi ecclesia in qua infirmi et fratres inibi com-

---

(18) Joannem, qui anno 1159 Franconi successit, præfuitque annis viginti, ad annum scilicet 1179 quo abbatiam dimisit.

(19) Vulgo Vallium Sarnaii, ordinis Cisterciensis, in diœcesi Parisiensi.

morantes officia divina possint audire, vel mortui etiam sepeliri, corpora decedentium non sine rerum dispendio ad locum alium deferuntur. Quia igitur nobis est attentius supplicatum ut eidem religioso loco in hac parte consulamus, nos misericordia moti et officii nostri debito nihilominus inclinati, fraternitatem tuam monemus atque mandamus, quatenus si res ita se habet, canonicos Cameracensis Ecclesiæ instanter moneas et inducas, ut fratribus præscripti loci, recepta ab eis sufficienti cautione, quod aliarum ecclesiarum parochianos ad quotidiana officia vel ad sepulturam recipere non audeant, construendi ibidem oratorium et cœmeterium liberam tribuant facultatem. Cæterum quia nobis est intimatum quod cum in præscripta villa de Valencenis sint ecclesiastici viri beneficia ecclesiastica non habentes, qui tanquam quilibet laici a personis sæcularibus judicentur, non attendentes qualiter in his et omnipotens Deus offendatur, et Ecclesiarum libertas sustineat detrimentum, nihilominus tuæ discretioni mandamus ut nullum virum ecclesiasticum per provinciam tuam a personis sæcularibus judicari permittas, eos nostra et tua auctoritate compescens, qui clericos ad judicium præsumpserunt trahere sæculare.

MCLXII.

Ad eumdem et abbatem Joiacensem. — Pro J. paupere et presbytero qui olim novitius exstiterat in Joyacensi cœnobio.

(Ibid., col. 945.)

ALEXANDER episcopus, servus servorum Dei, venerabili fratri HENRICO Remensi archiepiscopo, et dilecto filio abbati Joiacensi, salutem et apostolicam benedictionem.

Veniens ad apostolicæ sedis clementiam J. pauper presbyter capellanus dilectorum filiorum nostrorum infirmorum fratrum de Turribus super Marnam, supplici nobis relatione proposuit, quod olim in pueritia in monasterio Jocacensi (20) in cella novitiorum per menses duos in probatione permansit; sed gravi capitis infirmitate laborans, libere et cum licentia abbatis ejusdem loci de monasterio ipso exivit. Qui utique per singulos ordines ascendens, ordinatus in presbyterum, prædictæ domui infirmorum se contulit. Nunc autem quidam ipsum perturbare volentes, quoniam a prælibato monasterio exivit, ipsum excommunicatum esse (21) et ab ordinibus removendum proponunt. Quoniam igitur in tabernaculo Domini non omnes pari virtute contendunt, et qui in monte non potest manere, ad vallem descendat, ut ibidem salvetur, discretioni vestræ per apostolica scripta mandamus, quatenus, si ita est, præfatum presbyterum immunem ab ipsorum infamia et in sanctis ordinibus debere servire denuntietis, ita tamen, ut præfatis infirmis juxta votum promissum perpetuo serviat, ne cum uxore Lot retro respiciat, quæ quoniam retro respexit, in effigiem salis noscitur fuisse conversa.

MCLXIII.

Ad... — Pro F. clerico, ut ei præbenda reddatur.

(Ibid., col. 806.)

Pro filio nostro F., latore præsentium, vos jampridem satis affectuose rogavimus ut ei præbendam unam in ecclesia Sancti Stephani, vel in ecclesia Beatæ Mariæ de Vallibus concedere deberetis et liberaliter assignare. Scripsimus insuper quod tu, frater episcope, ipsum in clericum ordinares, et deinceps jam dictarum ecclesiarum instituere canonicum non differres. Vos autem, sicut consuevistis, nostras in hac parte preces surdis auribus pertransistis, nec præfato F. in aliquo providere curastis. Quoniam igitur indignum est ut viri scholasticis disciplinis diutius intendentes, nullum beneficium habeant unde necessaria vitæ possint decenter percipere, universitatem vestram per iterata scripta rogamus, monemus et rogando mandamus, quatenus memorato F. primam præbendam quæ in alterutra præscriptarum ecclesiarum post illam, quam dilecti filii nostri abbatis Vallis lucentis (22) assignari præcepimus, vacare contigerit, divinis amoris intuitu, et pro reverentia beati Petri ac nostra, necnon et respectu probitatis suæ dare et assignare curetis, ut hac saltem vice preces et mandatum nostrum sibi sentiat in aliquo profuisse, et nos de admissione precum nostrarum uberes vobis gratias exsolvere debeamus, et petitiones vestras libentius promovere. Tu vero, frater episcope, eum sicut tibi alia vice mandavimus, tonsurare studeas, et in clericum ordinare, ordinatum autem ad alteram præscriptarum ecclesiarum intitules, et ita efficias, ut ad nos ulterius non cogatur redire, quoniam id grave nobis admodum existeret et omnino molestum.

MCLXIV.

Ad Corbeiensem abbatem. — De jure archiepiscopi Remensis in burgo Corbeiensi, monasterio adjacenti.

(Ibid., col. 924.)

Venerabilis frater noster Remensis archiepiscopus transmissa nobis relatione monstravit quod burgus qui monasterio tuo adjacet, sibi et Ecclesiæ suæ ita sit in spiritalibus sicut et in temporalibus subjectus, et homines ejusdem loci super causis ecclesiasticis ad Ecclesiam suam consueverunt appellare; tu, contra antiquam consuetudinem et justitiam ipsius Ecclesiæ, super hoc apostolicæ sedis impetrasti rescriptum, et juri et dignitati ejusdem Ecclesiæ non modicum derogasti. Quia vero sic volumus et debemus tua jura servare, ut quod juris est archiepiscopi et Ecclesiæ suæ nullatenus diminuamus, dilectioni tuæ per apostolica scripta

---

(20) Joiacum est ordinis Cisterciensis monasterium in diœcesi Senonensi.

(21) Ex hoc loco patet novitios probationis tempore etiam non expleto, vitio suo sponte exeuntes, olim pro apostatis habitos fuisse, siquidem ille novitius pro infirmitate cum benedictione abbatis post duos menses egressus, vix excommunicationis notam vitare potuit, id quod aliis exemplis probare possem.

(22) Vallis lucentis monasterium ordinis Cisterciensis, in diœcesi Senonensi, anno 1127 ab Artaldo abbate Prulliaci fundatum.

mandamus, atque præcipimus, quod si a XL annis retro antecessores præfati archiepiscopi, et Ecclesia sua in villa monasterii tui jus pontificale habuerunt, illud ei sub prætextu alicujus privilegii vel scripti a nobis impetrati, nullatenus subtrahas, nec suæ dignitati in hac parte derogare præsumas. Non enim pro speciali gratia, quam ad monasterium tuum habemus, prædictum archiepiscopum sua possumus vel debemus dignitate aut jure privare. Verumtamen si legitima te poteris præscriptione aut privilegiis antecessorum nostrorum tueri, in præsentia venerabilis fratris nostri Bituricensis archiepiscopi, cum eodem archiepiscopo super hoc ordine judiciario experiaris, et monasterii tui rationabili moderamine tueri satagas libertatem.

ANNO 1164-1175.

MCLXV.

(Ibid., col. 842.)

Ad episcopum Catalaunensem. — Ne exigant presbyteri sui pecuniam pro baptismo parvulorum, nec vro sepultura mortuorum.

(Ibid. col. 842.)

Pervenit ad nos quod civitatis tuæ capellani pro baptismo parvulorum et pro sepultura mortuorum pretium exigunt, nec baptizandis sacramentum regenerationis, aut defunctis beneficium sepulturæ volunt aliqua ratione impendere, nisi sibi pecuniæ quantitas exsolvatur. Quod quia in conspectu Dei et coram hominibus omnimodis detestabile reputatur, et decreto nostro quod jam pridem in concilio Turonensi (23) edidimus contrarium prorsus existit, fraternitati tuæ per apostolica scripta mandamus, quatenus universos tuæ diœcesis sacerdotes a tam nefaria præsumptione omnino compescas, et ne hoc de cætero fiat, per singulas parochias ex parte nostra et tua publice sub pœna officii privationis interdicas. In eos vero quos in tali casu pecuniam recepisse constiterit, tantæ cupiditatis ardorem non pecuniaria pœna, sed spirituali ita graviter studeas vindicare, quod cæteri hoc audientes a consimilibus merito terreantur.

MCLXVI.

Ad Theobaldum Ambianensem episcopum. — Pro Joanne Aculeo, contra novercam suam, ut audiat e. terminet causam inter eos.

(Ibid., col. 836.)

ALEXANDER episcopus, servus servorum Dei, venerabili fratri T[HEOBALDO] Ambianensi episcopo, salutem et apostolicam benedictionem.

Causam quæ inter Joannem Laudunensis Ecclesiæ canonicum, et Hel. mulierem novercam suam super hæreditate et cæteris rebus partis ejusdem J. diutius noscitur agitari, venerabili fratri nostro Hu. Suessionensi episcopo, nos jam pridem meminimus commisisse. Unde quoniam jam dicta mulier, licet cum præfato J. amicabilem compositionem fecerit, et eam fidei interpositione firmaverit, ab ipsa postea contra fidem suam resilire præsumpsit, idem J. ad nostram audientiam appellavit, mulier vero domum ejus per violentiam a complicibus suis fecit infringi, et ea quæ ibidem inveniri poterant asportari. Quoniam igitur nullus esset litium finis, si a transactionibus bona fide factis discedere licuisset, fraternitati tuæ per apostolica scripta mandamus, quatenus rei veritatem inquiras et si ita esse constiterit, præscriptam compositionem facias omni contradictione et appellatione remota, ab utraque parte firmiter observari et exsecutioni mandari. Ea vero quæ prænominato J. vel sorori ejus post appellationem ad nos factam subtracta esse constiterit, eisdem ante principalis causæ cognitionem, nostra fretus auctoritate, dilatione et appellatione sublata, restituas, et de damnis illatis, necnon et de his, qui domum suam fregerunt, congruam illi satisfactionem præcipias exhiberi. Quod si prælibata mulier aliter tibi non acquieverit, tu ipsam necnon et fidejussores ejus, nullius contradictione vel appellatione obstante, sententia excommunicationis percellas, et eam ab omnibus usque ad dignam satisfactionem facias irrefragabiliter observari. Et hæc omnia infra XX dies post harum susceptionem diligentius exsequaris.

MCLXVII.

Ad Henricum Remensem archiepiscopum. — Pro Theobaldo, adversus Guidonem de Appia.

(Ibid., col. 866.)

Ex parte Theobaldi, parochiani tui, gravem satis et miserabilem querelam audivimus, quod, cum sit homo S. Remigii, Guido de Apia eum ad se sub bona fide vocatum temere cepit, et tam manibus quam collo ferreis catenis ligatis, ipsum nequiter carceri mancipavit. Cum autem jam dictus Guido a quibusdam amicis et consanguineis præfati T. fuerit requisitus ut eumdem T. liberum et absolutum dimitteret, id facere omnino contempsit, imo sibi suspendium acriter est comminatus. Unde ipse formidine tam atrocis pœnæ perterritus, datis fidejussoribus, se XV libris redemit; de quibus terra sua pignori obligata XI libras et VIII solidos et dimidium solvit. De reliquis vero coram N. procuratore archidiaconi tui est graviter impetitus. Quia igitur sævitiam tantæ tyrannidis et tam iniquæ præsumptionis excessum non debemus vel possumus inultum relinquere, ne de ipsius impunitate alii ad similia provocentur, fraternitati tuæ per apostolica scripta mandamus, quatenus rem ipsam infra XL dies post harum susceptionem diligenter inquiras, et si ita esse inveneris, supradictum malefactorem studiose commoneas, et sub anathematis districtione compellas ut universa quæ a memorato T. per hujusmodi tyrannidem et impressionem extorsit,

---

(23) Anno 1165 concilium Turonis celebravit, in cujus canone 6 prohibetur ne quid pro defunctorum sepultura exigatur

ei sine diminutione persolvat, de illatis injuriis congrue satisfaciat, et fidejussores suos a fidejussione illa et ipsum a juramento, si quo tibi propter hoc tenetur, prorsus absolvat. Nolumus autem ut causam ipsam vel alias graves et difficiles praedicto N. exsequendas committas, sed eas per teipsum studiosius exsequaris, ne forte tibi de praefato N., quod Dominus avertat, contingat quod bonae memoriae quondam Noviomensi episcopo de Drogone audivimus contigisse.

ANNO 1175.

MCLXVIII.

Parthenoni S. Mariae Panormitano asserit decimas quasdam a Tustino episcopo Mazarensi collatas.

Datum Florentiae [*leg.* Ferentini] Kal. Febr. (Febr. 1), indict. vii, anno Incarnationis Dominicae 1174, pontificatus anno xvi.

(Pirri, *Sicilia sacra*, II, 844.)

MCLXIX.

Monasterium Vallis Christianae tuendum suscipit ejusque possessiones ac jura confirmat.

(Ferentini, Febr. 14.)

[*Hugo*, Ann. ord. Praem., II, 631.]

Alexander episcopus, servus servorum Dei, dilectis filiis Bartholomaeo abbati Vallis Christianae, ejusque fratribus tam praesentibus quam futuris, religiosam vitam professis, in perpetuum.

Religiosam vitam eligentibus apostolicam convenit adesse praesidium, etc. In primis siquidem statuentes ut ordo canonicus, qui secundum Deum et beati Augustini Regulam et institutionem Praemonstratensium fratrum in eodem loco institutus esse dignoscitur, perpetuis ibidem temporibus inviolabiliter observetur. Praeterea quascunque possessiones, quaecunque bona etc., in quibus proprie quaedam duximus adnotanda:

Locum ipsum in quo praefata ecclesia sita est cum omnibus pertinentiis suis, cum terris, vineis, hortis pratis, pascuis, aquis, aquarum decursibus, molendinis, grangiis et earum pertinentiis. Sepulturam quoque ipsius loci liberam esse decernimus, ut eorum devotioni et extremae voluntati, qui se illic sepeliri deliberaverint, nisi forte excommunicati vel interdicti sint, nullus obsistat, salva tamen justitia matris Ecclesiae. Sane novalium vestrorum, quae propriis manibus aut sumptibus colitis, sive de nutrimentis vestrorum animalium, nullus a vobis decimas praesumat exigere. Liceat quoque vobis clericos vel laicos liberos et absolutos e saeculo fugientes ad conversionem vestram suscipere, et eos absque ullius contradictione in vestro collegio retinere. In parochialibus vero ecclesiis vestris liceat vobis, post decessum presbyterorum qui eas tenent, quatuor vel tres ad minus de vestris canonicis ponere, quorum unus dioecesano episcopo praesentetur ut ab eo curam recipiat animarum. Ita quidem ut episcopo de spiritualibus, vobis autem de temporalibus debeat respondere. Prohibemus insuper ut nulli fratrum vestrorum post factam in loco vestro professionem fas sit de eodem claustro discedere absque abbatis sui licentia, discedentem vero absque communium litterarum cautione, nisi ad arctiorem religionem voluerit transmigrare, nullus audeat retinere. Obeunte vero te, nunc ejusdem loci abbate, vel tuorum quolibet successorum, nullus ibi quolibet subreptionis astutia seu violentia praeponatur, nisi quem fratres communi consensu aut fratrum pars consilii sanioris, secundum Deum et beati Augustini Regulam providerint eligendum. Praeterea cum generale interdictum terrae fuerit, liceat vobis, clausis januis, exclusis excommunicatis et interdictis, non pulsatis campanis, submissa voce divina officia celebrare.

Decernimus ergo, etc., salva sedis apostolicae auctoritate et dioecesani episcopi canonica justitia. Si qua igitur, etc.

Datum Ferentini per manum Gratiani sanctae Romanae Ecclesiae subdiaconi et notarii, xvi Kal. Martii, indictione viii, Incarnationis Dominicae anno 1175, pontificatus vero domni Alexandri papae III anno sexto decimo.

MCLXX.

Ad Petrum cardinalem S. Chrysogoni, apostolicae sedis legatum. — Ut qui electum Cameracensem episcopum occiderunt, publice excommunicati denuntientur.

(Ferentini, Mart. 11.)

[Mansi, *Concil.*, XXI, 969]

Alexander episcopus, servus servorum Dei, dilecto filio Petro tit. S. Chrysogoni presbytero cardinali, apostolicae sedis legato, salutem et apostolicam benedictionem.

Non sine gravi dolore et amaritudine cordis audivimus illud horrendum et detestabile facinus quod in necem bonae memoriae R. quondam Cameracensis electi nuper est ausu diabolico perpetratum. Unde cum tantum et tam grave flagitium non debeamus irrequisitum vel impunitum relinquere, sed potius ad id judicandum nos conveniat omnem diligentiam et sollicitudinem adhibere, discretioni tuae per apostolica scripta mandamus atque praecipimus, quatenus venerabiles fratres nostros Remensem archiepiscopum et suffraganeos ejus studiose commoneas, et diligenter inducas, ut sicut eis dedimus in mandatis, illos qui praefatum electum tam crudeliter occiderunt, vel fecerunt occidi, et eos etiam qui ad eum occidendum vel capiendum juverunt, publice accensis candelis excommunicatos denuntient, et faciant in singulis ecclesiis suorum episcopatuum denuntiari, donec de tanto et tam gravi excessu digne Deo et Ecclesiae satisfaciant, et cum litteris eorum apostolico se aspectui repraesentent. Si vero id facere forte noluerint, vel distulerint, tu, convocatis episcopis suffraganeis Remensis Ecclesiae, et aliis ecclesiasticis personis illius provinciae, publice appellatione remota, ac censis candelis, illos quos diximus excommunicatos denunties, donec ad apostolicam sedem cum litteris tuis veniant satisfacturi.

Datum Ferentini, vi Idus Martii.

MCLXXI.
Monasterii S. Stephani Balneolensis privilegia et jura confirmat.
(Ferentini, Mart. 13.)
[Aguirre, *Coll. concil. Hisp.*, III, 388.]

Alexander episcopus, servus servorum Dei, dilectis filiis Raymundo abbati monasterii S. Stephani Balneolensis ejusque fratribus tam præsentibus quam futuris, regularem vitam professis, in perpetuum.

Religiosam vitam eligentibus apostolicum convenit adesse præsidium, ne forte cujuslibet temeritatis incursus, aut eos a proposito revocet, aut robur, quod absit! sacræ religionis infringat. Eapropter, dilecti in Domino filii, vestris justis postulationibus clementer annuimus, et præfatum monasterium, in quo divino mancipati estis obsequio, sub beati Petri et nostra protectione suscipimus, et præsentis scripti privilegio communimus. In primis siquidem statuentes ut ordo monasticus, qui secundum Deum et B. Benedicti Regulam in eodem loco institutus esse dignoscitur, perpetuis ibidem temporibus inviolabiliter observetur. Præterea quascunque possessiones, quæcunque bona idem monasterium in præsentiarum juste et canonice possidet, aut in futurum concessione pontificum, largitione regum vel principum, oblatione fidelium, seu aliis justis modis, præstante Domino, poterit adipisci, firma vobis vestrisque successoribus et illibata permaneant. In quibus hæc propriis duximus exprimenda vocabulis:

Parochiam ipsi monasterio circumadjacentem de ipsa valle Balneoli, et ecclesias Sanctæ Mariæ, Sancti Benedicti, Sancti Petri de Agemal, Sancti Romani de Millanicis cum cœmeterio suo, Sancti Christophori, Sancti Jacobi cum decimis et primitiis suis, et cum medietate decimarum seu primitiarum de villa Figerollis et de Heremitanis; ecclesias Sanctæ Mariæ, Sancti Laurentii cum cœmeterio de Porcariis; ecclesias Sancti Mauritii de Calvis, Sancti Cyricii, Sancti Juliani de Meritatz, Sancti Martini de Campo majori. In valle Miliarias, ecclesias Sancti Petri, Sancti Andreæ de Ramslis. Sancti Vincentii de Felegoso, Sancti Vincentii de Saliente, Sancti Juliani de Augustino, Sanctæ Mariæ de villa Azert, Sancti Martialis de Quarantella; cellam Sanctæ Mariæ de rivo de Azar cum decimis, oblationibus, et cæteris earum pertinentiis. In comitatu Impuritanensi, cellas Sanctæ Crucis, Sancti Nicolai, cum cœmeteriis et alodiis suis, et castrum Calepodium cum pertinentiis suis. In comitatu Petra Latensi, ecclesias Sancti Martini, Sancti Silverii. In villa mala, cellam Sancti Joannis de Crosis, cellam Sancti Cypriani de Pinta cum decimis, oblationibus et cæteris earum pertinentiis. In comitatu Gerundensi, ecclesias Sanctæ Mariæ

A de Fenestris, Sancti Felicis de Buada cum decimis, oblationibus et cæteris earum pertinentiis. In comitatu Barcinonensi, monasterium Sancti Martialis de monte Signi, in Tarilano ecclesiam Sancti Salvatoris; mercatum quoque, sicut penes vestrum cœnobium fieri solet, teloneum et omnem justitiam vobis vestrisque successoribus confirmamus.

Ad hæc auctoritate apostolica prohibemus ne aliquis præter vestram et abbatis qui pro tempore fuerit voluntatem, conversos vestros sæculari audeat judicio vel potestate distringere. Obeunte vero te, nunc ejusdem loci abbate vel tuorum quolibet successorum, nullus ibi qualibet subreptionis astutia seu violentia præponatur, nisi quem fratres communi consensu vel fratrum pars consilii sanioris, secundum Dei timorem et B. Benedicti Regulam providerint eligendum. Chrisma vero, oleum sanctum, consecrationes altarium seu basilicarum, ordinationes clericorum loci vestri, seu monachorum, qui ad sacros fuerint ordines promovendi, a quocunque malueritis catholico accipietis episcopo, sicut a nonnullis prædecessoribus nostris monasterio vestro concessum est, et a vestris comprovincialibus episcopis observatum.

Ad hæc adjicimus ut episcoporum quislibet claustrum ipsum, et illic Domino servientes, sine Romani pontificis vel legati ejus audientia, interdicere vel excommunicare non debeat, neque cæteris ad vos pertinentibus locis sine certis causis præjudicium canonicæ ultionis inferre. Missas vero publicas præter abbatis et fratrum voluntatem in eodem monasterio per episcopum celebrari, aut stationes fieri, vel ad agendas causas populares conventus aggregari prohibemus, ne in servorum Dei recessibus popularibus occasio præbeatur ulla conventibus. Sepulturam quoque ejusdem loci liberam esse sancimus, ut eorum, qui se illic sepeliri deliberaverint, devotioni et extremæ voluntati, nisi excommunicati sint vel interdicti, nullus obsistat, salva justitia illarum ecclesiarum a quibus mortuorum corpora assumuntur.

Decernimus ergo, etc.

Data Ferentini per manum Gratiani sanctæ Romanæ Ecclesiæ subdiaconi et notarii, iii Idus Martii, indictione viii, Incarnationis Dominicæ anno 1174 *(forte* 1175*)*, pontificatus vero domni Alexandri papæ III an. xvi.

MCLXXII.
Ad Conradum Moguntinum archiepiscopum. — Pro conventu Lunelacensi.
(Ferentini, Mart. 21.)
[Jaffé, *Regesta pontif. Rom.*, p. 762.]

C[onrado] Moguntino archiepiscopo et apostolicæ sedis legato, salutem et apostolicam benedictionem.

Ex transmissa conquestione abbatis et conventus monasterii Lunelacensis accepimus, quod [Theobaldus] episcopus Pataviensis ecclesias quasdam, quas se asserunt longo tempore possedisse, eis contra justitiam abstulit et violenter habere præsumit. Unde quoniam universis Dei fidelibus et præsertim viris religiosis in sua justitia debitores existimus, fraternitati tuæ per apostolica scripta mandamus, quatenus prædictum episcopum instanter moneas et canonica districtione compellas ut præfatis abbati et fratribus præscriptas ecclesias, postposita mora et occasione, restituat et libere deinde pacificeque dimittat, vel in præsentia tua plenam exinde justitiam non differat exhibere.

Data Ferentum [Ferentini], xii Kal. Aprilis.

MCLXXIII.

Ad R[ichardum] Cantuariensem archiepiscopum. — Mandat Hospitalarios et Templarios sub excommunicationis pœna moneat ut si quos in excommunicatione defunctos in cœmeteriis ecclesiarum sepelierint, eos ejiciant.

(Ferentini, Mart. 23.)

[*Epistolæ Gilberti Foliot* ed. Giles, II, 64.]

Alexander papa III Cantuariensi archiepiscopo, salutem et apostolicam benedictionem.

Ad hoc in beatorum apostolorum principis, quanquam immeriti, sede sumus, disponente Domino, constituti, ut plantare debeamus quæ ad virtutum spectant decorem, et evellere et eradicare curemus quæ obvia sunt rationi, et perfectum impediunt salutis. Intelleximus sane quod Hospitalarii et Templarii nominatim excommunicatos contra prohibitionem episcoporum ecclesiasticæ præsumunt tradere sepulturæ, non cogitantes quam grave sit illis in morte communicare, quos, dum viverent, Ecclesia a sinu suo pro eorum excessibus segregavit. Unde, quoniam hujusmodi præsumptionem et temeritatem nolumus nec debemus aliquatenus tolerare, frater, tibi per apostolica scripta mandamus, quatenus prædictos fratres moneas et horteris, et eis ex parte nostra præcipias, ut si quos in excommunicatione defunctos in cœmeteriis ecclesiarum sepelierint, eos extra cœmeteria ipsa penitus ejiciant. Quod si facere noluerint, tu hoc ipsum de his, quos in excommunicatione defunctos tibi esse constiterit, auctoritate nostra, remoto appellationis obstaculo, exsequaris.

Præterea de his qui juramentum præstant quod stabunt mandato Ecclesiæ, et postea præstito juramento appellant, id tua sollicitudo provideat, ut eos vel observare quod jurant, vel infra quadraginta dies post interpositam appellationem iter arripere ad ipsam prosequendam compellas.

Data Ferentini, x Kalendas Aprilis.

MCLXXIV.

Ad W. electum Lucanum. — Ut reddatur canonicis Lucanis ecclesia quædam ab eo usurpata.

(Ferentini, Mart. 25.)

[Baluz., *Miscell.* ed. Mansi, I, 432.]

Alexander episcopus, servus servorum Dei dilectis filiis W[illelmo] electo, et canonicis Lucensibus salutem et apostolicam benedictionem.

Audientes qualiter B. quondam præpositus Sancti Georgii contra ordinem honestatis et in animæ suæ periculum ecclesiam Sancti Matthæi de Fossa Natali ab abbate Montis Viridis xl libris emerit, et quo tempore super hoc commercium diabolo suggerente contraxerit, R. præposito et monachis Sancti Georgii præcipiendo mandavimus ut eamdem ecclesiam cum omnibus bonis suprascriptis, omni occasione et excusatione cessante, dimitterent et de ea se intromittere nullatenus attentarent. Nam sicut bonæ memoriæ antecessor noster Adrianus papa, cum super hoc ad audientiam ejus causa delata fuit, contractum ipsum canonibus obvium de communi fratrum consilio in irritum revocavit, ita quoque nos eumdem contractum in irritum postea curavimus revocare. Verum quoniam, sicut accepimus, prædictus præpositus et monachi præcepto nostro pertinaciter resistere ...... supraprælibatam ecclesiam et bona ipsius per violentiam detinetis occupata, nos tantæ præsumptionis audaciam nolentes impunitam relinquere aut quolibet modo sustinere ut quod Simoniace acquisitum est taliter detineatur, per apostolica vobis scripta præcipiendo mandamus, et mandando præcipimus, quatenus si prædictus præpositus et monachi prælibatam ecclesiam cum rebus suis ad commonitionem vestram dimittere forte noluerint, ipsam auctoritate nostra curetis et eam illis appellatione remota penitus auferatis. Quod si violentiam aliquam super hoc inferre præsumpserint, in ecclesia eorum divina prohibeatis officia celebrari.

Datum Ferentini, viii Kal. Aprilis.

MCLXXV.

R. præposito et universis monachis S. Georgii præcipit ut ecclesiam S. Matthæi de Fossa Natali intra dies quadraginta dimittant. De superiore ad electum Lucensem epistola significat.

(Ferentini, Mart. 25.)

[Mansi, *Concil.*, XXI, 1081.]

Intellecto et cognito quod B. quondam præpositus vester contra ordinem honestatem et in animæ suæ periculum ecclesiam S. Matthæi de Fossa Natali ab abbate Montis Viridis xl libras olei emisse, et insuper commercium suggerente diabolo contraxisse, nos contractum ipsum, sicut a bonæ memoriæ antecessore nostro Adriano papa in irritum revocatum fuerat, irritum revocantes, per apostolica vos scripta præcipiendo mandavimus ut eamdem ecclesiam cum omnibus bonis suis omni occasione et excusatione cessante dimitteretis, et in ea vos intermittere de cætero nullatenus præsumeretis. Vos vero, sicut accepimus, prælibatam ecclesiam ... gerimus omnimodo et molestum in animarum vestrarum periculum præsumitis detinere, et præceptis divinis in hac parte non veremini contraire. Unde nos, nisi consueta clementia apostolicæ sedis motum animi temperaret, ita in vos dure vindicaremus, quod pœna docente sciretis quam periculosum sit apostolicis contraire præceptis; ne autem inobedientiam et contumaciam vestram dura cogamur animadversione punire ... vobis per scripta præsentia mandamus, et mandando præcipimus, quatenus infra quindecim dies post harum susceptionem prælibatam ecclesiam cum omnibus bonis suprascriptis, occasione et appellatione postposita, dimittatis, et de ipsa vos intromittere ulterius non præsumatis. Quod si in præsumptione et inobedientia vestra forte duxistis persistendum, nos dilectis filiis nostris electo et canonicis Lucanis per scripta nostra mandamus, ut ecclesiam ipsam auctoritate nostra intrantes, eam vobis auferre nulla ratione postponant. Et si super hoc eis violentiam intuleritis, in ecclesia vestra divina prohibeant officia celebrari.

Datum Ferentini, viii Kal. Aprilis.

MCLXXVI.

Abbatiæ Majellanæ protectionem suscipit, ejusque possessiones et privilegia confirmat.

(Ferentini, Mart. 28.)

[*Bullar. Vatican.*, I, 62.]

ALEXANDER episcopus, servus servorum Dei, dilectis filiis TRANSMUNDO abbati eremi Majellanæ, ejusque fratribus, tam præsentibus quam futuris, eremiticam vitam professis, in perpetuum.

Justis religiosorum desideriis consentire, ac rationabilibus eorum postulationibus clementer annuere, apostolicæ sedis, cui, largiente Domino, deservimus, auctoritas et fraterna charitatis unitas nos hortatur. Quocirca, dilecte in Domino fili Transmunde abbas, tuis justis postulationibus clementer annuimus, et prædecessorum nostrorum sanctæ recordationis Paschalis, Eugenii, Adriani, Romanorum pontificum, vestigiis inhærentes, ecclesiam Sancti Salvatoris, in qua divino mancipati estis obsequio, sub beati Petri et nostra protectione suscipimus, et præsentis scripti privilegio communimus. Statuentes ut vestræ habitationis eremus ab omnium jure ac potestate libera perseveret, et vos ad Domini famulatum omni tranquillitate fruamini. Præterea quascumque possessiones, quæcumque idem monasterium inpræsentiarum juste et canonice possidet, aut in futurum concessione pontificum, largitione regum vel principum, oblatione fidelium, seu aliis justis modis, præstante Domino, poterit adipisci, firma vobis vetrisque successoribus et illibata permaneant. In quibus hæc propriis duximus exprimenda vocabulis.

Ecclesiam Sancti Salvatoris de Angre castellare cum subjacenti podio Cefaliæ; ecclesiam Sancti Martini a Ranclano cum cellis suis, ecclesiam Sancti Pancratii cum cellis suis, aram Pinnæ cum subjacenti podio Famœlani, ecclesiam Sanctæ Mariæ de Lavella cum cellis suis, ecclesiam Sancti Angeli et Sancti Petri de castro Larome, ecclesiam Sancti Clementis cum cellis suis, monasterium Sancti Andreæ cum cellis suis, ecclesiam Sancti Blasii, ecclesiam Sanctæ Agathæ, ecclesiam Sancti Procopii, ecclesiam Sancti Nicolai, ecclesiam Sanctæ Helenæ de castro Sancti Angeli in Trifinio, et ibidem villanos, ac possessiones terrarum ac vinearum. Item apud Faram, villanos, molendina et possessiones terrarum ac vinearum, et ecclesiam sanctæ Cantianæ. Apud Vacrum ecclesiam Sanctæ Agathæ, et ecclesiam Sancti Nicolai cum terris, et vineis, ac possessionibus suis. Apud Prætorum ecclesiam Sanctæ Candidæ, ecclesiam Sancti Nicolai, villanos, molendina, et possessiones terrarum ac vinearum. Apud Castellionem ecclesiam Sanctæ Justæ et Sanctæ Agnetis, cum villanis, terris et vineis. Apud Buccanicum ecclesiam Sanctæ Mariæ de Mirabello, ecclesiam Sanctæ Mariæ de Bassano ecclesiam Sancti Jacobi, ecclesiam Sancti Blasii (24), villanos, molendina et possessiones terrarum ac vinearum. Apud Manoplellum, ecclesiam Sancti Egidii (25). Apud Sanctum Vitum, monasterium Sancti Angeli cum cellis, villanis, molendinis, terris et vineis; apud Pollotri, monasterium Sancti Barbati cum cellis, villanis, terris ac vineis. Apud Gipsum de Domo ecclesiam Sanctæ Mariæ cum villanis, terris ac vineis, et ecclesiam Sanctæ Mariæ de Caldarari cum cellis suis. Apud Montem Moriscum ecclesiam Sanctæ Helenæ. Apud Atessam ecclesiam Sanctæ Julianæ. Apud Casulem villam quæ vocatur Collo-Milonis cum pertinentiis suis; unum hospitale in Plazzano. Apud Septem ecclesiam Sancti Pastoris, et unum hospitale; apud Lanzanum unum hospitale; apud Roccam Morici ecclesiam Sanctæ Mariæ et S. Nicolai; apud Ursoniam, ecclesiam Sancti Martini; apud Ilicem, ecclesiam Sancti Angeli cum cellis suis, villanis, terris et vineis; apud ripam Corvariam, ecclesiam Sancti Victorini cum terris et vineis

Chrisma, oleum sanctum, consecrationes altarium seu basilicarum, ordinationes clericorum, qui ad sacros ordines fuerint promovendi a diœcesano suscipietis episcopo, siquidem catholicus fuerit, et ea gratis et absque ulla pravitate vobis voluerit exhibere. Alioquin liceat vobis quem malueritis adire antistitem, qui nostra fultus auctoritate, quod postulatur, indulgeat.

Obeunte vero te nunc ejusdem loci abbate, vel tuorum quolibet successorum, nullus ibi qualibet subreptionis astutia seu violentia præponatur nisi quem fratres communi consensu, vel fratrum pars sanioris consilii, secundum Dei timorem et beati Benedicti Regulam providerint eligendum, qui ad sedem apostolicam benedicendus accedat.

---

(24) De hac Sancti Blasii ecclesia consulantur adnotationes bullæ Eugenii III (*Patr.*, t. CLXXX, col. 1444). Unum hic addimus, sacellum hocce, quod extra Becclari mœnia a Corrado collocatur in toties memorato codice sub lit. D, fol. 38, an 1144, ex donatione Martilii Roberti filii, in abbatiæ Majellanæ ditionem pervenisse.

(25) Ecclesiam S. Ægidii in Monopelli territorio, quod sub diœcesi Theatina clauditur positam, nominat Alexander, omittunt prædecessores pontifices Adrianus et Eugenius. Nova ecclesiarum numeratio ex nova ac recenti earum accessione repetenda. Hanc ecclesiam abbatiæ Majellanæ concessit Roamundus Monopelli comes an. 1164. Hæc temporis designatio quæ Eugenii et Adriani ætate posterior est in Alexandri III pontificatum incidit. Hinc nil mirum, si Alexandrina bulla quæ ætate recentior est, ecclesiarum numero sit uberior.

Decernimus ergo ut nulli omnino hominum liceat præfatum eremum temere perturbare, aut ejus possessiones auferre, vel ablatas retinere minuere, seu modis quibuslibet fatigare, sed illibata omnia et integra conserventur eorum, pro quorum gubernatione et sustentatione concessa sunt, usibus omnimodis profutura, salva sedis apostolicæ auctoritate et diœcesanorum episcoporum canonica justitia. Ad indicium autem hujus perceptæ a Romana Ecclesia libertatis, aureum unum, tu et successores tui nobis nostrisque successoribus annis singulis persolvetis. Si qua igitur in futurum, etc.

Ego Alexander catholicæ Ecclesiæ episcopus SS.
Ego Hubaldus Ostiensis episcopus SS.
Ego Bernardus Portuensis et Sanctæ Rufinæ episcopus SS.
Ego Joannes Sanctorum Joannis et Pauli presbyter cardinalis tit. Pammachii SS.
Ego Guillelmus tit. Sancti Petri ad Vincula presb. card. SS.
Ego Boso presb. card. Sanctæ Pudentianæ tit. Pastoris SS.
Ego Petrus presb. card. tit. Sanctæ Susannæ SS.
Ego Ardicio diac. card. Sancti Theodori SS.
Ego Cynthius diac. card. Sancti Adriani SS.
Ego Vitellus diac. card. Sanctorum Sergii et Bacchi SS.

Datum Ferentini per manum Gratiani sanctæ Romanæ Ecclesiæ subdiaconi et notarii, v Kalend. Aprilis, indict. viii, Incarnationis Dominicæ anno 1175, pontificatus vero domni Alexandri papæ III, anno xvi.

MCLXXVII.

Ad Pennensem et Valvensem episcopos. — Ut clericos de Castellione excommunicatos denuntient.

(Ferentini, April. 2.)
[Muratori, *Rer. Ital. Script.*, II, ii, 908.]

Alexander episcopus, servus servorum Dei, venerabilibus fratribus Pinnensi et Valvensi episcopis, salutem et apostolicam benedictionem.

Ex parte dilecti filii nostri Leonatis abbatis S. Clementis de Piscaria nobis innotuit quod, cum in clericos suos de Castellione interdicti sententiam pro suis excessibus promulgasset, ipsi nihilominus post interdicti sententiam cantare præsumpserunt; quare ipsos cum divina officia celebrare non omiserint, excommunicationis vinculo innodavit. Quia vero ecclesiastica sententia quæ in malefactores aliquos rationabiliter promulgatur, rata debet et firma consistere, fraternitati vestræ per apostolica scripta præcipiendo mandamus, quatenus, si ita est, præfatos clericos publice accensis candelis per episcopatus vestros excommunicatos denuntiari, et sicut excommunicatos faciatis ab omnibus cautius evitari, donec ad mandatum et obedientiam prædicti abbatis revertantur, et ei congrue satisfaciant, et cum litteris vestris apostolico se conspectui repræsentent.

Datum Ferentini, iv Nonas Aprilis.

MCLXXVIII.

Ad Lugdunensem et Bituricensem archiepiscopos. — Ut Petrum S. Chrysogoni cardinalem, legatum agnoscant.

(Ferentini, April. 12.)
[Mansi, *Concil.*, XXI, 967.]

Alexander episcopus, servus servorum Dei, venerabilibus fratribus [Guichardo] Lugdunensi, apostolicæ sedis legato, et [Guarino] Bituricensi, archiepiscopis, et eorum suffraganeis, et universo clero et populo in eorum episcopatibus et in episcopatu Aniciensi constitutis, salutem et apostolicam benedictionem.

Non latet, sicut credimus, vestræ discretionis prudentiam, quomodo nos olim dilectum filium nostrum Petrum tit. S. Chrysogoni presbyterum cardinalem, ejus probitate et prudentia, et honestate pensata, in partibus ultramontanis legatum sedis apostolicæ constituimus, eam de ipso spem fiduciamque tenentes, quod per sollicitudinem et providentiam ejus et vos proficietis, auctore Domino, salutaribus institutis, et Ecclesia Dei gratum suscipiet incrementum. Mandamus itaque universitati vestræ atque præcipimus, quatenus prædictum cardinalem, sicut legatum apostolicæ sedis, et sicut virum providum, industrium et discretum, et charum nobis plurimum et acceptum, cum honore debito et reverentia curetis recipere et honeste tractare, et ad vocationem ejus sine contradictione qualibet accedentes, sibi tam in appellationibus quam in aliis, sicut legato apostolicæ sedis, omnem reverentiam et obedientiam impendatis, et ejus saluberrimis monitis et mandatis reverenter, prout convenit, pareatis. Ita quod et ipse nobis possit, Domino cooperante, proficere, et nos de fructu legationis suæ omnipotenti Domino gratias referamus.

Datum Ferentini, ii Idus Aprilis.

MCLXXIX.

Ottonis præpositi Raitenbuchensis protectionem suscipit. Mandat ut clericos in Teutonico regno schismati renuntiantes ad Ecclesiæ unitatem recipiat.

(Ferentini, Maii 15.)
[*Monumenta Boica*, VIII, 15.]

Alexander episcopus, servus servorum Dei, dilecto filio Ottoni præposito Ecclesiæ Sanctæ Mariæ Raitenbuchen, salutem et apostolicam benedictionem.

Justis petentium desideriis facilem nos convenit impertire consensum, et vota quæ a rationis tramite non discordant, effectu sunt prosequente complendi. Eapropter, dilecte in Domino fili Otto, præposite, devotionem tuam quam erga beatum Petrum et nos ipsos habere dignosceris attendentes, te in spiritualem sacrosanctæ Romanæ Ecclesiæ filium, et præfatam Raitenbuchensem ecclesiam cui præes, cum omnibus ad eam pertinentibus, sub beati Petri et nostra protectione suscipimus et præsentis scripti patrocinio communimus. Statuentes ut, si aliqui clerici de regno Teutonico schismati abrenuntiare voluerint, liceat tibi, hac dissentione durante, eos juxta tuæ discretionis arbitrium, exhibita condigna satisfactione, vice nostra recipere atque ad unitatem matris Ecclesiæ et ad nostram obedientiam revocare. Nos vero tam te quam præfatam ecclesiam tuam et clericos aliarum ecclesiarum tuarum ab omni episcoporum qui in parte schismatis secesserunt, obedientia et fidelitate donec in obedientiam nostram et reverentiam, et ad catholicæ Ecclesiæ redeant unitatem, duximus absolvendos; sacerdotibus quoque et clericis villarum tuarum, qui in schismate duxerint permanere, decimas seu quoslibet ecclesiasticos reditus subtrahendi quousque resipiscerent, liberam tibi concedimus facultatem.

Decernimus ergo ut nulli omnino hominum fas sit personam tuam, vel ecclesiam tuam temere perturbare, seu quibuslibet molestiis fatigare. Si quis autem hoc attentare præsumpserit, indignationem omnipotentis Dei, et beatorum Petri et Pauli apostolorum ejus incurrat.

Datum Ferentini, Idus Maii.

MCLXXX.

Episcopatum Civitatensem a Fernando Hispaniarum rege constitutum confirmat. Petro episcopo consecrationis sine sedis apostolicæ auctoritate ab archiepiscopo Compostellano acceptam ignoscit.

(Ferentini, Maii 25. — Vide ESCALONA, *Hist. del real monasterio de Sahagun*, Madrid, 1782, in-fol., p. 549.)

MCLXXXI.

Ad Viennensem archiepiscopum et Claromontensem episcopum. — Ut sub excommunicationis pœna compellant Guigonem comitem Forensem ad observandam transactionem a papa confirmatam inter ipsum et Lugdunensem ecclesiam.

(Ferentini, Maio-Jun.)

[D. BOUQUET, *Recueil*, XV, 950.]

ALEXANDER episcopus, servus servorum Dei, venerabilibus fratribus [ROBERTO] archiepiscopo Viennensi, apostolicæ sedis legato, et [PONTIO] Claromontensi episcopo, salutem et apostolicam benedictionem.

Memores sumus, nec vos estis, sicut arbitramur, obliti quod, cum olim Ecclesia Lugdunensis per nobilem virum comitem Forensem [Guigonem] multas persecutiones, gravamina et rerum dispendia pertulisset, tandem inter eamdem ecclesiam et comitem quædam facta est permutatio et juramenti religione firmata, a quo nunc idem comes dolose resilire contendit. Sane hujusmodi, sicut nunc et alia voce nobis innotuit, inter eos compositio intercessit, quod neutra pars inter terminos in transactione comprehensos quidquam aliquo genere acquisitionis acciperet, nisi forte ecclesiæ aliquid ibi in eleemosynam conferretur. Convenit etiam idem comes, quod in ecclesiis quæ sibi concessæ fuerant, cæteris aliis jam dictæ ecclesiæ reservatis, quidquam molestiæ vel injuriæ presbyteris, vel aliis eamdem transactionem et religionem sui juramenti veniens, presbyteros et alios possessores ecclesiarum ipsarum gravibus et enormibus exactionibus fatigare præsumit, et easdem ecclesias cum omni dote sua, sibi usurpare contendit. Licet autem transactio ipsa sit minus honesta, eam tamen pro bono pacis auctoritate apostolica confirmavimus, verentes admodum ne, si eam revocare vellemus, præscriptæ Ecclesiæ graviora incommoda et etiam personarum pericula, provenirent. Et nunc præfatus comes, ut jamdictas ecclesias posset invadere et suæ subjicere potestati, a nobis transactionem ipsam fuisse confirmatam proponit. Quoniam igitur famæ et saluti ejusdem comitis amplius expediret ea quæ in ipsa transactione minus honesta retinet derelinquere, quod ad alia manus extenderet violentas, nos sustinere nolentes ut impune in ipso religionem sui violet sacramenti, aut præscriptam ecclesiam indebita vexatione fatiget, fraternitati vestræ per apostolica scripta præcipiendo mandamus, quatenus præfatum comitem monere curetis et diligenter inducere ut ipsam transactionem, sicut eam juramento firmavit, omni contradictione et appellatione cessante, firmam et illibatam observet, et si quid contra eamdem transactionem noscatur occupasse, vel a presbyteris, aut ab aliis extorsisse, id quantocius restituere non postponat. Si vero monitis vestris noluerit conquiescere, in tota terra ejus, sublato appellationis remedio, auctoritate nostra omnia divina, præter baptisma parvulorum et pœnitentias morientium, prohibeatis officia celebrari. Et si nec sic resipuerit personam ejus vinculo anathematis astringatis, et tam interdicti quam excommunicationis sententiam faciatis usque ad dignam satisfactionem inviolabiliter observari.

Datum Ferentini, v.... Junii.

MCLXXXII.

Archiepiscopis et episcopis mandat ut « omnes qui vota vel alteros reditus Ecclesiæ Compostellanæ dare teneantur, compellant ut vota et reditus persolvant. »

(Ferentini, Jun. 30. — Vide FERRER, *Historia del apostol. de Jesus Christo Sanct Iago*, Madrid, 1610, in-fol., p. 279.)

MCLXXXIII.

Ad magistrum militiæ S. Jacobi in Hispania, ejusque fratres. — Approbat illorum institutum.

ALEXANDER episcopus, servus servorum Dei, dilectis filiis Petro FERDINANDO, magistro militiæ S. Jacobi, ejusque fratribus clericis et laicis, tam præsentibus quam futuris, communem vitam professis, in perpetuam rei memoriam,

Benedictus Deus in donis suis, et sanctus in omnibus operibus suis, qui Ecclesiam suam nova semper prole fecundat, et sicut pro patribus filios in ea facit exsurgere, sic a generatione in generationem notitiam nominis sui, et lucem fidei Christianæ diffundit, ut sicut ante ortum solis, stellæ sese ad occasum in firmamento sequuntur, ita in ecclesiasticis gradibus generationes justorum, antequam veniat dies Domini magnus et horribilis, et tenebras nostras veri Solis splendor illuminet, per tempora sibi succedant. Et sicut multi sæpe per caudam draconis dejiciuntur in terram, ita per adoptionem Spiritus quotidiana fiat reparatio perditorum, et de profundo inferni ad quærenda multi cœlestia erigantur ; et ita corpora teneantur in terris, ut tanquam cives sanctorum, et domestici Dei, cogitatione ac desiderio conversentur in cœlis.

Hoc sane temporibus nostris, in partibus Hispaniarum, de divino factum munere gratulamur, ubi nobiles quidam viri peccatorum vinculis irretiti, et miseratione illius qui vocat ea quæ non sunt tanquam ea quæ sunt, superna gratia sunt afflati et tacti, super multis transgressionibus suis, dolore cordis intrinsecus, et præteritorum agentes pœnitentiam peccatorum, non solum possessiones terrenas, sed et corpora sua dare in extrema quæque pericula pro Domino decreverunt. Et ad exemplum Domini nostri Jesu Christi, qui ait : *Non veni facere voluntatem meam, sed ejus, qui misit me. Patris* (*Joan.* VI), in habitu et conversatione religionis, sub unius magistri statuerunt obedientia commorari ; eo utique moderamine propositum suum et ordinem temperantes, ut quia universa turba fidelium in conjugatos et continentes distinguitur, et Dominus Jesus Christus non solum pro viris, sed et pro feminis quoque, de femina nasci voluit et cum hominibus conversari, habeantur in ipso ordine, qui cælibem ducant vitam, et consilium beati Pauli sequantur, qui dicit : *De virginibus autem præceptum Domini non habeo, consilium autem do* (*I Cor.* VII). Sint etiam qui juxta institutionem Dominicam, ad procreandam sobolem, et incontinentiæ præcipitium evitandum, conjugibus suis utantur, et una cum eis ad incolatum supernæ patriæ de convalle lacrymarum et terrena transire peregrinatione nitantur, et lacrymis diluant et operibus pietatis reatus. Quibus supra fundamentum suum, quod Christus est, pro cura carnis et affectibus liberorum, ligna, fenum, stipulam ædificare contingit, cum aliis expeditiores et continentes, ædificent aurum, argentum et lapides pretiosos : et isti tamen et illi militent uni regi, et super unum fundamentum cœlestem unam ædificent mansionem, promissione Psalmistæ in Domino roborati, qui minora quoque membra Ecclesiæ confortat, et dicit : *Imperfectum meum viderunt oculi tui, et in libro tuo omnes scribentur* (*Psal.* CXXXVIII).

In horum autem fidelium Christi collegio, tu, dilecte in Domino fili Petre Ferdinande, per voluntatem Dei magisterium super alios et providentiam suscepisti. Qui cum quibusdam fratrum tuorum ad præsentiam nostram accedens, cum humilitate qua decuit, a sede apostolica requisisti ut vos tanquam peculiares filios in defensionem nostram, et locum in quo caput ordinis factum fuerit, in jus et proprietatem sacrosanctæ Romanæ Ecclesiæ, recipere deberemus.

Unde nos devotionem vestram et bonum in Domino desiderium attendentes, de communi fratrum nostrorum consilio, in speciales et proprios sacrosanctæ Romanæ Ecclesiæ filios recipimus : ordinem vestrum auctoritate apostolica confirmantes, præsentis scripti privilegio communimus ; statuentes ut quæcunque possessiones, quæcunque bona inpræsentiarum juste et legitime possidetis, aut in posterum concessione pontificum, largitione regum, vel principum, oblatione fidelium, seu aliis justis modis, patrante Domino, poteritis adipisci, firma et vobis et vestris successoribus et illibata permaneant. In quibus hæc propriis duximus exprimenda vocabulis. (*Enumerat aliquas eorum possessiones.*)

Pergit : Sancimus præterea ne occasione antiquæ detentionis, sive scripturæ, quisquam vobis possit auferre, quæ ultra memoriam hominum sub Saracenorum detenta sunt potestate, et de munificentia principum, seu vestro studio et labore, aut jam obtenta sunt, aut in futurum, auxiliante Domino, poteritis obtinere. Cum enim unica sit vobis intentio et singularis cura semper emineat pro defensione Christiani nominis decertare, non solum res, sed personas ipsas pro tuitione fratrum incunctanter exponere, plurimum posset hoc pium opus et laudabile studium impediri, si labores et stipendia vestra, quæ in communi proficiunt, præripiantur ab aliis, et otiosi ac desides, atque in laboribus suis non quæ Jesu Christi, sed quæ sua sunt requirentes, emolumenta illa perciperent quæ pro tantis laboribus, vobis et pauperum Christi usibus sunt provisa, dicente Apostolo : *Qui non laborat, non manducet* (*II Thess.* III.)

Inter ea sane quæ professionis vestræ in ordine statutum est observari, primum est, ut sub unius magistri obedientia in omni humilitate atque concordia sine proprio vivere debeatis, illorum fidelium exemplum habentes, qui ad fidem Christianam apostolorum prædicatione conversi, vendebant omnia et ponebant pretium ad pedes illorum, dividebaturque singulis, prout cuique opus erat, neque aliquis illorum qui possederat, suum esse dicebat, sed erant eis omnia communia.

Ad suscipiendam quoque prolem quæ in timore Domini nutriretur, et infirmitatis humanæ remedium juxta institutionem Domini, et indulgentiam Apostoli, qui ait : *Bonum est homini mulierem non tangere ; propter fornicationem autem unusquisque uxorem suam habeat, et similiter mulier virum suum* (*II Cor.* VII) : qui continere nequiverit, conjugium sortiatur, et servet inviolatam fidem uxori, et uxor viro, ne toris conjugalis continentia violetur. Si autem viri præmortui fuerint, et relictæ uxores quæ ordinem susceperunt, nubere voluerint, denuntietur hoc magistro, sive commendatori, ut cum illius licentia cui mulier ipsa vult nubat, tantum in Domino. Quod etiam de viris intelligitur observandum; una etenim utrique lege tenentur.

Statuimus quoque ut nullus fratrum, sive sororum, post susceptionem ordinis vestri et promissam obedientiam, vel redire ad sæculum, vel ad alium ordinem, sine magistri licentia, audeat se transferre: cum sint in ordine vestro loca statuta, ubi quisque districtius valeat conversari. Discedentem vero nullus audeat retinere, sed ad ordinem suum per censuram ecclesiasticam, qui discesserit redire cogatur.

Ut autem in ordine vestro cum majori omnia deliberatione tractentur, statutum est inter vos ut locus aliquis ordinetur, in quo per singulos annos in solemnitate Omnium Sanctorum generale capitulum teneatur, et sit ibi clericorum conventus et prior qui illorum et aliorum clericorum qui de ordine vestro fuerint, curam possit habere ac fratrum, cum necesse fuerit, provideat animabus. Sint autem tredecim in ordine fratres qui magistro, cum opus fuerit, in consilio et dispositione domus assistant, et eligendi magistri curam habeant competentem. Prior siquidem clericorum, cum magister migraverit de hac luce, de domo et ordine sollicitudinem gerat. Cui sicut magistro ordinis obedientes existant, donec per providentiam tredecim prædictorum fratrum magistri electio celebretur. Is, cum transitus magistri fuerit auditus et cognitus, tredecim illos fratres, sine dilatione aliqua convocabit: et si quisquam eorum, infirmitate vel alia causa, infra quinquaginta dies adesse nequiverit, cum aliorum consilio qui præsentes fuerint, alium absentis loco constituet, ut magistri electio ex aliquorum absentia minime differatur. Illi vero tredecim fratres, si magister qui pro tempore fuerit perniciosus aut inutilis apparuerit, cum consilio prioris clericorum et sanioris partis capituli, majoribus domus corrigendi, aut etiam amovendi eum habeant potestatem. Et si inter eum et capitulum emerserint quæstiones, debitum eis finem imponant, ne per aliena judicia vel dilabatur ordo vel temporalis substantia dissipetur. In nullam autem ex hoc fratres illi superbiam eleventur, sed magistro suo devoti obedientes existant. Et si quis eorum ex hac vita transierit, vel pro culpa, seu alia quacunque fuerit occasione mutandus, magister cum consilio reliquorum majoris partis, alium loco ejus substituat. In capitulo autem, quod diximus annis singulis celebrandum, tredecim isti fratres et commendatores domorum, nisi evidens et magna eos necessitas detinuerit, ad statutum locum incunctanter accurrant, et communiter tractent quæ ad profectum ordinis animarumque salutem et sustentationem corporum fuerint statuenda. Ubi præcipue ad defensionem Christianorum intendere moneantur, et districte præcipiatur, ut in Saracenos non mundanæ laudis amore, non desiderio sanguinis effundendi, non terrenarum rerum cupiditate, bellum tractent, sed id tantum in pugna sua intendant ut vel Christianos ab eorum tueantur incursu, vel ipsos ad culturam possint Christianæ fidei provocare.

Eligantur et tunc visitatores idonei, qui domos fratrum per anni circulum fideliter visitent; et quæ ibi digna correctione invenerint, aut ipsi corrigant, aut ad generale capitulum ipsi deferant corrigenda.

Clerici præterea vestri ordinis per villas et oppida simul maneant, et priori qui super eos fuerit ordinatus, obedientes existant, et filios fratrum qui eis a magistro fuerint commissi, instruant scientia litterarum, et fratribus tam in vita quam in morte spiritualia subministrent. Induentur autem superpelliciis, et conventum et claustrum sub priore suo tenebunt, et humiliter facient quod ab ipso illis secundum Deum fuerit imperatum. Ubi fratres quoque, de quibus magistro visum fuerit, conversentur, et non sint otiosi, sed vacent orationi et aliis operibus pietatis. Clericis vero de laboribus et aliis bonis a Deo præstitis, decimæ reddantur a fratribus, unde libros et congrua faciant ecclesiarum ornamenta, et in necessitatibus corporum convenienter sibi provideant. Et si aliquid superfuerit, secundum providentiam magistri in usus pauperum erogetur.

Ut autem concordia charitasque inter vos servetur, et a peccato detractionis et murmurationis cuncti debeant abstinere, qui commendator in quolibet loco fuerit constitutus, pro facultate domus, in sanitate et ægritudine, quodcunque opus fuerit, cum sollicitudine ac benevolentia subministret, ut neque in substantia parcitatem, neque in verbo amaritudinem gerere videatur.

Sit vobis præcipua cura hospitum et indigentium, et necessaria illis pro facultate domus liberaliter conferantur.

Exhibeatur prælatis Ecclesiarum honor et reverentia. Subministretur Christi fidelibus canonicis, monachis, Templariis, Hospitalariis, aliisque in sanctæ religionis observantia positis, consilium et auxilium: quorumlibet et indigentia, si facultas fuerit, sublevetur, ut Deus in vestris glorificetur operibus, et alii, qui viderint, humilitatis et charitatis vestræ provocentur odore.

Ad hæc adjiciendum decernimus ut, si locus aliquis, in quo episcopus esse debeat, in vestram venerit potestatem, sit ibi episcopus, qui cum ecclesiis et clero suo designatos sibi reditus et possessiones et spiritualia jura percipiet. Reliqua vero cedant in usus vestros, et in vestra dispositione, sine cujusquam contradictione, persistant. Profecto in parochialibus ecclesiis quas habetis, nolumus episcopos suo jure fraudari. Si autem in locis desertis, aut in ipsis terris Saracenorum de novo ecclesias construxeritis, ecclesiæ illæ plena gaudeant libertate, nec aliqua per episcopos decimarum aut alterius rei exactione graventur, liceatque, vobis per clericos vestros idoneos easdem ecclesias cum suis plebibus gubernare, neque interdicto per episcopos vel excommunicationi subdantur : sed fas sit vobis, tam in majori ecclesia, quæ caput fuerit ordinis, quam in illis aliis, excommunicatis et interdictis exclusis, divina semper officia celebrare.

Præterea, ne humanis vexationibus et calumniis a defensione Christianorum retrahi valeatis, apostolica auctoritate decernimus ne personas vestras præter legatum apostolicæ sedis a latere Romani pontificis destinatum, interdicere quisquam et excommunicare præsumat. Quod etiam de familiis et servientibus vestris statuimus, qui stipendia vestra percipiunt, donec justitiam parati sint exhibere. Nisi forte talis fuerit culpa ex qua ipso facto ecclesiasticam censuram incurrant.

Chrisma vero et oleum sanctum, consecrationes altarium seu basilicarum, ordinationes clericorum vestrorum qui ad sacros ordines fuerint promovendi, a diœcesano suscipietis episcopo, si quidem catholicus fuerit, et gratiam atque communionem apostolicæ sedis habuerit, et ea gratis et absque ulla pravitate, vobis debeat exhibere. Alioquin liceat vobis quem malueritis antistitem audire, qui nostra fultus auctoritate quod postulatur indulgeat.

Liceat præterea vobis in locis vestris, ubi quatuor fratres vel plures fuerint, oratoria construere, in quibus fratres et familiæ vestræ tantum et divinum audire officium et Christianam possint habere sepulturam. Ita enim volumus necessitati vestræ consulere, ut non debeant ex hoc adjacentes ecclesiæ injuriam sustinere Cum autem generale interdictum terræ fuerit, liceat vobis, clausis januis, exclusis excommunicatis et interdictis, non pulsatis campanis, suppressa voce divina officia celebrare.

Nihilominus præsenti decreto sancimus ut si quis in aliquem vestrum, fratrem videlicet vel sororem, violentas manus injecerit, excommunicationis sententia sit astrictus. Et illud idem pro tutela vestra, tam in sententia quam in pœna servetur, quod sub felicis memoriæ papa Innocentio, prædecessore nostro, de tuitione clericorum generali consilio noscitur institutum.

Decernimus ergo ut nulli hominum liceat jura vel possessiones vestras temere perturbare, aut bona vestra auferre, vel ablata retinere, minuere, seu quibuslibet vexationibus fatigare; sed illibata omnia et integra conserventur, eorum pro quorum gubernatione et sustentatione concessa sunt, usibus omnimodis profutura, salva sedis apostolicæ auctoritate.

Ad indicium autem hujus a sede apostolica perceptæ liberalitatis, decem malachinos nobis nostrisque successoribus annis singulis persolvetis.

Si qua igitur sæcularis ecclesiasticave persona hanc nostræ constitutionis paginam sciens, contra eam venire tentaverit, secundo tertiove monita, nisi præsumptionem suam digna satisfactione revocaverit, potestatis honorisque sui dignitate careat, reamque se divino judicio existeré de perpetrata iniquitate cognoscat, et a sacratissimo corpore ac sanguine Dei et Domini nostri Redemptoris Jesu Christi aliena sit, atque in extremo examine districtæ ultioni subjaceat. Cunctis autem vobis et vestra jura servantibus sit pax Domini nostri Jesu Christi, quatenus et hic fructum bonæ actionis percipiant, et apud districtum judicem præmia æternæ pacis inveniant. Amen.

VIAS TUAS, DOMINE, DEMONSTRA MIHI.

Ego Alexander catholicæ Ecclesiæ episcopus.

Ego Gualterus Galuam episcopus.

Ego Joannes presbyter cardinalis SS. Joannis et Pauli, tit. Pammachii.

Ego Joannes presbyt. cardinalis, tit. Laurentii in Lucina.

Ego Boso presbyt. cardinalis S. Pudentianæ, tit. Pastoris.

Ego Manfredus presbyt. cardinalis, tit. Sanctæ Cœciliæ.

Ego Petrus presbyt. cardin. , tit. S. Sabinæ

Ego Hyacinthus diacon. cardin. S. Mariæ in Cosmedin.

Ego Corditio diacon. card. S. Theodori.

Ego Cynthius diacon. card. S. Adriani.

Ego Vitellus diac. card. SS. Sergii et Bacchi.

Ego Laborans diacon. cardin. Sanctæ Mariæ in Porticu.

Ego Ramerius diac. card. Sancti Gregorii ad Velabrum.

Ego Vivianus diacon. card. S. Nicolai in Carcere Tulliano.

Datum Ferentini per manum Gratiani sanctæ Romanæ Ecclesiæ subdiaconi et notarii, tertio Nonas Julii, indictione octava, Incarnationis Dominicæ anno 1175, pontificatus vero D. Alexandri papæ III anno sexto decimo.

MCLXXXIV.

Monasterii Warivillæ protectionem suscipit bonaque confirmat.

(Ferentini, Jul. 10.)

[Louvet, *Antiq. du Beauvoisis*, I, 624.]

ALEXANDER episcopus, servus servorum Dei, dilectis in Christo filiabus MATHILDI priori de Warivilla ejusdemque sororibus tam præsentibus quam futuris, regularem vitam professis, in perpetuum.

Prudentibus virginibus quæ, acceptis lampadibus obviam Christo per opera pietatis nituntur occurrere, tanto propensiori studio suffragium debet apostolicæ sedis adesse quanto minus ad majora tuenda pro fragilitate sexus et assumptæ religionis proposito sufficere dignoscuntur. Eapropter, dilectæ in Christo filiæ, vestris justis postulationibus clementer annuimus, et monasterium vestrum in quo divino mancipatæ estis, sub beati Petri et nostra protectione suscipimus, et præsentis scripti privilegio communimus. Statuentes ut quascunque possessiones, quæcunque bona idem monasterium in præsentiarum juste possidet, aut in futurum concessione pontificum, largitione regum vel principum, oblatione fidelium, seu aliis justis modis, præstante Domino, poterit adipisci, firma vobis et his quæ post vos successerint et illibata permaneant. In quibus hæc propriis duximus exprimenda vocabulis :

Locum in quo vestrum monasterium situm est cum omnibus pertinentiis suis, et quidquid nobilis mulier Adelidis de Bullis de consensu filiorum suorum Lancelini videlicet, Manasseri, Renaldi, Theobaldi et filiarum suarum Beatricis, Mabiliæ, Basilidis, et quorumdam etiam successorum videlicet Willelmi de Merloto, Joannis et Roberti fratrum de Conti eidem monasterio dedit, et quidquid eidem legitime concessit habendum, scilicet omne quod de feodo prædicti castri sæpedictum monasterium dono vel emptione, seu alio quolibet titulo quocunque tempore poterit adipisci. Item capellam S. Rimoldi cum decima ibi pertinente, scilicet de valle S. Dionysii, item decimam de Boissy et decimam de Megensi, decimam de Trussencourt, unum modium frumenti singulis annis apud molendinum de Monsterel de eleemosyna Roberti de Milliaco, domum etiam Willelmi filii Heliæ de Gerboredo, quæ est in Bellvaco prope ecclesiam B. Petri ; item domum Willelmi Estivel, quæ est in vico S. Laurentii.

Sane novalium, quæ propriis manibus aut sumptibus colitis sive de nutrimentis animalium vestrarum nullus a vobis decimas præsumat exigere. Cum autem generale interdictum terræ fuerit, liceat vobis, januis clausis, exclusis excommunicatis et interdictis, non pulsatis campanis, suppressa voce divina officia celebrare. Sepulturam quoque illius loci liberam esse decernimus, nec eorum devotioni et extremæ voluntati, qui se illic sepeliri deliberaverint, nisi forte excommunicati vel interdicti sint, ullus obsistat, salva tamen justitia illarum ecclesiarum a quibus corpora mortuorum assumuntur.

Decernimus ergo, etc., salva sedis apostolicæ auctoritate, et diœcesani episcopi canonica justitia. Si qua igitur in futurum, etc.

Datum Ferentini per manum Gratiani sanctæ Romanæ Ecclesiæ subdiaconi et notarii, v Idus Julii, indictione VIII, Incarnationis Dominicæ anno 1175, pontificatus vero domni Alexandri papæ III anno XVI.

MCLXXXV.

Domui eleemosynariæ S. Gervasii Parisiensis asserit domum juxta atrium S. Gervasii sitam, et denariorum IV censum annuum.

(Ferentini, Jul. 28.)

[Dom FÉLIBIEN, *Histoire de Paris*, tome III, Pr., pag. 66.]

ALEXANDER episcopus, servus servorum Dei, dilectis filiis procuratori et fratribus eleemosynariæ domus Sancti Gervasii Parisiensis, salutem et apostolicam benedictionem.

Justis petentium desideriis dignum est nos fidelem præbere consensum, et vota quæ a rationis tramite non discordant effectu sunt prosequente complenda. Eapropter, dilecti in Domino filii, vestris justis postulationibus gratum concedentes assensum, domum juxta atrium Sancti Gervasii sitam a Garino cœmentario eidem eleemosynariæ domui pia largitione concessam et annum censum quatuor denariorum, qui annuatim solvebantur nobili viro Roberto comiti Brenensi, ab eodem comite in perpetuam eleemosynam eidem domui vestræ collatum, sicut ea rationabiliter possidetis, vobis et domui vestræ auctoritate apostolica confirmamus et præsentis scripti patrocinio communimus.

Statuentes ut nulli omnino hominum liceat hanc paginam nostræ confirmationis infringere, vel ei aliquatenus contraire Si quis autem hoc attentare præsumpserit, indignationem omnipotentis Dei, et beatorum Petri et Pauli apostolorum ejus se noverit incursurum.

Datum Florentiæ, v Kal. Augusti.

MCLXXXVI.

Ad Petrum cardinalem S. Chrysogoni, apostolicæ sedis legatum. — Ut abbas Quintiacensis decimas restituat priori de Lanariaco, quas ipsi ademit.

(Ferentini, Aug. 2.)

[MANSI, *Concil.*, XXI, 968.]

Ex conquestione dilecti filii nostri P. prioris de Lanariaco accepimus quod abbas et monachi Sancti Benedicti de Quintiaco ab eo de agriculturis et vineis suis decimas contra justitiam abstulerunt, et exinde ipsum multipliciter infestare præsumunt. Quoniam igitur unicuique in jure suo adesse debemus, et ne viri religiosi injuste graventur, attentiori studio providere, discretioni tuæ per apostolica scripta mandamus, quatenus præfatos abbatem et monachos cum omni studio moneas, et si fuerit necesse, districte compellas, ut memorato priori præscriptas decimas sine molestia et difficultate restituant, et de cætero exigere nulla ratione præsumant, ne in præsentia tua plenam exinde justitiam appellatione remota exhibeant.

Datum Ferentini, IV Nonas Augusti.

MCLXXXVII.

Canonicis ecclesiæ B. Mariæ Brixensis privilegia concessa confirmat.

(Ferentini, Aug. 10.)

[GRADONICI, *Pontifical. Brix.*, 216.]

..... Præterea omnes decimas tam de possessionibus, quam de pratis infra fines Brixien. plebanatus provenientes, et omnes alias de novalibus, quæ infra eosdem fines sunt, vel erunt in posterum, et illas specialiter de Castenedulo, et de Campania a superiori parte habita, his exceptis quæ ab alia ecclesia, vel ecclesiastica persona tenentur, et quæ viri religiosi reduxerint, vel jam reduxerunt ad cultum, sicut easdem decimas bonæ memoriæ

Raimundus quondam episcopus vester rationabili vobis providentia contulit, vobis et successoribus vestris auctoritate apostolica confirmamus, etc.

Datum Ferentini per manus Gratiani, sanctæ Romanæ Ecclesiæ subdiaconi et notarii, iv Idus Augusti, indictione viii, Incarnationis Dominicæ anno 1175, pontificatus vero domni Alexandri papæ III anno xvi.

MCLXXXVIII.

Ad Petrum cardinalem S. Chrysogoni, apostolicæ sedis legatum. — Ne Meldensem Ecclesiam detinere pergat.

(Ferentini, Sept. 8.)
[Mansi, Concil., XXI, 969.]

Quanto majorem locum dono divini muneris adeptus es dignitatis, tanto debes cautius et circumspectius ambulare : et ita te composítum exhibere, ut homines inveniant in te quid sequantur, et non quid debeant remordere. Accepimus autem quod Ecclesiam Meldensem adhuc detines, et redditus percipis, ita quod, sicut nuntii venerabilis fratris nostri Willelmi Senonensis archiepiscopi, apostolicæ sedis legati, retulerunt nobis, nihil ad eum de redditibus illis pervenit : et canonici ejusdem Ecclesiæ electionem non audent libere celebrare. Unde ex hoc, quoniam famæ et opinioni tuæ, et honestati Ecclesiæ plurimum detrahitur, et nimiæ avaritiæ imputatur, discretionem tuam monemus, consulimus, mandamus, quatenus archiepiscopo et canonicis dicas quod pro te non dimittant, quin eidem Ecclesiæ personam idoneam provideant in episcopum et pastorem. Tu vero in actibus et operibus tuis illam circumspectionem et modestiam serves, quod in conspectu Dei et in oculis hominum exinde valeas commendabilis existere, et Ecclesia Romana honoris et gloriæ recipiat incrementum.

Datum Ferent., vi Idus Septemb.

MCLXXXIX.

Ad Onufrium abbatem Sancti Salvatoris Messanensis, ordinis Sancti Basilii. — Ejus institutum approbat.

(Anagniæ, Oct. 19.)
[Ibid., col. 1054.]

Alexander episcopus, servus servorum Dei, Onufrio archimandritæ Sancti Salvatoris Messanensis, ejusque fratribus, tam præsentibus quam futuris.

Apostolicæ sedis, cui, quanquam immeriti, providente Domino, præsidemus, auctoritate debitoque nostri officii compellimur, viros religiosos sincera charitate diligere ; et ne cujuslibet temeritatis incursus aut eos a suo proposito revocet aut robur, quod absit ! sacræ religionis infringat, apostolico ipsos præsidio communire.

Eapropter precibus charissimi in Christo filii nostri Guillelmi illustris Siciliæ regis, benignius inclinati et vestris postulationibus favore gratuito annuentes, præfatum monasterium, in quo divino estis obsequio mancipati, sub B. Petri et nostra protectione suscipimus, et præsentis scripti privilegio communimus ; in primis siquidem statuentes ut ordo monasticus qui secundum Deum et beati Basilii regulam, quæ in eodem monasterio antiquitus instituta esse dignoscitur, perpetuis ibidem temporibus inviolabiliter observetur.

Præterea quascunque possessiones, quæcunque bona, quascunque obedientias et abbatias, rex Rugerius recol. mem. eidem monasterio per privilegium suum, bulla aurea communitum, concessit, omnem quoque honorem, dignitatem, consuetudines, et quidquid aliud vobis vestrisque successoribus contulit, sicut in privilegio suo plenius continetur, firma vobis vestrisque successoribus, et illibata permaneant.

In quibus hæc propriis duximus exprimenda vocabulis. (*Eorum possessiones enumerat.*)

In supradictis siquidem monasteriis omnibus, debes tu, fili archimandrita, ac tui post te successores, abbates instituere, consilio et consensu qui in eis fuerint monachorum. Et si quis abbatum indignus fuerit abbatia cui præest, tu illum et tui successores et juste et canonice amovere debetis, et alium substituere in loco ejus, quem dignum provideritis, juxta Dei timorem et regulam monasterii vestri. Liceat quoque vobis in supradictis omnibus monasteriis et obedientiis examinare et judicare abbates, monachos et laicos eorum, tam de spiritualibus, quam temporalibus, et causas eorum juste et canonice definire. Ipsi vero tibi tuisque successoribus debent obedientiam et reverentiam debitam exhibere, tanquam patri et archimandritæ eorum, et justitias vobis exsolvere constitutas.

Ad hæc, quascunque possessiones, quæcunque bona, tam de piscationibus, olivetis, nemoribus, molendinis, terris, cannetis, et pomariis, quam de hominibus, et quibuscunque aliis, idem monasterium inpræsentiarum ibi juste et canonice possidet, aut in futurum concessione pontificum, largitione regum vel principum, oblatione fidelium, seu aliis modis, præstante Domino, poterit adipisci, ipsa vobis et ipsi monasterio auctoritate apostolica confirmamus. Eo tenore quod Messanensi archiepiscopo, et successoribus ejus, tam tu, fili archimandrita, quam successores tui, viginti solidos, centum libras ceræ, viginti incensi et totidem cados olei, pro censu annuatim solvere debeatis. Sane novalium vestrorum quæ propriis manibus aut sumptibus colitis, sive de quibuscunque aliis proventibus vestris, vel de nutrimentis animalium vestrorum, nullus a vobis vel ab hominibus vestris decimas exigere vel extorquere præsumat.

Liceat quoque vobis clericos vel laicos, liberos et absolutos, e sæculo fugientes, ad monasterium vestrum recipere, et eos absque contradictione aliqua retinere. Prohibemus insuper ut nulli fratrum vestrorum post factam in monasterio professionem, fas sit de eodem loco, nisi arctioris religionis obtentu, absque archimandritæ sui licentia discedere. Discedentem vero absque communium litterarum cautione nullus audeat retinere. Prohibemus etiam ut nullus ipsum monasterium interdicere audeat, vel monasteria aut obedientias ejus, seu homines eorum. Libertates quoque et immunitates antiquas, et rationabiles consuetudines monasterii vestris concessas, et hactenus observatas, ratas habemus, et eas perpetuis temporibus illibatas remanere censemus.

Obeunte vero te nunc ejusdem loci archimandrita, vel tuorum quolibet successorum, nullus ibi qualibet subreptionis astutia seu violentia præponatur, nisi quem fratres monasterii communi consensu, vel fratrum major pars concilii sanioris, secundum Dei timorem et monasterii regulam, de se ipsis providerint eligendum.

Decernimus ergo ut nulli omnino hominum, etc., salva sedis apostolicæ auctoritate et Messanensis archiepiscopi, sicut supradictum est, annuo censu. Si qua igitur in futurum, etc.

Datum Anagniæ per manum Gratiani sanctæ Romanæ Ecclesiæ subdiaconi et notarii, xiv Kalen. Novembris, indictione ix, Incarnationis Dominicæ 1175, pontificatus vero D. Alexandri papæ III anno xvii.

MCXC.

Ecclesiæ Sanctæ Mariæ de Cagia Meldensis bona confirmat. (Fragmentum.)

(Anagniæ, Nov. 16.)

[Du Plessis, *Hist. de l'Eglise de Meaux*, II, 60.]

Alexander episcopus, servus servorum Dei, dilectis filiis Odoni abbati Ecclesiæ S. Mariæ Cagiensis, ejusque fratribus, tam præsentibus quam futuris, regularem vitam professis, in perpetuum.

.... Quascunque possessiones, quæcunque bona eadem ecclesia inpræsentiarum juste et canonice possidet, aut in futurum concessione pontificum, largitione regum vel principum, oblatione fidelium, seu aliis justis modis, præstante Domino, poterit adipisci, firma vobis vestrisque successoribus et illibata permaneant, in quibus hæc propriis duximus exprimenda vocabulis :

Locum ipsum in quo præfata ecclesia sita est cum omnibus pertinentiis suis ; ecclesiam Sancti Saturnini, ecclesiam Sancti Martini de Fonteneyo, ecclesiam Sancti Rigomeri, ecclesiam B. Remigii de Vana, ecclesiam de Pino, etc....;

Datum Anagniæ per manum Gratiani, sanctæ Romanæ Ecclesiæ subdiaconi et notarii, xvi Kalendas Decembris, indict. ix, Incarnationis Dominicæ anno 1175, pontificatus vero domni Alexandri papæ III anno xvii.

MCXCI.

Ad Lugdunensem archiepisc. S. A. L., et suffraganeos, etc. — Petrum S. Chrysogoni cardinalem, legatum suum, commendat.

(Anagniæ, Nov. 18.)

[Mansi, *Concil.*, XXI, 965.]

Alexander episcopus, servus servorum Dei, venerabilibus fratribus Lugdunensi archiepiscopo, apostolicæ sedis legato, et suffraganeis ejus, et dilectis filiis abbatibus et universo clero et populo per Lugdunensem provinciam constituto. salutem et apostolicam benedictionem.

Gaudemus admodum, et exsultamus in Domino, quod dilecto filio nostro Petro tit. S. Chrysogoni presbytero cardinali, quem in provincia vestra et in aliis locis legatum sedis apostolicæ constituimus, bonum, per Dei gratiam, et laudabile testimonium perhibetur. Honesta siquidem et laudabilis conversatio ejus, sua probitas et prudentia, de ipso nos fecerant jam pridem concipere, quod nunc Domino cooperante plenius in operis exhibitione didicimus ; quia quanto vos sicut devotos et speciales ecclesiæ filios abundantiori charitate diligimus, tanto vobis personam magis modestam, providam et desertam, in legatum duximus providendam. Licet autem de ipsius legatione jam pridem alias litteras ad vos direximus, quia tamen eumdem cardinalem speciali prærogativa diligimus, et charum acceptumque tenemus, iterata vobis scripta dirigimus, monentes universitatem vestram, et præcipiendo mandantes, quatenus prædictum cardinalem, sicut decet tantum virum et legatum apostolicæ sedis, cum debito honore et reverentia curetis recipere, et ad vocationem ejus sine contradictione qualibet accedentes, ipsius statuta et monita suscipiatis firmiter et servetis, sibique sicut legato apostolicæ sedis honorem et reverentiam impendatis. Ita quod ipse vobis et aliis possit salubriter Domino cooperante proficere, et nos de fructu legationis suæ omnipotenti Domino debitas gratias exsolvamus.

Datum Anagniæ, xiv Kal. Decembr

MCXCII.

Monasterium S. Mariæ Novigentinum tuendum suscipit, ejusque bona ac immunitates confirmat.

(Anagniæ, Nov. 22.)

[Du Plessis, *Hist. de Coucy*, 145.]

Alexander episcopus, servus servorum Dei, dilectis filiis Joanni abbati monasterii Sanctæ Mariæ de Nongento, ejusque fratribus, tam præsentibus quam futuris, regularem vitam professis, in perpetuum.

.... præfatum monasterium sub B. Petri et nostra protectione suscipimus..... Præterea quascunque possessiones, quæcunque bona idem monasterium inpræsentiarum juste et canonice possidet, aut in futurum concessione pontificum, largitione regum. vel principum, oblatione fidelium, seu aliis justis modis, præstante Domino, poteri' adipisci, vobis vestrisque successoribus firma et illibata permaneant. In quibus hæc propriis duximus exprimenda vocabulis :

Ecclesiam de Cociaco a bonæ memoriæ Bartholomæo quondam Laudunensi episcopo canonice vobis concessam, sicut ipsam rationabiliter possidetis; ita quidem ut quemadmodum ab eo statutum est, et in authentico scripto exinde facto continetur, decedente quolibet canonico ejusdem ecclesiæ, monachus in suo loco substituatur; immunitates quoque omnes, dignitates et libertates a memorato episcopo monasterio vestro indultas..... integras et illibatas manere sancimus, etc.

Ego Alexander catholicæ Ecclesiæ episcopus.

Ego Bernardus Portuensis Sanctæ Rufinæ episcopus.

Ego Gualterius Albanensis episcopus.

Ego Joannes presb. card. SS. Joannis et Pauli tit. Pammachii.

Ego Joannes presb. card. tit. Sanctæ Anastasiæ.

Ego Albertus presb. card. tit. S. Laurentii in Lucina.

Ego Boso presb. card. tit. S. Potentianæ, tit. Pastoris.

Ego Joannes presb. card. tit. S. Marci.

Ego Manfredus presb. card. tit. S. Cæciliæ.

Ego Petrus presb. card. tit. S. Susannæ.

Ego Arditio diac. card. S. Theodori.

Ego Cinthius diac. card. S. Adriani.

Ego Hugo diac. card. S. Eustachii juxta templum Agrippæ.

Ego Vivianus presb. card. tit. Sancti Stephani in Cœlio monte.

Ego Jacobus diac. card. S. Mariæ in Cosmedin.

Ego Laborans diac. card. S. Mariæ in Porticu.

Datum Anagniæ per manum Gratiani, sanctæ Romanæ Ecclesiæ subdiaconi et notarii, x Kalend. Decembris, indict. VIII, Incarnationis Dominicæ anno 1175, pontificatus vero domni Alexandri papæ III anno septimo decimo.

CIRCA ANNUM 1175.

MCXCIII.

Ad Robertum Exoniensem et Rogerum Wigorniensem episcopos. — Ut Clarembaldum abbatem S. Augustini Cantuar. removeant.

(TWISDEN, *Rer. Angl. Script.*, II, 1817.)

ALEXANDER episcopus, servus servorum Dei, venerabilibus fratribus ROBERTO Exoniensi et ROGERO Wigorniensi episcopis, salutem et apostolicam benedictionem.

Auditis olim a multis, et præsertim ex transmissa relatione vestra et dilectorum filiorum nostrorum Sancti Augustini Cantuariensis monasterii enormitatibus et excessibus quondam electi sui, et suscepta etiam querela illorum super destructione monasterii quod per negligentiam et culpam prædicti electi ad ultimum fere defectum pervenerat. Nos vero ruinæ et casui ejusdem monasterii tanquam nostri specialis et proprii compatientes affectu, vobis dedimus in mandatis ut veritate super his studiosius inquisita si electum prædictum ita inutilem et monasterio perniciosum esse cognosceretis, quod sine ipsius amotione non possit monasterium reformari, eum ab administratione sublato appellationis remedio removeretis. Nunc autem ex litteris vestris manifeste nobis innotuit quod, cum vos juxta mandati nostri tenorem, ea quæ fuerunt adversus electum ipsum proposita diligenter inquireretis, ipsum invenistis tot excessibus et criminibus publicis irretitum, quæ per litteras vestras nobis recitata auribus nostris nimium præstiterunt tædium et dolorem.

Propter quæ ipsum, sicut a nobis acceperatis in mandatis, ab administratione penitus amovistis. Nos itaque amotionem ejus ratam et firmam habentes, eamque auctoritate apostolica confirmantes, discretioni vestræ per apostolica scripta præcipiendo mandamus, quatenus si prædictus Clarembaldus ausu temerario et pernicioso in ipsam ecclesiam cujuslibet potentis usus violentia ipsam ecclesiam sive ejusdem possessiones occupare, vel aliquo modo distrahere seu perturbare præsumpserit, accensis candelis publice eum excommunicatum nostra auctoritate denuntietis, et eum tanquam excommunicatum ab omnibus cautius faciatis evitari, donec de excessibus et enormitatibus suis satisfacturus nostro se aspectui repræsentet.

MCXCIV.

Ad Rogerum Eboracensem archiepiscopum. — Ut secundum privilegium ei quondam indultum ante se per totam Angliam crucem deferat.

[*Epistolæ Gilberti Foliot*, II, 71.]

ALEXANDER papa, ROGERIO Eboracensi archiepiscopo, apostolicæ sedis legato.

A memoria vestra non excidit, qualiter in primo anno nostræ promotionis, scriptum litterarum felicis memoriæ prædecessoris nostri Honorii papæ nobis feceris præsentari, in quo continebatur antecessoribus tuis apostolica benignitate indultum fuisse, ut tam iis quam successoribus suis liberum esset per totam Angliam ante se crucem deferre. Nos vero iisdem antecessoris nostri vestigiis inhærentes, tibi scripti nostri munimine confirmavimus, quod antecessoribus tuis fuerat a prædecessore nostro clementer indultum. Postmodum autem sanctæ et venerandæ memoriæ Thomas quondam Cantuariensis archiepiscopus, existimans hoc in depressionem juris et dignitatis suæ redundare, exinde cœpit quæstionem movere, et propter hoc ad sedem apostolicam appellavit, affirmans, si bene meminimus, quod tibi vel prædecessoribus tuis nullatenus id licuisset, sicque factum est quod nos tibi per scripta nostra prohibuimus, ne in provincia Cantuariensis Ecclesiæ, donec de causa cognosceretur, ante te crucem deferre aliqua ratione auderes. Quia ergo per dilectos filios nostros J. et A. clericos tuos gravem nobis coram querimoniam deposuisti, asserens quod te possessione hujus rei, quam tu, et antecessores tui, habueras, absque cognitione judicis spoliassemus, nos volentes tibi tanquam venerabili fratri nostro deferre, et jura tua integra illibata servare, præsentibus litteris statuimus quod litteræ prohibitionis nostræ nullum tibi præjudicium faciant, quominus tibi et successoribus tuis liberum sit, quemadmodum vobis est privilegium beneficio apostolicæ sedis indultum, et tu et prædecessores tui id facere consuevistis, ante vos per totam Angliam crucem deferre, quousque diffinitiva sententia decernatur, quid Ecclesia tua debeat de jure habere.

MCXCV.

Monasterium S. Thomæ de Paraclito (Ebleholtensis) tuendum suscipit, ejusque bona ac privilegia confirmat.

(LANGEBECK, *Script. rer. Danic.*, VI, 435.)

ALEXANDER episcopus, servus servorum Dei, dilectis filiis WUILLELMO abbati Ecclesiæ Sancti Thomæ de Paraclito, ejusque fratribus tam præsentibus quam futuris, regularem vitam professis, in perpetuum.

Ad hoc universalis Ecclesiæ cura nobis a provisore omnium bonorum Deo, commissa est, ut religiosas diligamus personas, et beneplacentem Deo religionem studeamus modis omnibus propagare. Nec enim Deo gratus aliquando famulatus impenditur, nisi de charitatis radice procedens, a puritate religionis fuerit conservatus. Oportet igitur omnes Christianæ fidei amatores religionem diligere, et loca venerabilia cum ipsis personis divino servitio mancipatis attentius confovere, ut nullis pravorum hominum inquietentur molestiis, vel importunis angariis fatigentur. Eapropter, dilecti in Domino filii, vestris justis postulationibus clementer annuimus et præfatam ecclesiam, in qua divino estis obsequio mancipati, sub beati Petri et nostra protectione suscipimus, et præsentis scripti privilegio communimus. In primis siquidem statuentes ut ordo canonicus, qui secundum Deum et beati Augustini regulam, et institutionem fratrum Sancti Victoris Parisiensis in ecclesia vestra institutus esse dignoscitur, perpetuis ibidem temporibus inviolabiliter observetur. Præterea quascunque possessiones, quæcunque bona eadem ecclesia in præsentiarum juste et canonice possidet, aut in futurum concessione pontificum, largitione regum vel principum, oblatione fidelium, seu aliis justis modis, præstante Domino, poterit adipisci, firma vobis vestrisque successoribus et illibata conserventur. In quibus hæc propriis duximus exprimenda vocabulis:

Locum ipsum in quo præfata ecclesia constructa est, cum omnibus pertinentiis suis; ecclesiam de Tiæræby cum decimis; tertiam partem decimarum in ecclesia de Alsentorp, tertiam partem decimarum ecclesiæ Anessæ, tertiam partem decimarum ecclesiæ de Hælsinghe, tertiam partem decimarum ecclesiæ de Cræko̱em, Eskilso, mansionem in Syntherby cum silva, agris et pratis; terram in Sxerfloff, mansionem in Julighe cum ecclesia ejusdem villæ, et pratis, et agris, et molendino sito juxta Væerbro; mansionem in Hathelosæ cum silvis, pratis et agris, totam villam Næveth cum silvis, pratis, et agris, et piscationibus; villam de Tiæræby cum ecclesia, silvis, pratis, et agris; terram in Hott, cum particula silvæ; terram in Tolletorp cum silva, terram in Frettoff.

Sane novalium vestrorum quæ propriis manibus aut sumptibus colitis, sive de nutrimentis animalium vestrorum, nullus omnino a vobis decimas exigere præsumat. Liceat quoque vobis clericos vel laicos e sæculo fugientes, liberos et absolutos ad conversionem recipere, et in vestra ecclesia absque contradictione aliqua retinere. Prohibemus insuper ut nulli fratrum vestrorum, post factam in loco vestro professionem, fas sit de eodem loco discedere; discedentem vero, sine communium litterarum vestrarum cautione, nullus audeat retinere. In parochialibus autem ecclesiis, quas tenetis, liceat vobis clericos eligere, et diœcesano episcopo præsentare, quibus, si idonei fuerint, episcopus curam animarum committat, ut ei de spiritualibus, vobis vero de temporalibus debeant respondere. Sepulturam quoque ipsius loci liberam esse concedimus, ut eorum devotioni et extremæ voluntati, qui se illic sepeliri deliberaverint, nisi forte excommunicati vel interdicti fuerint, nullus obsistat, salva tamen justitia illarum ecclesiarum a quibus mortuorum corpora assumuntur. Cum autem generale interdictum terræ fuerit, liceat vobis, clausis januis, exclusis excommunicatis vel interdictis, non pulsatis campanis, suppressa voce divina officia celebrare. Obeunte vero te nunc ejusdem loci abbate, vel tuorum quolibet successorum, nullus ibi qualibet subreptionis astutia seu violentia præponatur, nisi quem fratres communi consensu, vel fratrum pars consilii sanioris, secundum Deum et beati Augustini Regulam providerint eligendum.

Decernimus ergo ut nulli omnino hominum liceat præfatam ecclesiam temere perturbare, aut ejus possessiones auferre, vel ablatas retinere, minuere seu quibuslibet vexationibus fatigare, sed omnia integra et illibata conserventur eorum, pro quorum gubernatione ac sustentatione concessa sunt, usibus omnimodis profutura, salva sedis apostolicæ auctoritate et diœcesani episcopi canonica justitia.

Si qua igitur in futurum ecclesiastica sæcularisve persona, hanc nostræ constitutionis paginam sciens, contra eam temere venire tentaverit, secundo tertiove commonita, nisi reatum suum digna satisfactione correxerit, potestatis honorisque sui dignitate careat, reamque se divino judicio existere de perpetrata iniquitate cognoscat, et a sacratissimo corpore ac sanguine Dei et Domini Redemptoris nostri Jesu Christi aliena fiat, atque in extremo examine districtæ ultioni subjaceat.

Cunctis autem eidem loco sua jura servantibus sit pax Domini nostri Jesu Christi, quatenus et hic fructum bonæ actionis percipiant, et apud districtum judicem præmia æternæ pacis inveniant. Amen, amen. Dicat omnis populus, et dicat omnis populus. Amen.

ANNO 1160-1176.
MCXCVI.
Ad Narbonensem archiepiscopum et Helenensem episcopum. — Confirmat sententiam interdicti auctoritate sedis apostolicæ latam adversus abbatem Canigonensem.

(Anagniæ, Mart. 1.)
[Mansi, Concil., XXI, 1060]

Alexander episcopus, servus servorum Dei, venerabilibus fratribus Narbonensi archiepiscopo et Helenensi episcopo, salutem et apostolicam benedictionem.

Relatum est auribus nostris quod, cum abbas Canigonensis Crassensi monasterio nollet subesse, vel abbati ejusdem monasterii obedientiam exhibere quam sui antecessores ejus antecessoribus exhibuerunt, in eum de mandato nostro interdicti sententiam protulistis. Unde quoniam ea quæ de auctoritate sedis apostolicæ statuuntur rata nos convenit et firma habere, fraternitati vestræ per apostolica scripta præcipiendo mandamus et mandando præcipimus, quatenus si res ita se habet, præscriptam sententiam, quam nos ratam et firmam habemus, sicut a vobis rationabiliter lata est, occasione et appellatione cessante, faciatis firmiter et inviolabiliter observari; et si nec sic prædictus abbas resipuerit, manus vestras super eum amplius aggravetis, quia nos ratam volumus et firmum haberi quod in ipsum duxeritis canonice statuendum. Si autem ambo his exsequendis interesse non poteritis, alter adhibitis sibi viris prudentibus ea nihilominus exsequatur.

Datum Anagniæ, Kal. Martii.

MCXCVII.
Privilegium pro monasterio S. Bertini Sithiensi.

(Anagniæ, Mart. 8.)
Collection des Cart., III, 353.]

Alexander episcopus, servus servorum Dei, dilectis filiis abbati et conventui Sancti Bertini, salutem et apostolicam benedictionem.

Justis petentium desideriis dignum est nos facilem præbere consensum, et vota quæ rationis tramite non discordant, effectu sunt prosequente complenda. Eapropter, dilecti in Domino filii, vestris justis postulationibus grato concurrentes assensu, molituram annonæ de ministeriali Beati Bertini in villa Sancti Audomari, sicut monasterium vestrum ipsam, a quadraginta retro annis rationabiliter possedisse dignoscitur, vobis et per vos eidem monasterio auctoritate apostolica confirmamus, et præsentis scripti patrocinio communimus, statuentes ut nulli omnino hominum liceat hanc paginam nostræ confirmationis infringere vel ei aliquatenus contraire. Si quis autem et hoc attentare præsumpserit, indignationem omnipotentis Dei et beatorum Petri et Pauli, apostolorum ejus, se noverit incursurum.

Datum Anagniæ, viii Idus Martii.

MCXCVIII.
Ad rectores Lombardiæ. — Ut cives Mutinenses ab infestando monasterio Nonantulano dehortentur, ac de quadraginta obsidibus ex monasterio receptis viginti dimittant.

(Anagniæ, Mart. 23.)
[Tiraboschi, *Storia di Nonantola*, II, 273.]

Alexander episcopus, servus servorum Dei, dilectis filiis rectoribus Lombardiæ, salutem et apostolicam benedictionem.

Quanto Nonantulanum monasterium ad jurisdictionem beati Petri et nostram specialiter pertinet, tanto pro conservatione ipsius magis tenemur esse solliciti, et ne quid in ejus damnum vel incommodum fiat, propensiorem curam et sollicitudinem adhibere, quia de nimia possemus negligentia redargui, si ea quæ sollicitudini nostræ incumbunt tepiditate vel pusillanimitate aliqua postponeremus. Inde est quod industriam vestram monemus, mandamus atque præcipimus, quatenus Mutinenses cives commoneatis et compellatis, ut ab inquietatione Nonantulani monasterii omnino desistant, et homines et jura ipsius in pace et quiete dimittant. Nihilominus etiam vobis injungimus ut, quia quadraginta de prædicto monasterio obsides accepistis, cum secundum statum loci minori possitis numero esse contenti, viginti retinentes alios obsides restituatis, et ita supradicta exsequamini, quod nos sollicitudinem et devotionem vestram debeamus propensius in Domino commendare.

Datum Anagniæ x Kalendas Aprilis.

MCXCIX.
Ad universos episcopos provinciæ Rothomagensis. — Ne illos absolvant, quos Rothomagensis Ecclesiæ capitulum ligaverit.

(Anagniæ, April. 22.)
[Mansi, *Concil.*, XXI, 1068.]

Alexander episcopus servus servorum Dei, venerabilibus fratribus universis episcopis per Rothomagensem provinciam constitutis, salutem et apostolicam benedictionem.

Cum Ecclesia Rothomagensis mater sit et magistra omnium ecclesiarum quæ vestro regimini sunt commissæ, decet vos ipsam modis omnibus in his quæ ad Dominum sunt, venerari, et justitiam ejus, quantum in vobis est, tueri diligenter et fovere, ut eam comprobemini sincere diligere, quæ vestro debet suffragio et humili subjectione gaudere. Ex parte siquidem dilectorum filiorum nostrorum decani et canonicorum ejusdem Ecclesiæ accepimus, quod cum ipsi aliquos de parochianis suis pro eorum excessibus excommunicationi subjiciunt, aut eorum terram interdicto supponunt, illi in quorum personas vel terras excommunicationis aut interdicti sententia promulgatur, in episcopatus vestros quandoque se tranferunt, et sic sententiam plerumque observare contemnunt ; et quia tanquam excommunicati non evitantur, in sua diutius iniquitate persistunt. Quia igitur ecclesiasticæ animadvers'onis sententia quæ in malefactores aliquos pro su's excessibus promulgatur, usque ad dignam satisfactionem debet inviolabiliter observari, Fraternitati vestræ per apostolica scripta præcipiendo mandamus, et mandando præcipimus, quatenus si quando Ecclesia Rothomagensis in aliquos malefactores parochianos suos sententiam excommunicationis protulerit, vel eorum terram interdicto subjecerit, receptis litteris capituli ejusdem Ecclesiæ, ipsos excommunicatos, et terram eorum interdicto suppositam, publice denuntietis, et usque ad dignam satisfactionem eosdem præcipiatis ab omnibus cautius evitari.

Datum Anagniæ, x Kal. Maii.

MCC.

Ad Suessionensem episcopum. — Ut A. qui monasterium reliquerat post iter Jerosolymitanum, in illud recipiatur.

(Anagniæ, April. 25.)

[*Ibid.*, col. 997.]

ALEXANDER episcopus, servus servorum Dei, venerabili fratri...... Suessionensi episcopo, salutem et apostolicam benedictionem.

Latoris præsentium A. a Jerosolymis redeuntis nobis nuper relatio patefecit, quod timore W. abbatis sui perterritus Dorbacense monasterium, in quo monasticum habitum se asserit suscepisse, irregulariter dereliquit. Postea vero ab abbate suo licentia, sicut dicitur, impetrata, terram quam Dominus corporaliter visitavit, intuitu devotionis petivit, et per nos rediens, apostolicæ sedis imploravit auxilium. Ideoque fraternitati tuæ per apostolica scripta mandamus, quatenus abbatem jam dicti monasterii diligenter commoneas et instanter, ut memoratum A. disciplina secundum regulam B. Benedicti et consuetudinem ordinis ejusdem monasterii servata, in monasterium suum recipiat, et paterna illum charitate pertractet.

Datum Anagniæ, vii Kal. Maii.

MCCI.

Privilegium pro ecclesia S. Mariæ Corbeliensi.

(Anagniæ, April. 26.)

[DOUBLET, *Hist. de l'église de Saint-Denys*, p. 509.]

ALEXANDER episcopus, servus servorum Dei, dilectis filiis priori et fratribus Sanctæ Mariæ Corbeliensis, salutem et apostolicam benedictionem.

Cum ecclesia vestra ad jurisdictionem beati Dionysii spectare noscatur, officio nostræ sollicitudinis imminet jura ipsius ecclesiæ integra et illæsa conservare, et ne aliquarum indebitis molestiis perturbentur apostolico patrocinio communire. Eapropter, dilecti in Domino filii, vestris justis postulationibus gratum impertientes assensum præbendam integram in ecclesia Sancti Exuperii, et integram medietatem decimæ de Chancolia et medietatem tractus ejusdem decimæ, sicut ipsa rationabiliter possidetis, vobis et ecclesiæ vestræ auctoritate apostolica confirmamus, et præsentis scripti patrocinio communimus. Statuentes ut nulli omnino hominum liceat vos, vel ecclesiam vestram in bonis vel possessionibus vestris indebitis molestationibus fatigare, aut hanc paginam nostræ confirmationis infringere, vel ei aliquatenus contraire. Si quis autem hoc attentare præsumpserit, indignationem omnipotentis Dei et beatorum Petri et Pauli apostolorum ejus se noverit incursurum.

Datum Anagniæ, sexto Kal. Maii.

MCCII.

Ad decanum et capitulum B. Martini Turonensis. — De modiationibus infra certum terminum vlus offerenti conferendis.

(Anagniæ, April. 29.)

[*Défense de saint Martin de Tours*, 22.]

ALEXANDER episcopus, servus servorum Dei, dilectis filiis decano, thesaurario et capitulo Beati Martini Turonensis, salutem et apostolicam benedictionem.

Quanto specialius ecclesia vestra ad nostram provisionem pertinere dignoscitur; tanto sollicitius indemnitate ipsius ecclesiæ volumus præcavere, ut meliorem statum jugiter, Domino cooperante, suscipiat, cum circa ipsam sollicitam curam studuerimus et diligentiam adhibere. Eapropter, dilecti in Domino filii, vestris justis postulationibus gratum impertientes assensum auctoritate apostolica statuimus, ut decedentibus illis qui a vobis modiationes habere noscuntur, vel a modiationibus ipsis quoquo modo cadentibus, infra quadraginta dies plus offerenti vel offerentibus debeant eædem modiationes conferri, dummodo spes certa sit quod, ea quæ ipsi offerent, solvere possint; si vero circa festum Beati Joannis Baptistæ quamlibet modiationem vacare contigerit, quoniam tunc tempus messium instat, modiationem ipsam infra decem dies postquam vacaverit alicui plus offerenti, vel plus offerentibus et habentibus, unde quod offerunt valeant solvere, apostolica auctoritate statuimus concedendum.

Datum Anagniæ, iii Kal. Maii.

MCCIII.

Permutationem a canonicis S. Aniani Aurelianensibus cum A[dela] Francorum regina factam confirmat.

(Anagniæ, Maii 4.)

[*Antiquités de l'église de Saint-Aignan d'Orléans*, p. 85]

ALEXANDER episcopus, servus servorum Dei, PETRO decano et capitulo Ecclesiæ S. Aniani Aurelianensis, salutem et apostolicam benedictionem.

Cum nostræ sollicitudinis sit et officii de medio tollere materiam jurgiorum, ministerio suscepti regiminis cogimur providere, ne quod amicabiliter actum est, in contentionis scrupulum valeat deve-

...ire. Pervenit autem ad nos quod inter vos et charissimam in Christo filiam A[delam] illustrem Francorum reginam, super villa de Caleio quæ ad proprietatem vestræ ecclesiæ pertinebat, de libero et spontaneo utriusque partis assensu hujusmodi permutatio intercessit, quod retentis vobis ecclesiis ejusdem villæ et redditibus tam denariorum quam annonæ, quos de Cisiniaco habebatis, præscriptam villam eidem reginæ, receptis ab ea Artenao, Altrochio et Exart cum appendiciis eorum, absolutam et liberam dimisistis. Volentes itaque paci et quieti ecclesiæ vestræ in posterum providere, præscriptam permutationem sicut de libero et de spontaneo assensu partium facta est, et in scriptis authenticis charissimi in Christo filii nostri L. illustris Francorum regis et prædictæ reginæ contineri dignoscitur, ratam habemus et firmam, eamque auctoritate apostolica confirmamus. Verum ne occasione hujus permutationis super ecclesiis præscriptæ villæ de Caleio quas vobis reservasse noscimini, molestia possit in posterum vel gravamen inferri, easdem ecclesias et redditus quos habetis in ipsis, sicut ex authentico scripto venerabilis fratris nostri Will. Senonensis archiepiscopi, apostolicæ sedis legato continetur, et annonam et denarios de Cisiniaco quos vobis retinuistis, vobis et successoribus vestris nihilominus duximus confirmandos. Auctoritate apostolica prohibentes ne quis vobis et ecclesiæ vestræ, super eisdem ecclesiis, vel redditibus, aut ordinatione ipsarum molestiam inferre audeat vel gravamen, quominus possitis prædictas ecclesias et redditus de Cisiniaco vobis noscimini reservasse.

Nulli ergo omnino hominum liceat hanc paginam nostræ confirmationis infringere, vel ei aliquatenus contraire.

Si quis autem hoc attentare præsumpserit, indignationem omnipotentis Dei et beatorum Petri et Pauli apostolorum ejus se noverit incursurum.

Dat. Anagniæ, iv Non. Maii, pontificatus nostri anno decimo sexto.

MCCIV.
Prohibet ne laici se ingerant in electionibus abbatum vel priorum Calmaldulensium.

(Anagniæ, Maii 20.)

[MITTARELLI, *Annal. Camaldul.*, IV, App., 1.

ALEXANDER episcopus, servus servorum Dei, dilectis filiis GREGORIO et universis fratribus Camaldulensibus, salutem et apostolicam benedictionem.

Quæ canonicis sanctionibus obviare noscuntur, et quæ a statutis conciliorum sunt penitus aliena, tanquam perniciosa corruptela sunt propensius evitanda, et de medio Ecclesiæ magna sollicitudine exstirpanda, ut auctoritas canonum observari, et cœtus servorum Dei bonis operibus liberius possit vacare, et in conditoris servitio firmius permanere. Cum enim laicorum præsumptio electioni et promotioni se impudenter ingereret clericorum, et juxta suæ voluntatis arbitrium de rebus sacris disponere niteretur, summorum pontificum et sanctorum Patrum est promulgatum decretum, et diversorum conciliorum emanarunt statuta, ne laicis personis, quantumcunque sint potentes vel magni, electioni vel promotioni clericorum temere interesse, seu de rebus ecclesiasticis præsumptionis ausu disponere ulla ratione liceret. Ait enim beatus Adrianus papa secundus : « Nullus laicorum principum vel potentum semet inserat electioni vel promotioni, etc. » Audito vero audivimus quod quidam laici occasione patronatus semet electioni abbatum ordinis vestri contra sanctorum Patrum edicta inserere non formidant, et non permittunt vos in vestris monasteriis electiones canonicas celebrare. Vestigiis ergo prædecessorum nostrorum Romanorum pontificum inhærentes et sanctorum Patrum instituta sequentes, auctoritate beati Petri et nostra statuimus et penitus inhibemus, ne aliqua laicalis persona patronatus seu aliqua occasione electionibus abbatum vel priorum vestrorum semet ulla ingerat ratione, omnibusque laicis in vestrorum electionibus prælatorum voces duximus obstruendas, et canonicas ac liberas electiones celebrandi secundum congregationis vestræ liberam vobis auctoritate apostolica concedimus facultatem. Ut autem hæc nostræ constitutionis pagina futuris temporibus debeat inviolabiliter observari, nos eam apostolicæ sedis auctoritate confirmamus et præsentis scripti patrocinio communimus. Statuentes ut nulli omnino hominum liceat hanc paginam nostræ confirmationis infringere, vel ei aliquatenus contraire. Si quis autem hoc attentare præsumpserit, indignationem omnipotentis Dei, et beatorum Petri et Pauli apostolorum ejus se noverit incursurum.

Datum Anagniæ, xiii Kal. Junii.

MCCV.
Canonicis S. Quintini concedit ne episcopus Noviomensis plures quam triginta equitaturas ad eorum ecclesiam ducere audeat.

(Anagniæ, Maii 30.)

[COLLIETTE, *Mém. du Vermandois*, II, 339.]

ALEXANDER episcopus, servus servorum Dei, dilectis filiis decano et canonicis Sancti Quintini, salutem et apostolicam benedictionem.

In eo loco sumus et officio, licet immeriti, providente Domino, constituti ut pro statu omnium ecclesiarum, pastorali debeamus cura satagere, et earum indemnitati, quantum nobis Dominus ministraverit, providere. Eapropter, dilecti in Domino filii, vestris justis postulationibus gratum impertientes assensum, quoniam Noviomensis episcopus ecclesiam vestram in die solemnitatis ejusdem ecclesiæ, quo eam annuatim visitare tenetur, usque adeo gravare dicitur, ducens secum numerosam multitudinem hominum et equorum, quod visitatio sua in gravem ejus Ecclesiæ jacturam redundat auctoritate apostolica arctius interdicimus et modis omnibus prohibemus, ne episcopus Noviomensis, qui pro tempore fuerit, plures quam triginta et quinque homines, et triginta equitaturas ad eamdem ecclesiam ducere audeat, nullamque canonicis inferant molestiam, quominus eo contenti sint, quod eis pro tot hominibus et tot equitaturis honeste ac sufficienter duxeritis assignandum. Ad hanc quoque procurationem taliter assignandam, ministros vestros vobis instituere liceat, secundum antiquam consuetudinem Ecclesiæ vestræ.

Nulli ergo omnino hominum liceat hanc paginam nostræ constitutionis infringere, aut ei aliquatenus contraire. Si quis autem hoc attentare præsumpserit, indignationem omnipotentis Dei et beatorum Petri et Pauli apostolorum ejus se noverit incursurum.

Datum Anagniæ, tertio Kal. Junii.

MCCVI.

Confirmat statutum quoddam a capitulo S. Quintini factum.

(Anagniæ, Jun. 11.)

[*Ibid.*, p. 350.]

ALEXANDER episcopus, servus servorum Dei, dilectis filiis decano et canonicis Sancti Quintini, salutem et apostolicam benedictionem.

Ea quæ sunt rationabili et circumspecta provisione statuta, digno debent robore convalescere, et ne possint in posterum a sua stabilitate, aliquorum præsumptione divelli, apostolico sunt patrocinio munienda. Relatum est siquidem auribus nostris quod jampridem in ecclesia vestra statutum est, et scripti vestri munimine firmatum, quod si quis canonicus ejusdem ecclesiæ stabilitatem inibi non servaret, nisi de licentia capituli alibi moraretur, integros fructus præbendæ suæ percipere non deberet, excepto uno solo canonico qui fuerit comitis capellanus. Sed quædam secundum ipsam institutionem certa et determinata deberent habere qui se servitio ipsius ecclesiæ duxerint absentandos. Constitutio si quidem talis est, quod si clericus esset, non promotus ad stallum, sex modios annonæ annuatim haberet, præter alia quædam certa et determinata. Si subdiaconus, decem; si diaconus, decem et tres; si presbyter, sexdecim. Ne igitur possit in posterum ausu temeritatis infringi, quod est honestatis consideratione statutum, præscriptam constitutionem, sicut a vobis facta est et scripto vestro confirmata, ratam habemus et firmam, eamque auctoritate apostolica confirmantes et præsenti pagina arctius prohibemus, ne cui canonicorum ecclesiæ vestræ, excepto uno solo canonico, qui comitis capellanus sit, nisi in ea assiduus fuerit, vel de assiduorum numero; de licentia capituli alibi moraturus recesserit, aliquid ultra ea quæ in ipsa constitutione statuta sunt, quærere liceat, vel quærenti aliquis audeat quidquam assignare.

Decernimus ergo ut nulli omnino hominum liceat hanc paginam nostræ confirmationis infringere, aut ei aliquatenus contraire. Si quis autem hoc attentare præsumpserit, indignationem omnipotentis Dei et beatorum Petri et Pauli apostolorum ejus se noverit incursurum.

Datum Anagniæ, tertio Idus Junii.

MCCVII.

Omnibus episcopis præcipit ut « in locis ubi fratres vel sorores Præmonstratenses habitent, nullos sæculares clericos introducant. »

(Anagniæ, Jun. 15.—Vide LE PAIGE, *Biblioth. Præmonstrat.*, p. 639, vel FÉJER, *Codex diplom. Hungariæ ecclesiasticus et civilis*, Budæ, 1829, in-8°, t. II, p. 187.)

MCCVIII.

Ad Tarraconensem archiep., apostolicæ sedis legatum. — Statuit ut Ecclesiæ Dertusensis et Ilerdensis, recens a Maurorum servitute liberatæ, subsint Tarraconensi tanquam metropolitano.

(Anagniæ, Jun. 16.)

[MANSI, *Concil.*, XXI, 1071.]

ALEXANDER episcopus, servus servorum Dei, venerabili fratri Tarraconensi archiepiscopo apostolicæ sedis legato, salutem et apostolicam benedictionem.

Inducit nos et hortatur commissæ nobis dignitatis auctoritas fratribus et coepiscopis nostris gratiæ nostræ plenitudinem exhibere, et insuper his quæ legitime possident apostolici favoris et patrocinii subsidium ministrare, ut tanto circa devotionem beati Petri ac nostram teneantur ferventiores existere, quanto se ampliori prærogativa cognoverint consoveri. Inde est quod nos tuis postulationibus benigne annuentes, honorem illum quem Raimundus quondam comes Barcinonensis in Ilerda et Dertusa tibi, quando captæ fuerunt, concessit, sicut ipsum pacifice habere dignosceris, devotioni tuæ auctoritate apostolica confirmamus et præsentis scripti patrocinio communimus, statuentes ut nulli omnino hominum liceat hanc paginam nostræ confirmationis infringere vel ei aliquatenus contraire. Si quis autem hoc attentare præsumpserit, indignationem omnipotentis Dei et beatorum Petri et Pauli apostolorum ejus se noverit incursurum.

Datum Anagniæ, xvi Kal. Julii.

MCCIX.

Ad V. priorem et canonicos ecclesiæ S. Frigdiani Lucensis.

(Anagniæ, Jun. 17.)

[BALUZ., *Miscell.*, ed. Mansi, IV, 596.]

ALEXANDER episcopus, servus servorum Dei, dilectis filiis V. priori et canonicis S. Fridiani, salutem et apostolicam benedictionem.

Religionis et fidei vestræ sinceritas nos hortatur propensius et inducit ut commodis et profectibus vestris pastorali curemus provisione intendere, et ea in irritum penitus ducere quæ in præjudicium libertatis et justitiæ vestræ noscuntur impetrata fuisse. Inde est quod nos etiam tranquillitati Ecclesiæ vestræ paterna sollicitudine consulere volentes, præsentium auctoritate decernimus ut, si qua canonici Lucenses a nobis falsa suggestione impetraverunt, quæ privilegiis vobis ab apostolica sede indultis derogare noscuntur, ea vobis injustitia vestra nullum possint præjudicium generare.

Data Anagn., xv Kal. Julii.

MCCX.

Ad priorem et fratres monasterii S. Savini. Ut abbati sint obedientes, eique proprium resignent.

(Anagniæ, Jun. 29.)

[Marten., *Thesaur. Anecdot.*, I, 457.]

Alexander episcopus, servus servorum Dei, dilectis filiis, priori et fratribus S. Savini, salutem et apostolicam benedictionem.

Non vos credimus aliquatenus ignorare in quanta humilitate et devotione debeatis dilecto filio nostro abbati vestro obedientes existere, cum frustra religionis habitum videremini gerere, si religionis opera non studeretis votivis cordis affectibus imitari. Sane sicut accepimus, quidam ex vobis in præfatum abbatem superbiæ calcaneum erigunt, et qui sæcularia desideria abnegasse, et propria reliquisse videntur, contra professionem ordinis, et doctrinam magistri sui proprium retinere præsumunt. Quoniam igitur hujusmodi excessus nec volumus, nec debemus impunitos relinquere, universitati vestræ per apostolica scripta præcipiendo mandamus quatenus præfato abbati obedientiam et reverentiam devote et.... exhibeatis, et proprium, cum ab eo fueritis requisiti, in manibus ipsius resignetis, et tales vos circa ea quæ ad custodiam claustri, et observantiam religionis, et ordinis pertinere noscuntur, celerius exhibere curetis, quod bonæ opinionis fama valeat proximos vestros laudabiliter ædificare, et vos de humilitate et obedientiæ virtute possitis non immerito commendari, et gratiam Altissimi feliciter promereri; alioquin sententiam quam in vos tanquam contumaces et rebelles, propter hoc, prælibatus abbas canonice tulerit, nos, auctore Domino, ratam et firmam habebimus.

Datum Anagniæ, iii Kal. Julii.

MCCXI.

Ad episcopum Ausonensem, ejusque capitulum. — Monet ut ecclesiam de Granoylers, quam injuste detinebant, monasterio Rivipullensi restituant.

(Anagniæ, Jun. 30.)

[Mansi, *Concil.*, XXI, 1062.]

Alexander episcopus, servus servorum Dei, venerabili fratri episcopo et dilectis filiis capitulo Ausonensi, salutem et apostolicam benedictionem.

Ad aures nostras ex conquestione abbatis et fratrum Rivipollensis monasterii noveritis pervenisse, quod, cum ecclesia de Granoylers ad eos pertineat, vos eam contra justitiam detinetis. Unde quia prædicto monasterio in suo nolumus nec debemus jure deesse, discretioni vestræ per apostolica scripta præcipiendo mandamus, quatenus prædicto abbati et fratribus præscriptam Ecclesiam sine difficultate reddatis pacifice possidendam, aut ipsis exinde coram venerabili fratre nostro Tarraconensi archiepiscopo justitiæ non differatis plenitudinem exhibere, quod ipse inde statuerit suscepturi et inviolabiliter servaturi.

Datum Anagniæ, secundo Kal. Julii.

MCCXII.

Ad decanum, thesaurarium et capitulum ecclesiæ B. Martini Turonensis. — Concedit ut ecclesias de feodis ipsorum et possessiones ad eorumdem proprietatem pertinentes legitime revocare possint.

(Anagniæ, Jul. 4.)

[*Défense de Saint-Martin de Tours*, 27.

Alexander episcopus, servus servorum Dei, dilectis filiis decano, thesaurario et capitulo ecclesiæ Beati Martini Turonensis, salutem et apostolicam benedictionem.

Quanto specialius ad jurisdictionem beati Petri ac nostram ecclesia vestra pertinere dignoscitur, et ad provisionem sacrosanctæ Romanæ Ecclesiæ magis respicit, et tutelam, tanto ejus commodis et profectibus ferventiori studio intendimus, et ad ea satagere, quæ ad decorem et incrementum ipsius pertineant toto affectu optamus. Inde est, quod nos vestigia prædecessorum nostrorum Romanorum pontificum diligentia prosequentes, sicut privilegiis eorum antecessorum nostrorum vobis indultum esse dignoscitur, ut ecclesias de feodis vestris et possessiones ad proprietatem vestram pertinentes vobis liceat legitime revocare, ita quoque vobis auctoritate apostolica indulgemus. Ut si milites, vel alii jus quod habent in ecclesiis et possessionibus quæ sunt de feodis vestris vobis conferre voluerint, illud libere et sine contradictione qualibet habeatis. Ita quod super hoc auctoritate nostra freti, ab aliquo non possitis temere perturbari vel impediri.

Datum Anagniæ. iv Non. Julii

MCCXIII.

Ad clericos et laicos de Bagnacavallo. — Ut ad canonicorum Faventinorum obedientiam redeant.

(Anagniæ, Jul. vi.)

[Savioli, *Annal. Bologn.*, II, ii, 37.]

Alexander episcopus, servus servorum Dei, dilectis filiis clericis et laicis de Bagnacavallo, salutem et apostolicam benedictionem.

Ad nostram audientiam noveritis pervenisse unde, si verum est, miramur plurimum et movemur quod, cum ecclesiæ Faventinæ tanquam membris suo capiti per omnia et in omnibus teneamini respondere et eidem debitam obedientiam et reverentiam exhibere, irrequisitis canonicis prædictæ ecclesiæ a Bononiensi et Rhegino episcopis qui nihil juris habent in castro vel ecclesia vestra, in quodam loco in signum ut ibi debeat oratorium ædificari quamdam crucem figi fecistis. Cumque prædicti canonici ad locum ipsum accessissent, et nos rogarent humiliter et devote crucem ipsam quæ sine assensu eorum inibi posita fuerat exinde permitteretis auferri, vos non solum precibus eorum non acquievistis, verum etiam quamdam aliam crucem majorem priori ad injuriam et contemptum eorumdem in prædicto loco posuistis dicentes, quod per eos in loco ipso non pateremini auferri crucem, nec auferretis, et quod ad reconciliationem ecclesiæ vestræ venirent si vellent; sin autem per aliquem de circumpositis episcopis eis irrequisitis ecclesiam vestram reconciliare faceretis, et multis aliis opprobriis et contumeliis eos affecistis. Quia igitur hæc si vera sint, gravi debent ultione puniri, discretioni vestræ per apostolica scripta præcipiendo mandamus et mandando præcepimus, quatenus ecclesiæ Faventinæ sicut spirituali matri vestræ et eisdem canonicis debitam obedientiam et reverentiam humiliter exhibeatis, et de illatis injuriis eis taliter satisfaciatis, quod nulla indignatio in mentibus eorum debeat exinde remanere; etsi absque assensu Faventinæ Ecclesiæ oratorium illud incœpistis, nihil inibi de cætero sine licentia ejusdem ecclesiæ oratorii nomine construatis, nec divina officia in eodem loco celebrare præsumatis. Quod si secus agere præsumpseritis et eisdem canonicis condigne non satisfeceritis, sententiam quam ipsi in vos propter hoc rationabiliter tulerint, nos, auctore Domino, ratam habebimus et faciemus inviolabiliter observari.

Datum Anagniæ, II Nonas Julii.

MCCXIV.

Ad Vicensem episcopum. — Ecclesiam S. Stephani vi occupatam ac detentam, monachis Rivipullensibus, infra quadraginta dies restituere jubet.

(Anagniæ, Jul. 22.)

[MANSI, *Concil.*, XXI, 1062.]

Alexander episcopus, servus servorum Dei, venerabili fratri Vicensi episcopo salutem et apostolicam benedictionem.

Quoties Ecclesiarum prælati quidquam efficiunt in quo debitum officii sui videntur excedere, aut quod juris est aliorum contra justitiam occupant, officio nostræ sollicitudinis imminet eos ab hujusmodi præsumptione collata nobis auctoritate compescere et jura sua singulis conservare. Sane ex transmissa conquestione dilectorum filiorum nostrorum abbatis et fratrum ecclesiæ Rivipollensis accepimus quod ecclesiam S. Stephani ad jus eorum spectantem eis injuste abstulisti et per violentiam detines occupatam. Ideoque fraternitati tuæ per apostolica scripta præcipiendo mandamus, quatenus prælibatis abbati et fratribus præscriptam ecclesiam infra quadraginta dies post harum susceptionem, contradictione et appellatione cessante, restituas, vel in præsentia venerabilium fratrum nostrorum Oscensis et Barchinonensis episcoporum, sublato appellationis remedio, justitiæ complementum exhibeas.

Datum Anagniæ, XI Kal. Augusti.

MCCXV.

Ad Oscensem et Barchinonensem episcopos. — Jubet ut episcopum Vicensem moneant ac inducant ad restitutionem ecclesiæ S. Stephani, quam vi occupaverat.

(Anagniæ, Jul. 22.)

[*Ibid.*, col. 1063.]

Alexander episcopus, servus servorum Dei, venerabilibus fratribus Oscensi et Barchinonensi episcopis, salutem et apostolicam benedictionem.

Ex transmissa nobis conquestione dilectorum filiorum nostrorum abbatis et fratrum Ecclesiæ Rivipullensis accepimus quod venerabilis frater noster Vicensis episcopus ecclesiam Sancti Stephani ad jus eorum spectantem eis injuste abstulit et per violentiam detinet occupatam. Ideoque fraternitati vestræ per apostolica scripta præcipiendo mandamus, quatenus præfatum episcopum moneatis et inducatis, et, si opus fuerit, sublato appellationis remedio, districtius compellatis ut prælibatis abbati et fratribus præscriptam Ecclesiam infra quadraginta dies post harum susceptionem, contradictione et appellatione cessante, restituat, vel in præsentia vestra, remota appellatione, justitiæ complementum exhibeat.

Datum Anagniæ, XI Kal. Augusti.

MCCXVI.

Ad clerum Pisanum. — Ut populum ad solvendas canonicis decimas inducant.

(Anagniæ, Aug. 6.)

[UGHELLI, *Italia sacra*, III, 404.]

Alexander episcopus, etc., dilectis filiis universo clero Pisano, salutem et apostolicam benedictionem.

Dignum est et consonum rationi modis omnibus ut filii matrem suam filiali semper reverentia et devotione respiciant, et pro ejus incremento solliciti et ferventes existant, ut tanto eam sibi uberiore affectione astringant quanto circa ipsam sinceriorem animum gerere et constantiorem fidem probati fuerint exhibere. Inde est quod universitati vestræ per apostolica scripta præcipiendo mandamus et mandando præcipimus, quatenus populum vobis commissum cum omni instantia moneatis et eis firmiter et districte præcipiatis ut dilectis filiis vestris archipresbytero, et canonicis Pisanæ Ecclesiæ decimas secundum quod in eorum privilegiis continetur, sine molestia; et difficultate persolvant alioquin timere poterunt ne, si decimas denegaverint, ad decimam redigantur, et propter hoc indignationem incurrant divinam.

Dat. Anagniæ, VIII Id. Augusti

MCCXVII.

Abbati et fratribus ordinis Præmonstratensis concedit « ut servientibus qui de mensa eorum vivunt pœnitentiam dent, et corpus Dominicum in statutis temporibus tradant. »

[Anagniæ, Aug. 21. — Vide LEPAIGE, *Bibliotheca Præmonstrat.*, p. 630.]

MCCXVIII.

Monasterio S. Germani de Pratis Parisiensi capellam S. Joannis asserit.

(Anagniæ, Aug. 30.)

[BOUILLART, *Hist. de Saint-Germain des Prés*, pr. 42.]

Alexander episcopus, servus servorum Dei, dilectis filiis Hugoni abbati et fratribus Sancti Germani de Pratis, salutem et apostolicam benedictionem.

Ex litteris dilectorum filiorum nostrorum Heliæ Sancti Joannis Novimonasterii, et Sancti Severini de castro Nantonis abbatum, auribus nostris manifeste innotuit, quod cum causam quæ inter vos et abbatem Sancti Savini super capella Sancti Joannis de novo constructa in loco qui dicitur castrum Novum apud castrum Airaldi vertebatur de mandato nostro suscepisset fine debito terminandam; ipsi convocatis partibus et rationibus hinc inde plenius auditis et cognitis, vobis et monasterio vestro præscriptam capellam per definitivam sententiam adjudicarunt. Quia igitur decet nos quæ ea legitime decisa sunt approbare, et apostolicæ auctoritatis robore communire, præscriptam sententiam ratam et firmam habentes, vobis et monasterio vestro eamdem capellam sicut legitime vobis adjudicata est auctoritate apostolica confirmamus, et præsentis scripti patrocinio communimus. Statuentes ut nulli omnino hominum liceat hanc paginam nostræ confirmationis infringere, vel ei aliquatenus contraire. Si quis autem hoc attentare præsumpserit, indignationem omnipotentis Dei et beatorum Petri et Pauli apostolorum ejus se noverit incursurum.

Datum Anagniæ, tertio Kal. Septembris.

MCCXIX.

Archiepiscopo Mediolanensi scribit hæc : « Significavit nobis nobilis vir P. quod F[riderico] dicto Imperatori, cum olim ab Urbe rediret, castrum Ferruce [*al.* Verrucæ] negavit; unde contigit quod quatuor castris destructis plus quam duo millia domorum destructa fuerunt et multi homines interfecti. » Mandat ut pœnitentiam illi imponat. (*Decret. Greg.*, l. v, tit. 58, c. 3.)

ANNO 1166-1176.
MCCXX.

Henrico patriarchæ Gradensi, et Theodino S. Vitalis presbytero cardinali mandat judicent inter C. et L[eonardum], electos Torcellenses.

(*Ibid.*, l. II, tit. 28, c. 23.)

ANNO 1170-1176.
MCCXXI.

Ildebrando presbytero cardinali duodecim Apostolorum, apostolicæ sedis legato, respondet ut « electum qui nuper abjurato schismate ad unitatem Ecclesiæ redierit, faciat a catholicis episcopis suffraganeis Aquileiensis Ecclesiæ consecrari. »

(*Ibid.*, l. I, tit, 6, c. 5.)

ANNO 1173-1176.
MCCXXII.

Ad Simonem abbatem S. Albani. — Ad quæstiones ejus respondet.

(Anagniæ, April. 8.)

[*Epist. Gilberti Foliot*, ed. Giles, II, 104.]

Alexander papa tertius, Simoni abbati Sancti Albani, de quibusdam quæstionibus.

Consultationibus singulorum ex ministerio servitutis cogimur respondere, ut si quid quæstionis vel dubietatis in mentem alicujus emerserit, ab Ecclesia Romana solvatur, quæ inter alias disponente Domino obtinuit meruit principatum. Quæsitum est siquidem a nobis utrum, cum aliquis ecclesia vel possessione qualibet se asseverans absque judicio et causa rationabili spoliatum a nobis ad judicem litteras obtinet, ut infra certum tempus restituatur sibi possessio, si constiterit judici eum esse taliter spoliatum, possessio debeat sibi restitui, cum is qui tenet ecclesiam vel possessionem quam ipse requirit, antequam de litteris ipsis aliqua mentio fieret, studiorum peregrinationis vel alia hujusmodi causa se absentaverit, nec infra præfixum tempus possit judici suam præsentiam exhibere. Super quo utique inquisitioni tuæ taliter respondemus, quod non potest nec debet restitutionem habere, si etiam paratus sit coram judice delegato testibus idoneis possessionem et dejectionem suam probare, nisi is qui possidet se per contumaciam absentasset. Si autem judex usque ad reditum ejus qui possidet terminum prorogabit, exspirat jurisdictio sua, quia sine assensu utriusque partis non licet judici terminum a delegatore præfixum aliquatenus prorogare. De cætero, si aliquis clericus ab ordinario judice in aliqua ecclesia fuerit institutus, ad repræsentationem illius qui ejusdem ecclesiæ credebatur esse patronus, et postea jus patronatus alius vicerit in judicio, clericus qui institutus est non debet ab ipsa ecclesia propter hoc removeri, si tempore præsentationis suæ, ille qui eum præsentavit jus patronatus ecclesiæ possidebat. Si vero tunc non possidebat jus patronatus, sed tantummodo credebatur esse patronus, cum non esset, neque possessionem patronatus haberet, secundum Angliæ consuetudinem poterit ab eadem ecclesia removeri. Donationes vero vel concessiones ecclesiarum si quæ fiant privatis personis, viventibus his qui ecclesias ipsas possident, nullius debent esse momenti, sed si fiant religiosis locis, ratæ debent haberi, ita quidem quod personæ, quæ jam dictas ecclesias possident sine suo assensu, eis in vita sua non debeant spoliari.

Data Anagniæ, vi Idus Aprilis.

MCCXXIII.

Ad Theobaldum Placentinum episcopum. — Ut monachis S. Savini « *decimam clausi juxta S. Ambrosium siti* » *reddat.*

(Anagniæ, April. 8.)

[Campi, *Storia di Piacenza*, II, 360.]

Alexander episcopus, servus servorum Dei, venerabili fratri T[heobaldo] Placentino episcopo, salutem et apostolicam benedictionem.

Significantibus nobis dilectis filiis nostris abbate et fratribus Sancti Savini, ad nostram noveris audientiam pervenisse, quod cum bonæ memoriæ Arduinus quondam Placentinus episcopus, et alii prædecessores sui, eorum monasterio decimam clausi juxta Sanctum Ambrosium siti, divini amoris intuitu contulissent, sicut in instrumento publico noscitur contineri, tandem prædecessor tuus bonæ recordationis Hugo, qui fuit postmodum Tusculanus episcopus, eis præscriptam decimam pro sua voluntate subtraxit, in east........ unam vegetem vini ipsis annuatim subtraxit. Cæterum quia honor tibi est, et ad tuam laudem respicere, et salutem, si rationabilia instituta prædecessorum tuorum observare curaveris et correxeris, si qua ab aliquo eorum illicite sunt attentata; fraternitatem tuam monemus attentius et mandamus quatenus violentiam prædicti Hugonis in hac re non imiteris, sed præscriptam decimam præfato abbati et fratribus ejus pro reverentia B. Petri et nostra, non exspectato judicio et contradictione restituat, et in pace dimittas, sicut supradictus Arduinus prædecessor tuus etiam ipsis contulisse dignoscitur, et in instrumento publico continetur, et annuatim præscriptam vegetem plenam vino juxta consuetudinem prædicti Arduini et prædecessorum suorum, præscripto monasterio facias exhiberi, ita quod memorati fratres pro salute tua apud Altissimum jugiter votivis cordis affectibus intercedant, et nos exinde charitatem et prudentiam tuam dignis in Domino laudibus commendemus.

Dat. Anagniæ, vi Idus Aprilis.

MCCXXIV.

Archiepiscopo Viennensi et ejus suffraganeis mandat ut molestantes Carthusienses in terminis vel pascuis cohibeant, et ne qui alii religiosi juxta illos ædificent.

(Anagniæ, April. 11.)

[Privil. ord. Carthus., et multiplex confirmatio ejusdem, fol. 1b, Basileæ, 1510, in-fol.]

Alexander episcopus, servus servorum Dei, venerabilibus fratribus Viennensi archiepiscopo, apostolicæ sedis legato, et suffraganeis ejus, in quorum episcopatibus domus vel pascua fratrum Carthusiensium consistunt, salutem et apostolicam benedictionem.

Non latet discretionis vestræ prudentiam quanto desiderio quantoque amore prædicti fratres divinis intendant obsequiis, et abnegantes carnalia desideria rerum terrenarum delectationes spernentes, sobrie, juste ac pie in hoc sæculo vivere elegerunt, et incessanter supernæ meditationi proposuerunt vacare. Unde quam dignum est, et conveniens, et consentaneum rationi ut in sancto et pio proposito pontificalibus adjunctis studiis, et necessariis ac opportunis foveantur auxiliis. Fraternitati vestræ per apostolica scripta præcipiendo mandamus, quatenus si qui parochianorum vestrorum prædictos fratres super terminunculis, pascuis quæ rationabiliter possident, molestare vel turbare præsumpserint, de ipsis, nisi moniti abstinuerint, districtam et plenam, appellatione remota, justitiam faciatis. Ne juxta domos suas, alia domus religionis construatur unde ipsos religiosos merito possit impedire vel turbare, aut etiam scandalum prævenire, ex parte nostra arctius prohibeatis.

Datum Anagniæ, tertio Idus Aprilis.

MCCXXV.

Ad Petrum Salonitanum archiepiscopum. — Ejus fidem laudat eumque molestiis afflictum consolatur. Negat se de Ecclesia Jaderensi quidquam in ejus injuriam decreturum.

(Anagniæ, Maii 5.)
[Farlatus, Illyricum sacrum, III, 186.]

Alexander episcopus, servus servorum Dei, venerabili fratri P[etro] Salonitano archiepiscopo, salutem et apostolicam benedictionem.

Litteras et dilectum filium nostrum J. sacristam latorem præsentium, quem ad sedem apostolicam destinasti, tanto benigniori charitate suscepimus, quanto speciali matri tuæ sacrosanctæ Romanæ Ecclesiæ ac nobis ipsis te cognoscimus firmius adhærere cujus devoti filii et fideles, etsi aliquando perversorum persecutionibus perturbantur, et apprime videantur ad tempus, temporalibus tamen auxiliis non sunt penitus destituti, sed in illa congruam semper inveniunt et tutum suffragium. Illam siquidem devotionis constantiam, et sinceræ puritatis affectum, quam circa eamdem matrem tuam Romanam Ecclesiam evidenter habere cognoscimus, et de qua anteacta opera non sinunt nos dubitare, gratam admodum acceptamque tenemus, et tanto majori præmio laudis extollimus, quanto de sinceriori charitatis indice illam provenire sentimus. Inde est quod nos et Romana Ecclesia personam ecclesiasticam et civitatem tuæ gubernationi commissam mera pinguedine charitatis diligimus, et internæ dilectionis brachiis amplectimur, propositum et voluntatem ferventem habentes de honore et exaltatione tua, quibuscunque modis cum Deo et justitia fieri potest, libenti animo cogitare, ac pro tantæ dilectionis fervore sibi auctore Domino providere. Super illis vero angustiis et pressuris tibi sine causa rationabili conferuntur, nec aliis quam de propriis nostris conturbamur, et ad Dominum preces effundimus, ut secundum multitudinem miserationum suarum de imminentibus te persecutionibus in brevi eripiat, et ad portum tranquillum deducat. Speramus autem quoniam non continebit Dominus in ira misericordiam suam, et faciet cum tentatione ista proventum, ut possis sustinere (I Cor. x), et præter virgam correctionis baculum consolationis apponet, ut possis dicere cum Propheta : *Secundum multitudinem dolorum meorum consolationes tuæ, Domine, lætificaverunt animam meam* (Psal. xcIII). Cum igitur Dominus est, qui potestati maris imperat, et motum ejus in ictu oculi mitigat, oculos mentis ad cœlum leva, unde veniet auxilium tibi, considerans quoque qualiter omnipotens Dominus gloriam superborum manu puerili in jactu lapidis pusilli dejecerit, et filiis Israel victoriam de multitudine hostium in muliere una concesserit, in illo ipse spem tuam ponas quod inter imminentes angustias eventum novit prosperum suis fidelibus exhibere, et præter lacrymationem et fletum consolationem inducere.

De illius ergo auxilio plenam fiduciam obtinens spiritu fortitudinis induaris, et inimicis tuis prudenter et viriliter restiteris, et in devotione beati Petri et nostra immobiliter persistas. Si vero. . . . . quod ad commodum et honorem sanctæ Romanæ Ecclesiæ ac tuum debeat pertinere, nobis gratum admodum et acceptum existit. Nos enim de Jadrensi ecclesia nihil citra justitiam et honorem Spalatensis Ecclesiæ de novo, auctore Domino, statuimus, vel statuemus. Ad hæc dilectum filium L. capellanum nostrum fraternitati tuæ attente recommendamus, rogantes quatenus pro reverentia beati Petri et interventu nostro, de charo cum habeas, de cætero chariorem. Noveris ad hæc nos et fratres, qui circa nos sunt, per Dei gratiam sanos et incolumes esse, et sic speramus, Ecclesia Dei in proximo pace potietur tranquilla.

Datum Anagniæ, iii Nonas Maii.

MCCXXVI.

Ad episcopum et consules Bononienses. — Ut ab injuriis in Ecclesiam Nonantulanam desistant.

(Anagniæ, Maii 23.)

[Tirabocchi, *Storia di Nonantola*, II, 277.]

Alexander episcopus, servus servorum Dei, venerabili fratri episcopo et dilectis filiis consulibus Bononiensibus, salutem et apostolicam benedictionem.

Cum Nonantulana Ecclesia ad jus beati Petri et nostrum nullo mediante pertineat, deceret vos a molestiis et gravaminibus ipsius omnimodis abstinere, et ejus possessiones et jura tanto studiosius integra et illæsa conservare, quanto specialius nostræ provisioni subesse dignoscitur, ut exinde vestra devotio circa nos et Ecclesiam ferventior et constantior appareret, cum vos circa conversationem eorum, qui nostri juris existunt, studium cognosceremus et debitam diligentiam adhibere. Tu vero, frater episcope, sicut abbas prædictæ ecclesiæ nobis litteris suis intimavit, eamdem ecclesiam et homines ipsius contra tui officii debitum graviter infestas, et eorum bona violenter diripere et possessiones auferre non times. Et cum litteras nostras misissemus, ut coram filio nostro Ildebrando basilicæ xii Apostolorum presbytero cardinali, apostolicæ sedis legato, cum jam dicto abbate et fratribus super facto Palade convenires, tu non solum litteras nostras recipere noluisti, sed quasi earumdem litterarum occasione, homines Palade acrius infestare præsumpsisti. Vos etiam, filii consules, homines universos quos memorata Ecclesia in episcopatu vestro possidere dignoscitur, juramento astrinxistis ne eidem ecclesiæ de cætero aliud servitium exhiberent. Cæterum quia non convenit vobis prædictam ecclesiam tali modo gravare, nec nos id aliqua ratione poterimus sustinere qui singulis Dei Ecclesiis, et præsertim his quæ specialius nostri juris existunt, apostolicæ tuitionis patrocinium exhibere tenemur, discretionem vestram per apostolica scripta monemus atque mandamus quatenus a molestiis et gravaminibus prælibati abbatis, ac fratrum, et ecclesiæ suæ penitus indebitis abstineatis, et juramentum quod homines ejusdem ecclesiæ illicite præstare coegistis, sine dilatione relaxetis, et demum coram prædicto cardinali, cum ab eo propter hoc fueritis evocati, conveniatis, et quod ipse inter vos concordia duxerit vel judicio statuendum, suscipiatis firmiter et servetis. Nos enim eidem cardinali dedimus in mandatis, ut super his quæ a vobis hinc inde proposita fuerint, ita inter vos amicabiliter componat, vel ordine judiciario statuat, quod plura mala non debeant ulterius ab alterutra parte committi. Et si abbas et fratres videlicet sui aliquid adversum vos deliquerunt, id taliter corrigi faciat et emendari, quod non solum ab eorum gravaminibus abstinere debeatis, sed ipsis de cætero gratiam et dilectionem vestram plenius et efficacius exhibere.

Dat. Anagniæ, x Kal. Junii.

MCCXXVII.

Pacem inter Hugonem episcopum Terracinensem et Petrum de Roberto conciliatam confirmat.

(Anagniæ, Aug. 26.)

[Contatore, *De Historia Terracinensi*, 399.]

Alexander episcopus, servus servorum Dei, venerabili Hugoni Terracinensi episcopo, salutem et apostolicam benedictionem.

Cum tu, et dilectus filius noster Petrus de Roberto pro causa quæ inter te et ipsum super medietate Saxone vertebatur in nostra præsentia essetis constituti, taliter cum eo mediantibus venerabili fratre nostro B. Portuensi episcopo, et dilecto filio P. tituli S. Laurentii et in Damaso presbyt. cardin. pro vitando scandalo composuisti, quod ei ad preces dilectorum filiorum nostrorum nobilium virorum O. C. et P. Frajop., et L. de Supin. præscriptæ Saxone medietatem in via tua concessisti tenendam, ita quod post mortem ejus ad ecclesiam tuam libere et absolute nulla consuetudine vel lege obstante absque ulla quæstione debeat redire, et tibi et successoribus tuis liceat sit possessionem ipsius Saxone sine aliqua contradictione intrare. (*Multa desunt corrosa a muribus*). . . . .

. . . . ita ad jus tuum et ecclesiæ tibi commissæ pertinere manifestius recognovit, et omni liti et quæstioni publicæ coram nobis et fratribus nostris, et testibus, et qui hinc inde advocati fuerant in perpetuum sententiam permisit, quod ipse cum filiis suis chartam refutationis, et publicum instrumentum exinde sibi et successoribus tuis facere debeat. Ut autem composito ipsa perpetuis temporibus inviolabiliter observetur, eam auctoritate apostolica confirmamus et præsentis scripti patrocinio communimus. Statuentes ut nulli omnino hominum liceat hanc paginam nostræ confirmationis infringere vel ei aliquatenus contraire. Si quis autem hoc attentare præsumpserit, indignationem omnipotentis Dei et beatorum Petri et Pauli apostolorum ejus se noverit incursurum.

Dat. Anagniæ, vii Kal. Septembris.

MCCXXVII bis.

Ad capitulum S. Petri in Wessinsbrunn. — Ne expulsum abbatem schismaticum denuo recipiant.

(Anagniæ, Sept. 30.)

[LEUTNER, *Hist. monast. Wessofont.*, 211.]

ALEXANDER episcopus, servus servorum Dei, dilectis filiis capitulo S. Petri in Wessinsbrunn, salutem et apostolicam benedictionem.

Retulerunt nobis Henricus et Carolus monachi vestri, quod, cum quondam abbas vester pro suis excessibus per vos ejectus fuisset, postmodum vos ab obedientia tua spontanea voluntate prorsus absolvit. Sed Augustensis episcopus, qui schismaticus est, ei administrationem monasterii restituere modis omnibus elaborat. Quoniam igitur, cum idem abbas schismaticam foveat pravitatem, sustinere nolumus, nec debemus, ut ad monasterium, præsertim per schismaticum revertatur. Per apostolica vobis scripta præcipiendo mandamus, quatenus si idem abbas schismaticus est, et vos absolvit ab obedientia sua, ipsum ulterius sicut abbatem recipere nullatenus præsumatis.

Datum Anagniæ, ii Kal. Octobris.

MCCXXVII ter.

Ad eosdem. — Ut Henricum et Carolum fratres recipiant.

(Anagniæ, Sept. 30.)

[*Ibid.*]

ALEXANDER episcopus, servus servorum Dei, dilectis filiis capitulo S. Petri in Wessinsbrunn, salutem et apostolicam benedictionem.

Ex relatione Henrici et Caroli fratrum vestrorum, et ex litteris dilecti filii nobilis viri ducis Welfonis, manifeste nobis innotuit quod iidem fratres vestri ei, qui apud vos abbatis locum tenebat, adhærere minime dubitaverunt, cum idem abbas schismaticus sit, et schismaticam foveat pravitatem. Unde quia præfati monachi, sicut ex eorum confessione et ex litteris præfati ducis accepimus, recesserunt ab ipso, et ad devotionem nostram et unitatem catholicam redierunt, nos eos ad nos, sicut videtur, prompta devotione conversos paterna charitate recepimus, ipsosque secundum morem Ecclesiæ absolvi fecimus, et absolutos cum gratia ad ecclesiam vestram duximus remittendos. Mandamus itaque discretioni vestræ atque præcipimus, quatenus prædictos monachos sicut absolutos recipiatis, et faciatis absolutos haberi, quia dignum est et conveniens, ut Dei fidelibus sicut absoluti debeant recipi, quos apostolica sedes judicat absolutos.

Datum Anagniæ, secundo Kalendas Octobris.

ANNO 1174-1176.

MCCXXVIII.

Petentibus Rodulfo abbate et monachis Cluniacensibus, thesaurum, honores, obedientias, possessiones Ecclesiæ Cluniacensis ab abbatibus alienari invito capitulo vetat.

(Anagniæ, Jan. 16.)

[*Bibliotheca Cluniac.*, 1431.]

ALEXANDER episcopus, servus servorum Dei, dilectis filiis RODULFO abbati et fratribus monasterii Clun., salutem et apostolicam benedictionem.

Quanto vos et Ecclesiam vestram, quæ quoad jurisdictionem beati Petri et nostram provisionem specialiter nullo mediante noscitur pertinere, intuitu religionis, devotionis et fidei, qua noscimini, largiente Domino, præeminere, arctiori charitate diligimus, tanto vobis potius volumus in necessitatibus vestris adesse, et jura vestra propensiori studio et sollicitudine conservare, ac vobis, in quibus expedit, gratiæ nostræ favorem, et tuitionis præsidium diligentibus impertiri. Sane per dilectum filium nostrum I. monachum vestrum a nobis devote ac suppliciter postulasti, quod thesaurum Ecclesiæ vestræ, honores ac possessiones, et obedientias, quas inpræsentiarum eadem Ecclesia possidet; aut in futurum auctore Domino juste poterit adipisci, te, fili abbas, et quemlibet successorum tuorum, absque communi consensu capituli distrahere vel alienare deberemus districtius prohibere. Nos igitur commodis ac profectibus vestris cupientes ferventer intendere, et monasterium vestrum volentes auctore Domino in quiete perpetua et tranquillitate persistere, ut ibidem a sæcularibus tumultibus liberi, omnipotentis Dei servitio vacare quietius valeatis, auctoritate apostolica sub interminatione anathematis prohibemus, ut tibi vel cuilibet successorum tuorum nullatenus liceat thesaurum memoratæ Ecclesiæ vestræ, quem nunc possidet, vel recuperare, seu justis modis auctore Domino acquirere poterit : honores etiam, possessiones, sive obedientias ipsius, sine communi consensu capituli, vel sanioris partis, distrahere, vel quolibet titulo personis extraneis obligare.

Datum Anagniæ, xvii Kal. Februarii.

MCCXXIX.

Rodulfo et fratribus Cluniacensibus asserit ecclesiam S. Joannis ab iis constructam.

(Anagniæ, Jan. 17. — *Bullar. Cluniac.*, 72.)

MCCXXX.

Parthenonis Gudhemensis bona, a Canuto rege ejusque fratre donata, confirmat.

(Anagniæ, Jan. 19.)

[LILJEGREN, *Diplom. Succanum*, I, 97.]

ALEXANDER episcopus, servus servorum Dei, dilectis in Christo filiabus monialibus in Gudhem, salutem et apostolicam benedictionem.

Justis petentium desideriis dignum est nos facilem

præbere consensum et vota quæ a rationis tramite non discordant, effectu hinc prosequente complenda. Eapropter, dilectæ in Christo filiæ vestris justis postulationibus grato concurrentes assensu, quidquid ex dono regis Canuti vel fratris ejus seu aliorum prædecessorum suorum in præscripta villa rationabiliter possidetis, vobis et eidem monasterio vestro auctoritate apostolica confirmamus, et præsentis scripti patrocinio communimus. Statuentes ut nulli omnino hominum liceat hanc paginam nostri confirmationis infringere, vel ei aliquatenus contraire. Si quis autem hoc attentare præsumpserit, indignationem omnipotentis Dei et beatorum Petri et Pauli apostolorum ejus se noverit incursurum.

Datum Anagniæ, xiv Kal. Februarii.

ANNO 1175-1176.

MCCXXXI.

Ad Petrum cardinalem S. Chrysogoni, apostolicæ sedis legatum.—Conqueritur de Parisiensi episcopo, quod archidiaconatum, contra mandatum papæ et appellationem factam, contulerit.

(Anagniæ, Nov. 6.)
[MANSI, *Concil.*, XXI, 964.]

Si innotesceret charissimo in Christo filio nostro Ludovico illustri Francorum regi, quam graviter de insolentia et temeritate Parisiensis episcopi, qui contra mandatum nostrum, et appellationem a te super hoc ad nos interpositam, archidiaconatum ecclesiæ suæ, non sine gravi contemptu et injuria nostra, non est veritus pro sua voluntate conferre, sanctorum Patrum institutionibus et Romanæ Ecclesiæ detractum sit dignitati, in patientia, sicut credimus, sustineret tantam et tam gravem præsumptionem debita severitate puniri : nec moveretur, sicut commotus esse dicitur, super eo quod tam horrendum et detestabile factum non duximus approbandum. Verum ne latere possit regiam magnitudinem quam graviter in facto ipso læsa sit sanctorum Patrum auctoritas et dignitas apostolicæ sedis, quæ in appellationibus ex majori parte consistit, volumus, et tuæ discretioni mandamus, quatenus præfatum regem adeas, sibique plene, prudenter et diligenter aperias, quam graviter censuræ sacrorum canonum et auctoritati Romanæ Ecclesiæ sit detractum, super eo quod præfatus episcopus post appellationem quam de mandato nostro ad nos interposuisse dignosceris, præscriptum archidiaconatum dare præsumpsit, et quomodo ex hoc pravum et iniquum exemplum transibit ad posteros : cum sine læsione canonicæ sanctionis, et derogatione justitiæ, non possit incorrectum relinqui quod contra appellationem a quolibet attentatur. Hæc autem et alia diligenter proponendo, prædictum regem a proposito et institutione sua super hoc studeas sollicite revocare. Sed si ab hoc revocari non poterit, proponas ei ex parte nostra, quod suæ gratissimæ devotionis intuitu factum ipsius episcopi, quantumcunque grave nobis sit et molestum, et sanctorum Patrum institutioni contrarium, æquo animo sustinemus, et episcopo et nepoti dilecti filii nostri Galterii regii camerarii offensam istam duximus remittendam. Nec eis occasione hujus offensæ aliquod gravamen seu molestiam inferemus, et sententiam, si qua propter hoc in ipsos lata est, relaxamus, et prosecutionem appellationis eis remittimus, si quam interposuisse noscuntur. Cæterum ne nos vel dilectus filius Grat. subdiaconus noster tantam confusionem videamur et verecundiam sustinere ; præfato regi suadeas, ut honori nostro et ejusdem G. taliter in hac parte provideat, ut dignam possimus inde consolationem recipere, et regiam providentiam merito in Domino commendare.

Datum Anagniæ, viii Idus Novemb.

ANNO 1176

MCCXXXII.

Parthenonem S. Justinæ Lucensem tuendam suscipit, ejusque disciplinam, possessiones, jura confirmat.

(Anagniæ, Jan. 13.)
[MURATORI, *Antiq. Ital.*, V, 567.]

ALEXANDER episcopus, servus servorum Dei, dilectis in Christo filiabus Cæciliæ abbatissæ Sanctæ Justinæ Lucanæ, atque sororibus tam præsentibus quam futuris monasticam vitam professis in perpetuum

Prudentibus virginibus quæ sub habitu religionis accensis lampadibus per opera sanctitatis jugiter se præparant ire obviam Sponso, sedes apostolica debet præsidium impertiri. Eapropter, dilectæ in Domino filiæ, vestris justis postulationibus clementer annuimus, et præfatum monasterium, in quo divino estis obsequio mancipatæ, sub beati Petri et nostra protectione suscipimus, et præsentis scripti privilegio communimus; in primis siquidem statuentes ut ordo monasticus, qui secundum Deum, et beati Benedicti regulam in eodem monasterio institutus esse dignoscitur, perpetuis ibidem temporibus inviolabiliter observetur. Præterea quascunque possessiones, etc., in quibus hæc propriis duximus exprimenda vocabulis. Possessiones vero et bona quæ idem monasterium infra civitatem Lucanam vel extra habet, videlicet libellaria et tenimenta in loco Flexo et in ejus finibus, in vico Solari et in ejus finibus, et in Marlia et ejus finibus, in Lammari, in Tassignano, in Capannore, in Paganico, in Antraccole, et eorum finibus, in Vico Moriano, in Arepentina, in plebe de Turre, et in ejus finibus, in plebe monasterii Sigeradi, in plebe Sancti Stephani et in ejus finibus, in plebe Sancti Michaëli et in ejus finibus, in loco Caprili et in ejus finibus, in loco Avane et in ejus finibus, quas Avanenses ab ipsa Ecclesia detinuerunt et detinent, in plebe de Computo et in ejus finibus, in Calcinaria, in Valivo, in Gallicano, in Alverni, in Ponte Colphi, in Filicajo, in Saxorosso, in Castro Falfi. Præterea liceat vobis, viros et mulieres liberas et absolutas, quæ sui compotes se monasterio vestro reddere voluerint, ad conversionem recipere, et in monasterio vestro sine contradictione qualibet retinere. Statuimus etiam ut nulla persona vos vel monasterium vestrum sine manifesta et rationabili causa, interdicti audeat sententiam promulgare. Obeunte vero te nunc ejusdem loci abbatissa, vel tuarum quarumlibet succedentium, nulla ibi qualibet subreptionis astutia vel violentia præponatur, nisi quam sorores communi consensu, vel sororum pars sanioris consilii secundum Dei timorem et beati Benedicti regulam præviderint eligendam. Cum autem commune interdictum terræ fuerit, liceat vobis, clausis januis, non pulsatis campanis, exclusis interdictis et excommunicatis, suppressa voce divina officia celebrare. Decernimus ergo ut nulli omnino hominum, etc.

Ego Alexander catholicæ Ecclesiæ episcopus.
Ego Hubaldus Ostiensis episcopus.
Ego Bernardus Portuensis et Sanctæ Rufinæ episcopus.
Ego Joannes presbyter cardinalis Sanctorum Pauli et Pammachii.
Ego, etc.

Datum Anagniæ per manum Gratiani, sanctæ Romanæ Ecclesiæ subdiaconi et notarii, xviii Kal. Februarii, indictione ix, Incarnationis Dominicæ anno 1175, pontificatus vero domni Alexandri papæ tertii anno xvii.

MCCXXXIII.

Ad Petrum cardinalem S. Chrysogoni, apostolicæ sedis legatum.— Ut regem Francorum et principes aliosque ad sumendam crucem hortetur.

(Anagniæ, Jan. 29.)
[Mansi, Concil., XXI, 970]

Innotuit nobis ex litteris charissimi in Christo filii nostri Manuelis illustris Constantinopolitani imperatoris, quod ipse in manu forti Turcarum terram ingressus, civitates et castra ferro et igne consumpsit, et in medio terræ soldani Iconii civitatem quamdam magnam et populosam construxit, ubi Latinos et Græcos qui eam custodiant posuit, et per civitatem ipsam magnæ regioni Turcarum per Dei gratiam dominatur. Usque adeo, quod viam sepulcri Domini visitandi omnibus Christianis, tam Latinis quam Græcis, reddidit, Domino faciente, securam. Unde quia idem imperator firmum votum se asserit et propositum gerere, ab impugnatione illius nefandæ gentis nullatenus abstinere, donec auctore Domino contra gentem ipsam perficiat quod inceperat, nos volentes juxta petitionem suam ejus pium propositum promovere, regibus et principibus orbis, et aliis fidelibus, exhortationis apostolicæ scripta direximus, ut ad confundendam gentem illam, et exaltandum nomen fidei Christianæ, obtentu piæ devotionis fideliter et diligenter intendant. Monemus itaque discretionem tuam attentius, et mandamus, quatenus tam regem quam principes, comites et barones, et alios Dei fideles regni Francorum, ad hoc idem sollicitis monitis et hortationibus labores inducere, ita quod persuasio tua in operis effectu clarescat, et nos prudentiam tuam et sollicitudinem digne possimus in Domino commendare.

Datum Anagniæ, iv Kal. Februarii.

MCCXXXIV.

Ad clericos Alexandrinæ Ecclesiæ. — De novo episcopo ipsis concesso vel aliunde translato.

(Anagniæ, Jan. 30.)
[*Ibid.*, col. 911.]

De novitate et necessitate processit quod præsente nuntio Mediolanensis Ecclesiæ, nulla præcedente electione, auctoritate nostra vobis et Ecclesiæ vestræ electum providimus. Et ideo, ne possit ex hoc vobis vel successoribus vestris præjudicium fieri, auctoritate vobis apostolica duximus providendum. Eapropter, dilecti in Domino filii, præsenti scripto statuimus ut ex hoc vobis non præjudicetur in posterum, quominus, obeunte electo qui nunc est, et suorum quolibet successorum, vos et successores vestri de episcopis vestris electionem liberam habeatis, sicut canonici ecclesiarum cathedralium, quæ Mediolanensi Ecclesiæ subjacent, habere noscuntur. Nulli ergo omnino hominum liceat hanc paginam nostræ constitutionis infringere, vel ei aliquatenus contraire. Si quis autem hoc attentare præsumpserit, indignationem omnipotentis Dei et beatorum Petri et Pauli apostolorum ejus se noverit incursurum.

Datum Anagniæ, iii Kal. Februarii.

MCCXXXV.

Compositionem a Willelmo archiepiscopo Remensi, apostolicæ sedis legato, factam inter fratres S. Petri et capellanos ecclesiarum S. Joannis, S. Nicolai, S. Jacobi Gandavensium confirmat.

(Anagniæ, Mart. 4.) — Vide *Opera diplomatica* Miræi, t. III, p. 70.)

MCCXXXVI.

Monasterii Camaldulensis bona et privilegia confirmat.

(Anagniæ, Mart. 17.)
[*Annal. Camaldul.*, IV, 52.]

Alexander episcopus, servus servorum Dei, dilectis filiis... Camaldulensi priori ejusque fratribus, tam præsentibus quam futuris, regularem vitam professis, in perpetuum.

Officii nostri nos admonet et invitat auctoritas pro ecclesiarum statu satagere, et earum quieti ac tranquillitati salubriter auxiliante Domino providere. Dignum namque et honestati convenies esse dignoscitur ut qui ad earum regimen, Domino disponente, assumpti sumus, eas et a pravorum hominum nequitia tueamur, et beati Petri atque sedis apostolicæ patrocinio muniamus. Eapropter, dilecti in Domino filii, vestris postulationibus clementer annuin.us, et prædecessorum nostrorum felicis memoriæ Paschalis, Eugenii, Anastasii et Adriani Romanorum pontificum vestigiis inhærentes, præcipimus et præsentis decreti auctoritate sancimus, ne cuiquam omnino personæ, clerico, monacho, laico cujuscunque ordinis aut dignitatis, præsentibus aut futuris temporibus liceat congregationes illas et loca illa quæ Camaldulensis eremi sive cœnobii disciplinam et ordinem susceperunt, quæque hodie sub illius regimine continentur ab ejus ullo modo subjectione et unitate dividere, quæ videlicet loca et congregationes conservandæ unitatis gratia singularibus visa sunt vocabulis adnotanda :

In episcopatu Aretino monasterium Sancti Salvatoris Berardingorum, Sancti Petri in Rota, Sanctæ Mariæ in Agnano, Sancti Quirini in Rosa ; eremus Fleri, monasterium Sancti Viriani, Sancti Bartholomæi in Auglare; juxta Balneum monasterium Sanctæ Mariæ in Trivio; in Galiota, monasterium Sanctæ Mariæ in Insula; in episcopatu Montis Feretrani monasterium Montis Herculis; in episcopatu Forumpopiliensi hospitale Almerici ; in episcopatu Pensauriensi monasterium Sancti Decenti, eremus Fajoli ; in episcopatu Bononiensi monasterium Sancti Archangeli juxta castrum Britti, Sancti Felicis; in episcopatu Florentino monasterium Sancti Petri in Laco, Sancti Salvatoris juxta civitatem; in episcopatu Fesulano monasterium Sanctæ Mariæ in Poplena et ecclesiam Sanctæ Margaritæ ; in episcopatu Vulterrano monasterium Sancti Petri in Fontiano, Sanctæ Mariæ in Policiano, Sancti Petri in Cerreto, Sancti Justi prope civitatem ; in episcopatu Pisano monasterium Sanctæ Mariæ de Morrena, monasterium Sancti Stephani in Cinctoria, Sancti Savini in Montione ; in ipsa civitate monasterium Sancti Michaelis, Sancti Frigidiani, Sancti Zenonis ; in episcopatu Lucano monasterium Sancti Salvatoris in Cantiniano, Sancti Petri in Puteolis. Item in Sardinia, in archiepiscopatu Territano monasterium Sanctæ Trinitatis de Saccaria, ecclesiam S. Eugeniæ in Samanar, ecclesiam S. Michaelis et S. Laurentii in Vanari, ecclesiam S. Mariæ et S. Joannis in Altasar, ecclesiam S. Mariæ in Contra, ecclesiam S. Joannis et S. Simeonis in Salvenara, ecclesiam S. Nicolai de Trulla, ecclesiam S. Petri in Scano, ecclesiam S. Pauli in Contrognano, ecclesiam S. Petri in Olim. Item in Tuscia in episcopatu Clusino, ereremum Vivi in monte Amiato cum omnibus supradictorum locorum pertinentiis; villam præterea de Majona quam emistis ab Henrico præposito et reliquis canonicis cum omnibus pertinentiis suis ; villam de Montione quam emistis ab abbate Sanctæ Floræ quemadmodum in vestris chartulis continetur et vobis a bonæ memoriæ papa Anastasio mediante justitia adjudicata est et scripti sui sententia confirmata Ad hæc monasterium de Urano vobis et conventui vestro, salvo jure Ravennatis Ecclesiæ, auctoritate apostolica confirmamus. Omnia igitur supradicta monasteria cum omnibus ad ipsa perti-

nentibus statuimus et apostolicæ sedis auctoritate sancimus tanquam corpus unum sub uno capite, id est sub priore Camaldulensis eremi, temporibus perpetuis permanere, et illius disciplinæ observatione persistere, sub illo, inquam, priore qui ab ipsius congregationis abbatibus sive prioribus, et ab eremitis regulariter electus, præstante Domino, fuerit. Porro congregationem ipsam ita sub apostolicæ sedis tutela perpetuo confovendam decernimus ut nulli episcoporum facultas sit aliquod ex his monasterium absque prioris conniventia, vel apostolicæ sedis licentia excommunicare, vel a divinis officiis interdicere. Fratribus autem ipsis licentia sit, a quo maluerint catholico episcoporum consecrationum, seu ordinationum sacramenta suscipere.

Datum Anagniæ per manum Gratiani sanctæ Romanæ Ecclesiæ subdiaconi et notarii, XVI Kal. Aprilis, indict. IX, Incarnationis Dominicæ anno 1175, pontificatus vero domni Alexandri papæ III anno XVII.

MCCXXXVII.

Ubaldo archiepiscopo Pisano primatum Sardiniæ asserit. (Fragmentum.)

(Anagniæ, April. 11. — UGHELLI, *Italia sacra*, III, 408.)

MCCXXXVIII.

Ad monachos S. Georgii Lucensis. — Ut ecclesiam quam per pecuniam acquisierant resignent.

(Anagniæ, April. 11.)

[MANSI, *Concil.*, XXI, 1080.]

ALEXANDER episcopus, servus servorum Dei, dilectis filiis præposito et monachis S. Georgii Lucani, salutem et apostolicam benedictionem.

Ad aures nostras pervenit quod, cum ecclesiam S. Matthæi de Fossa Natali, quam contra statuta et decreta sanctorum Patrum quadraginta libris emeratis, et per violentiam et favorem consulum Lucanæ civitatis longo tempore tenueratis, ad commonitionem canonicorum Lucanæ Ecclesiæ in capitulo seu per presbyterum, qui ibidem moratur, simpliciter, fili præposite, refutasses, tandem electus Lucanus eam jam dicto presbytero sub obedientiam tuam regendam et gubernandam commisit, et in hanc partem non eam quam decuit gravitatem et maturitatem servavit. Unde quoniam non est vobis tutum, sed omnino periculosum, ecclesiam quam per pecuniam acquisivistis, amplius detinere, et expediret vobis de tali acquisitione pœnitentiam agere, et digne Deo per congruæ satisfactionis opera reconciliari, cum hujusmodi contractus iniquus fuerit et Simoniacam sapiat pravitatem; universitatem vestram monemus, mandamus atque præcipimus, quatenus sicut salutem et famam vestram diligitis, prælibatam ecclesiam penitus derelinquatis, ne vos de ipsa vel bonis ejus ulterius intromittatis, quia hoc in grave damnum et jacturam, nec non etiam periculum ordinis et religionis vestræ posset procui dubio redundare. Nos quoque de Simoniæ vitio acriter cogeremur punire.

Datum Anagniæ, in Idus Aprilis.

MMCCXXXIX.

Privilegium pro monasterio Vallumbrosano.

(Anagniæ, April. 20.)

[Ughelli, *Italia sacra*, III, 221.]

Alexander episcopus, servus servorum Dei, dilectis filiis Jacobo Vallumbrosano abbati, ejusque fratribus, tam præsentibus quam futuris, regularem vitam professis, in perpetuum.

Desiderium quod ad religionis propositum et animarum salutem pertinere dignoscitur, auctore Domino, sine aliqua est dilatione complendum. Quia igitur propositum vestrum, divina præeunte ac subsequente clementia, religionis vestræ simplicitas, bonæ opinionis odorem, et prope et longe positis aspiravit, nos vestro provectui, annuente Domino, provectus adjungere cupientes, ad exemplar prædecessorum nostrorum felicis memoriæ Paschalis et Adriani Romanorum pontificum, cœnobium vestrum pro beatæ Mariæ semper virginis reverentia, cui dicatum est, in Romanæ Ecclesiæ proprietatem et tutelam atque protectionem apostolicæ sedis, suscipimus, et apostolicæ illud auctoritatis privilegio munientes ab omnium personarum jugo liberum permanere decernimus. In primis siquidem statuentes ut ordo monasticus, qui ibidem secundum Deum, et beati Benedicti regulam noscitur institutus, perpetuis temporibus inviolabiliter observetur. Præterea quascunque possessiones, quæcunque bona, etc., in quibus hæc propriis duximus exprimenda vocabulis: Monasterium S. Salvii, monasterium sanctissimæ Trinitatis de Florentia, monasterium Strumene, monasterium de Osolla, et S. Jacobi de Castello monasterium, monasterium Passiniani, et S. Michaelis de Senis et de Alpiano, monasterium de Cultu bono, de Monte Pisis, monasterium de Monte Scalario, et de Nerano, monasterium de Fivilo, monasterium de Cappiano, monasterium S. Pauli Pisani, et S. Michaelis de Plajano, et S. Michaelis Salvenero in Sardinia, monasterium S. Angeli de Pistorio, monasterium de Paviano, monasterium S. Mariæ de Prato, monasterium de Vajano, monasterium de Opleto, monasterium de Monte Plano, monasterium de fonte Thaonis, monasterium de Musceto, monasterium de Monte armato, monasterium S. Cæciliæ, S. Reparatæ, monasterium de Trecento, monasterium de Crispino, monasterium de Razolo, monasterium de Bujo Cæsaris, monasterium de Coneo, monasterium de Turri, monasterium de Caprilia, monasterium S. Marci de Placentia, monasterium S. Benedicti de Herba amata, monasterium S. Prosperi de Regio, monasterium de Cavanna, monasterium S. Mercurialis Foroliviensis, monasterium de Novaria, monasterium de Vercellis, monasterium de Janua, monasterium S. Pauli de Terdone, monasterium Brixiense, monasterium Veronense, monasterium S. Carpophori, monasterium Astense, monasterium S. Angeli Guniperiti.

Chrisma vero, oleum sanctum, consecrationes altarium, seu basilicarum, et ordinationes clericorum, liceat vobis a quocunque malueritis episcopo catholico et Romanæ Ecclesiæ gratiam atque communionem obtinente, recipere, qui nostra fultus auctoritate, quæ postulantur, indulgeat. Sancimus insuper ut nulli episcoporum fas sit in vos excommunicationis, vel interdicti sententiam promulgare, utque in speciales estis filios apostolicæ sedis assumpti, nullius alterius judicium temere subeatis. Nulli quoque liceat aliquod vestræ religionis monasterium a loci sui stabilitate revellere, ac removere sine abbatis et congregationis communi consensu. Constituimus autem, ut omnium prædictorum monasteriorum caput, quod in Valle Umbrosa situm est monasterium habeatur: sane cum terminus vitæ pastori vestro, divina dispositione, contigerit, qui ejus loco substituendus fuerit, quia et vobis, et aliis omnibus præesse debebit omnium, qui cæteris præsunt monasteriis, consensu, et judicio eligatur. Quod si forte ex ipsis abbatibus quilibet, Domino disponente, ad hoc generale regimen electus fuerit, ad vestrum principale cœnobium principaliter transeat, et ejus mox judicio sicut in diebus venerandæ memoriæ Joannis primi abbatis vestri factum constat, cætera omnia unita vobis monasteria disponantur. Decernimus ergo ut nulli omnino hominum liceat præfatum cœnobium temere perturbare, aut ejus bona, vel possessiones auferre, minuere, seu temerariis vexationibus fatigare, sed omnia, *etc.*, *usque* profutura, salva sedis apostolicæ auctoritate. Si qua igitur, etc.

Ego Alexander catholicæ Ecclesiæ episcopus ss.

Ego Ubaldus Ostiensis episcopus subscripsi.

Ego Bernardus Portuensis S. Rufinæ episcopus ss.

Ego Joannes presb. card. SS. Joannis et Pauli, tit. Pammachii subscripsi.

Ego Albertus presb. card. tit. Sancti Laurentii in Lucina subscr.

Ego Guillelmus presb. card S. Petri ad Vincula ss.

Ego Boso presb. card S. Pudentianæ, tit. Pastoris subscripsi

Ego Joannes presbyter card. tit. S. Marci ss.

Ego Theodinus presb. card. S. Vitalis, tit. Vestinæ subscripsi.

Ego Manfredus presb. card. tit. S. Cæciliæ ss.

Ego Petrus presbyter card. tit. S. Susannæ ss.

Ego Jacobus diac. card. S. Mariæ in Cosmedin ss.

Ego Cynthius diaconus cardinalis S. Adriani ss.

Ego Hugo diaconus card. S. Eustachii juxta templum Agrippæ subscripsi.

Ego Laborans diaconus card. S. Mariæ in Porticu subscripsi.

Ego Raynerius diac. card. S. Georgii ad Velum Aureum subscripsi.

Dat. Anagniæ per manum Gratiani S. R. E. subdiac. et notarii, xii Kal. Maii, ind. ix, Incarnat.

Domin. anno 1176, pontif. vero D. Alexandri PP. anno XVII.

MCCXL.

Monasterii S. Mariæ de Florentia bona, jura et privilegia confirmat.

(Anagniæ, April. 30.)

[MARGARINI, *Bullar. Casin.*, 20.]

ALEXANDER episcopus, servus servorum Dei, dilectis filiis BERNARDO abbati S. Mariæ de Florentia, ejusque fratribus, tam præsentibus quam futuris regularem vitam professis, in perpetuum.

Cum omnium Ecclesiarum sit nobis quanquam immeritis cura commissa, et de omnibus teneamur generalem sollicitudinem gerere illis, propensius adesse debemus, quæ specialiter juris beati Petri esse noscuntur. Eapropter, dilecti in Domino filii, vestris justis postulationibus clementer annuimus, et monasterium vestrum, quod specialiter juris et proprietatis Romanæ Ecclesiæ noscitur esse, sub B. Petri et nostra protectione suscipimus et præsentis scripti privilegio communimus, statuentes ut quascunque possessiones, quæcunque bona idem monasterium in præsentiarum juste et canonice possidet, aut in futurum concessione pontificum, largitione regum vel principum, oblatione fidelium, seu aliis justis modis, præstante Domino, poterit adipisci, firma vobis vestrisque successoribus, et illibata permaneant. In quibus hæc propriis duximus exprimenda vocabulis :

Locum in quo monasterium ipsum situm est cum pertinentiis suis; castrum de Signa, et tertiam partem castri de Grumulo cum ecclesiis et pertinentiis eorum; curtem de Greve cum ecclesia S. Martini cæterisque possessionibus suis, ecclesiam S. Bartholomæi cum curte et terra Berizonis, et Azæ uxoris ejus de Radda; insuper terram ejusdem de Petroio, seu in quibuscunque locis, cum omnibus pertinentiis suis, castrum Radda cum curte, et ecclesiis, et omnibus ad eam pertinentibus, castri de Tignano tertiam partem cum ecclesiis et pertinentiis suis, ecclesiam Sancti Nicolai in campo Clarentis, cum curte et ecclesiis omnibus ad eam pertinentibus suis, curtem Cacierini cum possessionibus suis, castrum Bibianum cum curte et ecclesiis omnibus ad eam pertinentibus, ecclesiam S. Martini in loco Confluenti cum pertinentiis suis, ecclesiam S. Martini quæ est infra civitatem juxta prælibatum monasterium, cum casis, terris et omnibus pertinentiis suis, ecclesiam Sancti Martini in Mensula cum omnibus pertinentiis suis, curtem Montis Domini cum omnibus ad eam pertinentibus, curtem de Mandria cum pertinentiis suis, terram Joannis filii Teudi cum casis et reliquis possessionibus, sicut Maria et Donatus filius monasterio contulerunt ; casas et terras Joannis filii Boizæ, ecclesiam Sancti Proculi cum terris et domibus circa se, castrum Vichi, cum curte, ecclesiis et omnibus pertinentiis suis. Præterea quidquid de donatione Bonifacii fratris Benedicti quondam abbatis vestri legitime possidetis, et omnes decimas de Viclo, sicut eas de concessione venerabilis fratris nostri Florentini episcopi, et decimam de allodio vestro, de curte, de Casalia, de Fusci et de Rochetta, sicut decimam ipsam de concessione Guidonis quondam Vulterrani episcopi canonice possidere noscimini, vobis et monasterio vestro auctoritate apostolica confirmamus. Nihilominus etiam liberam institutionem personarum in ecclesiis vestris, sicut eam prædecessores vestri et vos ipsi a quadraginta retro annis inconcusse habuisse noscimini, vobis duximus auctoritate apostolica confirmandum. Prohibemus insuper ut nullus episcopus vel ministerialis ejus ecclesias vestras, vel earum clericos, indebitis exactionibus, seu molestiis audeat fatigare. aut in eos excommunicationis, vel in vos seu monasterium vestrum interdicti sententiam, sine mandato Romani pontificis vel legati ab ejus latere destinati ferre præsumat. Sane novalium vestrorum quæ propriis manibus aut sumptibus colitis, sive de nutrimentis vestrorum animalium decimas vel primitias a vobis vel a monasterio vestro, nullus præsumat exigere. Chrisma vero, oleum sanctum, consecrationes altarium seu basilicarum, ordinationem monachorum vel clericorum vestrorum, qui ad sacros ordines fuerint promovendi, a Florentino recipietis episcopo, siquidem catholicus fuerit, et gratiam atque communionem apostolicæ sedis habuerit, et ea gratis et absque pravitate vobis voluerit exhibere, alioquin quemcunque malueritis adeatis antistitem, qui nostra fultus auctoritate, vobis quod postulastis indulgeat. Sepulturam quoque ipsius loci liberam esse concedimus, ut eorum devotioni et extremæ voluntati qui se illic sepeliri deliberaverint, nisi forte excommunicati sint vel interdicti, nullus obsistat, salva tamen justitia illarum ecclesiarum de quibus mortuorum corpora assumuntur.

Decernimus ergo ut nulli omnino hominum liceat præfatum monasterium temere perturbare, aut ejus possessiones auferre, vel ablatas retinere, minuere, aut aliquibus vexationibus fatigare, sed illibata omnia et integra conserventur eorum pro quorum gubernatione et sustentatione concessa sunt, usibus omnimodis profutura, salva sedis apostolicæ auctoritate et diœcesani episcopi canonica justitia.

Si qua igitur in futurum ecclesiastica sæcularisve persona, hanc nostræ constitutionis paginam sciens, contra eam temere venire tentaverit, secundo tertiove commonita, si non satisfactione congrua emendaverit, potestatis honorisque sui dignitate careat, reamque se divino judicio existere de perpetrata iniquitate cognoscat, et a sacratissimo corpore ac sanguine Dei et Domini Redemptoris nostri Jesu Christi aliena fiat, atque in extremo examine districtæ ultioni subjaceat.

Cunctis autem eidem loco sua jura servantibus sit pax Domini nostri Jesu Christi, quatenus et hifructum bonæ actionis percipiant, et apud districtum judicem præmia æternæ pacis inveniant. Amen, amen, amen

Signum Alexandri papæ III:

VIAS TUAS, DOMINE, DEMONSTRA MIHI.

SANCTUS PETRUS, SANCTUS PAULUS.

Ego Alexander catholicæ Ecclesiæ episcopus.

Ego Hubaldus Ostiensis episcopus.

Ego Bernardus Portuensis et S. Rufinæ episcopus.

Ego Joannes presbyt. card. SS. Joannis et Pauli, tit. Pammachii.

Ego Albertus presb. card. tit. S. Laurentii in Lucina.

Ego Guillelmus presb. card. tit. S. Petri ad Vincula.

Ego Boso presb. card. S. Pudentianæ tit. Pastoris.

Ego Joannes presb. card. tit. S. Marci.

Ego Theodinus presb. card. S. Vitalis tit. Vestinæ.

Ego Manfredus presb. card. tit. S. Cæciliæ.

Ego Petrus presb. card. tit S. Susannæ.

Ego Jacobus diac. cardin. S. Mariæ in Cosmedin.

Ego Cynthius diac. card. S. Adriani.

Ego Hugo diac. card. S. Eustachii juxta templum Agrippæ.

Ego Laborans diac. card. S. Mariæ in Porticu.

Ego Raynerius S. Georgii ad Velum Aureum diacon. cardin.

Datum Anagniæ per manum Gratiani sanctæ Romanæ Ecclesiæ subdiaconi et notarii, II Kal. Maii, indict. IX, Incarnationis Dominicæ anno 1716, pontificatus autem domini Alexandri papæ III anno XVII.

MCCXLI.

Rogero archiepiscopo Eboracensi mittit exemplum litterarum Willelmi Scotiæ regis, post pacem cum Anglorum rege factam ab ipso petentis ut Scotiæ Ecclesia Ecclesiæ Eboracensi subjiciatur.

(Anagniæ, Maii 13.)

[WILKINS, *Concilia Magnæ Britanniæ*, I, 481.]

ALEXANDER episcopus, servus servorum Dei, venerabili fratri ROGERO, Eborum archiepiscopo, apostolicæ sedis legato, et dilectis filiis decano et canonicis Eborum, salutem et apostolicam benedictionem.

Utilitati Ecclesiæ vestræ in hac parte provida sollicitudine consulere ac proficere cupientes, tenore litterarum charissimi in Christo filii nostri Willielmi illustris regis Scotiæ, de verbo ad verbum, nihil addito vel dempto scribi fecimus, et sub sigillo nostro vobis duximus transmittendum, ut in perpetuam memoriam habeatis. Quarum siquidem litterarum tenor talis est:

« Reverendissimo domino et Patri Alexandro, Dei gratia summo pontifici, Willelmus, eadem gratia rex Scotiæ, salutem et devotam reverentiam. Noverit sanctitas vestra quod de subjectione Ecclesiæ Scotiæ, quam Eboracensis Ecclesia antiquo jure sibi vindicat, tam et scriptis authenticis, quæ inspexi, quam ex relatione et testimonio virorum antiquorum, authenticorum et veredicorum diligenter veritatem investigando comperi, quod ab antiquis temporibus ad Eborum Ecclesiam de jure pertineat, et quod possessionem ejus hostilitate et potentia regum prædecessorum meorum amiserit, sed jam per gratiam Dei inter dominum meum regem Angliæ et me, pace in perpetuum reformata, suppliciter postulo, quatenus domino meo regi et regno suo, et Eborum Ecclesiæ prædictam subjectionem et possessionem vestra auctoritate, omni occasione et appellatione remota, restitui et reintegrari præcipiatis, nec sine maximo damno meo, et terræ meæ detrimento prætermitti potest, quin ita fiat, quam in pace reformata ita per dominum meum regem et me convenit, et illud idem juramento firmavi. Scio enim quod in maximum periculum animarum nostrarum redundaret, si quod pro certo scimus competere debere, effectui non manciparetur.

Valeat semper sanctitas vestra. »

Datum Anagniæ, III Idus Maii.

MCCXLII.

Ad Petrum S. Chrysogoni presbyterum, et Hugonem S. Angeli diaconum, cardinales. — Ut regis Francorum filia vel ducatur a filio regis Anglorum, vel patri restituatur.

(Anagniæ, Maii 21.)

[MANSI, *Concil.*, XXI, 965.]

ALEXANDER episcopus, servus servorum Dei, dilectis filiis PETRO S. Chrysogoni presbytero, et HUGONI S. Angeli diacono, apostolicæ sedis legatis, salutem et apostolicam benedictionem.

Cum filia charissimi in Christo filii nostri Ludovici illustris Francorum regis, quam jam pridem Henricus illustris rex Anglorum filio suo Richardo duci Aquitaniæ in matrimonio copulandam susceperat, ad annos nubiles pervenisse dicatur, idem rex Francorum videtur graviter de nobis conqueri, quod nobis, sicut asserit, tolerantibus, nec ei eadem filia sua restituitur, nec a præfato duce traducitur, sicut traduci deberet. Quoniam igitur idem Francorum rex ad horum alterum instat, nos sibi nolentes in hac parte, sicut non debemus, deesse, cum indignum sit, absonum et absurdum, ut ipsius regis tali modo debeat diutius detineri, discretioni vestræ per apostolica scripta præcipiendo mandamus, quatenus præfatum regem Anglorum communiter et divisim ex parte nostra et vestra sollicitis monitis et hortationibus laboretis inducere, ut memoratam filiam ejusdem regis infra duos menses a prænominato duce magnifice, sicut decet utrumque regem, traduci faciat, aut eam prædicto restituere non postponat. Si vero neutrum istorum ad commotionem vestram infra præscriptum terminum fecerit, in tota provincia Cantuariensi, sublato appellationis remedio, omnia divina, præter baptisma parvulorum, et pœnitentias morientium, donec horum alterum faciat, auctoritate nostra prohibeatis officia celebrari. Et si nec sic resipuerit, totum comitatum Pictavensem simili sententiæ supponatis. Porro si unus vestrum his exsequendis noluerit vel non potuerit interesse, alter vestrum ea nihilominus exsequatur.

Datum Anagniæ, xii Kal. Junii.

MCCXLIII.

Privilegium pro monasterio S. Joannis in Venere.

(Anagniæ, Jun. 16.)

UGHELLI, *Italia sacra*, VI, 709.]

ALEXANDER episcopus, servus servorum Dei, dilectis filiis ODERISIO abbati monasterii S. Joannis in Venere et universis fratribus tam præsentibus quam futuris regulariter substituendis in perpetuum.

Vox clamantis in deserto : Parate viam Domini, rectas facite semitas Dei nostri, monet nos iter rectitudinis ingredi, quoniam fortitudo simplici via Domini recta : ergo petentibus non est denegandus auditus, quia servorum Dei quieti pro nostro est officio providendum, quatenus a sæcularibus tumultibus liberi, in via Domini simplicibus animis fortiter ambulare prævaleant. Quapropter, fili in Christo legitime Oderisi abba, tuis, tuorumque fratrum justis deprecationibus exorati ad honorem S. Dei Genitricis et Virginis Mariæ, S. præcursoris Domini Baptistæ Joannis cœnobium ejus nomini dedicatum, in quo omnipotenti Domino unanimiter deservitis in apostolicæ sedis gremio perenniter confovendum, præstante Deo, auctoritate præsentis privilegii communimus, privilegiorum siquidem formam sequentem, quæ vestro cœnobio a nostris prædecessoribus sanctis, videlicet Leone, Victore, Nicolao et Urbano collata sunt vobis vestrisque successoribus illa omnia perpetuo possidenda confirmamus, quæ Transmundus comes Transmundi ducis, et marchionis filius in comitatu Teatino, Pinnensi, Aprutiensi, Firmano, et Termulano, vestro noscitur monasterio obtulisse, cætera quoque, quæ aliorum oblatione fidelium in jus vestrum, et dominium devenerunt, videlicet:

In comitatu Teatino has cellas S. Joannis in Malotraverso, S. Zachariæ, S. Benedicti, S. Romani, S. Severini, S. Mariæ ad capellam secus Ortonam, S. Pauli et S. Petri cum Burgo, qui ex latere est. Item ecclesiam S. Georgii, S. Philippi de Palatio, S. Angeli cum tertia parte portus Ortonæ, S. Mariæ juxta rivum qui dicitur Fricius in Curte Ateana, SS. Martyrum Legontiani, et Domitiani cum mille modiis terræ juxta se in curte de Agrame, S. Calari, et SS. Virginum Aureæ, et Petronillæ, S. Ambrosii, S. Martini, S. Stephani, ad collem in Bessi, S. Crucis cum duodecim marnatis hominum, S. Angeli intra oppida septem, ex adverso S. Nicolai. Item cellam S. Joannis in Rocca cum oppido suo, S. Thomæ cum oppido suo, S. Farmanni, S. Eusanii cum castello suo, S. Apollinaris cum castello suo, S. Nicolai cum castello suo, S. Mariæ Inca cum castello suo, S. Mariæ in Crypta Trinea, S. Angeli in Peselo, S. Angeli in Ortecle cum oppido suo, S. Marci, S. Quirici, S. Luciæ in Argelli, S. Pantaleonis, S. Crucis in Alento cum oppido Mucela, S. Ansuini, S. Joannis in Retro, S. Pauli in Piscaria cum oppido suo, S. Laurentii in Piscaria cum quarta parte de transverso ejusdem fluminis, et quarta portus ejusdem ; S. Nicolai cum oppido Sangro, S. Cantianæ in castello Palledo, S. Martini de filiis Teodaldi, S. Petri in Batinario cum fara sua, S. Agathæ, S. Pancratii, S. Justini de casole, S. Petri in Lauro, S. Petri de Linari cum Castello Resse, S. Petri in Parlasi, S. Mariæ in Valle, S. Mariæ in Eramo, S. Viti in Portule. Oppida vero hæc Fossam cæcam, Castellum muratum, Rocca de Sclavis, Giruli, Laternum, Montes Octaviani, Guastura, Meruli, Porcile, Milianico, Castellum vetus, Balerianum, Faram Benedicti Filii Uberti, faram filiorum Bederochi, Montem S. Silvestri, Petrarium, Senellam, Castellinum, Castrum Aymonis, Turricellam, Monte collis Marsini, Ilicem, Rivum justum, Maclam, Scorriosam, Casale S. Benedicti, Morum Rivum, Petri Peschi. In comitatu Pinnensi cellam S. Mariæ Anfrisano, S. Mariæ in Ponzano cum castello Casavetere, S. Michaelis in Boccaricto cum fara sua, et fara de Saratico, S. Michaelis in Fine cum fara et pogio suo, S. Petri in Campo rotundo, S. Mariæ in Loquiano cum pogio suo, S. Mariæ in Rivo Sonuli, S. Joannis in aqua viva cum casali suo, S. Petri, S. Joannis ad Ponticulum, S. Antonii, S. Mariæ in Rigulo, S. Salvatoris in Casa nigra, S. Margaritæ in Legoniano, S. Io in Carpeneto, S. Angeli in Rivo turbido, S. Mariæ in Valle, S. Nicolai in Plomba, S. Laurentii juxta Gomarium, S. Joannis ad Casam Comuste, castellum ad mare, Speltore, furcam Consenga, Montem silvarium, civitatem S. Angeli, Ilicem sanctæ Crucis, casam Lariti, Ilicem Trallionium, Pizanum, Scurranum, Montem Valterii, Monticulam, Spatulam ruptam, Arsetam, Bifenum, Antianum, Ranchi Silvam, Mitialianum, Casulæ murum, Altum castellum ultra montem Peditarum, Sancti Joannis de filiis Tribuni. In comitatu Aprutien. cellam Sancti Joannis in Gomano cum castello suo, Cerrum Bifurch, Sancti Donati in Salinello cum castello Palmæ, Sancti Stephani ad Mura, et Ecclesiam Sancti Angeli, montem Paganum, Grassianum, Ripam filiorum Azonis, Pogium Mulorum Morelli, curtem de Pedoniano totam, curtem totam de Bucelliano, tertiam partem curtis de Semproniano ; in comitatu Firmano cellam S. Nicolai cum castello Paterno, Monteronem, medietatem curtis de supplica, integram curtem de Aquaviva, Montem Bolarium, castellum Rodactarisci, castellum Colinari, ecclesiam S. Passicis. In comitatu integram curtem de Palveniano, in comitatu Camerino Terræ cum suis cultoribus. In curte Cesepalumbi mediam curtem de Visiliano, quartam partem curtis de Albano. In comitatu cellam S. Martini, S. Mariæ in Contro, cum ea eccl. S. Januarii, S. Victorini, S. Laurentii, sextam partem, S. Salvatoris: apud Lisinam, cellam S. Archangeli, Ferrariæ, cellam S. Nicolai, in civitate eccl. S. Mariæ ad Vineam Talliatam. In principatu Beneventano eccl. S. Mariæ, S. Joannis in Barsica, cella S. Anastasii, in civitate hæreditatem Leonis Pinnini integram. In Dalmatia apud Bellumgradum cellam S. Thomæ, similiter etiam teloneum mercatorum, et pretium decimasque et oblationes mortuorum, ex omnibus absque contradictione, vel qua teneatis.

Præterea per præsentis decreti paginam apostolica auctoritate statuimus, ut quæcunque in cellis, in ecclesiis, in oppidis, villis, silvis, pascuis, fluminibus, portibus, littoribus, piscariis, tam maris, quam fluminum, molendinorum, aquarum discursibus, in servis et ancillis et quibuslibet rebus mobilibus et immobilibus hodie vestrum cœnobium juste possidet, vel in futurum, juvante Domino, juste acquirere poterit, firma vobis vestrisque successoribus, et illibata permaneant. Chrisma vero, consecrationes altarium, seu basilicarum, ordinationes aliorum clericorum, qui ad sacros sunt ordines promovendi, a quocunque volueritis catholico accipiatis episcopo. Intra totius abbatiæ terminos nullus episcopus nisi a te invitatus synodum celebrare, vel clericos constringere, ut intelligas curam hanc ad sollicitudinem pertinere non aliter, quam vice tibi a nobis indulta; obeunte vero te, ejusdem loci abbate, vel tuorum quolibet successorum nullus ibi qualibet astutia, vel violentia præponatur, nisi quem fratres communi consensu, vel fratrum pars consilii sanioris, secundum Dominum, et beati Benedicti Regulam elegerint; electus autem ad Romanum pontificem consecrandus accedat. Vos vero, filii in Christo legitimi, oportet collatam vobis gratiam in omnibus constitutionibus, et tantis sedis apostolicæ beneficiis dignis operibus respondere, nec libertate hac in occasionem carnis, et velamine malitiæ abutamini, in quanto a sæcularibus tumultibus liberiores estis, tanto amplius placere Domino totis mentis et animæ viribus procuretis. Decernimus ergo, etc.

Datum Anagniæ per manum Gratiani sanctæ Romanæ Ecclesiæ subdiaconi et notarii, XVI Kal. Julii, Indict. IX, anno Dominicæ Incarnationis 1176, pontificatus vero domini Alexandri papæ III anno XVII.

MCCXLIV.

Gunteramo electo Senensi ecclesiam in Monte Bonizi asserit.

(Anagniæ, Jun. 22.)

[UGHELI, *Italia sacra*, III, 547.]

ALEXANDER episcopus, servus servorum Dei, dilecto filio GUNTERAMO Senen. electo, ejusque successoribus canonice substituendis in perpetuum.

Communi et speciali debito tuis cogimur petitionibus condescendere, et effectum congruum indulgere, ut, qui tenemur universos in suis justis postulationibus exaudire, tanto tibi amplius videamur esse propitii, quanto te et Ecclesiam tibi commissam abundantiori diligimus charitate. Eapropter, dilecte in Domino fili, tuis justis postulationibus grato concurrentes assensu, ecclesiam in monte Bonizi a b. m. Raynerio prædecessore tuo in fundo videlicet quem b. m. q. comes Guido concessit beato Petro, et piæ recordat. prædecessori nostro Adriano papæ, de ipsius prædecessoris nostri auctoritate, et concessione constructam de communi consilio fratrum nostrorum tibi et tuis successoribus concedimus et confirmamus, dantes vobis liberam facultatem, sicut idem prædecessor noster dedisse dignoscitur, eamdem ecclesiam sine contradictione qualibet consecrandi, et in ea clericos juxta vestræ voluntatis arbitrium ponendi et libere ordinandi, non obstante retractatione quam præfatus prædecessor noster, super hoc levi et vano errore ductus, ea consideratione fecisse dignoscitur quod locus in episcopatu Florentino consistit, cum in privilegio ipsius prædecessoris nostri contineatur fundum ipsum a memorato comite supra fuisse concessum, et ab eodem prædecessore nostro ad ecclesiam ibi construendam sub annuo censu unius bizantii tuo prædecessori collatum. Statuimus autem, sicut præfatus prædecessor noster noscitur statuisse, ut quicunque de tua diœcesi ad locum illum transierit, in omnibus spiritualibus tibi tantum et successoribus tuis debeant respondere, et vos eamdem quam prius habeatis in eis omnino potestatem. Cæterum ad hujus nostræ concessionis et confirmationis indicium unum bizantium nobis nostrisque successoribus annis singulis persolvetis.

Decernimus ergo, ut nulli omnino hominum liceat hanc paginam nostræ concessionis et confirmationis infringere, vel ei aliquatenus contraire. Si qua igitur in futurum, etc.

Ego Alexander catholicæ Ecclesiæ episcopus.

Ego Ubaldus Ostiensis episcopus.

Ego Bernardus Portuensis, et S. Rufinæ episcopus.

Ego Joannes presbyter card. SS. Joannis et Pauli tit. Pammachii.

Ego Wil. presb. card. tit. S. Petri ad Vincula.

Ego Boso presb. card. S. Pudentianæ tit. Pastoris.

Ego Joannes presb. card. S. Marci.

Ego Theodosius presb. card. S. Vitalis Vestinæ.

Ego Manfredus presb. card. tit. S. Cæciliæ.

Ego Petrus presb. card. tit. S. Susannæ.

Ego hycinthus diac. card. S. Mariæ in Cosmedin.

Ego Cyntius diac. card. S. Adriani.

Ego Hugo diac. card. S. Eustachii juxta templum Agrippæ.

Ego Laborans diac. card. S. Mariæ in Porticu.

Datum Anagniæ per manum Gratiani S. R. E. subdiaconi et notarii, X Kal. Julii, ind. IX, Incarnationis Dominicæ an. 1176, pontificatus vero dom. Alexandri papæ III anno XVII.

MCCXLV.

Privilegium pro monasterio Boscaudunensi.
(Anagniæ, Jul. 4.)
[*Gall. Chr.* III, Instr., 186.]

ALEXANDER episcopus, servus servorum Dei, dilectis filiis GUIGONI abbati Boscaudunensis monasterii, ejusque fratribus regularem vitam professis in perpetuum.

. . . Quapropter, dilecti in Domino filii, præfatum monasterium in quo divino mancipati estis obsequio, sub beati Petri et nostra protectione suscipimus, et præsentis scripti privilegio communimus; statuentes ut quascunque possessiones, quæcunque bona idem monasterium in præsentiarum juste et canonice possidet, aut in futurum concessione pontificum, largitione regum, vel principum, oblatione fidelium, seu aliis justis modis, dante Domino, poterit adipisci, firma vobis vestrisque successoribus et illibata permaneant, in quibus hæc propriis duximus exprimenda vocabulis:

Locum qui Boscaudon dicitur cum pertinentiis suis, in quo monasterium ipsum fundatum est, abbatia de Pratis, et abbatia de Lura, quam ædificatis cum possessionibus suis, Laveram cum suis possessionibus, domum S. Mauricii cum suis pertinentiis, vineas de Romoleno, vineas de Capdavaco, vineas de Moillarou, grangia de Pailheyrol, cum omnibus quæ in illo territorio habetis, grangiam de Villario Roberti, et quidquid ibi habetis et possidetis. Sane novalium vestrorum quæ propriis manibus, aut sumptibus colitis, sive de nutrimentis animalium vestrorum, nullus a vobis decimas exigere præsumat. Decernimus ergo ut nulli omnino hominum liceat, etc.

Ego Alexander catholicæ Ecclesiæ episcopus.

Ego Ubaldus Ostiensis episcopus, etc.

Datum Anagniæ per manum Gratiani sanctæ Romanæ Ecclesiæ subdiaconi et notarii, IV Nonas Julii, ind. IX, Incarnat. Domin. 1176, pontificatus vero domini Alexandri papæ III an. XVII.

MCCXLVI.

Privilegium pro Ecclesia Aquileiensi.
(Anagniæ, Jul. 7.)
[UGHELLI, *Italia sacra*, V, 69.]

ALEXANDER episcopus, servus servorum Dei, dilectis filiis VALDERICO præposito et canonicis Ecclesiæ Aquileiensis, tam præsentibus quam futuris canonice substituendis in perpetuum

Quoties illud a nobis petitur, etc., statuentes ut quascunque possessiones quæcunque bona eadem Ecclesia in præsentiarum juste et canonice possidet, aut in futurum concessione pontificum, largitione regum vel principum, oblatione fidelium, seu aliis justis modis, præstante Domino, poterit adipisci, firma vobis vestrisque successoribus et illibata permaneant. In quibus hæc propriis duximus exprimenda vocabulis:

Villam de Melereto cum omnibus finibus, et pertinentiis suis, scilicet cum villa Sclavorum, quæ similiter dicitur Meleretum, Palmata, Ronch, et Ronchetas cum agris, vineis, pratis, pascuis, cultis et incultis, silvis et venationibus usque ad silvam S. Laurentii, et usque ad villam quæ dicitur Claviam, et usque ad villam quæ dicitur Antonianum, et usque Feletas, et usque Becinis, et usque ad villam S. Stephani, et usque ad Risam, et usque ad villam, quæ dicitur Perseriano. Villa quoque de Casteone, et de Morsano cum finibus, et pertinentiis suis a villa S. Andreæ, usque ad villam quæ dicitur Ganarium, et usque ad silvam cum omnibus redditibus suis, cum vineis, agris, pratis, pascuis, cultis et incultis, paludibus et silvis cum venationibus, cum aquis, aquarumve decursibus, cum molendinis et piscationibus, villam etiam de Mariano, et villam de Carlinis, et villam S. Georgii, et villam de Mutiana cum omnibus redditibus suis, una cum omnibus finibus et pertinentiis suis, cum campis, vineis, pratis, pascuis, cultis et incultis, cum aquis, aquarumve decursibus ac molendinis, insulis a mari et a flumine, quod dicitur Carnium, usque ad aquam, quæ dicitur Aruvinius cum paludibus et piscationibus, cum silvis, et venationibus, ecclesias baptismales Aquileiensis patriarchatus cum capellis sibi pertinentibus, sicut eas pacifice possidetis. In foro Aquileiensi triginta stationes, et in portu Piri viginti : quinquaginta mansos in Ossellam cum ecclesiis et decimis, villam de Farra cum adjacentibus villis, videlicet villa de Petolan, et Drasam, et Sebredam, et villa Nova, Gradisca, Bruma, cum omnibus pertinentiis suis a monte, qui dicitur Cars, usque ad Stratam Hungarorum, et usque ad villam, quæ dicitur Algo cum ecclesiis et omnibus pertinentiis suis, pratis, silvis, pascuis, cultis et incultis, venationibus et piscationibus, et omni jurisdictione, imperiali, prout imperator Otto bonæ memoriæ Aquileiensi Ecclesiæ et canonicis tradidit. Etiam in Carnia villam de Penicles, et villam de Nogarias, et villam de Felas in monte S. Petri, et montem de Tenca, et quatuor mansos in villa de Avale, et villam de Battalia, et tres mansos apud Ingiam, et novem mansos apud Pinzan, et quindecim mansos apud Gruans, et quemdam montem apud Avenzon. Præterea sicut Burkardus advocatus Aquileiensis Ecclesiæ, et postea Henricus placitum advocatiæ in manu patriarchæ Valerici refutarunt pro se et successoribus suis super omnibus bonis Aquileiensis Ecclesiæ attinentibus cum omnibus districtis, usibus, et pertinentiis, ita et nos auctoritate apostolica confirmamus.

Decernimus ergo, etc., salva sedis apostolicæ auctoritate, et Aquileiensis patriarchæ canonica justitia. Si qua igitur in futurum, etc.

Alexander catholicæ Ecclesiæ episcopus.

Ego Ubaldus Ostiensis episcopus.

Ego Joannes presb. card. SS. Joannis et Pauli tit. Pammachii.

Ego Albertus presb. card. tit. S. Laurentii in Lucina.

Ego Ubaldus presb. card. tit. S. Petri ad Vincula.

Ego Pet. presb. card. S. Pudentianæ tit. Pastoris.

Ego Joannes presb. card. tit. S. Marci.

Ego Theodorus presb. card. S. Vitalis tit. Vestinæ.

Ego Manfredus presb. card tit. S. Cæciliæ.

Ego Petrus presb. card. tit. S. Susannæ.

Ego Hyacinthus diac. card. S. Mariæ in Cosm.

Ego Cynthius diac. card. S. Adriani.

Ego Hugo diac. card. S. Eustachii juxta templum Agrippæ.

Ego Laborans diac. card. S. Mariæ in Porticu.

Rainerius diac. S. Georgii ad Velum aureum.

Datum Anagniæ per manum Gratiani S. R. Ecclesiæ subdiac. et notarii, Nonis Julii, indict. IX, Incarn. Dom. anno 1176, pontificatus vero D. Alexandri papæ III anno XVII.

MCCXLVII.

Parthenonis S. Mariæ Suessionensis sororibus concedit « ut donec numerus monialium ad octogenarium reducatur, nullam nisi urgente mortis articulo in sororem recipere, aut numerum ipsum, cum ad eum redactæ fuerint, transgredi debeant. »

(Anagniæ, Jul. 21.)

[D. GERMAIN, *Hist. de N.-D. de Soissons*, 442.]

ALEXANDER episcopus, servus servorum Dei, dilectis in Christo filiabus abbatissæ et sororibus Sanctæ Mariæ Suessionensis salutem et apostolicam benedictionem.

Cum in monasterio vestro tanta sit, sicut accepimus, monialium multitudo, quod de facultatibus ejus vix qualitercunque valeant sustentari, de consilio prudentum et religiosorum virorum, et de assensu charissimi in Christo filii nostri Ludovici illustris Francorum regis, statutum est ut donec numerus monialium ad octogenarium reducatur, nullam nisi urgente mortis articulo in sororem vestram recipere, aut numerum ipsum cum ad eum redactæ fueritis transgredi debeatis. Nos itaque vestris justis postulationibus benignius annuentes præscriptam constitutionem ratam habemus et firmam eamque auctoritate apostolica confirmamus et præsentis scripti patrocinio communimus. Statuentes ut nulli omnino hominum liceat hanc paginam nostræ constitutionis infringere, vel ei ausu temerario contraire. Si quis autem hoc attentare præsumpserit, indignationem omnipotentis Dei et beatorum Petri et Pauli apostolorum ejus se noverit incursurum.

Datum Anagniæ, XII Kal. Augusti.

MCCXLVIII.

Robertum Exoniensem et Rogerum Wigorniensem episcopos, et Clarembaldum abbatem Faureshamensem laudat quod Clarembaldum abbatem S. Augustini Cantuariensem dejecerint.

(Anagniæ ? — Vide *Chronica W. Thorn.* ap. TWISDEN, *Hist. Angl. Script.*, II, 1818.)

MCCXLIX.

Monachos S. Augustini Cantuarienses hortatur ut, dejecto Clarembaldo, alium sibi abbatem sumant.

(*Ibid.*)

... Nos itaque amotionem ejus ratam et firmam habentes, eamque auctoritate apostolica confirmantes, discretioni vestræ per apostolica scripta præcipiendo mandamus, quatenus in personam idoneam et honestam hoc tanto officio congruam, sine qualibet scissura vel scandalo concorditer convenire curetis, eamque vobis in abbatem et magistrum eligere, per cujus curam et sollicitudinem idem monasterium spiritualibus institutis, Domino cooperante, proficiat, et temporalibus profectibus augeatur etc.

MCCL.

Quidquid Clarembaldus de bonis ecclesiæ S. Augustini sine assensu capituli fecit, rescindit.

(*Ibid.*)

Nostræ sollicitudinis, etc. *Et infra*. Eapropter, dilecti in Domino filii, vestris justis postulationibus gratum impertientes assensum et officii nostri debitum prosequentes, quidquid Clarembaldus quondam electus vester, imo destructor ecclesiæ vestræ de bonis et possessionibus ipsius ecclesiæ absque consilio et assensu totius capituli in ejus præjudicium fecisse dignoscitur, auctoritate apostolica cassamus et viribus omnino carere censemus, etc.

MCCLI.

Ad Guidonensem priorem Carthusiæ ejusque fratres. — Eorum institutum approbat.

(Anagniæ, Sept. 2.)

[MANSI, *Concil.*, XXI, 1056.]

ALEXANDER episcopus, servus servorum Dei, dilectis filiis GUIDONI priori Carthusiæ, ejusque fratribus tam præsentibus quam futuris in perpetuum, salutem et apostolicam benedictionem.

Cum vos per Dei gratiam multa promereatis gloria meritorum, et vitam solitariam eligentes, divinæ contemplationi arctius intendatis, bonus odor religionis vestræ ad id nos inducit ut communi et speciali debito quieti vestræ debeamus intendere, et jura vestra summopere conservare.

Eapropter, dilecti in Domino filii, vestris justis postulationibus clementer annuimus, vestramque et alias domos ordinis vestri, et cum omnibus bonis, pascuis, possessionibus, quas in præsentiarum juste et canonice possidetis, aut in futurum justis modis, præstante Domino, poteritis adipisci, sub beati Petri, et nostra protectione suscipimus, et præsentis scripti privilegio communimus, et terminos, quos rationabiliter statuistis, vobis et domibus vestris auctoritate apostolica confirmamus.

Ad hæc auctoritate apostolica arctius interdicimus, et sub interminatione anathematis prohibemus, ne quis infra terminos vestros, vel domorum vestrarum, hominem capere, furtum seu rapinam committere, vel homicidium facere audeat, aut homines ad domos vestras venientes, vel ab eis redeuntes, quomodolibet conturbare, ut ob reverentiam Dei, et locorum vestrorum infra hos terminos, non solum vos et fratres vestri, sed etiam alii plenam pacem habeant et quietem. Adjicientes quoque statuimus, ut dimidiam leucam a terminis possessionum, quas habetis, nulli religioso liceat quodlibet ædificium constituere, vel possessiones acquirere.

Decernimus ergo ut nulli omnino hominum liceat vos super possessionibus vel pascuis vestris temere perturbare, aut super his vobis molestiam vel gravamen inferre, vel eas ablatas retinere, minuere, vel quibuslibet vexationibus fatigare, sed illibata omnia et integra conserventur eorum pro quorum gubernatione et sustentatione concessa sunt, usibus omnimodis profutura, salva sedis apostolicæ auctoritate. Si qua igitur in futurum, etc.

Ego Alexander catholicæ Ecclesiæ episcopus.
Ego Hubaldus Ostiensis episcopus.
Ego Joannes SS. Joannis et Pauli presb. card.
Ego Albertus presb. card. tit. S. Laurentii in Lucina.
Ego Ruer. presb. cardin. S. Petri ad Vincula.
Ego Boso presbyt. cardin. Sanctæ Pudentianæ.
Ego Joannes presb. card. tit. Sancti Marci.
Ego Theodinus presb. card. tit. S. Vitalis.
Ego Petrus presb. card. tit. S. Susannæ.
Ego Hyacinthus S. Mariæ in Cosmedin diaconus card.
Ego Cyntius diaconus Sancti Adriani.
Ego Hugo card. diac. S. Eustachii juxta templum Agrippæ.
Ego Laborans diac. card. S. Mariæ in Porticu.
Datum Anagniæ per manum Gratiani sanctæ Romanæ Ecclesiæ subdiaconi et notarii, IV Nonas Septembris, indictione IX, Incarnationis Dominicæ anno 1176, pontificatus vero D. Alexandri papæ III anno XVII.

MCCLII.

Ad cardinales in Langobardiam legatos. — Quid hactenus spei dederit Friderici imp. nuntiis de pace Ecclesiæ acturis. Jubet ut Langobardos in fœdere confirment, etc.

[Pez, Thesaur. Anecdot., VI, 397.]

H. [Hildebrando] basilicæ XII Apostolorum presbytero, et A. [Ardicioni] S. Theodori diacono cardinali, apostolicæ sedis legatis.

Pro tractata pace, de qua in Lombardia et in aliis locis verbum fuerat motum, nuntios F. dicti imperatoris, videlicet Madeburgensem archiepiscopum, C. cancellarium; Wormatiensem electum, et A. protonotarium ejusdem imperatoris recepimus, instanter et constanter firmantes, eumdem imperatorem circa pacem ferventissimum gerere animum et voluntatem. Qui cum vehementer apud nos institissent ut ad pacem inter Ecclesiam et imperatorem complendam intenderemus, nec possent obtinere, quod sine Lombardis, aut sine rege Siciliæ, vel Constantinopolitani imperatoris pacem ad plenum et ad solidum statueremus, tandem ne videremur pacem fugere, quam toto mentis affectu desideramus, vel materiam calumniandi præbere, disposuimus ad instantissimam ipsorum nuntiorum petitionem ad partes Lombardiæ appropinquare, ut securius et liberius tractatum possimus pacis habere. Condiximus etiam, ut regi Siciliæ per litteras nostras significaremus, quod sine tarditate nuntios suos dirigeret, qui pacis tractatui interesset. Ideoque prudentiam vestram monemus, mandamus atque præcipimus, quatenus rectores et consules societatis Lombardiæ sollicitare et monere curetis, ut ad quem locum securius applicare possimus, et liberius et honestius de pace tractare, nobis sine dilatione significet, et interim societatem et unitatem suam, ne ullum possitis obstaculum sustinere, consolidet et confirmet. Vos vero voluntates et animos ipsorum investigetis plenius, et nobis, quidquid apud eos inveneritis, et quid consilii inde sit, voluntatis nostræ sollicitudini cum omni festinantia significetis, et ad corroborationem et conservationem prædictæ unitatis invigiletis.

MCCLIII.

Confirmat sententiam a Brixiensi episcopo latam in controversia inter Placentinum episcopum et Parmensem, super ecclesia Castri Speculi et ecclesia S. Christinæ, quæ Placentino adjudicantur.

(Anagniæ, Nov. 8.)

[Campi, Hist. di Piacenza, III, 364.]

Alexander episcopus, servus servorum Dei, venerabili fratri T[heobaldo] Placentino episcopo, salutem et apostolicam benedictionem.

Ex litteris venerabilis fratris nostri Brixiensis episcopi nobis innotuit quod ipse, recepto mandato nostro super ecclesia quæ est in castro Speculi, et ecclesia Sanctæ Christinæ, de quibus inter te et venerabilem fratrem nostrum Parmensem episcopum controversia vertebatur, de causa ipsa quæ ei fuerat, appellatione remota, commissa, cognovit, et auditis rationibus et allegationibus utriusque partis, de consilio prudentium virorum sicut ex scripto sententiæ per publicam manum notato, manifeste perpendimus utramque ecclesiam tibi adjudicavit, et a præfato Parmensi in petitione te super prædicta ecclesia de Speculo, apostolica auctoritate fretus, absolvit. Nos itaque... robore convalescere, quod de mandato et auctoritate nostra rationabiliter factum esse dignoscitur sententiam prædicti Brixiensis episcopi, sicut ab eo rationabiliter lata est, et in ejus scripto authentico continetur, ratam habentes et firmam, eam auctoritate apostolica confirmamus et præsentis scripti patrocinio communimus; statuentes ut nulli omnino hominum liceat hanc paginam nostræ confirmationis infringere, vel ei aliquatenus contraire. Si quis autem hoc attentare præsumpserit, indignationem omnipotentis Dei, et beatorum Petri et Pauli apostolorum ejus se noverit incursurum.

Datum Anagniæ, vi Idus Novembris.

MCCLIV.

Monasterium S. Germani de Pratis tuendum suscipit ejusque bona et privilegia confirmat.

(Anagniæ, Nov. 15.)

[BOUILLART, *Hist. de Saint-Germain-des-Prés*, Pr., p. 44.]

ALEXANDER episcopus, servus servorum Dei, dilectis filiis HUGONI abbati Sancti Germani Parisiensis, ejusque fratribus tam præsentibus quam futuris regularem vitam professis in perpetuum.

Monet nos apostolicæ sedis, cui licet immeriti præsidemus, auctoritas, ut de statu omnium Ecclesiarum generalem debeamus sollicitudinem gerere, et circa tuitionem earum præcipue vigilare, quæ specialiter beati Petri juris existunt et ad nostram jurisdictionem, nullo mediante, pertinent et tutelam. Eapropter, dilecti in Domino filii, vestris justis postulationibus clementer annuimus, et monasterium vestrum quod Romanæ Ecclesiæ specialiter adhærere dignoscitur, ad exempla piæ recordationis prædecessorum nostrorum Romanorum pontificum, sub beati Petri et nostra protectione suscipimus, et præsentis scripti privilegio communimus. Statuentes ut quascunque possessiones, quæcunque bona idem monasterium inpræsentiarum juste et canonice possidet, aut in futurum concessione pontificum, largitione regum vel principum, oblatione fidelium, seu aliis justis modis, præstante Domino, poterit adipisci, firma vobis vestrisque successoribus et illibata permaneant. In quibus hæc propriis duximus exprimenda vocabulis :

In episcopatu Senonensi ecclesiam de Emant, ecclesiam montis Machou, ecclesiam de Matricolis, ecclesiam Beati Germani juxta Musterolum, ecclesiam Sancti Petri de veteribus matralis, ecclesiam de Balneolis. In episcopatu Parisiensi ecclesiam Sancti Germani veteris infra urbem, ecclesiam Villænovæ, ecclesiam de Crona, ecclesiam de Valentone, ecclesiam de Theodosia, ecclesiam de Pirodio, ecclesiam de Antoniaci, ecclesiam de Verrariis, ecclesiam de Avremvilla, ecclesiam de Surisnis. In episcopatu Carnotensi ecclesiam Sancti Martini de Drocis, ecclesiam Sanctæ Mariæ Magdalenæ de Monte Calvulo, ecclesiam Domni Martini, ecclesiam Laoniarium, ecclesiam de Neeffleta, ecclesias de Septulia. In episcopatu Rothomagensi ecclesiam Sancti Leodegarii, ecclesiam de Vilers, ecclesiam de Longuessa. In Suessionensi episcopatu ecclesiam de Novigento. In Meldensi episcopatu ecclesiam de Colli, ecclesiam Beatæ Mariæ de Ramainvillare, ecclesiam de Monteri, ecclesiam de Abeli. In Eduensi episcopatu ecclesiam de Gilli, ecclesiam de Vilerbichet, ecclesiam de Marri. In Bituricensi episcopatu, ecclesiam de Britiniaco, ecclesiam Novævillæ, ecclesiam de Lemauso. In Pictaviensi episcopatu ecclesiam de Naintriaco,

ecclesiam Sancti Joannis de foro Castri Eraudi. Prædictas autem ecclesias cum omnibus ad eas pertinentibus, sicut eas canonice possidetis, vobis et monasterio vestro auctoritate apostolica confirmamus, præsentis scripti pagina statuentes, ut in his repræsentationes presbyterorum sine contradictione qualibet habeatis, sicut prædecessores vestri et vos ipsi ab antiquo noscimini habuisse. Si vero presbyteri qui ad repræsentationem vestram in vestris ecclesiis fuerint instituti de temporalibus vobis respondere noluerint, subtrahendi eis temporalia quæ a vobis tenent, liberam habeatis auctoritate apostolica facultatem.

Decernimus ergo ut nulli omnino hominum liceat præfatum monasterium temere perturbare, aut ejus possessiones auferre, vel ablatas retinere, minuere, seu quibuslibet vexationibus fatigare, sed illibata omnia et integra conserventur eorum, pro quorum gubernatione et sustentatione concessa sunt, usibus omnimodis profutura, salva sedis apostolicæ auctoritate. Si qua igitur in futurum, etc.

Ego Alexander catholicæ Ecclesiæ episcopus.

Ego Hubaldus Ostiensis episcopus.

Ego Joannes presbyter cardinalis SS. Joannis et Pauli tit. Pammachii.

Ego Albertus presb. cardinalis tituli. Sancti Laurentii in Lucina.

Ego Willelmus presbyter cardinalis tituli. Sancti Petri ad Vincula.

Ego Boso presbyter cardinalis S. Pudentianæ tituli pastoris.

Ego Theodinus presb. card. S. Vitalis titu.i Vestinæ.

Ego Manfredus presbyt. card. tit. Sanctæ Cæciliæ.

Ego Petrus cardinalis tit. S. Susannæ

Ego Jacobus diaconus cardinalis tit. Sanctæ Mariæ in Cosmedin.

Ego Cynthius diac. card. Sancti Adriani.

Ego Hugo diac. cardin. Sancti Eustachii juxta templum Agrippæ.

Ego Laborans diaconus cardinalis Sanctæ Mariæ in Porticu.

Ego Raynerius diac. cardin. S. Georgii ad Velum Aureum.

Datum Anagniæ per manum Gratiani sanctæ Romanæ Ecclesiæ subdiaconi et notarii, XVII Kal. Decembris, indictione X, Incarnationis Dominicæ anno 1177 [1176], pontificatus vero domni Alexandri papæ III anno XVIII.

MCCLV.

Ecclesiæ S. Laurentii Florentinæ protectionem suscipit ejusque bona ac privilegia confirmat.

(Anagniæ, Nov. 28.)

[LAMI, *Eccl. Flor. Monum.*, III, 1780.]

ALEXANDER episcopus, servus servorum Dei, dilectis filiis BERNARDO priori S. Laurentii Florentinæ civitatis, ejusque fratribus tam præsentibus quam futuris canonice substituendis, in perpetuum.

Piæ voluntatis postulatio effectu debet prosequente compleri, ut et devotionis sinceritas laudabiliter enitescat, et utilitas postulata vires indubitanter assumat. Eapropter, dilecti in Domino filii, vestris justis postulationibus clementer annuimus, et præfatam ecclesiam, in qua divino mancipati estis obsequio, sub. B. Petri et nostra protectione suscipimus et præsentis scripti patrocinio communimus. Statuentes ut quascunque possessiones, quæcunque bona inpræsentiarum juste et canonice possidetis, aut in futurum concessione pontificum, largitione regum vel principum, oblatione fidelium, seu aliis justis modis, præstante Domino, poterit adipisci, firma vobis vestrisque successoribus et illibata permaneant. In quibus hæc propriis duximus exprimenda vocabulis:

Parochiam vestræ ecclesiæ pertinentem, sicut hactenus quiete habuistis; hospitale quod juxta eamdem ecclesiam S. Laurentii situm est, cum omnibus pertinentiis suis, citinas Sancti Laurentii ibi juxta positas, ecclesiam S. Marci cum omnibus pertinentiis suis, ecclesiam S. Bartholomæi sitam in Faltignano cum omnibus pertinentiis suis, et possessiones omnes quas in eadem curia possidetis, ecclesiam Sancti Andreæ in Percussine. Quæcunque etiam a prædecessoribus nostris Romanis pontificibus vobis concessa sunt, et ecclesiæ vestræ eorum privilegiis confirmata, similiter roboramus. Sepulturam quoque ipsius loci liberam esse concedimus, ut eorum devotioni et extremæ voluntati, qui se illic sepeliri deliberaverint, nisi forte excommunicati vel interdicti sint, nullatenus obsistat, salva tamen justitia illarum ecclesiarum, a quibus mortuorum corpora assumuntur.

Decernimus ergo ut nulli omnino hominum liceat jam dictam ecclesiam temere perturbare, etc., salva Florentini episcopi canonica justitia. Si qua igitur in futurum, etc.

Ego Alexander catholicæ Ecclesiæ episcopus.

Ego Joannes presbyter cardinalis SS. Joannis et Pauli tit. Pammachii, ss.

Ego Albertus presbyter cardinalis tituli S. Laurentii in Lucina ss.

Ego Guilbertus presbyter cardinalis tit. S. Petri ad Vincula ss.

Ego Boso presbyter cardinalis tit. S. Pudentianæ, tit. Pastoris ss.

Ego Theodinus presbyter cardinalis S. Vitalis tit. Vestinæ ss.

Ego Manfredus presbyter cardinalis tit. S. Cæciliæ ss.

Ego Hyacinthus diaconus cardinalis S. Mariæ in Cosmedin ss.

Ego Hugo diaconus cardinalis S. Eustachii juxta templum Agrippæ ss.

Ego Laborans diaconus cardinalis S. Mariæ in Porticu ss.

Ego Raynerius diaconus cardinalis S. Georgii ad Velum Aureum ss.

Datum Anagniæ per manum Gratiani sanctæ Romanæ Ecclesiæ subdiaconi et notarii, IV Kalendas Decembris, indictione x, Incarnationis Dominicæ anno 1177, pontificatus vero domni Alexandri III papæ anno XVIII.

MCCLVI.

Ad rectores Marchiæ. — De pace cum imperatore Friderico, quæ nunquam confirmanda sit nisi ipsis pariter consulatur.

(Anagniæ? circa Nov.)

[PEZ, *Thes. Anecdot.*, VI, 1, 388.]

A., servus servorum Dei, dilectis filiis rectoribus marchiæ, salutem, et apostolicam benedictionem.

Intelleximus ex litteris quas vestra nobis devotio destinavit, quomodo imperator non dubitat fingere inter nos et ipsum pacem esse firmatam. Sed quidquid dicat ipse, quidquid dicant et alii, illud volumus vos pro certo tenere quod inter nos et eumdem imperatorem pax non est juramento vel scripto firmata, quanquam inter nos et ipsum diu sit de pace tractatum. Licet autem Magdeburgensis archiepiscopus (26), O. cancellarius (27), Wormatiensis electus (28), et protonotarius imperatoris ad nos ab eodem imperatore pro pacis reformatione transmissi apud nos multum instarent ut pacem Ecclesiæ redderemus, nunquam tamen nos potuerunt inducere ut pacem Ecclesiæ sine [pace] vestra et regis Siciliæ, et aliorum adjutorum Ecclesiæ vellemus recipere. Et ideo ut commodius de pace nostra et vestra tractent, ad partes vestras, quantumcunque labor sit ætati nostræ contrarius, disposuimus adjunctis nobis nuntiis ejusdem regis in persona propria laborare. Vos itaque viriliter agite, et in Domino confortamini, ac vestro pio proposito persistentes, donec pax consummet societatem vestram, in eodem proposito propensius solidandam, certi pariter et securi quod firmata non est, nec, auctore Deo, firmabitur sine vestra.

MCCLVII.

Domus S. Juliani de Pereyo protectionem suscipit ejusque bona omnia confirmat.

(Beneventi, Dec. 29.)

[HENRIQUEZ, *Regulæ, constit. et privil. ord. Cisterc.*, II, 506.]

ALEXANDER episcopus, servus servorum Dei, dilectis filiis GOMETIO priori Sancti Juliani de Pereyo, ejusque fratribus tam præsentibus quam futuris, regularem vitam professis in perpetuum.

Quoties a nobis petitur quod religioni et honestati convenire dignoscitur, omnino nos decet libenter concedere, et petentium desideriis congruum

---

(26) Wichmannus.
(27) Christianus archiepiscopus Moguntinus.
(28) Conradus

suffragium impertiri. Quapropter, dilecti in Domino filii, vestris justis supplicationibus clementer inclinati, et praefatam domum S. Juliani in qua divino mancipati estis obsequio, sub beati Petri et nostra protectione suscipimus et praesentis scripti privilegio communimus...... Praeterea quascunque possessiones, quaecunque bona eadem domus Sancti Juliani in praesentiarum juste et canonice possidet, aut in futurum concessione pontificum, largitione regum, oblatione fidelium, seu aliis justis modis, praestante Domino, poteritis adipisci, firma vobis vestrisque successoribus et illibata manere censemus. In quibus haec propriis duximus exprimenda vocabulis:

Ipse locus in quo dicta ecclesia sita est, cum pertinentiis suis, cum terris, vineis, silvis, pratis pascuis, aquis et molendinis. Sane novalium vestrorum quae propriis manibus aut sumptibus colitis, sive de nutrimentis animalium vestrorum, nullus a vobis decimas vel primitias extorquere praesumat. Liceat vobis clericos seu laicos absolutos ex hoc saeculo fugientes, ad conversionem recipere, et eos sine contradictione aliqua retinere. Praeterea inhibemus, ne alicui post emissam in eo loco professionem, sine licentia prioris discedere liceat, nullusque ad se venientem sine communi litterarum testimonio, nisi ad strictiorem vitam transire voluerit, penes se retinere audeat. Praeterea omnibus Christi fidelibus, exceptis excommunicatis aut interdictis, ut in eo loco sepulturam eligere libere possint, nullusque eis contradicere praesumat, concedimus; salvo tamen jure illarum ecclesiarum a quibus ipsorum decedentium corpora assumuntur. Et quanto te vel aliquem ex successoribus tuis mori contigerit, nullus per subreptionem, astutiam vel violentiam substituatur, sed ille quem fratres communi consensu, vel major et sanior pars, secundum Dei timorem elegerint.

Decernimus ergo ut nulli omnino hominum liceat praefatam domum temere perturbare, etc., salva sedis apostolicae auctoritate, et dioecesani episcopi canonica justitia. Si qua igitur, etc.

Datum Beneventi per manum Gratiani sanctae Romanae Ecclesiae subdiaconi et notarii, IV Kal. Januarii, indict. x, Incarnationis Dominicae anno 1176, pontificatus vero domni Alexandri papae III anno XVIII.

MCCLVIII.

Petro, tit. S. Chrysogoni presbytero cardinali, apostolicae sedis legato, mandat ut monasterium S. Maglorii Parisiense tueatur, a Ludovico Francorum rege sibi commendatum.

(Beneventi, Dec. 30.)
[MANSI, *Concil.*, XXI, 968.]

ALEXANDER episcopus, servus servorum Dei, dilecto filio PETRO tit. Sancti Chrysogoni presbytero cardinali, apostolicae sedis legato, salutem et apostolicam benedictionem.

Ita sollicite nos et attente rogavit charissimus in Christo filius noster Ludovicus illustris Francorum rex pro monasterio Sancti Maglorii Parisiensis, quod jura ipsius monasterii praeter commune debitum illaesa volumus et integra conservare, et te ad hoc sollicitis exhortationibus commonere. Inde est quod discretionem tuam monemus attentius et mandamus, quatenus, dum in terra fueris, jura praescripti monasterii auctoritate legationis qua fungeris, quantum in te est, protegas attentius et defendas, et ita praescriptum monasterium satagas in suis justitiis confovere, quod per providentiam et sollicitudinem tuam idem monasterium de sui juris integritate laetetur, et nos exinde discretionem et prudentiam tuam non immerito commendare possimus.

Datum Beneventi, III Kalend. Januarii.

MCCLIX.

Monasterio Laetiensi « de altaribus et omnimoda libertate Ecclesiae » bullam tribuit.

Datum Beneventi per manum Gratiani sanctae Romanae Ecclesiae subdiaconi et notarii, II Kal. Januarii, indictione x, Incarnationis Dominicae anno 1176, pontificatus vero domni Alexandri papae III anno XVIII.

(REIFFENBERG, *Monuments pour servir à l'histoire des provinces de Namur, de Hainaut*, etc.; Bruxellis 1844, tom. VII, p. 657.)

MCCLX.

Monasterii Sancti Gisleni protectionem suscipit ejusque bona et privilegia confirmat.

(Beneventi, Dec. 31.)
[REIFFENBERG, *ibid.*, VIII, 585.]

ALEXANDER episcopus, servus servorum Dei, dilecto filio LAMBERTO abbati Sancti Gisleni, ejusque fratribus tam praesentibus quam futuris, regularem vitam professis, in perpetuum.

Quoties a nobis illud petitur quod religioni et honestati convenire dignoscitur, animo nos decet libenti concedere et petentium desideriis congruum suffragium impertiri. Eapropter, dilecti in Domino filii, vestris justis postulationibus clementer annuimus, et praefatum monasterium, in quo divino estis obsequio mancipati, sub beati Petri et nostra protectione suscipimus, et praesentis scripti privilegio communimus. In primis siquidem ut ordo monasticus, qui secundum Deum et beati Benedicti Regulam in eodem loco institutus esse dignoscitur, perpetuis ibidem temporibus inviolabiliter observetur. Praeterea quascunque possessiones, quaecunque bona idem monasterium inpraesentiarum juste et canonice possidet, aut in futurum concessione pontificum, largitione regum vel principum, oblatione fidelium, seu aliis justis modis, praestante Domino, poterit adipisci, firma vobis vestrisque successoribus et illibata permaneant. In quibus haec propriis duximus exprimenda vocabulis:

Locum ipsum in quo praefatum monasterium constructum est, cum omnibus pertinentiis suis, altare de Hersella, altare de Homberghes, altare de Rascenghem, capellam de Herieriponte, molendinum de Roacherios, altare de Lovengies, altare de Doulchies et capellam de Squiri, altare de Hunchignies, cum appendiciis, curtem de Alemannis cum omni decima ejusdem curtis et terræ ad ipsam pertinentis, et decimas novalium, et de nutrimentis animalium, nullus a vobis decimas præsumat exigere. In parochialibus autem ecclesiis quas tenetis, liceat vobis clericos eligere et episcopo præsentare, quibus, si idonei fuerint, episcopus curam animarum committat, qui de plebis quidem cura episcopo, vobis autem de temporalibus debeant respondere. Sepulturam quoque ipsius loci liberam esse concedimus, ut eorum devotioni et extremæ voluntati, qui se illic sepeliri deliberaverint, nisi forte excommunicati vel interdicti sint, nullus obsistat, salva tamen justitia illarum ecclesiarum a quibus mortuorum corpora assumuntur. Liceat etiam clericos vel laicos e sæculo fugientes et absolutos ad conversionem recipere, et in vestro monasterio sine contradictione aliqua retinere. Prohibemus insuper ut nulli fratrum vestrorum, post factam in monasterio vestro professionem, fas sit de eodem monasterio absque licentia abbatis sui discedere, discedentem vero sine communium litterarum vestrarum cautione, nullus audeat retinere. Præterea libertates, immunitates et antiquas et rationabiles consuetudines monasterii vestri integras et illibatas præsenti decreto manere sancimus. Obeunte vero te, nunc ejusdem loci abbate, vel tuorum quolibet successorum, nullus ibi qualibet subreptionis astutia seu violentia præponatur nisi quem fratres communi consensu, vel fratrum pars consilii sanioris, secundum Deum et beati Benedicti Regulam providerint eligendum.

Decernimus ergo ut nulli omnino hominum liceat præfatum monasterium temere perturbare, aut ejus possessiones auferre, vel ablatas retinere, minuere, seu quibuslibet vexationibus fatigare, sed omnia integra et illibata conserventur eorum pro quorum gubernatione et sustentatione concessa sunt, usibus omnimodis profutura, salva sedis apostolicæ auctoritate et diœcesani episcopi canonica justitia. Si qua igitur in futurum, etc.

Ego Alexander catholicæ Ecclesiæ episcopus.

Ego Albertus presbyter cardinalis tituli Sancti Laurentii in Lucina.

Ego Boso presbyter cardinalis Sanctæ Pudentianæ tit. Pastoris.

Ego Theodinus presbyter cardinalis Sancti Vitalis, tituli Vestinæ.

Ego Petrus presbyter cardinalis tituli Sanctæ Susannæ.

Ego Guillelmus Portuensis et Sanctæ Rufinæ episcopus.

Ego Manfredus Prænestinus episcopus.

Ego Hyacinthus Sanctæ Mariæ in Cosmedin diaconus cardinalis.

Ego Cynthius diaconus cardinalis Sancti Adriani.

Ego Hugo diaconus cardinalis Sancti Eustachii juxta templum Agrippæ.

Ego Laborans diaconus cardinalis Sanctæ Mariæ in Porticu.

Datum Beneventi per manum Gratiani sanctæ Romanæ Ecclesiæ subdiaconi et notarii, II Kal. Januarii, indictione x, Incarnationis Dominicæ anno 1176, pontificatus autem domni Alexandri papæ III anno XVIII.

MCCLXI.

Archiepiscopum Eboracensem et Cantuariensem eodem loco et numero haberi jubet, modo ut prior habeatur qui prius fuerit ordinatus.

(*Epistolæ Gilberti Foliot*, ed. GILES, II, 75)

Antiquam Eboracensis Ecclesiæ dignitatem integram conservari, auctore Domino, cupientes, et prædecessorum nostrorum Romanorum pontificum vestigiis inhærentes, auctoritate apostolica prohibemus ne ulterius aut Cantuariensis archiepiscopus ab Eboracensi professionem exigat, aut Eboracensis Cantuariensi exhibeat; neque, quod penitus a beato Gregorio prohibitum est, ullo modo Eboracensis Cantuariensis ditioni subjaceat; sed juxta ejusdem Patris constitutionem ista inter eos honoris distinctio in perpetuum servetur, ut prior habeatur, qui prior fuerit ordinatus. Sane, si Cantuariensis archiepiscopus ab Eboracensi electo manum consecrationis subtraxerit, quam videlicet juxta ecclesiarum suarum morem ab Honorio sedis apostolicæ institutum sibi, debent, liceat eidem Eboracensi secundum communem consuetudinem et prædicti Patris nostri Gregorii sanctionem et domini nostri sanctæ memoriæ Paschalis papæ mandatum a suffraganeis suis aut a Romano pontifice consecrari.

CIRCA ANNUM 1176.

MCCLXII.

Episcopo Exoniensi [al. *Wigorniensi*] *mandat, interdicat Gaufredo electo Lincolniensi,* « cum ejus non sit electio confirmata, ne archidiaconatum vel præbendam cuiquam concedat. »

(MANSI, *Concil.,* XXII, 1176.)

INTRA ANNUM 1159-1177.

MCCLXIII.

Ad rectores Lombardiæ. — *Ut Mutinenses a monasterii Nonantulani oppressione revocent.*

(Anagniæ, Dec. 20.)

[TIRABOSCHI, *Storia dell'augusta badia di Nonantola.* II,275.]

ALEXANDER episcopus, servus servorum Dei, dilectis filiis rectoribus Lombardiæ, salutem et apostolicam benedictionem.

Quanto vos sinceriori charitate diligimus, tanto libentius prudentiam vestram ad ea efficienda invitamus, per quæ laudem et gratiam poteritis habere temporalem, et summi Regis gratiam indubitanter obtinere. Inter cætera siquidem quæ vobis imminent facienda, hoc præcipuum esse dignoscitur, ut ecclesias Dei totis viribus mentis et corporis diligatis, et earum malefactores studeatis omnimodis a temeritatis suæ proposito revocare. Accepimus autem ex parte dilectorum filiorum nostrorum abbatis et fratrum Nonantulanæ Ecclesiæ quæ, sicut vos nosse credimus, ad jurisdictionem Romanæ Ecclesiæ et nostram, nullo mediante, pertinet, quod cives Mutinenses ipsos et ecclesiam suam graviter molestantes homines eorum sibi jurare compellunt, et ab ipsis taliter pecuniam extorquere præsumunt, non verentes contra promissionem suam juramento firmatam venire, quam sanctæ recordationis patri et prædecessori nostro Eugenio papæ, cum olim manus .... suas pro consimili facto in eos ... civitatem extendisset, fecerunt. Inde est quod discretionem vestram per apostolica scripta rogantes monemus et exhortamur attentius, quatenus consules et populum prædictæ civitatis a molestiis et gravaminibus prædictæ ecclesiæ et hominum suorum instanter et sollicite revocetis, ipsos studiose monentes, ut illos a quibus juramenta contra honorem Dei et nostrum violenter extorserunt, juramentorum ipsorum obligatione prorsus absolvant, et ita efficere laboretis, quod ex hoc vestræ devotionis sinceritas, quam erga nos et Ecclesiam Romanam habetis, plenius elucescat, et nos vobis dilectionis et gratiæ nostræ plenitudinem tanquam specialibus Ecclesiæ filiis teneamur omni tempore hilari vultu et læto animo exhibere.

Datum Anagniæ, xiii Kal. Januarii.

MCCLXIV.

Petente A. episcopo Laudensi confirmat sententiam ab Ariberto, quondam S. Anastasiæ presbytero cardinali latam, qua vicedominatus Ecclesiæ Laudensis Lanfranco de Trissino militi Laudensi ademptus erat.

(Anagniæ, Dec. 30.)
[UGHELLI, *Italia sacra*, IV 669.]

ALEXANDER episcopus, servus servorum Dei, venerabili fratri A. Laudensi episcopo, salutem et apostolicam benedictionem.

Ex quodam scripto manifeste cognovimus quod, cum A. antecessor tuus vicedominatum Ecclesiæ tuæ Lanfranco de Trissino militi Laudensi irrationabiliter concessisset, et concessionem per instrumentum firmasset, Aribertus bonæ mem. tit. S. Anastasiæ presbyt. cardinalis, tunc apostolicæ sedis legatus, præscriptam concessionem de consilio O. quondam Mediolanen. archiep., Gregor. Pergamen., W. Novarien. et V. Vercellen. episcoporum in præsentia O. quondam Cremonen. episcopi et aliorum multorum irritavit, et instrumentum exinde factum, ne in posterum in detrimentum Ecclesiæ suæ posset produci, jam dicto prædecessori tuo reddi et cancellari præcepit. Nos itaque quod a jam dicto cardinali factum est, ratum habentes, sententiam ejus sicut rationabiliter lata est, et in publico instrumento exinde facto conti-

netur, auctoritate apostolica confirmamus, et præsentis scripti patrocinio communimus, statuentes ut nulli omnino hominum liceat hanc paginam nostræ confirmationis infringere, vel ei aliquatenus contraire. Si quis, etc.

Datum Anagn., iii Kal. Jan.

MCCLXV.

Joanni episcopo Casertano scribit de quorumdam tertio gradu conjunctorum matrimoniis dirimendis.

(THEINERUS, *Disquisit. critic.*, 431.)

Super eo quod ex tuis litteris intelleximus, filium Adalardi, latoris præsentium, et filium sororis suæ, filiabus Stantionis sororis quondam ejusdem A. quas idem S. non de sorore ipsius, sed de alia, quam post ipsam accepit, sustulerat, esse conjunctos, tuæ prudentiæ præsentibus litteris innotescat, quod, si ita est, eos sustinere non debes insimul esse, sed potius sunt ab invicem separandi, quia contubernia potius quam matrimonia possunt vocari, cum hujusmodi affines etiam in tertio gradu conjuncti, non debeant insimul remanere.

INTRA ANNUM 1167 1177.

MCCLXVI.

Ad canonicos regulares S. Satyri (29). — Hortatur eos ad regularem disciplinam sedulo observandam, vetatque ne etiam extra cœnobium carnibus vescantur.

(Beneventi.)
[MANSI, *Concil.*, XXI, 994.]

ALEXANDER episcopus, servus servorum Dei, dilectis filiis capituli S. Satyri, salutem et apostolicam benedictionem.

Eos qui, relictis vanitatibus et mundanis illecebris, in arctiori vita devoverunt Domino famulari, summa cura et diligentia vigilare oportet jugiter et intendere, qualiter assumptæ religionis habitus moribus et vitæ concordet, et propositum suum firmum et immobile conservetur, ne super arenam, sed potius super firmam petram Domini videantur fundasse. Inde est quod charitatem vestram monemus, mandamus atque præcipimus, quatenus dilecto filio nostro abbati vestro omnimodam obedientiam et reverentiam devote et humiliter impendentes, circa cultum religionis et honestatis, et canonici ordinis observantiam, sicut olim bonæ memoriæ Radulfo (30) quondam abbati vestro ferventer et unanimiter intendatis, consuetudines illas probatas, quæ in diebus ejusdem abbatis salubri et rationabili providentia in monasterio vestro institutæ fuerunt pariter et servatæ, præsertim in carnalis esus abstinentia extra claustrum sicut in claustro nullatenus violare tentetis. Si quis autem vestrum contra easdem institutiones temere venire tentaverit, usque ad

---

(29) Abbatia est ordinis S. Augustini in diœcesi Bituricensi, haud procul a Sacro Cæsare fundata.

(30) Qui obiisse videtur anno 1164, nam eo anno successorem habuit Joannem, ut patet ex bulla Alexandri III in nova *Gallia Christiana* relata.

satisfactionem congruam eum eidem sententiæ subjacere decernimus quam prædictus abbas in earumdem transgressores rationabiliter statuisse [dicitur,] quod in capitulo nullus vestrum pro evitanda disciplina in voce appellationis prorumpat. Et si pro tali causa duxerit appellandum, appellationem ipsam nullius momenti esse censemus, quominus secundum ordinis instituta regulari disciplinæ subdatur.

Datum Beneventi.

INTRA-ANNUM 1175-1177.

MCCLXVII.

Ad Parisiensem et Silvanectensem episcopos.—Cluniacensibus restitui faciant nemus de Sagitta vocatum ab Hu. pincerna regis Francorum ablatum.

(Anagniæ, Dec. 22.)

[BOUQUET, *Recueil*, XV, 938.]

ALEXANDER episcopus, servus servorum Dei, venerabilibus fratribus [MAURITIO] Parisiensi et [HENRICO] Silvanectensi episcopis, et dilecto filio [PETRO] abbati S. Remigii Remensis, salutem et apostolicam benedictionem.

Dilecti filii nostri abbas et fratres Cluniacenses per nuntium suum nobis significarunt quod Hu. pincerna charissimi in Christo filii nostri L[udovici] illustrissimi Francorum regis, eis nemus quod Sagitta vocatur, contra justitiam præsumpsit auferre, ipseque sibi reddere penitus contradicit. Quoniam igitur jura prædictorum fratrum tanto studiosius manutenere et conservare tenemur, quanto eorum monasterium ad jurisdictionem B. Petri ac nostram noscitur specialius pertinere, discretioni vestræ per apostolica scripta præcipiendo mandamus quatenus prædictum Hu. studiosius moneatis et cum omni diligentia laboretis inducere ut memorato abbati et fratribus præfatum nemus cum universis ablatis libere et sine contradictione restituat et in pace deinceps et quiete dimittat, vel sub vestræ discretionis examine plenam exinde sibi justitiam exhibeat. Si autem infra viginti dies post harum susceptionem neutrum horum adimplere voluerit, eum publice, appellatione remota, excommunicatum denuntietis, et in tota terra ipsius omnia divina, præter baptisma parvulorum et pœnitentias morientium, prohibeatis officia celebrari, nec excommunicationis vel interdicti sententiam sine satisfactione congrua relevetis.

Datum Anagniæ, xi Kal. Januarii.

MCCLXVIII.

Ad R. episcopum S. Andreæ, et ad alios Scotiæ episcopos.— Privilegia eorum confirmat.

(Anagniæ, Dec. 24.)

[WILKINS, *Concil. Magnæ Britanniæ*, I, 461.]

ALEXANDER episcopus, servus servorum Dei, venerabilibus fratribus R. episcopo S. Andreæ, et cæteris episcopis per Scotiam constitutis, salutem et apostolicam benedictionem.

Admonet nos cura suscepti regiminis, et debitum exigit pontificalis officii fratres et cœpiscopos nostros uberiori charitate diligere, et eorum statum integrum et incolumem custodire, et attentiori studio et sollicitudine providere, ne jura vel dignitates eorum diminui valeant, vel alicujus temeritate turbari; quia non possunt de causa sibi commissa esse solliciti, si eis apostolicæ provisionis præsidium vel favor deest. Hoc itaque considerato, ne inducti vel vestræ devotionis intuitu provocati, antiquas libertates et rationabiles consuetudines quas hactenus tam in consecrandis episcopis, quam in aliis habuisse noscimini, vobis auctoritate apostolica confirmamus. Si quis autem contra libertates vel consuetudines ipsas venire præsumpserit, nulli nisi in præsentia nostra vel legati a latere Romani pontificis destinati respondere cogemini. Decernimus ergo ut nulli omnino hominum liceat hanc paginam nostræ confirmationis infringere, vel ei aliquatenus contraire. Si quis autem hoc attentare præsumpserit, indignationem omnipotentis Dei et beatorum Petri et Pauli apostolorum ejus, se noverit incursurum.

Dat. Anagniæ, ix Kal. Januarii.

ANNO 1177.

MCCLXIX.

Privilegium pro monasterio Scotorum S. Jacobi Ratisponensi.

(Fogiæ, Jan.)

[RIED, *Cod. diplom. Ratisbon.*, I, 247.]

ALEXANDER episcopus, servus servorum Dei, dilectis filiis GREGORIO abbati monasterii Sancti Jacobi, quod in suburbio Ratisponæ situm est, ejusque fratribus tam præsentibus quam futuris, regularem vitam professis, in perpetuum.

Piæ postulatio voluntatis effectu debet prosequente compleri, quatenus et devotionis sinceritas laudabiliter enitescat, et utilitas postulata vires indubitanter assumat. Eapropter, dilecti in Domino filii, vestris justis postulationibus clementer annuimus, et prædecessorum nostrorum felicis memoriæ Calixti, et Patris et prædecessoris nostri Eugenii et Adriani Romanorum pontificum vestigiis inhærentes, præfatum monasterium, in quo divino mancipati estis obsequio, sub beati Petri et nostra protectione suscipimus et præsentis scripti privilegio communimus, in primis siquidem statuentes ut ordo monasticus, qui secundum Deum et beati Benedicti Regulam in eodem loco noscitur institutus, perpetuis temporibus inviolabiliter observetur. Præterea quascunque possessiones, quæcunque bona idem monasterium inpræsentiarum juste et canonice possidet aut in futurum justis modis, præstante Domino, poterit adipisci, firma vobis vestrisque successoribus et illibata permaneant. Sepulturam quoque ipsius loci liberam esse decernimus, ut eorum devotioni et extremæ voluntati, qui se illic sepeliri deliberaverint, nisi forte excommunicati sint, nullus obsistat, salva tamen justitia illarum Ecclesiarum, a quibus mortuorum corpora assumuntur.

Decernimus ergo ut nulli omnino hominum liceat præfatum monasterium temere perturbare, aut ejus possessiones auferre, vel ablatas retinere, minuere, seu quibuslibet vexationibus fatigare, sed illibata omnia et integra conserventur eorum pro quorum gubernatione et sustentatione concessa sunt, usibus omnimodis profutura, salva sedis apostolicæ auctoritate et Ratisponensis episcopi canonica justitia. Ad indicium autem hujus a sede apostolica perceptæ protectionis bizantium unum nobis nostrisque successoribus annis singulis persolvetis. Si qua igitur in futurum, etc.

Ego Alexander catholicæ Ecclesiæ episcopus.

Ego Guillelmus Portuensis et S. Ruffinæ episcopus.

Ego Manfridus Prænestinus episcopus.

Ego Albertus presb. cardinalis tit. S. Laurentii in Lucina.

Ego Theodinus presb. card. S. Vitalis tit. Vestinæ.

Ego Petrus presb. card. tit. S. Susannæ.

Ego Jacobus diaconus card. S. Mariæ in Cosmedin.

Ego Hugo diacon. card. S. Eustachii juxta templum Agrippæ.

Ego Laborans diacon. card. S. Mariæ in Porticu.

Datum Fogiæ per manum Gratiani S. R. E. subdiaconi et notarii, Kalendas Februarii (31), indictione x, Incarnationis Dominicæ anno 1177, pontificatus vero domni Alexandri papæ III anno XVIII.

Plumbum : ALEXANDER PP. III.

MCCLXX.

Ad Martinum abbatem S. Vedasti. — Monasterium S. Vedasti sub sua suscipit protectione, varia ei concedit privilegia, sed præcipue usum dalmaticæ abbati permittit.

(Siponti, Jan. 26.)

[MARTEN., *Ampl. Collect.* I, 901.]

ALEXANDER episcopus, servus servorum Dei, dilectis filiis MARTINO abbati S. Vedasti ejusque fratribus in perpetuum.

Quoties illud a nobis petitur quod religioni et honestati convenire dignoscitur, animo nos decet libenti concedere, et petentium desideriis congruum impertiri suffragium. Eapropter, dilecti in Domino filii, vestris justis postulationibus clementer annuimus, et præfatum monasterium, quod specialiter nostri juris esse dignoscitur, sub B. Petri et nostra protectione suscipimus et præsentis scripti privilegio communimus. In primis siquidem statuentes, ut ordo monasticus, qui secundum Deum et B. Bene-

dicti Regulam in eodem loco institutus esse dignoscitur, perpetuis ibidem temporibus inviolabiliter observetur. Præterea quascunque possessiones, quæcunque bona idem monasterium inpræsentiarum juste et canonice possidet, aut in futurum concessione pontificum, largitione regum vel principum, oblatione fidelium, seu aliis justis modis, præstante Domino, poterit adipisci, firma vobis vestrisque successoribus et illibata permaneant. Sane novalium vestrorum quæ propriis manibus aut sumptibus colitis, sive de nutrimentis animalium vestrorum, vel quæ continentur in proprio fundo villarum vestrarum de Moylens videlicet et de Ernaumaynil et de Tatiscam, nullus a vobis exigere præsumat. Prohibemus itaque ut nullus terras vel possessiones quas a vestro tenet monasterio, aliis ecclesiis vel monasteriis in vita seu in morte conferre vel ab ipso alienare absque licentia vel assensu vestro præsumat. Præterea in ecclesis quas tenetis, secundum prædecessoris nostri bonæ memoriæ Urbani papæ secundi presbyteros eligatis, et episcopis in quorum parochiis ecclesiæ vestræ sitæ sunt, præsentetis, qui si ab ipsis canonice reprobari non possunt, animarum curam ab eis suscipiant et de cura plebis ipsis respondeant; vobis autem pro rebus temporalibus debitam subjectionem exhibeant. Ad hæc quoniam illas personas et earum loca decorare debemus singulari prærogativa honoris et dignitatis et gratiæ nostræ privilegio communire, quas B. Petro et nobis devotas esse cognoscimus, et ad jurisdictionem sacrosanctæ Romanæ Ecclesiæ nullo mediante certum est pertinere, fervorem sincerissimæ devotionis et fidei, quam vos et monasterium vestrum circa eamdem sacrosanctam Romanam Ecclesiam specialiter et circa personam nostram constanter et laudabiliter geritis, studiosius attendentes, considerantes quoque quomodo idem monasterium ad jus et dispositionem apostolicæ sedis principaliter et proprie nullo medio pertineat, tibi, fili abbas, et per te successoribus tuis de consueta clementia et benignitate ejusdem apostolicæ sedis usum tunicæ et dalmaticæ in præcipuis festivitatibus infra missarum solemnia concedimus, ut quanto largitione muneris et gratiæ nostræ amplius fueritis decorati, tanto circa honorem et obsequium prædictæ sanctæ Romanæ Ecclesiæ debeatis promptiores inveniri. Præterea altare de Streis, sicut ipsum ex concessione Morinensis episcopi rationabiliter possidetis, vobis auctoritate apostolica confirmamus. Decernimus ergo, etc.

Data Siponti per manum Gratiani S. R. E. subdiaconi et notarii, VII Kalendas Februarii, indictione x, Incarnationis Dominicæ anno 1177, pontificatus vero domni Alexandri papæ III anno XVIII.

---

(31) Ante Kal. Febr. excidisse numeri nota videtur. JAFFÉ.

MCCLXXI

Ecclesiæ Sanctæ Mariæ in Pulsano protectionem suscipit bonaque ac possessiones confirmat.

(Vestæ, Febr. 9.)

[MITARELLI, *Annal. Camaldul.*, IV, App., 64.]

ALEXANDER episcopus, servus servorum Dei, ANTONIO priori Sanctæ Mariæ in Pulsanò, ejusque fratribus, tam præsentibus quam futuris, monasticam vitam professis, in perpetuum.

Quoties illud a nobis petitur.... monasterium beatæ Mariæ, cui divino mancipati estis obsequio, sub beati Petri et nostra protectione suscipimus, et præsentis scripti privilegio communimus. In primis siquidem statuentes ut ordo monasticus, qui secundum Deum et beati Benedicti regulam in eodem loco noscitur institutus, perpetuis ibidem temporibus inviolabiliter observetur. Præterea quascunque possessiones, etc., in quibus hæc propriis duximus exprimenda vocabulis:

Monasterium videlicet Sancti Jacobi apud Fogiam cum pertinentiis suis, monasterium Sancti Nicolai in territorio ejusdem castri cum pertinentiis suis, monasterium Sancti Stephani quod in Matinanta consistit, cum pertinentiis suis, monasterium Sancti Salvatoris in territorio Placentiæ cum pertinentiis suis, monasterium Sancti Petri Vallisbonæ cum pertinentiis suis, monasterium Sancti Petri de Cellaria, quod situm est in territorio castri Calvelli cum pertinentiis suis, monasterium Sancti Bartholomæi de Carbonaria cum pertinentiis suis, ecclesiam Sancti Andreæ in monte Sancti Angeli cum pertinentiis suis, ecclesiam Sancti Pancratii extra portam Transtiberim, ecclesiam Sanctæ Mariæ intemeratæ de Fabroro extra Florentiam, ecclesiam Sanctæ Mariæ extra civitatem Lucanam in loco qui dicitur Guamo, ecclesiam Sancti Michaelis extra Pisanam civitatem in loco qui dicitur Orticaria, ecclesiam Sancti Michaelis in Meleta, ecclesiam Sanctæ Mariæ in pede montis Sancti Angeli, ecclesiam Sancti Joannis, ecclesiam Sancti Pauli Civitatens., ecclesiam Sancti Joannis Pleuti extra castrum Fogiæ, ecclesiam Sanctæ Ceciliæ monialium, ecclesiam Sanctæ Mariæ Fusti ficti et ecclesiam Sancti Joannis Barani, et ecclesiam Sancti Petri Criptæ novæ in Scitella, terras quas habetis in territorio Pleuti, terras quas habetis in territorio Tranensis civitatis, terras cum olivetis quas habetis in territorio Juvenatii, salinas quas habetis Siponti. Chrisma vero, oleum sanctum, consecrationes altarium seu basilicarum, ordinationes monachorum qui ad sacros ordines fuerint promovendi seu clericorum, a diœcesano suscipiant episcopo, siquidem catholicus fuerit, et gratiam atque communionem apostolicæ sedis habuerit, et ea gratis et absque ulla pravitate vobis voluerit exhibere, alioquin liceat vobis catholicum quem malueritis adire antistitem, qui nostra fultus auctoritate, quod postulatur indulgeat. Abbates etiam obedientiam vestram seu ministrorum vestrorum semper ad vos sicut ad caput suum respiciant, et eorum correctionem pro suis excessibus, cum opus fuerit, per Pulsanensem abbatem et per successores suos volumus exerceri. Sancimus etiam ut ordo monasticus seu vita eremitica quæ in eodem loco est per Dei gratiam instituta, perpetuis temporibus ibidem irrefragabiliter observetur, atque in obedientiis seu habitationibus vestris nonnisi religiosæ personæ degere permittantur. Adjicientes etiam, ut juxta votum atque permissionem vestram laboribus manuum, seu vestrorum animalium, eorumque nutrimentis atque eleemosynis fidelium contenti sitis, et super terram alia quælibet non quæratis. Sane laborum vestrorum quos propriis manibus aut sumptibus colitis, sive de nutrimentis vestrorum animalium nullus a vobis decimas præsumat exigere.

Decernimus ergo, etc., salva sedis apostolicæ auctoritate. Ad indicium autem hujus a sede apostolica perceptæ libertatis, duos bisantios singulis annis nobis nostrisque successoribus persolvetis. Si qua igitur, etc.

Datum Vestæ per manum Gratiani sanctæ Romanæ Ecclesiæ subdiaconi et notarii, v Idus Februarii, indictione x, Incarnationis Dominicæ anno 1177, pontificatus vero domni Alexandri papæ III, anno XVIII.

MCCLXXII.

Ecclesiam Monopolitanam, petente Stephano episcopo, tuendam suscipit et bona ejus confirmat.

(Vestæ? Febr. 10.)

[Ejusdem tenoris est hoc privilegium cum bulla Michaeli ejusdem Ecclesiæ episcopo ab Eugenio III anno 1150, Dec. 19, concessa, quam vide *Patr.* t. CLXXX, sub num. 411. — Alexandri III diplomatis subscriptiones hæ sunt:]

Ego Alexander catholicæ Ecclesiæ episcopus.

Ego Manfredus Prænestinus episcopus.

Ego Boso presbyter cardinalis S. Pudentianæ ecclesiæ, tit. Pastoris.

Ego Cynthius diac. card. S. Adriani.

Ego Hugo diac. card. S. Eustachii juxta templum Agrippæ.

Datum ... per manum Gratiani S. R. E. subdiaconi et notarii, IV Idus Febr., indict. x, Incarnat. Dominicæ an. 1177, pontificatus vero D. Alexandri papæ III an. XVIII.

MCCLXXIII.

Willelmo archiepiscopo Remensi, apostolicæ sedis legato, mandat ut, « convocatis magistris scholarum Parisiensium et Remensium et aliarum circumpositarum civitatum, interdicat ne quis dicere audeat Christum non esse aliquid secundum quod homo, quia, inquit, sicut verus Deus, ita verus est homo, ex anima rationali et humana carne subsistens. »

(Vestæ, Febr. 18.

[MANSI, *Concil.*, XXI, 1081.

MCCLXXIV.

Majoris Monasterii protectionem suscipit, bonaque ac privilegia confirmat.

(Vestæ, Febr. 28.)

[*Institut des Provinces de France*, Paris 1845, 2· Série, I, LXXXIV.]

ALEXANDER episcopus, servus servorum Dei, dilectis filiis PETRO abbati Majoris Monasterii, ejusque fratribus tam præsentibus quam futuris, regularem vitam professis, in perpetuum.

In eo loco sumus et officio, licet immeriti, providente Domino, constituti, ut circa universum corpus Ecclesiæ aciem debeamus nostræ considerationis extendere et omnium Ecclesiarum quieti pastorali sollicitudine providere. Eapropter, dilecti in Domino filii, vestris justis postulationibus clementer annuimus, et monasterium vestrum, in quo divino estis obsequio mancipati, sub beati Petri et nostra protectione suscipimus, et præsentis scripti privilegio communimus. In primis siquidem statuentes ut ordo monasticus, qui secundum Deum et beati Benedicti regulam in eodem monasterio institutus esse dignoscitur, perpetuis ibidem temporibus inviolabiliter observetur. Præterea quascunque possessiones, quæcunque bona idem monasterium inpræsentiarum juste et canonice possidet, aut in futurum concessione pontificum, largitione regum vel principum oblatione fidelium, seu aliis justis modis, præstante Domino, poterit adipisci, firma vobis vestrisque successoribus, et illibata permaneant. In quibus hæc propriis duximus exprimenda vocabulis :

Ecclesiam Sanctæ Mariæ parochialem in castro Meduanæ sitam, de manu laicali extractam, et de assensu Roberti clerici qui eam tenebat, a bonæ memoriæ Hildeberto quondam Cenomanensi episcopo, cum his quæ idem clericus in ecclesia de Parrinniaco habebat, monasterio vestro rationabiliter collatam ; ex donatione quoque ipsius episcopi subscriptas ecclesias, sicut eas legitime possidetis, ecclesiam videlicet Sancti Wingaloei de Castro-Ledo, ecclesiam Sancti Salvatoris de eodem castro, ecclesiam Sancti Jacobi in eodem castro, ecclesiam de Manzeniaco, ecclesiam de Jupileis, ecclesiam Sanctæ Ceciliæ, ecclesiam de Lavernet, oblationes et decimationes hominum vestrorum de Fulgeria, ecclesiam Sancti Nicolai de Sablolio, ecclesiam Sancti Maclovii, ecclesias duas Sancti Martini in prædicto castro, ecclesiam de Boheria, ecclesiam de Boareto, ecclesiam de Pratellis, ecclesiam Sancti Martini de Gradis, ecclesiam Sancti Lupi, ecclesiam de Balaio, ecclesiam de Archasseiaco, ecclesiam de Bunione, ecclesiam de Vileriis Caroli magni, ecclesiam de Huxedo cum capellis ad eam pertinentibus, videlicet de Oriniaco, et de Sancto Sulpitio ; ecclesiam de Lupiniaco, ecclesiam Sancti Martini de Lavalle, ecclesiam Sancti Bertevini, ecclesiam de Loiron, ecclesiam de Curvavetula, ecclesiam de Hahuelledo, ecclesiam de Villa Tremensi, capellam castri Meduanæ, ecclesiam Sanctæ Mariæ in eodem castro, ecclesiam Sancti Martini in eodem castro, ecclesiam de Comeriis, ecclesiam Sancti Albini de Meleriaco, capellam de Laciaco, capellam de Manciliaco, ecclesiam Sancti Hippolyti de Vivonio cum reliquis ad eam pertinentibus, ecclesiis seu capellis; ecclesiam videlicet Sanctæ Mariæ de Castro Bellimontis, ecclesiam Sancti Andreæ de eodem castro, ecclesiam Sancti Nicolai de Chalineio, et ecclesiam Sancti Laurentii de Rivo profundo, ecclesiam Sancti Martini de Mareschiaco, ecclesiam Sanctæ Mariæ de Murchiaco, ecclesiam Sancti Albini de Vineis, ecclesiam Sancti Christophori, ecclesiam de Roulariis, ecclesiam Sanctæ Mariæ de Torceio, ecclesiam Sancti Georgii, ecclesiam Sanctæ Trinitatis de Sancto Cenerico, et ecclesiam Sancti Cenerici, ecclesiam Sancti Martini de Lavardino et capellam Sancti Petri in eodem castro.

Decernimus ergo ut nulli omnino hominum liceat præfatum monasterium temere perturbare, aut ejus possessiones auferre, vel ablatas retinere, minuere, vel quibuslibet vexationibus molestare, sed omnia integra et illibata conserventur eorum, pro quorum gubernatione ac sustentatione concessa sunt, usibus omnimodis profutura, salva sedis apostolicæ auctoritate, et Cenomanensis episcopi in supradictis ecclesiis canonica justitia. Si qua igitur in futurum, etc.

Ego Alexander catholicæ Ecclesiæ episcopus subscripsi.

Ego Manfredus Prænestinus episcopus subscripsi.

Ego Joannes presbyter cardinalis tit. S. Anastasiæ subscripsi.

Ego Boso presbyter cardinalis S. Pudentianæ tituli Pastoris subscripsi.

Ego Cynthius diaconus cardinalis S. Adriani subscripsi.

Ego Hugo diaconus cardinalis Sancti Eustachii juxta templum Agrippæ subscripsi.

Datum Velte [Vestæ] per manum Gratiani, sanctæ Romanæ Ecclesiæ subdiaconi et notarii, II Kal. Martii, indictione X, Incarnationis Dominicæ anno 1177, pontificatus vero domni Alexandri papæ anno XVIII.

MCCLXXV.

Ad fratres carthusiæ Seitzensis, quos, ut sancte ac ad ordinis sui normam vitam exigant, hortatur.

(Venetiis in Rivo alto, Mart. 31.)

[PEZ, *Thes. Anecdot.*, VI, 1, 400.]

ALEXANDER episcopus, servus servorum Dei, dilectis filiis abbati et fratribus Carthusiensibus in Valle S. Joannis morantibus, salutem et apostolicam benedictionem.

Cum divina inspirante gratia mundo et pompis ejus penitus abrenuntiantes, in districtæ religionis habitu soli Domino elegeritis militare, decet vos divitias sæculi et blandimenta respuere, tribulationes, angustias et paupertates patienti animo sustinere, ut eorum participes effici mereamini, quibus dictum est: *Beati pauperes spiritu, quoniam ipsi possidebunt terram* (52). Ideoque discretioni vestram per apostolica scripta monemus attentius, et exhortamur in Domino, quatenus religionem et honestatem ordinis vestri et claustri custodiam incessanter, sicut convenit, observantes, ita operibus charitatis studeatis diligentius insudare, quod exinde creatori vestro possitis merito complacere, et æternæ retributionis præmia, auxiliante Domino promereri. Nos enim dilectum filium nostrum, nobilem virum Otocharum Marchionem Styrensem per nostra scripta attente rogavimus, ut vos propensius diligat, manuteneat et honoret, et vobis in faciendis domibus vestris consilium conferat et auxilium opportunum.

Datum Venetiis in Rivo alto, ii Kal. Aprilis

MCCLXXVI.

Privilegium pro Ecclesia Parentina.

Venetiis in Rivo alto, April. 5.)
[UGHELLI, *Italia Sacra*, v, 404.]

ALEXANDER episcopus, servus servorum Dei, ven. fratri PETRO Parentino episcopo, ejusque successoribus canonice substituendis in perpetuum.

Quoties illud a nobis petitur... Eapropter, ven. in Christo frater episcope, tuis justis postulationibus benigniter annuentes, Ecclesiam, cui Deo auctore præesse dignosceris, sub B. Petri et nostra protectione suscipimus, et præsentis scripti privilegio communimus, statuentes ut quascunque possessiones... In quibus hæc propriis duximus exprimenda vocabulis:

Monasterium S. Michaelis de Subterra, monasterium S. Barbaræ, monasterium S. Michaelis de Pisino, monasterium S. Petronillæ in Duobus Castellis, monasterium S. Michaelis de Valle, ecclesiam S. Mariæ de Turre cum capellis suis, ecclesiam de Nigrignano cum capellis suis, ecclesiam S. Mariæ de Campo cum capellis suis, ecclesiam de Rosario cum capellis suis, ecclesiam de Montona cum capellis suis, ecclesiam de Zumesco cum capellis suis, ecclesiam de Hebor cum capellis suis, ecclesiam de Valta cum capellis suis, ecclesiam de Vermo cum capellis suis, ecclesiam de Pisino majore, et minore cum capellis suis, ecclesiam de Arecio, ecclesiam de Visinat, ecclesiam de Antiniana, ecclesiam de Curicitico cum ecclesiis suis, ecclesiam S. Laurentii cum ecclesiis suis, ecclesiam de Duobus Castellis cum ecclesiis suis, ecclesiam S. Vincentii cum capellis suis, ecclesiam de Zimino cum capellis suis, ecclesiam de Valle cum capellis suis, ecclesiam de Medilano, canonicam de Rubino cum capellis suis, ecclesiam de Ursario cum capellis suis, castrum Ursariæ cum omnibus appediciis suis, castrum Castellionis cum appendiciis suis omnibus, eccle-

siam S. Justi cum omni terra sua. Decernimus ergo, etc.

Ego Alexander catholicæ Ecclesiæ episcopus.

Ego Joan. presb. card. S. Pudentianæ tit. Pastoris.

Ego Manfredus Prænestinus episc.

Ego Cynthius diaconus S. Adriani.

Ego Ugo diaconus card. S. Eustachii juxta templum Agrippæ.

Ego Hugo S. Angeli diaconus card.

Ego Raynerius diac. card. S. Georgii ad Velum Aureum.

Datum Venetiis in Rivo alto, per manum Bardi S. Rom. Ecclesiæ jud. et notarii, Non. Aprilis, indict. x, Incarnat. Dom. 1177, pontificatus D. Alexandri PP. III an. XVIII.

MCCLXXVII.

Monasterii Sancti Benigni Divionensis bona, possessiones et privilegia confirmat.

(Ferrariæ, April. 27.)
[PÉRARD, *Recueil de pièces servant à l'hist. de Bourgogne*, p. 248.]

ALEXANDER episcopus, servus servorum Dei, dilectis filiis JOANNI abbati monasterii Sancti Benigni Divionensis, ejusque fratribus, tam præsentibus quam futuris, regularem vitam professis, in perpetuum.

Quoties illud a nobis petitur quod religioni et honestati convenire dignoscitur, animo nos decet libenti concedere, et petentium desideriis congruum suffragium impertiri. Eapropter, dilecti in Domino filii, vestris justis postulationibus clementer annuimus, et præfatum monasterium Sancti Benigni, in quo divino estis obsequio mancipati, sub beati Petri et nostra protectione suscipimus, et præsentis scripti privilegio communimus. In primis siquidem statuentes ut ordo monasticus, qui secundum Deum et beati Benedicti regulam in eodem monasterio institutus esse dignoscitur, perpetuis ibidem temporibus inviolabiliter observetur. Præterea quascunque possessiones, quæcunque bona idem monasterium inpræsentiarum juste et canonice possidet, aut in futurum concessione pontificum, largitione regum vel principum, oblatione fidelium, seu aliis justis modis, præstante Domino, poterit adipisci, firma vobis vestrisque successoribus et illibata permaneant. In quibus hæc propriis duximus exprimenda vocabulis:

Locum ipsum in quo præfatum monasterium constructum est, cum omnibus pertinentiis suis. In episcopatu Lingonensi, cellam Sancti Amatoris cum ecclesia Sancti Ferreoli cum atriis, tam ecclesiis, quam aliis rebus ad ipsam pertinentibus; cellam de Grancheio, locum Clementini prati, qui dicitur Mores, in quo conversi consistunt, qui quidem conversi ecclesiæ Divionensi perpetuo subjecti sint;

---

(52) Vulg.: *Beati pauperes spiritu, quoniam ipsorum est regnum cœlorum. Beati mites, quoniam ipsi possidebunt terram* (*Matth.* v, 3, 4).

præcepimus, neve alicujus factione, a tua vel ecclesiæ Divionensis subjectione se removeant, apostolica auctoritate confirmamus, medietatem monetæ, ut absque permissu abbatis non minuatur, non augmentetur, nec alio transferatur, vestram partem telonei; statuentes ut nulli omnino hominum liceat de cætero super hoc idem monasterium infestare, aut ei exinde aliquam molestiam, aut diminutionem inferre, villam Dianetum cum appendiciis suis, villam Castenedum; item Casnetum et Spaniacum, Marcenniacum Norgias Waregas, Sariacum et decimam ejusdem: Longovicum Asirlacum, Plumberias, Prunedum, Escheiriacum, Flaceiacum, Magnum Montem, Viverias, Salciacum in silva cum decimis eorum. In episcopatu Tullensi, cellam Bertiniacæ curtis, cellam de Solini monte, cum ecclesiis villis, terris et omnibus ad eas pertinentibus; in episcopatu Æduensi cellam Belnæ cum ecclesiis et collegio de Prato Pergeolo cum omnibus suis pertinentiis, cellam de Sarmatiaca, cellam de Curtis Bertaldi, cellam cum omnibus ad easdem pertinentibus; in archiepiscopatu Bisuntino, cellam Sancti Marcelli, cellam de Anfonisvilla, cellam de Sacrofagis, cellam de Logia novella, ecclesiam de Torpa; apud Salinas, cellas Sancti Petri, Sancti Michaelis, capellam Sanctæ Mariæ Magdalenæ, et omnia ad eam pertinentia; in episcopatu Cabilonensi cellam Sanctæ Mariæ, cellam de Palluel, cum omnibus ad eas pertinentibus; in episcopatu Valentiniensi, cellam Sancti Genesii de monte Madriano cum suis pertinentiis, ecclesiam de Vulpileriis, et de Comas, et de Glum; in episcopatu Diensi, ecclesiam de Boventia; in episcopatu Bajocensi cellam Sancti Vigoris cum suis pertinentiis; in episcopatu Senonensi cellam Sancti Benigni apud Vulnonem cum omnibus pertinentiis suis, cellam de Eskino cum omnibus appendiciis suis, cellam de Ruz cum eis quæ ad ipsam pertinent; capellam de Iles et cum decimis et terris ibidem datis; in episcopatu Gebennensi, ecclesiam de Villare cum omnibus suis appendiciis; in episcopatu Lausanensi cellam Sanctæ Mariæ Magdalenæ de Berlay cum ecclesiis et terris ibidem datis, ecclesiam Sancti Philiberti et Sancti Joannis Baptistæ, ecclesiam de Longevico, ecclesiam de Sarceio, ecclesiam de Atiriaco, ecclesiam de Penaio, ecclesiam Sancti Joannis; apud Ladonam, ecclesiam de Vivariis, ecclesiam de Villare, ecclesiam de Plumbariis, ecclesiam de Prunedo, ecclesiam de Missiniaco, ecclesiam de Spaniaco, ecclesiam de Castnedo, ecclesiam de Marcenniaco, ecclesiam de Norges, ecclesiam de Varesiis, ecclesiam de Eschiriaco, ecclesiam Sancti Apollinaris, ecclesiam de Orgialo.

Sane novalium vestrorum quæ propriis manibus aut sumptibus, et jumentis colitis, sive de nutrimentis vestrorum animalium, nullus omnino a vobis decimas exigere præsumat. Sepulturam quoque ipsius loci liberam esse concedimus, ut eorum devotioni et extremæ voluntati, qui se illic sepeliri deliberaverint, nisi forte excommunicati vel interdicti sint, nullus obsistat, salva tamen justitia illarum ecclesiarum a quibus mortuorum corpora assumuntur. In parochialibus autem ecclesiis quas tenetis, liceat vobis clericos eligere, et episcopo præsentare, quibus si idonei fuerint, episcopus curam animarum committat, ita ut de plebeis quidem episcopo, vobis vero de temporalibus debeant respondere. Liceat præterea vobis clericos vel laicos, e sæculo fugientes, liberos et absolutos, ad conversionem recipere, et in vestro monasterio absque contradictione aliqua retinere. Prohibemus insuper ut nulli fratrum vestrorum, post factam in loco vestro professionem fas sit, de eodem loco absque licentia abbatis tui, nisi obtentu arctioris religionis, discedere; discedentem vero sine communium litterarum vestrarum cautione nullus audeat retinere. Præterea libertates et immunitates, et antiquas rationabiles consuetudines monasterii vestri, integras et illibatas præsenti decreto manere sancimus.

Obeunte vero te, nunc ejusdem loci abbate, vel tuorum quolibet successorum, nullus ibi qualibet subreptionis astutia seu violentia præponatur, nisi quem fratres communi consensu, aut fratrum pars consilii sanioris, secundum Dei timorem et B. Benedicti Regulam providerint eligendum.

Decernimus ergo ut nulli omnino hominum liceat præfatum monasterium temere perturbare, aut ejus possessiones auferre, vel ablatas retinere, minuere, seu quibuslibet vexationibus fatigare, sed omnia integra et illibata serventur eorum, pro quorum gubernatione ac sustentatione concessa sunt, usibus omnimodis profutura, salva sedis apostolicæ auctoritate et diœcesani episcopi canonica justitia. Si qua igitur in futurum, etc.

Ego Alexander catholicæ Ecclesiæ episcopus subscripsi.

Ego Ildebrandus basilicæ XII Apostolorum presbyter cardinalis subscripsi.

Ego Joannes presbyter cardinalis tituli Sanctæ Susannæ subscripsi.

Ego Boso presbyter cardinalis Sanctæ Pudentianæ tituli Pastoris, subscripsi.

Ego Theodinus presbyter cardinalis Sancti Vitalis tituli Vestinæ subscripsi.

Ego Petrus de Bono presbyter cardinalis tit. Sanctæ Susannæ subscripsi.

Ego Hubaldus Ostiensis episcopus subscripsi.

Ego Gualterius Albanensis episcopus subscripsi.

Ego Guillelmus Portuensis et Sanctæ Rufinæ episcopus subscripsi.

Ego Manfredus Præneslinus episcopus subscripsi.

Ego Jacobus diaconus cardinalis Sanctæ Mariæ in Cosmedin subscripsi.

Ego Arditio diaconus cardinalis Sancti Adriani subscripsi.

Ego Hugo diaconus cardinalis Sancti Angeli subscripsi.

Datum Ferrariæ per manum Gratiani, sanctæ Romanæ Ecclesiæ subdiaconi et notarii, v Kal. Maii, indictione x, Incarnationis Dominicæ anno 1177, pontificatus vero domni Alexandri papæ III anno octavo decimo.

MCCLXXVIII.
Ecclesiam Præmonstratensem tuendam suscipit ejusque privilegia confirmat.
(Ferrariæ, April. 27.)
[Le PAIGE, *Biblioth. ord. Præm.*, 632.]

ALEXANDER episcopus, servus servorum Dei, dilectis filiis HUGONI abbati Præmonstratensi, et cæteris abbatibus et canonicis Præmonstratensis ordinis, tam præsentibus quam futuris, religiosam vitam professis, in perpetuum.

In apostolicæ sedis specula, quanquam immeriti, providente Domino, constituti, pro singulorum statu solliciti esse compellimur, et ea sincere tenemur amplecti, quæ ad incrementum religionis pertinent et ad virtutum spectant ornatum, quatenus religiosorum quies ab omni sit perturbatione secura, et a jugo mundanæ oppressionis servetur illæsa, cum apostolica fuerit tuitione munita. Attendentes itaque quomodo religio et ordo vester multa refulgens gloria meritorum, et gratia redolens sanctitatis, palmites suos a mari usque ad mare extenderit, ipsum ordinem et universas domos ejusdem ordinis apostolicæ protectionis præsidio duximus confovendas, et præsenti privilegio muniendas.

Eapropter, dilecti in Domino filii, vestris justis postulationibus benignius annuentes, universas institutiones et dispositiones, quas de communi consensu, vel majoris et sanioris partis rationabiliter fecistis, sicut inferius denotantur, auctoritate apostolica roboramus, et præsentis scripti patrocinio communimus. Videlicet ut ordo canonicus quemadmodum in Præmonstratensi, secundum B. Augustini regulam et dispositionem recolendæ memoriæ Norberti quondam Præmonstratensis ordinis institutoris, et successorum suorum in candido habitu institutus esse dignoscitur, per omnes ejusdem ordinis ecclesias, perpetuis temporibus inviolabiliter observetur, et eædem penitus observantiæ, iidem quoque libri, qui ad divinum officium pertinent, ab omnibus ejusdem ordinis ecclesiis uniformiter teneantur; nec aliqua ecclesia vel persona ordinis vestri adversus communia ipsius ordinis instituta privilegium aliquod postulare, vel obtentum audeat quomodolibet obtinere. Nulla etiam ecclesiarum ei quam genuit, quamlibet terreni commodi exactionem imponat, sed tantam Pater abbas curam de profectu tam filii abbatis, quam fratrum domus illius habeat, et potestatem habeat secundum ordinem corrigendi quæ in ea noverit corrigenda, et illi ei tanquam patri reverentiam filialem humiliter exhibeant. Abbas autem Præmonstratensis Ecclesiæ, quæ mater esse dignoscitur aliarum, non solum in his ecclesiis quas instituit, sed etiam in omnibus aliis ejusdem ordinis et dignitatem et officium patris obtineat, et ei ab omnibus tam abbatibus quam fratribus debita observantia impendatur.

Præterea omnes abbates ordinis vestri, singulis annis ad generale Præmonstratense capitulum, posposita omni occasione, conveniant, illis solis exceptis quos a labore viæ corporis retardaverit infirmitas, qui tamen idoneum delegare debebunt nuntium, per quem necessitas et causa remorationis suæ capitulo valeat nuntiari. Hi autem qui in remotioribus partibus habitantes, sine gravi difficultate singulis annis se nequeunt capitulo præsentare, in eo termino conveniant, qui in ipso eis capitulo fuerit constitutus. In quo nimirum capitulo, præsidente abbate Præmonstratensi, cæterisque consedentibus et in spiritu Dei cooperantibus, de his quæ ad ædificationem animarum, ad instructionem morum, et ad informationem virtutum atque incrementum regularis disciplinæ spectabunt, sermo diligens habeatur. Porro de omnibus quæstionibus et querelis tam spiritualibus quam temporalibus, quæ in isto capitulo propositæ fuerint, illud teneatur irrefragabiliter et observetur quod abbas Præmonstratensis cum his qui sanioris consilii et magis idonei apparuerint, juste ac provide judicabit. Sane si abbas aliquis vestri ordinis infamis et inutilis, aut ordinis sui prævaricator inventus fuerit, et prius per patrem suum abbatem, aut per nuntios ejus admonitus suum corrigere et emendare delictum neglexerit, aut cedere, si amovendus fuerit, forte noluerit, auctoritate generalis capituli deponatur, et depositus sine dilatione ad domum suam exivit, seu ad aliam ejusdem ordinis quam elegerit, revertatur, in obedientia abbatis, sicut cæteri fratres ipsius domus, firmiter permansurus. Id ipsum etiam alio tempore, si necesse fuerit, et capitulum sine scandalo vel periculo exspectari nequiverit, per abbatem Præmonstratensem et patrem abbatem et alios abbates quos vocaverit fieri licebit. Quod si depositus in se datæ sententiæ contumaciter contraire tentaverit, tam ipse quam principales ejus, qui de ordine vestro fuerint in sua contumacia fautores, abbate Præmonstratensi et cæteris abbatibus, censura ecclesiastica, donec satisfaciant, coerceantur.

Verum cum aliqua ecclesiarum vestrarum abbate proprio fuerit destituta, sub patris abbatis potestate ac dispositione consistat, et cum ejusdem consilio qui eligendus fuerit, a fratribus eligatur. Electus autem, non quasi absolutus a potestate patris abbatis vel ordinis sui, archiepiscopo vel episcopo professionem, occasione illa non transgrediatur constitutiones ordinis sui, nec in aliquo ejus prævaricator existat. Si quis etiam ex vobis canonice electus in abbatem, diœcesano episcopo semel et iterum per abbates vestri ordinis præsentatus, benedictionem ab eo non potuerit obtinere, ne ecclesia ad quam vocatus est, destituta consilio periclitetur, vice et loco abbatis fungatur in ea, tam in exterioribus providendis, quam in interioribus corrigendis, donec aut interventu generalis capituli vestri, aut præcepto Romani pontificis seu metropolitani, benedictionem suam obtineat. Cæterum si aliqua ecclesiarum vestrarum pastoris solatio destituta, inter fratres de substituendo abbate discordia fuerit, vel scissura suborta, et ipsi facile ad concordiam vel unitatem revocari nequiverint, Pater abbas consilio coabbatum suorum eis idoneam provideat personam, et illi eam sine contradictione recipiant in abbatem. Quam si recipere contempserint, sententiæ subjaceant, quam Pater abbas cum consilio coabbatum suorum in eos duxerit, circumspectione adhibita, promulgandam. Si quæ autem ecclesiæ canonicorum alterius ordinis, ad ordinem vestrum venerint, ad eam ecclesiam vestri ordinis habeant sine refragatione respectum, in qua vestrum noscuntur ordinem assumpsisse.

Nulla sane persona ecclesiastica pro benedictione abbatum vestrorum palefridum, aut aliquid aliud exigere, nullus abbatum vestrorum etiamsi exigatur, dare præsumat, quia et exigenti et danti nota Simoniacæ pravitatis et periculum imminet.

Ad hæc quoniam Præmonstratensis Ecclesia prima mater est omnium ecclesiarum totius ordinis, et patrem super se non habet sicut ad cautelam et custodiam ordinis per tres primos abbates, scilicet de Lauduno, de Floreffia et de Cussiacensi statutum est annua ibidem visitatio fiat, et ad suggestionem eorum in ipsa domo corrigatur, si quid corrigendum fuerit. Quod si abbas in corrigendo tepidus, et fratres sæpius moniti incorrigibiles permanserint, ad generale capitulum referatur, et sicut melius visum fuerit, consilio generalis capituli emendetur, et sententia in hac parte capituli sine retractatione aliqua observetur. Quoties vero Ecclesia Præmonstratensis sine abbate fuerit, ad præfatos tres abbates ejus cura respiciat, et a canonicis ipsius ecclesiæ cum eorum consilio, persona in abbatem idonea eligatur, ad consilium suum quatuor aliis abbatibus ad eamdem ecclesiam pertinentibus pariter advocatis quos ipsi canonici providerint advocandos.

Liceat quoque unicuique matri ecclesiæ ordinis vestri cum consilio abbatis Præmonstratensis, de abbatibus ecclesiarum, quæ ab ea processisse noscuntur sibi quemcunque voluerint, si tamen idoneus exstiterit, assumere in abbatem. Personam autem de alio ordine nulla ecclesiarum vestrarum sibi eligat in pastorem, nec vestri ordinis aliqua in abbatem monasterii alterius ordinis, nisi de auctoritate Romanæ Ecclesiæ, ordinetur. Nulli etiam canonicos vel conversos vestros sine licentia abbatum suscipere, aut susceptos liceat retinere. Si quæ vero inter aliquas vestri ordinis ecclesias de temporalibus quæstio emerserit, non extra ordinem ecclesiastica vel sæcularis audientia requiratur, sed mediante Præmonstratensi abbate et cæteris quos vocaverit, aut charitative inter eas componatur, aut auditis utrinque rationibus eadem controversia justo judicio terminetur.

Quia vero singula quæ ad religionis profectum et animarum salutem ordinastis, præsenti abbreviationi nequiverint adnecti, nos cum his quæ præscripta sunt, consuetudines vestras, quas inter vos religionis intuitu regulariter statuistis, ac deinceps auctore Domino statuetis auctoritate apostolica roboramus, et vobis vestrisque successoribus, et omnibus qui ordinem professi fuerint, perpetuis temporibus inviolabiliter observandas decernimus. Ad majorem quoque ordinis vestri reverentiam et regularis disciplinæ observantiam, vobis filii abbates subjectos, prævia justitia et ratione ligandi et eosdem solvendi, pœnitentia et satisfactione præcedente, plenam concedimus facultatem, majoribus et difficilioribus criminibus quæ manifesta fuerint, metropolitano vel Romano pontifici reservatis. De cætero quoniam a strepitu et tumultu sæcularium remoti, pacem et quietem diligitis, grangias vestras, sicut et atria ecclesiarum a pravorum incursu et violentia libera fore sancimus; prohibentes ut ibi nullus hominum, capere, spoliare, verberare seu interficere, aut furtum vel rapinam committere audeat. Ob evitandas vero sæcularium frequentias, liberum sit vobis (salvo jure diœcesanorum episcoporum) oratoria in grangiis vestris construere, et in ipsis vobis, et familiæ vestræ divina officia, cum necesse fuerit, celebrare. Prohibemus insuper ne aliqua persona fratres ordinis vestri audeat ad sæcularia judicia provocare, sed si quis adversus eos aliquid sibi crediderit de jure competere, sub ecclesiastici examine judicii experiendi habeat facultatem. Præterea, sicut a tempore prædecessoris nostri piæ memoriæ Innocentii, ex ejus privilegio habetis, nos quoque præsentis scripti auctoritate firmamus ut de novalibus quæ propriis manibus aut sumptibus colitis, seu de nutrimentis animalium vestrorum, nulla ecclesiastica sæcularisve persona decimas a vobis exigere præsumat.

Decernimus ergo ut nulli omnino hominum liceat præfatum monasterium temere perturbare, aut ejus possessiones auferre, vel ablatas retinere, minuere, vel quibuslibet vexationibus fatigare, sed illibata omnia et integra conserventur eorum, pro quorum gubernatione ac sustentatione concessa sunt, usibus omnimodis profutura, salva sedis apostolicæ auctoritate. Si qua igitur in futurum, etc.

Datum Ferrariæ per manum Gratiani, Romanæ Ecclesiæ subdiaconi et notarii, v Kal. Maii, indict. x, Incarnationis Dominicæ anno 1177, pontificatus vero domni Alexandri papæ III anno decimo octavo.

MCCLXXIX.

Ad Petrum tit. S. Chrysogoni presbyterum cardinalem, apostolicæ sedis legatum. — Mandat se cum Friderico imperatore nondum pacem fecisse; jubet hortetur Francorum regem ut factas cum Henrico Anglorum rege pactiones observet.

(Ferrariæ, April. 30.)

[Mansi, *Concil.*, XXI, 966.]

ALEXANDER episcopus, servus servorum Dei, dilecto filio PETRO tit. Sancti Chrysogoni presbytero cardinali, apostolicæ sedis legato, salutem et apostolicam benedictionem.

Quod significasti nobis publice per totum regnum Franciæ prædicari nos cum Friderico imperatore pacem fecisse, et ex hoc charissimum in Christo filium nostrum Ludovicum, illustrem Francorum regem, in admirationem non modicam esse inductum, quia nullam per nos certitudinem inde habuit, mirati sumus quomodo ille vir potens hujusmodi sparsit rumores per orbem, per litteras suas denotando nos ad vocationem ejus ivisse et pacem firmasse, cum, etsi capitula hinc inde producta fuerint, et spes habeatur quod pax debeat reformari, nullam tamen certitudinem perficiendæ pacis habemus, quia jam eam ipsi regi significassem, qui tantum Ecclesiæ contulit, et se pariter et regnum suum nobis et fratribus nostris plene exposuit. Quod quidem te volumus prædicto regi, utpote amatori et defensori Ecclesiæ, diligenter proponere, et quod ei statim plenius curabimus, si datum fuerit desuper quod pax reformetur, et studiosius insinuare. De cætero, licet charissimo in Christo filio nostro Henrico illustri Anglorum regi scripta nostra direxerimus, monentes, consulentes et hortantes eum, ut filiam suam prædicto regi sine dilatione restituat, vel a filio suo faciat desponsari : quia tamen prædictus rex Angliæ asserit se paratum esse ad matrimonium complendum, si rex Franciæ pactiones servare voluerit quas secum fecit, prudentiam tuam monemus et hortamur attentius, quatenus eumdem regem Franciæ cum omni studio moneas, horteris propensius et inducas quod prædicto regi Angliæ petitiones illas compleat et observet, si honestæ sunt; et ita se obligavit, quod eum dedeceat, si eas non compleverit. Quod si forte non potuerit ad hoc induci, regem Angliæ cum omni instantia monere satagas, et inducere modis omnibus elabores, ut de duobus quæ diximus alterum maturius exsequatur, quia satis ei sufficere debet ut regi filiam reddat, ex quo sibi interpositas petitiones non servat. Si autem infra quadraginta dies post commonitionem tuam, neutrum horum quæ dicta sunt impleverit, in regnum ejus et in terram ejus, omni occasione et appellatione cessante, interdicti sententiam proferas. Et venerabilibus fratribus nostris, Cantuariensi et Burdegalensi archiepiscopis, et Pictaviensi episcopo, ex parte nostra præcipias, ut eamdem sententiam omni occasione et appellatione cessante observent, et faciant inviolabiliter observari. Volumus autem ut negotium ipsum secretum teneas, quousque a rege Anglorum certum recipias inde responsum : et hoc ipsum regi Franciæ diligenter ex parte nostra proponas, quia nec decet, nec expedit, ut ante responsionem regis nostrum publicetur mandatum.

Datum Ferrariæ, II Kal. Maii.

MCCLXXX.
Privilegium pro Ecclesia Veronensi.
(Ferrariæ, Maii 1.)
[UGHELLI, *Italia sacra*, V, 1014.

ALEXANDER episcopus, servus servorum Dei, dilectis filiis RIPRANDO archipresbytero Veronensis Ecclesiæ ejusque fratribus tam præsentibus quam futuris canonice substituendis in perpetuum.

Officii nostri nos admonet et invitat auctoritas pro Ecclesiarum statu satagere, et earum quieti et utilitati salubriter, auxiliante Domino, providere ; dignum namque et utilitati conveniens esse dignoscitur, ut qui ad earum regimen, Domino disponente, assumpti sumus, eas et a pravorum hominum nequitiis tueamur, et beati Petri atque apostolicæ sedis patrocinio muniamus. Quapropter, dilecti in Domino filii, vestris justis postulationibus clementer annuimus, et præfatam Ecclesiam, in qua divino mancipati estis obsequio, prædecessorum nostrorum Calixti et Innocentii Romanorum pontificum vestigiis inhærentes, sub beati Petri et nostra protectione suscipimus, et præsentis scripti privilegio communimus, statuentes ut quascumque possessiones, quæcumque bona eadem Ecclesia inpræsentiarum juste et canonice possidet, aut in futurum concessione pontificum, largitione regum vel principum, oblatione fidelium, seu aliis justis modis, præstante Domino, poterit adipisci, firma vobis vestrisque successoribus et illibata permaneant. In quibus hæc propriis duximus exprimenda vocabulis :

Ecclesias scilicet S. Georgii, S. Joannis Baptistæ, S. Clementis, S. Cæciliæ, S. Faustini, S. Firmi in Capella, et S. Pauli in Burgo; ecclesiam S. Joannis Baptistæ in Valle, monasterium S. Michaelis in Campanea, S. Joannis Baptistæ in Quintiano; ecclesiam S. Petri in Carnario, S. Pauli de Pruno, et Omnium Sanctorum de Novariis, S. Mariæ de Turano, S. Cassiani, et Omnium Sanctorum de Martiana, S. Pancratii, S. Georgii in Salsis, S. Michaelis de Carmasino, S. Faustini de monte Draconis, S. Prosdocimi cum decima, S. Ambrosii de Casalialto ; villam Quinti, et locum, qui dicitur Vila, et Lusiam cum ecclesiis, et decimationibus earum ; castella vero et villas vestras vobis nihilominus confirmamus, videlicet Cerreta, Erbetum, Fagnanum, Ponteposserum, Pradellæ cum capella, Englare dimidium, Biunde, Porcille, Tresolanum, Gretiana, Martiana, Pulianum, et medium Romagnanum, Pruno, Calmasinum, in Comitatu Trid. Bergusium, Buado, Bulbeno, Badabiones cum capella, silvam etiam quæ dicitur Collegaria cum piscariis, et tertiam partem nemoris quod dicitur Badauguano, et palatium cum porta S. Zenonis, oblationem etiam dimidiam monasterii S. Zenonis in singulis festivitatibus ejusdem confessoris a diluculo usque ad horam tertiam : decimam quoque civitatis, et portæ S. Zenonis et burgi; justas autem consuetudines vestras a prædecessoribus nostris vobis confirmatas concedimus et illibatas auctoritate apostolica conservari præcipimus, etiam ne quis vestrum absque communi omnium consensu, vel partis consilii sanioris bona, redditus, vel possessiones Ecclesiæ vestræ alicui personæ dare præsumat. Quæ autem indebite data, vel destructa sunt ad jus, et dominium vestrum libere revertantur: decimas vero de propriis laboribus vestris, seu etiam redditibus a vobis exigere, vel suscipere laicorum nemo præsumat. Decernimus ergo, etc.

Ego Alexander catholicæ Eccl. episcopus.
Ego Hubaldus Ostiensis episcopus.
Ego Gualterius Albanensis episcopus.
Ego Conradus Moguntin. archiep., et Sabinensis.
Ego W. Port. et S. Rufinæ episcopus.
Ego Manfredus Prænestinus episc.
Ego Ildeprandus presbyter card. Basilicæ XII Apostolorum.
Ego Joannes presbyter card. tit. Sanctæ Anastasiæ.
Ego Theodinus presbyt. card. Sancti Vitalis, tit. Vestinæ.
Ego Jacintus S. Mariæ in Cosmedin diac. card.
Ego Arditio diac. card. S. Theodori.
Ego Cynthius diac. cardin. S. Adriani.

Dat. Ferrariæ per manum Gratiani, sanctæ Rom. Ecclesiæ subd. et notar., Kal. Maii, indictione x, Incarnationis Domini anno 1177, pontif. vero domini Alexandri PP. III anno XVIII.

MCCLXXXI.

Ad archipresbyterum et canonicos plebis S. Michaelis de Nonantula. — Ne duodecim canonicorum numerus augeatur.

(Ferrariæ, Maii 5.)

[TIRABOSCHI, *Storia della badia di Nonantola*, II, 302.]

ALEXANDER episcopus, servus servorum Dei, dilectis filiis archipresbytero et canonicis plebis S. Michaelis de Nonantula salutem et apostolicam benedictionem.

In his quæ juste requiritis, facile favorem nostrum obtinere debetis, ne videamur justas petitiones renuere, quas clementer nos convenit et efficaciter exaudire. Inde est quod, cum numerositatem canonicorum quæ erat in ecclesia vestra studiosius attendentes, deliberato, sicut asseritis, consilio statueritis ut ecclesia vestra duodenario canonicorum numero debeat esse contenta, ita quod ad recipiendum aliquem in canonicum ultra numerum ipsum vos aut successores vestri non debeatis aliqua ratione compelli, nisi possessiones ejusdem ecclesiæ ita adauctæ fuerint, quod pluribus canonicis sufficere possint, nos vestris postulationibus inclinati constitutionem ipsam a vobis, sicut diximus, factam ratam habemus, et firmamus, eamque auctoritate apostolica confirmamus et præsentis scripti patrocinio communimus. Nulli ergo omnino, etc.

Datum Ferrariæ, III Non. Maii. (33)

(33) Alessandro III l'anno 1177 mentre trattavasi della pace con Federigo Barbarossa fu per qualche tempo in Ferrara al principio di Maggio (*V. Muratori*

MCCLXXXII.

Ad Albertum archipresbyterum et canonicos Bononiensis Ecclesiæ. — Eorum privilegia confirmat.

(Ferrariæ, Maii 6.)

[SAVIOLI, *Annal. Bologn.*, II, II, 69.

ALEXANDER episcopus, servus servorum Dei, dilectis filiis archipresbytero ALBERTO et canonicis Bononiensis Ecclesiæ, salutem et apostolicam benedictionem.

Considerantes devotionem quam erga nos et Romanam Ecclesiam geritis, libenter volumus justas vestras petitiones admittere et pia desideria vestra effectu prosequente complere. Inde est quod eum de voluntate vestri episcopi et auctoritate dilecti filii nostri J. basilicæ Duodecim Apostolorum presbyteri cardinalis, tunc apostolicæ sedis legati cum consilio consulum et aliorum sapientum terræ, sicut asseritis, sit statutum ut de collegio vestro syndicum debeatis semper habere constitutionem vestram in hac parte ratam habemus et firmam, eamque auctoritate apostolica confirmamus et præsentis scripti patrocinio communimus. Ad hæc præsenti scripto statuimus ut episcopus vester, si quando contigerit in episcopatu suo collectam facere, in ea requirenda et habenda vestro debeat consilio uti. Tres quoque partes decimarum de molendinis, si quæ de novo facta sunt, vel in posterum fient, exceptis molendinis religiosorum locorum, si quæ vobis concessa sunt, auctoritate apostolica confirmamus. Statuentes ut nulli omnino hominum liceat, hanc paginam nostræ confirmationis et constitutionis infringere vel ei aliquatenus contraire. Si quis autem hoc attentare præsumpserit, indignationem omnipotentis Dei et beatorum Petri et Pauli apostolorum se noverit incursurum.

Dat. Ferrariæ, II Non. Maii.

MCCLXXXIII.

Monasterium S. Mariæ Vangadiciense tuendum suscipit bonaque ac jura confirmat.

(Ferrariæ, Maii 7.)

[BIANCOLINI, *Notitie Storiche delle chiese di Verona*, t. IV, App., p. 69.]

ALEXANDER episcopus, servus servorum Dei, dilectis filiis ISAAC abbati monasterii Sanctæ Mariæ Vangadiciensis, ejusque fratribus tam præsentibus quam futuris, regularem vitam professis, in perpetuum.

Apostolicæ sedis cui, auctore Deo, præsidemus, nos hortatur auctoritas pro Ecclesiarum statu satagere, et quæ ad earum sunt quietem disposita, propensiori diligentia stabilire. Eapropter, dilecti in Domino filii, vestris justis postulationibus clementer annuimus, et prædictum Vangadiciense beatæ Mariæ virginis monasterium, in quo divino estis obsequio mancipati, quod utique a recolendæ memoriæ Hugone quondam marchione constat esse

Ann. d'Ital.), il che di montra, che a quest'anno devesi fissar questo breve segnato e spedito da quella citta.

constructum, atque a prædecessoribus nostris sanctæ recordationis Silvestro, Calixto et Innocentio Romanis pontificibus libertate donatum est, tanquam ad jus B. Petri et sanctæ Romanæ Ecclesiæ speciali prærogativa pertinens, apostolicæ sedis privilegio communimus; statuentes ut quascunque possessiones, etc., in quibus hoc propriis duximus exprimenda vocabulis:

Villam abbatiæ, in qua monasterium situm est, cum plebe Sancti Joannis, Vangaticiam cum ecclesia Sancti Michaelis, villam quæ dicitur Salva terra, cum ecclesia Sancti Antonini, Cavazanam cum ecclesia Sancti Laurentii, ecclesiam Sancti Andreæ de Ramo de Palo cum pertinentiis suis. Infra civitatem Veronæ ecclesiam Sancti Salvatoris cum suis omnibus pertinentiis, quascunque etiam possessiones habetis in Ilasi et in Bardulino, et in quibuscunque locis Veronensis episcopatus. In episcopatu Vicentino terram de Albareto, in episcopatu Pataviensi ecclesiam Sancti Petri sitam in monte Silicano cum suis omnibus pertinentiis, curtem vallis Almerici cum ecclesia Sancti Andreæ; in Este ecclesiam Sancti Firmi et ecclesiam Sancti Petri cum pertinentiis suis; in Palso ecclesiam Sancti Michaelis, possessiones in curia villæ, et in aliis locis ejusdem episcopatus. In episcopatu Adriensi Venetiæ cum ecclesia Sancti Martini, Broxetum cum ecclesia Sancti Zenonis; in Contina ecclesiam Sancti Sixti, in Gorgnano ecclesiam Sancti Bartholomæi, in villa Comeda ecclesiam Sancti Petri, et quascunque possessiones in eodem episcopatu habetis, vel comitatu, possessiones in episcopatu Ferrariensi, et in episcopatu Bononiensi, ecclesiam Sanctorum Simonis et Judæ de Urbizanis cum pertinentiis suis. Nulli ergo omnino hominum fas sit præfatum cœnobium temere perturbare, aut ejus possessiones auferre, vel ablatas retinere, minuere, aut aliquibus vexationibus fatigare, sed omnia integra conserventur eorum, pro quorum gubernatione et sustentatione concessa sunt, usibus omnimodis profutura. Prædictorum denique nostrorum statuta prædecessorum sine ulla servare volentes refragatione monasterium ipsum sub Romanorum duntaxat pontificum tuitione, positum a reliquorum dominio episcoporum cum universis quas nunc possidere dignoscitur ecclesiis, seu quas in posterum juste acquisierit, omnino liberum et a synodalibus quibuslibet exactionibus absolutum permanere decernimus. Tibi itaque, fili abbas, tuisque omnibus successoribus liceat vestras quascunque ecclesias cum cœmeteriis, baptisteriis, capitulis et synodis quiete possidere, atque per proprios ordinare sacerdotes, nullius episcopi obstante contradictione. Clericorum quoque vestrorum promotiones et consecrationes basilicarum, sed et infantium in villis vestris positorum consignationes, ut a catholicis quos invitare volueritis, episcopis pro reverentia sedis apostolicæ, nullius interveniente morbo venalitatis, peragantur, perpetua stabilitate sancimus. Presbyteris insuper in parochianis monasterii ecclesiis quocunque tempore constitutis vulgatorum pariter et secretorum criminum sibi commissis populis injungendi pœnitentias præsentis auctoritate privilegii indulta licentia. Ad eorumdem etiam spectabit sollicitudinem quæstiones quæ de conjugiis emerserint ac difficiliora quoque negotia, ut juxta sanctorum Patrum terminentur instituta, ad te, fili abbas, tuosque successores. . . . . . Studii præterea vestri sit sacrosanctum chrisma singulis annis per vestros a catholico quocunque volueritis episcopo legatos accipere, acceptum vero baptismalibus ex more ecclesiis distribuere, sicut omnia hæc hactenus fecisse noscimini. Sane curtis abbatiæ decimas, simulque Vangadiciæ, Salvaterræ atque Cavasanæ, seu etiam Rami de Pali, ac de territorio Broxeti, atque Saguedi et Veneze pietatis intuitu ex integro vobis habendas concedimus. In aliis autem locis prædiorum quæ propriis a vobis exculta sumptibus fuerint, ac reddituum vestrorum decimationes nostra vobis auctoritate vindicabitis, sicut eas inconcusse a quadraginta retro annis habuistis, et hoc facere consuevistis. Obeunte vero te, nunc ejusdem loci abbate, vel tuorum quolibet successorum, nullus ibi qualibet subreptionis astutia seu violentia præponatur, nisi quem fratres communi consensu, vel fratrum pars consilii sanioris de suo vel de alieno religiosorum collegio si, quod absit! idoneus ibi repertus non fuerit, secundum Dei timorem et beati Benedicti regulam elegerint, electus autem ad Romanum pontificem consecrandus accedat. Si qua igitur in futurum ecclesiastica sæcularisve persona, etc.

Datum Ferrariæ per manum Gratiani, sanctæ Romanæ Ecclesiæ subdiaconi et notarii, Nonis Maii, indictione decima, Incarnationis Dominicæ anno 1177, pontificatus vero domni Alexandri papæ III anno XVIII.

MCCLXXXIV.
Ad Guidonem præpositum et capitulum Mutinensis Ecclesiæ.— De numero quatuordecim canonicorum neque augendo neque minuendo.

(Ferrariæ, Maii 9.)

[TIRABOSCHI, *Memorie storiche Modenesi*, III, 69.]

ALEXANDER episcopus, servus servorum Dei, dilectis filiis GUIDONI præposito et capitulo Mutinensis Ecclesiæ, salutem et apostolicam benedictionem.

Fervens et sincera devotio, quam circa nos et Romanam Ecclesiam geritis, monet nos propensius et hortatur, ut in his quæ juste requiritis, facile nostrum vobis debeamus parare favorem, præsertim cum a nobis ea vos contingat requirere quæ ad pacem vestræ Ecclesiæ pertineant et profectum. Innotuit siquidem nobis ex tenore litterarum vestrarum quod vos, consideratis facultatibus ejusdem Ecclesiæ, diligenter deliberato consilio, statuistis ut eadem ecclesia plures quatuordecim canonicis vel pauciores habere non debeat, nisi facultates ipsius Ecclesiæ ita, Domino largiente, excrescerent, quod plures posset decenter habere. Nos itaque vestris postulationibus annuentes præscriptam constitutionem a vobis, sicut diximus, factam, ratam habemus et firmam, eamque ex auctoritate apostolica confirmantes præsentis scripti patrocinio communimus. Statuentes ut nulli omnino hominum liceat hanc paginam nostræ confirmationis infringere, vel ei aliquatenus contraire. Si quis autem hoc attentare præsumpserit, indignationem omnipotentis Dei et beatorum Petri et Pauli apostolorum ejus se noverit incursurum.

Datum Ferrariæ, vii Idus Maii.

MCCLXXXV.

Balderami præpositi et canonicorum S. Mariæ Magdeburgensium erga Romanam Ecclesiam studium laudat et confirmat.

(Venetiis in Rivo alto, Maii 14.)
[Hugo, *Ann. ord. Præm.*, II, 122.]

Alexander episcopus, servus servorum Dei, dilectis filiis Balderamo præposito et canonicis ecclesiæ Sanctæ Mariæ in Magdeburg, salutem et apostolicam benedictionem.

Commendamus et digna laude prosequimur integritatem devotionis et fidei quam erga matrem nostram sacrosanctam Romanam Ecclesiam, et erga personam nostram vos constanter exhibuisse et jugiter exhibere accepimus, propositum et voluntatem habentes vos et ecclesiam vestram sincere diligere, et de commodis et profectibus ecclesiæ vestræ opportunitate suscepta propensius in Domino cogitare. Monemus autem universitatem vestram et hortamur attentius, quatenus in tam digno et laudabili proposito usque ad finem laudabiliter perseveretis, et ad susceptæ religionis augmentum, et ad felicem perseverantiam modis omnibus intendatis ut ex hoc gloriam consequi possitis æternam.

Datum Venetiis in Rivo alto, ii Idus Maii.

MCCLXXXVI.

Ad Hugonem abbatem et fratres S. Germani Parisiensis. — Indulget eis ut Senonensi archiepiscopo procurationes solvere non teneantur, nisi pro quadraginta equitaturis ad summum, et pro quadraginta quatuor hominibus.

(Venetiis in Rivo alto, Maii 23.)
[D. Bouquet, *Recueil*, XV, 956.]

Alexander episcopus, servus servorum Dei, dilectis filiis Hugoni abbati et fratribus S. Germani Parisiensis, salutem et apostolicam benedictionem.

Quanto manifestius fervorem tuæ devotionis, fili abbas, in multis sumus experti, et monasterium tuum specialius ad nostram jurisdictionem pertinere et tutelam, tanto libentius indemnitati ejus monasterii cavere volumus, et ejus commoditatibus sollicitius providere. Unde quia, cum Senonensis archiepiscopus a quibusdam ecclesiis quas in ejus episcopatu habetis, procurationem recipiat, ipsas cum eo numero personarum et equitaturarum visitare dicitur, quod ejus visitatio est ipsis ecclesiis admodum onerosa, nos gravamina prædictarum ecclesiarum in hac parte volentes sollicite providere, auctoritate apostolica vobis duximus indulgendum, ut, si præfatus archiepiscopus, vel successores ejus ab ecclesiis vestris, in quibus debent procurationem recipere, procurationem pro pluribus quam pro quadraginta equitaturis ad plus, et pro quadraginta quatuor hominibus exegerint, ad eam sibi solvendam, vel ad exhibendum quidquam procurationis obtentu, eædem ecclesiæ vel vos non possitis aliqua ratione compelli. Nulli ergo omnino hominum liceat hanc paginam nostræ constitutionis infringere, vel ei aliquatenus contraire. Quod si quis hoc attentare præsumpserit, indignationem omnipotentis Dei, et beatorum Petri et Pauli apostolorum ejus se noverit incursurum.

Datum Venetiis in Rivo alto, x Kal. Junii.

MCCLXXXVII.

Welfoni duci significat se Ecclesiæ Steingadensis defensionem contra episcopum Augustensem suscepisse.

(Venetiis in Rivo alto, Maii 26.
[*Monumenta Boica*, VI, 490.]

Alexander episcopus, servus servorum Dei, dilecto filio nobili viro duci Welfoni, salutem et apostolicam benedictionem.

Cum sciamus te honori et incremento sacrosanctæ Romanæ Ecclesiæ diligenter intendere, ac circa personam nostram multa devotione fervere, te etiam sicut specialem et devotum Ecclesiæ filium, quem sincera in Domino charitate diligimus, cupimus honorare, ac preces et petitiones tuas, in quantum salva honestate nostra possumus, animo libenti admittere, et utiliter effectu prosequente complere. Inde est quod ad ecclesiam, apud quam corpus filii tui est tumulatum, quam venerabilis frater noster Frisingensis episcopus ad preces tuas consecravit, sub beati Petri et nostra protectione suscipimus, auctoritate apostolica statuentes ut non liceat Augustensi episcopo vel alii, de præscripta consecratione quæstionem movere, aut præfatæ ecclesiæ novas et indebitas consuetudines imponere, vel ipsam seu ecclesiasticos qui in ea Domino serviunt, indebita molestatione gravare. Sane si omnipotens Dominus dederit quod Ecclesia possit optata pace gaudere, et quod inter Ecclesiam et imperatorem pax, sicut credimus, reformetur, Augustensi episcopo firmiter præcipiemus ne ecclesiasticis in terra tua manentibus, qui a catholicis episcopis ordines susceperunt, occasione perceptorum ordinum per se vel per alios molestiam inferat vel gravamen, et quod ab eorum et ecclesiarum ipsarum indebita molestatione penitus conquiescat.

Datum Venetiis in Rivo alto, vii Kal. Junii.

MCCLXXXVIII.

Visitantibus ecclesiam Sanctæ Mariæ de Charitate Venetiis, indulgentiam viginti dierum concedit.

(Venetiis in Rivo alto, Maii 29.)
[Muratori, *Antiquit. Ital.*, v, 763.]

Alexander episcopus, servus servorum Dei, dilectis filiis et fratribus Sanctæ Mariæ de Charitate, salutem et apostolicam benedictionem.

Cum pro commodo generalis Ecclesiæ, cujus curam et regimen, licet immeriti, gerimus, venissemus, Domino ducente, Venetias, ad petitionem vestram invocati, pro nostri officii debito Nonis Aprilis ecclesiam vestram Spiritus sancti gratia dedicavimus; et omnibus qui in anniversario dedicationis, vel tribus diebus ante, vel tribus post, eamdem contrito animo et devote et humiliter visitaverint, de pœnitentia sibi injuncta viginti dies, confisi de misericordia Jesu Christi, et beatorum Petri et Pauli meritis, duximus indulgendos. Ne igitur illud indulgentiæ, quod visitantibus ecclesiam vestram annuatim indulsimus, in posterum a memoria hominum elabatur, remissionem quam fecimus auctoritate apostolica confirmamus, eamque ad perpetuam memoriam futurorum in scriptis duximus redigendam.

Datum Venetiis in Rivo alto, iv Kal. Junii.

MCCLXXXIX.

Ad præpositum et capitulum Mutinense. — Sancit ne canonicis extra morantibus beneficia conferantur.

(Venetiis in Rivo alto, Maii 30.)

[TIRABOSCHI, *Mem. stor. Modenesi*, III, 70.]

ALEXANDER episcopus, servus servorum Dei, dilectis filiis præposito et canonicis Mutinensibus, salutem et apostolicam benedictionem.

Cum velimus vos et Ecclesiam vestram speciali prærogativa charitatis diligere et honorare, de statu vestro sollicitius duximus cogitandum, ut vestræ devotionis et fidei sinceritas, quam nobis et Ecclesiæ Romanæ hactenus incesssanter exhibuistis, semper debeat et possit, auxiliante Domino augmentari. Inde est quod, cum ad commodum et utilitatem ecclesiæ vestræ, sicut ex relatione vestra percepimus, statueritis ut in ecclesia ipsa nulli canonicorum extra morantium, nisi forte in scholis fuerit, præbenda de cætero conferatur, nos constitutionem ipsam, sicut de assensu episcopi et vestro facta est, ratam habentes et firmam, auctoritate apostolica confirmamus, et præsentis scripti patrocinio communimus. Statuimus etiam ut nemini liceat parochianos vestros ad sepulturam recipere, nisi salva justitia ecclesiæ vestræ in parte testamenti. Decernimus ergo ut nulli omnino hominum liceat hanc paginam nostræ confirmationis et constitutionis infringere, vel ei aliquatenus contraire. Si quis autem hoc attentare præsumpserit, indignationem omnipotentis Dei et beatorum Petri et Pauli apostolorum ejus se noverit incursurum.

Datum Venetiis in Rivo alto, iii Kal. Junii.

MCCXC.

Ad eosdem. — Intra parœcias Mutinenses injussu episcopi et capituli Mutinensis construi ecclesias vetat.

(Venetiis in Rivo alto, Maii 30.)

[*Ibid.*

ALEXANDER episcopus, servus servorum Dei, dilectis filiis præposito et canonicis Mutinensibus, salutem et apostolicam benedictionem.

Viris ecclesiasticis et his maxime qui in unitate Ecclesiæ, immobiliter persistentes beato Petro et nobis fideles sunt admoduin et devoti, propensius adesse tenemur, et de ipsorum commodo et augmento tanto sollicitius cogitare, quanto eos sinceriori charitate diligimus, et eorum jura volumus attentiori studio conservari. Eapropter, dilecti in Domino filii, vestris postulationibus benignius annuentes, auctoritate apostolica statuimus ut nemini liceat sit infra parochias ecclesiæ vestræ vel aliarum ecclesiarum vestrarum sine assensu episcopi vestri et vestro ecclesiam vel oratorium construere, salvis privilegiis Romanæ Ecclesiæ.

Datum Venetiis in Rivo alto, iii Kal. Junii.

MCCXCI.

Sententiam ab Equilino et Torcellano episcopis latam, ut monachi S. Nicolai Vitalem episcopum Castellanum [Venetum] die Ascensionis Domini recipiant « ad processionem et ad refectionem præstandam, » confirmat.

(Venetiis in Rivo alto, Maii 31.)

[UGHELLI, *Ital. Sac.*, V, 1245.]

ALEXANDER episcopus, servus servorum Dei, venerabili fratri V. Castellan. episcopo salutem et apostolicam benedictionem.

Ea quæ judicio statuuntur, in sua debent firmitate consistere, et apostolico robore communiri, ne alicujus valeant malignitate, vel præsumptione turbari. Intelleximus siquidem quod, cum venerabiles fratres nostri Equilen. et Torcellan. episcopi causam quæ vertebatur inter te et abbatem et monachos S. Nicolai super susceptione tua ab ipso abbate et fratribus in die Ascensionis Domini in missa majori, ad processionem et ad refectionem tibi cum tuis præstandam, de mandato nostro, appellatione remota, suscepissent definiendam: tandem super susceptionem, processionem et refectionem, rationibus auditis, plenius intellectis, et veritate rei per confessionem abbatis et monachorum ejusdem monasterii sufficienter cognita, sententiam pro te diffinitivam tulerunt; quam utique ratam et firmam habentes auctoritate apostolica confirmamus et præsentis scripti patrocinio communimus: statuentes ut nulli omnino hominum liceat hanc paginam nostræ confirmationis infringere, vel ei aliquatenus contraire; si quis autem hoc attentare præsumpserit, indignationem omnipotentis Dei ac BB. Petri et Pauli apostolorum ejus se noverit incursurum.

Dat. Venetiis in Rivo alto, xi Kal. Junii.

MCCXCII

Ad abbatem et fratres S. Audoeni. — Jus in ecclesia S. Leufredi de Cruce illis asserit.

(Venetiis in Rivo alto, Jun. 1.)

[POMMERAIE, Hist. de Saint-Ouen de Rouen, I, 447.]

ALEXANDER episcopus, servus servorum Dei, dilectis filiis abbati et fratribus Sancti Audoeni, salutem et apostolicam benedictionem.

Justis petentium desideriis dignum est nos facilem præbere assensum, et vota quæ a rationis tramite non discordant, effectu sunt prosequenda. Eapropter, dilecti in Domino filii, vestris justis postulationibus grato concurrentes assensu, jus et dignitatem quam in ecclesia Sancti Leufredi de Cruce rationabiliter habere noscimini, sicut in authentico scripto venerabilis fratris nostri Rotrodi quondam Ebroicensis episcopi, nunc autem Rothomagensis archiepiscopi continetur, auctoritate vobis apostolica confirmamus et præsentis scripti patrocinio communimus. Statuentes ut nulli omnino hominum liceat hanc paginam nostræ confirmationis infringere, vel ei aliquatenus contraire. Si quis autem hoc attentare præsumpserit, indignationem omnipotentis Dei et beatorum Petri et Pauli apostolorum ejus se noverit incursurum.

Datum Venetiis in Rivo alto, Kal. Junii.

MCCXCIII.

Steingadensibus scribit se precibus Welfonis ducis adductum Ecclesiam eorum tuendam suscepisse.

(Venetiis in Rivo alto, Jun. 10.)

[Monumenta Boica, VI, 491.]

ALEXANDER episcopus, servus servorum Dei, dilectis filiis abbati et fratribus Sancti Joannis Baptistæ de Steingaden, salutem et apostolicam benedictionem.

Significavit nobis dilectus filius noster nobilis vir dux Welfo, quod ecclesiam vestram, quæ est in suo fundo ædificata, et apud quam filius suus est tumulatus, et ipse tumulari elegit, venerabilis frater noster Frisingensis episcopus ad preces præfati ducis et vestras consecravit; quia, licet ecclesia ipsa sit in confinio Augustensis et Frisingensis episcopatuum, idem tamen episcopus in privilegio ecclesiæ suæ reperit præscriptam ecclesiam ad suam jurisdictionem spectare. Ne igitur Augustensis episcopus occasione ipsius consecrationis vos vel ecclesiam ipsius indebita molestatione fatiget, eamdem consecrationem ratam habemus et firmam, prohibentes ne prædictæ consecrationis obtentu, Augustensis episcopus vobis vel ecclesiæ vestræ molestiam seu gravamen irrogare præsumat. Ad hæc officii nostri debito provocati, et ejusdem ducis precibus inclinati, et quomodo memoratus dux a principio nostræ promotionis nobis devote adhæserit, et fideliter in devotione nostra et ecclesiæ perstiterit, nihilominus ad memoriam reducentes, ecclesiam vestram cum omnibus bonis, quæ in-

A præsentiarum legitime possidet, aut in futurum justis modis, præstante Domino, poterit adipisci, sub B. Petri et nostra protectione suscipimus et præsentis scripti patrocinio communimus. Statuentes ut non liceat Augustensi episcopo vel alii, vobis vel ecclesiæ vestræ supra præscripta consecratione quæstionem movere, aut novas et indebitas consuetudines imponere, vel vos aut ecclesiam ipsam alias injuste gravare. Decernimus ergo, etc.

Dat. Venetiis in Rivo alto, IV Idus Junii.

MCCXCIV.

Ad præpositos Salzburgensem et Gurcensem. — De impedito adventu Henrici cardinalis. Falsum esse se depositionem Adalberti Salzb. archiep. intendisse, etc.

(Venetiis in Rivo alto? Jun. 12.)

[PEZ, Thesaur. Anecdot., VI, 1, 389.]

A. episcopus, servus servorum Dei, dilectis filiis Salzpurgensi et Gurcensi præpositis, salutem et apostolicam benedictionem.

Cum toties replicetis oppressiones et anxietates quibus Ecclesia vestra affligitur, vobis super his mentis affectu compatimur et condolemus; et si non verbo vestro ac consilio fratrum vestrorum seu conscientia vos invenissemus (34), quod vobis super tantis laboribus et pressuris consilium et auxilium possemus impendere, toto desiderio impendissemus. Nam in eo sumus desiderio et proposito constituti, ut eidem Ecclesiæ, quam in devotione S. Petri et nostra ita solidatam atque firmatam [videmus], ut neque ventorum turbine, nec tempestatum procellis a suæ potuerit constantiæ virtute divelli, pro nostri officii debito gratanti animo velimus intendere, et his quæ ad incrementum et conservationem ejus pertineant, promptam diligentiam adhibere. Totius namque humanitatis et rationis videremur obliti, si tantæ devotionis essemus immemores, et oblivione aliqua prætermitteremus molestias et persecutiones quas pro amore justitiæ immobili firmitate noscitur pertulisse.

De cætero, licet nobis significaveritis quod dilecto filio nostro H[ildebrando] basilicæ XII Apostolorum presbytero cardinali, apostolicæ sedis legato, plenam securitatem invenissetis, quo tute poterat et secure ad prædictam Ecclesiam accedere, ipse tamen longe aliter nobis significavit, quod, cum usque ad Tarvisum pervenisset, et ibi per dies aliquot exspectasset, nec vos nec alios obviam habuerit, qui ei securum ad destinatum locum commeatum præstarent; et rectores Marchiæ, dubitantes et timentes ne sine ipsis cum F. dicto imperatore pacem componeremus, eidem cardinali prohibuerunt ne ultra progrederetur.

Præterea nuntii venerabilis fratris nostri A[delberti] Salzburgensis archiepiscopi coram nobis et fratribus nostris constanter proposuerunt quod ei litteras nostras, quibus illi mandaveramus ut ad

---

(34) Locus obscurus et forte corruptus.

vocationem cardinalis veniret, nullatenus reddideritis, sed per Bawariam, Boloniam et Boemiam, Germaniam et Ungariam publice feceritis prædicari, quod depositionem et ejectionem prædicti archiepiscopi omnino intenderemus. In quo utique gravati sumus et plurimum turbati, et non modicum est honestati nostræ detractum, et fama nostra lacerata apud multos, qui forte aut intentionem nostram ignorabant, aut detrahendi et insultandi nobis libenti animo materiam et occasionem quærebant. Adjecerunt insuper quod archiepiscopus nulla ratione potuisset habere ducatum, et quod prælati non valuissent ad Ecclesiam illam tute accedere, sed unus ex eis, qui majori se credebat patrono fretum, spoliatus fuisset in reditu, et inhoneste satis et indecenter tractatus.

Suggesserunt quoque quod litteras, quas pater ejus (rex Bohemiæ) a prædicto imperatore obtinuit, recipere noluerit, sed omnino earum abhorruerit adimplere tenorem, volens in fide catholica et devotione Ecclesiæ ac nostra firmiter permanere. Pater ejus non ea consideratione jam dictas litteras, sicut dicitur, impetravit, quod ipsum vellet a catholica unitate recedere, sed ut imperatoris animum inquireret, et ejus expressius cognosceret voluntatem, per quod daretur [intelligi] quod imperator non tantum quæreret et concupisceret, quod Ecclesiam Salzburgensem ordinaret, sed ut ab obedientia et devotione Romanæ Ecclesiæ fieret aliena. Sane cum uni nuntiorum præfati archiepiscopi, qui adhuc præsens erat, proposuissemus, quod archiepiscopus ornamenta ecclesiæ cuidam sortilegæ et incantatrici delegasset, id omnino negavit, et falsum prorsus asseruit. Et quia scripta vestra varia et diversa intendimus, cum vos sub uno sigillo ex parte totius capituli et prælatorum Salzpurgensis archiepiscopatus contra eum scribitis, et nuntii archiepiscopi multorum, et eorum fere prælatorum, scripta sub sigillis singulorum affirmaverint, cum omni instantia nostram auctoritatem postulantes, nos ei non possumus nec debemus nostrum denegare auditum, vel causam illius aliis judicibus committere, quippe qui nostrum elegit examen, et apud nos, si qui voluerint eum . . . solummodo postulat judicari; neque vos debetis ei obedientiam et reverentiam debitam subtrahere, sed devoto animo et humili spiritu exhibere.

Data . . . II Id. Junii.

MCCXCV.

Ad Adelbertum archiep. Salzburg. — Falsum rumorem esse qui suum ab eo animum aversum esse nuntiavit. Cæterum ad se in Longobardiam veniat, justam sententiam auditurus.

(Venetiis in Rivo alto? Jun.

(*Ibid.*, col. 395.)

A. Dei gratia episcopus, servus servorum Dei, dilectissimo fratri A. Salzburg. archiepiscopo salutem et apostolicam benedictionem.

Significavit nobis vir H. fidelis et familiaris tuus, fraternitati tuæ firmiter asseveratum fuisse, nos adversum te tantam indignationem gerere, ut omnino ad depositionem tuam intendere videamur, et laborare. Quo audito mirati sumus et turbati, et nescimus unde hujusmodi tibi de nobis potuerit suspicio provenire, cum te diligamus sicut venerabilem fratrem, et sinceræ charitatis brachiis amplexemur. Verum cum in eo simus loco et officio, quanquam immeriti, providente Domino, constituti, ut singulis debeamus quæ justa et recta sunt providere, et non aures apostolicas justitiam quærentibus obdurare, non debet tibi mirum existere, nec tu minus de gratia nostra debes præsumere, si te ad præsentiam nostram vocavimus, volentes cognoscere et videre si vera sunt quæ de te auribus nostris noscuntur intimata. Quapropter confidenter et secure, omni dubitatione seposita, in Longobardiam ad [nostram] præsentiam accedas, quia nos personam tuam libenter videbimus, et benignius te audiemus, et tibi, quantum nobis Dominus dederit, justitiam tuam studebimus conservare, et in causa tua judicium justum proferre.

MCCXCVI.

Roberto abbati Ecclesiæ S. Quirini Tegernseensi usum mitræ concedit.

(Venetiis in Rivo alto, Maii 14.)

[*Monum. Boic.*, VI, 185.]

ALEXANDER episcopus, servus servorum Dei, dilecto filio R[OBERTO] abbati Ecclesiæ S. Quirini, salutem et apostolicam benedictionem.

Religiosorum votis et desideriis gratanti animo debemus annuere, et in eis justis petitionibus suis prompta benignitate adesse, ut eorum loca nullius valeant perturbationibus concuti cum apostolica fuerint protectione munita. Eapropter, dilecte in Domino fili, sinceritatem devotionis et fidei quam te circa B. Petrum et circa nos ipsos exhibere accepimus, diligentius attendentes, ecclesiam cui, auctore Deo, præesse dignosceris, cum omnibus quæ inpræsentiarum legitime possidet, aut in futurum justis modis, procurante Deo, poterit adipisci, sub B. Petri et nostra protectione suscipimus et præsentis scripti patrocinio communimus. Præterea volentes te speciali privilegio nostri amoris et gratiæ decorare, tibi usum mitræ in præcipuis solemnitatibus infra missarum solemnia et in processionibus ecclesiæ tuæ, nec non etiam in conciliis episcoporum de consueta clementia et benignitate apostolicæ sedis concedimus, quatenus ex hoc beato Petro et nobis omni tempore tenearis devotior permanere.

Decernimus ergo, etc.

Datum Venetiis in Rivo alto, XVIII Kal. Julii.

MCCXCVII.

Urbem Laudem novam, possessionibus veteris oppidi instructam confirmat.

(Venetiis in Rivo alto, Jun. 15.

[UGHELLI, *Italia sacra*, IX, 672.]

ALEXANDER episcopus, servus servorum Dei, di

lectis filiis consulibus et populo Laudem salutem et apostolicam benedictionem.

Cum civitas vestra de loco ubi constructa fuerat ab antiquo ad locum alium sit translata, ne occasione hujus translationis quidquam de iis quæ prius habeatis, vobis possit subtrahi vel auferri, postulastis statum civitatis vestræ apostolicæ sedis auctoritate muniri sive roborari. Nos itaque postulationibus vestris benignius annuentes, et attendentes devotionem quam circa nos et Romanam Ecclesiam exhibetis, statum novæ civitatis vestræ cum omnibus bonis et possessionibus vestris, et cum omni territorio quod intus vel foris civitatem veterem contingebat, exactum habemus et firmum, ipsumque auctoritate apostolica confirmamus : præsenti pagina statuentes ut possitis liberos homines qui fuerint de Crema vel de locis aliis se ad vos transferentes, sine contradictione capere, e receptos tenere, sicut nuper inter vos et rectores Lombardiæ rationabiliter noscitur esse statutum.

Datum Venetiis in Rivo alto, xvii Kal. Julii 1177.

MCCXCVIII.

Privilegium pro monasterio S. Mariæ Novi Portus.

(Venetiis in Rivo alto, Jun. 28.)
[UGHELLI, *Italia sacra*, 1, 331.]

ALEXANDER episcopus, servus servorum Dei, dilectis filiis RUSTICO abbati monasterii S. Mariæ de Novo Portu, ejusque fratribus, tam præsentibus quam futuris, regularem vitam professis.

Quotiescunque illud a nobis petitur quod religioni et honestati convenire dignoscitur, animo nos decet libenti concedere, et pertinentium desideriis congruum suffragium impertiri.

Eapropter, dilecti in Domino filii, vestris justis postulationibus clementer annuimus, et præfatum monasterium in quo divino mancipati estis obsequio, sub B. Petri et nostra protectione suscipimus, et præsentis scripti privilegio communimus; in primis siquidem statuentes ut ordo monasticus, qui secundum Dominum, et B. Benedicti regulam in eodem loco noscitur institutus, perpetuis ibidem temporibus inviolabiliter observetur. Præterea quascunque possessiones... in quibus hæc vobis duximus exprimenda vocabulis.

Locum ipsum, in quo præfatum monasterium situm est cum portu, et silva, et omnibus pertinentiis suis. Ecclesiam S. Severini, ecclesiam S. Laurentii, ecclesiam S. Blasii in castro Podii cum parochianis suis, ecclesiam S. Joannis, ecclesiam S. Gervasii cum omnibus pertinentiis suis, vineas et agros circa curtem Podii, quæ ad manus vestras tenetis; agros Corsiciani, ecclesiam S. Marcellini, ecclesiam S. Angeli vel Archangeli cum omnibus pertinentiis suis. Quidquid habetis in curte Varani, tam in terris quam in vineis. Ecclesiam S. Joannis, ecclesiam S. Damiani, agrum Tripontii, ecclesiam S. Mariæ Umbriani cum parochianis suis, et cum curte Castelli, et possessiones quas habetis in curte Umbriani, Caproficii, et Consortii, et Buranacii, ecclesiam S. Petri in castro Camurani cum parochianis suis, agrum Plage, et vineam Plani, et magnam vineam, juxta vallum Camurani, et alias possessiones quas habetis in curte Camurani. Ecclesiam S. Senii cum omnibus pertinentiis suis juxta Lotentiam, ecclesiam S. Terentiani, et ecclesiam S. Georgii, et possessiones, quas habetis in curte Offaniæ, et possessiones quas habetis in curte Puliniani, et in fundo Aspie : in civitate Anconitana ecclesiam S. Nicolai. Sane novalium vestrorum, quæ propriis manibus aut sumptibus colitis, sive de nutrimentis vestrorum animalium, nullus a vobis decimas præsumat exigere. Sepulturam quoque ipsius loci liberam esse decernimus, ut eorum devotioni et extremæ voluntati, qui se illic sepelire deliberaverint, nisi forte excommunicati vel interdicti sint, nullus obsistat, salva tamen justitia illarum ecclesiarum, a quibus mortuorum corpora assumuntur. Liceat præterea vobis, clericos, vel laicos liberos et absolutos e sæculo fugientes ad conversionem vestram recipere, et eos absque ullius contradictione in vestro monasterio retinere. Prohibemus insuper ut nullus post factam in eodem loco professionem sine licentia abbatis sui aliqua levitate motus, de claustro discederet : discedentem vero absque communium litterarum cautione, nullus retinere audeat, nisi ad strictiorem vitam, voluerit transmigrare. Cum autem generale interdictum terræ fuerit, liceat vobis clausis januis, exclusis excommunicatis et interdictis, non pulsatis campanis, suppressa voce, divina officia celebrare. Ad hæc libertates, immunitates, et antiquas et rationabiles consuetudines Ecclesiæ vestræ integras et illibatas præsenti decreto manere sancimus. Obeunte vero te, nunc ejusdem loci abbate, vel tuorum quolibet successorum, nullus ibi qualibet subreptionis astutia vel violentia præponatur, nisi quem fratres communi consensu, vel fratrum pars consilii sanioris secundum Dei timorem, et B. Benedicti regulam provide int eligendum. Decernimus ergo, etc.

Ego Alexander catholicæ Ecclesiæ episcopus.

Ego Hubaldus Ostiensis episcopus.

Ego Gualterius Albanen. episcopus.

Ego Chunradus Magontinus archiep. Sabinen. episc.

Ego Guigliemus Portuensis episcopus.

Ego Manfredus Prænesten. episcopus.

Ego Adebrandus basilicæ xii Apost. presb. card.

Ego Joannes presb. card. tit. S. Anastasiæ.

Ego Bobo presb. card. S. Pudentianæ tit. Pastoris.

Ego Theodorus presb. card. S. Vitalis tit. Vestine.

Ego Petrus presb. card. tituli S. Susannæ.

Ego Jacinctus diaconus card. S. Mariæ Cosmedin

Ego Arditio diaconus card. S. Theodori.

Ego Cinthyus diac. card. S. Adriani.

Ego Hugo diac. card. S. Eustachii juxta templum Agrippæ.

Ego Hugo diac. cardinalis S. Angeli.

Dat. Venetiis in Rivo alto, per manum magistri Gratiani S. R. E. subdiaconi et notarii, IV Kal. Julii, ind. x, Incarnat. Dom. anno 1177, pontificatus vero D. Alexandri papæ III anno XVIII.

MCCXCIX.

Parthenonis S. Andreæ Ravennatis protectionem suscipit ejusque bona et jura confirmat.

(Venetiis in Rivo alto, Jul. 9.)

[FANTUZZI, *Monum. Ravenn.*, I, 527.]

ALEXANDER episcopus, servus servorum Dei, dilectis in Christo filiabus CALISWERE abbatissæ monasterii S. Andreæ de Ravenna, suisque sororibus tam præsentibus quam futuris, in perpetuum.

Virginibus sacris, quæ sub religionis habitu Domino placere desiderant, tanto fortius adesse debet apostolicæ sedis suffragium, quanto minus pro fragilitate sexus et assumptæ religionis proposito suæ possunt jura tueri. Eapropter, dilectæ in Domino filiæ, vestris justis postulationibus clementer annuimus et præfatum monasterium in quo divino mancipatæ estis obsequio sub beati Petri et nostra protectione suscipimus, et præsentis scripti privilegio communimus. In primis siquidem statuentes ut ordo monasticus, qui secundum Deum et beati Benedicti Regulam in eodem loco institutus esse dignoscitur, perpetuis ibidem temporibus inviolabiliter observetur. Præterea quascunque possessiones, quæcunque bona idem monasterium inpræsentiarum juste et canonice possidet, aut in futurum concessione pontificum, largitione regum vel principum, oblatione fidelium, seu aliis justis modis, permittente Domino, poterit adipisci, firma vobis et his quæ post vos successerint, et illibata permaneant. In quibus hæc propriis duximus exprimenda vocabulis:

Quidquid habetis in curte Taibani, Bibianum, Alfianum, Nebulinum, et capellam Sanctæ Mariæ in curte prædicti Taibani positam, et ea quæ Lambertus quondam comes refutavit in comitatu Populiensi, et terram quam Joannes de Saxo de monasterio vestro tenet, quæ ad turrem pertinet, centum Blancanicum, Marcianicum, Septantam et quidquid habetis in Galliano et Luco, et in casali Ebriaco, quæ omnia sunt in comitatu Imolensi, Pistrinum, domum pede planam et vineam quæ sita est prope ecclesiam S. Severini, Persulinum, Mancianum, Agellum, Armenzanum, Gallianum, Lacunam........, et quidquid habetis in plebe Zezata, et in Monogora, et in Fossola, et in prata, et in casa Galandi......, et in Mozafrina quæ nunc dicitur Gudignola. Omne id quod habetis in plebe Libbe et in plebe S. Petri Intersilbe, et in plebe S. Mariæ in Furculis et Sancti Petri in Briseta, et in Godo mansum unum integrum, et quidquid habetis in plebe Sancti Boculi quæ vocatur Trontola, et in Exdate, et in Faventino comitatu, id est monasterium S. Mariæ *ad Celeseum* cum omnibus pertinentiis suis, et monasterium S. Martini post ecclesiam majorem, cum omnibus pertinentiis suis, necnon locum qui vocatur Nebulinum cum omnibus aliis fundis et casalibus, seu aliis appendiciis suis, domum quæ antiquitus vocabatur Urbanis, positam prope pontem calciatum cum capella ibi fundata, S. Mariæ scilicet, cum omnibus pertinentiis suis, fundum unum, qui vocatur Vicus reus in plebe S. Pancratii, constitutum, piscariam unam qui Busceleta dicitur cum paludibus ipsius et silvis, venationibus, et aliis ad ipsam pertinentibus constitutam in plebe Sanctæ Mariæ in portu ab uno latere ipsius piscariæ Gaibanam, ab alio latere Sandolo, a tertio latere fossam quæ dicitur de Joanne Pitulo, et fossam a Medani, et fossam quæ vocatur Gattuli et Zelle, et quidquid habetis in Ficarolis, et in comitatu ejus; in Filo centum tornaturias terræ, et mansum positum in monte, qui vocatur Focariæ; in territorio Ponsariensi constructum locum qui vocatur Triscolo cum omnibus pertinentiis suis, ecclesiam Sanctæ Apollinaris in Runco cum terra et palude, et silva sua, et molendino cum duabus ripis suis usque ad murum de aquæductu, et in Godoaria mansum unum, et quidquid habetis in plebe S. Zachariæ, et in Cervia, et insuper in civitate Ravennæ, et in Riversano, et in valle S. Victoris, et præterea quidquid ad monasterium vestrum rationabiliter noscitur pertinere.

Decernimus ergo, etc.

Datum Venetiis in Rivo alto per manum Gratiani, sanctæ Romanæ Ecclesiæ subdiaconi et notarii, VII Idus Julii, indictione x, Incarnationis Dominicæ anno 1177, pontificatus vero domni Alexandri papæ III anno XVIII.

MCCC.

Monasterii S. Mariæ in Organo Veronensis protectionem suscipit, ejusque bona, possessiones et privilegia confirmat.

(Venetiis in Rivo alto, Jul. 10.)

[HORMAIR, *Gesch. der gef. Grafsch. Tir.* I, II, 79.]

ALEXANDER episcopus, servus servorum Dei, dilectis filiis Opizoni abbati monasterii Sanctæ Mariæ in Organo, ejusque fratribus tam præsentibus quam futuris regularem vitam professis, in perpetuum.

Officii nostri nos hortatur auctoritas pro religiosorum locorum statu satagere et eorum paci ac tranquillitati salubriter providere. Dignum namque est et honestati conveniens esse cognoscitur, ut qui ad ecclesiarum regimen assumpti sumus, eas et a pravorum hominum nequitia tueamur, et apostolicæ sedis ac beati Petri patrocinio muniamus. Eapropter, dilecti in Domino filii, vestris justis postulationibus clementer annuimus, et ad exemplar prædecessoris nostri felicis memoriæ Joannis decimi papæ, præfatum monasterium Beatæ Mariæ, in quo divino estis obsequio mancipati, sub apostolicæ sedis tutela et protectione nostra suscipimus, et præsentis scripti privilegio communimus. In primis siquidem statuentes ut ordo monasticus, qui secundum Deum et beati Benedicti Regulam in eodem monasterio institutus esse dignoscitur, perpetuis ibidem inviolabiliter observetur. Præterea quascunque possessiones, quæcunque bona.... In quibus hæc propriis duximus exprimenda vocabulis :

Locum ipsum, in quo præscriptum monasterium constructum est, cum omnibus pertinentiis suis; capellam Sanctæ Mariæ de Sargada cum omnibus pertinentiis suis, capellam Sancti Syri de castro Veronensi cum omnibus quæ ad eam pertinent; capellam Sanctæ Sophiæ cum possessionibus; capellam Sancti Donati de Maruno cum omnibus appendiciis suis ; capellam Sancti Michaelis Mizoli cum omnibus possessionibus suis ; obedientiam Sancti Petri de Lunico cum omnibus quæ ad eam pertinent ; capellam de Ponte marmoreo et capellam Sancti Syri de Aquilegia ; ecclesiam Sanctæ Mariæ in Solario ; ecclesiam Sanctæ Mariæ in Siciano et canonicam Sancti Laurentii in Siciano; ecclesiam Sanctæ Mariæ consecratæ ; ecclesiam Sanctorum martyrum Faustini et Jovittæ cum omnibus ecclesiis et xenodochiis pertinentibus ad monasterium Sanctæ Mariæ in Organo et Sanctæ Mariæ in Baro; curiam de Baro, cum pertinentiis suis, curiam de Desargada cum omnibus appendiciis suis, curiam de Ponte marmoreo cum pertinentiis suis, curiam de Sancta Sophia cum omnibus pertinentiis suis, curiam de Siciano cum omnibus pertinentiis suis, curiam de Marono cum omnibus pertinentiis suis, curiam de Mizoli cum omnibus appendiciis suis, curiam de Lunico cum omnibus pertinentiis suis, curiam de Codenola cum omnibus appendiciis suis, curiam de Ylasio cum omnibus pertinentiis suis, curiam de Arculis cum omnibus appendiciis suis ; terras cultas et incultas ac vineas. Decimationes quoque et alios redditus quos monasterium vestrum ubique rationabiliter possidere dignoscitur, vobis et eidem monasterio auctoritate apostolica nihilominus confirmamus. Liceat quoque vobis clericos vel laicos e sæculo fugientes, etc., *ut in bulla pro monasterio S. Mariæ Novi Portus, supra num.* 1298. Consecrationes vero monasterii vestri, et ecclesiarum ad ipsum pertinentium sicut in privilegio recolendæ memoriæ supradicti prædecessoris nostri continetur, et ordinationes monachorum et clericorum, qui ad sacros ordines fuerint promovendi, benedictionem quoque abbatis ab Aquileiensi patriarcha suscipietis, siquidem catholicus fuerit, et gratiam atque communionem apostolicæ sedis habuerit, et ea vobis gratis et absque ulla pravitate voluerit exhibere, sicut hucusque fecistis. Prohibemus insuper ne liceat Veronensi episcopo vos vel monasterium vestrum contra tenorem privilegii præfati prædecessoris nostri ausu temerario molestare. Obeunte vero te, etc.

Decernimus ergo, etc.

Datum Venetiis in Rivo alto per manum Gratiani, sanctæ Romanæ Ecclesiæ subdiaconi et notarii, vi Idus Julii, indictione x, Incarnationis Dominicæ anno 1177, pontificatus vero Alexandri papæ III anno octavo decimo.

MCCCI.

Confirmat constitutiones factas et faciendas per capitulum generale Carthusiense cum potestate instituendi et destituendi priores et corripiendi personas ordinis, quibus non liceat appellare.

(Venetiis in Rivo alto, Jul. 11.
[*Ordin. Carthus. privil.*, 2.]

ALEXANDER episcopus, servus servorum Dei, dilectis filiis priori et fratribus Carthusiensibus, salutem et apostolicam benedictionem.

Cum sitis religioni et honestati, faciente Domino, dediti, et operibus charitatis intenti, præter commune debitum vos speciali volumus prærogativa diligere et fovere, et vestris semper intendere commodis et augmentis. Inde est quod nos religionem vestram, quæ per gratiam Dei circumquaque redolet odore virtutum, volentes de die in diem robur et incrementum suscipere, et ad anteriora semper extendi. Ea quæ generale capitulum ordinis vestri provida circumspectione disposuerit et ordinaverit de instituendis et destituendis prioribus, et ea etiam quæ in ordine salubriter statuit, vel statuerit, et justitiam quam super illos fecerit, quos ordini rebelles esse constiterit, auctoritate apostolica confirmantes, rata et firma decernimus in posterum permanere. Statuentes ne cui liceat appellatione vel alio modo institutioni capituli vestri contraire.

Datum Venetiis in Rivo alto, quinto Idus Julii.

MCCCII.

Parthenoni B. Mariæ Suessionensi « guadionem præbendarum » ecclesiæ B. Petri asserit.

(Venetiis in Rivo alto, Jul. 20.)
[D. GERMAIN, *Hist. de N.-D. de Soissons*, 440.]

ALEXANDER episcopus, servus servorum Dei, dilectis in Christo filiabus abbatissæ et sororibus Beatæ Mariæ Suessionensis, salutem et apostolicam benedictionem.

Relatum est auribus nostris quod cum ecclesia Beati Petri Suessionensis ab antiquo ecclesiæ vestræ subdita fuerit, et ad vos proprie pertineat præbendas ecclesiæ prædictæ donare, decanus et canonici ejusdem ecclesiæ contra jus et fas, vobis inconsultis, de communitate sua præbendam cuidam ex antiquis addere et cuidam presbytero Ernaldo nomine conferre temere voluerunt, sed demum temeritatem suam recognoscentes, vobis de tanta præsumptione plene et condigne satisfecerunt. Ne autem quod ab eis tantum est, honori et dignitati ecclesiæ vestræ possit in posterum præjudicium generare, guadionem præbendarum præscriptæ ecclesiæ, sicut eam ab antiquo habuistis et nunc habere noscimini, vobis auctoritate apostolica confirmamus, et præsentis scripti patrocinio communimus. Statuentes ut nulli omnino hominum liceat hanc paginam nostræ confirmationis infringere, etc.

. Datum Venetiis in Rivo alto, XIII Kal. Augusti pontificatus nostri anno I (35)].

MCCCIII.

Archiepiscopo Spalatino, legato apostolico, et Michaeli episcopo Traguriensi mandat ut piratas Sebenicenses qui Raymundum de Capella, subdiaconum suum, a Willelmo Siciliæ rege ad sese revertentem, tum litteris regiis, tum aliis pretii magni rebus spoliaverint, ad hæc restituenda sub excommunicationis pœna commoneant.

(Venetiis in Rivo alto, Jul. 23.)

[FARLATI, *Illyricum sacrum*, III, 197.]

ALEXANDER episcopus, servus servorum Dei, venerabilibus fratribus Spalatensi archiepiscopo apostolicæ sedis legato, et Michaeli Traguriensi episcopo, salutem et apostolicam benedictionem.

Cum dilectus filius Raymundus de Capella, subdiaconus noster, a præsentia charissimi in Christo filii nostri W. illustris Siciliæ regis, ad quem fuerat a nobis et a filio nostro Jacobo S. Mariæ in Cosmedin diacono cardinali transmissus, rediret ad nos, piratæ qui erant in Sagettia castri de Sevenico, in qua duo comites erant, Nestros videlicet et Perlat, in ipsum et socios ejus præsumpserunt violentas manus injicere, et ei quidquid habebat in navi valens ultra sexaginta marcas argenti, et litteras etiam nostras, et illas etiam quas præfatus rex nobis mittebat, ut scriptum de d... pecuniæ ipsius cardinalis, ei turpiter et inhoneste auferre minime dubitarunt. Super quo itaque tanto movemur amplius et turbamur, quanto id amplius in nostram injuriam respicit et contemptum; cum tantam jacturam et injurias cujuslibet clerici, nedum subdiaconi nostri, non possemus sub taciturnitate et silentio præterire. Quoniam igitur sustinere non possumus, nec debemus ut tanta præsumptio et excessus incorrectus remaneat, fraternitati vestræ per apostolica scripta præcipiendo mandamus, et mandando præcipimus, quatenus illos duos comites et piratas, et raptores alios, qui in prædicta Sagettia fuerunt, quantocius moneatis, ut tam litteras quam etiam ablata nuntio memorato subdiacono nostro latori præsentium sine diminutione et dilatione cum expensis quas propter hoc facere coactus est, restituant; et castrum de Sevenico, cujus illa Sagettia fuit, ad restituendum quidquid de his ad suas manus devenit, diligenter inducatis. Si vero ad commonitionem commendati vestram id non fecerint, eosdem et omnes qui tunc in prædicta Sagettia fuerunt, contradictione et appellatione cessante, publice accensis candelis auctoritate nostra excommunicetis, et si nec sic infra decem dies resipuerint, in civitate Sevenici, si ejus fuit ipsa Sagettia, omnia divina, præter baptisma parvulorum et pœnitentiam, prohibeatis officia celebrari. Illos autem qui in prædictum subdiaconum nostrum violentas manus injicerunt, sublato appellationis remedio, publice excommunicatos sine dilatione denuntietis, et eos faciatis sicut excommunicatos vitari, donec universa ablata restituant, et cum litteris vestris nobis et præfato cardinali, nec non etiam eidem subdiacono nostro satisfacturi ad apostolicam sedem accedant. Qualiter autem idem nuntius cum his quæ recuperaverit ad nos secure possit redire, studeatis sollicite providere. De cætero, si uterque vestrum.... sequendis interesse non poterit, alter et nihilominus exsequatur.

Datum Venetiis in Rivo alto, X Kal. Augusti.

MCCCIV.

Rogero, archiepiscopo Eboracensi, apostolicæ sedis legato, et Hugoni, episcopo Dunelmensi, significat, die 21 Julii filium Alberti, marchionis Brandenburgensis, Frederici imperatoris camerarium, jusjurandum dedisse : « *quod, postquam idem imperator veniret Venetias, pacem Ecclesiæ, et pacem Willielmi Siciliæ regis usque ad 15 annos, et treugam Lombardorum usque ad 6 annos facere juramento firmari.*.. » *Imperatorem die 24 m. Julii ad ecclesiam S. Nicolai pervenisse,* « *et ibi tam ipsum, quam archiepiscopos, episcopos et alios principes Teutonici regni, abrenuntiantes schismati, per episcopos et cardinales absolutionis beneficium meruisse.* » *Deinde Venetiis et hoc et postero die 25 m. Julii in ecclesia S. Marci sibi ab imperatore debitos honores habitos esse.*

(Venetiis in Rivo alto, Jul. 26.)

[MANSI, *Concil.*, XXI, 181.]

ALEXANDER episcopus, servus servorum Dei, venerabilibus fratribus ROGERIO Eboracensi archiepiscopo, apostolicæ sedis legato, et Hugoni Dunelmensi episcopo, salutem et apostolicam benedictionem.

Exigunt gratissimæ devotionis obsequia quæ nobis et Ecclesiæ tam devote, quam laudabiliter exhibuisse noscimini, ut felices successus Ecclesiæ vobis, sicut specialibus et devotis Ecclesiæ filiis « spiritualibus, describamus [*f. fil.* spiritualibus, specialibus litteris describ.] : cum dignum sit et conveniens, et honestum, ut quos ita habuimus in nostra devotione firmos et stabiles, de prosperitate nostra, et ipsius Ecclesiæ, reddamus hilares et gaudentes. Agite itaque una nobiscum gratias omnipotenti Deo, qui habitat in altissimis, et humilia respicit de supernis, de cujus munere venit, ut sponsa sua sacrosancta Ecclesia, diu et graviter procellosis fluctibus et validissima tempestate quassata, nunc tandem portum salutis attigerit, et pacatis sævientibus procellis, debita et desiderata tranquillitate lætetur.

Sane duodecimo Kalendas instantis mensis Augusti, de mandato charissimi in Christo filii nostri Friderici illustris Romanorum imperatoris, filius marchionis Alberti, vir nobilis magnus et potens, et camerarius ipsius imperatoris, præsentibus principibus ecclesiasticis, et etiam sæcularibus Teutonici regni, publice in anima ejus in præsentia nostra, coram innumerosa hominum multitudine, præstito

(35) Hæc aliena manus addidit.

runt, tactis sacrosanctis Evangeliis, juramentum, quod postquam imperator veniret Venetias, omni quæstione et contradictione sopita, pacem Ecclesiæ, sicut per fratres nostros et principes suos disposita est et tractata; et pacem charissimi in Christo filii nostri Willelmi illustris Siciliæ regis, usque ad quindecim annos; et treugam Lombardorum usque ad sex annos, in anima sua, et etiam a principibus suis faceret, sicut in scripto pacis et treugæ continetur, juramento firmari. Et principes Teutonici regni, scilicet venerabiles fratres nostri Magdeburgensis, Coloniensis, et Christianus dictus Moguntinus, archiepiscopi, et quidam alii in anima sua pro se jurare fecerunt. Nono vero Kalendas Augusti, præfatus imperator, sicut tractatum fuerat et dispositum, venit ad ecclesiam Beati Nicolai, quæ per unum milliare distat a Venetiis; et ibi tam ipse quam archiepiscopi, episcopi et alii principes Teutonici regni, abrenuntiantes schismati, per fratres nostros episcopos et cardinales, de mandato nostro, præsentibus quibusdam aliis, absolutionis beneficium meruerunt. Deinde venerunt Venetias, et ibi ante ecclesiam Beati Marci prædictus imperator, innumera multitudine virorum et mulierum præsente, alta voce reddente gratias et laudes Altissimo, nobis sicut summo pontifici obedientiam et reverentiam humiliter et reverenter exhibuit; et recepto a nobis pacis osculo, nos devote dextravit, et cum reverentia qua decuit et devotione usque ad altare in ecclesiam introduxit. Sequenti vero die, in festo beati Jacobi, ab eodem imperatore rogati, ad prædictam ecclesiam Sancti Marci, solemnia celebraturi missarum, accessimus; et nobis illuc venientibus præfatus imperator extra ecclesiam obviam venit, et dextero latere nostro devote suscepto, nos in ecclesiam introduxit; et peractis missarum solemniis, nos usque ad ipsius ecclesiæ portam dextravit. Cum ascenderemus palafredum nostrum ibi paratum, stapham tenuit, et omnem honorem et reverentiam nobis exhibuit, quam prædecessores ejus nostris consueverunt antecessoribus exhibere. Erit itaque sollicitudinis vestræ, nobis et Ecclesiæ in prosperis successibus congaudere, et effectum pacis aliis devotis Ecclesiæ filiis aperire; ut hi, quos zelus domus Domini tangit, de pacis munere divinitus dato in Domino gaudeant et exsultent.

Data Venetiis in Rivo alto, vii Kal. Augusti.

MCCCV.

Petro abbati Casinensi, et archiepiscopo Capuano eadem quæ Rogero archiepiscopo Eboracensi litteris superioribus, significat.

(Venetiis in Rivo alto, Jul. 27.)
[MANSI, *Concil.*, XXI, 918.]

Exigunt gratissimæ, etc., *ut in epistola superiori.*

MCCCVI.

Willelmo archiepiscopo Remensi et suffraganeis ejus nuntiat Fridericum imperatorem ad Ecclesiæ obedientiam rediisse.

(Venetiis in Rivo alto, Jul. 27.)
[D. MARLOT, *Metropol. Rem.*, II, 406.]

ALEXANDER episcopus, servus servorum Dei, venerabilibus fratribus WILLELMO Remensi archiepiscopo, apostolicæ sedis legato, et suffraganeis ejus, et dilectis filiis abbatibus in Remensi provincia constitutis, salutem et apostolicam benedictionem.

Cum per auxilium, potentiam et favorem charissimi in Christo filii nostri Ludovici illustris Francorum regis et regni sui, sacrosanctæ Romanæ Ecclesiæ ac nobis recognoscamus gloriosa et magnifica beneficia provenisse, dignum est et consentaneum rationi ut illi et vobis, quorum auxilio potenter sumus in necessitatibus nostris adjuti, prosperos et felices pacis successus significemus, indubitata veritate tenentes quod, post Deum, idem rex simul cum regno suo cooperatus est honori et exaltationi sanctæ Ecclesiæ, et ei magnum contulit incrementum; quod quidem, sicut verbo recognoscimus, ita opere et sermone, omni tempore, auctore Deo recognoscemus.

Notum sit autem sollicitudini vestræ quod charissimus in Christo filius noster Fridericus illustris Romanorum imperator per inspirationem divinæ gratiæ, deposito vanitatis errore, ad viam veritatis conversus, ad obedientiam Ecclesiæ et nostram reverenter et devote, sicut decuit, rediit, et illam beato Petro in nobis reverentiam et devotionem exhibuit, quam antecessores ejus nostris consueverunt antecessoribus exhibere, et se de cætero exhibiturum promisit. Super quo utique laudes Altissimo agimus, et consequenter regi et regno gratias copiosas referimus, de eo quod Ecclesiam et nos ipsos in tribulationibus et persecutionibus nostris nequaquam deseruit, sed usque in finem magnifice juvit et defendit. Monemus itaque dilectionem vestram, et exhortamur attentius, quatenus Ecclesiæ et nobis in prosperitatibus congaudentes, in devotione beati Petri et nostra, sicut hactenus firmiter perstitistis, perseveretis, et regem, ut in eodem cum regno suo persistat, monere propensius, et inducere studeatis.

Datum Venetiæ in Rivo alto, vi Kal. Aug.

MCCCVII.

Guidoni archiepiscopo Senonensi ejusque suffraganeis eadem iisdem verbis scribit quæ superiore ad Willelmum Remensem epistola.

(Venetiis in Rivo alto, Jul. 30.)
[MANSI, *Concil.*, XXI, 991.]

Cum per auxilium, etc., *ut supra.*

MCCCVIII.

Ad capitulum generale ordinis Cisterciensis. — De reconciliatione Frederici imperatoris.

(Venetiis in Rivo alto, Jul. 30.)
[MARTEN., *Thes. Anecdot.*, I, 1847.]

ALEXANDER episcopus, servus servorum Dei, ve-

nerabilibus et dilectis filiis suis, abbatibus, et aliis ad capitulum generale Cistercii convenientibus, salutem et apostolicam benedictionem.

Omnipotenti Deo gratias agimus, qui cum habitet in altissimis, humilia respicit de supernis, et facit in se credentes debita felicitate gaudere. Habemus quidem præ oculis illius devotionis sincerissimæ puritatem, quam hujus turbationis tempore circa nos et Romanam Ecclesiam laudabiliter exhibuisse noscimini, et cognoscimus vos pro pace Ecclesiæ apud Dominum assiduis orationibus intercessisse: quorum tandem intercessionibus excitatus, ad ejus imperium, omni tempestate pacata, naviculam Petri de profundo pelagi liberavit, et portum salutis et quietis indulsit. Sane charissimus filius noster in Christo Fredericus illustris Romanorum imperator, inspirante Domino, in cujus manu corda sunt regum et principum, per studium et laborem fratrum nostrorum, et venerabilis fratris nostri P. [Pontii] Claromontensis episcopi, et dilecti filii [Hugonis] abbatis Bonæ Vallis, ad devotionem nostram rediit et ad catholicam unitatem, abrenuntians schismati cum principibus Teutonici regni, tam ecclesiasticis quam sæcularibus, proximo die Dominico ante festum beati Jacobi apostoli, præsente innumera multitudine virorum et mulierum in Domino altis vocibus exsultante, venit Venetiam ad præsentiam nostram, et nobis sicut summo pontifici reverentiam et subjectionem impendit, et recepto pacis osculo, in ecclesiam Beati Marci, usque ad altare humiliter et devote dextravit. In festo vero beati Jacobi ab eodem imperatore rogati, ad eamdem ecclesiam ivimus, ibi celebraturi missarum solemnia; et cum audiret nos advenire, continuo nobis occurrit, et nos a dextro latere cum ea qua decuit reverentia et humilitate suscipiens, in præscriptam ecclesiam introduxit; et finita missa, quam a nobis, licet indignis, audivit, nos usque ad portam ecclesiæ dextravit, et omnem honorem et reverentiam exhibuit, quam prædecessores ejus nostris consueverunt antecessoribus exhibere. Monemus itaque universitatem vestram attentius et hortamur, quatenus sicut omnipotens Dominus magnificavit misericordiam suam nobiscum in facto Ecclesiæ, et ejus negotia in manu nostra direxit per suam ineffabilem pietatem, ita et immensas laudes et gratias exsolvatis, ipsumque assiduis orationibus pulsetis, et precibus, ut Ecclesiam suam protegere et conservare dignetur, et pacem sibi divinitus datam augeat, et perpetuam obtinere faciat firmitatem.

Data Venetiis in Rivo alto, III Kalendas Augusti.

MCCCIX.
Privilegium pro Ecclesia Bonnensi.
(Venetiis in Rivo alto, Jul. 31.)
[Gunther, *Cod. dipl. Rheno-Mosell.*, I, 428.]

Alexander episcopus, servus servorum Dei, dilectis filiis Lothario Bonnensis Ecclesiæ præposito ejusque successoribus canonice substituendis in perpetuum.

Ideo sumus, licet immeriti, ad fastigium summi pontificatus assumpti, ut de universis Dei ecclesiis, tam de his quæ prope quam de his quæ longe sunt, pastoralem curam et sollicitudinem habeamus, et eas contra pravorum incursus apostolicæ tuitionis patrocinio confovere curemus. Eapropter, dilecte in Domino fili Lothari præposite, tuis justis postulationibus clementer annuimus, et Bonnensem Ecclesiam, cui, auctore Deo, præesse dignosceris, ad exemplar felicis memoriæ Innocentii, et patris et prædecessoris nostri Eugenii Romanorum pontificum sub beati Petri et nostra protectione suscipimus, et præsentis scripti privilegio communimus. Statuentes ut quascunque possessiones, quæcunque bona, eadem ecclesia inpræsentiarum juste et canonice possidet, aut in futurum concessione pontificum, largitione regum vel principum, oblatione fidelium, seu aliis justis modis, præstante Domino, poterit adipisci, firma vobis vestrisque successoribus et illibata permaneant.

Nihilominus etiam, quemadmodum a prædictis prædecessoribus nostris statutum est, et authentico scripto firmatum, certis temporibus visitandi et circumeundi decanias, quæ in archidiaconatu tuo sitæ sunt, videlicet Archowe et Zulpechowe, Efflemsi et Sibergensi, sicut consuevisti hactenus rationabiliter facere, tibi tuisque successoribus liberam concedimus facultatem. Insuper etiam tibi et successoribus tuis duximus indulgendum, ut in anno quo ecclesias de consuetudine visitatis, in duabus decaniis scilicet, Archowe et Zulpechowe, et singulis annis in tertia, videlicet Sibergensi, præsideatis conventui sacerdotum, sicut prædecessor tuus et tu ipse hactenus rationabiliter noscimini præsedisse. Sedem autem et locum tam in choro sancti Petri quam in publicis processionibus sive conventibus, sicut per Coloniensem Ecclesiam judicatum est, et confirmatum a præfatis nostris prædecessoribus, habeatis. Præterea bannum decaniæ de Siberg, ab Arnoldo quondam Coloniensi archiepiscopo Gerardo prædecessori tuo concessum, sicut bannum ipsum canonice possides, tibi et successoribus tuis auctoritate apostolica confirmamus, arctius inhibentes, ne abbas de Siberch, cui Hermannus quondam Coloniensis archiepiscopus facultatem concedendi decaniam ipsam dederat, contra institutionem præfati Arnoldi archiepiscopi, et judicium Coloniensis Ecclesiæ, sine assensu et consilio tuo vel successorum tuorum eamdem cuilibet decaniam concedere præsumat, cum per vos qui officium archidiaconi habetis, ei debeat animarum cura committi. Libertates quoque alias quas idem archiepiscopus officialibus Ecclesiæ tuæ rationabiliter noscitur confirmasse, ratas habemus et firmas, easque perpetuis temporibus integras et illibatas manere censemus. Advocatiam quoque de Wele sicut ab archiepiscopo Coloniensi Philippo Bonnensi

Ecclesiæ rationabiliter concessa est, tibi et eidem Ecclesiæ auctoritate apostolica confirmamus. Decernimus ergo.

Ego Alexander catholicæ Ecclesiæ episcopus.
Ego Hubaldus Ostiensis episcopus.
Ego Gualterius Albanensis episcopus.
Ego Guillelmus Portuensis et Sanctæ Rufinæ episcopus.
Ego Joannes presbyter cardinalis tit. Sanctæ Anastasiæ.
Ego Boso presbyter cardinalis Sanctæ Pudentianæ titulo Pastoris.
Ego Theodinus presbyter cardinalis Sancti Vitalis titulo Vestinæ.
Ego Jacobus diaconus cardinalis Sanctæ Mariæ in Cosmedin.
Ego Ardino diaconus cardinalis Sancti Theodori.
Ego Hugo diaconus cardinalis Sancti Angeli.

Datum Venetiis, in Rivo alto per manum Gratiani sanctæ Romanæ Ecclesiæ subdiaconi et notarii, II Kal. Augusti, indictione x, Incarnationis Dominicæ anno 1177, pontificatus vero domini Alexandri papæ III anno XVIII.

MCCCX.

Ad Ludovicum Francorum regem. — Scribit Fridericum imperatorem ad officium rediisse.

(Venetiis in Rivo alto, Jul. 31.)
[Mansi, Concil., XXI, 990]

Alexander episcopus, servus servorum Dei, charissimo in Christo filio Ludovico illustri Francorum regi, salutem et apostolicam benedictionem.

Dilectum filium nostrum magistrum I., clericum tuum, qui multo fervore devotionum et sinceritate fidei circa honorem et exaltationem tuam exuberare videtur, cum ab excellentia tua pro verbo pacis ad nos fuerit specialiter destinata, cum certo verbo pacis ad te remittimus. Licet autem propter hoc magnum et honorificum nuntium tuæ proposuissemus serenitati transmittere, quem scimus præ cunctis mortalibus Ecclesiæ ac nobis in nostræ persecutionis tempore utilissimum et fructuosissimum exstitisse, cui etiam post Deum ascribimus quidquid Ecclesiæ ac nobis prosperitatis, honoris et gloriæ accidit; attendentes tamen et considerantes devotionem, ac fidem, ac laudabile propositum prædicti clerici tui, per eum tibi tanquam filio charissimo et Christianiss. regi felices pacis successus significamus. Noscat itaque magnitudinis tuæ serenitas quod charissimus in Christo filius noster Fridericus illustris Romanorum imperator cum principibus suis, quos secum habebat, et ecclesiasticis maxime, divina tactus intrinsecus gratia et coelestis benedictionis imbre perfusus, vanitatis errorem prorsus deposuit, et ad obedientiam Ecclesiæ ac nostram, humilians se in conspectu Dei et in oculis hominum, humiliter et devote, sicut decuit, rediit, et B. Petro in nobis illam reverentiam et honorem exhibuit quem antecessores ejus nostris consueverunt antecessoribus exhibere, et de cætero se firmiter et immobiliter exhibiturus promisit. Super quo utique Altissimo, a quo omne bonum procedit, laudes devotissimas agimus, et consequenter tibi et regno tuo gratias multimodas reddimus, per cujus auxilium et potentiam, præeunte cœlesti gratia, nos ad tantum et desiderabile bonum pervenisse non dubitamus. Rogamus itaque excellentiam tuam, monemus et exhortamur in Domino, quatenus una cum regno tuo reverentiam et devotionem, quam matri tuæ sacrosanctæ Romanæ Ecclesiæ in nobis exhibuisti, de cætero firmiter et constanter exhibeas; et ita honori ejus et exaltationi ferventer intendas, quod ex hoc regnum valeas adipisci cœleste, et tibi plenius conservare terrenum : indubitatam spem et fiduciam obtinens, quod fides ac devotio nullo unquam tempore a nostra elabi memoria poterit, quam tu et regnum tuum Ecclesiæ ac nobis in tantæ necessitatis articulo magnanimiter exhibuistis. Imo de cætero te et regnum tuum fructuosius et efficacius fovere, auctore Domino, et amplexari curabimus.

Dat. Venet. in Rivo alto, II Kal. Augusti.

MCCCXI.

Ad Eboracensem archiepiscopum et episcopum Lincolniensem. — Pro monialibus Swinensibus et Cotumensibus.

(Venetiis in Rivo alto, Aug. 2.)
[Monast. Angl., I, 854.]

Alexander episcopus, servus servorum Dei, venerabili fratri Eboracensi archiepiscopo, et dilecto filio Lincolniensi episcopo, salutem et apostolicam benedictionem.

Significaverunt nobis dilectæ filiæ nostræ moniales de Swina et de Cotum, quod cum eis, sicut fratribus Cisterciensis ordinis indultum sit de clementia sedis apostolicæ, ut de laboribus suis, quos propriis manibus vel sumptibus excolunt nemini decimas solvere teneantur, quidam ecclesiastici viri capitulum ipsum prava et sinistra interpretatione perverterunt, asserentes per labores novalia intelligi, et sic contra privilegium apostolicæ sedis prædictæ moniales decimarum exactione gravantur. Quoniam igitur horum interpretatio ab intellectu nostro et aliorum qui in id sane intelligere volunt est penitus aliena, cum secundum capitulum illud a solutione decimarum, tam de terris quas deduxerunt ad cultum, quam etiam de terris cultis quas ipsæ propriis manibus vel sumptibus excolunt liberæ sint et immunes, fraternitati vestræ et discretioni vestræ, per apostolica scripta præcipiendo mandamus quatenus a prædictis monialibus, quæ in episcopatibus vestris consistunt, de laboribus vel de terris suis, quas propriis manibus vel sumptibus excolunt, decimas nullatenus exigatis, nec ab aliquibus exigi permittatis, quia non est conveniens, nec honestum ut contra privilegia sedis apostolicæ veniatur, quæ obtinere debent inviolabilem firmitatem. Si qui autem clerici vel laici contra privilegia sedis apostolicæ eas decimarum exactione gravaverint, laicos excommunicationis sententia percellatis, et clericos, contradictione et appellatione cessante, ab officio suspendatis et tam excommunicationis quam suspensionis sententiam faciatis, usque ad dignam satisfactionem inviolabiliter observari.

Datum Venetiis in Rivo alto, IV Nonas Augusti.

MCCCXII.

Ecclesiæ B. Petri Osnabrugensis privilegia clericorumque possessiones confirmat.

(Venetiis in Rivo alto, Aug. 5.)

[Moser, *Osnabrückische Geschichte*, Berolini, 1844, IV, 101.]

Alexander episcopus, servus servorum Dei, dilectis filiis clericis ecclesiæ B. Petri in Osnaburgo salutem et apostolicam benedictionem.

Justis petentium desideriis dignum est nos facilem præbere consensum et vota quæ a rationis tramite non discordant, effectu sunt prosequente complenda. Eapropter, dilecti in Domino filii, vestris justis postulationibus grato concurrentes assensu jura et terminos ecclesiæ vestræ secundum quod distincti sunt, et in privilegio Philippi quondam Osnabrugensis episcopi continentur, et vos juste possedisse noscimini vobis et ecclesiæ vestræ auctoritate apostolica confirmamus, et præsentis scripti patrocinio communimus, statuentes ut nulli omnino homini liceat hanc paginam nostræ confirmationis infringere, vel ei aliquatenus contraire. Si quis autem hoc attentare præsumpserit, indignationem omnipotentis Dei et beatorum Petri et Pauli apostolorum ejus se noverit incursurum.

Datum Venetiis in Rivo alto, III Non. Augusti.

MCCCXIII.

Monasterium S. Udalrici tuendum suscipit ejusque bona et privilegia confirmat.

(Venetiis in Rivo alto, Aug. 6.)

[*Monum. Boica*, XXII, 187.]

Alexander episcopus, servus servorum Dei, dilecto filio Henrico abbati monasterii Sancti Udalrici, ejusque fratribus tam præsentibus quam futuris, regularem vitam professis, in perpetuum.

Quoties illud a nobis petitur quod religioni et honestati convenire dignoscitur, animo nos decet libenti concedere, et potentium desideriis congruum suffragium impertiri. Eapropter, dilecti in Domino filii, vestris justis postulationibus clementer annuimus, et præfatum monasterium, in quo divino estis obsequio mancipati, sub beati Petri et nostra protectione suscipimus et præsentis scripti privilegio communimus. In primis siquidem statuentes ut ordo monasticus, qui secundum Deum et beati Benedicti Regulam in eodem monasterio institutus esse dignoscitur, perpetuis ibidem temporibus inviolabiliter observetur. Præterea quascunque possessiones.... In quibus hæc propriis duximus exprimenda vocabulis:

Locum ipsum in quo præfatum monasterium constructum est, tam in aquis, piscariis, silvis, vineis, terris cultis et incultis, pratis, aquarum decursibus, quam in aliis sibi pertinentibus; curtem villicationis vestræ quæ infra vestram civitatem sita est cum omnibus pertinentiis suis. Decimas novalium quæ in arena Lici fluminis adjacent, et quæcunque circa pontem ejusdem fluminis habetis; Husteten villam cum omnibus pertinentiis suis, sicut Fredericus illustris Romanorum imperator una cum filio suo omne jus integraliter vobis reliquit; sacristiam monasterii vestri cum oblationibus ejus, et thesaurum ecclesiæ, et omne jus sicut ad hæc tempora rationabiliter tenuistis; Gundoltesham (36) ecclesiam cum omnibus pertinentiis suis, decimas Mendichingen (37), decimas Robingin, decimas Inningen, decimas Kæckingen (38), cum omnibus pertinentiis suis ab Augustensi episcopo vobis concessas; Hæder (39) ecclesiam et decimas cum tota villa, Finningen ecclesiam et decimas cum tota villa; Tottinwis (40) decimas et castrum quod a palatino Ottone juniore comparastis cum aliis pertinentiis suis; Holenbach curtem villicationis cum omnibus pertinentiis suis, Mandenchingen (41) decimas minores de omnibus agris episcopis et porcos quindecim annuatim ex parte episcopi, Wachenhowen decimas cum pertinentiis suis, Walishoven curtem et molendinum cum pertinentiis suis; Rotenbach (42) cum pertinentiis suis, Scehinbach (43) cum pertinentiis suis; in burgo Aichach curtem et cætera quæ ad jus monasterii spectant; Steten (in Bavaria) curtem villicationis cum omnibus pertinentiis suis, Celle (44) curtem villicationis, ecclesiam et decimas cum pertinentiis suis; Rohelingen curtem cum pertinentiis suis, Pfaffenhoven ecclesiam, et quidquid Albertus devotus ibidem vobis obtulit; Lelchuelderdorf (45) ecclesiam cum pertinentiis suis, Mandechingen curtem quam Wimarus vobis contulit, Stainbahe cum pertinentiis suis, Pacche (46) curtem villicationis cum pertinentiis suis, Arnesriet villam et ecclesiam cum pertinentiis suis, Pridichingen (47) curtem et molendinum cum pertinentiis suis, Staindorf cum omnibus quæ ibidem ad jus vestrum pertinent; prædium quod quædam Hailwich vobis contulit, prædium quoque quod quædam Berta de Buren vobis contulit, Wfhusen (48) ecclesiam cum pertinentiis suis.

---

(36) Vid. cod. trad. N. LXXIX.
(37) Vid. N. VI.
(38) Goeggingen.
(39) *Heder* in præfectura Zusmarshusana.
(40) Thodenweis.
(41) Schwabmenchingen.
(42) Roettenbach in præfectura Schrobenhuß.

(43) Schonenbach in præfectura Aichach.
(44) Obezzell in præfectura Fridberg.
(45) Ecclesia S. Afræ in campo Lici.
(46) Bacher in præfectura Fridberg.
(47) Bridrichingen.
(48) Aufhausen.

Sane novarum vestrorum quæ propriis manibus aut sumptibus colitis, sive de nutrimentis vestrorum animalium, nullus omnino a vobis decimas exigere præsumat. Sepulturam quoque ipsius loci liberam esse concedimus ut eorum devotioni et extremæ voluntati, qui se illic sepeliri deliberaverint, nisi forte excommunicati vel interdicti sint, nullus obsistat, salva tamen justitia illarum ecclesiarum a quibus mortuorum corpora assumuntur. In parochialibus vero ecclesiis quas tenetis, liceat vobis clericos eligere et diœcesano episcopo præsentare, quibus, si idonei fuerint, episcopus curam animarum committat, ut ei de spiritualibus, vobis vero de temporalibus debeant respondere. Liceat præterea vobis clericos vel laicos liberos et absolutos, sæculo fugientes, ad conversionem recipere, et in vestro monasterio absque contradictione aliqua retinere. Prohibemus insuper ut nulli fratrum vestrorum post factam in loco vestro professionem, fas sit de eodem loco, absque licentia abbatis sui, nisi obtentu arctioris religionis discedere, discedentem vero sine communium litterarum cautione, nullus audeat retinere. Cum autem generale interdictum terræ fuerit, vobis liceat, clausis januis, non pulsatis campanis, exclusis excommunicatis et interdictis, suppressa voce divina officia celebrare. Ad hæc libertates et immunitates a regibus et principibus tam ecclesiasticis quam mundanis monasterio vestro rationabiliter indultas, et antiquas et rationabiles consuetudines ejusdem monasterii vestri integras et illibatas præsenti decreto manere sancimus. Obeunte vero te, nunc ejusdem loci abbate, vel tuorum quolibet successorum, nullus ibi qualibet subreptionis astutia seu violentia præponatur, nisi quem fratres communi consensu, vel fratrum pars consilii sanioris secundum Dei timorem et beati Benedicti Regulam providerint eligendum.

Decernimus ergo, etc.

Ego Alexander catholicæ Ecclesiæ episcopus.
Ego Hubaldus Ostiensis episcopus.
Ego Galterius Albanensis episcopus.
Ego Conradus Moguntinus archiepiscopus et Sabinensis episcopus.
Ego Guillelmus Portuensis et Sanctæ Rufinæ episcopus.
Ego Manfredus Præestinus episcopus.
Ego Joannes presb. card. tit. S. Anastasiæ.
Ego Joannes presb. card. tit. S. Pudentianæ tit. Pastoris.
Ego Theodinus presbyt. cardin. S. Vitalis tit. Vestinæ.
Ego Petrus presb. card. tit. S. Susannæ.
Ego Jacobus diac. card S. Mariæ in Cosmedin.
Ego Arditio diac. card. S. Theodori.
Ego Cinthius diac. card. S. Adriani.
Ego Hugo diac. card. S. Eustachii juxta templum Agrippæ.
Ego Hugo diac. card. S. Angeli.
Ego Laborans diac. card. S. Mariæ in Porticu.

Datum Venetiis in Rivo alto per manum Gratiani, sanctæ Romanæ Ecclesiæ subdiaconi et notarii, viii Idus Augusti, indictione x, Incarnationis Dominicæ anno 1177, pontif. vero domni Alexandri III anno xviii.

MCCCXIV.

Ad Richardum archiepiscopum Cantuariensem, apostolicæ sedis legatum, et suffraganeos ejus. — De pace cum imperatore Friderico reconciliata.

(Venetiis in Rivo alto, Aug. 6.)
[Mansi, *Concil.*, XXI, 918.]

Alexander episcopus, servus servorum Dei, venerabilibus fratribus Richardo Cantuariensi episcopo, et suffraganeis ejus et dilectis filiis abbatibus specialiter ad Romanam Ecclesiam pertinentibus in archiepiscopatu Cantuariensi constitutis, salutem et apostolicam benedictionem.

Immensas laudes et gratias agimus omnipotenti Deo, qui licet navem Petri diu permisisset procellosa maris tempestate quassari, nunc tandem imperavit ventis et mari, et facta est tranquillitas magna; ita ut pacatis maris sævientis fluctibus, prædicta navis ad portum quietis reducta sit et salutis. Sane charissimus in Christo filius noster Fridericus, illustris Romanorum imperator, proximo præterito die, Dominica ante festum beati Jacobi, cum principibus ecclesiasticis et sæcularibus Teutonici regni, cum multa devotione venit Venetiam ad præsentiam nostram, et ibi coram innumera multitudine virorum ac mulierum altis vocibus resonantium laudes Altissimo, nobis sicut summo pontifici omnem reverentiam et honorem exhibuit, et in festo beati Jacobi nobis ad preces ejus beati Marci ecclesiam adeuntibus, pro celebrandis missarum solemniis obviam venit, et finita missa, quam a nobis licet indignis reverenter audivit, nobis omnem honorem exhibuit, quem prædecessores ejus nostris consueverunt antecessoribus exhibere. In Kalendis vero instantis mensis Augusti præfatus imperator, ubi erat numerosa hominum multitudo, in anima sua jurare fecit. Et principes sui, quos præsentes habebat, tam ecclesiastici quam sæculares, præstito juramento firmaverunt, quod pacem Ecclesiæ perpetuo, et pacem charissimi in Christo filii nostri Willelmi illustris Siciliæ regis usque ad quindecim annos, et treugam Longobardorum a prædictis Kalendis usque ad sex [septem] annos, sicut pax et treuga ipsa disposita est et tractata, et in scriptis redacta, illæsam debeat et illibatam servare. Sicut autem imperator nos in catholicum papam, et spiritualem Patrem recepit, ita nos eum in catholicum imperatorem, et uxorem ejus in catholicam imperatricem, et filium ipsorum in catholicum regem recepimus. Agite itaque gratias Creatori nostro, qui sponsam suam sacrosanctam Ecclesiam sua miseratione respexit, et ei, post multas persecutiones, quibus graviter pressa est et attrita, per suam gratiam plenam pacem reddidit et quietem.

Data Venetiis in Rivo alto, viii Idus Augusti.

MCCCXV.

Choro Ecclesiæ Salzburgensis, prælatis Ecclesiarum et ministerialibus prædictæ Ecclesiæ significat in Adalberti locum, qui archiepiscopatu suo sponte abdicasset, ab episcopis [Romano] Gurcensi et [Theobaldo] Passaviensi prælatisque Salzburgensibus Chunradum Moguntinum electum esse.

(Venetiis in Rivo alto, Aug. 9.)
[Mansi, Concil., XXII, 191.]

Alexander episcopus, servus servorum Dei, dilectis filiis, choro Salzburgensis Ecclesiæ, prælatis Ecclesiarum, et ministerialibus præscriptæ Ecclesiæ intra [extra] montana constitutis, salutem et apostolicam benedictionem.

Venerabilis frater noster Adalbertus, quondam archiepiscopus vester, videns et considerans necessitatem Ecclesiæ vestræ, cum gratiam charissimi in Christo filii Friderici illustris Romanorum imperatoris recuperare non posset, maluit cedere quam contendere, et Ecclesiam vestram et administrationem ipsius in manu nostra libere et sine contradictione qualibet resignavit.

Postmodum venerabiles fratres nostri, Gurcensis et Pataviensis episcopi, et prælati Ecclesiæ vestræ, qui apud nos præsentes erant, de celebranda electione mandato nostro recepto, in venerabilem fratrem nostrum Chunradum, Moguntinum quondam archiepiscopum, virum utique litteratum, providum, industrium et discretum, et charum admodum nobis et acceptum, et moribus et genere nobilem, unanimiter convenerunt, ipsumque elegerunt in archiepiscopum et magistrum. Nos autem quanto Ecclesiam vestram ampliori charitate diligimus, pro illius gratissimæ devotionis fervore, quam hujus turbationis tempore circa nos et Romanam Ecclesiam immobiliter conservavit, tanto facilius eorum electioni nostrum favorem præstitimus et assensum, ipsumque non subtracto sibi honore vel dignitate quam hactenus habuit, in archiepiscopum vobis concessimus, et cum obtentu et consideratione ipsius, eamdem Ecclesiam ferventius animo volumus diligere, et propensiori studio ejus intendere commodis et augmentis : et per industriam, nobilitatem, et potentiam ipsius, credimus, auctore Deo, præscriptæ Ecclesiæ grata commoda proventura.

Unde nolumus vos ægre ferre, vel habere ullo modo molestum, quod hi qui apud nos erant, non exspectato consilio vestro, fecerunt electionem, cum de voluntate et mandato nostro ad electionem processerint celebrandam.

Inde est quod nos, et vos omnes ab obedientia quam prædicto Adalberto, vel illi qui supra impositus fuerat, promisistis, et eos ex vobis qui alterutri eorum fidelitatem juraverunt, a juramento illo, auctoritate qua, licet immeriti, præeminemus, penitus absolventes, universitati vestræ per apostolica scripta præcipiendo mandamus, et mandando præcipimus, quatenus memorato Chunrado archiepiscopo, omni contradictione et appellatione cessante, debitam obedientiam et reverentiam impendatis et ejus salubribus monitis et mandatis humiliter et devote parere curetis. Et hi qui ex vobis consueverunt et debent archiepiscopo fidelitatem jurare, ei fidelitatem facere non postponant. Et quicunque dominicalia Salzburgensis episcopatus quolibet titulo, a tempore bonæ memoriæ Eberhardi quondam archiepiscopi vestri occupata detinent, memorato Chunrado vel nuntiis ejus, omni occasione et excusatione cessante, sine difficultate restituant ; et feuda quæ de novo sunt data, quicunque ea detineant, libera et absoluta relinquant. Si qui autem prædicta dominicalia et feuda de novo data infra xv dies post harum subscriptionem litterarum juxta mandatum nostrum eidem archiepiscopo non reddiderint, eos, contradictione omni et appellatione postposita, sicut excommunicatos vivetis. Sane nos de consilio fratrum nostrorum, et imperator ex sententia principum suorum, universas alienationes dominicalium, et feudationes de novo factas, omnino cessavimus, easque irritas esse decrevimus et inanes. Sententiam autem suspensionis, interdicti vel excommunicationis, quam prædictus Chunradus archiepiscopus in contumaces canonice iulerit, vel rebelles, ratam nos, auctore Deo, et firmam habebimus, eamque faciemus non aliter observari quam si a nobis ipsis lata fuisset, cum eumdem archiepiscopum ita ferventer et sincere diligamus in Domino, ut sibi, sicut charissimo fratri nostro, in omnibus quæ cum Deo possumus et justitia, prompto animo deferre velimus.

Datum Venetiis in Rivo alto, v Idus Augusti.

MCCCXVI.

Monasterii S. Jacobi Moguntini disciplinam Præmonstratensem confirmat.

(Venetiis in Rivo alto, Aug. 13.)
[Hugo, Annal. Præm. ord., II, 848.]

Alexander episcopus, servus servorum Dei, dilectis filiis Fulberto abbati et fratribus S. Jacobi de Moguntia, ordinem Præmonstratensem professis, salutem et apostolicam benedictionem.

Referente nobis venerabili fratre nostro S. Ecclesiæ Moguntinæ archiepiscopo, quod, cum in prædicto monasterio S. Jacobi consuevissent esse monachi nigri, tandem quia prædecessor ejusdem archiepiscopi ibi fuerat interfectus, abbas et monachi ejus erant ibidem, propter sinistram suspicionem quam ibidem abbas et quidam de fratribus suis de morte illius incurrerant, ab eodem monasterio sunt ejecti, et vos per jam dictum archiepiscopum de consensu charissimi in Christo filii Friderici Romanorum imperatoris, deliberatione habita plurium personarum, estis in idem monasterium introducti. Nos autem fervorem religionis, qua totus ordo vester redolere dignoscitur, attendentes et considerantes in hac parte provida fuisse circumspectione processum, translationem et mutationem per eumdem archiepiscopum, sicut diximus, factam, ratam habemus et firmam, et monasterium ipsum vobis auctoritate apostolica confirmamus, arctius inhibentes, ne quis amodo fratres ordinis vestri ex praedicto monasterio amovere aut vobis super ipso, vel super his quae ad idem monasterium spectant indebitam molestiam seu gravamen inferre praesumat. Praedictum quoque monasterium ut ibi quietius et commodius Domino deservire possitis, cum omnibus possessionibus suis, quae inpraesentiarum juste et canonice possidet, aut in futurum justis modis, praestante Domino, poterit adipisci, sub beati Petri et nostra protectione suscipimus, et praesentis scripti patrocinio communimus, statuentes ut ordo vester, qui secundum Deum et beati Augustini regulam et institutionem Praemonstratensium institutus esse dignoscitur, perpetuis ibi temporibus inviolabiliter observetur, etc.

Decernimus ergo, etc.

Datum Venetiis in Rivo alto, per manum Gratiani, sanctae Romanae Ecclesiae subdiaconi et notarii, xv Kal. Septembris, indict. x, anno Incarnationis Dominicae 1197, pontificatus vero domni Alexandri papae III, anno XVIII.

MCCCXVII.

Archiepiscopo Spalatino, legato apostolico, significat se ejus cum archiepiscopo Jaderensi de episcopatu Phariensi controversiam Raymundi de Capella, subdiaconi sui, legationem apostolicam in Sclavoniam ineuntis, arbitrio permisisse.

(Venetiis in Rivo alto, Aug. 25.)
[FARLATI, *Illyricum sacrum*, III, 198.]

ALEXANDER episcopus, servus servorum Dei, venerabili fratri SPALATENSI archiepiscopo, apostolicae sedis legato, salutem et apostolicam benedictionem.

Cum inter te et venerabilem fratrem nostrum Jaderensem archiepiscopum super episcopatu de Fara controversia agitetur, causam ipsam dilecto filio Raymundo de Capella, subdiacono nostro, quem in Sclavoniam legatum apostolicae sedis dirigimus, duximus committendam ; quia, cum sit litteratus, providus ac discretus, speramus quod eadem causa sub examine suo dignum debeat effectum sortiri. Mandamus itaque fraternitati tuae atque praecipimus quatenus ab eodem subministro nostro propter hoc vocatus fueris, per te vel per sufficientem responsalem ejus praesentiam adeas, et quod ipse inde statuerit, suscipias firmiter et observes. Si vero alterutra pars appellaverit, eidem subdiacono dedimus in mandatis, ut ipse nihilominus rationes et allegationes hinc inde diligenter audiat, testes, appellatione cessante, recipiat, eorumdem juratorum depositiones studiose conscribat, atque nobis transmittat, praefigens utrique parti terminum competentem, quo debeant cum ipsis attestationibus et allegationibus apostolico se conspectui praesentare. Porro si alterutra partium se absentaverit, quominus ad praesentiam ipsius subdiaconi nostri accedat, vel requisita valeat inveniri ; eidem subdiacono nostro dedimus in mandatis ut nihilominus testes alterius partis, appellatione cessante, recipiat, et eorum dispositiones transmittat.

Datum Venetiae in Rivo alto, XI Kal. Sept.

MCCCXVIII.

Everardo episcopo Tornacensi interdicit ne in divisione praebendarum nonnisi juxta tenorem scripti sui (vide supra epist. 752) procedat.

(Venetiis in Rivo alto, Aug. 25.)
[MIRAEI, *Opp. dipl.*, II, 976.]

ALEXANDER episcopus, servus servorum Dei, venerabili fratri EVERARDO episcopo, et dilectis filiis decano et capitulo Tornacensi, salutem et apostolicam benedictionem.

Audivimus et audientes non potuimus non mirari, quod cum bonae memoriae Gualtero praedecessori tuo, frater episcope, duxerimus indulgendum, ut de singulis tribus praebendis quae in ecclesia vestra fuerant constitutae, quatuor faceret; tu contra nostram indulgentiam veniens, numerum ipsum transgrederis, et quasdam praebendas occasione scripti nostri dimidiare minime dubitasti. Quoniam igitur nec decet te, nec nos possumus sustinere ut abutaris concessione a nobis indulta, per apostolica vobis scripta praecipiendo mandamus quatenus tu, frater episcope, in divisione praebendarum ipsarum non nisi juxta tenorem scripti nostri procedas, nec de caetero in praescripta ecclesia canonicum ordines, nisi prius dimidiatas praebendas, juxta tenorem nostrae concessionis reintegres, et praecipue praebendam dilecti filii nostri G. archidiaconi Laudunensis concanonici vestri, quae sicut quaedam aliae dicitur dimidiata fuisse ; nec vos, filii canonici, donec dimidiatae praebendae juxta mandatum nostrum redintegrentur, quemlibet in canonicum recipere praesumatis.

Si vero contra praeceptum nostrum veneritis grave nobis admodum et molestum existet; nec praesumptionem vestram relinquere poterimus incorrectam, cum non liceat vobis vel cuilibet alii transgredi Romani pontificis instituta.

Datum Venetiis in Rivo alto, VII Kal. Septembris.

MCCCXIX.

Ecclesiae S. Donatiani Brugensis protectionem suscipit, bona et possessiones confirmat.

(Venetiis in Rivo alto, Sept. 6.)
[MIRAEI, *Opp. dipl.*, II, 1330.]

ALEXANDER episcopus, servus servorum Dei, dilectis filiis GERARDO praeposito ecclesiae S. Donatiani Brugensis ejusque fratribus, tam praesentibus quam futuris canonice substituendis in perpetuum.

Commissae nobis apostolicae sedis nos hortatur auctoritas, ut locis et personis ejus auxilium devotione debita implorantibus tuitionis praesidium impendere debeamus. Quia, sicut injusta poscentibus nullus tribuendus est effectus, sic legitima desiderantium nulla est differenda petitio, praesertim eorum qui cum honestate vitae et laudabili morum compositione gaudent omnipotenti Domino deservire.

Eapropter, dilecti in Domino filii, vestris justis postulationibus clementer annuimus et præfatam beati Donatiani Brugensem ecclesiam, in qua divino mancipati estis obsequio, sub B. Petri et nostra protectione suscipimus et præsentis scripti patrocinio communimus. Statuentes ut quascunque possessiones, quæcunque bona eadem ecclesia inpræsentiarum juste et canonice possidet, aut in futurum concessione pontificum, largitione regum vel principum, oblatione fidelium, seu aliis justis modis, præstante Domino, poterit adipisci, firma vobis vestrisque successoribus, et illibata permaneant. In quibus hæc propriis duximus exprimenda vocabulis:

In episcopatu Tornacensi altaria Dudazela et oblationes Dudazelensis ecclesiæ, quæ a pia devotione fidelium pro reverentia B. Leonardi offeruntur, Utkerca, Horescam cum appendiciis suis; altaria Sancti Michaelis et Sanctæ Crucis, Sumkerca, Clemeskerca, Suevensela, Artrica.

In episcopatu Morinensi Widelgat, Kemla cum universis decimis et terris sibi pertinentibus, Hesna cum appendiciis suis, Dikesmuta et Clarc, duas partes decimæ ex Yprensi parochia, duas partes decimæ, ex Formasela et Dieshuse et ex novalibus ejusdem terræ similiter. Cancellariam comitis Flandriæ, quemadmodum pia devotione a Roberto comite ecclesiæ vestræ concessa est et scripto firmata suo, et ecclesia ipsa eam hactenus quiete tenuit. Cum autem generale interdictum terræ fuerit, liceat vobis, clausis januis, exclusis excommunicatis et interdictis, non pulsatis campanis, supressa voce divina officia celebrare.

Obeunte vero te, nunc ejusdem loci præposito, vel tuorum quolibet successorum, nullus ibi qualibet subreptionis astutia seu violentia præponatur, nisi quem fratres ejusdem ecclesiæ secundum Dominum canonice providerint eligendum. Sepulturam quoque ipsius loci liberam esse decernimus, ut eorum devotioni et extremæ voluntati, qui se illic sepeliri deliberaverint, nisi forte excommunicati sint vel interdicti, nullus obsistat, salva tamen justitia illarum ecclesiarum a quibus mortuorum corpora assumuntur.

Decernimus ergo ut nulli omnino hominum liceat præfatam ecclesiam temere perturbare, aut ejus possessiones auferre, vel ablatas retinere, minuere, seu quibuslibet vexationibus fatigare, sed illibata omnia et integra conserventur eorum, pro quorum gubernatione ac sustentatione concessa sunt, usibus omnimodis profutura, salva sedis apostolicæ auctoritate et diœcesanorum episcoporum canonica justitia.

Si qua igitur in futurum, etc.

Ego Alexander, catholicæ Ecclesiæ episcopus.
Ego Ubaldus, Ostiensis episcopus.
Ego Guillemus, Portuensis et Sanctæ Rufinæ episcopus.
Ego Joannes, presbyter cardinalis, titulo Sanctæ Anastasiæ.
Ego Boso presbyter cardinalis S. Pudentianæ tit. Pastoris.
Ego Theodinus, presbyter cardinalis S. Vitalis titulo Christinæ.
Ego Petrus presbyter cardinalis titulo Sanctæ Susannæ.
Ego Jacobus, diac. cardinalis S. Mariæ in Cosmedin.
Ego Arditio diac. cardinalis S. Theodori.
Ego Hugo diac. card. S. Eustachii juxta templum Agrippæ.
Ego Laborans diaconus cardinalis S. Mariæ in Porticu.
Ego Raynerius, diaconus cardinalis S. Georgii ad Velum Aureum.

Datum Venetiis Rivo alto, per manum magistr Gerardi, S. Romanæ Ecclesiæ subdiaconi et notarii, VIII Idus Septembris, indictione x, Incarnationis Dominicæ anno 1177, pontificatus vero domni Alexandri papæ III anno XVIII.

MCCCXX.

Dominico abbati S. Justinæ Patavino permittit ut in obsequiis defunctorum, episcopo absente, vel missam cantare nolente, in monasterio specialem missam cantet.

(Venetiis in Rivo alto, Sept. 16.)
[UGHELLI, *Italia sacra*, V, 441.]

ALEXANDER episcopus, servus servorum Dei, dilecto filio DOMINICO abbati S. Justinæ de Padua salutem et apostolicam benedictionem.

Intelleximus ex scripto quodam, quod est addictum manu publica, quod inter te et canonicos Paduanos, mediantibus venerab. fratri nostro G. episcopo Paduano, Manfredo et Bono Joanne, quos tu et altera pars communiter elegeratis, hujusmodi pax et concordia facta, quod archipresbyter præscriptæ ecclesiæ in obsequiis defunctorum, absente episcopo, vel nolente missam cantare, specialem missam cantet, si chorus canonicorum fuerit invitatus, aut si archipresb. præsens non fuerit, cantes, et si tu et archipresbyter absentes fueritis, unus de canonicis missam celebret. Cæterum quia prædicta concordia ex parte canonicorum violata est, sicut asseris, nos tibi super hoc paterna sollicitudine providere volentes, auctoritate tibi apostolica duximus indulgendum ut in obsequiis defunctorum, episcopo absente, vel missam cantare nolente, nullius contradictione vel appellatione obstante, fas tibi sit in monasterio tuo specialem missam cantare.

Datum Venetiis in Rivo alto, XVI Kal. Octobr.

MCCCXXI.

Compositionem inter Balduinum quondam episcopum et Gerardum de Chirisi factam confirmat.

(Venetiis in Rivo alto, Sept. 26.)
[MABILLON, *De re diplom.*, p. 276.]

ALEXANDER episcopus, servus servorum Dei, ve-

nerabili fratri suo R. Noviomensi episcopo salutem et benedictionem.

Vidimus scriptum charissimi in Christo filii nostri illustris Francorum regis, ex cujus tenore nobis innotuit quod, cum inter bonæ memoriæ B. prædecessorem tuum, et Gerardum de Chirisi coram eodem rege quæstio mota fuisset, tandem in præsentia ipsius regis inter ipsum et eumdem G. multis astantibus talis facta est compositio, quod præfatus G. sibi fecit homagium de castello Chirisi talibus conventionibus interpositis, quod quando episcopus Noviomensis submonebit eum de excommunicatione, quæ debuit esse facta de prædicto castello, ut dicitur, idem G. in curia Noviomensis episcopi parebit judicio per pares suos homines ipsius episcopi [reddito]. Et si probari poterit excommunicationem ipsam factam fuisse, idem G. præscriptum castellum reddet in manu episcopi ad diruendum et omnino destruendum, vel ad omne velle suum faciendum. Si vero excommunicatio probari non potuerit, memoratus G. et hæres ejus a Noviomensi episcopo per homagium castellum ipsum tenebunt. Addidit insuper idem G. in homagio quod præfato episcopo fecit, quod ipse aut hæres ejus quadraginta diebus cum duobus militibus, et in propriis sumptibus suis infra comitatum Noviomensem episcopo Noviomensi serviet cum voluerit, et ipsum exinde fecerit submoneri. Præterea idem G. fidem dedit quod de guidonagio Pontis Episcopi, et de cæteris pedagiis et pontonagiis per supradictum castellum Noviomensi episcopo nullum damnum eveniet, nec aliqua quadriga ferens vinum, nec aliqua mercato tendens ad quascunque ferias per castellum transibit; aut si hoc evenerit, episcopus guidonagium et forisfactum de transeuntibus habebit; et idem G. et hæres ejus hoc episcopo emendabit. Decem quoque libras, quas pater ipsius G. ab episcopo Noviomensi ad Pontem Episcopi se tenere clamavit, et Simon prædecessor tuus in placitis obtinuit, idem G. jam dicto episcopo et successoribus suis quietas et liberas in perpetuum dimisit; et promisit quod, si episcopo Noviomensi guerra imminuerit, ei castellum tradet, sibi facta pace sine contradictione qualibet resignandum : et hæc omnia se observaturum coram memorato rege Francorum interposita fide firmavit; et ipsum regem super his per legem constituit; et eidem regi, ut major de his omnibus securitas haberetur, castellaniam Lauduni contra plegium assignavit. Volentes itaque robur perpetuæ firmitatis habere, quod mediante prælato rege statutum est in hac parte, constitutionem ipsam, sicut diximus, factam, ratam habemus et firmam; eamque auctoritate apostolica confirmantes, præsentis scripti patrocinio communimus, statuentes ut nulli hominum liceat hanc paginam nostræ confirmationis infringere, vel ei aliquatenus contraire. Si quis autem hoc attentare præsumpserit, indignationem omnipotentis Dei et beatorum Petri et Pauli apostolorum ejus se noverit incursurum.

Datum Venetiis in Rivo alto, vi Kal. Octobris. MCCCXXII.

Presbytero Joanni, Indorum regi, scribit se jamdiu quidem audisse eum Christianam legem sequi; sed tum primum Philippum medicum detulisse eum cupere « erudiri catholica disciplina et in Urbe habere ecclesiam et Jerusalem altare aliquod. » Mittit igitur eumdem Philippum medicum, per quem ad fidem catholicam deducatur.

(Venetiis in Rivo alto, Sept. 27.)
[MANSI, *Concil.*, XXI, 907.]

ALEXANDER episcopus, servus servorum Dei, charissimo in Christo filio illustri et magnifico Indorum regi, sacerdotum sanctissimo, salutem et apostolicam benedictionem.

Apostolica sedes, cui, licet immeriti, præsidemus, omnium in Christo credentium caput est et magistra, Domino attestante, qui ait beato Petro, cui, licet indigni, successimus : *Tu es Petrus, et super hanc petram ædificabo Ecclesiam meam* (*Matth.* XVI). Hanc siquidem petram Christus esse voluit in Ecclesiæ fundamentum, quam prædicit nullis ventorum turbinibus nullisque tempestatibus quatiendam. Et ideo non immerito beatus Petrus, super quem fundavit Ecclesiam, ligandi atque solvendi specialiter et præcipue inter apostolos alios meruit accipere potestatem. Cui dictum est a Domino : *Tibi dabo claves regni cœlorum : et portæ inferi non prævalebunt adversus eam. Et quodcunque ligaveris super terram, erit ligatum et in cœlis; et quodcunque solveris super terram, erit solutum et in cœlis* (ibid.). Audiveramus utique jampridem, referentibus multis, et in fama communi, quomodo cum sis Christianum nomen professus, piis velis operibus indesinenter intendere, et circa ea tuum animum geras quæ Deo grata sunt et accepta. Sed et dilectus filius magister Philippus medicus et familiaris noster, qui de intentione pia et proposito tuo cum magnis et honorabilibus viris regni tui se in partibus illis verbum habuisse proponat, sicut vir providus et discretus, circumspectus et prudens, constanter nobis et sollicite retulit se manifestius ab his audisse quod tuæ voluntatis sit et propositi erudiri catholica et apostolica disciplina, et ad hoc ferventer intendas, ut tu, et terra tuæ sublimitati commissa, nihil unquam videamini in fide vestra tenere quod a doctrina sedis apostolicæ dissentiat modo quolibet vel discordet. Super quo sane tibi, sicut charissimo filio, plurimum congaudemus, et ei, a quo omne donum procedit, immensas gratiarum exsolvimus actiones; vota votis, et preces precibus adjungentes, ut qui dedit tibi nomen Christianitatis suscipere, menti tuæ per suam ineffabilem pietatem inspiret quod omnino velis sapere quæ super omnibus articulis fidei tenere debet religio Christiana. Non enim vere potest de Christiana professione sperare salutem, qui eidem professioni verbo et opere non concordat; quia non sufficit cuilibet nomine Christiano censeri, qui de se sentit aliud quam catholica et apostolica habeat disciplina.

juxta illud quod Dominus in Evangelio dicit : *Non omnis qui dicit mihi , Domine , Domine, intrabit in regnum coelorum, sed qui facit voluntatem Patris mei qui in coelis est* (*Matth.* vii).

Illud autem nihilominus ad commendationem tuæ virtutis accedit, quod, sicut prudens magister Philippus se a tuis asserit audisse, ferventi desiderio cuperes in Urbe habere ecclesiam, et Hierosolymitanum altare aliquod, ubi viri prudentes de regno tuo manere possent, et apostolica plenius instrui disciplina, per quos postmodum tu et homines regni tui doctrinam ipsam reciperent et tenerent. Nos autem qui, licet insufficientibus meritis, in beati Petri cathedra positi, juxta Apostolum (*Rom.* 1) sapientibus et insipientibus, divitibus et pauperibus, nos recognoscimus debitores, de salute tua et tuorum omnimodam sollicitudinem gerimus; et vos ab his articulis, in quibus erratis a Christiana et catholica fide, prompto animo, prout tenemur ex suscepti ministerio regiminis, volumus revocare. Cum ipse Dominus beato Petro, quem omnium apostolorum principem fecit, dixit : *Et tu aliquando conversus confirma fratres tuos* (*Luc.* xxii). Licet autem grave nimis videatur et laboriosum existere, ad præsentiam tuam, inter tot labores et varia itineris et locorum discrimina, et inter longas et ignotas oras, quemlibet a nostro latere destinare, considerato tamen officii nostri debito, et tuo proposito et intentione pensata, præfatum Philippum medicum et familiarem nostrum, virum utique discretum, circumspectum et providum, ad tuam magnitudinem mittimus, de Jesu Christi misericordia confidentes quod, si volueris in eo proposito et intentione persistere, quam te, inspirante Domino, intelligimus concepisse, de articulis Christianæ fidei, in quibus tu et tui a nobis discordare videmini, in proximo per Dei misericordiam eruditus nihil prorsus timere poteris, quod de errore tuam vel tuorum salutem præpediat, vel in vobis nomen Christianitatis offuscet.

Rogamus itaque excellentiam regiam, monemus et hortamur in Domino, quatenus eumdem Philippum pro reverentia beati Petri et nostra, sicut virum honestum, discretum et providum, et a nostro latere destinatum, debita benignitate recipias, et reverenter ac devote pertractes. Et si tuæ voluntatis est et propositi, sicut omnino decet esse, ut erudiaris apostolica disciplina super his quæ idem Philippus ex nostra tibi parte proponet, ipsum diligenter audias et exaudias, et personas honestas et litteras tuo sigillo sigillatas, quibus propositum et voluntatem tuam possimus plene cognoscere, ad nos cum ipso transmittas. Quia quanto sublimior et major haberis, et minus de divitiis et potentia tua videris inflatus, tanto libentius tam de concessione ecclesiæ in Urbe, quam etiam de conferendis altaribus in ecclesia beati Petri et Pauli, et Jerosolymis in ecclesia Sepulcri Domini, et in aliis quæ juste quæsieris, tuas curabimus petitiones admittere et efficacius exaudire, utpote, qui desiderium tuum super hoc, quod multa commendatione dignum exstitit, modis omnibus, quibus secundum Deum possumus, volumus promovere, et tuam et tuorum animas desideramus Domino lucrifacere.

Data Venetiis in Rivo alto, v Kalendas Octobris.

MCCCXX

Monasterii Sanctæ Mariæ Magdalenæ de Lacu juriensi protectionem suscipit, bonaque ac possessiones confirmat.

(Venetiis in Rivo alto, Sept. 29.)

[*Mémoires et documents de la Société d'histoire de la Suisse Romande*, Lausanne 1858, tom. I, p.185.]

ALEXANDER episcopus, servus servorum Dei, dilectis filiis GUALTERO abbati ecclesiæ Sanctæ Mariæ Magdalenæ de Lacu Juriensi, ejusque confratribus, tam præsentibus quam futuris, regularem vitam professis, in perpetuum.

Religiosam vitam eligentibus apostolicum convenit adesse præsidium, ne forte cujuslibet temeritatis incursus ante eos expositus, revocet eos a proposito, aut robur, quod absit, sacræ religionis infringat. Eapropter, dilecti in Domino filii, vestris justis postulationibus clementer annuimus, et præfatam ecclesiam, in qua divino mancipati estis obsequio, sub beati Petri et nostra protectione suscipimus et præsentis scripti privilegio communimus. In primis siquidem statuentes ut ordo canonicus, qui secundum Deum et beati Augustini regulam atque constitutionem Præmonstratensium fratrum in eodem loco constitutus esse dignoscitur, perpetuis ibidem temporibus inviolabiliter observetur. Præterea quascunque possessiones, quæcunque bona eadem ecclesia inpræsentiarum juste et canonice possidet, aut in futurum concessione pontificum, largitione regum vel principum, oblatione fidelium seu aliis justis modis, præstante Domino, poterit adipisci, firma vobis vestrisque successoribus et illibata permaneant. In quibus hæc propriis duximus exprimenda vocabulis :

Locum ipsum et totam vallem in qua abbatia vestra sita est omni parte, sicut montes versus lacum pendent, et aquam jaciunt cum ipso lacu et piscaria, a superiori piscina usque ad montem Risum (49); ecclesiam de Cuarvens cum terris et decimis, et justitiis, et familiis quas ibi possidetis; terram de Valle-Leonis (50) et terram quam habetis in Montevilla (51), ecclesiam Sancti Symphoriani (52) cum terris, vineis et decimis quas in eadem villa et adjacentibus villaris possidetis, terras et vineas quas in Columbario (53) et in Lonay (54) et in

---

(49) Mont-Risoux.
(50) Vaulion.
(51) Mont-Taville

(52) Saint-Saphorin-sur-Morges.
(53) Colombier.
(54) Lonay-sur-Morges.

Echichen (55), et in Trivillin (56), et in Alamand. (57) et in Bolgez (58), possidetis, terras, et vineas, et familias quas contulit vobis bonæ memoriæ Albertus de Bectens (59), terram quam habetis apud Bructignie (60), et apud Villars Luczon (61), et apud Villars Odon ; locum cum vineis de Rivorio (62), quem habetis ex dono bonæ memoriæ Guidonis quondam Lausannensis episcopi, cum decima ejusdem terræ ; ecclesiam de Ornys (63) cum omnibus appendiciis suis, terram et vineas quas Ludovicus de Monte Castro et filii ejus in Castanerio (64) ecclesiæ vestræ contulerunt, terram et decimas quas habetis in loco qui dicitur Subsilva (65), allodium de Montericherii (66) quod Aymo de Augusta tenebat a domno Dalmacio, de eodem Montericherii usamenta et pastura de toto dominatu de Vufflens, sicut ea rationabiliter possidetis ; terram quoque quam dominus ejusdem castri ad construendam domum libere vobis concessit, pascua de Lantifor, quæ vulgus calcem de Jura vocat, quam vobis Hugo de Grandissono in eleemosynam dedit; terram quam habetis apud Oulen (67), et terram et familias quas habetis apud Bectens (68), locum qui dicitur Sancta Crux (69), et duo molendina ejusdem loci, et terram quamdam de Esserto ; terram et vineas quas habetis apud Bremblens (70) et apud Sanctum Germanum (71), tres solidos et novem nummos censuales quos habetis apud Vullierens (72), et alios census nummorum quos habetis in diversis locis, terram et vineas de Luins.

Paci quoque et tranquillitati vestræ paterna diligentia providere volentes, auctoritate apostolica prohibemus ut infra claustrum locorum seu grangiarum vestrarum nullus violentiam facere, furtum seu rapinam aut ignem apponere, vel homines capere, seu interficere audeat. Sepulturam quoque ipsius loci liberam esse decernimus, ut eorum devotioni et extremæ voluntati, qui se illic sepeliri desideraverint, nisi forte excommunicati vel interdicti sint, nullus obsistat, salva tamen justitia ecclesiarum illarum a quibus corpora assumuntur. Cum autem generale interdictum terræ fuerit, liceat vobis, clausis januis, exclusis excommunicatis vel interdictis, non pulsatis campanis, submissa voce divina officia celebrare. Sane novalium vestrorum, quæ propriis manibus aut sumptibus colitis sive nutrimentorum vestrorum animalium, nullus a vobis decimas præsumat exigere.

Decernimus ergo ut nulli omnino hominum liceat præfatam ecclesiam temere perturbare, aut ejus possessiones auferre, vel ablatas retinere, minuere, seu quibuslibet vexationibus fatigare, sed illibata omnia et integra conserventur eorum, pro quorum gubernatione et sustentatione concessa sunt, usibus omnimodis profutura, salva sedis apostolicæ auctoritate, et diœcesani episcopi canonica justitia. Si qua igitur in futurum, etc.

Datum Venetiis in Rivo alto, per manum Gratiani Sanctæ Romanæ Ecclesiæ subdiaconi et notarii, III Kalendarum Octobris, indictione XI, Incarnationis Dominicæ anno 1177, pontificatus vero domni Alexandri papæ III, anno XIX.

MCCCXXIV.
Privilegium pro ecclesia Ferrariensi.
(Venetiis in Rivo alto.)
[UGHELLI, Italia sacra, II, 538.]

ALEXANDER episcopus, servus servorum Dei, dilectis filiis WIDONI archipresbytero præposito, et universis canonicis Ferrariensis Ecclesiæ, tam præsentibus quam futuris, canonice instituendis, in perpetuum.

Piæ postulatio voluntatis, etc. *Eorum possessiones enumerat :* Villam videlicet quæ dicitur Quartisana, fundum contra Padum, locum Cucula, caput Redæ villam quæ dicitur Baniolum, fundum Burduragum, villam quæ dicitur Quartiatica, fundum pecorile, et villam quæ dicitur Fossa nova, capellam S. Marci ibidem sitam, Pilearitia quæ dicitur Mortitium, ecclesiam S. Michaelis cum suis pertinentiis, capellam S. Stephani cum pertinentiis suis, in burgo Ferrariæ, capellam S. Jacobi in civitate Ferrariæ, capellam S. Petri et S. Salvatoris sitas in castro ejusdem Ferrariæ cum omnibus pertinentiis suis, capellam S. Mariæ Magdalenæ, et S. Viti quæ est in mercato Ferrariæ, capellam S. Leonardi, Corrigium Stadii totum, medietatem Lendenariæ majoris et minoris, Cocolariam lami piscariciam, Zemedelle, mansum in capite Sandali positum, mansum de portu Vetrariæ, mansum Camolagæ, medietatem fundi Bucentulæ, fundum Bagnoli, Lamas communis, medietatem fundi Gallinarii, medietatem fundi Purpurariæ, portum capitis Redæ, terram quoque quæ fuit de Ajacha positam in villa quæ dicitur Zuccula, mansum unum in fundo qui dicitur Duce. Insuper etiam medietatem totius decisionis plebis S. Georgii in episcopio Ferrariæ, medietatem omnium rerum quæ pro animabus defunctorum eidem Ecclesiæ relinquuntur tam mobilium quam immobilium, totam decimam villæ quæ dicitur Cocomarium, et cætera quæ eidem

(55) Echchiens.
(56) Trivelin-sur-Aubonne.
(57) Allaman.
(58) Bougy.
(59) Bettens.
(60) Bretigny.
(61) Villard-Lussery.
(62) Rivaz à Lavaux.
(63) Orny.
(64) Châtagneria, cercle de Coppet.
(65) Suscevaz.
(66) Montricher.
(67) Oulens.
(68) Bettens.
(69) Sainte-Croix, au Jura.
(70) Bremblens.
(71) Saint-Germain.
(72) Vullierens.

canonice juste pertinent in terris, vineis, pratis, agris cultis et incultis, aquis in piscationibus, venationes etiam et molendina, servos et ancillas, et duodecim homines illius loci, qui vos navigio ferant, quocunque usus vester fuerit absque omni pretio. Ad hæc adjicientes statuimus, et auctoritate apostolica prohibemus, ne cui liceat clericos capellarum, quæ ad jurisdictionem vestram tantummodo pertinent, vobis invitis interdicto, vel excommunicationi subjicere, aut alias indebita molestatione gravare, sed vos liberam dispositionem, ordinationem, et correptionem capellarum, et clericorum ipsorum sine contradictione qualibet habeatis, sicut usque ad tempora præsentis episcopi vestri habuistis. Præterea præsenti pagina duximus statuendum ut nullus extra voluntatem vestram infra civitatem, vel suburbia vestræ civitatis baptizare, ungere secundum institutionem ab Azone olim Romanæ Ecclesiæ cardinali, et tunc apostolicæ sedis legato cum consilio et assensu Land. quondam episcopi factam, et hactenus observatam, vel publicas pœnitentias dare præsumat. Quartam vero partem decimarum quæ in parochia vestra vobis noscitur de jure competere, nullus vobis subtrahere vel violenter detinere præsumat. Nihilominus etiam auctoritate apostolica prohibemus ne aliquis parochianos vestros quoscunque auctoritate episcopi vestri excommunicare, vel interdicto canonice subjecerit, ad divina officia vel sepulturam ante absolutionem recipere audeat. Ad hæc vobis duximus indulgendum, ut si episcopus vester humiliter requisitus, invasores, perturbatores aut detentores possessionum vestrarum, infra triginta dies noluerit ecclesiastica sententia coercere, nisi manifesta et rationabilis causa præpediat, liceat vocis in eosdem auctoritate nostra, secundum qualitatem et quantitatem excessus, excommunicationis vel interdicti sententiam promulgare. Constitutionem autem quam prædictus cardinalis cum consilio et assensu prædicti episcopi super testamentis defunctorum rationabiliter fecisse dignoscitur, et venerabilis frater noster Am. vester episcopus approbasse, ratam et firmam habemus et eam perpetuis temporibus inconcussam manere sancimus. Decernimus quoque ut nulli omnino hominum liceat præfatam canonicam temere perturbare, aut ejus possessiones auferre, aut ablatas retinere, aut aliquibus vexationibus fatigare, sed omnia integra conserventur, vestris, et aliorum pro quorum gubernatione et sustentatione concessa sunt, usibus omnimodis profutura, salva sedis apostolicæ auctoritate, et Ferrariensis episcopi canonica justitia. Si qua igitur, etc.

Alexander catholicæ Ecclesiæ episcopus.
Ego Ubaldus Ostiensis episcopus.
Ego Gualterius Sabinensis episcopus.

(73) Significatio temporis vitiosa.
(74) Hugonis epistolam qua librum suum De hæ-

Datum Venetiis, III Kal.... anno Dominicæ Incarnationis 1179.... manum.... gerentis... domni Alexandri papæ III anno.... Ind... (75).

MCCCXXV.

Magistro Hugoni Etheriano gratias agit quod librum « pro Deo et pro devotione Ecclesiæ » compositum per magistrum Cacciaredum ad sese miserit. Monet ut « Constantinopolitanum imperatorem ad devotionem et reverentiam Romanæ Ecclesiæ exhibendam et ad unitatem ipsius diligentius provocet. »

(Trojæ, Nov. 16.)
[Mansi, Concil., XXI, 909.]

Alexander episcopus, servus servorum Dei, dilecto filio magistro Hugoni, salutem et apostolicam benedictionem.

Cognoscentes laborem plurimum, quem sustinuisti in componendo librum, quem nobis per dilectum filium nostrum magistrum Cacciaredum misisti (74); attendentes quoque fructum quem exinde speramus Ecclesiæ Dei proventurum, librum ipsum grata et læta manu recepimus, et devotæ sollicitudini et liberalitati tuæ uberrimas propter hoc gratiarum referimus actiones, desiderium et voluntatem habentes, te, quem hactenus relatione nostrorum, qui a partibus Constantinopolis revertebantur, charum habebamus, de cætero ferventius diligendi, et multo chariorem habendi et sincerius amplexandi. Rogamus autem prudentiam tuam solliciteque monemus, ut sicut pro Deo et pro devotione Ecclesiæ præscriptum librum composuisti, ita quoque charissimum in Christo filium nostrum illustrem et gloriosum Constantinopolitanum imperatorem ad devotionem et reverentiam sacrosanctæ Romanæ Ecclesiæ exhibendam, et ad unitatem ipsius diligentius provoces, monitis et exhortatione inducas, ut, sicut esse debet, unum fiat ovile, et pastor unus.

Data Trojæ, Idibus Novembris

INTRA ANNUM 1160-1178.

MCCCXXVI.

Leprosis Abbatisvillæ decimarum immunitatem concedit, terramque de Cantastra, concessam a comite Pontivi, asserit.

(Anagniæ, Jan. 17.)
[R. P. Ignace-Joseph de Jesus-Maria, *Hist. Eccl. d'Abbeville*, 587.]

Alexander episcopus, servus servorum Dei, dilectis filiis leprosis de Abbatisvilla, salutem et apostolicam benedictionem.

Movent nos dolores continui quos patimini, et ad exhibendum vobis apostolicæ sedis suffragium ferventer inducunt, ut qui estis justo Dei judicio graviter verbere supernæ visitationis afflicti, in necessitatibus vestris opportunæ consolationis subsidium sentiatis. Eapropter, dilecti in Domino filii, vestris justis postulationibus misericorditer annuentes, de

resibus quas Græci in Latinos devolvunt Alexandro III nuncupat, vide *Patrol.*, t. CCII, col. 227.

clementia sedis apostolicæ vobis duximus indulgendum, ut de hortis vestris, quos ad usus vestros excoli facitis, sive de nutrimentis animalium vestrorum, nullus a vobis decimas exigere præsumat. Domum quoque et terram quamdam de Cantastra quam vobis comes Pontivi (*ponitur hic tanquam benefactor*), de assensu et voluntate Guidonis fratris sui, vobis in perpetuum eleemosynam juste concessit, devotioni vestræ, auctoritate apostolica confirmamus, et præsentis scripti patrocinio communimus. Statuentes ut nulli omnino hominum liceat hanc paginam nostræ concessionis et confirmationis infringere vel ei aliquatenus contraire. Si quis autem hoc attentare præsumpserit, indignationem omnipotentis Dei, et beatorum Petri et Pauli apostolorum ejus se noverit incursurum.

Dat. Anagniæ xvi, Kal. Februarii.

MCCCXXVII.

Plebanis, capellanis et aliis clericis monasterii Puteolensis circumpositis interdicit ne aliquibus parochianorum aliquatenus prohibeant quin libere valeant apud monasterium habitum monachalem induere vel inibi sepeliri.

(Anagniæ, Jan. 20. — Vide MITTARELLI, *Annal. Camaldul.*, IV, App., p. 103.)

MCCCXXVIII.

Ad Rainaldum Æsinensem episcopum. — Privilegia quædam concedit.

(Anagniæ, Jan. 23.)

[BALDASSINI, *Mem. Stor. d'Iesi*, App., p. III.]

ALEXANDER episcopus, servus servorum Dei, venerabili fratri R[AINALDO] episcopo Æsino, salutem et apostolicam benedictionem.

Ex parte tua fuit propositum coram nobis, quod dilectus filius abbas monasterii Sancti Anastasii Ferettonensis diœcesis in Marchia Anconitana nuntius noster cives Æsinos diligenter monuit ut ad devotionem Ecclesiæ a qua se temere subtraxerunt, infra certum terminum, quem ad hoc eis peremptorium deputavit, redire curarent, auctoritate nostra, si id omitterent, civitatem Æsinam ecclesiastico interdicto supponens, ac privans eamdem episcopali dignitate; propter quod nobis humiliter supplicasti ut, ne ob culpam prædictorum civium occasione privationis hujusmodi statui tuo præjudicium aliquod generetur, vel tu, civitatem ipsam propter idem interdictum ac prædictorum civium rebellionem deserens, penuriam in necessariis patiaris, providere tibi super his misericorditer dignaremur. Nos igitur tuis supplicationibus inclinati, auctoritate tibi præsentium indulgemus ut dictis civibus infra certum terminum ipsis minime redeuntibus ad Ecclesiæ devotionem in aliquo loco tibi idoneo Æsini diœcesi moram trahere, et proventus episcopatus, cui ibidem de nostra speciali gratia non tanquam episcopus Æsinus cum integritate percipere valeas, sicut prius non obstantibus aliquibus litteris apostolicis impetratis vel impetrandis, nisi in eisdem impetrationibus plena et expressa de præsentibus mentio habeatur. Nulli ergo omnino hominum liceat hanc paginam nostræ concessionis infringere, etc.

Datum Anagniæ, x Kal. Februarii, pontificatus nostri anno v.

MCCCXXIX.

Privilegium pro ecclesia S. Margaritæ Elenfordesmerensi.

(Anagniæ, Jan. 27.)

[RYMER, *Fœdera, Convent.*, I, 43.]

ALEXANDER episcopus, servus servorum Dei, dilectis filiis GERELM. priori, et fratribus Sanctæ Margaretæ de Elenfordesmer, salutem et apostolicam benedictionem.

Preces et petitiones filiorum Ecclesiæ quæ rationi concordant et ab ecclesiastica non dissonant honestate, decet nos clementer admittere, et utiliter effectu prosequente complere. Eapropter, dilecti in Domino filii, vestris justis postulationibus benignius annuentes, ecclesiam vestram in qua divino estis obsequio mancipati, sub beati Petri et nostra protectione suscipimus.....

Præterea locum ipsum in quo ecclesia vestra sita est, et possessiones quas nobilis vir Radulphus de Chedeleswurd ecclesiæ vestræ in perpetuum eleemosynam pia largitione legitime concessit, sicut eas rationabiliter possidetis, vobis et eidem ecclesiæ auctoritate apostolica confirmamus, et præsentis scripti patrocinio communimus. Sane novalium vestrorum quæ propriis manibus aut sumptibus colitis, sive de nutrimentis vestrorum animalium, nullis a vobis decimas exigere præsumat.

Ad hæc auctoritate apostolica inhibemus ne liceat Saresberiensi episcopo in cujus diœcesi ecclesia vestra sita est, aut ejus archidiaconis vel officialibus vobis, vel ecclesiæ vestræ novas et indebitas consuetudines imponere, vel vos aut ecclesiam vestram injuste gravare.

Decernimus ergo, etc.

Datum Anagniæ, vi Kal. Februarii.

MCCCXXX.

Roberto de Chedeleswurd quatuor hidas terræ in Chedeleswurd eidem concessas a monachis de Abendon confirmat.

(Anagniæ, Jan. 28.)

[*Ibid.*]

ALEXANDER episcopus, servus servorum Dei, dilecto filio ROBERTO de Chedeleswurd clerico, salutem et apostolicam benedictionem.

Justis petentium desideriis dignum est nos facilem præbere consensum, et vota quæ rationis tramite non discordant, effectu sunt prosequente complenda Eapropter, dilecte in Domino fili, tuis justis postulationibus grato concurrentes assensu, quatuor hidas terræ in Chedeleswurd a monachis de Abendon rationabiliter tibi concessas, sicut in authentico scripto exinde facto continetur, et tu eas legitime possides, devotioni tuæ auctoritate apostolica confirmamus et præsentis scripti patrocinio communimus.

Statuentes ut nulli omnino hominum liceat hanc

paginam nostræ confirmationis infringere, aut ei aliquatenus contraire, etc.

Datum Anagniæ, v Kal. Februar.

ANNO 1174-1178.

MCCCXXXI.

Episcopo Terracinensi mandat inducat homines Terracinenses ut quas possessiones ecclesiæ S. Stephani de Montanis comparaverint, restituant.

(Anagniæ, Febr. 25.)

[Tosti, *Storia di Monte Casino*, II, 205.]

Alexander episcopus, servus servorum Dei, venerabili fratri.... Terracinensi episcopo, salutem et apostolicam benedictionem.

Significavit nobis dilectus filius noster Casinensis abbas, quod quidam Terracinenses, contra interdictum bonæ memoriæ Raynaldi prædecessoris sui quasdam possessiones ecclesiæ Sancti Stephani de Montanis, quæ spectat ad monasterium Casinense, a præpositis ipsius ecclesiæ comparare minime dubitarunt, quas tali modo detinent occupatas. Quoniam igitur jacturam prædicti monasterii, non possumus nec debemus clausis oculis pertransire, cujus jura summopere conservare tenemur; fraternitati tuæ per apostolica scripta præcipiendo mandamus, quatenus inquisita super hoc diligentius veritate, homines Terracinenses, quos tibi constiterit contra interdictum prædicti Raynaldi abbatis possessiones prædictæ ecclesiæ a præpositis ipsius ecclesiæ comparasse, vel alias contra justitiam acquisisse sine conscientia abbatum præscripti monasterii, studiose commoneas et diligenter inducas, ut eidem ecclesiæ possessiones ipsas, dilatione et appellatione cessante, restituant, et in pace dimittant, ita quidem, quod eis restitui debeat, si quid de his, quæ pro ipsis possessionibus acquirendis largiti sunt, sicut fuit in usum jam dictæ ecclesiæ devolutum. Si vero commonitioni tuæ noluerint acquiescere, ipsos nostra auctoritate vinculo excommunicationis astringas, et facias usque ad dignam satisfactionem sicut excommunicatos vitari.

Datum Anagniæ, v Kalendas Martii.

INTRA ANNUM 1176-1178.

MCCCXXXII.

Ad magistrum Girardum Puellam. — De scholarum reditibus.

(Anagniæ, Febr. 7.)

[Mansi, *Concil.*, XXI, 963.]

Alexander episcopus, servus servorum Dei, dilecto filio magistro G., salutem et apostolicam benedictionem.

Attendentes litteraturam et scientiam tuam, et quomodo compositione morum et honestate sis præditus nihilominus cogitantes, cogimur communi et speciali debito tuis profectibus et incrementis intendere, et multa tibi benignitate deferre. Eapropter, dilecte in Domino fili, cum sub magisterio tuo multi per Dei gratiam proficiant in scientia litterarum, auctoritate tibi apostolica duximus indulgendum, ut usque ad quadriennium, si scholas rexeris, redditus tui quos habes in Anglia, nullius contradictione vel appellatione obstante, libere tibi, et sine diminutione qualibet reddantur in scholis. Ita quidem, ut nulli fas sit tibi quidquam de illis reditibus diminuere, vel subtrahere, aut circa res tuas indebitam molestiam vel gravamen inferre; nec cogaris infra terminum ipsum scholas dimittere, nisi alicui Ecclesiæ, in qua personatum vel magnum beneficium habeas, ea necessitas imminuerit, quod merito tuam sibi debeas præsentiam et patrocinium exhibere.

Datum Anagniæ, vii Idus Februarii.

MCCCXXXIII.

Petro abbati et capitulo Casinensi concedit ut pro rebus quas ad opus monasterii apud civitatem Beneventanam aliquando comparent, nil aliquo tempore pro passagio vel plateatico requiratur.

(Anagniæ, Febr. 23.)

[Tosti, *Storia di Monte Casino*, II, 207.]

Alexander episcopus, servus servorum Dei, dilectis filiis P. abbati, et capitulo Casinensi salutem et apostolicam benedictionem.

Fervor devotionis, et integritas fidei vestræ, quam geritis circa nos et Romanam Ecclesiam, monet nos propensius, et inducit, ut commodis et profectibus monasterii vestri debeamus diligenter intendere, et gratiam nostram vobis uberius exhibere. Eapropter, dilecti in Domino filii, de benignitate sedis apostolicæ vobis præsentibus litteris indulgemus, ut pro rebus, quas ad opus ejusdem monasterii vestri apud civitatem Beneventanam aliquando comparatis, vel facitis comparari, nil aliquo tempore, pro passaggio, vel plateatico requiratur; sed apud civitatem ipsam, ea quæ vobis, vel eidem monasterio vestro fuerint necessaria emere, et libere, ac sine datione qualibet cum his inde recedere valeatis. Nulli ergo omnino hominum liceat hanc paginam nostræ concessionis infringere, vel ei aliquatenus contraire. Si quis autem hoc attentare præsumpserit, indignationem omnipotentis Dei, et beatorum Petri et Pauli apostolorum ejus se noverit incursurum.

Datum Anagniæ, vii Kalendas Martii.

ANNO 1178

MCCCXXXIV.

Ad Geraldum abbatem et fratres ecclesiæ S. Mariæ de Reno — Eorum possessiones et jura confirmat.

(Anagniæ, Jan. 23.)

[TROMBELLI, *Memorie storiche di S. Maria di Reno*, Bologna 1752, 4°, p. 373.]

Cum nobis sit, licet immeritis, omnium Ecclesiarum cura et sollicitudo commissa, etc. *Eorum possessiones sic enumerat :*

Locum ipsum in quo prædicta ecclesia constructa est, cum omnibus pertinentiis suis, ecclesiam Sancti Andreæ in Turicella, ecclesiam Sancti Domnini juxta Bagnum, ecclesiam Sancti Salvatoris, ecclesiam quoque Sanctæ Praxedis, sicut a piæ memoriæ prædecessore nostro papa Anastasio vobis concessa est, salvo jure et reverentia cardinalis qui pro tempore in eadem ecclesia fuerit, vobis auctoritate apostolica confirmamus. Libertates quoque et immunitates rationabiliter indultas a bonæ memoriæ Gerardo, quondam Bononiensi episcopo, ecclesiæ vestræ et aliis ecclesiis vestris quas prædiximus, videlicet ut cum omnibus rebus suis tam mobilibus quam immobilibus ab omni conditione et servitio et tributo tenentium ab episcopo tam monachorum et clericorum, quam laicorum, vel alicujus tam magnæ quam parvæ personæ dominio præter episcopale jus liberæ sint penitus et quietæ, ratas habemus et firmas, easque perpetuis temporibus illibatas manere censemus. Liceat quoque vobis clericos et laicos e sæculo fugientes liberos et absolutos ad conversionem recipere, et in vestra ecclesia absque contradictione aliqua retinere. Prohibemus insuper ut nulli fratrum vestrorum, post factam in eo loco vestro professionem, fas sit de eodem loco absque licentia prioris sui, nisi obtentu arctioris religionis discedere ; discedentem vero sine communium litterarum cautione, nullus audeat ipsum retinere. Si vero discesserit, et a vobis commonitus, redire contempserit, fas sit tibi, fili prior, tuisque successoribus sicut præfatus Bononiensis episcopus statuit, ipsum a divinis officiis interdicere. Interdictum vero nullus abbas aut prælatus Bononiensis episcopatus contra statutum ejusdem episcopi infra episcopatum ipsum recipere audeat. Sepulturam quoque ipsius loci liberam esse concedimus, ut eorum devotioni et extremæ voluntati, qui se illic sepeliri deliberaverint, nisi forte excommunicati vel interdicti sint, nullus obsistat, salva tamen justitia illarum ecclesiarum a quibus mortuorum corpora assumuntur. Ad hæc ordinationes clericorum vestrorum a quo malueritis catholico episcopo suscipiendi liberam vobis concedimus facultatem, sicut memoratus episcopus facultatem ipsam vobis per scriptum authenticum noscitur indulsisse. Fructuum quoque vestrorum undecunque de episcopatu Bononiensi advenientium decimas vobis confirmamus, sicut eædem decimæ sunt ab eodem episcopo ecclesiæ vestræ provida circumspectione concessæ.

Decernimus ergo, etc.

Ego Alexander catholicæ Ecclesiæ episcopus.

Ego Hubaldus Ostiensis episcopus.

Ego Joannes presb. card. Sanctorum Joannis et Pauli tit. Pammachii.

Ego Albertus presb. card. tit. Sancti Laurentii in Lucina.

Ego Boso presb card. Sanctæ Pudentianæ tit. Pastoris.

Ego Joannes presb. card. tit. Sancti Marci.

Ego Petrus presb. card. tit. Sanctæ Susannæ.

Ego Jacobus diaconus card. Sanctæ Mariæ in Cosmedin.

Ego Cinthius diacon. card. Sancti Adriani.

Ego Hugo diac. card. Sancti Angeli.

Ego Laborans diaconus card. S. Mariæ in Porticu.

Datum Anagniæ per manum Gratiani, sanctæ Romanæ Ecclesiæ subdiaconi et notarii, x Kal. Februarii, indictione xi, Incarnationis Dominicæ anno 1177, pontificatus vero domni Alexandri papæ III anno XVIII.

MCCCXXXV.

Monasterii S. Mariæ Eberbacensis protectionem suscipit, ejusque bona, possessiones ac privilegia confirmat.

(Anagniæ, Jan. 26.

[WENK, *Hist. du pays de Hesse*, III, 10'.]

ALEXANDER episcopus, servus servorum Dei, dilectis filiis ARNALDO, abbati monasterii Sanctæ Mariæ Eberbacensis, ejusque fratribus, tam præsentibus quam futuris, regularem vitam professis, in perpetuum.

Religiosam vitam eligentibus apostolicum convenit adesse præsidium, etc. Eapropter, dilecti in Domino filii, vestris justis postulationibus clementer annuimus, et præfatum monasterium Beatæ Dei genitricis semperque Virginis Mariæ, in quo divino estis obsequio mancipati, sub beati Petri et nostra protectione suscipimus et præsentis scripti privilegio communimus. Inprimis siquidem statuentes ut ordo monasticus, qui secundum Deum et beati Benedicti Regulam atque institutionem Cisterciensium fratrum in eodem monasterio institutus esse dignoscitur, perpetuis ibidem temporibus inviolabiliter teneatur et observetur. Præterea quascunque possessiones, quæcunque bona idem monasterium inpræsentiarum juste et canonice possidet, etc.

(*Eorum possessiones enumerat.*)

Sane laborum vestrorum quos propriis manibus aut sumptibus colitis sive de nutrimentis vestrorum animalium, nullus omnino a vobis decimas præsumat exigere. Liceat quoque vobis clericos et laicos e sæculo fugientes, liberos et absolutos ad conversionem recipere, et in vestro monasterio absque contradictione aliqua retinere. Prohibemus insuper, ut nulli fratrum vestrorum post factam in loco vestro professionem, fas sit de eodem loco absque licentia abbatis sui discedere, discedentem vero sine communium litterarum cautione nullus audeat retinere. Paci quoque et tranquillitati vestrae paterna sollicitudine providere volentes auctoritate apostolica prohibemus, ut infra clausuras locorum seu grangiarum vestrarum nullus violentiam vel rapinam, sive furtum committere, aut ignem apponere, seu hominem capere vel interficere audeat.

Decernimus ergo, etc.

(*Sequuntur subscriptiones ut in bulla superiori.*)

Datum Anagniae per manum Gratiani, S. Romanae Ecclesiae subdiaconi et notarii, vii Kal. Februarii, indict. vi, Incarnationis Dominicae anno 1177, pontificatus vero domni Alexandri papae III anno xviii.

MCCCXXXVI

Tabulam auream a Casinensi coenobio alienatam eidem restituit, eamque in posterum alienare sub anathemate prohibet.

(Anagniae, Januarii 30.)

[MARGARINI, *Bullar. Casin.*, II, 185.]

ALEXANDER episcopus, servus servorum Dei, dilectis filiis PETRO abbati et capitulo Casinensi, salutem et apostolicam benedictionem.

Bonae memoriae V[ivianus] (*al.* M[alfredus]) quondam Praenestinus episcopus, sicut vir providus, circumspectus et timoratus recognoscens a quo et per quem, post Deum, habuerit ea quae habuit, nobis tabulam auream quam a vestro monasterio comparaverat, in ultima voluntate reliquit. Nos autem mirificum et deliciosum opus ejusdem tabulae diligenter attendentes et considerantes quod, cum fuerit monasterii vestri, convenientius et salubrius erat ut eidem monasterio quam aliis donaretur. Tabulam vestram pro honore vestro et salute nostra, et praedicti episcopi, et pro reverentia B. Benedicti, monasterio vestro donamus, sub distinctione anathematis prohibentes, ne quis eam titulo venditionis, donationis, vel pignoris, aut alio quolibet modo, ab eodem monasterio auferre, vel alienare praesumat, sed jugiter ad honorem vestri et B. Benedicti et ad decorem ejusdem monasterii, inibi conservetur. Ut autem excommunicatio quam inde facimus, omnibus innotescat, litteras istas volumus et mandamus, cum eadem tabula, donec duraverint, esse.

Datum Anagniae, iii Kal. Februarii.

MCCCXXXVII

Ad Hugonem Terracinensem episcopum. — *Ejus de disciplina canonicorum statuta confirmat.*

(Febr. 22.)

[CONTATORE, *Histor. Terracin.*, lib. iii, 371.]

ALEXANDER episcopus, servus servorum Dei, venerabili fratri HUGONI episcopo et dilectis filiis canonicis Terracinae, tam praesentibus quam futuris, in perpetuum, salutem et apostolicam benedictionem.

Ad laudem et gloriam Salvatoris nostri Jesu Christi, nec non ad ipsarum ecclesiarum tam in spiritualibus, quam temporalibus profectum. . . . ea quae utili et honesta provisione statuuntur apostolica nos convenit auctoritate firmare, ut cum fuerint. . . . per apostolica. . . . . roborata in suo statu illibata et inconcussa permaneant, et in divinae majestatis obsequio multipliciter augeantur. . . . . Rescripto, quod nobis, frater episcope, destinasti, et ex relatione Petri et Leonis canonicorum vestrorum, id ipsum plene intelleximus, quod tu attendens. . . . . dignum esse, quod quilibet clericus ipsius ecclesiae in propria domo tanquam laicae vivebat emolumentum in nullum, vel modicum consequi posset. . . . . constituisti statuens, ut ibi non plures vel pauciores sexdecim canonicis esse debeant, quibus omnes antiquas possessiones. . . vineas, hortos, piscarias, molendina communia, et . . . . piscariam quae dicitur Strunzola. . . . tuo, et totius capituli alius de eadem ecclesia, vel aliunde idoneus ordinetur, et is qui substituendus futurus. . . . . . subdiaconus recipiatur. Statutum est insuper, ut vos vel successores vestri possessiones acquisitas vel acquirendas potestatem . . . . . nonnullis casibus, quos canones sacri describunt, nempe terrulas, vincolas, et domunculas, quarum pretium in utilitatem Ecclesiae. . . . ordinatum est etiam ut vos, filii canonici, cum episcopo comedentes insimul dormiatis, quatenus Domino devotius. . . . servire possitis. Statuimus praeterea ut tu, frater episcope, sex tantum famulos habeas nempe cellarium, pistorem. . . . . canonicis fideliter serviant. De jure autem episcopali sex equitaturas habeas, et vos, filii canonici, duas, de redditu molendinarum ematis quae ad servitium canonicae deputetis, et tam equitaturae ipsae, quam episcopus de communi nutriantur. Ad regimen. . . . . . ex vobis, filii canonici, proponantur, quorum unus interiorem curam, alius vero regat exteriorem. Nihilominus quod piscariae et molendina. . . . . . episcopi, et canonicorum pro vestimentis et calceamentis agricolarum distribuantur. Praeterea. . . . . suo. . . . . praedecessor tuus ad manus vestras retinuistis eidem canonicae contulisti, in qua per unum de sacerdotibus officiis divinis, seu per . . . . . Domino, ac jugiter serviant. Ad haec quisque vestrum, filii canonici, operam unam in lino cum bobus ecclesiae in possessionibus ejusdem pro vestimentis. . . . . . debeat, quam cum propriis expensis recolligat, et procuret. Ut igitur, quae dicta sunt in sua constitutione et ordinatione perpetuis temporibus firma. . . . . ea sedis apostolicae auctoritate roboramus, et praesentis scripti patrocinio communimus. Liberam quoque electionem episcopi vestri. . . . . volumus sine quolibet impedimento habeatis, statuentes, ut nullus ibi qualibet subreptionis astutia vel violentia. . . . . communi consensu, vel pars sanioris consilii secundum Dei timorem provideritis eligendum.

Datum. . . . . per manum Alberti, sanctae Romanæ Ecclesiæ presb. card. et cancellarii, viii Kal. Martii, indict. ii, Incarnationis Dominicæ 1177, pontificatus vero domni Alexandri papæ III anno xix.

MCCCXXXVIII.

Ecclesiam Lincopiensem tuendam suscipit ejusque bona et possessiones confirmat.

(Laterani, Mart. 17.)

[LILJEGREN, *Diplomat. Suec.*, 1, 98.]

ALEXANDER episcopus, servus servorum Dei, venerabili fratri COLONO, Lincopiensi episcopo, ejusque successoribus canonice substituendis, in perpetuum, salutem et apostolicam benedictionem.

Ex injuncto nobis apostolatus officio fratres et coepiscopos nostros tam vicinos, quam longe positos sincero charitatis affectu debemus diligere, et ecclesiis quibus Deo militare noscuntur, patrocinio ejus uberius nutriantur, et in suis rationabilibus petitionibus exaudiantur. Quapropter, venerabilis in Christo frater episcope, tuis justis postulationibus annuimus, et præfatam ecclesiam Lincopiensem, cui auctore Deo præesse dignosceris, sub beati Petri et nostra protectione suscipimus et præsentis scripti privilegio communimus, statuentes ut quascunque possessiones, quæcunque bona eadem ecclesia impræsentiarum juste et canonice possidet, aut in futurum concessione pontificum, largitione regum vel principum, oblatione fidelium, seu aliis justis modis, procurante Domino, poterit adipisci, firma tibi tuisque successoribus et illibata permaneant, in quibus hæc propriis duximus exprimenda vocabulis:

Mansionem in Lincopia cum appendiciis suis, Munkabodha cum appendiciis suis, Normalosa cum appendiciis suis, mansionem juxta Skeninghiam cum appendiciis suis, Forsa cum appendiciis suis, mansionem in Hesleby cum appendiciis suis, mansiones in Olandia cum appendiciis suis, mansiones in More cum appendiciis suis, in Niudhungis, Kepstachd cum appendiciis suis, Wydesrydh cum appendiciis suis, in Finvedh, Lokarydh cum appendiciis, Skoparydh cum appendiciis suis, Kens cum appendiciis suis, Westruse cum appendiciis suis, Buddathorp cum appendiciis suis; in Thwetum Tyrkilsthorp cum appendiciis suis.

Decernimus ergo, etc.

Datum Laterani per manum Alberti, sanctæ Romanæ Ecclesiæ presbyteri cardinalis et cancellarii, xvi Kal. Aprilis, indictione xi, Incarnationis Dominicæ anno 1177, pontificatus vero domni Alexandri papæ III anno xix.

MCCCXXXIX.

Ad Petrum cardinalem Sancti Chrysogoni, apostolicæ sedis legatum. — Ut candelabra et cuppam argenteam Portuensis episcopi defuncti ad se deferat.

(Laterani, Mart. 27.)

[MANSI, *Concil.*, XXI, 970.]

Cum bonæ momoriæ W[illelmus] quondam Portuensis episcopus candelabra xxiv et cuppam argenteam xiv marcarum, deauratam intus et extra, apud Lemovicensem ecclesiam deposuerit, volumus et mandamus ut per nuntium tuum providum et discretum, a dilectis filiis nostris decano, archidiacono et canonicis ejusdem ecclesiæ, vel etiam ab abbate Sancti Martialis, hæc et alia, si qua de bonis ejusdem episcopi apud eos sunt, ex parte nostra quantocius requiri facias, recepta nobis deferas, si debueris ad nos redire; aut si non es ad nos quantocius rediturus, apud dilectum filium nostrum abbatem Sancti Germani Parisiensis eadem ponere [f. ea deponere] non postponas. Nos enim eis dedimus in mandatis ut tibi vel certo nuntio tuo præscriptam cuppam, candelabra et alia, si qua de bonis prædicti episcopi sunt apud eos, non differant assignare.

Datum Laterani, vi Kal. Aprilis.

MCCCXL.

Ecclesiæ Reginæ protectionem suscipit canonicorumque bona ac jura confirmat.

(Laterani, April. 5.)

[MURATORI, *Antiq. Ital.*, V, 251.]

ALEXANDER episcopus, servus servorum Dei, dilectis filiis JACOBO, archidiacono, et canonicis Reginæ Ecclesiæ, tam præsentibus quam futuris canonice substituendis N. P. P. M.

Quoties illud a nobis petitur quod religioni et honestati convenire dignoscitur, animo nos decet libenti concedere, et petentium desideriis congruum impertiri suffragium. Eapropter, dilecti in Domino filii, vestris justis postulationibus clementer annuimus, et præfatam Ecclesiam, in qua divino mancipati estis obsequio, sub beati Petri et nostra protectione suscipimus, et præsentis scripti privilegio communimus; statuentes, etc., hæc propriis duximus exprimenda vocabulis : Curtem Sancti Stephani cum omni honore, plebem ipsius cum integritate suæ dignitatis, terram de Civitate, sitam in plebe Quarantule, terram, quæ vobis pertinet in loco Trecentula, decimas quatuor mansorum in loco Fabrica, decimas Nuvellarie et plebem ipsius, cum omnibus ad eamdem plebem integre pertinentibus; terram quæ vobis pertinet in loco Campagnola, et totum quod habetis in curte Canole, et quidquid vobis pertinet in curte Corrigie, et quod detinet Joannes Burdonus in Curviatico juris canonicæ vestræ, et mansum Moronis qui est in Nuvellaria, mansum Bazoarii qui est positus in curte Nova; terram Fredulfini de Gurgo, mansum positum in Bagnolo, et quidquid detinent Ildebrandi in Massenzatico; duos mansos in loco qui dicitur Pinizo, et unum in loco qui dicitur Magnum Casale: curtem Ripæ Altæ cum plebe ejus et cum decimis suis; terram quam detinetis in Cubiliolo et in Mutilena; mansum in Albineto, mansum in Alliano, mansos positos in Querzola, mansum positum in Castelliunculo prope castrum Gipsi, et quamdam terram prope arcem Timberti, curtem Masse cum omni sua integritate; curtem de Campilia cum omnibus ad eamdem curtem integre pertinentibus ; curticellam quoque de Villa, et villam quæ vocatur Visiliaco, et quidquid vobis pertinet in loco qui dicitur Goa, et mansum positum in Minotio, et quod vobis pertinet in Castellis, et in Montebluto et in Casulis; decimas de Gavassa et decimas in Runcoris ejusdem Gavasse in Manipulis : et ea quæ ibidem a Gerardo Rangono acquisistis; præterea decimas civitatis vestræ, ac pertinenti ipsius, sicut de antiqua consuetudine et jure canonico detinetis : oblationes quoque fidelium tam in missis vivorum quam defunctorum, sive præsente episcopo sive absente, et in urbe et extra ; oblationes etiam consecrationum ecclesiarum episcopatus vestri, tam infra urbem quam extra, sicut eas rationabiliter consuevistis habere, et nunc habere noscimini. Insuper omnia quæ pertinent ad officium et beneficium archipresbyteratus, archidiaconatus, præposituræ, atque magistri scholarum ejusdem Ecclesiæ.

Decernimus ergo, etc.

Datum Laterani per manum Alberti, S. Romanæ Ecclesiæ presbyteri cardinalis et cancellarii, Nonis Aprilis, indict. xi, Incarn. Domin. ann. 1178, pontificatus vero D. Alexandri papæ III anno xix.

MCCCXLI.

Ecclesiæ et capituli Audomarensis in Arthesia constitutiones varias et privilegia confirmat.

(April. 16.)

[MIRÆI, *Opp. diplom.*, IV, 28.]

ALEXANDER episcopus, servus servorum Dei, dilectis filiis WILLELMO, decano Sancti Audomari, ejusque fratribus, tam præsentibus quam futuris, canonicam vitam professis in perpetuum.

. . . Felicis recordationis Innocentii, et Adriani Romanorum pontificum, vestigiis inhærentes, præscriptam ecclesiam Sancti Audomari, in qua divino mancipati estis obsequio, ubi videlicet venerandum corpus ejus requiescere creditur, sub beati Petri et nostra protectione suscipimus, et præsentis scripti privilegio communimus. . . . . De reddituibus sane et præbendulis ad hospitale pauperum spectantibus decernimus ut his, qui eas ad præsens percipiunt decedentibus, nec clericis, nec laicis a præposito, decano vel capitulo, vel quoquam alio concedantur, sed soli mensæ pauperum in hospitali, cum vacaverint, deputentur, eidem usui perpetuo serviturę. . . . .

Obeunte vero præposito vel decano ecclesiæ vestræ, nullus ibi qualibet subreptionis astutia seu violentia præponatur, nisi quem fratres communi consensu, vel fratrum pars consilii sanioris secundum Dei timorem providerint eligendum. . . . .

Bonas vero consuetudines et rationabiles hactenus in vestra ecclesia conservatas pagina præsenti firmamus, et novas atque indebitas imponi ab aliquo vobis contradicentibus prohibemus. Sub-præpositum sane, magistrum scholarum, pistorem, cellerarium, et cocum, ministros vel officiales ejusdem ecclesiæ, decanus sicut moris est, communicato consilio canonicorum in eadem villa manentium et cum eorum assensu statuat. Qui non sint quasi possessores, sed annuatim permutabiles, ut canonicis visum fuerit expedire.

Custos vero, qui minister dicitur, in potestate præpositi, decani et capituli semper, propter ornamenta ecclesiæ qui in ejus potestate. sunt, maneat ordinandus. Si autem in aliquo prædicti ministri excesserint, a decano et capitulo, sicut est consuetudinis Ecclesiæ, corrigantur.

Statuimus insuper, ut sicut a bonæ memoriæ primo Milone Tervanensi episcopo statutum est, Morinensis episcopus in Audomarensi ecclesia et præpositus Audomarensis in Morinensi, fiat obtentu præbendæ canonicus. Ita videlicet ut in perpetuum per decessus singulos personarum novus successor, sive præpositus ab episcopo, sive episcopus a præposito sine dilatione, salvo tamen jure anniversarii de præbenda investiatur defuncti; nec propter hoc ad capituli vestri consilium admittatur episcopus.

Datum, etc., xvi Kal. Maii, anno 1178.

MCCCXLII.

Monasterii Cluniacensis protectionem suscipit ac possessiones confirmat

(Laterani, April. 17.)

[*Biblioth. Cluniac.*, 1436.]

ALEXANDER episcopus, servus servorum, etc.

Quanto specialius Ecclesia vestra nobis est nullo mediante subjecta, tanto propensius ejus juri providere compellimur, ne super his quæ rationabiliter noscitur possidere, processu temporis indebita molestatione gravetur. Eapropter, dilecti in Domino filii, vestris postulationibus justis clementer annuimus, et ecclesiam vestram, in qua estis divino obsequio mancipati, sub beati Petri et nostra protectione suscipimus et præsentis scripti privilegio communimus ; statuentes ut quascunque possessiones, quæcunque bona eadem Ecclesia in præsentiarum juste et canonice possidet, aut in futurum concessione pontificum, largitione regum vel principum, oblatione fidelium, seu aliis justis modis, præstante Domino poterit adipisci, firma vobis vestrisque successoribus et illibata permaneant. Præterea prioratum Sanctæ Mariæ de Nazara cum omnibus pertinentiis suis, et prioratum S. Trinitatis de Lentona, cum omnibus pertinentiis suis, sicut eosdem prioratus Ecclesia vestra canonice possidet, et de donatione prædicti prioratus Sanctæ Mariæ in scripto authentico continetur, vobis et eidem Ecclesiæ auctoritate apostolica confirmamus.

Decernimus ergo, etc.

Ego Alexander catholicæ Ecclesiæ episcopus.

Ego Hubaldus Ostiensis episcopus.

Ego Joannes presbyter cardinalis SS. Joannis et Pauli tit. Pas.

Ego Bozo presbyter cardinalis S. Pudentianæ tit. Pastoris.

Ego Petrus presbyter cardinalis tit. S. Susannæ.

Ego Vivianus presbyter cardinalis tit. S. Stephani in Cœlio monte.

Ego Jacobus diaconus cardinalis S. Mariæ in Cosmidin.

Ego Ardicio diaconus cardinalis S. Theoderici.

Ego Cincius diaconus cardinalis S. Adriani.

Ego Laborans diaconus cardinalis S. Mariæ in Porticu.

Ego Rainerius diaconus cardinalis S. Georgii ad Velum Aureum.

Datum Laterani, per manum Alberti S. R. E. presbyteri cardinalis et cancellarii, xv Kal. Mai, indict. xi, Incarnat. Domini anno 1178, pontificatus vero domni Alexandri papæ III anno xix.

MCCCXLIII.

Ad Rogerum Wigorniensem episcopum. — Pro electo Ecclesiæ Sancti Augustini Cantuariensis.

(Laterani, April. 17.)

[Mansi, *Concil.*, XXI, 920.]

Cum venerabili fratri nostro Richardo, Cantuariensi archiepiscopo, apostolicæ sedis legato, olim dederimus in mandatis ut dilecto filio nostro electo Sancti Augustini in monasterio suo, quod ad jurisdictionem Romanæ Ecclesiæ nullo mediante pertinet, munus benedictionis non differret aliquatenus impertiri, ex eo quod archiepiscopus hoc exsequi recusavit, de jure potuissemus eidem electo benedictionem ipsam per nos, vel etiam per alium, qui nobis non ita de facili contradiceret, exhiberet. Volentes autem in eo adhuc obedientiæ virtutem plenius experiri, post longam disceptationem quam idem archiepiscopus in præsentia nostra per nuntios suos contra ipsum electum super controversia benedictionis habuit, quæ de communi fratrum nostrorum consilio per definitivam sententiam ita decisa est, quod Cantuariensis archiepiscopus ipsum et successores suos in monasterio Sancti Augustini absque exactione, obedientiæ contradictione postposita, benedicat, ex consueta et abundanti sedis apostolicæ benignitate eumdem electum pro munere benedictionis ad memoratum archiepiscopum duximus remittendum. Attendentes igitur labores et expensas quas idem monasterium super hoc jam longo tempore sustinuit, fraternitati tuæ per apostolica scripta præcipiendo mandamus, et in virtute obedientiæ injungimus, quatenus, si memoratus archiepiscopus infra terminum nostris litteris constitutum, eumdem electum, sicut a nobis definitum est, benedicere distulerit, tu nostra fretus auctoritate, omni excusatione, contradictione et appellatione cessante, quam citius super hoc fueris requisitus, id efficere non moreris nullo decreto nostro, vel alterius, quo præceptum sit appellationi deferendum, impediente, nullis etiam litteris obstantibus a nobis impetratis vel impetrandis, nulla exceptione, quo minus vel tardius mandatum nostrum adimpleas, resistente.

Data Laterani xv, Kal. Maii.

MCCCXLIV.

Ad Rogerum electum monasterii S. Augustini Cantuariensis. — Testatur se decrevisse ut ipse et ejus successores ab archiepiscopis in ipso monasterio dedicarentur.

(Twisden et Seld., *Rer. Angl. Script.*, II, 1822.)

Alexander episcopus, servus servorum Dei, dilectis filiis Rogero electo, et fratribus Sancti Augustini Cantuariensis, salutem et apostolicam benedictionem.

Recepta olim querimonia ex parte vestra, quod venerabilis frater noster Cantuariensis archiepiscopus, apostolicæ sedis legatus, tibi, fili electe, in monasterio vestro quod ad jurisdictionem Romanæ Ecclesiæ nullo mediante pertinet, nollet benedictionem impendere, eidem archiepiscopo apostolicis scriptis dedimus in mandatis, ut vel te, fili electe, in præscripto monasterio absque exactione professionis benediceret, aut usque ad festum purificationis proxime præteritum per se aut per sufficientem responsalem suum nostro se conspectui præsentaret; cumque tam tu, fili electe, quam dilecti filii nostri magistri Gerardus Pucella et magister Petrus Blesensis procuratores ejusdem archiepiscopi, ad nostram pro causa ipsa venissetis præsentiam, et longam disceptationem coram nobis habuissetis ad invicem, illis asseverantibus, quod in ecclesia Cantuariensi ab archiepiscopo benedici, et obedientiam ei præstare deberetis, vobis quoque contra proponentibus, quod in monasterio vestro benedictionem sine exactione obedientiæ deberet ostendere. Nos inspectis antiquis privilegiis ecclesiæ vestræ, et præcipue privilegio beati Augustini Cantuariensis archiepiscopi quod monasterio vestro indulsit; consideratis quoque scriptis piæ recordationis prædecessorum nostrorum Anastasii et Adriani Romanorum pontificum, quibus idem archiepiscopus videbatur inniti; cognito etiam quod sanctæ memoriæ pater et prædecessor noster Eugenius papa Theobaldo quondam Cantuariensi archiepiscopo injunxisset, ut Sylvestro quondam electo monasterii vestri, benedictionis in eodem monasterio munus impenderet, ita quod ab eo professionem obedientiæ non postularet. Te ab impetitione ipsius archiepiscopi communicato fratrum nostrorum consilio absolvimus, statuentes ut Cantuariensis archiepiscopus te et successores tuos in monasterio vestro absque exactione, obedientiæ contradictione postposita, benedicat. Ut autem hæc nostræ definitionis sententia perpetuis temporibus inviolabiliter observetur, eam auctoritate apostolica confirmamus, et præsentis scripti pagina communimus. Nulli ergo omnino hominum, etc.

Datum, etc.

MCCCXLV.

Richardo archiepiscopo Cantuariensi, apostolicæ sedis legato, de superioribus litteris significat.

(*Ibid.*, p. 1822.)

ALEXANDER episcopus, servus servorum Dei, venerabili fratri archiepiscopo apostolicæ sedis legato, salutem et apostolicam benedictionem.

Cum dilecti filii nostri, electus Beati Augustini Cantuariensis et magister G. Pucella, et magister P. Blesensis clerici tui, pro causa quæ inter te et eumdem electum vertebatur super benedictione illi exhibenda, nostro se conspectui præsentassent, et in audientia nostra tam pro te quam pro altera parte multa varia et diversa allegata fuissent, nos inspectis privilegiis Romanorum pontificum ecclesiæ Beati Augustini indultis, et præcipue privilegio quod beatus Augustinus Cantuariensis archiepiscopus monasterio illi concessit; consideratis quoque scriptis piæ recordationis Anastasii et Adriani Romanorum pontificum quibus videbaris inniti. Cognito etiam quod sanctæ memoriæ pater et prædecessor noster Eugenius papa Theobaldo quondam Cantuariensi archiepiscopo injunxisset, ut Silvestro quondam electo monasterii S. Augustini benedictionis munus impenderet, ita quod ab eo professionem non postularet, electum ipsum ab impetitione tua et successorum tuorum, communicato fratrum nostrorum consilio, absolvimus, statuentes ut archiepiscopus Cantuariensis, qui pro tempore fuerit, electum in ecclesia B. Augustini, absque exactione obedientiæ, de cætero benedicat. Ideoque fraternitati tuæ per apostolica scripta præcipiendo mandamus, et in obedientiæ virtute præcipimus, quatenus prædictum electum in monasterio suo nulla exacta obedientia benedicas. Quod si infra triginta dies postquam exinde requisitus fueris ipsum benedicere forte nolueris, venerabili fratri nostro Wigorniensi episcopo dedimus in mandatis ut eum nullius contradictione vel appellatione obstante auctoritate fretus apostolica benedicat.

MCCCXLVI.

Ecclesiæ Cephaludensis [Cephaloediensis] protectionem suscipit ejusque possessiones, privilegia ac jura confirmat.

(Romæ, apud S. Petrum, April. 25.)
[PIRRI, *Sicilia sacra*, II, 803.]

ALEXANDER episcopus, servus servorum Dei, venerabili fratri GUIDONI Cephaludensi episcopo, ejusque successoribus canonice substituendis, in perpetuum.

Ex injuncto nobis apostolatus officio, etc. Quapropter, venerabilis in Christo frater episcope, tuis justis postulationibus clementer annuimus et Cephaludensem Ecclesiam, cui auctore Deo præesse dignosceris, sub B. Petri et nostra protectione suscipimus et præsentis scripti privilegio communimus. Statuentes ut quascunque possessiones et quæcunque bona eadem ecclesia impræsentiarum juste et canonice possidet, aut in futurum concessione pontificum, largitione regum vel principum, oblatione fidelium, vel aliis justis modis, præstante Domino poterit adipisci, firma tibi tuisque successoribus, et illibata permaneant. De quibus hæc propriis duximus exprimenda vocabulis:

Civitatem ipsam Cephaludensem (sicut ab illustribus regibus Siciliæ concessum est) cum omnibus pertinentiis suis, casale de Pollina cum omnibus pertinentiis suis, quidquid nobilis mulier Adelesia, neptis bonæ memoriæ Rogerii quondam illustris regis, eidem ecclesiæ rationabiliter contulit, sicut in scriptis authenticis exinde factis continetur, beneficia Collisani, Calatavuturi, Politii et Mistrectæ, ecclesiam S. Nicolai de Malvicini, sicut Joannes de Bruccato tenuit cum omnibus possessionibus, et pertinentiis suis, ecclesiam S. Nicolai de Camerata, quæ est in loco Politii cum omnibus possessionibus, quæ Tertiariæ nuncupantur, ac ecclesiam S. Luciæ de Syracusa cum casalibus et pertinentiis suis, ecclesiam S. Mariæ de Camarata cum omnibus possessionibus et pertinentiis suis, ecclesiam S. Mariæ de Gibilmanna cum omnibus possessionibus et pertinentiis suis, ecclesiam S. Conis de Grastera cum omnibus possessionibus et pertinentiis suis, ecclesiam Sancti Joannis de Roccella cum omnibus possessionibus et pertinentiis suis, ecclesiam Sancti Salvatoris de Capiccio cum omnibus possessionibus et pertinentiis suis. Nihilominus etiam diœcesim cum decimis et omni jure episcopali, quemadmodum commissæ tibi ecclesiæ concessa est, eidem ecclesiæ auctoritate apostolica confirmamus, prænominatam videlicet civitatem Cephaludensem cum omnibus pertinentiis suis, Alcusam cum suis, Gratterium cum suis, Roceam Atini cum suis, Thusam cum suis, Pollinam cum suis et ut flumen Tortæ incipit, et ad mare descendit usque ad Cephaludum.

Statuimus præterea et per hujus scripti paginam stabilimus ut prior S. Gregorii de Grattera, et ecclesiæ quæ sunt in diœcesi constitutæ, occasione temporalis obsequii in quo aliis respondere noscuntur, tibi in spiritualibus obedientiam non audeant denegare. Præterea justas donationes ab illustris recordationis Rogerio et Guillelmo, regni Siciliæ regibus, præscriptæ ecclesiæ factas, ratas et firmas habemus, et eas auctoritate apostolica roboramus. Ad hæc immunitates et libertates rationabiles a prænominatis illustribus Siciliæ regibus tibi successoribusque tuis concessas vobis præsenti privilegio confirmamus. Statuimus etiam ut nulli archiepiscopo et episcopo te et domum tibi commissam indebitis et inconsuetis vexationibus seu gravaminibus liceat fatigare: Adjicimus et auctoritate apostolica indicimus, ne cui ecclesiæ tuæ canonicos, sive conversos liceat absque consensu tuo vel successorum tuorum ad conversionem suscipere, nisi forte ad arctiorem voluerit Regulam transire. Constitutionem quoque quam de sacerdotibus loco defunctorum canonicorum instituendis de communi consilio et assensu capituli tui pro decedentium salute fecisse dignosceris, ratam habemus et firmam, eamque auctoritate apostolica confirmamus. Prohibemus autem, ut infra episcopatum tuum nullus ecclesiam vel oratorium absque assensu tuo, vel successorum tuorum denuo aedificare audeat, salvis privilegiis Romanorum pontificum.

Decernimus ergo ut nulli omnino hominum liceat praefatam ecclesiam temere perturbare, etc. Salva sedis apostolicae auctoritate et Messanensis archiepiscopi canonica reverentia. Si qua igitur in futurum, etc.

Ego Alexander catholicae Ecclesiae episcopus.
Ego Ubaldus Ostiensis episcopus.
Ego Joannes presb. card. Sanctorum Joannis et Pauli tit. Pammachii.
Ego Boso presb. card. tit. S. Theodori.
Ego Petrus presb. card. tit. S. Susannae
Ego Jacobus diac. card. Sanctae Mariae in Cosmedin.
Ego Adrianus diac. card. tit. S. Theodori.
Ego Sancius diac. card. tit. S. Adriani.
Ego Liberius diac. card. S. Mariae in Porticu.
Ego Dianerius [Rainerius] diac. card. S. Georgii a l Velum Aureum.

Datum Romae apud S. Petrum per manus Alberti, sanctae Romanae Ecclesiae presbyteri cardinalis et cancellarii, vii Kal. Maii, indict. xi, anno Incarnationis Dominicae 1178, pontificatus vero domni Alexandri papae III anno xix.

MCCCXLVII.

Canonicorum S. Euphemiae de Insula Cumarum decimas quasdam possessionesque omnes confirmat.

(Romae, ap. S. Petrum, April. 25.)
[UGHELLI, *Italia sacra*, V, 296.]

ALEXANDER episcopus, servus servorum Dei, dilectis filiis canonicis S. Euphemiae de Insula Cumana, salut. et apost. bened.

Authenticum scriptum inspeximus, per quod nobis innotuit bo. me. L. Cumanum episc. statuisse ut saltem duobus temporibus anni, ab Adventu videlicet Domini usque ad Natalem, et per totam Quadragesimam deberetis insimul convenire et instantius debitum Domini famulatum impendere; et ut possitis melius adimplere, quasdam decimas pia vobis consideratione concessit, et tot fratres in ecclesia vestra statuit congregandos, quot eaedem decimae duabus quadragesimis anni, et si fieri posset, Dominicis et festivis diebus ad victum percipiendum sufficerent, nec aliquem in congregationem vestram sine fratrum electione tempore quolibet assumendum. Nos itaque constitutionem ejus in hac parte, sicut a praefato episcopo circumspecta providentia facta dignoscitur, prohibemus praesumptione quorumlibet violari, et decimas ipsas, sicut eas de concessione praedicti episcopi canonice possidetis, vobis et Ecclesiae vestrae auctoritate apostolica confirmamus. Praeterea praesenti scripto arctius interdicimus ne quis unitatem et fraternitatem vestram pro eo quod castrum dirutum est, in quo consueveratis moram habere, aut hostilitatis obtentu dividere, seu bona vel capellas vestras auferre, vel diminuere audeat, sed et omnia, sicut ea de jure tenebatis ante destructionem castri, a vobis amodo decernimus possidenda. Adjicimus insuper ut si ecclesiam vestram ad locum aliquem vestrae plebis transferri, vel in loco ubi fuerat reaedificari contigerit, nihilominus privilegia antiquae ecclesiae, indultas possessiones, institutiones et rationabiles consuetudines habeatis quas in antiqua ecclesia commeruistis habere, nec ultra constitutum et consuetum numerum, duodecim videlicet fratrum, aliquis vobis superponatur, nisi possessiones in tantum augeantur, quod fratrum numerus merito debeat adaugeri. Ordinationes quoque plebis vestrae, sicut eas rationabiliter hactenus habuistis, vobis duximus nihilominus confirmandas. Nulli ergo omnino hominum liceat, etc.

Datum Romae apud S. Petrum vii. Kal. Maii.

MCCCXLVIII

Canonicorum ecclesiae S. Petri Romanae privilegium ab Eugenio III constitutum (75) *confirmat.*

(Romae, ap. S. Petrum, April. 25.)
[*Bullar. Vatic.*, collectio bullarum sacrosanctae basilicae Vaticanae. Romae, 1747, fol., t. I, p. 64.]

ALEXANDER episcopus, servus servorum Dei, dilectis filiis JOANNI presbytero cardinali Sanctorum Joannis et Pauli et Ecclesiae beati Petri archipresbytero, atque caeteris ejusdem ecclesiae canonicis, tam praesentibus quam futuris, canonice substituendis, in perpetuum.

Beatorum Petri et Pauli tam eminens est, tam gloriosa societas, ut ambo sint doctores gentium, auctores martyrum, principes sacerdotum. Et cum inter universos apostolos, peculiari quadam praerogativa praecellant, aequalitatis (*al. aequatis*) in coelo meritis disparitatem non sentiunt. Petro ab ipso Salvatore nostro Domino Jesu Christo claves regni coelorum sunt commissae; Paulus a Deo electus est ut de multitudine gentium regnum coelorum impleat sua praedicatione; Petrus petra est et fundamentum fidei, et ne ruamus, in soliditate nos firma sustentat. Paulus ne pravo haereticorum dogmate vulneremur, moralitatis honestate, et invincibili ratione fidei nos armat; Petrus principatum tenens ex potestate ligat et solvit; Paulus diligens praedicator, ne quid reprehensibile, vel ligatione dignum in nobis appareat, mirabili nos exhortatione praemunit; Petrus firmamentum nostrum est, ac domus fortitudinis, et in fide ejus plantati et radicati sumus; Paulus vas electionis praedestinatos a Deo, et electos coelestis tubae sonoritate vocavit et pro nobis sine intermissione orans, ne a fide et veritate

---

(75) Vide *Patrologiae*, tom. CLXXX, col. 1588, in Eugenio III.

deviemus, apud Deum interveniendo nos protegit. Cum igitur hi duo maxima luminaria, Dei Ecclesiam illustrantia pari et amicabili splendore et fraterno amore præfulgeant, æquitatis et justitiæ ratio persuadet ne nos, qui, licet indigni Christi vices in terra agimus, et in ejusdem Apostolorum principis cathedra residere conspicimur. Domesticam Beati Petri familiam paterno diligamus affectu et pia eam provisione in suis necessitatibus adjuvemus. Hujus itaque rationis debito provocati, dilecti in Domino filii, ad exemplar patrum et prædecessorum nostrorum sanctæ memoriæ Eugenii et Adriani Romanorum pontificum, quartam partem omnium oblationum, quæ ab altari ejusdem beati Petri apostoli, et tam de Arca, quam de omnibus ministeriis ipsius ecclesiæ, præter de ministerio beati Leonis proveniunt, vobis ex consensu fratrum nostrorum episcoporum et cardinalium, sedis apostolicæ auctoritate concedimus, et præsentis scripti pagina confirmamus, ita videlicet, ut semper, cum volueritis, facultatem liberam habeatis eamdem oblationem in vestris manibus retinendi atque custodiendi, seu aliis quibus volueritis cum nostro atque nostrorum successorum consensu vendendi; salva in omnibus aliis et retenta in nostris, et successorum nostrorum manibus ipsius ecclesiæ libera dispositione atque custodia. Hoc autem ideo facere dignum duximus, ut vos die ac nocte studiose in Dei laudibus desudantes tam in missarum celebratione, quam in matutinis, et aliis Horis pro vivorum ac defunctorum salute, diligentia et honestate decantandis, prædictam B. Petri ecclesiam obsequio debito veneremini, et Dei fideles apostolorum limina devotione debita visitantes, locum ipsum in majori devotione et veneratione semper habeant.

Decernimus ergo ut nulli omnino hominum liceat hujus nostræ concessionis paginam temerario ausu infringere, seu quibuslibet modis perturbare. Si qua igitur in futurum, etc.

Ego Alexander catholicæ Ecclesiæ episcopus.
Ego Hubaldus Ostiensis episcopus.
Ego Boso presb. card. Sanctæ Pudentianæ tit. Pastoris.
Ego Joannes presb. card. tit. Sancti Marci.
Ego Petrus presb. card. tit. Sanctæ Susannæ.
Ego Vivianus presb. card. tit. Sancti Stephani in Cœlio monte.
Ego Jacobus diac. card. Sanctæ Mariæ in Cosmedin. Sancti Theodori.
Ego Ardicio diac. card.
Ego Cinthius diac. card. Sancti Adriani.
Ego Hugo diac. card. Sancti Angeli.
Ego Laborans diac. card. S. Mariæ in Porticu.

Ego Rainerius diac. card. Sancti Georgii ad Velum Aureum.

Datum Romæ, apud S. Petrum, per manum Alberti, sanctæ Romanæ Ecclesiæ presbyteri cardinalis et cancellarii, II Kal. Maii, indict. XI, Incarnationis Dominicæ anno 1777 (76), pontificatus vero domni Alexandri papæ tertii anno XVIII

MCCCXLIX.

Episcopalem sedem Suerinensem Ecclesiæque possessiones confirmat, petente Bernone episcopo.

(Romæ, apud S. Petrum.)
[*Orig. Guelf.*, t. III, præf., XLVII.]

ALEXANDER episcopus, servus servorum Dei, venerabili fratri BERNONI Magnopolitano (77) episcopo, ejusque successoribus canonice substituendis in perpetuum.

Benedictus Deus in donis suis, et sanctus in omnibus operibus suis, qui Ecclesiam suam nova semper prole fecundat, et Ecclesiæ terminos fidelium prædicatorum verbo dilatans, in sagenam fidei barbaras etiam nationes sua miseratione non cessat, ita ut, juxta verbum prophetæ, in cubilibus in quibus prius dracones habitabant, et strutiones, seminantibus bonis prædicatoribus, te gratia sancti Spiritus irrigante, oriatur viror calami et junci (*Isa.* XXXV, 7). Ex ejus utique munere *qui omnes homines vult salvos fieri, et ad agnitionem veritatis venire* (*I Tim.* II, 4), quod venerabilis in Christo Berno, ad prædicandum paganis et seminandum verbum fidei episcopus institutus, exposuisti te ipsum laboribus et periculis, et attendens, quod Christus pro nobis mortuus est, ut et qui vivit, jam non sibi vivat, sed ei qui pro nobis mortuus est et resurrexit (*II Cor.* V, 15): in anxietatibus multis sparsisti semen divini verbi et erogasti talentum tibi creditum ad usuram et gentes plurimas quæ ignorabant Dominum, veritatis lumine illustrasti et reduxisti ad cultum Dei, quæ ante captivi laqueis diaboli tenebantur.

Nunc igitur quoniam veniens ad nos cum multo labore a sede apostolica postulasti ut episcopalem sedem in loco qui dicitur Zuerin auctoritate sacrosanctæ Romanæ, cui Deo auctore deservimus, Ecclesiæ confirmemus: nos postulationi tuæ grato concurrentes assensu pontificalem cathedram in eodem loco perpetuo manere statuimus, et ei subscripta loca diœcesana lege futuris deinceps temporibus decrevimus subjacere.

Videlicet claustrum et ecclesias ædificatas vel ædificandas per provinciam ducis Henrici, quæ provincia a Zuerin ex una parte usque Vepro pergit, a Vepro vero tendit per Murz et Tolonze perveniens

(76) Pro 1177, legendum oportet 1178, tum quia in anno 1177 Roma aberat Alexander III, ut videre est apud Pagium; tum etiam quia annus XIX pontificatus ejusdem Alexandri auspiciatur die 7 seu 20 Septembris anni 1177, ac desinit die 6 vel 19 Septembris anni 1178. Igitur dies ultima Aprilis anni decimi noni pontificatus Alexandri optime alligatur anno 1178, et cum anno 1177 difficile componitur. Accedit quod indict. XI huic diplomati ascripta, concurrit cum anno 1178.

(77) Magnopolis in Ponto, a Pompeio Magno restituta; *Eupatoria* primum a Mithridate, ejus conditore, dicta; nunc *Tchénikèh*.

usque Groswin et Ponem fluvium. Item ex altera parte' Zuerin per maritima Bujani insulam, ipsam Rujam insulam dimidiam includens pervenit usque ad ostium Pene prædicti fluminis. Ex dono prædicti ducis partem insulæ Zuerin secundum distinctionem ipsius ducis, molendinum unum, et aliam insulam, in Sadelbande villam unam; ex altera parte Albiæ villas II. Circa locum Sturizche alias duas villas; de terra Bribeslai insulam quæ dicitur Sanctæ Mariæ et villam Clive cum aliis x villis in Ylo; castrum Butislo cum terra altimenti, et IV villas in deserto Nohum, alias V villas circa Warin usque Glambike, et ultra Nivele, Wolchza, pleno consensu prædicti principis Pribeslai, cum omni justitia et utilitate; villam Sancti Godeardi, quæ prius Goderach dicebatur, ex dono Casemari, principis Christianissimi, terram quæ dicitur Pitina et villam unam nobilem in Barth, II villas prope Demin, et I in Circipene. Præterea quascunque possessiones, quæcunque bona eadem Ecclesia impræsentiarum juste et canonice possidet, aut in futurum concessione pontificum, largitione regum vel principum, oblatione fidelium, seu aliis justis modis, præstante Domino, poterit adipisci, firma vobis vestrisque successoribus, et illibata permaneant.

Decerminus ergo, etc.

Datum Romæ apud S. Petrum per manum Alberti, sanctæ Romanæ Ecclesiæ presbyteri cardinalis et cancellarii, indict. XI, Incarnationis Dominicæ anno 1177 [1178], pontificatus vero domni Alexandri papæ tertii anno XIX.

MCCCL.

Canonicorum Ecclesiæ Bremensis consuetudinem quamdam confirmat.

(Romæ ap. S. Petrum, Maii 1.)

[LAPPENBERG, *Hamburg. Urkund.*, I, 228.]

ALEXANDER episcopus, servus servorum Dei, dilectis filiis canonicis Bremensis Ecclesiæ, salutem et apostolicam benedictionem.

Pervenit ad nos in Ecclesia vestra ab antiquo fuisse provida deliberatione statutum ut, canonico decedente, stipendia præbendæ ipsius colligantur per annum et pro debitis ejus vel in pias causas pro salute illius expendantur. Unde quia nostrum est pia et laudabilia statuta firmare, præscriptam constitutionem et consuetudinem ratam habentes et auctoritate apostolica, sicut convenit, confirmantes, universitati vestræ per apostolica scripta mandamus atque præcipimus, quatenus quod a præposito majore vel ab aliquo obedientiario vestro de hac consuetudine ab illo die subtractum est, quo vobis consuetudinem illam Arduicus, quondam archiepiscopus vester, auctoritate pontificali firmavit, occasione et appellatione cessante, faciatis restitui, in causas quas diximus expendendum.

Datum Romæ apud Sanctum Petrum Kalendis Maii.

MCCCLI.

Privilegium pro monasterio S. Nicolai Andegavensi; datum Laterani, Maii 11.

(*Abbatia S. Nicolai Andegavensis*, teste Brequigny, *Table chron.* III, 535.)

MCCCLII.

Ad Philippum Coloniensem archiepiscopum. — Coloniensis Ecclesiæ jura ac privilegia confirmantur.

(Laterani, Jun. 19.)

[MANSI, *Concil.*, XXI, 909.]

ALEXANDER episcopus, servus servorum Dei, venerabili fratri PHILIPPO, Coloniensi archiepiscopo, ejusque successoribus canonice substituendis, in canonicam memoriam.

Etsi teneamur omnibus fratribus et coepiscopis nostris ex administratione suscepti regiminis apostolicum patrocinium exhibere, his tamen specialiter adesse compellimur, qui sicut dignitate, ita præeminent et virtute: cum nostræ sollicitudinis debeat et circumspectionis existere, ut universos juxta qualitates personarum et merita respicere videamur. Eapropter, venerabilis in Christo frater archiepiscope, prudentiam et devotionem tuam diligentius attendentes, et tuis petitionibus nostrum facile præbentes assensum, Coloniensem Ecclesiam, cui Deo auctore præesse dignosceris, sub beati Petri et nostra protectione suscipimus, et præsentis scripti privilegio communimus; statuentes ut quæcunque bona eadem Ecclesia impræsentiarum juste et canonice possidet, aut in futurum concessione pontificum, largitione regum vel principum, oblatione fidelium, seu aliis justis modis, præstante Domino, poterit adipisci, firma tibi tuisque successoribus et illibata permaneant.

Præterea tua, frater archiepiscope, prudentia et devotione pensata, confirmamus tibi ea, quæ in privilegiis Patrum et prædecessorum nostrorum habentur: videlicet crucem et pallium; suo tempore suoque loco ferendum; insigne quoque festivi equi, quod a quibusdam vulgo naccum vocatur. Concedimus etiam, et apostolica auctoritate statuimus, ut majus altare ecclesiæ tuæ uni et vero Deo, in memoriam beatæ Mariæ virginis, et alterum in memoriam beati Petri apostolorum principis dedicatum, reverenter ministrando procurent septem canonici cardinales presbyteri, induti dalmaticis et mitris ornati, quibus etiam, cum totidem diaconibus et subdiaconibus, ad hoc ministerium prudenter electis, ut utantur sandalibus, indulgenus, sicut a Patribus et prædecessoribus nostris id prædictæ Ecclesiæ concessum est per authentica privilegia, et hactenus observatum. Insuper etiam auctoritatem et honorem, quem Ecclesia tua hactenus habuisse dignoscitur, apostolici favoris patrocinio confirmamus, videlicet ut, si quando synodus infra tuam diœcesim a Romano pontifice aut a legato ab ejus latere destinato fuerit congregata, priorem locum post ipsum Coloniensis archiepiscopus in synodo teneat, et in proferenda sacrorum canonum auctoritate prior existat: ita tamen, ut, sicut est prior polleat honestate vitæ, et gratia meritorum ; et cujus annuntiaverit verba, imitetur exempla. Consecrationem quoque regum infra limites tuæ diœcesis faciendam, præsentis scripti auctoritate censemus : et ut electio archiepiscopi secundum statuta canonum a filiis præscriptæ Ecclesiæ celebretur, per hujus scripti paginam duximus statuendum.

Ad hæc, monasteria, ecclesias Coloniæ positas, et omnia sacra loca, infra et circa urbem Coloniæ, ad jurisdictionem Coloniensis Ecclesiæ pertinentia ; monetam prædictæ civitatis, telonium, forum et omne jus civile, sub potestate tua et successorum tuorum ; abbatias per diversa loca, villas, vicos et castella, cum omnibus eorum pertinentiis, servis videlicet, ancillis, terris cultis et incultis, aquis, pratis, campis, silvis, forestis : nec non etiam comitia in Westphalia, quæ vulgariter Gograrhophe dicuntur, et alodia, Dulberg, Hachen, Marchan, Wassemberg, sicut hæc omnia rationabiliter possides, tibi tuisque successoribus auctoritate apostolica confirmamus. Illud quoque statuimus ut, sicut nullus archiepiscoporum tuorum est tibi subjectus, ita etiam tu sub nullo primate debeas esse : salva tamen nobis in te, sicut in cæteris archiepiscopis, subjectione, quæ apostolicæ auctoritati debetur.

Decernimus ergo ut nulli omnino hominum liceat præfatam Ecclesiam temere perturbare, aut ejus possessiones auferre, nec ablatas retinere, minuere aut aliquibus vexationibus fatigare; sed omnia integra conserventur eorum, pro quorum gubernatione ac sustentatione concessa sunt, usibus omnimodis profutura : salva in omnibus apostolicæ sedis auctoritate. Si qua igitur ecclesiastica sæcularisve persona hanc nostræ constitutionis paginam sciens, contra eam temere venire tentaverit, secundo tertiove commonita, nisi satisfactione congrua id emendaverit, potestate honorisque sui dignitate careat, reamque se divino judicio existere de perpetrata iniquitate cognoscat, et a sacratissimo corpore ac sanguine Dei ac Domini Redemptoris nostri Jesu Christi aliena fiat, atque in extremo examine divinæ ultioni subjaceat. Cunctis autem eidem Ecclesiæ justa servantibus sit pax Domini nostri Jesu Christi, quatenus et hic fructum bonæ actionis percipiant, et apud districtum judicem præmia æternæ pacis inveniant. Amen.

Locus sigilli.

Ego Alexander catholicæ Ecclesiæ episcopus.

Ego Joannes presbyter card. Sanctorum Joannis et Pauli tituli Pammachii.

Ego Boso presbyter cardinalis Sanctæ Pudentianæ tituli Pastoris.

Ego Petrus presbyter cardin. tituli Sanctæ Susannæ.

Ego Hubaldus Ostiensis episcopus.

Ego Hyacinthus diaconus cardinalis Sanctæ Mariæ in Cosmedin.

Ego Arditio diaconus cardinalis Sancti Theodori.

Ego Cynthius diaconus cardinalis Sancti Adriani.

Ego Hugo diaconus cardinalis S. Angeli.

Datum Laterani per manum Alberti, sanctæ Romanæ Ecclesiæ presbyteri cardinalis et cancellarii, XIII Kal. Julii, Indictione undecima, Incarnationis Dominicæ anno 1178, pontificatus vero domini Alexandri papæ III anno XIX.

MCCCLIII.

Monasterium S. Geremari tuendum suscipit, ejusque bona et possessiones enumerat et confirmat.

(Laterani, Jun. 20)

[Louvet, *Hist. et Antiq. du Beauvoisis*, I, 453.]

ALEXANDER episcopus, servus servorum Dei, dilectis filiis HUGONI, abbati monasterii S. Geremari Flaviacensis, ejusque fratribus, tam præsentibus quam futuris, regularem vitam professis, in perpetuum.

Ad hoc universalis Ecclesiæ cura nobis a provisore omnium bonorum Deo commissa est, ut religiosas diligamus personas, et beneplacentem Deo religionem studeamus modis omnibus propagare. Nec enim Deo gratus aliquando famulatus impenditur, nisi ex charitatis radice procedens a puritate religionis fuerit conservatus. Oportet igitur omnes Christianæ fidei amatores religionem diligere, et loca venerabilia cum ipsis personis divino servitio mancipatis attentius confovere, ut nullis pravorum hominum molestiis, vel importunis angariis fatigentur. Eapropter, dilecti in Domino filii, vestris justis postulationibus clementer annuimus, et ad exemplar Patris et prædecessoris nostri, sanctæ recordationis Eugenii papæ, præfatum monasterium in quo divino estis obsequio mancipati, sub beati Petri et nostra protectione suscipimus et præsentis scripti privilegio communimus; imprimis siquidem statuentes ut ordo monasticus, qui secundum Deum et B. Benedicti Regulam in eodem monasterio institutus esse dignoscitur, perpetuis ibidem temporibus inviolabiliter observetur. Præterea quascunque possessiones, quæcunque bona idem monasterium in præsentiarum juste et canonice possidet, aut in futurum concessione pontificum, largitione regum vel principum, oblatione fidelium, seu aliis justis modis, præstante Domino, poterit adipisci, firma vobis vestrisque successoribus, et illibata permaneant. In quibus hæc propriis duximus exprimenda vocabulis :

Locum ipsum in quo præscriptum monasterium constructum est cum omnibus pertinentiis ejus. Apud Calvimontem ecclesiam Sanctæ Mariæ de Alteria cum appendiciis suis, ecclesiam de Serandis cum appendiciis suis, ecclesiam de Jambevilla cum appendiciis suis, ecclesiam Sancti Petri de Guppillariis cum appendiciis suis, et decimis agrorum suorum qui sunt in Silva Leonis; ecclesiam Sepulcri de Villaribus cum appendiciis suis, ecclesiam S. Joannis de Vivariis cum appendiciis suis, ecclesiam Sancti Remigii juxta Claromontem, cum appendiciis suis ; ecclesiam Sancti Martini de Brevolio comitis cum appendiciis suis, ecclesiam Sancti Martini de altero Bruolio cum appendiciis suis, villam de Ruatibus cum appendiciis suis ; quidquid juris habetis in villa Fulcheriarum, in villa de Gres, in villa Spalburgi, in villa Monasterolo, et ecclesiis earumdem; ecclesiam Sancti Medardi de domno Medardo, cum appendiciis suis, ecclesiam Sancti Petri de Goy cum appendiciis suis, ecclesiam Sancti Walarici de Allodio cum appendiciis suis, ecclesiam Sancti Petri de Gamachiis cum appendiciis, ecclesiam Sancti Walerici de Breio cum appendiciis, ecclesiam Sanctæ Mariæ de Pisce cum appendiciis, ecclesiam Sancti Clementis de Lomariis cum appendiciis, ecclesiam Sancti Petri de Fraxinomonte cum appendiciis, ecclesiam S. Mariæ Constanillari cum appendiciis, ecclesiam de Amoldimonte cum duabus partibus majoris decimæ et minutæ, et antequam dividantur decimæ unum modium de eisdem decimis ad opus vestrum primo accipitis, in eadem duos hospites.

Apud Basencurtem duas partes decimæ majoris, apud Boscum Hugonis quindecim hospites, apud Wellebovem unum modium bladi, apud Manullebre duas partes majoris decimæ, apud Friam viginti solidos Andegavensis monetæ de censu, apud Avenas duas partes majoris decimæ et culturam unam, apud Cui ecclesiam personatum cum decima, apud Dompetram ecclesiam personatum cum decima, apud Breviolum ecclesiam, personatum cum decima et hospitibus, et terram ad unam carrucatam cum duobus pratis, apud S. Stephanum tres solidos, apud Humeth unum modium bladi, apud Menerual ecclesiam, personatum cum universis decimis, censibus, mansuris, et hospitibus, et terram ad dimidiam carrucam, apud Maurum culturam unam, hospitem unum cum duabus partibus decimæ.

Apud Tilium ecclesiam, personatum cum universis decimis, apud Rubempré ecclesiam, personatum cum decimis, et terram ad unam carrucam, apud Sanctam Bovam ecclesiam, personatum cum decimis, apud Noyers duas partes decimæ, apud Landam duas partes decimæ, apud Oriolum unum hospitem francum cum aquaria una, apud Scurnum hospites septem, apud Rofredum tres modios bladi. Apud Sanctum Albinum ecclesiam, personatum cum tota decima, apud Amecurtem dimidiam partem villæ, in terra, in hospitibus, in nemore, in decimatione exceptis vavassoribus, et pratum unum ; apud Jolencour molendinum unum, acras terræ, ubi versones capiuntur, apud Dodel-villam duas partes majoris decimæ et minutæ cum censu culticlorum, apud Tolon monasterium ecclesiam et personatum cum tota decima et unum modium bladi redditum sacerdoti prædictæ ecclesiæ de eadem decima, apud Fulceriolas hospites, masuras, apud villam quæ dicitur Jande ecclesiam personatum cum tota villa et decima, et medietatem in terris, in nemoribus, terris tam cultis quam incultis apud Campaiolas decem et octo minas bladi, apud Flavacurtem tertiam partem minutæ decimæ, et tertiam partem decimæ Curticulorum, et in magna decima de novem vasculis quinque.

Apud Erengi in magna decima de novem vasculis quinque, et unam masuram ad faciendum horreum, apud Maserias medietatem decimæ, apud Basencurtem quartam partem decimæ, apud Novam-villam medietatem decimæ curticulorum, et in magna decima septimam minam, apud Thianvillam tres partes decimæ, terram ad unam carrucam, horreum unum, sedem molendini in aqua et sex hospites, apud Gamericurtem ecclesiam et atrium cum duabus partibus majoris decimæ et tertia parte minutæ cum dominio.

Apud Bontacurtem unum modium frumenti in horreo domini, apud S. Bricium tertiam partem curticlorum, et tertiam partem decimæ Roberti vavassoris, apud Maisnil Drogonis medietatem decimæ, apud Reliacum medietatem decimæ, apud Boscum Garneri decimam, apud Gaagni totam decimam, apud Fay partem in ecclesia cum duabus partibus magnæ decimæ et totam decimam curticlorum, excepto feodo domini Ingelramni de Tria, et octo hospites cum tota justitia.

Apud Frames totam decimam, et de eadem decima sacerdoti redditos tres modios pro missis, in Assumptione B. Mariæ medietatem candelarum, apud Berevillam unum modium frumenti in horreo Domini, apud Amerville sex hospites, et de medietate decimæ duas partes, apud Berccium unum modium in horreo domini pro anima fratris sui, apud Cortils duas partes decimæ et tractum.

Apud vallem Engeltart sex solidos de censu, apud Pontisaram tres solidos de censu de domo Sancti Geremari, et unum clausum vincæ, apud Gensi et apud Gergi masuram unam cum vineis plurimis, apud Bernecort medietatem reddituum in terris, et vineis, et unum gurgitem in aqua unde solvuntur vobis anguillæ.

Apud Noientel ecclesiam, personatum et duas partes minutæ decimæ a Natali Domini usque ad Epiphaniam solitas partes panis qui altario offertur, in Purificatione B. Mariæ tres partes candelarum, unum modium vini in decima et quinque hospites, unum hospitem apud alteram villam, apud Giencourt cellarium cum torcularibus et vineis plurimis, apud Vals quartam partem mansi cum vineis.

Apud Prinsengi unum mansum et duas partes de decima Bertæ, apud Blalmicourt medietatem magnæ decimæ, apud Villare quartam partem universæ decimæ, apud Hameviller medietatem decimæ, apud Clares tertiam partem decimæ, apud Hecherii viginti minas frumenti, apud Anet ecclesiam, personatum et in omnibus decimis candelarum et panum quartam partem, apud Ramercurt unum hospitem francum cum terragio suæ terræ, apud Lamercurt census, capones, denarios, avenam,

Apud Ponchon ecclesiam, personatum, domum, torcular cum decimis, vineis et terris; apud Hodene clausum vineæ et in clauso episcopi totam decimam vini, ut civitate Belvacensi ex dono Joannis clerici Belvac. domum cum clauso vineæ de Tardona, villam de Tardona, et molendinum cum terris et decimis ac justitiis ejusdem villæ, in civitate Belvacensi duas partes in vicaria de piscibus cum pluribus ansibus, furnum francum, furnarium ab omni exactione liberum.

Apud Esparburgum ecclesiam, personatum cum terris, decimis et hospitibus, in molendinis quatuor modios frumenti cum cæteris redditibus, in silva quoque de Bray a præfato monasterio usque ad rivulum Spalburgi tam vobis quam hominibus terræ vestræ, vivum nemus ad hospitandum, mortuum ad ardendum, vivum ad clausuras culticlorum, vas quoque apium si ibi inventum fuerit vestrum erit; homines vestri si ad forefactum capti fuerint, et adjudicatum fuerit medietas forefacti vestra erit, alteram medietatem vicedomini de Gerboredo, sanguinis et banni habebunt totius justitiæ memoratæ silvæ, exceptis avibus et venationibus qui pertinent ad episcopum.

Apud Codretum horreum cum terris et nemoribus, nemus de Puteolis cum fundo ipsius terræ et griagio; ecclesiam S. Luciani cum personatu et universis decimis, capellam Sanctæ Mariæ cum personatu et duabus partibus minutæ decimæ, candelarum in Purificatione et Assumptione B. Mariæ, apud S. Petrum de campis ecclesiam cum personatu, et decimis et hospitibus ac censibus, apud villam de Puteolis capellam, personatum cum universis decimis, hospitibus et redditibus molendinorum episcopi, apud Ferrarias duas partes in decima, medietatem in molendino de Spina cum moitura de Hanachiis, ecclesiam de Senentis cum personatu et aliis appendiciis suis, villam de Herolcurt cum tota justitia et mediam partem decimæ.

Apud Gornacum hospites francos cum censibus, apud Maltis duos modios bladi, apud S. Mansuetum tertiam partem decimæ. Apud Felcherias ecclesiam B. Mariæ, præsentationem presbyteri, duas partes oblationum in altari ejusdem ecclesiæ cum universis decimis, apud S. Mariam de Campis partem in annualibus, in denariis, candelis et panibus, apud Moiliense ecclesiam cum personatu et decimis, apud Almas unam decimationem; apud Romiseans duas partes decimæ de feodo Radulphi de Gisencurt; apud Sanctam Mariam de bello Prato duos modios frumenti et unum avenæ, apud Novam villam duas partes majoris decimæ tam in cultis terris, quam in novalibus et sex minas avenæ in molendino, apud Sanctam Mariam de Prato decem solidos pro ecclesiis de Borenc et de Basivual, apud Alt. unum hospitem cum terra arabili, apud Lumel duas partes majoris decimæ, viginti solidos in personatu, sex solidos de uno curticlo, apud Her-

menriant duas partes decimæ de territorio Hugonis comitis. Quidquid habetis in Normannia ex dono illustris memoriæ Henrici, quondam regis Angliæ; ex dono nobilis memoriæ Gaufridi, quondam Andegavorum comitis et Normanorum ducis, ex dono Henrici illustris Anglorum regis, quidquid habetis in Anglia ex dono Willelmi comitis de Warenna, ex dono Hugonis domini Gornacensis, ex dono Philippi de Braicosa, ex dono Ricardi de Escars. Præterea quidquid habetis in archiepiscopatu Rothomagensi et in episcopatibus Belvacensi et Ambianensi. In parochialibus autem ecclesiis quas tenetis, liceat vobis clericos et presbyteros eligere et episcopo præsentare, quibus, si idonei fuerint, episcopi curam animarum committant, ut ipsis de spiritualibus, vobis vero de temporalibus debeant respondere.

Sane novalium vestrorum, quæ propriis manibus aut sumptibus colitis, sive de nutrimentis vestrorum animalium, nullus omni modo decimas a vobis præsumat exigere. Liceat quoque vobis clericos vel laicos, e sæculo fugientes, liberos et absolutos ad conversionem recipere et in vestro monasterio absque contradictione aliqua retinere. Prohibemus insuper ut nulli fratrum vestrorum post factam in loco vestro professionem, fas sit de eodem loco sine licentia abbatis sui, non obtentu arctioris religionis, discedere; discedentem vero sine communium litterarum vestrarum cautione nullus audeat retinere. Cum autem generale interdictum terræ fuerit, liceat vobis clausis januis, non pulsatis tintinnabulis, exclusis interdictis et excommunicatis, suppressa voce divina officia celebrare.

Sepulturam quoque ipsius loci liberam esse concedimus, ut eorum devotioni et extremæ voluntati, qui se illic sepeliri deliberaverint, nisi forte excommunicati vel interdicti sint, nullus obsistat. Obeunte vero te nunc ejusdem loci abbate, vel tuorum quolibet successorum, nullus ibi qualibet subreptionis astutia seu violentia præponatur, nisi quem fratres communi consensu vel fratrum pars consilii sanioris, secundum Dei timorem et beati Benedicti Regulam providerint eligendum.

Decernimus ergo ut nulli omnino hominum liceat præfatum monasterium temere perturbare aut ejus possessiones auferre, vel ablatas retinere, minuere, seu quibuslibet vexationibus fatigare, sed omnia integra et illibata conserventur eorum pro quorum gubernatione ac sustentatione concessa sunt, usibus omnimodis profutura, salva sedis apostolicæ auctoritate et diœcesani episcopi canonica justitia.

Si qua igitur ecclesiastica, etc.

Datum Laterani per manum Alberici S. Bononiensis Ecclesiæ cardinalis et cancellarii xii Kal. Julii, indict. xi, Incarnationis Dominicæ anno 1178, pontificatus vero domni Alexandri papæ tertii anno xix.

MCCCLIV.

Ad clerum Salmanticensem. — Ut Petro episcopo a sese consecrato obediant.

(Laterani, Jun. 29.)

[AVILA *Historia de las antiguedades de la ciudad de Salamanca.* En Salamanca, 1608, 8°, p. 160.]

ALEXANDER episcopus, servus servorum Dei, dilectis filiis universo clero Salamantino, salutem et apostolicam benedictionem.

Venientem ad nos venerabilem fratrem nostrum Petrum episcopum vestrum, virum siquidem litteratum, providum et discretum, paternæ mentis affectione suscepimus, et eum prius in sacerdotis officium promoventes in episcopum postea, invocata sancti Spiritus gratia, consecravimus, et ipsum de nostris tanquam de B. Petri manibus consecratum ad vos duximus transmittendum. Verum quoniam otiosum videretur, aliquos patrem et pastorem habere, nisi eidem essent filiali devotione subjecti, universitatem vestram per apostolica scripta monemus, mandamus atque præcipimus, quatenus prædicto episcopo, sicut animarum vestrarum rectori, debitam in omnibus obedientiam et reverentiam humiliter impendatis, atque præceptis ejus sine contradictione aliqua pareatis. Vobis omnimodo præcaventes, ne decimas laicali potentia et auctoritate propria invadere præsumatis. Quod si feceritis sententiam quam prænominatus episcopus in vos propter hoc canonice tulerit, nos, auctore Domino, ratam et firmam habebimus.

Datum Laterani, III Kalendis Julii.

MCCCLV.

Ad Adefonsum Castellanorum regem. — Petrum episcopum Salmanticensem commendat.

(Laterani, Jan. 15.)

[*Ibid.*]

ALEXANDER episcopus, servus servorum Dei, charissimo in Christo filio ADEFONSO, illustri Castellanorum regi, salutem et apostolicam benedictionem.

Precibus et petitionibus tuis, in omnibus, quantum cum Deo et justitia possumus deferre, et eos efficaciter promovere volentes, et venerabilis fratris nostri Petri Salamantini episcopi litterarum prudentiam et honestatem pensantes, eumdem in sacerdotem certo sibi in urbe titulo assignato, promovimus, et ipsi postea consecrationis munus, S. Spiritus invocata præsentia, curavimus solemniter exhibere. Eum itaque, sicut virum providum, et discretum et excellentiæ regiæ fidelem, per omnia sicut credimus, et devotum, ad ecclesiam suam de nostris tanquam de beati Petri manibus consecratum duximus transmittendum. Serenitatem tuam per apostolica scripta rogantes, monentes et exhortantes in Domino eumdem episcopum nostræ intervenientis intuitu, et suæ fidelitatis ac devotionis, quam circa te multipliciter gerit, obtentu, diligas, manusteneas, et honores, et ad jura commissæ sibi ecclesiæ recuperanda, vires et auxilium efficaciter subministres, ut ipse celsitudini tuæ devotior et fidelior propter hoc debeat omni tempore permanere, et tu ab omnipotenti Deo, indeficiens exinde præmium merearis feliciter obtinere, et a nobis gratias uberrimas exspectare.

Datum Laterani, Idibus Julii.

MCCCLVI.

Ad [Ubaldum] archiepiscopum Pisanum et universos episcopos et abbates per Tusciam constitutos. — Illos ad concilium « prima Dominica advenientis Quadragesimæ » (die 18 Febr. an. 1179) celebrandum Romæ invitat.

(Tusculani, Sept. 21.)

[MANSI, *Concil.*, XXII, 211.]

Quoniam in agro Domini, qui est Ecclesia, tanquam spinæ et tribuli nascuntur quotidie et pullulant germina vitiorum, tum videlicet quia proni sunt sensus hominis ad malum ab adolescentia sua, tum quia inimicus homo de malitia sua zizania superseminare non cessat, et germen bonum nititur suffocare, necesse est diligentiam adesse cultorum, et nunc evellere et amputare jam nata, nunc etiam nascituris nocivis germinibus proficiendi aditum obserare, subsequenter autem et inserere fructiferum germen, et seminare semen bonum, quod trigesimum, sexagesimum et centesimum fructum, fecundante Deo, possit afferre. Nam et hoc verba illa Dominica sonare videntur, quibus Jeremiam prophetam, et in eo evangelicum sacerdotem instruxit, dicens: *Dei verba mea in ore tuo. Ecce constitui te super gentes, et regna, ut evellas, et destruas, et disperdas, et dissipes, et ædifices, et plantes* (Jerem. 1). Id autem licet universis Ecclesiarum rectoribus incumbat, multo tamen fortius imminet Romanæ urbis antistiti, qui a Domino Jesu Christo, ut caput esset Ecclesiæ, in beato Petro accepit, et de pascendis Dominicis ovibus, et fratribus confirmandis expressum et speciale noscitur habuisse mandatum (*Luc.* XXII, *Joan.* XXI). Inde siquidem est quod nos, licet insufficientes meritis, ad providentiam apostolicæ sedis et ministerium universalis Ecclesiæ a Deo, ut ipsi placuit, disponente vocati; quia in Ecclesia Dei correctione videmus quamplurima indigere, tam ad emendanda quæ digna emendatione videntur, quam ad promulganda quæ saluti fidelium visa fuerint expedire, de diversis partibus personas ecclesiasticas decrevimus evocandas, quarum præsentia et consilio quæ fuerint salubria, statuantur; et quod bonum, secundum consuetudinem antiquorum Patrum, provideatur, et firmetur a multis. Quod si particulariter fieret, non facile posset plenum robur habere. Quocirca per apostolica vobis scripta mandamus qualiter huic nostræ dispositioni plenis desideriis cooperari curetis, et prima Dominica advenientis Quadragesimæ, ad urbem Romam, ducente Domino, veniatis, et cooperante sancti Spiritus gratia, tum in corrigendis enormitatibus, tum in statuendis quæ Deo grata fuerint, communi studio quod fuerit agendum agatur, et in uno humero sublevemus arcam Domini, atque uno ore honorificemus A Deum et Patrem Domini nostri Jesu Christi.

Datum Tusculi xi Kal. Octobr.

MCCCLVII.

Ad archiepiscopos et episcopos abbates Hungariæ. Ejusdem argumenti

(Tusculani, Sept. 21.)

[FEJER, *Cod. diplom. Hugariæ*, II, 193.]

Quoniam in agro, etc.

MCCCLVIII.

Ad Guarinum archiepiscopum Bituricensem et ejus suffraganeos, et abbates per eorum episcopatus constitutos. — Ejusdem argumenti.

(Tusculani, Sept. ?.)

[D. BOUQUET, *Recueil*, XV, 962.]

Quoniam in agro, etc.

MCCCLIX.

Ecclesiam S. Opportunæ Parisiensem tuendam suscipit, ejusque bona et privilegia confirmat.

(Tusculani, Oct. 1.)

[Dom FÉLIBIEN, *Hist. de Paris*, III, Preuv., 34.]

ALEXANDER episcopus, servus servorum Dei, dilectis filiis canonicis Sanctæ Opportunæ tam præsentibus quam futuris, canonice substituendis, in perpetuum.

Piæ postulatio voluntatis, etc. Eapropter, dilecti in Domino filii, vestris justis postulationibus clementer annuentes, præfatam ecclesiam in qua divino estis obsequio mancipati, sub beati Petri et nostra protectione suscipimus, et præsentis scripti privilegio communimus, statuentes ut quascunque possessiones, etc., in quibus hæc propriis duximus exprimenda vocabulis :

Ecclesiam SS. Innocentium, aquosam terram quam mariscos vocant juxta civitatem Parisiensem, sicut venerabiles fratres nostri Guillelmus quondam Senonensis, nunc Remensis archiepiscopus, apostolicæ sedis legatus, et Mauricius Parisiensis episcopus, et charissimus in Christo filius noster Ludovicus illustris Francorum rex, vobis et ecclesiæ vestræ confirmasse, et suis scriptis roborasse noscuntur; capiceriam quoque ipsius ecclesiæ, sicut bonæ memoriæ Theobaudus Ecclesiæ Parisiensis episcopus vobis eam rationabiliter adjudicavit; claustri etiam vestri libertatem et antiquarum augmentum præbendarum de novo censu marisii factum, sicut memorati fratres nostri Remensis archiepiscopus et Mauricius Parisiensis episcopus scriptis suis authenticis concesserunt, vobis et eidem ecclesiæ vestræ auctoritate apostolica confirmamus. Decernimus ergo, etc.

(*Sequuntur subscriptiones.*)

Datum Tusculani per manum Alberti, sanctæ Romanæ Ecclesiæ presbyteri cardinalis et cancellarii, Kal. Octobris, indictione XI, Incarnationis Dominicæ anno 1178, pontificatus vero domni Alexandri papæ III anno XX.

MCCCLX.

Londinensi et Wintoniensi episcopis, « attendens quod ad regem pertineat, non ad Ecclesiam, de possessionibus judicare, » præcipit ut Henrico Anglorum regi « possessionum judicium relinquat. »

(Tusculani, oct. 1. — TWISDEN. *Hist. Angl. Script.*, I, 602.)

MCCCLXI.

Monasterium S. Thomæ de Paraclito (Ebleholtense) tuendum suscipit, ejusque bona ac jura confirmat.

(TORKELIN, *Diplomat. Arna Magn.*, I, 50.)

ALEXANDER episcopus, servus servorum Dei, dilectis filiis WILHELMO, abbati Sancti Thomæ de Paraclito, ejusque fratribus tam præsentibus quam futuris, regularem vitam professis, in perpetuum.

Piæ postulatio voluntatis effectu debet prosequente compleri, et ut devotionis sinceritas laudabiliter enitescat, et utilitas postulata, etc. Ideoque B dilecti in Domino filii, vestris justis postulationibus clementer annuimus et præfatam ecclesiam Beati Thomæ de Paraclito, in qua divino mancipati estis obsequio, sub beati Petri et nostra protectione suscipimus et præsentis scripti privilegio communimus. In primis siquidem statuentes ut ordo canonicus, qui secundum Deum et beati Augustini Regulam atque institututionem fratrum Sancti Victoris Parisiensis in Ecclesia vestra dignoscitur institutus, perpetuis ibidem temporibus inviolabiliter observetur. Præterea quascunque possessiones, quæcunque bona eadem ecclesia impræsentiarum juste et canonice possidet aut in futurum concessione pontificum, largitione regum vel principum, oblatione fidelium, seu aliis justis C modis, præstante Domino, poterit adipisci, firma vobis vestrisque successoribus, et illibata permaneant. In quibus hæc propriis duximus exprimenda vocabulis:

Ecclesiam de Eskilli Insula cum ipsa insula et aliis earum pertinentiis, ecclesiam de Julæchæ cum terra et decima ad eam pertinente, et aliis pertinentiis suis, mansionemque in eadem villa ad locum eumdem pertinentem cum omnibus appendiciis suis, molendinum juxta Waræbro situm cum suis pertinentiis, ecclesiam que de Tiæreby et mansionem inibi sitam cum agris, pratis, silvis et aliis suis pertinentiis, mansionem in Hathelosæ cum agris, pratis, silvis et aliis suis pertinentiis, villam totam quæ Næveth appellatur cum terra D tota, pratis et silvis, liberam et absolutam cum aliis suis pertinentiis, piscationes Clonæ et alias piscationes quas cum cæteris hominibus illius regionis communes habetis; curiam in civitate Roskildensi cum domibus et earum pertinentiis, tertiam partem decimæ in ecclesiis Annesæ, Hælsinghe, Cræconi, Alsentorp et totam decimam de ecclesia Tiæreby] quam venerabilis frater noster Absalon, tunc Roskildensis episcopus, nunc vero Lundensis archiepiscopus vobis rationabiliter perpetuo concessit habendam. Villam quæ Fretherslof appellatur cum agris, silvis, pratis, molendinis et aliis pertinentiis, et ecclesiam ejusdem villæ cum decimis suis.

Sane novalium vestrorum quæ propriis manibus

aut sumptibus colitis, sive de nutrimentis animalium vestrorum nullus a vobis decimas præsumat exigere. Liceat quoque vobis clericos vel laicos, liberos et absolutos, a sæculo fugientes ad conversionem recipere, et eos sine contradictione aliqua retinere. Prohibemus insuper ut nullus fratrum vestrorum, post factam in loco vestro professionem, aliqua levitate, sine abbatis sui licentia, possit ab eodem claustro recedere; discedentem vero absque communium litterarum cautione nullus audeat retinere. Cum autem generale interdictum terræ fuerit, liceat vobis clausis januis, exclusis excommunicatis vel interdictis, non pulsatis campanis, submissa voce divina celebrare. In parochialibus etiam ecclesiis quas habetis, liceat vobis clericos eligere et episcopo præsentare, quibus si idonei fuerint, episcopus animarum curam committat, ut ei de spiritualibus, vobis vero de temporalibus debeant respondere. Paci quoque et tranquillitati vestræ paterna sollicitudine providere volentes, auctoritate apostolica prohibemus ut infra clausuras locorum seu grangiarum vestrarum nullus violentiam aut rapinam seu furtum committere, aut ignem apponere seu hominem capere vel interficere audeat. Sepulturam quoque ipsius loci liberam esse decernimus, ut eorum devotioni et extremæ voluntati, qui se illic sepeliri deliberaverint, nisi forte excommunicati vel interdicti sint, nullus obsistat, salva tamen justitia illarum ecclesiarum a quibus mortuorum corpora assumuntur.

Decernimus ergo ut nulli omnino hominum liceat præfatam ecclesiam temere perturbare, aut ejus possessiones auferre, vel ablatas retinere, minuere, seu quibuslibet vexationibus fatigare, sed omnia integra conserventur eorum, pro quorum gubernatione et sustentatione concessa sunt, usibus omnimodis profutura, salva apostolicæ sedis auctoritate, et diœcesani episcopi canonica justitia.

Si qua igitur in futurum ecclesiastica, etc.

Dat. anno Domini 1198, pontificatus vero domni Alexandri papæ III anno xx.

INTRA ANNUM 1159 — 1179

MCCCLXII.

Ad Parmensem et Reginum episcopos. — *Ut quædam bona monachis Nonantulanis restituenda curent.*

(Anagniæ, Nov. 25.)

[TIRABOSCHI, *Storia di Nonantola*, II, 278.]

ALEXANDER episcopus, servus servorum Dei, venerabilibus fratribus Parmensi et Regino episcopis, salutem et apostolicam benedictionem.

Audivimus et mirati sumus quod venerabilis frater noster O. [Omnibonus] Veronensis episcopus R. filium comitis de quibusdam possessionibus, quas monasterium de Nonantula in curte Nugariæ in pace tenebat, auctoritate propria invertire præsumpsit. Quoniam igitur id non debemus in patientia sustinere, discretioni vestræ per apostolica scripta præcipiendo mandamus, quatenus partibus ante vos convocatis, super hoc inquiratis diligentius veritatem, et si ita vobis constiterit, præfatum episcopum monere curetis et diligenter inducere, ut quod tam prave factum est quantocius revocet, et abbatem et fratres ejusdem monasterii in possessionem terrarum illarum sine dilatione reducat, et ipsos inde non patiatur indebite molestari. Si vero idem episcopus hoc non fecerit, vos id auctoritate nostra contradictione et appellatione remota exsequi minime differatis, et si præfatus R. eosdem fratres de ipsis terris, posteaquam in earum possessionem reducti fuerint indebite molestaverit, eum appellatione cessante vinculo anathematis astringatis.

Dat. Anagniæ, vii Kal. Decemb

MCCCLXIII.

Ad Nonantulanos. — *Quod P., qui totam vitam suam Deo dederit, voto liber judicandus sit.*

(Anagniæ, Nov. 26.)

[*Ibid.*, p. 275.]

ALEXANDER episcopus, servus servorum Dei, dilectis filiis abbati Nonantulano, archipresbytero, et canonicis Nonantulanæ plebis. salutem et apostolicam benedictionem.

Veniens ad apostolicæ sedis clementiam cum litteris vestris, filii archipresbyter et canonici, P. lator præsentium supplici nobis relatione proposuit, et ex litteris ipsis percepimus, quod divinæ revelationis gratia inspiratus ecclesiæ S. Mariæ (78) quæ propter guerram fuerat Mutinensium diruta a fundamentis, construxit, et ibi vovit perpetuo Domino militare, quam quidem pius et misericors Dominus per studium et laborem ipsius, et per merita vitæ suæ in possessionibus et in aliis ampliavit, et in devotione mulierum et virorum celebrem non modicum solemnem effecit. Decurso autem longo temporis spatio, cum non posset tentationes quæ superveniebant varias sustinere, dimissa ecclesia super fluvium Tari (79) supra Parmam ubi solebant

---

(78) Forse questa è la chiesa di S. Maria delle Banzole fuor di Nonantola, che spesso si nomina nelle memorie della Badia.

(79) Sembra evidente, che qui parlisi del Ponte sul Taro di cui veggonsi ancora alcune rovine presso Castel Guelfo di là dal torrente, che ora ha cambiato corso. Questo breve dunque ci dà la notizia dell'origine del Ponte stesso sconosciuta finora. Da un breve d'Innocenzo IV del 1244, che si conserva nell'archivio della comunità di Parma raccogliesi che n'erano alla custodia alcuni fratri, a' quali Innocenzo III avea permesso di vivere secundo la regola di quelli d'Altopascio. In un altro breve dello stesso Innocenzo IV del 1253 che ivi pur si conserva, quel ponte dicesi : *In Streta quæ via Claudia dicitur* secundo il costume de' bassi tempi di chiamar Claudia la via, che propriamente dee dirsi Æmilia. Presso quel ponte era uno Spedale o Covento di proprietà del vescovo di Parma, che nel 1304, ad istanza di Benedetto XI lo cedette a' monaci Cisterciensi di Fontevivo. Di queste notizie son debitore al più volte lodato P. Ireneo Affò.

multi submergi, cum auxilio domini pontem construxit et multa operatus est, quæ Deo et hominibus beneplacita et accepta videntur. Verum quoniam dubium vobis et incertum existit, unde priori voto teneatur, et utrum licuerit ei locum mutare, ubi stabilitatem se promiserat servaturum, discretioni vestræ præsentibus litteris innotescat, quia idem P. votum non fregit in eo quod ad locum se alium transtulerit, id quo Domino fructificare amplius potest, et fructum reddere digniorem. Ideoque vobis mandamus ut eum voto illo non teneri, sed esse potius exinde absolutum denuntietis, votum enim non violat, qui in melius commutat. Præterea quoniam idem P. pro ædificatione prælibatæ ecclesiæ plurimum laboravit, et ideo modis omnibus desiderat, ut ibi persona idonea ordinetur, vobis præsentium auctoritate injungimus ut in prælibata ecclesia cum consilio ejus aliquem de vobis, filii canonici, aut aliam personam honestæ vitæ et conversationis, et quæ sit idonea, et in ordinatione ipsius ecclesiæ ejus consiliis acquiescere debeat, instituatis.

Credimus enim quod ex hoc eidem ecclesiæ commoda provenient potiora, cui per sollicitudinem et diligentiam præfati P. incrementa constat plurima pervenisse.

Dat. Anag., sexto Kal. Decembris.

MCCCLXIV.

Parthenonem S. Mariæ Calensis tuendum suscipit ejusque bona confirmat.

(Anagniæ, Nov. 28.)

[D. Duplessis, *Hist. de Meaux*, II, 48.]

Alexander episcopus, servus servorum Dei, dilectis in Christo filiabus Helevisæ abbatissæ, et monialibus monasterii S. Mariæ de Kala, salutem et apostolicam benedictionem.

Prudentibus virginibus, quæ sub habitu religionis, accensis lampadibus, per opera sanctitatis jugiter se præparant ire obviam sponso, sedes apostolica debet præsidium impertiri, ne forte, etc...

.... Præterea quascunque possessiones, quæcunque bona idem monasterium impræsentiarum juste et canonice possidet, aut in futurum concessione pontificum, largitione regum vel principum, oblatione fidelium, seu aliis justis modis, præstante Domino, poterit adipisci, firma vobis et his quæ, post vos successerint, et illibata permaneant. In quibus hæc propris duximus exprimenda vocabulis.

Villam in qua monasterium vestrum situm est, scilicet Kala, quidquid in Meldensi episcopatu apud Mintriacum rationabiliter possidetis cum patronatu ecclesiæ, totam villam Colons . . . . . et ecclesiam S. Andreæ de Kala, etc. . . . .

Datum Anagniæ, iv Kal. Decembris.

MCCCLXV.

Ecclesiæ collegiatæ SS. Michaelis et Gudulæ possessiones ac privilegia confirmat.

(Anagniæ.)

[Miræi *Opp. dipl.*, II, 1179.]

Alexander episcopus, servus servorum Dei, dilectis filiis Godescalco decano et canonicis Ecclesiæ S Michaelis Sanctæque Gudulæ Bruxellensis, tam præsentibus quam futuris, canonice substituendis, in perpetuum.

Effectum juxta postulantibus indulgere et vigor æquitatis, et ordo exigit rationis, præsertim quando petentium voluntatem et pietas adjuvat et veritas non relinquit. Eapropter, dilecti in Domino filii, vestris justis postulationibus benignius annuentes, prælibatam ecclesiam cum omnibus pertinentiis suis, sub beati Petri et nostra protectione suscipimus, et præsentis scripti privilegio communimus. Statuentes ut quascunque possessiones, quæcunque bona eadem ecclesia impræsentiarum juste et canonice possidet, aut in futurum concessione pontificum, largitione regum vel principum, oblatione fidelium, seu aliis justis modis, præstante Domino, poterit adipisci, firma vobis vestrisque successoribus, et illibata permaneant. In quibus hæc propriis duximus exprimenda vocabulis:

Locum ipsum in quo ecclesia vestra sita est, cum cœmeterio et adjacentiis suis, capellaniam S. Jacobi in Caldenberga cum omnibus pertinentiis suis, capellaniam S. Nicolai in foro inferiori cum omni jure et pertinentiis, tria etiam hospitalia infra asabitum oppidi vestri cum omnibus pertinentiis, quibus ad receptionem pauperum et peregrinorum providere tenemini, ecclesiam S. Joannis de Molenbeke cum decimis, terris et omnibus quæ infra parochiam illam habere noscimini, ecclesiam de Melsbroeck a Petro quondam ipsius persona ecclesiæ per manum Cameracensis episcopi perpetuo vobis concessam cum omnibus pertinentiis suis, minutam etiam decimam quam infra terminos parochiæ vestræ habetis, cum pratis, hortis, mansis, terris cultis et incultis, et cum omnibus ecclesiis et decimis quas in Cameracensi episcopatu possidetis.

Præterea libertates et antiquas et rationabiles consuetudines ipsius ecclesiæ auctoritate vobis apostolica confirmamus. Statuimus etiam, ut infra terminos parochiæ vestræ nullus sepeliatur vel baptizetur, nisi apud majorem ecclesiam, præter leprosos quibus extra oppidum secundum tenorem exinde factum cœmeterium cum oratorio a vobis indultum est, quemadmodum ab antiquo statutum est et hactenus observatum.

Sancimus quoque ut populus totius parochiæ vestræ in majoribus anni solemnitatibus ad majorem ecclesiam ad audienda et percipienda divina conveniant, sicut a prima fundatione ecclesiæ statutum est et observatum. Cum autem commune interdictum terræ fuerit, liceat vobis clausis januis, non pulsatis tintinnabulis, exclusis excommunicatis et interdictis, suppresse divina celebrare.

Decernimus ergo, etc.

Datum Anagniæ.

INTRA ANNUM 1160—1179.

MCCCLXVI.

Ad capitulum B. Martini Turonensis. — Ne quis in canonicum recipiatur qui sit servilis conditionis et qui non sit de legitimo matrimonio natus.

(Anagniæ, Mart. 10.)

[*Défense de l'égl. de Saint-Martin de Tours*, 21.]

ALEXANDER episcopus, servus servorum Dei, dilectis filiis decano, thesaurario et capitulo B. Martini Turonensis, salutem et apostolicam benedictionem.

Qui tenemur omnibus ecclesiasticis viris super his quæ ad ecclesiarum decorem pertinent et augmentum, favorem apostolicæ sedis impendere, vobis super his tanto libentius volumus sicut debemus et facilius acquiescere, quanto ecclesiæ vestræ tanquam nostræ specialis et propriæ debemus propensiori studio perquirere commodum et honorem. Relatum est siquidem auribus nostris, quod cum eadem ecclesia inter alias ecclesias Galliæ celebris sit et admodum solemnis, præcipuæ gaudeat privilegio libertatis, ab antiquo hujusmodi consuetudo approbata sit ibi et laudabilis inolevit, ut nullus in eadem ecclesia in canonicum recipi, qui sit servilis conditionis; vel qui non sit de legitimo matrimonio natus. Nos itaque eamdem consuetudinem admodum approbantes et perpetuam volentes firmitatem habere, eam sicut est ab ejusdem ecclesiæ canonicis juramento firmata ratam habemus, et firmam, et ipsam auctoritate apostolica confirmantes, præsentis scripti patrocinio communimus. Statuentes ut nulli omnino hominum liceat hanc paginam nostræ confirmationis infringere aut ei aliquatenus contraire. Si quis autem hoc attentare præsumpserit, indignationem omnipotentis Dei, et beatorum Petri et Pauli se noverit incursurum.

Datum Anagniæ, vi Idus Martii.

MCCCLXVII.

Ad Hugonem Genuensem episcopum. — Pro Guillelmo Montispessulani domino. Vetat ne Genuenses portui Magalonensi noceant.

(Anagniæ, Oct. 14.)

[D. BOUQUET, *Recueil*, XV, 947.]

ALEXANDER episcopus, servus servorum Dei, venerabili fratri Genuensi episcopo, salutem et apostolicam benedictionem.

Dilectus filius noster Guillelmus de Montepessulano sua nobis conquestione monstravit, quod di-

(80) Januenses communiter scribebant illius ætatis homines, unde primigenius hujus et sequentis instrumenti textus nonnihil alteratus videtur.
(81) Annus pontificatus Alexandri decimus incidit in annum 1169, quo neutiquam Anagniæ diversatus est. Ea in urbe degebat, Alexander annis 1173, 1174 atque etiam 1175 et 1176, prout e variis eruitur monumentis.
(82) Icto inter Genuenses et Narbonenses cives an. 1166 ad quinquennium fœdere, cautum est ex parte Narbonensium inter cætera : Quandiu Januenses, inquiunt, inter et Pisanos, guerra fuerit, non recipiemus Pisanum aliquem venientem de pelago,

ltcei filii consules et populus Genuensis (80) proprietatem in mari quærentes, portum ejus frequenter invadunt, consumunt naves incendio, et peregrinos et mercatores suis rebus per violentiam spoliant, et Genuam declinare coarctant. Quoniam igitur, quantumcunque prædictos consules et civitatem in Domino diligamus sustinere non possimus, nec debemus ut prædicatus nobilis vir et homines sui in suo jure molestiam sustineant, vel gravamen, cui pro devotione sua et patris sui propensius adesse tenemur, fraternitati tuæ per apostolica scripta præcipiendo mandamus, quatenus consules et cives tuos studiose moneas ab hujusmodi præsumptione desistere. Quod si commoniti non destiterint, eos auctoritate nostra, contradictione et appellatione cessante taliter punias ut cæteri qui audierint similiter facere non attentent.

Datum Anagniæ, v Idus Octobris, pontificatus vero nostri anno decimo (81).

MCCCLXVIII.

Ad consules et populum Genuensem. — Eos dehortatur ab injuriis in Guillelmum, Montispessulani dominum.

(Anagniæ, Oct. 11.)

[*Ibid.*]

ALEXANDER episcopus, servus servorum Dei, dilectis filiis consulibus et populo Genuensi, salutem et apostolicam benedictionem.

Frequens et replicata ex parte dilecti filii nobilis viri Guillelmi de Montepessulano ad nos querela pervenit, quod vos proprietatem in mari quærentes, portum ejus frequenter invaditis, consumitis naves incendio, et peregrinos et mercatores suis rebus per violentiam spoliatis, et Genuam cogitis declinare (82). Sane quanto vos et civitatem vestram omnipotens Dominus amplius exaltavit, et benignius sua pietate respexit, tanto propensius ab his abstinere debetis in quibus videamini detractionem hominum et periculum vestræ salutis incurrere, et divinæ ultionis judicium merito formidare. Quoniam igitur quantumcunque vos et civitatem vestram in Domino diligimus, sustinere non possimus nec debemus, ut prædictus nobilis vir et homines sui in suo jure molestiam sustineant, cui pro devotione sua et patris sui propensius adesse teneamur, universitatem vestram monemus atque præcipimus quatenus ab hujusmodi gravaminibus et molestiis desistatis, quia non decet vel hujusmodi

aut rem ejus; ..... nec portabimus per pelagum hominem vel pecuniam alicujus qui non sit de terra nostra, nisi sit Januensis ejus pecunia ..... et exceptis peregrinis quos possumus portare in navi una per annum, quæ tamen non sit hospitalis nec templi, et qui peregrini non sint de Montepessulano, vel Sancto Ægidio, aut à Rhodano usque Niciam, t. III *Hist. Ocean.*, instr. col. 114. Quibus ex verbis intelligimus diu viguisse simultatem inter Genuenses et Montispessulani dominum, nec non S. Ægidii seu Tolosanum comitem, qui utique Pisanis contra Genuenses favebant.

proprietates in mari requirere, quos paganos etiam non legimus requisiisse. Cæterum, si ab hujusmodi præsumptione non destiteritis, venerabili fratri nostro episcopo dedimus in mandatis ut præsumptores vestros et violatores mandati nostri auctoritate nostra taliter puniat, ut cæteri qui viderint, similia facere non attentent.

Datum Anagniæ, v Idus Octobris, [pontificatus nostri anno decimo (83)].

MCCCLXIX.
Ad abbatem et fratres monasterii de Passignano.— Jus patronatus in ecclesias quasdam illis asserit.

(Anagniæ, Oct. 12.)

[LAMI, *Eccles. Flor. Monum.*, I, 219.]

ALEXANDER episcopus, servus servorum Dei, dilectis filiis abbati et fratribus monasterii de Passignano, salutem et apostolicam benedictionem.

Petitiones religiosorum virorum quæ rationi concordant, et ab ecclesiastica non dissonant honestate, decet nos animo libenti admittere, et utili effectu prosequente complere. Eapropter, dilecti in Domino filii, vestris justis postulationibus benignius annuentes, jus patronatus quod habetis in ecclesia de Luviano et quidquid habetis in parochia præscriptæ ecclesiæ inter duo flumina, quæ dicuntur Cassiani et jus patronatus ecclesiæ de Maiano, et quidquid habetis in præscripta villa, jus patronatus ecclesiæ de Fonte-Rutuli et annuum censum, et alia quæ exinde annuatim percipitis, et quidquid habetis in curte de Travalle, jus patronatus ecclesiæ de Matraio, et jus patronatus ecclesiæ de Collebono, sicut ea rationabiliter possidetis, vobis et per vos monasterio vestro auctoritate apostolica confirmamus, et præsentis scripti patrocinio communimus. Præterea auctoritate apostolica inhibemus, ne institutiones quas secundum Deum et B. Benedicti Regulam et antiquam et rationabilem consuetudinem monasterii vestri concorditer in capitulo vestro fecistis, aut facietis, aliquis immutare præsumat, sed eas præcipimus inviolabiliter observari.

Decernimus ergo ut nulli omnino hominum liceat hanc paginam nostræ confirmationis et constitutionis infringere, vel ei aliquatenus contraire. Si quis autem hoc attentare præsumpserit, etc.

Datum Anagniæ, quarto Idus Octobris.

INTRA ANNUM 1166-1179.

MCCCLXX.
Ad præpositum et capitulum Vibergense.—Significat se parthenonis S. Margaretæ Asmialdensis protectionem suscepisse.

(Laterani, Febr. 20.)

[TORCKELIN, *Diplomat. Arna Magn.*, 1, 23.]

ALEXANDER episcopus, servus servorum Dei, dilectis filiis præposito et capitulo Vibergensis Ecclesiæ, salutem et apostolicam benedictionem.

(83) Verba uncis inclusa aliena manus addidit.

Pastoralis officii debito provocamur, ut qui Romanæ Ecclesiæ regimen, Domino disponente, tenemus, de universis ecclesiis curam gerere et eis apostolicam impertiri præsidium debeamus.

Eapropter, dilecti in Domino filii, vestris justis postulationibus clementius annuentes, ecclesiæ S. Margaretæ de Asmiald, in qua sorores vestræ divinis sunt obsequiis mancipatæ, cum pertinentiis suis sub B. Petri et nostra protectione suscipimus, et præsentis scripti patrocinio communimus ; statuentes ut ordo canonicus, qui secundum Deum et B Augustini Regulam noscitur institutus, perpetuis ibidem temporibus inviolabiliter observetur. Hanc autem ecclesiam sicut hactenus ipsa rationabiliter et pacifice possedistis et impræsentiarum etiam possidetis, vobis et per vos prædictis Wiburgensi Ecclesiæ, auctoritate apostolica confirmamus. Statuentes ut ulli omnino hominum liceat hanc paginam nostræ confirmationis et protectionis infringere, vel ei ausu temerario contraire. Si quis autem hoc attentare præsumpserit, indignationem omnipotentis Dei et beatorum Petri et Pauli apostolorum ejus, se noverit incursurum.

Datum Laterani. x Kalend. Martii.

MCCCLXXI.
Ad clericos archidiaconatus Berkesire. — Varia illis privilegia concedit.

(Laterani, Febr. 22.)

[RYMER, *Fœdera*, etc., 1, 43.]

ALEXANDER episcopus, servus servorum Dei, dilectis filiis per diaconatum Berkesire constitutis, salutem et apostolicam benedictionem.

Cum nobis sit, quanquam immeritis, omnium Ecclesiarum cura commissa, sicut officii nostri debito, cogimur providere, ne subditi superioribus debitam reverentiam subtrahant, et honorem ; ita quoque volumus præcavere, ne a majoribus subditi valeant indebite prægravari. Eapropter, quieti vestræ paterna sollicitudine providentes, auctoritate vobis apostolica indulgemus ne canes vel accipitres archidiacono vestro cogamini exhibere, nec eum pluries, quam semel in anno recipere, tunc ei per diem unum et noctem necessaria ministraturi, cum septem tantum equitaturis, et personis totidem, et tribus servientibus peditibus.

Nulli ergo omnino hominum liceat hanc paginam nostræ concessionis infringere, aut ei ausu temerario contraire. Si quis autem hoc attentare præsumpserit, indignationem omnipotentis Dei et beatorum apostolorum Petri et Pauli se noverit incursurum.

Datum Laterani, VIII Kal. Martii.

MCCCLXXII.
Ad Cabilonensem episcopum et abbatem de Firmitate. —Ut cogant milites quosdam ut ablata monasterio Trenorciensi reddant.

(Laterani, Mart. 11.)

[JUENIN, *Hist. de Tournus*, 177.]

ALEXANDER episcopus, servus servorum Dei, vonerabili fratri Cabilonensi episcopo, et dilecto filio abbati de Firmitate, salutem et apostolicam benedictionem.

Ad aures nostras dilecti filii nostri Trenorchiensis abbatis querela pervenit, quod milites de Chabanes portum eorum per violentiam detinent, et Arduinus de Sala et Guido Ruffus duobus monachis ejus equitaturas suas violenta manu non dubitarunt auferre. Accedit ad hæc, quod R. de Lent villam præscripti monasterii de Chapiz per violentiam occupavit, et eam memorato abbati reddere contradicit.

Quoniam igitur nobis imminet cura ipsius monasterii bona defendere, et ab eis indebitis gravaminibus malignorum insolentiam coercere, discretioni vestræ per apostolica scripta mandamus atque præcipimus, quatenus memoratos viros monere curetis, et diligenter inducere, ut supradicto abbati ablata omnia et subtracta sine difficultate restituant, et in pace dimittant; vel sub examine vestræ justitiæ non differant plenitudinem exhibere. Si vero neutrum horum coacti fecerint, ipsos, occasione et contradictione cessante, vinculo anathematis astringatis, in terris eorum donec ibi fuerint omnia, præter pœnitentias et baptisma, prohibentes officia celebrari, et tam excommunicationis quam interdicti sententiam faciatis inviolabiliter observari.

Datum Laterani, v Idus Martii

MCCCLXXIII.

Ad Bituricensem et Bizuntinum archiepiscopos, etc. — Eos ad tuenda bona monasterii Trenorciensis hortatur.

(Laterani, Mart. 13.)

[*Ibid.*]

ALEXANDER episcopus, servus servorum Dei, venerabilibus fratribus Bituricensi et Bizuntino archiepiscopis, et J[OANNI] Pictaviensi episcopo, apostolicæ sedis legato, et aliis episcopis in quorum episcopatibus ecclesiæ et possessiones monasterii Trenorchiensis consistunt, salutem et apostolicam benedictionem.

Cum dilecti filii nostri abbas et fratres Trenorchienses a parochianis vestris multa se asserant gravamina sustinere, decet nos pastoralem sollicitudinem gerere, ne pro negligentia vestra bona prædictorum fratrum exponantur direptionibus malignorum. Inde est quod discretioni vestræ per apostolica scripta mandamus atque præcipimus, quatenus si quando adversus parochianos vestros eorumdem fratrum querimoniam recipitis, malefactores eorum ad procurandam satisfactionem congruam de commissis, vel ad justitiam exhibendam, sine dilatione frustratoria moneatis, et per excommunicationis sententiam compellatis. Ita mandatum nostrum efficaciter exsequamini, quod nec vos possitis de negligentia reprehendi, nec iidem fratres cogantur ad nos merito laborare.

Datum Laterani, III Idus Martii.

MCCCLXXIV.

Nicolao priori et fratribus S. Sepulcri Hierosolymitani concedit ecclesiam S. Ægidii, sitam Romæ juxta portam Auream.

(Laterani, Mart. 14.)

[Eug. de ROZIÈRE, *Cartul. du Saint-Sépulcre*, 272.]

ALEXANDER episcopus, servus servorum Dei, dilectis filiis NICOLAO priori et fratribus Sancti Sepulcri salutem et apostolicam benedictionem.

Multiplici devotionis et sinceritatis vestræ affectum, quem circa nos et Ecclesiam Dei magnifice geritis, et religionis ac honestatis vestræ fervorem solertius attendentes, ad commodum et incrementum vestrum libenti animo et studio propensiori intendimus, et ad commissæ vobis ecclesiæ ampliationem pariter et profectum, curam et diligentiam ferventius adhibemus. Hac siquidem consideratione inducti, ecclesiam Sancti Ægidii, quæ Romæ juxta portam Auream et prope ecclesiam Beati Petri consistit, cum hospitali domo sibi contigua ad religionis statum in ea, cooperante Domino, informandum, ut ipsa et domus per vestrum studium releventur, devotioni vestræ auctoritate apostolica concessimus, sicut ex rescripto confirmationis et concessionis nostræ liquidius apparebit. Eapropter universitatem vestram per apostolica scripta rogamus, monemus atque mandamus quatenus ut in præscripta ecclesia religionis et honestatis habitus informetur, sicut decet, viriliter et celeriter intendatis, et ad ejus regimen de maturioribus et magis honestis personis, quæ inter vos fuerint, maturius destinctis, pro nobis et ecclesiæ pace immensam Christi clementiam jugiter exorantes.

Data Laterani, II Idus Martii.

MCCCLXXV.

Ad abbatem et fratres monasterii S. Dionysii.

(Laterani, Mart. 28.)

[DOUBLET, *Hist. de Saint-Denys*, p. 508.]

ALEXANDER episcopus, servus servorum Dei, dilectis filiis abbati et fratribus ecclesiæ Sancti Dionysii, salutem et apostolicam benedictionem.

Profectibus monasterii vestri tanto ferventius nos decet intendere, quanto monasterium ipsum ad tutelam et dispositionem apostolicæ sedis et nostram noscitur specialius pertinere. Quapropter indemnitati monasterii vestri paterna sollicitudine providere volentes, auctoritate apostolica prohibemus ne aliquis abbas ipsius monasterii terras, et redditus ad ipsum spectantes, parentibus suis aut aliis, domos vel etiam ea quæ de caducis proveniunt, aut ministeria domus, nisi illa tantum quæ sunt servientium clericorum, dare præsumat, nec pecuniam ultra centum libras sine assensu totius capituli, vel majoris et sanioris partis mutuo suscipere audeat. Nulli quoque monachorum quidquam sine consensu abbatis, ab alio mutuo recipere liceat; is autem qui ministerium domus habuerit ultra centum solidos mutuo non accipiat præter abbatis assensum. Statuimus etiam ut abbas sigillum proprium habeat, quia non est illi honestum vel conveniens sine sigillo manere. Decernimus ergo ut nulli omnino hominum liceat, etc.

Datum Laterani, quinto Kal. Aprilis.

MCCCLXXVI.
Ad Simonem episcopum Meldensem. — Ut nulli parochialis ecclesia concedatur, qui non resideat.

(Laterani, April. 1.)

[Mansi, Concil., XXI, 1080.]

Alexander episcopus, servus servorum Dei, venerabili fratri Meldensi episcopo, salutem et apostolicam benedictionem.

Sicut ad officium nostrum pertinet quæ incongrua sunt prohibere, ita nobis potissimum convenit quæ recta sunt stabilire, et stabilita apostolicæ firmitatis præsidio roborare. Hac itaque ratione inducti, auctoritate duximus apostolica prohibendum ne in episcopatu tuo alicui licet ecclesiam parochialem tenere, nisi ei in persona voluerit propria deservire, salva misericordia circa eos qui infirmitatis vel alia causa canonica impediente, suam non potuerit præsentiam exhibere.

Datum Laterani, . . . Kal. Aprilis.

MCCCLXXVII.
Archiepiscopis quibusdam significat se monasterii S. Nicolai Andegavensis protectionem suscepisse.

(Laterani, April. 12.)

[Abbatia S. Nicolai Andegav., p. 80, teste Brequigny, Table chron. III, 535.]

MCCCLXXVIII.
Ad Bituricensem archiepiscopum, et Claramontensem et Aniciensem episcopos. — Ut sententiam pro monasterio Trenorciensi promulgatam observandam curent.

(Laterani, April. 23.)

Juenin, Hist. de Tournus, 178.]

Alexander episcopus, servus servorum Dei, venerabilibus fratribus Bituricensi archiepiscopo, Claramontensi et Aniciensi episcopis, salutem et apostolicam benedictionem.

Nulla vel modica ecclesiasticæ severitati reverentia præstaretur, si excommunicati ab uno, ab aliis ad ecclesiastica sacramenta sine satisfactione congrua deberent admitti, essetque facilitas veniæ incentivum sæpius delinquendi. Unde quoniam non sunt vincula ecclesiastica contemnenda, cum nonnunquam majorem quis ex contemptu reatum incurrat, quam ex priore commisso antea meruisset, fraternitati vestræ per apostolica scripta mandamus, quatenus sententiam quæ de auctoritate nostra pro monasterio Trenorciensi, vel pro membris ipsius, a delegatis judicibus rationabiliter promulgatam servetis, et usque ad dignam satisfationem faciatis ab omnibus inviolabiliter servari.

Datum Laterani, ix Kal. Maii.

MCCCLXXIX.
Archiepiscopo Viennensi eadem mandat.

(Ibid.)

MCCCLXXX.
Ad consules et populum Senensem. — Confirmat pacem de finibus inter Senenses et Florentinos.

(Laterani, Maii 17.)

[Muratori, Antiq. Ital., VI, 399.]

Alexander episcopus, servus servorum Dei, dilectis filiis consulibus et populo Senensi salutem et apostolicam benedictionem.

Ex tenore publici instrumenti nobis exhibiti, et relatione dilecti filii nostri plebani Sanctæ Agnetis, plenius intelleximus quod in compositione pacis vestræ et Florentinorum iidem Florentini Ecclesiæ et civitati vestræ resignaverunt quidquid infra terminos episcopatus vestri continetur, et resignationem suam juramentis et instrumentis publicis roborarunt. Ut autem de terminis inter vos et eos contentio in posterum nequeat suscitari, ipsos vobis autoritate apostolica confirmari constanter et sollicite postulatis, quos duximus propriis vocabulis exprimendos : Vallem Senensem, Stratam Poci, Montem Bifurcatum, Astragum de Cagnano, ubi fuit ecclesia Sancti Damiani, Gallianum, castellum Piniungum, Fossatum de Bolsano, Pelagus Stregai, Prunum de Campo Tatoli, Podium Sanctæ Mariæ, Piumferreum, Druove Georgii. In Ciparello duos terminos, unum juxta ecclesiam, alium prope domum filiorum Malaveni. Et terminos plebis Sanctæ Agnetis, videlicet Donicatum in Uspiano, quondam Sassi, Rivum Joannis, qui currit ad pedes Mortennani, et donicatum ipsius plebis in Villole, domum quondam filii Leoli in Monte, ut fuit cornus, Fontem in Strata, et terminos superius designatos in Ciparello, Valle Senense, et Stratam Poci, et Plebem Sanctæ Agnetis in Podio Bonizi, cum Populo ejusdem Plebis, rebus aliis assignatis.

Nos itaque vestris justis postulationibus benignius inclinati, et de concordia vestra gavisi, compositionem inter vos et Florentinos de assensu præsentium, et consentientibus venerabili fratre nostro Florentino episcopo, et dilecto filio Senense electo, factam, et juramentis et chartis hinc inde firmatam atque receptam inter vos supradictos, et quidquid intra se constitit, sicut instrumentis publice continetur, Ecclesiæ et civitati vestræ auctoritate apostolica confirmamus, et præsentis scripti patrocinio communimus. Statuentes ut nulli omnino hominum liceat hanc paginam nostræ confirmationis infringere, vel ei ausu temerario contraire. Si quis autem hoc attentare præsumpserit, indignationem omnipotentis Dei et beatorum Petri et Pauli apostolorum ejus se noverit incursurum.

Datum Laterani, xvi Kalendas Junii.

MCCCLXXXI.
Canonicorum Ecclesiæ Cæsenatis possessiones confirmat.

Laterani, Maii 30.)

[Ughelli, Italia sacra, II, 451.]

Alexander episcopus, servus servorum Dei, dilectis filiis canonicis Cæsenatis ecclesiæ salutem et apostolicam benedictionem.

Justis petentium desideriis dignum est nos facilem præbere assensum, et vota quæ a rationis tramite non discordant, effectu prosequi et complere. Eapropter, dilecti in Domino filii, vestris justis postulationibus grato concurrentes assensu, privilegia quæ vobis Cæsenatenses episcopi rationabiliter indulsisse noscuntur, et rata manere sancimus, statuentes, ut nulli hominum liceat hanc paginam nostræ confirmationis infringere, etc.

Datum Laterani, iii Kal. Junii.

ANNO 1175-1179.

MCCCLXXXII.

Ad abbatem et canonicos Lucernenses. — Terram quamdam eis asserit.

(Anagniæ, Nov. 11.)

[*Neustria pia*, 797.]

ALEXANDER, etc., dilectis filiis abbati et canonicis de Lucerna salutem et apostolicam benedictionem.

Officio pietatis inducimur, et susceptæ administrationis debito provocamur, libertatem religiosorum locorum, quantum cum Deo possumus, confovere, ut personæ in eis divinis obsequiis mancipatæ, eo liberius observantiæ suæ professionis insistant, quo plenius fuerint a vexatione sæcularium præmunitæ. Hac itaque ratione inducti, et vestris benigne precibus annuentes, resignationem terræ, quæ est inter primarium vivarium vestrum et nemus, et Thar, et Tharnet, bonæ memoriæ Achardo, quondam Abrincensi episcopo, ab Hasculpho de Suligneyo factam, ratam habentes, auctoritate apostolica constituimus, ut nulli successorum ipsius Hasculphi, sub prætextu juris, quod ante resignationem, in præscripta terra dicitur habuisse, in abbatia vestra, quæ ibidem constructa dignoscitur, patronatum vel jurisdictionem aliquam liceat vindicare. Nulli ergo omnino hominum liceat hanc paginam, etc.

Datum Anagniæ, iii Idus Novemb.

ANNO 1175-1179.

MCCCLXXXIII.

Ad Ricardum Cantuariensem archiepiscopum. — De coronatione regum Angliæ.

(Anagniæ, Nov.)

[RYMER, *Fœdera*, etc., I, 26.]

ALEXANDER episcopus, servus servorum Dei, venerabili fratri RICARDO Cantuariensi archiepiscopo apostolicæ sedis legato, salutem et apostolicam benedictionem.

Quanto majorem devotionem circa nos et Romanam Ecclesiam geris et apostolicæ sedis gratiam meruisse dignosceris, tanto tibi libentius tuas dignitates et jura volumus integra conservare, ut magis ac magis in nostra et Ecclesiæ devotione ferveseas, cum ad tua jura tuenda sollicitos nos esse noveris et omnimodis circumspectos.

Unde cum de coronatione et unctione regis mota sit controversia, nos providere volentes, ne tu vel successores tui, super hoc quamlibet nostri juris seu dignitatis patiamini læsionem, de communi consilio fratrum nostrorum tibi duximus indulgendum, ut infra fines Cantuariensis provinciæ in ecclesiis ad jurisdictionem Cantuariensis Ecclesiæ pertinentibus, aut in ecclesiis quæ specialiter beati Petri et nostri juris existunt, nemini nisi Cantuariensi archiepiscopo, vel ecclesia vacante, ei qui vices ejusdem archiepiscopi gerit, de mandato Cantuariensis Ecclesiæ, reges coronare liceat vel inungere.

Nulli ergo omnino homini fas sit hanc paginam nostræ constitutionis infringere, aut ei aliquatenus contraire. Si quis autem hæc attentare præsumpserit, indignationem omnipotentis Dei, et beatorum Petri et Pauli apostolorum ejus se noverit incursurum.

Dat. Anagniæ, iv Nov.

ANNO 1178-1179.

MCCCLXXXIV.

Ad magistrum Girardum Puellam. — Reditus schismatis tempore sponte remissos restituit.

(Laterani, Mart. 15.)

[MANSI, *Concil.*, XXI, 965.]

ALEXANDER episcopus, servus servorum Dei, magistro GIRARDO Puellæ, salutem et apostolicam benedictionem.

Litteratura tua ac probitas ac morum honestas nos monent propensius et hortantur, ut te sicut probum, honestum et litteratum virum, sincero diligamus charitatis affectu, et speciali prærogativa amoris et gratiæ foveamus. Hac igitur consideratione inducti, et personam tuam speciali volentes dilectionis nostræ privilegio decorare, tibi reditus quos in regno Teutonico in fervore schismatis, nullo cogente, spontane remisisti, de consueta clementia et benignitate sedis apostolicæ, interventu quoque venerabilis fratris nostri Maguntini archiepiscopi, restituimus, statuentes ut non obsit tibi ad diminutionem vel maculam famæ tuæ, nec circa promotionem tuam tibi præjudicium valeat in posterum generare, quod aliquandiu reditus inter schismaticos nosceris tenuisse.

Datum Laterani, Idibus Martii.

MCCCLXXXV.

Willelmo abbati S. Dionysii ejusque successoribus usum mitræ, annuli, sandaliorum concedit.

(Laterani, Mart. 30.)

[D. FÉLIBIEN, *Hist. de l'Egl. de St-Denys*, Pr., p. CXI.]

ALEXANDER episcopus, servus servorum, Dei dilecto filio WILLELMO abbati Sancti Dionysii, salutem et apostolicam benedictionem.

Quos sinceriori charitate diligimus, et circa devotionem beati Petri et nostram cognoscimus promptiores, eis ampliorem prærogativam debemus honoris et gratiæ indulgere. Quapropter devotionis et fidei tuæ sinceritate inducti, et monasterium tuum apostolicæ sedis volentes speciali privilegio dignitatis gaudere, tibi tuisque successoribus usum mitræ, annuli et sandaliorum, de consueta apostolicæ sedis clementia, indulgemus.

Datum Laterani iii Kal. Aprilis.

MCCCLXXXVI.

Simoni quondam abbati S. Mariæ Blesensis asserit beneficia post muneris abdicationem a Joanne episcopo Carnotensi ei collata.

(Laterani, April. 9.)

[*Gal. Christ. nov.* VIII, Instrum. 425.]

ALEXANDER episcopus, servus servorum Dei, dilecto filio SIMONI quondam abbati Sanctæ Mariæ Blesis, salutem et apostolicam benedictionem.

Relatum est nobis ex parte tua, quod labores et angustias prælatorum attendens, elegisti abjectus esse in domo Dei, et Domino sine sollicitudine ecclesiastici regiminis deservire, quam prælationis vocabulo gloriari, ideoque administrationem præscriptæ Ecclesiæ resignasti; quam humilitatem venerabilis frater noster J. Carnotensis episcopus, et dilectus filius Petrus Sancti Chrysogoni presbyter cardinalis titulo, apostolicæ sedis legatus, intuentes, domum de Monticellis et de Bueron cum suis pertinentiis sustentationi tuæ cum assensu fratrum ipsius ecclesiæ contulerunt, quoad vixeris, libere possidendam. Nulli ergo, etc. Si quis autem, etc.

Datum Laterani quinto Idus Aprilis.

MCCCLXXXVII.

Ad Simonem Meldensem episcopum.

(Laterani.)

[DUPLESSIS, *Hist. de l'Eglise de Meaux.*]

ALEXANDER episcopus, servus servorum Dei, venerabili fratri SIMONI Meldensi episcopo, salutem et apostolicam benedictionem.

Sicut ad officium nostrum pertinet, etc. . . . . Hac itaque ratione inducti, auctoritate duximus apostolica prohibendum ne in episcopatu tuo alicui liceat ecclesiam parochialem tenere, nisi ei in propria persona voluerit deservire, salva misericordia circa eos qui infirmitatis vel alia causa canonica impediente, suam non potuerint præsentiam exhibere.

Datum Laterani.....

ANNO 1179.

MCCCLXXXVIII.

Monasterii SS. Floræ et Lucillæ Aretini protectionem suscipit, ejusque bona et privilegia confirmat.

(Tusculani, Jan. 2.)

[MARGARINI, *Bullar. Casin.*, 194.]

ALEXANDER episcopus, servus servorum Dei, dilectis filiis HOMINIDEI abbati monasterii Sanctæ Floræ, ejusque fratribus, tam præsentibus quam futuris, regularem vitam professis, in perpetuum.

Piæ postulatio voluntatis effectu debet prosequente compleri, et ut devotionis sinceritas laudabiliter enitescat, et utilitas postulata vires indubitanter assumat. Eapropter, dilecti in Domino filii, vestris justis postulationibus clementer annuimus, et præfatum monasterium Sanctæ Floræ in quo divino mancipati estis obsequio, ad exemplar sanctæ recordationis prædecessoris nostri Innocentii papæ, sub B. Petri et nostra protectione suscipimus et præsentis scripti patrocinio communimus; statuentes ut quascunque possessiones, quæcunque bona idem monasterium impræsentiarum juste et canonice possidet, aut in futurum concessione pontificum, largitione regum vel principum, oblatione fidelium, seu aliis justis modis, præstante Domino, poterit adipisci, firma vobis vestrisque successoribus et illibata permaneant.

(*Eorum possessiones enumerat.*)

Obeunte vero te nunc ejusdem loci abbate, vel tuorum quolibet successorum, nullus ibi qualibet subreptionis astutia vel violentia præponatur, nisi quem fratres communi consensu, vel fratrum pars consilii sanioris, secundum Dei timorem et B. Benedicti Regulam providerint eligendum. Sepulturam quoque ipsius loci liberam esse decernimus, ut eorum devotioni et extremæ voluntati, qui se illic sepeliri deliberaverint, nisi forte excommunicati vel interdicti sint, nullus obsistat, salva tamen justitia illarum ecclesiarum a quibus corpora mortuorum assumuntur.

Decernimus ergo, etc.

Ego Alexander catholicæ Ecclesiæ episcopus.

Ego Hubaldus Ostiensis episcopus.

Ego Joannes presbyter cardinalis SS. Joannis et Pauli tit. Pammachii.

Ego Joannes presbyter cardinalis tit. Sancti Marci.

Ego Petrus presbyter cardinalis tit. S. Susannæ.

Ego Vivianus presbyter cardinalis tit. S. Stephani in Cœlio Monte.

Ego Cinthius presbyter cardinalis tit. Sanctæ Ceciliæ.

Ego Arduinus presbyter cardinalis tit. S. Crucis in Jerusalem.

Ego Ardicio diaconus cardinalis tit. S. Theodori.

Ego Gratianus diaconus cardinalis tit. SS. Cosmæ et Damiani.

Ego Mattheus diaconus cardinalis S. Mariæ Novæ.

Ego Bernardus diaconus cardinalis tit. S. Nicolai in Carcere Tulliano.

Datum Tusculani per manum Alberti sanctæ Romanæ Ecclesiæ presbyteri cardinalis et cancellarii, quarto nonas Januarii, indictione undecima, Incarnationis Dominicæ anno 1178, pontificatus vero domni Alexandri papæ III, anno XX.

MCCCLXXXIX.

Ad Joannem episcopum et capitulum Carnotense. — Ut nulli concedantur honores nisi his qui residentiam promiserint, et ne quis de aliena diœcesi in canonicum ecclesiæ aut plebanum presbyterum admittatur, nisi a proprio fuerit episcopo absolutus.

(Tusculani, Jan. 23.)

[PETIT, *Theodori Pœnitent.*, II, 432.]

ALEXANDER episcopus, servus servorum Dei, venerabili fratri J[OANNI] episcopo et dilectis filiis decano et capitulo Carnotensi, salutem et apostolicam benedictionem.

Cum ab eo cui plus committitur, amplius exigatur, dignum est et consonum rationi ut qui in ecclesia vestra præ aliis honorantur, studiosius illi deserviant et utilitatibus ipsius intendant. Hac itaque ratione inducti auctoritate apostolica duximus statuendum ut honores Carnotensis Ecclesiæ aliis de cætero minime concedantur, nisi qui secundum antiquam et rationabilem consuetudinem residentiam se promiserint habituros. Si autem post promissionem suam hoc nequaquam impleverint ab ipsis reddantur honoribus alieni. Ad hæc auctoritate apostolica inhibemus, ne quis de aliena diœcesi in canonicum ecclesiæ vestræ aut plebanum presbyterum admittatur, nisi prius a proprio fuerit episcopo absolutus.

Decernimus ergo ut nulli omnino hominum liceat hanc paginam nostræ constitutionis infringere, etc.

Datum Tusculani, x Kal. Februarii.

MCCCXC.

Ad Matthæum episcopum Trecensem. — De numero canonicorum, presbyterorum et diaconorum ecclesiæ Trecensis, etc.

(Tusculani, Jan. 27.)

[MARTEN., *Ampl. Collect.*, I, 906.]

ALEXANDER episcopus, servus servorum Dei, venerabili fratri nostro MATTHÆO episcopo et dilectis filiis capitulo Trecensi, tam præsentibus quam futuris canonice substituendis in perpetuum.

Cum tua honestas, frater episcope, et devotio mereantur, ut apud nos in tuis debeas petitionibus exaudiri, tanto tibi libentius in his quæ secundum Deum duxeris requirenda deferimus, quanto gratiam apostolicæ sedis comparasse tibi nosceris pleniorem. Eapropter, venerabilis in Christo frater episcope, tuis justis postulationibus clementer annuimus, et Trecensem Ecclesiam, cui, auctore Deo, præesse dignosceris, sub beati Petri et nostra protectione suscipimus, et præsentis scripti privilegio communimus statuentes ut quascunque possessiones, quæcunque bona eadem ecclesia in præsentiarum juste et canonice possidet, aut in futurum concessione pontificum, largitione regum A vel principum, oblatione fidelium, seu aliis justis modis, præstante Domino, poterit adipisci, firma tibi tuisque successoribus et illibata permaneant.

Ad hæc cum de prudentum et religiosorum virorum consilio te asseras statuisse, ut in ecclesia tibi commissa canonicorum septem ad minus presbyteri et septem diaconi præter archidiaconos sint assidui, quibus decedentibus nulli nisi presbyteri vel diaconi, aut etiam alii in talibus ordinibus constituti, quod ordinum propinquiori termino qui occurrit ac illos ordines assumantur, debeant subrogari, præstita tamen promissione ac professione de assiduitate (84) in Ecclesia prædicta servanda. Nos tuis petitionibus benigne, prout decuit, annuentes, constitutionem tuam super his, sicut diximus, factam, ratam habemus et firmam, eamque perpetuis temporibus manere decernimus illibatam, et adjicimus, quod si clerici inferiorum ordinum fuerint substituti, et commoniti primis quatuor temporibus ordines illos non receperint, eis prorsus amotis, alios subrogandi liberam de aucto ritate nostra habeas potestatem. Præterea de tua conscientia et voluntate statuimus, ut canonici in præscripta Ecclesia residentes, si qui in tuo vel successorum tuorum, aut etiam ipsius Ecclesiæ servitio fuerint, vel cum licentia tua et capituli scholasticis vacaverint disciplinis, aut fuerint infirmitate detenti, suarum nihilominus integros fructus percipiant præbendarum. Alii vero canonici, qui eidem Ecclesiæ assidue non fuerint, de constitutione nostra viginti tantum solidos habeant annuatim. Ad hæc de auctoritate apostolicæ sedis adjicimus, ut tam a te quam a successoribus tuis in in prædicta Ecclesia, cum decano caruerit, in decanum presbyter canonicus statuatur, aut etiam diaconus, qui primis Quatuor Temporibus quæ occurrerint in presbyterum ordinetur. Et si commonitus in eisdem Quatuor Temporibus eumdem suscipere ordinem forte neglexerit, fas tibi sit et successoribus tuis ei auctoritatem et potestatem illius officii et sedem et in choro et in capitulo interdicere. Et si nec sic in subsequentibus primis Quatuor Temporibus ordinem presbyteratus susceperit, eo amoto, libere alium substituere. Nihilominus etiam ut majus altare præscriptæ Ecclesiæ in majori semper reverentia habeatur, præsenti scripto arctius prohibemus, ne ad missarum in eodem altari solemnia celebranda quilibet admittatur, nisi episcopus, abbas aut canonicus præscriptæ Ecclesiæ, seu etiam prior Sancti Georgii, qui specialiter ad eamdem Ecclesiam pertinet, aut ejus canonicus regularis idoneus et honestus ab eodem priore transmissus (85) qui sicut cæteri reverenter ibi sacerdotis officium impleat, et fructum præben-

---

(84) Hato Trecensis episcopus dolebat in Ecclesia sua canonicorum absentiam, ideoque anno 1145 in solemni capitulo, præsente ac consentiente Alberico sedis apostolicæ legato, postulantibus etiam canonicis Trecensibus, statuit ut præter viginti solidos annuos, nihil de præbendali beneficio reciperent ii, qui se non exhiberent stationarios ad ecclesiæ servitium. Ipsius hac de re decretum refert Quercetanus ad *Bibliothecam Cluniacensem*, p. 104.

(85) Idem privilegium matricularis presbyteris

dæ, quam habet in ipsa Ecclesia integre consequatur.

Decernimus ergo, etc.

Ego Alexander catholicæ Ecclesiæ episcopus.

Ego Hubaldus Ostiensis episcopus.

Ego Joannes presbyter cardinalis, etc.

Datum Tusculani per manum Alberti sanctæ Romanæ Ecclesiæ presbyteri cardinalis et cancellarii, vi Kalendas Februarii, indictione xi, Incarnationis Dominicæ anno 1178 pontificatus vero Alexandri papæ III anno xx.

MCCCXCI.

Ad Lupum Valentiæ regem. — Illi gratias agit quod Christianos tueatur et honoret.

(Tusculani, Jan. ?)

TWISDEN, *Hist. Angl. Script.*, I, 602.]

ALEXANDER pontifex magnæ et almæ Romæ glorioso Valentiæ regi LUPO, cœlestis Creatoris notitiam ac beneplacitum ei servitium exhibere.

Cum superna et incomprehensibilis providentia majestatis super gentes innumeras tibi commiserit dominatum, licet sacramenta fidei Christianæ minime tua celsitudo susceperit, tamen sicut ad nos usque fama pervenit, cultores et fideles Christi quadam speciali prærogativa diligis et honoras, et eis familiaritatis gratiam nosceris non modicam exhibere. Tuam igitur excellentiam rogamus et exhortamur instantius ut Christianos qui nunc apud te captivi tenentur ad nos per gratiam tuam liberos absolutosque remittas, ut omnipotens Pater creator omnium temporale tibi regnum amplificet et conservet in terris, et illud quod erit sine fine mansurum, per sacramenta fidei Christianæ post exitum hujus vitæ largiatur in cœlis Redemptor omnium cujus nomen est benedictum in sæcula.

MCCCXCII.

Bulla pro Ecclesia Biterrensi.

(Tusculani, Febr. 3.)

[*Gall. Christ. nov.* VI, Instrum. 140.]

ALEXANDER episcopus, servus servorum Dei, venerabili fratri BERNARDO Biterrensi episcopo ejusque successoribus canonice instituendis in perpetuum.

In eo sumus loco et officio licet insufficientibus meritis suprema providentia constituti, ut fratribus et coepiscopis nostris tam vicinis quam longe positis debeamus studio fraternæ charitatis assistere, et ut commissas sibi Ecclesias valeant gubernare apostolicum patrocinium impertiri. Eapropter, venerabilis in Christo frater episcope, tuis justis postulationibus clementer annuimus, et Biterrensem Ecclesiam sanctorum martyrum Nazarii et Celsi, cui auctore Deo præesse dignosceris, ad exemplar felicis memoriæ papæ Adriani prædecessoris nostri sub beati Petri et nostra protectione suscipimus, et præsentis scripti privilegio communimus, statuentes ut quascunque possessiones, quæcunque bona eadem Ecclesia inpræsentiarum juste et canonice possidet, aut in futurum concessione pontificum, largitione regum vel principum, oblatione fidelium, seu aliis justis modis, præstante Domino, poterit adipisci, firma tibi tuisque successoribus et illibata permaneant. In quibus hæc propriis duximus exprimenda vocabulis. Abbatiam S. Aphrodisii, abbatiam S. Jacobi, et processiones ac stationes quas clerici earumdem abbatiarum statutis diebus consueverunt in vestra ecclesia exhibere, ecclesiam S. Saturnini, monasterium S. Petri de Juncellis, monasterium S. Martini de Villamagna, ecclesiam S. Mariæ de Cassiano, et ecclesias S. Ciriaci, Sanctæ Mariæ de Frangolano, de Faysen, de Caisano, de Rovinaco, de Avena, de Clementiano, de Diano, et S. Salvatoris de Podio, de Lodozano, Sanctæ Mariæ de Bello-loco, de Redes, de Caprimon, de Felgeriis, de Gradano, de Coiano, de Albignano, de Caprilis, de Muris, de Monte-Blanco, de Camprinnano, de Valesiis, S. Christophori de Margune, de Magalacio, de Torves, et de Buada. Castrum Gabiani, et castrum Lignani, cum ecclesiis et omnibus earum pertinentiis, castrum de Valiano, castrum de Beciano, castrum de Casulis, castrum de Cerviano, et munitionem S. Baudilii de Silanciano, villam de Badonas, villam de Amiliaco, villam Paleriis, villam de Pinibus, et villam de Aspirancum ecclesia S. Romani, et partem quam habetis in villa quæ vocatur Erignanus, cum decimis ipsius loci, villam de Carnencas, et totum territorium de Podas. Præterea quidquid juris habetis in civitate Biterrensi et in ejus suburbiis, tertiam partem leddarum tam de terra quam de mare, consuetum et annuum Judæorum censum. Nihilominus etiam compositiones inter ecclesiam tuam, et S. Aphrodisii, et S. Jacobi ecclesias, et monasterium S. Petri de Juncellis super reverentia episcopali et possessionibus de libero et spontaneo assensu partium factas atque receptas, sicut in scriptis authenticis continentur, auctoritate apostolica confirmamus. Decernimus ergo, etc.

Datum Tusculani per manum Alberti sanctæ Romanæ Ecclesiæ presbyteri cardinalis et cancellarii, III Nonas Februarii, indictione xii, Incarnationis Dominicæ anno 1178, pontificatus vero domini Alexandri papæ III, anno xx.

MCCCXCIII.

Ad Simonem Meldensem episcopum. — De electione abbatum in monasteriis diœcesis ejus.

(Laterani, Febr. 18.)

[DUPLESSIS, *Hist. de l'Egl. de Meaux*, II, 66.

ALEXANDER episcopus, servus servorum Dei, venerabili fratri SIMONI Meldensium episcopo, salutem et apostolicam benedictionem.

pellæ beatæ Mariæ decanus Trecensis instituerit, quod etiam succentori anno 1217 tributum est.

postea concessit Lucius papa III. Anno vero 1185 episcopus Trecensis una cum capitulo illud idem permisit quatuor canonicis, quos ad servitium ca-

Pro dissensione fratrum monasteria tui episcopatus contingit sæpius, ut asseris, diutius pastore carere. Contrahuntur studia ad diversa ne in idem valeant convenire. Unde quod super hoc remedium adhiberi desideras, ne pro defectu pastoris religiosa loca, quod avertat Dominus, gravius collabantur, nos tuum desiderium favore debito prosequentes, præsentibus litteris tibi indulgemus, ut si quando monasterium aliquod tuæ jurisdictionis vacare contigerit, nec ad commonitionem tuam fratres vel sorores ejusdem loci infra congruum tempus, quod eis duxeris præfigendum, in personam idoneam potuerint concordare, fas tibi sit personam illam in abbatem vel abbatissam, dummodo sit idonea, auctoritate apostolica confirmare, in quo majorem et saniorem partem capituli noveris convenire.

Datum Laterani, xii Kal. Martii.

MCCCXCIV.

Ad abbatem et capitulum S. Bertini Sithiensis. — Ut duo sint presbyteri in parochiali ecclesia Broburgensi.

(Laterani, Febr. 19.)

[*Collection des Cartulaires*, III, 352.]

ALEXANDER episcopus, servus servorum Dei, dilectis abbati Sancti Bertini salutem et apostolicam benedictionem.

Relatum est auribus nostris, quod, cum ecclesia vestra de Broburg, de antiqua consuetudine, in obsequio suo duos habere debeat sacerdotes, nec unus presbyter ipsius administrationi sufficiat, quidam instantius postulant ut uni eam presbytero committatis. Nolentes igitur in patientiam sustinere, ut præscripta ecclesia obsequio consueto fraudetur, auctoritate vobis apostolica prohibemus ne ipsam unius ministerio permittatis esse contentam, sed duos semper ipsius servitio, secundum antiquam et rationabilem consuetudinem, mancipetis, ita tamen quod unus debeat alteri, juxta sanctiones canonicas, subjacere.

Datum Laterani, undecimo Kal. Martii

MCCCXCV.

Ad eosdem. — Exemplar confirmationis duarum partium decimæ de Lolinghem cujusdam militis de Watinis.

(Laterani, Febr. 19.)

[*Ibid.*, p. 353.]

ALEXANDER episcopus, servus servorum Dei, dilectis filiis abbati et capitulo Sancti Bertini, salutem et apostolicam benedictionem.

Si quando ab apostolica sede requiritur quod juri conveniat et consonet, honestati petentium desideriis facilem convenit præberi consensum, eorumque vota, effectu prosequente, compleri. Hac itaque ratione inducti, et vestris justis postulationibus inclinati, duas partes decimæ de Lulinghem adjudicatas monasterio vestro, et paludem a G. milite de Watenis vobis in eleemosynam datam, sicut eas rationabiliter possidetis, vobis et eidem monasterio auctoritate apostolica confirmamus, et præsentis scripti patrocinio communimus : statuentes ut nulli omnino hominum liceat hanc paginam nostræ confirmationis infringere, vel ei ausu temerario contraire. Si quis autem hoc attentare præsumpserit, indignationem omnipotentis Dei et beatorum Petri et Pauli apostolorum ejus se noverit incursurum.

Datum Laterani, xi Kal. Martii.

MCCCXCVI.

Ad eosdem. — Exemplar confirmationis super decimas de Varanciis.

(Laterani, Febr. 27.)

[*Ibid.*, p. 351.]

ALEXANDER episcopus, servus servorum Dei, dilectis filiis abbati et fratribus Sancti Bertini salutem et apostolicam benedictionem.

Justis petentium desideriis dignum est nos facilem præbere consensum, et vota quæ a rationis tramite non discordant, effectu prosequente, complere. Eapropter, dilecti in Domino filii, vestris justis postulationibus grato concurrentes assensu, decimas de Waranciis, sicut eas juste et pacifice possidetis, auctoritate vobis apostolica confirmamus, et præsentis scripti patrocinio communimus; statuentes ut nulli omnino liceat hanc paginam nostræ confirmationis infringere, vel ei ausu temerario contraire. Si quis autem hoc attentare præsumpserit, indignationem omnipotentis Dei et beatorum Petri et Pauli apostolorum ejus se noverit incursurum.

Datum Laterani, tertio Kalendas Martii.

MCCCXCVII.

Ad eosdem. — Ut nullus archiepiscopus, episcopus aut quævis alia persona, in ecclesias ad jurisdictionem eorum spectantes, excommunicationis sive interdicti sententiam promulget.

(Laterani, Mart. 2.)

[*Ibid.*, p. 352.]

ALEXANDER episcopus, servus servorum Dei, dilectis filiis abbati et fratribus Sancti Bertini salutem et apostolicam benedictionem.

Suscepti cura regiminis nos inducit, ut petitiones religiosorum, quæ rationi concordant, debeamus efficaciter exaudire, ut ea quæ favore religionis facienda sunt, se a nobis impetrasse lætentur. Eapropter, dilecti in Domino filii, vestris justis postulationibus clementius annuentes, auctoritate vobis apostolica indulgemus, ut in ecclesias, ad jurisdictionem vestram spectantes, nulli liceat, sine manifesta vel judicio canonico, causa probata, interdicti sententiam promulgare.

Datum Laterani, vi Nonas Martii.

MCCCXCVIII.

Ad eosdem. — Ne laicis teneantur præbendas conferre.

(Laterani, Mart. 3.)

[*Ibid.*, p. 351.]

ALEXANDER episcopus, servus servorum Dei, dilectis filiis abbati et fratribus Sancti Bertini salutem et apostolicam benedictionem.

Justis postulationibus religiosorum virorum assensum impertiri facilem volumus et debemus, ut eo fortius obsequiis divinis et observantiæ suæ professionis insistant, quo se viderint a sede apostolica celerius exaudiri. Volentes igitur quæ domui vestræ pia sunt provisione collata, usibus eorum servari qui regularem vitam ibidem, inspirante Domino, profitentur, auctoritate vobis apostolica indulgemus, ut præbendam in monasterio vestro nulli laico teneamini deinceps, vel clerico sæculari conferre.

Datum Laterani, quinto Nonas Martii.

MCCCXCIX.

Monasterium S. Blasii de Nigra-Silva tuendum suscipit ejusque bona et privilegia confirmat.

(Laterani, Mart. 6.)

[GERBERT, *Hist. Nigræ Silvæ*, III, 102.]

ALEXANDER episcopus, servus servorum Dei, dilecto filio THEODEBERTO, abbati monasterii S. Blasii de Silva-Nigra, ejusque fratribus tam præsentibus quam futuris regularem vitam professis, in perpetuum.

Ad hoc universalis Ecclesiæ cura nobis a provisore omnium bonorum Deo commissa est, ut religiosas diligamus personas, et beneplacentem Deo religionem studeamus modis omnibus propagare; nec enim Deo aliquando famulatus gratus impenditur, nisi ex charitatis radice procedens a puritate religionis fuerit conservatus. Oportet igitur omnes Christianæ fidei amatores religionem diligere, et loca venerabilia cum ipsis personis divino servitio mancipatis attentius confovere, ut nullis pravorum hominum inquietentur molestiis, vel importunis angariis fatigentur. Eapropter, dilecti in Domino filii, vestris justis postulationibus clementer annuimus, et ad exemplar prædecessorum nostrorum felicis memoriæ Urbani, Calixti, Honorii, Innocentii et Adriani Romanorum pontificum, præfatum monasterium S. Blasii, quod in Constantiensi episcopatu in loco qui Silva-Nigra dicitur, est constructum, sub beati Petri et nostra protectione suscipimus et præsentis scripti privilegio communimus. In primis siquidem statuentes ut ordo monasticus qui secundum Dominum et beati Benedicti Regulam in eodem monasterio institutus esse dignoscitur, ibidem perpetuis temporibus inviolabiliter observetur. Præterea quascunque possessiones, quæcunque bona idem monasterium impræsentiarum juste et canonice possidet, aut in futurum concessione pontificum, largitione regum vel principum, oblatione fidelium, seu aliis justis modis, procurante Domino, poterit adipisci, firma vobis vestrisque successoribus et illibata permaneant. In quibus hæc propriis duximus exprimenda vocabulis :

Locum ipsum in quo præscriptum monasterium constructum est, cum omnibus pertinentiis suis; ecclesiam Bataimaringin cum subdita sibi ecclesia, Steina, Brombach, Richoceim cum parte suarum decimarum et censu territoriorum in cœmeterio Wisentowa; Grishaeim, Sneisham, Chilctorf, Sthatlinchowin, Wilare; Omingin cum dimidia parte decimarum, Imeindingin cum omnibus decimis exceptis sacræ terræ; jus quod habetis in ecclesia Frikingin cum tertia parte decimarum tam territoriorum quam ruris, Sconowa noviter in novellis vestris constructum cum omnibus decimis in eadem marca Sconowa acquisitis; Gundiswane, Blochingin, Burron, Brunnon, Nallingin cum parte decimarum, Luwingin cum partibus decimarum æstivalium et territoriorum, Entilibuoch, Nuvillacho, Walmundisrieth, Loppinhausun, Nunchilcha, Ronti, Tongingin, Hogenilo, Outenwilla et alias ecclesias, quas rationabiliter possidetis cum earum pertinentiis; Reinstetin cum decimis a fratribus de Rote Carubitis et a laicis juste acquisitis; Mittilbuoch, Tanhæim, Orsinhusin, Wolpach, Wiurimos et aliis ecclesiis cum pertinentiis earum; cellam Berowa cum ecclesiis ad eam pertinentibus, id est Berowa, Swercin, Nuchilcha cum cæteris ecclesiis ejusdem cellæ; cellam Witinowa cum ecclesiis suis Wisilat, Etermiberch, cellam Burgulum cum suis ecclesiis Eggenheim, Sicenchilcha, Chaltinbach, cum omni jure et potestate in decimis et in aliis quæ bonæ memoriæ Hermannus quondam Constantiensis episcopus monachis de Burgulum rationabiliter noscitur concessisse et scripto suo confirmasse; cellam quoque Wizilinchovin cum suis pertinentiis.

Sane laborum vestrorum, quæ propriis manibus aut sumptibus colitis, sive de nutrimentis vestrorum animalium nullus omnino a vobis decimas præsumat exigere. Liceat quoque vobis clericos vel laicos e sæculo fugientes, liberos et absolutos, ad conversionem recipere, et in vestro monasterio absque alicujus contradictione retinere. Prohibemus insuper ut nulli fratrum vestrorum post factum in loco vestro professionem fas sit de eodem loco discedere, absque licentia abbatis sui, nisi obtentu arctioris religionis; discedentem vero sine communium litterarum vestrarum cautione nullus audeat retinere. Statuimus etiam ut in parochialibus ecclesiis quas tenetis, sacerdotes idoneos eligatis, et episcopo præsentetis, quibus, si idonei fuerint, episcopus curam animarum committat absque contradictione, ut de plebis quidem cura episcopo rationem reddant, vobis autem pro rebus temporalibus ad ipsum monasterium pertinentibus debitam subjectionem exhibeant. Chrisma vero, oleum sacrum, consecrationes altarium seu basilicarum, ordinationes monachorum qui ad sacros ordines fuerint promovendi, et cætera ad episcopale officium pertinentia a Constantiensi episcopo in cujus diœcesi estis, accipietis, si tamen catholicus fuerit, et gratiam atque communionem apostolicæ sedis habuerit, et ea gratis ac sine pravitate aliqua voluerit exhibere, alioquin liceat vobis catholicum quem malueritis adire antistitem, et ab eo conseerationis sacramenta recipere, qui nimirum nostra fultus auctoritate, quæ postulantur, indulgeat. Sepulturam quoque ipsius loci liberam esse decernimus, ut eorum devotioni et extremæ voluntati qui se illic sepeliri desideraverint, nisi forte excommunicati vel interdicti sint, nullus obsistat, salva tamen justitia illarum ecclesiarum a quibus corpora mortuorum assumuntur. Insuper dispositionem illam quam bonæ memoriæ Henricus IV imperator, et Lotharius rex, et Conradus rex de monasterii vestri libertate et advocatia constituerunt, et prædecessores nostri felicis recordationis Calixtus, Honorius, Innocentius et Adrianus Romanorum pontifices episcoporum et cardinalium deliberatione firmarunt, vobis nihilominus confirmamus, ut videlicet in advocati electione abbas liberam habeat potestatem cum fratrum suorum consilio talem eligere quem ad defensionem libertatis monasterii bonum et utilem esse cognoverit, qui non pro terreno commodo, sed pro Dei amore et peccatorum missione, nec non et æternæ beatitudinis mercede advocatiam ipsam bene habere cupiat et tractare: Si autem calumniator potius quam advocatus existens monasterii bona pervaserit, et non magis ea defenderit, et semel et secundo tertiove commonitus nullatenus emendaverit, abbas habeat facultatem cum fratrum consilio alium substituere advocatum, qui utilius et fidelius debeat monasterium defensare. Præterea sicut judicio definitum est, cœnobii vestri libertas modis omnibus a jure Basiliensis ecclesiæ sit aliena. Cum autem generale interdictum terræ fuerit, liceat vobis clausis januis, exclusis excommunicatis et interdictis, non pulsatis campanis, suppressa voce divina officia celebrare. Obeunte vero te nunc ejusdem loci abbate, vel tuorum quolibet successorum, nullus ibi qualibet subreptionis astutia seu violentia præponatur, nisi quem fratres communi consensu, vel fratrum pars consilii sanioris, secundum Dei timorem et B. Benedicti Regulam providerint eligendum.

Decernimus ergo ut nulli omnino hominum, etc.

Ego Alexander catholicæ Ecclesiæ episcopus.

Ego Hubaldus Ostiensis episcopus.

Ego Joannes presb. card. SS. Joannis et Pauli tit. Pammachii.

Ego Joannes presb. card. tit. S. Anastasiæ.

Ego Joannes presb. card. tit. S. Marci.

Ego Theodinus presb. card. S. Vitalis tit. Vestinæ.

Ego Petrus presb. card. tit. S. Susannæ.

Ego Vivianus presb. card. S. Stephani in Cælio monte.

Ego Arduinus presb. card. tit. S. Crucis in Jerusalem.

Ego Jacobus S. Mariæ in Cosmedin diaconus cardinalis.

Ego Ardicio diac. card. S. Theodori.

Ego Rainerius diacon. card. S. Georgii ad Velum Aureum.

Ego Gratianus diac. card. SS. Cosmæ et Damiani.

Datum Laterani per manum Alberti sanctæ Romanæ Ecclesiæ presb. card. et cancell., II Nonas Martii, indict. XII, Incarnationis Dominicæ anno 1178, pontificatus vero domni Alexandri papæ III anno XX.

MCD.

Ecclesiæ S. Mauritii Agaunensis protectionem suscipit ejusque bona et privilegia confirmat.

(Laterani, Mart. 14.)

[PLANCHER, *Hist. de Bourgogne*, I, 57.]

ALEXANDER episcopus, servus servorum Dei, dilectis filiis WILLELMO abbati ecclesiæ S. Mauritii Agaunensis, ejusque fratribus tam præsentibus quam futuris, regulariter substituendis, in perpetuum.

Cum simus ad curam et regimen universalis Ecclesiæ, licet immeriti, providentia supernæ dispensationis assumpti, cum postulantur a nobis quæ ad tuitionem ecclesiarum pertineant, petentium desideriis clementer convenit condescendere et eorum vota effectu prosequente complere. Quapropter, dilecti in Domino filii, vestris justis postulationibus clementer annuimus et beati Mauritii ecclesiam, quæ juris et proprietatis S. Petri esse dignoscitur, in qua secundum beati Augustini Regulam apostolicam vitam gerentes divino vacatis servitio, ad exemplar patris et prædecessoris nostri sanctæ recordationis Innocentii papæ, apostolicæ sedis privilegio communimus; statuentes ut quascunque possessiones, quæcunque bona eadem ecclesia impræsentiarum juste et canonice possidet, aut in futurum concessione pontificum, largitione regum vel principum, oblatione fidelium, seu aliis justis modis, procurante Domino, poterit adipisci, firma vobis vestrisque successoribus et illibata permaneant. In quibus hæc propriis duximus exprimenda vocabulis.

Locum ipsum, in quo præfata ecclesia constructa est cum omnibus pertinentiis, ecclesiam Sancti Sigismundi, et ecclesiam S. Laurentii, et Sanctæ Mariæ et hospitale Sancti Jacobi, quæ in villa ejusdem ecclesiæ Sancti Mauritii sitæ sunt, cum omnibus ad easdem ecclesias et hospitale pertinentibus, ecclesiam de Sine muro cum appendiciis suis, ecclesiam de Annumglaris cum appendiciis suis, ecclesiam de Cinimiaco cum appendiciis suis, ecclesiam de Massiniaco cum appendiciis suis, ecclesiam de Viole cum appendiciis suis, ecclesiam Sancti Michaelis de Tarentasia cum appendiciis suis, ecclesiam de Latuelle cum appendiciis suis, ecclesiam de Fessum cum appendiciis suis, domum de Ponte-Alben, cum appendiciis suis, ecclesiam de Allio quæ vocatur Sanctus Mauritius cum appendiciis suis, ecclesiam de Olous cum appendiciis suis; ecclesiam de Ortonnes cum appendiciis suis, ecclesiam de Vergis cum appendiciis suis, ecclesiam de Conteis cum appendiciis suis, ecclesiam de Vaignes cum appendiciis suis, ecclesiam de Vilugio cum appendiciis suis. Præterea debitam libertatem a prædecessoribus nostris eidem ecclesiæ concessam nos Alex. auctoritate apostolica nihilominus confirmamus, ut videlicet ecclesia ipsa cum cellis ad eam pertinentibus solummodo Romano pontifici sit subjecta, nec alicui omnino dominationem quamlibet aut exactionem in eisdem locis liceat exercere. Sancimus etiam ut nullus in eis nisi regularem vitam professis canonicus aliquando subrogetur aut qualibet astutia intendatur.

Decernimus ergo, etc.

Datum Laterani per manum Alberti sanctæ Romanæ Ecclesiæ presbyteri cardinalis et cancellarii, ii Idus Martii, indictione vii, Incarnationis Dominicæ anno 1178, pontificatus vero domni Alexandri papæ III anno xx.

MCDI.
Privilegium pro ecclesia Tropeiensi.
(Laterani, Mart. 15.)
[UGHELLI, *Italia sacra*, IX, 452.]

ALEXANDER episcopus, servus servorum Dei, venerabili fratri CORIDONI Tropeien. episcopo ejusque successoribus canonice substituendis in perpetuum.

Ideo sumus, licet immeriti, ad administrationem summi pontificatus assumpti, ut omnibus, et præsertim fratribus et coepiscopis nostris apostolicum patrocinium debeamus impendere, et contra malignorum incursus eorum Ecclesias communire. Eapropter, venerabilis in Christo frater episcope, tuis postulationibus clementer annuentes, Tropeien. Ecclesiam, cui auctore Deo præesse dignosceris, sub B. Petri et nostra protectione suscipimus et præsentis scripti privilegio communimus, statuentes ut quascunque possessiones et quæcunque bona eadem Ecclesia in præsentiarum juste et canonice possidet, aut in futurum concessione pontificum, largitione regum, vel principum, oblatione fidelium, seu aliis justis modis præstante Domino poterit adipisci, firma tibi tuisque successoribus et illibata permaneant.

Decernimus ergo, etc.

Datum Laterani per manum Alberici S. R. E. cardinalis et cancellarii, Idibus Martii, indictione xii, Incarnationis Dominicæ anno 1178, pontificatus vero dom. Alexandri papæ III anno vicesimo.

MCDII.
Monasterii Sancti Martini in Mure protectionem suscipit, variaque eidem privilegia elargitur, imposito monachis aurei unius censu annuo.
(Laterani, Mart. 18.)
[HERGOTT., *Genealog. gent. Hasb.* II, 192.]

ALEXANDER episcopus, servus servorum Dei, dilectis filiis ANSELMO abbati monasterii S. Martini Murensis, ejusque fratribus, tam præsentibus quam futuris, regularem vitam professis, in perpetuum.

Iis qui, positis sæcularibus desideriis, voverunt in religionis habitu debitam Domino servitutem dependere, propensius apostolicum debet adesse suffragium, ne cujuslibet temeritatis incursus aut eos a proposito revocet, aut robur, quod absit sacræ religionis infringat. Eapropter, dilecti in Domino filii, vestris justis postulationibus clementer annuimus et præfatum monasterium, in quo estis divino obsequio mancipati, sub B. Petri et nostra protectione suscipimus, et præsentis scripti privilegio communimus. In primis siquidem statuentes ut ordo monasticus, qui secundum Dominum et B. Benedicti Regulam in eodem monasterio institutus esse dignoscitur, perpetuis ibidem temporibus inviolabiliter observetur. Præterea quascunque possessiones, etc.

(*Monasterii possessiones enumerat; tum pergit:*)

Insuper etiam auctoritate vobis præsentium indulgemus ut, si advocatus vester, advocationis jura transgressus, in vos et monasterium vestrum aut in ea quæ ad ipsum monasterium pertinent, exactiones indebitas exercuerit, aut alias se gravem vobis exhibuerit, et inutilem, nisi commonitus resipuerit, liceat vobis alium advocatum eligere, per quem jura ipsius monasterii conserventur melius illibata, et a malefactorum rapinis et violentiis defendantur. Sepulturam quoque ipsius loci liberam esse concedimus ut eorum devotioni et extremæ voluntati, qui se illic sepeliri deliberaverint (nisi forte excommunicati vel interdicti sint) nullus obsistat, salva tamen justitia illarum ecclesiarum a quibus mortuorum corpora assumuntur. Cum autem generale interdictum terræ fuerit, liceat vobis, clausis januis, non pulsatis campanis, exclusis interdictis et excommunicatis, suppressa voce, divina officia celebrare. Obeunte vero te nunc ejusdem loci abbate, vel tuorum quolibet successorum, nullus ibi qualibet subreptionis astutia seu violentia præponatur, nisi quem fratres communi consensu, vel fratrum pars consilii sanioris, secundum Domini timorem et beati Benedicti Regulam, providerint eligendum.

Datum Laterani per manum Alberti sanctæ Romanæ Ecclesiæ presbyteri cardinalis et cancellarii, xv Kal. Aprilis, indictione xii, Incarnationis Dominicæ anno 1178, pontificatus vero domni Alexandri papæ III anno xx.

MCDIII.
« *Monasterium S. primitivæ Ecclesiæ montis Sion Hierosolymitanum,* « *in honorem Dei Genitricis et sancti Spiritus ædificatum ab illustris memoriæ Gothofredo* » *tuendum suscipit et ejus possessiones in Sicilia sitas confirmat. Abbati mitræ annulique usum concedit.*
(Laterani, Mart. 19.)
[PIRRI, *Sicilia sacra*, II, 1326.]

MCDIV.
Monasterii Sancti Simpliciani Mediolanensis jura et privilegia confirmat.
(Laterani, Mart. 20.)
[MURATORI, *Antiq. Ital.*, II, 219.]

ALEXANDER episcopus, servus servorum Dei, di-

lectis filiis OPRANDO abbati monasterii Sancti Simpliciani, ejusque fratribus, tam præsentibus quam futuris, regularem vitam professis in perpetuum.

Quoties illud a nobis petitur quod religioni et honestati convenire dignoscitur, animo nos decet libenti concedere, et petentium desideriis congruum impertiri consensum. Eapropter, dilectissimi in Domino filii, vestris justis postulationibus clementer annuimus, et felicis recordationis patris et prædecessoris nostri papæ Eugenii vestigiis inhærentes, præfatum monasterium, in quo divino mancipati estis obsequio, sub beati Petri et nostra protectione suscipimus, et præsentis scripti privilegio communimus; in primis siquidem statuentes, ut ordo monasticus, qui secundum Dei timorem et beati Benedicti Regulam in monasterio vestro statutus esse dignoscitur, perpetuis ibidem temporibus inviolabiliter observetur. Præterea quascunque possessiones, etc.

(*Eorum possessiones enumerat.*)

Sane novalium vestrorum, quæ propriis manibus, aut sumptibus colitis, sive de nutrimentis vestrorum animalium, nullus a vobis decimas exigere vel extorquere præsumat. Liceat quoque vobis, clericos vel laicos e sæculo fugientes, liberos et absolutos ad conversionem recipere, et eos sine contradictione aliqua retinere. Obeunte vero te, etc.

VIAS TUAS, DOMINE, DEMONSTRA MIHI.

SANCTUS PETRUS, SANCTUS PAULUS.

Ego Alexander catholicæ Ecclesiæ episcopus.

Ego Hubaldus Ostiensis episcopus.

Ego Philippus presbyter cardinalis Sanctorum Joannis et Pauli et Pammachii.

Ego Joannes presbyter cardinalis Sancti Vitalis tituli Vestinæ.

Ego Petrus presbyter cardinalis titulo sanctæ Susannæ.

Ego Petrus presbyter cardinalis titulo Sancti Crysogoni.

Ego Cinthius presbyter cardinalis titulo Sanctæ Cæciliæ.

Ego Hugo presbyter cardinalis titulo Sancti Clementis.

Ego Jacinthus diaconus cardinalis titulo Sanctæ Mariæ.

Ego Ardicio diaconus cardinalis titulo Sancti Theodori in Cosmedin.

Ego Laborans diaconus cardinalis Sanctæ Mariæ in Porticu.

Ego Rainerius diaconus cardinalis Sancti Georgii ad Velum Aureum.

Ego Gratianus diaconus cardinalis Sanctorum Cosmæ et Damiani.

Ego Mattheus Sanctæ Mariæ Novæ diaconus cardinalis.

Datum Laterani per manum Alberti sanctæ Romanæ Ecclesiæ presbyteri cardinalis et cancellarii, XIII Kalendas Aprilis, indictione XI, incarnationis Dominicæ anno 1178, pontificatus vero domini Alexandri papæ tertii anno vicesimo.

MCDV.

Privilegium pro monasterio S. Georgii in Nigra Silva.

(Laterani, Mart. 26.)

[NEUGART, *Cod. diplom. Aleman.*, II, 105.]

ALEXANDER episcopus, servus servorum Dei, dilectis filiis MANEGOLDO abbati monasterii S. Georgii, quod situm est in Nigra Silva juxta flumen Briganam (86), ejusque fratribus, tam præsentibus quam futuris, regularem vitam professis, in perpetuum.

Ex commisso nobis officio religiosa loca tenemur diligere, et eorum quieti paterna sollicitudine providere, ut personæ divinis ibi mancipatæ obsequiis eo liberius observantiæ suæ professionis insistant, quo magis ab incursibus pravorum hominum protectione apostolica fuerint præmuniti. Eapropter, dilecti in Domino filii, vestris justis postulationibus clementer annuimus, et felicis memoriæ Innocentii papæ (87) vestigiis inhærentes, præscriptum monasterium, in quo divino mancipati estis obsequio, quod utique a nobilibus viris Hezelone et Hessone, ipsius loci fundatoribus, beato Petro apostolorum principi est oblatum, sub ejusdem beati Petri et nostra tutela et defensione suscipimus, et præsentis scripti robore communimus; statuentes, ut quascunque possessiones, quæcunque bona a præfatis viris vel ab aliis fidelibus eidem cœnobio fuerint collata, quæcunque etiam in futurum concessione pontificum, largitione regum vel principum, oblatione fidelium seu aliis justis modis præstante Domino, poterit adipisci, firma vobis vestrisque successoribus et illibata permaneant. In quibus hæc propriis duximus exprimenda vocabulis, quæ jure proprietatis idem cœnobium obtinet.

Cellam in Metensi episcopatu Lukesheim. Cellam Sancti Joannis in prædio Megenhelmeswilre (88) Cellam Sancti Nicholai in prædio Ripoldesowe (89). Cellam in prædio Fridemvilre (90), quod legitima commutatione cambitum est ab ecclesia Augiensi (91). Cellam Amitenhuisen (92). Cellam Ursprin-

(86) Germ. *Dieg. Brig.*
(87) Secundi. Vide Bullam hujus pontificis in *Hist. Sylvæ-Nigræ*, tom. III, p. 72 (*Patr.* tom. CLXXIX, col. 457).
(88) Ad Vogesum in Alsatia inferiore diœcesis Argent. Chartam fundationis hujus cellæ a. 1127 datam vide in *Gall. Christ.*, t. V, Instrum. col. 479.
(89) Rippoldsau inter montes altissimos in vicinia Vallis Kinzinganæ. Adhucdum subest monasterio S. Georgii.
(90) Fridenweiler prope Neustatt in Silva Nigra dit. Furstenberg. Exstat nunc ibidem parthenon Ord. Cist. sub cura abbatis Tennenbacensis.
(91) Intelligitur. *Augia dives.*
(92) Amtenhausen in Bara dit. Furst. Floret nunc ibidem parthenon O. S. B. cujus curam gerit abbas S. Georgii.

gen (93). Villam Steten (94) cum ecclesia. Tertiam partem villæ Fuezen cum ecclesia. Prædium Kembiz (95) cum ecclesia et Blansingen (96) et Nuifare (97). Villam Walde (98) cum ecclesia Egge. Degernowe. Ingeltingen (99) cum ecclesia. Esteten (100) cum ecclesia. Prædium in Oewingen (1). Liderengen (2) cum ecclesia et medietate decimarum. Dagewingen (3). Magerbein (4). Baltrameshoue (5). Dindinboue (6) Scophelo (7) cum ecclesia. Husen (8). Bickelspore (9). Turnewane (10) cum ecclesia et medietate decimarum. Cugenwalt (11). Betechove (12) Swenningen. (13) cum ecclesia et medietate decimarum. Mulehusen (14) cum ecclesia. Sitingen (15). Gonningen (16). Gruningen (17) Aseheim (18) Cneigen. Uberach. Wilaresbach Tuningen (19). Walewis (20). Scanebrunne (21). Furtwangen (22) cum ecclesia. Tannebrunne (23) cum ecclesia. Engen (24). Slata (25). Einbach cum ecclesia. Husen (26). Achare (27) cum ecclesia. Mulnheim (28) cum ecclesia. Buhele. Trudeim (29). Alteim. Scoppheim (30). Scaftolsheim. Eggeboldesheim (31) Buotenheim (32). Belhan (33) Edingen (34). Ecclesiam Sellebach (35) Fokkenhusen (36) cum ecclesia, cujus etiam villæ ecclesiam a te tuisque successoribus et fratribus jure pastorali teneri, ac sacerdotis vice subditos ejusdem ecclesiæ procurari concedimus. Præterea cellas alias, quæ non jure proprietatis sicut prænominatæ, sed obedientiæ vobis et cœnobio vestro subjectæ sunt, apostolica auctoritate sub jugo obedientiæ, qua vobis tenentur, astringimus et confir-

mamus, vobisque et successoribus vestris canonice substituendis perpetuo in timore Dei secundum Regulam S. Benedicti per vos et fratres vestros procurandas et gubernandas committimus, cellam in Wagawilla (37), cellam in Crouchdal (38), cellam S. Marci (39).

Chrisma sane, oleum sacrum, promotiones ordinum, consecrationes altarium sive basilicarum, seu alia quælibet sacramenta a Constantiensi suscipietis episcopo, siquidem catholicus fuerit, et gratiam et communionem apostolicæ sedis habuerit, eaque gratis et sine pravitate voluerit exhibere. Alioquin liceat vobis catholicum, quemcunque malueritis, adire antistitem, et ab eo consecrationis sacramenta suscipere. Sepulturas vero præfati cœnobii et cellarum suarum, in quibus ordo servatur, liberam omnino fore sancimus, ut eorum, qui se illic sepeliri deliberaverint, devotioni et extremæ voluntati, nisi forte excommunicati vel interdicti sint, nullus obsistat, salva tamen justitia illarum ecclesiarum, a quibus mortuorum corpora assumuntur. Obeunte autem te nunc ejusdem loci abbate, vel tuorum quolibet successorum, nullus ibi qualibet subreptionis astutia seu violentia præponatur, nisi quem fratres communi consensu, aut fratrum pars consilii sanioris, secundum Dei timorem et beati Benedicti Regulam providerint eligendum. Nulli igitur ecclesiasticæ sæcularive personæ licentia pateat, in jam dicto monasterio aliquas sibi proprietatis conditiones, non hæreditarii juris, non advocatiæ, non cujuslibet potestatis usurpationem

(93) In Suevia; parthenon O. S. B. S. Georgio subditus.
(94) Vicus dit. Rotwil. ad amnem Eschach.
(95) Kleinkems ad Rhenum in superiore Brisgovia dit. Bad.
(96) Ib.
(97) Niffern ex adverso vici Blansingen trans Rhenum in Alsatia.
(98) Sedes olim Hezelonis fundatoris inter Villingam et Schrambergam. Supersunt rudera veteris arcis.
(99) Degernau et Ingoltingen in Suevia ad amnem Riss.
(100) Prope Munderkingen ib.
(1) Oeffingen in præfectura Duttlingensi dit. Wirtemb.
(2) Leidrengen in præfectura Rosenfeldensi ejusdem dit.
(3) Dauchingen inter Rotwilam et Villingam.
(4) In comitatu Œttingano.
(5) In superiore Alsatia.
(6) Dintenhofen prope Ehingam ad Danubium.
(7) Schopfloch in præfectura Kirchheimensi dit. Wirtemb.
(8) Hausen dit. Rotwil.
(9) Bickelsberg in præfectura Rosenfeld.
(10) Durrwangen in præfectura Bahlingensi dit. Wirtemb.
(11) In aliis monumentis S. Georgianis Guginwald cum Achara seu Acheren in Ortenovia conjungitur.
(12) Beckenhofen, villæ aliquot infra Villingam.
(13) Ad fontes Nicri dit. Wirtemb.
(14) Muhlhausen dit. Rotwil.
(15) Seitingen in dynastia Gonzenbergica.

(16) Guningen in superiore comitatu Hochinberg.
(17) Infra Villingam.
(18) Unde comitatus olim nomen habuit ad rivum Asch seu Aesch, hodieque exstant vici Ober et Niedereschach, quorum alter commendæ Villinganæ, alter Rotwilæ paret.
(19) Klengen et Ueberauchen Villingæ, Weilerspach et Tunengen Rotwilæ subsunt.
(20) Walwies in comitatu Nellenburgico.
(21) Schemmbrunn prope Schrambergam.
(22) In Silva Nigra et præfectura Tribergensi.
(23) In præfectura Hornberg. dit. Wirtemb.
(24) In Hegovia dit. Furstenb.
(25) Schlatt ib.
(26) Cum certum sit, ecclesiam oppidi Hausen in valle Kinzingana S. Georgio a. 1148 a Friderico de Wolfrach donatam, etiam Einbach in eadem vicinia fuerit oportet, ubi vallis, quæ Ibacherthal dicitur, patet.
(27) Achtkaren in Brisgovia.
(28) Ib. dit. Bad.
(29) Prope Hagenoviam in Alsatia inferiore.
(30) Schopfheim ad Wisam in Silva Nigra dit. Bad.
(31) Uterque locus in Alsatia inferiore.
(32) Forte Bietigheim dit. Wirtemb.
(33) Bellen prope oppidum Hufingen in Bara.
(34) Oppidum in Brisgovia dit. Austr.
(35) Selbach in Ortenovia et comitatu Geroldseckiano.
(36) Olim vicus inter Villingam et Munchweiler, cujus nomen nunc agro inhæret.
(37) Al. Widersdorf in Lotharingia.
(38) Al. Krafthal in Alsatia inferiore.
(39) In superiore Alsatia.

quæ libertati ipsius loci noceat, vindicare, seu etiam possessiones ejus auferre, vel ablatas retinere, minuere, vel indebitis fatigationibus infestare, sed omnia integra conserventur, eorum pro quorum gubernatione concessa sunt, usibus omnimodis profutura, salva sedis apostolicæ auctoritate, et in præscriptis ecclesiis diœcesanorum episcoporum canonica justitia. Porro advocatum vobis constituendi liberam vobis concedimus facultatem, quem nimirum, si monasterio inutilis fuerit, amovere et alium idoneum vobis substituere liceat. Ad indicium autem perceptæ hujus a sancta Romana Ecclesia libertatis, singulis annis unum bizancium nobis nostrisque successoribus persolvetis. Si qua igitur, etc.

Ego Alexander catholicæ Ecclesiæ episcopus.

Ego Joannes presb. card. SS. Jo. et Pa. tt. Pamachii.

Ego Joannes presb. card. tt. S. Marci.

Ego Petrus presb. card. tt. S. Susannæ.

Ego Jacobus diac. card. Sanctæ Mariæ in Cosmedin.

Ego Ardicio Sancti Theodori diac. card.

Ego Gratianus diac. card. SS. Cosmæ et Damiani.

Ego Joannes diac. card. Sancti Angeli.

Datum Laterani per manum Alberti sanctæ Romanæ Ecclesiæ presbyteri card. et cancellarii, vii Kal. Aprilis, indictione xii, Incarnationis Dominicæ anno 1178, pontificatus vero domini Alexandri PP. III anno xx (40).

MCDVI.

Privilegium pro monasterio S. Michaelis Tornodorensi.

(Laterani, Mart. 29.)

[*Gall. Christian. nov.*, Instr. IV, 189.]

ALEXANDER episcopus, servus servorum Dei, dilectis filiis STEPHANO abbati monasterii S. Michaelis Tornodorensis ecclesiæ, ejusque fratribus, tam præsentibus quam futuris, regularem vitam professis in perpetuum, etc.

... Eapropter, dilecti in Domino filii, vestris justis postulationibus clementer annuimus, et præfatum monasterium, in quo divino mancipati estis obsequio, sub B. Petri et nostra protectione suscipimus, et præsentis nostri scripti privilegio communimus; imprimis siquidem statuentes ut ordo monasticus, qui secundum Deum et B. Benedicti Regulam in eodem loco noscitur institutus, perpetuis ibidem temporibus inviolabiliter observetur. Præterea quascumque possessiones, quæcunque bona idem monasterium in præsentiarum juste et canonice possidet, aut in futurum concessione pontificum, largitione regum vel principum, oblatione fidelium, seu aliis justis modis, præstante Domino poterit adipisci, firma vobis, vestris successoribus etiam illibata permaneant. In A quibus hæc propriis duximus exprimenda vocabulis.

Ecclesiam B. Michaelis et cœmeterium cum terris et hominibus in eodem burgo commanentibus. Ecclesiam B. Ambrosii de Atheis cum terris et decimis et aliis pertinentiis suis; capellam et villam de Tessiaco cum pertinentiis; ecclesiam de Ligniaco-villa cum pertinentiis suis, et tertiam partem decimæ de Ligniaco castro; capellam de Mollemaco cum appenditiis suis; ecclesiam de Vallepelletana cum terris et molendinis; capellam de Florigniaco cum villa et molendino cum justitia, terris et appenditiis suis, Villam quæ Carriacus dicitur cum molendinis, terris et justitia, ecclesias et villam de Caniaco cum justitia et appenditiis suis; ecclesiam de Espinolio cum duabus partibus decimæ, et decimam molendini Camelli; ecclesiam S. Columbæ cum decimis et appenditiis suis, capellam S. Vinemari cum decimis et reditibus suis; ecclesiam de Arciaco-servili cum tertia parte decimæ et tertia parte molendinorum, et molendinum quod contra castrum est: ecclesiam de Pinella cum appenditiis suis, decimam fruagii de Parson, et tertiam partem ejusdem nemoris cum terris et justitia; ecclesiam de Crusiaco cum decimis et redditibus ejus, et ecclesiam de Puteis; ecclesiam et villam de Cursegradu cum justitia et omnibus appendiciis ejus; ecclesiam de Ebroilo et medietatem decimæ, tertios reditus cum pertinentiis suis; ecclesiam de Turgeio cum tertia parte decimæ, cum terris, pratis et silvis; ecclesiam S. Laurentii de Con, et tertiam partem decimæ; usuariam silvarum de Vaula, et de Turgeio, et de Ebroilo ad omnes usus ecclesiæ, et officinarum; ecclesiam S. Michaelis, et molendinorum de burgo Tornodori, et ad omnes usus domus et furni de Cursegradu, et pasturam omnium animalium ejusdem villæ et pascuatica 60 porcorum. Duas partes decimæ de villa quæ dicitur Viros, medietatem decimæ et redituum eccles. de Lentagio; ecclesiam de Protonolo cum tertia parte decimæ, terris, et possessionibus suis; ecclesiam S. Trinitatis de Barro super Sequanam cum tertiis et molendinis ad eamdem ecclesiam pertinentibus, et nundinis festivitatis, S. Trinitatis 1 Dominica 2 et 3 feria et tertiam partem molendinorum de Villamorini cum terris et pratis. Terras et redditus de Valeriis, de Chaale, et de Esterniaco. Terras et reditus de sanctis Virtutibus; Capellam de Monasteriolo cum terris, pratis, silvis, et tertia parte justitiæ; capellam et mediam partem villæ Campaniaci cum justitia, et terris et aquis et silvis ad eamdem villam pertinentibus. In episcopatu Trecensi ecclesiam S. Petri in villa, quæ Jassenna dicitur, cum decimis et molendinis terris et pratis, et omnibus appendiciis suis. Et in eadem parochia in villa quæ Trena dicitur, capellam S. Michaelis, molendina de burgo Tornodori, et de burgo Beraudi, et molendina Boe-

---

(40) Cum indictio XII et annus xx pontificatus Alexandri III consentiunt, ponendus est annus Incarnationis 1179.

nerii. Et duas partes sedis molendini quod Camelli dicitur; capellam de Cappa et totum finagium cum justitia et vineis, et terram, quæ dicitur Charron, et Campum Rainfredi, et tertiam partem communium et justitiæ Vallis planæ. Statuimus præterea ut quicunque in castro Tornodori et in parochia. S. Aniani moriuntur, non alibi quam ad vestrum monasterium deferantur et ibidem sepeliantur, nisi sui compotes alibi elegerint sepulturam. In parochialibus autem ecclesiis quas tenetis, liceat vobis sacerdotes eligere, et electos episcopo repræsentare, quibus si idonei inventi fuerint, episcopus ipsorum curam committat, ut de plebis quidem cura iidem sacerdotes episcopo, de temporalibus vero vobis debeant respondere. Obeunte te vero nunc ejusdem loci abbate, vel tuorum quolibet successorum, nullus in qualibet subreptionis astutia seu violentia præponatur, nisi quem fratres communi consensu vel fratrum pars consilii sanioris secundum Deum, et B. Benedicti Regulam providerint eligendum.

Decernimus ergo, etc.

Datum Laterani per manum Alberti S. Romanæ Ecclesiæ presbyteri card. et cancellarii, iv Kalend. April., indict. xiii, Incarnat. Domini anno 1179, pontificatus dom. Alexandri papæ anno xx.

MCDVII.
Privilegium pro Ecclesia Imolensi.
(Laterani, Mart. 30.)

[UGHELLI, *Italia sacra*, II, 630.]

Alexander..... venerabili fratri Henrico Imolensi, episcopo ejusque successoribus canonice instituendis in perpetuum.

In eminenti sedis apostolicæ specula, etc. *usque ad finem bullæ ut in Eugenii III diplomate eidem Ecclesiæ anno* 1151, xv *Kal. Jun., concesso. Vide Patr. tom.* CLXXX, *col.* 1473.

MCDVIII.
Desiderio episcopo Morinorum mandat ut « decimam alletium » monasterio S. Bertini Sithiensi tribuendam curet. — Item Philippum Flandriæ comitem hortatur ut eidem monasterio « decimam alletium » tribuat.

[*Collection des Cartulaires*, III, 349.]

MCDIX.
Bulla confirmans monasterium Garstense.
(Laterani, April. 5.)

[FROELICH, *Diplomatar. Garstense*, p. 54.]

ALEXANDER episcopus, servus servorum Dei, dilectis filiis CONRADO abbati Garstensis monasterii ejusque fratribus tam præsentibus quam futuris regularem vitam professis in perpetuum.

Desiderium quod ad religionis propositum et animarum salutem noscitur pertinere, animo nos decet libenti concedere et petentium desideriis congruum impertiri suffragium. Eapropter, dilecti in Domino filii, vestris justis postulationibus clementer annuimus, et præfatum monasterium, in quo divino mancipati estis obsequio sub B. Petri et nostra protectione suscipimus, et præsentis scripti privilegio communimus, statuentes ut quascunque possessiones, quæcunque bona idem monasterium impræsentiarum juste et canonice possidet, aut in futurum concessione pontificum, largitione regum vel principum, oblatione fidelium seu aliis justis modis, præstante Domino, possit adipisci, firma vobis et successoribus, et illibata permaneant. In quibus hæc duximus exprimenda :

Prædium videlicet in Behemperg, quod tradidit marchio Ottakar de Styra in manus Altmanni episcopi Patav. et aream, ubi constituta est Ecclesia, pro parochia in Gersten, in qua monasterium fundatum est cum omnibus suis appendiciis, cum toto jure sacerdotali, cum libera investitura parochiarum, cum omni decimatione et dote sua; cujus termini sunt a fluvio Rubinck usque ad cursum Freidenze alterius fluvii, et usque ad principium Gavelentz et usque ad portam, cum omni parochiali jure; silvam a Cunrado nobili viro ex Cakoz traditam monasterio, in hac autem silva territorium constitutum est, quod triginta mansionibus et villicatione una consistit, ea vero, quæ ab ejus episcopis vel ab aliis vobis rationabiliter sunt indulta, sicut hactenus observata, sic et amodo præcipimus inviolabiliter observari. Sepulturam quoque loci illius liberam esse concedimus, ut eorum devotioni et extremæ voluntati, qui se illic sepeliri deliberaverint, nisi forte sint excommunicati vel interdicti, nullus obsistat, salva tamen justitia parochialium ecclesiarum, a quibus mortuorum corpora assumuntur; chrisma vero, oleum sacrum, consecrationes altarium, sive basilicarum, ordinationes etiam monachorum, qui ad SS. ordines promovendi sunt, a diœcesano suscipietis episcopo, siquidem catholicus sit, et gratiam atque communionem apostolicæ sedis habuerit; eaque gratis et sine gravitate voluerit exhibere. Cum autem generale interdictum fuerit, liceat vobis, clausis januis, exclusis excommunicatis et interdictis, non pulsatis campanis suppressa voce, officia divina celebrare, liceatque vobis clericos vel laicos e sæculo fugientes liberos et absolutos ad conversionem recipere, et eos sine contradictione aliqua retinere Prohibemus insuper ut nulli fratrum vestrorum liceat post factam in eodem loco professionem aliqua levitate sine abbatis sui licentia de claustro discedere, discedentem vero absque communi litterarum cautione nemo audeat retinere, nisi obtentu arctioris religionis.

Sane novalium vestrorum, quæ propriis manibus vel sumptibus excolitis, sive de nutrimentis animalium vestrorum, nullus a vobis decimas præsumat exigere. Obeunte vero te, nunc ejusdem loci abbate, vel tuorum quolibet successorum, nullus ibi qualibet subreptionis astutia seu violentia præponatur, nisi quem fratres communi consensu, vel fratrum pars sanioris consilii, secundum Dei timorem et B. Benedicti Regulam providerit eligendum.

Decernimus ergo, ut nulli omnino hominum liceat præfatum monasterium temere perturbare, aut ejus possessiones auferre, vel ablata retinere, aut aliquibus vexationibus fatigare. Sed omnia integra conserventur eorum, pro quorum gubernatione et sustentatione concessa sunt, usibus omnimodis profutura, salva sedis apostolicæ auctoritate et episcopi diœcesani canonica justitia. Si qua igitur in futurum ecclesiastica sæcularisve persona hanc nostræ constitutionis paginam sciens contra eam venire tentaverit, secundo tertioque commonita, si non satisfactione congrua emendaverit, potestatis honorisque sui dignitate careat, reamque se divino judicio existere de perpetrata iniquitate cognoscat, et a sacratissimo corpore et sanguine Dei et Domini nostri Jesu Christi aliena fiat, atque in extremo examine districtæ ultioni subjaceat; cunctis autem eidem loco jura servantibus sit pax Domini nostri Jesu Christi, qui et hic fructum bonæ actionis percipiant, et apud districtum judicem præmia æternæ pacis inveniant. Amen.

SANCTUS PETRUS. SANCTUS PAULUS.
ALEXANDER PAPA III.

Ego Alexander catholicæ Ecclesiæ episc.
Ego Hubaldus Ostiensis episc.
Ego Joannes presbyter card. SS. Joan. et Pauli.
Ego Joannes presbyter card. S. Mart.
Ego Petrus presb. card. S. Suzan.
Ego Cynthius presb. card. S. Cæcil.

Data Laterani per manum Alberti, S. Romanæ Ecclesiæ presbyteri card. et cancellarii, Non. April., indictione XII, Incarnationis Dominicæ anno Domini 1179, pontificatus Alexandri papæ III anno vicesimo.

MCDX.
Monasterii Sancti Nazarii Laureshamensis protectionem suscipit, bonaque ac jura confirmat.

Laterani, April. 7.)
[*Cod. Laureshamensis dipl.*, I, 276.]

ALEXANDER episcopus, servus servorum Dei, dilecto filio SIGEHARDO, abbati monasterii Sancti Nazarii Laureshamensis, ejusque fratribus tam præsentibus quam futuris, regularem vitam professis, in perpetuum

Quoties illud a nobis petitur quod religioni et honestati convenire dignoscitur, animo nos decet libenti concedere, et petentium desideriis congruum suffragium impertiri. Eapropter, dilecti in Domino filii, vestris postulationibus clementer annuimus et præfatum monasterium, in quo divino estis obsequio mancipati, sub beati Petri et nostra protectione suscipimus et præsentis scripti privilegio communimus. Inprimis siquidem statuentes ut ordo monasticus, qui secundum Deum et beati Benedicti Regulam in vestro monasterio institutus esse dignoscitur, perpetuis ibidem temporibus inviolabiliter observetur. Præterea, quascunque possessiones, quæcunque bona idem monasterium in præsentiarum juste et canonice possidet, aut in futurum concessione pontificum, largitione regum vel principum, oblatione fidelium, seu aliis justis modis, præstante Domino, poterit adipisci, firma a vobis vestrisque successoribus et illibata permaneant, etc. In quibus hæc propriis duximus exprimenda vocabulis

Locum ipsum in quo præscriptum monasterium constructum est, cum omnibus pertinentiis suis, vetus monasterium cum pertinentiis suis, Albrinesberc cum pertinentiis suis, Michelstat cum pertinentiis suis, Capellam cum pertinentiis suis, Nullenburc cum pertinentis suis. Sane novalium vestrorum quæ propriis manibus aut sumptibus colitis, sive de nutrimentis vestrorum animalium nullus omnino a vobis decimas vel primitias exigere præsumat. Liceat quoque vobis clericos et laicos e sæculo fugientes, liberos et absolutos recipere ad conversionem et in vestro monasterio absque contradictione qualibet retinere. Prohibemus insuper ut nulli fratrum vestrorum post factam in loco vestro professionem fas sit de eodem loco absque licentia abbatis sui, nisi obtentu arctioris religionis discedere, discedentem vero sine communium litterarum vestrarum cautione nullus audeat retinere. Cum autem generale interdictum terræ fuerit, liceat vobis, clausis januis, non pulsatis campanis, exclusis interdictis et excommunicatis, suppressa voce divina officia celebrare. Sepulturam quoque ipsius loci liberam esse decernimus ut eorum devotioni et extremæ voluntati, qui se illic sepeliri deliberaverint, nisi forte excommunicati vel interdicti sint, nullus obsistat, salva tamen justitia illarum ecclesiarum a quibus mortuorum corpora assumuntur. Ad hæc vobis ex benignitate sedis apostolicæ indulgemus, ut sine damno vicinarum ecclesiarum ullas in locis vestris, vel oratoria construendi cum assensu diœcesani episcopi licentiam habeatis. Prohibemus insuper ne tu, fili abbas, vel alius possessiones, decimas, oblationes seu alia bona ipsius monasterii ad mensam abbatis, sive ad victualia fratrum, justitias obedientiarum, aut ad præposituras pertinentia, inbeneficiare, vendere, locare, vel alio modo quolibet sine communi fratrum consensu vel majoris et sanioris partis alienare præsumat, quod si factum fuerit, juribus carere sancimus. Præposituras cellarum vestrarum et obedientias monasterii tantum monachis capituli vestri, sapientibus viris, salvis earum rebus, statuimus committendas. Advocatis etiam ipsius monasterii sub interminatione anathematis prohibemus ne cuiquam liceat in possessionibus ipsius monasterii castella vel munitiones alias construere, familiam sive colonos ecclesiæ novis et indebitis exactionibus fatigare, vel abbati in justitiis ecclesiæ requirendis seu obtinendis ausu temerario contraire. Obeunte vero te nunc ejusdem loci abbate, vel tuorum quolibet successorum, nullus ibi qualibet subreptionis astutia seu violentia præponatur nisi quem fratres communi consensu, vel fratrum pars consilii sanioris, secundum Deum et Beati Benedicti Regulam præviderint eligendum. Decernimus ergo, etc.

Ego Alexander catholicæ Ecclesiæ episcopus subscripsi.

Ego Hubaldus Ostiensis episcopus subscripsi.

Ego Cunradus Salzeburgensis Ecclesiæ humilis minister et Sabinensis episcopus subscripsi.

Ego Joannes presbyter cardinalis Sanctorum Joannis et Pauli titulo Pamachii subscripsi.

Ego Joannes presb. card. tit. S. Anastasiæ sub.

Ego Joannes presb. card. tit. S. Marci.

Ego Theodorus presb. card. tit. S. Vitalis tit. Vestinæ.

Ego Petrus presb. card. tit. S. Susannæ.

Ego Petrus presb. card. tit. S. Chrysogoni.

Ego Vivianus presb. card. tit. S. Stephani in Cœlio monte.

Ego Cinthius presb. card. tit. S. Cæciliæ.

Ego Hugo presb. card. tit. S. Clementis.

Ego Arduinus presb. card. tit. S Crucis in Jerusalem.

Ego Matthæus presb. card. titulo Sancti Marcelli.

Ego Jacintus diaconus cardinalis S. Mariæ in Cosmedin.

Ego Ardicio diac. card. S. Theodori.

Ego Laborans diac. card. S. Mariæ in Porticu.

Ego Rainerius diac. card. S. Georgii ad Velum Aureum.

Ego Gratianus diac. card. SS. Cosmæ et Damiani.

Ego Joannes diac. card. S. Angeli.

Ego Rainerius diaconus card. S. Adriani.

Ego Bernardus diac. card. S. Nicolai in Carcere Tulliano subscripsi.

Datum Laterani per manum Alberti, presbyteri cardinalis et cancellarii, vii Idus Aprilis, indictione xii, Incarnationis Dominicæ anno 1178, pontificatus vero domni Alexandri papæ III an. xx.

MCDXI.

Monasterium Trenorchiense tuendum suscipit, ejusque possessiones ac privilegia confirmat.

(Laterani, April. 8.)

[JUENIN, *Nouv. Hist. de Tournus*, 174.]

ALEXANDER episcopus, servus servorum Dei, dilectis filiis GIRARDO Trenorchiensis monasterii abbati, ejusque fratribus tam præsentibus quam futuris, regularem vitam professis, in perpetuum.

Commissæ nobis sedis apostolicæ auctoritas nos hortatur, ut divinis locis ejusque personis auxilium nostrum devotione debita implorantibus, tuitionis præsidium impendere debeamus. Quia sicut injusta petentibus nullus est tribuendus effectus, ita legitima et justa poscentium non est differenda petitio, præsertim eorum vel qui religionem devote videntur amplecti, et sub ea gaudent Domino militare, vel qui cum honesta vita et laudabili morum compositione student omnipotenti Domino deservire. Proinde, dilecti in Domino filii, vestris justis postulationibus clementer annuimus, et prædecessorum nostrorum felicis recordationis Urbani, Calixti, Innocentii, Lucii et Eugenii Romanorum pontificum vestigiis inhærentes, Trenorchiense monasterium, in quo divino mancipati estis obsequio, sub beati Petri et nostra protectione suscipimus et præsentis scripti privilegio communimus, statuentes ut quascunque possessiones, etc. In quibus hæc propriis duximus exprimenda vocabulis :

In episcopatu videlicet Claromontensi monasterium S. Portiani cum ecclesiis de Besson, de Quintiniaco, de Salines, de Celsiaco, de Tavallio, de Fellinia, de Montcaureo, de Sustris, de Charel, de Liniaco, de Martiliaco, de Montfanc', de Boiaco, de Barbariaco, de Vernei, de Villena, de Lupiaco, de Paredo, de Briallis, de Varinnis, de Vorot, de Lupo; ecclesias de Begiaco, de Nuilliaco, de Copelz, de Branciaco, de Tresalliaco, de Floriaco cum capella de Cavarocha; ecclesiam de Salviliis, de Lebiaco, ecclesiam S. Nicolai, ecclesiam de Vernolio In Cabilonensi, Pristiacum, Aguliacum, ecclesiam de Baldreriis, ecclesiam Sancti Andreæ, Lambres, Manciacum, ecclesiam de Giniaco, de Ver, ecclesiam de Griviliaco, de Cuyseriaeo. In Lugdunensi, ecclesiam Sancti Andreæ de Balgiaco, Vasliacum, Briennam, Juvenciacum, ecclesiam Sancti Jacobi de Gressiaco, S. Benigni, ecclesiam de Cabrosio, de Chanvennis, Bisiacum, ecclesiam Beatæ Mariæ de Solliniaco, de Moncelz, S. Martini de Budella, ecclesiam Sancti Andreæ qui vulgo vocatur Pannos, ecclesiam de Monte-Raculfo, de Saisiriaco, de Paronniaco, cellam de Castro Corgeron, ecclesiam Sancti Lydii quæ vulgo vocatur Olivæ, Lovincum, Montem aureum, Silvinicum. In Matisconensi, Hulchisiacum, Villare, Plotas, Belniacum, ecclesiam de Li, Donziacum, cellam Sancti Romani, S. Mauritii, S. Symphoriani, Sanctæ Mariæ de Capella-Riverias, Sancti Petri Romaniscos, ecclesiam de Aziaco, de Fissiaco, S. Juliani de Lanciaco, S. Vitalis de Lenna. In Bituricensi, ecclesiam de Saciaco; in Augustodunensi, ecclesiam de Pariniaco cum capella, ecclesiam de Petraficta cum capella S. Justi. In Nannetensi, monasterium S. Philiberti, ecclesiam S. Vitalis de Raas, ecclesiam de Macecol, S. Martini de Paciaco, S. Luminii, ecclesiam de Limosiver, S. Columbani, ecclesiam de Colcoiaco, ecclesiam de Mores, mansiones de Legiaco de Tolvei, ecclesias de monasteriis. In Pictavensi, Herum insulam, ecclesiam de Bellovidere cum cœmeterio, cellam S. Mariæ Lausduni, ecclesiam S. Nicolai, S. Petri, ecclesias de Basilicis, Sanctæ Crucis, ecclesias de Berniziaco, de Aziaco, Manciacum, Tatiacum, ecclesiam de Madernas, ecclesiam de Bernazii, de Monte S. Leodegarii, ecclesiam de Estivallibus. In Turonensi, Pontiacum, Verniolum, Corcoiacum. In Andegavensi, cellam S. Mariæ Cunaldi cum appendiciis, ecclesias de Duadicastris, S. Dionysii, S. Petri, S. Joannis, S. Leodegarii, ecclesiam de Logne, ecclesiam S. Laurenti, villam Laudrum. Terentiacum, ecclesias de Varinnas, S. Mariæ de Thanais cum capella. In Genevensi, ecclesiam de Perrois, ecclesiam de Monte-castro. In Lausanensi, ecclesiam de Birola; in Aniciensi, monasterium S. Philiberti, ecclesiam S. Petri de Saletas, S. Felicis de Landos, S. Mariæ de Prastasias, S. Martini Corconensis, capellam S. Philiberti, S. Cyrici, S. Mauritii Vallamblanensis, S. Vincentii, capellam in castro Senoil, S. Mariæ de Baisam, capellam in castro Rocol, S. Juliani Chaspiniaci, de castro Mercolio, ecclesiam S. Quintini. In Diensi ecclesiam de castro Gramnat, S. Vincentii, S. Romani, ecclesiam de Torretes. In Tricastrinensi, ecclesiam de Valle-Nymphis, S. Martini, S. Mariæ, S. Petri, S. Romani, capellam S. Michaelis de Garda, ecclesiam de eleemosyna, S. Mariæ de Graina. In Aurasicensi, ecclesias de Dorsera, S. Mariæ, S. Benedicti, S. Christophori, S. Saturnini. In Vasionensi, ecclesiam S. Germani, S. Petri de Falcon, S. Mariæ de Purpureres. In Viennensi, cellam S. Agnetis de Mota, S. Martini de Aziaco cum cœmeterio, S. Verani de Rivas, ecclesiam de Fay, S. Joannis de castro Mirol, ecclesiam de Villanova, capellam S. Michaelis de Albon, ecclesiam S. Saturnini cum parochia, ecclesiam S. Philiberti de Miniaco, ecclesiam S. Romani, ecclesiam S. Andreæ, S. Ferreoli. In episcopatu Bizuntinensi, ecclesiam S. Cornelii, S. Desiderii, ecclesiam de Planesel, ecclesiam Dazzon.

In parochialibus vero ecclesiis quas tenetis, liceat vobis sacerdotes eligere et electos episcopo repræsentare, quibus, si idonei inventi fuerint, episcopus animarum curam committat, et de plebis quidem cura iidem sacerdotes episcopo, de temporalibus autem vobis debeant respondere. Liceat quoque vobis clericos et laicos e sæculo fugientes, liberos et absolutos ad conversionem recipere, et eos absque ulla contradictione in vestro collegio retinere. Sane novalium vestrorum quæ propriis manibus aut sumptibus colitis, sive de nutrimentis vestrorum animalium, nullus omnino a vobis decimas præsumat exigere. Cum autem generale interdictum terræ fuerit, liceat vobis clausis januis, exclusis excommunicatis vel interdictis, non pulsatis campanis, suppressa voce divina officia celebrare. Sepulturam quoque ipsius loci liberam esse decernimus, ut eorum devotioni et extremæ voluntati qui se illic sepeliri deliberaverint, nisi forte interdicti vel excommunicati sint, nullus obsistat, salva tamen justitia illarum ecclesiarum a quibus mortuorum corpora assumuntur. Obeunte vero te nunc ejusdem loci abbate, vel tuorum quolibet successorum, nullus ibi qualibet subreptionis astutia seu violentia præponatur, nisi quem fratres communi consensu, vel fratrum pars consilii sanioris secundum Dei timorem et B. Benedicti Regulam providerint eligendum.

Decernimus ergo, etc. In symbolo: Vias tuas, Domine, demonstra mihi.

Ego Alexander catholicæ Ecclesiæ episcopus.
Ego Hubaldus Ostiensis episcopus subscripsi.
Ego Cunradus Gallipolitanæ Ecclesiæ humilis minister, Sabinensis episcopus.
Ego Joannes presbyter cardinalis Sanctorum Joannis et Pauli tit. Pamachii.
Ego Joannes presb. cardinalis tit. Sanctæ Anastasiæ.
Ego Petrus presb. card. tit. S. Susannæ.
Ego Petrus presb. card. tit. S. Gorgonii.
Ego Vivianus presb. card. tit. S. Stephani in Cælio monte.
Ego Cinthius presb. card. tit. S. Cæciliæ.
Ego Arduinus presb. card. tit. S. Crucis in Jerusalem.
Ego Willelmus Remensis archiepiscopus tit. S. Sabinæ card.
Ego Jacobus diac. card. S. Mariæ in Cosmedin.
Ego Ardicio diac. card. S. Theodori.
Ego Rainerius diac. card. S. Georgii ad Velum Aureum.
Ego Joannes diac. card. S. Angeli.
Ego Matthæus diac. card. S. Mariæ Novæ.
Ego Bernardus diac. card. S. Nicolai in Carcere Tulliano.

Datum Laterani per manum Alberti, S. Romanæ Ecclesiæ presbyteri cardinalis et cancellarii, vi Idus Aprilis, indictione xii, Incarnationis Dominicæ anno 1179, pontificatus vero domni Alexandri papæ III anno xx.

MCDXII.

Ad Richardum Cantuariensem archiepiscopum. — Rogerum abbatem S. Augustini a sese dedicatum nuntiat.

(Laterani, April. 9.)

[Twysden, Rer. Ang. Script., II, 1446.

Alexander episcopus, servus servorum Dei, venerabili fratri Richardo Cantuariensi archiepiscopo apostolicæ sedis legato, salutem et apostolicam benedictionem.

Cum dilectus filius noster R. nunc abbas, tunc vero electus Sancti Augustini Cantuariæ non sine gravibus laboribus et expensis secundo ad nostram præsentiam accessisset, pro eo, sicut dicebat, quod ei juxta mandatum nostrum et institutionem sanctæ recordationis Patris et prædecessoris nostri Eugenii papæ et juxta tenorem scripti nostri in monasterio suo manum nolebas benedictionis imponere, nos eum, salvo jure et dignitate tua et successorum tuorum, benediximus in abbatem. Inde est quod nos tibi et Ecclesiæ tuæ volentes in posterum providere apostolica auctoritate statuimus, ut quod de prædicto electo benedicendo fecimus juri tuo vel ecclesiæ tuæ nullum possit præjudicium generare.

Data Laterani, v Idus Aprilis.

MCDXIII.

Ad Rogerum abbatem Sancti Augustini Cantuariensis. — De benedictione successorum ejus.

[*Ibid.*, p. 1825.]

Alexander episcopus, servus servorum Dei, dilecto filio Rogero abbati Sancti Augustini, salutem et apostolicam benedictionem.

Cum venerabili fratre nostro Ricardo, Cantuariensi archiepiscopo, apostolicæ sedis legato, tibi recusante in monasterio tuo benedictionis munus impendere, ad nostram jam pridem præsentiam accessisses, et postulasses ab apostolicæ sedis clementia quod tibi faceremus in monasterio tuo benedictionis munus impendi, nos sanctæ recordationis Patris et prædecessoris nostri papæ Eugenii vestigiis inhærentes, prædicto archiepiscopo de communi fratrum nostrorum consilio mandavimus et per scripta nostra districte præcepimus, ut infra xxx dies post receptionem litterarum nostrarum tibi absque ulla exactione professionis in monasterio tuo munus benedictionis impertiretur; quod si infra tempus præscriptum facere nollet, venerabili fratri nostro Vigorniensi episcopo in obedientiæ virtute præcepimus id ipsum maturius adimplendum. Illis autem minime nostrum præceptum adimplentibus, ad nostram præsentiam rediisti, cavere desiderans ne monasterium tibi commissum pastorali diutius provisione careret, unde tam in archiepiscopum quam in episcopum pro contemptu præcepti nostri merito potuissemus durius vindicare, et eidem archiepiscopo et successoribus suis successores tuos benedicendi deinceps adimere facultatem; mitigantes tamen motum animi, et rigorem justitiæ de solita benignitate sedis apostolicæ temperantes, tibi, licet immeriti, salvo jure ipsius archiepiscopi et successorum suorum in benedictione abbatis, benedictionis munus, Domino auxiliante, impendimus. Statuentes ut de cætero Cantuariensis archiepiscopus, qui pro tempore fuerit, successores tuos sine exactione professionis in commisso tibi monasterio benedicat. Quod si infra xl dies postquam fuerit requisitus, eos benedicere forte omiserit, nisi manifestam et canonicam excusationem prætendere potuerit, ad Romanam Ecclesiam benedicendi accedant, vel per episcopum quem Romanus pontifex decreverit, benedictionem consequantur. Ut autem hæc nostra constitutio perpetuis temporibus inviolabiliter observetur, eam auctoritate apostolica roboramus et præsentis scripti pagina communimus, etc.

MCDXIV.

Ad Henricum Anglorum regem. — Affirmat Rogerum abbatem temere accusari.

(*Ibid.*)

Alexander episcopus, servus servorum Dei, Henrico illustri regi Anglorum, salutem et apostolicam benedictionem.

Audivimus regiæ magnitudini falso fuisse suggestum dilectum filium nostrum R[ogerum] abbatem Sancti Augustini Cantuariensis, nullam apud vos gratiam invenisse, quia monasterium suum Ecclesiæ Romanæ in x marcis auri annuatim solvendis fecerat censualem. Quod utique omnino est alienum a vero, et miramur si prudentia tuæ serenitatis hujusmodi suggestioni fidem potuit quomodolibet adhibere, cum hoc nec in mentem descenderit, nec etiam ab ore vel ex parte ipsius abbatis verbum de aliquo censu a prælibato monasterio constituendo. Nolumus autem tuam sublimitatem latere quia non est consuetudo Romanæ Ecclesiæ hujusmodi census statuere, aut quamlibet ecclesiam tali modo gravare. Sane quod ita pro benedicendo jam dicto abbate venerabili fratri nostro R[icardo] Cantuariensi archiepiscopo, legato sedis apostolicæ superscripsimus, hæc fuit causa quod a longis retro temporibus abbates Sancti Augustini pro benedictione habenda multas difficultates, plurimos labores, atque dispendia consueti fuerant sustinere, veniendo Romam, remeando in Angliam, et Romam iterum redeundo. Nam tempore beatæ memoriæ Patris et prædecessoris nostri Eugenii papæ, electus qui tunc erat a Cantuariensi archiepiscopo benedictionem obtinere minime potuit, donec ibi Romam in magnis sumptibus venit, et in Angliam remeavit. Is autem qui nunc est non valens gratiam benedictionis ab archiepiscopo percipere, compulsus est sicut antecessores ejus fecerant, Romam venire et in Angliam non absque difficultate reverti, ad eumdem archiepiscopum litteras districtionis reportans, ut infra xxx dies in monasterio suo sine exactione professionis illi benedictionis munus impertiri curaret. Quod si forte facere nollet, sub eadem districtione venerabili fratri nostro Wigorniensi episcopo id ipsum infra alios xxx dies præcepimus adimplendum. Neutro autem mandatum implente, idem abbas ad nos coactus est non sine multo discrimine rerumque dispendio laborare. Licet autem moti fuerimus et turbati, et injuriosum reputaverimus nimium, quod archiepiscopus et episcopus præceptum nostrum non exsecuti, et de jure potuissemus archiepiscopo et successoribus ejus abbatem Sancti Augustini de cætero facultatem benedicendi auferre, mitigantes tamen motum animi, et de consueta sedis apostolicæ clementia rigorem justitiæ temperantes, prædicto abbati benedictionis munus impendimus, salvo jure archiepiscopi et successorum suorum in benedictione abbatis, videlicet quod abbates Sancti Augustini in eodem monasterio sine exactione professionis benedicere debeant. Ipsum itaque regiæ celsitudini commendantes, rogamus attentius et monemus quatenus prædictum abbatem divini amoris intuitu et pro reverentia beati Petri et nostra diligas, manuteneas et defendas, nec sinas eum pro debitis Judæorum ulterius molestari, nec adversus eum vel monasterium movearis, quod litteris nostris exprimimus ipsum monasterium, nullo mediante, ad nos pertinere, quia nos de per-

MCDXV.

Ad Rogerum abbatem et fratres S. Augustini Cantuariensis. — Ne in ecclesiis ad præsentationem eorum spectantibus ulli, nisi ab iis præsentati fuerint, ordinentur.

[*Ibid.*, p. 1830.]

ALEXANDER episcopus, servus servorum Dei, ROGERO abbati Sancti Augustini, etc.

Cum in nostra esset..... *Et infra :* Nos itaque attendentes monasterium ipsum ad dispositionem beati Petri et nostram specialiter pertinere, et ob hoc ei amplius debitores existere, tibi et successoribus tuis de consueta clementia sedis apostolicæ indulgemus, ut si archiepiscopi vel episcopi, et alii Ecclesiarum prælati vobis de malefactoribus vestris parochianis suis, tertio per vos requisitis humiliter et devote plenam non fecerint rationem, eos excommunicandi auctoritate nostra contradictione et appellatione cessante liberam habeatis de cætero facultatem, et sententiam ipsam rationabiliter latam nullus audeat, nisi satisfactione congrua præstita, immutare.

MCDXVI.

Ad eumdem. — De excommunicandis malefactoribus.

[*Ibid.*]

ALEXANDER episcopus, servus servorum Dei, dilectis filiis ROGERO abbati et monachis Sancti Augustini, salutem et apostolicam benedictionem.

De minori possemus..... *Et infra :* Auctoritate apostolica prohibemus ne in ecclesiis ad præsentationem vestram spectantibus, ulli nisi a vobis præsentati fuerint ordinentur, sed si quos, vobis non præsentantibus, ordinari contigerit, ab eisdem ecclesiis amoveantur, et eorum ordinatio penitus irrita habeatur, nisi forte, quod absit, præsentationem clericorum vos constiterit malitiose deferre.

MCDXVII.

Rogero abbati et fratribus S. Augustini Cantuariensis concedit ut cum generale interdictum terræ fuerit, liceat iis, clausis januis, exclusis excommunicatis et interdictis, non pulsatis campanis, suppressa voce divina officia celebrare.

[*Ibid.*]

MCDXVIII.

Ecclesiam Remensem tuendam suscipit, ejusque possessiones ac privilegia confirmat.

(Laterani, April. 13.)

[VARIN, *Archiv. adm. de Reims*, I, 1, 381.]

ALEXANDER episcopus, servus servorum Dei, venerabili fratri WILLELMO Remensi archiepiscopo, tituli S. Sabinæ cardinali, apostolicæ sedis legato, ejusque successoribus canonice substituendis in perpetuum.

Cum sis per Dei gratiam, nobilitate generis, honestate morum et scientia præditus litterarum, libenter debes in omnibus et efficaciter exaudiri quæ a nobis, prævia ratione, requiris, ut sicut uberiorem apostolicæ sedis nosceris gratiam meruisse, ita eam tibi gaudeas in his quæ juste petieris, acquisitam. Eapropter, venerabilis in Christo frater archiepiscope, tuis justis postulationibus clementer annuimus, et Remensem Ecclesiam, cui Deo auctore præesse dignosceris, sub B. Petri et nostra protectione suscipimus et præsentis scripti privilegio communimus. Statuentes ut quascunque possessiones, quæcunque bona, eadem Ecclesia impræsentiarum juste et canonice possidet, aut in futurum concessione pontificum, largitione regum vel principum, oblatione fidelium, seu aliis justis modis, præstante Domino poterit adipisci, firma tibi tuisque successoribus, et illibata permaneant. In quibus hæc propriis duximus exprimenda vocabulis :

Suessionensem, Laudunensem, Cameracensem, Belvacensem, Catalaunensem, Silvanectensem, Noviomensem, Atrebatensem, Tornacensem et Morinensem episcopatus; in propria diœcesi tua, S. Remigii, S. Nichasii, S. Dionysii et S. Petri monasteria infra civitatem Remensem; extra civitatem vero, de Mosomio, S. Theoderici, S. Petri de Altovillari, S. Basoli, et S. Mariæ Igniacensis monasteria, et in his omnibus monasteriis jura spiritualia, et patronatus cum omni institutione, cum ordinatione sua; insuper autem de Sparnaco et de Avenaio monasteria; nihilominus etiam infra episcopatum Suessionensem, jus patronatus in monasterio Orbacensi; infra episcopatum Tornacensem, jus patronatus in monasterio de Cisum; in Noviomensi et Ambianensi episcopatibus jurisdictionem in burgensibus S. Quintini, de S. Walerio hactenus habitam, videlicet ut appellati ad Remensem curiam veniant; dominium Remensis civitatis cum omnibus pertinentiis suis; feudum quod ab ecclesia tua nobilis vir comes Campaniæ habere dignoscitur, pro quo, salva fidelitate regis, tibi tenetur ligium hominum facere, videlicet Vitriacum, Virtutum, Regitestum, Castellionem, Sparnacum, Rociacum, Fimas, Branam, et comitatum castelli in Porcianis, cum castellaniis eorum et alias possessiones, et castra quæ idem comes in propria persona tenet, vel alii tenent ab ipso; feudum quoque de Boillum, quod Leodiensis episcopus ab archiepiscopis Remensibus habere dignoscitur, pro quo etiam propria manu tenetur in manu archiepiscopi Remensis promittere servitium et justitiam ei se exhibiturum fideliter et servaturum, et pro quo etiam idem episcopus tenetur efficere quod octo barones illius fundi, hominium eidem archiepiscopo faciant, et ab archiepiscopo vocatus ad expugnandos malefactores ejus, auxilium et servitium per milites et homines armatos facere debet, sicut in scriptis authenticis noscitur contineri; feudum etiam quod Regitestensis comes, videlicet comitatum de Osmonte, et feudum quod comes Grandis prati et feudum quod Suessionensis comes a te habere noscuntur; castrum quoque Mostomii, Attiniacum, Bitinivillam, Septemsalices, Curmessiacum, Curvillam, Chaumesiacum et Stanam cum pertinentiis eorum. Insuper etiam auctoritate apostolica statuimus, ut nemini, nisi Remensi archiepiscopo, liceat regem Francorum inungere, vel ei primam coronam imponere, sicut antiqua consuetudine fuerat obtentum. Appellationibus autem quæ a quibuscunque jurisdictionis tuæ ad te vel ad curiam tuam fuerint interpositæ, debita præcipimus devotione deferri, et quod in eisdem appellationibus hactenus ecclesia tua specialius, etiam vacante sede, obtinuit, tibi et successoribus tuis apostolica auctoritate confirmamus. Hæc siquidem omnia, sicut prædecessores tui ab antiquo, et tu ipse hactenus habuisse noscimini, tibi tuisque successoribus apostolica auctoritate duximus confirmanda.

Decernimus ergo, etc.

Datum Laterani, per manum Alberti sanctæ Romanæ Ecclesiæ presbyteri cardinalis et cancellarii, Idus Aprilis, indictione XI, et Incarnationis Dominicæ anno 1179, pontificatus vero domni Alexandri papæ III anno XX.

MCDXIX.

Ad Sigehardum Laureshamensis cœnobii abbatem. — Ei ejusque successoribus mitræ usum concedit.

(*Codex Laureshamensis*, I, 279.)

ALEXANDER episcopus, servus servorum Dei, dilecto filio SIGEHARDO Laurisamensi abbati, salutem et apostolicam benedictionem.

Speciali gratia et largitione muneris decorari meretur, qui erga beatum Petrum et sacrosanctam Romanam Ecclesiam devotior invenitur. Quocirca et testimonio quod de te accepimus, et dilectorum filiorum nostrorum, Petri titulo Sanctæ Susannæ presbyteri cardinalis, et Ottonis Palatini comitis precibus inclinati, tibi et successoribus tuis usum mitræ de consueta clementia sedis apostolicæ indulgemus in perpetuum.

Data Laterani, XVII Kalend. Maii.

MCDXX.

Wilhelmo archiepiscopo Remensi et ejus suffraganeis declarat religiosos Dunenses ordinis Cisterciensis immunes esse a solvendis decimis terrarum quas ipsimet excolunt.

(Laterani, April. 17.)

[MIRÆI *Opp. dipl.*, III, 58.]

ALEXANDER episcopus, servus servorum Dei, venerabilibus fratribus W[ILHELMO] Remensium archiepiscopo tit. S. Sabinæ cardinali, apostolicæ sedis legato, et ejus suffraganeis, et dilectis filiis abbatibus, archidiaconis, præpositis, presbyteris in eorum episcopatibus constitutis, salutem et apostolicam benedictionem.

Audivimus et audientes admirati sumus, quod cum fratribus monasterii de Dunis, sicut aliis omnibus Cisterciensis ordinis, a patribus et prædecessoribus nostris concessum sit, et a nobis postmodum confirmatum, ut de laboribus quos propriis manibus aut sumptibus excolunt, nemini decimas solvere teneantur, quidam ab eis nihilominus contra indulgentiam sedis apostolicæ decimas exigere et extorquere præsumunt, et sinistra interpretatione apostolicorum privilegiorum capitulum pervertentes, asserunt de novalibus debere intelligi, ubi de laboribus est insertum.

Cum ergo manifestum est omnibus qui recte sapiunt, interpretationem hujusmodi perversam esse et intellectui sane contrariam, cum secundum capitulum illud a solutione decimarum tam de terris illis quam etiam de terris cultis quas propriis manibus aut sumptibus excolunt, sint penitus absoluti, ne ullus contra eos materiam habeat malignandi, vel quomodolibet ipsos contra justitiam molestandi, per apostolica scripta vobis præcipiendo mandamus, quatenus omnibus qui vestræ sunt potestatis, auctoritate nostra prohibere curetis, ne a memoratis fratribus de Dunis, vel a fratribus aliorum monasteriorum Cisterciensis ordinis, qui in episcopatibus vestris consistunt, ac novalibus, vel de aliis terris quas propriis manibus vel sumptibus excolunt, vel de nutrimentis animalium decimas præsumat quomodolibet extorquere. Nam si de novalibus voluissemus tantum intelligi, ubi ponimus de *laboribus*, de novalibus poneremus, sicut in privilegiis quorumdam apponimus aliorum.

Quia vero non est conveniens, ut contra instituta sedis apostolicæ temere veniatur, quæ obtinere debent inviolabilem firmitatem per apostolica scripta vobis præcipiendo mandamus, ut si qui canonici, clerici, monachi vel laici contra privilegia sedis apostolicæ prædictos fratres decimarum exactionibus gravaverint, appellatione remota laicos excommunicationis sententia percellatis, reliquos ab officio suo suspendatis, et tam excommunicationis quam suspensionis sententiam faciatis usque ad dignam satisfactionem inviolabiliter observari.

Ad hæc præsentium vobis auctoritate præcipiendo mandamus, quatenus si qui in fratres prædictorum monasteriorum violentas injecerint manus, eos, accensis candelis, excommunicatos publice denuntietis, et faciatis ab omnibus sicut excommunicatos districtius evitari, donec congrue satisfaciant prædictis fratribus, et cum litteris diœcesani episcopi rei veritatem continentibus apostolico se conspectui repræsentent.

Datum Laterani, XV Kalend. Maii.

MCDXXI.

Ad Henricum patriarcham Gradensem et Dominicum episc. Caprulensem. — Ut sententiam pro monasterio S. Salvatoris latam observari faciant ab omnibus.

(Laterani, April. 22.)

[CORNEL., *Eccl. Venet.*, XIV, 103.]

ALEXANDER episcopus, servus servorum Dei, venerabilibus fratribus HENRICO patriarchæ Gradensi et D. Caprulano episcopo, salutem et apostolicam benedictionem.

Cum olim tibi, frater patriarcha, si bene meminimus, et bonæ memoriæ Ildebrando, quondam basilicæ XII Apostolorum presbytero cardinali, causa quæ super quibusdam parochialibus domibus vertebatur inter dilectum filium nostrum priorem S. Salvatoris et plebanum S. Bartholomæi commiserimus audiendam, super ea, sicut accepimus, cognita veritate, definitivam sententiam protulistis, quæ tamen, sicut debuit, nondum dicitur exsecutioni demandata. Unde quoniam rem judicatam divinæ legislationis auctoritas et humanæ firmiter statuit observari, fraternitati vestræ per apostolica scripta præcipiendo mandamus, quatenus eamdem sententiam sicut rationabiliter lata est ratam et firmam facientes haberi, clericos prædictæ ecclesiæ S. Bartholomæi moneatis et districtius compellatis ut nullos de domibus illis de quibus inter ipsos et præfatum priorem judicatum est ad divina officia recipiant, nec in cœmeterio suo, salva justitia ecclesiæ S. Salvatoris in parte testamenti audeant sepelire. Illos autem ut ecclesiam S. Salvatoris secundum quod decretum est et statutum pro divinorum officiorum perceptione requirant, firmiter injungatis sub interminatione anathematis generaliter prohibentes ne in aliis ecclesiis ad divina officia contra justitiam ecclesiæ cui ad judicati sunt, recipiantur. Si vero ipsi in contemptum Ecclesiæ frequentare præsumpserint ipsos excommunicatos publice denuntietis, et in ecclesia quæ contra prohibitionem vestram illos receperit, usque ad dignam satisfactionem divina prohibeatis officia celebrari. Clericos autem ecclesiæ S. Bartholomæi, si in observatione hujus sententiæ contumaces exstiterint, ab officio suspendatis, ut cum litteris vestris ad nos venientes ex ipsa pœna discant parendum esse definitivæ sententiæ, et a religiosorum virorum infestatione penitus abstinendum. Hæc autem præcepimus, ut supradicta sunt, irrefragabiliter observari.

Datum Laterani, x Kal. Maii (40).

MCDXXII.

Christianum archiepiscopum Moguntinum rogat ut Leonati abbati Piscariensi in recuperandis monasterii possessionibus opituletur.

(Laterani, Maii 5.)

[MURATORI, *Rer. Ital. Script.*, II, II, 910.]

ALEXANDER episcopus, servus servorum Dei, venerabili fratri Maguntin. archiepiscopo, salutem et apostolicam benedictionem.

Quanto dilectum filium nostrum abbatem S. Clementis de Piscaria, consideratione devotionis quam circa nos et Ecclesiam gerit, et monasterii cui præeminet, quod specialiter B. Petri juris existit, sinceriori charitate diligimus, tanto attentius eumdem dilectioni tuæ duximus commendandum, sperantes ad interventum nostrum celeriter peragendum, quod amore justitiæ, nemine commonente, effectui mancipari deberet. Cum igitur, occasione discordiæ quæ diu inter Ecclesiam et imperium fuit, præscriptum monasterium grave sustinuerit in Marchia detrimentum, ad recuperandas justitias suas præfatus abbas tuo potissimum indiget auxilio, quod tanto volumus efficacius ministrari, quanto propensius præscripto monasterio in suis tenemur necessitatibus providere. Quocirca fraternitati tuæ per apostolica scripta rogamus, monemus attentius et mandamus, quatenus præfatum abbatem, vel nuntios ejus pro reverentia B. Petri et nostra, sicut de te bene confidimus, benigne respicias, et eos qui in Marchia Anchonitana possessiones detinent, ad jam dictum monasterium pertinentes, ad eas restituendas districte compellas, ita quod litteræ nostræ optatum sortiantur effectum, et nos sollicitudinem tuam debeamus multipliciter commendare. Nolumus autem ad restitutionem opponi, quod tempore schismatis possederunt, cum hostilitas præscriptionem præbetur merito impedire.

Datum Laterani, quinto Nonas Maii.

MCDXXIII.

[Gentili] episcopo Auximano et [Petro] Firmano, [Acceptabili] Camerinensi, [Jacobo] Senogalliensi episcopis mandat ut monasterio Piscariensi possessiones tempore schismatis invasas restitui jubeant.

(Laterani, Maii 15.)

[*Ibid.*]

ALEXANDER episcopus, servus servorum Dei, venerabilibus fratribus Auximan., apostolicæ sedis legato, Firman., Camerinen. et Senogalien. episcopis, salutem et apostolicam benedictionem.

Quanto majorem B. Petro et sacrosanctæ Romanæ Ecclesiæ reverentiam exhibere debetis, tanto monasteria et Ecclesias quæ ad nos, nullo mediante, respiciunt, habere tenemini propensius commendatas, et ab earum molestiis parochianos vestros districtius cohibere. Accepimus autem quod quidam parochianorum vestrorum possessiones multas S. Clementis de Piscaria detinent, quas instante schismate temeritate propria invaserunt. Quoniam igitur quanto idem monasterium specialius B. Petri juris existit, tanto fortius ejus volumus indemnitatibus provideri, fraternitati vestræ per apostolica scripta mandamus atque præcipimus, quatenus parochianos vestros, qui vobis nominati fuerint, ad ea restituenda quæ de jure injuste detinent non differatis districtius commonere. Cæterum si invasa restituere, vel post restitutionem monasterium quisquam vexare præsumpserint, eum, dilatione et appellatione remota, et excommunicationis vinculo innodetis, et usque ad dignam satisfactionem, sicut excommunicatum, faciatis ab omnibus evi-

---

(40) Diploma hoc, in cujus apographo deficit chronica anni nota, assignamus anno 1179, eo quia in eo memoratur Ildebrandus adjectis vocibus *bonæ memoriæ*, quæ defunctis viris apponi solent. Cum autem, ut in *Italia sacr.* Venet. edit., t. II, col. 118, legimus, Ildebrandus obierit anno 1168, præfecto post id tempus datæ fuerunt apostolicæ hæ, quas afferimus, Alexandri III epistolæ.

tari : sollicite provisuri, ut ita mandatum apostolicum exsequamini, quod abbas pro defectu justitiæ laborare ad sedem apostolicam non cogatur, nec vos repulsam debeatis a nobis in vestris postulationibus sustinere.

Datum Laterani, Idus Maii.

MCDXXIV.
Ad Alphonsum Portugalensium regem. — Regni Portugalensis protectionem suscipit.

(Laterani, Maii 23.)

[Brandào, *Monarchia Lusitana*, Lisboa 1690, fol., t. III, 295.]

ALEXANDER episcopus, servus servorum Dei, charissimo in Christo filio ALFONSO illustri Portugalensium regi, ejusque hæredibus, in perpetuum.

Manifestis comprobatum est argumentis, quod per sudores bellicos et certamina militaria inimicorum Christiani nominis intrepidus exstirpator et propugnator diligens fidei Christianæ, sicut bonus filius et princeps catholicus multimoda obsequia matri tuæ sacrosanctæ Ecclesiæ impendisti, dignum memoria nomen et exemplum inimitabile posteris derelinquens. Æquum est autem ut quod ad regnum et salutem populi ab alto dispensatio cœlestis elegit, apostolica sedes affectione sincera diligat, et justis postulationibus studeat efficaciter exaudire. Proinde nos attendentes personam tuam prudentia ornatam; justitia præditam atque ad populi regimen idoneam, eam sub beati Petri et nostra protectione suscipimus et regnum Portugalense cum integritate honoris et dignitate quæ ad reges pertinet, nec non et omnia loca quæ cum auxilio cœlestis gratiæ de Saracenorum manibus eripueris, in quibus jus sibi non possunt Christiani principes circumpositi vindicare, excellentiæ tuæ concedimus et auctoritate apostolica confirmamus. Ut autem ad obsequium beati Petri apostolorum principis et sacrosanctæ Romanæ Ecclesiæ vehementius accendaris, hæc ipse præfatis hæredibus tuis duximus concedenda, eosque super his quæ concessa sunt, Deo propitio, pro injuncti nobis apostolatus officio defendemus. Tua itaque intererit, fili charissime, ita circa honorem et obsequium matris tuæ sacrosanctæ Romanæ Ecclesiæ humilem et devotum existere, et sic te ipsum ejus opportunitatibus et dilatandis Christianæ fidei finibus exercere, ut de tam devoto et glorioso filio sedes apostolica gratuletur, et in ejus amore quiescat. Ad indicium autem quod præscriptum regnum beati Petri juris existat, pro amplioris reverentiæ argumento statuisti duas marchas auri annis singulis nobis nostrisque successoribus persolvendas. Quem utique censum ad utilitatem nostram et successorum nostrorum Bracharensi archiepiscopo, qui pro tempore fuerit, tu et successores tui curabitis assignare.

Decernimus ergo ut nulli omnino hominum liceat personam tuam aut hæredum tuorum, vel etiam præfatum regnum temere perturbare, aut ejus possessiones auferre, vel ablatas retinere, minuere, aut aliquibus vexationibus fatigare. Si quæ igitur in futurum, etc.

Ego Alexander catholicæ Ecclesiæ episcopus.
Ego Joannes presbyt. cardinalis Sanctorum Joannis et Pauli tit. Pamachii.
Ego Joannes presb. card. tit. S. Anastasiæ.
Ego Joannes presb. card. tit. Sancti Marci.
Ego Petrus presb. card. tit. S. Susannæ.
Ego Viceranus presb. card. S. Stephani in Cœlio monte.
Ego Cinthius presb. card. tit. Sanctæ Cæciliæ.
Ego Luigo presb. card. tit. Sancti Clementis.
Ego Arduinus presb. card. tit. S. Crucis in Jerusalem.
Ego Matthæus presb. card. tit. S. Marcelli.
Ego Hubaldus Ostiensis episcopus.
Ego Theodinus Portuensis et S. Rufinæ episcopus.
Ego Petrus Tusculanus episcopus.
Ego Jacinthus diac. card. S. Mariæ in Cosmedin.
Ego Ardicio dictus card. S. Theodori.
Ego Laborans dictus card. S. Mariæ in Porticu.
Ego Rainerius dictus card. S. Georgii ad Velum Aureum.
Ego Gratianus dictus card. SS. Cosmæ et Damiani.
Ego Joannes dictus card. S. Angeli.
Ego Raineris dictus card. Sancti Adriani.
Ego Matthæus dictus card. Sanctæ Mariæ Novæ.
Ego Bernardus dictus card. S. Nicolai in Carcere Tulliano:

Datum Laterani, x Kal. Maii.

MCDXXV.
Privilegium pro ecclesia SS. Stephani et Willehadi Bremensi.

(Laterani, Maii 29.)

[LAPPENBERG, *Hamburg. Urkund.*, I, 222.]

ALEXANDER episcopus, servus servorum Dei, dilectis filiis HENRICO, præposito ecclesiæ Sancti Stephani et S. Willehadi Bremensis, ejusque fratribus tam præsentibus, quam futuris canonice substituendis in perpetuum.

Cum in sacris Dei Ecclesiis ad robur et augmentum religionis et ad jugem divinæ majestatis laudem ab earum prælatis aliqua ordinantur, ea debemus apostolici culminis auctoritate munire, ne forte quorumlibet temerario violentur incursu, aut suadente humani generis inimico, persequentium pravitate tollantur. Eapropter, dilecti in Domino filii, vestris justis postulationibus clementer annuimus, et translationem congregationis vestræ a bonæ memoriæ Alberone, quondam Bremensi archiepiscopo, ad honorem Dei factam, cum libertatibus et immunitatibus Ecclesiæ vestræ ab eo collatis, sicut in ejus scripto authentico continetur, ratam habentes, ecclesiam ipsam, in qua divino estis obsequio mancipati, sub beati Petri et Pauli protectione suscipimus, et præsentis scripti privilegio communimus, in primis siquidem statuentes, ut ordo canonicus, qui in eadem Ecclesia secundum Dei timorem et canonicas sanctiones institutus esse dignoscitur, perpetuis ibidem temporibus inviolabiliter observetur. Præterea quascunque possessiones, quæcumque bona, præfata Ecclesia in præsentiarum juste et canonice possidet, aut in futurum concessione pontificum, largitione regum vel principum, oblatione fidelium, seu aliis justis modis, præstante Domino, poterit adipisci, firma vobis vestrisque successoribus et illibata permaneant. In quibus hæc propriis duximus exprimenda nominibus :

Locum ipsum, in quo ecclesia vestra sita est, cum areis claustralibus et aliis pertinentiis suis, parochiam in Bremensi civitate a domo Alberici et Deden uxoris ejus versus ecclesiam vestram usque ad finem civitatis, et in Uthbremen, et in Walle, quam præfatus archiepiscopus communi assensu capituli sui, Ecclesiæ vestræ contulit, auctoritate præpositi vestri modis omnibus ordinandam, excepto eo, quod in synodalibus archidiacono suo parochiani tantum obedire tenentur. Curtem Hamedesen cum decimis et aliis pertinentiis suis, curtem Baldinge cum pertinentiis suis, curtem Boken cum pertinentiis suis, curtem Rammingestorp cum pertinentiis suis, curtem Dendorp cum decimis et aliis pertinentiis suis, curtem Wechlede cum ecclesia parochiali et decimis et aliis pertinentiis suis. Ecclesiam parochialem Estorp, cum decimis et aliis pertinentiis. Curtem in Winberge cum pertinentiis suis. Capellam in Hamedese cum pertinentiis suis, curtem in Merdvelde cum capella et pertinentiis suis, curtem in Hiddenstorp cum pertinentiis suis. In loco qui dicitur Silva distinctos mansos cum decima. Curtem in Sete cum pertinentiis suis. Duas curtes in Habehusen cum decimis et aliis pertinentiis suis. Curtem in Walle cum decimis et aliis pertinentiis suis. Ex dono prædicti Alberonis, Bremensis archiepiscopi, duos mansos Hollandienses et dimidium cum tota decima de Hemme. Curtem in Wittenstide cum decimis et aliis pertinentiis suis, curtem in Wedene, cum advocatia et decimis et omnibus pertinentiis suis. Et ex dono comitis Hermanni quadraginta mansos in Mirica cum omni districto sæculari. Prohibemus ad hæc, ne præpositus ecclesiæ vestræ possessiones quaslibet vel reddituus ad capitulum pertinentes, sine communi fratrum vel majoris et sanioris partis assensu infeodare vel aliquo (alio) titulo alienare præsumat. Statuimus etiam, ut secundum antiquam institutionem et utriusque Ecclesiæ consuetudinem vobis loca vestra in majoris capituli consessu et in choro majoris ecclesiæ serventur, et fidelium oblationes juxta pristinæ consuetudinis observantiam canonicam tribuantur, dummodo debita eidem ecclesiæ obsequia loco et congruo tempore impendatis. Libertates quoque et immunitates vobis et Ecclesiæ vestræ rationabiliter indultas et hactenus observatas, ratas perpetuis temporibus et illibatas manere censemus. Sepulturam præterea ipsius loci liberam esse decernimus, ut eorum devotioni et ex-

tremæ voluntati, qui se huc sepeliri deliberaverint, nisi forte excommunicati vel interdicti sint, nullus obsistat, salva tamen justitia illarum ecclesiarum a quibus mortuorum corpora assumuntur. Obeunte vero te nunc ejusdem loci præposito, vel tuorum quolibet successorum, nullus ibi qualibet subreptionis astutia seu violentia præponatur, nisi quem fratres communi consensu vel fratrum pars consilii sanioris secundum Deum providerint eligendum.

Decernimus ergo ut nulli omnino hominum fas sit, præfatam ecclesiam temere perturbare aut ejus possessiones auferre, vel ablatas retinere, minuere seu quibuslibet vexationibus fatigare, sed omnia integra conserventur eorum, pro quorum gubernatione ac sustentatione concessa sunt, usibus omnimodis profutura, salva sedis apostolicæ auctoritate et diœcesani episcopi canonica justitia. Si qua igitur in futurum ecclesiastica sæcularisve persona, hanc nostræ constitutionis paginam sciens, contra eam temere venire tentaverit, secundo tertiove commonita, nisi reatum suum digna satisfactione correxerit, potestatis honorisque sui dignitate careat, reamque se divino judicio existere de perpetrata iniquitate cognoscat et a sacratissimo corpore et sanguine Dei et Domini redemptoris Jesu Christi aliena fiat, atque in extremo examine divinæ ultioni subjaceat. Cunctis autem eidem loco jura servantibus sit pax Domini nostri Jesu Christi, quatenus et hic fructum bonæ actionis percipiant et apud districtum judicem præmia æternæ pacis inveniant. Amen.

(S.)   (M.)

Ego Alexander.

Ego Joannes, pbr. card. Sanctorum Joannis et Pauli tt. Pamachi.

Ego Joannes pbr. card. tit. S. Anastasiæ.

Ego Joannes pbr. card. tt. S. Marci.

Ego Petrus pbr. card. tt. S. Susanæ.

Ego Livianus pbr. card. tt. S. Stephani in Cœlio monte.

Ego Cynthyus pbr. card. tt. S. Cæciliæ.

Ego Hugo pbr. card. tt. S. Clementis.

Ego Ardericus pbr. card. tt. S. Crucis in Jerusalem.

Ego Matheus pbr. card. tt. S. Marcelli.

Ego Hubaldus.... eps.

Ego Theodoricus Portuensis eps.

Ego Petrus Tusculanus eps.

Ego Henricus Alberensis eps.

Ego Berneredus Prænestinus eps.

Ego Jacobus diac. card. S. Mariæ in Cosmidyn.

Ego Ardicis diac. card. S. Theodori.

Ego Laborans diac. card. S. Mariæ in Porticu.

Ego Reinerius diac. card. S. Georgii ad Velum Aureum.

Ego Gratianus diac. card. SS. Cosmæ et Damiani.

Ego Joannes diac. card. S. Angeli.

Ego Rainerus diac. card. S. Adriani.

Ego Mattheus S. Mariæ... diac. card.
Ego Bernardus S. Nicolai in Carcere Tulliano diac. card.

Datum Laterani, per manum Alberti, presbyteri cardinalis, iv Kalendas Junii, indictione xii, Incarnationis Dominicæ 1178 [*leg.* 1179], pontificatus Alexandri papæ III anno xviii [xx].

MCDXXVI.

Privilegium pro ecclesia S. Mariæ ad Fine.]
(Laterani. — Signa chronologica sunt mendosa.)

[MURATORI, *Antiq. Ital.*, III, 1177.]

ALEXANDER episcopus, servus servorum Dei, dilectis filiis UGONI priori plebis (41) Sanctæ Mariæ Virginis ad Fine, ejusque fratribus tam præsentibus quam futuris, regularem vitam professis, in perpetuum.

Apostolici moderaminis..... convenit religiosos diligere, et eorum loca pia protectione munire. Dignum namque et honestati congruum esse cognoscimus, ut qui ad ecclesiarum regimen assumpti sumus.... hominum nequitia tueamur, et apostolicæ sedis patrocinio foveamus. Eapropter, dilecti in Domino filii, vestris justis postulationibus clementer annuimus.... in qua divino mancipati estis obsequio, ad exemplar felicis recordationis prædecessoris nostri Anastasii papæ, sub beati Petri, et nostra protectione, et præsentis scripti privilegio communimus. Statuentes, ut quascunque possessiones, quæcunque bona eadem Ecclesia in præsentiarum juste et canonice possidet, aut in futurum concessione pontificum, largitione regum, vel principum, oblatione fidelium, seu aliis justis modis, Deo propitio poterit adipisci, firma, integra, et illibata permaneant. In quibus hæc propriis duximus exprimenda vocabulis:

Ecclesiam videlicet de Pencto, et quidquid in eadem villa juste tenetis; ecclesiam de Gualtiperga, et possessiones..... quas in eodem loco habetis. Quidquid in curte de Colle, in curte Sancti Reguli, in castello Veteri, et in curte ejusdem castri, in castello et curte de Parrana juste ac legitime possidetis, eidem ecclesiæ confirmamus. Terram vero, et decimationem mortuorum, donationem, oblationem, et quidquid Opitho bonæ memoriæ Pisanus archiepiscopus rationabiliter vobis concessit, per præsentis scripti paginam roboramus. Quod si quis de circumadjacentibus plebibus in vita, sicut in morte, de jure suo, devotionis intuitu, vobis aliquid dederit, seu propter religionem apud eamdem ecclesiam sepeliri deliberaverit, nullus obsistat, salva justitia ecclesiarum, a quibus mortuorum corpora assumuntur. Ad indicium autem hujus a sede apostolica perceptæ protectionis, sex denariorum Lucensis monetæ nobis nostrisque successoribus, annis singulis persolvetis.

Decernimus ergo, etc.

Ego Joannes presbyter cardinalis Sanctorum..... Pamachii.
Ego Joannes presbyter cardinalis.....
Ego Theodinus presbyter cardinalis.....
Ego Vivianus presbyter cardinalis titulo Sancti Stephani in Cœlio monte.
Ego Ugo presbyter cardinalis titulo Sancti Clementis.
Ego Arduinus presbyter cardinalis titulo Sanctæ Crucis Jerusalem.
Ego Jacobus diaconus cardinalis Sanctæ Mariæ in Cosmidin.
Ego L.....
Ego R..... ad Velum Aureum.
Ego Joannes diaconus cardinalis Sancti Angeli.
Ego Rainerius diaconus cardinalis Sancti Adriani.
Ego Matthæus Sanctæ Mariæ Novæ diaconus cardinalis.

Datum Lateranense, per manum Alberti sanctæ Romanæ Ecclesiæ presbyteri cardinalis et cancellarii, ix Octobris, indictione....., Incarnationis Dominicæ 1179, pontificatus vero domini Alexandri papæ III anno xx.

MCDXXVII.

Indulgentiam xx dierum concedit ecclesiæ S. Salvatoris in anniversario dedicationis ejusdem.

(Signiæ, Julii 22.)

[CORNELIUS, *Eccles. Venet.*, II, 279.]

ALEXANDER episcopus, servus servorum Dei, dilectis filiis VIVIANO priori et fratribus S. Salvatoris de Rivoalto, salutem et apostolicam benedictionem.

Apostolicæ sedis auctoritate inducimur, et officii nostri debito provocamur petitiones filiorum Ecclesiæ libenter admittere, et eorum justis postulationibus assensum efficaciter indulgere. Hac itaque ratione inducti et de meritis beatorum apostolorum Petri et Pauli confisi viginti dies de injuncta pœnitentia remittimus universis, qui ecclesiam vestram in anniversario dedicationis ipsius devotionis gratia visitaverint, sicut in die dedicationis ipsius ecclesiæ noscimur concessisse.

Datum Signiæ, ii Kal. Augusti.

MCDXXVIII.

Lombardo « quondam archiepiscopo Beneventano » canonicorum voluntate reditus quosdam asserit.

(Signiæ, Jul. 27.)

[UGHELLI, *Italia sacra*, VIII, 122.]

ALEXANDER episcopus, servus servorum Dei, venerabili fratri LOMBARDO quondam archiepiscopo Beneventano, sal. et apost. benedictionem.

Venientibus ad præsentiam nostram quibusdam de majoribus Beneventanæ Ecclesiæ canonicis, et pro parte sua, et aliorum, et nobiscum de ordinatione ipsius Ecclesiæ diligentem tractatum habentibus, nos volentes necessitati tuæ secundum facul-

---

(41) Quo nomine designatur collegium Canonicorum Regularium.

tatem ejusdem Ecclesiæ honeste prospicere, de communi fratrum nostrorum consilio tibi molendinum in pede suburbii situm, de quo sex coscinos frumenti unoquoque mense, et alia quædam proveniunt, ita quod de cellario vel aliunde si quid defuerit de sex coscinis, suppleatur, et sexaginta saumas puri vini per annum cum vegetibus in quibus possit reponi. Quadraginta et octo romanatos de paradiso, et de altari tantum quod viginti quatuor unciarum auri compleat de consensu ipsorum canonicorum concessimus toto vitæ tuæ tempore annuatim cum integritate habenda. Addidimus postea, prædictis canonicis præsentibus, ut saumario quem habueris pro lignis ferendis annona de Ecclesia ministretur. Indulgeamus etiam tibi, ut de libris tuis et indumentis disponendi quidquid volueris in vita et in morte plenam habeas potestatem. Statuimus etiam ut domus de Turricella tibi ad habitandum ibi quandiu vixeris assignetur. Ut autem hæc nostra concessio, et dispositio firma et illibata permaneat, eam apostolica auctoritate confirmamus, et præsentis scripti patrocinio communimus, statuentes ut nulli omnino hominum liceat hanc paginam nostræ concessionis et confirmationis infringere, vel ei ausu temerario contraire. Si quis autem hoc attentare præsumpserit, indignationem omnipotentis Dei et beatorum Petri et Pauli se noverit incursurum. Amen, amen, amen.

Datum Signiæ, per manum Alberici S. R. E. presbyt. card. et cancel., vi Kal. Aug., indict. xii, Incar. Dom. an. 1179, pontificatus vero D. Alex. PP. III anno xx.

MCDXXIX.

Pacem initam inter fratres militiæ Templi et fratres Hospitalis confirmat.

(Signiæ, Aug. 2.)

[RYMER, *Fœdera conv.*, etc., 1, 1, 44.]

ALEXANDER episcopus, servus servorum Dei, dilectis filiis magistro et fratribus militiæ Templi, salutem et apostolicam benedictionem.

Quanto religio vestra et fratrum Jerosolymitarum hospitalis Deo et hominibus creditur magis grata existere, et terræ orientali amplius necessaria et opportuna probatur, tanto' de vestra et ipsorum unitate majus debemus gaudium lætitiamque concipere; et ut semper inter vos vinculum dilectionis servetur, toto studio laborare. Hac itaque ratione inducti pacem et concordiam quam cum dilectis filiis nostris magistro et fratribus Hospitalis de omnibus querelis quæ inter domum vestram et ipsorum a longo tempore fuerant agitatæ, tam de terris et possessionibus, quam etiam de pecuniis vel quibuslibet aliis rebus, de illorum assensu fecistis, non solum gratam, verum etiam ratam habentes, auctoritate apostolica confirmamus, et perpetuis temporibus firmam illibatamque manere censemus, quam utique de verbo ad verbum his litteris duximus adnotandam :

« In nomine Patris et Filii et Spiritus sancti. Amen.

« Notum sit omnibus tam futuris quam præsentibus quod per voluntatem omnipotentis Dei, et per domini papæ Alexandri, cui soli, post Dominum obedire tenemur, præceptum et admonitionem, ego frater Odo Sancti Amantis, humilis magister militiæ Templi, et ego Rogerius de Mulinis minister domus Hospitalis Jerosolymitani, consilio et voluntate capitulorum nostrorum, firmam pacem et gratam concordiam fecimus de omnibus querelis quæ inter domum Templi et domum Hospitalis fuerant usque ad hanc diem ventilatæ, tam de terris et possessionibus, quam etiam de pecuniis vel quibuslibet aliis rebus, sopitis ita cunctis querelis tam citra quam ultra, quod nulla deinceps suscitari possit, vel repeti.

« Hanc autem pacem et concordiam et universarum querelarum terminationem, nec non et ad invicem fraternam dilectionem universis fratribus Templi et Hospitalis tenere, conservare et fovere statuimus et præcipimus, salvis ab hinc in perpetuum quieteque ac pacifice remansuris utrique domui rebus et possessionibus, quas hodie domus utraque tam ultra mare quam citra noscitur tenere.

« Si qua vero querela deinceps inter nos, vel successores nostros, seu etiam inter fratres nostros citra mare, vel ultra successerit per tres utriusque partis fratres, sicut in mandatis a domino papa percepimus, eam statuimus terminari, taliter videlicet quod præceptores illarum domorum vel provinciarum, inter quas orta fuerit quæstio, assumptis quisque discretioribus fratribus, querelam illam dissolvere et pacem inter se studeant conservare, sine fraude et sine gravamine alterutrius partis, quantum potuerunt, cavere.

« Si vero per se nequiverint fratres illi querelæ finem imponere, asciscant sibi de suis amicis communiter, quorum consilio et mediatione quæstio valeat terminari, sic scilicet quod, in quo major pars fratrum illorum convenerit, vel amicorum, in eo finis querelæ imponatur, et inter fratres pax semper integra et dilectio firma consistat.

« Si autem nec ad id pacis adhuc poterit pervenire, querelam ad nos scriptam transmittant, et nos illam, Deo volente, terminabimus, ipsi vero fratres nihilominus pacem et benevolentiam inte. se teneant.

« Si quis vero fratrum, quod absit! ab hac pace, pacisque ac dilectionis conservatione dissiluerit, se contra magistri sui præceptum et capituli Jerosolymitani constitutionem sciat egisse, ratumque suum hujusmodi nullatenus poterit expiare, quousque magistri sui et capituli Hierosolymitani conspectui se præsentet.

« His autem duximus adnectendum, quod fratres utriusque domus se ubique diligant, et honorent, et alter commodum alterius mutua charitate, et unanimitate fraterna perquirant et observent, ut duarum domorum existentes per professionem, unius esse pareant per dilectionem. »

Decernimus ergo ut nulli omnino hominum liceat hanc paginam nostræ confirmationis infringere, aut ei ausu temerario contraire. Si quis autem hoc attentare præsumpserit, indignationem omnipotentis Dei et beatorum Petri et Pauli apostolorum ejus se noverit incursurum.

Datum Signiæ, iv Non. Augusti.

MCDXXX.

Decano et capitulo Laudunensi concedit « ne quis communiam Laudunensem, per Ludovicum Francorum regem dissolutam, renovare vel facere etiam ultra præsumat; neve episcopis liceat sine assensu eorum, vel majoris et sanioris partis capituli, aliquam communiam vel generalem constitutionem, quæ communiam palliato nomine sapiat, ordinare. »

(Signiæ, Aug. 4.)

[D. Bouquet, *Recueil*, XV, 967.]

MCDXXXI.

Ad abbatem et conventum S. Veaasti. — Compositionem cum Hannoniæ comite ab eis factam, et eorum in villa Hasprensi jura confirmat.

(Signiæ, Aug. 18.)

[Marten., *Ampl. Collect.*, I, 906.]

Alexander episcopus, abbati et fratribus Sancti Vedasti, salutem et apostolicam benedictionem.

Relationis vestræ tenore comperimus, quod cum nobilis vir comes Hainonensis homines villæ Haspreusis, quæ vestra esse dignoscitur, indebitis consuevisset exactionibus infestare, venerabilis frater noster Tusculanus episcopus, tunc apostolicæ sedis legatus, ut vestro et vestrorum hominum obviaret periculo, terram ipsius ad conquestionem vestram supposuit interdicto, cujus sententiæ severitate compulsus idem comes coram venerabilibus fratribus nostris Atrebatensi et Cameracensi episcopis vestram vobis justitiam recognovit, et antiquas consuetudines et jura prædictæ villæ atque hominum se servaturum sub solemni jurisjurandi religione firmavit; et ne deinceps veniret in dubium, quod per ipsius comitis confessionem ad honorem et utilitatem vestram fuerat terminatum, consuetudines et jura quæ in præscripta villa habere debetis, de voluntate comitis scripto fuerant diligenter commendata, et postmodum tam vestro quam ipsius sigillis solemniter roborata. Nos itaque, vestræ et hominum vestrorum paci et quieti paterna volentes sollicitudine providere, compositionem inter vos et eumdem comitem factam ratam habemus, et jura ac consuetudines quas in prædicta villa antiquitus habuistis, et adhuc ex ipsius comitis confessione habere noscimini, sicut in authenticis scriptis hinc inde factis plenius continetur, devotioni vestræ auctoritate apostolica confirmamus, et præsentis scripti patrocinio communimus, statuentes ut nulli omnino hominum liceat, etc.

Datum Signiæ xv Kal. Septembris.

MCDXXXII.

Privilegium pro Ecclesia Acheruntina.

(Signiæ, Sept. 7.)

[Ughelli, *Italia sacra*, VII, 33. — Quæ hic brevitatis causa omittimus, supplenda sunt ex diplomate ab Eugenio III eidem Ecclesiæ concesso anno 1151, April. 1, quod vide *Patrol.* t. CLXXX.]

Alexander episcopus, etc., venerabili fratri Richardo Acheruntino archiepiscopo, ejusque successoribus, etc.

In eminentis sedis apostolicæ, etc., et prædecessorum nostrorum fel. record. Paschalis et Eugenii, Romanorum pontificum vestigiis inhærentes sanctam Acheruntinam Ecclesiam præsentis decreti auctoritate munimus, tibi tuisque successoribus confirmamus, quæcunque ad ipsam metropolitano jure præteritis temporibus pertinuisse dignoscitur, videlicet Venusinum, Gravinam, Tricaricum, Tursum, Potentiam, ut tu tuique legitimi successores potestatem habeatis canonice ac decretaliter, in eis episcopos ordinandi, et consecrandi salva in omnibus S. R. E. auctoritate. Ad hæc statuentes, etc.

Ego Alexander catholicæ Ecclesiæ episcopus.

Ego Ubaldus Ostiensis episcopus.

Ego Theodinus Portuensis et S. Rufinæ episcopus.

Ego Matthæus presb. card. tit. S. Marcelli.

Ego Gratianus diac. car. SS. Cosmæ et Damiani.

Ego Mathæus S. Mariæ Novæ diac. card.

Datum Signiæ, per manum Alberti S. R. E. presb. card. et cancellarii, vii Idus Septembris, indict. xi, Incarnationis Dominicæ anno 1179, pont. vero dom. Alexandri papæ III anno xx.

MCDXXXIII.

Ad decanum et canonicos S. Aniani Aurelianensis. Illos hortatur « ut permittant canonicis S. Evurtii, qui præbendam in ecclesia S. Aniani habeant, ibi in festis duplicibus super majori altare divina celebrare. »

(Signiæ, Sept. 9).

[*Antiquités de Saint-Aignan d'Orléans*, Pr., p. 53.]

MCDXXXIV.

Ecclesiæ Cameracensis privilegia confirmat.

(Datum [Signiæ?] xvii Kal. Oct. (Sept. 15), indict. xii, Incarnationis Dominicæ anno M. C. LXVIIII (42), pontificatus vero domni Alexandri papæ III anno xx.)

[*Mémoire de M. de Choiseul contre le magistrat de Cambrai*, pièce 14.]

---

(42) Signa chronologica sunt corrupta.

MCDXXXV.

Ecclesiæ Lausannensis protectionem suscipit ac jura confirmat.

(Anagniæ, Oct. 17.)

[*Mémoires et docum. de la Suisse Romande*, VII, 24.]

ALEXANDER episcopus, servus servorum Dei, venerabili fratri ROGERIO Lausannensis Ecclesiæ episcopo et apostolicæ sedis legato, ejusque successoribus canonice substituendis, in perpetuum.

Cogit nos summi pontificatus auctoritas fratribus et coepiscopis nostris tam vicinis quam longe positis paterna provisione consulere, et Ecclesias eorum gubernationi commissas in suis juribus confovere. Sed tibi et Ecclesiæ tuæ tanto sollicitius adesse compellimur, quanto devotionem et probitatem tuam ex longa conversatione et familiaritate manifestius sumus experti. Eapropter, venerabilis in Christo frater episcope, tuis justis postulationibus gratum impertimus assensum, et ecclesiam Lausannensem cui Deo auctore præesse dignosceris, sub B. Petri et nostra protectione suscipimus et præsentis scripti patrocinio communimus. Statuentes ut quascunque possessiones, quæcunque bona, etc. In quibus hæc propriis duximus exprimenda vocabulis:

Ea videlicet quæ tempore Burchardi quondam Lausannensis episcopi ab Henrico imperatore jam dictæ ecclesiæ pia sunt devotione collata, et quæ tempore Amedei prædecessoris tui a Conrado illustri Romanorum rege sunt tui scripti robore confirmata, scilicet Muratum et Cubizaca, potestatem de Corsiaco, de Polliaco, vallem de Lustriaco. Quidquid dux Rufoldus et sui habuerunt cum omnibus appendiciis suis in scripto præfati Henrici continetur. Et cum quique pastores positi sunt in ædificationem, non in destructionem apostolica, auctoritate decernimus ut nec tibi, nec tuis successoribus liceat bona Lausannensis ecclesiæ distrahere vel alienare; sed potius quæ indebite distracta ad jus ejusdem ecclesiæ tuo studio revocentur. Apostolica quoque auctoritate nihilominus interdicimus, ne tibi aut ipsis de cætero licentia pateat Lausannensem Majoriam in feudum dare. Præterea felicis recordationis Patris et prædecessoris nostri Eugenii vestigiis inhærentes, omnes donationes a Lamberto qui a Viriberto hæresiarcha ordinatus Lausannensi Ecclesiæ utcunque præfuit de rebus ipsius ecclesiæ factas, evacuamus et irritas esse censemus. Ad hæc quia nobilis vir Berchtoldus prædicto Amædeo prædecessori tuo et successoribus ejus hujusmodi dicitur præstitisse juramentum, quod in Ecclesia Lausannensi liberam permitteret electionem fieri, quod nihil eorum quæ ab episcopo tenebantur, sibi acquireret. Quod servitium quod pro Chebrii et Lustriaco in mutatione episcopi debebatur, ipse vel hæres suus de cætero non exigeret, sed ea de manu sua episcopus sine omni datione reciperet, sicut et alia regalia, et quod ea quæ ecclesia ipsa perdiderat, et quæ a longo tempore alienata fuerunt bona fide pro viribus recuperare juvaret; quod ad villas ecclesiæ suos non permitteret ire pro pabulo vel aliis necessariis, nec in villis ipsis hospitaretur, et quod in palatio episcopi, aut in domibus clericorum aut militum, eis invitis hospitium non haberet, nec ab eodem palatio vel domibus quidquam violenter auferret. Juramentum ipsum ratum habemus et firmum sub interminatione anathematis inhibentes, ne præfatus dux vel hæres ejus contra ea quæ diximus, juramenta firmata venire præsumat. Insuper tibi concedimus usum pallii ex amore ad sacra missarum solemnia celebranda, ut eo utaris festivitatibus istis duntaxat: videlicet in Natali Domini, in festo B. Stephani, in Epiphania, in quatuor festivitatibus B. Mariæ, in Cœna Domini, in Sabbato sancto et Pascha, in Ascensione Domini, in sabbato Pentecostes et in ipso festo Pentecostes, in festo B. Joann. Baptistæ, in festo beatorum Petri et Pauli, in festo Omnium Sanctorum, in consecrationibus ecclesiarum, et ordinationibus clericorum, in præcipuis festivitatibus ecclesiæ tuæ, in anniversario consecrationis tuæ. Jura quoque et rationabiles consuetudines Ecclesiæ et civitatis tuæ auctoritate apostolica confirmamus.

Decernimus ergo ut nulli omnino hominum liceat præfatam Ecclesiam temere perturbare, aut ejus possessiones auferre vel ablatas retinere, minuere, seu quibuslibet vexationibus fatigare, sed illibata omnia et integra conserventur eorum, pro quorum gubernatione et sustentatione concessa sunt, usibus omnimodis profutura, salva sedis apostolicæ auctoritate. Si qua igitur in futurum, etc.

Ego Alexander catholicæ Ecclesiæ episcopus.
Ego, etc., etc.

Datum Anagniæ, xvi Kalend. Novembris, indictione xii, Incarnationis Dominicæ anno 1179, pontificatus vero domni Alexandri papæ tertii anno xxi.

MCDXXXVI.

Monasterii S. Crucis Bosonisvillensis protectionem suscipit bonaque ac privilegia confirmat.

(Anagniæ, Oct. 18.)

[D. CALMET, *Hist. de Lorraine*, II, Pr., p. 386.]

ALEXANDER episcopus, servus servorum Dei, dilectis fratribus GUALTERIO abbati Sanctæ Crucis de Villa-Bosonis, ejusque fratribus tam præsentibus quam futuris regularem vitam professis in P.P.M.

Quoties illud a nobis petitur, quod religioni et honestati convenire dignoscitur, animo nos decet libenti concedere, et petentium desideriis congruum suffragium impertiri. Eapropter, dilecti in Domino filii, vestris justis postulationibus clementer annuimus, et præfatum monasterium, in quo divino mancipati estis obsequio, sub beati Petri et nostra protectione suscipimus, et præsentis scripti privilegio communimus. In primis quidem statuentes, ut ordo monasticus, qui secundum Dominum et Beati Benedicti Regulam in monasterio vestro institutus esse dignoscitur, perpetuis ibidem temporibus inviolabiliter observetur. Præterea quascunque possessiones, quæcunque bona idem monasterium in præsentiarum juste et canonice possidet, aut in futurum concessione pontificum, largitione regum vel principum, oblatione fidelium, seu aliis justis modis, præstante Domino, poterit adipisci, firma vobis vestrisque successoribus et illibata permaneant. In quibus hæc propriis duximus exprimenda vocabulis :

Waldracha, cum banno et appendiciis suis, areis, ædificiis, pratis, silvis, pascuis, aquis, aquarumque decursibus, agris, cultis et incultis, viis, inviis, exitibus et redditibus, molendinis, cum utriusque sexus mancipiis. Ecclesiam quoque ipsius loci, cum capellis ad eam pertinentibus, videlicet Britenacha, et Hechelingen, et cum decima. Allodium quod Walterus abbas viginti duabus libris comparavit, quod dicitur Adelardi. Britecha, cum molendinis et appendiciis suis, Fildorf cum molendinis; ecclesiam etiam ejusdem villæ, et omnibus appendiciis villæ. Allodium in eadem villa, quod præfatus abbas Walterus a Gerarhdo, et uxore sua Sophia, et filiis suis Gerarhdo et Alberto decem et octo libris comparavit, Vrorocoringa, cum ecclesia ipsius loci. Hanc autem villam, cum molendinis, vineis, cum curia et omnibus suis, Albertus comes bonæ memoriæ primus illius loci ædificator, cum uxore sua Judilta, ecclesiæ Sanctæ Crucis cum omnibus possessionibus supradictis contulit. Quinque etiam allodia quæ Gerarhdus comes et marchio, filius memorati Alberti, ecclesiæ vestræ, cum uxore sua Gissila dedit, videlicet Offewilre cum appendiciis suis. Cisen cum molendino, et omnibus appendiciis curiæ. Datram cum molendinis, et aliis appendiciis suis. Raldinghen, Hergarda, cum omnibus ad eas pertinentibus. Ecclesias quoque prædictorum allodiorum videlicet Offewilre, et Cisen, villam Lualwire, quam Theodericus dux, comes et marchio, ecclesiæ vestræ contulit; ecclesiam quoque ipsius villæ. Patronatum quoque quem habetis in ecclesia de Huchenestorff et Altorfig dederunt nobiles viri, videlicet Willelmus, Godiscalus, Pirarhdus, temporibus Walteri abbatis, quod erat obligatum pro quadraginta et duabus libris, quas vos creditoribus persolvistis. Ecclesiam quoque ipsius loci, ecclesiam quoque de Bectinchen. In Marscle duas patellas, quas Girarhdus nobilis quidam supradictæ ecclesiæ contulit, et tres sedes quas ab hæredibus sedecim libris comparastis. Capiulre allodium, quod nobilis quidam eidem ecclesiæ dedit. Robertus quidam de Frilzdorf, cum conjuge sua Euphemia in Betestorf dedit mansum unum, cum mancipiis. Azelinus de lletesbach et Hiltirgardis uxor sua dederunt in eadem villa mansum unum. In Lutura dederunt novem jugera. Udo de Vellespere in Becherdorf dedit dimidium mansum. Idem dedit in Seriechinchem dimidium mansum. Horicus de Gunsinga in Dilgendorf dedit quadrantem unum. Arnoldus de Britenacha, pro anima uxoris suæ Lucardis, dedit in Ramelfinga mansum unum. Ouldericus de Inne, cum uxore sua Aidalleida in Marchena dedit mansum unum. Bertrandus de Bettinga nobilis vir, cum Albiza uxore sua, dedit in Hesseringa mansum et dimidium. Ad Ponteshem mansum et dimidium. Idem dederunt in Vilrzdorf dimidium mansum. Idem in Dala tres quadrantes dederunt. Valterus de Hirnesdorf dedit mansum unum in Noverchinga. Nezel de Latha in Wilre dedit duos mansos, cum silica terra, et silva in pastum porcorum. Walterus de Uchinga dedit dimidium mansum in Runeringua. Giselburgius dedit quadrantem in Walderfinga. Adeleidis de Tannecha dedit dimidium mansum in Direngestorf.

Præterea libertatem a comite Gerardo ecclesiæ vestræ et ministerialibus rationabiliter indultam, et scripto authentico roboratam, videlicet ut nemini liceat aliquem infra atrium ecclesiæ, vel aliquem fratribus servientem sine justa causa absque abbatis assensu impetere, nec alicui in rebus ecclesiæ propriis, vel in ministerialibus aliquid juris concessit. Jus etiam bannense, quod patres ejus tenuerunt in pago Niden, a loco qui dicitur Sucnefwrt, usque Sara fluvium, in pascuis, in silvis, in aquarum decursibus, viis, inviis, in exitibus, in redditibus, excepto banno venario, abbati et fratribus tenore perpetuo tenenda concessit. Familiæ quoque ejusdem ecclesiæ nuper libertati deditæ, quia in omnibus succurrere temporalibus occupatus non poterat, advocatos tali conditione præposuit, ut injurias illius tanquam proprias defendant, nec aliquid ab illa constitutione subscripta extorqueatur. Ter in anno ascitus ab abbate ad curiam cum uno socio et famulis tribus advocatus veniat; quem abbas nocte prima honeste procurabit. Sequenti luce ubi ad placitandum sederint, quidquid judicio scabionum requisitum fuerit, duæ partes abbatis erunt, tertia cedet advocato. Si vero statuto termino, hoc est post Epiphaniam, post octavam Paschæ, post solstitium æstivale, advocatus ad placitandum venire supersederit, et corrigenda non correxerit, nihil ab abbate servitii recipiat : in supradictis namque placitis singuli rusticorum singulos obulos pro diurno servitio dabunt. Jus etiam forense ecclesiæ concessit. In die Sabbati, quando ad nundinas ante portam... plures conveniunt, ubi quidquid jure placitaris ex quacunque impetitione vel forefacto acquisitum fuit, duæ partes abbatis, tertia erit advocati. Adjecit insuper fratribus, ad indumenta comparanda, de foro Tullensi quod jure hæreditario pro singulis annis centum solidos et decem octo denarios quos lator in eundo et redeundo expendere debet. Præterea Stephanus et Hedewidis uxor sua, in Gisengen dederunt eidem ecclesiæ dimidium mansum, qui duobus temporibus duos solidos solvit. Sane novalium vestrorum quæ propriis manibus aut sumptibus colitis, sive a nutrimentis vestrorum animalium, nullus decimas a vobis præsumat exigere. Cum autem generale interdictum terræ fuerit, liceat vobis, clausis januis, exclusis excommunicatis et interdictis, non pulsatis campanis, suppressa voce divina officia celebrare. Liceat vobis quoque clericos vel laieos e sæculo fugientes, liberos et absolutos ad conversionem recipere, et eos sine contradictione aliqua retinere. Prohibemus insuper, ut nulli fratrum vestrorum, post factam in eodem loco professionem, liceat de claustro discedere, nisi arctioris religionis obtentu. Discedentem autem absque communium litterarum cautione nullus audeat retinere. Sepulturam quoque ipsius loci liberam esse concedimus, ut eorum devotioni et extremæ voluntati, qui se illic sepeliri deliberaverint, nisi forte excommunicati sint, vel interdicti, nullus obsistat; salva tamen justitia parochialium ecclesiarum, a quibus mortuorum corpora assumuntur. Obeunte vero te nunc ejusdem loci abbate, vel tuorum quolibet successorum, nullus ibi qualibet subreptionis astutia seu violentia præponatur, nisi quem fratres communi consensu, vel fratrum pars consilii sanioris, secundum Dei timorem et B. Benedicti Regulam providerint eligendum.

Decernimus ergo, etc.

Ego Alexander catholicæ Ecclesiæ episcopus.
Ego Theodoricus Portuensis et Sanctæ Rufinæ sedis episcopus.
Ego Berneredus Prænestinus episcopus.
Ego Joannes presbyter cardinalis Sanctorum Joannis et Pauli tituli Symmachii.
Ego Cinthyus tit. S. Cæciliæ presbyter card.
Ego Hugo presbyter cardinalis tit. S. Clementis.
Ego Matthæus presbyter cardinalis tit. S. Marcelli.
Ego Arditio diac. card. S. Theodori.
Ego Joannes diac. card. Sancti Angeli.
Ego Rainerius diac. card. S. Adriani.
Ego Matthæus Sanctæ Mariæ Novæ diac. card.
Ego Paulus diac. Sanctorum Sergii et Bacchi.

Datum Anagniæ, per manum Alberti sanctæ Romanæ Ecclesiæ presbyteri card. et cancellarii, xv Kal. Novembris, indictione VIII, Incarnationis Dominicæ anno 1179, pontificatus vero domini Alexandri papæ III, anno XXI.

MCDXXXVII.
Privilegium pro Ecclesia Asculana.
(Anagniæ, Oct. 24.)

[UGHELLI, Italia sacra, I, 455.]

ALEXANDER episcopus, servus servorum Dei, dilectis filiis RAYNALDO archidiacono, MATTHÆO archipresbytero, et canonicis Esculanæ Ecclesiæ, tam præsentibus, quam futuris canonice substituendis in perpetuum.

Quoties illud a nobis petitur quod religioni, et honestati convenire dignoscitur, etc. Eapropter, dilecti in Domino filii, vestris justis postulationibus clementer annuimus, et canonicam vestram sub B. Petri, et nostra protectione suscepimus, et præsentis scripti privilegio communimus; statuentes, ut quascunque possessiones, etc.

(Eorum possessiones enumerat.)

Ad hæc auctoritate vobis apostolica indulgemus, quod si aliquid de episcopatu vestro impositionis, aut in alia bona canonicæ vestræ violentiam exercuerint, vel rapinam, et ad secundam, vel tertiam commonitionem vestram præsumptricem suam dirigere emendare contempserint, episcopo vestro ipsos ad secundam, vel tertiam requisitionem vestram devote et humiliter per convenientia intervalla temporis facta volente, vel non volente corrigere pax vobis sit de auctoritate vestra in eos interdicti, et excommunicationis sententiam promulgare.

Decernimus ergo, etc.

Ego Alexander catholicæ Ecclesiæ episcopus.
Ego Hubaldus Ostiensis episcopus.
Ego Theodinus et Sanctæ Rufinæ sedis episcopus
Ego Henricus Albanensis episcopus.
Ego Jo. Neor. Jo. et Pauli presb. card.
Ego Cintius presb. card. tit. Sanctæ Cæciliæ.
Ego Hugo presb. card. tit. Sancti Clementis.
Ego Matthæus presb. card. tit. Sancti Marcelli.
Ego Ardictio diac. card. S. Theodori.
Ego Gratian. diac. card. SS. Cosm. et Dam.
Ego Jo. diac. card. Sancti Angeli.
Ego Matth. Sanctæ Mariæ Novæ diac. card.

Data Anagni per D. Dayfen. S. R. E. subdiaconum, IX Kal. Nov., indict. XIII, Incarnat. Dom. 1179, pontif. vero D. Alexandri papæ II, anno XXI.

MCDXXXVIII.
Privilegium pro monasterio S. Apri Tullensi.
(Anagniæ, Nov. 25.)

[D. CALMET, Hist. de Lorraine, II, Pr., p. 583.]

ALEXANDER episcopus, servus servorum Dei, dilectis filiis abbati monasterii Sancti Apri Tullensis, ejusque fratribus tam præsentibus quam futuris, regularem vitam professis, in perpetuum.

Effectum justa postulantibus indulgere, et vigor æquitatis et ordo exigit rationis, præsertim quando voluntatem petentium et pietas adjuvat et veritas non relinquit. Eapropter, dilecti in Christo filii, vestris justis postulationibus clementer annuimus, et præfatum monasterium in quo divino mancipati estis obsequio, sub beati Petri et nostra protectione suscipimus, et præsentis scripti privilegio communimus; in primis siquidem statuentes ut ordo monasticus, qui secundum Deum et beati Benedicti Regulam in vestro monasterio statutus esse dignoscitur, perpetuis ibidem temporibus inviolabiliter observetur. Præterea quascunque possessiones, quæcunque bona, idem monasterium in præsentiarum juste et canonice possidet, aut in futurum concessione pontificum, largitione regum, vel principum, oblatione fidelium, seu aliis justis modis, præstante Domino, poterit adipisci, firma vobis, vestrisque successoribus, et illibata permaneant. In quibus hæc propriis duximus exprimenda vocabulis:

Cellam videlicet Sancti Petri quæ est Castinio, cum omnibus possessionibus suis, quam mater ducis Theodorici, Havidis nomine, et ipse dux Theodericus, et filius ejus Simon dux, legitima donatione tradiderunt. Terram etiam bobus vestris excolendam, et pratum subtus cellam, et mancipia utriusque sexus plurima. Videlicet Gisbertum et Gislebertum, cum omni familia sua, ea scilicet libertate, ut quisquis undecunque de familia vestra in ipsorum ibi terra habitaret, in nullis banno obnoxius esset. Si autem in terra vestra aliqui suorum hominum habitarent, diem unum ad corvadam ducis, si tamen boves haberent, facerent. De cætero ab omnibus exactionibus toto anno degerent immunes. Confirmamus etiam redecimationes ibi totius sui indominicatus, tam in vino, quam in annona; et usum pabuli, aquæ, silvæ, quem prædicti donatores vobis tradiderunt, sine ulla ad bannum responsione, theloneum nundinarum ibi in festo Sancti Petri ab eisdem vobis collatum, et dimidium sextarium salis de theloneo Novi-castri (*Neufchâteau*), quod per annum singulis feriis quintis ab illo qui theloneum servat Novi-castri, vobis debet persolvi, cum aliis tribus integris sextariis, unum in septimana ante festum Sancti Petri; aliud in septimana ante Natale Domini, tertium in septimana ante diem Dominicæ Resurrectionis; ut molendinum et allodium suum apud Lifou. Eo pacto ut intercursus fieret virorum ac mulierum; ita ut si homines vestri mulieribus ipsius ducis in matrimonio se conjungerent, vestræ ditioni subigerentur. Villam Bundingam (*Bodange*), cum omni integritate, in servis, ancillis, terris cultis et incultis, pratis, vineis, et molendinis; capellam de castro Castiniaci, cum omnibus pertinentiis suis, et remissionem servitii, quod ministeriales Novi-castri in festo Sancti Petri, quasi ex debito exigebant; decem jugera vineæ, vineæ vestræ contigua, quæ Bertha ducissa, soror charissimi in Christo filii nostri F. illustris Romanorum imperatoris, et filius ejus Simon Lotharingiæ dux et marchio, beato Petro cellæ Castiniensis legitima donatione tradiderunt; et quod nundinæ, quæ in festo Petri circa atrium fiunt in Lurgo castri, nulla valeant præsumptione transferri. Confirmamus etiam statutum jam dictæ cellæ fundatorum, videlicet Girardi Flandrensis, Theoderici, Simonis, Matthæi, Simonis ducum. Qui pro remedio animæ suæ, hominibus suis, nobilibus suis, ignobilibus, divina mediante clementia, concesserunt, ut allodium suum prædictæ cellæ Beati Petri libere conferrent, et piscationem in Vera fluvio (*le Vair*) ad usum fratrum in prædicta cella Deo servientium. Allodium de Lifol, quod Brocardus miles nobilis, cum uxore sua Bertha, eidem cellæ contulit, nulla penitus advocatura retenta. Decimas Longi-campi (*Longchamp*), pratum quod Foschalprez vulgo vocatur, cum allodio quod Olricus de Monuncourt, sicut in terris, pratis, ubicunque possidebat, cum uxore sua Acelina, prædictæ cellæ libere concessit. Allodium quod Guarsilius miles dedit vobis in vadio et sine vadio. Et aliud allodium quod contulit ecclesiæ vestræ Maria Longi-campi, tam in vadio quam sine vadio. Quarterium unum cum manso uno quod dedit vobis Simon miles; allodium in pratis, terris, silvis, tam in vadio quam sine vadio, quod dedit vobis Ottho de Oleinvilla (*Oleinville*). Quarterium unum quod Richardus miles dedit vobis in eadem villa. Quarterium quod dedit vobis Girardus Flandriæ apud Roure. Tertiam partem decimarum in eadem villa, cum tertia parte decimarum apud Viocourt, in omni usu; quidquid Bertha Barleville, cum Elizabeth nepte sua, tenebat apud Ramme, in terris, pratis, servis et ancillis. Quarterium unum, quod prædicta Bertha dedit vobis apud S. Paulum, cum allodio quod Boso nepos ejus dedit vobis, tam in vadio quam sine vadio. Apud Morel-maison, molendinum ab omni calumnia liberum, et quod possidetis apud Sanctum Paulum. Præterea allodium quod vobis Drogo de Domno-juliano (*Domjulien*), in terris, pratis, silvis, cum sede molendini, in eadem villa, cum cæteris quæ possidebat. Sex quarteria et dimidium, quæ dedit vobis Elizabeth de Castinio, cum duobus quarteriis quæ possidetis apud Fresne, et sexta parte molendini de Van. Pratum quod dedit vobis Humbertus sacerdos apud Vallencourt, cum medio campo, et duobus quarteriis quæ Richardus miles dedit vobis a Riainville, et quarterio uno quod dedit vobis Roffredus miles in eadem villa. Donum etiam possessionis quod Joffridus de Auzainviller, cum fratre suo Hugone, in eadem villa possidebat. Scilicet in pratis, terris, silvis, servis et ancillis; cum duobus quarteriis quæ dedit vobis Theodericus Flatarz apud Morincurt, et quarterio uno quod habetis apud Marbache, et uno quarterio quod habetis apud Parrer; cum aliis quinque quæ habetis apud Ulmoy; cum alio quod habetis apud Daswel; cum tribus quæ habetis apud Mandre, et duobus quæ habetis apud Belmont, cum allodio quod habetis apud Mont, et sedem molendini. Confirmamus insuper pacem et concordiam quæ facta est in hunc modum inter monachos Sancti Petri de Castinio, et eorum vicarium, ut in decimis et eleemosynis tertiam partem vicarius accipiat, et in oblationibus quæ ad manum suam venerint, dum missas celebraverit; et quidquid de albatis et peris (43), et confessionibus ei provenerit, solus habebit. Statuimus etiam ut concordia quæ facta est inter monachos Sancti Petri de Castinio et vicarium ecclesiæ suæ de Ulmis, assensu totius capituli Sancti Apri, et Henrici bonæ memoriæ quondam Tullensis episcopi, et Haimonis ejusdem parochiæ archidiaconi, assensu etiam decani, firma et illibata permaneat. Videlicet ut vicarius tertiam partem omnium decimarum, et tertiam partem totius dotis Ecclesiæ accipiat, cum tertia parte omnium oblationum, in quatuor præcipuis festivitatibus anni, scilicet Nativitatis Domini, Paschæ, Pentecostes, et S. Remigii, cum medietate omnium eleemosyn. tam mobilium quam immobilium, et in die defunctionis alicujus si servitium suum habuerit, eleemosyna, sicut dictum est, per medium dividi debeat. Si autem habere non potuerit, de eadem

---

(43) Les habits blancs des nouveaux baptisés et les bourses des pèlerins que l'on bénissait à l'église.

eleemosyna, tres ei denarii dabuntur de communi. His itaque vicarius contentus absque omni gravamine super monachos, de proprio jura omnia Ecclesiæ persolvere debebit. Sane novalium vestrorum, etc., *ut in num. 1436, supra.*

Datum Anagniæ per manum Alberici, S. Romanæ Ecclesiæ presbyteri card. et cancell., IX Kal. Dec., ind. XIII, Incarnat. Dominic. 1179, pontific. vero D. Alexandri papæ III anno XXI.

MCDXXXIX.

Monachis S. Germani Parisiensis concedit « ut si Senonensis archiepiscopus numerum personarum et equitaturarum a sese præfixum in procuratione quam ab eis requirat, excedere forte voluerit, liberum sit iis quod petatur denegare. »

(Velletri, Dec. 18.)

[BOUILLART, *Hist. de Saint-Germain des Prés*, Pr., p. 47.]

MCDXL-XLI.

Ad Bartholomæum archiepiscopum Turonensem. — Arguit eum quod ad constitutum terminum non comparuerit, novasque ei indulget inducias.

[MARTEN., *Thes.*, III, 904.]

LEXANDER episcopus, servus servorum Dei, venerabili fratri B. [BARTOLOMÆO] Turonensi archiepiscopo apostolicæ sedis legato, salutem et apostolicam benedictionem.

Sicut felicis memoriæ prædecessor noster Adrianus papa E. [Engebaldo] prædecessori tuo mandavit, ut Hugoni quondam Dolensi archiepiscopo de suffraganeis responsurus, ad sedem apostolicam accederet; ita nos quoque tuæ fraternitati mandavimus, ut cum dilecto filio nostro Dolensi electo amice componeres, vel in termino quem tibi præfiximus apostolico te conspectui præsentares. Tu vero nec ad diem statutum venisti, nec responsalem mittere studuisti. Et cum tu misisses quemdam nuntium causam tuæ infirmitatis per eum prætendens, et a nobis inducias usque ad concilium postulans, nec in concilio te præsentem exhibere, nec responsales ad agendum instructos destinare curasti. Quia vero prædicto electo, qui longam apud nos moram habuit, et plurimas fecit expensas, in sua justitia deesse non possumus, nec debemus; fraternitati tuæ per apostolica scripta mandamus atque præcipimus, quatenus cum prædicta ecclesia pacifice amicabiliterque componas, aut usque ad proximam Dominicam, qua cantatur *Lætare Jerusalem* (44), vel ad plus quando cantatur *Ego sum pastor bonus* (45), plene instructus, per te vel per sufficientes responsales, occasione et excusatione postposita, apostolico te conspectui repræsentes. Quod si tunc non veneris, nec sufficientes responsales transmiseris; non minus in causa ipsa, quantum ratio patitur, auctore Domino, procedemus. Quia cum tertio inducias tibi dederimus, ampliores non duximus indulgendas, cum ex hoc altera pars videatur nimium aggravata.

MCDXLII.

Ad regem Francorum. — Ut controversiam Dolensem inter et Turonensem ecclesiam componere studeat.

[*Ibid.* 1, 906.]

Regiæ magnitudini non credimus esse incognitum qualiter Dolensis Ecclesia, quam recolendæ memoriæ Childebertus quondam illustris rex Francorum fundasse dicitur, et magnis possessionibus privilegiisque dotasse, occasione controversiæ quam habet cum Turonensi Ecclesia, gravata sit et attrita, et in spiritualibus et temporalibus plurimum diminuta. Unde quoniam, sicut communis pater dicimur, communiter sine personarum delectu omnium ecclesiarum jura tenemur illibata servare; celsitudinem tuam rogamus attentius et monemus, necnon et in remissionem peccatorum injungimus, quatenus ad desolationem ipsius ecclesiæ oculo clementiori respiciens, divini amoris intuitu et consideratione sanctorum, qui ejusdem ecclesiæ pastores esse dicuntur, videlicet S. Samsonis, qui Aurelianis; S. Maglorii, qui Parisius; B. Turiavi, qui apud (46) S. Germanum quiescunt, ut dicitur; inter utramque Ecclesiam per te et per alios pacifice amicabiliterque componere modis omnibus elabores. Occasione namque ipsius discordiæ possessiones jam dictæ ecclesiæ a baronibus et aliis militibus sunt pro parte invasæ maxima; conjugia et alia sacramenta ecclesiastica nequaquam ibi secundum Deum et statuta canonum disponuntur, et nonnulli frequenter in tertio gradu junguntur, et vir unus tres habet uxores, et quando alicujus uxor leprosa efficitur, eam dimittit, et aliam contra rationem ecclesiasticam ducit. Si autem compositio fieri nequiverit, patienter et benigne sustineas, ut Dolensis ecclesia contra Turonensem ordine judiciario valeat experiri, ne tantorum malorum causa, quod absit! perhibearis existere, vel nominis tui detractionem possis ob hoc merito sustinere. Sane cum felicis memoriæ prædecessor noster Adrianus papa super hoc scripserit, omittere nec possumus nec debemus, quin eidem Dolensi Ecclesiæ in suo curemus jure adesse.

MCDXLIII.

(Wilhelmo), archiepiscopo Remensi, mandat, ut « ad Lamen. [al. Laudunensem] et Tornacensem ecclesias accedens, ad opus magistri, qui scholas regat, aliquod restituat beneficium, quod ad illud opus deputatum fuerit antiquitus, aut aliud faciat deputari, ut competentibus stipendiis doctori provisis, pauperes, qui parentum opibus non juventur, per misericordiam Ecclesiæ doctrinam sibi lætentur adesse, ut divites, qui ecclesiasticis possint utilitatibus deservire, ab Ecclesia pro studio litterarum longe fieri non cogantur. »

(MANSI, *Concil.*, XXI, 1100.)

---

(44) Dominicam quartam Quadragesimæ, 30 Martii 1180.

(45) Dominica secunda post Pascha, 4 Maii 1180.

(46) Parisiensem scilicet abbatiam S. Germani a Pratis.

ANNO 1170-1180.

MCDXLIV.

Priori Dominici Sepulcri Hierosolymitani et ejus successoribus concedit, ut « post archiepiscopos et episcopos inter abbates et priores Hierosolymitani patriarchatus primum locum in conventibus et officiis ecclesiæ teneant. »

(Tusculani, Nov. 12.)

[Eug. de ROZIERE, *Cartul. du Saint-Sépulcre*, 270.]

ALEXANDER, episcopus, servus servorum Dei, dilectis filiis priori et fratribus Dominici Sepulcri, salutem et apostolicam benedictionem.

Singulorum dignitates et jura ex injuncti nobis officii debito integra tenemur et illæsa servare, et eos maxime, quos obtentu religionis et devotionis suæ speciali charitate diligimus et consideratione ecclesiæ, cui deserviunt, exactiori diligentia in jure suo confovere debemus. Quocirca, dilecti in Domino filii, vestris justis postulationibus benignum indulgentes effectum, apostolica auctoritate statuimus ut tu, fili prior, et successores tui post archiepiscopos et episcopos inter abbates et priores Jerosolymitani patriarchatus primum locum in conventibus et officiis ecclesiæ in perpetuum teneatis, quemadmodum priores alii, qui te præcesserunt, ipsum tenuisse noscuntur, non obstante eo quod quidam, qui priores dici solebant, nunc, mutato nomine, abbates vocantur; quominus in hac parte consuetus honor tibi et tuis successoribus conservetur.

Data Tusculani, II Idus Novembris.

MCDXLV.

Abbatibus Templi Domini, de Monte Sion, de Valle Josaphat, et priori Montis Oliveti præcipit, ut « in præcipuis solemnitatibus ecclesiarum; si forte Hierosolymitanus patriarcha absens sit vel infirmus, aut si ecclesia Hierosolymitana vacaverit, priorem ejusdem ecclesiæ cum fratribus ad sollemnem processionem recipiant, et in ecclesiis sollemnem missam vice patriarchæ eos [cantare] permittant.

(Tusculani, Nov. 13.)

[*Ibid.*, 269.]

ALEXANDER, episcopus, servus servorum Dei, dilectis filiis Templi Domini, de Monte Sion, de Valle Josaphat abbatibus et priori Montis Oliveti eorumque fratribus, salutem et apostolicam benedictionem.

Quantum universis ecclesiasticis viris, et his maxime, qui sub religionis habitu Domino famulantur, expediat statutis apostolicæ sedis deferre, prudentiam vestram decet diligenter attendere, et statuta eadem sine contradictione qualibet observare; ut sic veri possitis filii comprobari, cum matris vestræ constitutionibus filiali curaveritis subjectione deferre. Inde est quod universitatem vestram per apostolica scripta monemus, mandamus atque præcipimus quatenus in præcipuis solemnitatibus ecclesiarum vestrarum, si forte Jerosolymitanus patriarcha absens sit vel infirmus, aut si ecclesia Jerosolymitana vacaverit, priorem ejusdem ecclesiæ qui pro tempore fuerit, cum fratribus suis ad solemnem processionem, sicut in nostro privilegio continetur, sine contradictione recipiatis, et in eisdem ecclesiis solemnem missam vice patriarchæ eumdem priorem et fratres suos, omni occasione et excusatione postposita, [cantare] permittatis. Si vero, quod non credimus, in hac parte statuta nostra contempseritis adimplere, noveritis vos indignationem beati Petri et nostram graviter incursuros, et de præsumptione vestra dignæ ultioni subjiciendos.

Data Tusculani, Idibus novembris.

MCDXLVI.

Abbati S. Dionysii ejusque successoribus asserit jus distribuendarum ecclesiæ S. Pauli præbendarum.

(Tusculani, Dec. 20.)

[DOUBLET, *Hist. de Saint-Denis*, 506.]

ALEXANDER episcopus, servus servorum Dei, dilecto filio abbati Sancti Dionysii, salutem et apostolicam benedictionem.

Ea quæ judicio vel compositione amicabili terminantur in suo debent robore et stabilitate manere, et ne alicujus præsumptione temeraria in posterum in scrupulum recidivæ contentionis deveniant, apostolicæ firmitatis est patrocinium adhibendum. Cum autem inter prædecessores tuos et canonicos ecclesiæ S. Pauli, qui jurisdictioni Ecclesiæ vestræ subesse noscuntur, super donatione et investitura præbendarum ipsius ecclesiæ Sancti Pauli contentio mota fuerit, et usque ad hæc tempora remanserit indecisa, tandem iidem canonici juri suo, si quod tam in donationibus quam investituris præbendarum ipsarum habebant, sicut ex scripto magnarum et religiosarum personarum sigillis munito nobis innotuit, omnino renuntiantes liberam potestatem præbendas ejusdem ecclesiæ dandi et investituras exinde faciendi, pari voto et unanimi voluntate, tibi et successoribus tuis perpetuis temporibus concesserunt. Quod utique ratum et firmum habentes auctoritate apostolica confirmamus, et præsentis scripti patrocinio communimus. Statuentes, ut nulli omnino hominum liceat hanc paginam nostræ confirmationis infringere, vel ei aliquatenus contraire. Si quis autem hoc attentare præsumpserit, indignationem omnipotentis Dei, et beatorum Petri et Pauli apostolorum ejus, se noverit incursurum.

Datum Tusculani, decimo tertio Kal. Januar.

MCDXLVII.

Abbati monachisque S. Dionysii concedit ut nulli archiepiscopo vel episcopo aut aliis personis ecclesiasticis sit licitum fratres eorum, sive priores cellarum sint, aut in cellis sive villarum custodiis, vel alibi ubicunque morentur, præter Romanum pontificem vel ejus legatum, ab officiis divinis suspendere, aut interdicti vel excommunicationis sententia condemnare.

(Tusculani, Dec. 20.)

[*Ibid.*, p. 507.]

ANNO 1171-1180.

MCDXLVII bis.

K(anutum), illustrem Sueorum et Gothorum regem, episcopos et nobilem virum ducem, universumque clerum et populum per Gothiam constitutos ad servandas leges maritales, colendos sacerdotes dandasque decimas hortatur. Monet, ne « exhæredatis legitimis filiis bona omnia ecclesiis derelinquant, » neve « homines, in potatione et ebrietate occisos, quasi sanctos more infidelium venerentur. » Remittit iis « quadragesimam, quæ est ante festum S. Michaelis, excepta sexta feria. » Gratias agit, quod se « in multis necessitatibus suis per Richardum presbyterum visitaverint. »

(Tusculani, Julii 6.)

[LILJEGREN, Dipl. Suecan., I, 61].

ALEXANDER episcopus, servus servorum Dei, charissimo in Christo filio K[ANUTO] illustri Sueorum et Gothorum regi, et venerabilibus fratribus episcopis et dilectis filiis, nobili viro duci et universo clero et populo per Gothiam constitutis, salutem et apostolicam benedictionem.

Æterna et incommutabilis divini consilii providentia sacrosanctam Romanam Ecclesiam omnium ecclesiarum omniumque fidelium caput, matrem et magistram esse constituit et super catholicæ et Christianæ fidei petram protinus nascentis erexit, dicente Domino ad Petrum : *Tu es Petrus et super hanc petram ædificabo Ecclesiam meam, et portæ inferi non prævalebunt adversus eam, et tibi dabo claves regni cœlorum* (*Matth.* XVI). Huic enim apostolorum principi in cujus cathedra, licet immeriti, præsidemus, omnes oves suas indistincte et principaliter Dei Filius pascendas commisit. Ut quicunque de ovili Christi sunt Petri magisterio et doctrinæ subjaceant, pro cujus fide specialiter rogasse se perhibet, dicens : *Ego pro te rogavi, Petre, ut non deficiat fides tua; et tu aliquando conversus confirma fratres tuos* (*Luc.* XXII). Unde quoties de articulis fidei vel institutionibus ecclesiasticis dubitatur, ad prædictam Romanam Ecclesiam tanquam ad matrem et magistram fidei Christianæ confidenter recurritur, cujus est teneros in fide populos verbo Dei pascere, instruere et confirmare, *sine qua fide videlicet, testante Apostolo, impossibile est placere Deo* (*Hebr.* XI). Inter cætera vero ipsius Redemptoris omnium instituta, legem matrimonii in ipsis humanæ creationis exordiis per seipsum instituere voluit, et uxorem non de alia materia, sed de ipsa primi hominis sui costa formavit, ostendens unum utriusque corpus carnemque futuram. Quod postmodum in spiritu Adam ipse cognoscens pronuntiavit, dicens : *Hoc nunc os de ossibus meis et caro de carne mea* (*Gen.* II). — *Propter hanc relinquet homo patrem et matrem, et adhærebit uxori suæ; et erunt duo in carne una* (*Marc.* X). Quod postea Dei Filius in substantia nostræ mortalitatis apparens apertius demonstravit, et verbis suis quæ, cœlo et terra transeunte non transient, docuit dicens : Non licet viro dimittere uxorem suam excepta causa fornicationis; quod si, illa dimissa, aliam, illa superstite, duxerit, vocabitur adulter, et de uxore similiter (*Matth.* XIX). Quod latius doctrina apostolica docet, et manifestius repræsentat, quæ virum plures uxores simul aut mulierem plures viros habere nulla ratione permittit. Ideoque non licet vivente uxore etiam propter fornicationem dimissa, aut vivente viro, alium vel alium ducere, quia qui hoc fecerit manifeste adulterari convincitur. Propterea, charissimi filii, fugite fornicationem, quia fornicatores et adulteri, testante Apostolo, regnum Dei non possidebunt. Habet quoque ecclesiastica institutio ut, mortua uxore, ullam de consanguinitate defunctæ uxoris vir ducat uxorem; et defuncto viro nullum de consanguinitate defuncti superstes mulier in virum suscipiat, quia ex hoc sine dubio crimen incestus committitur, ubi nulla dispensatio adhiberi. Quod et de sponsa et nondum a viro, morte aut aliis causis præpedientibus, cognita, ratione honestatis similiter custoditur.

Præterea episcopos, sacerdotes, monachos, aliosque viros religiosos attentius honorari oportet, quos Dominus verbo suo docuit honorandos, dicens : *Qui vos audit, me audit; qui vos spernit me spernit* (*Luc.* X), et qui vos tangit, tangit pupillam oculi mei. Unde qui eos persequuntur et eorum bona diripiunt vel invadunt, Christum procul dubio persequuntur, et sacrilegii crimen eorum bona invadendo vel diripiendo committunt; valde enim iniquum est, et ingens sacrilegium est quæcunque pro remedio peccatorum vel pro salute aut requie animarum unusquisque ecclesiæ aut religioso loco contulerit vel certe reliquit, ab iis maxime quibus servare convenit, id est Christianis et Dominum timentibus hominibus, et præsertim a principibus et magnatibus regionum, præripi, vel auferri, aut in domesticos et proprios usus transferre, cum laicis quantumlibet religiosis de ecclesiasticis facultatibus aliquid disponendi nulla prorsus sit attributa facultas. Decimas autem lex tam Novi quam Veteris Testamenti sacerdotibus aliisque ecclesiarum ministris docet esse reddendas, dicente Domino : *Afferte omnem decimationem in horreum meum, ut sit cibus in domo mea* (*Malac.* III). Deus enim qui dignatus est totam dare decimam, dignatus est a nobis accipere non sibi, sed nobis sine dubio profuturam. Quoniam qui de bonis suis decimas fideliter dederint, et terrena poterunt et cœlestia promereri et bonis omnibus abundabunt. Si quando enim fames vel penuria, vel rerum egestas opprimit mundum, sciatis ex ira Dei mei sine dubio provenire, qui se in ministris suis, si decimas non accipiat, conqueritur defraudari. Et hæc est, testante doctore egregio Augustino : « Justissima Domini consuetudo ut qui illi decimam non dederint, ad decimam postea revertantur » Unde si vultis a Deo vobis præmium comparare, aut peccatorum indulgentiam promereri, reddite decimas et de novem partibus eleemosynam Domino persolvatis. Ad hæc nuntiatum nobis est quod sunt aliqui inter vos qui, exhæredatis legitimis filiis, bona sua omnia ecclesiis derelinquunt, quod quidem nullo jure permittitur; sed qui habet filios duos, si vult, alterum faciat Christum, dimidiam Ecclesiæ relinquendo. Qui habet tres, faciat tertium Christum, et sic in cæteris, quoniam Ecclesia, exhæredatis filiis, recipere totum non debet, quod nimirum fratres, vel sorores, fratribus vel sororibus prætermissis, facere possunt, ut sine filiis decedentes, totum ecclesiis derelinquant.

Viris autem in captivitate a paganis vel Christianis deductis, non licet eorum uxoribus, aliis, illis viventibus, copulari. Quod si copulatæ fuerint, viris prioribus quardocunque de captivitate redeuntibus sine ulla quæstione reddantur, alioquin adulterii crimine quandiu cum secundis fuerint, postquam priores viros vivere noverint, maculantur. Denique quiddam audivimus, quod magno nobis fuit horrori, quod quidam inter vos sunt qui diabolica fraude decepti, hominem quemdam in potatione et ebrietate occisum quasi sanctum, more infidelium, venerantur, cum vix etiam pro talibus in suis ebrietatibus interemptis orare permittat Ecclesia. Dicit enim Apostolus quoniam *ebriosi regnum Dei non possidebunt* (I Cor. VI). Unde a potationibus et ebrietatibus, si regnum Dei habere desideratis, vos continere oportet, et hominem illum de cætero colere in periculum animarum vestrarum nullatenus præsumatis. Cum etiamsi signa et miracula per eum plurima fierent, non liceret vobis pro sancto absque auctoritate Romanæ Ecclesiæ eum publice venerari. Sed in his omnibus quæ prædiximus et aliis quæ ad salutem vestram pertinere noscuntur, tales vos exhibere, curetis ut bona temporalia et æterna a Deo bonorum omnium retributore consequi mereamini. Si autem ea quæ dicta sunt, custodire, auctore Domino, volueritis, et in aliis virtutum operibus ambulare, nos de Christi misericordia et auctoritate, et potestate beatorum Petri et Pauli apostolorum ejus confidentes, quadragesimam quæ est ante festum sancti Michaelis vobis remittimus, excepta sexta feria, quam pro reverentia crucis Christi in jejuniis et aliis bonis operibus debetis attentius venerari. Super visitatione vestra qua nos in multis necessitatibus vestris et Ecclesiæ per Richardum presbyterum et alium socium suum latores præsentium visitastis, gratiarum vobis reddimus actiones, et presbyterum qui pro vobis ad sedem apostolicam veniendo plurimum laboravit, vobis attentius in Domino commendamus.

Datum Tusculani II Non. Julii.

MCDXLVIII.

Ad monachos S. Savini. — Ut obedientes sint abbati.

(Tusculani, Jul. 28.)

[MARTEN., *Thesaur.*, 1, 457.]

ALEXANDER episcopus, servus servorum Dei, dilectis filiis universo capitulo Sancti Savini, salutem et apostolicam benedictionem.

Quanta sit obedientiæ virtus, primi hominis lapsus declarat, qui cum esset in suprema beatitudine positus, per inobedientiæ vitium de gloria cecidit in miseriam, et de incomparabili bono in vallem dejectus est lacrymarum. Ne autem de inobedientiæ possitis vitio argui, aut merito reprehendi, qui obedientiæ debetis virtute esse ornati, universitati vestræ per apostolica scripta præcipiendo mandamus, quatenus dilecto filio nostro abbati vestro, tanquam spirituali patri, et animarum vestrarum rectori, debitam in omnibus obedientiam et reverentiam impendatis, et in his quæ de su... monitis et mandatis ejus humiliter et devote parentes, ad cultum religionis, custodiam claustri, et observantiam ordinis, ferventer et unanimiter intendatis; ita quod de obedientiæ virtute, apud Deum et homines possitis commendabiles apparere, et Conditori vestro dignum et acceptum sacrificium laudis et orationis offerre. Si qui autem vestrum eidem abbati rebelles et inobedientes exstiterint, sententiam quam ipse in eos propter hoc canonice tulerit, auctore Domino, ratam et firmam habebimus.

Datum Tuscul., V Kal. Aug.

MCDXLIX.

Canonicorum S. Reguli legem confirmat, ut Canonici qui per sex menses in anno ecclesiæ non servierint, non obtenta licentia, viginti tantum solidos de præbendis suis recipiant.

(Tusculani, Aug. 15.)

[*Vie de sainte Rieul*, 398, teste Brequigny, *Table chronol.*, III, 537.]

MCDL.

Ad archiepiscopum Auxitanum, et abbatem Massiliensem. — Ut monachis inobedientibus pœnitentiam congruam imponant.

(Tusculani, Sep. 22.)

[MARTEN., *Thesaur.*, 1, 458.]

ALEXANDER episcopus, servus servorum Dei, venerabili fratri Auxitano archiepiscopo, apostolicæ sedis legato, et dilecto filio abbati Massiliensi, salutem et apostolicam benedictionem.

Ad audientiam apostolatus nostri pervenit quod cum monachos Sancti Savini excommunicationi decreverimus subjacere, pro restitutione quartarum illarum ecclesiarum, quæ venerabili fratri nostro Bigorritano episcopo, contra monasterium eorum fuerant auctoritate felicis memoriæ Eugenii papæ adjudicatæ, ipsi post excommunicationem divina celebrare officia præsumpserant, et indesinenter præsumunt, non attendentes quomodo instar sacrilegii est apostolicis contraire statutis; ideoque vobis per apostolica scripta mandamus atque præcipimus, quatenus si res ita se habet, qui magis culpabiles sunt, ad monasterium Massiliense, ut ibi pœnitentiam agant de tanto excessu, occasione et appellatione cessante, mittatis, aliis vero qui magis idonei sunt, pœnitentiam congruam imponentes, ipsos tandiu faciatis a celebratione missarum cessare, quandiu excommunicati cantasse noscuntur.

Datum Tuscul., x Kal. Octob.

MCDLI.

Ad Rotrodum Rothomagensem archiepiscopum.

(Tusculani, Oct. 11.)

[*Gilberti Foliot epist.* ed. GILES, II, 78.]

Quia quæsitum est a nobis ex parte tua, si liceat tibi eos qui excommunicationis vinculo ab episcopis, aut suffraganeis tuis fuerint innodati, et ad audientiam tuam appellant, absolvere antequam steterint tuo judicio : inquisitioni tuæ præsentibus litteris respondemus, quod si post appellationem inter eos sententia excommunicationis est promulgata, absolutione non indigent, cum sententia post appellationem lata neminem ligare possit. Si autem ante appellationem fuerint excommunicati, ante ingressum causæ, recepto ab eis juramento, secundum ecclesiæ consuetudinem debes eos absolvere, nisi episcopo a quo fuerunt excommunicati, in hac parte volueris deferre, et eos ad ipsum absolvendos remittere. Cum autem ab episcopo vel a te fuerint absoluti, causam audire debes et eam fine debito terminare : quia nec excommunicati ante absolutionem sunt audiendi, nec causa ad eos a quibus est appellatum, debet aliquatenus remitti.

Datum Tusculani, v Idus Octobr.

MCDLII.

Privilegium pro monachis S. Benedicti Sublacensis.

(Tusculani., Octob. 15.)

[MARGARINI, *Bull. Casin.*, II, 196.]

ALEXANDER episcopus, servus servorum Dei, dilectis filiis universis fratribus S. Benedicti Sublacensis, salutem et apostolicam benedictionem.

Justis petentium desideriis facilem nos convenit præbere consensum, et vota quæ a recto rationis tramite non discordant, effectu prosequente complere. Eapropter, dilecti in Domino filii, vestris justis postulationibus annuentes, apostolica vobis auctoritate concedimus, ut si quando Simonem abbatem vestrum et illos qui ei successerint bona monasterii dilapidare videritis ; si commoniti desistere forte noluerint, ad sedem apostolicam reclamandi, et ea quæ ad incommodum monasterii pertinent, indicandi, facultatem liberam habeatis, neque abbati vestro ullo tempore liceat aliquem vestrum, occasione ista in compedibus ponere, aut aliqua injusta gravamina irrogare, salva tamen in omnibus beati Benedicti Regula, et monastici ordinis disciplina.

Statuimus ergo ut nulli omnino hominum liceat hanc paginam nostræ concessionis infringere, vel ei ausu temerario contraire. Si quis autem hoc attentare præsumpserit, indignationem omnipotentis Dei et beatorum Petri et Pauli apostolorum ejus se noverit incursurum.

Dat. Tusculani, Idibus Octobris.

ANNO 1175-1180.

MCDLIII.

Ad Raynerium Salernitanum archiepiscopum.

[MANSI, *Concil.*, XXII, 381.]

Ad hæc licet consuetudo illa non sit rationi consona, secundum quam clericus, si a Kalendis Martii usque ad Kalendas Novembris decesserit, totum fructum beneficii, quem deberet anno illo percipere, pro voluntate sua largitur : quia tamen in multis ecclesiis observatur, satis eam in archiepiscopatu tuo poteris tolerare, præsertim si clericus in decessu suo gravetur debitis. Et illud est omnino rationi contrarium, ut unus clericus in una vel in diversis ecclesiis archidiaconatum et cantoriam vel decanatum obtineat, cum singula officia quæ sunt in ecclesiis, assiduitatem exigant [personarum] præstari.

MCDLIV.

Locum de Misericordia Dei Fulberto eremitæ confirmat.

(Tusculani, Dec. 18.)

[*Gall. Christ. nov.*, XII, Instr., 55.]

ALEXANDER episcopus, servus servorum Dei, dilecto filio fratri FULBERTO, salutem et apostolicam benedictionem.

Justis petentium desideriis dignum est nos facilem præbere consensum, et vota quæ a rationis tramite non discordant, effectu prosequente complere. Eapropter, dilecte in Domino fili, tuis justis postulationibus grato concurrentes assensu, donationem loci qui Misericordia Dei vocatur, ab Hugone de Acrivilla et Heimoris, et Reinaldo Pelotini, et Fecelino Bodini, tibi tuisque successoribus rationabiliter factam, scripto authentico venerabilis fratris nostri Guillelmi tunc Senonensis, nunc vero Remensis archiepiscopi, apostolicæ sedis legati, roboratam, sicut tu eumdem locum juste possides et quiete, tibi tuisque successoribus auctoritate apostolica confirmamus, et præsentis scripti patrocinio communimus, statuentes ut nulli omnino hominum liceat hanc paginam nostræ confirmationis infringere, vel ei ausu temerario contraire. Si quis autem hoc attentare præsumpserit, indignationem omnipotentis Dei et beatorum Petri et Pauli apostolorum ejus se noverit incursurum.

Datum Tusculani, xv Kal. Jan.

ANNO 1180.

MCDLV.

Institutionem Canonicorum ordinis Sancti Augustini in abbatia Cisoniensi et omnia ipsorum bona confirmat.

(Velletri, Jan. 10.)
[D'ACHERY, *Spicil.*, II, 882.]

ALEXANDER episcopus, servus servorum Dei, dilectis filiis ANSELMO abbati Ecclesiae Sancti Calixti Cisoniensis, ejusque fratribus tam praesentibus quam futuris regularem vitam professis.

Cum sitis regularem vitam, Domino inspirante, professi, paci vestrae paterna consideratione prospicimus, et ne possitis malignorum vexationibus fatigari, apostolicum vobis patrocinium exhibemus. Eapropter, dilecti in Christo filii, vestris justis postulationibus clementer annuimus, et praedictam Ecclesiam Sancti Calixti, in qua divino estis obsequio mancipati, sub beati Petri et nostra protectione suscipimus, et praesentis scripti privilegio communimus. In primis siquidem statuentes, ut ordo canonicus, qui in Ecclesia vestra per bonae memoriae Rainaldum quondam Remensem archiepiscopum secundum Regulam beati Augustini, et institutionem fratrum Ecclesiae Beati Dionysii Remensis institutus dignoscitur, perpetuis ibidem temporibus inviolabiliter observetur. Praeterea quascunque possessiones, quaecunque bona eadem Ecclesia impraesentiarum juste et canonice possidet, aut in futurum concessione pontificum, largitione regum vel principum, oblatione fidelium, seu aliis justis modis, praestante Domino, poterit adipisci, firma vobis vestrisque successoribus et illibata permaneant. In quibus haec propriis duximus exprimenda vocabulis:

Locum in quo Ecclesia vestra sita est, cum decimis et liberis hospitibus, ita quod super eos nullus advocationem habeat. Ecclesiam grangiam et terram de Lovilio cum integritate decimae et hospitum totius villae, nemus praebendarum, Malum Alnetum; nemus quod dicitur Salrugretum et possessionem ejusdem villae et Cisonii in terra arabili, pratis, silvis, maresco et aquis, sicut ab antiquo possedit; cursum quoque fontis de Burgella, quem ecclesia potest ducere per necessaria sua absque alicujus prohibitione; ecclesiam de Ask cum integritate decimae, terra arabili, hospitibus et manso presbyterii; ecclesiam de Baisui cum integritate decimae, grangia et hospitibus; ecclesiam de Canfen cum integritate decimae et hospitibus; ecclesiam de Bovines cum integritate decimae, tam in terra et curte Beati Amandi, quam in aliis terris; Ecclesiam de Gruison cum integritate decimae; ecclesiam de Genes cum integritate decimae et manso et grangia; ecclesiam de Corberiu; ecclesiam de Suminio cum integritate decimae et terragio totius villae, hospitibus, et libero manso; capellam de Gornen cum integritate decimae et terragio; curtem de Belrepaire cum nemoribus, aquis, maresco, vivario, terra arabili; curtem de Vitri cum terragio, hospitibus, et eo jure quod habetis in redditibus et decimis ejusdem villae; ecclesiam de Cheren; ecclesiam de Lis; ecclesiam de Tofles; capellam de Hertelerga; curtem de Crespellanis cum terragio, hospitibus et tota villa, ita quod in ipsa nullus, nisi solus abbas, justitiam vel advocationem exerceat; domum lapideam in monticulo Tornacensi, ut redditus ipsius usibus infirmorum ecclesiae perpetuo deputentur; domos de Messines, quinque solidos quos comes Flandrensis solvit pro Arboreta.

Sane novalium vestrorum quae propriis manibus vel sumptibus colitis, sive de nutrimentis vestrorum animalium nullus a vobis decimas exigere vel extorquere praesumat. Cum autem generale interdictum terrae fuerit, liceat vobis, clausis januis, exclusis excommunicatis et interdictis, non pulsatis campanis, suppressa voce, divina officia celebrare. Sepulturam quoque ipsius loci liberam esse decernimus, ut eorum devotioni et extremae voluntati, qui se illic sepeliri deliberaverint, nisi forte excommunicati vel interdicti sint, nullus obsistat, salva tamen justitia illarum ecclesiarum a quibus mortuorum corpora assumuntur. Prohibemus insuper ut nulli fratrum vestrorum post factam in eodem loco professionem, nisi arctioris religionis obtentu, absque abbatis sui licentia fas sit de claustro discedere; discedentem vero absque communium litterarum cautione nullus audeat retinere. Liceat quoque vobis clericos vel laicos e saeculo fugientes, liberos et absolutos ad conversionem recipere, et eos sine contradictione aliqua retinere. Interdicimus etiam ne episcopo vel archidiacono liceat in vos vel ecclesias vestras sine manifesta et rationabili causa excommunicationis vel interdicti sententiam ferre, seu vos novis et indebitis exactionibus fatigare. Obeunte vero te, nunc ejusdem loci abbate, vel tuorum quolibet successorum, nullus ibi qualibet subreptionis astutia seu violentia praeponatur, nisi quem fratres communi consensu, vel fratrum pars consilii sanioris, secundum Dei timorem et beati Augustini Regulam providerint eligendum.

Praeterea nihilominus arctius interdicimus, ne episcopo, archidiacono vel eorum ministerialibus canonicis, seu clericis aliis pro confirmatione, inthronizatione vel pro benedictione abbatis vestri palefridum, cappam sericam, aut quidquam aliud, facultas vel licentia pateat a vobis obtentu cujuslibet consuetudinis exigendi. Si vero pro his a vobis quidquam exegerint, cum detestabile sit et obvium rationi, libere vobis liceat eis quod postulaverint, denegare. Ad haec paci et tranquillitati vestrae paterna sollicitudine providere volentes, auctoritate apostolica prohibemus, ut infra clausuram locorum vestrorum nullus violentiam, vel rapinam seu furtum facere, vel homines capere aut interficere audeat.

Decernimus ergo ut nulli omnino hominum liceat præfatam Ecclesiam temere perturbare, aut ejus possessiones auferre, vel ablatas retinere, minuere, aut aliquibus vexationibus fatigare; sed omnia integra conserventur eorum pro quorum gubernatione ac sustentatione concessa sunt, usibus omnimodis profutura, salva sedis apostolicæ auctoritate et diœcesani episcopi canonica justitia. Si qua igitur in futurum ecclesiastica sæcularisve persona hanc nostram constitutionis paginam sciens, contra eam temere venire tentaverit, secundo tertiove commonita, nisi reatum suum digna satisfactione correxerit, potestatis honorisque sui dignitate careat, reamque se divino judicio existere de perpetrata iniquitate cognoscat, et a sacratissimo corpore ac sanguine Domini Dei ac Redemptoris nostri Jesu Christi aliena fiat, atque in extremo examine divinæ ultioni subjaceat. Cunctis autem eidem loco sua jura servantibus sit pax Domini nostri Jesu Christi, quatenus et hic fructum bonæ actionis percipiant, et apud districtum judicem præmia æternæ pacis inveniant. Amen, amen, amen.

Ego Alexander catholicæ Ecclesiæ episcopus.
Ego Hubaldus Hostiensis episcopus
Ego Theodinus Portuens. et S. Rufinæ sedis episcopus.
Ego Hugo presbyter cardinalis tituli S. Clementis.
Ego Matthæus presbyter cardinalis tituli S. Marcelli.
Ego Ardicio diaconus cardinalis S. Theodori.
Ego Rainerius diac. card. S. Georgii ad Velum aureum.
Ego Gratianus diac. card. SS. Cosmæ et Damiani.
Ego Joannes diaconus cardinalis S. Angeli.
Ego Ramerius diaconus cardinalis S. Adrian.
Ego Matthæus S. Mariæ Novæ diaconus cardinalis.
Ego Paulus SS. Sergii et Bacchi diaconus cardinalis,

Datum Velletrii, per manum ALBERTI S. Romanæ Ecclesiæ presbyteri card. et cancellarii, iv Id. Januarii, indictione xiii, Incarnationis Dominicæ an. 1179, pontificatus vero domini Alexandri papæ III, anno xxi.

MCDLVI.
Monasterii S. Victoris protectionem suscipit et ejus privilegia confirmat.
(Velletri, Febr. 3.)

[Saint-Victor en Caux, 38. teste Bréquigny, *Table chronol.*, III, 552.]

MCDLVII.
Ad archiep. et episc. Sardiniæ. — Pro monasterio Casinensi.
(Velletri, Febr. 25.)

[De Tosti, *Storia di Monte-Casino*, II, 208.]

ALEXANDER episcopus, servus servorum Dei, venerabilibus fratribus archiepiscopis et episcopis Sardiniæ, in quorum episcopatibus sunt ecclesiæ monasterii Casinensis, salutem et apostolicam benedictionem.

Audivimus, et audientes vehementer sumus admiratione commoti, quod quidam vestrum decretorum nostrorum contemptu, quæ in concilio nuper edidimus, privilegia, quæ præscripto monasterio apostolica sedes indulsit, nituntur infringere, et contra libertatem illam quam in ecclesiis suis, et earumdem ecclesiarum clericis de indulgentia ejusdem sedis hactenus præscriptum monasterium habuit, venientes, clericos ipsos cogere volunt, ut eis obedientiam jurejurando, promittant et ad ipsorum synodum veniant; et non solum ipsis, sed etiam præscriptis ecclesiis divina officia interdicunt, oleum sanctum, et chrisma eis denegant, et prohibent hominibus et servis earumdem ecclesiarum, decimas ibi dare, cum in eis ad divina semper officia conveniant, et in eis etiam baptizentur. Quoniam igitur decreta nostra sedis apostolicæ privilegia non infringunt, nec eisdem privilegiis in aliquo derogant, fraternitati vestræ mandamus atque præcipimus quatenus oleum sanctum, et chrisma ecclesiis supradicti monasterii largientes, nullus omnino vestrum contra privilegia præscripti monasterii, aut libertatem ecclesiarum, et clericorum suorum hactenus observatam venire præsumat, sed potius tenorem privilegiorum ipsorum, omni occasione et contradictione cessante, inviolabiliter observetis. Certum habentes quoniam si quis secus facere tentaverit, nostram indignationem poterit formidare. Nos enim sustinere nolumus, nec debemus, quod monasterium ipsum quomodolibet minuatur jure et libertate sua.

Datum Velletri, v Kalendas Martii.

MCDLVIII.
Privilegium pro Ecclesia Monopolitana,
(Velletri, Febr. 26.)

[UGHELLI, *Italia sacra*, 1, 965.]

ALEXANDER episcopus, servus servorum Dei, venerab. fratri STEPHANO Monopolitano episcopo, ejusque successoribus canonice substituendis in perpetuum.

Ex injuncto nobis apostolatus officio fratres et coepiscopos nostros, tam vicinos quam longe positos sincero cordis affectu diligere debemus, et Ecclesiis in quibus Domino militare noscuntur, suam dignitatem, et justitiam conservare. Æquum tamen et rationabile est, ut qui B. Petro, ejusque vicariis devotiores esse noscuntur, et S. R. E. patrocinio cupiunt confoveri, ejusdem piæ matris uberibus foveantur, et in suis rationabilibus petitionibus exaudiantur. Quapropter ven. in Christo frater episcopi, tuis justis postulationibus clementer annuimus, et Monopolitanam Ecclesiam, cui auctore Deo præesse dignosceris, quæ juris et proprietatis B. Petri apostoli existit, ad exemplar prædecessorum nostrorum felicis memoriæ Urbani,

Paschalis, Calixti, Honorii et Eugenii Romanorum pontificum sub ejusdem apostoli tutela et nostra protectione suscipimus, et praesentis scripti privilegio communimus, statuentes ut quascunque possessiones, quaecunque bona, eadem Ecclesia in praesentiarum juste et canonice possidet, aut in futurum concessione pontificum, largitione regum vel principum, oblatione fidelium, seu aliis justis modis, praestante Domino, poterit adipisci, firma tibi tuisque successoribus et illibata permaneant; in quibus haec propriis duximus exprimenda vocabulis:

(*Eorum possessiones enumerat*).

Nec non libertates a Romanis pontificibus, et regibus, atque principibus Monopolitanae Ecclesiae indultas, sicut de antiqua consuetudine praedecessores tui habuisse noscuntur, et ut canonice possides, et quiete tibi tuisque successoribus auctoritate apostolica confirmamus. Statuimus quoque ut eadem Ecclesia nulli alii praeter apostolicam sedem subjectionis reverentiam debeat. Te igitur, tuosque successores hujus libertatis gratia perfruentes sub solius apostolicae Sedis obedientia perpetuo manere decernimus. Obeunte vero te nunc ejusdem civitatis episcopo, vel tuorum quolibet successorum clero populoque Monopolitano facultas sit, remota omni pravitate, antistitem canonice eligendi. Electus autem ad Romanum pontificem consecrandus accedat. Decernimus ergo, etc. Cunctis, etc. Amen.

Ego Alexander episcopus catholicae Ecclesiae.

Ubaldus Ostiensis episc.

Theodinus Portuensis et Sanctae Rufinae sedis episc.

Berneredus Praenestinus episc.

Joannes presb. card. SS. Joan. et Pauli eccli. Pammachii.

Vivianus presb. card. S. Stephani in Coelio monte.

Cynthius presb. card. ecclesiae Sanctae Caeciliae.

Laborans presb. card. S. Mariae Trans Tib. Callixti.

Hugo presb. card. S. Clementis.

Jacobus diaconus card. S. Mariae in Cosmedin.

Rainerius diac. card. S. Georgii ad Velum aureum.

Joannes diaconus card. Sancti Angeli.

Datum Vellet. per manum Alberti S. R. E. presb. card. et cancellarii, IV, Kal. Martii ind. XIII, Incarnat. Dominicae anno 1180, pontificatus vero D. Alexandri Papae III, anno XXI.

MCDLIX.

Petente abbate et capitulo Cisterciensi statuit ut nulli fratrum sine eorum licentia fas sit de claustro discedere, discedentem vero absque communium litterarum cautione nullus audeat recipere.

(Velletri, Mart. 15.

[PERARD, *Recueil de pièces pour servir à l'hist. de Bourgogne*, p. 255.]

MCDLX.

Ad Omnibonum Veronensem et Mantuanum episcopos. — Compellant T. ut Nogariam curtem monachis Nonantulanis, restituat.

(Velletri, April. 7.)

[TIRABOSCHI, *Storia di Nonantola*, II, 258.]

ALEXANDER episcopus, servus servorum Dei, venerabilibus fratribus O[MNIBONO] Veronensi et Mantuano episcopis, salutem et apostolicam benedictionem.

Dilectorum filiorum nostrorum abbatis et fratrum coenobii Nonantulani transmissa nobis conquestio patefecit, quod nobilis vir T. parochianus tuus, frater Veronensis, curtem Nogariae ad monasterium suum spectantem invadere, ac in suae salutis periculum detinere praesumit. Cum igitur jura praescripti monasterii tanto fortius defensare teneamur, quanto ipsius cura nobis specialius noscitur imminere, fraternitati vestrae per apostolica scripta mandamus atque praecipimus, quatenus praenominatum T. sollicite moneatis, et ecclesiastica severitate appellatione remota cogatis, ut memoratis fratribus praescriptam curtem dimittat pacifice possidendam, vel in praesentia vestra plenam justitiam facere non moretur.

Datum Velletri, VII Idus Aprilis.

MCDLXI.

B[artholomaeo], *archiepiscopo Turonensi, apostolicae sedis legato, scribit, cum persuasum habuerit, eum (proxima Dominica, qua cantatur* Laetare Jerusalem (30 Mart.), *vel* Ego sum pastor bonus) (4 Maii). *Ad sese accessurum, nuntium ejus venisse. Addit se Ludovici Francorum regis et Philippi regis precibus adductum (usque ad proximum festum B. Martini* (11 Nov.) *licet non sine multo et gravi onere R. electi Dolensis, apud se per annum et amplius exspectantis, terminum prolongare,) quo accedere eum jubet.*

[MARTEN., *Thesaur. Anecdot.*, III. — Cf. supra epist. 1440.]

MCDLXII.

Ad capitulum Ecclesiae Bremensis. — Quod laici ad eligendum archiepiscopum non sint admittendi.

(Tusculani, Jun. 29.)

[LAPPENBERG, *Hamburg. Urkund.*, I, 215.]

ALEXANDER episcopus, servus servorum Dei, dilectis filiis, decano praeposito et capitulo Bremensis Ecclesiae, salutem et apostolicam benedictionem.

Relatum est auribus nostris, quod cum laici quidam et clerici electionis antistitis vestri se ipsos indiscrete aliquando interponant, non potest eo modo quo debet ipsa interdum electio celebrari. Ideoque quorum sit electio, scripto nobis quaesistis apostolico intimari. Praesentibus ergo litteris innotescat quod licet in electionem pontificis favor principis debeat assensusque requiri; ad electionem tamen laici admitti non debent. Sed electio est per canonicos ecclesiae cathedralis et religiosos viros, qui in civitate sunt et dioecesi, celebranda. Nec tamen ita hoc dicimus, quod religiosorum contradictio canonicorum obviaret. Si ergo laici se voluerint talibus immiscere, illius canonis memores existentes in quo dicitur: *Docendus est populus, non sequendus*, illis exclusis in electione concorditer et canonice procedatis.

Datum Tusculani, iii Kal. Julii.

MCDLXIII.
Privilegium pro Ecclesia Cabilonensi.
(Tusculani, Jul. 2.)
[*Gall. Chris. nov.*, IV, instr., 243.]

ALEXANDER episcopus, servus servorum Dei, dilectis filiis GALTERO decano Cabilonensis ecclesiæ, ejusque fratribus, tam præsentibus quam futuris canonice substituendis in perpetuum, salutem et apostolicam benedictionem.

Cum nobis sit, quanquam immeritis, omnium Ecclesiarum cura commissa, officii nostri debito congruit pro universarum Ecclesiarum statu satagere, et ut esse possint a malignantium impugnatione securæ, eas patrocinio apostolico communire. Eapropter, dilecti filii in Domino, vestris justis petitionibus clementer annuimus, et præfatam Cabilonensem Ecclesiam, in qua divino mancipati estis obsequio, sub B. Petri et nostra protectione suscipimus, et præsentis scripti privilegio communimus, statuentes, ut quascunque possessiones, quæcunque bona eadem ecclesia impræsentiarum possidet juste et canonice, aut in futurum concessione pontificum, largitione regum vel principum, oblatione fidelium, seu aliis justis modis, præstante Domino, poterit adipsci, firma vobis, vestrisque successoribus, et illibata permaneant, in quibus hæc propriis duximus exprimenda vocabulis.

Ecclesiam de Fontanis cum decima terrarum quas ibi habetis, ecclesiam Sancti Vincentii de Bragniaco cum decima et aliis pertinentiis suis, ecclesiam Sancti Georgii de Dalmariaco cum pertinentiis suis, ecclesiam de Bragniaco juxta Verdunum cum decima, ecclesiam de Tureyo cum decima, ecclesiam de Viriaco [Viriciaco], ecclesiam de Cerleyo, ecclesiam de Albigneio cum pertinentiis suis, ecclesiam de Branciduno, cum capella quæ est inferius de pertinentiis [cum aliis pertin.] suis, ecclesiam de Bressiis [Brissiis], ecclesiam Sancti Germani in monte, et censum quinque solidorum quem habetis in ecclesia de Ozenayo, ecclesiam de Arconceyo [Arconceyo[, ecclesiam Sancti Privati cum reditibus, quos habetis in civitate Cabilonensi et circa civitatem, reditum quem habetis apud Boyacume cum pertinentiis suis, Rochetam cum appendiciis suis, quidquid habetis apud Varenas, Montaniacum cum pertinentiis suis, quidquid habetis apud Sanctum Desiderium, et quidquid habetis apud Grevillam, et quidquid habetis apud Criciacum, jura quoque, libertatem, antiquas et rationabiles consuetudines, a prædecessoribus vestris, et a vobis bactenus observatas, aliqua levitate mutari, seu etiam possessiones abalienari, nisi cum consensu capituli, et majoris, et sanioris partis, auctoritate apostolica prohibemus, alienationes quoque, inconsulto capitulo, factas ad ecclesiam legitime revocandi plenam concedimus facultatem.

Decernimus ergo, ut nulli hominum fas sit præfatam ecclesiam temere perturbare, aut ejus possessiones auferre, vel ablatas retinere, minuere, seu quomodolibet vexationibus fatigare, sed omnia integre conserventur eorum, pro quorum gubernatione ac sustentatione concessa sunt usibus omnimodis profutura, salva sedis apostolicæ auctoritate et diœcesani episcopi ordinaria justitia. Si quæ igitur id futurum ecclesiastica sæcularisve persona hanc nostræ confirmationis paginam sciens contra eam temere venire tentaverit, secundo, tertiove commonita, nisi reatum suum digna satisfactione correxerit, potestatis, honorisque sui dignitate careat; reamque se divino judicio existere de perpetrata iniquitate cognoscat, et a sacratissimo corpore et sanguine Dei et Domini redemptoris nostri Jesu Christi aliena fiat, atque in extremo examine divinæ ultioni subjaceat. Cunctis autem eidem loco sua jura servantibus sit pax Domini nostri Jesu Christi, quatenus et hic fructum bonæ actionis percipiant et apud districtum judicem præmia æternæ pacis inveniant. Amen.

Datum Tusculi, per manum Aldradi S. R. E. presbyteri cardinalis et cancellarii, vi Nonas Jul., indict. xiii, anno Incarnationis Dominicæ 1180, pontificatus vero domini Alexandri papæ anno xxi.

MCDLXIV.
Patavino, Vicentino, Tarvisino episcopis scribit, post pacem cum imperatore et treuga Lombardorum tot laboribus confectam Bononienses castrum, et ecclesiam Montisbellii destruxisse; ac, etsi ab imperatoriæ partis hominibus violata treuga sit, tamen legatos imperatoris, ut damnum ex treugæ legibus compensaretur, jam «magnifice» expostulasse. Talia facinora ut providant, ac si facta sint, illata detrimenta sarciri jubeant, petit.

(Tusculani, Jul. 8.)
[SAVIOLI, *Annal. Bol.*, II, ii, 103.]

MCDLXV.
Archiepiscopo Ravennati et ejus suffraganeis eadem scribit.

[LUPI, *Cod. diplom. Bergom.*, II, 1311.]

MCDLXVI.
Ad canonicos Alexandrinæ Ecclesiæ. — Eorum statum et possessiones confirmat.

(Tusculani, Jul. 18.)
[MANSI, *Concil.*, XXI, 912.]

ALEXANDER episcopus, servus servorum Dei, dilectis filiis O., electo, et canonicis Alexandrinæ Ecclesiæ, salutem et apostolicam benedictionem.

Congruum officii nostri actionem exsequimur cum ea quæ ad ornatum et decorem domus Domini laudabili providentia statuuntur, per nos incrementum accipiunt, et apostolicæ tuitionis præsidio in suæ firmitatis robore convalescunt. Eapropter, dilecti in Domino filii, vestris justis postulationibus benignius annuentes, canonicam, quam ibi, electe, in ecclesia Sancti Petri de assensu cleri et populi statuisti, protectionis nostræ personis idoneis ad dignitates ecclesiæ tenendas fecistis, dilectis filiis nostris magistro Hugoni præposituram, magistro Cataldo archipresbyteratum, magistro P. cantoriam, provida deliberatione concedentes, ratam habemus. Etiam singulis prædictis dignitates auctoritate apostolica confirmamus. Præterea ecclesias usibus vestris, filii canonici, deputatas, scilicet Sanctæ Mariæ de Gamundio, Sancti Dalmatii de Maringo, Sancti Michaelis de Soleriis, Sancti Stephani de Bergolio, Sanctæ Trinitatis de Wilia, Sancti Andreæ de Roverteo, et Sancti Augustini de Foro, vobis nihilominus duximus præsentibus litteris confirmandas: statuentes, ut nulli omnino homini liceat hanc paginam nostræ confirmationis infringere. Si quis autem hoc attentare præsumpserit, indignationem omnipotentis Dei, et beatorum Petri et Pauli apostolorum ejus se noverit incursurum.

Datum Tusculani decimo quinto Kal. Augusti.

MCDLXVII.

Ad archiepiscopos et episcopos, etc., per Dalmatiam constitutos. — Theobaldum subdiaconum suum, legatum apostolicum, commendat.

(Tusculani, Oct. 4.)

[FARLATI, *Illyric. sacr.* III, 211.]

ALEXANDER episcopus, servus servorum Dei, venerabilibus fratribus archiepiscopis, episcopis, et dilectis filiis nobilibus viris, comitibus, baronibus, universo clero et populo per Dalmatiam et totam Sclavoniam constitutis, salutem et apostolicam benedictionem.

Ordo postulat rationis et cura injunctæ nobis administrationis exposcit, ut qui sumus in supremo examine rationem de omnibus reddituri, de salute omnium cogitemus et studeamus per nos et alios, quæ pertinent ad profectum fidelium procurare. Cum autem longe positis per nos ipsos paternam impendere diligentiam non possumus, dignum est ut vires apostolicas illis committamus qui specialius nobis conjuncti sunt, et quorum prudentiam sumus et fidem experti.

Inde utique fit, quod dilecto filio T. subdiacono nostro, viro litterato, honesto, nobisque charo plurimum et accepto in provinciis vestris officium legationis commisimus, ut vice nostra evellat et destruat quæ fuerint destruenda, ædificet ac plantet quæ Domino viderit instruente plantanda. Ideoque universitati vestræ per apostolica scripta mandamus atque præcipimus, quatenus eum sicut legatum sedis apostolicæ curetis honeste recipere, et ad vocationem ipsius humiliter accedentes, quæ pro statu Ecclesiæ, vel salute fidelium auctoritate nostra decreverit, suscipiatis firmiterque servetis. Alioquin si quis inobediens illi exstiterit, sententiam quam canonice idem legatus dictaverit, nos auctore Domino ratam habebimus, nec patiemur levitate qualibet immutari.

Datum Tusculani, IV Nonas Octobris.

MCDLXVIII.

Privilegium pro monasterio Lætiensi.

(Anno 1180.)

[REIFFENBERG. *Chroniques belges*, VII, 642.]

ALEXANDER episcopus, servus servorum Dei, dilectis filiis ELGOTHO abbati Lætiensis ecclesiæ ejusque fratribus tam præsentibus quam futuris, monasticam vitam professis, in perpetuum.

Religiosam vitam eligentibus, etc.

Datum Tusculani, per manum Alberti sanctæ Romanæ Ecclesiæ presbyteri cardinalis et cancellarii, IX Kalend. Novembris, indictione XIV, Incarnationis Dominicæ anno 1180, pontificatus Alexandri papæ III, anno XXII.

MCDLXIX.

Ad episcopos Scotiæ. — Confirmat sententiam legati apostolici, qua ille Joannem legitime electum confirmavit, et Hugonem a rege in episcopatum sancti Andreæ intrusum deposuit.

[MANSI, *Concil.*, XXI, 912.]

ALEXANDER episcopus, servus servorum Dei, venerabilibus fratribus, universis episcopis, et dilectis filiis, abbatibus, et aliis ecclesiarum prælatis, per Scotiam constitutis, priori, canonicis, clero et populo Sancti Andreæ, salutem et apostolicam benedictionem.

Comperto nobis quod jampridem venerabilis frater noster Joannes, nunc episcopus Sancti Andreæ, canonice fuisset electus, et post electionem suam Hugo, appellatione interposita, in ecclesia illa per potentiam laicalem intrusus, consecrari ausu temerario præsumpsisset: electionem ipsius apostolica auctoritate cassantes, dilectum filium nostrum Alexium subdiaconum nostrum, sedis apostolicæ legatum, de electione præfati Joannis cogniturum, ad partes vestras direximus. Qui cum mature satis, sicut per multorum testimonia nobis innotuit, et canonice processisset, electionem ipsius canonicam comperiens, post multiplices inducias, in quibus regiæ magnitudini detulit, auctoritate apostolica confirmavit: præcipiens omnibus qui ad ecclesiam Sancti Andreæ pertinerent, ex parte nostra, ut ipsi Joanni sicut electo obedientiam et reverentiam exhiberent. Unde, cum nullus propter metum regium in manifesto obedire auderet, idem legatus, non regnum, sicut de jure poterat, sed episcopatum, interdicto subjecit.

Cum igitur tam ecclesiastici quam sæculares principes charissimo in Christo filio nostro Willelmo, illustri Scotorum regi districtius adjurati fuissent de recto consilio dando, firmiter promittente ipso rege quod eorum consilio staret, responderunt omnes tanquam unus, ut præfati Joannis consecrationem, coram legato nostro et quatuor episcopis, quinto ægrotante, sed scripto consentiente, celebratam, ulterius non turbaret, sed permitteret eum in pace in sua sede consecrari. Inde est quod universitati vestræ per apostolica scripta mandamus, atque sub officii et beneficii pœna præcipimus, quatenus spiritum fortitudinis induentes, ipsum episcopum, infra octo dies post harum susceptionem litterarum, honorifice, appellatione postposita, ad sedem suam reducatis, et pro servanda ecclesiastica justitia prudenter et viriliter laboretis, et ad placandum motum regium adhibeatis operam diligentem, atque præfato episcopo omnem exhibeatis reverentiam et honorem, quem ipsius prædecessoribus impendistis. Quod si rex aliud voluerit, aut etiam consilio pravorum inclinatus fuerit, Deo et sanctæ Romanæ Ecclesiæ magis oportet obedire quam hominibus. Alioquin sententiam, quam venerabilis frater noster Hugo Dunelmensis episcopus in contumaces et rebelles tulerit, nos auctore Deo ratam habebimus, et præcipiemus firmiter observari.

MCDLXX.

Ad Willelmum regem Scotiæ. — Mandat ei, ut Joannem legitime electum et confirmatum S. Andreæ episcopum, patiatur suo officio quiete fungi, alioquin regnum interdicto, regem excommunicatione plectendum.

[Mansi, *ibid.*, col. 914.]

Alexander episcopus, servus servorum Dei, Willelmo illustri Scotorum regi, salutem et apostolicam benedictionem.

Pro pace tua et libertate sollicite nos meminimus laborasse, sperantes quod ex hoc in devotione sedis apostolicæ melius firmareris, et cresceres, et libentius servares ecclesiasticam libertatem. Cæterum attendentes circa factum venerabilis fratris nostri Joannis episcopi S. Andreæ de Scotia, quod nolueris usque modo inclinari : contrarium spei, quam de fervore devotionis regiæ habebamus, cogimur æstimare. Volentes tamen experiri adhuc si patientia nostra ad pœnitentiam regium motum adducat, magnitudinem tuam per apostolica scripta monemus attentius, et mandamus, quatenus memorato episcopo, infra viginti dies post harum susceptionem litterarum, pacem et securitatem largiaris : ita quod non oporteat eum de indignatione regia dubitare. Alioquin noveris, nos venerabili fratri nostro Rogero Eboracensi archiepiscopo, apostolicæ sedis legato in Scotia mandasse, ut regnum tuum, nullius appellatione obstante, subjiciat interdicto, excommunicationis sententiam in personam tuam, si desistere nolueris, prolaturus. Pro certo quoque teneas, quo si in tua duxeris violentia perdurandum, sicut laboravimus ut regnum tuum libertatem haberet, sic dabimus studium ut in pristinam subjectionem revertatur.

MCDLXXI.

Ad episcopos Scotiæ. — Hugonis in episcopatum S. Andreæ intrusi excommunicationem confirmat.

[Mansi, *ibid.*, col. 913.]

Alexander episcopus, servus servorum Dei, venerabilibus fratribus et dilectis filiis, ecclesiarum prælatis per Scotiam constitutis, salutem et apostolicam benedictionem.

Relatum est nobis quod cum Hugo, qui ecclesiam S. Andreæ de Scotia invaserat, capellam episcopalem, baculum et annulum, et cætera quæ irrationabiliter asportaverat, illicite detineret : eum frequentius admonitum, resipiscere contemnentem, dilectus filius noster Alexius subdiaconus noster, apostolicæ sedis legatus, coram vobis, et clero multo, et populo, nisi infra quindecim dies ablata vel asportata redderet, vel congrue satisfaceret, vinculo excommunicationis, apostolica auctoritate fretus, astrinxit. Ipse tamen in arrogantiæ malo perdurans, in nullo præfati legati monitis acquievit. Nos itaque sententiam de auctoritate nostra prolatam ratam habentes, universitati vestræ per apostolica scripta mandamus atque præcipimus, quatenus præfatum Hugonem, Dei gratia freti, et omni timore postposito, publice, nullius appellatione obstante, vinculo denuntietis excommunicationis astrictum, et sicut excommunicatum attentius evitetis : donec quæ de supradictis rebus abstulit, vel æstimationem, fratri nostro Joanni episcopo S. Andreæ et ecclesiæ suæ restituat, et de aliis quæ destruxit satisfactionem exhibeat congruentem.

ANNO 1159-1181.

MCDLXXII.

Ad Henricum Anglorum regem. — Ut Willelmum capellanum, ab ejus ministerialibus in carcerem inclusum dimittat eique ablata beneficia restituat.

[*Epist. S. Thomæ*, ed. Giles, II, 118.]

Alexander papa Henrico illustri Anglorum regi.

Significatum est nobis quod quidam ministrales tui in Anglia commorantes dilectum nostrum Willelmum capellanum sine causa rationabili capere, et carceri detrudere præsumpserunt. Ubi, sicut audivimus, adhuc captivus tenetur, et tanquam sacerdos non esset, turpiter et inhoneste tractatur : quod excellentiæ tuæ non credimus aliqua ratione placere. Unde, quoniam magnificentiam tuam non decet, ut sacerdotes et altaris ministri, vel etiam quilibet clerici ab officialibus tuis taliter capi, aut carceri debeant mancipari, aliquatenus sustinere, sed excessum hujusmodi, cum ad aures tuas pervenerit, celerius emendare, serenitatem tuam per apostolica scripta rogamus, monemus et exhortamur in Domino, quatenus illius amore, qui verus rex et sacerdos etiam nuncupatur, et pro reverentia Beati Petri et nostra, memoratum Willelmum liberum et absolutum dimittas, et ei pacem tuam concedens, ipsum beneficia, quæ habebat, injuste sibi subtracta permittas sine molestia possidere, et cætera quæ illi ablata fuerunt, eidem facias cum integritate restitui, ut ab omnipotente Domino dignam propter hoc retributionem merearis accipere, et a nobis ipsis debeas exinde gratias multiplices exspectare.

MCDLXXIII.

Ad Henricum Anglorum regem. — R. filium civis Cantuariensis commendat.

[*Epistolæ Gilberti Foliot,* ed. GILES, II, 112.]

Veniens ad nos R. filius Henrici Cantuariensis civis, multa nobis precum instantia supplicavit, ut pro eo magnificentiæ tuæ preces porrigere et litteras nostras transmittere deberemus, asserens constantius et affirmans se nunquam aliquid commisisse, unde indignationem regiam incurrere merito debuisset aut exsilium sustinere. Unde, quoniam jam dictus R. senio et debilitate gravatus ira Cæsaris, prorsus indignus existit, serenitatem tuam per apostolica scripta rogamus, monemus et exhortamur in Domino quod eidem divinæ miserationis intuitu, et pro reverentia beati Petri et nostra indignationem tuam clementer remittas; et ipsum ad domum et uxorem suam reverti, et ibidem quiete et libere permanere concedas; pacem quoque tuam eidem et suis indulgeas, et universa quæ suis injuste ablata sunt, ipsi facias in integrum resignare, ut nos clementiam regiam propter hoc in Domino plurimum commendare possimus, et sublimitati tuæ teneamus gratias uberes exhibere.

MCDLXXIV.

Monasterii S. Audoeni Rothomagensis protectionem suscipit bonaque ac possessiones confirmat.

[POMERAIE, *Hist. de l'abbaye de S.-Ouen*, 406.]

ALEXANDER episcopus, servus servorum Dei, dilectis filiis abbati sancti Audoeni, et fratribus ejus tam præsentibus quam futuris, regularem vitam professis, in perpetuam rei memoriam.

Justis petitionibus religiosorum virorum clementer nos convenit condescendere et eorum pia vota effectu prosequendo complere, ut tanto ferventius proposito possint religionis insistere, quanto facilius in his quæ juste requirunt, a nobis fuerint exauditi. Eapropter, dilecti in Domino filii, vestris justis postulationibus gratum impertientes assensum, monasterium vestrum in quo divino mancipati estis obsequio, sub beati Petri et nostra protectione suscipimus, ac præsentis scripti privilegio communimus. Inprimis siquidem statuentes ut ordo monasticus, qui secundum Dei timorem et beati Benedicti Regulam in vestro monasterio institutus esse dignoscitur, perpetuis ibidem temporibus inviolabiliter observetur. Præterea quascunque possessiones, quæcunque bona idem monasterium impræsentiarum juste et canonice possidet, aut in futurum concessione pontificum, largitione regum vel principum, oblatione fidelium, seu aliis justis modis, præstante Domino, poterit adipisci, firma vobis vestrisque successoribus et illibata permaneant. In quibus hæc propriis duximus exprimenda vocabulis :

Ecclesiam Sancti Audoeni, Wadiniacum cum ecclesiis ejusdem villæ, et omnibus pertinentiis suis, et villis et ecclesiis; Baillol cum villis et ecclesiis et aliis omnibus pertinentiis suis, Dalbodium cum ecclesiis et villis, et omnibus aliis pertinentiis suis, Chevreville cum omnibus villis et pertinentiis suis ; Piris cum omnibus villis et ecclesiis et pertinentiis suis ; Anteum cum villis et ecclesiis, homines et redditus de humo, Crovillam cum ecclesia et pertinentiis ejusdem villæ; decimas de eis, villam S. Martini in Oximensi, et ecclesiam ejus et mansuras ; ecclesiam de Roz, et totam decimam totius villæ et capellam de Mero, villam de Crovilla cum ecclesia et pertinentiis suis, villam de Conde cum ecclesia et pertinentiis suis, Sanceium cum ecclesia et pertinentiis suis, jura etiam et dignitates quas habetis in ecclesia Sancti Leufredi, et in ecclesia Sancti Victoris in Calleyo, in Anglia Mereseium cum ecclesia et pertinentiis suis; Fringingeho cum ecclesia et pertinentiis suis; Peith, in Normannia, Bellummontem, prioratum Bertranni cum ecclesiis et villis et pertinentiis suis, Sigeium cum villis et ecclesiis et pertinentiis suis, prioratum Sancti Petri de Albreto, prioratum Sancti Ægidii. In civitate Rothomagensi ecclesiam Sanctæ Crucis in parochia Sancti Audoeni, ecclesiam Sancti Viviani, ecclesiam sancti Petri de Castello, ecclesiam Sancti Stephani, ecclesiam Sancti Andreæ, ecclesiam Sanctæ Crucis in foro, ecclesiam Sancti Petri, ecclesiam de Humo et eamdem villam, ecclesiam de Malo Alneto, ecclesiam de Imovilla, villam de Wellettes cum ecclesia ipsius villæ et capellam de Palluel, ecclesiam de Lireio cum decimis ejusdem villæ. Sepulturam quoque ipsius loci liberam esse decernimus, eorum devotioni et extremæ voluntati, qui se illic sepeliri deliberaverint, nisi forte excommunicati vel interdicti sint, nullus obsistat, salva tamen justitia illarum ecclesiarum a quibus mortuorum corpora assumuntur. Sane novalium vestrorum, quæ propriis manibus aut sumptibus collitis, sive de nutrimentis animalium vestrorum, decimas a vobis nullus exigere præsumat. Obeunte vero te nunc ejusdem loci abbate, vel tuorum quolibet successorum, nullus inibi qualibet subreptionis astutia seu violentia præponatur, nisi quem de eodem monasterio, si idoneus ibi repertus fuerit, fratres communi assensu, vel pars consilii sanioris secundum Dei timorem et beati Benedicti Regulam elegerint.

Decernimus ergo ut nulli omnino hominum liceat præfatum monasterium temere perturbare, aut ejus possessiones auferre, vel ablatas retinere, minuere, aut quibuslibet vexationibus fatigare, sed omnia integra conserventur eorum pro quorum gubernatione et sustentatione concessa sunt, usibus omnimodis profutura, salva apostolicæ sedis auctoritate, et diœcesani archiepiscopi canonica justitia.

Si qua igitur, etc.

Amen amen, amen.

MCDLXXV.

Statutum pro monasterio S. Joannis de Vineis.

(LOUEN, *Hist. de l'abbaye de S. Jean des Vignes,* 295. Paris, 1712, in-12.)

Statuimus ut si in civitate vestra, castro vel villa,

abbatiam vel prioratum habueritis, et aliquem ex canonicis vestris parochialem esse presbyterum contigerit, In eadem domo cum fratribus suis moretur, et ordinem suum, quod Regula præcipit, pro viribus observet, ne a suo capite videatur divisus. Cum autem in civitate vestra synodus celebratur, vestri canonici parochialia administrantes, qui ad synodum accesserunt in eadem civitate extra claustrum consedere vel dormire nulla ratione præsumant; nec decani episcopatus pro eo quod iidem canonici eorum comestioni non interfuerint, quidquam ab illis exigere audeant. Sane si canonicum parochialem ad claustrum revocari contingat, vel in parochia discedere, episcopo vel archidiacono rem ad parochialem ecclesiam pertinentem ordinate occupare vel detinere minime liceat, sed eum quem repræsentaveritis, dummodo idoneus existat, sine contradictione recipiat, et ipsi curam animarum committat, ne parochialis ecclesia de nimia vocatione spiritualium et temporalium rerum detrimentum incurrat. Prohibemus etiam ne episcopus vel alius quemlibet vestrum, vel ecclesias vestras absque rationabili causa excommunicationis, interdicti vel suspensionis sententiæ audeat aggravare. Ad hæc quoniam in benedictione vestri abbatis et susceptione pastoralis curæ ab archidiacono, pro eo quod ipsum locat in stallo, palefridum exigitur, quod non de aliqua rationabili causa, sed ex ipsa sola cupiditatis radice procedit, et in simoniacam pravitatem erumpit, auctoritate apostolica interdicimus, ut si ab aliquo vestrum per archidiaconum vestrum palefridus fuerit tali modo exactus, aut si aliqua ratione dare præsumat, uterque dans scilicet et recipiens, propter simoniæ vitium divina ultione plectatur.

MCDLXXVI.
Hugoni abbati S. Joannis de Viveis rescriptum.
(*Ibid.*, p. 297.)

. . . . Ad hæc præsenti scripto vobis duximus indulgendum, ut liceat vobis in ecclesiis vestris, cum vacaverint, dum tamen non soli non remaneatis, quoslibet de canonicis vestris ponere quorum unus diœcesano præsentetur, ut ab ipso curam recipiat animarum ita quod idem de spiritualibus, vobis vero de temporalibus et de ordinis observantia, debeat respondere. In aliis vero ecclesiis quibus non duxerint canonicos collocandos, liceat vobis sacerdotes eligere et diœcesano episcopo præsentare, quibus, si idonei fuerint, episcopus curam animarum committat, ut de plebis quidem cura episcopo, et vobis de rebus temporalibus reddat debitam rationem. Insuper etiam arctius inhibemus ne cui ecclesiasticæ personæ fas sit vobis et ecc'esiis vestris novas et indebitas exactiones imponere, nec in vos et easdem ecclesias, sine manifesta et rationabili causa, excommunicationis, vel interdicti sententiam promulgare, infraque terminos parochiarum sine assensu diœcesani episcopi et vestro, nullus de novo oratorium vel ec-

clesiam, salvis tamen authenticis scriptis sedis apostolicæ, ædificare præsumat. Decimas autem parochiarum vestrarum laica manu sine consensu vestro a quolibet recipi prohibemus. Cum autem generale interdictum terræ fuerit, liceat vobis clausis januis, expulsis excommunicatis et interdictis, non pulsis campanis, suppressa voce, divina celebrare officia. Sane novalium vestrorum quæ propriis manibus aut sumptibus colitis, sive de nutrimentis animalium vestrorum, nullus a vobis decimas exigere præsumat. Sepulturam quoque ipsius loci liberam esse decernimus, ut eorum devotioni et extremæ voluntati, qui se illic sepeliri deliberaverint, nisi forte excommunicati et interdicti sint, nullus obsistat. Salva tamen justitia illarum ecclesiarum a quibus mortuorum corpora assumuntur. Obeunte vero te nunc ejusdem loci abbate, vel tuorum quolibet successorum, nullus ibi qualibet subreptionis astutia seu violentia præponatur, nisi quem fratres communi assensu vel fratrum pars consilii sanioris secundum Dei timorem et B. Augustini Regulam, providerint eligendum.

Decernimus ergo ut nulli omnino hominum fas sit hoc rescriptum infringere, vel ei ausu temerario contraire. Si quis autem hoc attentare præsumpserit, indignationem omnipotentis Dei et beatorum apostolorum Petri et Pauli se noverit incursurum.

ANNO 1160-1181.

MCDLXXVII.
Ad [Manassem] Aurelianensem episcopum.
[*Epistolæ Gilberti Foliot,* ed. GILES, II, 80.]

Dilectus filius noster Joannes, ecclesiæ tuæ decanus, transmissa nobis relatione monstravit, quod medietatem præbendæ suæ tibi sub tali pollicitatione concessit, quod sibi cum vacaret integram præbendam assignare deberes. Unde, quoniam intuitu probitatis suæ; et ea ratione quia te sanguinis proximitate contingit, ipsum debes diligere et gratia et beneficio decorare, fraternitatem tuam rogamus, monemus atque mandamus, quatenus prædicto decano juxta promissionem tuam primam vel secundam præbendam quæ in ecclesia tua vacaverit, concedas pariter et assignes: ita quod ipse tibi majori debeat devotione astringi et ad obsequium et honorem tuum ferventer accendi. Quidquid enim beneficii ei contuleris, tale est tanquam si tibi conferres, et de gremio in sinum projiceres.

ANNO 1163-1181.

MCDLXXVIII.
Ad [Gilbertum] Londinensem et R. archidiaconum. — Ut clericos et laicos ab illicitis conjugiis et contuberniis desistere compellant.
[*Ibid.*, p. 89.]

ALEXANDER tertius episcopus, servus servorum

Dei, venerabili fratri G. Londoniensi episcopo, et dilecto filio R. archidiacono, salutem et apostolicam benedictionem.

Significatum est nobis quod quidam parochiani vestri cum consanguineis et affinibus suis illicita passim matrimonia contrahunt, et clerici etiam plerique concubinas publice introducunt, et ipsas sibi sub jurisjurandi religione conjungere non verentur. Unde, quoniam tam graves et tam enormes excessus incorreptos relinqui nolumus vel inultos, discretioni vestræ per apostolica scripta præcipiendo mandamus, quatenus clericos et laicos diœcesis vestræ ab hujusmodi conjugiis et contuberniis, pro vestri officio debito, prorsus desistere compellatis. Si autem clerici quilibet non in subdiaconatu, sed in minoribus ordinibus constituti, aliquas sibi matrimonio vel juramento interposito copulaverint, vos ipsos uxoribus adhærere, et ecclesias omnino dimittere, appellatione cessante, districte cogatis. Illos vero, qui subdiaconatum vel superiores ordines susceperint, et aliquas sibi conjungere præsumpserint, concubinas prorsus ejicere, et caste ac continenter vivere moneatis diligentius, et studiosus exhortari curetis. Quod si ad commonitionem vestram adimplere neglexerint, vos ipsos ecclesiis quas habent omni dilatione et appellatione postposita spolietis, et ab officii sui executione nihilominus suspendatis.

MCDLXXIX.

Ad [Gilbertum] Londinensem episcopum. — Sacerdotum filios, et in sacerdotio genitos, in ecclesiis in quibus patres antea ministraverint, succedere non vatiatur.

[*Ibid.*, p. 90.]

Alexander tertius episcopus, servus servorum Dei, venerabili fratri G. Londoniensi episcopo, salutem et apostolicam benedictionem.

Ad audientiam nostram novéritis pervenisse, quod quidam clerici in vestra parochia constituti, sacerdotum filii et in sacerdotio geniti, in ecclesiis in quibus patres sui ante ministraverant, successerunt, et divina ibidem exercere præsumunt. Quoniam igitur successiones hujusmodi ab Ecclesiæ Dei limine sunt penitus exstirpandæ, discretioni vestræ per apostolica scripta præcipiendo mandamus, quatenus, ne tales in paternis ecclesiis per vestras parochias ulterius recipiantur, modis omnibus providere curetis, nec aliquos sacerdotum filios ad sacros ordines promotos, nisi prius in claustro regularium ministraverint, celebrare nullatenus sustineatis.

ANNO 1166-1181.

MCDLXXX.

Ad Suenonem Arusiensem episcopum.
[Langebeck, *Script. rerum Danic.*, V. 252.]

Alexander episcopus, servus servorum Dei, venerabili fratri Suenoni Arusiensi episcopo, salutem et apostolicam benedictionem.

Cum tua nos fraternitas consuluerit utrum fratres Cisterciensis ordinis sacerdotibus, vel aliis clericis sæcularibus, decimas solvere teneantur, super hoc tuæ prudentiæ taliter respondemus, quod a solutione decimarum de laboribus suis, quos propriis manibus vel sumptibus excolunt, sive de nutrimentis animalium suorum, de benignitate sedis apostolicæ omnino liberi sunt et immunes, ita ut ab eis nullus unquam, quantumcunque religiosus, vel præditus dignitate, nedum clericus sæcularis, decimas exigere audeat, vel quomodolibet extorquere.

MCDLXXXI.

Ad [Bartholomæum] episcopum Exoniensem et Simonem abbatem S. Albani.—De controversia Roberti de Ber et Willelmi clerici.

[*Epistolæ Gilberti Foliot*, ed. Giles, II, 84.]

Alexander tertius episcopus, servus servorum Dei, venerabili fratri B. Exoniensi episcopo, et dilecto filio Simoni abbati Sancti Albani, salutem et apostolicam benedictionem.

Robertus de Ber nobis intimavit, quod Willelmus clericus capellanum ejus et alios quamplures de testibus suis juramento astrinxit, ne testimonium, consilium vel auxilium eidem Roberto contra ipsum præberent ; ideo præsentium auctoritate vobis injungimus, ut si testimonium illorum publicatum non est, et non est abrenuntiatum testibus qui non sunt juramento astricti, et alios, si necesse fuerit, idoneos quos ipse Robertus in testimonium produxerit recipere non postponatis.

ANNO 1168-1181.

MCDLXXXII.

Ad consules Placentinos. — Ut Hugoni subdiacono suo ablata restitui faciant.

[Campi, *Hist. di Piacenza*, II, 362.]

Alexander episcopus, servus servorum Dei, dilectis filiis Placentinis consulibus, salutem et apostolicam benedictionem.

Referente nobis dilecto filio Hugone subdiacono nostro cognovimus, quod Fulco civis vester vicedominatum suum, contra conventionem inter piæ memoriæ Hugonem quondam Placentinum et Tusculanum episcopum et fratres ipsius interpositam præsumpserit invadere, et homines ad ipsum pertinentes expoliare. Unde super probitate vestra quæ id patitur, tanto vehementius admiramur, quanto certiori consideratione potestis attendere, quod prænominatus Hugo poterit exaltationi civitatis vestræ multipliciter fructuosus existere, atque in gratiæ nostræ plenitudine constitutus ad majora, Deo auctore, conscendere. Unde ut jura ipsius apud vos conserventur illæsa, eo prudentiam vestram ampliori cura debet efficere, quo ipsum cognoscitis attentiori a nobis charitate complecti, et civitati vestræ existere posse utiliorem. Eapropter, quoniam ei in sua justitia nulla possumus vel debemus rationi deesse, prudentiam vestram rogamus, monemus atque præcepimus, quatenus dilecto fratri nostro Placentino episcopo super hoc in omnibus auxiliari curetis, et prædictum civem vestrum, et fratres suos temporali pœna distringere, ut omnia quæ scriptum inter ipsos et prædictum Hugonem quondam Placentinum episcopum factum continet, cum integritate compleant et observent, atque universa ablata restituant.

MCDLXXXII bis.

Privilegium Ulrico Aquileiensi patriarchæ concessum.

[UGHELLI, *Italia sacra*, V, 65.]

ALEXANDER episcopus, servus servorum Dei, venerabili fratri ULRICO Aquileiensis Ecclesiæ patriarchæ, ejusque successoribus canonice instituendis in perpetuum.

Licet omnium apostolorum par esset dilectio, et omnes ligandi et solvendi eamdem acceperint potestatem, juxta verbum tamen beati Leonis velut quædam servata est juxta eos distinctio dignitatis, et uni datum est, ut cæteris præsideret. Inque eamdem utique modum in Ecclesia Dei officiorum facta est dignitatumque diversitas, et ad majora ministeria exhibenda majores sunt statutæ personæ, quæ et prærogativa dignitatis eminerent, et aliarum curam habeant ampliorem. Unam vero de dignioribus et nobilioribus Ecclesiis Occidentis ab antiquis temporibus Aquileiensem constat Ecclesiam exstitisse, quæ et excellentia dignitatis emicuit, et sacrosanctæ Romanæ Ecclesiæ fideliter et devote noscitur adhærere. Unde et apostolica sedes eidem Ecclesiæ semper jura et dignitates suas conservavit attentius, et prælatos ipsius propensius honoravit, et justas postulationes eorum benignius admittere consuevit. Eapropter venerabilis in Christo frater Aquileiensis patriarcha, tibi, et per te sanctæ Aquileiensis Ecclesiæ, cui auctore Deo præesse dignosceris, ad exemplar prædecessoris nostri bonæ memoriæ Adriani papæ potestatem super sexdecim episcopatus videlicet Polensem, Tergestinen. Parentinen. Petenen. Emoniensem, Concordien. Tarvisien. Cenetensem, Bellunen. Feltrenensem, Paduanensem, Vicentinensem, Tridentinen. Mantuanensem, Veronensem, Cumanensem, metropolitico jure concedimus. Item Justinopolitanam vero ecclesiam, quam tibi et Ecclesiæ tuæ nihilominus confirmamus, sedem episcopalem de omnium fratrum nostrorum consilio instituimus, ita quidem ut venerabilis frater noster Wernardus nunc ejusdem loci episcopus tam illam, quam Tergestinam Ecclesiam, nec non et totum episcopatum, quandiu vixerit, debeat obtinere; et eo defuncto liceat tibi de consilio suffraganeorum tuorum cum sedis apostolicæ auctoritate in utraque, si volueris, et facultates earum ad hoc sufficientes agnoveris, sedem restituere pontificalem, abbatias quoque Osciancen. Rosiacen. Velamanen. Mosiacen. Sextenien. Pritesen. S. Mariæ ad Organum, S. Euphemiam de Villa nova, Siticen. Olvenburgen. Aquileiæ unitum, unum monasterium sanctimonialium, alterum in civitate Austriæ constructum in honorem B. Genitricis semper virginis Mariæ tibi tuisque successoribus duxerimus roborandam, nihilominus vobis et S. Michaelis de Lemine præposituras, Aquileiensem civitatem, Taven. Sancti Stephani, S. Felicis, S. Oldarici, Ecclesiam S. Georgii in Urbe Venetiarum sitam juxta episcopalem sedem cum omnibus pertinentiis suis. Pallii vero usum rationabili atque veraci, qui prædecessoribus tuis pro ipsius Ecclesiæ dignitate a nostris antecessoribus est concessus. Nos tam tibi quam tuis successoribus confirmamus, his videlicet diebus, qui in Ecclesiæ tuæ privilegio continentur. Sane quacunque perrexeris, crucem ante te, et tuos successores deferendi licentiam auctoritate beati Petri, et nostra largimur. Porro comitatum, marchiam, et ducatum regalibus, seu imperialibus privilegiis Ecclesiæ tuæ concessa, nos quoque præsentis decreti sanctione nihilominus roboramus. Statuimus etiam, ut quascunque possessiones, quæcunque bona Aquileiensis Ecclesia in præsentiarum juste ac legitime possidet, aut in futurum, præstante Deo, poterit adipisci, firma tibi, tuisque successoribus et illibata permaneant, salvo nimirum in omnibus sanctæ Romanæ Ecclesiæ jure et reverentia. Decernimus ergo, etc. (47-48).

ANNO 1171-1181

MCDLXXXIII.

Ad ducem Venetiarum. — *Henricum patriarcham Venetiarum illi commendat, eumque hortatur ut translationi patriarchatus Gradensis ad civitatem Venetiarum benignum præstet assensum.*

(Tusculani, Jan. 21.)

[CORNEL., *Eccles. Venet.*, III, 75.]

ALEXANDER episcopus, servus servorum Dei, dilecto filio nobili viro duci Venetiæ (49), salutem et apostolicam benedictionem.

(47-48) Privilegium hoc quamvis ex authentico exemplari sit desumptum, caret Dato; sed quia ante trecentos annos a Bernardo Aquileiensi patriarcha hoc sequenti decreto firmatum exstitit, fides omnino habenda erit. Decretum Bernardi ita se habet post ipsius privilegii authentici exemplar. *Et ut hujusmodi exemplo, sive transumpto, sive copiæ ubilibet adhibeatur de cætero plena fides, nos Bernardus, miseratione divina sanctæ sedis Aquileiensis patriarcha, eidem exemplo sive transumpto seu copiæ auctoritatem nostram interposuimus pariter et decretum. In cujus rei testimonium præsentes* litteras fieri fecimus, et nostri sigilli appensione muniri. Datum in civitate Austriæ in patriarchali palatio die XI mensis Julii, anno Domini 1335, Indictione III. Porro probabile certe videtur hocce privilegium ab Alexandro Ulrico concessum Venetiis anno 1177, cum idem Ulricus in gratiam apostolicæ sedis rediisset.

(49) Anno 1178 datum creditur Alexandri III diploma, ideoque Sebastiano Ziani directum, qui usque ad diem XIII Aprilis ejusdem anni in vivis egit.

Non sine contemptu et improperio terræ tuæ venerabilis frater Henricus Gradensis patriarcha tanta necessitate laborat, quanta non videmus, nec audivimus episcopos positos in minoribus civitatibus laborare. Sane cum terra Venetiæ inter alias terras tuæ jurisdictionis major sit et celebrior, honor tibi est, et eidem terræ, si ad terram ipsam patriarchalis sedes, sicut plurimum expedit, transferatur, præsertim quia inter prædictum patriarcham et episcopos Castellanos frequenter, sicut nosti, emergebat materia jurgiorum. Non enim dilectionis intuitu, quam ad eumdem patriarcham habemus, sed potius pro honore tuo, et illius terræ, tuæ discretioni suggerimus cum idem patriarcha ita senex sit, quod vix per biennium ejus poterit vita durare. Inde est quod, cum translatio illa prædicto patriarchæ ad commodum momentaneum et terræ tuæ ad honorem perpetuum spectet, demit te super hoc. . . . nos partibus prævenire. Monemus itaque nobilitatem tuam, consulimus et hortamur quatenus ad tollendum hujusmodi opprobrium de terra tua et materiam jurgiorum, quæ inter patriarcham et Castellanos episcopos frequenter solent emergere, huic translationi promptum et benignum præstes assensum, et clerum et populum Venetiæ ad hoc idem diligenter inducas, quia nos pro honore ipsius terræ ad hoc libenter auctoritatem præstabimus et favorem.

Datum Tusculani, xii Kal. Februarii (50).

MCDLXXXIV.

Ad [Gilbertum] Londinensem episcopum. — Ut Albericum comitem cogat uxorem suam debita cum veneratione suscipere.

[*Epistolæ Gilberti Foliot*, edit. GILES, II, 90.]

ALEXANDER episcopus, servus servorum Dei, venerabili fratri GILBERTO Londoniensi episcopo, salutem et apostolicam benedictionem.

Nobilis mulier A., uxor comitis Alberici, lacrymabilem ad nos querelam transmisit, et id ipsum ex commeantium relatione persæpe audivimus, quod cum inter illam et eumdem virum suum super eorum matrimonio controversia mota fuisset, et jam dicta mulier tuo se conspectui præsentasset, licet te sæpius inde requisisset, nullum ei dare voluisti consilium, nec aliquis ea in causa sua patrocinium occasione illa impendit. Unde cum sola in tuo consistorio quolibet destituta suffragio sisteretur, apostolicæ sedis audientiam appellavit. Demum vero ad castrum quoddam deducta, in turrem dicitur retrusa fuisse. Ubi usque in hodiernum diem ab hominum consortio remota penitus custoditur. Quoniam igitur si quis esses, quod officium gereres, recta consideratione pensares talia de assensu tuo, aut etiam te sustinente, nullatenus perpetrarentur,

quorum ad nos prius pœna quam culpa deberet perferri. Per apostolica itaque tibi scripta præcipiendo mandamus, et in virtute obedientiæ injungimus, quatenus memoratum comitem, diligentia pontificali adhibita, infra viginti dies post harum susceptionem studiose commoneas, et inducas, ut præfatam uxorem suam debita cum veneratione suscipiat, participationem in mensa, communionem in toro, non differat exhibere. Quod si hæc omnia infra terminum præscriptum exsequi forte contempserit, totam terram ejus, dilatione et appellatione sublata, subjicias interdicto. Personam quoque illius, si nec sic resipuerit, vinculo excommunicationis astringas, et eum ab omnibus sicut excommunicatum publice vitari denuntians, ad quæcunque loca devenerit, quandiu ibidem præsens fuerit, nisi in curia regis commoretur, omnia divina officia, præter baptisma parvulorum et pœnitentias morientium, auctoritate nostra prohibeas celebrari. Universis etiam episcopis per Angliam constitutis, ex parte nostra districte indicas, ut eum per parochias suas sicut excommunicatum nuntient ab omnibus evitandum, et ipsi eumdem prorsus evitent.

Data Tusculani iii Kalendas Februarii.

MCDLXXXV.

Ad Valvensem, Aprutinum, Marsicanum episcopos, etc.—Cogant Gentilem de Raiano ut monasterio Piscariensi debitum censum solvat.

(Tusculani, Febr. 7.)

[*Chron. Casaur.* ap. MURATORI, *Rer. Ital. Script.* II, ii, 911.]

ALEXANDER episcopus, servus servorum Dei, venerabilibus fratribus ODERI Valven., Abrutin. et Marsican., Pinnen., Furconen. episcopis et dilectis filiis capitulo Teatino, et abbati S. Vincentii, salutem et apostolicam benedictionem.

Ex transmissa conquestione dilecti filii nostri abbatis S. Clementis de Piscaria, auribus nostris insonuit quod Gentilis de Raiano censum debitum monasterio ejus solvere contradicit, et parochialia jura quæ de Rocca de Soti ipsi de ratione debentur, in suæ salutis periculum tam clericos quam laicos reddere non permittit, nec ejus ecclesias prout convenit ordinari. Quoniam igitur laici ab oppressione monasteriorum censura sunt ecclesiastica coercendi, discretioni vestræ per apostolica scripta mandamus atque præcipimus, quatenus, si quod nobis propositum est veritati innititur, præfatum Gentilem excommunicationis vinculo astringatis, et faciatis sicut excommunicatum ab omnibus evitari, quousque ablata restituat et a præfati monasterii molestatione desistat. Quod si nec sic resipuerit, in terra ejus, quandiu præsens

---

(50) Quo anno datum fuerit diploma ex ipso non apparet, autographum ejus asservari dicitur apud nobiles viros Baduarios, cui a posteriori parte recentiori manu annotatus fuit anno 1178. Nec ex appositione loci deduci potest certior chronica nota, siquidem Alexander III ex urbe Tusculani (*Frascati*) plura variis annis dedit diplomata, ut videre est in novissima Bullarii Romani editione, anno 1178, Romæ degebat Alexander III, in cujus finibus urbs Tusculana posita est.

fuerit, divina prohibeatis officia celebrari. Quod si omnes hæc exsequi nequiveritis, duo aut tres vestrum ea nullius obstante gratia, vel timore nihilominus exsequamur.

Datum Tusculani, septimo Idus Februarii.

MCDLXXXVI.

Aprutino et Pennensi episcopis dat negotium ut ecclesias monasterii Piscariensis ab injuriis defendant.

(Tusculani, Febr. 7.)

[*Id., ibid.*]

ALEXANDER episcopus, servus servorum Dei, venerabilibus fratribus Abrutino et Pinnensi episcopis, salutem et apostolicam benedictionem.

Significavit nobis dilectus filius noster abbas S. Clementis de Piscaria, quod quidam parochiani vestri Ro. de Malatino, Transmundus de Rocca, ad Ro. de Troja, et filius Aton. Theod., occasione patronatus quem in suis ecclesiis asserunt se habere, bona eorum diripiunt, et clericos deprædantur, cum nullum jus habere perhibeantur. Adjeci; etiam quod quidam eorum in monachum quemdam eorum et presbyterum manus violentas injicere ausu temerario præsumpserunt. Quoniam igitur damnum ecclesiarum et insolentiam laicorum clausis nolumus nec debemus oculis pertransire, fraternitati vestræ per apostolica scripta mandamus atque præcipimus, quatenus memoratos malefactores monere curetis, et diligenter inducere ut ablata restituant, damna data resarciant, et de injuriis illatis satisfaciant congruenter. Quod si monitis vestris non acquieverint, ipsos appellatione remota Ecclesiasticæ severitatis gladio feriatis. Eos vero qui manus violentas in monachum et presbyterum injecerunt, sicut excommunicatos faciatis tandiu ab omnibus evitari, quousque præstita satisfactione absolvendi cum vestrarum testimonio litterarum apostolico se conspectui repræsentent.

Datum Tusculani, septimo Idus Februarii.

MCDLXXXVII.

Abbatibus Cisterciensibus concedit, ut unusquisque eorum fratres monasterii sui, si qui, cum ad conversationem ejus accedant, vel postea confessi fuerint, quod pro appositione ignis aut pro violenta manuum injectione in clericum vel aliam religiosam personam vinculo teneantur excommunicationis astricti, facultatem habeat absolvendi et pœnitentiam injungendi.

(Tusculani, Mart. 7.)

[HENRIQUEZ, *Regula* 55.]

MCDLXXXVIII.

Omnibus Regulam Grandimontensem observantibus, « laborem quem in ipsa observantia patiuntur, loco pœnitentiæ et in peccatorum remissionem injungit, » ipsamque regulam confirmat.

(Tusculani, Mart. 8.)

[*Gall. Christ. nov.*, II, instrum., 191.]

ALEXANDER episcopus, servus servorum Dei dilectis filiis GUILLELMO priori et fratribus Grandimontis, salutem et apostolicam benedictionem.

Quanto amplius tenemur religionis profectui congaudere, tanto libentius debemus ea quæ ad regulæ vestræ observantiam pertinent, juxta desiderium nostrum, quod saluti proficit effectui mancipare. Hac itaque ratione inducti, omnibus regulam vestram servantibus sicut in ordine vestro habetur, laborem loco pœnitentiæ et in peccatorum suorum remissionem injungimus, quem in ipsa observantia patiuntur. Institutionem quoque, quam ad castigationem vestram post confirmationem felicis recordationis Adriani papæ prædecessoris nostri regulæ vestræ salubriter addidistis, auctoritate apostolica confirmamus, et futuris temporibus decernimus valituram. Nullis ergo omnino hominum liceat etc.

Datum Tusculani, III Idus Martii.

MCDLXXXIX.

Ad abbatem Præmonstratensem. — Præmonstratensis abbas potest alumnos sui instituti a peccatis et ab excommunicatione absolvere, et suis novitiis clericis tonsuras facere.

(Tusculani, Mart. 13.)

[LE PAIGE, *Biblioth. Præm.* 630.]

ALEXANDER episcopus, servus servorum Dei, dilecto filio abbati Præmonstratensi, salutem et apostolicam benedictionem.

Cum sis pater omnium qui Præmonstratensem ordinem sunt professi, et abbatias ipsius ordinis tenearis, ex debito visitare, tibi ad executionem officii tui apostolicum volumus indulgere favorem. Inde est quod tuis petitionibus annuentes, præsentibus tibi litteris indulgemus, ut fratribus et conversis ejusdem ordinis, si qui tibi peccata sua confiteri voluerint, pœnitentiam injungendi ut ipsos absolvendi, etiamsi forte vinculo sint excommunicationis adstricti; et tonsuras tuis novitiis clericis faciendi, dummodo presbyter sis, de auctoritate nostra liberam habeas facultatem.

Datum Tusculani, III Idibus Martii.

MCDXC.

Ad archiepiscopos et episcopos. — Ut jura monasterii S. Dionysii tueantur.

(Tusculani, Mart. 21.)

[DOUBLET, *Histoire de Saint-Denis*, 509.]

ALEXANDER episcopus, servus servorum Dei, venerabilibus fratribus archiepiscopis et episcopis, in quorum episcopatibus monasterii Sancti Dionysii jura consistunt, salutem et apostolicam benedictionem.

Cum monasterium Sancti Dionysii ad provisionem nostram specialiter respiciat et tutelam, nobis imminet providendum, ne molestiis subjaceat perversorum, aut quorumlibet malignitate vexetur. Inde est quod fraternitati vestræ per apostolica scripta mandamus, quatenus si quando abbas et fratres ipsius monasterii adversus parochianos vestros malefactores eorum, quos malefactores esse constiterit, coram vobis querimoniam deposuerint, ita de ipsis sine frustratoria dilatione, contradictione et appellatione remota, iustitiam faciatis, quod ideo fratres jura sua se gaudeant pacifice possidere, et nos sollicitudinem et diligentiam vestram merito commendare possimus.

Datum Tusculani, xii Kalend. Aprilis.

MCDXCI

Ad Henricum Gradensem patriarcham. — Mandat ut sententiam pro monasterio S. Salvatoris latam observari faciat.

(Tusculani, Martii (51) 26.)
[CORNELII, *Eccles. Venet.*, XIV 99.]

ALEXANDER episcopus, servus servorum Dei, venerabilibus fratribus HENRICO Gradensi patriarchæ et (VITALI Michaeli) Castellano episcopo, salutem et apostolicam benedictionem.

Ex litteris dilecti filii nostri Ildebrandi basilicæ XII Apostolorum presbyteri cardinalis, apostolicæ sedis legati, auribus nostris innotuit, quod cum ipse fungens olim in partibus illis officio legationis, et tu, frater patriarcha, causam, quæ inter dilectum filium nostrum priorem S. Salvatoris et plebanum S. Bartholomæi vertebatur, a nobis susceperitis definiendam super ea definitione cognitionis sententiam protulistis, unde quoniam rei judicatæ standum esse divinarum et humanarum legum decrevit auctoritas, fraternitati vestræ per apostolica scripta præcipiendo mandamus quatenus eamdem sententiam ratam et firmam habentes et eam facientes inviolabiliter observari, prædictum plebanum et clericos ejus moneatis, et districte compellatis ut nullos de domibus illis de quibus inter ipsos et præfatum priorem judicatum est et definitum, ad divina officia recipiant, vel ad sepulturam. Illis autem ut ecclesiam Sancti Salvatoris secundum quod dictum est et statutum, ad divina officia frequenter, firmiter et districte præcipiatis generaliter sub interminatione anathematis prohibentes ne in aliis ecclesiis ad divina recipiantur. Si vero ipsi ecclesiam S. Salvatoris contemnentes aliam ecclesiam frequentare præsumpserint ipsos excommunicetis et ecclesiam, quæ post prohibitionem vestram receperit a divinis officiis faciatis cessare et plebanum et clericos ejus si forte in sua contumacia perstiterint ad nos mittatis suspensos, ut discant definitæ sententiæ esse parendum, et a religiosorum virorum infestatione penitus abstinendum.

Datum Tusculani, vii Kal. Aprilis.

MCDXCII

Ad Turonensem archiepiscopum et ad omnes episcopos. — Pro ecclesia S. Martini Turonensis.

(*Défense de Saint-Martin de Tours*, 23.)

ALEXANDER episcopus, servus servorum Dei, venerabilibus fratribus Turonensi, archiepiscopo, et omnibus episcopis in quorum episcopatibus possessiones ecclesiæ Beati Martini constitutæ, salutem et apostolicam benedictionem.

Cum ecclesia Beati Martini nullum habeat episcopum vel prælatum præter Romanum pontificem, decet nos jura ejus integra et illibata servare, et eos qui pontificali sunt infula decorati, ut ejusdem ecclesiæ possessiones manuteneant, et defendant inducere modis omnibus et hortari; nam de negligentia non immerito reprehendi possemus, si possessiones prædictæ ecclesiæ, non adhibita qua debemus cura et sollicitudine, nostro tempore aliquatenus deperirent. Unde quanto nobis amplius et Ecclesiæ Romanæ arctiori charitate astricti tenemini, tanto magis jura et possessiones quæ juris sunt Romanæ Ecclesiæ propensiori cura et diligentia defendere et conservare debemus. Ideoque fraternitatem vestram per apostolica scripta monemus atque præcipimus, quatenus vestrorum episcopatuum, qui possessiones præfatæ ecclesiæ auferunt et violenter detinent occupatas, et ei damna et injurias ac gravamina inferunt, infra xv dies postquam exinde fueritis requisiti, moneatis et districte compellatis ut, omni dilatione cessante, præfatas possessiones eidem ecclesiæ restituant, et in pace dimittant, aut sub vestro discretionis examine sibi justitiæ complementum exhibeant; quod si vestris monitis et jussionibus in hac parte parere contempserint, eos excommunicetis, et tandiu cautius ab omnibus evitari faciatis, quandiu inviti cogantur agere quod sponte facere debuissent.

Datum Tusculani, ii Idus Aprilis.

MCDXCIII

Decano et capitulo Trecensi interdicit ne quis eorum, cum in episcopum electus vel consecratus fuerit, præbendam ante habitam, vel alios redditus ecclesiæ, nisi quos ad jus episcopale constiterit pertinere; ad suos usus retineat.

(Tusculani, April. 20.)

[CAMUZAT, *Promptuarium*, p. 1236.]

MCDXCIV

Petro monasterii SS. Severini et Sosii Neapolitani abbati ejusque successoribus mitræ usum concedit.

(Tusculani, Maii 21.)

[MARGARINI, *Bullar. Casin.*, II, 196.]

ALEXANDER episcopus, servus servorum Dei, dilecto filio PETRO abbati monasterii Sanctorum Severini et Sosii, salutem et apostolicam benedictionem.

Charitatis debito provocamur, devotis Ecclesiæ filiis specialem prærogativæ gratiam impertiri, ut apostolicæ sedis benegnitate suffulti, commissas sibi ecclesias tanto utilius regant, quanto eorum subditi

---

(51) Cum apostolicum Alexandri III diploma, quo sententia a delegatis apostolicis lata iterato confirmatur, datum fuerit (ut superius argui posse diximus) anno 1166 verisimile est, hoc quod modo afferimus latum fuisse anno insequenti 1167, antequam Alexander III Roma et a finibus ejus discederat, in Romano Bullario ad ann. 1167 leguntur diplomata data Laterani et Anagniæ, tom. II, Bullarii novis. Edit. p. 590, 591, ex quo argui potest etiam Tusculani aliquando degisse, quo ex loco potuit diploma hoc misisse. Cæterum in Bullar. p. 401, 404, epistolæ Alexand. III datæ Tusculani conveniunt ad annum 1170. Lectori itaque liberum erit prout magis placuerit, epistolam hanc nulla chronica nota signatam, ad unum vel ad alium annum assignare.

majorem eis obedientiam exhibuerint, et honorem. Attendentes itaque devotionem quam erga B. Petrum et nos ipsos habere dignosceris, usum mitræ tibi et successoribus tuis, de consueta sedis apostolicæ benignitate duximus indulgendum.

Datum Tusculani, xii Kal. Junii.

MCDXCV.

Ad Parmensem et Reginum episcopos. — Pro monasterio Nonantulano.

(Tusculani, Jul. 27.)

[Tiraboschi, *Storia di Nonantola*, II, 278.]

Alexander episcopus, servus servorum Dei, venerabilibus fratribus Parmensi et Regino episcopis, salutem et apostolicam benedictionem.

Ex transmissa relatione dilectorum filiorum Nonantulanorum, abbatis ejusque conventus, nobis est intimatum quod Willelmus et Minaboves de Cuv...... et Gerardus de Ancuila, et quidam alii parochiani vestri ecclesiam de Cellis, quæ ad eorum monasterium proprie spectare dignoscitur, multipliciter inquietare, et præfatæ ecclesiæ bona violenter occupare præsumunt. Quia vero ex injuncto nobis apostolatus officio singulorum jura et præsertim ecclesiarum defendere et conservare teneamur, fraternitati vestræ per apostolica scripta præcipiendo mandamus, quatenus præfatos parochianos moneatis et districte compellatis, ut ab inquietatione prædictæ ecclesiæ penitus desistant, et res ablatas eidem ecclesiæ cum integritate restituant; aut si aliquid juris in rebus præfatæ ecclesiæ se habere confidunt, et causam intrare decreverint, in præsentia vestra a prænominato abbate et fratribus justitiæ complementum recipiant. Si autem super hoc vestris monitis parere contempserint, eos censura ecclesiastica coerceatis.

Datum Tusculani, v Kal. Julii.

MCDXCVI.

Ad Richardum Cantuariensem archiepiscopum. — Ut clericos Hugonis comitis, qui sacra contra interdictum procuraverint, ab officiis et beneficiis suspendat.

[*Epistolæ Gilberti Foliot* ed. Giles, II, 70.]

Ad aures nostras noveris pervenisse, quod terra nobilis viri Hugonis comitis, pro injuria quam idem comes canonicis de Panteneia intulerat, de mandato nostro fuisset interdicto supposita; tamen, quia clerici de terra ipsa divina officia nihilominus celebrare præsumpserunt, a beato Thoma martyre vinculo fuerint excommunicationis astricti. Postmodo vero, cum idem martyr reverteretur ab exsilio, iisdem clericis absolutionem petentibus, mandavit a divinis abstinere officiis, ut super eorum præsumptione interim nos consuleret, sed paulo post eodem martyre per martyrium ad cœlum migrante, præfati clerici, sicut prius fecerant, non sunt veriti divina officia celebrare. Quoniam igitur temeritas et præsumptio ipsorum clericorum non debet incorrecta manere, fraternitati tuæ per apostolica scripta præcipiendo mandamus, quatenus, A si res ita se habet, præfatos clericos pro tantæ præsumptionis egressu ab officiis et beneficiis suspendas.

MCDXCVII.

Wichmanno archiep. Magdeburg. et..... episcopo Brandenburgensi mandat ut sub anathematis pœna sanciant « ne quis in canonicos vel conversos ecclesiæ S. Mariæ Magdeburgensis violentas manus injiciat aut eorum bona diripiat vel occupare præsumat. »

(Leucfeld, *Antiq. Prœm.*, 91.)

MCDXCVIII-MD.

Ad Guidonem archiepiscopum Senonensem. — I. « Ne in monasterio S. Germani Parisiensis, tanquam ex debito, ulterius procurationem requirat. » — II. « Ne ejusdem monasterii ecclesias immoderatis procurationibus inquietet. » — III. Reprehendit archiepiscopum quod « contra privilegium monachorum S. Germani Paris. quadraginta equos et septuaginta homines ad quamdam monasterii ecclesiam ducere et pro his omnibus procurationem accipere minime dubitaverit. »

(Bouillart, *Hist. de Saint-Germain des Prez*, Pr., p. 47.)

ANNO 1179-1181.

MDI.

(Tusculani, Jan. 20.)

[*Gall. Christ.*, VII, Instr. 74.]

Alexander episcopus, servus servorum Dei, dilectis in Christo filiabus Eremburgi abbatissæ et sororibus de Gif, salutem et apostolicam benedictionem.

Ex authentico scripto in auditorio nostro perlecto nobis innotuit, quod dilectæ in Christo filiæ nostræ Eva abbatissa et sorores de Edera vestræ inopiæ misericorditer condolentes ad cultum Dei et religionem inibi reformandam, et quia domus vestra debitorum onere premebatur, et ædificiorum minabatur ruinam, cum per eas vestra non posset inopia relevari, quia ab initio fundationis ejusdem domus ibidem abbatia de benefactorum petitione fuerat statuenda, venerabili fratri nostro M. [Mauricio] Parisiensi episcopo concesserunt abbatiam in præscripta domo construere, ea conditione servata, ut quandocunque contigerit abbatissam decedere, si vos vel illæ quæ vobis successerint in aliquam vestrum nequiveritis convenire abbatissam, non aliunde, sed de monasterio Ederæ regulariter eligatis. Insuper grangiam quæ Wumvillare vocatur, ad sustentationem vestram et earum quæ vobis successerint, in perpetuum contulerunt. Quia igitur quæ ad augmentum religionis pertinent, diligenter nos convenit promovere, libertatem a præscripta abbatissa, et conventu domui vestræ indultam, sicut in scripto authentico continetur, non obstante privilegio nostro jam dicto monasterio de Edera, de domo vestra, et grangia supradicta concesso, auctoritate apostolica confirmamus, et præsentis scripti patrocinio communimus, statuentes ut nulli omnino hominum liceat hanc paginam nostræ confirmationis infringere, vel ei ausu temerario contraire. Si quis autem hoc attentare praesumpserit, indignationem omnipotentis Dei et beatorum Petri et Pauli apostolorum ejus se noverit incursurum.

Datum Tusculani, xiii Kalendas Februarii.

MDII.

Compositionem inter Henricum episcopum et canonicos Ecclesiae Mutinensis confirmat.

(Tusculani, Febr. 8.)

[Tiraboschi, *Memorie stor. di Modenesi*, III, 77.]

ALEXANDER episcopus, servus servorum Dei, dilectis filiis praeposito et canonicis Mutinensibus, salutem et apostolicam benedictionem.

Cum inter vos et bonae memoriae Henricum quondam Mutinensem episcopum super procuratione archiepiscopi vestri et legatorum apostolicae sedis Praenestinus episcopus, ecclesiae Sancti Georgii ad Velum aureum diaconus cardinalis, apostolicae sedis legatus (52) eamdem controversiam sicut ex scripto ejus accepimus, compositione amicabili de spontaneo assensu partium terminavit, ita quidem ut sive absens fuerit episcopus vester sive praesens, totam procurationem primae diei, vos autem totam diei secundae memorato archiepiscopo et legatis teneamini exhibere. Unde quoniam quae concordia statuuntur firma debent et illibata consistere, ne cujusquam levitate in recidivae contentionis periculum reducatur, robore apostolico praemuniri praescriptam compositionem, sicut hinc inde recepta est et hactenus observata, auctoritate apostolica confirmamus et praesentis scripti patrocinio communimus, statuentes ut nulli omnino hominum liceat hanc paginam nostrae confirmationis infringere, vel ei ausu temerario contraire. Si quis autem hoc attentare praesumpserit, indignationem omnipotentis Dei, et beatorum apostolorum Petri et Pauli se noverit incursurum.

Datum Tusculani, — vi Idus Februarii

ANNO 1181

MDIII.

Privilegium pro Ecclesia Januensi (fragmentum).

(Tusculani, Jan. 13.)

[Ughelli, *Italia sacra*, IV, 872.]

Anno 1180 *Obertus praepositus, et Bonifacius archidiaconus, caeterique canonici Januensis Ecclesiae ab Alexandro III sub apostolica protectione fuerunt recepti, et privilegio exornati, quod iisdem verbis, quemadmodum Eugenius Adrianusque pontifices antea fecerunt, exscriptum est.*

Datum Tusculani, per manum Dauferii S. R. E. sub. Idibus Jan., ind. xiii, Incarn. Dom. 1180, pont. vero D. Alexandri papae III an. xxii.

Ego Alexander cat. Ecclesiae episc.
Ego Hubaldus Ostiensis, et Veliternensis episc.
Ego Theodevinus Portuensis et S. Rufinae sedis episc.
Ego Paulus Praenestinae Ecclesiae episc.
Ego Petrus presb. card. tit. S. Susannae.
Ego Vivianus tit. S. Stephani in Coelio Monte presb. card.
Ego Centhius presb. card. tit. S. Caeciliae.
Ego Arduinus presb. card. tit. S. Crucis in Hierusalem.
Ego Laborans presb. card. S. Mariae Transtyberim tit. S. Callisti.
Ego Hyacinthus diac. card. S. Mariae in Cosmedin.
Ego Raynerius diac. card. S. Georgii ad Velum aureum.
Ego Gratianus SS. Cosmae et Damiani diac. card.
Ego Joannes diac. card. S. Adriani.
Ego Matthaeus S. Mariae Novae diac. card.

MDIV.

Ad omnes principes. — Hortatur eos ad subsidium Terrae Sanctae.

(Tusculani, Jan. 16.)

[Mansi, *Concil.* XXI, 915.]

ALEXANDER episcopus, servus servorum Dei, dilectis filiis nobilibus viris, ducibus et principibus, comitibus, baronibus, et universis Dei fidelibus, ad quos litterae istae pervenerint, salutem et apostolicam benedictionem.

Cor nostrum et omnium fratrum nostrorum sinistri rumores, qui Hierosolymitanis partibus ad nos communi transeuntium relatione pervenerunt, nimio dolore conturbant: cum vix unquam aliquis, qui Christiano nomine censeatur, sine lacrymis et suspiriis audire valeat, quae de statu illius terrae miserabili recitantur. Est siquidem infidelium, quod dolentes dicimus, incursione contrita, et usque adeo fortium virorum potentia et proborum virorum consilio viduata: quod nisi a Christianis regibus et principibus orbis celerem et potentem succursum habuerit, desolationem ejus, quod absit, in ignominiam Dei, et in contemptum fidei Christianae de proximo formidamus. Non est enim rex, qui terram illam regere possit, cum ille, videlicet Balduinus, qui regni gubernacula possidet, ita sit graviter, sicut nosse vos credimus, justo Dei judicio flagellatus, ut vix ad tolerandos sufficiat continuos sui corporis cruciatus. Quam gravem siquidem jacturam, et quam miserabilem casum in personis et rebus, illa terra, pro qua patres genitores nostri sanguinem proprium effuderunt, in conflictu quem olim cum gentibus habuit, peccatis exigentibus sit perpessa, nec nos sine multa cordis commotione recolimus, nec aliqui zelantes legem Domini possunt tantam stragem fidelium patienti animo tolerare: praesertim

---

(52) Questi e il card. Manfredo da Siena che trovossi presente l'anno 1177, alla riconciliazione di Federigo con Alessandro III in Venezzia, e mori poscia l'anno seguente. Quindi circa il 1179 deesi fissar questo breve, che secondo il consueto de brevi di Alessandro III non ha data di anno.

cum illa gens pessima paganorum ex incommodis et periculis, quæ genti Christianorum intulerunt, tantam audaciam sumpsisse dicantur, ut se jactent impudenter, terram illam, quod avertat Dominus, invasuros.

Moveat itaque vos zelus Domini, nec religio Christiana super tanta, quæ illi terræ imminet, contritione dormitet: sed universa loca illa, quæ Salvator et Redemptor noster corporali præsentia dedicavit, viriliter tueamini: et contemnite gentes quæ abjiciunt Dominum, et Christianum nomen de terris abolere nituntur. Non est utique Christianus, qui præscriptæ terræ calamitatibus non movetur, nec accingitur ad ipsam ab infidelium incursibus defendendam, quam occupare laborant, et suis, quod absit, spurcitiis profanare. Hi autem, qui ex vobis fortes sunt, et bellis exercendis idonei, non minus scuto fidei et lorica justitiæ, quam materialibus armis induti, tam pium, quam necessarium opus, ac laborem hujus peregrinationis assumant, et loca illa, in quibus Redemptor humani generis pro nobis nasci voluit, et mortem subiit temporalem, potenti virtute defendant, ne temporibus nostris sustineat in illis partibus Christianitatis detrimentum. Cum enim Christus pro salute nostra opprobria multa, et demum crucis patibulum sustinuerit, ut nos offerret Deo, mortificatos quidem carne, justificatos [vivificatos] autem spiritu: expedit admodum saluti fidelium, ut pro ipso corpora nostra periculis et laboribus exponamus, ne pretium sanguinis, quem pro nobis effudit, videamur obliti. Animadvertite igitur, dilecti in Christo filii, et videte quam probrosum, et quam mœrore dignum existeret Christianis, si adversus habitatores terræ illius inimici crucis Christi denuo prævalerent: sicut eos prævalituros non modicum formidamus, nisi de diversis partibus Christianorum auxilium habitatoribus ipsis cum festinatione succurrat.

Ne igitur Christianitas gentilitati succumbat, totis nisibus providete; quia melius est superventuro malo ante tempus occurrere, quam remedium post causam quærere vulneratam: illis autem, qui pro Christo hujus viæ laborem assumpserint, illam indulgentiam peccatorum, quam Patres et prædecessores nostri Urbanus et Eugenius Romani pontifices statuerunt, apostolica auctoritate concedimus, et confirmamus. Uxores quoque, et filios eorum, et bona et possessiones suas, sub beati Petri et nostra, nec non et archiepiscoporum, et episcoporum, et aliorum prælatorum Ecclesiæ, decernimus protectione manere: prohibentes attentius, ne adversus eos de his, quæ pacifice possident, aliqua post susceptam crucem quæstio moveatur, donec redeant, vel de ipsorum obitu certissime cognoscatur. Liceat autem eis terras, seu possessiones alias postquam propinqui, aut etiam domini sui (ad quorum feudum pertinent) pecuniam ipsis mutuare aut noluerint, aut non potuerint, ecclesiis, vel ecclesiasticis viris, aut aliis fidelibus libere, et sine ulla reclamatione, pro expensis hujus itineris titulo pignoris obligare. Præterea, quicunque de viris bellicosis, et ad illius terræ defensionem idoneis, illa sancta loca fervore devotionis adierint, et ibi duobus annis contra Saracenos pro Christiani nominis defensione pugnaverint, de Jesu Christi pietate, et de beatorum Petri et Pauli apostolorum auctoritate confisi, eis omnium suorum, de quibus corde contrito, et humiliato confessionem susceperint, absolutionem facimus delictorum: nisi forte aliena bona rapuerint, vel usuras extorserint, aut commiserint furta, quæ omnia debent in integrum emendari. Si vero non est in facultatibus delinquentium, unde valeant emendari, nihilominus consequentur veniam, prout diximus, de commissis. Hi autem, qui illic per annum, sicut diximus, moram habuerint, de medietate sibi injunctæ pœnitentiæ indulgentiam et remissionem suorum obtineant peccatorum. Omnibus autem sepulcrum Domini pro instanti necessitate visitare volentibus, sive in itinere moriantur, sive ad istum locum perveniant, laborem itineris ad pœnitentiam, et obedientiam, et remissionem omnium peccatorum injungimus, ut de vitæ præsentis ergastulo ad illam beatitudinem, Domino largiente, perveniant, quam nec oculus vidit, nec auris audivit, nec in cor hominis ascendit, quam repromisit Dominus diligentibus se (*I Cor.*, II).

Datum Tusculani, decimo septimo Kalendas Februarii

MDV.

Archiepiscopis, episcopis, abbatibus milites Templi missos qui terræ Orientali auxilium peterent commendat.

(Mansi, *ibid.*, col. 917.)

Alexander episcopus, servus servorum Dei, venerabilibus fratribus, archiepiscopis et episcopis, et dilectis filiis abbatibus, et aliis ecclesiarum prælatis, ad quos litteræ istæ pervenerint, salutem et apostolicam benedictionem.

Cum Orientalis terra per impressiones infidelium et incursus fortium virorum potentia sit et proborum virorum consilio destituta, et ad implorandam subventionem fidelium dilectos filios nostros, milites Templi, latores præsentium, viros utique religiosos, et Deum timentes, archiepiscopi, episcopi, et alii principes terræ, ad partes vestras mittere decreverunt. Nos autem quos illius terræ calamitas gravi dolore conturbat, exemplo patrum et prædecessorum nostrorum de ipsius conservatione solliciti, Christianos reges, et principes orbis ad defensionem locorum illorum, in quibus steterunt pedes Domini, salubribus monitis exhortamur: et sicut Patres et prædecessores nostri Urbanus et Eugenius pontifices Romani statuerunt, ita et nos remissionem et indulgentiam peccatorum statuimus universis, qui pro Christo laborem Hierosolymitanum assumpserint, et contra Saracenos fideli curaverint devotione certare. Monemus itaque universitatem vestram attentius, et mandamus, quatenus fratres, qui ad hoc missi sunt, benigno recipiatis affectu, et per eos Orientalis terrae statu et necessitate comperta, principes, comites, et alios fideles Christi parochianos vestros, crebris et sollicitis exhortationibus laboretis inducere, ut terram illam, pro cujus liberatione patres et genitores eorum sanguinem proprium effuderunt, adeant festinanter, et contra inimicos crucis Christi potentia et virtute decertent. Litteras autem, quas propter hoc generaliter mittimus, universis faciatis ecclesiis publice legi, et exponatis earum tenorem, et remissionem peccatorum, quam facimus illis qui tam pium et necessarium opus assumpserint, nuntietis : et ita omnes ad exsequendum quod suggerimus moneatis, quod per sollicitudinem et exhortationem vestram terra illa festinanter fidelium sentiat auxilium et juvamen; et vos propter hoc ab omnipotenti Deo mercedem possitis consequi sempiternam.

Datum Tusculani, decimo sexto Januarii.

MDVI.

Ad Theobaldum Cluniacensem abbatem. — Compositiones ipsius factas cum Guillelmo comite Cabilonensi et cum Girardo comite Matisconensi scripto Philippi regis Francorum munitas confirmat.

(Tusculi, Febr. 9.)
[D. Bouquet, *Recueil*, XV, 974.]

Alexander episcopus, servus servorum Dei, dilectis filiis Theobaldo abbati et capitulo Cluniacensi, salutem et apostolicam benedictionem.

Cum Ecclesia vestra nobis sit nullo mediante subjecta, ejus et vestrae volumus, ut tenemur, paci prospicere, et ne possitis in posterum malitiosa quorumlibet vexatione gravari sollicite providere. Inde est quod, cum inter vos et nobilem virum comitem Cabilonensem (53) super querelis omnibus quas adversus eum habebatis, et super exactionibus quas exercebat in homines et terras ejusdem ecclesiae coram charissimo in Christo filio nostro Philippo, illustri Francorum rege, amicabilis compositio facta sit, et ejusdem regis authentico continetur, ratam habemus, eamque auctoritate apostolica confirmamus. Nihilominus etiam compositionem illam quam cum nobili viro comite Gerardo (54) super exactionibus quibus terram vestram et homines opprimebat, de libera voluntate fecistis, sicut est in scripto ipsius comitis roborata, futuris temporibus manere decernimus illibatam.

Nulli ergo omnino hominum liceat hanc paginam nostrae confirmationis infringere, aut ei ausu temerario contraire. Si quis autem hoc attentare praesumpserit, indignationem omnipotentis Dei et beatorum Petri et Pauli apostolorum ejus se noverit incursurum.

Datum Tusculi, v Idus Februarii.

MDVII.

Theobaldo abbati et capitulo Cluniacensi significat se episcopo Eduensi mandasse ut capellam Belnensem consecraret. Qui si mandatum exsequi noluerit, permittit iis ut episcopum Bellicensem ad conficiendam consecrationem invitent.

(Tusculani, Febr. 10.)
[*Bibliothec. Cluniac.*, p. 1444.]

Alexander episcopus, servus servorum Dei, dilectis filiis T. abbati et capitulo Clun., salutem et apostolicam benedictionem.

Cum apud Belnam capellam quamdam, sicut dicitis, habeatis, quam petitis consecrari, venerabili fratri nostro Eduensi episcopo dedimus in mandatis, ut capellam ipsam, cum a vobis requisitus fuerit, dedicet, et apud eam coemeterium benedicat; sub eo tenore videlicet, ut alienos parochianos ad quotidiana officia, vel ad sepulturam tempore nullo recipiat, nec in decimis, vel in aliis parochialia sibi jura imprimis usurpet. Ne igitur vestro super hoc desiderio defraudemini, praesentibus vobis litteris indulgemus, ut si praedictus episcopus a vobis secundo vel tertio reverenter et humiliter requisitus, mandatum nostrum non fuerit exsecutus, liberum vobis sit catholicum episcopum quem malueritis, etc,

MDVIII.

Guidoni archiepiscopo Senonensi, Henrico episcopo Baiocensi, S. abbati S. Genovefae et decano Ecclesiae Baiocensis mandat, ut in controversia inter Rolandum electum Dolensem et Bartholomaeum archiepiscopum Turonensem, ap. sedis legatum, testium dicta litteris consignent.

(Tusculani, Febr. 25.)
[Marten, *Thes. Anecdot.*, III, 907.]

MDIX.

Ecclesiae S. Mariae Flottinensis protectionem suscipit ejusque jura ac privilegia confirmat.

(Tusculani, Mart. 10.)
[Morin, *Hist. du Gatinois*, Paris 1630, 4° p. 291.]

Alexander episcopus, servus servorum Dei, dilectis filiis Guillelmo, priori ecclesiae Beatae Mariae de Flotin, ejusque fratribus tam praesentibus quam futuris, regularem vitam professis in perpetuum.

Religiosis viris et pietatis operibus deputatis publicum convenit adesse praesidium, ut tanto liberius obsequiis divinis inserviant, quanto se sentiunt fortius apostolica protectione munitos. Quapropter dimus.

---

(53) Guillelmum, cujus charta de Paredo, quae habetur in *Biblioth. Cluniac.*, col. 1444, facta est apud Lordonum ab Incarnationis Domini anno 1180, Philippo rege Francorum regnante in Francia, anno regni ejus secundo a coronatione. In eo porro recognovi, inquit, et confessus sum quod in villa paredi et pertinentiis, et in universa terra ejus, non habeo talliam vel porcellagium vel bevuagium, vel melsionagium, seu anuonagium vel corredum, quae omnia ego et ministri mei plerumque violenter accipiebamus. Praeterea homines Ecclesiae quandoque in expeditiones meas ire cogebam et opera sua facere compellebam, videlicet in fossatis meis erigendis et castellis construendis; quae omnia peritus guerpivi et remisi, ita quod haec omnia quae praedixi, a me vel ab haeredibus aut ministris meis deinceps nullatenus requirantur, etc.

(54) Girardo comite Matisconensi cujus etiam chartam eodem anno datam vid. ib. colleg.

lecti in Domino filii, vestris justis postulationibus clementer annuimus, et præfatam ecclesiam in qua divino mancipati estis obsequio, sub beati Petri et nostra protectione suscipimus, et præsentis scripti privilegio communimus. In primis siquidem statuentes ut ordo canonicus, qui in eadem ecclesia per providentiam tuam, fili dilecte, et assensum filiorum nostrorum dilectorum abbatis et fratrum Sancti Joannis Senonensis, necnon favore et auctoritate venerabilis fratris nostri G. Senonensis archiepiscopi constitutus esse dignoscitur, perpetuis ibidem temporibus inviolabiliter observetur. Quem utique ordinem in præsenti charta duximus adnotandum, sicut in authentico scripto ejusdem archiepiscopi plenius continetur, et excepto quod de priori anno minime duximus confirmandum, quia et rationi contrarium est, et sacris obviat institutis, cum columnas Ecclesiæ firmas esse stabilesque conveniat, ne totum ædificium ex eorum debilitate vacillet.

« In nomine sanctæ et individuæ Trinitatis.

« Ego G. Dei gratia Senonensis archiepiscopus, dilectis filiis nostris Petro abbati S. Joannis et fratri Willelmo de Flotin, omnibusque eorum fratribus tam præsentibus quam futuris, salutem in perpetuum.

« Notum est ubique et scitum ab omnibus quoniam, sicut res parvæ cito per concordiam crescunt, ita et maximæ ubi subintrat discordia, brevi dilabuntur. Quapropter videntes ecclesiam Divi Joannis, ejusque plantationem novellam adhuc teneram, ecclesiam scilicet B. Mariæ de Flotano, si non perversio, aversio tamen aliquantulum tramite incedentes, ne scintilla latens in cineres quandoque per negligentiam, subitum exhalaret incendium, decrevimus eis occurrere, matremque ad filiam, filiamque ad matrem amice et concorditer revocare. Communicato itaque consilio cum dilecto filio nostro Willelmo aliisque fratribus de Flotin, simulque cum venerabili Petro abbate Sancti Joannis et fratribus suis, cœpimus de pace et concordia eorum sollicite et diligenter agere, et providere. Cum ergo audiremus prædictos fratres de Flotin a bono et a primo fundamento arctioris vitæ nolle omnino recedere, sed tenuem victum duramque cibi et potus abstinentiam desideranter amare, grossamque et vilem vestium consuetudinem tranquillam sæcularis vitæ viri contemptores et Dei amatores avide sustinere, simulque vigiliis et orationibus et psalmodiis ardenter insistentes, bonum vitæ propositum quod incipient, nequaquam mutare, sed velle in melius consummare, multum gavisi sumus, et de numero fratrum quos ad amplificandum servitium Dei augeri postulabant ego et tota Ecclesia Beati Joannis lætum probavimus assensum. Statuimus itaque et decrevimus quatenus quos et quantos vellent fratres ad servitium Dei faciendum et pro voluntate sua et possibilitate loci sine omni contradictione abbatis et capituli Sancti Joannis. Porro abbas Sancti Joannis cum voluerit et licuerit et veniet ad locum illum, et fratres qui suscepti fuerint debitam et tanquam proprio abbati et successoribus suis professionem facient, et tunc ab eo, in eodem loco canonicam benedictionem suscipient, et amplius non licebit et eos amovere de loco; si vero pro culpa sua aliquem de fratribus illis prior qui præerit loco tanquam inobedientem et rebellem de ecclesia illa amoverit, vel ipse sponte sua sine licentia prioris inordinate inde exierit, non licere abbati suscipere illum in ecclesia S. Joannis, nisi spiritu Dei tactus, vitam suam emendare et ordinem supradictæ ecclesiæ suscipere voluerit, ut fratres ejusdem loci suscipiant eum, remota omni exactione abbatis et capituli Sancti Joannis. Ita tamen si bonæ et laudabilis vitæ liberque et absolutus a primæ professionis subjectione fuit susceptus, ante novam abbati Sancti Joannis sedem, morem et ordinem albus ecclesiæ professionem faciet et stabilitatem corporis sui in illo loco promittet. Hoc autem ita factum est et ex utraque parte concessum, ut quandiu de susceptis fratribus ecclesiæ Sancti Joannis ibidem vivi tres inventi fuerint, quartus non suscipiatur, nisi voluntate et spontanea concessione prioris et fratrum loci. De constitutione autem prioris in eodem loco utriusque partis assensu, ita decretum est, ut fratres de Flotin liberam electionem habeant; unum de collegio suo quem idoneum cognoverint, priorem constituant, cui reliqui fratres debeant obedire, ad cujus officii arbitrium pertinebit, cujus administratio totius loci...... Cum autem abbas visitationis gratia locum adierit substitutum priorem et præsentabunt quem ipse cessante contradictione suscipiet, cique totam administrationis curam imponet. Si vero de prioris substitutione, ut malibus (sic) consuetum est, discordia suborta fuerit et fratres inter se conveniant, non poterit abbas Sancti Joannis ad diem eligendi, constitutum vocabitur, et si fratres tunc etiam non concordaverint, abbas meliori et saniori parti cedens, eorum consilio et assensu priorem ibidem constituet. Vestimenta vero hujusmodi erunt linea, vestibus exceptis superpelliceis et femoralibus non utantur, pelliceas tunicas albas, pallia candida, cappas nigras habebunt, similiter et lectisternia eorum culsitraque et linea stramenta non habebunt, sed cervicalia tantum ad relevationem capitis. Esus carnis et sanguinis apud eos nullus omnino erit, nisi tantum infirmis; ova et caseos comedendi potestas indulgebitur eis, excepta quadragesima ante Natale Domini, a festo Sanctæ Crucis usque ad Nativitatem Domini jejunabitur, excepta festivitate Omnium Sanctorum, a Nativitate Domini usque ad Epiphaniam licebit eis bis comedere, ab illo die usque ad Pascha jejunabunt, excepta Purificatione beatæ Mariæ, in ecclesia silentium tenebunt semper, nisi de confessione; in mensa nulli fratrum permittitur nisi soli magistro de necessariis; a Completorio usque ad capitulum, post primum factum silentium ubique tenebunt, nisi necessitate compellente; ad mensam eorum mulieres non comedent, nec consanguineæ, nec extraneæ, nec infra septa eorum nocte requiescent, nec officinas sine legitimo teste ingredientur. Animalia, terras et decimas, et quascunque alias possessiones in eleemosynam datas, vel quocunque alio modo initæ acquisitas licebit eis habere ad procurationem fratrum pauperum et hospitum sustentationem; priori et fratribus, a priore si injunctum fuerit, licebit ire et equitare secundum Regulam S. Augustini; de proventibus, pratis et vineis, aliisque ecclesiæ redditibus nec priori nec fratribus licebit aliquid vendere, nec invadiare, sine consilio abbatis et capituli Sancti Joannis, et hoc propter majorem loci utilitatem; fratres vestri de Flotin, viginti solidos annuatim Sancti Joannis die festo inservientis olei annuatim persolvant. Ut autem hæc omnia supradicta ad honorem Dei et profectum loci firmiter et fideliter in perpetuum observentur, mandamus et præcipimus, et ne ultra quod a nobis scriptum et institutum est, altera contra alteram partium excedens, vel inquirere præsumat sub anathematis pœna prohibemus, nisi ex nostro et utriusque partis assensu. Hæc autem ut inconcussa et rata permaneant ponficali auctoritate et sigilli nostri impressione firmamus; et corroboramus.

« Actum publice in capitulo S. Joannis anno ab Incarnatione Domini millesimo centesimo sexagesimo undecimo. »

Ad hæc auctoritate apostolica constituimus ut quascunque possessiones, quæcunque bona eadem ecclesia impræsentiarum juste et canonice possidet, aut in futurum concessione pontificum, largitione regum vel principum, oblatione fidelium, seu aliis justis modis, præstante Domino, poterit adipisci firma vobis vestrisque successoribus et illibata permaneant. In quibus hæc propriis duximus exprimenda vocabulis:

Hærveum de Castellione, decimam de la Narville et tractum per singulos annos, duas etiam partes decimæ Montecereado, et vineas quas habetis in clauso de Montbleum, semi arpentum vineæ apud Chaloereth, quartam partem decimæ de Fratevilla, et duos tractus, quartam partem decimæ de Varennis et quartum tractum, decimam in terra Buchardii Gononis quæ est apud Infermitum et ipsius decimæ tractum, modium unum frumenti ex dono Holisandis quondam comitissæ de Joniaco, in grangia de Amiliaco annuatim percipiendum, in clauso nobilis viri Gilonis de Soliaco modium vini vobis singulis annis conferendum, apud Varennas in clauso Sustani modium vini annuatim, apud Sanctum Lupum censum duodecim denariorum, apud Boenas ex dono Hugonis Godar quidquid census habuit ibi, ex dono Roberti Chivillas et uxoris ejus domum cum tota supellectili quæ est apud boscum communem et vineas eorum quæ sunt apud sanctum Lupum et apud Chasuetum, nec non et cætera quæ ab eis sunt ecclesiæ vestræ per devotionem collata, grangias de Lamervilla liberas ab omni censu, grangiam de Monte Leurdo, grangiam de Feaville, et pratum apud Nancietum ex dono Gerardi cognomine usurarii, ex dono Pontii militis de Sosiaco quique census habebat in allodio Chaleretti, decimam panis et vini quod expenditur apud boscum communem quoties rex et regina insimul, vel unus sine altero ibi hospitatur, quam utique decimam recolendæ memoriæ Ludovicus illustris rex Francorum vobis contulit in eleemosynam et sigilli sui [munimine] roboravit.

Sane novalium vestrorum quæ propriis manibus vel sumptibus colitis, sive de nutrimentis vestrorum animalium nullus a vobis decimas exigere, vel extorquere præsumat. Præterea liceat vobis clericos et laicos e sæculo fugientes, liberos et absolutos ad conversionem recipere, et eos sine contradictione aliqua retinere. Prohibemus insuper ut nulli fratrum vestrorum, post factam in eodem loco professionem, non nisi obtentu arctioris religionis, sine superioris sui licentia, fas sit ab eodem loco discedere, discedentem vero absque communium litterarum cautione nullus audeat retinere. Sepulturam quoque ipsius loci liberam esse decernimus, ut eorum devotioni et extremæ voluntati, qui se illic sepeliri deliberaverint, nisi forte excommunicati vel interdicti sint, nullus obsistat, salva tamen justitia illarum ecclesiarum a quibus mortuorum corpora assumuntur. Cum autem generale interdictum terræ fuerit, liceat vobis, clausis januis, exclusis excommunicatis et interdictis, non pulsatis campanis, suppressa voce divinum officium celebrare. Paci quoque et tranquillitati vestræ paterna sollicitudine providere volentes, auctoritate apostolica prohibemus ut infra clausuras locorum seu grangiarum vestrarum nullus violentiam, vel rapinam, vel furtum committere, aut ignem apponere, seu hominem capere vel interficere audeat.

Decernimus ergo ut nulli omnino hominum liceat præfatam ecclesiam temere perturbare, aut ejus possessiones auferre, vel ablatas retinere, minuere, seu quibuslibet vexationibus fatigare, sed omnia integra et illibata serventur eorum, pro quorum gubernatione et sustentatione concessa sunt, usibus omnimodis profutura, salva sedis apostolicæ auctoritate, præfati archiepiscopi canonica justitia, et ecclesiæ Sancti Joannis debita reverentia.

Si qua igitur in futurum ecclesiastica, etc.

Ego Alexander catholicæ ecclesiæ episcopus

Ego Hubaldus Ostiensis episcopus.

Ego Petrus cardinalis ecclesiæ Sanctæ Susannæ.

Ego Petrus cardinalis ecclesiæ Sanctæ Rufinæ sedis.

Ego Vivianus presb. cardinalis Ecclesiæ Sancti Stephani in Cœlio monte.

Ego Centhius presb. card. Ecclesiæ S. Cæciliæ.

Ego Hugo presb. card. S. Clementis.

Ego Harduinus presbyt. cardinalis ecclesiæ S Crucis in Hierusalem.

Ego Matthæus presb. cardinalis ecclesiæ Sancti Marcelli.

Ego Laborans presbyter cardinalis Sanctæ Mariæ Transtiberim, ecclesiæ Calixti.

Ego Jacinthus Sanctæ Mariæ in Cosmedin.

Ego Rainerius diaconus cardinalis Sancti Georgii ad Velum aureum.

Ego Gratianus Sanctorum Cosmæ et Damiani diaconus cardinalis.

Ego Joannes diac. cardinalis S. Angeli.

Ego Rainerius diacon. card. S. Adriani.

Ego Matthæus S. Mariæ Novæ diacon. cardinalis.

Datum Tusculani per manum Alberti, Sanctæ Romanæ Ecclesiæ presbyteri cardinalis et cancellarii, sexto Idus Martii, indictione decima, Incarnationis Dominicæ anno millesimo centesimo octogesimo, pontificatus vero domni Alexandri papæ III, anno vicesimo.

MDX.
Privilegium pro monasterio Casinensi.
(Tusculani, Mart. 25.)
[D. Tosti, *Storia della badia Casin.*, II, 206.]

ALEXANDER episcopus, servus servorum Dei, dilectis filiis P. abbati et conventui Casinensi, salutem et apostolicam benedictionem.

Cum monasterium Casinense, in quo divinis estis obsequiis dediti, specialis charitatis brachiis amplectamur, et ad ejus commodum velimus, sicut debemus, semper attentius intendere, de ipsius vobis profectibus non immerito congaudemus, et ad conservandum quod est pro ejus bono rationabili consideratione statutum, sollicitam volumus operam adhibere. Inde est utique quod si quando postulatis a nobis, quæ ad commodum universitatis vestræ pertineant, petitionibus vestris tanto facilius favorem apostolicum impertimur, quanto præscriptum monasterium specialius ad provisionem nostram respicit et tutelam. Sane cum claustrales fratres ipsius monasterii in vestimentis defectum aliquando sustinerent, bonæ memoriæ Gentilis de Palearia, qui apud idem monasterium sepulturam elegerat, pietatis intuitu, et propriæ salutis obtentu, vobis, sicut accepimus, ad investituram filtrorum, et ad stricta pellicea biennio comparanda, sedecim millia tarenorum salubri consideratione donavit. Cum autem tu, fili abbas, pecuniam prætaxatam in aliam utilitatem monasterii convertisses, in recompensationem ejus viginti uncias auri de Castellone, et quinque de ecclesia de Cinglis in usus, quos prædiximus, erogandas fratribus, perpetuo concessisti. Unde quia nobis imminet ex injuncto officio providendum, ne quod provide fit, temeritate quorumlibet dissolvatur, nos vestris postulationibus clementer inducti, præscriptas viginti uncias auri de Castellone, et quinque alias de ecclesia de Cinglis fratrum usibus, quibus a te, fili abbas, deputatæ sunt, sicut in instrumento publico continetur, auctoritate apostolica confirmamus, et præsentis scripti patrocinio communimus. Statuentes, ut nulli omnino hominum liceat hanc paginam nostræ confirmationis infringere, vel ei ausu temerario contraire. Si quis autem hoc attentare præsumpserit, indignationem omnipotentis Dei et beatorum Petri et Pauli apostolorum ejus se noverit incursurum.

Datum Tusculani, x Kalendas Aprilis.

MDXI.
Ad Petrum Casinensem abbatem.
(Tusculani, Mart. 23.)
[*Ibid.*, 207.]

ALEXANDER episcopus, servus servorum Dei, dilecto filio P. Casinensi abbati, salutem et apostolicam benedictionem.

Si quando postulatur a nobis quod juri conveniat, et ab ecclesiastica non dissonet honestate, petentium desideriis facilem debemus impertiri consensum, eorumque vota effectu prosequente complere. Hac itaque ratione inducti, et tuis justis postulationibus inclinati, præsentibus tibi litteris indulgemus, ut abbatissas et monachas monasteriorum tuorum, in quibus alius jus episcopale non habet, a quo malueris catholico episcopo, contradictione, et appellatione cessante, benedici facias, et velari.

Datum Tusculani, x Kalendas Aprilis.

MDXII.
Ad Casimirum ducem Poloniæ. — Nonnullas constitutiones circa bona Ecclesiæ editas confirmat.
(Tusculani, Mart. 28.)
[MANSI, *Concil.*, XXI, 914.]

ALEXANDER episcopus, servus servorum Dei, dilecto filio nobili viro CASIMIRO duci Poloniæ, salutem et apostolicam benedictionem.

Ex parte tuæ magnitudinis relatum est nobis, quod de consilio archiepiscopi, et episcoporum Poloniæ, et principum terræ, quasdam abusiones, et solitas injurias, ab ecclesiis et personis ecclesiasticis amputasti, constituens ne bona decedentium episcoporum amplius confiscarentur. Constitutum est etiam, ut si quispiam in res defuncti episcopi manus conjecerit, vinculo anathematis teneatur. Nec præsumat ullus raptorum defuncto episcopo succedere, donec absolutionis beneficium assequatur, ablatis restitutis, vel ablatorum congrua æstimatione præmissa. Consuetudinem autem, quæ a principibus terræ servabatur, videlicet, ut quocunque pergerent pompatice, invadentes horrea pauperum evacuarent, et si inter absentes aliquid negotioli quandoque contingeret, impii satellites discurrentes, raptos quoscunque caballos vel enervarent in cursu, vel omnino destruerent, de ecclesiasticorum et sæcularium virorum consilio emendasti. Unde quoniam constitutionem tuam justam pariter et honestam auctoritate nostra postulas confirmari: nos justis postulationibus annuentes, constitutionem præscriptam, sicut in scripto authentico super hoc facto habetur, auctoritate apostolica confirmamus, et præsentis scripti patrocinio communimus, sub interminatione anathematis prohibentes, ne quis eam violare aliqua ratione præsumat. Nulli ergo omnino homini liceat hanc paginam nostram confirmationis infringere, vel ei ausu temerario contraire. Si quis autem hoc attentare præsumpserit, indignationem omnipotentis Dei, et beatorum Petri et Pauli apostolorum, se noverit incursurum.

Datum Tusculani, v. Kalendas Aprilis.

MDXIII.

Ecclesiæ S. Laudi de Burgo Achardi protectionem suscipit, bona privilegiaque confirmat.

(Tusculani, April. 15.)

[*Armorial génér. de la nobl. de France*, Reg. IV, p. 1.]

In nomine Domini, amen.

Per hoc præsens publicum instrumentum cunctis pateat evidenter et sit notum quod hoc est verum transumptum quarumdam litterarum fel. rec. domni Alexandri papæ tertii ejus vera bulla plumbea cum filis cericei coloris impendentibus more tunc Romanæ curiæ, bullatarum, sanarum et integrarum, non vitiatarum, non cancellatarum, nec in aliqua sui parte suspectarum, sed omni prorsus vitio et suspicione carentium, mihi notario publico infra scripto pro parte venerabilium et religiosorum virorum prioris et conventus Sancti Laudi de Burgo Achardi, ordinis Sancti Augustini, Rothomagensis diœcesis, ad transcribendum traditarum anno Domini millesimo quadringentesimo quinquagesimo nono, indictione octava, mensis vero Octobris secundi, anno secundo, pontificatus sanctissimi in Christo Patris ac domini nostri Pii divina providentia papæ secundi anno secundo, quarum quidem litterarum tenor de verbo ad verbum sequitur et talis est:

ALEXANDER episcopus, servus servorum Dei, dilectis filiis RODULPHO, priori Sancti Laudi de Burgo Achardi, ejusque fratribus tam præsentibus quam futuris, regularem vitam professis in perpetuum.

Quoties a nobis petitur quod religioni et honestati convenire dignoscitur, animo nos decet libenti concedere, et petentium desideriis congruum suffragium impertiri. Eapropter, dilecti in Domino filii, vestris justis postulationibus clementer annuimus, et præfatam ecclesiam Sancti Laudi de Burgo Achardi, in qua divino mancipati estis obsequio, sub beati Petri et nostra protectione suscipimus, et præsentis scripti privilegio communimus; in primis siquidem statuentes ut ordo canonicus qui secundum Deum et B. Augustini Regulam in domo vestra noscitur institutus, perpetuis ibidem temporibus inviolabiliter observetur. Præterea quascunque possessiones, quæcunque bona eadem ecclesia impræsentiarum juste et canonice possidet, aut in futurum concessione pontificum, largitione regum vel principum, oblatione fidelium, seu aliis justis modis, præstante Domino, poterit adipisci, firma vobis vestrisque successoribus, et illibata permaneant. In quibus hæc propriis duximus exprimenda vocabulis:

Locum ipsum in quo prædicta ecclesia sita est cum omnibus pertinentiis suis, ecclesiam Sanctæ Mariæ de Tabervilla et duas capellas, scilicet Sanctæ Trinitatis et Sancti Audoeni cum omnibus pertinentiis et libertatibus earum; ecclesiam Sancti Philiberti de Bochetot cum pertinentiis suis, ecclesiam Sanctæ Mariæ de Hangemara cum pertinentiis suis, capellam Sanctæ Mariæ de Foresta Henrici de Novo burgo cum pertinentiis et libertatibus suis, molendinum quoque quod est apud pontem Auto quod tenetis de monachis Gemeticensibus cum motta hominum suorum de ponte Auto et passagio vestro ad portum suum, et aliis libertatibus quas vobis in charta sua confirmando concesserunt; ex dono autem Galerani comitis de Ozelteto et Roberti filii ejus, quitantiam per totam terram suam de victu et rebus vestris vendendis vel emendis, et passagium porcorum et herbagium omnium pecudum, et boscum proprium ad ignem, et omnimodam quittantiam, a servitiis et talliis, et auxiliis et omnibus consuetudinibus; decimam quoque telonei de burgo Achardi et molendinorum Rogeri de Platanis apud pontem Auto, decimam passagii et omnium reddituum de burgo Achardi qui ad eumdem Rogerum pertinent et decimam panis domus ejus apud idem burgum, et virgultum quod est juxta præfatam ecclesiam, et totam terram quæ est infra ambitum curiæ vestræ, illas quoque triginta acras terræ et tres acras boschi quas Hugo primus prior vester donavit ecclesiæ vestræ concessione Rogeri Gule de Marchia et Marci filii ejus, et ex altera parte quadraginta quatuor acras quæ descendebant ex parte matris suæ, et totam terram quam Hubertus de Sotevilla, annuente filia sua Helixent, vobis concessit, et servitium et redditus terræ quam Anfredus filius Godins tenebat de Galtero de Gloz, scilicet octo solidos, et duos denarios ex dono ipsius Galteri et sex acras terræ quas tenuit Radulphus Crepion de quibus redduntur vobis quatuor solidi in Ascensione Domini; terram quæ est juxta virgultum vestrum cum tota ara et virgulto Picoti, et terram quam Hugo Bubulcus habebat in mansione, et mansionem quæ erat in atrio, in qua Julita mansit, et totum jus quod clamabant in terra Galteri Sorel, Nicolaus de Cahisneio et Willelmus frater ejus, et terram quam dedit vobis W. Rossel et tres virgatas terræ quas vobis dedit Restoldus; et quinque acras quas vobis dederunt Willelmus et Rodulphus filii Restoldi, et quinque acras quæ vobis datæ fuerunt cum Roberto de Cosneio, et quinque acras quas Ricardus de Bosco Tahon et Rodulphus filius ejus et Robertus nepos ejus vobis dederunt, et duas acras quas fratres Hugonis canonici Robertus et Ricardus vobis dederunt, et tres acras quas Ricardus Dolfai vobis dedit, et viginti solidos Balvacenses quos Willelmus comes Albemariæ vobis dedit in telonco suo de Albemaria annuatim habendos; ex dono..... Alani de Sancto Petro dimidium arpentum vineæ et decimam vini sui et nucum suarum apud Longam Villone, ex dono Rodulphi de Frollam curia sex acras terræ, et decem solidos, et sex nummos, et duos capones; ex dono Marci de Mara quatuor acras terræ; ex dono Gervasii de Bochetot unam acram, ex dono Roberti de Buchetot et Matthæi et Willelmi filiorum ejus unam acram, ex dono Willelmi de Piencuria unam minam saliginis; ex dono Hugonis filii Roberti duas acras terræ, ex dono Rodulphi Pagani unam acram, ex dono Henrici de Cahisneio, Willelmi fratris ejus duas acras, ex dono Evrardi de Londo et Ricardi fratris ejus tres acras et unam virgatam, ex dono Rogeri de Fontenis et W. filii ejus unam acram, et domum unam, quæ est in burgo, et mansuram unam inter cœmeterium et domum Richardi mercatoris; et virgatam unam quam tenuit Robertus presbyter de Boscogoiet et domum unam apud Falesiam quam soror Basilia dedit ecclesiæ vestræ, et terram quam Galterus de ponte Auto et Robertus, filius Baldrici, et Galterus parens et Richardus filius ejus et Osbertus de Lendino dederunt ecclesiæ vestræ, ex dono Joannis de Bosco et Mathildis uxoris suæ unam acram terræ inter Carresis eremum quæ est in bosco platanorum; ex dono Amelini et Thomæ filii ejus quinque virgatas terræ, ex dono Helios de Tuito Herberti unam acram.

Sane novalium vestrorum quæ propriis manibus aut sumptibus colitis, sive de nutrimentis vestrorum animalium nullus a vobis decimas exigere præsumat. Liceat quoque vobis clericos et laicos e sæculo fugientes, liberos et absolutos, ad conversionem recipere, et eos absque contradictione aliqua retinere. Cum vero generale interdictum terræ fuerit liceat vobis, clausis januis, expulsis excommunicatis et interdictis, non pulsatis campanis, divina suppressa voce celebrare officia. In parochialibus autem ecclesiis quos habetis liceat vobis presbyteros eligere, et diœcesano episcopo præsentare, quibus, si idonei fuerint, episcopus animarum curam committat, ut ei de spiritualibus, vobis autem de temporalibus, debeant respondere. Sepulturam quoque ipsius loci liberam esse decernimus et eorum, qui se illic sepeliri desideraverint, devotioni et extremæ voluntati, nisi forte excommunicati vel interdicti sint, nullus obsistat, salva tamen justitia illarum ecclesiarum a quibus mortuorum corpora assumuntur. Obeunte vero te, nunc ejusdem loci abbate, vel tuorum quolibet successorum, nullus ibi qualibet subreptionis astutia seu violentia præponatur, nisi quem fratres communi consensu, vel fratrum pars consilii sanioris, secundum Dei timorem et beati Augustini Regulam providerint eligendum.

Decernimus ergo ut nulli omnino hominum liceat præfatam ecclesiam temere perturbare aut ejus possessiones auferre, vel ablatas retinere, minuere, seu quibuslibet vexationibus temere fatigare, sed omnia integra conserventur eorum, pro quorum gubernatione ac sustentatione concessa sunt, usibus omnimodis profutura, salva sedis apostolicæ auctoritate et diœcesani episcopi canonica justitia.

Si qua igitur in futurum, etc.

Ego Alexander catholicæ Ecclesiæ episcopus.
Ego Teodinus Portuensis et Sanctæ Rufinæ episcopus.
Ego Petrus presb. card. tit. Sanctæ Susannæ.
Ego Vivianus tit. S. Stephani in Cœlio monte presbyt. cardinalis.
Ego Hugo presb. card. tit. Sancti Clementis.
Ego Arduinus presb. card. tit. S. Crucis in Jerusalem.
Ego Matthæus presb. card. Sancti Marcelli.
Ego Laborans presb. card. tit. S. Mariæ Transtyberim, tituli Calixti.
Ego Jacobus diac. card. S Mariæ in Cosmedin.
Ego Rainerius diac. card. S. Georgii ad Velum aureum.
Ego Gratianus Sanctorum Cosmæ et Damiani diaconus cardinalis.
Ego Joannes diac. card. Sancti Angeli.
Ego Romelius diac. card. Sancti Adriani.
Ego Matthæus Sanctæ Mariæ Novæ diac. card.

Datum Tusculani, per manum Alberti, Sanctæ Romanæ Ecclesiæ presbyteri cardinalis et cancellarii, XVII Kalendas Maii, indictione decima tertia, Incarnationis Dominicæ anno 1181, pontificatus vero domni Alexandri papæ III anno XXII,

MDXIV.

Monasterii S. Ruffilli protectionem suscipit, ejusque bona ac privilegia confirmat.

(Tusculani, Maii 13.)

[*Bullar. Vatic.*, I, 60.]

ALEXANDER episcopus, servus servorum Dei, dilectis filiis BENEDICTO, abbati monasterii Sancti Ruffilli Foropompilien., ejusque fratribus tam præsentibus quam futuris, regularem vitam professis, in perpetuum.

Effectum justa postulantibus indulgere, ut vigor æquitatis, et ordo exigit rationis, præsertim quando petentium voluntatem et pietas adjuvat, et veritas non relinquit. Quapropter, dilecti in Domino filii, vestris justis postulationibus clementer annuimus, et præfatum monasterium, in quo divino estis obsequio mancipati, sub beati Petri et nostra protectione suscipimus et præsentis scripti privilegio communimus. In primis siquidem statuentes ut ordo monasticus, qui secundum Deum, et Beati Benedicti Regulam in eodem monasterio institutus esse dignoscitur, perpetuis ibidem temporibus inviolabiliter observetur. Præterea quascunque possessiones, quæcunque bona idem monasterium impræsentiarum juste et canonice possidet, aut in futurum concessione pontificum, largitione regum vel principum, oblatione fidelium, seu aliis justis modis, præstante Domino, poterit adipisci, firma vobis vestrisque successoribus, et illibata permaneant. In quibus hæc propriis duximus exprimenda vocabulis.

Locum ipsum in quo præscriptum monasterium constructum est, cum omnibus pertinentiis suis, terris scilicet, vineis, silvis quæ sunt positæ circa ipsum monasterium. A primo latere flumen, in quo molendini vestri ædificati fuerunt; a secundo latere strata publica quæ pergit ad Livien; a tertio Campus donicatus (55) episcopii, ubi quondam fuit silva donicata episcopatus; a quarto Palliata cum omnibus aliis fundis, et locis quæcunque habetis et tenetis; capellas Sancti Laurentii de Cumignano(56), Sancti Paterniani de Donicalia (57), Sancti Joannis de Runco (58) cum omnibus pertinentiis earum, et quod a præsenti habetis in territorio Pesauriensi et in Moredano (59). Plebes Sancti Petri in Ceretu Meldulæ, et Sancti Appolinaris in Collina cum omnibus capellis suis. Chrisma, oleum sanctum, consecrationes altarium seu basilicarum vestrarum, et ordinationes monachorum et clericorum vestrorum, qui ad sacros ordines fuerint promovendi, per diœcesanum episcopum, si catholicus fuerit, et gratiam atque communionem apostolicæ sedis habuerit, sine pravitate et exactione aliqua præcipimus exhiberi, alioquin a quocunque catholico episcopo suscipere licentiam habeatis.

Decernimus ergo ut nulli omnino hominum liceat præfatum monasterium temere perturbare, aut ejus possessiones auferre, vel ablatas retinere, minuere, seu quibuslibet vexationibus fatigare, sed omnia integra et illibata conserventur eorum, pro quorum gubernatione et sustentatione concessa sunt, usibus omnimodis profutura, salva sedis apostolicæ auctoritate. Si qua igitur in futurum ecclesiastica sæcularisve persona etc.

Ego Alexander catholicæ Ecclesiæ episcopus.
Ego Hubaldus Ostiensis et Velletr. episcopus.
Ego Paulus Prænestinæ Ecclesiæ episcopus.
Ego Theodinus Portuensis et Sanctæ Rufnæ sedis episcopus SS.
Ego Joannes tit. S. Marci presb. card.
Ego Petrus tit. S. Susannæ presb. card.

Ego Vivianus tit. Sancti Stephani in Cœlio monte presb. card.
Ego Cinthius presb. card. tit. S. Cæciliæ.
Ego Hugo presb. card. tit. S. Clementis.
Ego Arduinus presb. card. tit. Sanctæ Crucis in Hierusalem.
Ego Matthæus presb. card. tit. S. Marcelli.
Ego Laborans presb. card. S. Mariæ Transtiberim tit. Calixti.
Ego Jacobus diac. card. S. Mariæ in Cosmedin.
Ego Raynerius diac. card. Sancti Georgii ad Velum aureum.
Ego Gratianus Sanctorum Cosmæ et Damiani diac. card.
Ego Joannes diac. card. Sancti Angeli
Ego Matthæus diac. card. S. Mariæ Novæ.

Datum Tusculani, per manum Alberti sanctæ Romanæ Ecclesiæ presbyteri cardinalis et cancellarii, III Idus Maii, indictione XIV, incarnationis Dominicæ anno 1181, pontificatus vero domni Alexandri papæ III anno XXI (60).

MDXV.

Ad decanum et capitulum Cabilonense.— Quod Cabilonenses clericos excommunicare non potest suus episcopus, nec suspendere, nisi prius id capitulo significarit

(Viterbii, Jun. 24.)

[Mansi, *Concil.*, XXI, 1041.]

Alexander episcopus, servus servorum Dei, dilectis filiis decano et capitulo Cabilonensi, salutem et apostolicam benedictionem.

Quoties a nobis petitur quod rationi non obviat, et consonat honestati, animo nos decet libenti concedere, et petentium desideriis facilem impertiri favorem. Eapropter auctoritate vobis præsentium

---

(55) *Donicatus*, Ducangio interprete, dominium significat, hinc *silva donicata*, *campus donicatus*, qui nimirum alieno juri ac proprietati subjicitur. Nec alia, in hac, quam tractamus bulla, vocis acceptio.

(56) Hujusce sacelli nulla in actis visitationum, quas hactenus evolvimus, occurrit mentio. Oportet igitur aut excisum credere, aut a S. Ruffilli abbatia posteriori ævo divulsum. Ejus tamen meminit Bulla Gerardi archiepiscopi Ravennatensis qui Alexandro III vixit coævus. Prodiit hæc bulla anno 1180, totaque est in abbatiæ nostræ bonis, ecclesiis ac juribus recensendis quæ tale confirmat.

(57) Geminam sub eodem S. Paterniani nomine ecclesiam commemorat in ea quam anno 1192 ad capitulum S. Petri Parmiano, altera S. Paterniani de Farazzano nomine donatur. Utroque in Meldulæ territorio existit, sed tenuis illa, ac fructibus pene vacua ; dives ista, multisque aucta redditibus. Utrum bulla exprimat, ignoramus. Suspicamur posteriorem ecclesiam potius indicare, quando quidem de priori ita visitator loquitur fol. 5 in fin : « Non si trova annotata nè libri delle abbazia, nè li paga censo, nè ha forma di chieza, li frutti sono scudi otto. »

(58) In Forolivii territorio sita est, atque ab urbe nonnisi gemino distat milliario. Multæ ecclesiæ opes. Hinc evasit in *commendandam* equitibus religionis Hierosolymitanæ jam diu concreditam. Runcus, qui ecclesiæ cognomen dedit, fluvius est notissimus, alio nomine Vitis appellatus, qui multam Popiliensis ac Liviensis agri partem alluit.

(59) In Pesauriensi territorio geminam ecclesiam alteram S. Savini, S. Cassiani alteram. In Moredano vero sacellum Sancti Anastasii collocat memorata bulla Gerardi Ravennatis archiepiscopi. Statam utriusque territorii sedem definire nobis adhuc non licuit.

(60) Si cum eræ Christianæ, ac indictionis annis pontificatus Alexandri annos conferamus, mendum in his designandis irrepsisse fateri cogimus. Indictio XIV cum anno 1181 bene consonat, sed cum pontificatus anno XXI quem bulla designat, male cohæret. Alexandrum III, mense Septembris 1159 summum Ecclesiæ pontificem fuisse renuntiatum, jam supra statuimus. Ducatur annorum numerus ad diem usque decimam tertiam mensis Maii 1181 jamque ex obvia supputatione patebit pontificem Alexandrum quo tempore hanc edidit constitutionem, annos XXI, menses octo ac dies aliquot in pontificatu egisse. Pontificiis ergo annis addenda unitas, quam scriptoris oscilantia prætermisit.

indulgemus, ut Cabilonensis episcopus nullum clericum Cabilonensis Ecclesiæ interdicere, excommunicare, sine manifesta et rationabili causa, vel suspendere valeat, et nisi prius per eumdem aut nuntium suum capitulo fuerit nuntiatum. Maxime quandiu qui convenitur, sub examine vestro satisfacere voluerit de objectis.

Datum Viterbii, vii Kal. Julii.

MDXVI.

Ad decanum et capitulum Cabilonense.—Ut personas regendis ecclesiis idoneas, quas Cabilonensis episcopus recusaverit, episcopo Eduensi præsentare possint.

(Viterbii, Jun. 29.)

[*Ibid.*]

ALEXANDER episcopus, servus servorum Dei, dilectis filiis GALTERO decano, et capitulo Cabilonensi, salutem et apostolicam benedictionem.

Significastis nobis quod venerabilis frater noster Engilbertus, Cabilonensis episcopus, personas idoneas, cum a vobis ad vestras ecclesias præsentantur, recipere pro sua voluntate recusat. Vestræ igitur indemnitati imposterum providere volentes, præsentium auctoritate statuimus, quatenus, si præfatus episcopus post trinam commonitionem personis idoneis ad præsentationem vestram, vel majoris partis, per congrua intervalla temporum factam, curam animarum in ecclesiis quæ ad vos pertinere noscuntur, committere forte noluerit, liceat vobis illas venerabili fratri nostro Eduensi episcopo præsentare, qui, nullius temeraria contradictione obstante, eisdem animarum curam apostolica auctoritate committat.

Datum Viterbii, iv Kal. Julii.

MDXVII.

Ad Belam Hungariæ regem. — Ne archiep. Spalatino libere eligendo diutius impedimento sit.

(Viterbii, Jul. 6.)

[FARLATI, *Illyric. sacr.*, III, 212.]

ALEXANDER episcopus, servus servorum Dei, dilecto in Christo filio BELÆ, illustri Hungariæ regi, salutem et apostolicam benedictionem.

Significantibus nobis dilectis filiis nostris clero et populo Spalatino, nobis innotuit, quod cum Ecclesia Spalatina diu pastore vacaverit, et usque ad hæc tempora juxta formam privilegiorum Romanorum pontificum et sacrorum canonum liberam electionem habuerit, tu in ea episcopum, secundum quod observatum est, eligi non permittis. Volentes igitur, regiæ saluti consulere, et indemnitati præfatæ ecclesiæ pro nostri officii debito providere, monemus regiam excellentiam et exhortamur in Domino, quatenus libere et sine contradictione de persona idonea ordinari permittas, qui et populo Dei præesse valeat, et prodesse. Alioquin licet magnificentiæ regiæ deferre velimus, jam dictæ Ecclesiæ in jure suo deesse non poterimus aliqua ratione, nam et serenitati regiæ credimus expedire, ut civitatem ipsam in sua libertate conserves, et habitatores ejus in fidelitate tua facias firmiores, et ne eis circa dominium tuum occasionem tribuas malignandi. Ad hæc etiam regiam magnificentiam monemus attentius et rogamus quatenus Minoslavum comitem ad reddendam pecuniam prænominatæ Ecclesiæ, quam olim bonæ memoriæ Raynerio Spalatino archiepiscopo abstulit, vel ad æstimationem congruam, et ut loca illa in quibus olim cathedrales sedes fuisse noscuntur, ordinari permittat. Si aliter ad hoc induci nequiverit, regia potestate compellas.

Datum Viterbii, ii Nonas Julii.

MDXVIII.

Ecclesiæ Sanctæ Crucis Metensis protectionem suscipit ejusque bona et possessiones confirmat.

(Viterbii, Jul. 7.)

[HUGO, *Annal. S. ord. Præm.*, I, 473.]

ALEXANDER episcopus, servus servorum Dei, dilectis filiis HUGONI abbati ecclesiæ Sanctæ Crucis Metensis, reliquisque fratribus tam præsentibus quam futuris, regularem vitam professis in perpetuam memoriam.

Religiosam vitam eligentibus apostolicum convenit adesse subsidium, ne forte cujuslibet temeritatis incursus aut eos a proposito revocet, aut robur quod absit, sacræ religionis infringat. Quapropter, dilecti in Domino filii, vestris justis postulationibus clementer annuimus, et præfatam ecclesiam Sanctæ Crucis extra civitatem Metensem positam, in qua divino mancipati estis obsequio, sub beati Petri et nostra protectione suscipimus, et præsentis scripti privilegio communimus; in primis siquidem statuentes ut ordo canonicus, qui secundum Deum et beati Augustini Regulam atque institutionem Præmonstratensium fratrum in eadem ecclesia esse demonstratur; perpetuis ibidem temporibus inviolabiliter observetur. Præterea quascunque possessiones, quæcunque bona, eadem ecclesia impræsentiarum juste et canonice possidet, aut in futurum concessione pontificum, largitione regum vel principum, oblatione fidelium, seu aliis justis modis, præstante Domino, poterit adipisci firma vobis vestrisque successoribus, et illibata permaneant; in quibus hæc propriis duximus exprimenda vocabulis :

Locum ipsum in quo præfata ecclesia sita est cum omnibus suis pertinentiis, allodium de Burris quod dedit vobis Ida assensu hæredum suorum; censum quem dedit vobis Albertus advocatus per manus quondam Metensis episcopi; terram Richardi de Rimport, terram Rosselini Matous et sororis ejus Osannæ, vineas Renaldi filii Nemerici de Viceto in territorio de Roseliers, vineas Brunerdis in Plantoriis et in Martino campo, vineas Giler apud Sanctum Julianum, vineas Gaulteri cognomento Pagani de Vantome ad Mozin, vineas Otonis de Viad Lorcifumos, Bartholomæi ad portam Saliæ; domum Metis quæ fuit Ulrici militis, censum quinque solidorum quem dedit vobis Bermundus in burgo extra Saliam; allodium de Cavillo de quo Allartus assensu Beatricis uxoris suæ et filiorum suorum suam portionem vobis dedit, et alias portiones ejus allodii dederunt vobis Garfelius, Gibertus et Gimpa uxor ejus et Theodoretus de Perta, Gemosius de Larci et Hugo de Novo Castro; terram Sancti Petri de Fonte, quam per episcopum Metensem Matthæus dux et marchio Lotharingorum assensu comitis Sigiberti de Alsatia et assensu Cononis de Manherch et Cononis de Cruenges et Andreæ ut Richardi fratrum de Mosterot et Arnulphi dapiferi, et hæredum suorum vobis concessit in perpetuum; quidquid in eodem territorio Wiricus et Gilo frater ejus et Anselmus eorum sororius, a summitate montis quæ est versus Later et usque ad alium montem qui est versus Thil in proprios usus tenebant assensu Hugonis comitis de Dusbourch, et assensu Evrardi advocati supradicti ducis vobis dederunt, et per totum bannum de Laites, usum animalium vestrorum in vacuis pascuis. . . . . .

Sane novalium vestrorum quæ propriis manibus aut sumptibus colitis, seu de nutrimentis vestrorum animalium, nullus a vobis decimas exigere præsumat. Liceat quoque vobis clericos vel laicos a sæculo fugientes, liberos et absolutos ad conversionem recipere, et eos absque contradictione aliqua retinere. Prohibemus insuper ut nulli fratrum vestrorum, post factam in eodem loco professionem fas sit absque abbatis sui licentia de eodem loco discedere, discedentem vero absque communium litterarum cautione, nullus audeat retinere. Cum autem generale interdictum terræ fuerit, liceat vobis, clausis januis, non pulsatis campanis, exclusis excommunicatis et interdictis, suppressa voce divina officia celebrare. Obeunte vero te, nunc ejusdem loci abbate, vel tuorum quolibet successorum, nullus ibi qualibet subreptionis astutia seu violentia præponatur, nisi quem fratres communi consensu, aut fratrum pars consilii sanioris, secundum Dei timorem et Beati Benedicti Regulam providerint eligendum. Sepulturam quoque ipsius loci liberam esse decernimus, ut eorum discretioni et extremæ voluntati, qui se illic sepeliri deliberaverint, nisi excommunicati vel interdicti sint, nullus obsistat, salva tamen justitia illarum ecclesiarum a quibus mortuorum corpora assumuntur.

Decernimus ergo ut nulli omnino hominum liceat præfatam ecclesiam temere perturbare, aut ejus possessiones auferre, vel ablatas retinere, minuere, seu quibuslibet vexationibus fatigare, sed illibata omnia et integra conserventur eorum, pro quorum gubernatione ac sustentatione concessa sunt, usibus omnimodis profutura, salva sedis apostolicæ auctoritate, et diœcesani episcopi canonica justitia. Si qua igitur in futurum ecclesiastica sæcularisve, etc.

Ego Alexander catholicæ Ecclesiæ episcopus.
Ego Paulus Prænestinus episcopus.
Ego Petrus presbyter card. Sancti Cussani (sic).
Ego Vivianus presb. card. Sancti Stephani in Cœlio monte.
Ego Arduinus presb. card. S. Crucis in Jerusalem.
Ego Laborans presb. card. Sanctæ Mariæ Novæ Transtiberim.
Ego Jacobus diaconus card. Sanctæ Mariæ in Cosmedin.
Ego Joannes diac. card. Sancti Augustini.
Ego Matthæus Sanctæ Mariæ diaconus cardinalis.
Datum Viterbii, per manum Alberti, sanctæ Romanæ Ecclesiæ presbyteri cardinalis et cancellarii, Nonis Julii, indictione XIV, Incarnationis Dominicæ anno 1181, pontificatus vero domni Alexandri papæ III, anno XXII.

MDXIX.

Privilegium pro Ecclesia Tarvisina.

(Viterbii, Jul. 19.)

[Ugelli, *Italia sacra*, V, 529.]

Alexander episcopus, servus servorum Dei dilectis filiis Dodoni decano canonicæ Tarvisin. ejusque fratribus tam præsentibus quam futuris canonice substituendis in perpetuum.

Quoties a nobis petitur quod religioni et honestati convenire dignoscitur, animo nos decet libenti concedere, et petentium desideriis congruum suffragium impartiri. Eapropter, dilecti in Domino filii, vestris postulationibus clementer annuimus, et Ecclesiam vestram, in qua divino mancipati estis obsequio, sub B. Petri, et nostra protectione suscipimus, et præsentis scripti privilegio communimus; statuentes ut quascunque possessiones, quæcunque bona eadem Ecclesia in præsentiarum juste et canonice possidet, aut in futurum concessione pontificum, largitione regum, vel principum, oblatione fidelium, seu aliis justis modis, præstante Domino, poterit adipisci, firma vobis, vestrisque successoribus et illibata permaneant. In quibus hæc propriis duximus exprimenda vocabulis.

Ecclesiam S. Michaelis de Melma cum villa et molendinis, mansos de Lugugnano, mansos de Seura, mansos de Rivarotta, mansos de Casale, mansos de Burbilago, mansos de Godenzago, mansos de Cancelada, ecclesiam S. Andreæ de Silvarosa cum villa, mansos de Vedelago, mansos de monte Belluna; mansos de Montel, mansos de Malzago, mansos de Petrarubea, mansos de Fener, mansos de Duno, mansos de Manzagello, mansos de Paderno, possessiones de Gonzano, ecclesiam S. Pelagii de Aurine cum mansis ipsius villæ, ecclesiam S. Bonæ cum molendinis, mansos de Cormelino, mansos de Quinto, mansos de S. Christina, ecclesiam S. Mariæ de Pratogatzol cum mansis ipsius villæ, mansos de Ger, ecclesiam S. Vitalis cum mansis ipsius villæ, ecclesiam S. Gervasii cum mansis ipsius villæ, mansos de Canizano, mansos de Gei cum nemore, possessiones de Bassano et de Romano et de Tor, mansos de Asylo, mansos de Braida, quidquid habetis Mestre, ecclesias quas habetis infra civitatem, videl. S. Jo. Baptistæ, S. Bartholomæi, S. Andreæ, S. Jo. de Ripa, et ecclesiam S. Sophiæ sitam extra muros civitatis Tarvisinæ; possessiones quas habetis in civitate, et decimas quas habetis circa ipsam civitatem. Sane quoniam per quosdam præpositos, qui curam bonorum canonicæ vestræ gerebant, usque adeo distrahebantur bona prædicta, quod vix poteratis ex eis congrue sustentari, ad tantum incommodum removendum cum venerab. fratre nostro Conrado episcopo vestro communiter statuistis, ut unus ex vobis annis singulis assumatur, qui vice præpositi ad commodum vestrum ejusdem canonicæ bona dispenset : nos vestris postulationibus annuentes constitutionem ipsam auctoritate apostolica confirmamus.

Decernimus ergo, etc.

Ego Alexander catholicæ Ecclesiæ episcopus.

Ego Paulus Prænestinus episc.

Ego..., presb. card. tit. S. Susannæ.

Ego Ard.., presb. card. tit. S. crucis in Hierusalem.

Ego Laborans presb. card. S. Mariæ Transtiberim tit. Callisti.

Ego Jacobus S. Mariæ in Cosmedin diac. card.

Ego Jo. diac. card. S. Angeli.

Ego Matthæus S. Mariæ Novæ diac. card.

Datum Viterbii per manum Alberti, S. R. E. presb. card. et cancell. xiv Kl. Augusti, indict. xiv, Incarn. Domin. an. 1181, pontificatus D. Alexandri PP. III, anno xxii.

MDXX.

Ad archiepiscopum et episcopos per Sueciam constitutos. — Ut subjectorum animis consulant.

(Viterbii, Julii 26.)

[LILJEGREN, *Diplom. Suecan.*, I, 74.]

ALEXANDER episcopus, servus servorum Dei, venerabilibus fratribus archiepiscopo et episcopis per Sueciam constitutis, salutem et apostolicam benedictionem.

Quanto minus instructi sunt in his quæ ad salutem respiciunt illi quorum curam habetis, tanto amplius circa reformationem eorum vos convenit vigilare, ne si, quod absit, fueritis negligentes requiratur a vobis bonum quod egissent, si necessaria illis instructio minime defuisset. Periculosum autem vobis existit communicationis illius terribilis oblivisci qua dicitur : *Si non annuntiaveris iniquo* (alias impio) *iniquitatem suam, sanguinem ejus de manu tua requiram* (*Ezech.* III). Isaias quoque de taciturnitate sua plurimum contristatus ait : *Væ mihi quia tacui* (*Isai.* v). Cæterum nec illud clausis oculis debetis præterire, quod plus conscientia sancti laboris ædificat quam exercitatio sermonis, testante enim beato Gregorio : Sermo dulcedinem non habet quam vita reproba infra conscientiam remordet. Unde necesse est ut, qui verbum Dei loquitur prius studeat qualiter vivat et sic post vitam poterit aperta fronte docere juxta quod de Salvatore nostro scriptum reperimus : *Cœpit Jesus facere et docere* (*Act.* I). Quocirca monemus universitatem vestram hortamurque attentius, sub divini judicii interminatione præcipimus, quatenus officii vestri debitum intuentes in omnibus exhibeatis vos sicut Dei ministros et de commissi vobis gregis custodia, non sicut mercenarii quibus non est cura de ovibus, sed sicut veri pastores utiliter cum auxilio cœlestis gratiæ cogitetis ; ita quod in die judicii mereamini vocem illam jucunditatis audire : *Euge serve bone et fidelis* (*Matth.* xxv), et de cætero noveritis quod cum unusquisque secundum laborem suum debeat mercedem accipere, apostolorum limina visitantibus citra mare annum Anglicis biennium vestratibus autem quia remotissimi sunt. : et quia se constituerunt sedi apostolicæ censuales; et cum majori labore accedunt triennium de injuncta pœnitentia peccatorum, de quibus vere compuncti sunt et confessi, de beatorum Petri et Pauli potestate confisi auctoritate apostolica relaxamus. Non autem dubium est quin illis qui non veniunt et censum solvant solutio ipsa ad remissionem valeat delictorum. Cæterum quoniam gravissimum est illis qui in clericos manus violentas injiciunt pro absolutione apostolica se conspectui præsentare, præsentibus vobis litteris indulgemus, ut si qui sine mutilatione vel exoculatione, aut morte præscriptum excessum commiserint, eos, juramento accepto, quod in posterum a similibus abstinebunt, auctoritate apostolica ab excommunicationis sententia relaxetis. Illos vero qui sacerdotes clericos aut monachos vel alicujus religionis viros forte occiderint vel detruncaverint publice, nullius appellatione obstante, vinculo nuntietis excommunicationis astrictos, et sicut excommunicatos faciatis ob omnibus evitari donec cum litteris episcopi sui continentibus veritatem apostolico se conspectui repræsentent.

Datum Viterbii, vii Kal. Augusti.

MDXXI.

Privilegium pro Cluniacensibus. — Inhibet ne quis ecclesiam, capellam seu oratorium in parochiis Cluniacensium et præcipue in parochia de Molinis, ædificet absque assensu Cluniacensis abbatis.

(Viterbii, Jul. 28.)

[*Bullar. Clun.*, 72.]

ALEXANDER episcopus, servus servorum Dei, dilectis filiis THEOBALDO abbati et fratribus Cluniacensibus, salutem et apostolicam benedictionem.

In eo sumus loco et officio, quanquam immeriti, disponente Domino, constituti, ut Ecclesias Dei, et præsertim religiosa loca honorare et diligere propensius teneamur, eorumque indemnitati et profectui pastorali sollicitudine providere. Hac igitur consideratione inducti, vestris quoque nihilominus precibus inclinati, auctoritate præsentium inhibemus, ut nullius infra parochias vestras, et præcipue de Molinis ecclesiam, capellam seu oratorium absque assensu vestro et diœcesani episcopi, salvis tamen privilegiis Romanæ Ecclesiæ de novo ædificare præsumat. Si quis autem hoc attentare præsumpserit, indignationem omnipotentis Dei, et beatorum Petri et Pauli apostolorum ejus se noverit incursurum.

Datum Viterbii, v Kalendas Augusti.

SPURIA.

I.

Ad Henricum regem Anglorum. — De Thoma Bequet.

(Romæ, die 2 mensis Dec.)

[*Gilberti Foliot Epist.* ed. GILES, II, 109.]

ALEXANDER episcopus, servus servorum Dei, excellentissimo principi Christianissimoque filio suo domino regi, collegio Cant. et omnibus archiepiscopis et episcopis in eodem collegio existentibus, salutem et apostolicam benedictionem.

Sancta et catholica mater Ecclesia suo sponso, qui Christus est, ineffabilis amoris dulcedine copulata, suscepit ab ipso dotes amplissimas, gratiarum ubertate fecundas, et specialiter inter eas beneficium libertatis. Voluit enim per amabilem sponsam ejus libero fidelibus præesse dominio; ut haberet potestatem in singulos velut in filios more matris, cunctique ipsam reverentia filiali tanquam universalem matrem et dominam honorarent. Hæc est enim dilecta sua arca, in quam cor ejus tam die quam nocte invigilat indefesse. Hic est hortus illius fertilis, in cujus suavitatis odore præcipue delectatur. Quis itaque non verebitur illam offendere vel injuriis provocare? Quis credere poterit sponsum in sponsæ contumelia graviter non offendi? Quis violator Ecclesiæ libertatis contra Deum et hominem quavis defensione protegitur; ut supernæ virtutis malleo comminui in pulverem nequeat et favillam? Habet enim mater Ecclesia unde vehementer doleat, unde dolorem clamoribus exprimat, plena querelis; utpote gravibus injuriis lacessita et enormibus collisa sceleribus et jacturis. Dolet, inquam, nec mirandum; inspicit quia qui forent ejus chari, facti sunt ejus inimici. Et qui suxerunt ipsius ubera, materni lactis refecti dulcedine, amaritudinis calicem illam compellunt, proh dolor! degustare. Qui fecundati per ipsam grandium ubertate bonorum, hostilibus eam provocare conatibus, et libertatem ejus, quantum in eis est, deprimere non verentur. O ingratitudinis damnabile vitium, res ingrata superis et terrenis, infesta res; quia omnis lex sacrosanctæ Ecclesiæ confunditur, dum sic matrem filii vilipendent! Hanc profecto querelam de quodam Thoma Cantuariensi archiepiscopo per litteras vestras ad sedem apostolicam destinatas inspeximus; et in illis reperimus, quod sine consilio vestro renuntiarit juri suo; et factus est fatuus in aula regis. Et quia renuntiare non debuisset sine licentia nostra speciali; cum in juribus cautum sit,

quod est unus casus specialis summo pontifici reservatus; quamvis per Simoniam, ut dicitur, fuerit electus; ideo conscientiam de puritate commendamus, et scrupulosam reprehendimus curiositatem. Ne vero religionis puritas confusa succumberet, vel Simoniæ pravitas effugeret impunita; ab omni ordine ecclesiastico et archiepiscopatu illum degradamus, et stultissimum declaramus; mandantes vobis sub pœna excommunicationis majoris, quatenus pœnam condignam eidem imponatis; scilicet ut in arcto monasterio recludatur, ibidem perpetuam pœnitentiam peracturus. Quapropter tibi, fili charissime, præcipimus ut illum de tua curia expellas; quia indecens est, ut qui fuerat metropolitanus in tali sacro collegio et inter religiosos conversatus, esset joculator sive histrio in tua præsentia. Insuper, fili charissime, si episcopi tui regni in nostro mandato apostolico et archiepiscopatu nimis negligentes, quod absit! exstiterint; volumus, quod manus adjutrices extendas ad sustentandam Romanæ Ecclesiæ libertatem; et sic obtinebis apostolicam benedictionem; quia post sententiam latam si incorrigibiles perstiterint, sacrosancta Ecclesia non potest ultra facere nisi invocare brachium sæculare. Ulterius, fili dilectissime, ad aures nostras pervenit, quod alius loco prædicti archiepiscopi successit, et plura enormia et sinistra in tuam personam illustrissimam lingua vulgari publice prædicabat; et similiter apostolico consilio inconsulto et ante pallii missionem sacros ordines ministrabat. Unde visum est nobis, quia non voluntate papali, nec etiam potestate regali rite fuerat electus, sed contra omnium voluntates regentium similiter et habentium interesse. Unde bene possumus per istum, quod est in titulo illo de clerico per saltum promoto; quia non fuerat electus loco sacro scilicet de claustro, ut honestum erat, nec de episcopo ad archipræsulis dignitatem, sed quod dolendum est, de custode carceris in archiepiscopum. Sed, quamvis ordo in electione non servabatur, electionem illam apostolica auctoritate cassamus, irritamus et annihilamus; et pro sua inani electione illum excommunicamus, et ad præsentiam nostram personaliter jam citamus. Præterea secundum fratrum nostrorum consilium secum gratiose volumus dispensare; scilicet ut cum commensalibus et sibi servientibus administrationem et communicationem interim jam habeat usque quo poterit ad sedem apostolicam viam commode arripere; mandantes, quatenus quam cito poterit apostolico conspectui se ipsum præsentet. Sciens pro certo, nisi specialis illa dilectio, quam ad personam suam habuimus et habemus, justum motum animi nostri temperaret, pœna docente cognosceret, quantum excesserit, qui spretis canonicis sanctionibus et consuetudine generali præsumpserat archiepiscopatus officium usurpare.

Scriptum Romæ, 11 die mensis Decembris, et nostri apostolatus anno primo.

II.

Bulla indulgentiarum ecclesiæ S. Marci Venetiarum concessa.

(Venetiis, apud S. Marcum, Maii 12.)

[VERCI *Storia della Marca Trivigniana*, I, 22.]

ALEXANDER episcopus, servus servorum Dei, universis Christi fidelibus præsentibus et futuris, salutem et apostolicam benedictionem.

Licet ad omnes sanctæ Romanæ Ecclesiæ fideles munificentiæ nostræ dexteram debeamus extendere debitricem, maxime tamen spiritualis gratiæ prærogativam nos decet illos attollere, et dignioribus beneficentiæ nostræ favoribus ampliari, quod se nobis et sanctæ Romanæ Ecclesiæ ferventiori devotione exhibent, et in fide stabiles et in opere fideliter efficaces.

Sane igitur cupientes ut ecclesia S. Marci Venetiarum Castellanæ diœcesis præeminentioribus frequenter honoribus, et ut Christi fideles eo libentius devotionis causa confluant ad eamdem, manusque ad conservationem ejusdem promptius porrigant adjutrices, quo exinde dono cœlestis gratiæ conspexerint se ibidem uberius refertos, de omnipotentis Dei misericordia et beatorum Petri et Pauli apostolorum ejus auctoritate confisi omnibus vere pœnitentibus et confessis et contritis, qui dedit Ascensionis Domini nostri Jesu Christi a vespere vigiliæ ipsius usque ad vesperam ejusdem diei dictam S. Marci Ecclesiam devote visitaverint annuatim et manus ad ejus conservationem porrexerint adjutrices, plenam omnium peccatorum suorum absolutionem concedimus; insuper per septem dies dictum festum sequentes, et quilibet ipsorum dierum de injungendis ipsorum pœnitentiis septimam partem misericorditer in Domino relaxamus, præsentibus perpetuis temporibus duraturis. Nulli ergo omnino hominum liceat hanc nostræ concessionis et relaxationis paginam infringere, vel ei ausu temerario contraire. Si quis autem hoc attentare præsumpserit, indignationem omnipotentis Dei, et beatorum Petri et Pauli apostolorum ejus se noverit incursurum; atque in extremo judicio districti judicis ita crudeliter permultari.

Datum Venetiis apud S. Marcum, vi Idus Maii, pontificatus nostri anno XVIII.

ALEXANDRI III

ROMANI PONTIFICIS

EPISTOLARUM DECRETALIUM

SERIES

SUMMATIM EXPOSITA.

(Juxta Philippi JAFFÉ recensionem (*Regesta Rom. pontif.*, p. 679 (61]).

ANNO 1165

I. W(illelmo) electo Carnotensi respondet « de causis quæ infra terminum certum deci.endæ committantur, nisi dies ab apostolico præfixus de communi consensu partium prorogetur, eo transacto mandatum exspirare. » Mansi XXII. 300, Bœhmeri Corp. jur. can. II. app. 266, Augustini Tarr. Opp. IV. 49, Decr. Greg. L. I. t. 29. c. 4. — « De causis, quæ. »

ANNO 1166?

II. Archiepiscopo Bituricensi respondet de « causis matrimoniorum. » Mansi XXII. 427. — « Relatum est, » etc.

(61) Decretales epistolæ Alexandri III, quæ ad nostras conciliorum et juris canonici collectiones

III. (Archi)episcopo Strigoniensi respondet, ne Simoniace impetratum pallium putet, propterea quod « cum Petrus tit. S. Laurentii in Damaso presbyter cardinalis, tunc vero S. Eustachii diaconus et apostolicæ sedis legatus, ut pallium deferret, ad partes illas accederet, Alanus frater ejus eidem cardinali equum unum transmiserit. » Augustini Tarr. Opp. IV. 283, Decr. Greg. L. V. t. 3. c. 18, (Mansi XXII. 426). — « Etsi quæstiones tuas. »

ANNO 1170. — 1171.

IV. (Guillelmo) episcopo Agathensi respondet, pœnitentiam mulieri imponendam esse, quæ « cupiens viri sui ampliorem amorem sibi acquirere, suscepto corpore Christi et in ore retento, eidem

mox edendas spectant, hic integras exhibere superfluum duximus. EDIT. PATR.

viro cum eo osculum porrexit et ipsum trajicere non potuit, sed postea versum est in carnem — et caro succrevit et adhuc est ore ejus, cæt. (Ex registri libro XII.) Balusii Misc. III, 373; Mansi XXI. 1100, 1101, XXII. 439, Bœhmeri Corp. II. app. 439, Augustini Tarr. Opp. IV. 418, 199, 228, Decr. Greg. L. IV. t. 1 c. 12. — « De muliere illa » « De muliere, quæ » « Sane super eo, quod » « Præterea de muliere. »

V. Ad (Theobaldi) episcopi Ambianensis quæstiones respondet. (Ex registri libro XII.) Mansi XXII. 438, (Augustini Tarr. Opp. IV. 257, 59, 192, 196, 268, 332, Decr. Greg. L. III. t. 30. c. 15, t. 31. c. 10, L. IV. t. 15. c. 2, t. 19, c. 3, L. V. t. 33. c. 7.) — « Quod sedem apostolicam » « Sane de canonico » « Præterea de Hugone » « Ad hæc donationem » « Porro de comite » « Porro quoniam » « Porro quamvis. »

VI. (Raimundo), archiepiscopo Arelatensi et S. Mariæ in Via Lata diacono cardinali scribit de matrimonio Ermengardis et Blatii. (Ex registri libro XII). Mansi XXII. 437, Bœhmeri Corp. II. app. 318, Augustini Tarr. Opp. IV. 54, Decr. Greg. L. I. t. 29. c. 16. — « Causa matrimonii » « Causam matrimonii. »

VII. Patriarchæ Hierosolymitano interdicit, ne in privilegiis nomina clericorum absentium, « tanquam si præsentes sint, faciat subscribi. » (Ex registri libro XII). Mansi XXII. 434, Augustini Tarr. Opp. IV. 157, Decr. Greg. L. III. t. 10. c. 5. — « Quanto majori dignitate. »

VIII. Procuratori et canonicis Soranis scribit de Mariotæ matrimonio. (Ex registri libro XII.) Mansi XXII. 439, Bœhmeri Corp. II. app. 314, Augustini Tarr. Opp. IV. 229, Decr. Greg. L. IV. t. 1. c. 13. — « Veniens ad apostolicæ. »

IX. Abbati S. Benedicti de Vebia (al. Nebia) scribit de pœnitentia monachi qui fures interemerit. (Ex registri libro XII). Mansi XXII. 437, Bœhmeri Corp. jur. can. II. app. 224, Augustini Tarr. Opp. IV. 307, Decr. Greg. L. V. t. 12. c. 10. — « Suscepimus litteras tuas.

X. Episcopo et archidiacono Vicentino mandat de filiis Heremanni legitimis judicandis. (Ex registri libro XII). Mansi XXII. 435, Augustini Tarr. Opp. IV. 265, Decr. Greg. L. IV. t. 17. c. 8. — « Perlatum est ad. »

XI. Episcopo Wigorniensi respondet, « monachos in accusatione abbatum suorum esse audiendos. » (Ex registri libro XII). Mansi XXII. 433, Bœhmeri Corp. II. app. 275, Augustini Tarr. Opp. IV. 275, 135, Decr. Greg. L. II. t. 30. c. 2, L. V. t. 1. c. 11. — « Ex parte tua hujusmodi » (« De confirmationibus »).

ANNO 1172 — 1173

XII. (Willelmo) episcopo Carnotensi respondet de presbytero, qui « cum alterius conjuge infra ecclesiam frequenter dormierit. » (Ex registri libro XIV). Mansi XXII. 434, Bœhmeri Corp. jur. can. II. app. 220, Augustini Tarr. Opp. IV. 310, Decr. Greg. L. V. t. 17. c. 5. — « Significasti nobis quemdam. »

XIII. Episcopi Vidrosiensis (leg. Nidrosiensis), apostolicæ sedis legati, quæstionibus respondet. (Ex registri libro XIV). Mansi XXII. 435, Bœhmeri Corp. jur. can. II. app. 326, Augustini Tarr. Opp. IV. 547, Decr. Greg. L. IV. t. 19. c. 3, L. V. t. 40. c. 14. — « Quæsivit a nobis. »

ANNO 1163 — 1179.

XIV. R(ogero) archiepiscopo Eboracensi et R(ogero) episcopo Wigorniensi scribit de causa R. et A. clericorum. Bœhmeri Corp. jur. can. II. app. 242, Augustini Tarr. Opp. IV. 67, Decr. Greg. L. I. t. 36 c. 6. — « Ex litteris fraternitatis » « Ex litteris vestræ » « Ex litteris vestris. »

XV. G(iliberto) Londinensi et R(ogero) Wigorniensi episcopis mandat judicent inter R. presbyterum et T. clericum. Mansi XXII. 301, Bœhmeri Corp. jur. can. II. 268, Augustini Tarr. Opp. IV, 51. — « Pervenit ad nos ex. »

XVI. Rogero, episcopo Wigorniensi, per B. nuntium respondet. Pauperes commendat. Epist. S. Thomæ ed. Giles II. 108. — « Fraternitatis tuæ litteras. »

XVII. R(ogero), episcopo Wigorniensi, variis de rebus consulenti respondet. Gilberti Foliot epist. ed. Giles II. 99. — « Meminimus, nos ex. »

XVIII. R(ogero), episcopo Wigorniensi, mandat, ut virum qui, dimissa uxore, aliam duxerit, « si prior mulier et secunda se in prima vel in secunda consanguinitatis linea contingant, faciat utraque carere et sine spe conjugii perpetuo manere; si eas in tertio gradu sese attinere constiterit, virum a secunda compellat recedere, et priorem sicut uxorem suam recipere. » Gilberti Foliot epist. ed. Giles II. 102, (Mansi XXII. 290, Bœhmeri Corp. II. app. 318, Augustini Tarr. Opp. IV. 252). — « Ad aures nostras ».

XIX. R(ogerum), episcopum Wigorniensem, rogat, ne fratribus de Osenecia ecclesiam de Beibur adimat. Gilberti Foliot epist. ed. Giles II. 103, (Augustini Tarr. Opp. IV. 156, Decr. Greg. L. III. t. 10 c. 3). — « Quum nos tibi » « Cum nos jam pridem. »

XX. R(ogero) episcopo Wigorniensi et priori Panteiano mandat, judicent inter monachos de Aera (al Atra, Acra) et monachos de Cadonio (al. Gadono, Ganono). Mansi XXII. 277, Bœhmeri Corp. jur. can. II. app. 201, Augustini Tarr. Opp. IV. 280, Decr. Greg. L. V. t. 3 c. 15. — « Querelam monachorum. »

XXI. R(ogero) episcopo Wigorniensi (al. abbati de Evesham) mandat, ut inter fratres monasterii Dunelmensis et monachos S. Albani judicium faciat. Mansi XXII. 394, 395, Augustini Tarr. Opp. IV. 367, 44, Decr. Greg. L. I. t. 23 c. 5. — « Causam, quæ vertitur » « Archidiaconis de

ANNO 1174—1179.

XXII. R(ichardo), archiepiscopo Cantuariensi, totius Angliæ primati et apostolicæ sedis legato et R(ogero), episcopo Wigorniensi, præcipit, ut G. clerico beneficium quoddam restituant. Mansi XXII. 354, Bœhmeri Corp. jur. can. II. app. 247, Augustini Tarr. Opp. IV. 35, Decr. Greg. L. I, t. 17, c. 7. — « Ex transmissa nobis conquestione. »

XXIII. R(ichardo), archiepiscopo Cantuariensi, et R(ogero), episcopo Wigorniensi, scribit, canonicos de Pleinteim (al. Plutino, Plunnium) « non esse a ferendo testimonio super proprio negotio ecclesiæ suæ repellendos. » Mansi XXII. 305, Bœhmeri Corp. jur. can. II. app. 286, Augustini Tarr. Opp. IV, 100, Decr. Greg. L. II. t. 20. c. 12. — « Cum nuntius canonicorum. »

ANNO 1180

XXIV. (Richardo), archiepiscopo et archidiacono Cantuariensi præcipit, ut, cum abbas S. Augustini « ad ecclesias suas vacantes personas duxerit idoneas præsentandas, eas sine calumnia recipiant. » (Fragmentum.) Chronica W. Thorn. ap. Twysden R. A Scr. II, 1831. — « Gravis admodum ad. »

XXV. (Roberto) Herefordensi et (Balduino) Wigorniensi episcopis et magistro Petro de Melidis mandat, « ut si (Richardus) archiepiscopus Cantuariensis privilegia, quibus abbas et fratres S. Augustini se ab ejus impetitione defendi credunt, velit redarguere falsitatis, ea sibi faciant quantocius

ANNO 1159—1181

XXVI. Regi Anglorum respondet, R. militi jus patronatus ecclesiæ de Ligurgis (al. Bligurgis, Bligurd.) concedi non potuisse. Augustini Tarr. Opp. IV. 212, Bœhmeri Corp. II, app. 304, (Mansi XXI. 1091, XXII. 440). — « Magnificentiæ tuæ litteras. »

XXVII. Anglorum regi de patronatu ecclesiarum scribit. Mansi XXII. 414, Augustini Tarr. Opp. IV, 78, Decr. Greg. L. II. t. 1. c. 3. — « Quanto te divina » « Quanto divina. »

XXVIII. Abbatibus S. Albani et Leicestriæ mandat, ut ecclesiam de Aleton jubeant monasterio S. Ebrulfi restitui. Augustini Tarr. Opp. IV. 377, Mansi XXI. 1095, XXII. 403. — « Dilecti filii nostri. »

XXIX. Plebano et clericis S. Nazarii de Albareto scribit de controversia, « quam habuerint in ecclesia Solariæ. » Augustini Tarr. Opp. IV. 124, Decr. Greg. L. II. t. 28, c. 8. — Ex ratione » « Verum post appellationem. »

XXX. Episcopo Abarien. (al. Ambianensi) scribit de quodam, qui « in torneamento mortem accepit. » Augustini Tarr. Opp. IV. 413, Mansi XXI. 1100, Decr. Greg. L. V. t. 13. c. 2. — « Ad audientiam nostram. »

XXXI. Episcopo Albiensi mandat, judicet inter monachos Silvæ Majoris et O. Augustini Tarr. Opp. IV. 571, Mansi XXI. 1095. — « Prior et monachi. »

XXXII. Albiensi et Bellovacensi episcopis de militis cujusdam matrimonio scribit. Augustini Tarr. Opp. IV. 370, Decr. Greg. L. II. t. 13, c. 8. — « Ex transmissa nobis. »

XXXIII. Episcopo Alphano (Alifano) scribit de possessionibus, laicis concessis. Augustini Tarr. Opp. IV, 70, 161, Decr. Greg. L. I. t. 41. c. 1, Mansi XXII. 381, Bœhmeri Corp. jur. can. II, app. 236. — « De possessionibus autem » « Requisivit tua. »

XXXIV. Abbati et monachis S. Andreæ præcipit, ut canonicis de Plaicio decimas quasdam persolvant. Gilberti Foliot epist. ed. Giles II 105, Mansi XXII. 396, Augustini Tarr. Opp. IV. 351, Decr. Greg. L. V, t. 33, c. 6. — « Si de terra. »

XXXV. Episcopo Andrensi respondet « de clericis, qui ecclesias constructas hereditario jure sibi vendicant. » Augustini Tarr. Opp. IV. 210, Bœhmeri Corp. II. app. 302, (Mansi XXII. 340, Decr. Greg. L. III. t. 38, c. 15.) — « Consuluit nos tua. »

XXXVI. Archiepiscopis, episcopis et aliis ecclesiarum prælatis per Angliam constitutis interdicit, ne « in monachos quosdam excommunicationis vel interdicti promulgent sententiam. » Bœhmeri Corp. jur. can. II. app. 212, Augustini Tarr. Opp. IV. 182. — « Licet universa loca. »

XXXVII. Episcopis, archidiaconis et aliis prælatis per Angliam constitutis scribit de excommunicandis iis, « qui in monachos vel conversos ordinis cujusdam violentas manus injecerint. » Mansi XXII. 335, Bœhmeri Corp. jur. can. II. app. 214, Augustini Tarr. Opp. IV. 545, Decr. Greg. L. V. t. 39, c. 9. — « Parochianos. »

XXXVIII. (Archiepiscopis et episcopis per Angliam constitutis) mandat, ut « si qui in fratres Hospitalis Hierosolymitani manus violentas injecerint, eos publice excommunicationis denuntient. » Mansi XXII. 334, Bœhmeri Corp. jur. can. II. app. 212, Augustini Tarr. Opp. IV. 344. — « Graviter oculos. »

XXXIX. Archiepiscopis et episcopis per Galliam (al. Angliam) constitutis scribit contra eos qui « occasione laicæ recognitionis vel potentiæ secularis in seculari foro, non requisita episcopi licentia, patronatus ecclesiarum et ecclesiastica beneficia sibi vendicent. » Augustini Tarr. Opp. IV. 212, Bœhmeri Corp. II. app. 304, Decr. Greg. L. III. t. 38. c. 21, Mansi XXII. 440, 441.) — « Relatum est auribus » « Nostris est auribus » « Ad hoc quoniam. »

XL. Episcopis, archidiaconis et aliis ecclesiarum prælatis per Galliam constitutis scribit, ne fratres Hospitalis Hierosolymitani aut ecclesias eorum interdicant vel excommunicent. Mansi XXII. 408, Bœhmeri Corp. jur. can. II, app. 230, Augustini Tarr. Opp. IV. 334. — « Sane quoniam a. »

XLI. Episcopo Atrebatensi respondet de ejus cum S. clerico lite. Augustini Tarr. Opp. IV. 192, Mansi XX. 1089. — « Plene nobis innotuit. »

XLII. Episcopo Atrebatensi (al. Arelatensi) scribit de silva quadam monachis Caroliloci a canonicis Bellovacensibus reddenda. Augustini Tarr. Opp. IV. 165, Bœhmeri Corp. jur. can. II. app. 266, Decr. Greg. L. III. t. 17. c. 3. — « Cum dilecti filii. »

XLIII. Episcopo Abulen. (leg. Avilensi) scribit de G. presbytero ecclesiæ S. Jacobi post appellationem ad apostolicam sedem factam per episcopum Zamorensem excommunicato. Augustini Tarr. Opp. IV. 379, Decr. Greg. L. II. t. 28, c. 34. — « Ad audientiam nostram. »

XLIV. Archiepiscopo Barensi scribit de P. civis Barensis matrimonio. Bœhmeri Corp. II. app. 527, Augustini Tarr. Opp. IV. 228, Mansi XXI. 1091.— « Veniens ad nos P. »

XLV. Episcopo Bathoniensi mandat, ut quibus rex Scotiæ, quum S. comitis « patrimonium detineret occupatum, ecclesias concesserit, » eos removeat. Mansi XXII. 413, (XXI. 1098, Augustini Tarr. Opp. IV. 397). — « Dilectus filius noster » (« Dilectus frater noster). »

XLVI. Episcopo Bathoniensi respondet de iis, « qui infra nubiles annos matrimonii nomine conjunguntur. » Augustini Tarr. Opp. IV. 235, Decr. Greg. L. IV. t. 2, c. 8. — « A nobis tua. »

XLVII. Episcopo Bathoniensi mandat, moneat R., ut E. mulieri, « ab eo ecclesiastico judicio separatæ, dotem restituat. » Mansi XXII. 388, Bœhmeri Corp. II. app. 334, Augustini Tarr. Opp. IV. 270. — « Ex conquestione E. (al. M.) » « Ex quæstione M. »

XLVIII. Episcopo Bathoniensi scribit de iis, « qui infra annos aptos existentes matrimoniis sponsalia contrahunt. » Mansi XXII. 296, Bœhmeri Corp. II. app. 523, Augustini Tarr. Opp. IV. 235, Decr. Greg. L. IV. t. 2, c. 7. — « De illis, qui infra. »

XLIX. Episcopo Bathoniensi scribit, « mulieres vel etiam alias personas, quæ sui juris non sint, ab episcopo diœcesano absolvi non posse, si manus in clericum injecerint violentas. » Mansi XXII. 335, Bœhmeri Corp. jur. can. II. app. 211, Augustini Tarr. Opp. IV. 543, Decr. Greg. L. V. t. 39, c. 6. — « Mulieres vel etiam » « Mulieres etiam vel. »

L. Episcopo Bathoniensi scribit de diaconorum ordinatione. Mansi XXII. 572, Bœhmeri Corp. jur. can. II. app. 240, Augustini Tarr. Opp. IV. 29, Decr. Greg. L. I. t. 11, c. 1. — « Subdiaconos autem. »

LI. Episcopo Bathoniensi respondet, « tam eos, qui trahantur in causam, quam principales fautores eorum, si manifeste justitiam impediant, censura ecclesiastica coercendos esse. » Bœhmeri Corp. jur. can. II. app. 265, Augustini Tarr. Opp. IV. 48, Mansi XXII. 299, Decr. Greg. L. I. t. 28, c. 1. — « Quia quæsitum est. »

LII. Bathoniensi et Exoniensi episcopis scribit hæc : « Si aliquis in clericum, nutrientem comam, ignorans quod clericus fuerit, manus injecerit violentas, propter hoc non debet apostolico conspectui præsentari, nec etiam excommunicatione notari. » Mansi XXII. 332, Bœhmeri Corp. jur. can. II. app. 210, Augustini Tarr. Opp. IV 542 — « Si vero aliquis in. »

LIII. Episcopo Bellovacensi respondet de iis, qui « ad confessionem de criminibus conveniunt et quamvis confiteri velint, se tamen asserunt non posse abstinere. » Augustini Tarr. Opp. IV. 418, Decr. Greg. L. V. t. 38. c. 5. — « Quod quidam, sicut. »

LIV. Episcopo Bellovacensi (al. Bavarensi) respondet « non licere cuidam cum ea matrimonium contrahere, quam, uxore sua vivente, sibi de facto copulaverit ; » leprosis, « liberum esse ad matrimonium convolare. » Mansi XXII. 291, 395, Bœhmeri Corp. II, app. 319, Augustini Tarr. Opp. IV. 247, 248, Decr. Greg. L. IV. t. 7, c. 3, t. 8, c. 2. — « Super hoc, quod de » « Super hoc vero, quod » « Super eo vero, quod » « Quoniam ex multis. »

LV. Episcopo Bellovacensi respondet de matrimoniis clandestinis. Mansi XXII. 433, Augustini Tarr. Opp. IV. 237, Decr. Greg. L. IV. t. 3, c. 2, t. 17, c. 9. — « Quod nobis ex. »

LVI. Episcopo Bellovacensi de falsis testimoniis respondet. Augustini Tarr. Opp. IV 98, Decr. Greg. L. II, t. 20, c. 9. — « Sicut nobis est. »

LVII. Episcopo et archipresbytero Bononiensi de appellationibus respondet. Bœhmeri Corp. II, app. 292, Augustini Tarr. Opp. IV. 130, Mansi XXII. 447, Decr. Greg. L. II. t. 28, c. 18. — « Consuluit nos vestra » « Super eo, quod. »

LVIII. Episcopo Brigen. respondet de clericis, « qui, cum beneficiis ecclesiasticis multis abundent, nolint ad majores ordines promoveri. » Augustini Tarr. Opp. IV 359, Decr. Greg. L. I. t. 14, c. 6.— « Quæris a nobis. »

LIX. Episcopo Brixiensi mandat, ut ablata monasterio S. Quirini (Tegernseensi) bona restituenda curet. Pez Thes. anecd. VI. I, 391. — « Significaverunt nobis. »

LX. Episcopo Brixiensi scribit de matrimonio Matthæi et Agolechis mulieris. Mansi XXII. 284, Bœhmeri Corp. II. app. 312, Augustini Tarr. Opp. IV. 198, Decr. Greg. L. III. t. 32, c. 7. — « Ex publico instrumento. »

LXI. Episcopo Brixiensi de decimis novalium respondet. Mansi XXII. 443, Augustini Tarr. Opp. IV. 491, Decr. Greg. L. III. t. 30. c. 13. — « Quoniam a nobis. »

LXII. Archidiacono et capitulo Brundisino scribit, ut V. cujusdam uxor, in monacharum cœtum recep!a, viro restituatur. Theineri disq. crit. 431. — « Constitutus in. »

LXIII. Archiepiscopo Burdigalensi respondet, juvenem, cui puella consanguinea desponsa sit, cogi ad eam ducendam non debere. Baluzii Misc. III. 376, Mansi XXI. 1105, XXII. 326, Bœhmeri Corp. II. app. 330, (Augustini Tarr. Opp. IV. 406, Decr. Greg. L. IV. t. 14, c. 2.) — « Super eo vero » « Super eo, quod. »

LXIV. Archiepiscopo Burdigalensi scribit, archidiaconatus duos non licere a G. archidiacono administrari. Mansi XXII. 365, 384, Bœhmeri Corp. jur. can. II. app. 229, Augustini Tarr. Opp. IV. 328, Decr. Greg. L. III. t. 5, c.14. — « Præterea de archidiacono » « Præterea de G. »

LXV. Archiepiscopo Burdigalensi respondet de milite, « qui matrimonium suum accusat, dicens se uxori in quarto gradu consanguinitatis esse. « Mansi XXII 297, Bœhmeri Corp. II. app. 323, Augustini Tarr. Opp. IV. 266. — « Consuluit nos tua. »

LXVI. Archiepiscopo Cantuariensi respondet de matrimonio R. juvenis et Mariæ filiæ Gileberti de S. Leodegario. Augustini Tarr. Opp. IV. 224, Bœhmeri Corp. II. app. 320, Mansi XXII. 292, 312, 401, Decr. Greg. L. IV. t. 1, c. 7.— « Ex litteris, quas » « Quod vero quæsivisti, » « De hoc autem, quod. »

LXVII. Archiepiscopo Cantuariensi scribit, « si qui sint viri vel mulieres, qui lepræ morbum incurrant, uxores ut viros et viros, ut uxores sequantur, cogat. » Bœhmeri Corp. II. app. 332, Augustini Tarr. Opp. IV. 247, Mansi XXII. 394, Decr. Greg. L. IV. t. 8, c. 1. — « Pervenit ad nos. »

LXVIII. Archiepiscopo Cantuariensi scribit, ut Renaldo clerico ecclesiam de Durefort restituat. Decr. Greg. L. II. t. 13. c. 7, Augustini Tarr. Opp. IV. 369. — « Conquerente nobis Renaldo. »

LXIX. Archiepiscopo Cantuariensi de judicibus delegatis ac de remissionibus respondet. Bœhmeri Corp. II. app. 295, Augustini Tarr. Opp. IV. 133, Mansi XXI. 1087.— « Nos in eminenti. »

LXX. Archiepiscopo Cantuariensi concedit, ne « sententias judicum a sese intra provinciam delegatorum confirmare » debeat, « si de causis ipsis nil in ejus præsentia sit tractatum. » Baluzii Misc. III. 374 et 380. Mansi XXI. 1103 et 1108 , XXII. 411, 482, Augustini Tarr. Opp. IV. 362, (363), Decr. Greg. L. I. t. 29. c. 18. — « Cum te consulente » « Si super causa. »

LXXI: Archiepiscopo Cantuariensi mandat, præcipiat Hospitalariis, ne « excommunicatos præsamant tradere Christianæ sepulturæ. » Mansi XXII. 585. — « Cum ad hoc. »

LXXII. Archiepiscopo Cantuariensi scribit de jure patronatus capellæ de Stretton. Bœhmeri Corp. II. app. 302, Augustini Tarr. Opp. IV. 211, Mansi XXII. 341, 413, Decr. Greg. L. III. t. 38. c. 16. « De jure patronatus. »

LXXIII. Archiepiscopo Cantuariensi scribit de lite canonicorum S. Frideswihæ et canonicorum de Osenia. Mansi XXI. 1086, XXII. 321, Bœhmeri Corp. II. app. 294, Augustini Tarr. Opp. IV. 132. — « Significaverunt nobis. »

LXXIV. Archiepiscopo Cantuariensi scribit, ut magistro Ia., in ecclesia ejus canonice instituto, præbendam tribuat. Augustini Tarr. Opp. IV. 151, Decr. Greg. L. III. t. 5. c. 9. — « Relatum est auribus. »

LXXV. Archiepiscopo Cantuariensi scribit de causa L. presbyteri. Mansi XXII. 445 (Augustini Tarr. Opp. IV. 99, Decr. Greg. L. II. t. 20. c. 10). — « Veniens ad nos cum. »

LXXVI. Archiepiscopo Cantuariensi mandat, ut « filios clericorum ab ecclesiis, in quibus patres eorum tanquam personæ vel vicarii nulla persona intermedia ministrent, amoveat ; eos vero, qui ecclesias, quas patres eorum tenuerint, personis aliis mediis sint adepti, sustineat. » Baluzii Misc. III. 374 et 379, Mansi XXI. 1102 et 1105 , XXII. 449, Augustini Tarr. Opp. IV. 360, Decr. Greg. L. I. t. 17. c. 11. — « Ad extirpandas » « Sanctis Dei. »

LXXVII. Archiepiscopo Cantuariensi (al. Turonensi, Londinensi) scribit de clericis interdictis aut excommunicatis. Mansi XXII. 369, Bœhmeri Corp. jur. can. II. app. 223, Augustini Tarr. Opp. IV. 323, Decr. Greg. L. V. t. 27. c. 3. — « Clerici autem si, » à LXXVIII. Archiepiscopo Cantuariensi (al. Rothomagensi) scribit Petrum de Ursiton (al. Neasclea) excommunicatione solvat. Mansi XXII. 345, Bœhmeri Corp. jur. can. II. app. 237, Augustini Tarr. Opp. IV. 110, Decr. Greg. L. II. t. 24. c. 7. — « Ad nostram noveritis. »

LXXIX. Archiepiscopo Cantuariensi (al. decano Forensi et archidiacono de Bedefet) mandat, ut canonicos de Lanstanet (al. Lamestanter) jubeat capellam quamdam injuste occupatam dimittere. Mansi XXII. 346, Bœhmeri Corp. jur. can. II. 238, Augustini Tarr. Opp. IV. 112. — « Insinuatum est nobis. »

LXXX. Archiepiscopo Cantuariensi mandat, ut archidiaconum quemdam tueatur ab episcopi injuriis. Mansi XXII. 365, Bœhmeri Corp. jur. can. II. app. 229, Augustini Tarr. Opp. IV. 527, Decr. Greg. L. V. t. 31. c. 2. — « Ad hæc quoniam. »

LXXXI. Archiepiscopo Cantuariensi mandat, interdicat monachis, « ne villas vel ecclesias recipere ad firmas vel detinere præsumant. » Mansi XXII

373, Bœhmeri Corp. jur. can. II. app. 231, Augustini Tarr. Opp. IV. 224. — « Fraternitati tuæ per. »

LXXXII. Archiepiscopo Cantuariensi mandat, episcopum Coventrensem « corrigat et castiget, quod pueris, qui sint infra decennium constitutis ecclesias concesserit. » Mansi XXII. 365, Bœhmeri Corp. jur. can. II. app. 241, Augustini Tarr. Opp. IV. 51. Decr. Greg. L. I. t. 14. c. 2. — « Ex ratione commissæ » « Ex commissæ tibi. »

LXXXIII. Archiepiscopo Cantuariensi respondet de « remissionibus, quæ fiunt in dedicationibus ecclesiarum. » Mansi XXII. 393, Augustini Tarr. Opp. IV. 341, Decr. Greg. L. V. t. 38. c. 4. — « Quod autem consuluisti. »

LXXXIV. Archiepiscopo Cantuariensi concedit, ut « si eorum, qui ad audientiam ipsius appellent, possessio turbata fuerit, reformet eam, eo prætermisso, de quo appellatio fuerit interposita. » Mansi XXII. 318, Bœhmeri Corp. II. app. 291, Augustini Tarr. Opp. IV. 128, Decr. Greg. L. II. t. 28. c. 17. — « Cum teneamur. »

LXXXV. Archiepiscopo Cantuariensi scribit de clericis, qui « in domibus suis habere fornicarias dicantur. » Mansi XXII. 351, Bœhmeri Corp. II. app. 336, Augustini Tarr. Opp. IV. 143. — « Cum in Cantuariensi » « Cum in provincia. »

LXXXVI. Archiepiscopo Cantuariensi et ejus suffraganeis scribit, ne a clericis « fornicarias in domibus suis haberi » patiantur. Mansi XXII. 348, Bœhmeri Corp. II. app. 334, Augustini Tarr. Opp. IV, 142, 144, Decr. Greg. L. III. t. 2. c. 4, t. 3. c. 1. — « Sicut ad exstirpanda » « Si qui autem. »

LXXXVII. Archiepiscopo Cantuariensi et ejus suffraganeis præcipit, ne, « decedentibus ecclesiarum personis, filios, vel consanguineos, vel alios se in prædictas ecclesias intrudere » patiantur. Gilberti Foliot. epist. ed. Giles II. 63, Mansi XXII. 379, Bœhmeri Corp. jur. can. II. app. 209, Augustini Tarr. Opp. IV. 132. — « Ex crebris querimoniis » « Ex querimoniis clericorum. »

LXXXVIII. Archiepiscopo Cantuariensi et ejus suffraganeis præcipit, ut « si manifestum et publicum fuerit, patres ecclesiæ personatus gessisse, filios ab eisdem ecclesiis excludant. » Bœhmeri Corp. jur. can. II. app. 248, Augustini Tarr. Opp. IV. 37, Decr. Greg. L. I. t. 17. c. 10. — « Quoniam sacris canonibus. » « Quoniam est sacris. »

LXXXIX. Archiepiscopo Cantuariensi et ejus suffraganeis mandat, interdicat clericis, ne « decedentibus ecclesiarum personis paciscantur, ipsis ecclesiis majores solitis solvere pensiones. » Mansi XXII. 377, Bœhmeri Corp. jur. can. II. app. 208, Augustini Tarr. Opp. IV. 64, 282, Decr. Greg. L. I. t. 35. c. 6, L. III. t. 39. c. 11. — « Cum clerici vestræ. »

XC. Archiepiscopo Cantuariensi et ejus suffraganeis scribit, ne sinant a clericis « ecclesias et ecclesiastica beneficia sine assensu diœcesani episcopi recipi. » Mansi XXII. 378, Bœhmeri Corp. jur. can. II. app. 209, Augustini Tarr. Opp. IV. 154, Decr. Greg. L. III. t. 7. c. 3. — « Ex frequentibus querelis. »

XCI. Archiepiscopo Cantuariensi et ejus suffraganeis scribit de excommunicandis iis, qui « clericos occidant, vel occidi faciant, aut aliter violentas manus in eos injecerint. » Mansi XXII. 333, Bœhmeri Corp. jur. can. II. app. 211, Augustini Tarr. Opp. IV. 344. — « Non sine dolore. »

XCII. Archiepiscopo Cantuariensi et ejus suffraganeis mandat, videant, ne clerici usuras accipiant. Mansi XXII. 344, Bœhmeri Corp. jur. can. II. app. 216, Augustini Tarr. Opp. IV. 314, Decr. Greg. L. V. t. 19. c. 2. — « Quoniam non solum. »

XCIII. Archiepiscopo Cantuariensi et ejus suffraganeis scribit, ne cuiquam « infra XIV annum constituto personatus cujuslibet ecclesiæ cuncedant. » Mansi XXII. 366, Bœhmeri Corp. jur. can. II. app. 241, Augustini Tarr. Opp. IV. 32, Decr. Greg. L. I. t. 14. c. 3. — « Indecorum est. »

XCIV. Archiepiscopo Cantuariensi et ejus suffraganeis mandat, cogant parochianos suos, « ut de proventibus molendinarum et piscariarum, de lana et fœno decimas ecclesiis, quibus debeantur, persolvant. » Gilberti Foliot epist. ed. Giles II. 65, Mansi XXII. 282, Bœhmeri Corp. II. app. 248, Augustini Tarr. Opp. IV. 183, Decr. Greg. L. III. t. 30. c. 5. — « Pervenit ad nos, quod. »

XCV. Archiepiscopo Cantuariensi et ejus suffraganeis scribit de œconomis vacantibus ecclesiarum constituendis. Mansi XXII. 341, Bœhmeri Corp. jur. can. II. 264, Augustini Tarr. Opp. IV. 58, Decr. Greg. L. I. t. 31. c. 4. — « Cum nos plerumque » « Cum vos plerumque. »

XCVI. Archiepiscopo Cantuariensi et ejus suffraganeis respondet de iis « qui, uxoribus relictis, concubinis adhærere non dubitent, et errorem suum ac temeritatem tueri per appellationis obstaculum nitantur. » Mansi XXII. 317, Bœhmeri Corp. II. app. 291, Augustini Tarr. Ooo. IV. 128. — « Relatum est auribus. »

XCVII. Archiepiscopo Cantuariensi et episcopo Cisterciensi scribit de causa A. presbyteri. Mansi XXII. 309. — « Retulit nobis A. »

XCVIII. Archiepiscopo Cantuariensi et episcopo Wigorniensi præcipit, ut N. ecclesiam quamdam restituant. Mansi XXII. 361. — « Præcipimus, ut N. »

XCIX. Archiepiscopo Cantuariensi et episcopo Wigorniensi (al. abbati Rivallis et priori de Bridi) mandat, ut controversiam quamdam dijudicent. Augustini Tarr. Opp. IV, 92, Bœhmeri Corp. II. app. 278, Mansi XXII. 281, Decr. Greg. L. II. t. 8. c. 1. — « Dilecti filii nostri. »

C. Universis monachis et canonicis regularibus per Cantuariensem provinciam constitutis præcipit, « ut in ecclesiis, in quibus præsentationem habeant, quum vacaverint, diœcesanis episcopis clericos idoneos præsentent, qui illis de spiritualibus, et iis de temporalibus debeant respondere. » Gilberti Foliot epist. ed. Giles II. 68, Augustini Tarr. Opp. IV. 203, Bœhmeri Corp. II. app. 504 (Mansi XXII. 342). — « Quum deceat nos. »

CI. Episcopo Crapulano (leg. Caprulano) respondet de « sublatione appellationis. » Augustini Tarr. Opp. IV. 129, Mansi XXI. 1086. — « Quæsivisti ab. »

CII. Episcopo Capuano (al. Capitulano, al. Caprario) et abbati S. Luciæ et priori S. Crucis mandat, judicent inter N. et O. monachos « super electione de utroque facta. » Mansi XXII. 505, Bœhmeri Corp. II. app. 279, Augustini Tarr. Opp. IV. 99, Decr. Greg. L. c. II. t. c. 20. 11. — « Causam quæ inter N. »

CIII. Episcopo Carnotensi scribit de compositione apud judicem extraordinarium facta. Mansi XXII. 378, XXI. 1091, Bœhmeri Corp. jur. can. II. app. 208, Augustini Tarr. Opp. IV. 66, 216, Dec. Greg. L. I. t. 56. c. 5. — « de cætero noveris (noveritis). »

CIV. Episcopo Carnotensi mandat, statuat, ne ecclesiasticæ personæ episcopatus de his, quæ iis de bonis ecclesiarum proveniunt, condant testamentum. » Bœhmeri Corp. jur. can. II. app. 236, Augustini Tarr. Opp. IV, 175. — « Admonet nos cura. »

CV. Episcopo Carnotensi (archiepiscopo Cantuariensi) scribit de causa G. clerici et abbatissæ de Helenostove ac H. clerici. Mansi XXII. 317. — « Ex litteris venerabilis. »

CVI. Episcopo Carnotensi (al. archiepiscopo Cantuariensi) de delegatis judicibus respondet. Mansi XXII. 303, Bœhmeri Corp. II. app. 270, 284, 293, Augustini Tarr. Opp. IV. 52, 106, 131, Decr. Greg. L. I. t. 29, c. 11, L. II. t. 28, c. 21. — « Sane quia nos » (« De testibus non » « Quæstioni, quam »).

CVII. Abbati Casinensi mandat, ut de matrimonio quorumdam judicet. Augustini Tarr. Opp. IV. 254, Bœhmeri Corp. II, app. 324, Decr. Greg. L. IV. t. 14, c. 1. (Mansi XXII. 297). — « Ex litteris tuis. »

CVIII. Episcopo Catelano (leg. Castellano, i. e. Veneto) jam iterum mandat, ut Cassiotæ abbatissæ S. Zachariæ « munus benedictionis impendat. » Baluzii Misc. III. 580, Mansi XXI. 1108, Augustini Tarr. Opp. IV. 409, Decr. Greg. L. V. t. 1, c. 13. — « Meminimus jam. »

CIX. Episcopo Cenomanensi scribit de laicis, qui « pro violenta manuum injectione in clericum vinculo excommunicationis sint astricti, » absolvendis. Mansi XXII. 335, Bœhmeri Corp. jur. can. II. app. 214, Augustini Tarr. Opp. IV. 345, Decr. Greg. L. V. t. 39. c. 11. — « De cætero noveris. »

CX. Episcopo Cenomanensi scribit de F. subdiacono, qui uxorem duxerit. Mansi XXII. 449, Augustini Tarr. Opp. IV. 243, Decr. Greg. L. IV. t. 6, c. 2. — « Ex litterarum tuarum. »

CXI. Episcopo Cenomanensi « de præsentatione presbyteri. » Bœhmeri Corp. II. app. 227, Augustini Tarr. Opp. IV. 54, Mansi XXII. 413, Decr. Greg. L. I. t. 29, c. 15. — « Super eo quod subjungere » « Super eo autem. »

CXII. Episcopo Cenomanensi respondet, statutum esse, ut clerici, « in remotis regionibus ordinati, ad minus quinque episcoporum testimonio super ordinatione sua muniantur. » Mansi XXII, 371, Bœhmeri Corp. jur. can. II. app. 227, Augustini Tarr. Opp. IV. 42, Decr. Greg. L. I. t. 22, c. 1. — « Tua nos duxit. »

CXIII. Episcopo Cenomanensi scribit hæc : « Ecclesiis, quas de novo episcopus de manibus laicorum eripuit, præter cathedraticum et jura omnia, quæ aliis ecclesiis imponuntur, non videmus exactionem imponendam. » Addit, « clericos de mobilibus, quæ per ecclesias sint adepti, de jure testari non posse. » Mansi XXII. 275, 381, Bœhmeri Corp. jur. can. II. app. 227, Augustini Tarr. Opp. IV. 216, 174, Decr. Greg. L. III. t. 26, c. 8, t. 39, c. 9. — « Ecclesiis autem, quas » « Ad hæc præsentibus » « Ad hoc præsentibus. »

CXIV. Episcopo Cesten. scribit [de juvene suis genitalibus destituto. » Augustini Tarr. Opp. IV. 40. — « Dilectæ in Christo. »

CXV. Episcopo Cestriensi scribit de Simoniacis clericis removendis. Mansi XXII. 278, Bœhmeri Corp. jur. can. II. app. 200, Augustini Tarr. Opp. IV. 280, Decr. Greg. L. V. t. 3, c. 13. — « Insinuatum est auribus. »

CXVI. Decano Cicestriensi scribit de controversia W. et E. clericorum. Mansi XXII. 308, (Bœhmeri Corp. II. app. 281, Augustini Tarr. Opp. IV. 110, Decr. Greg. lib. II. t. 23. c. 10). — « Litteras Exoniensis » (« Quia veri similitudinem » « Quia verisimile »).

CXVII. Decano Cicestriensi scribit de finali ejus cum archidiacono controversia. Mansi XXII. 395, Augustini Tarr. Opp. IV. 95, Decr. Greg. L. II. t. 19, c. 5. — Ex litteris tuæ » « Ex litteris vestræ » « Ex litteris tuis. »

CXVIII. Abbati Cisterciensi et fratribus Cuman. (al. abbati et fratribus de Rival.) concedit, « ut si contra eos super decimis vel aliis, quæ ordini eorum specialiter apostolica sedes indulserit, non facta mentione Cisterciensis ordinis litteræ fuerint a sede apostolica impetratæ, eis minime teneantur respondere. » Augustini Tarr. Opp. IV. 354, Mansi XXII. 402, Decr. Greg. L. l. t. 3, c. 6. — « Cum ordinem. »

CXIX. Abbates ordinis Cisterciensis reprehendit, quod « aliqui ex eis primæ institutionis obliti penitus vel ignorantes, contra ordinis regulam, villas, molendina, ecclesias et altaria possideant, fidelitates et hominia suscipiant, 'ustitiarios et tributarios teneant. » Augustini Tarr. Opp. IV. 396, Mansi XXII. 424, Decr. Greg. L. III, t. 35, c. 5. — « Recolentes, qualiter hæc. »

CXX. Abbatibus Cisterciensis,ordinis per Angliam constitutis 'concedit, ut « si quis sepulcrum Dominicum vel alia limina sanctorum proposuerit visitare, et infirmitate vel alia rationabili causa occurrente, apud eos religionis habitum assumere voluerit, libere cum recipiant. » Augustini Tarr. Opp. IV. 395, Decr. Greg. L. III. t. 34. c. 4. — « Scripturæ sacræ. »

CXXI. Episcopis, archidiaconis, et aliis ecclesiarum prælatis per Galliam scribit, ne « conversos ordinis Cisterciensis sine licentia abbatum per episcopatus suos recipi permittant. » Mansi XXII. 374, Bœhmeri Corp. jur. can. II. app. 233, Augustini Tarr. Opp. IV. 193, Decr. Greg. L. III. t. 31, c. 7. — « Non est vobis. »

CXXII. Omnes episcopos hortatur, ne fratres Cistercienses « ad synodum et ad concilium cogant venire. » Augustini Tarr. Opp. IV. 396. — « Dilectos filios nostros. »

CXXIII. Episcopis quibusdam mandat, interdicant archidiaconis, decanis et presbyteris ne in famulos vel mercenarios fratrum Cisterciensium, pro eo, quod quibusdam diebus laborent, quos alii solemnes habeant, vel excommunicationis vel interdicti sententiam ferant. » Augustini Tarr. Opp. IV. 368, Mansi XXI. 1094. — « Significantibus nobis. »

CXXIV. Magistro Fidaritio Civitatensi (al. Fidantiæ canonico Civit.) mandat, ne T. puerum, si ante consummationem XIV. anni susceptum habitum deposuerit, ab impetitione heremitarum de Monte Foliano penitus absolutum denunciet. » Mansi XXII, 357, Bœhmeri Corp. jur. can. II. app. 233, Augustini Tarr. Opp. IV. 195, Decr. Greg. L. III. t. 31, c. 8. — « Ad nostram noveris » « Ad audientiam nostram. »

CXXV. Episcopo Claromontano mandat, ut I. epistolæ latoris patrem, qui « moriens sepulturam ecclesiasticam habere nequiverit, » in cœmeterio sepeliri jubeat. Mansi XXII. 390, Bœhmeri Corp. jur. can. II. app. 215, Augustini Tarr. Opp. IV, 312, Decr. Greg. L. V. t. 17, c. 5. — « In litteris tuis, quas » « Litteris tuis, quas. »

CXXVI. Episcopo Consentino interdicit ne diaconum quemdam « sine licentia summi pontificis ad superiorem gradum ascendere permittat. » Mansi XXII. 369, Bœhmeri Corp. jur. can. II, app. 223, Augustini Tarr. Opp. IV, 306, Decr. Greg. L. V, t. 12, c. 8. — « Continebatur in litteris. »

CXXVII. Episcopo Coventriensi et abbati Cestriensi mandat, interdicant R. archidiacono Cestriensi, ne « clericos sive laicos, qui pro suis excessibus puniendi sint, pecuniario pœna mulctent » cæt. Mansi XXII. 276 Bœhmeri Corp. jur. can. II. app. 205, Augustini Tarr. Opp. IV. 339, Decr. Greg. L. I, t. 23, c. 6. — « Mandamus, ut ex. »

CXXVIII. Episcopo Coventriensi et priori de Thevilla scribit de controversia P. clerici et R. presbyteri. Augustini Tarr. Opp. IV. 378, Mansi XXI. 1096. — « Causam, quæ vertitur. »

CXXIX. Episcopo Coventriensi et ejus officialibus interdicit, ne a fratribus de Pipennella, « qui sint Cisterciensis ordinis, de laboribus, quos propriis manibus aut sumptibus excolant, decimas exigant. » Mansi XXII. 329, Bœhmeri Corp. jur. can. II. app. 252, Augustini Tarr. Opp. IV. Decr Greg. L. III. t. 30. c. 12. « Ad audientiam nostram. »

CXXX. Episcopo Cremonensi commendat B., qui de calice ecclesiæ detento pœnitentiam egerit. Bœhmeri Corp. jur. can. II. app. 225, Augustini Tarr. Opp. IV. 526, Decr. Greg. L. V, t. 18, c. 5. — « Ex litteris tuis. »

CXXXI. Episcopo Cusano (al. Consano, Constantio) scribit, ut R. de Lantino ad restituendas decumas quasdam cogat. Mansi XXII. 281, Bœhmeri Corp. jur. can. II. app. 249, Augustini Tarr. Opp. IV. 184. — « Intelleximus ex. »

CXXXII. Abbati Dalonen. et priori de Artigia mandat, judicent inter P. Gaufredi et canonicos S. Luviani. Augustini Tarr. Opp. IV. 28, Decr. Greg. L. I. t. 9. c. 2. — « Cum inter P. »

CXXXIII. E. præpositum Dietrami Cellæ monet, ut abbati Tegernseensi «super ecclesia in fundo illius fundata secundum antiquam et rationabilem consuetudinem in temporalibus respondeat. » Pez Thes. anecd. VI. 1, 396. — « A felicis memoriæ. »

CXXXIV. Abbati S. Petri de Diva scribit, ut', « si quilibet subditorum, ne pro suis excessibus corrigatur, ad remedium appellationis convolaverit, non minus eum corrigat. » Mansi XXII. 312, Augustini Tarr. Opp. IV. 122, Bœhmeri Corp. II. app. 286, Decr. Greg. L. II. t. 28. c. 3. — « Ad nostram noveris. »

CXXXV. Hugoni, episcopo Dunelmensi, præcipit, ut Willelmo de Hecgesclivia quam Guido nepos Jocelini de Baiłol abstulerit, ecclesiam reddendam curet. Epist. S. Thomæ ed. Giles II. 92. — « Significatum est nobis. »

CXXXVI. Episcopo Dunelmensi scribit, « si abbas vel prior a capitulo de ratihabitione litteras habuerit, transactionem quam fecerit, si fuerit aliquot annis servata, capitulum non posse revocare. » Mansi XXII. 376, Bœhmeri Corp. jur. can. II. app. 207. Augustini Tarr. Opp. IV. 65, Decr. Greg. L. I. t. 36. c. 5. — « Contingit interdum. »

CXXXVII. Episcopo Dunelmensi respondet, « filios sacerdotum, nisi in monasterio vel canonica regulari, si probatæ vitæ fuerint, ad diaconatum vel sacerdotium debere admitti. » Mansi XXII. 353, Bœhmeri Corp. jur. can. II. app. 245, Augustini Tarr. Opp. IV. 34. — « Quod super his. »

CXXXVIII. Episcopo Dunelmensi de appellationibus scribit. Mansi XXII. 316, Bœhmeri Corp. II. app. 298, Augustini Tarr. Opp. IV. 127, Decr. Greg. L. II. t. 28. c. 15. — « Suggestum est auribus. »

CXXXIX. Abbatibus S. Eadmundi et de Ramesereia (al. Ramesia, Meseia) scribit de Emmæ et Andreæ matrimonio. Mansi XXII. 294, Bœhmeri Corp. II. app. 321. Augustini Tarr. Opp. IV. 224, Decr. Greg. L. IV. t. 1. c. 9. — « Ex parte Emmæ. » « Ex parte N. » « Ex parte C. » « Ex parte Eminæ. »

CXL. R(ogero), archiepiscopo Eboracensi, petenti denegat licentiam « compellendorum monachorum alborum et nigrorum, canonicorum regularium et secularium ad solvendas decimas de conductis, quas habent ad terminum vel ad firmam ». Gilberti Foliot epist. ed. Giles II. 72, Martene Thes. I. 600, Mansi XXII. 327, Bœhmeri Corp. jur. can. II. app. 250, Augustini Tarr. Opp. IV. 185. — « Fraternitatem tuam. »

CXLI. R(ogero), archiepiscopo Eboracensi, de appellationibus aliisque de rebus consulenti respondet. Gilberti Foliot epist. ed. Giles II. 75. — « Sicut Romana Ecclesia. »

CXLII. Archiepiscopo Eboracensi de appellationibus respondet. Bœhmeri Corp. II. app. 295, 296, Augustini Tarr. Opp. IV. 154, Mansi XXII. 394, 414, 423, XXI. 1087, Decr. Greg. L. II. t. 28. c. 24, L. III. t. 8. c. 3. — « Proposuit nobis » « Relatum est auribus » « In eminenti specula » « Cum aliqua causa. »

CXLIII. Archiepiscopo Eboracensi scribit « de priore, qui non deferens protectioni suæ et appellationi ad sedem apostolicam factæ quemdam canonicum suum fecerit omnibus usque ad camisiam spoliari, et eum accusatori et appellationi renunciare coegerit. » Mansi XXII. 319, Augustini Tarr.

Opp. IV. 379, Decr. Greg. L. II. t. 28. c. 31. — « De priore, qui non. »

CXLIV. (Rogero), archiepiscopo Eboracensi, respondet, neque eum neque alios judices, « ubi causæ sententia sine appellationis remedio (a sede apostolica) committatur, incidentes quoque quæstiones appellatione postposita terminare » licere. «Sed» inquit «appellanti ad prosequutionem terminus præfigatur congruus, intra quem si appellationem non fuerit prosequutus, ex tunc tam super incidentibus, quam super principali causa stare judicio delegati judicis, appellatione postposita, compellatur. » Baluzii Misc. III. 375, Mansi XXI. 1103, Augustini Tarr. Opp. IV. 379, Decr. Greg. L. II. t. 28. c. 53. — « Ad aures nostras. »

CXLV. Archiepiscopo Eboracensi scribit hæc: « Si sententiam a nobis latam præceperimus per aliquem executioni mandari, et fraus intervenerit, non est facultas executori de negotio toto cognoscere, sed referri quæstiones ad sedem apostolicam oportebit. » Mansi XXII. 423, Augustini Tarr. Opp. IV. 120, Decr. Greg. L. II. t. 27. c. 5. — « De cætero noveris. »

CXLVI. Archiepiscopo Eboracensi de judicibus delegatis respondet. Bœhmeri Corp. II. app. 271, Augustini Tarr. Opp. IV. 53, Mansi XXII. 403, Decr. Greg. L. I. t. 29. c. 13. — « Ex parte tua quæsitum » « Ex parte fraternitatis. »

CXLVII. Archiepiscopo Eboracensi respondet de causis, quæ « sub disjunctione mandantur. » Mansi XXII. 400, Bœhmeri Corp. II. app. 297, Augustini Tarr. Opp. IV. 44, Decr. Greg. L. I. t. 3. c. 4, L. II. t. 27. c. 9. — « Inter cæteras consultationes. »

CXLVIII. Archiepiscopo Eboracensi respondet, « si a sese super aliqua causa litteræ impetrentur et aliæ postea, non facta mentione priorum litterarum, litteræ obtineantur, judices, donec Romanum pontificem consulant, executione litterarum debere penitus supersedere. » Bœhmeri Corp. jur. can. II. app. 265, Augustini Tarr. Opp. IV. 49, Mansi XXII. 299, 402, Decr. Greg. L. I. t. 29. c. 2. — « Sane si a nobis. »

CXLIX. Archiepiscopo Eboracensi concedit, « ut, si clerici, qui in ecclesiis ejus jurisdictionis beneficium sint adepti, ad aliam diœcesim absque licentia ejus morandi causa transierint, eos beneficiis spoliet, nisi forte scolasticis disciplinis invigilaverint. » Augustini Tarr. Opp. IV. 384, Mansi XXII. 383, Decr. Greg. L. III. t. 4. c. 5. — « Fraternitati tuæ duximus. »

CL. Archiepiscopo Eboracensi (al. episcopo Dunelmensi) scribit, ne « ecclesiæ clericis tali tenore concedantur, quod post eorum obitum alii nominatim succedant. » Mansi XXII. 376, Bœhmeri Corp. jur. can. II. app. 207, Augustini Tarr. Opp. IV. 64, Decr. Greg. L. I. t. 35. c. 5. — « Accepimus, quod quædam ».

CLI. Archiepiscopo Eboracensi de sacerdotum filiis respondet. Mansi XXII. 355, Bœhmeri Corp. jur. can. II. app. 247, Augustini Tarr. Opp. IV. 37, Decr. Greg. L. I. t. 17. c. 9. — « Ex tua nobis » « Ex tua parte nobis. »

CLII. Archiepiscopo Eboracensi scribit de ecclesiis quibusdam ecclesiæ b. Petri Eboracensi concessis. Augustini Tarr. Opp. IV. 211, Bœhmeri Corp. II. app. 504, Decr. Greg. L. III. t. 38. c. 20, (Mansi XXII. 342). — « Suggestum est auribus. »

CLIII. Archiepiscopo Eboracensi mandat, ne nobilem virum W. filium Godrici a R. clerico de Ponte fracto propter ecclesiam quamdam gravari sinat. Mansi XXII. 277, Augustini Tarr. Opp. IV. 279, Decr. Greg. L. V. t. 3. c. 12. — « Cum essent in. »

CLIV. Archiepiscopo Eboracensi scribit de ecclesia in villa H. (al. Nortona) ædificanda. Augustini Tarr. Opp. IV. 217, Decr. Greg. L. III. t. 48. c. 3. — « Ad audientiam nostram. »

CLV. Archiepiscopo Eboracensi mandat, horte- tur Nicolaum, archidiaconum de Bedeford, ne præbendam ecclesiæ Bevianensis requirat. Mansi XXII. 382, (535), Bœhmeri Corp. jur. can. II. app. 243, Augustini Tarr. Opp. IV. 150: — « Relatum est auribus. »

CLVI. Archiepiscopo Eboracensi scribit de « A. presbytero detinente fornicariam. » Mansi XXII. 350, Bœhmeri Corp. II. app. 356, Augustini Tarr. Opp. IV. 143, Decr. Greg. L. III. t. 2. c. 5. — « Super eo, quod asseris. »

CLVII. Archiepiscopo Eboracensi scribit de matrimonio Willelmi. Mansi XXII. 287. Bœhmeri Corp. II. app. 314, Augustini Tarr. Opp. IV. 233, Decr. Greg. L. IV. t. 2. c. 5. — « Accessit ad præsentiam. »

CLVIII. Archiepiscopo Eboracensi mandat, ut A. presbyterum juramento quodam solvat. Augustini Tarr. Opp. IV. 366, Decr. Greg. L. I. t. 43. c. 2. — « Non sine multa. »

CLIX. Archiepiscopo Eboracensi respondet, non licere G., qui « ad religionem fratrum Hospitalis Hierosolymitani transierit, ab eorum consortio separari. » Augustini Tarr. Opp. IV. 392. Mansi XXI. 1098. — « Ad audientiam apostolatus. »

CLX. Archiepiscopo Eboracensi et episcopo Coventriensi scribit, ut N. capellano archidiaconatus restituatur. Mansi XXII. 384, Bœhmeri Corp. II. app. 270, Augustini Tarr. Opp. IV. 53, Decr. Greg. L. I. t. 29. c. 12. — « Ex parte N. »

CLXI. Archiepiscopo Eboracensi, (episcopo) Exoniensi et abbati de Herfort scribit de priore de Prigileven. incontinentiæ accusato. Augustini Tarr. Opp. IV, 377, Mansi XXI. 1096. — « Quoniam quidam pridem. »

CLXII. Canonicis regularibus et monachis episcopatus Eboracensis præcipit, ut « si quas portiones vel antiquos reditus clericorum sine consensu (Rogeri) archiepiscopi minuerint, vel parochias diviserint, eas ad integritatem pristinam revocent. » Mansi XXII. 326, Bœhmeri Corp. jur. can II. app. 249, Augustini Tarr. Opp. IV. 152, Decr. Greg. L. III. t. 5. c. 10. — « Avaritiæ, quæ. »

CLXIII. Ababtibus, prioribus et clericis per archiepiscopatum Eboracensem constitutis præcipit, ne « ex donatione laicorum, nisi auctoritas episcopi adsit, sibi ecclesias vendicent. » Addit de excommunicandis iis, qui « violentas manus in clericos, canonicos, conversos injiciant. » Augustini Tarr. Opp. IV. 208, 343, Bœhmeri Corp. II. app. 300, (Mansi XXII. 338, Decr. Greg. L. III. t. 38. c. 11, L. V. t. 39. c. 5). « Quia pastorali » « Cura pastorali » « Cum pastorali » « Non dubium est. »

CLXIV. Præposito et canonicis Eburdinensis (Ebredunensis?) ecclesiæ nunciat, se eorum excommunicationem ab archiepiscopo prolatam rescidisse. Mansi XXII. 306, Bœhmeri Corp. II. app. 280, Augustini Tarr. Opp. IV. 101, Decr. Greg. L. II. t. 20. c. 16. — « Cum tu, fili. »

CLXV. Episcopo Eliensi mandat, judicet inter P. rectorem ecclesiæ de Gestunens et Joannem de Fescam. Mansi XXII. 398, 399, Augustini Tarr. Opp. IV. 47, 584, Decr. Greg. L. I. t. 28. c. 2. — « Veniens ad nos P. » « Provideas attentius » « Cæterum si memoratus. »

CLXVI. Ricardo, archidiacono Eliensi, concedit, « ut, si aliqua ecclesia eum ad beneficium vel dignitatem quamlibet vocaverit, non obstante quia non sit de legitimo matrimonio natus, libere valeat ad beneficium vel dignitatem assumi. » Radulfi de Diceto Im. Hist. ap. Twysden H. A. Scr. I. 651. — « Audite laudabili. »

CLXVII. Archidiacono Eliensi interdicit, ne cui- « quam sine licentia et mandato episcopi curam animarum committat. » Mansi XXII. 364, XXI. 1089, Bœhmeri Corp. jur. can. II. app. 228, Augustini Tarr. Opp. IV. 43, 155, Decr. Greg. L. I. t. 23, c. 4. — « Cum satis sit. »

CLXVIII. Episcopo Exoniensi scribit, « sanctorum patrum constitutioni contrarium esse, ut vir, uxore in sæculo remanente, aut uxor, viro non assumente religionis habitum, debeat ad religionem transire » cæt. Mansi XXII. 283, 284, Bœhmeri Corp. II. app. 310, 311, Augustini Tarr. Opp. IV. 197, Decr. Greg. L. III. t. 32. c. 4. — « Cum sis præditus » « Cum præditus sis » « Si quisquam, qui. »

CLXIX. Episcopo Exoniensi mandat de matrimonio cujusdam dissolvendo. Mansi XXII. 409. — « Ex præsentium latoris. »

CLXX. Episcopo Exoniensi mandat, cogat R. militem, ut filiam Edwini de Baselcher in matrimonium ducat. Mansi XXII. 410. — « Pervenit ad nos quod. »

CLXXI. Episcopo Exoniensi scribit de V. cujusdam matrimonio. Mansi XXII. 409, Augustini Tarr. Opp. IV. 401, Decr. Greg. L. IV. t. 1. c. 15. — « Veniens ad nos V. (al. W.). »

CLXXII. Episcopo Exoniensi scribit de iis, « qui in matrimonio contrahendo fidem dederint, commonendis, ut fidem præstitam observent. » Augustini Tarr. Opp. IV. 226, Bœhmeri Corp. II. app. 324, Mansi XXII. 298, 444. — « Præterea hi, qui. »

CLXXIII. Episcopo Exoniensi respondet, « mulierem posse nubere infra tempus luctus sine infamia. » Mansi XXII. 311, Bœhmeri Corp. II. app. 338, Augustini Tarr. Opp. IV. 270. — « Super illa vero » « Super illa quæstione. »

CLXXIV. Episcopo Exoniensi scribit de diaconis, qui matrimonia contraxerint. Mansi XXII. 351, Bœhmeri Corp. II. app. 337, Augustini Tarr. Opp. IV. 243. — « Significatum est nobis. »

CLXXV. Episcopo Exoniensi scribit de « quodam litterato et nobili, qui cuidam mulieri nobili fidem dederit de contrahendo matrimonio, nunc autem ad frugem melioris vitæ suspiret convolare. » Augustini Tarr. Opp. IV. 401, Decr. Greg. L. IV. t. 1. c. 16. — « Commissum » « Significavit nobis fraternitas. »

CLXXVI. Episcopo Exoniensi respondet, « qui prius cognoverit matrem sive sororem ejus quam postea duxerit in uxorem, eum esse monendum, ut uxorem laboret inducere ad continentiam observandam, ut, si illa continere voluerit, continentia simul observetur ; si autem ad hoc induci non possit, et debitum reddat et de commisso pœnitentiam agat. » Mansi XXII. 326, XXI. 1099, 1106, Baluzii Misc. III. 379, Augustini Tarr. Opp. IV. 465, Bœhmeri Corp. II. app. 330. — « Super eo, quod. »

CLXXVII. Episcopo Exoniensi scribit hæc: « nulli monachi Templarii se possunt privilegio apostolicæ sedis tueri, quominus excommunicatos vitare debeant, et pro violenta manuum injectione in clericos sicut excommunicati vitari. » Mansi XXII. 333, Bœhmeri Corp. jur. can. II. app. 211, Augustini Tarr. Opp. IV. 344, Decr. Greg. L. V. t. 39. c. 8. — « Nulli autem monachi. »

CLXXVIII. Episcopo Exoniensi mandat, cogat archidiaconos, ut occupatas ecclesias dimittant. Mansi XXII. 364, Bœhmeri Corp. jur. can. II. app. 229, Augustini Tarr. Opp. IV. 327, Decr. Greg. L. V. t. 31. c. 3. — « Ad aures nostras. »

CLXXIX. Episcopo Exoniensi mandat, cogat G., ut ecclesiam de Ferelegia (al. Ferleia) magistro W. restituat. Mansi XXII. 375, Bœhmeri Corp. jur. can. II. app. 203, Augustini Tarr. Opp. IV. 286, Decr. Greg. L. V. t. 4. c. 4. — « Querelam magistri. »

CLXXX. Episcopo Exoniensi mandat, moneat Walterium, ut « calicem argenteum et medietatem unius breviarii ecclesiæ de Offetolon (al. Ofecolon, Ossecoleo), » quæ pater ejus, sacerdos ejusdem ecclesiæ, pignori obligaverit, recolligat et ecclesiæ restituat. Mansi XXII. 380, Bœhmeri Corp. Jur. can. II. app. 235, Augustini Tarr. Opp. IV. 167, Decr. Greg. L. III. t. 21. c. 3. — « Ex præsentium. »

CLXXXI. Episcopo Exoniensi scribit de « presbytero in homicidii crimine lapso. » Mansi XXII. 369. — « Presbyterum etiam istum. »

CLXXXII. Episcopo Exoniensi scribit de A. clerico « in sacerdotio genito ex incestu. » Mansi XXII. 411. — « Suggestum est auribus. »

CLXXXIII. Episcopo Exoniensi suadet, ut sacerdotem quemdam ab abdicandum sacerdotium simoniace initum adducat. Baluzii Misc. III. 578, Mansi XXI. 1104, XXII. 592, Augustini Tarr. Opp. IV. 410, Decr. Greg. L. V. t. 3. c. 20. — « Ex tuæ fraternitatis. »

CLXXXIV. Episcopo Exoniensi de appellationibus respondet. Mansi XXII. 303, Bœhmeri Corp. II. app. 270, Augustini Tarr. Opp. IV. 59. — « Ad hæc cum aliquis. »

CLXXXV. Episcopo Exoniensi respondet de peregrinationis votis redimendis. Mansi XXII. 592, 425, Bœhmeri Corp. jur. can. II. app. 258, Augustini Tarr. Opp. IV. 200, Decr. Greg. L. III. t. 34. c. 4. — « De peregrinationis » « De voto peregrinationis. »

CLXXXVI. Episcopo Exoniensi scribit de parochialibus ecclesiis reficiendis. Mansi XXII. 380, Augustini Tarr. Opp. IV. 217, Decr. Greg. L. III. t. 48. c. 4. — « De his, qui parochiales » « De iis autem, qui. »

CLXXXVII. Episcopo Exoniensi de lite inter P. et R. scribit. Mansi XXII. 388, (Bœhmeri Corp. II. app. 334, Augustini Tarr. Opp. IV. 264, Decr. Greg. L. IV. t. 17. c. 6). — « Meminimus, nos fraternitati » (« Tanta est vis »).

CLXXXVIII. Episcopo Exoniensi scribit de controversia W. clerici de Cœlestin. et G. de Cal. Augustini Tarr. Opp. IV. 366, Decr. Greg. L. I. t. 43. c. 3. — « Pervenit ad nos, quod. »

CLXXXIX. Episcopo Exoniensi (al. archiepiscopo Cantuariensi) respondet de iis, qui « excommunicati sedem apostolicam visitent, et reticentes causas, pro quibus sint vinculo excommunicationis adstricti, de absolutione sua litteras deferant. » Mansi XXII. 384, Bœhmeri Corp. jur. can. II. app. 264, Augustini Tarr. Opp. IV. 58, Decr. Greg. L. I. t. 31. c. 5. — « Ex parte tua nobis. »

CXC. Episcopo Exoniensi (al. Dunelmensi, Veronensi) de appellationibus scribit. Mansi XXII. 346, Bœhmeri Corp. II. app. 290, Augustini Tarr. Opp. IV. 127. — « Appellationi autem. »

CXCI. Episcopo Exoniensi (al. Lexoviensi) scribit, « si quis rei litigiosæ confirmationem impetraverit apostolicæ sedis, non minus judicem posse de causa cognoscere et eam fine debito terminare. » Mansi XXII. 409, Bœhmeri Corp. II. app. 297, Augustini Tarr. Opp. IV. 138, Decr. Greg. L. II. t. 30. c. 1. — « Si quis rei litigiosæ. »

CXCII. Episcopo Exoniensi (al. Senonensi) respondet, « si scolares vel clerici infra puberes annos sese invicem aut unus alium percusserit, eos non esse ad apostolicam sedem mittendos. » Addit de monachis canonicis regularibus, ostiariis, officialibus. Mansi XXII. 334, 335, Bœhmeri Corp. jur. can. II. app. 213, Augustini Tarr. Opp. IV. 341, 342, Decr. Greg. L. V. t. 39. c. 1, 2, 3, 4. — « Super eo vero, quod » « Monachi vero et » « Si vero aliquis » « Si vero alicujus » « Officialis pro. »

CXCIII. Episcopo Exonexant (Exoniensi ?) mandat, permittat A., parochiano suo, ut cum uxore adultera et venefica divortium faciat. Baluzii Misc. III. 580, Mansi XXI. 1017. — « Litteris tuæ. »

CXCIV. Exoniensi et Wigorniensi episcopis scribit de clerico, qui « de dono militis ecclesiam vendicet. » Mansi XXII. 416. — « Si vobis constiterit. »

CXCV. Exoniensi et Wigorniensi episcopis mandat, « priorem et monachos de Acra moneant, ut A Petro clerico ac fratri ejus decens et competens beneficium conferant et assignent. » Mansi XXII. 375, Bœhmeri Corp. jur. can. II. app. 206, Augustini Tarr. Opp. IV. 63, Decr. Greg. L. I. t. 35, c. 4. — « Cum pridem Simon. » « Cum jampridem. »

CXCVI. Exoniensi et Wigorniensi episcopis mandat, ut testes a Radul. clerico nominatos ad perhibendum testimonium compellant. Augustini Tarr. Opp. IV. 106, Bœhmeri Corp. II. app. 284, Mansi XXI. 1085, XXII. 309. — « Testes, quos. »

CXCVII. Exoniensi et Wigorniensi episcopis scribit de personis idoneis et discretis mittendis ad testes « valetudinarios, et senio vel debilitate confectos aut paupertate deprehensos. » Bœhmeri Corp. II. app. 285, Augustini Tarr. Opp. IV. 104, Decr. Greg. L. II. t. 20, c. 8. — « Si qui testium. »

CXCVIII. Exoniensi et Wigorniensi episcopis de clericorum quorumdam causa scribit. Mansi XXII. 309, Bœhmeri Corp. II. 282, Augustini Tarr. Opp. IV. 103. — « Ad hæc, quia » « Ad hoc, quod. »

CXCIX. Exoniensi et Wigorniensi (al. Ryomensi et Wintoniensi) episcopis mandat, ut homines de Hortun (al. Ortana) ad solvendas decumas impellant. Mansi XXII. 282, Bœhmeri Corp. jur. can. II. app. 249, Augustini Tarr. Opp. IV. 184, Decr. Greg. L. III. t. 30. c. 7. — « Cum homines de. »

CC. Episcopo Exoniensi et abbati S. Albani scribit de lite inter R. et W. Mansi XXII. 308, Bœhmeri Corp. II. app. 281, Augustini Tarr. Opp. IV. 101, Decr. Greg. L. II. t. 20. c. 18. — « Innotuit nobis R. » « Intimavit nobis R. »

CCI. Episcopo Exoniensi et decano Cicestrensi scribit de lite R. presbyteri de Curket et W. clerici de Cicestro. Mansi XXII. 319. — « Ad audientiam nostram. »

CCII. Episcopo Exoniensi et abbati Forden. scribit de causa nobilium virorum F. et R. de Ardenna. Augustini Tarr. Opp. IV. 262, Decr. Greg. L. I. t. 29. c. 17, L. II. t. 14. c. 3, L. IV. t. 17. c. 4. — « Causam, quæ inter. »

CCIII. Episcopo Exoniensi et abbati de Reforden. scribit de causa canonicorum S. Trinitatis de Barlen. Augustini Tarr. Opp. IV. 370, Decr. Greg. L. II. t. 15. c. 9. — « Cum venisset ad nos. »

CCIV. Episcopo Exoniensi et decano Lincolniensi mandat, ut priorem de Gisebuir. a R(ogero), archiepiscopo Eboracensi, apostolicæ sedis legato, excommunicatum in integrum restituant. Mansi XXII. 512, Augustini Tarr. Opp. IV. 121, Bœhmeri Corp. II. app. 286, Decr. Greg. L. II. t. 1. c. 6, t. 28. c. 1. — « Dilecti filii nostri. »

CCV. Episcopo Firmano de nobilis cujusdam matrimonio respondet. Augustini Tarr. Opp. IV. 373, Decr. Greg. L. II. t. 20. c. 24. — « In litteris. »

CCVI. Episcopo Florentino mandat, ut « si quando Lau. plebanus S. Pancratii de Lucrum in clericos vel laicos suos parochianos interdicti vel excommunicationis sententiam rationabiliter tulerit, ipsam faciat observari. » Augustini Tarr. Opp. IV. 57, Mansi XX. 587, Bœhmeri Corp. jur. can. II. app. 263, Decr. Greg. L. I. t. 31. c. 3. — « Cum ab ecclesiarum. »

CCVII. Abbati de Fontibus et M. vicario (al. magistro Vacario) scribit de W., fratre O. Andegavensis, parochiani Eboracensis ecclesiæ, quem «W. de Romare capiens tamdiu in vinculis ferreis et carcere tenuerit, donec ipsum jurare coegerit, quod H. mulierem duceret in uxorem. » Mansi XXII. 290, Bœhmeri Corp. II. app. 317, Augustini Tarr. Opp. IV. 246, Decr. Greg. L. IV. t. 7. c. 2. — « Significavit nobis O. »

CCVIII. Albertum, episcopum Frisingensem, gaudet ad sese venturum esse. Meichelbeck Hist. Fris I. I. 362, Pez Thes. anecd. VI. I. 393. — « Antiqua familiaritas. »

CCIX. Abbati S. Genovefæ respondet de plectendo acolyto, qui rebaptizando fratri suo interfuerit. Mansi XXII, 567, Bœhmeri Corp. jur. can. II. app. 218, Augustini Tarr. Opp. IV. 300, Decr. Greg. L. V. t. 9. c. 2. — «Ex litterarum tuarum» «Ex tuarum litterarum.»

CCX. Priori et canonicis de Giseleburn adjudicat ecclesiam de Levintri, affectatam a G. præposito ecclesiæ Beverlacensis. Mansi XXII. 280, Bœhmeri Corp. II. app. 278, Augustini Tarr. Opp. IV. 93, Decr. Greg. L. II. t. 45. c. 1. — « Constitutis in præsentia. »

CCXI. Quibusdam scribit de lite canonicorum de Giseleburn et de Thurin. Mansi XXII. 280, Bœhmeri Corp. II. app. 279, Augustini Tarr. Opp. IV. 94. — « Causam, quæ inter. »

CCXII. Patriarchæ Gradensi scribit, ut misericordia utatur in V. presbyterum, qui « ad pravitatum (al. privatum) locum, immundum spiritum invocaturus, accesserit. » Mansi XXII. 428, Bœhmeri Corp. jur. can. II. app. 220. Augustini Tarr. Opp. IV. 318, Decr. Greg. L. V. t. 21, c. 2. —«Ex tuarum litterarum» «Ex tuarum tenore.»

CCXIII. Episcopo Herefordensi respondet de « laico uxorato, qui de licentia et permissione uxoris suæ est ingressus monasterium, uxore manente in sæculari habitu. » Mansi XXII. 283, Bœhmeri Corp. II. app. 311, Augustini Tarr. Opp. IV. 196, Decr. Greg. L. III. t. 52. c. 1. — « Præterea utrum laicus » « Præterea sciscitaris. »

CCXIV. Episcopo Herefordensi respondet de A., qui « quamdam puellam in cunabilis desponsavit, procedente vero tempore matrem puellæ in uxorem accepit. » Augustini Tarr. Opp. IV. 232, Mansi XXII. 324, Bœhmeri Corp. II. app. 328, Decr. Greg. L. IV. t. 2. c. 4.—«Litteras fraternitatis tuæ» «Fraternitatis tuæ litteras » « Litteras tuæ. »

» CCXV. Episcopo Herefordensi scribit, ut « clericos inferiorum ordinum, qui in conjugio constituti, ecclesiastica beneficia ex concessione prædecessorum suorum habuerint, quia ibi natio et barbarica gens et multitudo sit in causa, sub dissimulatione sustineat,» Mansi XXII. 349, Augustini Tarr. Opp. IV. 145, Bœhmeri Corp. II. app. 335, Decr. Greg. L. III. t. 3. c. 2, — «Sane de clericis. »

CCXVI. Episcopo Herefordensi scribit, « in dedicationibus ecclesiarum extra jejunia quatuor temporum clericos ad sacros ordines non esse promovendos. » Addit, « licitum esse, in dominicis diebus et aliis festivis diebus unum aut duos ad minores ordines promovere. » Mansi XXII. 372, Bœhmeri Corp. jur. can. II. app. 240, Augustini Tarr. Opp. IV. 29, Decr. Greg. L. I. t. 11. c. 2. et 3.—«Sane super eo» «De hoc autem, quod » « De eo autem, quod.»

CCXVII. Episcopo Herefordensi scribit, « in ecclesiasticis personis et negotiis rigorem et districtionem juris non esse requirendum.» Mansi XXII, 279, Bœhmeri Corp. II. app. 277, Augustini Tarr. Opp. IV. 76, Decr. Greg. L. II. t. 14. c. 1. — « Ad hæc cum contingat. »

CCXVIII. Episcopo Herefordensi respondet, « si litteræ suæ ad eum directæ formam expressam habuerint, et cognoverit, eas per suggestionem aut suppressionem veritatis cum tali forma impetratas fuisse, tunc non secundum formam in eis expressam, sed secundum rigorem justitiæ procedat. » Mansi XXII. 301, Bœhmeri Corp. jur. can. II. 268, Augustini Tarr. Opp. IV. 51.—«Intelleximus ex.»

CCXIX. Episcopo Herefordensi commendat Wal., cui ecclesiam concedat. Bœhmeri Corp. jur. can. II. app. 260, Augustini Tarr. Opp. IV. 24 (Mansi XXI. 1083). — «Dignum est et.»

CCXX. Episcopo Herefordensi (al. Eliensi) respondet de sacerdotibus ante professionem « ad priorem statum reversis.» Mansi XXII. 358, Bœhmeri Corp. jur. can. II. app. 234, Augustini Tarr. Opp. IV. 195, Decr. Greg. L. III. t. 31. c. 9. — « Super eo, quod quæsitum. »

CCXXI. Episcopo Herefordensi (al. Wigorniensi) respondet, « qui habitum religionis susceperint, si postmodum duxerint uxores, eos cogendos esse illas dimittere et ad ecclesiam redire. » Mansi XXII. 288, 358, Bœhmeri Corp. jur. can. II. app. 255, Augustini Tarr. Opp. IV. 244, Decr. Greg. L. II. t 28. c. 9, L. IV. t. 6. c. 3.—«Meminimus nos ex» «Meminimus ex parte.»

CCXXII. Episcopo Herefordensi et abbati de Evesham mandat, ut G. clerico ecclesiam B. Mariæ ante portas Gloucestri restitui jubeant. Mansi XXII. 416, (Augustini Tarr. Opp. IV. 386). — « Ad aures nostras. »

CCXXIII. Episcopo Herefordensi et abbati de Forde mandat, ut ecclesiam quandam Will. de Leicester adjudicent. Augustini Tarr. Opp. IV. 206, Bœhmeri, Corp. II. app. 299, Decr. Greg. L. III. t. 58. c. 7, (Mansi XXII. 337). — « Ex litteris. »

CCXXIV. Episcopo Herefordensi et abbati de Forde mandat judicent inter Adamum clericum et H. militem. Augustini Tarr. Opp. IV. 103, Bœhmeri Corp. II. app. 282, Mansi XXII. 310, Decr. Greg. L. II. t. 20. c. 7. — « Ex parte Adæ. »

CCXXV. Episcopo Herefordensi et abbati de Forde (al. episcopo Exoniensi) de advocationibus ecclesiarum scribit. Mansi XXII. 336, Bœhmeri Corp. II. app. 299, Augustini Tarr. Opp. IV. 206, Decr. Greg. L. III. t. 58. c. 6. — « Quia clerici quidam. »

CCXXVI. Archidiacono Herefordensi interdicit, ne a clericis « pro ministerio ecclesiastico exercendo, sive pro vicariis assignandis, seu pro chrismate exigat pecuniam. » Augustini Tarr. Opp. IV, 410, Mansi XXI. 1099, Decr. Greg. L. V. t. 3. c. 21. — « Ad nostram noveris. »

CCXXVII. Episcopo Hermonien. (?) scribit de Aide filio decem annos nato, quo sagittante cum aliis pueris « quidam nepos ejusdem Aide sagitta percussus interierit. » Augustini Tarr. Opp. IV. 520, Decr. Greg. L. V. t. 23. c. 2. — « Deferente nobis Aide » « Referente nobis II. »

CCXXVIII. Hipponensi et Salernitano episcopis (al. episcopo Spalensi) scribit de clericis qui matrimonia contraxerint. Mansi XXII. 349, Bœhmeri Corp. II. app. 338, Augustini Tarr. Op. IV. 244.— « Super eo, quod asseris » « Super eo vero, quod. »

CCXXIX. Hospitalariis et Templariis interdicit, « ne cum jus patronatus in ecclesiis parochialibus acquisierint, eis presbyteros nisi per episcopum instituant. » Augustini Tarr. Opp. IV. 209, Bœhmeri Corp. II. ap. 301, (Mansi XXII. 359, Decr. Greg. L. III. t. 58. c. 13). — « Cum sæculum. »

CCXXX. Archiepiscopos et episcopos hortatur, ut privilegia Hospitalariorum servent. Mansi XXII. 408, Bœhmeri Corp. jur. can. II. app. 229, Augustini Tarr. Opp. IV. 330, Decr. Greg. L. V. t. 33. c. 4. — « Dilecti filii nostri. »

CCXXXI. Fratres Hospitalis Hierosolymitani hortatur, ne in episcopatu Herefordensi privilegia sua migrent. Mansi XXII. 408, Bœhmeri Corp. jur. can. II. app. 230, Augustini Tarr. Opp. IV. 331.— « Pervenit ad nos ex. »

CCXXXII. Archiepiscopo Januensi mandat videat ne ii, « qui piper seu cinnamum aut alias merces comparent, quæ ultra quinque libras non valeant, promittant per publicum instrumentum, se eis, a quibus merces istas acceperint, sex libras statuto tempore soluturos. » Mansi XXII. 343, Bœhmeri Corp. jur. can. II. app. 217, Augustini Tarr. Opp. IV. 315, Decr. Greg. L. V. t. 19, c. 6.— « In civitate tua. »

CCXXXIII. Episcopo Januensi scribit, ne « uni personæ locum in pluribus ecclesiis concedat, neu in episcopatu suo inducat consuetudinem Gallicanæ Ecclesiæ, quae unum ad plura recipiat beneficia. » Augustini Tarr. Opp. IV. 384, Decr. Greg. L. III. t. 5. c. 15. — « Cum non ignores. »

CCXXXIV. — Episcopo Januensi respondet de

B. canonico S. Mariæ de vineis, qui « in quemdam subdiaconum manus injecerit violentas. » Augustini Tarr. Opp. IV. 345, Decr. Greg. L. V. t. 39 c. 10.— « Ex tenore litterarum. »

CCXXXV. Episcopo Januensi de appellationibus respondet. Augustini Tarr. Opp. IV. 379, Decr. Greg. L. II. t. 28 c. 30. — « Ad hæc sicut. »

CCXXXVI. Episcopo Januensi respondet « de his, qui desponsant mulieres et, antequam eas ducant, vel cognoscant, accipiunt alias in uxores » cæt. Mansi XXII. 443, 444, Bœhmeri Corp. II. 326, Augustini Tarr. Opp. IV. 240, 227, 256, Decr. « Greg. L. II. t. 23. c. 11, l. iv. t. 2. c. 9, t. 4. c. 4. — « Tua fraternitas » « Illud quoque nihilominus » quoque nihilominus » De illis autem, qui. »

CCXXXVII. Episcopo Januensi respondet de « parochianis ad purgationem cogendis. » Mansi XXII. 320, Augustini Tarr. Opp. IV. 57, 77, 335, Bœhmeri Corp. II. app. 264, 292, Decr. Greg. L. V. t. 34. c. 6. — « Cum inter alios » « Nos inter alios » « Ideo inter alios » « Ex parte tua nobis » « Utrum vero »(« Nos in eminenti »).

CCXXXVIII. Episcopo Januensi scribit, laicum, a clerico, « de rebus suis vel ecclesiæ impetitum, super hoc ad forense judicium trahendum esse. » Bœhmeri Corp. II. app 277, Augustini Tarr. Opp. IV. 83, Decr. Greg. L. II, t. 2. c. 5.—« Si presbyter vel » « Si vero presbyter. »

CCXXXIX. Episcopo Januensi (al. Bononiensi) de extorquendo testimonio respondet. Augustini Tarr. Opp. IV. 106, Bœhmeri Corp. II. app. 284, Mansi XXII. 306, Decr. Greg. L. II. t. 21. c. 3. — « Super eo vero, quod » Super eo, quod certificari. »

CCXL. Cuidam mandat, cogat priorem de Insula, ut canonicorum Eburgensium parochianum, quem in ecclesia sua sepelierit, iis restituat. Augustini Tarr. Opp. IV. 589, Decr. Greg. L. III. t. 28. c. 5. — « Ex parte. canonicorum. »

CCXLI. G. priori et fratribus S. Joannis juxta disciplinam b. m. Electi viventibus scribit , ne « uxoratus sine licentia propriæ uxoris inter eos recipiatur. » Mansi XXII. 285, Bœhmeri Corp. II. app. 313, Augustini Tarr. Opp. IV. 199, Decr. Greg. L. III. t. 32. c. 8. — « Uxoratus. »

CCXLII. G. prioris et fratrum juxta disciplinam b. m...... clerici viventium (al. Cruciatorum) regulam constituit. Mansi XXII. 374, Bœhmeri Corp. jur. can. II. app. 232. Augustini Tarr. Opp. IV. 193.— « Ad petitionem vestram. »

CCXLIII. Judæis « protectionis suæ clipeum indulget. » Statuit 1) « ut nullus Christianus invitos et nolentes eos ad baptismum venire compellat »; 2) « nullus Christianus eorum quemlibet sine judicio potestatis terrenæ vel vulnerare vel occidere vel eis suas pecunias auferre præsumat, aut bonas, quas hactenus in ea, quam prius habitabant, regione habuerunt, consuetudines immutare, præsertim in festivitatum suarum celebratione quisquam fustibus vel lapidibus eos nullatenus perturbet » cæt. 3) « ut nemo Judæorum cœmeterium mutilare aut invadere audeat. » (Hoc decretum Clementi III. quoque ascribitur). Bœhmeri Corp. II. app. 305, Mansi XXII. 355, Augustini Tarr. Opp. IV. 412.— « Sicut Judæis. »

CCXLIV. Quosdam hortatur, 1) ut, « si inter eos et quoscumque Christianos causa emerserit, ne pro illius provocatione ad sæcularem curiam aut judicem unum attendere præsumant, et in qualibet causa Christiani, vel maxime clerici, nonnisi testimonium duorum vel trium virorum, qui sint probatæ vitæ et fidelis conversationis non admittant; » 2) « ut omnibus Christianis interdicatur, ne Judæorum servitio assidue pro aliqua mercede se exponant, quin et obstetricibus et mulieribus eorum prohibere curent, ne infantes Judæorum in domibus eorum nutrire præsumant; » ut « parochianis usuram accipere omnibus modis inhibeant. » Baluzii

A Misc. III. 379, Augustini Tarr. Opp. IV. 367, 412, 316, Bœhmeri Corp. II. app. 306, Decr. Greg. L. II. t. 20. c. 23. L. V. t. 6. c. 8, t. 19. c. 7, Mansi XXI. 1105, XXII. 356. — « Licet universis. » « Ad hoc præsentium » « Præterea parochianis. »

CCXLV. Episcopo cuidam scribit, edicat, « ut Judæi ostia vel fenestras in die parasceve apertas non habeant, sed eas per totum diem claudant; mancipia quoque Christiana nulla cum eis habitare permittat. » Augustini Tarr. Opp. IV. 290, Decr. Greg. L. V. t. 6. c. 4. — « Quia super iis. »

CCXLVI. Episcopo cuidam mandat, ut Judæos, qui parochias ecclesiarum emptionis sive conductionis aut etiam pignoris titulo detineant occupatas, ad eas dimittendas , requisito prius et habito consensu Henrici, illustris Anglorum regis, arctius compellat, prohibens omnibus fidelibus sub interminatione anathematis, ne quis Judæis hominia vel fidelitates facere audeat, ac ne quis Christianorum alicujus Judæi mancipium efficiatur. »
B Mansi XXII. 357, Bœhmeri Corp. II. app. 306, 307. — « Non sine multa » « Ad hæc cum sacris. »

CCXLVII. Monachis S. Mariæ de Laurentio præcipit, ut ecclesiæ de Colingham decumas persolvant. Gilberti Foliot epist. ed. Giles II. 108, (Mansi XXII. 331. Bœhmeri Corp. jur. can. II. app. 254, Augustini Tarr. Opp. IV. 190.) — « Audivimus, quod decimas » « Sicut vobis jura. »

CCXLVIII. Abbati et fratribus S. Laurentii præcipit, ut G. clerico terram quamdam restituant. Augustini Tarr. Opp. IV. 316, Decr. Greg. L. V. t. 19. c. 8. — « Conquestus est nobis. »

CCXLIX. Cuidam scribit de I. priore S. Laurentii et simoniæ et adulterii accusato. Augustini Tarr. Opp. IV. 375, Decr. Greg. L. II. t. 21 c. 4. — « Pervenit ad audientiam. »

CCL. Episcopo Lexoviensi (al. Brixiensi) de judicibus delegatis ac de « violenta ejectione » respondet. Mansi XXII. 302, 361, Bœhmeri Corp. II. app.
C 269, 277, Augustini Tarr. Opp. IV. 51, 89, Decr. Greg. L. I. t. 29. c. 9, L. II. t. 13. c. 5 et 6. — « In litteris, quas » « in litteris tuis » « Super illa quæstione » « Item cum aliquis » « Item cum quis » « Cum quis dicit. »

CCLI. Episcopo Lexoviensi (al. Exoniensi) scribit de iis, qui sint ad personatum parochialis ecclesiæ admittendi. Mansi XXII. 366, Bœhmeri Corp. jur. can. II. app. 242, Augustini Tarr. Opp. IV. 52, Decr. Greg. L. I. t. 14. c. 5.—« Præterea licet ad. »

CCLII. Episcopo Lincolniensi scribit « de rectoribus ecclesiarum lepræ macula infectis. » Mansi XXII. 395, Augustini Tarr. Opp. IV. 154. — « Super eo vero, quod » « De rectoribus. »

CCLIII. G. archidiacono Lincolniensi præcipit, ut R. presbyterum « in sacerdotio genitum, cujus pater in eadem ecclesia de Bileberi ministraverit, » removeat. Gilberti Foliot epist. ed. Giles II. 85, (Mansi XXII. 353, Bœhmeri Corp. jur. can. II. app.
D 245, Augustini Tarr. Opp. IV, 35, Decr. Greg, L. I. t. 17. c. 2.) — « Ad præsentiam nostram. »

CCLIV. Decano et canonicis Lincolniensibus (al. Lemovicensibus) scribit, se Herberto subdiacono, ut assumeret uxorem, concessisse. Mansi XXII. 352, XXI. 1092, Bœhmeri Corp. II. app. 337, Augustini Tarr. Opp. IV. 244. — « Cum institisset » « Cum adstitisset. »

CCLV. Decano Lincolniensi et abbati de Rivaus mandat, ut si « P. clericus nullo metu vel vi coactus sed spontanee ecclesiam abrenuntiaverit, ei super hoc perpetuum silentium imponant. » Bœhmeri Corp. II. app. 275, Mansi XXII. 359, 404, Augustini Tarr. Opp. IV. 87, Decr. Greg. L. II. t. 13. c. 3. — « Accepta conquestione.

CCLVI. Episcopo cuidam scribit de jure patronatus ecclesiarum quarumdam in Lincolniensi et Sarisberiensi diœcesibus sitarum. Augustini Tarr. Opp. IV. 209, Bœhmeri Corp. II. app. 302, Decr.

Greg. L. III. t. 38. c. 14, (Mansi XXII. 340). — « Ex insinuatione. »

CCLVII. Episcopo Lingonensi scribit de controversia R. presbyteri et G. Augustini Tarr. Opp. IV. 384, Decr. Greg. L. III. t. 4. c. 6. — « Conquerente nobis R. »

CCLVIII. G. Livonensi (al. F. Lenovensi, Linconen: An Lincolniensi?) episcopo scribit, de P., qui « furtive diaconatus ordinem susceperat. » Mansi XXII. 368, Bœhmeri Corp. jur. can. II. app. 223, Augustini Tarr. Opp. IV. 324, Decr. Greg. L. V. t. 30. c. 1. — « Veniens ad nos P. » « Veniens præsentium lator » « Lator præsentium nobis. »

CCLIX. Episcopo Londinensi concedit, « si pro debilitate vel aliqua gravi necessitate tractandis causis, quæ ei ab apostolica sede committantur, interesse non potuerit, ut discretis et idoneis personis vices suas committat. » Mansi XXII. 299. Bœhmeri Corp. jur. can. II. app. 265, Augustini Tarr. Opp. IV. 49, Decr. Greg. L. I. t. 29. c. 3. — « Si pro debilitate. »

CCLX. Episcopo Londinensi de appellatione ad sedem apostolicam respondet. Augustini Tarr. Opp. IV. 48, Bœhmeri Corp. jur. can. II. app. 265, (Mansi XXII. 298). — « Cum tibi sit de. »

CCLXI. Episcopo Londinensi concedit, ut institutiones ab archidiaconis eo inconsulto factas rescindat. Mansi XXII. 364, Bœhmeri Corp. jur. can. II. app. 228, Augustini Tarr. Opp. IV. 155. — « Ad aures nostras. »

CCLXII. Episcopo Londinensi scribit de clericis « fornicarias detinentibus. » Mansi XXII. 350, Bœhmeri Corp. II. app. 336, Augustini Tarr. Opp. IV. 143, Decr. Greg. L. III. t. 2. c. 6. — « Si autem clerici. »

CCLXIII. Episcopo Londinensi mandat, ut Stephanum, « si contra compositionem, interpositione fidei firmatam, venerit, ab ecclesia non differat spoliare. » Mansi XXII. 348, XXI. 1085, Bœhmeri Corp. jur. can. II. app. 239, Augustini Tarr. Opp. IV. 113. — « Si Stephanum. »

CCLXIV. Episcopo Londinensi scribit, ne uni plura beneficia ecclesiastica tribuat. Mansi XXII. 382, Bœhmeri Corp. jur. can. II. 243, Augustini Tarr. Opp. IV. 150, Decr. Greg. L. III. t. 5. c. 6. — « Cum teneamur ex. »

CCLXV. Episcopo Londinensi mandat, ut W. presbytero ecclesiam de Novoburgo restituat. Mansi XXII. 353, Bœhmeri Corp. jur. can. II. app. 246, Augustini Tarr. Opp. IV. 34, Decr. Greg. L. I. t. 17. c. 5. — « Veniens ad præsentiam. »

CCLXVI. Episcopo Londinensi concedit, ut « si ordinatio alicujus ecclesiæ ad ejus institutionem spectet, et pro controversiis laicorum de jure patronatus differatur, in eadem ecclesia personam idoneam constituat. » Augustini Tarr. Opp. IV. 209, Bœhmeri Corp. II. app. 301, (Mansi XXII. 339, Decr. Greg. L. III. t. 38. c. 12). — « Si vero aliquando » « Si vero ordinatio. »

CCLXVII. Episcopo Londinensi mandat, ut monachorum de Nestun disciplinam corrigat. Mansi XXII. 375, Augustini Tarr. Opp. IV. 222, Decr. Greg. L. III. t. 50. c. 7. — « Relatum est auribus. »

CCLXVIII. Episcopo Londinensi mandat, cogat monachos de Wardone (al. Warsiniæ) ut terram quamdam T. Eschalero et matri ejus restituant. Mansi XXII. 346, Bœhmeri Corp. jur. can. II. app. 217, Augustini Tarr. Opp. IV. 315. — « Ex transmissa conquestione. »

CCLXIX. Londinensi et Wigorniensi episcopis mandat, inducant Hospitalarios de A., ut decumas quasdam ecclesiæ magistri N. (al. Hen.) persolvant. Augustini Tarr. Opp. IV. 190, Bœhmeri Corp II. app. 255. — « Deferente magistro » « Referente magistro, »

.CCLXX. Londinensi et Wigorniensi episcopis mandat, judicent inter R. canonicum Lincolnien- sem et W. Salvagium. Mansi XXII. 347, Bœhmeri Corp. jur. can. II. app. 239, Augustini Tarr. Opp. IV. 113, Decr. Greg. L. II. t. 24. c. 10. — « Querelam R. »

CCLXXI. Londinensi et Wigorniensi episcopis mandat de disceptanda causa R. et F., « H(enrico) regi Anglorum possessionum judicium relinquens. » Mansi XXII. 389, Augustini Tarr. Opp. IV. 264, Decr. Greg. L. IV. t. 17. c. 7. — « Causam, quæ inter. »

CCLXXII. Priori et fratribus S Trinitatis Londinensis (al. Lundon., al. Lorido) concedit, « ut liceat iis in causis ecclesiæ suæ testimonium ferre. » Mansi XXII. 309. Augustini Tarr. Opp. IV. 103. Bœhmeri Corp. II. app. 282, Decr. Greg. L. II. t. 20. c. 16. — « Insuper etiam auctoritate. »

CCLXXIII. Abbati et fratribus de Lorengio (al. Dolon.) suadet, ut cum abbate et fratribus de Ursitum (al. Nisyon) « super decimis, unde inter eos sit controversia, pacifice conveniant. » Mansi XXII. 328, Bœhmeri Corp. jur. can. II. app. 251, Augustini Tarr. Opp. IV. 185, Decr. Greg. L. III. t. 30. c. 9.— « Suggestum est nobis. »

CCLXXIV. Episcopo Lucensi respondet, « propinquos illius, quem pro manifestis excessibus, videlicet homicidio, incendio, violenta manuum injectione in clericos, violatione ecclesiarum et incestu, vinculo excommunicationis astrinxerit, monendos esse, ut satisfactionem exhibeant; quod si fecerint, illum in cœmeterio posse sepeliri. » Mansi XXII. 591, 447, Bœhmeri Corp. jur. can. II. app. 215, Augustini Tarr. Opp. IV. 315, Aguirre Conc. V. 96. — « De secunda vero. »

CCLXXV. Episcopo Lucensi respondet de vidua, quæ quum « velamen sumpsisset, postmodum anno elapso, cuidam nobili nupserit » cæt. Mansi XXII. 410, Bœhmeri Corp. II. app. 325, Augustini Tarr. Opp. IV. 245, 307, Decr. Greg. L. IV. t. 6. c. 4, L. V. t. 12. c. 11. — « Sane consuluit » Consuluit nos tua » « Consuluit nos dilectio » « De cætero noveris. »

CCLXXVI. Episcopo Lucensi scribit de pœnitentia clerici, qui « in quodam conflictu asserat se fuisse. » Mansi XXII. 369, Bœhmeri Corp. jur. can. II. app. 223, Augustini Tarr. Opp. IV. 324, Decr. Greg. L. V. t. 25. c. 3. — « Præsentium lator in. »

CCLXXVII. Archiepiscopo Lugdunensi (al. Lundensi) significat, se archiepiscopo Senonensi, apostolicæ sedis legato, et episcopo Parisiensi mandasse, ut quemdam ad restituendam pecuniam ei ablatam cogerent. Augustini Tarr. Opp. IV. 163, Bœhmeri Corp. II. app. 305, (Mansi XXII. 441, Decr. Greg. L. III. t. 16. c. 1). — « Gravis illa et. »

CCLXXVIII. Archiepiscopo Lundon. (Lundensi) dissuadet consilium episcopatus abdicandi. Augustini Tarr. Opp. IV. 28, Bœhmeri Corp. jur. can. II. 259, (Decr. Greg. L. I, t. 9. c. 1). — « Litteras tuas nuper. »

CCLXXIX. Annoni et fratribus monasterii de Marmuloso significat, castrum Tiberiæ Joanni et Petro et Leoni, filiis b. m. Cencii Frajapanis, a sese concessum esse. Borgia Ist. di Velletri p. 241. — « Cum ex injuncto. »

CCLXXX. Abbati et fratribus monasterii S. Michalis Marturensis significat, de eorum cum plebano et clericis S. Mariæ controversia quid archipresbytero Volaterrano et abbati de Spongia mandaverit. Addit, Julium episcopum Florentinum « sibi intimasse, quædam capitula privilegio iis nuper indulto esse inserta, quæ obvia rationi videantur; » itaque remitti bullam jubet. Augustini Tarr. Opp. IV. 102, Bœhmeri Corp. II. app. 282, Mansi XXII. 308, Decr. Greg. L. II. t. 20. c. 19. — « Causam, quæ vertitur. »

CCLXXXI. Episcopo Massiliensi respondet, ut

Judæos « de terris, quas colant ad decimas persolvendas, vel ad possessiones penitus renunciandas compellat. » Augustini Tarr. Opp. IV. 192, Decr. Greg. L. III. t. 30. c. 16. — « De terris vero »

CCLXXXII. Episcopo Massiliensi respondet de « hominibus parochiæ unius ecclesiæ, qui terras in alia parochia excolunt. » Augustini Tarr. Opp. IV. 391, Decr. Greg. L. III. t. 30. c. 18, — « Cum sint homines. »

CCLXXXIII. Decano et capitulo Maurianensi præcipit, ut « si contigerit eorum episcopum ante solutionem debitorum, quæ pro utilitate ecclesiæ contraxerit, ex hac luce migrare, de redditibus, qui spectent ad mensam ejus, eadem debita solvant. » Mansi XXII. 331, Decr. Greg. L. III. t. 23. c. 1.— « Ad hoc in. »

CCLXXXIV. Episcopo Mauritiano (an Maurianensi?) respondet, « meliorem esse conditionem possidentis, quam quadragenalem præscriptionem. » Augustini Tarr. Opp. IV. 118, Bœhmeri Corp. II. app. 285. Decr. Greg. L. II. t. 26. c. 6.— «Ad aures nostras te. » .

CCLXXXV. Archiepiscopo Mediolanensi mandat, ne decimas quasdam adimi episcopo Vercellensi patiatur. Augustini Tarr. Opp. IV. 183. — « Querela venerabilis. »

CCLXXXVI. Ecclesiam Meldensen tuendam suscipit, et canonicorum possessiones confirmat (Fragmentum). Du Plessis Hist. de Meaux II. 66. —« Cum nobis sit. »

CCLXXXVII. Episcopo Méldensi significat, priorissam et conventum de Celonantia quæsiisse, num « juvenis quidam, conversus earum, genitalibus destitutus, in presbyterum posset ordinari. » Mandat, cognoscat, utrum « ab hostibus sectus fuerit, » an a medicis, an « ipse sibi manum injecerit; » « priores enim » inquit « admittunt canones, tertium velut homicidam statuunt puniendum. » Baluzii Misc. III. 374, Mansi XXI. 1102. — « Dilectæ in. »

CCLXXXVIII. Priori et præposito Mortariensi mandat, judicent inter conjuges quosdam. Augustini Tarr. Opp. IV. 249, Decr. Greg. L. IV. t. 9. c. 2. — « Proposuit nobis mulier. »

CCLXXXIX. Canonicis Mutinensibus respondet, « sobolem ex secundis nuptiis susceptam consortio cognationis prioris viri in quarto gradu conjungi de jure non posse. » Augustini Tarr. Opp. IV. 235, Mansi XXI, 1092. — « Dilectus filius noster. »

CCXC. Abbatem et fratres de Neubothe hortatur, ut fratribus S. Crucis de prædiis quibusdam decimas persolvant. Gilberti Foliot epist. ed. Giles II. 109, Mansi Decr. Greg. L. III. t. 30. c. 8. — « Dilecti filii nostri. »

CCXCI. Abbati de Neus scribit de excommunicatione quorumdam solvenda. Augustini Tarr. Opp. IV. 344, Mansi XXI. 1094. — « Si forte post. »

CCXCII. Abbati de Nexibus (al. archiepiscopo Eboracensi) interdicit, ne absolvat eos, qui « in monasterio ejus religionis habitum susceperint, et postmodum confiteantur, se tale commisisse delictum, quod ipso actu excommunicationis sententiam incurrerint. » Mansi XXII. 333, Bœhmeri Corp. jur. can. II. app. 211, Augustini Tarr. Opp. IV. 343. — « Consuluit nos tuæ. »

CCXCIII. « Nomenensi episcopo mer » significat, socium ejus voto itineris Hierosolymitani a sese liberatum esse. Bœhmeri Corp. jur. can. II. 258. — « Bene audivimus. »

CCXCIV. Episcopo Norwicensi scribit, ne « clericos in presbyteratu vel in aliis inferioribus ordinibus constitutos, in vicariis ecclesiarum alios substituere permittat« Mansi XXII.318, Bœhmeri Corp. jur. can. II. app. 244, Augustini Tarr. Opp. IV. 48, Decr. Greg. L. I. t. 28. c. 4. — « Clericos autem vel « Clericos in presbyteratu. »

CCXCV. Episcopo Norwicensi scribit contra clericorum de beneficiis collusionem. Mansi XXII. 378, Bœhmeri Corp. can. II. app. 209, Augustini Tarr. Opp. IV. 319, Decr. Greg. L. V. t. 22. c. 3. — « Audivimus, in episcopatu. »

CCXCVI. Episcopo Norwicensi respondet removendos clericos esse, qui juraverint, se « majorem pensionem soluturos nomine beneficii, præter solitam pensionem. » Mansi XXII. 347, (Augustini Tarr. Opp. IV, 375, Decr. Greg. L. II. t. 24. c. 11). — « Tua nos fraternitas » « Quia tua nos. »

CCXCVII. Episcopo Norwicensi scribit hæc : « Si sacerdos sciat, aliquem esse reum alicujus criminis, vel confessus fuerit, et emendare noluerit, nisi ordine judiciario quis probare possit, non debet eum nominatim redarguere » cæt. Mansi XXII. 447, Bœhmeri Corp. jur. can. II. app. 264, Augustini Tarr. Opp. IV. 58, (Decr. Greg. L. I. t. 31. c. 2). — « Si sacerdos sciat. »

CCXCVIII. Episcopo Norwicensi respondet de clericis ab advocato præsentatis. Mansi XXII. 338, Augustini Tarr. Opp. IV. 215. — « Cum advocatus » « Cum autem advocatus. »

CCXCIX. Episcopo Norwicensi de repræsentationibus personarum scribit. Bœhmeri Corp. II. app. 303, Augustini Tarr. Opp. IV. 211, (Mansi XXII. 341). — « Ceterum si episcopi. »

CCC. Episcopo Norwicensi respondet de causis delegatis. Mansi XXII. 300, Bœhmeri Corp. jur. can. II. 268, Augustini Tarr. Opp. IV. 50, Decr. Greg. L. I. t. 29. c. 7 et 8 , L. III t. 38. c. 18. — « Significasti nobis per » « Si quando vero » « Si quando clerici » « Si qui vero. »

CCCI. Episcopo Norwicensi respondet de puella, « infra nubiles annos cuidam viro in uxorem tradita. » Mansi XXII. 288, Bœhmeri Corp. II. app. 316, Augustini Tarr. Opp. IV. 234, Decr. Greg. L. IV. t. 2. c. 6. — « Continebatur in litteris » « Continebatur autem. »

CCCII. Episcopo Norwicensi scribit de lite Huberti et magistri N. Mansi XXII. 414, Augustini Tarr. Opp. IV. 156, Decr. Greg. L. III. t. 10. c. 2. — « Continebatur in litteris. »

CCCIII. Episcopo Norwicensi mandat, ut Hug. presbyterum jubeat vicariam ecclesiæ de Buravelle dimittere. Mansi XXII. 383, Bœhmeri Corp. can. II. app. 244, Augustini Tarr. Opp. IV. 47, Decr. Greg. L. I. t. 28. c. 1. — « Ad audientiam nostram. »

CCCIV. Episcopo Norwicensi et abbati de Evesham scribit de lite inter H. clericum et R. Mansi XXII. 293, (Augustini Tarr. Opp. IV. 120, Decr. Greg. L. II. t. 27. c. 6). — « Scripsimus vobis » « Cum aliquibus. »

CCCV. Episcopo Norwicensi et T. Wi. archidiaconis scribit de matrimonio W. et A. viduæ. Mansi XXII. 289, Bœhmeri Corp. II. app. 317, Augustini Tarr. Opp. IV. 128, Decr. Greg. L. II. t. 27. c. 7. — « Lator præsentium W. »

CCCVI. I. apostolicæ sedis legato scribit « de ecclesiis censualibus episcopatus Novacen. (al. Novariensis). » Augustini Tarr. Opp. IV. 417, Decr. Greg. L. V. t. 33. c. 8. — « Accepimus litteras » « Recepimus litteras. »

CCCVII. Episcopo Oscensi et priori S. Mariæ Cæsaraugustano scribit de M., muliere viri nobilis Ateoreliæ, monacha facta. Augustini Tarr. Opp. IV. 68, Mansi XXII. 431, Decr. Greg. L. I. t. 40. c. 1. — « Relatum est ad » « Relatum est auribus » « Perlatum est ad. »

CCCVIII. Archiepiscopo Panormitano respondet, « non posse in recipienda pecunia ad usuram dispensationem fieri, ut pauperes, qui in Saracenorum captivitate teneantur, per eamdem possint pecuniam liberari. » Mansi XXII. 343, Bœhmeri Corp. jur. can. II. app. 215, Augustini Tarr. Opp. IV. 314, Decr. Greg. L. V. t. 19. c. 4. — « Super eo vero, quod!» « Super eo, quod a. »

CCCIX. Archiepiscopo Panormitano respondet de

iis, « qui præstito juramento promittunt, se aliquas mulieres ducturos, et postea eis incognitis, dimittunt terram, » Augustini Tarr. Opp. IV. 223, Mansi XXII. 289, Bœhmeri Corp. II. app. p. 517, Decr. Greg. L. IV. t. 1. c. 5, t. 5. c. 3. — « De illis autem. »

CCCX. Archiepiscopo Panormitano respondet de puniendis Saracenis, qui pueros rapiunt et iis abuti præsumunt. Addit de eo, qui « uxorem fratris sui cognovit. » Mansi XXII. 445, 446, Bœhmeri Corp. II. app. 531, Augustini Tarr. Opp. IV. 311, 405, Decr. Greg. L. IV. t. 12. c. 3, L. V. t. 17 c. 4. — « in archiepiscopatu » « De illo autem, qui. »

CCCXI. Archiepiscopo Panormitano scribit, ne ecclesias patiatur a clericis « sine authoritate et conscientia sua in manibus advocatorum resignari. » Mansi XXII. 542. — « Insinuatum est auribus. »

CCCXII. Archiepiscopo Panormitano (al. episcopo Vigiliensi) respondet, « clericos sæculares de mobilibus vel immobilibus rebus, quas consideratione ecclesiæ perceperint, nullum posse facere testamentum. » Mansi XXII. 580, Bœhmeri Corp. jur. can. II. app. 256, Augustini Tarr. Opp. IV. 174. Decr. Greg. L. III. t. 26. c. 9.— « Quia nos tua duxit. »

CCCXIII. Consulibus Papiæ interdicit, ne « de decimis vel de ecclesiasticis negotiis se intromittant. » Augustini Tarr. Opp. IV. 77, Mansi XXII. 1084. — « Relatum est auribus. »

CCCXIV. Episcopo Parisiensi scribit, « maritis etiam ex sola suspicione uxores accusare permissum esse. » Augustini Tarr. Opp. IV. 309. — « Maritis etiam. »

CCCXV. Episcopo Parisiensi, et abbati S. Remigii, ac decano Meldensi mandat ut ecclesiam de Alde jubeant R. restitui. Augustini Tarr. Opp. IV. 370. « Conquestus est nobis. »

CCCXVI. Episcopo Parisiensi, et abbati S. Remigii, ac decano Meldensi mandat, ut inter fratres Arcemarenses eorumque abbatem judicium faciant. Bœhmeri Corp. II. app. 275, Augustini Tarr. Opp. IV. 87, Mansi XXII. 359. — « Fratres Arcemarenses. »

CCCXVII. Simoni, archidiacono Parisiensi, interdicit, ne « pro intronizatione abbatis » a fratribus ecclesiæ S. Victoris pecuniam exigat. Duchesne II. Fr. Scr. IV. 569; Martène Coll. VI. 248, Bouquet Rec. XV. 913, Mansi XXI. 973. — « Cum sis vir. »

CCCXVIII. Episcopo Parmensi de matrimonio quodam respondet. Augustini Tarr. Opp. IV. 266, Decr. Greg. L. IV. t. 18. c. 1. — « Relatum nobis est. »

CCCXIX. Episcopo Patavino respondet de excommunicati cujusdam matrimonio. Augustini Tarr. Opp. IV. 79, Decr. Greg. L. II. t. 1. c. 7. — « Intelleximus ex. »

CCCXX. Episcopo Patavino respondet de muliere, quæ « a proprio viri sui fratre se desponsari permiserit. » Augustini Tarr. Opp. IV. 259, Bœhmeri Corp. II. app. 525, Decr. Greg. L. IV. t. 16. c. 1. — « Litteræ, quas. »

CCCXXI. Episcopo Pictaviensi de P. matrimonio respondet. Mansi XXII. 325, Bœhmeri Corp. II. app. 329, Augustini Tarr. Opp. IV. 255, Decr. Greg. L. IV. t. 13. c. 2. — « Veniens ad nos P. »

CCCXXII. Episcopo Pictaviensi mandat, cogat G., ut secundum jusjurandum datum puellam quamdam in matrimonium ducat. Mansi XXII. 294, Bœhmeri Corp. II. app. 321, Augustini Tarr. Opp. IV. 225, Decr. Greg. L. IV. t. 1. c. 10. — « Ex litteris venerabilis. »

CCCXXIII. Archiepiscopo Pisano respondet de eo, qui invita uxore monasterium ingressus sit. Mansi XXII. 283, Bœhmeri Corp. II. app. 510, Augustini Tarr. Opp. IV. 197, Decr. Greg. L. III. t. 32. t. 3. — « Quidam intravit. »

CCCXXIV. Ricardum Gentilem, nobilem virum, ab infestando monasterio Piscariensi dehortatur.

Chron. Casaur. ap. Muratori R. Ital. sacr. II. II. 905. — « Super prudentia. »

CCCXXV. Episcopo Placentino respondet « de usurariorum filiis, qui eis in crimine usurarum defunctis succedunt. » Augustini Tarr. Opp. IV. 316, Decr. Greg. L. V. t. 19. c. 9. — « Tua nos duxit. »

CCCXXVI. Episcopo Placentino respondet de « novis testibus super quæstione judicata. » Mansi XXII. 307, Bœhmeri Corp. II. app. 281, Augustini Tarr. Opp. IV. 101, Decr. Greg. L. II. t. 20. c. 17. — « Ut autem hæc » « Fraternitatis tuæ nos. »

CCCXXVII. Presbyteros Pontii et Asilii jubet quarta feria proximæ hebdomadis ad sese venire, ut in causa episcopi Prænestini et abbatis Sublacensis testimonium dicant. Augustini Tarr. Opp. IV. 105, Bœhmeri Corp. II. app. 283, Mansi XXII. 505, Decr. Greg. L. II. t. 21. c. 2. — « Cum super causa. »

CCCXXVIII. Fratribus ecclesiæ Ramensis præcipit, ut « de terris, quas in decimatione thesaurarii Senonensis (al. Sevensis) propriis manibus non excolant decimas usurpare nullatenus præsumant. » Mansi XXII. 528, Bœhmeri Corp jur. can. II. app. 251, Augustini Tarr. Opp. IV. 186, Decr. Greg. L. III. t. 30. c. 11. — « Licet de benignitate. »

CCCXXIX. Abbati Ramesiensi et archidiacono Eliensi mandat, ut inter monachos Croylandenses et canonicos Lincolnienses judicium faciant. Mansi XXII. 402, Bœhmeri Corp. II. app. 277, Augustini Tarr. Opp. IV. 94, Decr. Greg. L. II. t. 14. c. 2. — « Ex litteris vestris. »

CCCXXX. Archiepiscopo Ravennati mandat, ut discordiam monialium S. Margaretæ componat. Mansi XXII. 400, Bœhmeri Corp. jur. can. II. app. 260, Augustini Tarr. Opp. IV. 23, (Decr. Greg. L. I. t. 6. c. 8). — « Causam, quæ inter. »

CCCXXXI. Archiepiscopo Ravennati respondet de recusationibus ac de causa H. et Balduini nepotis. Augustini Tarr. Opp. IV. 127, Bœhmeri Corp. II. app. 290, Mansi XXII. 316. — « Consuluit nos fraternitas » « Consuluit nos tua. »

CCCXXXII. Archiepiscopo Ravennati (al. Remensi) respondet de appellatione abbatis S. Apollinaris. Augustini Tarr. Opp. IV. 130, 122, (Mansi XXII. 512, Bœhmeri Corp. II. app. 292, 286, Decr. Greg. L. II. t. 28. c. 2. -- « Inter cætera quod » (« Super eo, quod abbas »).

CCCXXXIII. G. archiepiscopum Ravennatem hortatur, ne « de cætero moveatur neque turbetur, si ei durum vel asperum scripserit. » Bœhmeri Corp. II. app. 288, Augustini Tarr. Opp. IV. 14, Decr. Greg. L. I. t. 3. c. 5. — « Si quando tuæ » « Si quando aliqua. »

CCCXXXIV. Archiepiscopo Remensi (al. episcopo Andrensi) respondet de eo, qui « uxori suæ nunquam carnale debitum reddidit vel reddere potuit. » Bœhmeri Corp. II. app. 321, Mansi XXII. 293, Augustini Tarr. Opp IV. 257. — « Super eo vero, quod. »

CCCXXXV. Archiepiscopo Remensi (al. Episcopo Andrensi) respondet de diacono, « qui in sabbato sancto alium diaconum vulneraverit et mulierem uxoris nomine acceperit » cæt. Mansi XXII. 351, 371, Bœhmeri Corp. jur. can. II. app. 226, 337, Augustini Tarr. Opp. IV. 243, 191, Decr. Greg. L. III. t. 30. c. 14, L. IV. t. 6. c. 1. — « De diacono » « Parochianos vero. »

CCCXXXVI. Archiepiscopo Remensi mandat, cogat comitem Clarimontis, ut quod susceperit Hierosolymam eundi votum exsequatur. Augustini Tarr. Opp. IV. 395, Mansi XXI. 1098. — « Ad audientiam nostram. »

CCCXXXVII. Archiepiscopo Remensi mandat, cogat comitem de'Dampetra, ut. I. presbytero ablatas decumas restituat. Mansi XXII. 377. — « Querelam I. presbyteri. »

CCCXXXVIII. Archiepiscopo Remensi significat, controversiam Macularensis (al. Martinensis, Marciensis) et Formolensis (al. Formosolensis) ecclesiarum quomodo dijudicaverit. Augustini Tarr. Opp IV. 118, Bœhmeri Corp. II. 285, Mansi XXII. 396.— « Controversiam, quæ inter. »

CCCXXXIX. F. decano et magistro M. Remensi mandat, cogant monachos S. Vincentii Lugdonen., « ut omnia cujusdam mulieris et filii Randulfi Canis et beneficia, quæ occasione sepulturæ ipsorum receperint, fratribus S. Martini restituant. » Augustini Tarr. Opp. IV. 589, Decr. Greg. L. III. t. 28. c. 6. — « Cum liberum sit. »

CCCXL. Fulconi decano et magistro R. canonico Remensi mandat, judicent inter P. civem Remensem et A. presbyterum, excommunicatione solutum. Baluzii Misc. III. 382, Mansi XXI. 1095, 1108, Augustini Tarr. Opp. IV. 375. — « Cum causam, quæ. »

CCCXLI. Abbati Remestrensi et archidiacono Exoniensi mandat, ut judicent inter V. et R. clericos, de ecclesia quadam litigantes. Mansi XXII. 415 (Augustini Tarr. Opp. IV. 385). — « Veniens ad apostolicæ. »

CCCXLII. (Abbati de Rivesham et decano et archidiacono Lincolniensi) scribit de lite canonicorum de Giseburne et R. clerici. Augustini Tarr. Opp. IV. 211, Bœhmeri Corp. II. app. 303 (Mansi XXII. 342). — « Dilecti filii nostri. »

CCCXLIII. Archiepiscopo Rothomagensi respondet de juvene a Nicolao Sagantino nutrito. Mansi XXII. 307, Bœhmeri Corp. II. app. 333, Augustini Tarr. Opp. IV. 262, Decr. Greg. L. IV. t. 17. c. 5. — « Transmissæ nobis. »

CCCXLIV. Archiepiscopo Rothomagensi et abbati Geomar (al. episcopo Dulmensi) scribit de appellationibus captiosis. Mansi XXII. 421, Bœhmeri Corp. jur. can. II. app. 209, Augustini Tarr. Opp. IV. 70 et 126, Decr. Greg. L. I. t. 42. c. 1. — « Ex quorumdam certa. »

CCCXLV. Archiepiscopo Salernitano, « utrum si inter virum et mulierem legitimus consensus intervenerit de præsenti, carnali copula non secuta, liceat mulieri alii nubere » quærenti, respondet. Mansi XXI. 288, 283, Bœhmeri Corp. II. app. 515, 510, Augustini Tarr. Opp. IV. 258, 197, Decr. Greg. L. IV. t. 4. c. 3, L. III. t. 52. c. 2. — « Licet præter solitum » « Verum post consensum. »

CCCXLVI. Archiepiscopo Salernitano scribit, « ut si qui clerici fratribus Hospitalis cum licentia sui prælati sponte ac gratis per annum vel triennium servire decernunt, nequaquam impediantur. » Mansi XXII. 384. — « Mandamus ut si. »

CCCXLVII. Archiepiscopo Salernitano (al. Salonitano) scribit, « de quarta decimæ et oblationis defunctorum clericum ab impetitione episcopi quadragenaria temporis præscriptione se posse tueri. » Augustini Tarr. Opp. IV. 117, Bœhmeri Corp. II. app. 286, Mansi XXII. 395, Decr. Greg. L. II. t. 26. c. 4. — « De quarta vero. »

CCCXLVIII. Archiepiscopo Salernitano (al. archipresbytero Salonitano) scribit de feneratoribus plectendis. Mansi XXII. 344, Bœhmeri Corp. jur. can. II. app. 216, Augustini Tarr. Opp. IV. 314, Decr. Greg. L. V. t: 19. c. 5. — « Cum tu, sicut. »

CCCXLIX. Archiepiscopo Salernitano (al. Salonitano) scribit, « laicos in accusationem vel testimonium contra clericum in criminalibus non esse admittendos, » cæt. Mansi XXII. 306, Bœhmeri Corp. II. app. 280, Augustini Tarr. Opp. IV. 100, 274, Decr. Greg. L. II. t. 20. c. 14 et 15. — « De cætero laicos » « In causis ecclesiasticis. »

CCCL. Archiepiscopo Salernitano respondet de « clericis coram judice sæculari convictis de crimine, » de duello a clerico sponte oblato, de presbytero Campaniæ qui « in duello partem digiti ami-serit, » de presbytero qui puerum interemerit. Mansi XXII. 367, 568, Bœhmeri Corp. jur. can. II. app. 221, 222, Augustini Tarr. Opp. IV. 40, 78, 308, 305, Decr. Greg. L. I. t. 20. c. 1, L. II. t. 1. c. 4, L. V. t. 12. c. 7, t. 14. c. 1. — « At si clerici » « Et si clerici » « Porro si clericus » « De presbytero » « Presbyterum autem. »

CCCLI. Archiepiscopo Salernitano scribit de clericis, « qui in domibus suis publice detinent concubinas, » Mansi XXII. 348, Bœhmeri Corp. II. app. 334, Augustini Tarr. Opp. IV. 142, Decr. Greg. L. III. t. 2 c. 3. — « Clericos autem in. »

CCCLII. Archiepiscopo Salernitano de compaternitate scribit. Mansi XXII. 387, 388, Bœhmeri Corp. II. app. 332, Augustini Tarr. Opp. IV. 250, 251, Decr. Greg. L. IV. t. 11. c. 1 et 2. — « Utrum autem » « Si vir vel mulier. »

CCCLIII. Archiepiscopo Salzburgensi mandat, ut H. et C. et eorum filios cogat ad restituendum monasterio S. Quirini (Tegernseensi) prædium, in loco Salinarum positum. Pez Thes. anecd. VI. 1. 596. — « Ex questione. »

CCCLIV. Santonensi et Cabilonensi episcopis mandat, cogant R. quondam abbatem Trevorensem (al. Tremensen.) et monachos quosdam, ut quod præstiterint juramentum adimpleant. Mansi XXII. 547, Bœhmeri Corp. jur. can. II. app. 259, Augustini Tarr. Opp. IV. 112, Decr. Greg. L. II. t. 24. c. 9. — « Ex rescripto » « Ex scripto. »

CCCLV. Canonicis, fratribus et monachis in episcopatu Sarensi ecclesias habentibus præcipit, ne ecclesias, « rectoribus decedentibus, auctoritate propria occupent aut etiam clericos in eis ponant. » Mansi XXII. 414. — « Ex transmissa nobis. »

CCCLVI. Sarensi et Exoniensi episcopis scribit de I., sacerdotis filio, removendo. Mansi XXII. 354. — « Suggestum est nobis. »

CCCLVII. Decano et capitulo Sarisberiensi scribit de præbenda Britfordensi Hugoni Buvet tributa a Jocelino episcopo. Theineri disqu. crit. 430 (Mansi XXII. 366). — « Cum Hugo. ».

CCCLVIII. Archiepiscopo Senonensi mandat, ut milites quosdam ab episcopo Trecensi excommunicatos absolvat. Mansi XXII. 412, Augustini Tarr. Opp. IV. 367, Decr. Greg. L. II. t. 2. c. 6. — « Ex transmissa nobis »

CCCLIX. Archiepiscopo Senonensi (al. Eboracensi) de appellationibus respondet. Mansi XXII. 314, 315, Bœhmeri Corp. II. app. 288, 289, Augustini Tarr. Opp. IV. 11, 125, Decr. Greg. L. I. t. 3. c. 1. — « Sicut Romana Ecclesia » « Super eo vero, quod » « Super eo, quod. »

CCCLX. Archiepiscopo Senonensi respondet de judice delegato. Mansi XXII. 300, Bœhmeri Corp. jur. can. II. 266, Augustini Tarr. Opp. IV. 49, Decr. Greg. L. I. t. 29. c. 5. — « Præterea super. »

CCCLXI. Archiepiscopo Senonensi (al. Exenensi) respondet, « non esse tutum quemlibet contra juramentum suum venire, nisi tale sit illud, quod observatum vergat in interitum salutis æternæ. » Mansi XXII. 346, Bœhmeri Corp. jur. can. II. 237, Augustini Tarr. Opp. IV. 111, Decr. Greg. L. II. t. 24. c. 8. — « Si vero aliquis. »

CCCLXII. Archiepiscopo Senonensi scribit, « si qui vir et mulier pari consensu contraxerint matrimonium, et vir, ea cognita, alteram duxerit, eum cogendum esse, secundam dimittere et ad primam redire. » Mansi XXII. 291, Bœhmeri Corp. II. app. 320, Augustini Tarr. Opp. IV. 240. — « Porro si qui. »

CCCLXIII. Archiepiscopo Spalatino (al. Spoletano) de digamis aliisque de rebus respondet. Bœhmeri Corp. jur. can. II. app. 225, Mansi XXI. 1092, (Augustini Tarr. Opp. IV. 41, 254, ubi hæc fragmenta Lucio III tribuuntur). — « Super eo, quod a « Verum super eo » « De simoniace. »

CCCLXIV. Episcopo Spalensi respondet de iis, « qui in sanitate vel infirmitate cum bonis suis ad religiosa loca se transtulerint. » Mansi XXII, 421 (ubi hæc epistola Lucio III. ascribitur), Bœhmeri Corp. jur. can. II. app. 255, Decr. Greg. L. III. t. 28. c. 4. — « De his, qui in. »

CCCLXV. Episcopo Spalensi respondet de eo, qui « quamdam mulierem pollutione illicita cognoverit, et sororem ejus matrimonio postmodum copulaverit. » Bœhmeri Corp. II. app. 330. — « Continebatur in litteris. »

CCCLXVI. Abbati de Stanfort et priori de Esibili mandat, ut inter monachos majoris monasterii et ecclesiam S. Mariæ de Martinon, judicium faciant. Augustini Tarr. Opp. IV. 364, Decr. Greg. L. I. t. 36. c. 8. — « Veniens ad apostolicæ. »

CCCLXVII. Abbati de Stradeford (al. Staforde, Castro-Foro) et priori de Cesebi (al. Helesby, Esebi) mandat, judicent inter W. et A. clericos. Mansi XXII. 376, Bœhmeri Corp. jur. can. II. app. 207, Augustini Tarr. Opp. IV. 66, Decr. Greg. L. I. t. 36. c. 4. — « Constitutus in præsentia » « Constitutus in nostra. »

CCCLXVIII. Strigoniensi et Colocensi archiepiscopis scribit, « conjugatum ad monasterium converti desiderantem non esse suscipiendum, nisi uxor ejus similiter convertatur » cæt. Mansi XXII. 284, Bœhmeri Corp. II. app. 312, Augustini Tarr. Opp. IV. 198, Decr. Greg. L. III. t. 32. c. 5 et 6.— « Conjugatus » « Sane si conjugati. »

CCCLXIX. Episcopo Syracusano scribit de controversia abbatis Cæsarien. monasterii S. Petri et Urbani abbatis monasterii S. Luciæ. Augustini Tarr. Opp. IV. 377. — « Quia indicante abbate. »

CCCLXX. Archiepiscopo Tarraconensi respondet de testibus, « quibus ab adversa parte crimina opponantur. » Mansi XXII. 305, Bœhmeri Corp. II. app. 280, Augustini Tarr. Opp. IV. 100, Decr. Greg. L. II. t. 20. c. 13. — « Super eo quod. »

CCCLXXI. Archiepiscopo Tarraconensi scribit, canonici Pampilunenses quum questi essent, « quod dux (rex?) Navarrorum eos bonis suis spoliasset, » se causam ei commisisse terminandam. « Verum » inquit « quoniam nobis tacuerunt, quod fuit ad sedem apostolicam appellatum, inhibemus, ne in executione negotii aliqua ratione procedas. » Augustini Tarr. Opp. IV. 354, Decr. Greg. L. II. t. 28. c. 35. — « Accepta conquestione. »

CCCLXXII. Archiepiscopo Terdon. (?) de agendis diebus festis respondet. Augustini Tarr. Opp. IV. 369, Decr. Greg. L. II. t. 9. c. 2. — « Quoniam in parte. »

CCCLXXIII. Archiepiscopo Toletano mandat, ut archidiaconum et clericum, qui a Bernardo, quondam episcopo Ceromensi (al. Exoniensi; an Segoviensi?), præmia simoniace acceperint, removeat; regemque et principes, ut pecuniam ab eodem episcopo acceptam ecclesiæ restituant, hortetur. Mansi XXII. 277, Bœhmeri Corp. jur. can. II. app. 199, Augustini Tarr. Opp. IV. 279, Decr. Greg. L. V. t. 3. c. 11, Aguirre Conc. V. 96. — « De hoc, quod rex. »

CCCLXXIV. Archiepiscopo Toletano mandat, ut qui interdicti et excommunicati sacra procuraverint, eos, « si quadraginta solummodo vel pauciores » sint, munere sacerdotali in perpetuum privet; « si vero multitudinem magnam in hoc peccasse cognoverit, eos, quos magis causam esse delicti constiterit, perpetua depositione condemnet, et alios ab officio ad tempus suspendat, et omnibus pœnitentiam injungat. » Mansi XXII. 446, Augustini Tarr. Opp. IV. 323, Decr. Greg. L. V. t. 27. c. 4, Aguirre Conc. V. 96. — « Latores præsentium. »

CCCLXXV. Archiepiscopo Toletano de appellationibus respondet. Mansi XXII. 315, Bœhmeri Corp.

A II. app. 289, Augustini Tarr. Opp. IV. 127, Decr. Greg. L. II. t. 28. c. 14. — « Consuluit nos tua » « Consuluit nos fraternitas. »

CCCLXXVI. Archiepiscopo Toletano et ejus suffraganeis mandat, hortentur « laicos minorum villarum, quæ Aldeæ vocentur, ut ecclesiis, in quibus missas audiant et baptismum et cætera ecclesiastica frequentius sacramenta percipiant, decimas ex integro persolvant. » Augustini Tarr. Opp. IV. 191. — « Vota, quæ ad. »

CCCLXXVII. Episcopo Tolosano (al. Toletano) respondet de clericis, qui « post renunciationem factam a prædecessore ejus ordines susceperint. » Mansi XXII. 370, Bœhmeri Corp. jur. can. II. app. 226, Augustini Tarr. Opp. IV. 30, Decr. Greg. L. I. t. 13. c. 1. — « Requisivit a nobis. »

CCCLXXVIII. Episcopo Tornacensi mandat, interdicat, ne quis « ecclesias suæ diœcesis absque consensu suo intrare audeat, aut detinere, aut se dimittere inconsulto. » Decr. Greg. L. I. t. 9. c. 4. — « Admonet » « Universis personis. »

CCCLXXIX. Episcopo Trecensi (al. Tarraconensi) de decimis respondet. Mansi XXII. 328, Bœhmeri Corp. jur. can. II. app. 251, Augustini Tarr. Opp. IV. 186, Decr. Greg. L. III. t. 30. c. 10. — « Ex parte fraternitatis » « Ex parte tuæ » « Ex parte tua. »

CCCLXXX. Episcopo Cretensi (Trecensi) de militis cujusdam divortio respondet. Mansi XXII. 290, Bœhmeri Corp. II. app. 318, Augustini Tarr. Opp. IV. 268, Decr. Greg. L. IV. t. 19. c. 4. — « Significasti nobis, quod. »

CCCLXXXI. Archiepiscopo Triburiens. (?) et ejus suffraganeis scribit, « quod regio eorum non multum frugibus abundet et mare, in quo populus majorem habere consueverit sustentationem, sterilius solito effectum fuerit, liceat parochianis eorum diebus dominicis et aliis festis, præterquam in majoribus anni solemnitatibus, si allеccia terræ se inclinaverint, eorum captioni congruenter intendere. » Augustini Tarr. Opp. IV. 369, Decr. Greg. L. II. t. 9, c. 3, L. V. t. 38, c. 6. — « Licet tam veteris. »

CCCLXXXII. Abbati et fratribus Trium Fontium respondet de monacho, « qui, cum esset in sæculo, quinque solidos pro ordinatione dederit. » Mansi XXII, 367, Bœhmeri Corp. jur. can. II. app. 219. — « Consuluit nos tua (vestra). »

CCCLXXXIII. Episcopo Tullensi respondet de P., qui « sponsam patris sui carnali commistione corrupit. » Mansi XXII. 324, Bœhmeri Corp. II. app. 329. — « Præsentium lator P. »

CCCLXXXIV. Archiepiscopo Turonensi respondet, « nec spurios nec servos debere ordinari. » Mansi XXII. 371, Bœhmeri Corp. jur. can. II. app. 246, Augustini Tarr. Opp. IV. 39, Decr. Greg. L. I. t. 18. c. 5.— « Consuluit nos tua. »

CCCLXXXV. Episcopo Verulano scribit, ne abbatem S. Nicolai de Ceperano ad recipiendum P. Rubeum cogat. Augustini Tarr. Opp. IV. 29, Decr. Greg. L. I. t. 9. c. 3. — « Ex transmissa relatione. »

CCCLXXXVI. Episcopo Verulano de prohibendis nuptiis quibusdam scribit. Augustini Tarr. Opp. IV. 256. — « Quia nobis significatum. »

CCCLXXXVII. Episcopo Vigiliensi quærenti, « utrum feminæ clausæ, impotentes misceri maribus, matrimonium contrahere et si contraxerint debeat rescindi, » respondet. « Romanam Ecclesiam consuesse in consimilibus judicare, ut quæ non possint haberi tanquam uxores, habeantur tanquam sorores. » Baluzii Misc. III. 376, Mansi XXI. 1104, Bœhmeri Corp. jur. can. II. app. 339 (Decr. Greg. L. IV. t. 15. c. 4). — « Consultationi tuæ. »

CCCLXXXVIII. Episcopo Vigiliensi respondet, cum « nihil pro ecclesiarum consecratione posse vel debere præter procurationem exigere » Mansi

XXII. 275, Bœhmeri Corp. jur. can. II. app. p. 199, Augustini Tarr. Opp. IV. 278, Decr. Greg. L. V. t. 3. c. 10.—« Cum sit sancta » «Cum sit Romana. »

CCCLXXXIX. Episcopo Vigiliensi scribit, « virum vel mulierem, ad bigamiam transeuntem, non debere a presbytero benedici, quia benedictio iterari non debeat. » Mansi XXII. 311, Bœhmeri Corp. II. app. 358, Augustini Tarr. Opp. IV. 270 (Decr. Greg. L. IV. t. 21. c. 3). — « Vir autem. »

CCCXC. Episcopo Vigiliensi scribit, de « puella infra duodecim annos desponsata, » etc. Mansi XXII. 286, 293, Bœhmeri Corp. II. app. 314, 520, Augustini Tarr. Opp. IV. 236, 224, Decr. Greg. L. IV. t. 1. c. 8. — « Si vero puellam » « Si puella infra » « Sponsam autem » « Sponsam alterius. »

CCCXCI. Episcopo Vigiliensi scribit, « debitores ad solvendas usuras cogi non debere, nisi eas juramento solvere teneantur. » Mansi XXII. 344, Bœhmeri Corp. jur. can. II. app. 237, Augustini Tarr. Opp. IV. 110, Decr. Greg. L. II. t. 24. c. 6.—« Debitores autem. »

CCCXCII. Archipresbytero Volaterrano et abbati de Spongia scribit de controversia fratrum monasterii Maturiensis et plebani clericorumque. Mansi XXII. 323, Bœhmeri Corp. jur. can. II. app. 271, Augustini Tarr. Opp. IV. 84, Decr. Greg. L. II. t. 4. c. 1. — « Ex litteris vestris. »

CCCXCIII. Plebano et clericis Maturiensibus scribit de eorum cum monachis lite. Mansi XXII. 323, Bœhmeri Corp. jur. can. II. app. 271, Augustini Tarr. Opp. IV. 85. — « Miramur plurimum. »

CCCXCIV. Decano et præcentori et capitulo Wellensi scribit de præbenda magistro E. tribuenda. Augustini Tarr. Opp. IV. 205, Mansi XXI. 1090. —« Ex diligenti relatione. »

CCCXCV. Episcopo Wigorniensi scribit, « simplices sacerdotes vel clericos non posse ecclesias, quibus præsint, auctoritate sua post decessum suum censuales efficere. » Mansi XXII. 377, Bœhmeri Corp. jur. can. II. app. 208, Augustini Tarr. Opp. IV. 216, Decr. Greg. L. III. t. 39. c. 8.—« Præterea illi, qui. »

CCCXCVI. Episcopo Wigorniensi scribit de iis, qui « matrem vel sororem vel filiam uxoris suæ carnaliter cognoverint. » Mansi XXII. 324, Bœhmeri Corp. II. app. 328, Augustini Tarr. Opp. IV. 269. — « Si aliquis parochianorum » « Si quis parochianorum. »

CCCXCVII. Episcopum Wigorniensem laudat, quod « in causa quadam procedere distulerit, quoniam filum fuisset fractum, quo bulla sua dependebat, » Augustini Tarr. Opp. IV. 107, Mansi XXII. 401, Bœhmeri Corp. II. app. 297. — « Sollicite » « Sicut ex litteris. »

CCCXCVIII. Episcopo Wigorniensi mandat, ut quæ abbas S. Eadmundi R. latori epistolæ ademerit, restituat. Augustini Tarr. Opp. IV. 19, Mansi XXII. 361, Decr. Greg. L. I. t. 46. c. 2. — « Abbas S. Eadmundi. »

CCCXCIX. Episcopo Wigorniensi concedit, ut « terras, quæ de silvis exstirpatæ, sint arabiles factæ, iis hereditario jure concedat, a quibus ipsas suo vel parentum labore constiterit fuisse exstirpatas. » Mansi XXII. 380, Augustini Tarr. Opp. IV. 161, Decr. Greg. L. III. t. 13. c. 7. — « Illas vero terras. »

CD. Episcopo Wigorniensi de « duorum compatrum filiis post compaternitatem genitis » respondet. Augustini Tarr. Opp. IV. 251, Decr. Greg. L. IV. t. 11. c. 3.—« Super eo, quod. »

CDI. Episcopo Wigorniensi scribit de causa R. clerici. Augustini Tarr. Opp. IV. 386, Mansi XXII. 394. — « Ex transmissa conquestione. »

CDII. Episcopo Wigorniensi mandat, removeat C. presbyterum, qui « publice concubinam teneat ac sicut laicus tabernas frequentare non erubescat. »

Mansi XXI. 1088, XXII. 352, Bœhmeri Corp. II app. 358, Augustini Tarr. Opp. IV. 144.—« Ex parte prioris. »

CDIII. Episcopo Wigorniensi respondet de Wilielmo, « qui licet fidem dedisset, quod mulierem quamdam duceret in uxorem, ipse sibi aliam copulare præsumpserit. » Mansi XXII. 286, Bœhmeri Corp. II. app. 314. Augustini Tarr. Opp. IV, 223. — « Consuluit nos tua. »

CDIV. Episcopo Wigorniensi scribit de causa magistri V. de Flamevil. Mansi XXII. 447. — « Veniens ad apostolicæ. »

CDV. Episcopo Wigorniensi respondet de donationibus per abbates factis. Bœhmeri Corp. jur. can. II. app. 235, Augustini Tarr. Opp. IV. 16, 171, 242. Mansi XXII. 380, Decr. Greg. L. III. t. 24. c. 3, L. IV. t. 5. c. 3. — « Cæterum si abbatem » « Verum cum alicui. »

CDVI. Episcopo Wigorniensi mandat, cogat R. presbyterum, ut ecclesiam S. Mariæ de Wicun Miloni clerico tribuat. Mansi XXII. 352, Bœhmeri Corp. jur. can. II. app. 245, Augustini Tarr. Opp. IV. 33, Decr. Greg. L. I. t. 17. c. 4. — « Conquerente nobis. »

CDVII. Episcopo Wigorniensi præscribit, ne « filios sacerdotum in paternis ecclesiis ministrare patiatur. » Mansi XXII. 353, Bœhmeri Corp. jur. can. II. app. 245, Augustini Tarr. Opp. IV. 33, Decr. Greg. L. I. t. 17. c. 3. — « Præsentium tibi » « Præsentium etiam » «Præsentium auctoritate. »

CDVIII. Episcopo Wigorniensi respondet de appellatione post citationem facta, de « sententia post appellationem supersedenda, » de « appellationibus pro causis minimis factis. » Mansi XXII. 314, Bœhmeri Corp. II. app. 288, Augustini Tarr. Opp. IV. 124, 125, Decr. Greg. L. II. t. 28. c. 9, 10, 11. — « Meminimus » « Cæterum cum aliquam » « Super eo, quod » « De appellationibus. »

CDIX. Episcopo Wigorniensi respondet « de monachis, qui vicarios ecclesiarum parochialium gravant. » Bœhmeri Corp. jur. can. II. app. 253, Augustini Tarr. Opp. IV. 153, Mansi XXII. 297, Decr. Greg. L. III. t. 5. c. 12. — « De monachis autem. »

CDX. Episcopo Wigorniensi scribit, si H. « spoliatus renunciaverit ecclesiæ, ne contra eum testes alterius partis de juramento et renunciatione spontanea facta admittat. » Bœhmeri Corp. II. app. 274, Mansi XXII. 359, Augustini Tarr. Opp. IV. 86, Decr. Greg. L. II. t. 13. c. 2. — « Sollicite cures et. »

CDXI. Episcopo Wigorniensi respondet, « scripta authentica, si testes inscripti decesserint, nisi forte per manum publicam fuerint facta, aut sigillum authenticum habuerint, non videri sibi alicujus firmitatis robur habere. » Mansi XXII. 305, Bœhmeri Corp. II. app. 280, Augustini Tarr. Opp. IV. 106, Decr. Greg. L. II. t. 22. c. 2. — « Scripta vero authentica. »

CDXII. Episcopo Wigorniensi et abbati S. Albani scribit de W., « qui violenter ecclesiam de N. ingressus, defunctus sit ». Mansi XXII. 361 (Augustini Tarr. Opp. IV. 567, Decr. Greg. L. II. t. 1. c. 11. — » Quia W. qui » « Quia V. qui ».

CDXIII. Episcopo Wigorniensi (al. Wintoniensi) mandat, ut priorem et fratres de Lauch (al. Lauth) tueatur. Mansi XXII. 337, Bœhmeri Corp. II. app. 297, Augustini Tarr. Opp. IV. 207, Decr. Greg. L. III. t. 38. c. 9. — « Querimoniam prioris ».

CDXIV. Wigorniensi et Conventinei episcopis respondet de controversia inter magistrum A. de Ilde. et R. de Altaripa, ac de litteris quibusdam falsitatis non arguendis. Baluzii Misc. III. 373, Mansi XXII. 1101. — « Ex literis quas. »

CDXV. Episcopo Wirgoniensi et R(icardo) archidiacono Eliensi scribit de controversia T. clerici regis Scottorum et H. personæ ecclesiæ de Sandeta (al Sandala, Sandeia). Mansi XXII. 360, Boehmeri Corp. jur. can. II. app. 276, Augustini Tarr. Opp. IV, 87, Decr. Greg. L. II. t. 13. c. 4. — « Audita querela. »

CDXVI. Wigorniensi et Herefordiensi episcopis mandat, judicent inter W. presbyterum de Tritona (al. Certonia, Cretona) et monachos de Bueria (al. Bineria, Breveria). Mansi XXII. 330, Boehmeri Corp. jur. can. II. app. app. 253, Augustini Tarr. Opp. IV. 488, Decr. Greg. L. III. t. 30. c. 3. — « Ex multiplici. »

CDXVII. Episcopo Wigorniensi et priori de Luciwreden scribit de capella Streitonensi G. clerico restituenda. Mansi XXII. 555, Boehmeri Corp. jur. can. II. app. 247, Augustini Tarr. Opp. IV. 36, Decr. Greg. L. I. t. 17. c. 8.—« Constitutus in præsentia. »

CDXVIII. Wigorniensi et Norwicensi episcopis mandat de plectendo sacerdote, « qui litteras suas falsaverit. » Mansi XXII. 367, Boehmeri Corp. jur. can. II. app. 220, Augustini Tarr. Opp. IV. 318. — « De sacerdote vero » « De sacerdote, qui » — « Ad hæc de sacerdote. »

CDXIX. Gregorio (?), episcopo Tridentino, mandat, ut abbatem et monachos Sancti R. cogat ad restituendam pecuniam, a Fr. presbytero « pro monachatu » exactam, abbatemque « cum majoribus personis monasterii pro tantæ pravitatis excessu ab officio sacerdotali suspendat. » Baluzii Misc. III. 378, Mansi XXI. 1104, Augustini Tarr. Opp. IV. 410, Decr. Greg. L. V. t. 3. c. 19. — « Veniens ad nos. »

CDXX. Magistrum M. abbatem de Vad. Forden. voto quodam solvit. Augustini Tarr. Opp. IV. 395, Decr. Greg. L. III. t. 34. c. 3. — « Litteraturam tuam. »

CDXXI. Episcopo Wintoniensi respondet, « ad usurarum solutionem nullum Christianum esse cogendum, nisi juramento vel fide eas solvere teneatur. » Mansi XXII. 344. — « Super eo, quod nos. »

CDXXII. Episcopo Wintoniensi de appellationibus scribit. Mansi XXI. 1086, XXII. 447, 321, Boehmeri Corp. II. app. 293, Augustini Tarr. Opp. IV. 131, 132, Decr. Greg. L. I. t. 28. c. 22. — Præterea qui ad » — « Super eo vero, quod » — « Super eo, quod a. »

CDXXIII. Episcopo Wintoniensi scribit, « defuncta sponsa intacta, ejus sororem a sponso libere duci in uxorem. » Augustini Tarr. Opp. IV. 223, Mansi XXII. 410. — « Non sunt una. »

CDXXIV. Episcopo Wintoniensi sic scribit: « si laicus, episcopo inconsulto, ecclesiam non vacantem concedit alicui religiosæ domui, postea, cum vacaverit, ad præsentationem ejusdem laici aliquis clericus ibi fuerit per episcopum institutus, prior concessio secundam institutionem non potest impedire. » Mansi XXII. 337, Boehmeri Corp. II. app. 299, Augustini Tarr. Opp. IV. 207, Decr. Greg. L. III. t. 38. c. 8. — « Illud prætereundum. »

CDXXV. Episcopo Wintoniensi mandat, cogat eos, « qui sortem suam de fructibus pignorum vel alium de deductis expensis perceperint, ut pignora restituant. » Mansi XXII. 345, Boehmeri Corp. jur. can. II. app. 216, Augustini Tarr. Opp. IV. 315. — « Nihilominus. »

CDXXVI. Episcopo Wintoniensi scribit de portione ab ecclesiæ persona vicario tributa. Mansi XXII. 398, Boehmeri Corp. jur. can. II. app. 244, Augustini Tarr. Opp. IV. 48, Decr. Greg. L. I. t. 28. c. 3. — « Ad hæc si » — « Si persona. »

CDXXVII. Episcopo Wintoniensi respondet de judicibus delegatis. Mansi XXII. 300, Boehmeri Corp. jur. can. II. app. 266, 267, Augustini Tarr. Opp. IV. 50, 13, Decr. Greg. L. I. t. 3. c. 3, t. 29. c. 6. — « Quamvis simus multiplicitate » — « Cæterum si » — « Sententiam a. »

CDXXVIII. Episcopo Wintoniensi respondet de teste crimine accusato. Mansi XXII. 306, Boehmeri Corp. II. app. 280, Augustini Tarr. Opp. IV. 100, 105. — « Porro si aliquis » — « Quemlibet autem ad. »

CDXXIX. Episcopo Wintoniensi (al. Londinensi) mandat, « prohibeat attentius, ne in parochia sua pro licentia docendi vel aliquo aliquid exigatur, aut etiam promittatur. » Mansi XXII. 279, Boehmeri Corp. jur. can. II. app. 203, Augustini Tarr. Opp. IV. 287, Decr. Greg. L. V. t. 5. c. 2. — « Prohibeas attentius. »

CDXXX. Episcopo Wintoniensi (al. Wigornensi) mandat, ut « tam comites quam barones nec non et milites et omnes alios de parochia sua » ad solvendas decumas cogat. Mansi XXII. 282, Boehmeri Corp. jur. can. II. app. 248, Augustini Tarr. Opp. IV. 183, Decr. Greg. L. III. t. 30. c. 6. — « Nuntios et litteras. »

CDXXXI. Episcopo Vomicensi (Wormatiensi?) mandat, ut W., duarum feminarum sponsum, si « post fidem præstitam primam cognoverit, cum ea faciat remanere. » Baluzii Misc. III. 380, Mansi XXI. 1107. — « Rediens ad nos. »

CDXXXII. Episcopo Zamorensem, qui ab Hyacintho diacono cardinali (S. Mariæ) in Cosmedin, olim legato sedis apostolicæ, vocatus ad concilium non venerit, et excommunicatus consecrationem acceperit, hortatur, ut sui purgandi causa vel ipse ad sese veniat, vel nuntios mittat. Mansi XXII. 320, Boehmeri Corp. jur. can. II. app. 293, Augustini Tarr. Opp. IV. 130, Aguirre Conc. V. 97, Decr. Greg. L. II. t. 28 c. 19.—« Cum parati essemus. »

CDXXXIII. Ad Marci cardinalis quæstiones quasdam respondet. Augustini Tarr. Opp. IV. 375, Decr. Greg. L. II. t. 20. c. 22. — « Super eo, quod a. »

CDXXXIV. Episcopo cuidam de appellationibus scribit. Augustini Tarr. Opp. IV. 379, Mansi XXI. 1097. — « Super eo, quod a. »

CDXXXV. Episcopo cuidam mandat, ut parochiano cuidam, cujus uxor cum illius consobrino et ante et post matrimonium stuprum fecerit, ad secundas nuptias transeundi licentiam concedat; « nisi cum prædicta muliere, postquam eam cum suo consobrino peccasse cognoverit, commisiese comprobetur incestum. » Baluzii Misc. III. 376; Mansi XXI. 1099, 1104, Augustini Tarr. Opp. IV. 408. — « Ad aures nostras. »

CDXXXVI. Episcopo quidam mandat, ut I. mulieri, « cui velit, nubendi licentiam tribuat. » Mansi XXII. 285, Boehmeri Corp. II. app. 313, Augustini Tarr. Opp. IV. 245, Decr. Greg. L. IV. t. 6. c. 5. — « Veniens ad nostram » — « Veniens ad præsentiam. »

CDXXXVII. Episcopo cuidam de Petri parochiani ejus matrimonio respondet. Augustini Tarr. Opp. IV. 375, Decr. Greg. L. II. t. 23. c. 12. — « Litteris tuæ fraternitatis. »

CDXXXVIII. Episcopo cuidam mandat, interdicat R., ne neptæ suæ « super hæreditate molestiam inferat. » Mansi XXII. 389, Boehmeri Corp. II. app. 332, Augustini Tarr. Opp. IV. 261, Decr. Greg. L. IV. t. 17. c. 1. — « Conquestus est nobis. »

CDXXXIX. Episcopo cuidam mandat, ut inter I. et W. de ecclesia quadam litigantes judicium faciat. Mansi XXII. 382, Boehmeri Corp. jur. can. II. app. 244, Augustini Tarr. Opp. IV. 150, Decr. Greg. L. III. t. 5. c. 7. — « Deferente. » — « Referente nobis. »

CDXL. Episcopo cuidam scribit de controversia magistri Alani de Cardeia et R. de Alta-Ripa. Augustini Tarr. Opp. IV. 374. — « Ex litteris, quas. »

CDXLI. Universis abbatibus concedit, « si episcopi quid contra libertatem ordinis exigant, ut denegent, quod petatur. » Augustini Tarr. Opp. IV. 416, Decr. Greg. L. V. t. 31. c. 5. — « Sane si episcopi. »

CDXLII. Abbati cuidam scribit de iis, qui violentas manus in fratres ejus injecerint, adhortandis, ut Romam adeant. Mansi XXII. 333, Boehmeri Corp. jur. can. II. app. 214, Augustini Tarr. Opp. IV. 543, Decr. Greg. L. V. t. 39. c. 7. — « Porro si aliqui. »

CDXLIII. Archidiaconis et decanis præcipit, ne « personas ecclesiarum indebitis exactionibus ac procurationibus de cætero gravent ». Mansi XXII. 276, Boehmeri Corp. jur. can. II. app. 205. — « Ad nostram noveritis. »

CDXLIV. Archidiaconis quibusdam de vitanda Simonia scribit. Augustini Tarr. Opp IV. 281, (Mansi XXII. 275, Decr. Greg. L. III. t. 39. c. 12). — « Ea, quæ de » — « Cum autem collectas » — « Nihilominus et. »

CDXLV. « Abbati et conventui majoris ecclesiæ monasterii et II. eorum clerico » asserit capellam de Herdelei. Mansi XXII. 412, (Boehmeri Corp. II. app. 271, Augustini Tarr. Opp. IV. 55). — « Jampridem sicut » — «(Quoniam abbas)».

CDXLVI. Breare Ricardum a G. Cant. archidiaconi hominio et fidelitate solvit. Augustini Tarr. Opp. IV. 282, Decr. Greg. L. V. t. 3. c. 17. — « Ex diligenti tua. »

CDXLVII. Cuidam de jure patronatus respondet. Augustini Tarr. Opp. IV. 398, (Decr. Greg. L. III. t. 38. c. 25). — « Nobis fuit. »

CDXLVIII. Cuidam de transactionibus respondet. Augustini Tarr. Opp. IV. 364, Decr. Greg. L. I. t. 36. c. 7. — « Super eo, quod quæsivisti. »

CDXLIX. Cuidam respondet « de iis, qui cum aliqua de causa in episcopatu suo non possint nuptialem benedictionem accipere, ad alios episcopatus furtive se transferant, conjugia ibidem clandestina contrahentes. » Augustini Tarr. Opp. IV. 403, Mansi XXI. 1099. — « Consuluit nos tua. »

CDL. Cuidam respondet de « quodam 15 annorum vel eo amplius, qui quamdam 13 annorum duxerit in uxorem. » Augustini Tarr. Opp. IV. 406, Decr. Greg. L. IV. t. 15. c. 5. — « Ex litteris tuis accepimus. »

CDLI. Cuidam scribit de capellano, « qui benedictionem cum secunda celebraverit », ad sedem apostolicam mittendo. Augustini Tarr. Opp. IV. 409, Decr. Greg. L. IV t. 21. c. 1. — « Capellanum nihilominus. »

CDLII. Cuidam interdicit, ne « in eos, qui ab eo terras vel possessiones alias teneant in feudum, licet super feudis illis coram eo stare justitiæ sint parati, sine judicio excommunicationis seu interdicti sententiam feriri permittat. » Augustini Tarr. Opp. IV. 78, Decr. Greg. L. II. t. 1. c. 5. — « Cæterum quia quandoque. »

CDLIII. Cuidam concedit, ne clericis ejus, « donec in servitio ejus fuerint, quidquam subtrahatur. » Augustini Tarr. Opp. IV. 149, Decr. Greg. L. III. t. 4. c. 7. — « De cætero, quia. »

CDLIV. Cuidam scribit, « adversus ecclesias minorem præscriptionem, quam 40 annorum, a Romana Ecclesia non admitti » Augustini Tarr. Opp. IV. 376, Decr. Greg. L. II. t. 26. c. 8. « Illud autem te. »

CDLV. Cuidam mandat, ut clericis quibusdam restitui reditum ablatum jubeat. Augustini Tarr. Opp. IV. 389, Mansi XXI. 1097. « Ad audientiam apostolatus. »

CDLVI. Quemdam judicem constituit inter magistrum R. et magistrum Husdricum, sub quo ille « Blesis scholas rexerit. » Mansi XXII. 278. — « Dilectus filius noster. »

CDLVII. Quibusdam præcipit, ne sequantur consuetudinem hanc: « ut cum aliquis intentionem suam fundaverit instrumentis aut testibus intro-

ductis, ei sacramentum nihilominus deferatur. » Augustini Tarr. Opp. IV. 372, Decr. Greg. L. II. t. 19. c. 2. — « Sicut consuetudo. »

CDLVIII. Quibusdam concedit, ut « si hospitale absque oratorio fecerint, liberum sit iis, absque conscientia episcopi, in cujus parochia fuerit, ipsam domum construere. » Augustini Tarr. Opp. IV. 399, Mansi XXI. 1098. — « Si hospitale. »

CDLIX. Quibusdam scribit, « si super decimis inter eos et aliquam personam ecclesiasticam assensu episcopi vel archidiaconi sui compositio facta fuerit, rata persistat. » Mansi XXII. 376, Boehmeri Corp. II. app. 206, Augustini Tarr. Opp. IV. 65, Decr. Greg. L. I. t. 36. c. 2. — « Statuimus, ut si. »

CBLX. Quibusdam interdicit, ne « in presbyteros talias et indebitas exactiones exercere præsumant. » Mansi XXII. 275, Boehmeri Corp. jur. can. II. app. 204, Augustini Tarr. Opp. IV. 327, Decr. Greg. L. V. t. 31. c. 1. — « Pervenit ad audientiam. »

CDLXI. Quibusdam interdicit, ne « hominem quemdam in potatione et ebrietate occisum quasi sanctum more infidelium venerentur. » Augustini Tarr. Opp. IV. 422, Decr. Greg. L. III. t. 45. c. 1. — « Audivimus, quod quidam. »

CDLXII. Quibusdam mandat, ut decumas quasdam jubeant G. clerico restitui. Augustini Tarr. Opp. IV. 388, Mansi XXI. 1097. — « Constitutus in præsentia. »

CDLXIII. Quibusdam præscribit, ne filios Joannis et T. mulieris « succedere in bona paterna prohibeant. » Mansi XXII. 389, Boehmeri Corp. II. app. 333, Augustini Tarr. Opp. IV. 261, Decr. Greg. L. IV. t. 17. c. 2. — « Cum inter I. »

CDLXIV. Quibusdam mandat, ut ecclesiam de Frag. jubeant G. clerico de Nobil. restitui a Philippo comite de Columbis. Augustini Tarr. Opp. IV. 364, Mansi XXI. 1094. — « Veniens ad præsentiam. »

CDLXV. Quibusdam scribit de causa A. clerici. Augustini Tarr. Opp. IV. 365, Decr. Greg. L. I. t. 38. c. 2. — « Querelam A. clerici. »

CDLXVI. Statuit, clericos extra provinciam suam in transmarinis partibus ordinatos « pro ordinatis non esse habendos. » Mansi XXII. 572. — « Quia quidam clerici. »

CDLXVII. Statuit hæc : « Suffraganeis alicujus metropolitani ad mandatum ipsius, post confirmationem electionis suæ, etiamsi pallium non receperit, licitum est electum aliquem consecrare, qui ad ejus jurisdictionem pertineat. » Augustini Tarr. Opp. IV. 356, (Decr. Greg. L. I. t. 6. c. 11). — « Suffraganeis. »

CDLXVI.I. Jubet hæc : « Nemo presbyterorum xenium vel emolumentum quodlibet temporale a quocunque publice peccante vel incestuoso accipiat, ut episcopo vel ministris ejus peccatum celet. » Boehmeri Corp. jur. can. II. app. 201, Augustini Tarr. Opp. IV. 280. — « Nemo presbyterorum. »

CDLXIX. Scribit ita : Si quis sane puerum tunc merserit dicendo : « In nomine Patris et « Filii et Spiritus sancti », si non dixerit : « ego te « baptizo » talis immersio non potest dici baptismus » cet. Baluzii Misc. III. 373, Mansi XXI. 1101, Augustini Tarr. Opp. IV. 422, Decr. Greg. L. III. t. 42. c. 1, 2. « Si quis sane » — « Si quis puerum » « De quibus dubium. »

CDLXX. Scribit « de infantibus, qui mortui reperiuntur cum patre et matre ». Augustini Tarr. Opp. IV. 413, (Decr. Greg. L. V. t. 10 c. 3). — « De infantibus. »

ANNO 1161-1181.

CDLXXI. B(artholomæo), episcopo Exon.ensi, de Hugonis et M. matrimonio scribit. Mansi XXII.

Dominus meus rex, cui archiepiscopum tradidistis, turbatur plurimum, quod inter manus ejus, si tamen in hac sententia perstiteritis, innocens jugulatur. Dolet regnum totum, quod apud vos prævalent hostes nostri. Exspectat adhuc dominus meus rex exitum promissionis vestræ, quam nisi citius viderit adimpleri, quid de Romana Ecclesia sperare debeat, edocebitur, et posteri sui. Valete, charissime et sanctissime Pater et Cantuariensi archiepiscopo, si placet, subvenite.

XXIII.

Beati Petri, cognomento Monoculi, Claravallensis abbatis octavi. Queritur, a sæcularibus vexari ordinem Cisterc. litibus, direptione bonorum, etc. et opem pontificis adversus hæc mala implorat.

[Biblioth. Patr. Cisterc., III, 264.]

Crescit diei malitia, et pericula temporis invalescunt; ita ut quos prædixit Apostolus (*II Tim.* III). dies sentiamus instare novissimos, in quibus abundante iniquitate, multorum charitas refrigescat. (*Matth.* XXIV). Specialiter autem adversus filios vestros Cister. ordinem profitentes sæculi hujus mare vadit et tumescit, et objectu sese vestræ protectionis illidens, tota in nos tempestate consurgit. Rugit quodammodo, et circa vectes et ostia quæ posuistis immurmurat: indignans videlicet dictum sibi: *Huc usque venies, non procedes amplius, et hic confringes tumentes fluctus tuos* (*Job* XXXI). Ecce enim filii mundi hujus, quos prudentiores filiis lucis in generatione sua Veritas ipsa pronuntiat (*Luc.* XVI), invident nobis hoc ipsum quod vivimus; dum eorum perversitas habere non patitur, quo vivamus. Videntes siquidem, quod operibus manuum nostrarum Dominus benedixerit, in viaticum peregrinationis nostræ tota malignitate desæviunt, machinantes omnimodis, ut possint pauperum substantiolam vel per calumniam concutere, vel per rapinam. Instaurant lites, exaggerant quæstiones; et si aliter tollere nostra non prævalent, in illius fraudis commenta transiliunt, ut a nobis interdum suam suorumve pecuniam calumniosa penitus, et conficta mutui vel depositi actione reposcant. Deinde lite sub judice constata, testimonium contra nos venale quidem, sed non veniale producitur, et enervatur undique; sinceritas veritatis improborum testium labefactata perjuriis. Quod utique si dissimulatis et sustinetis; posterum, *non nobis Domine, non nobis* (*Psal.* CXIII), sed scurris et epulonibus laboramus: reliquumque est, ut ad vellicandas facultatulas nostras non in vacuum currant, quicunque nomen Dei sui in vacuum accipere non formidant. Succurrite proinde, beatissime Pater, et recenti adhuc morbo recens adhibete remedium, ne panes filiorum canes comedant, et stipendia pauperum luxus sibi vindicet et ebriositas comessantium. Alioqui, ut quid mortificamur tota die? Utquid fratres nostri in laboribus plurimis, in ardoribus abundantius, in frigore supra modum, anxiæ vitæ modicam stipem ex imis visceribus defossæ telluris extorquent? Precamur igitur, quatenus priscæ consuetudinis tenor vestro nobis privilegio restauretur: ut si quis videlicet ab aliquo monasteriorum nostrorum rem indebitam dubiamne poposcerit, abbas loci rei veritatem in propriæ conscientiæ periculum requisitus, et monachus sive conversus ex obedientiæ virtute jussus alleget; et sic in verbo veritatis eorum ancipitis causæ decisio perseveret. Quod si feceritis, sine aliorum injuria nostra nobis jura servatis. Si vero vobis via forsitan ista minus placet, invenite aliud quantumque remedium, quod cum removerit a pravorum cupiditate perjurium, cessare a nobis faciat solutionis indebitæ detrimentum.

XXIV.

Ejusdem. — *Gratias agit pontifici pro collatis beneficiis, præsertim cænobio Balernensi (quod est de linea Claravallis), cujus inchoatum judicium adversus iniquos celeriter terminari exoptat.*

Ibid.)

Quid facimus, pie Pater, quod ad referendas vobis gratias, quas profusa in ordinem beneficentia exigit, nec vires nobis, nec merita suffragantur? Confirmata est in nobis magnificentia vestra; confortata est super nos et non poterimus ad eam, cum tanta sit affluentia benedictionis et muneris, ut inaniter de recompensatione ejus se erigat nostræ insufficientia paupertatis. Ad Deum igitur humilitate supplici recurrentes, petimus incessanter ab eo, ut ipse vobis retribuat piæ actionis præmium, qui præstitit pietatis affectum: et in hoc Ecclesiæ capite gratiæ cœlestis unguenta multiplicet, quæ usque ad fimbriam vestimenti ejus jugi pro fluvio inexhaustæ consolationis emanet. Sane in præsentiarum ad pedes vestros pro monasterio Balernensi has tantillas gratias exsolventes accumbimus: pro eo quod sibi justitiam suam sub iniqua diripientium sorte captivam quasi post liminio liberam resignastis, et de ancipitis concertationis salo in portum quietis pristinæ reduxistis. Porro adversarius ejus defectu indictæ sibi probationis exterritus, paginam rescripti vestri non reddidit, eo utique tenore subnixam, ut si ille a quadragenariæ præscriptionis assertione defecerit, penes Balernenses fratres possessio restituta resideat, et os calumniantis et æmuli perpetui silentii repagulis obmutescat. Non reddidit ergo, non reddidit, exspectans, ut dicitur, vitæ vestræ finem, ut tunc emortuæ causæ suæ novam denuo meditetur originem. Pie Jesu, quanta est in timidis conscientiis sub tremula meditatione versutia! Justitiam sibi emori suspicatur, nisi justitiæ moriatur antistes, et subobscurum præsagiens de falsitatis obumbratione compendium, publici luminis præstolatur occasum. Ut ergo mentiatur iniquitas sibi, petimus cum debitæ salutationis honore, ut nisi infra certum terminum jus allegaverit quod reclamat, promulgatæ taciturnitatis refrænetur objectu: quatenus dum obtentu justitiæ, quam funeris aucupatur eventibus, in tanti Patris fata suspenditur vividæ mucrone sententiæ sua potius injustitia moriatur.

XXV.

Conventus Claravallis. — Orat conventus pontificem, ne suo abbate Henrico, qui ad Tolosanum episcopatum quærebatur, destituatur.

Discipulorum Christi exemplo ducimur (*Matth.* VIII), ut in pelago mundi hujus procella surgente deterriti, ad coeleste præsidium fugiamus a fluctibus, et quiescentem in puppe vicarium Salvatoris pulsemus precibus, clamoribus excitemus. Confidimus enim, quod navicula Clarævallis, quæ ab olim vos habet in omni tempestate rectorem, undosis ictibus etsi colliditur, non quassatur, quandiu inter maris hujus turbines procellosos tali et tanto gubernatore dirigitur. Et ut ejus quæ de vobis est, summam nostræ fiduciæ pernoscatis, non timebimus præsidentibus vobis in qualibet commotione naufragium; quia stabit, si dixeritis, spiritus procellarum. Ecce autem nunc, beatissime Pater, repentini turbinis fragor infremuit, et tempestas e longinquo prorumpens horrorem nobis proximæ turbationis invexit. Ecclesia siquidem Tolosana proprio destituta pastore, oculos in abbatem nostrum nostræ pacis æmula irreverenter injecit: tanquam non putet sibi a propria ruina surgendum, nisi et nobis interim status nostri machinetur excidium. Quærit et satagit jacturam suam de nostra calamitate reficere : non attendens neque recogitans, quam perverso ordine divinis dispositionibus obviet, si Hebræorum spoliis Ægyptios locupletet. Nos autem, quorum interest mutationis hujus pensare dispendium, ad pedes vestros flebili devotione prosternimur, profusis lacrymis unanimiter exorantes, quatenus contra hujus turbinis instantiam tranquillitas nobis vestræ consolationis arrideat, ut nullum admittatis de Patris mutatione consilium, quod plangat in posterum calamitas filiorum. Scitis enim vos, et nos ipsi experimento didicimus, quod in variatione magistratuum quantumlibet tenax disciplina resolvitur; et admissa crebrius mutabilitate pastorum, gregis plerumque sinceritas dissipatur.

XXVI.

Henrici regis Angliæ. — Pontifici electo gratulatur; velit ut ipsum in proprium et spiritualem filium recipiat.

(Ibid.)

Charissimo domino et Patri suo ALEXANDRO Dei gratia summo pontifici, HENRICUS rex Angliæ, et dux Normanniæ et Aquitaniæ et comes Andegavensis, salutem et debitam in Christo subjectionem.

Novit satis vestra discretio, quam fideles sanctæ Romanæ Ecclesiæ antecessores nostri semper exstiterint, qui in simili casu nonnunquam probaverunt, cum in sancta Ecclesia, peccatis exigentibus, exorto schismate, catholicam secuti sunt unitatem. Hanc ergo patrum meorum approbans et sequens devotionem, quia vestram electionem veritate, credo, subnixam, vos in Patrem et dominum, vos in summum pontificem et catholicum cum universis, tam clero quam populo meæ potestati a Deo commissis, in vestris legatis recepi, solemnitate debita et veneratione. Vos igitur clementissime rogo, et cum omni humilitate obsecro, ut me in proprium et spiritualem filium recipiatis, et in meis petitionibus me, si vobis placet, exaudiatis. Latorem præsentium fratrem R. in cujus ore mea negotia posui, plenius vobis exprimenda benigne suscipiatis, et his, quæ ex parte mea vobis dixerit, assensum et effectum exhibeatis. Ego ad vestram voluntatem sum paratus, et me et mea vobis expono, arbitrio vestro penitus exponenda.

Teste cancellario, apud Rothomagum.

XXVII.

Ejusdem. — Sententiam excommunicationis ab episcopo Cantuariensi contra quosdam latam petit relaxari.

Venerabili Patri summoque pontifici ALEXANDRO, HENRICUS rex Angliæ, dux Normanniæ et Aquitaniæ, et comes Andegaviæ, salutem et debitam venerationem.

Si devotionis meæ, Pater, erga sanctitatem vestram experimentum quæritis, et quæ in vestræ promotionis initio ad honorem vestrum fideliter a me gesta sunt, elapsa forsitan a memoria non tenetis, id saltem quod mandato vestro a me nuper effectu completum est, precor ut præ oculis habeatis, et devotionem meam erga vos ex ipsa mei operis attentione plenissime, si placet, advertere cognoscatis. Hostem enim mihi infestissimum in meum et meorum, quod absit! exterminium tota sua possibilitate promptissimum, sedentem mihi semper in insidiis ut machinetur in me malum, cui convivere, ut præsens indicat casus, mors mihi est, in regno cohabitare confusio, hunc mandato vestro vestris me totum substernens pedibus in pace suscepi, et de latere meo ducatum sibi providens, ut cum pace deduceretur ad propria sollicite procuravi. Quæ nimirum pax non solum sibi, sed et suis plene concessa est, et homines qui meas jam diu carnes amaris, ut sic dicam, morsibus lacerare non destiterunt, qui per orbem discurrentes sinistris adversum me mundum rumoribus impleverunt, in regno meo cum pace suscepi, sollicite providens ne læderentur ab his quos læserant, ne ab his quos offenderant, aliquid omnino moleste sustinerent. Oportebat itaque sanctitatem vestram Pater, et mihi prospexisse, ne malum mihi pro bono redderetur, ne in ejus adventu cui pacem dederam, et quem cum pace susceperam, regni mei pax illico turbaretur, et Ecclesia regni, quæ nihil tale meruerat, absque audientia ad falsas ejus suggestiones tanti mole gravaminis opprimeretur, ut quidam suspensioni, quidam anathemati subjecti sint, cum, si defensionis sibi detur oportunitas, se nil tale meruisse, juvante Domino, per omnia probare parati sint. Unde sanctitati vestræ devotus supplico ut, si quæ sunt, aut esse possunt erga me pristinæ charitatis reliquiæ, sententiam regni mei personis impositam, amore justitiæ meæque petitionis intuitu relaxetis, et si quis adversus eas querelam super quacunque re moverit, causam aut per vos, aut per quos vestræ discretioni placuerit examinetis, ut in jure pro se quisque respondeat, et judicialem calculum, quem meruisse convincetur, excipiat. Hoc alii non negaretis. Quod si mihi negatum fuerit, dicam, quod doleo, quia nimia me severitate repellitis, et abjectum reputatis. Cætera præsentium latori magistro David, quem mihi commendavit gratia vobis intimanda commisi, quem si mihi compatiendo exaudieritis, corpus meum vobis et animam, quam jam periclitari metuo, Deo conservare poteritis. Valeat et suis exorabilem se præbeat sanctitas vestra, Pater.

XXVIII.

Ejusdem. — De libera electione ab ipso Ecclesiæ Anglicanæ concessa. Badoniensem electum commendat.

Domino papæ, dominus rex.

Novit Ecclesia Romana ex longo temporis tractu quantam libertatem antecessores nostri circa institutiones ecclesiarum habuerint, quam nos intuitu Dei et precum vestrarum interventu, secundum admonitiones venerabilium virorum Al[berti] et Th[eodwini] legatorum vestræ sanctitatis ad æquitatem canonicæ moderationis temperavimus. Inpræsentiarum itaque liberam electionem Ecclesiæ Anglicanæ annuimus, ut quæ amplius quam vellemus variis impedimentis desolata pastoribus elanguit, uberiori gratia nostræ liberalitatis indulta libertate respiret. Delata igitur ad nos electione Badoniensis Ecclesiæ, communicato consilio episcoporum nostrorum, et modum et ordinem electionis canonicæ processisse cognoscentes, electi personam honestate morum et litteraturæ perspicuam vestræ discretioni commendare dignum duximus. Et quanquam ex longa conversatione inter vos habita vobis ipse præcipue innotuit, qui et multiplici testimonio vestræ sanctitatis apud nos probabilis exstitit, pro eo tamen quanta possumus precum instantia supplicamus, quatenus eum talem habeatis, qualem eam nobis habendum sæpius prædicastis. Provideat igitur vestra sanctitas, ne invidia nominis nostri efficiat, quominus debitam assequatur consummationem quod hactenus tanta sinceritate processit.

XXIX.

Ejusdem. — Pontificis intuitu archiepiscopo Cantuariensi pacem et amorem suum se reddidisse significat; queritur quod Vivianus et Gratianus, apostolicæ sedis legati, promissis de excommunicatione solvenda non steterint, « causantes verbum illud quo nos dignitatem regni nostri salvam fore diceramus. »

Alexandro papæ, Henricus rex Angliæ.

Episcopos nuntios nostros ad pedes paternitatis vestræ direximus, rogantes et supplicantes, quatenus querelis quæ inter nos et Cantuariensem vertuntur, finem debitum, justitia mediante, poneretis. Et tandem placuit benignitati vestræ, ut juxta petitionem nostram de latere vestro legatos nobis mitteretis cum potestatis plenitudine, ut omnes controversias nostras plene decidere et definire possent, remoto appellationis obstaculo. Qui cum in hac potestate, sicut nuntii nostri ad nos reportaverunt, et litteris vestris continebat expressum, quas adhuc penes nos habemus, missi fuissent, sicut per eosdem legatos, cum ad nos pervenissent, accepimus, potestas illa ad injuriam nostram illis subtracta est. Unde cum nos ad omnem justitiam coram eis nos offerremus, præfatus Cantuariensis, qui ita inique et malitiose erga me se habet, sicut vobis et toti mundo innotuit, coram illis justitiæ parere omnino contempsit. Ob cujus defectum alios deinceps nuntios ad majestatem vestram transmisimus, per quos litteras vestras recepimus, quas et ipsas adhuc penes nos habemus, in quibus terram nostram et personas regni a præfati Cantuariensis potestate eximebatis, donec ipse in gratiam nostram rediisset. Quod cum ante restitutionem nostræ gratiæ, nescimus ob quam causam, immutaveritis, dum alii nuntii nostri adhuc in curia vestra morarentur, et antequam novissimi legati vestri ad nos pervenissent, Vivianus et Gratianus, ipse in personas regni nostri, et in quosdam familiares et servientes nostros, qui singulis diebus nobis assistebant, excommunicationis sententiam promulgavit. Cum vero prænominatos nuntios debito nos honore suscepissemus, qui tam per litteras vestras, quam viva voce protestabantur, quod ad honorem nostrum et regni nostri exaltationem venissent, primo loco de absolvendis excommunicatis tractavimus, qui non solum ad nostram, verum etiam ad vestram et ad eorumdem legatorum injuriam excommunicati videbantur, petitionibus illis, quas ex parte vestra nobis proponebant, quantum poteramus, ob reverentiam et amorem vestrum pio assensu condescendentes. Proponebant siquidem litteræ vestræ, quatenus sæpefato Cantuariensi episcopatum suum, pacem et amorem nostrum redderemus. Nos vero, postposito omni honore nostro, communicato consilio Burdigalensis et Rothomagensis archiepiscoporum, Cenomanensis, Redonensis, Bajocensis, Lexoviensis, Constantiensis et Sagiensis episcoporum, Fiscannensis, Beccensis, Sancti Wandergisili, Cadomensis, Toarnensis, Ceresiensis, Rievallensis, Mortuimarensis, Tyronensis, Belberensis, et quorumdam aliorum abbatum, necnon et Gaufredi Autisiodorensis, et quorumdam aliorum religiosorum virorum, concessimus ante dicto Cantuariensi, licet ipse, sicut vobis multoties significavimus, absque conscientia nostra et coactione aliqua a regno nostro exierit, ut in bono et in pace rediret, et possessiones suas omnes haberet, sicut habuit quando a regno exivit, et ipse et omnes qui cum eo vel propter eum exierunt, ob honorem Dei, et ob amorem vestrum, salva dignitate regni nostri. Cumque nuntii vestri coram supradictis viris responsum hoc absque omni contradictione recepissent, excommunicatos illos, qui præsentes erant, absolverunt. Convenit autem inter nos, ut alter eorum, Vivianus scilicet, pro excommunicatis illis qui in Anglia erant absolvendis transfretaret, Gratianus vero ad verba hæc sæpe nominato Cantuariensi transportanda rediret. Mane autem facto cum ab eis, quibusdam negotiis nos trahentibus, accepta ab eis prius licentia, recessissemus, nescimus cujus instinctu, aut quo spiritu, concessis stare recusaverunt, causantes verbum illud, quo nos dignitatem regni nostri salvam fore dixeramus. Quod tam nobis, quam illis qui nobiscum aderant, nullo jure ab eis causari debere videbatur. Nos autem hujus rei seriem ad vestram conscientiam referendam esse duximus, de vestra semper discretione præsumentes, quod vos in nullo honori nostro derogare velitis, vel regni nostri dignitati, obnixe serenitati vestræ supplicantes, quatenus attente considerantes honorem et utilitatem, quam vobis et curiæ vestræ contulimus, et in futurum, nisi per vos steterit, conferemus, sic rem temperetis, ne penes vos tantum possint illius perfidi proditoris nostri malitiosæ blanditiæ, quantum evidentia tot et tantorum virorum testimoniis corroborata causæ nostræ merita, sed juxta petitionem nostram eos, qui excommunicati sunt, absolvatis, et ne in nos et alios venenum suæ excommunicationis perfundere possit, provideatis. Ne si minus in hac justa petitione nostra exauditi fuerimus, tanquam de vestra benevolentia desperantes, aliter securitati nostræ et honori prospicere compellamur. Et quoniam singula, quæ a nobis dicta sunt et proposita, difficile scripto comprehenderentur, transmittimus ad pedes paternitatis vestræ clericos et familares nostros, Reginaldum, archidiaconum Saresberiensem, et Ricardum Barre, qui plenius vobis cuncta, quæ hinc inde agitata sunt, exponent. Quibus in cunctis, quæ ex nostra parte vestræ sanctitati proponent, fidem indubitanter habeatis. De quorum reditu festinanter maturato vestra, precamur et consulimus sollicite, provideat discretio, quoniam eorum mora diuturnior periculum et damnum intolerabile Ecclesiæ posset afferre.

XXX.

Ejusdem. — Queritur quod Londoniensis et Saresberiensis episcopi, post appellationem ad pontificem factam, excommunicationis sententia de novo ab archiepiscopo Cantuariensi sint innodati.

ALEXANDRO papæ, HENRICUS rex Angliæ, omnino subjectionis debitæ obsequium.

Vestræ satis innotescit serenitati, quanta me et terram meam affligat molestia, quantis me vexaverit injuriis Thomas ille Cantuariensis adversarius meus, cum, teste conscientia, nihil meruerim, nil gesserim tam vehementi et injuriosa dignum contumelia. A vestra siquidem non credo excidisse memoria, quod judices sanctæ Romanæ Ecclesiæ cardinales a vestra impetraverim paternitate, ut super causa ista cognoscerent, sed placuit sanctitati vestræ, ut adversarius meus eximeretur a cognitione, nec potuit vestro præpedita præcepto in lucis venire claritatem innocentiæ sinceritas. Sæpius etiam, imo semper paratus exstiti in facie Ecclesiæ juri et judicio stare, si vel in minimo deliquissem, quod me fecisse non recolo, prout ratio dictaret satisfacere, et longe amplius quam antecessores mei, qui me præstantiores exstiterunt, Ecclesiæ Cantuariensi fecerint, semper paratus fui facere. Proinde admirari non sufficio, quod permittit prudentia vestra devotum Ecclesiæ Romanæ filium, juri semper stare paratissimum, contra omnem justitiam, ut mihi videtur, deprimi, injuriosis præter rationem contumeliis molestari. Nunc itaque innumeris præcedentibus novam adjecit injuriam, qui affligere non desistit innocentem. Vestra siquidem fultus, ut asserit, auctoritate, devotos et fideles Ecclesiæ Romanæ filios, Londoniensem et Saresberiensem episcopos, post appellationem ad vos factam, juri per omnia parituros, non citatos, non vocatos, non convictos, nullo modo commonitos, excommunicationis de novo innodavit sententia. Quibusdam etiam de familiaribus meis anathematis intentat severitatem, nullam adversus eos habens rationabilem causam. Quod non minus ægre fero, quam si in meam propriam personam lata foret sententia. Hoc autem quam sit mihi intolerabile, quam famæ meæ et vestræ generet læsionem, vestræ non credo incognitum prudentiæ. Videtur etiam quod me quasi derelictum abjecerit paternitas vestra, quia filii non attendit nec curat injuriis, sed ad ignominiæ et contumeliæ meæ augmentum, flagitiosum in me permittit grassari inimicum: nec reprimit injuriarum vehementiam paternæ correctionis moderatio. Vestram igitur suppliciter obsecro et adjuro, ut justum est, celsitudinem, ut quem filio debetis, operis exhibitione monstretis affectum, et illatam mihi, et personis meis, et terræ meæ absque ordine judiciario emendare dignemini absque tardatione injuriam. Cum omnimoda etiam devotione attentius supplico, quatenus quidquid prænominatus Thomas adversarius meus, contra juris ordinem, post factam appellationem ad vos, in personas regni mei, clericos et laicos statuit, irritum et vacuum habeatis, teste G. Vasatur episcopo apud S. Macharium in Guasconia.

XXXI.

Ejusdem. — Significat mortem sancti Thomæ Cantuariensis archiepiscopi.

(Anno 1171.)

[MARTEN., *Thesaur. Anecdot.* ex ms. S. Michaelis in Periculo maris.]

ALEXANDRO Dei gratia summo pontifici, H. rex Anglorum et dux Normannorum et Aquitanorum et comes Andegavorum, salutem et debitam devotionem.

Ob reverentiam Romanæ Ecclesiæ et amorem vestrum, quem, Deo teste, fideliter quæsivi, et constanter usque modo servavi, Thomæ Cantuariensi archiepiscopo juxta vestri formam mandati pacem et possessionum suarum plenam restitutionem indulsi, et cum honesto commeatu in Angliam transfretare concessi. Ipse vero in ingressu suo non pacis lætitiam, sed ignem portavit et gladium, dum contra me de regno et corona proposuit quæstionem. Insuper meos servientes passim sine causa excommunicare aggressus est. Tantam igitur protervitatem homines non ferentes excommunicati et alii de Anglia irruerunt in eum, et, quod dicere sine dolore non valeo, occiderunt. Quia igitur iram, quam contra illum dudum conceperam, timeo causam huic maleficio præstitisse : Deo teste, graviter sum turbatus. Et quia in hoc facto plus famæ meæ quam conscientiæ timeo, rogo serenitatem vestram, ut in hoc articulo me salubris consilii medicamine foveatis.

XXXII.

Ejusdem. — Queritur de rebellione Henrici, reliquorumque filiorum contra se, et auxilium pontificis implorat.

Sanctissimo domino suo ALEXANDRO, Dei gratia catholicæ Ecclesiæ summo pontifici, H. rex Angliæ, dux Normanniæ et Aquitaniæ, comes Andegaven. et Cenoman., salutem et devotæ subjectionis obsequium.

In magnorum discriminum angustiis, ubi domestica consilia remedium non inveniunt, eorum suffragia implorantur, quorum prudentiam in altioribus negotiis experientia diuturnior approbavit. Longe lateque divulgata est filiorum meorum malitia, quos ita in exsilium patris spiritus iniquitatis armavit, ut gloriam reputent et triumphum, patrem prosequi, et filiales affectus in omnibus differi, præveniente meorum exigentia delictorum. Ubi pleniorem voluptatem contulerat mihi Dominus, ibi gravius me flagellat : et, quod sine lacrymis non dico, contra sanguinem meum et viscera mea cogor odium mortale concipere, et extraneos mihi quærere successores, ne videam de semine meo sedentem super thronum meum. Illud præterea sub silentio præterire non possum, quod amici mei recesserunt a me, et domestici mei quærunt animam meam. Sic enim familiarium meorum animos intoxicavit clandestina conjuratio, ut observantiæ proditoriæ conspirationis universa posthabeant. Malunt namque meis adhærere filiis contra me transfugæ et mendici, quam regnare mecum, et in amplissimis dignitatibus præfulgere.

Quoniam ergo vos extulit Deus in eminentiam officii pastoralis *ad dandam scientiam salutis plebi ejus* (*Luc.* I), licet absens corpore, præsens tamen animo, me vestris advolvo genibus, consilium salutare deposcens. Vestræ jurisdictionis est regnum Angliæ, et quantum ad feudatarii juris obligationem, vobis duntaxat obnoxius teneor. Experiatur Anglia, quid possit Romanus pontifex, et quia materialibus armis non utitur, patrimonium B. Petri spirituali gladio tueatur. Contumeliam filiorum poteram armis rebellibus propulsare, sed patrem non possum exuere ; nam et Jeremia testante : *Nudaverunt lamiæ mammas suas, lactagerunt catulos suos* (*Thren.* IV). Et licet errata eorum quasi mentis efferatæ me fecerint, retineo paternos affectus et quamdam violentiam diligendi eos mihi conditio naturalis importat. *Utinam saperent, et intelligerent, ac novissima providerent* (*Deut.* XXXII). Lactant filios meos domestici hostes, et occasione malignandi habita non desistunt, quousque redigatur virtus eorum in pulverem, et converso capite in caudam, servi eorum dominentur eis, juxta verbum illud Salomonis : Servus astutus filio dominabitur imprudenti (*Prov.* XVII). Excitet ergo prudentiam vestram spiritus consilii et convertatis corda filiorum ad patrem. Cor enim patris pro beneplacito vestro convertetur ad filios, et in fide illius, per quem reges regnant (*Prov.* VIII), vestræ magnitudini promitto me et dispositioni vestræ in omnibus pariturum. Vos Ecclesiæ suæ, Pater sancte, diu Christus servet incolumem.

XXXIII.

R. comitis Legercestrensis ad summum pontificem.— Petit ipsius protectionem pro monasterio Lyrensi.
(MARTEN., *Thesaur. Anecdot.*, I, 477.)

Reverendissimo domino et Patri A. (64) Dei gratia summo pontifici, R. (65) comes Legercestriæ humilis sanctitatis suæ filius, salutem et benedictionem.

Non arbitror, Pater sanctissime, a vestra memoria excidisse, quoniam fideliter bonæ memoriæ pater meus R. comes Leger. quoad viveret vobis adhæserit, quoniam sincera devotione vestram sublimitatem dilexerit, unde sanctitatis vestræ litteras omni plenas paternæ suavitatis affectione recipere meruit ; quas ego adhuc in memoriam ejusdem dilectionis simul et promissionis vestræ diligenter reservo. Promissum est enim quod dilectio hæc et benignitas ad hæredes ejus transmitteretur. Qua promissione animatus, flexis genibus cordis vestræ pietati supplicio, quatenus ego, qui terrenarum possessionum ejus hæres esse videor, vestræ sanctitatis interventu virtutum ipsius imitator existam. Super causa pro qua præsens lator ad vos transmissus est, hoc vestræ paternitati, cui non est tutum mentiri, significo quod Joannes Cn.... injuste vexat monachos de Lyra super decimis de dominiis meis de Sapewich et de Ringeston. Ex quo enim Normanni Angliam sibi subjugaverunt, semper antecessores mei cuicunque volebant prædictas decimas dare solebant. R. comes de Mellent avus meus, memoratas decimas monachis de Pratellis quondam dederat, quas cum diu tenuissent, vexatione præpositorum qui eas villas tenuerunt

---

(64) *Adriano* vel *Anastasio* vel *Alexandro* qui successive post annum 1153 sedem apostolicam obtinuerunt. Alexandro tamen credimus esse directum.

(65) Robertus, filius Roberti de Melento, de quo Willelmus Gemmeticensis libro octavo *Historiæ Normannorum*, cap. 41.

graviter oppressi, questi sunt comiti de Mellent, avo meo, quod in collectione decimarum per ministrorum suorum protervitatem adeo vexabantur, ut parum utilitatis inde perciperent; sicque crebro conquesti sunt monachi, donec avus meus decimas in dominium suum vertens, monachis de Pratellis quamdam villam quæ Expectesberi dicitur in repræsentationem earumdem decimarum donavit, quam adhuc tenent. Vir bonæ memoriæ Rob. comes pater meus quandoque easdem decimas præpositis suis cum alia firma sua tradidit. Tandem prout erat vir justus et timoratus, saniori usus consilio, tractans secum quod aliquando decimæ exstiterant, licet per præfatam villam commutatione postea facta in dominium suum jam versæ fuissent, ad proprios usus eas amplius retinere noluit, sed clericis suis eas donavit, primum Petro medico, deinde Adæ de Ely. Circa novissima vero agens, volens eas certo assignare, me præsente cum multis aliis, petitione etiam mea, supradictas decimas monasterio Lyrensi et fratribus ibidem Deo servientibus in perpetuam eleemosynam dedit, et scripto et sigillo suo eis confirmavit. Porro tantus vir, tam discretus et timens Deum nequaquam credendus est, præsertim in extremis positus, eas loco venerabili et religioso legare voluisse, nisi certus esset, nulli antea assignatas fuisse. Inde est quod paternitati vestræ obnixe supplico, quatenus intuitu pietatis et justitiæ aures misericordiæ vestræ justæ petitioni monachorum Lyrensium aperire dignemini, et audito religiosorum et bonorum virorum testimonio, vestra se gaudeant protectione ab injustis calumniatoribus illius vexationibus liberari. Valete in Christo.

XXXIV.

Willelmi, S. Petri ad Vincula presbyteri cardinalis, ad Manuelem imperatorem. — Hortatur ut cum Ludovico rege Francorum pro defensione Romanæ Ecclesiæ fœdus ineat.

[DUCHESNE, *Rer. Franc. Script.*, IV, 490.]

MANUELI, Dei gratia serenissimo imperatori, semperque Augusto, WILLELMUS eadem gratia S. Petri ad Vincula presbyter cardinalis, salutem et continuæ posteritatis augmentum.

Ex imperialibus gestis, et ipsorum augmentis operum cognoscentes, quantis honoribus prædecessorum vestrorum reverentia, Christianorum omnium matrem sacrosanctam Romanam Ecclesiam sublimaverit, quantisque donaverit privilegiis, intuentes : et quanta eidem Ecclesiæ a barbarorum tyrannide fuerint inflicta gravamina, ex quo imperatorium nomen noscitur ab illis usurpatum; merito excellentiam vestram singulari quadam intentione diligimus, et imperium vestrum perpetua servari stabilitate optamus, atque indeficientibus incrementis semper promoveri. Inde est quod desideramus, ut jam dictam Romanam Ecclesiam debita velletis ratione diligere, cum Christianissimo ac vere catholico domino Ludovico illustrissimo rege Franciæ, qui eidem Romanæ Ecclesiæ, et beatissimo Patri nostro Alexandro vera fide et integra devotione astringitur, firmum curaretis amicitiæ fœdus inire : ut quasi funiculum triplicem, qui difficile rumpitur, contexentes, trium potestatum viribus adunatis, dignitates ut vestras invicem conservare possetis intemeratas et inconcussas, et honores vestros alternis auxiliis ampliare. Hac igitur consideratione inducti, quoniam per venerabilem virum archiepiscopum Beneventanum accepimus id celsitudini vestræ complacitum, præfato regi Franciæ diligentius persuadere studuimus ut, mediante sanctissimo Patre nostro Romano pontifice, certi vobiscum amoris fœdus iniret, et perseverantem pacem firmaret; et indubitantes confidimus, quia si per idoneos nuntios et litteras hoc, prout congruit, volueritis postulare, verbum illud auctore Domino gratum sortietur effectum. Ut autem de apostolatu supranominati Patris nostri nulla menti vestræ valeat remanere dubietas, litteras memorati excellentissimi regis majestati vestræ fecimus destinari, et quod de voluntate ipsius super amicitia vobiscum firmanda percepimus, præsenti epistola vobis curavimus intimare. Vestræ itaque sublimitatis et circumspectionis erit, si hoc vobis placet, semota procrastinatione rescribere : et verbum istud ad Ecclesiæ Dei exaltationem, et imperatorii culminis solium communiendum propensius et extollendum, citius exsecutioni mandetur, sollicitudinem atque operam vigilantius adhibete.

XXXV.

Ottonis diaconi cardinalis S. Nicolai de Carcere Tulliano. — Pro Gilberto Londoniensi episcopo.

Venerabilis frater noster Londoniensis episcopus apud majestatem vestram plurima commendatione non indiget, quia, charissime Pater, sicut bene novi; experientia vestra, et ejus persona honesta est, et erga vestrum apostolatum ipsius devotio manifesta. Laborat utique, et operam prompta voluntate daret efficacem ad honorem Dei et Ecclesiæ in negotio archiepiscopi, sicut credimus et ex parte cognoscimus, sed sicut et nos ipsi experti sumus, non affert fructum sermo commonitoris, nisi in corde regio operetur primum virtus et gratia salvationis. Precamur igitur pietatis vestræ clementiam ut oculo clementiori eum respiciatis, et eum tanquam virum fidelem, honestum, ac religiosum habeatis. Sinistra enim quæ cum essemus apud vos de ipso audivimus, nequaquam vera esse cognovimus, sed falsa.

XXXVI.

Philippi comitis Flandrensis. — Pro Thoma Cantuariensi.

ALEXANDRO papæ, PHILIPPUS comes Flandriæ.

Multas sanctitati vestræ refero gratias, quod pro venerabili viro, et Deo, sicut creditur, amabili, Thoma Cantuariensi archiepiscopo, tam benigno et tam paterno affectu mihi scripsistis. Hinc enim spero quod contra Ecclesiæ inimicos ipsius eritis per omnia adjutor et protector. Unde et ego nunc versa vice paternitati vestræ, quantas valeo, preces porrigo, quatenus jam dictum Cantuariensem, omni gratia, metuve terreno postposito, diligatis et foveatis. Alioquin nobis et universo mundo grande fieret scandalum, et exemplum perniciosum, vestra etiam admodum læderetur opinio. Sed exsurgatis in ira vestra, et inimicos Ecclesiæ debellate, et sic erit Deus vobiscum. Et moveat vos, quod jam dictus archiepiscopus, cum adhuc militans sæculo in domibus regum esset nutritus, pastorales tamen sudores non recusavit, imo propter justitiam et Romanæ Ecclesiæ fidem exsulare ubique prædicatur. Accedit etiam malorum cumulo, quod fratres sui ab ipso divisi sunt, sicut jam undique divulgatur, et pugnam suam instituentes, ipsum jam præ paupertatis angustia in sollicitudine latitantem ad vestram præsentiam appellaverunt. Sed vestrum est, Pater sancte, considerare diligenter et attendere, qualis sit appellatio hæc, quæ ob aliud non videtur facta, nisi ut opprimatur justitia, et finem non habet Ecclesiæ pressura. Nos vero omnes, et regni Francorum principes, exspectamus et desideramus, ut isti, qui propter honorem Dei et vestri nominis exsulat, dignum, prout meruit, tribuatis auxilium, et Ecclesiæ inimicos, qui dolis et circumventionibus, minis etiam quærunt justitiam subvertere, et vestram deludere prudentiam, sicut justum est, repellatis. Id etiam affectuose vestræ paternitati supplicamus, ut Cantuariensem Ecclesiam intuitu præsentis laboris sui ad pristinas et debitas dignitates reformetis. Valeat sanctitas vestra, Pater.

XXXVII.

Willelmi Papiensis episcopi. — Ejusdem argumenti ac epistola superior.

Domino papæ, WILLELMUS Papiensis.

Expedit, beatissime Pater, et quadam ratione tenemur, ut devotionem, quam in vestris et Ecclesiæ filiis evidentibus experimur indiciis, apostolica celsitudo nostra significatione cognoscat, quatenus et nos officii debita persolvamus, et vos talium fidelitate comperta ipsos specialius diligatis. Cum igitur venerabilem fratrem nostrum Londoniensem episcopum apostolatui vestro et universæ Ecclesiæ Dei in omnibus devotum et fidelem senserimus, ipsum paternitati vestræ duximus attentius commendandum, ne suæ sinceritatis meritum penitus evacuetur a gratia. Quippe ipse est, qui liberius inter cæteros regem arguit, exhortatur, et increpat, nec adeo pro veritatis suæ veretur constantia, quin semper eum ad meliora provocet et reducat, et nisi tantum hactenus restitisset, res utique posset in deteriora demergi. Si autem apud vestrarum aurium sublimitatem fuerit ab aliquo fortasse suggestum, quod idem episcopus causam Cantuariensis cum rege perverterit in hac parte, domine mi, suam innocentiam arbitramur, sicut qui ejus intentionem circa hoc satis aperte comperimus, et ad ejusdem Cantuariensis bonum, ipsum sæpe vidimus laborantem. Proinde nos ejus devotionem et animum attendentes, sanctitatis vestræ clementiam his precibus petimus exoratam habere, quatenus suæ fidelitatis obtentu nuntios ipsius apostolica mansuetudo benigne recipiat, et eidem episcopo ita vestræ gratiæ confidentiam impendatis, ut ipse laudabile propositum attentiore studio prosequatur.

XXXVIII.

Willelmi Papiensis et Ottonis cardinalis. — De controversia Henricum inter Anglorum regem et Thomam agitata.

Beatissimo Patri ac domino, Dei gratia summo pontifici, WILLELMUS et OTTO, eadem gratia cardinales, salutem et subjectionis obsequia, tam devota, quam debita.

Venientes ad terram illustrissimi regis Anglorum controversiam, quæ inter ipsum et Cantuariensem archiepiscopum vertitur, vehementius quam vellemus invenimus aggravatam. Asserebat enim rex, et suorum pars melior, quod idem archiepiscopus serenissimum regem Francorum in eum graviter incitaverat, et comitem Flandrensem, consanguineum suum, qui nullum prius gerebat rancorem, ad ipsum subito diffidendum, et guerram pro posse faciendam induxerat, sicut sibi pro certo constabat, et evidentibus patebat indiciis. Siquidem cum idem comes ab ipso rege amicabiliter discessisset, archiepiscopus in propria persona ad loca guerrarum accedens, tam regem Franciæ, quam memoratum comitem ad guerram pro viribus incitavit. Cum igitur apud Cadomum primo jam dicti regis Angliæ colloquio frueremur, paternitatis vestræ litteras, sicut decuit, manibus regi reddidimus, quibus diligenter consideratis et perlectis in medio cum ab aliis, quas pro eodem negotio prius a vobis receperat, minus continentes, et aliquatenus dissentientes viderentur, rex acri cœpit indignatione peruri, et eo gravius, quod se procul dubio scire dicebat præfatum archiepiscopum, postquam a vobis divertimus, litteras recepisse, quibus a nostro penitus fuerat exemptus judicio, ut in nullo cogeretur ante nos respondere. Affirmabat insuper, quod ea quæ vobis de antiquis consuetudinibus Angliæ fuerant intimata, falsitati potius subjacebant quam veritati possent inniti : quod utique viva voce attestabantur episcopi. Offerebat etiam, quod si quæ tempore suo consuetudines in regno Angliæ viderentur adjectæ, quæ statutis ecclesiasticis obviarent, nostro libenter arbitrio in irritum revocaret. Nos vero, archiepiscopis, episcopis et abbatibus terræ suæ nobis adjunctis, cum omni diligentia studuimus facere, ne rex nobis spem pacis omnino subtraheret, sed ad id potius se permitteret inclinari, ut cum archiepiscopo tam de pace quam de judicio loqueremur.

Sic ergo proprios clericos nostros ad eum cum litteris dirigentes, certum sibi locum et tutum indiximus, ubi in festo Sancti Martini secum possemus commiscere sermonem. Ipse tamen quasdam excusationes prætendens, diem festi transtulit in octavas, quod utique in cor regis altius quam crederemus ascendit. Cum autem sæpe dictus archiepiscopus, licet nos ei offerremus ducatum, in exitu terræ regis Angliæ versus Franciam nullatenus nobis vellet occurrere, nos sibi deferre cupientes in terram regis Franciæ ad locum, quem ipse mandavit, accessimus, ne per nos staret, quod ad suum debebat redundare profectum. Cumque jam nuntiatum esset colloquium, in primis ei cum multa sedulitate cœpimus persuadere, et attentius exhortari, quatenus erga dominum regem, quippe qui multa in eum congesserat beneficia, eam humilitatis ostenderet speciem, quæ nobis opportunam quærendæ pacis materiam ministraret; ad hæc autem ipse cum suis in parte secedens, habito tandem consilio nobis proposuit, quod se satis apud regem humiliaret, salvo honore Dei, et Ecclesiæ libertate salva, et etiam honestate personæ suæ, et possessionibus ecclesiarum, et amplius sua et suorum salva justitia. Quibus taliter enumeratis, nos ei diligentius suadentes, quod non necessarium erat ad specialia descendere, cum ipse nec certum aliquid nec speciale proferret, subsequenter ab eo quæsivimus, utrum super quæstionibus, quæ vestris erant litteris adnotatæ, vestrum vellet subire judicium, sicut rex et episcopi prius promiserant se facturos. Ad quod ipse nobis quærentibus in promptu respondit se non a vobis inde recepisse mandatum : sed si prius ipse cum omnibus suis integre restitueretur, tunc secundum quod ab apostolica sede reciperet in mandatis, in hac parte procederet. Si ergo a colloquio redeuntes, cum verba ipsius nec ad judicium provenirent, nec ad concordiam, nec aliqua ratione vellet causam intrare, ea quæ nobis innotuerant, regi manifestare curavimus, plura siquidem, prout decuit, reticentes, et temperantes audita. Nobis itaque locutioni finem facientibus, rex et magni viri, qui secum aderant, cœperunt asserere, quod esset deinceps absolutus, ex quo archiepiscopus recusabat judicium. Cum ergo post multam regis perturbationem archiepiscopi, episcopi et abbates regni Angliæ cum non paucis pariter clericis a nobis instanter perquirerent, utrum prænotatum archiepiscopum seu ex aliquo speciali mandato, seu ratione legationis ad judicium possemus distringere, et in hac parte nobis facultatem deesse cognoscerent, timentes ne prætaxatus archiepiscopus, abjecto judiciario ordine, sicut alia vice fecerat, aliquibus regni personis gravamen inferret, quoniam nostra sibi taliter inutilis erat præsentia, et ad tutelam contra episcopum minus sufficiens, unanimi sumpto consilio ad vestram communiter audientiam appellarunt, appellationi terminum præfigentes in hiemali festo Sancti Martini, interim se et sua sub apostolica protectione ponentes, et quaslibet regni personas, nec non et universum regnum sub ejusdem appellationis includentes edicto. Denique nos negotium istud in maximum Ecclesiæ detrimentum vergere cognoscentes, supradicto archiepiscopo auctoritate vestra et nostra prohibendo mandavimus, ne de cætero, tum quia vestris erat inhibitum litteris, tum quia solemniter fuerat appellatum, in præscriptum regnum vel personas, vel ecclesias regni aliquid gravaminis attentaret. Apostolicæ itaque circumspectionis erit attentius providere, ne idem negotium in grave damnum Ecclesiæ vertatur, sicut hi, qui attendunt profectus Ecclesiæ, verentur et timent.

XXXIX.

Prioris et conventus Cantuariensis. — Pro R. Wintoniensi electo.

Domino papæ, prior Cantuariensis et conventus.

Eos vobis securius commendamus, quos sincerius diligimus, et quos ad sanctam Romanam Ecclesiam sinceriorem credimus habere charitatem. Horum unus et in primis fere primus est pater pauperum et mœrentium consolator, protector noster in augustiis, venerabilis frater noster R. Wintoniensis electus, quem ad hoc, ut fidelium spes est, ad ecclesiæ suæ regimen Christus elegit, ut adversariis ejus e regione possit ascendere et se murum opponere pro domo Israel, et potenter conterere justitiæ inimicos, et justis debitum conferre subsidium. Majestatis itaque vestræ pedibus provoluti, quotquot sumus, attentius supplicamus, quatenus eum ad expediendas propriæ Ecclesiæ necessitates et aliorum consolationem faciatis maturitate adhibita promoveri : et ut precibus ejus, quas non nisi in Domino facturus est, gratia vestræ favor accedat. Valete.

XL.

Odonis prioris et conventus Cantuariensis. — Quod celebratis regis mandato electionibus, et unanimi consensu R., ejusdem conventus monacho in abbatem electo, rex junior electionem irritam fecerit.

Domino papæ, Odo prior et conventus Cant.

Calamitates, quas Ecclesia nostra pleno decennio jam sustinuit, apostolicæ sedi non possunt esse incognitæ, quia eas totus Christianus orbis agnovit. Si causa quæritur, justitia se ostendit, apparet libertas Ecclesiæ, reverentia sedis apostolicæ, cujus auctoritas evacuabatur in partibus nostris, se esse protestatur, pro qua et gloriosus martyr Christi occubuit : pro qua fratres et alumni Ecclesiæ proscripti diutius exsulare coacti sunt, et habiti sicut oves occisionis, spectaculum facti sumus et hominibus et Deo et angelis, et persecutorum Christi canticum tota die. Attestatur his apud nos effusus martyrum sanguis, sed is præcipue qui de terra clamans ad Deum fidelium devotione defertur in universum orbem. Sed benedictus Deus, benedictus apostolatus vester qui nos consolatus est, dominorum cardinalium gratia Dei cooperante industria, in tribulatione nostra, ut post angustias tanti naufragii ad debitæ libertatis portum accessisse videatur Ecclesia, ut abominationes Ægyptiorum Deo suo secure valeat immolare. Nuper enim emanavit ab eis mandatum de celebrandis electionibus in regno, et dominus rex eorum precibus acquiescens idoneos in ecclesiis secundum Deum pastores præcepit ordinari. Universi lætati sunt, sed nos omni jure præ cæteris, qui in majori discrimine versabamur. Convenimus ergo sæpius accitis episcopis provincialibus, et aliis ad quos electio pertinebat, et tandem, Deo dirigente, gressus nostros in beneplacito suo factum est omnibus cor unum et anima una : quod sine nutu divino non potuit accidisse, ut tam dissonæ voluntates in adimplenda sacrorum canonum forma tam facile unirentur. Præeunte ergo desiderio et prece populi, pari voto, unanimi consensu convenimus in virum, de quo Dominus videtur dixisse nobis : *Hic est Filius meus dilectus in quo mihi bene complacui, ipsum eligite* (*Matth.* xvii) : quoniam me cum martyre meo, quem ipse pro me patientem in veritate dilexit, devote coluit ; et in domo mea ab ineunte ætate fideliter conversatus est, præelegi vicarium, et ordinari præcipio successorem.

Is est R. ecclesiæ nostræ ab adolescentia sua monachus, et apud nos ad omnes promotus ordines, prior monasterii Doverensis, morum honestate et litterarum eruditione conspicuus , modestus in verbo , providus in consiliis, discretus in opere, in habitu et gestu veram temperati animi exprimens formam. Decentissime sacerdotis explet officium, zelus Christi succensus est in corde ejus, manum suam libenter aperit inopi, liberalitatem gaudenter exercet, et exteriorum sollicitudinem laudabiliter administrat. Quid mirum ergo si in tantum et talem virum universi libentissime convenerunt, qui etiam rapiendus fuerat, si aliter haberi non posset ? Cum ergo libere et secundum institutionem sacrorum canonum fuisset electio ejus celebrata, regius (ut mos est) accessit assensus : eligentes prosecutus est plenus favore clamor, debita laude Dei tota cœpit Ecclesia resultare. Ad metropolitanam sedem cum electo provinciales episcopi aliarum ecclesiarum electi pariter accesserunt ; pro ritu gentis et majorum consuetudine solemniter inthronizatus est. Grata Deo, et ab hominibus desiderata ipsius instabat consecratio, cum ecce ex improviso litteræ regis junioris nomen præferentes prolatæ sunt, quibus protestabatur se appellasse adversus electiones quæ suum non haberent assensum. Litteræ quidem ex variis causis et probabilibus signis arguebantur suspectæ, eisque fidem non esse habendam erat sententia plurimorum, præsertim in tanto discrimine, ubi libertas potuit periclitari et animarum salus, et Ecclesiæ prælari desolatio, et rerum jactura irreparabilis. Causas enumerare longum est, sed utique pro rege illo præsumi debuerat, quod cum periculo suo et temporali æmulorum compendio nollet Ecclesiam diutius captivari. Sed licet præfatæ litteræ sapientioribus non magni viderentur esse momenti, de humilitate tamen et devotione ipsius electi proces-

sit, et de fidelitate quam patres et majores nostros ad Ecclesiam Romanam semper habuisse recolimus, et de paucorum consilio, ut pro reverentia nominis vestri consecratio differretur. Speramus enim indubitanter quod tanto majorem inveniet in oculis clementiæ vestræ necessitas Ecclesiæ nostræ gratiam, quanto majorem etiam cum irreparabili dispendio nostro vobis honorem videbitis esse exhibitum. Scitis, Pater, quia nos supra modum oppressit dira et diuturna calamitas. Videtis quam tristia fuerint, quam periculosa sint, et quanto periculosiora, ut timetur, immineant tempora. Occurrit irreparabilis, quam Deus avertat, desolatio, recidivam veremur tempestatem, grandisque necessitas solatium desiderat festinatum.

Pietatis itaque vestræ pedibus provoluti supplicamus attentius, et tota nobiscum supplicat Ecclesia Anglicana, quatenus provisum a Deo nobis pastorem data plenitudine potestatis, prout sanctitas vestra melius viderit expedire, auctoritate apostolica adversus eos qui ruinas ecclesiarum perpetuare machinantur, roborare dignetur, ut prædecessorum suorum apostolico munimine fretus, secundum quod ei Deus inspiraverit, vestigia valeat imitari. Supplicamus, inquam, vos, Ecclesia supplicat, supplicant et patroni Ecclesiæ nostræ gloriosi martyres et confessores, et consona voce omnium sanctus Thomas iterat et multiplicat preces. Donec sacratissimum cor vestrum verbum bonum, verbum consolatorium nobis eructet, squalida lugebit sponsa Christi, nec est qui eam consolari valeat, donec antistitem suum recipiat in plenitudine potestatis. Qui pedes vestros nequimus, ut volumus, lacrymis rigabimus genas nostras, nec erit eis requies quoadusque eas, Deo miserante, abstergat dextera clementiæ vestræ.

XLI.

Rogeri Eboracensis archiepiscopi. — Gratias agit pro exhibitis sibi ab Alexandro beneficiis. Gilbertum Londinensem episcopum commendat.

Si mihi præsto esset facundia quæ Tullianum redoleret eloquium, nequaquam posset, dulcissime Pater, sufficere ad exprimendam beneficii quantitatem, quam innatæ bonitatis vestræ motu proprio mihi nuper exhibuistis. Ego enim jam per annum et eo amplius in carcere positus, quo mendax me detrudi fecerat invidia, in tenebris straveram lectulum meum, et panem meum in suspiriis manducabam, potum temperans in lacrymis, donec manus consolationis vestræ eductum de lacu miseriæ et inferno inferiori, regioni me restituit viventium, et auræ superiori. Jam purpuratos, ut prius, non erubesco, nec potentum præsentiam declino. Sed qui hactenus ad Dominum meum oculos levare non audebam, pristinæ redditus libertati labia audacter aperio ad exorandum non solum pro me, verum et pro his, quos diligo, maxime cum tales sint, qui vita et eruditione inter præcipuos numerantur. Vir clarissimus dominus Londoniensis, qui ab exordio promotionis suæ, etiam apud eos, qui foris sunt, semper honorabilis habitus est, et suave olentis opinionis, vir utique et naturæ bonis abundans, et ingenii facultatibus, quorum finibus minime contentus, ea religionis diuturno et districto cultu excoluit. Hunc lacessivit invidia, integritatem ejus lacerare tentans, quæ supra firmam petram fundata non poterit sentire defectum. Ut enim de his aliqua tangamus, quæ ipsi ab æmulis imposita sunt, pro certo, domine, sciatis quod dum adhuc viveret dominus Cantuariensis, in Anglia me, præsente, dominum regem sæpe rogavit, ut juxta mandati vestri formam ad pacem animum suum inclinaret. Apud Cadomum vero, cum ex his quæ dominus rex a multis audierat, indignatio ejus adversus jam dictum archiepiscopum plurimum recruduisset, quantum potuit ad leniendum motum illum vehementem, etiam cum lacrymis, adhibuit diligentiam. Cujus, domine, si placet, annos senio graves attendite, corporis debilitatem respicite, quam non solum ætas induxit, sed et assiduæ vigiliæ et crebra jejunia. Solutisque vinculis, quibus tenetur, eum liberum reddite, et una nobiscum onera possit Ecclesiæ sustinere.

XLII.

Canonicorum Remensium. — Pro Thoma Cantuariensi.

ALEXANDRO papæ, canonici Remenses.[1]

Invalescunt, Pater, scandala temporibus nostris, ut in auctoribus eorum compescendis et conterendis virtus vestra clarius elucescat. Confidimus enim, quod Satanam conteret sub pedibus vestris, qui in membra ejus, capita schismatis loquimur, condignam et gloriosam exercuit ultionem. Exerat ergo, si placet, quoniam tempus est, in incentores schismatis, et tortores Ecclesiæ gladium Petri dextera vestra, et venerabilem dominum Cantuariensem, qui pro justitia jam quinquennio dignoscitur exsulare, saltem nunc tandem miseratione debita consoletur. Siquidem justitia ejus nunc manifesta est, sicut advertere potest vestra paternitas ex litteris sanctissimi viri Simonis, prioris de Monte Dei, qui quod vidit et audivit in exsecutione mandati vestri, hoc testatur. Vir utique plenus auctoritate fidei, cujus verba apud nos et reliquos, qui hominem noverunt, multorum præponderant juramentis. Quis unquam præter Cantuariensem a Christiano in quacunque obligatione coactus est vel exactus honorem Dei reticere? In vos omnium oculi diriguntur, studiosius exspectantes, quam consolationem præstabitis confessori, quem exitum causæ Dei, qua severitate tantam compescetis audaciam. Vestris itaque pedibus provoluti supplicamus attentius, ut prospiciatis honori vestro et Ecclesiæ libertati; quia sublevatio unius erit indubitata consolatio plurimorum. Si enim tam sincera causa in conspectu vestro periclitatur, quis audebit de cætero sæculi potestatibus, quamlibet malitiam attentantibus, obviare? Valeat semper sanctitas vestra.

XLIII.

Rotrodi Rothomagensis archiepiscopi. — Humiliter precatur ut in causa S. Thomæ cum rege mitius agat.

Evocati a Domino nostro rege cum venissemus ad curiam, et cum vestris legatis jam aliquantulum processum esset super mandatis vestris, ex veracissimo archiepiscoporum et episcoporum relatu, qui ad hoc convenerant, et quibus nimirum credimus, sicut nobis, auditu comperimus quod nuntios et litteras vestras dominus rex Anglorum tanto majore lætitia et alacritate susceperit, quanto majorem ei benignitatis vestræ gratiam promittere videbantur. Unde petitione vestra de pace Cantuariensis archiepiscopi, et suorum reditu consilio archiepiscoporum, episcoporum, abbatum, et religiosarum personarum et optimatum regni sui, pro amore vestro benignius exaudita, eum ad archiepiscopatum suum redire, ipsumque cum omni integritate, quam tenebat quando exivit, recipere, et deinceps bene et in pace possidere ad honorem Dei, salva nimirum regni sui pristina dignitate, concessit. Cum igitur inter dominum regem et nuntios vestros super hoc tractatus prolixior incidisset, in verbo utrinque complacito novissime convenerunt, ita scilicet ut eos, qui præsentes aderant, statim absolverint, et ad eos, qui erant in Anglia, absolvendos alter eorum, magister videlicet Vivianus, illico transire, alter citra mare ad exsecutionem condictæ pacis consenserit remanere. Postmodum vero, revocato consensu verbum, quod jam susceperant, conservandæ in futurum regiæ dignitatis, admittere noluerunt, ea quæ jam salubriter quidem disposita fuerant, exsequi recusarunt. Ego itaque cum præfatis non contemnendæ auctoritatis personis, quæ aderant, pro bono tantæ pacis missus omni vigilantia et sollicitudine institi, ut sicut dictum fuerat, præposito honore Dei, et regni stante antiqua dignitate, ut dignum est, nuntii vestri verbum optimum, et omni acceptatione dignum regiæ dignitatis cum gaudio susciperent, ne tantum bonum remaneret. Et cum in hac nostra persuasione multum laboratum esset, et nihil elaboratum, doluimus plurimum, præsertim cum constet nobis pro certo, quod in observatione regiæ dignitatis libertas aut dignitas ecclesiastica nullatenus prægravetur. Siquidem dignitas ecclesiastica regiam provehit potius, quam adimit dignitatem, et regalis dignitas ecclesiasticam potius conservare, quam tollere consuevit libertatem: etenim quasi quibusdam sibi invicem complexibus dignitas ecclesiastica et regalis occurrunt, cum nec reges salutem sine Ecclesia, nec Ecclesia pacem sine protectione regia consequatur. Genibus itaque pietatis vestræ, quanta possumus devotione provoluti, sanctitatem vestram suppliciter obnixeque deposcimus, ne sapientia vestra quasi litterarum apices et conceptiones verborum potius, quam rem ipsam duxerit amplectandas, sed secundum a Deo datum vobis spiritum discretionis id agite, ne causa unius in multorum et fere innumerabilium perniciem convertatur. Quia ad bonum pacis quandoque magis proficit mansuetudo gratiæ, quam severitas disciplinæ.

XLIV.

Ejusdem. — Pro Gilberto Londoniensi episcopo.

Alexandro papæ, Rotrodus Rothomagensis archiepiscopus, obedien'iam et reverentiæ plenitudinem.

Perseverans in corde nostro desiderium videndi optatam serenitatis vestræ præsentiam, ipsa dilatione quotidie augmentatur. Super his, quæ in instanti attinent ad venerabilem et charissimum fratrem nostrum Gilbertum Londoniensem episcopum, cujus vita, et scientia, et morum mansuetudo ibique suaviter redolet, sanctitati vestræ notificamus, quod cum in secretissimo essemus colloquio, in quo tantum aderat rex Angliæ et nos duo, ubi de salute animæ regis agebatur, ipse viriliter et discrete cum omni instantia summopere laborabat, ut pacem perquireret domino Cantuariensi, et in omnibus locis, tam in privatis quam in publicis colloquiis ad perquirendam hanc pacem et reformandam omnem adhibuit diligentiam et sedulitatem. Unde plurimum miramur, quod contra eum aliquid egit dominus Cantuariensis. Si enim de propria voluntate absque alterius suggestione hoc fecit, in fratrem innocentem deliquit; si vero aliquorum suggestione, scimus falso fuisse suggestum. Inde est quod totis viribus nostris et tota animi devotione vestram benignissimam exoramus clementiam, quatenus innocenti fratri super gravamine a domino Cantuariensi illato pietatis vestræ viscera aperiatis. Conservet Deus Ecclesiæ suæ personam vestram per tempora longa incolumem.

XLV.

Episcoporum Cantuariensis Ecclesiæ suffraganeorum. — Partes regis contra metropolitanum suum suscipientes, ad sedem apostolicam appellant, et diem Ascensionis Dominicæ appellationis terminum sibi petunt assignari.

Patri suo et domino, summo pontifici Alexandro, provinciæ Cantuariensis episcopi, et personæ per eorumdem diœceses locis pluribus constitutæ, domino patrique, debitum charitatis et obedientiæ famulatum.

Vestram, Pater, meminisse credimus excellentiam, vos devotum filium vestrum, dominumque nostrum charissimum, illustrem Anglorum regem, per venerabiles fratres nostros, Londoniensem et Herefordensem episcopos, directis jamdudum litteris convenisse, et de corrigendis quibusdam, quæ sanctitati vestræ in ipsius regno corrigenda videbantur, paterna gratia commonuisse. Qui mandatum vestrum debita veneratione suscipiens, ut satis notum est, ad vestra quidem monita non iratus intumuit, non elatus obedire contempsit, verum agens gratias paternæ correptioni, Ecclesiæ se statim submisit examini, asserens de singulis, quæ juxta vestri formam mandati sibi diligenter expressa sunt, Ecclesiæ regni sui se pariturum judicio, et quæ corrigenda decerneret, ipsius se consilio, laudabili quidem et in principe digne commendabili devotione correcturum. Ab hoc vero non recedit proposito, non mentem revocat a promisso. Sit qui sedeat, qui cognoscat et judicet divini reverentia timoris, non majestatem præ se ferens, sed ut filius obediens judicio sistere, legitimæque parere sententiæ, et se legibus alligatum principem præsto est in omnibus exhibere. Unde nec interdicto, nec minis, nec maledictionum aculeis ad satisfactionem urgeri necesse est divinarum se legum examini sponte subdentem. Ejus enim opera nequaquam luci se subtrahunt, nec occultari tenebris ulla ratione deposcunt. Rex namque fide Christianissimus, in copula castimoniæ conjugalis honestissimus, pacis et justitiæ conservator ac dilatator incomparabiliter strenuus, hoc votis agit, totisque in hoc fervet desideriis, ut de regno suo tollantur scandala, cum spurcitiis suis eliminentur peccata, pax totum obtineat atque justitia, et alta securitate et quiete placida sub ipso gaudeant et refloreant universa. Qui cum pacem regni sui enormi insolentium quorumdam clericorum excessu non mediocriter aliquando turbari cognosceret, clero debitam exhibens reverentiam, eorumdem excessus ad Ecclesiæ judices retulit episcopos, ut gladio gladius subveniret, et pacem, quam regebat et fovebat in populo, spiritualis potestas fundaret et solidaret in clero. Qua in re partis utriusque zelus enituit: episcoporum in hoc stante judicio, ut homicidium, et si quid hujusmodi est, exauctoratione sola puniretur in clerico; rege vero existimante pœnam hanc non condigne respondere flagitio, nec stabiliendæ paci bene prospici, si lector aut acolythus quemquam perimat, ut sola jam dicti ordinis amissione tutus existat. Clero itaque statuto cœlitus ordini deferente, domino vero rege peccatum justo, ceu sperat, odio persequente, et pacem altius radicare intendente, sancta quædam oborta est contentio, quam excusat, ut credimus, apud Dominum simplex utriusque partis intentio. Hinc non dominationis ambitu, non opprimendæ ecclesiasticæ libertatis intuitu, sed solidandæ pacis affectu eo progressum est, ut regni sui consuetudines et dignitates, regibus ante se in regno Angliæ a personis ecclesiasticis observatas, et pacifice ac reverenter exhibitas, dominus noster rex deduci vellet in medium, et ne super his contentiosus funis traheretur in posterum, notitiæ publicæ delegari. Adjuratis itaque per fidem, et per eam quæ in Deum spes est, majoribus natu episcopis, aliisque regni majoribus, retroacti temporis insinuato statu, dignitates requisitæ, palam prolatæ sunt, et summorum in regno virorum testimoniis propalatæ. Hæc est domini nostri regis in Ecclesiam Dei toto orbe declamata crudelitas, hæc ab eo persecutio, hæc operum ejus perversorum rumusculis undique divulgata malignitas. In his tamen omnibus, si quid fuerit suæ periculosum animæ, si quid ignominiosum Ecclesiæ continetur, id vestra monitus auctoritate ob reverentiam Christi, ob Ecclesiæ sanctæ quam sibi matrem profitetur, honorificentiam, ob animæ suæ remedium, Ecclesiæ regni sui consilio se correcturum, devotione sanctissima jam diu est pollicitus, et constantissime pollicetur. Et quidem pacis optatum finem nostra, Pater, ut speramus, obtinuisset jam postulatio, si non iras jam sopitas, et fere prorsus exstinctas, Patris nostri domini Cantuariensis de novo suscitasset exacerbatio. Verum hic, de cujus patientia pacem, de cujus modestia redintegrationem gratiæ huc usque sperabamus, ipsum quem monitis emollire, quem meritis et mansuetudine superare debuerat, per tristes et terribiles litteras, devotionem Patris aut pontificis patientiam minime redolentes, cum in pacis perturbatores exercitum nuper ageret, dure satis et irreverenter aggressus est, in ipsum excommunicationis sententiam, in regnum ejus interdicti pœnam comminando. Cujus si sic remuneratur humilitas, quid in contumacem statuetur? Si sic æstimatur obediendi prompta devotio, in obstinatam perversitatem quonam modo vindicabitur? Minis quoque gravibus superaddita sunt graviora. Quosdam namque fideles et familiares domini nostri regis, primarios regni proceres, regiis specialiter assistentes secretis, in quorum manu consilia regis et negotia regni diriguntur, non citatos, non defensos, non, ut aiunt, culpæ sibi conscios, non convictos aut confessos, excommunicationis innodavit sententia, et excommunicatos publice denuntiavit. Adjecit etiam, ut venerabilem fratrem nostrum, dominum Saresberiensem episcopum, absentem et indefensum, non confessum aut convictum, sacerdotali prius et episcopali suspenderit officio, quam suspensionis ejus causa comprovincialium aut aliquorum etiam fuisset arbitrio comprobata. Si hic itaque judiciorum ordo circa regem, circa regnum tam præpostere, ne dicamus inordinate, processerit, quidnam consequi posse putabimus? Dies enim mali sunt, et occasionem habentes malignandi quam plurimam, nisi ut tenor pacis et gratiæ, quo regnum et sacerdotium usque modo cohærent, abrumpatur, et nos cum commisso nobis clero in dispersionem abeamus exsilii, aut a vestra, quod absit! fidelitate recedentes ad schismatis malum, in abyssum iniquitatis et inobedientiæ provolvamur? Compendiosissima quippe via hæc est ad omne religionis dispendium, ad cleri pariter populique subversionem ac interitum. Unde ne apostolatus vestri tempore tam misere subvertatur Ecclesia, ne dominus rex et servientes ei populi a vestra, quod absit! avertantur obedientia, ne totum, quod privatorum consilio machinatur, possit in nos domini Cantuariensis iracundia, adversus eum et ipsius mandata, domino nostro regi aut regno ejus, nobis aut commissis nobis ecclesiis gravamen aliquod importantia, ad sublimitatem vestram voce et scripto appellavimus, et appellationis terminum diem Ascensionis Dominicæ designavimus, eligentes apud vos in omne quod sanctitati vestræ placuerit humiliari, quam ad sublimes animi ipsius motus, nostris non id exigentibus meritis, de die in diem tædiosissime prægravari. Conservet incolumitatem vestram, Ecclesiæ suæ in longa tempora profuturam, omnipotens Deus, in Christo dilecte Pater.

XLVI.

Eorumdem. — Conqueruntur quod contra canonum auctoritatem post appellationem sint ab archiepiscopo Cantuariensi sententia excommunicationis alligati. Appellationi nihilominus suæ terminum diem transitus B. Martini constitui precantur.

Patri suo et domino, summo pontifici ALEXANDRO, Anglicana Ecclesia, devotum et debitum charitatis et obedientiæ famulatum.

Sublimitati vestræ, Pater reverende, venerande, gratias affectuose referimus, quod ad petitionem filii vestri devotissimi, dominique nostri dilectissimi, illustris Anglorum regis, filios vestros charissimos, summeque nobis in ea, quæ ad præsens est, tempestate necessarios, ad ipsum curastis in longinqua transmittere: affectuque paterno eorumdem laboribus nostris parcere, et gravaminibus nostra pie gravamina sublevare. Habentes itaque mittenti gratias, missos honore debito, totaque cordium alacritate suscepimus, sperantes eorum adventu finem malis diu jam protractis imponi: et quæ turbata sunt apud nos in pacis pristinæ serenitatem cooperante gratia reformari. Inde est quod eis, tanquam judicibus ad hoc a sanctitate vestra directis, nostram una cum Domino nostro rege præsentiam reverenter exhibuimus, optantes pariter et exspectantes omnia, quæ inter dominum nostrum regem et dominum Cantuariensem, quæque inter ipsum vertuntur et nos, in eorum præsentia palam fieri, et juxta vestri formam mandati, diffinitiva eorum sententia plenissime terminari. Ipsis in modum hunc reverentiam judiciariæ potestati debitam exhibentes astitimus, et ecce sinistro confusi nuntio, a prius concepta spe gaudii in desperationis foveam lapsi, audita satis nequivimus admirari. Audito enim, et ipsa legatorum vestrorum confessione recognito, eos ad judicandum causam hanc, ob quam venerant, potestatem omnino non habere, et quod a sanctitate vestra domino nostro regi concessum, scriptoque firmatum fuerat, id non tenere, dominus noster rex, ultra quam dici possit, ira totus incanduit, in tantum quidem, ut ad solitam erga vos animi mansuetudinem vix cum nostra etiam in commune supplicatio revocare potuerit. Totum itaque, quod in adventu legatorum vestrorum conceperamus gaudii, cœpit illico tristitiæ nubilo superduci. Ad iram hanc fortius inflammandam incentiva præbebant ipsa nobilium regni colloquia, id domino regi sæpius inculcantia, sibi regnoque suo nulla jam adversus dominum Cantuariensem superesse subsidia, cum appellatio regni dudum ad vos facta jam exspiraverit, et ei legatorum vestrorum in nullo cura subvenerit. Hinc apud regni principes tanta exorta est turbatio, ut nisi juxta datam vobis sapientiam pericula jam nunc erumpentia providendo præcluseritis, Christi vestem scindi miserrime de proximo doleatis. Totis enim studiis dominus in hoc Cantuariensis desudat, ut dominum nostrum regem anathemate, regnumque ejus interdicti pœna constringat. Potestatem, quam in ædificationem, et non destructionem Ecclesiæ suscepisse oportuerat, sic exercet in subditos, ut omnes in regis odium, et totius regni nobilium tentet inducere, et eorum substantiis direptionem, cervicibus gladium, aut corporibus exsilium intente studeat procurare. Crebris litteris graves eis mandatorum imponit sarcinas, quas præsens ipse non digito movere voluit, nedum humeris sustinere. Ad mortem nos invitat, et sanguinis effusionem, cum ipse mortem, quam nemo sibi dignabatur aut minabatur inferre, summo studio declinaverit, et suum sanguinem illibatum conservando ejus adhuc nec guttam effundi voluerit. Pro Christo quippe mori gloriosum est. In mortem vero et imprudenter irrumpere, Christo scimus non placere. Libertatem prædicat Ecclesiæ, quam se Cantuariensi Ecclesiæ viribus intrudendo sibi constat ademisse. Regni consuetudines frequenter improperat, quas longe aliter quam se res habeat, suis scriptis vestræ celsitudini manifestat. De cætero sanctorum canonum auctoritatem erga nos non observat, cum appellantes ad vos post appellationem excommunicet, alios sine citatione aut commonitione suspendat; notoria, quæ nec nota, nec veritate subnixa sunt, asserat; et in hunc modum plurima, qua potest, potestate confundat. Ad hæc quadraginta marcarum millia, vel amplius, ut sui asserunt, bonæ suæ fidei commissa, domino nostro regi solvere, vel quod justum est exhibere detrectat; et regi suo negat et domino, quod nec ethnico denegare debuerat aut publicano. Unde, ne ligent nos jam dicta gravamina, ne taciturnitate nostra, et indiscreta quadam conniventia permittamus id fieri, unde dominum nostrum regem, et regnum ejus ipsum etiam, et sequentes populos a vestra contingat obedientia prorsus averti, adversus suspectas nobis domini Cantuariensis sententias, adversus mandata ejus omnia, domino nostro regi et regno ejus, personis nostris, et commissis nobis ecclesiis et parochiis gravamen aliquod importantia, vestro nos per omnia committentes consilio, et protectioni subdentes, ad audientiam vestram appellavimus, et appellationi terminum diem transitus Beati Martini constituimus. Vale, vale, omnino in Christo dilecte Pater.

XLVII.

Cleri Normanniæ. — Precantur ut in causa S. Thomæ regi Anglorum pontifex nonnihil indulgeat.

Domino papæ ALEXANDRO, episcopi et clerus Normanniæ, salutem et obedientiam.

Nuntios et litteras vestras dominus noster rex Angliæ tanto majore lætitia et alacritate suscepit, quanto majorem ei benignitatis vestræ gratiam promittere videbantur. Unde petitione vestra de pace Cantuariensis archiepiscopi et suorum reditu, ecclesiasticarum personarum et optimatum regni sui consilio, pro amore vestro benignius exaudita. eum ad archiepiscopatum suum redire, ipsumque cum omni integritate, qua tenebat quando exivit, recipere et deinceps in bona pace et securitate possidere, ad honorem siquidem Dei et Ecclesiæ, salva nimirum regni sui dignitate pristina, concessit. Cum igitur inter dominum regem et nuntios vestros super hoc tractatus prolixior incidisset, in verbo utrinque complacito novissime convenerunt: ita scilicet ut eos qui præsentes erant statim absolverint, et ad eos absolvendos, qui erant in Anglia, alter eorum, scilicet magister Vivianus illico transire, alter citra mare ad exsecutionem condictæ pacis consenserit remanere. Postmodum revocato consensu verbum conservandæ in futurum regiæ dignitatis admittere noluerunt, ea quæ disposita fuerant exsequi recusantes; cum archiepiscopi, episcopi, abbates, religiosæ personæ, optimates regni, qui aderant, pro bono tantæ pacis multis precibus institissent, quoniam in observatione regiæ dignitatis nullatenus videbatur nobis libertas aut dignitas ecclesiastica prægravari. Siquidem dignitas ecclesiastica regiam provehit potius quam adimit dignitatem, et regalis dignitas ecclesiasticam conservare potius consuevit, quam tollere libertatem. Etenim quasi quibusdam sibi invicem complexibus dignitas ecclesiastica et regalis occurrunt, cum nec reges salutem sine Ecclesia, nec Ecclesia pacem sine protectione regia consequatur. Genibus itaque pietatis vestræ, quanta devotione possumus, advoluti, suppliciter enixeque deposcimus, ne sapientia vestra quasi litterarum apices et conceptiones verborum potius, quam rem ipsam duxerit amplectandas. Sed secundum datum vobis a Deo spiritum discretionis id agite, ne causa unius in multorum et fere innumerabilium perniciem convertatur; quia ad bonum pacis quandoque magis proficit mansuetudo gratiæ quam severitas disciplinæ. Dominus personam vestram Ecclesiæ suæ per tempora multa conservet incolumem.

XLVIII.

Willelmi Antissiodorensis episcopi. — Contra [Gilbertum] Londoniensem episcopum.

ALEXANDRO papæ, WILLELMUS Antissiodorensis episcopus.

Si unum patitur membrum, necesse est ut reliqua compatiantur. Et quod fomentis aut cauterio sanari non potest, abscidi expedit, quam cæteris ab eo maculam irrogari. Sit quamlibet illustre et officiosum in corpore, tamen si scandala germinat, et pestem ingerit, illud abscidi jubet Dominus et propelli. Cum ergo nobile membrum universalis Ecclesiæ, prima Britanniarum sedes, et fidei mater in Occidente, Cantuariensis Ecclesia plurimum patiatur, et diutius jam passa sit, eo quod filii ejus parricidali scelere publicæ potestatis viribus abutentes, in ipsam irruerint, necesse est ut compatiamur et nos, et cum ipsa et pro ipsa recurramus ad dispensatorem salutis, ad pastorem et episcopum animarum nostrarum. Sed quia non facile, nisi causa præcognita, curatur infirmitas, purgate, si placet, causam, et Anglicana Ecclesia, Deo propitio, facile convalescet. Et quidem causa præ oculis est, cum ille Londoniensis, quem, si reminisci placet, Senonis, dum sui regis legationem gereret, furorem mente conceptum verbis constat aperuisse, nunc perniciosissimum Ecclesiæ Dei totis viribus et operum testimonio exprimat furiosum. Is enim est auctor scissuræ hujus, sator discordiæ, scandali fomes, qui bellum, quod cum Deo et archiepiscopo suo diu habuit, nunc demum retorsit in fratres et coepiscopos suos, eo quod sibi excommunicato, sicut per officiales regis urgebat, communicare noluerunt, et archiepiscopo suo debitam subtrahere obedientiam. Ecce Pater, quantus lupus hactenus in ove latuit, quam manifestus Antichristi præambulus, et præco iniquitatis, qui patrem persequitur, et matrem quærit evertere. Manifestum inobedientiæ crimen, quod idolatriæ et ariolandi flagitio conforme est, committere non veretur, tyrannorum ministerio proscribit et perimit innocentes, pacem nescit, et scindit Ecclesiæ unitatem. Quid, quæso, aliud faciet Antichristus? Nonne ad abolitionem tantæ iniquitatis sanctitatem vestram in apostolicæ virtutis robore ante faciem suam præmisit Christus in spiritu et virtute Eliæ? Conterat ergo, si placet, majestas vestra tam istum, quam reliquos, quos dominus Cantuariensis ex justis causis Satanæ tradidit, ut qui aliis se formam præbuit delinquendi, tam præsentibus quam posteris ad gloriam Dei, et honorem vestrum, ad totius Ecclesiæ salutem et pacem, notum relinquat correctionis exemplum.

XLIX.

Willelmi Carnotensis electi. — Pro Thoma Cantuariensi.

ALEXANDRO papæ, Carnotensis electus.

Ecclesiæ Romanæ filius, sicut in matris successibus totus exsulto, sic in adversis ejus mihi caro maceratur, et affligitur spiritus, et animæ meæ requies omnino denegatur. Cum enim necessitas ad obediendum apostolicæ sedi fideles urgeat universos, me qui in Christi ministerio vestra sum creatura specialis, arctat devotio charitatis, ut per gratiam Dei neque mors neque vita possit a sanctæ Romanæ Ecclesiæ, et vestra fidelitate et obsequio separare. Unde et ad dominum meum fiducialiter loquar, quæ ad gloriam ejus, et totius Ecclesiæ honorem pertinere certo certius est. Inter omnia regna mundi non est ex animi mei sententia regnum, quod fidem sinceriorem, charitatem ferventiorem, devotionem uberiorem apostolicæ sedi semper exhibuerit, quam Francorum. Non est inter reges et principes, qui benignius exaudiat preces vestras, qui mandatis obediat humilius, qui Ecclesiam et viros ecclesiasticos devotius honoret, et studiosius tueatur, Christianissimo rege nostro. Non est Ecclesia, quæ Romanæ Ecclesiæ fuerit utilior in omnibus angustiis suis, quam Gallicana. Supplicaverunt vobis Ecclesia, rex et regnum pro domino Cantuariensi, qui pro libertate Ecclesiæ et majestatis vestræ dignitate tuenda exsul et proscriptus jam quartum explet annum. Agit apud vos contra eum tyrannus, Ecclesiæ persecutor manifestus, hostis regni Francorum, cujus iniquitas omnibus nota est, et tamen quod dicere verecundor, et doleo accidisse, prævaluit hactenus in malitia et vanitate sua. Siquidem nuper cum ad colloquium Christianissimi regis accederet, et per comitem Flandrensem, qui illuc dominum Cantuariensem traxerat, de pace Ecclesiæ reformanda sollicitaretur, litteras apostolicas in audientia episcoporum suorum, et procerum legi fecit, quibus statuebatur, ne præfatus Cantuariensis in ipsum aut terram suam sententiam ferre possit, aut aliquod gravamen alicui personæ de terra sua inferre, donec redeat in gratiam ejus. Quo audito Christianissimus rex confusus est, et totum regnum, omnesque filii Ecclesiæ doluerunt virum justum, pontificem reverendum sine causa suspendi, et ab apostolica sede manasse scriptum tam perniciosum exemplo. Anno præterito, Joannes de Oxeneford gravissimum quidem scandalum excitavit, sed illud nihil ad istud. Sententia domini regis est, quod si preces ejus nolletis audire, causa Dei non sic fuerat opprimenda, nec erant danda duriora, quibus Ecclesiam ventilaret, cornua peccatori: non erat innocens in mensa, imo inter manus regis Christianissimi jugulandus. Et quod tam regis quam nostratum omnium mentes magis exulcerat, efficaciores dicuntur fuisse injuriæ et comminationes Anglorum, quam Francorum sincera fides, devotio fervens, et juge obsequium. Promiseratis, Pater, si reminisci placet, domino regi, toties pro domino archiepiscopo Cantuariensi supplicanti, quod ei justitiam exhiberetis, et quod memoratum filium vestrum regem lætificaverat, præceperatis ut archiepiscopo comprovinciales episcopi obedientiam exhiberent. Nunc autem, quod regem contristavit supra modum, eumdem archiepiscopum, quem verbis consolamini, rebus opprimitis, et qui nomine tenus honoratur, debita privatur potestate. Placeat itaque clementiæ vestræ cancellare manus, et permutare vices solvendo innocentem, et Ecclesiæ tortorem condemnatione debita vinciendo. Alioquin certum est scandalum, quod nuper emersit, et apostolicæ sedis denigrat honestatem, sedari non posse.

L.

Ejusdem. — Pro eodem.

ALEXANDRO papæ, WILLELMUS Carnotensis electus

Vigor sensuum membris omnibus manat a capite et a sancta Romana Ecclesia, quæ omnium fidelium est caput, incolumitas universis et singulis ecclesiis procuratur. Nobile membrum ejus est prima sedes Anglorum Cantuariensis Ecclesia, quæ prima prædicationis officio et sacramentorum dispensatione totam insulam convertit ad fidem, ut eam tanquam matrem suam omnes aliæ debeant venerari, quæ eas per evangelium in Christo genuit. Hanc non tam debilitare et scindere, quam subvertere nititur rex Anglorum, ut cum ea totius Ecclesiæ, quod absit, perimat libertatem, et auctoritatem sedis apostolicæ excludat a finibus suis, et solus omnia possit in orbe suo, qui sibi soli omnia concupiscit. Et nisi ipsius improba retundatur audacia, valde timendum est, ne reges et potestates ad similem contra Dei Ecclesiam improbitatem tali provocentur exemplo. Nam plerumque, quod puniri non audiunt, licitum opinantur. Exsulat apud nos vir bonorum omnium clarus testimonio, domino regi, ecclesiis, et optimatibus Francorum gratus et acceptus pro sua reverentia, dominus Cantuariensis, quia tantæ iniquitati se opponere ausus est, et pro libertate Ecclesiæ facere verbum, et apostolicæ sedi in privilegiis custodiendis servare fidem. Causa hæc, Pater sanctissime, vestra est, in vos tam præsumptuosa, tam damnosa redundat injuria. Apostolatui vestro de cohibitione tyrannidis hujus debetur victoria, per misericordiam Dei et gloria reservatur. Nam si ille, quod Deus avertat, prævaluerit, Ecclesia Anglorum periit, et Gallicana in periculo est. Exspectat devotus filius vester Christianissimus rex Francorum, exspectant Ecclesiæ et optimates regni, quam opem adversus tyrannum sævientem feretis archiepiscopo pro justitia exsulanti, et coexsulibus ejus, quod Ecclesiæ laboranti, imo jam fere labenti solatium. Exspectant, inquam, sibi reputaturi factum, quidquid miserationis domino Cantuariensi et suis fuerit exhibitum : si Joannem de Oxinefordia, qui imperatori contra Ecclesiam Dei exsecrandum præstitit sacramentum, et complices suos confuderitis. Si regis Anglorum circumventiones examinaveritis diligentius,

Ne vos decipiant animi sub vulpe latentes,
Deo auctore, liberastis Ecclesiam. Nam quæcunque idem rex agit, nostratibus et vicinis adeo suspecta sunt, ut passim dicant : *Quoniam beatus qui allidit parvulos suos ad petram* (*Psal.* CXXXVI). Sicut vicinis notus est, utinam sine damno vestro, ne perniciosus noceat, totus innotescat et vobis. Supplicamus itaque quanta devotione possumus, majestati vestræ, quatenus aures clementiæ vestræ aperiatis ad orationes et vota populorum, et Cantuariensis Ecclesiæ respiciatis necessitatem, et archiepiscopi, et eorum qui sibi pro Deo et Ecclesiæ libertate coexsulant, miserabiles exaudiatis preces. Certum vero habeat sanctitas vestra, quod dominus rex et optimates regni Francorum eas ex variis et justis causis desiderant promoveri.

LI.

Ægidii Ebroicensis episcopi. — *Humiliter precatur ut cum rege Anglorum pontifex mitius agat.*

ALEXANDRO papæ, ÆGIDIUS Ebroicensis episcopus. Circa meæ vocationis initia vestræ debueram pedibus majestatis advolvi, et ibi infirmitatis meæ remedia quærere, ubi summi consilii angelus salutaris consilii posuit firmamentum. Verum ad hæc et alia debiti nostri officia exsequenda, peccatis exigentibus, impedimur, maxime cum citra spem omnium graviora solito apud nos et circa nos scandala oriantur. Cum enim post multos labores et totius fere Ecclesiæ graves molestias, et illam sollicitudinem, quam in sacrario pectoris vestri quasi crucem assiduam portabatis, ad pacem Cantuariensis archiepiscopi animum gloriosi regis Anglorum ad preces vestras, et juxta vestri formam mandati divina clementia inclinasset, et audita paces, omnium bonorum voces exsultarent et corda, et ipse Cantuariensis archiepiscopus salvo, sano, honestoque commeatu transisset in Angliam, et omnes in adventu suo vocem jucunditatis et canticum præstolarentur lætitiæ, versa est in luctum cithara eorum et tantam regiæ serenitatis perturbationem, afflictionemque ecclesiarum, totiusque populi fere desperationem accepimus, ut non possimus graviter non dolere. Quia domini regis offensa omnes qui sub ditione ejus Domino famulantur, gravat pariter et offendit : et ipso laborante quiescere nec volumus, nec debemus. Quia ergo semel cœpi, loquar ad dominum meum, cum sim pulvis et cinis. Meminerit, quæso, Pater sanctissime, prudentia vestra, quod sancta animalia oculos ante et retro habentia describuntur, et ad designandam munditiam animalium, ungulæ fissuram legislator non tacuit, ut in lumine multiplici arduæ discretionis subtilitas, et in fissura ungulæ credite nobis dispensationis moderamen suavissimum designetur. Ad hæc a mente vestra non excidit, quod ubi multorum strages apparet, detrahendum est severitati in pluribus, et occisione unius personæ non oportet totam domum Domini concuti tam graviter et turbari, præsertim cum rege peccante, si viam pacis Cantuariensis agnosceret, et diligeret agnitam, plus universali paci Ecclesiæ, plus propriæ per mansuetudinem discretam consuleret, quam comminationibus coruscando, et omnem potestatis suæ rigorem exercendo proficiat. De cætero, nec novum, nec mirum est, humanum animum falli vel fallere. Ad utrumque posuit nobis cautelam magni consilii Angelus dicens : *Estote prudentes sicut serpentes, et simplices sicut columbæ* (*Matth.* X). Miror qua impudentiæ vestræ sit serenitati suggestum regem Anglorum, et domini regis Anglorum et principis nostri filium professionem consecrationis suæ tempore debitam non fecisse, et juramentum de quibusdam consuetudinibus conservandis præstitisse. In unius negatione, et affirmatione alterius pari malignitate quassatum. Dico enim vobis coram Deo in animam meam, quod professionem a prædicto domino rege factam audivi in publico. De juramento autem nec post consecrationem, nec tempore consecrationis usque in hanc diem auribus meis vel modicum verbum insonuit. In omnibus his, Pater sancte, vigilet et providead sancta discretio vestra, ut quæratis et rogetis quæ ad pacem sunt peregrinantis Hierusalem : ne major in Ecclesia Dei scissura fiat, et gravior, tempus est, reverendissime Pater, ostendendi et exercendi circa charissimum filium tuum illustrem regem Anglorum apostolicæ viscera charitatis, ut ei respondeat mane justitia sua, humilisque et prompta devotio, quam vobis et Ecclesiæ Romanæ tempore opportuno exhibuit, ut in sinum suum apostolico moderamine convertatur.

LII — LIII.
Ægidii Ebroicensis episcopi.

[*Warthon*, *Anglia sacra*, præf. ad tom. II, p. v, ex archivo ecclesiæ Christi Cantuariensis. Sigilli circumferentiæ inscribitur: *Ægidii Dei gratia Ebroicensis episcopi.* In dorso autem scriptum est : *Contra falsa privilegia S. Augustini ; qualiter per unum monachum falsarium S. Medardi adulterinis privilegiis se munierunt.*]

I. Quam gravis inter regem Henricum et me servum vestræ sanctitatis in initio nostri episcopatus exorta sit discordia pro reparatione libertatis Ecclesiarum Norman., quæ a multis retro temporibus conculcatæ fuerant, discretionem vestram non credimus ignorare. Illius siquidem persecutionis turbine moti, et parochiæ nostræ fines exire compulsi, portum nonnisi in apostolicæ pietatis sinibus invenire potuimus. Quæ et quanta nobis solatia felicis memoriæ B. Innocentius papa contulerit, vix mens potest concipere vel lingua proferre. Inter quæ hoc unum, quia ad modernorum non credimus notitiam pervenisse, vestræ discretioni, tanquam dignum memoria, præsentis scripti relatione studuimus intimare. Dum B. Innocentius Remis celebraturus concilium advenisset, me minimum servorum Dei cum fratribus et filiis nostris ex more contigit interesse. Inter cæteros autem quos nobiscum adduximus, R. in abbatem B. Audoeni, W. in abbatem Gemmeticensem electi, nec benedicti, apostolico se conspectui in abbatum ordine præsentarunt. Quorum electionem, imo dejectionem dum apostolicis auribus intimarem, discreto more suo ab eis diligentius inquisivit, si forte aliquibus privilegiis authenticis munirentur, quorum patrocinio eorum personæ vel ecclesiæ a metropolitani subjectione comprobarentur immunes. Dum hæc apostolica sollicitudo diligenter scrutaretur instantia, venerabilem virum G. Catalaunensem episcopum, quondam abbatem B. Medardi, ex divino munere contigit adfuisse. Qui, dum B. Audoeni electus circa quæstionem apostolicam hæsitaret, nostræ dubitationi finem imposuit, et illius præsumptionis tumorem antiquæ recordationis freno compescuit. Ait enim quod dum in ecclesia B. Medardi abbatis officio fungeretur, quemdam Guernonem nomine ex monachis suis, in ultimo confessionis articulo se falsarium fuisse confessum, et inter cætera quæ per diversas Ecclesias figmentando conscripserat, ecclesiam B. Audoeni, et ecclesiam B. Augustini de Caut. adulterinis privilegiis sub apostolico nomine

se munisse, lamentabiliter pœnitendo asseruit. Quin et ob mercedem iniquitatis quædam se pretiosa ornamenta recepisse confessus est, et ad B. Medardi ecclesiam detulisse. Quo audito, B. Innocentius prædictum est sciscitatus episcopum, si quod de piano interlocutus fuerat, jurisjurandi religione firmaret ? Quod se facturum vir Dei religionis et veritatis amator, proposuit. Quo audito dominus papa : « Eia, inquit, mi frater charissime, indue te ornamentis dignitatis tuæ, et præsentibus electis sub professione canonica manum benedictionis impone ; » quod ego impetrata licentia aggressus sum. Ipse, quod mirabile dictu est, venerabilium Patrum conventum ejus adventum exspectantium ingredi supersedit, quoad ego secum intraturus, benedictis rite abbatibus, advenirem. Hæc, Pater sanctissime, vobis duximus exaranda, exorantes ut si prædictas ecclesias contra institutiones patrias aliquid usurpare fuerit comprobatum, vos more solito et debito ecclesiis singulis suam conservetis in omnibus æquitatem.

II. Venerabili Patri ac domino charissimo ALEXANDRO, Dei gratia S. R. E. summo pontifici, Æ. eadem gratia Ebroicensis Ecclesiæ humilis minister servus tuæ sanctitatis, obedientiam devotam et reverentiam.

Quæ in schedula scripta sunt quam vobis cum sigillo nostro Cantuariensis præsentat Ecclesia, ab ore bonæ memoriæ Hugonis quondam Rothomagensis Ecclesiæ archiepiscopi, patris et patrui mei, accepimus, et sigillo suo signata ad B. Thomam et Ecclesiam Cantuariensem transmisimus; ut veritas recordationis antiquæ eorum præsumptionem compescat, qui in spiritu erroris et spiritu mendacii indebitam sibi vindicant libertatem. Privilegia autem, quæ ex confessione Gaufridi Catalaunensis episcopi in præsentia sanctæ recordationis Innocentii papæ adulterina probata sunt, et prædicto domino nostro archiepiscopo reddita, de mandato ejusdem domini nostri igni comburenda propriis manibus tradidimus. Conservet Deus personam vestram Ecclesiæ suæ per tempora longiora incolumem !

LIV.
Henrici decani et capituli S. Pauli London. — Gilbertum episcopum, Romam pergentem commendant.

Postquam dominus noster archiepiscopus Cantuariensis occasionem sibi reperit de terra nostra exeundi, exinde turbata variisque modis fluctuans Anglorum Ecclesia laboriosa sollicitudine exstitit curiosa tanquam repente destituta, et timoris onere multimodo laboravit agitata tanquam de exitu tantæ destitutionis dubia. Subvenit tamen omnipotentis Dei piissima benignitas, quæ regiæ in pastorem indignationis severitatem in gregem passim evagari hucusque non permisit ; etiam manus ipsius potentiæ ne matrem suam, cujus piissimus est filius, ecclesiam gravaretur interim coercuit. Præ cæteris tamen sollicitior nostra fuit ecclesia, tanquam in urbe cæteris omnibus terræ nostræ populosiore sita, et regiis sollicitudinibus magis exposita et speciali aliqua dignitate cæteris ecclesiis dignior habetur et superior. Cujus gravamen et onera importabilia, quæ magis verbis vivis exprimi quam litteris possunt dictari, cum juste et non sine causa metueremus, nos una cum domino Gilberto, episcopo nostro, vobis in omnibus devotissimo ad vestram sanctitatem quondam appellavimus, et ipsius quidem appellationis causa et tenor vestræ discretioni satis innotuit : sed vestra benignitas laboribus et sumptibus ecclesiæ nostræ per litteras ad dominum Cantuariensem missas ea vice pepercit : quarum beneficio cum nos fore in quiete, donec ira domini nostri regis effervuisset, interim speraremus, subito et quasi ex insperato audivimus domino Cantuariensi habenas fuisse laxatas et rigoris archiepiscopalis exercitium cum plena potestate a vestra celsitudine restitutum, propter quod dominus et episcopus noster Gilbertus, cujus animo sollicitior suæ et nostræ ecclesiæ cura insedit, gravamen tam in personam suam quam in universum Ecclesiæ suæ gregem, licet nullius culpæ conscius, iterato formidans ad vestram audientiam in facie ecclesiæ ante altare Beati Pauli constitutus, præsentibus viris religiosis abbate Westmonasteriense et abbate Sancti Augustini Cantuariensis, et abbate Certesiæ, et prioribus conventuum et archidiaconis et clericis plurimarum ecclesiarum, decimo quinto Kal. April. appellavit, integritatem sui status et domini nostri regis et omnium procerum et totius regni ejus vestro sanctissimo examini commendans, et indemnitatem præcavens. Post hanc autem appellationem, sed et ante, cum ob culpam nullam fuisset citatus hucusque nec commonitus, anathematis sententiam in ipsum et in plerosque alios a domino Cantuariensi fuisse latam plurimum obstupescimus, et gravissime dolemus. Indebitam enim pœnam ipsum sustinere, quæ ad nos tanquam ipsius filios specialius et pressius spectat, sine grandi spiritus contritione videre non possumus : præsertim cum ejus apud nos conversationem dignissime laudabilem experti fuerimus, et ipsum nihil culpæ contraxisse nec aliquo modo ipsum iram domini regis in dominum Cantuariensem vel excitasse vel fovisse indubitanter cognovimus, sed ad pacem ejus et securitatem studiosissime laborasse et sæpissime sua industria optimam spem inde concepisse. Vestræ itaque sublimitati humiliter ac affectuosissime, et pro domino et pastore nostro quem ad ecclesiæ nostræ regimen gratiæ vestræ serenitas transferri concessit, preces supplices porrigimus, quatenus ipsum ad vos venientem digne suscipiatis et paterna gratia afflictionem ejus et nostram sublevetis, et sicut, apostolicam decet dignitatem, remedia appellationum sive oppressis, sive ex aliqua vel levi suspicione meticulosis concessa illibata tueri et fovere dignetur vestra sanctitas. Quam cum incolumitate longa conservet Pater misericordiarum et Deus totius consolationis (*II Cor.* 1) Christus omnipotens.

LV.

Stephani Meldensis episcopi. — *Pro S. Thoma exsulante.*

ALEXANDRO papæ, STEPHANUS Meldensis episcopus.

Licet non sit discipulus super magistrum, judiciaque pastorum ovibus veneranda sint, non retractanda, non tamen erit incongruum, si patri filius in causa pietatis supplicet, et bonum dominum pro bono pacis humilis servus instanter interpellet. Novit non solum Romana, sed et omnis catholica Ecclesia, quam injuste dominus Cantuariensis exsulet, quam inique vapulet, de quam bono opere lapidetur; et quod dum Ecclesiæ verus nititur esse filius, hostibus Ecclesiæ factus est hostis publicus. Et ea causa in exsilium est depulsus, qua fuerat ab exsilio dignissime revocandus. Nondum tamen iniquitas oppilavit os suum, nec obstructum est os loquentium iniqua, sed quasi quosdam cineres mortuos persequitur, et in capite judicii nititur eruere oculos veritatis, quæ jam in quibusdam obliquavit pedes rectitudinis. Filiali igitur devotione et omnimodis obnixa supplicatione postulamus, ut erga dominum Cantuariensem indefessam et solidam, solitamque geratis circumspectionem. Et dum Anglorum vobis pecuniosæ insidiantur versutiæ, papalis nihil diminuatur constantia, sed immotam et ineradicabilem servando perseverantiam, et domini regis, et totius Ecclesiæ Gallicanæ vobis et conservetis benevolentiam et augeatis amicitiam.

LVI.

Ejusdem. — *Pro eodem.*

ALEXANDRO papæ, STEPHANUS Meldensis episcopus.

Crebrescunt, Pater, scandala temporibus nostris: sed *væ illi per quem scandalum venit!* (*Matth.* XVIII.) Si enim præcipitio et mola asinaria dignus est et profundo, qui unum de Christo parvulis scandalizat, quod meretur judicium, quas in se provocat pœnas, qui totam Ecclesiam Dei scandalo replet, sanctorum corda percellit, ut, si fieri posset, a fidelitate et devotione sedis apostolicæ moveantur electi? Et quidem Joannes de Oxeneford anno præterito gravi scandalo collisit Ecclesiam, qui domini Cantuariensis excommunicatos, persistentes in scelere suo, quod omnibus notum est, sine omni non dico satisfactione, sed etiam sine satisfactionis imagine fecit absolvi. Et quod sine dolore et confusione non eloquor, adhuc ecclesiarum possessionibus incubant, spoliant clericos, pauperum Christi bona diripiunt, impune se tam Romanæ Ecclesiæ auctoritate, quam regis sui iniquitate tutos esse gloriantes. Cæterum, scandalum illud, licet maximum fuerit, jocus erat præ his quæ regis Angliæ nuntii nuper attulerunt, et quod omnium fidelium vestrorum corda magis exulcerat, in colloquio regum novissimo publicata sunt. Lectæ enim sunt litteræ, quibus dominus Cantuariensis, vir litterarum eruditione et morum honestate, sed magis pro causa domini et libertate Ecclesiæ, cujus assertor est, venerandus, potestate debita coercendi subditos privatus est, donec redeat in gratiam regis illius, cui gratus esse non poterit, nisi Deo ingratus sit, et infidelis apostolicæ sedi, et toti perniciosus Ecclesiæ. Confusus est Christianissimus rex in verbo isto, stupuit Ecclesia Gallicana, principes doluerunt, quod tantum prævaluit apud vos manifestus hostis regni Francorum, universalis Ecclesiæ persecutor, incentor schismatis quoad potuit, et fautor hæreticorum. Sed nunc, auctore Deo, in eo calculo constitutus est, ut licet minari audeat, in hac parte non possit nocere. Nam qui terret, plus ipse timet, et, Deo propitiante, promptior est ad fugam, quam ut hostem audeat exspectare. Nusquam enim tutus est, et non tam extraneos quam domesticos veretur hostes. Dominus noster rex quantum motus sit, quod tantum acquievistis Ecclesiæ persecutori et hosti suo, non facile dixerim, ne referenti vestra sanctitas indignetur, sed certum est hoc scandalum sedari non posse, nisi citam adhibueritis medicinam. Nec desunt qui suadeant, ut de cætero non desistat pro reverentia vestra suam et regni procurare utilitatem, contrahendo cum his qui oderunt nomen vestrum. Placeat itaque majestati vestræ in consolationem domini Cantuariensis, imo in sublevationem Ecclesiæ mitigare animum ejus, et Ecclesiam Gallicam a tanto scandalo liberare. Quod utique fieri posse non arbitror, nisi absolvatur innocens, et impius vinciatur, cujus potestatem jam coarctavit Altissimus, ut de cætero non oporteat vereri minas ejus. Verendum est ne alii principes in destitutione Ecclesiæ hoc exemplo similia præsumant, et quoties a Christi sacerdotibus corripiuntur, ora eorum nitantur occludere, et ministerii detrahere potestatem. Valeat semper et vigeat sanctitas vestra.

LVII.

Ejusdem. — De lamentabili cæde S. Thomæ.
Domino papæ, episcopus Meldensis.

Licet præsentis negotii magnitudo, Pater sancte, verborum prolixitatem exigit, tamen ex multorum relatione et ex scriptis magnorum virorum quamplurium ad vos missis, pretiosam in conspectu Domini, novi, ut credimus, martyris archiepiscopi mortem tam plenis innotuisse, non ambigimus. Super hoc ipso verbo abbreviatum vobis duximus faciendum. Prætermittentes igitur de morte illius tanti viri lacrymabilem narrationem, qualiter in crastino innocentium infra actum innocentium inter templum et altare a ministris Herodianæ crudelitatis, ex præcepto regis sui se in sanguine ejus grassari coram omni populo protestantibus, ad solas preces, maxima urgente necessitate convertimur. vestram itaque paternitatem, sicut decet, altius moveat sanguis alterius Abel, ab iniquissimo Cain injuste effusus, qui de transmarinis regionibus ad vos clamare non cessat. Moveat vos etiam totius Ecclesiæ communis dolor, et conquestio miserabilis, et periculum imminens! Moveat vos regni Francorum subita perturbatio, et super hæc omnia amor Dei et zelus justitiæ, quo in tanto sceleris auctore non minimum exardescere debetis! Vestræ igitur sanctitati, quanto possumus cordis affectu, supplicamus, ut sententiam, a domino Senonensi consilio provincialium episcoporum et quorumdam abbatum, necnon etiam quamplurimum prudentium et religiosorum clericorum in terram ejus cismarinam juxta mandatum vestrum promulgatam, ratam habeatis et firmiter observari præcipiatis : et quod ab ipso fieri non potuit, vos cui plenitudo potestatis collata est, supplere non differatis, et ut tyrannus ille talia non exerceat sine damnatione, et novus martyr non fraudetur debita exaltatione, ipsum et totam terram ejus transmarinam ecclesiasticæ censuræ potenter subjiciatis. Seniores etiam populi a quibus egressa est iniquitas, episcopos scilicet pridem ex parte damnatos, nullo modo prætermittatis; vigilantes ne spiritus mendacii et humilitas palliata, seu etiam frivolarum terror minarum, et falsa periculi majoris interpretatio in tramite justitiæ prudentiam vestram aliquatenus faciat declinare. Valeat sanctitas vestra!

LVIII.

Milonis Morinorum episcopi. — Contra Gilbertum Londoniensem episcopum.

Sanctissimo domino et Patri charissimo ALEXANDRO, Dei gratia summo pontifici, MILO Morinorum episcopus, salutem et devotam in omnibus obedientiam.

Impudentiæ mater ambitio, quam cæca sit, ex eo conspicuum est, quod se pari temeritate audendis et non audendis immergit, et concupiscentiæ stimulis agitata per fas et nefas ruit in præceps. Hujus impulsus furore Londoniensis episcopus matrem suam sanctam Cantuariensem Ecclesiam, cui fidem et obedientiam ex præstita professione debet, quærit evertere, et archiepiscopatus honorem Ecclesiæ Londoniensi, cui præsidet, se acquisiturum gloriatur. Sufficere debuerat ei, quod patrem suum dominum Cantuariensem, ob confessionem veritatis, et tuitionem libertatis ecclesiasticæ, et privilegiorum sedis apostolicæ defensionem, jam quinquennio proscribi fecit, et quod indubitanter peremptorium est, regis et officialium suorum animos in persecutionem Ecclesiæ excitavit, et mandato vestro inobediens clericorum, qui pro justitia spoliati sunt, adhuc detinet bona. Nam si in fraudem spoliatorum dolo desiit possidere, aut quod magis credimus, fingit se aliis cessisse possessionem, nihilominus damnandus est, præsertim cum ante receperit tam vestras quam archiepiscopi sui litteras, quibus præcipiebatur in periculo ordinis sui, et sub anathemate restituere clericis ablata quæ tenebat, et alios qui bona eorumdem mandato regis occupaverant, ad restitutionem faciendam severitate ecclesiastica perurgere. Sed quia nimis alta mente repositum manet, quod eum Cantuariensis Ecclesia, prout ambierat, non elegit, et hactenus prosperatus est in iniquitatibus suis, et quod male libuit, impune commisit, sicut opera ejus videntur attestari, nihil ei satis erit, nisi virum innocentem et justum, et patrem suum, et jam sæpius confessorem, de terra prorsus avellat. Nuper in solemni conventu per officiales regis elaboravit, ut fratres et coepiscopos suos sibi communicare compelleret, et domino Cantuariensi debitam subtrahere obedientiam. Cæterum, Deo inspirante, qui præcipui erant, in conflatorio ejus probati sunt, et ei in faciem resistentes, Deo ante conspectum suum proposito, hinc indignationem regis, quam ille concitat et minatur, inde consolationem exspectant a Deo. Conterminales sumus Anglorum, et nostrorum et illorum interveniente frequenti commercio, nos facile latere non potest, quod tam solemniter ab illis geritur. Diu lupum texit in pellibus agninis, et fallacia habitus et gestus simulata religione derisit Ecclesiam. Quid ergo superest, Pater optime, qui totius Ecclesiæ salutem cooperante Domino dispensatis, nisi ut audito sapientissimi Salomonis consilio, jam a Christi corpore separatum ejiciatis derisorem, et exibit cum eo jurgium? Nam totius hujus schismatis auctor est et incentor, et quasi per se non satis insaniat, instigat regem. Supplicamus itaque majestatis vestræ pedibus provoluti, ut Cantuariensi Ecclesiæ feratis opem, et tam præfatum episcopum quam alios, quos archiepiscopus justo anathemate perculit, sic conteratis, ut posteris, qui audituri sunt tanta peccatis nostris exigentibus fuisse præsumpta, gaudeant a vobis eadem severitate vindictæ fortiter, ut a successore Petri decet et Christi vicario, fuisse restincta. Nam gloriæ vestræ, quam Deus perpetuet, titulos plurimum illustrabit, si tam justæ ultionis in reprobos condignum relinquatis exemplum. Valeat semper sanctitas vestra.

LIX.

Bernardi Nivernensis episcopi. — Precatur ut in causa S. Thomæ Cantuariensis regi Anglorum nonnihil indulgeat.

ALEXANDRO papæ, BERNARDUS Nivernensis episcopus.

Post nuntiorum vestrorum a domino rege discessum, ad curiam citati venimus, ibique ex certa relatione archiepiscoporum, episcoporum et aliorum terræ suæ, qui ob hoc convenerant, magnatum accepimus, quod idem dominus rex nuntios vestros et litteras debita veneratione susceperat; quippe qui ei promptam benignitatis vestræ gratiam promittere videbantur. Propositis siquidem ab eis petitionibus vestris de consilio prædictorum optimatum suorum præfatum regem benigne respondisse asserebant, quod pro amore et honore vestro archiepiscopum Cantuariensem ad archiepiscopatum suum redire, et omnia quæ tenebat quando exivit, cum integritate recipere, salva nimirum pristina dignitate regni sui, concedat, et deinceps bene et in pace possidere ad honorem Dei. Asserebant etiam quod cum inter dominum regem et prædictos nuntios vestros super hoc tractatus prolixior haberetur, tandem utrinque complacuit, ut eos qui præsentes aderant, statim absolverent; et ad illos, qui in Anglia erant absolvendos alter eorum, videlicet magister Vivianus, illico transiret, alter ad conditæ pacis exsecutionem remaneret. Postmodum vero revocato, quem præbuerant, consensu verbum conservandæ imposterum regiæ dignitatis admittere noluerunt, ea quæ utiliter et provide ordinata fuerant exsequi recusantes, tanquam in hoc verbo aliquid ecclesiasticæ dignitati derogaretur, cum omnibus sanis et recte intelligentibus videatur, quod dignitas regia ecclesiasticam provehat potius quam minuat dignitatem, sicut versa vice ecclesiastica libertas regiam adornat et veneratur majestatem. Est enim in his duabus rebus firmissimus amicitiarum nodus, et amica connexio, cum et regiam excellentiam dignitas ecclesiastica provehat, et pacem ecclesiasticam regia conservet auctoritas. Nos itaque paternitatis vestræ genibus advoluti, quanta possumus supplicatione, pietatem vestram exoramus, ne in tanto rerum discrimine litterarum apices, et verborum conceptiones potius quam ipsam amplecti velitis veritatem, sed juxta datum vobis a Deo discretionis et consilii spiritum dormiat aliquantulum apud vos severitas disciplinæ, ut magis proficiat benignitas et mansuetudo gratiæ: et causæ unius, sicut pium patrem decet, multorum aut certe innumerabilium discrimen et periculum præferatis.

LX.

Balduini Noviomensis episcopi. — Contra Gilbertum Londoniensem episcopum.

ALEXANDRO papæ, BALDWINUS Noviomensis episcopus.

Ferreum pectus est aut lapideum, quod ad labores et ærumnas sanctæ Cantuariensis Ecclesiæ non anxiatur. Et inhumanos habet oculos, qui in tantis Ecclesiæ lacrymis potest a lacrymis abstinere. « Omnibus illa bonis flebilis » est, sed nulli aut paucis in regno Francorum flebilior esse debet quam mihi, qui et gloriam ejus vidi, et beneficia sensi, et familiarius agnovi devotionem quam sanctæ Ecclesiæ Romanæ semper exhibuit. Semper enim, quod alias nusquam auditur aut raro, habuit Cantuaria episcopos confessores et qui aut martyrio coronati sunt pro fide Christi, aut exsules et proscripti sunt pro justitia et libertate Ecclesiæ. Et quidem ille, qui nunc ei præest, implet mensuram patrum suorum: et pro honore Dei, sicut jam utrique regno ex ipsius persecutoris sui publica confessione innotuit, jam quinquenne exsilium proscriptus agit. Verum decessores sui, sicut legitur in historiis, aut viventium tenetur memoria, soli in propriis personis exsilium, aut proscriptionis injuriam pertulerunt. Hic autem cum tota domo, cognatis omnibus, familiaribus et amicis, tanto acerbiori dolore relegatus est, quanto iniquius, et majoris crudelitatis gravamina erant, quæ a tortoribus Ecclesiæ perferebat. Sed longe graviora sunt, quæ nunc a fratribus et domesticis sustinet. Horum signifer est Londoniensis ille, qui diu vulpem ementita ove subornans, latenter in manibus ferebat ignem et gladium, quibus regis et officialium suorum animos succenderet adversus Ecclesiam, et manus armaret. Et quia eum Cantuariensis Ecclesia sibi in pontificem non elegit, cæca ductus ambitione, quasi versus in furorem, minatur se regis viribus facturum, ut archiepiscopalis cathedra Londoniam transferatur. Coepiscopi sui, ab officialibus regis nuper commoniti, et quatenus potuit fere compulsi, ut ei communicarent, et Cantuariensi archiepiscopo subtraherent obedientiam, eum ratione juris, ut oportuit, confuderunt, non consentientes ulterius consilio et machinationibus ejus, quoniam exspectant et ipsi regnum Dei, et interim consolationem ab apostolica sede. Placeat itaque sanctitati vestræ tam præfatum episcopum, auctorem scilicet et incentorem schismatis hujus, quam reliquos ecclesiæ malefactores, quos dominus Cantuariensis exigentibus culpis anathematis vinculo innodavit, tanta severitate conterere, ut alii eorum exemplo territi non audeant similia attentare.

LXI.

Ejusdem et Mauricii Parisiensis episcopi. — Quod post indictum archiepiscopo Cantuariensi apud Pontisaram colloquium, rex Anglorum, omisso in contumeliam domini Cantuariensis quod indixerat colloquio, Angliam festinanter repetierit.

ALEXANDRO papæ, BERNARDUS Noviomensis et MAURICIUS Parisiensis episcopi.

Nos sanctitati vestræ pro Ecclesia Anglicana, et venerabili viro Cantuariensi archiepiscopo preces sæpius porrexisse meminimus, nec poterit, Deo propitio, nostra instantia cohiberi, donec ei misericordiam impendatis, et apostolicæ majestatis dextera malitiam reprimatis eorum, qui Christum in illo conantur exstinguere, et totius Ecclesiæ perimere libertatem. Gravia quidem sunt et multa damna, quæ diu fortiterque sustinuit; atroces nimis et sine exemplo in se et suis patienter excepit injurias, sed divina cooperante gratia, ad magnum jam Ecclesiæ profectum, ut indubitanter credimus, pervenerunt. Nam apud illum Anglorum regem, cui non satis est indebita servitute torquere subjectos, gratis affligere innocentes, contrahentes decipere, vicinis insidiari, fraudare dominos, nisi contra fas et jura conculcet Ecclesiam, jam de consuetudinibus et dignitatibus nec mentio est, hoc eo petente duntaxat, ut ei faciat præfatus Cantuariensis quod archiepiscopus regi debet, et ipse vicissim illi, quod rex debet archiepiscopo. Nuper autem ad hanc ejus pollicitationem spe reconciliationis pleniori suscepta, idem Cantuariensis in omni humilitate et devotione usque ad Pontisaram accessit, confidens se regis colloquium habiturum, sicut venerabiles viri, dominus Rothomagensis, et episcopus Sagiensis promiserant per litteras suas, et præter hos Cisterciensis abbas, et frater Gaufredus Autisiodorensis, quos præfatus rex Senonas ad sæpedictum archiepiscopum miserat, ut hoc colloquium procurarent. Sed idem rex in reditu nuntiorum suorum, scilicet magistri Ricardi Barre, et Radulphi Landaviensis archidiaconi, redeuntium a sanctitate vestra, more suo resiliit a pactis, dicens se cum festinatione iturum in Angliam, ut filium suum in læsionem et injuriam Cantuariensis Ecclesiæ, per manum domini Eboracensis, vel alterius episcopi faceret coronari. Et sicut apud nostrates celebre est, præfati nuntii ejus gloriati sunt se et hanc novi regis coronationem obtinuisse a vobis, et absolutionem eorum, quos dominus Cantuariensis pro merito anathemate condemnavit. Rediit itaque infecto negotio toties memoratus Cantuariensis, condolente sibi Christianissimo rege, et regno compatiente, mirantibus cunctis, si etiam nunc in tam conspicua causa circumveniri potuerit apostolica sedes. Quis enim, et pro qua causa condemnabitur, si tanta et tam evidens Christi injuria, et ecclesiæ læsio, et contemptus, ab illo rege non requirantur? Quis innocens de manu calumniatoris liberabitur, si non subvenitur domino Cantuariensi et coexsulibus suis? Hæc enim quæ nuntii ejus jactitant evacuasse, ad coercitionem hominis, aut potius iniquitatis videbantur esse præcipua. Et jam in pœna aliorum didicerat, quid adversus malitiam potestatum valeat ecclesiasticus vigor. Pax Ecclesiæ credebatur adesse præ foribus, ipseque rex ferocitate seposita eam in veritate ad honorem Dei expetere etiam a familiarissimis putabatur. Sed si hæc et etiam post injuriam, quam vobis in imitatore beati Petri, et vestro domino Gratiano, et aliis nuntiis intulit, indulta sunt, idem est ac si omnis via pacis et spes Ecclesiæ prærupta sit Anglicanæ. Sed absit hoc a sanctitate vestri pontificatus, ut tam patens injuria Christi confessoribus irrogetur, et pernicioso exemplo tyrannorum adversus Ecclesiam armetur et roboretur iniquitas. Sperabatur enim ab omnibus, quod vestram non posset ulterius circumvenire prudentiam, aut illudere sanctitati, aut justæ severitatis manus evadere. Ecclesiæ miseria, et innocentium infinita afflictio, quam videmus, nos verba protendere coegerunt. Sed summa desiderii nostri est et totius Ecclesiæ Gallicanæ, ut tantum scandalum celeri subventione de medio tollatis, et præfatum regem his, quæ Christiano regi competunt, faciatis esse contentum, et Regi regum sua privilegia illibata relinquere.

LXII.

Mauricii Parisiensis episcopi. — Pro S. Thoma Cantuariensi.

Sanctissimo Patri et domino ALEXANDRO, Dei gratia summo pontifici, et universali papæ, MAURICIUS eadem gratia Parisiensis Ecclesiæ humilis minister, obedientiæ, servitutis et devotionis plenitudinem.

Noverit celsitudo vestra, serenissime Pater, quod

nuper prope Parisios de pace inter regem Angliæ et dominum Cantuariensem reformanda tractatum est. Et sicut magistrum Vivianum confitentem audivi, rex Angliæ in hunc modum pacem concessit, scilicet quod juxta mandatum et consilium vestrum pro amore Dei, et vestri, et honore sanctæ Ecclesiæ, dominum Cantuariensem in gratiam suam reciperet, et omnibus qui pro eo exsulabant, pacem et plenam de se et suis securitatem concederet, et ipsi Ecclesiam Cantuariensem in ea plenitudine et libertate, in qua eam melius habuerat postquam factus est archiepiscopus, redderet, possessiones etiam omnes quas habuit, ita libere et quiete, et honorifice tenendas, sicut Ecclesia et ipse liberius et honorificentius, postquam promotus est in archiepiscopum, tenuerat, ipsi et suis similiter resignaret. Et omnes ecclesias et præbendas ad archiepiscopatum pertinentes, quæ postquam de terra exivit vacaverunt, ut de his sicut de suis ad libitum suum faceret, similiter habere permitteret. Hæc quidem omnia concessit. Verumtamen in osculum pacis ipsum nullatenus recipere voluit. Quod quia multis prudentibus qui aderant suspectum videbatur, nec eo modo dominum Cantuariensem in plenariam regis Angliæ gratiam redire, vel pacis integritatem obtinere posse intelligebant, pax imperfecta remansit. Præterea requirebat dominus Cantuariensis partem ablatorum sibi restitui, alteram vero partem in sustentationem dimitti, donec vestrum super hoc religiosorum virorum haberet consilium. Inconveniens enim, et sibi valde damnosum, et perniciosum sanctæ Ecclesiæ exemplum videretur, si ipse omnia ablata, sicut rex Angliæ postulabat, penitus remitteret, cum per ejus absentiam ædificia Cantuariensis Ecclesiæ diruta essent, et ad possessiones dissipatas tenue haberet refugium et ipse gravissimo alieni æris debito astrictus teneretur. Sanctitati igitur vestræ, quam pro Ecclesia Cantuariensi frequentius rogavi, flexis genibus et tota animi devotione supplico, ut filiæ vestræ jam diu periclitantis miserias misericorditer attendentes, ipsius honori et utilitati consulendo, et honestæ compositioni intendendo, eum ab exsilio instanter revocare paterno affectu vigiletis. Videtur autem quod dominus Cantuariensis non minus possit vel debeat a rege Angliæ exigere, præsertim cum dominus rex palam dixerit, eidem Cantuariensi plenarie gratiam minime restitui, nec se aliquo modo huic compositioni interesse, nisi osculo pacis firmaretur.

LXIII.

Ejusdem. — Contra Gilbertum Londoniensem episcopum.

ALEXANDRO papæ, MAURICIUS Parisiensis episcopus.

Parit et alit culpas licentia delinquendi, et in augmenta facinorum prosilitur, dum secura impunitate peccatur. Latuit aliquandiu Londoniensis ille episcopus, ne dicam lupus Antichristi præambulus, in pellibus agninis. Et quia in prima depopulatione ovilis Christi cum principe suo, cujus viribus abusus est, non est ejus repressa malitia, nunc impatiens disciplinæ unitatem Ecclesiæ Anglicanæ scindere machinatur. Ex quo enim, culpis exigentibus, Satanæ traditus est in interitum carnis, discordias seminavit, sparsit scandala, scissuras et seditiones machinatus est, et patenter exercuit opera, quæ solutus Satanas videri debeat exercere. Conatus est per officiales regis episcopos inducere ut ei communicarent, et domino Cantuariensi, qui ætate nostra in partibus occidentalibus se confessorem veritatis et virtutis exemplar proposuit, obedientiam subtraherent. Sed ei, Deo inspirante, præcipui eorum in faciem restiterunt, eo quod erat reprehensibilis. In tantam ergo prosiliit impudentiam, ut publice diceret se Cantuariensi Ecclesiæ obedientiam non debere, eo quod postquam ad Ecclesiam Londoniensem translatus est, nullam ei de exhibenda obedientia fecit professionem. Ausus est etiam gloriari quod archiepiscopalem cathedram Londoniam transferri faciet, ut civitas, quam ante tempus beati Gregorii Anglorum apostoli archiflaminem dicit habuisse, eadem nunc archiepiscopum habeat temporibus Christianis. Qui talia, Pater sanctissime, facit et loquitur, nonne merito creditur insanire? Utique non est hic homo a Deo qui obedientiam non custodit, qui fidem nescit, qui schismatis auctor est et incentor. Placeat itaque majestati vestræ, quam in longa tempora conservet Deus, domino Cantuariensi, quem constat pro justitia et pro libertate Ecclesiæ, pro tuendis apostolicæ sedis privilegiis jam quinquenne exsilium fortiter et alacriter sustinere, opem ferre, et tam præfatum Londoniensem, quam alios Ecclesiæ malefactores, quos, ut, meruerant, serius tamen anathemate perculit, allidere et conterere ad apostolicam petram, juxta quam absorpti sunt auctores eorum. Alioquin timendum est, ne si, quod absit ! tantum scelus remaneat impunitum, citius et Anglicanæ et Gallicanæ Ecclesiæ perniciem et religionis ruinam operetur.

LXIV.

Matthæi Trecencis episcopi. — Pro S. Thoma Cantuariensi.

ALEXANDRO papæ, MATTHÆUS Trecensis episcopus.

Apud dominum meum fiducialius ago, recolens quanta dignatione tanta majestas meam semper dilexerit, honoraverit et extulerit parvitatem. Et quidem gradui, quem habebam, multum accessit honoris, sed multo plus oneris, ut ex necessitate deficiant humeri mei, nisi Dominus supposuerit manum suam, et clementia vestra adjiciat gratiam. Nam si providentia vestra dignetur circumspectionis suæ oculos in partes nostras dirigere, multis bonis magna videbit adesse tormenta, et pluribus graviora instare certamina. Quæ cum episcopus corrigere nequeam, et pro suscepto officio divini judicii metu non audeam dissimulare, me quisquis in arcto constitutum ambigit, conditionis meæ prorsus ignarus est. Cæterum, spes mea in Deo et vobis est, ad quem tam meas quam amicorum angustias, præsertim pro confessione veritatis et justitia laborantium, censeo referendas. Horum unus et auxilio vestro dignissimus est dominus Cantuariensis, qui pro honore Dei jam quinquenne apud nos exsilium in patientia multa proscriptus peragit. Periclitatus est hactenus sævitia tyrannorum et delatorum insidiis, sed nunc gravius periclitatur a falsis fratribus. Quorum primus est ille Londoniensis, qui sub episcopi nomine, sicut ex litteris domini Senonensis plenius innotescet, parricidam exprimit furiosum. Placeat itaque sanctitati vestræ, cujus incolumitatem propitius Ecclesiæ suæ perpetuare dignetur Dominus, tam præfatum episcopum quam alios, quos dominus Cantuariensis exigentibus meritis anathemate condemnavit, tanta severitate conteri, ut a similium ausu reliqui terreantur exemplo vindictæ.

LXV.

A. Certesiensis. — Pro Gilberto Londoniensi episcopo.

Venerando et charissimo Patri suo et domino ALEXANDRO Dei gratia summo pontifici et universali papæ, frater A. indignus Certesiensis minister, sinceræ dilectionis reverentiam ac debitam cum omnibus fidelibus obedientiam.

Vestræ majestati, charissime Pater et domine, pro domino Londoniensi episcopo humiliter supplicamus, ut eum ad vos venientem amore Dei et paternæ vestræ intuitu benigne suscipiatis atque benignius in negotiis exaudiatis. Inde securius etiam clementiam vestram pro eo exoramus; quia illum a multis retro temporibus sapientem, honestum, discretum ac religiosum virum esse cognovimus, quem Deus sua gratia tot et tantis virtutibus decoravit, ut in toto regno Anglico una de honestioribus personis credatur esse et sit : utpote cujus exemplo atque conversatione multi a pravis iniquitatibus suis temperentur et ad honestatem invitentur. Invidit tamen ejus bonis actibus inimicus et cum inimico multi ejus inimici sunt, male de eo interpretantes, et vestris circumscriptis ruribus falsa pro vero suggerentes, non verentes quadam præsumptione veritatis aures falsis suggestionibus circumvenire. Dicunt enim veritatis inimici, sicut audivimus, eum fuisse causam atque exordium totius commotionis atque discordiæ quæ fuit inter dominum Cantuariensem et Anglorum regem, quod quam falsissimum sit et ab omni veritate alienum noverunt illi et nos cum illis qui eorum colloquiis frequentes interfuimus. In veritate, domine, atque testificari possumus quod vidimus et audivimus, quia dominus Londoniensis modis omnibus quibus potuit opportune inopportune elaboravit ut pax et concordia inter dominum Cantuariensem et Anglorum regem reformaretur. Et si non est consecutus quod desideravit, non minus laudandus est, quia

quod debuit fecit. Non enim cor regis fuit in manu ejus sed in manu Dei, ut possit inclinare illud quo vellet. Aperiat ergo oculos misericordiæ suæ dominus et charissimus Pater noster, et parvitatis nostræ preces una cum aliis pro domino Londoniensi suscipiat, ut eum in pace ecclesiæ suæ restituat. Credimus et pro certo credimus, quia per eum magna pax in tota Anglia reformabitur, si cum gratia vestra ad propria fuerit reversus. Deus salvet et custodiat charissimum Patrem nostrum sanum et incolumem ecclesiæ suæ. Vale.

LXVI.

Rotrodi Rothomagensis archiepiscopi.— Ejusdem argumenti ac epistola 61.

ALEXANDRO papæ, ROTRODUS Rothomagensis archiepiscopus.

Evocati a domino nostro rege cum venissemus ad curiam, et cum vestris legatis jam aliquantulum processum esset super mandatis vestris, ex veracissimo archiepiscoporum et episcoporum relatu, qui ad hoc venerant, et quibus nimirum credimus, sicut nobis, audita comperimus quod nuntios et litteras vestras dominus rex Anglorum tanto majore lætitia et alacritate susceperit, quanto majorem ei benignitatis vestræ gratiam promittere videbantur. Unde petitione vestra de pace Cantuariensis archiepiscopi, et suorum reditu, consilio archiepiscoporum, episcoporum, abbatum, et religiosarum personarum, et optimatum regni sui, pro amore vestro benignius exaudita, eum ad archiepiscopatum suum redire, ipsumque cum omni integritate, quo tenebat quando exivit, recipere, et deinceps bene et in pace possidere ad honorem Dei, salva nimirum regni sui pristina dignitate, concessit. Cum igitur inter dominum regem et nuntios vestros super hoc tractatus prolixior incidisset, in verbo utrinque complacito novissime convenerunt, ita scilicet ut eos, qui præsentes aderant, statim absolverint, et ad eos, qui erant in Anglia absolvendos alter eorum, videlicet Magister Vivianus, illico transire, alter citra mare ad exsecutionem condictæ pacis consenserit remanere. Postmodum vero revocato consensu verbum, quod jam susceperant, conservandæ in futurum regiæ dignitatis, admittere noluerunt, ea quæ jam salubriter quidem disposita fuerant exsequi recusantes. Ego itaque cum præfatis non contemnendæ auctoritatis personis, quæ aderant, pro bono tanto pacis missus omni vigilantia et sollicitudine institi, ut sicut dictum fuerat, præposito honore Dei, et regni stante antiqua dignitate, ut dignum est, nuntii vestri verbum optimum, et omni acceptione dignum regiæ dignitatis cum gaudio susciperent, ne tantum bonum remaneret. Et cum nostra persuasione multum laboratum esset, et nihil elaboratum, doluimus plurimum, præsertim cum constet nobis pro certo quod in observatione regiæ dignitatis libertas aut dignitas ecclesiastica nullatenus prægravetur. Siquidem dignitas ecclesiastica regiam provehit potius, quam adimit dignitatem, et regalis dignitas ecclesiasticam potius conservare, quam tollere consuevit libertatem : etenim quasi quibusdam sibi invicem complexibus dignitas ecclesiastica et regalis occurrunt, cum nec reges salutem sine Ecclesia, nec Ecclesia pacem sine protectione regia consequatur. Genibus itaque provoluti pietatis vestræ, quanta possumus devotione, sanctitatem vestram exoramus, ne sapientia vestra quasi litterarum apices et conceptiones verborum potius, quam rem ipsam duxerit amplectendas, sed secundum a Deo datum vobis spiritum discretionis id agite, ne causa unius in multorum et fere innumerabilium perniciem convertatur. Quia ad bonum pacis quandoque magis proficit mansuetudo gratiæ, quam severitas disciplinæ.

LXVII.

Willelmi Senonensis archiepiscopi. — *Precatur ut ratam habeat excommunicationis sententiam contra Londoniensem et Saresberiensem episcopos ab archiepiscopo Cantuariensi latam.*

ALEXANDRO papæ, WILLELMUS Senonensis archiepiscopus.

Adhuc, Pater, pietati vestræ pro venerabili viro domino Cantuariensi, imo potius pro Ecclesia et causa Dei, pro qua animam suam exposuit, cogimur supplicare, ut cum eo pro tuenda Ecclesiæ libertate et sedis apostolicæ privilegiis beati Petri gladium potenter exeratis. Jam enim, si placet, tempus est miserendi ejus, et animadvertendi in illos, qui jam per orbem coruscante Evangelii veritate, tempore apostolatus vestri laborant confessoribus Christi excutere divini honoris mentionem. Ipse autem, ut animam suam liberet coram Deo, et sui partes officii fideliter exsequatur, licet adhuc erroris capiti parcendum duxerit, exspectans ut in pœna membrorum erudiatur ad pœnitentiam, incentores schismatis episcopum Londoniensem, Saresberiensem, et Randulphum de Broc cum aliis, quorum nomina vobis expressa sunt, anathematis vinculo innodavit. Orat devotus filius vester christianissimus rex Franciæ, sicut ex litteris ejus potestis advertere, ut quod archiepiscopus in condemnationem temeritatis et malitiæ egit, approbetis. Et nos, quanta possumus devotione supplicamus, ut etiam auxilium apostolicæ majestatis adjiciatis, quia spes est quod Ecclesia facile liberabitur, si severitas vestra compresserit et perdomuerit istos. Alioquin timemus, ne præfatus filius vester dominus rex, et totum regnum Franciæ non minori scandalo afficiatur, quam fuerit illud, quod Joannes de Oxeneford excitavit in reditu suo.

LXVIII.

Ejusdem. — *Contra Gilbertum Londoniensem episcopum.*

ALEXANDRO papæ, WILLELMUS Senonensis archiepiscopus.

Scelerum mater impunitas, fecunda criminibus, scidit Anglicanæ Ecclesiæ unitatem, et Gallicanam amarissimo replevit scandalo. Tantorum caput, causa, fomesque malorum est episcopus ille Londoniensis, qui nunc tandem de dracone conversus in leonem, nequitiam, quam ab ambitione conceperat, patenter exercet, ex quo culpis exigentibus, sero tamen, Satanæ traditus est in interitum carnis. Cum enim auctor schismatis fuerit et incentor, et in insidiis ageret, ut proscriberet et occideret innocentes, nunc palam loquitur, et proverbium nullum dicit. Sed matrem suam Cantuariensem Ecclesiam, cui ad obedientiam exhibendam ex professione astrictus est, regis sui viribus quærit evertere, glorians quod cathedram archiepiscopalem Londoniam transferri faciet. Restiterunt ei nuper in faciem laudabiliter fratres sui, quos per officiales regis impudenter urgebat ut ei communicarent, et archiepiscopo suo debitam subtraherent obedientiam. Nonne manifestus Antichristi præambulus est, qui tam patenter scindere nititur Ecclesiæ unitatem, seminat inter fratres discordiam, scandala multiplicat, Ecclesiam torquet, et tyrannorum manibus proscribit et interficit innocentes? Si unitas de catholica tollatur Ecclesia, quis aut quid prohibet hæreses pullulare? Quis erit unitati locus, si non virtus obedientiæ membra Christi conglutinet, et charitas ad alterutrum consolidet in fide et veritate? Ergo, Pater optime, quoniam comprehensus est in operibus manuum suarum, et toxicati fructus, quos facit arbor infelix, securim Petri provocant, hanc ei, si placet, misericordiam faciatis; ut contrita malitia ejus, et episcopi deleto titulo, quoniam bestiæ characterem portat, de cætero nocere non possit, sed monachum, quem veste pollicitus est, cogatur moribus exhibere. Satis et ultra sustinuit dominus Cantuariensis, cui nisi in brachio virtutis apostolicæ pacem et securitatem reformari feceritis, et satisfieri de ablatis, timendum est ne Ecclesia jacturam irreparabilem cito contrahat, et tam præsens ætas quam posteritas ad Ecclesiam conterendam pernicioso provocetur et animetur exemplo. Valeat et vigeat semper sanctitas vestra.

LXIX.

Ejusdem. — *In causa S. Thomæ Cantuariensis.*

Domino papæ, archiepiscopus Senonensis, salutem, et omnem cum summa devotione obedientiam.

Qualiter in secundo regum colloquio nuper processerit causa domini Cantuariensis, tanto fidelius possumus attestari, quanto familiarius ad omnia, quæ ibi gesta sunt, admissi sumus, et operam et diligentiam adhibuimus, ut rex Angliæ vestris obtemperaret monitis, et obediret mandatis. Sed ille postquam vix recepit comminatorias vestras, et religiosorum, quos miseratis, instantiam varietate responsionum sibi non cohærentium diu delusit, tandem nobis et illis acrius insistentibus dedit pro voluntate responsum. Ait enim se dominum Cantuariensem non expulisse de regno suo. Et tamen si redire voluerit, et servare quod servaverunt antecessores sui, et quod ipse promisit, redire poterit, et ibi habere pacem. Et nisi hoc simpliciter et absolute promiserit, ulterius in Angliam non revertetur. Et quia responsa ejus sibi frequenter adversabantur, ut nuntii vestri prorsus ignorarent quo nodo suum possent tenere Protea, faciem toties immutantem, consuluimus eis ut peterent ab eo sibi litteris patentibus responderi, quid ad petitionem vestram facturus esset, quod vobis possent secure et fideliter nuntiare. Quam eorum petitionem, licet adhibitis intercessoribus vehementer insisterent, rex penitus reprobavit. Deinde a multis rogatus est, ut saltem innocentes, quos proscripserat, ad propria redire pateretur. At ille nulla ratione vel persuasione induci potuit, ut eis aliquid consolationis impenderet.

Cum vero hæc archiepiscopo relata essent, respondit se paratum esse facere pro gratia ejus, et gratia Ecclesiæ recuperanda, quidquid debet, quidquid poterit, quidquid antecessores sui fecerunt, salvo in omnibus ordine suo. Sed novam obligationis formam inire, et promittere se alicujus exempla secuturum, nisi salvo ordine suo, sibi dixit esse illicitum, præsertim sine auctoritate sedis apostolicæ; tum quia novam obligationis formam ingerere viris ecclesiasticis perniciosum esset exemplo, tum quia, ut asserit, quando cum obligatione servandarum consuetudinum, quam invitus et coactus præstitit, absolvistis, specialiter a vobis, et multis audientibus, præcedente gravi et justa increpatione, inhibitus est, ne se ulterius obliget, præsertim et in his, quæ possunt aliquid captionis habere, quin exprimat *Salvum fore honorem Dei, et ordinem suum.* Videtur enim renuntiare pastoris officio, quicunque subditis illicitarum rerum consuetudinem vel licentiam pollicetur. Si enim episcopus assensu vel dissimulatione rigaverit plantaria vitiorum, ut eis invalescentibus mare sit, aut prorsus pereat verbum Dei, quis de Ecclesia spinas eradicabit et tribulos? Tenentur enim pastores ecclesiarum perversas exterminare consuetudines, et ipse nunc exigitur et compellitur in earum verba jurare. Adjecit etiam quod Ecclesiæ Romanæ debitam fidem servare non poterit, et consuetudines quæ ab eo exiguntur; quia legem Dei et sedis apostolicæ privilegium patenter impugnant. Et quia noster aut religiosorum sermo non capiebat in rege, nec auctoritas majestatis vestræ fructus obedientiæ repetit, infecta pace domini Cantuariensis tristes ab eo discessimus. Et ille, sicut pro certo accepimus, exspectat reditum nuntiorum suorum, quos si, ut justum est, et speratur a fidelibus vestris, confusos remiseritis, credimus quod Ecclesia Cantuariensis cito habebit pacem, et Ecclesiæ Romanæ in Gallicana Ecclesia et toto Occidente redintegrabitur fama. Et hoc quidem non aliquo rancore mentis proponimus contra regem, qui nuper in gratiam nostram rediit, et nos cum eo veram fecimus pacem. Sed quod vidimus, et audivimus, et tractavimus manibus nostris, hoc testamur pro veritate justitiæ, pro Ecclesiæ honestate, pro fide et reverentia, quam debemus apostolicæ sedi. Supplicamus itaque paternitati vestræ, quatenus rigorem justitiæ, quem urgente duritia hominis laudabiliter tandem arripuistis, viriliter exerceatis. Quia si perseverantiam vestram viderit, facile cessurus creditur, nec coætaneis aut successuris principibus præsumptionis relinquet exemplum, quod timetur.

LXX.

Ejusdem. — Gilbertum Londoniensem episcopum absolutum dolet. De coronatione filii regis Henrici.

ALEXANDRO papæ, WILLELMUS Senonensis archiepiscopus.

Audiat, sanctissime Pater, excellentia vestra patienter quod loquimur, quia in amaritudine moratur anima nostra. Et tam devotus filius vester Christianissimus rex Francorum, quam tota Gallicana Ecclesia turbatur a scandalis, quæ in diebus apostolatus vestri manant ab apostolica sede. Siquidem ut nostrates aiunt, ibi solvitur Satanas in perniciem totius Ecclesiæ, iterato crucifigitur Christus, et qui manifestus sacrilegus est et homicida, dimittitur. Procuravimus apud vos causam Ecclesiæ Anglicanæ, et in discessu nostro ei credebamus aliquatenus esse subventum. Verum ubi Londoniensem episcopum nobis ignorantibus fecistis absolvi, res in contrarium lapsa est, et cornua data sunt peccatori. Ecce enim rex ille, cui nimis fuistis propitius, filium suum consecrari fecit in regem, si tamen consecratio est, quæ ab excommunicatis, et Spiritus sancti inimicis, et Ecclesiæ impugnatoribus datur, et hoc in injuriam Cantuariensis Ecclesiæ, et domini regis Franciæ, cujus filiam noluit rex ille Deo et hominibus inimicus consecrationis hujus esse participem. Hanc consecrationem, vel potius exsecrationem fecit ille Eboracensis, vestra, ut dicunt, auctoritate, assistentibus sibi Londoniensi, et quibusdam aliis nominetenus episcopis, quorum memoria in maledictione est. Vos ergo, Pater, de cætero provideto Ecclesiæ illi, quæ periit in manibus vestris, ne sanguis ejus requiratur a vobis. Quod aliter fieri posse non credimus ad redimendam famam et conscientiam vestram, nisi præfatos malefactores virtute apostolica conteratis.

LXXI.

Ejusdem. — De lamentabili cæde S. Thomæ Cantuariensis.

ALEXANDRO summo pontifici, Senonensis Ecclesiæ minister humilis, spiritum consilii et fortitudinis cum omni obedientiæ famulatu.

Inter scribendum hæc, imo prius quam scriberem, mox steti et hæsi dubius admodum, quo dictionis genere nuper patrati sceleris atrocitatem, et supplicii in christum Domini recenter illati immanitatem clementiæ vestræ oculis præsentarem. Et profecto arbitror clamorem mundi jam vestræ sanctitatis aures implevisse, utpote, qui in mundi specula residetis, qualiter famosissimus ille, non rex Angliæ, sed angelorum potius et Christi inimicus, proxime sit malignatus in sancto, in filio dexteræ tuæ, quem confirmasti tibi. Cujus de mundo hoc excessum et excessus modum, et si forte ex aliquorum diverso, sive etiam adverso relatu acceperitis, quod mihi ab his, qui interfuerant, innotuit certius, fidelius intimo, et patrati sceleris ordinem paucis explico, cujus tamen immanitas excogitari non potest. In natali Domini proxima post festum Innocentium die, sole occidente circa horam vesperorum, intromissi spiculatores quatuor, qui primi fuerant, ad fortem illum Christi athletam terribiliter admodum et fastuose accesserunt, quorum hic intersero nomina, ut eorum memoria sit in meledictione perpetua, Willelmus de Traci, Reginaldus filius Ursi, Hugo de Morevilla, Ricardus Brito, qui in primo accessu a sancto viro salutati non resalutaverunt, utpote, qui jam vias perditionis ingressi, manifeste respuebant salutem; quin potius cervicose nimis, et aspere in introitu sciscitantes, si episcopos suspensos sive excommunicatos ad regis esset illico absoluturus mandatum. Quo modeste respondente id ad singularis primatus vestri spectare censuram, nec sibi aliquid vindicare, ubi tanta intervenisset auctoritas, mox ipsum ex parte regis diffiduciaverunt, et continuo exierunt ad cohortem, militibus, qui de familia hominis Dei erant, super vitæ periculo et bonorum omnium proscriptione, in exitu suo ex parte regis præcipientes, ut ipsi pariter exirent, et rei eventum taciti et patientes exspectarent. Publice autem per civitatem simile regis exivit edictum. Singularis vero ille in nostris diebus athleta Christi minas principum sprevit, et de loco ipso ubi jam velut mortis exceperat nuntium, ad multam instantiam vix egredi compulsus est, et hoc quidem ne consummari videretur invitus. Deo itaque melius dispensante, metropolitanam ecclesiam, in ipsius Christi honore dedicatam, ingressus ibidem christus Domini pro nomine Christi meruit immolari, ubi quotidie immolatur, et orans voluntarie se ipsum inter crucis et altaris cornua pacificam Deo hostiam obtulit. Nam appropinquante jam hora ipse extento collo et curvata cervice calicem salutaris accepit, et a quatuor prænominatis spiculatoribus decalvatus est, prius tamen probris et multis contumeliis affectus, ut nec ullo passioni Domini sui titulo fraudaretur. Denuntiavit etiam, ut familia sua servaretur illæsa. Solus itaque pontifex non sine sanguine intravit in sancta.

Et quia post viri sancti transitum operante Domino memoranda quædam ex crebra multorum relatione audivimus accidisse, omnino præteriri non debent. Dicitur namque et constanter asseritur post passionem suam multis apparuisse in visu, quibus perhibet se non mortuum esse, sed vivere, et non vulnera, sed vulnerum tantum cicatrices ostendit. Age igitur, o homo Dei, quorum tenes sedem induere fortitudinem, o fili excussorum. Hinc miseratio, inde te moveat indignatio. Unam debes filio, alteram tyranno. Et hujus in terris auge gloriam, quem de cœlis tam mirabiliter glorificat Deus. Illi vero præsta ignominiam, qui in terra sua tam horribiliter persecutus est Deum : qui in visceribus propriæ matris proprium peremit patrem, qui proprii ventris tui contorsit latera, excussit viscera, et conculcavit in terra filium tuum, quem sicut mater unice diligebas ; et, nescio per quos incircumcisos et immundos, tam perfide et tam inhumane mactavit, patris non reveritus offensam, nec miseratus ætatem. Quorum igitur sortitus es ministerium, sortiaris et zelum : et quia cernis Achab scelus, Eliæ te apprehendat æmulatio. Occidit enim Achab, et possedit. Sed Achab quid ? Totius quippe patrati sceleris facie operose perpensa, Achab ab ipso justificatus est.

Istud siquidem est quod inter omnia quæ leguntur, sive referuntur sceleratorum scelera, longe primum obtinet locum, quod omnem Neronis nequitiam, Herodis sævitiam, Juliani perfidiam, sacrilegam etiam Judæ proditoris perditionem excedit. Vide siquidem qualis persona et in quali ecclesia perempta sit, quale etiam tempus ad patrandum scelus elegerit tyrannus : natale videlicet Domini, et proximam post sanctorum Innocentium diem, ut novus ex veteri nostris diebus suscitaretur Herodes. Pax etiam publice data proditorem nihilominus non revocavit a scelere. Qui tanquam per se non satis insaniret, vesaniæ suæ instigatores habuit dantes sibi cornua peccatori, falsos videlicet illos, et ab omni ecclesiarum orbe perpetuo detestandos fratres, Rogerium videlicet Eboracensem archidiabolum, et Londoniensem, et Saresberiensem, non episcopos, sed apostaticos, qui filium tuum, fratrem suum Joseph, non mystice, sed in veritate occiderunt, patris jam senis nec maledictionem metuentes, nec dolori vel ætati parcentes. Quorum vita præsens, ut in amaritudine perpetua sit, et memoria eorum in maledictione æterna, vestra statuat, Pater sancte, sancta consolatio. Præsentium portitores magistrum Alexandrum et magistrum Gunterium viros probos et industrios, qui sancto Dei martyri in vita sociati sunt, et in morte separari non possunt, vestræ commendatos esse charitati officiose imploro, quibus quæ litterarum garrulis apicibus committere nolui, instillavi secretius vobis in aure revelanda.

LXXII.

Ejusdem. — Similis argumenti.

Sanctissimo domino ac Patri ALEXANDRO, Dei gratia summo pontifici, WILLELMUS Senonensis Ecclesiæ humilis minister, salutem et debitam cum omni devotione obedientiam.

Vestro apostolatui, Pater sancte, *data est omnis potestas in cœlo et in terra* (*Matth.* XXVIII), gladius anceps in manibus vestris (*Psal.* CXLIX). Super gentes et regna constituti estis *ad alligandos reges eorum in compedibus, et nobiles eorum in manicis ferreis* (*ibid.*). *Vide ergo domine, et considera quem vindemiaverunt ita* (*Thren.* II). Vineam namque Domini Sabaoth *exterminavit aper de silva, et singularis ferus depastus est eam* (*Psal.* LXXIX.) Ecclesia siquidem Cantuarien-

imo universalis Ecclesia, sanguine rorantes lacrymas et amaritudine asperas a finibus terræ in conspectu vestro effundit, quia posita est *quasi signum ad sagittam* (*Thren.* III), *facta est opprobrium vicinis suis* LXXXVIII). Et qui vident eam movent capita super eam (*Thren.* II), dicentes : *Ubi est Deus eorum?* (*Psal.* CXIII). Ipsa autem gemens et conversa retrorsum clamat in auribus Domini exercituum : Vindica, Domine, sanguinem servi tui, et martyris Cantuariensis archiepiscopi qui occisus est, imo pro libertate Ecclesiæ crucifixus. Pater sancte, verbum horrendum, facinus flagitiosum, enorme flagitium factum est in diebus vestris, *quod quicunque audierit, tinnient ambæ aures ejus* (*I Reg.* III). Non est auditum in Theman, nec est visum in Chanaan (*Baruch.* III). Alter siquidem Herodes, semen Chanaan, et non Juda, *progenies viperarum* (*Math.* III), missis a latere suo lictoribus signum Dominicæ passionis, quod desuper in vertice gerebat, nequaquam exhorruit profundis exarare vulneribus, et votis turpibus cœlestem deformare imaginem. Proh dolor! sicut omnis ecclesia asserit, ipsum facit martyrem causa pariter et pœna. Pœna, dolor passionis illatæ ; causa, rigor ecclesiasticæ censuræ; quia pro lege Dei sui certavit usque ad mortem. Vestra ergo interest, Pater clementissime, custos murorum Hierusalem (*Isa.* LXXII), remedium, adhibere præteritis et providentiam futuris. Quis enim locus poterit esse tutus, si rabies tyrannica Sancta sanctorum cruentat, et vicarios Christi Ecclesiæ columnas impune dilacerat? Insurgant ergo ecclesiasticæ leges, armentur jura cœlestia, introeat in conspectu vestro ultio sanguinis gloriosi martyris, qui de Anglia clamat. Clamabit siquidem et commovebit non solum terram, sed et cœlum, et sic nostro consulite dolori, ut honestati vestræ pariter consulatis et saluti Ecclesiæ.

De cætero sanctæ paternitati vestræ insinuare dignum duximus, quod cum domino Rothomagensi et nobis in mandatis dederitis, ut terram regis Angliæ cismarinam, si pacem quam gloriosæ memoriæ domino Cantuariensi promiserat, non observaret, sub interdicto poneremus, adjicientes etiam, quod si uterque nostrum rei executioni non posset aut nollet interesse, alter nihilhominus mandatum vestrum exsequeretur. Prædictus Rothomagensis, postquam litteras vestras ei repræsentari fecimus, nobis significavit quod Senonas veniret, et juxta formam mandati apostolici procederet. Cum autem illuc venisset una cum Arnulpho Lexoviensi, et Ægidio Ebroicensi, et Rogero Wigornensi episcopis et aliis quampluribus, tam clericis quam laicis de familia prædicti regis, post multas verborum tergiversationes et excusationes inde deductas ad sedem apostolicam appellavit, et se ad præsentiam vestram iter arripuisse respondit, et prædicto regi exacerbationem se nolle infundere acerbiorem. Nos vero scientes quod vitium paganitatis incurrit quisquis mandatis apostolicis obedire contempserit, juxta seriem mandati vestri de communi consilio venerabilium fratrum nostrorum omnium episcoporum, et S. Dionysii, et S. Germani de Pratis, et Pontiniacensis, Wall...... Cenn...... abbatum, et aliorum quamplurium religiosorum virorum et sapientum, in terram ejus cismarinam sententiam tulimus, et memorato archiepiscopo et episcopis, ut eam observari facerent, ex parte vestra injunximus. Scimus enim quod nec possessiones, sicut promiserat, restituit, nec securitatem, sicut mors martyris indicat, præstitit. Per Carthusiensem quoque, quem ad eum miseramus, nobis significavit quod causam mortis ejus dederat, et quod eum occiderat. Inde est quod clementiæ vestræ supplicamus, quatenus prædictam sententiam ratam habeatis, et sicut majestatem vestram decet et incolumitati expedit Ecclesiæ, eam taliter faciatis observari quod honor Dei et vester conservetur, et nos qui vestram sanctitatem ea, qua scitis, devotione amplectimur, minime propter hoc possimus illudi. Valete, et sicut decet majestatem et sanctitatem vestram.

LXXIII

Guillelmi Senonensis episcopi, apostolicæ sedis legati (66). — *Hugonem de Campo Florido Suessionensem episcopum, Franciæ cancellarium, commendat.*

(Circa annum 1170.)

[DUCHESNE, *Rer. Franc. Script.*, IV, 575.]

Amantissimo domino et Patri A. Dei gratia summo pontifici, GUILLELMUS eadem gratia Senonensis Ecclesiæ humilis minister, et apostolicæ sedis legatus, devotam obedientiam.

Quia de paternitatis vestræ serenitate, et sanctitatis vestræ copiosa ubertate, plus vestra gratia quam nostris meritis præsumimus, idcirco quos tenerrime diligimus, et vobis fidelissimos exstitisse cognoscimus, apostolatui vestro commendare nullatenus reformidamus, tanto amplius nos exaudiendos fore autumantes, quanto precum instantia honestiori refulget affectu. Hinc est quod venerabilem fratrem nostrum Suessionensem episcopum, et illustris regis Francorum cancellarium, virum discretum, honestum, litteratum, et in negotiis vestris constantissimum, benignitati vestræ commendamus sicut nosmetipsos. Rogantes attentius, ut in omnibus, in quibus ipsum audire et supportare poteritis, benigne, si placet, faciatis; ut ipse de fideli fidelior de cætero existat, et qui audierint, ardentius ad clementiæ vestræ sinum refugiant. Quod enim ipsi factum fuerit, tanquam nobis ipsis feceritis reputabimus. Valeat paternitas vestra.

LXXIV

Anonymi. — *De cæde S. Thomæ Cantuariensis.*

Eram magnificentiæ vestræ quædam cum tranquillitate mentis intimaturus, sed inopinus mise-

---

(66) Postea Remensis archiepiscopi. Vide *Patrol.* t. CCIX.

randæ rei eventus intercepit calamum, et propositam tanto domino jucunditatem in lacrymarum materiam commutavit. Ecce enim omni præditus morum et pectoris honestate, magnifici cordis vir ille Thomas Cantuariæ præsul et apostolicæ sedis legatus, hoc voto ad curam pastoralem remearat, ut omnes omnino cogitatus suos in Domino conjectans, quæque secundum Deum et ad honorem Ecclesiæ disponere procuraret, nec quæ sua sed quæ Jesu Christi et fore cognosceret, æquitatis libramine ponderaret, et qui stimulus leoninæ feritatis agitatus dicebatur ab æmulis rediisse, columbinæ simplicitatis amator, agnina mansuetudine mitescere liquido probabatur. Hunc in hunc modum mitem et mansuetum gens quædam ferocitate sacrilega, forsitan secta scelerosa, renitentem et volentem ferre se facinorosis obvium in ipsam, proh dolor! individuæ Trinitatis ecclesiam, a clericis suis, qui secum erant, coactum ante altare compulerunt, alloquentes eum in hæc verba, gladiis extractis : « Fuge, proditor, ecce mors sæva tibi imminet; » quæsito prius propter monachorum multitudinem, qui aderant et clericorum : « Ubi est archiepiscopus ?» Quibus ipse taliter, demisso quidem sed audibili valde sermone, respondit : « Ego sum; et tu, o Reginalde, cum complicibus tuis vade retro, quia nescitis quid facitis. Verumtamen si me quæritis occidendum, ne cæteros contingatis. In nomine ejus mortem excipere paratus sum, qui pro me servo suo mori dignatus est. » Et porrectum caput spiculatori porrexit feriundum, qui mox amputata ad modum coronæ cervice confusis sanguine commistum et cerebro tanquam 'ad orandum pronus in pavimento corpus, in sinum Abrahæ spiritum collocavit. Ego utique his nequaquam interfui, sed eodem die Cantuariam veni, corpus exanime cum singultibus et fletu conspicatus sum, habitudinem vero faciei quantum cruoris labefacto sinebat serenam, et viventis parum ac similem imo ut verum fatear astantibus quasi conquerens viva voce videbatur audiri : « Vindica, Domine, sanguinem servi tui, qui effusus est. » Præconsideret igitur provida bonarum mentium et stabilita discretio, quæ tempora tanti sceleris immanitatem commutari : sua enim diei malitia non sufficit : a primitiva enim persecutorum rabie tam horrendum nefas inauditum est perpetrari : fabulis deest solum ut qui locus raptores, fures, homicidas, et quantumlibet sceleratos inconcussa pace tuetur, innoxium virum, mitem, pacificum Ecclesiæ rectorem piaculari flagitio repræsentet. Præsagiat prævisionis vestræ sagax indago, si est dolor, sicut ille, quem hæc furoris mendacia creditur esse paritura. Quippe si dominus rex senior factionem hanc nefariam sua, quod Deus avertat, ratihabitione confirmet : quod enim ex mandato ejus hoc facinorosum opus processerit, nefas est opinari. Verumtamen ratihabitio comparatur mandato, totius Anglicanæ regionis universitas alterutri duorum incommodorum necessitate succumbet : aut enim miserandæ mentis excæcatione sedis apostolicæ disciplinam et devotionem et obedientiam abjurabit aut irregressibiliter dispensatione tantum exsulabit. Longe etenim minus malum est proscriptionis incommodo et substantiæ totius tempestate mulctari, quam post agnitam veritatem ignominiose retrogradari.

LXXV.

Matthæi Senonensis thesaurarii. — In gratiam Thomæ Cantuariensis, contra Henricum regem. Minas regis Anglorum parvifaciendas monet « quia Pictavorum et Britonum proceres, domino regi (Franciæ) confœderati, ei texuerunt inextricabilem labyrinthum. »

ALEXANDRO papæ, MATTHÆUS Senonensis thesaurarius.

Omnis quidem fidelis anima necessitate juris subjicitur apostolicæ majestati, sed ego vobis speciali devotione familiarius teneor, et de his quæ ad apostolatum vestrum pertinent, magis quam de propriæ sortis conditione, charitatis et necessitatis debito concurrente, cogor esse sollicitus. Loquar ergo ad dominum meum, fiducialiter agens in his quæ magis ad honorem et utilitatem vestram, si verba pueri vestri vultis audire, qui occasione mandati vestri periclitor, quam ad meam, propitiante Deo, proficient liberationem. Præcepistis, Pater, si reminisci placeat, ut domino nostro Christianissimo regi consilii vestri verba proferrem, et erigerem mentem ejus data spe relevationis domini Cantuariensis, ne moveretur, si forte audiret nuntios regis Angliæ grave aliquid contra eumdem archiepiscopum a vobis impetrasse. Conservatis enim causam ejus illæsam in sinu vestro. Ei soli, Pater, exposui verba vestra, qui uberrimas referens gratias, sanctitatis vestræ gloriam prosecutus est immensis laudibus. Deus novit, quod nec ipsi archiepiscopo mysterium consilii vestri, nec ulli mortalium ausus sum aperire. Sed ecce occasione litterarum, quas rex Angliæ nuper fecit in episcoporum colloquio publicari, et audita jactatione nuntiorum, qui se præfatum archiepiscopum prostravisse, et irreparabiliter protrivisse gloriati sunt, attestante eis vestrarum rescripto litterarum, adeo confusus et turbatus est, ut me in vestra promissione mendacem dicat, et quod de operibus Ecclesiæ Romanæ nihil boni sperabit amplius, nisi quatenus fides persuaserit oculata. Nec, ut ait, moleste ferret, si iniquas forte preces porrigens repelleretur a vobis, sed dolet, miratur, et stupet, quod plus valent apud vos manifesti persecutoris Ecclesiæ, et hostis regni pervilissimas personas contra Deum porrectæ preces aut minæ, quam fides et obsequium ejus et regni sui, et preces pro Deo et secundum Deum, omni legi et æquitati consonæ, si ab ipso porrigantur et toto regno. Intulit ergo verbum, quod de cætero pro Romana Ecclesia non dimittet, quin ubi viderit expedire, suam et regni procuret utilitatem. Creditur enim pro certo, quod acquiescere velit consilio eorum, qui suadent, ut diu petitam confœderationem imperatoris admittat, contracto matrimonio inter liberos eorum. Res autem adhuc quidem dilata erat, sed procurantium spes nunc roborata est. Precor ergo, et consulo in ea fide, quæ Patri debetur et domino, quatenus promissionem, quam ei per me fecistis, citius adimplendo in sublevatione domini Cantuariensis mitigetis animum ejus, ostendentes quod iniquitatem regis Angliæ, qui ipsius, et regni Francorum, et Ecclesiæ Dei publicus hostis est, non vultis diutius supportare. Nec timeri oportet minas ejus, quia sicut Teutonicum tyrannum civitates Italiæ divino præeunte miraculo ejecerunt, ita Pictavorum et Britonum proceres, domino regi confœderati, ei texuerunt inextricabilem labyrinthum. Jam enim sic arctatus est, ut nemo videat qua via possit evadere. Et Dei præeunte et succurrente gratia non evadet. Ad hæc in arcto constituta est Ecclesia Senonensis. Hinc ad instantiam domini Autisiodorensis, vestro nos urgente mandato, ut præbendam archiepiscopi nostri assignemus cuidam clerico cujus faciem adhuc, ut ex conscientia loquar, ignoramus et nomen; hinc obsistente consuetudine et lege ecclesiæ nostræ, quam sine perjurio frangere non valemus; ad eam namque servandam juramenti necessitate quisquis in ecclesia nostra canonicus est, arctatur, et sedis apostolicæ privilegiis, quibus obviare non licet, roborata est. Non licet, aut unquam licuit capitulo præbendam dare non implorato consensu archiepiscopi, nec archiepiscopo sine nobis. Nec esset nobis tutum archiepiscopo præjudicium facere, et contra juramentum versari, damnabile est. Placeat itaque dignationi vestræ tanto Ecclesiæ periculo providere, quia cum archiepiscopum, Domino præstante, creaveritis, quod sanctitati vestræ visum fuerit expedire, commodius disponetis.

LXXVI.
C. Lantoniensis presbyteri. — *Pro Gilberto Londoniensi.*

ALEXANDRO summo pontifici, domino reverentissimo et Patri suo sanctissimo, C. Lantoniensis Ecclesiæ presbyter, salutem et debitam in omnibus obedientiam.

Scriptum est: *Simplicitas justorum diriget eos et supplantatio perversorum vastabit illos. Justitia rectorum liberabit eos, et in insidiis suis capientur iniqui* (*Prov.* XI). Quam vera, quam pura simplicitas sit; quam magnifica, quam pacifica sit justitia viri venerabilis Gilberti Londoniensis episcopi, sancta ejus conversatio, non horaria sed diuturna, et cum vita scientia et doctrina sufficienter insinuant. Hunc virum sanctum et justum et pacis amatorem, ut fama referente didicimus, quidam in præsentia reverentiæ vestræ accusare non dubitaverunt, asserentes eum inter regem et dominum Cantuariensem seminasse discordiam et pacem perturbasse. Sed quis credere potest virum tam sanctum, tam justum, regni et sacerdotii creasse et fovisse schisma? Scimus et pro certo scimus quod omnem quam potuit diligentiam, ut dominum Cantuariensem regi reconciliaret, modis omnibus exhibuit. Cum ergo ei tanta cura fuerit ut dominus Cantuariensis regi reconciliaretur, cui credibile videri potest, tantæ sanctitatis virum vel opere vel verbo satagere ut interficeretur? Hinc est quod paternitati vestræ supplicantes postulamus, ne fama viri tanti, quæ apud nos qui ex convictu eum novimus integra est, apud reverentiæ vestræ auctoritatem rumoribus læsa minoretur. *Ad nihilum namque deductus est in conspectu ejus malignus qui opprobrium non accepit adversus proximos suos* (*Psal.* XIV). Vigeat et valeat sanctitas vestra, Pater reverende atque amande.

LXXVII.
Simonis prioris de Monte Dei et Engelberti prioris de Valle S. Petri. — *Quid ab iis actum sit in exsecutione mandati apostolici de concordia regem inter et archiepiscopum Cantuariensem reformanda.*

ALEXANDRO papæ, SIMON prior de Monte Dei, et ENGELBERTUS prior de Valle S. Petri.

Ad illustrem regem Angliæ cum fratre Bernardo de Corilo nuper profecti sumus, ut auctoritate mandati vestri inter ipsum et dominum Cantuariensem pax et concordia reformaretur. Et quo facilius tractaretur hoc verbum, dominum Cantuariensem traximus ad locum, ubi reges auctore Deo reconciliati sunt. Traditis autem commonitoriis vestris regi Angliæ, et adhibita diligentia, quam apud eum credidimus expedire, monuimus et consuluimus domino Cantuariensi, ut se coram rege humiliaret, et rigorem ejus humilitate precum et sedulitate obsequii studeret emollire. Hoc ipsum Christianissimus rex Franciæ, archiepiscopi, episcopi et magni viri qui aderant, unanimiter suadebant. Arctatus regis consilio et omnium archiepiscoporum, episcoporum, et baronum, acquievit archiepiscopus, et coram omnibus accessit ad regem Angliæ; et genibus flexis posuit se in Deo et rege ad honorem Dei et regis, utens hac forma verborum, ut sic posset pacem et gratiam ejus promereri. Rex autem proter verbum, *Ad honorem Dei*, noluit eum recipere, coram omnibus dicens publice, ne videretur quod archiepiscopus honorem Dei vellet servare, et rex minime, sed post multa, quæ utinam siluisset, dixit quod ab archiepiscopo nihil aliud quærebat, nisi ut ei tanquam presbyter et episcopus coram omnibus promitteret in verbo veritatis, se sine omni malo ingenio servaturum consuetudines, quas sancti archiepiscopi Cantuarienses observaverant regibus suis, et quas ipse archiepiscopus sibi alia vice promiserat: archiepiscopus autem respondit, quod regi fecerat fidelitatem, qua ei præstito juramento tenebatur servare vitam, membra et honorem terrenum, salvo ordine suo; et hoc fidelissime paratus erat implere, nec ab aliquo antecessorum suorum aliquid ulterius exactum est, vel ab aliquo exigendum. Et cum rex super hoc articulo plurimum institisset, dominus Cantuariensis adjecit, licet nullus antecessorum hoc fecisset vel promisisset, nec ipse ullatenus hoc de jure facere deberet, tamen dixit quod pro pace Ecclesiæ et gratia ejus promitteret se consuetudines illas, quas sancti antecessores sui regibus suis servaverant, *salvo ordine suo* ei servaturum, quatenus secundum Deum posset. Et faceret pro amore ejus recuperando, quidquid posset *salvo honore Dei* : asserens quod nunquam ei libentius servivit, quam adhuc faceret, si ei placeret. Noluit autem rex hoc recipere, nisi præcise et absolute sub juramento ei promitteret observantiam consuetudinum : quia nihil ulterius ab eo exigebat. Quod quia archiepiscopus, licet multi instarent, facere noluit, rex discessit pace infecta. Cum vero regem exhortaremur, ut juxta mandatum vestrum revocaret archiepiscopum in gratiam suam, et ei pacem et ecclesiam suam restitueret, respondit quod fortasse consilium amicorum erit, ut ecclesiam quandoque restituat, sed dixit se gratiam non restituturum, quia tunc evacuaretur privilegium, quod ei dedistis, et quo potestatem archiepiscopi suspendistis, donec redeat in gratiam ejus. Et quia præceperatis cum primo conveniri in spiritu lenitatis per commonitorias vestras, comminatorias vestras in aliud tempus ei dare distulimus ; interim Deum oraturi, in cujus manu corda sunt regum, ut animum ejus emolliat, et ad honorem suum et Ecclesiæ utilitatem pacem faciat reformari. Quod vero de mandato vestro reliquum est, accepto tempore, per gratiam Dei cum omni diligentia exsequemur, et exitum negotii, quem Deus dederit, majestati vestræ significare curabimus. Rogatus frater Bernardus, sicut nos, ut negotii hujus seriem vobis scriberet, respondit quod in ordine suo inhibitum est, ne quis fratrum pro aliquo negotio vobis vel alii scribat, sed dicturum se spopondit coram nuntio vestro magistro Lombardo, qui ei litteras vestras tradidit, et qui vobis rem gestam, sicut is qui præsens interfuit, fideliter significabit

LXXXVIII.

Eorumdem. — Quod nihil in mandato proficientes, comminatorias pontificis epistolas regi obtulerint.

ALEXANDRO papæ, SIMON prior de Monte Dei, et ENGELBERTUS prior de Valle S. Petri.

Juxta mandatum sanctitatis vestræ comminatorias vestras illustri regi Angliæ porreximus, operam et diligentiam pro viribus adhibentes, ut juxta commonitionem vestram dominum Cantuariensem in gratiam revocaret, et ei sedem suam restitueret et pacem, et ecclesiæ suæ liberam dispositionem habere permitteret. Exspectavimus diu sperantes et orantes, ut Deus emolliret animum ejus. Sed cum non proficeremus exspectantes, urgente mandato vestro, in colloquio regum secundo, ei comminatorias vestras præsentavimus, quas cum ille tandem vix recepisset, ad instantiam nostram, et magnorum virorum qui aderant, hoc post multa, quæ referre longum est, nobis responsum dedit : Ego dominum Cantuariensem de regno non expuli, et tamen pro reverentia domini papæ, si voluerit mihi facere quod debet, et servare mihi quod antecessores sui meis observaverunt, et ea quæ ipse promisit, redire poterit in Angliam, et habere ibi pacem. Et post varietates responsionum, tandem dixit se avocaturum episcopos Angliæ, et usurum consilio eorum, sed nec diem aliquem præfixit, nec aliquid ab eo reportavimus, unde possimus de pace domini Cantuariensis, et mandati vestri executione certiorari. Et quia responsa frequenter mutabat, interrogavimus eum, an liceret archiepiscopo redire ad sedem suam, et frui pace sua. Ille vero repondit, quod archiepiscopus nunquam ingredietur terram, antequam faciat ei quod debet, et promittat se servaturum quod alii servaverunt, et quod ipse promisit. Deinde rogavimus eum, ut scriberet et signaret patentibus litteris responsum suum, quia oportebat nobis rem certam vobis referre, quam nondum habebamus, quia tam frequenter responsa variabat. Ille vero noluit acquiescere. Archiepiscopus vero respondit, cum hoc ei retulissemus, se paratum sese facere regi quidquid debet, et servare quod ab antecessoribus suis servatum est, quatenus poterit *salvo ordine suo*; sed novas inire obligationes, quæ a decessoribus suis præstitæ non sunt, et promittere aliquid hujusmodi, nisi *salvo ordine suo*, sibi esse illicitum sine auctoritate domini papæ; tum quia novam formam in Ecclesiam inducere perniciosum esset, tum quia a vobis inhibitus est, ne aliquid unquam tale promittat, nisi *salvo honore Dei et ordine suo*. Et adjecit quod eum increpando dixistis, quod nec pro capite suo debuisset se ad talium consuetudinum observantiam obligasse, nisi *salvo ordine suo*. Sed si rex, prout mandatis, ei gratiam suam, et pacem, et ecclesiam, et ablata sibi et suis restituat, quidquid secundum Deum ei *salvo ordine suo* poterit, libenter faciet ad voluntatem ejus, et ei diligentissime et devotissime totis viribus servire studebit. Placeat itaque sanctitati vestræ opem ferre ecclesiæ laboranti, et perseverare in eo quod laudabiliter cœpistis; quia, sicut a multis audivimus, et credimus, si perseveraveritis, Ecclesiæ pax et salus in januis est. Et quia fratrum Grandis-montis consuetudo non est, ut scribant alicui, hæc de conscientia et voluntate fratris Bernardi socii nostri vobis scripsimus, quæ gessimus cum eodem fratre Bernardo, qui veritatem in audientia multorum testificatus est, rogans eos, quibus scribere licet, ut vobis ab eo audita scriberent.

LXXIX — LXXX.

A. Sanctæ Osithæ ministri. — Pro Gilberto Londoniensi episcopo.

Domino et Patri reverendo ALEXANDRO summo pontifici, A. Ecclesiæ Sanctæ Osithæ minister humilis, sinceræ orationis affectum et debitæ subjectionis obedientiam.

Nonne, Pater semper diligende, ubi dolor ibi manus? Nonne dolor vivus membris totius est corporis? Nonne illa vox est Apostoli: *Quis infirmatur et ego non infirmor?* (*II Cor.* xi.) Cum ergo in corpore Christi constituti simus, hinc est quod cum sit *una columba mea, electa genetricis suæ* (*Cant.* iv), et per infirmam et bonam famam eam transvolare oporteat, gravius in corpore positi quandoque offendimus cum sine causa alter in altero judicamur. Inde est quod quanta possumus humilitate majestati vestræ supplicamus, attentius proposita siquidem nobis libra æquitatis et justitiæ suspenso examine, tum rerum eventus præteritarum, tum præsentis temporis commodi et incommodi, tum totius Anglorum Ecclesiæ pacis, tum præsertim apostolicæ fidelitatis et quietis in hac parte, quatenus virum omni honestate præditum, virtutibus ornatum, scientia præclarum, sanctitate fulgidum, religione decorum, exemplum justitiæ et veritatis et quasi totius Ecclesiæ Anglorum columnam, dominum Gilbertum episcopum nostrum, paterno affectu et benigne suscipiatis. Agat igitur pro se et universali Ecclesia discretio summi pontificis, quatenus virum tantum auctoritate, ut dignoscitur, comprobatum, magis eligat quo Ecclesiæ saluti certissime poterit mederi, aliena sibi non confundere forsan injustitiæ nec adversus eum famæ suscipere typum, cujus nec judex conscientia suscipit argumentum. Quis namque hunc talem et tantum virum, salva summi pontificis reverentia, criminis arguere præsumat: ut scelerum apud regem Anglorum, sive apud quemlibet, teste conscientia vellet discordiæ causa vel conscius qui animam suam pro fratribus ponere in hoc est ipse constitutus? Nos itaque secundum conscientiam bonam intelligentiæ vestræ testes sumus tanti viri et tam religiosi in omni veritate ejus innocentiæ, prout ei datum fuit desuper animum apposuisse, quo regni et sacerdotii apud nos pace reformata sua gaudet universalis Ecclesia tranquillitate. Valeat sanctitas vestra, benignissime Pater.

LXXXI.

Abbatis Ramesiensis. — *Ejusdem argumenti.*

ALEXANDRO papæ, abbas Ramesiensis.

Quoties optimis viris testimonia deferuntur, absque retractione et offendiculo decurrit oratio, cum semper eorum sit commendatio irrefragabilis, quos communis habet æstimatio commendatos. Inde est quod venerabilis Pater noster Gilbertus Londoniensis episcopus, vir meritis et nomine conspicuus, inter electas terræ nostræ personas quadam prærogativa virtutum insigniter elucescit. Quippe qui sæculari litteratura et lege divina ad unguem institutus, singulos fere tam religionis quam ecclesiastici ordinis et dignitatis gradus attigisse et conscendisse dignoscitur, pastoralisque curam regiminis fideliter prudenterque dispensans,

digna satis promotione de monasterio transivit ad cathedram, primo Herefordensem, postmodum vestra interveniente autoritate Londoniensem, utramque vita pariter et doctrina illustrans et honorans. Longe sit itaque a tam conspicuæ probitatis, tam elimatæ religionis viro quævis sinistra suspicio: fiatque procul a sanctis auribus vestris de eo aut operibus ejus quorumlibet malefida interpretatio. Quis enim credat virum bonum, honestum, religiosum, bono, honesto, religioso, vel in modico juxta conscientiam suam nocuisse, episcopum archiepiscopo, filium patri? Quantum æstimare pro certo possumus ex his quæ audivimus et vidimus, ex indubitato etiam domini nostri regis testimonio, pacem venerabilis archiepiscopi et reconciliationem erga regem ipsum studiose quæsivit, et ad eam diligenter intendit. Si quid postmodum enormiter actum est, præter conscientiam ipsius et voluntatem credimus accidisse. Superest igitur, sanctissime Pater, ut honorabilem filium vestrum ad gremium mansuetudinis vestræ se transferentem, juxta commune omnium bonorum votum, blande et leniter suscipiatis, innocentiamque ipsius incertis suspicionum conjecturis, quibus credi non oportet, lædi non permittatis. Sanctitatem vestram Ecclesiæ suæ diu conservet incolumem omnipotens Dominus.

LXXXII.

Willelmi Ramesiensis. — *Ejusdem argumenti.*

Domino et reverendo Patri ALEXANDRO Dei gratia sanctæ apostolicæ atque catholicæ Ecclesiæ summo pontifici, frater WILLELMUS Sancti Benedicti Ramesiensis Ecclesiæ servus indignus, obedientiam cum debita reverentia.

Quantis tribulationibus Ecclesia Dei primitiva, et quam multiplici adversitate fatigatur, claro intuitu cernit oculus vester et crebro auditu percipit auris vestra, et quod gravius est, et cordi nostro magis anxium, experimento caput quotidie discit quid membra patiantur. Nos vero cernentes in medio ignis istius torqueri justum ab impio, et incendi pauperem dum superbit impius, lege charitatis constringimur, id solatii pro modulo nostro impendere fratribus in adversitate positis quod nobis vellemus impendi, si eadem adversitate premeremur. Multo etiam magis sanctis Patribus ad compatiendum obnoxii sumus, quos in angustia multa positos videmus. Inde est quod universa Ecclesia Anglorum, maxime vero religiosi conventus condolet, et compatitur viro magnifico Gilberto Londoniensi episcopo. Totius namque religionis et honestatis exemplar Ecclesiæ Dei semper exstitit, et in omni gradu, quo cum deduxit Dominus, lucerna intuentibus ardens effulsit et quod nequaquam sub silentio claudendum est, cœlestis sapientiæ thesauro ita ditavit eum Dominus, quod gratuito ei ab omnibus reverentia debeat impendi. Et quia scriptum est: *In malevolam animam non introibit sapientia* (*Sap.* 1), tantum vir um opitot dona charismatum quæ in se divini spiritus habent testimonium, longe secernunt ejus animum ab omni suspicione fraudis et fellis. Habemus enim testimonium foris aliud quo nullum certius esse potest, videlicet domini nostri regis. Nemo enim novit tam plene quæ sunt in homine, sicut spiritus hominis qui in ipso est (*I Cor.* II). Ex testimonio, inquam, litterarum suarum manifeste agnovimus, quod dominus Londoniensis apud dominum nostrum regem Anglorum nunquam nocuit domino Cantuariensi. Quia igitur, domine mi sanctissime, oculi totius Israel in te respiciunt et a facie vestra judicium singulorum egreditur, et vos sicut angelus Dei nostis omnia quæ sub sole sunt, ita ut nec benedictione nec maledictione moveamur, in statera vestra de æquitate non dubitamus; sed hoc humili prece, supplici voce, prostrato corpore ad pedes apostolicæ pietatis provoluti petimus in quantum possumus et audemus, ut pietas divinæ charitatis vestræ in hoc suo negotio superexaltet misericordiam judicio. Conservet vos Deus incolumem Ecclesiæ suæ per multa tempora.

LXXXIII.

Henrici abbatis Stratfordiensis.— Pro Gilberto Londoniensi episcopo.

Patri suo et domino summo pontifici ALEXANDRO, frater HENRICUS monasterii de Stratfordia dictus abbas et humilis ejusdem loci conventus, debitam Patri obedientiam et pro incolumitate vestra jugem coram Domino devotionis et orationis instantiam.

Apostolo, domine, scilicet docente (*Gal.* VI), didicimus, ut alter alterius onera portantes Christi legem inter nos scilicet invicem adimpleamus. Inde est quod venerabili Patri nostro Gilberto Londoniensi episcopo super conversatione sua testimonium quale verum speramus et credimus publica in hoc fama nobis consentiente perhibemus, utpote quem virum prudentem, litteratum novimus et honestum a vitæ initio laudabilisque conversationis exemplo in publicas Ecclesiæ jamdiu gratulationes susceptum. Quem quia mitem atque pacificum novimus, et inter discordes pacem semper conciliare sollicitum, dissensioni quæ inter dominum regem et dominum Cantuariensem peccatis exigentibus oborta est, nulla unquam ratione causam præbuisse credimus aut incentivum; sed iræ potius sedandæ quantum potuit operam diligenter adhibuisse. Quem quia commendatione dignum credimus apud sanctitatem vestram urgente charitatis imperio commendamus, preces humillime porrigentes ut quem suo ut credimus non exigente merito læsum audivimus patrocinante sibi appellatione ad sublimitatem vestram interposita ad nos remitti cum gratia gaudeamus. Valere vos optamus in Domino, Pater in Christo dilectissime.

LXXXIV.

S. Ecclesiæ Trinitatis London. — Ejusdem argumenti.

Venerando Patri ALEXANDRO Dei gratia summo pontifici, S.... Ecclesiæ Sanctæ Trinitatis Londoniensis servus humilis, salutem et debitæ subjectionis obedientiam.

Cum apud summum judicem qui renes omnium scrutatur et corda (*Psal.* VII), si quem vita commendet humana infirmitas commendare non dubitet, summa in hoc mundo inter homines et supra sanctitatis vestræ sublimitas, semper reverende et amantissime Pater, virum venerabilem dominum Gilbertum Londoniensis Ecclesiæ episcopum a parvitate nostra humiliter commendatum, pio patris affectu et charitate sincera dignanter et benigne suscipiat. Quem non solum vitæ sinceritas, religionis integritas, scientiæ charitas, commendabilem reddunt, verum etiam et Romanæ præsertim Ecclesiæ apud nos ut dignoscitur conservata fidelitas et prona semper et devota obedientia. Quis enim in exsecutione causarum pro mandato vestro secundum leges, jura et canones in Anglorum regione sic miseris subvenit, sic expulsos restituit, sic oppressos liberavit, sic pacem reformavit? Nonne hic est cui nuper principum timore postposito spretaque sui corporis pœna et schismaticorum malitia, qui Britannici maris pericula vix evaserat, cum cæteri sustinerent ad tempus, jam Alpium soli angustias transgresso quo se vobis totum crederet, gratia summi obviavit pontificis quasi mater honorificata. Unde feliciter reversus qui optimam ut creditur partem elegerat, ab illo exspectabat Ecclesiæ pacem in terris, qui factus est *pax hominibus bonæ voluntatis* (*Luc.* II). Quod autem eam quantum illi desuper datum fuerat desideraret animo et opere quæreret ac verbo, non solum ut dictum est, iter ad vos tam fideliter ac constanter arreptum indicat; verum etiam, ut a legitimis cognovimus testibus, in communi synodo singultus et unda lacrymarum quas fudit pro dissensione inter dominum regem et sanctitatem Deo et hominibus, nunc coram ipso patronum nostrum dominum Cantuariensem. Quis ergo, bone Pater, hunc talem tantumque Christi Ecclesiæ virum de nobis filiis vestris judicare minus reverenter præsumat, ut quandoque apud regem dominum foveret discordiam vel quasi fieri vellet causa vel conscius reatus cujusquam; quo pacem confunderet regni et omnium offenderet sanctitatem fieretque persecutor Ecclesiæ amator illius et defensor veritatis et justitiæ. Agat igitur pius Pater, Pater sanctissimus, Pater spiritualis, qui omnia dijudicat, et a nemine dijudicatur, ne famæ contractu quæ respondit de Christo: *Alii dicunt: Quia bonus est; alii vero: Non, sed seducit turbas* (*Joan.* VII), tanta Ecclesiæ columna de fortitudine cadat summi pontificis. Et præsertim ut *Domino cooperante et sermonem confirmante* quotidie apud nos *sequentibus signis* (*Marc.* XVI): sumat a vobis benedictionem paternam in Spiritu sancto, per quem mederi melius forte vestra et cautius poterit omnium ecclesiarum sollicitudo. Valeat sanctitas vestra, semper nobis diligende bone Pater.

LXXXV.
Willelmi ecclesiæ S. Trinitatis Lond. prioris. — Ejusdem argumenti.

Patri suo et domino summo pontifici ALEXANDRO, frater WILLELMUS, ecclesiæ S. Trinitatis Lond. claust. prior et humilis ejusdem loci conventus, debitam Patri charitatem et humilem in omnibus obedientiam.

Apostolica doctrina est ut si unum membrum patitur, membra quoque cætera compatiantur (*I Cor.* XII). Inde est quod venerabili Patri nostro domino Londoniensi episcopo debita charitate compatimur et ipsum pœnam sustinere quam non meruit, multa afflictione spiritus intime condolemus. Ejus enim conversatio multorum testimonio digne laudabilis honorari magis debet quam pœnis et injustis oppressionibus onerari. Qui cum ob culpam aliquam nec citatus hucusque fuerit nec commonitus, in ipsum subito latam separationis esse sententiam miramur plurimum et obtupescimus; præsertim cum ejus nec contumaciam audierimus, nec ipsius famam apud nos notorio seu alio quocunque omine laborare aliquatenus intellexerimus. Qui cum sententiam illam quæcunque est ad sanctitatem vestram appellando prævenerit, apostolicæ dignitatis honor est venientem ad vos filium digne suscipere et ipsius gravamina paterna gratia sublevare. Qua in re cum tota supplicet Londoniensis Ecclesia, nos quoque cum supplicante matre nostra sublimitati vestræ preces affectuose porrigimus, ut patrem nostrum suscipiendo et matrem exhilarando suspensam ad vos totam..... plenitudinem vobis et obsequium et gratiæ obnoxiam in perpetuum efficiatis, et paternum filiis affectum exhibeatis. Conservet incolumitatem vestram Dominus, in Christo dilecte Pater.

LXXXVI.
R. prioris S. Victoris Parisiensis et Ervisii abbatis S. Augustini. — Pro S. Thoma Cantuariensi.

ALEXANDRO papæ, prior S. Victoris et E. abbas quondam S. Augustini.

Sanctis viris, Simone, priore de Monte-Dei et fratre Bernardo de Grandimonte veraciter referentibus, aliisque personis religiosis et honoratis assistentibus, et nos ipsi præsentes ipso auris auditu percepimus, quæ responsa rex Angliæ domino Cantuariensis, super negotio pacis ecclesiasticæ reddiderit. Referebant et inter referendum mirabantur, quam sæpe rex Angliæ animum domini Cantuariensis, suorumque, et nostros in spem recuperandæ ecclesiasticæ libertatis et pacis erexerit, quam sæpius in desperationem ejusdem recuperationis a concepto antehabitæ spei dejecerit. Tandem post multas et varias, nec inter se cohærentes, imo sibi contrarias responsiones, post tumidam de præsumpta præsentatione litterarum vestrarum animi gnationem, nihil certi reportare potuerunt. Opus est igitur, post tam longam exspectationem, et tam diu suspensam animadversionem ex auctoritate apostolica gladium Petri in adversarium sanctæ Ecclesiæ, et contemptorem sedis apostolicæ jam jamque exercere, manu utique tanto validiore, quanto fortiorem, et si potest, insuperabilem, ad resistendum, imo ad prævalendum se præmunit inimicus. Quod si incunctanter et districte feceritis, prout ipsi a collateralibus regis se didicisse memorabant, ad portum tranquillæ securitatis et gaudium quæsitæ libertatis Ecclesia Dei in brevi est perventura, jamque olim, si districtius egissetis, pervenisset. Si vero in hac suprema necessitate adhuc dissimulatis, procul dubio multo majore injuria et depressione conculcanda est, quam fuerit, et futura sunt ejus novissima multo pejora prioribus. Illud etiam vos non lateat, quod priores litteræ vestræ, assensum petitionum regis Angliæ, ut videbatur, continentes, sed magis rei veritate prudentiam benevolæ vestræ intentionis erga dominum Cantuariensem occultantes, animum domini regis Francorum, multorumque aliorum multum scandalizaverunt. Novissimæ vero, quæ et comminatoriæ, eumdem gloriosum regem nostrum, cunctis quidem bonis hominibus, sed maxime D. Cantuariensi benevolum et devotum, multum exhilaraverunt, multosque alios in gratiarum actionem et vocem laudis, misericordiam et judicium vobis decantantes, excitaverunt. Misericordiam, quia innocentis causam defensandam suscepistis; et judicium, quia violenti injuriam, quantum in vobis est, propellitis.

LXXXVII.
Willelmi Radingensis abbatis. — Pro Gilberto Londoniensi episcopo.

Beatissimo Patri et domino A. Ecclesiæ catholicæ Dei gratia summo pontifici, filiorum suorum extremus frater WILLELMUS abbas Radingensis indigne dictus, commissam sibi navem Petri ad portum tranquillitatis indemnem dirigere.

Quoniam sanctitati vestræ, quæ Deo auctore universæ præest Ecclesiæ, rerum quæ in ea ubique terrarum quotidie emergunt utillimum esset innotescere veritatem, æquum duximus pro parvitate nostra sublimitati vestræ de filio vestro episcopo Londoniensi, ne serenitatem vestram, quod absit! erga ipsum alicujus maligna suggestio obnubilaret, qualem ipsum novimus, et qualiter se in hac quæ inter regem et archiepiscopum Cantuariensem exorta est tempestate, quamque prudenter ac fideliter se habuerit, teste conscientia intimare. Et primo quidem scimus eum in claustro Cluniacensi tam sanctæ tamque irreprehensibiliter sumpto habitu religionis aliquandiu conversatum, ut dignus omnino promoveri aliisque præesse et prodesse inveniretur. Promotusque semel et iterum et sæpius usque ad culmen episcopatus, vita, moribus, et doctrina conscendere promeruit. In quo se hactenus quantum ad humanum spectat examen, non solum irreprehensibilem, sed et utilem sanctæ Ecclesiæ ministrum exhibuit; sibi siquidem parcum atque districtum, aliis misericordem atque munificum. De cujus sobrietate victus atque vestitus, et aliorum quæ huic vitæ necessaria sunt parcitate, erga pauperes benignitate, erga subjectos mansuetudine, erga sanctos devotione, erga omnes suavitate atque humanitate supervacuum duximus multum scribere, quibus Ecclesiam Dei suavissimo replevit odore, quoniam vos ea non credimus latere, quæ et qui Deum amant non cessant prædicare, et qui secus sentiunt dissimulare quidem possunt, negare non possunt. In hac autem controversia quæ inter dominum nostrum regem et dominum archiepiscopum Cantuariensem exorta est, sic illum se habuisse cognovimus, ut si illi creditum esset, omnis jamdudum discordia admellata, et concordia reformata fuisset, licet nonnulli pacis inimici malignitate inducti, aliam de illo disseminaverint, et usque ad archiepiscopum pertulerint opinionem. Neque nos vel audivimus vel ab aliquo vere auditum accepimus, quod ipse in aliquo apud dominum regem domino archiepiscopo vel alibi nocuerit, excepto quod nimia necessitate compulsus, in initio Quadragesimæ ad clementiam vestram appellavit. Archiepiscopus autem postea in Ramis Palmarum sicut dicitur, in illum sententiam promulgavit. Super quo admirantur in partibus nostris universi. Solet enim ad sedem apostolicam appellatio remedium atque suffragium gravatis præstare universis. Hoc enim beneficium a matre nostra sancta Romana Ecclesia filiis suis debitum et in necessitate hactenus exhibitum nullum suorum in oppressione desperare permittit. Quod si subtrahitur vel in irritum ducitur, nescimus quid refugii in necessitate ulterius speretur. Beatitudini igitur vestræ, quam Deus diu nobis incolumem conservet, obnixe supplicamus, quatenus erga filium vestrum episcopum Londoniensem ad pietatem vestram confugientem, sic vos habeatis, talesque vos exhibeatis, ut reliquis filiis vestris ad vos in necessitate confugiendi spem atque fiduciam præbeatis.

LXXXVIII.

Lombardi ad Alexandrum. — *Quomodo Joannes de Oxeneford, Roma rediens, multa se a pontifice obtinuisse glorietur: quo audito rex Franciæ ita vehementer turbatus fuerit, ut « confestim se velle nuntios dirigere qui legatis apostolicis regni sui ingressum inhiberent, diceret. »*

Reverendo Patri ac domino ALEXANDRO, Dei gratia summo pontifici, Lombardus ejus clericus, fidelis obedientiæ famulatum.

Cum vestræ sanctitatis puer, et vestrarum manuum opus in Christo sim, quæ in nostræ famæ suggillationem, atque vestri nominis derogationem celebriter dicuntur, quæque in totius Ecclesiæ detrimentum callide struuntur, dissimulare nec possum, nec debeo. Joannes siquidem Oxenofordensis, cum decanatus honore et gratiæ vestræ plenitudine Roma rediisse insolenter se jactat, nihilominus arroganter adjiciens se privilegio fore munitum adversus dominum Cantuariensem, et omnem episcopum, et quasi paulo minus a cardinalium ordine constitutum, vobis soli, et apostolatui vestro se subjectum asserit. Præterea, quod regum nullus unquam obtinere valuit, pro rege obtinuisse gloriando superbe loquitur: scilicet inter regis filium et filiam comitis Britanniæ, in tertio gradu consanguineos, matrimonium vestra auctoritate firmatum: addens quoque, a rege legatos specialiter postulatos destinari, qui appellationis remedio sublato, audiant et definiant quidquid regi adversus dominum archiepiscopum proponere placuerit. Hæc, sanctissime Pater, Joanne Roma redeunte divulgata sunt, quæ quanto magis inusitata, quanto rarius fieri solent, tanto vehementius audientium animos perculerunt. Quibus auditis, Francorum rex, vester et Ecclesiæ filius devotus, ita vehementer turbatus est, ut confestim se velle nuntios dirigere, qui legatis vestris regni sui ingressum inhiberent, diceret: Qui plus aliquid fecit, quod in ore latoris præsentium posui. Convocare etiam archiepiscopos et episcopos se velle dixit, quatenus eis exponeret et proponeret, quomodo Romana Ecclesia adversus se, et eam malignantes exaltat, eum autem deprimere quærit, dicens: Annon laborat me inhonorare, qui sanguinem Cantuariensis archiepiscopi, viri innocentis, pro justitia et Ecclesiæ libertate exsulantis, callide effundere quærit, impie tradens ipsum in manus inimicorum et persecutorum ejus, quem non obsequiorum obtentu, cum nobis magis injurias intulerit, obsequendo tamen ei, qui nunc ipsum persequitur, sed potius justissimæ causæ, quam fovet, intuitu, ejus probitatis contemplatione, amore etiam domini papæ, qui satis instanter me pro eo rogavit, exhibere honorifice et decenter, quandiu in exsilio fuerit, et quasi in sinu meo consovere constanter disposui, sicut et jam cœpi? Denuntians etiam et manifeste protestans, non esse sibi minus molestum, quod pro hac causa legatos mittitis, quam si ad coronam ejus auferendam eos destinaretis. Ejus animum adeo concitatum non defuerunt qui magis incenderent. Data est occasio adversus nos, et Dei Ecclesiam malignandi, atque plurima moliendi his, quibus ab initio animus et nocendi vobis cognitus fuit. Quorum malevolum propositum vestra non mutavit indulgentia, etsi horum conatum repressisset auctoritas. Hæc per quemdam clericum vobis fidelem et devotum, præsentem dum hæc agerentur, mihi ea privatim referentem, didici. Illud unum, Pater sanctissime, verissime scio, quod tamen absque lacrymis non scribo, quia vestri nominis odor ex aliqua parte offuscatur; quoniam famæ vestræ derogatio, quasi cibus est et potus detrahentium, et maledicorum, qui velut vino poti atque inebriati vestram famam decerpunt, et quasi vos totum maledictionis dentibus corrodunt, tum favore domini Cantuariensis, partim odio eum persequentis; maxime cum prope esset dies victoriæ ejus et vestræ, sicut a multis credebatur. Timebat enim rex adeo, die appellationis elapso, excommunicari universamque terram suam interdici, ut manifeste diceret se episcopis appellare nec persuasisse, nec eos compulisse, ideoque partes suas in ea re non esset interpositurus. Episcopi vero in tantum angebantur, et interdici metuebant, ut quidam ad dominum Cantuariensem nuntios mitterent, quidam ad ejus vocationem parati essent, cum Joannes de Oxeneford, velut legatus vester, universos episcopos convocans, eis auctoritate vestra, sicut fama est in Gallia, ne ad domini Cantuariensis vocationem venirent, præcepit. Qua occasione magister Robertus Herefordensis episcopus, cum jam ad mare venisset transfretaturus, revocatus est; sicut ipse coram domino Cantuariensi per nuntios suos, viros religiosos, et bene notos, me præsente, se excusavit. Propterea tanta est in multorum animis perturbatio. Verentur enim plurimum regis versutias, et ex his Anglicanæ atque omnium ecclesiarum terræ suæ ruinam, et libertatis subversionem, ac prolixiorem, vehementioremque archiepiscopi persecutionem, quippe cum a multis, et sæpe audiverim, quod rex in adversa fortuna et obitu vestro, quem Deus sua benignissima clementia in longa tempora differat, omnem spem suam locasse dicatur, firmissime asserens, sicut a pluribus fertur, successorem vestrum se nequaquam susceptrurum, nisi prius omnes dignitates et consuetudines regni sui confirmaverit. Eapropter dolose et fraudulenter creditur legatos postulasse, utpote ad suam voluntatem, non solum adversus dominum Cantuariensem, verum etiam adversus omnes episcopos terræ suæ complendam, vel ut saltem sic ejus excommunicatio, et terræ suæ interdictum differatur: quatenus hoc modo frustrando tempora, domini Cantuariensis auctoritatem evacuare possit, ut si forte vestro tempore non ligetur, a successore vestro ligari non metuat, cum nec facile, sicut a multis dicitur, proposuerit cum se susceptrurum. Itaque, prudentissime Pater, qui Spiritum Dei habent, et pacem Ecclesiæ desiderant, spiritum Danielis in vobis excitari, ad Belis astutias deprehendendas, et draconem interficiendum, summo animi affectu optant, super quo Deum assiduis et cumulatis precibus, exorant. Valeat sanctitas vestra in tempora multa.

LXXXIX

Theobaldi Blesensis comitis. — De martyrio S. Thomæ.

Revendissimo domino suo et Patri ALEXANDRO, summo pontifici, THEOBALDUS Blesensis comes, et regni Francorum procurator, salutem, et debitam cum filiali subjectione reverentiam.

Vestræ placuit majestati, ut inter dominum Cantuariensem archiepiscopum et regem Anglorum pax reformaretur, et integra firmaretur concordia. Itaque juxta vestri tenorem mandati illum rex Angliæ vultu hilari, fronte læta, et pacem promisit, et gratiam sibi referente recepit. Huic paci et concordiæ interfui, et me præsente dominus Cantuariensis apud regem Anglorum de coronatione filii sui conquestus est, quem voto festinante et ardente desiderio in culmen regiæ dignitatis fecerat promoveri. Hujus autem injuriæ reus et sibi male conscius rex Angliæ, juris et satisfactionis ipsi Cantuariensi pignus dedit. Conquestus est etiam de episcopis, qui contra jus et decus Cantuariensis Ecclesiæ novum regem in sedem regiam præsumpserunt intrudere, non zelo justitiæ, non ut Deo placerent, sed ut tyrannum placarent. De illis vero liberam et licitam rex ei concessit potestatem, ut ad vestræ et suæ potestatis arbitrium in eos sententiam promulgaret. Hæc siquidem vidi et audivi, et hoc vobis vel juramento vel quolibet alio libuerit modo attestari paratus sum et sancire. Sic itaque pace facta vir Dei et Spiritu sancto plenus nil metuens recessit, ut gladio jugulum subderet, et cervicem exponeret ferienti. Passus est ergo martyrium agnus innocens, crastina Sanctorum Innocentium die. Effusus est sanguis justus, ubi nostræ viaticum salutis solebat immolari. Canes aulici familiares et domestici regis angliæ se ministros regis præbuerunt, et nocentes sanguinem innocentem effuderunt. Hujus prodigii modum detestabilem, et inauditam turpitudinem, vobis his verbis significarem, sed vereor ne mihi odio a serpente, cujus nec odium timeo nec amorem volo, ascribatur, et latores præsentium patenter et plenius hoc vobis indicabunt. Ex eorum relatione discetis quantus mœroris cumulus, quanta sit universæ Ecclesiæ et maxime Cantuariensis, quanta etiam totius regni Franciæ, imo omnium partium mundi ad quas ista pervenit nequitia et seditio, et querela et calamitas. Hanc salvo pudore dissimulare ratio non debet nec potest Romana mater Ecclesia. Quidquid enim in filiam præsumitur inimicum, redundat in parentem: nec sine matris injuria filia captivatur. Ad vos itaque clamat sanguis justi et martyris Dei, et flagitat ultionem. Vobis ergo, Pater sanctissime, adsit et consulat super vindicta facienda omnipotens et misericors Dominus, qui Filii sui cruorem mundo impendit, ut mundi noxas detergeret et deleret maculas peccatorum, ille vobis sufficientis vindictæ voluntatem insinuet, et suggerat facultatem, ut Ecclesia inauditi et nefandi sceleris confusa magnitudine, districta, inaudita et toti mundo jucunda hilarescat ultione. Valete, et sicut decet sanctitatem vestram et dignitatem totius curiæ Romanæ, studete.

XC

Magistri Viviani. — Quid egerit in exsecutione mandati apostolici sibi commissi.

Beatissimo Patri et domino ALEXANDRO, Dei gratia universalis Ecclesiæ summo pontifici, VIVIANUS ejus sanctitatis servus devotissimus, debitæ subjectionis obsequium.

Quod statum nostrum pariter et esse negotii, pro quo ad illustrem regem Angliæ destinati sumus, tandiu Beatitudini vestræ significare distulimus, non dissolutæ negligentiæ, quæ culpæ annumeratur, sed necessitati et qualitati causæ esse ascribendum certissime fore sciatis. Erat enim cum exercitu in remotis Guasconiæ partibus, et illuc absque maximo discrimine nullatenus, sanctissime Pater, poteramus accedere, nec fuit de consilio Christianissimi regis Francorum, cui apud Silviniacum obviavimus, litteras sibi vestras, quas devotissime recepit repræsentantes. Deinde Senonas, regis Angliæ reditum exspectantes, declinavimus. Qui cum longiorem, quam credideramus, moram in Guasconia fecerat, tandem rediit, et ad ejus præsentiam festinantes in Normannia accessimus. A quo et principibus suis satis honeste recepti fuimus, in crastino litteras et vestras exhibentes. Quas cum legisset, multa in exordio orationis suæ contra dominum Cantuariensem nobis, sicut olim dominis nostris cardinalibus, proposuit. Sed quia ut eum in amorem et gratiam suam omni rancore deposito in remissionem peccatorum suorum reciperet, sibi incessanter injungebatis, quodammodo verbo annuit, et se habiturum fore consilium respondit. Sed ante de absolvendis excommunicatis proposuit. Nos vero qualem super absolutionem episcoporum potestatem haberemus, quia vobis non extat incognitum, narratione supersedemus. Qualicunque tamen postmodum potestate accepta, si Deus animum suum et voluntatem ad pacem inclinaret, propter hoc præstito ab eis juramento nullatenus remaneret. Qui cum per multos anfractus locorum, nec minus verborum nos secum adduxisset, et aliquandiu detinuisset, demum in præsentia Rothomagensis et Burdigalensis archiepiscoporum hæc proposuit: *Ut tres qui præsentes erant, absolverentur, et unus nostrum Angliam intraret, et reliquos excommunicatos, quos juxta littus maris inveniret, absolveret, et alter ad archiepiscopum procederet.* Quo pacto, ejus intuitu per quem reges regnant (*Prov.* VIII), et amore vestro, archiepiscopo permitteret ut secure veniret, et in bona pace et firma securitate ecclesiam suam reciperet cum omni integritate, sicut habuit antequam exiret, eamque teneret ad honorem Dei et Ecclesiæ, et suum et filiorum suorum: et hoc idem suis qui cum eo et pro eo exsulabant, concedebat, et in scriptis totum quod promittebat, redigere debebat. In crastinum autem cum illos tres absolvere deberemus, mutavit duntaxat nomen *filiorum*, et dixit *hæredum*, et hoc in præsentia prædictorum archiepiscoporum, et unius nominatissimi Lexoviensis episcopi. Quid ergo de osculo? Nec propter hoc modicum pax remaneret, respondit. Ejus verbum nobis placuit, et admisimus. Absolutione autem illorum postmodum facta, ubi dixit, *Honorem suorum hæredum*, cæteris in suo statu manentibus, et in ejus loco adjecit, *Salva dignitate regni sui.* Quo audito, plurimum turbati sumus. Quia in finibus prædictorum verborum non stabatur, et ita ab eo utrinque recessimus, et in ducatu Rothomagensis archiepiscopi Cadomum usque pervenimus. Et cum rex comiti Flandrensi Rothomagum obviam proficisceretur, verbum pacis nobiscum denuo retractandæ prænominatis archiepiscopis, Lexoviensi, Wigornensi, Sagiensi, Bajocensi, Redonensi episcopis, Cantuariensi, Saresberiensi archidiaconis, et suis principibus commisit. Qui cum instarent ut verbum, scilicet *Salva dignitate regni sui*, admitteremus, respondimus: *Stet ergo verbum regis pariter et verbum Domini*, id est, *salva libertate Ecclesiæ.* Quod non admiserunt, sicut nec rex, licet in honore Dei libertatem Ecclesiæ ut dicebat, intelligeret, apponere tamen scripto penitus recusavit. Et cum jam contra nos verbo prævalere non possent, prælegerunt, ut archiepiscopus, sicut jam dictum est, secure ad ecclesiam suam accederet, et in bona pace et securitate ecclesiam suam cum omni integritate, sicut habuit antequam exiret, hinc inde nulla conditione apposita reciperet, et sui similiter sua. Et ad eorum instantiam verbum admisimus. Demum a rege apud Rothomagum vocati cum multo labore accessimus. Tandem per legatos suos nobis in curia archiepiscopi mandavit, quod nullatenus a verbo illo *Salva* scilicet *dignitate regni sui*, recederet, et ita sicut nec primo, nec secundo a prænominatis personis verbo invento stare placuit. Et hoc modo, beatissime Pater, recessimus; archiepiscopis quoque sub debito fidelitatis, qua vobis astricti tenebantur, præcepimus, ut eis, quos absolvimus, sub debito juramenti, quo vobis tenebantur, præciperent, et domino regi proponerent, ut si pax secuta non esset ante discessum nostrum, beneficio absolutionis non fruerentur, et sententiam, quam archiepiscopus Cantuariensis in eos tulerat, irrefragabiliter observarent. Et hæc hactenus de his quæ cum domino rege gessimus. Cæterum verbum regis Cantuariensi archiepiscopo postmodum repræsentavimus. Qui cum prædicta omnia æquanimiter sustineret, respondit quod dignitatem regni sui libenter conservaret, salvo ordine suo et fidelitate Romanæ Ecclesiæ. De his quoque si quis aliter vobis proposuerit, sic esse, sicut diximus, per omnia credatis. Et quod nomen domini Gratiani non ponitur in his litteris, non ideo remansit quod eas non viderit et diligenter pertractaverit, sed quia festinabat redire, et longe breviores volebat fieri litteras. Sed ut nihil nuntiis regis contra nos usque ad reditum nostrum crederetis, novissime de consilio archiepiscoporum et episcoporum disposuimus ad præsentiam ipsius regis mittere nuntium. Elegimus tandem magistrum Petrum, virum honestum et bene litteratum, Papiensem archidiaconum, quem ad prænominatum regem misimus, ut ei clementer supplicaret; utque in exsequenda pace inter ipsum et dominum Cantuariensem juxta tenorem litterarum vestrarum, quas ipse receperat, preces admitteret, ex parte vestra affectuosissime rogaret. Qui cum honeste fuisset receptus, indecenter et contra honorem Dei, et suum, sicut ipse asserit, fuit tandem dimissus, et quibusdam rebus suis in ejus ducatu postmodum exspoliatus. Unus quoque, de suis præcipue, qui ab eo, ut dicebat, timore jam extra villam non longe recesserat, a sævis hominibus atrociter est tractatus, sed suggestione cujusdam supervenientis militis, ut nobis hujusmodi factum denuntiaret, divina gratia de manibus illorum est ereptus.

XCI.
Ejusdem. — Similis argumenti.

ALEXANDRO papæ, magister VIVIANUS.

Operam omnem adhibui et diligentiam, ut inter regem Anglorum et D. Cantuariensem pax reformaretur juxta formam quam sanctitas vestra præscripserat. Tandem vero post multos labores ad id ventum est, ut D. Cantuariensis in colloquio regum Parisiis habito in octava Beati Martini, petitionem subscriptam per D. Rothomagensem et episcopum Sagiensem, et me, regi Anglorum, præsente Christianissimo rege, porrigeret : *Hoc petimus a domino nostro rege juxta mandatum et consilium domini papæ, ut pro amore Dei, et domini papæ, et honore S. Ecclesiæ, ac salute sua et hæredum suorum, recipiat nos in gratiam suam, et concedat nobis et omnibus, qui nobiscum et pro nobis exierunt de regno, pacem suam et plenam securitatem de se et suis, sine malo ingenio. Et reddat nobis Ecclesiam Cantuariensem in ea plenitudine et libertate, in qua eam melius habuimus, post quam ad sedem illam accessimus, et possessiones omnes, quas habuimus, ad tenendum et habendum, ita libere, et quiete, et honorifice, sicut ecclesia et nos eas liberius et honorificentius tenuimus et habuimus, postquam promoti sumus in archiepiscopum. Et similiter nostris. Et omnes ecclesias, et præbendas ad archiepiscopatum pertinentes, quæ vacaverunt postquam exivimus de terra, ut faciamus de eis sicut de nostris, prout nobis placuerit, similiter habere permittat.* Et hoc in scripturam redactum est. De mobilibus vero ablatis se facturum promisit archiepiscopus juxta consilium vestrum, ut a nullo super hoc deberet argui. Rex autem audita petitione scripta, de plano non contradixit, sed mutatis verbis respondit quod archiepiscopus haberet ecclesiam suam et possessiones suas in pace, quas habuerunt, et sicut habuerunt antecessores sui, et sic excluderet possessiones quasdam, quæ de novo acciderant huic archiepiscopo de jure ecclesiæ suæ, et quas habuerat et tenuerat postquam factus est archiepiscopus : et ecclesias et præbendas, quæ vacaverunt postquam exivit de terra. Et ut callide alligaret eum ad observandas consuetudines suas, pravas et maledictas, sicut postea bene deprehendimus, quia in omnibus fere verbis suis Ecclesiæ Dei sophisticus est et captiosus. Et præterea nullius prece, cum tamen rogaretur a multis, induci potuit, ut præfatum Cantuariensem in osculo pacis reciperet. Institi apud Christianissimum regem, ut hoc tantillum suarum precum instantia extorqueret. Sed ille alii regi, dum in terra sua erat, nolebat esse molestus in aliquo. Domino tamen Cantuariensi dixit, et etiam mihi coram multis, qui præsentes aderant, quod nec pro tanta quantitate auri, quantus ipse erat, vellet vel auderet consulere, nisi pacis osculo præcedente, quod terram ejus ingrederetur; quia subtracto osculo gratiam non reddebat. His ergo, qui aderant, ex causa probabili visum est, quod verbum pacis tractabat in dolo, qui publicum et celebre gentibus pacis signum admittere recusabat. Nec aliquid per suos domino Cantuariensi respondere curavit, sed quasi occasionem discedendi captans recessit. Visumque est, quod tantum simulare volebat gratiam, non restituere. Placeat itaque Sanctitati vestræ, si quid adversus hæc audieritis, differre omnia, quousque servi vestri faciem, qui cunctis interfui, videatis et audiatis ex ore meo, qualiter Ecclesia conculcetur, et quam inique proscripti sint innocentes. Omnipotens Dominus incolumitatem vestram ad gloriam nominis sui, et pia nostra nostrorumque vota, in tempora longa custodiat, sanctissime et amantissime Pater.

XCII.
Laurentii abbatis Westmonasteriensis. — Pro Gilberto Londoniensi episcopo.

ALEXANDRO papæ, LAURENTIUS abbas Westmonasterii.

Veritatis assertio tunc demum libera solet et sine offensione procedere, cum et certis rerum nititur argumentis, et celeberrimæ opinionis attestatione vallatur. Hinc est quod venerabilem Patrem nostrum Gilbertum Londoniensem episcopum eo Sanctitati vestræ attentius commendamus, quo eum in partibus nostris et meritum vitæ celebrem, et communis habet æstimatio commendabilem. Vestræ itaque sublimitati, cujus reverentiam, sicut non debemus, ita nullis volumus falsitatis incestare figmentis, sublata omni ambiguitate suggerimus, quod memorati viri vita et conversatio, quantum aut ex evidentibus rerum indiciis, aut ex celebri opinione ad vestram potuit notitiam pervenire, copiosis hactenus claruit decorata virtutibus, et formam religiosis et honestatis intuentium oculis visa est prætendisse. Quis enim ex nostratibus ignorare permittitur dominum Londoniensem tam divinæ legis quam sæcularis scientiæ peritissimum, honestate præcipuum, in cultu et observantia religionis ex diutina et sancta fuisse conversatione probatum? Quis eorum ita desipiat, ut hoc non sapiat? Hoc etiam nos ex domini regis noveritis testimonio concepisse, quod idem dominus Londoniensis domino Cantuariensi apud regiam majestatem nunquam dicto factove nocuus exstiterit, quod quidem ab omnibus vitæ ipsius et conversationis honestæ consciis, sub quadam potest certitudine et securitate præsumi, cum auditu etiam grave sit et fide indignum tam præclarum in Ecclesia Dei religionis et sanctitatis speculum alicujus malignitatis seminarium aut fomitem exstitisse. Oramus igitur, sanctissime Pater et domine, ut devoto et venerabili filio, ad gremium se vestræ mansuetudinis transferenti, sinum benignitatis et gratiæ clementer aperiatis, eumque in gratiæ vestræ plenitudinem restitutum ecclesiæ suæ restituere, communibus, si placet, in hoc bonorum votis satisfaciendo dignemini. Hoc enim vestræ, ut credimus, sublimitatis honori et ecclesiasticis videbitur utilitatibus deservire. Omnipotens Deus incolumitatem vestram in tempora longa et læta perducat, charissime Pater et domine.

XCIII.

Anonymorum. — Contra Thomam Cantuariensem.

Medicinæ potius tempus est, quam querelæ. Nam peccatis exigentibus inter malleum et incudem posita est sancta mater Ecclesia, et nisi divina super eam respiciat miseratio, ictum mallei est sensura. Crebrescente enim schismaticorum nequitia, pro fidei suæ defensione et amore justitiæ Pater patrum exsulat a patria, et ne ad propriam sedem liber ei pateat regressus, prohibet Pharaonis animus induratus. Accedit ad hoc quod Cantuariensis Ecclesia tam in spiritualibus quam in temporalibus miserabiliter imminuitur, quæ tanquam navis in mari proprio rectore destituta fluctuat, et ventis exponitur, dum ejus pastor infra nationis suæ terminos regia potestate manere prohibetur. Qui suo et Ecclesiæ suæ, nostro etiam sapiens periculo, pœnarum et laborum secum nos exposuit acerbitati, non considerans, quoniam blandiri oportet, non detrahere potestati. Qui nobis, licet ejus laboribus totis affectibus compatiamur, ingratus existit, et nos, cum in eadem propter eum damnatione simus, persequi non desistit. Inter ipsum siquidem et serenissimum regem Anglorum quædam controversia versabatur. De utriusque voluntate dies præfigitur, ut in eo, justitia mediante, illorum controversia terminetur. Ad eumdem diem ex præcepto regio archiepiscopi, episcopi, et cæteri Ecclesiarum prælati convocantur, ut quanto generalior esset concilii celebratio, tanto manifestior fieret fraudis et malitiæ denudatio. Constituta die catholici principis conspectui se præsentat regni turbator et Ecclesiæ. Qui de suorum meritorum qualitate non securus Dominicæ crucis armat se vexillo, tanquam ad tyranni præsentiam accessurus. Nec modo regia majestas offenditur, sed causæ suæ judicium episcoporum fidei committit, ut sic ab omni suspicione liberetur, Restabat ut episcopi causam judicio terminarent, ut sic dissidentes in gratiam fœderarent, et dissensionis eorum materiam sepelirent. Occurrit tamen ille, et prohibet ne de ipso coram rege sententia proferatur, ut sic animus regis gravius accendatur ad iracundiam. Cujus excessus facit quantitas, ut ipse auctor cuilibet se debeat exponere ultioni, erubescens pœnam meritam deprecari. Qui principem, potissimum in tempore persecutionis Ecclesiæ, contra commoda Ecclesiæ offendere non horruit, cujus offensio malleum persecutionis Ecclesiæ augmentavit. Melius erat sibi, ut felicitati suæ frenum imponeret, ne dum ad rerum cacumen præsumptuose pervenire nititur, præsumptionis suæ merito ad inferiora detrudatur. Etsi eum non moverent Ecclesiæ detrimenta, debebant saltem eum revocare, ne contra regem ageret, a rege sibi exhibita, tam in divitiis quam honoribus, incrementa. At obviat adversarius, et objicit quoniam ipsum coram rege stare judicio esset apostolicæ sedis et dignitatis diminutio. Ac si nesciat, quod etsi in illo judicio aliquantulum Ecclesiæ dignitati derogaretur, dissimulandum tamen erat pro tempore, ut pax Ecclesiæ redderetur. Objicit iterum patris sibi nomen asciscens, quod arrogantiam videtur redolere, quod filii in patris damnationem minime debuerant convenire. Sed necessarium erat, ut patris superbiam filiorum humilitas temperaret, ne post patrem in filiis patris odium parentaret. Liquet itaque ex prædictis, patres sanctissimi, quod adversarii nostri irrita et inefficax debet languescere accusatio, qui sola odii malignitate impetebat, nullius rationis fultus patrocinio. Et quoniam vobis omnium Ecclesiarum noscitur sollicitudo imminere, necessarium est vos circa statum Cantuariensis Ecclesiæ cautelam et diligentiam adhibere, ne eadem Ecclesia per sui pastoris excessus cogatur naufragium sustinere.

XCIV.

Anonymi. — Narrat quid actum sit in curia quam de pace tractanda inter ipsum et pontificem Romanum in die Pentecostes suis indixerat Fredericus imperator.

ALEXANDRO papæ, quidam amicus suus.

Imperator, cum principes suos ad curiam, quam eis in festo Pentecostes indixerat, adunasset, et principes ipsi Sabbato ante festum et subsequenti secunda feria de pace inter vos et eum reformanda tractare cœpissent, Reginaldus, dictus Coloniensis, advenit, publice asserens et proponens quod nihil contra vos ad honorem sui labor et studium imperatoris proficerent, nec ejus tunc penitus assentiret consiliis. Dicebat enim quod potior pars imperii vobiscum erat, commemorans scilicet Salzeburgensem, Moguntinum, et alios qui de Alemannia, vestræ obtemperarint sanctitati. Verumtamen ad magnificandum seipsum inquit : *Plures quam nos sumus ad obedientiam apostolici nostri conquisivi, quos ei rex Anglorum numero quinquaginta, et plures, juxta domini imperatoris beneplacitum exhibebit.* Cum igitur ei talia promittenti, et ad certitudinem hujus rei duos nuntios prædicti regis præsentialiter exhibenti, de prosequendo ejus consilio suum imperator polliceretur assensum, in audientia cunctorum principum hujusmodi consilium imperatori formavit : quod ipse videlicet imperator in conspectu totius curiæ propria manu juraret quod nullo unquam totius vitæ suæ tempore vos, vel aliquem qui ex parte vestra sit, in pontificem Romanum susciperet, sed devotioni papæ sui Paschalis inconcusse semper et inseparabiliter adhæreret. Si vero mori illum ante contingeret, hoc ipsum juramentum sui successores observarent. Principes vero suos id ipsum jurare compelleret, adjecto in eorumdem principum juramento, quod si prius imperator obiret, principes ipsi nullum antea coronarent in regem, quam is qui coronandus esset, de tenendo et fovendo eodem schismatico, et ejus successoribus, idem facerent juramentum. Et quod principes infra sex hebdomadas, postquam de curia ad propria loca rediissent, omnes abbates, præpositos, et alios ecclesiarum prælatos, milites quoque, et alios omnes qui in locis eorum aliquos honores obtinerent, hoc ipsum jurare compellerent. Et eos qui nollent hoc facere, rebus eorum penitus confiscatis depositos, et honoris sui cingulo spoliatos, vel si privati homines fuerint, in membris suis crudeliter mutilatos a toto imperio compellerent exsulare.

Placuit imperatori forma consilii, sed archiepiscopo Magdeburgensi, et aliis qui præsentes erant episcopis dura visa est admodum et molesta. Ita quod idem Magdeburgensis nullum ex hoc juramentum se præstare responderit, nisi prius Coloniensis ordines et consecrationem reciperet, per quam omnem dubitationem ab ejus et aliorum pectoribus removeret. Unde cum ille id promittere detrectaret, acriter eum aggressus est imperator, suamque ei malignitatem improperans, iratus in eum verba hujusmodi est prosecutus : *Ecce manifeste apparet, quod sicut traditor et deceptor in periculum meum papam mihi præfeceris ignoranti, cum etiam ante receptionem litterarum mearum, ne de substituendi pontificis electione tractares, tu statim cum* Te Deum laudamus, *et juxta beneplacitum tuum novum mihi pontificem elegisti, plus mihi proditor factus, quam Moguntinus electus, quem hujus criminis reum deferebas. Præsertim cum ille dederit mihi salubre consilium, ut ex quo Deus a prioris me periculo liberavit, nullatenus me obnoxium facerem successori. Nunc vero necessarie te noveris compellendum, ut laqueum, quem parasti, primus incurras : et aliis etiam id facere recusantibus solus habebis subire periculum, quod tua malitia noscitur cæteris præparatum.* Sic ergo ille vehementer astrictus non potuit evadere, quin cum maximo fletu primus juxta prædictam formam faceret juramentum, et susceptis ordinibus consecrationem quoque se promitteret recepturum.

Exhibuit etiam prædictos nuntios regis Angliæ, qui publice coram omnibus juraverunt, quod quidquid imperator super hoc se servaturum juraverit, ipse quoque rex tenebit firmiter et servabit. Sic ergo propria manu supradictum præstitit juramentum, eo tamen ad verbum archiepiscopi Magdeburgensis determinato, ut si vos et schismaticum illum eodem tempore obire contingeret, et cardinales utriusque partis in aliquem unanimiter convenirent, liberum sibi esset eum recipere, si tamen, quod quidem Coloniensis fecit apponi, de imperatoris assensu eadem electio proveniret. Deinde qui præsentes erant principes, sicut supra dictum est, suum præstitere singuli juramentum. Cum vero ad episcopos ventum esset, dicerentque omnes, excepto Verdensi, velle se potius regalibus cedere, quam hujusmodi sacramenta præstare, responsum est eis oportere eos, vellent, nollent, juramentum facere, et regalia retinere. Sicque cum fletu et planctu maximo juravit primus Magdeburgensis, sub ea tamen conditione, si omnes alii, qui aberant, essent simul juraturi, et quod solutus esset a juramento, quocunque tempore desineret regalia possidere. Pamburgensis vero episcopus, post multas et varias excusationes, ita ipsi imperatori juravit, quod quandiu voluerit regalia retinere, secundum quod ei proprius sensus dictaverit, eidem imperatori super negotio auxilium et consilium ministrabit. Verdensis et intrusus Haldestaldensis absolute, sicut Coloniensis, juraverunt. Virdunensis et Frisingensis, per archiepiscoporum suorum absentiam excusati, juramentum facere minime sunt coacti, sed habita licentia libere ad propria redierunt, usque ad festum beatorum apostolorum Petri et Pauli sibi licentiam impetrantes.

Hi tantummodo principes juraverunt : dux Saxoniensis, marchio Albertus, comes Palatinus, frater imperatoris. Hi sunt archiepiscopi qui juraverunt : Magdeburgensis et Pamburgensis; sub conditione tamen prænominata. Coloniensis autem et duo suffraganei ejus absolute juraverunt. Filius vero Conradi, qui ad curiam cum mille quingentis militibus venit, ut audivit fieri mentionem de juramento, recessit. Patriarcha Aquileiensis non adfuit, neque aliquis suffraganeorum suorum. Similiter nec Salisburgensis, vel aliquis suorum. Nec Treverensis, vel aliquis suorum. Et multi de principibus non adfuerunt.

XCV.

Richardi archiepiscopi Cantuar. — Accusat abbatem Malmesburiensem, quod se ab obedientia sui episcopi subtraxerit. Deinde fuse deplorat quanta mala secuta sint ex exemptionibus abbatum per pontifices Romanos ob episcoporum quorumdam tyrannidem indultis.

Sanctissimo Patri et domino Alexandro Dei gratia summo pontifici, R. Ecclesiæ Cantuariensis humilis minister, devotissimum subjectionis obsequium.

Sicut eminentiam apostolicæ sedis magistram omnium ecclesiarum profitemur : sic ab ipsa consilia in ambiguis, in angustiis solatia, responsa in judiciis exspectamus. Monasterium Malmesburiense, quod in Sarisberiensi diœcesi situm est, nuper sibi abbatem elegerat : cumque Sarisberiensis episcopus appellasset, atque ex parte vestra constanter inhibuisset electo, ne aliunde, quam a se, munus benedictionis acciperet : ille nihilominus occulte profectus in Wallias ab episcopo Landavensi clandestinam et furtivam benedictionem adeptus sibi abbatis officium usurpavit. Nos autem, querela archiepiscopis et a prælatis suis decani et archidiaconi eximantur. Et quæ est hæc forma justitiæ, aut potius juris deformitas, prohibere, ne discipuli magistro consentiant, ne filii obediant patri, ne milites sequantur principem; ne servi domino sint subjecti? Quid est eximere ab episcoporum jurisdictione abbates, nisi contumaciam, ac rebellionem præcipere, et armare filios in parentes? videant, quæso, ista, et judicent, qui judicant orbem terræ, ne inde emanare videantur injuriæ, unde jura sumuntur. Arguemur temeritatis, et dicemur os nostrum posuisse in cœlum, qui non de superbiæ spiritu, sed de atramentario doloris hæc scribimus; sentimus equidem familiares angustias, qui publicas deploramus : nec fortitudo nostra fortitudo est lapidis, nec caro nostra ænea est, ut tam enormes injurias dissimulare possimus. Post Uriæ mortem et adulterium Bethsabeæ missus est ad David propheta proponens ei paradigma de paupere, qui unicam habebat oviculam, quam abstulit ei dives, qui oves habebat innumeras. David vero de sententia requisitus, judicium mortis dictavit in divitem, et per consequentiam in seipsum. Et quis est hodie dives, qui habet oves innumeras, nisi Romanus pontifex, qui ecclesias orbis possidet universas? et quis pauperior, quam Ecclesia Cantuariensis, quæ cum unam et unicam abbatiam haberet, monasterium scilicet S. Augustini, quam sinu providentiæ pastoralis et paterno fovebat amplexu, eam dives ille propheticus, ne dicam Romanus pontifex, in suam specialem et propriam usurpavit. Si audeamus dicere quod sentimus, cum ex officio justitiæ reddatur unicuique quod suum est, non multum Romani pontificis justitiam promovet, si alicui in alienam injuriam beneficium confert, si quod meum est aufert, si ea committit in rebus ecclesiasticis, quæ mundana potestas in sæcularibus abhorret. Apostolus ad Romanos loquens : *Omnis*, inquit, *creatura potestatibus sublimioribus subdita sit* (*Rom.* XIII). Si Ecclesiæ Romanæ sic apostolus scribit, quis in Ecclesia Romana doctrinæ apostolicæ contraire præsumpsit? Ad Hebræos etiam scribens, dicit : *Obedite præpositis vestris* (*Hebr.* XIII). In humano corpore, membrum unum servire alteri, non detrectat. Quidam angeli aliis præsunt, nec inter se superbiam emancipationis admittunt. Unus eorum quandoque se eximere voluit a potestate divina, et de angelo diabolus factus est. Hodie per hujusmodi extraordinarias libertates multorum præcipitia machinantur. Adhuc replicamus, quia de facto summi pontificis disputasse, et sacrilegium commisisse dicemur; verumtamen non est æqua disputatio, ubi sustinenti respondere non licet. Nex rixa est, ubi tu pulsas, ego vapulo tantum. Si ex turbatione spiritus et abundantia cordis os loquitur, inconsulto calori misericorditer indulgere velitis, clementissime Pater ; dolor enim noster in conspectu vestro est, et gemitus noster non est a vobis absconditus. Utinam in caput meum manum

episcopi et veritate rei diligentius inquisita, suspendimus Wallensem episcopum et abbatem, donec ad excusationem tanti excessus libertatis aut dignitatis privilegium allegarent.

Partibus itaque in nostra præsentia constitutis, et ecclesiarum privilegiis productis in medium, nihil invenimus, quare Malmesburiense monasterium episcopo Sarisberiensi subesse non debeat, et humiliter obedire; eo solo excepto, quod abbas quasdam exemptionis suæ litteras prætendebat, quæ in filo et bulla videbantur vitiosæ, stylumque Romanæ curiæ minime redolebant ; ideoque et eas falsitatis episcopus arguebat. Abbas testibus nitebatur asserere decessores suos benedictiones a quibus volebant episcopis pro suo libitu citra professionis vinculum suscepisse. Episcopus e contrario multas professiones abbatum Malmesburiensium exhibebat, sibi et prædecessoribus suis factas, quibus sibi abbatis obedientiam et subjectionem monasterii vindicabat. Productis itaque et receptis abbatis testibus, et redactis eorum attestationibus in scripturam, quia secundam productionem postulabat abbas instantius, diem alium præfiximus : in quo, cum rogaremus more nostro quæ pacis sunt : episcopus et paci et judicio humiliter se offerebat. Abbas vero consilio cujusdam advocati diffugiens ad versuti juris præstigia, nec judicio acquiescere voluit, nec verbum pacis admittere, asserens se de cætero nulli episcopo, vel archiepiscopo, nisi soli summo pontifici super professione vel obedientia responderе : recedensque contumaciter. Viles, inquit, sunt abbates et miseri, qui potestatem episcoporum prorsus non exterminant, cum pro annua auri uncia plenam a sede Romana possint assequi libertatem. Ideo hæc ad aures eminentiæ vestræ, reverende Pater, communi deploratione deferimus, quia pestis illa latissime se diffundit. Adversus primates et episcopos intumescunt abbates, nec est, qui majoribus suis reverentiam exhibeat et honorem. Evacuatum est obedientiæ jugum, in qua erat unica spes salutis, et prævaricationis antiquæ remedium. Detestantur abbates habere suorum excessuum correctorem, vagam impunitatis licentiam amplectuntur, claustralisque militiæ jugum relaxant in omnem desiderii libertatem. Hic est, quod monasteriorum fere omnium facultates datæ sunt in direptionem et prædam. Nam abbates exterius curam carnis in desideriis agunt, non curantes, dummodo laute exhibeantur, et fiat pax in diebus eorum; claustrales vero, tanquam acephali otio vacant et vaniloquio; nec enim præsidem habent, qui eos ad frugem vitæ melioris inclinet. Quod si tumultuosas eorum contentiones audiretis, claustrum non multum differre crederetis a foro.

Hæc omnia, reverende Pater, vestræ correctionis judicium postulant tempestivum. Nisi enim huic malo maturius remedium adhibeatur, verendum est, ne sicut abbates ab episcopis, ita episcopi ab

animadversionis indignatio vestra extenderet, dummodo per opprobria et dolores meos Ecclesia Cantuariensis in antiquæ dignitatis gratiam respiraret. Quandoque per misericordiam Dei cogitabit Romanus pontifex, ut complacitior sit adhuc. Nam si ecclesiam S. Augustini specialem filiam vocat, filia specialior, atque speciosior, et longe est dignior Ecclesia Cantuariensis, cui si monasterium S. Augustini subjiciat, nihil subtrahit, nisi restituens alienum. Nam, teste Gregorio, nihil ecclesiasticis deperit utilitatibus, si quæ sunt aliena reddantur. Scimus equidem quod ob quietem monasteriorum, et episcoporum tyrannidem has exemptiones plerumque Romani pontifices indulserunt; verumtamen in contrarium res versa est. Monasteria enim, quæ hoc beneficium damnatissimæ libertatis, sive apostolica auctoritate, sive, quod frequentius est, bullis adulterinis adepta sunt, plus inquietudinis, plus inobedientiæ, plus inopiæ incurrerunt : ideoque et multæ domus, quæ nominatissimæ sunt in sanctitate et religione, has immunitates aut nunquam habere voluerunt, aut habitas continuo rejecerunt. Si ergo Malmesburiensis abbas, qui apud nos reputatur arbor sterilis, ficus fatua, et truncus inutilis, ad vos venerit, vel miserit, vitam et opinionem illius in libra justitiæ appendatis; nec illius admittatis privilegia, donec manifeste liqueat ex collatione Scripturæ et bullarum, quo tempore, et a quibus Patribus sint indulta. Falsariorum enim præstigiosa malitia ita in episcoporum contumeliam se armavit, ut falsitas in omnium fere monasteriorum exemptione prævaleat, nisi in decisionibus et examinationibus faciendis judex veritatis exactor districtissimus intercedat. Conservet vos Dominus ad servandam debitam ecclesiis libertatem.

XCVI.

Ejusdem. — *Nomen episcoporum in aula regia degentium a calumniis tuetur, ac ostendit exemplo veterum, quanto cum fructu regni in ea versentur.*

ALEXANDRO Dei gratia summo pontifici, RICHARDUS Cantuariensis Ecclesiæ humilis minister, devotum humilitatis et obedientiæ famulatum.

Detractores, *Deo odibiles (Rom.* I), serenitati vestræ de nostris episcopis enormia suggesserunt, asserentes quod venerabiles fratres nostri R. Winton. et G. Elien., atque Joannes Norvicen. episcopi, sequentes odorem munerum, et omnino abjecta sollicitudine pastorali, militiæ ne dicam malitiæ curialis fluctibus se immergunt. Dicunt quod judicia sanguinis exercent; ideoque tanquam viri sanguinum a sacris abstinent, et ad mensam Domini non accedunt. Eapropter succensa est adversus eos indignatio vestra, nobisque pœnam indicitis, si excessus hujusmodi canonice non punimus. Inhonestum siquidem esset, gravique animadversione dignissimum, si esset in hac parte os loquentium iniqua veridicum; sed mentita est iniquitas sibi. Nam, ut excerpamus pauca de multis, Wintoniensi episcopo nullus est afflictis compatientior, nullus in oculis suis humilior, nullus in altari devotior, nullus in beneficiis profusior. Unde sicut unguentum effusum est nomen ejus, et eleemosynas ejus enarrat omnis ecclesia sanctorum. Eliensis autem, ex quo juxta beneplaciti vestri formam, citra omnem infamiam tamen, et quasi de abundanti suam purgatione canonica innocentiam declaravit, plene et efficaciter implevit episcopum, sanctaque et honesta conversatione mendaces ostendit, qui maculaverunt innoxium. Ipse etiam et episcopus Norvicensis, cujus honestatem et prudentiam frequenter, dum ad vos a domino rege mitteretur, diutina conversatione et experientia didicistis, ecclesias suas pauperes invenerunt, sed possessiones earum prudenter et strenue revocantes, et amplissime dilatantes, ipsas nunc in statum optimum erexerunt. Non est equidem novum, quod regum consiliis intersint episcopi : sicut enim honestate et sapientia cæteros antecedunt, sic expeditiores et efficaciores reipublicæ administratione censentur. Quia, sicut scriptum est, minus salubriter disponitur regnum, quod non regitur consilio sapientium. Scriptum etiam legitis, *væ terræ, cujus rex puer est, et cujus principes mane comedunt (Eccle.* x). Beata terra est, cujus rex sensatus est, et cujus principes comedunt in tempore suo. In quo notatur, eos consiliis regum debere interesse, qui sciant, et velint, et possint patientibus compati, paci terræ ac populi saluti prospicere, erudire ad justitiam reges, et imminentibus occursare periculis, vitæque maturioris exemplis informare subditos, et quædam auctoritate potestativa præsumptionem malignantium cohibere. Regnum Hebræorum temporibus Roboam non fuisset divisum, nec recessissent ab eo decem tribus, si prudentiores viros sibi consiliarios elegisset. Cum esset Saul prophetans inter eos qui invocabant nomen Domini; regnum tamen David crevit et firmavit ejus solium institutio Samuelis. Rex Ezechias oppressus a Sennacherib, et quasi in extremis angustiis constitutus per Isaiam civitatis liberationem, et beneficium consolationis obtinuit. Eliseus Acrisiam Syris induxit, et ejus beneficio Samariæ obsessores convertuntur in fugam. Joiada sacerdos Joas filium Ochoziæ a facie Athaliæ persequentis abscondit, quem cum erexisset in regem, sanctis eum moribus informavit. Sed Joiada mortuo, cœpit Joas a Dei legitimis declinare; quem cum Zacharias argueret, eum lapidibus obruit et contrivit. In quo manifestissime liquet, quam utilis et necessaria sit conversatio et doctrina justorum his, qui populi regimen acceperunt. Nam temporibus Sedeciæ regis, non fuisset exterminatum regnum Judæorum, nisi adversus Jeremiam, qui publicæ consulebat utilitati, prævaluissent mendacia pseudoprophetarum. Unum noveritis, quia nisi familiares et consiliarii regis essent præfati episcopi, supra dorsum ecclesiæ fabricarent hodie peccatores, et immaniter ac intolerabiliter opprimeret clerum præsumptio laicalis. Nunc autem, si quid in Ecclesiæ attentatur injuriam, auctoritate pontificali corripitur ; aut si ad hoc ecclesiastica censura non sufficit, spiritualis gladii defectus, civili suppletur, et ad eorum arbitrium principalis animadversio exercetur. Si quandoque ut fieri solet, adversus insontes regis indignatio vehementius excandescit, episcoporum precibus temperatur. Istis mediantibus mansuescit circa simplices judiciarius rigor, admittitur clamor pauperum , ecclesiarum dignitas erigitur, relevatur pauperum indigentia , firmatur in clero libertas, pax in populis, et in monasteriis quies , justitia libere exercetur, superbia deprimitur, augetur laicorum devotio , religio fovetur, diriguntur judicia, leges acceptantur, decreta Romana vim obtinent, et possessiones ecclesiasticæ dilatantur. Isti singulis præcipuis solemnitatibus suis intersunt ecclesiis , ubi eleemosynarum largitione, consolatione pupillorum et viduarum , subjectorum correctione , atque aliis sanctitatis operibus plenissime redimunt dies, quos in curia consumpserunt. Porro archiepiscopi vel episcopi, qui in curia regis Siculi conversantur, per septennium aut decennium a curia non recedunt : nec refert, vivant aut decesserint, quantum ad ecclesiasticarum possessionum custodiam, vel regimen animarum. Ab hac equidem curialitate nostros quandoque voluimus episcopos prohibere , sed consiliosis et prudentibus viris via est expediens eorum cohabitatio circa regem; quos si extraheremus a familiaritate illius, subtraheremus quietem monasteriis, oppressis solatium , ecclesiis libertatem. Unde licet propter incommoditates varias , quas ibi sustinent, desiderio desiderarent egredi , publicæ tamen utilitatis obtentu communi fratrum nostrorum consilio, non solum in hac vita castrensi tolerare, sed ad eam trahi debuerant et compelli. Utilitatem quidem Anglicanæ Ecclesiæ, et malitiam detractorum, qui vobis veritati contraria suggesserunt, velitis, Pater, in libra æquitatis appendere, et quod super hoc in oculis vestris acceptum fuerit nostræ parvitati nuntio, vel litteris velitis intimare. Rei veritatem prius vobis declarari oportuit, ut ad hujus rei decisionem certius et confidentius procedatis. Nos autem , cum receperimus vestræ sanctitatis oraculum , apostolicæ jussionis exsecutores efficaces erimus et devoti. Conservet vos Deus Ecclesiæ suæ per tempora longa, sanctissime Pater.

XCVII.

Bartholomæi Exoniensis episcopi. — Pro Ricardo, quondam Pictaviensi archidiacono , Wintoniensi electo.

Domino papæ, Exoniensis episcopus.

Sacrosancta Romana Ecclesia sicut indignos ab ecclesiarum regimine depellere consuevit, sic ad sollicitudinem pastoralis officii personas idoneas evocat, et eis apostolicæ tuitionis impendit gratiam et munimen. Winton. vero Ecclesia cum ex absentia pastoris multis et magnis periculis subjaceret, tandem cœlitus ut speratur ei data est consolatio, a pastore secundum Deum electo, cui justum est si vobis placet gratiæ vestræ ulteriorem accommodare favorem. Is est devotissimus filius vester Ric. quondam Pictaven. archid. cujus eleemosynæ consolantur ecclesias sanctorum, cujus facultates sunt egenorum subsidia, cujus potestas est firmamentum justitiæ, et iniquitatis exterminatio. Est autem vir prudens in consiliis, discretus in opere, modestus in verbo, et qui in habitu et gestu, temperantiæ normam sequitur, sic ad Dei cultum, ut ex animi sententia loquamur, tota mente conversus est, ut non modo sua omnia sed et se ipsum impendere paratus sit pro lege Domini. Sic pater credimus, et multis et certis signis inducti sumus ut quod loquimur credamus. Convenit in eum libere tota Winton. Ecclesia, et canonice facta electione postmodum in præsentia nostra et fratrum nostrorum regius est ei datus assensus. Quod cum dominis nostris legatis vestris innotuisset, gratum admodum sicut ex litteris eorum percepimus habuerunt. Et merito quia non apparebat alius qui tam commode posset præfatæ ecclesiæ ruinas instaurare, qui sedis apostolicæ posset apud nos tam efficaciter solidare vigorem. Supplicamus itaque paternitati vestræ quatenus eum adhibita maturitate promoveri faciatis, ut promotus Ecclesiæ necessitates facilius et felicius expedire et promovere possit utilitates. Valete.

XCVIII.

Ejusdem. — Pro R. Herefordensi electo.

Alexandro papæ, Bartholomæus Exoniensis episcopus.

Membris est vigor a capite, et a sancta Romana Ecclesia post Deum salus est omnium ecclesiarum. Domini cardinales legati vestri, desolatis apud nos compatientes ecclesiis, districta præceptione jusserunt, ut postposita omni occasione et mora sibi secundum Deum patres eligerent et pastores. Itaque Herefordensis Ecclesia, quæ diutius luxerat et languerat pastore proprio viduata, pari voto, unanimi consensu libere et secundum instituta sacrorum canonum elegit venerabilem virum R. archid. Oxeneford. ecclesiæ suæ canonicum tam morum quam litterarum honestate conspicuum, natalibus nobilem, habentem utriusque juris peritiam, qui domui suæ præesse novit, et Ecclesiæ Dei sollicitudinem gerere, gratiosum et boni testimonii apud omnes. Electioni ejus in præsentia nostra et fratrum nostrorum, qui omnes in facto isto lætati et roborati sunt, regius est datus assensus, et omnium qui audierunt favor accessit. Pietatis itaque vestræ genibus provoluti supplicamus attentius, quatenus eum faciatis maturius promoveri ad expediendas tam suæ quam aliarum ecclesiarum necessitates. Valete.

XCIX.

Ejusdem. — Pro Ricardo Cantuariensi electo.

Excellentissimo domino et Patri charissimo A. Dei gratia summo pontifici, B. Exoniensis episcopus, salutem.

Apostolatui vestro pluribus ex causis Anglicana

solito magis congratulatur Ecclesia, sed alias ad conciliandam omnium gratiam antecedit quod gloriosum Christi martyrem sanctorum catalogo præcepistis ascribi, et legatorum vestrorum industria desolatis ecclesiis spes vestræ consolationis illuxit, ut ad plenam libertatem confidentius audeant aspirare. Inter quas mater nostra sancta Cant. Ecclesia, quæ tot et tantorum martyrum sanguine laureatur, et se ab initio pro justitia, pro libertate Ecclesiæ, pro sedis apostolicæ fidelitate periculis semper exposuit : tandem post labores, post damna, post calamitates innumeras quas referre superfluum est, cum totus eas Christianus orbis agnoverit, meritis ejus divina respondente clementia videatur ad finem naufragii pervenisse : nuper enim cum et hi qui in prima sede degunt, et suffraganei provinciæ, et omnes ad quos pertinebat electio, convenissent præeunte desiderio et prece populi unanimi consensu tota Ecclesia libere et secundum institutionem sacrorum canonum sibi in patrem et pastorem elegit virum, cui vita ad conscientiam et exemplum, litterarum eruditio ad formam vitæ, et ad doctrinam facundia suffragatur. Ricard. videlicet Cantuariensis Ecclesiæ monachum priorem monasterii Doverensis, cujus sollicitudinem a multis annis tam laudabiliter gessit, et athletæ Christi proscripto, et pro libertate Ecclesiæ agonizanti in necessitate fidem exhibuit, ut nunc dignus habeatur ejus successione. Impetrato itaque regis assensu ad metropolitanam sedem provinciales episcopi de more convenerunt, ut ex officio suo munus consecrationis quam necessitas exigebat explerent. Sed quia hostis antiquus profectui invidet animarum, eo ut multis visum est machinante ex insperato litteræ regis junioris conceptæ nomine, in medium prodierunt, quibus protestabatur se ad vestram audientiam appellasse adversus electiones quæ suum non habuerunt assensum. Et licet litteræ ex variis causis, quas renuntiare longum est, suspectæ viderentur, et plurimorum esset sententia eas consecrationi debitæ præsertim in tanta necessitate non debere generare dispendium, tamen majestati vestræ censuit Ecclesia deferendum, sperans indubitanter quod tanto apud apostolicam sedem majorem inveniet gratiam, quanto ei plus honoris et reverentiæ etiam cum discrimine suo in tam evidenti necessitate studuit humiliter exhibere. Quia ergo desolationem Ecclesiæ prætendere idem est ac si ipsius ruina et cæterarum perpetua desolatio procuretur, pietatis vestræ pedibus provoluti supplicamus attentius, quatinus nos et Anglicanam Ecclesiam cœlitus (ut spes est) electo pastore gaudere faciatis, et sancto Thomæ substitutatis virum, quem in angustiis suis fidelem expertus est. Moveant vos, Pater, Ecclesiæ laborantis angustiæ, filiorum moveant preces, moveat gloriosissimi martyris reverentia, quem orare confidimus, ut ei in sancta Cantuariensi Ecclesia successor idoneus subrogetur.

C.

Prioris et conventus Ecclesiæ Cantuariensis. — Pro R. Wintoniensi electo.

Domino papæ, prior Cantuariensis et conventus. Eos vobis securius commendamus, quos sincerius diligimus, et quos ad sanctam Romanam Ecclesiam sinceriorem credimus habere charitatem. Horum unus et in primis fere primus est pater pauperum et mœrentium consolator, protector noster in angustiis, venerabilis frater noster R. Wintoniensis electus quem ac hoc, ut fidelium spes est, ad ecclesiæ suæ regimen Christus elegit, ut adversariis ejus e regione possit ascendere et se murum opponere pro domo Israel, et potenter conterere justitiæ inimicos, et justis debitum conferre subsidium, majestatis itaque vestræ pedibus provoluti quotquot sumus attentius supplicamus, quatenus eum ad expediendas propriæ ecclesiæ necessitates et aliorum consolationem faciatis, maturitate adhibita promoveri et ut precibus ejus quas non nisi in Domino facturus est gratiæ vestræ favor accedat. Valete.

CI.

Odonis prioris et conventus Ecclesiæ Cantuariensis.— Pro R. electo Cantuar.

Domino papæ, Odo prior et conventus Cant. Calamitates quas Ecclesia nostra pleno decennio jam sustinuit, apostolicæ sedi non possunt esse incognitæ, quia eas totus Christianus orbis agnovit. Si causa quæritur, justitia se ostendit, apparet libertas Ecclesiæ, reverentia sedis apostolicæ, cujus auctoritas evacuabatur in partibus nostris, se esse protestatur, pro qua et gloriosus martyr Christi occubuit : pro qua fratres et alumni ecclesiæ proscripti diutius exsulare coacti sunt, et habiti sicut oves occisionis, spectaculum facti sumus et Deo et hominibus et angelis, et persecutorum Christi canticum tota die. Attestatur hic effusus apud nos martyrum sanguis, sed is præcipue qui de terra clamans ad Deum fidelium devotione defertur in universum orbem. Sed benedictus Deus, benedictus apostolatus vester qui nos consolatus est dominorum cardinalium gratia Dei cooperante industria, in tribulatione nostra, ut post angustias tanti naufragii ad debitæ libertatis portum accessisse videatur ecclesia, ut abominationes Ægyptiorum Deo suo secure valeat immolare. Nuper enim emanavit ab eis mandatum de celebrandis electionibus in regno, et dominus rex eorum precibus acquiescens idoneos in ecclesiis secundum Deum pastores præcepit ordinari. Universi lætati sunt, sed nos omni jure præ cæteris, qui in majori discrimine versabamur. Convenimus ergo sæpius accitis episcopis provincialibus, et aliis ad quos electio pertinebat, et tandem Deo dirigente gressus nostros in beneplacito suo factum est omnibus cor unum et anima una : quod sine nutu divino non potuit accidisse, ut tam dissonæ voluntates in adimplenda sacrorum canonum forma tam facile unirentur. Præeunte ergo desiderio et prece populi, pari voto, unanimi consensu convenimus in virum, de quo Dominus videtur dixisse, nobis : *Hic est Filius meus dilectus in quo mihi bene complacui, ipsum eligite* (*Matth.* XVII), quoniam me cum martyre meo, quem ipse pro me patientem in veritate dilexit, devote coluit; et in domo mea ab ineunte ætate fideliter conversatus est, præelegi vicarium, et ordinari præcipio successorem.

Is est R. ecclesiæ nostræ ab adolescentia sua monachus, et apud nos ad omnes promotus ordines, prior monasterii Dovorensis, morum honestate et litterarum eruditione conspicuus, modestus in verbo, providus in consiliis, discretus in opere, in habitu et gestu veram temperati animi exprimens formam. Decentissime sacerdotis explet officium, zelus Christi succensus est in corde ejus, manum suam libenter aperit inopi, liberalitatem gaudenter exercet, et exteriorum sollicitudinem laudabiliter administrat. Quid mirum ergo si in tantum et talem virum universi libentissime convenerunt, qui etiam rapiendus fuerat, si aliter haberi non posset? Cum ergo libere et secundum institutionem sacrorum canonum fuisset electio ejus celebrata, regius, ut mos est, accessit assensus : eligentes prosecutus est plenus favore clamor, et debita laude Dei tota cœpit ecclesia resultare. Ad metropolitanam sedem cum electo provinciales episcopi et aliarum ecclesiarum electi pariter accesserunt; pro ritu gentis et majorum consuetudine solenniter inthronizatus est. Grata Deo, et ab hominibus desiderata ipsius instabat consecratio, cum ecce ex improviso litteræ regis junioris nomen præferentes prolatæ sunt, quibus protestabatur se appellasse adversus electiones quæ suum non haberent assensum. Litteræ quidem ex variis causis et probabilibus signis arguebantur suspectæ, eisque fidem non esse habendam erat sententia plurimorum, præsertim in tanto discrimine, ubi libertas potuit periclitari et animarum salus, et Ecclesiæ protelari desolatio, et rerum jactura irreparabilis. Causas enumerare longum est, sed utique pro rege illo præsumi debuerat, quod cum periculo suo et temporali æmulorum compendio nollet ecclesiam diutius captivari. Sed licet præfatæ litteræ sapientioribus non magni viderentur esse momenti, de humilitate tamen et devotione ipsius electi processit, et de fidelitate quam patres et majores nostros ad Ecclesiam Romanam semper habuisse recolimus, et de paucorum consilio ut pro reverentia nominis vestri consecratio differretur. Speramus enim indubitanter quod tanto majorem inveniet in oculis clementiæ vestræ necessitas ecclesiæ nostræ gratiam, quanto majorem etiam cum irreparabili dispendio nostro vobis honorem videbitis esse exhibitum. Scitis, Pater, quia nos supra modum oppressit dira et diuturna calamitas. Videtis quam tristia fuerint, quam periculosa sint, et quanto periculosiora, ut timetur, immineant tempora. Occurrit irreparabilis, quam Deus avertat, desolatio, recidivam veremur tempestatem, grandisque necessitas solatium desiderat festinatum.

Pietatis itaque vestræ pedibus provoluti supplicamus attentius, et tota nobiscum supplicat Ecclesia Anglicana, quatinus provisum a Deo nobis pastorem data plenitudine potestatis, prout sanctitas vestra melius viderit expedire, auctoritate apostolica adversus eos qui ruinas ecclesiarum perpetuare machinantur, roborare dignetur, ut prædecessorum suorum apostolico muniminæ fretus secundum quod ei Deus inspiraverit, vestigia valeat imitari. Supplicamus, inquam, nos, Ecclesia supplicat, supplicant et patroni ecclesiæ nostræ gloriosi martyres et confessores, et consona voce omnium sanctus Thomas iterat et multiplicat preces. Donec sacratissimum cor vestrum verbum bonum, verbum consolatorium nobis eructet, squalida lugebit sponsa Christi, nec est qui eam consolari valeat, donec antistitem suum recipiat in plenitudine potestatis. Quia pedes vestros nequimus, ut volumus, lacrymis rigabimus genas nostras, nec erit eis requies quoadusque eas Deo miserante abstergat dextera clementiæ vestræ.

ORDO RERUM

QUÆ IN HOC TOMO CONTINENTUR.

ALEXANDER III PONTIFEX ROMANUS.
Notitia historica. 9
VITA ALEXANDRI III PAPÆ, auctore cardinali de Aragonia. 11
    Capitula promulgata in concilio Turonensi. 23
    De pessima morte Guidonis Cremensis et consimili substitutione Joannis Strumensis. 55
    De interfectione beati Thomæ Cantuariensis archiepiscopi. 57
    Juramentum innocentiæ H. regis Anglorum de morte beati Thomæ. 58
    De guerra inter regem Anglorum et ejus filium post mortem beati Thomæ. 39
    De quinta reversione Friderici imperatoris in Lombardiam. 39
    Quomodo Lombardi Alexandrinis subvenerunt. 40
    Quomodo Fredericus imperator a Romana Ecclesia per seipsum pacem simulate quæsivit. 42
    De constitutione episcopatus Alexandriæ, et de privatione crucis et pallii Ecclesiæ Papiensis. 44
    De Campali bello inter Fredericum regem et Lombardos et de optata Lombardorum victoria. 45
    De secundo pacis tractatu inter domnum Alexandrum papam et Fridericum imperatorem. 46
    De maxima cæde Christianorum a paganis facta in Oriente. 48

Quomodo antipapa Viterbiensis doluit de pace Ecclesiæ. 49
De tempore, quando Alexander papa Venetias prius intravit. 50
De primo colloquio Lombardorum et principum apud Ferrariam, præsente Alexandro papa, pro pace Ecclesiæ. 51
De consummatione pacis, et treugæ Lombardorum, et juramentis præstitis. 53
De reversione schismaticorum ad Ecclesiæ unitatem. 54
Quomodo papa promulgavit excommunicationis sententiam in pacis violatores. 54
De acquisitione castri Brectanori. 54
Litteræ principum imperii de confirmatione et observatione pacis inter Ecclesiam et imperium. 55
Litteræ imperatoris missæ papæ super pace inter Ecclesiam et imperium. 55
De gestis Alexandri in anno XIX pontificatus. 56
Quomodo imperator a papa in osculo pacis recessit. 56
De eo quod imperator Fridericus cepit Brectanorum contra tenorem pacis factæ inter Ecclesiam et imperium. 57
Rescriptum privilegii regis Ungariæ, qui pro reverentia Ecclesiæ Romanæ, et domni Alexandri papæ Ecclesiæ Ungariæ libertatem donavit. 58
De tertia reversione domni Alexandri papæ ad urbem Romanam. 59
Epistola cardinalium viginti trium qui Alexandro adhærebant ad Fridericum imperatorem. 59
Litteræ encyclicæ a cardinalibus qui ab Alexandro III partibus steterunt, de ejusdem pontificis electione, ad universam Ecclesiam directæ. 62
Notitia diplomatica in epistolas et privilegia Alexandri III papæ. 65

EPISTOLÆ ET PRIVILEGIA ALEXANDRI III.

ANNO 1159.

I. — Ad Syrum Januensem archiepiscopum, ejusque suffraganeos. — De electione sua. 69
II. — Ad Gerardum episcopum, canonicos et legis doctores cæterosque magistros Bononiæ commorantes. — Ejusdem argumenti. 73
III. — Ad Eberhardum Saltzburgensem archiepiscopum. — Ejusdem argumenti. 73
IV. Ecclesiæ S. Sepulcri Hierosolymitanæ protectionem suscipit possessionesque ac privilegia confirmat. 73
V. — Monasterio Casinensi, quod primum totius Italiæ declarat, bona ac libertates omnes confirmat, novaque concedit privilegia. 75
VI. — Ad Henricum episcopum Belvacensem. — Ut, reprobata Octaviani pravitate, firmiter perseveret in sua devotione. 80
VII. — Ad Bertham Francorum reginam. — Contra Victorem antipapam. 80
VIII. — Ad Henricum episcopum Belvacensem. — De intrusione Octaviani schismatici. 81
IX. — Ad archiepiscopos, episcopos, abbates, priores et universos ecclesiarum prælatos per Liguriam, Æmiliam, Histriam et ducatum Venetiæ constitutos. — De schismate. 82
X. — Ad Angliæ episcopos. — De schismate et de Octaviani excommunicatione. 82

ANNO 1159-1160.

XI. — Ad episcopum Verulanum. — De clericis qui intra subdiaconatus ordinem constituti, uxorem accipiunt. 82
XII. — Ad præpositum et canonicos Sulcan. — De præbenda sacerdoti cuidam collata. 83
XIII. — Ad episcopum Bellovacensem. — De puero nondum XIV annorum a votis absolvendo. 83
XIV. — Ad episcopum Paresberiensem. — De Rogerio canonico qui frustratoriæ dilationis causa videbatur appellasse. 84
XV. — Ad episcopum Tornacensem. — De muliere quæ filium interemerat, ut monasterium capessat. 84

ANNO 1160.

XVI. Ad canonicos ecclesiæ Remensis. — Ut, reprobata Octaviani schismatici Simoniaca pravitate, in fide permaneant. 85
XVII. — Privilegium pro monasterio Pontiniacensi. 85
XVIII. — Ad barones et populum Dolensem. — Commendat Hugonem Dolensem archiepiscopum. 87
XIX. — Ad Arnulphum Lexoviensem episcopum. — De conciliabulo Papiensi. Fridericum imperatorem et Octavianum excommunicatos nuntiat. 88
XX. — Ad Saltzburgensem archiepiscopum ejusque suffraganeos. — Ut stent pro Ecclesia adversus Fridericum imperatorem et Victorem antipapam. 90

XXI. — Privilegium pro monasterio S. Mariæ Rieval lensi. 92
XXII. — Ad episcopum Belvacensem. — Commendatio de perseverantia dilectionis circa Romanam Ecclesiam et personam Alexandri papæ, et exhortatio ad idem. 96

ANNO 1160-1161.

XXIII. — Canonicorum S. Frigdiani Lucensium privilegium confirmat, ut ex eorum numero diaconi cardinales S. Mariæ Novæ eligantur. 96
XXIV. — Ad Hugonem Panormitanum archiepiscopum. — Illum Agrigentinensis, Mazarensis, Melitensis episcoporum metropolitam confirmat. 97
XXV. — Albanensi episcopo vicario suo. 97
XXVI. — Ad eumdem 97

ANNO 1161.

XXVII. — Ad Morinenses. — In gratiam Milonis II episcopi. 98
XXVIII. — Ad Samsonem archiepiscopum Remensem. — Pro ecclesia Morinensi. 98
XXIX. — Ad Ludovicum VII, Francorum regem. — Regum Francorum et præsertim Ludovici, pietatem et merita erga sedem apostolicam commendat. 100
XXX. — Ad Eberhardum Saltzburgensem archiepiscopum. — Significat prosperum statum Ecclesiæ et suum. Hortatur ut constanter sit Ecclesiæ fidelis, imperatoremque reducere conetur. 101
XXXI. — Privilegium pro ecclesia S. Cuthberti Radefordensi. 103
XXXII. — Ad Theobaldum Cantuariensem archiepiscopum et Hilarium episcopum Cicestrensem. — Ut Robertus de Valoniis monachis S. Albani silvam de Northaga restituat. 105
XXXIII. — Ad Henricum Belvacensem episcopum. — De negotio magistri G. pro presbyteri præbenda Suessionensi. 106
XXXIV. — Ad clerum Angliæ. — De canonizatione sancti Eduardi regis Angliæ. 106
XXXV. — Ad Hugonem Suessionensem episcopum. — In angustiis maximis positus subsidium aliquod pecuniæ poscit. 107
XXXVI. — Ad Henricum episcopum Belvacensem. — Ecclesiæ per Fridericum imperatorem afflictæ orat ut subveniat. 108
XXXVII. — Monasterii SS. Facundi et Primitivi Sahagunensis possessiones et privilegia confirmat. 109
XXXVIII. — Ad magistrum Nicolaum : Laudat ejus erga sedem apostolicam zelum, hortaturque ut in eo perseveret. 109
XXXIX. — Privilegium pro Phalempinensi monasterio. 110
XL. — Ad Henricum Belvacensem episcopum. — Illum laudat de suo in sedem apostolicam et in reprimendis schismaticis zelo. 111
XLI. — Ad Cluniacenses. — De depositione Hugonis abbatis Cluniacensis. 113
XLII. — Ad Hilarium Cicestrensem episcopum. — Pro hæreditate Willelmi de Saccavilla litigant Mabilia filia et Ricardus de Anestia ex sorore nepos. Obtenta regis licentia, ad papam appellatur, qui causam delegat in Anglia terminandam. 114
XLIII. — Syri archiepiscopi Januensis dignitatem ab Innocentio II constitutam confirmat, eique episcopatum Albigauensem subjicit, et legationem transmarinam octavo quoque anno obeundam, usumque equi cum nacco albo, crucis Dominicæ, pallii concedit. 115
XLIV. — Privilegium pro ecclesia Gradensi. 118
XLV. — Ecclesiam Gradensem sub B. Petri protectione recipit, multisque privilegiis exornat. 118
XLVI. — Ad Henricum Gradensem patriarcham et episcopos Marchiæ. — Significat se Romæ optime exceptum esse ibique pontificium munus exercere. Hortatur ut sint constantes adversus schismaticos. 121
XLVII. — Ad abbatem S. Victoris. — Commendat ei Alexium diaconum apud Sanctum Victorem commorantem. 121
XLVIII. — Ad Hugonem Suessionensem episcopum. — Ut integra serventur Jura cœnobii S. Martini Sparnacensis. 122
XLIX. — Clerum et populum Salonitanum collaudat quod Julium episcopum Prænestinum et Petrum S. Eustachii diaconum cardinalem, legatos apostolicos bene tractaverint. Petrum episcopum Narnensem a sese iis præfectum archiepiscopum pallioque donatum esse. 122
L. — Ad decanum et capitulum Dolense. — Ut Dolensis electus consecrationem ab archiepiscopo Turonensi recipiat, eique obedientiam promittat. 123
LI. — Ad Petrum Salonitanum archiepiscopum — Ut excommunicet V., qui ab Eugenio III dejectus ecclesiam

Chrobatensem tenere perrexerit, removeatque P., qui indice Petro S. Eustachii diacono cardinali, ecclesiam Traguriensem invaserit. 124

LII. — Ad L. archipresbyterum et universos canonicos ecclesiæ Pisanæ. 125

LIII. — Privilegium pro ecclesia S. Mariæ Novæ. 126

LIV. — Ad Ludovicum VII Francorum regem. — De negotio ecclesiæ Flaviniacensis. 127

LV. — Ad Henricum Belvacensem episcopum. — De negotio Ecclesiæ Flaviniacensis. 127

LVI. — Ad Henricum Belvacensem et Mauricium Parisiensem episcopos. — De accusatione in civilibus et criminalibus adversus R. Flaviniacensem abbatem commissa Henrico Belvacensi et M. Parisiensi episcopo. 128

ANNO 1162.

LVII. — Ad Ludovicum Francorum regem. — Ecclesiam Ferrariensem commendat. 129

LVIII. — Ad Henricum Belvacensem et Mauritium Parisiensem episcopos. — De controversia quæ vertitur inter Hugonem Senonensem archiepiscopum et abbatem Ferrariensem. 129

LIX. — Ad abbatem et fratres Præmonstratenses. — Gratulatur quod Deus ipsos in unitate catholica conservaverit, monet vero ut schismaticos ordinis sui ad sinum Ecclesiæ revocent sub excommunicationis pœna. 130

LX. — Privilegium pro ecclesia SS. Petri et Ursi Augustensis. 151

LXI. — Privilegium pro canonicis ecclesiæ Placentinæ. 152

LXII. — Ad Heberhardum Saltzburgensem episcopum. — Ut imperatoris animum sibi conciliet. 153

LXIII. — Ad Robertum et universum capitulum S. Albani. 134

LXIV. — Ad Ludovicum regem. — De suo et Ecclesiæ statu. 135

LXV. — Ad Syrum archiepiscopum, canonicos, consules, universum clerum et populum Januensem. — Illorum erga se studia grate colladudat et in posterum confirmat. 135

LXVI. — Ad Henricum electum Remensem. — De transmissione pallii. 136

LXVII. — Ad Hugonem Suessionens. episcopum. — Ut fidelem ipsi operam navet apud Francorum regem. 137

LXVIII. — Ad Ludovicum VII Francorum regem. — De suo et Ecclesiæ statu. 138

LXIX. — Ad Adelam reginam Francorum. — Hortatur ut erga sedem apostolicam devota esse pergat, et regis devotionem foveat. 139

LXX. — Confirmatio bonorum monasterii Electensis facta Bernardo abbati, in qua fit mentio fundatoris. 140

LXXI. — Privilegium pro monasterio Anianensi. 142

LXXII. — Privilegium pro monasterio S. Mariæ Silvanensis. 143

LXXIII. — Ad omnibonum Veronensem episcopum. — Nuntiat se et omnes fratres suos apud Montempessulanum sanos et incolumes commorari, etc. 144

LXXIV. — Privilegium pro monasterio S. Stephani Vernensis. 145

LXXV. — Privilegium pro monasterio S. Arnulphi Crispeiensi. 147

LXXVI. — Castri Scuriensis protectionem suscipit. 150

LXXVII. — Bulla pro ecclesia S. Eusebii. 151

LXXVIII. — Ad Ludovicum VII Francorum regem. — De negotio ecclesiæ Flaviniacensis. 152

LXXIX. — Monasterium Vizeliacense ab Ecclesiæ potestate liberat. 153

LXXX. — Ad Guillelmum Montispessulani dominum. — Personam ejus et bona sub B. Petri et sua protectione suscipit. 154

LXXXI. — Privilegium pro monasterio de Curia Dei. 155

LXXXII. — Privilegium pro ecclesia S. Stephani Tolosana. 156

LXXXIII. — Ad Ludovicum VII Francorum regem. — De legatis quos missurus est. 158

LXXXIV. — Privilegium pro ecclesia S. Aniani Aurelianensis. 159

LXXXV. — Ad Rogerum archiepiscopum et canonicos Eboracenses. — Ut archiepiscopus in provincia Cantuariensi crucem ante se deferre non præsumat. 161

LXXXVI. — Ad Hugonem Suessionensem episcopum. — Sancti Aniani decanum commendat. 161

LXXXVII. — Ad Henricum archiepiscopum Remensem. — Pro magistro P. ecclesiæ Beati Aniani decano. 162

LXXXVIII. — Ad Ludovicum regem. — Conqueritur de Aurellanensi episcopo canonicos nonnullos injuste vexante. 162

LXXXIX. — Ad Narbonensem archiepiscopum et capitulum Arelatense. — Opem et consilium conferant Guillelmo Montispessulani domino, populo et mercatoribus quos in speciales B. Petri filios susceperat. 163

XC. — Ad Henricum archiepiscopum Remensem. — Pro episcopo Morinorum. 164

XCI. — Ad Hugonem Suessionensem episcopum. — Efficiat ut Francorum rex abstineat a colloquio quod cum Friderico imp. habere disposuit. 164

XCII. — Ad Henricum Remensem archiepiscopum. — Ipsum laudat hortaturque ut cum rege conveniat ad Clarummontem, pro negotio ecclesiæ Catalaunensis. 165

XCIII. — Monasterii Populetensis protectionem suscipit possessionesque ac privilegia confirmat. 166

XCIV. — Ad Thomam archiepisc. Cantuariensem. — Ut rogat clericos de capitulis Lessedone Tidringiæ, etc., ut Willelmo archidiacono Colcestrensi obediant. 167

XCV. — Ad Stephanum episcopum et canonicos Claromontenses. — Confirmat concordiam factam inter ipsos et Willelmum comitem Arvernorum de castro Monteferrando. 167

XCVI. — Ad Ludovicum Francorum regem. — Gratias agit de constantia quam præ se tulit in colloquio cum Friderico imperatore. Admonet egisse se apud regem Anglorum ut régni sui vires omnes offerret regi Francorum. 168

XCVII. — Ad Eberhardum Saltzburgensem archiepiscopum. — Gratulatur quod constanter sit fidelis Ecclesiæ; hortatur ut ad se veniat, et si sit locus, imperatorem ad saniorem mentem reducat. 169

XCVIII. — Privilegium pro monasterio S. Joannis Kaltenbornensis. 171

XCIX. — Parthenonis in monte qui dicitur Wirideshusen protectionem suscipit, et disciplinam, possessiones, privilegia confirmat. 172

C. — Ad Ludovicum Francorum regem. — Castrum Flaviniacum ab Odone Burgundiæ duce reddendum vel regi vel episcopo Eduensi. 172

CI. — Ad Robertum Carnotensem episcopum. — Privilegium pro ecclesia Carnotensi. 173

CII. — Privilegium pro ecclesia S. Ambrosii Mediolanensi. 174

CIII. — Ad Henricum Remensem archiepiscopum. — Pro O. filio nobilis viri C. Frajapanis. 175

CIV. — Excommunicationem ab Udalrico episcopo Halberstadensi in præpositum Rodensem sociosque, bonorum ecclesiæ Kattenbornensis invasores, prolatam confirmat. 178

CV. — Ad Henricum Remensem archiepiscopum. — De negotio Romani pontificis. 179

CVI. — Ad Ludovicum Francorum regem. — Bernardum episcopum Portuensem, nuntium suum, commendat. 179

CVII. — Bulla pro monasterio Compendiensi. 180

CVIII. — Ad Ludovicum VII Francorum regem. — Ut Compendiense monasterium protegat. 181

CIX. — Parthenonis S. Mariæ in Silva Nidi-Merli protectionem suscipit et possessiones confirmat. 182

CX. — Ad Henricum Remensem archiepiscopum. — Pro Letoldo Aurelianensi præposito. 182

CXI. — Ad Henricum Remensem archiepiscopum. — De litteris ad Atrebatensem episcopum, ut consulat animæ suæ. 182

CXII. — Ad Ludovicum Francorum regem. — Admonet de celebratione concilii. Alia quædam. 183

CXIII. — Ad Henricum Remensem archiepiscopum. — De remotione abbatum S. Mariæ et S. Wimari et de canonicorum sæcularium intrusione. 184

CXIV. — Ad eumdem. — De Matthæo comite Boloniæ, qui monialem duxerat et duos abbates de ecclesiis regularibus ejecerat. 184

CXV. — Ad eumdem. — De negotio W. pro præbenda Castatensis ecclesiæ. 185

CXVI. — Ad eumdem. — De episcopo Aurelianensi. 186

CXVII. — Ad Ludovicum VII Francorum regem. — Ut P. miles, qui Hierosolymam ire optabat, possessiones suas venendere possit sine consensu conjugis. 186

CXVIII. — Ad Henricum Remensem archiepiscopum. — De Burgensibus hæreticis et in fide depravatis. 187

CXIX. — Stephani episcopi Meldensis jura confirmat. 188

CXX. — Ad Joannem Maclovienem episcopum. — S. Maclovii ecclesiam, sedem olim episcopalem, ipsi ab Eugenio III et Anastasio IV restitutam confirmat. 189

ANNO 1163.

CXXI. — Privilegium pro monasterio S. Mariæ et S. Botulfi Thornegensi. 190

CXXII. — Ad Ludovicum regem Francorum. — De his

qui in partibus Flandriæ arguebantur. 193
CXXIII. — Ad Henricum Remensem archiepiscopum. — De Drogone canonico Sancti Timothei. 193
CXXIV. — Ad Ludovicum regem Francorum. — Ut pauperem quemdam protegat. 194
CXXV. — Ad abbatem de Castro-Nantonis. — Ut in ecclesia S. Salvatoris Victorinos sinat pacifice annualia possidere. 194
CXXVI. — Ad Guidonem electum Catalaunensem. — Pro causa ecclesiæ Sancti Remigii et G. de Joinvilla. 195
CXXVII. — Ad Henricum Remensem archiepiscopum. — Pro ecclesia Sancti Remigii super quadam terra. 195
CXXVIII. — Ad eumdem. — De M. Catalaunensium feneratore. 196
CXXIX. — Ad eumdem. — Pro P. Lapillo. 196
CXXX. — Privilegium pro monasterio Fontis-Ebraldi. 197
CXXXI. — Universo clero et populo in regno Teutonico scribit se schismatis oppugnandi causa Eberhardum Saltzburgensem archiepiscopum legatum constituisse. 197
CXXXII. — Ad Ludovicum VII, Francorum regem — Rosam auream ad ipsum mittit. 198
CXXXIII. — Ad eumdem. — Interdictum a Remensi archiepiscopo latum relaxari a pontifice rex petierat. Pontifex non omnino excusat, sed honestius putat ab archiepiscopo ipso relaxari. 199
CXXXIV. — Ad Henricum Remensem archiepiscopum. — Pro civitate Belvacensi, ut absolvatur a sententia. 200
CXXXV. — Privilegium pro monasterio Savigniensi. 200
CXXXVI. — Privilegium pro monasterio Sanctæ Mariæ Retortensi. 201
CXXXVII. — Ad Henricum Remensem archiepiscopum. — Pro quadam muliere, ut dos ei restituatur. 203
CXXXVIII. — Ad eumdem. — De ecclesia de Rechem cuidam restituenda. 203
CXXXIX. — Henrico, Anglorum regi, omnes archiepiscopos et episcopos ad concilium missuro, gratias agit ; sed « statuit ut propter hoc ei aut posteris ejus nullum detrimentum vel incommodum debeat provenire, neque, occasione ista, nova consuetudo in regnum ejus possit induci, vel ipsius regni dignitas aliquatenus minorari. » 204
CXL. — Ad Henricum Remensem archiepiscopum. — Pro Roberto et Gill. presbytero. 204
CXLI. — Ad Gilbertum episcopum Herefordiensem. — Rogatu Henrici Anglorum regis et Thomæ Cantuar. concedit ut ecclesiam Londinensem regendam suscipiat. 205
CXLII. — Capitulo Londinensi significat se Henrico Anglorum regi permisisse ut Gilbertus episcopus Herefordiensis, ecclesiæ Londinensi præponeretur. 206
CXLIII. — Ad Ludovicum VII Francorum regem. — In vastatores ecclesiæ Brivatensis. 206
CXLIV. — Ad Henricum Remensem archiepiscopum. — Pro comite Namurcensi, ut uxor sua ad eum redeat. 207
CXLV. — Privilegium pro parthenone S. Spiritus Paraclitensi. 207
CXLVI. — Ad Stephanum abbatem Mortui Maris. — Hujus monasterii privilegia confirmat. 208
CXLVII. — Secunda dedicatio basilicæ S. Germani a Pratis per Alexandrum papam III. 208
CXLVIII. — Privilegium pro ecclesia S. Mariæ Herivallensi. 210
CXLIX. — Ad Henricum Remensem archiepiscopum. — De negotio episcopi Atrebatensis. 210
CL. — Ecclesiæ S. Genovefæ Parisiensis bona et jura confirmat. 211
CLI. — Privilegium pro ecclesia Gerberodensi. 215
CLII. — Privilegium pro ecclesia S. Petri Duacensi. 217
CLIII. — Privilegium pro ecclesia Legionensi. 219
CLIV. — Privilegium pro ecclesia S. Joannis Ambianensis. 222
CLV. — Ad Henricum Remensem archiepiscopum. — Pro causa quæ vertitur inter ecclesiam S. Remigii et Dervensem, super quadam decima. 224
CXLVI. — Privilegium pro monasterio S. Fidis Horshamensi. 225
CLVII. — Privilegium pro monasterio S. Bertini Sithiensi. 227
CLVIII. — Abbatissæ et monialibus de Bourborch præcipit ne monasterii S. Bertini Sithiensis parochianos in sepulturam recipiant. 227
CLIX. — Privilegium pro ecclesia S. Mariæ Sniapensi. 227
CLX. — Dominico, monasterii S. Facundi Sahagunensis abbati, potestatem ligandi atque solvendi in villa S. Facundi et mitræ usum concedit. 228
CLXI. — Ad Hugonem abbatem S. Germani Parisiensis. — Decernit proclamationem Mauritii Parisiensis episcopi factam in concilio Turonensi contra immunitatem abbatiæ S. Germani non esse admittendam, nec juri nec libertati illius officere. 228
CLXII. — Ad Henricum Remensem archiepiscopum. — Pro Ric. de Corberio. 228
CLXIII. — Privilegium pro monasterio S. Salvii Florentini. 229
CLXIV. — Privilegium pro monasterio S. Mariæ Sherbornensi. 231
CLXV. — Ad Henricum Remensem archiepiscopum. — Exhortatio ad procurationes Romanæ curiæ faciendas. 233
CLXVI. — Ad eumdem et ejus suffraganeos. — Exhortatio ad procurationes papæ et fratribus suis faciendas. 233
CLXVII. — Privilegium pro ecclesia Genestonensi. 233
CLXVIII. — De Odone sacerdote ab episcopo Parisiensi vexato. 235
CLXIX. — Ad Thomam Cantuariensem archiepiscopum. — De canonizatione S. Anselmi. 235
CLXX. — Privilegium pro monasterio S. Martini Canigonensi. 236
CLXXI. — De comite Arverniæ quem absolvit, cum id regi non ingratum putaret. Nihil enim se facturum unquam quod ipsi displicere possit. 238
CLXXII. — Ad Petrum decanum et capitulum S. Aniani Aurelianensis. — Latam ab abbate S. Benedicti definitionem circa ecclesiam S. Germani, controversiam inter Aurelianensem episcopum et canonicos S. Aniani, confirmat. 239
CLXXIII. — Ad Stephanum Meldensem episcopum. — Contra Josolium Resbacensem qui contra episcopi interdictum sacra procuraverat. 240
CLXXIV. — Ad Ludovicum Francorum regem. — Ad eum mittit Meldensem episcopum cum mandatis. Monet se Bituricas proficisci. 241
CLXXV. — Privilegium pro monasterio S. Mariæ Vitensi. 241
CLXXVI. — Congregationem Placentinam, a Sigefrido quondam episcopo conditam, jusque eligendi archipresbyteri fratribus datum confirmat. 243
CLXXVII. — Ad Pontium Narbonensem, Artaldum Helenensem, et Pontium Carcassonensem antistites. — Arguit eos quod injustis exactionibus Crassense monasterium vexent. 244
CLXXVIII. — Monasterii S. Facundi et Primitivi Sahagunensis protectionem suscipit possessionesque ac privilegia confirmat. 244
CLXXIX. — Ad Henricum Remensem archiepiscopum. — Pro absolutione cujusdam. 244
CLXXX. — Privilegium pro monasterio Gixalensi. 245
CLXXXI. — Ad Henricum Remensem archiepiscopum. — Pro O. monacho. 247
CLXXXII. — Ad eumdem. — Pro quibusdam civibus Atrebatensibus. 247
CLXXXIII. — Monachos S. Maximini per monasteria divisos aliosque in eorum locum substitutos nuntiat. 248
CLXXXIV. — Ad Ludovicum Francorum regem. — Mittit nuntios cum mandatis de iis quæ ex imperatore C. P. accepit. 248
CLXXXV. — Confirmatio de pace jurata inter Clun. ecclesiam et comitem Forensem, et barones de terra, et remissio pœnitentiæ unius anni illis qui servaverint ipsam pacem. 249
CLXXXVI. — Ad Cluniacenses. — Pro decano et clericis B. Mauritii Turonensis. 250
CLXXXVII. — Ad Henricum archiepiscopum Remensem. — De negotio ecclesiæ Catalaunensis. 250
CLXXXVIII. — Enumeratis singillatim ecclesiæ Burgensis prædiis, omnia confirmat, et eam esse specialem sedis apostolicæ suffraganeam decernit. 251
CLXXXIX. — Ad archiepiscopum Toletanum. — Ne jure primatus utatur in provincia Tarraconensi. 254
CXC. — Ad canonicos Pampilonenses. — De episcopo eligendo intra spatium duorum mensium. 254
CXCI. — Privilegium pro monasterio S. Mariæ de Eleemosyna. 255
CXCII. — Ad Ludovicum Francorum regem. — Mittit W. monachum Morimundensem cum litteris Welfonis du-

cis. 256
CXCIII. — Ad Henricum Remensem archiepiscopum. Ut comitis Registetensis exactiones in ecclesiam Laudunensem compescat. 257
CXCIV. — Monasterii Floriacensis privilegia confirmat. 257
CXCV. — Ad Ludovicum Francorum regem. — Floriacense monasterium ipsi commendat. 258
CXCVI. — Ad Henricum archiepiscopum Remensem. — De districtione ecclesiastica in Guidonem de Castellione pro Petro et Ric. 258
CXCVII. — De nuntio imperatoris C. P. qui secretum habet pontifici et regi simul præsentibus aperiendum. 259
CXCVIII. — Ad Henricum Remensem archiepiscopum. — Pro Gualterio diacono. 259
CXCIX. — Ad Henricum archiepiscopum Remensem. — Pro quodam milite, qui peccatis exigentibus in torneamento decessit. 260
CC. — Ad Ludovicum Francorum regem. — Significat alterum nuntiorum imperatoris C. P. « illud secretum verbum communiter ipsi et regi prop: situm » voluisse. Se vero ut nuntius antea ad regem accedere decrevisse, « ne, inquit, ei occurrere videreris. » 260
CCI. — Ad Henricum Remensem episcopum. — Pro Catalaunensis ecclesiæ electo. 261
CCII. — Ad Ludovicum Francorum regem. — De cœnobio S. Maximi reformando. 261
CCIII. — Ad Hugonem Suessionensem episcopum. — Ejus devotionem commendat, et gratiam omnem pollicetur. 262
CCIV. — Ad Gilbertum Londinensem episcopum. — Mandat hortetur Henricum, Anglorum regem, ut Ecclesiarum libertati intendat. 263
CCV. — Ad Remensem archiepiscopum. — Pro filio Frajapanis nobilis viri. 265
CCVI. — Ad Henricum archiepiscopum Remensem. — Vocatio archiepiscopi ad colloquium papæ et regis. 265
CCVII. — Ad Henricum Remensem archiepiscopum. — Pro ecclesia S. Joannis de Condas. 266
CCVIII. — Ad Henricum archiepiscopum Remensem. — Pro fratribus ecclesiæ Sancti Remigii. 266
CCIX. — Ad Henricum Remensem archiepiscopum. — Pro ecclesia S. Remigii. 266
CCX. — Privilegium pro monasterio S. Mariæ Montis-Rami. 267
CCXI. — Ad Ludovicum Francorum regem. — Ut regi Siciliæ suadeat se adversus hostes suos præmunire, et Tropeiensem episcopum ipsi commendet. 269
CCXII. — Ad eumdem. — Gratias agit quod de honore et reverentia ab imp. C. P. nuntiis Ecclesiæ Romanæ exhibita lætitiam non modicam rex conceperit. 269
CCXIII. — Ad eumdem. — Ut Gaufridum militem de Molinons, captum a burgensibus Senonensibus, dimitti jubeat. 270
CCXIV. — Ad Thomam Cantuariens. archiepiscopum. — Contra regis inchoatam persecutionem illum confirmat, et simul admonet ne quid contrarium libertati ecclesiasticæ regi indulgeat. 271
CCXV. — Ad Gilbertum Londinensem episcopum. — Ut Henrici regis animum in pacis et concordiæ statum reducat. 272
CCXVI. — Ad magistrum hospitalis domus Hierosolymitanæ. — Petrum priorem hospitalis domus S. Joannis Constantinopoleos commendat. 272
CCXVII. — Ad W. priorem et capitulum Cantuariense. — Illos laudat quod Thomæ archiepiscopi tribulationibus compatiantur. 273

ANNO 1163-1164.
CCXVIII. — Ad abbatem S. Remigii Remensis. — De causa T. clerici. 274
CCXIX. — Ad Hugonem Suessionensem episcopum. — Ut Silvanectensi episcopo de vineis ipsi ademptis justitia fiat. 275
CCXX. — Ad Ludovicum Francorum regem. — Ut fratribus S. Mariæ de Porta Leonis ablata restitui faciat. 275
CCXXI. — Ad eumdem. — Pro ecclesia Brivatensi. 275
CCXXII. — Ad Henricum archiepiscopum Remensem. — De domini Henrici Remensis archiepiscopi juvaliitudine, et quod ei Deus sanitatem restituat. 276
CCXXIII. — Ad Ludovicum Francorum regem. — Priorem S. Medardi, sibi a rege commendatum, vicissim regi commendet. 277
CCXXIV. — Ad eumdem. — Ut nundinas constituat apud Ferrariam in anniversario die consecrationis abbatis. 277

CCXXV. — Ad eumdem. — Ne prioris Cercl. iter in Angliam diutius differatur. 278
CCXXVI. — Ad eumdem. — Ut controversiam Adami et Gregorii fratrum dijudicari ab æquo judice jubeat. 278
CCXXVII. — Ad abbatem S. Remigii et de Eleemosyna et decanum Remensem — Pro ecclesia S. Mauricii Turonensis et Cluniacensi. 278
CCXXVIII. — Ad Ludovicum Francorum regem. — Significat priorem Castrifortis sociosque ob infamiam abbati Burguliensi illatam a Joseio archiep. Turon. et Gaufrido episcopo Indegavensi et abbate Majoris Monasterii excommunicatos esse. 279
CCXXIX. — Ad Henricum Remensem archiepiscopum. — Pro causa quæ vertitur inter S. Cluniacensem abbatem et canonicos beati Mauricii. 280
CCXXX. — Ad Henricum Remensem archiep. — Pro B. clerico. 280
CCXXXI. — Ad Ludovicum Francorum regem. — Ut ecclesiam S. Genovefæ Parisiensem a G., buticularii sui, injuriis defendat. 281
CCXXXII. — Compositionem de præbendis duabus factam inter Hugonem episcopum Suessionensem et ejus capitulum confirmat. 281
CCXXXIII. — Ad abbatem S. Remigii et S. Nicasii. — Pro causa Oddonis clerici et matris ejus, et Hugonis Fabri. 282

ANNO 1164.
CCXXXIV. — Ad Thomam Cantuariensem archiepiscopum. — Concessionem Rogero archiepiscopo Eboracensi crucem per totam Angliam ante se ferendi ad examen revocat. 282
CCXXXV. — Ad Rogerum Eboracensem archiepiscopum. — Ut concessione crucem ante se per totam Angiam deferendi non utatur donec de hac controversia dirimatur. 283
CCXXXVI — Ad Rogerum archiep. et canonicos Eboracenses. — Ut archiepiscopus in provincia Cantuariensi crucem ante se deferre non præsumat. 283
CCXXXVII. — Privilegia prioratus S. Mariæ de Campo in pago Ruscinonensi confirmat. 284
CCXXXVIII. — Ad Thomam Cantuariensem archiepiscopum. — De munere legationis apostolicæ, Cantuariensi concedi solito, Eboracensi ad instantiam regis concesso. 285
CCXXXIX. — Ad eumdem et episcopos Angliæ. — Ut nihil libertati ecclesiasticæ contrarium Henrico regi indulgeant. 287
CCXL. — Ad eumdem. Ne ex legatione Rogero Eboracensi concessa molestia trahat. 287
CCXLI. — Ad Henricum Remensem archiep. et Henricum cardinalem. — De negotio domini papæ. 288
CCXLII. — Ad Eberhardum archiep. Salzburg. — Ut Gerhoho præposito Reichersperg. silentium super quibusdam de fide disputationibus persuadeat et imponat. 288
CCXLIII. — Ad Gerhohum præpositum Reicherspergensem. — Silentium super iisdem de fide disputationibus illi imponit. 289
CCXLIV. — Ad Thomam Cantuar. archiep. — Mœrentem consolatur et absolvit a juramento. 290
CCXLV. — Stephano, Meldensi episcopo, monasterium Rasbacense subjicit. 290
CCXLVI. — Ad Henricum archiep. Remensem. — De gratiarum actione pro Ar. S. Theodori diac. cardinalis, et de rumoribus Italiæ per magistrum Od. 291
CCXLVII. — Privilegium pro monasterio S. Mariæ Stratensi. 292
CCXLVIII. — Privilegium pro ordine Carthusiensi. 293
CCXLIX. — Ad Henricum archiep. Remensem. — Pro quodam Gil. ut mutuata pecunia ei reddatur. 294
CCL-CCLI. — Privilegium pro monasterio S. Petri Carnotensis. 294
CCLII. — Ad Henricum Remensem archiepisc. — Pro ecclesia S. Remigii. 294
CCLIII. — Monasterii Vallis-Richeriæ protectionem suscipit, bonaque ac privilegia confirmat. 295
CCLIV. — Ad Henricum Remensem archiepiscopum. — Pro R. Cancellario. 297
CCLV. — Ad eumdem. — Pro absolutione Guillelmi monachi. 298
CCLVI. Ad eumdem. — Pro causa Milesendis et R. de Curti. 298
CCLVII. — Hugoni episcopo Suessionensi Rain. archidiaconum Saresberiensem, Parisius operam studiis daturum commendat. 299
CCLVIII. — Ad Ludovicum Francorum regem. — De cancellario Friderici imp. cujus mandato operarii in Galliæ confinio jam operari cœperant. 299

CCLIX. — Ad Ludovicum Francorum regem. — Ut de causa quam Cenomanensis episcopus auctoritate apostolica judicavit, aliter rex non statuat. 500
CCLX. — Upsaliam urbem Scarensis, Lincopiensis, Strengesensis et Arusensis episcopatuum metropolim constituit, etc. 501
CCLXI. — Bulla de ordinatione metropolis Upsaliæ. 503
CCLXII. — Ad abbatem Henricum et fratres S. Mariæ Vitescoliensis. 504
CCLXIII. — De monachis Trenorciensibus per diversa monasteria dividendis, et quinque vel quatuor ibi relinquendis; ut interim debita solvantur. 504
CCLXIV. — Ad Hugonem Suessionensem episcopum. — Ut hospitali quodam Compendiense monasterium fruatur. 505
CCLXV. — Ad Ludovicum Francorum regem. — De Nicolao quodam qui pontifici conquestus erat de canonicis Turonensibus. 506
CCLXVI. — Ad eumdem. — De monasterio Trenorciensi. 507
CCLXVII. — Ad S. Germani et S. Victoris abbates, priorem et subpriorem S. Victoris, atque Odonem quondam abbatem S. Genovefæ. — Ut inquirant de pœnis inflictis Guillelmo canonico S. Genovefæ. 507
CCLXVIII. — Ad Ludovicum Francorum regem. — Qua victus ratione uti debeat quavis sexta feria. 507
CCLXIX. — Fratribus S. Mariæ de Vallecrosa locum qui dicitur Fons-Calidus asserit. 508
CCLXX. — Ad Henricum Remensem archiepiscopum. — Pro causa quæ vertitur inter abbatem S. Remigii et abbatem Dervensem. 509
CCLXXI. — Ad Guillelmum comitem Nivernensem et Idam matrem ejus. — Ut a vexatione Vizeliacensis cœnobii abstineant. 509
CCLXXII. — Ludovico Francorum regi significat se ejus litteras accepisse mandataque exsecuturum. 510
CCLXXIII. — Petentibus Garcia magistro et fratribus Calatravensibus Galatravam tuendam suscipit fratrumque leges, bona et privilegia confirmat. 510
CCLXXIV. Monasterium S. Mariæ Hortense tuendum suscipit, ejusque possessiones et privilegia confirmat. 512
CCLXXV. — Ad Ludovicum regem Francorum. — De quibusdam quæ tum Ecclesiæ, tum regni utilitas mutari exposcit in Gallia. 513
CCLXXVI. — Ad Ludovicum Francorum regem. — De electione ecclesiæ Carnotensis. 513
CCLXXVII. — Ad eumdem. — De hospitali Compendiensi. 514
CCLXXVIII. — Ad eumdem. — Hospitale Compendiense ejusdem urbis abbatiæ attribuit. 514
CCLXXIX. — Ecclesiæ S Mariæ Liskensis protectionem suscipit, possessionesque confirmat. 515
CCLXXX. — Privilegium pro monasterio S. Joannis Reomaensis. 516
CCLXXXI. — Ad Ludovicum Francorum regem. — Monasterium S. Maximini ipsi commendat. 518
CCLXXXII. — Theobaldo priori et fratribus ecclesiæ S. Martini de Campis addicit ecclesiam S. Martini Turonensibus adjudicatam. 518
CCLXXXIII. — Ludovico Francorum regi F. fratrem, nuntium suum, commendat. 520

CIRCA ANNUM 1164.
CCLXXXIV. — Ludovico Francorum regi monasterium Compendiense commendat, cui domum hospitalem asseri cupit. 520

ANNO 1163-1165.
CCLXXXV. — Ad Conouem S. Vitoni abbatem. — Laudat eum de zelo pro sede apostolica, hortaturque ut devotus ei semper adhæreat. 521
CCLXXXVI. — Ad Martinum abbatem et monachos Vedastinos. — Confirmat compositionem factam inter eos et Strumensem abbatissam. 522
CCLXXXVII. — Præceptum de rebus canonicorum Parisiensium ordinandis. 523

ANNO 1164-1165.
CCXXXVIII. — Ad Henricum Remensem archiepiscopum. — Pro Roberto milite. 523
CCLXXXIX. — Ad Henricum Remensem archiepiscopum. Pro A. Atrebatensi episcopo. 524
CCXC. — Ad Henricum Remensem archiepiscopum. — De causa abbatissæ de Bertolocors et monialium de sancto Igniaco. 525
CCXCI. — Ad monachos Vedastinos. — Ut in electione abbatis ex gremio, non extraneam eligant personam. 526
CCXCII. — Ad magistrum F. et magistrum R. Remensem canonicum. — Pro Theobaudo Bigoto. 526

CCXCIII. — Ad Henricum archiepiscopum Remensem. — Pro ecclesia S. Remigii. 527
CCXCIV. — Ad P. Narbonensem, Nemausensem, Uticensem, Mimatensem et Magalonensem antistites. — Laudat eorum sollicitudinem de tollendis pedagiis seu portoriis; Bernardum autem comitem Melgoriensem, parere detrectantem, interdicti sententia mulctat. 527
CCXCV. — Ad Henricum Remensem archiepiscopum. — Pro Orientali ecclesia. 528
CCXCVI. — Ad Ludovicum Francorum regem. — De causa episcopi Cameracensis, cui inducias adhuc indulget. 528
CCXCVII. — Ludovico Francorum regi pollicetur se Petro archiepisc Bituricensi non defore. 529
CCXCVIII. — Ad Henricum archiepiscopum Remensem. — Pro ecclesia Sancti Remigii. 529
CCXCIX. — Ad abbatem Sancti Remigii et de Castro Theoderici et L. decanum Remensem. — Pro causa quæ vertitur inter abbatem Orbacensem et Igniacensem. 550
(CC. — Ad abbatem S. Remigii Remensis. Pro causa quæ vertitur inter abbatem S. Remigii et Odd. 550
CCCI. — Decano, thesaurario Remensi mandat ut Guidonem electum Catalaunensem Henrico archiepiscopo commendent. 531
CCCII. — Ad Henricum Remensem archiepiscopum. — Pro abbate S. Remigii. 531
CCCIII. — Ludovicum Francorum regem orat hortetur Willelmum Siciliæ regem ut, quem exsilio affecerit, Florium de Camebotta in gratiam recipiat. Eumdem Florium imperatori CP. commendari cupit. 532
CCCIV. — Ad Henricum Remensem archiepiscopum. — Ut G. comes de Roceio cogatur reddere pecuniam, quam abstulit a nuntio Lugdunensis archiepiscopi. 533
CCCV. — Ad Mauritium Parisiensem episcopum. — De annuo unciæ auri censu ecclesiæ Latiniacensi remisso. 533
CCCVI. — Ad Ludovicum Francorum regem. — Ut paci inter quosdam conciliandæ studeat. 534
CCCVII. — Privilegium pro abbatia Fontebraldensi. 534
CCCVIII. — Ad Galterum episcopum, et Robertum archidiaconum Lingonensem. — De ecclesia de Sarinia. 535
CCCIX. Ad Henricum Remensem archiepiscopum. — Pro ecclesia Sancti Memmii. 535
CCCX. — Ad Ludovicum Francorum regem. — Ut R. sacerdoti possessiones suæ restituantur ab injusto possessore. 536
CCCXI. — Ad Henricum Remensem episcopum. — Pro fratribus Cisterciensibus. 536
CCCXII. Ludovico Francorum regi Erm. de Narbona commendat. 537

ANNO 1165.
CCCXIII. — Abbati S. Bertini Sithiensis concedit ut pro causa ecclesiarum in diversis diœcesibus constitutarum non teneatur ad synodos episcoporum illorum etiam vocatus accedere.) 537
CCCXIV. — Ad Ludovicum Francorum regem. — Regis congressum et consilium optat. 537
CCCXV. — Privilegium pro monasterio Fusniacensi. 538
CCCXVI. — Bulla qua confirmat omnes possessiones S. Petri jam a prædecessoribus suis confirmatas, præteraque, in episcopatu Carnotensi duo mansilia, Sorentiacum scilicet et Niglebold; in episcopatu Sagiensi ecclesiam S. Aniani, et in episcopatu Constantiensi ecclesiam de Hamo, ecclesiamque de Goetberti Villa. 539
CCCXVII. — Ad Ludovicum Francorum regem. — Mittit ad eum imperatoris CP. litteras. 539
CCCXVIII. — Monasterii Cisterciensis protectionem suscipit et privilegia confirmat. 540
CCCXIX. Bulla pro S. Cruce Burdegalensi. 541
CCCXX. — Monasterii Dunensis, olim juxta maris littora, nunc Brugis, protectionem suscipit possessionesque ac privilegia confirmat. 545
CCCXXI. — Privilegium pro monasterio Rupensi. 545
CCCXXII. Confirmatio concordiæ inter Stephanum quondam episcopum Parisiensem et Theobaldum archidiaconum factæ. 546
CCCXXIII. — Monasterii S. Martini Augustodinensis protectionem suscipit possessionesque ac privilegia confirmat. 546
CCCXXIV Ad abbatem Cisterciensem. — De negotio ecclesiæ Clarevallensis et de abbate ejusdem. 548
CCCXXV. — Ad Henricum Remensem archiepiscopum. — De verbo sive negotio commisso archiepiscopo Antissiodorensi in Claravalle agendo et qualiter Senonis sint revocati. 550
CCCXXVI. — Bulla pro monasterio S. Sereni Cantume-

rulæ. 551
CCCXXVII. — Exemptionem et bona temporalia monasterii S. Walarici confirmat. 552
CCCXXVIII. — Ecclesiæ Parisiensis bona et privilegia confirmat. 553
CCCXXIX. — Ad Henricum Remensem archiepiscopum. — Pro ecclesia Beatæ Glodesindis Metensi. 554
CCCXXX. — Ad Ludovicum Francorum regem. — Ut archidiaconatus Carnotensis clerico cuidam suo concedatur. 554
CCCXXXI. — Ad monachos S. Petri Carnotensis. 555
CCCXXXII. — Theubaldo, nobili viro, ecclesiam Bonævallensem et Walterum novum abbatem commendat. 555
CCCXXXIII. — Abbatem S. Remigii Remensem hortatur ut priori S. Mauritii possessionem quamdam restituat. 555
CCCXXXIV. — Privilegium pro monasterio Rigniacensi. 556
CCCXXXV. — Privilegium pro monasterio Bonimontis diœcesis Genevensis. 559
CCCXXXVI. — Ecclesiæ S. Marci Venetæ possessiones confirmat. 562
CCCXXXVII. — Templarios in Lugdunensi et Cabilonensi episcopatibus morantes hortatur ut cum fratribus Trenorciensibus de decimis quibusdam monasterio subtractis transigant. 563
CCCXXXVIII. Bulla pro cœnobio L. Satyri. 564
CCCXXXIX. — Abbatem et fratres Pontigniacenses, Thomam archiepiscopum Cantuariensem honeste tractantes laudat, eumdemque iis commendat. 568
CCCXL. — Ad Henricum Remensem archiepiscopum. — De negotio ecclesiæ Clarevallensis. 568
CCCXLI. — Ad fratres ecclesiæ S. Petri Carnotensis. 569
CCCXLII. — Ad Henricum archiepiscopum Remensem. — Pro Everen. presbytero. 569
CCCXLIII. — Ludovicum Francorum regem rogat ut comitem Nivernensem et ejus matrem a vexando monasterio Vizeliacensi deterreat. 569
CCCXLIV. — Hugoni, archiepiscopo Senonensi, mandat hortetur comitem Nivernensem ejusque matrem ut damna monasterio Vizeliacensi illata resarciant; quod nisi fecerint intra dies 20, excommunicatione eos affici jubet. 570
CCCXLV. — Henrico Eduensi, Galterio Lingonensi, Alano Antissiodorensi et Bernardo Nivernensi episcopis præcipit ut excommunicationis sententiam quam archiepiscopus Senonensis protulerit in comitem Nivernensem et matrem ejus observent. 571
CCCXLVI. — Guillelmum abbatem et fratres Vizeliacenses de superioribus epistolis certiores facit. 572
CCCXLVII. — Ad Henricum Remensem archiepiscopum. pro quadam muliere Hersende nomine. 572
CCCXLVIII. — Ad eumdem. — Pro C. nepote domini papæ.
CCCXLIX. — Ad Gilbertum Londinensem episcopum. — De Cantuariensi ecclesia. 573
CCCL. Ad Henricum Anglorum regem. — De immunitate ecclesiastica non violanda, et clericis ad tribunale sæculare non trahendis. 575
CCCLI. — Ad Thomam Cantuariensem archiepiscopum. — Eum angustiis pressum consolatur. 577
CCCLII. — Ad eumdem. — Sententiam ab episcopis et baronibus Angliæ contra ipsum latam se irritam fecisse mandat. 577
CCCLIII. — Ad abbatem monasterii. — Pro querela quæ vertitur inter I. E. et A. sacerdotem. 577
CCCLIV. — Bulla pro monasterio Manziacensi quod sub tutela S. Sedis suscipitur. 578
CCCLV. — Bulla qua S. Illidii monasterium ejusque possessiones omnes sub tutela Romanæ Ecclesiæ suscipiuntur. 580
CCCLVI. — Ad Ludovicum Francorum regem. — B. Aniani cantorem merito fuisse beneficio ac officio suo ab apostolica sede privatum. 581
CCCLVII. — Ad Ludovicum Francorum regem. — Commendat ipsi archidiaconum Bituricensem; de rebus Germanicis bene sperare jubet. 582
CCCLVIII. — Ad Henricum Remensem archiepiscopum. — Pro Radulpho presbytero, ut ecclesia sua ei reddatur. 583
CCCLIX. — Ad Clerembaldum S. Augustini electum et monachum. — Ut, omni appellatione cessante, ecclesiæ Cantuar. professionem faciat. 583
CCCLX. — Ad principes, comites, barones et universos Dei fideles. — De subsidiis in Oriente contra Saracenos mittendis. 584
CCCLXI. — Bulla Petro abbati Bonifontis directa. 586
CCCLXII. — Monasterium S. Danielis Venetiarum sub protectione B. Petri recipit, sua bona ei confirmat, atque alia privilegia impertitur. 588
CCCLXIII. — Rutenensi et Cadurcensi episcopis mandat ut de Willelmi episcopi canonicorumque Albiensium et monachorum Aureliacensium controversia decidant. 589
CCCLXIV. — Monachos Aureliacenses de superiore epistola certiores facit. 590
CCCLXV. — Ad Gislebertum Cisterciensem et reliquos ejusdem ordinis. — Eorum instituta confirmat et privilegiis ornat. 590
CCCLXVI. — Pontio archiepiscopo Narbonensi et Guillelmo episcopo Biterrensi mandat ne Fontem Calidum auferri ecclesiæ Valliscrosæ patiantur. 594
CCCLXVII. — Ad Ludovicum Francorum regem. — Ut Thomæ exsulanti episcopatum aut abbatiam det, si vacaverint. 594
CCCLXVIII. — Ad Joannem episcopum et canonicos Magalonenses. — Restitui faciant priori S. Mariæ altare et oblationes ecclesiæ S. Salvatoris, olim ab Adriano IV concessa. — Guillelmo domino et populo Montispessulani ad ecclesiam relevandam. 595
CCCLXIX. — Ad Ludovicum Francorum regem. — Willelmum, electum Carnotensem episcopum regi commendat; hortatur ut sit constans in defendenda Ecclesiæ causa adversus Fridericum imperatorem. 596
CCCLXX. — Guinardi comitis Ruscinonensis patrimonium confirmat. 596
CCCLXXI. — Pontio Narbonensi et Hug. Tarraconensi episcopis, et Artaldo Elenensi et Gerundensi episcopis mandat ne Guinardi comitis Ruscinonensis patrimonium invadi a notis ejus fratribus patiantur. 597
CCCLXXII. — Ad Gilbertum Londoniensem episcopum. — Mandat illi ut pergat Henricum Angliæ regem monere ad devotionem Romanæ Ecclesiæ exhibendam ejusque jura tuendum, et Thomam Cantuariensem in favorem et gratiam recipiendum. 597
CCCLXXIII. — Ad Henricum Remensem archiepiscopum. — De domino papa, quomodo evasit manus insidiantium per mare, qui res suas, et eum et socios capere disponebant. 598
CCCLXXIV. — Rogerio archiepiscopo Rheginensi et successoribus ejus pallii usum, jam a Gregorio VII et Eugenio III concessum jusque consecrationis episcoporum sibi suffraganeorum, tam Græcorum quam Latinorum, confirmat. Privilegia Ecclesiæ Rheginensi ab imperatoribus et regibus concessa affirmat, et Ecclesias Hieracensem, Sumanam, Tropeiensem, Neocastrensem, Bovensem, Oppidensem et Crotoniensem Rheginæ Ecclesiæ in posterum suffraganeas, ac subditas fore sedi apostolicæ decernit. 400
CCCLXXV. — Ad Henricum Remensem archiepiscopum. — De receptione domini papæ in Urbe et de quadam muliere C.
CCCLXXVI. — Ad clericos in episcopatu Bangoriensi constitutos. — Ut episcopum eligant quem Thomas Cantuar. confirmet. 401
CCCLXXVII. — Ad priorem et fratres Cantuarienses. — Ut Thomæ exsulantis inopiæ subveniant. 402
CCCLXXVIII. — Ad Thomam Cantuariensem archiepiscopum. — Sententiam ab illo contra perversos quosdam latam confirmat. 402
CCCLXXIX. — Ad Henricum Trecensem episcopum. — Magistrum Herbertum, qui Thomæ Cantuariensi archiepiscopo exsulanti comes adhæsit, commendat. 402

ANNO 1165 ?

CCCLXXX. — Ad Robertum Herefordensem episcopum. — Illum reprehendit quod Thomæ archiep. in Ecclesiæ libertate tuenda minus quam debuerit astiterit. 403
CCCLXXXI. — Illos reprehendit quod in multis tepidi et negligentes exstiterint. 404

ANNO 1165-1166.

CCCLXXXII. — Ad Henricum Remensem archiepiscopum. — Pro causa quæ vertitur inter ecclesiam Erapousmanil. et ecclesiam Roiensem. 405

ANNO 1166.

CCCLXXXIII. — Ad Henricum Remensem archiepiscopum. — Rogat ut centum marcas argenti ei acquirat, et ejus necessitatibus subveniat ex ecclesiis sui episcopatus. 405
CCCLXXXIV. — Ad omnes episcopos Angliæ. — Ut super his quæ ad ecclesiam Cantuariensem spectant, Thomæ archiepiscopo adhæreant. 406
CCCLXXXV. — Ad Thomam Cantuariensem archiepiscopum. — Mandat hortetur clericos ecclesiæ Bangorensis ut episcopum eligant; quod nisi fecerint, ipse infra tres menses faciat. 407

CCCLXXXVI. — Ad Henricum Remensem archiepiscopum. — Thomam exsulantem commendat. 407
CCCLXXXVII. — Ad Bangorensem clerum et populum. — Ut episcopum eligant. 408
CCCLXXXVIII. — Ad Henricum Remensium archiepiscopum. — Pro Capellanis Laudunensibus. 408
CCCLXXXIX. — Monasterium S. Joannis Piscariense tuendum suscipit, et ejus bona juraque confirmat. 409
CCCXC. — Ad Rogerum Eboracensem et universos Angliæ episcopos. — Ne quisquam eorum novo regi coronando, si forte casus emerserit, absque Thomæ Cantuar. archiepisc. conniventia, manum apponere præsumat. 411
CCCXCI. — Ad Thomam Cantuar. archiep. — Illi totius Angliæ legationem, excepto episcopatu Eboracensi, concedit. 411
CCCXCII. — Ad episcopos, abbates et alios ecclesiarum prælatos per totam Angliam extra episcopatum Eboracensem constitutos. — Ut Thomæ Cantuar., apostolicæ sedis legato constituto, obediant. 412
CCCXCIII. — Ad Thomam Cantuar. archiepiscopum. — Ut in invasores possessionum ecclesiæ Cantuariensis, si opportunitatem viderit, ecclesiasticam justitiam non differat exercere. 413
CCCXCIV. — Ad omnes episcopos Cantuariensis provinciæ. — Illos de superiori epistola certiores facit. 413
CCCXCV. — Ad Cisterciensem et Pontiniacensem abbates et fratres. — Ne Thomam Cantuar. a Pontiniacensi monasterio removeri patiantur. 414
CCCXCVI. — Ad Henricum Remensem archiepiscopum. — Pro Roberto sacerdote. 415
CCCXCVII. — Ad Gilbertum Londinensem et omnes episcopos provinciæ Cantiæ. — Ut invasores beneficiorum clericorum Thomæ Cantuar. archiep. ad eorum integram restitutionem sub anathematis interminatione districtius compellant. 415
CCCXCVIII. — Ad Thomam Cantuariensem archiepiscopum — Prolatam ab eo in Jocelinum episcopum Saresberiensem interdicti sententiam confirmat. 416
CCCXCIX. — Ad eumdem. — Mandat se rescidisse concessionem a Jocelino episcopo Saresberiensem factam Joanni de Oxeneford. 416
CD. — Ad archiepiscopum Remensem. — Pro electione abbatissæ Dodoniensis. 416
CDI. — Thomam archiep. Cantuar. hortatur ut cum Jocelino Saresber. mitius agat. 417
CDII. — Ad Rotrodum Rothomagensem archiepiscopum et ejus suffraganeos. — De malis ab Henrico Anglorum rege Ecclesiæ illatis. 417
CDIII. — Ad Henricum Remensem archiepiscopum. — De quodam subdiacono Laudunensi, qui uxorem duxerat, et de lite Laudunensis episcopi adversus capellanos Lauduni. 418
CDIV. — Ad eumdem. — De causa quæ vertitur inter G. et Hersendem. 419
CDV. — Ad Thomam Cantuar. archiepiscopum et ejus suffraganeos. — H. et W. comites de Vals. excommunicatos nuntiat. 420
CDVI. — Ad Henricum Remensem archiepiscopum. — Pro quodam homine de pignore Molendini. 420
CDVII. — Ad Cenomanensem episcopum. — Pro negotio Philippi nepotis Henrici Remensium archiepiscopi. 421
CDVIII. — Ad Philippum Flandriæ comitem. — Ejus cum Elizabetha, filia comitis Peronæ, matrimonium confirmat. 422
CDIX. — Ad Henricum Remensem archiepiscopum. — Pro Balduino monacho, ut recipiatur. 422
CDX. — Ad eumdem. — Pro L. Priore S. Remigii Remensis. 422
CDXI. — Privilegium pro monasterio Pontiniacensi. 423
CDXII. — Ad episcopos Angliæ. — In causa Thomæ Cantuariensis legatos ex latere duos in Angliam misisse se significat cum plenitudine potestatis. 425
CDXIII. — Ad Henricum Anglorum regem. — Ut auctoritas archiepiscopi Cantuariensis suspendatur quousque a rege pacem consecutus sit. 426
CDXIV. — Ad Thomam Cantuariensem archiepiscopum. — Illum ad patientiam exhortatur. 427
CDXV. — Ad Waldemarum Danorum regem. — De mutatione claustri de Weng et de revocatione Eskilli archiepiscopi. 428
CDXVI. — Ad episcopos Daniæ. — Ejusdem argumenti. 429

ANNO 1166. ?

CDXVII. — Ad Gilbertum Londinensem episcopum. — Ut denarium B. Petri (qui sibi de Anglia debebatur,) transmittere non omittat. 430

ANNO 1166-1167.

CDXVIII. — Ad Joannem Magalonensem episcopum. 431
CDXIX. — Ad Joannem Magalonensem episcopum. 431
CDXX. — Bertrandum archiepiscopum Burdigalensem, apostolicæ sedis legatum laudat quod sententiam a Bertrando abbate S. Crucis, in S. Macharii monachos promulgatam comprobaverit. 432
CDXXI. — Ad abbatem et fratres Sancti Remigii. — Ut Willelmum fugitivum monachum recipiant. 433
CDXXII. — Ad Joannem Magalonensem episcopum. — De canonicis ecclesiæ Magalonensis. 433
CDXXIII. — Ad Stephanum Meldensem episcopum. — Quod si conventus aliquis non concordat in electione abbatis, ad episcopum pertineat abbatem confirmare in quem major et sanior pars consenserit. 434
CDXXIV. — Ad Henricum Remensem archiepiscopum. — Pro Roberto presbytero. 434
CDXXV. — Ad eumdem. — Pro eodem. 435
CDXXVI. — Ad abbatem et fratres Cluniacenses super electione abbatis tit. S. Benedicti Padilironensis ex necessitate, et absque eorum consilio et auctoritate facta, quod non trahatur in exemplum. 435
CDXXVII. — Ad abbatem S. Remigii Remensis. — Pro Dejecto presbytero. 436
CDXXVIII. — Ad Henricum Remensem archiepiscopum ejusque suffraganeos. — Ut Drogonem schismaticum excommunicent. 437
CDXXIX. — Ad eumdem. — De absolutione quorumdam excommunicatorum. 438
CDXXX. — Ad Henricum eumdem. — Pro Hugone clerico. 438
CDXXXI. — Ad eumdem. — Pro Joanne clerico, ut præbenda investiatur. 439
CDXXXII. — Ad eumdem. Pro cantore Duacensi, ut restituatur. 440
CDXXXIII. — Ad decanum et capitulum Catalaunense. — Ne exigant pecuniam pro scho.is. 440
CDXXXIV. — Ad Henricum Remensem archiepiscopum. — De admonitione prælatorum ecclesiasticorum, ut sibi subveniant. Commendatio de perseverantia dilectionis circa Romanam Ecclesiam et exhortatio ad idem. 441
CDXXXV. — Ad eumdem — Pro Galterio clerico. 442
CDXXXVI. — Ad eumdem. Pro quodam G. ut hæreditas ei reddatur. 442
CDXXXVII. — Ad eumdem. — De negotio episcopi Gratianopolitani. 442
CDXXXVIII. — Ad eumdem. — De ordinatione et consecratione episcopi Tornacensis. 443
CDXXXIX. — Ad eumdem. — De causa Braguensis ecclesiæ. 444
CDXL. — Canonicis Pisanis mandat ut B. quondam canonicum, excommunicatum schismatis defensorem vitent, sed tamen recipiant, si ad virtutem redierit. 445
CDXLI. — Ad Henricum archiepiscopum Remensem. — Pro quodam Job, ut ablata ei restituantur. 445
CDXLII. — Ad eumdem. — Pro quodam burgensi G. Remensi. 446
CDXLIII. — Electo Caiacensi mandat, ut de Petro Mancovela presbytero judicium faciat. 446
CDXLIV. — Episcopo Norwicensi significat se R. clericum itineris Hierosolymitani voto solvisse. 446

ANNO 1167.

CDXLV. — Ad Thomam Cantuariensem archiepiscopum — De legatione in Anglia missa. 446
CDXLVI. — Ad Henricum regem Angliæ. — Ejusdem argumenti. 447
CDXLVII. — Ad Ludovicum VII regem Francorum. — De legatione per Franciam Thomæ archiepiscopo Cantuariensi commissa. 448
CDXLVIII. — Ecclesiam S. Salvatoris Venetam tuendam suscipit. 449
CDXLIX. — Possessiones monasterii S. Salvini Tarbiensis confirmat. 451
CDL. — Ad Thomam Cantuariensem archiepiscopum. — De Hugone comite absolvendo si ablata restituerit. 452
CDL bis. — Ecclesiæ Mutinensis immunitates et privilegia confirmat. 453
CDLI. — Ad Willelmum et Ottonem cardinales legatos. — Significat nihil jurium ademptum esse Thomæ Cantuar. archiep. 454
CDLII. — Raimundo episcopo Briviano et ejus successoribus asserit jus ad dexteram archiepiscopi Mediolanensis in synodis sedendi. 456

CDLIII. — Ad Henricum Remensem archiepiscopum. — Pro causa abbatis Sancti Remigii et Si. mulieris. 456
CDLIV. — Ad Goldinum archiepiscopum. — Mediolanensem. Ut tollat privilegia quædam a Robaldo quondam archiepiscopo canonicis Modoetiensibus in injuriam parthenonis Cremellensis concessa. 456
CDLV. — Ad Rogerum archiepiscopum Eboracensem. — Mandat ut ab Henrico Anglorum rege requisitus, coronam Henrico, primogenito filio ejus, imponat. 457
CDLVI. — Ad Henricum Remensem archiepiscopum. — Pro quadam muliere Hersendi. 457
CDLVII. — Ad eumdem. — De suspicione furtivarum litterarum habita in Milonem. 458
CDLVIII. — Ad eumdem. — Commendatio et exhortatio ut sibi subveniat, et ut regem ad idem convertat, et de negotio magistri G. presbyteri pro præbenda Surssionis. 459
CDLIX. — Ad Willelmum et Ottonem apostolicæ sedis legatos. — Ut pro bono Ecclesiæ reges Francorum et Angliæ concordentur et in Anglia, de statu regni et Ecclesiæ sine scitu Thomæ Cantuariensis nihil agant. 460
CDLX. — Ad eosdem. — Ut eos qui propter invasionem rerum Ecclesiæ per Cantuariensem archiepiscopum excommunicati fuerant, ad satisfactionem debitam præstandam compellant ; quod si renuerint, eos iterum excommunicent. 460
CDLXI. — Ad Albertum apostolicæ sedis legatum. — Archiepiscopatum Spalatinum ei oblatum accipi vetat. 461
CDLXII. — Henrico abbati Biburgensi præcipit ut abbatiam S. Petri Salzburgensem, a Conrado archiepiscopo monachisque oblatam, suscipiat. 461
CDLXIII. — Monachis Biburgensibus præcipit ut Henricum abbatem monasterio S. Petri Salzburgensi concedant. 462
CDLXIV. — Privilegium pro ecclesia Ragusina. 462
CDLV. — Pullatensem, Suaciensem, Drivastensem episcopos jubet Tribuno archiepiscopo Ragusino obtemperare. 462
CDLXVI — Clericis Dulchiniensis et Antibarensis episcopatuum præcipit ne episcopis a Tribuno archiep. Ragusino excommunicatis obtemperent. 463
CDLXVII. — Ad Henricum Anglorum regem. — Significat litteras ejus a Clarambaldo, Reginaldo, Simone de Carcere, Henrico de Nothamtune redditas sibi esse. 464
CDLXVIII. — Hugonem archiepiscopum Senonensem reprehendit quod « absque conscientia et mandato suo [Alani] episcopi Antissiodorensis abrenuntiationem receperit. » Concedit tamen ut [Willelmum] in ejus locum electum consecret. 466
CDLXIX. — Ad Henricum Remensem archiepiscopum. — Ut cesset a vexatione canonicorum Remensium. 466
CDLXX. — Ad Ludovicum Francorum regem. — Ut canonicis ecclesiæ Remensis et gratiam suam et ereptas possessiones reddat. 467

ANNO 1168.

CDLXXI. — Abbatibus et cæteris Latinis, tam clericis quam laicis, commendat Tribunum archiep. Ragusinum. 468
CDLXXII. — Privilegium pro ecclesia Hierosolymitana. 469
CDLXXIII. — P[etro] priori et fratribus S. Sepulcri Hierosolymitani scribit, A[malricum] patriarcham a sese per litteras admonitum esse, ut « de rebus vel obedientiis eorum, nisi ab iis fuerit requisitus, se intromittere nulla ratione præsumeret, » atque « ut, cum aliquem in concanonicum voluissent recipere, iis non favorem indulgeat, nec aliquem consortio eorum imponeret. » neu in ecclesia eorum « iis invitis, diversis (personis) præbendas pro beneplacito suo assignaret. » 471
CDLXXIV. — P[etro] priori et fratribus S. Sepulcri Hierosolymitani significat, se A[malrico] patriarchæ præscripisse, « ut ab iis nonnisi tertiam partem ceræ, quæ ad ecclesiam eorum deferretur, requireret, » ut « si aliquam civitatem intravisset, et in eundo et redeundo ab expeditione ibidem moram fecisset, universas oblationes, quæ ad eamdem post secundum diem offerrentur, eos permitteret habere, » neu vetaret aut « corpora defunctorum ante altaria eorum deferri, » aut « cruces in die Parasceve coram eisdem teneri. » Hospitalarios quoque admonitos nuntiat, ne cum aliquam adversum eos querelam habuerint, decimas iis subtrahere attentent. » 472
CDLXXV. — P[etrum] priorem et fratres S. Sepulcri Hierosolymitani certiores facit, se litteras ad Hospitalarios dedisse, ne decimas iis denegent, ne « in civitate

Joppen ecclesiam absque consensu patriarchæ et eorum de novo ædificare præsumant, » neu « cum Joppen supposita fuerit interdicto, in ecclesia sua, quæ in corpore civitatis consistat, campanas pulsare, excommunicatos vel nominatim interdictos ad divina officia recipiant. 473
CDLXXVI. — Patriarchæ Hierosolymitano interdicit « ne abbates, abbatissas, vel alias personas ecclesiasticas sine assensu et consilio prioris et canonicorum S. Sepulcri instituere vel destituere præsumat. » 474
CDLXXVII. — Privilegium pro ecclesia S. Sepulcri Hierosolymitani. 474
CDLXXVIII. — Monasterio S. Walarici asserit jus parochiale castri S. Walarici, episcopo Ambianensi abjudicatum. 477
CDLXXIX — Parthenonis S. Victorini Beneventani patrocinium suscipit et bona, libertatem, privilegia confirmat. 479
CDLXXX. — Ad Henricum regem Anglorum. — De Thomæ archiepiscopo Cantuariensi in gratiam recipiendo illum hortatur. 480
CDLXXXI. — Ad Thomam Cantuariensem archiepiscopum. — De Jocelino archiepiscopo Saresberiensi. 481
CDLXXXII. — Ad eumdem. — Suspensionem suæ commissionis apostolicæ revocat. 483
CDLXXXIII. — Ad episcopos Angliæ. — Contra investituras a laicis usurpatas. 484
CDLXXXIV. — Ad Joannem Cumin. — Ut quem invaserat archidiaconatum Bathoniensem Rogero episcopo Wigorniensi restituat. 483
CDLXXXV. — Ad Thomam Cantuariensem archiepiscopum. — Ut Girardum Puellam ab ea qua tenetur sententia absolvat 485
CDLXXXVI. — Ad Ludovicum regem Francorum. — Pro Girardo Puella. 486
CDLXXXVII. — Ad Henricum regem Anglorum. — Dolet illum cum Thoma archiepiscopo Cantuariensi in gratiam nondum rediisse. 486
CDLXXXVIII. — Ad Simonem priorem de Monte Dei et Bernardum de Corilo. — Pro Thoma Cantuariensi archiepiscopo. 487
CDLXXXIX. — Ad Rogerum Wigorniensem episcopum. — Ut ad ecclesiam suam redeat. — De nuntiis ad Henricum regem missis. 488
CDXC. — Ad Thomam Cantuariensem archiepiscopum. — Cum Henrico rege paternæ et benignæ agendum. 489
CDXCI. — Ad Ludovicum regem Francorum. — Ejusdem argumenti. 490
CDXCII. — Privilegium pro monasterio S. Sylvestri de Nonantula. 491
CDXCIII. — Monasterii Nonantulani libertatem confirmat. 493
CDXCIV. — Ad monachos Sancti Prosperi Regiensis. — Ut Guidonem abbatem dilapidati monasterii reum ab officio removeant. 495
CDXCV. — Privilegium pro Joanne Catanensi episcopo. 495
CDXCVI. — Ad Suessionensem, Ambianensem et Laudunensem episcopos. — Pro Constantia comitissa S. Ægidii, contra comitem Boloniæ, de dotalitio suo. 497
CDXCVII — Ad Henricum Remensem archiepiscopum. — Se excusat quod ejus de episcopo Atrebatensi precibus non satisfecerit. Hortatur ut suffraganeos benigne tractet. Significat de sorore ejus Constantia, comitis Tolosani uxore, ad Suessionensem , Ambianensem , Laudunensem episcopos scripserit. Paganum magistrum commendat. 498
CDXCVIII. — Monasterii SS. Felicis et Fortunati Vicentini bona et privilegia confirmat. 499
CDXCIX. — Privilegium pro monasterio S. Reparatæ Marradino. 501
D. — Ecclesias SS. Hippolyti et Cassiani, et S. Joannis Baptistæ Foscianensein tuendam suscipit, ejusque possessiones et privilegia confirmat. 502
DI. — Ecclesiam S. Petri Bononiensem tuendam suscipit, et ejus bona ac jura confirmat. 504

ANNO 1168?

DII. — Ad Thomam Cantuariensem archiepiscopum. — Regem humilitate vinci consulit. 505

ANNO 1168-1169.

DIII. — Ad regem Scotiæ. — Thomam exsulantem illi commendat. 506
DIV. — Ad Philippum Flandriæ comitem. — Ejusdem argumenti. 507
DV. — Ad comitem Henricum. — Ejusdem argumenti. 507
DVI. — Ad abbatem de Claro-Marisco. — Thomæ archiepiscopi Cantuariensis sororem et ejus liberos commendat. 508

DVII. — Ad Stephanum Meldensem et abbatem Sancti Crispini. — Mandat hortentur Henricum regem ut Ecclesiæ Cantuariensis reditus, honores et possessiones postposita mora restituat et restitui faciat. 508
DVIII.—Ad Cisterciensem et Pontiniacensem abbatem et universos Cisterciensis ordinis fratres. — Pro fratre R. 509
DIX. — Ad Thomam Cantuar. archiep — Henrici episcopi Wintoniensis, ab Henrico rege vexati, abdicationem irritam esse. 509

ANNO 1167-1169.

DX. — Abbati monachisque Vallis Laureæ præcipit ne archiepiscopo Tarraconensi, neve episcopo Barcinonensi obediant, donec finium controversia disceptetur. 509
DXI. — Pro causa quæ vertitur inter Ric. et abbatem Sancti Petri. 510
DXII. — Ad Henricum Anglorum regem. — Minatus illi censuram ecclesiasticam nisi a sacrilegiis abstineat. 510
DXIII. — Ad Henricum Remensem archiepiscopum.— Pro B. clerico, et ut ejus præbenda ei restituatur. 511
DXIV.—Rogero abbati et fratribus monasterii de Ibreio asserit decimas de Dochinq, ab Henrico episcopo Wintoniensi et Gilberto Londinensi iis adjudicatas. 512
DXV. — Ad Henricum Remensem archiepiscopum. — Ut Giderum de Sarnaio possessiones ecclesiæ Montisfalconis invadentem in suo contineat officio. 513
DXVI.— Ad eumdem. —Pro Huldredo sacerdote super ecclesia de Ponit. 513
DXVII. — Ad eumdem. — Ut Mainerium presbyterum ablatam Henrico parœciam reddere cogat. 514
DXVIII. — Ad eumdem. — Pro sacerdote P. 515
DXIX.— Ad eumdem. — Pro leprosis Cameracensibus. 515
DXX. — S. Andreæ de Castello et S. Sepulcri abbatibus et canonicis S. Gauderici de superiori epistola significat. 516
DXXI. — Ad Henricum Remensem archiepiscopum. — Pro ecclesia Sancti Martini Laudunensi. 517
DXXII. — Ad eumdem. — Pro R. clerico, ut dominus Remensis ei benefaciat. 517
DXXIII. — Parthenoni Fontebraldensi asserit donum quinquaginta librarum reditus super castrum Divionense, ab Eudone duce Burgundiæ concessum. 518
DXXIV.—Ad omnes archiepiscopos, episcopos, abbates, priores et cæteros prælatos Hispaniæ. — Pro monasterio Rivipullensi. 518
DXXV.—Ad Henricum Remensem archiepiscopum.— Pro Amelio super fundo quodam. 519
DXXVI. — Ad eumdem.— Item pro Amelio super quibusdam possessionibus. 519
DXXVII.— Ad eumdem et episcopum Laudunensem.— Ut Rainaldum de Roseto compellant restituere Ægidio de Cimai dotalitium uxoris suæ. 520
DXXVIII. — Ad eumdem. — Pro Rolando et Ebruino. 520
DXXIX. — Ad Joannem Magalonensem episcopum — aria privilegia concedit. 521
DXXX. — Ad eumdem.— Aliud privilegium addit. 522
DXXXI.—Ad Henricum Remensem archiepiscopum.— Ut ei commendatum sit monasterium Sancti Dionysii. 522
DXXXII.—Ad eumdem.—Pro Joanne sacerdote super ecclesia de Poegni. 523
DXXXIII.—Ad Gerardum Spalatensem archiepiscopum. —Ut cuidam bona ablata restitui jubeat. 524
DXXXIV.—Ad Henricum Remensium archiepiscopum. —Ut ablatam fratribus hospitalis Jerosolymitani eleemosynam a duce Lovaniensi faciat restitui. 524
DXXXV. — Ad universos ecclesiasticos in terra ducis Welfonis constitutos. 525

ANNO 1168-1169.

DXXXVI.— Ad Henricum Remensem archiepiscopum. —Pro Amelio de Albiniaco. 525
DXXXVII.—Ad eumdem.—Pro Petro olim Judæo. 526
DXXXVIII. — Ad Geraldum Tolosanum episcopum. — Tolosam ab interdicto liberat, exoratus a regi Ludovico VII. 526
DXXXIX.—Ad Henricum Remensem archiepiscopum. Pro Hugone serviente. 527
DXL. — Ad eumdem. — Pro Drogone Hamensi canonico. 528
DXLI. — Ad eumdem. — Pro G. sacerdote. 528
DXLII. — Ad eumdem. — Pro Joanne canonico Laudunensi. 529
DXLIII. — Ad eumdem. — Pro Ha. sacerdote. 529
DXLIV.—Morinensi episcopo et abbati S. Quintini de Monte mandat ut audiant causam inter Humolariensem, et de Ribemonte abbates et abbatissam de Monasteriolo et militem de Brenoth. 530
DXLV. — Ad Henricum Remensem archiepiscopum — Pro abbate Sancti Martini Laudunensi. 531
DXLVI. — Ad eumdem. — Pro Willelmo Suessionensi decano. 531
DXLVII. — Hugonem Suessionensem episcopum de superiori epistola certiorem facit. 532
DLXVIII. — Ad Henricum Remensem archiepiscopum. — Pro Alberto sacerdote. 532
DXLIX. — Alberto sacerdoti confirmat ecclesiam S. Remigii de Augeio et capellam de Cersolio. 533
DL. — Ad Henricum Remensem archiepiscopum. — Pro B. presbytero. 535
DLI. — Ad eumdem. — Pro ecclesia Sancti Joannis Suessionensi. 534
DLII. — Ad eumdem. — Pro Her., ut ei ablata restituantur. 534
DLIII. — Ad eumdem. — Pro decano et canonicis ecclesiæ Suessionensis. 535
DLIV. — Ad eumdem. — Pro præcentore R. Suessionensi. 535
DLV. — Ad eumdem. — Pro Radulpho de Cuphies, contra Josbertum de Monte, et contra Petrum de Nautolio. 536
DLVI. — Ad abbatissam et sorores Bruburgenses. — Qualiter imponit silentium Manasse presbytero super capellania earum. 537
DLVII. — Ad Henricum Remensem archiepiscopum. — Ut Præmonstratenses compellat ad reddendam A. de Viliers terram suam. 537
DLVIII. — Ad eumdem. — Pro canonico Laudunensi. 537
DLIX. — Statuit ut qui in ecclesia Carnotensi canonicandi fuerint et mansionarii non exstiterint, XL solidos tantum de singulis annis percipiant. 538
DLX. Canonicis Spalatinis permittit ut canonicus quidam, ecclesia propria privatus quod propter capitis dolorem in ecclesia semel non legisset, in pristinum restituatur. 538
DLXI. — Ad Henricum Remensem archiepiscopum. — Pro clericis ecclesiæ Braguensis. 538
DLXII. — Ad abbatem S. Remigii, Remensis. — Pro Walando clerico. 539
DLXIII. — Ad Henricum Remensium archiepiscopum. — Pro abbatissa Bruburgensi. 559
DLXIV. — Ad eumdem — Ut decanum Sancti Laurentii de Roseto ad residendum compellat. 540
DLXV. — Ad Petrum abbatem et monachos Vallis-Laureæ. 540
DLXVI. —Ad Henricum Remensem archiepiscopum.— Pro Galtero clerico. 541
DLXVII. — Ad eumdem. — Pro G. clerico et pro Hu. Burgensi et pro M. uxore sua. 541
DLXVIII. — Ad eumdem. — De causa G. Sicliniensis canonici et Gualteri. 542
DLXIX. — Ambianensi et Meldensi episcopis mandat ut causam quæ de cancellaria Noviomensi vertebatur inter Henricum filium Roberti comitis et Bald. examinent et terminent. 542
DLXX. — Ad Henricum Remensem archiepiscopum. — Pro Garino de Blanciis cujus uxor interfecta est. 543
DLXXI.— Ad capitulum S. Trinitatis Cantuariensis.— Ut quem Thomas archiepiscopus iis præfecerit, priorem accipiant. 543
DLXXII.— Ad Henricum Remensem archiepiscopum. — Ut Arienses canonicos cogat reddere caput Sancti Jacobi. 544
DLXXIII. — O. abbati Ursicampi et F. decano Remensi mandat ne Alermum Belvacensem separent ab uxore, nisi frater ejus B. a sua separetur conjuge. 544
DLXXIV. — Ad Chajalisium comitem Pharensem. — Chajalisio comiti cæterisque Pharensis insulæ nobilibus sub excommunicationis pœna imperat ut Martinum episcopum debito honore prosequantur. 545
DLXXV. — Ad Henricum Remensem archiepiscopum. — Ut L. cruce signato fiat satisfactio de quodam homine suo occiso 546
DLXXVI. — Ad eumdem. — Pro Aprili de Manso. 546
DLXXVII. — Ad eumdem.— Pro Gaufrido clerico Ambianensi. 547
DLXXVIII. — Ad eumdem. — Pro Berengario clerico. 547
DLXXIX. — Canonicis Pisanis significat V. et M. presbyteros qui « Malincasam » (id est Benincasam) reliquissent), excommunicatione solutos, sed Villano com-

munionem non esse redditam. 548
DLXXX. — Henrico Remensi archiepiscopo scribit de Hugonis militis uxore, auctoribus falsis dimissa, viro reddenda. 548.
DLXXXI. — Roberto Catalaunensi archidiacono et abbati S. Memmii mandat audiant causam inter Herbertum Medonarium et Milonem clericum. 549
DLXXXII. — Ad Henricum Remensem archiep. — Pro ecclesia Sylvæ Majoris. 550
DLXXXIII. — Ad Dominicum et Heimardum.— Confirmat conventionem inter eos et Theodericum factam. 551
DLXXXIV. — Ad Henricum Remensem archiepiscopum. — Pro canonicis Hamensis ecclesiæ. 552
DLXXXV. — Ad eumdem. — Ut reliquias S. Jacobi a comite Flandriæ violenter ablatas restitui faciat monasterio S. Vedasti. 553
DLXXXVI. — Ad decanum et capitulum Parisiense.— Ut investiant Philippum episcopi Meldensis nepotem. 553
DLXXXVII — Ad Henricum archiepiscopum Remensem. — Pro Milone de Thebio contra adversarios suos, quia rei judicatæ standum juris decernit auctoritas. 554
DLXXXVIII. — P[etro] priori et universo ecclesiæ Dominici Sepulcri Hierosolymitani conventui scribit, A[malricum] patriarcham atque A[malricum] regem non debere impediri, quominus ecclesiæ Joppensi « dignitatem cathedralem et cætera, quæ paganorum jamdudum violentia et occupatione perdiderat, opportunitate nunc habita, reddant. » Attamen admonitum a sese patriarcham esse, ut « dignam honestamque iis recompensationem inveniat. » 554
DLXXXIX. — Ad Henricum Remensem archiepiscopum. — Pro Falcone de villa Aleran. 555
DXC. — Ad eumdem. — Pro fratribus hospitalibus Jerosolymitanis super villa de Bechehem. 556
DXCI. — Canonicos Pisanos propter schismatis oppugnationem collaudat. 556
DXCII. — Ugoni archiepiscopo Januensi monasterium Gallinariæ insulæ asserit. 557
DXCIII. — Ad Henricum Remensem archiepiscopum. — Ut infirmis de Dampetra coemeterium concedatur. 558
DXCIV. — Interdicti sententiam, a Leonate abbate Piscariensi in clericos de terra Sansonesca promulgatum, et ab I. episcopo Signiensi confirmatam, ratam facit. 558
DXCV. — Ad Henricum Remensem archiepiscopum.— Pro pagano milite. 558
DXCVI. — Ad eumdem. — Pro ecclesia S. Remigii super quibusdam censibus. 559
DXCVII. — Ad eumdem. — Pro ecclesia S. Remigii contra Stephanum et quosdam alios, qui terras ecclesiæ violenter detinent. 560
DXCVIII. — Ad ...... — Pro priore Vallis Sancti Petri. 560
DXCIX. — Canonicis Pisanis mandat ut proposita excommunicatione interdicant ne quis ab intruso ac schismatico monasterii Sextensis abbate beneficia accipiat. 561
DC. — Ad Henricum Remensem archiepiscopum. — Pro querela Marbelini et Belot. matris ejus. 562
DCI. — Episcopo Furconiensi et canonicis Pennensibus, Valvensibus, Teatinis præcipit ut sententiam excommunicationis vel interdicti, in clericos quosdam a Leonate abbate Piscariensi latam observent observarique faciant a Riccardo, Leonatis fratre. 562
DCII. — Parochianos S. Salvatoris Venetiarum laudat, quod decimas solverint, eosque monet, ut in eadem solutione perseverent. 562

ANNO 1169.
DCIII. — Privilegia monasterii S. Salvatoris, et sententiam pro ipso a delegatis apostolicis latam confirmat. 563
DCIV. — Cavense monasterium sub B. Petri et apostolicæ sedis protectione suscipit, prædecessorumque pontificum privilegia confirmat. 565
DCV. — Monasterii S. Nicasii Remensis bona et privilegia confirmat. 567
DCVI. — Petro abbati S. Remigii et decano Remensi mandat ut inter J. S. Mariæ Virtuensis abbatem variosque homines controversias discepternt. 568
DCVII. — Possessiones et jura Vallumbrosani monasterii confirmat. 569
DCVIII. — Ad Henricum Anglorum regem. — Significat se Gratianum et Vivianum ad illum ablegasse petituros ne jura Ecclesiæ violet et cum Thoma reconcilietur. 571
DCIX. — Ad Thomam archiepiscopum Cantuariensem — Ejusdem argumenti 572
DCX — Ad Henricum Remensem archiep. — Pro Dominico et Haimardo sociis. 573
DCX bis. — Privilegium pro ecclesia B. Nicolai de Nugarol. 574
DCXI — Episcopatus Mutinensis fines ecclesiæque bona confirmat. 576
DCXII. — Privilegium pro ecclesia S. Joannis Modoetiensi. 576
DCXIII. — Bulla confirmatoria privilegiorum et jurium Ferrariensis ecclesiæ. 578
DCXIV. — Ad episcopos Angliæ. — Illorum negligentiam reprehendit. 579
DCXV. — Privilegium pro monasterio Cormeliensi. 580
DCXVI. — Privilegium pro ecclesia Syracusana. 583
DCXVII. — Ad Henricum Anglorum regem. — Ut Thomam Cantuariensem in gratiam recipiat. 586
DCXVIII. — Privilegium pro ecclesia S. Mariæ de Reno. 588
DCIX. — Ad Thomam archiepiscopum Cantuariensem. — Illum reprehendit quod ante reditum nuntiorum sedis apostolicæ quosdam in Anglia « sententia gravaverit. » Hortatur ut sententiam suspendat. 590
DCXX. — Suffraganeis Ecclesiæ Panormitanæ episcopis, rogatu Willelmi Siciliæ regis, permittit ut W[alterium] electum archiepiscopum consecrent, idque coram Joanne tit. S. Stephani presbytero cardinali pallium deferente. 591
DCXXI. — Ad Henricum archiepiscopum Remensem. — Pro Nicolao, de præbenda Ambianensi 592
DCXXII. — Abbatibus ordinis Cisterc. privilegia quædam confirmat. 592
DCXXIII. — Archiepiscopos, episcopos, abbates in Cisterciensi capitulo congregatos hortatur ut Patrum ordinis Cisterc. vestigia persequantur. Abbatem Claravallensem a sese retentum excusat. 594
DCXXIV. — Clero, judicibus, universo populo Beneventano præcipit, ne uti consuetudine pergant, qua « mercatores, viatores et peregrini hospitio apud aliquem in ipsa civitate recepti, si contingat eos ibi aliqua infirmitate gravari, nec domum egredi, nec testamentum de rebus suis facere, nec sepulturam ubi voluerint si decesserint eligere permittantur, sed res eorum partim curiæ apostolicæ, partim ecclesiæ, partim hospitibus dispergantur. » 595
DCXXV. — Ecclesiam Astensem tuendam suscipit, canonicorumque possessiones et jura confirmat. 597
DCXXVI. — Ad proceres, milites et universos Christi fideles. — Pro ecclesia Jerosolymorum et pro defensione terræ illius. 599
DCXXVII. —Ad Henricum Remensem archiepiscopum. — Item pro orientali ecclesia. 601
DCXXVIII. — Parthenonem SS. Fabiani et Damiani tuendum suscipit et ejus possessiones ac jura confirmat, petentibus Galdino archiepiscopo Mediolanensi, et Alberto episcopo Laudensi. 602
DCXXIX. — Donationem factam a Gerardo episcopo Patavino abbatissæ et monasterio S. Zachariæ Venetiarum, de decimis bonorum in Monte Silice, confirmat. 604
DCXXX. — Privilegium pro ecclesia Bononiensi. 605
DCXXXI. — Gualæ episcopo Bergomati ecclesiam S. Mariæ de Turre in Suere, et ecclesiam S. Juliani de Sovisio super Abduam concedit. 606
DCXXXII. — Absaloni Roschildensi episcopo magisterium et prælationem insulæ Rugiæ, a Waldemaro rege devictæ et conversæ, in perpetuum in spiritualibus indulget. 607
DCXXXIII.— Canutum Danorum ducem sanctorum catalogo infert. 608
DCXXXIV. — Ad universos Upsalensis ecclesiæ parochianos. — Ut Stephano archiepiscopo obediant. 609
DCXXXV. — Privilegium pro ecclesia S. Vincentii Bergoma e. 610
DCXXXVI. — Ad Waldemarum Danorum ducem. — Abbatem fratresque Caivenses commendat. 612
DCXXXVII. — Ad Briennum de Calve abbatem 612

CIRCA ANNUM 1169.
DCXXXVIII.—Ad Bonifacium magistrum militiæ Templi de Lombardia. 613

ANNO 1162-1170.
DCXXXIX. — Thomæ archiepiscopo Cantuariensi mandat cogat monachos de Boxelee ut ecclesiæ S. Mariæ lecimas persolvant. 615
DCXL. —Ad Thomam archiepiscopum Cantuariensem. — De appellationibus ad sedem apostolicam. 614
DCXLI. — Ad R. filium Henrici. 614
DCXLII. —Ad Philippum abbatem Præmonstratensem.

— Pro pace Præmonstratensis ecclesiæ. 614
ANNO 1164-1170.
DCXLIII. — Ad Thomam Cantuariensem archiepiscopum. — De professione Gilberti Herefordensis, postmodum Londinensis episcopi. 616
ANNO 1166-1170.
DCXLIV. — Ad universos suffraganeos Cantuariensis ecclesiæ. — Thomam Cantuariensem non solum metropolitico, sed etiam legationis jure illis præesse. 616
ANNO 1168-1170.
DCXLV. — Judicibus Velitrensibus. 617
DCXLVI. — A Henricum Remensem archiepiscopum. — Pro Gosleno et O. militibus. 617
DCXLVII. — Monasterio Longipontis dona ab episcopis et capitulo Silvanectensi collata confirmat. 617
DCXLVIII. — Monasterio Beccensi asserit privilegia a Willemo quondam archiepiscopo Rothomagensi concessa. 618
DCXLIX. — Ad Henricum Remensem archiepiscopum. — Contra leprosos Cameracenses. 618
DCL. — Ad eumdem. —Pro ecclesia Præmonstratensi.
DCLI. — Ad.... — Pro ecclesia Beati Remigii Remensis. 620
DCLII. — Ad Henricum Remensem archiepiscopum. — Pro Huldewino vicedomino Remensi. 620
DCLIII. — Henricum archiep. Remensem de quibusdam rebus leniter reprehendit. 621
DCLIV. — Ad eumdem, et episcopum Laudunensem. — Pro ecclesia de Noveio, ut terra ei violenter ablata restituatur. 622
DCLV. — Ad eumdem. — Pro ecclesia de Noveio super ecclesia Braguensi. 623
DCLVI. — Ad...— Pro abbate et fratribus Trium-Fontium. 624
DCLVII. — Ad abbatem et monachos Vedastinos. — Ne obedientiam alii quam Romano episcopo promittant. 625
DCLVIII. — Ad...... — Pro causa abbatissæ d'Avenai. 625
DCLIX. — Ad episcopum Caturcensem. — De sublevando a debitis Moisacensi cœnobio. 626
DCLX. — Ad Henricum Remensem archiepiscopum. — Pro Joanne sacerdote, ut in ecclesia sua ministret. 626
DCLXI. — Ad Gerardum Satonitanum archiepiscopum. 627
DCLXII. — Abbati Flaviacensi præcipit ut obedientiam Bartholomæo episcopo Belvacensi exhibeat. 628
DCLXIII. — Ad... — Pro P. adolescente. 628
DCLXIV. — Abbatiæ S. Dionysii Parisiensi confirmat ecclesiam Sancti Medardi de Trembliaco. 629
DCLXV. — Ad... — Pro abbate Sanctæ Mariæ Virtuensis. 629
DCLXVI. — Ad Henricum Remensem archiepiscopum. — Pro Romanæ Ecclesiæ censu. 630
DCLXVII. —Ad eumdem et Hugonem episcopum Suessionensem. — Pro pace Ludovici regis Franciæ et Henrici regis Angliæ. 630
DCLXVIII. —Ad Henricum Remensem archiepiscopum. — Pro comite Suessionensi super mensuras vini. 631
DCLXIX. — Ad Girardum Spalatensem archiepiscopum. 632
DCLXX. — Ad Henricum Remensem archiep. — Pro Roberto clerico. 632
DCLXXI. — Ad archiepiscopum Spalatensem. 633
DCLXXII. — Ad Thomam Cantuariensem archiepiscopum. — Ut Owen principem Galliæ, qui suas « de consobrina quam sicut uxorem tenere dicatur, ₽ litteras non acceperit, et archidiaconum Bangor, qui scripta sua contempserit, ecclesiastica severitate puniat. 633
DCLXXIII. — Ad Henricum Remensem archiepiscopum. — Pro Richardo presbytero. 634
DCLXXIV. — In ecclesiæ Pratensis parœcia invito præposito ædificari ecclesias et oratoria vetat. 634
ANNO 1170.
DCLXXV. — Privilegium pro monasterio S. Petri Mutinensi. 635
DCLXXVI. — Ad Rotrodum archiepiscopum Rothomagensem et Bernardum episcopum Nivernensem. — Ut ad Henricum regem accedant eumque hortentur ut Thomam Cantuariensem non modo, sicut per legatos promiserit, in integrum restituat, sed etiam « in osculo pacis recipiat. ° Si rex ablatas possessiones Thomæ intra dies XL non reddiderit, terram ejus cismarinam interdicti sententiæ subjiciant. Excommunicent eos qui Petrum archidiaconum Papiensem injuriis affecerint. 637
DCLXXVII. — Ad Rotrodum Rothomagensem archiepiscopum. — Ut legationem ad Henricum Anglorum regem strenue administret. 639
DCLXXVIII. — Ad Bernardum Nivernensem episcopum. —De legatione illi et archiepiscopo Rothomagensi litteris apostolicis commissa. 640
DCLXXIX. — Ad Henricum Anglorum regem. — Pro Thoma Cantuariensi Rotrodum et Bernardum legatos suos commendat. 641
DCLXXX. — Ad Gilbertum Londinensem episcopum. — Significat se archiepiscopo Rothomagensi et episcopo Exoniensi [an Nivernensi?] ut eum ab excommunicationis sententia contra ipsum per Thomam Cantuariensem lata absolverent mandasse. 643
DCLXXXI. — Ad Rotrodum archiepiscopum Rothomagensem et Bernardum episcopum Nivernensem.—Ut Gilbertum episcopum Londinensem absolvant. 644
DCLXXXII. — Ad episcopos Cantiæ. — Ut interdicti sententiam, si Rotrodus et Bernardus legati « in totam terram Henrici regis quæ citra mare consistit, » protulerint, observandam curent. 645
DCLXXXIII. — Ad Rogerum Eboracensem archiepiscopum, apostolicæ sedis legatum, Hugonem episcopum Dunelmensem, etc. — Ejusdem argumenti. 645
DCLXXXIV. — Ad Joscium Turonensem archiepiscopum Turonensem et ejus suffraganeos. — Ejusdem argumenti. 646
DCLXXXV-DCLXXXVIII.—In eumdem modum Bituricensi archiepiscopo et suffraganeis ejus, necnon et aliis ecclesiarum prælatis.
In eumdem modum Burdigalensi archiepisco apostolicæ sedis legato et suffraganeis ejus.
In eumdem modum Auxitano archiepiscopo et suffraganeis ejus.
In eumdem modum universis episcopis et cæteris ecclesiarum prælatis per Rothomagensem provinciam constitutis. 646
DCLXXXIX. — Ad Rotrodum Rothomagensem archiepiscopum et Bernardum episcopum Nivernensem.— Significat delatum sibi esse Henricum regem in Angliam transiisse. Mandat ut intra dies XX ad eum festinent, et mandata prioribus litteris data persequantur. 647
DCXC. — Ad eosdem. — Præscribit quibus a Thoma Cantuariensi excommunicatis communionem reddant, quibus denegent. 648
DCXCI. — Ad Thomam Cantuariensem archiepiscopum. — Ut Rotrodi archiepiscopi Rothomagensis et Willelmi archiepiscopi Senonensis, apostolicæ sedis legati, et Bernardi Nivernensis episcopi consilio utatur. 649
DCXCII. — Privilegium pro ecclesia Sanctæ Mariæ Vibergensi. 649
DCXCIII. — Ad Waldemarum Danorum regem. — Pro fratribus Calvensibus. 651
DCXCIV. — Ad Thomam Cantuariensem archiepiscopum. — Quæ ab Henrico rege ante filii ejus coronationem exigenda. 652
DCXCV. — Ad Rogerum Eboracensem, Hugonem Dunelmensem et omnes episcopos Angliæ. — Ut filium regis coronare, cum id Cantuariensi debeatur, non præsumant. 653
DCXCVI. — Ad eosdem. — Ecclesiæ Cantuariensis jura lædere non præsumant. 653
DCXCVII. — Ad.... — Pro Haiderico, cujus nepos sagitta percussus fuerat. 653
DCXCVIII. — Ad Henricum Remensem archiep. — Pro Balduino presbytero. 654
DCXCIX. — Ad eumdem. — Ut A. latori præsentium occupatam ab aliis ecclesiam suam restitui faciat. 654
DCC. — B. decano et capitulo S. Martini Turonensis. 655
DCCI. — Quibusdam mandat judicent inter Gerardum et Ar..., de hæreditate litigantes. 655
DCCII. — Ad eumdem. — Ut a suffraganeorum et maxime Bartholomæi Belvacensis episcopi vexatione temperet. 655
DCCIII.—Ad Henricum Remorum archiepiscopum.—Pro fratre Galteri sacerdotis, et pro ipso Galtero ut eis benefaciat. 656
DCCIV. — Ad Henricum Remensem archiep. — Ut Arwinum ab abbate S. Remigii excommunicatione absolutum, nisi Rolando albata intra dies XV restituerit, iterum excommunicet. 657
DCCV. — Ad episcopos in Marchia constitutos. — Pro rebus monasterii Sancti Clementis. 657
DCCVI. — Ad capitulum Suessionense. — Ut P. clerico Ludovici regis restituant subtractam per biennium præbendam. 658
DCCVII. — Ad præpositum, decanum, archidiaconum et universum capitulum Antissiodorense. — Pro magistro P. 658
DCCVIII. — Ad Henricum Remensem archiep. — Pro ecclesia Compediensi. 659
DCCIX. — Ad..... — Pro Nicolao cive Catalaunensi. 659
DCCX. -- Remensi et Rothomagensi episcopis eorum-

que suffraganeis mandat ut ecclesiam S. Petri de Silincurt ab adversariorum injuriis tueantur. 660
DCCXI. — Privilegium pro ecclesia S. Mammetis Lingonensi. 661
DCCXII. — Privilegium pro canonicis Pisanis. 663
DCCXIII. — Ad Henricum Remensem archiep. — Ut Joannem canonicum Laudunensem et He. mulierem de hæreditate ligantes Theobaldum episcopum Ambianensem in jus adire compellat. 663
DCCXIV — Ad eumdem. — Pro Stephano Remensi canonico. 664
DCCXV. — Ad eumdem. — Pro eodem. 664
DCCXVI. — Joanni episcopo Bononiensi ejusque successoribus bona ab Anastasio IV Gerardo episcopo pro libris centum per emphyteusim data asserit, ea lege ut episcopi duas argenti puri libras quotannis sedi Romanæ persolvant. 665
DCCXVII. — Ad Henricum Remensem archiep. et ejus suffraganeos. — In gratiam ecclesiæ Viconiensis. 665
DCCXVIII. — Ad capitulum Suessionense. — Pro Petro canonico. 665
DCCXIX. — Ad Henricum Remensem archiep. et comitem Flandrensem. — Pro ecclesia Viconiensi ut ab usuris relevetur. 666
DCCXX. — Ad Nonantulanos. — Quod episcopo Mutinensi privilegium in eorum injuriam tributum non sit. 667
DCCXXI. — Sententiam ab Odone legato apostolico de S. Benedicti ecclesia latam inter monachos Nunantulanos et Offredum episcopum Cremonensem confirmat. 668
DCCXXII. — Ad Henricum Remensem archiep. — Pro Petro canonico Suessionensi. 669
DCCXXIII. — Canonicis Pisanis quod G., notarium suum, Ecclesiæ Pisanæ canonicum elegerint gratias agit. Eorum cum S Savini monachis controversiam archiepiscopi arbitrio commissam esse. 669
DCCXXIV. — Universo capitulo abbatum Præmonstratensis ordinis interdicit ne pro abbate initiando palafredum dari archidiaconis sinant. 670
DCCXXV.—Ad Po. decanum et capitulum Suessionense. — Pro Petro canonico. 670
DCCXXVI. — Ad Henricum Remensem archiep. — Pro Balduino cancellario Noviomensi. 671
DCCXXVII. — Ad eumdem. — Ut quosdam excommunicatos ab episcopo Catalaunensi absolvat. 671
DCCXXVIII. — Privilegium pro monasterio Casæ-Marii. 671
DCCXXIX. — Ad F. decanum et capitulum Remense. — Contra Jo. cancellarium et Ægidium decanum de villa Dominica, pro Roberto presbytero de Saceio. 674
DCCXXX. — Robertum priorem et capitulum S. Victoris Parisiensis hortatur ut Ervisio abbati obediant. 675
DCCXXXI. — Pacem ab Hugone episcopo Ruthenensi, et ejus fratre, Hugone comite Ruthensi constitutam combat 675
DCCXXXII. — Ad Galterum Tornacensem episcopum. — De quadraginta canonicis in Tornacensi ecclesia instituendis. 677
DCCXXXIII. — Ad Henricum Remensem archiep — Pro P. sacerdote, ut domino Remensi benigne recipiatur. 678
DCCXXXIV. — Ad eumdem.— Ut disceptet controversiam inter U. et fratres ejus Nicolaum atque monachos Aquicinctinenses, et controversiam inter fratres S. Foillani ac canonicos S Vincentii. 678
DCCXXXV. — Ad eumdem. — Pro ecclesia Caricampi, ut cedominus de Pincheri cesset ab inquietatione ejus. 679
DCCXXXVI.—Ad eumdem.—Pro ecclesia Caricampi. 679
DCCXXXVII. — Pro Her., ut ab interdicto absolvatur. 680
DCCXXXVIII.—Ad F. decanum et capitulum Remense. — Pro Viviano presbytero contra episcopum Catalaunensem, ne quod bona fide fecit, in damnum vel infamiam ei vertatur. 681
DCCXXXIX. — Ad eosdem.—Contra Thomam et Joannem, pro Theobaldo clerico. 681
DCCXL. — Ad monasterii Piscariensis ecclesiam qui die translationis corporis S. Clementis accesserint, iis peccata condonat. 682
DCCXLI.—Ad episcopum quemdam.—Ut Herbertus civis Catalaunensis ab excommunicatione lata post factam appellationem solvatur. 683
DCCXLII. — Ad Willelmum episcopum Senonensem, apostolicæ sedis legatum. — Purgat calumniam illam, qua dicebatur suo mandato Londoniensem episcopum absolutum esse. 683
DCCXLIII. — Bituricensi, Remensi, Turonensi, Rothomagensi archiepiscopis mandat ut pravam doctrinam, quod Christus scilicet, secundum quod sit homo non sit

aliquid, penitus abrogare curent. 684
DCCXLIV. — Willelmo, archiepiscopo Senonensi, datum jampridem Parisiis præceptum renovat, ut, suffraganeis Parisios convocatis, Petri, quondam episcopi Parisiensis, sententiam : ‹ quod Christus secundum quod est homo, non est aliquid › tollendam curet, ac docere magistros jubeat : esse ‹ Christum, sicut perfectum Deum, sic et perfectum hominem, ac verum hominem ex anima et corpore consistentem. › 685
DCCXLV. — Bulla pro hospitali Sancti Blasii Modoetiensi. 685
DCCXLVI. — Ad decanum et capitulum Ecclesiæ Carnotensis. — Ut Philippo filio comitis Roberti suam restituant præbendam. 686
DCCXLVII. — Ad Henricum Remensem archiep. — Quod pro Philippo nepote suo scripserit archiepiscopo Senonensi et capitulo Carnotensi. 687
DCCXLVIII. — Ad eumdem. — De decem auri marcis sibi donatis et ‹ Eust. magistro militiæ Templi Parisius assignatis › gratias agit. Fratres militiæ Templi commendat. 687
DCCXLIX. — Petente Gerardo archiepiscopo Spalatino, confirmat legem, ne archiepiscoporum ad imperatorem CP. et ad Hungariæ regem itinera clericis Spalatinis sumptum afferant. 688
DCCL.—Bulla pro monasterio S. Stephani de Vallibus, in Santonia. 688
DCCLI. — Ad Henricum archiep. Remensem. — Ne bona fratrum militiæ Templi violari patiatur. 690
DCCLII. — Ad eumdem. — Ut Radulfum de Cociaco ob confractam militum Templi capellam excommunicatum denuntiet. 690
DCCLIII. — Ad eumdem. — In gratiam cujusdam militis qui extumulatus fuerat. 690
DCCLIV. — Ad eumdem. — Ut Guido canonicus S. Joannis Suessionensis, apostata pœnitens, ab abbate suo recipiatur. 691
DCCLV. — Petro abbati S. Remigii et Fulconi decano Remensi controversiam N. clerici laicorumque quorumdam dirimendam delegat. 691
DCCLVI. — Ad Henricum Remensem archiep. — Ut exactiones Thomæ Burgensis S. Remigii compescat. 692
DCCLVII. — Ad eumdem. — Causam ei dirimendam committit inter abbatissam S. Petri et abbatem S. Remigii pendentem 692
DCCLVIII. — Ad eumd m. — Pro Hubaldo Burgensi de castro S. Remigii super violatione pacis. 693
DCCLIX. — Privilegium pro ecclesia S. Andreæ Muscianensi. 693
DCCLX. — Henricum Remensem archiep., et P. abbatem S. Luciani constituit judices inter Adelelmum et ejus uxorem. 695
DCCLXI. — Privilegium pro ecclesia S. Sepulcri Hierosolymitana. 695
DCCLXII. — Ad Thomam Cantuariensem archiepiscopum. — Si remissius in causa Thomæ egisse videtur, ex eo processit quod patientia utendum crediclit. Rogerum Eboracensem ab episcopali suspendit dignitate ; Jocelinum Saresberiensem et Gilbertum Londiniensem, qui coronando novo regi interfuerint, anathematizat. 699
DCCLXIII.—Ad episcopos plerosque Angliæ. — Illes, quod contra jura Cantuariensia coronando regis filio interfuerint, ab omni suspendit dignitate ; præterea Londinensem et Saresberiensem anathematizat. 700
DCCLXIV. — Ad Rogerum archiepiscopum Eboracensem et Hugonem episcopum Dunelmensem. — Ejusdem argumenti. 703
DCCLXV. — Ad Rotrodum Rothomagensem archiepicopum. — Ut superiores epistolas suas ad archiepiscopum Eboracensem et episcopos Angliæ perferendas curet, atque num Henricus Bajocensis et Frogerius Sagiensis episcopi coronationi interfuerint diligentius inquirat. 705
DCCLXVI. — Ad Thomam Cantuariensem archiep. et Gilbertum Londiniensem episc.—Ut magistro W. de Lega tradant archidiaconatum Deyberiæ. 706
DCCLXVII. — Ad Thomam Cantuar. archiep. et alios episcopos Angliæ. — Ut officia divina in terris excommunicatorum non celebreantur. 706
DCCLXVIII. — Ad Ludovicum regem Francorum. — Ut excommunicatis non communicet. 707
DCCLXIX. — Ad Willelmum Senonensem, J. Rotrodum Rothomagensem archiepiscopos. — Ut efficiant sub pœna cen urarum compleri pacem quam rex Angliæ verbis promisit. 708
DCCLXX.—Ad Thomam Cantuariensem. — De excommucatis, qui, absoluti ab archiep. Rothom. et episcopo Nivern., ablatas ecclesiæ Cantuariensis possessiones non restituerint, iterum excommunicandis 708

DCCLXXI. — Ad Rotrodum Rothomagensem archiepiscopum et Bernardum episcopum Nivernensem. Ejusdem argumenti. 709
DCCLXXII. — Ad Thomam Cantuariensem archiepiscopum. — De coronatione filii Henrici Anglorum regis. 710
DCCLXXIII. — Ad eumdem. — De censura in regem ferenda nisi plenam pacem cum restitutione possessionum præstet. 711
DCCLXXIV. — Ad omnes prælatos per terram regis Anglorum cismarinam. — Ut quam Willelmus archiepiscopus Senonensis et Rotrodus archiepiscopus Rothomagensis in terram regis cismarinam protulerint sententiam observent. 711
DCCLXXV. — Privilegium pro ecclesia S. Mariæ Eugubina. 712
DCCLXXVI. — Ad Gilbertum Londinensem et Jocelinum Saresberiensem. — Significat illos a munerum administratione remotos et anathematizatos donec Thomæ Cantuariensi satisfecerint. 713
DCCLXXVII. — Ad Ricardum Cestriensem, Walterum Roffensem, Godefridum S. Asaph, Nicolaum Landaviensem et Hugonem Dunelmensem episcopos. — Ejusdem argumenti. 713
DCCLXXVIII. — Ad Henricum regem Anglorum. — Ei gratulatur quod Thomæ archiep. Cantuar. gratiam et amorem suum restituerit. Monet ut ablata archiepiscopo reddat, etc. 715
DCCLXXIX. — Ad clerum et populum regis Angliæ. — Ne concordiam pacemque inter Henricum regem et Thomam confectam perturbent. 716

ANNO 1162-1171.
DCCLXXX. — Stephano episcopo Meldensi concedit ut, si capitulum inter se discordet, ipse possit cognoscere de causa. 716

ANNO 1171.
DCCLXXXI. — Landoni electo, archipresbytero et canonicis ecclesiæ Lucensis præcipit ne fratres S. Frigdiani injuriis afficiant. 716
DCCLXXXII. — Privilegium pro ecclesia S. Mariæ Secoviensi. 717
DCCLXXXIII. — Universa monasterii Admontensis prædia et privilegia, quæ singillatim recenset, salva esse jubet. 718
DCCLXXXIV — Privilegium pro ecclesia S. Petri Tarvisina. 722
DCCLXXXV. — Exstat pro Blasiliensibus monialibus (diœc. S. Flori), bulla Alexandri papæ III, in qua meminit privilegiorum ipsis concessorum a summis pontificibus Sergio et Calixto; enumeratque præcipuas monasterii possessiones, villam ubi situm est monasterium, cum omnibus pertinentiis suis, ecclesias S. Saturnini et S. Stephani cum omnibus ad eas pertinentibus, insuper decimam suorum novalium. Datum apud Tusculum per manus Gratiani S. R. E. subdiaconi et notarii XV Kal. Martii, an. Incarn. Dom. 1170, pontific. dom. Alexandri papæ III, ann. XI. 723
DCCLXXXVI — Ad Petrum abbatem S. Remigii, et Fulconem decanum Remensem. — Ut causam abbatum duorum decidat. 725
DCCLXXXVII. — Cephaloedensem ecclesiam in sedem episcopalem erigit, et ejus bona ac jura confirmat. 725
DCCLXXXVIII. — Ad Stephanum Bituricensem archiepiscopum et Bernardum Nivernensem episcopum. — Ut ipsi Londoniensem et Saresberiensem episcopos a Thoma excommunicatos absolvant. 725
DCCLXXXIX. — Ad Jocelinum Saresberiensem episcopum. — Concedit ut ad se veniendi labore supersedeat. 726
DCCXC — Ad Joscium archiepiscopum Turonensem et ejus suffraganeos. — Confirmat sententiam interdicti latam in cismarinam terram regis Angliæ propter vim illatam S. Thomæ Cantuariensi archiepiscopo. 727
DCCXCI. — Bulla pro Mainardo abbate Aquistrensi. 727
DCCXCII. — Ad Henricum Remensem archiep. — Ut sibi significet quod fuerit actum in colloquio habito inter Fredericum imperatorem et Ludovicum fratrem suum. 729
DCCXCIII. — Ad suffraganeos Ecclesiæ Tarraconensis. — Dolet de cæde Hugonis archiepiscopi Tarraconensis, illosque monet et hortatur ut quamprimum alium eligant. 730
DCCXCIV. — Ad Herbertum de Boseham post domini sui sancti Thomæ martyrium exsulantem. — Consolatoria. 730
DCCXCV. — Ad archidiaconum, decanum et cæteros clericos de Notymghamsyre. — Ut ecclesiæ S. Mariæ Southellensis jura conservent. 731
DCCXCVI. — Ecclesiæ Suthwellensi diversas immunitates ac privilegia concedit, bona ac possessiones confirmat. 732
DCCXCVII. — Privilegium pro monasterio S. Mariæ Morimundensi. 734
DCCXCVIII. — Ad [Rothrodum] archiepiscopum Rothomagensem et [Theobaldum] episcopum Ambianensem. — Ut Rogerum Eboracensem, si se ab imputatis juramento purgaverit, in integrum restituant. 735
DCCXCIX. — Ad eosdem. — Nolle se, ut alias Eboracensis archiepiscopus, licet aliter a se debere fieri postulaverit, innocentiam demonstret, quam ut ei, si hoc fecerit, in cismarinis partibus liceat officium suum exercere. 737
DCCC. — Ad Henricum Anglorum regem. — Commendat D. magistrum, ortu Anglum. 737
DCCCI. — Ad eumdem. — R. archidiaconum Saresberiensem et Ricardum Bar et magistrum D. commendat, qui non modo ante alterius legationis adventum, verum etiam cum novi legati nuntium, superiore lætiorem, attulissent, summo studio regis commodo servierint. 738
DCCCII. — Donationes injussu monachorum S. Augustini Cantuariensium sigillo monasterii obsignatas rescindit, ac decernit ut sigillum eorum conservetur, ita quod nulla persona nisi de communi consensu et voluntate fratrum, vel sanioris partis conventus, chartam aliquam continentem contractus donationis vel obligationis possessionum monasterio prædicto sigillo consignare audeat. 738
DCCCIII. — Ad A. præpositum Reicherspergensem. — Gratulatur ei quod inter hæreticorum persecutiones ipsi constanter adhæserit. 738

ANNO 1170-1172.
DCCCIV. — Ad Henricum Remensem archiep. — Ut Walterio sacerdoti et ejus fratri, qui propter schismaticos e Tullensi diœcesi ad Remensem se transtulerant, provideatur de aliquo beneficio. 739
DCCCV. — Ad eumdem. Adversus Joannem presbyterum, qui vexabat fratres de Mari. 740
DCCCVI. — Ad eumdem. — Ut fratribus de Mari vineam quamdam reddi jubeat. 740
DCCCVII. — Ad episcopos per regnum Francorum constitutos — Pro scholis regendis. 741
DCCCVIII. — Ad Petrum abbatem S. Remigii, et B. archidiaconum Remensem. — Litem judicandam committit. 742
DCCCIX. — Ad Henricum Remensem archiep. et Theobaldum episcopum Ambianensem. — Commendat eis R. mulierem quæ varia a multis gravamina patiebatur. 742
DCCCX. — Ad eosdem. — Pro eadem, quæ a ministerialibus Philippi comitis Flandriæ bonorum jacturam patiebatur. 743
DCCCXI. — Ad Henricum Remensem archiep. — Pro excessibus corrigendis in Tornacensi episcopatu. 743
DCCCXII. — Ad eumdem. — Ut episcopum Ambianensem obedientiam ab abbate S. Richarii exigentem compescat. 744
DCCCXIII. — Ad eumdem. — Pro causa inter Rogerum et Guiardum socrum suum. 744
DCCCXIV. — Ad eumdem. — Ut P. presbyterum de Curtismunt in multis culpabilem amoveat ab eclesia sua. 745
DCCCXV. — Ad Petrum abbatem S. Remigii, et Fulconem decanum Remensem. — De scholaribus Remensibus, et presbytero injuste excommunicatis et alias injurias passis. 746
DCCCXVI. — Ad eosdem. — Ut damna Aquicinensi monasterio illata reparentur, et ut abbatissa S. Michaelis excommunicatis sepulturam non præbeat; si præbuit, extumulet. 747
DCCCXVII. — Ad eosdem. — Causam judicandam iis committit. 747
DCCCXVIII. — Ad abbatem S. Remigii Remensis et priorem S. Martini de Campis. — Causam abbatum duorum judicandam committit. 748
DCCCXIX. — Ad Henricum Remensem archiep. — Ut Reinerum et Galterium fratres excommunicatione ob illatas sacerdoti manus violentas absolvat. 749
DCCCXX. — Ad eumdem. — Ut G. Pauperem clericum a vexationibus Richardi canonici protegat. 750
DCCCXXI. — Ad fratres Nonantulanos. — Lovoleti locum ab episcopo Mutinensi occupatum illis adjudicat. 750
DCCCXXII. — Ad Henricum Remensem archiep. — Pro G. diacono super ecclesia de Undecosia. 751
DCCCXXIII. — Ad eumdem. — Pro fratribus Maurimontensis ecclesiæ. 752

DCCCXXIV. — Ad eumdem. — Ut compescat quosdam qui decimas novalium exigebant ab infirmis Cameracensibus. 752
DCCCXXV. — Ad [Henricum] Silvanectensem episcopum, [Petrum] abbatem Sancti Remigii. — Ut fratres Corbeienses restituant decimam ablatam fratribus S. Mariæ de Brana; item ut restituatur eidem monasterio decima vendita quondam ab abbate. 753
DCCCXXVI. — Ad eosdem. — Ne monachi S. Remigii de Brana fratribus S. Mariæ de Brana sint molesti. 754
(DCCCXXVII. — Ad abbatem et fratres Corbeienses. — Ut monasterio de Brana decimam ablatam restituant. 755
DCCCXXVIII. — Ad Ambianen. et Tornacen. episcopos, et abbatem S. Remigii. — Ut judicent de controversiis abbatis de Brana, et militis cujusdam. 755
DCCCXXIX. — Ad Henricum Remensem archiep. — Pro monasterio S. Medardi super causa usurarum. 756
DCCCXXX. — Ad eumdem. — Pro monasterio Maurimontis super annona. 757
DCCCXXXI. — Ad universos fideles per regnum Franciæ constitutos. — Ut ecclesiæ Nazarenæ subveniant. 757
DCCCXXXII. — Ad Henricum Remensem archiepiscopum. — Causam ei committit examinandam et terminandam. 758
DCCCXXXIII. — Ad eumdum. — Ut Corbeiense monasterium sub sua suscipiat protectione. 758
DCCCXXXIV. — Ad eumdem. — Ut Guidonem archiepiscopum Catalaunensem a vexatione M. viduæ compescat. 759
DCCCXXXV. — Ad Petrum abbatem S. Remigii. — Ne homines monasterii sui prohibeat uxores ducere de alterius dominio. 759
DCCCXXXVI. — Ad Henricum Remeusem archiep. — Committit ei terminandam causam inter Lambertum et Bartholomæum presbyteros. 760
DCCCXXXVII. — Ad decanum et capitulum ecclesiæ Parisiensis. — De residentia canonicorum forinsecorum. 760
DCCCXXXVIII. — Ad Petrum abbatem S. Remigii et Fulconem decanum Remensem. — Ut abbas qui alterius abbatis hominem cum rebus suis susceperat, restituere compellatur. 761
DCCCXXXIX. — Ad Henricum Remensem archiepiscopum. — Ut usuras, quas Bernardus leprosus a Gerardo de Joecort exigebat, impediat. 761
DCCCXL. — Ad eumdem. — Ut Albertum excommunicatum absolvat eique ecclesiam de Augeio et Cersolio conservet. 762
DCCCXLI. — Ad eumdem. — Adversus Petrum electum Cameracensem et Drogonem cancellarium Noviomensem. 763
DCCCXLII. — Ad Philippum Flandriæ comitem. — Ut hortetur electum Cameracensem fratrem suum ad obediendum archiepiscopo suo, nec Maricolensem vexet ecclesiam. 764
DCCCXLIII. — Ad abbatem Hamensem. — Ut Drogonem canonicum suum gyrovagum in monasterium suum revocet. 764
DCCCXLIV. — Ad Henricum Remensem archiep. — Ut Odonem macellarium debitas Richerio xvii libras solvere compellat. 765
DCCCXLV. — Ad Petrum abbatem S. Remigii et Fulconem Remensis ecclesiæ canonicum. — Ut de usurarii causa cognoscant. 765
DCCCXLVI. — Ad Petrum abbatem S. Remigii. — Ut de pupillorum quorumdam causa cognoscat. 766
ANNO 1171-1172.
DCCCXLVII. — Ad Henricum Remensem archiep. — Ut Willardum presbyterum de multis diffamatum, si res constet, ab officio sacerdotali suspendat. 766
DCCCXLVIII. — Ad eumdem. — Quamdam ei causam terminandam committit. 767
DCCCXLIX. — Henrico Remensi archiepiscopo, [Guidoni] Catalaunensi episcopo, et [Arnulfo] Virdunensi electo mandat compescant castellanum Vitriaci a vexatione Caladiæ. 768
DCCCL. — Ad Henricum Remensem archiep. — Pro monachis de Noveio adversus canonicos Braguenses. 769
DCCCLI. — C[onradum], archiepiscopum Moguntinum, apostolicæ sedis legatum, monet, ne inter monasterium S. Zenonis Veronense et cives Ferrarienses de castro Ostiliensi dijudicatam ab Oberto ab Orto controversiam redintegret. Opus enim sibi esse, « inter civitates Lombardiæ et eorum cives, hoc tempore præcipue, pacem et concordiam ponere et ad eorum unitatem intendere. » 770

DCCCLII. — Ad Henricum Remensem archiep. — Pro Templariis Hierosolymitanis. 771
DCCCLIII. — Ad Guillelmum Senonensem archiepisc. A. S. L., et S. S[tephanum] Meldensem episc., et abbatem Vallis-Secretæ. — Ut in S. Victoris cœnobio collapsam disciplinam restituant. 771
DCCCLIV. — Abbatem et canonicos S. Victoris Parisiensis de superioribus litteris certiores facit. 772
DCCCLV. — Ludovico Francorum regi de corrigenda disciplina monasterii S. Victoris Parisiensis quid mandaverit nuntiat. 773
DCCCLVI. — Ad Henricum Remensem archiep. — Commendat ei milites Templi. 774
DCCCLVII. — Ad Petrum abbatem S. Remigii, et B. archidiaconum Remensem. — Admoneant Suessionensem episcopum, ut subdiaconum sibi præsentatum investire de ecclesia S. Medardi ne amplius recuset; alioquin ipsi investiant. 775
DCCCLVIII. — Ad presbyteros et clericos parochiarum ad monasterium S. Petri de Montibus pertinentium. — Ne parochianos suos in ecclesiis suis sepeliant, sed in monasterio S. Petri de Montibus sepeliantur. 775
DCCCLIX. — Ad Henricum Remensem archiep. — Ut Araldo presbytero suam faciat ecclesiam restitui. 776
DCCCLX. — Ad eumdem. — Commendat ei fratres Virtuensis monasterii. 776
DCCCLXI. — Ad Petrum abbatem S. Remigii et Fulconem decanum Remensem. — Judicandam causam committit. 777
DCCCLXII. — Ad Henricum Remensem archiep. — Commendat ei F. Ostrevandensem archidiaconum. 777
DCCCLXIII. — Ad eumdem. — Pro Stephano clerico adversus canonicos Catalaunenses. 778
DCCCLXIV. — Ad Guidonem abbatem S. Nicasii et M. Radulfum canonicum Remensem. — Ut nonnullos qui damna monasterio S. Remigii intulerant, reparare cogat. 778
DCCCLXV. — Ad Petrum abbatem et fratres S. Remigii. — Frescengiarum remissionem, eorum monasterio factam ab archiepiscopo Remensi, ratam habet. 779
DCCCLXVI. — Ad eumdem. — Causam inter S. Urbani et Dervensem abbates terminandam committit. 780
DCCCLXVII. — Ad eumdem. — Causam inter canonicos Catalaunenses S. Nicolai et abbatem Dervensem committit terminandam. 780
DCCCLXVIII. — Bituricensi et Ambianensi præsulibus causam matrimonii S. et R. de Guisia committit. 781
DCCCLXIX. — Ad Galdinum arch. Mediolanensem. — Pro Oberto subdiacono. 782
DCCCLXX. — Ad Henricum Remensem archiep. — Nullas adversus eum dedisse litteras abbati de Cheminone. 782
DCCCLXXI. — Ad eumdem. — In gratiam Leonis abbatis S. Gisleni electi, quem schismatici ejecerant. 783
DCCCLXXII. — Ad eumdem. — Ut matrimonium inter filiam regis Ludovici et filium Frederici imperatoris impediat. 783
DCCCLXXIII. — Episcopo Tornacensi præcipit ut Danieli presbytero ablata restituat. 784
DCCCLXXIV. — Ad Meldensem et Ambianensem episcopos. — Eis causam matrimonii inter comitem Robertum et filiam Hugonis de Brois examinandam committit. 784
DCCCLXXV. — Ad Henricum Remensem archiep. — Ut episcopum Belvacensem, quem jusserat ei omnem debitam exhibere obedientiam, satisfacientem sibi humaniter excipiat. 785
DCCCLXXVI. — Henrico Remensi archiep. et P. abbati S. Remigii mandat ut Richardo clerico suam in ecclesia S. Pharaildis præbendam restitui faciant. 786
DCCCLXXVII — Ad Henricum Remensem archiep. — Confirmat electionem Roberti episcopi Atrebatensis, conceditque ei spatium ad recipiendos sacros ordines. 787
DCCCLXXVIII. — Ad eumdem et Gualterum Tornacensem episcopum. — Ut pravam consuetudinem tollant in parochia Dudasselensi. 787
DCCCLXXIX. — Henrico Remensi archiepiscopo, et G. Laudunensi episcopo causam de quibusdam oblationibus inter Brugenses canonicos et R. presbyterum Dudasselensem committit terminandam 788
DCCCLXXX. — Remensi archiepiscopo causam committit terminandam inter virum et feminam. 789
DCCCLXXXI. — Ad eumdem. — Ut ablata P. et T. presbytero a Rainaldo comite et Henrico de Grandi-Prato, faciat restitui. 790
DCCCLXXXII — Ad eumdem. — Ut episcopum Sues-

sionensem hortetur ut, solo episcopatu contentus, dimittat cancellariam. 790
DCCCLXXXIII. — Ad eumdem. — De causa inter Jac. presbyterum et abbatem S. Salvatoris Virtuensis. 791
DCCCLXXXIV. — Ad Henricum Remensem archiep., et G. Laudunensem episc. — De causa inter Brugenses canonicos et R. presbyterum. 791
DCCCLXXXV. — Ad Henricum Remensem archiep. — Ut Rogerum Tokellum et Guidonem, qui in clericos violentas manus injecerant, excommunicatos denuntiet. 792
DCCCLXXXVI. — Ad episcopum Catalaunensem. — Ut filium sacerdotis per ignorantiam ordinatum presbyterum sua faciat ecclesia gaudere. 792
DCCCLXXXVII. — Ad Henricum Remensem archiep. — Episcopum Silvanectensem, qui diverat præbendam, a potestate conferendi præbendas privat. 793
DCCCLXXXVIII. — Ad eumdem. — De absolutione magistri Gerardi ab excommunicatione. 794
DCCCLXXXIX — Ad eumdem. — Scribit in gratiam D. diaconi, cui fratres S. Eugenii ecclesiam de Masdeio dederant. 795
DCCCXC. — Ad abbates S. Remigii et S. Dionysii Remensis. — Causam judicandam iis committit. 795
DCCCXCI. — Ad Henricum Remensem archiep. — Ut episcopum Catalaunensem, qui pro absolutione excommunicatæ mulieris pecuniam exegerat, ab officio suo suspendat. 796
DCCCXCII. — Ad eumdem. — Ut duos ecclesiæ suæ canonicos, qui violentas manus in diaconum injecerant, denuntiet excommunicatos. 796
DCCCXCIII. — Ad eumdem. — Ut canonici Laudunenses de illatis injuriis faciant satis monialibus Sancti Petri Remensis. 797
DCCCXCIV. — Ad eumdem. — Causam Elisendis viduæ ipsi committit. 797
DCCCXCV. — Ad eumdem. — Ut homines S. Remigii a vexationibus canonicorum Suessionensium defendat. 798
DCCCXCVI. — Ad Toronensem archiep. et Eduensem episc. — Ut latam ab archiepiscopo Remensi sententiam excommunicationis in comitem Henricum examinent. 798
DCCCXCVII. — Ad Henricum Remensem archiep. — Ut episcopum Belvacensem aliosque suffraganeos suos non gravet, ac dissidia sua cum Henrico comite componat. 800
DCCCXCVIII. — Ad eumdem. — Respondet ad diversa de quibus eum consuluerat. 802
DCCCXCIX. — Illustri regi Francorum. — Ut componat dissidium inter archiepiscopum Remensem et Henricum comitem. 803
CM. — Ad Bartholomæum Belvacensem episcopum. — Quod litteras non concesserit ipsi exemptionis a jurisdictione archiepiscopi Remensis, et ut debitam ei obedientiam exhibeat. 804
CMI. — Ad Willelmum Senonensem archiep. — Ut nepoti archiepiscopi Remensis archidiaconatum concedat in sua ecclesia. 804
CMII. — Ad Petrum abbatem S. Remigii, et Fulconem decanum Remensem. — Ut cognoscant de causa quorumdam, qui ab episcopo Ambianensi, judice constituto a pontifice, appellaverant. 805
CMIII. — Ad eosdem. — Causam duarum mulierum judicandam committit. 805
CMIV. — Episcopum Atrebatensem arguit quod R. clerico necdum præbendam in ecclesia sua concesserit. 806
CMV. — Ad Petrum abbatem S. Remigii. — Ut qui terram hominis Hierosolymam profecti invaserat, eam restituere compellatur. 807
CMVI. — Ad Henricum Remensem archiep. — Pro abbate S. Joannis de Vineis adversus R. presbyterum qui ecclesiam de Bonnis invaserat. 807
CMVII. — Ad eumdem. — Adversus Aalidem feneratricem. 807
CMVIII. — Ad Petrum abbatem S. Remigii, et Fulconem decanum Remensem. — Ut causæ abbatis Dervensis et clericorum S. Nicolai Catalaunensis sint judices. 808
CMIX. — Ad Henricum Remensem archiep. — Commendat ipsi D. et G. qui propter schismaticos Tullensem diœcesim reliquerant. 809
CMX. — Ad eumdem. — De electo Cameracensi qui abbatem de Mareolis equo præcipitari jusserat. 809
CMXI. — Leges quasdam ecclesiæ Carnotensis, a Willelmo, apost. sedis legato, scriptas confirmat. 810
CMXII. — Ad Henricum Remensem archiep. — In gra

tiam G. pauperis presbyteri, qui in ægritudine sui non compos, monastico habitu indutus fuerat. 811
CMXIII. — Ad eumdem. — Ut B. presbytero vicariam de Suast, restituere faciat. 812
CMXIV. — Ad eumdem. — Ut Robertum de Bove compellat ea restituere, quæ A. canonico S. Petri Laudunensis abstulerat. 812
CMXV. — Ad eumdem. — Ut vexationes Hugonis de Junceriaco in terram S. Medardi compescat. 813
CMXVI. — Ad eumdem. — Ut causam inter abbatem S. Medardi et abbatem S. Joannis de Vineis ratione decimarum de Espiers terminet. 813
CMXVII. — Ad Petrum abbatem S. Remigii et Fulconem decanum Remensem — De pecunia ecclesiis et pauperibus testamento relicta. 814
CMXVIII. — Ad Henricum Remensem archiepisc — Ut compescat Gilonem militem a vexatione quam inferebat fratribus S. Joannis de Vineis. 814
CMXIX. — Ad eumdem. — Ut Adam de Corbeia Joanni clerico suam reddat pecuniam. 815
CMXX. — Ad eumdem. — Pro Maria Catalaunensi cive. 815
CMXXI. — Ad eumdem. — De causa inter canonicos Laudunenses S. Petri et canonicos cathedralis ecclesiæ. 816
CMXXII. — Ad eumdem. — Ut clericis S. Trinitatis liceat habere cœmeterium. 816
CMXXIII. — Ad canonicos ecclesiæ Laudunensis. — Quod ex sola quæ in ipsorum ecclesia erant emendanda, eorum decano commiserit corrigenda. 817
CMXXIV. — Ad Petrum abbatem S. Remigii et B. archidiaconum Remensem. — Ut debita clerico pecunia restituatur. 817
CMXXV. — Ad Henricum Remensem archiep — In gratiam B. canonici regularis, cui ad vitam concessa fuerunt duo altaria de Troisli. 818
CMXXVI. — Ad Petrum abbatem S. Remigii, et Fulconem decanum Remensem. — Ut causam audiant, quæ est inter abbatem Omnium Sanctorum, et canonicos S. Trinitatis. 819
CMXXVII. — Ad Henricum Remensem archiep. — Ut G. sacerdoti ecclesia S. Mauritii restituatur. 819
CMXXVIII. — Ad Bartholomæum Belvacens. episc. et Petrum abbatem S. Remigii. — Ut monasterium de Flaviaco reformet. 820
CMXXIX. — Ad Petrum abbatem S. Remigii et Fulconem decanum Remensem. — Causam judicandam committit 821
CDXXX. — Ad eosdem. — Causam judicandam committit. 821
CMXXXI. — Ad Henricum Remensem archiep. — Causam Hilardi presbyteri, quem a censuris episcopi Ambianensis absolverat, committit examinandam. 822
CMXXXII. — Ad eumdem. — Ut Wibando clerico sua restituatur ecclesia. 822
CMXXXIII. — Ad canonicos Præmonstratenses. — Improbat electionem quam fecerant contra formam ordinis, et ut alium eligant abbatem jubet. 823
CMXXXIV. — Ad Petrum abbatem S. Remigii. — Ut præbendam Uberto cuidam tribuat. 824
CMXXXV. — Ad Silvanectensem episcopum et abbatem S. Medardi. — Ut damna monasterio S. Remigii data reparentur. 84
CMXXXVI. — Ad Henricum Remensem archiep. — Adversus moniales Malbodienses in suam abbatissam rebelles. 825
CMXXXVII. — Ad Petrum abbatem S. Remigii, et Fulconem decanum Remensem. — Ut cognoscant de causa Willelmi cujusdam, qui se usuris oppressum querebatur. 826
CMXXXVIII. — Ad Henricum Remensem archiep. — Arguit eum quod suos vexet. 826
CMXXXIX. — Ad eumdem. — Pro Jordane Laudunensi cive. 827
CMXL. — Ad abbates S. Remigii, et S. Nicasii. — Causam judicandam committit. 827
CMXLI. — Ad Henricum Remensem archiep. — Ut Robertum clericum, qui homicidio nolens interfuerat, pœnitens ad sacros ordines promove re possit. 828
CMXLII. — Ad eumdem. — Causam inter Odierium civem Laudunensem et Mauricium clericum committit terminandam. 828
CMXLIII. — Ad Clarevallensem et S. Remigii abbates. — Ut Dervense monasterium reformet. 829
CMXLIV. — Ad Henricum Remensem archiep. — Ut Viviano presbytero suam ecclesiam restitui faciat. 830
CMXLV. — Ad eumdem. — Pro infirmis de Sparnaco. 830

QUÆ IN HOC TOMO CONTINENTUR.

CMXLVI. — Ad eumdem. — Ut Lamberto presbytero, si nihil canonicum obstet, ecclesiam suam faciat restitui. 850

CMXLVII. — Ad præpositum et decanum Remensem. — Ut decimæ restituantur clerico, cui eas pater suus, olim emptas, eleemosynæ nomine dederat 851

CMXLVIII. — Ad Henricum Remorum archiep. — Commendat illi canonicos Turonenses Sancti Mauritii. 851

CMXLIX. — Ad eumdem. — Monet ut Septem-Salices restituat fratribus Sancti Basoli, atque ab eorum vexatione cesset. 852

CML. — Ad eumdem. — Commendat B. et R. clericos quos a sententia excommunicationis absolverat. 853

CMLI. — Ad eumdem. — Facultatem absolvendi ab excommunicatione Arnulfum de Landast ei concedit. 854

CMLII. — Ad Guillelmum Antissiodorensem et Matthæum Trecensem episcopos. — Terminandam eis committit controversiam de Seguini electione in abbatem S. Potentiani Castri-Censorii, cui electioni se opponebat Stephanus Eduensis episcopus. 854

CMLIII. — Stephano episcopo Eduensi præcipit ('qua-tenus canonicis S. Potentiani de Castro-Censorii auctoritatem suam nequaquam opponat, quominus electionem canonice factam ratam habeat.) 856

CMLIV. — Ad Henricum Remensem archiep. — Pro abbatissa S. Petri Remensis 856

CMLV. — Ad eumdem. — Pro ecclesia S. Joannis de Vineis de Cervenniaco. 857

CMLVI. — Ad eumdem. — De exactionibus quas abbas Compendiensis exigebat a quibusdam villis, et de bonis abbatis ab eo distractis. 857

CMLVII. — Ad eumdem. — De damnis illatis G. canonico Catalaunensi a Wermundo milite. 858

CMLVIII. — Pro Seberto Remensi cive super quadam domo. 859

CMLIX. — Ad eumdem. — Pro Joanne Multone. 859

CMLX. — Ad Henricum Remorum archiep.—Ut cuique idoneo liceat scholas regere. 840

CMLXI. — Ad eumdem. — Ut T. clericum a gravaminibus episcopi Catalaunensis protegat, et A. de Possessa excommunicationi subjiciat. 840

CMLXII. — Ad eumdem.—Ut Drogoni canonico permittat habitare cum electo Cameracensi. 841

CMLXIII. — Ad eumdem.—Committit ei causam inter Odonem de S. Dionysio et Paganum Anglicum atque uxorem terminandam. 842

CMLXIV. —Ad eumdem.—Commendat canonicos Compendienses. 842

CMLXV. Ad eumdem.—Persuadeat regi ut filium suum coronari faciat. 843

CMLXVI. — Ad eumdem. — De satisfactione facienda canonico S. Joannis de Burgo Laudunensi pro illatis injuriis. 844

CMLXVII. — Ad..... — Causam judicandam committit. 844

CMLXVIII — Ad Petrum abbatem S. Remigii. — Ut prohibeat ne orphanus super hæreditate sua turbetur : et causæ sit judex. 845

CMLXIX. — Ad abbatem et capitulum S. Remigii. — Ut M. clerici de aliquo beneficio ecclesiastico provideant. 845

CMLXX. — Ad Henricum Remensem archiepiscopum. — Ut presbyterum in ecclesiam, a qua ejectus fuerat restituat; et eos qui ignominiose ipsum ejecerant excommunicatos denuntiet. 846

CMLXXI. — Ad Petrum abbatem S. Remigii, et Fulconem decanum Remensem. — Litem judicandam committit. 847

CMLXXII. — Ad fratres Corbeienses. 847

CMLXXIII. — Ad Guillelmum Stranensem episcopum. — Ejus ecclesiam in sua protectione recipit, possessiones confirmat. 848

CMLXXIV. — Ad Colonem Linconiensem episcopum.— Approbat ejus electionem in locum alterius, qui sponte abdicans, monasterium petierat. 849

CMLXXV.—Ad Upsalensem archiepisc. et suffraganeos. — De matribus quæ prolis suæ procurant interitum; de incestis, et alia fœda libidine; de iis qui cum sicca fæce vini et micis panis vino intinctis, missam faciunt; de matrimoniis sine sacerdotali benedictione factis. 850

CMLXXVI. — Ad Upsalensem archiepiscopum et suffraganeos ejus, et Guthermum ducem. — Ut Finnos, qui se Christianos fore fraudulenter promittebant, deinceps non juvent adversus hostes. 852

CMLXXVII. — Ad Trundensem archiep., et ad A. Stavengarensem episcop.—Ut Nicolaum monachum Fulconi Estonum apostolo socium mittant. 852

CMLXXVIII. — Ad episc. Ambianensem, et abbatem S. Remigii. — Ut cognoscant de causa presbyteri cui Tornacensis episcopus ecclesiam suam ademerat. 853

CMLXXIX. — Ad Upsalensem archiep. et suffraganeos. — Ut Simonism et multa in ecclesiasticam disciplinam peccata emendari curent. 854

CMLXXX. — Ad reges et principes boreales. — Ut adversus Estones, Christiani nominis inimicos, fortiter pugnent. 860

CMLXXXI. — Bulla pro cœnobio Corbeiensi. 861

CMLXXXII. — Ad Ambianensem episcopum et abbatem S. Remigii. — Ut cognoscant de causa Tornacensis episcopi, exactionum accusati. 862

CMLXXXIII. — Ad universos Dei fideles per Daciam constitutos. — Ut Fulconis Estonem episcopi inopiam opibus suis sublevent. 862

CMLXXXIV. — Ad clericos et laicos Lingacopensis episcopatus. — Ut episcopo suo pareant. 863

CMLXXXV. — Ad Henricum Remensem archiep. — Pro Hodeardi vidua et filiis ejus adversus tres abbates. 864

CMLXXXVI. — Ad eumdem.—Similis argumenti. 864

CMLXXXVII. — Ad eumdem.—Similis argumenti. 865

CMLXXXVIII. — Marsicano, Pennensi, Valvensi episcopis et clericis Teatinis ac Furconiensibus mandat, ut excommunicationem, quam Leonas abbas Piscariensis in Berardum Gentilem ejusque fratres et in Rogerium filium Riccardi ejusque fratres edixerit, observent, utque schismaticos monasterii Farfensis clericos, qui in terra Sansonesca contra Leonatis interdictum sacra procuraverint, excommunicatos declarent. 865

CMLXXXIX.— Leonati, abbati Piscariensi, significat se Berardum Gentilem ejusque fratres et Rogerium filium Ricardi ejusque fratres cohortatum esse, ut damna ei illata intra dies 15 sarcirent; quod nisi fecerint, eos excommunicet. 866

CMXC. — Ad Nonantulanos. — De eorum ære alieno levando et disciplina in monasterio emendanda. 866

CMXCI. — Ubaldo episcopo Ostiensi, et archipresbytero et canonicis Velitrensibus concedit ut testamenta « quæ parochiani eorum coram presbytero suo et tribus vel duobus al.is idoneis personis in extrema voluntate fecerunt, firma permaneant. » 867

ANNO 1172.

CMXCII. — Ecclesiæ Cæsaraugustanæ protectionem suscipit, bonaque ac privilegia confirmat. 867

CMXCIII. — Ad Hildephonsum regem Aragoniæ. — Gratias illi agit quod Robertum e regno expulerit; hortatur, ut totam ejus progeniem excludat ab eodem regno, eorumque bona fisco addicat. 870

CMXCIV.—Privilegium pro ecclesia Tarentasiensi. 870

CMXCV. — Ad [Rotrodum] archiepiscopum Rothomagensem et [Theobaldum] episcopum Ambianensem. — Ut Gilberto Londoniensi episcopo, si cum sexta manu juraverit quod nec scripto, nec verbo vel facto regem scienter ad necem S. Thomæ provocaverit, officii plenitudinem restituant. 872

CMXCVI. — Ad Galdinum Mediolanensem archiepiscopum. — De eligendo primicerio. 874

CMXCVII. — Ad canonicos S. Victo is. — Cessionem Ervisii abbatis et Guarini promotionem confirmat. 876

CMXCVIII. — Ad Guarinum abbatem S. Victoris. — Gratulatur de sua electione, hortaturque ut pastoris vices diligenter obeat. 877

CMXCIX. — Monasterium S. Mariæ de Monte-Læto sub protectione sedis apostolicæ recipit, ejusque privilegia ac jura confirmat. 878

M. — Monasterii S. Mariæ Tremitensis omnia jura ac bona confirmat. 880

MI.—Compositionem factam inter Dominicum abbatem Cassin. et Joannem episc. Fundanum confirmat. 882

MII. — Ad Henricum II Anglorum regem. — Monet ut gentem Hibernorum plurimis spurciitis atque abominationibus contaminatam, ad cultum Christianæ fidei per potentiam suam revocet et conservet. 883

MIII. — Ad reges et principes Hiberniæ. — Monet eos quatenus fidelitatem quam Henrico II regi Angliæ sub juramenti religione fecerunt, ei cum debita subjectione firmam et inconcussam servare curent. 884

MIV. — Ad Christianum Lesmorensem episcopum, apostolicæ sedis legatum, et ad archiepiscopos Hiberniæ — De assistendo Anglorum rege catholico et principe Christianissimo. 885

MV. — Ecclesiæ Paduanæ protectionem suscipit, bonaque ac possessiones confirmat. 886

MVI. — Ad Hugonem III Burgundiæ ducem. — Donatum sibi et Ecclesiæ Romanæ fundum apud Divionem, ad ædificandam ecclesiam quæ soli Romano pontifici debeat respondere, acceptat. 888

MVII. — Monastericum de Cona tuendum suscipit, ejusque bona ac possessiones enumerat et confirmat. 889
MVIII. — Privilegium pro parthanone S. Mariæ Sinningthwaitensi. 890
MIX. — Conventui S. Augustini Cantuariensi « ecclesias de Menstre et Fauresham ad reparationem ecclesiæ igne consumptæ confirmat; » conceditque « ut liceat iis in parochialibus ecclesiis clericos eligere ac diœcesano episcopo præsentare. » 891

ANNO 1170-1173.
MX. — Theobaldo et clericis ecclesiæ S. Anast. [al. S. Luciæ] Veronensis, significat sententiam ab Ildebrando basilicæ XII Apostolorum et a Raimundo episcopo Brixiensi, « secundum Veronensis civitatis consuetudinem, » contra eum prolatam, a sese irritam factam esse. 891

ANNO 1171-1173.
MXI. — Ad Henricum Remensem archiep —Ut Agatha restituatur R. de Adversa, marito suo. 891
MXII — Ad eumdem. — Pro abbate Maricolensi adversus C. militem de Taisneria. 892
MXIII. — Ad eumdem. — Pro eodem, adversus Lambertum de Nigella et Oilardum de Landrecies. 893
MXIV. — Ad [Bartholomæum] archiepiscopum Exoniensem. — Quibus pœnitentiis afficiendi sint illi qui animo occidendi Thomam, quondam archiepiscopum Cantuariensem, aut feriendi, citra vel circa manuum injectionem se fateantur venisse; illi qui asserant animum regis inflammasse ad odium, unde forte fuerit homicidium subsecutum; ii qui se dicant illius sancti viri et suorum post mortem ejus occupasse spolia, illi qui sola excommunicatorum participatione se reos esse cognoscant; clerici quos constet armatos interfuisse tanto facinori; illi clerici qui consilium illud dederint ut vir sanctus caperetur. 894

ANNO 1173.
MXV. — Ad eumdem.—Adversus decanum S. Quintini et sibi subditos, qui pro benedictione nuptiarum pecunias exigebant. 896
MXVI —Ad eumdem adversus G. decanum de Unacort, de Simonia insimulatum. 897
MXVII.—Ad eumdem. — Pro monasterio S. Salvatoris Virtuensis. 897
MXVIII.—Pro monasterio S. Salvatoris et S. Rotrudis Andrensi. 898
MXIX. — Ad Henricum Remensem archiep. — Adversus abbatem Aquicinctensem, qui presbyterum ecclesia spoliaverat. 899
MXX. — Ad eumdem — De causa inter canonicos S. Martini et B. Mariæ Laudunensis. 899
MXXI. — Alberto et Theodwino, apostolicæ sedis legatis, de Thoma quondam archiep. Cantuar. in capite Jejunii sanctorum ordinibus ascripto significat. 900
MXXII. — Ad eosdem. — De reconciliatione Cantuariensis ecclesiæ. 900
MXXIII. — Ad capitulum Cantuariense. — De canonizatione beati Thomæ archipræsulis. 900
MXXIV. — Ad clerum et populum Angliæ.—Ejusdem argumenti. 901
MXXV. —Ad archiepiscopos, episcopos, et alios ecclesiarum prælatos per Angliam constitutos. — Ejusdem argumenti. 902
MXXVI. — Ecclesiam S. Stephani Divionensis tuendam suscipit, ejusque possessiones ac jura confirmat. 902
MXXVII. — Ad Henricum Remensem archiep. — Pro abbate S. Medardi adversus Elisabeth viduam de usura notatam. 904
MXXVIII. — Ad eumdem. — De censu annuo ceræ, quem a presbyteris decanatus Virtuensis exigebat. 904
MXXIX. — Ad eumdem. — Ut P. presbyterum nisi emendaverit, ab excommunicatione non absolvat. 905
MXXX. — Privilegium pro monasterio S. Sabini Placentino. 905
MXXXI. — Ecclesiam S. Eustorgii Mediolanensis tuendam suscipit, bonaque ejus confirmat. 907
MXXXII. — Bulla pro canonicis Lausannensis ecclesiæ. 908
MXXXIII. — Willelmo archiepiscopo Senonensi et ejus suffraganeis significat, Thomam quodam archiepiscopum Cantuariensem, « in Capite Jejunii, » in numerum sanctorum relatum esse. Diem quo interfectus sit singulis annis celebrari jubet. 909
MXXXIV. — Ad Walterum Aversanum episcopum. — Ut S. Thomæ solemnitatem annuatim cum magna veneratione celebret. 910
MXXXV. — Monasterii de Bello loco protectionem suscipit, ejusque bona ac privilegia confirmat. 911
MXXXVI. — Monachis S. Petri Mutinensis omnia i l. rum jura confirmat. 912

MXXXVII. — Ecclesiæ S. Donatiani Bregensis bona privilegiaque confirmat. 913
MXXXVIII.—Willelmo archiepiscopo Senonensi, sedis apostolicæ legato, Turonensi et Burdigalensi archiepiscopis, ac Arten. (Guarino?) electo Bituricensi mandat « ut adigant sub pœna excommunicationis parochianos suos ad exsolvenda jura et decimas ecclesiæ B. Martini. » 914
MXXXIX. — Privilegium pro ecclesia S. Martini Turonensis. 915
MXL. — Privilegium pro ecclesia Carnotensi. 915
MXLI. — Privilegium pro ecclesia B. Thomæ Teatina. 917
MXLII. — Oddoni magistro militiæ Templi Hierosolymitani, et ejus successoribus ac fratribus varia privilegia concedit. 919
MXLIII. — Ad Henricum Remensem archiep. — Pro abbate Maricolensi adversus Willelmum, castellanum de S. Audomaro. 923
MXLIV. — Ecclesiæ de Castello protectionem suscipit ejusque bona ac possessiones confirmat. 924
MXLV. — Ad Henricum Remensem archiep. — Pro magistro Radulfo. 925
MXLVI. — Abbatiæ S. Joannis canonicorum regularium ordinis S. Augustini Valentianensis possessiones et privilegia confirmat. 926
MXLVII. — Ad Henricum Remensem archiep. et suffraganeos ejus. — De necessitatibus Ecclesiæ Orientalis, et ut paci intendant inter Ludovicum Franciæ et Henricum Angliæ reges. 927

ANNO 1160-1174.
MXLVIII. — Willelmo episcopo Norvicensi respondet « vicarios si personarum sibi falso assumentes contra personas se erexerint, in eodem episcopatu ad officii sui exsecutionem non esse admittendos. » 928
MXLIX. — Ad Willelmum Norwicensem episcopum.— De frustratoriis appellationibus, etc. 929

ANNO 1163-1174.
ML. — Ad Rogerum Wigorniensem episcopum. — De iis qui se ecclesiasticæ professionis esse fingentes, matrimonia contrahunt; de sacerdotibus fornicariis. 930

ANNO 1173-1174.
MLI. — Ad Henricum Remensem archiep.—Respondet petenti utrum homicidium ab episcopo Leodiensi schismatico recipere possit. 931
MLII. — Ad eumdem. — Adversus Guidonem episcopum Catalaunensem, qui non deferebat appellationibus ab eo ad archiepiscopum Remensem factis. 931
MLIII. — Ad eumdem. — Ne abbati Dervensi, donec imperata fecerit, communionem reddat. 932
MLIV. — Ad eumdem. — Pro Cussiacensi monasterio, adversus canonicos S. Petri Laudunensis. 932
MLV. — Ad eumdem. — De ecclesia de Arsi Henrico subdiacono adjudicanda. 933
MLVI. — Ad eumdem. — Ut infirmis de Osdayn oratorium et cœmeterium concedat 934
MLVII — Monasterii S. Remigii Remensis jura de villæ S. Remigii ecclesia S. Martini confirmat. 934
MLVIII. — Ad Henricum Remensem archiep. — Ut causam abbatis et fratrum de Humbleriis jam terminatam faciat observari. 935
MLIX. — Ad eumdem. — De præbenda in ecclesia S. Petri Duacensis danda Walchero clerico. 935
MLX. — Ad eumdem. Ut leprosi de Sparnaco sint immunes a decimis novalium, etc. 9 6
MLXI.—Commendat ei Milonem nuntium apostolicum. 937
MLXII. — Ad eumdem. — Ut An. de Loesi, qui R. subdiaconum in vinculis conjecerat, excommunicet. 937
MLXIII. — Ad eumdem. — Ut A. presbytero parochia de Nisi restituatur. 938
MLXIV. — Ad eumdem. — Pro Evrardo presbytero. 938
MLXV. — Ad eumdem. — Scribit se nullum Philippo Flandriæ comiti privilegium dedisse contra jura ecclesiæ Remensis. 938
MLXVI. — Ad eumdem. — Causam inter Humolariensem abbatem et F. de Nigella committit examinandam. 959
MLXVII. — Ad eumdem. — Pro mercatoribus quibusdam Flandriæ adversus abbatem Dervensem. 959
MLXVIII — Ad eumdem — Adversus canonicos Compendienses qui monachis molesti erant. 940
MLXIX. — Ad eumdem. — Gratias illi agit quod sua protectione foveat fratres Compendienses, quos illi commendat. 940
MLXX. — Ad eumdem. — Ut compositionem factam inter Compendienses et Tenoliensens fratres illibatam

QUÆ IN HOC TOMO CONTINENTUR.

observari curet. 941
MLXXI. — Ad eumdem. — De causa inter canonicos S. Laurentii Belvacensis et episcopum Belvacensem. 941
MLXXII. — Ad eumdem. — Causam H. mulieris de Suune committit terminandam. 942
MLXXIII. — Ad eumdem. — Pro monachis Silvæ Majoris adversus Wiscardum et Radulfum de Codiciaco. 942
MLXXIV. — Rotrodum, archiepiscopum Rothomagensem, « de variis bellorum eventibus, de scandalo regum et terræ dolentem, » animo forti esse jubet. Mandat, ut « ad reformationem pacis inter reges diligenter intendat, et excessus episcoporum, decanorum, archidiaconorum, tam clericorum quam laicorum solita pontificali severitate corrigat. » Alia præcepta addit. Interdicit, ne « pallium suum alii metropolitano commodet, si contingat ipsum sine pallio ad ecclesiam Rothomagensem in aliqua præcipua solemnitate venire : cum pal ium, inquit, tuam personam non transeat, sed quisquam cum eo debeat sepeliri. » 943
MLXXV. — Ad Henricum archiep. et omnes episcopos et abbates per archiepiscopatum Remensem constitutos. — Commendat illis fratres S. Remigii Remensis. 946
MLXXVI. — Ad Henricum Remensem archiep. — Pro Alagrino cive Anagniensi. 946
MLXXVII. — Ad eumdem. — Ut Rainoldo terram suam reddi faciat. 947
MLXXVIII. — Ad eumdem. — Contra canonicos Compendienses, qui capellanum in ecclesia S. Clementis invito abbate instituerant. 947
MLXXIX. — Ad eumdem. — Ut ecclesiam S. Medardi de Barleus W. presbytero curet tradi. 948
MLXXX. Ad eumdem. — Pro G. paupere clerico adversus R. de Thori canonicum Belvacensem. 948
MLXXXI. — Ad eumdem. — Pro leprosis de Turribus super Matronam adversus ejusdem loci monachos et presbyterum Evirvinum. 949
MLXXXII. — Fratribus Carthusiensibus significat se monasterium Gyriense, ab Henrico episcopo Gurcensi conditum, tuendum suscepisse. 949
MLXXXIII. — Ad Henricum Remensem archiep. — Ut fratribus Hospitalis Hierosolymitani illata damna resarciri curet. 950
MLXXXIV. — Ad eumdem. — Ut G. diacono aliquod beneficium largiatur. 950
MLXXXV. — Ad eumdem. — Ut J. presbytero ecclesiam Villæ-Senioris restituat. 951
MLXXXVI. — Ad Villelmum archiepiscopum Tarraconensem et suffraganeos ejus. — Ut moneant regem Aragonum, ne Robertum qui in necem Hugonis archiep. Tarracon. conspiraverat, in regno suo habitare permittat. 952
MLXXXVII. — Ad Ildephonsum regem Aragoniæ. — De eadem re. 952
MLXXXVIII. — Ad Fulconem decanum et canonicos ecclesiæ Remensis. — Hortatur eos ad resumendam quam dimiserant vitam communem. 953
MLXXXIX. — Ad Henricum Remensem archiep. — Ut canonicos suos ad vitam communem revocet ac solitas faciant eleemosynas. 955
MXC. — Ad eumdem. — Pro monasterio S. Medardi adversus canonicos S. Gervasii. 955
MXCI. — Ad eumdem. — Adversus comitem Regitestensem, qui fratres de Junjeriaco infestabat. 956
MXCII. — Ad eumdem. — Ut obligatam pignori terram Phy. de Petrafonte reddi faciat. 956
MXCIII. — Ad eumdem. — Ut Ernaldum, qui violentas in B. canonicum Laudunensem manus intulerat, excommunicatum denuntiet. 957
MXCIV. — Ad eumdem. — Pro Joanne clerico et Radulfo ejus fratre adversus Lambertum fratrem ipsius. 957
MXCV. — Ad eumdem. — Pro Joanne clerico et Rad. ejus fratre quos injuste excommunicaverat episcopus Catalaunensis. 958
MXCVI. — Ad eumdem. — De contentione inter Lessienses et Malbodienses super villæ Anor ecclesia. 958
MXCVII. — Ad eumdem. — Pro G. canonico Laudunensi. 959
MXCVIII. — Ad eumdem. — Pro fratribus S. Nicasii adversus monachos Elantii. 960
MXCIX. — Ad eumdem. — De causa inter vicedominum de Pinconio et abbatem Aquicinctensem. 960
MC. — Ad eumdem. — Ut infirmis de Mellento curet benedici coemeterium. 961
MCI. — Domum infirmorum fratrum juxta Remensem civitatem commorantium tuendam suscipit, et « nundinas quas Henricus archiepiscopus juxta eam domum annuatim celebrari concessit, » confirmat. 961
MCII. — Ad Henricum Remensem archiep. — Ut studeat componere pacem inter Ludovicum Francorum et Henricum Anglorum reges. 962
MCIII. — Ad eumdem. — Quamdam causam ei committit terminandam. 963
MCIV. — Ad eumdem. — Ut totis viribus studeat impedire matrimonium inter filium regis Franciæ et filiam Frederici imperatoris. 964
MCV. — Ad eumdem. — Ut G. episcopus Catasis Horricum admittat ad ecclesiam S. Juliani d
MCVI. — Ad eumdem. — Pro H. thesaurario Antissiodorensi. 965
MCVII. — Ad presbyteros et clericos per Angliam et cismarinam terram regis Anglorum constitutos. — Ut rex Anglorum filiis suis ipsorum uxores restituat. 965

ANNO 1174.

MCVIII. — Ad Gerardum abbatem et universum conventum Clarevallensem. — Bernardum abbatem in numerum sanctorum relatum nuntiat. 966
MCIX. — Ad universos ordinis Cisterciensis abbates. — Ejusdem argumenti. 967
MCX. — Ad archiepiscopos, abbates aliosque Ecclesiæ prælatos in regem Francorum constitutos. — Similis argumenti. 967
MCXI. — Ad Ludovicum Francorum regem. — Ejusdem argumenti. 967
MCXII. — Ad Henricum Remensem archiep. — Pro Cluniacensi monasterio. 967
MCXIII — Ad eumdem. — Ut scholæ Regitestenses monachis S. Remigii conserventur. 967
MCXIV. — Ad eumdem. — Pro abbate S. Remigii adversus homines sibi subditos. 968
MCXV. — Ad eumdem. — Adversus plures qui monasterium S. Remigii vexabant. 968
MCXVI. — Ecclesiam S. Mariæ Montisdesiderii, ordinis Cluniacensis, tuendam suscipit, ejusque bona omnia ac jura confirmat. 969
MCXVII. — Monasterii S. Mariæ Lischensis bona omnia confirmat. 971
MCXVIII. — Ad Henricum Remensem archiep. — Ut C. comitissæ Tolosanæ, si eam honorifice recipiat comes, persuadeat ut ad virum quem reliquerat, redeat. 972
MCXIX. — Ad eumdem. — Declarat F. ejus parochianum illi nunquam detraxisse in curia. 973
MCXX. — Bulla de ecclesia S. Petri Antissiodorensi recens abbatiæ nomine insignita. 975
MCXXI. — Ad Henricum Remensem archiep. — Ut satisfiat monasterio Gorziensi de illatis injuriis a G. de Aspero-Monte. 974
MCXXII. — Privilegium pro ecclesia Capuana. 974
MCXXIII. — Ad Henricum Remensem archiep. — Commendat ei fratres Maurimontensis monasterii. 976
MCXXIV. — Ad eumdem. — Pro abbate Maurimontensi adversus vexationes plurium nobilium. 977
MCXXV. — Ad eumdem. — Adversus plures qui S. Remigii monasterium vexabant. 977
MCXXVI. — Ad eumdem. — Hortatur ad mansuetudinem erga A. civem Laudunensem. 978
MCXXVII. — Ad eumdem. — De presbytero concedendo leprosis de Sparnaco. 978
MCXXVIII — Ad Henricum Remens. archiep., et [Desiderium Morinensem episcopum. — Ne exigantur decimæ a Cisterciensibus de terris quas propriis laboribus colunt.
MCXXIX. — Ad eumdem. — Pro fratribus S. Martini Laudunensi. 980
MCXXX. — Ad Guigonem comitem Forensem. — Transactionem et jurium permutationem inter ipsum et Ecclesiam Lugdunensem factam recitat, et auctoritate sua confirmat. 980
MCXXXI. — Monasterii S. Mariæ Novigentini protectionem suscipit bonaque enumerat ac confirmat. 985
MCXXXII. — Ad Lupum regem Valentiæ. 985
MCXXXIII. — Ad Ricardum Cantuariensem archiepiscopum. — Illi et ejus successoribus primatum Angliæ asserit. 985
MCXXXIV. — Joanni electo Cicestriensi significat se Ricardo archiepiscopo Cantuariensi, apostolicæ sedis legato, mandasse « ut pro eo quod canonici filius dicatur, in promotione ejus procedere non postponat. » 986
MCXXXV. — Ad omnes fideles per Franciam constitutos. — Petrum S. Chrysogoni cardinalem commendat. 986
MCXXXVI. — Ad Henricum Remensem archiep. — Ut hortetur regem ut arbitrato pacis se constituat Ecclesiam inter et imperium studeatque etiam reges Galliæ et Angliæ inducere ad concordiam. 987

MCXXXVII — Ad suffraganeos ecclesiæ Cantuariensis. — De appellationibus. 987

MCXXXVIII. — Monasterii S. Andreæ protectionem suscipit, bonaque ac privilegia confirmat. 988

MCXXXIX. — Ecclesiam S. Mariæ Luffeldensem tuendam suscipit bonaque ac privilegia confirmat. 989

MCXL. — Ecclesiæ de Stokes protectionem suscipit bonaque ac privilegia confirmat. 990

MCXLI. — Privilegium pro abbatia S. Martini de Chotis. 992

". — Privilegium pro ecclesia S. Martini Turonensi. 994

MCXLIII. — Chunrado, archiepiscopo Moguntino, apostolicæ sedis legato, scribit, episcopum Gurcensem una cum Richero, quem Ratisbonæ episcopus Brixinensem illicite consecrasset, archiepiscopatum Salzburgensem, Adalberto abrogatum, ad (Henricum) præpositum Berchtesgadensem detulisse. Quod facinus irritum denuntiet; Mandat ut utrumque episcopum et præpositum, clerum populumque Salzburgensem ad Adalberti obedientiam revocet. 994

MCXLIV. — Ad Sibotonem præpositum et chorum Salzburgensis ecclesiæ. — Ut ad Adalberti obedientiam revertantur. 996

MCXLV. — Ad Adalbertum Salzburgensem archiepiscopum. — Illum de superioribus epistolis certiorem facit. 997

MCXLVI. — Ad decanum et capitulum Parisiense. — Confirmat ecclesiæ Parisiensis possessiones. Item de præbenda S. Genovefæ in ecclesia Parisiensi 998

MCXLVII. — Ad Petrum cardinalem S. Chrysogoni, apostolicæ sedis legatum. — De mercede pro scholarum regimine. 998

MCXLVIII. — Ad decanum et capitulum Parisiense. — De stipendio canonicorum. 999

MCXLIX. — Canonicorum Pistoriensium disciplinam regularem, possessiones, privilegia confirmat. 999

MCL. — Monasterii S. Mariæ de Monte-Regali protectionem suscipit, possessionesque ac privi.egia omnia confirmat. 1000

MCLI. — Marsilio abbati et fratribus Caræ Insulæ qui a duobus locis minus congruis ad locum amplissimum qui Om vocatur monasterium transtulerant, » eadem duo loca asserit. 1004

ANNO 1161-1175.

MCLII. — Ad abbates et fratres Cisterc. in Anglia constitutos. — Interdicit ne jura patronatus in ecclesiis aut ecclesias requirant. 1004

MCLIII. — Pro priorissa de Broburg super decem libris. 1005

MCLIV. — Ad Belvacensem episcopum. — Pro A. decano Castri Radulfi. 1005

MCLV. — Ad G. Catalaunensem episc. — Pro Milone clerico, ut ei benefaciat. 1005

MCLVI. — Ad Henricum Remensem archiepiscopum. — De absolutione cujusdam civis Ma. Catalaunensis. 1006

MCLVII. — Ad eumdem. — Ut compellat S. Ursmari et Antonienses canonicos dimittere omnes fornicarias. Eos vero qui infra ordinem subdiaconatus sunt et habent conjuges, adhærere conjugibus. Il os autem qui in eo sunt et supra adhærere ecclesiis et dimittere uxores. 1006

MCLVIII. — Ad eumdem. — Pro Matthæo cive Catalaunensi. 1007

MCLIX. — Ad eumdem. — Ut audiat causam inter M. et A., et terminet, sicut consuetudo terræ habet. Sin autem remittat ad sæcularem judicem. 1008

MCLX. — Ad eumdem. — Pro abbate et fratribus de Sarnais. 1008

MCLXI. — Ad eumdem. — Ut apud Valencenas facultas detur hospitali pauperum construendi ecclesiam, et ne viri ecclesiastici a sæcularibus judicentur. 1008

MCLXII. — Ad eumdem et abbatem Joiacensem. — Pro J. paupere et presbytero qui olim novitius exstiterat in Joiacensem cœnobio. 1009

MCLXIII. — Ad...... — Pro F. clerico, ut ei præbenda reddatur. 1010

MCLXIV. — Ad Corbeiensem abbatem. De jure archiepiscopi Remensis in burgo Corbeiensi, monasterio adjacenti. 1010

ANNO 1164-1175.

MCLXV. — Ad episcopum Catalaunensem — Ne exigant presbyteri sui pecuniam pro baptismo parvulorum, nec pro sepultura mortuorum. 1011

MCLXVI. — Ad Theobaldum Ambianensem episcopum. — Pro Joanne Aculeo, contra novercam suam, ut audiat et terminet causam inter eos. 1011

MCLXVII. — Ad Henricum Remensem archiep. — Pro Theobaldo, adversus Guidonem de Appia. 1012

ANNO 1175.

MCLXVIII. — Parthenoni S. Mariæ Panormitano asserit decimas quasdam a Tustino episcopo Mazarensi collatas. 1013

MCLXIX. — Monasterium Vallis Christianæ tuendum suscipit, ejusque possessiones ac jura confirmat. 1013

MCLXX. — Ad Petrum cardinalem S. Chrysogoni, apostolicæ sedis legatum. — Ut qui electum Cameracensem episcopum occiderunt, publice excommunicati denuntientur. 1014

MCLXXI. — Monasterii S. Stephani Balneolensis privilegia et jura confirmat. 1015

MCLXXII. — Ad Conradum Moguntinum archiepisc. — Pro conventu Lunelacensi. 1016

MCLXXIII. — Ad R[ichardum] Cantuariensem archiepiscopum. — Mandat Hospitalarios et Templarios sub excommunicationis pœna moneat ut si quos in excommunicatione defunctos in cœmeteriis ecclesiarum sepelierint, eos ejiciant. 1017

MCLXXIV. — Ad W. electum Lucanum. — Ut reddatur canonicis Lucanis ecclesia quædam ab eo usurpata. 1017

MCLXXV. — R. præposito et universis monachis S. Georgii præcipit ut ecclesiam S. Matthæi de Fossa Natali intra dies quadraginta dimittant. De superiore ad electum Lucensem epistola significat. 1018

MCLXXVI. — Abbatiæ Majellanæ protectionem suscipit, ejusque possessiones et privilegia confirmat. 1019

MCLXXVII. — Ad Pennensem et Valvensem episcopos. — Ut clericos de Castellione excommunicatos denuntient. 1021

MCLXXVIII. — Ad Lugdunensem et Bituricensem archiepiscopos. — Ut Petrum S. Chrysogoni cardinalem, legatum agnoscant. 1022

MCLXXIX. — Ottonis præpositi Raitenbuchensis protectionem suscipit. Mandat ut clericos in Teutonico regno schismati renuntiantes ad Ecclesiæ unitatem recipiat. 1022

MCLXXX. — Episcopatum Civitatensem a Fernando Hispaniarum rege constitutum confirmat. Petro episcopo consecrationem sine sedis apostolicæ auctoritate ab archiepiscopo Compostellano acceptam ignoscit. 1023

MCLXXXI. — Ad Viennensem archiepiscopum et Claromontensem episcopum. — Ut sub excommunicationis pœna compellant Guigonem comitem Forensem ad observandam transactionem a papa confirmatam inter ipsum et Lugdunensem ecclesiam. 1023

MCLXXXII. — Archiepiscopis et episcopis mandat ut « omnes qui vota vel alteros reditus Ecclesiæ Compostellanæ dare teneantur, compellant ut vota et reditus persolvant. » 1024

MCLXXXIII. — Ad magistrum militiæ S. Jacobi in Hispania, ejusque fratres. — Approbat illorum institutum. 1024

MCLXXXIV. — Monasterii Warivillæ protectionem suscipit bonaque confirmat. 1030

MCLXXXV. — Domui eleemosynariæ S. Gervasii Parisiensis asserit donum juxta atrium S. Gervasii sitam, et denariorum iv censum annuum. 1031

MCLXXXVI. — Ad Petrum cardinalem S. Chrysogoni, apostolicæ sedis legatum. — Ut abbas Quintiacensis decimas restituat priori de Lanariaco, quas ipsi ademit. 1032

MCLXXXVII. — Canonicis ecclesiæ B. Mariæ Brixensis privilegia concessa confirmat. 1032

MCLXXXVIII. — Ad Petrum cardinalem S. Chrysogoni, apostolicæ sedis legatum. — Ne Meldensem ecclesiam detinere pergat. 1032

MCLXXXIX. — Ad Onufrium abbatem S. Salvatoris Messanensis, ordinis S. Basilii. — Ejus institutum approbat. 1033

MCXC. — Ecclesiæ S. Mariæ de Cagia Meldensis bona confirmat. 1035

MCXCI. — Ad Lugdunensem archiepisc. S. A. L. et suffraganeos, etc. — Petrum S. Chrysogoni cardinalem, legatum suum, commendat. 1056

MCXCII — Monasterium S. Mariæ Novigentium tuendum suscipit, ejusque bona ac immunitates confirmat. 1056

CIRCA ANNUM 1175.

MCXCIII. — Ad Robertum Exoniensem et Rogerum Wigorniensem episcopos. — Ut Clarembaldum abbatem S. Augustini Cantuar. removeant. 1037

MCXCIV. — Ad Rogerum Eboracensem archiepisc. — Ut secundum privilegium ei quondam indultum ante se per totam Angliam crucem deferat. 1038

MCXCV. — Monasterium S. Thomæ de Paraclito (Ebloholtensis) tuendum suscipit, ejusque bona ac privilegia confirmat. 1039

ANNO 1160-1176.

MCXCVI. — Ad Narbonensem archiepiscopum et Helenensem episcopum. — Confirmat sententiam interdicti auctoritate sedis apostolicæ latam adversus abbatem Canigonensem. 1041

MCXCVII. — Privilegium pro monasterio S. Bertini Sithiensi. 1041

MCXCVIII. — Ad rectores Lombardiæ. — Ut cives Mutinenses ab infestando monasterio Nonantulano dehortentur, ac de quadraginta obsidibus ex monasterio receptis viginti dimittant. 1042

MCXCIX. — Ad universos episcopos provinciæ Rothomagensi. — Ne illos absolvant, quos Rothomagensis ecclesiæ capitulum ligaverit. 1042

MCC. — Ad Suessionensem episcopum. Ut A. qui monasterium reliquerat post iter Jerosolymitanum, in illud recipiatur. 1043

MCCI. — Privilegium pro ecclesia S. Mariæ Corbeliensi. 1043

MCCII. — Ad decanum et capitulum B. Martini Turonensis. — De modiationibus infra certum terminum plus afferenti conferendis. 1044

MCCIII. — Permutationem a canonicis S. Aniani Aure ianensibus cum Adela Francorum regina factam confirmat. 1044

MCCIV. — Prohibet ne laici se ingerant in electionibus abbatum vel priorum Calmaldulensium. 1045

MCCV. — Canonicis S. Quintini concedit ne episcopus Noviomensis plures quam triginta equitaturas ad eorum ecclesiam ducere audeat. 1046

MCCVI. — Confirmat statutum quoddam a capitulo S. Quintini factum. 1047

MCCVII. — Omnibus episcopis præcipit ut in locis ubi fratres vel sorores Præmonstratenses habitent, nullos sæculares clericos introducant. 1048

MCCVIII. — Ad Tarraconensem archiep., apostolicæ sedis legatum. — Statuit ut Ecclesiæ Dertusensis et Herdensis, recens a Maurorum servitute liberatæ, subsint Tarraconensi tanquam metropolitano. 1048

MCCIX. — Ad V. priorem et canonicos ecclesiæ S. Frigdiani Lucensis. 1048

MCCX. — Ad priorem et fratres monasterii S. Savini. — Ut abbati sint obedientes, eique proprium resignent. 1049

MCCXI. — Ad episcopum Ausonensem, ejusque capitulum. — Monet ut ecclesiam de Granoylers, quam injuste detinebant, monasterio Rivipullensi restituant. 1049

MCCXII. — Ad decanum thesaurarium et capitulum ecclesiæ B. Martini Turonensis. — Concedit ut ecclesias de feodis ipsorum et possessiones ad eorumdem proprietatem pertinentes legitime revocare possint. 1050

MCCXIII. — Ad clericos et laicos de Bagnacavallo. — Ut ad canonicorum Faventinorum obedientiam redeant. 1050

MCCIV. — Ad Vicensem episcopum. — Ecclesiam S. Stephani vi occupatam ac detentam, monachis Rivibullensibus, infra quadraginta dies restituere jubet. 1051

MCCXV. — Ad Oscensem et Barchionensem episcopos. — Jubet ut episcopum Vicensem moneant ac inducant ad restitutionem ecclesiæ S. Stephani, quam vi occupaverat. 1051

MCCXVI. — Ad clerum Pisanum. — Ut populum ad solvendas canonicis decimas inducant. 1052

MCCXVII. — Abbati et fratribus ordinis Præmonstratensis concedit « ut servientibus qui de mensa eorum vivunt pœnitentiam dent et corpus Dominicum in statutis temporibus tradant. » 1052

MCCXVIII. — Monasterio S. Germani de Pratis Parisiensi capellam S. Joannis asserit. 1052

MCCXIX. — Archiepiscopo Mediolanensi scribit hæc : — « Significavit nobis nobilis vir P. quod Friderico dicto imperatori, cum olim ab Urbe rediret, castrum Ferruce a!. Verrucæ negavit; unde contigit quod quatuor castris destructis plus quam duo millia domorum destructa fuerunt et multi homines interfecti. » Mandat ut pœnitentiam illi imponat. 1053

MCCXX. — Henrico patriarchæ Gradensi, et Theodino S. Vitalis presbytero cardinali mandat judicent inter C. et Leonardum, electos Torcellenses. 1053

ANNO 1166-1176.

MCCXXI. — Ildebrando presbytero cardinali Duodecim Apostolorum, apostolicæ sedis legato, respondet et « electum qui nuper abjurato schismate ad unitatem Ecclesiæ redierit, faciat a catholicis episcopis suffraganeis Aquileiensis Ecclesiæ consecrari 1053

ANNO 1173-1176.

MCCXXII. — Ad Simonem abbatem S. Albani. — Ad quæstiones ejus respondet. 1055

MCCXXIII. — Ad Theobaldum Placentinum episcopum. — Ut monachis S. Savini decimam clausi juxta S. Ambrosium siti reddat. 1054

MCCXXIV. — Archiepiscopo Viennensi et ejus suffraganeis mandat ut molestantesi Carthusienses in terminis vel pascuis cohibeant, et ne qui alii religiosi juxta illos æd' cent.

MCCXXV. — Ad Petrum Salonitanum archiep — Ejus fidem laudat eumque molestiis afflictum con tur. Negat se de Ecclesia Jaderensi quidquam in ejus i juriam decreturum. 1056

MCCXXVI. — Ad episcopum et consules Bononienses. — Ut ab injuriis in ecclesiam Nonantulanam desistant. 1057

MCCXXVII. — Pacem inter Hugonem episcopum Terracinensem et Petrum de Roberto conciliatam confirmat. 1058

MCCXXVII bis. — Ad capitulum S. Petri in Wessinbrunn. — Ne expulsum abbatem schismaticum denuo recipiant. 1059

MCCXXVII ter. — Ad eosdem. — Ut Henricum et Carolum fratres recipiant. 1059

ANNO 1174-1176.

MCCXXVIII. — Petentibus Rodulfo abbate et monachis Cluniacensibus, thesaurum, honores, obedientias, possessiones Ecclesiæ Cluniacensis ab abbatibus alienari invito capitulo vetat. 1060

MCCXXIX. Rodulfo et fratribus Cluniacensibus asserit ecclesiam S. Joannis ab iis constructam. 1060

MCCXXX. — Parthenonis Gudhemensis bona, a Canuto rege ejusque fratre donata, confirmat. 1060

ANNO 1175-1176.

MCCXXXI. — Ad Petrum cardinalem S. Chrysogoni, apostolicæ sedis legatum. — Conqueritur de Parisiensi episcopo, quod archidiaconatum, contra mandatum papæ et appellationem factam, contulerit. 1061

ANNO 1176.

MCCXXXII. Parthenonem S. Justinæ Lucensem tuendam suscipit, ejusque disciplinam, possessiones, jura confirmat. 1062

MCCXXXIII. — Ad Petrum cardinalem S. Chrysogoni, apostolicæ sedis legatum. — Ut regem Francorum et principes aliosque ad sumendam crucem hortetur. 1063

MCCXXXIV. — Ad clericos Alexandrinæ ecclesiæ. — De novo episcopo ipsis concesso vel aliunde translato. 1064

MCCXXXV. — Compositionem a Willelmo archiepiscopo Remensi, apostolicæ sedis legato, factam inter fratres S. Patri et capellanos ecclesiarum S. Joannis, S Nicolai, S. Jacobi Gandavensium confirmat. 1064

MCCXXXVI. — Monasterii Camaldulensis bona et privilegia confirmat. 1064

MCCXXXVII. — Ubaldo archiepiscopo Pisano primatum Sardiniæ asserit. 1066

MCCXXXVIII. — Ad monachos S. Georgii Lucensis. — Ut ecclesiam quam per pecuniam acquisierant resignent. 1066

MCCXXXIX. — Privilegium pro monasterio Vallumbrosano. 1067

MCCXL. — Monasterii S. Mariæ de Florentia bona, jura et privilegia confirmat. 1069

MCCXLI. — Rogero archiepiscopo Eboracensi mittit exemplum litterarum Willelmi Scotiæ regis, post pacem cum Anglorum rege factam ab ipso petentis ut Scotiæ Ecclesia Ecclesiæ Eboracensi subjiciatur. 1071

MCCXLII. — Ad Petrum S. Chrysogoni presbyterum, et Hugonem S. Angeli diaconum, cardinales. — Ut regis Francorum filia vel ducatur a filio regis Anglorum, vel patri restituatur. 1072

MCCXLIII. — Privilegium pro monasterio S. Joannis in Venere. 1073

MCCXLIV. — Gunteramo electo Senonensi ecclesiam in Monte Bonizi asserit. 1075

MCCXLV. — Privilegium pro monasterio Boscauduensi. 1077

MCCXLVI. — Privilegium pro ecclesia Aquileiensi. 1077

MCCXLVII — Parthenonis S. Mariæ Suessionensis sororibus concedit « ut donec numerus monialium ad octogenarium reducatur, nullam nisi urgente mortis articulo in sororem recipere, aut numerum ipsum, cum ad eum redactæ fuerint, transgredi debeant. » 1079

MCCXLVIII. — Robertum Exoniensem et Rogerum Wigorniensem episcopos, et Clarembaldum abbatem Faureshamensem laudat quod Clarembaldum abbatem S. Au-

gustini Cantuariensem dejecerint. 1079
MCCXLIX. — Monachos S. Augustini Cantuarienses hortatur ut, dejecto Clarembaldo, alium sibi abbatem sumant. 1080
MCCL. — Quidquid Clarembaldus de bonis ecclesiæ S. Augustini sine assensu capituli fecit, rescindit. 1080
MCCLI. — Ad Guidonensem priorem Carthusiæ ejusque fratres. — Eorum institutum approbat. 1080
MCCLII. — Ad cardinales in Langobardiam legatos. — tenus spei dederit Friderici imp. nuntiis de pace acturis. Jubet ut Langobardos in fœdere confirmetc. 1081
MCCLIII — Confirmat sententiam a Brixiensi episcopo latam in controversia inter Placentinum episcopum et Parmensem, super ecclesia Castri Speculi et ecclesia S. Christinæ, quæ Placentino adjudicantur. 1082
MCCLIV. — Monasterium S. Germani de Pratis tuendum suscipit, ejusque bona ac privilegia confirmat. 1083
MCCLV. — Ecclesiæ S. Laurentii Florentinæ protectionem suscipit, ejusque bona ac privilegia confirmat. 1084
MCCLVI. — Ad rectores Marchiæ. — De pace cum imperatore Friderico, quæ nunquam confirmanda sit, nisi ipsis pariter consulatur. 1086
MCCLVII. — Domus S. Juliani de Perego protectionem suscipit, ejusque bona omnia confirmat. 1086
MCCLVIII. — Petro, tit. S. Chrysogoni presbytero cardinali, apostolicæ sedis legato, mandat ut monasterium S. Maglorii Parisiense tueatur, a Ludovico Francorum rege sibi commendatum. 1087
MCCLIX. — Monasterio Lætiensi de altaribus et omnimoda libertate ecclesiæ bullam tribuit. 1088
MCCLX. — Monasterii S. Gisleni protectionem suscipit, ejusque bona et privilegia confirmat. 1088
MCCLXI. — Archiepiscopum Eboracensem et Cantuariensem eodem loco et numero haberi jubet, modo ut prior habeatur qui prius fuerit ordinatus. 1090

CIRCA ANNUM 1176.
MCCLXII. — Episcopo Exoniensi [al. Wigorniensi] mandat, interdicat Gaufredo electo Lincolniensi, « cum ejus non sit electio confirmata, ne archidiaconatum vel præbendam cuiquam concedat. » 1090

INTRA ANNUM 1159-1177.
MCCLXIII. — Ad rectores Lombardiæ. — Ut Mutinenses a monasterii Nonantulani oppressione revocent. 1090
MCCLXIV. — Petente A. episcopo Laudensi confirmat sententiam ab Ariberto, quondam S. Anastasiæ presbytero cardinali latam, qua vicedominatus Ecclesiæ Laudensis Lanfranco de Trissino militi Laudensi ademptus erat. 1091
MCCLXV. — Joanni episcopo Casertano scribit de quorumdam tertio gradu conjunctorum matrimoniis dirimendis. 1092

INTRA ANNUM 1167-1177.
MCCLXVI. — Ad canonicos regulares S. Satyri. — Hortatur eos ad regularem disciplinam sedulo observandam, vetatque ne etiam extra cœnobium carnibus vescantur. 1092

INTRA ANNUM 1175-1177.
MBCLXVII. — Ad Parisiensem et Silvanectensem episcopos. — Cluniacensibus restitui faciant nemus de Sagitta vocatum ab Hu. pincerna regis Francorum ablatum. 1093
MCCLXVIII. Ad R. episcopum S. Andreæ, et ad alios Scotiæ episcopos. — Privilegia eorum confirmat. 1093

ANNO 1177.
MCCLXIX. — Privilegium pro monasterio Scotorum S. Jacobi Ratisponensi. 1094
MCCLXX. — Ad Martinum abbatem S. Vedasti. — Monasterium S. Vedasti sub sua suscipit protectione, varia ei concedit privilegia, sed præcipue usum dalmaticæ abbati permittit. 1095
MCCLXXI. — Ecclesiæ S. Mariæ in Pulsano protectionem suscipit, bonaque ac possessiones confirmat. 1097
MCCLXXII. — Ecclesiam Monopolitanam, petente Stephano episcopo, tuendam suscipit et bona ejus confirmat. 1098
MCCLXXIII.—Willelmo archiepiscopo Remensi, apostolicæ sedis legato, mandat ut, « convocatis magistris scholarum Parisiensium et Remensium et aliarum circumpositarum civitatum, interdicat ne quis dicere audeat Christum non esse aliquid secundum quod homo, quia, inquit, sicut verus Deus, ita verus est homo, ex anima rationali et humana carne subsistens. » 1098
MCCLXXIV. — Majoris monasterii protectionem suscipit, bonaque ac privilegia confirmat. 1099
MCCLXXV. — Ad fratres Carthusiæ Seitzensis, quos, ut sancte ac ad ordinis sui normam vitam exigant, hortatur. 1100

MCCLXXVI. — Privilegium pro ecclesia Parentina. 1101
MCCLXXVII. — Monasterii Sancti Benigni Divionensis bona, possessiones et privilegia confirmat. 1102
MCCLXXVIII. — Ecclesiam Præmonstratensem tuendam suscipit ejusque privilegia confirmat. 1103
MCCLXXIX. — Ad Petrum tit. S. Chrysogoni presbyterum cardinalem, apostolicæ sedis legatum. — Mandat se cum Friderico imperatore nondum pacem fecisse; jubet hortetur Francorum regem ut factas cum Henrico Anglorum rege pactiones observet. 1108
MCCLXXX. — Privilegium pro ecclesia Veronensi. 1110
MCCLXXXI. — Ad archipresbyterum et canonicos plebis S. Michaelis de Nonantula. — Ne duodecim canonicorum numerus augeatur. 1111
MCCLXXXII. — Ad Albertum archipresbyterum et canonicos Bononienses ecclesiæ. — Eorum privilegia confirmat. 1111
MCCLXXXIII. — Monasterium Sanctæ Mariæ Vangadiciense tuendum suscipit bonaque ac jura confirmat. 1112
MCCLXXXIV. — Ad Guidonem præpositum et capitulum Mutinensis ecclesiæ. — De numero quatuordecim canonicorum neque augendo neque minuendo. 1114
MCCLXXXV — Balderani præpositi et canonicorum S. Mariæ Magdeburgensium erga Romanam Ecclesiam studium laudat et confirmat. 1115
MCCLXXXVI. — Ad Hugonem abbatem et fratres S. Germani Parisiensis. — Indulget eis ut Senonensi archiepiscopo procurationes solvere non teneantur, nisi pro quadraginta equitaturis ad summum, et pro quadraginta quatuor hominibus. 1115
MCCLXXXVII. — Welfoni duci significat se ecclesiæ Steingadensis defensionem contra episcopum Augustensem suscepisse. 1116
MCCLXXXVIII. — Visitantibus ecclesiam Sanctæ Mariæ de Charitate Venetiis, indulgentiam viginti dierum concedit. 1116
MCCLXXXIX.—Ad propositum et capitulum Mutinense. — Sancit ne canonicis extra morantibus beneficia conferantur. 1117
MCCXC. — Ad eosdem. — Intra parœcias Mutinenses injussu episcopi et capituli Mutinensis construi ecclesias vetat. 1118
MCCXCI.—Sententiam ab Equilino et Torcellano episcopis latam, ut monachi S. Nicolai Vitalem episcopum Castellanum (Venetum) die Ascensionis Domini recipiant « ad processionem et ad refectionem præstandam » confirmat 1118
MCCXCII. — Ad abbatem et fratres S. Audoeni. — Jus in ecclesia S. Leufredi de Cruce illis asserit. 1119
MCCXCIII. — Steingadensibus scribit se precibus Welfonis ducis adductum ecclesiam eorum tuendam suscepisse. 1119
MCCXCIV. — Ad præpositos Salzburgensem et Gurcensem. — De impedito adventu Henrici cardinalis. Falsum esse se depositionem Adalberti Salzb. archiep. intendisse, etc. 1120
MCCXCV. — Ad Adelbertum archiep. Salzburg. — Falsum rumorem esse qui suum ab eo animum aversum esse nuntiavit. Cæterum ad se in Longobardiam veniat, justam sententiam auditurus. 1121
MCCXCVI. — Roberto abbati ecclesiæ S. Quirini Tegernseensi usum mitræ concedit. 1122
MCCXCVII. — Urbem Laudem novam, possessionibus veteris oppidi instructam confirmat. 1122
MCCXCVIII. — Privilegium pro monasterio S. Mariæ Novi Portus. 1123
MCCXCIX. — Parthenonis S. Andreæ Ravennatis protectionem suscipit, ejusque bona et jura confirmat. 1125
MCCC. — Monasterii S. Mariæ in Organo Veronensis protectionem suscipit, ejusque bona, possessiones et privilegia confirmat. 1126
MCCCI. — Confirmat constitutiones factas et faciendas per capitulum generale Carthusiense cum potestate instituendi et destituendi priores et corripiendi personas ordinis, quibus non liceat appellare. 1128
MCCCII. — Parthenoni B. Mariæ Suessionensi guadionem præbendarum ecclesiæ B. Petri asserit. 1128
MCCCIII.—Archiepiscopo Spalatino, legato apostolico, et Michaeli episcopo Traguriensi mandat ut piratas Sebenicenses qui Raymundum de Capella, subdiaconum suum, a Willelmo Siciliæ rege ad sese revertentem, tum litteris regiis, tum aliis pretii magni rebus spoliaverint, ad hæc restituenda sub excommunicationis pœna commoneant. 1129
MCCCIV. - Rogero, archiepiscopo Eboracensi, apostolicæ sedis legato, et Hugoni, episcopo Dunelmensi,

significat, die 21 Julii filium Alberti, marchionis Brandenburgensis, Frederici imperatoris camerarium, jusjurandum dedisse : « quod, postquam idem imperator veniret Venetias, pacem Ecclesiæ, et pacem Willielmi Siciliæ regis usque ad 15 annos, et treugam Lombardorum usque ad 6 annos faceret juramento firmari. » Imperatorem die 24 m. Julii ad ecclesiam S. Nicolai pervenisse, « et ibi tam ipsum, quam archiepiscopos, episcopos et alios principes Teutonici regni, abrenuntiantes schismati, per episcopos et cardinales absolutionis beneficium meruisse. » Deinde Venetiis et hoc et postero die 25 m. Julii ecclesia S. Marci sibi ab imperatore debitos honores habitos esse. 1130

MCCCV. — Petro abbati Casinensi, et archiepiscopo eadem quæ Rogero archiepiscopo Eboracensi litteris superioribus significat. 1131

MCCCVI. — Willelmo archiepiscopo Remensi et suffraganeis ejus nuntiat Fridericum imperatorem ad Ecclesiæ obedientiam rediisse. 1132

MCCCVII. — Guidoni archiepiscopo Senonensi ejusque suffraganeis eadem iisdem verbis scribit quæ superiore ad Willelmum Remensem epistola. 1132

MCCCVIII. — Ad capitulum generale ordinis Cisterciensis. — De reconciliatione Frederici imperatoris. 1132

MCCCIX. — Privilegium pro ecclesia Bonnensi. 1133

MCCCX. — Ad Ludovicum Francorum regem. — Scribit Fridericum imperatorem ad officium rediisse. 1135

MCCCXI. — Ad Eboracensem archiepiscopum et episcopum Lincolniensem. — Pro monialibus Swinensibus et Cotumensibus. 1136

MCCCXII. — Ecclesiæ B. Petri Osnabrugensis privilegia clericorumque possessiones confirmat. 1137

MCCCXIII. — Monasterium S. Udalrici tuendum suscipit, ejusque bona et privilegia confirmat. 1137

MCCCXIV. — Ad Richardum archiepiscopum Cantuariensem, apostolicæ sedis legatum, et suffraganeos ejus. — De pace cum imperatore Friderico reconciliata. 1140

MCCCXV. — Choro Ecclesiæ Salzburgensis, prælatis Ecclesiarum et ministerialibus prædictæ Ecclesiæ significat in Adalberti locum, qui archiepiscopatu suo sponte abdicasset, ab episcopis [Romano] Gurcensi et [Theobaldo] Passaviensi prælatisque Salzburgensibus Chunradum Moguntinum electum esse. 1141

MCCCXVI. — Monasterii S. Jacobi Moguntini disciplinam Præmonstratensem confirmat. 1142

MCCCXVII. — Archiepiscopo Spalatino, legato apostolico, significat se ejus cum archiepiscopo Jaderensi de episcopatu Pharensi controversiam Raymundi de Capella, subdiaconi sui, legationem apostolicam in Sclavoniam ineuntis, arbitrio permisisse. 1143

MCCCXVIII — Everardo episcopo Tornacensi interdicit ne in divisione præbendarum nonnisi justa tenorem scripti sui procedat. 1144

MCCCXIX. — Ecclesiæ S. Donatiani Brugensis protectionem suscipit bona et possessiones confirmat. 1144

MCCCXX. — Dominico abbati S. Justinæ Patavino permittit « ut in obsequiis defunctorum, episcopo absente, vel missam cantare nolente, in monasterio speciales missam cantet. » 1146

MCCCXXI. — Compositionem inter Balduinum quemdam episcopum et Gerardum de Chirisi factam confirmat.

MCCCXXII. — Presbytero Joanni, Indorum regi, scribit se jamdiu quidem audisse eum Christianam legem sequi; sed tum ipsum Philippum medicum ecclesiæ eum cupere « erudiri catholica disciplina et in Urbe habere ecclesiam et Jerusalem altare aliquod. » Mittit igitur eumdem Philippum medicum, per quem ad fidem catholicam deducatur. 1148

MCCCXXIII. — Monasterii Sanctæ Mariæ Magdalenæ de Lacu Juriensi protectionem suscipit, bonaque ac possessiones confirmat. 1150

MCCCXXIV — Privilegium pro ecclesia Ferrariensi. 1152

MCCCXXV. — Magistro Hugoni Etheriano gratias agit quod librum « pro Deo et pro devotione Ecclesiæ » compositum per magistrum Cacciaredum ad sese miserit. Monet ut « Constantinopolitanum imperatorem ad devotionem et reverentiam Romanæ Ecclesiæ exhibendam et ad unitatem ipsius diligentius provocet. » 1154

INTRA ANNUM 1160-1478.

MCCCXXVI. — Leprosis Abbatis villæ decimarum immunitatem concedit, terramque de Cantastra, concessam a comite Pontivi, asserit. 1154

MCCCXXVII. — Plebanis, capellanis et aliis clericis monasterii Puteolensis circumpositis interdicit « ne aliquibus parochianorum aliquatenus prohibeant quin libere valeant apud monasterium habitum monachalem induere vel inibi sepeliri. 1155

MCCCXXVIII — Ad Rainaldum Æsincensem episcopum. — Privilegia quædam concedit. 1155

MCCCXXIX. — Privilegium pro ecclesia S. Margaritæ Elentonæsmerensi. 1156

MCCCXXX. — Roberto de Quedeleswurd quatuor hidas terræ de Quedeleswurd eidem concessas a monachis de Abendon confirmat. 1156

ANNO 1174-1178.

MCCCXXXI. — Episcopo Terracinensi mandat inducat homines Terracinenses ut quas possessiones ecclesiæ S. Stephani de Montanis cum paraverint, restituant. 1156

INTER ANNUM 1176-1178.

MCCCXXXII. — Ad magistrum Girardum Puellam. — De scholarum reditibus. 1157

MCCCXXXIII. — Petro abbati et capitulo Casinensi concedit « ut pro rebus quas ad opus monasterii aliquod civitatem Beneventanam aliquando comparent, nil aliquo tempore pro passagio vel plateatico requiratur. » 1158

ANNO 1178.

MCCCXXXIV. — Ad Geraldum abbatem et fratres ecclesiæ S. Mariæ de Reno. — Eorum possessiones et jura confirmat. 1159

MCCCXXXV. — Monasterii S. Mariæ Eberbacensis protectionem suscipit ejusque bona, possessiones ac privilegia confirmat. 1160

MCCCXXXVI. — Tabulam auream a Casinensi cœnobio alienatam eidem restituit, eamque in posterum alienare sub anathemate prohibet. 1161

MCCCXXXVII. — Ad Hugonem Terracinensem episcopum. — Ejus de disciplina canonicorum statuta confirmat 1161

MCCCXXXVIII. — Ecclesiam Lincopiensem tuendam suscipit, ejusque bona ac possessiones confirmat. 1163

MCCCXXXIX. — Ad Petrum cardinalem S. Chrysogoni, apostolicæ sedis legatum. — Ut candelabra et cuppam argenteam Portuensis episcopi defuncti ad se deferat. 1163

MCCCXL. — Ecclesiæ Reginæ protectionem suscipit canonicorumque bona ac jura confirmat. 1164

MCCCXLI. — Ecclesiæ et capituli Audomarensis in Arthesia constitutiones varias et privilegia confirmat. 1165

MCCCXLII — Monasterii Cluniacensis protectionem suscipit ac possessiones confirmat. 1166

MCCCXLIII. — Ad Rogerum Wigorniensem episcopum. — Pro electo ecclesiæ sancti Augustini Cantuariensis. 1167

MCCCXLIV. — Ad Rogerum electum monasterii S. Augustini Cantuariensis. — Testatur se decrevisse ut ipse et ejus successores ab archiepiscopis in ipso monasterio dedicarentur.

MCCCXLV. — Richardo archiepiscopo Cantuariensi, apostolicæ sedis legato, de superioribus litteris significat. 1169

MCCCXLVI. — Ecclesiæ Cephaludensis protectionem suscipit ejusque possessiones, privilegia et jura confirmat. 1169

MCCCXLVII. — Canonicorum S. Euphemiæ de Insula Cumarum decimas quasdam possessionesque omnes confirmat. 1171

MCCCXLVIII. — Canonicorum ecclesiæ S. Petri Romanæ privilegium ab Eugenio III constitutum confirmat. 1172

MCCCXLIX. — Episcopalem sedem Suerinensem Ecclesiæque possessiones confirmat, petente Bernone episcopo. 1174

MCCCL. — Canonicorum ecclesiæ Bremensis consuetudinem quamdam confirmat. 1175

MCCCLI. — Privilegium pro monasterio S. Nicolai Audegavensi. 1176

MCCCLII. — Ad Philippum Coloniensem archiepiscopum. — Coloniensis ecclesiæ jura ac privilegia confirmantur. 1176

MCCCLIII. — Monasterium S. Geremari tuendum suscipit, ejusque bona et possessiones enumerat et confirmat.

MCCCLIV. — Ad clerum Salmanticensem. — Ut Petro episcopo a sese consecrato obediant. 1183

MCCCLV. — Ad Adefonsum Castellanorum regem. — Petrum episcopum Salmanticensem commendat. 1183

MCCCLVI. — Ad Ubaldum archiep. Pisanum et universos episcopos et abbates per Tusciam constitutos. — Illos ad concilium Romæ celebrandum invitat. 1184

MCCCLVII. — Ad archiepiscopos, episcopos et abbates Hungariæ. — Ejusdem argumenti. 1185

MCCCLVIII. — Ad Guarinum archiepiscopum Bituricensem et ejus suffraganeos, et abbates per eorum episcopatus constitutos. — Ejusdem argumenti. 1185

MCCCLIX. — Ecclesiam S. Opportunæ Parisiensem tuendam suscipit, ejusque bona et privilegia confirmat. 1185

MCCCLX. — Londinensi et Wintoniensi episcopis, ostendens quod ad regem pertineat, non ad Ecclesiam de po ... judicare, præcipit ut Henrico regi Anglorum possessionum judici... ret... 1185

MCCCLXI. — Monasterium S. Thomæ de Paraclito Ebleholtense tuendum suscipit, ejusque bona ac jura confirmat. 1186

INTRA ANNUM 1159-1179.

MCCCLXII. — Ad Parmensem et Reginum episcopos. — Ut quædam bona monachis Nonantulanis restituenda curent. 1187

MCCCLXIII. — Ad Nonantulanos. — Quod P., qui totam vitam suam Deo dederit, voto liber judicandus sit. 1188

MCCCLXIV. — Parthenonem S. Mariæ Calensis tuendum suscipit ejusque bona confirmat. 1189

MCCCLXV. — Ecclesiæ collegiatæ SS. Michaelis et Gudulæ possessiones ac privilegia confirmat. 1189

INTRA ANNUM 1160-1179.

MCCCLXVI. — Ad capitulum B. Martini Turonensis. — Ne quis in canonicum recipiatur qui sit servilis conditionis et qui non sit de legitimo matrimonio natus 1191

MCCCLXVII. — Ad Hugonem Genuensem episcopum. — Pro Guillelmo Montispessulani domino. Vetat ne Genuenses portui Magalonensi noceant. 1191

MCCCLXVIII. — Ad consules et populum Genuensem. — Eos dehortatur ab injuriis in Guillelmum, Montispessulani dominum. 1192

MCCCLXIX. — Ad abbatem et fratres monasterii de Possignano. — Jus patronatus in ecclesias quasdam illis asserit. 1193

INTRA ANNUM 1166-1179.

MCCCLXX. — Præpositum ad capitulum et Vibergense. — Significat de parthenonis S. Margaretæ Asmialdensis protectionem suscepisse. 1193

MCCCLXXI. — Ad clericos archidiaconatus Berkesire. — Varia illis privilegia concedit. 1194

MCCCLXXII. — Ad Cabilonensem episcopum et abbatem de Firmitate. — Ut cogant milites quosdam ut ablata monasterio Trenorciensi reddant. 1194

MCCCLXXIII. — Ad Bituricensem et Bizuntinum archiepiscopos, etc. — Eos ad tuenda bona monasterii Trenorciensis hortatur. 1195

MCCCLXXIV. — Nicolao priori et fratribus S. Sepulcri Hierosolymitani concedit ecclesiam S. Ægidii sitam Romæ juxta portam Auream, 1196

MCCCLXXV. — Ad abbatem et fratres monasterii S. Dionysii. 1196

MCCCLXXVI. — Ad Simonem episcopum Meldensem. — Ut nulli parochialis ecclesia concedatur, qui non resideat. 1197

MCCCLXXVII. — Archiepiscopis quibusdam significat de monasterii S. Nicolai Andegavensis protectionem suscepisse. 1197

MCCCLXXVIII. — A Bituricensem archiep. et Claremontensem et Aniciensem episcopos. — Ut sententiam pro monasterio Trenorciensi promulgatam observandam curent. 1197

MCCCLXXIX. — Archiepiscopo Viennensi eadem mandat. 1197

MCCCLXXX. — Ad consules et populum Senensem. — Confirmat pacem de finibus inter Senenses et Florentinos. 1198

MCCCLXXXI. — Canonicorum ecclesiæ Cæsenatis possessiones confirmat. 1198

ANNO 1173-1179.

MCCCLXXXII. — Ad abbatem et canonicos Lucernenses. Terram quamdam eis asserit. 1199

ANNO 1175-1179.

MCCCLXXXIII. — Ad Ricardum Cantuariensem archiepiscopum. — De coronatione regum Angliæ. 1199

ANNO 1178-1179.

MCCCLXXXIV. — Ad magistrum Girardum puellam. — Redditus schismatis tempore sponte remissos restituit. 1200

MCCCLXXXV. — Willelmo abbati S. Dionysii ejusque successoribus usum mitræ, annuli, sandaliorum concedit. 1200

MCCCLXXXVI. — Simoni quondam abbati S. Mariæ Blesensis asserit beneficia post muneris abdicationem a Joanne episcopo Carnotensi ei collata. 1201

MCCCLXXXVII. — Ad Simonem Meldensem episcopum. 1201

ANNO 1179.

MCCCLXXXVIII. — Monasterii SS. Floræ et Lucillæ Aetini protectionem suscipit, ejusque bona et privilegia confirmat. 1201

MCCCLXXXIX. — Ad Joannem episcopum et capitulum Carnotensem. — Ut nulli concedantur honores nisi his qui residentiam promiserint. 1203

MCCCXC. — Ad Matthæum episcopum Trecensem. — De numero canonicorum, presbyterorum et diaconorum ecclesiæ Trecensis. 1203

MCCCXCI. — Ad Lupum Valentiæ regem. — Illi gratias agit quod Christianos tueatur et honoret. 1205

MCCCXCII. — Bulla pro ecclesia Biterrensi. 1205

MCCCXCIII. — Ad Simonem Meldensem episcopum. — De electione abbatum in monasteriis diœcesis ejus. 1206

MCCCXCIV. — Ad abbatum et capitulum S Bertini Sithiensis. — Ut duo sint presbyteri in parochiali ecclesia Broburgensi. 1207

MCCCXCV. — Ad eosdem. — Exemplar confirmationis duarum partium decimæ de Lulinghem cujusdam militis de Watenis. 1207

MCCCXCVI. — Ad eosdem. — Exemplar confirmationis super decimas de Varanciis. 1208

MCCCXCVII. — Ad eosdem. — Ut nullus archiepiscopus, episcopus, aut quævis persona, in ecclesias ad jurisdictionem eorum spectantes, excommunicationis sive interdicti sententiam promulget. 1208

MCCCXCVIII. — Ad eosdem. — Ne laicis teneantur præbendas conferre. 1208

MCCCXCIX. — Monasterium S Blasii de Nigra-Silva tuendum suscipit ejusque bona et privilegia confirmat. 1209

MCD. — Ecclesiæ S. Mauritii Agaunensis protectionem suscipit, ejusque bona et privilegia confirmat. 1212

MCDI. — Privilegium pro ecclesia Trapeiensi. 1213

MCDII. — Monasterii S. Martini in Mure protectionem suscipit, variaque eidem privilegia elargitur, imposito monachis aurei unius censu annuo. 1213

MCDIII. — Monasterium S. primitivæ Ecclesiæ montis Sion Hierosolymitanum tuendum suscipit et ejus possessiones in Sicilia sitas confirmat. — Abbati mitræ annulique usum concedit. 1214

MCDIV. — Monasterii S. Simpliciani Mediolanensis jura et privilegia confirmat. 1214

MCDV. — Privilegium p.o monasterio S. Georgii in Nigra-Silva. 1216

MCDVI. — Privilegium pro monasterio S. Michaelis Tornodorensi. 1219

MCDVII. — Privilegium pro ecclesia Imolensi. 1221

MCDVIII. — Desiderio episcopo Morinorum mandat ut decimam monasterio S. Bertini Sithiensi tribuendam curet — Item Philippum Flandriæ comitem hortatur ut eidem monasterio decimam tribuat. 1221

MCDIX. — Bulla confirmans monasterium Garstense 1221

MCDX. — Monasterii S. Nazarii Laureshamensis protectionem suscipit, bonaque ac jura confirmat. 1223

MCDXI. — Monasterium Trenorchiense tuendum suscipit, ejusque possessiones ac privilegia confirmat. 1223

MCDXII. — Ad Richardum Cantuariensem archiepiscopum. — Rogerum abbatem S. Augustini a sese dedicatum nuntiat. 1228

MCDXIII. — Ad Rogerum abbatem S Augustini Cantuariensis — De benedictione successorum ejus. 1229

MCDXIV. — Ad Henricum Anglorum regem. — Affirmat Rogerum abbatem temere accusari. 1229

MCDXV. — Ad Rogerum abbatem et fratres S. Augustini Cantuariensis. — Ne in ecclesiis ad præsentationem eorum spectantibus, ulli nisi ab eis præsentati fuerint, ordinentur. 1231

MCDXVI. — Ad eumdem. De excommunicandis malefactoribus. 1231

MCDXVII. — Rogero abbati et fratribus S. Augustini Cantuariensis concedit (ut cum generale interdictum terræ fuerit, liceat iis, clausis januis, exclusis excommunicatis et interdictis, non pulsatis campanis, suppressa voce divina officia celebrare. 1231

MCDXVIII. — Ecclesiam Remensem tuendum suscipit, ejusque possessiones ac privilegia confirmat. 1231

MCDXIX. — Ad Sigehardum Laureshemensis cœnobii abbatem. — Ei ejusque successoribus mitræ usum concedit. 1233

MCDXX. — Wilhelmo archiep. Remensi et ejus suffraganeis declarat religiosos Dunenses ordinis Cisterciensis immunes esse a solvendis decimis terrarum quas ipsimet excolunt. 1233

MCDXXI. — Ad Henricum patriarcham Gradensem et Dominicum episcopum Caprulensem. — Ut sententiam pro monasterio S. Salvatoris latam observari faciant ab omnibus. 1234

MCDXXII. — Christianum archiepiscopum Moguntinum rogat ut Leonati abbati Piscariensi in recuperandis monasterii possessionibus; opituletur. 1255
MCDXXIII. — [Gentili] episcopo Auximano et [Petro] Firmano, [Acceptabili] Camerinensi, [Jacobo] Senogalliensi episcopis mandat ut monasterio Piscariensi possessiones tempore schismatis invasas restitui jubeant. 1256
MCDXXIV. — Ad Alphonsum Portugalensium regem. — Regni Portugalensis protectionem suscipit. 1257
MCDXXV. — Privilegium pro ecclesia SS. Stephani et Willehadi Bremensi. 1258
MCDXXVI. — Privilegium pro ecclesia S. Mariæ a Fine. 1241
MCDXXVII. — Indulgentiam XX dierum concedit ecclesiæ S. Salvatoris in anniversario dedicationis ejusdem. 1242
MCDXXVIII. — Lombardo quondam archiepiscopo Beneventano canonicorum voluntate redditus quosdam asserit. 1242
MCDXXIX. — Pacem initam inter fratres militiæ Templi et fratres Hospitalis confirmat. 1243
MCDXXX. — Decano et capitulo Laudunensi. 1245
MCDXXXI. — Ad abbatem et conventum S. Vedasti. — Compositionem cum Hannoniæ comite ab eis factam, et eorum in villa Hasprensi jura confirmat. 1245
MCDXXXII. — Privilegium pro ecclesia Acheruntina. 1246
MCDXXXIII. — Ad decanum et canonicos S. Aniani Aurelianensis. 1246
MCDXXXIV. — Ecclesiæ Cameracensis privilegia confirmat. 1246
MCDXXXV. — Ecclesiæ Lausannensis protectionem suscipit ac jura confirmat. 1247
MCDXXXVI. — Monasterii S. Crucis Bosonisvillensis protectionem suscipit, bonaque ac privilegia confirmat. 1248
MCDXXXVII. — Privilegium pro ecclesia Asculana. 1251
MCDXXXVIII. — Privilegium pro monasterio S. Apri Tullensi. 1252
MCDXXXIX. — Monachis S. Germani Parisiensis. 1255
MCDXL-MCDXLI. — Ad Bartholomæum archiep. Turonensem. — Arguit eum quod ad constitutum terminum non comparuerit, novasque ei indulget inducias. 1255
MCDXLII. — Ad regem Francorum. — Ut controversiam Dolensem inter et Turonensem ecclesiam componere studeat. 1256
MCDXLIII. — Wilhelmo, archiepiscopo Remensi. 1256

ANNO 1170-1180.

MCDXLIV. — Priori Dominici Sepulcri Hierosolymitani et ejus successoribus concedit, ut « post archiepiscopos et episcopos inter abbates et priores Hierosolymitani patriarchatus primum locum in conventibus et officiis Ecclesiæ teneant. 1257
MCDXLV. — Abbatibus Templi Domini, de Monte Sion, de Valle Josaphat et priori Montis Oliveti præcipit, ut « in præcipuis solemnitatibus ecclesiarum, si forte Hierosolymitanus patriarcha absens sit vel infirmus, aut si ecclesia Hierosolymitana vacaverit, priorem ejusdem ecclesiæ cum fratribus ad solemnem processionem recipiant, et in ecclesiis solemnem missam vice patriarchæ eos (cantare) permittant. 1257
MCDXLVI. — Abbati S. Dionysii ejusque successoribus asserit jus distribuendarum ecclesiæ S. Pauli præbendarum. 1258
MCDXLVII. — Abbati et monachis S. Dionysii. 1258

ANNO 1171-1180.

MCDXLVII bis — K(anutum), illustrem Sweorum et Gothorum regem, episcopos et nobilem virum ducem, universumque clerum et populum per Gothiam constitutos ad servandas leges maritales, colendos sacerdotes dandasque decimas hortatur. Monet ne « exhæredatis legitimis filiis bona omnia ecclesiis derelinquant, » neve « homines, in potatione et ebrietate occisos, quasi sanctos more infidelium, venerentur. » Remittit iis « quadragesimam, quæ est ante festum S. Michaelis, excepta sexta feria. » Gratias agit, quod se « in multis necessitatibus suis per Richardum presbyterum visitaverint. » 1259
MCDXLVIII. — Ad monachos S. Savini. — Ut obedientes sint abbati. 1262
MCDXLIX. — Canonicorum S. Reguli legem confirmat. 1262
MCDL. — Ad archiepiscopum Auxitanum, et abbatem Massiliensem. — Ut monachis inobedientibus pœnitentiam congruam imponant. 1262
MCDLI. — Ad Rotrodum Rothomagensem archiepiscopum. 1263
MCDLII. Privilegium pro monachis S. Benedicti Sublacensis. 1263

ANNO 1175-1180.

MCDLIII. — Ad Raynerium Salernitanum archiepiscopum. 1264
MCDLIV. — Locum de Misericordia Dei Fulberto eremitæ confirmat. 1264

ANNO 1180.

MDCLV. — Institutionem canonicorum ordinis S. Augustini in abbatia Cinoniensi et omnia ipsorum bona confirmat. 1265
MCDLVI. — Monasterii S. Victoris protectionem suscipit et ejus privilegia confirmat. 1267
MCDLVII. — Ad archiepiscopum et episcopum Sardiniæ. — Pro monasterio Casinensi. 1267
MCDLVIII. — Privilegium pro ecclesia Metropolitana. 1268
MCDLIX. — Abbati et capitulo Cisterciensi. 1269
MCDLX. — Ad Omnibonum Veronensem et Mantuanum episcopos. — Compellant. T. ut Nogariam curtem monachis Nonantulanis restituat. 1270
MCDLXI. — B(artholomæo), archiepiscopo Turonensi, apostolicæ sedis legato, scribit, cum persuasum habea. it, eum « proxima Dominica, qua cantatur « Lætare, Jerusalem » (30 Mart.), vel « Ego sum pastor bonus » (4 Maii) ad sese accessurum, nuntium ejus venisse, Addit se Ludovici Francorum regis et Philippi regis precibus adductum « usque ad proximum festum B. Martini (11 Nov.) licet non sine multo et gravi onere R. electi Dolens.s, apud se per annum et amplius exspectantis, terminum prolongare, » quo accedere eum jubet. 1270
MCDLXII. — Ad capitu um Ecclesiæ Bremensis. — Quod laici ad eligendum archiepiscopum non sint admittendi. 1270
MCDLXIII. — Privilegium pro ecclesia Cabilonensi. 1271
MCDLXIV. — Patavino, Vicentino, Tarvisino episcopis scribit, post pacem cum imperatore et treuga Lombardorum tot laboribus confectam Bononienses cas rum et ecclesiam Montisbellii destruxisse; ac, etsi ab imperatoriæ partis hominibus violata treuga sit, tamen legatos imperatoris, ut damnum ex treugæ legibus compensaretur jam « magnifice » expostulasse. Talia facinora ut provideant. ac si facta sint, illata detrimenta sarciri jubeant, petit. 1272
MCDLXV. — Archiepiscopo Ravennati et ejus suffraganeis eadem scribit. 1272
MCDLXVI. — Ad canonicos Alexandrinæ ecclesiæ — Eorum statum et possessiones confirmat. 1272
MCDLXVII. — Ad archiepiscopos et episcopos, etc., per Dalmatiam constitutos. — Theobaldum subdiaconum suum, legatum apostolicum, commendat. 1273
MCDLXVIII. — Privilegium pro monasterio Lætiensi. 1274
MCDLXIX. — Ad episcopos Scotiæ. — Confirmat sententiam legati apostolici, qua ille Joannem legitime electum confirmavit, et Hugonem a rege in episcopatum S. Andreæ intrusum deposuit. 1274
MCDLXX. — Ad Willelmum regem Scotiæ. — Mandat ei, ut Joannem legitime electum et confirmatum S. Andreæ episcopum, patiatur suo officio quiete fungi, alioquin regnum interdicto, regem excommunicationi plectendum. 1275
MDCLXXI. — Ad episcopos Scotiæ. — Hugonis in episcopatum S. Andreæ intrusi excommunicationem confirmat. 1275

ANNO 1159-1181.

MCDLXXII. — Ad Henricum Anglorum regem. — Ut Willelmum capellanum, ab ejus ministerialibus in carcerem inclusum dimittat, eique ablata beneficia restituat. 1276
MDCLXXIII. — Ad Henricum Anglorum regem. — R filium regis Cantuariensis commendat. 1277
MCDLXXIV. — Monasterii S. Audoeni Rothomagensis protectionem suscipit bonaque ac possessiones confirmat. 1277
MCDLXXV. Statum pro monasterio S. Joannis de Vineis. 1278
MCDLXXVI. — Hugoni abbati S. Joannis de Vineis rescriptum. 1279

ANNO 1160-1181.

MCDLXXVII. — Ad Manassem Aurelianensem episcopum. 1280

ANNO 1163-1181.

MCDLXXVIII. — Ad Gilbertum Londinensem et R. archidiaconum. — Ut clericos et laicos ab illicitis conjugiis et contuberniis desistere compellant. 1280
MCDLXXIX. — Ad Gilbertum Londinensem episcopum. Sacerdotum filios, et in sacerdotio genitos, in ecclesiis in

quibus patres antea ministraverint, succedere non patiatur. 1281

ANNO 1166-1181.
MCDLXXX. — Ad Suenonem Arusiensem episcopum. 1281
MCDLXXXI. — Ad Bartholomæum episcopum Exoniensem et Simonem abbatem S. Albini. — De controversia Roberti de Ber et Willelmi clerici. 1282

ANNO 1168-1181.
MCDLXXXII. — Ad consules Placentinos. — Ut Hugoni subdiacono suo ablata restitui faciant. 1282
MCDLXXXII bis. — Privilegium Ulrico Aquileiensi patriarchæ concessum. 1285

ANNO 1171-1181.
MCDLXXXIII. — Ad ducem Venetiarum. — Henricum patriarcham Venetiarum illi commendat, eumque hortatur ut translationi patriarchatus Gradensis ad civitatem Venetiarum benignum præstet assensum. 1284
MCDLXXXIV. — Ad Gilbertum Londinensem episcopum. — Ut Alberium comitem cogat uxorem suam debita cum veneratione suscipere. 1285
MCDLXXXV. — Ad Valvensem, Aprutinum, Marsicanum episcopos, etc. — Cogant Gentilem de Raiano ut monasterio Piscariensi debitum censum solvat. 1286
MCDLXXXVI. — Aprutino et Pennensi episcopis dat negotium ut ecclesias monasterii Piscariensis ab injuriis defendant. 1287
MCDLXXXVII. — Abbatibus Cisterciensibus concessionem facit. 1287
MCDLXXXVIII. — Omnibus Regulam Grandimontensem observantibus, « laborem quem in ipsa observantia patiuntur, loco pœnitentiæ et in peccatorum remissionem injungit, » ipsamque Regulam confirmat. 1287
MCDLXXXIX. — Ad abbatem Præmonstratensem. — Præmonstratensis abbas potest alumnos sui instituti a peccatis et ab excommunicatione absolvere, et suis novitiis clericis tonsuras facere. 1288
MCDXC. — Ad archiepiscopos. — Ut jura monasterii S. Dionysii tueantur. 1288
MCDXCI. — Ad Henricum Gradensem patriarcham. — Mandat ut sententiam pro monasterio S. Salvatoris latam observari faciat. 1289
MCDXCII. — Ad Turonensem archiepiscopum et ad omnes episcopos. — Pro ecclesia S. Martini Turonensis. 1289
MCDXCIII. — Decano et capitulo Trecensi interdicit « ne quis eorum, cum in episcopum electus vel consecratus fuerit, præbendam ante habitam, vel alios redditus ecclesiæ, nisi quos ad jus episcopale constiterit pertinere, ad suos usus retineat. 1290
MCDXCIV. — Petro monasterii SS. Severini et Sososii Neapolitani abbati ejusque successoribus mitræ usum concedit. 1290
MCDXCV. — Ad Parmensem et Reginum episcopos. — Pro monasterio Nonantulano. 1291
MCDXCVI. — Ad Richardum Cantuariensem archiepiscopum. — Ut clericos Hugonis comitis; qui sacra contra interdictum procuraverint, ab officiis et beneficiis suspendat. 1291
MCDXCVII. — Wichmanno archiep. Magdeburg. et... episcopo Brandenburgensi. 1292
MCDXCVIII MD. — Ad Guidonem archiepiscopum Senonensem. 1292

ANNO 1179-1181.
MDI. — Ad abbatissam Eremburgi et sorores de Gif. 1292
MDII. — Compositionem inter Henricum episcopum et canonicos ecclesiæ Mutinensis confirmat. 1293

ANNO 1181.
MDIII. — Privilegium pro ecclesia Januensi. 1293
MDIV. — Ad omnes principes. — Hortatur eos ad subsidium Terræ Sanctæ. 1294
MDV. — Archiepiscopis, episcopis, abbatibus milites Templi missos qui terræ Orientali auxilium peterent, commendat. 1296
MDVI. — Ad Theobaldum Cluniacensem abbatem. — Compositiones ipsius factas cum Guillelmo comite Cabilonensi et cum Girardo comite Matisconensi scripto Philippi regis Francorum munitas confirmat. 1297
MDVII. — Theobaldo abbati et capitulo Cluniacensi significat se episcopo Eduensi mandasse ut capellam Belnensem consecraret. Qui si mandatum exsequi noluerit, permittit iis ut episcopum Bellicensem ad conficiendam consecrationem invitent. 1298
MDVIII. — Guidoni archiepiscopo Senonensi, Henrico episcopo Baiocensi, S. abbati S. Genovefæ et decano Ecclesiæ Baiocensis mandat ut in controversia inter Rolandum electum Dolensem et Bar.holomæum archiepiscopum Turonensem, ap. sedis legatum, testium dicta litteris consignent. 1298
MDIX. — Ecclesiæ S. Mariæ Flottinensis protectionem suscipit ejusque jura ac privilegia confirmat. 1298
MDX. — Privilegium pro monasterio Casinensi. 1303
MDXI. — Ad Petrum Casinensem abbatem. 1304
MDXII. — Ad Casimirum ducem Poloniæ. — Nonnullas constitutiones circa bona Ecclesiæ editas confirmat. 1304
MDXIII. — Ecclesiæ S. Laudi de Burgo Achardi protectionem suscipit, bona privilegiaque confirmat. 1305
MDXIV. — Monasterii S. Ruffilli protectionem suscipit, ejusque bona ac privilegia confirmat. 1308
MDXV. — Ad decanum et capitulum Cabilonense. — Quod Cabilonenses clericos excommunicare non potest suus episcopus, nec suspendere, nisi prius id capitulo significaret. 1310
MDXVI. — Ad decanum et capitulum Cabilonense. — Ut personas regendis ecclesiis idoneas, quas Cabilonensis episcopus recusaverit, episcopo Eduensi præsentare possint. 1311
MDXVII. — Ad Belam Hungariæ regem. — Ne archiepiscopo Spalatino libere eligendo diutius impedimento sit. 1311
MDXVIII. — Ecclesiæ S. Crucis Metensis protectionem suscipit, ejusque bona et possessiones confirmat. 1312
MDXIX. — Privilegium pro ecclesia Tarvisina. 1314
MDXX. — Ad archiepiscopum et episcopos per Sueciam constitutos. — Ut subjectorum animis consulant. 1315
MDXXI. — Privilegium pro Cluniacensibus. — Inhibet ne quis ecclesiam, capellam seu oratorium in parochiis Cluniacensium et præcipue in parochia de Molinis ædificet absque assensu Cluniacensis abbatis. 1316

SPURIA.
I. — Ad Henricum regem Anglorum. — De Thoma Becket. 1317
II. — Bulla indulgentiarum ecclesiæ S. Marci Venetiarum concessa. 1319
SERIES EPISTOLARUM DECRETALIUM SUMMATIM EXPOSITA. 1319
EPISTOLÆ VARIORUM AD ALEXANDRUM III.
I. — Philippi abbatis de Eleemosyna. — Gratulatur Alexandro quod ad summam dignitatem fuerit evectus; reges Franciæ et Angliæ pontificis partes amplexos nuntiat. 1359
II. — Alienoris reginæ Angliæ, Henrici II uxoris. — Gratias agit de litteris a summo pontifice missis, rogatque pro abbate S. Maxentii. 1362
III. — Amalrici ecclesiæ S. Resurrectionis Hierosolymitanæ ministri. — Quod unanimi Orientalis cleri et populi consensu, rejectis Octaviano, Joanne et Guidone, ipse in dominum temporalem et Patrem spiritalem fuerit electus. 1362
IV. — Fastredi Clarævallensis abbatis tertii ad Omnibonum Veronensem episcopum. — De concilio Tolosano, in quo Alexander, rejecto Victore, pontifex agnoscitur; et de conciliabulo Papiensi. 1363
V. — Petri Pisani, ecclesiæ B. Aniani. Aurelianensis decani. — Contra episcopos contumaces. 1365
VI. — Henrici Remensis archiep. — Pro S. Thoma Cantuariensi. 1366
VII. — Ejusdem. — Pro Drogone Ecclesiæ Noviomensi cancellario. 1366
VIII. — Ejusdem. — Ut episcopi Cameracensis electionem ratam non habeat. 1367
VIII bis. — De rebellione monachorum S. Macharii adversus S. Crucis ecclesiam Burdigal. 1568
IX. — Privilegium Fernandi regis Hispaniarum Romanæ Ecclesiæ factum super donatione et concessione castri Thoraph. 1569
X. Fernandi Hispaniarum regis. — Pontificis cum toto regno suo dominium suscipit. 1570
XI. — Petri tituli S. Chrysogoni presbyteri cardinalis — Viros tunc in Gallia eruditos et virtutibus insignes enumerat. 1570
XII. — Instrumentum quo Adinulphus et Landulphus filii Gregorii renuntiaverunt omni juri, quod habebant in castro Falbateriæ, illudque in feudum recipient ab Alexandro III papa. 1571

ANNO 1159-1181.
XIII. — Guarini S. Victoris. — Se non posse, quos petierat Joannes cardinalis, fratres mittere; sed et ægre alios mitti posse. 1573
XIV. — Eberhardi Juvaviensis episcopi. — Aquileiensem electum commendat. 1574
XV. — Hugonis ecclesiæ B. Mariæ Adrianopolis abbatis, et Petri S. Joannis CP. hospitalis prioris, quæ et quanta pro Ecclesiæ Romanæ firmitate et dignitate apud Orien-

tajes in expeditione Friderici imperatoris Augusti egerint. 1575
XVI. — Ludovici regis Francorum. — Contra hæreticos, vulgo Populicanos dictos, per tractus Flandricos vagantes. 1576
XVII. — Ejusdem. — In causa S. Thomæ Cantuariensis. 1576
XVIII. — Ejusdem. — S. Thomam Cantuariensem commendat. 1377
XIX. — Ejusdem. — S. Thomam exsulantem ab ipso honorifice susceptum significat. 1377
XX. — Ejusdem. — De cæde S. Thomæ. 1378
XXI. — Ejusdem. — Hortatur pontificem ad resecanda sua auctoritate vitia. 1378
XXII. — A... reginæ Francorum perjurio Joannis de Oxeneford; Thomam Cantuariensem commendat. 1380
XXIII. — Beati Petri, cognomento Monoculi, Clarævallensis abbatis octavi. — Queritur a sæcularibus vexari ordinem Cisterc. litibus, direptione bonorum, etc., et opem pontificis adversus hæc mala implorat. 1381
XXIV. — Ejusdem. — Gratias agit pontifici pro collatis beneficiis, presertim cœnobio Balernensi, cujus inchoatum judicium adversus iniquos celeriter terminari exoptat. 1382
XXV. — Conventus Clarævallensis. — Orat conventus pontificem, ne suo abbate Henrico, qui ad Tolosanum episcopatum quærebatur, destituatur. 1383
XXVI. — Henrici regis Angliæ. — Pontifici electo gratulatur; petit ut ipsum in proprium et spiritualem filium recipiat. 1383
XXVII.— Ejusdem.— Sententiam excommunicationis ab episcopo Cantuariensi contra quosdam petit relaxari.1384
XXVIII. — Ejusdem. — De libera electione ab ipso Ecclesiæ Anglicanæ concessa. Badoniensem electum commendat. 1385
XXIX. — Ejusdem. — Pontificis intuitu archiepiscopo Cantuariensi pacem et amorem significat; queritur quod Vivianus et Gratianus, apostolicæ sedis legati, promissis de excommunicatione solvenda non steterint. 1385
XXX. — Ejusdem. — Queritur quod Londoniensis et Saresberienis episcopi, post appellationem ad pontificem factam, excommunicationis sententia de novo ab archiepiscopo Cantuariensi sint innodati. 1387
XXXI. — Ejusdem. — Significat mortem S. Thomæ Cantuar. archiepiscopi. 1388
XXXII. — Ejusdem. — Queritur de rebellione Henrici, reliquorumque filiorum contra se, et auxilium pontificis implorat. 1389
XXXIII. — R. comitis Legescestrensis ad summum pontificem. — Petit ipsius protectionem pro monasterio Lyrensi. 1390
XXXIV. — Willelmi, S. Petri ad Vincula presbyteri cardinalis, ad Manuelem imperatorem. — Hortatur ut cum Ludovico rege Francorum pro defensione Romanæ Ecclesiæ fœdus ineat. 1591
XXXV. — Ottonis diaconi cardinalis S. Nicolai de Carcere Tulliano. — Pro Gilberto Londoniensi episcopo. 1592
XXXVI. — Philippi comitis Flandrensis. — Pro Thoma Cantuariensi. 1592
XXXVII. — Willelmi Papiensis episcopi. — Ejusdem argumenti. 1395
XXXVIII. — Willelmi Papiensis et Ottonis cardinalis — De controversia inter Henricum Anglorum regem et Thomam agitata. 1594
XXXIX — Prioris et conventus Cantuariensis. — Pro R. Wintoniensi electo 1396
XL. — Odonis prioris et conventus Cantuariensis. — Quod celebratis regis mandato electionibus, et unanimi consensu R., ejusdem conventus monacho, in abbatem electo, rex junior electionem irritam fecerit. 1396
XLI. — Rogeri Eboracensis archiepiscopi. — Gratias agit pro exhibitis sibi ab Alexandro beneficiis. Gilbertum Londinensem episcopum commendat. 1398
XLII. — Canonicorum Remensium. — Pro Thoma Cantuariensi. 1399
XLIII. — Rotrodi Rothomagensis archiepiscopi. — Humiliter precatur ut in causa S. Thomæ cum rege mitius agat. 1400
XLIV. — Ejusdem. — Pro Gilberto Londoniensi episcopo. 1401
XLV. — Episcoporum Cantuariensis Ecclesiæ suffraganeorum. — Partes regis contra metropolitanum suum suscipientes, ad sedem apostolicam appellant, et diem Ascensionis Dominicæ appellationis terminum sibi petunt assignari. 1401
XLVI. — Eorumdem. — Conqueruntur quod contra canonum auctoritatem post appellationem sint ab archiepiscopo Cantuariensi sententia excommunicationis alligati. Appellationi nihilominus suæ terminum diem transitus B. Martini constitui precantur. 1404
XLVII. — Cleri Normanniæ. — Precantur ut in causa S. Thomæ regi Anglorum pontifex non nihil indulgeat. 1405
XLVIII. — Willelmi Antissiodorensis episcopi. — Contra Gilbertum Londoniensem episcopum. 1406
XLIX. — Willelmi Carnotensis electi. — Pro Thoma Cantuariensi. 1407
L. — Ejusdem. — Pro eodem. 1408
LI. — Ægidii Ebroicensis episcopi. — Humiliter precatur ut cum rege Anglorum pontifex mitius agat. 1409
LII-LIII. — Ægidii Ebroicensis episcopi. 1411
LIV. — Henrici decani et capituli S. Pauli London — Gilbertum episcopum, Romam pergentem commendant. 1412
LV. — Stephani Meldensis episcopi. — Pro S. Thoma exsulante. 1414
LVI. — Ejusdem. — Pro eodem. 1414
LVII. — Ejusdem. — de lamentabili cæde S. Thomæ. 1415
LVIII. — Milonis Morinorum episcopi. — Contra Gilbertum Londoniensem episcopum. 1416
LIX. — Bernardi Nivernensis episcopi. — Precatur ut in causa S. Thomæ Cantuariensis regi Anglorum nonnihil indulgeat. 1417
LX. — Baldwini Noviomensis episcopi. — Contra Gilbertum Londoniensem episcopum. 1418
LXI. — Ejusdem et Mauritii Parisiensis episcopi — Quod post indictum archiepiscopo Cantuariensi apud Pontisaram colloquium, rex Anglorum, omisso in contumeliam domini Cantuariensis quod indixerat colloquio, Angliam festinanter repetierit. 1419
LXII. — Mauricii Parisiensis episcopi. — Pro S. Thoma Cantuariensi. 1420
LXIII. — Ejusdem. — Contra Gilbertum Londoniensem episcopum. 1421
LXIV. — Matthæi Trecensis episcopi. — Pro S. Thoma Cantuariensi. 1422
LXV. — A. Certesiensis. — Pro Gilberto Londoniensi episcopo. 1423
LXVI. — Rotrodi Rothomagensis archiepiscopi. — Ejusdem argumenti ac epistola LXI. 1424
LXVII. — Willelmi Senonensis archiepiscopi. — Precatur ut ratam habeat excommunicationis sententiam contra Londoniensem et Saresberiensem episcopos ab archiepiscopo Cantuariensi latam. 1425
LXVIII. — Ejusdem. — Contra Gilbertum Londoniensem episcopum. 1425
LXIX. — Ejusdem. — In causa S. Thomæ Cantuariensis. 1426
LXX. — Ejusdem. — Gilbertum Londoniensem episcopum absolutum dolet. De coronatione filii regis Henrici. 1428
LXXI. — Ejusdem — De lamentabili cæde S. Thomæ Cantuariensis. 1428
LXXII. — Ejusdem. — Similis argumenti 1430
LXXIII. — Guillelmi Senonensis episcopi, apostolicæ sedis legati. — Hugonem de Campo Florido, Suessionensem episcopum, Franciæ cancellarium, commendat. 1432
LXXIV. — Anonymi. — De cæde S. Thomæ Cantuariensis. 1432
LXXV. — Matthæi Senonensis thesaurarii. — In gratiam Thomæ Cantuariensis, contra Henricum regem. Minas regis Anglorum parvifaciendas monet « quia Pictavorum et Britonum proceres, domino regi Franciæ confœderati, ei texuerunt inextricabilem labyrinthum. 1434
LXXVI. — C. Lautonensis presbyteri. — Pro Gilberto Londoniensi. 1435
LXXVII. — Simonis prioris de Monte Dei et Engelberti prioris de Valle S. Petri. — Quid ab iis actum sit in exsecutione mandati apostolici de concordia regem inter et archiepiscopum Cantuariensem reformanda 1436
LXXVIII. — Eorumdem. — Quod nihil in mandato proficientes, comminatorias pontificis epistolas regi obtulerint 1437
LXXIX-LXXX. — A. Sanctæ Osithæ ministri. — Pro Gilberto Londoniensi episcopo. 1458
LXXXI. — Abbatis Ramesiensis. — Ejusdem argumenti. 1439
LXXXII. — Willelmi Ramesiensis. — Ejusdem argumenti 1440
LXXXIII. — Henrici abbatis Stratfordiensis. — Pro Gilberto Londoniensi episcopo. 1441
LXXXIV.— Ecclesiæ S Trinitatis London. — Ejusdem argumenti. 1442

LXXXV. — Willelmi abbatis ecclesiæ S. Trinitatis London. — Ejusdem argumenti. 1443
LXXXVI. — R. prioris S. Victoris Pariensis et Ervisii abbatis S. Augustini. — Pro S. Thoma Cantuariensi. 1443
LXXXVII. — Willelmi Radingensis abbatis. — Pro Gilberto Londoniensi episcopo. 1444
LXXXVIII. — Lambardi ad Alexandrum. — Quomodo Joannes de Oxeneford, Roma rediens, multa se a pontifice obtinuisse glorietur, quo audito rex Franciæ, ita vehementer turbatus fuerit, ut confestim se velle nuntios dirigere qui legatis apostolicis regni sui ingressum inhiberent, diceret. 1445
LXXXIX. — Theobaldi Blesensis comitis. — De martyrio S. Thomæ. 1447
XC. — Magistri Viviani. — Quid egerit in exsecutione mandati apostolici sibi commissi. 1448
XCI. — Ejusdem. — Similis argumenti. 1451
XCII. — Laurentii abbatis Westmonasteriensis. — Pro Gilberto Londoniensi episcopo. 1452
XCIII. — Anonymorum. — Contra Thomam Cantuariensem. 1453
XCIV. — Anonymi. — Narrat quid actum sit in curia quam de pace tractanda inter ipsum et pontificem Romanum in die Pentecostes suis indixerat Fredericus imperator. 1454
XCV. — Richardi archiepiscopi Cantuariensis. — Accusat abbatem Malmesburiensem, quod se ab obedientia sui episcopi subtraxerit. Deinde fuse deplorat quanta mala secuta sint ex exemptionibus abbatum per pontifices Romanos ob episcoporum quorumdam tyrannidem indultis. 1456
XCVI. — Ejusdem. — Nomen episcoporum in aula regia degentium a calumniis tuetur, ac ostendit exemplo veterum, quanto cum fructu regni in ea versentur. 1459
XCVII. — Bartholomæi Exoniensis episcopi. — Pro Ricardo, quondam Pictaviensi archidiacono, Wintoniensi electo. 1461
XCVIII. — Ejusdem. — Pro R. Herefordensi electo. 1462
XCIX. — Ejusdem. — Pro Ricardo Cantuariensi electo. 1462
C. — Prioris et conventus Ecclesiæ Cantuariensis. — Pro R. Wintoniensi electo. 1464
CI. — Odonis prioris et conventus ecclesiæ Cantuariensis. — Pro R. electo Cantuariensi. 1464

FINIS TOMI DUCENTESIMI.

Ex typis MIGNE, au Petit-Montrouge.